2024

전국 지방자치단체
민·관 협업사무 운영 현황 I

민간경상사업보조(307-02)

민간단체법정운영비보조(307-03)

민간행사사업보조(307-04)

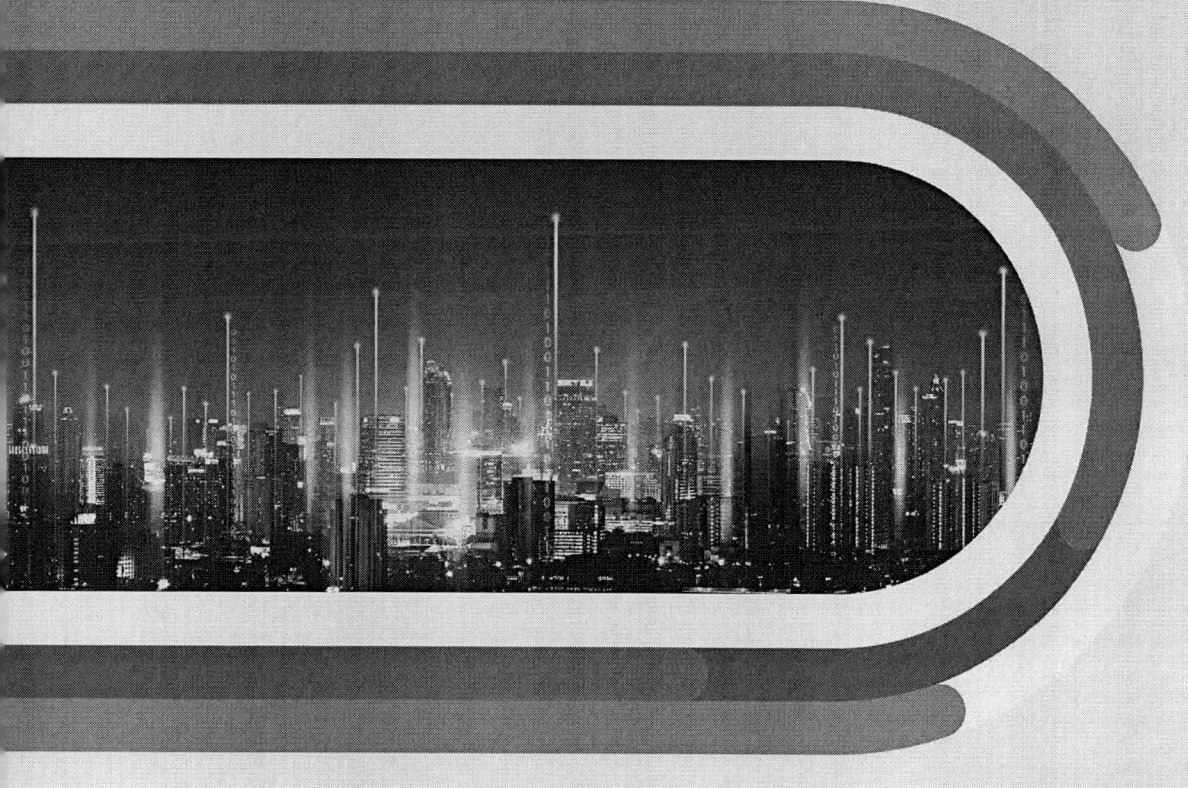

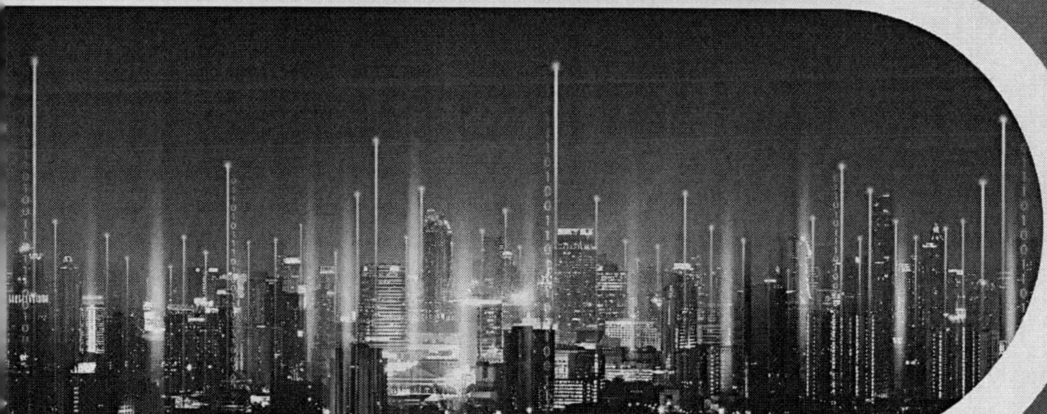

공공관리연구원

한국민간위탁연구소
Korea Contracting-out Institute

2024 전국 지방자치단체 2024. 2.

민·관 협업사무 운영 현황 I

민간경상사업보조(307-02)
민간단체법정운영비보조(307-03)
민간행사사업보조(307-04)

공공관리연구원
한국민간위탁연구소
Korea Contracting-out Institute

한국민간위탁연구소
Korea Contracting-out Institute

한국민간위탁연구소는 정부에서 운영하는 민간위탁 공공서비스의 효율성 향상을 위해 설립된 연구기관입니다. 민간위탁은 성과지향형 공공서비스제공 공급방식의 하나로써 더 나은 정부, 더 효율적인 정부로 가기 위한 제도입니다.

세상의 모든 사물은 세상의 변화를 수용해야 합니다. 민간위탁 사무 또한 운영 목적이나 사회적 가치변화를 수용해야하기 때문에 지속적으로 변화해 왔습니다. 현행 민간위탁 사무의 유형은 공익적 성격과 사익적성격의 사무가 혼재되어 스펙트럼이 다양합니다. 시대적 흐름과 환경 변화에 맞는 민간위탁사무는 갈수록 커뮤니티거버넌스형(CG) 공공서비스 제공방식으로 변화 되어 가고 있습니다.

이를 효율적으로 관리하기 위해서는 민간위탁의 본질을 이해해야 하는데, 대표적인 영문표기가 contracting out인 것처럼 구매계약 또는 외주계약으로 계약에 관한 전반적인 프로세스를 이해하고 계약관리능력이 필요한 제도라는 것을 이해해야 합니다. 민간위탁 과정은 먼저 민간위탁을 위한 추진계획을 수립한 후 지방의회의 심의를 거쳐 민간위탁 선정심의위원회의 선정과정을 통해 최종 민간위탁 사업자를 선정하게 됩니다. 이 과정에 민간위탁 업체선정을 위한 계약법검토, 조례제정 또는 개정, 적정 위탁비용 산정, 위탁 후 성과평가 결과 적용을 위한 지표개발 등 세부적이고 전문적인 연구결과를 통한 의사결정 자료가 필요하게 됩니다. 이러한 연구결과는 민간기업이 공공서비스를 제공할 때 지속적인 품질 개선을 유도함으로써 서비스경쟁력을 향상시키고, 지자체는 효율적인 예산운영을 통하여 과대 또는 과소예산으로 인한 사회적 비용을 감소시키며 재정운영의 건전성을 증대시키는 효과가 있습니다. 이와 같이 민간위탁만을 연구해온 저희 연구소는 다양한 연구를 통해 얻은 노하우를 바탕으로 좀 더 선진화된 민간위탁 의사결정 자료와 효율적인 운영방안을 제안하는 역할을 수행할 것입니다.

연구소장 배성기

주요연구분야

공공서비스재설계 (Public Service Re-design)
혁신전략 (Innovation Master Plan)
경영평가 (Management Evaluation)
조직진단 (Organization Structure Design)
사업타당성 분석 (Project Feasibility Study)
정부원가계산 (Government Cost Accounting)
공공요금 및 수수료 산정 (Calculation of Utility rates)
성과평가 (public Service Performance Assessment)
민간위딕/공공위탁/관리대행/보조금 (Contracting Out Management)
ESGDI 경영 (Environment Social Governance Digital Transformation)
지방의회 민관협업/행정사무감사 (Audit of Local Government)

연락처

전화 : 02 943 1941
팩스 : 02 943 1948
이메일 : kcomi@kcomi.re.kr
홈페이지: www.kcomi.re.kr

「2024 전국 지방자치단체「민.관 협업사무 운영현황 Ⅰ」는 이렇게 발간되었습니다.

1. 조사개요

민 · 관 협업은 학계와 실무계를 불문하고 사회 각계각층이 이 주제의 중요성을 인식하고 처방적 대안 마련에 관심을 쏟고 있음에도 불구하고 민간위탁 케이스별 연구만이 주로 되어 왔습니다. 또한 사회적 현상을 기반으로 공공서비스의 유형을 공공서비스, 준공공서비스, 선택적 공공서비스 등으로의 구분하고 공익성의 정도에 따른 관리기법 및 예산운영 방법 등을 심도 있게 연구한 연구문헌이 부족한 상황입니다.

민 · 관 협업형 공공서비스는 국민들과의 최접점에서 공급되는 공공서비스로 지속적으로 성장하는 국민들의 공공서비스 수요를 반영하고 개선하기 위해서는 다양한 주제와 분야별로 지속적인 연구가 되어야 합니다. 하지만 이러한 연구를 하기 위한 기초적 통계자료가 없다는 것은 실로 놀라운 일이 아닐 수 없습니다.

따라서 본 조사는 전국 243개 지자체 전부를 대상으로 민 · 관 협업사무 현황을 분석하기 위해 지자체의 민간경상사업보조(307-02), 민간단체 법정운영비보조(307-03), 민간행사사업보조(307-04), 민간위탁금(307-05), 사회복지시설 법정운영비보조(307-10), 민간인위탁교육비(307-12), 공기관 등에 대한 경상적위탁사업비(308-13), 민간자본사업보조 자체재원(402-01), 민간자본사업보조 이전재원(402-02), 민간위탁사업비(402-03), 공기관 등에 대한 자본적 위탁사업비(403-02) 예산을 조사한 후 해당사무별 업체선정방법, 개별조례 유무, 원가산정기준, 서비스(성과)평가 유무, 수탁기업 현황 등에 대한 정보공개요청을 통해 현황을 조사하였습니다.

본 조사를 통해 얻을 수 있었던 것은 동종의 민 · 관 협업사무라도 운영예산규모, 업체선정기준, 개별조례유무, 위탁비용 산정기준, 서비스(성과)평가 유무 등이 같지 않다는 것을 알 수 있었습니다. 이를 검증하기 위해서는 심도 있는 연구가 수행 되어야 하겠으나 이런 비교결과조차도 유의미하다고 생각됩니다.

전국 지자체 민 · 관 협업사무 통계조사의 효용성은 첫째, 유사 민 · 관 협업사무의 운영예산 확인을 통한 예산운영의 적정성을 판단할 수 있는 기준자료, 둘째, 개별조례 유무 확인을 통한 제정 및 개정 용이, 셋째, 적정 비용 산정기준 확인, 넷째, 성과평가 기준 확인, 다섯째, 민간위탁기업명 확인을 통한 경쟁력 있는 기업선정 기초자료 확보 등과 같습니다.

상기와 같은 조사를 통해 궁극적으로 얻고자 한 것은 「건전한 긴장관계 유지」 입니다. 전국 민 · 관 협업사무 운영현황을 통해 사무의 종류와 예산의 규모, 협업 수행 기업의 종류와 유형이 공개됨으로써 민 · 관 협업사무를 추진하는 입장에서는 선택의 폭이 넓어질 것이고, 서비스를 받는 국민의 입장에서는 서비스기업 간 경쟁시스템이 올바르게 갖추어져, 좀 더 체계적이며, 경제적이고, 만족할 만한 공공서비스가 제공 되어질 것입니다.

현 통계 조사의 한계점은 지자체에서 민간이전(307), 자치단체등이전(308), 민간자본이전(402), 자치단체자본이전(403) 예산으로 운영하는 사무를 총괄하여 나열하였으나 해당 사무의

예산 편성시 다른 예산항목 사업으로 편성하여 혼재되어 공개된 사무가 다수 존재합니다. 이는 향후 관리자 교육을 통해 민간위탁 사업의 정확한 이해를 기반으로 해당사무 운영 기본 조례제·개정과 함께 해당 사무가 운영될 시에 해소가 될 것으로 판단됩니다.

본 현황분석은 한국민간위탁경영연구소의 열 번째 전국단위 민·관 협업사무 운영현황 통계조사를 한 것으로서 미흡한 부분이 다소 존재합니다. 하지만 전국 민·관 협업 서비스 발전을 위한 기초 연구자료로써 중요한 역할을 할 수 있을 것을 기대합니다. 도움을 주신 전국 민·관 협업사무 담당 공무원분들께 감사드립니다.

2. 조사기간 : 2023년 12월 23일 ~ 2024년 1월 31일

3. 조사결과

– 5개년 조사결과 요약

(단위: 건, 억원)

구분	2020	2021	2022	2023	2024
지자체수(응답)	168	225	234	238	223
사업수(전체)	59,715	88,364	81,162	90,816	99,370
예산(전체)	189,143	194,313	204,171	227,504	256,735
사업수(민간위탁금)	8,173	11,423	11,643	11,989	12,895
예산(민간위탁금)	55,093	59,274	62,201	65,298	70,590

– 행정 단위별 통계

(단위: 억원)

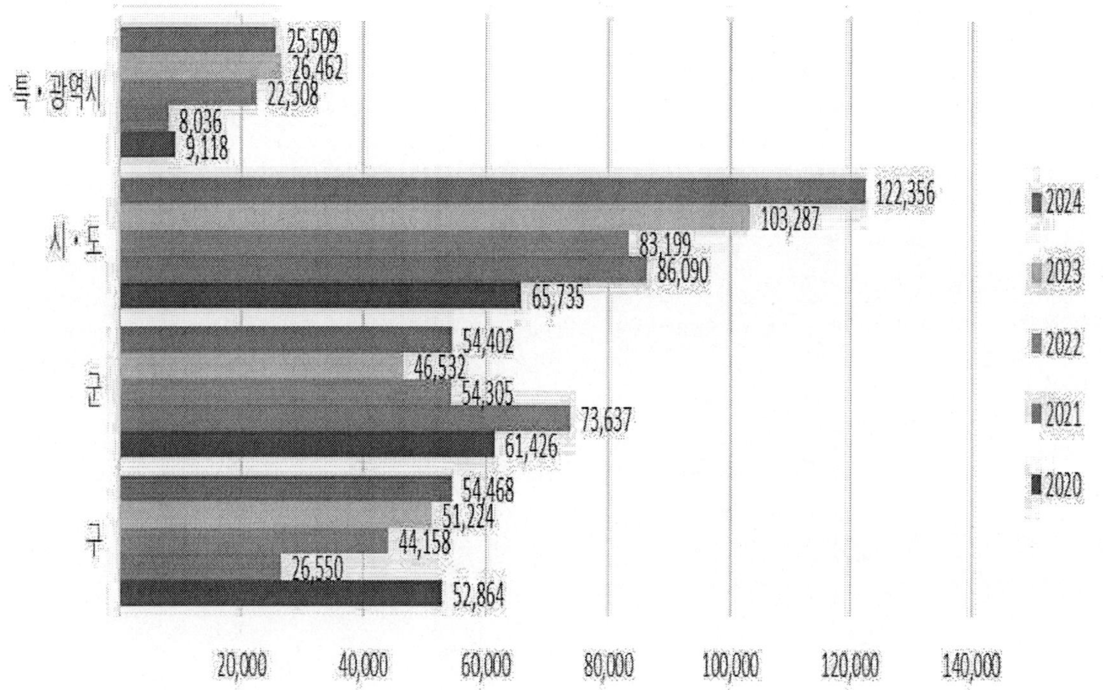

– 민간이전 분류별 통계

(단위: 억원)

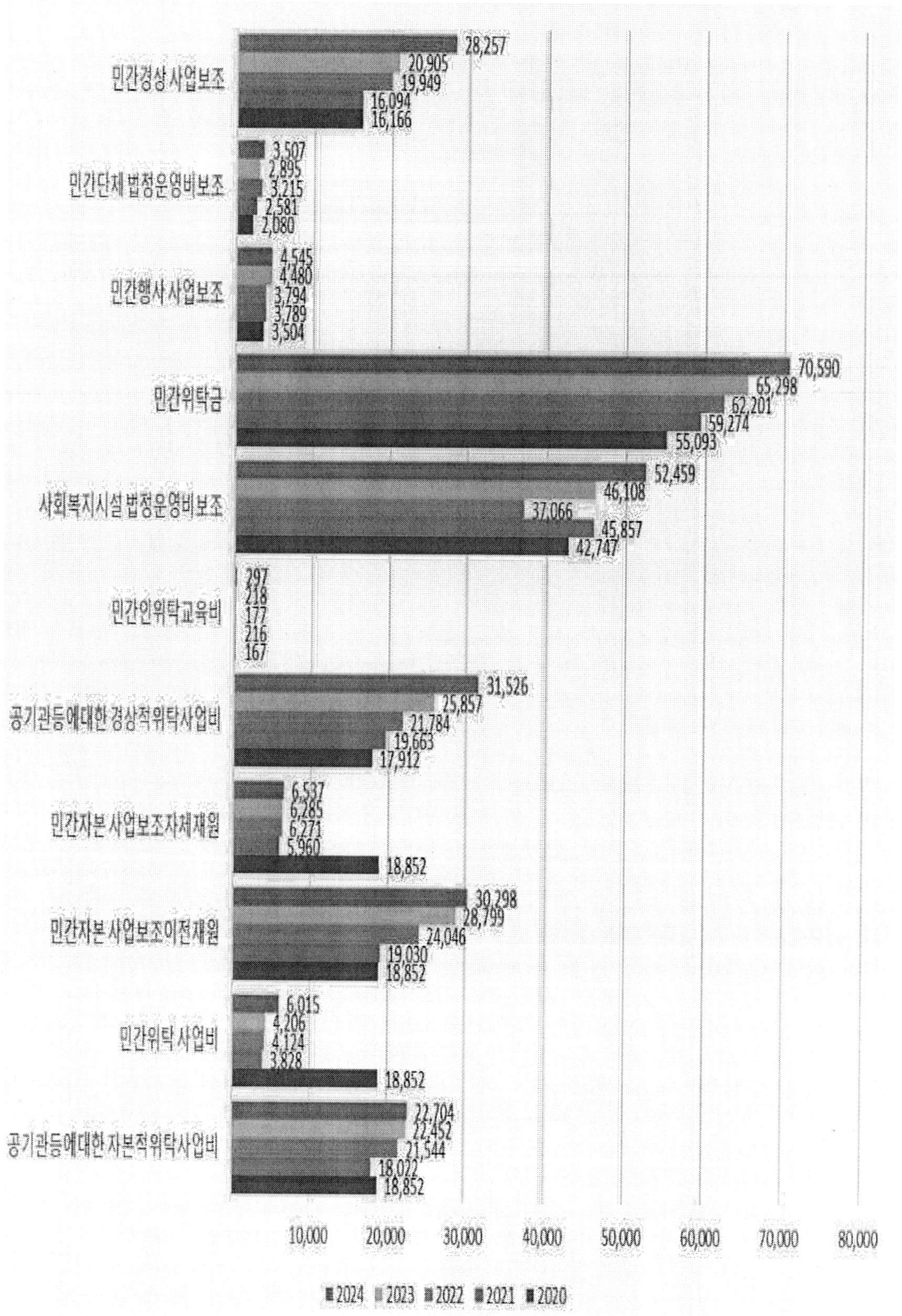

28,257
20,905
19,949
16,094
16,166
민간경상 사업보조
3,507
2,895
3,215
2,581
2,080
민간단체 법정운영비보조
4,545
4,480
3,794
3,789
3,504
민간행사 사업보조
70,590
65,298
62,201
59,274
55,093
민간위탁금
52,459
46,108
37,066
45,857
42,747
사회복지시설 법정운영비보조
297
218
177
216
167
민간인위탁교육비
31,526
25,857
21,784
19,663
17,912
공기관등에대한 경상적위탁사업비
6,537
6,285
6,271
5,960
18,852
민간자본 사업보조자체재원
30,298
28,799
24,046
19,030
18,852
민간자본 사업보조이전재원
6,015
4,206
4,124
3,828
18,852
민간위탁 사업비
22,704
22,452
21,544
18,022
18,852
공기관등에대한 자본적위탁사업비
10,000
20,000
30,000
40,000
50,000
60,000
70,000
80,000
2024
2023
2022
2021
2020

– 사업수별 통계

(단위: 건)

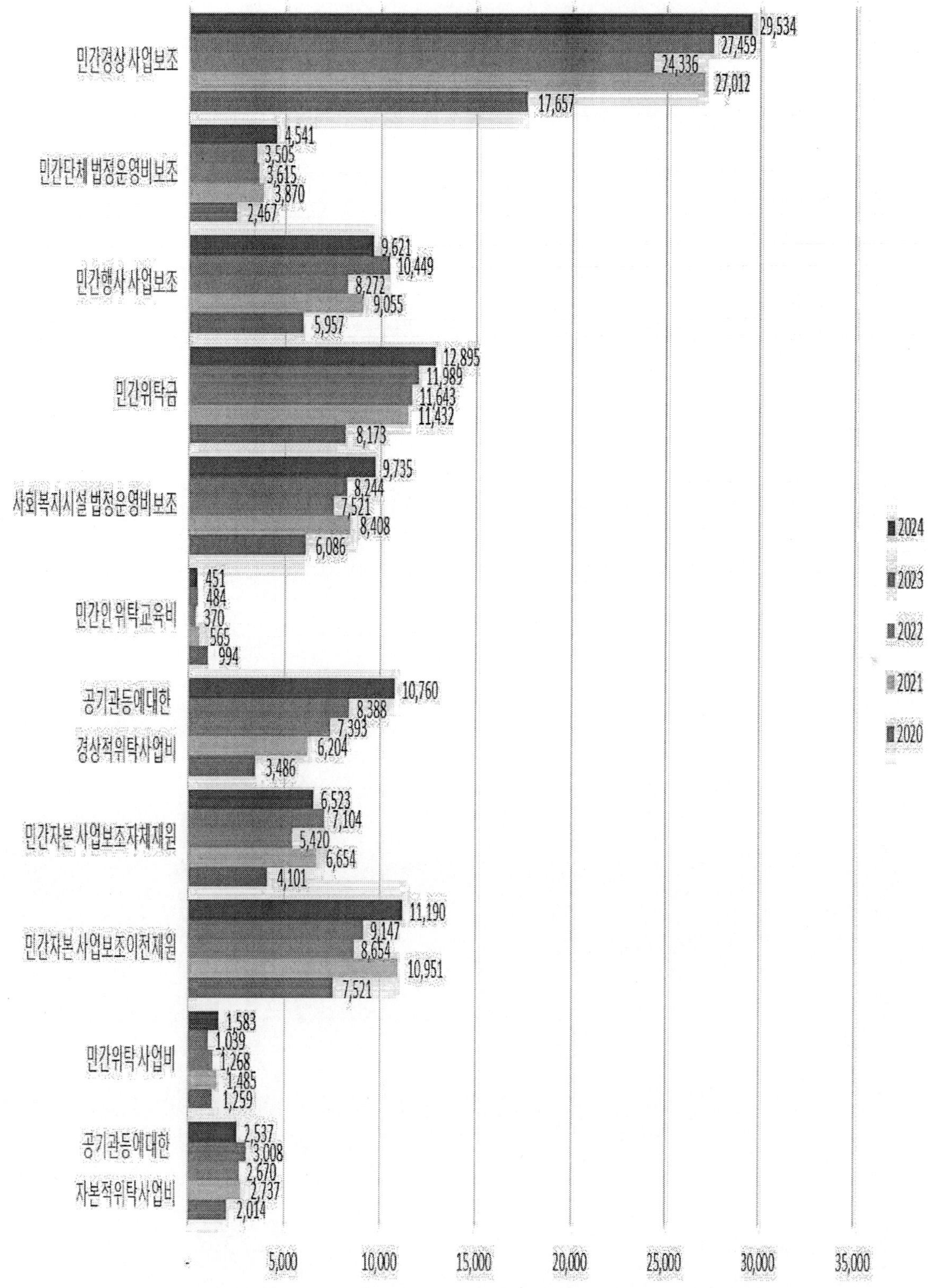
민간경상 사업보조
29,534
27,459
24,336
27,012
17,657
민간단체 법정운영비보조
4,541
3,505
3,615
3,870
2,467
민간행사 사업보조
9,621
10,449
8,272
9,055
5,957
민간위탁금
12,895
11,989
11,643
11,432
8,173
사회복지시설 법정운영비보조
9,735
8,244
7,521
8,408
6,086
민간인 위탁교육비
451
484
370
565
994
공기관등에대한
경상적위탁사업비
10,760
8,388
7,393
6,204
3,486
민간자본 사업보조자체재원
6,523
7,104
5,420
6,654
4,101
민간자본 사업보조이전재원
11,190
9,147
8,654
10,951
7,521
민간위탁 사업비
1,583
1,039
1,268
1,485
1,259
공기관등에대한
자본적위탁사업비
2,537
3,008
2,670
2,737
2,014
-
5,000
10,000
15,000
20,000
25,000
30,000
35,000
2024
2023
2022
2021
2020

(1) 2024년 조사결과

(단위: 건, 억원)

행정단위	민간이전 (307)			
	민간경상 사업보조 (307-02)	민간단체 법정운영비보조 (307-03)	민간행사 사업보조 (307-04)	민간위탁금 (307-05)
합 계	28,257	3,507	4,545	70,590
특 · 광역시	4,442	134	402	6,626
시 · 도	13,471	2,050	2,349	30,236
군	7,898	785	1,446	11,054
구	2,445	538	347	22,674
사업수	29,534	4,541	9,621	12,895

(단위: 건, 억원)

행정단위	민간이전 (307)		자치단체등이전 (308)	민간자본이전 (402)
	사회복지시설 법정운영비보조 (307-10)	민간인 위탁교육비 (307-12)	공기관등에대한 경상적위탁사업비 (308-13)	민간자본 사업보조자체재원 (402-01)
합 계	52,459	297	31,526	6,537
특 · 광역시	2,478	1	5,556	194
시 · 도	22,230	258	15,847	3,379
군	7,057	28	4,840	2,691
구	20,694	9	5,282	273
사업수	9,735	451	10,760	6,523

(단위: 건, 억원)

행정단위	민간자본이전 (402)		자치단체자본이전 (403)	합 계
	민간자본 사업보조이전재원 (402-02)	민간위탁 사업비 (402-03)	공기관등에대한 자본적위탁사업비 (403-02)	
합 계	30,298	6,015	22,704	256,735
특 · 광역시	2,200	432	3,043	25,509
시 · 도	18,618	2,496	11,421	122,356
군	8,682	2,576	7,345	54,402
구	799	511	895	54,468
사업수	11,190	1,583	2,537	99,370

(2) 2023년 조사결과

(단위: 건, 억원)

행정단위	민간이전 (307)			
	민간경상 사업보조 (307-02)	민간단체 법정운영비보조 (307-03)	민간행사 사업보조 (307-04)	민간위탁금 (307-05)
합 계	20,905	2,895	4,480	65,298
특 · 광역시	2,182	454	222	6,705
시 · 도	9,837	1,573	2,314	28,941
군	6,605	569	1,592	9,568
구	2,281	298	353	20,084
사업수	27,459	3,505	10,449	11,989

(단위: 건, 억원)

행정단위	민간이전 (307)		자치단체등이전 (308)	민간자본이전 (402)
	사회복지시설 법정운영비보조 (307-10)	민간인 위탁교육비 (307-12)	공기관등에대한 경상적위탁사업비 (308-10)	민간자본 사업보조자체재원 (402-01)
합 계	46,108	218	25,857	6,285
특 · 광역시	1,694	2	5,176	207
시 · 도	16,509	179	12,284	2,775
군	7,189	33	3,103	3,016
구	20,716	4	5,294	288
사업수	8,244	484	8,388	7,104

(단위: 건, 억원)

행정단위	민간자본이전 (402)		자치단체자본이전 (403)	합 계
	민간자본 사업보조이전재원 (402-02)	민간위탁 사업비 (402-03)	공기관등에대한 자본적위탁사업비 (403-02)	
합 계	28,799	4,206	22,452	227,504
특 · 광역시	6,546	238	3,037	26,462
시 · 도	16,337	1,958	10,580	103,287
군	5,400	1,480	7,976	46,532
구	516	530	860	51,224
사업수	9,147	1,039	3,008	90,816

(3) 2022년 조사결과

(단위: 건, 억원)

행정단위	민간이전 (307)			
	민간경상 사업보조 (307-02)	민간단체 법정운영비보조 (307-03)	민간행사 사업보조 (307-04)	민간위탁금 (307-05)
합 계	19,949	3,215	3,794	62,201
특 · 광역시	1,966	443	116	6,715
시 · 도	9,476	1,697	1,942	23,943
군	6,620	698	1,431	10,680
구	1,888	377	305	20,864
사업수	24,336	3,615	8,272	11,643

(단위: 건, 억원)

행정단위	민간이전 (307)		자치단체등이전 (308)	민간자본이전 (402)
	사회복지시설 법정운영비보조 (307-10)	민간인 위탁교육비 (307-12)	공기관등에대한 경상적위탁사업비 (308-10)	민간자본 사업보조자체재원 (402-01)
합 계	37,066	177	21,784	6,271
특 · 광역시	1,810	0.2	4,815	418
시 · 도	14,051	18	9,570	2,388
군	6,764	111	3,400	3,233
구	14,441	48	3,999	231
사업수	7,521	370	7,393	5,420

(단위: 건, 억원)

행정단위	민간자본이전 (402)		자치단체자본이전 (403)	합 계
	민간자본 사업보조이전재원 (402-02)	민간위탁 사업비 (402-03)	공기관등에대한 자본적위탁사업비 (403-02)	
합 계	24,046	4,124	21,544	204,171
특 · 광역시	3,246	325	2,655	22,508
시 · 도	10,457	1,249	8,408	83,199
군	9,684	2,141	9,544	54,305
구	660	409	937	44,158
사업수	8,654	1,268	2,670	81,162

(4) 2021년 조사결과

(단위: 건, 억원)

행정단위	민간이전 (307)			
	민간경상 사업보조 (307-02)	민간단체 법정운영비보조 (307-03)	민간행사 사업보조 (307-04)	민간위탁금 (307-05)
합 계	16,094	2,581	3,789	59,274
특 · 광역시	1,265	207	175	1,419
시 · 도	7,417	1,405	1,910	25,055
군	5,844	698	1,441	23,693
구	1,569	271	262	9,107
사업수	27,012	3,870	9,055	11,423

(단위: 건, 억원)

행정단위	민간이전 (307)		자치단체등이전 (308)	민간자본이전 (402)
	사회복지시설 법정운영비보조 (307-10)	민간인 위탁교육비 (307-12)	공기관등에대한 경상적위탁사업비 (308-10)	민간자본 사업보조자체재원 (402-01)
합 계	45,857	216	19,663	5,960
특 · 광역시	958	3	2,820	261
시 · 도	17,429	46	11,703	2,345
군	15,096	117	3,840	3,149
구	12,374	51	1,300	205
사업수	8,408	565	6,204	6,654

(단위: 건, 억원)

행정단위	민간자본이전 (402)		자치단체자본이전 (403)	합 계
	민간자본 사업보조이전재원 (402-02)	민간위탁 사업비 (402-03)	공기관등에대한 자본적위탁사업비 (403-02)	
합 계	19,030	3,828	18,022	194,313
특 · 광역시	392	32	505	8,036
시 · 도	9,454	1,541	7,785	86,090
군	8,771	2,063	8,924	73,637
구	413	191	808	26,550
사업수	10,951	1,485	2,737	88,364

(5) 2020년 조사결과

(단위: 건, 억원)

행정단위	민간이전 (307)			
	민간경상 사업보조 (307-02)	민간단체 법정운영비보조 (307-03)	민간행사 사업보조 (307-04)	민간위탁금 (307-05)
합 계	16,166	2,080	3,504	55,093
특 · 광역시	1,478	200	203	2,046
시 · 도	5,663	878	1,425	19,771
군	6,904	716	1,618	14,858
구	2,121	287	259	18,417
사업수	17,657	2,467	5,957	8,173

(단위: 건, 억원)

행정단위	민간이전 (307)		자치단체등이전 (308)	민간자본이전 (402)
	사회복지시설 법정운영비보조 (307-10)	민간인 위탁교육비 (307-12)	공기관등에대한 경상적위탁사업비 (308-10)	민간자본 사업보조자체재원 (402-01)
합 계	42,747	167	17,912	6,889
특 · 광역시	443	5	2,377	308
시 · 도	15,315	76	5,468	2,883
군	5,555	54	3,952	3,143
구	21,433	32	6,116	555
사업수	6,086	994	3,486	4,101

(단위: 건, 억원)

행정단위	민간자본이전 (402)		자치단체자본이전 (403)	합 계
	민간자본 사업보조이전재원 (402-02)	민간위탁 사업비 (402-03)	공기관등에대한 자본적위탁사업비 (403-02)	
합 계	21,949	3,783	18,852	189,143
특 · 광역시	693	108	1,258	9,118
시 · 도	8,438	1,074	4,744	65,735
군	10,944	1,411	12,270	61,426
구	1,874	1,190	580	52,864
사업수	7,521	1,259	2,014	59,715

■ 민·관협업 예산비목 설명

1) 민간경상사업보조(307-02)란 민간이 행하는 사업에 대하여 자치단체가 이를 권장하기 위하여 교부하는 것으로 자본적 경비를 제외한 보조금을 말함
2) 민간단체 법정운영비보조(307-03)란 지방재정법 제17조 및 제32조의2제2항에 따라 운영비를 지원할 수 있는 단체 등에 지원하는 경비를 말함
3) 민간행사사업보조(307-04)란 민간이 주관 또는 주최하는 행사에 대하여 자본적 경비를 제외한 보조금을 말함
4) 민간위탁금(307-05)이란 국가 또는 지방자치단체가 법령 및 조례에 의하여 민간인에게 위탁관리시키는 사업 중 기금성격의 사업비로서 사업이 종료되거나 위탁이 폐지될 때에는 전액 국고 또는 지방비로 회수가 가능한 사업을 말함
5) 사회복지시설 법정운영비 보조(307-10)란 주민 복지를 위해 법령의 명시적 근거에 따라 사회복지시설에 대하여 운영비 지원 목적으로 편성하는 보조금을 말함
6) 민간인위탁교육비(307-12)란 법령 또는 조례 등에 따라 자치단체 사무를 위해 민간인을 위탁교육할 경우 위탁기관에 지급할 위탁교육비를 말함
7) 공기관등에 대한 경상적 위탁사업비(308-13)란 광역사업 등 당해 자치단체가 시행하여야 할 자본형성적 사업 외의 경비를 공기관에 위임 또는 위탁, 대행하여 시행할 경우 부담하는 제반경비, 지방자치단체조합(한국지역정보개발원 등)에 위탁하는 자본 형성적 사업 외 제반 경비를 말함
8) 민간자본사업보조(자체재원)(402-01)이란 민간의 자본형성을 위하여 민간이 추진하는 사업을 권장할 목적으로 민간에게 자치단체 자체 재원으로 직접 지급하는 보조금을 말함
9) 민간자본사업보조(이전재원)(402-02)이란 민간의 자본형성을 위하여 민간이 추진하는 사업을 권장할 목적으로 민간에게 국비 또는 시도비를 시도 및 시군구에서 지급하는 보조금
10) 민간위탁사업비(402-03)란 자치단체가 직접 추진하여야 할 사업으로서 법령의 규정에 의하여 민간에 위임 또는 위탁, 대행시키는 사업의 사업비, 국가 또는 지방자치단체의 위임사무에 수반하는 경비로서 지방자치단체 이외의 타에 지급하는 교부금을 말함
11) 공기관등에 대한 자본적 위탁사업비(403-02)란 광역사업 등 당해 자치단체가 시행하여야 할 자본 형성적 사업을 공기관에 위임 또는 위탁, 대행하여 시행할 경우 부담하는 제반경비를 말함

※ 자료의 특성상 원본(엑셀) 제공은 다소 어려우나, 별도의 요청이 있는 경우 특정항목 및 특정사업에 따라 분류된 자료를 제공드릴 수 있습니다.

자료출처 : 행정안전부, 2024년도 지방자치단체 예산편성 운영기준 및 기금운용계획 수립기준 (2023. 7.)

chapter

1

민간경상사업보조 (307-02)

목 차

목 차

목 차

목 차

2024년 전국 지방자치단체 민간경상보조(307-02) 운영현황

순번	시군구	지출명 (사업명)	2024년예산 (단위 : 천원 /1년간)	민간이전 분류 (지방자치단체 세출예산 집행기준에 의거) 1. 민간경상사업보조(307-02) 2. 민간단체 법정운영비보조(307-03) 3. 민간행사사업보조(307-04) 4. 민간위탁금(307-05) 5. 사회복지시설 법정운영비보조(307-10) 6. 민간인위탁교육비(307-12) 7. 공기관등에대한경상적위탁사업비(308-13) 8. 민간자본사업보조,자체재원(402-01) 9. 민간자본사업보조,이전재원(402-02) 10. 민간위탁사업비(402-03) 11. 공기관등에 대한 자본적 위탁사업비(403-02)	민간이전지출 근거 (지방보조금 관리기준 참고) 1. 법률에 규정 2. 국고보조 재원(국가지정) 3. 용도 지정 기부금 4. 조례에 직접규정 5. 지자체가 권장하는 사업을 하는 공공기관 6. 시,도 정책 및 재정사정 7. 기타 8. 해당없음	입찰방식			운영예산 산정		성과평가 실시여부
						계약체결방법 (경쟁형태) 1. 일반경쟁 2. 제한경쟁 3. 지명경쟁 4. 수의계약 5. 법정위탁 6. 기타 ( ) 7. 없음	계약기간 1. 1년 2. 2년 3. 3년 4. 4년 5. 5년 6. 기타 ( )년 7. 단기계약 (1년미만) 8. 없음	낙찰자선정방법 1. 적격심사 2. 협상에의한계약 3. 최저가낙찰제 4. 규격가격분리 5. 2단계 경쟁입찰 6. 기타 ( ) 7. 없음	운영예산 산정 1. 내부산정 (지자체 자체적으로 산정) 2. 외부산정 (외부전문기관위탁 산정) 3. 내·외부 모두 산정 4. 산정 無 5. 없음	정산방법 1. 내부정산 (지자체 내부적으로 정산) 2. 외부정산 (외부전문기관위탁 정산) 3. 내·외부 모두 산정 4. 정산 無 5. 없음	1. 실시 2. 미실시 3. 향후 추진 4. 해당없음
1	서울특별시	기후동행카드운영	40,000,000	1	4	7	8	7	5	5	4
2	서울특별시	서울형뉴딜일자리	31,347,596	1	6	7	8	7	5	5	4
3	서울특별시	서울특별시체육회육성	14,448,108	1	1	6	8	7	1	3	1
4	서울특별시	신림선경전철재정지원	12,888,667	1	1	7	8	7	5	5	3
5	서울특별시	장애인바우처택시운영	12,614,500	1	6	7	8	7	5	5	4
6	서울특별시	서울특별시장애인체육회육성	8,376,107	1	1	7	8	7	1	1	1
7	서울특별시	안심집수리보조사업	8,140,000	1	4	7	8	7	1	1	3
8	서울특별시	서울형소아의료체계구축	7,900,000	1	1	7	8	7	5	5	4
9	서울특별시	여성새로일하기센터지정운영	7,828,300	1	2	6	8	7	1	1	1
10	서울특별시	중증응급환자공공이송체계구축	4,884,480	1	1	7	8	7	5	5	4
11	서울특별시	응급의료기관지원	4,497,300	1	2	7	8	7	5	5	4
12	서울특별시	장애인단체활동및행사지원	3,577,000	1	1	6	7	6	1	1	3
13	서울특별시	투자유치기반조성(현금지원)(국가직접지원)	3,165,000	1	1	7	8	7	5	5	4
14	서울특별시	보훈단체지원	2,952,800	1	1,4	7	8	7	1	1	1
15	서울특별시	중소기업단체협력강화	2,900,000	1	1	5	1	7	1	1	1
16	서울특별시	서울형적정외상치료체계구축	2,590,000	1	4	7	8	7	5	5	4
17	서울특별시	공공보건의료협력체계구축(운영보조)	2,555,000	1	4	7	8	7	5	5	4
18	서울특별시	다회용기이용활성화지원	2,550,000	1	2	7	8	7	5	5	4
19	서울특별시	희망의집수리사업	2,300,000	1	4	6	1	6	1	1	1
20	서울특별시	지역맞춤형일자리창출지원	2,100,000	1	1	7	8	7	1	1	1
21	서울특별시	대학일자리협력사업지원(국가직접지원)	2,000,000	1	2	7	8	7	5	5	4
22	서울특별시	1인가구병원동행서비스운영	1,942,360	1	4	7	8	7	1	3	3
23	서울특별시	취업날개서비스지원	1,925,000	1	6	7	8	7	5	5	4
24	서울특별시	권역외상센터운영지원	1,850,090	1	2	7	8	7	5	5	4
25	서울특별시	다회용컵(개인컵)이용활성화지원	1,800,000	1	2	7	8	7	5	5	4
26	서울특별시	대한노인회서울시연합회운영지원	1,728,901	1	4	7	8	7	1	1	1
27	서울특별시	소상공인온라인판로개척지원	1,650,000	1	4	2	1	6	1	3	1
28	서울특별시	서울특별시서울의료원운영보조	1,645,599	1	1	7	8	7	5	5	4
29	서울특별시	택시운행정보통신비등	1,600,000	1	6	7	8	7	1	1	1
30	서울특별시	여가스포츠활성화	1,530,500	1	1	7	8	7	1	1	1
31	서울특별시	비영리민간단체공익활동등지원	1,500,000	1	1	7	8	7	5	5	4
32	서울특별시	학교우유급식지원	1,471,668	1	2	7	8	7	5	5	4
33	서울특별시	서울지역노동단체지원	1,403,000	1	4	7	8	7	1	3	1
34	서울특별시	북한이탈주민지역적응센터운영	1,311,000	1	2	2	3	7	2	3	1
35	서울특별시	장애인건강보건전달체계구축(국비)	1,132,332	1	1	7	8	7	5	5	4
36	서울특별시	청년과함께하는서울형강소기업육성지원	1,100,000	1	4	7	8	7	1	1	4
37	서울특별시	정보취약계층정보격차해소(장애인정보통신보조기기보급)	1,096,076	1	2	6	8	7	5	1	1

순번	시군구	지출명 (사업명)	2024년예산 (단위 : 천원 /1년간)	민간이전 분류 (지방자치단체 세출예산 집행기준에 의거) 1. 민간경상사업보조(307-02) 2. 민간단체 법정운영비보조(307-03) 3. 민간행사사업보조(307-04) 4. 민간위탁금(307-05) 5. 사회복지시설 법정운영비보조(307-10) 6. 민간인위탁교육비(307-12) 7. 공기관등에대한경상적위탁사업비(308-13) 8. 민간자본사업보조,자체재원(402-01) 9. 민간자본사업보조,이전재원(402-02) 10. 민간위탁사업비(402-03) 11. 공기관등에 대한 자본적 위탁사업비(403-02)	민간이전지출 근거 (지방보조금 관리기준 참고) 1. 법률에 규정 2. 국고보조 재원(국가지정) 3. 용도 지정 기부금 4. 조례에 직접규정 5. 지자체가 권장하는 사업을 하는 공공기관 6. 시,도 정책 및 재정사정 7. 기타 8. 해당없음	입찰방식: 계약체결방법 (경쟁형태) 1. 일반경쟁 2. 제한경쟁 3. 지명경쟁 4. 수의계약 5. 법정위탁 6. 기타 ( ) 7. 없음	입찰방식: 계약기간 1. 1년 2. 2년 3. 3년 4. 4년 5. 5년 6. 기타 ( )년 7. 단기계약 (1년미만) 8. 없음	입찰방식: 낙찰자선정방법 1. 적격심사 2. 협상에의한계약 3. 최저가낙찰제 4. 규격가격분리 5. 2단계 경쟁입찰 6. 기타 ( ) 7. 없음	운영예산 산정: 운영예산 산정 1. 내부산정 (지자체 자체적으로 산정) 2. 외부산정 (외부전문기관위탁 산정) 3. 내·외부 모두 산정 4. 산정 無 5. 없음	운영예산 산정: 정산방법 1. 내부정산 (지자체 내부적으로 정산) 2. 외부정산 (외부전문기관위탁 정산) 3. 내·외부 모두 산정 4. 정산 無 5. 없음	성과평가 실시여부 1. 실시 2. 미실시 3. 향후 추진 4. 해당없음
38	서울특별시	생활체육서울시민리그(S리그)운영	1,060,000	1	1	7	8	7	1	1	1
39	서울특별시	서울지역인적자원개발위원회운영지원	1,002,860	1	1	7	8	7	1	1	1
40	서울특별시	통합정신건강증진사업	1,000,000	1	2	7	8	7	5	5	4
41	서울특별시	영상물서울촬영유치및활성화지원	984,200	1	4	5	3	1	1	2	1
42	서울특별시	고효율창호간편시공추진	900,000	1	4	7	8	7	5	5	4
43	서울특별시	권역정신응급의료센터운영	890,000	1	2	7	8	7	5	5	4
44	서울특별시	서울형정신응급의료체계운영	822,000	1	1	7	8	7	5	5	4
45	서울특별시	연극창작환경개선지원	810,000	1	1	7	8	7	5	5	4
46	서울특별시	관광취약계층대상여행활동지원	800,000	1	4	5	1	6	1	1	1
47	서울특별시	결핵관리보건소결핵관리(국비)	741,438	1	1	7	8	7	5	5	4
48	서울특별시	어르신교육문화활성화	730,651	1	6	7	1	1	1	1	1
49	서울특별시	서울형시민공감응급실운영	720,858	1	4	7	8	7	5	5	4
50	서울특별시	천연가스버스보급활성화지원사업	716,000	1	6	7	8	7	5	5	4
51	서울특별시	저소득층금연치료지원	703,810	1	2	7	8	7	5	5	4
52	서울특별시	서울관광거버넌스운영	700,000	1	1,4	7	8	7	5	5	4
53	서울특별시	서울특별시장기종목별체육대회개최	700,000	1	1	7	8	7	1	1	1
54	서울특별시	대학생천원의아침밥지원(국가직접지원)	690,530	1	4	6	1	6	1	1	1
55	서울특별시	자율주행자동차시범운행지구조성및운영	683,653	1	4	7	8	7	1	1	4
56	서울특별시	서울시민체육대축전운영	683,608	1	1	7	8	7	1	1	1
57	서울특별시	장애인생활체육지도자배치및활동지원	660,484	1	1	7	8	7	1	1	1
58	서울특별시	안심고시원지원사업	654,000	1	4	7	8	7	3	1	1
59	서울특별시	서울창조경제혁신센터운영지원(국가직접지원)	650,000	1	4	7	8	7	5	5	4
60	서울특별시	악취방지및저감사업	630,000	1	2	1	8	7	1	1	1
61	서울특별시	글로벌강소기업육성(국가직접지원)	600,000	1	4	7	8	7	1	1	4
62	서울특별시	북한이탈주민정착지원	565,000	1	1	7	8	7	1	1	4
63	서울특별시	서울시권역형환경보건센터운영	561,272	1	4	2	7	7	1	1	1
64	서울특별시	중소기업산업디자인개발지원	560,000	1	1	7	8	7	5	5	4
65	서울특별시	야생동물구조관리센터운영	549,000	1	4	7	8	7	5	5	4
66	서울특별시	국가지정입원치료병상시설장비유지비	521,000	1	1	2	3	1	1	1	1
67	서울특별시	저소득장애인주거편의지원(집수리)사업	520,000	1	2	7	8	7	5	5	4
68	서울특별시	운수종사자연수기관교육지원	508,101	1	4	1	6	1	1	1	2
69	서울특별시	서울관광시장다변화사업	497,200	1	4	5	8	7	5	5	4
70	서울특별시	재난거점병원운영지원(국비)	462,200	1	4	5	1	6	1	1	1
71	서울특별시	장애친화산부인과운영지원	450,000	1	2	7	8	7	5	5	4
72	서울특별시	외투기업고용(교육훈련)보조금지원	440,000	1	1	7	8	7	5	5	4
73	서울특별시	장애인거주시설자립생활강화	440,000	1	1,4	7	8	7	5	5	4
74	서울특별시	시민안보의식함양	436,110	1	1	1	1	1	1	1	2
75	서울특별시	관광스타트업육성지원	430,000	1	1	7	8	7	5	5	1
76	서울특별시	서울녹색환경지원센터운영지원(국가직접지원)	418,000	1	4	5	1	6	1	1	1
77	서울특별시	다문화가족자녀성장지원	405,000	1	2	7	8	7	3	1	4

순번	시군구	지출명 (사업명)	2024년예산 (단위 : 천원 /1년간)	민간이전 분류 (지방자치단체 세출예산 집행기준에 의거)	민간이전지출 근거 (지방보조금 관리기준 참고)	입찰방식			운영예산 산정		성과평가 실시여부
				1. 민간경상사업보조(307-02) 2. 민간단체 법정운영비보조(307-03) 3. 민간행사사업보조(307-04) 4. 민간위탁금(307-05) 5. 사회복지시설 법정운영비보조(307-10) 6. 민간인위탁교육비(307-12) 7. 공기관등에대한경상적위탁사업비(308-13) 8. 민간자본사업보조,자체재원(402-01) 9. 민간자본사업보조,이전재원(402-02) 10. 민간위탁사업비(402-03) 11. 공기관등에 대한 자본적 위탁사업비(403-02)	1. 법률에 규정 2. 국고보조 재원(국가지정) 3. 용도 지정 기부금 4. 조례에 직접규정 5. 지자체가 권장하는 사업을 하는 공공기관 6. 시,도 정책 및 재정사정 7. 기타 8. 해당없음	계약체결방법 (경쟁형태) 1. 일반경쟁 2. 제한경쟁 3. 지명경쟁 4. 수의계약 5. 법정위탁 6. 기타 ( ) 7. 없음	계약기간 1. 1년 2. 2년 3. 3년 4. 4년 5. 5년 6. 기타 ( )년 7. 단기계약 (1년미만) 8. 없음	낙찰자선정방법 1. 적격심사 2. 협상에의한계약 3. 최저가낙찰제 4. 규격가격분리 5. 2단계 경쟁입찰 6. 기타 ( ) 7. 없음	운영예산 산정 1. 내부산정 (지자체 자체적으로 산정) 2. 외부산정 (외부전문기관위탁 산정) 3. 내·외부 모두 산정 4. 산정 無 5. 없음	정산방법 1. 내부정산 (지자체 내부적으로 정산) 2. 외부정산 (외부전문기관위탁 정산) 3. 내·외부 모두 산정 4. 정산 無 5. 없음	1. 실시 2. 미실시 3. 향후 추진 4. 해당없음
78	서울특별시	녹색서울실천사업운영	400,000	1	1	6	7	6	5	5	1
79	서울특별시	국악분야예술강사지원	390,398	1	2	7	8	7	5	5	4
80	서울특별시	장애인후원결연사업지원	385,013	1	6	1	3	1	1	1	1
81	서울특별시	지방문화원육성지원	353,800	1	1	5	8	7	1	3	4
82	서울특별시	난임우울증상담센터설치운영	338,000	1	2	7	8	7	5	5	4
83	서울특별시	유기동물안락사제로화	331,705	1	4,7	7	8	7	5	5	4
84	서울특별시	사회복지협의회지원	331,054	1	1	6	8	7	1	1	2
85	서울특별시	국민운동단체등지원	302,420	1	1	7	8	7	5	5	4
86	서울특별시	소비자단체보조금지원	300,000	1	1	7	8	7	1	1	1
87	서울특별시	서울형창작극장운영	300,000	1	1	7	8	7	5	5	4
88	서울특별시	서울시응급의료체계구축	291,229	1	4	7	8	7	5	5	4
89	서울특별시	U18국제축구	290,000	1	4	7	8	7	5	5	4
90	서울특별시	운수종사자연수기관운영및교육지원	286,000	1	1,4	7	8	7	1	1	2
91	서울특별시	다문화가족사회통합지원	280,000	1	4	1	1	1	1	1	2
92	서울특별시	관광특구활성화및환대분위기조성	280,000	1	4	5	1	6	1	1	1
93	서울특별시	투자유치기반조성(서비스형외투지역임대료지원)	279,371	1	1	7	8	7	5	5	4
94	서울특별시	결핵관리보건소결핵관리(자체)	270,000	1	1	7	8	7	5	5	4
95	서울특별시	아동학대예방및대응추진	254,860	1	6	4	1	2	1	1	1
96	서울특별시	재난거점병원운영지원(자체)	253,500	1	4	7	8	7	5	5	4
97	서울특별시	서울시응급의료지원단운영지원	250,000	1	2	7	8	7	5	5	4
98	서울특별시	서울에너지플러스운영	240,000	1	4	6	3	6	5	5	1
99	서울특별시	도시제조업지원	237,000	1	1	7	8	7	1	1	4
100	서울특별시	장애청소년미술교육지원	225,000	1	4	7	8	7	5	5	4
101	서울특별시	전통시장상인역량강화및조직활성화지원	200,000	1	1	7	8	7	4	3	1
102	서울특별시	웰니스관광육성	200,000	1	4	7	8	7	5	5	4
103	서울특별시	서울시위기임산부통합지원	196,370	1	4	7	8	7	5	5	4
104	서울특별시	서울응급의료지원센터운영지원(국비)	195,400	1	2	7	8	7	5	5	4
105	서울특별시	야간공연관람권운영	195,000	1	1	7	8	7	5	5	4
106	서울특별시	사립박물관미술관활성화지원	190,000	1	4	7	8	7	5	5	4
107	서울특별시	서울지역상생관광활성화	188,671	1	4	6	3	6	1	1	3
108	서울특별시	서울마라톤대회지원	180,000	1	1	7	8	7	1	1	1
109	서울특별시	서울,초록물들이기프로젝트	180,000	1	7	7	8	7	5	5	4
110	서울특별시	비료가격안정지원	175,203	1	1	7	7	7	1	1	4
111	서울특별시	생활체육지도자배치및활동지원	172,000	1	1	7	8	7	1	1	1
112	서울특별시	국악활성화	150,000	1	1	4	1	7	1	3	1
113	서울특별시	지역특성및수요자맞춤형문해교육활성화	150,000	1	1	7	8	7	5	5	4
114	서울특별시	정보취약계층정보격차해소(장애인정보화교육)	147,000	1	2	6	8	7	5	1	1
115	서울특별시	구조및응급처치교육(국비)	140,000	1	2	7	8	7	5	5	4
116	서울특별시	일반국민찾아가는폭력예방교육	129,394	1	2	3	3	1	1	1	3
117	서울특별시	다문화가족맞춤형돌봄서비스제공	129,060	1	4	1	1	1	1	1	2

순번	시군구	지출명 (사업명)	2024년예산 (단위 : 천원 /1년간)	민간이전 분류 (지방자치단체 세출예산 집행기준에 의거) 1. 민간경상사업보조(307-02) 2. 민간단체 법정운영비보조(307-03) 3. 민간행사사업보조(307-04) 4. 민간위탁금(307-05) 5. 사회복지시설 법정운영비보조(307-10) 6. 민간인위탁교육비(307-12) 7. 공기관등에대한경상적위탁사업비(308-13) 8. 민간자본사업보조,자체재원(402-01) 9. 민간자본사업보조,이전재원(402-02) 10. 민간위탁사업비(402-03) 11. 공기관등에 대한 자본적 위탁사업비(403-02)	민간이전지출 근거 (지방보조금 관리기준 참고) 1. 법률에 규정 2. 국고보조 재원(국가지정) 3. 용도 지정 기부금 4. 조례에 직접규정 5. 지자체가 권장하는 사업을 하는 공공기관 6. 시,도 정책 및 재정사정 7. 기타 8. 해당없음	입찰방식 계약체결방법 (경쟁형태) 1. 일반경쟁 2. 제한경쟁 3. 지명경쟁 4. 수의계약 5. 법정위탁 6. 기타 ( ) 7. 없음	계약기간 1. 1년 2. 2년 3. 3년 4. 4년 5. 5년 6. 기타 ( )년 7. 단기계약 (1년미만) 8. 없음	낙찰자선정방법 1. 적격심사 2. 협상에의한계약 3. 최저가낙찰제 4. 규격가격분리 5. 2단계 경쟁입찰 6. 기타 ( ) 7. 없음	운영예산 산정 운영예산 산정 1. 내부산정 (지자체 자체적으로 산정) 2. 외부산정 (외부전문기관위탁 산정) 3. 내·외부 모두 산정 4. 산정 無 5. 없음	정산방법 1. 내부정산 (지자체 내부적으로 정산) 2. 외부정산 (외부전문기관위탁 정산) 3. 내·외부 모두 산정 4. 정산 無 5. 없음	성과평가 실시여부 1. 실시 2. 미실시 3. 향후 추진 4. 해당없음
118	서울특별시	안전망병원운영	120,000	1	4	7	8	7	5	5	4
119	서울특별시	범죄피해자보호지원	112,000	1	1,4	7	8	7	1	1	1
120	서울특별시	아동학대전담의료기관활성화지원사업	100,000	1	2	4	1	2	1	1	1
121	서울특별시	농업재해보험지원(국가직접지원)	100,000	1	1	7	7	7	1	1	4
122	서울특별시	산업특정개발진흥지구운영	100,000	1	4	7	8	7	5	5	4
123	서울특별시	서울문학진흥활성화	100,000	1	4	7	8	7	5	5	4
124	서울특별시	236서울하계올림픽유치준비	100,000	1	7	7	8	7	5	5	4
125	서울특별시	장기기증및헌혈장려	100,000	1	4	7	8	7	5	5	4
126	서울특별시	자율방범연합회지원	100,000	1	1	7	1	7	1	1	3
127	서울특별시	자원봉사코디네이터지원육성	99,600	1	2	7	8	7	5	5	4
128	서울특별시	자전거안전교육	98,000	1	1	2	1	1	1	2	1
129	서울특별시	신진미술인지원프로그램	96,250	1	6	7	8	7	1	1	1
130	서울특별시	전통문화발굴및계승지원	96,000	1	6	7	7	7	1	1	1
131	서울특별시	초기난임부부지원사업	95,000	1	4	7	8	7	5	5	4
132	서울특별시	재난심리회복지원	92,200	1	2	7	8	7	5	1	3
133	서울특별시	유해약물안전관리	91,000	1	4	7	8	7	5	5	4
134	서울특별시	디지털성범죄예방및피해자지원	87,000	1	4	1	1	1	1	1	3
135	서울특별시	재난응급의료무선통신망운영(국비)	83,144	1	2	7	8	7	5	5	4
136	서울특별시	청년후계농영농정착지원	74,286	1	2	1	1	1	1	1	1
137	서울특별시	자동심장충격기보급관리(자체)	70,000	1	4	7	8	7	5	5	4
138	서울특별시	이주민인권보호및생활지원	60,000	1	4	7	8	7	1	1	1
139	서울특별시	마약류중독자치료보호(자체)	60,000	1	4	7	8	7	5	5	4
140	서울특별시	非OECD국가학교지원육성	50,000	1	4	7	1	7	5	5	4
141	서울특별시	학교형태평생교육시설(학력미인정)프로그램운영지원	50,000	1	1	7	8	7	5	5	4
142	서울특별시	자연환경보전활동지원	50,000	1	7	7	8	7	5	5	4
143	서울특별시	종합사회복지관운영	40,000	1	5	7	1	7	1	1	4
144	서울특별시	저출생극복지역네트워크구축사업지원	39,530	1	2	7	8	7	5	5	4
145	서울특별시	한국전쟁전후민간인희생자위령사업	28,000	1	2	7	8	7	5	5	4
146	서울특별시	재난피해자회복치유프로그램	25,400	1	2	7	8	7	5	1	3
147	서울특별시	정신재활시설운영보조	25,000	1	4	7	8	7	5	5	4
148	서울특별시	전세버스등운수종사자교육비지원	19,000	1	1	7	8	7	1	1	4
149	서울특별시	공중화장실시설운영관리수준향상	12,200	1	4	7	8	7	5	5	4
150	서울특별시	재가노인복지시설운영	10,000	1	4	7	1	2	1	1	1
151	서울특별시	마장축산물식육정형사육성사업	10,000	1	2	7	8	7	1	1	1
152	서울특별시	아동안전보호	8,000	1	6	7	8	7	5	5	4
153	서울특별시	노사민정협의회운영활성화	5,600	1	1	5	8	7	1	3	1
154	서울특별시	후계농업경영인육성	900	1	2	1	1	1	1	1	1
155	서울특별시	축산물이력제실시	144	1	2	7	8	7	5	5	4
156	서울 성동구	ESG실천공모사업	500,000	1	4	7	8	7	5	5	4
157	서울 성동구	의료기관결핵환자관리지원	75,366	1	2	7	8	7	5	2	4

순번	시군구	지출명 (사업명)	2024년예산 (단위 : 천원 /1년간)	민간이전 분류 (지방자치단체 세출예산 집행기준에 의거) 1. 민간경상사업보조(307-02) 2. 민간단체 법정운영비보조(307-03) 3. 민간행사사업보조(307-04) 4. 민간위탁금(307-05) 5. 사회복지시설 법정운영비보조(307-10) 6. 민간인위탁교육비(307-12) 7. 공기관등에대한경상적위탁사업비(308-13) 8. 민간자본사업보조,자체재원(402-01) 9. 민간자본사업보조,이전재원(402-02) 10. 민간위탁사업비(402-03) 11. 공기관등에 대한 자본적 위탁사업비(403-02)	민간이전지출 근거 (지방보조금 관리기준 참고) 1. 법률에 규정 2. 국고보조 재원(국가지정) 3. 용도 지정 기부금 4. 조례에 직접규정 5. 지자체가 권장하는 사업을 하는 공공기관 6. 시,도 정책 및 재정사정 7. 기타 8. 해당없음	입찰방식			운영예산 산정		성과평가 실시여부
						계약체결방법 (경쟁형태) 1. 일반경쟁 2. 제한경쟁 3. 지명경쟁 4. 수의계약 5. 법정위탁 6. 기타 ( ) 7. 없음	계약기간 1. 1년 2. 2년 3. 3년 4. 4년 5. 5년 6. 기타 ( )년 7. 단기계약 (1년미만) 8. 없음	낙찰자선정방법 1. 적격심사 2. 협상에의한계약 3. 최저가낙찰제 4. 규격가격분리 5. 2단계 경쟁입찰 6. 기타 ( ) 7. 없음	운영예산 산정 1. 내부산정 (지자체 자체적으로 산정) 2. 외부산정 (외부전문기관위탁 산정) 3. 내·외부 모두 산정 4. 산정 無 5. 없음	정산방법 1. 내부정산 (지자체 내부적으로 정산) 2. 외부정산 (외부전문기관위탁 정산) 3. 내·외부 모두 산정 4. 정산 無 5. 없음	1. 실시 2. 미실시 3. 향후 추진 4. 해당없음
158	서울 성동구	안보의식고양사업분야지원	7,300	1	4	7	8	7	5	5	4
159	서울 성동구	마음건강검진및상담지원사업	7,000	1	6	7	8	7	3	3	1
160	서울 성동구	건축물석면슬레이트처리지원	6,520	1	2	7	8	7	5	5	4
161	서울 성동구	시민안전활성화분야지원	6,500	1	4	7	8	7	5	5	4
162	서울 성동구	신재생에너지보급촉진	6,500	1	7	7	8	7	5	5	4
163	서울 성동구	교통대책활성화지원	6,480	1	4	5	8	7	1	1	1
164	서울 성동구	교통대책활성화지원	6,480	1	4	5	8	7	1	1	1
165	서울 성동구	환경보호분야민간단체지원	6,000	1	8	7	8	7	5	5	4
166	서울 성동구	보육사업활성화지원	3,000	1	4	7	8	7	1	1	2
167	서울 광진구	전통시장경영현대화지원	263,466	1	1	7	8	7	5	5	4
168	서울 광진구	광진문화원지원	177,500	1	1,4	7	8	7	3	1	4
169	서울 광진구	장년층사회공헌일자리지원	157,045	1	1,4	7	8	7	1	1	1
170	서울 광진구	의료기관결핵환자관리지원사업	147,060	1	7	7	8	7	5	2	1
171	서울 광진구	사회단체운영효율성제고	144,725	1	1	7	8	7	1	1	1
172	서울 광진구	문화센터및문화예술단체지원	116,764	1	4	7	8	7	1	1	1
173	서울 광진구	성인문해교육기관지원	116,000	1	1,2,4	6	1	6	3	1	1
174	서울 광진구	미래교육지구사업운영	110,000	1	4	7	8	7	1	1	1
175	서울 광진구	지역기반광진청년혁신성장지원	105,126	1	2	6	2	6	1	1	4
176	서울 광진구	민관협력을통한지역사회보장협의체운영	88,240	1	1	7	8	7	1	1	4
177	서울 광진구	여성단체활동지원	83,435	1	1	7	8	7	1	1	1
178	서울 광진구	장애인단체지원	70,000	1	7	7	8	7	1	1	4
179	서울 광진구	응급의료기관지원	65,000	1	2	7	1	7	5	5	4
180	서울 광진구	노인회유지관리및행사지원	62,500	1	1,4	7	8	7	1	1	1
181	서울 광진구	지역상권활성화및특화사업지원	60,000	1	4	7	8	7	1	1	1
182	서울 광진구	생생문화유산사업	52,500	1	2	7	8	7	5	5	4
183	서울 광진구	광진구체육회운영지원	52,500	1	4	7	8	7	1	1	4
184	서울 광진구	지역문화유산교육활성화사업	52,000	1	2	7	7	7	5	5	4
185	서울 광진구	생활밀착형소규모시설맞춤형이동식경사로설치및지원	50,000	1	7	1	1	1	1	1	1
186	서울 광진구	독서진흥을위한작은도서관활성화지원	48,000	1	4	7	8	7	1	1	1
187	서울 광진구	범죄피해자지원	45,000	1	4	7	8	7	1	1	1
188	서울 광진구	광진구장애인체육회운영지원	43,000	1	4	7	8	7	1	1	4
189	서울 광진구	지역경제네트워크거버넌스운영	40,000	1	4	7	8	7	1	1	1
190	서울 광진구	장년층인생이모작프로그램지원	40,000	1	1,4	7	8	7	1	1	1
191	서울 광진구	양성평등정책비전추진	40,000	1	1	7	8	7	1	1	1
192	서울 광진구	지역혁신광진청년일자리창출	39,423	1	2	6	2	6	1	1	1
193	서울 광진구	대중교통대책지원(교통봉사단체지원)	32,638	1	7	6	7	1	1	1	4
194	서울 광진구	민주평화통일자문회의지원	30,400	1	1	7	8	7	1	1	1
195	서울 광진구	천원의아침밥지원사업	30,000	1	4	7	8	7	5	5	4
196	서울 광진구	일상학습관프로그램공모	30,000	1	4	6	1	6	1	1	1
197	서울 광진구	의료관련감염병예방관리지원	30,000	1	2	7	8	7	5	3	1

순번	시군구	지출명 (사업명)	2024년예산 (단위 : 천원 /1년간)	민간이전 분류 (지방자치단체 세출예산 집행기준에 의거) 1. 민간경상사업보조(307-02) 2. 민간단체 법정운영비보조(307-03) 3. 민간행사사업보조(307-04) 4. 민간위탁금(307-05) 5. 사회복지시설 법정운영비보조(307-10) 6. 민간인위탁교육비(307-12) 7. 공기관등에대한경상적위탁사업비(308-13) 8. 민간자본사업보조,자체재원(402-01) 9. 민간자본사업보조,이전재원(402-02) 10. 민간위탁사업비(402-03) 11. 공기관등에 대한 자본적 위탁사업비(403-02)	민간이전지출 근거 (지방보조금 관리기준 참고) 1. 법률에 규정 2. 국고보조 재원(국가지정) 3. 용도 지정 기부금 4. 조례에 직접규정 5. 지자체가 권장하는 사업을 하는 공공기관 6. 시,도 정책 및 재정사정 7. 기타 8. 해당없음	입찰방식: 계약체결방법 (경쟁형태) 1. 일반경쟁 2. 제한경쟁 3. 지명경쟁 4. 수의계약 5. 법정위탁 6. 기타 ( ) 7. 없음	입찰방식: 계약기간 1. 1년 2. 2년 3. 3년 4. 4년 5. 5년 6. 기타 ( )년 7. 단기계약 (1년미만) 8. 없음	입찰방식: 낙찰자선정방법 1. 적격심사 2. 협상에의한계약 3. 최저가낙찰제 4. 규격가격분리 5. 2단계 경쟁입찰 6. 기타 ( ) 7. 없음	운영예산 산정: 운영예산 산정 1. 내부산정 (지자체 자체적으로 산정) 2. 외부산정 (외부전문기관위탁 산정) 3. 내·외부 모두 산정 4. 산정 無 5. 없음	운영예산 산정: 정산방법 1. 내부정산 (지자체 내부적으로 정산) 2. 외부정산 (외부전문기관위탁 정산) 3. 내·외부 모두 산정 4. 정산 無 5. 없음	성과평가 실시여부 1. 실시 2. 미실시 3. 향후 추진 4. 해당없음
198	서울 광진구	전통시장주차환경개선사업	24,638	1	2	7	8	7	5	5	4
199	서울 광진구	구립도서관스터디공간개방	20,000	1	5	7	8	7	5	5	4
200	서울 광진구	어린이집교사연수지원	18,000	1	6	7	8	7	4	1	1
201	서울 광진구	안전사회단체활동지원	16,525	1	4	7	8	7	1	1	3
202	서울 광진구	청소년육성정책	14,860	1	1,4	1	1	1	1	1	1
203	서울 광진구	민주평화통일자문회의지원	14,600	1	1	7	8	7	1	1	1
204	서울 광진구	평생학습동아리활동지원	14,000	1	1	6	1	6	1	1	1
205	서울 광진구	공동주택관리및지원	12,000	1	4	7	8	7	1	1	1
206	서울 광진구	민간단체활성화지원	11,550	1	4	6	8	7	1	1	1
207	서울 광진구	환경모범도시광진	8,000	1	4	7	8	7	1	1	1
208	서울 광진구	주요감염병표본감시운영경비	1,680	1	2	7	8	7	1	1	1
209	서울 동대문구	사회질서확립등활동사업	192,350	1	2	7	8	7	5	1	4
210	서울 동대문구	주민자치회운영지원	140,000	1	4	7	8	7	1	1	1
211	서울 동대문구	탄소중립지원센터운영	100,000	1	4	7	8	7	1	1	1
212	서울 동대문구	전통시장화재공제가입지원	81,027	1	2	2	6	1	2	1	3
213	서울 동대문구	음악・미술창의인재양성교육지원	80,000	1	6	7	8	7	5	5	4
214	서울 동대문구	민간의료기관결핵관리사업지원	73,530	1	1	7	8	7	1	1	1
215	서울 동대문구	민간의료기관결핵관리사업지원	73,530	1	2	7	8	7	5	5	4
216	서울 동대문구	성인문해교육지원사업	66,000	1	2	7	8	7	5	5	4
217	서울 동대문구	청년취업해Dream사업	60,000	1	1	7	8	7	5	5	4
218	서울 동대문구	공동상품개발	55,000	1	4	7	8	7	5	5	4
219	서울 동대문구	경력단절여성동일자리지원	50,000	1	1	7	8	7	1	1	1
220	서울 동대문구	교통안전봉사활동지원	49,000	1	4	7	8	7	1	1	1
221	서울 동대문구	서울북부범죄피해자지원센터	45,000	1	4	1	1	1	1	1	1
222	서울 동대문구	특성화시장육성사업	40,000	1	1	7	8	7	1	1	1
223	서울 동대문구	청년활동지원사업	40,000	1	1,6	7	8	7	5	5	4
224	서울 동대문구	문화원사업	39,000	1	4	7	8	7	5	5	4
225	서울 동대문구	청년도전지원사업	39,000	1	2	7	8	7	1	1	1
226	서울 동대문구	민주평화통일자문회의구협의회	35,000	1	2	7	8	7	5	5	4
227	서울 동대문구	동대문구상공회지원	30,000	1	1	7	8	7	1	1	1
228	서울 동대문구	사립작은도서관지원	28,500	1	1	7	8	7	1	1	3
229	서울 동대문구	시장경영패키지지원	23,040	1	4	7	8	7	5	5	4
230	서울 동대문구	동대문구소상공인회지원	20,000	1	1,6	7	8	7	5	5	4
231	서울 동대문구	시장경영패키지(자부담포함)	18,720	1	7	7	8	7	1	1	3
232	서울 동대문구	양성평등기금지원사업	18,000	1	1,6	7	8	7	5	5	4
233	서울 동대문구	북한이탈주민정착지원사업	16,500	1	4	7	7	7	1	1	4
234	서울 동대문구	지방음식특화거리및향토음식점건학	15,000	1	4	7	8	7	1	1	1
235	서울 동대문구	마을공동체주민제안사업지원	15,000	1	1,4	7	8	7	1	1	4
236	서울 동대문구	사회봉사활동지원	13,000	1	4	7	8	7	1	1	1
237	서울 동대문구	찾아가는체육활동및체육단체지원	12,000	1	1	7	8	7	5	5	4

순번	시군구	지출명 (사업명)	2024년예산 (단위 : 천원 /1년간)	민간이전 분류 (지방자치단체 세출예산 집행기준에 의거)	민간이전지출 근거 (지방보조금 관리기준 참고)	입찰방식			운영예산 산정		성과평가 실시여부
				1. 민간경상사업보조(307-02) 2. 민간단체 법정운영비보조(307-03) 3. 민간행사사업보조(307-04) 4. 민간위탁금(307-05) 5. 사회복지시설 법정운영비보조(307-10) 6. 민간인위탁교육비(307-12) 7. 공기관등에대한경상적위탁사업비(308-13) 8. 민간자본사업보조,자체재원(402-01) 9. 민간자본사업보조,이전재원(402-02) 10. 민간위탁사업비(402-03) 11. 공기관등에 대한 자본적 위탁사업비(403-02)	1. 법률에 규정 2. 국고보조 재원(국가지정) 3. 용도 지정 기부금 4. 조례에 직접규정 5. 지자체가 권장하는 사업을 하는 공공기관 6. 시,도 정책 및 재정사정 7. 기타 8. 해당없음	계약체결방법 (경쟁형태) 1. 일반경쟁 2. 제한경쟁 3. 지명경쟁 4. 수의계약 5. 법정위탁 6. 기타 ( ) 7. 없음	계약기간 1. 1년 2. 2년 3. 3년 4. 4년 5. 5년 6. 기타 ( )년 7. 단기계약 (1년미만) 8. 없음	낙찰자선정방법 1. 적격심사 2. 협상에의한계약 3. 최저가낙찰제 4. 규격가격분리 5. 2단계 경쟁입찰 6. 기타 ( ) 7. 없음	운영예산 산정 1. 내부산정 (지자체 자체적으로 산정) 2. 외부산정 (외부전문기관위탁 산정) 3. 내·외부 모두 산정 4. 산정 無 5. 없음	정산방법 1. 내부정산 (지자체 내부적으로 정산) 2. 외부정산 (외부전문기관위탁 정산) 3. 내·외부 모두 산정 4. 정산 無 5. 없음	1. 실시 2. 미실시 3. 향후 추진 4. 해당없음
238	서울 동대문구	동물보호활동보조금지원	12,000	1	4	1	1	1	1	1	1
239	서울 동대문구	성인비문해자와함께하는시민교육	10,400	1	4	7	8	7	5	5	4
240	서울 동대문구	마을기업육성사업	10,000	1	2	7	8	7	1	1	4
241	서울 동대문구	의료관련감염병감시및예방관리	10,000	1	2	7	8	7	5	5	4
242	서울 동대문구	우수자원봉사프로그램	10,000	1	4	7	8	7	5	5	4
243	서울 동대문구	저탄소생활시천사업	7,000	1	4	7	8	7	5	5	4
244	서울 동대문구	경동시장주차장이용료보조	6,240	1	1,6	7	8	7	5	5	4
245	서울 동대문구	국내박람회참여기업지원	6,000	1	1	7	8	7	1	1	3
246	서울 동대문구	문화학교운영	5,000	1	4	7	8	7	1	1	1
247	서울 동대문구	독서동아리지원	5,000	1	4	7	8	7	5	5	4
248	서울 동대문구	(예비)사회적기업전문인력지원	750	1	2	7	8	7	1	1	1
249	서울 중랑구	주민자치회운영	240,000	1	4	7	8	7	1	1	1
250	서울 중랑구	영구임대주택공동관리비지원	217,400	1	1,4	7	8	7	1	1	4
251	서울 중랑구	응급의료기관지원	172,800	1	2	7	7	7	5	5	4
252	서울 중랑구	골목형상점가경영현대화사업	130,600	1	7	7	8	7	5	5	4
253	서울 중랑구	전통시장경영현대화사업	126,400	1	1	7	8	7	5	5	4
254	서울 중랑구	사회적기업지원사업	57,516	1	1	7	7	1	1	1	1
255	서울 중랑구	범죄피해지원센터지원	45,000	1	1	7	8	7	1	1	1
256	서울 중랑구	마을기업육성	30,000	1	2	7	8	1	1	1	1
257	서울 중랑구	민주평화통일자문회의지원	29,000	1	4	7	8	7	1	1	1
258	서울 중랑구	안심장비지원사업	29,000	1	4	7	8	7	1	1	1
259	서울 중랑구	여성단체활동지원	25,000	1	4	2	1	1	1	1	1
260	서울 중랑구	전시회참가기업지원	16,000	1	4	7	7	1	1	1	1
261	서울 중랑구	여성일자리지원사업	10,000	1	4	2	1	1	1	1	1
262	서울 중랑구	음식문화개선을위한벤치마킹견학지원	4,500	1	7	7	8	7	5	5	4
263	서울 성북구	주민주도자치계획실행	455,380	1	4	7	1	7	1	1	4
264	서울 성북구	공공급식지원사업	410,400	1	4,6	7	8	7	1	1	4
265	서울 성북구	공동주택커뮤니티지원사업	400,000	1	4	7	8	7	5	5	4
266	서울 성북구	사회단체지원	180,000	1	4	7	8	7	1	1	1
267	서울 성북구	성북동문화재야행	175,000	1	1	7	8	7	3	3	1
268	서울 성북구	의료기관결핵환자관리지원	147,060	1	1	7	8	7	5	1	1
269	서울 성북구	(예비)사회적기업일자리창출	115,896	1	1	7	8	7	5	5	4
270	서울 성북구	전통시장육성지원	87,600	1	1	7	8	7	1	1	3
271	서울 성북구	안전한마을품틈새돌봄사업지원	72,000	1	7	7	8	7	5	5	4
272	서울 성북구	다양한가족지원사업및건강증진사업	65,500	1	4	7	1	7	1	1	1
273	서울 성북구	새마을문고운영및지원	65,000	1	4	7	8	7	1	1	1
274	서울 성북구	지역주도형청년일자리사업	61,805	1	7	6	1	7	1	1	2
275	서울 성북구	범죄피해자지원센터지원	60,000	1	1	7	8	7	1	1	1
276	서울 성북구	2024년디지털전통시장육성사업	55,900	1	1	7	8	7	5	5	4
277	서울 성북구	여성단체사업지원	54,900	1	4	7	8	7	5	5	4

순번	시군구	지출명 (사업명)	2024년예산 (단위 : 천원 /1년간)	민간이전 분류 (지방자치단체 세출예산 집행기준에 의거) 1. 민간경상사업보조(307-02) 2. 민간단체 법정운영비보조(307-03) 3. 민간행사사업보조(307-04) 4. 민간위탁금(307-05) 5. 사회복지시설 법정운영비보조(307-10) 6. 민간인위탁교육비(307-12) 7. 공기관등에대한경상적위탁사업비(308-13) 8. 민간자본사업보조,자체재원(402-01) 9. 민간자본사업보조,이전재원(402-02) 10. 민간위탁사업비(402-03) 11. 공기관등에 대한 자본적 위탁사업비(403-02)	민간이전지출 근거 (지방보조금 관리기준 참고) 1. 법률에 규정 2. 국고보조 재원(국가지정) 3. 용도 지정 기부금 4. 조례에 직접규정 5. 지자체가 권장하는 사업을 하는 공공기관 6. 시,도 정책 및 재정사정 7. 기타 8. 해당없음	입찰방식 계약체결방법 (경쟁형태) 1. 일반경쟁 2. 제한경쟁 3. 지명경쟁 4. 수의계약 5. 법정위탁 6. 기타 ( ) 7. 없음	입찰방식 계약기간 1. 1년 2. 2년 3. 3년 4. 4년 5. 5년 6. 기타 ( )년 7. 단기계약 (1년미만) 8. 없음	입찰방식 낙찰자선정방법 1. 적격심사 2. 협상에의한계약 3. 최저가낙찰제 4. 규격가격분리 5. 2단계 경쟁입찰 6. 기타 ( ) 7. 없음	운영예산 산정 운영예산 산정 1. 내부산정 (지자체 자체적으로 산정) 2. 외부산정 (외부전문기관위탁 산정) 3. 내·외부 모두 산정 4. 산정 無 5. 없음	운영예산 산정 정산방법 1. 내부정산 (지자체 내부적으로 정산) 2. 외부정산 (외부전문기관위탁 정산) 3. 내·외부 모두 산정 4. 정산 無 5. 없음	성과평가 실시여부 1. 실시 2. 미실시 3. 향후 추진 4. 해당없음
278	서울 성북구	민주평통자문회의지원	50,000	1	1	7	8	7	5	5	4
279	서울 성북구	고택종갓집활용사업	50,000	1	2	7	8	7	5	5	4
280	서울 성북구	생생문화유산활용사업	50,000	1	2	7	8	7	5	5	4
281	서울 성북구	독서문화커뮤니티복합공간운영및관리	47,200	1	4	7	8	7	1	1	1
282	서울 성북구	마을공동체사업	40,000	1	4	7	8	7	5	5	4
283	서울 성북구	성북문화원지원	37,750	1	1	7	8	7	1	1	1
284	서울 성북구	평생교육프로그램운영	35,000	1	4	7	8	7	5	5	4
285	서울 성북구	교육환경개선사업	30,000	1	7	7	8	7	5	5	4
286	서울 성북구	학력신장프로그램운영	30,000	1	7	7	8	7	5	5	4
287	서울 성북구	신산업지원	27,000	1	4	1	1	1	1	1	4
288	서울 성북구	공유도시추진및활성화	25,000	1	4	7	8	7	5	5	4
289	서울 성북구	자원봉사자양성및활동지원	24,000	1	4	6	1	6	1	1	1
290	서울 성북구	안전한생활도로개선	24,000	1	4	7	8	7	5	5	4
291	서울 성북구	경로당냉난방비및양곡비지원	20,520	1	1	7	8	7	1	1	4
292	서울 성북구	장애인복지분야사회단체구정참여사업	20,000	1	1	1	7	7	1	1	1
293	서울 성북구	아동청소년어울마당운영	20,000	1	8	7	8	7	5	5	4
294	서울 성북구	지속가능한성북추진운영	18,000	1	4	7	8	7	5	5	4
295	서울 성북구	책읽는성북운영활성화	18,000	1	4	7	8	7	1	1	1
296	서울 성북구	대한노인회성북구지회활성화사업	16,000	1	1	7	8	7	1	1	4
297	서울 성북구	성북구마을기록화사업	15,900	1	1	7	8	7	5	5	4
298	서울 성북구	학습동아리활성화지원사업	15,000	1	4	7	8	7	5	5	4
299	서울 성북구	청소년선도보호활동	8,000	1	8	7	8	7	5	5	4
300	서울 성북구	지진안전시설물인증지원사업	7,200	1	2	7	8	7	5	5	4
301	서울 성북구	주민주도건기운동활성화	5,000	1	4	7	8	7	5	5	4
302	서울 성북구	노인복지분야사회단체구정참여	4,000	1	1	7	8	7	1	1	4
303	서울 성북구	공동주택관리지원	4,000	1	1,4	7	8	7	5	5	4
304	서울 성북구	산림및녹지유지관리	3,800	1	4	7	8	7	1	1	1
305	서울 성북구	표본감시운영경비	2,400	1	2	7	8	7	5	5	4
306	서울 성북구	아동위원협의회운영	2,000	1	8	7	8	7	5	5	4
307	서울 강북구	전통시장활성화지원	526,100	1	1	7	8	7	1	1	4
308	서울 강북구	주민자치회활성화지원	390,000	1	4	7	8	7	1	1	4
309	서울 강북구	영구임대주택지원사업	265,865	1	1	7	8	7	1	1	4
310	서울 강북구	생활체육활동지원	240,300	1	1	7	8	7	1	1	4
311	서울 강북구	지역상권활성화및특화거리지원	162,000	1	4	7	8	7	1	1	4
312	서울 강북구	민간단체육성지원	154,000	1	4	7	8	7	1	1	1
313	서울 강북구	강북구민한마음체육대회	143,000	1	1	7	8	7	1	1	4
314	서울 강북구	보훈단체지원및관리	113,964	1	1	7	8	7	1	1	1
315	서울 강북구	강북미래교육지구추진	80,000	1	1	7	8	7	1	1	1
316	서울 강북구	민간에대한지원	76,290	1	4	7	8	7	1	1	1
317	서울 강북구	청년도전프로젝트지원	65,000	1	4	7	8	7	1	1	4

순번	시군구	지출명 (사업명)	2024년예산 (단위 : 천원 /1년간)	민간이전 분류 (지방자치단체 세출예산 집행기준에 의거) 1. 민간경상사업보조(307-02) 2. 민간단체 법정운영비보조(307-03) 3. 민간행사사업보조(307-04) 4. 민간위탁금(307-05) 5. 사회복지시설 법정운영비보조(307-10) 6. 민간인위탁교육비(307-12) 7. 공기관등에대한경상적위탁사업비(308-13) 8. 민간자본사업보조,자체재원(402-01) 9. 민간자본사업보조,이전재원(402-02) 10. 민간위탁사업비(402-03) 11. 공기관등에 대한 자본적 위탁사업비(403-02)	민간이전지출 근거 (지방보조금 관리기준 참고) 1. 법률에 규정 2. 국고보조 재원(국가지정) 3. 용도 지정 기부금 4. 조례에 직접규정 5. 지자체가 권장하는 사업을 하는 공공기관 6. 시,도 정책 및 재정사정 7. 기타 8. 해당없음	입찰방식 계약체결방법 (경쟁형태) 1. 일반경쟁 2. 제한경쟁 3. 지명경쟁 4. 수의계약 5. 법정위탁 6. 기타 ( ) 7. 없음	입찰방식 계약기간 1. 1년 2. 2년 3. 3년 4. 4년 5. 5년 6. 기타 ( )년 7. 단기계약 (1년미만) 8. 없음	입찰방식 낙찰자선정방법 1. 적격심사 2. 협상에의한계약 3. 최저가낙찰제 4. 규격가격분리 5. 2단계 경쟁입찰 6. 기타 ( ) 7. 없음	운영예산 산정 운영예산 산정 1. 내부산정 (지자체 자체적으로 산정) 2. 외부산정 (외부전문기관위탁 산정) 3. 내·외부 모두 산정 4. 산정 無 5. 없음	운영예산 산정 정산방법 1. 내부정산 (지자체 내부적으로 정산) 2. 외부정산 (외부전문기관위탁 정산) 3. 내·외부 모두 산정 4. 정산 無 5. 없음	성과평가 실시여부 1. 실시 2. 미실시 3. 향후 추진 4. 해당없음
318	서울 강북구	희망일자리플랫폼운영	64,000	1	4	7	8	7	5	5	4
319	서울 강북구	구체육진흥발전사업	50,410	1	1	7	8	7	1	1	4
320	서울 강북구	예술및종교단체지원	49,700	1	1	7	8	7	1	1	1
321	서울 강북구	생활속다산사상	45,000	1	1	7	8	7	1	1	1
322	서울 강북구	마을공동체지원사업	40,000	1	4	7	8	7	5	5	4
323	서울 강북구	강북구상공회경영지원	40,000	1	1	7	8	7	1	1	1
324	서울 강북구	강북도시농업체험장운영	40,000	1	4	7	8	7	1	1	3
325	서울 강북구	음식물류폐기물감량화사업	40,000	1	4	7	8	7	5	5	4
326	서울 강북구	적치가구주거환경개선지원	35,600	1	4	7	8	7	5	5	4
327	서울 강북구	지역기반형교육복지특별지원사업	30,000	1	1	7	8	7	1	1	1
328	서울 강북구	1인가구지원사업	30,000	1	4	7	8	7	5	5	3
329	서울 강북구	장애인생활체육활동지원	29,880	1	1	7	8	7	1	1	1
330	서울 강북구	자원봉사캠프운영	27,300	1	4	7	7	7	1	1	1
331	서울 강북구	전통시장화재공제가입	23,262	1	1	7	8	7	1	1	4
332	서울 강북구	작은도서관운영지원	20,000	1	4	7	8	7	3	1	4
333	서울 강북구	대한노인회강북구지회활성화	19,934	1	4	7	8	7	1	1	1
334	서울 강북구	아동위원협의회아동복지사업지원	19,584	1	1	7	8	7	1	1	1
335	서울 강북구	대중교통이용활성화	17,450	1	4	1	7	6	1	1	1
336	서울 강북구	평생학습관운영	14,000	1	4	6	6	7	1	1	1
337	서울 강북구	아동청소년관련단체활동지원	13,000	1	1	6	8	1	1	1	1
338	서울 강북구	마을기업육성지원	12,500	1	2	7	8	7	5	5	4
339	서울 강북구	성인문자해득교육프로그램운영지원	12,000	1	1	6	6	7	1	1	1
340	서울 강북구	강북구소상공인관련단체활동사업지원	12,000	1	4	7	8	7	1	1	1
341	서울 강북구	공동주택공동체활성화사업	12,000	1	1	7	8	7	1	1	4
342	서울 강북구	무형문화유산보존	10,000	1	1	7	8	7	1	1	1
343	서울 강북구	공예문화산업육성및활성화사업	10,000	1	4	7	8	7	5	5	4
344	서울 강북구	민간단체환경보전활동지원	10,000	1	4	7	8	7	1	1	1
345	서울 강북구	강북나눔플러스행복자원봉사의날운영	8,770	1	4	7	8	7	1	1	1
346	서울 강북구	여성권익향상활동지원	8,479	1	4	7	8	7	1	1	1
347	서울 강북구	마을활력소운영지원	8,000	1	4	7	8	7	5	5	4
348	서울 강북구	어린이,청소년,여성축구(풋살)교실운영	6,800	1	1	7	8	7	1	1	1
349	서울 강북구	북한이탈주민정착지원	5,000	1	4	7	8	7	1	1	1
350	서울 강북구	(예비)사회적기업지원(일자리창출)	4,418	1	2	6	7	6	1	1	1
351	서울 강북구	청소년유해환경개선활동	4,300	1	1	6	7	6	1	1	1
352	서울 강북구	통학로어린이교통지도사업지원	4,000	1	4	7	8	7	1	1	4
353	서울 강북구	자원봉사활동지원	2,865	1	4	7	8	7	1	1	1
354	서울 도봉구	생활체육동호인단체지원	339,317	1	1	7	8	7	1	1	1
355	서울 도봉구	공공급식이용시설급식지원	300,048	1	7	7	8	7	5	5	4
356	서울 도봉구	전통시장활성화지원	299,576	1	1	6	8	6	5	1	4
357	서울 도봉구	도봉문화원활성화지원	210,600	1	1	7	8	7	1	1	4

순번	시군구	지출명 (사업명)	2024년예산 (단위 : 천원 /1년간)	민간이전 분류 (지방자치단체 세출예산 집행기준에 의거) 1. 민간경상사업보조(307-02) 2. 민간단체 법정운영비보조(307-03) 3. 민간행사사업보조(307-04) 4. 민간위탁금(307-05) 5. 사회복지시설 법정운영비보조(307-10) 6. 민간인위탁교육비(307-12) 7. 공기관등에대한경상적위탁사업비(308-13) 8. 민간자본사업보조,자체재원(402-01) 9. 민간자본사업보조,이전재원(402-02) 10. 민간위탁사업비(402-03) 11. 공기관등에 대한 자본적 위탁사업비(403-02)	민간이전지출 근거 (지방보조금 관리기준 참고) 1. 법률에 규정 2. 국고보조 재원(국가지정) 3. 용도 지정 기부금 4. 조례에 직접규정 5. 지자체가 권장하는 사업을 하는 공공기관 6. 시,도 정책 및 재정사정 7. 기타 8. 해당없음	입찰방식 계약체결방법 (경쟁형태) 1. 일반경쟁 2. 제한경쟁 3. 지명경쟁 4. 수의계약 5. 법정위탁 6. 기타 ( ) 7. 없음	입찰방식 계약기간 1. 1년 2. 2년 3. 3년 4. 4년 5. 5년 6. 기타 ( )년 7. 단기계약 (1년미만) 8. 없음	입찰방식 낙찰자선정방법 1. 적격심사 2. 협상에의한계약 3. 최저가낙찰제 4. 규격가격분리 5. 2단계 경쟁입찰 6. 기타 ( ) 7. 없음	운영예산 산정 운영예산 산정 1. 내부산정 (지자체 자체적으로 산정) 2. 외부산정 (외부전문기관위탁 산정) 3. 내·외부 모두 산정 4. 산정 無 5. 없음	운영예산 산정 정산방법 1. 내부정산 (지자체 내부적으로 정산) 2. 외부정산 (외부전문기관위탁 정산) 3. 내·외부 모두 산정 4. 정산 無 5. 없음	성과평가 실시여부 1. 실시 2. 미실시 3. 향후 추진 4. 해당없음
358	서울 도봉구	동지역사회보장협의체운영	166,800	1	4	7	8	7	1	1	4
359	서울 도봉구	비영리단체활성화	163,000	1	1	6	7	7	1	1	1
360	서울 도봉구	체육행사참가및지원	148,000	1	1	7	8	7	1	1	1
361	서울 도봉구	장애인체육활동지원	69,000	1	1	7	8	7	1	1	1
362	서울 도봉구	국가보훈대상자및보훈단체지원	64,260	1	1	7	8	7	1	1	3
363	서울 도봉구	영재교육지원	60,000	1	1	7	8	7	1	1	1
364	서울 도봉구	민간복지거점기관운영	52,500	1	1	7	8	7	1	1	4
365	서울 도봉구	장애인복지일반	50,000	1	1	6	1	1	1	1	1
366	서울 도봉구	민간에대한지원	37,400	1	1,4	7	8	7	1	1	1
367	서울 도봉구	의료기관결핵환자관리지원(도봉구의료기관결핵환자관리지원)	36,765	1	2	7	8	7	5	5	4
368	서울 도봉구	동평생학습센터운영	35,000	1	1,4	7	8	7	1	1	4
369	서울 도봉구	템플스테이지원	34,000	1	6	7	8	7	5	5	4
370	서울 도봉구	여성유아축구교실운영	32,100	1	1	7	8	7	1	1	1
371	서울 도봉구	도봉구소상공인회운영지원	31,753	1	4	6	8	7	1	1	1
372	서울 도봉구	도봉구상공회운영지원	30,285	1	1	6	8	7	1	1	1
373	서울 도봉구	지역자원연계교육협력사업추진	30,000	1	4	7	8	7	5	5	4
374	서울 도봉구	지역기반형교육복지협력사업	30,000	1	1	7	8	7	5	5	4
375	서울 도봉구	평생교육프로그램공모지원	26,000	1	1,4	7	8	7	5	5	4
376	서울 도봉구	청소년방과후활동풋살교실운영	22,400	1	1	7	8	7	1	1	1
377	서울 도봉구	경로당활성화지원	20,980	1	1	7	8	7	1	1	4
378	서울 도봉구	장애인평생교육활성화사업운영	20,000	1	1,4	7	8	7	1	1	3
379	서울 도봉구	도봉양말판매지원센터조성및공동브랜드개발	20,000	1	4	7	8	7	5	5	4
380	서울 도봉구	환경관련단체지원	19,600	1	4	7	8	7	5	5	4
381	서울 도봉구	성인문해교육운영지원	16,000	1	1,2,4	7	8	7	5	5	4
382	서울 도봉구	교통안전관련단체지원	14,300	1	1	6	7	6	5	1	2
383	서울 도봉구	어린이방과후활동축구교실운영	13,600	1	1	7	8	7	1	1	1
384	서울 도봉구	해병대도봉전우회보조금지원	13,000	1	1	7	8	7	1	1	1
385	서울 도봉구	엘리트체육특기지원	13,000	1	1	7	8	7	1	1	1
386	서울 도봉구	영국사유구보존및도봉서원중건	11,000	1	4	7	8	7	1	1	4
387	서울 도봉구	1인가구정책사업공모	10,000	1	4	6	1	7	1	1	1
388	서울 도봉구	구지역사회보장협의체운영	9,000	1	1	5	1	7	1	1	1
389	서울 도봉구	청소년참여예산제운영	8,300	1	1	6	1	6	1	1	1
390	서울 도봉구	도봉소방서의용소방대지원	5,000	1	4	7	1	7	1	1	4
391	서울 도봉구	추석맞이귀성차량무료안전점검	5,000	1	4	7	8	7	5	5	4
392	서울 도봉구	여성배구교실운영	3,800	1	1	7	8	7	1	1	1
393	서울 도봉구	청소년보호활동및표창	3,600	1	4	7	3	1	1	1	1
394	서울 도봉구	작은도서관지원	2,000	1	5	7	8	7	1	1	1
395	서울 도봉구	직장내체육동호인단체지원	1,000	1	1	7	8	7	1	1	1
396	서울 노원구	영구임대아파트등단지내공동관리비지원	1,071,631	1	4,6	7	8	7	5	5	4
397	서울 노원구	청년도전지원사업	457,400	1	2	1	1	1	1	1	3

순번	시군구	지출명 (사업명)	2024년예산 (단위 : 천원 /1년간)	민간이전 분류 (지방자치단체 세출예산 집행기준에 의거) 1. 민간경상사업보조(307-02) 2. 민간단체 법정운영비보조(307-03) 3. 민간행사사업보조(307-04) 4. 민간위탁금(307-05) 5. 사회복지시설 법정운영비보조(307-10) 6. 민간인위탁교육비(307-12) 7. 공기관등에대한경상적위탁사업비(308-13) 8. 민간자본사업보조,자체재원(402-01) 9. 민간자본사업보조,이전재원(402-02) 10. 민간위탁사업비(402-03) 11. 공기관등에 대한 자본적 위탁사업비(403-02)	민간이전지출 근거 (지방보조금 관리기준 참고) 1. 법률에 규정 2. 국고보조 재원(국가지정) 3. 용도 지정 기부금 4. 조례에 직접규정 5. 지자체가 권장하는 사업을 하는 공공기관 6. 시,도 정책 및 재정사정 7. 기타 8. 해당없음	입찰방식 계약체결방법 (경쟁형태) 1. 일반경쟁 2. 제한경쟁 3. 지명경쟁 4. 수의계약 5. 법정위탁 6. 기타 ( ) 7. 없음	입찰방식 계약기간 1. 1년 2. 2년 3. 3년 4. 4년 5. 5년 6. 기타 ( )년 7. 단기계약 (1년미만) 8. 없음	입찰방식 낙찰자선정방법 1. 적격심사 2. 협상에의한계약 3. 최저가낙찰제 4. 규격가격분리 5. 2단계 경쟁입찰 6. 기타 ( ) 7. 없음	운영예산 산정 운영예산 산정 1. 내부산정 (지자체 자체적으로 산정) 2. 외부산정 (외부전문기관위탁 산정) 3. 내·외부 모두 산정 4. 산정 無 5. 없음	운영예산 산정 정산방법 1. 내부정산 (지자체 내부적으로 정산) 2. 외부정산 (외부전문기관위탁 정산) 3. 내·외부 모두 산정 4. 정산 無 5. 없음	성과평가 실시여부 1. 실시 2. 미실시 3. 향후 추진 4. 해당없음
398	서울 노원구	민간단체공익활동지원사업	448,363	1	1,4	7	8	7	1	1	1
399	서울 노원구	주민자치회지원사업	399,000	1	4	7	8	7	1	1	4
400	서울 노원구	노원노동복지센터	324,857	1	6	1	2	1	1	1	1
401	서울 노원구	노원형(지역주도형)청년일자리사업	218,051	1	2	2	2	1	1	1	4
402	서울 노원구	노원구지역사회보장협의체운영	180,608	1	1	7	7	7	5	5	4
403	서울 노원구	의료기관결핵환자관리지원	147,060	1	2	7	8	7	5	3	4
404	서울 노원구	의료기관결핵환자관리지원	147,060	1	2	7	8	7	5	3	4
405	서울 노원구	의료기관결핵환자관리지원	147,060	1	2	7	8	7	5	3	4
406	서울 노원구	작은도서관운영	120,600	1	1,4	7	8	7	1	1	1
407	서울 노원구	노란우산희망장려금지원	110,000	1	4	7	8	7	5	5	4
408	서울 노원구	동네배움터운영지원	105,515	1	1,4	6	1	6	1	1	1
409	서울 노원구	노원구동주민복지협의회운영	95,000	1	6	2	1	1	1	1	1
410	서울 노원구	사회적기업발굴및지원	89,063	1	2	7	8	7	5	1	4
411	서울 노원구	생활체육교실운영	71,690	1	4	7	8	7	1	1	4
412	서울 노원구	노원구집수리센터	50,000	1	4	1	3	1	1	1	3
413	서울 노원구	노원퓨처로드	50,000	1	5	6	7	6	1	1	3
414	서울 노원구	청소년축제	48,860	1	5	1	7	1	1	1	3
415	서울 노원구	공동주택공동체활성화지원사업	45,444	1	1,4	7	8	7	5	1	1
416	서울 노원구	북부범죄피해자지원센터지원	40,000	1	1,4	7	8	7	1	1	4
417	서울 노원구	아파트협의회지원	40,000	1	1,4	7	8	7	5	1	4
418	서울 노원구	민간자율방역단지원	38,346	1	1,4	6	1	1	1	1	1
419	서울 노원구	공동주택음식물쓰레기대형감량기자체운영사업지원	35,028	1	4	7	8	7	1	1	1
420	서울 노원구	성인문해교육지원	18,000	1	1,4	6	1	6	3	1	3
421	서울 노원구	양성평등기금운용	18,000	1	4	6	7	6	1	1	1
422	서울 노원구	상공회운영지원	16,380	1	4	7	8	7	2	2	1
423	서울 노원구	공공도서관직영운영운영위원회	14,400	1	1,4	7	8	7	1	1	3
424	서울 노원구	운동하러노원가게운영	13,000	1	4	7	8	7	1	1	3
425	서울 노원구	청년참여예산공모사업	12,000	1	6	7	8	7	5	5	4
426	서울 노원구	도시농업시설체험교육지원	10,000	1	4	7	8	7	1	1	1
427	서울 노원구	공예창작지원센터조성지원사업(공모선정)	9,000	1	2	4	3	7	1	1	3
428	서울 노원구	전통시장활성화	8,400	1	4	7	8	7	1	1	4
429	서울 노원구	전통시장화재공제가입지원	5,500	1	1	7	8	7	1	1	4
430	서울 노원구	유기질비료지원	3,737	1	1,2	7	8	7	1	1	1
431	서울 노원구	아파트온라인투표지원	2,800	1	1,4	7	8	7	5	1	1
432	서울 은평구	중장년새출발퇴직자등맞춤형일자리지원	367,629	1	1,4	7	8	7	1	1	1
433	서울 은평구	민간단체지원	366,400	1	4	7	8	7	1	1	3
434	서울 은평구	서울국제어린이영화제개최	321,300	1	7	6	8	7	1	1	2
435	서울 은평구	은평구체육회지원	247,464	1	4	5	8	7	1	1	1
436	서울 은평구	의제발굴및주민총회운영	197,600	1	4	7	8	7	1	1	2
437	서울 은평구	은평형영유아마음건강돌봄시스템구축	164,500	1	7	1	1	1	1	1	1

순번	시군구	지출명 (사업명)	2024년예산 (단위 : 천원 /1년간)	민간이전 분류 (지방자치단체 세출예산 집행기준에 의거) 1. 민간경상사업보조(307-02) 2. 민간단체 법정운영비보조(307-03) 3. 민간행사사업보조(307-04) 4. 민간위탁금(307-05) 5. 사회복지시설 법정운영비보조(307-10) 6. 민간인위탁교육비(307-12) 7. 공기관등에대한경상적위탁사업비(308-13) 8. 민간자본사업보조,자체재원(402-01) 9. 민간자본사업보조,이전재원(402-02) 10. 민간위탁사업비(402-03) 11. 공기관등에 대한 자본적 위탁사업비(403-02)	민간이전지출 근거 (지방보조금 관리기준 참고) 1. 법률에 규정 2. 국고보조 재원(국가지정) 3. 용도 지정 기부금 4. 조례에 직접규정 5. 지자체가 권장하는 사업을 하는 공공기관 6. 시,도 정책 및 재정사정 7. 기타 8. 해당없음	입찰방식 계약체결방법 (경쟁형태) 1. 일반경쟁 2. 제한경쟁 3. 지명경쟁 4. 수의계약 5. 법정위탁 6. 기타 ( ) 7. 없음	입찰방식 계약기간 1. 1년 2. 2년 3. 3년 4. 4년 5. 5년 6. 기타 ( )년 7. 단기계약 (1년미만) 8. 없음	입찰방식 낙찰자선정방법 1. 적격심사 2. 협상에의한계약 3. 최저가낙찰제 4. 규격가격분리 5. 2단계 경쟁입찰 6. 기타 ( ) 7. 없음	운영예산 산정 운영예산 산정 1. 내부산정 (지자체 자체적으로 산정) 2. 외부산정 (외부전문기관위탁 산정) 3. 내·외부 모두 산정 4. 산정 無 5. 없음	운영예산 산정 정산방법 1. 내부정산 (지자체 내부적으로 정산) 2. 외부정산 (외부전문기관위탁 정산) 3. 내·외부 모두 산정 4. 정산 無 5. 없음	성과평가 실시여부 1. 실시 2. 미실시 3. 향후 추진 4. 해당없음
438	서울 은평구	4050새도약인턴십프로그램	153,672	1	1,4	7	8	7	1	1	1
439	서울 은평구	공동주택활성화	139,200	1	1	7	8	7	5	5	4
440	서울 은평구	민관학교육협력지원	131,000	1	4	7	7	7	3	1	1
441	서울 은평구	유소년엘리트축구단육성지원	129,500	1	4	5	8	7	1	1	1
442	서울 은평구	청년일자리사업	129,068	1	2,4	7	8	7	5	5	4
443	서울 은평구	AI기반교통약자최적이동경로안내서비스구축	112,500	1	2	7	8	7	2	2	3
444	서울 은평구	LED간판개선사업	100,000	1	4	7	7	7	1	1	1
445	서울 은평구	소규모자영업자LED간판설치지원사업	100,000	1	4	7	7	7	1	1	4
446	서울 은평구	지역사회보장협의체운영	97,900	1	7	7	8	7	1	1	3
447	서울 은평구	지역상권활성화	96,000	1	1,4	7	8	7	1	5	3
448	서울 은평구	문해교육지원사업운영	90,000	1	4	7	8	7	1	1	1
449	서울 은평구	지역응급의료기관지원	86,400	1	1	7	8	7	5	5	1
450	서울 은평구	지역산업맞춤형일자리창출지원사업(일자리대상인센티브)	75,000	1	1	7	8	7	5	5	4
451	서울 은평구	주민자치회운영지원	68,000	1	4	7	8	7	1	1	2
452	서울 은평구	전통시장및상점가문화행사지원	55,000	1	4	7	8	7	1	1	3
453	서울 은평구	여성능력개발및취업지원	53,000	1	5	7	1	7	1	1	4
454	서울 은평구	지역문화예술교류및지원	50,000	1	7	6	8	7	1	1	2
455	서울 은평구	취약계층반려동물의료비지원	50,000	1	8	7	8	7	5	1	4
456	서울 은평구	지역상권활성화	40,000	1	4	7	8	7	1	5	3
457	서울 은평구	의료기관결핵환자관리사업	37,684	1	2	6	1	6	3	2	1
458	서울 은평구	은평청소년마을학교운영	30,000	1	4	1	7	1	1	1	1
459	서울 은평구	자원봉사센터운영	29,250	1	4	7	7	7	1	1	1
460	서울 은평구	구공원시설유지관리	28,397	1	4	4	1	7	1	1	1
461	서울 은평구	사랑의김장나누기	27,200	1	4	7	8	7	1	1	3
462	서울 은평구	작은도서관운영비지원	25,400	1	4	7	8	7	1	1	1
463	서울 은평구	희희낙락은평에서놀자(구어르신놀이지도자양성사업)	25,320	1	6	7	8	7	1	1	4
464	서울 은평구	평생학습도시조성	25,000	1	4	7	8	7	1	1	1
465	서울 은평구	건축물안전관리	22,000	1	8	7	8	7	5	4	4
466	서울 은평구	마을기업육성사업	20,000	1	2	7	8	7	5	5	4
467	서울 은평구	보훈단체지원	18,204	1	1	7	8	7	1	1	1
468	서울 은평구	韓문화체험특구활성화	18,000	1	6	6	7	7	1	1	3
469	서울 은평구	은평구장애인체육회지원	12,400	1	4	5	8	7	1	1	1
470	서울 은평구	급성감염병예방관리및방역소독	10,240	1	4	7	1	7	1	1	1
471	서울 은평구	기후위기대응환경교육및실천문화확산	10,000	1	1,4	7	8	7	5	5	4
472	서울 은평구	은평문화원지원	8,500	1	1	7	8	7	1	1	4
473	서울 은평구	공유확산	6,000	1	4	7	8	7	1	1	3
474	서울 은평구	청소년유해환경감시단지원(청소년유해감시단운영)	5,940	1	2	7	8	7	1	1	1
475	서울 은평구	친환경농자재지원(전환사업)	836	1	1	4	7	6	1	1	4
476	서울 서대문구	청년벤처발굴및육성	500,000	1	6	1	1	2	5	2	1
477	서울 서대문구	청년역량강화지원사업	457,400	1	2	7	8	7	3	2	1

순번	시군구	지출명 (사업명)	2024년예산 (단위 : 천원 /1년간)	민간이전 분류 (지방자치단체 세출예산 집행기준에 의거) 1. 민간경상사업보조(307-02) 2. 민간단체 법정운영비보조(307-03) 3. 민간행사사업보조(307-04) 4. 민간위탁금(307-05) 5. 사회복지시설 법정운영비보조(307-10) 6. 민간인위탁교육비(307-12) 7. 공기관등에대한경상적위탁사업비(308-13) 8. 민간자본사업보조,자체재원(402-01) 9. 민간자본사업보조,이전재원(402-02) 10. 민간위탁사업비(402-03) 11. 공기관등에 대한 자본적 위탁사업비(403-02)	민간이전지출 근거 (지방보조금 관리기준 참고) 1. 법률에 규정 2. 국고보조 재원(국가지정) 3. 용도 지정 기부금 4. 조례에 직접규정 5. 지자체가 권장하는 사업을 하는 공공기관 6. 시,도 정책 및 재정사정 7. 기타 8. 해당없음	입찰방식 계약체결방법 (경쟁형태) 1. 일반경쟁 2. 제한경쟁 3. 지명경쟁 4. 수의계약 5. 법정위탁 6. 기타 ( ) 7. 없음	입찰방식 계약기간 1. 1년 2. 2년 3. 3년 4. 4년 5. 5년 6. 기타 ( )년 7. 단기계약 (1년미만) 8. 없음	입찰방식 낙찰자선정방법 1. 적격심사 2. 협상에의한계약 3. 최저가낙찰제 4. 규격가격분리 5. 2단계 경쟁입찰 6. 기타 ( ) 7. 없음	운영예산 산정 운영예산 산정 1. 내부산정 (지자체 자체적으로 산정) 2. 외부산정 (외부전문기관위탁 산정) 3. 내·외부 모두 산정 4. 산정 無 5. 없음	운영예산 산정 정산방법 1. 내부정산 (지자체 내부적으로 정산) 2. 외부정산 (외부전문기관위탁 정산) 3. 내·외부 모두 산정 4. 정산 無 5. 없음	성과평가 실시여부 1. 실시 2. 미실시 3. 향후 추진 4. 해당없음
478	서울 서대문구	의료기관결핵환자관리지원	220,590	1	2	7	8	7	5	5	4
479	서울 서대문구	공동주택안전점검및관리비용지원	150,000	1	1,4	7	8	7	1	5	2
480	서울 서대문구	생활체육육성및대회지원	119,900	1	1	7	8	7	1	1	1
481	서울 서대문구	노인회지회운영지원	119,866	1	1,4	7	8	7	1	1	4
482	서울 서대문구	커넥티드돌봄시스템구축사업(과학기술활용지역문제해결사업)	112,500	1	2	7	7	7	5	1	1
483	서울 서대문구	응급의료기관지원	86,400	1	1	7	8	7	5	5	4
484	서울 서대문구	손떨림방지재활프로그램개발사업(과학기술활용지역문제해결사업)	82,500	1	2	7	7	7	5	1	1
485	서울 서대문구	새마을부녀회활동지원	68,000	1	1	7	8	7	1	1	1
486	서울 서대문구	공동주택안전점검및관리비용지원	60,000	1	1,4	7	8	7	1	1	3
487	서울 서대문구	청년벤처발굴및육성	55,000	1	6	1	7	2	5	1	1
488	서울 서대문구	청년벤처성장고도화	55,000	1	6	6	7	1	5	1	1
489	서울 서대문구	청소년활동단체보조금지원	50,000	1	4	1	7	1	1	1	4
490	서울 서대문구	여성능력개발	47,610	1	1	7	8	7	1	1	1
491	서울 서대문구	재향군인회육성및활동지원	31,000	1	1	7	8	7	1	1	1
492	서울 서대문구	청년활동지원	30,000	1	1	7	8	7	5	5	4
493	서울 서대문구	지역사회보장협의체운영	29,170	1	1	7	8	7	1	1	1
494	서울 서대문구	(예비)사회적기업지원(일자리창출)	26,000	1	2	6	1	7	5	1	1
495	서울 서대문구	시니어기자단운영	20,000	1	4	5	1	1	1	1	2
496	서울 서대문구	의료관련감염병예방관리사업	20,000	1	2	7	8	7	5	5	4
497	서울 서대문구	키즈스테이션운영	10,000	1	1	7	8	7	1	1	1
498	서울 서대문구	공동주택안전점검및관리비용지원	10,000	1	1,4	7	8	7	1	5	1
499	서울 마포구	마포구체육단체위탁사업	216,400	1	1	7	8	7	3	1	1
500	서울 마포구	국민운동지원단체활성화(민간단체사업비지원)	179,890	1	1	7	8	7	1	1	4
501	서울 마포구	종목별생활체육대회개최및지원	168,000	1	1	6	7	3	1	1	1
502	서울 마포구	보훈단체지원(보훈9개단체사업비지원)	129,563	1	8	7	8	7	1	1	1
503	서울 마포구	살기좋은마을만들기	100,000	1	8	7	8	7	1	1	1
504	서울 마포구	마포자람	100,000	1	8	7	8	7	1	1	3
505	서울 마포구	장애인복지단체지원(사업지원,및장애인작업장개보수지원)	90,430	1	1	6	1	6	1	1	1
506	서울 마포구	마포구미래교육지구추진	80,000	1	1	7	8	6	1	1	1
507	서울 마포구	대한노인회마포구지회운영지원(경로당어르신건강증진및문화증진활동지원)	78,215	1	8	7	8	7	1	1	3
508	서울 마포구	영어캠프운영	70,000	1	8	7	8	2	1	1	4
509	서울 마포구	마포구체육단체지원(운영비및인건비)	65,446	1	1	7	8	7	3	1	1
510	서울 마포구	마포구민을위한포용무용교육서비스(주민참여예산)	60,000	1	1	6	1	6	1	1	1
511	서울 마포구	마포문화관광협의회운영지원(사업비지원)	60,000	1	4	7	8	7	5	5	4
512	서울 마포구	1인가구지원사업	50,000	1	8	7	8	7	1	1	4
513	서울 마포구	마포문화관광협의회운영지원(운영비지원)	40,000	1	4	7	8	7	5	5	4
514	서울 마포구	여성친화도시조성사업(양성평등기금)	35,000	1	1	7	8	7	1	1	1
515	서울 마포구	마포구상공회사업지원	35,000	1	1	4	1	2	1	1	1
516	서울 마포구	마포구장애인체육회지원(장애인체육대회지원)	33,000	1	1	7	8	7	3	1	1
517	서울 마포구	상상플러스과학탐험교실	30,818	1	8	7	8	2	1	1	4

순번	시군구	지출명 (사업명)	2024년예산 (단위 : 천원 /1년간)	민간이전 분류 (지방자치단체 세출예산 집행기준에 의거) 1. 민간경상사업보조(307-02) 2. 민간단체 법정운영비보조(307-03) 3. 민간행사사업보조(307-04) 4. 민간위탁금(307-05) 5. 사회복지시설 법정운영비보조(307-10) 6. 민간인위탁교육비(307-12) 7. 공기관등에대한경상적위탁사업비(308-13) 8. 민간자본사업보조,자체재원(402-01) 9. 민간자본사업보조,이전재원(402-02) 10. 민간위탁사업비(402-03) 11. 공기관등에 대한 자본적 위탁사업비(403-02)	민간이전지출 근거 (지방보조금 관리기준 참고) 1. 법률에 규정 2. 국고보조 재원(국가지정) 3. 용도 지정 기부금 4. 조례에 직접규정 5. 지자체가 권장하는 사업을 하는 공공기관 6. 시,도 정책 및 재정사정 7. 기타 8. 해당없음	입찰방식 계약체결방법 (경쟁형태) 1. 일반경쟁 2. 제한경쟁 3. 지명경쟁 4. 수의계약 5. 법정위탁 6. 기타 ( ) 7. 없음	입찰방식 계약기간 1. 1년 2. 2년 3. 3년 4. 4년 5. 5년 6. 기타 ( )년 7. 단기계약 (1년미만) 8. 없음	입찰방식 낙찰자선정방법 1. 적격심사 2. 협상에의한계약 3. 최저가낙찰제 4. 규격가격분리 5. 2단계 경쟁입찰 6. 기타 ( ) 7. 없음	운영예산 산정 운영예산 산정 1. 내부산정 (지자체 자체적으로 산정) 2. 외부산정 (외부전문기관위탁 산정) 3. 내·외부 모두 산정 4. 산정 無 5. 없음	운영예산 산정 정산방법 1. 내부정산 (지자체 내부적으로 정산) 2. 외부정산 (외부전문기관위탁 정산) 3. 내·외부 모두 산정 4. 정산 無 5. 없음	성과평가 실시여부 1. 실시 2. 미실시 3. 향후 추진 4. 해당없음
518	서울 마포구	마포고령친화도시조성사업	30,000	1	7	6	7	6	1	1	1
519	서울 마포구	장애아수영교실운영	28,200	1	1	4	1	2	1	5	1
520	서울 마포구	교통안전지도활동지원	28,100	1	1	1	1	1	1	1	1
521	서울 마포구	교통문화활동사업지원	25,000	1	1	7	8	7	1	1	1
522	서울 마포구	1인창조기업창업지원	24,950	1	1	2	1	1	5	3	1
523	서울 마포구	공유문화확산	20,000	1	8	7	8	7	1	1	1
524	서울 마포구	여성취(창)업지원사업	20,000	1	1	7	8	7	1	1	1
525	서울 마포구	민주평통운영지원(민주평통사업비지원)	16,000	1	1	7	8	7	3	3	1
526	서울 마포구	보훈회관운영(6.25참전유공자,독립유공자위문사업)	16,000	1	4	7	4	7	1	1	1
527	서울 마포구	민간단체지원(재향군인회,해병대전우회사업비지원)	15,890	1	8	7	8	7	1	1	4
528	서울 마포구	노인복지시책사업지원	15,000	1	7	6	7	6	1	1	1
529	서울 마포구	식품진흥기금운용(식품진흥기금)	10,860	1	8	7	8	7	1	1	1
530	서울 마포구	주차장관리(주차장특별회계)(건축물부설주차장개방운영수익보전)	10,000	1	8	7	8	7	1	1	1
531	서울 마포구	지역사회보장협의체운영지원(실무분과공동사업지원)	9,900	1	1	5	1	7	1	1	1
532	서울 마포구	소기업소상공인회사업지원	8,850	1	1	4	1	2	1	1	3
533	서울 마포구	장애인생활체육활성화	8,000	1	1	7	8	7	3	1	1
534	서울 마포구	고려대학교영재교육원학생선발지원	5,750	1	1	7	8	6	1	1	1
535	서울 마포구	마포구청소년지도협의회지원	5,000	1	8	7	8	7	1	1	1
536	서울 마포구	공동주택관리및지원사업(공동관리비지원사업)	3,000	1	8	7	8	7	5	5	4
537	서울 양천구	구청장기(배)및협회장기(배),기타대회	262,200	1	1	7	8	7	1	1	1
538	서울 양천구	전통시장경영현대화사업	211,591	1	2	7	8	7	5	1	4
539	서울 양천구	장애인단체지원	179,400	1	1	7	8	7	1	1	1
540	서울 양천구	생활체육교실운영	162,000	1	1	7	8	7	1	1	1
541	서울 양천구	의료기관결핵환자관리지원사업	147,060	1	1	7	8	7	5	5	4
542	서울 양천구	응급의료기관지원발전프로그램	144,000	1	2	7	8	7	2	2	4
543	서울 양천구	어린이공원관리지원	132,820	1	1	7	8	7	5	5	4
544	서울 양천구	자치행정주민참여활성화지원사업	132,200	1	1,4	7	7	7	1	1	1
545	서울 양천구	청년취업교육프로그램지원	130,000	1	1	1	1	7	1	1	3
546	서울 양천구	양천구청년인턴제운영	110,000	1	4	1	1	7	1	1	4
547	서울 양천구	각종체육활동지원	95,000	1	1	7	8	7	1	1	1
548	서울 양천구	ICT기반인공지능스피커돌봄서비스사업	75,492	1	7	7	1	7	1	1	2
549	서울 양천구	노인교실운영	73,500	1	7	6	8	7	1	1	1
550	서울 양천구	양천구스포츠교실운영	72,000	1	1	7	8	7	1	1	1
551	서울 양천구	보훈가족지원	67,500	1	4	7	8	7	1	1	4
552	서울 양천구	경력단절여성등취업지원	60,000	1	4	1	1	1	1	1	3
553	서울 양천구	청년점포및청년기업육성	48,000	1	4	7	8	7	1	1	4
554	서울 양천구	북한이탈주민정착을위한지원사업	43,000	1	4	7	7	7	1	1	1
555	서울 양천구	남부범죄피해자지원센터지원	40,100	1	1,4	7	7	7	1	1	1
556	서울 양천구	중장년취업연계직업교육	40,000	1	7	1	1	7	1	1	1
557	서울 양천구	중소기업활성화지원	40,000	1	1,4	7	8	7	1	1	4

순번	시군구	지출명 (사업명)	2024년예산 (단위 : 천원 /1년간)	민간이전 분류 (지방자치단체 세출예산 집행기준에 의거) 1. 민간경상사업보조(307-02) 2. 민간단체 법정운영비보조(307-03) 3. 민간행사사업보조(307-04) 4. 민간위탁금(307-05) 5. 사회복지시설 법정운영비보조(307-10) 6. 민간인위탁교육비(307-12) 7. 공기관등에대한경상적위탁사업비(308-13) 8. 민간자본사업보조,자체재원(402-01) 9. 민간자본사업보조,이전재원(402-02) 10. 민간위탁사업비(402-03) 11. 공기관등에 대한 자본적 위탁사업비(403-02)	민간이전지출 근거 (지방보조금 관리기준 참고) 1. 법률에 규정 2. 국고보조 재원(국가지정) 3. 용도 지정 기부금 4. 조례에 직접규정 5. 지자체가 권장하는 사업을 하는 공공기관 6. 시,도 정책 및 재정사정 7. 기타 8. 해당없음	입찰방식 계약체결방법 (경쟁형태) 1. 일반경쟁 2. 제한경쟁 3. 지명경쟁 4. 수의계약 5. 법정위탁 6. 기타 ( ) 7. 없음	입찰방식 계약기간 1. 1년 2. 2년 3. 3년 4. 4년 5. 5년 6. 기타 ( )년 7. 단기계약 (1년미만) 8. 없음	입찰방식 낙찰자선정방법 1. 적격심사 2. 협상에의한계약 3. 최저가낙찰제 4. 규격가격분리 5. 2단계 경쟁입찰 6. 기타 ( ) 7. 없음	운영예산 산정 운영예산 산정 1. 내부산정 (지자체 자체적으로 산정) 2. 외부산정 (외부전문기관위탁 산정) 3. 내·외부 모두 산정 4. 산정 無 5. 없음	운영예산 산정 정산방법 1. 내부정산 (지자체 내부적으로 정산) 2. 외부정산 (외부전문기관위탁 정산) 3. 내·외부 모두 산정 4. 정산 無 5. 없음	성과평가 실시여부 1. 실시 2. 미실시 3. 향후 추진 4. 해당없음
558	서울 양천구	공공야간약국운영	38,325	1	6	7	8	7	5	5	4
559	서울 양천구	여성단체활동지원사업	37,800	1	5	7	8	7	1	1	1
560	서울 양천구	어르신사회참여	35,000	1	4	7	1	7	1	1	4
561	서울 양천구	지역사회보장협의체운영(워크숍,실무분과운영,역량강화교육,선진지견학)	30,800	1	4	7	8	7	1	1	4
562	서울 양천구	노인복지증진지원사업	30,000	1	4	7	1	7	1	1	3
563	서울 양천구	46중장년층인생이모작추진	30,000	1	4	6	1	7	1	1	1
564	서울 양천구	장애인공익사업지원	30,000	1	1	7	8	7	1	1	1
565	서울 양천구	외국인및단체지원	20,000	1	4	7	8	7	5	5	4
566	서울 양천구	노인일자리맞춤형프로그램운영	18,000	1	4	4	1	7	1	1	4
567	서울 양천구	청소년육성및보호활동지원	17,000	1	1	7	1	7	1	1	1
568	서울 양천구	찾아가는청춘극장운영	16,000	1	4	6	1	7	1	1	1
569	서울 양천구	전통시장화재공제보험가입지원사업	15,944	1	1	7	8	7	1	1	4
570	서울 양천구	양천문화원행사지원	15,000	1	1	7	8	7	1	1	1
571	서울 양천구	청소년지도협의회운영지원	15,000	1	1	7	8	7	1	1	4
572	서울 양천구	어린이등하교교통안전지도사업	13,000	1	1	2	7	1	1	1	1
573	서울 양천구	안전한교육환경조성	12,000	1	4	7	8	7	5	5	4
574	서울 양천구	민간환경단체활동지원	12,000	1	1	7	8	7	5	5	4
575	서울 양천구	우수프로그램지원공모사업	10,000	1	4	7	8	7	5	5	4
576	서울 양천구	느린학습자지원공모사업	10,000	1	4	7	8	7	5	5	4
577	서울 양천구	양천구태권도시범단운영	10,000	1	1	7	8	7	1	1	1
578	서울 양천구	공익민간단체지원	8,000	1	1	7	8	7	1	5	4
579	서울 양천구	(예비)사회적기업재정지원사업(일자리창출)	6,761	1	2	7	8	7	5	1	4
580	서울 양천구	표본감시운영경비	6,600	1	1,2	7	8	7	5	1	4
581	서울 양천구	성인문해교육운영	6,300	1	4	7	8	7	5	5	4
582	서울 양천구	사립작은도서관운영지원	3,200	1	4	7	8	7	5	5	4
583	서울 양천구	노인회지회지원	3,000	1	4	7	8	7	1	1	2
584	서울 양천구	청소년유해환경감시단지원	2,950	1	2	7	8	7	1	1	4
585	서울 양천구	유기질비료지원(전환사업)	750	1	1	7	8	7	5	5	4
586	서울 양천구	친환경농산물인증비지원	300	1	1	7	8	7	5	5	4
587	서울 강서구	주민과함께만들어가는간판개선사업	300,000	1	1	7	7	7	5	1	4
588	서울 강서구	보훈단체지원	190,510	1	4	7	8	7	1	1	4
589	서울 강서구	기본형공익직접지불금	134,924	1	1	7	8	7	1	1	4
590	서울 강서구	주민자치회운영	120,000	1	4	7	8	7	1	1	4
591	서울 강서구	(예비)사회적기업지원(일자리창출)	117,200	1	2	7	8	7	5	5	4
592	서울 강서구	청년일자리사업	107,100	1	2	7	8	7	1	1	3
593	서울 강서구	벼병해충항공방제실시	99,840	1	1	7	8	7	1	1	4
594	서울 강서구	유기질비료지원	96,010	1	2	7	8	7	1	1	4
595	서울 강서구	유기질비료지원	96,010	1	2	7	8	7	1	1	4
596	서울 강서구	유기질비료지원	96,010	1	2	7	8	7	1	1	4
597	서울 강서구	유기질비료지원	96,010	1	2	7	8	7	1	1	4

순번	시군구	지출명 (사업명)	2024년예산 (단위 : 천원 /1년간)	민간이전 분류 (지방자치단체 세출예산 집행기준에 의거) 1. 민간경상사업보조(307-02) 2. 민간단체 법정운영비보조(307-03) 3. 민간행사사업보조(307-04) 4. 민간위탁금(307-05) 5. 사회복지시설 법정운영비보조(307-10) 6. 민간인위탁교육비(307-12) 7. 공기관등에대한경상적위탁사업비(308-13) 8. 민간자본사업보조,자체재원(402-01) 9. 민간자본사업보조,이전재원(402-02) 10. 민간위탁사업비(402-03) 11. 공기관등에 대한 자본적 위탁사업비(403-02)	민간이전지출 근거 (지방보조금 관리기준 참고) 1. 법률에 규정 2. 국고보조 재원(국가지정) 3. 용도 지정 기부금 4. 조례에 직접규정 5. 지자체가 권장하는 사업을 하는 공공기관 6. 시,도 정책 및 재정사정 7. 기타 8. 해당없음	입찰방식 계약체결방법 (경쟁형태) 1. 일반경쟁 2. 제한경쟁 3. 지명경쟁 4. 수의계약 5. 법정위탁 6. 기타 ( ) 7. 없음	입찰방식 계약기간 1. 1년 2. 2년 3. 3년 4. 4년 5. 5년 6. 기타 ( )년 7. 단기계약 (1년미만) 8. 없음	입찰방식 낙찰자선정방법 1. 적격심사 2. 협상에의한계약 3. 최저가낙찰제 4. 규격가격분리 5. 2단계 경쟁입찰 6. 기타 ( ) 7. 없음	운영예산 산정 운영예산 산정 1. 내부산정 (지자체 자체적으로 산정) 2. 외부산정 (외부전문기관위탁 산정) 3. 내·외부 모두 산정 4. 산정 無 5. 없음	운영예산 산정 정산방법 1. 내부정산 (지자체 내부적으로 정산) 2. 외부정산 (외부전문기관위탁 정산) 3. 내·외부 모두 산정 4. 정산 無 5. 없음	성과평가 실시여부 1. 실시 2. 미실시 3. 향후 추진 4. 해당없음
598	서울 강서구	유기질비료지원	96,010	1	2	7	8	7	1	1	4
599	서울 강서구	유기질비료지원	96,010	1	2	7	8	7	1	1	4
600	서울 강서구	유기질비료지원	96,010	1	2	7	8	7	1	1	4
601	서울 강서구	주민협력분야지원	91,000	1	1	7	8	7	1	1	1
602	서울 강서구	강서구체육회활동육성지원	90,000	1	1	7	8	7	1	1	1
603	서울 강서구	연합회장배(기)행사지원(23종목)	75,000	1	1	7	8	7	1	1	1
604	서울 강서구	의료기관결핵환자관리지원	73,530	1	2	7	8	7	5	1	4
605	서울 강서구	주민협력분야운영비지원	64,000	1	1	7	8	7	1	1	1
606	서울 강서구	도서관프로그램등운영지원	62,780	1	2	6	8	7	1	1	1
607	서울 강서구	경력보유여성교육훈련지원	60,000	1	4	7	8	7	5	1	4
608	서울 강서구	친환경경복궁쌀공급차액지원	56,000	1	1	7	8	7	1	1	4
609	서울 강서구	새마을부녀회사업지원	51,000	1	1	7	8	7	5	1	1
610	서울 강서구	기타대회개최및참가지원	44,000	1	1	7	8	7	1	1	1
611	서울 강서구	이사지원서비스(까치익스프레스)	40,000	1	4	7	8	7	5	5	4
612	서울 강서구	병원업무보조인력양성사업	40,000	1	4	7	8	7	5	5	4
613	서울 강서구	마을기업육성	40,000	1	2	7	8	7	5	5	4
614	서울 강서구	강서구상공회지원	35,000	1	1	7	8	7	3	3	1
615	서울 강서구	강서구자율방역봉사대지원	35,000	1	4	7	8	7	1	1	1
616	서울 강서구	강서구장애인체육회종목별대회참가등지원	34,000	1	1	7	8	7	1	1	1
617	서울 강서구	문화원사업활동지원	29,000	1	4	5	1	7	1	1	1
618	서울 강서구	우리동네펫위탁소	25,000	1	6	7	8	7	5	5	4
619	서울 강서구	독서동아리활동지원	25,000	1	4	6	8	1	1	1	1
620	서울 강서구	엘리트체육육성지원	22,000	1	1	7	8	7	1	1	1
621	서울 강서구	양성평등문화확산사업	22,000	1	4	7	8	7	5	1	4
622	서울 강서구	시장경영패키지	20,004	1	1	7	8	7	3	3	1
623	서울 강서구	자원봉사단체지원	20,000	1	1,4	1	7	1	1	1	1
624	서울 강서구	북한이탈주민정착을위한지원사업비	19,665	1	4	7	8	7	1	1	1
625	서울 강서구	국내,해외전시회참가비지원	19,500	1	4	7	8	7	5	5	4
626	서울 강서구	토양개량제공급	19,000	1	2	5	8	7	1	1	4
627	서울 강서구	미세먼지,폭염주의보경보발령시주택가이면도로살수차량운행	18,000	1	4	7	8	7	1	1	1
628	서울 강서구	의료관련감염병감시및예방관리	18,000	1	1	7	8	7	5	5	4
629	서울 강서구	공항및국가중요시설보안검색전문인력양성사업	16,830	1	4	7	1	7	1	1	1
630	서울 강서구	여성축구교실운영지원	15,350	1	1	7	8	7	1	1	1
631	서울 강서구	중소기업협동조합지원	15,000	1	4	7	8	7	3	3	1
632	서울 강서구	시장기대회참가지원	14,400	1	1	7	8	7	1	1	1
633	서울 강서구	작은도서관독서문화프로그램운영지원	14,000	1	4	6	8	1	1	1	1
634	서울 강서구	경비직일자리창출지원사업	13,200	1	4	7	1	7	1	1	1
635	서울 강서구	교통사고(사망)지점안전시설확충	13,000	1	4	7	8	7	1	1	1
636	서울 강서구	지역사회보장협의체운영	11,000	1	1	7	8	7	1	1	1
637	서울 강서구	청소년풋살교실운영지원	10,400	1	1	7	8	7	1	1	1

순번	시군구	지출명 (사업명)	2024년예산 (단위 : 천원 /1년간)	민간이전 분류 (지방자치단체 세출예산 집행기준에 의거) 1. 민간경상사업보조(307-02) 2. 민간단체 법정운영비보조(307-03) 3. 민간행사사업보조(307-04) 4. 민간위탁금(307-05) 5. 사회복지시설 법정운영비보조(307-10) 6. 민간인위탁교육비(307-12) 7. 공기관등에대한경상적위탁사업비(308-13) 8. 민간자본사업보조,자체재원(402-01) 9. 민간자본사업보조,이전재원(402-02) 10. 민간위탁사업비(402-03) 11. 공기관등에 대한 자본적 위탁사업비(403-02)	민간이전지출 근거 (지방보조금 관리기준 참고) 1. 법률에 규정 2. 국고보조 재원(국가지정) 3. 용도 지정 기부금 4. 조례에 직접규정 5. 지자체가 권장하는 사업을 하는 공공기관 6. 시,도 정책 및 재정사정 7. 기타 8. 해당없음	입찰방식 계약체결방법 (경쟁형태) 1. 일반경쟁 2. 제한경쟁 3. 지명경쟁 4. 수의계약 5. 법정위탁 6. 기타 ( ) 7. 없음	입찰방식 계약기간 1. 1년 2. 2년 3. 3년 4. 4년 5. 5년 6. 기타 ( )년 7. 단기계약 (1년미만) 8. 없음	입찰방식 낙찰자선정방법 1. 적격심사 2. 협상에의한계약 3. 최저가낙찰제 4. 규격가격분리 5. 2단계 경쟁입찰 6. 기타 ( ) 7. 없음	운영예산 산정 운영예산 산정 1. 내부산정 (지자체 자체적으로 산정) 2. 외부산정 (외부전문기관위탁 산정) 3. 내·외부 모두 산정 4. 산정 無 5. 없음	운영예산 산정 정산방법 1. 내부정산 (지자체 내부적으로 정산) 2. 외부정산 (외부전문기관위탁 정산) 3. 내·외부 모두 산정 4. 정산 無 5. 없음	성과평가 실시여부 1. 실시 2. 미실시 3. 향후 추진 4. 해당없음
638	서울 강서구	미용서비스산업활성화지원사업	10,000	1	4	7	8	7	5	5	4
639	서울 강서구	어린이축구교실운영지원	10,000	1	1	7	8	7	1	1	1
640	서울 강서구	평생학습우수동아리지원	10,000	1	1	7	8	7	1	1	2
641	서울 강서구	독서문화진흥사업지원	9,000	1	4	7	8	1	1	1	1
642	서울 강서구	교통사고(사망)지점안전시설확충	8,000	1	4	7	8	7	1	1	1
643	서울 강서구	서울키즈오케이존	7,800	1	6	7	8	7	1	1	4
644	서울 강서구	청소년육성분야단체지원	7,000	1	6	7	1	7	1	1	1
645	서울 강서구	감염병표본감시의료기관운영비	6,720	1	1	7	8	7	5	5	4
646	서울 강서구	전국우수업소벤치마킹견학지원	6,000	1	1	7	8	7	5	5	4
647	서울 강서구	환경분야민간단체특화사업지원	5,200	1	4	7	8	7	1	1	1
648	서울 강서구	재난및구호활동단체지원	5,000	1	1	7	8	7	5	5	4
649	서울 강서구	친환경농산물인증비지원	3,600	1	1	7	8	7	1	1	4
650	서울 강서구	로컬푸드활성화지원	3,500	1	4	7	8	7	1	1	4
651	서울 강서구	아동육성분야단체지원	2,000	1	1	2	1	1	1	1	1
652	서울 구로구	구로형저층주거지집수리지원사업(집수리보조금지원)	396,000	1	8	4	7	7	1	1	1
653	서울 구로구	간판개선업소개선비용지원(에너지절약형간판개선비용지원)	345,000	1	4	7	8	7	5	5	4
654	서울 구로구	민간단체지원(민간단체사업비지원)	224,000	1	1,4	6	8	6	1	1	4
655	서울 구로구	지역산업맞춤형자치단체지원사업(전환)(지역맞춤형일자리창출지원사업)	200,000	1	2	6	7	7	1	3	3
656	서울 구로구	간판개선업소개선비용지원(자율적간판개선비용지원)	195,000	1	4	7	8	7	5	5	4
657	서울 구로구	G밸리의료IT청년인재채용지원(인건비)	161,600	1	2	2	2	7	1	1	4
658	서울 구로구	구로미래교육지구사업추진(구로미래교육지구사업추진)	150,000	1	4	7	8	7	5	5	4
659	서울 구로구	행복마을조성(행복마을조성사업지원)	96,000	1	1	6	8	7	1	1	4
660	서울 구로구	생활밀착형작은도서관조성(작은도서관활성화지원)	82,920	1	4	2	8	7	1	1	4
661	서울 구로구	구로형일자리창출(구로형일자리창출사업)	80,000	1	1	7	8	7	5	5	4
662	서울 구로구	새마을자율방역단운영및지원(새마을자율방역활동지원)	80,000	1	4	7	8	7	1	1	1
663	서울 구로구	국민운동단체지원(국민운동단체사업비지원)	79,480	1	1	6	8	7	1	1	4
664	서울 구로구	구로청년공간청년이룸운영(청년도전지원사업)	78,000	1	1	6	1	6	1	3	4
665	서울 구로구	체육활동단체육성지원(구로구체육회(엘리트체육선수)지원)	60,000	1	1	5	8	7	1	1	1
666	서울 구로구	느린학습자를위한지원(맞춤형프로그램지원)	60,000	1	4	7	8	7	5	5	4
667	서울 구로구	전문기술분야인력양성사업(전문기술분야인력양성사업)	60,000	1	1	7	8	7	5	5	4
668	서울 구로구	장애인단체및장애인복지시설지원(장애인복지사업지원(공모))	44,200	1	4	7	8	7	5	5	4
669	서울 구로구	민간단체지원(남부범죄피해자센터사업비지원)	40,100	1	1	6	8	7	1	1	4
670	서울 구로구	민주평통구로구협의회지원(민주평화통일정책사업지원)	38,000	1	1	7	8	7	1	1	1
671	서울 구로구	일자리창출형도시농업지원(프로그램운영지원)	35,000	1	4	6	7	1	1	1	4
672	서울 구로구	행복마을조성(따뜻한동행주민공모사업지원)	30,000	1	1	6	8	7	1	1	4
673	서울 구로구	구로미래교육지구사업추진(우리동네교육자치회)	30,000	1	4	7	8	7	5	5	4
674	서울 구로구	음식물류폐기물가정용감량기설치지원(가정용감량기설치지원)	30,000	1	1,4	7	8	7	5	5	4
675	서울 구로구	중소기업육성및마케팅지원(구로구상공회경상비지원)	25,000	1	1,4	7	8	7	1	1	4
676	서울 구로구	소상공인관련단체지원(소기업소상공인회사업비지원)	21,000	1	4	7	1	7	1	1	4
677	서울 구로구	전통시장화재공제지원(전통시장화재공제지원)	20,176	1	1,6	7	1	7	1	1	2

순번	시군구	지출명 (사업명)	2024년예산 (단위 : 천원 /1년간)	민간이전 분류 (지방자치단체 세출예산 집행기준에 의거) 1. 민간경상사업보조(307-02) 2. 민간단체 법정운영비보조(307-03) 3. 민간행사사업보조(307-04) 4. 민간위탁금(307-05) 5. 사회복지시설 법정운영비보조(307-10) 6. 민간인위탁교육비(307-12) 7. 공기관등에대한경상적위탁사업비(308-13) 8. 민간자본사업보조,자체재원(402-01) 9. 민간자본사업보조,이전재원(402-02) 10. 민간위탁사업비(402-03) 11. 공기관등에 대한 자본적 위탁사업비(403-02)	민간이전지출 근거 (지방보조금 관리기준 참고) 1. 법률에 규정 2. 국고보조 재원(국가지정) 3. 용도 지정 기부금 4. 조례에 직접규정 5. 지자체가 권장하는 사업을 하는 공공기관 6. 시,도 정책 및 재정사정 7. 기타 8. 해당없음	입찰방식 계약체결방법 (경쟁형태) 1. 일반경쟁 2. 제한경쟁 3. 지명경쟁 4. 수의계약 5. 법정위탁 6. 기타 ( ) 7. 없음	입찰방식 계약기간 1. 1년 2. 2년 3. 3년 4. 4년 5. 5년 6. 기타 ( )년 7. 단기계약 (1년미만) 8. 없음	입찰방식 낙찰자선정방법 1. 적격심사 2. 협상에의한계약 3. 최저가낙찰제 4. 규격가격분리 5. 2단계 경쟁입찰 6. 기타 ( ) 7. 없음	운영예산 산정 운영예산 산정 1. 내부산정 (지자체 자체적으로 산정) 2. 외부산정 (외부전문기관위탁 산정) 3. 내·외부 모두 산정 4. 산정 無 5. 없음	운영예산 산정 정산방법 1. 내부정산 (지자체 내부적으로 정산) 2. 외부정산 (외부전문기관위탁 정산) 3. 내·외부 모두 산정 4. 정산 無 5. 없음	성과평가 실시여부 1. 실시 2. 미실시 3. 향후 추진 4. 해당없음
678	서울 구로구	사회적기업발굴및육성(사업개발비)	20,000	1	4	7	8	7	5	5	4
679	서울 구로구	공정무역활성화지원(공정무역활성화)	20,000	1	4	7	8	7	5	5	4
680	서울 구로구	상호문화관련단체공모사업추진(상호문화관련단체보조금사업지원)	20,000	1	4	7	7	7	1	1	1
681	서울 구로구	구로미래교육지구사업추진(교육후견인제사업지원)	15,000	1	4	7	8	7	5	5	4
682	서울 구로구	평생학습인프라및네트워크구축(평생학습동아리지원)	15,000	1	1	7	8	7	1	1	1
683	서울 구로구	평생학습인프라및네트워크구축(평생학습특성화프로그램지원)	15,000	1	1	7	8	7	1	1	1
684	서울 구로구	평생학습인프라및네트워크구축(성인문해(교육부)대응사업비)	13,000	1	2	7	8	7	5	3	1
685	서울 구로구	소상공인관련단체지원(소상공인연합회사업비지원)	13,000	1	4	7	1	7	1	1	4
686	서울 구로구	마을기업육성(신규마을기업)	12,500	1	2	7	8	7	5	5	4
687	서울 구로구	안전한먹거리수준향상정착(일반음식점시설개선지원)	10,000	1	4	7	8	7	5	5	1
688	서울 구로구	안전한먹거리수준향상정착(청년창업음식점시설개선지원)	10,000	1	4	7	8	7	5	5	4
689	서울 구로구	공중위생업소관리(공중위생업소시설개선지원)	10,000	1	4	7	8	7	5	5	1
690	서울 구로구	주민공동이용시설관리(주민공동이용시설운영비지원)	9,600	1	4	7	8	7	1	1	1
691	서울 구로구	전통시장활성화(전환)(전통시장장보기및배송서비스지원)	9,480	1	6	7	8	7	5	5	4
692	서울 구로구	G밸리홍보시설운영비지원(전시관홍보및4차산업센터운영지원)	9,000	1	1,4	7	8	7	1	1	4
693	서울 구로구	마을기업육성(연장마을기업)	7,500	1	2	7	8	7	5	5	4
694	서울 구로구	전통시장활성화(전환)(시장경영패키지지원)	5,008	1	6	7	8	7	5	5	4
695	서울 구로구	평생학습인프라및네트워크구축(평화통일교육지원)	5,000	1	4	7	8	7	5	5	4
696	서울 구로구	의용소방대지원(구로소방서의용소방대활동지원)	5,000	1	4	7	8	7	1	1	1
697	서울 구로구	안전한먹거리수준향상정착(일반음식점환기시설청소지원)	5,000	1	4	7	8	7	5	5	4
698	서울 구로구	사회적기업지원(일자리창출)(사회적기업지원(일자리창출))	4,840	1	4	7	8	7	5	5	1
699	서울 구로구	전통시장주차환경개선(공영주차장이용보조)	2,904	1	2	7	8	7	5	5	4
700	서울 구로구	유기질비료지원(전환)(유기질비료지원)	800	1	6	7	1	7	1	1	3
701	서울 금천구	민간단체지방보조금지원	385,900	1	1	7	8	7	1	1	4
702	서울 금천구	주민자치활성화사업지원	300,000	1	4	7	8	7	5	5	4
703	서울 금천구	사회적기업육성(일자리창출)	189,945	1	4	7	1	7	1	1	1
704	서울 금천구	독산의류제조공동인프라시설운영	152,000	1	2	1	1	1	1	1	1
705	서울 금천구	금천사이언스큐브운영	150,000	1	1	1	1	1	3	3	1
706	서울 금천구	금천진로직업체험지원센터운영	130,000	1	4	7	8	7	5	5	1
707	서울 금천구	전통시장활성화지원	96,468	1	6	7	8	7	1	1	1
708	서울 금천구	중소기업경쟁력강화지원	90,000	1	1	7	8	7	1	1	4
709	서울 금천구	중소기업경영지원강화	80,000	1	5	7	8	7	3	2	4
710	서울 금천구	공동주택지원	60,000	1	1	7	8	7	1	1	4
711	서울 금천구	공동체경제지원전문화	55,000	1	4	7	8	7	1	1	2
712	서울 금천구	금천문화원운영지원	51,000	1	4	7	8	7	1	1	4
713	서울 금천구	생생문화유산활용사업	50,000	1	4	7	8	7	1	1	4
714	서울 금천구	대안교육위탁교육기관지원	43,000	1	2	7	8	7	1	1	4
715	서울 금천구	이웃안녕자원봉사프로그램공모사업	40,000	1	1	7	8	7	1	1	1
716	서울 금천구	금천형협치제도운영	30,000	1	4	7	8	7	1	1	1
717	서울 금천구	성인문해교육과정운영	30,000	1	4	7	8	7	5	5	4

순번	시군구	지출명 (사업명)	2024년예산 (단위 : 천원 /1년간)	민간이전 분류 (지방자치단체 세출예산 집행기준에 의거) 1. 민간경상사업보조(307-02) 2. 민간단체 법정운영비보조(307-03) 3. 민간행사사업보조(307-04) 4. 민간위탁금(307-05) 5. 사회복지시설 법정운영비보조(307-10) 6. 민간인위탁교육비(307-12) 7. 공기관등에대한경상적위탁사업비(308-13) 8. 민간자본사업보조,자체재원(402-01) 9. 민간자본사업보조,이전재원(402-02) 10. 민간위탁사업비(402-03) 11. 공기관등에 대한 자본적 위탁사업비(403-02)	민간이전지출 근거 (지방보조금 관리기준 참고) 1. 법률에 규정 2. 국고보조 재원(국가지정) 3. 용도 지정 기부금 4. 조례에 직접규정 5. 지자체가 권장하는 사업을 하는 공공기관 6. 시,도 정책 및 재정사정 7. 기타 8. 해당없음	입찰방식 계약체결방법 (경쟁형태) 1. 일반경쟁 2. 제한경쟁 3. 지명경쟁 4. 수의계약 5. 법정위탁 6. 기타 ( ) 7. 없음	입찰방식 계약기간 1. 1년 2. 2년 3. 3년 4. 4년 5. 5년 6. 기타 ( )년 7. 단기계약 (1년미만) 8. 없음	입찰방식 낙찰자선정방법 1. 적격심사 2. 협상에의한계약 3. 최저가낙찰제 4. 규격가격분리 5. 2단계 경쟁입찰 6. 기타 ( ) 7. 없음	운영예산 산정 운영예산 산정 1. 내부산정 (지자체 자체적으로 산정) 2. 외부산정 (외부전문기관위탁 산정) 3. 내·외부 모두 산정 4. 산정 無 5. 없음	운영예산 산정 정산방법 1. 내부정산 (지자체 내부적으로 정산) 2. 외부정산 (외부전문기관위탁 정산) 3. 내·외부 모두 산정 4. 정산 無 5. 없음	성과평가 실시여부 1. 실시 2. 미실시 3. 향후 추진 4. 해당없음
718	서울 금천구	지속적시민성장을위한동아리지원	30,000	1	4	7	8	7	1	1	1
719	서울 금천구	생활쓰레기감량및무단투기계도단속	30,000	1	4	6	7	7	1	1	1
720	서울 금천구	전통산사문화유산활용사업	25,000	1	2	7	8	7	1	1	4
721	서울 금천구	독서동아리지원	24,500	1	4	7	8	7	1	1	4
722	서울 금천구	공동체경제생태계융합	20,000	1	4	7	8	7	1	1	4
723	서울 금천구	마을기업육성사업	20,000	1	2	1	1	1	1	1	1
724	서울 금천구	금천미래교육시구운영	20,000	1	4	7	8	7	1	1	4
725	서울 금천구	공동주택활성화	20,000	1	4	7	8	7	1	1	1
726	서울 금천구	공사립작은도서관운영및관리	20,000	1	4	7	8	7	1	1	4
727	서울 금천구	탄소중립생활실천	20,000	1	4	7	8	7	5	5	4
728	서울 금천구	마을공간활성화지원	15,000	1	4	7	1	7	1	1	1
729	서울 금천구	배움과나눔의시민학습력강화	15,000	1	4	7	8	7	1	1	2
730	서울 금천구	도시농업지원사업운영	10,000	1	1,4	7	8	7	5	5	4
731	서울 금천구	의용소방대활동지원	5,000	1	4	7	8	7	5	5	4
732	서울 금천구	소상공인경쟁력강화	5,000	1	6	7	7	7	1	1	3
733	서울 금천구	공동체경제역량강화및기록체계화	4,000	1	4	7	8	7	1	1	4
734	서울 영등포구	4차산업청년취업지원	457,400	1	2	7	1	7	1	1	4
735	서울 영등포구	어르신주차질서활동	453,642	1	1,4	7	8	7	1	1	3
736	서울 영등포구	융합인재교육센터운영	248,467	1	4	6	1	7	1	1	4
737	서울 영등포구	노란우산희망장려금지원	230,000	1	5	7	8	7	1	1	1
738	서울 영등포구	영등포구체육회운영지원	199,920	1	1	6	1	7	1	1	1
739	서울 영등포구	영등포미래교육사업추진	191,000	1	4	6	1	7	1	1	4
740	서울 영등포구	상생기업육성및지원	168,597	1	2	7	8	7	1	1	4
741	서울 영등포구	의료기관결핵환자관리지원	147,060	1	2	7	8	7	5	3	4
742	서울 영등포구	국민운동단체활동지원	137,980	1	1,4	5	7	7	1	1	1
743	서울 영등포구	과학문화프로그램운영	93,250	1	4	6	1	7	1	1	4
744	서울 영등포구	엘리트및동호인스포츠활동지원	87,800	1	1	6	1	7	1	1	1
745	서울 영등포구	행복커뮤니티사업	87,150	1	1	6	1	6	3	3	4
746	서울 영등포구	구상(具常)시인기념사업추진	80,600	1	4	6	8	7	1	1	1
747	서울 영등포구	방역소독	62,640	1	4	7	8	7	5	3	4
748	서울 영등포구	성인문해교육운영및지원	59,000	1	2	6	1	7	1	1	4
749	서울 영등포구	지역체육활성화지원	50,000	1	1	6	1	7	1	1	1
750	서울 영등포구	영등포구상공회지원	50,000	1	1	7	8	7	1	1	4
751	서울 영등포구	건축물부설주차장관리	50,000	1	1,4	7	8	7	1	1	4
752	서울 영등포구	어르신복지및사회활동지원	48,000	1	4	7	8	7	5	5	1
753	서울 영등포구	평화통일정책사업지원	45,000	1	1	7	8	7	1	1	1
754	서울 영등포구	국내외전시회참가지원	45,000	1	4	7	8	7	5	5	4
755	서울 영등포구	범죄피해자지원센터지원	40,100	1	1	7	8	7	1	1	1
756	서울 영등포구	지역연계형소셜벤처창업지원	40,000	1	4	7	8	7	5	5	4
757	서울 영등포구	태권도시범단운영지원	37,100	1	1	6	1	7	1	1	1

순번	시군구	지출명 (사업명)	2024년예산 (단위 : 천원 /1년간)	민간이전 분류 (지방자치단체 세출예산 집행기준에 의거) 1. 민간경상사업보조(307-02) 2. 민간단체 법정운영비보조(307-03) 3. 민간행사사업보조(307-04) 4. 민간위탁금(307-05) 5. 사회복지시설 법정운영비보조(307-10) 6. 민간인위탁교육비(307-12) 7. 공기관등에대한경상적위탁사업비(308-13) 8. 민간자본사업보조,자체재원(402-01) 9. 민간자본사업보조,이전재원(402-02) 10. 민간위탁사업비(402-03) 11. 공기관등에 대한 자본적 위탁사업비(403-02)	민간이전지출 근거 (지방보조금 관리기준 참고) 1. 법률에 규정 2. 국고보조 재원(국가지정) 3. 용도 지정 기부금 4. 조례에 직접규정 5. 지자체가 권장하는 사업을 하는 공공기관 6. 시,도 정책 및 재정사정 7. 기타 8. 해당없음	입찰방식 계약체결방법 (경쟁형태) 1. 일반경쟁 2. 제한경쟁 3. 지명경쟁 4. 수의계약 5. 법정위탁 6. 기타 ( ) 7. 없음	입찰방식 계약기간 1. 1년 2. 2년 3. 3년 4. 4년 5. 5년 6. 기타 ( )년 7. 단기계약 (1년미만) 8. 없음	입찰방식 낙찰자선정방법 1. 적격심사 2. 협상에의한계약 3. 최저가낙찰제 4. 규격가격분리 5. 2단계 경쟁입찰 6. 기타 ( ) 7. 없음	운영예산 산정 운영예산 산정 1. 내부산정 (지자체 자체적으로 산정) 2. 외부산정 (외부전문기관위탁 산정) 3. 내·외부 모두 산정 4. 산정 無 5. 없음	운영예산 산정 정산방법 1. 내부정산 (지자체 내부적으로 정산) 2. 외부정산 (외부전문기관위탁 정산) 3. 내·외부 모두 산정 4. 정산 無 5. 없음	성과평가 실시여부 1. 실시 2. 미실시 3. 향후 추진 4. 해당없음
758	서울 영등포구	양성평등실현	30,000	1	4	7	8	7	1	1	1
759	서울 영등포구	주민자치동특회사업	24,000	1	4	7	8	7	1	1	3
760	서울 영등포구	행정업무및유관기관지원	19,635	1	4	7	8	7	1	1	3
761	서울 영등포구	영등포구장애인체육회운영지원	13,600	1	1	6	1	7	1	1	1
762	서울 영등포구	의료관련감염병감시및예방관리	12,960	1	2	7	8	7	5	3	4
763	서울 영등포구	안양천건강체조교실운영지원	10,400	1	1	6	1	7	1	1	1
764	서울 영등포구	시장경영패키지지원	10,174	1	8	7	8	7	5	5	4
765	서울 영등포구	역동적인평생학습도시인프라확충	10,000	1	4	6	7	7	1	1	4
766	서울 영등포구	음식문화개선	8,000	1	1	6	8	7	5	5	4
767	서울 영등포구	모범운전자회지원	7,700	1	1	7	8	7	1	1	3
768	서울 영등포구	LPG용기사용가구시설개선	5,400	1	2	7	8	7	5	5	4
769	서울 영등포구	주요감염병표본감시	4,920	1	2	7	8	7	5	3	4
770	서울 영등포구	노후민간건축물안전관리	3,600	1	1,6	7	8	7	1	1	1
771	서울 영등포구	영등포문화학교운영	3,000	1	4	6	8	7	1	1	1
772	서울 동작구	숭실대캠퍼스타운(종합형)추진	1,330,000	1	4	7	8	7	5	3	1
773	서울 동작구	임산부맞벌이다자녀가정가사서비스	449,280	1	1	5	5	6	3	3	1
774	서울 동작구	의료기관결핵환자관리지원(국고보조)	263,788	1	2	5	1	7	5	2	1
775	서울 동작구	장애인단체지원	187,964	1	1	7	8	7	1	1	1
776	서울 동작구	신중년사회공헌활동지원사업	168,258	1	6	1	1	1	1	1	3
777	서울 동작구	사회적기업일자리창출	167,603	1	2	7	8	7	1	1	3
778	서울 동작구	공익단체지원및관리	158,800	1	1,4	7	8	7	1	1	1
779	서울 동작구	중소기업고용지원	153,000	1	1,4	7	8	7	5	5	4
780	서울 동작구	주민자치회운영지원	150,000	1	4	7	8	7	1	1	1
781	서울 동작구	장애인복지시설운영지원	145,200	1	4	7	8	7	5	5	4
782	서울 동작구	전통시장배달서비스지원	120,605	1	7	7	8	7	1	1	1
783	서울 동작구	생활체육활동지원	118,990	1	4	7	8	7	5	5	4
784	서울 동작구	여성사회참여확대	115,000	1	4	6	8	6	1	1	1
785	서울 동작구	글로벌인재양성외국어학습지원	100,000	1	4	1	7	6	1	3	4
786	서울 동작구	보훈회관및보훈단체운영지원	93,120	1	4	7	8	7	1	1	4
787	서울 동작구	노란우산공제지원	90,000	1	4	7	8	7	5	5	4
788	서울 동작구	사회복지관운영지원	83,400	1	4	7	8	7	5	5	4
789	서울 동작구	전통시장활성화사업	80,000	1	6	7	8	7	1	1	1
790	서울 동작구	노인복지지원경비	75,000	1	7	7	8	7	1	1	4
791	서울 동작구	공동주택지원	70,000	1	1,4	1	7	6	3	3	3
792	서울 동작구	노인관련단체지원	65,100	1	6	7	7	1	1	1	1
793	서울 동작구	상공회및소상공인연합회운영지원	55,000	1	5	7	8	7	1	1	4
794	서울 동작구	생생문화재사업	50,000	1	2	7	8	7	5	5	4
795	서울 동작구	평생교육프로그램지원및운영	47,500	1	6	2	7	1	1	1	2
796	서울 동작구	범죄피해자지원센터운영지원	34,000	1	1,4	7	8	7	5	5	1
797	서울 동작구	민주평통동작구협의회운영지원	32,840	1	1	7	8	7	1	1	1

순번	시군구	지출명 (사업명)	2024년예산 (단위 : 천원 /1년간)	민간이전 분류 (지방자치단체 세출예산 집행기준에 의거) 1. 민간경상사업보조(307-02) 2. 민간단체 법정운영비보조(307-03) 3. 민간행사사업보조(307-04) 4. 민간위탁금(307-05) 5. 사회복지시설 법정운영비보조(307-10) 6. 민간인위탁교육비(307-12) 7. 공기관등에대한경상적위탁사업비(308-13) 8. 민간자본사업보조,자체재원(402-01) 9. 민간자본사업보조,이전재원(402-02) 10. 민간위탁사업비(402-03) 11. 공기관등에 대한 자본적 위탁사업비(403-02)	민간이전지출 근거 (지방보조금 관리기준 참고) 1. 법률에 규정 2. 국고보조 재원(국가지정) 3. 용도 지정 기부금 4. 조례에 직접규정 5. 지자체가 권장하는 사업을 하는 공공기관 6. 시,도 정책 및 재정사정 7. 기타 8. 해당없음	입찰방식 계약체결방법 (경쟁형태) 1. 일반경쟁 2. 제한경쟁 3. 지명경쟁 4. 수의계약 5. 법정위탁 6. 기타 ( ) 7. 없음	입찰방식 계약기간 1. 1년 2. 2년 3. 3년 4. 4년 5. 5년 6. 기타 ( )년 7. 단기계약 (1년미만) 8. 없음	입찰방식 낙찰자선정방법 1. 적격심사 2. 협상에의한계약 3. 최저가낙찰제 4. 규격가격분리 5. 2단계 경쟁입찰 6. 기타 ( ) 7. 없음	운영예산 산정 운영예산 산정 1. 내부산정 (지자체 자체적으로 산정) 2. 외부산정 (외부전문기관위탁 산정) 3. 내·외부 모두 산정 4. 산정 無 5. 없음	운영예산 산정 정산방법 1. 내부정산 (지자체 내부적으로 정산) 2. 외부정산 (외부전문기관위탁 정산) 3. 내·외부 모두 산정 4. 정산 無 5. 없음	성과평가 실시여부 1. 실시 2. 미실시 3. 향후 추진 4. 해당없음
798	서울 동작구	마을버스운전자양성지원	30,000	1	4	7	8	7	5	5	4
799	서울 동작구	소셜디지털마케팅혁신인재양성	28,500	1	2	7	8	7	1	1	3
800	서울 동작구	전통시장주차환경개선	25,229	1	6	7	8	7	1	1	4
801	서울 동작구	노인교실지원	21,600	1	1	7	7	1	1	1	1
802	서울 동작구	지역언론발전지원	20,000	1	4	7	8	7	5	5	4
803	서울 동작구	북한이탈주민지원	20,000	1	4	7	8	7	5	5	4
804	서울 동작구	여성친화안전마을조성	20,000	1	4	6	8	6	1	1	1
805	서울 동작구	동작청년내일채움지원사업	20,000	1	4	7	8	7	1	1	4
806	서울 동작구	장애인체육관리	20,000	1	8	7	8	7	5	5	4
807	서울 동작구	구민중심의환경보전활동	19,800	1	4	7	8	7	1	1	1
808	서울 동작구	마을안전봉사단사업지원	18,000	1	4	7	8	7	5	5	4
809	서울 동작구	청년기업동반성장프로젝트	17,100	1	2	7	8	7	1	3	1
810	서울 동작구	재향군인회운영지원	17,000	1	1,4	7	7	7	1	1	1
811	서울 동작구	책읽는동작만들기	12,800	1	1	7	8	7	5	5	4
812	서울 동작구	물가안정관리	11,520	1	4	7	8	7	1	1	1
813	서울 동작구	공유활성화지원	10,000	1	4	7	8	7	1	1	1
814	서울 동작구	지역사회보장협의체운영	10,000	1	1	7	8	7	5	5	4
815	서울 동작구	책읽는동작만들기	10,000	1	1	7	8	7	5	5	4
816	서울 동작구	음식점선진지비교견학	10,000	1	1	7	8	7	1	1	1
817	서울 동작구	성인문해교육지원사업	9,000	1	2	7	8	7	5	5	4
818	서울 동작구	교통단체지원	8,000	1	7	7	8	7	1	1	4
819	서울 동작구	창업육성지원	7,000	1	7	7	8	7	1	1	3
820	서울 동작구	어르신청춘놀이터지원	6,000	1	1	7	7	1	1	1	1
821	서울 동작구	자율방재단및의용소방대운영지원	4,400	1	1,4	7	8	7	5	5	1
822	서울 동작구	의료관련감염관리	4,320	1	2	7	8	7	5	5	1
823	서울 동작구	주요감염병표본감시사업	3,480	1	2	7	8	7	5	5	1
824	서울 동작구	구민의인권보장및증진	3,000	1	4	7	8	7	5	5	4
825	서울 동작구	청소년유해환경감시단지원	2,950	1	1	6	1	6	3	3	4
826	서울 동작구	푸드뱅크마켓센터운영지원	1,800	1	4	7	8	7	5	5	4
827	서울 관악구	서울대캠퍼스타운(창업형)사업	1,411,540	1	6	7	8	7	5	5	4
828	서울 관악구	스타트업스케일업사업화지원금	300,000	1	4	7	8	7	5	5	1
829	서울 관악구	관악구체육회운영지원	277,728	1	1,2	7	8	7	1	1	1
830	서울 관악구	주거공간스타일링서비스사회공헌일자리	277,000	1	1	6	7	1	1	1	4
831	서울 관악구	서울대쌤(SAM)멘토링운영	250,960	1	5	7	8	7	1	1	1
832	서울 관악구	전통시장및점가활성화행사	220,000	1	1	7	8	7	5	5	4
833	서울 관악구	사회단체지방보조금사업지원	220,000	1	1	7	8	7	5	1	1
834	서울 관악구	관악형주민자치회운영(주민자치회사업비)	210,000	1	4	7	8	7	1	5	1
835	서울 관악구	관악문화원운영지원	189,973	1	4	7	8	7	1	1	1
836	서울 관악구	관악디딤돌청년일자리사업	160,617	1	4	7	8	7	5	5	4
837	서울 관악구	국민운동단체지원(국민운동단체사업보조금지원)	159,385	1	1	7	8	7	5	5	4

순번	시군구	지출명 (사업명)	2024년예산 (단위 : 천원 /1년간)	민간이전 분류 (지방자치단체 세출예산 집행기준에 의거) 1. 민간경상사업보조(307-02) 2. 민간단체 법정운영비보조(307-03) 3. 민간행사사업보조(307-04) 4. 민간위탁금(307-05) 5. 사회복지시설 법정운영비보조(307-10) 6. 민간인위탁교육비(307-12) 7. 공기관등에대한경상적위탁사업비(308-13) 8. 민간자본사업보조,자체재원(402-01) 9. 민간자본사업보조,이전재원(402-02) 10. 민간위탁사업비(402-03) 11. 공기관등에 대한 자본적 위탁사업비(403-02)	민간이전지출 근거 (지방보조금 관리기준 참고) 1. 법률에 규정 2. 국고보조 재원(국가지정) 3. 용도 지정 기부금 4. 조례에 직접규정 5. 지자체가 권장하는 사업을 하는 공공기관 6. 시,도 정책 및 재정사정 7. 기타 8. 해당없음	입찰방식 계약체결방법 (경쟁형태) 1. 일반경쟁 2. 제한경쟁 3. 지명경쟁 4. 수의계약 5. 법정위탁 6. 기타 ( ) 7. 없음	입찰방식 계약기간 1. 1년 2. 2년 3. 3년 4. 4년 5. 5년 6. 기타 ( )년 7. 단기계약 (1년미만) 8. 없음	입찰방식 낙찰자선정방법 1. 적격심사 2. 협상에의한계약 3. 최저가낙찰제 4. 규격가격분리 5. 2단계 경쟁입찰 6. 기타 ( ) 7. 없음	운영예산 산정 운영예산 산정 1. 내부산정 (지자체 자체적으로 산정) 2. 외부산정 (외부전문기관위탁 산정) 3. 내·외부 모두 산정 4. 산정 無 5. 없음	운영예산 산정 정산방법 1. 내부정산 (지자체 내부적으로 정산) 2. 외부정산 (외부전문기관위탁 정산) 3. 내·외부 모두 산정 4. 정산 無 5. 없음	성과평가 실시여부 1. 실시 2. 미실시 3. 향후 추진 4. 해당없음
838	서울 관악구	생활체육교실활성화	157,100	1	4	7	8	7	1	1	1
839	서울 관악구	SG미래학교캠퍼스운영	100,000	1	4	6	7	6	1	1	4
840	서울 관악구	주민센터작은도서관등운영지원	89,600	1	4	7	1	7	1	1	1
841	서울 관악구	관악창의예술영재교육원운영	85,000	1	1	7	8	7	5	5	4
842	서울 관악구	직업교육훈련아카데미운영	82,200	1	4	7	8	7	5	5	4
843	서울 관악구	사업개발비지원사업	80,000	1	5	7	8	7	5	5	4
844	서울 관악구	국공립어린이집확충	69,000	1	1	7	8	7	5	5	4
845	서울 관악구	체육교실운영	63,000	1	4	7	8	7	1	1	1
846	서울 관악구	학교체육시설사용료지원	60,000	1	4	7	8	7	1	1	1
847	서울 관악구	독거중장년돌봄안전망형성(주민참여예산)	59,000	1	5	7	8	7	5	5	4
848	서울 관악구	사회적고립및고독사예방사업	50,000	1	5	7	8	7	5	5	4
849	서울 관악구	마을독서동아리지원을통한독서공동체조성	50,000	1	4	7	7	7	1	1	1
850	서울 관악구	지역사회보장협의체운영	46,818	1	4	7	1	7	1	1	1
851	서울 관악구	관악형주민자치회운영(동주민총회운영)	42,000	1	4	7	8	7	1	5	1
852	서울 관악구	보훈단체전적지순례지원	42,000	1	4	7	8	7	1	1	1
853	서울 관악구	기술컨설팅지원사업	40,000	1	4	7	8	7	5	5	1
854	서울 관악구	관악구상공회경영지도사업	40,000	1	1	7	8	7	1	1	2
855	서울 관악구	동평생학습센터지원	40,000	1	4	7	8	7	5	5	4
856	서울 관악구	범죄피해자보호지원(범죄피해자보호사업비지원)	39,000	1	4	7	8	7	5	1	1
857	서울 관악구	의료기관결핵환자관리지원	36,765	1	1	7	1	1	2	3	4
858	서울 관악구	관악마을생태계조성사업(마을공동체공모사업비)	35,000	1	4	7	8	7	5	1	1
859	서울 관악구	관악청년문화존운영	32,000	1	4	7	8	7	5	5	4
860	서울 관악구	관악구소상공인연합회활동사업지원	30,000	1	4	4	1	7	1	1	1
861	서울 관악구	민주평화통일자문회의사업지원	30,000	1	1	7	8	7	1	1	1
862	서울 관악구	미니태양광보급	30,000	1	7	7	8	7	5	5	4
863	서울 관악구	다문화가족지원	27,000	1	4	7	7	7	1	3	1
864	서울 관악구	전통시장공동배송서비스지원	24,000	1	1	7	8	7	1	1	1
865	서울 관악구	재향군인회사업보조금지원	20,790	1	1,4	7	8	7	5	1	4
866	서울 관악구	성인문해교육기관지원(국비대응투자)	20,000	1	4	7	8	7	5	5	4
867	서울 관악구	청소년동아리지원	20,000	1	4	7	8	7	5	5	4
868	서울 관악구	공동주택관리노동자근무환경개선전기료지원	20,000	1	1	7	8	7	5	1	2
869	서울 관악구	공동주택관리노동자근무환경개선시설비지원	20,000	1	1	7	8	7	5	1	2
870	서울 관악구	장애인생활체육교실	13,200	1	4	7	8	7	1	1	1
871	서울 관악구	지역사회보장협의체운영	13,000	1	4	7	1	7	1	1	1
872	서울 관악구	평생학습동아리지원	13,000	1	4	7	8	7	5	5	4
873	서울 관악구	마을기업육성사업	12,500	1	2	7	8	7	5	5	4
874	서울 관악구	청년동아리활동지원	12,000	1	4	7	8	7	1	1	1
875	서울 관악구	장애인평생학습지원공모사업	12,000	1	4	7	8	7	5	5	4
876	서울 관악구	청년예술작가전시지원	10,000	1	4	7	8	7	5	5	4
877	서울 관악구	화재공제가입지원사업	9,600	1	1	7	8	7	1	1	1

순번	시군구	지출명 (사업명)	2024년예산 (단위 : 천원 /1년간)	민간이전 분류 (지방자치단체 세출예산 집행기준에 의거) 1. 민간경상사업보조(307-02) 2. 민간단체 법정운영비보조(307-03) 3. 민간행사사업보조(307-04) 4. 민간위탁금(307-05) 5. 사회복지시설 법정운영비보조(307-10) 6. 민간인위탁교육비(307-12) 7. 공기관등에대한경상적위탁사업비(308-13) 8. 민간자본사업보조,자체재원(402-01) 9. 민간자본사업보조,이전재원(402-02) 10. 민간위탁사업비(402-03) 11. 공기관등에 대한 자본적 위탁사업비(403-02)	민간이전지출 근거 (지방보조금 관리기준 참고) 1. 법률에 규정 2. 국고보조 재원(국가지정) 3. 용도 지정 기부금 4. 조례에 직접규정 5. 지자체가 권장하는 사업을 하는 공공기관 6. 시,도 정책 및 재정사정 7. 기타 8. 해당없음	입찰방식 계약체결방법 (경쟁형태) 1. 일반경쟁 2. 제한경쟁 3. 지명경쟁 4. 수의계약 5. 법정위탁 6. 기타 ( ) 7. 없음	입찰방식 계약기간 1. 1년 2. 2년 3. 3년 4. 4년 5. 5년 6. 기타 ( )년 7. 단기계약 (1년미만) 8. 없음	입찰방식 낙찰자선정방법 1. 적격심사 2. 협상에의한계약 3. 최저가낙찰제 4. 규격가격분리 5. 2단계 경쟁입찰 6. 기타 ( ) 7. 없음	운영예산 산정 운영예산 산정 1. 내부산정 (지자체 자체적으로 산정) 2. 외부산정 (외부전문기관위탁 산정) 3. 내·외부 모두 산정 4. 산정 無 5. 없음	운영예산 산정 정산방법 1. 내부정산 (지자체 내부적으로 정산) 2. 외부정산 (외부전문기관위탁 정산) 3. 내·외부 모두 산정 4. 정산 無 5. 없음	성과평가 실시여부 1. 실시 2. 미실시 3. 향후 추진 4. 해당없음
878	서울 관악구	대학생테마별톡톡멘토링운영	8,000	1	1	7	8	7	5	5	4
879	서울 관악구	아동위원협의회운영	7,800	1	1	7	8	7	1	1	2
880	서울 관악구	주요감염병표본감시운영	7,800	1	2	7	1	7	5	5	4
881	서울 관악구	사립작은도서관운영지원	6,000	1	4	7	1	7	1	1	1
882	서울 관악구	시장경영패키지지원사업	5,760	1	1	7	8	7	1	1	1
883	서울 관악구	의료관련감염병예방관리지원	5,000	1	2	7	1	7	5	5	1
884	서울 관악구	환경보전활동지원사업	4,000	1	4	7	8	7	1	1	1
885	서울 관악구	(예비)사회적기업일자리창출사업	2,235	1	2	7	8	7	5	5	4
886	서울 서초구	서초문화원운영지원민간경상사업보조	795,200	1	4	7	8	7	1	3	1
887	서울 서초구	서초구지역사회보장협의체운영보조	190,546	1	4	7	8	7	1	1	4
888	서울 서초구	양성평등기금	150,000	1	4	7	8	7	5	5	4
889	서울 서초구	의료기관결핵환자관리지원	147,060	1	1	7	8	7	3	3	1
890	서울 서초구	보훈단체사업비및운영비지원	86,000	1	1	7	8	7	1	1	1
891	서울 서초구	서초나비코치아카데미운영	28,000	1	4	1	7	6	1	1	1
892	서울 서초구	안심장비지원사업	24,000	1	4	7	8	7	1	1	3
893	서울 서초구	사랑의뒨장간장담그기	15,000	1	1	7	8	7	1	1	4
894	서울 서초구	아동복지시설경계선지능아동자립지원	5,250	1	2	7	8	7	1	1	4
895	서울 서초구	의료관련감염병예방관리사업	5,000	1	1	7	8	7	5	5	1
896	서울 서초구	표본감시운영경비	3,720	1	1	7	8	7	5	5	1
897	서울 송파구	동단위지역특화사업추진	450,000	1	4	7	8	7	5	5	4
898	서울 송파구	사회적경제기업발굴,육성지원	258,481	1	2	7	8	7	5	5	4
899	서울 송파구	의료기관결핵환자관리지원	257,355	1	2	7	8	7	2	3	4
900	서울 송파구	ICT산업기반전문인력양성과정운영	180,000	1	4	7	8	7	5	5	4
901	서울 송파구	민간문화예술단체지원	172,020	1	4	7	8	7	1	1	2
902	서울 송파구	민간공익활동단체지원	171,000	1	1	7	8	7	1	1	1
903	서울 송파구	송파사회적경제성공모델키움프로젝트	115,000	1	4	7	8	7	1	1	4
904	서울 송파구	새마을문고운영지원	112,000	1	1	7	8	7	1	1	4
905	서울 송파구	송파청년창업도전프로젝트	100,000	1	4	7	8	7	5	5	4
906	서울 송파구	학교체육시설사용료지원	95,000	1	4	7	6	7	1	1	4
907	서울 송파구	구립체육시설사용료지원	95,000	1	4	7	6	7	1	1	4
908	서울 송파구	응급의료기관보조금지원	86,400	1	2	6	3	1	5	2	4
909	서울 송파구	작은도서관운영지원	60,000	1	1	7	8	7	1	1	4
910	서울 송파구	민주평화통일자문회의지원및통일사업추진	55,000	1	4	7	8	7	1	1	4
911	서울 송파구	송파구상공회지원	55,000	1	1	7	8	7	1	1	1
912	서울 송파구	외부기관공모사업지원	55,000	1	1,4	7	8	7	3	3	4
913	서울 송파구	송파문화원운영지원	53,530	1	1	6	8	7	1	1	4
914	서울 송파구	마을기업육성	50,000	1	2	7	8	7	5	5	4
915	서울 송파구	송파민속보존회육성지원	48,000	1	1	7	8	7	1	1	4
916	서울 송파구	동부범죄피해자지원센터지원	45,000	1	1	5	8	7	1	1	1
917	서울 송파구	송파키움센터특별프로그램지원	41,460	1	2	7	8	7	1	1	4

순번	시군구	지출명 (사업명)	2024년예산 (단위 : 천원 /1년간)	민간이전 분류 (지방자치단체 세출예산 집행기준에 의거) 1. 민간경상사업보조(307-02) 2. 민간단체 법정운영비보조(307-03) 3. 민간행사사업보조(307-04) 4. 민간위탁금(307-05) 5. 사회복지시설 법정운영비보조(307-10) 6. 민간인위탁교육비(307-12) 7. 공기관등에대한경상적위탁사업비(308-13) 8. 민간자본사업보조,자체재원(402-01) 9. 민간자본사업보조,이전재원(402-02) 10. 민간위탁사업비(402-03) 11. 공기관등에 대한 자본적 위탁사업비(403-02)	민간이전지출 근거 (지방보조금 관리기준 참고) 1. 법률에 규정 2. 국고보조 재원(국가지정) 3. 용도 지정 기부금 4. 조례에 직접규정 5. 지자체가 권장하는 사업을 하는 공공기관 6. 시,도 정책 및 재정사정 7. 기타 8. 해당없음	입찰방식: 계약체결방법 (경쟁형태) 1. 일반경쟁 2. 제한경쟁 3. 지명경쟁 4. 수의계약 5. 법정위탁 6. 기타 ( ) 7. 없음	입찰방식: 계약기간 1. 1년 2. 2년 3. 3년 4. 4년 5. 5년 6. 기타 ( )년 7. 단기계약 (1년미만) 8. 없음	입찰방식: 낙찰자선정방법 1. 적격심사 2. 협상에의한계약 3. 최저가낙찰제 4. 규격가격분리 5. 2단계 경쟁입찰 6. 기타 ( ) 7. 없음	운영예산 산정: 운영예산 산정 1. 내부산정 (지자체 자체적으로 산정) 2. 외부산정 (외부전문기관위탁 산정) 3. 내·외부 모두 산정 4. 산정 無 5. 없음	운영예산 산정: 정산방법 1. 내부정산 (지자체 내부적으로 정산) 2. 외부정산 (외부전문기관위탁 정산) 3. 내·외부 모두 산정 4. 정산 無 5. 없음	성과평가 실시여부 1. 실시 2. 미실시 3. 향후 추진 4. 해당없음
918	서울 송파구	또래울청소년문화공간운영	40,000	1	5,7	7	8	7	5	5	4
919	서울 송파구	지역상권활성화경영지원	30,000	1	1	7	8	7	5	5	4
920	서울 송파구	1인가구안심지원사업	30,000	1	4	6	1	6	1	1	1
921	서울 송파구	평생학습동아리지원및활성화	30,000	1	1,4	7	8	7	3	3	1
922	서울 송파구	중소기업판로및마케팅지원	25,000	1	4	7	8	7	1	3	4
923	서울 송파구	무형문화재전승지원	25,000	1	1	7	8	7	1	1	4
924	서울 송파구	의료관련감염병감시및예방관리	25,000	1	2	7	8	7	5	5	4
925	서울 송파구	유기질비료지원(전환사업)	19,716	1	1	7	8	7	5	5	4
926	서울 송파구	전통시장안전관리	16,336	1	1	4	8	7	5	1	4
927	서울 송파구	탄소저감실천운동	15,000	1	1	7	8	7	1	1	1
928	서울 송파구	송파구체육회지원	12,000	1	1,4	7	6	7	1	1	4
929	서울 송파구	풍납동정주환경개선주민지원	12,000	1	4	7	8	7	1	1	1
930	서울 송파구	여객운수관련업무추진	11,000	1	4	7	8	7	1	1	1
931	서울 송파구	송파구장애인체육회지원	10,500	1	4	7	6	7	1	1	4
932	서울 송파구	무형문화재전수교육관활성화사업	10,000	1	1	7	8	7	3	3	4
933	서울 송파구	표본감시운영경비	6,840	1	2	7	8	7	5	5	4
934	서울 송파구	전통시장여행화장실운영관리	6,600	1	1	7	8	7	1	1	4
935	서울 송파구	청소년사회단체지원	5,900	1	7	7	8	7	5	5	4
936	서울 송파구	여성단체연합회운영활성화	5,000	1	4	7	8	7	1	1	4
937	서울 송파구	환경인식제고	5,000	1	1	7	8	7	1	1	1
938	서울 송파구	자전거개인형이동장치이용분위기확산	2,400	1	4	1	1	1	1	1	1
939	서울 송파구	토양개량제지원	280	1	2	7	8	7	5	5	4
940	서울 강동구	민간위탁형자활근로지원	3,035,217	1	2	5	8	7	1	1	1
941	서울 강동구	스포츠강좌이용권지원금	847,200	1	2	7	1	7	5	5	1
942	서울 강동구	차액지원금	547,200	1	1,5	7	8	7	3	3	4
943	서울 강동구	강동구체육회생활체육지도자운영	375,395	1	2	7	1	7	5	5	1
944	서울 강동구	주민자치회자치계획실행사업비	360,000	1	4	7	8	7	1	1	4
945	서울 강동구	민간단체공익활동지원사업	300,000	1	1,4	7	8	7	1	1	1
946	서울 강동구	문화관광형시장육성사업	250,000	1	1	7	8	7	2	2	3
947	서울 강동구	디지털전통시장육성화사업	200,000	1	1	7	8	7	2	2	3
948	서울 강동구	결핵환자관리민간의료기관운영비	183,825	1	1	7	1	1	2	3	4
949	서울 강동구	장애인스포츠강좌이용권지원금	167,640	1	2	7	1	7	5	5	1
950	서울 강동구	지역문화육성사업지원	160,993	1	1	7	8	7	1	1	4
951	서울 강동구	주민자치회운영사업비(주민총회,성과공유회등)	151,200	1	4	7	8	7	1	1	4
952	서울 강동구	강동구장애인체육회생활체육지도자운영	125,208	1	2	7	1	7	5	5	1
953	서울 강동구	호국정신함양활동등보훈단체사업지원	70,500	1	1	7	8	7	1	1	1
954	서울 강동구	전통시장및상점가이벤트지원	50,000	1	4	7	8	7	1	1	1
955	서울 강동구	공공및학교체육시설사용료지원	50,000	1	4	6	1	6	5	5	1
956	서울 강동구	전통시장화재공제가입지원	49,008	1	1	7	8	7	1	1	4
957	서울 강동구	안전취약건축물보수보강	48,000	1	4	7	8	7	5	5	4

순번	시군구	지출명 (사업명)	2024년예산 (단위 : 천원 /1년간)	민간이전 분류 (지방자치단체 세출예산 집행기준에 의거) 1. 민간경상사업보조(307-02) 2. 민간단체 법정운영비보조(307-03) 3. 민간행사사업보조(307-04) 4. 민간위탁금(307-05) 5. 사회복지시설 법정운영비보조(307-10) 6. 민간인위탁교육비(307-12) 7. 공기관등에대한경상적위탁사업비(308-13) 8. 민간자본사업보조,자체재원(402-01) 9. 민간자본사업보조,이전재원(402-02) 10. 민간위탁사업비(402-03) 11. 공기관등에 대한 자본적 위탁사업비(403-02)	민간이전지출 근거 (지방보조금 관리기준 참고) 1. 법률에 규정 2. 국고보조 재원(국가지정) 3. 용도 지정 기부금 4. 조례에 직접규정 5. 지자체가 권장하는 사업을 하는 공공기관 6. 시,도 정책 및 재정사정 7. 기타 8. 해당없음	입찰방식 계약체결방법 (경쟁형태) 1. 일반경쟁 2. 제한경쟁 3. 지명경쟁 4. 수의계약 5. 법정위탁 6. 기타 ( ) 7. 없음	입찰방식 계약기간 1. 1년 2. 2년 3. 3년 4. 4년 5. 5년 6. 기타 ( )년 7. 단기계약 (1년미만) 8. 없음	입찰방식 낙찰자선정방법 1. 적격심사 2. 협상에의한계약 3. 최저가낙찰제 4. 규격가격분리 5. 2단계 경쟁입찰 6. 기타 ( ) 7. 없음	운영예산 산정 운영예산 산정 1. 내부산정 (지자체 자체적으로 산정) 2. 외부산정 (외부전문기관위탁 산정) 3. 내·외부 모두 산정 4. 산정 無 5. 없음	운영예산 산정 정산방법 1. 내부정산 (지자체 내부적으로 정산) 2. 외부정산 (외부전문기관위탁 정산) 3. 내·외부 모두 산정 4. 정산 無 5. 없음	성과평가 실시여부 1. 실시 2. 미실시 3. 향후 추진 4. 해당없음
958	서울 강동구	범죄피해자지원센터사업지원	45,000	1	1,4	7	8	7	1	1	1
959	서울 강동구	민주평통강동구협의회사업비지원	42,000	1	1,4	7	8	7	1	1	1
960	서울 강동구	바위절마을호상놀이재연행사지원	38,000	1	7	7	8	7	1	1	1
961	서울 강동구	유청소년축구교실추가운영(구비)	36,100	1	4	6	1	6	5	5	1
962	서울 강동구	지진안전시설물내진성능평가지원사업	36,000	1	1	7	8	7	5	5	4
963	서울 강동구	강동구체육회체육교실운영	32,000	1	4	6	1	6	5	5	1
964	서울 강동구	호국징신함양을위한보훈단세전적시순례지원	29,800	1	1	7	8	7	1	1	1
965	서울 강동구	사립작은도서관운영활성화지원공모사업	25,000	1	4	7	8	7	1	1	1
966	서울 강동구	강동구태권도시범단운영지원	25,000	1	4	6	1	6	5	5	1
967	서울 강동구	여성축구교실	24,000	1	6	7	1	7	5	5	1
968	서울 강동구	한국시각장애인복지재단점자도서관운영지원	22,400	1	5	7	8	7	1	1	4
969	서울 강동구	유 · 청소년풋살교실	22,400	1	6	7	1	7	5	5	1
970	서울 강동구	학부모단체활동지원	20,000	1	4	7	8	7	1	1	1
971	서울 강동구	의료관련감염병표본감시사업비	20,000	1	1	7	8	7	5	5	4
972	서울 강동구	여성축구교실추가운영(구비)	16,000	1	4	6	1	6	5	5	1
973	서울 강동구	평생학습동아리운영지원	16,000	1	4	7	8	7	5	5	4
974	서울 강동구	효행장려지원사업	15,000	1	4	7	8	7	5	5	4
975	서울 강동구	강사료,홍보비,재료비,보험료등	14,000	1	4	7	1	7	2	2	1
976	서울 강동구	유청소년축구교실	13,600	1	6	7	1	7	5	5	1
977	서울 강동구	국시비공모사업(성인문해등)운영	12,260	1	4	7	8	7	5	5	4
978	서울 강동구	양성평등공모사업	10,000	1	5	7	8	7	5	5	4
979	서울 강동구	의용소방대구급구조활동비	10,000	1	4	7	8	7	1	1	3
980	서울 강동구	표본감시기관사업비	8,400	1	1	7	8	7	5	5	4
981	서울 강동구	노인회여가문화활성화사업지원	6,120	1	4	7	8	7	1	1	1
982	서울 강동구	강동벼룩시장운영	4,000	1	7	1	7	1	1	1	4
983	서울 강동구	강동구체육회사무국장수당	3,060	1	6	7	1	7	5	5	1
984	서울 강동구	서울키즈오케이존참여업체지원비	1,500	1	6	7	8	7	5	5	4
985	서울 강동구	성가정노인종합복지관여가문화활성화사업지원	240	1	4	7	8	7	1	1	1
986	경기 수원시	통합문화이용권	4,122,300	1	2	7	8	7	3	3	1
987	경기 수원시	우수선수육성	1,634,400	1	1	7	1	7	1	1	1
988	경기 수원시	스포츠강좌이용권(국비)	1,599,600	1	2	7	8	7	5	1	4
989	경기 수원시	어린이건강과일공급사업	1,500,000	1	6	1	3	1	1	1	4
990	경기 수원시	경기도지역협력연구센터(GRRC)지원	1,200,000	1	6	7	8	7	2	2	3
991	경기 수원시	엘리트체육대회개최및출전지원	797,600	1	1	7	1	7	1	1	1
992	경기 수원시	가정보육어린이건강과일공급사업	726,000	1	6	1	1	1	1	1	4
993	경기 수원시	경기임산부친환경농산물지원	656,640	1	4	7	8	7	1	1	1
994	경기 수원시	장애인스포츠강좌이용권(국비)	477,840	1	2	7	8	7	5	1	4
995	경기 수원시	장애인체육육성	466,000	1	4	7	7	7	1	1	1
996	경기 수원시	종목단체사업	430,000	1	1	7	1	7	1	1	1
997	경기 수원시	장애인평생교육프로그램운영	388,440	1	1,4,6	7	8	7	5	5	4

순번	시군구	지출명 (사업명)	2024년예산 (단위 : 천원 /1년간)	민간이전 분류 (지방자치단체 세출예산 집행기준에 의거) 1. 민간경상사업보조(307-02) 2. 민간단체 법정운영비보조(307-03) 3. 민간행사사업보조(307-04) 4. 민간위탁금(307-05) 5. 사회복지시설 법정운영비보조(307-10) 6. 민간인위탁교육비(307-12) 7. 공기관등에대한경상적위탁사업비(308-13) 8. 민간자본사업보조,자체재원(402-01) 9. 민간자본사업보조,이전재원(402-02) 10. 민간위탁사업비(402-03) 11. 공기관등에 대한 자본적 위탁사업비(403-02)	민간이전지출 근거 (지방보조금 관리기준 참고) 1. 법률에 규정 2. 국고보조 재원(국가지정) 3. 용도 지정 기부금 4. 조례에 직접규정 5. 지자체가 권장하는 사업을 하는 공공기관 6. 시,도 정책 및 재정사정 7. 기타 8. 해당없음	입찰방식: 계약체결방법 (경쟁형태) 1. 일반경쟁 2. 제한경쟁 3. 지명경쟁 4. 수의계약 5. 법정위탁 6. 기타 ( ) 7. 없음	입찰방식: 계약기간 1. 1년 2. 2년 3. 3년 4. 4년 5. 5년 6. 기타 ( )년 7. 단기계약 (1년미만) 8. 없음	입찰방식: 낙찰자선정방법 1. 적격심사 2. 협상에의한계약 3. 최저가낙찰제 4. 규격가격분리 5. 2단계 경쟁입찰 6. 기타 ( ) 7. 없음	운영예산 산정: 운영예산 산정 1. 내부산정 (지자체 자체적으로 산정) 2. 외부산정 (외부전문기관위탁 산정) 3. 내·외부 모두 산정 4. 산정 無 5. 없음	운영예산 산정: 정산방법 1. 내부정산 (지자체 내부적으로 정산) 2. 외부정산 (외부전문기관위탁 정산) 3. 내·외부 모두 정산 4. 정산 無 5. 없음	성과평가 실시여부 1. 실시 2. 미실시 3. 향후 추진 4. 해당없음
998	경기 수원시	직업계고취업역량강화교육	330,000	1	6	7	8	7	1	1	3
999	경기 수원시	지역산업맞춤형일자리창출지원	325,000	1	1	7	8	7	1	1	4
1000	경기 수원시	장애인생활체육지도자배치(국비)	301,634	1	2	7	7	7	1	1	2
1001	경기 수원시	무기질비료	300,000	1	1	7	8	7	1	1	1
1002	경기 수원시	일반생활체육지도자배치(국비)	299,517	1	2	7	7	7	1	1	2
1003	경기 수원시	어르신생활체육지도자배치(국비)	299,517	1	2	7	7	7	1	1	2
1004	경기 수원시	경기도장애인체육대회출전	244,605	1	4	7	7	7	1	1	1
1005	경기 수원시	청소년회복지원시설지원	242,580	1	2	7	8	7	5	5	4
1006	경기 수원시	영통여성새일센터운영지원	206,948	1	2	7	8	7	1	1	4
1007	경기 수원시	새일여성인턴제	205,200	1	2	7	8	7	1	1	4
1008	경기 수원시	국민체력1체력인증센터운영(국비)	203,640	1	2	6	3	6	1	1	1
1009	경기 수원시	경기도생활체육대축전출전	200,000	1	4	7	7	7	1	1	1
1010	경기 수원시	노동안전지킴이운영	190,400	1	6	7	8	7	5	5	3
1011	경기 수원시	다회용기사용지원사업	180,000	1	2	7	8	7	5	5	4
1012	경기 수원시	학생승마체험(국비)	179,200	1	2	7	8	7	5	1	3
1013	경기 수원시	국외박람회수원시관참가	175,200	1	8	7	1	7	1	1	1
1014	경기 수원시	청소년복지시설야간근무자배치지원(회복지원시설)	173,976	1	2	7	8	7	5	5	4
1015	경기 수원시	전국도단위생활체육대회출전	170,000	1	4	7	7	7	1	1	1
1016	경기 수원시	체육시설운영관리학교체육시설	170,000	1	1	7	8	7	1	1	1
1017	경기 수원시	생활체육육성지원	161,720	1	4	7	7	7	1	1	1
1018	경기 수원시	장애인생활체육육성	160,000	1	4	7	7	7	1	1	1
1019	경기 수원시	장애인직장운동부운영	150,680	1	4	7	7	7	1	1	1
1020	경기 수원시	유기질비료	131,361	1	1	7	8	7	1	1	1
1021	경기 수원시	지식재산기반창업촉진지원	130,000	1	2	7	8	7	1	1	3
1022	경기 수원시	수원델타플렉스입주기업노동자기숙사임차료	129,000	1	1	5	3	7	1	1	4
1023	경기 수원시	지식재산창출지원	128,000	1	2	7	8	7	1	1	3
1024	경기 수원시	영통여성새일센터취창업지향형디딤돌취업지원	126,000	1	1	7	8	7	1	1	4
1025	경기 수원시	영통여성새일센터중장년여성취업지원	126,000	1	1	7	8	7	1	1	4
1026	경기 수원시	수원문화원지역문화사업	126,000	1	1	7	8	7	1	1	1
1027	경기 수원시	창업보육센터운영	122,265	1	2	7	8	7	5	1	1
1028	경기 수원시	사회공익승마	114,000	1	2	7	8	7	5	1	3
1029	경기 수원시	영통여성새일센터직업교육훈련	111,655	1	2	7	8	7	1	1	4
1030	경기 수원시	도시숲정원관리인운영	105,280	1	4	7	8	7	5	5	4
1031	경기 수원시	박물관미술관지원	102,000	1	1	7	8	7	2	1	1
1032	경기 수원시	환경성질환예방관리교육	100,000	1	4	7	8	7	5	5	4
1033	경기 수원시	근골격건강증진사업	80,965	1	8	1	1	1	1	1	3
1034	경기 수원시	근골격건강증진사업	80,965	1	8	1	1	1	1	1	3
1035	경기 수원시	청년해외인턴십지원	78,000	1	1	7	8	7	1	1	3
1036	경기 수원시	노사민정인프라강화	74,260	1	4	7	8	7	5	5	3
1037	경기 수원시	선도농가자재지원	70,000	1	1	7	8	7	1	1	1

순번	시군구	지출명 (사업명)	2024년예산 (단위 : 천원 /1년간)	민간이전 분류 (지방자치단체 세출예산 집행기준에 의거)	민간이전지출 근거 (지방보조금 관리기준 참고)	입찰방식			운영예산 산정		성과평가 실시여부
				1. 민간경상사업보조(307-02) 2. 민간단체 법정운영비보조(307-03) 3. 민간행사사업보조(307-04) 4. 민간위탁금(307-05) 5. 사회복지시설 법정운영비보조(307-10) 6. 민간인위탁교육비(307-12) 7. 공기관등에대한경상적위탁사업비(308-13) 8. 민간자본사업보조,자체재원(402-01) 9. 민간자본사업보조,이전재원(402-02) 10. 민간위탁사업비(402-03) 11. 공기관등에 대한 자본적 위탁사업비(403-02)	1. 법률에 규정 2. 국고보조 재원(국가지정) 3. 용도 지정 기부금 4. 조례에 직접규정 5. 지자체가 권장하는 사업을 하는 공공기관 6. 시,도 정책 및 재정사정 7. 기타 8. 해당없음	계약체결방법 (경쟁형태) 1. 일반경쟁 2. 제한경쟁 3. 지명경쟁 4. 수의계약 5. 법정위탁 6. 기타 ( ) 7. 없음	계약기간 1. 1년 2. 2년 3. 3년 4. 4년 5. 5년 6. 기타 ( )년 7. 단기계약 (1년미만) 8. 없음	낙찰자선정방법 1. 적격심사 2. 협상에의한계약 3. 최저가낙찰제 4. 규격가격분리 5. 2단계 경쟁입찰 6. 기타 ( ) 7. 없음	운영예산 산정 1. 내부산정 (지자체 자체적으로 산정) 2. 외부산정 (외부전문기관위탁 산정) 3. 내·외부 모두 산정 4. 산정 無 5. 없음	정산방법 1. 내부정산 (지자체 내부적으로 정산) 2. 외부정산 (외부전문기관위탁 정산) 3. 내·외부 모두 산정 4. 정산 無 5. 없음	1. 실시 2. 미실시 3. 향후 추진 4. 해당없음
1038	경기 수원시	벤처기업육성촉진지구활성화	67,500	1	1	7	8	7	1	1	1
1039	경기 수원시	자원봉사코디네이터지원	66,400	1	1	7	8	7	1	1	4
1040	경기 수원시	초등스포츠클럽육성지원	64,430	1	6	7	7	7	1	1	2
1041	경기 수원시	영통여성새일센터고학력고숙련일자리취업지원	63,000	1	1	7	8	7	1	1	4
1042	경기 수원시	성인문해교육	63,000	1	7	7	8	7	5	5	4
1043	경기 수원시	영통여성새일센터일하는가정주거공간개선	60,000	1	1	7	8	7	1	1	4
1044	경기 수원시	노동단체사업	57,800	1	1,4	7	8	7	5	5	3
1045	경기 수원시	경로당및노인회활성화	56,441	1	1	7	8	7	1	1	4
1046	경기 수원시	새마을국제협력사업	53,982	1	4	7	8	7	1	1	1
1047	경기 수원시	장애학생재활승마운영교실운영(국비)	50,400	1	2	7	8	7	5	1	3
1048	경기 수원시	연구중심병원육성R&D지원	50,000	1	2	7	8	7	1	1	3
1049	경기 수원시	반도체특성화대학지원	50,000	1	6	7	8	7	5	5	4
1050	경기 수원시	창업중심대학사업(성균관대학교)	50,000	1	4	7	8	7	1	1	1
1051	경기 수원시	성인문해교육(지역거점기관운영비)	50,000	1	7	7	8	7	5	5	4
1052	경기 수원시	수원시의회의장배체육대회	49,990	1	1	7	1	7	1	1	1
1053	경기 수원시	자원봉사자보험료	49,488	1	1	7	8	7	1	1	4
1054	경기 수원시	수원지역범죄피해자지원센터운영	46,000	1	1	7	8	7	1	1	1
1055	경기 수원시	위생등급제지정업소지원	45,500	1	1,6	7	8	7	1	1	4
1056	경기 수원시	여성및실버등동호인육성지원	44,000	1	4	7	7	7	1	1	1
1057	경기 수원시	청년농업인영농정착지원	43,700	1	1	7	8	7	1	1	4
1058	경기 수원시	국외규격인증취득	40,000	1	8	7	1	7	1	1	1
1059	경기 수원시	청소년육성공모사업	40,000	1	7	7	8	7	1	1	4
1060	경기 수원시	성인문해교육(국비)	39,600	1	7	7	8	7	5	5	4
1061	경기 수원시	통장사례관리자인건비	38,400	1	4	1	1	6	1	1	1
1062	경기 수원시	수원시민참여천만그루도시숲만들기	38,204	1	4	7	8	7	1	1	3
1063	경기 수원시	직장인스포츠클럽활성화	34,000	1	4	7	7	7	1	1	1
1064	경기 수원시	음식점주방시설개선지원	33,000	1	1,6	7	8	7	1	1	4
1065	경기 수원시	자활기업관리전문가인건비	32,400	1	4	1	1	6	1	1	1
1066	경기 수원시	자활기업관리전문가인건비	32,400	1	4	1	1	6	1	1	1
1067	경기 수원시	자활기업관리전문가인건비	32,400	1	4	1	1	6	1	1	1
1068	경기 수원시	시민참여공원녹지사업	31,770	1	4	7	8	7	1	1	3
1069	경기 수원시	평생학습우수프로그램	30,000	1	7	7	8	7	5	5	4
1070	경기 수원시	56신중년프로그램지원	30,000	1	7	7	8	7	5	5	4
1071	경기 수원시	시민조경가드너교육	27,230	1	4	7	8	7	1	1	3
1072	경기 수원시	찾아가는무궁화바로알기교육	27,000	1	4	7	8	7	1	1	3
1073	경기 수원시	생물서식지관리및운영	26,205	1	1,4	7	8	7	5	5	4
1074	경기 수원시	중소기업경영맞춤컨설팅	26,000	1	5	7	8	7	1	1	3
1075	경기 수원시	수원시행정동우회사업비	25,760	1	4	7	8	7	1	1	1
1076	경기 수원시	벼못자리용상토	25,000	1	1	7	8	7	1	1	1
1077	경기 수원시	시민이주인인공원가꾸기	25,000	1	4	7	8	7	1	1	3

순번	시군구	지출명 (사업명)	2024년예산 (단위 : 천원 /1년간)	민간이전 분류 (지방자치단체 세출예산 집행기준에 의거) 1. 민간경상사업보조(307-02) 2. 민간단체 법정운영비보조(307-03) 3. 민간행사사업보조(307-04) 4. 민간위탁금(307-05) 5. 사회복지시설 법정운영비보조(307-10) 6. 민간인위탁교육비(307-12) 7. 공기관등에대한경상적위탁사업비(308-13) 8. 민간자본사업보조,자체재원(402-01) 9. 민간자본사업보조,이전재원(402-02) 10. 민간위탁사업비(402-03) 11. 공기관등에 대한 자본적 위탁사업비(403-02)	민간이전지출 근거 (지방보조금 관리기준 참고) 1. 법률에 규정 2. 국고보조 재원(국가지정) 3. 용도 지정 기부금 4. 조례에 직접규정 5. 지자체가 권장하는 사업을 하는 공공기관 6. 시,도 정책 및 재정사정 7. 기타 8. 해당없음	입찰방식 계약체결방법 (경쟁형태) 1. 일반경쟁 2. 제한경쟁 3. 지명경쟁 4. 수의계약 5. 법정위탁 6. 기타 ( ) 7. 없음	입찰방식 계약기간 1. 1년 2. 2년 3. 3년 4. 4년 5. 5년 6. 기타 ( )년 7. 단기계약 (1년미만) 8. 없음	입찰방식 낙찰자선정방법 1. 적격심사 2. 협상에의한계약 3. 최저가낙찰제 4. 규격가격분리 5. 2단계 경쟁입찰 6. 기타 ( ) 7. 없음	운영예산 산정 운영예산 산정 1. 내부산정 (지자체 자체적으로 산정) 2. 외부산정 (외부전문기관위탁 산정) 3. 내·외부 모두 산정 4. 산정 無 5. 없음	운영예산 산정 정산방법 1. 내부정산 (지자체 내부적으로 정산) 2. 외부정산 (외부전문기관위탁 정산) 3. 내·외부 모두 산정 4. 정산 無 5. 없음	성과평가 실시여부 1. 실시 2. 미실시 3. 향후 추진 4. 해당없음
1078	경기 수원시	장애인복지단체사업	24,660	1	1	7	8	7	1	1	1
1079	경기 수원시	가로수정원사	24,505	1	4	7	8	7	1	1	3
1080	경기 수원시	아마추어예술단체연습실운영	23,400	1	1	7	8	7	1	1	1
1081	경기 수원시	영통여성새일센터처우개선	22,080	1	1	7	8	7	1	1	4
1082	경기 수원시	자활참여자자립성공수당	20,000	1	4	1	1	6	1	1	1
1083	경기 수원시	아마추어풍물단체연습실운영	19,600	1	1	7	8	7	1	1	1
1084	경기 수원시	명륜대학운영	18,000	1	1,4,6	7	8	7	5	5	4
1085	경기 수원시	자유학년제진로연계환경교육	17,000	1	1,4	7	8	7	5	5	4
1086	경기 수원시	템플스테이체험	16,600	1	1	7	8	7	1	1	4
1087	경기 수원시	HACCP인증업소유효성검사지지원	16,560	1	1	7	8	7	1	1	4
1088	경기 수원시	우수친환경농산물생산및유통사업운영지원	15,500	1	1	7	8	7	1	1	1
1089	경기 수원시	새마을동부녀회사업	15,420	1	4	7	8	7	1	1	1
1090	경기 수원시	건강여가교실운영	15,390	1	1	7	8	7	1	1	4
1091	경기 수원시	자활참여자자립성공수당	15,000	1	4	1	1	6	1	1	1
1092	경기 수원시	자활참여자자립성공수당	15,000	1	4	1	1	6	1	1	1
1093	경기 수원시	축산농가톱밥지원	14,000	1	6	7	8	7	5	1	1
1094	경기 수원시	노인치매예방프로그램운영비지원	13,500	1	1	7	8	7	1	1	4
1095	경기 수원시	새마을동부녀회사업	13,320	1	4	7	8	7	1	1	1
1096	경기 수원시	토양개량제	13,303	1	1	7	8	7	1	1	1
1097	경기 수원시	새마을부녀회봉사활동	12,600	1	4	7	8	7	1	1	1
1098	경기 수원시	새마을문고독서문화활동	12,500	1	4	7	8	7	1	1	1
1099	경기 수원시	핵심노인지도자교육	12,177	1	1	7	8	7	1	1	1
1100	경기 수원시	건강취약계층이용시설석면해체·제거	12,000	1	4	7	8	7	5	5	4
1101	경기 수원시	1인창조기업3D프린터임차료	11,880	1	4	7	8	7	1	1	1
1102	경기 수원시	생물다양성보전생태환경탐사	11,000	1	1,4	7	8	7	5	5	4
1103	경기 수원시	수원시재향군인회보훈및나라사랑정신함양	10,800	1	4	7	8	7	1	1	1
1104	경기 수원시	평화통일교육	10,800	1	1	7	8	7	1	1	1
1105	경기 수원시	수원시해병대전우회범죄예방활동	10,560	1	4	7	8	7	1	1	1
1106	경기 수원시	공원·숲생태프로그램운영(2024도시숲어린이사계절숲공원체험교육)	10,130	1	4	7	8	7	1	1	3
1107	경기 수원시	바르게살기운동음식문화개선캠페인	10,000	1	1	7	8	7	1	1	1
1108	경기 수원시	경로당터링프로그램시범운영	10,000	1	1	7	8	7	1	1	1
1109	경기 수원시	생태계교란야생생물관리(국비)	10,000	1	1,4	7	8	7	5	5	4
1110	경기 수원시	경기도민속예술제참가	10,000	1	1	7	8	7	1	1	1
1111	경기 수원시	환경친화형농자재지원	10,000	1	1	7	8	7	1	1	4
1112	경기 수원시	청소년범죄예방	10,000	1	4	7	8	7	1	1	1
1113	경기 수원시	청소년범죄예방사업	10,000	1	1	7	8	7	1	1	1
1114	경기 수원시	효행인성교육	9,480	1	4	7	8	7	5	1	1
1115	경기 수원시	영통실버봉사대	9,200	1	4	7	8	7	1	1	1
1116	경기 수원시	25수원환경투어	9,000	1	1,4	7	8	7	5	5	4
1117	경기 수원시	공원·숲생태프로그램운영(우리집옆생태놀이터)	8,980	1	4	7	8	7	1	1	3

순번	시군구	지출명 (사업명)	2024년예산 (단위 : 천원 /1년간)	민간이전 분류 (지방자치단체 세출예산 집행기준에 의거) 1. 민간경상사업보조(307-02) 2. 민간단체 법정운영비보조(307-03) 3. 민간행사사업보조(307-04) 4. 민간위탁금(307-05) 5. 사회복지시설 법정운영비보조(307-10) 6. 민간인위탁교육비(307-12) 7. 공기관등에대한경상적위탁사업비(308-13) 8. 민간자본사업보조,자체재원(402-01) 9. 민간자본사업보조,이전재원(402-02) 10. 민간위탁사업비(402-03) 11. 공기관등에 대한 자본적 위탁사업비(403-02)	민간이전지출 근거 (지방보조금 관리기준 참고) 1. 법률에 규정 2. 국고보조 재원(국가지정) 3. 용도 지정 기부금 4. 조례에 직접규정 5. 지자체가 권장하는 사업을 하는 공공기관 6. 시,도 정책 및 재정사정 7. 기타 8. 해당없음	입찰방식			운영예산 산정		성과평가 실시여부
						계약체결방법 (경쟁형태) 1. 일반경쟁 2. 제한경쟁 3. 지명경쟁 4. 수의계약 5. 법정위탁 6. 기타 ( ) 7. 없음	계약기간 1. 1년 2. 2년 3. 3년 4. 4년 5. 5년 6. 기타 ( )년 7. 단기계약 (1년미만) 8. 없음	낙찰자선정방법 1. 적격심사 2. 협상에의한계약 3. 최저가낙찰제 4. 규격가격분리 5. 2단계 경쟁입찰 6. 기타 ( ) 7. 없음	운영예산 산정 1. 내부산정 (지자체 자체적으로 산정) 2. 외부산정 (외부전문기관위탁 산정) 3. 내·외부 모두 산정 4. 산정 無 5. 없음	정산방법 1. 내부정산 (지자체 내부적으로 정산) 2. 외부정산 (외부전문기관위탁 정산) 3. 내·외부 모두 산정 4. 정산 無 5. 없음	1. 실시 2. 미실시 3. 향후 추진 4. 해당없음
1118	경기 수원시	새마을문고프로그램운영	8,530	1	4	7	8	7	1	1	1
1119	경기 수원시	청소년유해환경감시단운영지원	8,500	1	1	7	8	7	5	5	4
1120	경기 수원시	공원·숲생태프로그램운영(도시텃밭공원에서자연과함께놀자~)	8,090	1	4	7	8	7	1	1	3
1121	경기 수원시	한국예총수원지부예술지제작	8,000	1	1	7	8	7	1	1	1
1122	경기 수원시	축산물전문판매점지원	8,000	1	6	7	8	7	5	1	2
1123	경기 수원시	공원·숲생태프로그램운영(장애아숲치유프로그램「숲속힐링,숲찾아꿈찾아」)	8,000	1	4	7	8	7	1	1	3
1124	경기 수원시	공원·숲생태프로그램운영(2024년우리동네도시공원숲생태학교)	8,000	1	4	7	8	7	1	1	3
1125	경기 수원시	공원·숲생태프로그램운영(해설이있는숲속여행)	7,857	1	4	7	8	7	1	1	3
1126	경기 수원시	바르게살기동위원회사업	7,650	1	4	7	8	7	1	1	1
1127	경기 수원시	공원·숲생태프로그램운영(밤밭청개구리공원의생태환경교육)	7,233	1	4	7	8	7	1	1	3
1128	경기 수원시	성인문해교육(지역거점기관프로그램)	7,200	1	7	7	8	7	5	5	4
1129	경기 수원시	사찰음식체험	7,000	1	1	7	8	7	1	1	4
1130	경기 수원시	공원·숲생태프로그램운영(숲속서당자연놀이교실)	7,000	1	4	7	8	7	1	1	3
1131	경기 수원시	농작물병해충농약	6,000	1	1	7	8	7	1	1	1
1132	경기 수원시	공원·숲생태프로그램운영(생태교육활동가양성과정)	5,980	1	4	7	8	7	1	1	3
1133	경기 수원시	새마을문고특성화프로그램운영	5,550	1	4	7	8	7	1	1	1
1134	경기 수원시	민예총수원지부기관지발행	5,400	1	1	7	8	7	1	1	1
1135	경기 수원시	친환경유기농업자재지원	5,000	1	1	7	8	7	1	1	1
1136	경기 수원시	새마을동협의회사업	4,700	1	4	7	8	7	1	1	1
1137	경기 수원시	노인행사참여지원	4,680	1	1	7	8	7	1	1	4
1138	경기 수원시	수원민주화운동계승사업회민주주의시민아카데미	4,500	1	4	7	8	7	1	1	1
1139	경기 수원시	평화구현안보현장견학	3,870	1	1	7	8	7	1	1	1
1140	경기 수원시	로컬푸드참여농가유통지원	3,240	1	4	7	8	7	1	1	1
1141	경기 수원시	유기농업자재지원	3,200	1	1	7	8	7	1	1	4
1142	경기 수원시	바르게살기동위원회사업	3,200	1	4	7	8	7	1	1	1
1143	경기 수원시	팔달여성합창단운영	3,000	1	4	7	8	7	1	1	1
1144	경기 수원시	지역문화활동지원	3,000	1	1,4	7	8	7	1	1	1
1145	경기 수원시	바른사회선진의식함양	2,880	1	1	7	8	7	1	1	1
1146	경기 수원시	새마을협의회봉사활동	2,700	1	4	7	8	7	1	1	1
1147	경기 수원시	재해대비예비묘판설치	2,500	1	1	7	8	7	1	1	1
1148	경기 수원시	새마을동협의회사업	2,500	1	4	7	8	7	1	1	1
1149	경기 수원시	저소득층어린이독서문화탐방	2,000	1	4	7	8	7	1	1	1
1150	경기 수원시	산불예방봉사활동	1,530	1	4	7	8	7	1	1	3
1151	경기 수원시	소귀표부착비지원(국비)	1,248	1	1	7	8	7	5	1	2
1152	경기 수원시	한국자유총연맹동위원회사업	1,000	1	4	7	8	7	1	1	1
1153	경기 성남시	체육바우처사업	1,899,600	1	2	7	8	7	5	5	4
1154	경기 성남시	본시가지소규모점포청년창업지원사업	1,000,000	1	6	7	8	7	5	5	4
1155	경기 성남시	택시카드결제수수료지원	956,280	1	6	6	8	7	5	5	4
1156	경기 성남시	우수축산물학교급식지원	920,000	1	6	7	8	7	1	1	4
1157	경기 성남시	경기도체육대회및성남시대표우수선수육성지원	850,000	1	6	7	8	7	5	5	4

순번	시군구	지출명 (사업명)	2024년예산 (단위 : 천원 /1년간)	민간이전 분류 (지방자치단체 세출예산 집행기준에 의거) 1. 민간경상사업보조(307-02) 2. 민간단체 법정운영비보조(307-03) 3. 민간행사사업보조(307-04) 4. 민간위탁금(307-05) 5. 사회복지시설 법정운영비보조(307-10) 6. 민간인위탁교육비(307-12) 7. 공기관등에대한경상적위탁사업비(308-13) 8. 민간자본사업보조,자체재원(402-01) 9. 민간자본사업보조,이전재원(402-02) 10. 민간위탁사업비(402-03) 11. 공기관등에 대한 자본적 위탁사업비(403-02)	민간이전지출 근거 (지방보조금 관리기준 참고) 1. 법률에 규정 2. 국고보조 재원(국가지정) 3. 용도 지정 기부금 4. 조례에 직접규정 5. 지자체가 권장하는 사업을 하는 공공기관 6. 시,도 정책 및 재정사정 7. 기타 8. 해당없음	입찰방식: 계약체결방법 (경쟁형태) 1. 일반경쟁 2. 제한경쟁 3. 지명경쟁 4. 수의계약 5. 법정위탁 6. 기타 ( ) 7. 없음	입찰방식: 계약기간 1. 1년 2. 2년 3. 3년 4. 4년 5. 5년 6. 기타 ( )년 7. 단기계약 (1년미만) 8. 없음	입찰방식: 낙찰자선정방법 1. 적격심사 2. 협상에의한계약 3. 최저가낙찰제 4. 규격가격분리 5. 2단계 경쟁입찰 6. 기타 ( ) 7. 없음	운영예산 산정: 운영예산 산정 1. 내부산정 (지자체 자체적으로 산정) 2. 외부산정 (외부전문기관위탁 산정) 3. 내·외부 모두 산정 4. 산정 無 5. 없음	운영예산 산정: 정산방법 1. 내부정산 (지자체 내부적으로 정산) 2. 외부정산 (외부전문기관위탁 정산) 3. 내·외부 모두 산정 4. 정산 無 5. 없음	성과평가 실시여부 1. 실시 2. 미실시 3. 향후 추진 4. 해당없음
1158	경기 성남시	임대아파트공동전기료	756,000	1	4	7	8	7	5	5	4
1159	경기 성남시	학교우유급식지원	673,400	1	2	7	8	7	1	1	4
1160	경기 성남시	대안교육기관급식지원사업	591,677	1	1	7	8	7	5	1	4
1161	경기 성남시	경기도체육대회출전지원	586,020	1	6	7	8	7	5	5	4
1162	경기 성남시	(예비)사회적기업일자리창출사업및전문인력지원사업추진	579,074	1	2	7	8	1	1	1	1
1163	경기 성남시	정신재활시설운영비	508,913	1	1	7	8	7	1	1	4
1164	경기 성남시	청년창업지원사업	500,000	1	6	7	8	7	5	5	4
1165	경기 성남시	쿨비무료화에따른운수종사자인센티브지급	477,600	1	4	7	8	7	1	1	4
1166	경기 성남시	공공보건의료협력체계구축사업(경상사업보조)	475,000	1	2	6	8	6	5	1	4
1167	경기 성남시	팹리스인력양성사업지원	409,400	1	6	7	8	7	1	1	1
1168	경기 성남시	새일센터지정운영(여성새로일하기센터운영지원)	372,518	1	2	7	8	7	5	5	4
1169	경기 성남시	장애인스포츠강좌이용권지원사업	365,640	1	2	7	8	7	5	5	4
1170	경기 성남시	발달장애인청년주택지원사업	362,634	1	2	7	6	1	1	1	1
1171	경기 성남시	청정일자리,성남	332,640	1	2	7	8	7	5	5	4
1172	경기 성남시	학교전문코치운영	327,544	1	6	7	8	7	5	5	4
1173	경기 성남시	공동주택가로등(보안등)전기료	326,210	1	4	7	8	7	5	5	4
1174	경기 성남시	장애인체육회전일제지도자운영	313,020	1	2	7	8	7	5	5	4
1175	경기 성남시	정신재활시설운영비	310,420	1	1	7	8	7	1	1	4
1176	경기 성남시	정신재활시설운영비	310,420	1	1	7	8	7	1	1	4
1177	경기 성남시	장애인우수선수및지도자육성지원	309,961	1	6	7	8	7	5	5	4
1178	경기 성남시	새마을운동중앙회지원	300,000	1	1	7	8	7	1	1	1
1179	경기 성남시	학교운동부도단위이상대회출전지원	300,000	1	6	7	8	7	5	5	4
1180	경기 성남시	여성인력개발센터운영(여성인력개발센터운영지원)	289,800	1	1	7	8	7	5	5	4
1181	경기 성남시	작은도서관지원	269,712	1	4	7	7	7	1	1	1
1182	경기 성남시	생활체육지도자운영비(수당)	269,517	1	2	7	8	7	5	5	4
1183	경기 성남시	의료기관결핵환자관리지원	257,355	1	2	7	8	7	5	5	4
1184	경기 성남시	새일센터지정운영(새일여성인턴)	243,200	1	2	7	8	7	5	5	4
1185	경기 성남시	새일센터지정운영(직업교육훈련)	224,109	1	2	7	8	7	5	5	4
1186	경기 성남시	생활체육지도자배치사업	220,199	1	2	7	8	7	5	5	4
1187	경기 성남시	365어르신돌봄센터운영지원	215,000	1	6	7	8	7	5	5	4
1188	경기 성남시	지식재반기반창업촉진사업	200,000	1	2	5	1	7	4	3	1
1189	경기 성남시	고등직업교육거점지구조성(국가직접지원)	194,500	1	2	6	3	6	4	1	1
1190	경기 성남시	학생승마체험	192,640	1	2	7	8	7	1	1	4
1191	경기 성남시	생활체육어르신전담지도자배치사업	188,742	1	2	7	8	7	5	5	4
1192	경기 성남시	노동안전지킴이운영	180,000	1	4	7	8	7	5	5	4
1193	경기 성남시	장애인평생학습도시운영사업(국비)	175,000	1	1	7	8	7	1	1	1
1194	경기 성남시	지역아동센터특기적성교육강사지원	158,400	1	2	7	8	7	1	1	4
1195	경기 성남시	국민운동단체동조직활동지원	149,600	1	1	7	8	7	1	1	1
1196	경기 성남시	장애인체육회전일제지도자수당	147,269	1	6	7	8	7	5	5	4
1197	경기 성남시	성인문해교육지원사업(국비)	144,000	1	1	7	8	7	1	1	1

순번	시군구	지출명 (사업명)	2024년예산 (단위 : 천원 /1년간)	민간이전 분류 (지방자치단체 세출예산 집행기준에 의거) 1. 민간경상사업보조(307-02) 2. 민간단체 법정운영비보조(307-03) 3. 민간행사사업보조(307-04) 4. 민간위탁금(307-05) 5. 사회복지시설 법정운영비보조(307-10) 6. 민간인위탁교육비(307-12) 7. 공기관등에대한경상적위탁사업비(308-13) 8. 민간자본사업보조,자체재원(402-01) 9. 민간자본사업보조,이전재원(402-02) 10. 민간위탁사업비(402-03) 11. 공기관등에 대한 자본적 위탁사업비(403-02)	민간이전지출 근거 (지방보조금 관리기준 참고) 1. 법률에 규정 2. 국고보조 재원(국가지정) 3. 용도 지정 기부금 4. 조례에 직접규정 5. 지자체가 권장하는 사업을 하는 공공기관 6. 시,도 정책 및 재정사정 7. 기타 8. 해당없음	입찰방식 계약체결방법 (경쟁형태) 1. 일반경쟁 2. 제한경쟁 3. 지명경쟁 4. 수의계약 5. 법정위탁 6. 기타 ( ) 7. 없음	입찰방식 계약기간 1. 1년 2. 2년 3. 3년 4. 4년 5. 5년 6. 기타 ( )년 7. 단기계약 (1년미만) 8. 없음	입찰방식 낙찰자선정방법 1. 적격심사 2. 협상에의한계약 3. 최저가낙찰제 4. 규격가격분리 5. 2단계 경쟁입찰 6. 기타 ( ) 7. 없음	운영예산 산정 운영예산 산정 1. 내부산정 (지자체 자체적으로 산정) 2. 외부산정 (외부전문기관위탁 산정) 3. 내·외부 모두 산정 4. 산정 無 5. 없음	운영예산 산정 정산방법 1. 내부정산 (지자체 내부적으로 정산) 2. 외부정산 (외부전문기관위탁 정산) 3. 내·외부 모두 산정 4. 정산 無 5. 없음	성과평가 실시여부 1. 실시 2. 미실시 3. 향후 추진 4. 해당없음
1198	경기 성남시	장애인우수선수및지도자육성지원	142,523	1	6	7	8	7	5	5	4
1199	경기 성남시	경기도생활체육대축전출전지원	132,282	1	6	7	8	7	5	5	4
1200	경기 성남시	여성인력개발센터운영(경력단절여성디딤돌취업지원)	126,000	1	1	7	8	7	5	5	4
1201	경기 성남시	여성인력개발센터운영(고학력고숙련일자리취업지원)	126,000	1	1	7	8	7	5	5	4
1202	경기 성남시	여성인력개발센터운영(중장년취업지원)	126,000	1	1	7	8	7	5	5	4
1203	경기 성남시	경기도장애인체육대회출전지원	125,517	1	6	7	8	7	5	5	4
1204	경기 성남시	골비무료화에따른운수종사자통신비지급	122,400	1	4	7	8	7	1	1	4
1205	경기 성남시	성남상공회의소지원	121,000	1	1	7	8	7	1	1	1
1206	경기 성남시	이동식도축장운영활성화	120,000	1	7	7	8	7	1	1	4
1207	경기 성남시	생활체육교실상설운영	120,000	1	6	7	8	7	5	5	4
1208	경기 성남시	지역응급의료기관평가결과보조금	118,800	1	2	7	8	7	5	2	4
1209	경기 성남시	유기질비료지원	117,784	1	2	7	8	7	1	1	4
1210	경기 성남시	장애인평생교육지원(장애인평생교육시설)	109,480	1	1	7	8	7	1	1	1
1211	경기 성남시	성남시새마을회지원	106,992	1	1	7	8	7	1	1	1
1212	경기 성남시	크린넷시설유지관리비보조	105,815	1	4	7	8	7	5	5	4
1213	경기 성남시	청년재창업지원사업	105,000	1	6	7	8	7	5	5	4
1214	경기 성남시	마을공동체지원추진	100,000	1	4	7	8	7	1	1	1
1215	경기 성남시	지방보조금지원	95,763	1	4	7	8	7	1	1	1
1216	경기 성남시	생활체육유소년전담지도자배치사업	94,371	1	2	7	8	7	5	5	4
1217	경기 성남시	생활체육여성동호회지원	94,000	1	6	7	8	7	5	5	4
1218	경기 성남시	침수방지시설설치지원	90,000	1	1,4	7	8	7	5	5	4
1219	경기 성남시	비료가격안정지원사업	85,913	1	2	7	8	7	1	1	4
1220	경기 성남시	도지사기종목별생활체육대회출전지원	84,204	1	6	7	8	7	5	5	4
1221	경기 성남시	학교운동부우수선수장학금지원	82,800	1	6	7	8	7	5	5	4
1222	경기 성남시	청년취업지원(국가직접지원)	82,500	1	2	6	5	6	1	1	1
1223	경기 성남시	창업보육센터운영사업지원	81,000	1	1	7	8	7	3	1	1
1224	경기 성남시	공동주택공동체활성화공모사업	80,000	1	4	7	8	7	5	5	4
1225	경기 성남시	민주평화통일자문회의성남시협의회지원	79,270	1	4	7	8	7	1	1	1
1226	경기 성남시	스포츠클럽육성지원	77,160	1	6	7	8	7	5	5	4
1227	경기 성남시	택시카드단말기통신료지원	75,885	1	6	6	8	7	5	5	4
1228	경기 성남시	주민자치회운영지원	72,000	1	4	7	7	7	5	1	1
1229	경기 성남시	성남하이테크밸리활성화	69,800	1	1	7	8	7	1	1	1
1230	경기 성남시	한국자유총연맹성남시지회지원	64,962	1	1	7	8	7	1	1	1
1231	경기 성남시	자원봉사코디네이터사업	64,860	1	4	7	8	7	1	1	1
1232	경기 성남시	마을공동체지원추진(자체)	60,000	1	4	7	8	7	1	1	1
1233	경기 성남시	일하는가정주거공간개선지원사업	60,000	1	1	7	8	7	5	5	4
1234	경기 성남시	평생학습활동지원	60,000	1	1	7	8	7	1	1	1
1235	경기 성남시	성남시체육회학생운동부지원	60,000	1	6	7	8	7	5	5	4
1236	경기 성남시	주거환경개선사업	60,000	1	4	2	1	1	1	1	1
1237	경기 성남시	지역응급의료기관평가결과보조금지원	57,600	1	1	7	8	7	5	3	4

순번	시군구	지출명 (사업명)	2024년예산 (단위 : 천원 /1년간)	민간이전 분류 (지방자치단체 세출예산 집행기준에 의거) 1. 민간경상사업보조(307-02) 2. 민간단체 법정운영비보조(307-03) 3. 민간행사사업보조(307-04) 4. 민간위탁금(307-05) 5. 사회복지시설 법정운영비보조(307-10) 6. 민간인위탁교육비(307-12) 7. 공기관등에대한경상적위탁사업비(308-13) 8. 민간자본사업보조,자체재원(402-01) 9. 민간자본사업보조,이전재원(402-02) 10. 민간위탁사업비(402-03) 11. 공기관등에 대한 자본적 위탁사업비(403-02)	민간이전지출 근거 (지방보조금 관리기준 참고) 1. 법률에 규정 2. 국고보조 재원(국가지정) 3. 용도 지정 기부금 4. 조례에 직접규정 5. 지자체가 권장하는 사업을 하는 공공기관 6. 시,도 정책 및 재정사정 7. 기타 8. 해당없음	입찰방식: 계약체결방법 (경쟁형태) 1. 일반경쟁 2. 제한경쟁 3. 지명경쟁 4. 수의계약 5. 법정위탁 6. 기타 ( ) 7. 없음	입찰방식: 계약기간 1. 1년 2. 2년 3. 3년 4. 4년 5. 5년 6. 기타 ( )년 7. 단기계약 (1년미만) 8. 없음	입찰방식: 낙찰자선정방법 1. 적격심사 2. 협상에의한계약 3. 최저가낙찰제 4. 규격가격분리 5. 2단계 경쟁입찰 6. 기타 ( ) 7. 없음	운영예산 산정: 운영예산 산정 1. 내부산정 (지자체 자체적으로 산정) 2. 외부산정 (외부전문기관위탁 산정) 3. 내·외부 모두 산정 4. 산정 無 5. 없음	운영예산 산정: 정산방법 1. 내부정산 (지자체 내부적으로 정산) 2. 외부정산 (외부전문기관위탁 정산) 3. 내·외부 모두 산정 4. 정산 無 5. 없음	성과평가 실시여부 1. 실시 2. 미실시 3. 향후 추진 4. 해당없음
1238	경기 성남시	장애인생활체육활성화사업지원(도직접지원)	54,750	1	6	7	8	7	5	5	4
1239	경기 성남시	경기도장애인체육대회출전지원	53,100	1	6	7	8	7	5	5	4
1240	경기 성남시	성남시재향군인회지원	53,005	1	1	7	8	7	1	1	1
1241	경기 성남시	성남시스템반도체얼라이언스운영	52,392	1	5	7	8	7	1	1	1
1242	경기 성남시	성남예총,민예총지원	52,278	1	1	7	8	7	1	1	1
1243	경기 성남시	미래형자동차현장인력양성사업(국가직접지원)	50,000	1	7	7	4	7	1	1	1
1244	경기 성남시	양성평등인식제고및문화확산사업	50,000	1	1	7	8	7	5	5	4
1245	경기 성남시	장애인평생교육지원(프로그램공모)	50,000	1	1	7	8	7	1	1	1
1246	경기 성남시	경기평생학습동아리지원	50,000	1	1	7	8	7	1	1	4
1247	경기 성남시	성남시여성축구단지원	50,000	1	6	7	8	7	5	5	4
1248	경기 성남시	체전(전국,동계,소년)및국제대회출전선수단지원	50,000	1	6	7	8	7	5	5	4
1249	경기 성남시	교통질서봉사단체지원	49,331	1	4	7	8	7	1	1	1
1250	경기 성남시	사회공익승마사업지원	48,600	1	6	7	8	7	1	1	4
1251	경기 성남시	성인문해교육	48,000	1	1	7	8	7	1	1	1
1252	경기 성남시	성남예총,민예총지원	48,000	1	1	7	8	7	1	1	1
1253	경기 성남시	청년창업두드림(Dodream)지원사업	46,080	1	2	7	8	7	5	5	4
1254	경기 성남시	학교폭력예방및안전활동단체활동지원	45,600	1	1	7	8	7	5	5	4
1255	경기 성남시	생활체육동호회육성지원	42,000	1	6	7	8	7	5	5	4
1256	경기 성남시	경비실냉방시설전기료	42,000	1	4	7	8	7	5	5	4
1257	경기 성남시	도단위이상생활체육대회출전지원	41,148	1	6	7	8	7	5	5	4
1258	경기 성남시	자원봉사센터등록자원봉사자보험료	40,504	1	4	7	8	7	5	5	4
1259	경기 성남시	노동자휴게시설개선사업	40,000	1	1,4	7	8	7	1	1	1
1260	경기 성남시	성남시사회복지협의회지원	38,400	1	1	7	8	7	5	5	4
1261	경기 성남시	학교전문코치운영	38,160	1	6	7	8	7	1	1	1
1262	경기 성남시	교통질서봉사단체지원	37,032	1	4	7	8	7	5	5	4
1263	경기 성남시	교통질서봉사단체지원	35,400	1	4	7	8	7	1	1	1
1264	경기 성남시	학생승마체험(장애학생재활승마교실운영)	33,280	1	2	7	8	7	1	1	1
1265	경기 성남시	청소년바이오진로탐색	33,150	1	7	7	8	7	1	1	4
1266	경기 성남시	새일센터종사자정규직처우개선비지원	33,120	1	1	7	8	7	1	1	1
1267	경기 성남시	체전(전국,동계,소년)및국제대회출전선수단지원	31,320	1	6	7	8	7	5	5	4
1268	경기 성남시	소비자단체육성지원사업	30,666	1	4	6	1	7	5	5	4
1269	경기 성남시	중소기업디지털전환지원	30,000	1	7	6	7	6	1	1	1
1270	경기 성남시	대한민국임시정부기념사업	30,000	1	7	7	8	7	1	1	1
1271	경기 성남시	경기도장애인생활체육대회출전지원	30,000	1	6	7	8	7	5	5	4
1272	경기 성남시	바르게살기운동성남시협의회지원	29,211	1	1	7	8	7	1	1	1
1273	경기 성남시	장애인가맹단체도단위이상대회출전지원	28,752	1	6	7	8	7	5	5	4
1274	경기 성남시	경로당활성화사업노인회지회지원	28,000	1	4	7	8	7	1	1	1
1275	경기 성남시	판교쌍용거줄다리기시연	26,500	1	1	7	8	7	1	1	1
1276	경기 성남시	전통문화특화프로그램운영지원	25,100	1	1	7	8	7	1	1	1
1277	경기 성남시	범죄피해자지원센터지원	25,000	1	4	7	8	7	1	1	1

순번	시군구	지출명 (사업명)	2024년예산 (단위 : 천원 /1년간)	민간이전 분류 (지방자치단체 세출예산 집행기준에 의거)	민간이전지출 근거 (지방보조금 관리기준 참고)	입찰방식			운영예산 산정		성과평가 실시여부
				1. 민간경상사업보조(307-02) 2. 민간단체 법정운영비보조(307-03) 3. 민간행사사업보조(307-04) 4. 민간위탁금(307-05) 5. 사회복지시설 법정운영비보조(307-10) 6. 민간인위탁교육비(307-12) 7. 공기관등에대한경상적위탁사업비(308-13) 8. 민간자본사업보조,자체재원(402-01) 9. 민간자본사업보조,이전재원(402-02) 10. 민간위탁사업비(402-03) 11. 공기관등에 대한 자본적 위탁사업비(403-02)	1. 법률에 규정 2. 국고보조 재원(국가지정) 3. 용도 지정 기부금 4. 조례에 직접규정 5. 지자체가 권장하는 사업을 하는 공공기관 6. 시,도 정책 및 재정사정 7. 기타 8. 해당없음	계약체결방법 (경쟁형태) 1. 일반경쟁 2. 제한경쟁 3. 지명경쟁 4. 수의계약 5. 법정위탁 6. 기타 ( ) 7. 없음	계약기간 1. 1년 2. 2년 3. 3년 4. 4년 5. 5년 6. 기타 ( )년 7. 단기계약 (1년미만) 8. 없음	낙찰자선정방법 1. 적격심사 2. 협상에의한계약 3. 최저가낙찰제 4. 규격가격분리 5. 2단계 경쟁입찰 6. 기타 ( ) 7. 없음	운영예산 산정 1. 내부산정 (지자체 자체적으로 산정) 2. 외부산정 (외부전문기관위탁 산정) 3. 내·외부 모두 산정 4. 산정 無 5. 없음	정산방법 1. 내부정산 (지자체 내부적으로 정산) 2. 외부정산 (외부전문기관위탁 정산) 3. 내·외부 모두 산정 4. 정산 無 5. 없음	1. 실시 2. 미실시 3. 향후 추진 4. 해당없음
1278	경기 성남시	청년농업인영농정착지원사업	24,400	1	1	7	8	7	1	1	4
1279	경기 성남시	아동돌봄공동체조성공모사업	24,000	1	4	7	8	7	1	1	1
1280	경기 성남시	생활체육프로그램보급사업운영	22,254	1	6	7	8	7	5	5	4
1281	경기 성남시	합창단운영지원	22,032	1	4	7	8	7	1	1	4
1282	경기 성남시	중원구여성합창단운영	20,958	1	4	7	8	7	1	1	4
1283	경기 성남시	56신중년교육프로그램지원사업	20,000	1	1	7	8	7	1	1	1
1284	경기 성남시	공연장대관료지원	20,000	1	1	7	8	7	1	1	1
1285	경기 성남시	문화학교운영	19,980	1	4	7	8	7	1	1	1
1286	경기 성남시	성남시지역사회보장협의체운영	19,498	1	1	7	8	7	1	1	4
1287	경기 성남시	수정구여성합창단운영	19,104	1	4	7	8	7	1	1	4
1288	경기 성남시	대학생바이오인턴십	18,254	1	7	7	8	7	1	1	1
1289	경기 성남시	시스템반도체혁신클러스터협의회운영	18,000	1	6	7	8	7	1	1	1
1290	경기 성남시	사회복지시설종사자문화체험지원	18,000	1	6	7	8	7	1	1	4
1291	경기 성남시	기업협력을통한경단녀맞춤형취업연계	18,000	1	1	7	8	7	5	5	4
1292	경기 성남시	장애학생우수선수장학금지원	18,000	1	6	7	8	7	5	5	4
1293	경기 성남시	정신재활시설입소자구료비등	17,464	1	1	7	8	7	1	1	4
1294	경기 성남시	정신재활시설입소자구료비등	17,464	1	1	7	8	7	1	1	4
1295	경기 성남시	사회경제적약자반려동물기본료지원	16,000	1	6	7	8	7	1	1	4
1296	경기 성남시	성남시여성합창단지원	15,120	1	1	7	8	7	1	1	1
1297	경기 성남시	중소기업노동자기숙사임자비지원	15,000	1	4	7	8	7	1	1	1
1298	경기 성남시	어린이음식문화체험교실운영	15,000	1	4	7	8	7	5	5	4
1299	경기 성남시	성남학연구소운영	14,100	1	4	7	8	7	1	1	1
1300	경기 성남시	성남시꿈나무스포츠학교	14,040	1	6	7	8	7	5	5	4
1301	경기 성남시	소규모미용영업자교육지원	12,600	1	4	2	7	1	1	1	1
1302	경기 성남시	축산물취급업소위생관리지원	12,000	1	6	7	8	7	1	1	4
1303	경기 성남시	성남학아카데미	12,000	1	4	7	8	7	1	1	1
1304	경기 성남시	성남시향토민속놀이공연	12,000	1	1	7	8	7	1	1	1
1305	경기 성남시	학교연계형공공스포츠클럽지원	12,000	1	6	7	8	7	5	5	4
1306	경기 성남시	환경교육홍보실천사업	12,000	1	1	7	8	7	5	5	4
1307	경기 성남시	경로당운영활성화사업	12,000	1	4	7	8	7	1	1	1
1308	경기 성남시	월동기및해빙기화재취약지역의용소방대순찰대원급식비지원	11,251	1	1,4	7	8	7	1	1	1
1309	경기 성남시	의용소방대운영경비지원	11,076	1	1,4	7	8	7	1	1	1
1310	경기 성남시	생활체육지도자수업용품지원	10,800	1	6	7	8	7	5	5	4
1311	경기 성남시	여성지도자과정운영	10,000	1	4	7	8	7	5	5	4
1312	경기 성남시	6.25한국전쟁의사단추모제	10,000	1	4	7	8	7	1	1	1
1313	경기 성남시	의약품안전관리사업운영비지원	10,000	1	4	7	8	7	5	1	4
1314	경기 성남시	장애인체전(전국,동계,학생)및국제대회지원	9,570	1	6	7	8	7	5	5	4
1315	경기 성남시	장애인체전(전국,동계,학생)및국제대회지원	9,090	1	6	7	8	7	5	5	4
1316	경기 성남시	전국생활체육대축전출전지원	9,000	1	6	7	8	7	5	5	4
1317	경기 성남시	경기도어울림체육대회출전지원	9,000	1	6	7	8	7	5	5	4

순번	시군구	지출명 (사업명)	2024년예산 (단위 : 천원 /1년간)	민간이전 분류 (지방자치단체 세출예산 집행기준에 의거) 1. 민간경상사업보조(307-02) 2. 민간단체 법정운영비보조(307-03) 3. 민간행사사업보조(307-04) 4. 민간위탁금(307-05) 5. 사회복지시설 법정운영비보조(307-10) 6. 민간인위탁교육비(307-12) 7. 공기관등에대한경상적위탁사업비(308-13) 8. 민간자본사업보조,자체재원(402-01) 9. 민간자본사업보조,이전재원(402-02) 10. 민간위탁사업비(402-03) 11. 공기관등에 대한 자본적 위탁사업비(403-02)	민간이전지출 근거 (지방보조금 관리기준 참고) 1. 법률에 규정 2. 국고보조 재원(국가지정) 3. 용도 지정 기부금 4. 조례에 직접규정 5. 지자체가 권장하는 사업을 하는 공공기관 6. 시,도 정책 및 재정사정 7. 기타 8. 해당없음	입찰방식: 계약체결방법 (경쟁형태) 1. 일반경쟁 2. 제한경쟁 3. 지명경쟁 4. 수의계약 5. 법정위탁 6. 기타 ( ) 7. 없음	입찰방식: 계약기간 1. 1년 2. 2년 3. 3년 4. 4년 5. 5년 6. 기타 ( )년 7. 단기계약 (1년미만) 8. 없음	입찰방식: 낙찰자선정방법 1. 적격심사 2. 협상에의한계약 3. 최저가낙찰제 4. 규격가격분리 5. 2단계 경쟁입찰 6. 기타 ( ) 7. 없음	운영예산 산정: 운영예산 산정 1. 내부산정 (지자체 자체적으로 산정) 2. 외부산정 (외부전문기관위탁 산정) 3. 내·외부 모두 산정 4. 산정 無 5. 없음	운영예산 산정: 정산방법 1. 내부정산 (지자체 내부적으로 정산) 2. 외부정산 (외부전문기관위탁 정산) 3. 내·외부 모두 산정 4. 정산 無 5. 없음	성과평가 실시여부 1. 실시 2. 미실시 3. 향후 추진 4. 해당없음
1318	경기 성남시	합창단운영지원	8,400	1	4	7	8	7	1	1	4
1319	경기 성남시	남상목의병장기념사업	8,000	1	7	7	8	7	1	1	1
1320	경기 성남시	표본감시운영경비	7,560	1	2	7	8	7	5	5	4
1321	경기 성남시	내고장바로알기	7,500	1	4	7	8	7	1	1	1
1322	경기 성남시	사회복지사전문능력개발비	7,200	1	1	7	8	7	1	1	4
1323	경기 성남시	경로당회장노인지도자교육비지원	7,200	1	1	7	8	7	1	1	1
1324	경기 성남시	청소년유해환경감시활동지원	7,200	1	1	7	8	7	5	5	1
1325	경기 성남시	도단위이상장애인생활체육대회출전지원	7,026	1	6	7	8	7	5	5	4
1326	경기 성남시	경로당운영활성화사업(자체)	7,000	1	4	7	8	7	1	1	1
1327	경기 성남시	의료관련감염병표본감시체계운영	6,480	1	2	7	8	7	5	5	4
1328	경기 성남시	8.1성남(광주대단지)민권운동기념사업추진	6,000	1	4	7	8	7	1	1	2
1329	경기 성남시	여성단체지원활성화	6,000	1	4	7	8	7	5	5	4
1330	경기 성남시	향토유적지순례	6,000	1	4	7	8	7	1	1	1
1331	경기 성남시	성남예총,민예총지원	5,400	1	1	7	8	7	1	1	1
1332	경기 성남시	찾아가는독립운동교실	5,000	1	7	7	8	7	1	1	1
1333	경기 성남시	학교4H회자율과제운영지원(신세대농업인양성을위한과제활동지원)	5,000	1	1	7	8	7	5	1	3
1334	경기 성남시	장기기증홍보사업비지원	4,800	1	4	6	1	7	1	1	1
1335	경기 성남시	토양개량제사업	4,221	1	2	7	8	7	1	1	4
1336	경기 성남시	환경보전활동공모지원사업	4,200	1	1	7	8	7	5	5	4
1337	경기 성남시	성남시사회복지사협회운영보조	3,600	1	6	7	8	7	1	1	4
1338	경기 성남시	정신요양및정신재활시설특수근무수당등	3,500	1	1	7	8	7	1	1	4
1339	경기 성남시	표본감시의료기관운영비지원	3,360	1	2	7	8	7	5	5	4
1340	경기 성남시	여성농업인행복바우처	3,040	1	6	7	8	7	1	1	4
1341	경기 성남시	성남예총,민예총지원	3,000	1	1	7	8	7	1	1	1
1342	경기 성남시	종목단체도단위이상대회출전	3,000	1	6	7	8	7	5	5	4
1343	경기 성남시	정신재활시설공동캠프비	3,000	1	1	7	8	7	1	1	4
1344	경기 성남시	정신재활시설공동캠프비	3,000	1	1	7	8	7	1	1	4
1345	경기 성남시	전승장비(공연소모품등)구입	2,400	1	4	7	8	7	1	1	1
1346	경기 성남시	의료관련감염병표본감시체계운영	2,160	1	2	7	8	7	5	5	4
1347	경기 성남시	이상희대위기념사업	1,300	1	7	7	8	7	1	1	1
1348	경기 성남시	국가유공자선양대회워크숍	1,300	1	7	7	8	7	1	1	1
1349	경기 성남시	성남시여성합창단지원	1,080	1	1	7	8	7	1	1	1
1350	경기 성남시	표본감시운영경비	1,080	1	2	7	8	7	5	5	4
1351	경기 성남시	정신재활시설공동캠프비	1,000	1	1	7	8	7	1	1	4
1352	경기 성남시	산양삼생산과정확인제도	380	1	2	7	8	7	5	5	4
1353	경기 의정부시	통합문화이용권사업	3,368,950	1	2	5	8	7	5	5	1
1354	경기 의정부시	친환경등우수농산물학교급식지원사업	1,987,500	1	4	7	8	7	5	5	4
1355	경기 의정부시	청소년쉼터운영지원	1,177,284	1	2	7	8	7	5	1	4
1356	경기 의정부시	경기도어린이건강과일공급지원	803,700	1	4	7	8	7	5	5	4
1357	경기 의정부시	학교우유급식지원	646,600	1	1	7	8	7	5	5	4

순번	시군구	지출명 (사업명)	2024년예산 (단위 : 천원 /1년간)	민간이전 분류 (지방자치단체 세출예산 집행기준에 의거) 1. 민간경상사업보조(307-02) 2. 민간단체 법정운영비보조(307-03) 3. 민간행사사업보조(307-04) 4. 민간위탁금(307-05) 5. 사회복지시설 법정운영비보조(307-10) 6. 민간인위탁교육비(307-12) 7. 공기관등에대한경상적위탁사업비(308-13) 8. 민간자본사업보조,자체재원(402-01) 9. 민간자본사업보조,이전재원(402-02) 10. 민간위탁사업비(402-03) 11. 공기관등에 대한 자본적 위탁사업비(403-02)	민간이전지출 근거 (지방보조금 관리기준 참고) 1. 법률에 규정 2. 국고보조 재원(국가지정) 3. 용도 지정 기부금 4. 조례에 직접규정 5. 지자체가 권장하는 사업을 하는 공공기관 6. 시,도 정책 및 재정사정 7. 기타 8. 해당없음	입찰방식 계약체결방법 (경쟁형태) 1. 일반경쟁 2. 제한경쟁 3. 지명경쟁 4. 수의계약 5. 법정위탁 6. 기타 ( ) 7. 없음	입찰방식 계약기간 1. 1년 2. 2년 3. 3년 4. 4년 5. 5년 6. 기타 ( )년 7. 단기계약 (1년미만) 8. 없음	입찰방식 낙찰자선정방법 1. 적격심사 2. 협상에의한계약 3. 최저가낙찰제 4. 규격가격분리 5. 2단계 경쟁입찰 6. 기타 ( ) 7. 없음	운영예산 산정 운영예산 산정 1. 내부산정 (지자체 자체적으로 산정) 2. 외부산정 (외부전문기관위탁 산정) 3. 내·외부 모두 산정 4. 산정 無 5. 없음	운영예산 산정 정산방법 1. 내부정산 (지자체 내부적으로 정산) 2. 외부정산 (외부전문기관위탁 정산) 3. 내·외부 모두 산정 4. 정산 無 5. 없음	성과평가 실시여부 1. 실시 2. 미실시 3. 향후 추진 4. 해당없음
1358	경기 의정부시	G마크우수축산물학교급식지원사업	525,000	1	1	7	8	7	5	5	4
1359	경기 의정부시	정신재활시설운영지원	515,737	1	2	7	8	7	1	3	4
1360	경기 의정부시	법인택시운수종사자처우개선지원금	507,360	1	1	7	8	7	5	5	4
1361	경기 의정부시	택시카드단말기결제수수료지원	487,874	1	1	7	8	7	5	5	4
1362	경기 의정부시	발달장애인평생교육지원센터운영	396,670	1	1	5	3	1	1	1	1
1363	경기 의정부시	의정부베이비부머행복캠퍼스운영	370,531	1	4	1	1	1	1	1	1
1364	경기 의정부시	청소년쉼터야간근무자배치지원	344,480	1	6	7	8	7	5	1	4
1365	경기 의정부시	청소년동반자프로그램운영	333,368	1	2	7	8	7	1	1	4
1366	경기 의정부시	청소년쉼터운영지원(시비추가)	331,261	1	6	7	8	7	1	1	4
1367	경기 의정부시	고등직업교육거점지구사업추진	225,000	1	2	7	8	7	2	2	4
1368	경기 의정부시	새일센터운영지원	210,929	1	2	7	8	7	5	5	4
1369	경기 의정부시	경기임산부친환경농산물지원사업	201,446	1	1	7	8	7	5	5	4
1370	경기 의정부시	국민체력1의정부체력인증센터지원	190,548	1	2	7	8	7	1	1	2
1371	경기 의정부시	학교밖청소년지원	184,376	1	2	7	8	7	1	1	4
1372	경기 의정부시	지역응급의료기관평가결과보조금	172,800	1	2	7	8	7	5	5	4
1373	경기 의정부시	학교밖청소년프로그램운영	167,343	1	6	7	8	7	1	1	4
1374	경기 의정부시	일반생활체육지도자배치지원	157,285	1	5	7	8	7	1	1	4
1375	경기 의정부시	G스포츠클럽사업지원	139,000	1	5	7	8	7	1	1	4
1376	경기 의정부시	새일여성인턴	133,000	1	2	7	8	7	5	5	4
1377	경기 의정부시	장애인생활체육지도자배치지원	117,383	1	5	7	8	7	1	1	4
1378	경기 의정부시	시군청소년회복지원시설운영지원	112,828	1	2	7	8	7	5	1	4
1379	경기 의정부시	청소년안전망운영	107,520	1	2	7	8	7	1	1	4
1380	경기 의정부시	대안교육기관이용학교밖청소년급식비지원	99,831	1	6	7	8	7	1	1	4
1381	경기 의정부시	직업교육훈련	94,000	1	2	7	8	7	5	5	4
1382	경기 의정부시	노동안전지킴이운영	88,070	1	4	7	8	7	5	5	4
1383	경기 의정부시	사회적기업일자리창출사업	87,271	1	1,6	7	8	7	5	5	4
1384	경기 의정부시	인건비	86,532	1	2	7	8	7	5	5	4
1385	경기 의정부시	어르신생활체육지도자배치지원	86,506	1	5	7	8	7	1	1	4
1386	경기 의정부시	유기질비료지원	78,088	1	1	7	8	7	5	5	4
1387	경기 의정부시	의료기관결핵환자관리지원	75,368	1	2	7	8	7	5	2	4
1388	경기 의정부시	경기도마을공동체주민제안공모사업(공동체활동)	65,000	1	4	7	8	7	1	1	4
1389	경기 의정부시	백영수미술관지원	61,035	1	1	7	8	7	1	1	1
1390	경기 의정부시	1인창조기업지원센터운영지원	60,000	1	4	6	3	7	1	1	1
1391	경기 의정부시	맘튼튼축산물꾸러미지원(주민참여예산)	57,000	1	1	7	8	7	5	5	4
1392	경기 의정부시	주민총회지원	56,000	1	4	7	8	7	1	1	4
1393	경기 의정부시	자치사업지원	56,000	1	4	7	8	7	1	1	4
1394	경기 의정부시	비료가격안정지원사업	52,744	1	1	7	8	7	5	5	4
1395	경기 의정부시	의정부문화학교운영비	50,000	1	4	1	1	1	1	1	4
1396	경기 의정부시	경력보유여성디딤돌취업지원	49,770	1	6	7	8	7	5	5	4
1397	경기 의정부시	청소년쉼터이용청소년등지원	45,000	1	6	7	8	7	5	1	4

순번	시군구	지출명 (사업명)	2024년예산 (단위 : 천원 /1년간)	민간이전 분류 (지방자치단체 세출예산 집행기준에 의거) 1. 민간경상사업보조(307-02) 2. 민간단체 법정운영비보조(307-03) 3. 민간행사사업보조(307-04) 4. 민간위탁금(307-05) 5. 사회복지시설 법정운영비보조(307-10) 6. 민간인위탁교육비(307-12) 7. 공기관등에대한경상적위탁사업비(308-13) 8. 민간자본사업보조,자체재원(402-01) 9. 민간자본사업보조,이전재원(402-02) 10. 민간위탁사업비(402-03) 11. 공기관등에 대한 자본적 위탁사업비(403-02)	민간이전지출 근거 (지방보조금 관리기준 참고) 1. 법률에 규정 2. 국고보조 재원(국가지정) 3. 용도 지정 기부금 4. 조례에 직접규정 5. 지자체가 권장하는 사업을 하는 공공기관 6. 시,도 정책 및 재정사정 7. 기타 8. 해당없음	입찰방식 계약체결방법 (경쟁형태) 1. 일반경쟁 2. 제한경쟁 3. 지명경쟁 4. 수의계약 5. 법정위탁 6. 기타 ( ) 7. 없음	입찰방식 계약기간 1. 1년 2. 2년 3. 3년 4. 4년 5. 5년 6. 기타 ( )년 7. 단기계약 (1년미만) 8. 없음	입찰방식 낙찰자선정방법 1. 적격심사 2. 협상에의한계약 3. 최저가낙찰제 4. 규격가격분리 5. 2단계 경쟁입찰 6. 기타 ( ) 7. 없음	운영예산 산정 운영예산 산정 1. 내부산정 (지자체 자체적으로 산정) 2. 외부산정 (외부전문기관위탁 산정) 3. 내·외부 모두 산정 4. 산정 無 5. 없음	운영예산 산정 정산방법 1. 내부정산 (지자체 내부적으로 정산) 2. 외부정산 (외부전문기관위탁 정산) 3. 내·외부 모두 산정 4. 정산 無 5. 없음	성과평가 실시여부 1. 실시 2. 미실시 3. 향후 추진 4. 해당없음
1398	경기 의정부시	학교밖청소년급식비지원	40,941	1	2	7	8	7	1	1	4
1399	경기 의정부시	지속가능발전협의회사업	37,175	1	1	7	8	7	1	1	1
1400	경기 의정부시	산악인엄홍길전시관관리	33,352	1	5	7	8	7	1	1	2
1401	경기 의정부시	학교밖청소년문화활동지원	31,600	1	6	7	8	7	1	1	4
1402	경기 의정부시	택시카드단말기통신료지원	29,885	1	1	7	8	7	5	5	4
1403	경기 의정부시	초등스포츠클럽사업지원	28,480	1	5	7	8	7	1	1	4
1404	경기 의정부시	청소년지도사배치지원(공공청소년수련시설)	28,128	1	2	7	8	7	1	1	4
1405	경기 의정부시	공동주택지원사업(공동전기료,전자투표)	28,000	1	1	7	8	7	5	5	4
1406	경기 의정부시	아동돌봄공동체조성사업프로그램사업비(3년차)	24,000	1	6	7	3	7	5	5	4
1407	경기 의정부시	새일센터종사자정규직처우개선비지원	19,320	1	6	7	8	7	5	5	4
1408	경기 의정부시	범죄피해자지원사업	19,000	1	1	7	8	7	1	1	1
1409	경기 의정부시	인건비	18,900	1	2	7	8	7	5	5	4
1410	경기 의정부시	마을기업발굴육성지원	18,000	1	2	7	8	7	5	5	4
1411	경기 의정부시	청소년지도협의회활성화사업지원	17,485	1	6	7	8	7	1	1	4
1412	경기 의정부시	수출물류비지원	17,400	1	1	7	8	7	5	5	4
1413	경기 의정부시	경민대학교창업보육센터운영지원	16,800	1	4	7	8	7	1	1	1
1414	경기 의정부시	경기북부상공회의소CEO아카데미운영지원	16,000	1	4	7	8	7	1	1	1
1415	경기 의정부시	사회적경제창업공모사업	16,000	1	4	7	8	7	5	5	4
1416	경기 의정부시	국외전시회참가기업지원	15,000	1	4	7	8	7	1	1	1
1417	경기 의정부시	전통무예체험활동지원사업	15,000	1	6	7	8	7	1	1	4
1418	경기 의정부시	일반,어르신생활체육지도자처우개선비지원(시비추가)	14,945	1	5	7	8	7	1	1	4
1419	경기 의정부시	생활체육지도자법정부담금	14,159	1	5	7	8	7	1	1	4
1420	경기 의정부시	상이군경회보훈회관청소관리	14,000	1	4	7	1	7	1	1	4
1421	경기 의정부시	생활시정현장모니터링	11,166	1	4	7	8	7	1	1	1
1422	경기 의정부시	장애인생활체육지도자활동지원	10,242	1	5	7	8	7	1	1	4
1423	경기 의정부시	상이군경회현충탑관리	10,000	1	4	7	1	7	1	1	4
1424	경기 의정부시	청소년동아리지원	10,000	1	6	7	8	7	1	1	4
1425	경기 의정부시	어린이안전보행지도및교통안전교육	9,500	1	4	7	8	7	1	1	1
1426	경기 의정부시	일반,어르신생활체육지도자처우개선비지원(명절수당)	9,067	1	5	7	8	7	1	1	4
1427	경기 의정부시	청소년노동인권보호지원	9,000	1	6	7	8	7	1	1	4
1428	경기 의정부시	청소년유해환경감시단지원	9,000	1	2	7	8	7	5	1	4
1429	경기 의정부시	영봉산업경쟁력강화(경상보조)	8,000	1	1	7	8	7	5	5	4
1430	경기 의정부시	경기도민속예술제참가지원	7,900	1	4	7	8	7	5	5	4
1431	경기 의정부시	기후환경네트워크사업	7,750	1	1	7	8	7	1	1	1
1432	경기 의정부시	의순공주대제전수교육지원	7,500	1	1	7	8	7	1	1	1
1433	경기 의정부시	경기수건춤전수교육지원	7,500	1	1	7	8	7	1	1	1
1434	경기 의정부시	사회적기업사회보험료지원	6,268	1	1,6	7	8	7	5	5	4
1435	경기 의정부시	국내전시회참가기업지원	6,000	1	4	7	8	7	1	1	1
1436	경기 의정부시	장애인생활체육지도자처우개선비지원(시비추가)	5,887	1	5	7	8	7	1	1	4
1437	경기 의정부시	통일세대와함께하는통일토론회	5,500	1	1	7	8	7	1	1	1

순번	시군구	지출명 (사업명)	2024년예산 (단위 : 천원 /1년간)	민간이전 분류 (지방자치단체 세출예산 집행기준에 의거) 1. 민간경상사업보조(307-02) 2. 민간단체 법정운영비보조(307-03) 3. 민간행사사업보조(307-04) 4. 민간위탁금(307-05) 5. 사회복지시설 법정운영비보조(307-10) 6. 민간인위탁교육비(307-12) 7. 공기관등에대한경상적위탁사업비(308-13) 8. 민간자본사업보조,자체재원(402-01) 9. 민간자본사업보조,이전재원(402-02) 10. 민간위탁사업비(402-03) 11. 공기관등에 대한 자본적 위탁사업비(403-02)	민간이전지출 근거 (지방보조금 관리기준 참고) 1. 법률에 규정 2. 국고보조 재원(국가지정) 3. 용도 지정 기부금 4. 조례에 직접규정 5. 지자체가 권장하는 사업을 하는 공공기관 6. 시,도 정책 및 재정사정 7. 기타 8. 해당없음	입찰방식			운영예산 산정		성과평가 실시여부
						계약체결방법 (경쟁형태) 1. 일반경쟁 2. 제한경쟁 3. 지명경쟁 4. 수의계약 5. 법정위탁 6. 기타 ( ) 7. 없음	계약기간 1. 1년 2. 2년 3. 3년 4. 4년 5. 5년 6. 기타 ( )년 7. 단기계약 (1년미만) 8. 없음	낙찰자선정방법 1. 적격심사 2. 협상에의한계약 3. 최저가낙찰제 4. 규격가격분리 5. 2단계 경쟁입찰 6. 기타 ( ) 7. 없음	운영예산 산정 1. 내부산정 (지자체 자체적으로 산정) 2. 외부산정 (외부전문기관위탁 산정) 3. 내·외부 모두 산정 4. 산정 無 5. 없음	정산방법 1. 내부정산 (지자체 내부적으로 정산) 2. 외부정산 (외부전문기관위탁 정산) 3. 내·외부 모두 산정 4. 정산 無 5. 없음	1. 실시 2. 미실시 3. 향후 추진 4. 해당없음
1438	경기 의정부시	사회공익승마사업	4,620	1	1	7	8	7	5	5	4
1439	경기 의정부시	어린이성폭력예방및방범활동	4,066	1	4	7	8	7	1	1	1
1440	경기 의정부시	자유수호희생자합동위령제	4,000	1	1	7	8	7	1	1	1
1441	경기 의정부시	청년동아리활동지원	4,000	1	4	7	8	7	1	1	1
1442	경기 의정부시	예술지발간	4,000	1	4	7	8	7	1	1	1
1443	경기 의정부시	장애인생활체육지도자처우개선비지원(명절수당)	3,937	1	5	7	8	7	1	1	4
1444	경기 의정부시	새마을지도자하계방역봉사활동	3,360	1	1	7	8	7	1	1	1
1445	경기 의정부시	찾아가는청소년법교육	3,300	1	4	7	8	7	1	1	1
1446	경기 의정부시	치안협력및거리질서계도	3,300	1	4	7	8	7	1	1	1
1447	경기 의정부시	축산물전문판매점지원사업	2,800	1	1	7	8	7	5	5	4
1448	경기 의정부시	보훈단체협의회운영비지원	2,700	1	4	7	1	7	1	1	4
1449	경기 의정부시	생활체육지도자가족수당	2,520	1	5	7	8	7	1	1	4
1450	경기 의정부시	통일시대시민교실	2,500	1	1	7	8	7	1	1	1
1451	경기 의정부시	GAP안전성분석지원	2,500	1	1	7	8	7	5	5	4
1452	경기 의정부시	무명애국지사묘관리	2,480	1	1	7	8	7	1	1	1
1453	경기 의정부시	망향탑참배제례	2,400	1	4	7	8	7	1	1	1
1454	경기 의정부시	빵에사랑을싣고희망풍차를돌리자	2,400	1	4	7	8	7	1	1	1
1455	경기 의정부시	어머니포순이봉사단활동	2,400	1	1	7	8	7	1	1	1
1456	경기 의정부시	학교밖청소년자립지원수당	2,175	1	6	7	8	7	1	1	4
1457	경기 의정부시	환경및수중정화활동	2,162	1	4	7	8	7	1	1	1
1458	경기 의정부시	등산로안전확보순찰활동	2,160	1	4	7	8	7	1	1	1
1459	경기 의정부시	범죄예방캠페인	2,000	1	1	7	8	7	1	1	1
1460	경기 의정부시	국민독서경진대회의정부시예선	2,000	1	1	7	8	7	1	1	1
1461	경기 의정부시	보건복지활동	1,852	1	4	7	8	7	1	1	1
1462	경기 의정부시	고향사랑기부제(회룡쌀)유통지원	1,750	1	1	7	8	7	5	5	4
1463	경기 의정부시	여성농업인행복바우처	1,600	1	4	7	8	7	5	5	4
1464	경기 의정부시	송산1동및장암동경로당필요물품구입	1,600	1	1	7	8	7	1	1	2
1465	경기 의정부시	가로환경정비사업	1,588	1	4	7	8	7	1	1	1
1466	경기 의정부시	기초생활질서및청소년범죄예방활동	1,500	1	4	7	8	7	1	1	1
1467	경기 의정부시	영농부산물파쇄기(소형)	1,500	1	1	7	8	7	5	5	4
1468	경기 의정부시	학교밖청소년학습지원	1,500	1	6	7	8	7	1	1	4
1469	경기 의정부시	산악구조및산불예방활동	1,259	1	4	7	8	7	1	1	1
1470	경기 의정부시	친환경농산물인증확대지원	1,090	1	1,3	7	8	7	5	5	4
1471	경기 의정부시	우리아이독서논술지도법및어린이독서논술교실	960	1	1	7	8	7	1	1	1
1472	경기 의정부시	정신재활시설공동캠프지원	904	1	2	7	8	7	1	3	4
1473	경기 의정부시	친환경농업직불	643	1	1	7	8	7	5	5	4
1474	경기 의정부시	토양개량제지원사업	637	1	1	7	8	7	5	5	4
1475	경기 의정부시	영세농가(친환경)출하농산물판매지원	625	1	1	7	8	7	5	5	4
1476	경기 의정부시	참여자인건비	378	1	2	7	8	7	5	5	4
1477	경기 의정부시	소귀표부착비지원사업	144	1	2	7	8	7	5	5	4

순번	시군구	지출명 (사업명)	2024년예산 (단위 : 천원 /1년간)	민간이전 분류 (지방자치단체 세출예산 집행기준에 의거) 1. 민간경상사업보조(307-02) 2. 민간단체 법정운영비보조(307-03) 3. 민간행사사업보조(307-04) 4. 민간위탁금(307-05) 5. 사회복지시설 법정운영비보조(307-10) 6. 민간인위탁교육비(307-12) 7. 공기관등에대한경상적위탁사업비(308-13) 8. 민간자본사업보조,자체재원(402-01) 9. 민간자본사업보조,이전재원(402-02) 10. 민간위탁사업비(402-03) 11. 공기관등에 대한 자본적 위탁사업비(403-02)	민간이전지출 근거 (지방보조금 관리기준 참고) 1. 법률에 규정 2. 국고보조 재원(국가지정) 3. 용도 지정 기부금 4. 조례에 직접규정 5. 지자체가 권장하는 사업을 하는 공공기관 6. 시,도 정책 및 재정사정 7. 기타 8. 해당없음	입찰방식 계약체결방법 (경쟁형태) 1. 일반경쟁 2. 제한경쟁 3. 지명경쟁 4. 수의계약 5. 법정위탁 6. 기타 ( ) 7. 없음	입찰방식 계약기간 1. 1년 2. 2년 3. 3년 4. 4년 5. 5년 6. 기타 ( )년 7. 단기계약 (1년미만) 8. 없음	입찰방식 낙찰자선정방법 1. 적격심사 2. 협상에의한계약 3. 최저가낙찰제 4. 규격가격분리 5. 2단계 경쟁입찰 6. 기타 ( ) 7. 없음	운영예산 산정 운영예산 산정 1. 내부산정 (지자체 자체적으로 산정) 2. 외부산정 (외부전문기관위탁 산정) 3. 내·외부 모두 산정 4. 산정 無 5. 없음	운영예산 산정 정산방법 1. 내부정산 (지자체 내부적으로 정산) 2. 외부정산 (외부전문기관위탁 정산) 3. 내·외부 모두 산정 4. 정산 無 5. 없음	성과평가 실시여부 1. 실시 2. 미실시 3. 향후 추진 4. 해당없음
1478	경기 안양시	친환경우수농산물학교급식지원	2,250,000	1	8	7	8	7	5	5	4
1479	경기 안양시	통합문화체육관광이용권(문화바우처사업)	1,978,990	1	8	7	8	7	5	5	4
1480	경기 안양시	택시요금카드결제기기수수료지원	1,093,024	1	8	7	8	7	5	5	4
1481	경기 안양시	어린이건강과일공급사업	1,039,560	1	8	7	8	7	5	5	4
1482	경기 안양시	법인택시운수종사자처우개선지원	853,440	1	8	7	8	7	5	5	4
1483	경기 안양시	스포츠강좌이용권사업	807,600	1	8	7	8	7	5	5	4
1484	경기 안양시	우수축산물학교급식지원	780,000	1	8	7	8	7	5	5	4
1485	경기 안양시	증축형리모델링안전진단비용지원	600,000	1	8	7	8	7	5	5	4
1486	경기 안양시	학교우유급식지원	416,845	1	8	7	8	7	5	5	4
1487	경기 안양시	제7회경기도체육대회출전지원	376,465	1	8	7	8	7	5	5	4
1488	경기 안양시	우수선수및체육지도자지원	366,000	1	8	7	8	7	5	5	4
1489	경기 안양시	임산부친환경농산물지원사업	315,264	1	8	7	8	7	5	5	4
1490	경기 안양시	대안교육기관급식비지원	310,177	1	8	7	8	7	5	5	4
1491	경기 안양시	예술단체사업보조금	307,000	1	8	7	8	7	5	5	4
1492	경기 안양시	전통시장및상점가활성화지원사업	280,000	1	8	7	8	7	5	5	4
1493	경기 안양시	어르신전담생활체육지도자배치사업	244,442	1	8	7	8	7	5	5	4
1494	경기 안양시	사회적기업취약계층인건비지원	243,894	1	8	7	8	7	5	5	4
1495	경기 안양시	고등직업교육거점지구사업지원	220,000	1	8	7	8	7	5	5	4
1496	경기 안양시	장애인스포츠강좌이용권사업	217,800	1	8	7	8	7	5	5	4
1497	경기 안양시	안양시상권바우처사업지원	200,000	1	8	7	8	7	5	5	4
1498	경기 안양시	모범운전자회교통질서계도지원	196,558	1	8	7	8	7	5	5	4
1499	경기 안양시	어린이식품안전체험관운영사업비	180,000	1	8	7	8	7	5	5	4
1500	경기 안양시	일반생활체육지도자배치사업	174,684	1	8	7	8	7	5	5	4
1501	경기 안양시	맘튼튼축산물꾸러미지원사업	163,500	1	8	7	8	7	5	5	4
1502	경기 안양시	문화예술진흥기금지원사업	146,030	1	8	7	8	7	5	5	4
1503	경기 안양시	공동주택단지관리운영보조금지원	141,000	1	8	7	8	7	5	5	4
1504	경기 안양시	장애인생활체육지도자배치	138,127	1	8	7	8	7	5	5	4
1505	경기 안양시	제35회경기도생활체육대축전출전지원	138,100	1	8	7	8	7	5	5	4
1506	경기 안양시	장애인자립생활체험홈운영비지원	135,000	1	8	7	8	7	5	5	4
1507	경기 안양시	사회적기업사회보험료지원	123,630	1	8	7	8	7	5	5	4
1508	경기 안양시	장애인인식개선사업	116,500	1	8	7	8	7	5	5	4
1509	경기 안양시	작은도서관아이돌봄독서문화프로그램지원(5개소)	112,500	1	8	7	8	7	5	5	4
1510	경기 안양시	경기도체육대회종목별강화훈련비	107,415	1	8	7	8	7	5	5	4
1511	경기 안양시	도지사기(도의장기)생활체육대회출전지원	99,700	1	8	7	8	7	5	5	4
1512	경기 안양시	제14회경기도장애인체육대회출전지원	97,410	1	8	7	8	7	5	5	4
1513	경기 안양시	청년인건비보조	91,200	1	8	7	8	7	5	5	4
1514	경기 안양시	예총단체사업지원	88,000	1	8	7	8	7	5	5	4
1515	경기 안양시	대학창조일자리센터운영지원비	87,500	1	8	7	8	7	5	5	4
1516	경기 안양시	장애인복지기금지원사업	86,000	1	8	7	8	7	5	5	4
1517	경기 안양시	안양시지속가능발전협의회활동지원	84,640	1	8	7	8	7	5	5	4

순번	시군구	지출명 (사업명)	2024년예산 (단위 : 천원 /1년간)	민간이전 분류 (지방자치단체 세출예산 집행기준에 의거) 1. 민간경상사업보조(307-02) 2. 민간단체 법정운영비보조(307-03) 3. 민간행사사업보조(307-04) 4. 민간위탁금(307-05) 5. 사회복지시설 법정운영비보조(307-10) 6. 민간인위탁교육비(307-12) 7. 공기관등에대한경상적위탁사업비(308-13) 8. 민간자본사업보조,자체재원(402-01) 9. 민간자본사업보조,이전재원(402-02) 10. 민간위탁사업비(402-03) 11. 공기관등에 대한 자본적 위탁사업비(403-02)	민간이전지출 근거 (지방보조금 관리기준 참고) 1. 법률에 규정 2. 국고보조 재원(국가지정) 3. 용도 지정 기부금 4. 조례에 직접규정 5. 지자체가 권장하는 사업을 하는 공공기관 6. 시,도 정책 및 재정사정 7. 기타 8. 해당없음	입찰방식			운영예산 산정		성과평가 실시여부
						계약체결방법 (경쟁형태) 1. 일반경쟁 2. 제한경쟁 3. 지명경쟁 4. 수의계약 5. 법정위탁 6. 기타 ( ) 7. 없음	계약기간 1. 1년 2. 2년 3. 3년 4. 4년 5. 5년 6. 기타 ( )년 7. 단기계약 (1년미만) 8. 없음	낙찰자선정방법 1. 적격심사 2. 협상에의한계약 3. 최저가낙찰제 4. 규격가격분리 5. 2단계 경쟁입찰 6. 기타 ( ) 7. 없음	운영예산 산정 1. 내부산정 (지자체 자체적으로 산정) 2. 외부산정 (외부전문기관위탁 산정) 3. 내·외부 모두 산정 4. 산정 無 5. 없음	정산방법 1. 내부정산 (지자체 내부적으로 정산) 2. 외부정산 (외부전문기관위탁 정산) 3. 내·외부 모두 산정 4. 정산 無 5. 없음	1. 실시 2. 미실시 3. 향후 추진 4. 해당없음
1518	경기 안양시	공공심야약국운영	80,160	1	8	7	8	7	5	5	4
1519	경기 안양시	동호인체육대회개최및출전지원	77,000	1	8	7	8	7	5	5	4
1520	경기 안양시	초등스포츠클럽육성지원	73,210	1	8	7	8	7	5	5	4
1521	경기 안양시	국제교류사업지원	70,000	1	8	7	8	7	5	5	4
1522	경기 안양시	박물관지원사업(지역문화예술플랫폼육성사업)	66,375	1	8	7	8	7	5	5	4
1523	경기 안양시	노인회지회문화탐방(선진지시찰)	65,260	1	8	7	8	7	5	5	4
1524	경기 안양시	전국도대회이상입상자시원	63,000	1	8	7	8	7	5	5	4
1525	경기 안양시	택시요금카드결제기기통신료지원	61,122	1	8	7	8	7	5	5	4
1526	경기 안양시	마을공동체주민제안공모사업(공동체활동)	60,000	1	8	7	8	7	5	5	4
1527	경기 안양시	참여청년인건비보조	58,526	1	8	7	8	7	5	5	4
1528	경기 안양시	제18회경기도장애인생활체육대회출전지원	57,980	1	8	7	8	7	5	5	4
1529	경기 안양시	G스포츠클럽운영	54,000	1	8	7	8	7	5	5	4
1530	경기 안양시	청소년지도협의회유해환경순찰및단속	54,000	1	8	7	8	7	5	5	4
1531	경기 안양시	지방문화원사업활동	53,000	1	8	7	8	7	5	5	4
1532	경기 안양시	장애인체육대회입상자포상금	51,800	1	8	7	8	7	5	5	4
1533	경기 안양시	생생문화유산활용사업	50,000	1	8	7	8	7	5	5	4
1534	경기 안양시	생활체육체조교실운영	48,000	1	8	7	8	7	5	5	4
1535	경기 안양시	지역문화유산교육활성화사업	48,000	1	8	7	8	7	5	5	4
1536	경기 안양시	택시운수종사자선진지견학	48,000	1	8	7	8	7	5	5	4
1537	경기 안양시	노인회지회노인교실(대학)운영	45,360	1	8	7	8	7	5	5	4
1538	경기 안양시	중소기업노동자기숙사임차비지원	45,000	1	8	7	8	7	5	5	4
1539	경기 안양시	탈수급유지지원사업	42,850	1	8	7	8	7	5	5	4
1540	경기 안양시	어린이등.하굣길교통안전지도지원	40,120	1	8	7	8	7	5	5	4
1541	경기 안양시	공공심야약국운영	40,080	1	8	7	8	7	5	5	4
1542	경기 안양시	청년단체네트워크활성화지원	40,000	1	8	7	8	7	5	5	4
1543	경기 안양시	이업종교류지원사업	40,000	1	8	7	8	7	5	5	4
1544	경기 안양시	범죄피해자보호지원	40,000	1	8	7	8	7	5	5	4
1545	경기 안양시	시민인성함양프로그램지원사업	40,000	1	8	7	8	7	5	5	4
1546	경기 안양시	중부노총사업비	39,500	1	8	7	8	7	5	5	4
1547	경기 안양시	의료기관결핵환자관리지원	37,684	1	8	7	8	7	5	5	4
1548	경기 안양시	의료기관결핵환자관리지원	37,684	1	8	7	8	7	5	5	4
1549	경기 안양시	통장사례관리운영	37,220	1	8	7	8	7	5	5	4
1550	경기 안양시	창업보육센터운영비	33,600	1	8	7	8	7	5	5	4
1551	경기 안양시	새마을작은도서관운영비	33,240	1	8	7	8	7	5	5	4
1552	경기 안양시	민주화운동기념및계승사업	33,000	1	8	7	8	7	5	5	4
1553	경기 안양시	일반어르신생활체육지도자처우개선(명절수당)	32,614	1	8	7	8	7	5	5	4
1554	경기 안양시	사회적경제창업지원금	32,000	1	8	7	8	7	5	5	4
1555	경기 안양시	소상공인컨설팅및창업자지원	32,000	1	8	7	8	7	5	5	4
1556	경기 안양시	제15회전국체육대회출전지원	32,000	1	8	7	8	7	5	5	4
1557	경기 안양시	자활기업전문가인건비지원	31,200	1	8	7	8	7	5	5	4

순번	시군구	지출명 (사업명)	2024년예산 (단위 : 천원 /1년간)	민간이전 분류 (지방자치단체 세출예산 집행기준에 의거) 1. 민간경상사업보조(307-02) 2. 민간단체 법정운영비보조(307-03) 3. 민간행사사업보조(307-04) 4. 민간위탁금(307-05) 5. 사회복지시설 법정운영비보조(307-10) 6. 민간인위탁교육비(307-12) 7. 공기관등에대한경상적위탁사업비(308-13) 8. 민간자본사업보조,자체재원(402-01) 9. 민간자본사업보조,이전재원(402-02) 10. 민간위탁사업비(402-03) 11. 공기관등에 대한 자본적 위탁사업비(403-02)	민간이전지출 근거 (지방보조금 관리기준 참고) 1. 법률에 규정 2. 국고보조 재원(국가지정) 3. 용도 지정 기부금 4. 조례에 직접규정 5. 지자체가 권장하는 사업을 하는 공공기관 6. 시,도 정책 및 재정사정 7. 기타 8. 해당없음	입찰방식 계약체결방법 (경쟁형태) 1. 일반경쟁 2. 제한경쟁 3. 지명경쟁 4. 수의계약 5. 법정위탁 6. 기타 ( ) 7. 없음	입찰방식 계약기간 1. 1년 2. 2년 3. 3년 4. 4년 5. 5년 6. 기타 ( )년 7. 단기계약 (1년미만) 8. 없음	입찰방식 낙찰자선정방법 1. 적격심사 2. 협상에의한계약 3. 최저가낙찰제 4. 규격가격분리 5. 2단계 경쟁입찰 6. 기타 ( ) 7. 없음	운영예산 산정 운영예산 산정 1. 내부산정 (지자체 자체적으로 산정) 2. 외부산정 (외부전문기관위탁 산정) 3. 내·외부 모두 산정 4. 산정 無 5. 없음	운영예산 산정 정산방법 1. 내부정산 (지자체 내부적으로 정산) 2. 외부정산 (외부전문기관위탁 정산) 3. 내·외부 모두 산정 4. 정산 無 5. 없음	성과평가 실시여부 1. 실시 2. 미실시 3. 향후 추진 4. 해당없음
1558	경기 안양시	자활사업장시설장비지원	30,000	1	8	7	8	7	5	5	4
1559	경기 안양시	양성평등문화확산및여성의사회참여확대사업	30,000	1	8	7	8	7	5	5	4
1560	경기 안양시	여성인권보호및복지증진을위한사업	30,000	1	8	7	8	7	5	5	4
1561	경기 안양시	여성친화도시및일,가정양립지원사업	30,000	1	8	7	8	7	5	5	4
1562	경기 안양시	여성지도자양성및역량강화사업	30,000	1	8	7	8	7	5	5	4
1563	경기 안양시	초등중학교학부모폴리스지원	30,000	1	8	7	8	7	5	5	4
1564	경기 안양시	중앙시장고객문화센터지원	28,800	1	8	7	8	7	5	5	4
1565	경기 안양시	장애인가맹단체대회출전및행사지원	28,476	1	8	7	8	7	5	5	4
1566	경기 안양시	새마을대청소(국토대청결운동)운영비	28,000	1	8	7	8	7	5	5	4
1567	경기 안양시	보훈회관목욕탕운영	26,758	1	8	7	8	7	5	5	4
1568	경기 안양시	경기도어울림체육대회출전지원	26,100	1	8	7	8	7	5	5	4
1569	경기 안양시	현충시설환경정비및유지관리	25,558	1	8	7	8	7	5	5	4
1570	경기 안양시	우수작은도서관육성(16개소)	25,230	1	8	7	8	7	5	5	4
1571	경기 안양시	장애인생활체육교실운영	24,500	1	8	7	8	7	5	5	4
1572	경기 안양시	안양시노동조합협의회사업비	24,000	1	8	7	8	7	5	5	4
1573	경기 안양시	성인장애인평생교육지원	24,000	1	8	7	8	7	5	5	4
1574	경기 안양시	체육대회준비경비	23,000	1	8	7	8	7	5	5	4
1575	경기 안양시	평생학습마을공동체지원	23,000	1	8	7	8	7	5	5	4
1576	경기 안양시	친환경등우수농산물영유아공공급식	22,440	1	8	7	8	7	5	5	4
1577	경기 안양시	사랑의수어교실	22,044	1	8	7	8	7	5	5	4
1578	경기 안양시	민주시민교육사업지원	22,000	1	8	7	8	7	5	5	4
1579	경기 안양시	깔끄미사업	21,500	1	8	7	8	7	5	5	4
1580	경기 안양시	제53회전국소년체육대회출전지원	20,700	1	8	7	8	7	5	5	4
1581	경기 안양시	미용기술향상을위한전문교육사업지원	20,260	1	8	7	8	7	5	5	4
1582	경기 안양시	청년동아리지원	20,000	1	8	7	8	7	5	5	4
1583	경기 안양시	공정무역활성화지원사업	20,000	1	8	7	8	7	5	5	4
1584	경기 안양시	독거노인등김장김치담가주기	20,000	1	8	7	8	7	5	5	4
1585	경기 안양시	남북교류협력사업추진	20,000	1	8	7	8	7	5	5	4
1586	경기 안양시	종목단체체육행사및대회지원	20,000	1	8	7	8	7	5	5	4
1587	경기 안양시	제23회덴소컵한일대학축구정기전	20,000	1	8	7	8	7	5	5	4
1588	경기 안양시	주방시설개선지원사업	20,000	1	8	7	8	7	5	5	4
1589	경기 안양시	텃밭교육운영지원	20,000	1	8	7	8	7	5	5	4
1590	경기 안양시	평생학습특성화프로그램지원	20,000	1	8	7	8	7	5	5	4
1591	경기 안양시	소비자보호단체지원	18,400	1	8	7	8	7	5	5	4
1592	경기 안양시	식재료공동구매조직화사업	18,000	1	8	7	8	7	5	5	4
1593	경기 안양시	제15회전국동계체육대회출전지원	16,000	1	8	7	8	7	5	5	4
1594	경기 안양시	새마을국제교류사업	15,000	1	8	7	8	7	5	5	4
1595	경기 안양시	여성축구운영비지원	15,000	1	8	7	8	7	5	5	4
1596	경기 안양시	사회복지사역량강화교육	15,000	1	8	7	8	7	5	5	4
1597	경기 안양시	안양시실버한궁대회	14,780	1	8	7	8	7	5	5	4

순번	시군구	지출명 (사업명)	2024년예산 (단위 : 천원 /1년간)	민간이전 분류 (지방자치단체 세출예산 집행기준에 의거) 1. 민간경상사업보조(307-02) 2. 민간단체 법정운영비보조(307-03) 3. 민간행사사업보조(307-04) 4. 민간위탁금(307-05) 5. 사회복지시설 법정운영비보조(307-10) 6. 민간인위탁교육비(307-12) 7. 공기관등에대한경상적위탁사업비(308-13) 8. 민간자본사업보조,자체재원(402-01) 9. 민간자본사업보조,이전재원(402-02) 10. 민간위탁사업비(402-03) 11. 공기관등에 대한 자본적 위탁사업비(403-02)	민간이전지출 근거 (지방보조금 관리기준 참고) 1. 법률에 규정 2. 국고보조 재원(국가지정) 3. 용도 지정 기부금 4. 조례에 직접규정 5. 지자체가 권장하는 사업을 하는 공공기관 6. 시,도 정책 및 재정사정 7. 기타 8. 해당없음	입찰방식			운영예산 산정		성과평가 실시여부
						계약체결방법 (경쟁형태) 1. 일반경쟁 2. 제한경쟁 3. 지명경쟁 4. 수의계약 5. 법정위탁 6. 기타 ( ) 7. 없음	계약기간 1. 1년 2. 2년 3. 3년 4. 4년 5. 5년 6. 기타 ( )년 7. 단기계약 (1년미만) 8. 없음	낙찰자선정방법 1. 적격심사 2. 협상에의한계약 3. 최저가낙찰제 4. 규격가격분리 5. 2단계 경쟁입찰 6. 기타 ( ) 7. 없음	운영예산 산정 1. 내부산정 (지자체 자체적으로 산정) 2. 외부산정 (외부전문기관위탁 산정) 3. 내·외부 모두 산정 4. 산정 無 5. 없음	정산방법 1. 내부정산 (지자체 내부적으로 정산) 2. 외부정산 (외부전문기관위탁 정산) 3. 내·외부 모두 산정 4. 정산 無 5. 없음	1. 실시 2. 미실시 3. 향후 추진 4. 해당없음
1598	경기 안양시	사립작은도서관냉난방비지원(12개소)	14,700	1	8	7	8	7	5	5	4
1599	경기 안양시	노사민정협의회사무국사업비	14,501	1	8	7	8	7	5	5	4
1600	경기 안양시	민간단체환경보전활동지원	14,500	1	8	7	8	7	5	5	4
1601	경기 안양시	종목단체및실무자워크숍	14,000	1	8	7	8	7	5	5	4
1602	경기 안양시	시각장애인생활적응교육	13,500	1	8	7	8	7	5	5	4
1603	경기 안양시	안양여성소식지발간	13,500	1	8	7	8	7	5	5	4
1604	경기 안양시	민주평통자문위원통일현장탐방	13,000	1	8	7	8	7	5	5	4
1605	경기 안양시	실버경찰봉사대운영	12,980	1	8	7	8	7	5	5	4
1606	경기 안양시	노인지도자교육	12,928	1	8	7	8	7	5	5	4
1607	경기 안양시	보훈사무실시설유지관리	12,779	1	8	7	8	7	5	5	4
1608	경기 안양시	자유총연맹안보체험워크숍	12,245	1	8	7	8	7	5	5	4
1609	경기 안양시	국가유공자환자수송차량유지비	12,000	1	8	7	8	7	5	5	4
1610	경기 안양시	장애인문화예술지원사업	12,000	1	8	7	8	7	5	5	4
1611	경기 안양시	G마크포장재지원	12,000	1	8	7	8	7	5	5	4
1612	경기 안양시	장애인생활체육지도자처우개선비	11,106	1	8	7	8	7	5	5	4
1613	경기 안양시	나라사랑독도아카데미	11,084	1	8	7	8	7	5	5	4
1614	경기 안양시	공연장대관료지원사업	10,000	1	8	7	8	7	5	5	4
1615	경기 안양시	자동차무상안전점검지원	10,000	1	8	7	8	7	5	5	4
1616	경기 안양시	안양천상류수질개선상시모니터링지원	10,000	1	8	7	8	7	5	5	4
1617	경기 안양시	마을신문제작	10,000	1	8	7	8	7	5	5	4
1618	경기 안양시	음식점위생등급지정업소청소비지원	9,800	1	8	7	8	7	5	5	4
1619	경기 안양시	제16회안양북페스티벌	9,500	1	8	7	8	7	5	5	4
1620	경기 안양시	도단위유형별장애인체육대회지원	9,360	1	8	7	8	7	5	5	4
1621	경기 안양시	지역농산물먹거리지원사업	8,280	1	8	7	8	7	5	5	4
1622	경기 안양시	통일공감현장견학	8,267	1	8	7	8	7	5	5	4
1623	경기 안양시	전통시장상인역량강화교육	8,000	1	8	7	8	7	5	5	4
1624	경기 안양시	일동안양천건강체조교실	8,000	1	8	7	8	7	5	5	4
1625	경기 안양시	전국생활체육대축전출전비	7,500	1	8	7	8	7	5	5	4
1626	경기 안양시	보호관찰및기소유예청소년프로그램지원	7,500	1	8	7	8	7	5	5	4
1627	경기 안양시	친환경영농자재지원	7,500	1	8	7	8	7	5	5	4
1628	경기 안양시	여성CEO역량강화지원	7,000	1	8	7	8	7	5	5	4
1629	경기 안양시	장애인체육행사준비경비	7,000	1	8	7	8	7	5	5	4
1630	경기 안양시	교통장애인문화역사체험	7,000	1	8	7	8	7	5	5	4
1631	경기 안양시	택시노조체육활동등지원	7,000	1	8	7	8	7	5	5	4
1632	경기 안양시	바르게살기운동안양시협의회회원전진대회	6,800	1	8	7	8	7	5	5	4
1633	경기 안양시	희귀질환장애아동청소년재활프로그램운영	6,250	1	8	7	8	7	5	5	4
1634	경기 안양시	양봉생산자재구입지원	6,000	1	8	7	8	7	5	5	4
1635	경기 안양시	안양명물포도규격포장재지원	6,000	1	8	7	8	7	5	5	4
1636	경기 안양시	소외계층찾아가는무료의료봉사	6,000	1	8	7	8	7	5	5	4
1637	경기 안양시	축산물전문판매점지원	5,600	1	8	7	8	7	5	5	4

순번	시군구	지출명 (사업명)	2024년예산 (단위 : 천원 /1년간)	민간이전 분류 (지방자치단체 세출예산 집행기준에 의거) 1. 민간경상사업보조(307-02) 2. 민간단체 법정운영비보조(307-03) 3. 민간행사사업보조(307-04) 4. 민간위탁금(307-05) 5. 사회복지시설 법정운영비보조(307-10) 6. 민간인위탁교육비(307-12) 7. 공기관등에대한경상적위탁사업비(308-13) 8. 민간자본사업보조,자체재원(402-01) 9. 민간자본사업보조,이전재원(402-02) 10. 민간위탁사업비(402-03) 11. 공기관등에 대한 자본적 위탁사업비(403-02)	민간이전지출 근거 (지방보조금 관리기준 참고) 1. 법률에 규정 2. 국고보조 재원(국가지정) 3. 용도 지정 기부금 4. 조례에 직접규정 5. 지자체가 권장하는 사업을 하는 공공기관 6. 시,도 정책 및 재정사정 7. 기타 8. 해당없음	입찰방식 계약체결방법 (경쟁형태) 1. 일반경쟁 2. 제한경쟁 3. 지명경쟁 4. 수의계약 5. 법정위탁 6. 기타 ( ) 7. 없음	입찰방식 계약기간 1. 1년 2. 2년 3. 3년 4. 4년 5. 5년 6. 기타 ( )년 7. 단기계약 (1년미만) 8. 없음	입찰방식 낙찰자선정방법 1. 적격심사 2. 협상에의한계약 3. 최저가낙찰제 4. 규격가격분리 5. 2단계 경쟁입찰 6. 기타 ( ) 7. 없음	운영예산 산정 운영예산 산정 1. 내부산정 (지자체 자체적으로 산정) 2. 외부산정 (외부전문기관위탁 산정) 3. 내·외부 모두 산정 4. 산정 無 5. 없음	운영예산 산정 정산방법 1. 내부정산 (지자체 내부적으로 정산) 2. 외부정산 (외부전문기관위탁 정산) 3. 내·외부 모두 산정 4. 정산 無 5. 없음	성과평가 실시여부 1. 실시 2. 미실시 3. 향후 추진 4. 해당없음
1638	경기 안양시	북한이탈주민과함께하는통일한마당	5,500	1	8	7	8	7	5	5	4
1639	경기 안양시	명예경찰소년단지원	5,400	1	8	7	8	7	5	5	4
1640	경기 안양시	주요감염병표본감시의료기관운영비지원	5,400	1	8	7	8	7	5	5	4
1641	경기 안양시	고엽제전우회전적지순례	5,280	1	8	7	8	7	5	5	4
1642	경기 안양시	발달장애인직무능력교육	5,064	1	8	7	8	7	5	5	4
1643	경기 안양시	상이군경회전적지순례	5,030	1	8	7	8	7	5	5	4
1644	경기 안양시	공유경제활성화공모지원	5,000	1	8	7	8	7	5	5	4
1645	경기 안양시	소상공인조직화지원	5,000	1	8	7	8	7	5	5	4
1646	경기 안양시	재향군인회안보현장견학	5,000	1	8	7	8	7	5	5	4
1647	경기 안양시	제44회전국장애인체육대회출전지원	5,000	1	8	7	8	7	5	5	4
1648	경기 안양시	장기요양기관직무교육지원	5,000	1	8	7	8	7	5	5	4
1649	경기 안양시	장애인협동고회효도잔치지원	5,000	1	8	7	8	7	5	5	4
1650	경기 안양시	농아인문화복지교육	4,800	1	8	7	8	7	5	5	4
1651	경기 안양시	월남전참전자회전적지순례	4,720	1	8	7	8	7	5	5	4
1652	경기 안양시	민주평통활동평가보고회	4,700	1	8	7	8	7	5	5	4
1653	경기 안양시	독거노인정서지원	4,500	1	8	7	8	7	5	5	4
1654	경기 안양시	청소년유해환경감시단지원사업	4,500	1	8	7	8	7	5	5	4
1655	경기 안양시	생활개선회활동지원사업	4,500	1	8	7	8	7	5	5	4
1656	경기 안양시	장애인체육회교육훈련지원	4,470	1	8	7	8	7	5	5	4
1657	경기 안양시	제18회전국장애학생체육대회출전지원	4,000	1	8	7	8	7	5	5	4
1658	경기 안양시	양봉농가기자재지원	4,000	1	8	7	8	7	5	5	4
1659	경기 안양시	실버포럼교통모니터운영지원	3,840	1	8	7	8	7	5	5	4
1660	경기 안양시	청소년적십자사업지원	3,750	1	8	7	8	7	5	5	4
1661	경기 안양시	폭력예방멈춰프로그램보급사업	3,700	1	8	7	8	7	5	5	4
1662	경기 안양시	실버동화구연대회	3,500	1	8	7	8	7	5	5	4
1663	경기 안양시	신체장애인재활증진하계수련회	3,500	1	8	7	8	7	5	5	4
1664	경기 안양시	안양시민과의만남전시회지원	3,500	1	8	7	8	7	5	5	4
1665	경기 안양시	농촌지도자회활동지원사업	3,500	1	8	7	8	7	5	5	4
1666	경기 안양시	주요감염병표본감시의료기관운영비지원	3,480	1	8	7	8	7	5	5	4
1667	경기 안양시	식품접객업(일반음식점)기존영업자위생교육지원	3,400	1	8	7	8	7	5	5	4
1668	경기 안양시	자립생활기술훈련지원	3,320	1	8	7	8	7	5	5	4
1669	경기 안양시	노인회지회그린안양캠페인	3,312	1	8	7	8	7	5	5	4
1670	경기 안양시	통일대비민주시민교육	3,100	1	8	7	8	7	5	5	4
1671	경기 안양시	중증장애인난타교실	3,030	1	8	7	8	7	5	5	4
1672	경기 안양시	스타일링(헤어,메이크업)	3,000	1	8	7	8	7	5	5	4
1673	경기 안양시	장애인가족일일문화체험지원	3,000	1	8	7	8	7	5	5	4
1674	경기 안양시	민주평통대학생통일세미나	2,900	1	8	7	8	7	5	5	4
1675	경기 안양시	정지선지키기캠페인	2,900	1	8	7	8	7	5	5	4
1676	경기 안양시	가족과함께하는문학기행	2,858	1	8	7	8	7	5	5	4
1677	경기 안양시	안양시이북5도연합회실향민망향제	2,820	1	8	7	8	7	5	5	4

순번	시군구	지출명 (사업명)	2024년예산 (단위 : 천원 /1년간)	민간이전 분류 (지방자치단체 세출예산 집행기준에 의거) 1. 민간경상사업보조(307-02) 2. 민간단체 법정운영비보조(307-03) 3. 민간행사사업보조(307-04) 4. 민간위탁금(307-05) 5. 사회복지시설 법정운영비보조(307-10) 6. 민간인위탁교육비(307-12) 7. 공기관등에대한경상적위탁사업비(308-13) 8. 민간자본사업보조,자체재원(402-01) 9. 민간자본사업보조,이전재원(402-02) 10. 민간위탁사업비(402-03) 11. 공기관등에 대한 자본적 위탁사업비(403-02)	민간이전지출 근거 (지방보조금 관리기준 참고) 1. 법률에 규정 2. 국고보조 재원(국가지정) 3. 용도 지정 기부금 4. 조례에 직접규정 5. 지자체가 권장하는 사업을 하는 공공기관 6. 시,도 정책 및 재정사정 7. 기타 8. 해당없음	입찰방식 계약체결방법 (경쟁형태) 1. 일반경쟁 2. 제한경쟁 3. 지명경쟁 4. 수의계약 5. 법정위탁 6. 기타 ( ) 7. 없음	입찰방식 계약기간 1. 1년 2. 2년 3. 3년 4. 4년 5. 5년 6. 기타 ( )년 7. 단기계약 (1년미만) 8. 없음	입찰방식 낙찰자선정방법 1. 적격심사 2. 협상에의한계약 3. 최저가낙찰제 4. 규격가격분리 5. 2단계 경쟁입찰 6. 기타 ( ) 7. 없음	운영예산 산정 운영예산 산정 1. 내부산정 (지자체 자체적으로 산정) 2. 외부산정 (외부전문기관위탁 산정) 3. 내·외부 모두 산정 4. 산정 無 5. 없음	운영예산 산정 정산방법 1. 내부정산 (지자체 내부적으로 정산) 2. 외부정산 (외부전문기관위탁 정산) 3. 내·외부 모두 산정 4. 정산 無 5. 없음	성과평가 실시여부 1. 실시 2. 미실시 3. 향후 추진 4. 해당없음
1678	경기 안양시	전몰군경유족회전적지순례	2,690	1	8	7	8	7	5	5	4
1679	경기 안양시	작은장례문화조성캠페인	2,680	1	8	7	8	7	5	5	4
1680	경기 안양시	재향군인회현충원참배	2,600	1	8	7	8	7	5	5	4
1681	경기 안양시	회원화합지도자대회	2,540	1	8	7	8	7	5	5	4
1682	경기 안양시	호계시장주차장요금지원	2,500	1	8	7	8	7	5	5	4
1683	경기 안양시	전국새마을지도자대회	2,500	1	8	7	8	7	5	5	4
1684	경기 안양시	재향경우회경찰전적지및안보현장견학	2,400	1	8	7	8	7	5	5	4
1685	경기 안양시	장애인복지회하계수련회및인성교육지원	2,400	1	8	7	8	7	5	5	4
1686	경기 안양시	청소년보호및유해환경감시활동지원	2,400	1	8	7	8	7	5	5	4
1687	경기 안양시	재향군인회정기총회및안보결의대회	2,200	1	8	7	8	7	5	5	4
1688	경기 안양시	친환경비료(유기질)지원사업	2,195	1	8	7	8	7	5	5	4
1689	경기 안양시	도매시장출하용포장재지원	2,176	1	8	7	8	7	5	5	4
1690	경기 안양시	의료관련감염병표본감시체계운영	2,160	1	8	7	8	7	5	5	4
1691	경기 안양시	의료관련감염병표본감시체계운영	2,160	1	8	7	8	7	5	5	4
1692	경기 안양시	제24회안양시민독서경진대회	2,100	1	8	7	8	7	5	5	4
1693	경기 안양시	바르게의식개혁회원대회	2,090	1	8	7	8	7	5	5	4
1694	경기 안양시	어머니포순이봉사단운영지원	2,000	1	8	7	8	7	5	5	4
1695	경기 안양시	재향군인회안보연수회(율곡강좌)	2,000	1	8	7	8	7	5	5	4
1696	경기 안양시	시각장애인건강지킴이산행교육	2,000	1	8	7	8	7	5	5	4
1697	경기 안양시	청소년지도자연합회지원	2,000	1	8	7	8	7	5	5	4
1698	경기 안양시	농촌지도자회원역량강화교육	2,000	1	8	7	8	7	5	5	4
1699	경기 안양시	사랑의끈연결운동	1,500	1	8	7	8	7	5	5	4
1700	경기 안양시	배리어프리영화정기관람지원	1,500	1	8	7	8	7	5	5	4
1701	경기 안양시	농아어르신건강교실	1,500	1	8	7	8	7	5	5	4
1702	경기 안양시	축산환경개선사업	1,500	1	8	7	8	7	5	5	4
1703	경기 안양시	안양시이북5도연합회전적지견학	1,350	1	8	7	8	7	5	5	4
1704	경기 안양시	제31회경기도민문화의한마당	1,185	1	8	7	8	7	5	5	4
1705	경기 안양시	재향군인의날기념행사및안보결의대회	1,100	1	8	7	8	7	5	5	4
1706	경기 안양시	경기도자유수호지도자한마음대회(참가)	1,050	1	8	7	8	7	5	5	4
1707	경기 안양시	노인교양특강	1,000	1	8	7	8	7	5	5	4
1708	경기 안양시	학교폭력및청소년흡연음주예방활동	1,000	1	8	7	8	7	5	5	4
1709	경기 안양시	새마을문고지도자독서지도교육	550	1	8	7	8	7	5	5	4
1710	경기 안양시	농산물우수관리(GAP)육성지원	400	1	8	7	8	7	5	5	4
1711	경기 부천시	경기도어린이건강과일공급사업	1,544,550	1	6	1	3	1	5	1	4
1712	경기 부천시	임산부친환경농산물지원	737,664	1	6	7	8	7	5	1	1
1713	경기 부천시	지방문화원사업운영비	702,264	1	1	1	1	3	1	3	1
1714	경기 부천시	신재생에너지융복합지원사업	692,920	1	2	7	8	7	5	5	4
1715	경기 부천시	경기도체육대회출전보조	547,000	1	1	7	8	7	1	3	1
1716	경기 부천시	학교운동부육성	431,000	1	1	7	8	7	1	3	1
1717	경기 부천시	학교밖청소년프로그램운영(대안교육기관급식비지원)	420,422	1	6	7	8	7	5	1	4

순번	시군구	지출명 (사업명)	2024년예산 (단위 : 천원 /1년간)	민간이전 분류 (지방자치단체 세출예산 집행기준에 의거) 1. 민간경상사업보조(307-02) 2. 민간단체 법정운영비보조(307-03) 3. 민간행사사업보조(307-04) 4. 민간위탁금(307-05) 5. 사회복지시설 법정운영비보조(307-10) 6. 민간인위탁교육비(307-12) 7. 공기관등에대한경상적위탁사업비(308-13) 8. 민간자본사업보조,자체재원(402-01) 9. 민간자본사업보조,이전재원(402-02) 10. 민간위탁사업비(402-03) 11. 공기관등에 대한 자본적 위탁사업비(403-02)	민간이전지출 근거 (지방보조금 관리기준 참고) 1. 법률에 규정 2. 국고보조 재원(국가지정) 3. 용도 지정 기부금 4. 조례에 직접규정 5. 지자체가 권장하는 사업을 하는 공공기관 6. 시,도 정책 및 재정사정 7. 기타 8. 해당없음	입찰방식 계약체결방법 (경쟁형태) 1. 일반경쟁 2. 제한경쟁 3. 지명경쟁 4. 수의계약 5. 법정위탁 6. 기타 ( ) 7. 없음	입찰방식 계약기간 1. 1년 2. 2년 3. 3년 4. 4년 5. 5년 6. 기타 ( )년 7. 단기계약 (1년미만) 8. 없음	입찰방식 낙찰자선정방법 1. 적격심사 2. 협상에의한계약 3. 최저가낙찰제 4. 규격가격분리 5. 2단계 경쟁입찰 6. 기타 ( ) 7. 없음	운영예산 산정 운영예산 산정 1. 내부산정 (지자체 자체적으로 산정) 2. 외부산정 (외부전문기관위탁 산정) 3. 내·외부 모두 산정 4. 산정 無 5. 없음	운영예산 산정 정산방법 1. 내부정산 (지자체 내부적으로 정산) 2. 외부정산 (외부전문기관위탁 정산) 3. 내·외부 모두 정산 4. 정산 無 5. 없음	성과평가 실시여부 1. 실시 2. 미실시 3. 향후 추진 4. 해당없음
1718	경기 부천시	지역산업맞춤형일자리창출지원사업	357,200	1	2	6	1	1	3	1	1
1719	경기 부천시	체육회종목별단체육성지원	344,400	1	1	7	8	7	1	3	1
1720	경기 부천시	학교체육관개방지원	339,476	1	1	7	8	7	1	3	1
1721	경기 부천시	BNet(공공와이파이)서비스운영지원사업	335,000	1	4	7	8	7	5	5	4
1722	경기 부천시	주민자치회주민공모사업	333,000	1	4	7	8	7	1	1	1
1723	경기 부천시	금형기술센터지원	315,000	1	4	7	8	7	1	1	1
1724	경기 부천시	금형비즈니스센터지원	315,000	1	4	7	8	7	1	1	1
1725	경기 부천시	해외전시회개별참가지원	306,000	1	1	7	1	7	1	1	1
1726	경기 부천시	통합체육아카데미운영(엘리트)	306,000	1	1	7	8	7	1	3	1
1727	경기 부천시	학교체육지도자지원	306,000	1	1	7	8	7	1	3	1
1728	경기 부천시	도,전국대회이상체육대회출전보조	302,000	1	1	7	8	7	1	3	1
1729	경기 부천시	국민운동단체등민간단체사업비	294,063	1	1,4	7	8	7	1	1	1
1730	경기 부천시	해그늘체육공원관리자인건비및관리비	287,464	1	1	7	8	7	1	1	1
1731	경기 부천시	국내전시회개별참가지원	285,000	1	1	7	1	7	1	1	1
1732	경기 부천시	키엘연구원지원	270,000	1	4	7	8	7	1	1	1
1733	경기 부천시	패키징기술센터지원	270,000	1	4	7	8	7	1	1	1
1734	경기 부천시	한국세라믹기술원세라믹종합솔루션센터지원	270,000	1	4	7	8	7	1	1	1
1735	경기 부천시	품질규격인증획득지원사업	260,000	1	1	7	1	7	1	1	1
1736	경기 부천시	일생활균형지원사업	250,000	1	5	7	8	7	5	1	4
1737	경기 부천시	시니어체육대회개최및출전지원	244,500	1	1	7	8	7	1	3	1
1738	경기 부천시	문화산업융합생태계조성사업	230,000	1	4	1	1	2	1	1	1
1739	경기 부천시	지진안전시설물인증지원사업	226,000	1	2	7	8	7	5	5	4
1740	경기 부천시	사회적기업일자리창출지원사업	222,166	1	2	6	1	7	1	1	1
1741	경기 부천시	경기도장애인체육대회참가지원	220,340	1	1	7	8	7	1	3	1
1742	경기 부천시	장애인생활체육지도자배치사업	219,114	1	1	7	8	7	1	3	1
1743	경기 부천시	지방문화원사업활동비	209,437	1	1	1	1	3	1	3	1
1744	경기 부천시	사회적기업사회보험료지원사업	205,120	1	2	7	8	7	1	1	1
1745	경기 부천시	부천체력인증센터운영	203,640	1	1	7	8	7	1	3	1
1746	경기 부천시	평생학습네트워크활성화사업	200,000	1	4	7	8	7	1	1	1
1747	경기 부천시	보훈단체사업비지원	195,971	1	4	7	8	7	1	1	1
1748	경기 부천시	맘튼튼축산물꾸러미지원	195,500	1	6	7	8	7	5	5	4
1749	경기 부천시	조명산업고도화지원사업	190,000	1	4	7	8	7	1	1	3
1750	경기 부천시	일반생활체육지도자배치사업	188,743	1	1	7	8	7	1	3	1
1751	경기 부천시	어르신생활체육지도자배치사업	188,743	1	1	7	8	7	1	3	1
1752	경기 부천시	금형기업지능형디지털전환사업	180,000	1	4	7	8	7	1	1	1
1753	경기 부천시	국제,전국,도단위장애인체육대회입상자포상금	180,000	1	1	7	8	7	1	3	1
1754	경기 부천시	2024년도경기도단독주택집수리지원사업	180,000	1	8	7	8	7	5	5	4
1755	경기 부천시	영구임대아파트공동전기료지원	168,000	1	4	7	8	7	5	5	4
1756	경기 부천시	경기도생활체육대축전출전보조	158,500	1	1	7	8	7	1	3	1
1757	경기 부천시	통합체육아카데미운영(생활체육)	158,000	1	1	7	8	7	1	3	1

순번	시군구	지출명 (사업명)	2024년예산 (단위 : 천원 /1년간)	민간이전 분류 (지방자치단체 세출예산 집행기준에 의거) 1. 민간경상사업보조(307-02) 2. 민간단체 법정운영비보조(307-03) 3. 민간행사사업보조(307-04) 4. 민간위탁금(307-05) 5. 사회복지시설 법정운영비보조(307-10) 6. 민간인위탁교육비(307-12) 7. 공기관등에대한경상적위탁사업비(308-13) 8. 민간자본사업보조,자체재원(402-01) 9. 민간자본사업보조,이전재원(402-02) 10. 민간위탁사업비(402-03) 11. 공기관등에 대한 자본적 위탁사업비(403-02)	민간이전지출 근거 (지방보조금 관리기준 참고) 1. 법률에 규정 2. 국고보조 재원(국가지정) 3. 용도 지정 기부금 4. 조례에 직접규정 5. 지자체가 권장하는 사업을 하는 공공기관 6. 시,도 정책 및 재정사정 7. 기타 8. 해당없음	입찰방식 계약체결방법 (경쟁형태) 1. 일반경쟁 2. 제한경쟁 3. 지명경쟁 4. 수의계약 5. 법정위탁 6. 기타 ( ) 7. 없음	입찰방식 계약기간 1. 1년 2. 2년 3. 3년 4. 4년 5. 5년 6. 기타 ( )년 7. 단기계약 (1년미만) 8. 없음	입찰방식 낙찰자선정방법 1. 적격심사 2. 협상에의한계약 3. 최저가낙찰제 4. 규격가격분리 5. 2단계 경쟁입찰 6. 기타 ( ) 7. 없음	운영예산 산정 운영예산 산정 1. 내부산정 (지자체 자체적으로 산정) 2. 외부산정 (외부전문기관위탁 산정) 3. 내·외부 모두 산정 4. 산정 無 5. 없음	운영예산 산정 정산방법 1. 내부정산 (지자체 내부적으로 정산) 2. 외부정산 (외부전문기관위탁 정산) 3. 내·외부 모두 산정 4. 정산 無 5. 없음	성과평가 실시여부 1. 실시 2. 미실시 3. 향후 추진 4. 해당없음
1758	경기 부천시	부천시지속가능발전협의회사업비	153,000	1	1	7	8	7	5	5	4
1759	경기 부천시	만화애니콘텐츠지원	152,000	1	4	7	8	7	1	1	1
1760	경기 부천시	의료기관결핵환자관리지원	150,736	1	2	7	8	7	5	5	1
1761	경기 부천시	부천시체육진흥공모사업	140,000	1	1	7	8	7	1	3	1
1762	경기 부천시	장애인체육대회참가지원	139,500	1	1	7	8	7	1	3	1
1763	경기 부천시	노사민정협력활성화사업	136,000	1	4	7	8	7	1	1	3
1764	경기 부천시	해외바이어초청수출상담회	130,500	1	6	7	1	7	1	1	1
1765	경기 부천시	노동권익서포터즈운영	117,300	1	1	1	7	7	1	1	3
1766	경기 부천시	노동안전지킴이운영	110,713	1	1	1	7	7	1	1	3
1767	경기 부천시	청소년활동역량강화사업(공모)	110,040	1	1	7	8	7	5	5	4
1768	경기 부천시	경기도주민제안공모사업(공동체활동)	100,000	1	4	7	8	7	1	1	1
1769	경기 부천시	신중년경력형일자리사업	94,498	1	2	6	1	1	3	1	1
1770	경기 부천시	장애인우수선수육성지원	92,616	1	1	7	8	7	1	3	1
1771	경기 부천시	한국세라믹기술원창업보육센터지원사업	90,000	1	4	7	8	7	1	1	4
1772	경기 부천시	비료가격안정지원사업	89,381	1	6	7	8	7	5	1	4
1773	경기 부천시	지역농산물먹거리보장지원사업	88,960	1	6	7	8	7	5	1	4
1774	경기 부천시	지역평생학습특성화사업	84,000	1	4	7	8	7	1	1	1
1775	경기 부천시	박물관/미술관지원사업	76,790	1	1	7	8	7	1	1	1
1776	경기 부천시	AI기반시민안전서비스운영지원사업	73,980	1	4	7	8	7	5	5	4
1777	경기 부천시	장애인체육회가맹경기단체지원	70,060	1	1	7	8	7	1	3	1
1778	경기 부천시	여성클럽육성	69,500	1	1	7	8	7	1	3	1
1779	경기 부천시	외국인주민일자리사업	69,243	1	6	7	8	7	1	1	1
1780	경기 부천시	공공심야약국운영	69,000	1	2	7	1	7	5	1	4
1781	경기 부천시	부천청년문화콘텐츠산업일자리사업참여청년인건비	68,672	1	2	7	8	7	1	1	1
1782	경기 부천시	초등스포츠클럽육성지원	68,461	1	1	7	8	7	1	3	1
1783	경기 부천시	농업소득지원(유기질비료)	64,605	1	6	7	8	7	5	1	4
1784	경기 부천시	평화통일기반조성공모사업	64,000	1	4	7	8	7	1	1	1
1785	경기 부천시	평생학습마을공동체지원	64,000	1	4	7	8	7	1	1	1
1786	경기 부천시	시니어체육회종목별단체육성지원	63,940	1	1	7	8	7	1	3	1
1787	경기 부천시	장애인생활체육무료교실운영	63,000	1	1	7	8	7	1	3	1
1788	경기 부천시	노동법률상담소운영	60,593	1	4	1	5	1	1	1	1
1789	경기 부천시	건강1세시니어생활체육교실운영	60,000	1	1	7	8	7	1	3	1
1790	경기 부천시	생활체육무료교실운영	59,500	1	1	7	8	7	1	3	1
1791	경기 부천시	지역응급의료기관평가결과보조금지원	57,600	1	2	7	7	7	5	2	4
1792	경기 부천시	노인지방보조금지원	54,400	1	4	1	7	1	1	1	1
1793	경기 부천시	장애인평생교육프로그램운영	53,000	1	4	7	8	7	1	1	1
1794	경기 부천시	대학일자리플러스센터지원	50,000	1	2	6	5	7	3	1	1
1795	경기 부천시	단비기업창업지원	50,000	1	1,4	6	7	7	1	1	1
1796	경기 부천시	청소년보호지원사업(공모)	50,000	1	1	7	8	7	5	5	4
1797	경기 부천시	경로의달행사지원	49,950	1	1	7	8	7	1	1	1

순번	시군구	지출명 (사업명)	2024년예산 (단위 : 천원 /1년간)	민간이전 분류 (지방자치단체 세출예산 집행기준에 의거) 1. 민간경상사업보조(307-02) 2. 민간단체 법정운영비보조(307-03) 3. 민간행사사업보조(307-04) 4. 민간위탁금(307-05) 5. 사회복지시설 법정운영비보조(307-10) 6. 민간인위탁교육비(307-12) 7. 공기관등에대한경상적위탁사업비(308-13) 8. 민간자본사업보조,자체재원(402-01) 9. 민간자본사업보조,이전재원(402-02) 10. 민간위탁사업비(402-03) 11. 공기관등에 대한 자본적 위탁사업비(403-02)	민간이전지출 근거 (지방보조금 관리기준 참고) 1. 법률에 규정 2. 국고보조 재원(국가지정) 3. 용도 지정 기부금 4. 조례에 직접규정 5. 지자체가 권장하는 사업을 하는 공공기관 6. 시,도 정책 및 재정사정 7. 기타 8. 해당없음	입찰방식 계약체결방법 (경쟁형태) 1. 일반경쟁 2. 제한경쟁 3. 지명경쟁 4. 수의계약 5. 법정위탁 6. 기타 ( ) 7. 없음	입찰방식 계약기간 1. 1년 2. 2년 3. 3년 4. 4년 5. 5년 6. 기타 ( )년 7. 단기계약 (1년미만) 8. 없음	입찰방식 낙찰자선정방법 1. 적격심사 2. 협상에의한계약 3. 최저가낙찰제 4. 규격가격분리 5. 2단계 경쟁입찰 6. 기타 ( ) 7. 없음	운영예산 산정 운영예산 산정 1. 내부산정 (지자체 자체적으로 산정) 2. 외부산정 (외부전문기관위탁 산정) 3. 내·외부 모두 산정 4. 산정 無 5. 없음	운영예산 산정 정산방법 1. 내부정산 (지자체 내부적으로 정산) 2. 외부정산 (외부전문기관위탁 정산) 3. 내·외부 모두 산정 4. 정산 無 5. 없음	성과평가 실시여부 1. 실시 2. 미실시 3. 향후 추진 4. 해당없음
1798	경기 부천시	시니어장애인종목별단체지역별전용구장지원	48,000	1	1	7	8	7	1	3	1
1799	경기 부천시	패키징코리아개최비지원	45,000	1	4	7	8	7	1	1	1
1800	경기 부천시	학교밖청소년배움터지원공모	44,000	1	4	7	8	7	5	5	4
1801	경기 부천시	문화관광해설사육성	43,460	1	4	7	8	7	1	1	1
1802	경기 부천시	장애인지방보조금지원사업	42,700	1	8	7	8	7	5	5	4
1803	경기 부천시	마을만들기자체공모사업(공동체활동)	41,500	1	4	7	8	7	1	1	1
1804	경기 부천시	공공심야약국운영	40,080	1	1	7	8	7	1	1	1
1805	경기 부천시	근로자의날및노동문화제행사	40,000	1	4	1	5	1	1	1	1
1806	경기 부천시	국제,전국,도대회상위입상시상금및체육지도자상위입상시상금	40,000	1	1	7	8	7	1	3	1
1807	경기 부천시	아동연극공연	40,000	1	4	1	1	1	3	3	3
1808	경기 부천시	국제청소년친선교류	39,400	1	4	7	8	7	5	5	4
1809	경기 부천시	의료기관결핵환자관리지원	37,684	1	2	7	8	7	5	5	4
1810	경기 부천시	부천국제금형컨퍼런스개최비지원	36,000	1	4	7	8	7	1	1	4
1811	경기 부천시	신재생에너지보급(주택지원)사업	36,000	1	1	7	8	7	5	5	4
1812	경기 부천시	민주평통부천시협의회사업비	33,805	1	1,4	7	8	7	1	1	1
1813	경기 부천시	민간단체환경보전활동	32,888	1	1	7	8	7	5	1	1
1814	경기 부천시	시니어체육회종목별단체용품구입비및운영비	31,200	1	1	7	8	7	1	3	1
1815	경기 부천시	노인의날행사지원	30,600	1	1	7	8	7	1	1	1
1816	경기 부천시	사회혁신기업육성지원	30,000	1	1,4	6	7	7	1	1	1
1817	경기 부천시	공급망ESG실사컨설팅지원	30,000	1	1	5	8	7	1	1	1
1818	경기 부천시	부천시장애인시니어체육진흥공모사업	30,000	1	1	7	8	7	1	3	1
1819	경기 부천시	평생학습동아리지원	30,000	1	4	7	8	7	1	1	1
1820	경기 부천시	미니태양광지원사업	30,000	1	1	7	8	7	5	5	4
1821	경기 부천시	의약품안전관리	30,000	1	2	7	7	7	5	1	4
1822	경기 부천시	지역참여형노동협업공모사업운영	29,280	1	1	1	8	7	1	1	3
1823	경기 부천시	배달종사자교육및안전장비지원사업보조금	28,800	1	1	1	8	7	1	1	3
1824	경기 부천시	모범운전자회교통질서계도활동사업지원	28,000	1	1,4	7	8	7	1	1	3
1825	경기 부천시	부천기업제조물책임(PL)보험지원	27,000	1	1	5	8	7	1	1	1
1826	경기 부천시	종목별단체지역별전용구장지원	27,000	1	1	7	8	7	1	3	1
1827	경기 부천시	대학생세계탐방프로젝트	26,400	1	1	7	8	7	5	5	4
1828	경기 부천시	부천청년지역특화일자리사업참여청년인건비	25,078	1	2	7	8	7	1	1	1
1829	경기 부천시	마을관리협동조합설립지원	25,000	1	1	7	8	7	5	5	4
1830	경기 부천시	중소기업기숙사임차비지원사업	24,000	1	6	7	8	7	5	1	4
1831	경기 부천시	경기도형아동돌봄공동체조성사업비(프로그램사업비)	24,000	1	4	7	8	7	1	1	1
1832	경기 부천시	부천시티투어운영	24,000	1	4	7	8	7	1	1	1
1833	경기 부천시	유실유기동물기증비지원사업	24,000	1	1,4	7	8	7	1	1	4
1834	경기 부천시	박물관문화전문인력(도슨트)지원사업	22,773	1	1	7	8	7	1	1	1
1835	경기 부천시	시군민주시민교육사업지원	22,000	1	4	7	8	7	1	1	1
1836	경기 부천시	창업보육센터지원	21,653	1	4,6	7	8	7	5	1	4
1837	경기 부천시	공정무역활성화지원사업	20,000	1	4	7	8	7	5	1	1

순번	시군구	지출명 (사업명)	2024년예산 (단위 : 천원 /1년간)	민간이전 분류 (지방자치단체 세출예산 집행기준에 의거) 1. 민간경상사업보조(307-02) 2. 민간단체 법정운영비보조(307-03) 3. 민간행사사업보조(307-04) 4. 민간위탁금(307-05) 5. 사회복지시설 법정운영비보조(307-10) 6. 민간인위탁교육비(307-12) 7. 공기관등에대한경상적위탁사업비(308-13) 8. 민간자본사업보조,지체재원(402-01) 9. 민간자본사업보조,이전재원(402-02) 10. 민간위탁사업비(402-03) 11. 공기관등에 대한 자본적 위탁사업비(403-02)	민간이전지출 근거 (지방보조금 관리기준 참고) 1. 법률에 규정 2. 국고보조 재원(국가지정) 3. 용도 지정 기부금 4. 조례에 직접규정 5. 지자체가 권장하는 사업을 하는 공공기관 6. 시,도 정책 및 재정사정 7. 기타 8. 해당없음	입찰방식			운영예산 산정		성과평가 실시여부
						계약체결방법 (경쟁형태) 1. 일반경쟁 2. 제한경쟁 3. 지명경쟁 4. 수의계약 5. 법정위탁 6. 기타 ( ) 7. 없음	계약기간 1. 1년 2. 2년 3. 3년 4. 4년 5. 5년 6. 기타 ( )년 7. 단기계약 (1년미만) 8. 없음	낙찰자선정방법 1. 적격심사 2. 협상에의한계약 3. 최저가낙찰제 4. 규격가격분리 5. 2단계 경쟁입찰 6. 기타 ( ) 7. 없음	운영예산 산정 1. 내부산정 (지자체 자체적으로 산정) 2. 외부산정 (외부전문기관위탁 산정) 3. 내·외부 모두 산정 4. 산정 無 5. 없음	정산방법 1. 내부정산 (지자체 내부적으로 정산) 2. 외부정산 (외부전문기관위탁 정산) 3. 내·외부 모두 산정 4. 정산 無 5. 없음	1. 실시 2. 미실시 3. 향후 추진 4. 해당없음
1838	경기 부천시	부천지역경제발전협의회운영	20,000	1	1	5	8	7	1	1	1
1839	경기 부천시	전국체육대회,전국소년체육대회출전보조	20,000	1	1	7	8	7	1	3	1
1840	경기 부천시	녹색어머니회활동지원	18,600	1	4	7	8	7	1	1	1
1841	경기 부천시	학교밖어린이생존수영운영	18,150	1	1	7	8	7	5	5	4
1842	경기 부천시	마을기업육성지원사업	18,000	1	2	7	8	7	5	1	1
1843	경기 부천시	소비자보호단체(한국부인회부천시지회)지원	18,000	1	4	7	8	7	1	1	1
1844	경기 부천시	우수업소관리	18,000	1	4	7	8	7	5	5	4
1845	경기 부천시	노조간부및근로자교육	17,730	1	4	1	5	1	1	1	1
1846	경기 부천시	근로자산업시찰및교류사업	16,920	1	4	1	5	1	1	1	1
1847	경기 부천시	주민공모사업	16,000	1	1	7	8	7	1	1	1
1848	경기 부천시	자동차안전점검및정비지원(민간이전)	16,000	1	4	5	7	7	1	1	1
1849	경기 부천시	노동자체육대회지원	15,000	1	4	1	5	1	1	1	1
1850	경기 부천시	농기계종합보험지원	14,320	1	6	7	8	7	5	1	4
1851	경기 부천시	일반어르신생활체육지도자처우개선	14,316	1	1	7	8	7	1	3	1
1852	경기 부천시	축산물전문판매점지원	11,200	1	1	7	8	7	5	5	4
1853	경기 부천시	노사공동ESG경영혁신활성화사업	10,800	1	4	1	5	1	1	1	1
1854	경기 부천시	의료관련감염병표본감시사업	10,800	1	2	7	8	7	5	5	4
1855	경기 부천시	경기도장애인생활체육(교실)지원사업	10,500	1	1	7	8	7	1	3	1
1856	경기 부천시	복사골꿈나무학생체육대회	10,400	1	1	7	8	7	1	3	1
1857	경기 부천시	지역사회통합돌봄(서비스)	10,400	1	6	7	7	7	1	1	4
1858	경기 부천시	경기도민속예술제참가	10,000	1	4	1	1	3	1	1	1
1859	경기 부천시	부천시항일독립운동기념공모사업	9,000	1	4	1	7	7	1	1	1
1860	경기 부천시	장애인생활체육지도자처우개선	8,351	1	1	7	8	7	1	3	1
1861	경기 부천시	다문화가정과함께하는전통문화및사찰음식체험	8,000	1	4	1	1	3	1	1	1
1862	경기 부천시	중소기업아카데미운영	6,000	1	1	7	1	7	1	1	1
1863	경기 부천시	우수식재료소비확대기반조성사업	6,000	1	6	7	8	7	5	1	4
1864	경기 부천시	쌀가공업체경기미구매차액지원사업	5,500	1	6	7	8	7	5	1	4
1865	경기 부천시	부천청년지역특화일자리사업참여청년추가채용인센티브	5,000	1	2	7	8	7	1	1	1
1866	경기 부천시	청년네트워크운영	5,000	1	4	7	8	7	5	5	4
1867	경기 부천시	청소년국내교류활동프로그램	4,000	1	1	7	8	7	5	5	4
1868	경기 부천시	우수자원봉사단체발굴및지원	4,000	1	7	7	8	7	1	1	1
1869	경기 부천시	농업소득지원(농산물규격출하)	4,000	1	6	7	8	7	5	1	4
1870	경기 부천시	곰두리중증장애인교통복지협회부천지부사업지원	3,800	1	1,4	7	8	7	1	1	3
1871	경기 부천시	농업소득지원(친환경농자재)	3,000	1	6	7	8	7	5	1	4
1872	경기 부천시	부천시우수상품전시판매장판매봉투제작	2,400	1	1	7	1	7	1	1	1
1873	경기 부천시	발전소주변지역사업특별지원	2,200	1	1	7	8	7	5	5	4
1874	경기 부천시	우수작은도서관육성	2,010	1	4	7	8	7	1	1	4
1875	경기 부천시	우수작은도서관육성	2,010	1	4	7	8	7	1	1	4
1876	경기 부천시	우수작은도서관육성	2,010	1	4	7	8	7	1	1	4
1877	경기 부천시	농업소득지원(벼못자리용상토)	1,980	1	6	7	8	7	5	1	4

순번	시군구	지출명 (사업명)	2024년예산 (단위 : 천원 /1년간)	민간이전 분류 (지방자치단체 세출예산 집행기준에 의거) 1. 민간경상사업보조(307-02) 2. 민간단체 법정운영비보조(307-03) 3. 민간행사사업보조(307-04) 4. 민간위탁금(307-05) 5. 사회복지시설 법정운영비보조(307-10) 6. 민간인위탁교육비(307-12) 7. 공기관등에대한경상적위탁사업비(308-13) 8. 민간자본사업보조,자체재원(402-01) 9. 민간자본사업보조,이전재원(402-02) 10. 민간위탁사업비(402-03) 11. 공기관등에 대한 자본적 위탁사업비(403-02)	민간이전지출 근거 (지방보조금 관리기준 참고) 1. 법률에 규정 2. 국고보조 재원(국가지정) 3. 용도 지정 기부금 4. 조례에 직접규정 5. 지자체가 권장하는 사업을 하는 공공기관 6. 시,도 정책 및 재정사정 7. 기타 8. 해당없음	입찰방식: 계약체결방법 (경쟁형태) 1. 일반경쟁 2. 제한경쟁 3. 지명경쟁 4. 수의계약 5. 법정위탁 6. 기타 ( ) 7. 없음	입찰방식: 계약기간 1. 1년 2. 2년 3. 3년 4. 4년 5. 5년 6. 기타 ( )년 7. 단기계약 (1년미만) 8. 없음	입찰방식: 낙찰자선정방법 1. 적격심사 2. 협상에의한계약 3. 최저가낙찰제 4. 규격가격분리 5. 2단계 경쟁입찰 6. 기타 ( ) 7. 없음	운영예산 산정: 운영예산 산정 1. 내부산정 (지자체 자체적으로 산정) 2. 외부산정 (외부전문기관위탁 산정) 3. 내·외부 모두 산정 4. 산정 無 5. 없음	운영예산 산정: 정산방법 1. 내부정산 (지자체 내부적으로 정산) 2. 외부정산 (외부전문기관위탁 정산) 3. 내·외부 모두 산정 4. 정산 無 5. 없음	성과평가 실시여부 1. 실시 2. 미실시 3. 향후 추진 4. 해당없음
1878	경기 부천시	행정동우회환경정화활동사업	1,880	1	4	7	8	7	5	5	4
1879	경기 부천시	로컬푸드활성화지원(전환사업)	1,800	1	6	7	8	7	5	1	1
1880	경기 부천시	우수작은도서관육성	1,680	1	4	7	8	7	1	1	4
1881	경기 부천시	우수작은도서관육성	1,680	1	4	7	8	7	1	1	4
1882	경기 부천시	우수작은도서관육성	1,680	1	4	7	8	7	1	1	4
1883	경기 부천시	우수작은도서관육성	1,680	1	4	7	8	7	1	1	4
1884	경기 부천시	우수작은도서관육성	1,680	1	4	7	8	7	1	1	4
1885	경기 부천시	우수작은도서관육성	1,680	1	4	7	8	7	1	1	4
1886	경기 부천시	우수작은도서관육성	1,680	1	4	7	8	7	1	1	4
1887	경기 부천시	우수작은도서관육성	1,680	1	4	7	8	7	1	1	4
1888	경기 부천시	우수작은도서관육성	1,680	1	4	7	8	7	1	1	4
1889	경기 부천시	우수작은도서관육성	1,680	1	4	7	8	7	1	1	4
1890	경기 부천시	우수작은도서관육성	1,680	1	4	7	8	7	1	1	4
1891	경기 부천시	재난예방안전문화운동(시민안전문화생활화교육)	1,620	1	4	7	8	7	1	1	4
1892	경기 부천시	재난예방안전문화운동(재난(자연재난,사회재난)대비무선국운영)	1,430	1	1	7	8	7	1	1	1
1893	경기 부천시	사립작은도서관냉난방비지원	1,430	1	1	7	8	7	1	1	1
1894	경기 부천시	우수작은도서관육성	1,350	1	4	7	8	7	1	1	4
1895	경기 부천시	우수작은도서관육성	1,350	1	4	7	8	7	1	1	4
1896	경기 부천시	우수작은도서관육성	1,350	1	4	7	8	7	1	1	4
1897	경기 부천시	우수작은도서관육성	1,350	1	4	7	8	7	1	1	4
1898	경기 부천시	우수작은도서관육성	1,350	1	4	7	8	7	1	1	4
1899	경기 부천시	도서관시민학교운영비	1,280	1	4	7	8	7	1	1	4
1900	경기 부천시	청소년유해환경감시단지원	1,000	1	5	7	8	7	1	1	1
1901	경기 부천시	사립작은도서관냉난방비지원	900	1	1	2	8	7	1	1	1
1902	경기 부천시	사립작은도서관냉난방비지원	840	1	4	7	8	7	1	1	4
1903	경기 부천시	발전소주변지역사업기본지원	800	1	4	7	8	7	1	1	4
1904	경기 부천시	GAP안전성분석지원	800	1	2	7	8	7	5	5	4
1905	경기 부천시	사립작은도서관냉난방비지원	800	1	6	7	8	7	5	1	4
1906	경기 부천시	사립작은도서관냉난방비지원	730	1	4	7	8	7	1	1	4
1907	경기 부천시	여성농업인행복바우처지원	640	1	4	7	8	7	1	1	4
1908	경기 부천시	사립작은도서관냉난방비지원	540	1	6	7	8	7	5	1	4
1909	경기 부천시	토양개량제지원	147	1	4	7	8	7	1	1	4
1910	경기 광명시	통합문화이용권사업	1,215,500	1	2	7	8	7	5	1	4
1911	경기 광명시	ESG친화형스타트업육성	600,000	1	2	7	8	7	5	2	4
1912	경기 광명시	공공형택시지원사업	360,000	1	4	7	8	7	1	1	1
1913	경기 광명시	임산부친환경농산물지원	312,960	1	1	7	8	7	1	1	4
1914	경기 광명시	공공배달앱지원사업	300,000	1	6	7	8	7	5	1	4
1915	경기 광명시	KTX광명역남북평화철도출발역육성범시민대책위원회	263,670	1	7	7	8	7	1	1	4
1916	경기 광명시	4차산업분야맞춤형인재양성	250,000	1	4	7	8	7	1	1	1
1917	경기 광명시	소상공인노란우산공제지원사업	250,000	1	6	6	7	6	1	1	1

순번	시군구	지출명 (사업명)	2024년예산 (단위 : 천원 /1년간)	민간이전 분류 (지방자치단체 세출예산 집행기준에 의거) 1. 민간경상사업보조(307-02) 2. 민간단체 법정운영비보조(307-03) 3. 민간행사사업보조(307-04) 4. 민간위탁금(307-05) 5. 사회복지시설 법정운영비보조(307-10) 6. 민간인위탁교육비(307-12) 7. 공기관등에대한경상적위탁사업비(308-13) 8. 민간자본사업보조,자체재원(402-01) 9. 민간자본사업보조,이전재원(402-02) 10. 민간위탁사업비(402-03) 11. 공기관등에 대한 자본적 위탁사업비(403-02)	민간이전지출 근거 (지방보조금 관리기준 참고) 1. 법률에 규정 2. 국고보조 재원(국가지정) 3. 용도 지정 기부금 4. 조례에 직접규정 5. 지자체가 권장하는 사업을 하는 공공기관 6. 시,도 정책 및 재정사정 7. 기타 8. 해당없음	입찰방식 계약체결방법 (경쟁형태) 1. 일반경쟁 2. 제한경쟁 3. 지명경쟁 4. 수의계약 5. 법정위탁 6. 기타 ( ) 7. 없음	입찰방식 계약기간 1. 1년 2. 2년 3. 3년 4. 4년 5. 5년 6. 기타 ( )년 7. 단기계약 (1년미만) 8. 없음	입찰방식 낙찰자선정방법 1. 적격심사 2. 협상에의한계약 3. 최저가낙찰제 4. 규격가격분리 5. 2단계 경쟁입찰 6. 기타 ( ) 7. 없음	운영예산 산정 운영예산 산정 1. 내부산정 (지자체 자체적으로 산정) 2. 외부산정 (외부전문기관위탁 산정) 3. 내·외부 모두 산정 4. 산정 無 5. 없음	운영예산 산정 정산방법 1. 내부정산 (지자체 내부적으로 정산) 2. 외부정산 (외부전문기관위탁 정산) 3. 내·외부 모두 산정 4. 정산 無 5. 없음	성과평가 실시여부 1. 실시 2. 미실시 3. 향후 추진 4. 해당없음
1918	경기 광명시	광명세일페스타	250,000	1	7	7	8	7	1	1	4
1919	경기 광명시	택시요금카드결제수수료지원	231,290	1	1	7	8	7	1	1	4
1920	경기 광명시	법인택시운수종사자처우개선비지원	228,480	1	1	7	8	7	1	1	4
1921	경기 광명시	경기도체육대회출전지원	220,000	1	5	7	7	7	1	1	1
1922	경기 광명시	어르신생활체육지도자배치(인건비)	213,696	1	2	7	8	7	5	5	4
1923	경기 광명시	보디빌딩팀운영	202,000	1	5	7	7	7	1	1	1
1924	경기 광명시	경영환경개선지원사업	200,000	1	7	7	8	7	1	1	4
1925	경기 광명시	골목상권공동체지원사업(경상)	200,000	1	7	7	8	7	1	1	4
1926	경기 광명시	일반생활체육지도자배치(인건비)	183,168	1	2	7	8	7	5	5	4
1927	경기 광명시	경기도생활체육대축전출전지원	180,000	1	5	7	8	7	5	5	4
1928	경기 광명시	새일여성인턴제운영비	178,600	1	2	7	8	7	5	1	4
1929	경기 광명시	임산부친환경농산물지원(보조사업)	165,120	1	6	7	8	7	5	1	4
1930	경기 광명시	중소기업ESG경영지원	150,000	1	6	7	8	7	5	5	4
1931	경기 광명시	사회적기업사회보험료지원	128,000	1	6	7	8	7	5	1	1
1932	경기 광명시	사회적기업일자리창출사업(국비)	126,347	1	2	7	8	7	5	1	1
1933	경기 광명시	장애인생활체육지도자배치(인건비)	122,112	1	2	7	8	7	5	5	4
1934	경기 광명시	사회적기업일자리창출사업	106,960	1	6	7	8	7	5	1	1
1935	경기 광명시	마을공동체주민제안공모사업공동체활동	100,000	1	6	7	8	7	5	5	4
1936	경기 광명시	청년생각펼침공모사업	100,000	1	4	7	8	7	1	1	1
1937	경기 광명시	폐업소상공인희망드림재개장지원사업	100,000	1	7	7	8	7	1	1	4
1938	경기 광명시	장애인평생학습도시지원사업	100,000	1	1,4	7	8	7	1	1	1
1939	경기 광명시	북한이탈주민일자리지원사업	95,858	1	1,4	7	8	7	1	1	1
1940	경기 광명시	유기질비료지원	93,789	1	2	7	8	7	1	1	1
1941	경기 광명시	작은도서관아이돌봄독서문화프로그램지원	88,000	1	4	7	8	7	1	1	4
1942	경기 광명시	택시콜센터가입비지원	86,400	1	1	7	8	7	1	1	4
1943	경기 광명시	맘튼튼축산물꾸러미지원	83,000	1	6	7	8	7	5	5	4
1944	경기 광명시	전국및지역단위(초,중,고)출전비지원	80,000	1	5	7	7	7	1	1	1
1945	경기 광명시	문해교육지원사업	80,000	1	1,4	7	8	7	1	1	1
1946	경기 광명시	의료기관결핵환자관리지원	75,368	1	2	6	8	7	5	2	3
1947	경기 광명시	전국및지역단위생활체육대회개최출전지원	72,000	1	5	7	8	7	5	5	4
1948	경기 광명시	G스포츠클럽종목운영	70,000	1	5	7	7	7	1	1	1
1949	경기 광명시	도단위종목별생활체육대회출전지원	70,000	1	5	7	8	7	5	5	4
1950	경기 광명시	공공심야약국운영지원	69,000	1	6	5	1	7	1	1	4
1951	경기 광명시	광명시18개동과함께하는사랑의김장담가주기	67,000	1	1	7	8	7	5	1	1
1952	경기 광명시	사립작은도서관운영지원	67,000	1	4	7	8	7	1	1	4
1953	경기 광명시	생태환경보전및교육사업	62,260	1	4	7	1	7	1	1	4
1954	경기 광명시	주민공모사업	60,000	1	6	7	8	7	5	5	4
1955	경기 광명시	취약계층기후변화대응쿨루프사업	50,000	1	7	7	8	7	1	1	1
1956	경기 광명시	물류센터배송체계구축사업	50,000	1	6	7	8	7	1	1	1
1957	경기 광명시	생활체육교실운영	50,000	1	5	7	8	7	5	5	4

순번	시군구	지출명 (사업명)	2024년예산 (단위 : 전원 /1년간)	민간이전 분류 (지방자치단체 세출예산 집행기준에 의거) 1. 민간경상사업보조(307-02) 2. 민간단체 법정운영비보조(307-03) 3. 민간행사사업보조(307-04) 4. 민간위탁금(307-05) 5. 사회복지시설 법정운영비보조(307-10) 6. 민간인위탁교육비(307-12) 7. 공기관등에대한경상적위탁사업비(308-13) 8. 민간자본사업보조,자체재원(402-01) 9. 민간자본사업보조,이전재원(402-02) 10. 민간위탁사업비(402-03) 11. 공기관등에 대한 자본적 위탁사업비(403-02)	민간이전지출 근거 (지방보조금 관리기준 참고) 1. 법률에 규정 2. 국고보조 재원(국가지정) 3. 용도 지정 기부금 4. 조례에 직접규정 5. 지자체가 권장하는 사업을 하는 공공기관 6. 시,도 정책 및 재정사정 7. 기타 8. 해당없음	입찰방식 계약체결방법 (경쟁형태) 1. 일반경쟁 2. 제한경쟁 3. 지명경쟁 4. 수의계약 5. 법정위탁 6. 기타 ( ) 7. 없음	입찰방식 계약기간 1. 1년 2. 2년 3. 3년 4. 4년 5. 5년 6. 기타 ( )년 7. 단기계약 (1년미만) 8. 없음	입찰방식 낙찰자선정방법 1. 적격심사 2. 협상에의한계약 3. 최저가낙찰제 4. 규격가격분리 5. 2단계 경쟁입찰 6. 기타 ( ) 7. 없음	운영예산 산정 운영예산 산정 1. 내부산정 (지자체 자체적으로 산정) 2. 외부산정 (외부전문기관위탁 산정) 3. 내·외부 모두 산정 4. 산정 無 5. 없음	운영예산 산정 정산방법 1. 내부정산 (지자체 내부적으로 정산) 2. 외부정산 (외부전문기관위탁 정산) 3. 내·외부 모두 산정 4. 정산 無 5. 없음	성과평가 실시여부 1. 실시 2. 미실시 3. 향후 추진 4. 해당없음
1958	경기 광명시	택시앱미터기통신료지원	49,936	1	1	7	8	7	1	1	4
1959	경기 광명시	초등스포츠클럽육성지원	45,160	1	6	7	8	7	5	5	4
1960	경기 광명시	작은도서관냉난방비지원	44,690	1	4	7	8	7	1	1	4
1961	경기 광명시	체육회종목별단체육성지원금	44,200	1	5	7	8	7	5	5	4
1962	경기 광명시	동협의회부녀회특화사업지원	43,200	1	1	7	8	7	5	1	1
1963	경기 광명시	새마을지도자하계수련대회	40,850	1	1	7	8	7	5	1	1
1964	경기 광명시	그린에너지마을만들기사업	40,000	1	6	7	8	7	1	1	1
1965	경기 광명시	청년면접정장대여비	40,000	1	6	7	8	7	1	1	4
1966	경기 광명시	콜택시원거리지역지원	40,000	1	1	7	8	7	1	1	4
1967	경기 광명시	광명시도시디자인주민공모사업	40,000	1	4	7	8	7	5	5	4
1968	경기 광명시	학습동아리지원공모사업	40,000	1	4	7	8	7	1	1	1
1969	경기 광명시	북한이탈종합지원프로그램운영	39,918	1	1,4	7	8	7	1	1	1
1970	경기 광명시	작은도서관특성화사업지원	39,733	1	4	7	8	7	5	5	4
1971	경기 광명시	마을중심작은도서관활성화사업	38,500	1	4	7	8	7	1	1	1
1972	경기 광명시	광명전통시장	37,000	1	1	7	8	7	1	1	1
1973	경기 광명시	마을기업육성사업	36,000	1	2	7	8	7	1	1	1
1974	경기 광명시	범죄피해자지원사업	35,000	1	1	7	8	7	1	1	1
1975	경기 광명시	장애인체육회종목별단체훈련비및용품지원	35,000	1	5	7	7	7	1	1	1
1976	경기 광명시	보훈단체문화복지사업(9개단체)	32,000	1	4	7	8	7	1	1	4
1977	경기 광명시	바르게살기운동의식함양수련대회	31,500	1	1	7	8	7	5	1	1
1978	경기 광명시	광명상공회의소추진사업지원	30,600	1	1	7	8	7	1	1	1
1979	경기 광명시	시간외수당	30,408	1	5	7	8	7	5	5	4
1980	경기 광명시	마을공동체만들기공모사업	30,000	1	4	7	8	7	5	5	4
1981	경기 광명시	광명전통시장	30,000	1	1	7	8	7	1	1	1
1982	경기 광명시	공동체활성화사업지원	30,000	1	4	7	8	7	1	1	2
1983	경기 광명시	작은도서관동아리활성화지원	30,000	1	4	7	8	7	1	1	1
1984	경기 광명시	경기도장애인생활체육대회출전지원	28,000	1	5	7	7	7	1	1	1
1985	경기 광명시	광명농악전수학교지도자보상및훈련간식비	27,060	1	4	7	8	7	1	1	2
1986	경기 광명시	경기도장애인체육대회출전지원	27,000	1	5	7	7	7	1	1	1
1987	경기 광명시	택시카드단말기통신료지원	26,634	1	1	7	8	7	1	1	4
1988	경기 광명시	광명시민한마음체육대회	25,000	1	4	7	8	7	1	1	1
1989	경기 광명시	사회적경제창업팀지원	25,000	1	6	7	8	7	5	1	1
1990	경기 광명시	장애인전국및지역단위대회출전비지원	25,000	1	5	7	7	7	5	1	1
1991	경기 광명시	주민자치매니저지원사업	24,672	1	4	7	8	7	1	1	1
1992	경기 광명시	주민자치매니저지원사업	24,672	1	5	7	8	7	1	1	1
1993	경기 광명시	주민자치매니저지원사업	24,672	1	7	7	8	7	1	1	1
1994	경기 광명시	주민자치매니저지원사업	24,672	1	4	7	8	7	1	1	2
1995	경기 광명시	주민자치매니저지원사업	24,672	1	4	7	8	7	1	1	1
1996	경기 광명시	주민자치매니저지원사업	24,672	1	4	7	8	7	1	1	2
1997	경기 광명시	주민자치매니저지원사업	24,672	1	4	7	8	7	1	1	1

순번	시군구	지출명 (사업명)	2024년예산 (단위 : 천원 /1년간)	민간이전 분류 (지방자치단체 세출예산 집행기준에 의거) 1. 민간경상사업보조(307-02) 2. 민간단체 법정운영비보조(307-03) 3. 민간행사사업보조(307-04) 4. 민간위탁금(307-05) 5. 사회복지시설 법정운영비보조(307-10) 6. 민간인위탁교육비(307-12) 7. 공기관등에대한경상적위탁사업비(308-13) 8. 민간자본사업보조,자체재원(402-01) 9. 민간자본사업보조,이전재원(402-02) 10. 민간위탁사업비(402-03) 11. 공기관등에 대한 자본적 위탁사업비(403-02)	민간이전지출 근거 (지방보조금 관리기준 참고) 1. 법률에 규정 2. 국고보조 재원(국가지정) 3. 용도 지정 기부금 4. 조례에 직접규정 5. 지자체가 권장하는 사업을 하는 공공기관 6. 시,도 정책 및 재정사정 7. 기타 8. 해당없음	입찰방식 계약체결방법 (경쟁형태) 1. 일반경쟁 2. 제한경쟁 3. 지명경쟁 4. 수의계약 5. 법정위탁 6. 기타 ( ) 7. 없음	입찰방식 계약기간 1. 1년 2. 2년 3. 3년 4. 4년 5. 5년 6. 기타 ( )년 7. 단기계약 (1년미만) 8. 없음	입찰방식 낙찰자선정방법 1. 적격심사 2. 협상에의한계약 3. 최저가낙찰제 4. 규격가격분리 5. 2단계 경쟁입찰 6. 기타 ( ) 7. 없음	운영예산 산정 운영예산 산정 1. 내부산정 (지자체 자체적으로 산정) 2. 외부산정 (외부전문기관위탁 산정) 3. 내·외부 모두 산정 4. 산정 無 5. 없음	운영예산 산정 정산방법 1. 내부정산 (지자체 내부적으로 정산) 2. 외부정산 (외부전문기관위탁 정산) 3. 내·외부 모두 산정 4. 정산 無 5. 없음	성과평가 실시여부 1. 실시 2. 미실시 3. 향후 추진 4. 해당없음
1998	경기 광명시	주민자치매니저지원사업	24,672	1	4	7	8	7	1	1	2
1999	경기 광명시	주민자치매니저지원사업	24,672	1	4	7	8	7	1	1	1
2000	경기 광명시	주민자치매니저지원사업	24,672	1	4	7	8	7	1	1	1
2001	경기 광명시	주민자치매니저지원사업	24,672	1	6	7	8	7	1	1	1
2002	경기 광명시	주민자치매니저지원사업	24,672	1	6	7	7	7	1	1	1
2003	경기 광명시	주민자치매니저지원사업	24,672	1	4	7	8	7	5	5	4
2004	경기 광명시	주민자치매니저지원사업	24,672	1	4	7	8	7	1	1	1
2005	경기 광명시	주민자치매니저지원사업	24,672	1	4	7	8	7	1	1	4
2006	경기 광명시	주민자치매니저지원사업	24,672	1	1	7	8	7	1	1	1
2007	경기 광명시	주민자치매니저지원사업	24,672	1	5	7	8	7	1	1	1
2008	경기 광명시	주민자치매니저지원사업	24,672	1	6	7	8	7	1	1	1
2009	경기 광명시	실버정보문해공모사업	24,200	1	1,4	7	8	7	1	1	1
2010	경기 광명시	축분자원화(톱밥)지원	24,150	1	7	7	8	7	5	1	4
2011	경기 광명시	아동돌봄공동체조성공모사업프로그램비	24,000	1	6	7	8	7	5	5	4
2012	경기 광명시	협동화지원운영	24,000	1	4	7	8	7	1	1	1
2013	경기 광명시	연구수당	23,400	1	5	7	8	7	5	5	4
2014	경기 광명시	학생승마체험	22,400	1	2	7	8	7	5	1	4
2015	경기 광명시	자동차무상점검지원	22,000	1	4	7	8	7	1	1	2
2016	경기 광명시	공공성함양프로젝트공모사업(기관/단체)	22,000	1	4	7	8	7	1	1	1
2017	경기 광명시	정액급식비	21,840	1	5	7	8	7	5	5	4
2018	경기 광명시	광명경찰서모범운전자회사업비지원	21,725	1	1,4	7	8	7	1	1	1
2019	경기 광명시	동위원회특화사업	21,600	1	1	7	8	7	5	1	1
2020	경기 광명시	근속수당	20,400	1	5	7	8	7	5	5	4
2021	경기 광명시	공예품개발업체보조금지원	20,000	1	6	7	8	7	1	1	1
2022	경기 광명시	광명새마을시장	20,000	1	1	7	8	7	1	1	1
2023	경기 광명시	광명전통시장	20,000	1	1	7	8	7	1	1	1
2024	경기 광명시	의약품안전관리사업	20,000	1	6	5	1	7	1	1	4
2025	경기 광명시	성인문해교육지원사업(교육부)대응사업비	20,000	1	1,4	7	8	7	1	1	1
2026	경기 광명시	새마을결연이웃사랑의밑반찬만들어주기	18,055	1	1	7	8	7	5	1	1
2027	경기 광명시	소2지혜나눔터	17,000	1	1	7	8	7	1	1	1
2028	경기 광명시	공유기업육성	16,000	1	8	7	8	7	1	1	1
2029	경기 광명시	대한적십자사광명지구협의회구호활동사업	16,000	1	6	7	8	7	1	1	1
2030	경기 광명시	세이프티홈집수리사업	16,000	1	1	7	8	7	5	5	4
2031	경기 광명시	광명시평생학습축제참여기관보조	16,000	1	6	7	8	7	1	1	1
2032	경기 광명시	광명시지속가능발전협의회시민실천사업	15,788	1	4	7	8	7	1	1	1
2033	경기 광명시	활동여비	15,600	1	5	7	8	7	5	5	4
2034	경기 광명시	청소년평화공감통일아카데미	15,520	1	1,4	7	8	7	1	1	1
2035	경기 광명시	일반및어르신생활체육지도자명절수당	15,509	1	6	7	8	7	5	5	4
2036	경기 광명시	전국체육대회(성인,고교)출전지원	15,000	1	5	7	7	7	1	1	1
2037	경기 광명시	어린이교통지도,교통안전교육활동지원	15,000	1	1	7	8	7	1	1	4

순번	시군구	지출명 (사업명)	2024년예산 (단위 : 천원 /1년간)	민간이전 분류 (지방자치단체 세출예산 집행기준에 의거) 1. 민간경상사업보조(307-02) 2. 민간단체 법정운영비보조(307-03) 3. 민간행사사업보조(307-04) 4. 민간위탁금(307-05) 5. 사회복지시설 법정운영비보조(307-10) 6. 민간인위탁교육비(307-12) 7. 공기관등에대한경상적위탁사업비(308-13) 8. 민간자본사업보조,자체재원(402-01) 9. 민간자본사업보조,이전재원(402-02) 10. 민간위탁사업비(402-03) 11. 공기관등에 대한 자본적 위탁사업비(403-02)	민간이전지출 근거 (지방보조금 관리기준 참고) 1. 법률에 규정 2. 국고보조 재원(국가지정) 3. 용도 지정 기부금 4. 조례에 직접규정 5. 지자체가 권장하는 사업을 하는 공공기관 6. 시,도 정책 및 재정사정 7. 기타 8. 해당없음	입찰방식 계약체결방법 (경쟁형태) 1. 일반경쟁 2. 제한경쟁 3. 지명경쟁 4. 수의계약 5. 법정위탁 6. 기타 ( ) 7. 없음	입찰방식 계약기간 1. 1년 2. 2년 3. 3년 4. 4년 5. 5년 6. 기타 ( )년 7. 단기계약 (1년미만) 8. 없음	입찰방식 낙찰자선정방법 1. 적격심사 2. 협상에의한계약 3. 최저가낙찰제 4. 규격가격분리 5. 2단계 경쟁입찰 6. 기타 ( ) 7. 없음	운영예산 산정 운영예산 산정 1. 내부산정 (지자체 자체적으로 산정) 2. 외부산정 (외부전문기관위탁 산정) 3. 내·외부 모두 산정 4. 산정 無 5. 없음	운영예산 산정 정산방법 1. 내부정산 (지자체 내부적으로 정산) 2. 외부정산 (외부전문기관위탁 정산) 3. 내·외부 모두 산정 4. 정산 無 5. 없음	성과평가 실시여부 1. 실시 2. 미실시 3. 향후 추진 4. 해당없음
2038	경기 광명시	꿈동산어린이공원울타리덩굴장미정원꾸미기	15,000	1	4	7	8	7	1	1	1
2039	경기 광명시	광명융합기술교육원공동사용공간운영비지원	14,232	1	6	7	8	7	1	1	1
2040	경기 광명시	유림회인성교육	14,000	1	7	7	8	7	5	5	1
2041	경기 광명시	성인장애인평생교육지원사업	14,000	1	1,4	7	8	7	1	1	1
2042	경기 광명시	광명새마을시장	13,200	1	1	7	8	7	1	1	1
2043	경기 광명시	하나된우리!남북한주민평화공감통일골든벨	13,000	1	1,4	7	8	7	1	1	1
2044	경기 광명시	맞춤형복지	13,000	1	5	7	8	7	5	5	4
2045	경기 광명시	4대보험료	12,901	1	5	7	8	7	5	5	4
2046	경기 광명시	우리마을환경지킴프로젝트공모사업	12,500	1	4	7	8	7	5	5	4
2047	경기 광명시	다문화가정및새터민,저소득층합동결혼식	12,000	1	1	7	8	7	5	1	1
2048	경기 광명시	발달장애인자조단체지원	12,000	1	5	2	1	1	1	1	1
2049	경기 광명시	평생학습마을공동체지원사업	12,000	1	1,4	7	8	1	1	1	1
2050	경기 광명시	동네사랑방작은도서관운영지원	12,000	1	4	7	8	7	1	1	1
2051	경기 광명시	광오(광명5동)캠핑:피크닉,차박,캠핑용품대여	11,900	1	4	7	8	7	1	1	2
2052	경기 광명시	광명시안전지킴이사업	11,500	1	4	7	8	7	1	1	1
2053	경기 광명시	새마을교통봉사대연중캠페인	11,216	1	1	7	8	7	5	1	1
2054	경기 광명시	장애인생활체육교실	11,000	1	5	7	7	7	1	1	1
2055	경기 광명시	탄소중립마을만들기	11,000	1	4	7	8	7	1	1	2
2056	경기 광명시	안전한우리마을만들기	11,000	1	4	7	8	7	1	1	2
2057	경기 광명시	마을정원조성및찾아가는원예교실	11,000	1	6	7	8	7	1	1	1
2058	경기 광명시	북한이탈주민문화체험	10,000	1	1,4	7	8	7	1	1	1
2059	경기 광명시	광명새마을시장	10,000	1	1	7	8	7	1	1	1
2060	경기 광명시	체육회워크숍	10,000	1	5	7	8	7	5	5	4
2061	경기 광명시	광명누리길시민건강걷기대회	10,000	1	5	7	8	7	5	5	4
2062	경기 광명시	청소년스포츠힐링캠프	10,000	1	5	7	7	7	1	1	1
2063	경기 광명시	광명시장애인체육회자원봉사단운영	10,000	1	5	7	7	7	1	1	1
2064	경기 광명시	공공성함양프로젝트공모사업(시민)	10,000	1	4	7	8	7	1	1	1
2065	경기 광명시	하안2동랜드마크조성프로젝트	10,000	1	6	7	7	7	1	1	1
2066	경기 광명시	1단지무궁화놀이터꽃이피었습니다	10,000	1	4	7	8	7	1	1	1
2067	경기 광명시	퇴직적립금	9,624	1	5	7	8	7	5	5	4
2068	경기 광명시	시간외수당	9,357	1	5	7	8	7	5	5	4
2069	경기 광명시	북한이탈주민정서지원사업	9,000	1	1,4	7	8	7	1	1	1
2070	경기 광명시	경기평생학습동아리지원공모사업	9,000	1	1,4	7	8	7	1	1	1
2071	경기 광명시	알림지사업	9,000	1	7	7	8	7	1	1	1
2072	경기 광명시	놀면뭐하니?꽃길만듣자	8,909	1	4	7	8	7	1	1	4
2073	경기 광명시	소외계층템플스테이지원사업	8,700	1	6	7	8	7	5	5	4
2074	경기 광명시	광명농악지도자보상	8,640	1	4	7	8	7	1	1	2
2075	경기 광명시	행복한만남을피우는우리동네꽃밭	8,500	1	4	7	8	7	1	1	1
2076	경기 광명시	마을독서공동체활동도서지원	8,400	1	7	7	7	7	1	1	1
2077	경기 광명시	북한이탈주민한마음행사	8,000	1	1,4	7	8	7	1	1	1

순번	시군구	지출명 (사업명)	2024년예산 (단위 : 천원 /1년간)	민간이전 분류 (지방자치단체 세출예산 집행기준에 의거) 1. 민간경상사업보조(307-02) 2. 민간단체 법정운영비보조(307-03) 3. 민간행사사업보조(307-04) 4. 민간위탁금(307-05) 5. 사회복지시설 법정운영비보조(307-10) 6. 민간인위탁교육비(307-12) 7. 공기관등에대한경상적위탁사업비(308-13) 8. 민간자본사업보조,자체재원(402-01) 9. 민간자본사업보조,이전재원(402-02) 10. 민간위탁사업비(402-03) 11. 공기관등에 대한 자본적 위탁사업비(403-02)	민간이전지출 근거 (지방보조금 관리기준 참고) 1. 법률에 규정 2. 국고보조 재원(국가지정) 3. 용도 지정 기부금 4. 조례에 직접규정 5. 지자체가 권장하는 사업을 하는 공공기관 6. 시,도 정책 및 재정사정 7. 기타 8. 해당없음	입찰방식 계약체결방법 (경쟁형태) 1. 일반경쟁 2. 제한경쟁 3. 지명경쟁 4. 수의계약 5. 법정위탁 6. 기타 ( ) 7. 없음	입찰방식 계약기간 1. 1년 2. 2년 3. 3년 4. 4년 5. 5년 6. 기타 ( )년 7. 단기계약 (1년미만) 8. 없음	입찰방식 낙찰자선정방법 1. 적격심사 2. 협상에의한계약 3. 최저가낙찰제 4. 규격가격분리 5. 2단계 경쟁입찰 6. 기타 ( ) 7. 없음	운영예산 산정 운영예산 산정 1. 내부산정 (지자체 자체적으로 산정) 2. 외부산정 (외부전문기관위탁 산정) 3. 내·외부 모두 산정 4. 산정 無 5. 없음	운영예산 산정 정산방법 1. 내부정산 (지자체 내부적으로 정산) 2. 외부정산 (외부전문기관위탁 정산) 3. 내·외부 모두 산정 4. 정산 無 5. 없음	성과평가 실시여부 1. 실시 2. 미실시 3. 향후 추진 4. 해당없음
2078	경기 광명시	도시농부학교운영지원	8,000	1	7	7	8	7	1	1	4
2079	경기 광명시	전국소년체육대회출전지원	8,000	1	5	7	7	7	1	1	1
2080	경기 광명시	여성축구단출전지원	8,000	1	5	7	8	7	5	5	4
2081	경기 광명시	6대축구단출전지원	8,000	1	5	7	8	7	5	5	4
2082	경기 광명시	7대축구단출전지원	8,000	1	5	7	8	7	5	5	4
2083	경기 광명시	사회복지종사자교육지원사업	8,000	1	6	7	8	7	1	1	1
2084	경기 광명시	문화예술시화전	8,000	1	4	7	8	7	1	1	2
2085	경기 광명시	낭만이흐르는사성공원	8,000	1	4	7	8	7	1	1	1
2086	경기 광명시	하안2동탄소중립프로젝트	8,000	1	6	7	7	7	1	1	1
2087	경기 광명시	서도소리보존회지도자보상	7,980	1	4	7	8	7	1	1	2
2088	경기 광명시	농촌지도자회원농업정보지제공	7,680	1	7	7	8	7	1	1	4
2089	경기 광명시	연구수당	7,200	1	5	7	8	7	5	5	4
2090	경기 광명시	광명예술발간	7,000	1	1	7	8	7	1	1	2
2091	경기 광명시	광명문학발간	7,000	1	1	7	8	7	1	1	2
2092	경기 광명시	생활용품수리및공구대여	7,000	1	4	7	8	7	1	1	1
2093	경기 광명시	GAP인증비(검사위원출장비)지원	6,908	1	6	7	8	7	1	1	4
2094	경기 광명시	광명5동의옛모습을'마을에담다'	6,804	1	4	7	8	7	1	1	2
2095	경기 광명시	정액급식비	6,720	1	5	7	8	7	5	5	4
2096	경기 광명시	토양개량제지원사업	6,255	1	6	7	8	7	1	1	4
2097	경기 광명시	GAP인증안전성분석비지원	6,132	1	2	7	8	7	5	1	4
2098	경기 광명시	농업경영인	6,000	1	7	7	8	7	1	1	4
2099	경기 광명시	공유농업활성화운영지원	6,000	1	7	7	8	7	1	1	4
2100	경기 광명시	유림회책자발간	6,000	1	7	7	8	7	5	5	1
2101	경기 광명시	장애인체육회워크숍	6,000	1	5	7	7	7	1	1	1
2102	경기 광명시	주민총회	6,000	1	4	7	8	7	1	1	1
2103	경기 광명시	주민총회	6,000	1	5	7	8	7	1	1	1
2104	경기 광명시	주민총회	6,000	1	4	7	8	7	1	1	1
2105	경기 광명시	주민총회	6,000	1	4	7	8	7	1	1	1
2106	경기 광명시	주민총회	6,000	1	6	7	8	7	1	1	1
2107	경기 광명시	주민총회	6,000	1	4	7	8	7	1	1	2
2108	경기 광명시	주민총회	6,000	1	4	7	8	7	1	1	1
2109	경기 광명시	주민총회	6,000	1	4	7	8	7	1	1	1
2110	경기 광명시	주민총회	6,000	1	4	7	8	7	1	1	1
2111	경기 광명시	주민총회	6,000	1	4	7	8	7	1	1	1
2112	경기 광명시	주민총회	6,000	1	6	7	8	7	1	1	1
2113	경기 광명시	주민총회	6,000	1	4	7	7	7	1	1	1
2114	경기 광명시	주민총회	6,000	1	4	7	8	7	1	1	1
2115	경기 광명시	주민총회	6,000	1	4	7	8	7	1	1	1
2116	경기 광명시	이웃과함께하는계절김치담가보기	6,000	1	4	7	8	7	1	1	1
2117	경기 광명시	주민총회	6,000	1	4	7	8	7	1	1	4

순번	시군구	지출명 (사업명)	2024년예산 (단위 : 천원 /1년간)	민간이전 분류 (지방자치단체 세출예산 집행기준에 의거) 1. 민간경상사업보조(307-02) 2. 민간단체 법정운영비보조(307-03) 3. 민간행사사업보조(307-04) 4. 민간위탁금(307-05) 5. 사회복지시설 법정운영비보조(307-10) 6. 민간인위탁교육비(307-12) 7. 공기관등에대한경상적위탁사업비(308-13) 8. 민간자본사업보조,자체재원(402-01) 9. 민간자본사업보조,이전재원(402-02) 10. 민간위탁사업비(402-03) 11. 공기관등에 대한 자본적 위탁사업비(403-02)	민간이전지출 근거 (지방보조금 관리기준 참고) 1. 법률에 규정 2. 국고보조 재원(국가지정) 3. 용도 지정 기부금 4. 조례에 직접규정 5. 지자체가 권장하는 사업을 하는 공공기관 6. 시,도 정책 및 재정사정 7. 기타 8. 해당없음	입찰방식 계약체결방법 (경쟁형태) 1. 일반경쟁 2. 제한경쟁 3. 지명경쟁 4. 수의계약 5. 법정위탁 6. 기타 ( ) 7. 없음	입찰방식 계약기간 1. 1년 2. 2년 3. 3년 4. 4년 5. 5년 6. 기타 ( )년 7. 단기계약 (1년미만) 8. 없음	입찰방식 낙찰자선정방법 1. 적격심사 2. 협상에의한계약 3. 최저가낙찰제 4. 규격가격분리 5. 2단계 경쟁입찰 6. 기타 ( ) 7. 없음	운영예산 산정 운영예산 산정 1. 내부산정 (지자체 자체적으로 산정) 2. 외부산정 (외부전문기관위탁 산정) 3. 내·외부 모두 산정 4. 산정 無 5. 없음	운영예산 산정 정산방법 1. 내부정산 (지자체 내부적으로 정산) 2. 외부정산 (외부전문기관위탁 정산) 3. 내·외부 모두 산정 4. 정산 無 5. 없음	성과평가 실시여부 1. 실시 2. 미실시 3. 향후 추진 4. 해당없음
2118	경기 광명시	주민총회	6,000	1	1	7	8	7	1	1	1
2119	경기 광명시	주민총회	6,000	1	5	7	8	7	1	1	1
2120	경기 광명시	주민총회	6,000	1	6	7	8	7	1	1	1
2121	경기 광명시	새싹작은도서관운영지원	5,720	1	4	5	5	1	1	1	1
2122	경기 광명시	광명시체육회성과보고	5,000	1	5	7	8	7	5	5	4
2123	경기 광명시	장애인체육회사업성과보고회	5,000	1	5	7	7	7	1	1	1
2124	경기 광명시	자동차정비사의날행사지원	5,000	1	4	7	8	7	1	1	2
2125	경기 광명시	힐링체조	5,000	1	4	7	8	7	1	1	1
2126	경기 광명시	아름답고깨끗한마을만들기	5,000	1	5	7	8	7	1	1	1
2127	경기 광명시	수직담벼락정원조성	5,000	1	5	7	8	7	1	1	1
2128	경기 광명시	광명3동알림지	5,000	1	5	7	8	7	1	1	1
2129	경기 광명시	주민과함께만든요리북	5,000	1	4	7	8	7	1	1	2
2130	경기 광명시	일사철2공구대여사업	5,000	1	4	7	8	7	1	1	2
2131	경기 광명시	철산3동친환경장터	5,000	1	4	7	8	7	1	1	1
2132	경기 광명시	아이들과함께하는VR환경캠페인	5,000	1	4	7	8	7	1	1	1
2133	경기 광명시	철산4동공유요리교실	5,000	1	4	7	8	7	1	1	1
2134	경기 광명시	활동여비	4,800	1	5	7	8	7	5	5	4
2135	경기 광명시	장애인생활체육지도자명절수당	4,772	1	6	7	8	7	5	5	4
2136	경기 광명시	농업소식및정보제공(후계농업경영인)	4,687	1	7	7	8	7	1	1	4
2137	경기 광명시	광명시발전연구회연구활동지원	4,500	1	4	7	8	7	1	1	1
2138	경기 광명시	근로자교육사업비등	4,500	1	1	7	8	7	5	5	4
2139	경기 광명시	청소년유해환경감시단지원	4,500	1	1	7	8	7	1	1	4
2140	경기 광명시	탄소중립클린도시광명만들기활동	4,415	1	4	7	8	7	5	1	1
2141	경기 광명시	의료관련감염표본감시기관운영비	4,320	1	2	6	8	7	5	2	3
2142	경기 광명시	청소년선도및지역치안협력사업	4,080	1	4	7	8	7	5	1	1
2143	경기 광명시	작목반	4,000	1	7	7	8	7	1	1	4
2144	경기 광명시	축산물전문판매점지원	4,000	1	6	7	8	7	5	1	1
2145	경기 광명시	맞춤형복지	4,000	1	5	7	8	7	5	5	4
2146	경기 광명시	장애인체육회교류협력사업비	4,000	1	5	7	7	7	1	1	1
2147	경기 광명시	좋은이웃들봉사단지원	4,000	1	1	7	8	7	5	5	4
2148	경기 광명시	광명3동우리가족이야기	4,000	1	5	7	8	7	1	1	1
2149	경기 광명시	마을소식리플릿발간	4,000	1	6	7	8	7	1	1	1
2150	경기 광명시	하안2동주거개선프로젝트	4,000	1	6	7	7	7	1	1	1
2151	경기 광명시	새마을탄소중립실천사업	3,875	1	1	7	8	7	5	1	1
2152	경기 광명시	가족수당	3,840	1	5	7	8	7	5	5	4
2153	경기 광명시	백세시대(3탄)	3,800	1	6	7	8	7	1	1	1
2154	경기 광명시	독거노인및수급자어르신말순잔치	3,620	1	1	7	8	7	5	1	1
2155	경기 광명시	근속수당	3,600	1	5	7	8	7	5	5	4
2156	경기 광명시	장애인종목별단체육성지원	3,600	1	5	7	7	7	1	1	1
2157	경기 광명시	4대보험료	3,592	1	5	7	8	7	5	5	4

순번	시군구	지출명 (사업명)	2024년예산 (단위 : 천원 /1년간)	민간이전 분류 (지방자치단체 세출예산 집행기준에 의거) 1. 민간경상사업보조(307-02) 2. 민간단체 법정운영비보조(307-03) 3. 민간행사사업보조(307-04) 4. 민간위탁금(307-05) 5. 사회복지시설 법정운영비보조(307-10) 6. 민간인위탁교육비(307-12) 7. 공기관등에대한경상적위탁사업비(308-13) 8. 민간자본사업보조,자체재원(402-01) 9. 민간자본사업보조,이전재원(402-02) 10. 민간위탁사업비(402-03) 11. 공기관등에 대한 자본적 위탁사업비(403-02)	민간이전지출 근거 (지방보조금 관리기준 참고) 1. 법률에 규정 2. 국고보조 재원(국가지정) 3. 용도 지정 기부금 4. 조례에 직접규정 5. 지자체가 권장하는 사업을 하는 공공기관 6. 시,도 정책 및 재정사정 7. 기타 8. 해당없음	입찰방식			운영예산 산정		성과평가 실시여부
						계약체결방법 (경쟁형태) 1. 일반경쟁 2. 제한경쟁 3. 지명경쟁 4. 수의계약 5. 법정위탁 6. 기타 ( ) 7. 없음	계약기간 1. 1년 2. 2년 3. 3년 4. 4년 5. 5년 6. 기타 ( )년 7. 단기계약 (1년미만) 8. 없음	낙찰자선정방법 1. 적격심사 2. 협상에의한계약 3. 최저가낙찰제 4. 규격가격분리 5. 2단계 경쟁입찰 6. 기타 ( ) 7. 없음	운영예산 산정 1. 내부산정 (지자체 자체적으로 산정) 2. 외부산정 (외부전문기관위탁 산정) 3. 내·외부 모두 산정 4. 산정 無 5. 없음	정산방법 1. 내부정산 (지자체 내부적으로 정산) 2. 외부정산 (외부전문기관위탁 정산) 3. 내·외부 모두 산정 4. 정산 無 5. 없음	1. 실시 2. 미실시 3. 향후 추진 4. 해당없음
2158	경기 광명시	농촌지도자대회참가지원	3,500	1	6	7	8	7	1	1	4
2159	경기 광명시	시민과함께하는통일염원현장체험	3,480	1	1,4	7	8	7	1	1	1
2160	경기 광명시	막장만들고!추억만들고!	3,300	1	4	7	8	7	5	5	4
2161	경기 광명시	경기도어울림체육대회	3,000	1	5	7	7	7	1	1	1
2162	경기 광명시	새싹작은도서관운영지원	3,000	1	4	7	8	7	1	1	4
2163	경기 광명시	평생학습1탄'알고싶은부동산특강'	3,000	1	7	7	8	7	1	1	1
2164	경기 광명시	은행나무수집망설치	3,000	1	4	7	8	7	1	1	1
2165	경기 광명시	철2온도를낮춰요(탄소중립)	3,000	1	4	7	8	7	1	1	2
2166	경기 광명시	시니어디지털차차차	3,000	1	4	7	8	7	1	1	1
2167	경기 광명시	예쁜길,아름다운골목길만들기	2,880	1	4	7	8	7	1	1	2
2168	경기 광명시	벽화로아름다운광명4동	2,800	1	7	7	8	7	1	1	1
2169	경기 광명시	퇴직적립금	2,680	1	5	7	8	7	5	5	4
2170	경기 광명시	양봉산업육성(경상)	2,450	1	6	7	8	7	5	1	4
2171	경기 광명시	장애인체육단체별중앙협회등록비및개인별선수등록비	2,100	1	5	7	7	7	1	1	1
2172	경기 광명시	농촌지도자연찬교육지원	2,000	1	6	7	8	7	1	1	4
2173	경기 광명시	지역아동센터종사자역량강화워크숍지원	2,000	1	4	7	8	7	1	1	4
2174	경기 광명시	어르신힐링교육	2,000	1	4	7	8	7	1	1	1
2175	경기 광명시	광명6동가로쉼터산책로꽃잔디심기	2,000	1	4	7	8	7	1	1	1
2176	경기 광명시	11단지서편놀이터벤치,색으로다시태어나다	2,000	1	4	7	8	7	1	1	1
2177	경기 광명시	소귀표부착비지원	1,920	1	2	7	8	7	5	1	4
2178	경기 광명시	백세시대(2탄)	1,900	1	6	7	8	7	1	1	1
2179	경기 광명시	홀몸어르신1일가족여행	1,824	1	1	7	8	7	5	1	1
2180	경기 광명시	백세시대(1탄)	1,800	1	6	7	8	7	1	1	1
2181	경기 광명시	백세시대(4탄)	1,800	1	6	7	8	7	1	1	1
2182	경기 광명시	전국장애인체육대회출전지원	1,750	1	5	7	7	7	1	1	1
2183	경기 광명시	한국자유총연맹자유수호전진대회참가	1,660	1	1	7	8	7	1	1	1
2184	경기 광명시	옥상텃밭	1,600	1	4	7	8	7	5	5	4
2185	경기 광명시	통일한걸음현장견학	1,510	1	1	7	8	7	1	1	1
2186	경기 광명시	마을독서공동체프로그램강사료	1,500	1	7	7	7	7	1	1	1
2187	경기 광명시	생활공구대여서비스	1,500	1	6	7	8	7	1	1	1
2188	경기 광명시	전국회원대회,경기도대회	1,310	1	1	7	8	7	5	1	1
2189	경기 광명시	자유민주주의백일장	1,300	1	1	7	8	7	1	1	1
2190	경기 광명시	지역주민들과함께하는줍킹챌린지'동네한바퀴'	1,300	1	7	7	8	7	1	1	1
2191	경기 광명시	로컬푸드참여농가유통지원	1,270	1	6	7	8	7	1	1	4
2192	경기 광명시	주민자치회벤치마킹운영	1,250	1	4	7	8	7	1	1	1
2193	경기 광명시	주민자치회벤치마킹운영	1,250	1	5	7	8	7	1	1	1
2194	경기 광명시	주민자치회벤치마킹운영	1,250	1	6	7	8	7	1	1	1
2195	경기 광명시	주민자치회벤치마킹운영	1,250	1	4	7	8	7	1	1	1
2196	경기 광명시	주민자치회벤치마킹운영	1,250	1	6	7	8	7	1	1	1
2197	경기 광명시	주민자치회벤치마킹운영	1,250	1	4	7	8	7	1	1	2

순번	시군구	지출명 (사업명)	2024년예산 (단위 : 천원 /1년간)	민간이전 분류 (지방자치단체 세출예산 집행기준에 의거) 1. 민간경상사업보조(307-02) 2. 민간단체 법정운영비보조(307-03) 3. 민간행사사업보조(307-04) 4. 민간위탁금(307-05) 5. 사회복지시설 법정운영비보조(307-10) 6. 민간인위탁교육비(307-12) 7. 공기관등에대한경상적위탁사업비(308-13) 8. 민간자본사업보조,자체재원(402-01) 9. 민간자본사업보조,이전재원(402-02) 10. 민간위탁사업비(402-03) 11. 공기관등에 대한 자본적 위탁사업비(403-02)	민간이전지출 근거 (지방보조금 관리기준 참고) 1. 법률에 규정 2. 국고보조 재원(국가지정) 3. 용도 지정 기부금 4. 조례에 직접규정 5. 지자체가 권장하는 사업을 하는 공공기관 6. 시,도 정책 및 재정사정 7. 기타 8. 해당없음	입찰방식 계약체결방법 (경쟁형태) 1. 일반경쟁 2. 제한경쟁 3. 지명경쟁 4. 수의계약 5. 법정위탁 6. 기타 ( ) 7. 없음	입찰방식 계약기간 1. 1년 2. 2년 3. 3년 4. 4년 5. 5년 6. 기타 ( )년 7. 단기계약 (1년미만) 8. 없음	입찰방식 낙찰자선정방법 1. 적격심사 2. 협상에의한계약 3. 최저가낙찰제 4. 규격가격분리 5. 2단계 경쟁입찰 6. 기타 ( ) 7. 없음	운영예산 산정 운영예산 산정 1. 내부산정 (지자체 자체적으로 산정) 2. 외부산정 (외부전문기관위탁 산정) 3. 내·외부 모두 산정 4. 산정 無 5. 없음	운영예산 산정 정산방법 1. 내부정산 (지자체 내부적으로 정산) 2. 외부정산 (외부전문기관위탁 정산) 3. 내·외부 모두 산정 4. 정산 無 5. 없음	성과평가 실시여부 1. 실시 2. 미실시 3. 향후 추진 4. 해당없음
2198	경기 광명시	주민자치회벤치마킹운영	1,250	1	6	7	8	7	1	1	1
2199	경기 광명시	주민자치회벤치마킹운영	1,250	1	4	7	8	7	1	1	1
2200	경기 광명시	주민자치회벤치마킹운영	1,250	1	4	7	8	7	1	1	1
2201	경기 광명시	주민자치회벤치마킹운영	1,250	1	6	7	8	7	1	1	1
2202	경기 광명시	주민자치회벤치마킹운영	1,250	1	6	7	8	7	1	1	1
2203	경기 광명시	주민자치회벤치마킹운영	1,250	1	6	7	7	7	1	1	1
2204	경기 광명시	주민자치회벤치마킹운영	1,250	1	4	7	8	7	1	1	1
2205	경기 광명시	주민자치회벤치마킹운영	1,250	1	4	7	8	7	1	1	1
2206	경기 광명시	주민자치회벤치마킹운영	1,250	1	4	7	8	7	1	1	4
2207	경기 광명시	주민자치회벤치마킹운영	1,250	1	1	7	8	7	1	1	1
2208	경기 광명시	주민자치회벤치마킹운영	1,250	1	6	7	8	7	1	1	1
2209	경기 광명시	주민자치회벤치마킹운영	1,250	1	6	7	8	7	1	1	1
2210	경기 광명시	기초질서지키기및전통시장활성화캠페인	1,110	1	1	7	8	7	5	1	1
2211	경기 광명시	장애인체육회소속가맹단체의무교육비	1,000	1	5	7	7	7	1	1	1
2212	경기 광명시	환경지킴이	500	1	4	7	8	7	1	1	1
2213	경기 광명시	가족수당	480	1	5	7	8	7	5	5	4
2214	경기 광명시	경기한우명품화사업	360	1	6	7	8	7	5	1	4
2215	경기 평택시	표본감시운영경비(국비)	3,120,000	1	2	7	8	7	5	5	4
2216	경기 평택시	정신재활시설공동캠프지원	2,712,000	1	1	7	8	7	5	5	4
2217	경기 평택시	통합문화이용권	2,494,960	1	1	7	8	7	1	1	4
2218	경기 평택시	의료관련감염관리및감시체계운영(국비)	2,160,000	1	2	7	8	7	5	5	4
2219	경기 평택시	농촌체험휴양마을리더및사무장역량교육(국비)	1,524,000	1	2	7	8	7	1	1	3
2220	경기 평택시	유기질비료지원	1,239,291	1	6	7	8	7	1	1	1
2221	경기 평택시	농작물재해보험가입지원	1,200,000	1	1	7	8	7	3	1	3
2222	경기 평택시	과수계약재배활성화(농가출하비)	755,000	1	6	7	8	7	3	1	3
2223	경기 평택시	토양개량제지원	697,572	1	2	7	8	7	1	1	1
2224	경기 평택시	청년농업인영농정착지원(국비)	615,900	1	2	7	8	7	3	3	3
2225	경기 평택시	농업인안전재해보험가입지원	569,470	1	1	7	8	7	3	1	3
2226	경기 평택시	우수지도자,우수선수육성	315,000	1	1	7	8	7	1	1	1
2227	경기 평택시	일반생활체육지도자배치	283,113	1	1	7	8	7	1	1	4
2228	경기 평택시	슈퍼오닝농산물포장재지원	280,500	1	4	7	8	7	1	1	1
2229	경기 평택시	상수원보호구역내주민지원사업	277,857	1	1	7	8	7	5	5	4
2230	경기 평택시	시민축구단육성	250,000	1	4	7	8	7	1	1	1
2231	경기 평택시	55애비뉴페스타	240,000	1	7	7	8	7	5	5	4
2232	경기 평택시	노동안전지킴이운영사업	239,170	1	6	2	1	1	1	1	1
2233	경기 평택시	지역문화육성지원	238,100	1	1	7	8	7	1	1	1
2234	경기 평택시	경기도체육대회출전	234,000	1	1	7	8	7	1	1	1
2235	경기 평택시	학교체육및스포츠클럽육성지원	193,000	1	1	7	8	7	1	1	1
2236	경기 평택시	친환경버복합생태농업실천단지조성	188,000	1	1	7	8	7	1	1	1
2237	경기 평택시	장애인생활체육지도자배치	187,812	1	1,4	7	8	7	1	1	1

순번	시군구	지출명 (사업명)	2024년예산 (단위 : 천원 /1년간)	민간이전 분류 (지방자치단체 세출예산 집행기준에 의거) 1. 민간경상사업보조(307-02) 2. 민간단체 법정운영비보조(307-03) 3. 민간행사사업보조(307-04) 4. 민간위탁금(307-05) 5. 사회복지시설 법정운영비보조(307-10) 6. 민간인위탁교육비(307-12) 7. 공기관등에대한경상적위탁사업비(308-13) 8. 민간자본사업보조,자체재원(402-01) 9. 민간자본사업보조,이전재원(402-02) 10. 민간위탁사업비(402-03) 11. 공기관등에 대한 자본적 위탁사업비(403-02)	민간이전지출 근거 (지방보조금 관리기준 참고) 1. 법률에 규정 2. 국고보조 재원(국가지정) 3. 용도 지정 기부금 4. 조례에 직접규정 5. 지자체가 권장하는 사업을 하는 공공기관 6. 시,도 정책 및 재정사정 7. 기타 8. 해당없음	입찰방식 계약체결방법 (경쟁형태) 1. 일반경쟁 2. 제한경쟁 3. 지명경쟁 4. 수의계약 5. 법정위탁 6. 기타 ( ) 7. 없음	계약기간 1. 1년 2. 2년 3. 3년 4. 4년 5. 5년 6. 기타 ( )년 7. 단기계약 (1년미만) 8. 없음	낙찰자선정방법 1. 적격심사 2. 협상에의한계약 3. 최저가낙찰제 4. 규격가격분리 5. 2단계 경쟁입찰 6. 기타 ( ) 7. 없음	운영예산 산정 운영예산 산정 1. 내부산정 (지자체 자체적으로 산정) 2. 외부산정 (외부전문기관위탁 산정) 3. 내·외부 모두 산정 4. 산정 無 5. 없음	정산방법 1. 내부정산 (지자체 내부적으로 정산) 2. 외부정산 (외부전문기관위탁 정산) 3. 내·외부 모두 산정 4. 정산 無 5. 없음	성과평가 실시여부 1. 실시 2. 미실시 3. 향후 추진 4. 해당없음
2238	경기 평택시	경기도공공심야약국운영	160,320	1	4	6	1	6	1	1	4
2239	경기 평택시	사회적기업사회보험료지원	158,248	1	1	7	8	7	1	1	4
2240	경기 평택시	사회적기업사회보험료지원	158,248	1	1	7	8	7	1	1	4
2241	경기 평택시	선현추모사업지원	152,000	1	4	7	8	7	1	1	1
2242	경기 평택시	전통시장상권활성화	151,000	1	1	7	7	7	1	1	1
2243	경기 평택시	(예비)사회적기업일자리창출사업(국비)	148,932	1	1	7	8	7	1	1	4
2244	경기 평택시	(예비)사회적기업일자리창출사업(국비)	148,932	1	1	7	8	7	1	1	4
2245	경기 평택시	평택시지속가능발전협의회사업비	147,240	1	1,4	7	8	7	1	1	1
2246	경기 평택시	평택시지속가능발전협의회사업비	147,240	1	1,4	7	8	7	1	1	1
2247	경기 평택시	노사민정상생발전지원	136,668	1	1	7	8	7	1	1	1
2248	경기 평택시	G스포츠클럽운영	134,615	1	1	7	8	7	1	1	1
2249	경기 평택시	농업소식및정보제공	131,343	1	6	7	8	7	1	1	3
2250	경기 평택시	우수지도자선수육성	125,000	1	1,4	7	8	7	1	1	1
2251	경기 평택시	직업계고취업지원	113,000	1	4	7	8	7	1	1	1
2252	경기 평택시	장애인체육대회출전(경기도)	112,000	1	1,4	7	8	7	1	1	1
2253	경기 평택시	마을공동체주민제안공모사업	110,000	1	4,6	7	8	7	5	1	1
2254	경기 평택시	마을공동체주민제안공모사업	110,000	1	4,6	7	8	7	5	1	1
2255	경기 평택시	영농부산물안전처리지원	105,125	1	2	7	8	7	5	5	4
2256	경기 평택시	소규모도시재생사업	100,000	1	6	7	8	7	1	1	4
2257	경기 평택시	학교체육시설사용료지원	100,000	1	1	7	8	7	1	1	1
2258	경기 평택시	세미프로경기도연고팀지원사업	100,000	1	4	7	8	7	1	1	1
2259	경기 평택시	농촌체험휴양마을운영활성화지원	99,932	1	1	7	8	7	1	1	3
2260	경기 평택시	슈퍼오닝농산물택배비지원	99,000	1	4	7	8	7	1	1	1
2261	경기 평택시	도매시장출하용포장재지원	95,106	1	1	7	8	7	1	1	1
2262	경기 평택시	공동주택공동체활성화지원사업	95,000	1	4	7	8	7	5	1	1
2263	경기 평택시	공동주택공동체활성화지원사업	95,000	1	4	7	8	7	5	1	1
2264	경기 평택시	어르신생활체육지도자배치	94,371	1	1	7	8	7	1	1	4
2265	경기 평택시	일반.어르신.유소년생활체육지도자수당지원	93,359	1	1	7	8	7	1	1	4
2266	경기 평택시	(예비)사회적기업일자리창출사업	92,000	1	1	7	8	7	1	1	4
2267	경기 평택시	(예비)사회적기업일자리창출사업	92,000	1	1	7	8	7	1	1	4
2268	경기 평택시	외국인주민상담지원	91,300	1	4	5	3	7	5	1	1
2269	경기 평택시	장애인생활체육교실운영	90,250	1	1,4	7	8	7	1	1	1
2270	경기 평택시	농촌인력중개센터운영지원(국비)	90,000	1	2	7	8	7	3	3	3
2271	경기 평택시	외국인복지센터통역지원	82,670	1	4	5	3	7	5	1	1
2272	경기 평택시	미래교육협력지구지원	80,000	1	6	6	8	7	1	1	1
2273	경기 평택시	평택미술실태기초자료조사사업(주민참여)	80,000	1	1	7	8	7	5	5	4
2274	경기 평택시	의료기관결핵환자관리사업(국비)	75,368	1	8	7	8	7	5	5	4
2275	경기 평택시	건강한시니어건전한시민정신	73,600	1	1	7	8	7	1	1	1
2276	경기 평택시	가상현실스포츠실보급지원	70,000	1	1	7	8	7	1	1	1
2277	경기 평택시	생활체육교실운영	69,000	1	1	7	8	7	1	1	1

순번	시군구	지출명 (사업명)	2024년예산 (단위 : 천원 /1년간)	민간이전 분류 (지방자치단체 세출예산 집행기준에 의거) 1. 민간경상사업보조(307-02) 2. 민간단체 법정운영비보조(307-03) 3. 민간행사사업보조(307-04) 4. 민간위탁금(307-05) 5. 사회복지시설 법정운영비보조(307-10) 6. 민간인위탁교육비(307-12) 7. 공기관등에대한경상적위탁사업비(308-13) 8. 민간자본사업보조,자체재원(402-01) 9. 민간자본사업보조,이전재원(402-02) 10. 민간위탁사업비(402-03) 11. 공기관등에 대한 자본적 위탁사업비(403-02)	민간이전지출 근거 (지방보조금 관리기준 참고) 1. 법률에 규정 2. 국고보조 재원(국가지정) 3. 용도 지정 기부금 4. 조례에 직접규정 5. 지자체가 권장하는 사업을 하는 공공기관 6. 시,도 정책 및 재정사정 7. 기타 8. 해당없음	입찰방식 계약체결방법 (경쟁형태) 1. 일반경쟁 2. 제한경쟁 3. 지명경쟁 4. 수의계약 5. 법정위탁 6. 기타 ( ) 7. 없음	입찰방식 계약기간 1. 1년 2. 2년 3. 3년 4. 4년 5. 5년 6. 기타 ( )년 7. 단기계약 (1년미만) 8. 없음	입찰방식 낙찰자선정방법 1. 적격심사 2. 협상에의한계약 3. 최저가낙찰제 4. 규격가격분리 5. 2단계 경쟁입찰 6. 기타 ( ) 7. 없음	운영예산 산정 운영예산 산정 1. 내부산정 (지자체 자체적으로 산정) 2. 외부산정 (외부전문기관위탁 산정) 3. 내·외부 모두 산정 4. 산정 無 5. 없음	운영예산 산정 정산방법 1. 내부정산 (지자체 내부적으로 정산) 2. 외부정산 (외부전문기관위탁 정산) 3. 내·외부 모두 산정 4. 정산 無 5. 없음	성과평가 실시여부 1. 실시 2. 미실시 3. 향후 추진 4. 해당없음
2278	경기 평택시	유기농업자재지원	67,029	1	2	7	8	7	1	1	1
2279	경기 평택시	유소년생활체육지도자배치	62,914	1	1	7	8	7	1	1	4
2280	경기 평택시	엘리트체육육성	61,700	1	1	7	8	7	1	1	1
2281	경기 평택시	경축순환농법시범단지조성지원	61,660	1	1	7	8	7	3	3	3
2282	경기 평택시	노동상담소운영지원	60,000	1	6	2	1	1	1	1	1
2283	경기 평택시	초등스포츠클럽육성지원	58,960	1	1	7	8	7	1	1	1
2284	경기 평택시	사립미술관지원	58,038	1	1	7	8	7	5	5	4
2285	경기 평택시	지역응급의료기관보조금지원(국비)	57,600	1	1	7	8	7	1	1	4
2286	경기 평택시	지역응급의료기관평가보조금지원(국비)	57,600	1	1	6	1	6	1	1	4
2287	경기 평택시	G마크등경쟁력제고(포장재)	52,400	1	1	7	8	7	1	1	1
2288	경기 평택시	보훈협의회차량운행지원	51,000	1	1	7	8	7	1	1	1
2289	경기 평택시	골목상권공동체활성화시범사업	50,000	1	6	7	8	7	1	1	1
2290	경기 평택시	청년창업지원사업운영	50,000	1	4	7	8	7	5	5	4
2291	경기 평택시	지역농산물먹거리보장지원사업	47,998	1	4	7	8	7	1	1	1
2292	경기 평택시	수출포장재지원	46,312	1	1	7	8	7	1	1	1
2293	경기 평택시	경로당안마의자지원(신규)	44,000	1	4	7	8	7	1	1	4
2294	경기 평택시	대안교육기관지원	43,800	1	4	7	8	7	1	1	1
2295	경기 평택시	탈수급유지지원사업	42,850	1	1	5	1	7	5	1	4
2296	경기 평택시	공공심야약국운영	40,080	1	4	6	1	6	1	1	4
2297	경기 평택시	슈퍼오닝브랜드홍보	40,000	1	4	7	8	7	1	1	1
2298	경기 평택시	슈퍼오닝유통관리	40,000	1	4	7	8	7	1	1	1
2299	경기 평택시	슈퍼오닝농산물수출마케팅지원	40,000	1	4	7	8	7	1	1	1
2300	경기 평택시	장애인생활체육지도자수당지원	39,102	1	1,4	7	8	7	1	1	1
2301	경기 평택시	대안교육기관이용청소년급식지원	38,306	1	4	7	8	7	1	1	1
2302	경기 평택시	자활교육훈련	37,300	1	1	5	1	7	5	1	4
2303	경기 평택시	도시재새주민협의체운영지원	36,000	1	4	7	8	7	1	1	4
2304	경기 평택시	우수농업인해외연수	35,200	1	4	7	8	7	1	1	3
2305	경기 평택시	마을고유지명지키기(주민참여)	35,000	1	7	7	8	7	5	5	4
2306	경기 평택시	음식점위생등급지정업소청소비지원	35,000	1	1,4	7	8	7	1	1	3
2307	경기 평택시	배봉지처리비지원	34,310	1	6	7	8	7	1	1	3
2308	경기 평택시	지역아동센터특기적성교육강사지원	33,600	1	2	7	8	7	5	5	4
2309	경기 평택시	학교4H회과제활동지원사업	33,600	1	1	7	8	7	5	5	4
2310	경기 평택시	조기폐차보조금지원	31,440	1	1	7	1	7	1	5	4
2311	경기 평택시	평택형청년내일채움공제지원	30,000	1	4	7	8	7	1	5	4
2312	경기 평택시	시민예술대학운영	30,000	1	7	7	8	7	1	1	1
2313	경기 평택시	환경보전활동지원	30,000	1	4	7	8	7	1	1	3
2314	경기 평택시	생태계교란야생식물퇴치(국비)	30,000	1	2	7	8	7	1	1	3
2315	경기 평택시	로컬푸드체험홍보사업	30,000	1	5	7	8	7	1	1	1
2316	경기 평택시	친환경농산물인증확대	29,179	1	1	7	8	7	1	1	1
2317	경기 평택시	농촌지도자회원역량개발사업	27,500	1	1	7	8	7	5	5	4

순번	시군구	지출명 (사업명)	2024년예산 (단위 : 천원 /1년간)	민간이전 분류 (지방자치단체 세출예산 집행기준에 의거) 1. 민간경상사업보조(307-02) 2. 민간단체 법정운영비보조(307-03) 3. 민간행사사업보조(307-04) 4. 민간위탁금(307-05) 5. 사회복지시설 법정운영비보조(307-10) 6. 민간인위탁교육비(307-12) 7. 공기관등에대한경상적위탁사업비(308-13) 8. 민간자본사업보조,자체재원(402-01) 9. 민간자본사업보조,이전재원(402-02) 10. 민간위탁사업비(402-03) 11. 공기관등에 대한 자본적 위탁사업비(403-02)	민간이전지출 근거 (지방보조금 관리기준 참고) 1. 법률에 규정 2. 국고보조 재원(국가지정) 3. 용도 지정 기부금 4. 조례에 직접규정 5. 지자체가 권장하는 사업을 하는 공공기관 6. 시,도 정책 및 재정사정 7. 기타 8. 해당없음	입찰방식			운영예산 산정		성과평가 실시여부
						계약체결방법 (경쟁형태) 1. 일반경쟁 2. 제한경쟁 3. 지명경쟁 4. 수의계약 5. 법정위탁 6. 기타 ( ) 7. 없음	계약기간 1. 1년 2. 2년 3. 3년 4. 4년 5. 5년 6. 기타 ( )년 7. 단기계약 (1년미만) 8. 없음	낙찰자선정방법 1. 적격심사 2. 협상에의한계약 3. 최저가낙찰제 4. 규격가격분리 5. 2단계 경쟁입찰 6. 기타 ( ) 7. 없음	운영예산 산정 1. 내부산정 (지자체 자체적으로 산정) 2. 외부산정 (외부전문기관위탁 산정) 3. 내·외부 모두 산정 4. 산정 無 5. 없음	정산방법 1. 내부정산 (지자체 내부적으로 정산) 2. 외부정산 (외부전문기관위탁 정산) 3. 내·외부 모두 산정 4. 정산 無 5. 없음	1. 실시 2. 미실시 3. 향후 추진 4. 해당없음
2318	경기 평택시	체육회지원	25,050	1	4	7	8	7	1	1	1
2319	경기 평택시	농가도우미지원	24,900	1	4	7	8	7	1	1	3
2320	경기 평택시	현장노동자휴게시설개선사업	24,000	1	6	2	1	1	1	1	1
2321	경기 평택시	로컬푸드포장재지원	23,800	1	5	7	8	7	1	1	1
2322	경기 평택시	지역노사민정협력활성화	20,500	1	4	6	8	7	1	1	1
2323	경기 평택시	갈등해소및지역발전사업	20,000	1	1	7	8	7	1	1	1
2324	경기 평택시	청년정책공모사업운영	20,000	1	4	7	8	7	5	5	4
2325	경기 평택시	외국인주민한국어교육지원	20,000	1	4	5	3	7	5	1	1
2326	경기 평택시	아동친화도시공모사업	20,000	1	4	7	8	7	5	5	4
2327	경기 평택시	생태계교란야생식물퇴치	20,000	1	4	7	8	7	1	1	3
2328	경기 평택시	수출농산물포장재지원	20,000	1	4	7	8	7	1	1	1
2329	경기 평택시	평택팜운영지원	20,000	1	6	7	8	7	1	1	1
2330	경기 평택시	친환경인증지역특화품목포장재지원	20,000	1	1	7	8	7	1	1	1
2331	경기 평택시	의약품안전사용환경조성	17,781	1	4	6	1	6	1	1	4
2332	경기 평택시	일반.어르신.유소년생활체육지도자처우개선	16,702	1	1	7	8	7	1	1	4
2333	경기 평택시	경로당안마의자지원	16,224	1	1,4	7	8	7	5	5	4
2334	경기 평택시	신중년정책공모사업	15,000	1	4	7	8	7	1	1	1
2335	경기 평택시	1인가구지원정책공모사업	15,000	1	4	7	8	7	1	1	1
2336	경기 평택시	전통시장공용소화기교체사업	14,600	1	6	7	7	7	1	1	1
2337	경기 평택시	학교체육육성	14,000	1	1,4	7	8	7	1	1	1
2338	경기 평택시	농촌지도자선진농업기술연찬회	13,500	1	1	7	8	7	5	5	4
2339	경기 평택시	정신요양및정신재활시설종사자특수근무수당등지원	13,432	1	1	7	8	7	5	5	4
2340	경기 평택시	장애인체육회지원	12,000	1	1,4	7	8	7	1	1	1
2341	경기 평택시	신규농업인현장실습교육	12,000	1	2	7	8	7	5	5	4
2342	경기 평택시	평택농업희망포럼	10,000	1	4	7	8	7	1	1	3
2343	경기 평택시	농업경영컨설팅(국비)	10,000	1	2	7	8	7	3	3	3
2344	경기 평택시	소비자권익증진및건전한소비문화조성	10,000	1	1	7	8	7	1	1	1
2345	경기 평택시	지역특화가족친화인구정책공모사업	10,000	1	4	7	8	7	1	1	1
2346	경기 평택시	경기도민속예술제참가지원	10,000	1	1	7	8	7	1	1	4
2347	경기 평택시	다문화가족과함께하는김장체험	10,000	1	7	7	8	7	5	5	4
2348	경기 평택시	야생생물서식지복원및보전사업	10,000	1	4	7	8	7	1	1	3
2349	경기 평택시	4H회원과제교육	10,000	1	1	7	8	7	5	5	4
2350	경기 평택시	소상공인보호및지원	9,100	1	4	6	8	7	1	1	1
2351	경기 평택시	로컬푸드소비자교육및홍보	9,000	1	5	7	8	7	1	1	1
2352	경기 평택시	상이군경건강프로그램지원	8,000	1	1	7	8	7	1	1	1
2353	경기 평택시	현충원지킴이	7,500	1	1	7	8	7	1	1	1
2354	경기 평택시	장애인생활체육지도자처우개선	7,158	1	1,4	7	8	7	1	1	1
2355	경기 평택시	농촌봉사활동지원	7,000	1	7	7	8	7	1	1	3
2356	경기 평택시	평택시도래황새보호(주민참여)	6,100	1	4	7	8	7	1	1	3
2357	경기 평택시	우수시장박람회참가	6,000	1	1	7	7	7	1	1	1

순번	시군구	지출명 (사업명)	2024년예산 (단위 : 천원 /1년간)	민간이전 분류 (지방자치단체 세출예산 집행기준에 의거) 1. 민간경상사업보조(307-02) 2. 민간단체 법정운영비보조(307-03) 3. 민간행사사업보조(307-04) 4. 민간위탁금(307-05) 5. 사회복지시설 법정운영비보조(307-10) 6. 민간인위탁교육비(307-12) 7. 공기관등에대한경상적위탁사업비(308-13) 8. 민간자본사업보조,자체재원(402-01) 9. 민간자본사업보조,이전재원(402-02) 10. 민간위탁사업비(402-03) 11. 공기관등에 대한 자본적 위탁사업비(403-02)	민간이전지출 근거 (지방보조금 관리기준 참고) 1. 법률에 규정 2. 국고보조 재원(국가지정) 3. 용도 지정 기부금 4. 조례에 직접규정 5. 지자체가 권장하는 사업을 하는 공공기관 6. 시,도 정책 및 재정사정 7. 기타 8. 해당없음	입찰방식: 계약체결방법 (경쟁형태) 1. 일반경쟁 2. 제한경쟁 3. 지명경쟁 4. 수의계약 5. 법정위탁 6. 기타 ( ) 7. 없음	입찰방식: 계약기간 1. 1년 2. 2년 3. 3년 4. 4년 5. 5년 6. 기타 ( )년 7. 단기계약 (1년미만) 8. 없음	입찰방식: 낙찰자선정방법 1. 적격심사 2. 협상에의한계약 3. 최저가낙찰제 4. 규격가격분리 5. 2단계 경쟁입찰 6. 기타 ( ) 7. 없음	운영예산 산정: 운영예산 산정 1. 내부산정 (지자체 자체적으로 산정) 2. 외부산정 (외부전문기관위탁 산정) 3. 내·외부 모두 산정 4. 산정 無 5. 없음	운영예산 산정: 정산방법 1. 내부정산 (지자체 내부적으로 정산) 2. 외부정산 (외부전문기관위탁 정산) 3. 내·외부 모두 산정 4. 정산 無 5. 없음	성과평가 실시여부 1. 실시 2. 미실시 3. 향후 추진 4. 해당없음
2358	경기 평택시	생활체육활성화지원	6,000	1	1	7	8	7	1	1	1
2359	경기 평택시	1인가구다자녀동아리,커뮤니티활동비지원	5,400	1	4	7	8	7	1	1	1
2360	경기 평택시	로컬푸드참여농가유통지원	5,170	1	5	7	8	7	1	1	1
2361	경기 평택시	우호교류도시생활체육활성화지원	5,000	1	4	7	8	7	1	1	1
2362	경기 평택시	도곡리외국인교실	5,000	1	7	7	8	7	5	5	4
2363	경기 평택시	국가보훈대상자장례지원	4,000	1	1	7	8	7	1	1	1
2364	경기 평택시	공중위생업소위생교육대관료및강사료지원	4,000	1	4	7	8	7	1	1	3
2365	경기 평택시	의료관련감염관리및감시체계운영(국비)	2,160	1	2	7	8	7	5	5	4
2366	경기 평택시	표본감시운영경비(국비)	1,440	1	2	7	8	7	5	5	4
2367	경기 동두천시	미래기술학교운영지원	468,000	1	6	7	8	7	1	1	1
2368	경기 동두천시	친환경등우수농산물학교급식지원	350,000	1	6	7	8	7	1	1	2
2369	경기 동두천시	택시카드결제수수료지원	208,907	1	1	7	8	7	5	5	4
2370	경기 동두천시	유기질비료지원(전환사업)	114,402	1	2	7	8	7	1	1	2
2371	경기 동두천시	체육대회출전지원	110,000	1	1	7	8	7	1	1	1
2372	경기 동두천시	G스포츠클럽운영	108,000	1	1	7	8	7	1	1	1
2373	경기 동두천시	범시민대책위원회활동지원	100,000	1	4	7	8	7	1	1	4
2374	경기 동두천시	공공미술프로젝트	95,000	1	4	7	8	7	1	1	1
2375	경기 동두천시	노동안전지킴이운영	88,070	1	4	1	1	1	1	4	1
2376	경기 동두천시	장애인생활체육교실운영지원	86,500	1	1	7	8	7	1	1	1
2377	경기 동두천시	자원봉사센터포털시스템운영	83,400	1	4	7	8	7	1	1	1
2378	경기 동두천시	지역사회건강조사	68,668	1	1	7	1	7	5	1	1
2379	경기 동두천시	구제역예방백신지원(예방백신)	62,720	1	2	7	8	7	1	1	2
2380	경기 동두천시	(예비)사회적기업일자리창출사업(도)	60,800	1	1	7	8	7	1	1	1
2381	경기 동두천시	성인문해교육사업	60,200	1	4	7	8	7	1	1	3
2382	경기 동두천시	(예비)사회적기업일자리창출사업	55,745	1	1	7	8	7	1	1	1
2383	경기 동두천시	평생학습마을공동체지원	55,000	1	1	7	8	7	5	1	3
2384	경기 동두천시	새마을지도자교육및행사지원	51,200	1	1	7	8	7	1	1	1
2385	경기 동두천시	지역문화활성화지원	50,000	1	4	7	8	7	1	1	1
2386	경기 동두천시	전문체육육성지원	50,000	1	1	7	8	7	1	1	1
2387	경기 동두천시	대안교육기관이용청소년급식지원	47,478	1	4	7	8	7	5	5	4
2388	경기 동두천시	중소기업노동자기숙사임차비지원	42,000	1	6	6	1	1	1	1	4
2389	경기 동두천시	성인장애인평생교육지원	41,200	1	4	7	8	7	1	1	3
2390	경기 동두천시	섬유기업현장기술돌봄이사업	40,000	1	6	6	1	1	1	1	1
2391	경기 동두천시	지방문화원육성	38,040	1	4	7	8	7	1	1	1
2392	경기 동두천시	생활체육교실상설운영	35,000	1	1	7	8	7	1	1	1
2393	경기 동두천시	마을공동체공동체활동지원사업	30,000	1	4	7	8	7	1	1	1
2394	경기 동두천시	예방약품등지원(가축전염병예방접종)	30,000	1	2	7	8	7	1	1	2
2395	경기 동두천시	동두천시민예술대학운영	28,200	1	4	7	8	7	1	1	1
2396	경기 동두천시	한국자유총연맹지원	25,860	1	1	7	8	7	1	1	1
2397	경기 동두천시	농업인안전재해보험	23,543	1	6	7	8	7	1	1	2

순번	시군구	지출명 (사업명)	2024년예산 (단위 : 천원 /1년간)	민간이전 분류 (지방자치단체 세출예산 집행기준에 의거) 1. 민간경상사업보조(307-02) 2. 민간단체 법정운영비보조(307-03) 3. 민간행사사업보조(307-04) 4. 민간위탁금(307-05) 5. 사회복지시설 법정운영비보조(307-10) 6. 민간인위탁교육비(307-12) 7. 공기관등에대한경상적위탁사업비(308-13) 8. 민간자본사업보조,자체재원(402-01) 9. 민간자본사업보조,이전재원(402-02) 10. 민간위탁사업비(402-03) 11. 공기관등에 대한 자본적 위탁사업비(403-02)	민간이전지출 근거 (지방보조금 관리기준 참고) 1. 법률에 규정 2. 국고보조 재원(국가지정) 3. 용도 지정 기부금 4. 조례에 직접규정 5. 지자체가 권장하는 사업을 하는 공공기관 6. 시,도 정책 및 재정사정 7. 기타 8. 해당없음	입찰방식 계약체결방법 (경쟁형태) 1. 일반경쟁 2. 제한경쟁 3. 지명경쟁 4. 수의계약 5. 법정위탁 6. 기타 ( ) 7. 없음	입찰방식 계약기간 1. 1년 2. 2년 3. 3년 4. 4년 5. 5년 6. 기타 ( )년 7. 단기계약 (1년미만) 8. 없음	입찰방식 낙찰자선정방법 1. 적격심사 2. 협상에의한계약 3. 최저가낙찰제 4. 규격가격분리 5. 2단계 경쟁입찰 6. 기타 ( ) 7. 없음	운영예산 산정 운영예산 산정 1. 내부산정 (지자체 자체적으로 산정) 2. 외부산정 (외부전문기관위탁 산정) 3. 내·외부 모두 산정 4. 산정 無 5. 없음	운영예산 산정 정산방법 1. 내부정산 (지자체 내부적으로 정산) 2. 외부정산 (외부전문기관위탁 정산) 3. 내·외부 모두 산정 4. 정산 無 5. 없음	성과평가 실시여부 1. 실시 2. 미실시 3. 향후 추진 4. 해당없음
2398	경기 동두천시	민주평화통일자문회의지원	20,900	1	1	7	8	7	1	1	1
2399	경기 동두천시	바르게살기운동활성화지원	20,250	1	1	7	8	7	1	1	1
2400	경기 동두천시	사회적경제창업교육지원	20,000	1	4	7	8	7	1	1	1
2401	경기 동두천시	사회적경제시장조성지원	20,000	1	4	7	8	7	1	1	1
2402	경기 동두천시	생연2동,중앙동도시재생뉴딜사업	20,000	1	2	1	8	1	1	1	4
2403	경기 동두천시	농특산물포장재지원	19,000	1	4	7	8	7	1	1	2
2404	경기 동두천시	축산농가미생물제지원	19,000	1	4	7	8	7	1	1	2
2405	경기 동두천시	축산농가톱밥지원사업	19,000	1	4	7	8	7	1	1	2
2406	경기 동두천시	문학사업지원	18,800	1	4	7	8	7	1	1	1
2407	경기 동두천시	양봉산업육성	18,500	1	6	7	8	7	1	1	2
2408	경기 동두천시	벼병충해방제	18,000	1	4	7	8	7	1	1	2
2409	경기 동두천시	사랑의반찬나누기사업지원	17,300	1	6	7	8	7	1	1	4
2410	경기 동두천시	조사료생산용사일리지제조운송비지원	17,112	1	2	7	8	7	1	1	2
2411	경기 동두천시	동두천두드림가요제개최지원	16,500	1	4	7	8	7	1	1	1
2412	경기 동두천시	낙농헬퍼사업	15,552	1	4	7	8	7	1	1	2
2413	경기 동두천시	보증기간경과장치성능유지관리	15,437	1	2	5	8	7	1	1	4
2414	경기 동두천시	자치위원교육및우수자치센터견학지원	15,400	1	4	7	8	7	1	1	1
2415	경기 동두천시	시무형문화재전승활동지원	15,150	1	4	7	8	7	1	1	2
2416	경기 동두천시	시무형문화재전수관운영	14,079	1	4	7	8	7	1	1	2
2417	경기 동두천시	친환경등우수농산물영유아공공급식지원	13,702	1	6	7	8	7	1	1	2
2418	경기 동두천시	중소기업운영지원	13,500	1	4	7	4	7	1	1	4
2419	경기 동두천시	지역산업마케팅지원(전환사업)	12,000	1	6	6	1	1	1	1	1
2420	경기 동두천시	시무형문화재전승활동지원	12,000	1	4	7	8	7	1	1	2
2421	경기 동두천시	시무형문화재전승활동지원	12,000	1	4	7	8	7	1	1	2
2422	경기 동두천시	효율적인하수도운영	12,000	1	6	7	8	7	1	1	4
2423	경기 동두천시	택시카드단말기통신료지원	11,405	1	1	7	8	7	5	5	4
2424	경기 동두천시	축산환경개선사업	11,000	1	6	7	8	7	1	1	2
2425	경기 동두천시	민주평화통일자문회의지원	10,700	1	1	7	8	7	1	1	1
2426	경기 동두천시	초등스포츠클럽육성지원	10,670	1	1	7	8	7	1	1	1
2427	경기 동두천시	보행안전사업지원	10,450	1	7	7	8	7	3	1	1
2428	경기 동두천시	경기북부범죄피해자지원센터지원	10,000	1	4	7	8	7	1	1	2
2429	경기 동두천시	시군공동체기반조성	10,000	1	4	7	8	7	1	1	1
2430	경기 동두천시	장애인문화예술지원	10,000	1	4	7	8	7	1	1	1
2431	경기 동두천시	전문체육육성지원	10,000	1	1	7	8	7	1	1	1
2432	경기 동두천시	친환경농법육성	10,000	1	4	7	8	7	1	1	2
2433	경기 동두천시	양봉산업활성화	10,000	1	6	7	8	7	1	1	2
2434	경기 동두천시	도시재생활성화	10,000	1	4	1	8	1	1	1	4
2435	경기 동두천시	크리스마스트리설치지원	9,500	1	4	7	8	7	1	1	2
2436	경기 동두천시	사회적기업육성(일자리창출,생활)(사회적기업사회보험료지원)	9,000	1	1	7	8	7	1	1	1
2437	경기 동두천시	동두천사진공모전개최지원	9,000	1	4	7	8	7	1	1	1

순번	시군구	지출명 (사업명)	2024년예산 (단위 : 천원 /1년간)	민간이전 분류 (지방자치단체 세출예산 집행기준에 의거) 1. 민간경상사업보조(307-02) 2. 민간단체 법정운영비보조(307-03) 3. 민간행사사업보조(307-04) 4. 민간위탁금(307-05) 5. 사회복지시설 법정운영비보조(307-10) 6. 민간인위탁교육비(307-12) 7. 공기관등에대한경상적위탁사업비(308-13) 8. 민간자본사업보조,자체재원(402-01) 9. 민간자본사업보조,이전재원(402-02) 10. 민간위탁사업비(402-03) 11. 공기관등에 대한 자본적 위탁사업비(403-02)	민간이전지출 근거 (지방보조금 관리기준 참고) 1. 법률에 규정 2. 국고보조 재원(국가지정) 3. 용도 지정 기부금 4. 조례에 직접규정 5. 지자체가 권장하는 사업을 하는 공공기관 6. 시,도 정책 및 재정사정 7. 기타 8. 해당없음	입찰방식 계약체결방법 (경쟁형태) 1. 일반경쟁 2. 제한경쟁 3. 지명경쟁 4. 수의계약 5. 법정위탁 6. 기타 ( ) 7. 없음	입찰방식 계약기간 1. 1년 2. 2년 3. 3년 4. 4년 5. 5년 6. 기타 ( )년 7. 단기계약 (1년미만) 8. 없음	입찰방식 낙찰자선정방법 1. 적격심사 2. 협상에의한계약 3. 최저가낙찰제 4. 규격가격분리 5. 2단계 경쟁입찰 6. 기타 ( ) 7. 없음	운영예산 산정 운영예산 산정 1. 내부산정 (지자체 자체적으로 산정) 2. 외부산정 (외부전문기관위탁 산정) 3. 내·외부 모두 산정 4. 산정 無 5. 없음	운영예산 산정 정산방법 1. 내부정산 (지자체 내부적으로 정산) 2. 외부정산 (외부전문기관위탁 정산) 3. 내·외부 모두 산정 4. 정산 無 5. 없음	성과평가 실시여부 1. 실시 2. 미실시 3. 향후 추진 4. 해당없음
2438	경기 동두천시	농업재해보험가입지원	8,000	1	6	7	8	7	1	1	2
2439	경기 동두천시	성인장애인평생교육지원	8,000	1	4	7	8	7	1	1	3
2440	경기 동두천시	벼못자리용상토지원	7,600	1	4	7	8	7	1	1	2
2441	경기 동두천시	시무형문화재전승활동지원	7,100	1	4	7	8	7	1	1	2
2442	경기 동두천시	두드림패션센터관리	7,000	1	4	7	8	7	1	1	1
2443	경기 동두천시	시무형문화재전승활동지원	6,840	1	4	7	8	7	1	1	2
2444	경기 동두천시	청년농업인영농정착지원	6,800	1	2	7	8	7	1	1	2
2445	경기 동두천시	방역소독관리및감염병예방홍보	6,500	1	4	7	8	7	1	1	1
2446	경기 동두천시	조사료생산용볏짚비닐지원	6,000	1	6	7	8	7	1	1	2
2447	경기 동두천시	가금농가질병관리지원	6,000	1	2	7	8	7	1	1	2
2448	경기 동두천시	낙농산업경쟁력강화사업	5,780	1	6	7	8	7	1	1	2
2449	경기 동두천시	토양개량제지원	5,591	1	2	7	8	7	1	1	2
2450	경기 동두천시	G마크포장재지원	5,560	1	6	7	8	7	1	1	2
2451	경기 동두천시	청소년학습멘토링사업지원	5,220	1	4	7	8	7	1	1	1
2452	경기 동두천시	동두천시행정동우회사업지원	5,000	1	1	7	8	7	1	1	3
2453	경기 동두천시	자연보호협의회지원운영	5,000	1	4	7	8	7	1	1	1
2454	경기 동두천시	청소년약물오남용예방캠페인	5,000	1	4	7	8	7	3	3	1
2455	경기 동두천시	지역농산물먹거리보장지원	4,900	1	6	7	8	7	1	1	2
2456	경기 동두천시	아프리카돼지열병농장유입차단지원	4,800	1	6	7	8	7	1	1	2
2457	경기 동두천시	전국통합자원봉사보험가입서비스지원	4,728	1	2	7	8	7	1	1	1
2458	경기 동두천시	노인행사및단체운영	4,600	1	4	7	8	7	1	1	4
2459	경기 동두천시	수지봉사회운영지원	4,500	1	4	7	8	7	1	1	1
2460	경기 동두천시	지역자율방재단역량강화지원	4,000	1	1	7	8	7	1	1	4
2461	경기 동두천시	조사료생산용종자구입지원	3,600	1	2	7	8	7	1	1	2
2462	경기 동두천시	농업인사기진작및전문능력향상	3,563	1	4	7	8	7	1	1	2
2463	경기 동두천시	청년동아리활동지원	3,500	1	4	6	8	7	1	1	1
2464	경기 동두천시	노동단체및노사관계발전사업보조금	3,500	1	1	1	1	1	1	4	2
2465	경기 동두천시	대한노인회지원(시지회운영)	3,440	1	4	7	8	7	1	1	4
2466	경기 동두천시	문화소외계층예술체험교실	3,000	1	4	7	8	7	1	1	1
2467	경기 동두천시	사진작가정기회원전지원	3,000	1	4	7	8	7	1	1	1
2468	경기 동두천시	성인장애인학교운영	3,000	1	4	7	8	7	1	1	3
2469	경기 동두천시	경기북부월남참전전우회지원	2,375	1	4	7	8	7	1	1	2
2470	경기 동두천시	재향경우회사업지원	2,000	1	6	7	8	7	1	1	1
2471	경기 동두천시	재난재해구조및지역행사도우미활동지원	2,000	1	1	7	8	7	1	1	1
2472	경기 동두천시	농촌지도자회육성	2,000	1	1	7	8	7	1	1	2
2473	경기 동두천시	한우명품화사업	1,800	1	6	7	8	7	1	1	2
2474	경기 동두천시	동두천지역방범순찰활동지원	1,500	1	6	7	8	7	1	1	1
2475	경기 동두천시	학교체육시설사용료지원	1,500	1	4	7	8	7	1	1	1
2476	경기 동두천시	전문체육육성지원	1,000	1	1	7	8	7	1	1	1
2477	경기 동두천시	GAP안전성분석지원	1,000	1	2	7	8	7	1	1	2

순번	시군구	지출명 (사업명)	2024년예산 (단위 : 천원 /1년간)	민간이전 분류 (지방자치단체 세출예산 집행기준에 의거) 1. 민간경상사업보조(307-02) 2. 민간단체 법정운영비보조(307-03) 3. 민간행사사업보조(307-04) 4. 민간위탁금(307-05) 5. 사회복지시설 법정운영비보조(307-10) 6. 민간인위탁교육비(307-12) 7. 공기관등에대한경상적위탁사업비(308-13) 8. 민간자본사업보조,자체재원(402-01) 9. 민간자본사업보조,이전재원(402-02) 10. 민간위탁사업비(402-03) 11. 공기관등에 대한 자본적 위탁사업비(403-02)	민간이전지출 근거 (지방보조금 관리기준 참고) 1. 법률에 규정 2. 국고보조 재원(국가지정) 3. 용도 지정 기부금 4. 조례에 직접규정 5. 지자체가 권장하는 사업을 하는 공공기관 6. 시,도 정책 및 재정사정 7. 기타 8. 해당없음	입찰방식 계약체결방법 (경쟁형태) 1. 일반경쟁 2. 제한경쟁 3. 지명경쟁 4. 수의계약 5. 법정위탁 6. 기타 ( ) 7. 없음	입찰방식 계약기간 1. 1년 2. 2년 3. 3년 4. 4년 5. 5년 6. 기타 ( )년 7. 단기계약 (1년미만) 8. 없음	입찰방식 낙찰자선정방법 1. 적격심사 2. 협상에의한계약 3. 최저가낙찰제 4. 규격가격분리 5. 2단계 경쟁입찰 6. 기타 ( ) 7. 없음	운영예산 산정 운영예산 산정 1. 내부산정 (지자체 자체적으로 산정) 2. 외부산정 (외부전문기관위탁 산정) 3. 내·외부 모두 산정 4. 산정 無 5. 없음	운영예산 산정 정산방법 1. 내부정산 (지자체 내부적으로 정산) 2. 외부정산 (외부전문기관위탁 정산) 3. 내·외부 모두 산정 4. 정산 無 5. 없음	성과평가 실시여부 1. 실시 2. 미실시 3. 향후 추진 4. 해당없음
2478	경기 동두천시	친환경농산물인증확대	234	1	6	7	8	7	1	1	2
2479	경기 안산시	공익직접지불제	2,417,000	1	1	7	8	7	5	1	4
2480	경기 안산시	경기도어린이건강과일공급	1,323,660	1	1	7	8	7	5	1	4
2481	경기 안산시	청년맞춤형인턴사업	1,222,000	1	2	7	8	7	1	1	4
2482	경기 안산시	청년도전지원사업운영	1,143,500	1	2	7	8	7	1	1	3
2483	경기 안산시	시민프로축구단지원	1,000,000	1	4	7	8	7	1	1	1
2484	경기 안산시	택시카드결제수수료	775,620	1	4	7	8	7	1	1	4
2485	경기 안산시	주민자치회성장지원(자치계획)	769,670	1	4	7	8	7	1	1	4
2486	경기 안산시	우수선수및체육지도자육성사업	680,000	1	1	7	8	7	1	1	3
2487	경기 안산시	법인택시운수종사자처우개선지원사업	650,160	1	4	7	8	7	1	1	4
2488	경기 안산시	경기임산부친환경농산물지원사업	391,680	1	1	7	8	7	5	1	4
2489	경기 안산시	벼병해충방제사업	384,360	1	1	7	8	7	1	1	4
2490	경기 안산시	고품질김양식시설지원사업	367,500	1	1	1	1	3	1	1	4
2491	경기 안산시	(예비)사회적기업일자리창출지원사업	358,789	1	8	7	8	7	5	5	4
2492	경기 안산시	지역문화예술플랫폼육성지원	324,016	1	6	6	1	6	1	1	1
2493	경기 안산시	유기질비료지원(전환사업)	295,966	1	1	7	8	7	5	1	4
2494	경기 안산시	도체전및전국대회우수선수지원	280,000	1	1	7	8	7	1	1	3
2495	경기 안산시	포도농가지원사업	275,000	1	1	7	8	7	5	1	4
2496	경기 안산시	G스포츠클럽운영(매칭부담금)	265,000	1	1	7	8	7	1	1	3
2497	경기 안산시	제39회시민의날체육행사개최지원	255,000	1	4	7	8	7	1	1	3
2498	경기 안산시	무기질비료가격보조및수급안정지원사업	250,785	1	1	7	8	7	5	1	4
2499	경기 안산시	제7회경기도체육대회출전지원	250,000	1	4	7	8	7	1	1	3
2500	경기 안산시	해양레저스포츠교육프로그램(전환사업)	250,000	1	4	7	8	7	1	1	1
2501	경기 안산시	사회적기업사회보험료지원사업	242,222	1	8	7	8	7	5	5	4
2502	경기 안산시	2024안산마라톤대회개최지원	230,000	1	4	7	8	7	1	1	3
2503	경기 안산시	포도농가지원사업	208,800	1	1	7	8	7	5	1	4
2504	경기 안산시	국민체력1안산체력인증센터운영지원	203,640	1	2	7	8	7	1	3	1
2505	경기 안산시	장애인체육회직장운동부지원	200,000	1	1	7	8	7	1	1	3
2506	경기 안산시	주거취약계층주거상향지원사업	200,000	1	7	1	1	1	1	1	4
2507	경기 안산시	안산녹색환경지원센터	200,000	1	2	7	8	7	2	1	1
2508	경기 안산시	노동안전지킴이운영	180,000	1	6	7	8	7	5	5	4
2509	경기 안산시	제35회경기도생활체육대축전출전지원	170,000	1	4	7	8	7	1	1	3
2510	경기 안산시	다문화평생교육지원_다문화학습관리사운영사업	170,000	1	6	7	8	7	5	1	4
2511	경기 안산시	말산업청년인턴취업지원	160,000	1	1	7	8	7	5	1	4
2512	경기 안산시	장애인체육대회참가지원(도및전국)	150,000	1	1	7	8	7	1	1	3
2513	경기 안산시	수소에너지전주기핵심소재연구지원(매칭부담금)	150,000	1	6	7	6	7	3	1	1
2514	경기 안산시	지속가능발전협의회운영	149,103	1	4	7	8	7	1	1	1
2515	경기 안산시	여성농업인행복바우처지원	140,480	1	8	7	8	7	5	1	4
2516	경기 안산시	법인택시운수종사자처우개선지원사업(시비추가)	136,800	1	4	7	8	7	1	1	4
2517	경기 안산시	농작물병해충방제비지원사업	131,740	1	1	7	8	7	1	1	4

순번	시군구	지출명 (사업명)	2024년예산 (단위 : 천원 /1년간)	민간이전 분류 (지방자치단체 세출예산 집행기준에 의거) 1. 민간경상사업보조(307-02) 2. 민간단체 법정운영비보조(307-03) 3. 민간행사사업보조(307-04) 4. 민간위탁금(307-05) 5. 사회복지시설 법정운영비보조(307-10) 6. 민간인위탁교육비(307-12) 7. 공기관등에대한경상적위탁사업비(308-13) 8. 민간자본사업보조,자체재원(402-01) 9. 민간자본사업보조,이전재원(402-02) 10. 민간위탁사업비(402-03) 11. 공기관등에 대한 자본적 위탁사업비(403-02)	민간이전지출 근거 (지방보조금 관리기준 참고) 1. 법률에 규정 2. 국고보조 재원(국가지정) 3. 용도 지정 기부금 4. 조례에 직접규정 5. 지자체가 권장하는 사업을 하는 공공기관 6. 시,도 정책 및 재정사정 7. 기타 8. 해당없음	입찰방식: 계약체결방법 (경쟁형태) 1. 일반경쟁 2. 제한경쟁 3. 지명경쟁 4. 수의계약 5. 법정위탁 6. 기타 ( ) 7. 없음	입찰방식: 계약기간 1. 1년 2. 2년 3. 3년 4. 4년 5. 5년 6. 기타 ( )년 7. 단기계약 (1년미만) 8. 없음	입찰방식: 낙찰자선정방법 1. 적격심사 2. 협상에의한계약 3. 최저가낙찰제 4. 규격가격분리 5. 2단계 경쟁입찰 6. 기타 ( ) 7. 없음	운영예산 산정: 운영예산 산정 1. 내부산정 (지자체 자체적으로 산정) 2. 외부산정 (외부전문기관위탁 산정) 3. 내·외부 모두 산정 4. 산정 無 5. 없음	운영예산 산정: 정산방법 1. 내부정산 (지자체 내부적으로 정산) 2. 외부정산 (외부전문기관위탁 정산) 3. 내·외부 모두 정산 4. 정산 無 5. 없음	성과평가 실시여부 1. 실시 2. 미실시 3. 향후 추진 4. 해당없음
2518	경기 안산시	안산시티투어운영	130,000	1	4	2	3	1	1	1	1
2519	경기 안산시	성인문해교육사업	130,000	1	4	7	8	7	1	1	1
2520	경기 안산시	중소기업노동자기숙사임차비지원	129,000	1	6	7	8	7	1	1	1
2521	경기 안산시	대학내산학연협력단지조성사업	125,000	1	2	7	8	7	1	1	1
2522	경기 안산시	노동권익서포터즈운영	112,904	1	6	7	8	7	1	1	1
2523	경기 안산시	(예비)사회적기업사업개발비지원사업	112,036	1	8	7	8	7	5	5	4
2524	경기 안산시	사회공익승마사업	112,000	1	1	7	8	7	5	5	4
2525	경기 안산시	학생승마체험	109,760	1	1	7	8	7	5	1	4
2526	경기 안산시	안산창업청년일자리플러스지원사업	106,524	1	2	7	8	7	5	1	4
2527	경기 안산시	범죄피해자보호지원	100,000	1	1	7	8	7	1	1	4
2528	경기 안산시	경기도및전국대회출전지원	100,000	1	1	7	8	7	1	1	1
2529	경기 안산시	치매안심요양병원공공사업지원	100,000	1	1	7	8	7	1	1	3
2530	경기 안산시	시설채소포장재지원사업	100,000	1	2	7	8	7	2	3	1
2531	경기 안산시	조업중인양쓰레기수매사업(전환사업)	100,000	1	1	7	8	7	5	1	4
2532	경기 안산시	지역에코혁신사업운영(청정공정확산사업)	100,000	1	1	7	8	7	1	1	4
2533	경기 안산시	수산업안전보험가입지원	96,130	1	1	7	8	7	2	2	1
2534	경기 안산시	의료기관결핵환자관리지원(단원)	94,976	1	2	7	8	7	1	1	4
2535	경기 안산시	소비자단체육성지원사업(6개단체)	94,600	1	4	7	8	7	5	2	4
2536	경기 안산시	지역응급의료기관평가결과보조금지원	86,400	1	2	7	8	7	1	1	1
2537	경기 안산시	지역응급의료기관평가결과보조금사업	86,400	1	2	7	8	7	2	3	1
2538	경기 안산시	농작물재해보험	83,000	1	1	7	8	7	5	5	4
2539	경기 안산시	학교(클럽)운동부등육성및지원(안산시체육회)	81,500	1	4	7	8	7	5	1	4
2540	경기 안산시	경기도공동체활성화공모사업(공동체활동)	80,000	1	4	6	1	6	1	1	1
2541	경기 안산시	과수계약재배활성화사업	80,000	1	1	7	8	7	1	1	4
2542	경기 안산시	해양아카데미운영지원	80,000	1	4	7	8	7	5	1	4
2543	경기 안산시	노사민정협의회사무국사업비	79,000	1	4	7	8	7	1	1	1
2544	경기 안산시	농업인안전재해보험지원	77,270	1	1	7	8	7	5	1	4
2545	경기 안산시	이동노동자쉼터운영(1호점)	76,839	1	6	7	8	7	1	1	1
2546	경기 안산시	성인문해교육사업(국비)	76,000	1	2	7	8	7	2	3	1
2547	경기 안산시	어촌체험마을사무장채용지원	72,380	1	1	7	8	7	1	1	4
2548	경기 안산시	벼못자리용상토지원	70,000	1	1	7	8	7	1	1	4
2549	경기 안산시	해외무역전시회개별참가지원	70,000	1	4	7	8	7	1	1	1
2550	경기 안산시	지역사회건강조사	69,050	1	1	7	1	7	5	3	1
2551	경기 안산시	영농정착지원금	69,000	1	2	7	8	7	1	1	4
2552	경기 안산시	지역사회건강조사조사분석위탁운영(단원)	68,972	1	1	7	1	7	5	3	1
2553	경기 안산시	우수선수및체육지도자육성사업(안산시체육회)	68,500	1	4	7	8	7	1	1	1
2554	경기 안산시	성인장애인평생교육지원사업_장애인평생교육시설평생교육사인건비지원	68,300	1	1	7	8	6	5	1	1
2555	경기 안산시	자원봉사코디네이터지원육성	66,400	1	4	7	8	7	1	1	2
2556	경기 안산시	미래무형유산발굴육성사업	60,000	1	5	7	8	7	5	5	4
2557	경기 안산시	창업보육센터운영지원	59,359	1	6	7	8	7	4	1	4

순번	시군구	지출명 (사업명)	2024년예산 (단위 : 천원 /1년간)	민간이전 분류 (지방자치단체 세출예산 집행기준에 의거) 1. 민간경상사업보조(307-02) 2. 민간단체 법정운영비보조(307-03) 3. 민간행사사업보조(307-04) 4. 민간위탁금(307-05) 5. 사회복지시설 법정운영비보조(307-10) 6. 민간인위탁교육비(307-12) 7. 공기관등에대한경상적위탁사업비(308-13) 8. 민간자본사업보조,자체재원(402-01) 9. 민간자본사업보조,이전재원(402-02) 10. 민간위탁사업비(402-03) 11. 공기관등에 대한 자본적 위탁사업비(403-02)	민간이전지출 근거 (지방보조금 관리기준 참고) 1. 법률에 규정 2. 국고보조 재원(국가지정) 3. 용도 지정 기부금 4. 조례에 직접규정 5. 지자체가 권장하는 사업을 하는 공공기관 6. 시,도 정책 및 재정사정 7. 기타 8. 해당없음	입찰방식			운영예산 산정		성과평가 실시여부
						계약체결방법 (경쟁형태) 1. 일반경쟁 2. 제한경쟁 3. 지명경쟁 4. 수의계약 5. 법정위탁 6. 기타 ( ) 7. 없음	계약기간 1. 1년 2. 2년 3. 3년 4. 4년 5. 5년 6. 기타 ( )년 7. 단기계약 (1년미만) 8. 없음	낙찰자선정방법 1. 적격심사 2. 협상에의한계약 3. 최저가낙찰제 4. 규격가격분리 5. 2단계 경쟁입찰 6. 기타 ( ) 7. 없음	운영예산 산정 1. 내부산정 (지자체 자체적으로 산정) 2. 외부산정 (외부전문기관위탁 산정) 3. 내·외부 모두 산정 4. 산정 無 5. 없음	정산방법 1. 내부정산 (지자체 내부적으로 정산) 2. 외부정산 (외부전문기관위탁 정산) 3. 내·외부 모두 산정 4. 정산 無 5. 없음	1. 실시 2. 미실시 3. 향후 추진 4. 해당없음
2558	경기 안산시	초등스포츠클럽육성지원	57,661	1	1	7	8	7	1	1	3
2559	경기 안산시	창업보육센터창업활성화사업지원	56,000	1	6	7	8	7	1	1	4
2560	경기 안산시	현장노동자휴게시설개선사업	56,000	1	6	7	8	7	5	5	4
2561	경기 안산시	택시카드단말기통신료	55,167	1	4	7	8	7	1	1	4
2562	경기 안산시	우수프로그램개발육성_경기평생학습동아리지원	55,000	1	6	7	8	7	3	1	1
2563	경기 안산시	사회적기업발굴육성지원사업(지역특화사업)	54,300	1	8	7	8	7	5	5	4
2564	경기 안산시	축산환경개선사업	54,000	1	1	7	8	7	5	1	4
2565	경기 안산시	국내전시회개별참가지원	54,000	1	4	7	8	7	1	1	1
2566	경기 안산시	안산시이동편의시설기술지원센터운영	53,747	1	4	7	1	7	1	1	1
2567	경기 안산시	공동방제단운영	53,204	1	1	7	8	7	5	1	4
2568	경기 안산시	평생학습마을공동체지원	52,000	1	6	7	8	7	5	1	4
2569	경기 안산시	불가사리수매	50,250	1	1	7	8	7	1	1	4
2570	경기 안산시	동체육활성화지원사업	50,000	1	4	7	8	7	1	1	3
2571	경기 안산시	장애인종목별훈련비지원	50,000	1	1	7	8	7	1	1	3
2572	경기 안산시	지역사회보장협의체활성화지원사업	50,000	1	1	7	7	7	1	1	1
2573	경기 안산시	자율관리어업도우미채용지원	50,000	1	1	7	8	7	1	1	4
2574	경기 안산시	대학창의적자산실용화지원사업	50,000	1	2	7	8	7	5	5	4
2575	경기 안산시	장애인주택개조사업	49,400	1	7	1	1	1	1	1	4
2576	경기 안산시	토양개량제지원	47,333	1	1	7	8	7	1	1	4
2577	경기 안산시	청소년국제문화교류사업	47,000	1	5	7	8	7	3	3	1
2578	경기 안산시	청년어촌정착지원사업	46,800	1	1	7	8	7	1	1	4
2579	경기 안산시	성인장애인평생교육지원사업_성인장애인평생교육프로그램공모	46,000	1	1	1	8	1	5	1	1
2580	경기 안산시	어촌체험마을안전가이드채용지원	43,440	1	1	7	8	7	1	1	4
2581	경기 안산시	경기밀산업육성지원사업(생산장려금,수매자금)	43,235	1	1	7	8	7	5	1	4
2582	경기 안산시	사회복지협의회사회복지자원봉사사업운영	42,000	1	4	7	7	7	1	1	1
2583	경기 안산시	승마장육성지원사업	41,250	1	1	7	8	7	5	1	4
2584	경기 안산시	성인장애인평생교육지원사업_장애인평생교육시설평생교육프로그램운영비	41,180	1	1	7	8	6	5	1	1
2585	경기 안산시	지역농산물먹거리보장지원사업	40,300	1	8	7	8	7	5	1	4
2586	경기 안산시	장애인생활체육클럽및교실운영	40,000	1	1	7	8	7	1	1	3
2587	경기 안산시	의료기관결핵환자관리지원(상록)	37,684	1	5	7	8	7	5	2	4
2588	경기 안산시	의료기관결핵환자관리지원(단원)	36,765	1	2	7	8	7	5	2	4
2589	경기 안산시	의료기관결핵환자관리지원(단원)	36,765	1	2	7	8	7	5	2	4
2590	경기 안산시	우수프로그램개발육성_평생교육기관(대학등)연계지원	36,000	1	4	7	8	7	1	1	4
2591	경기 안산시	여성배구대회개최지원	35,000	1	4	7	8	7	1	1	3
2592	경기 안산시	우수프로그램개발육성_안산학학술지발간사업	35,000	1	4	7	8	7	1	1	3
2593	경기 안산시	우수프로그램개발육성_인성함양프로그램운영지원	35,000	1	4	7	8	7	5	1	4
2594	경기 안산시	깔끄미사업	35,000	1	4	7	8	7	5	1	4
2595	경기 안산시	동위원회사업추진	33,000	1	1	7	8	7	1	1	1
2596	경기 안산시	성인장애인평생교육지원사업(시비추가)_장애인평생교육시설임차료지원	32,000	1	1	7	8	6	5	1	1
2597	경기 안산시	원예농가상토지원사업	32,000	1	1	7	8	7	5	1	4

순번	시군구	지출명 (사업명)	2024년예산 (단위 : 천원 /1년간)	민간이전 분류 (지방자치단체 세출예산 집행기준에 의거) 1. 민간경상사업보조(307-02) 2. 민간단체 법정운영비보조(307-03) 3. 민간행사사업보조(307-04) 4. 민간위탁금(307-05) 5. 사회복지시설 법정운영비보조(307-10) 6. 민간인위탁교육비(307-12) 7. 공기관등에대한경상적위탁사업비(308-13) 8. 민간자본사업보조,자체재원(402-01) 9. 민간자본사업보조,이전재원(402-02) 10. 민간위탁사업비(402-03) 11. 공기관등에 대한 자본적 위탁사업비(403-02)	민간이전지출 근거 (지방보조금 관리기준 참고) 1. 법률에 규정 2. 국고보조 재원(국가지정) 3. 용도 지정 기부금 4. 조례에 직접규정 5. 지자체가 권장하는 사업을 하는 공공기관 6. 시,도 정책 및 재정사정 7. 기타 8. 해당없음	입찰방식 계약체결방법 (경쟁형태) 1. 일반경쟁 2. 제한경쟁 3. 지명경쟁 4. 수의계약 5. 법정위탁 6. 기타 ( ) 7. 없음	입찰방식 계약기간 1. 1년 2. 2년 3. 3년 4. 4년 5. 5년 6. 기타 ( )년 7. 단기계약 (1년미만) 8. 없음	입찰방식 낙찰자선정방법 1. 적격심사 2. 협상에의한계약 3. 최저가낙찰제 4. 규격가격분리 5. 2단계 경쟁입찰 6. 기타 ( ) 7. 없음	운영예산 산정 운영예산 산정 1. 내부산정 (지자체 자체적으로 산정) 2. 외부산정 (외부전문기관위탁 산정) 3. 내·외부 모두 산정 4. 산정 無 5. 없음	운영예산 산정 정산방법 1. 내부정산 (지자체 내부적으로 정산) 2. 외부정산 (외부전문기관위탁 정산) 3. 내·외부 모두 산정 4. 정산 無 5. 없음	성과평가 실시여부 1. 실시 2. 미실시 3. 향후 추진 4. 해당없음
2598	경기 안산시	축산환경개선사업	32,000	1	1	7	8	7	5	1	4
2599	경기 안산시	가축재해지원	31,530	1	1	7	8	7	5	1	4
2600	경기 안산시	지역관광활성화사업	30,000	1	4	6	7	6	1	1	1
2601	경기 안산시	안산컵전국볼링대회개최지원	30,000	1	4	7	8	7	1	1	3
2602	경기 안산시	건강체육교실상설운영	30,000	1	4	7	8	7	1	1	3
2603	경기 안산시	56신중년프로그램지원	30,000	1	6	7	8	7	1	1	1
2604	경기 안산시	자전거PM교육장운영(꿈나무교육장)	30,000	1	4	1	7	1	1	1	4
2605	경기 안산시	동새마을협의회사업추진	30,000	1	1,4	7	8	7	1	1	1
2606	경기 안산시	동새마을부녀회사업추진	30,000	1	1,4	7	8	7	1	1	1
2607	경기 안산시	농산물등택배판매지원사업	30,000	1	1	7	8	7	5	1	4
2608	경기 안산시	안산쌀(경기미)구매차액지원사업	30,000	1	1	7	8	7	5	1	4
2609	경기 안산시	반려동물문화교실운영	30,000	1	6	1	1	1	1	1	1
2610	경기 안산시	농업활동안전사고예방생활화	30,000	1	1	7	8	7	1	1	4
2611	경기 안산시	친환경안산쌀생산단지조성시범(농협협력)	30,000	1	1	7	8	7	1	1	4
2612	경기 안산시	장애인정보화교육사업	29,600	1	4	7	8	7	1	1	1
2613	경기 안산시	청년창업가이드사업	29,228	1	2	7	8	7	1	1	4
2614	경기 안산시	장애인종목별우수선수및지도자육성	28,000	1	1	7	8	7	1	1	3
2615	경기 안산시	G마크광역브랜드육성(포장재비지원)	27,000	1	1	7	8	7	5	1	4
2616	경기 안산시	전국통합자원봉사보험가입서비스지원	26,722	1	4	7	8	7	1	1	2
2617	경기 안산시	교육나눔"동행"	25,500	1	4	7	8	7	1	1	1
2618	경기 안산시	안산을잇(IT)는인재육성지원	25,092	1	2	7	8	7	1	1	4
2619	경기 안산시	상록수문화제	25,000	1	6	1	1	1	2	2	1
2620	경기 안산시	무형문화재전수교육관활성화사업	25,000	1	2	7	8	7	5	5	4
2621	경기 안산시	어린이날기념행사	25,000	1	4	7	8	7	5	5	4
2622	경기 안산시	영농대행및영농부산물처리자원화사업	25,000	1	8	7	8	7	5	1	4
2623	경기 안산시	외식업체안산쌀구매차액지원사업	25,000	1	1	7	8	7	5	1	4
2624	경기 안산시	로컬푸드참여농가유통지원(전환사업)	22,320	1	1	7	8	7	5	1	4
2625	경기 안산시	우수프로그램개발육성_민주시민교육지원사업	22,000	1	1	1	8	1	5	1	1
2626	경기 안산시	성인장애인평생교육지원사업(시비추가)_장애인평생교육시설급식비지원	22,000	1	1	7	8	6	5	1	1
2627	경기 안산시	장애인종목별체육대회참가지원	21,000	1	1	7	8	7	1	1	3
2628	경기 안산시	화훼농가경쟁력강화	21,000	1	1	7	8	7	5	1	4
2629	경기 안산시	사회공익승마사업	21,000	1	1	7	8	7	5	1	4
2630	경기 안산시	유기동물관리수준개선	21,000	1	2	7	8	7	1	1	4
2631	경기 안산시	노숙인자활시설운영	20,824	1	7	7	8	7	1	1	4
2632	경기 안산시	이동노동자쉼터운영(2호점)	20,000	1	6	7	8	7	5	5	4
2633	경기 안산시	소상공인단체육성・지원사업	20,000	1	1	7	1	7	1	1	1
2634	경기 안산시	학술사업추진	20,000	1	6	6	1	6	2	2	1
2635	경기 안산시	다문화거리미식투어	20,000	1	4	1	1	1	1	1	1
2636	경기 안산시	장애인생활체육지원(캠프운영)	20,000	1	1	7	8	7	1	1	3
2637	경기 안산시	안산SDGs정책과제발굴프로그램운영	20,000	1	6	7	8	7	5	5	4

순번	시군구	지출명 (사업명)	2024년예산 (단위 : 천원 /1년간)	민간이전 분류 (지방자치단체 세출예산 집행기준에 의거) 1. 민간경상사업보조(307-02) 2. 민간단체 법정운영비보조(307-03) 3. 민간행사사업보조(307-04) 4. 민간위탁금(307-05) 5. 사회복지시설 법정운영비보조(307-10) 6. 민간인위탁교육비(307-12) 7. 공기관등에대한경상적위탁사업비(308-13) 8. 민간자본사업보조,자체재원(402-01) 9. 민간자본사업보조,이전재원(402-02) 10. 민간위탁사업비(402-03) 11. 공기관등에 대한 자본적 위탁사업비(403-02)	민간이전지출 근거 (지방보조금 관리기준 참고) 1. 법률에 규정 2. 국고보조 재원(국가지정) 3. 용도 지정 기부금 4. 조례에 직접규정 5. 지자체가 권장하는 사업을 하는 공공기관 6. 시,도 정책 및 재정사정 7. 기타 8. 해당없음	입찰방식			운영예산 산정		성과평가 실시여부
						계약체결방법 (경쟁형태) 1. 일반경쟁 2. 제한경쟁 3. 지명경쟁 4. 수의계약 5. 법정위탁 6. 기타 ( ) 7. 없음	계약기간 1. 1년 2. 2년 3. 3년 4. 4년 5. 5년 6. 기타 ( )년 7. 단기계약 (1년미만) 8. 없음	낙찰자선정방법 1. 적격심사 2. 협상에의한계약 3. 최저가낙찰제 4. 규격가격분리 5. 2단계 경쟁입찰 6. 기타 ( ) 7. 없음	운영예산 산정 1. 내부산정 (지자체 자체적으로 산정) 2. 외부산정 (외부전문기관위탁 산정) 3. 내·외부 모두 산정 4. 산정 無 5. 없음	정산방법 1. 내부정산 (지자체 내부적으로 정산) 2. 외부정산 (외부전문기관위탁 정산) 3. 내·외부 모두 산정 4. 정산 無 5. 없음	1. 실시 2. 미실시 3. 향후 추진 4. 해당없음
2638	경기 안산시	SDGs학교교육연계연수프로그램운영	20,000	1	6	7	8	7	5	5	4
2639	경기 안산시	우수농특산물인증경영체지원	20,000	1	1	7	8	7	5	1	4
2640	경기 안산시	경기한우명품화사업	20,000	1	1	7	8	7	5	1	4
2641	경기 안산시	미래세대대상농업체험'키드키드팜'조성및콘텐츠적용시범	20,000	1	1	7	8	7	5	5	4
2642	경기 안산시	전문인력양성기관육성지원	20,000	1	1	7	8	7	1	1	4
2643	경기 안산시	농업인근골격계질환예방지원(주민참여예산)	20,000	1	1	7	8	7	1	1	4
2644	경기 안산시	농산물우수관리(GAP)지원	19,760	1	1	7	8	7	5	1	4
2645	경기 안산시	마을기업육성지원사업	18,000	1	8	7	8	7	5	5	4
2646	경기 안산시	공공조달시장진입지원	18,000	1	1,4	7	8	7	1	1	1
2647	경기 안산시	청소년종합예술제(예선)	17,500	1	1	1	7	1	1	1	1
2648	경기 안산시	평생학습마을공동체지원(시비추가)	16,800	1	5	7	8	7	1	1	4
2649	경기 안산시	친환경시설채소수정벌지원	15,925	1	4	7	8	7	5	5	4
2650	경기 안산시	차량무선인식장치(GPS)통신료	15,444	1	1	7	8	7	5	1	4
2651	경기 안산시	다문화및유관기관체육대회개최지원	15,000	1	4	7	8	7	1	1	3
2652	경기 안산시	여성친화도시시민아카데미운영	15,000	1	1	6	1	6	1	1	1
2653	경기 안산시	청소년공부방운영지원	15,000	1	1	7	8	7	1	1	1
2654	경기 안산시	4H회과제교육	15,000	1	1	7	8	7	1	1	4
2655	경기 안산시	압축배양토활용반려식물체험프로그램보급시범	15,000	1	1	7	8	7	5	5	4
2656	경기 안산시	돌발병해충방제비지원사업	15,000	1	1	7	8	7	1	1	4
2657	경기 안산시	해외지사화사업	14,000	1	4	7	8	7	1	1	1
2658	경기 안산시	친환경농산물인증확대사업	13,617	1	1	7	8	7	5	1	4
2659	경기 안산시	양봉산업육성	13,400	1	1	7	8	7	5	1	4
2660	경기 안산시	축산환경개선사업	12,000	1	1	7	8	7	5	1	4
2661	경기 안산시	친환경생태보전재배장려금	11,370	1	1	7	8	7	5	1	4
2662	경기 안산시	경기한우명품화사업	10,200	1	1	7	8	7	5	1	4
2663	경기 안산시	와리풍물놀이전수교육및지정학교운영	10,000	1	5	7	8	7	1	1	1
2664	경기 안산시	와리풍물놀이전수교육및지정학교운영	10,000	1	5	7	8	7	1	1	1
2665	경기 안산시	우수프로그램개발육성_안산학시민대학운영사업	10,000	1	4	7	8	7	1	1	4
2666	경기 안산시	자동차무상점검행사지원	10,000	1	6	7	8	1	1	1	3
2667	경기 안산시	동분회사업추진	10,000	1	1	7	8	7	1	1	1
2668	경기 안산시	포도품종다양화	10,000	1	1	7	8	7	5	1	4
2669	경기 안산시	유소년승마단창단운영지원	10,000	1	1	7	8	7	5	1	4
2670	경기 안산시	농촌여성재능활용지역돌봄사업	10,000	1	1	7	8	7	5	5	4
2671	경기 안산시	돌봄취약가구반려동물의료서비스지원	9,600	1	6	7	8	7	1	1	4
2672	경기 안산시	에너지안전도시지원사업	9,210	1	4	7	8	7	1	1	1
2673	경기 안산시	안산시전국가족창작동요대회	9,000	1	4	7	8	7	5	5	4
2674	경기 안산시	교통안전단체지원	9,000	1	4	7	8	7	3	3	1
2675	경기 안산시	택시운수종사자안전운전교육연수	9,000	1	4	7	8	7	1	1	1
2676	경기 안산시	체육발전세미나및연수	8,800	1	1	7	8	7	1	1	3
2677	경기 안산시	등록박물관,미술관교육프로그램운영지원	8,000	1	6	6	1	6	1	1	1

순번	시군구	지출명 (사업명)	2024년예산 (단위 : 천원 /1년간)	민간이전 분류 (지방자치단체 세출예산 집행기준에 의거) 1. 민간경상사업보조(307-02) 2. 민간단체 법정운영비보조(307-03) 3. 민간행사사업보조(307-04) 4. 민간위탁금(307-05) 5. 사회복지시설 법정운영비보조(307-10) 6. 민간인위탁교육비(307-12) 7. 공기관등에대한경상적위탁사업비(308-13) 8. 민간자본사업보조,자체재원(402-01) 9. 민간자본사업보조,이전재원(402-02) 10. 민간위탁사업비(402-03) 11. 공기관등에 대한 자본적 위탁사업비(403-02)	민간이전지출 근거 (지방보조금 관리기준 참고) 1. 법률에 규정 2. 국고보조 재원(국가지정) 3. 용도 지정 기부금 4. 조례에 직접규정 5. 지자체가 권장하는 사업을 하는 공공기관 6. 시,도 정책 및 재정사정 7. 기타 8. 해당없음	입찰방식 계약체결방법 (경쟁형태) 1. 일반경쟁 2. 제한경쟁 3. 지명경쟁 4. 수의계약 5. 법정위탁 6. 기타 ( ) 7. 없음	입찰방식 계약기간 1. 1년 2. 2년 3. 3년 4. 4년 5. 5년 6. 기타 ( )년 7. 단기계약 (1년미만) 8. 없음	입찰방식 낙찰자선정방법 1. 적격심사 2. 협상에의한계약 3. 최저가낙찰제 4. 규격가격분리 5. 2단계 경쟁입찰 6. 기타 ( ) 7. 없음	운영예산 산정 운영예산 산정 1. 내부산정 (지자체 자체적으로 산정) 2. 외부산정 (외부전문기관위탁 산정) 3. 내·외부 모두 산정 4. 산정 無 5. 없음	운영예산 산정 정산방법 1. 내부정산 (지자체 내부적으로 정산) 2. 외부정산 (외부전문기관위탁 정산) 3. 내·외부 모두 산정 4. 정산 無 5. 없음	성과평가 실시여부 1. 실시 2. 미실시 3. 향후 추진 4. 해당없음
2678	경기 안산시	학교(클럽)운동부등육성및지원(안산시장애인체육회)	8,000	1	4	7	8	7	1	1	1
2679	경기 안산시	부곡장난감대여센터운영지원	8,000	1	4	7	8	7	5	5	4
2680	경기 안산시	전통주등경쟁력강화사업	8,000	1	1	7	8	7	5	1	4
2681	경기 안산시	시설재배연작장해토양환경개선시범	8,000	1	1	7	8	7	5	5	4
2682	경기 안산시	경기서부어르신게이트볼대회출전지원	7,200	1	4	7	8	7	1	1	3
2683	경기 안산시	경기한우명품화사업	7,200	1	1	7	8	7	5	1	4
2684	경기 안산시	참여형성인지예산사업	7,000	1	4	6	7	6	1	1	1
2685	경기 안산시	전국어머니테니스대회개최지원	7,000	1	4	7	8	7	1	1	3
2686	경기 안산시	장애인체육인의날행사	7,000	1	1	7	8	7	1	1	3
2687	경기 안산시	장애인체육발전을위한세미나	7,000	1	1	7	8	7	1	1	3
2688	경기 안산시	조사료생산용볏짚비닐지원	7,000	1	1	7	8	7	5	1	4
2689	경기 안산시	의료관련감염병감시체계운영비지원	6,480	1	2	7	8	7	5	5	4
2690	경기 안산시	의료관련감염병감시체계운영비지원	6,480	1	2	7	8	7	5	5	4
2691	경기 안산시	의료관련감염병감시체계운영비지원	6,480	1	2	7	8	7	5	5	4
2692	경기 안산시	조사료생산용사일리지제조운송비지원	6,275	1	8	7	8	7	5	1	4
2693	경기 안산시	내수면양식장경쟁력지원	6,250	1	1	7	8	7	1	1	4
2694	경기 안산시	동체육회세미나및연수	6,000	1	4	7	8	7	1	1	3
2695	경기 안산시	해양환경보존사업추진	5,300	1	1	1	7	6	1	1	4
2696	경기 안산시	체육인의날행사개최	5,000	1	1	7	8	7	1	1	3
2697	경기 안산시	경기도서부어르신게이트볼대회개최지원	5,000	1	4	7	8	7	1	1	3
2698	경기 안산시	사고손상예방프로그램운영	5,000	1	4	7	8	7	1	1	1
2699	경기 안산시	양봉산업육성	5,000	1	1	7	8	7	5	1	4
2700	경기 안산시	중학생독서골든벨사업(안산청년회의소)	5,000	1	4	7	8	7	1	1	1
2701	경기 안산시	구제역예방백신지원	4,940	1	1	7	8	7	5	1	4
2702	경기 안산시	산업재해예방사업	4,800	1	4	7	8	7	1	1	1
2703	경기 안산시	축산관련차량GPS단말기상시전원공급체계구축	4,800	1	1	7	8	7	5	1	4
2704	경기 안산시	축산물이력관리지원	4,800	1	1	7	8	7	5	1	4
2705	경기 안산시	청정도시안산지킴이	4,500	1	4	7	8	7	1	1	4
2706	경기 안산시	유해환경감시단	4,500	1	2	7	8	7	1	1	1
2707	경기 안산시	경기한우명품화사업	4,500	1	1	7	8	7	5	1	4
2708	경기 안산시	친환경시설채소해충방제제지원	4,500	1	4	7	8	7	5	5	4
2709	경기 안산시	고품질안전축산물육성	4,410	1	1	7	8	7	5	1	4
2710	경기 안산시	안산상록재향경우회치안활동및안보견학	4,000	1	4	7	8	7	1	1	1
2711	경기 안산시	축산물전문판매점지원	4,000	1	1	7	8	7	5	1	4
2712	경기 안산시	우수전통민속놀이보존사업	3,000	1	5	7	8	7	1	1	1
2713	경기 안산시	우수전통민속놀이보존사업	3,000	1	5	7	8	7	1	1	1
2714	경기 안산시	교통안전사업(선진교통문화협의회)	3,000	1	4	7	8	7	1	1	1
2715	경기 안산시	북한이탈주민정착지원사업	3,000	1	4	7	8	7	1	1	1
2716	경기 안산시	환경정화사업(해병전우회)	3,000	1	4	7	8	7	1	1	1
2717	경기 안산시	맞춤형정보화교육사업	3,000	1	4	7	8	7	1	1	4

순번	시군구	지출명 (사업명)	2024년예산 (단위 : 천원 /1년간)	민간이전 분류 (지방자치단체 세출예산 집행기준에 의거) 1. 민간경상사업보조(307-02) 2. 민간단체 법정운영비보조(307-03) 3. 민간행사사업보조(307-04) 4. 민간위탁금(307-05) 5. 사회복지시설 법정운영비보조(307-10) 6. 민간인위탁교육비(307-12) 7. 공기관등에대한경상적위탁사업비(308-13) 8. 민간자본사업보조,자체재원(402-01) 9. 민간자본사업보조,이전재원(402-02) 10. 민간위탁사업비(402-03) 11. 공기관등에 대한 자본적 위탁사업비(403-02)	민간이전지출 근거 (지방보조금 관리기준 참고) 1. 법률에 규정 2. 국고보조 재원(국가지정) 3. 용도 지정 기부금 4. 조례에 직접규정 5. 지자체가 권장하는 사업을 하는 공공기관 6. 시,도 정책 및 재정사정 7. 기타 8. 해당없음	입찰방식 계약체결방법 (경쟁형태) 1. 일반경쟁 2. 제한경쟁 3. 지명경쟁 4. 수의계약 5. 법정위탁 6. 기타 ( ) 7. 없음	입찰방식 계약기간 1. 1년 2. 2년 3. 3년 4. 4년 5. 5년 6. 기타 ( )년 7. 단기계약 (1년미만) 8. 없음	입찰방식 낙찰자선정방법 1. 적격심사 2. 협상에의한계약 3. 최저가낙찰제 4. 규격가격분리 5. 2단계 경쟁입찰 6. 기타 ( ) 7. 없음	운영예산 산정 운영예산 산정 1. 내부산정 (지자체 자체적으로 산정) 2. 외부산정 (외부전문기관위탁 산정) 3. 내·외부 모두 산정 4. 산정 無 5. 없음	운영예산 산정 정산방법 1. 내부정산 (지자체 내부적으로 정산) 2. 외부정산 (외부전문기관위탁 정산) 3. 내·외부 모두 산정 4. 정산 無 5. 없음	성과평가 실시여부 1. 실시 2. 미실시 3. 향후 추진 4. 해당없음
2718	경기 안산시	산업재해예방및노동안전보건지원사업	2,800	1	4	7	8	7	1	1	1
2719	경기 안산시	미용자원봉사활동지원	2,500	1	4	7	8	7	1	1	1
2720	경기 안산시	독서동아리활동비지원사업	2,200	1	4	7	8	7	1	1	1
2721	경기 안산시	의료관련감염병표본감시체계운영(상록)	2,160	1	2	7	8	7	5	5	4
2722	경기 안산시	표본감시운영경비(상록)	2,040	1	1	7	8	7	5	5	4
2723	경기 안산시	표본감시운영경비(상록)	2,040	1	1	7	8	7	5	5	4
2724	경기 안산시	표본감시운영경비(상록)	2,040	1	1	7	8	7	5	5	4
2725	경기 안산시	표본감시운영경비(상록)	2,040	1	1	7	8	7	5	5	4
2726	경기 안산시	새마을지도자위탁교육비및여비	2,000	1	1,4	7	8	7	1	1	1
2727	경기 안산시	농촌지도자역량강화교육	2,000	1	1	7	8	7	1	1	4
2728	경기 안산시	여성기업특례보증보증료지원	2,000	1	6	7	8	7	1	1	4
2729	경기 안산시	친환경농업직불	1,784	1	1	7	8	7	5	1	4
2730	경기 안산시	표본감시운영경비(단원)	1,320	1	2	7	8	7	5	2	2
2731	경기 안산시	표본감시운영경비(단원)	1,320	1	2	7	8	7	5	2	2
2732	경기 안산시	조사료생산용종자구입지원	1,266	1	8	7	8	7	5	1	4
2733	경기 안산시	표본감시운영경비(단원)	960	1	2	7	8	7	5	2	2
2734	경기 안산시	표본감시운영경비(단원)	360	1	2	7	8	7	5	2	2
2735	경기 안산시	안산역사문화탐방아카데미운영	40,000	1	1	7	8	7	1	1	1
2736	경기 안산시	안산동향리지발간	21,000	1	1	7	8	7	1	1	1
2737	경기 안산시	청문당현정승집도재연행사	20,000	1	1	7	8	7	1	1	1
2738	경기 안산시	안산경기민요단육성및정기공연	12,600	1	1	7	8	7	1	1	1
2739	경기 안산시	안산향토사박물관운영	12,500	1	1	7	8	7	1	1	1
2740	경기 안산시	공연장대관료지원사업	10,000	1	6	7	8	7	1	1	1
2741	경기 안산시	문화학교운영(안산문화원)	7,000	1	1	7	8	7	1	1	1
2742	경기 안산시	안산문화'푸른메'발간사업	4,300	1	1	7	8	7	1	1	1
2743	경기 고양시	통합문화이용권(문화누리카드)사업	4,810,260	1	2	7	8	7	5	5	4
2744	경기 고양시	첨단모빌리티융합기술연구센터지원	650,000	1	4	7	3	7	1	1	1
2745	경기 고양시	주민자치활성화사업	600,000	1	7	7	8	7	5	5	4
2746	경기 고양시	우수선수우수지도자지원	575,100	1	4	7	8	7	1	1	4
2747	경기 고양시	고양가구박람회개최	550,000	1	4	7	8	6	1	3	1
2748	경기 고양시	새일사업지정운영(고양새일사업운영)	546,849	1	2	7	8	7	5	1	1
2749	경기 고양시	학교운동부지원	500,000	1	1	7	8	7	1	1	1
2750	경기 고양시	대한노인회고양시지회사업활동비지원	409,560	1	4	6	8	7	1	1	1
2751	경기 고양시	(예비)사회적기업일자리창출지원사업	343,462	1	2	7	8	7	1	5	1
2752	경기 고양시	새일사업지정운영(고양새일여성인턴제)	342,000	1	2	7	8	7	5	5	4
2753	경기 고양시	박물관및미술관지원(전환사업)	340,052	1	6	7	8	7	5	1	1
2754	경기 고양시	친환경축산조성	305,655	1	6	7	8	7	1	1	4
2755	경기 고양시	도특화여성일자리취업	298,920	1	6	7	8	7	5	1	4
2756	경기 고양시	노동안전지킴이운영	239,170	1	4	7	1	7	1	1	1
2757	경기 고양시	성인장애인평생교육지원사업	238,190	1	4	7	8	7	5	5	4

순번	시군구	지출명 (사업명)	2024년예산 (단위 : 천원 /1년간)	민간이전 분류 (지방자치단체 세출예산 집행기준에 의거) 1. 민간경상사업보조(307-02) 2. 민간단체 법정운영비보조(307-03) 3. 민간행사사업보조(307-04) 4. 민간위탁금(307-05) 5. 사회복지시설 법정운영비보조(307-10) 6. 민간인위탁교육비(307-12) 7. 공기관등에대한경상적위탁사업비(308-13) 8. 민간자본사업보조,자체재원(402-01) 9. 민간자본사업보조,이전재원(402-02) 10. 민간위탁사업비(402-03) 11. 공기관등에 대한 자본적 위탁사업비(403-02)	민간이전지출 근거 (지방보조금 관리기준 참고) 1. 법률에 규정 2. 국고보조 재원(국가지정) 3. 용도 지정 기부금 4. 조례에 직접규정 5. 지자체가 권장하는 사업을 하는 공공기관 6. 시,도 정책 및 재정사정 7. 기타 8. 해당없음	입찰방식: 계약체결방법 (경쟁형태) 1. 일반경쟁 2. 제한경쟁 3. 지명경쟁 4. 수의계약 5. 법정위탁 6. 기타 ( ) 7. 없음	입찰방식: 계약기간 1. 1년 2. 2년 3. 3년 4. 4년 5. 5년 6. 기타 ( )년 7. 단기계약 (1년미만) 8. 없음	입찰방식: 낙찰자선정방법 1. 적격심사 2. 협상에의한계약 3. 최저가낙찰제 4. 규격가격분리 5. 2단계 경쟁입찰 6. 기타 ( ) 7. 없음	운영예산 산정: 운영예산 산정 1. 내부산정 (지자체 자체적으로 산정) 2. 외부산정 (외부전문기관위탁 산정) 3. 내·외부 모두 산정 4. 산정 無 5. 없음	운영예산 산정: 정산방법 1. 내부정산 (지자체 내부적으로 정산) 2. 외부정산 (외부전문기관위탁 정산) 3. 내·외부 모두 정산 4. 정산 無 5. 없음	성과평가 실시여부 1. 실시 2. 미실시 3. 향후 추진 4. 해당없음
2758	경기 고양시	지역특화품목도매시장출하용포장재지원	234,221	1	6	7	8	7	5	1	4
2759	경기 고양시	고양청년지역혁신일자리지원사업(2022)운영비및참여자지원	232,612	1	6	7	1	7	1	1	2
2760	경기 고양시	새일사업지정운영(고양MICE새일사업운영)	223,929	1	2	7	8	7	5	1	1
2761	경기 고양시	G스포츠클럽운영지원	180,000	1	1	7	8	7	1	1	1
2762	경기 고양시	가와지1호육성보급확대	180,000	1	4	7	8	7	5	5	4
2763	경기 고양시	축산환경개선사업	170,800	1	6	7	8	7	5	1	4
2764	경기 고양시	고양형학교시설공유활성화사업지원	170,000	1	4	7	8	7	1	1	1
2765	경기 고양시	사회적경제기업사업개발비지원사업	165,370	1	2	7	8	7	5	5	4
2766	경기 고양시	고양시지속가능발전협의회	153,179	1	4	7	8	7	5	1	1
2767	경기 고양시	사회적기업사회보험료지원사업	152,800	1	2	7	8	7	5	5	4
2768	경기 고양시	경기한우명품화사업	150,220	1	6	7	8	7	5	1	4
2769	경기 고양시	일반학생승마체험	150,080	1	2	7	8	7	5	1	4
2770	경기 고양시	생활과학교실운영	139,511	1	4	7	8	7	1	1	3
2771	경기 고양시	고양맞춤형일자리학교민간보조사업	135,000	1	4	7	8	7	5	5	4
2772	경기 고양시	새일사업지정운영(고양MICE새일여성인턴제)	133,000	1	2	7	8	7	5	1	1
2773	경기 고양시	응급의료기관지원	115,200	1	1,2	7	8	7	5	2	4
2774	경기 고양시	고양문화원사업활동	114,300	1	4	7	8	7	1	1	1
2775	경기 고양시	로컬푸드참여농가유통지원사업	111,890	1	7	7	8	7	5	5	4
2776	경기 고양시	조사료생산용사일리지제조운송비지원	105,642	1	2	7	8	7	5	1	4
2777	경기 고양시	외래어종(무용생물)수매	102,000	1	6	7	8	7	5	1	4
2778	경기 고양시	공동방제단운영사업	100,606	1	2	7	8	7	5	1	4
2779	경기 고양시	고양실버체육교실	100,000	1	4	7	8	7	1	1	1
2780	경기 고양시	고양시태권도시범단지원	100,000	1	4	7	8	7	1	1	1
2781	경기 고양시	야외생활체육교실	100,000	1	4	7	8	7	1	1	1
2782	경기 고양시	로컬푸드안전성검사지원사업	99,000	1	7	7	8	7	5	5	4
2783	경기 고양시	가축재해보험가입지원	95,160	1	6	7	8	7	5	1	4
2784	경기 고양시	사다리지역공동체만들기동협의회사업	94,200	1	1	7	8	7	1	1	1
2785	경기 고양시	새일사업지정운영(고양새일사업직업교육훈련)	94,000	1	2	7	8	7	5	1	1
2786	경기 고양시	새일사업지정운영(고양MICE새일사업직업교육훈련)	94,000	1	2	7	8	7	5	1	1
2787	경기 고양시	축산ICT융복합확산사업	90,953	1	2	7	8	7	5	1	4
2788	경기 고양시	초등스포츠클럽육성지원	90,070	1	1	7	8	7	1	1	1
2789	경기 고양시	고양파주범죄피해자지원센터사업비	87,000	1	1	1	1	7	1	1	1
2790	경기 고양시	고양유소년축구교실운영	85,000	1	4	7	8	7	1	1	1
2791	경기 고양시	고양청년지역맞춤형인재양성지원사업(2023)운영비및참여자지원	82,196	1	6	7	1	7	1	1	1
2792	경기 고양시	성평등기금사업	82,000	1	4	7	8	7	1	1	1
2793	경기 고양시	문해교육사업	80,000	1	4	7	8	7	5	5	4
2794	경기 고양시	고양사랑담은김장김치담그기	80,000	1	1	7	8	7	1	1	1
2795	경기 고양시	노인여가복지프로그램운영비지원	80,000	1	4	6	6	6	1	1	1
2796	경기 고양시	의료기관결핵환자관리지원	75,368	1	2	7	1	7	2	3	1
2797	경기 고양시	고택종갓집활용사업	70,000	1	2	7	8	7	5	5	4

순번	시군구	지출명 (사업명)	2024년예산 (단위 : 천원 /1년간)	민간이전 분류 (지방자치단체 세출예산 집행기준에 의거) 1. 민간경상사업보조(307-02) 2. 민간단체 법정운영비보조(307-03) 3. 민간행사사업보조(307-04) 4. 민간위탁금(307-05) 5. 사회복지시설 법정운영비보조(307-10) 6. 민간인위탁교육비(307-12) 7. 공기관등에대한경상적위탁사업비(308-13) 8. 민간자본사업보조,자체재원(402-01) 9. 민간자본사업보조,이전재원(402-02) 10. 민간위탁사업비(402-03) 11. 공기관등에 대한 자본적 위탁사업비(403-02)	민간이전지출 근거 (지방보조금 관리기준 참고) 1. 법률에 규정 2. 국고보조 재원(국가지정) 3. 용도 지정 기부금 4. 조례에 직접규정 5. 지자체가 권장하는 사업을 하는 공공기관 6. 시,도 정책 및 재정사정 7. 기타 8. 해당없음	입찰방식			운영예산 산정		성과평가 실시여부
						계약체결방법 (경쟁형태) 1. 일반경쟁 2. 제한경쟁 3. 지명경쟁 4. 수의계약 5. 법정위탁 6. 기타 ( ) 7. 없음	계약기간 1. 1년 2. 2년 3. 3년 4. 4년 5. 5년 6. 기타 ( )년 7. 단기계약 (1년미만) 8. 없음	낙찰자선정방법 1. 적격심사 2. 협상에의한계약 3. 최저가낙찰제 4. 규격가격분리 5. 2단계 경쟁입찰 6. 기타 ( ) 7. 없음	운영예산 산정 1. 내부산정 (지자체 자체적으로 산정) 2. 외부산정 (외부전문기관위탁 산정) 3. 내·외부 모두 산정 4. 산정 無 5. 없음	정산방법 1. 내부정산 (지자체 내부적으로 정산) 2. 외부정산 (외부전문기관위탁 정산) 3. 내·외부 모두 산정 4. 정산 無 5. 없음	1. 실시 2. 미실시 3. 향후 추진 4. 해당없음
2798	경기 고양시	고양청년지역혁신일자리지원사업(2023)운영비및참여자지원	65,672	1	6	7	1	7	1	1	2
2799	경기 고양시	G마크포장재지원	63,250	1	6	7	8	7	5	1	4
2800	경기 고양시	고양시초기창업기업지원프로그램	61,000	1	4	7	1	7	1	1	1
2801	경기 고양시	모범운전자회	60,000	1	4	7	8	7	1	1	1
2802	경기 고양시	기타장애인체육선수단	56,000	1	4	7	8	7	1	1	1
2803	경기 고양시	찾아가는자전거수리판매센터	52,000	1	4	7	8	7	5	5	4
2804	경기 고양시	낙농경쟁력강화사업	51,900	1	6	7	8	7	5	1	4
2805	경기 고양시	고양창업청년일자리지원사업(2023)운영비및참여자지원	50,753	1	6	7	1	7	1	1	2
2806	경기 고양시	시니어바둑리그참가선수단지원	50,000	1	4	7	8	7	1	1	1
2807	경기 고양시	학교치유텃밭조성및운영	50,000	1	6	7	8	7	1	1	1
2808	경기 고양시	고양쌀브랜드포장재지원사업	50,000	1	7	7	8	7	5	5	4
2809	경기 고양시	생생문화유산활용사업	45,000	1	2	7	8	7	5	5	4
2810	경기 고양시	휠체어농구단	42,500	1	4	7	8	7	1	1	1
2811	경기 고양시	양봉산업경쟁력강화	42,500	1	6	7	8	7	5	1	4
2812	경기 고양시	마을공동체주민제안공모사업	40,000	1	4,6	7	8	7	5	5	4
2813	경기 고양시	찾아가는자전거안전교육	40,000	1	4	7	8	7	5	5	4
2814	경기 고양시	장애인생활체육교실운영	40,000	1	4	7	8	7	1	1	1
2815	경기 고양시	이동노동자쉼터운영	40,000	1	5	7	1	7	1	1	2
2816	경기 고양시	고양창업청년일자리지원사업(2022)운영비및참여자지원	39,476	1	6	7	1	7	1	1	2
2817	경기 고양시	의료기관결핵환자관리지원	37,684	1	2	6	1	6	2	3	1
2818	경기 고양시	경계선지능인평생교육지원사업	35,000	1	4	7	8	7	5	5	4
2819	경기 고양시	녹색어머니회	35,000	1	4	7	8	7	1	1	1
2820	경기 고양시	고양시관광협의회사업지원	30,000	1	4	7	8	7	1	1	1
2821	경기 고양시	공예전시회지원	30,000	1	4	7	8	6	1	1	2
2822	경기 고양시	여성축구단지원	30,000	1	4	7	8	7	1	1	1
2823	경기 고양시	축산농가폐기자재수거지원	30,000	1	6	7	8	7	5	1	4
2824	경기 고양시	지역자율방재단재해예방및복구활동지원	30,000	1	1	7	8	7	1	1	1
2825	경기 고양시	평생돌보미사업은빛사랑의장나누기	29,250	1	1	7	8	7	1	1	1
2826	경기 고양시	좌식배구단	29,000	1	4	7	8	7	1	1	1
2827	경기 고양시	지역농산물먹거리지원	28,020	1	6	7	8	7	5	1	4
2828	경기 고양시	공예품대전출품및행사참가운영지원	27,000	1	4	7	8	6	1	1	2
2829	경기 고양시	영상음향공간융합기술연구센터지원	26,000	1	4	7	1	7	1	1	1
2830	경기 고양시	주차환경개선사업	25,500	1	1	7	8	7	1	1	1
2831	경기 고양시	국내외평화통일교류협력사업	24,110	1	1	7	8	7	1	1	1
2832	경기 고양시	아동돌봄공동체조성공모사업	24,000	1	4,6	7	8	7	5	5	4
2833	경기 고양시	휠체어럭비단	24,000	1	4	7	8	7	1	1	1
2834	경기 고양시	체육단체공동사무실운영	23,800	1	4	7	8	7	1	1	4
2835	경기 고양시	도시원예활성화사업	22,000	1	6	7	8	7	1	1	1
2836	경기 고양시	동국대창업보육센터운영지원	21,653	1	4	7	1	7	1	1	1
2837	경기 고양시	휠체어여자농구단	21,200	1	4	7	8	7	1	1	1

순번	시군구	지출명 (사업명)	2024년예산 (단위 : 천원 /1년간)	민간이전 분류 (지방자치단체 세출예산 집행기준에 의거) 1. 민간경상사업보조(307-02) 2. 민간단체 법정운영비보조(307-03) 3. 민간행사사업보조(307-04) 4. 민간위탁금(307-05) 5. 사회복지시설 법정운영비보조(307-10) 6. 민간인위탁교육비(307-12) 7. 공기관등에대한경상적위탁사업비(308-13) 8. 민간자본사업보조,자체재원(402-01) 9. 민간자본사업보조,이전재원(402-02) 10. 민간위탁사업비(402-03) 11. 공기관등에 대한 자본적 위탁사업비(403-02)	민간이전지출 근거 (지방보조금 관리기준 참고) 1. 법률에 규정 2. 국고보조 재원(국가지정) 3. 용도 지정 기부금 4. 조례에 직접규정 5. 지자체가 권장하는 사업을 하는 공공기관 6. 시,도 정책 및 재정사정 7. 기타 8. 해당없음	입찰방식: 계약체결방법 (경쟁형태) 1. 일반경쟁 2. 제한경쟁 3. 지명경쟁 4. 수의계약 5. 법정위탁 6. 기타 ( ) 7. 없음	입찰방식: 계약기간 1. 1년 2. 2년 3. 3년 4. 4년 5. 5년 6. 기타 ( )년 7. 단기계약 (1년미만) 8. 없음	입찰방식: 낙찰자선정방법 1. 적격심사 2. 협상에의한계약 3. 최저가낙찰제 4. 규격가격분리 5. 2단계 경쟁입찰 6. 기타 ( ) 7. 없음	운영예산 산정: 운영예산 산정 1. 내부산정 (지자체 자체적으로 산정) 2. 외부산정 (외부전문기관위탁 산정) 3. 내·외부 모두 산정 4. 산정 無 5. 없음	운영예산 산정: 정산방법 1. 내부정산 (지자체 내부적으로 정산) 2. 외부정산 (외부전문기관위탁 정산) 3. 내·외부 모두 산정 4. 정산 無 5. 없음	성과평가 실시여부 1. 실시 2. 미실시 3. 향후 추진 4. 해당없음
2838	경기 고양시	소비자상담사업지원	21,105	1	4	7	8	6	1	1	1
2839	경기 고양시	조사료생산용볏짚비닐지원	20,400	1	6	7	8	7	5	1	4
2840	경기 고양시	접경지역군납활성화지원사업	20,400	1	4	7	8	7	1	1	2
2841	경기 고양시	홍살문에서만나요	20,000	1	4	7	8	7	1	1	1
2842	경기 고양시	공정무역도시조성	20,000	1	4	7	8	7	1	1	1
2843	경기 고양시	농업인근골격계질환예방지원	20,000	1	4	7	8	7	1	1	1
2844	경기 고양시	4H회원과제교육	20,000	1	6	7	8	7	1	1	4
2845	경기 고양시	가축전염병차단방역시설지원사업	20,000	1	6	7	8	7	5	1	4
2846	경기 고양시	바르게살기운동고양시협의회동위원회사업	20,000	1	6	7	8	7	5	1	4
2847	경기 고양시	경기미구매차액지원	19,500	1	1	7	8	7	1	1	1
2848	경기 고양시	유해야생동물포획및구조경비지원	19,500	1	6	7	8	7	5	1	4
2849	경기 고양시	친구야서원으로마실가자	18,000	1	4	7	8	7	5	5	4
2850	경기 고양시	청소년지도협의회활동지원	17,000	1	4	7	8	7	1	1	1
2851	경기 고양시	한국항공대학교창업보육센터운영지원	17,000	1	4	7	8	7	1	1	4
2852	경기 고양시	고양문학및문인선집발간	16,800	1	4	7	1	7	1	1	1
2853	경기 고양시	언택트시대중소농가경영개선을위한브랜드활성화지원	16,200	1	1	7	8	7	1	1	1
2854	경기 고양시	사회공익승마사업	16,000	1	6	7	8	7	5	3	3
2855	경기 고양시	고양생명의전화보조금지원	16,000	1	6	7	8	7	5	1	4
2856	경기 고양시	책과함께하는새마을운동실천릴레이(환경실천릴레이)	15,500	1	6	7	8	7	5	5	4
2857	경기 고양시	고양백세시대홀몸어르신큰잔치	15,200	1	1	7	8	7	1	1	1
2858	경기 고양시	학교4H과제교육지원	15,000	1	1	7	8	7	1	1	1
2859	경기 고양시	돌봄취약가구반려동물의료서비스등지원	15,000	1	1	7	8	7	1	1	1
2860	경기 고양시	구제역예방백신지원사업	14,400	1	8	7	8	7	5	5	4
2861	경기 고양시	가축전염병예방접종사업	13,300	1	2	7	8	7	5	1	4
2862	경기 고양시	새마을지도자대회	13,200	1	2	7	8	7	5	1	4
2863	경기 고양시	저소득노인사랑의밑반찬지원사업	12,600	1	1	7	8	7	1	1	1
2864	경기 고양시	외국인주민상담지원	12,600	1	4	6	6	7	1	1	1
2865	경기 고양시	가축분뇨퇴액비살포비지원	12,000	1	4	7	8	7	5	5	4
2866	경기 고양시	돼지소모성질환지도지원사업	12,000	1	2	7	8	7	5	1	4
2867	경기 고양시	가금농가질병관리지원사업	12,000	1	2	7	8	7	5	1	4
2868	경기 고양시	일산전통시장고객쉼터임차료지원	12,000	1	2	7	8	7	5	1	4
2869	경기 고양시	고양시새마을회워크숍	10,800	1	1	7	8	7	1	1	1
2870	경기 고양시	전통주소비활성화지원	10,800	1	1	7	8	7	1	1	1
2871	경기 고양시	환경오염행위감시활동지원	10,512	1	6	7	8	7	5	1	4
2872	경기 고양시	소외계층템플스테이(흥국사)	10,500	1	4	7	8	7	5	5	4
2873	경기 고양시	민간예술단아웃소싱	10,000	1	4	7	8	7	1	1	1
2874	경기 고양시	기업인네트워크및경쟁력강화를위한행사지원	10,000	1	1	7	8	7	1	1	1
2875	경기 고양시	북한이탈주민지역사회소통화합지원사업	10,000	1	4	1	1	1	1	1	1
2876	경기 고양시	고양시민평화통일최고위과정	10,000	1	4	7	8	7	5	5	4
2877	경기 고양시	DMZ평화프로젝트,통일의길을걷다	10,000	1	1	7	8	7	1	1	1

순번	시군구	지출명 (사업명)	2024년예산 (단위 : 천원 /1년간)	민간이전 분류 (지방자치단체 세출예산 집행기준에 의거)	민간이전지출 근거 (지방보조금 관리기준 참고)	입찰방식			운영예산 산정		성과평가 실시여부
				1. 민간경상사업보조(307-02) 2. 민간단체 법정운영비보조(307-03) 3. 민간행사사업보조(307-04) 4. 민간위탁금(307-05) 5. 사회복지시설 법정운영비보조(307-10) 6. 민간인위탁교육비(307-12) 7. 공기관등에대한경상적위탁사업비(308-13) 8. 민간자본사업보조,자체재원(402-01) 9. 민간자본사업보조,이전재원(402-02) 10. 민간위탁사업비(402-03) 11. 공기관등에 대한 자본적 위탁사업비(403-02)	1. 법률에 규정 2. 국고보조 재원(국가지정) 3. 용도 지정 기부금 4. 조례에 직접규정 5. 지자체가 권장하는 사업을 하는 공공기관 6. 시,도 정책 및 재정사정 7. 기타 8. 해당없음	계약체결방법 (경쟁형태) 1. 일반경쟁 2. 제한경쟁 3. 지명경쟁 4. 수의계약 5. 법정위탁 6. 기타 ( ) 7. 없음	계약기간 1. 1년 2. 2년 3. 3년 4. 4년 5. 5년 6. 기타 ( )년 7. 단기계약 (1년미만) 8. 없음	낙찰자선정방법 1. 적격심사 2. 협상에의한계약 3. 최저가낙찰제 4. 규격가격분리 5. 2단계 경쟁입찰 6. 기타 ( ) 7. 없음	운영예산 산정 1. 내부산정 (지자체 자체적으로 산정) 2. 외부산정 (외부전문기관위탁 산정) 3. 내·외부 모두 산정 4. 산정 無 5. 없음	정산방법 1. 내부정산 (지자체 내부적으로 정산) 2. 외부정산 (외부전문기관위탁 정산) 3. 내·외부 모두 산정 4. 정산 無 5. 없음	1. 실시 2. 미실시 3. 향후 추진 4. 해당없음
2878	경기 고양시	여성야구단지원	10,000	1	4	7	8	7	5	5	4
2879	경기 고양시	도시농업지원센터육성	10,000	1	6	7	8	7	1	1	1
2880	경기 고양시	생활개선회학습활동지원	10,000	1	6	7	8	7	5	1	4
2881	경기 고양시	외국인근로자주거환경개선	10,000	1	6	7	8	7	5	1	4
2882	경기 고양시	논이용동계사료작물재배지원	10,000	1	6	7	8	7	5	1	4
2883	경기 고양시	식생활교육지원사업	10,000	1	4	1	1	1	1	1	1
2884	경기 고양시	안전보안관활동물품구입비	10,000	1	4	7	8	7	1	1	1
2885	경기 고양시	제27호고양예술지발간	9,000	1	1	7	8	7	1	1	1
2886	경기 고양시	소비자경제교육	9,000	1	4	7	8	6	1	1	1
2887	경기 고양시	겨울나기연탄나눔봉사	9,000	1	1	7	8	7	1	1	1
2888	경기 고양시	여성배구단지원	9,000	1	4	7	8	7	1	1	1
2889	경기 고양시	청소년유해환경감시단지원	9,000	1	2	7	8	7	5	1	4
2890	경기 고양시	4H학생농업농촌문화교육	9,000	1	1	7	8	7	1	1	1
2891	경기 고양시	우수여왕벌보급사업	8,400	1	6	7	8	7	5	1	4
2892	경기 고양시	청소년평화통일골든벨	8,000	1	1	7	8	7	1	1	1
2893	경기 고양시	농산물가공제품온라인포장재개발시범	8,000	1	6	7	8	7	1	1	4
2894	경기 고양시	맞춤형성인지감수성교실	8,000	1	1	7	8	7	1	1	3
2895	경기 고양시	외국인주민한국어교육	8,000	1	4	7	8	7	5	5	4
2896	경기 고양시	새마을교육지원	7,344	1	1	7	8	7	1	1	1
2897	경기 고양시	2024활동보고회및송년의밤	7,200	1	1	7	8	7	1	1	1
2898	경기 고양시	다문화가정서포터즈운영	7,200	1	1	5	3	7	1	1	3
2899	경기 고양시	골목으로찾아가는이동세탁봉사	7,000	1	1	7	8	7	1	1	1
2900	경기 고양시	행복도시고양,행복리더아카데미	7,000	1	1	7	8	7	1	1	1
2901	경기 고양시	더불어사는고양"행복지킴이"	7,000	1	1	7	8	7	1	1	1
2902	경기 고양시	고양파주농촌지도자연찬회	7,000	1	1	7	8	7	1	1	1
2903	경기 고양시	농촌지도자중앙(도)대회	7,000	1	1	7	8	7	1	1	1
2904	경기 고양시	아프리카돼지열병농장유입차단지원사업	6,400	1	6	7	8	7	5	1	4
2905	경기 고양시	한국자유총연맹고양시지회워크숍	6,041	1	1	7	8	7	1	1	1
2906	경기 고양시	생활개선회활동지원사업(도기금)	5,550	1	6	7	8	7	5	1	4
2907	경기 고양시	농촌지도자회원활동지원사업(도기금)	5,500	1	6	7	8	7	5	1	4
2908	경기 고양시	바르게살기운동회원대회	5,400	1	1	7	8	7	1	1	1
2909	경기 고양시	제21기자문위원통일역량강화워크숍	5,355	1	1	7	8	7	1	1	1
2910	경기 고양시	자유수호지도자대회	5,220	1	1	7	8	7	1	1	1
2911	경기 고양시	농아인야구단	5,000	1	4	7	8	7	1	1	1
2912	경기 고양시	장애인탁구단	5,000	1	4	7	8	7	1	1	1
2913	경기 고양시	농산업분야학생진로탐구교육	5,000	1	6	7	8	7	5	1	4
2914	경기 고양시	농촌지도자자매결연시군교류사업	5,000	1	1	7	8	7	1	1	1
2915	경기 고양시	생활개선회학습조직역량강화	5,000	1	1	7	8	7	1	1	1
2916	경기 고양시	축산경영지원	5,000	1	6	7	8	7	5	1	4
2917	경기 고양시	안전보안관연합대안전예방활동지원	5,000	1	4	7	8	7	1	1	1

순번	시군구	지출명 (사업명)	2024년예산 (단위 : 천원 /1년간)	민간이전 분류 (지방자치단체 세출예산 집행기준에 의거) 1. 민간경상사업보조(307-02) 2. 민간단체 법정운영비보조(307-03) 3. 민간행사사업보조(307-04) 4. 민간위탁금(307-05) 5. 사회복지시설 법정운영비보조(307-10) 6. 민간인위탁교육비(307-12) 7. 공기관등에대한경상적위탁사업비(308-13) 8. 민간자본사업보조,자체재원(402-01) 9. 민간자본사업보조,이전재원(402-02) 10. 민간위탁사업비(402-03) 11. 공기관등에 대한 자본적 위탁사업비(403-02)	민간이전지출 근거 (지방보조금 관리기준 참고) 1. 법률에 규정 2. 국고보조 재원(국가지정) 3. 용도 지정 기부금 4. 조례에 직접규정 5. 지자체가 권장하는 사업을 하는 공공기관 6. 시,도 정책 및 재정사정 7. 기타 8. 해당없음	입찰방식: 계약체결방법 (경쟁형태) 1. 일반경쟁 2. 제한경쟁 3. 지명경쟁 4. 수의계약 5. 법정위탁 6. 기타 ( ) 7. 없음	입찰방식: 계약기간 1. 1년 2. 2년 3. 3년 4. 4년 5. 5년 6. 기타 ( )년 7. 단기계약 (1년미만) 8. 없음	입찰방식: 낙찰자선정방법 1. 적격심사 2. 협상에의한계약 3. 최저가낙찰제 4. 규격가격분리 5. 2단계 경쟁입찰 6. 기타 ( ) 7. 없음	운영예산 산정: 운영예산 산정 1. 내부산정 (지자체 자체적으로 산정) 2. 외부산정 (외부전문기관위탁 산정) 3. 내·외부 모두 산정 4. 산정 無 5. 없음	운영예산 산정: 정산방법 1. 내부정산 (지자체 내부적으로 정산) 2. 외부정산 (외부전문기관위탁 정산) 3. 내·외부 모두 산정 4. 정산 無 5. 없음	성과평가 실시여부 1. 실시 2. 미실시 3. 향후 추진 4. 해당없음
2918	경기 고양시	고양시청소년통일캠프	4,500	1	1	7	8	7	1	1	1
2919	경기 고양시	생활개선회육성지원	4,500	1	1	7	8	7	1	1	1
2920	경기 고양시	조사료생산용종자구입지원	4,500	1	2	7	8	7	5	1	4
2921	경기 고양시	사회공익승마체험	4,160	1	2	7	8	7	5	1	4
2922	경기 고양시	다문화가족동아리모임활성화지원	4,050	1	1	5	3	7	1	1	3
2923	경기 고양시	청소년병영체험교실	4,000	1	1	7	8	7	1	1	1
2924	경기 고양시	농촌지도자학습조직역량강화	4,000	1	1	7	8	7	1	1	1
2925	경기 고양시	자유수호통일준비민주시민교육	3,150	1	1	7	8	7	1	1	1
2926	경기 고양시	방치자전거수거사업	3,000	1	5	1	7	1	1	2	1
2927	경기 고양시	고양시4H연합회육성	3,000	1	1	7	8	7	1	1	1
2928	경기 고양시	자활기업운영지원(세무기장비)	2,000	1	4	5	1	6	1	3	1
2929	경기 고양시	농촌지도자회육성지원	2,000	1	1	7	8	7	1	1	1
2930	경기 고양시	안전보안관차량유지관리비	2,000	1	4	7	8	7	1	1	1
2931	경기 고양시	말벌퇴치장비지원사업	1,900	1	2	7	8	7	5	1	4
2932	경기 고양시	상이군경회고양시지회국가유공자묘역정화사업	1,500	1	1	7	8	7	1	1	1
2933	경기 과천시	중소기업및소상공인육성자금이자차액보전	1,000,000	1	4	7	8	7	1	1	4
2934	경기 과천시	농업경쟁력강화	343,000	1	1	7	8	7	1	1	3
2935	경기 과천시	지역주민우선채용기업장려금지원	315,294	1	4	7	8	7	1	1	1
2936	경기 과천시	우리아이건강과일공급	209,040	1	6	7	8	7	1	1	3
2937	경기 과천시	임산부친환경농산물꾸러미사업	134,400	1	2	7	8	7	1	1	3
2938	경기 과천시	시장매니저육성사업	116,372	1	1	7	1	7	1	1	1
2939	경기 과천시	꽃생활활성화사업1Table1Flower	81,000	1	1	1	8	7	1	1	3
2940	경기 과천시	전통시장활성화지원	80,000	1	1	7	8	7	1	1	1
2941	경기 과천시	과천시지속가능발전협의회사업비	69,230	1	4	7	8	7	1	1	1
2942	경기 과천시	과천시지속가능발전협의회사업비	69,230	1	4	7	8	7	1	1	1
2943	경기 과천시	유기질비료지원(과천농협)	50,894	1	1	7	8	7	1	1	3
2944	경기 과천시	도시생태농업관련교육지원(도시농업지원센터)	50,000	1	1	1	8	7	1	1	3
2945	경기 과천시	재활용가능자원순환촉진사업(공모)	40,000	1	4	7	8	7	1	1	1
2946	경기 과천시	지역주도형청년일자리사업(창업성장플러스)	36,579	1	2	7	7	7	5	5	4
2947	경기 과천시	국내외화훼박람회및전시회참가	30,000	1	1	7	8	7	1	1	3
2948	경기 과천시	지진안전시설물인증지원사업	29,550	1	2	7	8	7	1	5	2
2949	경기 과천시	공동주택자투리공간텃밭조성	25,000	1	1	1	8	7	1	1	3
2950	경기 과천시	비료가격안정지원	20,348	1	1	7	8	7	1	1	3
2951	경기 과천시	새마을해외협력사업(과천시새마을회)	20,000	1	1	7	8	7	5	5	4
2952	경기 과천시	주민자치위원회공모형마을사업	20,000	1	4	7	8	7	5	5	4
2953	경기 과천시	치유농업활성화지원	20,000	1	1	1	8	7	1	1	3
2954	경기 과천시	공익직불제	20,000	1	1	7	8	7	1	1	3
2955	경기 과천시	새마을봉사활동(과천시새마을회)	19,802	1	1	7	8	7	5	5	4
2956	경기 과천시	농작물재해보험가입지원	19,200	1	6	7	8	7	1	1	3
2957	경기 과천시	국내전시회참가기업지원	18,000	1	1	7	8	7	1	1	1

순번	시군구	지출명 (사업명)	2024년예산 (단위 : 천원 /1년간)	민간이전 분류 (지방자치단체 세출예산 집행기준에 의거) 1. 민간경상사업보조(307-02) 2. 민간단체 법정운영비보조(307-03) 3. 민간행사사업보조(307-04) 4. 민간위탁금(307-05) 5. 사회복지시설 법정운영비보조(307-10) 6. 민간인위탁교육비(307-12) 7. 공기관등에대한경상적위탁사업비(308-13) 8. 민간자본사업보조,자체재원(402-01) 9. 민간자본사업보조,이전재원(402-02) 10. 민간위탁사업비(402-03) 11. 공기관등에 대한 자본적 위탁사업비(403-02)	민간이전지출 근거 (지방보조금 관리기준 참고) 1. 법률에 규정 2. 국고보조 재원(국가지정) 3. 용도 지정 기부금 4. 조례에 직접규정 5. 지자체가 권장하는 사업을 하는 공공기관 6. 시,도 정책 및 재정사정 7. 기타 8. 해당없음	입찰방식 계약체결방법 (경쟁형태) 1. 일반경쟁 2. 제한경쟁 3. 지명경쟁 4. 수의계약 5. 법정위탁 6. 기타 ( ) 7. 없음	입찰방식 계약기간 1. 1년 2. 2년 3. 3년 4. 4년 5. 5년 6. 기타 ( )년 7. 단기계약 (1년미만) 8. 없음	입찰방식 낙찰자선정방법 1. 적격심사 2. 협상에의한계약 3. 최저가낙찰제 4. 규격가격분리 5. 2단계 경쟁입찰 6. 기타 ( ) 7. 없음	운영예산 산정 운영예산 산정 1. 내부산정 (지자체 자체적으로 산정) 2. 외부산정 (외부전문기관위탁 산정) 3. 내·외부 모두 산정 4. 산정 無 5. 없음	운영예산 산정 정산방법 1. 내부정산 (지자체 내부적으로 정산) 2. 외부정산 (외부전문기관위탁 정산) 3. 내·외부 모두 산정 4. 정산 無 5. 없음	성과평가 실시여부 1. 실시 2. 미실시 3. 향후 추진 4. 해당없음
2958	경기 과천시	새마을실천역량강화교육(과천시새마을회)	15,000	1	1	7	8	7	5	5	4
2959	경기 과천시	초등돌봄교실과일간식지원	14,000	1	2	7	8	7	1	1	3
2960	경기 과천시	한국란전시회지원	13,500	1	1	7	8	7	1	1	3
2961	경기 과천시	자유민주주의의식함양및역량강화사업	13,360	1	1	7	8	7	5	5	4
2962	경기 과천시	청년동아리지원사업	7,000	1	2	7	7	7	5	5	4
2963	경기 과천시	여성,노약자권리기능지원	6,500	1	1	7	8	7	1	1	3
2964	경기 과천시	범죄피해자지원사업	5,500	1	1	7	8	7	1	1	1
2965	경기 과천시	자문위원통일역량강화워크숍(민주평화통일자문회의과천시협의회)	5,000	1	1	7	8	7	5	5	4
2966	경기 과천시	통일기원망향제및전적지순례(이북도민회)	4,500	1	1	7	8	7	5	5	4
2967	경기 과천시	향군안보교육(과천시재향군인회)	4,100	1	1	7	8	7	5	5	4
2968	경기 과천시	전적지순례(과천시재향군인회)	4,000	1	1	7	8	7	5	5	4
2969	경기 과천시	농업인안전재해보험가입지원	3,860	1	6	7	8	7	1	1	3
2970	경기 과천시	향군여성회호국정신함양안보활동(과천시재향군인회)	3,000	1	1	7	8	7	5	5	4
2971	경기 과천시	바르게살기회원대회(바르게살기운동과천시협의회)	2,903	1	1	7	8	7	5	5	4
2972	경기 과천시	새마을교육부담금(과천시새마을회)	2,600	1	1	7	8	7	5	5	4
2973	경기 과천시	향군체육대회(과천시재향군인회)	2,600	1	1	7	8	7	5	5	4
2974	경기 과천시	주민을위한공익봉사활동(지방행정동우회)	2,500	1	1	7	8	7	5	5	4
2975	경기 과천시	시민과함께하는바르게살기운동(바르게살기운동과천시협의회)	2,340	1	1	7	8	7	5	5	4
2976	경기 과천시	공익봉사활동무료행정산담(지방행정동우회)	2,200	1	1	7	8	7	5	5	4
2977	경기 과천시	새마을지도자대회(과천시새마을회)	1,450	1	1	7	8	7	5	5	4
2978	경기 과천시	GAP인증검사비지원	1,000	1	1	7	8	7	1	1	3
2979	경기 구리시	통합문화이용권사업(문화누리카드)지원	1,013,610	1	2	7	8	7	2	2	4
2980	경기 구리시	친환경등우수농산물학교급식지원	540,000	1	6	7	8	7	1	1	4
2981	경기 구리시	경기도어린이건강과일공급	400,200	1	6	7	8	7	1	1	4
2982	경기 구리시	유기질비료지원	396,061	1	2	7	8	7	1	1	4
2983	경기 구리시	G마크우수축산물학교급식지원사업	250,000	1	1	7	8	7	5	5	4
2984	경기 구리시	친환경,고품질농산물생산지원	240,000	1	6	7	8	7	1	1	1
2985	경기 구리시	택시카드결제수수료지원	163,094	1	1,4	7	8	7	1	1	4
2986	경기 구리시	일반생활체육지도자배치사업(활동지원)	157,285	1	2	7	8	7	1	1	1
2987	경기 구리시	경기도생활체육대축전참가	140,000	1	4	7	8	7	1	1	1
2988	경기 구리시	구리시청년창업플러스지원사업참여자인센티브	126,502	1	2	7	8	7	5	5	4
2989	경기 구리시	경기도체육대회참가	120,000	1	4	7	8	7	1	1	1
2990	경기 구리시	아침생활체육교실운영	109,004	1	4	7	8	7	1	1	1
2991	경기 구리시	경기임산부친환경농산물지원	106,368	1	6	7	8	7	1	1	4
2992	경기 구리시	도지사기종목별생활체육대회출전지원	104,000	1	4	7	8	7	1	1	1
2993	경기 구리시	어르신생활체육지도자배치사업(활동지원)	94,371	1	2	7	8	7	1	1	1
2994	경기 구리시	(예비)사회적기업일자리창출지원(경기도)	84,240	1	1	7	8	7	5	1	1
2995	경기 구리시	새일여성인턴채용지원금	83,600	1	1	7	8	7	5	1	1
2996	경기 구리시	사회적기업일자리창출지원	79,165	1	1,2	7	8	7	5	1	1
2997	경기 구리시	결핵환자관리사업(민간공공협력)운영지원비	75,368	1	2	7	8	7	5	2	1

순번	시군구	지출명 (사업명)	2024년예산 (단위 : 전원 /1년간)	민간이전 분류 (지방자치단체 세출예산 집행기준에 의거) 1. 민간경상사업보조(307-02) 2. 민간단체 법정운영비보조(307-03) 3. 민간행사사업보조(307-04) 4. 민간위탁금(307-05) 5. 사회복지시설 법정운영비보조(307-10) 6. 민간인위탁교육비(307-12) 7. 공기관등에대한경상적위탁사업비(308-13) 8. 민간자본사업보조,자체재원(402-01) 9. 민간자본사업보조,이전재원(402-02) 10. 민간위탁사업비(402-03) 11. 공기관등에 대한 자본적 위탁사업비(403-02)	민간이전지출 근거 (지방보조금 관리기준 참고) 1. 법률에 규정 2. 국고보조 재원(국가지정) 3. 용도 지정 기부금 4. 조례에 직접규정 5. 지자체가 권장하는 사업을 하는 공공기관 6. 시,도 정책 및 재정사정 7. 기타 8. 해당없음	입찰방식: 계약체결방법 (경쟁형태) 1. 일반경쟁 2. 제한경쟁 3. 지명경쟁 4. 수의계약 5. 법정위탁 6. 기타 ( ) 7. 없음	입찰방식: 계약기간 1. 1년 2. 2년 3. 3년 4. 4년 5. 5년 6. 기타 ( )년 7. 단기계약 (1년미만) 8. 없음	입찰방식: 낙찰자선정방법 1. 적격심사 2. 협상에의한계약 3. 최저가낙찰제 4. 규격가격분리 5. 2단계 경쟁입찰 6. 기타 ( ) 7. 없음	운영예산 산정: 운영예산 산정 1. 내부산정 (지자체 자체적으로 산정) 2. 외부산정 (외부전문기관위탁 산정) 3. 내·외부 모두 산정 4. 산정 無 5. 없음	운영예산 산정: 정산방법 1. 내부정산 (지자체 내부적으로 정산) 2. 외부정산 (외부전문기관위탁 정산) 3. 내·외부 모두 산정 4. 정산 無 5. 없음	성과평가 실시여부 1. 실시 2. 미실시 3. 향후 추진 4. 해당없음
2998	경기 구리시	구리시공익활동단체육성지원사업	70,000	1	4	7	8	7	1	1	1
2999	경기 구리시	주민자치회시범운영동자치계획사업	70,000	1	4	7	8	7	1	1	1
3000	경기 구리시	장애인생활체육지도자배치사업(활동지원)	62,604	1	2	7	8	7	1	1	1
3001	경기 구리시	주민자치특화사업'시민이행복한마을만들기특화사업'	48,000	1	4	7	8	7	1	1	1
3002	경기 구리시	맘튼튼축산물꾸러미지원	46,500	1	1	7	8	7	5	1	4
3003	경기 구리시	작은도서관독서문화프로그램지원	45,000	1	1	6	1	6	1	1	1
3004	경기 구리시	초등스포츠클럽육성지원	40,763	1	2	7	8	7	1	1	1
3005	경기 구리시	공공심야약국운영지원	40,080	1	6	5	1	1	1	1	1
3006	경기 구리시	공동체활동분야3단계	40,000	1	1	7	8	7	5	1	1
3007	경기 구리시	학생승마체험(일반)	35,840	1	2	7	8	7	5	1	4
3008	경기 구리시	도단위및전국단위각종생활체육대회출전지원	34,952	1	4	7	8	7	1	1	1
3009	경기 구리시	일반학생승마체험(자체사업)	33,600	1	1	7	8	7	5	1	4
3010	경기 구리시	생활체육교실상설운영	33,348	1	4	7	8	7	1	1	1
3011	경기 구리시	자율방재단재난예방,복구활동지원	30,000	1	1	7	8	7	1	1	1
3012	경기 구리시	공동체활동분야2단계	30,000	1	1	7	8	7	5	1	1
3013	경기 구리시	시행사및출퇴근시간교통정리와캠페인(모범운전자회)	27,953	1	5	7	8	7	5	1	1
3014	경기 구리시	구리전통시장장보기서비스지원사업	26,400	1	1	7	8	7	1	1	2
3015	경기 구리시	생활체육광장운영	25,776	1	4	7	8	7	1	1	1
3016	경기 구리시	구리시소비자상담센터운영	22,293	1	4	7	8	7	1	1	1
3017	경기 구리시	시행사등교통정리및봉사활동(교통봉사대)	21,884	1	4	7	8	7	1	1	1
3018	경기 구리시	사회적기업사회보험료지원(경기도)	21,780	1	5	7	8	7	5	1	1
3019	경기 구리시	구리국제태극기사진공모전	20,000	1	1	7	8	7	5	1	1
3020	경기 구리시	공동체활동분야1단계	20,000	1	4	7	8	7	1	1	1
3021	경기 구리시	도단위이상장애인체육대회참가지원	20,000	1	1	7	8	7	5	1	1
3022	경기 구리시	택시카드단말기통신료지원	18,227	1	4	7	8	7	1	1	1
3023	경기 구리시	경기도장애인체육대회참가	18,000	1	1,4	7	8	7	1	1	4
3024	경기 구리시	친환경등우수농산물영유아공공급식지원	17,872	1	4	7	8	7	1	1	1
3025	경기 구리시	지역혁신형청년일자리기업지원금	16,461	1	6	7	8	7	1	1	4
3026	경기 구리시	범죄피해자보호지원사업	16,000	1	2	7	8	7	1	1	4
3027	경기 구리시	장애인체육교실운영	15,000	1	1	7	8	7	1	1	1
3028	경기 구리시	현충탑,무공수훈자탑관리	14,994	1	4	7	8	7	1	1	1
3029	경기 구리시	사립작은도서관운영비	12,420	1	4	7	8	7	1	1	1
3030	경기 구리시	중소기업근로자기숙사임차비지원	12,000	1	1	6	1	6	3	1	1
3031	경기 구리시	경기도장애인생활체육대회참가	11,000	1	4	7	8	7	3	1	2
3032	경기 구리시	장수노인체육대학운영	10,460	1	4	7	8	7	1	1	1
3033	경기 구리시	기초질서확립및보이스피싱예방캠페인	10,110	1	4	7	8	7	1	1	1
3034	경기 구리시	사회적경제창업지원사업	10,000	1	4	7	8	7	1	1	1
3035	경기 구리시	경기도민속예술제참가지원	10,000	1	1	7	8	7	5	1	1
3036	경기 구리시	일반,어르신생활체육지도자명절수당및법정부담금	9,544	1	6	7	8	7	3	3	4
3037	경기 구리시	국내전시회참가중소기업지원	9,000	1	2	7	8	7	1	1	1

순번	시군구	지출명 (사업명)	2024년예산 (단위 : 천원 /1년간)	민간이전 분류 (지방자치단체 세출예산 집행기준에 의거) 1. 민간경상사업보조(307-02) 2. 민간단체 법정운영비보조(307-03) 3. 민간행사사업보조(307-04) 4. 민간위탁금(307-05) 5. 사회복지시설 법정운영비보조(307-10) 6. 민간인위탁교육비(307-12) 7. 공기관등에대한경상적위탁사업비(308-13) 8. 민간자본사업보조,자체재원(402-01) 9. 민간자본사업보조,이전재원(402-02) 10. 민간위탁사업비(402-03) 11. 공기관등에 대한 자본적 위탁사업비(403-02)	민간이전지출 근거 (지방보조금 관리기준 참고) 1. 법률에 규정 2. 국고보조 재원(국가지정) 3. 용도 지정 기부금 4. 조례에 직접규정 5. 지자체가 권장하는 사업을 하는 공공기관 6. 시,도 정책 및 재정사정 7. 기타 8. 해당없음	입찰방식 계약체결방법 (경쟁형태) 1. 일반경쟁 2. 제한경쟁 3. 지명경쟁 4. 수의계약 5. 법정위탁 6. 기타 ( ) 7. 없음	입찰방식 계약기간 1. 1년 2. 2년 3. 3년 4. 4년 5. 5년 6. 기타 ( )년 7. 단기계약 (1년미만) 8. 없음	입찰방식 낙찰자선정방법 1. 적격심사 2. 협상에의한계약 3. 최저가낙찰제 4. 규격가격분리 5. 2단계 경쟁입찰 6. 기타 ( ) 7. 없음	운영예산 산정 운영예산 산정 1. 내부산정 (지자체 자체적으로 산정) 2. 외부산정 (외부전문기관위탁 산정) 3. 내·외부 모두 산정 4. 산정 無 5. 없음	운영예산 산정 정산방법 1. 내부정산 (지자체 내부적으로 정산) 2. 외부정산 (외부전문기관위탁 정산) 3. 내·외부 모두 산정 4. 정산 無 5. 없음	성과평가 실시여부 1. 실시 2. 미실시 3. 향후 추진 4. 해당없음
3038	경기 구리시	아차산태극기및새마을동산환경정비	8,487	1	4	7	8	7	1	1	1
3039	경기 구리시	장애인생활체육교실지원사업(매칭)	8,400	1	2	7	8	7	1	1	1
3040	경기 구리시	아이스팩재활용재사용실천운동	8,219	1	1	7	8	7	1	1	1
3041	경기 구리시	지속가능발전을위한교류협력	8,008	1	1	7	8	7	1	1	1
3042	경기 구리시	문화사업활동지원(우리전래놀이'잼있쥬')	7,876	1	1	7	8	7	1	1	4
3043	경기 구리시	문화사업활동지원(우리고장바로알기)	7,704	1	1	7	8	7	1	1	4
3044	경기 구리시	토양개량제지원	7,630	1	2	7	8	7	1	1	4
3045	경기 구리시	문화사업활동지원(구리예절학당)	7,596	1	1	7	8	7	1	1	4
3046	경기 구리시	전국지체장애인체육대회참가	6,600	1	4	7	8	7	1	1	1
3047	경기 구리시	녹색어머니회교통지도용품등지원	6,000	1	1,4	7	8	7	1	1	4
3048	경기 구리시	경기도시각장애인체육대회참가	6,000	1	4	7	8	7	1	1	1
3049	경기 구리시	시민안전체험교육	5,994	1	4	7	8	7	1	1	1
3050	경기 구리시	문화사업활동지원(전통혼례식)	5,841	1	1	7	8	7	1	1	4
3051	경기 구리시	축산분뇨처리지원	5,400	1	1	7	8	7	5	5	4
3052	경기 구리시	새마을국민교육교육비지원	5,200	1	4	7	8	7	1	1	1
3053	경기 구리시	양봉사료구입지원	5,000	1	1	7	8	7	5	1	4
3054	경기 구리시	경기도어울림체육대회참가	5,000	1	4	7	8	7	1	1	1
3055	경기 구리시	장애인문화예술진흥사업	5,000	1	1,6	7	8	7	5	5	4
3056	경기 구리시	문화사업활동지원(전통성년례)	4,836	1	1	7	8	7	1	1	4
3057	경기 구리시	그린뉴딜구리하천살리기운동	4,660	1	4	7	8	7	1	1	1
3058	경기 구리시	어머니포순이활동	4,560	1	1	7	8	7	1	1	1
3059	경기 구리시	한국자유총연맹행복지킴이활동	4,350	1	1	7	8	7	1	1	1
3060	경기 구리시	국가유공자선양사업	4,066	1	4	7	8	7	1	1	1
3061	경기 구리시	취약지역순찰및방재활동지원	3,711	1	4	7	8	7	1	1	1
3062	경기 구리시	작은도서관냉난방비지원	3,640	1	1	6	1	6	1	1	2
3063	경기 구리시	농촌지도자회원활동지원사업	3,500	1	6	7	8	7	1	1	4
3064	경기 구리시	동정기총회및동회장간담회	3,398	1	7	7	8	7	1	1	1
3065	경기 구리시	양봉산업경쟁력강화사업(자연화분)	3,200	1	1	7	8	7	5	5	4
3066	경기 구리시	축산물전문판매점지원(위생관리)	3,200	1	6	7	7	7	5	5	4
3067	경기 구리시	전국어울림마라톤대회참가	3,000	1	4	7	8	7	1	1	1
3068	경기 구리시	공연장대관료지원사업	3,000	1	1,6	7	8	7	5	5	4
3069	경기 구리시	표본감시사업운영	3,000	1	2	7	1	7	5	3	1
3070	경기 구리시	GAP안전성분석지원	2,400	1	6	7	8	7	1	1	4
3071	경기 구리시	6.25참전기념탑관리	2,400	1	4	7	8	7	1	1	1
3072	경기 구리시	베트남참전기념탑관리	2,400	1	4	7	8	7	1	1	1
3073	경기 구리시	정기총회및율곡강좌	2,395	1	7	7	8	7	1	2	1
3074	경기 구리시	장애인생활체육지도자처우개선	2,386	1	2	7	8	7	1	1	1
3075	경기 구리시	Clean실개천만들기	2,380	1	4	7	8	7	1	1	1
3076	경기 구리시	지속가능한문화복지실천운동	2,340	1	1	7	8	7	1	1	1
3077	경기 구리시	지속가능한홍보협력실천운동	2,185	1	1	7	8	7	1	1	1

순번	시군구	지출명 (사업명)	2024년예산 (단위 : 천원 /1년간)	민간이전 분류 (지방자치단체 세출예산 집행기준에 의거) 1. 민간경상사업보조(307-02) 2. 민간단체 법정운영비보조(307-03) 3. 민간행사사업보조(307-04) 4. 민간위탁금(307-05) 5. 사회복지시설 법정운영비보조(307-10) 6. 민간인위탁교육비(307-12) 7. 공기관등에대한경상적위탁사업비(308-13) 8. 민간자본사업보조,자체재원(402-01) 9. 민간자본사업보조,이전재원(402-02) 10. 민간위탁사업비(402-03) 11. 공기관등에 대한 자본적 위탁사업비(403-02)	민간이전지출 근거 (지방보조금 관리기준 참고) 1. 법률에 규정 2. 국고보조 재원(국가지정) 3. 용도 지정 기부금 4. 조례에 직접규정 5. 지자체가 권장하는 사업을 하는 공공기관 6. 시,도 정책 및 재정사정 7. 기타 8. 해당없음	입찰방식: 계약체결방법 (경쟁형태) 1. 일반경쟁 2. 제한경쟁 3. 지명경쟁 4. 수의계약 5. 법정위탁 6. 기타 ( ) 7. 없음	입찰방식: 계약기간 1. 1년 2. 2년 3. 3년 4. 4년 5. 5년 6. 기타 ( )년 7. 단기계약 (1년미만) 8. 없음	입찰방식: 낙찰자선정방법 1. 적격심사 2. 협상에의한계약 3. 최저가낙찰제 4. 규격가격분리 5. 2단계 경쟁입찰 6. 기타 ( ) 7. 없음	운영예산 산정: 운영예산 산정 1. 내부산정 (지자체 자체적으로 산정) 2. 외부산정 (외부전문기관위탁 산정) 3. 내·외부 모두 산정 4. 산정 無 5. 없음	운영예산 산정: 정산방법 1. 내부정산 (지자체 내부적으로 정산) 2. 외부정산 (외부전문기관위탁 정산) 3. 내·외부 모두 산정 4. 정산 無 5. 없음	성과평가 실시여부 1. 실시 2. 미실시 3. 향후 추진 4. 해당없음
3078	경기 구리시	지속가능한시민생활실천운동	2,168	1	1	7	8	7	1	1	1
3079	경기 구리시	지속가능한기후변화실천운동	2,160	1	1	7	8	7	1	1	1
3080	경기 구리시	지속가능한도시환경실천운동	2,160	1	1	7	8	7	1	1	1
3081	경기 구리시	의료관련감염병표본감시체계운영	2,160	1	2	7	1	7	5	3	1
3082	경기 구리시	지속가능한자연생태실천운동	2,064	1	1	7	8	7	1	1	1
3083	경기 구리시	지역농산물먹거리보장지원(도시락,반찬나눔형)	2,000	1	6	7	8	7	1	1	4
3084	경기 구리시	농촌지도자회원역량강화교육지원	2,000	1	6	7	8	7	1	1	4
3085	경기 구리시	지역범죄예방을위한캠페인및순찰	1,980	1	4	7	8	7	1	1	1
3086	경기 구리시	미용업기존영업주위생교육비지원	1,900	1	4	7	8	7	1	1	1
3087	경기 구리시	학생승마체험(사회공익)	1,600	1	2	7	8	7	5	1	4
3088	경기 구리시	무궁화바로알고사랑하기	1,550	1	1	7	8	7	1	1	1
3089	경기 구리시	여성농업인행복바우처지원	1,440	1	6	7	8	7	1	1	4
3090	경기 구리시	양봉산업경쟁력강화사업(면역력증강제)	1,000	1	1	7	8	7	5	5	4
3091	경기 구리시	소귀표부착비지원	576	1	1	7	8	7	5	5	4
3092	경기 구리시	전업농가구제역백신구입보조	428	1	1	7	8	7	5	5	4
3093	경기 남양주시	통합문화이용권	3,579,940	1	1	7	8	7	5	5	4
3094	경기 남양주시	스포츠강좌이용권지원	1,718,400	1	2	7	8	7	5	5	4
3095	경기 남양주시	경기도어린이건강과일공급	1,496,060	1	6	7	8	7	5	5	4
3096	경기 남양주시	공공임대주택공동전기료지원사업	1,312,981	1	4	7	8	7	1	1	1
3097	경기 남양주시	주민자치센터지원관리	524,000	1	4	7	8	7	1	1	1
3098	경기 남양주시	경기임산부친환경농산물지원	442,752	1	6	7	8	7	5	5	4
3099	경기 남양주시	박물관미술관지원(전환사업)	421,447	1	4	6	8	7	1	1	4
3100	경기 남양주시	경기도체육대회참가지원	400,000	1	4	7	8	7	1	1	1
3101	경기 남양주시	장애인스포츠강좌이용권지원	344,520	1	2	7	8	7	5	5	4
3102	경기 남양주시	새일센터지정운영(새일센터운영지원)	316,419	1	6	7	8	7	1	1	4
3103	경기 남양주시	경기도체육대회참가선수육성지원	293,600	1	4	7	8	7	1	1	1
3104	경기 남양주시	정신재활시설운영지원	228,992	1	1	7	8	7	1	1	4
3105	경기 남양주시	사회적기업일자리창출사업(신규)	209,660	1	6	7	8	7	5	5	4
3106	경기 남양주시	사회적기업일자리창출사업	199,299	1	2	7	8	7	5	5	4
3107	경기 남양주시	경기행복마을관리소설치운영	189,717	1	1	7	8	7	3	3	4
3108	경기 남양주시	일반생활체육지도자배치(활동지원)	188,743	1	1	7	8	7	1	3	1
3109	경기 남양주시	어르신생활체육지도자배치(활동지원)	188,743	1	1	7	8	7	1	3	1
3110	경기 남양주시	주민자치센터지원관리	184,000	1	4	7	8	7	1	1	1
3111	경기 남양주시	생활체육종목활성화지원	180,000	1	4	7	8	7	1	1	1
3112	경기 남양주시	노동안전지킴이운영	163,540	1	4	7	8	7	5	5	4
3113	경기 남양주시	새일센터지정운영(새일여성인턴제)	152,000	1	6	7	8	7	1	1	4
3114	경기 남양주시	남양주시마을공동체사업	150,000	1	4	7	8	7	1	1	4
3115	경기 남양주시	생활체육교실상설운영	150,000	1	4	7	8	7	1	1	4
3116	경기 남양주시	먹골배명품화지원	150,000	1	1	7	8	7	1	1	1
3117	경기 남양주시	남양주시상인단체매니저지원	143,000	1	4	7	8	7	5	5	4

순번	시군구	지출명 (사업명)	2024년예산 (단위 : 천원 /1년간)	민간이전 분류 (지방자치단체 세출예산 집행기준에 의거) 1. 민간경상사업보조(307-02) 2. 민간단체 법정운영비보조(307-03) 3. 민간행사사업보조(307-04) 4. 민간위탁금(307-05) 5. 사회복지시설 법정운영비보조(307-10) 6. 민간인위탁교육비(307-12) 7. 공기관등에대한경상적위탁사업비(308-13) 8. 민간자본사업보조,자체재원(402-01) 9. 민간자본사업보조,이전재원(402-02) 10. 민간위탁사업비(402-03) 11. 공기관등에 대한 자본적 위탁사업비(403-02)	민간이전지출 근거 (지방보조금 관리기준 참고) 1. 법률에 규정 2. 국고보조 재원(국가지정) 3. 용도 지정 기부금 4. 조례에 직접규정 5. 지자체가 권장하는 사업을 하는 공공기관 6. 시,도 정책 및 재정사정 7. 기타 8. 해당없음	입찰방식			운영예산 산정		성과평가 실시여부
						계약체결방법 (경쟁형태) 1. 일반경쟁 2. 제한경쟁 3. 지명경쟁 4. 수의계약 5. 법정위탁 6. 기타 ( ) 7. 없음	계약기간 1. 1년 2. 2년 3. 3년 4. 4년 5. 5년 6. 기타 ( )년 7. 단기계약 (1년미만) 8. 없음	낙찰자선정방법 1. 적격심사 2. 협상에의한계약 3. 최저가낙찰제 4. 규격가격분리 5. 2단계 경쟁입찰 6. 기타 ( ) 7. 없음	운영예산 산정 1. 내부산정 (지자체 자체적으로 산정) 2. 외부산정 (외부전문기관위탁 산정) 3. 내·외부 모두 산정 4. 산정 無 5. 없음	정산방법 1. 내부정산 (지자체 내부적으로 정산) 2. 외부정산 (외부전문기관위탁 정산) 3. 내·외부 모두 산정 4. 정산 無 5. 없음	1. 실시 2. 미실시 3. 향후 추진 4. 해당없음
3118	경기 남양주시	경기도마을공동체공모사업	140,000	1	4	7	8	7	1	1	4
3119	경기 남양주시	G스포츠클럽운영지원	134,000	1	4	7	8	7	1	1	1
3120	경기 남양주시	지방문화원사업활동지원	133,000	1	1	7	8	7	1	1	1
3121	경기 남양주시	농업인안전재해보험가입지원	128,427	1	6	7	8	7	5	5	4
3122	경기 남양주시	장애인생활체육지도자배치지원	125,208	1	4	7	8	7	1	1	1
3123	경기 남양주시	학생승마체험	123,200	1	1	7	8	7	5	5	4
3124	경기 남양주시	주민자치회지원관리	120,000	1	4	7	8	7	1	1	1
3125	경기 남양주시	경기도생활체육대축전참가지원	120,000	1	4	7	8	7	1	1	1
3126	경기 남양주시	남양주시새마을회	109,439	1	1	7	8	7	1	1	1
3127	경기 남양주시	말산업청년인턴취업지원	105,000	1	1	7	8	7	5	5	4
3128	경기 남양주시	공동방제단운영	104,922	1	1	7	8	7	5	5	4
3129	경기 남양주시	내일드림청년키움사업	102,124	1	2	7	8	7	5	5	4
3130	경기 남양주시	복지증진사업(일반지원사업)	101,760	1	2	7	8	7	1	1	4
3131	경기 남양주시	경기도공공미술프로젝트	100,000	1	4	7	8	7	5	5	4
3132	경기 남양주시	남양주시태권도협회태권도시범단운영지원	100,000	1	4	7	8	7	1	1	1
3133	경기 남양주시	새일센터지정운영(직업교육훈련)	94,000	1	6	7	8	7	1	1	4
3134	경기 남양주시	고택종갓집활용사업	92,500	1	2	7	8	7	1	1	1
3135	경기 남양주시	작은도서관아이돌봄독서문화프로그램지원	90,000	1	1	7	8	7	1	1	4
3136	경기 남양주시	남양주시지역사회보장협의체운영	85,000	1	1	7	8	7	1	1	4
3137	경기 남양주시	종목별단체육성지원	82,800	1	4	7	8	7	1	1	1
3138	경기 남양주시	경기도장애인체육대회참가선수육성지원	76,000	1	4	7	8	7	1	1	1
3139	경기 남양주시	청년농업인영농정착지원	75,700	1	1	7	8	7	5	5	4
3140	경기 남양주시	기업인역량강화교육지원	70,000	1	4	7	8	7	3	3	1
3141	경기 남양주시	365어르신돌봄센터운영	70,000	1	1	7	8	7	1	1	4
3142	경기 남양주시	장애인생활체육교실지원	70,000	1	4	7	8	7	1	1	1
3143	경기 남양주시	고학력고숙련여성취업지원	63,000	1	6	7	8	7	1	1	4
3144	경기 남양주시	중장년여성취업지원	63,000	1	6	7	8	7	1	1	4
3145	경기 남양주시	사회적기업사회보험료지원(전환사업)	62,000	1	1	7	8	7	5	5	4
3146	경기 남양주시	초등스포츠클럽육성지원	61,270	1	4	7	8	7	1	1	1
3147	경기 남양주시	농작업안전관리지원	60,000	1	1	7	8	7	5	5	4
3148	경기 남양주시	경기도장애인체육대회참가지원	55,040	1	4	7	8	7	1	1	1
3149	경기 남양주시	남양주시새마을회	52,950	1	1	7	8	7	1	1	1
3150	경기 남양주시	우수작은도서관육성	51,090	1	1	7	8	7	1	1	4
3151	경기 남양주시	글로벌시장개척	50,000	1	4	7	8	7	1	1	1
3152	경기 남양주시	정약용학술연구사업	50,000	1	1	7	8	7	5	5	4
3153	경기 남양주시	내일드림청년키움사업(신규사업)	49,381	1	2	7	8	7	5	5	4
3154	경기 남양주시	청소년교육승마지원	48,720	1	1	7	8	7	5	5	4
3155	경기 남양주시	경기도형아동돌봄공동체조성공모사업	48,000	1	4	7	8	7	1	1	4
3156	경기 남양주시	장애인평생교육활성화지원	45,000	1	1	7	8	7	1	1	1
3157	경기 남양주시	모범운전자회보조	43,016	1	1	7	8	7	1	1	4

순번	시군구	지출명 (사업명)	2024년예산 (단위 : 천원 /1년간)	민간이전 분류 (지방자치단체 세출예산 집행기준에 의거) 1. 민간경상사업보조(307-02) 2. 민간단체 법정운영비보조(307-03) 3. 민간행사사업보조(307-04) 4. 민간위탁금(307-05) 5. 사회복지시설 법정운영비보조(307-10) 6. 민간인위탁교육비(307-12) 7. 공기관등에대한경상적위탁사업비(308-13) 8. 민간자본사업보조,자체재원(402-01) 9. 민간자본사업보조,이전재원(402-02) 10. 민간위탁사업비(402-03) 11. 공기관등에 대한 자본적 위탁사업비(403-02)	민간이전지출 근거 (지방보조금 관리기준 참고) 1. 법률에 규정 2. 국고보조 재원(국가지정) 3. 용도 지정 기부금 4. 조례에 직접규정 5. 지자체가 권장하는 사업을 하는 공공기관 6. 시,도 정책 및 재정사정 7. 기타 8. 해당없음	입찰방식: 계약체결방법 (경쟁형태) 1. 일반경쟁 2. 제한경쟁 3. 지명경쟁 4. 수의계약 5. 법정위탁 6. 기타 ( ) 7. 없음	입찰방식: 계약기간 1. 1년 2. 2년 3. 3년 4. 4년 5. 5년 6. 기타 ( )년 7. 단기계약 (1년미만) 8. 없음	입찰방식: 낙찰자선정방법 1. 적격심사 2. 협상에의한계약 3. 최저가낙찰제 4. 규격가격분리 5. 2단계 경쟁입찰 6. 기타 ( ) 7. 없음	운영예산 산정: 운영예산 산정 1. 내부산정 (지자체 자체적으로 산정) 2. 외부산정 (외부전문기관위탁 산정) 3. 내·외부 모두 산정 4. 산정 無 5. 없음	운영예산 산정: 정산방법 1. 내부정산 (지자체 내부적으로 정산) 2. 외부정산 (외부전문기관위탁 정산) 3. 내·외부 모두 산정 4. 정산 無 5. 없음	성과평가 실시여부 1. 실시 2. 미실시 3. 향후 추진 4. 해당없음
3158	경기 남양주시	경기한우명품화사업	43,000	1	1	7	8	7	5	5	4
3159	경기 남양주시	지역산업마케팅지원(전환사업)	42,000	1	4	7	8	7	3	3	1
3160	경기 남양주시	산업곤충먹이생산공급시범	40,000	1	1	7	8	7	5	5	4
3161	경기 남양주시	공공심야약국운영지원	38,430	1	6	7	8	7	5	5	4
3162	경기 남양주시	지역자율방재단운영	38,423	1	4	7	8	7	1	1	4
3163	경기 남양주시	바르게살기운동남양주시협의회	38,217	1	1	7	8	7	1	1	1
3164	경기 남양주시	장애인평생교육프로그램운영지원	38,000	1	1	7	8	7	1	1	1
3165	경기 남양주시	생생문화유산활용사업	37,500	1	2	7	8	7	5	5	4
3166	경기 남양주시	학습동아리활성화지원	36,000	1	1	7	8	7	1	1	2
3167	경기 남양주시	석면피해구제급여	35,812	1	1	7	8	7	5	5	4
3168	경기 남양주시	제조물책임보험료지원	35,000	1	4	7	8	7	3	3	1
3169	경기 남양주시	경로당특성화(역량강화)사업	35,000	1	4	7	8	7	1	1	1
3170	경기 남양주시	청소년사회단체지원	35,000	1	1	7	8	7	1	1	1
3171	경기 남양주시	대안교육기관운영지원	35,000	1	1	7	8	7	1	1	1
3172	경기 남양주시	평생학습마을공동체	35,000	1	1	7	8	7	1	1	2
3173	경기 남양주시	지체장애인단체지원	34,740	1	1	7	8	7	1	1	1
3174	경기 남양주시	복지증진사업(일반지원사업)	34,500	1	2	7	8	7	1	1	4
3175	경기 남양주시	승마장육성지원	33,700	1	1	7	8	7	5	5	4
3176	경기 남양주시	보훈단체지원	33,000	1	1	7	8	7	1	1	1
3177	경기 남양주시	창업청년희망플러스사업	32,464	1	2	7	8	7	5	5	4
3178	경기 남양주시	고품질축산물생산지원	32,000	1	1	7	8	7	5	5	4
3179	경기 남양주시	축산환경개선사업	32,000	1	1	7	8	7	5	5	4
3180	경기 남양주시	범죄피해자지원	30,000	1	1	7	8	7	1	1	4
3181	경기 남양주시	지역자율방재단역량강화	30,000	1	4	7	8	7	1	1	4
3182	경기 남양주시	민주평화통일자문회의남양주시협의회	30,000	1	4	7	8	7	1	1	1
3183	경기 남양주시	남양주시이웃사촌상인회지원	30,000	1	4	7	8	7	5	5	4
3184	경기 남양주시	청소년노동인권보호	30,000	1	1	7	8	7	5	5	4
3185	경기 남양주시	평생학습네트워크활성화	30,000	1	1	7	8	7	1	1	2
3186	경기 남양주시	세미프로경기도연고팀지원	30,000	1	6	7	8	7	5	5	4
3187	경기 남양주시	농촌관광승마활성화	30,000	1	1	7	8	7	5	5	4
3188	경기 남양주시	여성농어업인행복바우처	29,920	1	1	7	8	7	1	1	2
3189	경기 남양주시	가축재해보험가입지원	28,050	1	1	7	8	7	5	5	4
3190	경기 남양주시	낙농육우산업경쟁력강화	27,800	1	1	7	8	7	5	5	4
3191	경기 남양주시	창업청년희망플러스사업(신규사업)	27,434	1	2	7	8	7	5	5	4
3192	경기 남양주시	무공수훈자회남양주시지회지원	27,000	1	1	7	8	7	1	1	1
3193	경기 남양주시	로컬푸드참여농가유통지원(포장재)(전환사업)	25,470	1	6	7	8	7	5	5	4
3194	경기 남양주시	전통산사문화유산활용사업	25,000	1	2	7	8	7	5	5	4
3195	경기 남양주시	소비자보호업무추진	24,815	1	4	7	8	7	1	1	1
3196	경기 남양주시	종목별장애인생활체육대회참가지원	23,800	1	4	7	8	7	1	1	1
3197	경기 남양주시	남양주시재향군인회지원	23,000	1	1	7	8	7	1	1	1

순번	시군구	지출명 (사업명)	2024년예산 (단위 : 천원 /1년간)	민간이전 분류 (지방자치단체 세출예산 집행기준에 의거) 1. 민간경상사업보조(307-02) 2. 민간단체 법정운영비보조(307-03) 3. 민간행사사업보조(307-04) 4. 민간위탁금(307-05) 5. 사회복지시설 법정운영비보조(307-10) 6. 민간인위탁교육비(307-12) 7. 공기관등에대한경상적위탁사업비(308-13) 8. 민간자본사업보조,자체재원(402-01) 9. 민간자본사업보조,이전재원(402-02) 10. 민간위탁사업비(402-03) 11. 공기관등에 대한 자본적 위탁사업비(403-02)	민간이전지출 근거 (지방보조금 관리기준 참고) 1. 법률에 규정 2. 국고보조 재원(국가지정) 3. 용도 지정 기부금 4. 조례에 직접규정 5. 지자체가 권장하는 사업을 하는 공공기관 6. 시,도 정책 및 재정사정 7. 기타 8. 해당없음	입찰방식			운영예산 산정		성과평가 실시여부
						계약체결방법 (경쟁형태) 1. 일반경쟁 2. 제한경쟁 3. 지명경쟁 4. 수의계약 5. 법정위탁 6. 기타 ( ) 7. 없음	계약기간 1. 1년 2. 2년 3. 3년 4. 4년 5. 5년 6. 기타 ( )년 7. 단기계약 (1년미만) 8. 없음	낙찰자선정방법 1. 적격심사 2. 협상에의한계약 3. 최저가낙찰제 4. 규격가격분리 5. 2단계 경쟁입찰 6. 기타 ( ) 7. 없음	운영예산 산정 1. 내부산정 (지자체 자체적으로 산정) 2. 외부산정 (외부전문기관위탁 산정) 3. 내·외부 모두 산정 4. 산정 無 5. 없음	정산방법 1. 내부정산 (지자체 내부적으로 정산) 2. 외부정산 (외부전문기관위탁 정산) 3. 내·외부 모두 산정 4. 정산 無 5. 없음	1. 실시 2. 미실시 3. 향후 추진 4. 해당없음
3198	경기 남양주시	지역농산물먹거리보장지원	22,540	1	1	7	8	7	1	1	2
3199	경기 남양주시	새일센터종사자정규직처우개선비지원	22,080	1	6	7	8	7	1	1	4
3200	경기 남양주시	시각장애인단체지원	22,000	1	1	7	8	7	1	1	1
3201	경기 남양주시	민주시민교육사업지원	22,000	1	1	7	8	7	5	5	4
3202	경기 남양주시	창업보육센터운영지원	21,653	1	1	7	8	7	1	1	1
3203	경기 남양주시	경기도장애인생활체육대회참가지원	21,520	1	4	7	8	7	1	1	1
3204	경기 남양주시	노동단체지원	21,000	1	1	7	8	7	5	5	4
3205	경기 남양주시	농어촌민박사업지원	21,000	1	1	7	8	7	5	5	4
3206	경기 남양주시	수출지원센터운영	20,000	1	4	7	8	7	1	2	1
3207	경기 남양주시	위생업소환경개선지원	20,000	1	4	7	8	7	5	5	4
3208	경기 남양주시	정약용학술연구사업	20,000	1	1	7	8	7	5	5	4
3209	경기 남양주시	시민화합을위한장식물설치	20,000	1	1	7	8	7	1	1	1
3210	경기 남양주시	시민화합을위한장식물설치	20,000	1	1	7	8	7	1	1	1
3211	경기 남양주시	환경보호공익활동지원사업	20,000	1	4	7	8	7	1	1	1
3212	경기 남양주시	팔당수계정화활동지원	20,000	1	6	7	8	7	1	1	1
3213	경기 남양주시	야생생물보호공익활동지원사업	20,000	1	1	7	8	7	1	1	1
3214	경기 남양주시	생태안내자양성교육지원	20,000	1	1	7	8	7	1	1	1
3215	경기 남양주시	4H육성지원	20,000	1	1	7	8	7	1	1	2
3216	경기 남양주시	농특산물전시판매전참가	20,000	1	6	7	8	7	5	5	4
3217	경기 남양주시	친환경농산물인증확대	19,702	1	6	7	8	7	5	5	4
3218	경기 남양주시	사회공익승마사업	19,120	1	1	7	8	7	5	5	4
3219	경기 남양주시	복지증진사업(일반지원사업)	19,000	1	2	7	8	7	1	1	4
3220	경기 남양주시	마을기업육성	18,000	1	2	7	8	7	5	5	4
3221	경기 남양주시	노동단체지원	17,100	1	1	7	8	7	5	5	4
3222	경기 남양주시	일반어르신생활체육지도자처우개선	16,702	1	1	7	8	7	1	3	1
3223	경기 남양주시	농업경영체육성	16,000	1	1	7	8	7	5	5	4
3224	경기 남양주시	시니어전문자원봉사단운영	15,700	1	1	7	8	7	1	1	4
3225	경기 남양주시	고품질안전축산물육성	15,190	1	1	7	8	7	5	5	4
3226	경기 남양주시	사회적경제교육지원	15,000	1	6	7	8	7	5	5	4
3227	경기 남양주시	점프벼룩시장(나눔장터)운영	15,000	1	4	7	8	7	1	1	1
3228	경기 남양주시	종목별단체육성지원	14,400	1	4	7	8	7	1	1	1
3229	경기 남양주시	대한적십자사봉사회남양주지구협의회지원	14,370	1	1	7	8	7	1	1	4
3230	경기 남양주시	경기평생학습동아리지원	13,000	1	1	7	8	7	1	1	2
3231	경기 남양주시	장애인정보화지원	11,990	1	1	7	8	7	1	1	1
3232	경기 남양주시	전국체육대회참가지원	11,630	1	4	7	8	7	1	1	1
3233	경기 남양주시	정신요양및정신재활시설종사자특수근무수당등	11,398	1	1	7	8	7	1	1	4
3234	경기 남양주시	농업인단체육성	11,250	1	1	7	8	7	1	1	2
3235	경기 남양주시	G마크포장재지원	11,000	1	6	7	8	7	5	5	4
3236	경기 남양주시	학생승마체험	10,500	1	1	7	8	7	5	5	4
3237	경기 남양주시	민간단체공익활동지원	10,390	1	1	7	8	7	1	1	1

순번	시군구	지출명 (사업명)	2024년예산 (단위 : 천원 /1년간)	민간이전 분류 (지방자치단체 세출예산 집행기준에 의거) 1. 민간경상사업보조(307-02) 2. 민간단체 법정운영비보조(307-03) 3. 민간행사사업보조(307-04) 4. 민간위탁금(307-05) 5. 사회복지시설 법정운영비보조(307-10) 6. 민간인위탁교육비(307-12) 7. 공기관등에대한경상적위탁사업비(308-13) 8. 민간자본사업보조,자체재원(402-01) 9. 민간자본사업보조,이전재원(402-02) 10. 민간위탁사업비(402-03) 11. 공기관등에 대한 자본적 위탁사업비(403-02)	민간이전지출 근거 (지방보조금 관리기준 참고) 1. 법률에 규정 2. 국고보조 재원(국가지정) 3. 용도 지정 기부금 4. 조례에 직접규정 5. 지자체가 권장하는 사업을 하는 공공기관 6. 시,도 정책 및 재정사정 7. 기타 8. 해당없음	입찰방식: 계약체결방법 (경쟁형태) 1. 일반경쟁 2. 제한경쟁 3. 지명경쟁 4. 수의계약 5. 법정위탁 6. 기타 ( ) 7. 없음	입찰방식: 계약기간 1. 1년 2. 2년 3. 3년 4. 4년 5. 5년 6. 기타 ( )년 7. 단기계약 (1년미만) 8. 없음	입찰방식: 낙찰자선정방법 1. 적격심사 2. 협상에의한계약 3. 최저가낙찰제 4. 규격가격분리 5. 2단계 경쟁입찰 6. 기타 ( ) 7. 없음	운영예산 산정: 운영예산 산정 1. 내부산정 (지자체 자체적으로 산정) 2. 외부산정 (외부전문기관위탁 산정) 3. 내·외부 모두 산정 4. 산정 無 5. 없음	운영예산 산정: 정산방법 1. 내부정산 (지자체 내부적으로 정산) 2. 외부정산 (외부전문기관위탁 정산) 3. 내·외부 모두 산정 4. 정산 無 5. 없음	성과평가 실시여부 1. 실시 2. 미실시 3. 향후 추진 4. 해당없음
3238	경기 남양주시	6.25참전유공자회남양주시지회지원	10,382	1	1	7	8	7	1	1	1
3239	경기 남양주시	상이군경회남양주시지회지원	10,340	1	1	7	8	7	1	1	1
3240	경기 남양주시	시군지역사회보장협의체활성화지원	10,000	1	1	7	8	7	1	1	4
3241	경기 남양주시	독거노인카네이션하우스지원	10,000	1	4	7	8	7	5	5	4
3242	경기 남양주시	수질모니터링및생태체험학습	10,000	1	1	7	8	7	1	1	1
3243	경기 남양주시	생활개선단체활동지원	10,000	1	4	7	8	7	1	1	2
3244	경기 남양주시	농촌청소년및청년단체육성	10,000	1	1	7	8	7	1	1	2
3245	경기 남양주시	남양주화훼명품화육성	10,000	1	1	7	8	7	5	5	4
3246	경기 남양주시	남양주시대표브랜드육성	10,000	1	1	7	8	7	5	5	4
3247	경기 남양주시	유소년승마단창단운영지원	10,000	1	1	7	8	7	5	5	4
3248	경기 남양주시	장애인직업기능향상지원	9,520	1	1	7	8	7	1	1	1
3249	경기 남양주시	민간단체봉사활동지원	9,240	1	1	7	8	7	1	1	1
3250	경기 남양주시	한국자유총연맹남양주시지회	9,230	1	1	7	8	7	1	1	1
3251	경기 남양주시	농촌청소년및청년단체육성	9,000	1	1	7	8	7	1	1	2
3252	경기 남양주시	전통문화특화프로그램운영	8,700	1	4	7	8	7	1	1	2
3253	경기 남양주시	범죄예방활동지원	8,640	1	1	7	8	7	1	1	1
3254	경기 남양주시	신체장애인단체지원	8,255	1	1	7	8	7	1	1	1
3255	경기 남양주시	시민평화통일교육지원	8,000	1	7	7	8	7	1	1	1
3256	경기 남양주시	농촌융복합산업화기술보급지원	8,000	1	1	7	8	7	5	5	4
3257	경기 남양주시	승용마조련강화	8,000	1	1	7	8	7	5	5	4
3258	경기 남양주시	축산물전문판매점지원	8,000	1	1	7	8	7	5	5	4
3259	경기 남양주시	전국장애인체육대회참가지원	7,500	1	4	7	8	7	1	1	1
3260	경기 남양주시	GAP인증확대기반구축	7,200	1	6	7	8	7	5	5	4
3261	경기 남양주시	GAP안전성분석지원	7,000	1	6	7	8	7	5	5	4
3262	경기 남양주시	농아인단체지원	6,960	1	1	7	8	7	1	1	1
3263	경기 남양주시	전몰군경유족회남양주시지회지원	6,940	1	1	7	8	7	1	1	1
3264	경기 남양주시	공익사업활동지원	6,646	1	1	7	8	7	1	1	1
3265	경기 남양주시	발달장애인단체지원	6,374	1	1	7	8	7	1	1	1
3266	경기 남양주시	월남전참전자회남양주시지회	6,360	1	1	7	8	7	1	1	1
3267	경기 남양주시	교통장애인단체지원	6,240	1	1	7	8	7	1	1	1
3268	경기 남양주시	신장장애인단체지원	6,174	1	1	7	8	7	1	1	1
3269	경기 남양주시	공예산업지원	6,000	1	4	7	8	7	1	1	1
3270	경기 남양주시	사회적경제육성지원	6,000	1	4	7	8	7	1	1	1
3271	경기 남양주시	고품질축산물생산지원	6,000	1	1	7	8	7	5	5	1
3272	경기 남양주시	소년체전참가선수단지원	5,700	1	4	7	8	7	5	5	4
3273	경기 남양주시	전몰군경미망인회남양주시지회지원	5,520	1	1	7	8	7	1	1	1
3274	경기 남양주시	전통문화특화프로그램운영	5,000	1	4	7	8	7	1	1	1
3275	경기 남양주시	장애인예술활동지원	4,950	1	1	7	8	7	1	1	2
3276	경기 남양주시	장애인생활체육지도자처우개선	4,772	1	4	7	8	7	1	1	1
3277	경기 남양주시	작은도서관냉방비지원	4,500	1	1	7	8	7	1	1	4

순번	시군구	지출명 (사업명)	2024년예산 (단위 : 천원 /1년간)	민간이전 분류 (지방자치단체 세출예산 집행기준에 의거) 1. 민간경상사업보조(307-02) 2. 민간단체 법정운영비보조(307-03) 3. 민간행사사업보조(307-04) 4. 민간위탁금(307-05) 5. 사회복지시설 법정운영비보조(307-10) 6. 민간인위탁교육비(307-12) 7. 공기관등에대한경상적위탁사업비(308-13) 8. 민간자본사업보조,자체재원(402-01) 9. 민간자본사업보조,이전재원(402-02) 10. 민간위탁사업비(402-03) 11. 공기관등에 대한 자본적 위탁사업비(403-02)	민간이전지출 근거 (지방보조금 관리기준 참고) 1. 법률에 규정 2. 국고보조 재원(국가지정) 3. 용도 지정 기부금 4. 조례에 직접규정 5. 지자체가 권장하는 사업을 하는 공공기관 6. 시,도 정책 및 재정사정 7. 기타 8. 해당없음	입찰방식			운영예산 산정		성과평가 실시여부
						계약체결방법 (경쟁형태) 1. 일반경쟁 2. 제한경쟁 3. 지명경쟁 4. 수의계약 5. 법정위탁 6. 기타 ( ) 7. 없음	계약기간 1. 1년 2. 2년 3. 3년 4. 4년 5. 5년 6. 기타 ( )년 7. 단기계약 (1년미만) 8. 없음	낙찰자선정방법 1. 적격심사 2. 협상에의한계약 3. 최저가낙찰제 4. 규격가격분리 5. 2단계 경쟁입찰 6. 기타 ( ) 7. 없음	운영예산 산정 1. 내부산정 (지자체 자체적으로 산정) 2. 외부산정 (외부전문기관위탁 산정) 3. 내·외부 모두 산정 4. 산정 無 5. 없음	정산방법 1. 내부정산 (지자체 내부적으로 정산) 2. 외부정산 (외부전문기관위탁 정산) 3. 내·외부 모두 산정 4. 정산 無 5. 없음	1. 실시 2. 미실시 3. 향후 추진 4. 해당없음
3278	경기 남양주시	물놀이등안전문화활동지원	4,450	1	4	7	8	7	1	1	4
3279	경기 남양주시	의료관련감염병표본감시체계운영	4,320	1	1	7	8	7	5	5	1
3280	경기 남양주시	민주평화통일자문회의남양주시협의회	4,240	1	4	7	8	7	1	1	1
3281	경기 남양주시	농촌지도자회원활동지원사업	4,200	1	1	7	8	7	1	1	2
3282	경기 남양주시	경기명품쌀생산새기술보급	4,000	1	1	7	8	7	5	5	4
3283	경기 남양주시	축산환경개선사업	3,750	1	1	7	8	7	5	5	4
3284	경기 남양주시	표본감시운영경비	3,600	1	2	7	8	7	5	5	4
3285	경기 남양주시	광복회남양주시지회지원	3,082	1	1	7	8	7	1	1	1
3286	경기 남양주시	민주평화통일자문회의남양주시협의회	3,050	1	4	7	8	7	1	1	1
3287	경기 남양주시	특수임무유공자회남양주시지회지원	3,020	1	1	7	8	7	1	1	1
3288	경기 남양주시	고엽제전우회남양주시지회지원	3,000	1	1	7	8	7	1	1	1
3289	경기 남양주시	전국장애학생체육대회참가지원	3,000	1	4	7	8	7	1	1	1
3290	경기 남양주시	GAP인증확대기반구축	3,000	1	6	7	8	7	5	5	4
3291	경기 남양주시	경기도축산진흥대회참가	3,000	1	1	7	8	7	5	5	4
3292	경기 남양주시	장애인부모회단체지원	2,540	1	1	7	8	7	1	1	1
3293	경기 남양주시	정신재활시설공동캠프지원	1,808	1	1	7	8	7	1	1	4
3294	경기 남양주시	경기도축산진흥대회참가	1,500	1	1	7	8	7	5	5	4
3295	경기 군포시	영구임대아파트공동전기료지원	150,000	1	1,4	7	8	7	5	5	4
3296	경기 군포시	통합문화이용권사업	1,351,090	1	1	5	8	7	5	1	4
3297	경기 군포시	어린이건강과일공급사업	495,020	1	6	6	1	7	5	1	3
3298	경기 군포시	임산부친환경농산물지원사업	266,880	1	6	6	1	7	5	1	3
3299	경기 군포시	자치계획수립및주민총회운영지원	180,000	1	4	7	8	7	1	1	3
3300	경기 군포시	일반생활체육지도자배치사업	157,285	1	2	7	8	7	1	1	1
3301	경기 군포시	어르신생활체육지도자배치사업	157,285	1	2	7	8	7	1	1	1
3302	경기 군포시	군포기업+청년상생일자리사업(계속)	143,692	1	2	7	8	7	1	1	1
3303	경기 군포시	장애인생활체육지도자배치사업	125,208	1	2	7	8	7	1	1	1
3304	경기 군포시	택시카드결제단말기수수료지원	116,534	1	1	7	8	7	1	1	4
3305	경기 군포시	새일여성인턴제	106,400	1	2	7	8	7	5	1	1
3306	경기 군포시	우수체육인육성지원	89,250	1	4	7	8	7	1	1	1
3307	경기 군포시	사회적기업일자리창출지원	85,000	1	1	7	8	7	5	5	4
3308	경기 군포시	사회적기업사회보험료지원	84,000	1	1	7	8	7	5	5	4
3309	경기 군포시	맘튼튼축산물꾸러미지원	75,500	1	6	7	8	7	1	1	1
3310	경기 군포시	우수체육꿈나무육성지원	70,125	1	4	7	8	7	1	1	1
3311	경기 군포시	국내전시회참가지원	69,000	1	1,4	7	8	7	1	1	1
3312	경기 군포시	G스포츠클럽육성지원	64,000	1	5	7	8	7	1	1	1
3313	경기 군포시	마을공동체공동체활동지원사업	60,000	1	4	7	8	7	1	1	1
3314	경기 군포시	평생학습마을공동체지원	60,000	1	6	7	8	7	5	1	1
3315	경기 군포시	유기질비료지원	58,143	1	1	7	8	7	5	1	4
3316	경기 군포시	법인택시운수종사자처우개선비지원	54,600	1	1	7	8	7	1	1	4
3317	경기 군포시	사회적기업일반인력인건비지원	51,356	1	1	7	8	7	1	1	4

순번	시군구	지출명 (사업명)	2024년예산 (단위 : 천원 /1년간)	민간이전 분류 (지방자치단체 세출예산 집행기준에 의거) 1. 민간경상사업보조(307-02) 2. 민간단체 법정운영비보조(307-03) 3. 민간행사사업보조(307-04) 4. 민간위탁금(307-05) 5. 사회복지시설 법정운영비보조(307-10) 6. 민간인위탁교육비(307-12) 7. 공기관등에대한경상적위탁사업비(308-13) 8. 민간자본사업보조,자체재원(402-01) 9. 민간자본사업보조,이전재원(402-02) 10. 민간위탁사업비(402-03) 11. 공기관등에 대한 자본적 위탁사업비(403-02)	민간이전지출 근거 (지방보조금 관리기준 참고) 1. 법률에 규정 2. 국고보조 재원(국가지정) 3. 용도 지정 기부금 4. 조례에 직접규정 5. 지자체가 권장하는 사업을 하는 공공기관 6. 시,도 정책 및 재정사정 7. 기타 8. 해당없음	입찰방식 계약체결방법 (경쟁형태) 1. 일반경쟁 2. 제한경쟁 3. 지명경쟁 4. 수의계약 5. 법정위탁 6. 기타 ( ) 7. 없음	입찰방식 계약기간 1. 1년 2. 2년 3. 3년 4. 4년 5. 5년 6. 기타 ( )년 7. 단기계약 (1년미만) 8. 없음	입찰방식 낙찰자선정방법 1. 적격심사 2. 협상에의한계약 3. 최저가낙찰제 4. 규격가격분리 5. 2단계 경쟁입찰 6. 기타 ( ) 7. 없음	운영예산 산정 운영예산 산정 1. 내부산정 (지자체 자체적으로 산정) 2. 외부산정 (외부전문기관위탁 산정) 3. 내·외부 모두 산정 4. 산정 無 5. 없음	운영예산 산정 정산방법 1. 내부정산 (지자체 내부적으로 정산) 2. 외부정산 (외부전문기관위탁 정산) 3. 내·외부 모두 산정 4. 정산 無 5. 없음	성과평가 실시여부 1. 실시 2. 미실시 3. 향후 추진 4. 해당없음
3318	경기 군포시	폭력예방교육	50,000	1	6	7	8	7	1	1	4
3319	경기 군포시	작은도서관운영지원	50,000	1	1,4	7	8	7	1	1	1
3320	경기 군포시	군포기업+청년상생일자리사업(신규)	49,381	1	2	7	8	7	1	1	1
3321	경기 군포시	군포지속가능발전협의회실천사업비	46,993	1	4	5	8	7	1	1	1
3322	경기 군포시	초등스포츠클럽육성지원	44,030	1	2	7	8	7	1	1	1
3323	경기 군포시	가맹경기단체육성지원	42,500	1	4	7	8	7	1	1	1
3324	경기 군포시	생활체육프로그램운영지원	42,500	1	5	7	8	7	1	1	1
3325	경기 군포시	노동자복지지원	42,500	1	4	7	1	7	1	1	1
3326	경기 군포시	전통시장및상점가활성화사업	39,950	1	1	7	8	7	1	1	1
3327	경기 군포시	의료기관결핵환자관리지원	37,684	1	2	7	8	7	5	5	4
3328	경기 군포시	사회적기업전문인력인건비지원	37,542	1	1	7	8	7	1	1	4
3329	경기 군포시	군포상공회의소활동지원	36,380	1	1	7	8	1	1	1	4
3330	경기 군포시	교통관련단체사업비지원	35,985	1	4	7	8	7	1	1	1
3331	경기 군포시	교통관련단체사업비지원	35,985	1	4	7	8	7	1	1	1
3332	경기 군포시	교통관련단체사업비지원	35,985	1	4	7	8	7	1	1	1
3333	경기 군포시	G푸드드림	35,000	1	4	7	8	7	5	5	4
3334	경기 군포시	전통시장및상점가활성화사업	34,000	1	1	7	8	7	1	1	1
3335	경기 군포시	여성일손도우미센터운영	33,140	1	4	7	8	7	1	1	1
3336	경기 군포시	체육발전지원금	33,000	1	4	7	8	7	1	1	1
3337	경기 군포시	마을기업육성사업	30,000	1	2	7	8	7	1	1	1
3338	경기 군포시	시민학습마당운영	30,000	1	4	7	8	7	1	1	1
3339	경기 군포시	장애우수체육인육성지원	29,750	1	4	7	8	7	1	1	1
3340	경기 군포시	도시재생주민공모사업	29,500	1	1	7	8	7	1	1	1
3341	경기 군포시	전통시장및상점가활성화사업	25,500	1	1	7	8	7	1	1	1
3342	경기 군포시	소상공인지원사업	25,500	1	4	7	8	7	1	1	1
3343	경기 군포시	농산물출하포장재지원공급	25,000	1	7	7	8	7	1	1	3
3344	경기 군포시	산본시장무료배송센터지원	23,800	1	1	7	8	7	1	1	1
3345	경기 군포시	양성평등인식개선및문화확산사업	23,000	1	4	7	8	7	5	5	4
3346	경기 군포시	일반생활체육지도자배치사업(자체처우개선비)	22,627	1	5	7	8	7	1	1	1
3347	경기 군포시	작은도서관아이돌봄독서문화프로그램지원	22,500	1	1,4	7	8	7	1	1	1
3348	경기 군포시	민주시민교육사업지원	22,000	1	6	7	8	7	5	1	1
3349	경기 군포시	실험,실측장비검교정지원	21,250	1	1	7	8	1	1	1	2
3350	경기 군포시	어르신생활체육지도자배치사업(자체처우개선비)	20,913	1	5	7	8	7	1	1	1
3351	경기 군포시	마을공동체공간조성지원사업	20,000	1	4	7	8	7	1	1	1
3352	경기 군포시	작은도서관도서및서가구입	20,000	1	1,4	7	8	7	1	1	1
3353	경기 군포시	어린이집안전점검	19,012	1	1	7	8	7	3	3	1
3354	경기 군포시	장애인생활체육지도자배치사업(자체처우개선비)	17,540	1	2	7	8	7	1	1	1
3355	경기 군포시	청년활동지원	17,000	1	4	7	8	7	5	5	4
3356	경기 군포시	댄스스포츠운영지원	17,000	1	5	7	8	7	1	1	1
3357	경기 군포시	장애인가맹경기단체육성지원	17,000	1	4	7	8	7	1	1	1

순번	시군구	지출명 (사업명)	2024년예산 (단위 : 천원 /1년간)	민간이전 분류 (지방자치단체 세출예산 집행기준에 의거) 1. 민간경상사업보조(307-02) 2. 민간단체 법정운영비보조(307-03) 3. 민간행사사업보조(307-04) 4. 민간위탁금(307-05) 5. 사회복지시설 법정운영비보조(307-10) 6. 민간인위탁교육비(307-12) 7. 공기관등에대한경상적위탁사업비(308-13) 8. 민간자본사업보조,자체재원(402-01) 9. 민간자본사업보조,이전재원(402-02) 10. 민간위탁사업비(402-03) 11. 공기관등에 대한 자본적 위탁사업비(403-02)	민간이전지출 근거 (지방보조금 관리기준 참고) 1. 법률에 규정 2. 국고보조 재원(국가지정) 3. 용도 지정 기부금 4. 조례에 직접규정 5. 지자체가 권장하는 사업을 하는 공공기관 6. 시,도 정책 및 재정사정 7. 기타 8. 해당없음	입찰방식 계약체결방법 (경쟁형태) 1. 일반경쟁 2. 제한경쟁 3. 지명경쟁 4. 수의계약 5. 법정위탁 6. 기타 ( ) 7. 없음	입찰방식 계약기간 1. 1년 2. 2년 3. 3년 4. 4년 5. 5년 6. 기타 ( )년 7. 단기계약 (1년미만) 8. 없음	입찰방식 낙찰자선정방법 1. 적격심사 2. 협상에의한계약 3. 최저가낙찰제 4. 규격가격분리 5. 2단계 경쟁입찰 6. 기타 ( ) 7. 없음	운영예산 산정 운영예산 산정 1. 내부산정 (지자체 자체적으로 산정) 2. 외부산정 (외부전문기관위탁 산정) 3. 내·외부 모두 산정 4. 산정 無 5. 없음	운영예산 산정 정산방법 1. 내부정산 (지자체 내부적으로 정산) 2. 외부정산 (외부전문기관위탁 정산) 3. 내·외부 모두 산정 4. 정산 無 5. 없음	성과평가 실시여부 1. 실시 2. 미실시 3. 향후 추진 4. 해당없음
3358	경기 군포시	주민참여예산사업	17,000	1	4	7	8	7	1	1	1
3359	경기 군포시	위생업소포장용기등지원	17,000	1	4	7	8	7	1	1	1
3360	경기 군포시	경기전통시장매니저육성지원	15,600	1	1	7	8	7	1	1	1
3361	경기 군포시	경기전통시장매니저육성지원	15,600	1	1	7	8	7	1	1	1
3362	경기 군포시	경기전통시장매니저육성지원	15,600	1	1	7	8	7	1	1	1
3363	경기 군포시	경기전통시장매니저육성지원	15,600	1	1	7	8	7	1	1	1
3364	경기 군포시	평가제컨설팅등지원	15,100	1	1	7	8	7	3	3	1
3365	경기 군포시	외국인주민상담	15,000	1	5	7	8	7	5	5	4
3366	경기 군포시	경기도골목상권매니저지원사업	15,000	1	4	7	8	7	1	1	1
3367	경기 군포시	소상공인연합회매니저지원사업	15,000	1	4	7	8	7	1	1	1
3368	경기 군포시	반딧불이복원사업	15,000	1	4	7	8	7	1	1	1
3369	경기 군포시	평생학습특화사업공모	15,000	1	4	7	8	7	1	1	1
3370	경기 군포시	장애인평생교육지원사업	14,000	1	6	7	8	7	5	1	1
3371	경기 군포시	학교폭력예방교육사업	13,600	1	6	7	8	7	1	1	1
3372	경기 군포시	청년농업인영농정착지원	13,600	1	2	7	8	7	5	5	4
3373	경기 군포시	경기평생학습동아리지원	13,000	1	6	7	8	7	5	1	4
3374	경기 군포시	생활체육지도자처우개선(명절수당)	11,930	1	5	7	8	7	1	1	1
3375	경기 군포시	택시카드단말기통신료지원	11,850	1	1	7	8	7	1	1	4
3376	경기 군포시	기후변화체험교육센터운영	11,000	1	4	5	8	7	1	1	1
3377	경기 군포시	행복한가족프로그램(도시)	10,000	1	4	7	5	7	5	1	4
3378	경기 군포시	주민참여예산과정운영지원	10,000	1	4	7	8	7	1	1	1
3379	경기 군포시	적십자이웃사랑반찬나누기	10,000	1	4	7	8	7	1	1	1
3380	경기 군포시	자율방범연합대원역량강화	10,000	1	4	7	8	7	1	1	1
3381	경기 군포시	독거노인카네이션하우스지원	10,000	1	5	7	8	7	1	1	1
3382	경기 군포시	자율방재단활동지원비	10,000	1	4	7	8	7	1	1	1
3383	경기 군포시	속달도랑살리기민간공모사업	10,000	1	4	7	8	7	5	5	1
3384	경기 군포시	공정무역시민교육	9,800	1	4	7	8	7	1	1	1
3385	경기 군포시	능안골어울림한마당	9,520	1	4	7	8	7	1	1	1
3386	경기 군포시	공익활동지원센터공익활동활성화공모사업	9,000	1	4	7	8	7	5	5	4
3387	경기 군포시	장애인생활체육프로그램운영지원	8,500	1	5	7	8	7	1	1	1
3388	경기 군포시	민주화운동기념사업	8,000	1	4	7	8	7	1	1	1
3389	경기 군포시	장애인체육회체육발전지원금	8,000	1	4	7	8	7	1	1	1
3390	경기 군포시	행복나눔효도잔치	7,300	1	4	7	8	7	1	1	1
3391	경기 군포시	군포예술지발간	7,000	1	4	7	8	7	1	1	3
3392	경기 군포시	초막골어린이생태교실	7,000	1	4	7	8	7	1	1	1
3393	경기 군포시	가족과함께하는초막골생태프로그램	7,000	1	4	7	8	7	1	1	1
3394	경기 군포시	산타클로스선물나눔	6,800	1	4	7	8	7	1	1	1
3395	경기 군포시	러브하우스	6,800	1	4	7	8	7	1	1	1
3396	경기 군포시	어떻게지내세요?(감동안부돌봄)	6,600	1	4	7	8	7	1	1	1
3397	경기 군포시	노루목국악합창단운영	6,413	1	4	7	8	7	1	1	1

순번	시군구	지출명 (사업명)	2024년예산 (단위 : 천원 /1년간)	민간이전 분류 (지방자치단체 세출예산 집행기준에 의거)	민간이전지출 근거 (지방보조금 관리기준 참고)	입찰방식			운영예산 산정		성과평가 실시여부
				1. 민간경상사업보조(307-02) 2. 민간단체 법정운영비보조(307-03) 3. 민간행사사업보조(307-04) 4. 민간위탁금(307-05) 5. 사회복지시설 법정운영비보조(307-10) 6. 민간인위탁교육비(307-12) 7. 공기관등에대한경상적위탁사업비(308-13) 8. 민간자본사업보조,자체재원(402-01) 9. 민간자본사업보조,이전재원(402-02) 10. 민간위탁사업비(402-03) 11. 공기관등에 대한 자본적 위탁사업비(403-02)	1. 법률에 규정 2. 국고보조 재원(국가지정) 3. 용도 지정 기부금 4. 조례에 직접규정 5. 지자체가 권장하는 사업을 하는 공공기관 6. 시,도 정책 및 재정사정 7. 기타 8. 해당없음	계약체결방법 (경쟁형태) 1. 일반경쟁 2. 제한경쟁 3. 지명경쟁 4. 수의계약 5. 법정위탁 6. 기타 ( ) 7. 없음	계약기간 1. 1년 2. 2년 3. 3년 4. 4년 5. 5년 6. 기타 ( )년 7. 단기계약 (1년미만) 8. 없음	낙찰자선정방법 1. 적격심사 2. 협상에의한계약 3. 최저가낙찰제 4. 규격가격분리 5. 2단계 경쟁입찰 6. 기타 ( ) 7. 없음	운영예산 산정 1. 내부산정 (지자체 자체적으로 산정) 2. 외부산정 (외부전문기관위탁 산정) 3. 내·외부 모두 산정 4. 산정 無 5. 없음	정산방법 1. 내부정산 (지자체 내부적으로 정산) 2. 외부정산 (외부전문기관위탁 정산) 3. 내·외부 모두 산정 4. 정산 無 5. 없음	1. 실시 2. 미실시 3. 향후 추진 4. 해당없음
3398	경기 군포시	사잘요리체험마당	6,000	1	4	7	8	7	1	1	4
3399	경기 군포시	조선백자요지와함께하는조물조물도자기체험교실	5,780	1	4	7	8	7	1	1	1
3400	경기 군포시	이웃의정을나누는그림편지학교	5,674	1	4	7	8	7	1	1	1
3401	경기 군포시	외국인주민한국어교육	5,667	1	5	7	8	7	5	5	4
3402	경기 군포시	군포2동여성축구단	5,100	1	4	7	8	7	1	1	1
3403	경기 군포시	호수수중정화활동사업	5,000	1	4	7	8	7	1	1	1
3404	경기 군포시	어르신스마트폰활용교육및카톡이웃맺기	4,913	1	4	7	8	7	1	1	1
3405	경기 군포시	금정마을줍깅챌린지	4,828	1	4	7	8	7	1	1	1
3406	경기 군포시	장애인생활체육지도자처우개선(명절수당)	4,772	1	5	7	8	7	1	1	1
3407	경기 군포시	장애우수체육꿈나무육성지원	4,675	1	4	7	8	7	1	1	1
3408	경기 군포시	마을안전지도만들기	4,600	1	4	7	8	7	1	1	3
3409	경기 군포시	청소년유해환경감시단지원(국도시)	4,500	1	1	7	8	7	5	1	4
3410	경기 군포시	금정수제막걸리콘테스트	4,378	1	4	7	8	7	1	1	1
3411	경기 군포시	희망러브하우스가꾸기	4,352	1	4	7	8	7	1	1	1
3412	경기 군포시	의료관련감염관리표본감시운영	4,320	1	2	7	8	7	5	5	4
3413	경기 군포시	행복을빚어요	4,250	1	4	7	8	7	1	1	1
3414	경기 군포시	환경보호그림그리기	4,250	1	4	7	8	7	1	1	1
3415	경기 군포시	다같이돌자궁내한바퀴	4,250	1	4	7	8	7	1	1	1
3416	경기 군포시	쓰레기수거용재활용주머니제작	4,250	1	4	7	8	7	1	1	1
3417	경기 군포시	오금동주민과함께하는수리산자락걷기	4,243	1	4	7	8	7	1	1	1
3418	경기 군포시	세대공감자원봉사	4,166	1	4	7	8	7	1	1	1
3419	경기 군포시	생태놀이터운영및노산공원시설개선준비사업	3,820	1	4	7	8	7	1	1	3
3420	경기 군포시	대야동문화재및명소탐방	3,620	1	4	7	8	7	1	1	3
3421	경기 군포시	공정무역캠페인및홍보	3,500	1	4	7	8	7	1	1	1
3422	경기 군포시	세대가함께하는반찬나눔	3,400	1	4	7	8	7	1	1	1
3423	경기 군포시	공중위생영업자위생교육지원사업	3,400	1	4	7	1	7	1	1	1
3424	경기 군포시	청소년과함께하는역사문화탐방	3,256	1	4	7	8	7	1	1	1
3425	경기 군포시	다문화인식개선프로그램	3,250	1	4	7	8	7	1	1	1
3426	경기 군포시	장애인생활체육교실지원사업(도비대응)	3,150	1	5	7	8	7	1	1	1
3427	경기 군포시	전적지순례	3,000	1	4	7	8	7	1	1	1
3428	경기 군포시	주요감염병표본감시의료기관운영	3,000	1	2	7	8	7	5	5	4
3429	경기 군포시	찾아가는스마트맞춤교육	2,960	1	4	7	8	7	1	1	3
3430	경기 군포시	오금동너와나건강체조	2,819	1	4	7	8	7	1	1	1
3431	경기 군포시	전적지탐방	2,720	1	4	7	8	7	1	1	1
3432	경기 군포시	우수작은도서관육성	2,590	1	1,4	7	8	7	1	1	1
3433	경기 군포시	임산부요가교실	2,516	1	4	7	8	7	1	1	1
3434	경기 군포시	보훈단체연합전적지순례	2,500	1	4	7	8	7	1	1	1
3435	경기 군포시	축산물전문판매점지원	2,400	1	1	7	1	7	1	1	4
3436	경기 군포시	함께해요!어르신행복나들이	2,300	1	4	7	8	7	1	1	1
3437	경기 군포시	특수임무전사자추모행사	2,200	1	4	7	8	7	1	1	1

순번	시군구	지출명 (사업명)	2024년예산 (단위 : 천원 /1년간)	민간이전 분류 (지방자치단체 세출예산 집행기준에 의거) 1. 민간경상사업보조(307-02) 2. 민간단체 법정운영비보조(307-03) 3. 민간행사사업보조(307-04) 4. 민간위탁금(307-05) 5. 사회복지시설 법정운영비보조(307-10) 6. 민간인위탁교육비(307-12) 7. 공기관등에대한경상적위탁사업비(308-13) 8. 민간자본사업보조,자체재원(402-01) 9. 민간자본사업보조,이전재원(402-02) 10. 민간위탁사업비(402-03) 11. 공기관등에 대한 자본적 위탁사업비(403-02)	민간이전지출 근거 (지방보조금 관리기준 참고) 1. 법률에 규정 2. 국고보조 재원(국가지정) 3. 용도 지정 기부금 4. 조례에 직접규정 5. 지자체가 권장하는 사업을 하는 공공기관 6. 시,도 정책 및 재정사정 7. 기타 8. 해당없음	입찰방식			운영예산 산정		성과평가 실시여부
						계약체결방법 (경쟁형태) 1. 일반경쟁 2. 제한경쟁 3. 지명경쟁 4. 수의계약 5. 법정위탁 6. 기타 ( ) 7. 없음	계약기간 1. 1년 2. 2년 3. 3년 4. 4년 5. 5년 6. 기타 ( )년 7. 단기계약 (1년미만) 8. 없음	낙찰자선정방법 1. 적격심사 2. 협상에의한계약 3. 최저가낙찰제 4. 규격가격분리 5. 2단계 경쟁입찰 6. 기타 ( ) 7. 없음	운영예산 산정 1. 내부산정 (지자체 자체적으로 산정) 2. 외부산정 (외부전문기관위탁 산정) 3. 내·외부 모두 산정 4. 산정 無 5. 없음	정산방법 1. 내부정산 (지자체 내부적으로 정산) 2. 외부정산 (외부전문기관위탁 정산) 3. 내·외부 모두 산정 4. 정산 無 5. 없음	1. 실시 2. 미실시 3. 향후 추진 4. 해당없음
3438	경기 군포시	나도금손	2,125	1	4	7	8	7	1	1	1
3439	경기 군포시	지역주민과함께하는cleanday	2,040	1	4	7	8	7	1	1	1
3440	경기 군포시	향군의날행사	2,000	1	4	7	8	7	1	1	1
3441	경기 군포시	대야동로컬푸드장터	2,000	1	4	7	8	7	1	1	3
3442	경기 군포시	독서환경조성	1,960	1	1,4	7	8	7	1	1	1
3443	경기 군포시	사교육중단청소년학습지원사업	1,921	1	4	7	8	7	1	1	1
3444	경기 군포시	작은도서관냉난방기기지원	1,820	1	1,4	7	8	7	1	1	1
3445	경기 군포시	작은도서관냉난방비지원	1,800	1	1,4	7	8	7	1	1	1
3446	경기 군포시	군포어디까지가봤니?	1,785	1	4	7	8	7	1	1	1
3447	경기 군포시	야간폴리스활동	1,700	1	4	7	8	7	1	1	1
3448	경기 군포시	키오스크활용교육	1,700	1	4	7	8	7	1	1	1
3449	경기 군포시	농안마을시민꽃밭조성사업	1,700	1	4	7	8	7	1	1	1
3450	경기 군포시	안보강연행사	1,620	1	4	7	8	7	1	1	1
3451	경기 군포시	특색있는정원가꾸기	1,521	1	4	7	8	7	1	1	1
3452	경기 군포시	현충원지킴이전적지봉사활동	1,420	1	4	7	8	7	1	1	1
3453	경기 군포시	유적지순례	1,360	1	4	7	8	7	1	1	1
3454	경기 군포시	상반기전적지순례	1,360	1	4	7	8	7	1	1	1
3455	경기 군포시	하반기전적지순례	1,360	1	4	7	8	7	1	1	1
3456	경기 군포시	전적지순례	1,360	1	4	7	8	7	1	1	1
3457	경기 군포시	상반기전적지순례	1,360	1	4	7	8	7	1	1	1
3458	경기 군포시	하반기전적지순례	1,360	1	4	7	8	7	1	1	1
3459	경기 군포시	안보견학및전적지순례	1,360	1	4	7	8	7	1	1	1
3460	경기 군포시	전적지및안보현장답사	1,360	1	4	7	8	7	1	1	1
3461	경기 군포시	전적지및안보현장견학	1,360	1	4	7	8	7	1	1	1
3462	경기 군포시	호국안보결의대회행사	1,320	1	4	7	8	7	1	1	1
3463	경기 군포시	전국상이군경체육대회참가지원	1,080	1	4	7	8	7	1	1	1
3464	경기 군포시	올바른주민자치회운영홍보	1,000	1	4	7	8	7	1	1	1
3465	경기 군포시	장진호전투영웅추도행사	950	1	4	7	8	7	1	1	1
3466	경기 군포시	제조물책임(PL)보험가입지원	850	1	1	7	8	1	1	1	2
3467	경기 군포시	광정동깨끗한우리마을만들기	800	1	4	7	8	7	1	1	1
3468	경기 군포시	청소년유해환경감시단지원사업	720	1	1	7	8	7	1	1	1
3469	경기 군포시	소귀표부착비지원	288	1	1	5	8	7	2	2	1
3470	경기 의왕시	경기도어린이건강과일공급	361,320	1	6	7	8	7	5	1	4
3471	경기 의왕시	의왕형어린이집운영지원	339,140	1	6	7	8	7	5	5	4
3472	경기 의왕시	보훈단체지원	268,477	1	4	7	8	7	1	1	1
3473	경기 의왕시	창의융합프로젝트(관학협력)	210,505	1	7	7	8	7	1	1	2
3474	경기 의왕시	의왕의제21사업지원	170,811	1	4	7	8	7	1	1	1
3475	경기 의왕시	경기임산부친환경농산물지원	137,856	1	6	7	8	7	5	1	4
3476	경기 의왕시	동물용의약품산업종합지원(수출혁신품목육성지원)	105,000	1	2	7	8	7	5	1	4
3477	경기 의왕시	지역사회보장협의체운영활성화지원(자체)	58,660	1	4	7	8	7	1	1	4

순번	시군구	지출명 (사업명)	2024년예산 (단위 : 천원 /1년간)	민간이전 분류 (지방자치단체 세출예산 집행기준에 의거) 1. 민간경상사업보조(307-02) 2. 민간단체 법정운영비보조(307-03) 3. 민간행사사업보조(307-04) 4. 민간위탁금(307-05) 5. 사회복지시설 법정운영비보조(307-10) 6. 민간인위탁교육비(307-12) 7. 공기관등에대한경상적위탁사업비(308-13) 8. 민간자본사업보조,자체재원(402-01) 9. 민간자본사업보조,이전재원(402-02) 10. 민간위탁사업비(402-03) 11. 공기관등에 대한 자본적 위탁사업비(403-02)	민간이전지출 근거 (지방보조금 관리기준 참고) 1. 법률에 규정 2. 국고보조 재원(국가지정) 3. 용도 지정 기부금 4. 조례에 직접규정 5. 지자체가 권장하는 사업을 하는 공공기관 6. 시,도 정책 및 재정사정 7. 기타 8. 해당없음	입찰방식 계약체결방법 (경쟁형태) 1. 일반경쟁 2. 제한경쟁 3. 지명경쟁 4. 수의계약 5. 법정위탁 6. 기타 ( ) 7. 없음	입찰방식 계약기간 1. 1년 2. 2년 3. 3년 4. 4년 5. 5년 6. 기타 ( )년 7. 단기계약 (1년미만) 8. 없음	입찰방식 낙찰자선정방법 1. 적격심사 2. 협상에의한계약 3. 최저가낙찰제 4. 규격가격분리 5. 2단계 경쟁입찰 6. 기타 ( ) 7. 없음	운영예산 산정 운영예산 산정 1. 내부산정 (지자체 자체적으로 산정) 2. 외부산정 (외부전문기관위탁 산정) 3. 내·외부 모두 산정 4. 산정 無 5. 없음	운영예산 산정 정산방법 1. 내부정산 (지자체 내부적으로 정산) 2. 외부정산 (외부전문기관위탁 정산) 3. 내·외부 모두 산정 4. 정산 無 5. 없음	성과평가 실시여부 1. 실시 2. 미실시 3. 향후 추진 4. 해당없음
3478	경기 의왕시	지역사회보장협의체운영활성화지원	50,000	1	6	7	8	7	1	1	4
3479	경기 의왕시	맘튼튼축산물꾸러미지원	50,000	1	6	7	8	7	5	5	4
3480	경기 의왕시	학생승마체험지원사업	33,600	1	6	6	7	1	5	1	4
3481	경기 의왕시	사회복지종사자건강검진비지원	33,000	1	4	7	8	7	1	1	4
3482	경기 의왕시	청년농업인영농정착지원(지원금)	32,300	1	2	7	8	7	5	1	4
3483	경기 의왕시	가정폭력,성폭력,성매매예방교육	30,000	1	6	7	8	7	1	1	4
3484	경기 의왕시	생활과학교실	25,000	1	7	7	8	7	1	1	1
3485	경기 의왕시	양봉산업육성사업	17,000	1	6	7	7	7	5	1	4
3486	경기 의왕시	보육사업추진	12,000	1	4	7	8	7	1	1	4
3487	경기 의왕시	보훈기금	10,800	1	4	6	6	6	5	5	4
3488	경기 의왕시	공동체팜도시농부활동지원	6,000	1	1	7	8	7	5	1	4
3489	경기 의왕시	수질개선지원(백운호수및왕송호수정화활동)	4,618	1	4	7	8	7	1	1	1
3490	경기 의왕시	사회공익승마사업	4,020	1	6	6	7	1	5	1	4
3491	경기 의왕시	농업경영인회활동지원	3,000	1	1	7	8	7	5	1	4
3492	경기 의왕시	4H지도자협의회활동지원	2,000	1	1	7	8	7	5	1	4
3493	경기 의왕시	어르신소비자교육	1,700	1	4	4	1	2	1	1	1
3494	경기 의왕시	국산수입산농축산물비교전시	1,300	1	4	4	1	2	1	1	1
3495	경기 의왕시	올바른소비생활캠페인	1,220	1	4	4	1	2	1	1	1
3496	경기 의왕시	노인대상소비자교육	860	1	4	4	1	2	1	1	1
3497	경기 의왕시	다문화가정소비자교육	490	1	4	4	1	2	1	1	1
3498	경기 의왕시	장애인대상소비자교육	430	1	4	4	1	2	1	1	1
3499	경기 하남시	하남기억유산을위한옛지명안내판설치	21,000	1	6	7	8	7	1	1	1
3500	경기 하남시	주민자치활성화사업	400,000	1	4	7	8	7	1	1	1
3501	경기 하남시	평생학습마을운영지원	205,000	1	1	7	8	7	5	5	4
3502	경기 하남시	작은도서관아이돌봄독서문화프로그램지원	157,500	1	1	7	6	6	1	1	1
3503	경기 하남시	평생학습마을공동체지원	117,000	1	1	7	8	7	5	5	4
3504	경기 하남시	노인대학운영보조	80,000	1	1	7	8	7	1	1	4
3505	경기 하남시	작은도서관운영지원(우수작은도서관육성)	75,690	1	1	7	6	6	1	1	1
3506	경기 하남시	향교서원문화유산활용사업	75,000	1	2	7	8	7	1	1	1
3507	경기 하남시	하남창업청년일자리사업	65,842	1	2	7	8	7	5	5	4
3508	경기 하남시	작은도서관냉난방비지원	55,720	1	1	7	6	6	1	1	1
3509	경기 하남시	성인문해교육지원사업	45,000	1	1	7	8	7	5	5	4
3510	경기 하남시	하남지역혁신형청년일자리사업	39,780	1	2	7	8	7	5	5	4
3511	경기 하남시	박물관·미술관지원사업	33,188	1	6	7	8	7	1	1	1
3512	경기 하남시	침수방지시설설치지원	30,000	1	4	7	8	7	5	5	4
3513	경기 하남시	봉사회조리배달사업	28,080	1	6	7	8	7	1	1	1
3514	경기 하남시	향교서원활성화사업(광주향교)	17,000	1	4,6	7	8	7	1	1	1
3515	경기 하남시	향교서원활성화사업(사충서원)	17,000	1	4,6	7	8	7	5	5	4
3516	경기 하남시	장애인평생학습도시운영	14,000	1	1	7	8	7	5	5	4
3517	경기 하남시	새마을운동휴경지경작	9,800	1	6	7	8	7	1	1	1

순번	시군구	지출명 (사업명)	2024년예산 (단위 : 천원 /1년간)	민간이전 분류 (지방자치단체 세출예산 집행기준에 의거) 1. 민간경상사업보조(307-02) 2. 민간단체 법정운영비보조(307-03) 3. 민간행사사업보조(307-04) 4. 민간위탁금(307-05) 5. 사회복지시설 법정운영비보조(307-10) 6. 민간인위탁교육비(307-12) 7. 공기관등에대한경상적위탁사업비(308-13) 8. 민간자본사업보조,자체재원(402-01) 9. 민간자본사업보조,이전재원(402-02) 10. 민간위탁사업비(402-03) 11. 공기관등에 대한 자본적 위탁사업비(403-02)	민간이전지출 근거 (지방보조금 관리기준 참고) 1. 법률에 규정 2. 국고보조 재원(국가지정) 3. 용도 지정 기부금 4. 조례에 직접규정 5. 지자체가 권장하는 사업을 하는 공공기관 6. 시,도 정책 및 재정사정 7. 기타 8. 해당없음	입찰방식			운영예산 산정		성과평가 실시여부
						계약체결방법 (경쟁형태) 1. 일반경쟁 2. 제한경쟁 3. 지명경쟁 4. 수의계약 5. 법정위탁 6. 기타 ( ) 7. 없음	계약기간 1. 1년 2. 2년 3. 3년 4. 4년 5. 5년 6. 기타 ( )년 7. 단기계약 (1년미만) 8. 없음	낙찰자선정방법 1. 적격심사 2. 협상에의한계약 3. 최저가낙찰제 4. 규격가격분리 5. 2단계 경쟁입찰 6. 기타 ( ) 7. 없음	운영예산 산정 1. 내부산정 (지자체 자체적으로 산정) 2. 외부산정 (외부전문기관위탁 산정) 3. 내·외부 모두 산정 4. 산정 無 5. 없음	정산방법 1. 내부정산 (지자체 내부적으로 정산) 2. 외부정산 (외부전문기관위탁 정산) 3. 내·외부 모두 산정 4. 정산 無 5. 없음	1. 실시 2. 미실시 3. 향후 추진 4. 해당없음
3518	경기 하남시	하남지역포용형청년일자리사업	9,003	1	2	7	8	7	5	5	4
3519	경기 하남시	하남문화원향토사료집	9,000	1	1	7	8	7	1	1	1
3520	경기 하남시	하남문화원위례문화집발간	7,400	1	1	7	8	7	1	1	1
3521	경기 하남시	새마을운동행복한가족밥상	5,000	1	6	7	8	7	1	1	1
3522	경기 하남시	봉사회김치나누기사업	5,000	1	6	7	8	7	1	1	1
3523	경기 하남시	새마을운동새마을기지원	2,250	1	6	7	8	7	1	1	1
3524	경기 용인시	외국인투자기업유치지원	1,500,000	1	1	7	8	7	5	5	4
3525	경기 용인시	스포츠강좌이용권사업	1,178,400	1	4	7	8	7	5	5	4
3526	경기 용인시	생활체육대회출전지원	700,000	1	4	7	8	7	5	5	4
3527	경기 용인시	경기도지역협력연구센터(GRRC)지원(2차)	600,000	1	6	7	8	7	5	5	4
3528	경기 용인시	장애인평생교육시설지원	525,070	1	1	7	8	7	5	5	4
3529	경기 용인시	전문체육대회출전지원	524,000	1	4	7	8	7	5	5	4
3530	경기 용인시	벼병해충방제지원	418,696	1	1	7	8	7	1	1	1
3531	경기 용인시	택시카드결제수수료지원	390,930	1	6	7	8	7	5	5	4
3532	경기 용인시	축산환경개선	375,300	1	6	7	8	7	1	1	4
3533	경기 용인시	백옥쌀GAP생산단지육성	375,000	1	1	7	8	7	1	1	1
3534	경기 용인시	장애인스포츠강좌이용권사업	369,600	1	4	7	8	7	5	5	4
3535	경기 용인시	(예비)사회적기업일자리창출사업(균특/지원)	365,065	1	1	7	8	7	1	1	1
3536	경기 용인시	구제역예방백신	353,200	1	1	7	8	7	1	1	4
3537	경기 용인시	맘튼튼축산물꾸러미지원	299,500	1	1	7	8	7	1	1	4
3538	경기 용인시	성인문해교육기관지원사업	288,300	1	1	7	8	7	1	1	3
3539	경기 용인시	가축전염병예방접종	288,000	1	2	7	8	7	1	1	4
3540	경기 용인시	장애인생활체육지도자배치지원	281,718	1	2	7	8	7	5	5	4
3541	경기 용인시	고품질벼종자공급지원	260,000	1	1	7	8	7	1	1	1
3542	경기 용인시	체육꿈나무육성지원	260,000	1	4	7	8	7	5	5	4
3543	경기 용인시	(예비)사회적기업일자리창출사업(자체/지원)	250,000	1	1	7	8	7	1	1	1
3544	경기 용인시	가축재해보험	240,000	1	2,6	7	8	7	1	1	4
3545	경기 용인시	노동안전지킴이운영	239,170	1	4	7	8	7	5	5	4
3546	경기 용인시	일반생활체육지도자배치지원	220,200	1	2	7	8	7	5	5	4
3547	경기 용인시	학생승마체험	212,800	1	2	7	8	7	1	1	4
3548	경기 용인시	조사료생산용사일리지제조운송비지원	211,056	1	2	7	8	7	1	1	4
3549	경기 용인시	마을공동체공동체활동지원	200,000	1	4	7	8	7	5	1	1
3550	경기 용인시	소프트웨어중심대학지원사업	200,000	1	2	7	7	7	2	1	4
3551	경기 용인시	용인시민쌩쌩쌩챌린지	197,000	1	4	7	8	7	5	5	4
3552	경기 용인시	어르신생활체육지도자배치지원	188,742	1	2	7	8	7	5	5	4
3553	경기 용인시	지역산업마케팅지원(전환사업)	171,000	1	4	7	8	7	1	1	1
3554	경기 용인시	노인대학운영	160,560	1	4	7	8	7	1	1	2
3555	경기 용인시	승마장육성지원	160,476	1	1	7	8	7	1	1	4
3556	경기 용인시	수출기업화지원사업	145,000	1	4	7	8	7	1	1	1
3557	경기 용인시	장애인생활체육지도자활동지원(자체)	125,594	1	4	7	8	7	5	5	4

순번	시군구	지출명 (사업명)	2024년예산 (단위 : 천원 /1년간)	민간이전 분류 (지방자치단체 세출예산 집행기준에 의거) 1. 민간경상사업보조(307-02) 2. 민간단체 법정운영비보조(307-03) 3. 민간행사사업보조(307-04) 4. 민간위탁금(307-05) 5. 사회복지시설 법정운영비보조(307-10) 6. 민간인위탁교육비(307-12) 7. 공기관등에대한경상적위탁사업비(308-13) 8. 민간자본사업보조,자체재원(402-01) 9. 민간자본사업보조,이전재원(402-02) 10. 민간위탁사업비(402-03) 11. 공기관등에 대한 자본적 위탁사업비(403-02)	민간이전지출 근거 (지방보조금 관리기준 참고) 1. 법률에 규정 2. 국고보조 재원(국가지정) 3. 용도 지정 기부금 4. 조례에 직접규정 5. 지자체가 권장하는 사업을 하는 공공기관 6. 시,도 정책 및 재정사정 7. 기타 8. 해당없음	입찰방식: 계약체결방법 (경쟁형태) 1. 일반경쟁 2. 제한경쟁 3. 지명경쟁 4. 수의계약 5. 법정위탁 6. 기타 ( ) 7. 없음	입찰방식: 계약기간 1. 1년 2. 2년 3. 3년 4. 4년 5. 5년 6. 기타 ( )년 7. 단기계약 (1년미만) 8. 없음	입찰방식: 낙찰자선정방법 1. 적격심사 2. 협상에의한계약 3. 최저가낙찰제 4. 규격가격분리 5. 2단계 경쟁입찰 6. 기타 ( ) 7. 없음	운영예산 산정: 운영예산 산정 1. 내부산정 (지자체 자체적으로 산정) 2. 외부산정 (외부전문기관위탁 산정) 3. 내·외부 모두 산정 4. 산정 無 5. 없음	운영예산 산정: 정산방법 1. 내부정산 (지자체 내부적으로 정산) 2. 외부정산 (외부전문기관위탁 정산) 3. 내·외부 모두 산정 4. 정산 無 5. 없음	성과평가 실시여부 1. 실시 2. 미실시 3. 향후 추진 4. 해당없음
3558	경기 용인시	경기도장애인체육대회출전지원	125,000	1	4	7	8	7	5	5	4
3559	경기 용인시	공동관리비개인하수처리시설전문기관위탁관리	120,400	1	2	7	8	7	5	1	4
3560	경기 용인시	경로당프로그램관리자지원	118,732	1	4	7	8	7	1	1	2
3561	경기 용인시	가축분뇨수거운반비지원	117,722	1	6	7	8	7	1	1	4
3562	경기 용인시	창업보육센터운영지원	111,812	1	1,4,6	7	7	7	2	1	4
3563	경기 용인시	경기녹색환경지원센터지원	100,000	1	1	7	8	7	1	1	4
3564	경기 용인시	경기도지역협력연구센터(GRRC)지원(1차)	100,000	1	6	7	8	7	5	5	4
3565	경기 용인시	양성평등기금공모사업	100,000	1	7	6	7	6	1	1	1
3566	경기 용인시	영농부산물안전처리지원	100,000	1	2	7	8	7	5	1	4
3567	경기 용인시	새싹기업도약지원	100,000	1	2	7	8	7	1	1	4
3568	경기 용인시	유소년승마단창단	98,000	1	2	7	8	7	1	1	4
3569	경기 용인시	일반생활체육지도자활동지원(자체)	96,847	1	4	7	8	7	5	5	4
3570	경기 용인시	가축분뇨수거운반비지원	94,050	1	6	7	8	7	1	1	4
3571	경기 용인시	가축방역관리	90,000	1	1	7	8	7	1	1	4
3572	경기 용인시	조사료생산용볏짚비닐지원	88,800	1	6	7	8	7	1	1	4
3573	경기 용인시	초등스포츠클럽육성지원	87,040	1	4	7	8	7	5	5	4
3574	경기 용인시	민간환경단체공모사업	86,555	1	1	7	8	7	1	1	1
3575	경기 용인시	어르신생활체육지도자활동지원(자체)	83,209	1	4	7	8	7	5	5	4
3576	경기 용인시	장애인협회별체육대회개최및출전지원	80,000	1	4	7	8	7	5	5	4
3577	경기 용인시	사회적기업사회보험료지원	77,800	1	1	7	8	7	1	1	1
3578	경기 용인시	평생학습마을공동체지원사업	75,000	1	6	7	8	7	1	1	4
3579	경기 용인시	체육지도자지원	72,900	1	4	7	8	7	5	5	4
3580	경기 용인시	중소기업글로벌경쟁력강화지원	70,000	1	4	7	8	7	1	1	1
3581	경기 용인시	56신중년교육프로그램지원사업	70,000	1	6	7	8	7	1	1	4
3582	경기 용인시	재활승마교실운영	67,800	1	2	7	8	7	1	1	4
3583	경기 용인시	도시형교통모델	66,000	1	2	7	8	7	5	5	4
3584	경기 용인시	지역노사민정협력활성화지원	62,000	1	1	7	8	7	1	1	4
3585	경기 용인시	대학생수출인턴지원	60,000	1	4	7	8	7	1	1	1
3586	경기 용인시	용인여성씨름단지원	60,000	1	4	7	8	7	5	5	4
3587	경기 용인시	장애인편의시설현장조사	59,427	1	1	7	8	7	5	5	4
3588	경기 용인시	아프리카돼지열병농장유입차단지원	56,000	1	7	7	8	7	1	1	4
3589	경기 용인시	중소기업노동자기숙사임차비지원사업	51,000	1	1	7	8	7	5	5	4
3590	경기 용인시	양봉산업육성	50,110	1	6	7	8	7	1	1	4
3591	경기 용인시	골목상권공동체활성화지원	50,000	1	4	7	8	7	5	5	4
3592	경기 용인시	농작업안전편이장비보급	50,000	1	1	7	8	7	1	1	1
3593	경기 용인시	마을공동체만들기지원사업	50,000	1	4	7	8	7	5	1	1
3594	경기 용인시	축산도우미(헬퍼)지원사업	46,000	1	6	7	8	7	1	1	3
3595	경기 용인시	경로당지도관리	43,086	1	4	7	8	7	1	1	2
3596	경기 용인시	장애인평생교육공모사업	43,000	1	6	7	8	7	4	1	4
3597	경기 용인시	말산업청년인턴취업지원	42,000	1	1	7	8	7	1	1	4

순번	시군구	지출명 (사업명)	2024년예산 (단위 : 천원 /1년간)	민간이전 분류 (지방자치단체 세출예산 집행기준에 의거) 1. 민간경상사업보조(307-02) 2. 민간단체 법정운영비보조(307-03) 3. 민간행사사업보조(307-04) 4. 민간위탁금(307-05) 5. 사회복지시설 법정운영비보조(307-10) 6. 민간인위탁교육비(307-12) 7. 공기관등에대한경상적위탁사업비(308-13) 8. 민간자본사업보조,자체재원(402-01) 9. 민간자본사업보조,이전재원(402-02) 10. 민간위탁사업비(402-03) 11. 공기관등에 대한 자본적 위탁사업비(403-02)	민간이전지출 근거 (지방보조금 관리기준 참고) 1. 법률에 규정 2. 국고보조 재원(국가지정) 3. 용도 지정 기부금 4. 조례에 직접규정 5. 지자체가 권장하는 사업을 하는 공공기관 6. 시,도 정책 및 재정사정 7. 기타 8. 해당없음	입찰방식			운영예산 산정		성과평가 실시여부
						계약체결방법 (경쟁형태) 1. 일반경쟁 2. 제한경쟁 3. 지명경쟁 4. 수의계약 5. 법정위탁 6. 기타 ( ) 7. 없음	계약기간 1. 1년 2. 2년 3. 3년 4. 4년 5. 5년 6. 기타 ( )년 7. 단기계약 (1년미만) 8. 없음	낙찰자선정방법 1. 적격심사 2. 협상에의한계약 3. 최저가낙찰제 4. 규격가격분리 5. 2단계 경쟁입찰 6. 기타 ( ) 7. 없음	운영예산 산정 1. 내부산정 (지자체 자체적으로 산정) 2. 외부산정 (외부전문기관위탁 산정) 3. 내·외부 모두 산정 4. 산정 無 5. 없음	정산방법 1. 내부정산 (지자체 내부적으로 정산) 2. 외부정산 (외부전문기관위탁 정산) 3. 내·외부 모두 산정 4. 정산 無 5. 없음	1. 실시 2. 미실시 3. 향후 추진 4. 해당없음
3598	경기 용인시	가금농가질병관리지원	42,000	1	2	7	8	7	1	1	4
3599	경기 용인시	고품질안전축산물육성	41,650	1	6	7	8	7	1	1	4
3600	경기 용인시	택시카드단말기통신료지원	40,509	1	6	7	8	7	5	5	4
3601	경기 용인시	경로노인대학운영	40,380	1	4	7	8	7	1	1	2
3602	경기 용인시	어르신인생노트사업	40,000	1	6	7	8	7	5	5	4
3603	경기 용인시	학교환경교육지원	40,000	1	6	7	8	7	5	5	4
3604	경기 용인시	교통안전및교통지도지원	40,000	1	4	7	8	7	1	1	3
3605	경기 용인시	산업곤충먹이생산공급시범	40,000	1	1	7	8	7	5	5	4
3606	경기 용인시	경로당서포터즈지원	37,260	1	6	7	8	7	1	1	2
3607	경기 용인시	생활밀착시설맞춤형경사로설치지원	37,000	1	1	7	8	7	5	5	4
3608	경기 용인시	장애인평생교육시설지원(자체)	35,380	1	1	7	8	7	1	1	3
3609	경기 용인시	농작물병해충방제비지원	34,600	1	2	7	8	7	5	1	4
3610	경기 용인시	지속가능발전협의회사업비지원	33,630	1	1	7	8	7	1	1	1
3611	경기 용인시	언택트시대중소농가경영개선을위한브랜드활성화지원	32,000	1	1	7	8	7	1	1	1
3612	경기 용인시	중소기업제조물책임보험지원	32,000	1	6	7	8	7	1	1	1
3613	경기 용인시	테마마을조성	30,000	1	1	6	6	6	5	5	4
3614	경기 용인시	0미인가대안교육기관지원	30,000	1	4	6	1	7	1	1	1
3615	경기 용인시	주민자치박람회	30,000	1	4	7	8	7	5	1	1
3616	경기 용인시	범죄피해자지원	30,000	1	1	7	8	7	5	1	3
3617	경기 용인시	우수선수입상포상금	30,000	1	4	7	8	7	5	5	4
3618	경기 용인시	반도체소부장실증화장비사용료지원사업	29,000	1	6	7	8	7	5	5	4
3619	경기 용인시	사회환경교육지원	28,000	1	6	7	8	7	5	5	4
3620	경기 용인시	축산농가폐기자재수거지원	28,000	1	6	7	8	7	1	1	4
3621	경기 용인시	양봉산업육성	27,111	1	6	7	8	7	1	1	4
3622	경기 용인시	환경교육특화마을지원	25,000	1	6	7	8	7	5	5	4
3623	경기 용인시	우수평생교육프로그램공모사업	25,000	1	4	7	8	7	1	1	3
3624	경기 용인시	법률구조상담사업	24,530	1	4	7	8	7	1	1	1
3625	경기 용인시	노인지도자연수지원	24,300	1	4	7	8	7	1	1	2
3626	경기 용인시	사랑의김장나누기	24,000	1	4	7	8	7	5	1	3
3627	경기 용인시	청소년선도보호단체지원	23,000	1	8	7	8	7	5	1	3
3628	경기 용인시	민주시민교육사업	22,000	1	4	7	8	7	5	5	4
3629	경기 용인시	장애인생활체육교실지원사업(경기도직접지원)	21,000	1	4	7	8	7	5	5	4
3630	경기 용인시	팔당수계정화활동지원	20,000	1	1	7	8	7	1	1	1
3631	경기 용인시	생태계교란생물퇴치사업	20,000	1	1	7	8	7	1	1	1
3632	경기 용인시	공동체텃밭지원	20,000	1	4	7	8	7	1	1	1
3633	경기 용인시	농업인근골격계질환예방지원	20,000	1	1	7	8	7	1	1	1
3634	경기 용인시	청소년동아리지원	20,000	1	1	5	8	7	1	1	1
3635	경기 용인시	청소년엘리트체육교실지원	20,000	1	4	7	8	7	5	5	4
3636	경기 용인시	유형별장애인체육대회지원	20,000	1	4	7	8	7	5	5	4
3637	경기 용인시	34평생학습반올림프로그램공모사업	20,000	1	4	7	8	7	1	1	3

순번	시군구	지출명 (사업명)	2024년예산 (단위 : 천원 /1년간)	민간이전 분류 (지방자치단체 세출예산 집행기준에 의거) 1. 민간경상사업보조(307-02) 2. 민간단체 법정운영비보조(307-03) 3. 민간행사사업보조(307-04) 4. 민간위탁금(307-05) 5. 사회복지시설 법정운영비보조(307-10) 6. 민간인위탁교육비(307-12) 7. 공기관등에대한경상적위탁사업비(308-13) 8. 민간자본사업보조,자체재원(402-01) 9. 민간자본사업보조,이전재원(402-02) 10. 민간위탁사업비(402-03) 11. 공기관등에 대한 자본적 위탁사업비(403-02)	민간이전지출 근거 (지방보조금 관리기준 참고) 1. 법률에 규정 2. 국고보조 재원(국가지정) 3. 용도 지정 기부금 4. 조례에 직접규정 5. 지자체가 권장하는 사업을 하는 공공기관 6. 시,도 정책 및 재정사정 7. 기타 8. 해당없음	입찰방식: 계약체결방법 (경쟁형태) 1. 일반경쟁 2. 제한경쟁 3. 지명경쟁 4. 수의계약 5. 법정위탁 6. 기타 ( ) 7. 없음	입찰방식: 계약기간 1. 1년 2. 2년 3. 3년 4. 4년 5. 5년 6. 기타 ( )년 7. 단기계약 (1년미만) 8. 없음	입찰방식: 낙찰자선정방법 1. 적격심사 2. 협상에의한계약 3. 최저가낙찰제 4. 규격가격분리 5. 2단계 경쟁입찰 6. 기타 ( ) 7. 없음	운영예산 산정: 운영예산 산정 1. 내부산정 (지자체 자체적으로 산정) 2. 외부산정 (외부전문기관위탁 산정) 3. 내·외부 모두 산정 4. 산정 無 5. 없음	운영예산 산정: 정산방법 1. 내부정산 (지자체 내부적으로 정산) 2. 외부정산 (외부전문기관위탁 정산) 3. 내·외부 모두 산정 4. 정산 無 5. 없음	성과평가 실시여부 1. 실시 2. 미실시 3. 향후 추진 4. 해당없음
3638	경기 용인시	대학자원연계평생교육지원사업	20,000	1	6	7	8	7	1	1	3
3639	경기 용인시	미용기술전문교육	18,000	1	4	7	1	7	5	1	4
3640	경기 용인시	현충일참배보상지원	18,000	1	1	7	8	7	1	1	1
3641	경기 용인시	돼지소모성질환지도지원	18,000	1	2	7	8	7	1	1	4
3642	경기 용인시	생활체육체험교실운영	18,000	1	4	7	8	7	5	5	4
3643	경기 용인시	농가도우미지원	17,500	1	1	7	8	7	1	1	4
3644	경기 용인시	용인대태권도시범단활동보조	16,200	1	4	7	8	7	5	5	4
3645	경기 용인시	가맹단체훈련비지원	16,000	1	4	7	8	7	5	5	4
3646	경기 용인시	한마음수련대회	15,000	1	4	7	8	7	5	1	3
3647	경기 용인시	용인시장애인체육회및가맹단체워크숍지원	15,000	1	4	7	8	7	5	1	3
3648	경기 용인시	지정스포츠클럽육성지원	15,000	1	4	7	8	7	5	5	4
3649	경기 용인시	장애인평생교육시설현장학습운영지원	13,150	1	1	7	8	7	5	5	4
3650	경기 용인시	조사료생산용종자구입지원	10,818	1	1	7	8	7	1	1	3
3651	경기 용인시	국가유공자회원위문비(8개단체)	10,700	1	2	7	8	7	1	1	4
3652	경기 용인시	장애인복지단체지원	10,360	1	4	7	8	7	1	1	1
3653	경기 용인시	4H연합회활동지원	10,000	1	1	7	8	7	5	5	4
3654	경기 용인시	2024년자문위원연찬회	10,000	1	1	7	8	7	1	1	1
3655	경기 용인시	북한이탈주민과함께하는사랑의김장나눔	10,000	1	4	7	8	7	5	1	3
3656	경기 용인시	전국장애인체육대회출전지원	10,000	1	1	7	8	7	5	1	3
3657	경기 용인시	축산물HACCP컨설팅	9,800	1	4	7	8	7	5	5	4
3658	경기 용인시	축산물전문판매점지원	9,600	1	2,6	7	8	7	1	1	4
3659	경기 용인시	법무부법사랑위원처인지구협의회	9,250	1	6	7	8	7	1	1	4
3660	경기 용인시	마을기업육성	9,000	1	8	7	8	7	5	5	4
3661	경기 용인시	체육인의밤개최지원	9,000	1	2	7	8	7	5	1	1
3662	경기 용인시	경기평생학습동아리지원사업	9,000	1	4	7	8	7	5	5	4
3663	경기 용인시	사회공익승마사업	8,560	1	6	7	8	7	5	5	4
3664	경기 용인시	일반생활체육지도자처우개선	8,352	1	1	7	8	7	1	1	4
3665	경기 용인시	장애인생활체육지도자처우개선	8,351	1	4	7	8	7	5	5	4
3666	경기 용인시	농산물가공제품온라인포장재개발시범	8,000	1	4	7	8	7	5	5	4
3667	경기 용인시	광복절맞이태극기나눔	8,000	1	1	7	8	7	1	1	1
3668	경기 용인시	용인시농아인축구교실지원	8,000	1	4	7	8	7	5	1	3
3669	경기 용인시	법무부법사랑위원수지지구협의회	7,900	1	4	7	8	7	5	5	4
3670	경기 용인시	민족통일용인시대회및한민족통일문화제전시상식	7,900	1	8	7	8	7	5	5	4
3671	경기 용인시	새마을국민정신교육	7,800	1	1	7	8	7	5	1	3
3672	경기 용인시	(사)용인YMCA소비자교육	7,660	1	4	7	8	7	5	1	3
3673	경기 용인시	돌발병해충방제비지원	7,500	1	4	7	8	7	1	1	1
3674	경기 용인시	비육용암소시장육성사업	7,200	1	1	7	8	7	1	1	1
3675	경기 용인시	어르신생활체육지도자처우개선	7,159	1	1	7	8	7	1	1	4
3676	경기 용인시	새마을열린대학	6,750	1	4	7	8	7	5	5	4
3677	경기 용인시	택시선진화사업지원	6,215	1	4	7	8	7	1	1	1

순번	시군구	지출명 (사업명)	2024년예산 (단위 : 천원 /1년간)	민간이전 분류 (지방자치단체 세출예산 집행기준에 의거) 1. 민간경상사업보조(307-02) 2. 민간단체 법정운영비보조(307-03) 3. 민간행사사업보조(307-04) 4. 민간위탁금(307-05) 5. 사회복지시설 법정운영비보조(307-10) 6. 민간인위탁교육비(307-12) 7. 공기관등에대한경상적위탁사업비(308-13) 8. 민간자본사업보조,자체재원(402-01) 9. 민간자본사업보조,이전재원(402-02) 10. 민간위탁사업비(402-03) 11. 공기관등에 대한 자본적 위탁사업비(403-02)	민간이전지출 근거 (지방보조금 관리기준 참고) 1. 법률에 규정 2. 국고보조 재원(국가지정) 3. 용도 지정 기부금 4. 조례에 직접규정 5. 지자체가 권장하는 사업을 하는 공공기관 6. 시,도 정책 및 재정사정 7. 기타 8. 해당없음	입찰방식			운영예산 산정		성과평가 실시여부
						계약체결방법 (경쟁형태) 1. 일반경쟁 2. 제한경쟁 3. 지명경쟁 4. 수의계약 5. 법정위탁 6. 기타 ( ) 7. 없음	계약기간 1. 1년 2. 2년 3. 3년 4. 4년 5. 5년 6. 기타 ( )년 7. 단기계약 (1년미만) 8. 없음	낙찰자선정방법 1. 적격심사 2. 협상에의한계약 3. 최저가낙찰제 4. 규격가격분리 5. 2단계 경쟁입찰 6. 기타 ( ) 7. 없음	운영예산 산정 1. 내부산정 (지자체 자체적으로 산정) 2. 외부산정 (외부전문기관위탁 산정) 3. 내·외부 모두 산정 4. 산정 無 5. 없음	정산방법 1. 내부정산 (지자체 내부적으로 정산) 2. 외부정산 (외부전문기관위탁 정산) 3. 내·외부 모두 산정 4. 정산 無 5. 없음	1. 실시 2. 미실시 3. 향후 추진 4. 해당없음
3678	경기 용인시	재난구호활동전문화교육	6,000	1	4	7	8	7	5	1	3
3679	경기 용인시	농업인단체협의회활성화지원	5,000	1	1	7	8	7	1	1	1
3680	경기 용인시	4H회원과제교육	5,000	1	1	7	8	7	1	1	1
3681	경기 용인시	전국장애학생체육대회출전지원	5,000	1	4	7	8	7	5	5	4
3682	경기 용인시	통일역사현장견학	4,600	1	1	7	8	7	5	1	3
3683	경기 용인시	법무부청소년범죄예방위원수원지역기흥지구협의회	4,536	1	8	7	8	7	5	5	4
3684	경기 용인시	장애인체육인의밤개최지원	4,500	1	4	7	8	7	5	5	4
3685	경기 용인시	노인정보화교육	4,300	1	4	7	8	7	1	1	2
3686	경기 용인시	자유수호회생자합동위령제	4,200	1	1	7	8	7	5	1	3
3687	경기 용인시	승용마조련강화	4,000	1	2	7	8	7	1	1	4
3688	경기 용인시	용인시농아인볼링캠프지원	4,000	1	4	7	8	7	5	5	4
3689	경기 용인시	표본감시운영경비	3,720	1	2	7	8	7	5	5	4
3690	경기 용인시	전국새마을지도자대회	3,660	1	4	7	8	7	5	1	3
3691	경기 용인시	지역아동센터종사자연찬회	3,000	1	8	7	8	7	1	1	4
3692	경기 용인시	무료민원상담실운영	3,000	1	1	7	8	7	5	1	3
3693	경기 용인시	경축순환농업활성화지원	3,000	1	6	7	8	7	1	1	4
3694	경기 용인시	장애인배드민턴무료교실지원	3,000	1	4	7	8	7	5	5	4
3695	경기 용인시	법질서지키기캠페인	2,950	1	1	7	8	7	5	1	3
3696	경기 용인시	일반생활체육지도자수업기자재지원	2,100	1	4	7	8	7	5	5	4
3697	경기 용인시	교통봉사대활동지원	2,090	1	4	7	8	7	5	1	3
3698	경기 용인시	기술보호정책보험지원	2,000	1	6	7	8	7	5	5	4
3699	경기 용인시	삼일절,광복절참석보상지원(광복회)	2,000	1	4	7	8	7	1	1	1
3700	경기 용인시	자유수호지도자전진대회	2,000	1	1	7	8	7	5	1	3
3701	경기 용인시	장애인체육지도자교재비지원	1,800	1	4	7	8	7	5	5	4
3702	경기 용인시	어르신생활체육지도자수업기자재지원	1,800	1	4	7	8	7	5	5	4
3703	경기 용인시	주요감염병표본감시의료기관운영비	1,800	1	2	7	8	7	5	1	4
3704	경기 용인시	경기도민문화의한마당참가	1,660	1	4	7	8	7	5	1	3
3705	경기 파주시	통합문화체육관광이용권	2,876,510	1	1	7	8	7	2	2	1
3706	경기 파주시	유기질비료지원	1,700,000	1	6	7	8	7	1	1	1
3707	경기 파주시	농작물재해보험가입지원	1,500,000	1	6	7	8	7	1	1	1
3708	경기 파주시	박물관미술관지원	845,717	1	1	7	8	7	1	1	1
3709	경기 파주시	청년농업인영농정착지원금	634,000	1	2	7	8	7	1	1	3
3710	경기 파주시	고품질식량작물재배지원	613,200	1	1,6	7	8	7	1	1	3
3711	경기 파주시	우량묫자리상토지원	450,000	1	6	7	8	7	1	1	1
3712	경기 파주시	벼초기병해충방제지원	447,068	1	5	7	8	7	1	1	3
3713	경기 파주시	조사료생산용사일리지제조운송비지원	399,294	1	7	7	8	7	1	1	4
3714	경기 파주시	(예비)사회적기업일자리창출	387,454	1	1	7	8	7	1	1	4
3715	경기 파주시	축산환경개선	321,320	1	7	7	8	7	1	1	4
3716	경기 파주시	(예비)사회적기업일자리창출	317,688	1	1	7	8	7	1	1	4
3717	경기 파주시	경기도체육대회출전	310,000	1	4	7	8	7	1	1	3

순번	시군구	지출명 (사업명)	2024년예산 (단위 : 천원 /1년간)	민간이전 분류 (지방자치단체 세출예산 집행기준에 의거) 1. 민간경상사업보조(307-02) 2. 민간단체 법정운영비보조(307-03) 3. 민간행사사업보조(307-04) 4. 민간위탁금(307-05) 5. 사회복지시설 법정운영비보조(307-10) 6. 민간인위탁교육비(307-12) 7. 공기관등에대한경상적위탁사업비(308-13) 8. 민간자본사업보조,자체재원(402-01) 9. 민간자본사업보조,이전재원(402-02) 10. 민간위탁사업비(402-03) 11. 공기관등에 대한 자본적 위탁사업비(403-02)	민간이전지출 근거 (지방보조금 관리기준 참고) 1. 법률에 규정 2. 국고보조 재원(국가지정) 3. 용도 지정 기부금 4. 조례에 직접규정 5. 지자체가 권장하는 사업을 하는 공공기관 6. 시,도 정책 및 재정사정 7. 기타 8. 해당없음	입찰방식: 계약체결방법 (경쟁형태) 1. 일반경쟁 2. 제한경쟁 3. 지명경쟁 4. 수의계약 5. 법정위탁 6. 기타 ( ) 7. 없음	입찰방식: 계약기간 1. 1년 2. 2년 3. 3년 4. 4년 5. 5년 6. 기타 ( )년 7. 단기계약 (1년미만) 8. 없음	입찰방식: 낙찰자선정방법 1. 적격심사 2. 협상에의한계약 3. 최저가낙찰제 4. 규격가격분리 5. 2단계 경쟁입찰 6. 기타 ( ) 7. 없음	운영예산 산정: 운영예산 산정 1. 내부산정 (지자체 자체적으로 산정) 2. 외부산정 (외부전문기관위탁 산정) 3. 내·외부 모두 산정 4. 산정 無 5. 없음	운영예산 산정: 정산방법 1. 내부정산 (지자체 내부적으로 정산) 2. 외부정산 (외부전문기관위탁 정산) 3. 내·외부 모두 산정 4. 정산 無 5. 없음	성과평가 실시여부 1. 실시 2. 미실시 3. 향후 추진 4. 해당없음
3718	경기 파주시	체육특기자육성학교지원	293,760	1	4	7	8	7	1	1	3
3719	경기 파주시	농업인안전재해보험가입지원	290,060	1	6	7	8	7	1	1	1
3720	경기 파주시	경기한우명품화	278,780	1	7	7	8	7	1	1	4
3721	경기 파주시	일반생활체육지도자배치	220,199	1	4	7	8	7	1	1	3
3722	경기 파주시	사회적기업사회보험료	200,116	1	1	7	8	7	1	1	4
3723	경기 파주시	농특산물포장재제작지원(시금고협력사업비)	200,000	1	6	7	8	7	1	1	3
3724	경기 파주시	공동체활동	180,000	1	4	7	8	7	1	1	4
3725	경기 파주시	경기도생활체육대축전출전	175,000	1	4	7	8	7	1	1	3
3726	경기 파주시	낙농산업경쟁력강화	173,100	1	7	7	8	7	1	1	4
3727	경기 파주시	노동안전지킴이운영	163,540	1	6	7	8	7	1	1	4
3728	경기 파주시	주민자치회활성화사업지원	162,000	1	1	7	8	7	1	1	1
3729	경기 파주시	돼지써코백신지원	160,800	1	7	7	8	7	1	1	4
3730	경기 파주시	축산환경개선제지원	158,400	1	7	7	8	7	1	1	4
3731	경기 파주시	어르신생활체육지도자배치	157,285	1	4	7	8	7	1	1	3
3732	경기 파주시	대안교육기관급식비	155,330	1	6	7	8	7	1	1	4
3733	경기 파주시	학생승마체험	151,648	1	7	7	8	7	1	1	4
3734	경기 파주시	토양개량제지원	147,658	1	2	7	8	7	1	1	1
3735	경기 파주시	파주시장애인체육회직장운동부육성지원	143,356	1	4	7	8	7	1	1	3
3736	경기 파주시	전업농가구제역예방백신지원	140,700	1	7	7	8	7	1	1	4
3737	경기 파주시	장애인생활체육지도자배치	125,208	1	4	7	8	7	1	1	3
3738	경기 파주시	인삼재배지객토지원	125,000	1	6	7	8	7	1	1	1
3739	경기 파주시	고품질파주쌀사용음식점등차액지원	120,000	1	6	7	8	7	1	1	3
3740	경기 파주시	고령농업인모판지원(시금고협력사업비)	120,000	1	6	7	8	7	1	1	1
3741	경기 파주시	지속가능발전민관협력사업	119,000	1	1	7	8	7	1	1	1
3742	경기 파주시	환경친화형농자재지원	115,570	1	6	7	8	7	1	1	1
3743	경기 파주시	유기농업자재지원	113,346	1	2	7	8	7	1	1	1
3744	경기 파주시	칼슘유황비료지원	106,400	1	6	7	8	7	1	1	1
3745	경기 파주시	우수선수영입비	100,000	1	4	7	8	7	1	1	3
3746	경기 파주시	희망마을만들기지원	100,000	1	4	7	8	7	1	1	1
3747	경기 파주시	버스정류장청결관리	98,620	1	4	7	8	7	1	1	1
3748	경기 파주시	농업소식및정보제공	93,330	1	6	7	8	7	1	1	3
3749	경기 파주시	농촌인력중개센터운영지원	90,000	1	2	7	8	7	1	1	3
3750	경기 파주시	농장유입차단지원	88,000	1	7	7	8	7	1	1	4
3751	경기 파주시	공동방제단운영	87,514	1	7	7	8	7	1	1	4
3752	경기 파주시	생태계교란야생식물제거지원	85,000	1	1	7	8	7	1	1	4
3753	경기 파주시	영미권청소년교류	83,000	1	4	7	8	7	1	1	1
3754	경기 파주시	여성농업인행복바우처지원	80,000	1	2	7	8	7	1	1	3
3755	경기 파주시	폐기자재수거지원	80,000	1	7	7	8	7	1	1	3
3756	경기 파주시	성인문해교육지원(공모)	73,920	1	1	7	8	7	1	1	1
3757	경기 파주시	도단위생활체육대회출전	72,900	1	4	7	8	7	1	1	3

순번	시군구	지출명 (사업명)	2024년예산 (단위 : 천원 /1년간)	민간이전 분류 (지방자치단체 세출예산 집행기준에 의거) 1. 민간경상사업보조(307-02) 2. 민간단체 법정운영비보조(307-03) 3. 민간행사사업보조(307-04) 4. 민간위탁금(307-05) 5. 사회복지시설 법정운영비보조(307-10) 6. 민간인위탁교육비(307-12) 7. 공기관등에대한경상적위탁사업비(308-13) 8. 민간자본사업보조,자체재원(402-01) 9. 민간자본사업보조,이전재원(402-02) 10. 민간위탁사업비(402-03) 11. 공기관등에 대한 자본적 위탁사업비(403-02)	민간이전지출 근거 (지방보조금 관리기준 참고) 1. 법률에 규정 2. 국고보조 재원(국가지정) 3. 용도 지정 기부금 4. 조례에 직접규정 5. 지자체가 권장하는 사업을 하는 공공기관 6. 시,도 정책 및 재정사정 7. 기타 8. 해당없음	입찰방식			운영예산 산정		성과평가 실시여부
						계약체결방법 (경쟁형태) 1. 일반경쟁 2. 제한경쟁 3. 지명경쟁 4. 수의계약 5. 법정위탁 6. 기타 ( ) 7. 없음	계약기간 1. 1년 2. 2년 3. 3년 4. 4년 5. 5년 6. 기타 ( )년 7. 단기계약 (1년미만) 8. 없음	낙찰자선정방법 1. 적격심사 2. 협상에의한계약 3. 최저가낙찰제 4. 규격가격분리 5. 2단계 경쟁입찰 6. 기타 ( ) 7. 없음	운영예산 산정 1. 내부산정 (지자체 자체적으로 산정) 2. 외부산정 (외부전문기관위탁 산정) 3. 내·외부 모두 산정 4. 산정 無 5. 없음	정산방법 1. 내부정산 (지자체 내부적으로 정산) 2. 외부정산 (외부전문기관위탁 정산) 3. 내·외부 모두 산정 4. 정산 無 5. 없음	1. 실시 2. 미실시 3. 향후 추진 4. 해당없음
3758	경기 파주시	경기도장애인체육대회출전	70,000	1	4	7	8	7	1	1	3
3759	경기 파주시	참여자인건비지원	68,280	1	2	7	8	7	1	1	1
3760	경기 파주시	읍면동새마을협의회,부녀회새마을운동	68,000	1	1	7	8	7	1	1	1
3761	경기 파주시	초등스포츠클럽육성	66,310	1	4	7	8	7	1	1	3
3762	경기 파주시	임대주택단지보안등전기요금지원	62,379	1	4	7	8	7	1	1	1
3763	경기 파주시	친환경왕우렁이농법지원	60,500	1	6	7	8	7	1	1	1
3764	경기 파주시	범죄피해자지원	60,000	1	4	7	8	7	1	1	1
3765	경기 파주시	청년창업자임차료지원	60,000	1	4	7	8	7	1	1	1
3766	경기 파주시	56역량강화교육지원	60,000	1	1	7	8	7	1	1	1
3767	경기 파주시	친환경농산물판매택배비지원	60,000	1	6	7	8	7	1	1	3
3768	경기 파주시	산림톱밥(우드칩)농작물재배지원	60,000	1	6	7	8	7	1	1	1
3769	경기 파주시	응급의료기관지원	57,600	1	2	7	8	7	1	1	1
3770	경기 파주시	접경지역군납농산물연중유통체계구축(물류비지원)	53,160	1	1	7	8	7	1	1	1
3771	경기 파주시	우수작은도서관육성	50,680	1	6	7	8	7	5	5	4
3772	경기 파주시	마을문화사업운영	50,000	1	1	7	8	7	1	1	1
3773	경기 파주시	G스포츠클럽사업지원	50,000	1	4	7	8	7	1	1	3
3774	경기 파주시	파주시먹거리시민학교운영	50,000	1	4	7	8	7	1	1	1
3775	경기 파주시	식량작물병해충공동방제지원	49,000	1	5	7	8	7	1	1	3
3776	경기 파주시	시장매니저지원	48,000	1	8	7	8	7	1	1	3
3777	경기 파주시	낙농전문도우미지원	48,000	1	7	7	8	7	1	1	1
3778	경기 파주시	광역버스공공와이파이통신비지원	47,573	1	1	7	8	7	3	3	2
3779	경기 파주시	도매시장출하용포장재지원	45,411	1	6	7	8	7	1	1	3
3780	경기 파주시	생활체육교실운영	45,000	1	4	7	8	7	1	1	3
3781	경기 파주시	교하아트센터전시지원	42,266	1	1	7	8	7	1	1	4
3782	경기 파주시	농촌체험휴양마을사무장채용지원	42,045	1	2	7	8	7	1	1	3
3783	경기 파주시	말산업청년인턴취업지원	42,000	1	7	7	8	7	1	1	4
3784	경기 파주시	사료생산용볏짚비닐지원	40,800	1	7	7	8	7	1	1	4
3785	경기 파주시	시민제안평생교육우수프로그램지원(공모)	40,000	1	1	7	8	7	1	1	1
3786	경기 파주시	시민참여생물다양성보전활동	40,000	1	1	7	8	7	1	1	4
3787	경기 파주시	파주농산물상생나눔꾸러미지원	37,000	1	4	7	8	7	1	1	1
3788	경기 파주시	마을기업육성지원	36,000	1	4	7	8	7	1	1	4
3789	경기 파주시	보훈단체사업지원	35,748	1	1	7	8	7	1	1	1
3790	경기 파주시	정보화마을프로그램관리자인건비지원(2명)	34,851	1	1	7	8	7	1	1	1
3791	경기 파주시	G마크포장재지원	34,200	1	6	7	8	7	1	1	3
3792	경기 파주시	인건비지원	33,578	1	2	7	8	7	1	1	1
3793	경기 파주시	공립작은도서관운영지원	33,100	1	6	7	8	7	5	5	4
3794	경기 파주시	작은도서관활성화지원공모사업	32,000	1	4	7	8	7	1	1	1
3795	경기 파주시	문산읍사업(6개)자치계획형	30,000	1	1	7	8	7	1	1	1
3796	경기 파주시	조리읍사업(3개)자치계획형	30,000	1	1	7	8	7	1	1	1
3797	경기 파주시	법원읍사업(4개)자치계획형	30,000	1	1	7	8	7	1	1	1

순번	시군구	지출명 (사업명)	2024년예산 (단위 : 천원 /1년간)	민간이전 분류 (지방자치단체 세출예산 집행기준에 의거) 1. 민간경상사업보조(307-02) 2. 민간단체 법정운영비보조(307-03) 3. 민간행사사업보조(307-04) 4. 민간위탁금(307-05) 5. 사회복지시설 법정운영비보조(307-10) 6. 민간인위탁교육비(307-12) 7. 공기관등에대한경상적위탁사업비(308-13) 8. 민간자본사업보조,자체재원(402-01) 9. 민간자본사업보조,이전재원(402-02) 10. 민간위탁사업비(402-03) 11. 공기관등에 대한 자본적 위탁사업비(403-02)	민간이전지출 근거 (지방보조금 관리기준 참고) 1. 법률에 규정 2. 국고보조 재원(국가지정) 3. 용도 지정 기부금 4. 조례에 직접규정 5. 지자체가 권장하는 사업을 하는 공공기관 6. 시,도 정책 및 재정사정 7. 기타 8. 해당없음	입찰방식 계약체결방법 (경쟁형태) 1. 일반경쟁 2. 제한경쟁 3. 지명경쟁 4. 수의계약 5. 법정위탁 6. 기타 ( ) 7. 없음	입찰방식 계약기간 1. 1년 2. 2년 3. 3년 4. 4년 5. 5년 6. 기타 ( )년 7. 단기계약 (1년미만) 8. 없음	입찰방식 낙찰자선정방법 1. 적격심사 2. 협상에의한계약 3. 최저가낙찰제 4. 규격가격분리 5. 2단계 경쟁입찰 6. 기타 ( ) 7. 없음	운영예산 산정 운영예산 산정 1. 내부산정 (지자체 자체적으로 산정) 2. 외부산정 (외부전문기관위탁 산정) 3. 내·외부 모두 산정 4. 산정 無 5. 없음	운영예산 산정 정산방법 1. 내부정산 (지자체 내부적으로 정산) 2. 외부정산 (외부전문기관위탁 정산) 3. 내·외부 모두 산정 4. 정산 無 5. 없음	성과평가 실시여부 1. 실시 2. 미실시 3. 향후 추진 4. 해당없음
3798	경기 파주시	파주읍사업(4개)자치계획형	30,000	1	1	7	8	7	1	1	1
3799	경기 파주시	광탄면사업(2개)자치계획형	30,000	1	1	7	8	7	1	1	1
3800	경기 파주시	탄현면사업(2개)자치계획형	30,000	1	1	7	8	7	1	1	1
3801	경기 파주시	월롱면사업(1개)자치계획형	30,000	1	1	7	8	7	1	1	1
3802	경기 파주시	적성면사업(2개)자치계획형	30,000	1	1	7	8	7	1	1	1
3803	경기 파주시	장단면사업(2개)자치계획형	30,000	1	1	7	8	7	1	1	1
3804	경기 파주시	교하동사업(3개)자치계획형	30,000	1	1	7	8	7	1	1	1
3805	경기 파주시	운정1동사업(4개)자치계획형	30,000	1	1	7	8	7	1	1	1
3806	경기 파주시	운정2동사업(5개)자치계획형	30,000	1	1	7	8	7	1	1	1
3807	경기 파주시	운정3동사업(6개)자치계획형	30,000	1	1	7	8	7	1	1	1
3808	경기 파주시	운정4동사업(3개)자치계획형	30,000	1	1	7	8	7	1	1	1
3809	경기 파주시	운정5동사업(4개)자치계획형	30,000	1	1	7	8	7	1	1	1
3810	경기 파주시	운정6동사업(4개)자치계획형	30,000	1	1	7	8	7	1	1	1
3811	경기 파주시	금촌1동사업(2개)자치계획형	30,000	1	1	7	8	7	1	1	1
3812	경기 파주시	금촌2동사업(6개)자치계획형	30,000	1	1	7	8	7	1	1	1
3813	경기 파주시	금촌3동사업(1개)자치계획형	30,000	1	1	7	8	7	1	1	1
3814	경기 파주시	자율방재단활동지원	30,000	1	1	7	8	7	1	1	1
3815	경기 파주시	자매도시예술공연단파견	30,000	1	4	7	8	7	1	1	1
3816	경기 파주시	공정관광프로그램공모	30,000	1	1	7	8	7	1	1	4
3817	경기 파주시	우정마을행복학습관	30,000	1	1	7	8	7	1	1	3
3818	경기 파주시	해마루촌행복학습관	30,000	1	1	7	8	7	1	1	1
3819	경기 파주시	술이홀태권도시범단	30,000	1	1	7	8	7	1	1	1
3820	경기 파주시	경기도장애인생활체육대회출전	30,000	1	4	7	8	7	1	1	3
3821	경기 파주시	참여자인건비지원	29,264	1	4	7	8	7	1	1	3
3822	경기 파주시	문산자유시장DMZ지역관광사업	28,880	1	2	7	8	7	1	1	1
3823	경기 파주시	광탄경매시장육성	28,000	1	8	7	8	7	1	1	3
3824	경기 파주시	장애인생활체육교실	26,500	1	8	7	8	7	1	1	3
3825	경기 파주시	장애인평생교육프로그램	26,000	1	4	7	8	7	1	1	3
3826	경기 파주시	한우젖소경진대회지원	25,000	1	1	7	8	7	1	1	1
3827	경기 파주시	파주농산물가공제품개발	25,000	1	7	7	8	7	1	1	3
3828	경기 파주시	국내전시회개별참가지원	24,000	1	6	7	8	7	1	1	3
3829	경기 파주시	돼지소모성질환지도지원	24,000	1	4	7	8	7	1	1	1
3830	경기 파주시	승마장육성지원	23,500	1	7	7	8	7	1	1	4
3831	경기 파주시	바르게살기운동읍면동위원회바른국민정신운동	22,950	1	7	7	8	7	1	1	4
3832	경기 파주시	작은도서관아이돌봄운영비지원	22,500	1	1	7	8	7	1	1	1
3833	경기 파주시	파주시마을기록	22,000	1	6	7	8	7	5	5	4
3834	경기 파주시	민주시민교육사업지원	22,000	1	4	7	8	7	1	1	1
3835	경기 파주시	제조물배상책임단체보험료지원	20,000	1	1	7	8	7	1	1	1
3836	경기 파주시	중소기업생산제품국내인증지원	20,000	1	4	7	8	7	1	1	1
3837	경기 파주시	중소기업맞춤형컨설팅지원	20,000	1	1	7	8	7	1	1	1

순번	시군구	지출명 (사업명)	2024년예산 (단위 : 천원 /1년간)	민간이전 분류 (지방자치단체 세출예산 집행기준에 의거) 1. 민간경상사업보조(307-02) 2. 민간단체 법정운영비보조(307-03) 3. 민간행사사업보조(307-04) 4. 민간위탁금(307-05) 5. 사회복지시설 법정운영비보조(307-10) 6. 민간인위탁교육비(307-12) 7. 공기관등에대한경상적위탁사업비(308-13) 8. 민간자본사업보조,자체재원(402-01) 9. 민간자본사업보조,이전재원(402-02) 10. 민간위탁사업비(402-03) 11. 공기관등에 대한 자본적 위탁사업비(403-02)	민간이전지출 근거 (지방보조금 관리기준 참고) 1. 법률에 규정 2. 국고보조 재원(국가지정) 3. 용도 지정 기부금 4. 조례에 직접규정 5. 지자체가 권장하는 사업을 하는 공공기관 6. 시,도 정책 및 재정사정 7. 기타 8. 해당없음	입찰방식 계약체결방법 (경쟁형태) 1. 일반경쟁 2. 제한경쟁 3. 지명경쟁 4. 수의계약 5. 법정위탁 6. 기타 ( ) 7. 없음	입찰방식 계약기간 1. 1년 2. 2년 3. 3년 4. 4년 5. 5년 6. 기타 ( )년 7. 단기계약 (1년미만) 8. 없음	입찰방식 낙찰자선정방법 1. 적격심사 2. 협상에의한계약 3. 최저가낙찰제 4. 규격가격분리 5. 2단계 경쟁입찰 6. 기타 ( ) 7. 없음	운영예산 산정 운영예산 산정 1. 내부산정 (지자체 자체적으로 산정) 2. 외부산정 (외부전문기관위탁 산정) 3. 내·외부 모두 산정 4. 산정 無 5. 없음	운영예산 산정 정산방법 1. 내부정산 (지자체 내부적으로 정산) 2. 외부정산 (외부전문기관위탁 정산) 3. 내·외부 모두 산정 4. 정산 無 5. 없음	성과평가 실시여부 1. 실시 2. 미실시 3. 향후 추진 4. 해당없음
3838	경기 파주시	어린이생활과학교실운영	20,000	1	6	7	8	7	1	1	3
3839	경기 파주시	의용소방대화재현장보조및예방활동	20,000	1	1	7	8	7	1	1	1
3840	경기 파주시	파주문화재총람발간	20,000	1	4	7	8	7	1	1	1
3841	경기 파주시	도단위이상장애인체육대회출전	20,000	1	4	7	8	7	1	1	3
3842	경기 파주시	작은도서관활성화공모사업	20,000	1	1	7	8	7	1	1	1
3843	경기 파주시	향교서원사업지원(6개소)	18,900	1	4	7	8	7	1	1	4
3844	경기 파주시	사랑의김치담그기	18,500	1	1	7	8	7	1	1	1
3845	경기 파주시	중화권청소년교류	18,400	1	4	7	8	7	1	1	1
3846	경기 파주시	파주인물지발간(백인걸)	18,000	1	4	7	8	7	1	1	1
3847	경기 파주시	문화공간공유활성화	18,000	1	4	7	8	7	1	1	4
3848	경기 파주시	가축분뇨퇴액비살포비지원	18,000	1	7	7	8	7	1	1	4
3849	경기 파주시	고품질수출농산물생산지원	17,848	1	6	7	8	7	1	1	3
3850	경기 파주시	교하향교(전통문화예절학교)	17,000	1	4	7	8	7	1	1	4
3851	경기 파주시	파주향교(파주향교에서옛문화를만나다)	17,000	1	4	7	8	7	1	1	4
3852	경기 파주시	수산생물질병예방약품지원	16,500	1	7	7	8	7	1	1	4
3853	경기 파주시	향토사료발간	16,000	1	4	7	8	7	1	1	1
3854	경기 파주시	평생학습동아리지원(공모)	16,000	1	1	7	8	7	1	1	1
3855	경기 파주시	상품디자인개발	16,000	1	6	7	8	7	1	1	3
3856	경기 파주시	인삼재배지폐차광망수거지원	16,000	1	6	7	8	7	1	1	1
3857	경기 파주시	재활승마체험비지원	15,960	1	7	7	8	7	1	1	4
3858	경기 파주시	우수선수육성	15,000	1	4	7	8	7	1	1	3
3859	경기 파주시	일반어르신생활체육지도자처우개선	14,316	1	4	7	8	7	1	1	3
3860	경기 파주시	자운서원(율곡전통문화학교)	14,000	1	4	7	8	7	1	1	4
3861	경기 파주시	사회적경제창업지원	14,000	1	4	7	8	7	1	1	1
3862	경기 파주시	종목별체육대회출전	13,950	1	4	7	8	7	1	1	3
3863	경기 파주시	중소기업제품상세페이지제작지원	13,500	1	1	7	8	7	1	1	1
3864	경기 파주시	조선왕릉제향지원(6개소)	13,500	1	4	7	8	7	1	1	4
3865	경기 파주시	조사료생산용종자구입지원	12,654	1	7	7	8	7	1	1	4
3866	경기 파주시	가공상품포장지원	12,600	1	6	7	8	7	1	1	3
3867	경기 파주시	평생학습마을공동체	12,000	1	1	7	8	7	1	1	1
3868	경기 파주시	농업경영인학습단체행사	12,000	1	6	7	8	7	1	1	3
3869	경기 파주시	가금농가질병관리지원	12,000	1	7	7	8	7	1	1	4
3870	경기 파주시	민주평통운영지원	11,988	1	1,4	7	8	7	1	1	1
3871	경기 파주시	가맹단체지원	11,000	1	4	7	8	7	1	1	3
3872	경기 파주시	평화통일문화교류체험전	10,000	1	1,4	7	8	7	1	1	1
3873	경기 파주시	청년동아리지원	10,000	1	6	7	8	7	1	1	1
3874	경기 파주시	용주서원(용주서원과함께하는오감만족힐링체험)	10,000	1	4	7	8	7	1	1	4
3875	경기 파주시	경기도민속예술제참가지원	10,000	1	1	7	8	7	1	1	4
3876	경기 파주시	독서공동체지원	10,000	1	6	7	8	7	5	5	4
3877	경기 파주시	전국장애인체육대회출전	10,000	1	4	7	8	7	1	1	3

순번	시군구	지출명 (사업명)	2024년예산 (단위 : 천원 /1년간)	민간이전 분류 (지방자치단체 세출예산 집행기준에 의거) 1. 민간경상사업보조(307-02) 2. 민간단체 법정운영비보조(307-03) 3. 민간행사사업보조(307-04) 4. 민간위탁금(307-05) 5. 사회복지시설 법정운영비보조(307-10) 6. 민간인위탁교육비(307-12) 7. 공기관등에대한경상적위탁사업비(308-13) 8. 민간자본사업보조,자체재원(402-01) 9. 민간자본사업보조,이전재원(402-02) 10. 민간위탁사업비(402-03) 11. 공기관등에 대한 자본적 위탁사업비(403-02)	민간이전지출 근거 (지방보조금 관리기준 참고) 1. 법률에 규정 2. 국고보조 재원(국가지정) 3. 용도 지정 기부금 4. 조례에 직접규정 5. 지자체가 권장하는 사업을 하는 공공기관 6. 시,도 정책 및 재정사정 7. 기타 8. 해당없음	입찰방식: 계약체결방법 (경쟁형태) 1. 일반경쟁 2. 제한경쟁 3. 지명경쟁 4. 수의계약 5. 법정위탁 6. 기타 ( ) 7. 없음	입찰방식: 계약기간 1. 1년 2. 2년 3. 3년 4. 4년 5. 5년 6. 기타 ( )년 7. 단기계약 (1년미만) 8. 없음	입찰방식: 낙찰자선정방법 1. 적격심사 2. 협상에의한계약 3. 최저가낙찰제 4. 규격가격분리 5. 2단계 경쟁입찰 6. 기타 ( ) 7. 없음	운영예산 산정: 운영예산 산정 1. 내부산정 (지자체 자체적으로 산정) 2. 외부산정 (외부전문기관위탁 산정) 3. 내·외부 모두 산정 4. 산정 無 5. 없음	운영예산 산정: 정산방법 1. 내부정산 (지자체 내부적으로 정산) 2. 외부정산 (외부전문기관위탁 정산) 3. 내·외부 모두 정산 4. 정산 無 5. 없음	성과평가 실시여부 1. 실시 2. 미실시 3. 향후 추진 4. 해당없음
3878	경기 파주시	경기도어울림체육대회출전	10,000	1	4	7	8	7	1	1	3
3879	경기 파주시	어린이등하굣길교통안전지도	10,000	1	4	7	8	7	1	1	4
3880	경기 파주시	마을공동체형성지원	10,000	1	4	7	8	7	1	1	4
3881	경기 파주시	고령영세농업인농작업영농대행지원	10,000	1	1,4	7	8	7	1	1	3
3882	경기 파주시	친환경천연농약생산지원	10,000	1	6	7	8	7	1	1	1
3883	경기 파주시	약용작물안정생산시범	10,000	1	6	7	8	7	1	1	1
3884	경기 파주시	경기평생학습동아리지원	9,000	1	1	7	8	7	1	1	1
3885	경기 파주시	농가도우미지원	8,750	1	2	7	8	7	1	1	3
3886	경기 파주시	파주의역사동화책보급	8,000	1	4	7	8	7	1	1	1
3887	경기 파주시	전국소년체육대회출전	8,000	1	4	7	8	7	1	1	3
3888	경기 파주시	축산물전문판매점지원	8,000	1	7	7	8	7	1	1	4
3889	경기 파주시	여성농업인경영능력향상교육	8,000	1	6	7	8	7	1	1	3
3890	경기 파주시	농작업안전편이장비보급컨설팅및교육	8,000	1	6	7	8	7	1	1	4
3891	경기 파주시	농산물가공제품온라인포장재개발	8,000	1	6	7	8	7	1	1	3
3892	경기 파주시	생활(저소득)승마체험비지원	7,360	1	7	7	8	7	1	1	4
3893	경기 파주시	파주하다노청소년교류단지원	7,000	1	4	7	8	7	1	1	1
3894	경기 파주시	대한민국연극제경기도대회참가	7,000	1	1	7	8	7	1	1	4
3895	경기 파주시	경기연극올림피아드참가	7,000	1	1	7	8	7	1	1	4
3896	경기 파주시	장애유형별장애인체육대회출전	7,000	1	4	7	8	7	1	1	3
3897	경기 파주시	사회공익승마사업(트라우마)	6,720	1	7	7	8	7	1	1	4
3898	경기 파주시	한국자유총연맹파주시지회자유수호국민운동	6,400	1	1	7	8	7	1	1	1
3899	경기 파주시	여성지도자리더십역량강화교육	6,000	1	1	7	8	7	1	1	1
3900	경기 파주시	G마크컨설팅지원	6,000	1	6	7	8	7	1	1	3
3901	경기 파주시	축산물HACCP컨설팅	5,600	1	7	7	8	7	1	1	4
3902	경기 파주시	사랑의햇김치담그기	5,200	1	1	7	8	7	1	1	1
3903	경기 파주시	제32호파주문학발간	5,000	1	1	7	8	7	1	1	4
3904	경기 파주시	전국체육대회출전	5,000	1	4	7	8	7	1	1	3
3905	경기 파주시	전국장애인학생체육대회출전	5,000	1	4	7	8	7	1	1	3
3906	경기 파주시	쌀전업농회학습단체지원	5,000	1	6	7	8	7	1	1	3
3907	경기 파주시	장애인생활체육지도자처우개선	4,772	1	4	7	8	7	1	1	3
3908	경기 파주시	상표출원및등록	4,536	1	6	7	8	7	1	1	3
3909	경기 파주시	정지선지키기캠페인및학교앞교통질서계도	4,000	1	1	7	8	7	1	1	1
3910	경기 파주시	제29회파주시민학생문예작품공모	4,000	1	1	7	8	7	1	1	4
3911	경기 파주시	작은도서관냉난방비지원	4,000	1	6	7	8	7	5	5	4
3912	경기 파주시	사회공익승마사업(장애)	3,780	1	7	7	8	7	1	1	4
3913	경기 파주시	해병전우회재난구조및방범활동	3,700	1	1,4	7	8	7	1	1	1
3914	경기 파주시	로컬푸드참여농가유통지원	3,130	1	7	7	8	7	5	1	3
3915	경기 파주시	비육용암소시장육성사업	3,000	1	7	7	8	7	1	1	3
3916	경기 파주시	공예대전참가지원	2,700	1	4	7	8	7	1	1	1
3917	경기 파주시	동인지36집발간	2,500	1	1	7	8	7	1	1	4

순번	시군구	지출명 (사업명)	2024년예산 (단위 : 천원 /1년간)	민간이전 분류 (지방자치단체 세출예산 집행기준에 의거) 1. 민간경상사업보조(307-02) 2. 민간단체 법정운영비보조(307-03) 3. 민간행사사업보조(307-04) 4. 민간위탁금(307-05) 5. 사회복지시설 법정운영비보조(307-10) 6. 민간인위탁교육비(307-12) 7. 공기관등에대한경상적위탁사업비(308-13) 8. 민간자본사업보조,자체재원(402-01) 9. 민간자본사업보조,이전재원(402-02) 10. 민간위탁사업비(402-03) 11. 공기관등에 대한 자본적 위탁사업비(403-02)	민간이전지출 근거 (지방보조금 관리기준 참고) 1. 법률에 규정 2. 국고보조 재원(국가지정) 3. 용도 지정 기부금 4. 조례에 직접규정 5. 지자체가 권장하는 사업을 하는 공공기관 6. 시,도 정책 및 재정사정 7. 기타 8. 해당없음	입찰방식			운영예산 산정		성과평가 실시여부
						계약체결방법 (경쟁형태) 1. 일반경쟁 2. 제한경쟁 3. 지명경쟁 4. 수의계약 5. 법정위탁 6. 기타 ( ) 7. 없음	계약기간 1. 1년 2. 2년 3. 3년 4. 4년 5. 5년 6. 기타 ( )년 7. 단기계약 (1년미만) 8. 없음	낙찰자선정방법 1. 적격심사 2. 협상에의한계약 3. 최저가낙찰제 4. 규격가격분리 5. 2단계 경쟁입찰 6. 기타 ( ) 7. 없음	운영예산 산정 1. 내부산정 (지자체 자체적으로 산정) 2. 외부산정 (외부전문기관위탁 산정) 3. 내·외부 모두 산정 4. 산정 無 5. 없음	정산방법 1. 내부정산 (지자체 내부적으로 정산) 2. 외부정산 (외부전문기관위탁 정산) 3. 내·외부 모두 산정 4. 정산 無 5. 없음	1. 실시 2. 미실시 3. 향후 추진 4. 해당없음
3918	경기 파주시	농촌체험휴양마을보험가입지원	2,422	1	2	7	8	7	1	1	3
3919	경기 파주시	농식품수출포장재지원	2,191	1	6	7	8	7	1	1	3
3920	경기 파주시	제14회파주시민학생사랑의편지쓰기공모	2,000	1	1	7	8	7	1	1	4
3921	경기 파주시	불법광고물수거활동지원	1,800	1	4	7	8	7	1	1	1
3922	경기 파주시	4H(청년)과제활동지원	1,250	1	1	7	8	7	1	1	3
3923	경기 파주시	농촌체험휴양마을역량강화	976	1	2	7	8	7	1	1	3
3924	경기 파주시	사회공익승마사업(사회배려)	960	1	7	7	8	7	1	1	4
3925	경기 이천시	농작물재해보험가입지원(6,76ha)	3,800,000	1	6	7	8	7	1	1	4
3926	경기 이천시	운행차배출가스저감사업	2,989,930	1	2	7	7	7	5	5	4
3927	경기 이천시	유기질비료지원	1,701,289	1	6	7	8	7	1	1	4
3928	경기 이천시	친환경등우수농산물학교급식지원	1,230,000	1	6	7	8	7	1	1	4
3929	경기 이천시	통합문화이용권사업	985,660	1	2	7	8	7	1	1	1
3930	경기 이천시	농업인안전재해보험가입지원(14,19건)	904,643	1	6	7	8	7	1	1	4
3931	경기 이천시	토양개량제지원	904,367	1	2	7	8	7	5	5	4
3932	경기 이천시	청년농업인영농정착지원	891,400	1	2	7	8	7	5	5	4
3933	경기 이천시	청소년방과후아카데미운영	858,624	1	2	7	8	7	5	1	1
3934	경기 이천시	전업돼지농가구제역백신구입	783,000	1	2	7	8	7	1	1	3
3935	경기 이천시	돼지써코백신지원	714,000	1	2	7	8	7	1	1	3
3936	경기 이천시	과수계약재배농가출하비지원	669,500	1	6	7	8	7	1	1	4
3937	경기 이천시	가축재해보험가입지원	562,500	1	1	7	8	7	1	1	3
3938	경기 이천시	상습병해충방제지원	532,740	1	6	7	8	7	1	1	4
3939	경기 이천시	벼병해충무인항공방제사업	488,000	1	6	7	8	7	1	1	4
3940	경기 이천시	경기도어린이건강과일공급	483,120	1	6	7	8	7	1	1	4
3941	경기 이천시	통합콜센터운영비	426,840	1	1,5	7	8	7	1	2	4
3942	경기 이천시	G마크우수축산물학교급식지원	400,000	1	1	7	8	7	1	1	3
3943	경기 이천시	조사료생산용사일리지제조운송비지원	285,210	1	2	7	8	7	1	1	3
3944	경기 이천시	토양개량제공동살포지원	281,345	1	2	7	8	7	5	5	4
3945	경기 이천시	국내육성품종종자대차액지원	260,000	1	6	7	8	7	5	5	1
3946	경기 이천시	학교우유급식지원사업	248,570	1	1	7	8	7	1	1	3
3947	경기 이천시	이천시시군역량강화사업	245,000	1	2	5	1	7	1	1	4
3948	경기 이천시	못자리상토지원	242,088	1	6	7	8	7	1	1	4
3949	경기 이천시	법인택시운수종사자처우개선지원	235,200	1	1	7	8	7	1	1	4
3950	경기 이천시	일반생활체육지도자배치	219,051	1	4	7	8	7	1	1	4
3951	경기 이천시	법인택시운수종사자처우개선지원(시비추가분)	201,600	1	1	7	8	7	1	1	1
3952	경기 이천시	청년농업인영농정착지원금	200,000	1	1	7	8	7	5	5	4
3953	경기 이천시	학교급식이천쌀차액지원	190,840	1	6	7	8	7	1	1	4
3954	경기 이천시	여성농업인행복바우처	188,800	1	6	7	8	7	1	2	4
3955	경기 이천시	푸드뱅크지원	185,000	1	1	7	8	7	1	1	1
3956	경기 이천시	이천한우고급육장려금	180,000	1	1	7	8	7	1	1	3
3957	경기 이천시	택시카드결제수수료지원	170,054	1	1,5	7	8	7	1	1	4

순번	시군구	지출명 (사업명)	2024년예산 (단위 : 천원 /1년간)	민간이전 분류 (지방자치단체 세출예산 집행기준에 의거) 1. 민간경상사업보조(307-02) 2. 민간단체 법정운영비보조(307-03) 3. 민간행사사업보조(307-04) 4. 민간위탁금(307-05) 5. 사회복지시설 법정운영비보조(307-10) 6. 민간인위탁교육비(307-12) 7. 공기관등에대한경상적위탁사업비(308-13) 8. 민간자본사업보조,자체재원(402-01) 9. 민간자본사업보조,이전재원(402-02) 10. 민간위탁사업비(402-03) 11. 공기관등에 대한 자본적 위탁사업비(403-02)	민간이전지출 근거 (지방보조금 관리기준 참고) 1. 법률에 규정 2. 국고보조 재원(국가지정) 3. 용도 지정 기부금 4. 조례에 직접규정 5. 지자체가 권장하는 사업을 하는 공공기관 6. 시,도 정책 및 재정사정 7. 기타 8. 해당없음	입찰방식: 계약체결방법 (경쟁형태) 1. 일반경쟁 2. 제한경쟁 3. 지명경쟁 4. 수의계약 5. 법정위탁 6. 기타 ( ) 7. 없음	입찰방식: 계약기간 1. 1년 2. 2년 3. 3년 4. 4년 5. 5년 6. 기타 ( )년 7. 단기계약 (1년미만) 8. 없음	입찰방식: 낙찰자선정방법 1. 적격심사 2. 협상에의한계약 3. 최저가낙찰제 4. 규격가격분리 5. 2단계 경쟁입찰 6. 기타 ( ) 7. 없음	운영예산 산정: 운영예산 산정 1. 내부산정 (지자체 자체적으로 산정) 2. 외부산정 (외부전문기관위탁 산정) 3. 내·외부 모두 산정 4. 산정 無 5. 없음	운영예산 산정: 정산방법 1. 내부정산 (지자체 내부적으로 정산) 2. 외부정산 (외부전문기관위탁 정산) 3. 내·외부 모두 정산 4. 정산 無 5. 없음	성과평가 실시여부 1. 실시 2. 미실시 3. 향후 추진 4. 해당없음
3958	경기 이천시	노동안전지킴이운영	163,540	1	6	7	8	7	1	1	1
3959	경기 이천시	종목별필수선수운영지원	162,000	1	4	7	8	7	1	1	1
3960	경기 이천시	학교밖청소년지원(시군학교밖청소년)	140,019	1	1	7	8	7	5	1	4
3961	경기 이천시	이천시생활체육진흥사업지원(공모사업)	140,000	1	4	7	8	7	1	1	1
3962	경기 이천시	경기임산부친환경농산물지원	132,864	1	6	7	8	7	1	1	4
3963	경기 이천시	시군학교밖청소년맞춤형서비스운영	125,823	1	1	7	8	7	5	1	4
3964	경기 이천시	젖소고능력우정액및기술지원	120,000	1	6	7	8	7	1	1	3
3965	경기 이천시	여성농업인센터지원	114,694	1	2	6	7	6	1	1	2
3966	경기 이천시	공공청소년수련시설청소년지도사배치지원	112,512	1	2	7	8	7	5	1	1
3967	경기 이천시	개인하수처리시설시설개선지원	112,000	1	4	1	7	6	1	1	1
3968	경기 이천시	청소년동반자프로그램운영	109,762	1	1	7	8	7	5	1	4
3969	경기 이천시	지역문화예술플랫폼육성(공사립박물관및미술관)	109,231	1	4	7	1	7	5	1	4
3970	경기 이천시	청소년안전망운영	107,520	1	1	7	8	7	5	1	4
3971	경기 이천시	공동방제단운영	106,490	1	6	7	8	7	1	1	3
3972	경기 이천시	개인하수처리시설위탁관리지원	101,115	1	4	1	7	6	1	1	1
3973	경기 이천시	보육컨텐츠지원사업비	100,000	1	4	7	8	7	1	1	1
3974	경기 이천시	문화원사업활동비지원	100,000	1	4	7	8	7	1	1	4
3975	경기 이천시	이천쌀사용음식점차액지원	100,000	1	6	7	8	7	1	1	4
3976	경기 이천시	이천시역사문화기초자료조사	98,500	1	4	7	8	7	1	1	4
3977	경기 이천시	새마을운동이천시지회읍면동사업지원	98,000	1	1	7	8	7	1	1	3
3978	경기 이천시	어르신생활체육지도자배치	93,879	1	4	7	8	7	1	1	1
3979	경기 이천시	보증기간경과장치성능유지관리	93,492	1	2	7	8	7	5	5	4
3980	경기 이천시	장애인생활체육지도자배치	93,420	1	2	7	8	7	1	1	1
3981	경기 이천시	평생학습마을공동체운영	93,000	1	6	7	7	7	5	1	4
3982	경기 이천시	학생승마체험	89,600	1	2	7	8	7	5	1	1
3983	경기 이천시	읍면동지역사회보장협의체민관협력사업지원	88,000	1	1	7	8	7	5	5	4
3984	경기 이천시	이천쌀품종대체종자생산운영	88,000	1	6	7	8	7	5	5	1
3985	경기 이천시	중소기업노동자기숙사임차비지원	87,000	1	8	7	8	7	5	5	4
3986	경기 이천시	생활체육지도자처우개선비지원	86,951	1	4	7	8	7	1	1	1
3987	경기 이천시	전업소농가구제역백신구입	84,550	1	2	7	8	7	1	1	3
3988	경기 이천시	농촌체험휴양마을사무장지원(인건비)	84,090	1	2	7	8	7	1	1	2
3989	경기 이천시	말산업청년인턴취업지원	84,000	1	6	7	8	7	5	1	4
3990	경기 이천시	공공심야약국운영비	80,160	1	6	7	8	7	5	5	4
3991	경기 이천시	건강한먹거리생산지원	80,000	1	1	7	8	7	1	1	3
3992	경기 이천시	친환경재배장려금지원	78,370	1	6	7	8	7	1	1	4
3993	경기 이천시	반도체기업육성및지원사업	75,000	1	4	7	8	7	1	1	3
3994	경기 이천시	사회적기업일자리창출지원	72,000	1	2	7	8	7	5	1	4
3995	경기 이천시	지속가능발전협의회추진사업지원	69,900	1	4	7	8	7	1	1	1
3996	경기 이천시	이천시민족구단운영지원	67,000	1	4	7	8	7	1	1	1
3997	경기 이천시	자원봉사코디네이터지원육성	66,400	1	2	7	8	7	5	5	4

순번	시군구	지출명 (사업명)	2024년예산 (단위 : 천원 /1년간)	민간이전 분류 (지방자치단체 세출예산 집행기준에 의거) 1. 민간경상사업보조(307-02) 2. 민간단체 법정운영비보조(307-03) 3. 민간행사사업보조(307-04) 4. 민간위탁금(307-05) 5. 사회복지시설 법정운영비보조(307-10) 6. 민간인위탁교육비(307-12) 7. 공기관등에대한경상적위탁사업비(308-13) 8. 민간자본사업보조,자체재원(402-01) 9. 민간자본사업보조,이전재원(402-02) 10. 민간위탁사업비(402-03) 11. 공기관등에 대한 자본적 위탁사업비(403-02)	민간이전지출 근거 (지방보조금 관리기준 참고) 1. 법률에 규정 2. 국고보조 재원(국가지정) 3. 용도 지정 기부금 4. 조례에 직접규정 5. 지자체가 권장하는 사업을 하는 공공기관 6. 시,도 정책 및 재정사정 7. 기타 8. 해당없음	입찰방식			운영예산 산정		성과평가 실시여부
						계약체결방법 (경쟁형태) 1. 일반경쟁 2. 제한경쟁 3. 지명경쟁 4. 수의계약 5. 법정위탁 6. 기타 ( ) 7. 없음	계약기간 1. 1년 2. 2년 3. 3년 4. 4년 5. 5년 6. 기타 ( )년 7. 단기계약 (1년미만) 8. 없음	낙찰자선정방법 1. 적격심사 2. 협상에의한계약 3. 최저가낙찰제 4. 규격가격분리 5. 2단계 경쟁입찰 6. 기타 ( ) 7. 없음	운영예산 산정 1. 내부산정 (지자체 자체적으로 산정) 2. 외부산정 (외부전문기관위탁 산정) 3. 내·외부 모두 산정 4. 산정 無 5. 없음	정산방법 1. 내부정산 (지자체 내부적으로 정산) 2. 외부정산 (외부전문기관위탁 정산) 3. 내·외부 모두 산정 4. 정산 無 5. 없음	1. 실시 2. 미실시 3. 향후 추진 4. 해당없음
3998	경기 이천시	평생학습프로그램공모사업	65,000	1	8	7	8	7	5	5	4
3999	경기 이천시	맘튼튼축산물꾸러미지원	60,500	1	1	7	8	7	1	1	3
4000	경기 이천시	노동상담소운영지원	60,000	1	6	7	8	7	1	1	1
4001	경기 이천시	이천시티투어사업지원	60,000	1	5	7	8	7	1	1	1
4002	경기 이천시	농촌관광승마활성화지원	60,000	1	2	7	8	7	5	1	3
4003	경기 이천시	닭진드기공동방제지원	60,000	1	2	7	8	7	5	5	4
4004	경기 이천시	식량작물공동(들녘)경영체육성지원	54,000	1	6	7	8	7	1	1	4
4005	경기 이천시	어린이집이천쌀지원	53,633	1	4	7	8	7	1	1	1
4006	경기 이천시	유기농업자재지원	53,530	1	6	7	8	7	1	1	4
4007	경기 이천시	승용마조련강화	52,000	1	2	7	8	7	5	1	4
4008	경기 이천시	장애인문화예술진흥사업	50,000	1	6	7	8	7	3	3	1
4009	경기 이천시	초등스포츠클럽육성지원	49,600	1	4	7	8	7	1	1	1
4010	경기 이천시	화훼재배용친환경상토지원	48,000	1	4	7	8	7	1	1	4
4011	경기 이천시	장애인생활체육교실운영지원	45,000	1	4	7	8	7	1	1	1
4012	경기 이천시	장애인체육우수선수지원	45,000	1	4	7	8	7	1	1	1
4013	경기 이천시	이천시소기업소상공인회사업비지원	45,000	1	1,4	7	8	7	5	5	4
4014	경기 이천시	참여자인건비지원	44,992	1	2	7	8	7	5	1	4
4015	경기 이천시	사회적기업취약계층인건비지원	44,582	1	2	7	8	7	5	1	4
4016	경기 이천시	농촌체험휴양마을체험활동비지원	43,193	1	2	7	7	7	1	1	2
4017	경기 이천시	조사료생산용볏짚비닐지원	40,800	1	6	7	8	7	1	1	3
4018	경기 이천시	학교밖청소년활동지원	40,000	1	1	7	8	7	5	1	4
4019	경기 이천시	마을공동체공동체활동지원사업	40,000	1	6	7	8	7	1	1	1
4020	경기 이천시	햇사레복숭아판매촉진지원	40,000	1	4	7	8	7	1	1	4
4021	경기 이천시	유소년승마단창단운영지원	40,000	1	2	7	8	7	5	1	4
4022	경기 이천시	사회적기업사회보험료지원	38,400	1	2	7	8	7	5	1	4
4023	경기 이천시	돼지소모성질환지도지원	36,000	1	2	7	8	7	5	5	4
4024	경기 이천시	가금농가질병관리지원	36,000	1	2	7	8	7	5	5	4
4025	경기 이천시	푸드마켓코디네이터지원	35,000	1	1	7	8	7	1	1	1
4026	경기 이천시	이천한우농가미생물제지원	35,000	1	1	7	8	7	1	1	3
4027	경기 이천시	한우정액지원	35,000	1	1	7	8	7	1	1	3
4028	경기 이천시	우리고장이천알기	32,930	1	4	7	8	7	1	1	4
4029	경기 이천시	장애인생활체육지도자처우개선비지원	32,520	1	4	7	8	7	1	1	1
4030	경기 이천시	낙농헬퍼회지원	31,827	1	6	7	8	7	1	1	3
4031	경기 이천시	조사료생산용종자구입지원	30,600	1	2	7	8	7	1	1	3
4032	경기 이천시	G스포츠클럽운영	30,000	1	4	7	8	7	1	1	1
4033	경기 이천시	장애인생활체육동호회지원	30,000	1	4	7	8	7	1	1	1
4034	경기 이천시	청소년노동인권보호지원	30,000	1	6	1	1	1	1	1	1
4035	경기 이천시	문화학교운영	30,000	1	4	7	8	7	1	1	4
4036	경기 이천시	시민기록관운영관리	30,000	1	4	7	8	7	1	1	4
4037	경기 이천시	자율방재단역량강화지원	30,000	1	1,4	7	8	7	5	5	4

순번	시군구	지출명 (사업명)	2024년예산 (단위 : 천원 /1년간)	민간이전 분류 (지방자치단체 세출예산 집행기준에 의거) 1. 민간경상사업보조(307-02) 2. 민간단체 법정운영비보조(307-03) 3. 민간행사사업보조(307-04) 4. 민간위탁금(307-05) 5. 사회복지시설 법정운영비보조(307-10) 6. 민간인위탁교육비(307-12) 7. 공기관등에대한경상적위탁사업비(308-13) 8. 민간자본사업보조,자체재원(402-01) 9. 민간자본사업보조,이전재원(402-02) 10. 민간위탁사업비(402-03) 11. 공기관등에 대한 자본적 위탁사업비(403-02)	민간이전지출 근거 (지방보조금 관리기준 참고) 1. 법률에 규정 2. 국고보조 재원(국가지정) 3. 용도 지정 기부금 4. 조례에 직접규정 5. 지자체가 권장하는 사업을 하는 공공기관 6. 시,도 정책 및 재정사정 7. 기타 8. 해당없음	입찰방식: 계약체결방법 (경쟁형태) 1. 일반경쟁 2. 제한경쟁 3. 지명경쟁 4. 수의계약 5. 법정위탁 6. 기타 ( ) 7. 없음	입찰방식: 계약기간 1. 1년 2. 2년 3. 3년 4. 4년 5. 5년 6. 기타 ( )년 7. 단기계약 (1년미만) 8. 없음	입찰방식: 낙찰자선정방법 1. 적격심사 2. 협상에의한계약 3. 최저가낙찰제 4. 규격가격분리 5. 2단계 경쟁입찰 6. 기타 ( ) 7. 없음	운영예산 산정: 운영예산 산정 1. 내부산정 (지자체 자체적으로 산정) 2. 외부산정 (외부전문기관위탁 산정) 3. 내·외부 모두 산정 4. 산정 無 5. 없음	운영예산 산정: 정산방법 1. 내부정산 (지자체 내부적으로 정산) 2. 외부정산 (외부전문기관위탁 정산) 3. 내·외부 모두 산정 4. 정산 無 5. 없음	성과평가 실시여부 1. 실시 2. 미실시 3. 향후 추진 4. 해당없음
4038	경기 이천시	논이용동계사료작물재배지원	30,000	1	6	7	8	7	1	1	3
4039	경기 이천시	이천시유소년승마단운영	30,000	1	6	7	8	7	1	1	1
4040	경기 이천시	축산물홍보	30,000	1	1	7	8	7	1	1	3
4041	경기 이천시	한국노총이천여주지역지부사업지원	29,400	1	4	7	8	7	1	1	1
4042	경기 이천시	유해야생동물포획사업지원	28,000	1	1	7	8	7	1	1	1
4043	경기 이천시	품목농업인연구회지원	27,000	1	1	7	8	7	1	1	1
4044	경기 이천시	농가도우미지원	26,250	1	6	7	8	7	5	5	1
4045	경기 이천시	농업인전문자격취득지원사업	25,200	1	6	7	8	7	1	5	4
4046	경기 이천시	이천상공회의소사업지원	25,000	1	1	7	8	7	1	1	4
4047	경기 이천시	전통시장활성화사업지원	25,000	1	1,4	7	8	7	1	1	1
4048	경기 이천시	축산물포장재지원	25,000	1	1	7	8	7	5	5	4
4049	경기 이천시	국내전시회참가기업지원	24,000	1	8	7	8	7	1	1	3
4050	경기 이천시	2022년선정아동돌봄공동체돌봄사업비	24,000	1	6	7	8	7	5	1	4
4051	경기 이천시	재활용나눔장터지원	20,500	1	6	7	8	7	1	1	1
4052	경기 이천시	청소년동아리지원	20,000	1	2	1	1	1	5	1	4
4053	경기 이천시	팔당수계정화활동지원	20,000	1	1	7	8	7	5	1	1
4054	경기 이천시	마을공동체만들기공모사업	20,000	1	4	7	8	7	1	1	4
4055	경기 이천시	축사이미지개선사업	20,000	1	6	7	8	7	1	1	1
4056	경기 이천시	반려동물문화교실운영	20,000	1	6	7	8	7	5	1	3
4057	경기 이천시	농업인근골격계질환예방지원(주민참여예산)	20,000	1	1	7	8	7	5	5	1
4058	경기 이천시	이야기산업육성	19,700	1	4	7	8	7	1	1	4
4059	경기 이천시	청년활동활성화사업	19,500	1	6	1	1	1	1	1	4
4060	경기 이천시	친환경농산물인증확대	19,452	1	6	7	8	7	1	1	1
4061	경기 이천시	톱밥비지원	19,250	1	6	7	8	7	5	1	4
4062	경기 이천시	창업보육센터사업비지원	18,853	1	4	7	8	7	2	1	4
4063	경기 이천시	장제지원	18,500	1	6	7	8	7	5	1	1
4064	경기 이천시	학교밖청소년급식지원	18,130	1	1	7	8	7	5	1	4
4065	경기 이천시	청년창업멘토교육컨설팅사업	18,000	1	7	7	8	7	5	5	4
4066	경기 이천시	한우우군유전체분석개량지원	18,000	1	1	7	8	7	1	1	4
4067	경기 이천시	이천모범운전자회지원	17,260	1	1,5	7	8	7	1	1	3
4068	경기 이천시	경기평생학습동아리지원	17,000	1	6	7	7	7	1	1	4
4069	경기 이천시	자원순환가게운영지원	17,000	1	6	7	8	7	1	1	4
4070	경기 이천시	전통문화강좌	17,000	1	4	7	7	7	1	1	4
4071	경기 이천시	친환경우렁이농법지원	16,800	1	6	7	8	7	1	1	4
4072	경기 이천시	청소년공부방운영(사동리공부방)	16,320	1	6	7	8	7	1	1	4
4073	경기 이천시	교통질서계도근무자근무복구입지원	16,200	1	1,5	7	8	7	5	1	2
4074	경기 이천시	학력인정프로그램운영	16,000	1	7	7	7	7	1	1	4
4075	경기 이천시	사찰음식체험프로그램지원	16,000	1	4	7	8	7	5	1	4
4076	경기 이천시	청년농업인지역농산물창업지원	16,000	1	1	7	8	7	1	1	4
4077	경기 이천시	언택트시대중소농가경영개선을위한브랜드활성화지원(주민참여예산)	16,000	1	2	7	8	7	5	5	1

순번	시군구	지출명 (사업명)	2024년예산 (단위 : 천원 /1년간)	민간이전 분류 (지방자치단체 세출예산 집행기준에 의거) 1. 민간경상사업보조(307-02) 2. 민간단체 법정운영비보조(307-03) 3. 민간행사사업보조(307-04) 4. 민간위탁금(307-05) 5. 사회복지시설 법정운영비보조(307-10) 6. 민간인위탁교육비(307-12) 7. 공기관등에대한경상적위탁사업비(308-13) 8. 민간자본사업보조,자체재원(402-01) 9. 민간자본사업보조,이전재원(402-02) 10. 민간위탁사업비(402-03) 11. 공기관등에 대한 자본적 위탁사업비(403-02)	민간이전지출 근거 (지방보조금 관리기준 참고) 1. 법률에 규정 2. 국고보조 재원(국가지정) 3. 용도 지정 기부금 4. 조례에 직접규정 5. 지자체가 권장하는 사업을 하는 공공기관 6. 시,도 정책 및 재정사정 7. 기타 8. 해당없음	입찰방식			운영예산 산정		성과평가 실시여부
						계약체결방법 (경쟁형태) 1. 일반경쟁 2. 제한경쟁 3. 지명경쟁 4. 수의계약 5. 법정위탁 6. 기타 ( ) 7. 없음	계약기간 1. 1년 2. 2년 3. 3년 4. 4년 5. 5년 6. 기타 ( )년 7. 단기계약 (1년미만) 8. 없음	낙찰자선정방법 1. 적격심사 2. 협상에의한계약 3. 최저가낙찰제 4. 규격가격분리 5. 2단계 경쟁입찰 6. 기타 ( ) 7. 없음	운영예산 산정 1. 내부산정 (지자체 자체적으로 산정) 2. 외부산정 (외부전문기관위탁 산정) 3. 내·외부 모두 산정 4. 산정 無 5. 없음	정산방법 1. 내부정산 (지자체 내부적으로 정산) 2. 외부정산 (외부전문기관위탁 정산) 3. 내·외부 모두 산정 4. 정산 無 5. 없음	1. 실시 2. 미실시 3. 향후 추진 4. 해당없음
4078	경기 이천시	야생동물피해예방사업	15,000	1	2	7	8	7	5	5	4
4079	경기 이천시	축산외국인근로자주거환경개선	15,000	1	1	7	8	7	1	1	3
4080	경기 이천시	압축배양토활용반려식물체험프로그램보급시범	15,000	1	1	7	8	7	5	5	4
4081	경기 이천시	축산물HACCP컨설팅	14,000	1	1	7	8	7	1	1	3
4082	경기 이천시	장애인평생교육프로그램지원	12,000	1	6	7	7	7	1	1	4
4083	경기 이천시	보훈단체협의회차량임차료지원	12,000	1	1	7	8	7	5	5	4
4084	경기 이천시	이천거북놀이청소년예술아카데미사업지원	12,000	1	4	7	1	7	5	1	4
4085	경기 이천시	축산재해농가긴급지원	12,000	1	1	7	8	7	1	1	3
4086	경기 이천시	길항균이용인삼안정생산기술	12,000	1	1	7	8	7	5	5	1
4087	경기 이천시	시설원예총채벌레종합방제	12,000	1	1	7	8	7	5	5	1
4088	경기 이천시	지역농산물먹거리보장지원	11,760	1	6	7	8	7	1	1	4
4089	경기 이천시	이천문화아카이브	11,700	1	4	7	8	7	1	1	4
4090	경기 이천시	로컬푸드직배송택배비지원	11,520	1	6	7	8	7	1	1	4
4091	경기 이천시	수리계수리시설관리지원사업	11,318	1	1	7	8	7	5	5	4
4092	경기 이천시	장애학생재활승마체험	11,100	1	2	7	8	7	5	1	4
4093	경기 이천시	택시카드단말기통신료지원	10,941	1	1,5	7	8	7	1	1	4
4094	경기 이천시	학교폭력예방활동(초등학교)	10,720	1	4	7	8	7	1	1	3
4095	경기 이천시	학교4H영농과제활동지원	10,500	1	1	7	8	7	5	5	4
4096	경기 이천시	새마을지도자교육지원	10,000	1	1	7	8	7	1	1	3
4097	경기 이천시	체육회워크숍운영지원	10,000	1	4	7	8	7	1	1	1
4098	경기 이천시	체육생활체육회차량운영비지원	10,000	1	4	7	8	7	1	1	1
4099	경기 이천시	명절수당	10,000	1	4	7	8	7	1	1	1
4100	경기 이천시	찾아가는장애인생활체육서비스차량지원	10,000	1	4	7	8	7	1	1	1
4101	경기 이천시	청소년육성사업지원	10,000	1	1	1	1	1	1	1	1
4102	경기 이천시	이천시노사민정협의회사업지원	10,000	1	1	7	8	7	1	1	1
4103	경기 이천시	대금락비상(大笒樂至樂)IN설봉(雪峯)	10,000	1	4	7	7	7	1	1	4
4104	경기 이천시	이천예총사업활동비지원	10,000	1	4	7	8	7	1	1	1
4105	경기 이천시	전통다도체험및교육지원	10,000	1	7	7	8	7	1	1	1
4106	경기 이천시	GAP인증농가안전성검사비지원	10,000	1	2	7	8	7	1	1	4
4107	경기 이천시	프로폴리스지원	10,000	1	1	7	8	7	1	1	3
4108	경기 이천시	학교밖청소년자립지원수당지원	9,500	1	1	7	8	7	5	1	4
4109	경기 이천시	보험료지원	9,450	1	6	7	8	7	5	1	4
4110	경기 이천시	전국통합자원봉사보험가입서비스지원	9,434	1	2	7	8	7	5	5	4
4111	경기 이천시	어르신문화학교지원	9,220	1	4	7	8	7	1	1	4
4112	경기 이천시	축산농가HACCP인증지원	9,000	1	1	7	8	7	1	1	3
4113	경기 이천시	바르게살기운동이천시협의회사업지원	8,000	1	1	7	8	7	1	1	3
4114	경기 이천시	여성축구육성지원	8,000	1	4	7	8	7	1	1	1
4115	경기 이천시	개인하수처리시설시설개선비지원	8,000	1	1	6	6	7	5	1	2
4116	경기 이천시	이천시의용소방대연합회사업지원	7,600	1	1,4	7	8	7	5	5	4
4117	경기 이천시	기본교육및심화교육	7,218	1	2	7	8	7	5	1	4

순번	시군구	지출명 (사업명)	2024년예산 (단위 : 천원 /1년간)	민간이전 분류 (지방자치단체 세출예산 집행기준에 의거) 1. 민간경상사업보조(307-02) 2. 민간단체 법정운영비보조(307-03) 3. 민간행사사업보조(307-04) 4. 민간위탁금(307-05) 5. 사회복지시설 법정운영비보조(307-10) 6. 민간인위탁교육비(307-12) 7. 공기관등에대한경상적위탁사업비(308-13) 8. 민간자본사업보조,자체재원(402-01) 9. 민간자본사업보조,이전재원(402-02) 10. 민간위탁사업비(402-03) 11. 공기관등에 대한 자본적 위탁사업비(403-02)	민간이전지출 근거 (지방보조금 관리기준 참고) 1. 법률에 규정 2. 국고보조 재원(국가지정) 3. 용도 지정 기부금 4. 조례에 직접규정 5. 지자체가 권장하는 사업을 하는 공공기관 6. 시,도 정책 및 재정사정 7. 기타 8. 해당없음	입찰방식: 계약체결방법 (경쟁형태) 1. 일반경쟁 2. 제한경쟁 3. 지명경쟁 4. 수의계약 5. 법정위탁 6. 기타 ( ) 7. 없음	입찰방식: 계약기간 1. 1년 2. 2년 3. 3년 4. 4년 5. 5년 6. 기타 ( )년 7. 단기계약 (1년미만) 8. 없음	입찰방식: 낙찰자선정방법 1. 적격심사 2. 협상에의한계약 3. 최저가낙찰제 4. 규격가격분리 5. 2단계 경쟁입찰 6. 기타 ( ) 7. 없음	운영예산 산정: 운영예산 산정 1. 내부산정 (지자체 자체적으로 산정) 2. 외부산정 (외부전문기관위탁 산정) 3. 내·외부 모두 산정 4. 산정 無 5. 없음	운영예산 산정: 정산방법 1. 내부정산 (지자체 내부적으로 정산) 2. 외부정산 (외부전문기관위탁 정산) 3. 내·외부 모두 산정 4. 정산 無 5. 없음	성과평가 실시여부 1. 실시 2. 미실시 3. 향후 추진 4. 해당없음
4118	경기 이천시	민족통일이천시협의회사업지원	6,400	1	1	7	8	7	1	1	1
4119	경기 이천시	장애인체육회워크숍운영지원	6,000	1	4	7	8	7	1	1	1
4120	경기 이천시	친환경쌀겨농법지원	5,520	1	6	7	8	7	1	1	4
4121	경기 이천시	이천시소상공인연합회사업비지원	5,000	1	1,4	7	8	7	5	5	4
4122	경기 이천시	향교춘추석전대제	5,000	1	4	7	7	7	1	1	4
4123	경기 이천시	접객업소영업자역량개발(메뉴개발과정)	5,000	1	4	7	8	7	2	3	1
4124	경기 이천시	이천시4H청소년의달행사	5,000	1	1	7	8	7	5	5	4
4125	경기 이천시	농산업분야학생진로탐구교육(주민참여예산)	5,000	1	1	7	8	7	5	5	4
4126	경기 이천시	생활개선회육성	5,000	1	1	7	8	7	5	5	4
4127	경기 이천시	규사지원	4,865	1	6	7	8	7	5	1	4
4128	경기 이천시	학교폭력예방활동(중학교)	4,595	1	4	7	8	7	1	1	3
4129	경기 이천시	청소년유해환경감시단지원	4,500	1	2	1	1	1	1	1	1
4130	경기 이천시	유실유기동물입양비지원	4,500	1	2	7	8	7	5	1	1
4131	경기 이천시	이천녹색어머니연합회지원	4,193	1	1	7	8	7	1	1	4
4132	경기 이천시	공동주택전자투표지원금	4,158	1	1	7	8	7	1	1	3
4133	경기 이천시	이천시지방행정동우회사업지원	4,020	1	1	7	8	7	1	1	3
4134	경기 이천시	청소년선도및보호활동	4,000	1	1	1	1	1	1	1	1
4135	경기 이천시	향교기로연	4,000	1	4	7	7	7	1	1	4
4136	경기 이천시	한국쌀전업농이천시연합회지원	4,000	1	6	7	8	7	1	1	4
4137	경기 이천시	이천시청년농업인연찬교육지원	4,000	1	1	7	8	7	5	5	4
4138	경기 이천시	농촌체험휴양마을보험가입지원	3,936	1	2	7	8	7	5	5	2
4139	경기 이천시	경축순환농업단지조성지원	3,860	1	6	7	8	7	1	1	4
4140	경기 이천시	청소년보드게임교육사업	3,800	1	1	1	1	1	1	1	1
4141	경기 이천시	사회공익승마체험	3,800	1	6	7	8	7	5	1	4
4142	경기 이천시	자전거교실운영지원	3,000	1	4	7	8	7	1	1	1
4143	경기 이천시	명절수당	3,000	1	6	7	8	7	1	1	1
4144	경기 이천시	어린이집부모및교사교육지원	3,000	1	4	7	8	7	1	1	1
4145	경기 이천시	유림회원보수교육	3,000	1	4	7	7	7	1	1	4
4146	경기 이천시	음식문화체험사업	2,760	1	4	7	8	7	2	3	1
4147	경기 이천시	위기청소년힐링승마지원	2,760	1	6	7	8	7	5	1	4
4148	경기 이천시	이통장단연합회사업지원	2,672	1	4	7	8	7	1	1	3
4149	경기 이천시	유교문화체험교육	2,520	1	4	7	7	7	1	1	4
4150	경기 이천시	어재연장군춘추향제	2,000	1	4	7	7	7	1	1	4
4151	경기 이천시	법정부담금	1,930	1	4	7	8	7	1	1	1
4152	경기 이천시	이천시재향군인회시민안보의식제고교육	1,900	1	1,4	7	8	7	5	5	4
4153	경기 이천시	이천시보훈단체협의회사업지원	1,800	1	1	7	8	7	5	5	4
4154	경기 이천시	농촌체험휴양마을역량강화(교육비)	1,706	1	2	7	8	7	1	1	2
4155	경기 이천시	야생동물구조치료사업	1,520	1	1	6	8	7	5	5	4
4156	경기 이천시	자문위원역량강화회의및현장교육	1,400	1	1	7	8	7	1	1	3
4157	경기 이천시	지도활동보험료	1,148	1	4	7	8	7	1	1	1

순번	시군구	지출명 (사업명)	2024년예산 (단위 : 천원 /1년간)	민간이전 분류 (지방자치단체 세출예산 집행기준에 의거) 1. 민간경상사업보조(307-02) 2. 민간단체 법정운영비보조(307-03) 3. 민간행사사업보조(307-04) 4. 민간위탁금(307-05) 5. 사회복지시설 법정운영비보조(307-10) 6. 민간인위탁교육비(307-12) 7. 공기관등에대한경상적위탁사업비(308-13) 8. 민간자본사업보조,자체재원(402-01) 9. 민간자본사업보조,이전재원(402-02) 10. 민간위탁사업비(402-03) 11. 공기관등에 대한 자본적 위탁사업비(403-02)	민간이전지출 근거 (지방보조금 관리기준 참고) 1. 법률에 규정 2. 국고보조 재원(국가지정) 3. 용도 지정 기부금 4. 조례에 직접규정 5. 지자체가 권장하는 사업을 하는 공공기관 6. 시,도 정책 및 재정사정 7. 기타 8. 해당없음	입찰방식			운영예산 산정		성과평가 실시여부
						계약체결방법 (경쟁형태) 1. 일반경쟁 2. 제한경쟁 3. 지명경쟁 4. 수의계약 5. 법정위탁 6. 기타 ( ) 7. 없음	계약기간 1. 1년 2. 2년 3. 3년 4. 4년 5. 5년 6. 기타 ( )년 7. 단기계약 (1년미만) 8. 없음	낙찰자선정방법 1. 적격심사 2. 협상에의한계약 3. 최저가낙찰제 4. 규격가격분리 5. 2단계 경쟁입찰 6. 기타 ( ) 7. 없음	운영예산 산정 1. 내부산정 (지자체 자체적으로 산정) 2. 외부산정 (외부전문기관위탁 산정) 3. 내·외부 모두 산정 4. 산정 無 5. 없음	정산방법 1. 내부정산 (지자체 내부적으로 정산) 2. 외부정산 (외부전문기관위탁 정산) 3. 내·외부 모두 산정 4. 정산 無 5. 없음	1. 실시 2. 미실시 3. 향후 추진 4. 해당없음
4158	경기 이천시	유림지도자교육지원	900	1	4	7	7	7	1	1	4
4159	경기 이천시	법정보험료	579	1	6	7	8	7	1	1	1
4160	경기 이천시	지도활동보험료	492	1	4	7	8	7	1	1	1
4161	경기 이천시	지도활동보험료	486	1	2	7	8	7	1	1	1
4162	경기 이천시	농업인자녀대학생학자금이자지원	400	1	6	7	8	7	2	4	4
4163	경기 시흥시	서울대교육협력사업	3,053,687	1	6	7	8	7	1	1	1
4164	경기 시흥시	주민총회운영및자치계획추진	900,000	1	7	7	8	7	5	5	4
4165	경기 시흥시	엘리트체육육성및출전지원	823,920	1	4	4	8	7	1	1	1
4166	경기 시흥시	벼병해충항공방제농자재지원(공모)	470,000	1	4	7	8	7	1	1	1
4167	경기 시흥시	대학협력기반지역혁신사업운영	435,000	1	1,4	6	7	6	1	1	1
4168	경기 시흥시	생활체육활성화및대회출전지원	414,000	1	5	7	8	7	5	3	1
4169	경기 시흥시	지역특화구단운영사업	383,960	1	4	4	8	7	1	1	1
4170	경기 시흥시	창업스타트패키지지원	340,000	1	4	7	7	7	1	1	1
4171	경기 시흥시	유기질비료지원(전환)	291,467	1	2	7	8	7	5	1	1
4172	경기 시흥시	친환경시흥쌀생산지원(공모)	250,000	1	4	7	8	7	1	1	1
4173	경기 시흥시	시흥예총예술사업지원	240,000	1	4	7	8	7	1	1	1
4174	경기 시흥시	시흥마을교육자치회지원사업(참여예산공모)	230,000	1	4	7	8	7	5	5	4
4175	경기 시흥시	경로당활성화를위한사업	222,849	1	4	7	8	7	1	1	2
4176	경기 시흥시	기업애로기술및청년취업해결프로젝트랩	200,000	1	4	7	7	7	1	1	1
4177	경기 시흥시	농업생산성향상농자재지원사업(참여예산공모)	200,000	1	5	7	8	7	1	1	1
4178	경기 시흥시	전통시장특화지원(참여예산공모)	175,000	1	4	7	8	7	5	5	3
4179	경기 시흥시	시흥시노사민정협의회사업지원	166,000	1	4	7	7	7	1	1	1
4180	경기 시흥시	민간단체공익사업지원(참여예산공모)	160,000	1	1	7	8	7	5	5	4
4181	경기 시흥시	문화예술법인단체활동지원(공모)	152,000	1	4	7	8	7	1	1	1
4182	경기 시흥시	대학협력거버넌스구축및대학과도시포럼운영	150,000	1	1,4	7	1	7	1	1	2
4183	경기 시흥시	창업보육센터지원(경기도직접지원)	150,000	1	4	7	7	7	1	1	1
4184	경기 시흥시	장애인체육활성화및대회출전지원	147,000	1	4	4	8	7	1	1	1
4185	경기 시흥시	체육지도자처우개선비(자체)	138,963	1	5	7	8	7	5	3	1
4186	경기 시흥시	골목상권공동체활성화사업	120,000	1	4	7	8	7	1	1	1
4187	경기 시흥시	국가유공자안보의식고취사업	118,150	1	4	7	8	7	1	1	3
4188	경기 시흥시	시흥시지속가능발전협의회사업지원	115,396	1	4	7	8	7	1	1	1
4189	경기 시흥시	월미농악전승사업	110,000	1	1,4	7	8	7	5	5	4
4190	경기 시흥시	중소기업산업안전(위험성평가)관리지원사업(공모)	100,000	1	4	7	7	7	1	1	1
4191	경기 시흥시	시흥농산물규격포장재지원(참여예산공모)	90,000	1	5	7	8	7	1	1	1
4192	경기 시흥시	연생산단지육성지원(공모)	90,000	1	4	7	8	7	1	1	3
4193	경기 시흥시	법인택시운수종사자처우개선지원금(자체)	72,720	1	4	7	8	7	1	1	3
4194	경기 시흥시	문화예술창작활동지원(공모)	70,000	1	4	7	8	7	1	1	1
4195	경기 시흥시	문화예술발전지원(공모)	68,000	1	4	7	8	7	1	1	1
4196	경기 시흥시	전통전승및고유문화육성지원(공모)	64,450	1	1,4	7	8	7	5	5	4
4197	경기 시흥시	무인이동체협업네트워크구축지원	60,000	1	4	7	1	7	1	1	3

순번	시군구	지출명 (사업명)	2024년예산 (단위 : 천원 /1년간)	민간이전 분류 (지방자치단체 세출예산 집행기준에 의거) 1. 민간경상사업보조(307-02) 2. 민간단체 법정운영비보조(307-03) 3. 민간행사사업보조(307-04) 4. 민간위탁금(307-05) 5. 사회복지시설 법정운영비보조(307-10) 6. 민간인위탁교육비(307-12) 7. 공기관등에대한경상적위탁사업비(308-13) 8. 민간자본사업보조,자체재원(402-01) 9. 민간자본사업보조,이전재원(402-02) 10. 민간위탁사업비(402-03) 11. 공기관등에 대한 자본적 위탁사업비(403-02)	민간이전지출 근거 (지방보조금 관리기준 참고) 1. 법률에 규정 2. 국고보조 재원(국가지정) 3. 용도 지정 기부금 4. 조례에 직접규정 5. 지자체가 권장하는 사업을 하는 공공기관 6. 시,도 정책 및 재정사정 7. 기타 8. 해당없음	입찰방식 계약체결방법 (경쟁형태) 1. 일반경쟁 2. 제한경쟁 3. 지명경쟁 4. 수의계약 5. 법정위탁 6. 기타 ( ) 7. 없음	입찰방식 계약기간 1. 1년 2. 2년 3. 3년 4. 4년 5. 5년 6. 기타 ( )년 7. 단기계약 (1년미만) 8. 없음	입찰방식 낙찰자선정방법 1. 적격심사 2. 협상에의한계약 3. 최저가낙찰제 4. 규격가격분리 5. 2단계 경쟁입찰 6. 기타 ( ) 7. 없음	운영예산 산정 운영예산 산정 1. 내부산정 (지자체 자체적으로 산정) 2. 외부산정 (외부전문기관위탁 산정) 3. 내·외부 모두 산정 4. 산정 無 5. 없음	운영예산 산정 정산방법 1. 내부정산 (지자체 내부적으로 정산) 2. 외부정산 (외부전문기관위탁 정산) 3. 내·외부 모두 산정 4. 정산 無 5. 없음	성과평가 실시여부 1. 실시 2. 미실시 3. 향후 추진 4. 해당없음
4198	경기 시흥시	근로자산업시찰지원및연찬회	60,000	1	4	7	7	7	1	1	1
4199	경기 시흥시	청소년유해환경감시및학교폭력예방활동	58,000	1	6	7	8	7	5	5	4
4200	경기 시흥시	G스포츠클럽운영지원	55,000	1	1	5	1	7	3	3	1
4201	경기 시흥시	체육시설사용료지원	55,000	1	4	4	8	7	1	1	1
4202	경기 시흥시	안전진단컨설팅지원사업(공모)	50,000	1	4	7	7	7	1	1	2
4203	경기 시흥시	다중소재가공기술혁신연구센터지원(경기도직접지원)	50,000	1	4	7	7	7	1	1	2
4204	경기 시흥시	주민생활체육프로그램운영지원	50,000	1	5	7	8	7	5	5	4
4205	경기 시흥시	보육교직원복지지원	50,000	1	1	6	8	7	1	1	3
4206	경기 시흥시	위생업소(단체)역량강화지원	50,000	1	4	7	8	7	5	5	4
4207	경기 시흥시	농업잔재물파쇄작업지원	50,000	1	7	1	1	7	1	1	1
4208	경기 시흥시	노인여가복지시설신문구독료	45,250	1	4	1	1	1	1	1	1
4209	경기 시흥시	생활문화예술동아리활동지원(공모)	40,000	1	4	7	8	7	1	1	1
4210	경기 시흥시	자원순환마을조성사업	40,000	1	8	7	8	7	5	5	4
4211	경기 시흥시	새일반찬점지원(참여예산공모)	37,200	1	4	7	8	7	1	1	1
4212	경기 시흥시	민주평통시흥시협의회사업지원	36,600	1	1	7	8	7	5	5	4
4213	경기 시흥시	성인문해교육지원사업	35,000	1	6	1	1	1	1	1	1
4214	경기 시흥시	교통안전단체지원(공모)	32,000	1	4	2	1	1	1	1	1
4215	경기 시흥시	사회적경제창업지원사업(참여예산공모)	30,000	1	4	7	8	7	5	1	1
4216	경기 시흥시	중소기업근로자직무능력향상교육지원(공모)	30,000	1	4	7	7	7	1	1	1
4217	경기 시흥시	차세대경영자육성지원(공모)	30,000	1	4	7	7	7	1	1	2
4218	경기 시흥시	지역특화청년무역전문가양성사업	30,000	1	4	7	7	7	1	1	1
4219	경기 시흥시	시민소망등점등	30,000	1	1,4	7	8	7	5	5	4
4220	경기 시흥시	효문화지원사업	28,500	1	5	6	1	7	1	1	4
4221	경기 시흥시	도시농업활성화지원(공모)	27,000	1	4	7	8	7	5	5	4
4222	경기 시흥시	장애인생활체육프로그램지원	24,500	1	4	4	8	7	1	1	1
4223	경기 시흥시	평생학습마을지원사업	23,000	1	8	7	8	7	5	5	4
4224	경기 시흥시	전통문화강좌	22,000	1	1,4	7	8	7	5	5	4
4225	경기 시흥시	사회재난안전활동지원	21,000	1	1	7	7	7	1	1	1
4226	경기 시흥시	시흥지역기업제조물책임(PL)보험지원	20,000	1	4	7	7	7	1	1	2
4227	경기 시흥시	마을공동체축제역량강화	20,000	1	7	7	8	7	5	5	4
4228	경기 시흥시	지역사연구발굴지원	19,000	1	1,4	7	8	7	5	5	4
4229	경기 시흥시	시흥창의체험학교지원	18,500	1	5	7	8	7	5	5	4
4230	경기 시흥시	지역사회보장협의체민관협력활성화사업(자체)	18,200	1	1	7	8	7	1	1	1
4231	경기 시흥시	농업인학습단체육성지원	17,100	1	4	7	8	7	5	1	1
4232	경기 시흥시	신규사립작은도서관운영지원비	11,000	1	6	7	8	7	5	5	4
4233	경기 시흥시	양성평등활성화공모	10,000	1	1	7	8	7	5	5	4
4234	경기 시흥시	사랑의희망나눔행사지원(공모)	10,000	1	5	7	8	7	5	5	4
4235	경기 시흥시	적십자워크숍지원	10,000	1	5	7	8	7	5	5	4
4236	경기 시흥시	마을만들기공모사업	10,000	1	7	7	8	7	5	5	4
4237	경기 시흥시	농업경영인육성지원	10,000	1	4	7	8	7	1	1	1

순번	시군구	지출명 (사업명)	2024년예산 (단위 : 천원 /1년간)	민간이전 분류 (지방자치단체 세출예산 집행기준에 의거) 1. 민간경상사업보조(307-02) 2. 민간단체 법정운영비보조(307-03) 3. 민간행사사업보조(307-04) 4. 민간위탁금(307-05) 5. 사회복지시설 법정운영비보조(307-10) 6. 민간인위탁교육비(307-12) 7. 공기관등에대한경상적위탁사업비(308-13) 8. 민간자본사업보조,자체재원(402-01) 9. 민간자본사업보조,이전재원(402-02) 10. 민간위탁사업비(402-03) 11. 공기관등에 대한 자본적 위탁사업비(403-02)	민간이전지출 근거 (지방보조금 관리기준 참고) 1. 법률에 규정 2. 국고보조 재원(국가지정) 3. 용도 지정 기부금 4. 조례에 직접규정 5. 지자체가 권장하는 사업을 하는 공공기관 6. 시,도 정책 및 재정사정 7. 기타 8. 해당없음	입찰방식			운영예산 산정		성과평가 실시여부
						계약체결방법 (경쟁형태) 1. 일반경쟁 2. 제한경쟁 3. 지명경쟁 4. 수의계약 5. 법정위탁 6. 기타 ( ) 7. 없음	계약기간 1. 1년 2. 2년 3. 3년 4. 4년 5. 5년 6. 기타 ( )년 7. 단기계약 (1년미만) 8. 없음	낙찰자선정방법 1. 적격심사 2. 협상에의한계약 3. 최저가낙찰제 4. 규격가격분리 5. 2단계 경쟁입찰 6. 기타 ( ) 7. 없음	운영예산 산정 1. 내부산정 (지자체 자체적으로 산정) 2. 외부산정 (외부전문기관위탁 산정) 3. 내·외부 모두 산정 4. 산정 無 5. 없음	정산방법 1. 내부정산 (지자체 내부적으로 정산) 2. 외부정산 (외부전문기관위탁 정산) 3. 내·외부 모두 산정 4. 정산 無 5. 없음	1. 실시 2. 미실시 3. 향후 추진 4. 해당없음
4238	경기 시흥시	마을회담운영지원	10,000	1	8	7	8	7	5	5	4
4239	경기 시흥시	취업교육지원사업(참여예산공모)	6,000	1	7	1	7	1	1	1	4
4240	경기 시흥시	지정무형유산보유단체전승활동지원	6,000	1	4	7	8	7	5	5	4
4241	경기 시흥시	향토무형유산계승단체전승활동지원	6,000	1	4	7	8	7	5	5	4
4242	경기 안성시	유기질비료지원사업	2,058,170	1	1	7	8	7	5	5	4
4243	경기 안성시	과수계약재배출하비등지원	1,326,400	1	4	7	8	7	5	5	4
4244	경기 안성시	통합문화이용권사업	983,190	1	1	7	8	7	5	5	4
4245	경기 안성시	벼못자리용상토지원	800,000	1	1	7	8	7	5	5	4
4246	경기 안성시	영농정착지원금	754,400	1	1	7	8	7	5	5	4
4247	경기 안성시	가축재해보험가입지원	504,762	1	2	7	8	7	5	5	4
4248	경기 안성시	안성쌀미질고급화지원	400,000	1	1	7	8	7	5	5	4
4249	경기 안성시	시민동아리활동지원사업	350,000	1	4	7	8	7	5	5	4
4250	경기 안성시	연극협회행사	238,000	1	1	7	8	7	5	5	4
4251	경기 안성시	사회적기업취약계층인건비지원	223,610	1	2	7	8	7	5	5	4
4252	경기 안성시	2024년토양개량제공급	218,147	1	1	7	8	7	5	5	4
4253	경기 안성시	자원봉사센터사업비지원	216,592	1	4	7	8	7	5	5	4
4254	경기 안성시	G스포츠클럽운영비	216,000	1	1	7	8	7	5	5	4
4255	경기 안성시	전국일제소독의날지원(공동방제단운영)	209,187	1	2	7	8	7	5	5	4
4256	경기 안성시	안성마춤쌀소비촉진활성화	200,000	1	6	7	8	7	5	5	4
4257	경기 안성시	안성쌀단지농자재지원	200,000	1	1	7	8	7	5	5	4
4258	경기 안성시	일반생활체육지도자배치	188,742	1	1	7	8	7	5	5	4
4259	경기 안성시	중소기업노동자기숙사임차비지원	174,000	1	4	7	8	7	5	5	4
4260	경기 안성시	경기도체육대회출전	170,000	1	1	7	8	7	5	5	4
4261	경기 안성시	어르신생활체육지도자배치	157,285	1	1	7	8	7	5	5	4
4262	경기 안성시	공동선별비지원사업	157,252	1	2	7	8	7	5	5	4
4263	경기 안성시	장애인생활체육지도자배치	156,510	1	1	7	8	7	5	5	4
4264	경기 안성시	농촌인력중개센터지원	150,000	1	2	7	8	7	5	5	4
4265	경기 안성시	가축분뇨수거운반비지원사업	139,720	1	1	7	8	7	5	5	4
4266	경기 안성시	안성시지속가능발전협의회실천사업	126,500	1	1	7	8	7	5	5	4
4267	경기 안성시	농업소식및정보제공	125,825	1	1	7	8	7	5	5	4
4268	경기 안성시	읍면동체육회생활체육활성화프로그램운영지원	120,000	1	1	7	8	7	5	5	4
4269	경기 안성시	응급의료기관평가결과보조금지급	115,200	1	1	7	1	7	1	1	1
4270	경기 안성시	농촌체험마을사무장채용지원	103,876	1	6	7	8	7	5	5	4
4271	경기 안성시	경기도생활체육대축전출전	100,000	1	1	7	8	7	5	5	4
4272	경기 안성시	학교체육시설사용클럽대관료지원	100,000	1	1	7	8	7	5	5	4
4273	경기 안성시	종목별생활체육프로그램운영지원	100,000	1	1	7	8	7	5	5	4
4274	경기 안성시	엘리트운동경기부지원	100,000	1	1	7	8	7	5	5	4
4275	경기 안성시	공동주택단지내가로등전기료지원	100,000	1	1	7	8	7	5	5	4
4276	경기 안성시	고품질안전축산물육성지원	95,550	1	1	7	8	7	5	5	4
4277	경기 안성시	지역경제와같이청년일자리사업(계속)지원금	93,886	1	2	7	8	7	5	5	4

순번	시군구	지출명 (사업명)	2024년예산 (단위 : 전원 /1년간)	민간이전 분류 (지방자치단체 세출예산 집행기준에 의거) 1. 민간경상사업보조(307-02) 2. 민간단체 법정운영비보조(307-03) 3. 민간행사사업보조(307-04) 4. 민간위탁금(307-05) 5. 사회복지시설 법정운영비보조(307-10) 6. 민간인위탁교육비(307-12) 7. 공기관등에대한경상적위탁사업비(308-13) 8. 민간자본사업보조,지체재원(402-01) 9. 민간자본사업보조,이전재원(402-02) 10. 민간위탁사업비(402-03) 11. 공기관등에 대한 자본적 위탁사업비(403-02)	민간이전지출 근거 (지방보조금 관리기준 참고) 1. 법률에 규정 2. 국고보조 재원(국가지정) 3. 용도 지정 기부금 4. 조례에 직접규정 5. 지자체가 권장하는 사업을 하는 공공기관 6. 시,도 정책 및 재정사정 7. 기타 8. 해당없음	입찰방식: 계약체결방법 (경쟁형태) 1. 일반경쟁 2. 제한경쟁 3. 지명경쟁 4. 수의계약 5. 법정위탁 6. 기타 ( ) 7. 없음	입찰방식: 계약기간 1. 1년 2. 2년 3. 3년 4. 4년 5. 5년 6. 기타 ( )년 7. 단기계약 (1년미만) 8. 없음	입찰방식: 낙찰자선정방법 1. 적격심사 2. 협상에의한계약 3. 최저가낙찰제 4. 규격가격분리 5. 2단계 경쟁입찰 6. 기타 ( ) 7. 없음	운영예산 산정: 운영예산 산정 1. 내부산정 (지자체 자체적으로 산정) 2. 외부산정 (외부전문기관위탁 산정) 3. 내·외부 모두 산정 4. 산정 無 5. 없음	운영예산 산정: 정산방법 1. 내부정산 (지자체 내부적으로 정산) 2. 외부정산 (외부전문기관위탁 정산) 3. 내·외부 모두 산정 4. 정산 無 5. 없음	성과평가 실시여부 1. 실시 2. 미실시 3. 향후 추진 4. 해당없음
4278	경기 안성시	공공미술프로젝트사업비지원	90,000	1	1	7	8	7	5	5	4
4279	경기 안성시	도지사기종목별생활체육대회출전	90,000	1	1	7	8	7	5	5	4
4280	경기 안성시	미술협회행사	87,000	1	1	7	8	7	5	5	4
4281	경기 안성시	학교운동부육성지원	81,000	1	1	7	8	7	5	5	4
4282	경기 안성시	경기임산부친환경농산물지원	80,640	1	1	7	8	7	5	5	4
4283	경기 안성시	안성시민장학회지원	80,000	1	1	7	8	7	5	5	4
4284	경기 안성시	청년창업공모사업	80,000	1	7	7	8	7	1	1	1
4285	경기 안성시	전통시장활성화지원사업	80,000	1	4	7	8	7	5	5	4
4286	경기 안성시	여성농업인행복바우처지원	75,200	1	4	7	8	7	5	5	4
4287	경기 안성시	소아청소년야간진료협력약국운영지원	72,000	1	1	7	8	7	5	5	4
4288	경기 안성시	경기미구매차액지원	72,000	1	4	7	1	7	1	1	1
4289	경기 안성시	헬퍼지원사업	70,000	1	6	7	8	7	5	5	4
4290	경기 안성시	공공형계절근로지원	65,000	1	1	7	8	7	5	5	4
4291	경기 안성시	과수수출농가품질고급화지원	65,000	1	2	7	8	7	5	5	4
4292	경기 안성시	엘리트축구부육성지원	61,000	1	1	7	8	7	5	5	4
4293	경기 안성시	유기농업자재지원	60,128	1	1	7	8	7	5	5	4
4294	경기 안성시	노동상담소운영	60,000	1	4	7	8	7	5	5	4
4295	경기 안성시	지역경제와같이청년일자리사업(신규)지원금	58,526	1	2	7	8	7	5	5	4
4296	경기 안성시	환경친화형농자재지원	56,606	1	1	7	8	7	5	5	4
4297	경기 안성시	무형문화재전승지원(학교)	55,920	1	1	7	8	7	5	5	4
4298	경기 안성시	관학협력을통한평생학습상생네트워크	50,000	1	6	7	8	7	5	5	4
4299	경기 안성시	아동돌봄공동체프로그램운영	48,000	1	4	7	8	7	5	5	4
4300	경기 안성시	과수동상해피해경감재지원	47,250	1	1	7	8	7	5	5	4
4301	경기 안성시	포도복숭아봉지지원	46,000	1	1	7	8	7	5	5	4
4302	경기 안성시	창업청년과같이성장지원사업(신규)지원금	43,894	1	2	7	8	7	5	5	4
4303	경기 안성시	주민총회제안사업	41,530	1	4	7	8	7	5	5	4
4304	경기 안성시	사회적기업취약계층인건비지원	41,400	1	6	7	8	7	5	5	4
4305	경기 안성시	기업제조물책임(PL)보험지원	40,000	1	4	7	8	7	5	5	4
4306	경기 안성시	친환경농자재지원사업	40,000	1	1	7	8	7	5	5	4
4307	경기 안성시	친환경피복제지원사업	40,000	1	1	7	8	7	5	5	4
4308	경기 안성시	협의체및분과사업비	39,414	1	1	7	8	7	5	5	4
4309	경기 안성시	어르신생활체육프로그램운영지원	35,000	1	1	7	8	7	5	5	4
4310	경기 안성시	동물용의약품산업종합지원사업	35,000	1	1	7	8	7	5	5	4
4311	경기 안성시	국악협회행사	35,000	1	1	7	8	7	5	5	4
4312	경기 안성시	안성예총운영비지원	34,890	1	1	7	8	7	5	5	4
4313	경기 안성시	초등스포츠클럽육성지원	32,390	1	1	7	8	7	5	5	4
4314	경기 안성시	안성예총행사	32,000	1	1	7	8	7	5	5	4
4315	경기 안성시	시가지교통질서및각종행사도우미활동(안성모범운전자회)	31,000	1	1	7	8	7	5	5	4
4316	경기 안성시	안성학강좌운영	30,000	1	6	7	8	7	5	5	4
4317	경기 안성시	로컬푸드직매장운영지원	30,000	1	4	7	8	7	5	5	4

순번	시군구	지출명 (사업명)	2024년예산 (단위 : 천원 /1년간)	민간이전 분류 (지방자치단체 세출예산 집행기준에 의거) 1. 민간경상사업보조(307-02) 2. 민간단체 법정운영비보조(307-03) 3. 민간행사사업보조(307-04) 4. 민간위탁금(307-05) 5. 사회복지시설 법정운영비보조(307-10) 6. 민간인위탁교육비(307-12) 7. 공기관등에대한경상적위탁사업비(308-13) 8. 민간자본사업보조,자체재원(402-01) 9. 민간자본사업보조,이전재원(402-02) 10. 민간위탁사업비(402-03) 11. 공기관등에 대한 자본적 위탁사업비(403-02)	민간이전지출 근거 (지방보조금 관리기준 참고) 1. 법률에 규정 2. 국고보조 재원(국가지정) 3. 용도 지정 기부금 4. 조례에 직접규정 5. 지자체가 권장하는 사업을 하는 공공기관 6. 시,도 정책 및 재정사정 7. 기타 8. 해당없음	입찰방식 계약체결방법 (경쟁형태) 1. 일반경쟁 2. 제한경쟁 3. 지명경쟁 4. 수의계약 5. 법정위탁 6. 기타 ( ) 7. 없음	입찰방식 계약기간 1. 1년 2. 2년 3. 3년 4. 4년 5. 5년 6. 기타 ( )년 7. 단기계약 (1년미만) 8. 없음	입찰방식 낙찰자선정방법 1. 적격심사 2. 협상에의한계약 3. 최저가낙찰제 4. 규격가격분리 5. 2단계 경쟁입찰 6. 기타 ( ) 7. 없음	운영예산 산정 운영예산 산정 1. 내부산정 (지자체 자체적으로 산정) 2. 외부산정 (외부전문기관위탁 산정) 3. 내·외부 모두 산정 4. 산정 無 5. 없음	운영예산 산정 정산방법 1. 내부정산 (지자체 내부적으로 정산) 2. 외부정산 (외부전문기관위탁 정산) 3. 내·외부 모두 산정 4. 정산 無 5. 없음	성과평가 실시여부 1. 실시 2. 미실시 3. 향후 추진 4. 해당없음
4318	경기 안성시	농가도우미지원사업	26,250	1	1	7	8	7	5	5	4
4319	경기 안성시	경기도공예품경진대회출품지원	25,000	1	4	7	8	7	5	5	4
4320	경기 안성시	소비자직거래장터운영지원	25,000	1	4	7	8	7	5	5	4
4321	경기 안성시	로컬푸드직거래시장활성화지원	25,000	1	6	7	8	7	5	5	4
4322	경기 안성시	가요작가협회행사(전국안성가요제)	25,000	1	1	7	8	7	5	5	4
4323	경기 안성시	자율방범대방범차량운영및초소냉난방비지원	24,000	1	1	7	8	7	5	5	4
4324	경기 안성시	연예예술인총연합회행사	22,700	1	1	7	8	7	5	5	4
4325	경기 안성시	어린이승마교실운영	22,400	1	2	7	8	7	5	5	4
4326	경기 안성시	전국및도단위대회출전	22,000	1	1	7	8	7	5	5	4
4327	경기 안성시	창업보육센터지원(중앙대)	21,653	1	1	7	8	7	5	5	4
4328	경기 안성시	응급환자이송비지원	21,600	1	4	7	1	7	1	1	1
4329	경기 안성시	말산업청년인턴취업지원	21,000	1	6	7	8	7	5	5	4
4330	경기 안성시	범죄피해자지원및자립사업지원(평안범죄피해자지원센터)	20,000	1	1	7	8	7	5	5	4
4331	경기 안성시	안성맞춤시장어린이희망놀이터사업보조	20,000	1	4	7	8	7	5	5	4
4332	경기 안성시	한경대대학일자리센터지원사업	20,000	1	1	7	8	7	5	5	4
4333	경기 안성시	기독교종교문화제(성탄트리)지원	20,000	1	1	7	8	7	5	5	4
4334	경기 안성시	천주교종교문화제(김대건신부현양대회)지원	20,000	1	1	7	8	7	5	5	4
4335	경기 안성시	경기도장애인체육대회출전	20,000	1	1	7	8	7	5	5	4
4336	경기 안성시	비인기종목생활체육프로그램운영지원	20,000	1	1	7	8	7	5	5	4
4337	경기 안성시	유청소년생활체육프로그램운영지원	20,000	1	1	7	8	7	5	5	4
4338	경기 안성시	생활체육종목별육성지원	20,000	1	1	7	8	7	5	5	4
4339	경기 안성시	장애인생활체육프로그램운영지원	20,000	1	1	7	8	7	5	5	4
4340	경기 안성시	농업인근골격계질환예방지원	20,000	1	1	7	8	7	5	5	4
4341	경기 안성시	음악협회행사	20,000	1	1	7	8	7	5	5	4
4342	경기 안성시	안성지역국내육성동계사료작물(IRG)확대시범	19,920	1	1	7	8	7	5	5	4
4343	경기 안성시	국내전시회참가지원	18,000	1	4	7	8	7	5	5	4
4344	경기 안성시	창업청년과같이성장지원사업(계속)지원금	17,070	1	2	7	8	7	5	5	4
4345	경기 안성시	경기안성생물관리협회(유해야생동물포획및야생동물구조)	17,000	1	1	7	8	7	5	1	1
4346	경기 안성시	문인협회행사	17,000	1	1	7	8	7	5	5	4
4347	경기 안성시	언택트시대중소농가경영개선을위한브랜드활성화지원(주민참여예산)	16,000	1	1	7	8	7	5	5	4
4348	경기 안성시	전통시장매니저급여지원(안성맞춤시장)	15,600	1	4	7	8	7	5	5	4
4349	경기 안성시	전통시장매니저급여지원(중앙시장)	15,600	1	4	7	8	7	5	5	4
4350	경기 안성시	전통시장매니저급여지원(죽산시장)	15,600	1	4	7	8	7	5	5	4
4351	경기 안성시	전통시장매니저급여지원(일죽시장)	15,600	1	4	7	8	7	5	5	4
4352	경기 안성시	경기도장애인생활체육대회출전	15,000	1	1	7	8	7	5	5	4
4353	경기 안성시	종목별순회생활체육프로그램운영지원	15,000	1	1	7	8	7	5	5	4
4354	경기 안성시	엘리트야구부육성지원	15,000	1	1	7	8	7	5	5	4
4355	경기 안성시	주민제안소규모공모사업	15,000	1	1	7	8	7	5	5	4
4356	경기 안성시	고추농작업안전관리개선시범(컨설팅,운동)	15,000	1	1	7	8	7	5	5	4
4357	경기 안성시	사진작가협회행사	15,000	1	1	7	8	7	5	5	4

순번	시군구	지출명 (사업명)	2024년예산 (단위 : 천원 /1년간)	민간이전 분류 (지방자치단체 세출예산 집행기준에 의거) 1. 민간경상사업보조(307-02) 2. 민간단체 법정운영비보조(307-03) 3. 민간행사사업보조(307-04) 4. 민간위탁금(307-05) 5. 사회복지시설 법정운영비보조(307-10) 6. 민간인위탁교육비(307-12) 7. 공기관등에대한경상적위탁사업비(308-13) 8. 민간자본사업보조,지체재원(402-01) 9. 민간자본사업보조,이전재원(402-02) 10. 민간위탁사업비(402-03) 11. 공기관등에 대한 자본적 위탁사업비(403-02)	민간이전지출 근거 (지방보조금 관리기준 참고) 1. 법률에 규정 2. 국고보조 재원(국가지정) 3. 용도 지정 기부금 4. 조례에 직접규정 5. 지자체가 권장하는 사업을 하는 공공기관 6. 시,도 정책 및 재정사정 7. 기타 8. 해당없음	입찰방식: 계약체결방법 (경쟁형태) 1. 일반경쟁 2. 제한경쟁 3. 지명경쟁 4. 수의계약 5. 법정위탁 6. 기타 ( ) 7. 없음	입찰방식: 계약기간 1. 1년 2. 2년 3. 3년 4. 4년 5. 5년 6. 기타 ( )년 7. 단기계약 (1년미만) 8. 없음	입찰방식: 낙찰자선정방법 1. 적격심사 2. 협상에의한계약 3. 최저가낙찰제 4. 규격가격분리 5. 2단계 경쟁입찰 6. 기타 ( ) 7. 없음	운영예산 산정: 운영예산 산정 1. 내부산정 (지자체 자체적으로 산정) 2. 외부산정 (외부전문기관위탁 산정) 3. 내·외부 모두 산정 4. 산정 無 5. 없음	운영예산 산정: 정산방법 1. 내부정산 (지자체 내부적으로 정산) 2. 외부정산 (외부전문기관위탁 정산) 3. 내·외부 모두 정산 4. 정산 無 5. 없음	성과평가 실시여부 1. 실시 2. 미실시 3. 향후 추진 4. 해당없음
4358	경기 안성시	G스포츠클럽인건비	13,838	1	1	7	8	7	5	5	4
4359	경기 안성시	일반어르신생활체육지도자처우개선	13,123	1	1	7	8	7	5	5	4
4360	경기 안성시	자율방범대방범차량보험료지원	13,000	1	1	7	8	7	5	5	4
4361	경기 안성시	장애인평생교육프로그램운영	13,000	1	6	7	8	7	5	5	4
4362	경기 안성시	공도어머니합창단정기공연	13,000	1	1	7	8	7	5	5	4
4363	경기 안성시	안성문화원지원	12,500	1	1,4	7	8	7	5	5	4
4364	경기 안성시	양성평등문화확산공모사업	12,000	1	1	7	8	7	5	5	4
4365	경기 안성시	평생학습우수프로그램공모사업(기관)	12,000	1	4	7	8	7	5	5	4
4366	경기 안성시	장애인생활체육종목별육성지원	12,000	1	1	7	8	7	5	5	4
4367	경기 안성시	농업인농약안전관리시범	12,000	1	1	7	8	7	5	5	4
4368	경기 안성시	새마을단체활성화사업지원(안성시새마을회)	10,000	1	4	7	8	7	5	5	4
4369	경기 안성시	노사화합한마당	10,000	1	4	7	8	7	5	5	4
4370	경기 안성시	대학생창업아이템경진대회지원	10,000	1	5	7	8	7	5	5	4
4371	경기 안성시	안성맞춤명장전시회지원	10,000	1	4	7	8	7	5	5	4
4372	경기 안성시	공예품전시회지원	10,000	1	4	7	8	7	5	5	4
4373	경기 안성시	기업및근로자컨설팅지원	10,000	1	4	7	8	7	5	5	4
4374	경기 안성시	전국및도단위장애인체육대회출전	10,000	1	1	7	8	7	5	5	4
4375	경기 안성시	관내초등학교교통정리봉사교통안전캠페인등홍보(녹색어머니회)	10,000	1	1	7	8	7	5	5	4
4376	경기 안성시	우수식재료소비확대기반조성사업	10,000	1	2	7	8	7	5	5	4
4377	경기 안성시	안성농특산물온라인쇼핑몰홈페이지운영지원	10,000	1	6	7	8	7	5	5	4
4378	경기 안성시	서예전지원(일죽묵연회,죽산필묵회)	10,000	1	1	7	8	7	5	5	4
4379	경기 안성시	안성맞춤여성합창단정기공연	10,000	1	1	7	8	7	5	5	4
4380	경기 안성시	안성시실버합창단정기연주회	10,000	1	1	7	8	7	5	5	4
4381	경기 안성시	농용굴삭기면허취득교육비지원	9,200	1	6	7	8	7	5	5	4
4382	경기 안성시	안성인물학술대회	9,000	1	1,4	7	8	7	5	5	4
4383	경기 안성시	축산물HACCP지도지원(컨설팅)사업	8,400	1	1	7	8	7	5	5	4
4384	경기 안성시	소외계층평생학습프로그램지원사업	8,000	1	4	7	8	7	5	5	4
4385	경기 안성시	경기도어울림체육대회출전	8,000	1	1	7	8	7	5	5	4
4386	경기 안성시	로컬푸드직배송지원	8,000	1	2	7	8	7	5	5	4
4387	경기 안성시	해병대전우회야간방범순찰활동및인명구조사업지원	7,000	1	4	7	8	7	5	5	4
4388	경기 안성시	안성예술지발간(안성예총)	7,000	1	1	7	8	7	5	5	4
4389	경기 안성시	안성유기활성화지원사업	6,800	1	4	7	8	7	5	5	4
4390	경기 안성시	장애학생재활승마교실운영	6,300	1	2	7	8	7	5	5	4
4391	경기 안성시	나눔의녹색장터운영지원	6,000	1	4	7	8	7	5	5	4
4392	경기 안성시	공연장대관료지원사업	6,000	1	1	7	8	7	1	1	1
4393	경기 안성시	장애인생활체육지도자처우개선	5,965	1	1	7	8	7	5	5	4
4394	경기 안성시	농촌체험휴양마을보험가입지원	5,622	1	2	7	8	7	5	5	4
4395	경기 안성시	청소년범죄예방사업지원(안성시학부모폴리스)	5,000	1	4	7	8	7	5	5	4
4396	경기 안성시	재범방지사업지원(법무부교정위원평택안성시협의회)	5,000	1	4	7	8	7	5	5	4
4397	경기 안성시	사회적기업사회보험료지원사업	5,000	1	6	7	8	7	5	5	4

순번	시군구	지출명 (사업명)	2024년예산 (단위 : 천원 /1년간)	민간이전 분류 (지방자치단체 세출예산 집행기준에 의거) 1. 민간경상사업보조(307-02) 2. 민간단체 법정운영비보조(307-03) 3. 민간행사사업보조(307-04) 4. 민간위탁금(307-05) 5. 사회복지시설 법정운영비보조(307-10) 6. 민간인위탁교육비(307-12) 7. 공기관등에대한경상적위탁사업비(308-13) 8. 민간자본사업보조,자체재원(402-01) 9. 민간자본사업보조,이전재원(402-02) 10. 민간위탁사업비(402-03) 11. 공기관등에 대한 자본적 위탁사업비(403-02)	민간이전지출 근거 (지방보조금 관리기준 참고) 1. 법률에 규정 2. 국고보조 재원(국가지정) 3. 용도 지정 기부금 4. 조례에 직접규정 5. 지자체가 권장하는 사업을 하는 공공기관 6. 시,도 정책 및 재정사정 7. 기타 8. 해당없음	입찰방식			운영예산 산정		성과평가 실시여부
						계약체결방법 (경쟁형태) 1. 일반경쟁 2. 제한경쟁 3. 지명경쟁 4. 수의계약 5. 법정위탁 6. 기타 ( ) 7. 없음	계약기간 1. 1년 2. 2년 3. 3년 4. 4년 5. 5년 6. 기타 ( )년 7. 단기계약 (1년미만) 8. 없음	낙찰자선정방법 1. 적격심사 2. 협상에의한계약 3. 최저가낙찰제 4. 규격가격분리 5. 2단계 경쟁입찰 6. 기타 ( ) 7. 없음	운영예산 산정 1. 내부산정 (지자체 자체적으로 산정) 2. 외부산정 (외부전문기관위탁 산정) 3. 내·외부 모두 산정 4. 산정 無 5. 없음	정산방법 1. 내부정산 (지자체 내부적으로 정산) 2. 외부정산 (외부전문기관위탁 정산) 3. 내·외부 모두 산정 4. 정산 無 5. 없음	1. 실시 2. 미실시 3. 향후 추진 4. 해당없음
4398	경기 안성시	전국체육대회출전	5,000	1	1	7	8	7	5	5	4
4399	경기 안성시	전국소년체육대회출전	5,000	1	1	7	8	7	5	5	4
4400	경기 안성시	농촌청소년농촌민속문화계승사업	5,000	1	1	7	8	7	5	5	4
4401	경기 안성시	경기여류미술작가협회(회원전)	5,000	1	1	7	8	7	5	5	4
4402	경기 안성시	안성서예협회(회원전)	5,000	1	1	7	8	7	5	5	4
4403	경기 안성시	사립작은도서관냉난방비지원(7개관)	4,900	1	6	7	8	1	1	1	4
4404	경기 안성시	청소년유해환경감시단운영	4,500	1	2	2	8	1	1	1	1
4405	경기 안성시	안성사진작가회정기전	4,000	1	1	7	8	7	5	5	4
4406	경기 안성시	노.사.정등반대회	3,000	1	4	7	8	7	5	5	4
4407	경기 안성시	전통시장이용자주차비지원(안성맞춤시장,중앙시장)	3,000	1	4	7	8	7	5	5	4
4408	경기 안성시	농촌체험휴양마을역량강화	2,438	1	2	7	8	7	5	5	4
4409	경기 안성시	의료관련감염관리및감시체계운영	2,160	1	2	7	8	7	5	5	4
4410	경기 안성시	사회공익승마교실운영	1,680	1	6	7	8	7	5	5	4
4411	경기 여주시	(장애)경기도장애인생활체육교실	2,100,000	1	1	7	8	7	1	1	1
4412	경기 여주시	스포츠강좌이용권지원	409,200	1	2	7	8	7	5	1	1
4413	경기 여주시	박물관/미술관지원사업	324,123	1	7	7	8	7	1	1	4
4414	경기 여주시	지역혁신형청년일자리지원사업(신규1유형)	217,600	1	2	6	8	7	1	1	4
4415	경기 여주시	여주시지속가능발전사업추진	203,402	1	4	7	8	7	1	1	1
4416	경기 여주시	마을공동체공동체활동지원사업	200,000	1	4	7	8	7	5	5	4
4417	경기 여주시	농작물병해충방제비	184,200	1	2	7	8	7	5	5	4
4418	경기 여주시	경기도생활체육대축전출전지원	170,000	1	1	7	8	7	1	1	1
4419	경기 여주시	경기도체육대회출전지원	170,000	1	1	7	8	7	1	1	1
4420	경기 여주시	일반생활체육지도자인건비	161,569	1	2	7	8	7	1	1	1
4421	경기 여주시	종목단체및읍면동체육회육성지원	160,000	1	1	7	8	7	1	1	1
4422	경기 여주시	(예비)사회적기업일자리창출사업	120,460	1	4	7	8	7	5	5	4
4423	경기 여주시	어르신생활체육지도자인건비	120,432	1	2	7	8	7	1	1	1
4424	경기 여주시	도단위생활체육대회출전지원	110,000	1	1	7	8	7	1	1	1
4425	경기 여주시	보훈단체사업비지원	107,588	1	4	3	8	1	1	1	1
4426	경기 여주시	장애인문화예술진흥사업	106,000	1	7	7	8	7	1	1	1
4427	경기 여주시	여주시새마을회사업지원	100,375	1	1	7	8	7	1	1	4
4428	경기 여주시	창업청년일자리플러스지원사업(신규2유형)	100,300	1	2	6	8	7	1	1	4
4429	경기 여주시	시민프로축구단지원(여주FC)	100,000	1	1	7	8	7	1	1	1
4430	경기 여주시	노동안전지킴이운영	88,490	1	4	1	1	1	3	3	1
4431	경기 여주시	여주마을공동체주민제안공모사업(공동체활동)	80,000	1	4	7	8	7	5	5	4
4432	경기 여주시	장애인스포츠강좌이용권지원사업	76,560	1	2	7	8	7	5	1	1
4433	경기 여주시	돌발병해충방제비지원	75,750	1	2	7	8	7	5	5	4
4434	경기 여주시	여주향교활용사업	75,000	1	2	7	8	7	5	5	4
4435	경기 여주시	장애인생활체육지도자인건비	74,810	1	2	7	8	7	1	1	1
4436	경기 여주시	주민자치센터운영지원	70,000	1	4	7	8	7	1	1	1
4437	경기 여주시	여주보통리고택활용사업	65,000	1	2	7	8	7	5	5	4

순번	시군구	지출명 (사업명)	2024년예산 (단위 : 천원 /1년간)	민간이전 분류 (지방자치단체 세출예산 집행기준에 의거) 1. 민간경상사업보조(307-02) 2. 민간단체 법정운영비보조(307-03) 3. 민간행사사업보조(307-04) 4. 민간위탁금(307-05) 5. 사회복지시설 법정운영비보조(307-10) 6. 민간인위탁교육비(307-12) 7. 공기관등에대한경상적위탁사업비(308-13) 8. 민간자본사업보조,자체재원(402-01) 9. 민간자본사업보조,이전재원(402-02) 10. 민간위탁사업비(402-03) 11. 공기관등에 대한 자본적 위탁사업비(403-02)	민간이전지출 근거 (지방보조금 관리기준 참고) 1. 법률에 규정 2. 국고보조 재원(국가지정) 3. 용도 지정 기부금 4. 조례에 직접규정 5. 지자체가 권장하는 사업을 하는 공공기관 6. 시,도 정책 및 재정사정 7. 기타 8. 해당없음	입찰방식 계약체결방법 (경쟁형태) 1. 일반경쟁 2. 제한경쟁 3. 지명경쟁 4. 수의계약 5. 법정위탁 6. 기타 ( ) 7. 없음	입찰방식 계약기간 1. 1년 2. 2년 3. 3년 4. 4년 5. 5년 6. 기타 ( )년 7. 단기계약 (1년미만) 8. 없음	입찰방식 낙찰자선정방법 1. 적격심사 2. 협상에의한계약 3. 최저가낙찰제 4. 규격가격분리 5. 2단계 경쟁입찰 6. 기타 ( ) 7. 없음	운영예산 산정 운영예산 산정 1. 내부산정 (지자체 자체적으로 산정) 2. 외부산정 (외부전문기관위탁 산정) 3. 내·외부 모두 산정 4. 산정 無 5. 없음	운영예산 산정 정산방법 1. 내부정산 (지자체 내부적으로 정산) 2. 외부정산 (외부전문기관위탁 정산) 3. 내·외부 모두 정산 4. 정산 無 5. 없음	성과평가 실시여부 1. 실시 2. 미실시 3. 향후 추진 4. 해당없음
4438	경기 여주시	중소기업노동자기숙사임차비지원사업	60,000	1	4	7	8	7	5	5	4
4439	경기 여주시	바르게살기운동여주시협의회사업지원	56,780	1	1	7	8	7	1	1	1
4440	경기 여주시	여주도자식기구입비지원사업	48,000	1	1,4	6	7	6	1	1	1
4441	경기 여주시	공동주택가로등전기요금지원	45,000	1	1	7	8	7	5	5	4
4442	경기 여주시	류주현문학상	40,640	1	1	7	8	7	1	1	1
4443	경기 여주시	유소년축구교실(U12)운영	40,000	1	1	7	8	7	1	1	1
4444	경기 여주시	주민자치회활성화공모사업	40,000	1	1	7	8	7	1	1	1
4445	경기 여주시	여주농촌관광활성화지원	40,000	1	4	7	8	7	5	5	4
4446	경기 여주시	고구마연작장해개선시범	40,000	1	4	7	8	7	1	1	1
4447	경기 여주시	공공급식용안전과수생산시범	40,000	1	6	7	8	7	5	5	4
4448	경기 여주시	산업곤충먹이생산공급시범	40,000	1	6	7	8	7	5	5	4
4449	경기 여주시	여주도자기발전사업지원	37,877	1	6	7	8	7	5	5	4
4450	경기 여주시	(장애)경기도장애인생활체육대회출전지원	33,000	1	4	7	8	7	1	1	1
4451	경기 여주시	한국자유총연맹여주시지회사업지원	30,150	1	1	7	8	7	1	1	1
4452	경기 여주시	생활체육대회출전지원	30,000	1	1	7	8	7	1	1	1
4453	경기 여주시	유소년골프교실운영	30,000	1	1	7	8	7	1	1	1
4454	경기 여주시	유소년축구교실(U15)운영	30,000	1	1	7	8	7	1	1	1
4455	경기 여주시	유소년축구교실(U18)운영	30,000	1	1	7	8	7	1	1	1
4456	경기 여주시	도자우수디자인제품화개발지원	30,000	1	1	7	8	7	1	1	1
4457	경기 여주시	농업인의날기념행사지원	30,000	1	4	1	7	1	1	1	1
4458	경기 여주시	배냉해예방및친환경병해충방제기술시범사업	30,000	1	1	7	8	7	1	1	1
4459	경기 여주시	초등스포츠클럽육성지원	28,450	1	6	7	8	7	5	5	4
4460	경기 여주시	여주시상인연합회공동마케팅사업지원	26,000	1	2	7	8	7	1	1	1
4461	경기 여주시	(장애)경기도장애인체육대회출전지원	25,000	1	8	7	8	7	1	1	4
4462	경기 여주시	아동돌봄공동체조성공모사업(공동체활동)	24,000	1	1	7	8	7	1	1	1
4463	경기 여주시	향교유림전통문화시연(4개소)	23,120	1	4	7	8	7	5	5	4
4464	경기 여주시	생활체육교실사업	20,000	1	7	7	8	7	1	1	4
4465	경기 여주시	(장애)가맹단체육성지원금	20,000	1	1	7	8	7	1	1	1
4466	경기 여주시	생태계교란야생식물퇴치사업	20,000	1	1	7	8	7	1	1	1
4467	경기 여주시	팔당수계하천정화활동	20,000	1	2	6	7	7	5	1	4
4468	경기 여주시	(예비)사회적기업육성지원	20,000	1	7	7	8	7	5	1	1
4469	경기 여주시	4H회원과제교육	20,000	1	4	7	8	7	5	5	4
4470	경기 여주시	읍면지구학습단체육성지원	20,000	1	2	7	8	7	1	1	1
4471	경기 여주시	혼암리신자채쌀재배단지운영	20,000	1	1	7	8	7	1	1	1
4472	경기 여주시	꽃소비촉진전시홍보활성화시범	20,000	1	6	7	8	7	5	5	4
4473	경기 여주시	창업보육센터운영지원	18,853	1	6	7	8	7	5	5	4
4474	경기 여주시	여주시재향군인회사업지원	18,320	1	4	1	1	1	3	1	1
4475	경기 여주시	마을기업발굴육성	18,000	1	1	7	8	7	1	1	1
4476	경기 여주시	청소년예술제	17,500	1	4	7	8	7	5	5	4
4477	경기 여주시	일반생활체육지도자처우개선비	16,969	1	2	4	1	1	1	1	1

순번	시군구	지출명 (사업명)	2024년예산 (단위 : 천원 /1년간)	민간이전 분류 (지방자치단체 세출예산 집행기준에 의거) 1. 민간경상사업보조(307-02) 2. 민간단체 법정운영비보조(307-03) 3. 민간행사사업보조(307-04) 4. 민간위탁금(307-05) 5. 사회복지시설 법정운영비보조(307-10) 6. 민간인위탁교육비(307-12) 7. 공기관등에대한경상적위탁사업비(308-13) 8. 민간자본사업보조,자체재원(402-01) 9. 민간자본사업보조,이전재원(402-02) 10. 민간위탁사업비(402-03) 11. 공기관등에 대한 자본적 위탁사업비(403-02)	민간이전지출 근거 (지방보조금 관리기준 참고) 1. 법률에 규정 2. 국고보조 재원(국가지정) 3. 용도 지정 기부금 4. 조례에 직접규정 5. 지자체가 권장하는 사업을 하는 공공기관 6. 시,도 정책 및 재정사정 7. 기타 8. 해당없음	입찰방식			운영예산 산정		성과평가 실시여부
						계약체결방법 (경쟁형태) 1. 일반경쟁 2. 제한경쟁 3. 지명경쟁 4. 수의계약 5. 법정위탁 6. 기타 ( ) 7. 없음	계약기간 1. 1년 2. 2년 3. 3년 4. 4년 5. 5년 6. 기타 ( )년 7. 단기계약 (1년미만) 8. 없음	낙찰자선정방법 1. 적격심사 2. 협상에의한계약 3. 최저가낙찰제 4. 규격가격분리 5. 2단계 경쟁입찰 6. 기타 ( ) 7. 없음	운영예산 산정 1. 내부산정 (지자체 자체적으로 산정) 2. 외부산정 (외부전문기관위탁 산정) 3. 내·외부 모두 산정 4. 산정 無 5. 없음	정산방법 1. 내부정산 (지자체 내부적으로 정산) 2. 외부정산 (외부전문기관위탁 정산) 3. 내·외부 모두 산정 4. 정산 無 5. 없음	1. 실시 2. 미실시 3. 향후 추진 4. 해당없음
4478	경기 여주시	언택트시대중소농가경영개선을위한브랜드활성화지원	16,000	1	2	7	8	7	1	1	1
4479	경기 여주시	민주평화통일자문회의여주시협의회사업지원	15,435	1	1	7	8	7	1	1	1
4480	경기 여주시	(장애)장애인체육육성지원	15,000	1	1	7	8	7	1	1	1
4481	경기 여주시	범죄피해자지원센터사업지원	15,000	1	1	7	8	7	1	1	1
4482	경기 여주시	국내전시회참가기업지원사업(전환사업)	15,000	1	4	7	8	7	5	5	4
4483	경기 여주시	여주시소상공인연합회사업지원	13,361	1	8	7	8	7	1	1	4
4484	경기 여주시	미용업종사자기술교육지원	13,100	1	4	7	8	7	1	1	1
4485	경기 여주시	청소년보호및건전육성사업	12,300	1	6	4	1	1	1	1	1
4486	경기 여주시	창업청년일자리플러스지원사업(계속2유형)	12,194	1	2	6	8	7	1	1	4
4487	경기 여주시	지역혁신형청년일자리지원사업(계속1유형)	11,200	1	2	6	8	7	1	1	4
4488	경기 여주시	전국(소년체전,전국대축전,전국체전)출전및입상자포상지원	10,000	1	1	7	8	7	1	1	1
4489	경기 여주시	여주시체육회워크숍	10,000	1	1	7	8	7	1	1	1
4490	경기 여주시	(장애)장애인생활체육교실	10,000	1	1	7	8	7	1	1	1
4491	경기 여주시	(장애)경기도어울림체육대회출전	10,000	1	1	7	8	7	1	1	1
4492	경기 여주시	여주시행정동우회사업지원	10,000	1	1	7	8	7	1	1	1
4493	경기 여주시	여주예총여주예술지발간지원	10,000	1	1	7	8	7	1	1	1
4494	경기 여주시	경기도민속예술제참가지원(성인부)	10,000	1	7	7	8	7	1	1	4
4495	경기 여주시	생활개선회원한마음연찬교육	10,000	1	4	7	8	7	1	1	1
4496	경기 여주시	여주향교기로연	9,200	1	7	7	8	7	1	1	4
4497	경기 여주시	여주시청년도전프로젝트	9,000	1	6	6	8	7	1	1	4
4498	경기 여주시	한국전쟁전후민간인희생자여주시유족회사업지원	8,500	1	4	7	8	7	1	1	1
4499	경기 여주시	어르신생활체육지도자처우개선비	8,485	1	2	7	8	7	1	1	1
4500	경기 여주시	초등학교학부모폴리스사업지원	8,000	1	4	7	8	7	1	1	1
4501	경기 여주시	중학교학부모폴리스사업지원	7,000	1	4	7	8	7	1	1	1
4502	경기 여주시	문화강좌개강지원	5,000	1	1	7	8	7	1	1	1
4503	경기 여주시	문인협회문학지발간지원	5,000	1	1	7	8	7	1	1	1
4504	경기 여주시	사회적기업사회보험료지원사업	4,520	1	4	7	8	7	5	5	4
4505	경기 여주시	문화예술인워크숍지원	4,400	1	1	7	8	7	1	1	1
4506	경기 여주시	일반음식점기존영업자위생교육지원	4,200	1	1	7	8	7	1	1	1
4507	경기 여주시	노동단체사업지원(여주노동권익센터)	3,000	1	4	1	1	1	1	1	2
4508	경기 여주시	노동단체사업지원(한국노총이천여주지역지부)	3,000	1	4	1	1	1	1	1	2
4509	경기 여주시	여주재향경우회사업지원	2,560	1	1	7	8	7	1	1	1
4510	경기 여주시	여주문화원인문학동아리지원	2,000	1	1	7	8	7	1	1	1
4511	경기 여주시	농촌지도자회원역량강화교육	2,000	1	1	7	8	7	1	1	1
4512	경기 화성시	2차병해충방제지원	3,105,000	1	6	7	8	7	5	5	3
4513	경기 화성시	지역특화품종(골든퀸3호)전용실시권취득지원	1,400,000	1	6	7	8	7	5	5	3
4514	경기 화성시	조사료생산용사일리지제조운송비지원	1,353,036	1	1	7	8	7	1	1	4
4515	경기 화성시	못자리상토지원	1,256,895	1	4	7	8	7	5	5	4
4516	경기 화성시	소공인특화지원	1,251,815	1	1	7	1	7	1	1	1
4517	경기 화성시	청년후계농영농정착지원	927,170	1	2	7	8	7	5	5	4

순번	시군구	지출명 (사업명)	2024년예산 (단위 : 천원 /1년간)	민간이전 분류 (지방자치단체 세출예산 집행기준에 의거) 1. 민간경상사업보조(307-02) 2. 민간단체 법정운영비보조(307-03) 3. 민간행사사업보조(307-04) 4. 민간위탁금(307-05) 5. 사회복지시설 법정운영비보조(307-10) 6. 민간인위탁교육비(307-12) 7. 공기관등에대한경상적위탁사업비(308-13) 8. 민간자본사업보조,자체재원(402-01) 9. 민간자본사업보조,이전재원(402-02) 10. 민간위탁사업비(402-03) 11. 공기관등에 대한 자본적 위탁사업비(403-02)	민간이전지출 근거 (지방보조금 관리기준 참고) 1. 법률에 규정 2. 국고보조 재원(국가지정) 3. 용도 지정 기부금 4. 조례에 직접규정 5. 지자체가 권장하는 사업을 하는 공공기관 6. 시,도 정책 및 재정사정 7. 기타 8. 해당없음	입찰방식 계약체결방법 (경쟁형태) 1. 일반경쟁 2. 제한경쟁 3. 지명경쟁 4. 수의계약 5. 법정위탁 6. 기타 ( ) 7. 없음	입찰방식 계약기간 1. 1년 2. 2년 3. 3년 4. 4년 5. 5년 6. 기타 ( )년 7. 단기계약 (1년미만) 8. 없음	입찰방식 낙찰자선정방법 1. 적격심사 2. 협상에의한계약 3. 최저가낙찰제 4. 규격가격분리 5. 2단계 경쟁입찰 6. 기타 ( ) 7. 없음	운영예산 산정 운영예산 산정 1. 내부산정 (지자체 자체적으로 산정) 2. 외부산정 (외부전문기관위탁 산정) 3. 내·외부 모두 산정 4. 산정 無 5. 없음	운영예산 산정 정산방법 1. 내부정산 (지자체 내부적으로 정산) 2. 외부정산 (외부전문기관위탁 정산) 3. 내·외부 모두 산정 4. 정산 無 5. 없음	성과평가 실시여부 1. 실시 2. 미실시 3. 향후 추진 4. 해당없음
4518	경기 화성시	1차병해충방제농약지원	924,000	1	6	7	8	7	5	5	3
4519	경기 화성시	양축농가톱밥공급	900,000	1	6	7	8	7	1	1	3
4520	경기 화성시	소규모공동주택지원	812,000	1	4	7	8	7	5	5	1
4521	경기 화성시	대안교육기관급식운영지원	796,109	1	1,4	7	8	7	1	1	4
4522	경기 화성시	임산부친환경농산물지원사업	687,360	1	6	7	8	7	5	5	4
4523	경기 화성시	유기농업자재및농법지원	580,000	1	6	7	8	7	5	5	4
4524	경기 화성시	학생승마체험	564,480	1	2	7	8	7	1	1	4
4525	경기 화성시	원예용상토지원	525,000	1	4	7	8	7	5	5	4
4526	경기 화성시	유치지역지원	500,000	1	4	7	8	7	1	1	2
4527	경기 화성시	화성시지역사회보장협의체	471,291	1	1	7	7	7	1	1	1
4528	경기 화성시	창업패키지사업지원	450,000	1	6	7	1	7	1	1	1
4529	경기 화성시	구제역예방백신지원	423,080	1	2	7	8	7	1	1	4
4530	경기 화성시	중소기업육성지원	403,200	1	7	7	8	7	1	1	3
4531	경기 화성시	화성베이비부머행복캠퍼스운영지원	370,531	1	6	6	3	1	1	1	1
4532	경기 화성시	화성시노사민정협의회사무국운영	344,714	1	4	7	8	7	5	5	4
4533	경기 화성시	맘튼튼축산물꾸러미지원	327,500	1	6	7	8	7	1	1	4
4534	경기 화성시	녹색건축물조성지원	300,000	1	4	7	8	7	5	5	1
4535	경기 화성시	지역특화품종(골든퀸3호)품종구입비지원	291,200	1	6	7	8	7	5	5	3
4536	경기 화성시	친환경벼복합생태농업실천단지조성	280,000	1	6	7	8	7	5	5	4
4537	경기 화성시	전국일제소독의날	273,132	1	2	7	8	7	1	1	4
4538	경기 화성시	청년고용지원	272,400	1	7	7	8	7	5	5	4
4539	경기 화성시	낙농육우산업경쟁력강화사업	256,250	1	6	7	8	7	1	1	4
4540	경기 화성시	메이커스페이스구축운영지원(수원대학교)	250,000	1	6	7	1	7	1	1	1
4541	경기 화성시	노동안전지킴이운영사업	236,530	1	6	7	8	7	5	5	4
4542	경기 화성시	축산환경개선사업	230,800	1	6	7	8	7	1	1	4
4543	경기 화성시	가축분뇨퇴액비살포비지원	214,400	1	2	7	8	7	1	1	4
4544	경기 화성시	보훈대상자이동편의증진	208,468	1	4	7	8	7	1	1	3
4545	경기 화성시	중소기업노동자기숙사임차비지원	201,000	1	6	7	8	7	1	1	1
4546	경기 화성시	공공임대주택공동전기료지원	200,000	1	1	7	8	7	5	5	4
4547	경기 화성시	경기한우명품화사업	196,570	1	6	7	8	7	1	1	4
4548	경기 화성시	예방약품등지원(가금농가질병관리지원)	180,000	1	2	7	8	7	1	1	4
4549	경기 화성시	유소년승마단창단운영지원	166,000	1	2	7	8	7	1	1	4
4550	경기 화성시	젖소우수정액공급사업	165,000	1	6	7	8	7	1	1	3
4551	경기 화성시	노사화합지원	157,130	1	4	7	8	7	5	5	4
4552	경기 화성시	말산업청년인턴취업지원	147,000	1	6	7	8	7	1	1	4
4553	경기 화성시	수산물포장재지원	145,000	1	1	7	8	7	1	1	4
4554	경기 화성시	지속가능발전사업지원	128,200	1	4	7	8	7	1	1	4
4555	경기 화성시	보증기간경과장치성능유지관리	126,642	1	2	7	8	7	5	5	4
4556	경기 화성시	소귀표부착지원사업	122,016	1	2	7	8	7	1	1	4
4557	경기 화성시	어촌체험마을체험활동비지원	120,488	1	6	7	8	7	5	1	1

순번	시군구	지출명 (사업명)	2024년예산 (단위 : 천원 /1년간)	민간이전 분류 (지방자치단체 세출예산 집행기준에 의거) 1. 민간경상사업보조(307-02) 2. 민간단체 법정운영비보조(307-03) 3. 민간행사사업보조(307-04) 4. 민간위탁금(307-05) 5. 사회복지시설 법정운영비보조(307-10) 6. 민간인위탁교육비(307-12) 7. 공기관등에대한경상적위탁사업비(308-13) 8. 민간자본사업보조,자체재원(402-01) 9. 민간자본사업보조,이전재원(402-02) 10. 민간위탁사업비(402-03) 11. 공기관등에 대한 자본적 위탁사업비(403-02)	민간이전지출 근거 (지방보조금 관리기준 참고) 1. 법률에 규정 2. 국고보조 재원(국가지정) 3. 용도 지정 기부금 4. 조례에 직접규정 5. 지자체가 권장하는 사업을 하는 공공기관 6. 시,도 정책 및 재정사정 7. 기타 8. 해당없음	입찰방식 계약체결방법 (경쟁형태) 1. 일반경쟁 2. 제한경쟁 3. 지명경쟁 4. 수의계약 5. 법정위탁 6. 기타 ( ) 7. 없음	입찰방식 계약기간 1. 1년 2. 2년 3. 3년 4. 4년 5. 5년 6. 기타 ( )년 7. 단기계약 (1년미만) 8. 없음	입찰방식 낙찰자선정방법 1. 적격심사 2. 협상에의한계약 3. 최저가낙찰제 4. 규격가격분리 5. 2단계 경쟁입찰 6. 기타 ( ) 7. 없음	운영예산 산정 운영예산 산정 1. 내부산정 (지자체 자체적으로 산정) 2. 외부산정 (외부전문기관위탁 산정) 3. 내·외부 모두 산정 4. 산정 無 5. 없음	운영예산 산정 정산방법 1. 내부정산 (지자체 내부적으로 정산) 2. 외부정산 (외부전문기관위탁 정산) 3. 내·외부 모두 산정 4. 정산 無 5. 없음	성과평가 실시여부 1. 실시 2. 미실시 3. 향후 추진 4. 해당없음
4558	경기 화성시	외래어종및무용생물퇴치	117,796	1	1	7	8	7	1	1	2
4559	경기 화성시	조사료생산용볏짚비닐지원	117,600	1	1	7	8	7	1	1	4
4560	경기 화성시	어촌체험안전가이드지원	114,840	1	6	7	8	7	5	1	1
4561	경기 화성시	축산농가폐기자재수거지원	114,400	1	6	7	8	7	1	1	4
4562	경기 화성시	영농부산물안전처리지원	105,125	1	8	7	8	7	5	5	4
4563	경기 화성시	승마장육성지원	100,400	1	6	7	8	7	1	1	4
4564	경기 화성시	국가유공자선양단운영비	100,078	1	4	7	8	7	1	1	3
4565	경기 화성시	마을기업육성사업	100,000	1	2	7	8	7	5	5	4
4566	경기 화성시	전문단지조성용사일리지제조운송비지원	99,000	1	1	7	8	7	1	1	4
4567	경기 화성시	대안교육기관교과서구입지원	95,000	1	1,4	7	8	7	1	1	4
4568	경기 화성시	친환경농산물인증확대	93,371	1	6	7	8	7	5	5	4
4569	경기 화성시	도서지역운항선박유류비지원	91,000	1	4	7	8	7	1	1	4
4570	경기 화성시	농업소식및정보제공사업	80,047	1	1	7	8	7	1	1	3
4571	경기 화성시	농촌인력중개센터운영지원	80,000	1	2	7	8	7	1	1	4
4572	경기 화성시	어촌체험휴양마을사무장채용지원	79,144	1	6	7	8	7	5	1	1
4573	경기 화성시	국내전시회참가지원	78,000	1	6	7	8	7	1	1	4
4574	경기 화성시	화성문화원정기간행사업	75,000	1	4	7	8	7	5	5	4
4575	경기 화성시	조사료생산용종자구입지원	70,686	1	1	7	8	7	1	1	4
4576	경기 화성시	농어업회의소기능강화	70,000	1	4	7	8	7	5	5	3
4577	경기 화성시	농촌돌봄서비스활성화지원	66,000	1	2	7	8	7	5	5	4
4578	경기 화성시	화성문화대학	62,000	1	4	7	8	7	5	5	4
4579	경기 화성시	꿀벌경쟁력강화사업	60,000	1	6	7	8	7	1	1	4
4580	경기 화성시	문화학교운영	60,000	1	4	7	8	7	5	5	4
4581	경기 화성시	경축순환농업	55,000	1	6	7	8	7	1	1	4
4582	경기 화성시	지역노사민정협력활성화지원사업	50,000	1	2	7	8	7	5	5	4
4583	경기 화성시	영농폐기물수거처리지원사업	50,000	1	6	7	8	7	5	5	3
4584	경기 화성시	자율관리어업도우미채용지원	50,000	1	1	7	8	7	1	1	2
4585	경기 화성시	고품질안전축산물육성	48,510	1	6	7	8	7	1	1	4
4586	경기 화성시	양봉산업경쟁력강화사업	46,400	1	6	7	8	7	1	1	4
4587	경기 화성시	전문단지조성용종자구입지원	46,200	1	1	7	8	7	1	1	4
4588	경기 화성시	환경친화형농자재지원	44,177	1	6	7	8	7	5	5	4
4589	경기 화성시	지속성장지원사업	40,000	1	6	7	8	7	1	1	4
4590	경기 화성시	논이용동계작물재배지원	40,000	1	1	7	8	7	1	1	4
4591	경기 화성시	자동차안전점검지원	38,500	1	4	7	8	7	1	1	1
4592	경기 화성시	GAP안전성분석지원	38,000	1	2	7	8	7	5	5	4
4593	경기 화성시	전몰군경미망인회사업비	37,345	1	4	7	8	7	1	1	3
4594	경기 화성시	교통안전지도활동지원	37,060	1	1,4	7	7	7	1	1	2
4595	경기 화성시	지역특화공예사업육성	36,702	1	1	4	1	2	1	1	1
4596	경기 화성시	특수임무유공자회사업비	34,370	1	4	7	8	7	1	1	3
4597	경기 화성시	고엽제전우회사업비	32,693	1	4	7	8	7	1	1	3

순번	시군구	지출명 (사업명)	2024년예산 (단위 : 천원 /1년간)	민간이전 분류 (지방자치단체 세출예산 집행기준에 의거) 1. 민간경상사업보조(307-02) 2. 민간단체 법정운영비보조(307-03) 3. 민간행사사업보조(307-04) 4. 민간위탁금(307-05) 5. 사회복지시설 법정운영비보조(307-10) 6. 민간인위탁교육비(307-12) 7. 공기관등에대한경상적위탁사업비(308-13) 8. 민간자본사업보조,자체재원(402-01) 9. 민간자본사업보조,이전재원(402-02) 10. 민간위탁사업비(402-03) 11. 공기관등에 대한 자본적 위탁사업비(403-02)	민간이전지출 근거 (지방보조금 관리기준 참고) 1. 법률에 규정 2. 국고보조 재원(국가지정) 3. 용도 지정 기부금 4. 조례에 직접규정 5. 지자체가 권장하는 사업을 하는 공공기관 6. 시,도 정책 및 재정사정 7. 기타 8. 해당없음	입찰방식: 계약체결방법 (경쟁형태) 1. 일반경쟁 2. 제한경쟁 3. 지명경쟁 4. 수의계약 5. 법정위탁 6. 기타 ( ) 7. 없음	입찰방식: 계약기간 1. 1년 2. 2년 3. 3년 4. 4년 5. 5년 6. 기타 ( )년 7. 단기계약 (1년미만) 8. 없음	입찰방식: 낙찰자선정방법 1. 적격심사 2. 협상에의한계약 3. 최저가낙찰제 4. 규격가격분리 5. 2단계 경쟁입찰 6. 기타 ( ) 7. 없음	운영예산 산정: 운영예산 산정 1. 내부산정 (지자체 자체적으로 산정) 2. 외부산정 (외부전문기관위탁 산정) 3. 내·외부 모두 산정 4. 산정 無 5. 없음	운영예산 산정: 정산방법 1. 내부정산 (지자체 내부적으로 정산) 2. 외부정산 (외부전문기관위탁 정산) 3. 내·외부 모두 정산 4. 정산 無 5. 없음	성과평가 실시여부 1. 실시 2. 미실시 3. 향후 추진 4. 해당없음
4598	경기 화성시	예방약품등지원(닭진드기공동방제)	32,000	1	2	7	8	7	1	1	4
4599	경기 화성시	벼직파재배비료지원	30,000	1	6	7	8	7	5	5	3
4600	경기 화성시	교통안전지도활동지원	28,469	1	1,4	7	7	7	1	1	2
4601	경기 화성시	상이군경회사업비	28,115	1	4	7	8	7	1	1	3
4602	경기 화성시	전몰군경유족회사업비	27,620	1	4	7	8	7	1	1	3
4603	경기 화성시	해외시장판로개척	27,000	1	4	7	8	7	1	1	3
4604	경기 화성시	가루쌀전문재배단지교육컨설팅지원	27,000	1	6	7	8	7	1	1	3
4605	경기 화성시	가축분뇨수거운반비지원	26,460	1	2	7	8	7	5	5	4
4606	경기 화성시	6.25참전유공자회사업비	26,040	1	4	7	8	7	3	3	4
4607	경기 화성시	청년면접지원	25,200	1	4	7	8	7	1	1	3
4608	경기 화성시	건설기능인인력양성교육	24,000	1	7	7	8	7	5	5	4
4609	경기 화성시	청소년휴카페운영	23,952	1	6	7	8	7	5	5	4
4610	경기 화성시	무공수훈자회사업비	23,660	1	7	7	7	7	1	1	3
4611	경기 화성시	보훈단체협의회사업비	23,647	1	4	7	8	7	1	1	3
4612	경기 화성시	교통안전지도활동지원	22,328	1	4	7	8	7	1	1	3
4613	경기 화성시	축산물HACCP컨설팅	22,050	1	1,4	7	7	7	1	1	2
4614	경기 화성시	교통안전지도활동지원	21,990	1	2	7	8	7	1	1	4
4615	경기 화성시	신나는문화유산방문교육	20,530	1	1,4	7	7	7	1	1	2
4616	경기 화성시	도시민벼농사체험행사지원	20,000	1	4	7	8	7	5	5	4
4617	경기 화성시	예절관운영	20,000	1	6	7	8	7	5	5	3
4618	경기 화성시	청년정책발굴단운영지원	20,000	1	4	7	8	7	5	5	4
4619	경기 화성시	공동주택공동체생활의활성화지원	20,000	1	7	7	8	7	5	5	4
4620	경기 화성시	치유농업유관기관연계활성화사업	20,000	1	4	7	8	7	5	5	4
4621	경기 화성시	경기도무형문화재보유단체전승교육	19,000	1	8	7	8	7	5	5	4
4622	경기 화성시	창업보육센터지원	18,853	1	4	7	8	7	5	5	4
4623	경기 화성시	예방약품등지원(돼지소모성질환지도지원)	18,000	1	6	7	1	7	1	1	1
4624	경기 화성시	노사민정합동워크숍	16,000	1	2	7	8	7	1	1	4
4625	경기 화성시	화분매개용개량벌통적용기술시범	16,000	1	6	7	8	7	5	5	4
4626	경기 화성시	농업경영인행사지원	15,000	1	8	7	8	7	5	5	4
4627	경기 화성시	쌀전업농연합회행사지원	15,000	1	6	7	8	7	5	5	3
4628	경기 화성시	청년어촌정착지원	12,000	1	6	7	8	7	5	5	3
4629	경기 화성시	광복회사업비	11,750	1	2	7	8	7	1	1	2
4630	경기 화성시	월남전참전자회사업비	10,478	1	4	7	8	7	1	1	3
4631	경기 화성시	여성농업경영인행사지원	10,000	1	4	7	8	7	1	1	3
4632	경기 화성시	주차장공유사업	10,000	1	6	7	8	7	5	5	3
4633	경기 화성시	축산물전문판매점지원	8,000	1	4	7	8	7	5	5	4
4634	경기 화성시	화성지역학강좌운영지원	7,900	1	6	7	8	7	1	1	4
4635	경기 화성시	유기농업자재지원	7,814	1	4	7	8	7	5	5	4
4636	경기 화성시	화성지역학강좌운영지원	7,280	1	2	7	8	7	5	5	4
4637	경기 화성시	대학일자리플러스센터지원	6,000	1	4	7	8	7	5	5	4

순번	시군구	지출명 (사업명)	2024년예산 (단위 : 천원 /1년간)	민간이전 분류 (지방자치단체 세출예산 집행기준에 의거) 1. 민간경상사업보조(307-02) 2. 민간단체 법정운영비보조(307-03) 3. 민간행사사업보조(307-04) 4. 민간위탁금(307-05) 5. 사회복지시설 법정운영비보조(307-10) 6. 민간인위탁교육비(307-12) 7. 공기관등에대한경상적위탁사업비(308-13) 8. 민간자본사업보조,자체재원(402-01) 9. 민간자본사업보조,이전재원(402-02) 10. 민간위탁사업비(402-03) 11. 공기관등에 대한 자본적 위탁사업비(403-02)	민간이전지출 근거 (지방보조금 관리기준 참고) 1. 법률에 규정 2. 국고보조 재원(국가지정) 3. 용도 지정 기부금 4. 조례에 직접규정 5. 지자체가 권장하는 사업을 하는 공공기관 6. 시,도 정책 및 재정사정 7. 기타 8. 해당없음	입찰방식			운영예산 산정		성과평가 실시여부
						계약체결방법 (경쟁형태) 1. 일반경쟁 2. 제한경쟁 3. 지명경쟁 4. 수의계약 5. 법정위탁 6. 기타 ( ) 7. 없음	계약기간 1. 1년 2. 2년 3. 3년 4. 4년 5. 5년 6. 기타 ( )년 7. 단기계약 (1년미만) 8. 없음	낙찰자선정방법 1. 적격심사 2. 협상에의한계약 3. 최저가낙찰제 4. 규격가격분리 5. 2단계 경쟁입찰 6. 기타 ( ) 7. 없음	운영예산 산정 1. 내부산정 (지자체 자체적으로 산정) 2. 외부산정 (외부전문기관위탁 산정) 3. 내·외부 모두 산정 4. 산정 無 5. 없음	정산방법 1. 내부정산 (지자체 내부적으로 정산) 2. 외부정산 (외부전문기관위탁 정산) 3. 내·외부 모두 산정 4. 정산 無 5. 없음	1. 실시 2. 미실시 3. 향후 추진 4. 해당없음
4638	경기 화성시	경기도청소년종합예술제참가	5,800	1	6	1	7	1	1	1	3
4639	경기 화성시	화성지역학강좌운영지원	5,730	1	4	7	8	7	5	5	4
4640	경기 화성시	화성시농업인포럼개최지원	5,000	1	6	7	8	7	5	5	3
4641	경기 화성시	화성문화원아카이브운영	2,000	1	4	7	8	7	5	5	4
4642	경기 광주시	민간자율방역단방역지원	84,500	1	7	7	8	7	3	1	1
4643	경기 광주시	민간자율방역단방역지원	84,500	1	7	7	8	7	3	1	1
4644	경기 광주시	주민자치기반조성	50,000	1	4	7	8	7	1	1	3
4645	경기 광주시	보증기간경과장치성능유지관리	40,873	1	1	7	8	7	5	5	4
4646	경기 광주시	농업활동안전사고예방생활화	30,000	1	1	7	8	7	1	1	3
4647	경기 광주시	희망구호지원사업	25,500	1	1	7	8	7	1	1	1
4648	경기 광주시	평화통일골든벨우리역사탐방	25,000	1	4	7	8	7	3	1	3
4649	경기 광주시	찾아가는새마을사랑의빨간밥차	25,000	1	4	7	8	7	1	1	1
4650	경기 광주시	작은도서관아이돌봄독서문화프로그램지원사업	22,500	1	2	7	8	7	1	1	4
4651	경기 광주시	민영도시농업농장육성	20,000	1	6	7	8	7	5	5	4
4652	경기 광주시	민영도시농업농장육성	20,000	1	6	7	8	7	5	5	4
4653	경기 광주시	성남광주하남범죄피해자지원센터지원	20,000	1	4	7	8	7	3	1	3
4654	경기 광주시	작은도서관무더위혹한기지원사업(냉난방비)	18,110	1	2	7	8	7	1	1	4
4655	경기 광주시	민주평화통일아카데미	13,750	1	4	7	8	7	3	1	3
4656	경기 광주시	공동주택보조금지원사업	12,650	1	4	7	8	7	5	5	4
4657	경기 광주시	우수작은도서관지원사업	12,000	1	2	7	8	7	1	1	1
4658	경기 광주시	자문위원워크숍	12,000	1	4	7	8	7	3	1	3
4659	경기 광주시	학교4H회원과제활동지원	12,000	1	7	7	8	7	1	1	3
4660	경기 광주시	탄소중립실천사업	11,400	1	4	7	8	7	1	1	1
4661	경기 광주시	의료관련감염병표본감시체계운영및예방관리사업	10,000	1	1	7	8	7	5	3	4
4662	경기 광주시	평화통일골든벨	7,400	1	4	7	8	7	3	1	3
4663	경기 광주시	코로나19검사양성자조사감시사업	7,000	1	1	7	8	7	5	1	4
4664	경기 광주시	야생동식물구조및보호	7,000	1	1	7	8	7	1	3	1
4665	경기 광주시	학교4H회과제활동지원	7,000	1	7	7	8	7	1	1	3
4666	경기 광주시	식생활교육지도사양성지원	7,000	1	4	7	8	7	1	1	3
4667	경기 광주시	농업기술자격증취득교육지원	6,000	1	7	7	8	7	1	1	3
4668	경기 광주시	청소년통일교육	5,760	1	4	7	8	7	3	1	3
4669	경기 광주시	평화의길걷기	5,760	1	4	7	8	7	3	1	3
4670	경기 광주시	작은도서관운영지원사업(우수작은도서관육성)	5,340	1	2	7	8	7	1	1	4
4671	경기 광주시	자매결연협의회교류	5,000	1	4	7	8	7	3	1	3
4672	경기 광주시	청년4H회원과제활동지원	5,000	1	7	7	8	7	1	1	3
4673	경기 광주시	농촌청소년농촌민속문화계승사업	5,000	1	7	7	8	7	1	1	3
4674	경기 광주시	야생동물보호활동	4,000	1	1	7	8	7	1	3	1
4675	경기 광주시	농업인학습단체육성지원사업	4,000	1	7	7	8	7	1	1	3
4676	경기 광주시	바르게살기전국대회참가비	2,300	1	1	7	8	7	1	1	1
4677	경기 광주시	주요감염병표본감시의료기관운영	2,160	1	1	7	8	7	5	1	4

순번	시군구	지출명 (사업명)	2024년예산 (단위 : 천원 /1년간)	민간이전 분류 (지방자치단체 세출예산 집행기준에 의거) 1. 민간경상사업보조(307-02) 2. 민간단체 법정운영비보조(307-03) 3. 민간행사사업보조(307-04) 4. 민간위탁금(307-05) 5. 사회복지시설 법정운영비보조(307-10) 6. 민간인위탁교육비(307-12) 7. 공기관등에대한경상적위탁사업비(308-13) 8. 민간자본사업보조,자체재원(402-01) 9. 민간자본사업보조,이전재원(402-02) 10. 민간위탁사업비(402-03) 11. 공기관등에 대한 자본적 위탁사업비(403-02)	민간이전지출 근거 (지방보조금 관리기준 참고) 1. 법률에 규정 2. 국고보조 재원(국가지정) 3. 용도 지정 기부금 4. 조례에 직접규정 5. 지자체가 권장하는 사업을 하는 공공기관 6. 시,도 정책 및 재정사정 7. 기타 8. 해당없음	입찰방식 계약체결방법 (경쟁형태) 1. 일반경쟁 2. 제한경쟁 3. 지명경쟁 4. 수의계약 5. 법정위탁 6. 기타 ( ) 7. 없음	입찰방식 계약기간 1. 1년 2. 2년 3. 3년 4. 4년 5. 5년 6. 기타 ( )년 7. 단기계약 (1년미만) 8. 없음	입찰방식 낙찰자선정방법 1. 적격심사 2. 협상에의한계약 3. 최저가낙찰제 4. 규격가격분리 5. 2단계 경쟁입찰 6. 기타 ( ) 7. 없음	운영예산 산정 운영예산 산정 1. 내부산정 (지자체 자체적으로 산정) 2. 외부산정 (외부전문기관위탁 산정) 3. 내·외부 모두 산정 4. 산정 無 5. 없음	운영예산 산정 정산방법 1. 내부정산 (지자체 내부적으로 정산) 2. 외부정산 (외부전문기관위탁 정산) 3. 내·외부 모두 산정 4. 정산 無 5. 없음	성과평가 실시여부 1. 실시 2. 미실시 3. 향후 추진 4. 해당없음
4678	경기 광주시	환경정화활동및질서,안보캠페인	2,000	1	1	7	8	7	1	1	1
4679	경기 양주시	친환경농산물학교급식지원	1,582,000	1	4	7	8	7	5	5	4
4680	경기 양주시	유기질비료지원(전환사업)	597,141	1	1	7	8	7	1	1	2
4681	경기 양주시	경기도어린이건강과일공급지원사업	579,590	1	4	7	8	7	5	5	4
4682	경기 양주시	무기질비료지원	320,405	1	1	7	8	7	1	1	4
4683	경기 양주시	조사료생산용사일리지제조지원사업	285,210	1	6	7	8	7	1	1	4
4684	경기 양주시	축산분뇨자원화지원사업	228,000	1	6	7	8	7	1	1	4
4685	경기 양주시	고품질비료지원	222,971	1	1	7	8	7	1	1	2
4686	경기 양주시	축산환경개선사업	214,380	1	6	7	8	7	1	1	4
4687	경기 양주시	사회적기업일자리창출사업	195,625	1	1	7	8	7	5	5	4
4688	경기 양주시	어하둥둥공동브랜드표준규격출하사업	182,500	1	4	7	8	7	1	1	1
4689	경기 양주시	청년농업인영농정착지원사업	182,300	1	1	7	8	7	1	1	4
4690	경기 양주시	마을공동체공모사업지원	180,000	1	4	7	8	7	5	5	4
4691	경기 양주시	예방약품등지원(가축전염병예방접종)	180,000	1	2	7	8	7	1	1	4
4692	경기 양주시	고등직업교육거점지구사업	170,000	1	6	3	7	7	5	1	1
4693	경기 양주시	사회적경제기업일자리창출사업	169,654	1	1	7	8	7	5	5	4
4694	경기 양주시	노동안전지킴이운영	163,540	1	4	7	8	7	5	5	4
4695	경기 양주시	버섯자리용상토지원	161,500	1	1	7	8	7	1	1	2
4696	경기 양주시	양주문화원문화사업지원육성	143,000	1	1	7	8	7	1	1	1
4697	경기 양주시	축산환경개선사업(미생물제지원)	137,750	1	6	7	8	7	1	1	4
4698	경기 양주시	양주예총및산하지부활동지원	136,150	1	4	7	8	7	3	1	1
4699	경기 양주시	구제역예방백신지원사업(구제역예방백신지원)	134,550	1	2	7	8	7	1	1	4
4700	경기 양주시	경기임산부친환경농산물지원	126,720	1	1	7	8	7	5	5	1
4701	경기 양주시	사회적기업사회보험료지원사업	118,000	1	1	7	8	7	5	5	4
4702	경기 양주시	토양개량제지원	112,193	1	1	7	8	7	1	1	2
4703	경기 양주시	법인택시운수종사자처우개선지원사업	100,800	1	6	7	8	7	1	1	4
4704	경기 양주시	경기한우명품화사업	100,100	1	1	7	8	7	1	1	4
4705	경기 양주시	미술관/박물관지원사업(전환사업)	100,000	1	6	7	8	7	1	1	1
4706	경기 양주시	병해충방제지원	99,982	1	1	7	8	7	1	1	2
4707	경기 양주시	정신재활시설운영지원	94,896	1	6	7	8	7	1	1	1
4708	경기 양주시	향교서원문화유산활용사업	92,500	1	1	7	8	7	1	1	1
4709	경기 양주시	새일센터지정운영(새일여성인턴제)	87,400	1	2	7	8	7	5	5	4
4710	경기 양주시	택시카드결제수수료지원	82,764	1	6	7	8	7	1	1	4
4711	경기 양주시	지역산업맞춤형일자리창출지원사업(고용환경개선)(전환사업)	82,644	1	6	6	3	7	1	1	1
4712	경기 양주시	지역산업맞춤형일자리창출지원사업(고용환경개선)(전환사업)	82,644	1	6	6	3	7	1	1	1
4713	경기 양주시	주민자치특화사업	80,000	1	7	7	8	7	5	1	3
4714	경기 양주시	G스포츠클럽운영	75,000	1	1	7	8	7	1	1	4
4715	경기 양주시	지역주도형청년일자리사업(청년도약일자리)	73,158	1	2	7	8	7	1	1	4
4716	경기 양주시	낙농산업경쟁력강화사업	72,000	1	6	7	8	7	1	1	4
4717	경기 양주시	가구소상공인마케팅촉진지원사업	70,000	1	4	7	8	7	5	5	4

순번	시군구	지출명 (사업명)	2024년예산 (단위 : 천원 /1년간)	민간이전 분류 (지방자치단체 세출예산 집행기준에 의거) 1. 민간경상사업보조(307-02) 2. 민간단체 법정운영비보조(307-03) 3. 민간행사사업보조(307-04) 4. 민간위탁금(307-05) 5. 사회복지시설 법정운영비보조(307-10) 6. 민간인위탁교육비(307-12) 7. 공기관등에대한경상적위탁사업비(308-13) 8. 민간자본사업보조,자체재원(402-01) 9. 민간자본사업보조,이전재원(402-02) 10. 민간위탁사업비(402-03) 11. 공기관등에 대한 자본적 위탁사업비(403-02)	민간이전지출 근거 (지방보조금 관리기준 참고) 1. 법률에 규정 2. 국고보조 재원(국가지정) 3. 용도 지정 기부금 4. 조례에 직접규정 5. 지자체가 권장하는 사업을 하는 공공기관 6. 시,도 정책 및 재정사정 7. 기타 8. 해당없음	입찰방식			운영예산 산정		성과평가 실시여부
						계약체결방법 (경쟁형태) 1. 일반경쟁 2. 제한경쟁 3. 지명경쟁 4. 수의계약 5. 법정위탁 6. 기타 ( ) 7. 없음	계약기간 1. 1년 2. 2년 3. 3년 4. 4년 5. 5년 6. 기타 ( )년 7. 단기계약 (1년미만) 8. 없음	낙찰자선정방법 1. 적격심사 2. 협상에의한계약 3. 최저가낙찰제 4. 규격가격분리 5. 2단계 경쟁입찰 6. 기타 ( ) 7. 없음	운영예산 산정 1. 내부산정 (지자체 자체적으로 산정) 2. 외부산정 (외부전문기관위탁 산정) 3. 내·외부 모두 산정 4. 산정 無 5. 없음	정산방법 1. 내부정산 (지자체 내부적으로 정산) 2. 외부정산 (외부전문기관위탁 정산) 3. 내·외부 모두 산정 4. 정산 無 5. 없음	1. 실시 2. 미실시 3. 향후 추진 4. 해당없음
4718	경기 양주시	사립작은도서관운영지원(우수작은도서관육성)	67,310	1	6	6	1	1	1	1	4
4719	경기 양주시	발효축분수거운반비지원	66,500	1	6	7	8	7	1	1	4
4720	경기 양주시	양주시직장맘가사지원서비스	65,200	1	6	7	8	7	1	1	4
4721	경기 양주시	맘튼튼축산물꾸러미지원사업	60,500	1	4	7	8	7	5	5	4
4722	경기 양주시	문화예술단체활동지원	60,000	1	4	7	8	7	1	1	1
4723	경기 양주시	농촌관광주체육성지원(농촌체험휴양마을사무장육성)	56,885	1	1	7	8	7	1	1	4
4724	경기 양주시	보증기간경과장치성능유지관리	56,647	1	2	7	8	7	5	5	4
4725	경기 양주시	공동선별비지원	52,748	1	7	7	8	7	1	1	4
4726	경기 양주시	친환경벼복합생태농업실천단지조성사업	47,920	1	1	7	8	7	5	5	1
4727	경기 양주시	양주브랜드콜센터운영지원	47,747	1	4	7	8	7	1	1	1
4728	경기 양주시	유소년승마단창단	47,600	1	1	7	8	7	1	1	4
4729	경기 양주시	지역주도형청년일자리사업(청년창업지속성장신규)	43,895	1	2	7	8	7	1	1	4
4730	경기 양주시	중소기업노동자기숙사임차비지원사업	40,000	1	4	7	8	7	5	5	4
4731	경기 양주시	경기행복학습마을운영	40,000	1	4	1	7	1	1	1	1
4732	경기 양주시	장애인생활체육교실운영지원	40,000	1	1	7	8	7	1	1	1
4733	경기 양주시	가축분뇨수거운반비지원	40,000	1	1,4	7	8	7	1	1	4
4734	경기 양주시	아프리카돼지열병농장유입차단지원사업	39,200	1	6	7	8	7	1	1	4
4735	경기 양주시	친환경등우수농산물영유아공공급식시범사업	38,868	1	1	7	8	7	5	5	1
4736	경기 양주시	체육우수선수육성지원	38,000	1	1	7	8	7	1	1	4
4737	경기 양주시	골목상권상인회매니저지원	36,000	1	1	7	8	7	1	1	4
4738	경기 양주시	예방약품등지원(가금농가질병관리지원)	36,000	1	2	7	8	7	1	1	4
4739	경기 양주시	GAP안전성분석지원(안전성검사)	34,000	1	1	7	8	7	1	1	2
4740	경기 양주시	장애인복지회운영지원	33,300	1	1	7	7	7	3	3	1
4741	경기 양주시	고품질안전축산물육성지원	31,360	1	6	7	8	7	1	1	4
4742	경기 양주시	초등스포츠클럽육성지원	30,070	1	1	7	8	7	1	1	1
4743	경기 양주시	CEO아카데미운영	30,000	1	4	7	8	7	5	5	4
4744	경기 양주시	밭작물고품질지원사업(농협협력)	30,000	1	1	7	8	7	1	1	2
4745	경기 양주시	농산물임가공및포장재,디자인지원	30,000	1	7	7	8	7	1	1	1
4746	경기 양주시	구제역예방백신지원사업(구제역예방백신지원)	29,830	1	2	7	8	7	1	1	4
4747	경기 양주시	상수원보호구역주민지원	28,467	1	1	7	8	7	1	1	4
4748	경기 양주시	축산농가폐의약품처리지원	27,200	1	6	7	8	7	1	1	4
4749	경기 양주시	평생학습도시활성화사업	26,600	1	4	1	7	1	1	1	1
4750	경기 양주시	조사료생산용종자구입지원사업	25,308	1	6	7	8	7	1	1	4
4751	경기 양주시	수출포장재지원	24,546	1	6	7	8	7	1	1	4
4752	경기 양주시	양봉산업육성사업	24,500	1	6	7	8	7	1	1	4
4753	경기 양주시	비육용암소시장육성사업	24,000	1	1	7	8	7	5	5	4
4754	경기 양주시	산림작물생산단지조성	22,325	1	2	7	8	7	5	5	4
4755	경기 양주시	지역산업마케팅지원(국내전시회참가지원)(전환사업)	21,000	1	4	7	8	7	5	5	4
4756	경기 양주시	말산업청년인턴취업지원	21,000	1	4	7	8	7	1	1	4
4757	경기 양주시	사립작은도서관냉난방비지원사업(작은도서관냉난방비지원)	20,890	1	6	6	1	6	1	1	4

순번	시군구	지출명 (사업명)	2024년예산 (단위 : 천원 /1년간)	민간이전 분류 (지방자치단체 세출예산 집행기준에 의거) 1. 민간경상사업보조(307-02) 2. 민간단체 법정운영비보조(307-03) 3. 민간행사사업보조(307-04) 4. 민간위탁금(307-05) 5. 사회복지시설 법정운영비보조(307-10) 6. 민간인위탁교육비(307-12) 7. 공기관등에대한경상적위탁사업비(308-13) 8. 민간자본사업보조,자체재원(402-01) 9. 민간자본사업보조,이전재원(402-02) 10. 민간위탁사업비(402-03) 11. 공기관등에 대한 자본적 위탁사업비(403-02)	민간이전지출 근거 (지방보조금 관리기준 참고) 1. 법률에 규정 2. 국고보조 재원(국가지정) 3. 용도 지정 기부금 4. 조례에 직접규정 5. 지자체가 권장하는 사업을 하는 공공기관 6. 시,도 정책 및 재정사정 7. 기타 8. 해당없음	입찰방식: 계약체결방법 (경쟁형태) 1. 일반경쟁 2. 제한경쟁 3. 지명경쟁 4. 수의계약 5. 법정위탁 6. 기타 ( ) 7. 없음	입찰방식: 계약기간 1. 1년 2. 2년 3. 3년 4. 4년 5. 5년 6. 기타 ( )년 7. 단기계약 (1년미만) 8. 없음	입찰방식: 낙찰자선정방법 1. 적격심사 2. 협상에의한계약 3. 최저가낙찰제 4. 규격가격분리 5. 2단계 경쟁입찰 6. 기타 ( ) 7. 없음	운영예산 산정: 운영예산 산정 1. 내부산정 (지자체 자체적으로 산정) 2. 외부산정 (외부전문기관위탁 산정) 3. 내·외부 모두 산정 4. 산정 無 5. 없음	운영예산 산정: 정산방법 1. 내부정산 (지자체 내부적으로 정산) 2. 외부정산 (외부전문기관위탁 정산) 3. 내·외부 모두 산정 4. 정산 無 5. 없음	성과평가 실시여부 1. 실시 2. 미실시 3. 향후 추진 4. 해당없음
4758	경기 양주시	조사료생산용볏짚비닐지원사업	20,400	1	6	7	8	7	1	1	4
4759	경기 양주시	전수교육관활성화사업	20,000	1	2	7	8	7	1	1	1
4760	경기 양주시	향교서원활성화우수프로그램지원사업	20,000	1	1	7	8	7	1	1	1
4761	경기 양주시	승마장육성지원	19,050	1	4	7	8	7	1	1	4
4762	경기 양주시	청년CEO육성	19,000	1	7	7	8	7	1	1	4
4763	경기 양주시	마을기업육성	18,000	1	1	7	8	7	5	5	4
4764	경기 양주시	교통봉사단체활동지원	17,338	1	4	7	8	7	1	1	4
4765	경기 양주시	친환경농산물인증확대	15,752	1	1	7	8	7	5	5	1
4766	경기 양주시	자유총연맹활성화사업(읍면동분회조직운영)	15,675	1	4	7	8	7	5	5	4
4767	경기 양주시	경신하늘뜰공원인접지역주민지원	15,675	1	4	5	3	6	1	1	4
4768	경기 양주시	성인장애인평생교육프로그램운영	15,000	1	4	1	7	1	1	1	1
4769	경기 양주시	양주시보훈단체협의회지원(호국정신함양현장체험)	15,000	1	1	7	8	7	1	1	1
4770	경기 양주시	무형문화재전승지원(양주별산대놀이)	14,250	1	1	7	8	7	1	1	1
4771	경기 양주시	무형문화재전승지원(양주상여와회다지소리)	14,250	1	1	7	8	7	1	1	1
4772	경기 양주시	수출농산물지원	14,250	1	7	7	8	7	1	1	1
4773	경기 양주시	승마체험지원사업(자체)	14,250	1	1	7	8	7	1	1	4
4774	경기 양주시	고품질수출농산물생산지원	13,915	1	6	7	8	7	1	1	4
4775	경기 양주시	무형문화재전승지원(양주농악)	12,825	1	1	7	8	7	1	1	1
4776	경기 양주시	경기북부범죄피해자지원센터운영사업(경기북부범죄피해자지원센터사업지원)	12,000	1	1	7	8	7	5	5	4
4777	경기 양주시	기후변화대응쌀생산단체생력화시범	12,000	1	1	7	8	7	5	5	4
4778	경기 양주시	양주골쌀택배비지원사업	12,000	1	4	7	8	7	1	1	1
4779	경기 양주시	예방약품등지원(돼지소모성질환지도지원)	12,000	1	2	7	8	7	1	1	4
4780	경기 양주시	지체장애인협회운영지원	11,600	1	1	7	7	7	3	3	1
4781	경기 양주시	무형문화재전승지원(양주소놀이굿)	11,400	1	1	7	8	7	1	1	1
4782	경기 양주시	대한민국무공수훈자회지원(통합차량운영비)	10,800	1	1	7	8	7	1	1	1
4783	경기 양주시	공공체육시설사용료지원	10,488	1	1	7	8	7	1	1	4
4784	경기 양주시	전통문화특화프로그램운영	10,000	1	1	7	8	7	1	1	1
4785	경기 양주시	전시회및직거래장터참가	10,000	1	6	7	8	7	1	1	1
4786	경기 양주시	전통주소비활성화지원	10,000	1	6	7	8	7	1	1	4
4787	경기 양주시	친환경농산물직거래택배비지원사업	10,000	1	6	7	8	7	1	1	1
4788	경기 양주시	무형문화재전승지원(양주들노래)	9,500	1	1	7	8	7	1	1	1
4789	경기 양주시	유기농업자재지원	9,006	1	2	7	8	7	5	5	1
4790	경기 양주시	의용소방대지원	9,000	1	1,4	7	8	7	1	1	3
4791	경기 양주시	시각장애인협회운영지원	8,700	1	1	7	7	7	3	3	1
4792	경기 양주시	전통문화계승지원공모사업	8,550	1	1	7	8	7	1	1	1
4793	경기 양주시	전통문화계승지원공모사업	8,550	1	1	7	8	7	1	1	1
4794	경기 양주시	대한민국전몰군경유족회지원(호국정신함양현장체험)	8,500	1	1	7	8	7	1	1	1
4795	경기 양주시	택시카드단말기통신료지원	8,280	1	6	7	8	7	1	1	4
4796	경기 양주시	외국인주민한국어교육	8,000	1	1	7	8	7	1	3	4
4797	경기 양주시	예비못자리설치	8,000	1	1	7	8	7	1	1	2

순번	시군구	지출명 (사업명)	2024년예산 (단위 : 천원 /1년간)	민간이전 분류 (지방자치단체 세출예산 집행기준에 의거)	민간이전지출 근거 (지방보조금 관리기준 참고)	입찰방식			운영예산 산정		성과평가 실시여부
						계약체결방법 (경쟁형태)	계약기간	낙찰자선정방법	운영예산 산정	정산방법	
				1. 민간경상사업보조(307-02) 2. 민간단체 법정운영비보조(307-03) 3. 민간행사사업보조(307-04) 4. 민간위탁금(307-05) 5. 사회복지시설 법정운영비보조(307-10) 6. 민간인위탁교육비(307-12) 7. 공기관등에대한경상적위탁사업비(308-13) 8. 민간자본사업보조,자체재원(402-01) 9. 민간자본사업보조,이전재원(402-02) 10. 민간위탁사업비(402-03) 11. 공기관등에 대한 자본적 위탁사업비(403-02)	1. 법률에 규정 2. 국고보조 재원(국가지정) 3. 용도 지정 기부금 4. 조례에 직접규정 5. 지자체가 권장하는 사업을 하는 공공기관 6. 시,도 정책 및 재정사정 7. 기타 8. 해당없음	1. 일반경쟁 2. 제한경쟁 3. 지명경쟁 4. 수의계약 5. 법정위탁 6. 기타 ( ) 7. 없음	1. 1년 2. 2년 3. 3년 4. 4년 5. 5년 6. 기타 ( )년 7. 단기계약 (1년미만) 8. 없음	1. 적격심사 2. 협상에의한계약 3. 최저가낙찰제 4. 규격가격분리 5. 2단계 경쟁입찰 6. 기타 ( ) 7. 없음	1. 내부산정 (지자체 자체적으로 산정) 2. 외부산정 (외부전문기관위탁 산정) 3. 내·외부 모두 산정 4. 산정 無 5. 없음	1. 내부정산 (지자체 내부적으로 정산) 2. 외부정산 (외부전문기관위탁 정산) 3. 내·외부 모두 산정 4. 정산 無 5. 없음	1. 실시 2. 미실시 3. 향후 추진 4. 해당없음
4798	경기 양주시	친환경목재생산	8,000	1	1,2	7	8	7	5	5	4
4799	경기 양주시	가축분뇨퇴액비살포비지원(기금/지원)	8,000	1	6	7	8	7	1	1	4
4800	경기 양주시	축산농가폐기자재수거지원	8,000	1	6	7	8	7	5	5	4
4801	경기 양주시	장애인부모회운영지원	7,800	1	1	7	7	7	3	3	1
4802	경기 양주시	대한민국상이군경회지원(나라사랑현장체험)	7,700	1	1	7	8	7	1	1	1
4803	경기 양주시	무형문화재전승지원(생전예수재)	7,600	1	1	7	8	7	1	1	1
4804	경기 양주시	정신재활시설특수근무수당등	7,366	1	6	7	8	7	1	1	1
4805	경기 양주시	대한민국전몰군경미망인회지원(호국정신함양현장체험)	7,000	1	1	7	8	7	1	1	1
4806	경기 양주시	법무부청소년예방위원양주협의회사업(법질서바로세우기법교육)	6,100	1	1	7	8	7	5	5	4
4807	경기 양주시	대한민국무공수훈자회지원(호국정신함양현장체험)	6,100	1	1	7	8	7	1	1	1
4808	경기 양주시	새마을운동활성화사업(읍면동협의회추진사업)	6,000	1	1	7	8	7	5	5	4
4809	경기 양주시	새마을운동활성화사업(읍면동부녀회추진사업)	6,000	1	1	7	8	7	5	5	4
4810	경기 양주시	청년센터및창업사무실운영	6,000	1	7	7	8	7	1	1	4
4811	경기 양주시	적십자봉사회활동지원(환경캠페인지원)	5,700	1	4	7	8	7	5	5	4
4812	경기 양주시	자유총연맹활성화사업(자유민주주의안보지킴이양성)	5,400	1	4	7	8	7	5	5	4
4813	경기 양주시	양주시행정동우회지원	5,000	1	1	7	8	7	1	1	1
4814	경기 양주시	소보툴리즘등예방백신지원사업	5,000	1	6	7	8	7	1	1	4
4815	경기 양주시	대한민국특수임무유공자회지원(차량운영비(특수임무))	4,800	1	1	7	8	7	1	1	1
4816	경기 양주시	재외동포모국어기증사업	4,750	1	4	7	8	7	5	1	3
4817	경기 양주시	자원봉사단체등활동지원(아동이안전한지역사회만들기_등교안전지도)	4,750	1	4	7	8	7	5	5	4
4818	경기 양주시	자원봉사단체등활동지원(청소년안전문화조성사업)	4,750	1	4	7	8	7	5	5	4
4819	경기 양주시	자원봉사단체등활동지원(청소년창의력계발을위한발명대회)	4,750	1	4	7	8	7	5	5	4
4820	경기 양주시	무형문화재전승지원(나전칠기장)	4,750	1	1	7	8	7	1	1	1
4821	경기 양주시	전통문화계승지원공모사업	4,750	1	1	7	8	7	1	1	1
4822	경기 양주시	G마크등포장재지원	4,750	1	6	7	8	7	1	1	4
4823	경기 양주시	대한민국6.25참전유공자회지원(6.25참전유공자비기념식)	4,750	1	1	7	8	7	1	1	1
4824	경기 양주시	양주시보훈단체협의회지원(양주시보훈단체협의회창설기념식)	4,500	1	1	7	8	7	1	1	1
4825	경기 양주시	무형문화재전승지원(최영장군당굿)	4,275	1	1	7	8	7	1	1	1
4826	경기 양주시	대한민국고엽제전우회지원(차량운영비)	4,200	1	1	7	8	7	1	1	1
4827	경기 양주시	신체장애인복지회운영지원	4,050	1	1	7	7	7	3	3	1
4828	경기 양주시	자원봉사단체등활동지원(우범지역방범순찰사업)	4,000	1	4	7	8	7	5	5	4
4829	경기 양주시	대한민국월남전참전자회지원(나라사랑현장체험)	3,940	1	1	7	8	7	1	1	1
4830	경기 양주시	새마을운동활성화사업(사랑의오이지담그기)	3,820	1	1	7	8	7	5	5	4
4831	경기 양주시	자원봉사단체등활동지원(아동이안전한지역사회만들기_학교폭력예방)	3,800	1	4	7	8	7	5	5	4
4832	경기 양주시	자원봉사단체등활동지원(여성안심귀갓길도움사업)	3,800	1	4	7	8	7	5	5	4
4833	경기 양주시	대한민국특수임무유공자회지원(나라사랑현장체험)	3,800	1	1	7	8	7	1	1	1
4834	경기 양주시	농아인협회운영지원	3,780	1	1	7	7	7	3	3	1
4835	경기 양주시	대한민국고엽제전우회지원(호국정신함양현장체험)	3,700	1	1	7	8	7	1	1	1
4836	경기 양주시	농촌관광주체육성지원(농촌체험휴양마을보험료지원)	3,027	1	1	7	8	7	1	1	4
4837	경기 양주시	새마을운동활성화사업(새마을의날기념행사)	3,000	1	1	7	8	7	5	5	4

순번	시군구	지출명 (사업명)	2024년예산 (단위 : 천원 /1년간)	민간이전 분류 (지방자치단체 세출예산 집행기준에 의거) 1. 민간경상사업보조(307-02) 2. 민간단체 법정운영비보조(307-03) 3. 민간행사사업보조(307-04) 4. 민간위탁금(307-05) 5. 사회복지시설 법정운영비보조(307-10) 6. 민간인위탁교육비(307-12) 7. 공기관등에대한경상적위탁사업비(308-13) 8. 민간자본사업보조,자체재원(402-01) 9. 민간자본사업보조,이전재원(402-02) 10. 민간위탁사업비(402-03) 11. 공기관등에 대한 자본적 위탁사업비(403-02)	민간이전지출 근거 (지방보조금 관리기준 참고) 1. 법률에 규정 2. 국고보조 재원(국가지정) 3. 용도 지정 기부금 4. 조례에 직접규정 5. 지자체가 권장하는 사업을 하는 공공기관 6. 시,도 정책 및 재정사정 7. 기타 8. 해당없음	입찰방식 계약체결방법 (경쟁형태) 1. 일반경쟁 2. 제한경쟁 3. 지명경쟁 4. 수의계약 5. 법정위탁 6. 기타 ( ) 7. 없음	입찰방식 계약기간 1. 1년 2. 2년 3. 3년 4. 4년 5. 5년 6. 기타 ( )년 7. 단기계약 (1년미만) 8. 없음	입찰방식 낙찰자선정방법 1. 적격심사 2. 협상에의한계약 3. 최저가낙찰제 4. 규격가격분리 5. 2단계 경쟁입찰 6. 기타 ( ) 7. 없음	운영예산 산정 운영예산 산정 1. 내부산정 (지자체 자체적으로 산정) 2. 외부산정 (외부전문기관위탁 산정) 3. 내·외부 모두 산정 4. 산정 無 5. 없음	운영예산 산정 정산방법 1. 내부정산 (지자체 내부적으로 정산) 2. 외부정산 (외부전문기관위탁 정산) 3. 내·외부 모두 산정 4. 정산 無 5. 없음	성과평가 실시여부 1. 실시 2. 미실시 3. 향후 추진 4. 해당없음
4838	경기 양주시	새마을운동활성화사업(양주시새마을지도자대회)	3,000	1	1	7	8	7	5	5	4
4839	경기 양주시	새마을운동활성화사업(새마을가로기교체사업)	3,000	1	1	7	8	7	5	5	4
4840	경기 양주시	새마을운동활성화사업(경기도민문화한마당)	3,000	1	1	7	8	7	5	5	4
4841	경기 양주시	새마을운동활성화사업(양주시장기시민독서경진대회)	3,000	1	1	7	8	7	5	5	4
4842	경기 양주시	대한민국무공수훈자회지원(나라사랑사진전시회)	2,875	1	1	7	8	7	1	1	1
4843	경기 양주시	이북5도민사업	2,850	1	4	7	8	7	5	5	4
4844	경기 양주시	소비자단체사업지원	2,850	1	1	7	8	7	1	1	1
4845	경기 양주시	자유총연맹활성화사업(자유수호한마음총회)	2,660	1	4	7	8	7	5	5	4
4846	경기 양주시	대한민국무공수훈자회지원(무공수훈자공적비제막기념식)	2,548	1	1	7	8	7	1	1	1
4847	경기 양주시	대한민국6.25참전유공자회지원(호국영웅위로연)	2,500	1	1	7	8	7	1	1	1
4848	경기 양주시	대한민국특수임무유공자회지원(수질정화및환경정비사업)	2,500	1	1	7	8	7	1	1	1
4849	경기 양주시	광복회지원(민족정기선양사업)	2,500	1	1	7	8	7	1	1	1
4850	경기 양주시	축산물전문판매점지원사업	2,400	1	6	7	8	7	1	1	4
4851	경기 양주시	친환경임산물재배관리	2,140	1	2	7	8	7	5	5	4
4852	경기 양주시	양주시재향군인회사업(정기총회)	1,973	1	1	7	8	7	5	5	4
4853	경기 양주시	양주시재향군인회사업(625전사자유가족DNA시료채취홍보사업)	1,959	1	1	7	8	7	5	5	4
4854	경기 양주시	전통문화계승지원공모사업	1,900	1	1	7	8	7	1	1	1
4855	경기 양주시	대한민국무공수훈자회지원(국가유공자선양활동)	1,791	1	1	7	8	7	1	1	1
4856	경기 양주시	법무부청소년예방위원양주협의회사업(일일법률교실)	1,500	1	1	7	8	7	5	5	4
4857	경기 양주시	대한민국6.25참전유공자회지원(정기총회)	1,500	1	1	7	8	7	1	1	1
4858	경기 양주시	대한민국고엽제전우회지원(고엽제의날충혼위령제및전우만남의장)	1,500	1	1	7	8	7	1	1	1
4859	경기 양주시	광복회지원(나라사랑현장체험)	1,500	1	1	7	8	7	1	1	1
4860	경기 양주시	농촌관광주체육성지원(농촌체험휴양마을역량강화교육)	1,219	1	1	7	8	7	1	1	4
4861	경기 양주시	대한민국전몰군경미망인회지원(양주시현충탑참배)	1,200	1	1	7	8	7	1	1	1
4862	경기 양주시	대한민국6.25참전유공자회지원(6.25바로알리기교육)	1,100	1	1	7	8	7	1	1	1
4863	경기 양주시	새마을운동활성화사업(전국(도)새마을지도자대회)	1,000	1	1	7	8	7	5	5	4
4864	경기 양주시	정신재활시설공동캠프지원	904	1	6	7	8	7	1	1	1
4865	경기 양주시	정신재활시설종사자처우개선비지원	600	1	6	7	8	7	1	1	1
4866	경기 양주시	대한민국6.25참전유공자회지원(안보강연)	550	1	1	7	8	7	1	1	1
4867	경기 양주시	자유총연맹활성화사업(통일대비민주시민교육)	519	1	4	7	8	7	5	5	4
4868	경기 연천군	도단위체육대회지원	560,000	1	1	7	8	7	1	1	2
4869	경기 연천군	체육회육성지원	480,483	1	1	7	8	7	1	1	2
4870	경기 연천군	조사료생산용사일리지제조운송비지원(국비)	456,350	1	1	7	8	7	1	1	4
4871	경기 연천군	농작물재해보험가입지원	420,000	1	1	7	8	7	5	5	4
4872	경기 연천군	2024년통합문화이용권사업	402,610	1	2	7	8	7	1	1	1
4873	경기 연천군	벼병해충방제약제지원(1차)	306,000	1	1	7	8	7	5	5	4
4874	경기 연천군	청년농업인영농정착지원사업(국비)	293,000	1	5	7	2	7	5	5	4
4875	경기 연천군	남토북수브랜드역량강화(자체)	230,000	1	1,4	7	8	7	5	5	4
4876	경기 연천군	일반생활체육지도자배치(국비)	220,199	1	2	7	8	7	1	1	2
4877	경기 연천군	농업인안전재해보험	216,250	1	1	7	8	7	5	5	4

순번	시군구	지출명 (사업명)	2024년예산 (단위 : 천원 /1년간)	민간이전 분류 (지방자치단체 세출예산 집행기준에 의거) 1. 민간경상사업보조(307-02) 2. 민간단체 법정운영비보조(307-03) 3. 민간행사사업보조(307-04) 4. 민간위탁금(307-05) 5. 사회복지시설 법정운영비보조(307-10) 6. 민간인위탁교육비(307-12) 7. 공기관등에대한경상적위탁사업비(308-13) 8. 민간자본사업보조,자체재원(402-01) 9. 민간자본사업보조,이전재원(402-02) 10. 민간위탁사업비(402-03) 11. 공기관등에 대한 자본적 위탁사업비(403-02)	민간이전지출 근거 (지방보조금 관리기준 참고) 1. 법률에 규정 2. 국고보조 재원(국가지정) 3. 용도 지정 기부금 4. 조례에 직접규정 5. 지자체가 권장하는 사업을 하는 공공기관 6. 시,도 정책 및 재정사정 7. 기타 8. 해당없음	입찰방식 계약체결방법 (경쟁형태) 1. 일반경쟁 2. 제한경쟁 3. 지명경쟁 4. 수의계약 5. 법정위탁 6. 기타 ( ) 7. 없음	입찰방식 계약기간 1. 1년 2. 2년 3. 3년 4. 4년 5. 5년 6. 기타 ( )년 7. 단기계약 (1년미만) 8. 없음	입찰방식 낙찰자선정방법 1. 적격심사 2. 협상에의한계약 3. 최저가낙찰제 4. 규격가격분리 5. 2단계 경쟁입찰 6. 기타 ( ) 7. 없음	운영예산 산정 운영예산 산정 1. 내부산정 (지자체 자체적으로 산정) 2. 외부산정 (외부전문기관위탁 산정) 3. 내·외부 모두 산정 4. 산정 無 5. 없음	운영예산 산정 정산방법 1. 내부정산 (지자체 내부적으로 정산) 2. 외부정산 (외부전문기관위탁 정산) 3. 내·외부 모두 산정 4. 정산 無 5. 없음	성과평가 실시여부 1. 실시 2. 미실시 3. 향후 추진 4. 해당없음
4878	경기 연천군	돼지써코백신구입비지원	195,600	1	8	7	8	7	5	5	4
4879	경기 연천군	친환경우수농산물학교급식지원	160,000	1	4	7	8	7	5	5	4
4880	경기 연천군	연천군체육회(장애인)운영	155,000	1	1	7	8	7	1	1	2
4881	경기 연천군	지역단위농촌관광사업(국비)	120,000	1	1,4	7	8	7	5	5	4
4882	경기 연천군	농촌체험휴양마을사무장활동비	108,822	1	1,4	7	8	7	5	5	4
4883	경기 연천군	경기도공공미술프로젝트사업	100,000	1	1	7	8	7	1	1	1
4884	경기 연천군	학교밖청소년지원(학교밖청소년지원센터)	94,163	1	1	5	8	7	1	1	1
4885	경기 연천군	지방문화원사업활동	90,000	1	1	7	8	7	1	1	1
4886	경기 연천군	노동안전지킴이운영	88,490	1	5	7	8	7	1	1	3
4887	경기 연천군	배추,무뿌리혹병약제지원	81,400	1	1	7	8	7	5	5	4
4888	경기 연천군	공동방제단운영(국비)	81,239	1	2	7	8	7	1	1	1
4889	경기 연천군	주민제안공모사업	80,000	1	6	7	8	7	1	1	2
4890	경기 연천군	한국예총연천지회산하단체지원(8개지부)	80,000	1	4	7	8	7	1	1	1
4891	경기 연천군	미래무형문화유산발굴육성사업	80,000	1	2	4	1	7	3	1	1
4892	경기 연천군	벼병해충방제약제지원(2차)	79,200	1	1	7	8	7	5	5	4
4893	경기 연천군	농작물병해충방제비	76,400	1	1	7	8	7	5	5	4
4894	경기 연천군	학교우유급식지원(국비)	73,405	1	2	7	8	7	1	1	1
4895	경기 연천군	경기도어린이건강과일공급사업	66,280	1	4	7	8	7	5	5	4
4896	경기 연천군	생활체육교실상설운영	63,600	1	1	7	8	7	1	1	2
4897	경기 연천군	농촌체험휴양마을체험활동비	63,390	1	1,4	7	8	7	5	5	4
4898	경기 연천군	어르신생활체육지도자배치(국비)	62,914	1	2	7	8	7	1	1	2
4899	경기 연천군	접경지역군납농산물연중유통체계구축	60,600	1	4	7	8	7	5	5	4
4900	경기 연천군	새마을지회지원	57,000	1	1	7	8	7	1	1	1
4901	경기 연천군	소귀표부착지원(국비)	53,472	1	2	7	8	7	1	1	1
4902	경기 연천군	인삼명품화사업	51,000	1	1	7	8	7	5	5	4
4903	경기 연천군	접경지역주민자생적마을활력사업	50,000	1	1	7	8	7	5	5	4
4904	경기 연천군	콩노린재,병해충방제약제지원	50,000	1	1	7	8	7	5	5	4
4905	경기 연천군	청소년전통무예체험활동지원	50,000	1	1	5	8	7	1	1	1
4906	경기 연천군	조사료생산용볏짚비닐지원	48,488	1	1	7	8	7	1	1	4
4907	경기 연천군	닭진드기공동방제지원사업(국비)	48,000	1	2	7	8	7	1	1	1
4908	경기 연천군	종목별생활체육대회지원	44,000	1	1	7	8	7	1	1	2
4909	경기 연천군	소상공인지원	43,380	1	1	5	8	7	1	1	1
4910	경기 연천군	도단위체육대회지원(장애인)	40,000	1	1	7	8	7	1	1	2
4911	경기 연천군	연천군창업성공패키지사업	40,000	1	7	7	8	7	1	1	3
4912	경기 연천군	농업단체지원(자체)	40,000	1	1,4	7	8	7	1	1	1
4913	경기 연천군	평생학습마을공동체지원	39,000	1	7	1	7	6	5	1	4
4914	경기 연천군	지역주도형청년일자리사업(지역혁신형)연천청년GoodJob지원사업	37,152	1	2	7	8	7	1	1	3
4915	경기 연천군	양봉산업육성사업	37,000	1	6	7	8	7	1	1	1
4916	경기 연천군	지속가능발전협의회지원	35,100	1	4	7	8	7	1	1	3
4917	경기 연천군	G푸드드림사업지원	35,000	1	1	7	8	7	3	3	1

순번	시군구	지출명 (사업명)	2024년예산 (단위 : 천원 /1년간)	민간이전 분류 (지방자치단체 세출예산 집행기준에 의거) 1. 민간경상사업보조(307-02) 2. 민간단체 법정운영비보조(307-03) 3. 민간행사사업보조(307-04) 4. 민간위탁금(307-05) 5. 사회복지시설 법정운영비보조(307-10) 6. 민간인위탁교육비(307-12) 7. 공기관등에대한경상적위탁사업비(308-13) 8. 민간자본사업보조,자체재원(402-01) 9. 민간자본사업보조,이전재원(402-02) 10. 민간위탁사업비(402-03) 11. 공기관등에 대한 자본적 위탁사업비(403-02)	민간이전지출 근거 (지방보조금 관리기준 참고) 1. 법률에 규정 2. 국고보조 재원(국가지정) 3. 용도 지정 기부금 4. 조례에 직접규정 5. 지자체가 권장하는 사업을 하는 공공기관 6. 시,도 정책 및 재정사정 7. 기타 8. 해당없음	입찰방식 계약체결방법 (경쟁형태) 1. 일반경쟁 2. 제한경쟁 3. 지명경쟁 4. 수의계약 5. 법정위탁 6. 기타 ( ) 7. 없음	입찰방식 계약기간 1. 1년 2. 2년 3. 3년 4. 4년 5. 5년 6. 기타 ( )년 7. 단기계약 (1년미만) 8. 없음	입찰방식 낙찰자선정방법 1. 적격심사 2. 협상에의한계약 3. 최저가낙찰제 4. 규격가격분리 5. 2단계 경쟁입찰 6. 기타 ( ) 7. 없음	운영예산 산정 운영예산 산정 1. 내부산정 (지자체 자체적으로 산정) 2. 외부산정 (외부전문기관위탁 산정) 3. 내·외부 모두 산정 4. 산정 無 5. 없음	운영예산 산정 정산방법 1. 내부정산 (지자체 내부적으로 정산) 2. 외부정산 (외부전문기관위탁 정산) 3. 내·외부 모두 산정 4. 정산 無 5. 없음	성과평가 실시여부 1. 실시 2. 미실시 3. 향후 추진 4. 해당없음
4918	경기 연천군	장애인생활체육지도자배치(국비)	31,302	1	2	7	8	7	1	1	2
4919	경기 연천군	경기축산GFestival추진(자체)	31,000	1	7	7	8	7	1	1	4
4920	경기 연천군	희망마을만들기	30,000	1	4	7	8	7	1	1	2
4921	경기 연천군	현장노동자휴게시설개선지원	30,000	1	5	7	8	7	1	1	3
4922	경기 연천군	사회적기업일자리창출지원	30,000	1	4	7	8	7	1	1	3
4923	경기 연천군	경기더드림재생사업	30,000	1	6	7	8	7	5	5	3
4924	경기 연천군	경기행복학습마을프로그램운영	30,000	1	7	1	7	6	5	1	4
4925	경기 연천군	고등직업교육거점지구사업	30,000	1	2	7	3	7	5	5	1
4926	경기 연천군	생활체육교실상설운영(장애인)	25,100	1	1	7	8	7	1	1	2
4927	경기 연천군	바르게살기운동협의회지원	25,000	1	1	7	8	7	1	1	1
4928	경기 연천군	연천여성합창단운영지원	25,000	1	1	7	8	7	1	1	1
4929	경기 연천군	경기도평화경작지운영	25,000	1	6	7	8	7	5	5	4
4930	경기 연천군	초등스포츠클럽육성지원	24,978	1	6	7	8	7	1	1	2
4931	경기 연천군	경기더드림재생사업	24,000	1	6	7	8	7	5	5	3
4932	경기 연천군	경기임산부친환경농산물지원	23,040	1	4	7	8	7	5	5	4
4933	경기 연천군	지역주도형청년일자리사업(지역혁신형)연천청년혁신주도사업	21,592	1	2	7	8	7	1	1	3
4934	경기 연천군	말산업청년인턴취업지원	21,000	1	6	7	8	7	1	1	1
4935	경기 연천군	연천소년소녀합창단운영지원	20,000	1	1	7	8	7	1	1	1
4936	경기 연천군	향교서원활성화사업	20,000	1	6	4	1	7	3	1	1
4937	경기 연천군	어르신인생노트사업	20,000	1	1	5	5	7	1	1	1
4938	경기 연천군	경기더드림재생사업	20,000	1	6	7	8	7	5	5	3
4939	경기 연천군	경기더드림재생사업	20,000	1	6	7	8	7	5	5	3
4940	경기 연천군	경기더드림재생사업	20,000	1	6	7	8	7	5	5	3
4941	경기 연천군	GAP안전성분석지원(국비)	20,000	1	1,4	7	8	7	5	5	4
4942	경기 연천군	국가유공자장례선양사업(무공수훈자회)	19,000	1	4	7	7	7	1	1	1
4943	경기 연천군	농촌체험(휴양)마을역량강화(자체)	18,000	1	1,4	7	8	7	5	5	4
4944	경기 연천군	축산물HACCP컨설팅지원사업(가공유통)(국비)	18,000	1	2	7	8	7	1	1	1
4945	경기 연천군	돌발병해충방제비지원	18,000	1	1	7	8	7	5	5	4
4946	경기 연천군	청소년종합예술제	17,500	1	1	5	8	7	1	1	1
4947	경기 연천군	종목별생활체육대회지원(장애인)	17,200	1	1	7	8	7	1	1	2
4948	경기 연천군	청소년공부방운영지원	16,320	1	1	1	1	1	1	1	1
4949	경기 연천군	벼보급종차액지원(2kg/포)	16,000	1	1	7	8	7	5	5	4
4950	경기 연천군	언택트시대중소농가경영개선을위한브랜드활성화시범	16,000	1	1	7	8	7	5	5	4
4951	경기 연천군	농업용드론육성사업	15,000	1	1,4	7	8	7	1	1	4
4952	경기 연천군	폭염대비등면역증강제지원	15,000	1	1	7	8	7	1	1	4
4953	경기 연천군	조사료생산용종자구입지원(국비)	12,600	1	1	7	8	7	1	1	4
4954	경기 연천군	대한적십자사활동지원	12,160	1	1	7	8	7	1	1	1
4955	경기 연천군	민주평화통일자문회의연천군협의회지원	12,000	1	1	7	8	7	1	1	1
4956	경기 연천군	어린이집보육아동체육대회지원	12,000	1	1	7	8	7	1	1	4
4957	경기 연천군	질병관리사업(상이군경회)	11,000	1	4	7	7	7	1	1	1

순번	시군구	지출명 (사업명)	2024년예산 (단위 : 천원 /1년간)	민간이전 분류 (지방자치단체 세출예산 집행기준에 의거) 1. 민간경상사업보조(307-02) 2. 민간단체 법정운영비보조(307-03) 3. 민간행사사업보조(307-04) 4. 민간위탁금(307-05) 5. 사회복지시설 법정운영비보조(307-10) 6. 민간인위탁교육비(307-12) 7. 공기관등에대한경상적위탁사업비(308-13) 8. 민간자본사업보조,자체재원(402-01) 9. 민간자본사업보조,이전재원(402-02) 10. 민간위탁사업비(402-03) 11. 공기관등에 대한 자본적 위탁사업비(403-02)	민간이전지출 근거 (지방보조금 관리기준 참고) 1. 법률에 규정 2. 국고보조 재원(국가지정) 3. 용도 지정 기부금 4. 조례에 직접규정 5. 지자체가 권장하는 사업을 하는 공공기관 6. 시,도 정책 및 재정사정 7. 기타 8. 해당없음	입찰방식 계약체결방법 (경쟁형태) 1. 일반경쟁 2. 제한경쟁 3. 지명경쟁 4. 수의계약 5. 법정위탁 6. 기타 ( ) 7. 없음	입찰방식 계약기간 1. 1년 2. 2년 3. 3년 4. 4년 5. 5년 6. 기타 ( )년 7. 단기계약 (1년미만) 8. 없음	입찰방식 낙찰자선정방법 1. 적격심사 2. 협상에의한계약 3. 최저가낙찰제 4. 규격가격분리 5. 2단계 경쟁입찰 6. 기타 ( ) 7. 없음	운영예산 산정 운영예산 산정 1. 내부산정 (지자체 자체적으로 산정) 2. 외부산정 (외부전문기관위탁 산정) 3. 내·외부 모두 산정 4. 산정 無 5. 없음	운영예산 산정 정산방법 1. 내부정산 (지자체 내부적으로 정산) 2. 외부정산 (외부전문기관위탁 정산) 3. 내·외부 모두 산정 4. 정산 無 5. 없음	성과평가 실시여부 1. 실시 2. 미실시 3. 향후 추진 4. 해당없음
4958	경기 연천군	질병관리사업(고엽제전우회)	11,000	1	4	7	7	7	1	1	1
4959	경기 연천군	경로당활성화여가프로그램지원(기금)	11,000	1	1	5	1	7	1	1	1
4960	경기 연천군	어촌체험안전가이드지원	10,860	1	6	7	8	7	1	1	1
4961	경기 연천군	일반어르신생활체육지도자처우개선	10,737	1	6	7	8	7	1	1	2
4962	경기 연천군	택시카드결제수수료지원	10,480	1	1	7	8	7	5	5	4
4963	경기 연천군	경로당활성화여가프로그램지원(군비)	10,000	1	1	5	1	7	1	1	1
4964	경기 연천군	사회적기업사회보험료지원	10,000	1	4	7	8	7	1	1	3
4965	경기 연천군	학교밖청소년급식지원	10,000	1	1	5	8	7	1	1	1
4966	경기 연천군	국내전시회참가중소기업지원사업(전환)	9,000	1	4	5	1	7	5	5	4
4967	경기 연천군	동물보호관리(유기동물보호소환경개선)	9,000	1	1	7	8	7	1	1	4
4968	경기 연천군	민군협력교류사업지원(신병교육대차봉사및미면회훈련병1일어머니되어주기)	8,000	1	1	5	8	7	1	1	4
4969	경기 연천군	축산재해긴급지원	8,000	1	1	7	8	7	1	1	4
4970	경기 연천군	친환경우수농산물영유아공공급식지원	7,656	1	4	7	8	7	5	5	4
4971	경기 연천군	교통안저너의식실천정착화	7,200	1	1	7	1	6	1	1	4
4972	경기 연천군	지역주도형청년일자리사업(상생기반대응형)연천청년사장활력UP사업	6,858	1	2	7	8	7	1	1	3
4973	경기 연천군	자연보호협의회지원	6,000	1	1	7	8	7	1	1	3
4974	경기 연천군	경기북부지역범죄피해자지원센터지원	5,000	1	7	7	8	7	1	1	1
4975	경기 연천군	전적지순례(상이군경회)	5,000	1	4	7	7	7	1	1	1
4976	경기 연천군	연수교육(전몰군경미망인회)	5,000	1	4	7	7	7	1	1	1
4977	경기 연천군	전적지순례(무공수훈자회)	5,000	1	4	7	7	7	1	1	1
4978	경기 연천군	전적지순례(6.25참전유공자회)	5,000	1	4	7	7	7	1	1	1
4979	경기 연천군	4H회원과제활동지원(텃밭가꾸기등)	5,000	1	1	7	8	7	5	5	4
4980	경기 연천군	버스공공와이파이임차운영(국가직접지원)	4,713	1	2	7	8	7	5	5	4
4981	경기 연천군	노인지도자교육	4,625	1	1	5	1	7	1	1	1
4982	경기 연천군	지역농산물먹거리지원사업	4,558	1	4	7	8	7	5	5	4
4983	경기 연천군	농촌체험휴양마을보험가입지원(국비)	4,238	1	1,4	7	8	7	5	5	4
4984	경기 연천군	로컬푸드납품농가포장재지원(전환사업)	4,070	1	4	7	8	7	5	5	4
4985	경기 연천군	전적지순례(전몰군경유족회)	4,000	1	4	7	7	7	1	1	1
4986	경기 연천군	전적지순례(전몰군경미망인회)	4,000	1	4	7	7	7	1	1	1
4987	경기 연천군	전적지순례(재향군인회)	4,000	1	4	7	7	7	1	1	1
4988	경기 연천군	전적지순례(고엽제전우회)	4,000	1	4	7	7	7	1	1	1
4989	경기 연천군	전적지순례(월남전참전자회)	4,000	1	4	7	7	7	1	1	1
4990	경기 연천군	어린이집보육교직원연찬회지원	3,750	1	1	7	8	7	1	1	4
4991	경기 연천군	연천군행정동우회지원사업	3,500	1	4	5	8	7	1	1	1
4992	경기 연천군	명예경찰소년단지원	3,000	1	4	7	8	7	1	1	1
4993	경기 연천군	반찬봉사(재향군인회)	3,000	1	4	7	7	7	1	1	1
4994	경기 연천군	작은도서관냉난방비지원	2,800	1	6	1	8	1	3	3	1
4995	경기 연천군	작은도서관운영지원	2,800	1	6	1	8	1	3	3	1
4996	경기 연천군	예비못자리설치지원(자체)	2,000	1	8	7	8	7	5	5	4
4997	경기 연천군	농촌체험마을역량강화(국비)	1,706	1	1,4	7	8	7	5	5	4

순번	시군구	지출명 (사업명)	2024년예산 (단위 : 천원 /1년간)	민간이전 분류 (지방자치단체 세출예산 집행기준에 의거) 1. 민간경상사업보조(307-02) 2. 민간단체 법정운영비보조(307-03) 3. 민간행사사업보조(307-04) 4. 민간위탁금(307-05) 5. 사회복지시설 법정운영비보조(307-10) 6. 민간인위탁교육비(307-12) 7. 공기관등에대한경상적위탁사업비(308-13) 8. 민간자본사업보조,자체재원(402-01) 9. 민간자본사업보조,이전재원(402-02) 10. 민간위탁사업비(402-03) 11. 공기관등에 대한 자본적 위탁사업비(403-02)	민간이전지출 근거 (지방보조금 관리기준 참고) 1. 법률에 규정 2. 국고보조 재원(국가지정) 3. 용도 지정 기부금 4. 조례에 직접규정 5. 지자체가 권장하는 사업을 하는 공공기관 6. 시,도 정책 및 재정사정 7. 기타 8. 해당없음	입찰방식 계약체결방법 (경쟁형태) 1. 일반경쟁 2. 제한경쟁 3. 지명경쟁 4. 수의계약 5. 법정위탁 6. 기타 ( ) 7. 없음	입찰방식 계약기간 1. 1년 2. 2년 3. 3년 4. 4년 5. 5년 6. 기타 ( )년 7. 단기계약 (1년미만) 8. 없음	입찰방식 낙찰자선정방법 1. 적격심사 2. 협상에의한계약 3. 최저가낙찰제 4. 규격가격분리 5. 2단계 경쟁입찰 6. 기타 ( ) 7. 없음	운영예산 산정 운영예산 산정 1. 내부산정 (지자체 자체적으로 산정) 2. 외부산정 (외부전문기관위탁 산정) 3. 내·외부 모두 산정 4. 산정 無 5. 없음	운영예산 산정 정산방법 1. 내부정산 (지자체 내부적으로 정산) 2. 외부정산 (외부전문기관위탁 정산) 3. 내·외부 모두 정산 4. 정산 無 5. 없음	성과평가 실시여부 1. 실시 2. 미실시 3. 향후 추진 4. 해당없음
4998	경기 연천군	수출포장재지원	1,446	1	1,4	7	8	7	5	5	4
4999	경기 연천군	택시카드단말기통신료지원	1,290	1	1	7	8	7	5	5	4
5000	경기 가평군	불법촬영시민감시단지원	11,760	1	1	7	8	7	5	1	4
5001	경기 가평군	상수원관리지역주민지원사업	997,627	1	2	7	8	7	5	5	4
5002	경기 가평군	유기질비료지원사업	615,000	1	2	7	8	7	5	5	4
5003	경기 가평군	가축재해보험가입지원	596,306	1	1,2	7	8	7	1	1	4
5004	경기 가평군	통합문화이용권(문화누리카드)지원사업	578,760	1	2	7	8	7	2	2	1
5005	경기 가평군	농특산물포장재지원	330,000	1	4	7	8	7	5	5	4
5006	경기 가평군	친환경학교급식쌀재배단지조성시범	300,000	1	1	7	8	7	5	5	4
5007	경기 가평군	G스포츠클럽육성	260,000	1	1	7	8	7	1	1	4
5008	경기 가평군	학교전문체육육성	257,000	1	1	7	8	7	1	1	4
5009	경기 가평군	일반생활체육지도자배치	251,656	1	2	7	8	7	5	5	4
5010	경기 가평군	친환경축산지원사업(협력)	250,000	1	1,4	7	8	7	1	1	3
5011	경기 가평군	고품질육묘구입지원(농업협력사업)	240,800	1	6	7	8	7	5	5	4
5012	경기 가평군	친환경생태보전재배장려금지원	236,766	1	1	7	8	7	5	5	4
5013	경기 가평군	친환경등우수농산물학교급식지원사업	230,000	1	6	5	8	7	1	1	4
5014	경기 가평군	농작물재해보험가입지원	227,480	1	2	7	8	7	5	5	4
5015	경기 가평군	평생학습마을공동체지원	225,000	1	6	7	8	7	1	1	1
5016	경기 가평군	조사료생산용사일리지제조운송비지원	211,056	1	1,2	7	8	7	1	1	4
5017	경기 가평군	농업인안전재해보험지원	205,267	1	2	7	8	7	5	5	4
5018	경기 가평군	스포츠강좌이용권지원사업	182,240	1	2	7	8	7	5	5	4
5019	경기 가평군	사회적기업재정지원지원사업	171,468	1	2	7	8	7	5	5	4
5020	경기 가평군	회원단체육성	165,000	1	4	7	8	7	1	1	4
5021	경기 가평군	G마크우수축산물학교급식지원	160,000	1	1,4	7	8	7	1	1	3
5022	경기 가평군	경기도체육대회출전지원	157,000	1	4	7	8	7	1	1	4
5023	경기 가평군	장애인생활체육지도자배치	156,510	1	2	7	8	7	5	5	4
5024	경기 가평군	경기도생활체육대축전출전지원	155,000	1	4	7	8	7	1	1	4
5025	경기 가평군	생활체육지도자지원	152,870	1	1	7	8	7	1	1	4
5026	경기 가평군	축산환경개선사업	148,500	1	1,4	7	8	7	1	1	4
5027	경기 가평군	토양개량제지원	120,533	1	2	7	8	7	5	5	4
5028	경기 가평군	경기행복학습마을프로그램운영	120,000	1	6	7	8	7	1	1	1
5029	경기 가평군	등록미술관지원사업	116,276	1	1	7	8	7	1	1	2
5030	경기 가평군	공동방제단활동지원	107,797	1	2	7	8	7	1	1	4
5031	경기 가평군	농특산물포장재지원(지자체협력)	105,000	1	4	7	8	7	5	5	4
5032	경기 가평군	친환경농산물인증확대사업	100,918	1	1	7	8	7	5	5	4
5033	경기 가평군	경기도어린이건강과일공급지원	100,400	1	6	6	3	6	3	1	2
5034	경기 가평군	각종체육대회출전지원	100,000	1	4	7	8	7	1	1	4
5035	경기 가평군	축산분뇨자원화지원사업(협력)	100,000	1	1,4	7	8	7	1	1	3
5036	경기 가평군	공공미술프로젝트	95,000	1	6	7	8	7	1	1	1
5037	경기 가평군	노동안전지킴이운영	88,490	1	6	7	8	7	2	3	1

순번	시군구	지출명 (사업명)	2024년예산 (단위 : 천원 /1년간)	민간이전 분류 (지방자치단체 세출예산 집행기준에 의거) 1. 민간경상사업보조(307-02) 2. 민간단체 법정운영비보조(307-03) 3. 민간행사사업보조(307-04) 4. 민간위탁금(307-05) 5. 사회복지시설 법정운영비보조(307-10) 6. 민간인위탁교육비(307-12) 7. 공기관등에대한경상적위탁사업비(308-13) 8. 민간자본사업보조,자체재원(402-01) 9. 민간자본사업보조,이전재원(402-02) 10. 민간위탁사업비(402-03) 11. 공기관등에 대한 자본적 위탁사업비(403-02)	민간이전지출 근거 (지방보조금 관리기준 참고) 1. 법률에 규정 2. 국고보조 재원(국가지정) 3. 용도 지정 기부금 4. 조례에 직접규정 5. 지자체가 권장하는 사업을 하는 공공기관 6. 시,도 정책 및 재정사정 7. 기타 8. 해당없음	입찰방식			운영예산 산정		성과평가 실시여부
						계약체결방법 (경쟁형태) 1. 일반경쟁 2. 제한경쟁 3. 지명경쟁 4. 수의계약 5. 법정위탁 6. 기타 ( ) 7. 없음	계약기간 1. 1년 2. 2년 3. 3년 4. 4년 5. 5년 6. 기타 ( )년 7. 단기계약 (1년미만) 8. 없음	낙찰자선정방법 1. 적격심사 2. 협상에의한계약 3. 최저가낙찰제 4. 규격가격분리 5. 2단계 경쟁입찰 6. 기타 ( ) 7. 없음	운영예산 산정 1. 내부산정 (지자체 자체적으로 산정) 2. 외부산정 (외부전문기관위탁 산정) 3. 내·외부 모두 산정 4. 산정 無 5. 없음	정산방법 1. 내부정산 (지자체 내부적으로 정산) 2. 외부정산 (외부전문기관위탁 정산) 3. 내·외부 모두 산정 4. 정산 無 5. 없음	1. 실시 2. 미실시 3. 향후 추진 4. 해당없음
5038	경기 가평군	가평문화원보조사업	84,914	1	1	7	8	7	1	1	1
5039	경기 가평군	청년농업인영농정착지원	83,000	1	2	5	8	7	2	3	4
5040	경기 가평군	학교우유급식지원	82,547	1	1,2	7	8	7	1	1	4
5041	경기 가평군	사회적기업재정지원사업	74,245	1	2	7	8	7	5	5	4
5042	경기 가평군	장애인생활체육지도자지원	72,203	1	4	7	8	7	1	1	4
5043	경기 가평군	사회단체운영지원	71,100	1	4	7	8	7	1	1	1
5044	경기 가평군	지역사회보장협의체사업비지원	68,950	1	1	7	8	7	1	1	1
5045	경기 가평군	어르신생활체육지도자배치	62,914	1	2	7	8	7	5	5	4
5046	경기 가평군	전업농가구제역백신지원	60,297	1	1,4	7	8	7	1	1	4
5047	경기 가평군	친환경미생물지원사업(협력)	60,000	1	1,4	7	8	7	1	1	3
5048	경기 가평군	청년인턴십지원사업	52,000	1	6	7	8	7	5	5	4
5049	경기 가평군	스포츠강좌이용권지원사업(장애인)	51,480	1	2	7	8	7	5	5	4
5050	경기 가평군	주민제안공모사업	50,000	1	4	7	8	7	5	5	4
5051	경기 가평군	농업인안전재해보험지원	50,000	1	2	7	8	7	5	5	4
5052	경기 가평군	읍면동협의체전담인력인건비지원	47,000	1	1	7	8	7	1	1	1
5053	경기 가평군	새마을지도자직무교육	46,000	1	1	7	8	7	1	1	1
5054	경기 가평군	여성농업인행복바우처	45,440	1	6	7	8	7	5	5	4
5055	경기 가평군	양봉산업경쟁력강화사업	45,250	1	1	7	8	7	1	1	4
5056	경기 가평군	가평군스포츠단육성	44,000	1	1	7	8	7	1	1	4
5057	경기 가평군	가평귀농귀촌체험지원	42,000	1	7	7	8	7	5	5	4
5058	경기 가평군	환경및사회단체지원	40,536	1	7	7	8	7	5	5	4
5059	경기 가평군	축산농가도우미지원사업	40,500	1	1,4	7	8	7	1	1	3
5060	경기 가평군	고품질안전축산물육성	40,180	1	1,4	7	8	7	1	1	3
5061	경기 가평군	소상공인홍보마케팅지원	40,000	1	8	7	8	7	5	5	4
5062	경기 가평군	유해충구제지원사업	40,000	1	1,4	7	8	7	1	1	3
5063	경기 가평군	돼지소모성질환백신지원사업	40,000	1	1,4	7	8	7	1	1	4
5064	경기 가평군	임산물포장재지원	39,970	1	2	4	7	7	1	1	4
5065	경기 가평군	학교체육시설개방지원	37,743	1	4	7	8	7	1	1	4
5066	경기 가평군	소귀표부착비지원	36,768	1	1,4	7	8	7	1	1	3
5067	경기 가평군	경기도장애인체육대회출전지원	35,000	1	4	7	8	7	1	1	4
5068	경기 가평군	축산물포장재지원사업	35,000	1	1,4	7	8	7	1	1	3
5069	경기 가평군	계절스포츠교실	34,970	1	4	7	8	7	1	1	4
5070	경기 가평군	6.25기념행사	32,000	1	1	7	8	7	1	1	1
5071	경기 가평군	야영장활성화프로그램	32,000	1	7	7	8	7	5	5	4
5072	경기 가평군	지역맞춤형일자리활성화(2023)참여자인건비	31,315	1	2	7	8	7	5	5	4
5073	경기 가평군	경기임산부친환경농산물지원	30,720	1	6	6	3	6	3	1	2
5074	경기 가평군	돼지써코백신	30,000	1	1,4	7	8	7	1	1	4
5075	경기 가평군	초등스포츠클럽육성지원	27,490	1	6	7	8	7	1	1	4
5076	경기 가평군	공동살포비지원	26,265	1	2	7	8	7	5	5	4
5077	경기 가평군	사회적기업사회보험료지원	25,600	1	2	7	8	7	5	5	4

순번	시군구	지출명 (사업명)	2024년예산 (단위 : 천원 /1년간)	민간이전 분류 (지방자치단체 세출예산 집행기준에 의거) 1. 민간경상사업보조(307-02) 2. 민간단체 법정운영비보조(307-03) 3. 민간행사사업보조(307-04) 4. 민간위탁금(307-05) 5. 사회복지시설 법정운영비보조(307-10) 6. 민간인위탁교육비(307-12) 7. 공기관등에대한경상적위탁사업비(308-13) 8. 민간자본사업보조,자체재원(402-01) 9. 민간자본사업보조,이전재원(402-02) 10. 민간위탁사업비(402-03) 11. 공기관등에 대한 자본적 위탁사업비(403-02)	민간이전지출 근거 (지방보조금 관리기준 참고) 1. 법률에 규정 2. 국고보조 재원(국가지정) 3. 용도 지정 기부금 4. 조례에 직접규정 5. 지자체가 권장하는 사업을 하는 공공기관 6. 시,도 정책 및 재정사정 7. 기타 8. 해당없음	입찰방식: 계약체결방법 (경쟁형태) 1. 일반경쟁 2. 제한경쟁 3. 지명경쟁 4. 수의계약 5. 법정위탁 6. 기타 ( ) 7. 없음	입찰방식: 계약기간 1. 1년 2. 2년 3. 3년 4. 4년 5. 5년 6. 기타 ( )년 7. 단기계약 (1년미만) 8. 없음	입찰방식: 낙찰자선정방법 1. 적격심사 2. 협상에의한계약 3. 최저가낙찰제 4. 규격가격분리 5. 2단계 경쟁입찰 6. 기타 ( ) 7. 없음	운영예산 산정: 운영예산 산정 1. 내부산정 (지자체 자체적으로 산정) 2. 외부산정 (외부전문기관위탁 산정) 3. 내·외부 모두 산정 4. 산정 無 5. 없음	운영예산 산정: 정산방법 1. 내부정산 (지자체 내부적으로 정산) 2. 외부정산 (외부전문기관위탁 정산) 3. 내·외부 모두 산정 4. 정산 無 5. 없음	성과평가 실시여부 1. 실시 2. 미실시 3. 향후 추진 4. 해당없음
5078	경기 가평군	작은도서관아이돌봄독서문화프로그램지원	22,500	1	4	7	8	7	5	1	4
5079	경기 가평군	대안교육기관이용청소년급식비지원	22,444	1	1,4	1	3	1	5	1	2
5080	경기 가평군	장애인전문체육우수선수육성	21,800	1	4	7	8	7	1	1	4
5081	경기 가평군	새마을협의회부녀회활동지원	21,600	1	1	7	8	7	1	1	1
5082	경기 가평군	장애인사회활동참여지원	21,535	1	4	7	8	7	5	5	4
5083	경기 가평군	학교전문체육육성지원(차량렌트비)	21,432	1	4	7	8	7	1	1	4
5084	경기 가평군	재래간장된장담그기봉사활동지원	20,000	1	1	7	8	7	1	1	1
5085	경기 가평군	첫출발응원창업소상공인지원	20,000	1	8	7	8	7	5	5	4
5086	경기 가평군	경기도장애인생활체육대회출전지원	20,000	1	4	7	8	7	1	1	4
5087	경기 가평군	공공급식소로컬푸드구입비지원	20,000	1	4	7	8	7	5	5	4
5088	경기 가평군	공동선별지원사업	20,000	1	4	7	8	7	5	5	4
5089	경기 가평군	축산농가폐사축처리비지원사업(협력)	20,000	1	1,4	7	8	7	1	1	4
5090	경기 가평군	조사료생산용볏짚비닐지원	18,360	1	1	7	8	7	1	1	4
5091	경기 가평군	유기농업자재지원	17,841	1	2	7	8	7	5	5	4
5092	경기 가평군	장애인생활체육교실운영	16,500	1	4	7	8	7	1	1	4
5093	경기 가평군	지역농산물먹거리보장지원사업	16,298	1	6	7	8	7	5	5	4
5094	경기 가평군	자라섬꽃페스타할인업소지원	16,200	1	8	7	8	7	5	5	4
5095	경기 가평군	언택트시대중소농가경영개선을위한브랜드활성화지원	16,000	1	4	7	8	7	5	5	1
5096	경기 가평군	친환경등우수농산물영유아공공급식지원사업	15,780	1	6	7	8	7	5	5	4
5097	경기 가평군	로컬푸드참여농가유통지원(전환사업)	15,570	1	6	7	8	7	5	5	4
5098	경기 가평군	전국및가평군새마을지도자대회	15,470	1	1	7	8	7	1	1	1
5099	경기 가평군	보훈단체회원복지향상사업(보훈가족위문)	15,250	1	1	7	8	7	1	1	1
5100	경기 가평군	중소기업노동자기숙사임차비지원	15,000	1	6	7	8	7	5	5	4
5101	경기 가평군	가평군농업인단체협의회대의원연찬교육	15,000	1	5	7	8	7	5	5	4
5102	경기 가평군	가평군정홍보활동지원	14,400	1	4	7	8	7	1	1	1
5103	경기 가평군	지역맞춤형일자리활성화(2022)참여자인건비	14,400	1	2	7	8	7	5	5	4
5104	경기 가평군	일반학생승마체험지원	13,440	1	1,2	7	8	7	1	1	4
5105	경기 가평군	재해대비예비못자리설치	12,950	1	6	7	8	7	5	5	4
5106	경기 가평군	장애인사회활동참여지원	12,373	1	4	7	8	7	5	5	4
5107	경기 가평군	장애인사회활동참여지원	12,265	1	4	7	8	7	5	5	4
5108	경기 가평군	장애인사회활동참여지원	12,253	1	4	7	8	7	5	5	4
5109	경기 가평군	마을기업발굴육성지원사업	12,000	1	2	7	8	7	5	5	4
5110	경기 가평군	종목별장애인가맹단체육성및지원	12,000	1	4	7	8	7	1	1	4
5111	경기 가평군	가평역,청평역농특산물판매장위탁운영비지원	12,000	1	4	2	2	1	1	1	1
5112	경기 가평군	농업인농약안전관리시범	12,000	1	4	7	8	7	5	5	1
5113	경기 가평군	일반및어르신생활체육지도자처우개선	11,930	1	6	7	8	7	1	1	4
5114	경기 가평군	가평향교	11,500	1	4	7	8	7	5	5	4
5115	경기 가평군	양봉농가육성지원사업	11,500	1	1,4	7	8	7	1	1	3
5116	경기 가평군	맘튼튼축산물꾸러미지원(주민참여예산)	11,500	1	1,2	7	8	7	1	1	4
5117	경기 가평군	벼육묘용상토공급(농업협력사업)	11,400	1	6	7	8	7	5	5	4

순번	시군구	지출명 (사업명)	2024년예산 (단위 : 천원 /1년간)	민간이전 분류 (지방자치단체 세출예산 집행기준에 의거) 1. 민간경상사업보조(307-02) 2. 민간단체 법정운영비보조(307-03) 3. 민간행사사업보조(307-04) 4. 민간위탁금(307-05) 5. 사회복지시설 법정운영비보조(307-10) 6. 민간인위탁교육비(307-12) 7. 공기관등에대한경상적위탁사업비(308-13) 8. 민간자본사업보조,자체재원(402-01) 9. 민간자본사업보조,이전재원(402-02) 10. 민간위탁사업비(402-03) 11. 공기관등에 대한 자본적 위탁사업비(403-02)	민간이전지출 근거 (지방보조금 관리기준 참고) 1. 법률에 규정 2. 국고보조 재원(국가지정) 3. 용도 지정 기부금 4. 조례에 직접규정 5. 지자체가 권장하는 사업을 하는 공공기관 6. 시,도 정책 및 재정사정 7. 기타 8. 해당없음	입찰방식			운영예산 산정		성과평가 실시여부
						계약체결방법 (경쟁형태) 1. 일반경쟁 2. 제한경쟁 3. 지명경쟁 4. 수의계약 5. 법정위탁 6. 기타 ( ) 7. 없음	계약기간 1. 1년 2. 2년 3. 3년 4. 4년 5. 5년 6. 기타 ( )년 7. 단기계약 (1년미만) 8. 없음	낙찰자선정방법 1. 적격심사 2. 협상에의한계약 3. 최저가낙찰제 4. 규격가격분리 5. 2단계 경쟁입찰 6. 기타 ( ) 7. 없음	운영예산 산정 1. 내부산정 (지자체 자체적으로 산정) 2. 외부산정 (외부전문기관위탁 산정) 3. 내·외부 모두 산정 4. 산정 無 5. 없음	정산방법 1. 내부정산 (지자체 내부적으로 정산) 2. 외부정산 (외부전문기관위탁 정산) 3. 내·외부 모두 산정 4. 정산 無 5. 없음	1. 실시 2. 미실시 3. 향후 추진 4. 해당없음
5118	경기 가평군	조사료생산용종자구입지원	11,340	1	1,2	7	8	7	1	1	4
5119	경기 가평군	새마을국민교육	11,207	1	1	7	8	7	1	1	1
5120	경기 가평군	통일대비현장견학	10,900	1	1	7	8	7	1	1	1
5121	경기 가평군	영연방참전국기념행사	10,000	1	1	7	8	7	1	1	1
5122	경기 가평군	고추장담가드리기봉사활동	10,000	1	1	7	8	7	1	1	1
5123	경기 가평군	사랑의집고쳐주기봉사활동지원	10,000	1	1	7	8	7	1	1	1
5124	경기 가평군	사회적경제창업팀선정	10,000	1	2	7	8	7	5	5	4
5125	경기 가평군	경기도민속예술제참가지원	10,000	1	6	7	8	7	1	1	1
5126	경기 가평군	사찰음식체험프로그램	10,000	1	6	7	8	7	5	5	4
5127	경기 가평군	템플스테이지원사업	10,000	1	6	7	8	7	5	5	4
5128	경기 가평군	회원단체우수공모사업지원	10,000	1	4	7	8	7	1	1	4
5129	경기 가평군	한봉농가육성지원사업	10,000	1	1,4	7	8	7	1	1	3
5130	경기 가평군	폭염대비등면역증강제지원	10,000	1	1,4	7	8	7	1	1	4
5131	경기 가평군	4H회원과제교육	10,000	1	5	7	8	7	5	5	4
5132	경기 가평군	바르게살기운동위원회활동지원	9,540	1	1	7	8	7	1	1	1
5133	경기 가평군	보훈단체회원복지향상사업(전적지순례)	9,320	1	1	7	8	7	1	1	1
5134	경기 가평군	국내전시회참가기업지원	9,000	1	6	7	8	7	5	5	4
5135	경기 가평군	대한무공수훈자회가평군지회사업비	8,800	1	1	7	8	7	1	1	1
5136	경기 가평군	농가도우미지원	8,750	1	6	7	8	7	5	5	4
5137	경기 가평군	대한고엽제전우회가평군지회사업비	8,600	1	1	7	8	7	1	1	1
5138	경기 가평군	농촌체험휴양마을지도자교육	8,400	1	4	7	8	7	5	5	4
5139	경기 가평군	우수여왕벌보급사업	8,400	1	1	7	8	7	1	1	4
5140	경기 가평군	시니어체육육성지원	8,000	1	4	7	8	7	1	1	4
5141	경기 가평군	장애인운동용품지원	8,000	1	4	7	8	7	1	1	4
5142	경기 가평군	장애유형별대회출전지원	8,000	1	4	7	8	7	1	1	4
5143	경기 가평군	축산재해긴급지원	8,000	1	1	7	8	7	1	1	4
5144	경기 가평군	가축분뇨수거운반비지원사업	8,000	1	1,4	7	8	7	1	1	4
5145	경기 가평군	외식업단체위생교육비지원	8,000	1	1	7	8	7	5	5	4
5146	경기 가평군	농촌체험휴양마을홍보지원	7,560	1	4	7	8	7	5	5	4
5147	경기 가평군	농촌체험휴양마을단체차량지원	7,500	1	4	7	8	7	5	5	4
5148	경기 가평군	공중위생단체위생교육비지원	6,500	1	1	7	8	7	5	5	4
5149	경기 가평군	아프리카돼지열병농장유입차단지원	6,400	1	1,4	7	8	7	1	1	4
5150	경기 가평군	범죄피해자보호지원	6,000	1	1	7	8	7	1	1	1
5151	경기 가평군	대한민국특수임무유공자회가평군지회사업비	6,000	1	1	7	8	7	1	1	1
5152	경기 가평군	아람장터운영지원	6,000	1	4	7	8	7	5	5	4
5153	경기 가평군	대회출전및행사차량지원	6,000	1	4	7	8	7	1	1	4
5154	경기 가평군	축산농가폐의약품처리	6,000	1	1,4	7	8	7	1	1	4
5155	경기 가평군	차세대소비자농심함양학교4H회단체과제교육	6,000	1	5	7	8	7	5	5	4
5156	경기 가평군	미국한국전쟁참전기념비시설관리인건비	5,650	1	1	7	8	7	1	1	1
5157	경기 가평군	장애인사회활동참여지원	5,610	1	4	7	8	7	5	5	4

순번	시군구	지출명 (사업명)	2024년예산 (단위 : 천원 /1년간)	민간이전 분류 (지방자치단체 세출예산 집행기준에 의거) 1. 민간경상사업보조(307-02) 2. 민간단체 법정운영비보조(307-03) 3. 민간행사사업보조(307-04) 4. 민간위탁금(307-05) 5. 사회복지시설 법정운영비보조(307-10) 6. 민간인위탁교육비(307-12) 7. 공기관등에대한경상적위탁사업비(308-13) 8. 민간자본사업보조,자체재원(402-01) 9. 민간자본사업보조,이전재원(402-02) 10. 민간위탁사업비(402-03) 11. 공기관등에 대한 자본적 위탁사업비(403-02)	민간이전지출 근거 (지방보조금 관리기준 참고) 1. 법률에 규정 2. 국고보조 재원(국가지정) 3. 용도 지정 기부금 4. 조례에 직접규정 5. 지자체가 권장하는 사업을 하는 공공기관 6. 시,도 정책 및 재정사정 7. 기타 8. 해당없음	입찰방식: 계약체결방법 (경쟁형태) 1. 일반경쟁 2. 제한경쟁 3. 지명경쟁 4. 수의계약 5. 법정위탁 6. 기타 ( ) 7. 없음	입찰방식: 계약기간 1. 1년 2. 2년 3. 3년 4. 4년 5. 5년 6. 기타 ( )년 7. 단기계약 (1년미만) 8. 없음	입찰방식: 낙찰자선정방법 1. 적격심사 2. 협상에의한계약 3. 최저가낙찰제 4. 규격가격분리 5. 2단계 경쟁입찰 6. 기타 ( ) 7. 없음	운영예산 산정: 운영예산 산정 1. 내부산정 (지자체 자체적으로 산정) 2. 외부산정 (외부전문기관위탁 산정) 3. 내·외부 모두 산정 4. 산정 無 5. 없음	운영예산 산정: 정산방법 1. 내부정산 (지자체 내부적으로 정산) 2. 외부정산 (외부전문기관위탁 정산) 3. 내·외부 모두 산정 4. 정산 無 5. 없음	성과평가 실시여부 1. 실시 2. 미실시 3. 향후 추진 4. 해당없음
5158	경기 가평군	자매결연및교류활동지원	5,600	1	4	7	8	7	5	5	4
5159	경기 가평군	장애인사회활동참여지원	5,310	1	4	7	8	7	5	5	4
5160	경기 가평군	자연정화및산림보호	5,280	1	4	7	8	7	1	1	1
5161	경기 가평군	대한전몰군경미망인회가평군지회사업비	5,280	1	1	7	8	7	1	1	1
5162	경기 가평군	채석장환경NGO모니터링지원	5,060	1	6	7	8	7	5	5	4
5163	경기 가평군	공연장대관료지원	5,000	1	6	7	8	7	1	1	4
5164	경기 가평군	특수교육대상학생생활체육대회출전지원	5,000	1	4	7	8	7	1	1	4
5165	경기 가평군	한국4H가평군본부대의원워크숍	5,000	1	5	7	8	7	5	5	4
5166	경기 가평군	가평군야생화연구회작품전시회	5,000	1	1	7	8	7	5	5	4
5167	경기 가평군	선진농촌체험휴양마을견학	4,800	1	4	7	8	7	5	5	4
5168	경기 가평군	장애인생활체육지도자처우개선	4,772	1	6	7	8	7	1	1	4
5169	경기 가평군	농촌체험관광행사참가지원	4,560	1	4	7	8	7	5	5	4
5170	경기 가평군	장애인사회활동참여지원	4,370	1	4	7	8	7	5	5	4
5171	경기 가평군	자유총연맹활동지원	4,160	1	1	7	8	7	1	1	1
5172	경기 가평군	장애인사회활동참여지원	4,055	1	4	7	8	7	5	5	4
5173	경기 가평군	적십자사운영및사업(활동)비지원	4,000	1	4	7	8	7	1	1	1
5174	경기 가평군	작은도서관무더위혹한기쉼터운영지원(냉난방비)	3,640	1	4	7	8	7	5	1	4
5175	경기 가평군	시군협의체사업비지원	3,000	1	1	7	8	7	1	1	1
5176	경기 가평군	도및교육청공모사업운영지원	3,000	1	4	7	8	7	1	1	4
5177	경기 가평군	대한전몰군경유족회가평군지회사업비	2,800	1	1	7	8	7	1	1	1
5178	경기 가평군	가평군보훈단체협의회전적지순례	2,455	1	1	7	8	7	1	1	1
5179	경기 가평군	축산물전문판매점지원	2,400	1	1,4	7	8	7	1	1	3
5180	경기 가평군	대한월남참전자회가평군지회사업비	2,040	1	1	7	8	7	1	1	1
5181	경기 가평군	통일홍보강연회	2,000	1	1	7	8	7	1	1	1
5182	경기 가평군	YSMU동아리운영	1,880	1	1	7	8	7	1	1	1
5183	경기 가평군	사회공익승마체험	1,600	1	1,2	7	8	7	1	1	4
5184	경기 가평군	작은도서관운영지원(우수작은도서관육성)	1,270	1	4	7	8	7	1	1	4
5185	경기 가평군	유기질비료지원	1,220	1	2	4	7	7	1	1	4
5186	경기 양평군	교통약자이동지원센터운영지원	2,861,998	1	1	6	2	2	1	1	4
5187	경기 양평군	축산농가수분조절제(톱밥,왕겨)지원사업	1,040,000	1	1	7	8	7	5	5	4
5188	경기 양평군	주민자치센터운영비	984,000	1	4	7	8	7	1	1	1
5189	경기 양평군	농촌형교통모델행복버스운영비지원	800,000	1	1	1	5	1	1	1	4
5190	경기 양평군	통합문화이용권사업	750,880	1	2	7	8	7	1	1	1
5191	경기 양평군	분만산부인과운영비지원사업	500,000	1	1	6	6	6	2	2	1
5192	경기 양평군	박물관·미술관지원사업	458,205	1	4	7	1	7	5	1	4
5193	경기 양평군	양평문화원사업지원	312,795	1	4	7	8	7	1	1	1
5194	경기 양평군	소규모개인하수처리시설공동관리사업시설개선비지원	288,000	1	1	7	7	7	1	1	2
5195	경기 양평군	구제역예방백신(전업농)	229,513	1	1	7	8	7	5	1	4
5196	경기 양평군	경기한우명품화사업	224,050	1	6	7	8	7	5	5	4
5197	경기 양평군	소규모개인하수처리시설공동관리사업위탁관리	215,760	1	1	7	8	7	1	1	2

순번	시군구	지출명 (사업명)	2024년예산 (단위 : 천원 /1년간)	민간이전 분류 (지방자치단체 세출예산 집행기준에 의거) 1. 민간경상사업보조(307-02) 2. 민간단체 법정운영비보조(307-03) 3. 민간행사사업보조(307-04) 4. 민간위탁금(307-05) 5. 사회복지시설 법정운영비보조(307-10) 6. 민간인위탁교육비(307-12) 7. 공기관등에대한경상적위탁사업비(308-13) 8. 민간자본사업보조,자체재원(402-01) 9. 민간자본사업보조,이전재원(402-02) 10. 민간위탁사업비(402-03) 11. 공기관등에 대한 자본적 위탁사업비(403-02)	민간이전지출 근거 (지방보조금 관리기준 참고) 1. 법률에 규정 2. 국고보조 재원(국가지정) 3. 용도 지정 기부금 4. 조례에 직접규정 5. 지자체가 권장하는 사업을 하는 공공기관 6. 시,도 정책 및 재정사정 7. 기타 8. 해당없음	입찰방식			운영예산 산정		성과평가 실시여부
						계약체결방법 (경쟁형태) 1. 일반경쟁 2. 제한경쟁 3. 지명경쟁 4. 수의계약 5. 법정위탁 6. 기타 ( ) 7. 없음	계약기간 1. 1년 2. 2년 3. 3년 4. 4년 5. 5년 6. 기타 ( )년 7. 단기계약 (1년미만) 8. 없음	낙찰자선정방법 1. 적격심사 2. 협상에의한계약 3. 최저가낙찰제 4. 규격가격분리 5. 2단계 경쟁입찰 6. 기타 ( ) 7. 없음	운영예산 산정 1. 내부산정 (지자체 자체적으로 산정) 2. 외부산정 (외부전문기관위탁 산정) 3. 내·외부 모두 산정 4. 산정 無 5. 없음	정산방법 1. 내부정산 (지자체 내부적으로 정산) 2. 외부정산 (외부전문기관위탁 정산) 3. 내·외부 모두 산정 4. 정산 無 5. 없음	1. 실시 2. 미실시 3. 향후 추진 4. 해당없음
5198	경기 양평군	국민체육인증센터운영	203,640	1	2	7	5	7	1	1	1
5199	경기 양평군	일반생활체육지도자배치(6명)	188,742	1	2	7	8	7	1	1	1
5200	경기 양평군	축산환경개선사업	183,600	1	6	7	8	7	5	5	4
5201	경기 양평군	공동방제단운영	156,074	1	1	7	8	7	5	1	4
5202	경기 양평군	가축분뇨배출시설관리	146,280	1	1,4	7	8	7	1	1	4
5203	경기 양평군	양평청년청년인턴십지원사업	143,400	1	4	7	8	7	1	1	4
5204	경기 양평군	사회적기업일자리창출지원사업	135,902	1	2	7	8	7	1	1	1
5205	경기 양평군	마을공동체주민제안공모사업	120,000	1	4	7	8	7	5	5	4
5206	경기 양평군	세미프로경기도연고팀지원사업	100,000	1	7	7	8	7	1	1	1
5207	경기 양평군	상생행복일자리사업	100,000	1	7	7	8	7	5	5	4
5208	경기 양평군	교통소외지역맞춤형버스사업	99,000	1	1	7	8	7	1	1	4
5209	경기 양평군	장애인생활체육지도자배치(3명)	93,906	1	2	7	8	7	1	1	1
5210	경기 양평군	가축분뇨수거운반비지원	89,760	1	1,4	7	8	7	1	1	4
5211	경기 양평군	노동안전지킴이운영	88,070	1	7	7	8	7	5	5	4
5212	경기 양평군	시군장애인편의시설기술지원센터	88,000	1	6	7	8	7	1	1	4
5213	경기 양평군	돼지써코백신지원	86,400	1	1	7	8	7	5	5	4
5214	경기 양평군	장애인문화예술진흥사업	80,000	1	4	7	8	7	5	5	4
5215	경기 양평군	기부식품등제공사업장운영지원	80,000	1	6	7	8	7	1	1	1
5216	경기 양평군	장애인평생교육시설운영지원	75,380	1	1	7	8	7	1	1	4
5217	경기 양평군	국가지정문화재및등록문화재보수정비(양평용문사금동관음보살좌상주변정비사업)	72,000	1	2	7	8	7	1	1	1
5218	경기 양평군	축분비료포장재지원사업	70,000	1	1	7	8	7	5	5	4
5219	경기 양평군	조사료생산용사일리지제조운송비지원	68,451	1	2	7	8	7	5	5	4
5220	경기 양평군	작은도서관아이돌봄독서문화프로그램지원사업	67,500	1	4	7	8	7	1	1	1
5221	경기 양평군	예술단체지원사업	67,200	1	4	7	8	7	5	5	4
5222	경기 양평군	소귀표부착비지원	64,272	1	1	7	8	7	5	5	4
5223	경기 양평군	양평예술제	64,000	1	4	7	8	7	5	5	4
5224	경기 양평군	어르신생활체육지도자배치(2명)	62,914	1	2	7	8	7	1	1	1
5225	경기 양평군	법인택시처우개선지원	54,600	1	1	7	8	7	2	1	4
5226	경기 양평군	고품질안전축산물육성	53,900	1	1	7	8	7	5	5	4
5227	경기 양평군	양봉산업육성사업(양봉산업경쟁력강화)	52,650	1	6	7	8	7	5	5	4
5228	경기 양평군	축산환경헬퍼(도우미)지원사업	51,691	1	1	7	8	7	5	5	4
5229	경기 양평군	평생학습마을공동체운영	50,000	1	4	7	8	7	1	1	1
5230	경기 양평군	낙농헬퍼(도우미)지원사업	48,480	1	1	7	8	7	5	5	4
5231	경기 양평군	한우헬퍼(도우미)지원사업	48,480	1	1	7	8	7	5	5	4
5232	경기 양평군	양평의병기념사업지원	43,000	1	1	7	8	7	1	1	1
5233	경기 양평군	학생승마체험	40,320	1	2	7	8	7	5	5	4
5234	경기 양평군	양평군새마을회지원	40,000	1	1	7	8	7	1	1	1
5235	경기 양평군	사회적기업사회보험료지원사업	38,400	1	6	7	8	7	1	1	1
5236	경기 양평군	마을기업발굴육성지원사업	36,000	1	2	7	8	7	1	1	1
5237	경기 양평군	민주평화통일자문회의양평군협의회지원	30,000	1	1	7	8	7	1	1	1

순번	시군구	지출명 (사업명)	2024년예산 (단위 : 천원 /1년간)	민간이전 분류 (지방자치단체 세출예산 집행기준에 의거) 1. 민간경상사업보조(307-02) 2. 민간단체 법정운영비보조(307-03) 3. 민간행사사업보조(307-04) 4. 민간위탁금(307-05) 5. 사회복지시설 법정운영비보조(307-10) 6. 민간인위탁교육비(307-12) 7. 공기관등에대한경상적위탁사업비(308-13) 8. 민간자본사업보조,지체재원(402-01) 9. 민간자본사업보조,이전재원(402-02) 10. 민간위탁사업비(402-03) 11. 공기관등에 대한 자본적 위탁사업비(403-02)	민간이전지출 근거 (지방보조금 관리기준 참고) 1. 법률에 규정 2. 국고보조 재원(국가지정) 3. 용도 지정 기부금 4. 조례에 직접규정 5. 지자체가 권장하는 사업을 하는 공공기관 6. 시,도 정책 및 재정사정 7. 기타 8. 해당없음	입찰방식 계약체결방법 (경쟁형태) 1. 일반경쟁 2. 제한경쟁 3. 지명경쟁 4. 수의계약 5. 법정위탁 6. 기타 ( ) 7. 없음	입찰방식 계약기간 1. 1년 2. 2년 3. 3년 4. 4년 5. 5년 6. 기타 ( )년 7. 단기계약 (1년미만) 8. 없음	입찰방식 낙찰자선정방법 1. 적격심사 2. 협상에의한계약 3. 최저가낙찰제 4. 규격가격분리 5. 2단계 경쟁입찰 6. 기타 ( ) 7. 없음	운영예산 산정 운영예산 산정 1. 내부산정 (지자체 자체적으로 산정) 2. 외부산정 (외부전문기관위탁 산정) 3. 내·외부 모두 산정 4. 산정 無 5. 없음	운영예산 산정 정산방법 1. 내부정산 (지자체 내부적으로 정산) 2. 외부정산 (외부전문기관위탁 정산) 3. 내·외부 모두 산정 4. 정산 無 5. 없음	성과평가 실시여부 1. 실시 2. 미실시 3. 향후 추진 4. 해당없음
5238	경기 양평군	양평군이장협의회지원	30,000	1	4	7	8	7	1	1	1
5239	경기 양평군	전통문화특화프로그램운영	30,000	1	2	7	8	7	1	1	1
5240	경기 양평군	갤러리와함께떠나는기차여행	30,000	1	4	7	8	7	1	1	1
5241	경기 양평군	초등스포츠클럽육성	29,850	1	1	7	8	7	1	1	1
5242	경기 양평군	시군장애인편의시설현장조사요원운영	29,731	1	6	7	8	7	1	1	4
5243	경기 양평군	조사료생산용볏짚비닐지원	28,200	1	6	7	8	7	5	5	4
5244	경기 양평군	브랜드축산물판매포장재지원사업	25,000	1	1	7	8	7	5	5	4
5245	경기 양평군	물맑은양평상표포장재지원사업	25,000	1	4	7	8	7	5	5	4
5246	경기 양평군	작은도서관냉난방비지원사업	24,007	1	4	7	8	7	1	1	1
5247	경기 양평군	프로그램사업비지원	24,000	1	4	7	8	7	5	5	4
5248	경기 양평군	맘튼튼축산물꾸러미지원	23,500	1	2	7	8	7	5	5	4
5249	경기 양평군	유소년승마단창단운영지원	22,000	1	2	7	8	7	5	5	4
5250	경기 양평군	말연관일자리지원	21,000	1	6	7	8	7	5	5	4
5251	경기 양평군	조사료생산용종자구입지원	20,250	1	2	7	8	7	5	5	4
5252	경기 양평군	향교서원활성화	20,000	1	1	7	8	7	5	5	1
5253	경기 양평군	사회적경제홍보지원	20,000	1	4	7	8	7	1	1	1
5254	경기 양평군	청년활동지원	20,000	1	4	7	8	7	1	1	4
5255	경기 양평군	팔당수계정화활동추진	20,000	1	1	1	1	1	2	2	1
5256	경기 양평군	문화프로그램경연대회및작품전시회	19,200	1	4	7	8	7	1	1	1
5257	경기 양평군	가금농가질병관리지원	18,000	1	1	7	8	7	5	5	4
5258	경기 양평군	해병대양평군전우회지원	16,320	1	1	7	8	7	1	1	1
5259	경기 양평군	양평문학지발간	16,000	1	4	7	8	7	5	5	4
5260	경기 양평군	양평청년공간오름	16,000	1	4	7	8	7	1	1	4
5261	경기 양평군	작은도서관운영지원사업(독서환경조성)	15,080	1	4	7	8	7	1	1	1
5262	경기 양평군	평생학습동아리지원사업	15,000	1	4	7	8	7	1	1	4
5263	경기 양평군	사회적경제창업지원사업	15,000	1	6	7	8	7	1	1	1
5264	경기 양평군	한국자유총연맹양평군지회지원	14,000	1	1	7	8	7	1	1	1
5265	경기 양평군	경기도장애인생활체육교실지원사업	14,000	1	7	7	8	7	1	1	1
5266	경기 양평군	물맑은양평한우경쟁력강화사업	13,000	1	1	7	8	7	5	5	4
5267	경기 양평군	작은도서관운영지원사업(우수작은도서관육성)	12,980	1	4	7	8	7	1	1	1
5268	경기 양평군	우리동네학습공간마을배움터지원사업	12,000	1	4	7	8	7	1	1	4
5269	경기 양평군	경기도문화프로그램경연대회참가	12,000	1	4	7	8	7	1	1	1
5270	경기 양평군	전국주민자치박람회견학지원	12,000	1	4	7	8	7	1	1	1
5271	경기 양평군	브랜드수산물포장재지원	11,392	1	1	7	8	7	5	5	4
5272	경기 양평군	우수여왕벌보급사업	10,800	1	2	7	8	7	5	5	4
5273	경기 양평군	수중정화활동사업	10,400	1	4	7	8	7	1	1	1
5274	경기 양평군	승마장육성지원사업	10,148	1	6	7	8	7	5	5	4
5275	경기 양평군	공중화장실관리	10,000	1	1	7	8	7	1	1	1
5276	경기 양평군	식품위생관련단체지원	10,000	1	1	7	8	7	1	1	1
5277	경기 양평군	축산악취저감활동지원	10,000	1	6	7	8	7	5	5	4

순번	시군구	지출명 (사업명)	2024년예산 (단위 : 천원 /1년간)	민간이전 분류 (지방자치단체 세출예산 집행기준에 의거) 1. 민간경상사업보조(307-02) 2. 민간단체 법정운영비보조(307-03) 3. 민간행사사업보조(307-04) 4. 민간위탁금(307-05) 5. 사회복지시설 법정운영비보조(307-10) 6. 민간인위탁교육비(307-12) 7. 공기관등에대한경상적위탁사업비(308-13) 8. 민간자본사업보조,자체재원(402-01) 9. 민간자본사업보조,이전재원(402-02) 10. 민간위탁사업비(402-03) 11. 공기관등에 대한 자본적 위탁사업비(403-02)	민간이전지출 근거 (지방보조금 관리기준 참고) 1. 법률에 규정 2. 국고보조 재원(국가지정) 3. 용도 지정 기부금 4. 조례에 직접규정 5. 지자체가 권장하는 사업을 하는 공공기관 6. 시,도 정책 및 재정사정 7. 기타 8. 해당없음	입찰방식 계약체결방법 (경쟁형태) 1. 일반경쟁 2. 제한경쟁 3. 지명경쟁 4. 수의계약 5. 법정위탁 6. 기타 ( ) 7. 없음	입찰방식 계약기간 1. 1년 2. 2년 3. 3년 4. 4년 5. 5년 6. 기타 ( )년 7. 단기계약 (1년미만) 8. 없음	입찰방식 낙찰자선정방법 1. 적격심사 2. 협상에의한계약 3. 최저가낙찰제 4. 규격가격분리 5. 2단계 경쟁입찰 6. 기타 ( ) 7. 없음	운영예산 산정 운영예산 산정 1. 내부산정 (지자체 자체적으로 산정) 2. 외부산정 (외부전문기관위탁 산정) 3. 내·외부 모두 산정 4. 산정 無 5. 없음	운영예산 산정 정산방법 1. 내부정산 (지자체 내부적으로 정산) 2. 외부정산 (외부전문기관위탁 정산) 3. 내·외부 모두 산정 4. 정산 無 5. 없음	성과평가 실시여부 1. 실시 2. 미실시 3. 향후 추진 4. 해당없음
5278	경기 양평군	바르게살기운동조직강화및다짐대회	9,600	1	1	7	8	7	1	1	1
5279	경기 양평군	문화프로그램경연대회우수사업비	9,600	1	4	7	8	7	1	1	1
5280	경기 양평군	양평군모범운전자회활동지원	9,600	1	4	5	8	7	1	1	4
5281	경기 양평군	생활체육지도자처우개선	9,544	1	2	7	8	7	1	1	1
5282	경기 양평군	양평군녹색어머니연합회활동지원	8,000	1	1	5	8	7	1	1	4
5283	경기 양평군	축산재해긴급지원	8,000	1	6	7	8	7	5	5	4
5284	경기 양평군	소규모개인하수처리시설관리지원사업시설개선비지원	8,000	1	1	7	7	7	1	1	2
5285	경기 양평군	유실유기동물입양비지원	7,500	1	1	7	8	7	5	5	4
5286	경기 양평군	청년공간딴딴회관	6,800	1	4	7	8	7	1	1	4
5287	경기 양평군	야생동물구조치료	6,000	1	6	7	8	7	1	1	4
5288	경기 양평군	농가등축산물HACCP컨설팅	6,000	1	1	7	8	7	5	5	4
5289	경기 양평군	위기청소년힐링승마사업	5,520	1	6	7	8	7	5	5	4
5290	경기 양평군	대한적십자봉사회주거환경개선사업	4,800	1	1	7	8	7	1	1	1
5291	경기 양평군	택시카드단말기통신료지원	4,499	1	1	7	8	7	2	1	4
5292	경기 양평군	택시쉼터시설관리대행비	4,000	1	1	7	8	7	2	1	4
5293	경기 양평군	미용업기술교육지원	4,000	1	4	7	8	7	1	1	1
5294	경기 양평군	이북도민회양평군지회지원	3,000	1	1	7	8	7	1	1	1
5295	경기 양평군	양평재향경우회지원	3,000	1	1	7	8	7	1	1	1
5296	경기 양평군	학습공간운영	2,400	1	4	7	8	7	1	1	1
5297	경기 양평군	장애인생활체육지도자처우개선(2명)	2,386	1	2	7	8	7	1	1	1
5298	경기 양평군	양평군재향군인회지원	2,000	1	1	7	8	7	1	1	1
5299	경기 양평군	자연환경정화활동추진	2,000	1	1	7	8	7	5	5	4
5300	경기 양평군	사회공익승마사업	1,920	1	6	7	8	7	5	5	4
5301	경기 양평군	축산물전문판매점지원	1,600	1	1	7	8	7	5	5	4
5302	경기 양평군	돌봄취약가구반려동물의료서비스등지원	1,600	1	6	7	8	7	5	5	4
5303	인천 중구	당직의료기관(응급의료시설)운영	600,000	1	4	1	3	7	1	3	1
5304	인천 중구	스포츠강좌이용권지원	436,800	1	1	7	8	7	1	1	1
5305	인천 중구	공공심야약국운영지원비	133,876	1	6	7	1	7	1	1	1
5306	인천 중구	주민자치회시범사업지원	110,000	1	6	7	8	7	1	1	2
5307	인천 중구	전통시장화재공제가입지원사업	88,146	1	4	7	8	7	1	1	2
5308	인천 중구	초,중등학교운동부육성	75,000	1	1	7	8	7	1	1	1
5309	인천 중구	장애인스포츠강자이용권지원	68,640	1	1	7	7	7	1	1	1
5310	인천 중구	응급의료기관지원발전프로그램	59,400	1	2	7	1	7	3	1	1
5311	인천 중구	민주의식함양과사회통합을위한바르게살기운동사업	51,970	1	1	7	8	7	5	1	1
5312	인천 중구	제2의새마을운동을통한행복한중구만들기사업	46,690	1	1	7	8	7	5	1	1
5313	인천 중구	민관,공공협력결핵관리의료기관지원비	37,684	1	2	7	8	7	4	1	1
5314	인천 중구	마을기업육성사업	30,000	1	2	7	8	7	1	1	1
5315	인천 중구	장애인권익증진사업지원	30,000	1	1	7	8	7	1	1	4
5316	인천 중구	해양레저스포츠교육프로그램지원	30,000	1	1	7	7	7	1	1	1
5317	인천 중구	월남촌사랑마을더불어마을	28,000	1	6	6	1	6	1	1	1

순번	시군구	지출명 (사업명)	2024년예산 (단위 : 천원 /1년간)	민간이전 분류 (지방자치단체 세출예산 집행기준에 의거) 1. 민간경상사업보조(307-02) 2. 민간단체 법정운영비보조(307-03) 3. 민간행사사업보조(307-04) 4. 민간위탁금(307-05) 5. 사회복지시설 법정운영비보조(307-10) 6. 민간인위탁교육비(307-12) 7. 공기관등에대한경상적위탁사업비(308-13) 8. 민간자본사업보조,자체재원(402-01) 9. 민간자본사업보조,이전재원(402-02) 10. 민간위탁사업비(402-03) 11. 공기관등에 대한 자본적 위탁사업비(403-02)	민간이전지출 근거 (지방보조금 관리기준 참고) 1. 법률에 규정 2. 국고보조 재원(국가지정) 3. 용도 지정 기부금 4. 조례에 직접규정 5. 지자체가 권장하는 사업을 하는 공공기관 6. 시,도 정책 및 재정사정 7. 기타 8. 해당없음	입찰방식 계약체결방법 (경쟁형태) 1. 일반경쟁 2. 제한경쟁 3. 지명경쟁 4. 수의계약 5. 법정위탁 6. 기타 ( ) 7. 없음	입찰방식 계약기간 1. 1년 2. 2년 3. 3년 4. 4년 5. 5년 6. 기타 ( )년 7. 단기계약 (1년미만) 8. 없음	입찰방식 낙찰자선정방법 1. 적격심사 2. 협상에의한계약 3. 최저가낙찰제 4. 규격가격분리 5. 2단계 경쟁입찰 6. 기타 ( ) 7. 없음	운영예산 산정 운영예산 산정 1. 내부산정 (지자체 자체적으로 산정) 2. 외부산정 (외부전문기관위탁 산정) 3. 내·외부 모두 산정 4. 산정 無 5. 없음	운영예산 산정 정산방법 1. 내부정산 (지자체 내부적으로 정산) 2. 외부정산 (외부전문기관위탁 정산) 3. 내·외부 모두 정산 4. 정산 無 5. 없음	성과평가 실시여부 1. 실시 2. 미실시 3. 향후 추진 4. 해당없음
5318	인천 중구	통일홍보활동사업	25,980	1	1	7	8	7	5	1	1
5319	인천 중구	중구체육회체육대회및행사지원	23,100	1	1	7	8	7	1	1	1
5320	인천 중구	자유민주주의체제수호활동사업	18,335	1	1	7	8	7	5	1	1
5321	인천 중구	안전한중구,빛나는중구만들기사업	10,000	1	1	7	8	7	5	1	1
5322	인천 중구	통일안보교육지원사업	10,000	1	1	7	8	7	5	1	1
5323	인천 중구	적십자희망의바람프로그램사업	9,000	1	1	7	8	7	5	1	1
5324	인천 중구	의료관련감염병관리운영비지원	4,574	1	2	7	8	7	4	1	1
5325	인천 중구	감염병표본감시의료기관운영비	4,320	1	2	7	8	7	4	1	1
5326	인천 동구	일반생활체육지도자인건비및보험료	292,271	1	2	7	8	7	1	1	4
5327	인천 동구	소규모기업환경개선사업	160,000	1	4	7	8	7	1	2	1
5328	인천 동구	일자리창출지원사업	118,296	1	2	7	8	7	1	1	4
5329	인천 동구	응급의료기관지원	115,200	1	2	7	8	7	5	5	4
5330	인천 동구	전통시장활성화	114,384	1	4	7	8	7	1	1	4
5331	인천 동구	주민자치회추진사업지원	110,000	1	4	7	8	7	5	5	4
5332	인천 동구	민간단체보조금(민간경상사업보조)	101,600	1	1	7	8	7	5	5	4
5333	인천 동구	어업용면세유지원	100,000	1	1	7	8	7	5	5	4
5334	인천 동구	장애인생활체육지도자인건비및보험료	80,792	1	2	7	8	7	1	1	4
5335	인천 동구	어르신생활체육지도자인건비및보험료	79,677	1	2	7	8	7	1	1	4
5336	인천 동구	정신재활시설종사자인건비,운영비	73,660	1	6	7	8	1	1	1	4
5337	인천 동구	화도진문화원사업비	72,046	1	4	7	8	7	1	1	3
5338	인천 동구	어업지도(어선어업인보험료지원및어선(선체)보험료지원)	68,000	1	1	7	8	7	5	5	4
5339	인천 동구	지역사회건강조사조사분석위탁운영비	67,826	1	2	5	1	7	5	3	4
5340	인천 동구	학생승마체험지원	65,292	1	2	7	8	7	1	1	2
5341	인천 동구	마을만들기공모사업	51,000	1	4	7	8	7	5	5	4
5342	인천 동구	식품접객업소기존영업지위생교육비지원맞춤형주방시설개선지원식품접객업소청소비지원동구브랜드빵판매업소지원	37,600	1	1,4	7	8	7	1	1	1
5343	인천 동구	생분해성어구보급	32,000	1	1	7	8	7	5	5	4
5344	인천 동구	청소년어울림마당지원	24,000	1	1	7	8	7	1	1	4
5345	인천 동구	마을기업육성사업	20,000	1	2	7	8	7	1	1	4
5346	인천 동구	작은도서관컨설팅및특화프로그램지원	14,000	1	1	7	8	7	1	1	4
5347	인천 동구	체육진흥및육성	13,000	1	4	7	8	7	1	1	1
5348	인천 동구	장애인단체사업비보조	10,000	1	1	7	8	7	1	1	2
5349	인천 동구	경영혁신외식서비스지원	10,000	1	2	7	8	7	1	1	1
5350	인천 동구	공공심야약국운영지원비	9,360	1	6	7	8	7	1	1	4
5351	인천 동구	이미용시설개선지원	8,000	1	4	7	8	7	1	1	1
5352	인천 동구	국내전시회개별참가지원	7,500	1	4	7	8	7	1	2	4
5353	인천 동구	자연보호운동민간단체보조금지원	3,000	1	1	7	8	7	1	1	3
5354	인천 동구	사업지원비	2,287	1	2	7	1	1	1	1	4
5355	인천 동구	LPG용기사용가구시설개선사업	2,000	1	1	7	8	7	1	1	1
5356	인천 동구	2024우수공예품개발장려금지원	1,500	1	4	7	8	7	5	5	4
5357	인천 동구	정신재활시설종사자급량비,복지점수	1,260	1	6	7	8	1	1	1	4

순번	시군구	지출명 (사업명)	2024년예산 (단위 : 천원 /1년간)	민간이전 분류 (지방자치단체 세출예산 집행기준에 의거) 1. 민간경상사업보조(307-02) 2. 민간단체 법정운영비보조(307-03) 3. 민간행사사업보조(307-04) 4. 민간위탁금(307-05) 5. 사회복지시설 법정운영비보조(307-10) 6. 민간인위탁교육비(307-12) 7. 공기관등에대한경상적위탁사업비(308-13) 8. 민간자본사업보조,자체재원(402-01) 9. 민간자본사업보조,이전재원(402-02) 10. 민간위탁사업비(402-03) 11. 공기관등에 대한 자본적 위탁사업비(403-02)	민간이전지출 근거 (지방보조금 관리기준 참고) 1. 법률에 규정 2. 국고보조 재원(국가지정) 3. 용도 지정 기부금 4. 조례에 직접규정 5. 지자체가 권장하는 사업을 하는 공공기관 6. 시,도 정책 및 재정사정 7. 기타 8. 해당없음	입찰방식 계약체결방법 (경쟁형태) 1. 일반경쟁 2. 제한경쟁 3. 지명경쟁 4. 수의계약 5. 법정위탁 6. 기타 ( ) 7. 없음	입찰방식 계약기간 1. 1년 2. 2년 3. 3년 4. 4년 5. 5년 6. 기타 ( )년 7. 단기계약 (1년미만) 8. 없음	입찰방식 낙찰자선정방법 1. 적격심사 2. 협상에의한계약 3. 최저가낙찰제 4. 규격가격분리 5. 2단계 경쟁입찰 6. 기타 ( ) 7. 없음	운영예산 산정 운영예산 산정 1. 내부산정 (지자체 자체적으로 산정) 2. 외부산정 (외부전문기관위탁 산정) 3. 내·외부 모두 산정 4. 산정 無 5. 없음	운영예산 산정 정산방법 1. 내부정산 (지자체 내부적으로 정산) 2. 외부정산 (외부전문기관위탁 정산) 3. 내·외부 모두 산정 4. 정산 無 5. 없음	성과평가 실시여부 1. 실시 2. 미실시 3. 향후 추진 4. 해당없음
5358	인천 동구	축산차량GPS상시전원지원사업	1,200	1	2	7	8	7	1	1	2
5359	인천 미추홀구	주민자치회시범사업운영지원	315,000	1	4	7	8	7	1	1	4
5360	인천 미추홀구	정신재활시설운영비	252,138	1	1	7	8	7	1	1	1
5361	인천 미추홀구	자원봉사센터운영지원	166,200	1	1	7	8	7	1	1	4
5362	인천 미추홀구	가정용음식물류폐기물감량기기구축	150,000	1	4	7	8	7	5	5	4
5363	인천 미추홀구	전통시장화재공제가입지원사업	109,588	1	1	7	8	7	1	1	3
5364	인천 미추홀구	학생승마체험	102,656	1	2	6	1	6	5	1	2
5365	인천 미추홀구	전통시장매니저지원사업	100,440	1	1	7	8	7	1	1	4
5366	인천 미추홀구	대한노인회인천미추홀구지회운영	93,500	1	1	7	8	7	1	1	1
5367	인천 미추홀구	국가보훈단체예우및지원	92,000	1	1	7	8	7	1	1	1
5368	인천 미추홀구	생생국가유산사업	70,000	1	2	7	8	7	5	1	2
5369	인천 미추홀구	국민운동단체활성화	68,000	1	1	7	8	7	1	1	4
5370	인천 미추홀구	자원봉사센터코디네이터지원	66,420	1	2	7	8	7	1	1	4
5371	인천 미추홀구	향교서원문화유산활용사업	65,000	1	2	7	8	7	5	1	2
5372	인천 미추홀구	전통시장공동배송지원사업	50,220	1	1	7	8	7	1	1	4
5373	인천 미추홀구	어업용면세유지원	30,000	1	7	5	8	7	5	5	4
5374	인천 미추홀구	작은도서관활성화지원	28,000	1	5	7	8	7	1	1	4
5375	인천 미추홀구	자원봉사와함께하는병원동행사업	26,000	1	6	7	8	7	1	1	4
5376	인천 미추홀구	전수교육관활성화사업	20,000	1	2	7	8	7	5	1	2
5377	인천 미추홀구	자원봉사자상해보험지원	18,976	1	2	7	8	7	1	1	4
5378	인천 미추홀구	주민자치협의회추진성과발표대회	18,900	1	4	7	8	7	1	1	4
5379	인천 미추홀구	주민자치회역량강화워크숍	15,000	1	4	7	8	7	1	1	4
5380	인천 미추홀구	경영혁신외식서비스지원	15,000	1	6	7	8	7	1	1	1
5381	인천 미추홀구	인천향교명륜학당운영지원	12,000	1	4	7	8	7	1	1	2
5382	인천 미추홀구	시장경영패키지시장매니저지원사업	10,896	1	1	7	8	7	1	1	4
5383	인천 미추홀구	시장경영패키지공동배송지원사업	10,896	1	1	7	8	7	1	1	4
5384	인천 미추홀구	사립박물관운영활성화지원사업	10,000	1	4	7	8	7	1	1	2
5385	인천 미추홀구	기존영업자위생교육비지원	9,000	1	1	7	8	7	1	1	4
5386	인천 미추홀구	인천미추홀모범운전자회운영사업비지원	8,000	1	1	7	7	7	1	1	1
5387	인천 미추홀구	생분해성어구보급	7,000	1	2	5	8	7	5	5	4
5388	인천 미추홀구	정신요양재활시설종사자급량비및관리자수당	6,240	1	1	7	8	7	1	1	1
5389	인천 미추홀구	통일안보의식고취사업	5,400	1	1	7	8	7	1	1	1
5390	인천 미추홀구	적십자봉사회활동지원	5,000	1	4	7	8	7	1	1	1
5391	인천 미추홀구	농업인안전보험가입지원	3,200	1	1	7	8	7	3	1	4
5392	인천 미추홀구	농업인단체신문구독료지원	2,340	1	1,6	7	8	7	3	1	4
5393	인천 미추홀구	어린이보행환경개선사업	2,000	1	5	7	7	7	1	1	1
5394	인천 미추홀구	정신재활시설종사자복지점수	1,100	1	1	7	8	7	1	1	1
5395	인천 미추홀구	친환경유기질비료지원사업	740	1	1	7	8	7	3	1	4
5396	인천 미추홀구	미추홀구온마을학교운영지원사업	100,000	1	4	1	1	6	1	1	1
5397	인천 미추홀구	우수평생학습동아리지원사업	4,000	1	4	7	8	7	3	3	1

순번	시군구	지출명 (사업명)	2024년예산 (단위 : 천원 /1년간)	민간이전 분류 (지방자치단체 세출예산 집행기준에 의거) 1. 민간경상사업보조(307-02) 2. 민간단체 법정운영비보조(307-03) 3. 민간행사사업보조(307-04) 4. 민간위탁금(307-05) 5. 사회복지시설 법정운영비보조(307-10) 6. 민간인위탁교육비(307-12) 7. 공기관등에대한경상적위탁사업비(308-13) 8. 민간자본사업보조,자체재원(402-01) 9. 민간자본사업보조,이전재원(402-02) 10. 민간위탁사업비(402-03) 11. 공기관등에 대한 자본적 위탁사업비(403-02)	민간이전지출 근거 (지방보조금 관리기준 참고) 1. 법률에 규정 2. 국고보조 재원(국가지정) 3. 용도 지정 기부금 4. 조례에 직접규정 5. 지자체가 권장하는 사업을 하는 공공기관 6. 시,도 정책 및 재정사정 7. 기타 8. 해당없음	입찰방식: 계약체결방법 (경쟁형태) 1. 일반경쟁 2. 제한경쟁 3. 지명경쟁 4. 수의계약 5. 법정위탁 6. 기타 ( ) 7. 없음	입찰방식: 계약기간 1. 1년 2. 2년 3. 3년 4. 4년 5. 5년 6. 기타 ( )년 7. 단기계약 (1년미만) 8. 없음	입찰방식: 낙찰자선정방법 1. 적격심사 2. 협상에의한계약 3. 최저가낙찰제 4. 규격가격분리 5. 2단계 경쟁입찰 6. 기타 ( ) 7. 없음	운영예산 산정: 운영예산 산정 1. 내부산정 (지자체 자체적으로 산정) 2. 외부산정 (외부전문기관위탁 산정) 3. 내·외부 모두 산정 4. 산정 無 5. 없음	운영예산 산정: 정산방법 1. 내부정산 (지자체 내부적으로 정산) 2. 외부정산 (외부전문기관위탁 정산) 3. 내·외부 모두 산정 4. 정산 無 5. 없음	성과평가 실시여부 1. 실시 2. 미실시 3. 향후 추진 4. 해당없음
5398	인천 미추홀구	청소년유해환경감시단운영	2,334	1	2	1	8	1	1	1	1
5399	인천 연수구	음식물류폐기물가정용감량기보급지원사업	450,000	1	1	7	8	7	1	5	4
5400	인천 연수구	일반생활체육지도자배치	346,100	1	4	7	8	7	1	1	1
5401	인천 연수구	학생승마체험지원사업	206,192	1	2	7	8	7	5	5	4
5402	인천 연수구	발달장애인시추가주간활동서비스	199,266	1	2	7	8	7	5	1	4
5403	인천 연수구	어르신생활체육지도자배치	155,680	1	4	7	8	7	1	1	1
5404	인천 연수구	정신재활시설운영	133,058	1	6	7	8	7	1	1	2
5405	인천 연수구	공공심야약국운영	129,106	1	7	7	8	7	5	1	4
5406	인천 연수구	청년중소기업희망종합패키지	102,879	1	2	7	8	7	5	5	4
5407	인천 연수구	법정운영단체공익활동지원	81,000	1	7	7	8	7	1	1	1
5408	인천 연수구	정신재활시설운영	77,022	1	6	7	8	7	1	1	2
5409	인천 연수구	지역사회보장협의체운영	71,932	1	1	7	7	7	1	1	4
5410	인천 연수구	민간사회단체의공익사업지원	63,504	1	1	7	7	7	1	1	1
5411	인천 연수구	온(On)동네특화프로그램지원사업	60,000	1	4	7	8	7	5	5	4
5412	인천 연수구	국가유공및보훈단체지원	56,100	1	4	7	8	7	1	1	1
5413	인천 연수구	민간사회단체의공익사업지원	54,545	1	1	7	8	7	1	1	4
5414	인천 연수구	연수문화원사업활동지원	50,000	1	4	5	8	7	1	1	1
5415	인천 연수구	작은도서관컨설팅및프로그램지원	46,440	1	1	7	8	7	1	1	4
5416	인천 연수구	의료기관결핵환자관리지원	37,684	1	2	7	8	7	2	2	1
5417	인천 연수구	성인문해교육지원	35,000	1	1,4	7	8	7	1	1	1
5418	인천 연수구	비영리민간단체공익활동지원	32,000	1	7	7	8	7	1	1	1
5419	인천 연수구	중소기업경쟁력강화지원	30,000	1	8	7	8	7	5	5	4
5420	인천 연수구	전국및시도대회출전선수단지원	30,000	1	4	7	8	7	1	1	1
5421	인천 연수구	군구체육지도자배치	28,000	1	4	7	8	7	1	1	1
5422	인천 연수구	시장매니저인건비지원	25,740	1	1	7	8	7	1	1	4
5423	인천 연수구	민간사회단체의공익사업지원	25,520	1	1	7	7	7	1	1	1
5424	인천 연수구	비료가격안정지원	22,158	1	2	7	8	7	1	1	4
5425	인천 연수구	지방문화원사업활동비지원	22,046	1	4	5	8	7	1	1	1
5426	인천 연수구	유기질비료지원	20,574	1	2	7	8	7	1	1	4
5427	인천 연수구	어업용면세유지원	14,000	1	1	7	8	7	5	5	4
5428	인천 연수구	연수구체육회활동지원	13,000	1	4	7	8	7	1	1	1
5429	인천 연수구	양봉기자재지원사업	12,400	1	6	7	8	7	5	5	4
5430	인천 연수구	교통안전활동지원	12,000	1	1	7	8	7	5	5	1
5431	인천 연수구	농업단체신문구독료지원	10,774	1	6	7	8	7	1	1	4
5432	인천 연수구	연수행복학교운영	10,000	1	6	7	8	7	1	1	1
5433	인천 연수구	평생학습동아리지원	10,000	1	1,4	7	8	7	1	1	1
5434	인천 연수구	민간사회단체의공익사업지원	9,550	1	1	7	7	7	1	1	1
5435	인천 연수구	우수공예품개발장려금지원	4,000	1	1	7	8	7	5	5	4
5436	인천 연수구	정신재활시설종사자후생복지사업비지원	3,870	1	6	7	8	7	1	1	2
5437	인천 연수구	청소년유해환경감시단지원	2,334	1	2	1	1	1	1	1	1

순번	시군구	지출명 (사업명)	2024년예산 (단위 : 천원 /1년간)	민간이전 분류 (지방자치단체 세출예산 집행기준에 의거) 1. 민간경상사업보조(307-02) 2. 민간단체 법정운영비보조(307-03) 3. 민간행사사업보조(307-04) 4. 민간위탁금(307-05) 5. 사회복지시설 법정운영비보조(307-10) 6. 민간인위탁교육비(307-12) 7. 공기관등에대한경상적위탁사업비(308-13) 8. 민간자본사업보조,자체재원(402-01) 9. 민간자본사업보조,이전재원(402-02) 10. 민간위탁사업비(402-03) 11. 공기관등에 대한 자본적 위탁사업비(403-02)	민간이전지출 근거 (지방보조금 관리기준 참고) 1. 법률에 규정 2. 국고보조 재원(국가지정) 3. 용도 지정 기부금 4. 조례에 직접규정 5. 지자체가 권장하는 사업을 하는 공공기관 6. 시,도 정책 및 재정사정 7. 기타 8. 해당없음	입찰방식 계약체결방법 (경쟁형태) 1. 일반경쟁 2. 제한경쟁 3. 지명경쟁 4. 수의계약 5. 법정위탁 6. 기타 ( ) 7. 없음	입찰방식 계약기간 1. 1년 2. 2년 3. 3년 4. 4년 5. 5년 6. 기타 ( )년 7. 단기계약 (1년미만) 8. 없음	입찰방식 낙찰자선정방법 1. 적격심사 2. 협상에의한계약 3. 최저가낙찰제 4. 규격가격분리 5. 2단계 경쟁입찰 6. 기타 ( ) 7. 없음	운영예산 산정 운영예산 산정 1. 내부산정 (지자체 자체적으로 산정) 2. 외부산정 (외부전문기관위탁 산정) 3. 내·외부 모두 산정 4. 산정 無 5. 없음	운영예산 산정 정산방법 1. 내부정산 (지자체 내부적으로 정산) 2. 외부정산 (외부전문기관위탁 정산) 3. 내·외부 모두 산정 4. 정산 無 5. 없음	성과평가 실시여부 1. 실시 2. 미실시 3. 향후 추진 4. 해당없음
5438	인천 연수구	의료관련감염관리예방관리사업	2,287	1	2	7	1	7	2	2	4
5439	인천 연수구	정신재활시설종사자후생복지사업비지원	1,460	1	6	7	8	7	1	1	2
5440	인천 연수구	양봉산물품질관리지원사업	1,452	1	6	7	8	7	5	5	4
5441	인천 남동구	스포츠강좌이용권지원사업	2,148,000	1	2	7	8	7	5	5	4
5442	인천 남동구	일자리창출지원사업	768,926	1	2	7	8	7	5	5	4
5443	인천 남동구	남동산단통근버스운행사업	670,850	1	2	7	8	7	1	3	3
5444	인천 남동구	유기질비료지원(전환사업)	535,900	1	1	7	8	7	1	1	4
5445	인천 남동구	정신재활시설운영지원	479,158	1	1	7	8	7	5	5	4
5446	인천 남동구	주민자치회시범사업운영지원	400,000	1	6	7	8	7	1	1	4
5447	인천 남동구	어업용면세유지원사업	400,000	1	1	7	8	7	1	1	4
5448	인천 남동구	학생승마체험지원사업	308,276	1	1	7	8	7	1	1	4
5449	인천 남동구	전통시장화재공제료지원	281,744	1	6	7	8	7	1	1	4
5450	인천 남동구	일반생활체육지도자배치활동지원	268,818	1	2	7	8	7	5	1	4
5451	인천 남동구	장애인스포츠강좌이용권지원사업	266,640	1	2	7	8	7	5	5	4
5452	인천 남동구	전통시장매니저지원사업(인천시지원사업)	228,730	1	1	7	8	7	1	1	4
5453	인천 남동구	어르신생활체육지도자배치활동지원	227,247	1	2	7	8	7	5	1	4
5454	인천 남동구	중소기업맞춤형성장프로젝트	170,000	1	2	7	8	7	1	3	3
5455	인천 남동구	어업인재해보상보험료지원	160,000	1	1	7	8	7	5	5	4
5456	인천 남동구	음식물류폐기물가정용감량기설치지원	150,000	1	4	7	8	7	5	5	4
5457	인천 남동구	광복회외8개보훈단체	132,142	1	1,4	7	8	7	1	1	4
5458	인천 남동구	공동배송센터운영지원	114,365	1	1	7	8	7	1	1	4
5459	인천 남동구	청년어촌정착지원	100,800	1	2	7	8	7	1	1	4
5460	인천 남동구	바다쓰레기수거처리	80,000	1	2	7	8	7	5	5	4
5461	인천 남동구	도시농업지원센터지원	72,000	1	6	7	8	7	5	5	4
5462	인천 남동구	단기채용약사인건비	71,266	1	4	7	8	7	5	5	1
5463	인천 남동구	음식물류폐기물수거용기세척지원금교부	70,200	1	4	7	8	7	5	5	4
5464	인천 남동구	사회단체보조금(장애인)	60,000	1	1,4	6	6	6	1	1	1
5465	인천 남동구	무기질비료가격보조및수급안정지원	56,901	1	2	7	8	7	1	1	4
5466	인천 남동구	기계설비(설비보전)유지관리자양성과정	50,000	1	2	7	8	7	5	5	4
5467	인천 남동구	마을만들기사업	50,000	1	4	7	8	7	3	3	4
5468	인천 남동구	ㅇ재향군인회	47,420	1	1,4	7	8	7	1	1	4
5469	인천 남동구	지역사회보장협의체사업비(자체)	46,000	1	1	7	8	7	1	1	4
5470	인천 남동구	새마을운동조직사업비보조	41,150	1	1	7	8	7	1	1	1
5471	인천 남동구	사회단체보조금(노인)	41,000	1	1,4	7	8	7	1	1	4
5472	인천 남동구	치과진료지원실무자양성과정	40,000	1	2	7	8	7	1	3	3
5473	인천 남동구	읍면동협의체활성화	40,000	1	1	7	8	7	1	1	4
5474	인천 남동구	통합돌봄사각지대위기가구발굴사업	40,000	1	1	7	8	7	1	1	4
5475	인천 남동구	의료기관결핵환자관리지원비	37,684	1	2	7	8	7	1	1	2
5476	인천 남동구	농작물재해보험료지원	36,000	1	6	7	8	7	1	1	4
5477	인천 남동구	평생학습프로그램지원사업	32,000	1	1	7	8	7	5	5	4

순번	시군구	지출명 (사업명)	2024년예산 (단위 : 천원 /1년간)	민간이전 분류 (지방자치단체 세출예산 집행기준에 의거) 1. 민간경상사업보조(307-02) 2. 민간단체 법정운영비보조(307-03) 3. 민간행사사업보조(307-04) 4. 민간위탁금(307-05) 5. 사회복지시설 법정운영비보조(307-10) 6. 민간인위탁교육비(307-12) 7. 공기관등에대한경상적위탁사업비(308-13) 8. 민간자본사업보조,자체재원(402-01) 9. 민간자본사업보조,이전재원(402-02) 10. 민간위탁사업비(402-03) 11. 공기관등에 대한 자본적 위탁사업비(403-02)	민간이전지출 근거 (지방보조금 관리기준 참고) 1. 법률에 규정 2. 국고보조 재원(국가지정) 3. 용도 지정 기부금 4. 조례에 직접규정 5. 지자체가 권장하는 사업을 하는 공공기관 6. 시,도 정책 및 재정사정 7. 기타 8. 해당없음	입찰방식: 계약체결방법 (경쟁형태) 1. 일반경쟁 2. 제한경쟁 3. 지명경쟁 4. 수의계약 5. 법정위탁 6. 기타 ( ) 7. 없음	입찰방식: 계약기간 1. 1년 2. 2년 3. 3년 4. 4년 5. 5년 6. 기타 ( )년 7. 단기계약 (1년미만) 8. 없음	입찰방식: 낙찰자선정방법 1. 적격심사 2. 협상에의한계약 3. 최저가낙찰제 4. 규격가격분리 5. 2단계 경쟁입찰 6. 기타 ( ) 7. 없음	운영예산 산정: 운영예산 산정 1. 내부산정 (지자체 자체적으로 산정) 2. 외부산정 (외부전문기관위탁 산정) 3. 내·외부 모두 산정 4. 산정 無 5. 없음	운영예산 산정: 정산방법 1. 내부정산 (지자체 내부적으로 정산) 2. 외부정산 (외부전문기관위탁 정산) 3. 내·외부 모두 산정 4. 정산 無 5. 없음	성과평가 실시여부 1. 실시 2. 미실시 3. 향후 추진 4. 해당없음
5478	인천 남동구	작은도서관컨설팅및특화프로그램지원	30,960	1	6	7	8	7	1	1	4
5479	인천 남동구	마을기업육성사업	30,000	1	2	7	8	7	5	5	4
5480	인천 남동구	국내전시박람회개별참가지원	30,000	1	7	7	8	7	5	5	4
5481	인천 남동구	어선(선체)재해보상보험료지원	30,000	1	1	7	8	7	5	5	4
5482	인천 남동구	남동구체육회사무국장인건비	28,000	1	4	7	8	7	5	1	4
5483	인천 남동구	남동마을학교운영	25,000	1	4	7	8	7	5	1	1
5484	인천 남동구	군구협의체활성화사업	25,000	1	1	7	8	7	1	1	4
5485	인천 남동구	청년농업인영농정착지원	24,900	1	2	7	8	7	1	1	4
5486	인천 남동구	한국자유총연맹사업비보조	22,180	1	1	7	8	7	1	1	1
5487	인천 남동구	남동문화원사업활동비	22,046	1	1	7	8	7	1	1	1
5488	인천 남동구	학습충전소지원사업	20,000	1	1	7	8	7	5	5	4
5489	인천 남동구	농업인안전보험료지원	20,000	1	6	7	8	7	1	1	4
5490	인천 남동구	바르게살기운동조직사업비보조	19,960	1	1	7	8	7	1	1	1
5491	인천 남동구	농업분야에너지절감시설사업	19,294	1	2	7	8	7	1	1	4
5492	인천 남동구	반찬드림쿠폰지원사업	18,000	1	4	7	8	7	1	1	4
5493	인천 남동구	생활악취저감시설유지관리보조금지원사업	18,000	1	6	7	8	7	5	5	4
5494	인천 남동구	산림소득분야지원(표고버섯톱밥배지)	18,000	1	2	7	8	7	5	5	4
5495	인천 남동구	병충해방제농약지원	16,000	1	7	7	8	7	1	1	4
5496	인천 남동구	토양개량제지원	15,996	1	2	7	8	7	1	1	4
5497	인천 남동구	o구민문화강좌	15,000	1	1	7	8	7	1	1	1
5498	인천 남동구	성인문해교육지원사업	15,000	1	2	7	8	7	5	5	1
5499	인천 남동구	평생학습공동체지원	15,000	1	4	7	8	7	5	5	4
5500	인천 남동구	동절기취약가구김장김치지원사업	15,000	1	4	7	8	7	1	1	4
5501	인천 남동구	민주평화통일자문회의경상사업보조	14,750	1	1	7	8	7	1	1	1
5502	인천 남동구	계절별취약가구김치지원서비스	14,000	1	4	7	8	7	1	1	4
5503	인천 남동구	병충해방제농약지원	13,488	1	2	7	8	7	1	1	4
5504	인천 남동구	농업단체신문구독료지원	13,472	1	6	7	8	7	1	1	2
5505	인천 남동구	양봉기자재지원	13,000	1	1	7	8	7	1	1	4
5506	인천 남동구	식료품나눔키트지원사업	12,000	1	4	7	8	7	1	1	4
5507	인천 남동구	o지역당제행사	10,000	1	1	7	8	7	1	1	1
5508	인천 남동구	마을과함께하는어르신밑반찬지원사업	10,000	1	4	7	8	7	1	1	4
5509	인천 남동구	지속가능발전협의회사업비	10,000	1	1	7	8	7	1	1	1
5510	인천 남동구	남동구모범운전자회사업지원	10,000	1	4	7	8	7	1	1	1
5511	인천 남동구	마을관리사회적협동조합지원	10,000	1	6	6	3	7	1	1	1
5512	인천 남동구	부설주차장개방사업(운영보전금)	9,600	1	4	7	8	7	1	1	4
5513	인천 남동구	정신재활시설종사자급량비및관리자수당	9,120	1	1	7	8	7	5	5	4
5514	인천 남동구	사회단체사업비보조금	9,000	1	1	7	8	7	5	5	4
5515	인천 남동구	취약가구야쿠르트지원사업	8,000	1	4	7	8	7	5	5	4
5516	인천 남동구	비인가대안교육기관지원	7,200	1	4	7	8	7	1	1	4
5517	인천 남동구	여성친화공모사업	6,000	1	7	1	7	6	1	1	1

순번	시군구	지출명 (사업명)	2024년예산 (단위 : 천원 /1년간)	민간이전 분류 (지방자치단체 세출예산 집행기준에 의거) 1. 민간경상사업보조(307-02) 2. 민간단체 법정운영비보조(307-03) 3. 민간행사사업보조(307-04) 4. 민간위탁금(307-05) 5. 사회복지시설 법정운영비보조(307-10) 6. 민간인위탁교육비(307-12) 7. 공기관등에대한경상적위탁사업비(308-13) 8. 민간자본사업보조,자체재원(402-01) 9. 민간자본사업보조,이전재원(402-02) 10. 민간위탁사업비(402-03) 11. 공기관등에 대한 자본적 위탁사업비(403-02)	민간이전지출 근거 (지방보조금 관리기준 참고) 1. 법률에 규정 2. 국고보조 재원(국가지정) 3. 용도 지정 기부금 4. 조례에 직접규정 5. 지자체가 권장하는 사업을 하는 공공기관 6. 시,도 정책 및 재정사정 7. 기타 8. 해당없음	입찰방식			운영예산 산정		성과평가 실시여부
						계약체결방법 (경쟁형태) 1. 일반경쟁 2. 제한경쟁 3. 지명경쟁 4. 수의계약 5. 법정위탁 6. 기타 ( ) 7. 없음	계약기간 1. 1년 2. 2년 3. 3년 4. 4년 5. 5년 6. 기타 ( )년 7. 단기계약 (1년미만) 8. 없음	낙찰자선정방법 1. 적격심사 2. 협상에의한계약 3. 최저가낙찰제 4. 규격가격분리 5. 2단계 경쟁입찰 6. 기타 ( ) 7. 없음	운영예산 산정 1. 내부산정 (지자체 자체적으로 산정) 2. 외부산정 (외부전문기관위탁 산정) 3. 내·외부 모두 산정 4. 산정 無 5. 없음	정산방법 1. 내부정산 (지자체 내부적으로 정산) 2. 외부정산 (외부전문기관위탁 정산) 3. 내·외부 모두 산정 4. 정산 無 5. 없음	1. 실시 2. 미실시 3. 향후 추진 4. 해당없음
5518	인천 남동구	남동구행정동우회사업비보조	5,096	1	1	7	8	7	1	1	4
5519	인천 남동구	수산물포장용기제작지원	5,000	1	6	7	8	7	5	1	4
5520	인천 남동구	대한적십자사봉사회사업지원	5,000	1	4	7	7	7	1	1	1
5521	인천 남동구	우수공예품개발장려금지원	4,700	1	1	7	8	7	5	5	4
5522	인천 남동구	의료관련감염관리의료기관감시체계운영비지원	4,574	1	1	7	8	7	5	1	4
5523	인천 남동구	유기농업자재지원	4,347	1	2	7	8	7	1	1	4
5524	인천 남동구	남동구사회복지협의회사업비	4,000	1	1	7	8	7	1	1	1
5525	인천 남동구	친환경농산물인증비지원	3,402	1	1	7	8	7	1	1	4
5526	인천 남동구	소래포구해양정화활동지원	3,000	1	4	7	8	7	5	5	4
5527	인천 남동구	영양만점식료품(키트)경로당지원사업	3,000	1	4	7	8	7	1	1	4
5528	인천 남동구	청소년유해환경감시단지원	2,333	1	1	7	8	7	1	1	4
5529	인천 남동구	가축분뇨수분조절재지원	2,160	1	1	7	8	7	1	1	4
5530	인천 남동구	정신재활시설종사자복지점수	1,975	1	1	7	8	7	5	5	4
5531	인천 남동구	우수여왕벌보급지원	1,440	1	1	7	8	7	5	5	4
5532	인천 남동구	GAP안전성분석지원	1,200	1	2	7	8	7	1	1	4
5533	인천 남동구	정신재활시설종사자종합건강검진비지원	1,200	1	1	7	8	7	5	5	4
5534	인천 남동구	벼보급종공급	1,188	1	6	7	8	7	1	1	4
5535	인천 남동구	가축재해보험	800	1	1	7	8	7	5	5	4
5536	인천 남동구	못자리용인공상토지원	648	1	6	7	8	7	1	1	4
5537	인천 남동구	축산환경개선사업	420	1	1	7	8	7	1	1	4
5538	인천 부평구	저층주거지재생사업집수리지원	480,000	1	6	7	8	7	3	3	2
5539	인천 부평구	정신재활시설운영비지원	431,871	1	6	7	8	7	1	1	2
5540	인천 부평구	일반생활체육지도자배치사업	388,751	1	1	6	7	7	5	1	1
5541	인천 부평구	어르신생활체육지도자배치사업	290,146	1	1	6	7	7	5	1	1
5542	인천 부평구	(예비)사회적기업일자리창출사업비	269,617	1	2	6	1	6	5	1	2
5543	인천 부평구	주민자치회자치계획사업비	220,000	1	4	7	8	7	1	1	2
5544	인천 부평구	청년창업재정지원사업	205,693	1	2,5	6	1	6	1	1	1
5545	인천 부평구	부평문화원사업비	166,796	1	1	5	1	7	1	1	1
5546	인천 부평구	전통시장매니저지원사업	154,419	1	6	7	1	7	2	1	2
5547	인천 부평구	신중년사회공헌사업	152,556	1	1	6	1	1	1	1	2
5548	인천 부평구	소상공인노란우산가입장려금지원	150,000	1	7	7	8	7	1	1	1
5549	인천 부평구	학생승마체험	105,988	1	2	7	8	7	4	1	2
5550	인천 부평구	건축물부설주차장개방사업(운영보전금,배상책임보험)	101,000	1	4	7	3	7	1	1	2
5551	인천 부평구	전통시장화재공제가입지원	96,690	1	6	7	1	7	2	1	2
5552	인천 부평구	화장시설주변지역주민지원	91,000	1	7	7	1	7	1	1	2
5553	인천 부평구	부평문화의거리주차환경개선사업	90,000	1	6	7	1	7	2	1	2
5554	인천 부평구	부평마을학교운영	88,000	1	4	6	1	6	1	1	1
5555	인천 부평구	자원봉사센터프로그램사업비	83,595	1	1	7	8	7	1	1	1
5556	인천 부평구	마을공동체만들기공모사업	80,000	1	4	7	8	7	1	1	1
5557	인천 부평구	공공심야약국운영	75,650	1	6	7	8	7	1	1	2

순번	시군구	지출명 (사업명)	2024년예산 (단위 : 천원 /1년간)	민간이전 분류 (지방자치단체 세출예산 집행기준에 의거) 1. 민간경상사업보조(307-02) 2. 민간단체 법정운영비보조(307-03) 3. 민간행사사업보조(307-04) 4. 민간위탁금(307-05) 5. 사회복지시설 법정운영비보조(307-10) 6. 민간인위탁교육비(307-12) 7. 공기관등에대한경상적위탁사업비(308-13) 8. 민간자본사업보조,자체재원(402-01) 9. 민간자본사업보조,이전재원(402-02) 10. 민간위탁사업비(402-03) 11. 공기관등에 대한 자본적 위탁사업비(403-02)	민간이전지출 근거 (지방보조금 관리기준 참고) 1. 법률에 규정 2. 국고보조 재원(국가지정) 3. 용도 지정 기부금 4. 조례에 직접규정 5. 지자체가 권장하는 사업을 하는 공공기관 6. 시,도 정책 및 재정사정 7. 기타 8. 해당없음	입찰방식: 계약체결방법 (경쟁형태) 1. 일반경쟁 2. 제한경쟁 3. 지명경쟁 4. 수의계약 5. 법정위탁 6. 기타 ( ) 7. 없음	입찰방식: 계약기간 1. 1년 2. 2년 3. 3년 4. 4년 5. 5년 6. 기타 ( )년 7. 단기계약 (1년미만) 8. 없음	입찰방식: 낙찰자선정방법 1. 적격심사 2. 협상에의한계약 3. 최저가낙찰제 4. 규격가격분리 5. 2단계 경쟁입찰 6. 기타 ( ) 7. 없음	운영예산 산정: 운영예산 산정 1. 내부산정 (지자체 자체적으로 산정) 2. 외부산정 (외부전문기관위탁 산정) 3. 내·외부 모두 산정 4. 산정 無 5. 없음	운영예산 산정: 정산방법 1. 내부정산 (지자체 내부적으로 정산) 2. 외부정산 (외부전문기관위탁 정산) 3. 내·외부 모두 정산 4. 정산 無 5. 없음	성과평가 실시여부 1. 실시 2. 미실시 3. 향후 추진 4. 해당없음
5558	인천 부평구	화장시설주변지역주민지원	71,000	1	7	7	1	7	1	1	2
5559	인천 부평구	화장시설주변지역주민지원	57,000	1	4	7	8	7	1	1	2
5560	인천 부평구	농가소득안정지원	54,087	1	2	7	8	7	1	1	2
5561	인천 부평구	청년일자리지원사업비	52,430	1	2	6	8	6	5	1	2
5562	인천 부평구	전통시장공동배송센터운영	51,473	1	6	7	1	7	2	1	2
5563	인천 부평구	지속가능발전사업비지원	50,748	1	5	7	8	7	1	1	1
5564	인천 부평구	전국생활체육대회출전지원	50,000	1	1	6	7	7	5	1	1
5565	인천 부평구	찾아가는양조장사업	48,000	1	2	7	8	7	1	1	2
5566	인천 부평구	노인복지증진단체사업비지원(노인복지기금)	38,000	1	4	5	7	6	1	1	1
5567	인천 부평구	생활체육클럽지도자활동지원사업	37,182	1	1	6	7	7	5	1	1
5568	인천 부평구	작은도서관컨설팅및프로그램지원	35,480	1	1	7	8	7	1	1	2
5569	인천 부평구	화장시설주변지역주민지원	33,000	1	4	7	8	7	1	1	2
5570	인천 부평구	평생학습우수프로그램지원	30,000	1	5	6	1	6	1	1	1
5571	인천 부평구	경제단체교류지원사업	30,000	1	8	7	8	7	1	1	1
5572	인천 부평구	마을기업육성	30,000	1	2	6	1	6	1	3	2
5573	인천 부평구	부평문화예술단체지원	28,000	1	5	7	1	7	1	1	1
5574	인천 부평구	전국체전등선수단지원	26,440	1	1	6	7	7	5	1	1
5575	인천 부평구	자원봉사와함께하는병원동행사업	26,000	1	1	7	8	7	1	1	2
5576	인천 부평구	걷다보니부평워킹투어	22,000	1	5	7	1	7	1	1	2
5577	인천 부평구	독서문화프로그램지원	20,000	1	1	7	8	7	1	1	1
5578	인천 부평구	여성친화도시활성화지원사업	20,000	1	4	6	1	6	5	1	1
5579	인천 부평구	양성평등가치실현을위한공모사업(성평등기금)	20,000	1	4	5	5	7	5	1	1
5580	인천 부평구	민간교통안전사업비지원	20,000	1	1	6	1	7	1	1	1
5581	인천 부평구	(사)인천부평삼산모범운전자회	20,000	1	1	6	1	7	1	1	1
5582	인천 부평구	여성및장애아동생활체육활동지원	16,000	1	1	6	7	7	5	1	1
5583	인천 부평구	전국통합자원봉사보험가입서비스지원	15,852	1	1	7	8	7	1	1	2
5584	인천 부평구	전통시장상인역량강화지원	15,000	1	7	7	1	7	2	1	1
5585	인천 부평구	평생학습우수동아리지원사업운영	12,000	1	5	6	1	6	1	1	1
5586	인천 부평구	유기질비료지원	11,055	1	6	7	8	7	1	1	2
5587	인천 부평구	새마을단체공익사업	10,000	1	1	7	8	7	1	1	1
5588	인천 부평구	의료관련감염관리예방관리사업	9,149	1	2	5	8	7	5	3	2
5589	인천 부평구	성인문해교육지원사업	9,000	1	2	6	1	6	1	1	2
5590	인천 부평구	민주평통청소년통일골든벨사업	7,600	1	1,4	7	8	7	1	1	1
5591	인천 부평구	주요감염병표본감시체계운영	7,080	1	2	5	8	7	5	1	2
5592	인천 부평구	청소년유해환경감시단지원	2,333	1	2	5	1	7	1	2	2
5593	인천 부평구	LPG용기사용가구시설개선사업민간자부담	500	1	1	7	8	7	1	1	1
5594	인천 계양구	스포츠강좌이용권지원	1,176,000	1	2	7	8	7	2	3	1
5595	인천 계양구	기본형공익직불제직접지불금	959,000	1	1	7	8	7	1	1	2
5596	인천 계양구	정신재활시설지원	530,954	1	6	7	8	7	1	1	1
5597	인천 계양구	친환경유기질비료지원	507,080	1	1	7	8	7	1	1	2

순번	시군구	지출명 (사업명)	2024년예산 (단위 : 천원 /1년간)	민간이전 분류 (지방자치단체 세출예산 집행기준에 의거) 1. 민간경상사업보조(307-02) 2. 민간단체 법정운영비보조(307-03) 3. 민간행사사업보조(307-04) 4. 민간위탁금(307-05) 5. 사회복지시설 법정운영비보조(307-10) 6. 민간인위탁교육비(307-12) 7. 공기관등에대한경상적위탁사업비(308-13) 8. 민간자본사업보조,자체재원(402-01) 9. 민간자본사업보조,이전재원(402-02) 10. 민간위탁사업비(402-03) 11. 공기관등에 대한 자본적 위탁사업비(403-02)	민간이전지출 근거 (지방보조금 관리기준 참고) 1. 법률에 규정 2. 국고보조 재원(국가지정) 3. 용도 지정 기부금 4. 조례에 직접규정 5. 지자체가 권장하는 사업을 하는 공공기관 6. 시,도 정책 및 재정사정 7. 기타 8. 해당없음	입찰방식			운영예산 산정		성과평가 실시여부
						계약체결방법 (경쟁형태) 1. 일반경쟁 2. 제한경쟁 3. 지명경쟁 4. 수의계약 5. 법정위탁 6. 기타 ( ) 7. 없음	계약기간 1. 1년 2. 2년 3. 3년 4. 4년 5. 5년 6. 기타 ( )년 7. 단기계약 (1년미만) 8. 없음	낙찰자선정방법 1. 적격심사 2. 협상에의한계약 3. 최저가낙찰제 4. 규격가격분리 5. 2단계 경쟁입찰 6. 기타 ( ) 7. 없음	운영예산 산정 1. 내부산정 (지자체 자체적으로 산정) 2. 외부산정 (외부전문기관위탁 산정) 3. 내·외부 모두 산정 4. 산정 無 5. 없음	정산방법 1. 내부정산 (지자체 내부적으로 정산) 2. 외부정산 (외부전문기관위탁 정산) 3. 내·외부 모두 산정 4. 정산 無 5. 없음	1. 실시 2. 미실시 3. 향후 추진 4. 해당없음
5598	인천 계양구	일반생활체육지도자배치(활동지원)	379,609	1	4	7	8	7	1	1	1
5599	인천 계양구	농어업인공익수당지원	339,600	1	4	6	6	6	5	5	4
5600	인천 계양구	상생일자리지원사업	322,398	1	6	7	1	7	1	1	1
5601	인천 계양구	계양문화유산야행사업	175,000	1	2	7	8	7	5	5	4
5602	인천 계양구	사회적기업일자리창출사업	171,037	1	2	7	8	7	5	5	4
5603	인천 계양구	장애인스포츠강좌이용권지원	163,680	1	2	7	8	7	2	3	1
5604	인천 계양구	노란우산공제부금가입지원	153,000	1	1	7	1	7	1	1	2
5605	인천 계양구	초중학생영재교육운영지원	130,500	1	1	7	8	7	1	1	1
5606	인천 계양구	각종체육행사개최	123,500	1	4	7	8	7	1	2	2
5607	인천 계양구	어르신생활체육지도자배치(활동지원)	113,911	1	4	7	8	7	1	1	1
5608	인천 계양구	군 · 구체육회운영지원(자체)	102,546	1	4	7	8	7	1	1	2
5609	인천 계양구	문화예술단체지원	80,000	1	1	7	8	7	1	1	2
5610	인천 계양구	공정무역사업추진	80,000	1	4	7	8	7	1	1	2
5611	인천 계양구	의료기관결핵환자관리지원	75,368	1	2	7	8	7	5	5	4
5612	인천 계양구	계양교육혁신지구운영지원	75,000	1	4	7	8	7	5	5	4
5613	인천 계양구	향교서원문화유산활용사업	72,500	1	2	7	8	7	1	1	3
5614	인천 계양구	노인단체지원	70,000	1	4	6	7	1	1	1	4
5615	인천 계양구	GreenParking사업	68,000	1	4	7	8	7	5	1	1
5616	인천 계양구	공공심야약국운영	65,880	1	4	7	1	7	1	1	2
5617	인천 계양구	체육단체지원	62,100	1	4	7	8	7	1	2	2
5618	인천 계양구	학생승마체험지원사업	56,816	1	2	7	8	7	1	1	2
5619	인천 계양구	농작물병충해공동방제용농약지원	56,634	1	2	7	8	7	1	1	2
5620	인천 계양구	인공상토공급	54,542	1	1	7	8	7	1	1	2
5621	인천 계양구	기업관련단체활동지원	54,000	1	4	7	8	7	1	2	2
5622	인천 계양구	작은도서관운영지원	50,766	1	4	7	8	7	1	1	1
5623	인천 계양구	생생문화유산사업	50,000	1	2	7	8	7	1	1	3
5624	인천 계양구	단체공익사업지원	46,134	1	1	7	8	7	1	1	1
5625	인천 계양구	문화재해설사운영	45,000	1	5	7	8	7	1	1	3
5626	인천 계양구	군구체육회운영지원	43,554	1	4	7	8	7	1	1	2
5627	인천 계양구	전통시장화재공제가입지원사업	42,750	1	1	7	8	7	1	1	2
5628	인천 계양구	계양문화원운영지원	36,995	1	4	5	8	7	1	1	2
5629	인천 계양구	농산물표준규격출하포장재지원	36,828	1	1	7	8	7	1	1	2
5630	인천 계양구	대학연계평생교육활성화	34,000	1	4	7	8	7	1	1	1
5631	인천 계양구	부설주차장개방지원사업	33,400	1	4	7	8	7	5	1	1
5632	인천 계양구	지역기업연계청년일자리지원사업(23년시작)	32,921	1	1	7	8	7	1	1	2
5633	인천 계양구	마을공동체만들기사업	31,500	1	4	7	8	7	1	1	2
5634	인천 계양구	가축분뇨수분조절제지원사업	30,240	1	1	7	8	7	1	1	2
5635	인천 계양구	농작물재해보험지원	30,000	1	2	7	8	7	1	1	2
5636	인천 계양구	식생활교육사업지원	30,000	1	7	7	8	7	1	1	2
5637	인천 계양구	중소기업경쟁력강화	30,000	1	4	7	8	7	3	2	2

순번	시군구	지출명 (사업명)	2024년예산 (단위 : 천원 /1년간)	민간이전 분류 (지방자치단체 세출예산 집행기준에 의거) 1. 민간경상사업보조(307-02) 2. 민간단체 법정운영비보조(307-03) 3. 민간행사사업보조(307-04) 4. 민간위탁금(307-05) 5. 사회복지시설 법정운영비보조(307-10) 6. 민간인위탁교육비(307-12) 7. 공기관등에대한경상적위탁사업비(308-13) 8. 민간자본사업보조,자체재원(402-01) 9. 민간자본사업보조,이전재원(402-02) 10. 민간위탁사업비(402-03) 11. 공기관등에 대한 자본적 위탁사업비(403-02)	민간이전지출 근거 (지방보조금 관리기준 참고) 1. 법률에 규정 2. 국고보조 재원(국가지정) 3. 용도 지정 기부금 4. 조례에 직접규정 5. 지자체가 권장하는 사업을 하는 공공기관 6. 시,도 정책 및 재정사정 7. 기타 8. 해당없음	입찰방식 계약체결방법 (경쟁형태) 1. 일반경쟁 2. 제한경쟁 3. 지명경쟁 4. 수의계약 5. 법정위탁 6. 기타 ( ) 7. 없음	입찰방식 계약기간 1. 1년 2. 2년 3. 3년 4. 4년 5. 5년 6. 기타 ( )년 7. 단기계약 (1년미만) 8. 없음	입찰방식 낙찰자선정방법 1. 적격심사 2. 협상에의한계약 3. 최저가낙찰제 4. 규격가격분리 5. 2단계 경쟁입찰 6. 기타 ( ) 7. 없음	운영예산 산정 운영예산 산정 1. 내부산정 (지자체 자체적으로 산정) 2. 외부산정 (외부전문기관위탁 산정) 3. 내·외부 모두 산정 4. 산정 無 5. 없음	운영예산 산정 정산방법 1. 내부정산 (지자체 내부적으로 정산) 2. 외부정산 (외부전문기관위탁 정산) 3. 내·외부 모두 정산 4. 정산 無 5. 없음	성과평가 실시여부 1. 실시 2. 미실시 3. 향후 추진 4. 해당없음
5638	인천 계양구	전통시장매니저인건비지원	25,737	1	1	7	8	7	1	1	2
5639	인천 계양구	전통시장배송인력인건비지원	25,737	1	1	7	8	7	1	1	2
5640	인천 계양구	청년농업인영농정착지원금	25,200	1	1	7	8	7	1	1	2
5641	인천 계양구	청년창업성장지원사업	24,691	1	1	7	8	7	1	1	2
5642	인천 계양구	장애인평생교육지원	22,500	1	1	7	8	7	1	1	1
5643	인천 계양구	원예용상토공급	21,150	1	1	7	8	7	1	1	2
5644	인천 계양구	장애인단체관리	20,700	1	1	7	8	7	1	1	1
5645	인천 계양구	마을기업육성사업	20,000	1	2	7	8	7	5	1	4
5646	인천 계양구	국제지식재산권분쟁예방지원	20,000	1	4	7	8	7	3	2	2
5647	인천 계양구	단체공익사업지원	18,450	1	1	7	8	7	1	1	1
5648	인천 계양구	교통안전문화활동(민간단체사업비보조금)	18,000	1	1	7	8	7	1	1	3
5649	인천 계양구	임산물생산기반조성	18,000	1	2	7	8	7	5	5	4
5650	인천 계양구	축산환경개선사업	17,640	1	1	7	8	7	1	1	2
5651	인천 계양구	광견병예방접종시술비지급	17,500	1	1	7	8	7	1	1	2
5652	인천 계양구	작은도서관컨설팅및프로그램지원	17,480	1	4	7	8	7	1	1	1
5653	인천 계양구	부평향교충효교실운영지원	17,000	1	1	7	8	7	1	1	2
5654	인천 계양구	위생난좌지원	15,750	1	1	7	8	7	1	1	2
5655	인천 계양구	아파트부설주차장설치지원	15,000	1	4	7	8	7	5	1	1
5656	인천 계양구	농업인단체활동지원	14,130	1	1	7	8	7	1	1	2
5657	인천 계양구	단체공익사업지원	13,140	1	1	7	8	7	1	1	1
5658	인천 계양구	대학생천원의아침밥사업지원	12,600	1	1	7	8	7	1	1	1
5659	인천 계양구	지역기업연계청년일자리지원사업(22년시작)	12,345	1	1	7	8	7	1	1	2
5660	인천 계양구	양봉기자재지원	11,600	1	1	7	8	7	1	1	2
5661	인천 계양구	정신재활시설종사자처우개선사업비	10,320	1	6	7	8	7	1	1	1
5662	인천 계양구	유실,유기동물입양비지원	10,000	1	1	7	8	7	1	1	2
5663	인천 계양구	면역증강제지원	8,700	1	1	7	8	7	1	1	2
5664	인천 계양구	농업인안전보험료지원	8,080	1	2	7	8	7	1	1	2
5665	인천 계양구	평생학습동아리활성화	8,000	1	4	7	8	7	1	1	1
5666	인천 계양구	축사환경개선설비지원	7,760	1	1	7	8	7	1	1	2
5667	인천 계양구	구제역,조류인플루엔자예방사업	7,500	1	1	7	8	7	1	1	2
5668	인천 계양구	취약계층반려동물의료지원	6,400	1	1	7	8	7	1	1	2
5669	인천 계양구	가축재해보험	6,000	1	1	7	8	7	1	1	2
5670	인천 계양구	음식문화개선지원	6,000	1	1	7	8	7	5	5	4
5671	인천 계양구	가족여성역량강화사업지원	5,400	1	1,5	7	8	7	1	1	4
5672	인천 계양구	벼보급종공급	5,194	1	1	7	8	7	1	1	2
5673	인천 계양구	토양개량제공급사업	4,984	1	1	7	8	7	1	1	2
5674	인천 계양구	유기농업자재지원	4,575	1	1	7	8	7	1	1	2
5675	인천 계양구	우수공예품개발장려금	4,000	1	4	7	8	7	2	1	2
5676	인천 계양구	LPG용기사용가구시설개선사업민간자부담지원	2,500	1	1	5	1	2	2	1	2
5677	인천 계양구	청소년보호활동전개	2,333	1	6	7	8	7	1	1	1

순번	시군구	지출명 (사업명)	2024년예산 (단위 : 천원 /1년간)	민간이전 분류 (지방자치단체 세출예산 집행기준에 의거) 1. 민간경상사업보조(307-02) 2. 민간단체 법정운영비보조(307-03) 3. 민간행사사업보조(307-04) 4. 민간위탁금(307-05) 5. 사회복지시설 법정운영비보조(307-10) 6. 민간인위탁교육비(307-12) 7. 공기관등에대한경상적위탁사업비(308-13) 8. 민간자본사업보조,자체재원(402-01) 9. 민간자본사업보조,이전재원(402-02) 10. 민간위탁사업비(402-03) 11. 공기관등에 대한 자본적 위탁사업비(403-02)	민간이전지출 근거 (지방보조금 관리기준 참고) 1. 법률에 규정 2. 국고보조 재원(국가지정) 3. 용도 지정 기부금 4. 조례에 직접규정 5. 지자체가 권장하는 사업을 하는 공공기관 6. 시,도 정책 및 재정사정 7. 기타 8. 해당없음	입찰방식 계약체결방법 (경쟁형태) 1. 일반경쟁 2. 제한경쟁 3. 지명경쟁 4. 수의계약 5. 법정위탁 6. 기타 ( ) 7. 없음	입찰방식 계약기간 1. 1년 2. 2년 3. 3년 4. 4년 5. 5년 6. 기타 ( )년 7. 단기계약 (1년미만) 8. 없음	입찰방식 낙찰자선정방법 1. 적격심사 2. 협상에의한계약 3. 최저가낙찰제 4. 규격가격분리 5. 2단계 경쟁입찰 6. 기타 ( ) 7. 없음	운영예산 산정 운영예산 산정 1. 내부산정 (지자체 자체적으로 산정) 2. 외부산정 (외부전문기관위탁 산정) 3. 내·외부 모두 산정 4. 산정 無 5. 없음	운영예산 산정 정산방법 1. 내부정산 (지자체 내부적으로 정산) 2. 외부정산 (외부전문기관위탁 정산) 3. 내·외부 모두 산정 4. 정산 無 5. 없음	성과평가 실시여부 1. 실시 2. 미실시 3. 향후 추진 4. 해당없음
5678	인천 계양구	가축인공수정료지원	2,160	1	1	7	8	7	1	1	2
5679	인천 계양구	친환경농산물인증추진비지원	1,890	1	1	7	8	7	1	1	2
5680	인천 계양구	영유아도시농업학습지원	1,780	1	1	7	8	7	1	1	2
5681	인천 계양구	가축소모성질병예방약지원	1,200	1	1	7	8	7	1	1	2
5682	인천 계양구	축산차량GPS단말기상시전원지원	1,200	1	1	7	8	7	1	1	2
5683	인천 계양구	청년농업인영농정착선발운영비	1,000	1	1	7	8	7	1	1	2
5684	인천 계양구	GAP인증농가안전성검사비지원사업	460	1	1	7	8	7	1	1	2
5685	인천 계양구	친환경농업직접지불제보조금지급	412	1	1	7	8	7	1	1	2
5686	인천 서구	2024년클린서구조성을위한도로청소용역	2,482,809	1	1	1	1	1	1	1	2
5687	인천 서구	2024년검단산업단지및북항도로청소용역	1,400,000	1	1	1	1	1	1	1	2
5688	인천 서구	서구문화원육성	1,009,413	1	1,4	7	8	7	1	1	4
5689	인천 서구	2024년청라국제도시도로청소용역	962,000	1	1	1	1	1	1	1	2
5690	인천 서구	기본형공익직불	922,000	1	2	7	8	7	1	1	4
5691	인천 서구	주민자치회시범사업지원	670,600	1	1	7	8	7	1	1	4
5692	인천 서구	사회적경제마을지원센터운영	666,762	1	6	7	8	7	5	5	4
5693	인천 서구	시각장애인일자리사업	506,466	1	4	7	8	7	1	1	1
5694	인천 서구	달빛어린이병원지원사업	453,750	1	4	7	8	7	5	5	4
5695	인천 서구	사회적기업재정지원사업(일자리창출)	453,469	1	2	7	8	7	5	5	4
5696	인천 서구	유기질비료지원(전환사업)	342,233	1	6	7	8	7	1	1	2
5697	인천 서구	농어업인공익수당지원	322,200	1	6	7	8	7	5	5	4
5698	인천 서구	일반생활체육지도자배치(활동지원)	315,425	1	2	7	8	7	1	1	1
5699	인천 서구	소공인집적지구공동기반시설구축사업(자체)	250,000	1	4	5	3	7	1	3	1
5700	인천 서구	어르신생활체육지도자배치(활동지원)	234,244	1	2	7	8	7	1	1	1
5701	인천 서구	골목형상점가공동마케팅지원사업	170,000	1	4	7	8	7	5	1	1
5702	인천 서구	공공심야약국운영지원	157,320	1	4	7	8	7	1	1	1
5703	인천 서구	학생승마체험지원사업	120,879	1	2	7	8	7	1	1	2
5704	인천 서구	서구중학생을위한영재교육	120,000	1	1	7	8	7	1	1	4
5705	인천 서구	의료기관결핵환자관리지원	113,049	1	2	7	8	7	5	5	4
5706	인천 서구	진로멘토링사업	99,000	1	1	7	8	7	1	1	4
5707	인천 서구	대곡동마을버스위탁운영	90,000	1	1	4	2	7	4	1	2
5708	인천 서구	지속가능발전협의회운영지원	89,803	1	4	7	8	7	5	5	4
5709	인천 서구	유공보훈단체지원(사업지원)	84,576	1	4	7	8	7	1	1	4
5710	인천 서구	정신요양및재활시설종사자지원	79,447	1	6	7	8	7	5	1	4
5711	인천 서구	주민자치회주민총회지원	69,000	1	1	7	8	7	1	1	4
5712	인천 서구	신중년사회공헌사업	67,444	1	2	7	8	7	2	2	1
5713	인천 서구	서구문화원육성	63,202	1	1,4	7	8	7	1	1	4
5714	인천 서구	농작물병충해방제사업	63,000	1	7	7	8	7	1	1	4
5715	인천 서구	서구스포츠클럽운영지원	60,000	1	7	7	8	7	1	1	4
5716	인천 서구	문화충전소운영	50,000	1	1,4	7	8	7	1	1	1
5717	인천 서구	해양레저스포츠교육프로그램	50,000	1	7	7	8	7	1	1	1

순번	시군구	지출명 (사업명)	2024년예산 (단위 : 천원 /1년간)	민간이전 분류 (지방자치단체 세출예산 집행기준에 의거) 1. 민간경상사업보조(307-02) 2. 민간단체 법정운영비보조(307-03) 3. 민간행사사업보조(307-04) 4. 민간위탁금(307-05) 5. 사회복지시설 법정운영비보조(307-10) 6. 민간인위탁교육비(307-12) 7. 공기관등에대한경상적위탁사업비(308-13) 8. 민간자본사업보조,자체재원(402-01) 9. 민간자본사업보조,이전재원(402-02) 10. 민간위탁사업비(402-03) 11. 공기관등에 대한 자본적 위탁사업비(403-02)	민간이전지출 근거 (지방보조금 관리기준 참고) 1. 법률에 규정 2. 국고보조 재원(국가지정) 3. 용도 지정 기부금 4. 조례에 직접규정 5. 지자체가 권장하는 사업을 하는 공공기관 6. 시,도 정책 및 재정사정 7. 기타 8. 해당없음	입찰방식 계약체결방법 (경쟁형태) 1. 일반경쟁 2. 제한경쟁 3. 지명경쟁 4. 수의계약 5. 법정위탁 6. 기타 ( ) 7. 없음	입찰방식 계약기간 1. 1년 2. 2년 3. 3년 4. 4년 5. 5년 6. 기타 ( )년 7. 단기계약 (1년미만) 8. 없음	입찰방식 낙찰자선정방법 1. 적격심사 2. 협상에의한계약 3. 최저가낙찰제 4. 규격가격분리 5. 2단계 경쟁입찰 6. 기타 ( ) 7. 없음	운영예산 산정 운영예산 산정 1. 내부산정 (지자체 자체적으로 산정) 2. 외부산정 (외부전문기관위탁 산정) 3. 내·외부 모두 산정 4. 산정 無 5. 없음	운영예산 산정 정산방법 1. 내부정산 (지자체 내부적으로 정산) 2. 외부정산 (외부전문기관위탁 정산) 3. 내·외부 모두 산정 4. 정산 無 5. 없음	성과평가 실시여부 1. 실시 2. 미실시 3. 향후 추진 4. 해당없음
5718	인천 서구	신거북시장판매시설컨설팅지원사업	50,000	1	6	7	8	7	1	1	4
5719	인천 서구	개방주차장지원사업(운영보전금)	48,000	1	4	7	3	7	1	4	4
5720	인천 서구	가축분뇨수분조절제지원	46,080	1	6	7	8	7	1	1	2
5721	인천 서구	수상레저활성화체험교실(강바람타고카누교실)	45,000	1	4	6	7	6	1	1	1
5722	인천 서구	생활체육동호인클럽지도자배치	40,951	1	4	7	8	7	1	1	1
5723	인천 서구	청년농업인영농정착지원금	37,800	1	2	7	8	7	1	1	4
5724	인천 서구	못자리용인공상토공급사업	37,752	1	6	7	8	7	1	1	4
5725	인천 서구	서구새마을회경상사업보조	34,250	1	1	7	8	7	1	1	4
5726	인천 서구	작은도서관컨설팅및프로그램지원	33,480	1	1	7	8	7	5	5	4
5727	인천 서구	여성가족친화(돌봄)마을공모사업	30,000	1	4	7	8	7	5	5	4
5728	인천 서구	마을학교운영	28,000	1	4	6	8	7	5	5	4
5729	인천 서구	로컬푸드직매장지원사업	26,000	1	1	7	8	7	1	1	2
5730	인천 서구	지역특화평생학습프로그램운영지원사업	25,500	1	4	7	8	7	1	1	1
5731	인천 서구	친환경소형농기계공급	23,164	1	6	7	8	7	1	1	4
5732	인천 서구	농업인신문구독료지원	22,570	1	6	7	8	7	1	1	2
5733	인천 서구	농작물포장재지원사업	22,500	1	7	7	8	7	1	1	4
5734	인천 서구	농업인안전보험료지원	22,398	1	6	7	8	7	1	1	4
5735	인천 서구	자유총연맹서구지회경상사업보조	21,280	1	1	7	8	7	1	1	4
5736	인천 서구	바르게살기운동경상사업보조	20,700	1	1	7	8	7	1	1	4
5737	인천 서구	종목별체육대회지원	20,000	1	4	7	8	7	1	1	1
5738	인천 서구	농업인단체지원사업	20,000	1	1	7	8	7	1	1	2
5739	인천 서구	마을기업육성사업	20,000	1	2	7	8	7	5	5	4
5740	인천 서구	생활악취저감시설운영비지원사업	18,000	1	1	7	8	7	5	5	4
5741	인천 서구	가축분뇨악취저감제지원	16,800	1	6	7	8	7	1	1	2
5742	인천 서구	농지이용관리지원	16,280	1	2	7	8	7	1	1	4
5743	인천 서구	어업용면세유지원사업	16,000	1	6	7	8	7	5	1	4
5744	인천 서구	공공스포츠클럽운영지원(아시아드)	15,000	1	7	7	1	7	1	1	1
5745	인천 서구	여성사회참여및복지증진공모사업	15,000	1	4	7	8	7	5	5	4
5746	인천 서구	유실유기동물입양비지원	15,000	1	2	7	8	7	1	1	2
5747	인천 서구	가축재해보험지원사업	14,000	1	1	7	8	7	1	1	2
5748	인천 서구	농가대상생분해성멀칭제지원	13,300	1	2	7	8	7	1	1	2
5749	인천 서구	해병대전우회운영지원	12,600	1	4	7	8	7	1	1	4
5750	인천 서구	우수평생학습동아리지원사업	12,240	1	4	7	8	7	1	1	1
5751	인천 서구	민주평화통일자문회의경상사업보조	12,000	1	1	7	8	7	1	1	4
5752	인천 서구	청년농업인영농스타트업지원	12,000	1	6	7	8	7	1	1	4
5753	인천 서구	저소득주민복지증진사업	11,630	1	1,4	1	8	1	1	1	1
5754	인천 서구	돼지유행성폐렴예방주사	10,800	1	2	7	8	7	1	1	2
5755	인천 서구	소상공인연합회교육사업지원	10,000	1	1	5	1	7	1	1	1
5756	인천 서구	전통시장빈점포지원사업	9,600	1	6	7	8	7	1	1	4
5757	인천 서구	효율적인인사행정관리(인천서구행정동우회)	9,520	1	1	7	8	7	1	1	4

순번	시군구	지출명 (사업명)	2024년예산 (단위 : 천원 /1년간)	민간이전 분류 (지방자치단체 세출예산 집행기준에 의거) 1. 민간경상사업보조(307-02) 2. 민간단체 법정운영비보조(307-03) 3. 민간행사사업보조(307-04) 4. 민간위탁금(307-05) 5. 사회복지시설 법정운영비보조(307-10) 6. 민간인위탁교육비(307-12) 7. 공기관등에대한경상적위탁사업비(308-13) 8. 민간자본사업보조,자체재원(402-01) 9. 민간자본사업보조,이전재원(402-02) 10. 민간위탁사업비(402-03) 11. 공기관등에 대한 자본적 위탁사업비(403-02)	민간이전지출 근거 (지방보조금 관리기준 참고) 1. 법률에 규정 2. 국고보조 재원(국가지정) 3. 용도 지정 기부금 4. 조례에 직접규정 5. 지자체가 권장하는 사업을 하는 공공기관 6. 시,도 정책 및 재정사정 7. 기타 8. 해당없음	입찰방식			운영예산 산정		성과평가 실시여부
						계약체결방법 (경쟁형태) 1. 일반경쟁 2. 제한경쟁 3. 지명경쟁 4. 수의계약 5. 법정위탁 6. 기타 ( ) 7. 없음	계약기간 1. 1년 2. 2년 3. 3년 4. 4년 5. 5년 6. 기타 ( )년 7. 단기계약 (1년미만) 8. 없음	낙찰자선정방법 1. 적격심사 2. 협상에의한계약 3. 최저가낙찰제 4. 규격가격분리 5. 2단계 경쟁입찰 6. 기타 ( ) 7. 없음	운영예산 산정 1. 내부산정 (지자체 자체적으로 산정) 2. 외부산정 (외부전문기관위탁 산정) 3. 내·외부 모두 산정 4. 산정 無 5. 없음	정산방법 1. 내부정산 (지자체 내부적으로 정산) 2. 외부정산 (외부전문기관위탁 정산) 3. 내·외부 모두 산정 4. 정산 無 5. 없음	1. 실시 2. 미실시 3. 향후 추진 4. 해당없음
5758	인천 서구	토양개량제지원	8,970	1	2	7	8	7	1	1	2
5759	인천 서구	코로나19검사양성자조사감시	8,500	1	2	7	8	7	5	5	4
5760	인천 서구	청소년유해환경감시단지원	8,333	1	1	7	8	7	5	1	1
5761	인천 서구	교통봉사단체지원	8,000	1	4	5	1	7	1	1	1
5762	인천 서구	구제역예방주사	6,767	1	2	7	8	7	1	1	2
5763	인천 서구	가축면역증강제지원	6,480	1	6	7	8	7	1	1	2
5764	인천 서구	중소기업중간관리자세미나개최	6,480	1	1,4	7	8	7	1	1	2
5765	인천 서구	취약계층반려동물의료지원	6,400	1	6	7	8	7	1	1	2
5766	인천 서구	농업재해대책추진	6,000	1	6	7	8	7	1	1	4
5767	인천 서구	자동차무료점검	6,000	1	4	7	8	7	1	1	1
5768	인천 서구	벼보급종공급사업	5,790	1	6	7	8	7	1	1	4
5769	인천 서구	낙농도우미지원사업	5,040	1	6	7	8	7	1	1	2
5770	인천 서구	장애인체육대회	5,000	1	7	7	8	7	1	1	1
5771	인천 서구	여성자원활동센터사업지원	5,000	1	4	7	8	7	1	1	1
5772	인천 서구	세대공감도시텃밭운영	5,000	1	1	7	8	7	1	1	2
5773	인천 서구	배상책임보험료지원	5,000	1	4	7	3	7	1	4	4
5774	인천 서구	가축소모성질병예방약품구입	4,800	1	6	7	8	7	1	1	2
5775	인천 서구	돼지써코바이러스예방주사	4,800	1	2	7	8	7	1	1	2
5776	인천 서구	어선어업인보험료지원사업	4,000	1	6	7	8	7	5	1	4
5777	인천 서구	주요감염병표본감시	3,720	1	2	7	8	7	5	5	4
5778	인천 서구	유기농업자재지원	3,420	1	2	7	8	7	1	1	2
5779	인천 서구	가축인공수정지원	2,430	1	6	7	8	7	1	1	2
5780	인천 서구	축산차량GPS상시전원지원	2,400	1	2	7	8	7	1	1	2
5781	인천 서구	농촌폐비닐수거보상금	2,200	1	2	7	8	7	1	1	4
5782	인천 서구	어선(선체)재해보상보험료지원사업	2,000	1	6	7	8	7	5	1	4
5783	인천 서구	영유아도시농업학습지원	912	1	6	7	8	7	1	1	2
5784	인천 서구	친환경농산물인증비지원	756	1	6	7	8	7	1	1	2
5785	인천 서구	양봉산물품질관리지원	726	1	6	7	8	7	5	5	4
5786	인천 서구	조사료종자구입지원	600	1	2	7	8	7	1	1	2
5787	인천 강화군	친환경농자재지원(친환경유기질비료지원)(21단계전환사업)	3,164,274	1	2	7	8	7	1	1	1
5788	인천 강화군	못자리용인공상토지원	1,422,000	1	6	7	8	7	1	1	1
5789	인천 강화군	친환경농자재지원(토양개량공급사업지원)	904,770	1	2	7	8	7	1	1	1
5790	인천 강화군	농특산물포장재지원사업	640,000	1	1	7	8	7	1	1	1
5791	인천 강화군	고소득시설원예특화작목육성지원사업	640,000	1	1	7	8	7	5	5	4
5792	인천 강화군	청년농업인영농정착지원금	626,400	1	2	7	8	7	1	1	2
5793	인천 강화군	농촌형교통모델지원사업	600,000	1	2	7	8	7	1	1	4
5794	인천 강화군	수리계운영경비지원	600,000	1	4	7	8	7	1	1	1
5795	인천 강화군	지역언론진흥	500,000	1	4	7	8	7	5	5	4
5796	인천 강화군	강화농특산물택배비지원	423,630	1	1	7	8	7	1	1	1
5797	인천 강화군	농촌돌봄활성화지원(사회적농업활성화지원사업)	397,000	1	2	7	8	7	1	1	1

순번	시군구	지출명 (사업명)	2024년예산 (단위 : 천원 /1년간)	민간이전 분류 (지방자치단체 세출예산 집행기준에 의거) 1. 민간경상사업보조(307-02) 2. 민간단체 법정운영비보조(307-03) 3. 민간행사사업보조(307-04) 4. 민간위탁금(307-05) 5. 사회복지시설 법정운영비보조(307-10) 6. 민간인위탁교육비(307-12) 7. 공기관등에대한경상적위탁사업비(308-13) 8. 민간자본사업보조,자체재원(402-01) 9. 민간자본사업보조,이전재원(402-02) 10. 민간위탁사업비(402-03) 11. 공기관등에 대한 자본적 위탁사업비(403-02)	민간이전지출 근거 (지방보조금 관리기준 참고) 1. 법률에 규정 2. 국고보조 재원(국가지정) 3. 용도 지정 기부금 4. 조례에 직접규정 5. 지자체가 권장하는 사업을 하는 공공기관 6. 시,도 정책 및 재정사정 7. 기타 8. 해당없음	입찰방식: 계약체결방법 (경쟁형태) 1. 일반경쟁 2. 제한경쟁 3. 지명경쟁 4. 수의계약 5. 법정위탁 6. 기타 ( ) 7. 없음	입찰방식: 계약기간 1. 1년 2. 2년 3. 3년 4. 4년 5. 5년 6. 기타 ( )년 7. 단기계약 (1년미만) 8. 없음	입찰방식: 낙찰자선정방법 1. 적격심사 2. 협상에의한계약 3. 최저가낙찰제 4. 규격가격분리 5. 2단계 경쟁입찰 6. 기타 ( ) 7. 없음	운영예산 산정: 운영예산 산정 1. 내부산정 (지자체 자체적으로 산정) 2. 외부산정 (외부전문기관위탁 산정) 3. 내·외부 모두 산정 4. 산정 無 5. 없음	운영예산 산정: 정산방법 1. 내부정산 (지자체 내부적으로 정산) 2. 외부정산 (외부전문기관위탁 정산) 3. 내·외부 모두 정산 4. 정산 無 5. 없음	성과평가 실시여부 1. 실시 2. 미실시 3. 향후 추진 4. 해당없음
5798	인천 강화군	가축분뇨수분조절재지원사업	396,000	1	1	7	8	7	5	5	4
5799	인천 강화군	친환경농자재지원(친환경유기농업자재)	325,638	1	2	7	8	7	1	1	1
5800	인천 강화군	공무원복지증진(직장어린이집운영)	308,832	1	7	7	5	7	1	1	2
5801	인천 강화군	청소년해외문화체험및어학연수지원	273,600	1	4	7	8	7	1	1	4
5802	인천 강화군	강화섬쌀공급차액보조	273,000	1	4	7	8	6	1	1	1
5803	인천 강화군	어업인정책보험료지원	242,000	1	6	7	8	7	5	5	4
5804	인천 강화군	어업용면세유지원	240,000	1	6	7	8	7	5	5	4
5805	인천 강화군	벼병해충긴급방제지원사업	224,500	1	1	7	8	7	1	1	4
5806	인천 강화군	어르신생활체육지도자배치(활동지원)	222,427	1	1	7	8	7	1	1	4
5807	인천 강화군	강화섬쌀포장재지원	200,000	1	1	7	8	7	1	1	1
5808	인천 강화군	새우젓규격용기제작지원	200,000	1	6	7	8	7	5	5	4
5809	인천 강화군	소독제및수질안정제지원	200,000	1	6	7	8	7	5	5	4
5810	인천 강화군	강화섬약쑥한우브랜드마케팅지원	200,000	1	1	7	8	7	5	5	4
5811	인천 강화군	일반생활체육지도자배치(활동지원)	187,356	1	1	7	8	7	1	1	4
5812	인천 강화군	우량모돈교체지원사업	180,600	1	1	7	8	7	5	5	4
5813	인천 강화군	강화군체육회운영및사업지원	162,800	1	1	7	8	7	1	1	1
5814	인천 강화군	인천시민여객선운임지원사업	160,000	1	6	7	8	7	1	1	4
5815	인천 강화군	새마을회사업비지원	147,040	1	1	6	1	6	5	1	1
5816	인천 강화군	수출농식품포장재지원	139,210	1	1	7	8	7	1	1	1
5817	인천 강화군	사회적기업일자리창출사업	138,346	1	2	7	8	7	1	1	4
5818	인천 강화군	친환경농법(우렁이입식)지원	132,300	1	6	7	8	7	1	1	1
5819	인천 강화군	보훈단체사업비보조	128,414	1	4	7	8	7	1	1	1
5820	인천 강화군	도서지역생활필수품해상운송비지원	124,000	1	2	7	8	7	1	1	4
5821	인천 강화군	예방약품지원	115,728	1	1	7	8	7	5	5	4
5822	인천 강화군	강화지역적응신품종품질관리지원	112,500	1	1	7	8	7	1	1	1
5823	인천 강화군	노인회운영지원(자체)	111,650	1	1	5	8	7	1	1	4
5824	인천 강화군	과수봉지지원사업	110,000	1	4	7	8	7	1	1	1
5825	인천 강화군	도서민여객선운임지원	108,000	1	2	7	8	7	1	1	4
5826	인천 강화군	도서민여객선차량운임지원	108,000	1	2	7	8	7	1	1	4
5827	인천 강화군	양봉기자재지원사업	103,276	1	1	7	8	7	1	1	4
5828	인천 강화군	지역사회보장협의체사업비	101,500	1	1,6	7	8	7	1	1	1
5829	인천 강화군	어선(선체)재해보험료지원	100,000	1	6	7	8	7	5	5	4
5830	인천 강화군	벼보급종공급사업지원	98,980	1	1	7	8	7	1	1	4
5831	인천 강화군	강화지역적응신품종우수성홍보지원	96,000	1	1	7	8	7	1	1	1
5832	인천 강화군	농작물병해충예찰방제사업(농작물병해충방제지원)	92,272	1	2	7	8	7	1	1	4
5833	인천 강화군	새마을회운영비지원	92,230	1	1	6	1	6	5	1	1
5834	인천 강화군	브랜드전용사료(TMF)지원	88,200	1	1	7	8	7	5	5	4
5835	인천 강화군	섬지역생활물류운임지원사업	88,000	1	2	7	8	7	1	1	4
5836	인천 강화군	농업인단체신문구독료지원	87,856	1	6	7	8	7	1	1	2
5837	인천 강화군	친환경농산물인증비지원	77,490	1	6	7	8	7	1	1	1

순번	시군구	지출명 (사업명)	2024년예산 (단위 : 천원 /1년간)	민간이전 분류 (지방자치단체 세출예산 집행기준에 의거) 1. 민간경상사업보조(307-02) 2. 민간단체 법정운영비보조(307-03) 3. 민간행사사업보조(307-04) 4. 민간위탁금(307-05) 5. 사회복지시설 법정운영비보조(307-10) 6. 민간인위탁교육비(307-12) 7. 공기관등에대한경상적위탁사업비(308-13) 8. 민간자본사업보조,자체재원(402-01) 9. 민간자본사업보조,이전재원(402-02) 10. 민간위탁사업비(402-03) 11. 공기관등에 대한 자본적 위탁사업비(403-02)	민간이전지출 근거 (지방보조금 관리기준 참고) 1. 법률에 규정 2. 국고보조 재원(국가지정) 3. 용도 지정 기부금 4. 조례에 직접규정 5. 지자체가 권장하는 사업을 하는 공공기관 6. 시,도 정책 및 재정사정 7. 기타 8. 해당없음	입찰방식 계약체결방법 (경쟁형태) 1. 일반경쟁 2. 제한경쟁 3. 지명경쟁 4. 수의계약 5. 법정위탁 6. 기타 ( ) 7. 없음	입찰방식 계약기간 1. 1년 2. 2년 3. 3년 4. 4년 5. 5년 6. 기타 ( )년 7. 단기계약 (1년미만) 8. 없음	입찰방식 낙찰자선정방법 1. 적격심사 2. 협상에의한계약 3. 최저가낙찰제 4. 규격가격분리 5. 2단계 경쟁입찰 6. 기타 ( ) 7. 없음	운영예산 산정 운영예산 산정 1. 내부산정 (지자체 자체적으로 산정) 2. 외부산정 (외부전문기관위탁 산정) 3. 내·외부 모두 산정 4. 산정 無 5. 없음	운영예산 산정 정산방법 1. 내부정산 (지자체 내부적으로 정산) 2. 외부정산 (외부전문기관위탁 정산) 3. 내·외부 모두 산정 4. 정산 無 5. 없음	성과평가 실시여부 1. 실시 2. 미실시 3. 향후 추진 4. 해당없음
5838	인천 강화군	강화문화원운영지원	73,000	1	1	7	8	7	1	1	1
5839	인천 강화군	수산물품질인증품목지원	70,000	1	6	7	8	7	5	5	4
5840	인천 강화군	위생난좌지원사업	63,000	1	1	7	8	7	5	5	4
5841	인천 강화군	약쑥발효첨가제지원사업	60,000	1	1	7	8	7	5	5	4
5842	인천 강화군	사회단체지원	59,980	1	4	7	7	7	1	1	1
5843	인천 강화군	전통시장화재공제가입지원사업	51,882	1	6	7	8	7	1	1	4
5844	인천 강화군	생생문화재사업	50,000	1	2	7	8	7	5	5	4
5845	인천 강화군	가축분뇨활용자원순환농법지원사업	50,000	1	6	7	8	7	1	1	1
5846	인천 강화군	새우젓드럼용기제작지원	50,000	1	6	7	8	7	5	5	4
5847	인천 강화군	닭진드기공동방제지원	48,000	1	1	7	8	7	5	5	4
5848	인천 강화군	농식품포장디자인개발및포장재제작지원	48,000	1	6	7	8	7	1	1	1
5849	인천 강화군	바르게살기사업비지원	46,822	1	1	6	1	6	5	1	1
5850	인천 강화군	가축인공수정료지원	46,500	1	1	7	8	7	5	5	4
5851	인천 강화군	전통문화교육지원	46,000	1	1	7	8	7	5	5	4
5852	인천 강화군	공공스포츠클럽운영지원	45,340	1	1	7	8	7	1	1	3
5853	인천 강화군	자유총연맹사업비지원	43,315	1	1	6	1	6	5	1	1
5854	인천 강화군	낙농도우미지원사업	42,000	1	1	7	8	7	5	5	4
5855	인천 강화군	돼지소모성질환지도사업	42,000	1	1	7	8	7	5	5	4
5856	인천 강화군	수산물유통물류비지원	40,000	1	6	7	8	7	5	5	4
5857	인천 강화군	지역체육진흥및운영	36,500	1	1	7	8	7	1	1	3
5858	인천 강화군	이앙기육묘상자지원	36,000	1	4	7	8	7	1	1	1
5859	인천 강화군	어구보증금제회수관리지원	36,000	1	2	7	8	7	5	5	4
5860	인천 강화군	가금농가질병관리지원	36,000	1	1	7	8	7	5	5	4
5861	인천 강화군	여성단체및복지지원	35,420	1	1	7	8	7	1	1	4
5862	인천 강화군	지방문화원사업활동지원및운영	35,000	1	1	7	8	7	1	1	1
5863	인천 강화군	인천경로당양곡물류(택배)비지원	32,500	1	1	7	8	7	1	1	1
5864	인천 강화군	원예작물수정벌지원	30,000	1	1	7	8	7	1	1	3
5865	인천 강화군	전통시장매니저사업	25,736	1	6	7	8	7	1	1	4
5866	인천 강화군	청년어업인영어정착지원	25,200	1	6	7	8	7	5	5	4
5867	인천 강화군	강화지역적응신품종포장재제작지원	25,200	1	1	7	8	7	1	1	1
5868	인천 강화군	전통산사문화유산활용사업	25,000	1	2	7	8	7	5	5	4
5869	인천 강화군	산림병해충방제사업	25,000	1	4	7	8	7	5	5	4
5870	인천 강화군	시설원예과채류근권환경개선지원	25,000	1	1	7	8	7	1	1	3
5871	인천 강화군	유전체분석지원	24,300	1	1	7	8	7	5	5	4
5872	인천 강화군	생분해성어구보급사업	22,000	1	2	7	8	7	5	5	4
5873	인천 강화군	브랜드사료포장재지원	21,000	1	1	7	8	7	5	5	4
5874	인천 강화군	작은도서관운영활성화지원	20,000	1	6	6	8	7	1	1	1
5875	인천 강화군	송암박두성선생생가운영	20,000	1	4	7	7	7	1	1	1
5876	인천 강화군	마을기업육성지원사업	20,000	1	2	7	8	7	1	1	4
5877	인천 강화군	강화군특산물가공제품포장재지원사업	20,000	1	1	7	8	7	1	1	1

순번	시군구	지출명 (사업명)	2024년예산 (단위 : 천원 /1년간)	민간이전 분류 (지방자치단체 세출예산 집행기준에 의거) 1. 민간경상사업보조(307-02) 2. 민간단체 법정운영비보조(307-03) 3. 민간행사사업보조(307-04) 4. 민간위탁금(307-05) 5. 사회복지시설 법정운영비보조(307-10) 6. 민간인위탁교육비(307-12) 7. 공기관등에대한경상적위탁사업비(308-13) 8. 민간자본사업보조,자체재원(402-01) 9. 민간자본사업보조,이전재원(402-02) 10. 민간위탁사업비(402-03) 11. 공기관등에 대한 자본적 위탁사업비(403-02)	민간이전지출 근거 (지방보조금 관리기준 참고) 1. 법률에 규정 2. 국고보조 재원(국가지정) 3. 용도 지정 기부금 4. 조례에 직접규정 5. 지자체가 권장하는 사업을 하는 공공기관 6. 시,도 정책 및 재정사정 7. 기타 8. 해당없음	입찰방식 계약체결방법 (경쟁형태) 1. 일반경쟁 2. 제한경쟁 3. 지명경쟁 4. 수의계약 5. 법정위탁 6. 기타 ( ) 7. 없음	입찰방식 계약기간 1. 1년 2. 2년 3. 3년 4. 4년 5. 5년 6. 기타 ( )년 7. 단기계약 (1년미만) 8. 없음	입찰방식 낙찰자선정방법 1. 적격심사 2. 협상에의한계약 3. 최저가낙찰제 4. 규격가격분리 5. 2단계 경쟁입찰 6. 기타 ( ) 7. 없음	운영예산 산정 운영예산 산정 1. 내부산정 (지자체 자체적으로 산정) 2. 외부산정 (외부전문기관위탁 산정) 3. 내·외부 모두 산정 4. 산정 無 5. 없음	운영예산 산정 정산방법 1. 내부정산 (지자체 내부적으로 정산) 2. 외부정산 (외부전문기관위탁 정산) 3. 내·외부 모두 정산 4. 정산 無 5. 없음	성과평가 실시여부 1. 실시 2. 미실시 3. 향후 추진 4. 해당없음
5878	인천 강화군	강화농특산물홍보활동지원	20,000	1	7	7	8	7	1	1	2
5879	인천 강화군	향교명륜학당지원	17,000	1	1	7	8	7	5	5	4
5880	인천 강화군	보육사업활동증진	16,860	1	6	1	5	1	3	1	4
5881	인천 강화군	생활체육교실운영	16,000	1	1	7	8	7	1	1	4
5882	인천 강화군	여성농업인단체지원	15,000	1	4	7	8	7	1	1	1
5883	인천 강화군	한우등록비지원사업	14,400	1	1	7	8	7	5	5	4
5884	인천 강화군	왕골재배농가연료비지원사업	12,975	1	4	7	8	7	1	1	4
5885	인천 강화군	민주평통사업비지원	12,810	1	1	6	1	6	5	1	1
5886	인천 강화군	우수공예품개발장려금	10,500	1	6	7	8	7	1	1	4
5887	인천 강화군	교통지도봉사활동단체지원	10,000	1	4	7	8	7	1	1	4
5888	인천 강화군	경영혁신외식서비스지원사업	10,000	1	2	7	8	7	5	5	4
5889	인천 강화군	마을간이상수도발관정전환운영	10,000	1	4	7	8	7	1	1	1
5890	인천 강화군	귀농귀촌인공동체활성화지원	10,000	1	1	7	8	7	1	1	3
5891	인천 강화군	지방행정동우회사업비지원	8,500	1	1	6	1	6	5	1	1
5892	인천 강화군	청소년보호일반	8,000	1	4	7	8	7	1	1	4
5893	인천 강화군	강화지역위령제지원	6,000	1	6	6	1	6	5	1	1
5894	인천 강화군	월간산림지보급지원사업	5,940	1	4	7	8	7	5	5	4
5895	인천 강화군	우수여왕벌보급지원	4,080	1	2	7	8	7	5	5	4
5896	인천 강화군	강화지역아동센터협의회지원	4,000	1	4	7	8	7	1	1	4
5897	인천 강화군	출향민여객선운임지원	4,000	1	6	7	8	7	1	1	4
5898	인천 강화군	도시민여객선운임대중교통요금지원	4,000	1	6	7	8	7	1	1	4
5899	인천 강화군	노인건강체육교실운영	3,200	1	1	7	8	7	1	1	4
5900	인천 강화군	양봉산물품질관리지원사업	3,168	1	2	7	8	7	5	5	4
5901	인천 강화군	GAP안전성분석지원	3,000	1	2	7	8	7	1	1	1
5902	인천 강화군	도농교류활성화(농촌체험마을역량강화교육)	1,920	1	2	7	8	7	1	1	1
5903	인천 강화군	취약계층반려동물의료비등지원	1,600	1	1	7	8	7	5	5	4
5904	인천 옹진군	섬지역1일생활권여객선도입지원	2,300,000	1	4	7	8	7	5	5	4
5905	인천 옹진군	옹진군공영버스운영지원(옹진군공영버스운송사업지원)	1,814,488	1	4	7	8	7	5	5	4
5906	인천 옹진군	옹진군섬지역생활물류(택배)운임지원사업	1,670,000	1	2	7	8	7	5	1	4
5907	인천 옹진군	서해5도종합발전지원	1,402,500	1	1	6	8	1	1	1	2
5908	인천 옹진군	타시도민섬나들이지원사업	1,287,000	1	6	7	8	7	5	5	4
5909	인천 옹진군	섬주민여객선운임지원사업(대중교통요금)	1,200,000	1	6	7	8	7	5	5	4
5910	인천 옹진군	유기질비료지원(전환사업)	1,000,000	1	2	7	8	7	1	1	2
5911	인천 옹진군	국가보조항로지원(여객선준공영제)	1,000,000	1	2	7	8	7	5	5	4
5912	인천 옹진군	여객선준공영제제외항로지원	1,000,000	1	4	7	8	7	5	5	4
5913	인천 옹진군	개체발전소운영비지원(국가직접지원사업)	960,000	1	1	7	8	7	1	1	1
5914	인천 옹진군	어업용면세유지원	500,000	1	6	7	8	7	5	1	4
5915	인천 옹진군	농촌형교통모델사업(옹진군농촌형교통서비스지원)	400,000	1	1	7	8	7	5	5	4
5916	인천 옹진군	도서지역생활필수품(연료)해상운송비지원	396,000	1	6	7	8	7	1	1	1
5917	인천 옹진군	유기질비료지원(해상운송비)	370,000	1	4	7	8	7	1	1	2

순번	시군구	지출명 (사업명)	2024년예산 (단위 : 천원 /1년간)	민간이전 분류 (지방자치단체 세출예산 집행기준에 의거) 1. 민간경상사업보조(307-02) 2. 민간단체 법정운영비보조(307-03) 3. 민간행사사업보조(307-04) 4. 민간위탁금(307-05) 5. 사회복지시설 법정운영비보조(307-10) 6. 민간인위탁교육비(307-12) 7. 공기관등에대한경상적위탁사업비(308-13) 8. 민간자본사업보조,자체재원(402-01) 9. 민간자본사업보조,이전재원(402-02) 10. 민간위탁사업비(402-03) 11. 공기관등에 대한 자본적 위탁사업비(403-02)	민간이전지출 근거 (지방보조금 관리기준 참고) 1. 법률에 규정 2. 국고보조 재원(국가지정) 3. 용도 지정 기부금 4. 조례에 직접규정 5. 지자체가 권장하는 사업을 하는 공공기관 6. 시,도 정책 및 재정사정 7. 기타 8. 해당없음	입찰방식 계약체결방법 (경쟁형태) 1. 일반경쟁 2. 제한경쟁 3. 지명경쟁 4. 수의계약 5. 법정위탁 6. 기타 ( ) 7. 없음	입찰방식 계약기간 1. 1년 2. 2년 3. 3년 4. 4년 5. 5년 6. 기타 ( )년 7. 단기계약 (1년미만) 8. 없음	입찰방식 낙찰자선정방법 1. 적격심사 2. 협상에의한계약 3. 최저가낙찰제 4. 규격가격분리 5. 2단계 경쟁입찰 6. 기타 ( ) 7. 없음	운영예산 산정 운영예산 산정 1. 내부산정 (지자체 자체적으로 산정) 2. 외부산정 (외부전문기관위탁 산정) 3. 내·외부 모두 산정 4. 산정 無 5. 없음	운영예산 산정 정산방법 1. 내부정산 (지자체 내부적으로 정산) 2. 외부정산 (외부전문기관위탁 정산) 3. 내·외부 모두 산정 4. 정산 無 5. 없음	성과평가 실시여부 1. 실시 2. 미실시 3. 향후 추진 4. 해당없음
5918	인천 옹진군	어선원보험료지원	352,000	1	6	7	8	7	5	1	4
5919	인천 옹진군	생활필수품및수하물물류비지원	340,000	1	4	7	8	7	1	1	1
5920	인천 옹진군	농작물병해충예찰방제사업(농작물병해충방제비)	301,240	1	6	7	8	7	5	5	4
5921	인천 옹진군	농협매입양곡(벼)운송물류비지원사업	300,000	1	4	7	8	7	1	1	4
5922	인천 옹진군	섬주민여객선운임지원사업(도선)	300,000	1	6	7	8	7	5	5	4
5923	인천 옹진군	전국민여객선동일요금제추진	300,000	1	4	7	8	7	5	5	4
5924	인천 옹진군	군장병면회객여객운임지원	286,110	1	6	7	8	7	5	5	4
5925	인천 옹진군	수산물포장용기제작지원	259,200	1	1,6	7	8	7	1	1	4
5926	인천 옹진군	무기질비료가격보조및수급안정지원사업	225,000	1	2	7	8	7	1	1	2
5927	인천 옹진군	취약지지원사업(지역자율형사회서비스)	208,600	1	1	7	8	7	5	5	4
5928	인천 옹진군	비닐하우스비닐교체지원사업	205,000	1	4	7	8	7	1	1	2
5929	인천 옹진군	수산물유통물류비지원	200,000	1	1,6	7	8	7	1	1	4
5930	인천 옹진군	서북도서농약지원사업	200,000	1	4	7	8	7	1	1	2
5931	인천 옹진군	섬주민화물선차량운임지원사업	200,000	1	4	7	8	7	5	5	4
5932	인천 옹진군	못자리용인공상토지원	190,848	1	6	7	8	7	1	1	2
5933	인천 옹진군	과학영농현장서비스강화(농기계수리비지원)	180,000	1	6	7	8	7	5	5	4
5934	인천 옹진군	옹진문화원사업활동지원및운영(자체)	157,216	1	1	5	8	7	1	1	2
5935	인천 옹진군	토양개량제지원	147,452	1	2	7	8	7	1	1	2
5936	인천 옹진군	주민자치회시범사업활성화	134,120	1	6	7	8	7	1	1	2
5937	인천 옹진군	지자체협력사업	130,000	1	4	7	8	7	1	1	2
5938	인천 옹진군	브랜드쌀재배농가지원	120,000	1	4	7	8	7	1	1	2
5939	인천 옹진군	어선(선체)재해보상보험료지원	108,000	1	6	7	8	7	5	1	4
5940	인천 옹진군	농작물병해충예찰방제사업(영농부산물처리지원)	105,000	1	2	7	8	7	5	5	4
5941	인천 옹진군	생분해성어구보급(국고보조)	96,000	1	2	7	8	7	5	1	4
5942	인천 옹진군	사회단체운영	95,232	1	1	7	8	7	3	1	2
5943	인천 옹진군	스포츠강좌이용권지원	93,600	1	1	7	7	7	5	1	2
5944	인천 옹진군	유해생물(쏙)구제사업	91,200	1	6	7	8	7	5	1	4
5945	인천 옹진군	김양식기자재지원	90,000	1	6	7	8	7	5	1	4
5946	인천 옹진군	생태관광지역운영및관리	90,000	1	1	7	8	7	5	5	4
5947	인천 옹진군	농작물병해충예찰방제사업(농작물병해충약제비)	90,000	1	2	7	8	7	5	5	4
5948	인천 옹진군	축산사료물류비지원사업	84,000	1	6	7	8	7	5	5	1
5949	인천 옹진군	수산자원육성지원(물김활성처리제지원)	80,000	1	6	7	8	7	5	1	4
5950	인천 옹진군	농작물부직포지원사업	75,000	1	4	7	8	7	1	1	2
5951	인천 옹진군	어르신생활체육지도자배치(활동지원)	70,784	1	4	7	7	7	1	1	2
5952	인천 옹진군	농작물재해보험가입지원	68,462	1	1	7	8	7	1	1	1
5953	인천 옹진군	사회적기업육성(일자리창출)	65,556	1	4	7	8	7	1	1	3
5954	인천 옹진군	못자리용인공상토지원(해상운송비)	65,000	1	4	7	8	7	1	1	2
5955	인천 옹진군	인증부표보급지원	58,740	1	6	7	8	7	5	1	4
5956	인천 옹진군	섬민간약국운영비지원	57,600	1	4	7	8	7	5	5	4
5957	인천 옹진군	원예용상토지원사업	55,000	1	4	7	8	7	1	1	2

순번	시군구	지출명 (사업명)	2024년예산 (단위 : 천원 /1년간)	민간이전 분류 (지방자치단체 세출예산 집행기준에 의거) 1. 민간경상사업보조(307-02) 2. 민간단체 법정운영비보조(307-03) 3. 민간행사사업보조(307-04) 4. 민간위탁금(307-05) 5. 사회복지시설 법정운영비보조(307-10) 6. 민간인위탁교육비(307-12) 7. 공기관등에대한경상적위탁사업비(308-13) 8. 민간자본사업보조,자체재원(402-01) 9. 민간자본사업보조,이전재원(402-02) 10. 민간위탁사업비(402-03) 11. 공기관등에 대한 자본적 위탁사업비(403-02)	민간이전지출 근거 (지방보조금 관리기준 참고) 1. 법률에 규정 2. 국고보조 재원(국가지정) 3. 용도 지정 기부금 4. 조례에 직접규정 5. 지자체가 권장하는 사업을 하는 공공기관 6. 시,도 정책 및 재정사정 7. 기타 8. 해당없음	입찰방식 계약체결방법 (경쟁형태) 1. 일반경쟁 2. 제한경쟁 3. 지명경쟁 4. 수의계약 5. 법정위탁 6. 기타 ( ) 7. 없음	입찰방식 계약기간 1. 1년 2. 2년 3. 3년 4. 4년 5. 5년 6. 기타 ( )년 7. 단기계약 (1년미만) 8. 없음	입찰방식 낙찰자선정방법 1. 적격심사 2. 협상에의한계약 3. 최저가낙찰제 4. 규격가격분리 5. 2단계 경쟁입찰 6. 기타 ( ) 7. 없음	운영예산 산정 운영예산 산정 1. 내부산정 (지자체 자체적으로 산정) 2. 외부산정 (외부전문기관위탁 산정) 3. 내·외부 모두 산정 4. 산정 無 5. 없음	운영예산 산정 정산방법 1. 내부정산 (지자체 내부적으로 정산) 2. 외부정산 (외부전문기관위탁 정산) 3. 내·외부 모두 산정 4. 정산 無 5. 없음	성과평가 실시여부 1. 실시 2. 미실시 3. 향후 추진 4. 해당없음
5958	인천 옹진군	수산물운송비지원사업(자체)	50,000	1	4	7	8	7	1	1	1
5959	인천 옹진군	생생문화재사업	50,000	1	1	6	1	7	1	1	1
5960	인천 옹진군	과수봉지지원사업	50,000	1	4	7	8	7	1	1	2
5961	인천 옹진군	선박(여객선,도선,자치선)지원	50,000	1	8	7	8	7	5	5	4
5962	인천 옹진군	명절귀성객여객선운임지원	50,000	1	4	7	8	7	5	5	4
5963	인천 옹진군	가축운송물류비지원	45,000	1	6	7	8	7	5	5	1
5964	인천 옹진군	친환경멀칭비닐지원사업	45,000	1	4	7	8	7	1	1	2
5965	인천 옹진군	지역특화일자리사업(전환사업)	43,200	1	6	7	8	7	5	5	4
5966	인천 옹진군	지역사회보장협의체운영지원	40,000	1	6	7	8	7	5	5	4
5967	인천 옹진군	양식장소독제및수질안정제지원(양식장수질안정제지원)	40,000	1	6	7	8	7	5	1	4
5968	인천 옹진군	조업중인양쓰레기수매사업	40,000	1	5	4	1	1	1	1	3
5969	인천 옹진군	출항민여객운임지원	36,000	1	6	7	8	7	5	5	4
5970	인천 옹진군	청년농업인영농정착지원금	35,700	1	1	7	8	7	5	1	2
5971	인천 옹진군	벼포트육묘재배기술조성사업	33,667	1	6	7	8	7	5	5	4
5972	인천 옹진군	지역사회보장협의체운영지원(자체)	30,870	1	6	7	8	7	5	5	4
5973	인천 옹진군	마을기업육성사업	30,000	1	4	7	8	7	1	1	3
5974	인천 옹진군	수산물품질인증포장재지원	30,000	1	1,6	7	8	7	1	1	4
5975	인천 옹진군	딸기우량묘지원사업	30,000	1	4	7	8	7	5	5	4
5976	인천 옹진군	단호박품질향상재배기술보급사업	29,939	1	4	7	8	7	5	5	4
5977	인천 옹진군	수산물진공포장기지원	27,000	1	4	7	8	7	1	1	1
5978	인천 옹진군	노인단체보조금지원	26,996	1	1	7	8	7	5	5	4
5979	인천 옹진군	장애인스포츠강좌이용권지원	26,400	1	1	7	8	7	5	1	2
5980	인천 옹진군	청년어업인영어정착지원(보조금)	26,400	1	2	7	7	7	5	1	4
5981	인천 옹진군	영흥면주민여객및차량운임지원	25,000	1	4	7	8	7	5	5	4
5982	인천 옹진군	벼보급종공급	24,751	1	6	7	8	7	5	5	4
5983	인천 옹진군	옹진문화원사업활동지원및운영	22,046	1	1	5	8	7	1	1	2
5984	인천 옹진군	배합사료구입비지원사업	21,000	1	6	7	8	7	5	5	1
5985	인천 옹진군	옹진자연포장재고급화지원사업	20,000	1	4	7	8	7	1	1	1
5986	인천 옹진군	고급육생산장려금지원사업	20,000	1	6	7	8	7	5	5	1
5987	인천 옹진군	민간의료행사지원(1섬1주치병원)	20,000	1	6	7	8	7	5	5	4
5988	인천 옹진군	농업인안전보험료지원	19,200	1	1	7	8	7	1	1	1
5989	인천 옹진군	원예용상토지원사업(해상운송비)	19,000	1	4	7	8	7	1	1	2
5990	인천 옹진군	원예작물바이러스예방사업	18,725	1	4	7	8	7	5	5	4
5991	인천 옹진군	축산환경개선제지원사업	15,120	1	6	7	8	7	5	5	1
5992	인천 옹진군	지역특산물가공품유통물류비지원	15,000	1	4	7	8	7	1	1	1
5993	인천 옹진군	어업인안전보험료지원	15,000	1	6	7	8	7	5	1	4
5994	인천 옹진군	옹진섬마을도시농부	12,600	1	4	7	8	7	1	1	2
5995	인천 옹진군	산채류종자보급사업	12,525	1	4	7	8	7	5	5	4
5996	인천 옹진군	친환경신소재(약상멀칭제)시험사업	10,500	1	1	7	8	7	5	5	4
5997	인천 옹진군	과수재배면적확대시범사업	10,500	1	4	7	8	7	5	5	4

순번	시군구	지출명 (사업명)	2024년예산 (단위 : 천원 /1년간)	민간이전 분류 (지방자치단체 세출예산 집행기준에 의거) 1. 민간경상사업보조(307-02) 2. 민간단체 법정운영비보조(307-03) 3. 민간행사사업보조(307-04) 4. 민간위탁금(307-05) 5. 사회복지시설 법정운영비보조(307-10) 6. 민간인위탁교육비(307-12) 7. 공기관등에대한경상적위탁사업비(308-13) 8. 민간자본사업보조,자체재원(402-01) 9. 민간자본사업보조,이전재원(402-02) 10. 민간위탁사업비(402-03) 11. 공기관등에 대한 자본적 위탁사업비(403-02)	민간이전지출 근거 (지방보조금 관리기준 참고) 1. 법률에 규정 2. 국고보조 재원(국가지정) 3. 용도 지정 기부금 4. 조례에 직접규정 5. 지자체가 권장하는 사업을 하는 공공기관 6. 시,도 정책 및 재정사정 7. 기타 8. 해당없음	입찰방식			운영예산 산정		성과평가 실시여부
						계약체결방법 (경쟁형태) 1. 일반경쟁 2. 제한경쟁 3. 지명경쟁 4. 수의계약 5. 법정위탁 6. 기타 ( ) 7. 없음	계약기간 1. 1년 2. 2년 3. 3년 4. 4년 5. 5년 6. 기타 ( )년 7. 단기계약 (1년미만) 8. 없음	낙찰자선정방법 1. 적격심사 2. 협상에의한계약 3. 최저가낙찰제 4. 규격가격분리 5. 2단계 경쟁입찰 6. 기타 ( ) 7. 없음	운영예산 산정 1. 내부산정 (지자체 자체적으로 산정) 2. 외부산정 (외부전문기관위탁 산정) 3. 내·외부 모두 산정 4. 산정 無 5. 없음	정산방법 1. 내부정산 (지자체 내부적으로 정산) 2. 외부정산 (외부전문기관위탁 정산) 3. 내·외부 모두 산정 4. 정산 無 5. 없음	1. 실시 2. 미실시 3. 향후 추진 4. 해당없음
5998	인천 옹진군	옹진자연유통물류비지원	10,000	1	4	7	8	7	1	1	1
5999	인천 옹진군	찰옥수수보급종지원사업	9,450	1	6	7	8	7	5	5	4
6000	인천 옹진군	농업인학습단체활동지원	8,000	1	1	7	7	7	1	1	4
6001	인천 옹진군	2024년청년전세보증금반환보증보증료지원사업	6,000	1	1	7	8	7	5	5	4
6002	인천 옹진군	소상공인지원	5,000	1	1	7	8	7	1	1	1
6003	인천 옹진군	외곽도서연료현지운반비지원	5,000	1	6	7	8	7	1	1	1
6004	인천 옹진군	식품위생환경개선(식품접객업소주방환경개선)	5,000	1	4	7	8	7	1	1	1
6005	인천 옹진군	어업도우미지원	4,800	1	2	7	8	7	5	1	4
6006	인천 옹진군	GAP인증농가잔류농약,중금속,재배토양,재배용수검사비지원	4,040	1	2	7	8	7	1	1	2
6007	인천 옹진군	노인건강체조교실운영	3,200	1	4	7	7	7	1	1	2
6008	인천 옹진군	체육진흥운영지원	3,000	1	4	7	7	7	1	1	2
6009	인천 옹진군	하천하구쓰레기정화사업	3,000	1	5	7	8	7	5	5	4
6010	인천 옹진군	장애인단체보조금지원	2,982	1	1	7	8	7	1	1	1
6011	인천 옹진군	가축재해보험지원	2,720	1	2	7	8	7	5	5	4
6012	인천 옹진군	친환경농산물인증비지원	1,800	1	6	7	8	7	1	1	2
6013	인천 옹진군	착한가격업소인센티브지원	1,600	1	6	7	8	7	1	1	4
6014	인천 옹진군	취약계층반려동물의료지원	1,600	1	6	7	8	7	5	5	4
6015	인천 옹진군	유기・유실동물입양비용지원	1,500	1	2	7	8	7	5	5	4
6016	인천 옹진군	식품위생환경개선(식품접객업소위생등급제지정컨설팅지원)	1,500	1	4	7	8	7	1	1	1
6017	인천 옹진군	중소형수박재배시범사업	1,462	1	4	7	8	7	5	5	4
6018	인천 옹진군	가축면역증강제지원	1,200	1	6	7	8	7	5	5	1
6019	인천 옹진군	가축소모성질병예방약품지원	600	1	6	7	8	7	5	5	4
6020	인천 옹진군	축산차량GPS단말기상시전원지원	240	1	2	7	8	7	5	5	4
6021	광주광역시	권역외상센터운영지원	3,345,000	1	2	7	8	7	5	5	4
6022	광주광역시	광주민주인권평화사업지원	3,182,000	1	1	7	8	7	5	5	4
6023	광주광역시	우수선수육성	3,000,000	1	2	7	8	7	5	5	4
6024	광주광역시	택시카드결제활성화지원	2,985,000	1	1,6	7	8	7	5	5	4
6025	광주광역시	전국체전대표선수훈련및참가	2,350,000	1	2	7	8	7	5	5	4
6026	광주광역시	학교우유급식지원	2,208,333	1	2	7	8	7	5	5	4
6027	광주광역시	공연예술진흥지원(공모)	2,200,000	1	4	7	8	7	5	5	4
6028	광주광역시	아동안전지킴이활동비등	1,372,867	1	1	7	8	7	5	5	4
6029	광주광역시	체육지도자운영	1,269,000	1	2	7	8	7	5	5	4
6030	광주광역시	공공심야어린이병원운영	1,169,818	1	4	7	8	7	5	5	4
6031	광주광역시	종목단체운영및국제대회참가등	1,138,000	1	2	7	8	7	5	5	4
6032	광주광역시	노란우산가입장려금지원	1,100,000	1	4	7	8	7	5	5	4
6033	광주광역시	헬스케어빅데이터플랫폼기반AI스타트업육성(국가직접지원)	1,097,000	1	2	7	8	7	5	5	4
6034	광주광역시	청년체육인재육성	1,078,000	1	2	7	8	7	5	5	4
6035	광주광역시	비영리민간단체공익활동사업지원	1,000,000	1	1	7	8	7	5	5	4
6036	광주광역시	지능형디지털콘텐츠제작기술개발및플랫폼구축(국가직접지원)	957,000	1	2	7	8	7	5	5	4
6037	광주광역시	지능형디지털콘텐츠제작기술개발및플랫폼구축(국가직접지원)	957,000	1	2	7	8	7	5	5	4

순번	시군구	지출명 (사업명)	2024년예산 (단위 : 천원 /1년간)	민간이전 분류 (지방자치단체 세출예산 집행기준에 의거) 1. 민간경상사업보조(307-02) 2. 민간단체 법정운영비보조(307-03) 3. 민간행사사업보조(307-04) 4. 민간위탁금(307-05) 5. 사회복지시설 법정운영비보조(307-10) 6. 민간인위탁교육비(307-12) 7. 공기관등에대한경상적위탁사업비(308-13) 8. 민간자본사업보조,자체재원(402-01) 9. 민간자본사업보조,이전재원(402-02) 10. 민간위탁사업비(402-03) 11. 공기관등에 대한 자본적 위탁사업비(403-02)	민간이전지출 근거 (지방보조금 관리기준 참고) 1. 법률에 규정 2. 국고보조 재원(국가지정) 3. 용도 지정 기부금 4. 조례에 직접규정 5. 지자체가 권장하는 사업을 하는 공공기관 6. 시,도 정책 및 재정사정 7. 기타 8. 해당없음	입찰방식 계약체결방법 (경쟁형태) 1. 일반경쟁 2. 제한경쟁 3. 지명경쟁 4. 수의계약 5. 법정위탁 6. 기타 ( ) 7. 없음	입찰방식 계약기간 1. 1년 2. 2년 3. 3년 4. 4년 5. 5년 6. 기타 ( )년 7. 단기계약 (1년미만) 8. 없음	입찰방식 낙찰자선정방법 1. 적격심사 2. 협상에의한계약 3. 최저가낙찰제 4. 규격가격분리 5. 2단계 경쟁입찰 6. 기타 ( ) 7. 없음	운영예산 산정 운영예산 산정 1. 내부산정 (지자체 자체적으로 산정) 2. 외부산정 (외부전문기관위탁 산정) 3. 내·외부 모두 산정 4. 산정 無 5. 없음	운영예산 산정 정산방법 1. 내부정산 (지자체 내부적으로 정산) 2. 외부정산 (외부전문기관위탁 정산) 3. 내·외부 모두 산정 4. 정산 無 5. 없음	성과평가 실시여부 1. 실시 2. 미실시 3. 향후 추진 4. 해당없음
6038	광주광역시	청년도전지원	914,800	1	2	6	1	6	1	3	1
6039	광주광역시	지역의미래를여는과학기술프로젝트(국가직접지원)	900,000	1	2	7	8	7	5	5	4
6040	광주광역시	문화유산돌봄	868,000	1	2	7	8	7	5	5	4
6041	광주광역시	지방의제21	842,400	1	1	7	8	7	5	5	4
6042	광주광역시	전일빌딩245시민문화체험특화프로그램운영	800,000	1	4	7	8	7	5	5	4
6043	광주광역시	아시아도시간문화교류협력	800,000	1	2	7	8	7	5	5	4
6044	광주광역시	배터리모듈팩시험평가센터구축(국가직접지원)	700,000	1	2	7	8	7	5	5	4
6045	광주광역시	글로벌광융합비즈니스경쟁력강화지원	685,000	1	4	7	8	7	5	5	4
6046	광주광역시	장애인탁구팀운영	682,000	1	4	7	8	7	5	5	4
6047	광주광역시	공공보건의료협력체계구축	655,000	1	2	7	8	7	5	5	4
6048	광주광역시	장애인구강진료센터운영	652,600	1	2	7	8	7	5	5	4
6049	광주광역시	임상데이터기반근골격계인체모사융합기술지원(국가직접지원)	648,000	1	2	7	8	7	5	5	4
6050	광주광역시	지식재산창출지원(국가직접지원)	600,000	1	2	7	8	7	5	5	4
6051	광주광역시	에너지산업융복합단지활성화지원	600,000	1	2	7	8	7	5	5	4
6052	광주광역시	시각예술진흥지원(공모)	600,000	1	4	7	8	7	5	5	4
6053	광주광역시	장애인전문체육진흥(동계,하계,학생전국체전참가)	522,000	1	4	7	8	7	5	5	4
6054	광주광역시	수영팀운영	515,000	1	2	7	8	7	5	5	4
6055	광주광역시	반도체특성화대학지원(국가직접지원)	500,000	1	2	7	8	7	5	5	4
6056	광주광역시	아시아문화예술활성화거점프로그램운영(대인예술시장)	500,000	1	2	7	8	7	5	5	4
6057	광주광역시	장애인전문체육진흥(종목별국제(준비),국내대회개최참가및경기단체운영)	492,000	1	4	7	8	7	5	5	4
6058	광주광역시	장애인전문체육진흥(장애인전문체육지도자운영)	483,000	1	4	7	8	7	5	5	4
6059	광주광역시	정신요양시설운영관리비	434,000	1	1,2	7	8	7	5	5	4
6060	광주광역시	아름다운이야기할머니파견지원	432,796	1	2	7	8	7	5	5	4
6061	광주광역시	임방울국악제전국대회	432,000	1	4	7	8	7	5	5	4
6062	광주광역시	대학일자리플러스센터운영지원(국가직접지원)	425,000	1	2	7	8	7	5	5	4
6063	광주광역시	아시아문화예술활성화거점프로그램운영(예술의거리)	400,000	1	2	7	8	7	5	5	4
6064	광주광역시	정신요양시설종사자임금보전수당	399,500	1	1	7	8	7	5	5	4
6065	광주광역시	슈퍼비전AI를위한겹눈모방뉴로모픽반도체개발(국가직접지원)	375,250	1	2	7	8	7	5	5	4
6066	광주광역시	대용량ESS기반CVPP운영플랫폼구축및실증(국가직접지원)	372,000	1	2	7	8	7	5	5	4
6067	광주광역시	컨디셔닝센터	370,000	1	2	7	8	7	5	5	4
6068	광주광역시	굴뚝자동측정기기설치운영관리지원	357,000	1	1	7	8	7	5	5	4
6069	광주광역시	장애인사격팀운영	352,000	1	4	7	8	7	5	5	4
6070	광주광역시	장애인양궁팀운영	350,000	1	4	7	8	7	5	5	4
6071	광주광역시	빛고을관등회	330,000	1	6	7	8	7	5	5	4
6072	광주광역시	광주녹색환경지원센터운영(국가직접지원)	326,000	1	2	7	8	7	5	5	4
6073	광주광역시	아트피크닉(예술소풍)	320,000	1	6	7	8	7	5	5	4
6074	광주광역시	지식재산기반창업촉진(국가직접지원)	300,000	1	2	7	8	7	5	5	4
6075	광주광역시	RE1전주기공정기술개발및실증(국가직접지원)	300,000	1	2	7	8	7	5	5	4
6076	광주광역시	지역특화의료기술및유치기반강화	300,000	1	2	7	8	7	5	5	4
6077	광주광역시	시장기(배)생활체육종목별대회	300,000	1	4	7	8	7	5	5	4

순번	시군구	지출명 (사업명)	2024년예산 (단위 : 천원 /1년간)	민간이전 분류 (지방자치단체 세출예산 집행기준에 의거) 1. 민간경상사업보조(307-02) 2. 민간단체 법정운영비보조(307-03) 3. 민간행사사업보조(307-04) 4. 민간위탁금(307-05) 5. 사회복지시설 법정운영비보조(307-10) 6. 민간인위탁교육비(307-12) 7. 공기관등에대한경상적위탁사업비(308-13) 8. 민간자본사업보조,자체재원(402-01) 9. 민간자본사업보조,이전재원(402-02) 10. 민간위탁사업비(402-03) 11. 공기관등에 대한 자본적 위탁사업비(403-02)	민간이전지출 근거 (지방보조금 관리기준 참고) 1. 법률에 규정 2. 국고보조 재원(국가지정) 3. 용도 지정 기부금 4. 조례에 직접규정 5. 지자체가 권장하는 사업을 하는 공공기관 6. 시,도 정책 및 재정사정 7. 기타 8. 해당없음	입찰방식			운영예산 산정		성과평가 실시여부
						계약체결방법 (경쟁형태) 1. 일반경쟁 2. 제한경쟁 3. 지명경쟁 4. 수의계약 5. 법정위탁 6. 기타 ( ) 7. 없음	계약기간 1. 1년 2. 2년 3. 3년 4. 4년 5. 5년 6. 기타 ( )년 7. 단기계약 (1년미만) 8. 없음	낙찰자선정방법 1. 적격심사 2. 협상에의한계약 3. 최저가낙찰제 4. 규격가격분리 5. 2단계 경쟁입찰 6. 기타 ( ) 7. 없음	운영예산 산정 1. 내부산정 (지자체 자체적으로 산정) 2. 외부산정 (외부전문기관위탁 산정) 3. 내·외부 모두 산정 4. 산정 無 5. 없음	정산방법 1. 내부정산 (지자체 내부적으로 정산) 2. 외부정산 (외부전문기관위탁 정산) 3. 내·외부 모두 산정 4. 정산 無 5. 없음	1. 실시 2. 미실시 3. 향후 추진 4. 해당없음
6078	광주광역시	도축검사원인건비지원	297,000	1	2	7	8	7	5	5	4
6079	광주광역시	공공심야약국운영	272,000	1	7	7	8	7	5	5	4
6080	광주광역시	소상공인디지털커머스전문기관운영지원(국가직접지원)	260,000	1	1	7	8	7	5	5	4
6081	광주광역시	지역에너지클러스터인재양성(국가직접지원)	250,000	1	2	7	8	7	5	5	4
6082	광주광역시	우수농식품국내외마케팅지원	240,000	1	1	7	8	7	5	5	4
6083	광주광역시	24빛고을드론페스티벌	230,000	1	4	7	8	7	5	5	4
6084	광주광역시	국제광융합산업전시회및컨퍼런스개최	230,000	1	4	7	8	7	5	5	4
6085	광주광역시	장애인전문체육진흥(장애인체육인재육성)	230,000	1	4	7	8	7	5	5	4
6086	광주광역시	전국대회참가및자체대회개최	214,200	1	4	7	8	7	5	5	4
6087	광주광역시	북한이탈주민지역적응센터운영	212,000	1	2	7	8	7	5	5	4
6088	광주광역시	구강메타지놈기반치매예방기능성프로바이오틱스개발(국가직접지원)	210,000	1	2	7	8	7	5	5	4
6089	광주광역시	국가지정격리병상시설장비유지	210,000	1	1	7	8	7	5	5	4
6090	광주광역시	제3회광주전국수영선수권대회	210,000	1	1	7	8	7	5	5	4
6091	광주광역시	시민체력증진센터운영	208,000	1	4	7	8	7	5	5	4
6092	광주광역시	응급의료지원센터운영	204,800	1	2	7	8	7	5	5	4
6093	광주광역시	전국규모대회유치	202,000	1	1	7	8	7	5	5	4
6094	광주광역시	지역과학기술성과실용화지원(국가직접지원)	200,000	1	2	7	8	7	5	5	4
6095	광주광역시	인공지능대학원지원(국가직접지원)	200,000	1	2	7	8	7	5	5	4
6096	광주광역시	지역지능화혁신인재양성지원(국가직접지원)	200,000	1	2	7	8	7	5	5	4
6097	광주광역시	대학창의적자산실용화지원(국가직접지원)	200,000	1	7	7	8	7	5	5	4
6098	광주광역시	광주김치산업육성지원	200,000	1	4	7	8	7	5	5	4
6099	광주광역시	광융합산업시험 · 평가및인증획득지원	200,000	1	4	7	8	7	5	5	4
6100	광주광역시	광주뷰티아카데미운영(뷰티인재양성원스톱과정)	200,000	1	6	7	8	7	5	5	4
6101	광주광역시	문학진흥지원(공모)	196,000	1	4	7	8	7	5	5	4
6102	광주광역시	장애인생활체육지도자	187,812	1	4	7	8	7	5	5	4
6103	광주광역시	임방울국악진흥회지원	183,000	1	4	7	8	7	5	5	4
6104	광주광역시	외국인노동자후원민간단체지원	180,000	1	1	7	8	7	5	5	4
6105	광주광역시	대통령기전국시도탁구대회	180,000	1	1	7	8	7	5	5	4
6106	광주광역시	학교예술강사지원(국악강사)	177,650	1	2	7	8	7	5	5	4
6107	광주광역시	힌츠페터국제보도상	175,000	1	4	7	8	7	5	5	4
6108	광주광역시	식생활교육지원	170,000	1	2	7	8	7	5	5	4
6109	광주광역시	장애인생활체육진흥(장애인생활체육지도자현장활동수당)	169,000	1	4	7	8	7	5	5	4
6110	광주광역시	오월어머니집운영	162,000	1	4	7	8	7	5	5	4
6111	광주광역시	학교체육진흥	159,000	1	2	7	8	7	5	5	4
6112	광주광역시	5 · 18기념시장기전국태권도대회	159,000	1	1	7	8	7	5	5	4
6113	광주광역시	재난거점병원운영	153,800	1	2	7	8	7	5	5	4
6114	광주광역시	코리아마스터즈배드민턴대회	151,000	1	1	7	8	7	5	5	4
6115	광주광역시	정신건강복지사업지원단운영	151,000	1	1	7	8	7	5	5	4
6116	광주광역시	카톨릭페스티벌	150,000	1	6	7	8	7	5	5	4
6117	광주광역시	인공지능융합혁신인재양성지원(국가직접지원)	150,000	1	2	7	8	7	5	5	4

순번	시군구	지출명 (사업명)	2024년예산 (단위 : 천원 /1년간)	민간이전 분류 (지방자치단체 세출예산 집행기준에 의거) 1. 민간경상사업보조(307-02) 2. 민간단체 법정운영비보조(307-03) 3. 민간행사사업보조(307-04) 4. 민간위탁금(307-05) 5. 사회복지시설 법정운영비보조(307-10) 6. 민간인위탁교육비(307-12) 7. 공기관등에대한경상적위탁사업비(308-13) 8. 민간자본사업보조,자체재원(402-01) 9. 민간자본사업보조,이전재원(402-02) 10. 민간위탁사업비(402-03) 11. 공기관등에 대한 자본적 위탁사업비(403-02)	민간이전지출 근거 (지방보조금 관리기준 참고) 1. 법률에 규정 2. 국고보조 재원(국가지정) 3. 용도 지정 기부금 4. 조례에 직접규정 5. 지자체가 권장하는 사업을 하는 공공기관 6. 시,도 정책 및 재정사정 7. 기타 8. 해당없음	입찰방식 계약체결방법 (경쟁형태) 1. 일반경쟁 2. 제한경쟁 3. 지명경쟁 4. 수의계약 5. 법정위탁 6. 기타 ( ) 7. 없음	입찰방식 계약기간 1. 1년 2. 2년 3. 3년 4. 4년 5. 5년 6. 기타 ( )년 7. 단기계약 (1년미만) 8. 없음	입찰방식 낙찰자선정방법 1. 적격심사 2. 협상에의한계약 3. 최저가낙찰제 4. 규격가격분리 5. 2단계 경쟁입찰 6. 기타 ( ) 7. 없음	운영예산 산정 운영예산 산정 1. 내부산정 (지자체 자체적으로 산정) 2. 외부산정 (외부전문기관위탁 산정) 3. 내·외부 모두 산정 4. 산정 無 5. 없음	운영예산 산정 정산방법 1. 내부정산 (지자체 내부적으로 정산) 2. 외부정산 (외부전문기관위탁 정산) 3. 내·외부 모두 산정 4. 정산 無 5. 없음	성과평가 실시여부 1. 실시 2. 미실시 3. 향후 추진 4. 해당없음
6118	광주광역시	사회적경제활성화지역특화사업(시)	150,000	1	4	7	8	7	5	5	4
6119	광주광역시	장애친화산부인과지정운영	150,000	1	2	7	8	7	5	5	4
6120	광주광역시	장애인생활체육진흥(생활체육사업운영(국가직접지원))	133,000	1	2	7	8	7	5	5	4
6121	광주광역시	인권마을조성	126,000	1	6	7	8	7	5	5	4
6122	광주광역시	국제남자챌린저테니스대회	126,000	1	1	7	8	7	5	5	4
6123	광주광역시	전국국민생활체육대축전참가	126,000	1	4	7	8	7	5	5	4
6124	광주광역시	대한적십자사사업지원	120,000	1	4	7	8	7	5	5	4
6125	광주광역시	K바이오헬스지역센터지원(국가직접지원)	120,000	1	2	7	8	7	5	5	4
6126	광주광역시	생활체육광장운영	107,500	1	4	7	8	7	5	5	4
6127	광주광역시	국제태권도아카데미	107,100	1	4	7	8	7	5	5	4
6128	광주광역시	가축질병공동방제단운영	105,050	1	2	7	8	7	5	5	4
6129	광주광역시	광주시민생활체육대회	100,800	1	4	7	8	7	5	5	4
6130	광주광역시	지역전략산업융합보안핵심인재양성(국가직접지원)	100,000	1	2	7	8	7	5	5	4
6131	광주광역시	인공지능활용소재개발플랫폼지원(국가직접지원)	100,000	1	2	7	8	7	5	5	4
6132	광주광역시	메이커활성화지원(국가직접지원)	100,000	1	7	7	8	7	5	5	4
6133	광주광역시	SW중심대학지원(국가직접지원)	100,000	1	2	7	8	7	5	5	4
6134	광주광역시	신장질환제어및투석기기고도화선도연구센터구축(국가직접지원)	100,000	1	2	7	8	7	5	5	4
6135	광주광역시	광주뷰티아카데미운영(미디어마케팅경영컨설팅과정)	100,000	1	2	7	8	7	5	5	4
6136	광주광역시	체육대회지역교류	100,000	1	6	7	8	7	5	5	4
6137	광주광역시	스포츠클럽청소년프로그램운영	100,000	1	4	7	8	7	5	5	4
6138	광주광역시	청년문화예술기획자양성학교운영	100,000	1	4	7	8	7	5	5	4
6139	광주광역시	한국민속예술축제및청소년민속예술제참가	100,000	1	6	7	8	7	5	5	4
6140	광주광역시	장애인생활체육대축전개최	99,000	1	4	7	8	7	5	5	4
6141	광주광역시	518민주인권인적교류프로젝트	97,000	1	4	7	8	7	5	5	4
6142	광주광역시	행복한옥수주택리모델링	95,000	1	4	7	8	7	5	5	4
6143	광주광역시	광주건축도시문화제	92,000	1	7	7	8	7	5	5	4
6144	광주광역시	생태관광지역육성	90,000	1	4	7	8	7	5	5	4
6145	광주광역시	에너지밸리기술원사업지원	90,000	1	2	7	8	7	1	1	1
6146	광주광역시	광주전남전북비즈니스라운지운영	90,000	1	4	7	8	7	5	5	4
6147	광주광역시	도시농업활성화지원	90,000	1	4	7	8	7	5	5	4
6148	광주광역시	가축방역요원인건비지원	87,000	1	4	7	8	7	5	5	4
6149	광주광역시	전통시장상인조직활성화	85,680	1	2	7	8	7	5	5	4
6150	광주광역시	시도재난심리회복지원센터운영	85,600	1	1	7	8	7	5	5	4
6151	광주광역시	인권단체협력	85,400	1	1,2	7	8	7	5	5	4
6152	광주광역시	청정제조기반구축지원(중소기업청정공정보급확산)(국가직접지원)	82,500	1	6	7	8	7	5	5	4
6153	광주광역시	2024년세계해부학회학술대회개최지원	80,000	1	2	7	8	7	5	5	4
6154	광주광역시	전국생활체육파크골프대회	80,000	1	7	7	8	7	5	5	4
6155	광주광역시	518연구지원	80,000	1	4	7	8	7	5	5	4
6156	광주광역시	중소기업제품홈쇼핑판매지원	77,000	1	4	7	8	7	5	5	4
6157	광주광역시	전국무용제참가	77,000	1	6	7	8	7	5	5	4

순번	시군구	지출명 (사업명)	2024년예산 (단위 : 천원 /1년간)	민간이전 분류 (지방자치단체 세출예산 집행기준에 의거) 1. 민간경상사업보조(307-02) 2. 민간단체 법정운영비보조(307-03) 3. 민간행사사업보조(307-04) 4. 민간위탁금(307-05) 5. 사회복지시설 법정운영비보조(307-10) 6. 민간인위탁교육비(307-12) 7. 공기관등에대한경상적위탁사업비(308-13) 8. 민간자본사업보조,자체재원(402-01) 9. 민간자본사업보조,이전재원(402-02) 10. 민간위탁사업비(402-03) 11. 공기관등에 대한 자본적 위탁사업비(403-02)	민간이전지출 근거 (지방보조금 관리기준 참고) 1. 법률에 규정 2. 국고보조 재원(국가지정) 3. 용도 지정 기부금 4. 조례에 직접규정 5. 지자체가 권장하는 사업을 하는 공공기관 6. 시,도 정책 및 재정사정 7. 기타 8. 해당없음	입찰방식			운영예산 산정		성과평가 실시여부
						계약체결방법 (경쟁형태) 1. 일반경쟁 2. 제한경쟁 3. 지명경쟁 4. 수의계약 5. 법정위탁 6. 기타 ( ) 7. 없음	계약기간 1. 1년 2. 2년 3. 3년 4. 4년 5. 5년 6. 기타 ( )년 7. 단기계약 (1년미만) 8. 없음	낙찰자선정방법 1. 적격심사 2. 협상에의한계약 3. 최저가낙찰제 4. 규격가격분리 5. 2단계 경쟁입찰 6. 기타 ( ) 7. 없음	운영예산 산정 1. 내부산정 (지자체 자체적으로 산정) 2. 외부산정 (외부전문기관위탁 산정) 3. 내·외부 모두 산정 4. 산정 無 5. 없음	정산방법 1. 내부정산 (지자체 내부적으로 정산) 2. 외부정산 (외부전문기관위탁 정산) 3. 내·외부 모두 산정 4. 정산 無 5. 없음	1. 실시 2. 미실시 3. 향후 추진 4. 해당없음
6158	광주광역시	무형유산공개행사	76,000	1	4	7	8	7	5	5	4
6159	광주광역시	재난안전전문인력양성교육기관지원	75,000	1	6	7	8	7	5	5	4
6160	광주광역시	장애인생활체육진흥(장애인생활체육공공스포츠클럽운영지원(국가직접지원))	75,000	1	4	7	8	7	5	5	4
6161	광주광역시	시민참여공원이용프로그램운영	72,000	1	4	7	8	7	5	5	4
6162	광주광역시	지역엔젤투자허브(호남권센터)구축(국가직접지원)	72,000	1	2	7	8	7	5	5	4
6163	광주광역시	노인만성피부질환관리XR트윈기술개발(국가직접지원)	70,000	1	2	7	8	7	5	5	4
6164	광주광역시	노인만성피부질환관리XR트윈기술개발(국가직접지원)	70,000	1	2	7	8	7	5	5	4
6165	광주광역시	자원순환시민실천강화	68,100	1	6	7	8	7	5	5	4
6166	광주광역시	스포츠클럽관리자지원(국가직접지원)	65,000	1	2	7	8	7	5	5	4
6167	광주광역시	정보취약계층(장애인)정보화시범교육장교육지원	63,000	1	1	7	8	7	5	5	4
6168	광주광역시	SW전문인재양성(국가직접지원)	63,000	1	2	7	8	7	5	5	4
6169	광주광역시	전국생활체육배구대회	63,000	1	4	7	8	7	5	5	4
6170	광주광역시	그린에너지ESS발전전력거래실증(국가직접지원)	60,858	1	4	7	8	7	5	5	4
6171	광주광역시	구글클라우드기반AI인재양성지원	60,000	1	7	7	8	7	5	5	4
6172	광주광역시	대한체육회장기생활체육탁구대회	60,000	1	4	7	8	7	5	5	4
6173	광주광역시	유아숲체험원위탁운영	58,668	1	2,4	7	8	7	5	5	4
6174	광주광역시	장애인생활체육진흥(장애인생활체육지도자맞춤형복지제도)	57,200	1	4	7	8	7	5	5	4
6175	광주광역시	생명,평화,공경으로풍요로운공동체조성	56,000	1	1	7	8	7	5	5	4
6176	광주광역시	전국꿈나무육상경기대회	54,500	1	1	7	8	7	5	5	4
6177	광주광역시	소규모사업장위험성평가컨설팅지원	50,000	1	4	7	8	7	5	5	4
6178	광주광역시	지역특화청년무역전문가양성(국가직접지원)	50,000	1	6	7	8	7	5	5	4
6179	광주광역시	노사상생우수사례산업연수	50,000	1	4	7	8	7	5	5	4
6180	광주광역시	달빛동맹스포츠교류대회(광주대구)	50,000	1	4	7	8	7	5	5	4
6181	광주광역시	글로벌청년취업지원(국가직접지원)	50,000	1	2	7	8	7	5	5	4
6182	광주광역시	대한민국연극제참가	50,000	1	4	7	8	7	5	5	4
6183	광주광역시	공동주택관리운영지원	49,200	1	7	7	8	7	5	5	4
6184	광주광역시	지역협력혁신성장기술개발(국가직접지원)	49,000	1	2	7	8	7	5	5	4
6185	광주광역시	민주평화통일자문회의광주지역회의사업지원	48,000	1	1	7	8	7	5	5	4
6186	광주광역시	518역사왜곡대응지원등	46,500	1	4	7	8	7	5	5	4
6187	광주광역시	공동직장어린이집운영	46,000	1	6	7	8	7	5	5	4
6188	광주광역시	김대중대통령추모행사지원	45,000	1	4	7	8	7	5	5	4
6189	광주광역시	아시아지역국가폭력피해자지원프로젝트	45,000	1	4	7	8	7	5	5	4
6190	광주광역시	아시아광주진료소지원	45,000	1	4	7	8	7	5	5	4
6191	광주광역시	무돌길탐방안내센터운영지원	45,000	1	6	7	8	7	5	5	4
6192	광주광역시	광주지역FTA통상진흥센터운영(국가직접지원)	45,000	1	4	7	8	7	5	5	4
6193	광주광역시	어르신건강체육대회	44,940	1	4	7	8	7	5	5	4
6194	광주광역시	생활체육전국대회유치	44,100	1	4	7	8	7	5	5	4
6195	광주광역시	생활문화아트벙커활성화	44,000	1	6	7	8	7	5	5	4
6196	광주광역시	공유문화촉진지원	42,000	1	4	7	8	7	5	5	4
6197	광주광역시	장애인정보화교육기관지원	41,756	1	1	7	8	7	5	5	4

순번	시군구	지출명 (사업명)	2024년예산 (단위 : 천원 /1년간)	민간이전 분류 (지방자치단체 세출예산 집행기준에 의거) 1. 민간경상사업보조(307-02) 2. 민간단체 법정운영비보조(307-03) 3. 민간행사사업보조(307-04) 4. 민간위탁금(307-05) 5. 사회복지시설 법정운영비보조(307-10) 6. 민간인위탁교육비(307-12) 7. 공기관등에대한경상적위탁사업비(308-13) 8. 민간자본사업보조,자체재원(402-01) 9. 민간자본사업보조,이전재원(402-02) 10. 민간위탁사업비(402-03) 11. 공기관등에 대한 자본적 위탁사업비(403-02)	민간이전지출 근거 (지방보조금 관리기준 참고) 1. 법률에 규정 2. 국고보조 재원(국가지정) 3. 용도 지정 기부금 4. 조례에 직접규정 5. 지자체가 권장하는 사업을 하는 공공기관 6. 시,도 정책 및 재정사정 7. 기타 8. 해당없음	입찰방식: 계약체결방법 (경쟁형태) 1. 일반경쟁 2. 제한경쟁 3. 지명경쟁 4. 수의계약 5. 법정위탁 6. 기타 ( ) 7. 없음	입찰방식: 계약기간 1. 1년 2. 2년 3. 3년 4. 4년 5. 5년 6. 기타 ( )년 7. 단기계약 (1년미만) 8. 없음	입찰방식: 낙찰자선정방법 1. 적격심사 2. 협상에의한계약 3. 최저가낙찰제 4. 규격가격분리 5. 2단계 경쟁입찰 6. 기타 ( ) 7. 없음	운영예산 산정: 운영예산 산정 1. 내부산정 (지자체 자체적으로 산정) 2. 외부산정 (외부전문기관위탁 산정) 3. 내·외부 모두 산정 4. 산정 無 5. 없음	운영예산 산정: 정산방법 1. 내부정산 (지자체 내부적으로 정산) 2. 외부정산 (외부전문기관위탁 정산) 3. 내·외부 모두 산정 4. 정산 無 5. 없음	성과평가 실시여부 1. 실시 2. 미실시 3. 향후 추진 4. 해당없음
6198	광주광역시	생태계교란생물퇴치(직접)	40,000	1	2	7	8	7	5	5	4
6199	광주광역시	농업인의날행사지원	40,000	1	1	7	8	7	5	5	4
6200	광주광역시	한중청소년스포츠교류대회	40,000	1	1	7	8	7	5	5	4
6201	광주광역시	소상공인콜센터운영지원	40,000	1	1	7	8	7	5	5	4
6202	광주광역시	지자체선도저출산대응인식개선	39,530	1	2	7	8	7	5	5	4
6203	광주광역시	김장배추농자재지원	37,200	1	4	7	8	7	5	5	4
6204	광주광역시	퇴비부숙교반작업지원	36,000	1	1	7	8	7	5	5	4
6205	광주광역시	6월항쟁기념및정신계승	35,000	1	4	7	8	7	5	5	4
6206	광주광역시	살균제대체미생물생화학농약제품개발지원(국가직접지원)	35,000	1	7	7	8	7	5	5	4
6207	광주광역시	시장배미용경기대회	35,000	1	4	7	8	7	5	5	4
6208	광주광역시	대통령기양궁대회지원	35,000	1	1	7	8	7	5	5	4
6209	광주광역시	스포츠과학센터운영	33,000	1	2	7	8	7	5	5	4
6210	광주광역시	여성벤처기업경쟁력강화및성장지원	32,500	1	7	7	8	7	5	5	4
6211	광주광역시	여성기업판로확대지원	32,500	1	4	7	8	7	5	5	4
6212	광주광역시	노사한마음체육대회	32,000	1	4	7	8	7	5	5	4
6213	광주광역시	청소년생활체육클럽대항전	31,500	1	4	7	8	7	5	5	4
6214	광주광역시	중소기업협동조합기능활성화지원	30,000	1	4	7	8	7	5	5	4
6215	광주광역시	지역농산물판매및직거래장터운영	30,000	1	1	7	8	7	5	5	4
6216	광주광역시	로컬푸드생산농가지원	30,000	1	1	7	8	7	5	5	4
6217	광주광역시	지역브랜드쌀포장재지원	30,000	1	1	7	8	7	5	5	4
6218	광주광역시	유기동물안심펫보험지원	30,000	1	1	7	8	7	5	5	4
6219	광주광역시	지구의날행사	30,000	1	1	7	8	7	5	5	4
6220	광주광역시	한일청소년스포츠교류대회	30,000	1	1	7	8	7	5	5	4
6221	광주광역시	광주경제포럼등	30,000	1	4	7	8	7	5	5	4
6222	광주광역시	지역민방전통시장홍보방송(국가직접지원)	30,000	1	1	7	8	7	5	5	4
6223	광주광역시	저소득소외계층구강진료	30,000	1	4	7	8	7	5	5	4
6224	광주광역시	숲해설위탁운영	29,334	1	2,4	7	8	7	5	5	4
6225	광주광역시	중소기업융합교류(이업종교류)	29,000	1	4	7	8	7	5	5	4
6226	광주광역시	민족민주열사희생자합동추모제지원	28,800	1	4	7	8	7	5	5	4
6227	광주광역시	도시재생전문인력양성사업지원(국가직접지원)	28,000	1	2	7	8	7	5	5	4
6228	광주광역시	지역문화전문인력지원(국가직접지원)	28,000	1	6	7	8	7	5	5	4
6229	광주광역시	광주광역시농업인단체지원	27,000	1	1	7	8	7	5	5	4
6230	광주광역시	벼수확용톤백포장재지원	27,000	1	1	7	8	7	5	5	4
6231	광주광역시	수출기업통번역지원	26,000	1	6	7	8	7	5	5	4
6232	광주광역시	네일엑스포및국제뷰티교류전	26,000	1	4	7	8	7	5	5	4
6233	광주광역시	재난의료무선통신망운영	25,424	1	2	7	8	7	5	5	4
6234	광주광역시	광주향교유교대학	25,200	1	4	7	8	7	5	5	4
6235	광주광역시	전국생활체육검도대회지원	25,200	1	4	7	8	7	5	5	4
6236	광주광역시	국민통합과밝고건강한사회조성	25,000	1	1	7	8	7	5	5	4
6237	광주광역시	대학ICT연구센터지원(국가직접지원)	25,000	1	2	7	8	7	5	5	4

순번	시군구	지출명 (사업명)	2024년예산 (단위 : 천원 /1년간)	민간이전 분류 (지방자치단체 세출예산 집행기준에 의거) 1. 민간경상사업보조(307-02) 2. 민간단체 법정운영비보조(307-03) 3. 민간행사사업보조(307-04) 4. 민간위탁금(307-05) 5. 사회복지시설 법정운영비보조(307-10) 6. 민간인위탁교육비(307-12) 7. 공기관등에대한경상적위탁사업비(308-13) 8. 민간자본사업보조,자체재원(402-01) 9. 민간자본사업보조,이전재원(402-02) 10. 민간위탁사업비(402-03) 11. 공기관등에 대한 자본적 위탁사업비(403-02)	민간이전지출 근거 (지방보조금 관리기준 참고) 1. 법률에 규정 2. 국고보조 재원(국가지정) 3. 용도 지정 기부금 4. 조례에 직접규정 5. 지자체가 권장하는 사업을 하는 공공기관 6. 시,도 정책 및 재정사정 7. 기타 8. 해당없음	입찰방식			운영예산 산정		성과평가 실시여부
						계약체결방법 (경쟁형태) 1. 일반경쟁 2. 제한경쟁 3. 지명경쟁 4. 수의계약 5. 법정위탁 6. 기타 ( ) 7. 없음	계약기간 1. 1년 2. 2년 3. 3년 4. 4년 5. 5년 6. 기타 ( )년 7. 단기계약 (1년미만) 8. 없음	낙찰자선정방법 1. 적격심사 2. 협상에의한계약 3. 최저가낙찰제 4. 규격가격분리 5. 2단계 경쟁입찰 6. 기타 ( ) 7. 없음	운영예산 산정 1. 내부산정 (지자체 자체적으로 산정) 2. 외부산정 (외부전문기관위탁 산정) 3. 내·외부 모두 산정 4. 산정 無 5. 없음	정산방법 1. 내부정산 (지자체 내부적으로 정산) 2. 외부정산 (외부전문기관위탁 정산) 3. 내·외부 모두 산정 4. 정산 無 5. 없음	1. 실시 2. 미실시 3. 향후 추진 4. 해당없음
6238	광주광역시	인성및예절교육지원(향교유도회)	24,000	1	4	7	8	7	5	5	4
6239	광주광역시	한국민속예술축제시예선대회	23,100	1	4	7	8	7	5	5	4
6240	광주광역시	해외양궁선수단전지훈련유치	22,400	1	1	7	8	7	5	5	4
6241	광주광역시	우수시장선진지견학등상생활동지원	22,050	1	1	7	8	7	5	5	4
6242	광주광역시	범죄피해자구조지원	21,600	1	4	7	8	7	5	5	4
6243	광주광역시	축산물판매업소위생지원	21,600	1	6	7	8	7	5	5	4
6244	광주광역시	중소기업품질경영혁신활성화지원	21,000	1	1	7	8	7	5	5	4
6245	광주광역시	농식품소비정책강화	21,000	1	1	7	8	7	5	5	4
6246	광주광역시	전국스포츠클라이밍대회등	20,300	1	1	7	8	7	5	5	4
6247	광주광역시	재난피해자회복치유프로그램운영	20,000	1	1,2	7	8	7	5	5	4
6248	광주광역시	의료통번역활동가양성지원	20,000	1	4	7	8	7	5	5	4
6249	광주광역시	수어교육원운영	20,000	1	1	7	8	7	5	5	4
6250	광주광역시	정보보호특성화대학지원(국가직접지원)	20,000	1	2	7	8	7	5	5	4
6251	광주광역시	중소기업공공조달지원	20,000	1	6	7	8	7	5	5	4
6252	광주광역시	산업단지기업인교류협력활동	20,000	1	4	7	8	7	5	5	4
6253	광주광역시	밀수확용톤백포장재지원	20,000	1	4	7	8	7	5	5	4
6254	광주광역시	아시아지역자원봉사활동지원	19,800	1	4	7	8	7	5	5	4
6255	광주광역시	시민체험양봉장운영	19,800	1	6	7	8	7	5	5	4
6256	광주광역시	518역사문화기록작품조사및전시	19,800	1	4	7	8	7	5	5	4
6257	광주광역시	중소기업제조물책임보험지원	18,000	1	6	7	8	7	5	5	4
6258	광주광역시	지역친환경쌀잔류농약분석비지원	17,100	1	1	7	8	7	5	5	4
6259	광주광역시	정신요양시설종사자복지포인트	16,500	1	1	7	8	7	5	5	4
6260	광주광역시	가격표시제조사(조사원)	16,285	1	4	7	8	7	5	5	4
6261	광주광역시	이노비즈인증획득	16,200	1	6	7	8	7	5	5	4
6262	광주광역시	인성및예절교육지원(광주향교)	16,000	1	4	7	8	7	5	5	4
6263	광주광역시	장애인생활체육진흥(장애인체력인증센터(국가직접지원))	16,000	1	2	7	8	7	5	5	4
6264	광주광역시	개천절경축행사	15,000	1	6	7	8	7	5	5	4
6265	광주광역시	택시노사화합전진대회지원	15,000	1	1,6	7	8	7	5	5	4
6266	광주광역시	의류분쟁조정위원회운영	15,000	1	1	7	8	7	5	5	4
6267	광주광역시	소귀표부착비지원	14,352	1	2	7	8	7	5	5	4
6268	광주광역시	영호남(달빛동맹)선진농업교류지원	14,000	1	6	7	8	7	5	5	4
6269	광주광역시	518사적지점검및유지관리	13,500	1	4	7	8	7	5	5	4
6270	광주광역시	외국인근로자등무료진료소지원	13,500	1	4	7	8	7	5	5	4
6271	광주광역시	여성창업지원	13,500	1	7	7	8	7	5	5	4
6272	광주광역시	민주시민의식함양및통일의지확산	13,000	1	1	7	8	7	5	5	4
6273	광주광역시	에이즈예방홍보교육	12,000	1	1	7	8	7	5	5	4
6274	광주광역시	재난현장응급의료지원	12,000	1	1	7	8	7	5	5	4
6275	광주광역시	전통시장상인의날행사지원	12,000	1	1	7	8	7	5	5	4
6276	광주광역시	전국우수시장박람회참가지원	11,700	1	4	7	8	7	5	5	4
6277	광주광역시	시내버스운전자친절결의대회	11,000	1	4	7	8	7	5	5	4

순번	시군구	지출명 (사업명)	2024년예산 (단위 : 전원 /1년간)	민간이전 분류 (지방자치단체 세출예산 집행기준에 의거) 1. 민간경상사업보조(307-02) 2. 민간단체 법정운영비보조(307-03) 3. 민간행사사업보조(307-04) 4. 민간위탁금(307-05) 5. 사회복지시설 법정운영비보조(307-10) 6. 민간인위탁교육비(307-12) 7. 공기관등에대한경상적위탁사업비(308-13) 8. 민간자본사업보조,자체재원(402-01) 9. 민간자본사업보조,이전재원(402-02) 10. 민간위탁사업비(402-03) 11. 공기관등에 대한 자본적 위탁사업비(403-02)	민간이전지출 근거 (지방보조금 관리기준 참고) 1. 법률에 규정 2. 국고보조 재원(국가지정) 3. 용도 지정 기부금 4. 조례에 직접규정 5. 지자체가 권장하는 사업을 하는 공공기관 6. 시,도 정책 및 재정사정 7. 기타 8. 해당없음	입찰방식 계약체결방법 (경쟁형태) 1. 일반경쟁 2. 제한경쟁 3. 지명경쟁 4. 수의계약 5. 법정위탁 6. 기타 ( ) 7. 없음	입찰방식 계약기간 1. 1년 2. 2년 3. 3년 4. 4년 5. 5년 6. 기타 ( )년 7. 단기계약 (1년미만) 8. 없음	입찰방식 낙찰자선정방법 1. 적격심사 2. 협상에의한계약 3. 최저가낙찰제 4. 규격가격분리 5. 2단계 경쟁입찰 6. 기타 ( ) 7. 없음	운영예산 산정 운영예산 산정 1. 내부산정 (지자체 자체적으로 산정) 2. 외부산정 (외부전문기관위탁 산정) 3. 내·외부 모두 산정 4. 산정 無 5. 없음	운영예산 산정 정산방법 1. 내부정산 (지자체 내부적으로 정산) 2. 외부정산 (외부전문기관위탁 정산) 3. 내·외부 모두 정산 4. 정산 無 5. 없음	성과평가 실시여부 1. 실시 2. 미실시 3. 향후 추진 4. 해당없음
6278	광주광역시	대일항쟁기강제동원피해자권익활동지원	10,000	1	4	7	8	7	5	5	4
6279	광주광역시	광주생물다양성탐사캠프	10,000	1	4	7	8	7	5	5	4
6280	광주광역시	도농상생을위한우수농특산물품평회지원	10,000	1	1	7	8	7	5	5	4
6281	광주광역시	찾아가는우리밀현장체험	10,000	1	4	7	8	7	5	5	4
6282	광주광역시	마약퇴치교육홍보(마약퇴치운동본부)	10,000	1	1	7	8	7	5	5	4
6283	광주광역시	노동절기념의날	10,000	1	4	7	8	7	5	5	4
6284	광주광역시	장애인생활체육진흥(시장기장애인체육대회)	10,000	1	4	7	8	7	5	5	4
6285	광주광역시	정신질환자관리	10,000	1	1	7	8	7	5	5	4
6286	광주광역시	정신요양시설건강관리비	10,000	1	1	7	8	7	5	5	4
6287	광주광역시	찾아가는소비자피해예방교육	9,900	1	1	7	8	7	5	5	4
6288	광주광역시	결핵예방관리	9,500	1	1	7	8	7	5	5	4
6289	광주광역시	북한이탈주민자활프로그램운영	9,450	1	6	7	8	7	5	5	4
6290	광주광역시	노무현대통령추모행사지원	9,000	1	4	7	8	7	5	5	4
6291	광주광역시	419혁명역사재조명등	9,000	1	4	7	8	7	5	5	4
6292	광주광역시	중소기업인대회개최	9,000	1	6	7	8	7	5	5	4
6293	광주광역시	개인택시운수종사자한마음경진대회	8,000	1	1,6	7	8	7	5	5	4
6294	광주광역시	동물보호캠페인지원	7,800	1	1	7	8	7	5	5	4
6295	광주광역시	새농민회농업생산자단체현장교육지원	7,200	1	1	7	8	7	5	5	4
6296	광주광역시	광주315의거곡민주주의장송데모재현행사	7,000	1	4	7	8	7	5	5	4
6297	광주광역시	향토문화자료총서발간	7,000	1	1	7	8	7	5	5	4
6298	광주광역시	시장배피부미용경기대회	7,000	1	4	7	8	7	5	5	4
6299	광주광역시	부랑한센병자선도	7,000	1	1	7	8	7	5	5	4
6300	광주광역시	소상공인의날워크숍지원	7,000	1	1	7	8	7	5	5	4
6301	광주광역시	광주문화원의날기념행사	6,300	1	1	7	8	7	5	5	4
6302	광주광역시	전국청소년연극제참가	6,300	1	4	7	8	7	5	5	4
6303	광주광역시	자연환경보전민간단체지원(자연보호헌장선포기념행사)	6,200	1	4	7	8	7	5	5	4
6304	광주광역시	자연환경보전민간단체지원(무등산사랑환경대학)	6,000	1	4	7	8	7	5	5	4
6305	광주광역시	전통시장상인조직역량강화(국가직접지원)	5,712	1	1	7	8	7	5	5	4
6306	광주광역시	대통령기씨름왕선발대회참가	5,600	1	4	7	8	7	5	5	4
6307	광주광역시	산학협동포럼운영지원	5,000	1	4	7	8	7	5	5	4
6308	광주광역시	광주도시계획포럼	4,800	1	4	7	8	7	5	5	4
6309	광주광역시	장애인생활체육진흥(시도장애인체육교류대회(달빛동맹,제주호남권역))	4,000	1	4	7	8	7	5	5	4
6310	광주광역시	자연환경보전민간단체지원(무등산풍경소리행사)	3,000	1	4	7	8	7	5	5	4
6311	광주광역시	선행운전자자생단체지원	2,430	1	1,6	7	8	7	5	5	4
6312	광주 동구	만3세~만5세아누리과정지원	3,188,975	1	6	7	8	7	1	1	4
6313	광주 동구	마을공동체활성화지원(성인지예산)	268,500	1	4	7	8	7	3	1	1
6314	광주 동구	정부미지원시설차액보육료지원	266,000	1	6	7	8	7	1	1	4
6315	광주 동구	어린이집필요경비지원	237,600	1	6	7	8	7	1	1	4
6316	광주 동구	신중년사회공헌활동지원사업(전환사업)	220,000	1	6	7	8	7	1	5	1
6317	광주 동구	의료기관결핵환자관리지원	188,420	1	2	7	8	7	5	5	4

순번	시군구	지출명 (사업명)	2024년예산 (단위 : 천원 /1년간)	민간이전 분류 (지방자치단체 세출예산 집행기준에 의거) 1. 민간경상사업보조(307-02) 2. 민간단체 법정운영비보조(307-03) 3. 민간행사사업보조(307-04) 4. 민간위탁금(307-05) 5. 사회복지시설 법정운영비보조(307-10) 6. 민간인위탁교육비(307-12) 7. 공기관등에대한경상적위탁사업비(308-13) 8. 민간자본사업보조,자체재원(402-01) 9. 민간자본사업보조,이전재원(402-02) 10. 민간위탁사업비(402-03) 11. 공기관등에 대한 자본적 위탁사업비(403-02)	민간이전지출 근거 (지방보조금 관리기준 참고) 1. 법률에 규정 2. 국고보조 재원(국가지정) 3. 용도 지정 기부금 4. 조례에 직접규정 5. 지자체가 권장하는 사업을 하는 공공기관 6. 시,도 정책 및 재정사정 7. 기타 8. 해당없음	입찰방식 계약체결방법 (경쟁형태) 1. 일반경쟁 2. 제한경쟁 3. 지명경쟁 4. 수의계약 5. 법정위탁 6. 기타 ( ) 7. 없음	입찰방식 계약기간 1. 1년 2. 2년 3. 3년 4. 4년 5. 5년 6. 기타 ( )년 7. 단기계약 (1년미만) 8. 없음	입찰방식 낙찰자선정방법 1. 적격심사 2. 협상에의한계약 3. 최저가낙찰제 4. 규격가격분리 5. 2단계 경쟁입찰 6. 기타 ( ) 7. 없음	운영예산 산정 운영예산 산정 1. 내부산정 (지자체 자체적으로 산정) 2. 외부산정 (외부전문기관위탁 산정) 3. 내·외부 모두 산정 4. 산정 無 5. 없음	운영예산 산정 정산방법 1. 내부정산 (지자체 내부적으로 정산) 2. 외부정산 (외부전문기관위탁 정산) 3. 내·외부 모두 산정 4. 정산 無 5. 없음	성과평가 실시여부 1. 실시 2. 미실시 3. 향후 추진 4. 해당없음
6318	광주 동구	동구체력인증센터운영	160,875	1	2	7	8	7	3	3	1
6319	광주 동구	사회적기업육성(일자리창출,생활)	160,000	1	1	7	8	7	1	1	4
6320	광주 동구	빈집청년창업채움프로젝트지원(자체)	150,000	1	4	7	8	7	5	5	4
6321	광주 동구	시간제보육	120,000	1	1	7	8	7	1	1	4
6322	광주 동구	사회적경제육성	80,000	1	6	7	8	7	1	1	1
6323	광주 동구	시군구연고산업육성사업	75,000	1	2	7	1	7	3	3	3
6324	광주 동구	도시농업복합단지조성	70,000	1	6	7	8	7	1	1	4
6325	광주 동구	생활체육교실(강사)자체운영	65,890	1	5	7	8	7	1	1	1
6326	광주 동구	동구문화원지역문화사업	53,200	1	4	7	8	7	1	1	1
6327	광주 동구	자치구자원봉사활성화지원	50,880	1	6	7	8	7	1	1	2
6328	광주 동구	창업청년일자리플러스지원사업(지역주도형)	43,200	1	2	7	8	7	5	5	4
6329	광주 동구	성인문해교육프로그램운영지원	42,400	1	4	7	8	7	1	1	1
6330	광주 동구	마을사랑채운영및관리	42,000	1	4	7	8	7	1	1	1
6331	광주 동구	미술관·박물관활성화지원사업	40,000	1	4	7	8	7	1	1	1
6332	광주 동구	인문동아리지원	40,000	1	4	7	8	7	1	1	1
6333	광주 동구	책읽는동구사업	36,000	1	4	7	8	7	1	1	1
6334	광주 동구	꿀벌입식비지원	35,000	1	6	7	8	7	1	1	4
6335	광주 동구	작은도서관활성화지원사업	30,000	1	1	7	8	7	1	1	4
6336	광주 동구	K바이오헬스지역센터사업	30,000	1	2	7	1	7	3	3	3
6337	광주 동구	민주평화통일자문회의활성화	29,200	1	4	7	8	7	1	1	2
6338	광주 동구	생활문화아트벙커운영	29,000	1	4	7	8	7	5	1	4
6339	광주 동구	장애아전담어린이집운전원인건비지원	24,000	1	1	7	8	7	1	1	4
6340	광주 동구	생활문화예술동아리지원	23,000	1	4	7	8	7	1	1	4
6341	광주 동구	청년후계농영농정착지원	22,700	1	2	7	8	7	1	1	4
6342	광주 동구	새마을운동활성화사업	21,000	1	1	7	8	7	1	1	2
6343	광주 동구	프로그램육성지원(성인지예산)	20,000	1	4	7	8	7	1	1	1
6344	광주 동구	청년자율공간확충	20,000	1	6	1	1	1	1	1	2
6345	광주 동구	외국인아동보육료지원	20,000	1	6	7	8	7	1	1	4
6346	광주 동구	음식점위생관리(위생소독)지원	20,000	1	4	6	1	1	1	1	3
6347	광주 동구	건강도시알리기(성인지예산)	19,000	1	1	7	8	7	5	5	4
6348	광주 동구	장애인단체지원	17,000	1	1	7	8	7	1	1	2
6349	광주 동구	바르게살기운동활성화사업	17,000	1	1	7	8	7	1	1	2
6350	광주 동구	메이커스페이스구축운영사업	16,000	1	2	7	1	7	3	3	3
6351	광주 동구	저온저장고지원(양봉)	15,600	1	6	7	8	7	1	1	4
6352	광주 동구	동구스포츠클럽행정인력지원	15,000	1	5	7	8	7	1	1	1
6353	광주 동구	어린이집운영지원(장애아전문어린이집차량운영비)	13,500	1	1	7	8	7	1	1	4
6354	광주 동구	양봉산업육성지원	13,308	1	6	7	8	7	1	1	4
6355	광주 동구	함께누리는인권문화공동체조성	13,000	1	4	7	8	7	1	1	3
6356	광주 동구	생활체육교실용품지원	11,600	1	5	7	8	7	1	1	1
6357	광주 동구	기초질서지키기지원	10,000	1	4	7	1	7	5	5	1

순번	시군구	지출명 (사업명)	2024년예산 (단위 : 천원 /1년간)	민간이전 분류 (지방자치단체 세출예산 집행기준에 의거) 1. 민간경상사업보조(307-02) 2. 민간단체 법정운영비보조(307-03) 3. 민간행사사업보조(307-04) 4. 민간위탁금(307-05) 5. 사회복지시설 법정운영비보조(307-10) 6. 민간인위탁교육비(307-12) 7. 공기관등에대한경상적위탁사업비(308-13) 8. 민간자본사업보조,자체재원(402-01) 9. 민간자본사업보조,이전재원(402-02) 10. 민간위탁사업비(402-03) 11. 공기관등에 대한 자본적 위탁사업비(403-02)	민간이전지출 근거 (지방보조금 관리기준 참고) 1. 법률에 규정 2. 국고보조 재원(국가지정) 3. 용도 지정 기부금 4. 조례에 직접규정 5. 지자체가 권장하는 사업을 하는 공공기관 6. 시,도 정책 및 재정사정 7. 기타 8. 해당없음	입찰방식 계약체결방법 (경쟁형태) 1. 일반경쟁 2. 제한경쟁 3. 지명경쟁 4. 수의계약 5. 법정위탁 6. 기타 ( ) 7. 없음	입찰방식 계약기간 1. 1년 2. 2년 3. 3년 4. 4년 5. 5년 6. 기타 ( )년 7. 단기계약 (1년미만) 8. 없음	입찰방식 낙찰자선정방법 1. 적격심사 2. 협상에의한계약 3. 최저가낙찰제 4. 규격가격분리 5. 2단계 경쟁입찰 6. 기타 ( ) 7. 없음	운영예산 산정 운영예산 산정 1. 내부산정 (지자체 자체적으로 산정) 2. 외부산정 (외부전문기관위탁 산정) 3. 내·외부 모두 산정 4. 산정 無 5. 없음	운영예산 산정 정산방법 1. 내부정산 (지자체 내부적으로 정산) 2. 외부정산 (외부전문기관위탁 정산) 3. 내·외부 모두 정산 4. 정산 無 5. 없음	성과평가 실시여부 1. 실시 2. 미실시 3. 향후 추진 4. 해당없음
6358	광주 동구	음식문화개선중점지원(노후주방시설개선)	10,000	1	4	6	1	1	1	1	3
6359	광주 동구	음식문화개선중점지원(손씻기시설지원)	10,000	1	4	6	1	1	1	1	3
6360	광주 동구	표본감시체계운영(주요감염병표본감시)	7,080	1	2	7	8	7	5	5	4
6361	광주 동구	자원봉사자상해보험료지원	6,836	1	2	7	8	7	1	1	2
6362	광주 동구	친환경도시농업육성	6,000	1	6	7	8	7	1	1	4
6363	광주 동구	자활사업대상자교육	5,000	1	4	7	8	7	1	5	1
6364	광주 동구	장애인단체지원	5,000	1	1	7	8	7	1	1	2
6365	광주 동구	장애인단체지원	5,000	1	1	7	8	7	1	1	2
6366	광주 동구	동구행정동우회활성화지원	5,000	1	1	7	8	7	1	1	1
6367	광주 동구	농작물재해보험료지원	4,800	1	2	7	8	7	1	1	4
6368	광주 동구	장애아전문어린이집차량운영비	4,800	1	6	7	8	7	1	1	4
6369	광주 동구	생활체육교실(게이트볼)운영	4,500	1	5	7	8	7	1	1	1
6370	광주 동구	의료관련감염관리	4,320	1	2	7	8	7	5	5	4
6371	광주 동구	음식문화개선및음식점위생등급제지원	4,001	1	4	7	8	7	1	1	1
6372	광주 동구	지방문화학교운영	4,000	1	4	7	8	7	1	1	1
6373	광주 동구	범죄피해자구조사업지원	4,000	1	1	7	8	7	1	1	2
6374	광주 동구	자유총연맹활성화사업	3,000	1	1	7	8	7	1	1	2
6375	광주 동구	시장기생활체육대회	2,000	1	5	7	8	7	1	1	1
6376	광주 동구	시장기어르신생활체육축제	2,000	1	5	7	8	7	1	1	1
6377	광주 동구	전국생활체육대축전	1,000	1	5	7	8	7	1	1	1
6378	광주 동구	생활체육홍보사업	1,000	1	5	7	8	7	1	1	1
6379	광주 서구	지역아동센터인건비지원	4,813,116	1	2	7	8	7	1	1	1
6380	광주 서구	스포츠강좌이용권	1,311,600	1	2	7	8	7	5	5	4
6381	광주 서구	지역아동센터운영비지원	838,096	1	2	7	8	7	5	1	4
6382	광주 서구	(예비)사회적기업일자리창출지원	540,000	1	2	7	8	7	5	5	4
6383	광주 서구	지역아동센터종사자인건비보전수당지원	458,267	1	6	7	8	7	5	5	4
6384	광주 서구	지역아동센터종사자특별수당지원	453,000	1	6	7	8	7	5	5	4
6385	광주 서구	일반생활체육지도자배치	359,905	1	2	7	8	7	5	5	4
6386	광주 서구	어르신전담생활체육지도자배치	257,084	1	2	7	8	7	5	1	3
6387	광주 서구	사회공헌활동지원	244,098	1	2	7	8	7	5	1	3
6388	광주 서구	마을공동체사업지원	231,500	1	4	7	8	7	5	5	4
6389	광주 서구	고등직업교육거점지구	200,000	1	2	7	3	7	1	1	1
6390	광주 서구	장애인생활체육지도자배치	187,812	1	2	7	8	7	5	1	3
6391	광주 서구	장애인스포츠강좌이용권	137,280	1	2	7	8	7	5	1	4
6392	광주 서구	디지털뉴딜로더나은내일을꿈꾸다(3년차)	136,562	1	1,4	7	8	7	5	5	4
6393	광주 서구	주민주도의마을공동체공모사업	119,500	1	4	7	8	7	1	1	1
6394	광주 서구	재택의료센터	99,000	1	6	6	8	7	1	1	4
6395	광주 서구	디지털뉴딜로더나은내일을꿈꾸다(2년차)	86,827	1	1,4	7	8	7	5	5	4
6396	광주 서구	생활체육지도자활동지원	83,470	1	4	7	8	7	5	1	3
6397	광주 서구	지역아동센터종사자특별수당추가지원	72,000	1	6	7	8	7	5	5	4

순번	시군구	지출명 (사업명)	2024년예산 (단위 : 천원 /1년간)	민간이전 분류 (지방자치단체 세출예산 집행기준에 의거) 1. 민간경상사업보조(307-02) 2. 민간단체 법정운영비보조(307-03) 3. 민간행사사업보조(307-04) 4. 민간위탁금(307-05) 5. 사회복지시설 법정운영비보조(307-10) 6. 민간인위탁교육비(307-12) 7. 공기관등에대한경상적위탁사업비(308-13) 8. 민간자본사업보조,지체재원(402-01) 9. 민간자본사업보조,이전재원(402-02) 10. 민간위탁사업비(402-03) 11. 공기관등에 대한 자본적 위탁사업비(403-02)	민간이전지출 근거 (지방보조금 관리기준 참고) 1. 법률에 규정 2. 국고보조 재원(국가지정) 3. 용도 지정 기부금 4. 조례에 직접규정 5. 지자체가 권장하는 사업을 하는 공공기관 6. 시,도 정책 및 재정사정 7. 기타 8. 해당없음	입찰방식 계약체결방법 (경쟁형태) 1. 일반경쟁 2. 제한경쟁 3. 지명경쟁 4. 수의계약 5. 법정위탁 6. 기타 ( ) 7. 없음	입찰방식 계약기간 1. 1년 2. 2년 3. 3년 4. 4년 5. 5년 6. 기타 ( )년 7. 단기계약 (1년미만) 8. 없음	입찰방식 낙찰자선정방법 1. 적격심사 2. 협상에의한계약 3. 최저가낙찰제 4. 규격가격분리 5. 2단계 경쟁입찰 6. 기타 ( ) 7. 없음	운영예산 산정 운영예산 산정 1. 내부산정 (지자체 자체적으로 산정) 2. 외부산정 (외부전문기관위탁 산정) 3. 내·외부 모두 산정 4. 산정 無 5. 없음	운영예산 산정 정산방법 1. 내부정산 (지자체 내부적으로 정산) 2. 외부정산 (외부전문기관위탁 정산) 3. 내·외부 모두 산정 4. 정산 無 5. 없음	성과평가 실시여부 1. 실시 2. 미실시 3. 향후 추진 4. 해당없음
6398	광주 서구	자원봉사코디네이터지원육성	66,400	1	2	7	8	7	5	5	4
6399	광주 서구	지역아동센터급식도우미인건비지원	57,600	1	6	7	8	7	5	5	4
6400	광주 서구	지역아동센터운영비추가지원	56,400	1	6	7	8	7	5	5	4
6401	광주 서구	청년이청년을키우는같이(가치)성장(2년차)	52,553	1	1,4	7	8	7	5	5	4
6402	광주 서구	새마을운동조직활성화사업	51,039	1	1	7	8	7	5	5	4
6403	광주 서구	아파트공동체활성화공모사업	50,000	1	4	7	8	7	1	1	1
6404	광주 서구	서구형내일채움공제지원	37,000	1	7	7	8	7	5	5	4
6405	광주 서구	일반생활체육지도자활동지원	36,000	1	4	7	8	7	5	1	3
6406	광주 서구	민주평화통일자문회의서구협의회사업지원	35,000	1	1,4	7	7	7	1	1	1
6407	광주 서구	바르게살기운동조직활성화사업	29,400	1	1	7	8	7	5	5	4
6408	광주 서구	어르신전담생활체육지도자활동지원	28,000	1	4	7	8	7	5	1	3
6409	광주 서구	특성별추가지원	25,200	1	2	7	8	7	5	5	4
6410	광주 서구	장애인생활체육지도자활동지원	24,000	1	4	7	8	7	5	1	3
6411	광주 서구	통장역량강화견학,워크숍	21,000	1	4	7	8	7	1	1	4
6412	광주 서구	장애인목욕서비스	20,000	1	4	1	1	1	1	1	1
6413	광주 서구	노후주방시설교체지원	20,000	1	6	7	8	7	5	5	4
6414	광주 서구	사회적경제운영지원	20,000	1	4	7	8	7	5	5	4
6415	광주 서구	청년이청년을키우는같이(가치)성장(3년차)	17,518	1	1,4	7	8	7	5	5	4
6416	광주 서구	장애인문화미디어사업	15,000	1	4	1	1	1	1	1	1
6417	광주 서구	지역사회인권문화확산지원	15,000	1	4	7	7	7	1	1	1
6418	광주 서구	공중위생업소기술교육지원	15,000	1	7	7	8	7	5	5	4
6419	광주 서구	위생소독관리지원	15,000	1	6	7	8	7	5	5	4
6420	광주 서구	감탄마을조성지원(기후위기대응및탄소중립도시조성)	15,000	1	1	7	8	7	5	5	4
6421	광주 서구	전국통합자원봉사보험가입서비스지원	14,472	1	2	7	8	7	5	5	4
6422	광주 서구	지역아동센터종사자명절수당지원	12,000	1	6	7	8	7	5	5	4
6423	광주 서구	공유도시조성활성화프로그램운영	12,000	1	4	7	8	7	5	5	4
6424	광주 서구	장애인복지증진	11,000	1	4	1	1	1	1	1	1
6425	광주 서구	생활체육동호회운동용품지원	10,000	1	4	7	8	7	5	1	3
6426	광주 서구	음식점입식테이블설치지원	10,000	1	4	7	8	7	5	5	4
6427	광주 서구	재향군인회활성화사업	8,220	1	1	7	8	7	5	5	4
6428	광주 서구	생활체육교실운영	7,500	1	4	7	8	7	5	1	3
6429	광주 서구	자연보호활동지원	7,500	1	4	7	8	7	5	5	4
6430	광주 서구	범죄피해자지원센터운영지원	7,000	1	4	7	8	7	5	5	4
6431	광주 서구	적십자봉사회활성화사업	6,300	1	4	7	8	7	5	5	4
6432	광주 서구	한국자유총연맹활성화사업	6,040	1	1	7	8	7	5	5	4
6433	광주 서구	장애인선진지견학지원	6,000	1	4	1	1	1	1	1	1
6434	광주 서구	장애인가족체험수기	5,000	1	4	1	1	1	1	1	1
6435	광주 서구	민주평화통일자문회의서구협의회운영지원	5,000	1	1,4	7	7	7	1	1	1
6436	광주 서구	생활체육지도자지도활동보험료지원	2,952	1	2	7	8	7	5	1	3
6437	광주 서구	건강걷기교실운영지원	2,400	1	4	7	8	7	5	1	3

순번	시군구	지출명 (사업명)	2024년예산 (단위 : 전원 /1년간)	민간이전 분류 (지방자치단체 세출예산 집행기준에 의거) 1. 민간경상사업보조(307-02) 2. 민간단체 법정운영비보조(307-03) 3. 민간행사사업보조(307-04) 4. 민간위탁금(307-05) 5. 사회복지시설 법정운영비보조(307-10) 6. 민간인위탁교육비(307-12) 7. 공기관등에대한경상적위탁사업비(308-13) 8. 민간자본사업보조,자체재원(402-01) 9. 민간자본사업보조,이전재원(402-02) 10. 민간위탁사업비(402-03) 11. 공기관등에 대한 자본적 위탁사업비(403-02)	민간이전지출 근거 (지방보조금 관리기준 참고) 1. 법률에 규정 2. 국고보조 재원(국가지정) 3. 용도 지정 기부금 4. 조례에 직접규정 5. 지자체가 권장하는 사업을 하는 공공기관 6. 시,도 정책 및 재정사정 7. 기타 8. 해당없음	입찰방식 계약체결방법 (경쟁형태) 1. 일반경쟁 2. 제한경쟁 3. 지명경쟁 4. 수의계약 5. 법정위탁 6. 기타 ( ) 7. 없음	계약기간 1. 1년 2. 2년 3. 3년 4. 4년 5. 5년 6. 기타 ( )년 7. 단기계약 (1년미만) 8. 없음	낙찰자선정방법 1. 적격심사 2. 협상에의한계약 3. 최저가낙찰제 4. 규격가격분리 5. 2단계 경쟁입찰 6. 기타 ( ) 7. 없음	운영예산 산정 운영예산 산정 1. 내부산정 (지자체 자체적으로 산정) 2. 외부산정 (외부전문기관위탁 산정) 3. 내·외부 모두 산정 4. 산정 無 5. 없음	정산방법 1. 내부정산 (지자체 내부적으로 정산) 2. 외부정산 (외부전문기관위탁 정산) 3. 내·외부 모두 정산 4. 정산 無 5. 없음	성과평가 실시여부 1. 실시 2. 미실시 3. 향후 추진 4. 해당없음
6438	광주 서구	전국장애인체전개최지원	2,000	1	4	7	8	7	5	1	3
6439	광주 서구	음식문화개선지원	1,200	1	4	7	8	7	5	5	4
6440	광주 남구	일반생활체육지도자배치사업	311,728	1	2	7	8	7	5	5	4
6441	광주 남구	어르신전담생활체육지도자인건비지원	276,224	1	2	7	8	7	5	5	4
6442	광주 남구	장애인전담생활체육지도자배치사업	249,120	1	2	7	8	7	5	5	4
6443	광주 남구	응급의료기관지원	240,000	1	1	7	8	7	5	5	4
6444	광주 남구	마을공동체활성화사업	204,000	1	4	7	8	7	1	1	1
6445	광주 남구	GAP특화작목육성지원	194,400	1	1	7	8	7	5	1	4
6446	광주 남구	생활체육대회지원	190,150	1	4	7	8	7	5	5	4
6447	광주 남구	농촌고용인력지원	90,000	1	2	7	8	7	5	1	4
6448	광주 남구	미생물활용브랜드농산물생산지원	90,000	1	1	7	8	7	5	1	4
6449	광주 남구	꿀벌입식비지원	90,000	1	1	7	8	7	5	1	4
6450	광주 남구	학생승마체험	89,600	1	1	7	8	7	5	1	4
6451	광주 남구	생활체육지도자워크숍및출장여비지원	70,000	1	4	7	8	7	5	5	4
6452	광주 남구	공공스포츠클럽운영지원	65,000	1	4	7	8	7	5	5	4
6453	광주 남구	친환경도시텃밭조성	56,000	1	1	7	8	7	5	1	4
6454	광주 남구	벼육묘용상토지원	43,200	1	1	7	8	7	5	1	4
6455	광주 남구	양봉산업육성지원	33,294	1	1	7	8	7	5	1	4
6456	광주 남구	청년농업인영농정착지원	27,600	1	2	7	8	7	5	1	4
6457	광주 남구	청소년어울림마당운영	24,000	1	1	1	7	1	5	1	1
6458	광주 남구	민주평화통일자문회의남구협의회사업보조	20,000	1	1,4	7	8	7	1	1	1
6459	광주 남구	꿈과끼,창의력을키우는남구학교운영	20,000	1	4	7	8	7	5	5	4
6460	광주 남구	생활체육지도자생할임금보전수당	17,293	1	4	7	8	7	5	5	4
6461	광주 남구	평생학습동아리지원	16,000	1	4	7	8	7	1	1	2
6462	광주 남구	통장협의회워크숍	14,000	1	4	7	8	7	1	1	1
6463	광주 남구	평생학습특성화기관지정및운영	12,000	1	4	7	8	7	1	1	2
6464	광주 남구	성인문해교육지원	12,000	1	8	7	8	7	1	1	2
6465	광주 남구	주민자치위원워크숍	10,500	1	4	7	8	7	1	1	1
6466	광주 남구	음식문화개선사업	10,200	1	4	5	1	7	1	1	3
6467	광주 남구	꿈나무체험활동지원	10,000	1	4	7	8	7	5	5	4
6468	광주 남구	생활체육교실운영지원	10,000	1	4	7	8	7	5	5	4
6469	광주 남구	남구민1인1종목갖기교실운영	10,000	1	4	7	8	7	5	5	4
6470	광주 남구	식재료공동구매조직화사업	10,000	1	1	7	8	7	5	1	4
6471	광주 남구	생태계교란생물퇴치	10,000	1	2	7	8	7	5	5	4
6472	광주 남구	종합사회복지관워크숍(사회복지관지원운영)	10,000	1	4	7	8	7	5	1	4
6473	광주 남구	양성평등가족관계확립	8,000	1	4	7	8	7	1	1	4
6474	광주 남구	5.18공법단체사무실지원(사업비)	6,500	1	4	7	8	7	5	5	4
6475	광주 남구	청소년동아리지원	6,250	1	1	1	7	1	5	1	1
6476	광주 남구	인권문화확산사업	5,000	1	4	7	8	7	1	1	4
6477	광주 남구	양성평등주간행사	5,000	1	4	7	8	7	1	1	4

순번	시군구	지출명 (사업명)	2024년예산 (단위 : 천원 /1년간)	민간이전 분류 (지방자치단체 세출예산 집행기준에 의거)	민간이전지출 근거 (지방보조금 관리기준 참고)	입찰방식			운영예산 산정		성과평가 실시여부
				1. 민간경상사업보조(307-02) 2. 민간단체 법정운영비보조(307-03) 3. 민간행사사업보조(307-04) 4. 민간위탁금(307-05) 5. 사회복지시설 법정운영비보조(307-10) 6. 민간인위탁교육비(307-12) 7. 공기관등에대한경상적위탁사업비(308-13) 8. 민간자본사업보조,자체재원(402-01) 9. 민간자본사업보조,이전재원(402-02) 10. 민간위탁사업비(402-03) 11. 공기관등에 대한 자본적 위탁사업비(403-02)	1. 법률에 규정 2. 국고보조 재원(국가지정) 3. 용도 지정 기부금 4. 조례에 직접규정 5. 지자체가 권장하는 사업을 하는 공공기관 6. 시,도 정책 및 재정사정 7. 기타 8. 해당없음	계약체결방법 (경쟁형태) 1. 일반경쟁 2. 제한경쟁 3. 지명경쟁 4. 수의계약 5. 법정위탁 6. 기타 ( ) 7. 없음	계약기간 1. 1년 2. 2년 3. 3년 4. 4년 5. 5년 6. 기타 ( )년 7. 단기계약 (1년미만) 8. 없음	낙찰자선정방법 1. 적격심사 2. 협상에의한계약 3. 최저가낙찰제 4. 규격가격분리 5. 2단계 경쟁입찰 6. 기타 ( ) 7. 없음	운영예산 산정 1. 내부산정 (지자체 자체적으로 산정) 2. 외부산정 (외부전문기관위탁 산정) 3. 내·외부 모두 산정 4. 산정 無 5. 없음	정산방법 1. 내부정산 (지자체 내부적으로 정산) 2. 외부정산 (외부전문기관위탁 정산) 3. 내·외부 모두 정산 4. 정산 無 5. 없음	1. 실시 2. 미실시 3. 향후 추진 4. 해당없음
6478	광주 남구	논물관리용개량물꼬지원	4,050	1	1	7	8	7	5	1	4
6479	광주 남구	여성리더역량강화활성화지원	2,000	1	4	7	8	7	1	1	4
6480	광주 남구	가축재해보험료지원사업	1,800	1	1	7	8	7	5	1	4
6481	광주 남구	일반생활체육지도자지도활동보험료지원	1,476	1	2	7	8	7	5	5	4
6482	광주 남구	어르신전담생활체육지도자지도활동보험료지원	1,312	1	2	7	8	7	5	5	4
6483	광주 남구	장애인전담생활체육지도자지도활동보험료지원	1,296	1	2	7	8	7	5	5	4
6484	광주 남구	친환경우렁이지원	960	1	1	7	8	7	5	1	4
6485	광주 북구	사회적기업육성(일자리창출,생활)	840,000	1	2	1	1	1	1	1	2
6486	광주 북구	지역주도형청년일자리	591,435	1	2	2	1	1	1	1	3
6487	광주 북구	신중년사회공헌활동지원	586,624	1	4	7	8	7	5	5	4
6488	광주 북구	기부식품제공사업지원	384,000	1	1	7	8	7	1	1	1
6489	광주 북구	장애인생활체육지도자배치	375,624	1	2	7	8	7	1	1	1
6490	광주 북구	응급의료기관지원	374,400	1	2	7	8	7	5	3	4
6491	광주 북구	일반생활체육지도자배치(활동지원)	346,848	1	1,4	7	8	7	1	1	1
6492	광주 북구	광주다움통합돌봄	311,940	1	6	7	1	1	1	1	1
6493	광주 북구	광주다움통합돌봄	310,800	1	6	7	1	1	1	1	1
6494	광주 북구	마을공동체활성화지원	304,800	1	4	7	8	7	1	1	1
6495	광주 북구	어르신생활체육지도자배치(활동지원)	292,224	1	1,4	7	8	7	1	1	1
6496	광주 북구	지역산업맞춤형일자리창출지원	270,000	1	6	7	8	7	5	5	4
6497	광주 북구	광주다움통합돌봄	229,320	1	6	7	1	1	1	1	1
6498	광주 북구	국제문화예술행사개최도시시각이미지개선	200,000	1	7	7	8	7	5	5	4
6499	광주 북구	탄소중립지원센터지정운영	200,000	1	1	7	8	7	5	5	4
6500	광주 북구	친환경딸기육성지원(생산기자재등)	195,326	1	1	7	8	7	5	5	4
6501	광주 북구	친환경쌀생산지원	175,888	1	1	7	8	7	5	5	4
6502	광주 북구	유기질비료지원	161,793	1	2	7	8	7	5	5	4
6503	광주 북구	함께쓰는나눔주차장	150,000	1	4	7	2	7	1	1	4
6504	광주 북구	북구문화원지원	146,649	1	1	7	8	7	1	1	4
6505	광주 북구	광융합무역촉진단지원사업	110,000	1	4	7	8	7	1	1	1
6506	광주 북구	광주다움통합돌봄	109,140	1	6	7	1	1	1	1	1
6507	광주 북구	자원봉사활성화지원	97,280	1	6	7	8	7	1	1	4
6508	광주 북구	꿀벌입식비지원	93,300	1	2	7	8	7	5	5	4
6509	광주 북구	생활체육지도자활동지원(수당)	88,790	1	1,4	7	8	7	1	1	1
6510	광주 북구	친환경토마토육성지원(친환경농자재등)	85,992	1	1	7	8	7	5	5	4
6511	광주 북구	조사료생산용사일리지제조비지원	83,250	1	2	7	8	7	5	5	4
6512	광주 북구	식재료공동구매조직화	80,000	1	2	7	8	7	5	5	4
6513	광주 북구	행복마을활성화	76,000	1	4	7	8	7	5	5	4
6514	광주 북구	전통산사문화재활용사업	67,500	1	2	7	8	7	1	1	4
6515	광주 북구	자원봉사코디네이터운영	66,400	1	2	7	8	7	3	3	4
6516	광주 북구	자치구중간지원조직지원	66,000	1	5	7	8	7	1	1	1
6517	광주 북구	지역산업맞춤형일자리창출지원(인센티브)	65,000	1	2	7	8	7	5	5	4

순번	시군구	지출명 (사업명)	2024년예산 (단위 : 전원 /1년간)	민간이전 분류 (지방자치단체 세출예산 집행기준에 의거) 1. 민간경상사업보조(307-02) 2. 민간단체 법정운영비보조(307-03) 3. 민간행사사업보조(307-04) 4. 민간위탁금(307-05) 5. 사회복지시설 법정운영비보조(307-10) 6. 민간인위탁교육비(307-12) 7. 공기관등에대한경상적위탁사업비(308-13) 8. 민간자본사업보조,자체재원(402-01) 9. 민간자본사업보조,이전재원(402-02) 10. 민간위탁사업비(402-03) 11. 공기관등에 대한 자본적 위탁사업비(403-02)	민간이전지출 근거 (지방보조금 관리기준 참고) 1. 법률에 규정 2. 국고보조 재원(국가지정) 3. 용도 지정 기부금 4. 조례에 직접규정 5. 지자체가 권장하는 사업을 하는 공공기관 6. 시,도 정책 및 재정사정 7. 기타 8. 해당없음	입찰방식 계약체결방법 (경쟁형태) 1. 일반경쟁 2. 제한경쟁 3. 지명경쟁 4. 수의계약 5. 법정위탁 6. 기타 ( ) 7. 없음	입찰방식 계약기간 1. 1년 2. 2년 3. 3년 4. 4년 5. 5년 6. 기타 ( )년 7. 단기계약 (1년미만) 8. 없음	입찰방식 낙찰자선정방법 1. 적격심사 2. 협상에의한계약 3. 최저가낙찰제 4. 규격가격분리 5. 2단계 경쟁입찰 6. 기타 ( ) 7. 없음	운영예산 산정 운영예산 산정 1. 내부산정 (지자체 자체적으로 산정) 2. 외부산정 (외부전문기관위탁 산정) 3. 내·외부 모두 산정 4. 산정 無 5. 없음	운영예산 산정 정산방법 1. 내부정산 (지자체 내부적으로 정산) 2. 외부정산 (외부전문기관위탁 정산) 3. 내·외부 모두 산정 4. 정산 無 5. 없음	성과평가 실시여부 1. 실시 2. 미실시 3. 향후 추진 4. 해당없음
6518	광주 북구	마을기업육성	50,000	1	2	7	8	7	5	5	4
6519	광주 북구	사회적경제기업청년취업지원	50,000	1	2	7	8	7	5	5	4
6520	광주 북구	생생문화재	50,000	1	2	7	8	7	1	1	4
6521	광주 북구	노후주방시설개선사업	50,000	1	6	7	8	7	1	1	1
6522	광주 북구	생활문화아트벙커지원	47,000	1	7	7	8	7	5	5	4
6523	광주 북구	생활체육지도자활동지원(여비)	45,600	1	1,4	7	8	7	1	1	1
6524	광주 북구	공공스포츠클럽운영지원	45,000	1	2	7	8	7	1	1	1
6525	광주 북구	새마을운동활성화	44,000	1	1	7	8	7	1	1	3
6526	광주 북구	성인문해교육지원	41,600	1	1,2,4	7	8	7	5	5	4
6527	광주 북구	미래직업진로체험	40,000	1	1	7	8	7	5	5	4
6528	광주 북구	청년자율공간확충	37,500	1	6	7	8	7	5	5	4
6529	광주 북구	양봉산업육성지원	34,422	1	2	7	8	7	5	5	4
6530	광주 북구	전통민속문화계승지원	32,000	1	7	7	8	7	5	5	4
6531	광주 북구	장애인단기스포츠체험강좌	30,360	1	5	7	8	7	1	1	1
6532	광주 북구	생활체육교실운영	30,000	1	1,4	7	8	7	1	1	1
6533	광주 북구	지방자치단체연계진로체험학습	30,000	1	1	7	8	7	5	5	4
6534	광주 북구	더불어나눔행복공동체커뮤니티센터건립	30,000	1	7	7	8	7	5	5	4
6535	광주 북구	자영업자동행프로그램	30,000	1	4	7	8	7	5	5	4
6536	광주 북구	장애인생활체육지도자활동지원(여비)	28,800	1	5	7	8	7	1	1	1
6537	광주 북구	여성친화특화마을	27,000	1	4	7	8	7	5	1	1
6538	광주 북구	여성친화특화마을	27,000	1	4	7	8	7	5	5	4
6539	광주 북구	블루베리육성지원(생산기자재등농자재지원)	24,664	1	1	7	8	7	5	5	4
6540	광주 북구	특산물수도권물류비지원	24,000	1	4	7	8	7	5	5	4
6541	광주 북구	창업공간입주기업초기지원	20,000	1	4	2	1	1	1	1	3
6542	광주 북구	바르게살기운동활성화	20,000	1	1	7	8	7	1	1	3
6543	광주 북구	민주평화통일자문회의활성화	20,000	1	1	7	8	7	1	1	3
6544	광주 북구	친환경도시농업육성지원	20,000	1	1	7	8	7	5	5	4
6545	광주 북구	무등산권생태관광마을육성	20,000	1	1,4	7	8	7	5	5	4
6546	광주 북구	북구희망아카데미운영	20,000	1	4	7	8	7	5	5	4
6547	광주 북구	농촌체험휴양마을사무장활동비지원	19,200	1	2	7	8	7	5	5	4
6548	광주 북구	청년창업농영농정착지원	18,000	1	2	7	8	7	5	5	4
6549	광주 북구	광주다움통합돌봄	18,000	1	6	7	1	1	1	1	1
6550	광주 북구	장애인평생학습지원	17,000	1	4	7	8	7	5	5	4
6551	광주 북구	풋고추육성지원	15,324	1	1	7	8	7	5	5	4
6552	광주 북구	토양개량제지원	15,316	1	2	7	8	7	5	5	4
6553	광주 북구	비영리민간단체공익활동지원사업	15,000	1	4	7	8	7	1	1	3
6554	광주 북구	온라인판로및마케팅지원	14,000	1	4	7	7	7	1	1	1
6555	광주 북구	무등산수박육성(농자재,박스등)	13,640	1	4	7	8	7	5	5	4
6556	광주 북구	지역공동체역량강화지원	12,000	1	4	7	8	7	5	5	4
6557	광주 북구	선진교통문화정착	11,000	1	4	7	8	7	1	1	1

순번	시군구	지출명 (사업명)	2024년예산 (단위 : 천원 /1년간)	민간이전 분류 (지방자치단체 세출예산 집행기준에 의거) 1. 민간경상사업보조(307-02) 2. 민간단체 법정운영비보조(307-03) 3. 민간행사사업보조(307-04) 4. 민간위탁금(307-05) 5. 사회복지시설 법정운영비보조(307-10) 6. 민간인위탁교육비(307-12) 7. 공기관등에대한경상적위탁사업비(308-13) 8. 민간자본사업보조,자체재원(402-01) 9. 민간자본사업보조,이전재원(402-02) 10. 민간위탁사업비(402-03) 11. 공기관등에 대한 자본적 위탁사업비(403-02)	민간이전지출 근거 (지방보조금 관리기준 참고) 1. 법률에 규정 2. 국고보조 재원(국가지정) 3. 용도 지정 기부금 4. 조례에 직접규정 5. 지자체가 권장하는 사업을 하는 공공기관 6. 시,도 정책 및 재정사정 7. 기타 8. 해당없음	입찰방식 계약체결방법 (경쟁형태) 1. 일반경쟁 2. 제한경쟁 3. 지명경쟁 4. 수의계약 5. 법정위탁 6. 기타 ( ) 7. 없음	입찰방식 계약기간 1. 1년 2. 2년 3. 3년 4. 4년 5. 5년 6. 기타 ( )년 7. 단기계약 (1년미만) 8. 없음	입찰방식 낙찰자선정방법 1. 적격심사 2. 협상에의한계약 3. 최저가낙찰제 4. 규격가격분리 5. 2단계 경쟁입찰 6. 기타 ( ) 7. 없음	운영예산 산정 운영예산 산정 1. 내부산정 (지자체 자체적으로 산정) 2. 외부산정 (외부전문기관위탁 산정) 3. 내·외부 모두 산정 4. 산정 無 5. 없음	운영예산 산정 정산방법 1. 내부정산 (지자체 내부적으로 정산) 2. 외부정산 (외부전문기관위탁 정산) 3. 내·외부 모두 산정 4. 정산 無 5. 없음	성과평가 실시여부 1. 실시 2. 미실시 3. 향후 추진 4. 해당없음
6558	광주 북구	교육사각지대지원	10,000	1	4	7	8	7	5	5	4
6559	광주 북구	환경보전실천지원	10,000	1	4	7	8	7	5	5	4
6560	광주 북구	시외버스정류소개방화장실관리	10,000	1	3	7	8	2	1	1	1
6561	광주 북구	의료관련감염병예방관리	8,640	1	1	7	8	7	5	5	4
6562	광주 북구	518민중항쟁44주년북구기념사업	8,000	1	4	7	8	7	5	5	4
6563	광주 북구	모범음식점지원사업	7,600	1	1	7	8	7	1	1	1
6564	광주 북구	생활체육교실운영	7,500	1	1,4	7	8	7	1	1	1
6565	광주 북구	재난예방체계및현장대응강화	7,000	1	1	6	1	6	1	1	1
6566	광주 북구	대한적십자사봉사회활성화	7,000	1	4	7	8	7	1	1	3
6567	광주 북구	518기념주민문화행사및청소년518사적지탐방	6,500	1	4	7	8	7	5	5	4
6568	광주 북구	광주범죄피해자지원센터지원	6,000	1	4	7	8	7	1	1	3
6569	광주 북구	전국장애인체육대회선수단격려	6,000	1	5	7	8	7	1	1	1
6570	광주 북구	자유총연맹활성화	5,400	1	1	7	8	7	1	1	3
6571	광주 북구	오월인권길도보순례	5,000	1	4	7	8	7	5	5	4
6572	광주 북구	조사료생산용종자구입비지원	4,254	1	2	7	8	7	5	5	4
6573	광주 북구	불법광고물정비및재해예방활동	3,600	1	4	1	3	1	5	5	1
6574	광주 북구	지방문화학교운영	3,600	1	6	7	8	7	1	1	4
6575	광주 북구	북구소녀상건립7주년기념행사	3,000	1	4	7	8	7	5	5	4
6576	광주 북구	민주화운동기념및정신계승사업	2,000	1	4	7	8	7	5	5	4
6577	광주 북구	광복79주년815북구통일행사	1,800	1	4	7	8	7	5	5	4
6578	광주 북구	자연유산민속행사지원	1,200	1	2	7	8	7	1	1	4
6579	광주 북구	전업농약품구입지원	1,150	1	2	7	8	7	5	5	4
6580	광주 북구	농촌체험휴양마을보험금지원	800	1	2	7	8	7	5	5	4
6581	광주 광산구	광주송정역세권상권르네상스사업	2,461,500	1	1	7	8	2	3	3	1
6582	광주 광산구	스포츠강좌이용권지원	1,776,000	1	2	7	8	7	1	1	1
6583	광주 광산구	사회적기업육성(일자리창출,전문인력)	810,000	1	2	7	8	7	5	5	4
6584	광주 광산구	응급의료기관지원	440,000	1	1	7	8	7	5	3	1
6585	광주 광산구	일반생활체육지도자활동지원	369,030	1	2	7	8	7	1	1	1
6586	광주 광산구	장애인생활체육지도자활동지원	280,260	1	2	7	8	7	3	3	1
6587	광주 광산구	아동청소년오케스트라육성지원	237,000	1	2,4	7	8	7	1	1	1
6588	광주 광산구	어르신생활체육지도자활동지원	219,266	1	2	7	8	7	1	1	1
6589	광주 광산구	장애인스포츠강좌이용권지원	182,160	1	2	7	8	7	1	1	1
6590	광주 광산구	지역사회돌봄사업추진(마을건강센터운영지원)	160,000	1	4	6	8	2	1	1	3
6591	광주 광산구	광주+광산형통합돌봄추진(가사지원)	150,000	1	6	1	1	1	1	1	3
6592	광주 광산구	발달장애인가족창업지원사업	150,000	1	1	7	8	7	1	3	2
6593	광주 광산구	머물고싶은골목길콘텐츠개발지원	120,000	1	4	7	8	7	1	1	1
6594	광주 광산구	광산구장애인체육회운영지원	103,656	1	1	7	8	7	3	3	1
6595	광주 광산구	광주+광산형통합돌봄추진(휴블런스)	100,000	1	4	6	8	2	1	1	3
6596	광주 광산구	어린이집확충지원	100,000	1	6	7	8	7	1	1	2
6597	광주 광산구	청년미래삶일경험지원사업	90,901	1	2	7	8	7	1	1	1

순번	시군구	지출명 (사업명)	2024년예산 (단위 : 천원 /1년간)	민간이전 분류 (지방자치단체 세출예산 집행기준에 의거) 1. 민간경상사업보조(307-02) 2. 민간단체 법정운영비보조(307-03) 3. 민간행사사업보조(307-04) 4. 민간위탁금(307-05) 5. 사회복지시설 법정운영비보조(307-10) 6. 민간인위탁교육비(307-12) 7. 공기관등에대한경상적위탁사업비(308-13) 8. 민간자본사업보조,자체재원(402-01) 9. 민간자본사업보조,이전재원(402-02) 10. 민간위탁사업비(402-03) 11. 공기관등에 대한 자본적 위탁사업비(403-02)	민간이전지출 근거 (지방보조금 관리기준 참고) 1. 법률에 규정 2. 국고보조 재원(국가지정) 3. 용도 지정 기부금 4. 조례에 직접규정 5. 지자체가 권장하는 사업을 하는 공공기관 6. 시,도 정책 및 재정사정 7. 기타 8. 해당없음	입찰방식 계약체결방법 (경쟁형태) 1. 일반경쟁 2. 제한경쟁 3. 지명경쟁 4. 수의계약 5. 법정위탁 6. 기타 ( ) 7. 없음	계약기간 1. 1년 2. 2년 3. 3년 4. 4년 5. 5년 6. 기타 ( )년 7. 단기계약 (1년미만) 8. 없음	낙찰자선정방법 1. 적격심사 2. 협상에의한계약 3. 최저가낙찰제 4. 규격가격분리 5. 2단계 경쟁입찰 6. 기타 ( ) 7. 없음	운영예산 산정 운영예산 산정 1. 내부산정 (지자체 자체적으로 산정) 2. 외부산정 (외부전문기관위탁 산정) 3. 내·외부 모두 산정 4. 산정 無 5. 없음	정산방법 1. 내부정산 (지자체 내부적으로 정산) 2. 외부정산 (외부전문기관위탁 정산) 3. 내·외부 모두 정산 4. 정산 無 5. 없음	성과평가 실시여부 1. 실시 2. 미실시 3. 향후 추진 4. 해당없음
6598	광주 광산구	마을기업육성사업	90,000	1	2	7	8	7	5	5	4
6599	광주 광산구	지방문화원지원	85,760	1	1	7	8	7	1	1	1
6600	광주 광산구	광주+광산형통합돌봄추진(건강관리소)	60,000	1	6	6	1	2	1	1	2
6601	광주 광산구	생활체육지도자현장활동지원및역량강화	50,400	1	4	7	8	7	1	1	1
6602	광주 광산구	마을돌봄공동체활성화지원	50,000	1	4	7	8	7	1	1	1
6603	광주 광산구	생활문화아트벙커지원	48,000	1	4	7	8	7	1	1	1
6604	광주 광산구	생태계교란생물퇴치사업	48,000	1	2	1	7	1	3	1	1
6605	광주 광산구	용아박용철현창사업지원	45,000	1	4	7	8	7	1	1	1
6606	광주 광산구	소설리빙랩공모사업	44,000	1	4	7	8	7	1	1	2
6607	광주 광산구	생활체육동호회운동용품지원	42,000	1	4	7	8	7	1	1	1
6608	광주 광산구	청년자율활동공간운영지원	36,000	1	6	7	8	7	1	1	2
6609	광주 광산구	청년창업샌드박스운영	32,166	1	2	7	8	7	1	1	1
6610	광주 광산구	보훈단체지원	31,965	1	1	7	8	7	1	1	4
6611	광주 광산구	여성권익증진사업	30,000	1	6	1	1	1	3	1	1
6612	광주 광산구	문화예술전문단체육성지원	30,000	1	4	7	8	7	1	1	1
6613	광주 광산구	시각예술인전시활동지원	30,000	1	1,4	7	8	7	1	1	1
6614	광주 광산구	세시풍속및민속행사지원	30,000	1	4	7	8	7	1	1	1
6615	광주 광산구	장애인생활체육지도자현장활동지원및역량강화	26,400	1	1	7	8	7	3	3	1
6616	광주 광산구	2024년자율방범대활성화지원	26,000	1	4	7	8	7	1	1	1
6617	광주 광산구	노인단체자립지원	19,000	1	1	7	7	7	1	1	3
6618	광주 광산구	공공스포츠클럽운영지원	15,000	1	1	7	8	7	1	1	1
6619	광주 광산구	생활체육교실운영	15,000	1	4	7	8	7	1	1	1
6620	광주 광산구	1회용품안쓰기시민도전단운영	15,000	1	1,4	7	8	7	5	1	1
6621	광주 광산구	518단체사업예산지원	13,000	1	1	7	8	7	1	1	3
6622	광주 광산구	여성기업경영활동지원	10,000	1	4	7	8	7	5	5	4
6623	광주 광산구	인권증진공모사업	10,000	1	4	7	8	7	1	1	3
6624	광주 광산구	기후위기대응시민활동지원	10,000	1	4	7	8	7	1	1	3
6625	광주 광산구	2023년안전사회단체(광산구자율방재단)지원지방보조금교부	10,000	1	4	7	8	7	1	1	1
6626	광주 광산구	한말어등산의병의날기념식	7,000	1	4	7	8	7	1	1	1
6627	광주 광산구	평동산업단지교류협력사업	5,000	1	4	7	8	7	5	5	4
6628	광주 광산구	여성권익보호및사회참여증진	5,000	1	4	7	1	7	2	1	1
6629	광주 광산구	전국장애인체육대회지원	4,000	1	1	7	8	7	3	3	1
6630	광주 광산구	지방문화학교운영	3,600	1	1	7	8	7	1	1	1
6631	광주 광산구	생활체육지도자지도활동보험료	2,952	1	2	7	8	7	1	1	1
6632	광주 광산구	장애인생활체육지도자지도활동보험료지원	1,458	1	2	7	8	7	3	3	1
6633	대구광역시	대구시민프로축구단운영비지원	7,500,000	1	4	7	8	7	5	5	4
6634	대구광역시	체전참가및우수선수육성	4,575,000	1	1,6	7	8	7	5	5	4
6635	대구광역시	로봇산업가치사슬확장및상생시스템구축(전환)	3,150,000	1	4	7	8	7	5	5	4
6636	대구광역시	대구국제뮤지컬페스티벌(전환)	2,950,000	1	1,2	7	8	7	5	5	4
6637	대구광역시	대구광역시체육회인건비및행정보조비	2,810,000	1	4	7	8	7	5	5	4

순번	시군구	지출명 (사업명)	2024년예산 (단위 : 천원 /1년간)	민간이전 분류 (지방자치단체 세출예산 집행기준에 의거) 1. 민간경상사업보조(307-02) 2. 민간단체 법정운영비보조(307-03) 3. 민간행사사업보조(307-04) 4. 민간위탁금(307-05) 5. 사회복지시설 법정운영비보조(307-10) 6. 민간인위탁교육비(307-12) 7. 공기관등에대한경상적위탁사업비(308-13) 8. 민간자본사업보조,자체재원(402-01) 9. 민간자본사업보조,이전재원(402-02) 10. 민간위탁사업비(402-03) 11. 공기관등에 대한 자본적 위탁사업비(403-02)	민간이전지출 근거 (지방보조금 관리기준 참고) 1. 법률에 규정 2. 국고보조 재원(국가지정) 3. 용도 지정 기부금 4. 조례에 직접규정 5. 지자체가 권장하는 사업을 하는 공공기관 6. 시,도 정책 및 재정사정 7. 기타 8. 해당없음	입찰방식			운영예산 산정		성과평가 실시여부
						계약체결방법 (경쟁형태) 1. 일반경쟁 2. 제한경쟁 3. 지명경쟁 4. 수의계약 5. 법정위탁 6. 기타 ( ) 7. 없음	계약기간 1. 1년 2. 2년 3. 3년 4. 4년 5. 5년 6. 기타 ( )년 7. 단기계약 (1년미만) 8. 없음	낙찰자선정방법 1. 적격심사 2. 협상에의한계약 3. 최저가낙찰제 4. 규격가격분리 5. 2단계 경쟁입찰 6. 기타 ( ) 7. 없음	운영예산 산정 1. 내부산정 (지자체 자체적으로 산정) 2. 외부산정 (외부전문기관위탁 산정) 3. 내·외부 모두 산정 4. 산정 無 5. 없음	정산방법 1. 내부정산 (지자체 내부적으로 정산) 2. 외부정산 (외부전문기관위탁 정산) 3. 내·외부 모두 산정 4. 정산 無 5. 없음	1. 실시 2. 미실시 3. 향후 추진 4. 해당없음
6638	대구광역시	한국안경산업고도화육성	2,800,000	1	2	7	8	7	5	5	4
6639	대구광역시	지역산업맞춤형일자리창출지원사업	2,775,000	1	2	7	8	7	5	5	4
6640	대구광역시	전기모빌리티융합사용후배터리시험평가센터구축사업지원	2,700,000	1	2	7	8	7	5	5	4
6641	대구광역시	학교우유급식사업	2,500,000	1	2	7	8	7	5	5	4
6642	대구광역시	아동안전지킴이활동비(전환)	1,865,000	1	6	7	8	7	5	5	4
6643	대구광역시	택시카드결제단말기사용수수료지원(법인택시)	1,810,557	1	1,4	7	8	7	5	5	4
6644	대구광역시	파워풀대구페스티벌(전환)	1,800,000	1	1	7	8	7	5	5	4
6645	대구광역시	대구마라톤대회	1,800,000	1	4	7	8	7	5	5	4
6646	대구광역시	택시카드결제단말기사용수수료지원(개인택시)	1,599,544	1	1,4	7	8	7	5	5	4
6647	대구광역시	대구국제미래모빌리티엑스포2024개최	1,520,000	1	6	7	8	7	5	5	4
6648	대구광역시	골목경제권조성	1,500,000	1	4	7	8	7	5	5	4
6649	대구광역시	대구텍스타일Complex운영위탁	1,200,000	1	4	7	8	7	5	5	4
6650	대구광역시	문화유산돌봄사업	1,016,000	1	1,2	7	8	7	5	5	4
6651	대구광역시	응급의료기관평가결과에따른지원	1,008,000	1	2	7	8	7	5	5	4
6652	대구광역시	장애인생활체육지도자배치	1,001,664	1	4	7	8	7	5	5	4
6653	대구광역시	장애인전문체육육성	880,205	1	4	7	8	7	5	5	4
6654	대구광역시	기술사업화및실증지원등	837,600	1	4	7	8	7	5	5	4
6655	대구광역시	지식재산창출지원사업	800,000	1	2	7	8	7	5	5	4
6656	대구광역시	아름다운이야기할머니사업	776,813	1	2	7	8	7	5	5	4
6657	대구광역시	노란우산공제가입장려금지원	773,500	1	4	7	8	7	5	5	4
6658	대구광역시	시티투어운영지원	750,000	1	1	7	8	7	5	5	4
6659	대구광역시	인문계열졸업청년취업경로전환지원사업	744,383	1	2	7	8	7	5	5	4
6660	대구광역시	관광안내소운영	720,000	1	1,6	7	8	7	5	5	4
6661	대구광역시	문화관광해설사운영(전환)	700,000	1	4	7	8	7	5	5	4
6662	대구광역시	UAM등산업기반구축지원	700,000	1	4	7	8	7	5	5	4
6663	대구광역시	미래차전환기업지원및종합지원센터운영	680,000	1	6	7	8	7	5	5	4
6664	대구광역시	차세대배터리중심에너지기업지원사업	669,450	1	6	7	8	7	5	5	4
6665	대구광역시	K아이웨어메타버스플랫폼구축사업	616,000	1	2	7	8	7	5	5	4
6666	대구광역시	메이커스페이스구축운영지원사업	600,000	1	5	7	8	7	5	5	4
6667	대구광역시	안광학혁신청년인재육성사업	592,000	1	2	7	8	7	5	5	4
6668	대구광역시	글로컬대구침장특화산업육성사업(전환)	570,000	1	4	7	8	7	5	5	4
6669	대구광역시	장애인전국체전참가	567,250	1	4	7	8	7	5	5	4
6670	대구광역시	현장중심실무인력양성사업	550,000	1	4	7	8	7	5	5	4
6671	대구광역시	대구국제섬유박람회개최지원	544,000	1	6	7	8	7	5	5	4
6672	대구광역시	섬유산업국내판로개척(전환)	540,000	1	6	7	8	7	5	5	4
6673	대구광역시	여성인력개발센터운영	521,500	1	1	7	8	7	5	5	4
6674	대구광역시	생활체육대축전지원	520,000	1	4	7	8	7	5	5	4
6675	대구광역시	혁신융합캠퍼스구축사업	506,000	1	2	7	8	7	5	5	4
6676	대구광역시	웰니스의료관광융복합클러스터사업	500,000	1	6	7	8	7	5	5	4
6677	대구광역시	글로벌섬유패션공급망역량강화사업	500,000	1	4	7	8	7	5	5	4

순번	시군구	지출명 (사업명)	2024년예산 (단위 : 천원 /1년간)	민간이전 분류 (지방자치단체 세출예산 집행기준에 의거) 1. 민간경상사업보조(307-02) 2. 민간단체 법정운영비보조(307-03) 3. 민간행사사업보조(307-04) 4. 민간위탁금(307-05) 5. 사회복지시설 법정운영비보조(307-10) 6. 민간인위탁교육비(307-12) 7. 공기관등에대한경상적위탁사업비(308-13) 8. 민간자본사업보조,자체재원(402-01) 9. 민간자본사업보조,이전재원(402-02) 10. 민간위탁사업비(402-03) 11. 공기관등에 대한 자본적 위탁사업비(403-02)	민간이전지출 근거 (지방보조금 관리기준 참고) 1. 법률에 규정 2. 국고보조 재원(국가지정) 3. 용도 지정 기부금 4. 조례에 직접규정 5. 지자체가 권장하는 사업을 하는 공공기관 6. 시,도 정책 및 재정사정 7. 기타 8. 해당없음	입찰방식: 계약체결방법 (경쟁형태) 1. 일반경쟁 2. 제한경쟁 3. 지명경쟁 4. 수의계약 5. 법정위탁 6. 기타 ( ) 7. 없음	입찰방식: 계약기간 1. 1년 2. 2년 3. 3년 4. 4년 5. 5년 6. 기타 ( )년 7. 단기계약 (1년미만) 8. 없음	입찰방식: 낙찰자선정방법 1. 적격심사 2. 협상에의한계약 3. 최저가낙찰제 4. 규격가격분리 5. 2단계 경쟁입찰 6. 기타 ( ) 7. 없음	운영예산 산정: 운영예산 산정 1. 내부산정 (지자체 자체적으로 산정) 2. 외부산정 (외부전문기관위탁 산정) 3. 내·외부 모두 산정 4. 산정 無 5. 없음	운영예산 산정: 정산방법 1. 내부정산 (지자체 내부적으로 정산) 2. 외부정산 (외부전문기관위탁 정산) 3. 내·외부 모두 정산 4. 정산 無 5. 없음	성과평가 실시여부 1. 실시 2. 미실시 3. 향후 추진 4. 해당없음
6678	대구광역시	어르신무임교통카드발급관리시스템운영비	500,000	1	4	7	8	7	5	5	4
6679	대구광역시	의료관광마케팅지원(전환)	480,000	1	6	7	8	7	5	5	4
6680	대구광역시	2.28민주운동기념사업	474,000	1	4	7	8	7	5	5	4
6681	대구광역시	마을기업육성(컨설팅)지원(전환)	464,180	1	4	7	8	7	5	5	4
6682	대구광역시	팔공산산중전통장터'승시'재연(전환)	460,000	1	1,6	7	8	7	5	5	4
6683	대구광역시	무형문화재전수교육관운영지원	459,000	1	7	7	8	7	5	5	4
6684	대구광역시	택시카드결제단말기사용통신비지원	450,560	1	1,4	7	8	7	5	5	4
6685	대구광역시	제21회국제그린에너지엑스포개최	440,000	1	7	7	8	7	5	5	4
6686	대구광역시	대구미래모빌리티산업육성을위한청년일자리사업	432,945	1	2	7	8	7	5	5	4
6687	대구광역시	이업종융합비즈니스기반조성사업(전환)	432,000	1	4	7	8	7	5	5	4
6688	대구광역시	전통시장진흥재단사업활성화지원	430,000	1	1	7	8	7	5	5	4
6689	대구광역시	미래차부품소재혁신인재양성사업	424,392	1	2	7	8	7	5	5	4
6690	대구광역시	3D융합안경테제조기반구축	420,000	1	2	7	8	7	5	5	4
6691	대구광역시	장애인생활체육육성	418,400	1	4	7	8	7	5	5	4
6692	대구광역시	대구국제안경전	409,000	1	2	7	8	7	5	5	4
6693	대구광역시	자율주행자동차시범운행지구운영	400,000	1	1	7	8	7	5	5	4
6694	대구광역시	대구성서산단에너지자급자족형인프라구축및운영사업지원	400,000	1	2	7	8	7	5	5	4
6695	대구광역시	초기창업패키지지원사업	400,000	1	2	7	8	7	5	5	4
6696	대구광역시	재직자직업훈련사업	400,000	1	4	7	8	7	5	5	4
6697	대구광역시	대학일자리센터설치운영지원	400,000	1	2	7	8	7	5	5	4
6698	대구광역시	야시장운영지원	400,000	1	1	7	8	7	5	5	4
6699	대구광역시	기계산업수출역량강화사업	392,000	1	4	7	8	7	5	5	4
6700	대구광역시	리스타트45채용연계일자리지원사업	380,000	1	4	7	8	7	5	5	4
6701	대구광역시	시내버스현금수입금조사	377,000	1	4	7	8	7	5	5	4
6702	대구광역시	경력단절여성인턴지원및여성친화기업지원등	351,000	1	2	7	8	7	5	5	4
6703	대구광역시	4차산업혁명청년체험단운영	350,000	1	4	7	8	7	5	5	4
6704	대구광역시	교화사업	340,000	1	1,6	7	8	7	5	5	4
6705	대구광역시	대구아트스퀘어(전환)	336,000	1	1,6	7	8	7	5	5	4
6706	대구광역시	IP활용창업성장지원	332,000	1	2	7	8	7	5	5	4
6707	대구광역시	대구녹색환경지원센터사업지원	328,300	1	1	7	8	7	5	5	4
6708	대구광역시	중소기업정규직채용지원사업	320,000	1	4	7	8	7	5	5	4
6709	대구광역시	노사평화의전당상생프로그램운영	320,000	1	4	7	8	7	5	5	4
6710	대구광역시	대구유입청년경력직일자리매칭사업	317,912	1	2	7	8	7	5	5	4
6711	대구광역시	외식업소컨설팅지원	315,000	1	4	7	8	7	5	5	4
6712	대구광역시	국제울주간행사개최	300,000	1	4	7	8	7	5	5	4
6713	대구광역시	글로벌로봇클러스터(GRC)네트워크강화	300,000	1	4	7	8	7	5	5	4
6714	대구광역시	연구중심병원육성R&D사업지원(2단계)	300,000	1	2	7	8	7	5	5	4
6715	대구광역시	지역특화외국인환자유치기반강화사업	300,000	1	6	7	8	7	5	5	4
6716	대구광역시	수소충전소(성서,혁신도시,주행시험장)운영비지원	300,000	1	4	7	8	7	5	5	4
6717	대구광역시	노사협력대구형일자리창출지원사업	300,000	1	4	7	8	7	5	5	4

순번	시군구	지출명 (사업명)	2024년예산 (단위 : 천원 /1년간)	민간이전 분류 (지방자치단체 세출예산 집행기준에 의거) 1. 민간경상사업보조(307-02) 2. 민간단체 법정운영비보조(307-03) 3. 민간행사사업보조(307-04) 4. 민간위탁금(307-05) 5. 사회복지시설 법정운영비보조(307-10) 6. 민간인위탁교육비(307-12) 7. 공기관등에대한경상적위탁사업비(308-13) 8. 민간자본사업보조,자체재원(402-01) 9. 민간자본사업보조,이전재원(402-02) 10. 민간위탁사업비(402-03) 11. 공기관등에 대한 자본적 위탁사업비(403-02)	민간이전지출 근거 (지방보조금 관리기준 참고) 1. 법률에 규정 2. 국고보조 재원(국가지정) 3. 용도 지정 기부금 4. 조례에 직접규정 5. 지자체가 권장하는 사업을 하는 공공기관 6. 시,도 정책 및 재정사정 7. 기타 8. 해당없음	입찰방식			운영예산 산정		성과평가 실시여부
						계약체결방법 (경쟁형태) 1. 일반경쟁 2. 제한경쟁 3. 지명경쟁 4. 수의계약 5. 법정위탁 6. 기타 ( ) 7. 없음	계약기간 1. 1년 2. 2년 3. 3년 4. 4년 5. 5년 6. 기타 ( )년 7. 단기계약 (1년미만) 8. 없음	낙찰자선정방법 1. 적격심사 2. 협상에의한계약 3. 최저가낙찰제 4. 규격가격분리 5. 2단계 경쟁입찰 6. 기타 ( ) 7. 없음	운영예산 산정 1. 내부산정 (지자체 자체적으로 산정) 2. 외부산정 (외부전문기관위탁 산정) 3. 내·외부 모두 산정 4. 산정 無 5. 없음	정산방법 1. 내부정산 (지자체 내부적으로 정산) 2. 외부정산 (외부전문기관위탁 정산) 3. 내·외부 모두 산정 4. 정산 無 5. 없음	1. 실시 2. 미실시 3. 향후 추진 4. 해당없음
6718	대구광역시	근로자건강증진사업	300,000	1	4	7	8	7	5	5	4
6719	대구광역시	신중년사회공헌활동지원(전환)	294,000	1	4	7	8	7	5	5	4
6720	대구광역시	패션뷰인대구지원	288,000	1	4	7	8	7	5	5	4
6721	대구광역시	파워풀사격대회	280,000	1	1,6	7	8	7	5	5	4
6722	대구광역시	뿌리기업의차세대전환지원사업	280,000	1	4	7	8	7	5	5	4
6723	대구광역시	2024메디엑스포글로벌전시회개최지원	280,000	1	6	7	8	7	5	5	4
6724	대구광역시	2024대구세계대학태권도페스티벌	279,000	1	4	7	8	7	5	5	4
6725	대구광역시	2024국제소방안전박람회개최	270,000	1	4	7	8	7	5	5	4
6726	대구광역시	전통시장활성화사업지원	267,750	1	1	7	8	7	5	5	4
6727	대구광역시	산업전환대상기업청년근로자이전직지원사업	266,066	1	2	7	8	7	5	5	4
6728	대구광역시	달성외국인근로자지원센터지원	260,000	1	4	7	8	7	5	5	4
6729	대구광역시	북한이탈주민지역적응센터운영(대구하나센터)	259,000	1	2	7	8	7	5	5	4
6730	대구광역시	대구경북상생장터운영지원	256,600	1	6	7	8	7	5	5	4
6731	대구광역시	비정규직고용개선사업	250,000	1	4	7	8	7	5	5	4
6732	대구광역시	감정노동자지원사업	250,000	1	4	7	8	7	5	5	4
6733	대구광역시	상생노사문화창출사업	250,000	1	4	7	8	7	5	5	4
6734	대구광역시	시장기(배)종목별대회	238,000	1	4	7	8	7	5	5	4
6735	대구광역시	국악강사지원	233,096	1	2	7	8	7	5	5	4
6736	대구광역시	대구음악제	228,900	1	1	7	8	7	5	5	4
6737	대구광역시	공동브랜드(쉬메릭)육성지원(전환)	224,000	1	4	7	8	7	5	5	4
6738	대구광역시	대구포크페스티벌(전환)	217,000	1	1	7	8	7	5	5	4
6739	대구광역시	해외시장대구관광홍보사무소운영	216,000	1	4	7	8	7	5	5	4
6740	대구광역시	생활체육교실운영	210,000	1	4	7	8	7	5	5	4
6741	대구광역시	서울역「대구경북기업인라운지」지원	210,000	1	4	7	8	7	5	5	4
6742	대구광역시	장애인기업육성지원	205,000	1	4	7	8	7	5	5	4
6743	대구광역시	뮤지컬스타발굴및육성지원	204,000	1	1	7	8	7	5	5	4
6744	대구광역시	새마을운동전문인력양성사업	200,000	1	1	7	8	7	5	5	4
6745	대구광역시	동성로청년버스킹활성화사업	200,000	1	1	7	8	7	5	5	4
6746	대구광역시	메디바이오산업혁신기반구축지원사업	200,000	1	2	7	8	7	5	5	4
6747	대구광역시	지능형건설자동화연구센터지원	200,000	1	1	7	8	7	5	5	4
6748	대구광역시	대구메타버스박람회개최	200,000	1	6	7	8	7	5	5	4
6749	대구광역시	중소기업맞춤형정보서비스지원	200,000	1	1	7	8	7	5	5	4
6750	대구광역시	지역패션산업마케팅및패션쇼개최지원	200,000	1	4	7	8	7	5	5	4
6751	대구광역시	2024아태안티에이징컨퍼런스개최지원	187,000	1	2	7	8	7	5	5	4
6752	대구광역시	대구신인밴드경연대회	180,000	1	1	7	8	7	5	5	4
6753	대구광역시	식생활교육	180,000	1	2	7	8	7	5	5	4
6754	대구광역시	시내버스스노우타이어구입지원	180,000	1	7	7	8	7	5	5	4
6755	대구광역시	기업혁신성장디자인코디네이터육성사업	179,298	1	2	7	8	7	5	5	4
6756	대구광역시	근로자생활문화프로그램운영지원	170,000	1	1,6	7	8	7	5	5	4
6757	대구광역시	환경교육센터운영	170,000	1	1	7	8	7	5	5	4

순번	시군구	지출명 (사업명)	2024년예산 (단위 : 천원 /1년간)	민간이전 분류 (지방자치단체 세출예산 집행기준에 의거) 1. 민간경상사업보조(307-02) 2. 민간단체 법정운영비보조(307-03) 3. 민간행사사업보조(307-04) 4. 민간위탁금(307-05) 5. 사회복지시설 법정운영비보조(307-10) 6. 민간인위탁교육비(307-12) 7. 공기관등에대한경상적위탁사업비(308-13) 8. 민간자본사업보조,자체재원(402-01) 9. 민간자본사업보조,이전재원(402-02) 10. 민간위탁사업비(402-03) 11. 공기관등에 대한 자본적 위탁사업비(403-02)	민간이전지출 근거 (지방보조금 관리기준 참고) 1. 법률에 규정 2. 국고보조 재원(국가지정) 3. 용도 지정 기부금 4. 조례에 직접규정 5. 지자체가 권장하는 사업을 하는 공공기관 6. 시,도 정책 및 재정사정 7. 기타 8. 해당없음	입찰방식: 계약체결방법 (경쟁형태) 1. 일반경쟁 2. 제한경쟁 3. 지명경쟁 4. 수의계약 5. 법정위탁 6. 기타 ( ) 7. 없음	입찰방식: 계약기간 1. 1년 2. 2년 3. 3년 4. 4년 5. 5년 6. 기타 ( )년 7. 단기계약 (1년미만) 8. 없음	입찰방식: 낙찰자선정방법 1. 적격심사 2. 협상에의한계약 3. 최저가낙찰제 4. 규격가격분리 5. 2단계 경쟁입찰 6. 기타 ( ) 7. 없음	운영예산 산정: 운영예산 산정 1. 내부산정 (지자체 자체적으로 산정) 2. 외부산정 (외부전문기관위탁 산정) 3. 내·외부 모두 산정 4. 산정 無 5. 없음	운영예산 산정: 정산방법 1. 내부정산 (지자체 내부적으로 정산) 2. 외부정산 (외부전문기관위탁 정산) 3. 내·외부 모두 산정 4. 정산 無 5. 없음	성과평가 실시여부 1. 실시 2. 미실시 3. 향후 추진 4. 해당없음
6758	대구광역시	시청휠체어농구단육성	168,018	1	4	7	8	7	5	5	4
6759	대구광역시	한국안광학산업진흥원사업보조	168,000	1	4	7	8	7	5	5	4
6760	대구광역시	대구종합예술제	166,000	1	1,6	7	8	7	5	5	4
6761	대구광역시	대구지속가능발전협의회사업지원	163,500	1	1,4	7	8	7	5	5	4
6762	대구광역시	장애인평생교육시설사업지원	160,000	1	1	7	8	7	5	5	4
6763	대구광역시	대구FC유소년축구클럽운영지원	160,000	1	1,4	7	8	7	5	5	4
6764	대구광역시	대구국제남녀테니스대회	160,000	1	4	7	8	7	5	5	4
6765	대구광역시	소공인제품기술경쟁력향상지원사업	160,000	1	6	7	8	7	5	5	4
6766	대구광역시	K글로벌경쟁력향상지원사업	160,000	1	6	7	8	7	5	5	4
6767	대구광역시	지역노사민정협력활성화지원	160,000	1	4	7	8	7	5	5	4
6768	대구광역시	전국청소년예술제	150,000	1	1,6	7	8	7	5	5	4
6769	대구광역시	선도연구센터(ERC)지원사업	150,000	1	4	7	8	7	5	5	4
6770	대구광역시	창업도약패키지지원사업	150,000	1	2	7	8	7	5	5	4
6771	대구광역시	노사협력일자리근무환경개선사업	150,000	1	4	7	8	7	5	5	4
6772	대구광역시	근로자교육및교류협력사업	150,000	1	4	7	8	7	5	5	4
6773	대구광역시	협동조합육성사업	142,000	1	4	7	8	7	5	5	4
6774	대구광역시	예비창업패키지지원사업	140,000	1	2	7	8	7	5	5	4
6775	대구광역시	수어보급수어영상도서제작보급사업	136,100	1	1,6	7	8	7	5	5	4
6776	대구광역시	창작뮤지컬기획공연	136,000	1	1	7	8	7	5	5	4
6777	대구광역시	자원봉사자보험가입지원	134,788	1	2	7	8	7	5	5	4
6778	대구광역시	신종감염병환자격리병상확충유지비지원	134,000	1	2	7	8	7	5	5	4
6779	대구광역시	공공기관2차이전학술대회지원	130,000	1	4	7	8	7	5	5	4
6780	대구광역시	운수종사자서비스향상프로그램운영	130,000	1	4	7	8	7	5	5	4
6781	대구광역시	택시근로자서비스향상프로그램운영	130,000	1	1,4	7	8	7	5	5	4
6782	대구광역시	국제로봇올림피아드한국대회본선대구개최	129,000	1	4	7	8	7	5	5	4
6783	대구광역시	장애인생활체육지도자활동지원	128,840	1	4	7	8	7	5	5	4
6784	대구광역시	전통시장공동마케팅사업지원	128,000	1	6	7	8	7	5	5	4
6785	대구광역시	안광학제품신뢰성기반활용기업지원사업	128,000	1	4	7	8	7	5	5	4
6786	대구광역시	국채보상운동세계화추진사업	123,900	1	1,6	7	8	7	5	5	4
6787	대구광역시	지역기업ESG경영지원사업	123,760	1	4	7	8	7	5	5	4
6788	대구광역시	거점기관개방형혁신사업	123,000	1	1	7	8	7	5	5	4
6789	대구광역시	미래자동차산업전환을위한지역청년일자리사업	122,014	1	2	7	8	7	5	5	4
6790	대구광역시	도시노면온도저감SMART혼합소재개발	120,000	1	7	7	8	7	5	5	4
6791	대구광역시	국내관광홍보관운영	120,000	1	4	7	8	7	5	5	4
6792	대구광역시	자성기반라이프케어연구센터지원	120,000	1	2	7	8	7	5	5	4
6793	대구광역시	영세사업체종사자지원노동상담소운영	120,000	1	4	7	8	7	5	5	4
6794	대구광역시	지역및민간협력생태계구축	120,000	1	4	7	8	7	5	5	4
6795	대구광역시	전통시장비대면판매활로지원	118,720	1	6	7	8	7	5	5	4
6796	대구광역시	대구국제힐링공연예술제(전환)	112,000	1	1	7	8	7	5	5	4
6797	대구광역시	무형문화재공개행사지원	110,400	1	1	7	8	7	5	5	4

순번	시군구	지출명 (사업명)	2024년예산 (단위 : 천원 /1년간)	민간이전 분류 (지방자치단체 세출예산 집행기준에 의거) 1. 민간경상사업보조(307-02) 2. 민간단체 법정운영비보조(307-03) 3. 민간행사사업보조(307-04) 4. 민간위탁금(307-05) 5. 사회복지시설 법정운영비보조(307-10) 6. 민간인위탁교육비(307-12) 7. 공기관등에대한경상적위탁사업비(308-13) 8. 민간자본사업보조,자체재원(402-01) 9. 민간자본사업보조,이전재원(402-02) 10. 민간위탁사업비(402-03) 11. 공기관등에 대한 자본적 위탁사업비(403-02)	민간이전지출 근거 (지방보조금 관리기준 참고) 1. 법률에 규정 2. 국고보조 재원(국가지정) 3. 용도 지정 기부금 4. 조례에 직접규정 5. 지자체가 권장하는 사업을 하는 공공기관 6. 시,도 정책 및 재정사정 7. 기타 8. 해당없음	입찰방식			운영예산 산정		성과평가 실시여부
						계약체결방법 (경쟁형태) 1. 일반경쟁 2. 제한경쟁 3. 지명경쟁 4. 수의계약 5. 법정위탁 6. 기타 ( ) 7. 없음	계약기간 1. 1년 2. 2년 3. 3년 4. 4년 5. 5년 6. 기타 ( )년 7. 단기계약 (1년미만) 8. 없음	낙찰자선정방법 1. 적격심사 2. 협상에의한계약 3. 최저가낙찰제 4. 규격가격분리 5. 2단계 경쟁입찰 6. 기타 ( ) 7. 없음	운영예산 산정 1. 내부산정 (지자체 자체적으로 산정) 2. 외부산정 (외부전문기관위탁 산정) 3. 내·외부 모두 산정 4. 산정 無 5. 없음	정산방법 1. 내부정산 (지자체 내부적으로 정산) 2. 외부정산 (외부전문기관위탁 정산) 3. 내·외부 모두 산정 4. 정산 無 5. 없음	1. 실시 2. 미실시 3. 향후 추진 4. 해당없음
6798	대구광역시	노동상담및법률구조사업	110,000	1	4	7	8	7	5	5	4
6799	대구광역시	대구패션주얼리특구역량강화사업	105,000	1	4	7	8	7	5	5	4
6800	대구광역시	새마을운동활성화지원	100,800	1	1	7	8	7	5	5	4
6801	대구광역시	공유자원발굴및공유문화확산	100,000	1	4	7	8	7	5	5	4
6802	대구광역시	대학생취업준비패키지지원	100,000	1	6	7	8	7	5	5	4
6803	대구광역시	청년육아정보나눔터운영	100,000	1	5	7	8	7	5	5	4
6804	대구광역시	세계문화산업포럼운영	100,000	1	2,6	7	8	7	5	5	4
6805	대구광역시	대구단편영화제지원	100,000	1	4	7	8	7	5	5	4
6806	대구광역시	MetaAI플랫폼선도연구센터지원	100,000	1	1,6	7	8	7	5	5	4
6807	대구광역시	공공스포츠클럽운영	100,000	1	4	7	8	7	5	5	4
6808	대구광역시	워터밸리비즈니스위크개최	100,000	1	4	7	8	7	5	5	4
6809	대구광역시	종양가소성연구센터지원	100,000	1	2	7	8	7	5	5	4
6810	대구광역시	세노테라피기반대사질환제어연구센터지원	100,000	1	2	7	8	7	5	5	4
6811	대구광역시	간질환한약융복합활용연구센터지원	100,000	1	2	7	8	7	5	5	4
6812	대구광역시	서구메이커스페이스활성화지원	100,000	1	5	7	8	7	5	5	4
6813	대구광역시	프랜차이즈산업활성화	100,000	1	1	7	8	7	5	5	4
6814	대구광역시	디지털커머스전문기관운영지원	100,000	1	2	7	8	7	5	5	4
6815	대구광역시	섬유패션디자인창업보육센터지원	100,000	1	4	7	8	7	5	5	4
6816	대구광역시	안경소공인특화지원센터사업보조	100,000	1	4	7	8	7	5	5	4
6817	대구광역시	찾아가는도시농업학교운영	100,000	1	4	7	8	7	5	5	4
6818	대구광역시	체육복지센터체육아카데미	96,000	1	4	7	8	7	5	5	4
6819	대구광역시	여성과학기술인육성지원	96,000	1	1,4	7	8	7	5	5	4
6820	대구광역시	공공심야약국운영	95,000	1	4	7	8	7	5	5	4
6821	대구광역시	영남일보국제축구대회	95,000	1	4	7	8	7	5	5	4
6822	대구광역시	에이즈예방사업	94,000	1	1	7	8	7	5	5	4
6823	대구광역시	전국사격대회개최	90,000	1	1,6	7	8	7	5	5	4
6824	대구광역시	농업인단체협의회지원	90,000	1	7	7	8	7	5	5	4
6825	대구광역시	재난피해자심리회복지원센터운영	89,800	1	6	7	8	7	5	5	4
6826	대구광역시	첨단산업용섬유기계핵심모듈부품기술개발	87,480	1	4	7	8	7	5	5	4
6827	대구광역시	인생백년아카데미운영	85,000	1	1	7	8	7	5	5	4
6828	대구광역시	PET병재활용그린섬유플랫폼조성사업	84,000	1	4	7	8	7	5	5	4
6829	대구광역시	국내외예술교류사업	82,000	1	1,6	7	8	7	5	5	4
6830	대구광역시	교통약자이동편의시설사전사후검사	82,000	1	4	7	8	7	5	5	4
6831	대구광역시	시장기전국초등학교야구대회	81,900	1	1,6	7	8	7	5	5	4
6832	대구광역시	취약지응급의료기관의료인력파견	80,436	1	2	7	8	7	5	5	4
6833	대구광역시	한센병관리사업	80,000	1	1	7	8	7	5	5	4
6834	대구광역시	외식업소일자리알선지원	80,000	1	4	7	8	7	5	5	4
6835	대구광역시	대구연극제	80,000	1	4	7	8	7	5	5	4
6836	대구광역시	영화콘텐츠활성화지원	80,000	1	4	7	8	7	5	5	4
6837	대구광역시	대구경북공동협력사업	80,000	1	1,6	7	8	7	5	5	4

순번	시군구	지출명 (사업명)	2024년예산 (단위 : 전원 /1년간)	민간이전 분류 (지방자치단체 세출예산 집행기준에 의거) 1. 민간경상사업보조(307-02) 2. 민간단체 법정운영비보조(307-03) 3. 민간행사사업보조(307-04) 4. 민간위탁금(307-05) 5. 사회복지시설 법정운영비보조(307-10) 6. 민간인위탁교육비(307-12) 7. 공기관등에대한경상적위탁사업비(308-13) 8. 민간자본사업보조,자체재원(402-01) 9. 민간자본사업보조,이전재원(402-02) 10. 민간위탁사업비(402-03) 11. 공기관등에 대한 자본적 위탁사업비(403-02)	민간이전지출 근거 (지방보조금 관리기준 참고) 1. 법률에 규정 2. 국고보조 재원(국가지정) 3. 용도 지정 기부금 4. 조례에 직접규정 5. 지자체가 권장하는 사업을 하는 공공기관 6. 시,도 정책 및 재정사정 7. 기타 8. 해당없음	입찰방식 계약체결방법 (경쟁형태) 1. 일반경쟁 2. 제한경쟁 3. 지명경쟁 4. 수의계약 5. 법정위탁 6. 기타 ( ) 7. 없음	입찰방식 계약기간 1. 1년 2. 2년 3. 3년 4. 4년 5. 5년 6. 기타 ( )년 7. 단기계약 (1년미만) 8. 없음	입찰방식 낙찰자선정방법 1. 적격심사 2. 협상에의한계약 3. 최저가낙찰제 4. 규격가격분리 5. 2단계 경쟁입찰 6. 기타 ( ) 7. 없음	운영예산 산정 운영예산 산정 1. 내부산정 (지자체 자체적으로 산정) 2. 외부산정 (외부전문기관위탁 산정) 3. 내·외부 모두 산정 4. 산정 無 5. 없음	운영예산 산정 정산방법 1. 내부정산 (지자체 내부적으로 정산) 2. 외부정산 (외부전문기관위탁 정산) 3. 내·외부 모두 산정 4. 정산 無 5. 없음	성과평가 실시여부 1. 실시 2. 미실시 3. 향후 추진 4. 해당없음
6838	대구광역시	생활과학교실지원	80,000	1	1,4	7	8	7	5	5	4
6839	대구광역시	대구국제치과종합학술대회및기자재전시회개최지원	80,000	1	7	7	8	7	5	5	4
6840	대구광역시	국제미래에너지컨퍼런스개최	80,000	1	7	7	8	7	5	5	4
6841	대구광역시	여성경제인역량강화지원	80,000	1	4	7	8	7	5	5	4
6842	대구광역시	대구사회적경제유통지원센터성장지원	80,000	1	4	7	8	7	5	5	4
6843	대구광역시	농업일손돕기센터운영지원	79,500	1	1	7	8	7	5	5	4
6844	대구광역시	민주평통대구지역회의지원	78,400	1	1	7	8	7	5	5	4
6845	대구광역시	후각융합연구센터지원사업	77,000	1	2	7	8	7	5	5	4
6846	대구광역시	해외관광시장개척및관광홍보관운영	76,000	1	4	7	8	7	5	5	4
6847	대구광역시	공동주택공동체활성화사업지원	75,000	1	4	7	8	7	5	5	4
6848	대구광역시	아동안전지킴이부대경비(전환)	75,000	1	6	7	8	7	5	5	4
6849	대구광역시	의료관광전시판매장지원	72,800	1	6	7	8	7	5	5	4
6850	대구광역시	저소득층및장애인컴퓨터무상수리사업	70,000	1	6	7	8	7	5	5	4
6851	대구광역시	도시텃밭운영지원	70,000	1	4	7	8	7	5	5	4
6852	대구광역시	대구문학제	69,600	1	1	7	8	7	5	5	4
6853	대구광역시	대구문학발간	68,000	1	1	7	8	7	5	5	4
6854	대구광역시	장애인체육특장버스운행	68,000	1	4	7	8	7	5	5	4
6855	대구광역시	영남일보국제하프마라톤대회	68,000	1	4	7	8	7	5	5	4
6856	대구광역시	청년테마별취업지원	67,200	1	6	7	8	7	5	5	4
6857	대구광역시	쇠고기이력제추진사업	67,200	1	2	7	8	7	5	5	4
6858	대구광역시	안전골든벨어린이퀴즈쇼지원	65,000	1	7	7	8	7	1	1	1
6859	대구광역시	대구국제무용제	64,400	1	1	7	8	7	5	5	4
6860	대구광역시	달빛동맹한마음행사	64,000	1	1,6	7	8	7	5	5	4
6861	대구광역시	대구경북관광특별전	63,200	1	1,6	7	8	7	5	5	4
6862	대구광역시	장애인정보화교육기관지원	63,000	1	2	7	8	7	5	5	4
6863	대구광역시	코로나19기억의공간운영지원	63,000	1	1	7	8	7	5	5	4
6864	대구광역시	대구오픈국제휠체어테니스대회	61,200	1	4	7	8	7	5	5	4
6865	대구광역시	대구아트포럼및예술계간지발간	60,320	1	1,6	7	8	7	5	5	4
6866	대구광역시	교육사다리복원지원사업	60,000	1	4	7	8	7	5	5	4
6867	대구광역시	대학평생교육활성화	60,000	1	1	7	8	7	5	5	4
6868	대구광역시	FISU우수선수장학사업	60,000	1	1,6	7	8	7	5	5	4
6869	대구광역시	국제교류협력관광정책사업	60,000	1	4	7	8	7	5	5	4
6870	대구광역시	찾아가는문화관광해설서비스지원	60,000	1	4	7	8	7	5	5	4
6871	대구광역시	염채류특성화시장육성지원	60,000	1	1	7	8	7	5	5	4
6872	대구광역시	소공인특화지원센터운영지원	60,000	1	4	7	8	7	5	5	4
6873	대구광역시	대구국악제	58,400	1	1	7	8	7	5	5	4
6874	대구광역시	불법마약류퇴치및약물오남용예방사업	58,000	1	4	7	8	7	5	5	4
6875	대구광역시	공예산업육성및활성화지원	57,000	1	1	7	8	7	5	5	4
6876	대구광역시	지역기업제조물책임보험지원사업	56,000	1	1	7	8	7	5	5	4
6877	대구광역시	딤프뮤지컬아카데미	55,000	1	1,2	7	8	7	5	5	4

순번	시군구	지출명 (사업명)	2024년예산 (단위 : 천원 /1년간)	민간이전 분류 (지방자치단체 세출예산 집행기준에 의거) 1. 민간경상사업보조(307-02) 2. 민간단체 법정운영비보조(307-03) 3. 민간행사사업보조(307-04) 4. 민간위탁금(307-05) 5. 사회복지시설 법정운영비보조(307-10) 6. 민간인위탁교육비(307-12) 7. 공기관등에대한경상적위탁사업비(308-13) 8. 민간자본사업보조,자체재원(402-01) 9. 민간자본사업보조,이전재원(402-02) 10. 민간위탁사업비(402-03) 11. 공기관등에 대한 자본적 위탁사업비(403-02)	민간이전지출 근거 (지방보조금 관리기준 참고) 1. 법률에 규정 2. 국고보조 재원(국가지정) 3. 용도 지정 기부금 4. 조례에 직접규정 5. 지자체가 권장하는 사업을 하는 공공기관 6. 시,도 정책 및 재정사정 7. 기타 8. 해당없음	입찰방식 계약체결방법 (경쟁형태) 1. 일반경쟁 2. 제한경쟁 3. 지명경쟁 4. 수의계약 5. 법정위탁 6. 기타 ( ) 7. 없음	입찰방식 계약기간 1. 1년 2. 2년 3. 3년 4. 4년 5. 5년 6. 기타 ( )년 7. 단기계약 (1년미만) 8. 없음	입찰방식 낙찰자선정방법 1. 적격심사 2. 협상에의한계약 3. 최저가낙찰제 4. 규격가격분리 5. 2단계 경쟁입찰 6. 기타 ( ) 7. 없음	운영예산 산정 운영예산 산정 1. 내부산정 (지자체 자체적으로 산정) 2. 외부산정 (외부전문기관위탁 산정) 3. 내·외부 모두 산정 4. 산정 無 5. 없음	운영예산 산정 정산방법 1. 내부정산 (지자체 내부적으로 정산) 2. 외부정산 (외부전문기관위탁 정산) 3. 내·외부 모두 산정 4. 정산 無 5. 없음	성과평가 실시여부 1. 실시 2. 미실시 3. 향후 추진 4. 해당없음
6878	대구광역시	어르신생활체육대회개최	55,000	1	2	7	8	7	5	5	4
6879	대구광역시	읍면동참여형사업지원	53,760	1	6	7	8	7	5	5	4
6880	대구광역시	우수공연전시지원	53,000	1	1	7	8	7	5	5	4
6881	대구광역시	농업경영인대회등행사지원	52,000	1	1	7	8	7	5	5	4
6882	대구광역시	결핵관리교육및검사	50,000	1	1	7	8	7	5	5	4
6883	대구광역시	대구경북청년아카데미	50,000	1	7	7	8	7	5	5	4
6884	대구광역시	전통문화교육사업	50,000	1	1	7	8	7	5	5	4
6885	대구광역시	문화와새생명콘서트지원	50,000	1	7	7	8	7	5	5	4
6886	대구광역시	이승엽기전국초청리틀야구대회	50,000	1	1,6	7	8	7	5	5	4
6887	대구광역시	그린IT여성창업지원	50,000	1	2	7	8	7	5	5	4
6888	대구광역시	스마트모빌리티창업캠프사업	50,000	1	6	7	8	7	5	5	4
6889	대구광역시	기증제대혈은행지원	50,000	1	2	7	8	7	5	5	4
6890	대구광역시	약물의존장애핵심진단기술개발및치료전략연구	50,000	1	2	7	8	7	5	5	4
6891	대구광역시	첨단의료복합단지활성화포럼및세미나	50,000	1	7	7	8	7	5	5	4
6892	대구광역시	주얼리소공인특화지원센터사업보조	50,000	1	4	7	8	7	5	5	4
6893	대구광역시	대구식품산업인재양성및마케팅지원사업	50,000	1	4	7	8	7	5	5	4
6894	대구광역시	대구건축제개최	50,000	1	4	7	8	7	5	5	4
6895	대구광역시	운전사의날행사지원	50,000	1	1,4	7	8	7	5	5	4
6896	대구광역시	대구스포츠단유스클럽운영	49,000	1	1,6	7	8	7	5	5	4
6897	대구광역시	대구장애인종합생활체육대회	49,000	1	4	7	8	7	5	5	4
6898	대구광역시	한방난임부부지원사업	48,000	1	7	7	8	7	5	5	4
6899	대구광역시	멜로디가흐르는음악도시조성	48,000	1	1	7	8	7	5	5	4
6900	대구광역시	국제교류행사지원	48,000	1	4	7	8	7	5	5	4
6901	대구광역시	퇴계선생연구집발간	47,176	1	1,6	7	8	7	5	5	4
6902	대구광역시	경제교육사업지원	46,000	1	2	7	8	7	5	5	4
6903	대구광역시	상인연합회상인조직육성사업	45,712	1	2	7	8	7	5	5	4
6904	대구광역시	통합신공항대구시민추진단활동지원	45,000	1	4	7	8	7	5	5	4
6905	대구광역시	상생협력및지역균형발전포럼	45,000	1	4	7	8	7	5	5	4
6906	대구광역시	가족과함께하는독서캠핑	45,000	1	1	7	8	7	5	5	4
6907	대구광역시	크리스마스거리공연	45,000	1	7	7	8	7	5	5	4
6908	대구광역시	사람중심보행환경개선시책홍보	45,000	1	1	7	8	7	5	5	4
6909	대구광역시	대구무용제	44,800	1	1	7	8	7	5	5	4
6910	대구광역시	저출생극복환경조성사업	42,560	1	5	7	8	7	5	5	4
6911	대구광역시	독립운동현창사업	42,500	1	1	7	8	7	5	5	4
6912	대구광역시	사회적경제혁신성장청년일자리사업(운영비)	41,276	1	2	7	8	7	5	5	4
6913	대구광역시	소비자역량강화사업지원	41,000	1	1,4	7	8	7	5	5	4
6914	대구광역시	담장너머사람시민운동추진	40,320	1	4	7	8	7	5	5	4
6915	대구광역시	인디밴드등실험예술지원	40,320	1	1	7	8	7	5	5	4
6916	대구광역시	대구포토페스티벌	40,120	1	1	7	8	7	5	5	4
6917	대구광역시	주력산업잠재타깃기업유치활동	40,000	1	4	7	8	7	5	5	4

순번	시군구	지출명 (사업명)	2024년예산 (단위 : 천원 /1년간)	민간이전 분류 (지방자치단체 세출예산 집행기준에 의거) 1. 민간경상사업보조(307-02) 2. 민간단체 법정운영비보조(307-03) 3. 민간행사사업보조(307-04) 4. 민간위탁금(307-05) 5. 사회복지시설 법정운영비보조(307-10) 6. 민간인위탁교육비(307-12) 7. 공기관등에대한경상적위탁사업비(308-13) 8. 민간자본사업보조,자체재원(402-01) 9. 민간자본사업보조,이전재원(402-02) 10. 민간위탁사업비(402-03) 11. 공기관등에 대한 자본적 위탁사업비(403-02)	민간이전지출 근거 (지방보조금 관리기준 참고) 1. 법률에 규정 2. 국고보조 재원(국가지정) 3. 용도 지정 기부금 4. 조례에 직접규정 5. 지자체가 권장하는 사업을 하는 공공기관 6. 시,도 정책 및 재정사정 7. 기타 8. 해당없음	입찰방식: 계약체결방법 (경쟁형태) 1. 일반경쟁 2. 제한경쟁 3. 지명경쟁 4. 수의계약 5. 법정위탁 6. 기타 ( ) 7. 없음	입찰방식: 계약기간 1. 1년 2. 2년 3. 3년 4. 4년 5. 5년 6. 기타 ( )년 7. 단기계약 (1년미만) 8. 없음	입찰방식: 낙찰자선정방법 1. 적격심사 2. 협상에의한계약 3. 최저가낙찰제 4. 규격가격분리 5. 2단계 경쟁입찰 6. 기타 ( ) 7. 없음	운영예산 산정: 운영예산 산정 1. 내부산정 (지자체 자체적으로 산정) 2. 외부산정 (외부전문기관위탁 산정) 3. 내·외부 모두 산정 4. 산정 無 5. 없음	운영예산 산정: 정산방법 1. 내부정산 (지자체 내부적으로 정산) 2. 외부정산 (외부전문기관위탁 정산) 3. 내·외부 모두 산정 4. 정산 無 5. 없음	성과평가 실시여부 1. 실시 2. 미실시 3. 향후 추진 4. 해당없음
6918	대구광역시	미래산업잠재타깃기업유치활동	40,000	1	4	7	8	7	5	5	4
6919	대구광역시	출산장려사진UCC공모전	40,000	1	8	7	8	7	5	5	4
6920	대구광역시	향토문화재조명사업	40,000	1	1	7	8	7	5	5	4
6921	대구광역시	선덕여왕숭모재	40,000	1	1,6	7	8	7	5	5	4
6922	대구광역시	2024국제청소년스포츠축제(ICG)참가	40,000	1	4	7	8	7	5	5	4
6923	대구광역시	스포츠동호인단체지원	40,000	1	4	7	8	7	5	5	4
6924	대구광역시	전국동호인테니스대회	40,000	1	4	7	8	7	5	5	4
6925	대구광역시	지역특화청년무역전문가양성사업지원	40,000	1	1	7	8	7	5	5	4
6926	대구광역시	농업인단체화합한마당개최	40,000	1	7	7	8	7	5	5	4
6927	대구광역시	1인의아빠단운영	39,530	1	5	7	8	7	5	5	4
6928	대구광역시	대구광주달빛동맹추진	38,000	1	1	7	8	7	5	5	4
6929	대구광역시	대구불교연합합창제	36,000	1	1,6	7	8	7	5	5	4
6930	대구광역시	대구일보배전국유소년아이스하키대회	35,000	1	1,6	7	8	7	5	5	4
6931	대구광역시	한센인보호시설생계비지원	34,000	1	2	7	8	7	5	5	4
6932	대구광역시	대구미술공예서예문인화대전	33,600	1	1,6	7	8	7	5	5	4
6933	대구광역시	대명공연거리문화콘텐츠지원	33,600	1	4	7	8	7	5	5	4
6934	대구광역시	환경보전활동민간단체지원	33,600	1	6	7	8	7	5	5	4
6935	대구광역시	238하계아시안게임공동유치추진	33,000	1	4	7	8	7	5	5	4
6936	대구광역시	대구스포츠과학센터운영	32,500	1	1,6	7	8	7	5	5	4
6937	대구광역시	자율방범연합회활성화지원	32,000	1	1	7	8	7	5	5	4
6938	대구광역시	씨름왕선발대회개최및참가	31,500	1	4	7	8	7	5	5	4
6939	대구광역시	민주화운동기념사업	30,800	1	4	7	8	7	5	5	4
6940	대구광역시	시주민자치연합회주민자치활성화사업	30,400	1	4	7	8	7	5	5	4
6941	대구광역시	대기업투자유치활동지원	30,000	1	4	7	8	7	5	5	4
6942	대구광역시	사할린동포교류협력사업	30,000	1	4	7	8	7	5	5	4
6943	대구광역시	장애인관광사업	30,000	1	1,6	7	8	7	5	5	4
6944	대구광역시	국립치의학연구원유치지원	30,000	1	7	7	8	7	5	5	4
6945	대구광역시	중소기업제품홈쇼핑판매지원	30,000	1	4	7	8	7	5	5	4
6946	대구광역시	반려식물치료센터지원	30,000	1	4	7	8	7	5	5	4
6947	대구광역시	청년원예치료프로그램등운영	30,000	1	4	7	8	7	5	5	4
6948	대구광역시	대구데이페스티벌	28,000	1	1,6	7	8	7	5	5	4
6949	대구광역시	도시공간조형제전	28,000	1	1	7	8	7	5	5	4
6950	대구광역시	연예예술한마당	28,000	1	1	7	8	7	5	5	4
6951	대구광역시	숙련기술전수지원	27,200	1	4	7	8	7	5	5	4
6952	대구광역시	중소기업협동조합활성화지원	26,400	1	1	7	8	7	5	5	4
6953	대구광역시	소외계층도시가스보급	25,600	1	4	7	8	7	5	5	4
6954	대구광역시	인문학가치확산사업	25,200	1	1	7	8	7	5	5	4
6955	대구광역시	달빛동맹예술교류사업	25,200	1	1,6	7	8	7	5	5	4
6956	대구광역시	시민의식교육및홍보활동	25,000	1	1	7	8	7	5	5	4
6957	대구광역시	전국프리테니스대회	25,000	1	4	7	8	7	5	5	4

순번	시군구	지출명 (사업명)	2024년예산 (단위 : 천원 /1년간)	민간이전 분류 (지방자치단체 세출예산 집행기준에 의거) 1. 민간경상사업보조(307-02) 2. 민간단체 법정운영비보조(307-03) 3. 민간행사사업보조(307-04) 4. 민간위탁금(307-05) 5. 사회복지시설 법정운영비보조(307-10) 6. 민간인위탁교육비(307-12) 7. 공기관등에대한경상적위탁사업비(308-13) 8. 민간자본사업보조,자체재원(402-01) 9. 민간자본사업보조,이전재원(402-02) 10. 민간위탁사업비(402-03) 11. 공기관등에 대한 자본적 위탁사업비(403-02)	민간이전지출 근거 (지방보조금 관리기준 참고) 1. 법률에 규정 2. 국고보조 재원(국가지정) 3. 용도 지정 기부금 4. 조례에 직접규정 5. 지자체가 권장하는 사업을 하는 공공기관 6. 시,도 정책 및 재정사정 7. 기타 8. 해당없음	입찰방식			운영예산 산정		성과평가 실시여부
						계약체결방법 (경쟁형태) 1. 일반경쟁 2. 제한경쟁 3. 지명경쟁 4. 수의계약 5. 법정위탁 6. 기타 ( ) 7. 없음	계약기간 1. 1년 2. 2년 3. 3년 4. 4년 5. 5년 6. 기타 ( )년 7. 단기계약 (1년미만) 8. 없음	낙찰자선정방법 1. 적격심사 2. 협상에의한계약 3. 최저가낙찰제 4. 규격가격분리 5. 2단계 경쟁입찰 6. 기타 ( ) 7. 없음	운영예산 산정 1. 내부산정 (지자체 자체적으로 산정) 2. 외부산정 (외부전문기관위탁 산정) 3. 내·외부 모두 산정 4. 산정 無 5. 없음	정산방법 1. 내부정산 (지자체 내부적으로 정산) 2. 외부정산 (외부전문기관위탁 정산) 3. 내·외부 모두 산정 4. 정산 無 5. 없음	1. 실시 2. 미실시 3. 향후 추진 4. 해당없음
6958	대구광역시	팔공산달빛걷기대회	25,000	1	4	7	8	7	5	5	4
6959	대구광역시	집단시설결핵관리지원	24,300	1	1	7	8	7	5	5	4
6960	대구광역시	명절비상진료지원	24,000	1	5	7	8	7	5	5	4
6961	대구광역시	대구차문화페스티벌	24,000	1	1,6	7	8	7	5	5	4
6962	대구광역시	경상감영풍속재연(전환)	23,800	1	1,6	7	8	7	5	5	4
6963	대구광역시	마음구호프로그램운영	23,000	1	6	7	8	7	5	5	4
6964	대구광역시	대구경북예술제	22,400	1	1,6	7	8	7	5	5	4
6965	대구광역시	국채보상운동기념행사	22,400	1	1,6	7	8	7	5	5	4
6966	대구광역시	세계인의날기념및다문화행사	22,000	1	4	7	8	7	5	5	4
6967	대구광역시	시장배수영대회겸전국마스터즈수영대회	22,000	1	1,6	7	8	7	5	5	4
6968	대구광역시	신천자전거안전교육장운영지원	21,600	1	4	7	8	7	5	5	4
6969	대구광역시	시장배전국철인3종경기대회	21,500	1	1,6	7	8	7	5	5	4
6970	대구광역시	대구경북범죄피해자지원센터	21,000	1	1,4	7	8	7	5	5	4
6971	대구광역시	장애아동청소년문화예술교육지원	21,000	1	1,6	7	8	7	5	5	4
6972	대구광역시	시장기초중학교축구대회	21,000	1	4	7	8	7	5	5	4
6973	대구광역시	청년소셜대로창업성장플러스지원사업	20,580	1	2	7	8	7	5	5	4
6974	대구광역시	서예퍼포먼스	20,160	1	1	7	8	7	5	5	4
6975	대구광역시	안전체험캠프운영	20,000	1	7	7	8	7	5	5	4
6976	대구광역시	평화통일기반조성을위한공모사업	20,000	1	4	7	8	7	5	5	4
6977	대구광역시	식품제조업소역량강화지원	20,000	1	5	7	8	7	5	5	4
6978	대구광역시	서예문인화대전	20,000	1	1	7	8	7	5	5	4
6979	대구광역시	대구경북시도민을위한신년음악회	20,000	1	1	7	8	7	5	5	4
6980	대구광역시	대구경북생활체육교류	20,000	1	4	7	8	7	5	5	4
6981	대구광역시	유소년축구활성화지원	20,000	1	4	7	8	7	5	5	4
6982	대구광역시	환경성질환예방및지원	20,000	1	4	7	8	7	5	5	4
6983	대구광역시	달빛동맹노사한마음대회지원	20,000	1	4	7	8	7	5	5	4
6984	대구광역시	농식품해외바이어초청수출상담회개최	20,000	1	5	7	8	7	5	5	4
6985	대구광역시	북한이탈주민통합프로그램운영	19,600	1	4	7	8	7	5	5	4
6986	대구광역시	예술문화대학운영지원	19,600	1	1,6	7	8	7	5	5	4
6987	대구광역시	대구3.1절만세재연행사	18,900	1	7	7	8	7	5	5	4
6988	대구광역시	시장배전국바둑대회	18,900	1	4	7	8	7	5	5	4
6989	대구광역시	시민의식중앙교육부담금	18,480	1	1	7	8	7	5	5	4
6990	대구광역시	바르게살기운동활성화지원	18,400	1	1	7	8	7	5	5	4
6991	대구광역시	한센병선도사업비	18,000	1	1	7	8	7	5	5	4
6992	대구광역시	지역기업경쟁력강화지원	18,000	1	2	7	8	7	5	5	4
6993	대구광역시	대구사진예술제	17,920	1	1	7	8	7	5	5	4
6994	대구광역시	한국전통문화교육체험사업	17,360	1	1,6	7	8	7	5	5	4
6995	대구광역시	대구바로알기운동	16,800	1	4	7	8	7	5	5	4
6996	대구광역시	전국예술문화대제전	16,800	1	1,6	7	8	7	5	5	4
6997	대구광역시	대구청소년연극제	16,800	1	4	7	8	7	5	5	4

순번	시군구	지출명 (사업명)	2024년예산 (단위 : 천원 /1년간)	민간이전 분류 (지방자치단체 세출예산 집행기준에 의거) 1. 민간경상사업보조(307-02) 2. 민간단체 법정운영비보조(307-03) 3. 민간행사사업보조(307-04) 4. 민간위탁금(307-05) 5. 사회복지시설 법정운영비보조(307-10) 6. 민간인위탁교육비(307-12) 7. 공기관등에대한경상적위탁사업비(308-13) 8. 민간자본사업보조,자체재원(402-01) 9. 민간자본사업보조,이전재원(402-02) 10. 민간위탁사업비(402-03) 11. 공기관등에 대한 자본적 위탁사업비(403-02)	민간이전지출 근거 (지방보조금 관리기준 참고) 1. 법률에 규정 2. 국고보조 재원(국가지정) 3. 용도 지정 기부금 4. 조례에 직접규정 5. 지자체가 권장하는 사업을 하는 공공기관 6. 시,도 정책 및 재정사정 7. 기타 8. 해당없음	입찰방식: 계약체결방법 (경쟁형태) 1. 일반경쟁 2. 제한경쟁 3. 지명경쟁 4. 수의계약 5. 법정위탁 6. 기타 ( ) 7. 없음	입찰방식: 계약기간 1. 1년 2. 2년 3. 3년 4. 4년 5. 5년 6. 기타 ( )년 7. 단기계약 (1년미만) 8. 없음	입찰방식: 낙찰자선정방법 1. 적격심사 2. 협상에의한계약 3. 최저가낙찰제 4. 규격가격분리 5. 2단계 경쟁입찰 6. 기타 ( ) 7. 없음	운영예산 산정: 운영예산 산정 1. 내부산정 (지자체 자체적으로 산정) 2. 외부산정 (외부전문기관위탁 산정) 3. 내·외부 모두 산정 4. 산정 無 5. 없음	운영예산 산정: 정산방법 1. 내부정산 (지자체 내부적으로 정산) 2. 외부정산 (외부전문기관위탁 정산) 3. 내·외부 모두 산정 4. 정산 無 5. 없음	성과평가 실시여부 1. 실시 2. 미실시 3. 향후 추진 4. 해당없음
6998	대구광역시	KBF바둑리그참가	16,800	1	4	7	8	7	5	5	4
6999	대구광역시	폭염등재난재해대비자원봉사	16,400	1	1	7	8	7	5	5	4
7000	대구광역시	대구서부범죄피해자지원센터	16,115	1	1,4	7	8	7	5	5	4
7001	대구광역시	지방시대민간참여지원	16,000	1	4	7	8	7	5	5	4
7002	대구광역시	비영리민간단체공익활동공모사업지원	16,000	1	4	7	8	7	5	5	4
7003	대구광역시	달빛스포츠교류	16,000	1	1,6	7	8	7	5	5	4
7004	대구광역시	대구FC컵대구사랑축구리그	16,000	1	4	7	8	7	5	5	4
7005	대구광역시	달빛동맹관광교류사업	16,000	1	4,6	7	8	7	5	5	4
7006	대구광역시	제로웨이스트자원순환모델발굴사업지원	16,000	1	6	7	8	7	5	5	4
7007	대구광역시	벤처기업성장및인증지원	16,000	1	7	7	8	7	5	5	4
7008	대구광역시	벤처기업경영혁신지원	16,000	1	7	7	8	7	5	5	4
7009	대구광역시	장애인문화활동지원	15,750	1	1,6	7	8	7	5	5	4
7010	대구광역시	문화인재육성지원사업	15,400	1	1,6	7	8	7	5	5	4
7011	대구광역시	생활체육지도자연수	15,200	1	4	7	8	7	5	5	4
7012	대구광역시	대구사랑운동사업추진	15,120	1	4	7	8	7	5	5	4
7013	대구광역시	자립예술생태계활성화프로젝트	15,120	1	1,6	7	8	7	5	5	4
7014	대구광역시	현대미술조망전	15,120	1	1,6	7	8	7	5	5	4
7015	대구광역시	미래형자동차핵심기술전문인력양성	15,000	1	1	7	8	7	5	5	4
7016	대구광역시	택시근로자문화행사지원	15,000	1	1,4	7	8	7	5	5	4
7017	대구광역시	전통문화아카데미운영	14,000	1	1,6	7	8	7	5	5	4
7018	대구광역시	대구학책자발간사업및관련세미나	14,000	1	1,6	7	8	7	5	5	4
7019	대구광역시	독립운동역사공간을활용한평생학습지원	13,600	1	1	7	8	7	5	5	4
7020	대구광역시	대구자원봉사자대회	13,200	1	1	7	8	7	5	5	4
7021	대구광역시	뇌성마비스포츠단육성	13,005	1	4	7	8	7	5	5	4
7022	대구광역시	자유총연맹자유수호활동사업	13,000	1	1	7	8	7	5	5	4
7023	대구광역시	1,2차병원활성화홍보사업	12,600	1	1	7	8	7	5	5	4
7024	대구광역시	유교문화학술지발간	12,600	1	1,6	7	8	7	5	5	4
7025	대구광역시	민.관.군한마음태권도대회	12,600	1	4	7	8	7	5	5	4
7026	대구광역시	시장배전국댄스스포츠대회	12,600	1	4	7	8	7	5	5	4
7027	대구광역시	원예활동전문가활용도시농업육성	12,600	1	6	7	8	7	5	5	4
7028	대구광역시	청렴사회민관협의회지원	12,600	1	4	7	8	7	5	5	4
7029	대구광역시	시장기전국남녀볼링대회	12,200	1	4	7	8	7	5	5	4
7030	대구광역시	전통문화계승서화지도자양성사업	12,000	1	1	7	8	7	5	5	4
7031	대구광역시	여성벤처기업성장지원	12,000	1	7	7	8	7	5	5	4
7032	대구광역시	대학생봉사단활성화지원	11,200	1	1	7	8	7	5	5	4
7033	대구광역시	등록박물관활성화지원	11,200	1	1,6	7	8	7	5	5	4
7034	대구광역시	대구자원봉사포럼지원	10,400	1	1	7	8	7	5	5	4
7035	대구광역시	만촌자전거안전교육장운영지원	10,400	1	4	7	8	7	5	5	4
7036	대구광역시	민간건축물쿨루프지원	10,080	1	4	7	8	7	5	5	4
7037	대구광역시	팔공천제단제천의식복원	10,080	1	1,6	7	8	7	5	5	4

순번	시군구	지출명 (사업명)	2024년예산 (단위 : 천원 /1년간)	민간이전 분류 (지방자치단체 세출예산 집행기준에 의거) 1. 민간경상사업보조(307-02) 2. 민간단체 법정운영비보조(307-03) 3. 민간행사사업보조(307-04) 4. 민간위탁금(307-05) 5. 사회복지시설 법정운영비보조(307-10) 6. 민간인위탁교육비(307-12) 7. 공기관등에대한경상적위탁사업비(308-13) 8. 민간자본사업보조,자체재원(402-01) 9. 민간자본사업보조,이전재원(402-02) 10. 민간위탁사업비(402-03) 11. 공기관등에 대한 자본적 위탁사업비(403-02)	민간이전지출 근거 (지방보조금 관리기준 참고) 1. 법률에 규정 2. 국고보조 재원(국가지정) 3. 용도 지정 기부금 4. 조례에 직접규정 5. 지자체가 권장하는 사업을 하는 공공기관 6. 시,도 정책 및 재정사정 7. 기타 8. 해당없음	입찰방식			운영예산 산정		성과평가 실시여부
						계약체결방법 (경쟁형태) 1. 일반경쟁 2. 제한경쟁 3. 지명경쟁 4. 수의계약 5. 법정위탁 6. 기타 ( ) 7. 없음	계약기간 1. 1년 2. 2년 3. 3년 4. 4년 5. 5년 6. 기타 ( )년 7. 단기계약 (1년미만) 8. 없음	낙찰자선정방법 1. 적격심사 2. 협상에의한계약 3. 최저가낙찰제 4. 규격가격분리 5. 2단계 경쟁입찰 6. 기타 ( ) 7. 없음	운영예산 산정 1. 내부산정 (지자체 자체적으로 산정) 2. 외부산정 (외부전문기관위탁 산정) 3. 내·외부 모두 산정 4. 산정 無 5. 없음	정산방법 1. 내부정산 (지자체 내부적으로 정산) 2. 외부정산 (외부전문기관위탁 정산) 3. 내·외부 모두 산정 4. 정산 無 5. 없음	1. 실시 2. 미실시 3. 향후 추진 4. 해당없음
7038	대구광역시	동아시아서화교류전	10,000	1	1	7	8	7	5	5	4
7039	대구광역시	국채보상운동회보지발행	10,000	1	1,6	7	8	7	5	5	4
7040	대구광역시	지역유교문화관련세미나	10,000	1	1,6	7	8	7	5	5	4
7041	대구광역시	이승엽유소년야구캠프	10,000	1	1,6	7	8	7	5	5	4
7042	대구광역시	사찰문화해설사운영지원	10,000	1	4	7	8	7	5	5	4
7043	대구광역시	대구시산림조합임업인전문교육	10,000	1	4	7	8	7	5	5	4
7044	대구광역시	섬유산업클러스터구축	10,000	1	6	7	8	7	5	5	4
7045	대구광역시	대구옥외광고대상전지원	10,000	1	1	7	8	7	5	5	4
7046	대구광역시	법인택시운수종사자선진교통벤치마킹운영	10,000	1	1,4	7	8	7	5	5	4
7047	대구광역시	지적장애인스포츠단육성	9,600	1	4	7	8	7	5	5	4
7048	대구광역시	외국인주민상담및캠프지원	9,440	1	4	7	8	7	5	5	4
7049	대구광역시	영남선비문화조명과확산특별전	9,000	1	1	7	8	7	5	5	4
7050	대구광역시	탈북배경학생통합교육지원프로그램	8,400	1	4	7	8	7	5	5	4
7051	대구광역시	지역국어문화활성화지원	8,400	1	1,6	7	8	7	5	5	4
7052	대구광역시	양준혁베이스볼캠프	8,000	1	1,6	7	8	7	5	5	4
7053	대구광역시	자전거마일리지운동지원	8,000	1	4	7	8	7	5	5	4
7054	대구광역시	가족사랑자전거타기페스티벌	8,000	1	4	7	8	7	5	5	4
7055	대구광역시	생활질서선진화운동추진	7,840	1	1	7	8	7	5	5	4
7056	대구광역시	언론아카데미및포럼운영	7,640	1	4	7	8	7	1	1	1
7057	대구광역시	에이즈감염인교육훈련지원사업	7,600	1	1	7	8	7	5	5	4
7058	대구광역시	대구건축리뷰	7,560	1	1	7	8	7	5	5	4
7059	대구광역시	과거사집단희생자위령제개최지원	7,000	1	1,4	7	8	7	5	5	4
7060	대구광역시	농번기농촌일손돕기지원사업	7,000	1	1	7	8	7	5	5	4
7061	대구광역시	시장배전국스포츠클라이밍대회	6,800	1	1,6	7	8	7	5	5	4
7062	대구광역시	중소기업융합교류사업	6,720	1	4	7	8	7	5	5	4
7063	대구광역시	통일촉진운동사업추진	6,640	1	4	7	8	7	5	5	4
7064	대구광역시	지하철안전사고대처교육	6,400	1	7	7	8	7	5	5	4
7065	대구광역시	대구스페셜올림픽코리아영남지역대회	6,300	1	4	7	8	7	5	5	4
7066	대구광역시	원폭피해자권익향상교육홍보	6,000	1	1	7	8	7	5	5	4
7067	대구광역시	문학치유사업	6,000	1	1	7	8	7	5	5	4
7068	대구광역시	북한이탈주민단합행사	5,768	1	4	7	8	7	5	5	4
7069	대구광역시	국채보상운동기념관프로그램운영	5,760	1	1,6	7	8	7	5	5	4
7070	대구광역시	한청문화제지원	5,600	1	4	7	8	7	5	5	4
7071	대구광역시	대한민국영남미술대전	5,040	1	1,6	7	8	7	5	5	4
7072	대구광역시	청소년과함께하는신국채보상운동	5,040	1	1,6	7	8	7	5	5	4
7073	대구광역시	대구아이조아카드유지보수	5,000	1	8	7	8	7	5	5	4
7074	대구광역시	농업인교육훈련비지원	4,950	1	1	7	8	7	5	5	4
7075	대구광역시	북한이탈주민과함께하는통일준비한마음대회	4,800	1	4	7	8	7	5	5	4
7076	대구광역시	대구사랑나눔장터운영	4,480	1	4	7	8	7	5	5	4
7077	대구광역시	팔공산악대회	4,480	1	1,6	7	8	7	5	5	4

순번	시군구	지출명 (사업명)	2024년예산 (단위 : 천원 /1년간)	민간이전 분류 (지방자치단체 세출예산 집행기준에 의거)	민간이전지출 근거 (지방보조금 관리기준 참고)	입찰방식			운영예산 산정		성과평가 실시여부
				1. 민간경상사업보조(307-02) 2. 민간단체 법정운영비보조(307-03) 3. 민간행사사업보조(307-04) 4. 민간위탁금(307-05) 5. 사회복지시설 법정운영비보조(307-10) 6. 민간인위탁교육비(307-12) 7. 공기관등에대한경상적위탁사업비(308-13) 8. 민간자본사업보조,자체재원(402-01) 9. 민간자본사업보조,이전재원(402-02) 10. 민간위탁사업비(402-03) 11. 공기관등에 대한 자본적 위탁사업비(403-02)	1. 법률에 규정 2. 국고보조 재원(국가지정) 3. 용도 지정 기부금 4. 조례에 직접규정 5. 지자체가 권장하는 사업을 하는 공공기관 6. 시,도 정책 및 재정사정 7. 기타 8. 해당없음	계약체결방법 (경쟁형태) 1. 일반경쟁 2. 제한경쟁 3. 지명경쟁 4. 수의계약 5. 법정위탁 6. 기타 ( ) 7. 없음	계약기간 1. 1년 2. 2년 3. 3년 4. 4년 5. 5년 6. 기타 ( )년 7. 단기계약 (1년미만) 8. 없음	낙찰자선정방법 1. 적격심사 2. 협상에의한계약 3. 최저가낙찰제 4. 규격가격분리 5. 2단계 경쟁입찰 6. 기타 ( ) 7. 없음	운영예산 산정 1. 내부산정 (지자체 자체적으로 산정) 2. 외부산정 (외부전문기관위탁 산정) 3. 내·외부 모두 산정 4. 산정 無 5. 없음	정산방법 1. 내부정산 (지자체 내부적으로 정산) 2. 외부정산 (외부전문기관위탁 정산) 3. 내·외부 모두 산정 4. 정산 無 5. 없음	1. 실시 2. 미실시 3. 향후 추진 4. 해당없음
7078	대구광역시	관광의날기념행사지원	4,480	1	1,6	7	8	7	5	5	4
7079	대구광역시	생활개선회역량강화현장교육	4,000	1	6	7	8	7	5	5	4
7080	대구광역시	안마의료봉사지원	3,150	1	1	7	8	7	5	5	4
7081	대구광역시	재난의료지원차량유지관리(영남대학교병원)	3,000	1	5	7	8	7	5	5	4
7082	대구광역시	북한이탈주민기초생활물품지원	2,856	1	4	7	8	7	5	5	4
7083	대구광역시	화재및재난예방홍보활동	2,700	1	4	7	8	7	5	5	4
7084	대구광역시	학생서예실기대회	2,520	1	1	7	8	7	5	5	4
7085	대구광역시	한문고전연수사업	2,520	1	1,6	7	8	7	5	5	4
7086	대구광역시	한국수어활성화지원	2,500	1	1,6	7	8	7	5	5	4
7087	대구광역시	기계및신기술학술대회지원	2,450	1	5	7	8	7	5	5	4
7088	대구 중구	정신재활시설운영	325,858	1	1	6	8	7	1	1	1
7089	대구 중구	일반생활체육지도자배치	218,988	1	2	7	8	7	1	1	1
7090	대구 중구	(예비)사회적기업일자리창출사업(일반인력)	199,400	1	2	7	8	7	1	1	1
7091	대구 중구	어르신생활체육지도자배치	125,136	1	2	7	8	7	1	1	1
7092	대구 중구	공동주택관리지원	110,000	1	1,4	7	8	7	1	1	1
7093	대구 중구	(예비)사회적기업일자리창출사업(전문인력)	104,800	1	2	7	8	7	1	1	1
7094	대구 중구	사회공헌활동지원	95,920	1	2	7	8	7	1	1	1
7095	대구 중구	사회적경제혁신성장청년일자리사업	83,028	1	2	7	8	7	5	5	4
7096	대구 중구	더불어사는공동체만들기사업	46,000	1	4	7	8	7	1	1	1
7097	대구 중구	청년소설대로창업성장플러스지원	45,280	1	2	7	8	7	1	1	1
7098	대구 중구	지방문화원사업지원	45,000	1	1	7	8	7	1	1	1
7099	대구 중구	민주시민의식함양및문화시민사회구축사업	26,400	1	4	7	8	7	1	1	1
7100	대구 중구	장애인단체지원(사업비)	23,000	1	1	7	8	7	3	3	1
7101	대구 중구	자유민주이념계승발전사업	15,400	1	4	7	8	7	1	1	1
7102	대구 중구	시민생활체육대회	14,000	1	5	1	1	1	1	1	1
7103	대구 중구	여성단체사회참여활동사업	12,500	1	4	7	8	6	5	1	1
7104	대구 중구	통일홍보사업	12,000	1	1	7	8	7	1	1	1
7105	대구 중구	생활체육진흥사업	11,000	1	5	1	1	1	1	1	1
7106	대구 중구	범죄피해자지원사업	10,000	1	1	7	8	7	5	1	1
7107	대구 중구	주민자치사업	10,000	1	4	7	8	7	1	1	1
7108	대구 중구	김광석길관광활성화협의체사업	10,000	1	5	7	8	7	5	5	4
7109	대구 중구	동호회생활체육리그	10,000	1	5	1	1	1	1	1	1
7110	대구 중구	우수식재료소비확대기반조성	10,000	1	2	7	8	7	5	1	1
7111	대구 중구	지역사회보장협의체활성화사업	9,000	1	1	7	8	7	1	1	1
7112	대구 중구	평생교육프로그램운영지원	8,000	1	1	7	8	7	5	5	4
7113	대구 중구	자율방범대활성화지원	7,000	1	4	7	8	7	1	1	1
7114	대구 중구	유소년클럽전국대회	6,000	1	5	1	1	1	1	1	1
7115	대구 중구	자원봉사단체봉사활동및행사지원	6,000	1	1	1	1	1	1	1	1
7116	대구 중구	성인문해교육	5,000	1	1	1	1	1	1	1	1
7117	대구 중구	여성지도자리더십함양교육	5,000	1	4	7	8	6	5	1	1

순번	시군구	지출명 (사업명)	2024년예산 (단위 : 천원 /1년간)	민간이전 분류 (지방자치단체 세출예산 집행기준에 의거) 1. 민간경상사업보조(307-02) 2. 민간단체 법정운영비보조(307-03) 3. 민간행사사업보조(307-04) 4. 민간위탁금(307-05) 5. 사회복지시설 법정운영비보조(307-10) 6. 민간인위탁교육비(307-12) 7. 공기관등에대한경상적위탁사업비(308-13) 8. 민간자본사업보조,자체재원(402-01) 9. 민간자본사업보조,이전재원(402-02) 10. 민간위탁사업비(402-03) 11. 공기관등에 대한 자본적 위탁사업비(403-02)	민간이전지출 근거 (지방보조금 관리기준 참고) 1. 법률에 규정 2. 국고보조 재원(국가지정) 3. 용도 지정 기부금 4. 조례에 직접규정 5. 지자체가 권장하는 사업을 하는 공공기관 6. 시,도 정책 및 재정사정 7. 기타 8. 해당없음	입찰방식 계약체결방법 (경쟁형태) 1. 일반경쟁 2. 제한경쟁 3. 지명경쟁 4. 수의계약 5. 법정위탁 6. 기타 ( ) 7. 없음	입찰방식 계약기간 1. 1년 2. 2년 3. 3년 4. 4년 5. 5년 6. 기타 ( )년 7. 단기계약 (1년미만) 8. 없음	입찰방식 낙찰자선정방법 1. 적격심사 2. 협상에의한계약 3. 최저가낙찰제 4. 규격가격분리 5. 2단계 경쟁입찰 6. 기타 ( ) 7. 없음	운영예산 산정 운영예산 산정 1. 내부산정 (지자체 자체적으로 산정) 2. 외부산정 (외부전문기관위탁 산정) 3. 내·외부 모두 산정 4. 산정 無 5. 없음	운영예산 산정 정산방법 1. 내부정산 (지자체 내부적으로 정산) 2. 외부정산 (외부전문기관위탁 정산) 3. 내·외부 모두 산정 4. 정산 無 5. 없음	성과평가 실시여부 1. 실시 2. 미실시 3. 향후 추진 4. 해당없음
7118	대구 중구	도시농업활성화지원	4,800	1	2	7	8	7	1	1	4
7119	대구 중구	어르신생활체육대회	4,500	1	5	1	1	1	1	1	1
7120	대구 중구	지역방위작전수행지원사업	4,000	1	1	7	8	7	1	1	1
7121	대구 중구	통일안보의식고취사업	4,000	1	1	7	8	7	1	1	1
7122	대구 중구	향교기로연	4,000	1	6	7	8	7	1	1	1
7123	대구 중구	전통문화행사및종교단체교화사업추진	4,000	1	6	7	8	7	1	1	1
7124	대구 중구	생활체육프로그램사업	4,000	1	5	7	8	7	1	1	1
7125	대구 중구	환경보전및자연보호사업	4,000	1	1	7	8	7	1	1	1
7126	대구 중구	선진교통문화정착사업	4,000	1	4	7	8	7	5	1	1
7127	대구 중구	학생승마체험지원	3,360	1	2	7	8	7	5	5	4
7128	대구 중구	관광시설야간경관조명전기료	3,240	1	4	7	1	7	1	1	1
7129	대구 중구	종목별생활체육대회	3,200	1	5	1	1	1	1	1	1
7130	대구 중구	문화재행사지원	3,000	1	6	7	8	7	1	1	1
7131	대구 중구	씨름왕선발대회	3,000	1	5	1	1	1	1	1	1
7132	대구 중구	생활체육지도자활동보험료	1,804	1	2	7	8	7	1	1	1
7133	대구 중구	조합자율지도원활동지원	1,800	1	1	7	8	7	1	1	1
7134	대구 중구	양봉농가경쟁력지원	1,143	1	6	7	8	7	1	1	4
7135	대구 중구	무기질비료가격보조및수급안정지원	105	1	2	7	8	7	1	1	4
7136	대구 동구	정신재활시설운영	484,888	1	6	7	8	7	1	1	1
7137	대구 동구	청년도전지원사업	457,400	1	2	7	8	7	1	2	1
7138	대구 동구	유기질비료지원(전환사업)	385,000	1	2	7	8	7	5	1	4
7139	대구 동구	정신재활시설운영	313,050	1	6	7	8	7	1	1	1
7140	대구 동구	사회적경제혁신성장청년일자리사업	286,400	1	2	7	8	7	5	1	4
7141	대구 동구	청년센터운영사업	260,000	1	4	7	8	7	1	1	1
7142	대구 동구	일반생활체육지도자배치(활동지원)	219,051	1	1,2,4	7	8	7	1	1	1
7143	대구 동구	중소기업지원	200,000	1	7	7	8	7	5	5	4
7144	대구 동구	어르신생활체육지도자배치(활동지원)	156,467	1	1,2,4	7	8	7	1	1	1
7145	대구 동구	지역주도형청년일자리사업(동구K의료사업청년리더양성사업)	146,103	1	2	1	1	1	1	1	1
7146	대구 동구	청년농업인영농정착지원금	130,000	1	1	7	8	7	3	3	1
7147	대구 동구	(예비)사회적기업일자리창출사업일반인력	124,600	1	2	7	8	7	5	1	4
7148	대구 동구	신중년사회공헌사업(전환사업)	114,033	1	7	1	1	1	1	1	1
7149	대구 동구	사회적경제기업사업개발비	106,625	1	2	7	8	7	5	1	4
7150	대구 동구	대구광역시동구체육회지원	100,000	1	4	7	8	7	1	1	1
7151	대구 동구	사회적경제청년인턴사업	99,000	1	2	7	8	7	5	1	4
7152	대구 동구	자원봉사활성화시책사업	89,500	1	1,4	7	8	7	5	1	4
7153	대구 동구	국립행사추진및위문	88,000	1	1	7	8	7	1	1	2
7154	대구 동구	국민운동단체보조	83,800	1	1,4	6	8	7	1	1	1
7155	대구 동구	우리마을교육나눔지원사업	80,000	1	4	7	8	7	1	1	1
7156	대구 동구	의료기관결핵환자관리지원	75,368	1	2	7	8	7	5	1	4
7157	대구 동구	지역주도형청년일자리사업(동구K의료사업청년일자리창출사업)	68,295	1	2	1	1	1	1	1	1

순번	시군구	지출명 (사업명)	2024년예산 (단위 : 천원 /1년간)	민간이전 분류 (지방자치단체 세출예산 집행기준에 의거) 1. 민간경상사업보조(307-02) 2. 민간단체 법정운영비보조(307-03) 3. 민간행사사업보조(307-04) 4. 민간위탁금(307-05) 5. 사회복지시설 법정운영비보조(307-10) 6. 민간인위탁교육비(307-12) 7. 공기관등에대한경상적위탁사업비(308-13) 8. 민간자본사업보조,자체재원(402-01) 9. 민간자본사업보조,이전재원(402-02) 10. 민간위탁사업비(402-03) 11. 공기관등에 대한 자본적 위탁사업비(403-02)	민간이전지출 근거 (지방보조금 관리기준 참고) 1. 법률에 규정 2. 국고보조 재원(국가지정) 3. 용도 지정 기부금 4. 조례에 직접규정 5. 지자체가 권장하는 사업을 하는 공공기관 6. 시,도 정책 및 재정사정 7. 기타 8. 해당없음	입찰방식 계약체결방법 (경쟁형태) 1. 일반경쟁 2. 제한경쟁 3. 지명경쟁 4. 수의계약 5. 법정위탁 6. 기타 ( ) 7. 없음	입찰방식 계약기간 1. 1년 2. 2년 3. 3년 4. 4년 5. 5년 6. 기타 ( )년 7. 단기계약 (1년미만) 8. 없음	입찰방식 낙찰자선정방법 1. 적격심사 2. 협상에의한계약 3. 최저가낙찰제 4. 규격가격분리 5. 2단계 경쟁입찰 6. 기타 ( ) 7. 없음	운영예산 산정 운영예산 산정 1. 내부산정 (지자체 자체적으로 산정) 2. 외부산정 (외부전문기관위탁 산정) 3. 내·외부 모두 산정 4. 산정 無 5. 없음	운영예산 산정 정산방법 1. 내부정산 (지자체 내부적으로 정산) 2. 외부정산 (외부전문기관위탁 정산) 3. 내·외부 모두 정산 4. 정산 無 5. 없음	성과평가 실시여부 1. 실시 2. 미실시 3. 향후 추진 4. 해당없음
7158	대구 동구	민간문화예술활동지원	65,000	1	4	6	8	7	1	1	1
7159	대구 동구	중소기업지원	60,000	1	4	7	8	7	5	5	4
7160	대구 동구	청년소셜대로창업성장플러스지원사업	57,600	1	2	7	8	7	5	1	4
7161	대구 동구	생생문화재사업	55,000	1	1	7	8	7	5	5	4
7162	대구 동구	사회적경제청년인턴사업	52,500	1	2	7	8	7	5	1	4
7163	대구 동구	대구광역시동구체육회지원	50,000	1	4	7	8	7	1	1	1
7164	대구 동구	지식재산창출지원(국가직접지원)	50,000	1	1	7	8	7	5	1	4
7165	대구 동구	국민운동단체보조	47,000	1	1	6	8	7	1	1	1
7166	대구 동구	성인문해교육지원사업	45,000	1	2	7	8	7	1	1	1
7167	대구 동구	평생학습프로그램운영	42,000	1	1	7	8	7	1	1	1
7168	대구 동구	지방문화원운영	40,292	1	1	5	8	7	1	1	1
7169	대구 동구	지역문화유산교육사업	40,000	1	1	7	8	7	5	5	4
7170	대구 동구	화훼생산단지지원사업	39,600	1	6	7	8	7	5	1	4
7171	대구 동구	대구광역시동구체육회지원	36,000	1	4	7	8	7	1	1	1
7172	대구 동구	토양개량제지원	33,140	1	2	7	8	7	5	1	4
7173	대구 동구	대구광역시동구체육회지원	32,310	1	4	7	8	7	1	1	1
7174	대구 동구	(예비)사회적기업일자리창출사업전문인력	30,700	1	2	7	8	7	5	1	4
7175	대구 동구	국민운동단체보조	29,000	1	1	6	8	7	1	1	1
7176	대구 동구	대구광역시동구체육회지원	25,000	1	4	7	8	7	1	1	1
7177	대구 동구	전통공예문화지원사업	25,000	1	4	7	8	7	1	1	1
7178	대구 동구	사랑의집고쳐주기운동	22,000	1	1,4	6	8	7	1	1	1
7179	대구 동구	작은도서관자료구입비등지원	22,000	1	1	6	8	7	1	1	1
7180	대구 동구	주민자치회시범운영	21,600	1	6	7	8	7	1	1	4
7181	대구 동구	주민자치운영활성화	20,000	1	4	6	8	7	1	1	1
7182	대구 동구	대구광역시동구체육회지원	20,000	1	4	7	8	7	1	1	1
7183	대구 동구	중소기업지원	20,000	1	7	7	8	7	5	5	4
7184	대구 동구	소상공인대구로플랫폼지원	20,000	1	4	7	8	7	5	5	4
7185	대구 동구	유기농업자재지원	20,000	1	2	7	8	7	5	1	4
7186	대구 동구	우수식재료소비확대기반조성사업	20,000	1	4	7	8	7	5	1	1
7187	대구 동구	선진농업인육성및농업자생력증대사업	19,500	1	1	7	8	7	5	1	4
7188	대구 동구	대구광역시동구체육회지원	17,000	1	4	7	8	7	1	1	1
7189	대구 동구	농작물외래병해충방제사업	16,000	1	6	7	8	7	5	1	4
7190	대구 동구	구군생활체육지도자활동지원	14,400	1	1,4	7	8	7	1	1	1
7191	대구 동구	사립공공도서관운영지원	13,000	1	1	7	8	7	1	1	1
7192	대구 동구	구군생활체육지도자활동지원	12,400	1	1,4	7	8	7	1	1	1
7193	대구 동구	민주평화통일자문회의지원	12,000	1	1	7	8	7	1	1	1
7194	대구 동구	대구광역시동구체육회지원	12,000	1	4	7	8	7	1	1	1
7195	대구 동구	여성사회참여지원및양성평등문화확산	12,000	1	1,4	6	8	7	1	1	1
7196	대구 동구	농업유통정보지보급	10,000	1	1	7	8	7	5	1	4
7197	대구 동구	작은도서관마을공동체운영강화지원사업	9,000	1	1	6	8	7	1	1	1

순번	시군구	지출명 (사업명)	2024년예산 (단위 : 천원 /1년간)	민간이전 분류 (지방자치단체 세출예산 집행기준에 의거) 1. 민간경상사업보조(307-02) 2. 민간단체 법정운영비보조(307-03) 3. 민간행사사업보조(307-04) 4. 민간위탁금(307-05) 5. 사회복지시설 법정운영비보조(307-10) 6. 민간인위탁교육비(307-12) 7. 공기관등에대한경상적위탁사업비(308-13) 8. 민간자본사업보조,자체재원(402-01) 9. 민간자본사업보조,이전재원(402-02) 10. 민간위탁사업비(402-03) 11. 공기관등에 대한 자본적 위탁사업비(403-02)	민간이전지출 근거 (지방보조금 관리기준 참고) 1. 법률에 규정 2. 국고보조 재원(국가지정) 3. 용도 지정 기부금 4. 조례에 직접규정 5. 지자체가 권장하는 사업을 하는 공공기관 6. 시,도 정책 및 재정사정 7. 기타 8. 해당없음	입찰방식			운영예산 산정		성과평가 실시여부
						계약체결방법 (경쟁형태) 1. 일반경쟁 2. 제한경쟁 3. 지명경쟁 4. 수의계약 5. 법정위탁 6. 기타 ( ) 7. 없음	계약기간 1. 1년 2. 2년 3. 3년 4. 4년 5. 5년 6. 기타 ( )년 7. 단기계약 (1년미만) 8. 없음	낙찰자선정방법 1. 적격심사 2. 협상에의한계약 3. 최저가낙찰제 4. 규격가격분리 5. 2단계 경쟁입찰 6. 기타 ( ) 7. 없음	운영예산 산정 1. 내부산정 (지자체 자체적으로 산정) 2. 외부산정 (외부전문기관위탁 산정) 3. 내·외부 모두 산정 4. 산정 無 5. 없음	정산방법 1. 내부정산 (지자체 내부적으로 정산) 2. 외부정산 (외부전문기관위탁 정산) 3. 내·외부 모두 산정 4. 정산 無 5. 없음	1. 실시 2. 미실시 3. 향후 추진 4. 해당없음
7198	대구 동구	평생학습도시운영활성화	9,000	1	1	7	8	7	1	1	1
7199	대구 동구	생활폐기물관리	7,500	1	4	7	8	7	5	1	1
7200	대구 동구	국민운동단체보조	7,000	1	1,4	6	8	7	1	1	1
7201	대구 동구	자율방범연합회활성화지원	7,000	1	4	7	8	7	1	1	1
7202	대구 동구	평생학습도시운영활성화	7,000	1	1	7	8	7	1	1	1
7203	대구 동구	대구광역시동구체육회지원	7,000	1	4	7	8	7	1	1	1
7204	대구 동구	대구광역시동구체육회지원	6,300	1	4	7	8	7	1	1	1
7205	대구 동구	대구광역시동구체육회지원	6,000	1	4	7	8	7	1	1	1
7206	대구 동구	동부소방서의용소방대보조금	6,000	1	1	7	8	7	5	5	4
7207	대구 동구	구군생활체육지도자활동지원	4,800	1	1,4	7	8	7	1	1	1
7208	대구 동구	새마을문고운영	4,000	1	1,4	7	8	7	1	1	1
7209	대구 동구	자연유산민속행사지원	4,000	1	1	7	8	7	5	5	4
7210	대구 동구	명예환경감시단사업지원	4,000	1	1	7	8	7	5	1	4
7211	대구 동구	우리마을교육나눔지원사업	3,800	1	4	7	8	7	1	1	1
7212	대구 동구	국민운동단체보조	3,500	1	1,4	6	8	7	1	1	1
7213	대구 동구	의료기관감염병표본감시체계운영	2,160	1	1	7	8	7	5	1	4
7214	대구 동구	학생승마체험지원사업	2,100	1	2	7	8	7	5	1	4
7215	대구 동구	말벌퇴치장비지원사업	2,008	1	2	7	8	7	5	1	4
7216	대구 동구	국민운동단체보조	2,000	1	1	6	8	7	1	1	1
7217	대구 동구	대구광역시동구체육회지원	2,000	1	4	7	8	7	1	1	1
7218	대구 동구	국립행사추진및위문	2,000	1	1	7	8	7	1	1	2
7219	대구 동구	생활체육지도자지도활동보험료지원	1,968	1	1,2,4	7	8	7	1	1	1
7220	대구 동구	새마을문고운영	1,500	1	1,4	7	8	7	1	1	1
7221	대구 동구	새마을문고운영	1,500	1	1,4	7	8	7	1	1	1
7222	대구 동구	생활체육프로그램사업	1,500	1	4	7	8	7	1	1	1
7223	대구 동구	생활체육프로그램사업	1,250	1	4	7	8	7	1	1	1
7224	대구 동구	생활체육프로그램사업	1,250	1	4	7	8	7	1	1	1
7225	대구 서구	정신재활시설운영	400,213	1	6	7	8	7	5	1	4
7226	대구 서구	사회적기업일자리창출사업	253,000	1	2	7	8	7	5	5	4
7227	대구 서구	일반생활체육지도자배치	250,344	1	1,2	7	1	7	1	1	1
7228	대구 서구	우리마을교육나눔지원	144,700	1	4	7	8	7	1	1	1
7229	대구 서구	자원봉사활성화시책사업비	131,636	1	4	7	8	7	1	1	1
7230	대구 서구	어르신전담생활체육지도자배치	125,172	1	1,2	7	1	7	1	1	1
7231	대구 서구	대구미래교육지구운영(교육청)	120,000	1	4	7	8	7	5	5	4
7232	대구 서구	보건소결핵관리사업(민간공공협력결핵자관리)	75,428	1	2	7	8	7	5	3	1
7233	대구 서구	문화활동지원(서구문화원사업지원)	68,292	1	1	7	1	7	1	1	1
7234	대구 서구	생활체육대회지원	60,000	1	1,4	6	1	1	1	1	1
7235	대구 서구	국민운동단체활동지원(새마을운동활성화사업)	58,700	1	1	7	8	7	1	1	1
7236	대구 서구	사회공헌활동지원사업(전환사업)	53,496	1	1	7	8	7	5	5	4
7237	대구 서구	지역생활체육단체육성지원	52,000	1	1,4	6	1	1	1	1	1

순번	시군구	지출명 (사업명)	2024년예산 (단위 : 천원 /1년간)	민간이전 분류 (지방자치단체 세출예산 집행기준에 의거) 1. 민간경상사업보조(307-02) 2. 민간단체 법정운영비보조(307-03) 3. 민간행사사업보조(307-04) 4. 민간위탁금(307-05) 5. 사회복지시설 법정운영비보조(307-10) 6. 민간인위탁교육비(307-12) 7. 공기관등에대한경상적위탁사업비(308-13) 8. 민간자본사업보조,자체재원(402-01) 9. 민간자본사업보조,이전재원(402-02) 10. 민간위탁사업비(402-03) 11. 공기관등에 대한 자본적 위탁사업비(403-02)	민간이전지출 근거 (지방보조금 관리기준 참고) 1. 법률에 규정 2. 국고보조 재원(국가지정) 3. 용도 지정 기부금 4. 조례에 직접규정 5. 지자체가 권장하는 사업을 하는 공공기관 6. 시,도 정책 및 재정사정 7. 기타 8. 해당없음	입찰방식: 계약체결방법 (경쟁형태) 1. 일반경쟁 2. 제한경쟁 3. 지명경쟁 4. 수의계약 5. 법정위탁 6. 기타 ( ) 7. 없음	입찰방식: 계약기간 1. 1년 2. 2년 3. 3년 4. 4년 5. 5년 6. 기타 ( )년 7. 단기계약 (1년미만) 8. 없음	입찰방식: 낙찰자선정방법 1. 적격심사 2. 협상에의한계약 3. 최저가낙찰제 4. 규격가격분리 5. 2단계 경쟁입찰 6. 기타 ( ) 7. 없음	운영예산 산정: 운영예산 산정 1. 내부산정 (지자체 자체적으로 산정) 2. 외부산정 (외부전문기관위탁 산정) 3. 내·외부 모두 산정 4. 산정 無 5. 없음	운영예산 산정: 정산방법 1. 내부정산 (지자체 내부적으로 정산) 2. 외부정산 (외부전문기관위탁 정산) 3. 내·외부 모두 산정 4. 정산 無 5. 없음	성과평가 실시여부 1. 실시 2. 미실시 3. 향후 추진 4. 해당없음
7238	대구 서구	생활체육지도자활동지원	50,400	1	1,4	7	1	7	1	1	1
7239	대구 서구	공공약국운영지원	32,400	1	6	7	8	7	5	1	4
7240	대구 서구	국민운동단체활동지원(바르게살기운동활성화사업)	31,450	1	1	7	8	7	1	1	1
7241	대구 서구	사립작은도서관지원	26,500	1	4	7	8	7	1	1	4
7242	대구 서구	국민운동단체활동지원(사랑의집고쳐주기사업)	26,000	1	1	7	8	7	1	1	1
7243	대구 서구	청소년어울림마당지원	24,000	1	1	7	8	7	5	5	4
7244	대구 서구	학습동아리지원사업	20,000	1	7	7	8	7	5	5	4
7245	대구 서구	청소년건전육성및보호사업지원	17,300	1	4	5	8	7	1	1	1
7246	대구 서구	국민운동단체활동지원(새마을문고운동활성화사업)	17,000	1	1	7	8	7	1	1	1
7247	대구 서구	사회적경제혁신성장청년일자리사업	17,000	1	2	7	8	7	5	5	4
7248	대구 서구	지역사회보장협의체활성화지원	15,000	1	8	7	8	7	5	5	4
7249	대구 서구	청년소설대로창업성장플러스지원사업	14,400	1	2	7	8	7	5	5	4
7250	대구 서구	자유민주주의역량강화국민운동	14,000	1	1	7	1	7	1	1	1
7251	대구 서구	환경보전활동	13,400	1	2	7	8	7	5	5	4
7252	대구 서구	사회적기업일자리창출사업전문인력	13,200	1	2	7	8	7	5	5	4
7253	대구 서구	민주평화통일홍보	10,000	1	1	7	8	7	1	1	1
7254	대구 서구	무형문화재공개행사지원	10,000	1	1	7	8	7	1	1	1
7255	대구 서구	무형문화재공개행사지원	10,000	1	1	7	8	7	1	1	1
7256	대구 서구	동호인생활체육리그전지원	9,000	1	1,4	6	1	1	1	1	1
7257	대구 서구	노사화합추진	9,000	1	1	7	8	7	5	5	4
7258	대구 서구	문화활동지원(지역문화진흥사업지원)	8,500	1	5	6	1	1	1	1	1
7259	대구 서구	여성사회참여활동지원	8,500	1	2	7	8	7	3	3	1
7260	대구 서구	범죄피해자지원	7,000	1	4	7	8	7	1	1	1
7261	대구 서구	교통환경개선및교통문화선진화	7,000	1	4	7	8	7	1	1	1
7262	대구 서구	예절대학운영	6,000	1	7	7	8	7	5	5	4
7263	대구 서구	범죄예방활동전개	5,500	1	4	7	8	7	1	1	1
7264	대구 서구	무형문화재전수활동지원	5,000	1	1	7	8	7	1	1	1
7265	대구 서구	무형문화재전수활동지원	5,000	1	1	7	8	7	1	1	1
7266	대구 서구	청소년참여예산사업	5,000	1	1	7	8	7	1	1	1
7267	대구 서구	효율적인재난관리지원	5,000	1	1	7	8	7	5	5	4
7268	대구 서구	가축예방약품등지원	4,764	1	2	7	8	7	1	1	1
7269	대구 서구	통일교육사업	4,200	1	4	7	8	7	5	5	4
7270	대구 서구	문화활동지원(전통문화계승사업지원)	4,000	1	4	7	8	7	1	1	1
7271	대구 서구	생활체육프로그램사업지원	4,000	1	1,4	6	1	1	1	1	1
7272	대구 서구	풍수해보험사업	4,000	1	1	7	8	7	1	1	2
7273	대구 서구	지역청소년참여기구운영	2,800	1	1	7	8	7	5	5	4
7274	대구 서구	의료관련감염병표본감시기관운영비지원	2,160	1	2	7	8	7	5	3	1
7275	대구 서구	말산업육성지원사업	2,100	1	2	7	8	7	5	5	4
7276	대구 서구	지역자율방범활동(자율방범활동활성화사업)	2,000	1	1	7	8	7	1	1	1
7277	대구 서구	생활체육지도자지도활동보험료	1,968	1	1,2	7	1	7	1	1	1

순번	시군구	지출명 (사업명)	2024년예산 (단위 : 천원 /1년간)	민간이전 분류 (지방자치단체 세출예산 집행기준에 의거) 1. 민간경상사업보조(307-02) 2. 민간단체 법정운영비보조(307-03) 3. 민간행사사업보조(307-04) 4. 민간위탁금(307-05) 5. 사회복지시설 법정운영비보조(307-10) 6. 민간인위탁교육비(307-12) 7. 공기관등에대한경상적위탁사업비(308-13) 8. 민간자본사업보조,자체재원(402-01) 9. 민간자본사업보조,이전재원(402-02) 10. 민간위탁사업비(402-03) 11. 공기관등에 대한 자본적 위탁사업비(403-02)	민간이전지출 근거 (지방보조금 관리기준 참고) 1. 법률에 규정 2. 국고보조 재원(국가지정) 3. 용도 지정 기부금 4. 조례에 직접규정 5. 지자체가 권장하는 사업을 하는 공공기관 6. 시,도 정책 및 재정사정 7. 기타 8. 해당없음	입찰방식			운영예산 산정		성과평가 실시여부
						계약체결방법 (경쟁형태) 1. 일반경쟁 2. 제한경쟁 3. 지명경쟁 4. 수의계약 5. 법정위탁 6. 기타 ( ) 7. 없음	계약기간 1. 1년 2. 2년 3. 3년 4. 4년 5. 5년 6. 기타 ( )년 7. 단기계약 (1년미만) 8. 없음	낙찰자선정방법 1. 적격심사 2. 협상에의한계약 3. 최저가낙찰제 4. 규격가격분리 5. 2단계 경쟁입찰 6. 기타 ( ) 7. 없음	운영예산 산정 1. 내부산정 (지자체 자체적으로 산정) 2. 외부산정 (외부전문기관위탁 산정) 3. 내·외부 모두 산정 4. 산정 無 5. 없음	정산방법 1. 내부정산 (지자체 내부적으로 정산) 2. 외부정산 (외부전문기관위탁 정산) 3. 내·외부 모두 산정 4. 정산 無 5. 없음	1. 실시 2. 미실시 3. 향후 추진 4. 해당없음
7278	대구 남구	청년창업지원사업	1,000,000	1	1	7	8	7	5	5	4
7279	대구 남구	청년예술인활동지원사업	300,000	1	4	7	8	7	5	5	4
7280	대구 남구	지역문화콘텐츠제작	300,000	1	4	7	8	7	5	5	4
7281	대구 남구	대구음악창작소및지역밀착형프로그램운영	290,000	1	4	7	8	7	1	3	4
7282	대구 남구	(예비)사회적기업일자리창출사업(일반인력)	273,000	1	1	6	1	1	1	1	1
7283	대구 남구	결핵환자관리사업(민간의료기관)	257,335	1	2	7	8	7	5	3	4
7284	대구 남구	고등직업교육거점지구운영비	220,000	1	2	5	1	7	2	1	1
7285	대구 남구	공동주택관리지원사업	200,000	1	1	7	8	7	5	5	4
7286	대구 남구	일반생활체육지도자배치	187,760	1	2	7	8	7	5	1	1
7287	대구 남구	어르신생활체육지도자배치	156,467	1	2	7	8	7	5	1	1
7288	대구 남구	국민운동단체사업지원	105,607	1	4	7	8	7	1	1	1
7289	대구 남구	문화가있는날프로그램운영	100,000	1	4	7	8	7	5	5	4
7290	대구 남구	우리마을교육나눔사업	80,000	1	6	6	1	6	1	1	1
7291	대구 남구	1:1장기밀착입시컨설팅	70,000	1	6	7	8	7	5	5	4
7292	대구 남구	(예비)사회적기업일자리창출사업(전문인력)	52,900	1	1	6	1	1	1	1	1
7293	대구 남구	남구문화원사업활동지원	52,292	1	1	7	8	7	5	5	4
7294	대구 남구	동호인생활체육활성화지원	49,055	1	1,4	7	8	7	1	1	1
7295	대구 남구	주민자치회전환시범사업	48,000	1	4	7	8	7	1	1	1
7296	대구 남구	남구기술혁신인재창출지원사업	45,332	1	4	6	1	6	1	1	1
7297	대구 남구	청년창업연구소운영사업	37,722	1	4	6	1	6	1	1	1
7298	대구 남구	공공약국운영지원	32,400	1	6	7	8	7	5	5	4
7299	대구 남구	주민자치마을가꾸기사업	30,000	1	4	7	8	7	1	1	1
7300	대구 남구	한식조리기능사양성과정	25,000	1	1,4	6	1	1	1	1	2
7301	대구 남구	사회적경제혁신성장청년일자리사업	21,900	1	1	6	1	1	1	1	1
7302	대구 남구	생활체육지도자활동지원	21,700	1	1,4	7	8	7	5	1	1
7303	대구 남구	외식단체식재료공동구매지원	20,000	1	2	6	7	6	1	1	4
7304	대구 남구	남구문화대학운영비	15,000	1	1,4	6	1	1	1	1	2
7305	대구 남구	청년소셜대로창업성장플러스지원사업	14,400	1	1	7	8	7	5	5	4
7306	대구 남구	맑은물보전및자연보호활동	13,000	1	1	7	8	7	1	1	4
7307	대구 남구	교통질서문화정착활성화사업	11,000	1	4	7	1	1	1	1	1
7308	대구 남구	민주평통자문회의대구남구협의회통일기반조성사업	10,000	1	1	7	8	7	1	1	4
7309	대구 남구	대구시동호인생활체육리그지원	10,000	1	5	7	8	7	5	1	1
7310	대구 남구	불법주정차단속지원사업	10,000	1	4	7	1	1	1	1	1
7311	대구 남구	풍수해보험료지원	9,600	1	2	7	8	7	1	1	2
7312	대구 남구	대명6동마을소식지(주민참여예산동참여형)	7,100	1	4	1	7	6	1	1	2
7313	대구 남구	자율방범활동강화사업	6,500	1	1	7	8	7	1	1	1
7314	대구 남구	사랑의집고쳐주기사업	6,000	1	6	7	8	7	1	1	1
7315	대구 남구	다문화작은도서관프로그램운영(주민참여예산구참여형)	6,000	1	7	7	1	7	5	1	2
7316	대구 남구	영호남명인명창초청기획공연지원	6,000	1	4	7	8	7	5	5	4
7317	대구 남구	전통문화계승발전사업	5,000	1	4	6	8	7	1	1	1

순번	시군구	지출명 (사업명)	2024년예산 (단위 : 천원 /1년간)	민간이전 분류 (지방자치단체 세출예산 집행기준에 의거) 1. 민간경상사업보조(307-02) 2. 민간단체 법정운영비보조(307-03) 3. 민간행사사업보조(307-04) 4. 민간위탁금(307-05) 5. 사회복지시설 법정운영비보조(307-10) 6. 민간인위탁교육비(307-12) 7. 공기관등에대한경상적위탁사업비(308-13) 8. 민간자본사업보조,자체재원(402-01) 9. 민간자본사업보조,이전재원(402-02) 10. 민간위탁사업비(402-03) 11. 공기관등에 대한 자본적 위탁사업비(403-02)	민간이전지출 근거 (지방보조금 관리기준 참고) 1. 법률에 규정 2. 국고보조 재원(국가지정) 3. 용도 지정 기부금 4. 조례에 직접규정 5. 지자체가 권장하는 사업을 하는 공공기관 6. 시,도 정책 및 재정사정 7. 기타 8. 해당없음	입찰방식: 계약체결방법 (경쟁형태) 1. 일반경쟁 2. 제한경쟁 3. 지명경쟁 4. 수의계약 5. 법정위탁 6. 기타 ( ) 7. 없음	입찰방식: 계약기간 1. 1년 2. 2년 3. 3년 4. 4년 5. 5년 6. 기타 ( )년 7. 단기계약 (1년미만) 8. 없음	입찰방식: 낙찰자선정방법 1. 적격심사 2. 협상에의한계약 3. 최저가낙찰제 4. 규격가격분리 5. 2단계 경쟁입찰 6. 기타 ( ) 7. 없음	운영예산 산정: 운영예산 산정 1. 내부산정 (지자체 자체적으로 산정) 2. 외부산정 (외부전문기관위탁 산정) 3. 내·외부 모두 산정 4. 산정 無 5. 없음	운영예산 산정: 정산방법 1. 내부정산 (지자체 내부적으로 정산) 2. 외부정산 (외부전문기관위탁 정산) 3. 내·외부 모두 산정 4. 정산 無 5. 없음	성과평가 실시여부 1. 실시 2. 미실시 3. 향후 추진 4. 해당없음
7318	대구 남구	전통시장상인회운영프로그램활성화지원(강사비,운영비)	5,000	1	4	7	8	7	5	5	4
7319	대구 남구	일반수용비(화재예방및소방업무보조활동)	5,000	1	4	6	1	1	1	1	1
7320	대구 남구	지역예비군지원및봉사활동	5,000	1	1	7	1	7	1	1	1
7321	대구 남구	내고장명소탐방(주민참여예산동참여형)	5,000	1	4	7	8	7	5	5	4
7322	대구 남구	학생승마체험사업	4,200	1	2	7	8	7	5	5	4
7323	대구 남구	2023년우수마을인센티브등	3,800	1	6	7	8	7	5	5	4
7324	대구 남구	경로효행문화확산사업	3,500	1	1	6	1	1	1	1	1
7325	대구 남구	건강가정생활문화확산사업	3,500	1	1	6	1	1	1	1	1
7326	대구 남구	행정동우회남구사랑운동및공익증진사업	3,000	1	1	7	7	7	1	1	1
7327	대구 남구	더불어살아가는공동체만들기사업	3,000	1	4	6	1	7	1	1	1
7328	대구 남구	민간통일활동사업지원	3,000	1	1	6	8	7	1	1	1
7329	대구 남구	자동차안전점검및정비지원	3,000	1	4	7	1	1	1	1	1
7330	대구 남구	생활체육지도자지도활동보험료	1,804	1	2	7	8	7	5	1	1
7331	대구 남구	여성생활체육강좌운영	1,500	1	5	7	8	7	5	1	1
7332	대구 남구	소외계층생활체육프로그램보급	1,250	1	5	7	8	7	5	1	1
7333	대구 남구	장수생활체육대학운영	1,250	1	5	7	8	7	5	1	1
7334	대구 북구	정신재활시설운영	320,746	1	1,6	7	8	7	1	1	4
7335	대구 북구	사회적기업일자리창출사업	274,600	1	1	7	8	7	1	1	4
7336	대구 북구	사회적기업일자리창출사업	274,600	1	1	7	8	7	1	1	4
7337	대구 북구	사회적기업일자리창출사업	274,600	1	1	7	8	7	1	1	4
7338	대구 북구	사회적기업일자리창출사업	274,600	1	1	7	8	7	1	1	4
7339	대구 북구	사회적기업일자리창출사업	274,600	1	1	7	8	7	1	1	4
7340	대구 북구	사회적기업일자리창출사업	274,600	1	1	7	8	7	1	1	4
7341	대구 북구	고등직업교육거점지구사업대응투자비지원(국가직접지원사업)	220,000	1	2	7	8	7	1	1	4
7342	대구 북구	점프업미래형콘텐츠청년일자리사업	149,887	1	2	7	8	7	5	5	4
7343	대구 북구	정신재활시설운영	144,394	1	1,6	7	8	7	1	3	3
7344	대구 북구	우리마을교육나눔사업	120,000	1	4	7	8	7	5	1	4
7345	대구 북구	청년창업가창업초기자금지원	100,000	1	6	7	8	7	5	1	1
7346	대구 북구	행복한마을공동체만들기	66,000	1	4	7	8	7	5	1	1
7347	대구 북구	사회적경제혁신성장청년일자리사업	61,300	1	1	7	8	7	1	1	4
7348	대구 북구	사회적경제혁신성장청년일자리사업	61,300	1	1	7	8	7	1	1	4
7349	대구 북구	사회적경제혁신성장청년일자리사업	61,300	1	1	7	8	7	1	1	4
7350	대구 북구	사회적경제혁신성장청년일자리사업	61,300	1	1	7	8	7	1	1	4
7351	대구 북구	사회적경제청년인턴지원사업	54,400	1	1	7	8	7	1	1	4
7352	대구 북구	사회적경제청년인턴지원사업	54,400	1	1	7	8	7	1	1	4
7353	대구 북구	사회적경제청년인턴지원사업	54,400	1	1	7	8	7	1	1	4
7354	대구 북구	대학의평생교육체제지원사업지원	50,000	1	7	7	8	7	5	5	4
7355	대구 북구	테마가있는평생학습프로그램지원사업	50,000	1	4	7	8	7	5	5	4
7356	대구 북구	사회적기업전문인력지원사업	45,500	1	1	7	8	7	1	1	4
7357	대구 북구	새마을문고운영	43,000	1	1	7	8	7	5	1	1

순번	시군구	지출명 (사업명)	2024년예산 (단위 : 천원 /1년간)	민간이전 분류 (지방자치단체 세출예산 집행기준에 의거) 1. 민간경상사업보조(307-02) 2. 민간단체 법정운영비보조(307-03) 3. 민간행사사업보조(307-04) 4. 민간위탁금(307-05) 5. 사회복지시설 법정운영비보조(307-10) 6. 민간인위탁교육비(307-12) 7. 공기관등에대한경상적위탁사업비(308-13) 8. 민간자본사업보조,자체재원(402-01) 9. 민간자본사업보조,이전재원(402-02) 10. 민간위탁사업비(402-03) 11. 공기관등에 대한 자본적 위탁사업비(403-02)	민간이전지출 근거 (지방보조금 관리기준 참고) 1. 법률에 규정 2. 국고보조 재원(국가지정) 3. 용도 지정 기부금 4. 조례에 직접규정 5. 지자체가 권장하는 사업을 하는 공공기관 6. 시,도 정책 및 재정사정 7. 기타 8. 해당없음	입찰방식			운영예산 산정		성과평가 실시여부
						계약체결방법 (경쟁형태) 1. 일반경쟁 2. 제한경쟁 3. 지명경쟁 4. 수의계약 5. 법정위탁 6. 기타 ( ) 7. 없음	계약기간 1. 1년 2. 2년 3. 3년 4. 4년 5. 5년 6. 기타 ( )년 7. 단기계약 (1년미만) 8. 없음	낙찰자선정방법 1. 적격심사 2. 협상에의한계약 3. 최저가낙찰제 4. 규격가격분리 5. 2단계 경쟁입찰 6. 기타 ( ) 7. 없음	운영예산 산정 1. 내부산정 (지자체 자체적으로 산정) 2. 외부산정 (외부전문기관위탁 산정) 3. 내·외부 모두 산정 4. 산정 無 5. 없음	정산방법 1. 내부정산 (지자체 내부적으로 정산) 2. 외부정산 (외부전문기관위탁 정산) 3. 내·외부 모두 산정 4. 정산 無 5. 없음	1. 실시 2. 미실시 3. 향후 추진 4. 해당없음
7358	대구 북구	청년창업인큐베이팅지원사업	39,573	1	2	7	8	7	1	1	3
7359	대구 북구	문화원운영지원	37,292	1	1	7	8	7	5	5	4
7360	대구 북구	보육업무활성화추진	33,780	1	5	7	8	7	5	5	4
7361	대구 북구	더불어사는선진시민사회건설	33,600	1	4	7	8	7	5	1	1
7362	대구 북구	산격마을관리사회적협동조합운영지원	30,000	1	1,4	4	1	6	3	3	3
7363	대구 북구	평생교육기관우수동아리지원	30,000	1	1,4	7	8	7	5	5	4
7364	대구 북구	장애인문화체험사업지원	29,500	1	4	7	8	7	1	1	1
7365	대구 북구	자유민주주의수호국민통합	27,000	1	4	7	8	7	5	1	1
7366	대구 북구	대구북구청소년국악제지원	25,000	1	4	7	8	7	5	5	4
7367	대구 북구	사랑의집고쳐주기사업	22,000	1	1	7	8	7	5	1	4
7368	대구 북구	장애인재활증진사업지원	20,600	1	4	7	8	7	1	1	1
7369	대구 북구	보훈대상자국립묘지참배지원	20,500	1	1,3	7	8	7	5	5	4
7370	대구 북구	복현마을관리사회적협동조합운영지원	20,000	1	1,4	4	1	6	3	3	3
7371	대구 북구	대구국제기계산업대전북구기업공동관운영	20,000	1	6	7	8	7	5	1	1
7372	대구 북구	대구제3산업단지재생사업추진활동운영비지원	20,000	1	6	7	8	7	5	1	1
7373	대구 북구	공동주택공동체활성화	20,000	1	1	7	8	7	1	1	4
7374	대구 북구	사립공공도서관지원	18,600	1	4	7	8	7	1	1	1
7375	대구 북구	통일홍보및민족통일기반조성	16,000	1	4	7	8	7	5	1	1
7376	대구 북구	전적지순례지원	15,000	1	1,3	7	8	7	5	5	4
7377	대구 북구	교통질서계도	14,000	1	4	7	8	7	1	1	1
7378	대구 북구	고엽제환자수송지원	10,500	1	1,3	7	8	7	5	5	4
7379	대구 북구	나라사랑함양행사지원	10,500	1	1,3	7	8	7	5	5	4
7380	대구 북구	여성권익증진	10,000	1	5	7	8	7	1	1	1
7381	대구 북구	지역전통문화계승지원	10,000	1	4	7	8	7	1	1	1
7382	대구 북구	작은도서관도서구입비지원	10,000	1	4	7	8	7	1	1	1
7383	대구 북구	차세대글로벌리더십프로그램운영	10,000	1	5	7	8	7	5	5	4
7384	대구 북구	청소년격려선도반운영	10,000	1	6	7	8	7	5	5	4
7385	대구 북구	우수식재료소비확대기반조성지원사업	10,000	1	2	7	8	7	1	1	3
7386	대구 북구	청소년수련활동지원	9,000	1	6	7	8	7	5	5	4
7387	대구 북구	유도교화사업활성화	8,000	1	4	7	8	7	1	1	1
7388	대구 북구	어린이교통안전지도	7,000	1	4	7	8	7	1	1	1
7389	대구 북구	자율방범대활성화지원	7,000	1	4	7	8	7	5	5	4
7390	대구 북구	재난예방및화재진압활동	6,500	1	1,4	1	1	1	1	1	1
7391	대구 북구	재난예방및화재진압활동	6,500	1	1,4	1	1	1	1	1	1
7392	대구 북구	충혼탑참배및정화활동지원	6,000	1	1,3	7	8	7	5	5	4
7393	대구 북구	나라사랑태극기달기운동	6,000	1	4	7	8	7	5	1	1
7394	대구 북구	외수어교실운영사업	5,000	1	4	7	8	7	1	1	1
7395	대구 북구	소규모예술활동지원	5,000	1	4	7	8	7	1	1	1
7396	대구 북구	문화프로그램활성화	4,000	1	4	7	8	7	1	1	1
7397	대구 북구	평생학습우수동아리지원	4,000	1	1,4	7	8	7	5	5	4

순번	시군구	지출명 (사업명)	2024년예산 (단위 : 천원 /1년간)	민간이전 분류 (지방자치단체 세출예산 집행기준에 의거) 1. 민간경상사업보조(307-02) 2. 민간단체 법정운영비보조(307-03) 3. 민간행사사업보조(307-04) 4. 민간위탁금(307-05) 5. 사회복지시설 법정운영비보조(307-10) 6. 민간인위탁교육비(307-12) 7. 공기관등에대한경상적위탁사업비(308-13) 8. 민간자본사업보조,지체재원(402-01) 9. 민간자본사업보조,이전재원(402-02) 10. 민간위탁사업비(402-03) 11. 공기관등에 대한 자본적 위탁사업비(403-02)	민간이전지출 근거 (지방보조금 관리기준 참고) 1. 법률에 규정 2. 국고보조 재원(국가지정) 3. 용도 지정 기부금 4. 조례에 직접규정 5. 지자체가 권장하는 사업을 하는 공공기관 6. 시,도 정책 및 재정사정 7. 기타 8. 해당없음	입찰방식 계약체결방법 (경쟁형태) 1. 일반경쟁 2. 제한경쟁 3. 지명경쟁 4. 수의계약 5. 법정위탁 6. 기타 ( ) 7. 없음	입찰방식 계약기간 1. 1년 2. 2년 3. 3년 4. 4년 5. 5년 6. 기타 ( )년 7. 단기계약 (1년미만) 8. 없음	입찰방식 낙찰자선정방법 1. 적격심사 2. 협상에의한계약 3. 최저가낙찰제 4. 규격가격분리 5. 2단계 경쟁입찰 6. 기타 ( ) 7. 없음	운영예산 산정 운영예산 산정 1. 내부산정 (지자체 자체적으로 산정) 2. 외부산정 (외부전문기관위탁 산정) 3. 내·외부 모두 산정 4. 산정 無 5. 없음	운영예산 산정 정산방법 1. 내부정산 (지자체 내부적으로 정산) 2. 외부정산 (외부전문기관위탁 정산) 3. 내·외부 모두 산정 4. 정산 無 5. 없음	성과평가 실시여부 1. 실시 2. 미실시 3. 향후 추진 4. 해당없음
7398	대구 북구	독서문화진흥프로그램지원	3,000	1	4	7	8	7	1	1	2
7399	대구 북구	여성나눔문화활동지원	1,500	1	5	7	8	7	1	1	1
7400	대구 북구	전통시장경영혁신	30,000	1	6	6	6	6	1	1	1
7401	대구 수성구	청년도전지원사업4574	457,400	1	2	7	8	7	1	1	1
7402	대구 수성구	정신재활시설운영지원	329,460	1	1	7	8	7	5	5	4
7403	대구 수성구	일반생활체육지도자배치(활동지원)	250,344	1	2	7	8	7	5	5	4
7404	대구 수성구	어르신전담생활체육지도자배치(활동지원)	187,759	1	2	7	8	7	5	5	4
7405	대구 수성구	작은문화공간조성	170,000	1	4	7	8	7	1	1	1
7406	대구 수성구	청년미래로잇다	168,980	1	2	7	8	7	1	3	1
7407	대구 수성구	스마트관광도시운영	150,000	1	4	7	8	7	1	3	1
7408	대구 수성구	사회적기업육성(일자리창출,생활)	145,000	1	1	7	8	7	5	5	4
7409	대구 수성구	수성구노인회운영지원	130,839	1	1	7	8	7	1	1	2
7410	대구 수성구	수성못야외무대상설공연	96,000	1	6	7	8	7	1	1	1
7411	대구 수성구	1인창조기업육성(1인창조기업지원)	90,000	1	4	7	8	7	1	5	4
7412	대구 수성구	청년농업인직불	84,000	1	2	7	8	7	5	5	1
7413	대구 수성구	우리마을교육나눔지원사업	83,800	1	4	7	8	7	1	1	1
7414	대구 수성구	지역공동체운동사업지원	71,000	1	7	7	8	7	1	1	1
7415	대구 수성구	유기질비료지원(전환사업)	68,777	1	2	7	8	7	1	1	4
7416	대구 수성구	수성구민수영교실프로그램	62,400	1	4	7	8	7	5	5	4
7417	대구 수성구	생활체육동호회활성화	60,000	1	4	7	8	7	5	5	4
7418	대구 수성구	시군구연고산업육성사업(국가직접지원)	60,000	1	2	7	8	7	1	1	1
7419	대구 수성구	과수산업경쟁력제고	58,247	1	2	7	8	7	1	1	4
7420	대구 수성구	평생학습도시네트워크(평생교육기관지원사업)	52,500	1	1	7	8	7	5	5	4
7421	대구 수성구	사회적경제혁신성장청년일자리사업	50,400	1	7	7	8	7	5	5	4
7422	대구 수성구	수성문화원지원(수성문화원사업지원)	46,291	1	1,4	7	8	7	1	1	1
7423	대구 수성구	범국민의식개혁운동	43,000	1	7	7	8	7	1	1	1
7424	대구 수성구	리틀스포츠단지원(수성리틀야구단지원)	40,000	1	4	7	8	7	5	5	4
7425	대구 수성구	1인창조기업육성(1인창조기업지원센터지원)	40,000	1	1	7	8	7	5	5	4
7426	대구 수성구	지역혁신일자리	38,104	1	2	7	8	7	1	1	1
7427	대구 수성구	수성문화원지원(수성문화원사업지원)	37,292	1	1,4	7	8	7	1	1	1
7428	대구 수성구	사회적기업육성(일자리창출,생활)	37,000	1	1	7	8	7	5	5	4
7429	대구 수성구	리틀스포츠단지원(수성리틀축구단지원)	35,000	1	4	7	8	7	5	5	4
7430	대구 수성구	수성구너머마을학교운영	30,000	1	4	7	8	7	5	5	4
7431	대구 수성구	안심통학로코디네이터지원	30,000	1	1	7	8	7	5	5	4
7432	대구 수성구	리틀스포츠단지원(수성리틀아이스하키단지원)	29,000	1	4	7	8	7	5	5	4
7433	대구 수성구	지역사회보장협의체운영(지역사회보장협의체활성화사업)	26,000	1	7	7	8	7	1	1	4
7434	대구 수성구	향토문화연구사업	25,000	1	4	7	8	7	1	1	1
7435	대구 수성구	시생활체육대축전	23,000	1	4	7	8	7	5	5	4
7436	대구 수성구	리틀스포츠단지원(수성리틀태권도단지원)	22,000	1	4	7	8	7	5	5	4
7437	대구 수성구	여성축구단지원	20,000	1	4	7	8	7	5	5	4

순번	시군구	지출명 (사업명)	2024년예산 (단위 : 천원 /1년간)	민간이전 분류 (지방자치단체 세출예산 집행기준에 의거) 1. 민간경상사업보조(307-02) 2. 민간단체 법정운영비보조(307-03) 3. 민간행사사업보조(307-04) 4. 민간위탁금(307-05) 5. 사회복지시설 법정운영비보조(307-10) 6. 민간인위탁교육비(307-12) 7. 공기관등에대한경상적위탁사업비(308-13) 8. 민간자본사업보조,자체재원(402-01) 9. 민간자본사업보조,이전재원(402-02) 10. 민간위탁사업비(402-03) 11. 공기관등에 대한 자본적 위탁사업비(403-02)	민간이전지출 근거 (지방보조금 관리기준 참고) 1. 법률에 규정 2. 국고보조 재원(국가지정) 3. 용도 지정 기부금 4. 조례에 직접규정 5. 지자체가 권장하는 사업을 하는 공공기관 6. 시,도 정책 및 재정사정 7. 기타 8. 해당없음	입찰방식			운영예산 산정		성과평가 실시여부
						계약체결방법 (경쟁형태) 1. 일반경쟁 2. 제한경쟁 3. 지명경쟁 4. 수의계약 5. 법정위탁 6. 기타 ( ) 7. 없음	계약기간 1. 1년 2. 2년 3. 3년 4. 4년 5. 5년 6. 기타 ( )년 7. 단기계약 (1년미만) 8. 없음	낙찰자선정방법 1. 적격심사 2. 협상에의한계약 3. 최저가낙찰제 4. 규격가격분리 5. 2단계 경쟁입찰 6. 기타 ( ) 7. 없음	운영예산 산정 1. 내부산정 (지자체 자체적으로 산정) 2. 외부산정 (외부전문기관위탁 산정) 3. 내·외부 모두 산정 4. 산정 無 5. 없음	정산방법 1. 내부정산 (지자체 내부적으로 정산) 2. 외부정산 (외부전문기관위탁 정산) 3. 내·외부 모두 산정 4. 정산 無 5. 없음	1. 실시 2. 미실시 3. 향후 추진 4. 해당없음
7438	대구 수성구	우수식재료소비확대기반조성사업	20,000	1	4	7	8	7	1	1	1
7439	대구 수성구	리틀스포츠단지원(수성리틀파크골프단지원)	19,500	1	4	7	8	7	5	5	4
7440	대구 수성구	자유민주주의수호의식고취	19,000	1	7	7	8	7	1	1	1
7441	대구 수성구	리틀스포츠단지원(수성리틀테니스단지원)	19,000	1	4	7	8	7	5	5	4
7442	대구 수성구	외식업소상권활성화및육성	17,000	1	4	7	8	7	1	1	1
7443	대구 수성구	생활체육지도자활동보조	16,800	1	4	7	8	7	5	5	4
7444	대구 수성구	사립작은도서관지원	16,000	1	1	7	8	7	1	1	4
7445	대구 수성구	재활용품자원화	16,000	1	4	7	1	7	1	1	4
7446	대구 수성구	농업인안전재해보험지원사업(국가직접지원)	14,600	1	2	7	7	7	5	1	4
7447	대구 수성구	정원학교운영(가드닝교육평생교육기관지원)	14,000	1	1	7	8	7	5	5	4
7448	대구 수성구	양봉농가경쟁력지원	13,556	1	1	7	8	7	1	1	1
7449	대구 수성구	민간인질서계도반운영	13,500	1	4	7	8	7	5	5	4
7450	대구 수성구	자연생태보전	13,000	1	1	7	8	7	1	1	1
7451	대구 수성구	전통문화체험및다례회	13,000	1	4	7	8	7	1	1	2
7452	대구 수성구	여성족구단지원	13,000	1	4	7	8	7	5	5	4
7453	대구 수성구	채소류경쟁력제고	12,500	1	2	7	8	7	1	1	4
7454	대구 수성구	동호인생활체육리그지원	12,000	1	4	7	8	7	5	5	4
7455	대구 수성구	생활체육교실운영(생활체육체조교실)	12,000	1	4	7	8	7	5	5	4
7456	대구 수성구	토양개량제지원	11,071	1	2	7	8	7	1	1	4
7457	대구 수성구	민족통일기반조성	11,000	1	7	7	8	7	1	1	1
7458	대구 수성구	수성구다:행마을학교운영	10,000	1	4	7	8	7	5	5	4
7459	대구 수성구	저소득어르신효팔순잔치	10,000	1	4	7	8	7	1	1	2
7460	대구 수성구	재난예방봉사활동	10,000	1	4	7	1	7	1	1	1
7461	대구 수성구	생활체육교실운영(행복나눔생활체육교실)	10,000	1	4	7	8	7	5	5	4
7462	대구 수성구	희망수성복지아카데미	10,000	1	7	7	8	7	1	1	4
7463	대구 수성구	주민생활현장의공공서비스연계강화(마을복지사업추진)	10,000	1	7	7	8	7	1	1	4
7464	대구 수성구	수성예절대학운영	10,000	1	4	7	8	7	1	1	1
7465	대구 수성구	사립박물관지원	10,000	1	4	2	8	7	1	1	1
7466	대구 수성구	농작물재해보험지원사업(국가직접지원)	9,000	1	2	7	7	7	5	1	4
7467	대구 수성구	어린이교통안전지도	8,250	1	1	7	8	7	5	5	4
7468	대구 수성구	수성구체육협회운동용품지원	8,200	1	4	7	8	7	5	5	4
7469	대구 수성구	행복한지역사회만들기사업	8,000	1	1	7	8	7	1	1	1
7470	대구 수성구	과수병해충방제	8,000	1	2	7	8	7	1	1	4
7471	대구 수성구	평생학습도시네트워크(평생학습마을특성화지원사업)	8,000	1	1	7	8	7	5	5	4
7472	대구 수성구	시어르신생활체육대회	8,000	1	4	7	8	7	5	5	4
7473	대구 수성구	무형유산보호	7,200	1	1	7	8	7	1	1	1
7474	대구 수성구	뷰티멘토링사업	6,600	1	4	7	8	7	1	1	1
7475	대구 수성구	SNS매체홍보비	6,000	1	2	7	7	7	1	1	4
7476	대구 수성구	북한이탈주민자립정착지원사업	6,000	1	7	7	8	7	1	1	1
7477	대구 수성구	농업인영농교육지원	6,000	1	1	7	8	7	5	5	1

순번	시군구	지출명 (사업명)	2024년예산 (단위 : 전원 /1년간)	민간이전 분류 (지방자치단체 세출예산 집행기준에 의거) 1. 민간경상사업보조(307-02) 2. 민간단체 법정운영비보조(307-03) 3. 민간행사사업보조(307-04) 4. 민간위탁금(307-05) 5. 사회복지시설 법정운영비보조(307-10) 6. 민간인위탁교육비(307-12) 7. 공기관등에대한경상적위탁사업비(308-13) 8. 민간자본사업보조,자체재원(402-01) 9. 민간자본사업보조,이전재원(402-02) 10. 민간위탁사업비(402-03) 11. 공기관등에 대한 자본적 위탁사업비(403-02)	민간이전지출 근거 (지방보조금 관리기준 참고) 1. 법률에 규정 2. 국고보조 재원(국가지정) 3. 용도 지정 기부금 4. 조례에 직접규정 5. 지자체가 권장하는 사업을 하는 공공기관 6. 시,도 정책 및 재정사정 7. 기타 8. 해당없음	입찰방식 계약체결방법 (경쟁형태) 1. 일반경쟁 2. 제한경쟁 3. 지명경쟁 4. 수의계약 5. 법정위탁 6. 기타 ( ) 7. 없음	입찰방식 계약기간 1. 1년 2. 2년 3. 3년 4. 4년 5. 5년 6. 기타 ( )년 7. 단기계약 (1년미만) 8. 없음	입찰방식 낙찰자선정방법 1. 적격심사 2. 협상에의한계약 3. 최저가낙찰제 4. 규격가격분리 5. 2단계 경쟁입찰 6. 기타 ( ) 7. 없음	운영예산 산정 운영예산 산정 1. 내부산정 (지자체 자체적으로 산정) 2. 외부산정 (외부전문기관위탁 산정) 3. 내·외부 모두 산정 4. 산정 無 5. 없음	운영예산 산정 정산방법 1. 내부정산 (지자체 내부적으로 정산) 2. 외부정산 (외부전문기관위탁 정산) 3. 내·외부 모두 산정 4. 정산 無 5. 없음	성과평가 실시여부 1. 실시 2. 미실시 3. 향후 추진 4. 해당없음
7478	대구 수성구	미용업자위생교육지원	6,000	1	4	7	8	7	1	1	1
7479	대구 수성구	FTA대응축산업육성지원사업	5,415	1	1	7	8	7	1	1	1
7480	대구 수성구	지역사회범죄예방활동강화사업	5,000	1	7	7	8	7	1	1	1
7481	대구 수성구	자율방범대운영지원	5,000	1	1	7	8	7	1	1	4
7482	대구 수성구	아이와함께하는교육사업	5,000	1	4	7	8	7	1	1	2
7483	대구 수성구	주민생활현장의공공서비스연계강화(마을복지계획교육)	5,000	1	7	7	8	7	1	1	4
7484	대구 수성구	시씨름왕선발대회	4,000	1	4	7	8	7	5	5	4
7485	대구 수성구	유교문화계승발전사업지원	4,000	1	4	7	8	7	1	1	1
7486	대구 수성구	사랑의문화탐방	3,000	1	4	7	8	7	1	1	2
7487	대구 수성구	안전문화운동	3,000	1	7	7	1	7	1	1	1
7488	대구 수성구	자동차무상점검소모품지원	3,000	1	4	7	8	7	5	5	4
7489	대구 수성구	무장애만들기지원사업	3,000	1	1	6	8	7	1	1	2
7490	대구 수성구	생활체육지도자지도활동보험료(활동지원)	2,296	1	2	7	8	7	5	5	4
7491	대구 수성구	의료관련감염병표본감시체계운영및예방	2,160	1	1	7	8	7	5	1	3
7492	대구 수성구	지역미술문화발전(지역미술문화발전세미나)	2,000	1	4	7	8	7	1	1	1
7493	대구 수성구	농업유통정보지지원	1,800	1	1	7	8	7	5	5	4
7494	대구 수성구	생활체육프로그램사업지원(여성생활체육강좌)	1,500	1	4	7	8	7	5	5	4
7495	대구 수성구	생활체육프로그램사업지원(장수체육대학운영)	1,250	1	4	7	8	7	5	5	4
7496	대구 수성구	생활체육프로그램사업지원(소외계층생활체육프로그램운영)	1,250	1	4	7	8	7	5	5	4
7497	대구 수성구	리틀스포츠단지원(리틀스포츠단인성교육)	1,000	1	4	7	8	7	5	5	4
7498	대구 달서구	상권활성화사업	1,565,000	1	1	7	8	7	5	5	4
7499	대구 달서구	신중년사회공헌활동지원	422,909	1	1	7	8	7	1	1	1
7500	대구 달서구	디지털청년으로다시뛰는달서주력산업	362,357	1	2	7	8	7	3	1	1
7501	대구 달서구	달서청년창업플러스업지원사업	327,357	1	2	7	8	7	3	1	1
7502	대구 달서구	지역산업맞춤형일자리창출지원사업	296,800	1	1	7	8	7	1	1	1
7503	대구 달서구	일반생활체육지도자배치(활동지원)	281,640	1	1	7	1	7	1	1	1
7504	대구 달서구	사회적기업일자리창출사업(일반인력)	247,700	1	2	7	8	7	5	5	4
7505	대구 달서구	우리마을교육나눔사업지원	209,000	1	4	1	1	6	1	1	1
7506	대구 달서구	국민체력인증센터운영및국민체력인증기반구축	203,640	1	2	4	3	1	4	1	1
7507	대구 달서구	고등직업교육거점지구(HiVE)사업	194,500	1	2	7	8	7	1	3	2
7508	대구 달서구	어르신생활체육지도자배치(활동지원)	187,759	1	1	7	1	7	1	1	1
7509	대구 달서구	디지털체험센터운영지원	150,000	1	4	7	8	7	5	5	4
7510	대구 달서구	희망학습마을조성지원사업	140,000	1	1	7	8	7	5	5	4
7511	대구 달서구	달서청년디지털전환혁신일자리사업	135,500	1	2	7	8	7	3	1	1
7512	대구 달서구	지역산업맞춤형일자리창출지원사업(인센티브사업)	120,000	1	1	7	8	7	1	1	1
7513	대구 달서구	지역평생교육활성화지원	100,000	1	4	7	8	7	5	5	4
7514	대구 달서구	생활문화및환경개선운동	98,900	1	1	7	8	7	1	1	1
7515	대구 달서구	대구점자도서관지원	90,000	1	1	7	8	7	5	5	4
7516	대구 달서구	대화형인터내셔널라운지운영	80,000	1	1	7	8	7	1	1	1
7517	대구 달서구	보건소결핵관리사업	75,368	1	2	7	8	7	5	5	4

순번	시군구	지출명 (사업명)	2024년예산 (단위 : 천원 /1년간)	민간이전 분류 (지방자치단체 세출예산 집행기준에 의거) 1. 민간경상사업보조(307-02) 2. 민간단체 법정운영비보조(307-03) 3. 민간행사사업보조(307-04) 4. 민간위탁금(307-05) 5. 사회복지시설 법정운영비보조(307-10) 6. 민간인위탁교육비(307-12) 7. 공기관등에대한경상적위탁사업비(308-13) 8. 민간자본사업보조,자체재원(402-01) 9. 민간자본사업보조,이전재원(402-02) 10. 민간위탁사업비(402-03) 11. 공기관등에 대한 자본적 위탁사업비(403-02)	민간이전지출 근거 (지방보조금 관리기준 참고) 1. 법률에 규정 2. 국고보조 재원(국가지정) 3. 용도 지정 기부금 4. 조례에 직접규정 5. 지자체가 권장하는 사업을 하는 공공기관 6. 시,도 정책 및 재정사정 7. 기타 8. 해당없음	입찰방식			운영예산 산정		성과평가 실시여부
						계약체결방법 (경쟁형태) 1. 일반경쟁 2. 제한경쟁 3. 지명경쟁 4. 수의계약 5. 법정위탁 6. 기타 ( ) 7. 없음	계약기간 1. 1년 2. 2년 3. 3년 4. 4년 5. 5년 6. 기타 ( )년 7. 단기계약 (1년미만) 8. 없음	낙찰자선정방법 1. 적격심사 2. 협상에의한계약 3. 최저가낙찰제 4. 규격가격분리 5. 2단계 경쟁입찰 6. 기타 ( ) 7. 없음	운영예산 산정 1. 내부산정 (지자체 자체적으로 산정) 2. 외부산정 (외부전문기관위탁 산정) 3. 내·외부 모두 산정 4. 산정 無 5. 없음	정산방법 1. 내부정산 (지자체 내부적으로 정산) 2. 외부정산 (외부전문기관위탁 정산) 3. 내·외부 모두 산정 4. 정산 無 5. 없음	1. 실시 2. 미실시 3. 향후 추진 4. 해당없음
7518	대구 달서구	공공약국운영비지원사업	64,800	1	4,6	7	8	7	5	5	4
7519	대구 달서구	공유플랫폼맞춤형창업인큐베이팅사업	60,000	1	4	7	8	7	5	5	4
7520	대구 달서구	동지역사회보장협의체특화사업	60,000	1	7	7	7	7	1	1	1
7521	대구 달서구	동지역사회보장협의체특화사업	60,000	1	7	7	7	7	1	1	1
7522	대구 달서구	열린생활체육강좌	57,400	1	4	7	8	7	5	5	4
7523	대구 달서구	사회적경제혁신성장청년일자리사업	56,000	1	2	7	8	7	5	5	4
7524	대구 달서구	작은도서관자료구입비지원	55,000	1	1	7	8	7	5	5	4
7525	대구 달서구	사회적기업일자리창출사업(전문인력)	54,100	1	2	7	8	7	5	5	4
7526	대구 달서구	달서구1인창조기업지원사업	50,000	1	2	7	8	7	3	1	1
7527	대구 달서구	달서청년슬기로운구직생활(구청년참여예산)	50,000	1	4	7	8	7	1	1	1
7528	대구 달서구	청년농업인영농정착지원	50,000	1	2	7	8	7	5	5	4
7529	대구 달서구	성인문해교육지원사업	50,000	1	1	7	8	7	5	5	4
7530	대구 달서구	청년외식창업공동체공간조성사업	50,000	1	2	7	8	7	1	1	3
7531	대구 달서구	선진시민의식함양운동	48,300	1	1	7	8	7	1	1	1
7532	대구 달서구	상상과창의마당운영	47,000	1	7	7	8	7	1	1	1
7533	대구 달서구	마을공동체활성화사업지원	45,000	1	4	7	8	7	1	1	1
7534	대구 달서구	선사체험,돌돌탐험대프로그램운영	45,000	1	7	1	1	6	1	1	1
7535	대구 달서구	지방문화원사업활동지원	40,292	1	1	7	8	7	1	1	1
7536	대구 달서구	청년해외취업KMove스쿨지원사업	40,000	1	2	7	8	7	1	1	2
7537	대구 달서구	중장년기술창업센터지원사업(국가직접지원사업)	40,000	1	2	7	8	7	3	1	1
7538	대구 달서구	지역우수식품명품브랜드발굴육성사업	40,000	1	4	7	8	7	1	1	3
7539	대구 달서구	생활체육지도자수당퇴직적립금	36,427	1	1	7	1	7	1	1	1
7540	대구 달서구	장애유형별맞춤형교육지원	35,000	1	4	7	8	7	5	5	4
7541	대구 달서구	구태권도시범단운영	35,000	1	4	7	8	7	5	5	4
7542	대구 달서구	사회적경제혁신성장청년일자리사업9인센티브)	32,500	1	2	7	8	7	5	5	4
7543	대구 달서구	해외취업캠프운영	30,000	1	4	7	8	7	1	1	1
7544	대구 달서구	新복지사각지대지원사업	30,000	1	1	7	8	7	1	1	1
7545	대구 달서구	新복지사각지대지원사업	30,000	1	1	7	8	7	1	1	1
7546	대구 달서구	사회적경제청년소셜대로창업성장플러스지원사업	28,800	1	2	7	8	7	5	5	4
7547	대구 달서구	생활체육참여확산사업	28,000	1	4	7	8	7	5	5	4
7548	대구 달서구	마을단위스포츠클럽활성화	27,000	1	4	7	8	7	5	5	4
7549	대구 달서구	생활체육지도자급식비	25,200	1	1	7	1	7	1	1	1
7550	대구 달서구	통합방위지원사업	25,000	1	4	7	8	7	5	5	1
7551	대구 달서구	범죄피해자지원사업	25,000	1	4	7	8	7	5	5	1
7552	대구 달서구	평화통일시민교육및애국심고취운동	24,700	1	1	7	8	7	1	1	1
7553	대구 달서구	스타트업스포츠교실	24,000	1	4	7	8	7	5	5	4
7554	대구 달서구	생활체육지도자활동지원	21,600	1	1	7	1	7	1	1	1
7555	대구 달서구	2023년도달서자전거교실	21,000	1	4	7	8	7	5	5	4
7556	대구 달서구	사회적경제희망나래사업	20,000	1	4	7	8	7	5	5	4
7557	대구 달서구	다시뛰는사회적경제stepup지원사업	20,000	1	4	7	8	7	5	5	4

순번	시군구	지출명 (사업명)	2024년예산 (단위 : 천원 /1년간)	민간이전 분류 (지방자치단체 세출예산 집행기준에 의거) 1. 민간경상사업보조(307-02) 2. 민간단체 법정운영비보조(307-03) 3. 민간행사사업보조(307-04) 4. 민간위탁금(307-05) 5. 사회복지시설 법정운영비보조(307-10) 6. 민간인위탁교육비(307-12) 7. 공기관등에대한경상적위탁사업비(308-13) 8. 민간자본사업보조,자체재원(402-01) 9. 민간자본사업보조,이전재원(402-02) 10. 민간위탁사업비(402-03) 11. 공기관등에 대한 자본적 위탁사업비(403-02)	민간이전지출 근거 (지방보조금 관리기준 참고) 1. 법률에 규정 2. 국고보조 재원(국가지정) 3. 용도 지정 기부금 4. 조례에 직접규정 5. 지자체가 권장하는 사업을 하는 공공기관 6. 시,도 정책 및 재정사정 7. 기타 8. 해당없음	입찰방식 계약체결방법 (경쟁형태) 1. 일반경쟁 2. 제한경쟁 3. 지명경쟁 4. 수의계약 5. 법정위탁 6. 기타 ( ) 7. 없음	입찰방식 계약기간 1. 1년 2. 2년 3. 3년 4. 4년 5. 5년 6. 기타 ( )년 7. 단기계약 (1년미만) 8. 없음	입찰방식 낙찰자선정방법 1. 적격심사 2. 협상에의한계약 3. 최저가낙찰제 4. 규격가격분리 5. 2단계 경쟁입찰 6. 기타 ( ) 7. 없음	운영예산 산정 운영예산 산정 1. 내부산정 (지자체 자체적으로 산정) 2. 외부산정 (외부전문기관위탁 산정) 3. 내·외부 모두 산정 4. 산정 無 5. 없음	운영예산 산정 정산방법 1. 내부정산 (지자체 내부적으로 정산) 2. 외부정산 (외부전문기관위탁 정산) 3. 내·외부 모두 정산 4. 정산 無 5. 없음	성과평가 실시여부 1. 실시 2. 미실시 3. 향후 추진 4. 해당없음
7558	대구 달서구	우수식재료소비확대기반조성사업운영	20,000	1	2	7	8	7	1	1	4
7559	대구 달서구	송현동마을관리사회적협동조합초기사업비	20,000	1	1	7	8	7	5	5	4
7560	대구 달서구	감천리마을관리사회적협동조합초기사업비	20,000	1	1	7	8	7	5	5	4
7561	대구 달서구	생활체육지도자명절휴가비	19,764	1	1	7	1	7	1	1	1
7562	대구 달서구	전통시장경영현대화사업	18,000	1	1	7	8	7	5	5	4
7563	대구 달서구	노다지공동체사업	18,000	1	7	7	7	7	1	1	1
7564	대구 달서구	노다지공동체사업	18,000	1	7	7	7	7	1	1	1
7565	대구 달서구	전통시장화재공제지원사업	17,500	1	1	7	8	7	5	5	4
7566	대구 달서구	교통안전봉사활동지원사업	16,000	1	4	7	8	7	5	5	4
7567	대구 달서구	생활체육지도자근속수당가산금	15,730	1	1	7	1	7	1	1	1
7568	대구 달서구	생활체육지도자근속수당	14,650	1	1	7	1	7	1	1	1
7569	대구 달서구	사랑의집고쳐주기사업	14,000	1	6	7	8	7	1	1	1
7570	대구 달서구	사립(새벗,푸른초장)도서관자료구입비지원	12,400	1	1	7	8	7	5	5	4
7571	대구 달서구	본동주민자치회시범사업지원	12,000	1	6	7	8	7	1	1	1
7572	대구 달서구	독서인구저변확대및독서생활화운동	12,000	1	1	7	8	7	1	1	1
7573	대구 달서구	유기질비료지원	11,918	1	2	7	8	7	5	5	4
7574	대구 달서구	자동차정비업종사자新기술교육	11,000	1	4	7	8	7	5	5	4
7575	대구 달서구	우수식재료소비확대기반조성사업운영	10,000	1	2	7	8	7	1	1	4
7576	대구 달서구	달서창의발명가족경진대회	8,000	1	7	7	8	7	5	5	4
7577	대구 달서구	전통문화정신지원사업	8,000	1	7	7	8	7	1	1	1
7578	대구 달서구	농업선진지견학지원사업	7,200	1	4	7	8	7	5	5	4
7579	대구 달서구	생활체육지도자복지포인트	6,000	1	1	7	1	7	1	1	1
7580	대구 달서구	지역라디오방송지원	5,000	1	1	7	8	7	5	5	4
7581	대구 달서구	사회적경제경영실무역량강화교육지원사업	5,000	1	4	7	8	7	5	5	4
7582	대구 달서구	월배향토문화유적탐방등	5,000	1	7	7	8	7	1	1	1
7583	대구 달서구	작은도서관독서문화프로그램지원	5,000	1	1	7	8	7	5	5	4
7584	대구 달서구	행복한명절보내기	4,000	1	1	5	8	6	5	1	3
7585	대구 달서구	자율지도원활동지원	3,500	1	5	7	8	7	1	1	1
7586	대구 달서구	외국인주민러브인달서지원	3,000	1	4	7	8	7	1	5	4
7587	대구 달서구	작은도서관인문학지원	3,000	1	1	7	8	7	5	5	4
7588	대구 달서구	생활체육지도자근무복	3,000	1	1	7	1	7	1	1	1
7589	대구 달서구	안전문화운동활성화지원	3,000	1	4	7	8	7	5	5	1
7590	대구 달서구	생활체육지도자지도활동보험료지원	2,460	1	1	7	1	7	1	1	1
7591	대구 달서구	통일역량강화	2,100	1	7	7	8	7	1	1	1
7592	대구 달서구	직장단위생활문화및환경개선운동	2,000	1	1	7	8	7	1	1	1
7593	대구 달서구	작은도서관독서골든벨지원	1,500	1	1	7	8	7	5	5	4
7594	대구 달서구	여성생활체육강좌	1,500	1	1	7	8	7	5	5	4
7595	대구 달서구	장수체육대학운영	1,250	1	1	7	8	7	5	5	4
7596	대구 달서구	소외계층프로그램보급	1,250	1	1	7	8	7	5	5	4
7597	대구 달서구	토양개량제지원	502	1	2	7	8	7	5	5	4

순번	시군구	지출명 (사업명)	2024년예산 (단위 : 천원 /1년간)	민간이전 분류 (지방자치단체 세출예산 집행기준에 의거) 1. 민간경상사업보조(307-02) 2. 민간단체 법정운영비보조(307-03) 3. 민간행사사업보조(307-04) 4. 민간위탁금(307-05) 5. 사회복지시설 법정운영비보조(307-10) 6. 민간인위탁교육비(307-12) 7. 공기관등에대한경상적위탁사업비(308-13) 8. 민간자본사업보조,자체재원(402-01) 9. 민간자본사업보조,이전재원(402-02) 10. 민간위탁사업비(402-03) 11. 공기관등에 대한 자본적 위탁사업비(403-02)	민간이전지출 근거 (지방보조금 관리기준 참고) 1. 법률에 규정 2. 국고보조 재원(국가지정) 3. 용도 지정 기부금 4. 조례에 직접규정 5. 지자체가 권장하는 사업을 하는 공공기관 6. 시,도 정책 및 재정사정 7. 기타 8. 해당없음	입찰방식			운영예산 산정		성과평가 실시여부
						계약체결방법 (경쟁형태) 1. 일반경쟁 2. 제한경쟁 3. 지명경쟁 4. 수의계약 5. 법정위탁 6. 기타 ( ) 7. 없음	계약기간 1. 1년 2. 2년 3. 3년 4. 4년 5. 5년 6. 기타 ( )년 7. 단기계약 (1년미만) 8. 없음	낙찰자선정방법 1. 적격심사 2. 협상에의한계약 3. 최저가낙찰제 4. 규격가격분리 5. 2단계 경쟁입찰 6. 기타 ( ) 7. 없음	운영예산 산정 1. 내부산정 (지자체 자체적으로 산정) 2. 외부산정 (외부전문기관위탁 산정) 3. 내·외부 모두 산정 4. 산정 無 5. 없음	정산방법 1. 내부정산 (지자체 내부적으로 정산) 2. 외부정산 (외부전문기관위탁 정산) 3. 내·외부 모두 산정 4. 정산 無 5. 없음	1. 실시 2. 미실시 3. 향후 추진 4. 해당없음
7598	대구 달서구	도시농업공동체지원	400	1	4	7	8	7	5	5	4
7599	대구 달성군	농산물판매박스지원	1,800,000	1	1,4	7	8	7	5	5	4
7600	대구 달성군	응급의료기관및시설지원사업	1,200,000	1	4	1	1	1	1	3	3
7601	대구 달성군	채소가격안정지원	942,000	1	1,2	7	8	7	5	5	4
7602	대구 달성군	유기질비료지원	783,003	1	6	7	8	7	5	5	4
7603	대구 달성군	조사료지원	700,000	1	4	7	8	7	5	5	1
7604	대구 달성군	사회적기업육성(일자리창출)	403,400	1	1	7	8	7	5	5	4
7605	대구 달성군	시설원예친환경수정벌지원	355,000	1	6	7	8	7	5	5	4
7606	대구 달성군	벼병충해방제농약대지원	300,000	1	4	7	8	7	5	5	1
7607	대구 달성군	벼생육초기약제지원사업	231,000	1	4	7	8	7	5	5	1
7608	대구 달성군	달성산업단지미래청년일자리지원프로젝트	203,607	1	2	7	8	7	5	5	4
7609	대구 달성군	국내외관광박람회홍보관운영	190,000	1	4	7	8	7	5	1	1
7610	대구 달성군	시설원예맞춤형비료지원	180,000	1	4	7	8	7	5	5	4
7611	대구 달성군	글로벌혁신형물산업인력활성화지원사업	165,603	1	2	7	8	7	5	5	4
7612	대구 달성군	시설원예친환경농자재지원	156,000	1	4	7	8	7	5	5	4
7613	대구 달성군	토양개량제지원	155,372	1	2	7	8	7	5	5	4
7614	대구 달성군	우리마을교육나눔	128,000	1	4	7	7	7	1	1	1
7615	대구 달성군	분뇨처리용수분조절제지원	126,000	1	4	7	8	7	5	5	1
7616	대구 달성군	달성45+경력형일자리고용장려금지원사업	91,500	1	4	7	8	7	5	5	4
7617	대구 달성군	달성관광투어버스운영	90,000	1	4	7	8	7	5	1	1
7618	대구 달성군	농촌인력중개센터운영	80,000	1	2	7	8	7	5	5	4
7619	대구 달성군	오픈마켓전문셀러양성사업	74,600	1	6	7	8	7	5	5	4
7620	대구 달성군	시설채소토양전염병방제지원	65,000	1	6	7	8	7	5	5	4
7621	대구 달성군	친환경고품질쌀생산단지육성	61,700	1	6	7	8	7	5	5	4
7622	대구 달성군	양봉농가경쟁력지원(꿀벌화분보급)	59,780	1	4	7	8	7	1	1	1
7623	대구 달성군	생명,평화,공경운동의새마을사업	55,710	1	1	5	8	7	5	1	1
7624	대구 달성군	달성첨단벨트혁신인재지원사업	53,344	1	2	7	8	7	5	5	4
7625	대구 달성군	모범이장선진지연수	50,000	1	4	1	7	2	5	1	1
7626	대구 달성군	지식재산창출지원사업	50,000	1	4	7	8	7	5	1	1
7627	대구 달성군	볏짚비닐지원	50,000	1	4	7	8	7	5	5	1
7628	대구 달성군	달성군관광해설사운영	50,000	1	4	7	8	7	5	1	1
7629	대구 달성군	근로자의날호사화합잔치지원	40,000	1	4	7	8	7	5	5	4
7630	대구 달성군	노사화합근로자체육대회지원	40,000	1	4	7	8	7	5	5	4
7631	대구 달성군	저품위참외시장격리사업	40,000	1	1,4	7	8	7	5	5	4
7632	대구 달성군	양봉보조사료구입지원	40,000	1	4	7	8	7	1	1	1
7633	대구 달성군	모범근로자해외산업연수	38,000	1	4	7	8	7	5	5	4
7634	대구 달성군	신나는생활체육광장	38,000	1	4	7	8	7	1	1	1
7635	대구 달성군	사회적경제혁신성장청년일자리사업	36,100	1	2	7	8	7	5	5	4
7636	대구 달성군	취업박람회운영	30,000	1	6	7	8	7	5	5	4
7637	대구 달성군	마을기업육성사업	30,000	1	2	7	8	7	5	5	4

순번	시군구	지출명 (사업명)	2024년예산 (단위 : 천원 /1년간)	민간이전 분류 (지방자치단체 세출예산 집행기준에 의거) 1. 민간경상사업보조(307-02) 2. 민간단체 법정운영비보조(307-03) 3. 민간행사사업보조(307-04) 4. 민간위탁금(307-05) 5. 사회복지시설 법정운영비보조(307-10) 6. 민간인위탁교육비(307-12) 7. 공기관등에대한경상적위탁사업비(308-13) 8. 민간자본사업보조,자체재원(402-01) 9. 민간자본사업보조,이전재원(402-02) 10. 민간위탁사업비(402-03) 11. 공기관등에 대한 자본적 위탁사업비(403-02)	민간이전지출 근거 (지방보조금 관리기준 참고) 1. 법률에 규정 2. 국고보조 재원(국가지정) 3. 용도 지정 기부금 4. 조례에 직접규정 5. 지자체가 권장하는 사업을 하는 공공기관 6. 시,도 정책 및 재정사정 7. 기타 8. 해당없음	입찰방식 계약체결방법 (경쟁형태) 1. 일반경쟁 2. 제한경쟁 3. 지명경쟁 4. 수의계약 5. 법정위탁 6. 기타 ( ) 7. 없음	입찰방식 계약기간 1. 1년 2. 2년 3. 3년 4. 4년 5. 5년 6. 기타 ( )년 7. 단기계약 (1년미만) 8. 없음	입찰방식 낙찰자선정방법 1. 적격심사 2. 협상에의한계약 3. 최저가낙찰제 4. 규격가격분리 5. 2단계 경쟁입찰 6. 기타 ( ) 7. 없음	운영예산 산정 운영예산 산정 1. 내부산정 (지자체 자체적으로 산정) 2. 외부산정 (외부전문기관위탁 산정) 3. 내·외부 모두 산정 4. 산정 無 5. 없음	운영예산 산정 정산방법 1. 내부정산 (지자체 내부적으로 정산) 2. 외부정산 (외부전문기관위탁 정산) 3. 내·외부 모두 산정 4. 정산 無 5. 없음	성과평가 실시여부 1. 실시 2. 미실시 3. 향후 추진 4. 해당없음
7638	대구 달성군	구제역백신지원(전업농)	27,246	1	2	7	8	7	5	5	1
7639	대구 달성군	경로당건강약기교실운영	26,640	1	1	7	1	7	1	1	1
7640	대구 달성군	통일역량강화사업	25,000	1	1	7	8	7	5	1	1
7641	대구 달성군	사립작은도서관운영지원	25,000	1	4	7	8	1	1	1	1
7642	대구 달성군	경로당노인신문지원	23,800	1	1	7	1	7	1	1	1
7643	대구 달성군	대구시생활체육대축전참가	23,000	1	4	7	8	7	1	1	1
7644	대구 달성군	경로당코로나극복힐링체험교실	22,680	1	1	7	1	7	1	1	1
7645	대구 달성군	저능력모돈갱신사업	21,000	1	4	7	8	7	5	5	1
7646	대구 달성군	힘겨루기소사료비지원	20,160	1	4	7	8	7	1	1	1
7647	대구 달성군	닭진드기방제약품구입지원	20,000	1	6	7	8	7	5	5	1
7648	대구 달성군	보육교직원교육개발지원(어린이집종사자선진지견학)	20,000	1	4	7	8	7	1	1	4
7649	대구 달성군	보육교직원교육개발지원(보육교직원체육대회및문화행사)	20,000	1	4	7	8	7	1	1	4
7650	대구 달성군	달성군개별및단체관광객인센티브사업	20,000	1	4	7	8	7	5	1	1
7651	대구 달성군	안보의식확립및국민통합활동	19,920	1	1	5	8	7	5	1	1
7652	대구 달성군	사립공공도서관자료구입비지원	18,000	1	1	7	8	7	1	1	1
7653	대구 달성군	전문도서관자료구입비지원	18,000	1	7	7	8	7	1	1	1
7654	대구 달성군	진실,질서,화합이념확립사업	17,890	1	1	5	8	7	5	1	1
7655	대구 달성군	돼지써코바이러스백신지원	17,460	1	2	7	8	7	5	5	1
7656	대구 달성군	모범근로자국내산업연수	15,000	1	4	7	8	7	5	5	4
7657	대구 달성군	불법주정차계도및행사교통지원활동	13,300	1	4	7	8	7	1	1	1
7658	대구 달성군	특화농특산물홍보지원	12,600	1	1,4	7	8	7	5	5	4
7659	대구 달성군	다문화가족어울림한마당	12,000	1	4	7	8	7	1	1	1
7660	대구 달성군	농작물외래병해충방제지원	11,960	1	6	7	8	7	5	5	4
7661	대구 달성군	새마을세계화사업	10,000	1	1	5	8	7	5	1	1
7662	대구 달성군	노조간부및조합원교육비	10,000	1	4	7	8	7	5	5	4
7663	대구 달성군	지역사회선진교통문화정착사업	9,000	1	4	7	8	7	1	1	1
7664	대구 달성군	수중정화활동및취약지순찰활동	8,100	1	7	7	8	7	1	1	4
7665	대구 달성군	어르신합동생신잔치	8,000	1	4	7	8	7	1	1	1
7666	대구 달성군	생활체육동호인리그	8,000	1	4	7	8	7	1	1	1
7667	대구 달성군	시장기타기체육대회참가	7,500	1	4	7	8	7	1	1	1
7668	대구 달성군	대구시씨름왕선발대회참가	6,300	1	4	7	8	7	1	1	1
7669	대구 달성군	대구시어르신생활체육대회참가	6,000	1	4	7	8	7	1	1	1
7670	대구 달성군	안전한보행환경조성사업	5,400	1	4	7	8	7	1	1	1
7671	대구 달성군	경로당와이파이설치사업(사용료지원)	5,400	1	1	7	1	7	1	1	1
7672	대구 달성군	화재예방캠페인	5,400	1	/	7	8	7	1	1	4
7673	대구 달성군	달성사랑가꿈나눔	5,000	1	1	7	8	7	5	5	4
7674	대구 달성군	유기농업자재지원	5,000	1	2	7	8	7	5	5	4
7675	대구 달성군	학생선도위원회운영	3,600	1	4	7	7	7	1	1	1
7676	대구 달성군	안전문화운동	3,600	1	7	7	8	7	1	1	4
7677	대구 달성군	청소년유해환경감시단운영	3,150	1	4	7	7	7	1	1	1

순번	시군구	지출명 (사업명)	2024년예산 (단위 : 천원 /1년간)	민간이전 분류 (지방자치단체 세출예산 집행기준에 의거) 1. 민간경상사업보조(307-02) 2. 민간단체 법정운영비보조(307-03) 3. 민간행사사업보조(307-04) 4. 민간위탁금(307-05) 5. 사회복지시설 법정운영비보조(307-10) 6. 민간인위탁교육비(307-12) 7. 공기관등에대한경상적위탁사업비(308-13) 8. 민간자본사업보조,자체재원(402-01) 9. 민간자본사업보조,이전재원(402-02) 10. 민간위탁사업비(402-03) 11. 공기관등에 대한 자본적 위탁사업비(403-02)	민간이전지출 근거 (지방보조금 관리기준 참고) 1. 법률에 규정 2. 국고보조 재원(국가지정) 3. 용도 지정 기부금 4. 조례에 직접규정 5. 지자체가 권장하는 사업을 하는 공공기관 6. 시,도 정책 및 재정사정 7. 기타 8. 해당없음	입찰방식 계약체결방법 (경쟁형태) 1. 일반경쟁 2. 제한경쟁 3. 지명경쟁 4. 수의계약 5. 법정위탁 6. 기타 ( ) 7. 없음	입찰방식 계약기간 1. 1년 2. 2년 3. 3년 4. 4년 5. 5년 6. 기타 ( )년 7. 단기계약 (1년미만) 8. 없음	입찰방식 낙찰자선정방법 1. 적격심사 2. 협상에의한계약 3. 최저가낙찰제 4. 규격가격분리 5. 2단계 경쟁입찰 6. 기타 ( ) 7. 없음	운영예산 산정 운영예산 산정 1. 내부산정 (지자체 자체적으로 산정) 2. 외부산정 (외부전문기관위탁 산정) 3. 내·외부 모두 산정 4. 산정 無 5. 없음	운영예산 산정 정산방법 1. 내부정산 (지자체 내부적으로 정산) 2. 외부정산 (외부전문기관위탁 정산) 3. 내·외부 모두 산정 4. 정산 無 5. 없음	성과평가 실시여부 1. 실시 2. 미실시 3. 향후 추진 4. 해당없음
7678	대구 달성군	전국주민자치박람회참관	2,850	1	4	5	8	7	5	1	1
7679	대구 달성군	안전문화홍보및재난안전교육	2,700	1	7	7	8	7	1	1	4
7680	대구 달성군	스쿨존안전지킴이사업	2,000	1	4	7	8	7	1	1	1
7681	대구 달성군	화재예방캠페인	1,800	1	7	7	8	7	1	1	4
7682	대구 달성군	화재예방캠페인	1,800	1	7	7	8	7	1	1	4
7683	대구 달성군	여성생활체육강좌	1,500	1	4	7	8	7	1	1	1
7684	대구 달성군	바르게살기운동전국대회	1,420	1	1	5	8	7	5	1	1
7685	대구 달성군	주민자치프로그램발표및경연대회지원	1,350	1	4	7	8	7	1	1	1
7686	대구 달성군	주민자치프로그램발표및경연대회지원	1,350	1	4	7	8	7	1	1	1
7687	대구 달성군	소외계층프로그램보급	1,250	1	4	7	8	7	1	1	1
7688	대구 달성군	장수체육대학운영	1,250	1	4	7	8	7	1	1	1
7689	대구 달성군	벼육묘용상토지원	312,000	1	4	6	8	6	1	1	1
7690	대구 달성군	농특산물쇼핑몰택배비지원	270,000	1	4	7	8	7	1	1	1
7691	대구 달성군	친환경농업단체시설토양환경개선사업	246,000	1	1	7	8	7	1	1	1
7692	대구 달성군	청년농업인영농정착지원	195,000	1	2	7	8	7	5	3	4
7693	대구 달성군	노지채소토양개선농자재보급사업	100,000	1	1	7	8	7	1	1	1
7694	대구 달성군	고품질기능성원예작물생산기술보급사업	40,000	1	1	7	8	7	1	1	1
7695	대구 달성군	탄소중립시설채소연작장해해소사업	40,000	1	1	7	8	7	1	1	1
7696	대구 달성군	농특산물쇼핑몰마케팅활성화지원	40,000	1	4	7	8	7	1	1	1
7697	대구 달성군	십자화과시설재배병해충예방사업	30,000	1	1	7	8	7	1	1	1
7698	대구 달성군	농특산물택배용포장재지원	25,000	1	4	7	8	7	1	1	1
7699	대구 달성군	양념채소친환경품질향상지원사업	20,000	1	1	7	8	7	1	1	1
7700	대구 달성군	찹쌀재배단지육성	8,000	1	4	6	8	6	1	1	1
7701	대구 달성군	농업경영인광역대회	5,000	1	1	7	8	7	1	1	1
7702	대구 군위군	농작물재해보험료지원	4,745,381	1	1	7	8	7	5	5	4
7703	대구 군위군	군위댐주변지역지원사업	278,679	1	4	7	8	7	1	1	4
7704	대구 군위군	농산물유통구조개선지원	229,500	1	6	7	8	7	5	5	1
7705	대구 군위군	고품질쌀생산을위한공동방제지원사업	210,000	1	1	7	8	7	5	5	4
7706	대구 군위군	삼국유사디지털아카이브시스템구축	175,300	1	4	1	8	7	1	1	3
7707	대구 군위군	청년농업인영농정착지원	160,000	1	2	7	8	7	5	5	4
7708	대구 군위군	일반생활체육지도자배치	156,466	1	2	7	8	7	1	1	4
7709	대구 군위군	친환경농산물학교급식(우수식재료)지원	147,442	1	4	7	8	7	5	5	4
7710	대구 군위군	저품위사과시장격리수매지원	108,053	1	6	7	8	7	5	3	2
7711	대구 군위군	군위문화원사업지원	102,900	1	4	7	8	7	1	1	3
7712	대구 군위군	학교급식후식지원	98,100	1	6	7	8	7	5	5	4
7713	대구 군위군	향교서원문화유산활용사업	77,500	1	7	6	7	6	1	1	3
7714	대구 군위군	군위한밤마을아카데미	70,000	1	4	7	8	7	5	5	4
7715	대구 군위군	농촌인력중개센터운영지원	70,000	1	1	7	8	7	5	5	4
7716	대구 군위군	어르신생활체육지도자배치	62,587	1	2	7	8	7	1	1	4
7717	대구 군위군	어린이예능활동지원사업	60,000	1	7	7	8	7	1	1	3

순번	시군구	지출명 (사업명)	2024년예산 (단위 : 천원 /1년간)	민간이전 분류 (지방자치단체 세출예산 집행기준에 의거) 1. 민간경상사업보조(307-02) 2. 민간단체 법정운영비보조(307-03) 3. 민간행사사업보조(307-04) 4. 민간위탁금(307-05) 5. 사회복지시설 법정운영비보조(307-10) 6. 민간인위탁교육비(307-12) 7. 공기관등에대한경상적위탁사업비(308-13) 8. 민간자본사업보조,자체재원(402-01) 9. 민간자본사업보조,이전재원(402-02) 10. 민간위탁사업비(402-03) 11. 공기관등에 대한 자본적 위탁사업비(403-02)	민간이전지출 근거 (지방보조금 관리기준 참고) 1. 법률에 규정 2. 국고보조 재원(국가지정) 3. 용도 지정 기부금 4. 조례에 직접규정 5. 지자체가 권장하는 사업을 하는 공공기관 6. 시,도 정책 및 재정사정 7. 기타 8. 해당없음	입찰방식 계약체결방법 (경쟁형태) 1. 일반경쟁 2. 제한경쟁 3. 지명경쟁 4. 수의계약 5. 법정위탁 6. 기타 ( ) 7. 없음	입찰방식 계약기간 1. 1년 2. 2년 3. 3년 4. 4년 5. 5년 6. 기타 ( )년 7. 단기계약 (1년미만) 8. 없음	입찰방식 낙찰자선정방법 1. 적격심사 2. 협상에의한계약 3. 최저가낙찰제 4. 규격가격분리 5. 2단계 경쟁입찰 6. 기타 ( ) 7. 없음	운영예산 산정 운영예산 산정 1. 내부산정 (지자체 자체적으로 산정) 2. 외부산정 (외부전문기관위탁 산정) 3. 내·외부 모두 산정 4. 산정 無 5. 없음	운영예산 산정 정산방법 1. 내부정산 (지자체 내부적으로 정산) 2. 외부정산 (외부전문기관위탁 정산) 3. 내·외부 모두 정산 4. 정산 無 5. 없음	성과평가 실시여부 1. 실시 2. 미실시 3. 향후 추진 4. 해당없음
7718	대구 군위군	소독지원운영비2개반	58,605	1	2	7	8	7	5	5	4
7719	대구 군위군	소독지원인건비2명	58,604	1	2	7	8	7	5	5	4
7720	대구 군위군	낙동강수계민간경상사업보조	56,141	1	4	7	8	7	5	2	4
7721	대구 군위군	군위마실노래방	55,000	1	4	7	8	7	5	5	4
7722	대구 군위군	일연학연구지원	50,000	1	4	1	8	7	1	1	3
7723	대구 군위군	대구시민생활체육대축전참가	50,000	1	7	7	8	7	1	1	4
7724	대구 군위군	시장기종목별생활체육대회참가	48,000	1	7	7	8	7	1	1	4
7725	대구 군위군	학생승마체험	38,528	1	1,4	7	8	7	1	1	4
7726	대구 군위군	농산물산지유통기능활성화지원	36,950	1	6	7	8	7	5	5	1
7727	대구 군위군	사회적기업등일자리창출사업	35,300	1	2	6	8	7	3	3	4
7728	대구 군위군	향교기로연지원등	31,560	1	4	7	8	7	1	1	3
7729	대구 군위군	부처님오신날및성탄절점등행사지원	30,000	1	4	7	8	7	1	1	3
7730	대구 군위군	소규모농식품상품개발지원	30,000	1	4	6	8	7	1	1	1
7731	대구 군위군	해외농산물홍보및직판행사운영비	30,000	1	4	6	8	7	1	1	1
7732	대구 군위군	사랑의집고쳐주기	24,000	1	4	7	8	7	1	1	4
7733	대구 군위군	진로및학습코칭프로그램지원	20,100	1	6	7	8	7	5	5	4
7734	대구 군위군	성인문해교육프로그램운영및지원	20,000	1	4	7	1	1	1	1	4
7735	대구 군위군	새마을운동4대공동체운동	20,000	1	4	7	8	7	1	1	4
7736	대구 군위군	새마을환경살리기	20,000	1	4	7	8	7	1	1	4
7737	대구 군위군	범죄피해자지원	17,500	1	1	7	8	7	1	1	3
7738	대구 군위군	대한노인회군지회임원역량강화교육	15,000	1	4	5	8	7	1	1	4
7739	대구 군위군	청소년선도및범죄예방활동	15,000	1	1	7	8	7	1	1	3
7740	대구 군위군	서원향사지원	12,000	1	4	7	8	7	1	1	3
7741	대구 군위군	대구어르신생활체육대회참가	12,000	1	7	7	8	7	1	1	4
7742	대구 군위군	읍면게이트볼회대회출전비	10,000	1	7	7	8	7	1	1	4
7743	대구 군위군	바르게살기운동활성화추진운영지원	10,000	1	4	7	8	7	1	1	4
7744	대구 군위군	여성농업인단체육성지원	10,000	1	4	7	8	7	5	5	4
7745	대구 군위군	쌀전업농워크숍개최	10,000	1	4	7	8	7	5	5	4
7746	대구 군위군	4H회육성지원	10,000	1	1	7	8	7	5	5	4
7747	대구 군위군	귀농인회워크숍지원	10,000	1	7	7	8	7	5	5	4
7748	대구 군위군	농업경영인회육성지원	9,000	1	7	7	8	7	5	5	4
7749	대구 군위군	생활체육지도자교통비지원	8,400	1	6	7	8	7	1	1	4
7750	대구 군위군	한센병관리사업	8,400	1	4	6	1	7	3	1	4
7751	대구 군위군	음식문화개선등선진지견학	8,000	1	4	7	8	7	1	1	4
7752	대구 군위군	대구장애인체육대회참가	8,000	1	7	7	8	7	1	1	4
7753	대구 군위군	농촌공동아이돌봄센터지원	8,000	1	1	7	8	7	5	5	4
7754	대구 군위군	유도회문화탐방	7,000	1	4	7	8	7	1	1	3
7755	대구 군위군	대구시민독서생활화사업	6,400	1	4	7	8	7	1	1	4
7756	대구 군위군	환경단체환경보전사업	6,000	1	4	7	8	7	5	5	4
7757	대구 군위군	환경단체환경보전사업	6,000	1	4	7	8	7	5	5	4

순번	시군구	지출명 (사업명)	2024년예산 (단위 : 천원 /1년간)	민간이전 분류 (지방자치단체 세출예산 집행기준에 의거) 1. 민간경상사업보조(307-02) 2. 민간단체 법정운영비보조(307-03) 3. 민간행사사업보조(307-04) 4. 민간위탁금(307-05) 5. 사회복지시설 법정운영비보조(307-10) 6. 민간인위탁교육비(307-12) 7. 공기관등에대한경상적위탁사업비(308-13) 8. 민간자본사업보조,자체재원(402-01) 9. 민간자본사업보조,이전재원(402-02) 10. 민간위탁사업비(402-03) 11. 공기관등에 대한 자본적 위탁사업비(403-02)	민간이전지출 근거 (지방보조금 관리기준 참고) 1. 법률에 규정 2. 국고보조 재원(국가지정) 3. 용도 지정 기부금 4. 조례에 직접규정 5. 지자체가 권장하는 사업을 하는 공공기관 6. 시,도 정책 및 재정사정 7. 기타 8. 해당없음	입찰방식 계약체결방법 (경쟁형태) 1. 일반경쟁 2. 제한경쟁 3. 지명경쟁 4. 수의계약 5. 법정위탁 6. 기타 ( ) 7. 없음	입찰방식 계약기간 1. 1년 2. 2년 3. 3년 4. 4년 5. 5년 6. 기타 ( )년 7. 단기계약 (1년미만) 8. 없음	입찰방식 낙찰자선정방법 1. 적격심사 2. 협상에의한계약 3. 최저가낙찰제 4. 규격가격분리 5. 2단계 경쟁입찰 6. 기타 ( ) 7. 없음	운영예산 산정 운영예산 산정 1. 내부산정 (지자체 자체적으로 산정) 2. 외부산정 (외부전문기관위탁 산정) 3. 내·외부 모두 산정 4. 산정 無 5. 없음	운영예산 산정 정산방법 1. 내부정산 (지자체 내부적으로 정산) 2. 외부정산 (외부전문기관위탁 정산) 3. 내·외부 모두 산정 4. 정산 無 5. 없음	성과평가 실시여부 1. 실시 2. 미실시 3. 향후 추진 4. 해당없음
7758	대구 군위군	낙농헬퍼(도우미)지원사업8회	5,760	1	1,4,5	7	8	7	1	1	4
7759	대구 군위군	초중고생안보현장체험	5,500	1	4	7	8	7	1	1	3
7760	대구 군위군	바르게살기운동청년회조직활성화	5,000	1	4	7	8	7	1	1	4
7761	대구 군위군	쌀전업농전국대회참석지원	5,000	1	4	7	8	7	5	5	4
7762	대구 군위군	귀농인회수련행사지원	5,000	1	7	7	8	7	5	5	4
7763	대구 군위군	행복한농촌가정육성지원	5,000	1	4	7	8	7	5	5	4
7764	대구 군위군	생활체육지도자근속수당지원	4,800	1	6	7	8	7	1	1	4
7765	대구 군위군	농촌교육농장품질인증시범	4,800	1	2	7	8	7	5	5	4
7766	대구 군위군	헤어아카데미운영	4,000	1	4	7	8	7	1	1	4
7767	대구 군위군	군위군생활체육프로그램사업	4,000	1	6	7	8	7	1	1	4
7768	대구 군위군	자연보호운동활성화지원	3,500	1	4	7	8	7	5	5	4
7769	대구 군위군	젖소능력개량사업5두	3,193	1	1,4,5	7	8	7	1	1	4
7770	대구 군위군	일본군위안부피해자기림의날추모식	3,000	1	4	7	8	7	1	1	3
7771	대구 군위군	범죄및사고예방을위한치안보조활동	3,000	1	1	6	8	7	5	5	4
7772	대구 군위군	농촌지도자회육성지원	3,000	1	7	7	8	7	5	5	4
7773	대구 군위군	생활개선회육성지원	3,000	1	4	7	8	7	5	5	4
7774	대구 군위군	생활체육지도자복지포인트지원	2,800	1	6	7	8	7	1	1	4
7775	대구 군위군	농촌체험휴양마을보험가입지원	2,040	1	1	7	8	7	5	5	4
7776	대구 군위군	윤리도덕선양사업(교육)	2,000	1	4	7	8	7	1	1	3
7777	대구 군위군	초중고생통일교육	2,000	1	4	7	8	7	1	1	3
7778	대구 군위군	자문위원안보현장체험	2,000	1	4	7	8	7	1	1	3
7779	대구 군위군	북한이탈주민정착지원간담회	2,000	1	4	7	8	7	1	1	3
7780	대구 군위군	대한적십자봉사회저소득층대상지원사업	2,000	1	4	7	8	7	1	1	3
7781	대구 군위군	분회지역봉사	2,000	1	4	7	8	7	1	1	3
7782	대구 군위군	홍천뢰장군및홍경승선생향사지원	2,000	1	4	7	8	7	1	1	3
7783	대구 군위군	대구씨름왕선발대회참가	2,000	1	7	7	8	7	1	1	4
7784	대구 군위군	새마을문고독서경진대회	2,000	1	4	7	8	7	1	1	4
7785	대구 군위군	분회,청년회안보현장견학	1,750	1	4	7	8	7	1	1	3
7786	대구 군위군	조직간부안보현장견학	1,750	1	4	7	8	7	1	1	3
7787	대구 군위군	사업성과보고및조직간부회의	1,500	1	4	7	8	7	1	1	3
7788	대구 군위군	바르게살기운동건전생활실천교육	1,330	1	4	7	8	7	1	1	4
7789	대구 군위군	생활체육지도자활동보험료지원	1,148	1	2	7	8	7	1	1	4
7790	대구 군위군	통일시대시민교실	1,000	1	4	7	8	7	1	1	3
7791	대구 군위군	군민체전전야제평화통일공감함께나누는통일이야기	1,000	1	4	7	8	7	1	1	3
7792	대구 군위군	전쟁음식체험행사	1,000	1	4	7	8	7	1	1	3
7793	대구 군위군	지역봉사	1,000	1	4	7	8	7	1	1	3
7794	대구 군위군	군여성회지원	1,000	1	4	7	8	7	1	1	3
7795	대구 군위군	알뜰문고교환시장운영	1,000	1	4	7	8	7	1	1	4
7796	대구 군위군	대한적십자봉사회헌혈봉사지원	900	1	4	7	8	7	1	1	3
7797	대구 군위군	대한적십자봉사회헌혈봉사지원	900	1	4	7	8	7	1	1	3

순번	시군구	지출명 (사업명)	2024년예산 (단위 : 천원 /1년간)	민간이전 분류 (지방자치단체 세출예산 집행기준에 의거) 1. 민간경상사업보조(307-02) 2. 민간단체 법정운영비보조(307-03) 3. 민간행사사업보조(307-04) 4. 민간위탁금(307-05) 5. 사회복지시설 법정운영비보조(307-10) 6. 민간인위탁교육비(307-12) 7. 공기관등에대한경상적위탁사업비(308-13) 8. 민간자본사업보조,자체재원(402-01) 9. 민간자본사업보조,이전재원(402-02) 10. 민간위탁사업비(402-03) 11. 공기관등에 대한 자본적 위탁사업비(403-02)	민간이전지출 근거 (지방보조금 관리기준 참고) 1. 법률에 규정 2. 국고보조 재원(국가지정) 3. 용도 지정 기부금 4. 조례에 직접규정 5. 지자체가 권장하는 사업을 하는 공공기관 6. 시,도 정책 및 재정사정 7. 기타 8. 해당없음	입찰방식: 계약체결방법 (경쟁형태) 1. 일반경쟁 2. 제한경쟁 3. 지명경쟁 4. 수의계약 5. 법정위탁 6. 기타 ( ) 7. 없음	입찰방식: 계약기간 1. 1년 2. 2년 3. 3년 4. 4년 5. 5년 6. 기타 ( )년 7. 단기계약 (1년미만) 8. 없음	입찰방식: 낙찰자선정방법 1. 적격심사 2. 협상에의한계약 3. 최저가낙찰제 4. 규격가격분리 5. 2단계 경쟁입찰 6. 기타 ( ) 7. 없음	운영예산 산정: 운영예산 산정 1. 내부산정 (지자체 자체적으로 산정) 2. 외부산정 (외부전문기관위탁 산정) 3. 내·외부 모두 산정 4. 산정 無 5. 없음	운영예산 산정: 정산방법 1. 내부정산 (지자체 내부적으로 정산) 2. 외부정산 (외부전문기관위탁 정산) 3. 내·외부 모두 산정 4. 정산 無 5. 없음	성과평가 실시여부 1. 실시 2. 미실시 3. 향후 추진 4. 해당없음
7798	대전광역시	지역산업맞춤형일자리창출지원사업	3,138,750	1	2	7	8	7	5	5	4
7799	대전광역시	장애인체육육성지원	2,654,107	1	1	7	8	7	1	1	1
7800	대전광역시	회원단체및선수육성	2,447,796	1	1	7	8	7	1	1	1
7801	대전광역시	전국체전등각종대회지원	2,087,322	1	1	7	8	7	1	1	1
7802	대전광역시	문화재돌봄사업	994,000	1	1,2	1	3	6	1	1	1
7803	대전광역시	장애인생활체육지도자배치	798,405	1	1	7	8	7	1	1	1
7804	대전광역시	대전정착형청년일자리종합프로젝트	700,000	1	6	7	8	7	5	5	4
7805	대전광역시	권역정신응급의료센터운영	601,000	1	2	7	8	7	1	2	1
7806	대전광역시	환경보건센터운영	561,272	1	1	7	8	7	5	3	1
7807	대전광역시	지역장애인보건의료센터운영	558,430	1	2	7	8	7	1	1	1
7808	대전광역시	체육진흥비	512,910	1	1	7	8	7	1	1	1
7809	대전광역시	권역장애인구강진료센터운영	438,500	1	2	7	8	7	1	1	1
7810	대전광역시	아토피·천식교육정보센터운영	400,000	1	2	7	7	7	5	2	4
7811	대전광역시	아름다운이야기할머니사업	392,106	1	1	7	7	7	1	1	1
7812	대전광역시	소형햇빛발전소발전지원	346,500	1	4	7	8	7	1	5	4
7813	대전광역시	권역책임의료기관운영	327,500	1	1	7	8	7	3	3	4
7814	대전광역시	학교체육시설개방지원	314,704	1	1	7	8	7	1	1	1
7815	대전광역시	대전스포츠과학센터운영지원	293,344	1	1	7	8	7	1	1	1
7816	대전광역시	대전녹색환경지원센터지원	292,600	1	1	7	8	7	5	3	1
7817	대전광역시	비영리민간단체공익사업지원	270,000	1	1	7	8	7	1	1	1
7818	대전광역시	(사)대전광역시자원봉사센터활동보조	258,991	1	1	7	8	7	1	1	4
7819	대전광역시	대전시티투어운영지원	252,000	1	4	7	2	7	1	1	4
7820	대전광역시	사회공헌활동지원사업	230,000	1	7	7	8	7	5	5	4
7821	대전광역시	대전산업단지23일자리육성프로젝트	223,758	1	2	7	8	7	5	5	4
7822	대전광역시	동물용의약품종합지원	210,000	1	2	7	8	7	1	1	1
7823	대전광역시	국민체력인증센터운영	209,840	1	1	7	8	7	1	1	1
7824	대전광역시	장애인생활체육지도자활동장려금	202,153	1	1	7	8	7	1	1	1
7825	대전광역시	지역암센터지원	200,000	1	1	6	8	1	1	1	1
7826	대전광역시	암생존자통합지지센터지원	200,000	1	1	6	8	1	1	1	1
7827	대전광역시	우리농수축산물큰잔치지원	180,000	1	7	7	8	7	1	1	3
7828	대전광역시	대전스포츠클럽육성	180,000	1	1	7	8	7	1	1	1
7829	대전광역시	학교예술강사지원(국악분야)	179,040	1	2	7	8	7	1	1	1
7830	대전광역시	식생활교육지원	170,000	1	2	7	8	7	1	1	4
7831	대전광역시	걷기좋은건강도시추진	168,300	1	1	7	8	7	1	1	1
7832	대전광역시	정신응급의료기관지정운영	144,000	1	1	7	8	7	1	1	4
7833	대전광역시	권역재활병원공공재활프로그램운영	139,591	1	2	7	8	7	1	1	1
7834	대전광역시	지역사회서비스청년사업단	121,664	1	2	7	8	7	1	1	1
7835	대전광역시	호스피스완화의료사업	118,750	1	4	4	1	1	1	1	1
7836	대전광역시	생활체육광장지도자배치	117,450	1	1	7	8	7	1	1	1
7837	대전광역시	과학탐구체험사업비지원	104,400	1	4	7	8	7	5	5	4

순번	시군구	지출명 (사업명)	2024년예산 (단위 : 천원 /1년간)	민간이전 분류 (지방자치단체 세출예산 집행기준에 의거) 1. 민간경상사업보조(307-02) 2. 민간단체 법정운영비보조(307-03) 3. 민간행사사업보조(307-04) 4. 민간위탁금(307-05) 5. 사회복지시설 법정운영비보조(307-10) 6. 민간인위탁교육비(307-12) 7. 공기관등에대한경상적위탁사업비(308-13) 8. 민간자본사업보조,자체재원(402-01) 9. 민간자본사업보조,이전재원(402-02) 10. 민간위탁사업비(402-03) 11. 공기관등에 대한 자본적 위탁사업비(403-02)	민간이전지출 근거 (지방보조금 관리기준 참고) 1. 법률에 규정 2. 국고보조 재원(국가지정) 3. 용도 지정 기부금 4. 조례에 직접규정 5. 지자체가 권장하는 사업을 하는 공공기관 6. 시,도 정책 및 재정사정 7. 기타 8. 해당없음	입찰방식 계약체결방법 (경쟁형태) 1. 일반경쟁 2. 제한경쟁 3. 지명경쟁 4. 수의계약 5. 법정위탁 6. 기타 ( ) 7. 없음	입찰방식 계약기간 1. 1년 2. 2년 3. 3년 4. 4년 5. 5년 6. 기타 ( )년 7. 단기계약 (1년미만) 8. 없음	입찰방식 낙찰자선정방법 1. 적격심사 2. 협상에의한계약 3. 최저가낙찰제 4. 규격가격분리 5. 2단계 경쟁입찰 6. 기타 ( ) 7. 없음	운영예산 산정 운영예산 산정 1. 내부산정 (지자체 자체적으로 산정) 2. 외부산정 (외부전문기관위탁 산정) 3. 내·외부 모두 산정 4. 산정 無 5. 없음	운영예산 산정 정산방법 1. 내부정산 (지자체 내부적으로 정산) 2. 외부정산 (외부전문기관위탁 정산) 3. 내·외부 모두 산정 4. 정산 無 5. 없음	성과평가 실시여부 1. 실시 2. 미실시 3. 향후 추진 4. 해당없음
7838	대전광역시	FTA대비축산농가지원	103,425	1	7	7	8	7	1	1	1
7839	대전광역시	아동학대피해아동전담의료기관운영	100,000	1	2	5	8	7	3	3	1
7840	대전광역시	보증기간경과장치성능유지관리	95,810	1	1	7	8	7	5	5	4
7841	대전광역시	노동단체지원사업	94,500	1	5	1	1	1	1	1	1
7842	대전광역시	충청권비즈니스파트너십매칭데이	90,000	1	7	7	8	7	1	1	4
7843	대전광역시	새마을운동활성화지원	82,800	1	1	7	8	7	1	1	1
7844	대전광역시	대전예술발간	82,800	1	1	7	8	7	1	1	1
7845	대전광역시	대전지속가능발전협의회사업비지원	81,000	1	4	7	8	7	1	1	1
7846	대전광역시	3・8민주의거기념사업(계간지발간등)	79,000	1	4	7	8	7	1	1	1
7847	대전광역시	펜싱학교운영	72,000	1	1	7	8	7	1	1	1
7848	대전광역시	대전형ESG경영지원사업	72,000	1	4	7	1	7	1	1	4
7849	대전광역시	무형문화재공개사업	64,800	1	4	7	8	7	1	1	4
7850	대전광역시	장애인치과진료소운영	60,000	1	1	7	8	7	1	1	1
7851	대전광역시	FTA활용지원센터지원	60,000	1	2	4	1	7	1	1	2
7852	대전광역시	소프트웨어중심대학지원	60,000	1	2	7	8	7	5	1	1
7853	대전광역시	창의융합형공학인재양성사업	60,000	1	2	7	8	7	5	1	1
7854	대전광역시	찾아가는양성평등교육	50,040	1	1	7	7	6	1	1	1
7855	대전광역시	충청예술문화발간	50,000	1	4	7	8	7	1	1	1
7856	대전광역시	열려라한밭의문화유산	48,000	1	2,4	7	8	7	1	1	4
7857	대전광역시	범죄피해자지원센터범죄피해자지원	45,000	1	1	7	8	7	1	1	1
7858	대전광역시	무형문화재보유단체전승지원	43,200	1	4	7	8	7	1	1	4
7859	대전광역시	생활체육프로그램개발및보급	42,300	1	1	7	8	7	1	1	1
7860	대전광역시	장애인정보화교육	42,000	1	1	6	1	6	1	1	4
7861	대전광역시	문화유산활용프로그램	40,500	1	1	7	8	7	1	1	4
7862	대전광역시	지자체선도저출산대응인식개선사업	39,530	1	2	7	8	7	5	1	4
7863	대전광역시	농업경영인정보센터운영	38,288	1	1,4	7	8	7	1	1	1
7864	대전광역시	태권도상설공연단운영	36,000	1	1	7	8	7	1	1	1
7865	대전광역시	국제스포츠교류	34,200	1	1	7	8	7	1	1	1
7866	대전광역시	한국춤문화예술대전	30,000	1	4	7	8	7	1	1	1
7867	대전광역시	생활과학교실운영	27,000	1	4	7	8	7	5	5	4
7868	대전광역시	노동인권증진파트너십강화사업	27,000	1	5	1	1	1	1	1	1
7869	대전광역시	대전문학발간	27,000	1	4	7	8	7	1	1	1
7870	대전광역시	중소기업협동조합활성화지원	27,000	1	5	7	8	7	1	1	4
7871	대전광역시	우수공예품개발지원	23,940	1	4	7	8	7	1	1	4
7872	대전광역시	충효교실운영	19,728	1	4	7	8	7	4	4	4
7873	대전광역시	안전맞춤교실지원	18,000	1	1	7	8	7	1	1	1
7874	대전광역시	대덕과학포럼운영지원	18,000	1	4	7	8	7	5	5	4
7875	대전광역시	전통사찰음식전승및세계화추진	18,000	1	4	7	8	7	4	4	4
7876	대전광역시	전통종교문화체험프로그램운영	18,000	1	4	7	8	7	5	5	4
7877	대전광역시	생명의전화상담사업지원	16,200	1	4	7	8	7	1	1	4

순번	시군구	지출명 (사업명)	2024년예산 (단위 : 천원 /1년간)	민간이전 분류 (지방자치단체 세출예산 집행기준에 의거) 1. 민간경상사업보조(307-02) 2. 민간단체 법정운영비보조(307-03) 3. 민간행사사업보조(307-04) 4. 민간위탁금(307-05) 5. 사회복지시설 법정운영비보조(307-10) 6. 민간인위탁교육비(307-12) 7. 공기관등에대한경상적위탁사업비(308-13) 8. 민간자본사업보조,자체재원(402-01) 9. 민간자본사업보조,이전재원(402-02) 10. 민간위탁사업비(402-03) 11. 공기관등에 대한 자본적 위탁사업비(403-02)	민간이전지출 근거 (지방보조금 관리기준 참고) 1. 법률에 규정 2. 국고보조 재원(국가지정) 3. 용도 지정 기부금 4. 조례에 직접규정 5. 지자체가 권장하는 사업을 하는 공공기관 6. 시,도 정책 및 재정사정 7. 기타 8. 해당없음	입찰방식: 계약체결방법 (경쟁형태) 1. 일반경쟁 2. 제한경쟁 3. 지명경쟁 4. 수의계약 5. 법정위탁 6. 기타 ( ) 7. 없음	입찰방식: 계약기간 1. 1년 2. 2년 3. 3년 4. 4년 5. 5년 6. 기타 ( )년 7. 단기계약 (1년미만) 8. 없음	입찰방식: 낙찰자선정방법 1. 적격심사 2. 협상에의한계약 3. 최저가낙찰제 4. 규격가격분리 5. 2단계 경쟁입찰 6. 기타 ( ) 7. 없음	운영예산 산정: 운영예산 산정 1. 내부산정 (지자체 자체적으로 산정) 2. 외부산정 (외부전문기관위탁 산정) 3. 내·외부 모두 산정 4. 산정 無 5. 없음	운영예산 산정: 정산방법 1. 내부정산 (지자체 내부적으로 정산) 2. 외부정산 (외부전문기관위탁 정산) 3. 내·외부 모두 정산 4. 정산 無 5. 없음	성과평가 실시여부 1. 실시 2. 미실시 3. 향후 추진 4. 해당없음
7878	대전광역시	자유총연맹안보현장견학	15,300	1	1	7	8	7	1	1	1
7879	대전광역시	범시민안전문화운동선도지원	15,200	1	7	7	8	7	1	1	1
7880	대전광역시	대전경제포럼	14,400	1	1	4	1	7	1	1	2
7881	대전광역시	바르게살기운동활성화지원	11,321	1	1	7	8	7	1	1	1
7882	대전광역시	대전산내사건희생자위령제	11,160	1	4	7	8	7	1	1	1
7883	대전광역시	전통홀기전문가양성과정	11,088	1	4	7	8	7	5	5	4
7884	대전광역시	북한이탈주민건강가정만들기프로젝트	10,350	1	5	7	8	7	1	1	1
7885	대전광역시	6·1민주항쟁기념사업	9,000	1	4	7	8	7	1	1	1
7886	대전광역시	민족민주열사합동추모제(어린이민주주의현장탐방포함)	9,000	1	4	7	8	7	1	1	1
7887	대전광역시	자유총연맹육성지원	8,208	1	1	7	8	7	1	1	1
7888	대전광역시	평화통일공감대회	8,100	1	1	7	8	7	1	1	1
7889	대전광역시	전통문화대학유림지도자양성	7,776	1	4	7	8	7	4	4	4
7890	대전광역시	대전스포츠자원봉사단운영	7,740	1	1	7	8	7	1	1	1
7891	대전광역시	안전문화활동육성지원	7,600	1	7	7	8	7	1	1	1
7892	대전광역시	농업경영인첨단기술실용화교육지원	7,560	1	1,4	7	8	7	1	1	1
7893	대전광역시	대전시민마라톤교실운영	6,120	1	1	7	8	7	1	1	1
7894	대전광역시	우수식재료소비확대기반조성	6,000	1	2	7	8	7	1	1	4
7895	대전광역시	대전산내사건현장보존사업	5,445	1	4	7	8	7	1	1	1
7896	대전광역시	한국새농민영농기술교육지원	5,400	1	1,4	7	8	7	1	1	1
7897	대전광역시	시민학교한글교실	5,400	1	1	7	8	6	1	1	1
7898	대전광역시	한문경전강좌	5,400	1	4	7	8	7	4	4	4
7899	대전광역시	향교기로연재현	5,400	1	4	7	8	7	4	4	4
7900	대전광역시	전국한시백일장대회	5,400	1	4	7	8	7	4	4	4
7901	대전광역시	산업단지환경오염행위감시지원	4,676	1	4	7	8	7	5	5	4
7902	대전광역시	주말서당운영	4,320	1	4	7	8	7	4	4	4
7903	대전광역시	전통문화시민강좌	3,920	1	4	7	8	7	4	4	4
7904	대전광역시	한민족통일문예제전및민족통일시대회	3,789	1	1	7	8	7	1	1	1
7905	대전광역시	문화한밭발간	3,600	1	4	7	8	7	1	1	1
7906	대전광역시	북한이탈주민심리치유프로그램운영	3,420	1	8	7	8	7	1	1	1
7907	대전 동구	가계생활비지원	666,000	1	1	7	8	7	2	1	1
7908	대전 동구	사회적기업육성사업(일자리창출)	595,000	1	1	7	8	7	5	1	4
7909	대전 동구	생활체육지도자배치	503,312	1	1	7	8	7	5	1	1
7910	대전 동구	생활체육지도자활동장려금지원	276,523	1	1	7	8	7	5	1	1
7911	대전 동구	대전청년마을조성사업	250,000	1	6	1	3	6	1	1	1
7912	대전 동구	사회공헌활동지원사업(2단계전환사업)	237,635	1	1	7	8	7	5	1	4
7913	대전 동구	생활체육교실운영(27인)	139,500	1	1	7	8	7	5	1	1
7914	대전 동구	지체장애인협회동구지회사업지원	97,413	1	1	2	1	1	1	1	1
7915	대전 동구	새마을운동추진	77,500	1	1	7	8	7	1	1	1
7916	대전 동구	자원봉사센터활성화사업	69,300	1	1	6	1	1	1	1	1
7917	대전 동구	노인단체지원	66,810	1	1	7	7	7	1	1	1

순번	시군구	지출명 (사업명)	2024년예산 (단위 : 천원 /1년간)	민간이전 분류 (지방자치단체 세출예산 집행기준에 의거) 1. 민간경상사업보조(307-02) 2. 민간단체 법정운영비보조(307-03) 3. 민간행사사업보조(307-04) 4. 민간위탁금(307-05) 5. 사회복지시설 법정운영비보조(307-10) 6. 민간인위탁교육비(307-12) 7. 공기관등에대한경상적위탁사업비(308-13) 8. 민간자본사업보조,자체재원(402-01) 9. 민간자본사업보조,이전재원(402-02) 10. 민간위탁사업비(402-03) 11. 공기관등에 대한 자본적 위탁사업비(403-02)	민간이전지출 근거 (지방보조금 관리기준 참고) 1. 법률에 규정 2. 국고보조 재원(국가지정) 3. 용도 지정 기부금 4. 조례에 직접규정 5. 지자체가 권장하는 사업을 하는 공공기관 6. 시,도 정책 및 재정사정 7. 기타 8. 해당없음	입찰방식			운영예산 산정		성과평가 실시여부
						계약체결방법 (경쟁형태) 1. 일반경쟁 2. 제한경쟁 3. 지명경쟁 4. 수의계약 5. 법정위탁 6. 기타 ( ) 7. 없음	계약기간 1. 1년 2. 2년 3. 3년 4. 4년 5. 5년 6. 기타 ( )년 7. 단기계약 (1년미만) 8. 없음	낙찰자선정방법 1. 적격심사 2. 협상에의한계약 3. 최저가낙찰제 4. 규격가격분리 5. 2단계 경쟁입찰 6. 기타 ( ) 7. 없음	운영예산 산정 1. 내부산정 (지자체 자체적으로 산정) 2. 외부산정 (외부전문기관위탁 산정) 3. 내·외부 모두 산정 4. 산정 無 5. 없음	정산방법 1. 내부정산 (지자체 내부적으로 정산) 2. 외부정산 (외부전문기관위탁 정산) 3. 내·외부 모두 산정 4. 정산 無 5. 없음	1. 실시 2. 미실시 3. 향후 추진 4. 해당없음
7918	대전 동구	농기계수리비지원,공동시설운영,공용차량유지관리비등	58,265	1	1	7	8	7	2	1	1
7919	대전 동구	작은도서관(문고)지원사업	55,000	1	1	7	8	7	1	1	2
7920	대전 동구	작은도서관(문고)지원사업	55,000	1	1	7	8	7	1	1	2
7921	대전 동구	작은도서관(문고)지원사업	55,000	1	1	7	8	7	1	1	2
7922	대전 동구	작은도서관(문고)지원사업	55,000	1	1	7	8	7	1	1	2
7923	대전 동구	작은도서관(문고)지원사업	55,000	1	1	7	8	7	1	1	2
7924	대전 동구	작은도서관(문고)지원사업	55,000	1	1	7	8	7	1	1	2
7925	대전 동구	작은도서관(문고)지원사업	55,000	1	1	7	8	7	1	1	2
7926	대전 동구	작은도서관(문고)지원사업	55,000	1	1	7	8	7	1	1	2
7927	대전 동구	작은도서관(문고)지원사업	55,000	1	1	7	8	7	1	1	2
7928	대전 동구	작은도서관(문고)지원사업	55,000	1	1	7	8	7	1	1	2
7929	대전 동구	작은도서관(문고)지원사업	55,000	1	1	7	8	7	1	1	2
7930	대전 동구	작은도서관(문고)지원사업	55,000	1	1	7	8	7	1	1	2
7931	대전 동구	작은도서관(문고)지원사업	55,000	1	1	7	8	7	1	1	2
7932	대전 동구	작은도서관(문고)지원사업	55,000	1	1	7	8	7	1	1	2
7933	대전 동구	작은도서관(문고)지원사업	55,000	1	1	7	8	7	1	1	2
7934	대전 동구	작은도서관(문고)지원사업	55,000	1	1	7	8	7	1	1	2
7935	대전 동구	작은도서관(문고)지원사업	55,000	1	1	7	8	7	1	1	2
7936	대전 동구	작은도서관(문고)지원사업	55,000	1	1	7	8	7	1	1	2
7937	대전 동구	작은도서관(문고)지원사업	55,000	1	1	7	8	7	1	1	2
7938	대전 동구	작은도서관(문고)지원사업	55,000	1	1	7	8	7	1	1	2
7939	대전 동구	작은도서관(문고)지원사업	55,000	1	1	7	8	7	1	1	2
7940	대전 동구	작은도서관(문고)지원사업	55,000	1	1	7	8	7	1	1	2
7941	대전 동구	작은도서관(문고)지원사업	55,000	1	1	7	8	7	1	1	2
7942	대전 동구	작은도서관(문고)지원사업	55,000	1	1	7	8	7	1	1	2
7943	대전 동구	작은도서관(문고)지원사업	55,000	1	1	7	8	7	1	1	2
7944	대전 동구	작은도서관(문고)지원사업	55,000	1	1	7	8	7	1	1	2
7945	대전 동구	작은도서관(문고)지원사업	55,000	1	1	7	8	7	1	1	2
7946	대전 동구	작은도서관(문고)지원사업	55,000	1	1	7	8	7	1	1	2
7947	대전 동구	작은도서관(문고)지원사업	55,000	1	1	7	8	7	1	1	2
7948	대전 동구	마을기업육성사업	51,000	1	7	7	8	7	5	1	4
7949	대전 동구	시각장애인연합회동구지회사업지원	46,770	1	1	2	1	1	1	1	1
7950	대전 동구	생생문화유산사업	40,000	1	2	1	1	1	1	1	1
7951	대전 동구	문화원사업활동비	31,000	1	1	7	8	7	1	1	1
7952	대전 동구	노후단독주택지원사업	30,000	1	4	7	8	7	1	1	4
7953	대전 동구	낭월동도시재생뉴딜사업주민공모사업	25,000	1	2	2	7	7	1	1	4
7954	대전 동구	공정관광프로그램운영지원	24,000	1	4	7	8	7	1	1	1
7955	대전 동구	바르게살기운동추진	22,400	1	1	7	8	7	1	1	1
7956	대전 동구	청소년범죄예방위원대전동구지구위원회사업지원	21,050	1	1	7	8	7	1	1	4
7957	대전 동구	지역대학과함께하는진로직업체험프로그램	20,000	1	1	7	8	7	1	1	1

순번	시군구	지출명 (사업명)	2024년예산 (단위 : 천원 /1년간)	민간이전 분류 (지방자치단체 세출예산 집행기준에 의거) 1. 민간경상사업보조(307-02) 2. 민간단체 법정운영비보조(307-03) 3. 민간행사사업보조(307-04) 4. 민간위탁금(307-05) 5. 사회복지시설 법정운영비보조(307-10) 6. 민간인위탁교육비(307-12) 7. 공기관등에대한경상적위탁사업비(308-13) 8. 민간자본사업보조,자체재원(402-01) 9. 민간자본사업보조,이전재원(402-02) 10. 민간위탁사업비(402-03) 11. 공기관등에 대한 자본적 위탁사업비(403-02)	민간이전지출 근거 (지방보조금 관리기준 참고) 1. 법률에 규정 2. 국고보조 재원(국가지정) 3. 용도 지정 기부금 4. 조례에 직접규정 5. 지자체가 권장하는 사업을 하는 공공기관 6. 시,도 정책 및 재정사정 7. 기타 8. 해당없음	입찰방식 계약체결방법 (경쟁형태) 1. 일반경쟁 2. 제한경쟁 3. 지명경쟁 4. 수의계약 5. 법정위탁 6. 기타 ( ) 7. 없음	입찰방식 계약기간 1. 1년 2. 2년 3. 3년 4. 4년 5. 5년 6. 기타 ( )년 7. 단기계약 (1년미만) 8. 없음	입찰방식 낙찰자선정방법 1. 적격심사 2. 협상에의한계약 3. 최저가낙찰제 4. 규격가격분리 5. 2단계 경쟁입찰 6. 기타 ( ) 7. 없음	운영예산 산정 운영예산 산정 1. 내부산정 (지자체 자체적으로 산정) 2. 외부산정 (외부전문기관위탁 산정) 3. 내·외부 모두 산정 4. 산정 無 5. 없음	운영예산 산정 정산방법 1. 내부정산 (지자체 내부적으로 정산) 2. 외부정산 (외부전문기관위탁 정산) 3. 내·외부 모두 산정 4. 정산 無 5. 없음	성과평가 실시여부 1. 실시 2. 미실시 3. 향후 추진 4. 해당없음
7958	대전 동구	평화수호	16,520	1	1	7	8	7	1	1	1
7959	대전 동구	게이트볼장운영지원	16,200	1	1	7	8	7	5	1	1
7960	대전 동구	통립홍보및교육	15,430	1	1	7	8	7	1	1	1
7961	대전 동구	자원봉사보험가입서비스지원	13,518	1	1	6	1	1	1	1	1
7962	대전 동구	일반음식점기존영업주위생교육	13,200	1	1	7	8	7	1	1	1
7963	대전 동구	장애인정보화협회동구지회사업지원	12,000	1	1	2	1	1	1	1	1
7964	대전 동구	청소년활동지원	11,950	1	1	7	8	7	5	5	4
7965	대전 동구	문화학교운영	10,000	1	1	7	8	7	1	1	1
7966	대전 동구	문화원특성화사업	10,000	1	1	7	8	7	1	1	1
7967	대전 동구	동구포럼	9,000	1	4	7	8	7	1	1	1
7968	대전 동구	어린이체능교실	8,800	1	1	7	8	7	5	1	1
7969	대전 동구	여성생활체육강좌	8,000	1	1	7	8	7	5	1	1
7970	대전 동구	공동주택공동체활성화프로그램지원	8,000	1	4	7	8	7	1	1	1
7971	대전 동구	중앙시장문화센터운영	7,200	1	7	6	7	7	1	1	1
7972	대전 동구	교통질서확립	6,210	1	4	7	8	7	1	1	1
7973	대전 동구	저소득한부모가정지원	6,000	1	1	1	7	1	1	1	2
7974	대전 동구	추석맞이귀성차량무상안전점검행사	6,000	1	1	7	7	7	5	5	4
7975	대전 동구	동구나누미여성축구단운영지원	5,000	1	1	7	8	7	5	1	1
7976	대전 동구	장애인체육회운영지원	5,000	1	1	7	8	7	5	1	1
7977	대전 동구	우수평생학습동아리육성지원사업	4,800	1	1	6	8	7	1	1	1
7978	대전 동구	범죄예방	4,616	1	4	7	8	7	1	1	1
7979	대전 동구	우리마을독서동아리육성사업	3,000	1	1	6	8	7	1	1	2
7980	대전 동구	자연보호활동지원(자연보호동구협의회)	2,800	1	4	7	8	7	1	1	1
7981	대전 동구	통일기반조성	2,340	1	1	7	8	7	1	1	1
7982	대전 동구	노인단체지원	2,200	1	1	7	7	7	1	1	1
7983	대전 동구	노인단체지원	2,200	1	1	7	7	7	1	1	1
7984	대전 동구	스쿨존등. 하교어린이교통안전지도및캠페인전개	2,000	1	1	7	7	7	5	1	4
7985	대전 동구	교통안전캠페인및어린이통학차량지도	1,500	1	1	7	7	7	5	1	4
7986	대전 동구	공동주택전자투표서비스지원	1,000	1	1	7	8	7	1	1	1
7987	대전 동구	보훈선양사업	100,843	1	1	7	8	7	1	1	2
7988	대전 중구	생활체육지도자배치	882,776	1	4	7	8	7	5	5	4
7989	대전 중구	노숙인보호	362,626	1	1	7	8	7	1	1	4
7990	대전 중구	사회적기업육성사업(일자리창출)	210,000	1	2	7	8	7	5	5	4
7991	대전 중구	의료기관결핵환자관리지원	188,420	1	2	7	8	7	5	1	4
7992	대전 중구	생활체육교실운영	171,900	1	4	7	8	7	5	5	4
7993	대전 중구	여성농업인행복바우처지원	86,400	1	6	7	8	7	1	1	4
7994	대전 중구	민관협력돌봄체계활성화사업비	67,000	1	5	7	8	7	1	1	1
7995	대전 중구	사립작은도서관운영지원	52,000	1	1	7	8	7	5	5	4
7996	대전 중구	새마을운동중구지회사업비	47,950	1	1	7	8	7	1	1	1
7997	대전 중구	생활체육지도자배치	36,000	1	4	7	8	7	5	5	4

순번	시군구	지출명 (사업명)	2024년예산 (단위 : 천원 /1년간)	민간이전 분류 (지방자치단체 세출예산 집행기준에 의거) 1. 민간경상사업보조(307-02) 2. 민간단체 법정운영비보조(307-03) 3. 민간행사사업보조(307-04) 4. 민간위탁금(307-05) 5. 사회복지시설 법정운영비보조(307-10) 6. 민간인위탁교육비(307-12) 7. 공기관등에대한경상적위탁사업비(308-13) 8. 민간자본사업보조,자체재원(402-01) 9. 민간자본사업보조,이전재원(402-02) 10. 민간위탁사업비(402-03) 11. 공기관등에 대한 자본적 위탁사업비(403-02)	민간이전지출 근거 (지방보조금 관리기준 참고) 1. 법률에 규정 2. 국고보조 재원(국가지정) 3. 용도 지정 기부금 4. 조례에 직접규정 5. 지자체가 권장하는 사업을 하는 공공기관 6. 시,도 정책 및 재정사정 7. 기타 8. 해당없음	입찰방식			운영예산 산정		성과평가 실시여부
						계약체결방법 (경쟁형태) 1. 일반경쟁 2. 제한경쟁 3. 지명경쟁 4. 수의계약 5. 법정위탁 6. 기타 ( ) 7. 없음	계약기간 1. 1년 2. 2년 3. 3년 4. 4년 5. 5년 6. 기타 ( )년 7. 단기계약 (1년미만) 8. 없음	낙찰자선정방법 1. 적격심사 2. 협상에의한계약 3. 최저가낙찰제 4. 규격가격분리 5. 2단계 경쟁입찰 6. 기타 ( ) 7. 없음	운영예산 산정 1. 내부산정 (지자체 자체적으로 산정) 2. 외부산정 (외부전문기관위탁 산정) 3. 내·외부 모두 산정 4. 산정 無 5. 없음	정산방법 1. 내부정산 (지자체 내부적으로 정산) 2. 외부정산 (외부전문기관위탁 정산) 3. 내·외부 모두 산정 4. 정산 無 5. 없음	1. 실시 2. 미실시 3. 향후 추진 4. 해당없음
7998	대전 중구	로컬푸드인증농산물육성지원	34,080	1	6	1	1	3	1	1	2
7999	대전 중구	문화원사업활동비	31,000	1	4	7	8	7	5	5	4
8000	대전 중구	문화예술의거리지원	28,000	1	4	7	8	7	5	5	4
8001	대전 중구	농업농촌체험학습지원	27,500	1	6	7	8	7	1	1	2
8002	대전 중구	마을공동체활성화사업	27,000	1	4	1	7	1	1	1	4
8003	대전 중구	장애인행사지원	21,000	1	1	7	8	7	1	1	4
8004	대전 중구	지역사회보장협의체민관협력사업비	20,000	1	4	7	8	7	1	1	1
8005	대전 중구	바르게살기운동중구협의회사업비	19,362	1	1	7	8	7	1	1	1
8006	대전 중구	청소년범죄예방위원회대전중구위원회사업비	18,510	1	4	7	8	7	1	1	1
8007	대전 중구	6.25참전유공자회사업비	17,390	1	1,4	7	8	7	1	1	1
8008	대전 중구	동지역사회보장협의체활성화사업비	17,000	1	4	7	8	7	1	1	1
8009	대전 중구	일반음식점기존영업주위생교육	16,144	1	1,6	7	8	7	4	1	2
8010	대전 중구	화분지원사업	15,680	1	6	7	8	7	2	1	4
8011	대전 중구	무공수훈자회사업비	15,350	1	1,4	7	8	7	1	1	1
8012	대전 중구	고엽제환자수송사업	14,832	1	1,4	7	8	7	1	1	1
8013	대전 중구	공동주택공용시설지원사업	14,000	1	4	7	8	7	1	1	4
8014	대전 중구	전몰군경미망인회사업비	13,010	1	1,4	7	8	7	1	1	1
8015	대전 중구	도시민체험양봉장운영지원	13,000	1	6	7	8	7	2	1	4
8016	대전 중구	전몰군경유족회사업비	12,870	1	1,4	7	8	7	1	1	1
8017	대전 중구	상이군경회사업비	12,560	1	1,4	7	8	7	1	1	1
8018	대전 중구	민주평화통일자문회의중구협의회사업비	12,100	1	1	7	8	7	1	1	1
8019	대전 중구	공동체도시텃밭지원	12,000	1	6	7	8	7	1	1	4
8020	대전 중구	광복회사업비	11,230	1	1,4	7	8	7	1	1	1
8021	대전 중구	고엽제전우회사업비	11,010	1	1,4	7	8	7	1	1	1
8022	대전 중구	음식문화개선운동추진위원회사업지원	10,540	1	1	7	8	7	4	1	2
8023	대전 중구	월남전참전자회사업비	10,520	1	1,4	7	8	7	1	1	1
8024	대전 중구	노인신문구독사업	10,430	1	1	7	8	7	1	1	4
8025	대전 중구	문화학교운영지원	10,000	1	4	7	8	7	5	5	4
8026	대전 중구	문화원특성화사업	10,000	1	4	7	8	7	5	5	4
8027	대전 중구	위생업소등지원사업보조	10,000	1	4	6	1	1	4	1	4
8028	대전 중구	일반음식점노후환기시설개선지원	10,000	1	4	7	8	7	5	5	4
8029	대전 중구	중촌동도시재생뉴딜사업초기사업비지원	10,000	1	1	7	8	7	5	5	4
8030	대전 중구	모범운전자회사업비	9,000	1	4	7	8	7	1	1	1
8031	대전 중구	내고장농산물명품화(포장재제작)	7,350	1	6	7	8	7	1	1	2
8032	대전 중구	중구관악합주단(예술단체)운영	7,000	1	4	7	8	7	5	5	4
8033	대전 중구	설탕지원사업	6,216	1	6	7	8	7	2	1	4
8034	대전 중구	노인대학운영	6,020	1	1	7	8	7	1	1	4
8035	대전 중구	자동차안전점검행사사업비	6,000	1	4	7	8	7	1	1	1
8036	대전 중구	석교동주민공모사업보조금	6,000	1	1	2	7	6	1	1	3
8037	대전 중구	재향군인회사업비	5,390	1	1,4	7	8	7	1	1	1

순번	시군구	지출명 (사업명)	2024년예산 (단위 : 천원 /1년간)	민간이전 분류 (지방자치단체 세출예산 집행기준에 의거) 1. 민간경상사업보조(307-02) 2. 민간단체 법정운영비보조(307-03) 3. 민간행사사업보조(307-04) 4. 민간위탁금(307-05) 5. 사회복지시설 법정운영비보조(307-10) 6. 민간인위탁교육비(307-12) 7. 공기관등에대한경상적위탁사업비(308-13) 8. 민간자본사업보조,자체재원(402-01) 9. 민간자본사업보조,이전재원(402-02) 10. 민간위탁사업비(402-03) 11. 공기관등에 대한 자본적 위탁사업비(403-02)	민간이전지출 근거 (지방보조금 관리기준 참고) 1. 법률에 규정 2. 국고보조 재원(국가지정) 3. 용도 지정 기부금 4. 조례에 직접규정 5. 지자체가 권장하는 사업을 하는 공공기관 6. 시,도 정책 및 재정사정 7. 기타 8. 해당없음	입찰방식 계약체결방법 (경쟁형태) 1. 일반경쟁 2. 제한경쟁 3. 지명경쟁 4. 수의계약 5. 법정위탁 6. 기타 ( ) 7. 없음	입찰방식 계약기간 1. 1년 2. 2년 3. 3년 4. 4년 5. 5년 6. 기타 ( )년 7. 단기계약 (1년미만) 8. 없음	입찰방식 낙찰자선정방법 1. 적격심사 2. 협상에의한계약 3. 최저가낙찰제 4. 규격가격분리 5. 2단계 경쟁입찰 6. 기타 ( ) 7. 없음	운영예산 산정 운영예산 산정 1. 내부산정 (지자체 자체적으로 산정) 2. 외부산정 (외부전문기관위탁 산정) 3. 내·외부 모두 산정 4. 산정 無 5. 없음	운영예산 산정 정산방법 1. 내부정산 (지자체 내부적으로 정산) 2. 외부정산 (외부전문기관위탁 정산) 3. 내·외부 모두 산정 4. 정산 無 5. 없음	성과평가 실시여부 1. 실시 2. 미실시 3. 향후 추진 4. 해당없음
8038	대전 중구	지방행정동우회대전중구분회사업비	5,000	1	4	7	8	7	1	1	4
8039	대전 중구	지사총제향비	5,000	1	1	7	8	7	1	1	4
8040	대전 중구	한국자유총연맹중구지회사업비	4,700	1	1	7	8	7	1	1	1
8041	대전 중구	특수임무유공자회사업비	4,654	1	1,4	7	8	7	1	1	1
8042	대전 중구	가축분뇨처리용톱밥지원	4,550	1	6	7	8	7	2	1	4
8043	대전 중구	민족통일대전광역시중구협의회사업비	3,200	1	1	7	8	7	1	1	1
8044	대전 중구	대한적십자사봉사회중구지구협의회사업비	3,000	1	1	7	8	7	1	1	1
8045	대전 중구	문학발간사업지원	3,000	1	1	7	8	7	5	5	4
8046	대전 중구	전국우수시장박람회참가지원	3,000	1	1	7	8	7	1	1	4
8047	대전 중구	중부녹색어머니회사업비	3,000	1	4	7	8	7	1	1	1
8048	대전 중구	개량벌통지원사업	2,842	1	6	7	8	7	2	1	4
8049	대전 중구	자연보호협의회자연보호및정화활동	2,600	1	1	7	8	7	1	1	1
8050	대전 중구	대전중부재향경우회사업비	1,100	1	1	7	8	7	1	1	1
8051	대전 중구	농촌체험휴양마을보험가입지원	667	1	6	7	8	7	1	1	2
8052	대전 중구	농촌체험휴양마을리더교육지원	400	1	6	7	8	7	1	1	2
8053	대전 서구	사회적기업육성	1,039,000	1	2	7	8	7	5	1	4
8054	대전 서구	청년도전지원사업	457,400	1	2	7	1	7	5	1	1
8055	대전 서구	생활체육진흥육성지원	350,200	1	1	7	8	7	1	1	1
8056	대전 서구	직장운동경기부운영지원	339,586	1	1	7	8	7	1	1	1
8057	대전 서구	지역산업맞춤형일자리창출지원사업(전환사업)	176,000	1	1	1	7	1	1	1	3
8058	대전 서구	공동주택지원	174,000	1	1,4	7	7	7	1	1	2
8059	대전 서구	신중년사회공헌활동지원사업(전환사업)	165,847	1	1	1	7	1	1	1	3
8060	대전 서구	장애인체육회운영	150,598	1	2	7	8	7	1	1	1
8061	대전 서구	청년후계농영농정착지원	138,400	1	1	7	8	7	1	1	4
8062	대전 서구	의료기관결핵환자관리지원	113,052	1	2	7	8	7	5	5	4
8063	대전 서구	생활체육교실운영	112,800	1	5	7	8	7	1	1	1
8064	대전 서구	보훈단체행사지원	112,170	1	1	7	8	7	1	1	1
8065	대전 서구	작은도서관운영지원	72,000	1	1,4	7	8	7	1	1	4
8066	대전 서구	정림동도시재생뉴딜사업	70,000	1	2	7	8	7	5	5	4
8067	대전 서구	문화유적지관리	55,000	1	2	7	8	7	5	1	1
8068	대전 서구	기업성장촉진	54,000	1	4	7	8	7	5	5	4
8069	대전 서구	새마을지도자지원	53,100	1	4	7	8	7	3	1	4
8070	대전 서구	농업인생산지원	45,000	1	1	7	8	7	1	1	4
8071	대전 서구	풍수해보험사업	40,000	1	1	7	8	7	1	1	4
8072	대전 서구	바르게살기운동협의회지원	37,544	1	4	7	8	7	3	1	4
8073	대전 서구	서구문화원운영	31,000	1	1	7	8	7	5	1	1
8074	대전 서구	마을기업육성	31,000	1	2	7	8	7	5	1	4
8075	대전 서구	청년공간운영지원사업	30,000	1	4	1	2	1	1	1	3
8076	대전 서구	마을공동체활성화사업	30,000	1	4	7	8	7	5	5	4
8077	대전 서구	장애인체육회운영	29,800	1	5	7	8	7	1	1	1

순번	시군구	지출명 (사업명)	2024년예산 (단위 : 천원 /1년간)	민간이전 분류 (지방자치단체 세출예산 집행기준에 의거) 1. 민간경상사업보조(307-02) 2. 민간단체 법정운영비보조(307-03) 3. 민간행사사업보조(307-04) 4. 민간위탁금(307-05) 5. 사회복지시설 법정운영비보조(307-10) 6. 민간인위탁교육비(307-12) 7. 공기관등에대한경상적위탁사업비(308-13) 8. 민간자본사업보조,자체재원(402-01) 9. 민간자본사업보조,이전재원(402-02) 10. 민간위탁사업비(402-03) 11. 공기관등에 대한 자본적 위탁사업비(403-02)	민간이전지출 근거 (지방보조금 관리기준 참고) 1. 법률에 규정 2. 국고보조 재원(국가지정) 3. 용도 지정 기부금 4. 조례에 직접규정 5. 지자체가 권장하는 사업을 하는 공공기관 6. 시,도 정책 및 재정사정 7. 기타 8. 해당없음	입찰방식			운영예산 산정		성과평가 실시여부
						계약체결방법 (경쟁형태) 1. 일반경쟁 2. 제한경쟁 3. 지명경쟁 4. 수의계약 5. 법정위탁 6. 기타 ( ) 7. 없음	계약기간 1. 1년 2. 2년 3. 3년 4. 4년 5. 5년 6. 기타 ( )년 7. 단기계약 (1년미만) 8. 없음	낙찰자선정방법 1. 적격심사 2. 협상에의한계약 3. 최저가낙찰제 4. 규격가격분리 5. 2단계 경쟁입찰 6. 기타 ( ) 7. 없음	운영예산 산정 1. 내부산정 (지자체 자체적으로 산정) 2. 외부산정 (외부전문기관위탁 산정) 3. 내·외부 모두 산정 4. 산정 無 5. 없음	정산방법 1. 내부정산 (지자체 내부적으로 정산) 2. 외부정산 (외부전문기관위탁 정산) 3. 내·외부 모두 산정 4. 정산 無 5. 없음	1. 실시 2. 미실시 3. 향후 추진 4. 해당없음
8078	대전 서구	음식문화개선운동	29,200	1	1	7	8	7	1	1	1
8079	대전 서구	한국자유총연맹지원	29,176	1	4	7	8	7	3	1	4
8080	대전 서구	로컬푸드육성지원	25,560	1	1	7	8	7	1	1	4
8081	대전 서구	취업훈련	25,000	1	1	1	7	1	1	1	3
8082	대전 서구	열린오케스트라운영	20,000	1	1	7	8	7	5	1	1
8083	대전 서구	지역사회보장협의체운영	20,000	1	1	7	8	7	1	1	1
8084	대전 서구	아동친화도시조성	20,000	1	4	2	7	1	1	1	1
8085	대전 서구	시민체험양봉장운영지원	19,000	1	1	7	8	7	1	1	4
8086	대전 서구	청소년범죄예방위원지원	18,700	1	4	7	8	7	1	1	2
8087	대전 서구	공동주택지원	18,000	1	1,4	7	7	7	1	1	2
8088	대전 서구	교통안전봉사단체지원	17,000	1	4	7	8	7	1	1	1
8089	대전 서구	서구문화원예술단운영	16,000	1	1	7	8	7	5	1	1
8090	대전 서구	적십자사봉사회지원	16,000	1	4	7	8	7	1	1	2
8091	대전 서구	자원봉사협의회지원	16,000	1	4	7	8	7	1	1	2
8092	대전 서구	민주평화통일협의회지원	15,650	1	4	7	8	7	3	1	4
8093	대전 서구	전통민속놀이육성	14,000	1	1	7	8	7	5	1	1
8094	대전 서구	청년역량강화공모사업	10,000	1	4	1	7	1	1	1	3
8095	대전 서구	문화학교운영	10,000	1	1	7	8	7	5	1	1
8096	대전 서구	문화원특성화사업	10,000	1	1	7	8	7	5	1	1
8097	대전 서구	혁신교육지구사업	10,000	1	4	7	8	7	1	1	4
8098	대전 서구	범죄피해자지원	10,000	1	4	7	8	7	1	1	1
8099	대전 서구	학교밖청소년수학여행지원	10,000	1	1	5	3	7	1	1	1
8100	대전 서구	농산물직거래행사지원	10,000	1	1	7	8	7	1	1	4
8101	대전 서구	위생문화개선	8,320	1	1	7	8	7	1	1	1
8102	대전 서구	해병대전우회지원	5,000	1	4	7	8	7	1	1	2
8103	대전 서구	평생학습도시조성지원	5,000	1	7	7	8	7	5	1	4
8104	대전 서구	대전충남생태보전시민모임(반딧불이서식처보전활동등)	4,500	1	1	7	8	7	1	1	4
8105	대전 서구	작은도서관운영지원	4,500	1	1,4	7	8	7	1	1	4
8106	대전 서구	의회를사랑하는사람들서구지회사업지원	3,000	1	4	7	8	7	1	1	3
8107	대전 서구	전통시장박람회참가지원	3,000	1	1	7	8	7	1	1	1
8108	대전 서구	종합재난관리체계구축	3,000	1	4	7	8	7	1	1	1
8109	대전 서구	환경보전홍보	2,500	1	1,4	7	8	7	1	1	4
8110	대전 서구	북한이탈주민정착지원	2,000	1	4	7	8	7	1	1	1
8111	대전 서구	청소년유해환경감시단	2,000	1	1	7	8	7	1	1	4
8112	대전 서구	서구그린리더협의회(기후생태학교운영등)	1,500	1	1	7	8	7	1	1	4
8113	대전 서구	재향경우회지원	1,000	1	4	7	8	7	5	1	4
8114	대전 유성구	(예비)사회적기업일자리창출지원	1,150,000	1	6	7	8	7	5	5	4
8115	대전 유성구	인건비	629,140	1	2	7	8	7	1	1	1
8116	대전 유성구	유기질비료공급	413,128	1	1	7	8	7	1	1	4
8117	대전 유성구	사회공헌활동지원	338,803	1	6	7	8	7	5	5	4

순번	시군구	지출명 (사업명)	2024년예산 (단위 : 천원 /1년간)	민간이전 분류 (지방자치단체 세출예산 집행기준에 의거)	민간이전지출 근거 (지방보조금 관리기준 참고)	입찰방식			운영예산 산정		성과평가 실시여부
				1. 민간경상사업보조(307-02) 2. 민간단체 법정운영비보조(307-03) 3. 민간행사사업보조(307-04) 4. 민간위탁금(307-05) 5. 사회복지시설 법정운영비보조(307-10) 6. 민간인위탁교육비(307-12) 7. 공기관등에대한경상적위탁사업비(308-13) 8. 민간자본사업보조,자체재원(402-01) 9. 민간자본사업보조,이전재원(402-02) 10. 민간위탁사업비(402-03) 11. 공기관등에 대한 자본적 위탁사업비(403-02)	1. 법률에 규정 2. 국고보조 재원(국가지정) 3. 용도 지정 기부금 4. 조례에 직접규정 5. 지자체가 권장하는 사업을 하는 공공기관 6. 시,도 정책 및 재정사정 7. 기타 8. 해당없음	계약체결방법 (경쟁형태) 1. 일반경쟁 2. 제한경쟁 3. 지명경쟁 4. 수의계약 5. 법정위탁 6. 기타 ( ) 7. 없음	계약기간 1. 1년 2. 2년 3. 3년 4. 4년 5. 5년 6. 기타 ( )년 7. 단기계약 (1년미만) 8. 없음	낙찰자선정방법 1. 적격심사 2. 협상에의한계약 3. 최저가낙찰제 4. 규격가격분리 5. 2단계 경쟁입찰 6. 기타 ( ) 7. 없음	운영예산 산정 1. 내부산정 (지자체 자체적으로 산정) 2. 외부산정 (외부전문기관위탁 산정) 3. 내·외부 모두 산정 4. 산정 無 5. 없음	정산방법 1. 내부정산 (지자체 내부적으로 정산) 2. 외부정산 (외부전문기관위탁 정산) 3. 내·외부 모두 산정 4. 정산 無 5. 없음	1. 실시 2. 미실시 3. 향후 추진 4. 해당없음
8118	대전 유성구	활동장려금	319,599	1	6	7	8	7	1	1	1
8119	대전 유성구	생활체육교실지원(유성구체육회)	305,400	1	4	7	8	7	1	1	1
8120	대전 유성구	대전청년마을조성	250,000	1	6	7	8	7	5	5	1
8121	대전 유성구	마을공동체활성화공모사업	170,000	1	4	2	7	1	1	1	3
8122	대전 유성구	유성구체육회운영지원	142,575	1	1	7	8	7	1	1	1
8123	대전 유성구	여성농업인행복바우처지원	142,200	1	6	7	8	7	1	3	4
8124	대전 유성구	작은도서관도서구입비지원	140,000	1	4	6	3	7	1	1	1
8125	대전 유성구	내고장으뜸농산물명품화사업	137,900	1	6	7	8	7	5	1	4
8126	대전 유성구	시설채소관주용비료지원	113,028	1	1	7	8	7	1	1	4
8127	대전 유성구	지역산업맞춤형일자리창출지원	110,000	1	6	7	8	7	5	5	4
8128	대전 유성구	체육대회개최및참가지원(유성구체육회)	105,000	1	4	7	8	7	1	1	1
8129	대전 유성구	초등방과후마을돌봄지원(구정참여형)	100,000	1	6	7	8	6	4	5	3
8130	대전 유성구	노인건강돌봄사업	100,000	1	8	7	7	7	1	1	1
8131	대전 유성구	청년창업농영농정착지원	99,400	1	1	7	8	7	1	3	4
8132	대전 유성구	대안교육기관지원	90,000	1	1,4	7	8	7	1	1	4
8133	대전 유성구	전적지순례사업등	83,643	1	1,4	7	8	7	1	1	2
8134	대전 유성구	장애인생활체육지도자배치	83,247	1	2	7	8	7	1	1	1
8135	대전 유성구	생활체육교실운영	76,000	1	6	7	8	7	1	1	1
8136	대전 유성구	통합안내창구운영	60,000	1	5	7	7	7	1	1	1
8137	대전 유성구	미래세대디지털청년일자리	58,830	1	2	7	8	7	5	5	4
8138	대전 유성구	농촌돌봄서비스활성화지원	55,000	1	1	7	8	7	1	1	1
8139	대전 유성구	민관협력돌봄체계활성화지원	54,000	1	5	7	7	7	3	1	1
8140	대전 유성구	양봉농가화분지원	51,800	1	6	7	8	7	5	1	4
8141	대전 유성구	지역사회통합돌봄장애인일자리지원	50,000	1	8	7	7	7	3	1	1
8142	대전 유성구	공동체활성화프로그램지원	48,000	1	6	7	8	7	1	1	4
8143	대전 유성구	양봉농가사료(설탕)지원	41,958	1	6	7	8	7	5	1	4
8144	대전 유성구	공동주택안전관리시스템구축지원	40,000	1	6	7	8	7	1	1	3
8145	대전 유성구	농촌체험마을사무장채용지원	34,620	1	1,4	7	8	7	5	5	4
8146	대전 유성구	각동새마을협의회부녀회사업	33,800	1	4	5	1	7	3	1	1
8147	대전 유성구	농촌체험휴양마을체험학습지원	33,333	1	1,4	7	8	7	5	5	4
8148	대전 유성구	토양개량제공급	31,757	1	1	7	8	7	1	1	4
8149	대전 유성구	전통민속문화시연및행사지원(유성문화원)	31,700	1	1	7	8	7	1	1	4
8150	대전 유성구	마을기업육성	31,000	1	6	7	8	7	5	5	4
8151	대전 유성구	문화원사업활동비	31,000	1	1	7	8	7	1	1	4
8152	대전 유성구	공공형작은도서관문화강좌사업지원	29,400	1	4	7	8	7	1	1	1
8153	대전 유성구	전통민속놀이육성지원	28,000	1	1	7	8	7	1	1	4
8154	대전 유성구	기존영업주(일반음식점)위생교육비지원	23,408	1	6	7	8	7	5	1	4
8155	대전 유성구	곤충사육농가소득증대사업	23,100	1	1	7	8	7	1	1	1
8156	대전 유성구	가축분뇨처리용톱밥지원	22,400	1	6	7	8	7	5	1	4
8157	대전 유성구	유성구새마을회사업비	21,840	1	4	5	1	7	3	1	1

순번	시군구	지출명 (사업명)	2024년예산 (단위 : 천원 /1년간)	민간이전 분류 (지방자치단체 세출예산 집행기준에 의거) 1. 민간경상사업보조(307-02) 2. 민간단체 법정운영비보조(307-03) 3. 민간행사사업보조(307-04) 4. 민간위탁금(307-05) 5. 사회복지시설 법정운영비보조(307-10) 6. 민간인위탁교육비(307-12) 7. 공기관등에대한경상적위탁사업비(308-13) 8. 민간자본사업보조,자체재원(402-01) 9. 민간자본사업보조,이전재원(402-02) 10. 민간위탁사업비(402-03) 11. 공기관등에 대한 자본적 위탁사업비(403-02)	민간이전지출 근거 (지방보조금 관리기준 참고) 1. 법률에 규정 2. 국고보조 재원(국가지정) 3. 용도 지정 기부금 4. 조례에 직접규정 5. 지자체가 권장하는 사업을 하는 공공기관 6. 시,도 정책 및 재정사정 7. 기타 8. 해당없음	입찰방식 계약체결방법 (경쟁형태) 1. 일반경쟁 2. 제한경쟁 3. 지명경쟁 4. 수의계약 5. 법정위탁 6. 기타 ( ) 7. 없음	입찰방식 계약기간 1. 1년 2. 2년 3. 3년 4. 4년 5. 5년 6. 기타 ( )년 7. 단기계약 (1년미만) 8. 없음	입찰방식 낙찰자선정방법 1. 적격심사 2. 협상에의한계약 3. 최저가낙찰제 4. 규격가격분리 5. 2단계 경쟁입찰 6. 기타 ( ) 7. 없음	운영예산 산정 운영예산 산정 1. 내부산정 (지자체 자체적으로 산정) 2. 외부산정 (외부전문기관위탁 산정) 3. 내·외부 모두 산정 4. 산정 無 5. 없음	운영예산 산정 정산방법 1. 내부정산 (지자체 내부적으로 정산) 2. 외부정산 (외부전문기관위탁 정산) 3. 내·외부 모두 산정 4. 정산 無 5. 없음	성과평가 실시여부 1. 실시 2. 미실시 3. 향후 추진 4. 해당없음
8158	대전 유성구	지역사회보장협의체민관협력사업비	20,000	1	1,4	7	8	7	1	1	1
8159	대전 유성구	장애인생활체육교실지원	19,320	1	4	7	8	7	1	1	1
8160	대전 유성구	악취저감유기질비료지원	17,500	1	1	7	8	7	1	1	4
8161	대전 유성구	농촌지도자활성화지원(농촌지도자유성협의회)	17,000	1	1	7	8	7	1	1	3
8162	대전 유성구	체육단체육성사업지원(유성구체육회)	16,200	1	4	7	8	7	1	1	1
8163	대전 유성구	문화예술동아리지원공모사업	16,000	1	4	7	8	7	1	1	3
8164	대전 유성구	시민양봉체험지원	15,000	1	6	7	8	7	5	1	4
8165	대전 유성구	국내외관광활성화지원(유성관광진흥협의회)	14,000	1	4	7	8	7	5	5	2
8166	대전 유성구	배나무적성병공동방제	14,000	1	1	7	8	7	1	1	1
8167	대전 유성구	별밭마을미디어플랫폼활성화	13,000	1	4	7	8	7	5	5	4
8168	대전 유성구	문화학교운영	12,000	1	1	7	8	7	1	1	4
8169	대전 유성구	함께만드는모두의마을학교	12,000	1	4	7	8	7	5	5	4
8170	대전 유성구	민주평화통일자문회의유성구협의회	11,590	1	4	7	8	7	1	1	1
8171	대전 유성구	전자투표서비스이용수수료	11,000	1	6	7	8	7	1	1	4
8172	대전 유성구	바르게살기운동유성구협의회	10,382	1	4	7	8	7	1	1	1
8173	대전 유성구	문화학교운영	10,000	1	1	7	8	7	1	1	4
8174	대전 유성구	문화원특성화사업	10,000	1	1	7	8	7	1	1	4
8175	대전 유성구	유성노인대학지원(대한노인회유성구지회)	10,000	1	1	7	8	7	1	1	4
8176	대전 유성구	육아커뮤니티지원공모	10,000	1	1	4	3	7	5	5	3
8177	대전 유성구	미용업종사자전문기술교육지원	10,000	1	4	7	8	7	1	1	1
8178	대전 유성구	정성으로맛나는기쁨을드리자	10,000	1	4	7	8	7	5	5	4
8179	대전 유성구	영양가득사랑의반찬나눔	10,000	1	4	7	8	7	5	5	4
8180	대전 유성구	어린이체능교실운영	8,800	1	4	7	8	7	1	1	1
8181	대전 유성구	개량벌통구입지원	8,330	1	6	7	8	7	5	1	4
8182	대전 유성구	교통계도활동및캠페인지원	8,220	1	4	7	8	7	1	1	3
8183	대전 유성구	유성구재향군인회	8,190	1	4	7	8	7	1	1	1
8184	대전 유성구	한국자유총연맹유성구지회	8,000	1	4	7	8	7	1	1	1
8185	대전 유성구	여성생활체육강좌운영	8,000	1	4	7	8	7	1	1	1
8186	대전 유성구	수리계유지관리비지원	8,000	1	4	7	8	7	1	1	4
8187	대전 유성구	별밭마을콘서트	8,000	1	4	7	8	7	5	5	4
8188	대전 유성구	적십자지역사회소수민복지증진사업	7,500	1	1,4	7	8	7	1	1	1
8189	대전 유성구	추석맞이어려운이웃사랑의밑반찬나누기(유성구여성단체협의회)	7,500	1	4	7	8	7	1	1	3
8190	대전 유성구	해병대전우회유성구지회	7,000	1	4	7	8	7	1	1	1
8191	대전 유성구	관학협력사업(공모)	7,000	1	4	7	8	7	1	1	1
8192	대전 유성구	청소년문화예술활동지원(대덕특구청소년오케스트라)	6,800	1	4	7	8	7	1	1	4
8193	대전 유성구	장애인소식지발간지원(지체장애인협회)	6,434	1	4	7	8	7	1	1	1
8194	대전 유성구	추석맞이자동차무상점검서비스	5,500	1	4	7	8	7	1	1	1
8195	대전 유성구	임원리더십강화세미나	5,000	1	4	5	1	7	3	1	1
8196	대전 유성구	우수평생학습동아리지원(공모)	5,000	1	7	6	6	6	5	1	4
8197	대전 유성구	평생학습동아리연합회지원	5,000	1	7	7	8	7	5	1	4

순번	시군구	지출명 (사업명)	2024년예산 (단위 : 천원 /1년간)	민간이전 분류 (지방자치단체 세출예산 집행기준에 의거) 1. 민간경상사업보조(307-02) 2. 민간단체 법정운영비보조(307-03) 3. 민간행사사업보조(307-04) 4. 민간위탁금(307-05) 5. 사회복지시설 법정운영비보조(307-10) 6. 민간인위탁교육비(307-12) 7. 공기관등에대한경상적위탁사업비(308-13) 8. 민간자본사업보조,자체재원(402-01) 9. 민간자본사업보조,이전재원(402-02) 10. 민간위탁사업비(402-03) 11. 공기관등에 대한 자본적 위탁사업비(403-02)	민간이전지출 근거 (지방보조금 관리기준 참고) 1. 법률에 규정 2. 국고보조 재원(국가지정) 3. 용도 지정 기부금 4. 조례에 직접규정 5. 지자체가 권장하는 사업을 하는 공공기관 6. 시,도 정책 및 재정사정 7. 기타 8. 해당없음	입찰방식: 계약체결방법 (경쟁형태) 1. 일반경쟁 2. 제한경쟁 3. 지명경쟁 4. 수의계약 5. 법정위탁 6. 기타 ( ) 7. 없음	입찰방식: 계약기간 1. 1년 2. 2년 3. 3년 4. 4년 5. 5년 6. 기타 ( )년 7. 단기계약 (1년미만) 8. 없음	입찰방식: 낙찰자선정방법 1. 적격심사 2. 협상에의한계약 3. 최저가낙찰제 4. 규격가격분리 5. 2단계 경쟁입찰 6. 기타 ( ) 7. 없음	운영예산 산정: 운영예산 산정 1. 내부산정 (지자체 자체적으로 산정) 2. 외부산정 (외부전문기관위탁 산정) 3. 내·외부 모두 산정 4. 산정 無 5. 없음	운영예산 산정: 정산방법 1. 내부정산 (지자체 내부적으로 정산) 2. 외부정산 (외부전문기관위탁 정산) 3. 내·외부 모두 산정 4. 정산 無 5. 없음	성과평가 실시여부 1. 실시 2. 미실시 3. 향후 추진 4. 해당없음
8198	대전 유성구	장애인체육대회참가지원	4,500	1	4	7	8	7	1	1	1
8199	대전 유성구	유해조수포획및야생동물보호활동(야생생물관리협회유성구지회)	4,500	1	4	7	8	7	1	1	1
8200	대전 유성구	유해야생동물기동대책반활동(전국수렵인참여연대유성구지회)	4,500	1	4	7	8	7	1	1	1
8201	대전 유성구	모범지도자잡지새벽종구독	4,350	1	4	5	1	7	3	1	1
8202	대전 유성구	민족통일유성구협의회	4,190	1	4	7	8	7	1	1	1
8203	대전 유성구	전통민속문화시연및행사지원(진잠향교)	4,000	1	1	7	8	7	1	1	4
8204	대전 유성구	청소년국악문화예술활동지원(청아율)	4,000	1	4	7	8	7	1	1	4
8205	대전 유성구	대학협력사업(공모)	4,000	1	5	7	8	7	1	1	1
8206	대전 유성구	특전동지회유성구지회	3,650	1	4	7	8	7	1	1	1
8207	대전 유성구	환경정화및야생동물생태계보전(자연보호중앙연맹유성구협의회)	2,388	1	4	7	8	7	1	1	1
8208	대전 유성구	환경보호감시활동(환경보호감시국민운동본부유성지회)	2,279	1	4	7	8	7	1	1	1
8209	대전 유성구	충효예교실지원(성균관유도회유성지회)	2,000	1	4	7	8	7	1	1	4
8210	대전 유성구	전통천연염색체험지원(자연에꽃물들이다)	2,000	1	4	7	8	7	1	1	4
8211	대전 유성구	지역문화예술활동지원(대덕이노폴리스싱어즈)	2,000	1	4	7	8	7	1	1	4
8212	대전 유성구	갑천환경정화활동(갑천환경지킴이)	1,950	1	4	7	8	7	1	1	1
8213	대전 유성구	외국인행복페스티벌지원(GBK)	1,750	1	4	7	8	7	1	1	4
8214	대전 유성구	전통다도예절지원(청명다례원)	1,500	1	4	7	8	7	1	1	4
8215	대전 유성구	가맹단체육성지원	1,500	1	4	7	8	7	1	1	1
8216	대전 유성구	농촌체험마을관광안전및화재보험료지원	1,333	1	1,4	7	8	7	5	5	4
8217	대전 유성구	유성천환경정화활동(유성천환경지킴이)	1,260	1	4	7	8	7	1	1	1
8218	대전 유성구	농촌체험마을역량강화사업	800	1	1,4	7	8	7	5	5	4
8219	대전 유성구	시민체험양봉운영기자재구입지원	750	1	6	7	8	7	5	1	4
8220	대전 대덕구	생활체육지도자배치(국비)	344,223	1	1	7	8	7	1	1	1
8221	대전 대덕구	노인의료돌봄통합지원시범사업	234,000	1	2	7	8	7	5	5	4
8222	대전 대덕구	생활체육교실운영	164,800	1	1	7	8	7	1	1	1
8223	대전 대덕구	어르신생활체육지도자배치(국비)	156,465	1	1	7	8	7	1	1	1
8224	대전 대덕구	생활체육지도자배치	122,708	1	1	7	8	7	1	1	1
8225	대전 대덕구	대덕문화원운영	106,200	1	4	7	8	7	1	1	1
8226	대전 대덕구	고택활용사업(국비)	100,000	1	2	6	1	7	1	1	1
8227	대전 대덕구	응급의료기관지원	86,400	1	2	6	6	6	2	2	4
8228	대전 대덕구	국가유공자예우	72,968	1	1	7	8	7	1	1	2
8229	대전 대덕구	자원봉사코디네이터지원육성(국비)	66,462	1	1	7	8	7	5	1	1
8230	대전 대덕구	자원봉사활성화지원	65,100	1	1	7	8	7	5	1	1
8231	대전 대덕구	장애인생활체육지도자배치(국비)	62,604	1	1	7	8	7	1	1	1
8232	대전 대덕구	민관협력돌봄체계활성화지원	55,000	1	1	5	8	7	1	1	4
8233	대전 대덕구	대덕구새마을회사업비	51,790	1	1	7	8	7	1	1	1
8234	대전 대덕구	어르신생활체육지도자배치	51,750	1	1	7	8	7	1	1	1
8235	대전 대덕구	대덕스포츠클럽운영	42,000	1	1	7	8	7	1	1	1
8236	대전 대덕구	대덕문화원운영	31,000	1	4	7	8	7	1	1	1
8237	대전 대덕구	장애인체육회운영	30,840	1	1	7	8	7	1	1	1

순번	시군구	지출명 (사업명)	2024년예산 (단위 : 천원 /1년간)	민간이전 분류 (지방자치단체 세출예산 집행기준에 의거) 1. 민간경상사업보조(307-02) 2. 민간단체 법정운영비보조(307-03) 3. 민간행사사업보조(307-04) 4. 민간위탁금(307-05) 5. 사회복지시설 법정운영비보조(307-10) 6. 민간인위탁교육비(307-12) 7. 공기관등에대한경상적위탁사업비(308-13) 8. 민간자본사업보조,자체재원(402-01) 9. 민간자본사업보조,이전재원(402-02) 10. 민간위탁사업비(402-03) 11. 공기관등에 대한 자본적 위탁사업비(403-02)	민간이전지출 근거 (지방보조금 관리기준 참고) 1. 법률에 규정 2. 국고보조 재원(국가지정) 3. 용도 지정 기부금 4. 조례에 직접규정 5. 지자체가 권장하는 사업을 하는 공공기관 6. 시,도 정책 및 재정사정 7. 기타 8. 해당없음	입찰방식 계약체결방법 (경쟁형태) 1. 일반경쟁 2. 제한경쟁 3. 지명경쟁 4. 수의계약 5. 법정위탁 6. 기타 ( ) 7. 없음	입찰방식 계약기간 1. 1년 2. 2년 3. 3년 4. 4년 5. 5년 6. 기타 ( )년 7. 단기계약 (1년미만) 8. 없음	입찰방식 낙찰자선정방법 1. 적격심사 2. 협상에의한계약 3. 최저가낙찰제 4. 규격가격분리 5. 2단계 경쟁입찰 6. 기타 ( ) 7. 없음	운영예산 산정 운영예산 산정 1. 내부산정 (지자체 자체적으로 산정) 2. 외부산정 (외부전문기관위탁 산정) 3. 내·외부 모두 산정 4. 산정 無 5. 없음	운영예산 산정 정산방법 1. 내부정산 (지자체 내부적으로 정산) 2. 외부정산 (외부전문기관위탁 정산) 3. 내·외부 모두 산정 4. 정산 無 5. 없음	성과평가 실시여부 1. 실시 2. 미실시 3. 향후 추진 4. 해당없음
8238	대전 대덕구	자치구청년공간운영지원사업	30,000	1	4	7	1	7	1	1	1
8239	대전 대덕구	퇴원환자돌봄사업	30,000	1	4	7	8	7	5	5	4
8240	대전 대덕구	농업농촌체험학습지원	29,233	1	1	7	8	7	5	1	4
8241	대전 대덕구	바르게살기운동대덕구협의회사업비	25,550	1	1	7	8	7	1	1	1
8242	대전 대덕구	양봉농가화분지원	21,560	1	1	7	8	7	5	1	4
8243	대전 대덕구	문화예술지원	20,000	1	4	7	8	7	1	1	1
8244	대전 대덕구	지역사회보장협의체운영지원	20,000	1	1	7	8	7	1	1	2
8245	대전 대덕구	경증치매어르신돌봄서비스	20,000	1	4	7	8	7	5	5	4
8246	대전 대덕구	농촌체험휴양마을활성화지원	19,600	1	1	7	8	7	5	1	4
8247	대전 대덕구	생활체육지도자배치	19,200	1	1	7	8	7	1	1	1
8248	대전 대덕구	농촌체험휴양마을사무장지원	17,310	1	1	7	8	7	1	1	4
8249	대전 대덕구	로컬푸드직매장순회수집지원사업	17,040	1	6	1	1	2	1	1	1
8250	대전 대덕구	내고장으뜸농산물명품화지원	16,800	1	1	7	8	7	5	1	2
8251	대전 대덕구	청소년범죄예방위원대덕구지구위원회활동사업비지원	15,020	1	1	7	8	1	1	1	4
8252	대전 대덕구	양봉농가사료지원	12,432	1	1	7	8	7	5	1	4
8253	대전 대덕구	장애인생활체육지도자배치	12,216	1	1	7	8	7	1	1	1
8254	대전 대덕구	체험양봉장운영지원	12,000	1	1	7	8	7	5	1	3
8255	대전 대덕구	자원봉사센터활성화지원	11,860	1	1	7	8	7	1	1	1
8256	대전 대덕구	한국자유총연맹대덕구지회사업비	11,510	1	1	7	8	7	1	1	1
8257	대전 대덕구	자원봉사보험가입서비스지원(국비)	9,574	1	1	7	8	7	5	1	1
8258	대전 대덕구	대덕구재향군인회지원	9,030	1	1	7	8	7	1	1	2
8259	대전 대덕구	생활체육활동진흥	8,000	1	1	7	8	7	1	1	1
8260	대전 대덕구	공동주택공동체활성화프로그램운영지원사업	8,000	1	1	7	8	7	5	5	4
8261	대전 대덕구	지체장애인문화예술교육지원	7,000	1	4	7	8	7	1	1	1
8262	대전 대덕구	장애인생활체육지도자배치	6,300	1	1	7	8	7	1	1	1
8263	대전 대덕구	복지만두레활성화지원사업	5,540	1	4	7	7	7	1	1	2
8264	대전 대덕구	해병대전우회대덕구지회사업비	5,250	1	4	7	8	7	1	1	1
8265	대전 대덕구	농업인단체지원	4,250	1	1	7	8	7	1	1	4
8266	대전 대덕구	향교활성화사업	4,000	1	1	5	1	7	1	1	1
8267	대전 대덕구	사회안전망강화	4,000	1	4	7	8	7	1	1	1
8268	대전 대덕구	가축분뇨처리용톱밥지원	3,850	1	1	7	8	7	5	1	4
8269	대전 대덕구	개량벌통구입지원	3,430	1	1	7	8	7	5	1	4
8270	대전 대덕구	주민생활안전지원공모사업	3,000	1	4	7	8	7	1	1	1
8271	대전 대덕구	생활체육지도자지도보험(국비)	2,624	1	1	7	8	7	1	1	1
8272	대전 대덕구	청소년유해환경감시단대덕구지회활동사업비지원	2,160	1	1	7	8	1	1	1	4
8273	대전 대덕구	공동주택전자투표서비스지원	2,000	1	1	7	8	7	5	5	4
8274	대전 대덕구	농촌체험휴양마을보험가입지원	1,333	1	2	7	8	7	5	1	4
8275	대전 대덕구	농촌체험휴양마을리더교육지원	800	1	2	7	8	7	5	1	4
8276	대전 대덕구	수리계관리유지비	600	1	1	4	1	7	1	1	4
8277	부산 중구	사회적기업일자리창출지원사업	122,930	1	1	6	1	6	1	1	2

순번	시군구	지출명 (사업명)	2024년예산 (단위 : 천원 /1년간)	민간이전 분류 (지방자치단체 세출예산 집행기준에 의거) 1. 민간경상사업보조(307-02) 2. 민간단체 법정운영비보조(307-03) 3. 민간행사사업보조(307-04) 4. 민간위탁금(307-05) 5. 사회복지시설 법정운영비보조(307-10) 6. 민간인위탁교육비(307-12) 7. 공기관등에대한경상적위탁사업비(308-13) 8. 민간자본사업보조,자체재원(402-01) 9. 민간자본사업보조,이전재원(402-02) 10. 민간위탁사업비(402-03) 11. 공기관등에 대한 자본적 위탁사업비(403-02)	민간이전지출 근거 (지방보조금 관리기준 참고) 1. 법률에 규정 2. 국고보조 재원(국가지정) 3. 용도 지정 기부금 4. 조례에 직접규정 5. 지자체가 권장하는 사업을 하는 공공기관 6. 시,도 정책 및 재정사정 7. 기타 8. 해당없음	입찰방식 계약체결방법 (경쟁형태) 1. 일반경쟁 2. 제한경쟁 3. 지명경쟁 4. 수의계약 5. 법정위탁 6. 기타 ( ) 7. 없음	입찰방식 계약기간 1. 1년 2. 2년 3. 3년 4. 4년 5. 5년 6. 기타 ( )년 7. 단기계약 (1년미만) 8. 없음	입찰방식 낙찰자선정방법 1. 적격심사 2. 협상에의한계약 3. 최저가낙찰제 4. 규격가격분리 5. 2단계 경쟁입찰 6. 기타 ( ) 7. 없음	운영예산 산정 운영예산 산정 1. 내부산정 (지자체 자체적으로 산정) 2. 외부산정 (외부전문기관위탁 산정) 3. 내·외부 모두 산정 4. 산정 無 5. 없음	운영예산 산정 정산방법 1. 내부정산 (지자체 내부적으로 정산) 2. 외부정산 (외부전문기관위탁 정산) 3. 내·외부 모두 정산 4. 정산 無 5. 없음	성과평가 실시여부 1. 실시 2. 미실시 3. 향후 추진 4. 해당없음
8278	부산 중구	새마을운동중구지회공익사업지원등	41,500	1	1	7	8	7	1	1	1
8279	부산 중구	가정용저녹스보일러보급사업	40,000	1	2	7	8	7	1	1	4
8280	부산 중구	구민생활체육활성화지원	33,000	1	1	7	8	7	1	1	1
8281	부산 중구	한국자유총연맹중구지회공익사업지원	25,400	1	1	7	8	7	1	1	1
8282	부산 중구	체육행사참가지원	24,070	1	1	7	8	7	1	1	1
8283	부산 중구	새마을문고공익사업지원	20,000	1	1	7	8	7	1	1	1
8284	부산 중구	전통시장화재공제지원사업	17,460	1	1	7	8	7	1	1	3
8285	부산 중구	바르게살기운동중구협의회공익사업지원	17,290	1	1	7	8	7	1	1	1
8286	부산 중구	민주평화통일자문회의공익사업지원	14,000	1	1	7	8	7	1	1	1
8287	부산 중구	중구청년연합회공익사업지원	12,700	1	4	7	8	7	1	1	1
8288	부산 중구	지역사회보장협의체활성화	12,000	1	6	7	8	7	1	1	2
8289	부산 중구	성인문해지원사업	10,000	1	4	7	8	7	5	1	1
8290	부산 중구	자연보호중구협의회공익사업지원	7,000	1	1	7	8	7	1	1	1
8291	부산 중구	대한적십자사봉사회활동지원	2,000	1	4	7	8	7	1	1	1
8292	부산 서구	의료기관결핵환자관리지원	404,415	1	2	7	8	7	5	5	4
8293	부산 서구	서구문화원지원	176,780	1	1	7	8	7	1	1	1
8294	부산 서구	어선원재해보상보험지원사업	160,000	1	1	7	8	7	1	1	4
8295	부산 서구	(예비)사회적기업일반전문인력지원	143,121	1	1	7	8	7	5	1	1
8296	부산 서구	어르신생활체육지도자배치지원	92,064	1	1	7	8	7	1	1	1
8297	부산 서구	일반생활체육지도자배치지원	92,064	1	1	7	8	7	1	1	1
8298	부산 서구	어선재해보상보험지원사업	70,000	1	1	7	8	7	1	1	4
8299	부산 서구	보훈관리및지원	64,490	1	4	7	7	7	1	1	4
8300	부산 서구	임산부친환경농산물지원시범사업	57,600	1	6	7	8	7	1	1	4
8301	부산 서구	동네청년활동공간활성화지원	40,000	1	1	6	7	6	1	1	1
8302	부산 서구	소형어선유류비지원	30,000	1	1	7	8	7	1	1	4
8303	부산 서구	초등돌봄교실과일간식지원	28,549	1	6	7	8	7	1	1	4
8304	부산 서구	생활체육진흥사업지원	21,500	1	1	7	8	7	1	1	1
8305	부산 서구	대한노인회공익활동사업지원(자체)(대한노인회사업비)	17,300	1	1	7	8	7	1	1	1
8306	부산 서구	생활체육교실운영	16,667	1	1	7	8	7	1	1	1
8307	부산 서구	성인문해교육지원사업	16,000	1	2	7	8	7	1	1	4
8308	부산 서구	지역사회보장협의체사무국운영	12,000	1	1	7	7	7	1	1	4
8309	부산 서구	청년어업인정착지원금	10,800	1	2	7	8	7	1	1	4
8310	부산 서구	지역주도형청년일자리사업(청년과사회적기업상생프로젝트)	10,554	1	1	6	1	6	1	1	1
8311	부산 서구	생태학습형학교텃밭운영	9,600	1	4	7	8	7	1	1	4
8312	부산 서구	상자텃밭보급	8,000	1	4	7	8	7	1	1	4
8313	부산 서구	우수평생학습동아리지원사업	7,000	1	1	1	7	1	1	1	1
8314	부산 서구	장애인단체지원	6,000	1	1	7	8	7	1	1	3
8315	부산 서구	교통봉사공익활동사업지원	6,000	1	4	6	1	1	1	1	1
8316	부산 서구	무형문화재활성화지원	5,000	1	1	7	8	7	1	1	1
8317	부산 서구	주5일제생활체육실천광장	4,000	1	1	7	8	7	1	1	1

순번	시군구	지출명 (사업명)	2024년예산 (단위 : 천원 /1년간)	민간이전 분류 (지방자치단체 세출예산 집행기준에 의거) 1. 민간경상사업보조(307-02) 2. 민간단체 법정운영비보조(307-03) 3. 민간행사사업보조(307-04) 4. 민간위탁금(307-05) 5. 사회복지시설 법정운영비보조(307-10) 6. 민간인위탁교육비(307-12) 7. 공기관등에대한경상적위탁사업비(308-13) 8. 민간자본사업보조,자체재원(402-01) 9. 민간자본사업보조,이전재원(402-02) 10. 민간위탁사업비(402-03) 11. 공기관등에 대한 자본적 위탁사업비(403-02)	민간이전지출 근거 (지방보조금 관리기준 참고) 1. 법률에 규정 2. 국고보조 재원(국가지정) 3. 용도 지정 기부금 4. 조례에 직접규정 5. 지자체가 권장하는 사업을 하는 공공기관 6. 시,도 정책 및 재정사정 7. 기타 8. 해당없음	입찰방식 계약체결방법 (경쟁형태) 1. 일반경쟁 2. 제한경쟁 3. 지명경쟁 4. 수의계약 5. 법정위탁 6. 기타 ( ) 7. 없음	입찰방식 계약기간 1. 1년 2. 2년 3. 3년 4. 4년 5. 5년 6. 기타 ( )년 7. 단기계약 (1년미만) 8. 없음	입찰방식 낙찰자선정방법 1. 적격심사 2. 협상에의한계약 3. 최저가낙찰제 4. 규격가격분리 5. 2단계 경쟁입찰 6. 기타 ( ) 7. 없음	운영예산 산정 운영예산 산정 1. 내부산정 (지자체 자체적으로 산정) 2. 외부산정 (외부전문기관위탁 산정) 3. 내·외부 모두 산정 4. 산정 無 5. 없음	운영예산 산정 정산방법 1. 내부정산 (지자체 내부적으로 정산) 2. 외부정산 (외부전문기관위탁 정산) 3. 내·외부 모두 산정 4. 정산 無 5. 없음	성과평가 실시여부 1. 실시 2. 미실시 3. 향후 추진 4. 해당없음
8318	부산 서구	장수체육대항운영	3,600	1	1	7	8	7	1	1	1
8319	부산 서구	여성단체공익활동사업지원	3,500	1	1	7	8	7	1	1	1
8320	부산 서구	유기동물입양비용지원사업	3,300	1	2	7	8	7	1	1	4
8321	부산 서구	어린이체능교실운영	3,000	1	1	7	8	7	1	1	1
8322	부산 서구	청소년체련교실운영	2,860	1	1	7	8	7	1	1	1
8323	부산 서구	유기질비료지원사업	2,533	1	2	7	8	7	1	1	4
8324	부산 서구	나잠어업인잠수복지원사업	2,000	1	2	7	8	7	1	1	4
8325	부산 서구	장애인단체지원	2,000	1	1	7	8	7	1	1	3
8326	부산 서구	의용소방대지원	2,000	1	1,4	7	8	7	1	1	1
8327	부산 서구	지역자율방재단활동지원	1,500	1	1,4	7	8	7	1	1	1
8328	부산 서구	어업인안전보험지원사업	1,000	1	1	7	8	7	1	1	4
8329	부산 서구	사회적약자반려동물진료비지원	750	1	4	7	8	7	1	1	4
8330	부산 서구	나잠어업인진료비지원사업	600	1	2	7	8	7	1	1	4
8331	부산 동구	동구체육진흥육성사업추진	81,580	1	1	5	8	7	1	1	1
8332	부산 동구	동구청년창업지원사업	77,724	1	4	7	8	7	5	5	4
8333	부산 동구	동구씨앗마을교육공동체지원	30,000	1	4	7	8	7	5	1	1
8334	부산 동구	새마을운동과함께꿈을현실로	26,690	1	4	7	8	7	5	5	4
8335	부산 동구	사회적기업일자리창출사업	22,500	1	1	7	8	7	5	5	4
8336	부산 동구	초등돌봄교실과일간식지원사업	18,829	1	6	7	8	7	5	5	4
8337	부산 동구	바르게살기의날운영	18,180	1	4	7	8	7	5	5	4
8338	부산 동구	대한민국자유민주주의수호사업	18,000	1	4	7	8	7	5	5	4
8339	부산 동구	지역환경교육센터공모사업	18,000	1	4	7	8	7	5	5	4
8340	부산 동구	메이커스페이스구축운영사업	15,000	1	2	7	8	7	1	2	4
8341	부산 동구	전통시장화재공제지원사업	12,000	1	1	7	8	7	5	5	4
8342	부산 동구	주민자치회운영지원(범일1동)	9,000	1	4	7	8	7	5	5	4
8343	부산 동구	사회적취약계층행복주거환경개선사업	5,000	1	7	7	8	7	5	5	4
8344	부산 동구	소상공인역량강화사업	5,000	1	4	7	8	7	5	5	4
8345	부산 동구	수중정화활동지원	4,400	1	7	7	8	7	5	5	4
8346	부산 동구	취약지방범활동지원	4,200	1	7	7	8	7	5	5	4
8347	부산 동구	범죄예방활동및방문상담활동지원	4,200	1	7	7	8	7	5	5	4
8348	부산 동구	전국새마을지도자대회참가자지원	3,600	1	4	7	8	7	5	5	4
8349	부산 동구	행복평상설치및교체	3,500	1	7	7	8	7	5	5	4
8350	부산 동구	저탄소녹색생활활동지원공모사업	3,000	1	4	7	8	7	1	1	1
8351	부산 동구	자연보호캠페인등활동지원	2,520	1	7	7	8	7	5	5	4
8352	부산 동구	기초질서지키기캠페인등활동지원	2,300	1	7	7	8	7	5	5	4
8353	부산 동구	등산로안내도부착	2,100	1	7	7	8	7	5	5	4
8354	부산 동구	유기동물입양비지원사업	1,500	1	2	7	8	7	5	5	4
8355	부산 동구	사회적약자반려동물진료지원사업	1,200	1	6	7	8	7	5	5	4
8356	부산 동구	사회적기업사회보험료지원사업	600	1	1	7	8	7	5	5	4
8357	부산 영도구	문화도시조성사업지원(문화도시조성사업지원)	2,940,000	1	2	6	5	6	3	3	1

순번	시군구	지출명 (사업명)	2024년예산 (단위 : 천원 /1년간)	민간이전 분류 (지방자치단체 세출예산 집행기준에 의거) 1. 민간경상사업보조(307-02) 2. 민간단체 법정운영비보조(307-03) 3. 민간행사사업보조(307-04) 4. 민간위탁금(307-05) 5. 사회복지시설 법정운영비보조(307-10) 6. 민간인위탁교육비(307-12) 7. 공기관등에대한경상적위탁사업비(308-13) 8. 민간자본사업보조,자체재원(402-01) 9. 민간자본사업보조,이전재원(402-02) 10. 민간위탁사업비(402-03) 11. 공기관등에 대한 자본적 위탁사업비(403-02)	민간이전지출 근거 (지방보조금 관리기준 참고) 1. 법률에 규정 2. 국고보조 재원(국가지정) 3. 용도 지정 기부금 4. 조례에 직접규정 5. 지자체가 권장하는 사업을 하는 공공기관 6. 시,도 정책 및 재정사정 7. 기타 8. 해당없음	입찰방식: 계약체결방법 (경쟁형태) 1. 일반경쟁 2. 제한경쟁 3. 지명경쟁 4. 수의계약 5. 법정위탁 6. 기타 ( ) 7. 없음	입찰방식: 계약기간 1. 1년 2. 2년 3. 3년 4. 4년 5. 5년 6. 기타 ( )년 7. 단기계약 (1년미만) 8. 없음	입찰방식: 낙찰자선정방법 1. 적격심사 2. 협상에의한계약 3. 최저가낙찰제 4. 규격가격분리 5. 2단계 경쟁입찰 6. 기타 ( ) 7. 없음	운영예산 산정: 운영예산 산정 1. 내부산정 (지자체 자체적으로 산정) 2. 외부산정 (외부전문기관위탁 산정) 3. 내·외부 모두 산정 4. 산정 無 5. 없음	운영예산 산정: 정산방법 1. 내부정산 (지자체 내부적으로 정산) 2. 외부정산 (외부전문기관위탁 정산) 3. 내·외부 모두 산정 4. 정산 無 5. 없음	성과평가 실시여부 1. 실시 2. 미실시 3. 향후 추진 4. 해당없음
8358	부산 영도구	전통시장화재공제지원사업	2,880,000	1	1	7	8	7	5	5	4
8359	부산 영도구	영도대표축제지원(전환사업)(영도대표축제지원)	184,250	1	4	7	8	7	1	1	1
8360	부산 영도구	축제및문화행사지원(영도문화원지원)	144,805	1	4	6	8	7	1	1	4
8361	부산 영도구	어르신생활체육지도자배치	125,828	1	1	5	1	7	1	1	1
8362	부산 영도구	재해보상보험료지원사업(어선원재해보상보험료지원사업)	88,000	1	4	7	8	7	5	1	4
8363	부산 영도구	지역주도형청년일자리지원사업(영도청년Build業일자리지원지원금)	70,593	1	2	7	8	7	5	5	4
8364	부산 영도구	축제및문화행사지원(흰여울문화마을운영지원)	63,000	1	4	6	8	7	1	1	4
8365	부산 영도구	일반생활체육지도자배치	62,914	1	1	5	1	7	1	1	1
8366	부산 영도구	임산부친환경농산물지원사업	57,600	1	6	7	8	7	1	1	4
8367	부산 영도구	새마을운동단체지원(영도구지회,동단체지원,수련대회)	55,000	1	4	7	8	7	1	1	1
8368	부산 영도구	재해보상보험료지원사업(어선재해보상보험료지원사업)	50,000	1	4	7	8	7	5	1	4
8369	부산 영도구	청년희망챌린지운영(청년희망챌린지사업운영지원)	45,000	1	6	4	1	7	1	1	3
8370	부산 영도구	공동주택관리지원사업	40,000	1	4	1,4	7	6	1	1	3
8371	부산 영도구	결핵전담간호사인건비(의료기관결핵환자관리지원)	36,765	1	2	7	8	1	5	1	4
8372	부산 영도구	다문화가족지원(결혼이민자통번역서비스)	34,100	1	2	5	1	2	1	1	1
8373	부산 영도구	도시농업육성사업(상자텃밭등보급)	32,000	1	4	7	8	7	1	1	4
8374	부산 영도구	초등돌봄교실과일간식지원사업	30,900	1	6	7	8	7	1	1	4
8375	부산 영도구	영도연안연구센터운영	30,000	1	4	7	8	7	5	1	1
8376	부산 영도구	생활체육프로그램운영	28,987	1	1	5	1	7	1	1	1
8377	부산 영도구	청소년영어어학연수	25,000	1	4	7	8	7	1	1	1
8378	부산 영도구	어촌체험마을사무장채용지원(어촌체험마을사무장채용지원사업)	24,127	1	2	7	8	7	5	1	4
8379	부산 영도구	일반,어르신생활체육지도자처우개선	23,760	1	1	5	1	7	1	1	1
8380	부산 영도구	소형어선유류비지원사업(소형어선유류비지원사업)	22,000	1	2	7	8	7	5	1	4
8381	부산 영도구	사회단체(민간)보조금지원	18,000	1	4	6	1	7	3	1	1
8382	부산 영도구	바르게살기운동단체지원(영도구협의회,동위원회지원)	17,500	1	1	7	8	7	3	1	1
8383	부산 영도구	한국자유총연맹단체지원(영도구지회,동분회지원)	17,000	1	1	7	8	7	3	1	1
8384	부산 영도구	다문화가족지원(한국어교육운영지원)	15,500	1	2	5	1	2	1	1	1
8385	부산 영도구	청소년영어스피치대회	14,500	1	4	7	8	7	1	1	1
8386	부산 영도구	민주평화통일자문회의활동지원	13,200	1	4	7	8	7	1	1	4
8387	부산 영도구	지역사회보장협의체사무국지원(지역사회보장협의체활성화사업)	12,000	1	1	6	8	7	1	1	1
8388	부산 영도구	대한노인회영도지회지원	12,000	1	1	7	8	7	1	1	4
8389	부산 영도구	평생학습프로그램운영(평생학습동아리활성화공모지원사업(최우수,우수,장려))	10,000	1	1	7	8	7	1	1	1
8390	부산 영도구	나잠어업인잠수복지원사업(나잠어업인잠수복지원사업)	9,600	1	4	7	8	7	5	1	4
8391	부산 영도구	유무형문화재보존및전승(문화재전승지원금(해사고놓악))	8,400	1	6	7	8	7	1	1	1
8392	부산 영도구	국가유공자및보훈단체지원(전몰군경유족회사업비지원)	7,800	1	4	6	8	7	1	1	1
8393	부산 영도구	영도구↔중국황포구청소년홈스테이	7,500	1	4	7	8	7	1	1	1
8394	부산 영도구	평생학습프로그램운영(소외계층평생교육프로그램공모지원사업)	7,500	1	4	7	8	7	1	1	1
8395	부산 영도구	국가유공자및보훈단체지원(무공수훈자회사업비지원)	6,500	1	4	6	8	7	1	1	1
8396	부산 영도구	국가유공자및보훈단체지원(상이군경회사업비지원)	6,500	1	4	6	8	7	1	1	1
8397	부산 영도구	국가유공자및보훈단체지원(전몰군경미망인회사업비지원)	6,500	1	4	6	8	7	1	1	1

순번	시군구	지출명 (사업명)	2024년예산 (단위 : 천원 /1년간)	민간이전 분류 (지방자치단체 세출예산 집행기준에 의거) 1. 민간경상사업보조(307-02) 2. 민간단체 법정운영비보조(307-03) 3. 민간행사사업보조(307-04) 4. 민간위탁금(307-05) 5. 사회복지시설 법정운영비보조(307-10) 6. 민간인위탁교육비(307-12) 7. 공기관등에대한경상적위탁사업비(308-13) 8. 민간자본사업보조,자체재원(402-01) 9. 민간자본사업보조,이전재원(402-02) 10. 민간위탁사업비(402-03) 11. 공기관등에 대한 자본적 위탁사업비(403-02)	민간이전지출 근거 (지방보조금 관리기준 참고) 1. 법률에 규정 2. 국고보조 재원(국가지정) 3. 용도 지정 기부금 4. 조례에 직접규정 5. 지자체가 권장하는 사업을 하는 공공기관 6. 시,도 정책 및 재정사정 7. 기타 8. 해당없음	입찰방식			운영예산 산정		성과평가 실시여부
						계약체결방법 (경쟁형태) 1. 일반경쟁 2. 제한경쟁 3. 지명경쟁 4. 수의계약 5. 법정위탁 6. 기타 ( ) 7. 없음	계약기간 1. 1년 2. 2년 3. 3년 4. 4년 5. 5년 6. 기타 ( )년 7. 단기계약 (1년미만) 8. 없음	낙찰자선정방법 1. 적격심사 2. 협상에의한계약 3. 최저가낙찰제 4. 규격가격분리 5. 2단계 경쟁입찰 6. 기타 ( ) 7. 없음	운영예산 산정 1. 내부산정 (지자체 자체적으로 산정) 2. 외부산정 (외부전문기관위탁 산정) 3. 내·외부 모두 산정 4. 산정 無 5. 없음	정산방법 1. 내부정산 (지자체 내부적으로 정산) 2. 외부정산 (외부전문기관위탁 정산) 3. 내·외부 모두 산정 4. 정산 無 5. 없음	1. 실시 2. 미실시 3. 향후 추진 4. 해당없음
8398	부산 영도구	국가유공자및보훈단체지원(재향군인회사업비지원)	6,000	1	4	6	8	7	1	1	1
8399	부산 영도구	영도구장애인협회지원	6,000	1	4	7	8	7	1	1	1
8400	부산 영도구	선진교통업무단체지원(모범운전자회),(선진교통문화정착사업	6,000	1	1	7	8	7	1	1	1
8401	부산 영도구	국가유공자및보훈단체지원(6.25참전유공자회사업비지원)	5,250	1	4	6	8	7	1	1	1
8402	부산 영도구	국가유공자및보훈단체지원(월남전참전자회사업비지원)	5,250	1	4	6	8	7	1	1	1
8403	부산 영도구	국가유공자및보훈단체지원(고엽제전우회사업비지원)	5,250	1	4	6	8	7	1	1	1
8404	부산 영도구	범죄피해자지원	5,000	1	4	7	8	7	1	1	4
8405	부산 영도구	체육진흥사업추진	5,000	1	1	5	1	7	1	1	1
8406	부산 영도구	대학생베트남연수(저소득층)	5,000	1	4	7	8	7	1	1	1
8407	부산 영도구	축제및문화행사지원(자체)(절영회지원)	5,000	1	7	7	8	7	1	1	1
8408	부산 영도구	지역아동센터아동복지증진(지역아동센터연합행사지원)	5,000	1	7	7	8	7	5	1	1
8409	부산 영도구	주민자치회운영지원(주민자치위원장협의회활동지원)	4,000	1	4	7	8	7	5	1	1
8410	부산 영도구	문화학교운영(문화학교지원)	4,000	1	6	7	8	7	1	1	1
8411	부산 영도구	거주외국인어울한마당개최	3,500	1	4	7	8	7	1	1	1
8412	부산 영도구	국가유공자및보훈단체지원(특수임무유공자회사업비지원)	3,250	1	4	6	8	7	1	1	1
8413	부산 영도구	축제및문화행사지원(전환사업)(풍어제지원)	3,000	1	7	7	8	7	1	1	1
8414	부산 영도구	축제및문화행사지원(자체)(문인회지원)	3,000	1	7	7	8	7	1	1	1
8415	부산 영도구	축제및문화행사지원(자체)(아랑고고장구지원)	3,000	1	7	7	8	7	1	1	1
8416	부산 영도구	사회적약자반려동물진료비지원사업	3,000	1	4	7	8	7	1	1	4
8417	부산 영도구	유기동물입양비용지원사업	2,400	1	2	7	1	7	1	1	4
8418	부산 영도구	재해보상보험료지원사업(어업인안전보험지원사업)	2,400	1	4	7	8	7	5	1	4
8419	부산 영도구	지방행정동우회활성화지원	2,000	1	1	7	8	7	1	1	4
8420	부산 영도구	축제및문화행사지원(전환사업)(봉래산발복기원제지원)	2,000	1	7	7	8	7	1	1	1
8421	부산 영도구	국가유공자및보훈단체지원(광복회사업비지원)	2,000	1	4	6	8	7	1	1	1
8422	부산 영도구	청소년유해환경감시단지원	2,000	1	1	7	8	1	1	3	1
8423	부산 영도구	영도구의용소방대활동지원	2,000	1	4	7	8	7	1	1	1
8424	부산 영도구	출산장려및보육정책지원((사)한자녀더갖기운동영도지부지원)	1,500	1	4	7	8	7	1	1	1
8425	부산 영도구	유기질비료지원사업(전환사업)	1,114	1	2	7	8	7	1	1	4
8426	부산 영도구	농업인재해안전공제료지원사업	200	1	1	7	8	7	1	1	4
8427	부산 부산진구	사회적기업일자리창출사업	840,998	1	1	7	8	7	5	5	4
8428	부산 부산진구	농식품바우처시범사업	366,000	1	1	5	1	7	1	1	2
8429	부산 부산진구	임산부친환경농산물지원사업	224,640	1	1	5	1	1	1	1	2
8430	부산 부산진구	생활체육지도자배치운영	187,758	1	1	7	8	7	2	1	4
8431	부산 부산진구	의료기관결핵환자관리지원	147,060	1	2	7	8	7	5	1	4
8432	부산 부산진구	부산진문화원사업지원	88,500	1	1	7	8	7	1	1	1
8433	부산 부산진구	초등돌봄교실과일간식지원사업	87,624	1	1	5	1	1	1	1	2
8434	부산 부산진구	어르신체육활동지도자배치	62,586	1	1	7	8	7	2	1	4
8435	부산 부산진구	도심형청년창업주거복합공간조성	50,000	1	5,6	7	8	7	5	5	4
8436	부산 부산진구	도시농업시설조성사업	37,400	1	4	7	8	7	1	1	3
8437	부산 부산진구	어린이스포츠교실	34,288	1	1	7	8	7	1	1	4

순번	시군구	지출명 (사업명)	2024년예산 (단위 : 천원 /1년간)	민간이전 분류 (지방자치단체 세출예산 집행기준에 의거) 1. 민간경상사업보조(307-02) 2. 민간단체 법정운영비보조(307-03) 3. 민간행사사업보조(307-04) 4. 민간위탁금(307-05) 5. 사회복지시설 법정운영비보조(307-10) 6. 민간인위탁교육비(307-12) 7. 공기관등에대한경상적위탁사업비(308-13) 8. 민간자본사업보조,자체재원(402-01) 9. 민간자본사업보조,이전재원(402-02) 10. 민간위탁사업비(402-03) 11. 공기관등에 대한 자본적 위탁사업비(403-02)	민간이전지출 근거 (지방보조금 관리기준 참고) 1. 법률에 규정 2. 국고보조 재원(국가지정) 3. 용도 지정 기부금 4. 조례에 직접규정 5. 지자체가 권장하는 사업을 하는 공공기관 6. 시,도 정책 및 재정사정 7. 기타 8. 해당없음	입찰방식 계약체결방법 (경쟁형태) 1. 일반경쟁 2. 제한경쟁 3. 지명경쟁 4. 수의계약 5. 법정위탁 6. 기타 ( ) 7. 없음	입찰방식 계약기간 1. 1년 2. 2년 3. 3년 4. 4년 5. 5년 6. 기타 ( )년 7. 단기계약 (1년미만) 8. 없음	입찰방식 낙찰자선정방법 1. 적격심사 2. 협상에의한계약 3. 최저가낙찰제 4. 규격가격분리 5. 2단계 경쟁입찰 6. 기타 ( ) 7. 없음	운영예산 산정 운영예산 산정 1. 내부산정 (지자체 자체적으로 산정) 2. 외부산정 (외부전문기관위탁 산정) 3. 내·외부 모두 산정 4. 산정 無 5. 없음	운영예산 산정 정산방법 1. 내부정산 (지자체 내부적으로 정산) 2. 외부정산 (외부전문기관위탁 정산) 3. 내·외부 모두 산정 4. 정산 無 5. 없음	성과평가 실시여부 1. 실시 2. 미실시 3. 향후 추진 4. 해당없음
8438	부산 부산진구	부산진구스포츠클럽지원금	34,000	1	1	7	8	7	1	1	4
8439	부산 부산진구	대한노인회부산진구지회사업비	19,100	1	1	7	8	7	1	1	1
8440	부산 부산진구	민주평화통일자문회의부산진구협의회	18,000	1	1	7	8	7	5	5	4
8441	부산 부산진구	생활체육교실운영	16,667	1	1	7	8	7	1	1	4
8442	부산 부산진구	동새마을지도자협의회(2개동)	16,600	1	1	7	8	7	5	5	4
8443	부산 부산진구	동새마을부녀회(2개동)	16,600	1	1	7	8	7	5	5	4
8444	부산 부산진구	동바르게살기운동위원회(2개동)	16,600	1	1	7	8	7	5	5	4
8445	부산 부산진구	문화예술진흥사업보조	16,000	1	1	7	1	7	1	1	1
8446	부산 부산진구	부산진구새마을회	15,000	1	1	7	8	7	5	5	4
8447	부산 부산진구	한국자유총연맹부산진구지회	15,000	1	1	7	8	7	5	5	4
8448	부산 부산진구	동한국자유총연맹분회(18개동)	15,000	1	1	7	8	7	5	5	4
8449	부산 부산진구	의용소방대지원	15,000	1	4	7	1	7	1	1	1
8450	부산 부산진구	부산진구장애인단체사업비지원	12,000	1	1	7	8	7	5	1	1
8451	부산 부산진구	마을제보전및지원	9,800	1	4	7	8	7	1	1	1
8452	부산 부산진구	바르게살기운동부산진구협의회	9,600	1	1	7	8	7	5	5	4
8453	부산 부산진구	무형문화재전승지원	9,000	1	4	7	8	7	3	1	1
8454	부산 부산진구	무형문화재전승지원	9,000	1	4	7	8	7	3	1	1
8455	부산 부산진구	새마을운동중앙연수원교육비지원	8,505	1	1	7	8	7	5	5	4
8456	부산 부산진구	생활체육교실운영(자체)	7,640	1	1	7	8	7	1	1	4
8457	부산 부산진구	평생학습동아리사업비지원	7,500	1	4	7	8	7	5	5	4
8458	부산 부산진구	소상공인연합회사업지원	7,000	1	1	5	8	7	1	1	2
8459	부산 부산진구	모범운전자연합회부산진지회단체보조금	6,000	1	1	7	8	7	1	1	1
8460	부산 부산진구	해달맞이생활체육교실운영(자체)	5,560	1	1	7	8	7	1	1	4
8461	부산 부산진구	사회적취약계층권익증진및청소년육성보호에관한사업(공모)	5,000	1	4	7	8	7	5	5	4
8462	부산 부산진구	범죄피해자보호및지원	5,000	1	4	7	8	7	5	5	4
8463	부산 부산진구	생활문화사업지원	5,000	1	1	7	8	7	1	1	1
8464	부산 부산진구	유기동물입양비용지원	5,000	1	2	7	8	7	5	5	4
8465	부산 부산진구	사회적약자반려동물진료비지원	4,800	1	4	7	8	7	5	5	4
8466	부산 부산진구	환경보전및자연보호에관한사업(공모)	4,000	1	4	7	8	7	5	5	4
8467	부산 부산진구	문화학교지원	4,000	1	1	7	8	7	3	1	1
8468	부산 부산진구	문화학교지원	4,000	1	1	7	8	7	3	1	1
8469	부산 부산진구	주5일제생활체육실전광장	3,400	1	1	7	8	7	1	1	4
8470	부산 부산진구	장수체육대학	3,060	1	1	7	8	7	1	1	4
8471	부산 부산진구	범죄예방및선도에관한사업(공모)	3,000	1	4	7	8	7	5	5	4
8472	부산 부산진구	교통질서기초질서계도에관한사업(공모)	3,000	1	4	7	8	7	5	5	4
8473	부산 부산진구	민족통일교육에관한사업(공모)	3,000	1	4	7	8	7	5	5	4
8474	부산 부산진구	행정동우회사업비지원	3,000	1	1	7	8	7	5	5	4
8475	부산 부산진구	어린이체능교실운영	3,000	1	1	7	8	7	1	1	4
8476	부산 부산진구	여성능력배양	3,000	1	4	7	8	7	1	1	1
8477	부산 부산진구	양성평등주간기념행사	3,000	1	4	7	8	7	1	1	1

순번	시군구	지출명 (사업명)	2024년예산 (단위 : 천원 /1년간)	민간이전 분류 (지방자치단체 세출예산 집행기준에 의거) 1. 민간경상사업보조(307-02) 2. 민간단체 법정운영비보조(307-03) 3. 민간행사사업보조(307-04) 4. 민간위탁금(307-05) 5. 사회복지시설 법정운영비보조(307-10) 6. 민간인위탁교육비(307-12) 7. 공기관등에대한경상적위탁사업비(308-13) 8. 민간자본사업보조,자체재원(402-01) 9. 민간자본사업보조,이전재원(402-02) 10. 민간위탁사업비(402-03) 11. 공기관등에 대한 자본적 위탁사업비(403-02)	민간이전지출 근거 (지방보조금 관리기준 참고) 1. 법률에 규정 2. 국고보조 재원(국가지정) 3. 용도 지정 기부금 4. 조례에 직접규정 5. 지자체가 권장하는 사업을 하는 공공기관 6. 시,도 정책 및 재정사정 7. 기타 8. 해당없음	입찰방식 계약체결방법 (경쟁형태) 1. 일반경쟁 2. 제한경쟁 3. 지명경쟁 4. 수의계약 5. 법정위탁 6. 기타 ( ) 7. 없음	입찰방식 계약기간 1. 1년 2. 2년 3. 3년 4. 4년 5. 5년 6. 기타 ( )년 7. 단기계약 (1년미만) 8. 없음	입찰방식 낙찰자선정방법 1. 적격심사 2. 협상에의한계약 3. 최저가낙찰제 4. 규격가격분리 5. 2단계 경쟁입찰 6. 기타 ( ) 7. 없음	운영예산 산정 운영예산 산정 1. 내부산정 (지자체 자체적으로 산정) 2. 외부산정 (외부전문기관위탁 산정) 3. 내·외부 모두 산정 4. 산정 無 5. 없음	운영예산 산정 정산방법 1. 내부정산 (지자체 내부적으로 정산) 2. 외부정산 (외부전문기관위탁 정산) 3. 내·외부 모두 산정 4. 정산 無 5. 없음	성과평가 실시여부 1. 실시 2. 미실시 3. 향후 추진 4. 해당없음
8478	부산 부산진구	청소년체련교실운영	2,860	1	1	7	8	7	1	1	4
8479	부산 부산진구	지도활동보험료(지도자배상책임공제)	1,312	1	1	7	8	7	2	1	4
8480	부산 부산진구	농업인재해안전보험료지원사업	920	1	1	7	8	7	5	5	2
8481	부산 부산진구	유기질비료지원사업	190	1	1	7	8	7	5	5	2
8482	부산 동래구	일반생활체육지도자배치	156,465	1	1	7	8	7	1	1	1
8483	부산 동래구	어르신생활체육지도자배치	93,879	1	1	7	8	7	1	1	1
8484	부산 동래구	사회적기업육성	91,590	1	1	7	8	7	1	1	4
8485	부산 동래구	의료기관결핵환자관리지원	73,530	1	2	7	8	7	5	5	1
8486	부산 동래구	보훈단체지원	67,080	1	4	7	7	7	1	1	1
8487	부산 동래구	동래향교충효교실	59,500	1	5	7	1	7	1	1	1
8488	부산 동래구	초등돌봄교실과일간식지원시범사업	54,150	1	2	7	8	7	5	5	4
8489	부산 동래구	새마을운동단체공익사업지원	50,860	1	1	7	8	7	1	1	1
8490	부산 동래구	무형문화재전수교육관활성화지원	50,000	1	6	7	8	7	1	1	1
8491	부산 동래구	자활근로사업비지원	48,000	1	4	6	1	7	1	1	1
8492	부산 동래구	도시농업(텃밭등)조성(전환사업)	39,600	1	6	7	8	7	5	5	4
8493	부산 동래구	새마을지회사무보조인력인건비지원	32,000	1	1	7	8	7	1	1	1
8494	부산 동래구	문화원사업지원	24,150	1	1,4	7	8	7	1	1	1
8495	부산 동래구	바르게살기운동단체공익사업지원	21,820	1	1	7	8	7	1	1	1
8496	부산 동래구	한국자유총연맹단체지원	21,300	1	1	7	8	7	1	1	1
8497	부산 동래구	노인복지증진사업	20,900	1	1	7	8	7	1	1	1
8498	부산 동래구	자원봉사활성화프로그램개발사업비지원	20,450	1	1	7	8	7	1	1	1
8499	부산 동래구	문화원사업지원	20,000	1	1,4	7	8	7	1	1	1
8500	부산 동래구	생활체육교실운영	16,667	1	4	7	8	7	1	1	1
8501	부산 동래구	장애인지역법인지원	13,000	1	1	7	8	7	1	1	1
8502	부산 동래구	전국통합자원봉사보험가입서비스지원	12,498	1	1	7	8	7	1	1	1
8503	부산 동래구	청년연합회단체지원	10,100	1	4	7	8	7	1	1	1
8504	부산 동래구	시단위생활체육대회지원	10,000	1	4	7	8	7	1	1	1
8505	부산 동래구	민주평화통일자문회의활동지원	10,000	1	1	7	8	7	1	1	1
8506	부산 동래구	양성평등촉진및여성인권보호(복지증진)사업(공모)	10,000	1	4	7	8	7	1	1	1
8507	부산 동래구	문화학교운영	8,000	1	1,4	7	8	7	1	1	1
8508	부산 동래구	보훈단체지원	7,000	1	4	7	7	7	1	1	1
8509	부산 동래구	범죄피해자보호및지원	5,000	1	4	6	1	6	1	1	3
8510	부산 동래구	평생학습우수동아리지원	5,000	1	4	7	8	7	1	1	1
8511	부산 동래구	교통흐름개선사업	5,000	1	4	7	8	7	1	1	4
8512	부산 동래구	취약계층가정제철김치지원	4,900	1	4	7	8	7	1	1	1
8513	부산 동래구	환경보전홍보	4,580	1	1	7	8	7	1	1	1
8514	부산 동래구	체육진흥사업지원	4,000	1	4	7	8	7	1	1	1
8515	부산 동래구	주5일제생활체육실천광장	3,400	1	4	7	8	7	1	1	1
8516	부산 동래구	장수체육대학	3,060	1	4	7	8	7	1	1	1
8517	부산 동래구	어린이체능교실	3,000	1	4	7	8	7	1	1	1

순번	시군구	지출명 (사업명)	2024년예산 (단위 : 천원 /1년간)	민간이전 분류 (지방자치단체 세출예산 집행기준에 의거) 1. 민간경상사업보조(307-02) 2. 민간단체 법정운영비보조(307-03) 3. 민간행사사업보조(307-04) 4. 민간위탁금(307-05) 5. 사회복지시설 법정운영비보조(307-10) 6. 민간인위탁교육비(307-12) 7. 공기관등에대한경상적위탁사업비(308-13) 8. 민간자본사업보조,자체재원(402-01) 9. 민간자본사업보조,이전재원(402-02) 10. 민간위탁사업비(402-03) 11. 공기관등에 대한 자본적 위탁사업비(403-02)	민간이전지출 근거 (지방보조금 관리기준 참고) 1. 법률에 규정 2. 국고보조 재원(국가지정) 3. 용도 지정 기부금 4. 조례에 직접규정 5. 지자체가 권장하는 사업을 하는 공공기관 6. 시,도 정책 및 재정사정 7. 기타 8. 해당없음	입찰방식 계약체결방법 (경쟁형태) 1. 일반경쟁 2. 제한경쟁 3. 지명경쟁 4. 수의계약 5. 법정위탁 6. 기타 ( ) 7. 없음	입찰방식 계약기간 1. 1년 2. 2년 3. 3년 4. 4년 5. 5년 6. 기타 ( )년 7. 단기계약 (1년미만) 8. 없음	입찰방식 낙찰자선정방법 1. 적격심사 2. 협상에의한계약 3. 최저가낙찰제 4. 규격가격분리 5. 2단계 경쟁입찰 6. 기타 ( ) 7. 없음	운영예산 산정 운영예산 산정 1. 내부산정 (지자체 자체적으로 산정) 2. 외부산정 (외부전문기관위탁 산정) 3. 내·외부 모두 산정 4. 산정 無 5. 없음	운영예산 산정 정산방법 1. 내부정산 (지자체 내부적으로 정산) 2. 외부정산 (외부전문기관위탁 정산) 3. 내·외부 모두 산정 4. 정산 無 5. 없음	성과평가 실시여부 1. 실시 2. 미실시 3. 향후 추진 4. 해당없음
8518	부산 동래구	결혼이민자전통요리교실	3,000	1	4	7	8	7	1	1	1
8519	부산 동래구	다문화한부모가정등취약계층가정문화체험	3,000	1	4	7	8	7	1	1	1
8520	부산 동래구	적십자와함께하는사랑의밑반찬나눔	3,000	1	4	7	8	7	1	1	1
8521	부산 동래구	교통안전지도사업	3,000	1	4	7	8	7	1	1	4
8522	부산 동래구	청소년체련교실	2,860	1	4	7	8	7	1	1	1
8523	부산 동래구	행정동우회활동지원	2,000	1	1	7	1	7	1	1	1
8524	부산 동래구	동래구문인협회	2,000	1	1,4	7	8	7	1	1	3
8525	부산 동래구	양성평등주간행사	2,000	1	4	7	8	7	1	1	1
8526	부산 동래구	여성자원봉사자역량강화워크숍지원	2,000	1	4	7	8	7	1	1	1
8527	부산 동래구	다문화가족한마음대회지원	1,900	1	4	7	8	7	5	5	4
8528	부산 동래구	생활체육지도자지도활동보험료	1,312	1	4	7	8	7	1	1	1
8529	부산 동래구	유기질비료지원(전환사업)	1,020	1	2	7	8	7	5	5	4
8530	부산 동래구	양성평등교육및홍보	1,000	1	4	7	8	7	1	1	1
8531	부산 남구	사회적기업육성(일자리창출,생활)	523,955	1	2	7	8	7	5	5	4
8532	부산 남구	장애인자립생활센터지원	190,830	1	1	7	8	7	1	1	1
8533	부산 남구	임산부친환경농산물지원사업	145,920	1	6	7	8	7	1	1	4
8534	부산 남구	지방문화원운영활동지원(전환사업)	133,000	1	1	7	8	7	1	1	2
8535	부산 남구	푸드마켓및푸드뱅크지원	108,572	1	1	7	8	7	5	1	4
8536	부산 남구	의료기관결핵환자관리지원	75,368	1	2	7	8	7	5	3	4
8537	부산 남구	도시농업육성(전환사업)	75,000	1	6	7	8	7	1	1	4
8538	부산 남구	초등돌봄교실과일간식지원사업	63,973	1	6	7	8	7	1	1	4
8539	부산 남구	보훈단체공익사업지원(보훈단체운영비지원)	63,860	1	1	7	8	7	1	1	1
8540	부산 남구	지역주도형청년일자리사업(디지털데이터운영관리전문인력양성사업)	62,913	1	2	7	8	7	1	1	1
8541	부산 남구	보훈단체공익사업지원	56,000	1	1	7	8	7	1	1	1
8542	부산 남구	새마을단체지원	53,060	1	1	7	8	7	1	1	1
8543	부산 남구	자유총연맹단체지원	38,600	1	1	7	8	7	1	1	1
8544	부산 남구	청년일자리지원	37,600	1	4	7	8	7	5	5	4
8545	부산 남구	구민참가각종대회지원	35,500	1	4	7	8	7	1	1	1
8546	부산 남구	바르게살기운동단체지원	35,220	1	1	7	8	7	1	1	1
8547	부산 남구	동네청년공간조성및운영사업	30,000	1	1,4	7	8	7	5	5	4
8548	부산 남구	지역주도형청년일자리사업(부산남구스타청년창업기업양성사업)	22,371	1	2	7	8	7	1	1	1
8549	부산 남구	수산정책보험지원	21,408	1	4	7	8	7	1	1	4
8550	부산 남구	자유총연맹단체지원	20,110	1	1	7	8	7	1	1	1
8551	부산 남구	지역주도형청년일자리사업(조선해양특화밸리전문인력양성사업)	19,047	1	2	7	8	7	1	1	1
8552	부산 남구	남구체육회지원	17,000	1	4	7	8	7	1	1	1
8553	부산 남구	생활체육교실	16,667	1	6	7	8	7	1	1	1
8554	부산 남구	사회단체공익활동지원	16,500	1	1	7	8	7	1	1	1
8555	부산 남구	장애인단체지원	15,520	1	1	7	8	7	1	1	1
8556	부산 남구	무형문화재전승지원	15,050	1	4	7	8	7	1	1	2
8557	부산 남구	구민과함께하는자치행정(마을지킴이활동지원(방범등))	10,000	1	4	1	1	1	1	1	1

순번	시군구	지출명 (사업명)	2024년예산 (단위 : 천원 /1년간)	민간이전 분류 (지방자치단체 세출예산 집행기준에 의거) 1. 민간경상사업보조(307-02) 2. 민간단체 법정운영비보조(307-03) 3. 민간행사사업보조(307-04) 4. 민간위탁금(307-05) 5. 사회복지시설 법정운영비보조(307-10) 6. 민간인위탁교육비(307-12) 7. 공기관등에대한경상적위탁사업비(308-13) 8. 민간자본사업보조,자체재원(402-01) 9. 민간자본사업보조,이전재원(402-02) 10. 민간위탁사업비(402-03) 11. 공기관등에 대한 자본적 위탁사업비(403-02)	민간이전지출 근거 (지방보조금 관리기준 참고) 1. 법률에 규정 2. 국고보조 재원(국가지정) 3. 용도 지정 기부금 4. 조례에 직접규정 5. 지자체가 권장하는 사업을 하는 공공기관 6. 시,도 정책 및 재정사정 7. 기타 8. 해당없음	입찰방식			운영예산 산정		성과평가 실시여부
						계약체결방법 (경쟁형태) 1. 일반경쟁 2. 제한경쟁 3. 지명경쟁 4. 수의계약 5. 법정위탁 6. 기타 ( ) 7. 없음	계약기간 1. 1년 2. 2년 3. 3년 4. 4년 5. 5년 6. 기타 ( )년 7. 단기계약 (1년미만) 8. 없음	낙찰자선정방법 1. 적격심사 2. 협상에의한계약 3. 최저가낙찰제 4. 규격가격분리 5. 2단계 경쟁입찰 6. 기타 ( ) 7. 없음	운영예산 산정 1. 내부산정 (지자체 자체적으로 산정) 2. 외부산정 (외부전문기관위탁 산정) 3. 내·외부 모두 산정 4. 산정 無 5. 없음	정산방법 1. 내부정산 (지자체 내부적으로 정산) 2. 외부정산 (외부전문기관위탁 정산) 3. 내·외부 모두 산정 4. 정산 無 5. 없음	1. 실시 2. 미실시 3. 향후 추진 4. 해당없음
8558	부산 남구	사회복지업무역량강화(남구사회복지사복지선진국연수)	10,000	1	4	7	8	7	5	5	4
8559	부산 남구	구민과함께하는자치행정(범죄피해자지원센터지원)	8,000	1	1	7	8	7	1	1	1
8560	부산 남구	소형어선유류비지원	8,000	1	4	7	8	7	1	1	4
8561	부산 남구	교통안전사업추진	5,500	1	1,4	7	8	7	5	5	4
8562	부산 남구	공동주택관리지원(공동주택전자투표지원사업)	5,000	1	4	7	8	7	1	1	4
8563	부산 남구	동제보조	4,900	1	4	7	8	7	1	1	2
8564	부산 남구	교육협력사업	4,100	1	7	7	1	7	1	1	1
8565	부산 남구	문화학교운영	4,000	1	4	7	8	7	1	1	2
8566	부산 남구	나잠어업인잠수복지원	3,840	1	4	7	8	7	1	1	4
8567	부산 남구	주5일제생활체육실천광장	3,400	1	6	7	8	7	1	1	1
8568	부산 남구	장수체육대학	3,060	1	6	7	8	7	1	1	1
8569	부산 남구	어린이체능교실	3,000	1	6	7	8	7	1	1	1
8570	부산 남구	청소년체련교실	2,880	1	6	7	8	7	1	1	1
8571	부산 남구	유기동물입양비용지원사업	2,700	1	2	7	8	7	5	5	4
8572	부산 남구	구민과함께하는자치행정(범죄,학교폭력예방및청소년선도활동)	2,000	1	1	7	8	7	1	1	1
8573	부산 남구	사회복지업무역량강화(사회복지사역량강화사업)	2,000	1	4	7	8	7	1	1	1
8574	부산 남구	노인의날기념행사지원	2,000	1	7	7	8	7	1	1	1
8575	부산 남구	결혼이민여성활동지원	2,000	1	4	7	8	7	5	1	1
8576	부산 남구	자연생태보호운동추진	1,600	1	4	7	8	7	5	5	4
8577	부산 남구	사회적약자반려동물진료비지원	1,500	1	4	7	8	7	5	5	4
8578	부산 남구	농업인재해안전지원	766	1	6	7	8	7	1	1	4
8579	부산 북구	임산부친환경농산물지원사업	264,192	1	1	6	7	7	1	1	2
8580	부산 북구	사회적기업육성지원	256,715	1	1	7	8	7	1	1	1
8581	부산 북구	신중년사회공헌활동지원사업	108,167	1	1	7	8	7	1	1	1
8582	부산 북구	보훈단체전적지순례지원등	86,000	1	1	7	1	7	1	1	1
8583	부산 북구	새마을운동추진	79,260	1	4	7	8	7	1	1	1
8584	부산 북구	초등돌봄교실과일간식지원사업	76,015	1	1	6	7	7	1	1	2
8585	부산 북구	낙동문화원운영활동지원	60,500	1	1	7	8	7	1	1	4
8586	부산 북구	도시농업조성	51,000	1	1	7	8	7	1	1	1
8587	부산 북구	희망교육지구지역공모사업	50,000	1	4	6	1	6	1	1	1
8588	부산 북구	사립도서관지원	40,000	1	1	7	8	7	4	1	4
8589	부산 북구	낙동문화원육성지원(전환사업)	36,000	1	1	7	8	7	1	1	4
8590	부산 북구	내수면생태계교란유해어종퇴치사업	35,000	1	1	6	7	7	1	1	2
8591	부산 북구	마을공동체역량강화사업	30,000	1	4	7	8	7	1	1	1
8592	부산 북구	주민자치회시범실시실행사업공모	20,000	1	4	7	8	7	1	1	1
8593	부산 북구	바르게살기운동활성화	19,500	1	1	7	8	7	1	1	1
8594	부산 북구	마을건강센터운영	18,000	1	8	7	8	7	5	5	4
8595	부산 북구	교통관련단체지원	17,000	1	1	7	8	1	5	5	4
8596	부산 북구	민주평화통일역량강화	16,000	1	1	7	8	7	1	1	1
8597	부산 북구	낙동문화원운영활동지원	15,000	1	1	7	8	7	1	1	4

순번	시군구	지출명 (사업명)	2024년예산 (단위 : 천원 /1년간)	민간이전 분류 (지방자치단체 세출예산 집행기준에 의거) 1. 민간경상사업보조(307-02) 2. 민간단체 법정운영비보조(307-03) 3. 민간행사사업보조(307-04) 4. 민간위탁금(307-05) 5. 사회복지시설 법정운영비보조(307-10) 6. 민간인위탁교육비(307-12) 7. 공기관등에대한경상적위탁사업비(308-13) 8. 민간자본사업보조,자체재원(402-01) 9. 민간자본사업보조,이전재원(402-02) 10. 민간위탁사업비(402-03) 11. 공기관등에 대한 자본적 위탁사업비(403-02)	민간이전지출 근거 (지방보조금 관리기준 참고) 1. 법률에 규정 2. 국고보조 재원(국가지정) 3. 용도 지정 기부금 4. 조례에 직접규정 5. 지자체가 권장하는 사업을 하는 공공기관 6. 시,도 정책 및 재정사정 7. 기타 8. 해당없음	입찰방식 계약체결방법 (경쟁형태) 1. 일반경쟁 2. 제한경쟁 3. 지명경쟁 4. 수의계약 5. 법정위탁 6. 기타 ( ) 7. 없음	입찰방식 계약기간 1. 1년 2. 2년 3. 3년 4. 4년 5. 5년 6. 기타 ( )년 7. 단기계약 (1년미만) 8. 없음	입찰방식 낙찰자선정방법 1. 적격심사 2. 협상에의한계약 3. 최저가낙찰제 4. 규격가격분리 5. 2단계 경쟁입찰 6. 기타 ( ) 7. 없음	운영예산 산정 운영예산 산정 1. 내부산정 (지자체 자체적으로 산정) 2. 외부산정 (외부전문기관위탁 산정) 3. 내·외부 모두 산정 4. 산정 無 5. 없음	운영예산 산정 정산방법 1. 내부정산 (지자체 내부적으로 정산) 2. 외부정산 (외부전문기관위탁 정산) 3. 내·외부 모두 정산 4. 정산 無 5. 없음	성과평가 실시여부 1. 실시 2. 미실시 3. 향후 추진 4. 해당없음
8598	부산 북구	자유총연맹발전지원	13,200	1	1	7	8	7	1	1	1
8599	부산 북구	유기질비료지원사업(전환사업)	12,481	1	1	6	7	7	1	1	2
8600	부산 북구	장애인복지증진활동지원	12,000	1	7	6	1	1	1	1	1
8601	부산 북구	평생학습동아리공모사업	9,000	1	1,4	6	1	6	1	1	1
8602	부산 북구	범죄피해자지원	8,000	1	4	7	8	7	1	1	1
8603	부산 북구	대한적십자사봉사회(북구지구협의회)활동지원	6,000	1	4	7	8	7	1	1	4
8604	부산 북구	여성권익증진사업(양성평등기금공모사업)	6,000	1	4	7	8	7	1	1	1
8605	부산 북구	소형어선유류비지원사업	6,000	1	1	6	7	7	1	1	2
8606	부산 북구	산지・하천등환경정비활동	5,400	1	4	7	8	7	1	1	1
8607	부산 북구	걷고싶은도심보행길및청소년선도활동지원	5,000	1	4	7	8	7	1	1	1
8608	부산 북구	대한노인회북구지회운영지원(노인전문신문보급)	4,875	1	4	7	8	7	1	1	1
8609	부산 북구	문화예술활동지원	4,000	1	1	7	8	7	1	1	4
8610	부산 북구	문화예술활동지원	4,000	1	1	7	8	7	1	1	4
8611	부산 북구	농업인재해안전공제료지원	3,960	1	1	6	7	7	1	1	2
8612	부산 북구	대한노인회북구지회운영지원(노인회원교육사업)	3,400	1	4	7	8	7	1	1	1
8613	부산 북구	보훈단체사업비지원	3,000	1	1	7	1	7	1	1	1
8614	부산 북구	유기동물입양비용지원	3,000	1	2	7	8	7	5	5	4
8615	부산 북구	통일분위기확산지원	2,500	1	1	7	8	7	1	1	1
8616	부산 북구	여성복지증진사업(여성사회활동지원사업)	2,300	1	4	7	8	7	1	1	1
8617	부산 북구	지방행정동우회활동지원	2,000	1	4	7	8	7	1	1	1
8618	부산 북구	문화예술활동지원	2,000	1	1	7	8	7	1	1	4
8619	부산 북구	여성권익증진사업(여성단체활동지원)	2,000	1	4	7	8	7	1	1	1
8620	부산 북구	GAP안전성분석지원	2,000	1	1,2	6	7	7	1	1	2
8621	부산 북구	북구지역자율방재단재난예방활동운영사업	2,000	1	4	5	1	7	1	1	1
8622	부산 북구	여성복지증진사업(출산장려문화확산사업)	1,500	1	4	7	8	7	1	1	1
8623	부산 북구	문화예술활동지원	1,000	1	1	7	8	7	1	1	4
8624	부산 북구	청소년보호및선도활동	1,000	1	6	7	8	7	5	5	4
8625	부산 북구	친환경인증비지원	920	1	1	6	7	7	1	1	2
8626	부산 해운대구	사회복귀시설운영	498,995	1	6	7	8	7	4	1	1
8627	부산 해운대구	국민운동단체공익활동사업및운영지원	241,250	1	1	7	8	7	1	1	1
8628	부산 해운대구	자원봉사센터사업지원	85,546	1	4	7	8	7	1	1	1
8629	부산 해운대구	생활체육교실운영	59,396	1	1	5	1	7	2	3	1
8630	부산 해운대구	유소년클럽육성지원	24,000	1	1	5	1	7	1	3	1
8631	부산 해운대구	그린주차사업운영	20,000	1	4	7	8	7	5	5	1
8632	부산 해운대구	통합정신건강증진사업(정신질환당사자지원사업)	17,000	1	2	7	8	7	4	1	1
8633	부산 해운대구	생활체육프로그램운영	12,340	1	1	5	1	7	2	3	1
8634	부산 사하구	진로교육지원센터운영지원및사하진로교실	310,000	1	4	5	5	1	1	1	1
8635	부산 사하구	문화예술활동지원	250,000	1	1	7	8	7	5	5	4
8636	부산 사하구	산학관협력사업지원(국가직접지원)	200,000	1	2	7	8	7	5	1	4
8637	부산 사하구	임산부친환경농산물지원	192,000	1	1	7	8	7	1	1	4

순번	시군구	지출명 (사업명)	2024년예산 (단위 : 천원 /1년간)	민간이전 분류 (지방자치단체 세출예산 집행기준에 의거) 1. 민간경상사업보조(307-02) 2. 민간단체 법정운영비보조(307-03) 3. 민간행사사업보조(307-04) 4. 민간위탁금(307-05) 5. 사회복지시설 법정운영비보조(307-10) 6. 민간인위탁교육비(307-12) 7. 공기관등에대한경상적위탁사업비(308-13) 8. 민간자본사업보조,자체재원(402-01) 9. 민간자본사업보조,이전재원(402-02) 10. 민간위탁사업비(402-03) 11. 공기관등에 대한 자본적 위탁사업비(403-02)	민간이전지출 근거 (지방보조금 관리기준 참고) 1. 법률에 규정 2. 국고보조 재원(국가지정) 3. 용도 지정 기부금 4. 조례에 직접규정 5. 지자체가 권장하는 사업을 하는 공공기관 6. 시,도 정책 및 재정사정 7. 기타 8. 해당없음	입찰방식			운영예산 산정		성과평가 실시여부
						계약체결방법 (경쟁형태) 1. 일반경쟁 2. 제한경쟁 3. 지명경쟁 4. 수의계약 5. 법정위탁 6. 기타 ( ) 7. 없음	계약기간 1. 1년 2. 2년 3. 3년 4. 4년 5. 5년 6. 기타 ( )년 7. 단기계약 (1년미만) 8. 없음	낙찰자선정방법 1. 적격심사 2. 협상에의한계약 3. 최저가낙찰제 4. 규격가격분리 5. 2단계 경쟁입찰 6. 기타 ( ) 7. 없음	운영예산 산정 1. 내부산정 (지자체 자체적으로 산정) 2. 외부산정 (외부전문기관위탁 산정) 3. 내·외부 모두 산정 4. 산정 無 5. 없음	정산방법 1. 내부정산 (지자체 내부적으로 정산) 2. 외부정산 (외부전문기관위탁 정산) 3. 내·외부 모두 산정 4. 정산 無 5. 없음	1. 실시 2. 미실시 3. 향후 추진 4. 해당없음
8638	부산 사하구	소형어선유류비지원사업	163,000	1	6	7	8	7	1	1	4
8639	부산 사하구	일반생활체육지도자배치	122,112	1	2	7	8	7	5	1	1
8640	부산 사하구	사회적기업육성	109,400	1	1	7	8	7	5	5	4
8641	부산 사하구	공동주택관리지원사업	100,000	1	1,4	7	7	7	1	5	1
8642	부산 사하구	어르신생활체육지도자배치	91,584	1	2	7	8	7	5	1	1
8643	부산 사하구	보훈단체지원	89,936	1	1	7	8	7	1	1	4
8644	부산 사하구	사하문화원지원	74,000	1	1	7	8	7	1	1	1
8645	부산 사하구	초등돌봄교실과일간식지원	61,868	1	1	7	8	7	1	1	4
8646	부산 사하구	민간단체공익활동지원	61,600	1	4	7	8	7	1	1	1
8647	부산 사하구	지역사회보장협의체사무국운영	58,303	1	1	7	8	7	1	1	1
8648	부산 사하구	1인창조기업지원센터운영지원(국가직접지원)	50,000	1	2	6	3	7	2	2	1
8649	부산 사하구	새마을운동활성화지원	45,372	1	1	7	8	7	1	1	1
8650	부산 사하구	공동주택등비탈면재해예방및복구지원	45,000	1	4	7	8	7	5	5	4
8651	부산 사하구	일반어르신생활체육지도자처우개선	34,320	1	1	7	8	7	5	1	1
8652	부산 사하구	바르게살기운동활성화지원	30,600	1	1	7	8	7	1	1	1
8653	부산 사하구	청년지원활성화	30,000	1	4	7	8	7	5	5	4
8654	부산 사하구	자유총연맹육성지원	25,300	1	1	7	8	7	4	1	1
8655	부산 사하구	구민참여자원재활용사업	24,000	1	1	7	8	7	1	1	1
8656	부산 사하구	도시농업활성화지원(전환사업)	24,000	1	1	7	8	7	1	1	4
8657	부산 사하구	김파래양식망구입지원	22,500	1	6	7	8	7	1	1	4
8658	부산 사하구	문화예술활동지원	22,000	1	1	7	8	7	1	1	1
8659	부산 사하구	시민생활체육대회참가지원	21,340	1	1	7	8	7	5	1	1
8660	부산 사하구	생활체육교실운영	16,667	1	1	7	8	7	5	1	1
8661	부산 사하구	상권활성화사업	16,000	1	4	7	8	7	1	1	4
8662	부산 사하구	체육진흥활동지원	16,000	1	1	7	8	7	5	1	1
8663	부산 사하구	열린구정실현및유관기관협조강화	15,000	1	4	7	8	7	4	1	1
8664	부산 사하구	양식어장기반시설지원	13,600	1	6	7	8	7	1	1	4
8665	부산 사하구	다대포해변가요제	13,000	1	1	7	8	7	1	1	1
8666	부산 사하구	범죄피해자지원사업	12,000	1	1	7	8	7	4	1	1
8667	부산 사하구	전통시장화재공제지원사업	11,628	1	1	7	8	7	1	1	4
8668	부산 사하구	청소년지도협의회지원	11,200	1	1	7	8	7	1	1	1
8669	부산 사하구	여성단체공익활동지원	10,500	1	1,4	7	8	7	1	1	1
8670	부산 사하구	도시농업활성화지원(전환사업)	10,000	1	1	7	8	7	1	1	4
8671	부산 사하구	저소득법무보호복지대상자지원사업	10,000	1	5	7	8	7	5	5	4
8672	부산 사하구	장애인복지증진활동지원	10,000	1	1	7	8	7	1	1	4
8673	부산 사하구	대한노인회공익활동사업지원(노인복지증진활동지원)	10,000	1	1	7	8	7	1	1	1
8674	부산 사하구	김활성처리제구입지원(전환사업)	7,344	1	6	7	8	7	1	1	4
8675	부산 사하구	도시농업활성화지원(전환사업)	6,000	1	1	7	8	7	1	1	4
8676	부산 사하구	다문화이해증진	6,000	1	1	7	8	7	1	1	1
8677	부산 사하구	나잠어업인잠수복지원	5,760	1	6	7	8	7	1	1	4

순번	시군구	지출명 (사업명)	2024년예산 (단위 : 천원 /1년간)	민간이전 분류 (지방자치단체 세출예산 집행기준에 의거) 1. 민간경상사업보조(307-02) 2. 민간단체 법정운영비보조(307-03) 3. 민간행사사업보조(307-04) 4. 민간위탁금(307-05) 5. 사회복지시설 법정운영비보조(307-10) 6. 민간인위탁교육비(307-12) 7. 공기관등에대한경상적위탁사업비(308-13) 8. 민간자본사업보조,자체재원(402-01) 9. 민간자본사업보조,이전재원(402-02) 10. 민간위탁사업비(402-03) 11. 공기관등에 대한 자본적 위탁사업비(403-02)	민간이전지출 근거 (지방보조금 관리기준 참고) 1. 법률에 규정 2. 국고보조 재원(국가지정) 3. 용도 지정 기부금 4. 조례에 직접규정 5. 지자체가 권장하는 사업을 하는 공공기관 6. 시,도 정책 및 재정사정 7. 기타 8. 해당없음	입찰방식 계약체결방법 (경쟁형태) 1. 일반경쟁 2. 제한경쟁 3. 지명경쟁 4. 수의계약 5. 법정위탁 6. 기타 ( ) 7. 없음	입찰방식 계약기간 1. 1년 2. 2년 3. 3년 4. 4년 5. 5년 6. 기타 ( )년 7. 단기계약 (1년미만) 8. 없음	입찰방식 낙찰자선정방법 1. 적격심사 2. 협상에의한계약 3. 최저가낙찰제 4. 규격가격분리 5. 2단계 경쟁입찰 6. 기타 ( ) 7. 없음	운영예산 산정 운영예산 산정 1. 내부산정 (지자체 자체적으로 산정) 2. 외부산정 (외부전문기관위탁 산정) 3. 내·외부 모두 산정 4. 산정 無 5. 없음	운영예산 산정 정산방법 1. 내부정산 (지자체 내부적으로 정산) 2. 외부정산 (외부전문기관위탁 정산) 3. 내·외부 모두 산정 4. 정산 無 5. 없음	성과평가 실시여부 1. 실시 2. 미실시 3. 향후 추진 4. 해당없음
8678	부산 사하구	선진교통문화조성사업지원	5,000	1	1	7	1	7	1	1	4
8679	부산 사하구	어르신체육대회참가지원	3,832	1	1	7	8	7	5	1	1
8680	부산 사하구	주5일제생활체육실전광장	3,400	1	1	7	8	7	5	1	1
8681	부산 사하구	장수체육대학운영	3,060	1	1	7	8	7	5	1	1
8682	부산 사하구	어린이체능교실운영	3,000	1	1	7	8	7	5	1	1
8683	부산 사하구	청소년체련교실운영	2,860	1	1	7	8	7	5	1	1
8684	부산 사하구	여성생활체육대회참가지원	2,844	1	1	7	8	7	5	1	1
8685	부산 사하구	시씨름왕선발대회참가지원	2,750	1	1	7	8	7	5	1	1
8686	부산 사하구	시장기게이트볼대회참가지원	2,536	1	1	7	8	7	5	1	1
8687	부산 사하구	사회단체활동지원	2,500	1	1	7	8	7	5	1	1
8688	부산 사하구	유기동물입양비용지원	2,400	1	4	7	8	7	1	1	1
8689	부산 사하구	농업인재해안전공제료지원	2,400	1	2	7	8	7	1	1	4
8690	부산 사하구	유기질비료(전환사업)	1,935	1	1	7	8	7	1	1	4
8691	부산 사하구	나잠어업인진료비지원	1,200	1	1	7	8	7	1	1	4
8692	부산 사하구	일반어르신생활체육지도자지도활동보험료	1,120	1	6	7	8	7	5	5	4
8693	부산 사하구	친환경부표보급지원	840	1	2	7	8	7	5	1	1
8694	부산 사하구	토양개량제지원	187	1	2	7	8	7	5	1	4
8695	부산 강서구	유기질비료지원	1,064,765	1	2	7	8	7	1	1	4
8696	부산 강서구	무기질비료가격보조및수급안정지원	479,818	1	1	7	8	7	1	1	1
8697	부산 강서구	청년농업인영농정착지원금	300,100	1	2	7	8	7	1	1	1
8698	부산 강서구	임산부친환경농산물꾸러미지원	261,120	1	2	7	8	7	1	1	1
8699	부산 강서구	맞춤형비료구입비지원	252,000	1	2	7	8	7	1	1	1
8700	부산 강서구	사회적기업일자리창출사업	240,931	1	4	7	8	7	1	1	1
8701	부산 강서구	김양식망지원사업	227,500	1	2	7	8	7	1	1	1
8702	부산 강서구	소형어선유류비지원	213,000	1	4	6	1	6	1	1	2
8703	부산 강서구	영농폐자재수거비지원	190,000	1	1	7	8	7	5	5	1
8704	부산 강서구	벼육묘용상토지원	180,000	1	1	7	8	7	1	1	1
8705	부산 강서구	산물벼건조비지원	150,000	1	6	7	8	7	1	1	1
8706	부산 강서구	김활성처리제지원사업	131,760	1	1	7	8	7	1	1	1
8707	부산 강서구	내수면외래유해어종퇴치사업	100,000	1	4	6	1	6	1	1	2
8708	부산 강서구	농산물수출촉진자금지원	100,000	1	4	7	8	7	1	1	1
8709	부산 강서구	인증부표보급지원사업	95,124	1	1	7	8	7	1	1	1
8710	부산 강서구	농업인종합건강검진사업	90,000	1	2	6	1	6	1	1	2
8711	부산 강서구	문화학교운영	80,874	1	1	7	8	7	1	1	1
8712	부산 강서구	토양개량제지원	59,148	1	4	7	8	7	1	1	1
8713	부산 강서구	양식기반시설사업	54,740	1	2	7	8	7	1	1	1
8714	부산 강서구	강서쌀소비촉진지원	50,000	1	4	6	1	6	1	1	2
8715	부산 강서구	응급의료기관등운영지원	50,000	1	6	7	8	7	1	1	1
8716	부산 강서구	원예육묘용상토구입비지원	45,000	1	1	7	8	7	1	3	1
8717	부산 강서구	초등돌봄교실과일간식지원사업	43,723	1	6	7	8	7	1	1	1

순번	시군구	지출명 (사업명)	2024년예산 (단위 : 천원 /1년간)	민간이전 분류 (지방자치단체 세출예산 집행기준에 의거) 1. 민간경상사업보조(307-02) 2. 민간단체 법정운영비보조(307-03) 3. 민간행사사업보조(307-04) 4. 민간위탁금(307-05) 5. 사회복지시설 법정운영비보조(307-10) 6. 민간인위탁교육비(307-12) 7. 공기관등에대한경상적위탁사업비(308-13) 8. 민간자본사업보조,자체재원(402-01) 9. 민간자본사업보조,이전재원(402-02) 10. 민간위탁사업비(402-03) 11. 공기관등에 대한 자본적 위탁사업비(403-02)	민간이전지출 근거 (지방보조금 관리기준 참고) 1. 법률에 규정 2. 국고보조 재원(국가지정) 3. 용도 지정 기부금 4. 조례에 직접규정 5. 지자체가 권장하는 사업을 하는 공공기관 6. 시,도 정책 및 재정사정 7. 기타 8. 해당없음	입찰방식			운영예산 산정		성과평가 실시여부
						계약체결방법 (경쟁형태) 1. 일반경쟁 2. 제한경쟁 3. 지명경쟁 4. 수의계약 5. 법정위탁 6. 기타 ( ) 7. 없음	계약기간 1. 1년 2. 2년 3. 3년 4. 4년 5. 5년 6. 기타 ( )년 7. 단기계약 (1년미만) 8. 없음	낙찰자선정방법 1. 적격심사 2. 협상에의한계약 3. 최저가낙찰제 4. 규격가격분리 5. 2단계 경쟁입찰 6. 기타 ( ) 7. 없음	운영예산 산정 1. 내부산정 (지자체 자체적으로 산정) 2. 외부산정 (외부전문기관위탁 산정) 3. 내·외부 모두 산정 4. 산정 無 5. 없음	정산방법 1. 내부정산 (지자체 내부적으로 정산) 2. 외부정산 (외부전문기관위탁 정산) 3. 내·외부 모두 산정 4. 정산 無 5. 없음	1. 실시 2. 미실시 3. 향후 추진 4. 해당없음
8718	부산 강서구	보훈단체사업비지원	41,670	1	4	7	8	7	1	1	1
8719	부산 강서구	합창단지원(2개단체)	41,220	1	7	7	8	7	1	1	4
8720	부산 강서구	친환경농산물재배단지지원	40,000	1	6	7	8	7	1	1	1
8721	부산 강서구	축산분뇨처리사업	40,000	1	1	7	8	7	1	1	1
8722	부산 강서구	강서구중소기업청년인턴지원사업	38,474	1	2	7	8	7	1	1	1
8723	부산 강서구	고품질쌀생산기반조성공동방제지원	36,000	1	4	7	8	7	1	1	1
8724	부산 강서구	옥상텃밭및상자텃밭등지원	36,000	1	4	7	8	7	1	1	1
8725	부산 강서구	아파트공동텃밭조성	36,000	1	4	7	8	7	1	1	1
8726	부산 강서구	유기농업자재지원사업	35,000	1	1	7	8	7	1	1	1
8727	부산 강서구	미생물제제활용원예작물병충해방제사업	34,000	1	6	7	8	7	1	1	1
8728	부산 강서구	대구자원지역특화사업	31,400	1	4	7	8	7	1	1	1
8729	부산 강서구	부산해양조정학교	31,000	1	1	7	1	7	5	5	4
8730	부산 강서구	새마을공동체문화육성	27,153	1	1	7	8	7	1	1	1
8731	부산 강서구	간이양수장전기요금지원	27,000	1	1	7	8	7	1	1	1
8732	부산 강서구	강서쌀포장재지원	27,000	1	6	7	8	7	1	1	1
8733	부산 강서구	거주외국인지역사회적응지원	25,000	1	4	7	8	7	3	1	1
8734	부산 강서구	미생물제제(액비)지원	25,000	1	4	7	8	7	1	1	1
8735	부산 강서구	어린이텃밭학교운영지원	25,000	1	4	7	8	7	1	1	1
8736	부산 강서구	양액재배농가배지지원	25,000	1	7	7	8	7	1	1	1
8737	부산 강서구	대한노인회운영(자체)	24,700	1	1	7	8	7	1	1	1
8738	부산 강서구	친환경농산물택배비지원	24,000	1	6	7	8	7	1	1	1
8739	부산 강서구	농업경영인지원	22,950	1	4	7	8	7	1	1	1
8740	부산 강서구	농촌지도자지원	22,950	1	4	7	8	7	1	1	1
8741	부산 강서구	부산시민체육대회	22,320	1	1	7	8	7	1	1	4
8742	부산 강서구	GAP인증농가안전성검사비지원	22,000	1	7	7	8	7	1	1	1
8743	부산 강서구	가락오광대보존(복원)회지원	21,960	1	7	7	8	7	1	1	4
8744	부산 강서구	소년소녀합창단지원	21,780	1	7	7	8	7	1	1	4
8745	부산 강서구	화훼(원예)신품종구입비지원	20,700	1	1	7	8	7	1	1	1
8746	부산 강서구	팽연왕겨구입비지원	20,000	1	4	7	8	7	1	1	1
8747	부산 강서구	국내개별전시박람회참가지원	18,000	1	4	7	8	7	1	1	1
8748	부산 강서구	친환경과채류시설재배수정벌지원	18,000	1	7	7	8	7	1	1	1
8749	부산 강서구	과채류시설재배수정벌지원	18,000	1	7	7	8	7	1	1	1
8750	부산 강서구	농작물육묘장자재지원	17,000	1	4	7	8	7	1	1	1
8751	부산 강서구	생활체육교실운영	16,667	1	1	7	8	7	1	1	1
8752	부산 강서구	토양개량제공동살포지원	15,679	1	2	7	8	7	1	1	1
8753	부산 강서구	수리계수리시설유지관리지원	15,000	1	4	7	8	7	1	1	1
8754	부산 강서구	종목별시및전국대회지원	14,400	1	1	7	8	7	1	1	4
8755	부산 강서구	평생교육관계기관프로그램운영지원	13,500	1	4	7	8	7	1	1	1
8756	부산 강서구	장애인복지단체보호및육성	13,500	1	1	7	8	7	1	1	1
8757	부산 강서구	동새마을운동활성화(문고)	13,423	1	1	7	8	7	1	1	1

순번	시군구	지출명 (사업명)	2024년예산 (단위 : 천원 /1년간)	민간이전 분류 (지방자치단체 세출예산 집행기준에 의거) 1. 민간경상사업보조(307-02) 2. 민간단체 법정운영비보조(307-03) 3. 민간행사사업보조(307-04) 4. 민간위탁금(307-05) 5. 사회복지시설 법정운영비보조(307-10) 6. 민간인위탁교육비(307-12) 7. 공기관등에대한경상적위탁사업비(308-13) 8. 민간자본사업보조,자체재원(402-01) 9. 민간자본사업보조,이전재원(402-02) 10. 민간위탁사업비(402-03) 11. 공기관등에 대한 자본적 위탁사업비(403-02)	민간이전지출 근거 (지방보조금 관리기준 참고) 1. 법률에 규정 2. 국고보조 재원(국가지정) 3. 용도 지정 기부금 4. 조례에 직접규정 5. 지자체가 권장하는 사업을 하는 공공기관 6. 시,도 정책 및 재정사정 7. 기타 8. 해당없음	입찰방식 계약체결방법 (경쟁형태) 1. 일반경쟁 2. 제한경쟁 3. 지명경쟁 4. 수의계약 5. 법정위탁 6. 기타 ( ) 7. 없음	입찰방식 계약기간 1. 1년 2. 2년 3. 3년 4. 4년 5. 5년 6. 기타 ( )년 7. 단기계약 (1년미만) 8. 없음	입찰방식 낙찰자선정방법 1. 적격심사 2. 협상에의한계약 3. 최저가낙찰제 4. 규격가격분리 5. 2단계 경쟁입찰 6. 기타 ( ) 7. 없음	운영예산 산정 운영예산 산정 1. 내부산정 (지자체 자체적으로 산정) 2. 외부산정 (외부전문기관위탁 산정) 3. 내·외부 모두 산정 4. 산정 無 5. 없음	운영예산 산정 정산방법 1. 내부정산 (지자체 내부적으로 정산) 2. 외부정산 (외부전문기관위탁 정산) 3. 내·외부 모두 정산 4. 정산 無 5. 없음	성과평가 실시여부 1. 실시 2. 미실시 3. 향후 추진 4. 해당없음
8758	부산 강서구	동새마을운동활성화(협의회)	13,395	1	1	7	8	7	1	1	1
8759	부산 강서구	국가안보의식고양및자유수호	13,230	1	1	7	8	7	1	1	1
8760	부산 강서구	통일기반조성사업	12,600	1	1	7	8	7	3	1	1
8761	부산 강서구	동새마을운동활성화(부녀회)	12,567	1	1	7	8	7	1	1	1
8762	부산 강서구	강서구친환경급식지원센터정밀안전성검사비지원	11,520	1	6	7	8	7	1	1	1
8763	부산 강서구	동바르게살기운동활성화	11,349	1	1	7	8	7	3	1	1
8764	부산 강서구	구체육회사업비지원	11,000	1	1	7	8	7	1	1	1
8765	부산 강서구	바르게살기문화시민운동	10,800	1	1	7	8	7	3	1	1
8766	부산 강서구	장애인생활체육활동지원	10,000	1	1	7	8	7	1	1	1
8767	부산 강서구	노인건강치유농업프로그램운영	10,000	1	4	7	8	7	1	1	1
8768	부산 강서구	반려식물분갈이지원	10,000	1	4	7	8	7	1	1	1
8769	부산 강서구	의용소방대재난대비역량강화지원사업	10,000	1	4	7	8	7	1	1	1
8770	부산 강서구	전업농협의회지원	9,900	1	4	7	8	7	1	1	1
8771	부산 강서구	강서구환경보전및자연보호활동	9,000	1	4	7	8	7	1	1	4
8772	부산 강서구	향토사연구소사업지원	9,000	1	4	7	8	7	1	1	1
8773	부산 강서구	카누체험교실	8,000	1	1	7	1	7	5	5	4
8774	부산 강서구	범죄피해자지원	7,200	1	1	7	8	7	3	1	1
8775	부산 강서구	여성단체자원봉사활동활성화사업지원	7,200	1	4	7	8	7	1	1	1
8776	부산 강서구	우수쌀작목반활성화지원	7,200	1	4	7	8	7	1	1	1
8777	부산 강서구	친환경농산물인증비지원	7,200	1	6	7	8	7	1	1	1
8778	부산 강서구	동자유수호사업	6,615	1	1	7	8	7	1	1	1
8779	부산 강서구	강서문화지발간	6,300	1	4	7	8	7	1	1	1
8780	부산 강서구	공공비축미곡상차료지원	6,300	1	4	7	8	7	1	1	1
8781	부산 강서구	강서예술인연합회전지원	5,400	1	7	7	8	7	1	1	4
8782	부산 강서구	우리동네텃밭농산물밥상나눔	5,000	1	4	7	8	7	1	1	1
8783	부산 강서구	아동양육시설치유식물보급	5,000	1	4	7	8	7	1	1	1
8784	부산 강서구	농산물소포장재지원사업	5,000	1	6	7	8	7	1	1	1
8785	부산 강서구	평생학습동아리및재능기부활동지원	4,500	1	4	7	8	7	1	1	1
8786	부산 강서구	녹산향토지발간지원	4,500	1	7	7	8	7	1	1	4
8787	부산 강서구	강서구리틀야구단지원	4,500	1	1	7	8	7	1	1	4
8788	부산 강서구	친환경농산물잡초방제시트지원사업	4,500	1	2	7	8	7	1	1	1
8789	부산 강서구	양봉농가기자재지원사업	4,500	1	4	7	8	7	1	1	1
8790	부산 강서구	대한적십자사봉사회강서구지구협의회지원	3,600	1	4	7	8	7	1	1	1
8791	부산 강서구	주5일제생활체육실천광장운영	3,400	1	1	7	8	7	1	1	1
8792	부산 강서구	유기동물입양비용지원	3,300	1	2	7	8	7	1	1	1
8793	부산 강서구	여성생활체육교실	3,240	1	1	7	8	7	1	1	1
8794	부산 강서구	성인문해교육지원	3,105	1	4	7	8	7	1	1	1
8795	부산 강서구	장수노인체육대학	3,060	1	1	7	8	7	1	1	1
8796	부산 강서구	어린이체능교실운영	3,000	1	1	7	8	7	1	1	1
8797	부산 강서구	청소년체련교실운영	2,860	1	1	7	8	7	1	1	1

순번	시군구	지출명 (사업명)	2024년예산 (단위 : 천원 /1년간)	민간이전 분류 (지방자치단체 세출예산 집행기준에 의거) 1. 민간경상사업보조(307-02) 2. 민간단체 법정운영비보조(307-03) 3. 민간행사사업보조(307-04) 4. 민간위탁금(307-05) 5. 사회복지시설 법정운영비보조(307-10) 6. 민간인위탁교육비(307-12) 7. 공기관등에대한경상적위탁사업비(308-13) 8. 민간자본사업보조,자체재원(402-01) 9. 민간자본사업보조,이전재원(402-02) 10. 민간위탁사업비(402-03) 11. 공기관등에 대한 자본적 위탁사업비(403-02)	민간이전지출 근거 (지방보조금 관리기준 참고) 1. 법률에 규정 2. 국고보조 재원(국가지정) 3. 용도 지정 기부금 4. 조례에 직접규정 5. 지자체가 권장하는 사업을 하는 공공기관 6. 시,도 정책 및 재정사정 7. 기타 8. 해당없음	입찰방식			운영예산 산정		성과평가 실시여부
						계약체결방법 (경쟁형태) 1. 일반경쟁 2. 제한경쟁 3. 지명경쟁 4. 수의계약 5. 법정위탁 6. 기타 ( ) 7. 없음	계약기간 1. 1년 2. 2년 3. 3년 4. 4년 5. 5년 6. 기타 ( )년 7. 단기계약 (1년미만) 8. 없음	낙찰자선정방법 1. 적격심사 2. 협상에의한계약 3. 최저가낙찰제 4. 규격가격분리 5. 2단계 경쟁입찰 6. 기타 ( ) 7. 없음	운영예산 산정 1. 내부산정 (지자체 자체적으로 산정) 2. 외부산정 (외부전문기관위탁 산정) 3. 내·외부 모두 산정 4. 산정 無 5. 없음	정산방법 1. 내부정산 (지자체 내부적으로 정산) 2. 외부정산 (외부전문기관위탁 정산) 3. 내·외부 모두 산정 4. 정산 無 5. 없음	1. 실시 2. 미실시 3. 향후 추진 4. 해당없음
8798	부산 강서구	교통안전봉사활동지원	2,700	1	1	7	8	7	1	1	1
8799	부산 강서구	교통안전및기초질서계도활동지원(공모)	2,700	1	4	7	8	7	1	1	1
8800	부산 강서구	강서문화원문화사업지원	2,600	1	4	7	8	7	1	1	1
8801	부산 강서구	부산시장기게이트볼대회출전	2,025	1	1	7	8	7	1	1	4
8802	부산 강서구	서예예술행사지원	1,800	1	7	7	8	7	1	1	4
8803	부산 강서구	여성배구단지원	1,800	1	1	7	8	7	1	1	4
8804	부산 강서구	우수여왕벌보급사업	1,440	1	1	7	8	7	1	1	1
8805	부산 강서구	부산시대회구대표출전경비	1,260	1	1	7	8	7	1	1	4
8806	부산 강서구	사회적약자반려동물진료비지원	600	1	6	7	8	7	1	1	1
8807	부산 강서구	말벌퇴치장비지원사업	200	1	2	7	8	7	1	1	1
8808	부산 연제구	연제문화원문화학교운영	176,400	1	1	7	8	7	1	1	4
8809	부산 연제구	보훈단체보훈활동사업비	64,274	1	7	5	8	7	1	1	1
8810	부산 연제구	연제문화원문화사업운영	52,710	1	1	7	8	7	1	1	4
8811	부산 연제구	이불마을관리사회적협동조합초기사업비지원	50,000	1	1	7	8	7	5	5	4
8812	부산 연제구	노인복지사업추진	27,960	1	4	7	8	7	1	1	4
8813	부산 연제구	마을공동체활성화공모사업	20,000	1	4	7	8	7	5	5	4
8814	부산 연제구	지역사회보장협의체활성화사업비	12,000	1	1	7	8	7	1	1	1
8815	부산 연제구	장애인사회참여활동지원	12,000	1	1	7	8	7	1	1	4
8816	부산 연제구	보훈단체나라사랑전적지순례지원	5,000	1	7	5	8	7	1	1	1
8817	부산 연제구	보훈단체이용회원주차료지원	5,000	1	7	5	8	7	1	1	1
8818	부산 연제구	사회복지사협회활동사업비	4,000	1	4	7	8	7	1	1	1
8819	부산 연제구	생활문화연합회생활문화활성화사업지원	3,000	1	1	7	8	7	1	1	4
8820	부산 연제구	마을회관노인복지사업추진	3,000	1	4	7	8	7	1	1	4
8821	부산 연제구	베이비플러스사업	2,000	1	4	7	8	7	1	1	1
8822	부산 연제구	일반생활체육지도자배치	187,758	1	1	7	8	7	1	1	1
8823	부산 연제구	어르신생활체육지도자배치	31,293	1	1	7	8	7	1	1	1
8824	부산 연제구	일반어르신생활체육지도자처우개선	27,720	1	1	7	8	7	1	1	2
8825	부산 연제구	생활체육진흥사업추진	20,000	1	1	7	8	7	1	1	1
8826	부산 연제구	회원단체활성화사업	10,000	1	1	7	8	7	1	1	1
8827	부산 연제구	주5일제생활체육실천광장운영	3,400	1	6	7	8	7	1	1	1
8828	부산 연제구	연제구리틀야구단육성지원	3,000	1	6	7	8	7	5	5	4
8829	부산 연제구	어린이체능교실운영	3,000	1	6	7	8	7	1	1	1
8830	부산 연제구	청소년체련교실운영	2,860	1	6	7	8	7	1	1	1
8831	부산 연제구	일반어르신생활체육지도자지도활동보험료	1,148	1	1	7	8	7	5	5	4
8832	부산 연제구	교통안전문화추진단체지원	7,000	1	4	7	8	7	1	1	4
8833	부산 수영구	(예비)사회적기업일자리창출사업(보조사업)	555,508	1	2	7	8	7	1	1	1
8834	부산 수영구	생활체육지도자배치운영	247,919	1	1	5	8	7	1	1	1
8835	부산 수영구	임산부친환경농산물지원사업(보조사업)	142,080	1	6	7	1	7	1	1	4
8836	부산 수영구	고령자경비원고용유지지원금	100,800	1	4	7	8	7	5	5	4
8837	부산 수영구	2024년전승공동체활성화지원사업	100,000	1	1	7	1	7	1	1	1

순번	시군구	지출명 (사업명)	2024년예산 (단위 : 천원 /1년간)	민간이전 분류 (지방자치단체 세출예산 집행기준에 의거) 1. 민간경상사업보조(307-02) 2. 민간단체 법정운영비보조(307-03) 3. 민간행사사업보조(307-04) 4. 민간위탁금(307-05) 5. 사회복지시설 법정운영비보조(307-10) 6. 민간인위탁교육비(307-12) 7. 공기관등에대한경상적위탁사업비(308-13) 8. 민간자본사업보조,자체재원(402-01) 9. 민간자본사업보조,이전재원(402-02) 10. 민간위탁사업비(402-03) 11. 공기관등에 대한 자본적 위탁사업비(403-02)	민간이전지출 근거 (지방보조금 관리기준 참고) 1. 법률에 규정 2. 국고보조 재원(국가지정) 3. 용도 지정 기부금 4. 조례에 직접규정 5. 지자체가 권장하는 사업을 하는 공공기관 6. 시,도 정책 및 재정사정 7. 기타 8. 해당없음	입찰방식: 계약체결방법 (경쟁형태) 1. 일반경쟁 2. 제한경쟁 3. 지명경쟁 4. 수의계약 5. 법정위탁 6. 기타 ( ) 7. 없음	입찰방식: 계약기간 1. 1년 2. 2년 3. 3년 4. 4년 5. 5년 6. 기타 ( )년 7. 단기계약 (1년미만) 8. 없음	입찰방식: 낙찰자선정방법 1. 적격심사 2. 협상에의한계약 3. 최저가낙찰제 4. 규격가격분리 5. 2단계 경쟁입찰 6. 기타 ( ) 7. 없음	운영예산 산정: 운영예산 산정 1. 내부산정 (지자체 자체적으로 산정) 2. 외부산정 (외부전문기관위탁 산정) 3. 내·외부 모두 산정 4. 산정 無 5. 없음	운영예산 산정: 정산방법 1. 내부정산 (지자체 내부적으로 정산) 2. 외부정산 (외부전문기관위탁 정산) 3. 내·외부 모두 산정 4. 정산 無 5. 없음	성과평가 실시여부 1. 실시 2. 미실시 3. 향후 추진 4. 해당없음
8838	부산 수영구	수영문화원사업비지원	90,174	1	1	5	8	7	5	1	4
8839	부산 수영구	생활체육프로그램운영	88,986	1	1	5	8	7	1	1	1
8840	부산 수영구	생활체육확대보급	81,000	1	1	5	8	7	1	1	1
8841	부산 수영구	보훈단체공익활동사업비지원	71,500	1	4	7	8	7	1	1	1
8842	부산 수영구	새마을공익사업지원	40,440	1	1	7	8	7	1	1	1
8843	부산 수영구	자활사업전문인력배치인건비지원	31,240	1	1	7	8	7	5	5	1
8844	부산 수영구	초등돌봄교실과일간식지원사업(보조사업)	30,440	1	4	5	1	7	5	1	1
8845	부산 수영구	바르게살기운동공익사업지원	28,000	1	6	7	1	7	1	1	4
8846	부산 수영구	청소년지도사배치지원	25,368	1	1	7	8	7	1	1	1
8847	부산 수영구	한국자유총연맹공익사업지원	21,200	1	7	6	5	6	1	1	1
8848	부산 수영구	수영사적공원전통상설공연지원	21,000	1	1	7	8	7	1	1	1
8849	부산 수영구	도시옥상농원조성사업(보조사업)(전환사업)	20,000	1	1	7	1	7	1	1	1
8850	부산 수영구	갈맷길걷기대회지원	15,000	1	6	7	1	7	1	1	4
8851	부산 수영구	자활사업참여자교육비지원	12,800	1	1	5	8	7	1	1	1
8852	부산 수영구	수영구청년연합회공익사업지원	12,000	1	4	5	1	7	5	1	1
8853	부산 수영구	수영구문화예술지원	12,000	1	7	7	8	7	1	1	1
8854	부산 수영구	성인문해교육지원사업	10,000	1	4	7	8	7	1	1	1
8855	부산 수영구	도시옥상농원조성사업(보조사업)(전환사업)	10,000	1	2	6	7	6	1	1	1
8856	부산 수영구	민주평화통일자문회의공익사업지원	10,000	1	6	7	1	7	1	1	4
8857	부산 수영구	수영민속공연영상및사운드제작	10,000	1	1	7	8	7	5	5	1
8858	부산 수영구	도시옥상농원조성사업(보조사업)(전환사업)	9,600	1	1	7	1	7	1	1	1
8859	부산 수영구	범죄피해자지원센터'광명'공익사업지원	8,000	1	6	7	1	7	1	1	4
8860	부산 수영구	수영문예발간지원	8,000	1	1	7	8	7	1	1	1
8861	부산 수영구	광안리를사랑하는모임공익사업지원	7,000	1	4	7	8	7	1	1	1
8862	부산 수영구	수영전통민속예술제	7,000	1	7	7	8	7	1	1	1
8863	부산 수영구	전통시장화재공제지원금지급	5,396	1	1	7	1	7	1	1	1
8864	부산 수영구	수영구사랑회연합회공익사업지원	5,000	1	6	6	1	6	5	5	4
8865	부산 수영구	새마을역량강화교육지원	4,500	1	7	7	8	7	1	1	1
8866	부산 수영구	향사비(안용복장군,25의용단)	4,000	1	1	7	8	7	5	5	1
8867	부산 수영구	관광홍보활동지원	3,500	1	1	7	7	7	1	1	1
8868	부산 수영구	자연보호의식확산및실천사업지원	2,500	1	4	7	8	7	1	1	1
8869	부산 수영구	민족통일사회분위기조성사업지원	2,500	1	1	7	8	7	1	1	1
8870	부산 수영구	사회적약자반려동물진료비지원(보조사업)	2,250	1	1	7	8	7	5	1	4
8871	부산 수영구	유기유실동물입양비지원사업(보조사업)	1,800	1	1	7	7	7	1	1	4
8872	부산 수영구	수영전통민속교류	1,600	1	1	7	7	7	1	1	4
8873	부산 수영구	대한적십자사봉사회수영구지구협의회활동지원	1,000	1	1	7	1	7	1	1	1
8874	부산 수영구	농업인재해안전보험료사업(보조사업)	840	1	4	7	8	7	1	1	4
8875	부산 수영구	동당제비지원	800	1	1	7	8	7	1	1	4
8876	부산 수영구	동당제비지원	800	1	7	7	8	7	1	1	1
8877	부산 수영구	동당제비지원	800	1	4	7	8	7	1	1	1

순번	시군구	지출명 (사업명)	2024년예산 (단위 : 천원 /1년간)	민간이전 분류 (지방자치단체 세출예산 집행기준에 의거) 1. 민간경상사업보조(307-02) 2. 민간단체 법정운영비보조(307-03) 3. 민간행사사업보조(307-04) 4. 민간위탁금(307-05) 5. 사회복지시설 법정운영비보조(307-10) 6. 민간인위탁교육비(307-12) 7. 공기관등에대한경상적위탁사업비(308-13) 8. 민간자본사업보조,지체재원(402-01) 9. 민간자본사업보조,이전재원(402-02) 10. 민간위탁사업비(402-03) 11. 공기관등에 대한 자본적 위탁사업비(403-02)	민간이전지출 근거 (지방보조금 관리기준 참고) 1. 법률에 규정 2. 국고보조 재원(국가지정) 3. 용도 지정 기부금 4. 조례에 직접규정 5. 지자체가 권장하는 사업을 하는 공공기관 6. 시,도 정책 및 재정사정 7. 기타 8. 해당없음	입찰방식 계약체결방법 (경쟁형태) 1. 일반경쟁 2. 제한경쟁 3. 지명경쟁 4. 수의계약 5. 법정위탁 6. 기타 ( ) 7. 없음	입찰방식 계약기간 1. 1년 2. 2년 3. 3년 4. 4년 5. 5년 6. 기타 ( )년 7. 단기계약 (1년미만) 8. 없음	입찰방식 낙찰자선정방법 1. 적격심사 2. 협상에의한계약 3. 최저가낙찰제 4. 규격가격분리 5. 2단계 경쟁입찰 6. 기타 ( ) 7. 없음	운영예산 산정 운영예산 산정 1. 내부산정 (지자체 자체적으로 산정) 2. 외부산정 (외부전문기관위탁 산정) 3. 내·외부 모두 산정 4. 산정 無 5. 없음	운영예산 산정 정산방법 1. 내부정산 (지자체 내부적으로 정산) 2. 외부정산 (외부전문기관위탁 정산) 3. 내·외부 모두 산정 4. 정산 無 5. 없음	성과평가 실시여부 1. 실시 2. 미실시 3. 향후 추진 4. 해당없음
8878	부산 수영구	동당제비지원	800	1	7	7	8	7	1	1	3
8879	부산 수영구	향사비(최영장군)	500	1	1	7	7	7	1	1	1
8880	부산 수영구	의료기관결핵환자관리지원(보조사업)	37,683	1	2	7	8	7	5	2	4
8881	부산 수영구	의료기관결핵환자관리지원(보조사업)	37,683	1	2	7	8	7	5	2	4
8882	부산 사상구	사회적기업지원	425,108	1	1	7	8	7	1	1	4
8883	부산 사상구	국민체력1체력인증센터사업비	203,640	1	1	7	8	7	1	1	1
8884	부산 사상구	점자도서관운영지원	200,000	1	4	7	8	7	5	5	4
8885	부산 사상구	임산부친환경농산물지원사업	163,200	1	1	7	7	7	5	5	4
8886	부산 사상구	전일제생활체육지도자배치	156,465	1	2	7	8	7	1	1	1
8887	부산 사상구	어르신체육활동지원	125,172	1	2	7	8	7	1	1	1
8888	부산 사상구	골목형전통시장매니저지원사업	72,000	1	5	7	8	7	1	1	4
8889	부산 사상구	주민공모사업	60,000	1	2	7	8	7	5	5	4
8890	부산 사상구	사상구청년창업오피스지원사업	56,240	1	2	7	8	7	1	1	1
8891	부산 사상구	사상마라톤대회지원	50,000	1	1	7	8	7	1	1	1
8892	부산 사상구	초등돌봄교실과일간식지원	48,043	1	1	7	7	7	5	5	4
8893	부산 사상구	새마을운동공익사업지원	40,900	1	1	7	8	7	5	1	1
8894	부산 사상구	보훈의식선양사업	39,390	1	4	7	8	7	1	1	1
8895	부산 사상구	사상문화원사업지원	38,225	1	4	7	8	7	1	1	1
8896	부산 사상구	민간의료기관결핵전담간호사인건비,운영비등	37,684	1	2	7	8	7	1	2	1
8897	부산 사상구	문화예술인단체·동아리지원(공모)	36,500	1	6	7	8	7	1	1	1
8898	부산 사상구	사상문화원육성지원	36,000	1	4	7	8	7	1	1	1
8899	부산 사상구	생활체육지도사(일반,어르신)처우개선	35,640	1	6	7	8	7	1	1	1
8900	부산 사상구	도시농업텃밭조성사업	34,000	1	1	7	7	7	5	5	1
8901	부산 사상구	사상구체육회사업지원	30,997	1	5	7	8	7	1	1	1
8902	부산 사상구	작은도서관지원(도서구입등)	30,000	1	1	7	8	7	5	5	4
8903	부산 사상구	문화재재난방지시설유지관리	27,000	1	2	7	8	7	5	5	4
8904	부산 사상구	생활문화프로그램운영지원	25,000	1	4	7	8	7	1	1	1
8905	부산 사상구	성인문해교육지원사업(민간평생교육기관)	24,000	1	1,4	2	7	1	1	1	1
8906	부산 사상구	부산시민체육대회지원	23,000	1	6	7	8	7	1	1	1
8907	부산 사상구	바르게살기운동공익사업지원	22,700	1	1	7	8	7	1	1	1
8908	부산 사상구	평화통일기반조성(민주평화통일자문회의)	20,600	1	1	7	8	7	1	1	1
8909	부산 사상구	청소년공부방운영지원	20,000	1	1	7	8	7	1	1	1
8910	부산 사상구	평생교육협력기관공모사업	20,000	1	1,4	1	7	6	1	1	1
8911	부산 사상구	평생학습동아리공모사업	20,000	1	1,4	1	7	6	1	1	1
8912	부산 사상구	통합정신건강증진사업(정신질환당사자지원)	18,360	1	2	7	8	7	1	1	2
8913	부산 사상구	문화학교운영	18,000	1	6	7	8	7	1	1	1
8914	부산 사상구	생활체육교실운영	16,666	1	6	7	8	7	1	1	1
8915	부산 사상구	스포츠클럽관리자지원	15,000	1	1	7	8	7	1	1	1
8916	부산 사상구	한국자유총연맹자유민주주의역량강화	14,300	1	1	7	8	7	5	1	1
8917	부산 사상구	구민걷기대회지원	14,000	1	1	7	8	7	1	1	1

순번	시군구	지출명 (사업명)	2024년예산 (단위 : 천원 /1년간)	민간이전 분류 (지방자치단체 세출예산 집행기준에 의거) 1. 민간경상사업보조(307-02) 2. 민간단체 법정운영비보조(307-03) 3. 민간행사사업보조(307-04) 4. 민간위탁금(307-05) 5. 사회복지시설 법정운영비보조(307-10) 6. 민간인위탁교육비(307-12) 7. 공기관등에대한경상적위탁사업비(308-13) 8. 민간자본사업보조,자체재원(402-01) 9. 민간자본사업보조,이전재원(402-02) 10. 민간위탁사업비(402-03) 11. 공기관등에 대한 자본적 위탁사업비(403-02)	민간이전지출 근거 (지방보조금 관리기준 참고) 1. 법률에 규정 2. 국고보조 재원(국가지정) 3. 용도 지정 기부금 4. 조례에 직접규정 5. 지자체가 권장하는 사업을 하는 공공기관 6. 시,도 정책 및 재정사정 7. 기타 8. 해당없음	입찰방식 계약체결방법 (경쟁형태) 1. 일반경쟁 2. 제한경쟁 3. 지명경쟁 4. 수의계약 5. 법정위탁 6. 기타 ( ) 7. 없음	입찰방식 계약기간 1. 1년 2. 2년 3. 3년 4. 4년 5. 5년 6. 기타 ( )년 7. 단기계약 (1년미만) 8. 없음	입찰방식 낙찰자선정방법 1. 적격심사 2. 협상에의한계약 3. 최저가낙찰제 4. 규격가격분리 5. 2단계 경쟁입찰 6. 기타 ( ) 7. 없음	운영예산 산정 운영예산 산정 1. 내부산정 (지자체 자체적으로 산정) 2. 외부산정 (외부전문기관위탁 산정) 3. 내·외부 모두 산정 4. 산정 無 5. 없음	운영예산 산정 정산방법 1. 내부정산 (지자체 내부적으로 정산) 2. 외부정산 (외부전문기관위탁 정산) 3. 내·외부 모두 산정 4. 정산 無 5. 없음	성과평가 실시여부 1. 실시 2. 미실시 3. 향후 추진 4. 해당없음
8918	부산 사상구	시생활체육대회지원	13,183	1	6	7	8	7	1	1	1
8919	부산 사상구	내수면외래유해어종퇴치수매사업	13,000	1	1	7	8	7	1	1	1
8920	부산 사상구	자연보호활동지원(공모)	10,000	1	4	7	1	6	5	1	1
8921	부산 사상구	장애인체육회사업지원	10,000	1	5	7	8	7	1	1	1
8922	부산 사상구	소형어선유류비지원사업	10,000	1	1	7	8	7	1	1	1
8923	부산 사상구	마을공동체역량강화공모사업	10,000	1	4	7	8	7	5	5	4
8924	부산 사상구	정신재활시설프로그램지원	9,470	1	1	7	8	7	1	1	1
8925	부산 사상구	범죄예방및선도활동(공모)	9,000	1	4	7	1	6	5	1	1
8926	부산 사상구	범죄피해자지원	8,000	1	1	7	8	7	1	1	1
8927	부산 사상구	승용마위탁조련비지원	8,000	1	2	7	8	7	5	5	4
8928	부산 사상구	교통안전및기초질서계도활동(공모)	7,000	1	1,4	7	8	7	1	1	1
8929	부산 사상구	청년창업기업성장모멘텀지원사업	6,858	1	2	7	1	7	1	1	1
8930	부산 사상구	마을제거행지원	5,500	1	4	7	8	7	5	5	4
8931	부산 사상구	발달장애청소년재활사업지원(공모)	5,000	1	1	7	8	7	5	1	4
8932	부산 사상구	주5일제생활체육실천광장	3,400	1	6	7	8	7	1	1	1
8933	부산 사상구	사상구지방행정동우회공익사업지원	3,130	1	1	7	8	7	1	1	2
8934	부산 사상구	장수체육대학	3,060	1	6	7	8	7	1	1	1
8935	부산 사상구	어린이체능교실	3,000	1	6	7	8	7	1	1	1
8936	부산 사상구	대한적십자봉사회사업활동지원	3,000	1	4	7	8	7	1	1	4
8937	부산 사상구	한마음대축제(장애인협회)	3,000	1	1	7	8	7	5	1	4
8938	부산 사상구	장애인의날기념행사(장애인협회)	3,000	1	1	7	8	7	5	1	4
8939	부산 사상구	의용소방대활동지원	3,000	1	4	7	8	7	1	1	1
8940	부산 사상구	청소년체련교실	2,860	1	6	7	8	7	1	1	1
8941	부산 사상구	통일안보교육사업(공모)	2,700	1	7	6	1	7	1	1	1
8942	부산 사상구	유기동물입양비용지원	2,400	1	2	7	8	7	1	1	1
8943	부산 사상구	부설노인대학프로그램	2,200	1	1	7	8	7	5	1	4
8944	부산 사상구	사상9人의사추모제지원	2,000	1	4	7	8	7	1	1	4
8945	부산 사상구	비료가격안정지원사업	2,000	1	2	7	7	7	5	5	4
8946	부산 사상구	청소년지도협의회활동지원	2,000	1	4	7	8	7	1	1	1
8947	부산 사상구	생활체육분야재능나눔사업(공모)	1,500	1	1	7	1	6	5	1	1
8948	부산 사상구	생활체육지도자지도활동보험료	1,476	1	2	7	8	7	1	1	1
8949	부산 사상구	사회적약자반려동물진료비지원	1,200	1	1	7	8	7	1	1	1
8950	부산 사상구	노인건강교실	800	1	1	7	8	7	5	1	4
8951	부산 사상구	유기질비료지원	677	1	1	7	7	7	5	5	4
8952	부산 기장군	응급처치15분도시구현(응급의료기관시설등운영지원)	1,120,000	1	6	7	8	7	1	1	1
8953	부산 기장군	유기질비료지원(전환사업)	760,763	1	2	7	8	7	5	5	4
8954	부산 기장군	지역인재양성및교육협력사업	712,000	1	1,4,7	6	1	7	1	1	2
8955	부산 기장군	공동주택관리지원	700,000	1	1	7	8	7	1	1	4
8956	부산 기장군	민간환경감시기구인건비	515,200	1	2	7	8	7	5	3	4
8957	부산 기장군	상수원보호구역주민지원	471,800	1	1	7	8	7	5	5	4

순번	시군구	지출명 (사업명)	2024년예산 (단위 : 천원 /1년간)	민간이전 분류 (지방자치단체 세출예산 집행기준에 의거) 1. 민간경상사업보조(307-02) 2. 민간단체 법정운영비보조(307-03) 3. 민간행사사업보조(307-04) 4. 민간위탁금(307-05) 5. 사회복지시설 법정운영비보조(307-10) 6. 민간인위탁교육비(307-12) 7. 공기관등에대한경상적위탁사업비(308-13) 8. 민간자본사업보조,자체재원(402-01) 9. 민간자본사업보조,이전재원(402-02) 10. 민간위탁사업비(402-03) 11. 공기관등에 대한 자본적 위탁사업비(403-02)	민간이전지출 근거 (지방보조금 관리기준 참고) 1. 법률에 규정 2. 국고보조 재원(국가지정) 3. 용도 지정 기부금 4. 조례에 직접규정 5. 지자체가 권장하는 사업을 하는 공공기관 6. 시,도 정책 및 재정사정 7. 기타 8. 해당없음	입찰방식 계약체결방법 (경쟁형태) 1. 일반경쟁 2. 제한경쟁 3. 지명경쟁 4. 수의계약 5. 법정위탁 6. 기타 ( ) 7. 없음	입찰방식 계약기간 1. 1년 2. 2년 3. 3년 4. 4년 5. 5년 6. 기타 ( )년 7. 단기계약 (1년미만) 8. 없음	입찰방식 낙찰자선정방법 1. 적격심사 2. 협상에의한계약 3. 최저가낙찰제 4. 규격가격분리 5. 2단계 경쟁입찰 6. 기타 ( ) 7. 없음	운영예산 산정 운영예산 산정 1. 내부산정 (지자체 자체적으로 산정) 2. 외부산정 (외부전문기관위탁 산정) 3. 내·외부 모두 산정 4. 산정 無 5. 없음	운영예산 산정 정산방법 1. 내부정산 (지자체 내부적으로 정산) 2. 외부정산 (외부전문기관위탁 정산) 3. 내·외부 모두 산정 4. 정산 無 5. 없음	성과평가 실시여부 1. 실시 2. 미실시 3. 향후 추진 4. 해당없음
8958	부산 기장군	어업인유류비지원	420,000	1	1	7	8	7	1	1	1
8959	부산 기장군	전략홍보관리	400,000	1	1	5	8	7	1	1	4
8960	부산 기장군	사회적기업육성	330,741	1	1	7	8	7	5	1	4
8961	부산 기장군	공동주택관리지원	300,000	1	1	7	8	7	1	1	4
8962	부산 기장군	공공사회복지(주민복지지원사업)	270,588	1	1	7	7	7	1	1	4
8963	부산 기장군	전략홍보관리	260,000	1	1	5	8	7	1	1	4
8964	부산 기장군	지역인재양성및교육협력사업	240,000	1	1,4	2	1	1	1	1	2
8965	부산 기장군	맞춤형비료지원	204,000	1	6	7	8	7	5	5	4
8966	부산 기장군	농산물명품브랜드화사업	170,000	1	3	7	8	7	5	5	1
8967	부산 기장군	민간환경감시기구운영비	161,000	1	2	7	8	7	5	3	4
8968	부산 기장군	지방문화원사업활동및운영비지원(추가군비)	157,620	1	1	7	8	7	5	5	4
8969	부산 기장군	전략홍보관리	156,000	1	1	5	8	7	1	1	4
8970	부산 기장군	지역인재양성및교육협력사업	150,000	1	1,4,7	6	1	7	1	1	2
8971	부산 기장군	양식어장로프지원	130,000	1	1	7	8	7	1	1	4
8972	부산 기장군	학생승마체험지원사업	129,120	1	2	7	8	7	1	1	2
8973	부산 기장군	일반생활체육지도자배치	125,172	1	1,2,4	7	7	7	5	1	1
8974	부산 기장군	문화예술활동지원	110,000	1	4	7	8	7	5	5	4
8975	부산 기장군	기장군체육회지원(자체)	105,000	1	1,4,6	7	7	7	5	1	1
8976	부산 기장군	경로당환경개선사업지원	100,000	1	4	7	8	7	1	1	1
8977	부산 기장군	어선어업자어구지원	100,000	1	1	7	8	7	1	1	4
8978	부산 기장군	어르신생활체육지도자배치	93,879	1	1,2,4	7	7	7	5	1	1
8979	부산 기장군	전략홍보관리	84,000	1	1	5	8	7	1	1	4
8980	부산 기장군	농가부담경감	80,000	1	4	7	8	7	5	5	4
8981	부산 기장군	기장멸치생산력강화지원	80,000	1	1	7	8	7	1	1	4
8982	부산 기장군	전략홍보관리	78,000	1	1	5	8	7	1	1	4
8983	부산 기장군	전략홍보관리	78,000	1	1	5	8	7	1	1	4
8984	부산 기장군	전략홍보관리	78,000	1	1	5	8	7	1	1	4
8985	부산 기장군	전략홍보관리	78,000	1	1	5	8	7	1	1	4
8986	부산 기장군	청년농업인영농정착지원사업	76,200	1	2	7	8	7	5	5	4
8987	부산 기장군	새마을문고활성화지원사업	70,000	1	1	7	8	7	1	1	1
8988	부산 기장군	추곡수매대입지원	70,000	1	4	7	8	7	5	5	4
8989	부산 기장군	고수온대응지원사업	70,000	1	2	7	8	7	1	1	4
8990	부산 기장군	축산분뇨처리사업지원	68,000	1	6	7	8	7	1	1	2
8991	부산 기장군	초등돌봄교실과일간식지원시범사업	67,056	1	6	7	8	7	5	5	4
8992	부산 기장군	전략홍보관리	65,000	1	1	5	8	7	1	1	4
8993	부산 기장군	벼육묘지원사업	64,400	1	4	7	8	7	5	5	4
8994	부산 기장군	모다(多)일청년인턴지원사업(지역주도형청년일자리사업)	62,866	1	2	7	8	7	5	5	4
8995	부산 기장군	기장군체육회지원	60,000	1	1,4,6	7	7	7	5	1	1
8996	부산 기장군	나잠어업인잠수복지원사업	56,736	1	1	7	8	7	1	1	4
8997	부산 기장군	원예(화훼)용상토구입비지원	50,000	1	4	7	8	7	5	5	4

순번	시군구	지출명 (사업명)	2024년예산 (단위 : 전원 /1년간)	민간이전 분류 (지방자치단체 세출예산 집행기준에 의거) 1. 민간경상사업보조(307-02) 2. 민간단체 법정운영비보조(307-03) 3. 민간행사사업보조(307-04) 4. 민간위탁금(307-05) 5. 사회복지시설 법정운영비보조(307-10) 6. 민간인위탁교육비(307-12) 7. 공기관등에대한경상적위탁사업비(308-13) 8. 민간자본사업보조,자체재원(402-01) 9. 민간자본사업보조,이전재원(402-02) 10. 민간위탁사업비(402-03) 11. 공기관등에 대한 자본적 위탁사업비(403-02)	민간이전지출 근거 (지방보조금 관리기준 참고) 1. 법률에 규정 2. 국고보조 재원(국가지정) 3. 용도 지정 기부금 4. 조례에 직접규정 5. 지자체가 권장하는 사업을 하는 공공기관 6. 시,도 정책 및 재정사정 7. 기타 8. 해당없음	입찰방식 계약체결방법 (경쟁형태) 1. 일반경쟁 2. 제한경쟁 3. 지명경쟁 4. 수의계약 5. 법정위탁 6. 기타 ( ) 7. 없음	입찰방식 계약기간 1. 1년 2. 2년 3. 3년 4. 4년 5. 5년 6. 기타 ( )년 7. 단기계약 (1년미만) 8. 없음	입찰방식 낙찰자선정방법 1. 적격심사 2. 협상에의한계약 3. 최저가낙찰제 4. 규격가격분리 5. 2단계 경쟁입찰 6. 기타 ( ) 7. 없음	운영예산 산정 운영예산 산정 1. 내부산정 (지자체 자체적으로 산정) 2. 외부산정 (외부전문기관위탁 산정) 3. 내·외부 모두 산정 4. 산정 無 5. 없음	운영예산 산정 정산방법 1. 내부정산 (지자체 내부적으로 정산) 2. 외부정산 (외부전문기관위탁 정산) 3. 내·외부 모두 산정 4. 정산 無 5. 없음	성과평가 실시여부 1. 실시 2. 미실시 3. 향후 추진 4. 해당없음
8998	부산 기장군	벼육묘용상토공급지원	49,000	1	6	7	8	7	5	5	4
8999	부산 기장군	친환경농업용자재지원	48,000	1	3	7	8	7	5	5	4
9000	부산 기장군	농산물명품브랜드화사업	45,000	1	3	7	8	7	5	5	1
9001	부산 기장군	향교충효교실운영	44,200	1	4	7	8	7	5	5	4
9002	부산 기장군	청년드림플러스창업지원사업	42,108	1	2	7	8	7	5	5	4
9003	부산 기장군	시설원예맞춤형농자재지원	42,000	1	6	7	8	7	5	5	4
9004	부산 기장군	기장군장애인체육회운영지원(자체)	40,000	1	1,4,6	7	7	7	5	1	1
9005	부산 기장군	문화유산교육사업	40,000	1	2	7	8	7	5	5	4
9006	부산 기장군	지역인재양성및교육협력사업	40,000	1	1,4	6	1	7	1	1	2
9007	부산 기장군	기장독립운동사연구회활동지원	40,000	1	4	7	8	7	5	5	4
9008	부산 기장군	철마연꽃단지운영지원	40,000	1	4	7	8	7	5	1	1
9009	부산 기장군	한우작목반발효사료자재지원	40,000	1	4	7	8	7	1	1	2
9010	부산 기장군	흑염소작목반발효사료자재지원	40,000	1	4	7	8	7	1	1	2
9011	부산 기장군	토양개량제지원	39,399	1	2	7	8	7	5	5	4
9012	부산 기장군	양식기반시설조성	38,000	1	1	7	8	7	1	1	4
9013	부산 기장군	의료기관결핵환자관리지원	37,684	1	2	7	8	7	5	5	4
9014	부산 기장군	지방문화원사업활동및운영비지원(전환사업)	36,000	1	1	7	8	7	5	5	4
9015	부산 기장군	사회단체지원	35,000	1	4	7	8	7	1	1	1
9016	부산 기장군	문화예술활동지원	30,000	1	4	7	8	7	5	5	4
9017	부산 기장군	3대명절문화및손모내기(탈곡)등전통농경문화복원사업(전환사업)	30,000	1	4	7	8	7	5	1	1
9018	부산 기장군	지리적표시제포장재지원사업	30,000	1	4	7	8	7	1	1	2
9019	부산 기장군	유해생물구제사업(적조방제)	30,000	1	2	7	8	7	1	1	4
9020	부산 기장군	주민복지지원	30,000	1	4	7	8	7	1	1	3
9021	부산 기장군	공공사회복지(주민복지지원사업)	28,000	1	1	7	7	7	1	1	4
9022	부산 기장군	일반어르신생활체육지도자처우개선	27,720	1	1,4,6	7	7	7	5	1	1
9023	부산 기장군	기장군새마을회지원(자체)	26,000	1	1	7	8	7	1	1	1
9024	부산 기장군	사회단체지원	25,000	1	4	7	8	7	1	1	1
9025	부산 기장군	농작물병해충드론방제지원사업	25,000	1	4	7	8	7	5	5	4
9026	부산 기장군	원예표준규격박스지원	25,000	1	3	7	8	7	5	5	4
9027	부산 기장군	구청장(군수)가교장되는어린이텃밭학교운영지원(전환사업)	25,000	1	4	7	8	7	5	5	4
9028	부산 기장군	친환경농산물인증비지원(추가군비)	25,000	1	3	7	8	7	5	5	4
9029	부산 기장군	화훼농가포트지원	25,000	1	4	7	8	7	5	5	4
9030	부산 기장군	보훈단체및회원지원	24,500	1	1	7	8	7	1	1	1
9031	부산 기장군	배작목반봉지지원	24,500	1	3	7	8	7	5	5	4
9032	부산 기장군	어촌체험마을사무장채용지원	22,974	1	1	7	8	7	1	1	4
9033	부산 기장군	농업전문인력육성	22,000	1	4	7	8	7	1	1	1
9034	부산 기장군	농업전문인력육성	22,000	1	4	7	8	7	1	1	1
9035	부산 기장군	그라운드골프협회지원	21,840	1	1,4	7	7	7	1	1	1
9036	부산 기장군	노인복지업무운영	21,150	1	4	7	8	7	1	1	1
9037	부산 기장군	사회단체지원	21,000	1	4	7	8	7	1	1	1

순번	시군구	지출명 (사업명)	2024년예산 (단위 : 천원 /1년간)	민간이전 분류 (지방자치단체 세출예산 집행기준에 의거) 1. 민간경상사업보조(307-02) 2. 민간단체 법정운영비보조(307-03) 3. 민간행사사업보조(307-04) 4. 민간위탁금(307-05) 5. 사회복지시설 법정운영비보조(307-10) 6. 민간인위탁교육비(307-12) 7. 공기관등에대한경상적위탁사업비(308-13) 8. 민간자본사업보조,자체재원(402-01) 9. 민간자본사업보조,이전재원(402-02) 10. 민간위탁사업비(402-03) 11. 공기관등에 대한 자본적 위탁사업비(403-02)	민간이전지출 근거 (지방보조금 관리기준 참고) 1. 법률에 규정 2. 국고보조 재원(국가지정) 3. 용도 지정 기부금 4. 조례에 직접규정 5. 지자체가 권장하는 사업을 하는 공공기관 6. 시,도 정책 및 재정사정 7. 기타 8. 해당없음	입찰방식 계약체결방법 (경쟁형태) 1. 일반경쟁 2. 제한경쟁 3. 지명경쟁 4. 수의계약 5. 법정위탁 6. 기타 ( ) 7. 없음	입찰방식 계약기간 1. 1년 2. 2년 3. 3년 4. 4년 5. 5년 6. 기타 ( )년 7. 단기계약 (1년미만) 8. 없음	입찰방식 낙찰자선정방법 1. 적격심사 2. 협상에의한계약 3. 최저가낙찰제 4. 규격가격분리 5. 2단계 경쟁입찰 6. 기타 ( ) 7. 없음	운영예산 산정 운영예산 산정 1. 내부산정 (지자체 자체적으로 산정) 2. 외부산정 (외부전문기관위탁 산정) 3. 내·외부 모두 산정 4. 산정 無 5. 없음	운영예산 산정 정산방법 1. 내부정산 (지자체 내부적으로 정산) 2. 외부정산 (외부전문기관위탁 정산) 3. 내·외부 모두 산정 4. 정산 無 5. 없음	성과평가 실시여부 1. 실시 2. 미실시 3. 향후 추진 4. 해당없음
9038	부산 기장군	배작목반농약지원	21,000	1	3	7	8	7	5	5	4
9039	부산 기장군	문화재방재시설유지관리지원	20,000	1	1	7	8	7	5	5	4
9040	부산 기장군	청소년육성업무운영	20,000	1	4	7	8	7	1	1	1
9041	부산 기장군	청소년육성업무운영	20,000	1	4	7	8	7	1	1	1
9042	부산 기장군	농업경영인육성	20,000	1	4	7	8	7	5	5	4
9043	부산 기장군	친환경농산물재배단지조성	20,000	1	6	7	8	7	5	5	4
9044	부산 기장군	조사료운반비지원	20,000	1	4	7	8	7	1	1	2
9045	부산 기장군	어촌계장선진지견학	20,000	1	4	7	8	7	1	1	3
9046	부산 기장군	기장군모범운전자회사업지원	20,000	1	1	7	8	7	1	1	4
9047	부산 기장군	도시농업신기술보급	20,000	1	1,2	7	8	7	5	5	4
9048	부산 기장군	장애인생활체육사업운영	18,300	1	1,4,6	7	7	7	5	1	1
9049	부산 기장군	사회단체지원	18,000	1	1	7	8	7	1	1	1
9050	부산 기장군	불가사리구제	16,900	1	1	7	8	7	1	1	4
9051	부산 기장군	생활체육교실운영	16,667	1	1,4,6	7	7	7	5	1	1
9052	부산 기장군	기장군장애인체육회운영지원	15,700	1	1,4,6	7	7	7	5	1	1
9053	부산 기장군	기장군리틀야구단	15,000	1	1,4	7	7	7	1	1	1
9054	부산 기장군	지역인재양성및교육협력사업	15,000	1	1,4	2	1	1	1	1	2
9055	부산 기장군	고품질고추모종지원사업	15,000	1	4	7	8	7	5	5	4
9056	부산 기장군	양봉작목반자재지원사업	15,000	1	4	7	8	7	1	1	2
9057	부산 기장군	수산업경영인행사지원	15,000	1	4	7	8	7	1	1	3
9058	부산 기장군	장애인협회운영	13,500	1	1	7	8	7	1	1	4
9059	부산 기장군	향교충효교실운영(추가군비)	13,000	1	4	7	8	7	5	5	4
9060	부산 기장군	청소년육성업무운영	13,000	1	4	7	8	7	1	1	1
9061	부산 기장군	보훈단체및회원지원	13,000	1	1	7	8	7	1	1	1
9062	부산 기장군	사회단체지원	12,000	1	1	7	8	7	1	1	1
9063	부산 기장군	고추생산지원	12,000	1	4	7	8	7	5	5	4
9064	부산 기장군	친환경농산물급식지원센터정밀안전성검사비지원	11,520	1	6	7	8	7	5	5	4
9065	부산 기장군	토양개량제공동살포지원	11,500	1	2	7	8	7	5	5	4
9066	부산 기장군	보훈단체및회원지원	11,000	1	1	7	8	7	1	1	1
9067	부산 기장군	보훈단체및회원지원	10,800	1	1	7	8	7	1	1	1
9068	부산 기장군	사회단체지원	10,000	1	1	7	8	7	1	1	1
9069	부산 기장군	우수평생학습동아리지원사업	10,000	1	4	7	8	7	5	5	4
9070	부산 기장군	청소년육성업무운영	10,000	1	4	7	8	7	1	1	1
9071	부산 기장군	청소년육성업무운영	10,000	1	4	7	8	7	1	1	1
9072	부산 기장군	청소년육성업무운영	10,000	1	4	7	8	7	1	1	1
9073	부산 기장군	청소년육성업무운영	10,000	1	4	7	8	7	1	1	1
9074	부산 기장군	보훈단체및회원지원	10,000	1	1	7	8	7	1	1	1
9075	부산 기장군	노인복지업무운영	10,000	1	4	7	8	7	1	1	1
9076	부산 기장군	경로당환경개선사업지원	10,000	1	4	7	8	7	1	1	1
9077	부산 기장군	장애인부모회운영	10,000	1	1	7	8	7	1	1	4

순번	시군구	지출명 (사업명)	2024년예산 (단위 : 전원 /1년간)	민간이전 분류 (지방자치단체 세출예산 집행기준에 의거) 1. 민간경상사업보조(307-02) 2. 민간단체 법정운영비보조(307-03) 3. 민간행사사업보조(307-04) 4. 민간위탁금(307-05) 5. 사회복지시설 법정운영비보조(307-10) 6. 민간인위탁교육비(307-12) 7. 공기관등에대한경상적위탁사업비(308-13) 8. 민간자본사업보조,자체재원(402-01) 9. 민간자본사업보조,이전재원(402-02) 10. 민간위탁사업비(402-03) 11. 공기관등에 대한 자본적 위탁사업비(403-02)	민간이전지출 근거 (지방보조금 관리기준 참고) 1. 법률에 규정 2. 국고보조 재원(국가지정) 3. 용도 지정 기부금 4. 조례에 직접규정 5. 지자체가 권장하는 사업을 하는 공공기관 6. 시,도 정책 및 재정사정 7. 기타 8. 해당없음	입찰방식 계약체결방법 (경쟁형태) 1. 일반경쟁 2. 제한경쟁 3. 지명경쟁 4. 수의계약 5. 법정위탁 6. 기타 ( ) 7. 없음	입찰방식 계약기간 1. 1년 2. 2년 3. 3년 4. 4년 5. 5년 6. 기타 ( )년 7. 단기계약 (1년미만) 8. 없음	입찰방식 낙찰자선정방법 1. 적격심사 2. 협상에의한계약 3. 최저가낙찰제 4. 규격가격분리 5. 2단계 경쟁입찰 6. 기타 ( ) 7. 없음	운영예산 산정 운영예산 산정 1. 내부산정 (지자체 자체적으로 산정) 2. 외부산정 (외부전문기관위탁 산정) 3. 내·외부 모두 산정 4. 산정 無 5. 없음	운영예산 산정 정산방법 1. 내부정산 (지자체 내부적으로 정산) 2. 외부정산 (외부전문기관위탁 정산) 3. 내·외부 모두 산정 4. 정산 無 5. 없음	성과평가 실시여부 1. 실시 2. 미실시 3. 향후 추진 4. 해당없음
9078	부산 기장군	농업경영인육성	10,000	1	4	7	8	7	5	5	4
9079	부산 기장군	농특산물홍보조형물설치지원사업	10,000	1	4	7	8	7	5	5	4
9080	부산 기장군	자율관리어업공동체선진지견학지원	9,000	1	1	7	8	7	1	1	4
9081	부산 기장군	노인복지업무운영	8,140	1	4	7	8	7	1	1	1
9082	부산 기장군	사회단체지원	8,000	1	1	7	8	7	1	1	1
9083	부산 기장군	향교춘추기석전제례지원	8,000	1	4	7	8	7	5	5	4
9084	부산 기장군	도시농업공동체활성화지원	8,000	1	4	7	8	7	5	5	4
9085	부산 기장군	친환경과채류시설재배지원	8,000	1	6	7	8	7	5	5	4
9086	부산 기장군	축산업육성	8,000	1	4	7	8	7	1	1	2
9087	부산 기장군	나잠어업인선진지견학	8,000	1	1	7	8	7	1	1	4
9088	부산 기장군	보훈단체및회원지원	7,500	1	1	7	8	7	1	1	1
9089	부산 기장군	작목반농기계지원	7,500	1	4	7	8	7	5	5	1
9090	부산 기장군	사회복지사협회활동지원	7,200	1	4	7	8	7	1	1	4
9091	부산 기장군	보훈단체및회원지원	7,000	1	1	7	8	7	1	1	1
9092	부산 기장군	보훈단체및회원지원	7,000	1	1	7	8	7	1	1	1
9093	부산 기장군	노인복지업무운영	7,000	1	4	7	8	7	1	1	1
9094	부산 기장군	야생동물피해예방사업	7,000	1	1	7	8	7	5	5	4
9095	부산 기장군	보훈단체및회원지원	6,700	1	1	7	8	7	1	1	1
9096	부산 기장군	기장군장애인탁구대회	6,000	1	1,4,6	7	7	7	5	1	1
9097	부산 기장군	친환경인증농산물택배비지원	6,000	1	6	7	8	7	5	5	4
9098	부산 기장군	향교기로연재현행사지원	5,100	1	4	7	8	7	5	5	4
9099	부산 기장군	청소년육성업무운영	5,000	1	4	7	8	7	1	1	1
9100	부산 기장군	노인복지증진	5,000	1	5	7	8	7	1	1	1
9101	부산 기장군	노인복지증진	5,000	1	5	7	8	7	1	1	1
9102	부산 기장군	노인복지증진	5,000	1	5	7	8	7	1	1	1
9103	부산 기장군	보훈단체및회원지원	4,330	1	1	7	8	7	1	1	1
9104	부산 기장군	대한적십자봉사회활동지원	4,000	1	4	7	8	7	5	5	4
9105	부산 기장군	노인복지업무운영	4,000	1	4	7	8	7	1	1	1
9106	부산 기장군	양성평등지원	4,000	1	4	7	8	7	1	1	1
9107	부산 기장군	양성평등지원	4,000	1	4	7	8	7	1	1	1
9108	부산 기장군	친환경농산물인증비지원	4,000	1	6	7	8	7	5	5	4
9109	부산 기장군	양성평등지원	3,600	1	4	7	8	7	1	1	1
9110	부산 기장군	보훈단체및회원지원	3,500	1	1	7	8	7	1	1	1
9111	부산 기장군	보훈단체및회원지원	3,110	1	1	7	8	7	1	1	1
9112	부산 기장군	전국새마을지도자대회지원	3,000	1	1	7	8	7	1	1	1
9113	부산 기장군	식중독예방및위생관리	3,000	1	4	7	8	7	1	1	1
9114	부산 기장군	축산업육성	3,000	1	4	7	8	7	1	1	2
9115	부산 기장군	유기동물분양확대	3,000	1	2	7	8	7	1	1	2
9116	부산 기장군	양성평등지원	2,500	1	4	7	8	7	1	1	1
9117	부산 기장군	임업산림공익직접지불금(지원)	2,378	1	2	7	8	7	5	5	4

순번	시군구	지출명 (사업명)	2024년예산 (단위 : 천원 /1년간)	민간이전 분류 (지방자치단체 세출예산 집행기준에 의거) 1. 민간경상사업보조(307-02) 2. 민간단체 법정운영비보조(307-03) 3. 민간행사사업보조(307-04) 4. 민간위탁금(307-05) 5. 사회복지시설 법정운영비보조(307-10) 6. 민간인위탁교육비(307-12) 7. 공기관등에대한경상적위탁사업비(308-13) 8. 민간자본사업보조,자체재원(402-01) 9. 민간자본사업보조,이전재원(402-02) 10. 민간위탁사업비(402-03) 11. 공기관등에 대한 자본적 위탁사업비(403-02)	민간이전지출 근거 (지방보조금 관리기준 참고) 1. 법률에 규정 2. 국고보조 재원(국가지정) 3. 용도 지정 기부금 4. 조례에 직접규정 5. 지자체가 권장하는 사업을 하는 공공기관 6. 시,도 정책 및 재정사정 7. 기타 8. 해당없음	입찰방식 계약체결방법 (경쟁형태) 1. 일반경쟁 2. 제한경쟁 3. 지명경쟁 4. 수의계약 5. 법정위탁 6. 기타 ( ) 7. 없음	입찰방식 계약기간 1. 1년 2. 2년 3. 3년 4. 4년 5. 5년 6. 기타 ( )년 7. 단기계약 (1년미만) 8. 없음	입찰방식 낙찰자선정방법 1. 적격심사 2. 협상에의한계약 3. 최저가낙찰제 4. 규격가격분리 5. 2단계 경쟁입찰 6. 기타 ( ) 7. 없음	운영예산 산정 운영예산 산정 1. 내부산정 (지자체 자체적으로 산정) 2. 외부산정 (외부전문기관위탁 산정) 3. 내·외부 모두 산정 4. 산정 無 5. 없음	운영예산 산정 정산방법 1. 내부정산 (지자체 내부적으로 정산) 2. 외부정산 (외부전문기관위탁 정산) 3. 내·외부 모두 산정 4. 정산 無 5. 없음	성과평가 실시여부 1. 실시 2. 미실시 3. 향후 추진 4. 해당없음
9118	부산 기장군	노인복지업무운영	2,000	1	4	7	8	7	1	1	1
9119	부산 기장군	노인복지업무운영	2,000	1	4	7	8	7	1	1	1
9120	부산 기장군	노인복지업무운영	2,000	1	4	7	8	7	1	1	1
9121	부산 기장군	의용소방대활동비지원	2,000	1	4	7	8	7	1	1	1
9122	부산 기장군	사회적약자반려동물진료비지원	1,500	1	6	7	8	7	1	1	2
9123	부산 기장군	모다(多)일청년인턴지원사업(지역주도형청년일자리사업)	1,200	1	2	7	8	7	5	5	4
9124	부산 기장군	생활체육지도자지도활동보험료	1,148	1	1,2,4	7	7	7	5	1	1
9125	부산 기장군	향교기로연재현행사지원(추가군비)	900	1	4	7	8	7	5	5	4
9126	부산 기장군	기장향교화재보험료지원	600	1	1	7	8	7	5	5	4
9127	울산 중구	스포츠강좌이용권사업	397,860	1	2	7	8	7	1	1	1
9128	울산 중구	생활체육지도자배치사업	353,280	1	2	7	8	7	3	3	1
9129	울산 중구	학교우유보조급식	301,310	1	2	7	8	7	5	1	4
9130	울산 중구	예비사회적기업인건비지원	260,000	1	1	7	8	7	5	5	4
9131	울산 중구	중구체육회지원	220,243	1	4	7	8	7	1	1	1
9132	울산 중구	향교서원문화유산활용사업	145,000	1	1	7	8	7	1	1	1
9133	울산 중구	어르신체육활동지원	142,152	1	2	7	8	7	3	3	1
9134	울산 중구	신중년사회공헌활동지원사업	107,658	1	1	6	7	6	1	1	1
9135	울산 중구	호국보훈단체및국가유공자지원	95,266	1	4	7	8	7	5	5	4
9136	울산 중구	구청장배종목별대회지원	95,000	1	4	7	8	7	1	1	1
9137	울산 중구	유기질비료지원	76,996	1	1	5	8	7	1	1	1
9138	울산 중구	시민생활체육대회참가지원	75,100	1	4	7	8	7	1	1	1
9139	울산 중구	장애인생활체육지도자배치사업	70,456	1	2	7	8	7	3	3	1
9140	울산 중구	장애인스포츠강좌이용권지원사업	67,260	1	2	7	8	7	3	3	1
9141	울산 중구	길고양이중성화수술지원	66,000	1	1	1	2	1	5	1	1
9142	울산 중구	학생승마체험지원	58,732	1	2	7	8	7	5	1	4
9143	울산 중구	배드민턴교실운영	51,000	1	4	7	8	7	1	1	1
9144	울산 중구	마을기업육성지원비	50,000	1	1	7	8	7	5	5	4
9145	울산 중구	생생문화유산사업	50,000	1	1	7	8	7	1	1	1
9146	울산 중구	도호부사행차재현	45,000	1	1	7	8	7	1	1	1
9147	울산 중구	지체장애인편의시설지원센터지회운영	43,750	1	1	4	8	7	1	1	1
9148	울산 중구	지역문화유산교육활성화사업	40,000	1	1	7	8	7	1	1	1
9149	울산 중구	안전마을만들기	40,000	1	6	7	1	7	1	1	1
9150	울산 중구	마을공동체만들기활성화공모사업	35,000	1	1	6	7	6	1	1	1
9151	울산 중구	동협의회및부녀회사업비	26,000	1	1	7	8	7	1	1	1
9152	울산 중구	어린이집연합회어린이날행사	25,000	1	1	7	8	7	1	1	1
9153	울산 중구	생활체육교실운영	22,624	1	4	7	8	7	1	1	1
9154	울산 중구	동위원회사업비	22,100	1	1	7	8	7	1	1	1
9155	울산 중구	중구문학지발간	20,000	1	4	7	8	7	5	1	1
9156	울산 중구	더배움평생학습기관강좌지원	20,000	1	4	7	8	7	5	5	4
9157	울산 중구	중구체육회장배종목별대회지원	20,000	1	4	7	8	7	1	1	1

순번	시군구	지출명 (사업명)	2024년예산 (단위 : 천원 /1년간)	민간이전 분류 (지방자치단체 세출예산 집행기준에 의거) 1. 민간경상사업보조(307-02) 2. 민간단체 법정운영비보조(307-03) 3. 민간행사사업보조(307-04) 4. 민간위탁금(307-05) 5. 사회복지시설 법정운영비보조(307-10) 6. 민간인위탁교육비(307-12) 7. 공기관등에대한경상적위탁사업비(308-13) 8. 민간자본사업보조,자체재원(402-01) 9. 민간자본사업보조,이전재원(402-02) 10. 민간위탁사업비(402-03) 11. 공기관등에 대한 자본적 위탁사업비(403-02)	민간이전지출 근거 (지방보조금 관리기준 참고) 1. 법률에 규정 2. 국고보조 재원(국가지정) 3. 용도 지정 기부금 4. 조례에 직접규정 5. 지자체가 권장하는 사업을 하는 공공기관 6. 시,도 정책 및 재정사정 7. 기타 8. 해당없음	입찰방식: 계약체결방법 (경쟁형태) 1. 일반경쟁 2. 제한경쟁 3. 지명경쟁 4. 수의계약 5. 법정위탁 6. 기타 ( ) 7. 없음	입찰방식: 계약기간 1. 1년 2. 2년 3. 3년 4. 4년 5. 5년 6. 기타 ( )년 7. 단기계약 (1년미만) 8. 없음	입찰방식: 낙찰자선정방법 1. 적격심사 2. 협상에의한계약 3. 최저가낙찰제 4. 규격가격분리 5. 2단계 경쟁입찰 6. 기타 ( ) 7. 없음	운영예산 산정: 운영예산 산정 1. 내부산정 (지자체 자체적으로 산정) 2. 외부산정 (외부전문기관위탁 산정) 3. 내·외부 모두 산정 4. 산정 無 5. 없음	운영예산 산정: 정산방법 1. 내부정산 (지자체 내부적으로 정산) 2. 외부정산 (외부전문기관위탁 정산) 3. 내·외부 모두 정산 4. 정산 無 5. 없음	성과평가 실시여부 1. 실시 2. 미실시 3. 향후 추진 4. 해당없음
9158	울산 중구	청소년의달행사	20,000	1	1	1	8	1	1	1	1
9159	울산 중구	커피페스티벌운영	20,000	1	4	7	8	7	1	1	1
9160	울산 중구	마을교육협의회지원사업	19,500	1	4	2	1	6	1	1	2
9161	울산 중구	행복학습센터운영지원	18,000	1	4	7	8	7	5	5	4
9162	울산 중구	어울림마라톤대회	18,000	1	4	7	8	7	1	1	1
9163	울산 중구	성인문해교육지원	17,500	1	4	7	8	7	5	5	4
9164	울산 중구	사립작은도서관활성화지원사업	16,800	1	1,4	7	8	7	5	5	4
9165	울산 중구	울산큰애기애호가미술작품공모전	15,900	1	4	7	8	7	1	1	1
9166	울산 중구	취타대육성및운영	15,000	1	1	7	8	7	1	1	1
9167	울산 중구	외솔시조문학상	15,000	1	4	7	8	7	5	1	1
9168	울산 중구	전국대회참가지원	15,000	1	4	7	8	7	1	1	1
9169	울산 중구	청소년어울림마당지원	14,400	1	1	7	8	7	5	5	4
9170	울산 중구	비행청소년예방활동	13,000	1	1	7	8	7	1	1	2
9171	울산 중구	울산병영서낭치기보존사업	12,000	1	1	7	8	7	1	1	1
9172	울산 중구	동분회사업비	11,700	1	1	7	8	7	1	1	1
9173	울산 중구	고품질벼건조수수료지원	10,500	1	6	7	8	7	5	1	4
9174	울산 중구	울산향교평생학습원운영	10,000	1	1	7	8	7	1	1	1
9175	울산 중구	문화학교운영	10,000	1	1	7	8	7	1	1	1
9176	울산 중구	국내문화답사	10,000	1	1	7	8	7	1	1	1
9177	울산 중구	중구축구단지원	10,000	1	1	7	8	7	1	1	1
9178	울산 중구	따뜻한겨울김장나누기	10,000	1	4	7	8	7	1	1	1
9179	울산 중구	전통공예업체개발장려금지원	9,000	1	1	7	8	7	1	1	1
9180	울산 중구	더키움학습동아리강좌지원	9,000	1	7	7	8	7	1	1	2
9181	울산 중구	향토문화연구책자발간	8,000	1	4	7	8	7	5	5	4
9182	울산 중구	새마을지도자탄소중립실천대회	8,000	1	1	7	8	7	1	1	1
9183	울산 중구	국리민복한마음전진대회	7,560	1	1	7	8	7	1	1	1
9184	울산 중구	울산향교전통혼례식운영	7,300	1	1	7	8	7	1	1	1
9185	울산 중구	장애인복지증진대회	7,300	1	1	7	8	7	1	1	1
9186	울산 중구	모범청소년진로탐색및역사유적지탐방	7,000	1	1	7	8	7	1	1	1
9187	울산 중구	녹색성장생활실천대회및가정사랑전진대회	6,000	1	1	7	8	7	1	1	1
9188	울산 중구	울산사랑백일장	6,000	1	1	7	8	7	1	1	1
9189	울산 중구	작은도서관도서구입비지원	5,100	1	1,4	7	8	7	1	1	1
9190	울산 중구	축산농가섬유질배합사료지원	5,000	1	1	7	8	7	5	5	4
9191	울산 중구	문화시책점검및나눔공연	5,000	1	4	7	8	7	5	1	4
9192	울산 중구	장애인배드민턴팀대회출전장애인체육회지원	5,000	1	4	7	8	7	1	1	1
9193	울산 중구	한마당체육대회	5,000	1	4	7	8	7	1	1	1
9194	울산 중구	장애인지역사회적응워크숍	5,000	1	1	7	8	7	1	1	1
9195	울산 중구	교통사고사망자반으로줄이기운동	5,000	1	1,4	7	8	7	1	1	2
9196	울산 중구	어린이체능교실	4,320	1	4	7	8	7	1	1	1
9197	울산 중구	청소년체련교실	4,320	1	4	7	8	7	1	1	1

순번	시군구	지출명 (사업명)	2024년예산 (단위 : 천원 /1년간)	민간이전 분류 (지방자치단체 세출예산 집행기준에 의거) 1. 민간경상사업보조(307-02) 2. 민간단체 법정운영비보조(307-03) 3. 민간행사사업보조(307-04) 4. 민간위탁금(307-05) 5. 사회복지시설 법정운영비보조(307-10) 6. 민간인위탁교육비(307-12) 7. 공기관등에대한경상적위탁사업비(308-13) 8. 민간자본사업보조,자체재원(402-01) 9. 민간자본사업보조,이전재원(402-02) 10. 민간위탁사업비(402-03) 11. 공기관등에 대한 자본적 위탁사업비(403-02)	민간이전지출 근거 (지방보조금 관리기준 참고) 1. 법률에 규정 2. 국고보조 재원(국가지정) 3. 용도 지정 기부금 4. 조례에 직접규정 5. 지자체가 권장하는 사업을 하는 공공기관 6. 시,도 정책 및 재정사정 7. 기타 8. 해당없음	입찰방식 계약체결방법 (경쟁형태) 1. 일반경쟁 2. 제한경쟁 3. 지명경쟁 4. 수의계약 5. 법정위탁 6. 기타 ( ) 7. 없음	입찰방식 계약기간 1. 1년 2. 2년 3. 3년 4. 4년 5. 5년 6. 기타 ( )년 7. 단기계약 (1년미만) 8. 없음	입찰방식 낙찰자선정방법 1. 적격심사 2. 협상에의한계약 3. 최저가낙찰제 4. 규격가격분리 5. 2단계 경쟁입찰 6. 기타 ( ) 7. 없음	운영예산 산정 운영예산 산정 1. 내부산정 (지자체 자체적으로 산정) 2. 외부산정 (외부전문기관위탁 산정) 3. 내·외부 모두 산정 4. 산정 無 5. 없음	운영예산 산정 정산방법 1. 내부정산 (지자체 내부적으로 정산) 2. 외부정산 (외부전문기관위탁 정산) 3. 내·외부 모두 산정 4. 정산 無 5. 없음	성과평가 실시여부 1. 실시 2. 미실시 3. 향후 추진 4. 해당없음
9198	울산 중구	월동꿀벌피해예방사업	4,200	1	1	7	8	7	5	1	4
9199	울산 중구	농업인의날행사보조	4,000	1	1	7	8	7	5	1	1
9200	울산 중구	태화루소식지발간	4,000	1	1	7	8	7	1	1	1
9201	울산 중구	어르신여성테니스대회	4,000	1	4	7	8	7	1	1	1
9202	울산 중구	국민독서경진울산중구대회	4,000	1	1	7	8	7	1	1	1
9203	울산 중구	장애인문화유적탐방	4,000	1	1	7	8	7	1	1	1
9204	울산 중구	안전한선진보행길정착사업	4,000	1	1,4	7	8	7	1	1	2
9205	울산 중구	장수체육대학	3,960	1	4	7	8	7	1	1	1
9206	울산 중구	유기유실동물구조보호비지원	3,500	1	1	1	2	1	5	1	1
9207	울산 중구	의회전문모니터링역량강화교육	3,150	1	1	6	7	7	1	1	1
9208	울산 중구	GAP인증농가안전성검사비지원	3,000	1	2	7	8	7	1	1	2
9209	울산 중구	국외문화답사	3,000	1	1	7	8	7	1	1	1
9210	울산 중구	어르신배드민턴대회	3,000	1	4	7	8	7	1	1	1
9211	울산 중구	OB축구대회	3,000	1	4	7	8	7	1	1	1
9212	울산 중구	장애인휠체어여행	3,000	1	1	7	8	7	1	1	1
9213	울산 중구	웰빙라이프축제지원(식품진흥기금)	3,000	1	6	7	8	7	1	1	1
9214	울산 중구	평화통일공감강연회	2,500	1	1	7	8	7	1	1	1
9215	울산 중구	재난대비구조훈련및수중정화활동	2,500	1	4	7	8	7	5	1	1
9216	울산 중구	벼수매운송비지원	2,328	1	6	7	8	7	5	1	4
9217	울산 중구	나라사랑캠페인	2,000	1	1	7	8	7	1	1	1
9218	울산 중구	우수자율방범대역량강화워크숍	2,000	1	4	7	8	7	1	1	1
9219	울산 중구	독서문학기행	2,000	1	1	7	8	7	1	1	1
9220	울산 중구	새마을협의회지도자역량강화워크숍	2,000	1	1	7	8	7	1	1	1
9221	울산 중구	새마을부녀회지도자역량강화워크숍	2,000	1	1	7	8	7	1	1	1
9222	울산 중구	지적장애인복지협회가족걷기대회	2,000	1	1	7	8	7	1	1	1
9223	울산 중구	위원의식교육	1,700	1	1	7	8	7	1	1	1
9224	울산 중구	중구청소년모의의회	1,540	1	1	6	7	7	1	1	1
9225	울산 중구	친환경인증농산물장려금	1,500	1	1	7	8	7	1	1	2
9226	울산 중구	청소년문화탐방및농촌체험활동	1,400	1	1	7	8	7	1	1	2
9227	울산 중구	청소년선도지도및유해환경감시활동	1,300	1	1	7	8	7	1	1	2
9228	울산 중구	지적장애인협회부모교육	1,000	1	1	7	8	7	1	1	1
9229	울산 남구	양궁부운영지원	712,000	1	1	7	8	7	1	1	1
9230	울산 남구	레슬링부운영지원	587,100	1	1	7	8	7	1	1	1
9231	울산 남구	다문화특성화사업	492,107	1	1	5	5	1	1	1	1
9232	울산 남구	일반체육지도자활동지원사업	440,587	1	1	7	8	7	1	1	1
9233	울산 남구	사회적기업일자리창출사업	373,500	1	1	7	8	7	5	5	1
9234	울산 남구	태화강빛축제	290,000	1	1	7	8	7	1	1	1
9235	울산 남구	남구청장배생활체육대회	272,630	1	1	7	8	7	1	1	1
9236	울산 남구	비영리민간단체공익활동지원	249,063	1	1,4	7	8	7	1	1	1
9237	울산 남구	구민한마음체육대회	240,000	1	1	7	8	7	1	1	1

순번	시군구	지출명 (사업명)	2024년예산 (단위 : 천원 /1년간)	민간이전 분류 (지방자치단체 세출예산 집행기준에 의거) 1. 민간경상사업보조(307-02) 2. 민간단체 법정운영비보조(307-03) 3. 민간행사사업보조(307-04) 4. 민간위탁금(307-05) 5. 사회복지시설 법정운영비보조(307-10) 6. 민간인위탁교육비(307-12) 7. 공기관등에대한경상적위탁사업비(308-13) 8. 민간자본사업보조,자체재원(402-01) 9. 민간자본사업보조,이전재원(402-02) 10. 민간위탁사업비(402-03) 11. 공기관등에 대한 자본적 위탁사업비(403-02)	민간이전지출 근거 (지방보조금 관리기준 참고) 1. 법률에 규정 2. 국고보조 재원(국가지정) 3. 용도 지정 기부금 4. 조례에 직접규정 5. 지자체가 권장하는 사업을 하는 공공기관 6. 시,도 정책 및 재정사정 7. 기타 8. 해당없음	입찰방식: 계약체결방법 (경쟁형태) 1. 일반경쟁 2. 제한경쟁 3. 지명경쟁 4. 수의계약 5. 법정위탁 6. 기타 ( ) 7. 없음	입찰방식: 계약기간 1. 1년 2. 2년 3. 3년 4. 4년 5. 5년 6. 기타 ( )년 7. 단기계약 (1년미만) 8. 없음	입찰방식: 낙찰자선정방법 1. 적격심사 2. 협상에의한계약 3. 최저가낙찰제 4. 규격가격분리 5. 2단계 경쟁입찰 6. 기타 ( ) 7. 없음	운영예산 산정: 운영예산 산정 1. 내부산정 (지자체 자체적으로 산정) 2. 외부산정 (외부전문기관위탁 산정) 3. 내·외부 모두 산정 4. 산정 無 5. 없음	운영예산 산정: 정산방법 1. 내부정산 (지자체 내부적으로 정산) 2. 외부정산 (외부전문기관위탁 정산) 3. 내·외부 모두 산정 4. 정산 無 5. 없음	성과평가 실시여부 1. 실시 2. 미실시 3. 향후 추진 4. 해당없음
9238	울산 남구	어르신생활체육지도자활동지원	220,294	1	1	7	8	7	1	1	1
9239	울산 남구	장생포호러페스티벌	220,000	1	1	7	8	7	1	1	1
9240	울산 남구	궁거랑벚꽃한마당	200,000	1	1	7	8	7	1	1	1
9241	울산 남구	장생포수국페스티벌	200,000	1	1	7	8	7	1	1	1
9242	울산 남구	선암호수가요제	150,000	1	1	7	8	7	1	1	1
9243	울산 남구	남구강변영화제	150,000	1	1	7	8	7	1	1	1
9244	울산 남구	동민체육대회지원	140,000	1	1	7	8	7	1	1	1
9245	울산 남구	그린차박페스티벌in울산	140,000	1	1	7	8	7	1	1	1
9246	울산 남구	노인단체운영지원	110,000	1	1	5	8	7	1	1	1
9247	울산 남구	골목상권콘텐츠지원사업	100,000	1	4	6	7	6	1	1	1
9248	울산 남구	시민생활체육대축전참가	99,960	1	1	7	8	7	1	1	1
9249	울산 남구	구청장배전국배구대회	90,000	1	1	7	8	7	1	1	1
9250	울산 남구	국제스포츠교류사업지원	80,000	1	1	7	8	7	1	1	1
9251	울산 남구	행복남구리그운영	75,000	1	1	7	8	7	1	1	1
9252	울산 남구	마을공동체활성화공모사업	72,100	1	1,4	6	7	6	1	1	1
9253	울산 남구	생활체육교실운영	65,065	1	1	7	8	7	1	1	1
9254	울산 남구	한마음미술대전	65,000	1	1	7	8	7	1	1	1
9255	울산 남구	꾸러기놀이터운영	60,000	1	1	7	8	7	1	1	1
9256	울산 남구	엘리트체육지원	60,000	1	1	7	8	7	1	1	1
9257	울산 남구	3대3길거리농구대회	60,000	1	1	7	8	7	1	1	1
9258	울산 남구	프로킥복싱무에타이챔피언전및국제전울산대회지원	60,000	1	1	7	8	7	1	1	1
9259	울산 남구	남구크리스마스페스티벌	50,000	1	1	7	8	7	1	1	1
9260	울산 남구	남구연등문화축제	50,000	1	1	7	8	7	1	1	1
9261	울산 남구	신년해맞이행사	45,000	1	1	7	8	7	5	5	4
9262	울산 남구	남구문화예술제	45,000	1	1	7	8	7	1	1	1
9263	울산 남구	남구청장배동대항축구대회	40,000	1	1	7	8	7	1	1	1
9264	울산 남구	여성생활체육육성지원	33,000	1	1	7	8	7	1	1	1
9265	울산 남구	처용문화제	30,000	1	1	7	8	7	1	1	1
9266	울산 남구	남구합창단지원	30,000	1	1	7	8	7	1	1	1
9267	울산 남구	단오절한마당행사	30,000	1	1	7	8	7	1	1	1
9268	울산 남구	어르신체육활동지원	30,000	1	1	7	8	7	1	1	1
9269	울산 남구	울남9경사진(영상)·그림공모전	25,000	1	4	7	8	7	1	1	1
9270	울산 남구	생활체육동호인훈련지원	25,000	1	1	7	8	7	5	5	4
9271	울산 남구	수상레저스포츠체험교실	21,060	1	1	7	8	7	1	1	1
9272	울산 남구	청소년비행예방및선도활동	21,000	1	4	7	8	7	1	1	4
9273	울산 남구	골목형상점가특화지원사업	20,000	1	4	6	7	6	1	1	1
9274	울산 남구	마을기업육성지원사업	20,000	1	2	7	8	7	5	5	1
9275	울산 남구	여천천마을축제	20,000	1	1	7	8	7	1	1	1
9276	울산 남구	남구청소년오케스트라지원	20,000	1	1	7	8	7	1	1	1
9277	울산 남구	체육회연수	20,000	1	1	7	8	7	1	1	1

순번	시군구	지출명 (사업명)	2024년예산 (단위 : 천원 /1년간)	민간이전 분류 (지방자치단체 세출예산 집행기준에 의거) 1. 민간경상사업보조(307-02) 2. 민간단체 법정운영비보조(307-03) 3. 민간행사사업보조(307-04) 4. 민간위탁금(307-05) 5. 사회복지시설 법정운영비보조(307-10) 6. 민간인위탁교육비(307-12) 7. 공기관등에대한경상적위탁사업비(308-13) 8. 민간자본사업보조,자체재원(402-01) 9. 민간자본사업보조,이전재원(402-02) 10. 민간위탁사업비(402-03) 11. 공기관등에 대한 자본적 위탁사업비(403-02)	민간이전지출 근거 (지방보조금 관리기준 참고) 1. 법률에 규정 2. 국고보조 재원(국가지정) 3. 용도 지정 기부금 4. 조례에 직접규정 5. 지자체가 권장하는 사업을 하는 공공기관 6. 시,도 정책 및 재정사정 7. 기타 8. 해당없음	입찰방식 계약체결방법 (경쟁형태) 1. 일반경쟁 2. 제한경쟁 3. 지명경쟁 4. 수의계약 5. 법정위탁 6. 기타 ( ) 7. 없음	입찰방식 계약기간 1. 1년 2. 2년 3. 3년 4. 4년 5. 5년 6. 기타 ( )년 7. 단기계약 (1년미만) 8. 없음	입찰방식 낙찰자선정방법 1. 적격심사 2. 협상에의한계약 3. 최저가낙찰제 4. 규격가격분리 5. 2단계 경쟁입찰 6. 기타 ( ) 7. 없음	운영예산 산정 운영예산 산정 1. 내부산정 (지자체 자체적으로 산정) 2. 외부산정 (외부전문기관위탁 산정) 3. 내·외부 모두 산정 4. 산정 無 5. 없음	운영예산 산정 정산방법 1. 내부정산 (지자체 내부적으로 정산) 2. 외부정산 (외부전문기관위탁 정산) 3. 내·외부 모두 산정 4. 정산 無 5. 없음	성과평가 실시여부 1. 실시 2. 미실시 3. 향후 추진 4. 해당없음
9278	울산 남구	엘리트체육지원	20,000	1	1	7	8	7	1	1	1
9279	울산 남구	청소년유해환경감시단지원	18,500	1	2	7	8	7	1	1	1
9280	울산 남구	대한민국6.25참전유공자회남구지회지원	16,680	1	1	7	8	7	5	5	1
9281	울산 남구	정월대보름행사	15,000	1	1	7	8	7	1	1	1
9282	울산 남구	남구시니어합창단지원	15,000	1	1	7	8	7	1	1	1
9283	울산 남구	남구문화원지발간	15,000	1	1	7	8	7	1	1	1
9284	울산 남구	국제교류도시문화교류	15,000	1	1	7	8	7	1	1	1
9285	울산 남구	체육인의밤	15,000	1	1	7	8	7	1	1	1
9286	울산 남구	어려운이웃밑반찬만들기	15,000	1	4	7	8	7	1	1	1
9287	울산 남구	가족체육대회지원	15,000	1	1	5	5	1	1	1	1
9288	울산 남구	남구재향군인회지원	14,200	1	1	7	8	7	5	5	1
9289	울산 남구	문화학교운영	13,000	1	1	7	8	7	1	1	1
9290	울산 남구	생활체육전국대회출전	13,000	1	1	7	8	7	1	1	1
9291	울산 남구	남구문학지발간지원	12,000	1	1	7	8	7	1	1	1
9292	울산 남구	대한민국전몰군경유족회남구지회지원	11,490	1	1	7	8	7	5	5	1
9293	울산 남구	대한민국상이군경회남구지회지원	10,650	1	1	7	8	7	5	5	1
9294	울산 남구	여천천문예대전지원	10,000	1	1	7	8	7	1	1	1
9295	울산 남구	전국산악자전거울울트라랠리지원	10,000	1	1	7	8	7	1	1	1
9296	울산 남구	청소년체육행사지원	10,000	1	1	7	8	7	1	1	1
9297	울산 남구	다문화가족외국인주민축제지원	10,000	1	8	7	8	1	1	1	1
9298	울산 남구	대한민국전몰군경미망인회남구지회지원	9,600	1	1	7	8	7	5	5	1
9299	울산 남구	대한민국무공수훈자회남구지회지원	8,150	1	1	7	8	7	5	5	1
9300	울산 남구	남산은월문화제	8,000	1	1	7	8	7	1	1	1
9301	울산 남구	대한민국고엽제전우회남구지회지원	7,820	1	1	7	8	7	5	5	1
9302	울산 남구	여성자원봉사회대회	7,000	1	4	7	8	7	1	1	1
9303	울산 남구	전국체육대회참가지원	6,000	1	1	7	8	7	1	1	1
9304	울산 남구	전국체육대회참가지원	6,000	1	1	7	8	7	1	1	1
9305	울산 남구	어린이체능교실	5,500	1	1	7	8	7	1	1	1
9306	울산 남구	청소년체련교실운영	5,500	1	1	7	8	7	1	1	1
9307	울산 남구	나래문학지발간지원	5,000	1	1	7	8	7	1	1	1
9308	울산 남구	문화유적지답사	5,000	1	1	7	8	7	1	1	1
9309	울산 남구	어려운이웃된장담가주기	5,000	1	4	7	8	7	1	1	1
9310	울산 남구	대한민국월남전참전자회남구지회지원	4,850	1	1	7	8	7	5	5	1
9311	울산 남구	장수체육대학운영	4,400	1	1	7	8	7	1	1	1
9312	울산 남구	청소년정치학교	3,840	1	1	7	8	7	1	1	1
9313	울산 남구	대한민국특수임무유공자회남구지회지원	3,500	1	1	7	8	7	5	5	1
9314	울산 남구	청소년모의의회	2,400	1	1	7	8	7	1	1	1
9315	울산 남구	청소년유권자교육	1,000	1	1	7	8	7	1	1	1
9316	울산 동구	학교우유급식지원	296,800	1	1	1	1	3	1	1	4
9317	울산 동구	외식업입식좌석개선지원	80,000	1	4	7	8	7	1	1	1

순번	시군구	지출명 (사업명)	2024년예산 (단위 : 천원 /1년간)	민간이전 분류 (지방자치단체 세출예산 집행기준에 의거) 1. 민간경상사업보조(307-02) 2. 민간단체 법정운영비보조(307-03) 3. 민간행사사업보조(307-04) 4. 민간위탁금(307-05) 5. 사회복지시설 법정운영비보조(307-10) 6. 민간인위탁교육비(307-12) 7. 공기관등에대한경상적위탁사업비(308-13) 8. 민간자본사업보조,자체재원(402-01) 9. 민간자본사업보조,이전재원(402-02) 10. 민간위탁사업비(402-03) 11. 공기관등에 대한 자본적 위탁사업비(403-02)	민간이전지출 근거 (지방보조금 관리기준 참고) 1. 법률에 규정 2. 국고보조 재원(국가지정) 3. 용도 지정 기부금 4. 조례에 직접규정 5. 지자체가 권장하는 사업을 하는 공공기관 6. 시,도 정책 및 재정사정 7. 기타 8. 해당없음	입찰방식 계약체결방법 (경쟁형태) 1. 일반경쟁 2. 제한경쟁 3. 지명경쟁 4. 수의계약 5. 법정위탁 6. 기타 ( ) 7. 없음	입찰방식 계약기간 1. 1년 2. 2년 3. 3년 4. 4년 5. 5년 6. 기타 ( )년 7. 단기계약 (1년미만) 8. 없음	입찰방식 낙찰자선정방법 1. 적격심사 2. 협상에의한계약 3. 최저가낙찰제 4. 규격가격분리 5. 2단계 경쟁입찰 6. 기타 ( ) 7. 없음	운영예산 산정 운영예산 산정 1. 내부산정 (지자체 자체적으로 산정) 2. 외부산정 (외부전문기관위탁 산정) 3. 내·외부 모두 산정 4. 산정 無 5. 없음	운영예산 산정 정산방법 1. 내부정산 (지자체 내부적으로 정산) 2. 외부정산 (외부전문기관위탁 정산) 3. 내·외부 모두 산정 4. 정산 無 5. 없음	성과평가 실시여부 1. 실시 2. 미실시 3. 향후 추진 4. 해당없음
9318	울산 동구	공동근로복지기금	64,200	1	6	7	1	1	1	3	4
9319	울산 동구	우리마을교육프로그램	50,000	1	4	7	8	7	5	5	4
9320	울산 동구	자율방재단재난예방활동	30,000	1	1	6	1	6	5	1	2
9321	울산 동구	사립작은도서관운영지원(도서구입비등)	27,200	1	4	7	8	7	1	1	1
9322	울산 동구	2024년평생교육프로그램지원사업	26,000	1	1	6	8	7	5	5	4
9323	울산 동구	전통시장시장매니저지원사업	19,191	1	2	7	8	7	5	5	4
9324	울산 동구	우수사립작은도서관도서구입비지원	3,600	1	6	7	8	7	1	1	1
9325	울산 동구	안전마을만들기지원사업	40,000	1	4	6	1	6	5	1	2
9326	울산 동구	일반생활체육지도자배치(활동지원)	487,894	1	2	7	8	6	1	1	1
9327	울산 동구	스포츠강좌이용권지원	303,240	1	2	7	8	6	1	1	1
9328	울산 동구	문화원사업활동비	289,000	1	6	7	8	6	1	1	1
9329	울산 동구	어르신생활체육지도자배치(활동지원)	131,060	1	2	7	8	6	1	1	1
9330	울산 동구	문화원운영비및인건비	75,550	1	6	7	8	6	1	1	1
9331	울산 동구	시민생활체육대축전	70,000	1	1	7	8	6	1	1	1
9332	울산 동구	생활체육교실운영	48,910	1	6	7	8	6	1	1	1
9333	울산 동구	장애인스포츠강좌이용권지원	44,460	1	2	7	8	6	1	1	1
9334	울산 동구	동구봉축장엄등점등식	20,000	1	6	7	8	6	1	1	1
9335	울산 동구	시지정문화재전승보호비	11,900	1	6	7	8	6	1	1	1
9336	울산 동구	어린이체능교실운영	5,000	1	6	7	8	6	1	1	1
9337	울산 동구	청소년체련교실운영	5,000	1	6	7	8	6	1	1	1
9338	울산 동구	장수체육대학운영	3,960	1	6	7	8	6	1	1	1
9339	울산 동구	청소년모의의회	1,500	1	7	7	8	7	1	1	1
9340	울산 동구	찾아가는열린의회교실	1,500	1	7	7	8	7	1	1	1
9341	울산 북구	농작물재해보험료지원	649,400	1	6	7	8	7	5	5	4
9342	울산 북구	(예비)사회적기업일자리창출사업	460,000	1	2	7	8	7	5	5	4
9343	울산 북구	스포츠강좌이용권지원	396,000	1	2	7	8	7	5	5	4
9344	울산 북구	학교우유보조급식	365,820	1	1	7	8	7	5	5	4
9345	울산 북구	일반생활체육지도자배치	311,188	1	2	7	8	7	5	5	4
9346	울산 북구	어르신생활체육지도자배치	309,388	1	2	7	8	7	5	5	4
9347	울산 북구	유기질비료지원(전환사업)	297,324	1	6	7	8	7	5	5	4
9348	울산 북구	수산정책보험료지원	188,624	1	1	7	8	7	5	5	4
9349	울산 북구	포장재및디자인개발지원	181,350	1	1	7	8	7	5	5	4
9350	울산 북구	울산쇠부리기술복원전승사업	170,000	1	2	7	8	7	5	5	4
9351	울산 북구	지역산업맞춤형일자리창출사업	150,000	1	6	7	8	7	5	5	4
9352	울산 북구	청년농업인영농정착지원	150,000	1	2	7	8	7	5	5	4
9353	울산 북구	가축재해보험료지원	132,000	1	6	7	8	7	5	5	4
9354	울산 북구	벼육묘지원	128,000	1	6	7	8	7	5	5	4
9355	울산 북구	장애인스포츠강좌이용권지원	100,320	1	2	7	8	7	5	5	4
9356	울산 북구	협약융자금이차보전금	100,000	1	4	7	8	7	5	5	4
9357	울산 북구	축산분뇨처리용톱밥지원	90,000	1	6	7	8	7	5	5	4

순번	시군구	지출명 (사업명)	2024년예산 (단위 : 천원 /1년간)	민간이전 분류 (지방자치단체 세출예산 집행기준에 의거) 1. 민간경상사업보조(307-02) 2. 민간단체 법정운영비보조(307-03) 3. 민간행사사업보조(307-04) 4. 민간위탁금(307-05) 5. 사회복지시설 법정운영비보조(307-10) 6. 민간인위탁교육비(307-12) 7. 공기관등에대한경상적위탁사업비(308-13) 8. 민간자본사업보조,자체재원(402-01) 9. 민간자본사업보조,이전재원(402-02) 10. 민간위탁사업비(402-03) 11. 공기관등에 대한 자본적 위탁사업비(403-02)	민간이전지출 근거 (지방보조금 관리기준 참고) 1. 법률에 규정 2. 국고보조 재원(국가지정) 3. 용도 지정 기부금 4. 조례에 직접규정 5. 지자체가 권장하는 사업을 하는 공공기관 6. 시,도 정책 및 재정사정 7. 기타 8. 해당없음	입찰방식			운영예산 산정		성과평가 실시여부
						계약체결방법 (경쟁형태) 1. 일반경쟁 2. 제한경쟁 3. 지명경쟁 4. 수의계약 5. 법정위탁 6. 기타 ( ) 7. 없음	계약기간 1. 1년 2. 2년 3. 3년 4. 4년 5. 5년 6. 기타 ( )년 7. 단기계약 (1년미만) 8. 없음	낙찰자선정방법 1. 적격심사 2. 협상에의한계약 3. 최저가낙찰제 4. 규격가격분리 5. 2단계 경쟁입찰 6. 기타 ( ) 7. 없음	운영예산 산정 1. 내부산정 (지자체 자체적으로 산정) 2. 외부산정 (외부전문기관위탁 산정) 3. 내·외부 모두 산정 4. 산정 無 5. 없음	정산방법 1. 내부정산 (지자체 내부적으로 정산) 2. 외부정산 (외부전문기관위탁 정산) 3. 내·외부 모두 산정 4. 정산 無 5. 없음	1. 실시 2. 미실시 3. 향후 추진 4. 해당없음
9358	울산 북구	농촌고용인력지원	80,000	1	2	7	8	7	5	5	4
9359	울산 북구	축산섬유질배합사료지원	75,000	1	6	7	8	7	5	5	4
9360	울산 북구	학생승마체험사업	69,120	1	2	7	8	7	5	5	4
9361	울산 북구	고품질벼건조수수료지원	64,950	1	6	7	8	7	5	5	4
9362	울산 북구	고용보조금	60,000	1	4	7	8	7	5	5	4
9363	울산 북구	시민생활체육대축전참가지원	60,000	1	4	7	8	7	5	5	4
9364	울산 북구	농업인재해안전공제료지원	56,000	1	2	7	8	7	5	5	4
9365	울산 북구	고택종갓집활용사업	50,000	1	2	7	8	7	5	5	4
9366	울산 북구	월동꿀벌피해예방	48,000	1	6	7	8	7	5	5	4
9367	울산 북구	안전마을만들기지원사업	45,000	1	6	7	8	7	5	1	4
9368	울산 북구	수산물포장용기제작비	41,600	1	4	7	8	7	5	5	4
9369	울산 북구	친환경농산물생산단지조성	40,000	1	1	7	8	7	5	5	4
9370	울산 북구	울산지역쌀포장재지원	38,920	1	6	7	8	7	5	5	4
9371	울산 북구	화훼상토지원	38,680	1	6	7	8	7	5	5	4
9372	울산 북구	농산물규격출하포장재지원	31,000	1	1	7	8	7	5	5	4
9373	울산 북구	전기요금지원금	30,000	1	4	7	8	7	5	5	4
9374	울산 북구	로컬푸드소형포장필름지원	30,000	1	1	7	8	7	5	5	4
9375	울산 북구	로컬푸드농산물안전성검사	29,700	1	1	7	8	7	5	5	4
9376	울산 북구	우리동네정원가꾸기	25,000	1	6	7	8	7	5	5	4
9377	울산 북구	쇠부리소리보존회활동지원	24,700	1	5	7	8	7	5	5	4
9378	울산 북구	거리공연지원사업	24,000	1	4	2	1	1	1	1	2
9379	울산 북구	축산환경개선제지원	24,000	1	6	7	8	7	5	5	4
9380	울산 북구	우수여왕벌보급사업	24,000	1	6	7	8	7	5	5	4
9381	울산 북구	생활체육동호인활동지원및육성	20,600	1	4	7	8	7	5	5	4
9382	울산 북구	여성합창단정기연주회	20,400	1	6	7	8	7	5	5	4
9383	울산 북구	공업축제지원	20,000	1	6	7	8	7	5	5	4
9384	울산 북구	제25회기박산성의병추모제	20,000	1	6	7	8	7	5	5	4
9385	울산 북구	농산물수출활성화지원	20,000	1	1	7	8	7	5	5	4
9386	울산 북구	농수산물가공품포장재지원	20,000	1	4	7	8	7	5	5	4
9387	울산 북구	흑성병예방과수원공동방제지원	20,000	1	6	7	8	7	5	5	4
9388	울산 북구	배봉지지원	18,800	1	1	7	8	7	5	5	4
9389	울산 북구	울산한우브랜드육생산출하지원	18,000	1	6	7	8	7	5	5	4
9390	울산 북구	생활체육교실운영	17,534	1	6	7	8	7	5	5	4
9391	울산 북구	알록달록꽃피는마을만들기	17,270	1	1	7	8	7	5	5	4
9392	울산 북구	작은도서관독서문화프로그램	16,800	1	1,4	7	8	7	1	1	1
9393	울산 북구	이웃사랑김장담아주기	16,500	1	1	7	8	7	5	5	4
9394	울산 북구	수난구조활동지원비	16,000	1	1	7	8	7	5	5	4
9395	울산 북구	친환경식생활교육	15,000	1	4	7	8	7	5	5	4
9396	울산 북구	고품질쌀생산영농자재지원	14,995	1	7	7	8	7	5	5	4
9397	울산 북구	벼수매운송비지원	14,977	1	6	7	8	7	5	5	4

순번	시군구	지출명 (사업명)	2024년예산 (단위 : 천원 /1년간)	민간이전 분류 (지방자치단체 세출예산 집행기준에 의거) 1. 민간경상사업보조(307-02) 2. 민간단체 법정운영비보조(307-03) 3. 민간행사사업보조(307-04) 4. 민간위탁금(307-05) 5. 사회복지시설 법정운영비보조(307-10) 6. 민간인위탁교육비(307-12) 7. 공기관등에대한경상적위탁사업비(308-13) 8. 민간자본사업보조,자체재원(402-01) 9. 민간자본사업보조,이전재원(402-02) 10. 민간위탁사업비(402-03) 11. 공기관등에 대한 자본적 위탁사업비(403-02)	민간이전지출 근거 (지방보조금 관리기준 참고) 1. 법률에 규정 2. 국고보조 재원(국가지정) 3. 용도 지정 기부금 4. 조례에 직접규정 5. 지자체가 권장하는 사업을 하는 공공기관 6. 시,도 정책 및 재정사정 7. 기타 8. 해당없음	입찰방식 계약체결방법 (경쟁형태) 1. 일반경쟁 2. 제한경쟁 3. 지명경쟁 4. 수의계약 5. 법정위탁 6. 기타 ( ) 7. 없음	입찰방식 계약기간 1. 1년 2. 2년 3. 3년 4. 4년 5. 5년 6. 기타 ( )년 7. 단기계약 (1년미만) 8. 없음	입찰방식 낙찰자선정방법 1. 적격심사 2. 협상에의한계약 3. 최저가낙찰제 4. 규격가격분리 5. 2단계 경쟁입찰 6. 기타 ( ) 7. 없음	운영예산 산정 운영예산 산정 1. 내부산정 (지자체 자체적으로 산정) 2. 외부산정 (외부전문기관위탁 산정) 3. 내·외부 모두 산정 4. 산정 無 5. 없음	운영예산 산정 정산방법 1. 내부정산 (지자체 내부적으로 정산) 2. 외부정산 (외부전문기관위탁 정산) 3. 내·외부 모두 산정 4. 정산 無 5. 없음	성과평가 실시여부 1. 실시 2. 미실시 3. 향후 추진 4. 해당없음
9398	울산 북구	쇠부리문화교실	14,400	1	5	7	8	7	5	5	4
9399	울산 북구	나잠어업인잠수복구입비	14,400	1	1	7	8	7	5	5	4
9400	울산 북구	토양개량제지원	14,340	1	2	7	8	7	5	5	4
9401	울산 북구	GAP인증농가검사비지원	14,000	1	2	7	8	7	5	5	4
9402	울산 북구	광복회총사령박상진교육프로그램	13,095	1	1	7	8	7	5	5	4
9403	울산 북구	골목벽화사랑의골새길조성사업	13,000	1	4	7	8	7	5	5	4
9404	울산 북구	울산한우친자확인사업	12,600	1	6	7	8	7	5	5	4
9405	울산 북구	소년소녀합창단정기연주회	12,000	1	6	7	8	7	5	5	4
9406	울산 북구	판로개척지원금	10,000	1	4	7	8	7	5	5	4
9407	울산 북구	울산쇠부리민속예술제	10,000	1	5	7	8	7	5	5	4
9408	울산 북구	지역문화탐방및교류	10,000	1	5	7	8	7	5	5	4
9409	울산 북구	향토사연구및북구문화원지발간	10,000	1	5	7	8	7	5	5	4
9410	울산 북구	친환경농자재지원	10,000	1	1	7	8	7	5	5	4
9411	울산 북구	지역쌀급식(보육기관)지원	10,000	1	6	7	8	7	5	5	4
9412	울산 북구	농업인해외농업기술체험지원	10,000	1	1	7	8	7	5	5	4
9413	울산 북구	한우인공수정료지원	10,000	1	6	7	8	7	5	5	4
9414	울산 북구	주민총회및주민자치역량강화교육	10,000	1	4	7	8	7	5	5	4
9415	울산 북구	주민총회및주민자치역량강화교육	10,000	1	4	7	8	7	5	5	4
9416	울산 북구	주민총회및주민자치역량강화교육	10,000	1	4	7	8	7	5	5	4
9417	울산 북구	주민총회및주민자치역량강화교육	10,000	1	4	7	8	7	5	5	4
9418	울산 북구	주민총회및주민자치역량강화교육	10,000	1	4	7	8	7	5	5	4
9419	울산 북구	주민총회및주민자치역량강화교육	10,000	1	4	7	8	7	5	5	4
9420	울산 북구	안심송정만들기	10,000	1	4	7	8	7	5	5	4
9421	울산 북구	주민총회및주민자치역량강화교육	10,000	1	4	7	8	7	5	5	4
9422	울산 북구	오치골지구살리기나눔문화장터	10,000	1	4	7	8	7	5	5	4
9423	울산 북구	오치골밥퍼	10,000	1	4	7	8	7	5	5	4
9424	울산 북구	주민총회및주민자치역량강화교육	10,000	1	4	7	8	7	5	5	4
9425	울산 북구	청소년오케스트라정기연주회	10,000	1	6	7	8	7	5	5	4
9426	울산 북구	농기계종합보험료지원	9,400	1	2	7	8	7	5	5	4
9427	울산 북구	나잠탈의장시설유지비	8,400	1	1	7	8	7	5	5	4
9428	울산 북구	청소년전통예술전승캠프	8,000	1	5	7	8	7	5	5	4
9429	울산 북구	사료작물종자대지원	8,000	1	2	7	8	7	5	5	4
9430	울산 북구	주민이함께하는행복마을만들기	8,000	1	4	7	8	7	5	5	4
9431	울산 북구	청소년비행예방선도활동	8,000	1	6	7	8	7	5	5	4
9432	울산 북구	현충일위문행사	7,240	1	1	7	8	7	5	5	4
9433	울산 북구	전국대회구대표참가지원	7,200	1	4	7	8	7	5	5	4
9434	울산 북구	웃음꽃피는문화마을만들기	7,000	1	4	7	8	7	5	5	4
9435	울산 북구	문화가있는우리동네	7,000	1	4	7	8	7	5	5	4
9436	울산 북구	우리숲둘레한바퀴	7,000	1	4	7	8	7	5	5	4
9437	울산 북구	여성자원봉사활동활성화사업	7,000	1	5	7	8	7	5	5	4

순번	시군구	지출명 (사업명)	2024년예산 (단위 : 천원 /1년간)	민간이전 분류 (지방자치단체 세출예산 집행기준에 의거) 1. 민간경상사업보조(307-02) 2. 민간단체 법정운영비보조(307-03) 3. 민간행사사업보조(307-04) 4. 민간위탁금(307-05) 5. 사회복지시설 법정운영비보조(307-10) 6. 민간인위탁교육비(307-12) 7. 공기관등에대한경상적위탁사업비(308-13) 8. 민간자본사업보조,자체재원(402-01) 9. 민간자본사업보조,이전재원(402-02) 10. 민간위탁사업비(402-03) 11. 공기관등에 대한 자본적 위탁사업비(403-02)	민간이전지출 근거 (지방보조금 관리기준 참고) 1. 법률에 규정 2. 국고보조 재원(국가지정) 3. 용도 지정 기부금 4. 조례에 직접규정 5. 지자체가 권장하는 사업을 하는 공공기관 6. 시,도 정책 및 재정사정 7. 기타 8. 해당없음	입찰방식			운영예산 산정		성과평가 실시여부
						계약체결방법 (경쟁형태) 1. 일반경쟁 2. 제한경쟁 3. 지명경쟁 4. 수의계약 5. 법정위탁 6. 기타 ( ) 7. 없음	계약기간 1. 1년 2. 2년 3. 3년 4. 4년 5. 5년 6. 기타 ( )년 7. 단기계약 (1년미만) 8. 없음	낙찰자선정방법 1. 적격심사 2. 협상에의한계약 3. 최저가낙찰제 4. 규격가격분리 5. 2단계 경쟁입찰 6. 기타 ( ) 7. 없음	운영예산 산정 1. 내부산정 (지자체 자체적으로 산정) 2. 외부산정 (외부전문기관위탁 산정) 3. 내·외부 모두 산정 4. 산정 無 5. 없음	정산방법 1. 내부정산 (지자체 내부적으로 정산) 2. 외부정산 (외부전문기관위탁 정산) 3. 내·외부 모두 산정 4. 정산 無 5. 없음	1. 실시 2. 미실시 3. 향후 추진 4. 해당없음
9438	울산 북구	청소년충효백일장	6,400	1	5	7	8	7	5	5	4
9439	울산 북구	텃밭상자보급	6,400	1	1	7	8	7	5	5	4
9440	울산 북구	항일유적지순례및홍보사업	6,360	1	1	7	8	7	5	5	4
9441	울산 북구	농업인안전기원제	6,000	1	1	7	8	7	5	5	4
9442	울산 북구	혹서기가축재해예방장비지원	6,000	1	6	7	8	7	5	5	4
9443	울산 북구	금천천벚꽃길도로꽃길조성	6,000	1	4	7	8	7	5	5	4
9444	울산 북구	우리동네사계절,걷기좋은길걸어보기	6,000	1	4	7	8	7	5	5	4
9445	울산 북구	현충일위문행사	5,960	1	1	7	8	7	5	5	4
9446	울산 북구	과수인공수분용꽃가루지원	5,600	1	6	7	8	7	5	5	4
9447	울산 북구	전업농가구제역예방백신구입지원	5,531	1	2	7	8	7	5	5	4
9448	울산 북구	바르게살기운동회원역량강화사업	5,226	1	1	7	8	7	5	5	4
9449	울산 북구	한우종축등록지원	5,100	1	6	7	8	7	5	5	4
9450	울산 북구	도시민농어촌체험투어	5,000	1	1	7	8	7	5	5	4
9451	울산 북구	농업인의날지원	5,000	1	1	7	8	7	5	5	4
9452	울산 북구	우리동네시네미천국(돗자리영화제)	5,000	1	4	7	8	7	5	5	4
9453	울산 북구	이웃과함께하는세상만들기	5,000	1	4	7	8	7	5	5	4
9454	울산 북구	착한순환체험프로그램(착한나무랑놀자)	5,000	1	4	7	8	7	5	5	4
9455	울산 북구	탄소중립환경교육및올바른반려문화형성	5,000	1	4	7	8	7	5	5	4
9456	울산 북구	어르신과따뜻한마음나누기	5,000	1	4	7	8	7	5	5	4
9457	울산 북구	찾아가는농이놀이마당	5,000	1	4	7	8	7	5	5	4
9458	울산 북구	농소2동재능나눔장터	5,000	1	4	7	8	7	5	5	4
9459	울산 북구	청소년과함께하는공원가꾸기	5,000	1	4	7	8	7	5	5	4
9460	울산 북구	안전한마을만들기	5,000	1	4	7	8	7	5	5	4
9461	울산 북구	'밝은북구,안전한효문동'태양광LED벽부등설치사업	5,000	1	4	7	8	7	5	5	4
9462	울산 북구	'금쪽같은댕댕이',반려동물의행복한공존!	5,000	1	4	7	8	7	5	5	4
9463	울산 북구	박상진호수공원시간을여행하는편지운영	5,000	1	4	7	8	7	5	5	4
9464	울산 북구	박상진호수공원피크닉장사계절꽃단지조성	5,000	1	4	7	8	7	5	5	4
9465	울산 북구	염포동연극교실염포극단(가칭)운영	5,000	1	4	7	8	7	5	5	4
9466	울산 북구	교통사고줄이기활동지원	5,000	1	4	7	8	7	5	5	4
9467	울산 북구	오케스트라정기연주회	5,000	1	6	7	8	7	5	5	4
9468	울산 북구	유기유실동물입양비지원	4,800	1	2	7	8	7	5	5	4
9469	울산 북구	전적지순례행사	4,784	1	1	7	8	7	5	5	4
9470	울산 북구	전적지순례행사	4,680	1	1	7	8	7	5	5	4
9471	울산 북구	꽃길꽃동산만들기	4,620	1	1	7	8	7	5	5	4
9472	울산 북구	한걸음씩함께하는북한이탈주민과의통일이야기	4,600	1	1	7	8	7	5	5	4
9473	울산 북구	축사전기배선안전점검	4,500	1	6	7	8	7	5	5	4
9474	울산 북구	영호남한마음대회및1농촌교류	4,444	1	1	7	8	7	5	5	4
9475	울산 북구	현충일위문행사	4,400	1	1	7	8	7	5	5	4
9476	울산 북구	청소년체련교실운영	4,320	1	6	7	8	7	5	5	4
9477	울산 북구	어린이체능교실운영	4,320	1	6	7	8	7	5	5	4

순번	시군구	지출명 (사업명)	2024년예산 (단위 : 천원 /1년간)	민간이전 분류 (지방자치단체 세출예산 집행기준에 의거) 1. 민간경상사업보조(307-02) 2. 민간단체 법정운영비보조(307-03) 3. 민간행사사업보조(307-04) 4. 민간위탁금(307-05) 5. 사회복지시설 법정운영비보조(307-10) 6. 민간인위탁교육비(307-12) 7. 공기관등에대한경상적위탁사업비(308-13) 8. 민간자본사업보조,자체재원(402-01) 9. 민간자본사업보조,이전재원(402-02) 10. 민간위탁사업비(402-03) 11. 공기관등에 대한 자본적 위탁사업비(403-02)	민간이전지출 근거 (지방보조금 관리기준 참고) 1. 법률에 규정 2. 국고보조 재원(국가지정) 3. 용도 지정 기부금 4. 조례에 직접규정 5. 지자체가 권장하는 사업을 하는 공공기관 6. 시,도 정책 및 재정사정 7. 기타 8. 해당없음	입찰방식 계약체결방법 (경쟁형태) 1. 일반경쟁 2. 제한경쟁 3. 지명경쟁 4. 수의계약 5. 법정위탁 6. 기타 ( ) 7. 없음	입찰방식 계약기간 1. 1년 2. 2년 3. 3년 4. 4년 5. 5년 6. 기타 ( )년 7. 단기계약 (1년미만) 8. 없음	입찰방식 낙찰자선정방법 1. 적격심사 2. 협상에의한계약 3. 최저가낙찰제 4. 규격가격분리 5. 2단계 경쟁입찰 6. 기타 ( ) 7. 없음	운영예산 산정 운영예산 산정 1. 내부산정 (지자체 자체적으로 산정) 2. 외부산정 (외부전문기관위탁 산정) 3. 내·외부 모두 산정 4. 산정 無 5. 없음	운영예산 산정 정산방법 1. 내부정산 (지자체 내부적으로 정산) 2. 외부정산 (외부전문기관위탁 정산) 3. 내·외부 모두 정산 4. 정산 無 5. 없음	성과평가 실시여부 1. 실시 2. 미실시 3. 향후 추진 4. 해당없음
9478	울산 북구	축사CCTV설치지원	4,212	1	6	7	8	7	5	5	4
9479	울산 북구	전국합창경연대회참가	4,210	1	6	7	8	7	5	5	4
9480	울산 북구	가축질병치료보험지원	4,200	1	6	7	8	7	5	5	4
9481	울산 북구	현충일위문행사	4,200	1	1	7	8	7	5	5	4
9482	울산 북구	대회참가및견학지원비(수산업경영인대회)	4,000	1	1	7	8	7	5	5	4
9483	울산 북구	'오늘,지금,내인생가장청춘',장수사진촬영	4,000	1	4	7	8	7	5	5	4
9484	울산 북구	회원위로연행사	4,000	1	1	7	8	7	5	5	4
9485	울산 북구	한센의날지원	4,000	1	1	7	8	7	3	3	4
9486	울산 북구	전적지순례행사	3,980	1	1	7	8	7	5	5	4
9487	울산 북구	장수체육대학운영	3,960	1	6	7	8	7	5	5	4
9488	울산 북구	회원위로연행사	3,850	1	1	7	8	7	5	5	4
9489	울산 북구	탄소중립실천다짐대회	3,800	1	1	7	8	7	5	5	4
9490	울산 북구	현충일위문행사	3,660	1	1	7	8	7	5	5	4
9491	울산 북구	시지정무형문화재공개행사지원	3,500	1	1,4	7	8	7	5	5	4
9492	울산 북구	청소년유해환경감시활동지원	3,500	1	6	7	8	7	5	5	4
9493	울산 북구	기초질서지키기및학교폭력예방홍보	3,300	1	1	7	8	7	5	5	4
9494	울산 북구	구급차운행비	3,300	1	1	7	8	7	5	5	4
9495	울산 북구	농소6.25전몰군경합동위령제	3,300	1	1	7	8	7	5	5	4
9496	울산 북구	공공비축벼매입용톤백지원	3,150	1	6	7	8	7	5	5	4
9497	울산 북구	함께하는청소년통일콘서트	3,080	1	1	7	8	7	5	5	4
9498	울산 북구	시장배및각종여성축구대회참가지원	3,000	1	4	7	8	7	5	5	4
9499	울산 북구	농산물직거래장터운영	3,000	1	1	7	8	7	5	5	4
9500	울산 북구	선진농업현지견학	3,000	1	1	7	8	7	5	5	4
9501	울산 북구	천연염색사업재료비지원	3,000	1	1	7	8	7	5	5	4
9502	울산 북구	지역아동센터아이들과문화체험및장애인수영교실	3,000	1	1	7	8	7	5	5	4
9503	울산 북구	6.25전쟁기념행사	3,000	1	1	7	8	7	5	5	4
9504	울산 북구	4.19혁명정임석열사추모행사	3,000	1	1	7	8	7	5	5	4
9505	울산 북구	교통문화선진화활동지원	3,000	1	4	7	8	7	5	5	4
9506	울산 북구	고령위안행사	2,720	1	1	7	8	7	5	5	4
9507	울산 북구	회원위로연행사	2,700	1	1	7	8	7	5	5	4
9508	울산 북구	미등록생활체육동호회지원	2,600	1	4	7	8	7	5	5	4
9509	울산 북구	새마을지도자역량강화'전국새마을지도자대회'	2,550	1	1	7	8	7	5	5	4
9510	울산 북구	전적지순례행사	2,500	1	1	7	8	7	5	5	4
9511	울산 북구	호국전적지순례행사	2,500	1	1	7	8	7	5	5	4
9512	울산 북구	현충일위문행사	2,480	1	1	7	8	7	5	5	4
9513	울산 북구	효자송도선생효사상고취사생대회	2,430	1	6	7	8	7	5	5	4
9514	울산 북구	구급차운행비	2,400	1	1	7	8	7	5	5	4
9515	울산 북구	구급차운행비	2,400	1	1	7	8	7	5	5	4
9516	울산 북구	시장배여성배구대회참가지원	2,250	1	4	7	8	7	5	5	4
9517	울산 북구	5.8카네이션행사	2,205	1	1	7	8	7	5	5	4

순번	시군구	지출명 (사업명)	2024년예산 (단위 : 천원 /1년간)	민간이전 분류 (지방자치단체 세출예산 집행기준에 의거) 1. 민간경상사업보조(307-02) 2. 민간단체 법정운영비보조(307-03) 3. 민간행사사업보조(307-04) 4. 민간위탁금(307-05) 5. 사회복지시설 법정운영비보조(307-10) 6. 민간인위탁교육비(307-12) 7. 공기관등에대한경상적위탁사업비(308-13) 8. 민간자본사업보조,자체재원(402-01) 9. 민간자본사업보조,이전재원(402-02) 10. 민간위탁사업비(402-03) 11. 공기관등에 대한 자본적 위탁사업비(403-02)	민간이전지출 근거 (지방보조금 관리기준 참고) 1. 법률에 규정 2. 국고보조 재원(국가지정) 3. 용도 지정 기부금 4. 조례에 직접규정 5. 지자체가 권장하는 사업을 하는 공공기관 6. 시,도 정책 및 재정사정 7. 기타 8. 해당없음	입찰방식			운영예산 산정		성과평가 실시여부
						계약체결방법 (경쟁형태) 1. 일반경쟁 2. 제한경쟁 3. 지명경쟁 4. 수의계약 5. 법정위탁 6. 기타 ( ) 7. 없음	계약기간 1. 1년 2. 2년 3. 3년 4. 4년 5. 5년 6. 기타 ( )년 7. 단기계약 (1년미만) 8. 없음	낙찰자선정방법 1. 적격심사 2. 협상에의한계약 3. 최저가낙찰제 4. 규격가격분리 5. 2단계 경쟁입찰 6. 기타 ( ) 7. 없음	운영예산 산정 1. 내부산정 (지자체 자체적으로 산정) 2. 외부산정 (외부전문기관위탁 산정) 3. 내·외부 모두 산정 4. 산정 無 5. 없음	정산방법 1. 내부정산 (지자체 내부적으로 정산) 2. 외부정산 (외부전문기관위탁 정산) 3. 내·외부 모두 산정 4. 정산 無 5. 없음	1. 실시 2. 미실시 3. 향후 추진 4. 해당없음
9518	울산 북구	회원위로연행사	2,200	1	1	7	8	7	5	5	4
9519	울산 북구	회원위로연행사	2,200	1	1	7	8	7	5	5	4
9520	울산 북구	회원위로연행사	2,200	1	1	7	8	7	5	5	4
9521	울산 북구	축산농가전문도우미(헬퍼)지원	2,100	1	6	7	8	7	5	5	4
9522	울산 북구	전적지순례행사	2,010	1	1	7	8	7	5	5	4
9523	울산 북구	농기계등화장치부착지원	2,000	1	6	7	8	7	5	5	4
9524	울산 북구	축산인한마음대회지원	2,000	1	6	7	8	7	5	5	4
9525	울산 북구	우리동네어르신마음건강돌보기'하하호호웃음강의'	2,000	1	4	7	8	7	5	5	4
9526	울산 북구	사무실집기구입비(쇼파,책장)	2,000	1	1	7	8	7	5	5	4
9527	울산 북구	전적지순례행사	2,000	1	1	7	8	7	5	5	4
9528	울산 북구	고엽제만남의날행사	2,000	1	1	7	8	7	5	5	4
9529	울산 북구	전몰용사추모제	2,000	1	1	7	8	7	5	5	4
9530	울산 북구	찾아가는음악회	2,000	1	6	7	8	7	5	5	4
9531	울산 북구	호국영웅기념위로연행사	1,860	1	1	7	8	7	5	5	4
9532	울산 북구	전적지순례행사	1,810	1	1	7	8	7	5	5	4
9533	울산 북구	안보결의대회	1,650	1	1	7	8	7	5	5	4
9534	울산 북구	현충일위문행사	1,600	1	1	7	8	7	5	5	4
9535	울산 북구	호국묘원참배	1,460	1	1	7	8	7	5	5	4
9536	울산 북구	자유수호전적지통일순례	1,315	1	1	7	8	7	5	5	4
9537	울산 북구	회원한마음전진대회	1,220	1	1	7	8	7	5	5	4
9538	울산 북구	축산차량GPS단말기상시전원공급체계구축	1,200	1	2	7	8	7	5	5	4
9539	울산 북구	현충탑참배행사	1,050	1	1	7	8	7	5	5	4
9540	울산 북구	현충탑참배행사	1,050	1	1	7	8	7	5	5	4
9541	울산 북구	현충탑참배행사	1,050	1	1	7	8	7	5	5	4
9542	울산 북구	현충탑참배	1,050	1	1	7	8	7	5	5	4
9543	울산 북구	현충탑참배행사	1,050	1	1	7	8	7	5	5	4
9544	울산 북구	회원위로연행사	1,050	1	1	7	8	7	5	5	4
9545	울산 북구	아름다운꽃공원만들기	1,000	1	1	7	8	7	5	5	4
9546	울산 북구	태극기바람개비만들기	1,000	1	1	7	8	7	5	5	4
9547	울산 북구	사무용집기구입(회의용탁자,책상,책장)	1,000	1	1	7	8	7	5	5	4
9548	울산 북구	6.25전쟁바로알리기교육	1,000	1	1	7	8	7	5	5	4
9549	울산 북구	현충탑참배	840	1	1	7	8	7	5	5	4
9550	울산 북구	미래의주인공청소년모의의회체험	800	1	1	7	8	7	5	5	4
9551	울산 북구	송아지생산안정사업	700	1	6	7	8	7	5	5	4
9552	울산 북구	어촌체험마을(수상레저기구)보험료지원	700	1	1	7	8	7	5	5	4
9553	울산 북구	안보결의대회및정기총회	700	1	1	7	8	7	5	5	4
9554	울산 북구	자유총연맹회원역량강화	600	1	1	7	8	7	5	5	4
9555	울산 북구	영천호국원지킴이	600	1	1	7	8	7	5	5	4
9556	울산 북구	현충일위문행사	340	1	1	7	8	7	5	5	4
9557	울산 울주군	농작물재해보험료지원	2,132,550	1	1	7	8	7	5	1	4

순번	시군구	지출명 (사업명)	2024년예산 (단위 : 천원 /1년간)	민간이전 분류 (지방자치단체 세출예산 집행기준에 의거) 1. 민간경상사업보조(307-02) 2. 민간단체 법정운영비보조(307-03) 3. 민간행사사업보조(307-04) 4. 민간위탁금(307-05) 5. 사회복지시설 법정운영비보조(307-10) 6. 민간인위탁교육비(307-12) 7. 공기관등에대한경상적위탁사업비(308-13) 8. 민간자본사업보조,자체재원(402-01) 9. 민간자본사업보조,이전재원(402-02) 10. 민간위탁사업비(402-03) 11. 공기관등에 대한 자본적 위탁사업비(403-02)	민간이전지출 근거 (지방보조금 관리기준 참고) 1. 법률에 규정 2. 국고보조 재원(국가지정) 3. 용도 지정 기부금 4. 조례에 직접규정 5. 지자체가 권장하는 사업을 하는 공공기관 6. 시,도 정책 및 재정사정 7. 기타 8. 해당없음	입찰방식: 계약체결방법 (경쟁형태) 1. 일반경쟁 2. 제한경쟁 3. 지명경쟁 4. 수의계약 5. 법정위탁 6. 기타 ( ) 7. 없음	입찰방식: 계약기간 1. 1년 2. 2년 3. 3년 4. 4년 5. 5년 6. 기타 ( )년 7. 단기계약 (1년미만) 8. 없음	입찰방식: 낙찰자선정방법 1. 적격심사 2. 협상에의한계약 3. 최저가낙찰제 4. 규격가격분리 5. 2단계 경쟁입찰 6. 기타 ( ) 7. 없음	운영예산 산정: 운영예산 산정 1. 내부산정 (지자체 자체적으로 산정) 2. 외부산정 (외부전문기관위탁 산정) 3. 내·외부 모두 산정 4. 산정 無 5. 없음	운영예산 산정: 정산방법 1. 내부정산 (지자체 내부적으로 정산) 2. 외부정산 (외부전문기관위탁 정산) 3. 내·외부 모두 산정 4. 정산 無 5. 없음	성과평가 실시여부 1. 실시 2. 미실시 3. 향후 추진 4. 해당없음
9558	울산 울주군	부존사료자원개발지원	1,941,950	1	1	7	8	7	1	1	1
9559	울산 울주군	유기질비료지원(전환사업)	1,813,000	1	2	7	8	7	1	1	4
9560	울산 울주군	조사료생산용사일리지제조지원	1,550,331	1	1	7	8	7	1	1	1
9561	울산 울주군	가축개량육성기반구축	1,295,730	1	1	7	8	7	1	1	1
9562	울산 울주군	벼육묘용농자재지원	1,195,000	1	1	7	8	7	1	1	1
9563	울산 울주군	가축분뇨처리톱밥지원	1,088,766	1	1	7	8	7	1	1	1
9564	울산 울주군	조사료생산용종자구입지원	869,760	1	1	7	8	7	1	1	1
9565	울산 울주군	사회적기업일자리창출사업및전문인력지원사업	766,700	1	1	7	8	7	1	1	2
9566	울산 울주군	생활체육지도자배치(활동지원)	737,912	1	1	6	8	6	1	1	1
9567	울산 울주군	조사료이용확대지원	597,840	1	1	7	8	7	1	1	1
9568	울산 울주군	수도작및과수농가약제지원	522,600	1	1	7	8	7	1	1	1
9569	울산 울주군	축사환경개선제지원	440,550	1	1	7	8	7	1	1	1
9570	울산 울주군	한우브랜드육성사업	422,000	1	1	7	8	7	1	1	1
9571	울산 울주군	스포츠강좌이용권지원	397,860	1	1	7	8	7	1	1	1
9572	울산 울주군	학교우유급식지원사업	370,200	1	2	7	8	7	1	1	4
9573	울산 울주군	농업인안전재해보험료지원	342,310	1	1	7	8	7	5	1	4
9574	울산 울주군	고품질벼건조수수료지원	307,500	1	1	7	8	7	1	1	4
9575	울산 울주군	울주쌀경쟁력제고사업	300,000	1	1	7	8	7	1	1	1
9576	울산 울주군	지역특화품목공동출하지원	246,900	1	1	7	8	7	5	1	4
9577	울산 울주군	청년창업농영농정착지원	245,500	1	2	7	8	7	1	1	1
9578	울산 울주군	토양개량제공급	203,265	1	2	7	8	7	1	1	4
9579	울산 울주군	배봉지지원사업	200,000	1	1	7	8	7	5	1	4
9580	울산 울주군	흑성병방제및수분증진제지원	162,000	1	1	7	8	7	5	1	4
9581	울산 울주군	어업정보교류및어업활성화지원	147,900	1	1	7	8	7	1	1	1
9582	울산 울주군	지역사회보장협의체활성화	129,040	1	1	7	8	7	1	1	1
9583	울산 울주군	CCTV등방역인프라설치지원사업	117,740	1	2	7	8	7	1	1	1
9584	울산 울주군	학생승마체험	115,988	1	2	7	8	7	1	1	4
9585	울산 울주군	돼지써코바이러스백신지원사업	112,400	1	2	7	8	7	1	1	1
9586	울산 울주군	생활체육교실지원	110,286	1	1	7	8	7	1	1	1
9587	울산 울주군	조사료생산용사일리지제조지원(전문단지)	102,600	1	1	7	8	7	1	1	1
9588	울산 울주군	구제역예방사업(백신구입비보조)	101,567	1	2	7	8	7	1	3	1
9589	울산 울주군	마을공동체만들기공모사업	100,000	1	2	7	8	7	1	1	2
9590	울산 울주군	가축분뇨운송비지원	100,000	1	1	7	8	7	1	1	4
9591	울산 울주군	곤충산업육성지원	89,000	1	1	7	8	7	1	1	4
9592	울산 울주군	농촌고용인력지원	85,000	1	2	7	8	7	1	1	4
9593	울산 울주군	벼수매운송비지원	78,376	1	1	7	8	7	1	1	4
9594	울산 울주군	농촌관광주체육성지원(유학센터)	78,000	1	2	7	8	7	5	1	1
9595	울산 울주군	장애인스포츠강좌이용권지원	77,520	1	1	7	8	7	1	1	1
9596	울산 울주군	역사문화체험학습	75,000	1	4	6	6	7	1	1	1
9597	울산 울주군	고수온대응지원	72,000	1	2	7	8	7	1	1	4

순번	시군구	지출명 (사업명)	2024년예산 (단위 : 천원 /1년간)	민간이전 분류 (지방자치단체 세출예산 집행기준에 의거) 1. 민간경상사업보조(307-02) 2. 민간단체 법정운영비보조(307-03) 3. 민간행사사업보조(307-04) 4. 민간위탁금(307-05) 5. 사회복지시설 법정운영비보조(307-10) 6. 민간인위탁교육비(307-12) 7. 공기관등에대한경상적위탁사업비(308-13) 8. 민간자본사업보조,자체재원(402-01) 9. 민간자본사업보조,이전재원(402-02) 10. 민간위탁사업비(402-03) 11. 공기관등에 대한 자본적 위탁사업비(403-02)	민간이전지출 근거 (지방보조금 관리기준 참고) 1. 법률에 규정 2. 국고보조 재원(국가지정) 3. 용도 지정 기부금 4. 조례에 직접규정 5. 지자체가 권장하는 사업을 하는 공공기관 6. 시,도 정책 및 재정사정 7. 기타 8. 해당없음	입찰방식 계약체결방법 (경쟁형태) 1. 일반경쟁 2. 제한경쟁 3. 지명경쟁 4. 수의계약 5. 법정위탁 6. 기타 ( ) 7. 없음	입찰방식 계약기간 1. 1년 2. 2년 3. 3년 4. 4년 5. 5년 6. 기타 ( )년 7. 단기계약 (1년미만) 8. 없음	입찰방식 낙찰자선정방법 1. 적격심사 2. 협상에의한계약 3. 최저가낙찰제 4. 규격가격분리 5. 2단계 경쟁입찰 6. 기타 ( ) 7. 없음	운영예산 산정 운영예산 산정 1. 내부산정 (지자체 자체적으로 산정) 2. 외부산정 (외부전문기관위탁 산정) 3. 내·외부 모두 산정 4. 산정 無 5. 없음	운영예산 산정 정산방법 1. 내부정산 (지자체 내부적으로 정산) 2. 외부정산 (외부전문기관위탁 정산) 3. 내·외부 모두 산정 4. 정산 無 5. 없음	성과평가 실시여부 1. 실시 2. 미실시 3. 향후 추진 4. 해당없음
9598	울산 울주군	재해및돌발병해충방제약제지원	70,000	1	1	7	8	7	5	1	4
9599	울산 울주군	농업용방제드론지원	69,000	1	1	7	8	7	1	1	4
9600	울산 울주군	축산농가도우미지원	65,100	1	1	7	8	7	1	1	4
9601	울산 울주군	울주RCE주민공동체특화사업	65,000	1	4	5	1	7	1	1	1
9602	울산 울주군	울산쌀포장재지원	61,446	1	1	7	8	7	1	1	4
9603	울산 울주군	귀농귀촌인지원	60,600	1	2	7	8	7	1	1	1
9604	울산 울주군	지속가능한울주형공정관광사업	60,000	1	4	7	8	7	5	5	4
9605	울산 울주군	자연순환농업을위한가축분퇴비지원	60,000	1	1	7	8	7	1	1	4
9606	울산 울주군	양봉화분사료지원	60,000	1	1	7	8	7	1	1	4
9607	울산 울주군	양계농가1회용난좌지원	60,000	1	1	7	8	7	1	1	1
9608	울산 울주군	낙농경영합리화지원	58,428	1	1	7	8	7	1	1	4
9609	울산 울주군	생활체육활성화지원	54,500	1	2	7	8	7	1	1	1
9610	울산 울주군	친환경쌀생산단지조성	54,000	1	1	7	8	7	1	1	4
9611	울산 울주군	고품질축산물생산	52,000	1	1	7	8	7	1	1	4
9612	울산 울주군	ICT한우관리시스템융복합확장지원	50,400	1	1	7	8	7	1	1	4
9613	울산 울주군	스포츠동호인체육시설사용료지원	50,000	1	4	7	8	7	1	1	4
9614	울산 울주군	마을기업육성사업비	50,000	1	1	7	8	7	5	3	2
9615	울산 울주군	친환경학교급식식재료생산기반조성사업	50,000	1	1	7	8	7	1	1	1
9616	울산 울주군	GPS단말기사용료지원	47,462	1	2	7	8	7	1	1	1
9617	울산 울주군	후계농업경영인워크숍및해외농업기술체험	44,400	1	1	7	8	7	1	1	4
9618	울산 울주군	농촌지도자해외농업기술체험	44,400	1	1	7	8	7	1	1	4
9619	울산 울주군	호국보훈전적지순례	42,620	1	1	7	8	7	1	1	1
9620	울산 울주군	여자축구단지원	40,500	1	1	7	8	7	1	1	1
9621	울산 울주군	조사료생산용퇴액비살포비지원(전문단지)	40,000	1	1	7	8	7	1	1	1
9622	울산 울주군	한우불고기특구지원사업	40,000	1	4	7	8	7	1	1	4
9623	울산 울주군	지역특성형안전마을만들기사업	40,000	1	1,4	6	7	6	1	1	1
9624	울산 울주군	블루베리재배용농자재지원사업	39,900	1	1	7	8	7	5	1	2
9625	울산 울주군	과수인공수분용화분지원	39,000	1	1	7	8	7	5	1	4
9626	울산 울주군	해외축산선진지견학	37,800	1	1	7	8	7	1	1	4
9627	울산 울주군	무항생제인증심사및검사비지원사업	36,540	1	1	7	8	7	1	1	1
9628	울산 울주군	농촌에서미리살아보기	35,100	1	2	7	8	7	1	1	4
9629	울산 울주군	언양4.2독립만세운동재현행사	33,000	1	1	7	8	7	1	1	1
9630	울산 울주군	남창기미4.8독립만세운동재현행사	33,000	1	1	7	8	7	1	1	1
9631	울산 울주군	GAP인증농가안전성분석지원	32,280	1	2	7	8	7	1	1	4
9632	울산 울주군	소야간분만비용지원사업	32,000	1	1	7	8	7	1	1	1
9633	울산 울주군	닭진드기공동방제지원사업	32,000	1	2	7	8	7	1	1	1
9634	울산 울주군	도시농업육성	31,400	1	1	7	8	7	1	1	4
9635	울산 울주군	울주군공예품전시회	30,000	1	1	7	8	7	1	1	1
9636	울산 울주군	울주군공예품해외전시회	30,000	1	1	7	8	7	1	1	1
9637	울산 울주군	평생학습동아리지원	30,000	1	4	6	1	7	1	1	1

순번	시군구	지출명 (사업명)	2024년예산 (단위 : 천원 /1년간)	민간이전 분류 (지방자치단체 세출예산 집행기준에 의거) 1. 민간경상사업보조(307-02) 2. 민간단체 법정운영비보조(307-03) 3. 민간행사사업보조(307-04) 4. 민간위탁금(307-05) 5. 사회복지시설 법정운영비보조(307-10) 6. 민간인위탁교육비(307-12) 7. 공기관등에대한경상적위탁사업비(308-13) 8. 민간자본사업보조,자체재원(402-01) 9. 민간자본사업보조,이전재원(402-02) 10. 민간위탁사업비(402-03) 11. 공기관등에 대한 자본적 위탁사업비(403-02)	민간이전지출 근거 (지방보조금 관리기준 참고) 1. 법률에 규정 2. 국고보조 재원(국가지정) 3. 용도 지정 기부금 4. 조례에 직접규정 5. 지자체가 권장하는 사업을 하는 공공기관 6. 시,도 정책 및 재정사정 7. 기타 8. 해당없음	입찰방식 계약체결방법 (경쟁형태) 1. 일반경쟁 2. 제한경쟁 3. 지명경쟁 4. 수의계약 5. 법정위탁 6. 기타 ( ) 7. 없음	입찰방식 계약기간 1. 1년 2. 2년 3. 3년 4. 4년 5. 5년 6. 기타 ( )년 7. 단기계약 (1년미만) 8. 없음	입찰방식 낙찰자선정방법 1. 적격심사 2. 협상에의한계약 3. 최저가낙찰제 4. 규격가격분리 5. 2단계 경쟁입찰 6. 기타 ( ) 7. 없음	운영예산 산정 운영예산 산정 1. 내부산정 (지자체 자체적으로 산정) 2. 외부산정 (외부전문기관위탁 산정) 3. 내·외부 모두 산정 4. 산정 無 5. 없음	운영예산 산정 정산방법 1. 내부정산 (지자체 내부적으로 정산) 2. 외부정산 (외부전문기관위탁 정산) 3. 내·외부 모두 산정 4. 정산 無 5. 없음	성과평가 실시여부 1. 실시 2. 미실시 3. 향후 추진 4. 해당없음
9638	울산 울주군	해양레저아카데미운영	30,000	1	2	6	8	6	1	1	1
9639	울산 울주군	찰옥수수재배단지조성	30,000	1	1	7	8	7	1	1	1
9640	울산 울주군	농산물생산시설장비지원	30,000	1	1	7	8	7	1	1	4
9641	울산 울주군	12개읍면협의회,부녀회사업비	28,800	1	1,4	7	8	7	1	1	1
9642	울산 울주군	수산물포장용기지원	28,800	1	1	7	8	7	1	1	4
9643	울산 울주군	공공비축벼매입용톤백지원	28,000	1	1	7	8	7	1	1	4
9644	울산 울주군	보훈단체위안행사	27,100	1	1	7	8	7	1	1	1
9645	울산 울주군	비규격품배가공용수매지원	25,000	1	1	7	8	7	5	1	4
9646	울산 울주군	로컬푸드포장재지원사업	25,000	1	1	7	8	7	5	1	2
9647	울산 울주군	새마을지도자공동체수련대회	22,000	1	1,4	7	8	7	1	1	1
9648	울산 울주군	정기총회(안보결의대회)	20,650	1	1	7	8	7	1	1	1
9649	울산 울주군	12개읍면분회사업비	20,400	1	1,4	7	8	7	1	1	1
9650	울산 울주군	12개읍면위원회사업비	20,400	1	4	7	8	7	1	1	1
9651	울산 울주군	사회적경제창업지원금	20,000	1	1	7	8	7	1	1	1
9652	울산 울주군	사회적경제사업고도화지원금	20,000	1	1	7	8	7	1	1	1
9653	울산 울주군	스틱형벌꿀포장재지원	20,000	1	1	7	8	7	1	1	4
9654	울산 울주군	유소년승마단운영지원사업	20,000	1	2	7	8	7	1	1	4
9655	울산 울주군	사립작은도서관자원봉사자실비지원	19,800	1	1	7	8	7	1	1	1
9656	울산 울주군	수출농가지원	19,440	1	1	7	8	7	1	1	2
9657	울산 울주군	국가유공자등위령제	18,500	1	1	7	8	7	5	1	1
9658	울산 울주군	6차산업예비사업자유통채널지원사업	18,000	1	1	7	8	7	1	1	4
9659	울산 울주군	농산물직거래및홍보행사운영	18,000	1	1	7	8	7	5	1	2
9660	울산 울주군	진하해양레저체험교실운영(전환사업)	16,000	1	4	6	8	6	1	1	1
9661	울산 울주군	농특산물홍보행사지원	15,500	1	1	7	8	7	5	1	2
9662	울산 울주군	공동체의식함양운동및다짐대회	15,000	1	4	7	8	7	1	1	1
9663	울산 울주군	생활개선회워크숍	15,000	1	1	7	8	7	1	1	4
9664	울산 울주군	국민통합국리민복실천결의대회	14,000	1	1,4	7	8	7	1	1	1
9665	울산 울주군	평화통일포럼회원과함께하는통일안보현장견학	13,720	1	1	7	8	7	1	1	1
9666	울산 울주군	친환경농자재지원	13,000	1	1	7	8	7	1	1	4
9667	울산 울주군	국가유공4형제전사자추모제	12,000	1	1	7	8	7	1	1	1
9668	울산 울주군	로컬푸드출하농가선진지견학	12,000	1	1	7	8	7	5	1	2
9669	울산 울주군	청소년복지및청소년보호활동	10,775	1	1	7	8	7	1	1	1
9670	울산 울주군	농업기계등화장치부착지원	10,000	1	2	1	7	7	1	1	4
9671	울산 울주군	울주군의용소방대지원	10,000	1	4	5	8	7	1	1	1
9672	울산 울주군	조사료생산용종자수입지원(전문단지)	9,600	1	1	7	8	7	1	1	1
9673	울산 울주군	울주인성교실	8,000	1	1	7	8	7	1	1	4
9674	울산 울주군	진하인명구조센터및해파리퇴치사업	7,660	1	4	7	8	7	1	1	1
9675	울산 울주군	의회를사랑하는사람들울주군지회지원	7,080	1	1	7	8	7	1	1	1
9676	울산 울주군	교통안전캠페인및등하굣길교통지도	7,000	1	1	7	8	7	1	1	3
9677	울산 울주군	나라사랑태극기달기캠페인	6,390	1	1,4	7	8	7	1	1	1

순번	시군구	지출명 (사업명)	2024년예산 (단위 : 천원 /1년간)	민간이전 분류 (지방자치단체 세출예산 집행기준에 의거) 1. 민간경상사업보조(307-02) 2. 민간단체 법정운영비보조(307-03) 3. 민간행사사업보조(307-04) 4. 민간위탁금(307-05) 5. 사회복지시설 법정운영비보조(307-10) 6. 민간인위탁교육비(307-12) 7. 공기관등에대한경상적위탁사업비(308-13) 8. 민간자본사업보조,자체재원(402-01) 9. 민간자본사업보조,이전재원(402-02) 10. 민간위탁사업비(402-03) 11. 공기관등에 대한 자본적 위탁사업비(403-02)	민간이전지출 근거 (지방보조금 관리기준 참고) 1. 법률에 규정 2. 국고보조 재원(국가지정) 3. 용도 지정 기부금 4. 조례에 직접규정 5. 지자체가 권장하는 사업을 하는 공공기관 6. 시,도 정책 및 재정사정 7. 기타 8. 해당없음	입찰방식			운영예산 산정		성과평가 실시여부
						계약체결방법 (경쟁형태) 1. 일반경쟁 2. 제한경쟁 3. 지명경쟁 4. 수의계약 5. 법정위탁 6. 기타 ( ) 7. 없음	계약기간 1. 1년 2. 2년 3. 3년 4. 4년 5. 5년 6. 기타 ( )년 7. 단기계약 (1년미만) 8. 없음	낙찰자선정방법 1. 적격심사 2. 협상에의한계약 3. 최저가낙찰제 4. 규격가격분리 5. 2단계 경쟁입찰 6. 기타 ( ) 7. 없음	운영예산 산정 1. 내부산정 (지자체 자체적으로 산정) 2. 외부산정 (외부전문기관위탁 산정) 3. 내·외부 모두 산정 4. 산정 無 5. 없음	정산방법 1. 내부정산 (지자체 내부적으로 정산) 2. 외부정산 (외부전문기관위탁 정산) 3. 내·외부 모두 산정 4. 정산 無 5. 없음	1. 실시 2. 미실시 3. 향후 추진 4. 해당없음
9678	울산 울주군	돼지소모성질환지도지원사업	6,000	1	2	7	8	7	1	1	1
9679	울산 울주군	가금농가질병관리지원사업	6,000	1	2	7	8	7	1	1	1
9680	울산 울주군	보훈안보단체협의회환경정화활동및월례회	5,000	1	1	7	8	7	1	1	1
9681	울산 울주군	농기계임대사업운송비지원	5,000	1	1	7	8	7	1	1	4
9682	울산 울주군	어린이교통안전캠페인	5,000	1	1	7	8	7	1	1	3
9683	울산 울주군	해병대울주군전우회교통봉사활동	5,000	1	1	7	8	7	1	1	3
9684	울산 울주군	해병대전우회남울주지회교통봉사활동	5,000	1	1	7	8	7	1	1	3
9685	울산 울주군	국토사랑유적지기행	4,500	1	1,4	7	8	7	1	1	1
9686	울산 울주군	어린이체능교실지원	4,320	1	1	7	8	7	1	1	1
9687	울산 울주군	청소년체련교실지원	4,320	1	1	7	8	7	1	1	1
9688	울산 울주군	대통령기국민독서경진울주군대회	4,000	1	1,4	7	8	7	1	1	1
9689	울산 울주군	희망나눔사랑의열무김치나누기	4,000	1	1,4	7	8	7	1	1	1
9690	울산 울주군	농촌관광주체육성지원(체험마을보험료)	4,000	1	2	3	1	7	1	1	4
9691	울산 울주군	온라인플랫폼수수료지원사업	4,000	1	1	7	8	7	1	1	4
9692	울산 울주군	장수체육대학지원	3,960	1	1	7	8	7	1	1	1
9693	울산 울주군	새마을지도자전국대회참석	3,430	1	1,4	7	8	7	1	1	1
9694	울산 울주군	통일평화공감토크콘서트	3,300	1	1	7	8	7	1	1	1
9695	울산 울주군	북한이탈주민과사랑나누기	3,000	1	1	7	8	7	1	1	1
9696	울산 울주군	문고운동창시자엄대섭선생추모기념시낭송회	3,000	1	1,4	7	8	7	5	5	4
9697	울산 울주군	상북3.1절기념행사	3,000	1	1	7	8	7	1	1	1
9698	울산 울주군	어머니포순이봉사단활동	2,600	1	1,4	7	8	7	1	1	1
9699	울산 울주군	웃는사회만들기캠페인	2,352	1	4	7	8	7	1	1	1
9700	울산 울주군	울주의문화재와역사알아가기	2,250	1	4	7	8	7	1	1	1
9701	울산 울주군	바르게살기전국대회참석	2,000	1	4	7	8	7	1	1	1
9702	울산 울주군	관내소외계층나눔봉사	2,000	1	4	7	8	7	1	1	1
9703	울산 울주군	진하해수욕장주변환경정비및질서계도	2,000	1	4	7	8	7	1	1	1
9704	울산 울주군	보훈안보단체협의회선진지견학	2,000	1	1	7	8	7	1	1	1
9705	울산 울주군	역사와문화를통한나라사랑실천운동	1,550	1	1,4	7	8	7	1	1	1
9706	울산 울주군	호국원지킴이봉사활동	600	1	1	7	8	7	1	1	1
9707	울산 울주군	주민공모사업	50,000	1	2	7	8	7	5	5	4
9708	세종특별자치시	지역저출산극복네트워크	39,520	1	2	7	8	7	5	5	2
9709	세종특별자치시	생활개선회활성화지원	23,400	1	1	7	8	7	5	5	4
9710	세종특별자치시	여성중심마을공동체활성화	20,000	1	4	1	7	6	1	1	1
9711	세종특별자치시	양성평등사업	18,000	1	4	7	8	7	5	5	4
9712	세종특별자치시	도시농업공동체활성화시범	16,000	1	1	7	8	7	5	5	4
9713	세종특별자치시	농촌지도자회활성화지원	12,960	1	1	7	8	7	5	5	4
9714	세종특별자치시	청년농업인역량강화워크숍	12,800	1	1	7	8	7	5	5	4
9715	세종특별자치시	농업마이스터대학과정교육	12,480	1	1	7	8	7	5	5	4
9716	세종특별자치시	미래형농촌농장활성화시범	8,000	1	1	7	8	7	5	5	4
9717	세종특별자치시	농촌지도자회임원리더십향상교육	7,200	1	1	7	8	7	5	5	4

순번	시군구	지출명 (사업명)	2024년예산 (단위 : 천원 /1년간)	민간이전 분류 (지방자치단체 세출예산 집행기준에 의거) 1. 민간경상사업보조(307-02) 2. 민간단체 법정운영비보조(307-03) 3. 민간행사사업보조(307-04) 4. 민간위탁금(307-05) 5. 사회복지시설 법정운영비보조(307-10) 6. 민간인위탁교육비(307-12) 7. 공기관등에대한경상적위탁사업비(308-13) 8. 민간자본사업보조,자체재원(402-01) 9. 민간자본사업보조,이전재원(402-02) 10. 민간위탁사업비(402-03) 11. 공기관등에 대한 자본적 위탁사업비(403-02)	민간이전지출 근거 (지방보조금 관리기준 참고) 1. 법률에 규정 2. 국고보조 재원(국가지정) 3. 용도 지정 기부금 4. 조례에 직접규정 5. 지자체가 권장하는 사업을 하는 공공기관 6. 시,도 정책 및 재정사정 7. 기타 8. 해당없음	입찰방식 계약체결방법 (경쟁형태) 1. 일반경쟁 2. 제한경쟁 3. 지명경쟁 4. 수의계약 5. 법정위탁 6. 기타 ( ) 7. 없음	입찰방식 계약기간 1. 1년 2. 2년 3. 3년 4. 4년 5. 5년 6. 기타 ( )년 7. 단기계약 (1년미만) 8. 없음	입찰방식 낙찰자선정방법 1. 적격심사 2. 협상에의한계약 3. 최저가낙찰제 4. 규격가격분리 5. 2단계 경쟁입찰 6. 기타 ( ) 7. 없음	운영예산 산정 운영예산 산정 1. 내부산정 (지자체 자체적으로 산정) 2. 외부산정 (외부전문기관위탁 산정) 3. 내·외부 모두 산정 4. 산정 無 5. 없음	운영예산 산정 정산방법 1. 내부정산 (지자체 내부적으로 정산) 2. 외부정산 (외부전문기관위탁 정산) 3. 내·외부 모두 산정 4. 정산 無 5. 없음	성과평가 실시여부 1. 실시 2. 미실시 3. 향후 추진 4. 해당없음
9718	세종특별자치시	생활개선회임원리더십향상교육	7,200	1	1	7	8	7	5	5	4
9719	세종특별자치시	평화의소녀상교육사업	5,000	1	6	7	8	7	5	5	4
9720	세종특별자치시	저탄소마을만들기	75,000	1	6	4	1	7	1	1	3
9721	세종특별자치시	세종지속가능발전협의회사업추진	56,000	1	1	5	8	7	1	1	3
9722	세종특별자치시	(예비)사회적기업일자리창출(일반,전문인력)지원사업	1,080,000	1	2	7	8	7	5	1	4
9723	세종특별자치시	문화재돌봄사업	658,000	1	2	7	8	7	5	5	4
9724	세종특별자치시	권역장애인구강진료센터운영	330,400	1	2	6	8	7	5	3	3
9725	세종특별자치시	한센간이양로시설운영	85,250	1	4	7	8	7	5	5	4
9726	세종특별자치시	지역노사민정협력활성화지원	79,200	1	4	7	8	7	5	1	4
9727	세종특별자치시	마을기업컨설팅등지원	74,000	1	2	7	8	7	5	1	4
9728	세종특별자치시	향교서원등지원	51,000	1	1,4	7	8	7	5	5	4
9729	세종특별자치시	지역축제지원	50,000	1	4	7	8	7	5	5	4
9730	세종특별자치시	의료기관결핵환자관리지원	37,684	1	1	7	8	7	5	2	4
9731	세종특별자치시	청사진(청년사회적경제진출)프로젝트	32,700	1	2	1	2	6	1	1	4
9732	세종특별자치시	공정일터인증제	21,600	1	4	7	8	7	5	1	4
9733	세종특별자치시	품질경영지원	20,000	1	1	7	8	7	1	1	4
9734	세종특별자치시	노사안정화합지원	19,000	1	4	7	8	7	5	1	4
9735	세종특별자치시	FTA활용지원	14,000	1	2	7	8	7	1	1	4
9736	세종특별자치시	자율방범대운영	9,900	1	1	7	8	7	5	5	4
9737	세종특별자치시	외국인근로자한글교육지원	8,640	1	6	1	1	6	1	1	1
9738	세종특별자치시	여성기업인역량강화사업	7,200	1	4	7	8	7	1	1	4
9739	세종특별자치시	한센병환자선도사업	7,000	1	4	5	8	7	1	5	4
9740	세종특별자치시	자연유산민속행사지원사업	3,000	1	2	7	8	7	5	5	4
9741	세종특별자치시	결핵관리운영지원	3,000	1	1	7	8	7	1	5	4
9742	세종특별자치시	소상공인노란우산공제가입희망장려금지급	200,000	1	4	7	8	7	1	1	4
9743	세종특별자치시	장애인이동편의지원	103,540	1	4	7	8	7	5	5	4
9744	세종특별자치시	향교서원문화재활용사업	102,500	1	2	7	8	7	5	5	4
9745	세종특별자치시	생생문화재사업	100,000	1	2	7	8	7	5	5	4
9746	세종특별자치시	반도체특성화대학지원사업(국가직접지원)	100,000	1	7	6	1	6	1	1	4
9747	세종특별자치시	다부처공동기획연구지원	100,000	1	8	6	5	7	1	1	3
9748	세종특별자치시	골목상권활성화(조직화)지원사업	86,400	1	1	7	8	7	5	5	4
9749	세종특별자치시	시도재난심리회복지원센터운영지원	85,400	1	2	7	8	7	1	1	4
9750	세종특별자치시	전통산사문화재활용사업	77,500	1	2	7	8	7	5	5	4
9751	세종특별자치시	창업보육지원사업	60,000	1	4	1	1	1	1	1	1
9752	세종특별자치시	지역과학산업활동	60,000	1	2	7	1	7	1	1	2
9753	세종특별자치시	지역문화유산교육사업	44,000	1	2	7	8	7	5	5	4
9754	세종특별자치시	호국정신함양사업	37,900	1	4	7	8	7	5	5	4
9755	세종특별자치시	굴뚝자동측정기기설치운영관리비지원	34,500	1	1	7	8	7	1	1	4
9756	세종특별자치시	굴뚝자동측정기기설치운영관리비지원	34,500	1	1	7	8	7	1	1	4
9757	세종특별자치시	굴뚝자동측정기기설치운영관리비지원	34,500	1	1	7	8	7	1	1	4

순번	시군구	지출명 (사업명)	2024년예산 (단위 : 천원 /1년간)	민간이전 분류 (지방자치단체 세출예산 집행기준에 의거) 1. 민간경상사업보조(307-02) 2. 민간단체 법정운영비보조(307-03) 3. 민간행사사업보조(307-04) 4. 민간위탁금(307-05) 5. 사회복지시설 법정운영비보조(307-10) 6. 민간인위탁교육비(307-12) 7. 공기관등에대한경상적위탁사업비(308-13) 8. 민간자본사업보조,자체재원(402-01) 9. 민간자본사업보조,이전재원(402-02) 10. 민간위탁사업비(402-03) 11. 공기관등에 대한 자본적 위탁사업비(403-02)	민간이전지출 근거 (지방보조금 관리기준 참고) 1. 법률에 규정 2. 국고보조 재원(국가지정) 3. 용도 지정 기부금 4. 조례에 직접규정 5. 지자체가 권장하는 사업을 하는 공공기관 6. 시,도 정책 및 재정사정 7. 기타 8. 해당없음	입찰방식 계약체결방법 (경쟁형태) 1. 일반경쟁 2. 제한경쟁 3. 지명경쟁 4. 수의계약 5. 법정위탁 6. 기타 ( ) 7. 없음	입찰방식 계약기간 1. 1년 2. 2년 3. 3년 4. 4년 5. 5년 6. 기타 ( )년 7. 단기계약 (1년미만) 8. 없음	입찰방식 낙찰자선정방법 1. 적격심사 2. 협상에의한계약 3. 최저가낙찰제 4. 규격가격분리 5. 2단계 경쟁입찰 6. 기타 ( ) 7. 없음	운영예산 산정 운영예산 산정 1. 내부산정 (지자체 자체적으로 산정) 2. 외부산정 (외부전문기관위탁 산정) 3. 내·외부 모두 산정 4. 산정 無 5. 없음	운영예산 산정 정산방법 1. 내부정산 (지자체 내부적으로 정산) 2. 외부정산 (외부전문기관위탁 정산) 3. 내·외부 모두 산정 4. 정산 無 5. 없음	성과평가 실시여부 1. 실시 2. 미실시 3. 향후 추진 4. 해당없음
9758	세종특별자치시	연동문화발전소활성화프로그램	32,000	1	6	7	8	7	5	5	4
9759	세종특별자치시	마음구호프로그램운영	27,000	1	2	7	8	7	1	1	4
9760	세종특별자치시	규제과학인재양성대학운영사업	25,000	1	8	6	5	7	1	1	4
9761	세종특별자치시	장애인정보화교육	21,008	1	1	6	7	6	2	1	1
9762	세종특별자치시	(구)주민자치센터활용문화재생사업시범운영프로그램	20,000	1	6	7	8	7	5	5	4
9763	세종특별자치시	소비자보호활동지원	18,204	1	6	6	1	6	1	1	1
9764	세종특별자치시	디지털역량강화교육(국가직접지원)	15,800	1	1	6	7	6	5	1	1
9765	세종특별자치시	세종경제포럼운영	14,400	1	1	7	8	7	1	1	1
9766	세종특별자치시	무형문화재공개행사지원	14,000	1	1	7	8	7	5	5	4
9767	세종특별자치시	내판역미술마을조성	12,800	1	6	7	8	7	5	5	4
9768	세종특별자치시	여름철물놀이안전관리	7,500	1	4	7	8	7	1	1	1
9769	세종특별자치시	장애인거주시설공기청정기렌탈지원	1,080	1	1	7	8	7	5	5	4
9770	강원특별자치도	지역주권운동추진	10,000	1	4	7	8	7	1	1	3
9771	강원특별자치도	중증외상전문진료체계구축	3,818,210	1	5	7	8	7	5	3	3
9772	강원특별자치도	청년일자리지역혁신형	3,712,356	1	2	7	8	7	5	5	4
9773	강원특별자치도	응급의료이송체계지원	3,470,000	1	2	7	8	7	5	3	4
9774	강원특별자치도	지역맞춤형일자리창출사업	3,188,000	1	2	7	8	7	5	5	4
9775	강원특별자치도	지방의료원파견의료인력인건비지원	3,000,000	1	2	7	8	7	5	5	4
9776	강원특별자치도	지역공공보건의료협력체계구축(경상)	2,375,000	1	2	7	8	7	5	5	4
9777	강원특별자치도	문화재돌봄사업	2,102,000	1	1	2	3	1	1	1	1
9778	강원특별자치도	창조경제혁신센터운영지원(국가직접지원)	1,944,000	1	1	7	8	7	1	3	1
9779	강원특별자치도	가축위생방역지원본부방역직인건비지원	1,917,700	1	2	7	8	7	5	5	4
9780	강원특별자치도	청년일자리상생기반대응형	1,749,000	1	2	7	8	7	5	5	4
9781	강원특별자치도	드림프로그램운영지원	1,400,000	1	2	5	8	7	1	3	1
9782	강원특별자치도	G스타트업창업지원	1,200,000	1	4	7	8	7	1	3	3
9783	강원특별자치도	수산산업창업투자지원사업	1,200,000	1	2	4	8	7	5	2	1
9784	강원특별자치도	정신건강복지센터인력확충	1,122,960	1	1	5	3	7	5	3	4
9785	강원특별자치도	응급의료기관평가결과에따른보조금	1,036,900	1	2	7	8	7	5	3	4
9786	강원특별자치도	평창대관령음악제개최지원(전환사업)	1,000,000	1	4	7	8	7	1	1	1
9787	강원특별자치도	채소류수급안정생산	1,000,000	1	4	7	8	7	3	3	1
9788	강원특별자치도	도축검사원인건비지원	926,667	1	2	7	8	7	5	5	4
9789	강원특별자치도	지역문화예술교육기반구축(전환사업)	883,200	1	2	7	8	7	1	1	1
9790	강원특별자치도	문화콘텐츠산업기반조성	800,000	1	4	7	8	7	1	1	1
9791	강원특별자치도	지역산업마케팅지원(해외수출판로개척지원)	790,000	1	4	7	8	7	1	1	3
9792	강원특별자치도	농업마이스터대학운영지원	736,694	1	2	7	8	7	5	5	4
9793	강원특별자치도	강원로컬벤처기업육성사업	700,000	1	4	7	8	7	1	3	3
9794	강원특별자치도	농촌융복합산업활성화지원	685,080	1	2	7	8	5	5	1	4
9795	강원특별자치도	권역공공보건의료협력체계구축	660,000	1	2	5	8	7	5	3	3
9796	강원특별자치도	야생동물구조관리센터운영	632,333	1	1,2	7	3	7	5	1	1
9797	강원특별자치도	권역정신응급의료센터운영지원(사업비)	601,000	1	1	5	8	7	5	3	4

순번	시군구	지출명 (사업명)	2024년예산 (단위 : 천원 /1년간)	민간이전 분류 (지방자치단체 세출예산 집행기준에 의거) 1. 민간경상사업보조(307-02) 2. 민간단체 법정운영비보조(307-03) 3. 민간행사사업보조(307-04) 4. 민간위탁금(307-05) 5. 사회복지시설 법정운영비보조(307-10) 6. 민간인위탁교육비(307-12) 7. 공기관등에대한경상적위탁사업비(308-13) 8. 민간자본사업보조,자체재원(402-01) 9. 민간자본사업보조,이전재원(402-02) 10. 민간위탁사업비(402-03) 11. 공기관등에 대한 자본적 위탁사업비(403-02)	민간이전지출 근거 (지방보조금 관리기준 참고) 1. 법률에 규정 2. 국고보조 재원(국가지정) 3. 용도 지정 기부금 4. 조례에 직접규정 5. 지자체가 권장하는 사업을 하는 공공기관 6. 시,도 정책 및 재정사정 7. 기타 8. 해당없음	입찰방식: 계약체결방법 (경쟁형태) 1. 일반경쟁 2. 제한경쟁 3. 지명경쟁 4. 수의계약 5. 법정위탁 6. 기타 ( ) 7. 없음	입찰방식: 계약기간 1. 1년 2. 2년 3. 3년 4. 4년 5. 5년 6. 기타 ( )년 7. 단기계약 (1년미만) 8. 없음	입찰방식: 낙찰자선정방법 1. 적격심사 2. 협상에의한계약 3. 최저가낙찰제 4. 규격가격분리 5. 2단계 경쟁입찰 6. 기타 ( ) 7. 없음	운영예산 산정: 운영예산 산정 1. 내부산정 (지자체 자체적으로 산정) 2. 외부산정 (외부전문기관위탁 산정) 3. 내·외부 모두 산정 4. 산정 無 5. 없음	운영예산 산정: 정산방법 1. 내부정산 (지자체 내부적으로 정산) 2. 외부정산 (외부전문기관위탁 정산) 3. 내·외부 모두 산정 4. 정산 無 5. 없음	성과평가 실시여부 1. 실시 2. 미실시 3. 향후 추진 4. 해당없음
9798	강원특별자치도	환경보건센터지역거점사업추진	561,272	1	2	7	8	7	1	1	1
9799	강원특별자치도	창업보육센터특성화육성	560,500	1	2	7	8	7	1	1	1
9800	강원특별자치도	장애인건강보건사업지역센터지원	556,176	1	2	5	8	7	5	3	3
9801	강원특별자치도	디지털커머스전문기관(설치운영)	550,000	1	2	7	8	7	5	1	1
9802	강원특별자치도	마을기업육성컨설팅등지원	520,000	1	4	1	8	7	1	1	3
9803	강원특별자치도	지역산업마케팅지원(수출단계별맞춤형지원)	495,000	1	4	7	8	7	5	5	3
9804	강원특별자치도	취약지역응급의료센터지원	470,000	1	2	7	8	7	5	3	4
9805	강원특별자치도	아름다운이야기할머니사업	462,388	1	1	7	8	7	1	1	4
9806	강원특별자치도	학교의문화예술교육활성화	451,708	1	2	7	8	7	1	1	1
9807	강원특별자치도	자살유족원스톱서비스지원	420,000	1	1	5	3	7	5	3	4
9808	강원특별자치도	강원트리엔날레개최지원(강원국제트리엔날레2024개최지원)	400,000	1	6	7	8	7	1	1	1
9809	강원특별자치도	농업과기업의상생협력(농업과기업간연계강화)	380,000	1	2	7	8	5	5	1	4
9810	강원특별자치도	고랭지감자수급안정생산(채소가격안정제)(국가직접지원)	379,064	1	2	7	8	7	5	5	4
9811	강원특별자치도	공공어린이재활의료센터운영	360,000	1	1	7	8	7	1	1	3
9812	강원특별자치도	응급의료취약지역간호인력파견지원	351,026	1	2	7	8	7	5	3	4
9813	강원특별자치도	농촌공간계획수립체계지원	350,000	1	2	7	8	7	5	5	4
9814	강원특별자치도	지방의료원경영개선추진(청년간호사근속장려금지원)	324,000	1	1	7	8	7	1	1	4
9815	강원특별자치도	강원녹색환경지원센터운영지원	314,600	1	2	7	8	7	3	3	3
9816	강원특별자치도	통합정신건강증진사업지원	295,000	1	1	5	3	7	5	3	4
9817	강원특별자치도	지역특화콘텐츠개발지원사업(국가직접지원)	280,000	1	2	7	8	7	1	1	1
9818	강원특별자치도	전국생활체육대축전참가지원	257,200	1	6	7	8	7	1	1	1
9819	강원특별자치도	중독관리통합지원센터지원	244,982	1	1	5	3	7	5	3	4
9820	강원특별자치도	국가지정입원치료병상시설유지비	235,000	1	1,2	7	8	7	1	1	4
9821	강원특별자치도	농수산식품수출기업육성지원	231,000	1	4	7	8	7	1	1	3
9822	강원특별자치도	응급의료지원센터운영비지원	209,300	1	2	7	8	7	5	3	4
9823	강원특별자치도	국가암관리지자체지원(지역암센터지원)	202,000	1	2	7	8	7	1	1	3
9824	강원특별자치도	지역언론발전지원사업	200,000	1	4	7	8	7	5	1	3
9825	강원특별자치도	지역혁신선도연구센터(RLRC)구축지원(국가직접지원)(강원대학교)	200,000	1	2	7	8	7	1	1	1
9826	강원특별자치도	유아문화예술교육지원(전환사업)	200,000	1	2	7	8	7	1	1	1
9827	강원특별자치도	DMZ세계유산등재추진	200,000	1	4	7	7	7	3	1	1
9828	강원특별자치도	동계종목유망선수육성	200,000	1	1,4	7	8	7	1	1	1
9829	강원특별자치도	양성평등촉진사업추진	200,000	1	1,4	7	8	7	1	1	1
9830	강원특별자치도	국가암관리지자체지원(암생존자통합지지센터지원)	200,000	1	2	7	8	7	1	1	3
9831	강원특별자치도	재난거점병원운영지원	199,600	1	2	7	8	7	5	3	4
9832	강원특별자치도	강원도향교재단환경개선사업	160,000	1	4	7	8	7	5	5	4
9833	강원특별자치도	강원곳간운영	156,000	1	4	7	8	7	1	1	3
9834	강원특별자치도	거점농장지원	155,000	1	8	7	8	7	5	5	4
9835	강원특별자치도	지역혁신선도연구센터(RLRC)구축지원(국가직접지원)(한림대학교)	150,000	1	2	7	8	7	1	3	3
9836	강원특별자치도	강원미술작품페어전지원(강원갤러리운영)	150,000	1	4	7	8	7	1	1	3
9837	강원특별자치도	도민한마음문화축전	150,000	1	4	7	8	7	1	1	1

순번	시군구	지출명 (사업명)	2024년예산 (단위 : 천원 /1년간)	민간이전 분류 (지방자치단체 세출예산 집행기준에 의거) 1. 민간경상사업보조(307-02) 2. 민간단체 법정운영비보조(307-03) 3. 민간행사사업보조(307-04) 4. 민간위탁금(307-05) 5. 사회복지시설 법정운영비보조(307-10) 6. 민간인위탁교육비(307-12) 7. 공기관등에대한경상적위탁사업비(308-13) 8. 민간자본사업보조,자체재원(402-01) 9. 민간자본사업보조,이전재원(402-02) 10. 민간위탁사업비(402-03) 11. 공기관등에 대한 자본적 위탁사업비(403-02)	민간이전지출 근거 (지방보조금 관리기준 참고) 1. 법률에 규정 2. 국고보조 재원(국가지정) 3. 용도 지정 기부금 4. 조례에 직접규정 5. 지자체가 권장하는 사업을 하는 공공기관 6. 시,도 정책 및 재정사정 7. 기타 8. 해당없음	입찰방식 계약체결방법 (경쟁형태) 1. 일반경쟁 2. 제한경쟁 3. 지명경쟁 4. 수의계약 5. 법정위탁 6. 기타 ( ) 7. 없음	입찰방식 계약기간 1. 1년 2. 2년 3. 3년 4. 4년 5. 5년 6. 기타 ( )년 7. 단기계약 (1년미만) 8. 없음	입찰방식 낙찰자선정방법 1. 적격심사 2. 협상에의한계약 3. 최저가낙찰제 4. 규격가격분리 5. 2단계 경쟁입찰 6. 기타 ( ) 7. 없음	운영예산 산정 운영예산 산정 1. 내부산정 (지자체 자체적으로 산정) 2. 외부산정 (외부전문기관위탁 산정) 3. 내·외부 모두 산정 4. 산정 無 5. 없음	운영예산 산정 정산방법 1. 내부정산 (지자체 내부적으로 정산) 2. 외부정산 (외부전문기관위탁 정산) 3. 내·외부 모두 산정 4. 정산 無 5. 없음	성과평가 실시여부 1. 실시 2. 미실시 3. 향후 추진 4. 해당없음
9838	강원특별자치도	강원특별자치도지정문화재정기조사	140,000	1	4	7	7	7	3	1	1
9839	강원특별자치도	종목별전국생활체육대회참가지원	140,000	1	6	7	8	7	1	1	1
9840	강원특별자치도	창업중심대학운영지원(국가직접지원)	130,000	1	2	7	8	7	1	1	4
9841	강원특별자치도	강원문화유산아카이브구축운영	129,584	1	4	7	7	7	3	1	1
9842	강원특별자치도	지역사회서비스청년사업단운영	121,664	1	1	7	7	7	1	1	4
9843	강원특별자치도	공공어린이재활병원센터공공재활프로그램운영지원	120,000	1	2	7	8	7	5	5	4
9844	강원특별자치도	재활원격협진의료기관지원	114,134	1	2	5	8	7	5	1	3
9845	강원특별자치도	종목별스포츠클럽리그제지원	112,000	1	6	7	8	7	1	1	1
9846	강원특별자치도	환경교육프로그램운영	102,000	1	2	7	8	7	2	2	3
9847	강원특별자치도	사회적금융분야기반조성활성화지원	100,000	1	4	7	8	7	1	1	3
9848	강원특별자치도	아동학대의료전담기관활성화사업	100,000	1	1	7	7	7	1	1	4
9849	강원특별자치도	연구중심병원육성R&D사업지원	100,000	1	2	7	6	7	5	3	4
9850	강원특별자치도	공립요양병원공공보건사업지원(도립강릉요양병원)	100,000	1	2	7	8	7	1	1	3
9851	강원특별자치도	다회용기재사용촉진	100,000	1	2	7	8	7	5	5	4
9852	강원특별자치도	귀농귀촌유치광역통합지원	93,100	1	4	7	8	7	5	5	4
9853	강원특별자치도	어르신생활체육대회지원	90,950	1	6	7	8	7	1	1	1
9854	강원특별자치도	자살예방및생명존중사업	90,000	1	1	5	3	7	5	3	4
9855	강원특별자치도	춘천국제물포럼	90,000	1	4	7	8	7	1	1	2
9856	강원특별자치도	강릉의료원음압격리병상운영지원	89,964	1	1	7	8	7	1	1	3
9857	강원특별자치도	청년일자리지역포용형	89,304	1	2	7	8	7	5	5	4
9858	강원특별자치도	근로자권익보호및지원정책추진	81,744	1	4	7	8	7	1	1	1
9859	강원특별자치도	창의예술인력양성(국가직접)	72,000	1	2	7	8	7	1	1	1
9860	강원특별자치도	지역장애예술특성화지원(직접)	72,000	1	2	7	8	7	5	5	4
9861	강원특별자치도	심뇌혈관질환예방관리사업	69,412	1	1	5	3	7	5	3	4
9862	강원특별자치도	근로자사기진작및복지증진사업추진	60,200	1	4	7	8	7	1	1	1
9863	강원특별자치도	마케팅역량강화및제품경쟁력제고	60,000	1	4	7	8	7	1	1	1
9864	강원특별자치도	사회적경제기업성장단계별지원	60,000	1	4	7	8	7	1	1	3
9865	강원특별자치도	사회적경제기술혁신상품개발지원	56,000	1	4	7	8	7	1	1	3
9866	강원특별자치도	참당귀재배농가현장기술지원및농가실증	55,000	1	2	7	7	7	1	2	1
9867	강원특별자치도	지역기업청년희망이음지원(국가직접지원)	50,000	1	2	7	8	7	1	3	1
9868	강원특별자치도	지역특화청년무역전문가양성(국가직접지원)	50,000	1	2	7	8	7	5	5	4
9869	강원특별자치도	소외계층문화예술지원	50,000	1	7	7	8	7	1	1	1
9870	강원특별자치도	문화예술교육활성화지원	50,000	1	2	7	8	7	1	1	1
9871	강원특별자치도	청소년건전활동지원	50,000	1	4	6	1	7	1	1	4
9872	강원특별자치도	강원권미세먼지연구관리센터지원	50,000	1	2	7	8	7	5	5	3
9873	강원특별자치도	응급의료취약지역원격협진네트워크구축	47,500	1	2	7	8	7	5	3	4
9874	강원특별자치도	지역경제발전효율적추진	45,600	1	4	7	8	7	5	5	4
9875	강원특별자치도	(예비)사회적기업고도화(엑셀러레이팅)지원	45,000	1	4	7	8	7	1	1	3
9876	강원특별자치도	협동조합활성화지원	42,000	1	4	7	8	7	1	1	3
9877	강원특별자치도	에이즈예방교육및전문상담실운영	41,960	1	1	7	1	1	1	1	1

순번	시군구	지출명 (사업명)	2024년예산 (단위 : 천원 /1년간)	민간이전 분류 (지방자치단체 세출예산 집행기준에 의거) 1. 민간경상사업보조(307-02) 2. 민간단체 법정운영비보조(307-03) 3. 민간행사사업보조(307-04) 4. 민간위탁금(307-05) 5. 사회복지시설 법정운영비보조(307-10) 6. 민간인위탁교육비(307-12) 7. 공기관등에대한경상적위탁사업비(308-13) 8. 민간자본사업보조,자체재원(402-01) 9. 민간자본사업보조,이전재원(402-02) 10. 민간위탁사업비(402-03) 11. 공기관등에 대한 자본적 위탁사업비(403-02)	민간이전지출 근거 (지방보조금 관리기준 참고) 1. 법률에 규정 2. 국고보조 재원(국가지정) 3. 용도 지정 기부금 4. 조례에 직접규정 5. 지자체가 권장하는 사업을 하는 공공기관 6. 시,도 정책 및 재정사정 7. 기타 8. 해당없음	입찰방식: 계약체결방법 (경쟁형태) 1. 일반경쟁 2. 제한경쟁 3. 지명경쟁 4. 수의계약 5. 법정위탁 6. 기타 ( ) 7. 없음	입찰방식: 계약기간 1. 1년 2. 2년 3. 3년 4. 4년 5. 5년 6. 기타 ( )년 7. 단기계약 (1년미만) 8. 없음	입찰방식: 낙찰자선정방법 1. 적격심사 2. 협상에의한계약 3. 최저가낙찰제 4. 규격가격분리 5. 2단계 경쟁입찰 6. 기타 ( ) 7. 없음	운영예산 산정: 운영예산 산정 1. 내부산정 (지자체 자체적으로 산정) 2. 외부산정 (외부전문기관위탁 산정) 3. 내·외부 모두 산정 4. 산정 無 5. 없음	운영예산 산정: 정산방법 1. 내부정산 (지자체 내부적으로 정산) 2. 외부정산 (외부전문기관위탁 정산) 3. 내·외부 모두 정산 4. 정산 無 5. 없음	성과평가 실시여부 1. 실시 2. 미실시 3. 향후 추진 4. 해당없음
9878	강원특별자치도	재난대응역량강화교육	40,000	1	3	7	8	7	1	1	1
9879	강원특별자치도	강원특별자치도행정동우회활동지원	40,000	1	1	6	1	6	1	1	1
9880	강원특별자치도	재난응급의료무선통신망운영	39,167	1	2	7	8	7	5	3	4
9881	강원특별자치도	중소기업간네트워크구축및혁신활동지원	38,000	1	4	7	8	7	1	1	1
9882	강원특별자치도	정신건강복지센터자살예방사업지원	37,036	1	1	5	3	7	5	3	4
9883	강원특별자치도	강원어린이안전골든벨	35,000	1	6	7	8	7	5	5	4
9884	강원특별자치도	권역정신응급의료센터운영지원(설치비)	35,000	1	1	5	8	7	5	3	4
9885	강원특별자치도	강원미술작품페어전지원(강원아트페어,강원미술시장축제)	34,000	1	4	7	8	7	1	1	1
9886	강원특별자치도	FTA통상진흥센터운영지원(국가직접지원)	32,900	1	1	7	8	7	5	5	4
9887	강원특별자치도	자살예방실무자정신건강증진	32,000	1	1	5	3	7	5	3	4
9888	강원특별자치도	평생경제교육운영지원(국가직접지원)	30,000	1	1	7	8	7	5	5	4
9889	강원특별자치도	근로자권익보호및지원정책추진	30,000	1	7	7	8	7	1	1	1
9890	강원특별자치도	공과대학특성화추진(국가직접지원)	30,000	1	2	7	8	7	1	1	1
9891	강원특별자치도	저출산극복네트워크활성화지원	30,000	1	6	7	8	5	5	5	4
9892	강원특별자치도	어업용기자재이동수리소운영	30,000	1	2	1	7	1	1	1	4
9893	강원특별자치도	식생활교육(전환사업)	27,000	1	7	7	8	7	5	1	1
9894	강원특별자치도	청년참여활성화	25,000	1	1,4	7	8	7	5	5	4
9895	강원특별자치도	청소년충효교실운영	25,000	1	4	7	8	7	1	1	1
9896	강원특별자치도	농촌융복합산업활성화지원(농촌융복합산업마케팅지원강화)	24,500	1	1	7	8	5	5	1	4
9897	강원특별자치도	강원청년무역인력인턴쉽지원	23,000	1	5	7	8	7	5	5	4
9898	강원특별자치도	축산물이력관리지원(DNA검사)	22,714	1	2	7	8	7	5	5	4
9899	강원특별자치도	강원특별자치도4H경진대회	21,000	1	4	7	8	7	1	1	3
9900	강원특별자치도	도민대상통일교육	20,000	1	1,4	7	7	7	1	1	3
9901	강원특별자치도	범죄피해자지원단체사업지원	20,000	1	4	6	1	7	1	1	1
9902	강원특별자치도	범죄피해자지원단체사업지원	20,000	1	4	6	1	7	1	1	1
9903	강원특별자치도	범죄피해자지원단체사업지원	20,000	1	4	6	1	7	1	1	1
9904	강원특별자치도	범죄피해자지원단체사업지원	20,000	1	4	6	1	7	1	1	1
9905	강원특별자치도	범죄피해자지원단체사업지원	20,000	1	4	6	1	7	1	1	1
9906	강원특별자치도	중소기업협동조합활성화	20,000	1	4	7	8	7	1	1	1
9907	강원특별자치도	이공계여성인재양성지원	20,000	1	2	7	8	7	5	1	1
9908	강원특별자치도	친환경포장용종이테이프지원	20,000	1	8	7	8	7	5	5	4
9909	강원특별자치도	농촌관광산업활성화제고(농촌관광홍보및서비스품질강화)	20,000	1	1	7	8	7	5	5	4
9910	강원특별자치도	강원양봉브랜드허니원활성화	20,000	1	4	7	8	7	5	5	4
9911	강원특별자치도	강원축산물통합브랜드개발육성	20,000	1	4	7	8	7	5	5	4
9912	강원특별자치도	강원산림포럼지원	20,000	1	4	7	8	7	1	1	4
9913	강원특별자치도	미래세대청소년대상인구교육	18,000	1	1	7	8	7	5	1	4
9914	강원특별자치도	찾아가는도민안전교육	18,000	1	6	7	8	7	1	1	1
9915	강원특별자치도	전통시장상인역량강화	17,000	1	1	7	8	7	5	5	4
9916	강원특별자치도	중소기업경영활성화시책추진	15,000	1	1	7	8	7	1	1	1
9917	강원특별자치도	강원해양수산포럼개최지원	15,000	1	6	7	8	7	1	1	1

순번	시군구	지출명 (사업명)	2024년예산 (단위 : 천원 /1년간)	민간이전 분류 (지방자치단체 세출예산 집행기준에 의거) 1. 민간경상사업보조(307-02) 2. 민간단체 법정운영비보조(307-03) 3. 민간행사사업보조(307-04) 4. 민간위탁금(307-05) 5. 사회복지시설 법정운영비보조(307-10) 6. 민간인위탁교육비(307-12) 7. 공기관등에대한경상적위탁사업비(308-13) 8. 민간자본사업보조,자체재원(402-01) 9. 민간자본사업보조,이전재원(402-02) 10. 민간위탁사업비(402-03) 11. 공기관등에 대한 자본적 위탁사업비(403-02)	민간이전지출 근거 (지방보조금 관리기준 참고) 1. 법률에 규정 2. 국고보조 재원(국가지정) 3. 용도 지정 기부금 4. 조례에 직접규정 5. 지자체가 권장하는 사업을 하는 공공기관 6. 시,도 정책 및 재정사정 7. 기타 8. 해당없음	입찰방식			운영예산 산정		성과평가 실시여부
						계약체결방법 (경쟁형태) 1. 일반경쟁 2. 제한경쟁 3. 지명경쟁 4. 수의계약 5. 법정위탁 6. 기타 ( ) 7. 없음	계약기간 1. 1년 2. 2년 3. 3년 4. 4년 5. 5년 6. 기타 ( )년 7. 단기계약 (1년미만) 8. 없음	낙찰자선정방법 1. 적격심사 2. 협상에의한계약 3. 최저가낙찰제 4. 규격가격분리 5. 2단계 경쟁입찰 6. 기타 ( ) 7. 없음	운영예산 산정 1. 내부산정 (지자체 자체적으로 산정) 2. 외부산정 (외부전문기관위탁 산정) 3. 내·외부 모두 산정 4. 산정 無 5. 없음	정산방법 1. 내부정산 (지자체 내부적으로 정산) 2. 외부정산 (외부전문기관위탁 정산) 3. 내·외부 모두 산정 4. 정산 無 5. 없음	1. 실시 2. 미실시 3. 향후 추진 4. 해당없음
9918	강원특별자치도	수산업경영인연합회지원	15,000	1	1	7	8	7	1	1	4
9919	강원특별자치도	유통업활성화추진	14,000	1	4	7	8	7	1	1	3
9920	강원특별자치도	한센병력자정착선도	12,000	1	1	7	1	1	1	1	1
9921	강원특별자치도	생태관광활성화	11,500	1	6	7	8	7	1	1	4
9922	강원특별자치도	청소년유네스코문화유산행사	11,400	1	1	7	8	7	1	1	1
9923	강원특별자치도	생활문화및향토문화교류활성화	10,500	1	1	7	8	7	1	1	1
9924	강원특별자치도	강원임업인총연합회지원	10,500	1	4	7	8	7	1	1	4
9925	강원특별자치도	근로자권익보호및지원정책추진	10,000	1	1	7	8	7	1	1	1
9926	강원특별자치도	농촌체험휴양마을보험가입지원	10,000	1	1	7	8	7	5	5	4
9927	강원특별자치도	수의사연수교육지원	10,000	1	6	7	8	7	5	5	4
9928	강원특별자치도	관광사업체종사자교육	9,450	1	1	5	1	7	1	1	1
9929	강원특별자치도	바르고고운우리말사용지원	9,320	1	4	7	8	7	1	1	1
9930	강원특별자치도	지역재난의료지원(재난의료지원차량운영)	7,800	1	1	7	8	7	1	1	3
9931	강원특별자치도	강원도재향소방동우회활동지원	7,370	1	1,4	5	1	7	1	1	1
9932	강원특별자치도	FTA사업계획수립및관리비지원	7,000	1	2	7	8	7	5	1	1
9933	강원특별자치도	농촌지도자강원특별자치도연합회육성지원	7,000	1	4	7	8	7	1	1	3
9934	강원특별자치도	중증치매노인공공후견지원사업	6,027	1	1	5	3	7	5	3	4
9935	강원특별자치도	창업어가멘토링	6,000	1	2	1	7	1	1	1	4
9936	강원특별자치도	여성어업인대표자회의및워크숍등	5,500	1	6	7	8	7	5	5	1
9937	강원특별자치도	한국생활개선강원특별자치도연합회육성	4,900	1	4	7	8	7	1	1	3
9938	강원특별자치도	북한이탈주민초기전입물품지원	1,000	1	4	7	8	7	1	1	1
9939	강원특별자치도	북한이탈주민초기전입물품지원	1,000	1	4	7	8	7	1	1	1
9940	강원 춘천시	유기질비료지원	1,707,474	1	6	7	8	7	5	1	4
9941	강원 춘천시	초,중,고등학교체육지도자배치지원	1,284,041	1	1,4	7	8	7	1	1	1
9942	강원 춘천시	2024년주민주도마을사업	861,115	1	4	7	8	7	1	1	1
9943	강원 춘천시	전통시장지킴이배치지원	715,440	1	1	7	8	7	5	5	4
9944	강원 춘천시	사회적기업일자리창출	706,662	1	1	7	8	7	5	5	4
9945	강원 춘천시	고품질축산물생산지원	666,500	1	1	6	6	6	1	1	4
9946	강원 춘천시	가축방역대응지원	519,898	1	2	7	8	7	5	5	4
9947	강원 춘천시	청년도전지원사업운영	457,400	1	2	7	8	7	5	5	4
9948	강원 춘천시	소아중환자전담전문의인건비지원	445,500	1	1	7	8	7	5	5	4
9949	강원 춘천시	춘천시지역특화청년일자리사업	418,021	1	2	7	8	7	5	5	4
9950	강원 춘천시	원어민1:1화상영어교육지원	400,000	1	7	2	1	2	1	1	1
9951	강원 춘천시	생활체육지도자배치	396,854	1	1,2,4	7	8	7	1	1	1
9952	강원 춘천시	가축분뇨처리용수분조절재지원	300,000	1	1	7	8	7	5	5	4
9953	강원 춘천시	한우품질고급화지원	297,100	1	6	7	8	7	1	1	4
9954	강원 춘천시	청년농업인영농정착지원	291,000	1	1	7	8	7	1	1	4
9955	강원 춘천시	어르신체육지도자배치	271,025	1	1,4	7	8	7	1	1	1
9956	강원 춘천시	구제역방역지원	257,753	1	2	7	8	7	5	5	4
9957	강원 춘천시	필수진료과전공의육성수당지원	240,000	1	1	7	8	7	5	5	4

순번	시군구	지출명 (사업명)	2024년예산 (단위 : 천원 /1년간)	민간이전 분류 (지방자치단체 세출예산 집행기준에 의거) 1. 민간경상사업보조(307-02) 2. 민간단체 법정운영비보조(307-03) 3. 민간행사사업보조(307-04) 4. 민간위탁금(307-05) 5. 사회복지시설 법정운영비보조(307-10) 6. 민간인위탁교육비(307-12) 7. 공기관등에대한경상적위탁사업비(308-13) 8. 민간자본사업보조,자체재원(402-01) 9. 민간자본사업보조,이전재원(402-02) 10. 민간위탁사업비(402-03) 11. 공기관등에 대한 자본적 위탁사업비(403-02)	민간이전지출 근거 (지방보조금 관리기준 참고) 1. 법률에 규정 2. 국고보조 재원(국가지정) 3. 용도 지정 기부금 4. 조례에 직접규정 5. 지자체가 권장하는 사업을 하는 공공기관 6. 시,도 정책 및 재정사정 7. 기타 8. 해당없음	입찰방식: 계약체결방법 (경쟁형태) 1. 일반경쟁 2. 제한경쟁 3. 지명경쟁 4. 수의계약 5. 법정위탁 6. 기타 ( ) 7. 없음	입찰방식: 계약기간 1. 1년 2. 2년 3. 3년 4. 4년 5. 5년 6. 기타 ( )년 7. 단기계약 (1년미만) 8. 없음	입찰방식: 낙찰자선정방법 1. 적격심사 2. 협상에의한계약 3. 최저가낙찰제 4. 규격가격분리 5. 2단계 경쟁입찰 6. 기타 ( ) 7. 없음	운영예산 산정: 운영예산 산정 1. 내부산정 (지자체 자체적으로 산정) 2. 외부산정 (외부전문기관위탁 산정) 3. 내·외부 모두 산정 4. 산정 無 5. 없음	운영예산 산정: 정산방법 1. 내부정산 (지자체 내부적으로 정산) 2. 외부정산 (외부전문기관위탁 정산) 3. 내·외부 모두 산정 4. 정산 無 5. 없음	성과평가 실시여부 1. 실시 2. 미실시 3. 향후 추진 4. 해당없음
9958	강원 춘천시	지역연계공공형스포츠클럽운영지원	216,000	1	1,4	7	8	7	1	1	1
9959	강원 춘천시	귀농귀촌활성화지원	213,800	1	1	7	8	7	1	1	4
9960	강원 춘천시	장애인생활체육지도자배치	211,742	1	4	7	8	7	1	1	1
9961	강원 춘천시	지역지능화혁신인재양성	210,000	1	7	7	8	7	5	5	4
9962	강원 춘천시	탄소중립지원센터운영지원	200,000	1	1	7	8	7	5	5	4
9963	강원 춘천시	반려동물산업창업및영업지원	200,000	1	4	7	8	7	1	1	1
9964	강원 춘천시	공동방제단운영지원	199,510	1	2	6	1	1	4	5	4
9965	강원 춘천시	축산농가도우미지원	185,000	1	6	7	8	7	1	1	1
9966	강원 춘천시	자원봉사센터자원봉사활성화사업	180,000	1	1	7	8	7	1	1	3
9967	강원 춘천시	한우농가인공수정료지원	167,000	1	6	7	8	7	1	1	4
9968	강원 춘천시	레저스포츠관광활성화	160,000	1	2,4,5	7	8	7	1	1	1
9969	강원 춘천시	보호자없는병실운영지원	150,544	1	1	7	8	7	5	5	4
9970	강원 춘천시	학교체육및우수선수육성지원	150,000	1	1,4	7	8	7	1	1	1
9971	강원 춘천시	유니마코리아네트워크활성화	150,000	1	6	7	8	7	5	5	4
9972	강원 춘천시	초,중학교체육활동지원	148,500	1	1,4	7	8	7	1	1	1
9973	강원 춘천시	장애인체육활동운영지원	143,000	1	4	7	8	7	1	1	1
9974	강원 춘천시	춘천시마을공동체지원	142,000	1	4	7	8	7	1	1	2
9975	강원 춘천시	생활예술지원사업	140,000	1	5	7	8	7	1	1	1
9976	강원 춘천시	문화학교운영	140,000	1	5	7	8	7	1	1	1
9977	강원 춘천시	토양개량제공급지원	138,724	1	6	7	8	7	5	1	4
9978	강원 춘천시	지역대표문화예술상설공연	120,000	1	6	7	8	7	1	1	1
9979	강원 춘천시	여성농업인노동경감지원	115,920	1	1	7	8	7	1	1	4
9980	강원 춘천시	강원학체계정립(의암류인석선양)	108,000	1	4	7	8	7	1	1	1
9981	강원 춘천시	노란우산신규가입장려금지원	107,670	1	1	7	8	7	5	5	4
9982	강원 춘천시	도시숲정원관리인운영	105,280	1	1,2,4	7	8	7	5	5	4
9983	강원 춘천시	춘천시생활체육교실운영	100,000	1	1,4	7	8	7	1	1	1
9984	강원 춘천시	춘천대학입시설명회	100,000	1	5	4	1	7	1	1	1
9985	강원 춘천시	벼병해충공동방제지원	100,000	1	6	7	8	7	5	5	4
9986	강원 춘천시	드론활용병해충방제지원	100,000	1	6	7	8	7	5	5	4
9987	강원 춘천시	전략작목품질향상지원	100,000	1	6	7	8	7	5	5	4
9988	강원 춘천시	공립요양병원공공사업지원	100,000	1	2	7	8	7	5	5	4
9989	강원 춘천시	춘천멜론경쟁력제고지원	91,000	1	6	7	8	7	5	5	4
9990	강원 춘천시	다회용기재사용촉진지원(민간경상)	90,000	1	1	7	8	7	5	5	4
9991	강원 춘천시	오수처리시설위탁관리비지원	89,328	1	1	7	8	7	5	5	4
9992	강원 춘천시	학생승마체험지원(민간경상)	86,400	1	2	7	8	7	1	1	4
9993	강원 춘천시	노동법률상담지원	81,744	1	4	7	8	7	1	1	3
9994	강원 춘천시	명동상점가주차장이용보조	81,000	1	1	7	8	7	5	5	4
9995	강원 춘천시	인삼해가림시설지원	80,000	1	4	7	8	7	5	5	4
9996	강원 춘천시	남춘천역하부문화예술공간운영	78,000	1	6	7	8	7	1	1	1
9997	강원 춘천시	의료기관결핵환자관리지원	75,368	1	2	7	8	7	5	2	2

순번	시군구	지출명 (사업명)	2024년예산 (단위 : 천원 /1년간)	민간이전 분류 (지방자치단체 세출예산 집행기준에 의거) 1. 민간경상사업보조(307-02) 2. 민간단체 법정운영비보조(307-03) 3. 민간행사사업보조(307-04) 4. 민간위탁금(307-05) 5. 사회복지시설 법정운영비보조(307-10) 6. 민간인위탁교육비(307-12) 7. 공기관등에대한경상적위탁사업비(308-13) 8. 민간자본사업보조,자체재원(402-01) 9. 민간자본사업보조,이전재원(402-02) 10. 민간위탁사업비(402-03) 11. 공기관등에 대한 자본적 위탁사업비(403-02)	민간이전지출 근거 (지방보조금 관리기준 참고) 1. 법률에 규정 2. 국고보조 재원(국가지정) 3. 용도 지정 기부금 4. 조례에 직접규정 5. 지자체가 권장하는 사업을 하는 공공기관 6. 시,도 정책 및 재정사정 7. 기타 8. 해당없음	입찰방식			운영예산 산정		성과평가 실시여부
						계약체결방법 (경쟁형태) 1. 일반경쟁 2. 제한경쟁 3. 지명경쟁 4. 수의계약 5. 법정위탁 6. 기타 ( ) 7. 없음	계약기간 1. 1년 2. 2년 3. 3년 4. 4년 5. 5년 6. 기타 ( )년 7. 단기계약 (1년미만) 8. 없음	낙찰자선정방법 1. 적격심사 2. 협상에의한계약 3. 최저가낙찰제 4. 규격가격분리 5. 2단계 경쟁입찰 6. 기타 ( ) 7. 없음	운영예산 산정 1. 내부산정 (지자체 자체적으로 산정) 2. 외부산정 (외부전문기관위탁 산정) 3. 내·외부 모두 산정 4. 산정 無 5. 없음	정산방법 1. 내부정산 (지자체 내부적으로 정산) 2. 외부정산 (외부전문기관위탁 정산) 3. 내·외부 모두 산정 4. 정산 無 5. 없음	1. 실시 2. 미실시 3. 향후 추진 4. 해당없음
9998	강원 춘천시	의료기관결핵환자관리지원	75,368	1	2	7	8	7	5	2	2
9999	강원 춘천시	문화예술인육성사업	70,000	1	6	7	8	7	1	1	1
10000	강원 춘천시	전통시장및상점가매니저지원	67,500	1	1	7	8	7	5	5	4
10001	강원 춘천시	영농자재지원	66,660	1	6	7	8	7	5	5	4
10002	강원 춘천시	코디네이터인건비지원	66,412	1	2	7	8	7	1	1	3
10003	강원 춘천시	수변구역주민지원(일반지원비)	65,237	1	1	7	8	7	1	1	4
10004	강원 춘천시	벌꿀(양봉)사육농가생산지원	64,000	1	6	7	8	7	1	1	4
10005	강원 춘천시	춘천시지역치안협의회운영지원	60,000	1	4	7	8	7	1	1	1
10006	강원 춘천시	민속예술육성	56,000	1	5	7	8	7	1	1	1
10007	강원 춘천시	한우고급육생산지원	56,000	1	6	7	8	7	1	1	4
10008	강원 춘천시	의료취약지원격협진	55,124	1	2	7	8	7	5	5	4
10009	강원 춘천시	새마을지도자협의회및부녀회활성화지원	55,000	1	1	7	8	7	1	1	1
10010	강원 춘천시	농업법인취업지원	52,500	1	1	7	8	7	1	1	4
10011	강원 춘천시	어업용면세유일부지원	51,900	1	1	7	8	7	5	5	4
10012	강원 춘천시	춘천시사회성과인센티브지원	50,000	1	7	7	8	7	5	5	4
10013	강원 춘천시	AI도로안전모니터링시스템구축	50,000	1	7	7	1	7	2	1	1
10014	강원 춘천시	강원권미세먼지연구관리센터지원	50,000	1	2	7	8	7	1	1	3
10015	강원 춘천시	한우수정란이식지원	50,000	1	6	7	8	7	1	1	4
10016	강원 춘천시	부숙촉진악취저감제지원	50,000	1	1	7	8	7	5	5	4
10017	강원 춘천시	가축분뇨처리시설지원	50,000	1	1	7	8	7	5	5	4
10018	강원 춘천시	연구중심병원육성R&D사업지원(국비직접지원)	50,000	1	1	7	8	7	5	5	4
10019	강원 춘천시	출향인및출향단체애향사업	50,000	1	4	7	8	7	5	5	4
10020	강원 춘천시	잡곡산업기반조성	48,500	1	6	7	8	7	5	5	4
10021	강원 춘천시	제로웨이스트활성화보조	48,000	1	4	7	8	7	5	5	4
10022	강원 춘천시	감자광역브랜드계열화지원	48,000	1	6	7	8	7	5	5	4
10023	강원 춘천시	강원학체계정립(청오차상찬선양)	45,000	1	4	7	8	7	1	1	1
10024	강원 춘천시	양봉산업육성지원(화분)	45,000	1	6	7	8	7	1	1	4
10025	강원 춘천시	조사료생산기반확충(조사료종자구입지원)	44,726	1	1	6	6	6	1	1	4
10026	강원 춘천시	생분해성멀칭필름지원	42,000	1	6	7	8	7	5	5	4
10027	강원 춘천시	학교체육및우수선수장학금지원	40,000	1	1,4	7	8	7	1	1	1
10028	강원 춘천시	마임아카데미	40,000	1	6	7	8	7	1	1	1
10029	강원 춘천시	농어업회의소운영활성화지원	40,000	1	4	7	8	7	1	1	4
10030	강원 춘천시	땅두릅촉성재배기반조성	40,000	1	4	7	8	7	5	5	4
10031	강원 춘천시	재난예방및역량강화지원	38,000	1	4	7	8	7	1	1	1
10032	강원 춘천시	해양레저스포츠교육프로그램지원	38,000	1	2,4,5	7	8	7	1	1	1
10033	강원 춘천시	내수면양식장사료구입비지원	38,000	1	1	7	8	7	5	5	4
10034	강원 춘천시	토종벌사육농가생산지원	35,200	1	6	7	8	7	1	1	4
10035	강원 춘천시	한우인공수정료지원	35,000	1	6	7	8	7	1	1	4
10036	강원 춘천시	사료작물종자구입지원	31,878	1	1	6	6	6	1	1	4
10037	강원 춘천시	평화통일국민운동사업	30,000	1	1	7	8	7	1	1	1

순번	시군구	지출명 (사업명)	2024년예산 (단위 : 천원 /1년간)	민간이전 분류 (지방자치단체 세출예산 집행기준에 의거) 1. 민간경상사업보조(307-02) 2. 민간단체 법정운영비보조(307-03) 3. 민간행사사업보조(307-04) 4. 민간위탁금(307-05) 5. 사회복지시설 법정운영비보조(307-10) 6. 민간인위탁교육비(307-12) 7. 공기관등에대한경상적위탁사업비(308-13) 8. 민간자본사업보조,자체재원(402-01) 9. 민간자본사업보조,이전재원(402-02) 10. 민간위탁사업비(402-03) 11. 공기관등에 대한 자본적 위탁사업비(403-02)	민간이전지출 근거 (지방보조금 관리기준 참고) 1. 법률에 규정 2. 국고보조 재원(국가지정) 3. 용도 지정 기부금 4. 조례에 직접규정 5. 지자체가 권장하는 사업을 하는 공공기관 6. 시,도 정책 및 재정사정 7. 기타 8. 해당없음	입찰방식 계약체결방법 (경쟁형태) 1. 일반경쟁 2. 제한경쟁 3. 지명경쟁 4. 수의계약 5. 법정위탁 6. 기타 ( ) 7. 없음	입찰방식 계약기간 1. 1년 2. 2년 3. 3년 4. 4년 5. 5년 6. 기타 ( )년 7. 단기계약 (1년미만) 8. 없음	입찰방식 낙찰자선정방법 1. 적격심사 2. 협상에의한계약 3. 최저가낙찰제 4. 규격가격분리 5. 2단계 경쟁입찰 6. 기타 ( ) 7. 없음	운영예산 산정 운영예산 산정 1. 내부산정 (지자체 자체적으로 산정) 2. 외부산정 (외부전문기관위탁 산정) 3. 내·외부 모두 산정 4. 산정 無 5. 없음	운영예산 산정 정산방법 1. 내부정산 (지자체 내부적으로 정산) 2. 외부정산 (외부전문기관위탁 정산) 3. 내·외부 모두 산정 4. 정산 無 5. 없음	성과평가 실시여부 1. 실시 2. 미실시 3. 향후 추진 4. 해당없음
10038	강원 춘천시	범죄피해자지원사업	30,000	1	1	7	8	7	1	1	1
10039	강원 춘천시	특별상비군육성지원사업	30,000	1	4	7	8	7	1	1	1
10040	강원 춘천시	산업단지입주기업통근버스운영지원사업	30,000	1	4	7	8	1	1	1	4
10041	강원 춘천시	개인정보보호분야혁신인재양성	30,000	1	7	7	2	7	1	1	1
10042	강원 춘천시	마을농악활성화지원	30,000	1	5	7	8	7	1	1	1
10043	강원 춘천시	인형극아카데미	30,000	1	4	7	1	7	1	1	3
10044	강원 춘천시	춘천관광홍보크리에이터발굴운영	30,000	1	4	7	8	7	1	1	1
10045	강원 춘천시	시민주도환경실천운동지원	30,000	1	1	7	7	7	5	1	1
10046	강원 춘천시	수리계유지관리지원	30,000	1	4	7	8	7	1	1	1
10047	강원 춘천시	생활밀착형자전거이용활성화	30,000	1	4	7	8	7	5	5	4
10048	강원 춘천시	아스파라거스생산단지기반확충	30,000	1	4	7	8	7	5	5	4
10049	강원 춘천시	전통시장및상점가보조인력지원	29,700	1	1	7	8	7	5	5	4
10050	강원 춘천시	북한이탈청소년교육지원	27,000	1	1	7	8	7	1	1	4
10051	강원 춘천시	찾아가는문화예술활동지원	26,667	1	6	7	8	7	1	1	1
10052	강원 춘천시	자원봉사센터인센티브지원	26,000	1	4	7	8	7	1	1	3
10053	강원 춘천시	태권도시범단운영지원	25,000	1	1,4	7	8	7	1	1	1
10054	강원 춘천시	비육용암소시장육성	24,000	1	2	7	8	7	1	1	4
10055	강원 춘천시	장애인경기지도자배치지원	22,880	1	4	7	8	7	1	1	1
10056	강원 춘천시	채소병해충(무사마귀병)방제지원	22,400	1	6	7	8	7	5	5	4
10057	강원 춘천시	생활체육광장운영지원	22,000	1	1,4	7	8	7	1	1	1
10058	강원 춘천시	2024박물관미술관운영활성화사업	21,000	1	6	7	8	7	1	1	1
10059	강원 춘천시	민주화운동기념사업	20,000	1	4	7	1	7	1	1	1
10060	강원 춘천시	생활체육교실운영	20,000	1	1,4	7	8	7	1	1	1
10061	강원 춘천시	지방문화원사랑방운영지원	20,000	1	5	7	8	7	1	1	1
10062	강원 춘천시	역사문화자원스토리텔링	20,000	1	1	7	1	7	1	1	3
10063	강원 춘천시	도시숲참여문화지원사업	20,000	1	1,4	1	1	2	1	1	4
10064	강원 춘천시	시민정원사양성	20,000	1	1,4	7	8	7	5	5	4
10065	강원 춘천시	양계농가환경개선	20,000	1	1	7	8	7	5	5	4
10066	강원 춘천시	조사료생산지원	20,000	1	1	6	6	6	1	1	1
10067	강원 춘천시	호국정신함양통일안보사업(한국자유총연맹)	18,415	1	1	7	8	7	1	1	1
10068	강원 춘천시	의용소방대의날기념행사	18,000	1	4	7	8	7	1	1	1
10069	강원 춘천시	임산물상품화지원	16,750	1	2	7	8	7	5	5	4
10070	강원 춘천시	수변구역주민지원(특별지원비)	16,315	1	1	7	8	7	1	1	4
10071	강원 춘천시	공동주택지원(보안등전기요금)	16,000	1	4	7	8	7	5	5	4
10072	강원 춘천시	자체육성신품종대왕2호육성시범	16,000	1	6	7	8	7	5	5	4
10073	강원 춘천시	춘천학강좌운영	15,000	1	1	7	1	7	1	1	3
10074	강원 춘천시	가축면역력개선촉진제지원	15,000	1	1	7	8	7	5	5	4
10075	강원 춘천시	새마을운동사업	14,700	1	1	7	8	7	1	1	1
10076	강원 춘천시	생활체육지도자처우개선	14,220	1	1,2,4	7	8	7	1	1	1
10077	강원 춘천시	통일의식함양사업	14,000	1	7	8	7	1	1	1	1

순번	시군구	지출명 (사업명)	2024년예산 (단위 : 천원 /1년간)	민간이전 분류 (지방자치단체 세출예산 집행기준에 의거) 1. 민간경상사업보조(307-02) 2. 민간단체 법정운영비보조(307-03) 3. 민간행사사업보조(307-04) 4. 민간위탁금(307-05) 5. 사회복지시설 법정운영비보조(307-10) 6. 민간인위탁교육비(307-12) 7. 공기관등에대한경상적위탁사업비(308-13) 8. 민간자본사업보조,자체재원(402-01) 9. 민간자본사업보조,이전재원(402-02) 10. 민간위탁사업비(402-03) 11. 공기관등에 대한 자본적 위탁사업비(403-02)	민간이전지출 근거 (지방보조금 관리기준 참고) 1. 법률에 규정 2. 국고보조 재원(국가지정) 3. 용도 지정 기부금 4. 조례에 직접규정 5. 지자체가 권장하는 사업을 하는 공공기관 6. 시,도 정책 및 재정사정 7. 기타 8. 해당없음	입찰방식 계약체결방법 (경쟁형태) 1. 일반경쟁 2. 제한경쟁 3. 지명경쟁 4. 수의계약 5. 법정위탁 6. 기타 ( ) 7. 없음	입찰방식 계약기간 1. 1년 2. 2년 3. 3년 4. 4년 5. 5년 6. 기타 ( )년 7. 단기계약 (1년미만) 8. 없음	입찰방식 낙찰자선정방법 1. 적격심사 2. 협상에의한계약 3. 최저가낙찰제 4. 규격가격분리 5. 2단계 경쟁입찰 6. 기타 ( ) 7. 없음	운영예산 산정 운영예산 산정 1. 내부산정 (지자체 자체적으로 산정) 2. 외부산정 (외부전문기관위탁 산정) 3. 내·외부 모두 산정 4. 산정 無 5. 없음	운영예산 산정 정산방법 1. 내부정산 (지자체 내부적으로 정산) 2. 외부정산 (외부전문기관위탁 정산) 3. 내·외부 모두 산정 4. 정산 無 5. 없음	성과평가 실시여부 1. 실시 2. 미실시 3. 향후 추진 4. 해당없음
10078	강원 춘천시	자원봉사자보험료지원	13,232	1	2	7	8	7	1	1	3
10079	강원 춘천시	숲해설가양성교육	12,800	1	1	4	1	7	1	1	1
10080	강원 춘천시	춘천시산악구호단체활동지원	12,800	1	1	4	1	7	1	1	1
10081	강원 춘천시	우수스포츠클럽지원사업	12,000	1	1,4	7	8	7	1	1	1
10082	강원 춘천시	찾아가는맞춤형성인지교육지원	12,000	1	1	7	8	7	1	1	1
10083	강원 춘천시	모범운전자회지원사업(비품)	12,000	1	1	7	8	7	1	1	1
10084	강원 춘천시	대추생산기반지원	12,000	1	6	7	8	7	5	5	4
10085	강원 춘천시	낙농산업경영안정지원	11,640	1	6	7	8	7	1	1	1
10086	강원 춘천시	바르게살기국민운동사업	11,260	1	1	7	8	7	1	1	1
10087	강원 춘천시	보증기간경과장치성능유지관리	10,318	1	2	7	8	7	5	5	4
10088	강원 춘천시	소비자보호사업	10,000	1	4	7	8	7	5	5	4
10089	강원 춘천시	수질보전활동지원사업	10,000	1	1	7	7	7	1	1	1
10090	강원 춘천시	환경기초시설견학및교육	10,000	1	4	1	1	1	1	1	1
10091	강원 춘천시	자활기업세무회계비지원	10,000	1	1	7	8	7	1	1	4
10092	강원 춘천시	젖소품질개선제지원	10,000	1	3	7	8	7	1	1	1
10093	강원 춘천시	깨끗한축산농장환경관리지원	10,000	1	1	7	8	7	5	5	4
10094	강원 춘천시	어르신체육지도자처우개선	9,480	1	1,4	7	8	7	1	1	1
10095	강원 춘천시	생활문화아카데미운영	8,100	1	5	7	8	7	1	1	1
10096	강원 춘천시	자율방재단운영지원	8,000	1	4	7	8	7	1	1	1
10097	강원 춘천시	벼신품종지역적응재배시범	8,000	1	6	7	8	7	5	5	4
10098	강원 춘천시	축산물작업장HACCP컨설팅지원	7,000	1	1	7	8	7	5	5	4
10099	강원 춘천시	동물복지축산컨설팅지원	7,000	1	1	7	8	7	5	5	4
10100	강원 춘천시	원예작물재배환경개선지원	6,720	1	4	7	8	7	5	5	4
10101	강원 춘천시	면세유급유탱크시스템구입지원	6,600	1	6	7	8	7	5	5	4
10102	강원 춘천시	청정양돈경영선진화	6,000	1	1	7	8	7	5	5	4
10103	강원 춘천시	전통시장화재보험가입지원	5,700	1	1	7	8	7	5	5	4
10104	강원 춘천시	춘천향교전통문화행사충효교실운영지원	5,000	1	4	7	8	7	1	1	1
10105	강원 춘천시	보훈단체활성화(미서훈독립운동가조사발굴지원)	5,000	1	4	7	8	7	1	1	1
10106	강원 춘천시	시내(마을)버스운수종사자서비스교육지원	5,000	1	1	7	8	7	1	1	1
10107	강원 춘천시	인삼친환경재배	4,725	1	6	7	8	7	5	5	4
10108	강원 춘천시	호국정신함양춘천대첩선양사업	4,500	1	1	7	8	7	1	1	1
10109	강원 춘천시	중소기업신용보증수수료지원	4,200	1	4	7	8	7	1	1	3
10110	강원 춘천시	부존자원활용조사료자급률확대(사일리지비닐)	4,200	1	1	6	6	6	1	1	4
10111	강원 춘천시	노사민정합동특별교육	4,000	1	4	7	8	7	1	1	3
10112	강원 춘천시	전국우수시장박람회참가지원	2,970	1	1	7	8	7	5	5	4
10113	강원 춘천시	무형유산보유자공개행사지원	2,000	1	1	7	8	7	5	1	4
10114	강원 춘천시	보훈단체활성화(호국정신함양애국심고취)	1,000	1	1	7	8	7	1	1	1
10115	강원 강릉시	동계스포츠발전지원(수호랑반다비캠프)	2,325,000	1	2	7	8	7	5	5	4
10116	강원 강릉시	지역인재채용금지원	1,865,000	1	5	7	8	7	5	5	4
10117	강원 강릉시	창작공연콘텐츠제작	1,200,000	1	1	7	8	7	5	5	4

순번	시군구	지출명 (사업명)	2024년예산 (단위 : 천원 /1년간)	민간이전 분류 (지방자치단체 세출예산 집행기준에 의거) 1. 민간경상사업보조(307-02) 2. 민간단체 법정운영비보조(307-03) 3. 민간행사사업보조(307-04) 4. 민간위탁금(307-05) 5. 사회복지시설 법정운영비보조(307-10) 6. 민간인위탁교육비(307-12) 7. 공기관등에대한경상적위탁사업비(308-13) 8. 민간자본사업보조,자체재원(402-01) 9. 민간자본사업보조,이전재원(402-02) 10. 민간위탁사업비(402-03) 11. 공기관등에 대한 자본적 위탁사업비(403-02)	민간이전지출 근거 (지방보조금 관리기준 참고) 1. 법률에 규정 2. 국고보조 재원(국가지정) 3. 용도 지정 기부금 4. 조례에 직접규정 5. 지자체가 권장하는 사업을 하는 공공기관 6. 시,도 정책 및 재정사정 7. 기타 8. 해당없음	입찰방식 계약체결방법 (경쟁형태) 1. 일반경쟁 2. 제한경쟁 3. 지명경쟁 4. 수의계약 5. 법정위탁 6. 기타 ( ) 7. 없음	입찰방식 계약기간 1. 1년 2. 2년 3. 3년 4. 4년 5. 5년 6. 기타 ( )년 7. 단기계약 (1년미만) 8. 없음	입찰방식 낙찰자선정방법 1. 적격심사 2. 협상에의한계약 3. 최저가낙찰제 4. 규격가격분리 5. 2단계 경쟁입찰 6. 기타 ( ) 7. 없음	운영예산 산정 운영예산 산정 1. 내부산정 (지자체 자체적으로 산정) 2. 외부산정 (외부전문기관위탁 산정) 3. 내·외부 모두 산정 4. 산정 無 5. 없음	운영예산 산정 정산방법 1. 내부정산 (지자체 내부적으로 정산) 2. 외부정산 (외부전문기관위탁 정산) 3. 내·외부 모두 산정 4. 정산 無 5. 없음	성과평가 실시여부 1. 실시 2. 미실시 3. 향후 추진 4. 해당없음
10118	강원 강릉시	강릉문화재야행	782,500	1	2	7	8	7	5	5	4
10119	강원 강릉시	전통시장지킴이지원사업	780,480	1	5	7	8	7	5	5	4
10120	강원 강릉시	강릉대도호부관아문화유산미디어아트	720,000	1	2	7	8	7	5	5	4
10121	강원 강릉시	어업용면세유일부지원	676,386	1	6	7	8	7	5	5	4
10122	강원 강릉시	사회적기업일자리창출지원	633,334	1	2	7	8	7	5	5	4
10123	강원 강릉시	전문체육지도자활동지원(기본급,급식비등)	611,582	1	1,5	7	8	7	5	5	4
10124	강원 강릉시	경포도심연계공연프로그램운영	400,000	1	1	7	8	7	5	5	4
10125	강원 강릉시	제59회강원특별자치도민체육대회참가	400,000	1	1	7	8	7	5	5	4
10126	강원 강릉시	두루두루청년일자리사업(인건비)	370,451	1	2	7	8	7	5	5	4
10127	강원 강릉시	어선원재해보상보험료지원	299,894	1	6	7	8	7	5	5	4
10128	강원 강릉시	청년농업인영농정착지원금	275,000	1	2	7	8	7	5	5	4
10129	강원 강릉시	율곡이이연구사업	266,667	1	7	7	8	7	5	5	4
10130	강원 강릉시	일반생활체육지도자활동지원(인건비,보험료)	251,656	1	1,5	7	8	7	5	5	4
10131	강원 강릉시	택시콜통합센터사업지원	240,100	1	4	7	8	7	5	5	4
10132	강원 강릉시	단오콘텐츠관광상품개발(관광거점도시)	240,000	1	2	7	8	7	5	5	4
10133	강원 강릉시	공공형스포츠클럽육성	216,000	1	1,5	7	8	7	5	5	4
10134	강원 강릉시	사일리지제조비지원	206,551	1	2	7	8	7	5	5	4
10135	강원 강릉시	택시서비스개선(통신,콜관제비)지원	201,630	1	4	7	8	7	5	5	4
10136	강원 강릉시	택시요금카드수수료지원	201,264	1	4	7	8	7	5	5	4
10137	강원 강릉시	3단계산학연협력선도대학육성사업(LINC3.)지원(강릉원주대,가톨릭관동대)	200,000	1	2	7	8	7	5	5	4
10138	강원 강릉시	고등직업교육거점지구사업(HiVE)지원(강릉영동대)	200,000	1	2	7	8	7	5	5	4
10139	강원 강릉시	공동주택보안등,경관조명전기료지원	200,000	1	4	7	8	7	5	5	4
10140	강원 강릉시	강릉스타관광사업체공모사업	200,000	1	4	7	8	7	5	5	4
10141	강원 강릉시	여자축구활성화	200,000	1	1,5	7	8	7	5	5	4
10142	강원 강릉시	강릉농특산물포장재지원및디자인개선지원	200,000	1	1	7	8	7	5	5	4
10143	강원 강릉시	장애인생활체육지도자활동지원(인건비,보험료)	187,812	1	1,5	7	8	7	5	5	4
10144	강원 강릉시	종가,이야기꽃피는선교장	180,000	1	2	7	8	7	5	5	4
10145	강원 강릉시	수산물가격지지수매비일부지원	180,000	1	1	7	8	7	5	5	4
10146	강원 강릉시	장애인고용촉진장려금지원	180,000	1	1	7	8	7	5	5	4
10147	강원 강릉시	작업장운영일부지원	170,000	1	1	7	8	7	5	5	4
10148	강원 강릉시	어선재해보상보험료지원	168,664	1	6	7	8	7	5	5	4
10149	강원 강릉시	「강릉살자」청년정착사업	160,000	1	4	7	8	7	5	5	4
10150	강원 강릉시	학생승마체험(일반)지원	152,320	1	1	7	8	7	5	5	4
10151	강원 강릉시	축분수분조절재(톱밥,왕겨등)지원	150,500	1	1	7	8	7	5	5	4
10152	강원 강릉시	경포생태환경오감만족체험프로그램(관광거점도시)	150,000	1	2	7	8	7	5	5	4
10153	강원 강릉시	대학일자리플러스센터지원사업	145,000	1	4	7	8	7	5	5	4
10154	강원 강릉시	그린강릉블루강릉청년창업자스케일업	140,973	1	2	7	8	7	5	5	4
10155	강원 강릉시	생활예술지원사업	140,000	1	1	7	8	7	5	5	4
10156	강원 강릉시	제32회강원특별자치도민생활체육대회	130,000	1	1	7	8	7	5	5	4
10157	강원 강릉시	지역단위농촌관광사업	130,000	1	2	7	8	7	5	5	4

순번	시군구	지출명 (사업명)	2024년예산 (단위 : 천원 /1년간)	민간이전 분류 (지방자치단체 세출예산 집행기준에 의거) 1. 민간경상사업보조(307-02) 2. 민간단체 법정운영비보조(307-03) 3. 민간행사사업보조(307-04) 4. 민간위탁금(307-05) 5. 사회복지시설 법정운영비보조(307-10) 6. 민간인위탁교육비(307-12) 7. 공기관등에대한경상적위탁사업비(308-13) 8. 민간자본사업보조,자체재원(402-01) 9. 민간자본사업보조,이전재원(402-02) 10. 민간위탁사업비(402-03) 11. 공기관등에 대한 자본적 위탁사업비(403-02)	민간이전지출 근거 (지방보조금 관리기준 참고) 1. 법률에 규정 2. 국고보조 재원(국가지정) 3. 용도 지정 기부금 4. 조례에 직접규정 5. 지자체가 권장하는 사업을 하는 공공기관 6. 시,도 정책 및 재정사정 7. 기타 8. 해당없음	입찰방식			운영예산 산정		성과평가 실시여부
						계약체결방법 (경쟁형태) 1. 일반경쟁 2. 제한경쟁 3. 지명경쟁 4. 수의계약 5. 법정위탁 6. 기타 ( ) 7. 없음	계약기간 1. 1년 2. 2년 3. 3년 4. 4년 5. 5년 6. 기타 ( )년 7. 단기계약 (1년미만) 8. 없음	낙찰자선정방법 1. 적격심사 2. 협상에의한계약 3. 최저가낙찰제 4. 규격가격분리 5. 2단계 경쟁입찰 6. 기타 ( ) 7. 없음	운영예산 산정 1. 내부산정 (지자체 자체적으로 산정) 2. 외부산정 (외부전문기관위탁 산정) 3. 내·외부 모두 산정 4. 산정 無 5. 없음	정산방법 1. 내부정산 (지자체 내부적으로 정산) 2. 외부정산 (외부전문기관위탁 정산) 3. 내·외부 모두 산정 4. 정산 無 5. 없음	1. 실시 2. 미실시 3. 향후 추진 4. 해당없음
10158	강원 강릉시	어르신생활체육지도자활동지원(인건비,보험료)	125,828	1	1,5	7	8	7	5	5	4
10159	강원 강릉시	허난설헌전집발간사업	120,000	1	7	7	8	7	5	5	4
10160	강원 강릉시	필수진료과전공의육성수당지원	120,000	1	6	7	8	7	5	5	4
10161	강원 강릉시	시군역량강화	117,000	1	2	7	8	7	5	5	4
10162	강원 강릉시	중소기업지원창업보육센터운영	110,000	1	2	7	8	7	5	5	4
10163	강원 강릉시	2024강릉한복문화창작소운영	110,000	1	2	7	8	7	5	5	4
10164	강원 강릉시	청년창업희망키움사업	105,000	1	4	7	8	7	5	5	4
10165	강원 강릉시	월화거리야시장운영	100,000	1	5	7	8	7	5	5	4
10166	강원 강릉시	메이커스페이스구축운영사업(전문랩)(강원도립대)	100,000	1	2	7	8	7	5	5	4
10167	강원 강릉시	예비창업패키지사업지원	100,000	1	2	7	8	7	5	5	4
10168	강원 강릉시	초기창업패키지사업지원	100,000	1	2	7	8	7	5	5	4
10169	강원 강릉시	전문예술지원사업	100,000	1	1	7	8	7	5	5	4
10170	강원 강릉시	강릉의소리를찾아서(강릉아리랑)	100,000	1	2	7	8	7	5	5	4
10171	강원 강릉시	청년어업인정착지원	99,600	1	1	7	8	7	5	5	4
10172	강원 강릉시	생활체육지도자활동보조(급식비,교통비등)	93,820	1	1,5	7	8	7	5	5	4
10173	강원 강릉시	생태관광지역지정.육성	90,000	1	2	7	8	7	5	5	4
10174	강원 강릉시	제17회강원특별자치도장애인생활체육대회	85,000	1	1	7	8	7	5	5	4
10175	강원 강릉시	노동법률상담지원	81,744	1	1	7	8	7	5	5	4
10176	강원 강릉시	꿈의오케스트라강릉운영	80,000	1	1	7	8	7	5	5	4
10177	강원 강릉시	키워드예술강릉	80,000	1	1	7	8	7	5	5	4
10178	강원 강릉시	율곡평생교육원강좌운영사업	80,000	1	7	7	8	7	5	5	4
10179	강원 강릉시	충효교육원교육사업운영	80,000	1	1	7	8	7	5	5	4
10180	강원 강릉시	송담서원4주년기념행사	80,000	1	1	7	8	7	5	5	4
10181	강원 강릉시	강릉대도호부관아상설프로그램운영	80,000	1	1	7	8	7	5	5	4
10182	강원 강릉시	추진단사무국인건비	79,560	1	6	7	8	7	5	5	4
10183	강원 강릉시	노란우산공제신규가입장려금지원	75,296	1	6	7	8	7	5	5	4
10184	강원 강릉시	자치계획시행사업	75,000	1	4	7	8	7	5	5	4
10185	강원 강릉시	명태산업광역특구통합브랜드홍보마케팅	70,008	1	1	7	8	7	5	5	4
10186	강원 강릉시	수산물소비촉진판로개척지원	70,000	1	1	7	8	7	5	5	4
10187	강원 강릉시	강원한우브랜드지원	70,000	1	1	7	8	7	5	5	4
10188	강원 강릉시	민간경상사업보조(옥계면장학회장학금조성등)	70,000	1	4	7	8	7	5	5	4
10189	강원 강릉시	자원봉사자코디네이터지원	66,412	1	2	7	8	7	5	5	4
10190	강원 강릉시	써코백신지원	65,508	1	1	7	8	7	5	5	4
10191	강원 강릉시	생활과학교실운영지원(강릉원주대)	60,000	1	2	7	8	7	5	5	4
10192	강원 강릉시	ㅇ쓰레기제로화시민실천사업	60,000	1	6	7	8	7	5	5	4
10193	강원 강릉시	2024년강릉독립예술극장신영지원	60,000	1	1	7	8	7	5	5	4
10194	강원 강릉시	강릉단오제단오굿무녀육성사업	60,000	1	1	7	8	7	5	5	4
10195	강원 강릉시	강원FCWomen훈련지원	60,000	1	1,5	7	8	7	5	5	4
10196	강원 강릉시	전지훈련팀지원	60,000	1	1	7	8	7	5	5	4
10197	강원 강릉시	외국인선원고용안정지원	60,000	1	6	7	8	7	5	5	4

순번	시군구	지출명 (사업명)	2024년예산 (단위 : 천원 /1년간)	민간이전 분류 (지방자치단체 세출예산 집행기준에 의거) 1. 민간경상사업보조(307-02) 2. 민간단체 법정운영비보조(307-03) 3. 민간행사사업보조(307-04) 4. 민간위탁금(307-05) 5. 사회복지시설 법정운영비보조(307-10) 6. 민간인위탁교육비(307-12) 7. 공기관등에대한경상적위탁사업비(308-13) 8. 민간자본사업보조,지체재원(402-01) 9. 민간자본사업보조,이전재원(402-02) 10. 민간위탁사업비(402-03) 11. 공기관등에 대한 자본적 위탁사업비(403-02)	민간이전지출 근거 (지방보조금 관리기준 참고) 1. 법률에 규정 2. 국고보조 재원(국가지정) 3. 용도 지정 기부금 4. 조례에 직접규정 5. 지자체가 권장하는 사업을 하는 공공기관 6. 시,도 정책 및 재정사정 7. 기타 8. 해당없음	입찰방식 계약체결방법 (경쟁형태) 1. 일반경쟁 2. 제한경쟁 3. 지명경쟁 4. 수의계약 5. 법정위탁 6. 기타 ( ) 7. 없음	입찰방식 계약기간 1. 1년 2. 2년 3. 3년 4. 4년 5. 5년 6. 기타 ( )년 7. 단기계약 (1년미만) 8. 없음	입찰방식 낙찰자선정방법 1. 적격심사 2. 협상에의한계약 3. 최저가낙찰제 4. 규격가격분리 5. 2단계 경쟁입찰 6. 기타 ( ) 7. 없음	운영예산 산정 운영예산 산정 1. 내부산정 (지자체 자체적으로 산정) 2. 외부산정 (외부전문기관위탁 산정) 3. 내·외부 모두 산정 4. 산정 無 5. 없음	운영예산 산정 정산방법 1. 내부정산 (지자체 내부적으로 정산) 2. 외부정산 (외부전문기관위탁 정산) 3. 내·외부 모두 정산 4. 정산 無 5. 없음	성과평가 실시여부 1. 실시 2. 미실시 3. 향후 추진 4. 해당없음
10198	강원 강릉시	대한민국독서토론논술대회	60,000	1	1	7	8	7	5	5	4
10199	강원 강릉시	강릉지속가능발전협의회의제실천사업	58,000	1	1,4	7	8	7	5	5	4
10200	강원 강릉시	강릉학산오독떼기전승활성화사업	58,000	1	7	7	8	7	5	5	4
10201	강원 강릉시	임영문화예술교육사업	56,000	1	4	7	8	7	5	5	4
10202	강원 강릉시	친환경단지인증비지원	52,000	1	4	7	8	7	5	5	4
10203	강원 강릉시	읍면동지역사회보장협의체활성화	50,400	1	4	7	8	7	5	5	4
10204	강원 강릉시	첨단산업인재양성부트캠프사업지원(강릉원주대)	50,000	1	2	7	8	7	5	5	4
10205	강원 강릉시	단오愛(애)노닐다	50,000	1	2	7	8	7	5	5	4
10206	강원 강릉시	강릉농악Go!鼓!클럽	50,000	1	2	7	8	7	5	5	4
10207	강원 강릉시	농촌체험휴양마을프로그램활성화지원	50,000	1	4	7	8	7	5	5	4
10208	강원 강릉시	관광안내자원봉사자운영보조	49,000	1	1	7	8	7	5	5	4
10209	강원 강릉시	우수제품디자인개발지원	48,000	1	6	7	8	7	5	5	4
10210	강원 강릉시	장애인생활체육지도자활동보조(급식비,교통비등)	47,000	1	1,5	7	8	7	5	5	4
10211	강원 강릉시	강원특별자치도지사(배)생활체육대회참가	46,650	1	1	7	8	7	5	5	4
10212	강원 강릉시	장애인생활체육교실이동운영	46,400	1	1,5	7	8	7	5	5	4
10213	강원 강릉시	어업인정보전파알리미지원	45,000	1	6	7	8	7	5	5	4
10214	강원 강릉시	축분발효제(발효왕겨)지원	45,000	1	1	7	8	7	5	5	4
10215	강원 강릉시	지식재산첫걸음지원사업	44,458	1	6	7	8	7	5	5	4
10216	강원 강릉시	농촌인력중개센터시범사업	40,635	1	2	7	8	7	5	5	4
10217	강원 강릉시	자율방범대안전장비구입	40,000	1	4	7	8	7	5	5	4
10218	강원 강릉시	새마을운동조직육성사업	40,000	1	1	7	8	7	5	5	4
10219	강원 강릉시	소상공인온라인마케팅사업지원	40,000	1	4	7	8	7	5	5	4
10220	강원 강릉시	주문진5일장활성화운영	40,000	1	5	7	8	7	5	5	4
10221	강원 강릉시	지역농악대육성지원	40,000	1	1	7	8	7	5	5	4
10222	강원 강릉시	우수선수육성및학교팀창단	40,000	1	1,5	7	8	7	5	5	4
10223	강원 강릉시	전문체육육성우수학교지원	40,000	1	1,5	7	8	7	5	5	4
10224	강원 강릉시	강원특별자치도지사기(배)대회참가	40,000	1	1	7	8	7	5	5	4
10225	강원 강릉시	우수선수육성지원	40,000	1	1,5	7	8	7	5	5	4
10226	강원 강릉시	해양치유프로그램운영	40,000	1	6	7	8	7	5	5	4
10227	강원 강릉시	해양레저스포츠교육프로그램지원	40,000	1	6	7	8	7	5	5	4
10228	강원 강릉시	양봉(꿀벌)육성지원(벌통,소초광)	40,000	1	1	7	8	7	5	5	4
10229	강원 강릉시	양봉농가화분,설탕등지원	40,000	1	1	7	8	7	5	5	4
10230	강원 강릉시	강릉시청년창업브랜드강릉유랑	39,009	1	2	7	8	7	5	5	4
10231	강원 강릉시	관광체험프로그램운영	38,400	1	1	7	8	7	5	5	4
10232	강원 강릉시	천년의쉼터,다시해보현	37,500	1	2	7	8	7	5	5	4
10233	강원 강릉시	부숙촉진악취저감제	37,500	1	1	7	8	7	5	5	4
10234	강원 강릉시	친환경비재배단지병해충무인방제시범	36,800	1	4	7	8	7	5	5	4
10235	강원 강릉시	영어자금이차보전	35,803	1	6	7	8	7	5	5	4
10236	강원 강릉시	노인복지기금사업	34,000	1	4	7	8	7	5	5	4
10237	강원 강릉시	강릉농악	33,000	1	1,4	7	8	7	5	5	4

순번	시군구	지출명 (사업명)	2024년예산 (단위 : 천원 /1년간)	민간이전 분류 (지방자치단체 세출예산 집행기준에 의거) 1. 민간경상사업보조(307-02) 2. 민간단체 법정운영비보조(307-03) 3. 민간행사사업보조(307-04) 4. 민간위탁금(307-05) 5. 사회복지시설 법정운영비보조(307-10) 6. 민간인위탁교육비(307-12) 7. 공기관등에대한경상적위탁사업비(308-13) 8. 민간자본사업보조,자체재원(402-01) 9. 민간자본사업보조,이전재원(402-02) 10. 민간위탁사업비(402-03) 11. 공기관등에 대한 자본적 위탁사업비(403-02)	민간이전지출 근거 (지방보조금 관리기준 참고) 1. 법률에 규정 2. 국고보조 재원(국가지정) 3. 용도 지정 기부금 4. 조례에 직접규정 5. 지자체가 권장하는 사업을 하는 공공기관 6. 시,도 정책 및 재정사정 7. 기타 8. 해당없음	입찰방식			운영예산 산정		성과평가 실시여부
						계약체결방법 (경쟁형태) 1. 일반경쟁 2. 제한경쟁 3. 지명경쟁 4. 수의계약 5. 법정위탁 6. 기타 ( ) 7. 없음	계약기간 1. 1년 2. 2년 3. 3년 4. 4년 5. 5년 6. 기타 ( )년 7. 단기계약 (1년미만) 8. 없음	낙찰자선정방법 1. 적격심사 2. 협상에의한계약 3. 최저가낙찰제 4. 규격가격분리 5. 2단계 경쟁입찰 6. 기타 ( ) 7. 없음	운영예산 산정 1. 내부산정 (지자체 자체적으로 산정) 2. 외부산정 (외부전문기관위탁 산정) 3. 내·외부 모두 산정 4. 산정 無 5. 없음	정산방법 1. 내부정산 (지자체 내부적으로 정산) 2. 외부정산 (외부전문기관위탁 정산) 3. 내·외부 모두 산정 4. 정산 無 5. 없음	1. 실시 2. 미실시 3. 향후 추진 4. 해당없음
10238	강원 강릉시	자원봉사센터인센티브지원사업	32,000	1	1	7	8	7	5	5	4
10239	강원 강릉시	관노가면극	32,000	1	1,4	7	8	7	5	5	4
10240	강원 강릉시	고랭지채소드론방제시범	31,500	1	6	7	8	7	5	5	4
10241	강원 강릉시	범죄피해자지원센터사업지원	30,000	1	1	7	8	7	5	5	4
10242	강원 강릉시	노사민정협의회활성화사업	30,000	1	4	7	8	7	5	5	4
10243	강원 강릉시	ㅇ불법쓰레기시민감시단모니터링	30,000	1	6	7	8	7	5	5	4
10244	강원 강릉시	강릉솔향국악관현악단운영	30,000	1	1	7	8	7	5	5	4
10245	강원 강릉시	양성평등기금지원사업	30,000	1	1	7	8	7	5	5	4
10246	강원 강릉시	식생활교육지원	30,000	1	1,4	7	8	7	5	5	4
10247	강원 강릉시	인문도시지원사업	30,000	1	1	7	8	7	5	5	4
10248	강원 강릉시	친환경수산물배합사료직불제	29,101	1	1	7	8	7	5	5	4
10249	강원 강릉시	지역문화콘텐츠연구사업	25,600	1	4	7	8	7	5	5	4
10250	강원 강릉시	강릉단오제전승교육사업	25,000	1	1	7	8	7	5	5	4
10251	강원 강릉시	제15회전국체육대회참가	25,000	1	1	7	8	7	5	5	4
10252	강원 강릉시	제19회강원특별자치도어르신생활체육대회	25,000	1	1	7	8	7	5	5	4
10253	강원 강릉시	제3회강원특별자치도여성종합체육대회참가	25,000	1	1	7	8	7	5	5	4
10254	강원 강릉시	자율방재단운영	23,000	1	4	7	8	7	5	5	4
10255	강원 강릉시	민주평통강릉시협의회지원	22,000	1	1	7	8	7	5	5	4
10256	강원 강릉시	자원봉사활동증진사업	21,100	1	1	7	8	7	5	5	4
10257	강원 강릉시	예술문화학교운영	21,000	1	1	7	8	7	5	5	4
10258	강원 강릉시	우렁쉥이종자자립지원	21,000	1	1	7	8	7	5	5	4
10259	강원 강릉시	외국인근로자산재.안전재해보험가입	20,700	1	6	7	8	7	5	5	4
10260	강원 강릉시	소돌어촌체험휴양마을사무장인건비	20,608	1	6	7	8	7	5	5	4
10261	강원 강릉시	강원쌀소비촉진지원(포장재,소비촉진행사)	20,250	1	6	7	8	7	5	5	4
10262	강원 강릉시	농산물공동선별비지원	20,020	1	2	7	8	7	5	5	4
10263	강원 강릉시	바르게살기운동추진사업	20,000	1	1	7	8	7	5	5	4
10264	강원 강릉시	자유총연맹625전쟁체험지원사업	20,000	1	1	7	8	7	5	5	4
10265	강원 강릉시	모범근로자및노사협력유공자연수	20,000	1	1	7	8	7	5	5	4
10266	강원 강릉시	해양생물유래천연소재면역치료제연구사업지원(강릉원주대)	20,000	1	2	7	8	7	5	5	4
10267	강원 강릉시	산지극한기상대응인프라방재기술연구사업지원(강릉원주대)	20,000	1	2	7	8	7	5	5	4
10268	강원 강릉시	창의융합형공학인재양성지원사업(강릉원주대)	20,000	1	2	7	8	7	5	5	4
10269	강원 강릉시	문학관운영프로그램지원	20,000	1	1	7	8	7	5	5	4
10270	강원 강릉시	강릉솔향청소년국악예술단운영	20,000	1	1	7	8	7	5	5	4
10271	강원 강릉시	강릉문화원개원7주년기념사업	20,000	1	4	7	8	7	5	5	4
10272	강원 강릉시	지방문화원사랑방운영지원	20,000	1	4	7	8	7	5	5	4
10273	강원 강릉시	전통문화알림이사업	20,000	1	1	7	8	7	5	5	4
10274	강원 강릉시	전국농악대회공연참가	20,000	1	1	7	8	7	5	5	4
10275	강원 강릉시	수상인명구조요원강사양성교육지원	20,000	1	1	7	8	7	5	5	4
10276	강원 강릉시	생활체육교실운영지원	20,000	1	1,5	7	8	7	5	5	4
10277	강원 강릉시	올림픽유산사업운영보조	20,000	1	1	7	8	7	5	5	4

순번	시군구	지출명 (사업명)	2024년예산 (단위 : 천원 /1년간)	민간이전 분류 (지방자치단체 세출예산 집행기준에 의거) 1. 민간경상사업보조(307-02) 2. 민간단체 법정운영비보조(307-03) 3. 민간행사사업보조(307-04) 4. 민간위탁금(307-05) 5. 사회복지시설 법정운영비보조(307-10) 6. 민간인위탁교육비(307-12) 7. 공기관등에대한경상적위탁사업비(308-13) 8. 민간자본사업보조,자체재원(402-01) 9. 민간자본사업보조,이전재원(402-02) 10. 민간위탁사업비(402-03) 11. 공기관등에 대한 자본적 위탁사업비(403-02)	민간이전지출 근거 (지방보조금 관리기준 참고) 1. 법률에 규정 2. 국고보조 재원(국가지정) 3. 용도 지정 기부금 4. 조례에 직접규정 5. 지자체가 권장하는 사업을 하는 공공기관 6. 시,도 정책 및 재정사정 7. 기타 8. 해당없음	입찰방식 계약체결방법 (경쟁형태) 1. 일반경쟁 2. 제한경쟁 3. 지명경쟁 4. 수의계약 5. 법정위탁 6. 기타 ( ) 7. 없음	입찰방식 계약기간 1. 1년 2. 2년 3. 3년 4. 4년 5. 5년 6. 기타 ( )년 7. 단기계약 (1년미만) 8. 없음	입찰방식 낙찰자선정방법 1. 적격심사 2. 협상에의한계약 3. 최저가낙찰제 4. 규격가격분리 5. 2단계 경쟁입찰 6. 기타 ( ) 7. 없음	운영예산 산정 운영예산 산정 1. 내부산정 (지자체 자체적으로 산정) 2. 외부산정 (외부전문기관위탁 산정) 3. 내·외부 모두 산정 4. 산정 無 5. 없음	운영예산 산정 정산방법 1. 내부정산 (지자체 내부적으로 정산) 2. 외부정산 (외부전문기관위탁 정산) 3. 내·외부 모두 정산 4. 정산 無 5. 없음	성과평가 실시여부 1. 실시 2. 미실시 3. 향후 추진 4. 해당없음
10278	강원 강릉시	연안정화활동지원	20,000	1	6	7	8	7	5	5	4
10279	강원 강릉시	주민공모사업	20,000	1	1	7	8	7	5	5	4
10280	강원 강릉시	마을공동체(발아단계)보조사업	20,000	1	7	7	8	7	5	5	4
10281	강원 강릉시	연이랑풍호마을연꽃축제행사지원	20,000	1	6	7	8	7	5	5	4
10282	강원 강릉시	강릉팜쇼핑몰운영	19,800	1	4	7	8	7	5	5	4
10283	강원 강릉시	관광지홍보길놀이공연지원	19,200	1	1,4	7	8	7	5	5	4
10284	강원 강릉시	청소년참여자활동보조	19,000	1	1	7	8	7	5	5	4
10285	강원 강릉시	평생교육시설지원사업	19,000	1	1	7	8	7	5	5	4
10286	강원 강릉시	주민지원협의체홍보및운영경비	18,800	1	1	7	8	7	5	5	4
10287	강원 강릉시	무형문화재전승사업(초등학교문화교육)	18,000	1	7	7	8	7	5	5	4
10288	강원 강릉시	ㅇ강릉단오제전통문화교육보조	18,000	1	1	7	8	7	5	5	4
10289	강원 강릉시	해외의료봉사활동지원사업	18,000	1	6	7	8	7	5	5	4
10290	강원 강릉시	생활체육개선지원사업(근속수당,활동수당)	17,690	1	1,5	7	8	7	5	5	4
10291	강원 강릉시	성인문해교육지원사업	17,500	1	2	7	8	7	5	5	4
10292	강원 강릉시	전통시장경영현대화지원	16,000	1	5	7	8	7	5	5	4
10293	강원 강릉시	해파리그물피해어구지원	16,000	1	1	7	8	7	5	5	4
10294	강원 강릉시	축산농가도우미인력지원	15,720	1	1	7	8	7	5	5	4
10295	강원 강릉시	전문대학일자리센터지원사업(국가직접지원)	15,000	1	4	7	8	7	5	5	4
10296	강원 강릉시	강릉단오제전승장비지원사업	15,000	1	1	7	8	7	5	5	4
10297	강원 강릉시	2024강릉시리틀야구단전국대회참가및운영	15,000	1	4	7	8	7	5	5	4
10298	강원 강릉시	기타대회지원(장애인체육)	15,000	1	4	7	8	7	5	5	4
10299	강원 강릉시	교통안전봉사단체활동비지원	15,000	1	1	7	8	7	5	5	4
10300	강원 강릉시	전통시장화재보험공제사업지원(단체가입)	13,820	1	5	7	8	7	5	5	4
10301	강원 강릉시	안전한도시강릉만들기사업	12,000	1	4	7	8	7	5	5	4
10302	강원 강릉시	강릉의민속바로알기사업	12,000	1	7	7	8	7	5	5	4
10303	강원 강릉시	강릉단오제원형콘텐츠구축사업	12,000	1	1	7	8	7	5	5	4
10304	강원 강릉시	강릉한과체험장운영재료비지원	12,000	1	1	7	8	7	5	5	4
10305	강원 강릉시	우수프로그램지원사업	12,000	1	1	7	8	7	5	5	4
10306	강원 강릉시	해양예인어선조난구조비지원	11,500	1	6	7	8	7	5	5	4
10307	강원 강릉시	강릉학산오독떼기전승육성	11,000	1	7	7	8	7	5	5	4
10308	강원 강릉시	심곡어촌체험휴양마을사무장인건비	10,304	1	6	7	8	7	5	5	4
10309	강원 강릉시	ㅇ중국자매도시초등학생언어연수및문화탐방지원사업	10,000	1	1	7	8	7	5	5	4
10310	강원 강릉시	이통장연합회시민참여캠페인	10,000	1	4	7	8	7	5	5	4
10311	강원 강릉시	자유민주주의수호발전	10,000	1	1	7	8	7	5	5	4
10312	강원 강릉시	주민지원협의체복지활동지원비	10,000	1	1	7	8	7	5	5	4
10313	강원 강릉시	ㅇ강릉단오제학습프로그램보조	10,000	1	1	7	8	7	5	5	4
10314	강원 강릉시	제53회전국소년체육대회참가	10,000	1	1	7	8	7	5	5	4
10315	강원 강릉시	건강체조광장교실운영	10,000	1	1,5	7	8	7	5	5	4
10316	강원 강릉시	장애인체험형프로그램운영	10,000	1	1,5	7	8	7	5	5	4
10317	강원 강릉시	여성어업인활성화	10,000	1	1	7	8	7	5	5	4

순번	시군구	지출명 (사업명)	2024년예산 (단위 : 천원 /1년간)	민간이전 분류 (지방자치단체 세출예산 집행기준에 의거) 1. 민간경상사업보조(307-02) 2. 민간단체 법정운영비보조(307-03) 3. 민간행사사업보조(307-04) 4. 민간위탁금(307-05) 5. 사회복지시설 법정운영비보조(307-10) 6. 민간인위탁교육비(307-12) 7. 공기관등에대한경상적위탁사업비(308-13) 8. 민간자본사업보조,자체재원(402-01) 9. 민간자본사업보조,이전재원(402-02) 10. 민간위탁사업비(402-03) 11. 공기관등에 대한 자본적 위탁사업비(403-02)	민간이전지출 근거 (지방보조금 관리기준 참고) 1. 법률에 규정 2. 국고보조 재원(국가지정) 3. 용도 지정 기부금 4. 조례에 직접규정 5. 지자체가 권장하는 사업을 하는 공공기관 6. 시,도 정책 및 재정사정 7. 기타 8. 해당없음	입찰방식			운영예산 산정		성과평가 실시여부
						계약체결방법 (경쟁형태) 1. 일반경쟁 2. 제한경쟁 3. 지명경쟁 4. 수의계약 5. 법정위탁 6. 기타 ( ) 7. 없음	계약기간 1. 1년 2. 2년 3. 3년 4. 4년 5. 5년 6. 기타 ( )년 7. 단기계약 (1년미만) 8. 없음	낙찰자선정방법 1. 적격심사 2. 협상에의한계약 3. 최저가낙찰제 4. 규격가격분리 5. 2단계 경쟁입찰 6. 기타 ( ) 7. 없음	운영예산 산정 1. 내부산정 (지자체 자체적으로 산정) 2. 외부산정 (외부전문기관위탁 산정) 3. 내·외부 모두 산정 4. 산정 無 5. 없음	정산방법 1. 내부정산 (지자체 내부적으로 정산) 2. 외부정산 (외부전문기관위탁 정산) 3. 내·외부 모두 산정 4. 정산 無 5. 없음	1. 실시 2. 미실시 3. 향후 추진 4. 해당없음
10318	강원 강릉시	면발전지원금	10,000	1	4	7	8	7	5	5	4
10319	강원 강릉시	마을관리사회적협동조합보조사업	10,000	1	1	7	8	7	5	5	4
10320	강원 강릉시	우수식재료소비확대기반조성사업	10,000	1	2	7	8	7	5	5	4
10321	강원 강릉시	평생학습형일자리지원사업	10,000	1	1	7	8	7	5	5	4
10322	강원 강릉시	영동문화창달학술대회보조	10,000	1	4	7	8	7	5	5	4
10323	강원 강릉시	모돈갱신	9,000	1	1	7	8	7	5	5	4
10324	강원 강릉시	품목농업인연구회활력화사업	9,000	1	4	7	8	7	5	5	4
10325	강원 강릉시	자원봉사자보험료지원	8,864	1	2	7	8	7	5	5	4
10326	강원 강릉시	성균관청년유도회청년유림지발행	8,800	1	1	7	8	7	5	5	4
10327	강원 강릉시	수산인의날기념행사지원	8,664	1	1	7	8	7	5	5	4
10328	강원 강릉시	고능력젖소정액지원	8,400	1	1	7	8	7	5	5	4
10329	강원 강릉시	전통시장화재보험가입	8,208	1	5	7	8	7	5	5	4
10330	강원 강릉시	고능력젖소정액지원	8,200	1	1	7	8	7	5	5	4
10331	강원 강릉시	성균관유도회유림인성교육사업	8,000	1	1	7	8	7	5	5	4
10332	강원 강릉시	제33회강원특별자치도역전마라톤대회참가	8,000	1	1	7	8	7	5	5	4
10333	강원 강릉시	사료구입비지원	8,000	1	1	7	8	7	5	5	4
10334	강원 강릉시	사랑의장기기증운동지원	8,000	1	4	7	8	7	5	5	4
10335	강원 강릉시	우수동아리지원보조금	8,000	1	1	7	8	7	5	5	4
10336	강원 강릉시	개인하수처리시설위탁관리지원사업	7,800	1	4	7	8	7	5	5	4
10337	강원 강릉시	전통차체험관운영	7,500	1	1	7	8	7	5	5	4
10338	강원 강릉시	도시민과함께하는김치담그기체험지원	7,000	1	4	7	8	7	5	5	4
10339	강원 강릉시	수정란이식	7,000	1	1	7	8	7	5	5	4
10340	강원 강릉시	강릉문학연간지발간	6,400	1	1	7	8	7	5	5	4
10341	강원 강릉시	강릉시민속관운영	6,370	1	2	7	8	7	5	5	4
10342	강원 강릉시	여성어업인작업물품지원	6,300	1	1	7	8	7	5	5	4
10343	강원 강릉시	제44회전국장애인체육대회참가	6,000	1	1	7	8	7	5	5	4
10344	강원 강릉시	귀어귀촌공동체사무실환경개선	6,000	1	1	7	8	7	5	5	4
10345	강원 강릉시	2024년우수등록스포츠클럽지원사업	5,750	1	1,5	7	8	7	5	5	4
10346	강원 강릉시	한송정헌다례와들차회지원	5,600	1	4	7	8	7	5	5	4
10347	강원 강릉시	외국인유학생강릉문화체험	5,000	1	1	7	8	7	5	5	4
10348	강원 강릉시	ㅇ주말해양캠프	5,000	1	1	7	8	7	5	5	4
10349	강원 강릉시	농촌이주여성화합체험프로그램지원	4,800	1	4	7	8	7	5	5	4
10350	강원 강릉시	양봉화분	4,500	1	1	7	8	7	5	5	4
10351	강원 강릉시	GAP인증농가안전성검사비지원	4,320	1	2	7	8	7	5	5	4
10352	강원 강릉시	부존자원조사료사일리지제조비닐지원	4,200	1	1	7	8	7	5	5	4
10353	강원 강릉시	학생승마체험(공익)지원	4,160	1	1	7	8	7	5	5	4
10354	강원 강릉시	강릉예절원전통예절교육지원	4,000	1	1	7	8	7	5	5	4
10355	강원 강릉시	ㅇ전통성년례	4,000	1	1	7	8	7	5	5	4
10356	강원 강릉시	벌통및꿀벌지원	4,000	1	1	7	8	7	5	5	4
10357	강원 강릉시	로컬푸드활성화운영지원	4,000	1	1	7	8	7	5	5	4

순번	시군구	지출명 (사업명)	2024년예산 (단위 : 천원 /1년간)	민간이전 분류 (지방자치단체 세출예산 집행기준에 의거) 1. 민간경상사업보조(307-02) 2. 민간단체 법정운영비보조(307-03) 3. 민간행사사업보조(307-04) 4. 민간위탁금(307-05) 5. 사회복지시설 법정운영비보조(307-10) 6. 민간인위탁교육비(307-12) 7. 공기관등에대한경상적위탁사업비(308-13) 8. 민간자본사업보조,자체재원(402-01) 9. 민간자본사업보조,이전재원(402-02) 10. 민간위탁사업비(402-03) 11. 공기관등에 대한 자본적 위탁사업비(403-02)	민간이전지출 근거 (지방보조금 관리기준 참고) 1. 법률에 규정 2. 국고보조 재원(국가지정) 3. 용도 지정 기부금 4. 조례에 직접규정 5. 지자체가 권장하는 사업을 하는 공공기관 6. 시,도 정책 및 재정사정 7. 기타 8. 해당없음	입찰방식 계약체결방법 (경쟁형태) 1. 일반경쟁 2. 제한경쟁 3. 지명경쟁 4. 수의계약 5. 법정위탁 6. 기타 ( ) 7. 없음	입찰방식 계약기간 1. 1년 2. 2년 3. 3년 4. 4년 5. 5년 6. 기타 ( )년 7. 단기계약 (1년미만) 8. 없음	입찰방식 낙찰자선정방법 1. 적격심사 2. 협상에의한계약 3. 최저가낙찰제 4. 규격가격분리 5. 2단계 경쟁입찰 6. 기타 ( ) 7. 없음	운영예산 산정 운영예산 산정 1. 내부산정 (지자체 자체적으로 산정) 2. 외부산정 (외부전문기관위탁 산정) 3. 내·외부 모두 산정 4. 산정 無 5. 없음	운영예산 산정 정산방법 1. 내부정산 (지자체 내부적으로 정산) 2. 외부정산 (외부전문기관위탁 정산) 3. 내·외부 모두 정산 4. 정산 無 5. 없음	성과평가 실시여부 1. 실시 2. 미실시 3. 향후 추진 4. 해당없음
10358	강원 강릉시	자살예방구조순찰및범죄예방활동지원	3,500	1	1	7	8	7	5	5	4
10359	강원 강릉시	2024종목별우승팀대회참가	3,500	1	1	7	8	7	5	5	4
10360	강원 강릉시	두지사풀질인증제지원	3,500	1	1	7	8	7	5	5	4
10361	강원 강릉시	농산물안전성검사	3,400	1	1	7	8	7	5	5	4
10362	강원 강릉시	강릉사천하평답교놀이전승육성	3,150	1	7	7	8	7	5	5	4
10363	강원 강릉시	장애인거주시설공기청정기렌탈지원	3,044	1	1	7	8	7	5	5	4
10364	강원 강릉시	ㅇ중국자매도시민간협력지원	3,000	1	7	7	8	7	5	5	4
10365	강원 강릉시	아동성폭력예방및우범지역야간순찰방범활동	3,000	1	1	7	8	7	5	5	4
10366	강원 강릉시	체세포감소제지원	3,000	1	1	7	8	7	5	5	4
10367	강원 강릉시	기자재현대화	2,700	1	1	7	8	7	5	5	4
10368	강원 강릉시	등록심사지원	2,040	1	1	7	8	7	5	5	4
10369	강원 강릉시	임산물상품화지원사업	1,500	1	1	7	8	7	5	5	4
10370	강원 강릉시	지하수수질검사수수료지원사업	1,339	1	7	7	8	7	5	5	4
10371	강원 강릉시	어업인안전보험지원	1,000	1	6	7	8	7	5	5	4
10372	강원 동해시	사랑의김장나누기	3,500,000	1	4	4	1	7	1	1	1
10373	강원 동해시	취약지역응급의료기관지원	404,600	1	2	7	8	7	5	2	4
10374	강원 동해시	어업용면세유일부지원	306,288	1	6	7	8	7	5	5	4
10375	강원 동해시	택시업계경쟁력강화지원사업	302,100	1	4	7	8	7	5	5	4
10376	강원 동해시	전국단위대회개최	255,000	1	4	7	8	7	1	1	4
10377	강원 동해시	지역특화문화행사지원	250,000	1	1	7	8	7	5	1	1
10378	강원 동해시	문화예술단체활동지원	250,000	1	4	7	8	7	5	1	1
10379	강원 동해시	제59회강원도민체육대회출전	250,000	1	4	7	8	7	1	1	4
10380	강원 동해시	청년일자리지역혁신형참여자인건비	182,867	1	2	7	8	7	5	5	4
10381	강원 동해시	향교서원문화재활용사업(용산서원)	162,500	1	2	7	8	7	5	5	4
10382	강원 동해시	도단위대회개최	151,000	1	4	7	8	7	1	1	4
10383	강원 동해시	어선원재해보상보험료지원	141,056	1	6	7	8	7	5	5	4
10384	강원 동해시	동해문화원사업활동지원	123,000	1	4	7	8	7	5	1	1
10385	강원 동해시	생생문화재활용사업(동해구상수시설)	100,000	1	2	7	8	7	5	5	4
10386	강원 동해시	스포츠클럽지원	100,000	1	4	7	8	7	1	1	4
10387	강원 동해시	상권활성화재단운영사업비	100,000	1	1	4	1	7	1	1	1
10388	강원 동해시	제32회강원도민생활체육대회출전	90,000	1	4	7	8	7	1	1	4
10389	강원 동해시	원전오염처리수방류대응수산물가격지지수매비일부지원	90,000	1	6	7	8	7	5	5	4
10390	강원 동해시	노동법률상담지원사업	81,744	1	4	7	1	7	1	1	1
10391	강원 동해시	시단위대회개최	80,000	1	4	7	8	7	1	1	4
10392	강원 동해시	입주기업경쟁력강화지원사업	70,000	1	4	7	8	7	1	1	1
10393	강원 동해시	2024종교문화여행치유순례프로그램	64,000	1	2	7	8	7	5	1	1
10394	강원 동해시	체육교류및전지훈련비	60,000	1	4	7	8	7	1	1	4
10395	강원 동해시	어선재해보상보험료지원	58,000	1	6	7	8	7	5	5	4
10396	강원 동해시	종목별각종대회출전비	55,000	1	4	7	8	7	1	1	4
10397	강원 동해시	생생문화재활용사업(동해망상농악)	50,000	1	2	7	8	7	5	1	1

순번	시군구	지출명 (사업명)	2024년예산 (단위 : 천원 /1년간)	민간이전 분류 (지방자치단체 세출예산 집행기준에 의거) 1. 민간경상사업보조(307-02) 2. 민간단체 법정운영비보조(307-03) 3. 민간행사사업보조(307-04) 4. 민간위탁금(307-05) 5. 사회복지시설 법정운영비보조(307-10) 6. 민간인위탁교육비(307-12) 7. 공기관등에대한경상적위탁사업비(308-13) 8. 민간자본사업보조,자체재원(402-01) 9. 민간자본사업보조,이전재원(402-02) 10. 민간위탁사업비(402-03) 11. 공기관등에 대한 자본적 위탁사업비(403-02)	민간이전지출 근거 (지방보조금 관리기준 참고) 1. 법률에 규정 2. 국고보조 재원(국가지정) 3. 용도 지정 기부금 4. 조례에 직접규정 5. 지자체가 권장하는 사업을 하는 공공기관 6. 시,도 정책 및 재정사정 7. 기타 8. 해당없음	입찰방식			운영예산 산정		성과평가 실시여부
						계약체결방법 (경쟁형태) 1. 일반경쟁 2. 제한경쟁 3. 지명경쟁 4. 수의계약 5. 법정위탁 6. 기타 ( ) 7. 없음	계약기간 1. 1년 2. 2년 3. 3년 4. 4년 5. 5년 6. 기타 ( )년 7. 단기계약 (1년미만) 8. 없음	낙찰자선정방법 1. 적격심사 2. 협상에의한계약 3. 최저가낙찰제 4. 규격가격분리 5. 2단계 경쟁입찰 6. 기타 ( ) 7. 없음	운영예산 산정 1. 내부산정 (지자체 자체적으로 산정) 2. 외부산정 (외부전문기관위탁 산정) 3. 내·외부 모두 산정 4. 산정 無 5. 없음	정산방법 1. 내부정산 (지자체 내부적으로 정산) 2. 외부정산 (외부전문기관위탁 정산) 3. 내·외부 모두 산정 4. 정산 無 5. 없음	1. 실시 2. 미실시 3. 향후 추진 4. 해당없음
10398	강원 동해시	종목별대회출전	50,000	1	4	7	8	7	1	1	4
10399	강원 동해시	수산물맞춤형포장재지원	50,000	1	6	7	8	7	5	5	3
10400	강원 동해시	원전오염처리수방류대응수산물소비촉진판로개척지원	50,000	1	6	7	8	7	5	5	4
10401	강원 동해시	청년어촌정착지원사업	44,400	1	2	7	8	7	5	5	4
10402	강원 동해시	스포츠클럽육성사업(하키,야구)	40,000	1	4	7	8	7	1	1	4
10403	강원 동해시	노사민정협의회사무국인건비및운영비	38,564	1	2	7	1	7	1	1	1
10404	강원 동해시	제17회강원특별자치도장애인생활체육대회출전	35,000	1	4	7	8	7	1	1	4
10405	강원 동해시	노란우산공제희망보조금지원사업	31,370	1	2	7	8	7	1	1	4
10406	강원 동해시	체육대회우수선수지원	30,000	1	4	7	8	7	1	1	4
10407	강원 동해시	외국인어선원복지시설운영비지원	30,000	1	6	7	8	7	5	5	4
10408	강원 동해시	사회적기업일자리창출지원(인건비,공모사업등)	29,334	1	2	7	8	7	5	5	4
10409	강원 동해시	2024강원특별자치도어르신체육대회출전	28,000	1	4	7	8	7	1	1	4
10410	강원 동해시	대문어매입방류	27,000	1	6	7	8	7	5	5	4
10411	강원 동해시	산사문화재활용사업(동해삼화사)	25,000	1	2	7	8	7	5	1	1
10412	강원 동해시	제3회강원도여성종합체육대회출전	25,000	1	4	7	8	7	1	1	4
10413	강원 동해시	대회개최의료지원	24,500	1	4	7	8	7	1	1	4
10414	강원 동해시	2024종목별장애인체육대회출전	21,000	1	4	7	8	7	1	1	4
10415	강원 동해시	동해문화원사랑방사업	20,000	1	4	7	8	7	5	1	1
10416	강원 동해시	생활체육교실지원사업	20,000	1	4	7	8	7	1	1	4
10417	강원 동해시	동해향교사업	18,000	1	4	7	8	7	5	1	1
10418	강원 동해시	평생교육기관우수프로그램지원	15,000	1	4	7	8	7	5	5	4
10419	강원 동해시	스포츠마케팅	15,000	1	4	7	8	7	1	1	4
10420	강원 동해시	재가진폐재해자지원사업	14,000	1	4	7	8	7	1	1	1
10421	강원 동해시	여성어업인복지바우처지원	14,000	1	6	7	8	7	5	5	4
10422	강원 동해시	어업인영어자금이차보전	12,220	1	6	7	8	7	5	5	4
10423	강원 동해시	영구임대아파트공동전기료지원	12,000	1	4	7	8	7	5	5	4
10424	강원 동해시	교통질서계도지원및불법행위단속	12,000	1	7	7	8	7	5	5	4
10425	강원 동해시	해달맞이체조육성사업	10,000	1	4	7	8	7	1	1	4
10426	강원 동해시	노사민정협력활성화지원사업	10,000	1	2	7	1	7	2	1	4
10427	강원 동해시	공예품대전출품업체지원	10,000	1	4	7	8	7	1	1	1
10428	강원 동해시	2024장애인체육활동지원	9,000	1	4	7	8	7	1	1	4
10429	강원 동해시	전통시장화재보험가입지원	9,000	1	1	7	1	7	1	1	4
10430	강원 동해시	생활문화센터운영활성화사업지원	8,100	1	4	7	8	7	5	1	1
10431	강원 동해시	지속지능발전협의회사업보조	8,000	1	4	7	8	7	1	1	4
10432	강원 동해시	해양사고예인어선조난구조비지원	7,500	1	6	7	8	7	5	5	4
10433	강원 동해시	2024강원특별자치도지체장애인체육대회출전	7,000	1	4	7	8	7	1	1	4
10434	강원 동해시	농촌마을공동급식지원	6,250	1	1	7	8	7	1	1	4
10435	강원 동해시	장애인체육대회우수선수지원	6,000	1	4	7	8	7	1	1	4
10436	강원 동해시	제27회강원특별자치도농아인체육대회출전	6,000	1	4	7	8	7	1	1	4
10437	강원 동해시	노사민정한마음체육대회지원	5,400	1	4	7	1	7	1	1	1

순번	시군구	지출명 (사업명)	2024년예산 (단위 : 천원 /1년간)	민간이전 분류 (지방자치단체 세출예산 집행기준에 의거) 1. 민간경상사업보조(307-02) 2. 민간단체 법정운영비보조(307-03) 3. 민간행사사업보조(307-04) 4. 민간위탁금(307-05) 5. 사회복지시설 법정운영비보조(307-10) 6. 민간인위탁교육비(307-12) 7. 공기관등에대한경상적위탁사업비(308-13) 8. 민간자본사업보조,자체재원(402-01) 9. 민간자본사업보조,이전재원(402-02) 10. 민간위탁사업비(402-03) 11. 공기관등에 대한 자본적 위탁사업비(403-02)	민간이전지출 근거 (지방보조금 관리기준 참고) 1. 법률에 규정 2. 국고보조 재원(국가지정) 3. 용도 지정 기부금 4. 조례에 직접규정 5. 지자체가 권장하는 사업을 하는 공공기관 6. 시,도 정책 및 재정사정 7. 기타 8. 해당없음	입찰방식: 계약체결방법 (경쟁형태) 1. 일반경쟁 2. 제한경쟁 3. 지명경쟁 4. 수의계약 5. 법정위탁 6. 기타 ( ) 7. 없음	입찰방식: 계약기간 1. 1년 2. 2년 3. 3년 4. 4년 5. 5년 6. 기타 ( )년 7. 단기계약 (1년미만) 8. 없음	입찰방식: 낙찰자선정방법 1. 적격심사 2. 협상에의한계약 3. 최저가낙찰제 4. 규격가격분리 5. 2단계 경쟁입찰 6. 기타 ( ) 7. 없음	운영예산 산정: 운영예산 산정 1. 내부산정 (지자체 자체적으로 산정) 2. 외부산정 (외부전문기관위탁 산정) 3. 내·외부 모두 산정 4. 산정 無 5. 없음	운영예산 산정: 정산방법 1. 내부정산 (지자체 내부적으로 정산) 2. 외부정산 (외부전문기관위탁 정산) 3. 내·외부 모두 산정 4. 정산 無 5. 없음	성과평가 실시여부 1. 실시 2. 미실시 3. 향후 추진 4. 해당없음
10438	강원 동해시	지역아동센터종사자행사지원	5,000	1	2	7	8	7	1	1	1
10439	강원 동해시	주민자치센터운영(사랑의김장나누기)	5,000	1	4	7	8	7	1	1	1
10440	강원 동해시	2024시군지회생활체육동호인대항전출전	5,000	1	4	7	8	7	1	1	4
10441	강원 동해시	EM발효액보급사업	5,000	1	6	7	8	7	1	1	4
10442	강원 동해시	환경단체환경보전활동지원	5,000	1	4	7	8	7	1	1	4
10443	강원 동해시	주민자치활성화사업	4,800	1	4	7	8	7	1	1	1
10444	강원 동해시	시장경영패키지지원사업	4,495	1	2	7	1	7	1	1	4
10445	강원 동해시	2024년사랑의김장나누기보조금	4,000	1	4	7	7	7	1	1	1
10446	강원 동해시	저소득가구김장김치나누기행사	4,000	1	7	7	8	7	1	1	1
10447	강원 동해시	근로자의날행사지원	4,000	1	4	7	1	7	1	1	1
10448	강원 동해시	우수등록스포츠클럽지원사업	3,250	1	4	7	8	7	1	1	4
10449	강원 동해시	스포츠마케팅	3,000	1	4	7	8	7	1	1	4
10450	강원 동해시	2024도비공모교실사업안전배상책임보험	2,000	1	4	7	8	7	1	1	4
10451	강원 동해시	여성스포츠육성사업	2,000	1	4	7	8	7	1	1	4
10452	강원 동해시	어업인안전보험지원	1,100	1	6	7	8	7	5	5	4
10453	강원 동해시	외국인계절근로자지원	1,000	1	1	7	8	7	1	1	4
10454	강원 동해시	웰다잉연구회지원	700	1	4	7	8	7	1	1	3
10455	강원 태백시	노지스마트농업시범사업(사업단운영)	1,000,000	1	2	7	8	7	5	5	4
10456	강원 태백시	취약지응급의료기관운영지원	910,000	1	2,4	7	8	7	5	3	1
10457	강원 태백시	농작물병해충방제비	770,000	1	4	7	8	7	5	5	4
10458	강원 태백시	분만취약지지원사업(인건비)	500,000	1	2	7	8	7	5	1	1
10459	강원 태백시	통합문화이용권사업	426,400	1	1	7	8	7	5	3	4
10460	강원 태백시	엘리트체육활성화지원	411,396	1	1	7	8	7	1	1	1
10461	강원 태백시	보호자없는병실운영	376,336	1	4,5	7	8	7	5	1	3
10462	강원 태백시	생활체육지도자배치	266,180	1	1	7	8	7	1	1	1
10463	강원 태백시	어르신체육활동지원	228,057	1	1	7	8	7	1	1	1
10464	강원 태백시	국민체력1체력인증기관운영	203,640	1	2	7	8	7	1	1	1
10465	강원 태백시	지역문화콘텐츠개발육성사업	200,000	1	4	7	8	7	1	1	3
10466	강원 태백시	전통시장안전관리지원	199,068	1	4	7	8	7	2	1	2
10467	강원 태백시	지역대학육성지원	168,000	1	6	7	8	7	1	1	1
10468	강원 태백시	태백문화원지원및육성	102,101	1	1	7	8	7	1	1	1
10469	강원 태백시	지식재산기반창업촉진사업	100,000	1	1	7	8	7	1	1	4
10470	강원 태백시	인공신장실의료기관지원사업	100,000	1	4	7	8	7	5	1	1
10471	강원 태백시	축산농가톱밥지원	90,000	1	1	7	8	7	1	1	1
10472	강원 태백시	조사료재배생산비지원	76,556	1	1	7	8	7	1	1	1
10473	강원 태백시	강원도형사회보험료지원사업	74,000	1	4	7	8	7	5	1	2
10474	강원 태백시	청년후계농영농정착금지원사업	60,000	1	2	7	8	7	5	5	4
10475	강원 태백시	국민사회단체활성화지원	59,308	1	1	7	8	7	1	1	1
10476	강원 태백시	건강플러스사업(통합건강증진)	50,000	1	2	7	8	7	1	1	1
10477	강원 태백시	꿀벌사육농가경영안정지원	48,000	1	1	7	8	7	1	1	1

순번	시군구	지출명 (사업명)	2024년예산 (단위 : 천원 /1년간)	민간이전 분류 (지방자치단체 세출예산 집행기준에 의거) 1. 민간경상사업보조(307-02) 2. 민간단체 법정운영비보조(307-03) 3. 민간행사사업보조(307-04) 4. 민간위탁금(307-05) 5. 사회복지시설 법정운영비보조(307-10) 6. 민간인위탁교육비(307-12) 7. 공기관등에대한경상적위탁사업비(308-13) 8. 민간자본사업보조,자체재원(402-01) 9. 민간자본사업보조,이전재원(402-02) 10. 민간위탁사업비(402-03) 11. 공기관등에 대한 자본적 위탁사업비(403-02)	민간이전지출 근거 (지방보조금 관리기준 참고) 1. 법률에 규정 2. 국고보조 재원(국가지정) 3. 용도 지정 기부금 4. 조례에 직접규정 5. 지자체가 권장하는 사업을 하는 공공기관 6. 시,도 정책 및 재정사정 7. 기타 8. 해당없음	입찰방식			운영예산 산정		성과평가 실시여부
						계약체결방법 (경쟁형태) 1. 일반경쟁 2. 제한경쟁 3. 지명경쟁 4. 수의계약 5. 법정위탁 6. 기타 ( ) 7. 없음	계약기간 1. 1년 2. 2년 3. 3년 4. 4년 5. 5년 6. 기타 ( )년 7. 단기계약 (1년미만) 8. 없음	낙찰자선정방법 1. 적격심사 2. 협상에의한계약 3. 최저가낙찰제 4. 규격가격분리 5. 2단계 경쟁입찰 6. 기타 ( ) 7. 없음	운영예산 산정 1. 내부산정 (지자체 자체적으로 산정) 2. 외부산정 (외부전문기관위탁 산정) 3. 내·외부 모두 산정 4. 산정 無 5. 없음	정산방법 1. 내부정산 (지자체 내부적으로 정산) 2. 외부정산 (외부전문기관위탁 정산) 3. 내·외부 모두 산정 4. 정산 無 5. 없음	1. 실시 2. 미실시 3. 향후 추진 4. 해당없음
10478	강원 태백시	지식재산지원사업	44,458	1	1	7	8	7	1	1	4
10479	강원 태백시	검역병해충확산방지를위한종합대응체계구축	43,750	1	4	7	8	7	5	5	4
10480	강원 태백시	유소년체육교실운영	40,270	1	1	7	8	7	1	1	1
10481	강원 태백시	지역생활예술지원사업(전환사업)	40,000	1	2	7	8	7	1	1	1
10482	강원 태백시	사회적기업일자리창출	36,000	1	2	7	8	7	5	1	1
10483	강원 태백시	말산업육성지원	34,560	1	1	7	8	7	1	1	1
10484	강원 태백시	태백한우명품화사업	33,980	1	1	7	8	7	1	1	1
10485	강원 태백시	가축재해보험	27,500	1	1	7	8	7	1	1	1
10486	강원 태백시	찾아가는문화예술활동	26,667	1	2	7	8	7	1	1	1
10487	강원 태백시	홈쇼핑활성화지원	25,000	1	1	7	8	7	5	5	4
10488	강원 태백시	범죄피해자지원센터운영	23,000	1	1	7	8	7	5	5	4
10489	강원 태백시	축산농가축산물작업장HACCP지원	22,600	1	1	7	8	7	1	1	1
10490	강원 태백시	지역주도형청년일자리사업(소멸위기지역창업청년지원형)	21,434	1	2	7	8	7	1	1	4
10491	강원 태백시	국가유공자지원	20,065	1	1	7	8	7	1	1	3
10492	강원 태백시	태백시마을공동체만들기공모사업	20,000	1	4	7	8	7	5	1	1
10493	강원 태백시	드론사업육성	20,000	1	6	7	8	7	1	1	4
10494	강원 태백시	생활체육프로그램운영	20,000	1	1	7	8	7	1	1	1
10495	강원 태백시	태백스포츠클럽운영	20,000	1	1	7	8	7	1	1	1
10496	강원 태백시	부숙촉진악취저감제지원	20,000	1	1	7	8	7	1	1	1
10497	강원 태백시	농촌체험휴양마을사무장지원	19,785	1	1	7	8	7	3	3	1
10498	강원 태백시	조사료생산지원	19,113	1	1	7	8	7	1	1	1
10499	강원 태백시	순직산업전사유가족협의회지원	18,000	1	1	7	8	7	1	1	4
10500	강원 태백시	중소기업활성화지원	12,500	1	4	7	8	7	1	1	1
10501	강원 태백시	강원한우통합브랜드가치제고	11,550	1	1	7	8	7	1	1	1
10502	강원 태백시	노란우산공제희망보조금지원사업	10,830	1	1	7	8	7	5	1	4
10503	강원 태백시	수질관련사업장관리	10,320	1	1	7	8	7	1	1	4
10504	강원 태백시	전통시장이용활성화	10,000	1	4	7	8	7	2	1	2
10505	강원 태백시	농특산물유통관리운영	10,000	1	4	7	8	7	1	1	1
10506	강원 태백시	환경단체육성	8,710	1	1	7	8	7	1	1	4
10507	강원 태백시	노인회지회운영지원	8,200	1	1	7	8	7	1	1	1
10508	강원 태백시	청년참여활성화	8,000	1	4	7	8	7	1	1	1
10509	강원 태백시	학교체육활성화지원	8,000	1	1	7	8	7	1	1	1
10510	강원 태백시	지역노사민정협력활성화	6,190	1	1	7	8	7	1	1	3
10511	강원 태백시	사회복지사업운영활성화(여성)	6,000	1	1	7	8	7	1	1	1
10512	강원 태백시	대중교통시설개선지원	6,000	1	1	7	8	7	1	1	1
10513	강원 태백시	한우품질고급화사업	5,600	1	1	7	8	7	1	1	1
10514	강원 태백시	축산물HACCP컨설팅지원	5,040	1	1	7	8	7	1	1	1
10515	강원 태백시	노인관련대회및행사참가지원	5,000	1	1	7	8	7	1	1	1
10516	강원 태백시	산란계농가난좌구입지원	5,000	1	1	7	8	7	1	1	1
10517	강원 태백시	태백민속예술단운영지원	4,740	1	1	7	8	7	1	1	1

순번	시군구	지출명 (사업명)	2024년예산 (단위 : 천원 /1년간)	민간이전 분류 (지방자치단체 세출예산 집행기준에 의거) 1. 민간경상사업보조(307-02) 2. 민간단체 법정운영비보조(307-03) 3. 민간행사사업보조(307-04) 4. 민간위탁금(307-05) 5. 사회복지시설 법정운영비보조(307-10) 6. 민간인위탁교육비(307-12) 7. 공기관등에대한경상적위탁사업비(308-13) 8. 민간자본사업보조,자체재원(402-01) 9. 민간자본사업보조,이전재원(402-02) 10. 민간위탁사업비(402-03) 11. 공기관등에 대한 자본적 위탁사업비(403-02)	민간이전지출 근거 (지방보조금 관리기준 참고) 1. 법률에 규정 2. 국고보조 재원(국가지정) 3. 용도 지정 기부금 4. 조례에 직접규정 5. 지자체가 권장하는 사업을 하는 공공기관 6. 시,도 정책 및 재정사정 7. 기타 8. 해당없음	입찰방식 계약체결방법 (경쟁형태) 1. 일반경쟁 2. 제한경쟁 3. 지명경쟁 4. 수의계약 5. 법정위탁 6. 기타 ( ) 7. 없음	입찰방식 계약기간 1. 1년 2. 2년 3. 3년 4. 4년 5. 5년 6. 기타 ( )년 7. 단기계약 (1년미만) 8. 없음	입찰방식 낙찰자선정방법 1. 적격심사 2. 협상에의한계약 3. 최저가낙찰제 4. 규격가격분리 5. 2단계 경쟁입찰 6. 기타 ( ) 7. 없음	운영예산 산정 운영예산 산정 1. 내부산정 (지자체 자체적으로 산정) 2. 외부산정 (외부전문기관위탁 산정) 3. 내·외부 모두 산정 4. 산정 無 5. 없음	운영예산 산정 정산방법 1. 내부정산 (지자체 내부적으로 정산) 2. 외부정산 (외부전문기관위탁 정산) 3. 내·외부 모두 산정 4. 정산 無 5. 없음	성과평가 실시여부 1. 실시 2. 미실시 3. 향후 추진 4. 해당없음
10518	강원 태백시	축사시설전기안전점검지원	3,600	1	1	7	8	7	5	5	4
10519	강원 태백시	지역소방지원	3,160	1	4	7	8	7	1	1	1
10520	강원 태백시	축산농가경영개선지원사업	3,000	1	1	7	8	7	1	1	1
10521	강원 태백시	사료작물종자구입지원	2,772	1	1	7	8	7	1	1	1
10522	강원 태백시	2024년우수등록스포츠클럽지원	2,500	1	7	7	8	7	1	1	1
10523	강원 태백시	양돈명품화사업	1,425	1	1	7	8	7	1	1	1
10524	강원 태백시	내수면어업육성	1,200	1	1	7	8	7	1	1	1
10525	강원 속초시	전기자동차보급사업	3,853,600	1	4	7	8	7	3	1	1
10526	강원 속초시	통합문화이용권사업	766,350	1	1	7	8	7	3	1	1
10527	강원 속초시	어업용면세유일부지원	437,737	1	1	7	8	7	3	1	1
10528	강원 속초시	전통시장지킴이지원사업	292,680	1	1	7	8	7	3	1	1
10529	강원 속초시	속초시지발간사업	243,600	1	4	7	8	7	3	1	1
10530	강원 속초시	강원특별자치도민체육대회출전지원	226,200	1	4	7	8	7	3	1	1
10531	강원 속초시	원전오염처리수방류대응수산물가격지지수매비일부지원	144,000	1	1	7	8	7	3	1	1
10532	강원 속초시	신흥사극락보전안전경비원배치	134,856	1	2	7	8	7	3	1	1
10533	강원 속초시	취약지역응급의료기관운영지원사업	132,000	1	1	7	8	7	3	1	1
10534	강원 속초시	속초돈돌라리발굴육성	120,000	1	1	7	8	7	1	1	4
10535	강원 속초시	농공단지악취방지지원사업	120,000	1	2	7	8	7	3	1	1
10536	강원 속초시	강원특별자치도민생활체육대회출전지원	96,680	1	4	7	8	7	3	1	1
10537	강원 속초시	유기질비료공급	91,224	1	4	7	8	7	3	1	1
10538	강원 속초시	청년어업인정착지원	91,200	1	4	7	8	7	1	1	1
10539	강원 속초시	외국인선원고용안정지원	83,000	1	1	7	8	7	3	1	1
10540	강원 속초시	노동법률상담사업소지원	81,744	1	6	7	8	7	3	1	1
10541	강원 속초시	문화교육강좌운영사업	80,000	1	4	7	8	7	3	1	1
10542	강원 속초시	공동주택지원(전기료)	70,000	1	4	7	8	7	3	1	1
10543	강원 속초시	자원봉사코디네이터지원육성	66,412	1	1	7	8	7	3	1	1
10544	강원 속초시	벼병해충공동방제보조농약지원	60,000	1	2	7	8	7	3	1	1
10545	강원 속초시	정신의료기관운영지원사업	60,000	1	4	7	8	7	1	1	1
10546	강원 속초시	명태산업광역특구통합브랜드홍보마케팅지원	58,340	1	4	7	8	7	5	1	1
10547	강원 속초시	붉은대게근해통발미끼지원	56,000	1	1	7	8	7	3	1	1
10548	강원 속초시	벼육묘용상토지원	56,000	1	6	7	8	7	3	1	1
10549	강원 속초시	생생문화재사업(생생문화재와떠나는속초여행)	55,000	1	4	7	8	7	1	1	1
10550	강원 속초시	원전오염처리수방류대응수산물소비촉진판로개척지원	50,000	1	2	7	8	7	3	1	1
10551	강원 속초시	수매벼건조료지원	49,500	1	1	7	8	7	3	1	1
10552	강원 속초시	농산물포장재지원	49,500	1	4	7	8	7	3	1	1
10553	강원 속초시	엘리트체육대회출전지원	48,500	1	4	7	8	7	1	1	1
10554	강원 속초시	지역문화유산교육	48,000	1	4	7	8	7	3	1	1
10555	강원 속초시	영구임대아파트공동전기료지원	45,000	1	2	7	8	7	3	1	1
10556	강원 속초시	마을특화작물포장재지원	42,000	1	1	7	8	7	3	1	1
10557	강원 속초시	제41회강원연극제참가공연비지원	41,300	1	4	7	8	7	1	1	1

순번	시군구	지출명 (사업명)	2024년예산 (단위 : 천원 /1년간)	민간이전 분류 (지방자치단체 세출예산 집행기준에 의거) 1. 민간경상사업보조(307-02) 2. 민간단체 법정운영비보조(307-03) 3. 민간행사사업보조(307-04) 4. 민간위탁금(307-05) 5. 사회복지시설 법정운영비보조(307-10) 6. 민간인위탁교육비(307-12) 7. 공기관등에대한경상적위탁사업비(308-13) 8. 민간자본사업보조,자체재원(402-01) 9. 민간자본사업보조,이전재원(402-02) 10. 민간위탁사업비(402-03) 11. 공기관등에 대한 자본적 위탁사업비(403-02)	민간이전지출 근거 (지방보조금 관리기준 참고) 1. 법률에 규정 2. 국고보조 재원(국가지정) 3. 용도 지정 기부금 4. 조례에 직접규정 5. 지자체가 권장하는 사업을 하는 공공기관 6. 시,도 정책 및 재정사정 7. 기타 8. 해당없음	입찰방식 계약체결방법 (경쟁형태) 1. 일반경쟁 2. 제한경쟁 3. 지명경쟁 4. 수의계약 5. 법정위탁 6. 기타 ( ) 7. 없음	입찰방식 계약기간 1. 1년 2. 2년 3. 3년 4. 4년 5. 5년 6. 기타 ( )년 7. 단기계약 (1년미만) 8. 없음	입찰방식 낙찰자선정방법 1. 적격심사 2. 협상에의한계약 3. 최저가낙찰제 4. 규격가격분리 5. 2단계 경쟁입찰 6. 기타 ( ) 7. 없음	운영예산 산정 운영예산 산정 1. 내부산정 (지자체 자체적으로 산정) 2. 외부산정 (외부전문기관위탁 산정) 3. 내·외부 모두 산정 4. 산정 無 5. 없음	운영예산 산정 정산방법 1. 내부정산 (지자체 내부적으로 정산) 2. 외부정산 (외부전문기관위탁 정산) 3. 내·외부 모두 산정 4. 정산 無 5. 없음	성과평가 실시여부 1. 실시 2. 미실시 3. 향후 추진 4. 해당없음
10558	강원 속초시	제17회강원특별자치도장애인생활체육대회출전	40,585	1	4	7	8	7	3	1	1
10559	강원 속초시	학교급식친환경쌀생산단지지원	40,000	1	4	7	8	7	1	1	1
10560	강원 속초시	꿀벌사육농가자재지원	40,000	1	4	7	8	7	1	1	1
10561	강원 속초시	토양개량제지원	37,751	1	2	7	8	7	1	1	1
10562	강원 속초시	강원쌀대량소비처차액지원	36,000	1	4	7	8	7	1	1	4
10563	강원 속초시	새마을운동추진사업비	34,224	1	1	7	8	7	3	1	1
10564	강원 속초시	속초시소비자보호상담실운영사업	32,785	1	4	7	8	7	3	1	1
10565	강원 속초시	국외소재문화재환수지원	30,000	1	4	7	8	7	3	1	1
10566	강원 속초시	고령농가벼육묘지원	30,000	1	4	7	8	7	1	1	1
10567	강원 속초시	저인망어선어업로프지원	29,484	1	1	7	8	7	3	1	1
10568	강원 속초시	지역노사민정협력활성화지원사업(사업비)	29,354	1	1	7	8	7	3	1	1
10569	강원 속초시	강원특별자치도어르신생활체육대회출전지원	29,125	1	4	7	8	7	3	1	1
10570	강원 속초시	사자놀이보존전승	29,000	1	4	7	8	7	3	1	1
10571	강원 속초시	강원특별자치도지사기(배)생활체육대회출전지원	28,710	1	4	7	8	7	3	1	1
10572	강원 속초시	범죄피해자보호및지원사업	28,596	1	1	7	8	7	3	1	1
10573	강원 속초시	강원특별자치도여성생활체육대회출전지원	28,405	1	4	7	8	7	3	1	1
10574	강원 속초시	속초종합중앙시장화장실운영지원	27,049	1	1	7	8	7	3	1	1
10575	강원 속초시	자원봉사센터프로그램운영(인센티브지원사업)	26,000	1	1	7	8	7	3	1	1
10576	강원 속초시	공동방제단운영	25,950	1	2	7	8	7	1	1	1
10577	강원 속초시	여성어업인복지바우처지원	25,200	1	6	7	8	7	3	1	1
10578	강원 속초시	도문농요보존전승	25,000	1	4	7	8	7	3	1	1
10579	강원 속초시	드론이용벼병해충공동방제	25,000	1	4	7	8	7	1	1	1
10580	강원 속초시	친환경자망어구추보급지원	24,000	1	1	7	8	7	3	1	1
10581	강원 속초시	강원특별자치도소년체전출전지원	22,500	1	4	7	8	7	3	1	1
10582	강원 속초시	수산업경영인대회참가지원	22,500	1	1	7	8	7	3	1	1
10583	강원 속초시	노란우산공제신규가입장려금지원사업	21,346	1	4	7	8	7	3	1	1
10584	강원 속초시	생분해성멀칭비닐지원	21,000	1	6	7	8	7	1	1	1
10585	강원 속초시	지역자율방재단사업비지원	20,684	1	4	7	8	7	3	1	1
10586	강원 속초시	어촌체험휴양마을사무장채용지원	20,608	1	1	7	8	7	3	1	1
10587	강원 속초시	우수자원봉사자(단체장)힐링캠프	20,000	1	1	7	8	7	3	1	1
10588	강원 속초시	지방문화원사랑방운영	20,000	1	4	7	8	7	3	1	1
10589	강원 속초시	생활체육교실운영지원	20,000	1	2	7	8	7	3	1	1
10590	강원 속초시	로컬푸드농산물포장재지원	20,000	1	4	7	8	7	1	1	1
10591	강원 속초시	신흥사소방시설유지관리	19,540	1	2	7	8	7	3	1	1
10592	강원 속초시	사자놀이보존회의상및소품구입	19,350	1	4	7	8	7	3	1	1
10593	강원 속초시	강원특별자치도협회장기(배)생활체육대회출전지원	18,900	1	4	7	8	7	3	1	1
10594	강원 속초시	자원봉사코디네이터지원육성(자체)	17,865	1	1	7	8	7	3	1	1
10595	강원 속초시	도및전국생활체육대회출전	16,650	1	4	7	8	7	3	1	1
10596	강원 속초시	지방문화원지원육성사업	16,217	1	4	7	8	7	3	1	1
10597	강원 속초시	장애인체육대회출전	16,000	1	4	7	8	7	3	1	1

순번	시군구	지출명 (사업명)	2024년예산 (단위 : 천원 /1년간)	민간이전 분류 (지방자치단체 세출예산 집행기준에 의거) 1. 민간경상사업보조(307-02) 2. 민간단체 법정운영비보조(307-03) 3. 민간행사사업보조(307-04) 4. 민간위탁금(307-05) 5. 사회복지시설 법정운영비보조(307-10) 6. 민간인위탁교육비(307-12) 7. 공기관등에대한경상적위탁사업비(308-13) 8. 민간자본사업보조,자체재원(402-01) 9. 민간자본사업보조,이전재원(402-02) 10. 민간위탁사업비(402-03) 11. 공기관등에 대한 자본적 위탁사업비(403-02)	민간이전지출 근거 (지방보조금 관리기준 참고) 1. 법률에 규정 2. 국고보조 재원(국가지정) 3. 용도 지정 기부금 4. 조례에 직접규정 5. 지자체가 권장하는 사업을 하는 공공기관 6. 시,도 정책 및 재정사정 7. 기타 8. 해당없음	입찰방식: 계약체결방법 (경쟁형태) 1. 일반경쟁 2. 제한경쟁 3. 지명경쟁 4. 수의계약 5. 법정위탁 6. 기타 ( ) 7. 없음	입찰방식: 계약기간 1. 1년 2. 2년 3. 3년 4. 4년 5. 5년 6. 기타 ( )년 7. 단기계약 (1년미만) 8. 없음	입찰방식: 낙찰자선정방법 1. 적격심사 2. 협상에의한계약 3. 최저가낙찰제 4. 규격가격분리 5. 2단계 경쟁입찰 6. 기타 ( ) 7. 없음	운영예산 산정: 운영예산 산정 1. 내부산정 (지자체 자체적으로 산정) 2. 외부산정 (외부전문기관위탁 산정) 3. 내·외부 모두 산정 4. 산정 無 5. 없음	운영예산 산정: 정산방법 1. 내부정산 (지자체 내부적으로 정산) 2. 외부정산 (외부전문기관위탁 정산) 3. 내·외부 모두 정산 4. 정산 無 5. 없음	성과평가 실시여부 1. 실시 2. 미실시 3. 향후 추진 4. 해당없음
10598	강원 속초시	해파리그물피해어구지원	16,000	1	1	7	8	7	3	1	1
10599	강원 속초시	과수품질향상지원(병해충방제약제)	16,000	1	4	7	8	7	1	1	1
10600	강원 속초시	과수품실향상지원(봉투,묘목,돌발해충)	16,000	1	4	7	8	7	1	1	1
10601	강원 속초시	사랑의국수나눔사업(대한적십자사봉사회속초시협의회)	15,750	1	4	7	8	7	3	1	1
10602	강원 속초시	장애인체육교실운영	15,000	1	2	7	8	7	3	1	1
10603	강원 속초시	친환경농자재지원	15,000	1	4	7	8	7	1	1	1
10604	강원 속초시	수입건초지원	15,000	1	4	7	8	7	1	1	1
10605	강원 속초시	생활체육프로그램운영(자체)	14,521	1	2	7	8	7	3	1	1
10606	강원 속초시	한국자유총연맹사업비	14,502	1	4	7	8	7	3	1	1
10607	강원 속초시	벼병해충육묘상자일괄파종지원	12,320	1	4	7	8	7	1	1	4
10608	강원 속초시	강원역전마라톤대회출전지원	11,500	1	4	7	8	7	3	1	1
10609	강원 속초시	여성어업인연합회전국대회참가지원	11,070	1	4	7	8	7	3	1	1
10610	강원 속초시	대문어매입방류	11,000	1	1	7	8	7	3	1	1
10611	강원 속초시	속초시기후환경네트워크행사지원	10,680	1	5	7	8	7	3	1	1
10612	강원 속초시	청년농업인영농정착지원	10,030	1	1	7	8	7	3	1	1
10613	강원 속초시	도자기체험교실지원	10,000	1	4	7	8	7	3	1	1
10614	강원 속초시	속초돈돌라리보존전승사업	10,000	1	4	7	8	7	3	1	1
10615	강원 속초시	오징어공동박스지원	9,880	1	1	7	8	7	3	1	1
10616	강원 속초시	여성어업인작업물품등지원	9,450	1	6	7	8	7	3	1	1
10617	강원 속초시	민주평통사업비	9,320	1	1	7	8	7	3	1	1
10618	강원 속초시	수산인의날기념행사지원	8,664	1	1	7	8	7	3	1	1
10619	강원 속초시	해양조난어선예인구조비지원	8,500	1	1	7	8	7	3	1	1
10620	강원 속초시	전통시장화재보험가입지원	8,400	1	1	7	8	7	3	1	1
10621	강원 속초시	전국체육대회출전지원	8,000	1	4	7	8	7	3	1	1
10622	강원 속초시	강원한우통합브랜드가치제고	7,210	1	4	7	8	7	1	1	1
10623	강원 속초시	자원봉사대학운영	7,000	1	1	7	8	7	3	1	1
10624	강원 속초시	속초모범운전자회추진사업	7,000	1	4	7	8	7	3	1	1
10625	강원 속초시	자생단체산불예방활동지원	7,000	1	4	7	8	7	3	1	1
10626	강원 속초시	향토사안내서발간	6,570	1	4	7	8	7	3	1	1
10627	강원 속초시	벼재배용상토등영농자재지원	6,510	1	4	7	8	7	1	1	1
10628	강원 속초시	농업인단체선진영농견학	6,327	1	4	7	8	7	3	1	1
10629	강원 속초시	농업용소형건설기계조종사면허취득지원	6,300	1	4	7	8	7	3	1	1
10630	강원 속초시	한우품질고급화사업	6,180	1	4	7	8	7	1	1	1
10631	강원 속초시	제27회강원특별자치도농아인체육대회출전	6,000	1	4	7	8	7	3	1	1
10632	강원 속초시	찰옥수수종자지원	6,000	1	4	7	8	7	1	1	1
10633	강원 속초시	우사수분조절제지원	6,000	1	4	7	8	7	1	1	1
10634	강원 속초시	바르게살기운동추진	5,961	1	1	7	8	7	3	1	1
10635	강원 속초시	사랑의빵나눔사업	5,500	1	1	7	8	7	3	1	1
10636	강원 속초시	강원도노사민정한마음체육대회참가지원사업	5,400	1	1	7	8	7	3	1	1
10637	강원 속초시	신품종맛닭공급	5,400	1	4	7	8	7	1	1	1

순번	시군구	지출명 (사업명)	2024년예산 (단위 : 천원 /1년간)	민간이전 분류 (지방자치단체 세출예산 집행기준에 의거) 1. 민간경상사업보조(307-02) 2. 민간단체 법정운영비보조(307-03) 3. 민간행사사업보조(307-04) 4. 민간위탁금(307-05) 5. 사회복지시설 법정운영비보조(307-10) 6. 민간인위탁교육비(307-12) 7. 공기관등에대한경상적위탁사업비(308-13) 8. 민간자본사업보조,자체재원(402-01) 9. 민간자본사업보조,이전재원(402-02) 10. 민간위탁사업비(402-03) 11. 공기관등에 대한 자본적 위탁사업비(403-02)	민간이전지출 근거 (지방보조금 관리기준 참고) 1. 법률에 규정 2. 국고보조 재원(국가지정) 3. 용도 지정 기부금 4. 조례에 직접규정 5. 지자체가 권장하는 사업을 하는 공공기관 6. 시,도 정책 및 재정사정 7. 기타 8. 해당없음	입찰방식 계약체결방법 (경쟁형태) 1. 일반경쟁 2. 제한경쟁 3. 지명경쟁 4. 수의계약 5. 법정위탁 6. 기타 ( ) 7. 없음	입찰방식 계약기간 1. 1년 2. 2년 3. 3년 4. 4년 5. 5년 6. 기타 ( )년 7. 단기계약 (1년미만) 8. 없음	입찰방식 낙찰자선정방법 1. 적격심사 2. 협상에의한계약 3. 최저가낙찰제 4. 규격가격분리 5. 2단계 경쟁입찰 6. 기타 ( ) 7. 없음	운영예산 산정 운영예산 산정 1. 내부산정 (지자체 자체적으로 산정) 2. 외부산정 (외부전문기관위탁 산정) 3. 내·외부 모두 산정 4. 산정 無 5. 없음	운영예산 산정 정산방법 1. 내부정산 (지자체 내부적으로 정산) 2. 외부정산 (외부전문기관위탁 정산) 3. 내·외부 모두 산정 4. 정산 無 5. 없음	성과평가 실시여부 1. 실시 2. 미실시 3. 향후 추진 4. 해당없음
10638	강원 속초시	여성농업인예방접종지원	5,355	1	4	7	8	7	3	1	1
10639	강원 속초시	의용소방대사업비지원	5,320	1	4	7	8	7	3	1	1
10640	강원 속초시	2024년강원특별자치도지체장애인체육대회출전	5,000	1	4	7	8	7	3	1	1
10641	강원 속초시	농촌지도자회모종공급지원	4,860	1	4	7	8	7	1	1	1
10642	강원 속초시	제16회설악권4개시군장애인체육대회출전	4,800	1	4	7	8	7	3	1	1
10643	강원 속초시	제44회전국장애인체육대회출전	4,500	1	4	7	8	7	3	1	1
10644	강원 속초시	2024년전국지체장애인체육대회출전	4,500	1	4	7	8	7	3	1	1
10645	강원 속초시	식생활네트워크활성화지원	4,500	1	4	7	8	7	3	1	1
10646	강원 속초시	강원양봉브랜드육성(양봉화분)	4,500	1	4	7	8	7	1	1	1
10647	강원 속초시	2024년시군지부장애인생활체육동호인대회출전	4,425	1	4	7	8	7	3	1	1
10648	강원 속초시	법질서확립사업	4,320	1	4	7	8	7	3	1	1
10649	강원 속초시	송아지성장활성화지원	4,320	1	4	7	8	7	1	1	1
10650	강원 속초시	전국통합자원봉사보험가입서비스지원	4,300	1	2	7	8	7	3	1	1
10651	강원 속초시	전국양봉인의날행사참가	4,230	1	4	7	8	7	1	1	1
10652	강원 속초시	교통안전봉사단사업(속초재향경우회)	4,000	1	4	7	8	7	3	1	1
10653	강원 속초시	기능성작물시범재배	4,000	1	4	7	8	7	1	1	1
10654	강원 속초시	속초시소비자보호사업	3,710	1	4	7	8	7	3	1	1
10655	강원 속초시	GREEN속초및자원봉사활성화캠페인	3,600	1	1	7	8	7	3	1	1
10656	강원 속초시	고급육생산지원	3,300	1	4	7	8	7	1	1	1
10657	강원 속초시	봉사달력제작	3,200	1	1	7	8	7	3	1	1
10658	강원 속초시	소상공인전산실무교육지원	3,060	1	1	7	8	7	3	1	1
10659	강원 속초시	생분해성어구보급사업	3,030	1	1	7	8	7	3	1	1
10660	강원 속초시	축사환경개선약품	3,000	1	4	7	8	7	1	1	1
10661	강원 속초시	안보순례교육(속초재향경우회)	2,700	1	4	7	8	7	3	1	1
10662	강원 속초시	의용소방대한마음대회참가지원	2,700	1	4	7	8	7	3	1	1
10663	강원 속초시	후계농업경영인농업환경보전활동지원	2,700	1	4	7	8	7	1	1	1
10664	강원 속초시	해양환경보존안보사업(속초해양경찰재향경우회)	2,520	1	4	7	8	7	3	1	1
10665	강원 속초시	으뜸봉사자(단체)시상	2,460	1	1	7	8	7	3	1	1
10666	강원 속초시	친환경농자재공급	2,341	1	4	7	8	7	1	1	1
10667	강원 속초시	조사료생산용종자구입지원	2,224	1	4	7	8	7	1	1	1
10668	강원 속초시	고수온대응지원	2,200	1	1	7	8	7	3	1	1
10669	강원 속초시	농약중독예방방제복지원	2,000	1	4	7	8	7	1	1	4
10670	강원 속초시	어르신반려견입양사업	1,800	1	4	7	8	7	1	1	1
10671	강원 속초시	유기농업자재지원	1,475	1	2	7	8	7	1	1	4
10672	강원 속초시	자원봉사마일리지제	1,185	1	1	7	8	7	3	1	1
10673	강원 속초시	자원봉사자실비보상비	1,170	1	1	7	8	7	3	1	1
10674	강원 속초시	재난재해복구사업비	1,000	1	1	7	8	7	3	1	1
10675	강원 속초시	사료작물종자구입지원	924	1	4	7	8	7	1	1	1
10676	강원 속초시	귀표부착비	768	1	2	7	8	7	1	1	1
10677	강원 속초시	자원봉사단체활성화지원	664	1	1	7	8	7	3	1	1

순번	시군구	지출명 (사업명)	2024년예산 (단위 : 천원 /1년간)	민간이전 분류 (지방자치단체 세출예산 집행기준에 의거) 1. 민간경상사업보조(307-02) 2. 민간단체 법정운영비보조(307-03) 3. 민간행사사업보조(307-04) 4. 민간위탁금(307-05) 5. 사회복지시설 법정운영비보조(307-10) 6. 민간인위탁교육비(307-12) 7. 공기관등에대한경상적위탁사업비(308-13) 8. 민간자본사업보조,자체재원(402-01) 9. 민간자본사업보조,이전재원(402-02) 10. 민간위탁사업비(402-03) 11. 공기관등에 대한 자본적 위탁사업비(403-02)	민간이전지출 근거 (지방보조금 관리기준 참고) 1. 법률에 규정 2. 국고보조 재원(국가지정) 3. 용도 지정 기부금 4. 조례에 직접규정 5. 지자체가 권장하는 사업을 하는 공공기관 6. 시,도 정책 및 재정사정 7. 기타 8. 해당없음	입찰방식: 계약체결방법 (경쟁형태) 1. 일반경쟁 2. 제한경쟁 3. 지명경쟁 4. 수의계약 5. 법정위탁 6. 기타 ( ) 7. 없음	입찰방식: 계약기간 1. 1년 2. 2년 3. 3년 4. 4년 5. 5년 6. 기타 ( )년 7. 단기계약 (1년미만) 8. 없음	입찰방식: 낙찰자선정방법 1. 적격심사 2. 협상에의한계약 3. 최저가낙찰제 4. 규격가격분리 5. 2단계 경쟁입찰 6. 기타 ( ) 7. 없음	운영예산 산정: 운영예산 산정 1. 내부산정 (지자체 자체적으로 산정) 2. 외부산정 (외부전문기관위탁 산정) 3. 내·외부 모두 산정 4. 산정 無 5. 없음	운영예산 산정: 정산방법 1. 내부정산 (지자체 내부적으로 정산) 2. 외부정산 (외부전문기관위탁 정산) 3. 내·외부 모두 정산 4. 정산 無 5. 없음	성과평가 실시여부 1. 실시 2. 미실시 3. 향후 추진 4. 해당없음
10678	강원 속초시	자원봉사릴레이	400	1	1	7	8	7	3	1	1
10679	강원 속초시	한우송아지생산안정제사업	200	1	4	7	8	7	1	1	1
10680	강원 삼척시	농작물병해충방제비지원	655,800	1	1,2,4	7	8	7	1	1	1
10681	강원 삼척시	의료및분만취약지지원(균특)	500,000	1	2	7	8	7	5	5	1
10682	강원 삼척시	병의원의료취약지운영비지원(도)	338,704	1	5	7	8	7	5	5	1
10683	강원 삼척시	강원특별자치도민체육대회출전지원	300,000	1	7	7	8	7	1	1	1
10684	강원 삼척시	공공의료기관취약지소아과야간진료기능보강사업(도)	300,000	1	5	7	8	7	5	5	1
10685	강원 삼척시	삼척의료원분만지원(도)	300,000	1	4	7	8	7	5	2	1
10686	강원 삼척시	생활체육지도자배치	251,656	1	2	7	8	7	1	1	4
10687	강원 삼척시	병의원의료취약지운영비지원(도)	200,000	1	5	7	8	7	5	5	1
10688	강원 삼척시	전통시장지킴이지원사업(도)	195,120	1	6	7	8	7	1	1	4
10689	강원 삼척시	학교체육(엘리트)육성	193,800	1	4	7	8	7	1	1	4
10690	강원 삼척시	지역혁신형청년일자리사업	164,829	1	2	7	8	7	1	1	4
10691	강원 삼척시	농촌체험휴양마을사무장활동지원(도)	158,285	1	4	7	8	7	1	1	3
10692	강원 삼척시	장애인생활체육지도자배치	156,510	1	4	7	8	7	1	1	4
10693	강원 삼척시	학교체육(엘리트)육성	150,000	1	4	7	8	7	1	1	4
10694	강원 삼척시	농촌체험휴양마을사무장활동지원	150,000	1	4	7	8	7	1	1	3
10695	강원 삼척시	사회적기업육성(일자리창출)	133,334	1	2	7	8	7	5	5	4
10696	강원 삼척시	시정지원단체공익사업지원	126,768	1	1	7	8	7	5	5	4
10697	강원 삼척시	생활체육지도자처우개선(일반,어르신)	126,160	1	1	7	8	7	1	1	4
10698	강원 삼척시	강원한우통합브랜드가치제고(도)	100,020	1	1	6	1	7	5	1	4
10699	강원 삼척시	종교문화여행치유순례프로그램지원	100,000	1	2	7	8	7	1	1	2
10700	강원 삼척시	삼척시스포츠클럽운영지원(국비직접지원)	97,000	1	7	7	8	7	1	1	1
10701	강원 삼척시	삼척문화원활성화지원	92,000	1	4	7	8	7	1	1	1
10702	강원 삼척시	이승휴제왕운기문화제(도)	90,000	1	4	7	8	7	1	1	2
10703	강원 삼척시	여자바둑리그지원	90,000	1	7	7	8	7	1	1	1
10704	강원 삼척시	수산물가격지지수매비일부지원(도)	90,000	1	8	7	8	7	5	5	4
10705	강원 삼척시	노동법률상담지원(도)	81,746	1	6	7	8	7	1	1	4
10706	강원 삼척시	청년스타트업창업지원사업	81,409	1	2	7	8	7	1	1	4
10707	강원 삼척시	자원봉사센터운영	80,000	1	1	7	8	7	5	5	4
10708	강원 삼척시	어르신병원동행서비스운영지원(도)	77,700	1	6	7	8	7	5	5	4
10709	강원 삼척시	장애인생활체육지도자처우개선	76,470	1	4	7	8	7	1	1	4
10710	강원 삼척시	동해왕이사부선양사업지원	70,000	1	4	6	7	7	1	1	1
10711	강원 삼척시	농촌체험휴양마을체험학습지원	70,000	1	4	7	8	7	1	1	3
10712	강원 삼척시	자원봉사코디네이터지원육성	66,412	1	2	7	8	7	5	5	4
10713	강원 삼척시	어르신생활체육지도자배치	62,914	1	2	7	8	7	1	1	4
10714	강원 삼척시	진폐재해자상담특성화지원(도)	60,000	1	4	7	8	7	5	1	4
10715	강원 삼척시	진폐재해자권익향상지원	57,500	1	4	7	8	7	5	1	4
10716	강원 삼척시	노사관계지원	56,000	1	4	7	8	7	1	1	4
10717	강원 삼척시	강원특별자치도어르신생활체육대회출전지원	55,000	1	7	7	8	7	1	1	1

순번	시군구	지출명 (사업명)	2024년예산 (단위 : 천원 /1년간)	민간이전 분류 (지방자치단체 세출예산 집행기준에 의거) 1. 민간경상사업보조(307-02) 2. 민간단체 법정운영비보조(307-03) 3. 민간행사사업보조(307-04) 4. 민간위탁금(307-05) 5. 사회복지시설 법정운영비보조(307-10) 6. 민간인위탁교육비(307-12) 7. 공기관등에대한경상적위탁사업비(308-13) 8. 민간자본사업보조,자체재원(402-01) 9. 민간자본사업보조,이전재원(402-02) 10. 민간위탁사업비(402-03) 11. 공기관등에 대한 자본적 위탁사업비(403-02)	민간이전지출 근거 (지방보조금 관리기준 참고) 1. 법률에 규정 2. 국고보조 재원(국가지정) 3. 용도 지정 기부금 4. 조례에 직접규정 5. 지자체가 권장하는 사업을 하는 공공기관 6. 시,도 정책 및 재정사정 7. 기타 8. 해당없음	입찰방식			운영예산 산정		성과평가 실시여부
						계약체결방법 (경쟁형태) 1. 일반경쟁 2. 제한경쟁 3. 지명경쟁 4. 수의계약 5. 법정위탁 6. 기타 ( ) 7. 없음	계약기간 1. 1년 2. 2년 3. 3년 4. 4년 5. 5년 6. 기타 ( )년 7. 단기계약 (1년미만) 8. 없음	낙찰자선정방법 1. 적격심사 2. 협상에의한계약 3. 최저가낙찰제 4. 규격가격분리 5. 2단계 경쟁입찰 6. 기타 ( ) 7. 없음	운영예산 산정 1. 내부산정 (지자체 자체적으로 산정) 2. 외부산정 (외부전문기관위탁 산정) 3. 내·외부 모두 산정 4. 산정 無 5. 없음	정산방법 1. 내부정산 (지자체 내부적으로 정산) 2. 외부정산 (외부전문기관위탁 정산) 3. 내·외부 모두 산정 4. 정산 無 5. 없음	1. 실시 2. 미실시 3. 향후 추진 4. 해당없음
10718	강원 삼척시	식품공중위생업소환경개선지원(도)	54,000	1	4	7	8	7	5	5	4
10719	강원 삼척시	한국민속예술제참가지원(국)	53,000	1	2	7	8	7	1	1	2
10720	강원 삼척시	향교문화재활용	52,500	1	2	7	8	7	1	1	2
10721	강원 삼척시	어촌계전통문화계승	52,000	1	4	7	8	7	5	5	4
10722	강원 삼척시	준경묘 · 영경묘관리및행사지원	50,000	1	2	7	8	7	1	1	2
10723	강원 삼척시	창업보육센터지원	50,000	1	4	7	8	7	1	1	4
10724	강원 삼척시	진로진학지원센터운영	50,000	1	4	7	8	7	5	5	4
10725	강원 삼척시	학교체육(엘리트)육성	50,000	1	4	7	8	7	1	1	4
10726	강원 삼척시	강원특별자치도장애인생활체육대회출전지원	47,980	1	7	7	8	7	1	1	1
10727	강원 삼척시	우수평생학습기관등지원	45,000	1	1,4	7	8	7	1	1	3
10728	강원 삼척시	핸드볼스포츠클럽운영지원(국비직접지원)	45,000	1	7	7	8	7	1	1	1
10729	강원 삼척시	보건의료복지통합지원체계구축(도)	43,750	1	5	7	8	7	5	5	1
10730	강원 삼척시	지역경제활성화및교육지원	40,000	1	4	7	8	7	1	1	4
10731	강원 삼척시	진폐재해자상담특성화지원(도)	40,000	1	4	7	8	7	5	1	4
10732	강원 삼척시	농어촌민박홍보지원	40,000	1	4	7	8	7	1	1	3
10733	강원 삼척시	수산업경영인대회참가지원	40,000	1	4	7	8	7	5	5	4
10734	강원 삼척시	어업단체행사및벤치마킹지원	40,000	1	4	7	8	7	5	5	4
10735	강원 삼척시	청년성장플러스지원사업	36,481	1	2	7	8	7	1	1	4
10736	강원 삼척시	청년농업인영농정착금지원	36,000	1	4	7	8	7	1	1	3
10737	강원 삼척시	범죄피해자지원센터지원	35,000	1	1	7	8	7	5	5	4
10738	강원 삼척시	개인하수처리시설위탁관리지원(도)	32,328	1	6	7	8	7	5	5	4
10739	강원 삼척시	자원봉사센터프로그램운영지원(도)	32,000	1	6	7	8	7	5	5	4
10740	강원 삼척시	검역병해충확산방지종합대응체계구축(도)	31,250	1	1,4	7	8	7	1	1	1
10741	강원 삼척시	도시재생지원센터운영	30,000	1	1	7	8	7	5	5	4
10742	강원 삼척시	공예품개발지원	30,000	1	4	7	8	7	1	1	4
10743	강원 삼척시	우수평생학습기관등지원	30,000	1	1,4	7	8	7	1	1	3
10744	강원 삼척시	각종체육대회출전	30,000	1	7	7	8	7	1	1	1
10745	강원 삼척시	지역(마을)공동체활성화지원	25,000	1	4	7	8	7	5	5	4
10746	강원 삼척시	전자상거래거점센터조성(도)	25,000	1	6	7	8	7	5	5	4
10747	강원 삼척시	생활체육프로그램교실운영	25,000	1	7	7	8	7	1	1	4
10748	강원 삼척시	재난네트워크관리	25,000	1	1,4	7	8	7	1	1	1
10749	강원 삼척시	전자상거래거점센터조성(도)	24,729	1	6	7	8	7	5	5	4
10750	강원 삼척시	농어촌민박공동홍보마케팅지원(도)	24,000	1	4	7	8	7	1	1	3
10751	강원 삼척시	각종체육대회출전	21,000	1	7	7	8	7	1	1	1
10752	강원 삼척시	노란우산공제신규가입장려금지원(도)	20,750	1	6	7	8	7	1	1	4
10753	강원 삼척시	어촌체험마을사무장채용지원	20,608	1	2	7	8	7	5	5	4
10754	강원 삼척시	강원민속예술축제참가지원	20,000	1	4	7	8	7	1	1	2
10755	강원 삼척시	이승휴선양사업지원	20,000	1	4	7	8	7	5	5	4
10756	강원 삼척시	이통장지원	20,000	1	4	7	8	7	5	5	4
10757	강원 삼척시	생활체육교실운영(도)	20,000	1	7	7	8	7	1	1	4

순번	시군구	지출명 (사업명)	2024년예산 (단위 : 천원 /1년간)	민간이전 분류 (지방자치단체 세출예산 집행기준에 의거) 1. 민간경상사업보조(307-02) 2. 민간단체 법정운영비보조(307-03) 3. 민간행사사업보조(307-04) 4. 민간위탁금(307-05) 5. 사회복지시설 법정운영비보조(307-10) 6. 민간인위탁교육비(307-12) 7. 공기관등에대한경상적위탁사업비(308-13) 8. 민간자본사업보조,자체재원(402-01) 9. 민간자본사업보조,이전재원(402-02) 10. 민간위탁사업비(402-03) 11. 공기관등에 대한 자본적 위탁사업비(403-02)	민간이전지출 근거 (지방보조금 관리기준 참고) 1. 법률에 규정 2. 국고보조 재원(국가지정) 3. 용도 지정 기부금 4. 조례에 직접규정 5. 지자체가 권장하는 사업을 하는 공공기관 6. 시,도 정책 및 재정사정 7. 기타 8. 해당없음	입찰방식: 계약체결방법 (경쟁형태) 1. 일반경쟁 2. 제한경쟁 3. 지명경쟁 4. 수의계약 5. 법정위탁 6. 기타 ( ) 7. 없음	입찰방식: 계약기간 1. 1년 2. 2년 3. 3년 4. 4년 5. 5년 6. 기타 ( )년 7. 단기계약 (1년미만) 8. 없음	입찰방식: 낙찰자선정방법 1. 적격심사 2. 협상에의한계약 3. 최저가낙찰제 4. 규격가격분리 5. 2단계 경쟁입찰 6. 기타 ( ) 7. 없음	운영예산 산정: 운영예산 산정 1. 내부산정 (지자체 자체적으로 산정) 2. 외부산정 (외부전문기관위탁 산정) 3. 내·외부 모두 산정 4. 산정 無 5. 없음	운영예산 산정: 정산방법 1. 내부정산 (지자체 내부적으로 정산) 2. 외부정산 (외부전문기관위탁 정산) 3. 내·외부 모두 산정 4. 정산 無 5. 없음	성과평가 실시여부 1. 실시 2. 미실시 3. 향후 추진 4. 해당없음
10758	강원 삼척시	장애인유형별대회출전지원	20,000	1	7	7	8	7	1	1	1
10759	강원 삼척시	각종체육대회출전	19,000	1	7	7	8	7	1	1	1
10760	강원 삼척시	각종체육대회출전	18,000	1	7	7	8	7	1	1	1
10761	강원 삼척시	노사민정협력활성화지원	17,750	1	4	7	8	7	1	1	4
10762	강원 삼척시	각종체육대회출전	16,000	1	7	7	8	7	1	1	1
10763	강원 삼척시	장애인수영교실운영지원	15,991	1	4	7	8	7	1	1	4
10764	강원 삼척시	장애인재활프로그램운영지원	15,500	1	4	7	8	7	1	1	4
10765	강원 삼척시	발달장애인핸드볼팀운영	15,400	1	4	7	8	7	1	1	4
10766	강원 삼척시	삼척예총활성화지원	15,000	1	4	7	8	7	1	1	1
10767	강원 삼척시	유소년축구교실운영	15,000	1	7	7	8	7	1	1	4
10768	강원 삼척시	어린이야구교실운영	15,000	1	7	7	8	7	1	1	4
10769	강원 삼척시	각종체육대회출전	15,000	1	7	7	8	7	1	1	1
10770	강원 삼척시	농산물직거래행사지원	14,000	1	4	7	8	7	1	1	3
10771	강원 삼척시	지역노사민정협력활성화지원	12,000	1	4	7	8	7	1	1	4
10772	강원 삼척시	장애인유형별대회출전지원	12,000	1	7	7	8	7	1	1	1
10773	강원 삼척시	통합건강증진	12,000	1	2	7	8	7	5	1	1
10774	강원 삼척시	향교육성지원	11,000	1	4	7	8	7	1	1	1
10775	강원 삼척시	새마을지원	11,000	1	1	7	8	7	5	5	4
10776	강원 삼척시	바르게살기지원	11,000	1	1	7	8	7	5	5	4
10777	강원 삼척시	자유총연맹지원	11,000	1	1	7	8	7	5	5	4
10778	강원 삼척시	지역노사민정협력활성화지원	10,000	1	4	7	8	7	1	1	4
10779	강원 삼척시	우수공예품상품화개발사업지원	10,000	1	4	7	8	7	1	1	4
10780	강원 삼척시	지역인재육성지원	10,000	1	4	6	1	7	1	1	2
10781	강원 삼척시	강원특별자치도소년체전참가경비지원	10,000	1	4	7	8	7	1	1	4
10782	강원 삼척시	장애인유형별대회출전지원	10,000	1	7	7	8	7	1	1	1
10783	강원 삼척시	장애인유형별대회출전지원	10,000	1	7	7	8	7	1	1	1
10784	강원 삼척시	장애인생활체육교실운영지원	10,000	1	4	7	8	7	1	1	4
10785	강원 삼척시	각종체육대회출전	10,000	1	7	7	8	7	1	1	1
10786	강원 삼척시	재난네트워크관리	10,000	1	1,4	7	8	7	1	1	1
10787	강원 삼척시	각종체육대회출전	8,960	1	7	7	8	7	1	1	1
10788	강원 삼척시	도단위전문체육대회출전지원	8,000	1	7	7	8	7	1	1	1
10789	강원 삼척시	각종체육대회출전	8,000	1	7	7	8	7	1	1	1
10790	강원 삼척시	각종체육대회출전	7,000	1	7	7	8	7	1	1	1
10791	강원 삼척시	교통관련단체공익사업지원	7,000	1	1	7	8	7	1	1	2
10792	강원 삼척시	가상현실(VR)운동프로그램운영	6,520	1	4	7	8	7	1	1	4
10793	강원 삼척시	평생학습마을지원사업(도직접지원)	6,500	1	1,4	7	8	7	1	1	3
10794	강원 삼척시	각종체육대회출전	6,500	1	7	7	8	7	1	1	1
10795	강원 삼척시	각종체육대회출전	6,500	1	7	7	8	7	1	1	1
10796	강원 삼척시	이통장지원	6,000	1	4	7	8	7	5	5	4
10797	강원 삼척시	도단위전문체육대회출전지원	6,000	1	7	7	8	7	1	1	1

순번	시군구	지출명 (사업명)	2024년예산 (단위 : 천원 /1년간)	민간이전 분류 (지방자치단체 세출예산 집행기준에 의거) 1. 민간경상사업보조(307-02) 2. 민간단체 법정운영비보조(307-03) 3. 민간행사사업보조(307-04) 4. 민간위탁금(307-05) 5. 사회복지시설 법정운영비보조(307-10) 6. 민간인위탁교육비(307-12) 7. 공기관등에대한경상적위탁사업비(308-13) 8. 민간자본사업보조,자체재원(402-01) 9. 민간자본사업보조,이전재원(402-02) 10. 민간위탁사업비(402-03) 11. 공기관등에 대한 자본적 위탁사업비(403-02)	민간이전지출 근거 (지방보조금 관리기준 참고) 1. 법률에 규정 2. 국고보조 재원(국가지정) 3. 용도 지정 기부금 4. 조례에 직접규정 5. 지자체가 권장하는 사업을 하는 공공기관 6. 시,도 정책 및 재정사정 7. 기타 8. 해당없음	입찰방식			운영예산 산정		성과평가 실시여부
						계약체결방법 (경쟁형태) 1. 일반경쟁 2. 제한경쟁 3. 지명경쟁 4. 수의계약 5. 법정위탁 6. 기타 ( ) 7. 없음	계약기간 1. 1년 2. 2년 3. 3년 4. 4년 5. 5년 6. 기타 ( )년 7. 단기계약 (1년미만) 8. 없음	낙찰자선정방법 1. 적격심사 2. 협상에의한계약 3. 최저가낙찰제 4. 규격가격분리 5. 2단계 경쟁입찰 6. 기타 ( ) 7. 없음	운영예산 산정 1. 내부산정 (지자체 자체적으로 산정) 2. 외부산정 (외부전문기관위탁 산정) 3. 내·외부 모두 산정 4. 산정 無 5. 없음	정산방법 1. 내부정산 (지자체 내부적으로 정산) 2. 외부정산 (외부전문기관위탁 정산) 3. 내·외부 모두 산정 4. 정산 無 5. 없음	1. 실시 2. 미실시 3. 향후 추진 4. 해당없음
10798	강원 삼척시	각종체육대회출전	6,000	1	7	7	8	7	1	1	1
10799	강원 삼척시	노사민정한마음대회(도)	5,400	1	6	7	8	7	1	1	4
10800	강원 삼척시	지역혁신형청년일자리자율지원	5,000	1	2	7	8	7	1	1	4
10801	강원 삼척시	노사민정협력활성화지원	5,000	1	4	7	8	7	1	1	4
10802	강원 삼척시	자율방범대지원	5,000	1	1	7	8	7	5	5	4
10803	강원 삼척시	재난네트워크관리	5,000	1	1	7	8	7	1	1	1
10804	강원 삼척시	농촌마을공동급식지원(도)	5,000	1	4	7	8	7	1	1	3
10805	강원 삼척시	각종체육대회출전	4,500	1	7	7	8	7	1	1	1
10806	강원 삼척시	각종체육대회출전	4,500	1	7	7	8	7	1	1	1
10807	강원 삼척시	장애인유형별대회출전지원	4,400	1	7	7	8	7	1	1	1
10808	강원 삼척시	전국통합자원봉사보험가입서비스지원	4,294	1	2	7	8	7	5	5	4
10809	강원 삼척시	장애인유형별대회출전지원	4,000	1	7	7	8	7	1	1	1
10810	강원 삼척시	각종체육대회출전	4,000	1	7	7	8	7	1	1	1
10811	강원 삼척시	각종체육대회출전	4,000	1	7	7	8	7	1	1	1
10812	강원 삼척시	아름다운화장실가꾸기	4,000	1	1	4	8	7	1	1	1
10813	강원 삼척시	각종체육대회출전	3,600	1	7	7	8	7	1	1	1
10814	강원 삼척시	각종체육대회출전	3,300	1	7	7	8	7	1	1	1
10815	강원 삼척시	각종체육대회출전	3,200	1	7	7	8	7	1	1	1
10816	강원 삼척시	향교육성지원	3,000	1	4	7	8	7	1	1	1
10817	강원 삼척시	노사관계지원	3,000	1	4	7	8	7	1	1	4
10818	강원 삼척시	노사관계지원	3,000	1	4	7	8	7	1	1	4
10819	강원 삼척시	장애인생활체육클럽지원	3,000	1	4	7	8	7	1	1	4
10820	강원 삼척시	각종체육대회출전	3,000	1	7	7	8	7	1	1	1
10821	강원 삼척시	각종체육대회출전	3,000	1	7	7	8	7	1	1	1
10822	강원 삼척시	각종체육대회출전	3,000	1	7	7	8	7	1	1	1
10823	강원 삼척시	각종체육대회출전	3,000	1	7	7	8	7	1	1	1
10824	강원 삼척시	노사민정협력활성화지원	2,250	1	4	7	8	7	1	1	4
10825	강원 삼척시	장애청소년스포츠클럽지원	2,240	1	4	7	8	7	1	1	4
10826	강원 삼척시	전통시장화재보험및화재공제가입지원(도)	2,100	1	6	7	8	7	1	1	4
10827	강원 삼척시	향교육성지원	2,000	1	4	7	8	7	1	1	1
10828	강원 삼척시	전통시장활성화홍보	2,000	1	6	7	8	7	1	1	4
10829	강원 삼척시	장애인기초체력운동교실운영	2,000	1	4	7	8	7	1	1	4
10830	강원 삼척시	각종체육대회출전	2,000	1	7	7	8	7	1	1	1
10831	강원 삼척시	청년취업농지원(도)	2,000	1	4	7	8	7	1	1	3
10832	강원 삼척시	각종체육대회출전	1,500	1	7	7	8	7	1	1	1
10833	강원 삼척시	노동법률상담지원	1,200	1	4	7	8	7	1	1	4
10834	강원 삼척시	각종체육대회출전	1,000	1	7	7	8	7	1	1	1
10835	강원 삼척시	각종체육대회출전	1,000	1	7	7	8	7	1	1	1
10836	강원 삼척시	각종체육대회출전	1,000	1	7	7	8	7	1	1	1
10837	강원 삼척시	해난어업인유가족지원(도)	800	1	4	7	8	7	5	5	4

순번	시군구	지출명 (사업명)	2024년예산 (단위 : 천원 /1년간)	민간이전 분류 (지방자치단체 세출예산 집행기준에 의거) 1. 민간경상사업보조(307-02) 2. 민간단체 법정운영비보조(307-03) 3. 민간행사사업보조(307-04) 4. 민간위탁금(307-05) 5. 사회복지시설 법정운영비보조(307-10) 6. 민간인위탁교육비(307-12) 7. 공기관등에대한경상적위탁사업비(308-13) 8. 민간자본사업보조,자체재원(402-01) 9. 민간자본사업보조,이전재원(402-02) 10. 민간위탁사업비(402-03) 11. 공기관등에 대한 자본적 위탁사업비(403-02)	민간이전지출 근거 (지방보조금 관리기준 참고) 1. 법률에 규정 2. 국고보조 재원(국가지정) 3. 용도 지정 기부금 4. 조례에 직접규정 5. 지자체가 권장하는 사업을 하는 공공기관 6. 시,도 정책 및 재정사정 7. 기타 8. 해당없음	입찰방식: 계약체결방법 (경쟁형태) 1. 일반경쟁 2. 제한경쟁 3. 지명경쟁 4. 수의계약 5. 법정위탁 6. 기타 ( ) 7. 없음	입찰방식: 계약기간 1. 1년 2. 2년 3. 3년 4. 4년 5. 5년 6. 기타 ( )년 7. 단기계약 (1년미만) 8. 없음	입찰방식: 낙찰자선정방법 1. 적격심사 2. 협상에의한계약 3. 최저가낙찰제 4. 규격가격분리 5. 2단계 경쟁입찰 6. 기타 ( ) 7. 없음	운영예산 산정: 운영예산 산정 1. 내부산정 (지자체 자체적으로 산정) 2. 외부산정 (외부전문기관위탁 산정) 3. 내·외부 모두 산정 4. 산정 無 5. 없음	운영예산 산정: 정산방법 1. 내부정산 (지자체 내부적으로 정산) 2. 외부정산 (외부전문기관위탁 정산) 3. 내·외부 모두 산정 4. 정산 無 5. 없음	성과평가 실시여부 1. 실시 2. 미실시 3. 향후 추진 4. 해당없음
10838	강원 횡성군	유기질비료지원	2,080,029	1	1	7	8	7	1	1	3
10839	강원 횡성군	유통서비스지원사업	750,000	1	4	7	8	7	1	1	1
10840	강원 횡성군	청년농업인영농정착지원	623,000	1	2	7	8	7	5	3	1
10841	강원 횡성군	토양개량제지원	565,644	1	1	7	8	7	1	1	3
10842	강원 횡성군	시설원예생산기반지원	329,000	1	6	7	8	7	5	5	1
10843	강원 횡성군	농업재해복구지원(도)	325,014	1	1	7	8	7	1	1	4
10844	강원 횡성군	고품질쌀생산기반지원	302,403	1	6	7	8	7	1	1	1
10845	강원 횡성군	벼병해충방제지원	200,000	1	4	7	8	7	5	5	1
10846	강원 횡성군	농어촌공동체활성화지원	195,310	1	4	7	8	7	1	1	1
10847	강원 횡성군	수도권농특산물직매장지원	180,000	1	4	7	8	7	1	1	1
10848	강원 횡성군	농촌체험휴양마을사무장활동비지원(도)	168,177	1	4	7	8	7	1	1	1
10849	강원 횡성군	여성농업인센터운영(도)	160,000	1	1	7	8	7	5	5	4
10850	강원 횡성군	고랭지채소안정생산(도)	144,000	1	6	7	8	7	5	5	4
10851	강원 횡성군	어린이집보조인력일자리지원(도)	132,000	1	6	7	1	7	1	1	1
10852	강원 횡성군	여성농업인육성(도)	112,320	1	1	7	8	7	5	5	4
10853	강원 횡성군	친환경농업기반지원	108,440	1	6	7	8	7	5	5	1
10854	강원 횡성군	친환경농자재공급지원(도)	107,686	1	6	7	8	7	5	5	4
10855	강원 횡성군	메밀대규무재배전과정일관기계화기술	100,000	1	2	7	8	7	5	5	1
10856	강원 횡성군	횡성더덕명품화지원	87,500	1	6	7	8	7	5	5	1
10857	강원 횡성군	고품질쌀생산(도)	80,750	1	4	7	8	7	1	1	2
10858	강원 횡성군	유통활성화및경쟁력강화지원	80,000	1	4	7	8	7	1	1	1
10859	강원 횡성군	농촌신활력플러스사업추진단운영지원	77,000	1	4	7	8	7	1	1	1
10860	강원 횡성군	농촌인력지원센터운영(도)	73,000	1	1	7	8	7	5	5	4
10861	강원 횡성군	FTA대응밭작물경쟁력제고(도)	69,920	1	4	7	8	7	1	1	3
10862	강원 횡성군	연작피해지역토양미생물제제등지원(토양미생물제제등지원)	62,400	1	6	7	8	7	5	5	1
10863	강원 횡성군	비산업부문온실가스진단컨설팅	61,025	1	7	7	8	7	5	5	4
10864	강원 횡성군	저탄소식량작물재배기술현장확산모델	60,000	1	2	7	8	7	5	5	1
10865	강원 횡성군	여성농업인예방접종지원(도)	52,479	1	1	7	8	7	5	5	4
10866	강원 횡성군	유기농자재지원	42,421	1	6	7	8	7	5	5	4
10867	강원 횡성군	귀농귀촌유치지원(도)	39,000	1	1	7	8	7	5	5	4
10868	강원 횡성군	어린이집운영지원(도)	36,600	1	6	7	1	7	1	1	1
10869	강원 횡성군	농촌관광활력화지원	34,500	1	4	7	8	7	1	1	1
10870	강원 횡성군	식생활교육지원	30,000	1	4	7	8	7	1	1	1
10871	강원 횡성군	안흥찐빵원료곡팥안정생산기술보급	30,000	1	5	7	8	7	5	5	1
10872	강원 횡성군	명품사과경쟁력강화지원	28,000	1	6	7	8	7	5	5	1
10873	강원 횡성군	사회적농장지원	24,000	1	4	7	8	7	5	1	1
10874	강원 횡성군	산지유통활성화(도)	22,000	1	6	7	8	7	1	1	1
10875	강원 횡성군	고품질쌀생산관리지원	20,000	1	6	7	8	7	1	1	1
10876	강원 횡성군	농업인단체지원사업	17,000	1	4	7	1	7	1	1	3
10877	강원 횡성군	농촌마을공동급식지원(도)	15,000	1	1	7	8	7	5	5	4

순번	시군구	지출명 (사업명)	2024년예산 (단위 : 천원 /1년간)	민간이전 분류 (지방자치단체 세출예산 집행기준에 의거) 1. 민간경상사업보조(307-02) 2. 민간단체 법정운영비보조(307-03) 3. 민간행사사업보조(307-04) 4. 민간위탁금(307-05) 5. 사회복지시설 법정운영비보조(307-10) 6. 민간인위탁교육비(307-12) 7. 공기관등에대한경상적위탁사업비(308-13) 8. 민간자본사업보조,자체재원(402-01) 9. 민간자본사업보조,이전재원(402-02) 10. 민간위탁사업비(402-03) 11. 공기관등에 대한 자본적 위탁사업비(403-02)	민간이전지출 근거 (지방보조금 관리기준 참고) 1. 법률에 규정 2. 국고보조 재원(국가지정) 3. 용도 지정 기부금 4. 조례에 직접규정 5. 지자체가 권장하는 사업을 하는 공공기관 6. 시,도 정책 및 재정사정 7. 기타 8. 해당없음	입찰방식 계약체결방법 (경쟁형태) 1. 일반경쟁 2. 제한경쟁 3. 지명경쟁 4. 수의계약 5. 법정위탁 6. 기타 ( ) 7. 없음	입찰방식 계약기간 1. 1년 2. 2년 3. 3년 4. 4년 5. 5년 6. 기타 ( )년 7. 단기계약 (1년미만) 8. 없음	입찰방식 낙찰자선정방법 1. 적격심사 2. 협상에의한계약 3. 최저가낙찰제 4. 규격가격분리 5. 2단계 경쟁입찰 6. 기타 ( ) 7. 없음	운영예산 산정 운영예산 산정 1. 내부산정 (지자체 자체적으로 산정) 2. 외부산정 (외부전문기관위탁 산정) 3. 내·외부 모두 산정 4. 산정 無 5. 없음	운영예산 산정 정산방법 1. 내부정산 (지자체 내부적으로 정산) 2. 외부정산 (외부전문기관위탁 정산) 3. 내·외부 모두 산정 4. 정산 無 5. 없음	성과평가 실시여부 1. 실시 2. 미실시 3. 향후 추진 4. 해당없음
10878	강원 횡성군	친환경농업활성화(도)	12,000	1	6	7	8	7	5	5	4
10879	강원 횡성군	강원잡곡명품화(도)	10,000	1	4	7	8	7	1	1	3
10880	강원 횡성군	원예산업활성화(도)	10,000	1	6	7	8	7	5	5	4
10881	강원 횡성군	토종씨앗전시채종포및교육농장운영	10,000	1	5	7	8	7	1	1	1
10882	강원 횡성군	농촌체험마을보험지원	8,776	1	4	7	8	7	1	1	1
10883	강원 횡성군	로컬푸드육성(도)	8,000	1	6	7	8	7	1	1	1
10884	강원 횡성군	횡성군4H연합회육성	8,000	1	1	7	8	7	5	5	4
10885	강원 횡성군	인삼기반조성(도)	7,160	1	6	7	8	7	5	5	4
10886	강원 횡성군	잎담배재배농가지원	5,000	1	6	7	8	7	5	5	1
10887	강원 횡성군	농촌관광활력화지원	5,000	1	4	7	8	7	1	1	1
10888	강원 횡성군	고품질생산및경쟁력제고(도)	4,800	1	6	7	8	7	1	1	1
10889	강원 횡성군	자연보호활동운영	4,700	1	4	7	8	7	1	1	4
10890	강원 횡성군	농산물품질관리(도)	3,500	1	6	7	8	7	1	1	1
10891	강원 횡성군	농촌지도자회육성	3,000	1	5	7	8	7	1	1	1
10892	강원 횡성군	체험마을리더교육지원	2,880	1	4	7	8	7	1	1	1
10893	강원 횡성군	생활개선회육성	2,500	1	7	7	8	7	5	1	1
10894	강원 횡성군	4H회단체지원	1,200	1	5	7	8	7	5	1	1
10895	강원 횡성군	체육회(일반)운영	445,085	1	4	7	7	7	1	1	1
10896	강원 횡성군	전문체육대회출전지원	293,000	1	4	7	7	7	1	1	1
10897	강원 횡성군	생활체육지도자배치(기금)	224,198	1	4	7	7	7	1	1	1
10898	강원 횡성군	생활체육대회출전지원	140,000	1	4	7	7	7	1	1	1
10899	강원 횡성군	장애인생활체육지도자배치(기금)	122,537	1	4	7	7	7	1	1	1
10900	강원 횡성군	여성생활체육활성화	80,000	1	4	7	7	7	1	1	1
10901	강원 횡성군	횡성문화원문화학교운영	80,000	1	4	7	7	7	1	1	1
10902	강원 횡성군	종목별협회(연합회)운영	68,000	1	4	7	7	7	1	1	1
10903	강원 횡성군	한국예총횡성지회문화예술사업지원	67,000	1	4	7	7	7	1	1	1
10904	강원 횡성군	어르신체육활동지원(기금)	62,914	1	4	7	7	7	1	1	1
10905	강원 횡성군	찾아가는생활체육교실운영	60,000	1	4	7	7	7	1	1	1
10906	강원 횡성군	장애인체육대회출전비지원	58,000	1	4	7	7	7	1	1	1
10907	강원 횡성군	횡성문화원문화사업유지관리	53,000	1	4	7	7	7	1	1	1
10908	강원 횡성군	장애인스포츠활성화프로그램운영	50,000	1	4	7	7	7	1	1	1
10909	강원 횡성군	관내문화예술단체지원	40,000	1	4	7	7	7	1	1	1
10910	강원 횡성군	유치스포츠대회지원	38,000	1	4	7	7	7	1	1	1
10911	강원 횡성군	대학체육육성지원	30,000	1	4	7	7	7	1	1	1
10912	강원 횡성군	강원도어르신체육대회출전지원	30,000	1	4	7	7	7	1	1	1
10913	강원 횡성군	찾아가는문화활동지원	26,667	1	4	7	7	7	1	1	1
10914	강원 횡성군	종목별우수선수지원	25,000	1	4	7	7	7	1	1	1
10915	강원 횡성군	노인생활체육활성화프로그램운영	22,000	1	4	7	7	7	1	1	1
10916	강원 횡성군	바른청소년생활체육교실운영	20,400	1	4	7	7	7	1	1	1
10917	강원 횡성군	게이트볼대회지원	20,000	1	4	7	7	7	1	1	1

순번	시군구	지출명 (사업명)	2024년예산 (단위 : 천원 /1년간)	민간이전 분류 (지방자치단체 세출예산 집행기준에 의거) 1. 민간경상사업보조(307-02) 2. 민간단체 법정운영비보조(307-03) 3. 민간행사사업보조(307-04) 4. 민간위탁금(307-05) 5. 사회복지시설 법정운영비보조(307-10) 6. 민간인위탁교육비(307-12) 7. 공기관등에대한경상적위탁사업비(308-13) 8. 민간자본사업보조,자체재원(402-01) 9. 민간자본사업보조,이전재원(402-02) 10. 민간위탁사업비(402-03) 11. 공기관등에 대한 자본적 위탁사업비(403-02)	민간이전지출 근거 (지방보조금 관리기준 참고) 1. 법률에 규정 2. 국고보조 재원(국가지정) 3. 용도 지정 기부금 4. 조례에 직접규정 5. 지자체가 권장하는 사업을 하는 공공기관 6. 시,도 정책 및 재정사정 7. 기타 8. 해당없음	입찰방식: 계약체결방법 (경쟁형태) 1. 일반경쟁 2. 제한경쟁 3. 지명경쟁 4. 수의계약 5. 법정위탁 6. 기타 ( ) 7. 없음	입찰방식: 계약기간 1. 1년 2. 2년 3. 3년 4. 4년 5. 5년 6. 기타 ( )년 7. 단기계약 (1년미만) 8. 없음	입찰방식: 낙찰자선정방법 1. 적격심사 2. 협상에의한계약 3. 최저가낙찰제 4. 규격가격분리 5. 2단계 경쟁입찰 6. 기타 ( ) 7. 없음	운영예산 산정: 운영예산 산정 1. 내부산정 (지자체 자체적으로 산정) 2. 외부산정 (외부전문기관위탁 산정) 3. 내·외부 모두 산정 4. 산정 無 5. 없음	운영예산 산정: 정산방법 1. 내부정산 (지자체 내부적으로 정산) 2. 외부정산 (외부전문기관위탁 정산) 3. 내·외부 모두 산정 4. 정산 無 5. 없음	성과평가 실시여부 1. 실시 2. 미실시 3. 향후 추진 4. 해당없음
10918	강원 횡성군	생활체육교실운영(도)	20,000	1	4	7	7	7	1	1	1
10919	강원 횡성군	전지훈련팀지원	20,000	1	4	7	7	7	1	1	1
10920	강원 횡성군	스포츠클럽지원	20,000	1	4	7	7	7	1	1	1
10921	강원 횡성군	지방문화원사랑방운영지원	20,000	1	4	7	7	7	1	1	1
10922	강원 횡성군	지역인재양성(생활과학교실운영비)	16,000	1	1	7	1	7	1	1	1
10923	강원 횡성군	스포츠대회유치홍보및지원	15,000	1	4	7	7	7	1	1	1
10924	강원 횡성군	체육인역량강화지원	12,000	1	4	7	7	7	1	1	1
10925	강원 횡성군	박물관특별기획유물전시및체험교구재제작지원	11,000	1	4	7	7	7	1	1	1
10926	강원 횡성군	꿈나무야구단육성지원	10,000	1	4	7	7	7	1	1	1
10927	강원 횡성군	다이내믹댄싱카니발동참가지원	10,000	1	4	7	7	7	1	1	1
10928	강원 횡성군	생활체육지도자처우개선지원사업(도)	7,500	1	4	7	7	7	1	1	1
10929	강원 횡성군	관내장애체육인역량강화	6,000	1	4	7	7	7	1	1	1
10930	강원 횡성군	유학강좌지원	5,600	1	4	7	7	7	1	1	1
10931	강원 횡성군	장애인체육대회유치홍보및지원	5,000	1	4	7	7	7	1	1	1
10932	강원 횡성군	장애인생활체육지원	5,000	1	4	7	7	7	1	1	1
10933	강원 횡성군	전통사찰산사문화체험사업	5,000	1	4	7	7	7	1	1	1
10934	강원 횡성군	가맹경기단체운영지원	4,000	1	4	7	7	7	1	1	1
10935	강원 횡성군	횡성대표출전전문체육선수재해보상	3,000	1	4	7	7	7	1	1	1
10936	강원 횡성군	사회복지시설운영	860,000	1	1	7	8	7	1	5	4
10937	강원 횡성군	청년도전지원사업	457,400	1	1	7	8	7	1	1	1
10938	강원 횡성군	취약지역응급의료기관지원(기금)	210,000	1	1	7	8	7	5	5	4
10939	강원 횡성군	사회복지협의회운영(도)	166,696	1	1	7	8	7	1	5	4
10940	강원 횡성군	지역응급의료기관응급실운영지원	150,000	1	1	7	8	7	5	5	4
10941	강원 횡성군	지역혁신사업	147,270	1	1	7	8	7	1	1	4
10942	강원 횡성군	자원봉사센터사업비지원	124,350	1	1,2	7	8	7	1	1	1
10943	강원 횡성군	일자리창출사업	120,000	1	1	7	8	7	1	1	4
10944	강원 횡성군	유기질비료구입	100,000	1	2	7	8	7	1	1	1
10945	강원 횡성군	전통시장지킴이지원	97,560	1	4	7	1	7	1	1	4
10946	강원 횡성군	소멸위기지역청년창업지원사업비	84,706	1	1	7	8	7	1	1	4
10947	강원 횡성군	농공단지입주기업물류비지원	80,000	1	4	7	8	7	5	1	4
10948	강원 횡성군	자생단체산불예방활동비지원	57,750	1	6	7	8	7	5	1	1
10949	강원 횡성군	소상공인일반음식점위생물품위탁지원	55,250	1	6	7	7	1	3	1	1
10950	강원 횡성군	마을공동체만들기지원사업	50,000	1	4	7	8	7	1	1	3
10951	강원 횡성군	민주평화통일자문회의안보사업지원	41,500	1	1	7	8	7	1	1	3
10952	강원 횡성군	임산물상품화지원	40,500	1	2	7	8	7	5	1	4
10953	강원 횡성군	새마을지도자이장한마음대회	40,000	1	4	7	8	7	1	1	3
10954	강원 횡성군	횡성전통시장공동마케팅사업	40,000	1	4	7	1	7	1	1	4
10955	강원 횡성군	저소득층생활지원활성화	39,000	1	4	7	8	7	1	1	1
10956	강원 횡성군	창업청년성장플러스지원사업	31,637	1	1	7	8	7	1	1	4
10957	강원 횡성군	2023년횡성군맞춤형청년창업지원사업(초기창업가)	30,000	1	4	7	8	7	1	1	4

순번	시군구	지출명 (사업명)	2024년예산 (단위 : 천원 /1년간)	민간이전 분류 (지방자치단체 세출예산 집행기준에 의거) 1. 민간경상사업보조(307-02) 2. 민간단체 법정운영비보조(307-03) 3. 민간행사사업보조(307-04) 4. 민간위탁금(307-05) 5. 사회복지시설 법정운영비보조(307-10) 6. 민간인위탁교육비(307-12) 7. 공기관등에대한경상적위탁사업비(308-13) 8. 민간자본사업보조,자체재원(402-01) 9. 민간자본사업보조,이전재원(402-02) 10. 민간위탁사업비(402-03) 11. 공기관등에 대한 자본적 위탁사업비(403-02)	민간이전지출 근거 (지방보조금 관리기준 참고) 1. 법률에 규정 2. 국고보조 재원(국가지정) 3. 용도 지정 기부금 4. 조례에 직접규정 5. 지자체가 권장하는 사업을 하는 공공기관 6. 시,도 정책 및 재정사정 7. 기타 8. 해당없음	입찰방식 계약체결방법 (경쟁형태) 1. 일반경쟁 2. 제한경쟁 3. 지명경쟁 4. 수의계약 5. 법정위탁 6. 기타 ( ) 7. 없음	입찰방식 계약기간 1. 1년 2. 2년 3. 3년 4. 4년 5. 5년 6. 기타 ( )년 7. 단기계약 (1년미만) 8. 없음	입찰방식 낙찰자선정방법 1. 적격심사 2. 협상에의한계약 3. 최저가낙찰제 4. 규격가격분리 5. 2단계 경쟁입찰 6. 기타 ( ) 7. 없음	운영예산 산정 운영예산 산정 1. 내부산정 (지자체 자체적으로 산정) 2. 외부산정 (외부전문기관위탁 산정) 3. 내·외부 모두 산정 4. 산정 無 5. 없음	운영예산 산정 정산방법 1. 내부정산 (지자체 내부적으로 정산) 2. 외부정산 (외부전문기관위탁 정산) 3. 내·외부 모두 산정 4. 정산 無 5. 없음	성과평가 실시여부 1. 실시 2. 미실시 3. 향후 추진 4. 해당없음
10958	강원 횡성군	횡성시장매력찾기사업	30,000	1	4	7	1	7	1	1	4
10959	강원 횡성군	민속장관리요원배치	29,364	1	4	7	1	7	1	1	4
10960	강원 횡성군	친환경임산물재배관리	27,049	1	2	7	8	7	5	1	4
10961	강원 횡성군	뉴새마을가꾸기사업추진	27,000	1	1	7	8	7	1	1	3
10962	강원 횡성군	사랑의집수리사업추진	27,000	1	1	7	8	7	1	1	3
10963	강원 횡성군	2023년횡성군맞춤형청년창업지원사업(예비창업가)	24,000	1	1	7	8	7	1	1	4
10964	강원 횡성군	내고향주말장터	24,000	1	4	7	1	7	1	1	4
10965	강원 횡성군	중소기업전시박람회지원	22,500	1	4	7	8	7	5	1	1
10966	강원 횡성군	법질서캠페인및국도대청결운동	22,000	1	1	7	8	7	1	1	3
10967	강원 횡성군	행정동우회사업지원	18,000	1	1	7	8	7	1	1	3
10968	강원 횡성군	공동주택관리비용지원	16,500	1	8	7	8	7	5	5	4
10969	강원 횡성군	전통시장고객쉼터및화장실관리요원배치	15,702	1	4	7	1	7	1	1	4
10970	강원 횡성군	범죄피해자보호지원	15,000	1	1	7	8	7	1	1	3
10971	강원 횡성군	지역포용형청년일자리지원사업	12,191	1	1	7	8	7	1	1	4
10972	강원 횡성군	전통시장전용주차장자동화시스템관리비	12,000	1	4	7	1	7	1	1	4
10973	강원 횡성군	노란우산공제신규가입장려금지원사업	11,250	1	1	7	8	7	2	3	4
10974	강원 횡성군	새마을문고책소문문화풍경	9,000	1	1	7	8	7	1	1	3
10975	강원 횡성군	안보현장견학및참배지원	9,000	1	4	7	8	7	1	1	1
10976	강원 횡성군	한국자유총연맹횡성군지회사업지원	7,000	1	1	7	8	7	1	1	3
10977	강원 횡성군	통일교육및통일관련퀴즈대회	5,000	1	1	7	8	7	1	1	3
10978	강원 횡성군	예술단초청공연	5,000	1	1	7	8	7	1	1	3
10979	강원 횡성군	사회복지시설지원	4,800	1	1	7	8	7	1	1	1
10980	강원 횡성군	사회복지사의날기념식지원	3,000	1	5	7	8	7	1	5	4
10981	강원 횡성군	전통시장화재보험지원	2,700	1	4	7	1	7	1	1	4
10982	강원 횡성군	지역포용형청년일자리지원사업(자율지원)	2,000	1	1	7	8	7	1	1	4
10983	강원 횡성군	물놀이안전사고예방및인명구조활동지원	2,000	1	4	7	8	7	5	5	4
10984	강원 횡성군	전통시장화재공제지원	1,280	1	4	7	1	7	1	1	4
10985	강원 영월군	운수종사자근로여건개선지원	37,800	1	6	7	8	7	1	1	4
10986	강원 영월군	물놀이안전운영관리	10,000	1	4	7	8	7	1	1	1
10987	강원 영월군	모범운전자연합회지원	4,000	1	4	7	8	7	1	1	4
10988	강원 영월군	취약지역응급의료기관육성(군비추가)	860,000	1	5	7	8	7	5	5	4
10989	강원 영월군	분만취약지산부인과지원	500,000	1	2	7	8	7	5	5	4
10990	강원 영월군	영월문화원사업지원	476,980	1	4	7	8	7	1	1	3
10991	강원 영월군	수선유지급여(집수리)	316,500	1	5	7	1	7	1	1	4
10992	강원 영월군	보호자없는병실운영	301,072	1	6	7	8	7	5	5	4
10993	강원 영월군	공공의료기관취약지소아과야간진료기능보강	300,000	1	6	7	8	7	5	5	4
10994	강원 영월군	생활체육지도자배치	283,112	1	1	4	1	7	1	1	1
10995	강원 영월군	전통시장안전요원배치	260,160	1	1	7	8	7	5	5	4
10996	강원 영월군	주천지구도시재생뉴딜사업	259,200	1	4	7	8	7	1	1	4
10997	강원 영월군	예비사회적기업지원	226,667	1	2	7	8	7	5	5	4

순번	시군구	지출명 (사업명)	2024년예산 (단위 : 천원 /1년간)	민간이전 분류 (지방자치단체 세출예산 집행기준에 의거) 1. 민간경상사업보조(307-02) 2. 민간단체 법정운영비보조(307-03) 3. 민간행사사업보조(307-04) 4. 민간위탁금(307-05) 5. 사회복지시설 법정운영비보조(307-10) 6. 민간인위탁교육비(307-12) 7. 공기관등에대한경상적위탁사업비(308-13) 8. 민간자본사업보조,자체재원(402-01) 9. 민간자본사업보조,이전재원(402-02) 10. 민간위탁사업비(402-03) 11. 공기관등에 대한 자본적 위탁사업비(403-02)	민간이전지출 근거 (지방보조금 관리기준 참고) 1. 법률에 규정 2. 국고보조 재원(국가지정) 3. 용도 지정 기부금 4. 조례에 직접규정 5. 지자체가 권장하는 사업을 하는 공공기관 6. 시,도 정책 및 재정사정 7. 기타 8. 해당없음	입찰방식: 계약체결방법 (경쟁형태) 1. 일반경쟁 2. 제한경쟁 3. 지명경쟁 4. 수의계약 5. 법정위탁 6. 기타 ( ) 7. 없음	입찰방식: 계약기간 1. 1년 2. 2년 3. 3년 4. 4년 5. 5년 6. 기타 ( )년 7. 단기계약 (1년미만) 8. 없음	입찰방식: 낙찰자선정방법 1. 적격심사 2. 협상에의한계약 3. 최저가낙찰제 4. 규격가격분리 5. 2단계 경쟁입찰 6. 기타 ( ) 7. 없음	운영예산 산정: 운영예산 산정 1. 내부산정 (지자체 자체적으로 산정) 2. 외부산정 (외부전문기관위탁 산정) 3. 내·외부 모두 산정 4. 산정 無 5. 없음	운영예산 산정: 정산방법 1. 내부정산 (지자체 내부적으로 정산) 2. 외부정산 (외부전문기관위탁 정산) 3. 내·외부 모두 산정 4. 정산 無 5. 없음	성과평가 실시여부 1. 실시 2. 미실시 3. 향후 추진 4. 해당없음
10998	강원 영월군	강원특별자치도민체육대회출전및훈련지원	220,000	1	1	4	1	7	1	1	1
10999	강원 영월군	종목별체육대회참가지원	220,000	1	1	4	1	7	1	1	1
11000	강원 영월군	의료취약지의료안전망지원사업(중환자실운영)	200,000	1	6	7	8	7	5	5	4
11001	강원 영월군	청년농업인영농정착지원	193,000	1	2	7	8	7	1	1	1
11002	강원 영월군	취약지역응급의료기관육성	150,000	1	2	7	8	7	5	5	4
11003	강원 영월군	어르신체육활동지원	125,828	1	1	4	1	7	1	1	1
11004	강원 영월군	덕포지구도시재생뉴딜(군비추가)	110,000	1	4	7	8	7	1	1	4
11005	강원 영월군	생활체육지도자배치(군비추가)	107,999	1	1	4	1	7	1	1	1
11006	강원 영월군	운동부지원	100,000	1	1	4	1	7	1	1	1
11007	강원 영월군	강원특별자치도민생활체육대회출전및훈련지원	100,000	1	1	4	1	7	1	1	1
11008	강원 영월군	농촌빈집정비사업	100,000	1	1	7	7	7	1	1	4
11009	강원 영월군	별총총마을도시재생뉴딜사업(군비추가)	90,000	1	4	7	8	7	1	1	4
11010	강원 영월군	강원도대학발전육성사업	84,000	1	4	7	8	7	1	1	1
11011	강원 영월군	영월군민드론인재양성프로그램	79,500	1	8	7	8	7	5	5	4
11012	강원 영월군	사회단체공익활동지원	67,880	1	4	7	8	7	1	1	1
11013	강원 영월군	임산물생산단지자립기반조성지원(유기질비료)	67,268	1	4	7	8	7	5	5	4
11014	강원 영월군	장애인생활체육지도자배치	62,604	1	1	4	1	7	1	1	1
11015	강원 영월군	장애인생활체육지도자배치	55,056	1	1	4	1	7	1	1	1
11016	강원 영월군	합창단육성지원사업	50,000	1	4	6	1	7	1	1	3
11017	강원 영월군	임산물직거래택배비지원	50,000	1	4	7	8	7	5	5	4
11018	강원 영월군	어르신체육활동지원(군비추가)	47,902	1	1	4	1	7	1	1	1
11019	강원 영월군	잡곡산업기반조성사업	44,900	1	6	7	8	7	1	1	1
11020	강원 영월군	보건의료복지통합지원체계구축	43,750	1	6	7	8	7	5	5	4
11021	강원 영월군	합창단육성지원사업	40,000	1	4	6	1	7	1	1	3
11022	강원 영월군	단종268의인연구및편찬	40,000	1	6	7	8	7	1	1	3
11023	강원 영월군	체육회장비지원	40,000	1	1	4	1	7	1	1	1
11024	강원 영월군	전통시장야시장운영	40,000	1	1	5	1	7	1	1	4
11025	강원 영월군	농공단지입주기업물류비지원사업	40,000	1	4	7	8	7	5	5	4
11026	강원 영월군	농특산물홈쇼핑판매지원	40,000	1	4	7	8	7	5	5	4
11027	강원 영월군	시설재배임가맞춤형경영지원	38,808	1	4	7	8	7	5	5	4
11028	강원 영월군	개인하수처리시설위탁관리비지원	38,688	1	6	7	8	7	5	5	4
11029	강원 영월군	강원도장애인생활체육대회참가	34,350	1	1	4	1	7	1	1	1
11030	강원 영월군	문화예술육성지원	30,000	1	4	7	8	7	1	1	3
11031	강원 영월군	유소년생활체육교실지원	30,000	1	1	4	1	7	1	1	1
11032	강원 영월군	강원특별자치도어르신생활체육대회출전및훈련지원	30,000	1	1	4	1	7	1	1	1
11033	강원 영월군	식생활교육시범사업	30,000	1	4	7	8	7	5	5	4
11034	강원 영월군	여성종합체육대회출전및훈련지원	28,000	1	1	4	1	7	1	1	1
11035	강원 영월군	식량작물공동경영체육성사업	27,000	1	2	7	8	7	1	1	1
11036	강원 영월군	전자상거래거점센터조성	25,000	1	4	7	8	7	1	1	3
11037	강원 영월군	종목별장애인체육대회참가	25,000	1	1	4	1	7	1	1	1

순번	시군구	지출명 (사업명)	2024년예산 (단위 : 천원 /1년간)	민간이전 분류 (지방자치단체 세출예산 집행기준에 의거) 1. 민간경상사업보조(307-02) 2. 민간단체 법정운영비보조(307-03) 3. 민간행사사업보조(307-04) 4. 민간위탁금(307-05) 5. 사회복지시설 법정운영비보조(307-10) 6. 민간인위탁교육비(307-12) 7. 공기관등에대한경상적위탁사업비(308-13) 8. 민간자본사업보조,자체재원(402-01) 9. 민간자본사업보조,이전재원(402-02) 10. 민간위탁사업비(402-03) 11. 공기관등에 대한 자본적 위탁사업비(403-02)	민간이전지출 근거 (지방보조금 관리기준 참고) 1. 법률에 규정 2. 국고보조 재원(국가지정) 3. 용도 지정 기부금 4. 조례에 직접규정 5. 지자체가 권장하는 사업을 하는 공공기관 6. 시,도 정책 및 재정사정 7. 기타 8. 해당없음	입찰방식			운영예산 산정		성과평가 실시여부
						계약체결방법 (경쟁형태) 1. 일반경쟁 2. 제한경쟁 3. 지명경쟁 4. 수의계약 5. 법정위탁 6. 기타 ( ) 7. 없음	계약기간 1. 1년 2. 2년 3. 3년 4. 4년 5. 5년 6. 기타 ( )년 7. 단기계약 (1년미만) 8. 없음	낙찰자선정방법 1. 적격심사 2. 협상에의한계약 3. 최저가낙찰제 4. 규격가격분리 5. 2단계 경쟁입찰 6. 기타 ( ) 7. 없음	운영예산 산정 1. 내부산정 (지자체 자체적으로 산정) 2. 외부산정 (외부전문기관위탁 산정) 3. 내·외부 모두 산정 4. 산정 無 5. 없음	정산방법 1. 내부정산 (지자체 내부적으로 정산) 2. 외부정산 (외부전문기관위탁 정산) 3. 내·외부 모두 산정 4. 정산 無 5. 없음	1. 실시 2. 미실시 3. 향후 추진 4. 해당없음
11038	강원 영월군	영월군드론스포츠선수단육성및지원	25,000	1	8	7	8	7	5	5	4
11039	강원 영월군	전자상거래거점센터관리자육성	24,729	1	4	7	8	7	1	1	3
11040	강원 영월군	체육활성화지원	24,000	1	1	4	1	7	1	1	1
11041	강원 영월군	(2유형)소멸위기지역창업청년지원형	21,434	1	2	7	8	7	5	5	4
11042	강원 영월군	청정임산물품질향상수피지원	21,350	1	4	7	8	7	5	5	4
11043	강원 영월군	공공도서관운영지원	21,000	1	4	7	8	7	1	1	1
11044	강원 영월군	2024영월박물관어르신문화프로그램지원	21,000	1	4	7	8	7	5	1	1
11045	강원 영월군	지방문화원사랑방운영	20,000	1	4	7	8	7	1	1	3
11046	강원 영월군	생활체육교실운영	20,000	1	1	4	1	7	1	1	1
11047	강원 영월군	래프팅셔틀차량임차료지원	20,000	1	4	7	7	7	1	1	2
11048	강원 영월군	덕포5일장마케팅행사	20,000	1	5	1	7	1	1	1	4
11049	강원 영월군	과수컨설팅지원	20,000	1	4	7	8	7	1	1	1
11050	강원 영월군	사과박스소형(3kg)지원	20,000	1	4	7	8	7	5	5	4
11051	강원 영월군	농산물공동선별비지원	17,710	1	1	7	8	7	5	5	4
11052	강원 영월군	전통문화보존및전승	17,200	1	4	7	8	7	1	1	1
11053	강원 영월군	청년창업육성지원사업	16,000	1	4	7	8	7	5	5	4
11054	강원 영월군	온라인플랫폼활성화지원	16,000	1	4	7	8	7	5	5	4
11055	강원 영월군	방과후마을학교운영(자체)	15,000	1	1	7	8	7	1	1	3
11056	강원 영월군	자매도시생활체육교류전참가	15,000	1	1	4	1	7	1	1	1
11057	강원 영월군	강원도장애인생활체육대회훈련	15,000	1	1	4	1	7	1	1	1
11058	강원 영월군	생활체육지도자처우개선지원(근속수당)	11,180	1	1	4	1	7	1	1	1
11059	강원 영월군	생활체육지도자처우개선지원(활동수당)	10,920	1	1	4	1	7	1	1	1
11060	강원 영월군	영월군마을공동체만들기지원	10,000	1	4	7	8	7	1	1	1
11061	강원 영월군	문해교실운영	10,000	1	5	7	8	7	1	1	2
11062	강원 영월군	공설묘지관리	10,000	1	5	7	8	7	1	1	4
11063	강원 영월군	노사민정협의회활성화	10,000	1	4	7	8	7	5	5	4
11064	강원 영월군	시설원예맞춤형컨설팅	10,000	1	4	7	8	7	1	1	4
11065	강원 영월군	장애인체육교실운영	7,000	1	1	4	1	7	1	1	1
11066	강원 영월군	도지사품질인증제지원	7,000	1	1	7	8	7	5	5	4
11067	강원 영월군	산양삼생산과정확인	3,800	1	1	7	8	7	5	5	4
11068	강원 영월군	새마을지도자교육지원	3,000	1	4	7	8	7	1	1	1
11069	강원 영월군	청년취업농지원	3,000	1	6	7	8	7	1	1	1
11070	강원 영월군	강원도노사민정한마음체육대회지원	1,890	1	4	7	8	7	5	5	4
11071	강원 영월군	우수등록스포츠클럽지원	1,750	1	1	4	1	7	1	1	1
11072	강원 영월군	자연유산민속행사지원	1,500	1	2	7	8	7	1	1	1
11073	강원 평창군	유기질비료지원	3,295,029	1	7	6	1	7	1	1	1
11074	강원 평창군	2024수호랑스포츠캠프지원	2,325,000	1	4	1	1	2	1	1	4
11075	강원 평창군	연작피해지역토양미생물제제등지원	626,600	1	2	7	8	7	1	1	1
11076	강원 평창군	평창FC운영지원	600,000	1	4	7	8	7	1	1	3
11077	강원 평창군	조사료사일리지제조비지원	495,699	1	2	7	8	7	1	1	1

순번	시군구	지출명 (사업명)	2024년예산 (단위 : 천원 /1년간)	민간이전 분류 (지방자치단체 세출예산 집행기준에 의거) 1. 민간경상사업보조(307-02) 2. 민간단체 법정운영비보조(307-03) 3. 민간행사사업보조(307-04) 4. 민간위탁금(307-05) 5. 사회복지시설 법정운영비보조(307-10) 6. 민간인위탁교육비(307-12) 7. 공기관등에대한경상적위탁사업비(308-13) 8. 민간자본사업보조,자체재원(402-01) 9. 민간자본사업보조,이전재원(402-02) 10. 민간위탁사업비(402-03) 11. 공기관등에 대한 자본적 위탁사업비(403-02)	민간이전지출 근거 (지방보조금 관리기준 참고) 1. 법률에 규정 2. 국고보조 재원(국가지정) 3. 용도 지정 기부금 4. 조례에 직접규정 5. 지자체가 권장하는 사업을 하는 공공기관 6. 시,도 정책 및 재정사정 7. 기타 8. 해당없음	입찰방식 계약체결방법 (경쟁형태) 1. 일반경쟁 2. 제한경쟁 3. 지명경쟁 4. 수의계약 5. 법정위탁 6. 기타 ( ) 7. 없음	입찰방식 계약기간 1. 1년 2. 2년 3. 3년 4. 4년 5. 5년 6. 기타 ( )년 7. 단기계약 (1년미만) 8. 없음	입찰방식 낙찰자선정방법 1. 적격심사 2. 협상에의한계약 3. 최저가낙찰제 4. 규격가격분리 5. 2단계 경쟁입찰 6. 기타 ( ) 7. 없음	운영예산 산정 운영예산 산정 1. 내부산정 (지자체 자체적으로 산정) 2. 외부산정 (외부전문기관위탁 산정) 3. 내·외부 모두 산정 4. 산정 無 5. 없음	운영예산 산정 정산방법 1. 내부정산 (지자체 내부적으로 정산) 2. 외부정산 (외부전문기관위탁 정산) 3. 내·외부 모두 산정 4. 정산 無 5. 없음	성과평가 실시여부 1. 실시 2. 미실시 3. 향후 추진 4. 해당없음
11078	강원 평창군	청년농업인영농정착지원	297,000	1	2	7	8	7	5	1	4
11079	강원 평창군	감자광브랜드계열화지원	286,320	1	4	7	8	7	1	1	4
11080	강원 평창군	고랭지채소안정생산지원	257,600	1	6	7	8	7	1	1	1
11081	강원 평창군	평창FC유소년단운영	250,000	1	4	7	8	7	5	5	4
11082	강원 평창군	토양개량제지원	245,344	1	2	6	1	7	1	1	1
11083	강원 평창군	도민체육대회출전지원	230,000	1	4	7	8	7	3	1	1
11084	강원 평창군	귀농귀촌유치지원	221,800	1	2	7	8	7	1	1	3
11085	강원 평창군	당귀명품화토양개량제지원	200,000	1	6	7	8	7	5	5	4
11086	강원 평창군	전통민속활성화운영지원	180,000	1	6	7	8	7	1	1	4
11087	강원 평창군	종교문화여행치유순례프로그램지원	170,000	1	2	7	8	7	1	1	4
11088	강원 평창군	농어업회의소운영	154,085	1	4	5	8	7	1	1	1
11089	강원 평창군	고랭지배추홍보비지원	140,000	1	6	7	8	7	1	1	1
11090	강원 평창군	농촌관광주체육성지원(농촌체험휴양마을사무장채용)(전환사업)	138,499	1	2	7	8	7	1	1	4
11091	강원 평창군	농촌체험기반구축	120,000	1	4	7	8	7	1	1	1
11092	강원 평창군	지역연계관광활성화사업	108,000	1	1,4	6	8	7	1	1	3
11093	강원 평창군	영농부산물안전처리지원	105,125	1	2	7	8	7	5	5	4
11094	강원 평창군	동계스포츠국제교류및선수육성사업	105,000	1	4	7	8	7	1	1	3
11095	강원 평창군	전지훈련팀유치지원	100,000	1	4	7	8	7	1	1	3
11096	강원 평창군	레슬링상비군합숙훈련지원	100,000	1	4	7	8	7	1	1	1
11097	강원 평창군	꿈의오케스트라,평창운영지원	100,000	1	4	7	8	7	1	1	1
11098	강원 평창군	대파명품화토양개량제지원	100,000	1	6	7	8	7	5	5	4
11099	강원 평창군	생태관광지역지정및육성사업	90,000	1	2	7	8	7	1	1	1
11100	강원 평창군	전통민속놀이지원	84,000	1	7	7	8	7	1	1	4
11101	강원 평창군	강원감자자조금조성	81,900	1	4	7	8	7	1	1	4
11102	강원 평창군	도지정무형유산육성지원	80,000	1	6	7	8	7	1	1	4
11103	강원 평창군	병해충드론방제비지원	80,000	1	6	7	8	7	5	1	1
11104	강원 평창군	문화시민운동추진	75,200	1	4	7	8	7	5	5	4
11105	강원 평창군	전통산사문화유산활용사업	75,000	1	2	7	8	7	1	1	4
11106	강원 평창군	군수품질인증농가포장재지원	71,500	1	4	7	8	7	1	1	1
11107	강원 평창군	외국인선수전지훈련지원센터운영	70,000	1	4	7	8	7	1	1	3
11108	강원 평창군	봉래양사언선생치적계승전국시조대회지원	70,000	1	4	7	8	7	1	1	1
11109	강원 평창군	자원봉사자양성및프로그램운영지원	60,828	1	4	7	8	7	5	5	4
11110	강원 평창군	도지사기및각종대회출전지원	60,000	1	4	7	8	7	3	1	1
11111	강원 평창군	문화원민속예술단운영지원	60,000	1	4	7	8	7	1	1	1
11112	강원 평창군	농수산식품수출해외마케팅지원	60,000	1	7	7	8	7	1	1	1
11113	강원 평창군	친환경농자재지원	60,000	1	6	7	8	7	1	1	4
11114	강원 평창군	통합브랜드포장재지원	53,000	1	6	7	8	7	1	1	4
11115	강원 평창군	화훼생산유통지원	52,500	1	7	7	8	7	1	1	1
11116	강원 평창군	문화학교운영지원	52,000	1	4	7	8	7	1	1	1
11117	강원 평창군	대파명품화기계육묘판지원	51,000	1	6	7	8	7	5	5	4

순번	시군구	지출명 (사업명)	2024년예산 (단위 : 천원 /1년간)	민간이전 분류 (지방자치단체 세출예산 집행기준에 의거) 1. 민간경상사업보조(307-02) 2. 민간단체 법정운영비보조(307-03) 3. 민간행사사업보조(307-04) 4. 민간위탁금(307-05) 5. 사회복지시설 법정운영비보조(307-10) 6. 민간인위탁교육비(307-12) 7. 공기관등에대한경상적위탁사업비(308-13) 8. 민간자본사업보조,자체재원(402-01) 9. 민간자본사업보조,이전재원(402-02) 10. 민간위탁사업비(402-03) 11. 공기관등에 대한 자본적 위탁사업비(403-02)	민간이전지출 근거 (지방보조금 관리기준 참고) 1. 법률에 규정 2. 국고보조 재원(국가지정) 3. 용도 지정 기부금 4. 조례에 직접규정 5. 지자체가 권장하는 사업을 하는 공공기관 6. 시,도 정책 및 재정사정 7. 기타 8. 해당없음	입찰방식 계약체결방법 (경쟁형태) 1. 일반경쟁 2. 제한경쟁 3. 지명경쟁 4. 수의계약 5. 법정위탁 6. 기타 ( ) 7. 없음	입찰방식 계약기간 1. 1년 2. 2년 3. 3년 4. 4년 5. 5년 6. 기타 ( )년 7. 단기계약 (1년미만) 8. 없음	입찰방식 낙찰자선정방법 1. 적격심사 2. 협상에의한계약 3. 최저가낙찰제 4. 규격가격분리 5. 2단계 경쟁입찰 6. 기타 ( ) 7. 없음	운영예산 산정 운영예산 산정 1. 내부산정 (지자체 자체적으로 산정) 2. 외부산정 (외부전문기관위탁 산정) 3. 내·외부 모두 산정 4. 산정 無 5. 없음	운영예산 산정 정산방법 1. 내부정산 (지자체 내부적으로 정산) 2. 외부정산 (외부전문기관위탁 정산) 3. 내·외부 모두 산정 4. 정산 無 5. 없음	성과평가 실시여부 1. 실시 2. 미실시 3. 향후 추진 4. 해당없음
11118	강원 평창군	황병산사냥민속생생문화유산활용지원	50,000	1	2	7	8	7	1	1	4
11119	강원 평창군	지속가능한평창만들기사업지원	49,600	1	1	7	8	7	1	1	1
11120	강원 평창군	곤포사일리지생산용필름네트지원	48,750	1	7	7	8	7	1	1	1
11121	강원 평창군	명태산업광역특구통합브랜드홍보마케팅	46,670	1	1	7	8	7	1	1	1
11122	강원 평창군	이효석문화예술촌문화프로그램운영	45,000	1	4	7	8	7	1	1	1
11123	강원 평창군	임산물상품화지원	43,000	1	1	7	8	7	5	1	4
11124	강원 평창군	환경친화적멀칭비닐지원	42,000	1	7	6	1	7	1	1	1
11125	강원 평창군	이효석문학상선발사업지원	41,000	1	4	7	1	7	1	1	1
11126	강원 평창군	사료작물종자구입지원	40,194	1	7	7	8	7	1	1	1
11127	강원 평창군	지역생활예술지원사업	40,000	1	4	7	8	7	5	5	4
11128	강원 평창군	문화원합창단지원	40,000	1	4	7	8	7	1	1	1
11129	강원 평창군	청년신규창업인프라구축지원	40,000	1	4	1	1	1	1	1	1
11130	강원 평창군	청년창업가인큐베이팅지원	40,000	1	4	1	1	1	1	1	1
11131	강원 평창군	사과통합브랜드포장재지원	40,000	1	4	7	8	7	1	1	1
11132	강원 평창군	친환경인증농가토양개량지원	40,000	1	7	7	8	7	1	1	1
11133	강원 평창군	젖소산유능력개량지원	40,000	1	7	7	8	7	1	1	1
11134	강원 평창군	농촌돌봄서비스활성화지원	38,500	1	2	7	8	7	5	1	4
11135	강원 평창군	평창문화원문화활동지원	37,800	1	4	7	8	7	1	1	1
11136	강원 평창군	자생단체산불예방활동지원	36,750	1	4	7	8	7	5	1	2
11137	강원 평창군	방림삼베민속생생문화유산활용지원	35,000	1	2	7	8	7	1	1	4
11138	강원 평창군	농촌공동체회사활성화지원(전환사업)	34,100	1	6	7	8	7	1	1	4
11139	강원 평창군	귀표부착비지원	34,090	1	2	7	8	7	1	1	1
11140	강원 평창군	산림소득사업육성지원	34,000	1	1	7	8	7	5	1	4
11141	강원 평창군	무항생제인증지원	33,000	1	7	7	8	7	1	1	1
11142	강원 평창군	내수면양식장사료구입비지원	33,000	1	1	7	8	7	1	1	1
11143	강원 평창군	범죄피해자지원센터지원	30,000	1	1	7	8	7	1	1	1
11144	강원 평창군	강원민속예술축제출전지원	30,000	1	7	7	8	7	1	1	4
11145	강원 평창군	도시재생경제거점활성화주민공모사업지원	30,000	1	4	7	8	7	5	5	4
11146	강원 평창군	한우암소검정사업	30,000	1	7	7	8	7	1	1	1
11147	강원 평창군	조사료재배확대지원	30,000	1	7	7	8	7	1	1	1
11148	강원 평창군	평창군새마을회사업지원	27,000	1	4	7	8	7	5	5	4
11149	강원 평창군	찾아가는문화활동지원	26,667	1	4	7	8	7	5	5	4
11150	강원 평창군	벼저탄소재배생산지원	26,100	1	4	7	8	7	5	5	4
11151	강원 평창군	어르신체육대회출전지원	26,000	1	4	7	8	7	3	1	1
11152	강원 평창군	장애인체육활동지원	25,000	1	4	7	8	7	3	1	1
11153	강원 평창군	우수프로그램공모지원	25,000	1	4	7	8	7	5	5	4
11154	강원 평창군	둔전평농악전수관활성화사업	25,000	1	2	7	8	7	1	1	4
11155	강원 평창군	평창인물사편찬지원	25,000	1	4	7	8	7	1	1	1
11156	강원 평창군	홈쇼핑판매활성화지원	25,000	1	6	7	8	7	1	1	4
11157	강원 평창군	부숙촉진악취저감제지원	25,000	1	1	7	8	7	1	1	1

순번	시군구	지출명 (사업명)	2024년예산 (단위 : 천원 /1년간)	민간이전 분류 (지방자치단체 세출예산 집행기준에 의거) 1. 민간경상사업보조(307-02) 2. 민간단체 법정운영비보조(307-03) 3. 민간행사사업보조(307-04) 4. 민간위탁금(307-05) 5. 사회복지시설 법정운영비보조(307-10) 6. 민간인위탁교육비(307-12) 7. 공기관등에대한경상적위탁사업비(308-13) 8. 민간자본사업보조,자체재원(402-01) 9. 민간자본사업보조,이전재원(402-02) 10. 민간위탁사업비(402-03) 11. 공기관등에 대한 자본적 위탁사업비(403-02)	민간이전지출 근거 (지방보조금 관리기준 참고) 1. 법률에 규정 2. 국고보조 재원(국가지정) 3. 용도 지정 기부금 4. 조례에 직접규정 5. 지자체가 권장하는 사업을 하는 공공기관 6. 시,도 정책 및 재정사정 7. 기타 8. 해당없음	입찰방식: 계약체결방법 (경쟁형태) 1. 일반경쟁 2. 제한경쟁 3. 지명경쟁 4. 수의계약 5. 법정위탁 6. 기타 ( ) 7. 없음	입찰방식: 계약기간 1. 1년 2. 2년 3. 3년 4. 4년 5. 5년 6. 기타 ( )년 7. 단기계약 (1년미만) 8. 없음	입찰방식: 낙찰자선정방법 1. 적격심사 2. 협상에의한계약 3. 최저가낙찰제 4. 규격가격분리 5. 2단계 경쟁입찰 6. 기타 ( ) 7. 없음	운영예산 산정: 운영예산 산정 1. 내부산정 (지자체 자체적으로 산정) 2. 외부산정 (외부전문기관위탁 산정) 3. 내·외부 모두 산정 4. 산정 無 5. 없음	운영예산 산정: 정산방법 1. 내부정산 (지자체 내부적으로 정산) 2. 외부정산 (외부전문기관위탁 정산) 3. 내·외부 모두 산정 4. 정산 無 5. 없음	성과평가 실시여부 1. 실시 2. 미실시 3. 향후 추진 4. 해당없음
11158	강원 평창군	조사료용종자구입비지원	24,398	1	2	7	8	7	1	1	1
11159	강원 평창군	평창군지역치안협의회사업지원	24,000	1	4	7	8	7	5	5	4
11160	강원 평창군	자원봉사프로그램운영인센티브지원	24,000	1	4	7	8	7	5	5	4
11161	강원 평창군	도지정무형유산공개행사지원	22,000	1	6	7	8	7	1	1	4
11162	강원 평창군	평창산채명품안정생산지원	21,475	1	4	7	8	7	1	1	1
11163	강원 평창군	생활체육교실운영지원	20,000	1	4	7	8	7	3	1	1
11164	강원 평창군	미래무형유산발굴육성지원	20,000	1	2	7	8	7	1	1	4
11165	강원 평창군	지방문화원사랑방운영	20,000	1	4	7	8	7	1	1	1
11166	강원 평창군	원전오염처리수방류수산물판로개척지원	20,000	1	1	7	8	7	1	1	1
11167	강원 평창군	낙농산업경영안정지원	18,660	1	7	7	8	7	1	1	1
11168	강원 평창군	월정사성보박물관활성화지원	18,000	1	6	7	8	7	1	1	4
11169	강원 평창군	대관령인형박물관활성화지원	18,000	1	6	7	8	7	1	1	4
11170	강원 평창군	친환경농산물포장재지원	18,000	1	7	7	8	7	1	1	1
11171	강원 평창군	가공센터공동브랜드포장재지원	18,000	1	6	7	8	7	5	5	4
11172	강원 평창군	문화유산재난방지시설유지관리	17,600	1	6	7	8	7	1	1	4
11173	강원 평창군	문예대학지원	16,000	1	4	7	1	7	1	1	1
11174	강원 평창군	축산농가도우미지원	15,720	1	7	7	8	7	1	1	1
11175	강원 평창군	황병산사냥민속마당극지원	15,000	1	7	7	8	7	1	1	4
11176	강원 평창군	평창아라리시민극지원	15,000	1	7	7	8	7	1	1	4
11177	강원 평창군	로컬푸드다겹보온이중하우스난방비지원	15,000	1	6	7	8	7	1	1	3
11178	강원 평창군	로컬푸드기획생산출하활성화지원	15,000	1	6	7	8	7	1	1	3
11179	강원 평창군	영농자재지원	14,500	1	4	7	8	7	1	1	4
11180	강원 평창군	사일리지발효제구입지원	14,000	1	7	7	8	7	1	1	1
11181	강원 평창군	평창방울토마토재배컨설팅지원	14,000	1	4	7	8	7	5	5	4
11182	강원 평창군	평창사과재배컨설팅지원	14,000	1	4	7	8	7	5	5	4
11183	강원 평창군	축산농가및작업장HACCP지원	13,500	1	7	7	8	7	1	1	1
11184	강원 평창군	오미자산채포장재지원	13,400	1	4	7	8	7	1	1	1
11185	강원 평창군	평생학습마을조성사업(도직접지원)	13,000	1	4	7	1	7	1	1	3
11186	강원 평창군	평창학연구소운영지원	13,000	1	4	7	8	7	1	1	1
11187	강원 평창군	공설묘지주변주민지원사업	12,816	1	4	7	7	7	1	1	1
11188	강원 평창군	수출상품포장디자인개선지원	12,800	1	7	7	8	7	1	1	1
11189	강원 평창군	고품질쌀생산단지약제지원	12,500	1	4	7	8	7	5	5	4
11190	강원 평창군	진부당귀지리적표시포장재지원	12,000	1	4	7	8	7	1	1	1
11191	강원 평창군	친환경인증농산물포장재지원	12,000	1	7	7	8	7	1	1	1
11192	강원 평창군	인삼차광자재폐기물처리지원	11,760	1	4	7	8	7	5	5	4
11193	강원 평창군	노란우산공제희망보조금지원	10,970	1	6	7	8	7	1	1	1
11194	강원 평창군	농촌마을공동급식지원	10,000	1	6	7	8	7	5	1	4
11195	강원 평창군	농업경영컨설팅지원	10,000	1	6	7	8	7	1	1	4
11196	강원 평창군	계란선별포장시설지원	10,000	1	7	7	8	7	1	1	1
11197	강원 평창군	제초제절감우렁이공급	10,000	1	4	7	8	7	5	5	4

순번	시군구	지출명 (사업명)	2024년예산 (단위 : 천원 /1년간)	민간이전 분류 (지방자치단체 세출예산 집행기준에 의거) 1. 민간경상사업보조(307-02) 2. 민간단체 법정운영비보조(307-03) 3. 민간행사사업보조(307-04) 4. 민간위탁금(307-05) 5. 사회복지시설 법정운영비보조(307-10) 6. 민간인위탁교육비(307-12) 7. 공기관등에대한경상적위탁사업비(308-13) 8. 민간자본사업보조,자체재원(402-01) 9. 민간자본사업보조,이전재원(402-02) 10. 민간위탁사업비(402-03) 11. 공기관등에 대한 자본적 위탁사업비(403-02)	민간이전지출 근거 (지방보조금 관리기준 참고) 1. 법률에 규정 2. 국고보조 재원(국가지정) 3. 용도 지정 기부금 4. 조례에 직접규정 5. 지자체가 권장하는 사업을 하는 공공기관 6. 시,도 정책 및 재정사정 7. 기타 8. 해당없음	입찰방식			운영예산 산정		성과평가 실시여부
						계약체결방법 (경쟁형태) 1. 일반경쟁 2. 제한경쟁 3. 지명경쟁 4. 수의계약 5. 법정위탁 6. 기타 ( ) 7. 없음	계약기간 1. 1년 2. 2년 3. 3년 4. 4년 5. 5년 6. 기타 ( )년 7. 단기계약 (1년미만) 8. 없음	낙찰자선정방법 1. 적격심사 2. 협상에의한계약 3. 최저가낙찰제 4. 규격가격분리 5. 2단계 경쟁입찰 6. 기타 ( ) 7. 없음	운영예산 산정 1. 내부산정 (지자체 자체적으로 산정) 2. 외부산정 (외부전문기관위탁 산정) 3. 내·외부 모두 산정 4. 산정 無 5. 없음	정산방법 1. 내부정산 (지자체 내부적으로 정산) 2. 외부정산 (외부전문기관위탁 정산) 3. 내·외부 모두 산정 4. 정산 無 5. 없음	1. 실시 2. 미실시 3. 향후 추진 4. 해당없음
11198	강원 평창군	드론전문자격취득지원	10,000	1	6	7	8	7	5	5	4
11199	강원 평창군	농촌여성능력개발교육지원	10,000	1	6	7	8	7	5	5	4
11200	강원 평창군	양식수산물재해보험료지원	9,455	1	1	7	8	7	1	1	1
11201	강원 평창군	대한민국월남참전자회군지회지원	9,000	1	1	7	8	7	1	1	1
11202	강원 평창군	돼지써코바이러스예방주사지원	8,542	1	2	7	8	7	1	1	1
11203	강원 평창군	축산물HACCP컨설팅지원	8,400	1	2	7	8	7	1	1	1
11204	강원 평창군	녹비작물종자대지원	8,343	1	2	6	1	7	1	1	1
11205	강원 평창군	친환경쌀인증단지조성시범사업	7,952	1	4	7	8	7	5	5	4
11206	강원 평창군	바르게살기운동평창군협의회사업지원	7,500	1	4	7	8	7	5	5	4
11207	강원 평창군	청정양돈경영선진화지원	7,200	1	7	7	8	7	1	1	1
11208	강원 평창군	도지사품질인증제지원	7,000	1	6	7	8	7	1	1	4
11209	강원 평창군	평창향교석전대제지원	6,000	1	7	7	8	7	1	1	4
11210	강원 평창군	돼지소모성질환지도지원	6,000	1	2	7	8	7	1	1	1
11211	강원 평창군	가금농가질병관리지원	6,000	1	2	7	8	7	1	1	1
11212	강원 평창군	평창군번영회지역발전사업지원	5,000	1	4	7	8	7	5	5	4
11213	강원 평창군	평창향교기로연지원	5,000	1	7	7	8	7	1	1	4
11214	강원 평창군	평창문학발간지원	5,000	1	4	7	1	7	1	1	1
11215	강원 평창군	강원쌀소비촉진	5,000	1	4	4	1	7	1	1	4
11216	강원 평창군	꿀벌육성지원(재래봉종봉)	5,000	1	7	7	8	7	1	1	1
11217	강원 평창군	농촌여성전문인력육성지원	5,000	1	6	7	8	7	5	5	4
11218	강원 평창군	친환경임산물재배관리	4,408	1	1	7	8	7	5	1	4
11219	강원 평창군	AI시료채취비용지원	4,063	1	2	7	8	7	1	1	1
11220	강원 평창군	한국자유총연맹평창군지회사업지원	4,000	1	1	7	8	7	5	5	4
11221	강원 평창군	재향군인회기념사업지원	4,000	1	1	7	8	7	1	1	1
11222	강원 평창군	봉산서재추계제향지원	4,000	1	7	7	8	7	1	1	4
11223	강원 평창군	로컬푸드육성사업운영지원	4,000	1	6	7	8	7	1	1	4
11224	강원 평창군	학생4H공동과제포운영지원	4,000	1	6	1	1	1	1	1	1
11225	강원 평창군	대한민국6.25참전유공자회군지회지원	3,600	1	1	7	8	7	1	1	1
11226	강원 평창군	강원양봉산업육성지원(양봉화분)	3,600	1	7	7	8	7	1	1	1
11227	강원 평창군	민주평통평창군협의회사업지원	3,000	1	4	7	8	7	5	5	4
11228	강원 평창군	청소년나라사랑교육지원	3,000	1	1	7	8	7	1	1	1
11229	강원 평창군	강원문해자랑대잔치청춘만개참가지원	3,000	1	4	7	7	7	3	1	3
11230	강원 평창군	한우농가도우미지원	3,000	1	7	7	8	7	1	1	1
11231	강원 평창군	청년4H공동과제포운영지원	3,000	1	6	1	1	1	1	1	1
11232	강원 평창군	인삼친환경재배지원	2,520	1	6	7	8	7	1	1	1
11233	강원 평창군	민족통일평창군협의회사업지원	2,500	1	4	7	8	7	5	5	4
11234	강원 평창군	대한민국상이군경회군지회지원	2,100	1	1	7	8	7	1	1	1
11235	강원 평창군	청년농업인육성지원	2,000	1	6	7	8	7	1	1	4
11236	강원 평창군	위생취약소규모산란계농가안전성강화	2,000	1	7	7	8	7	1	1	1
11237	강원 평창군	노사민정한마음체육대회지원	1,620	1	6	7	8	7	1	1	2

순번	시군구	지출명 (사업명)	2024년예산 (단위 : 전원 /1년간)	민간이전 분류 (지방자치단체 세출예산 집행기준에 의거) 1. 민간경상사업보조(307-02) 2. 민간단체 법정운영비보조(307-03) 3. 민간행사사업보조(307-04) 4. 민간위탁금(307-05) 5. 사회복지시설 법정운영비보조(307-10) 6. 민간인위탁교육비(307-12) 7. 공기관등에대한경상적위탁사업비(308-13) 8. 민간자본사업보조,자체재원(402-01) 9. 민간자본사업보조,이전재원(402-02) 10. 민간위탁사업비(402-03) 11. 공기관등에 대한 자본적 위탁사업비(403-02)	민간이전지출 근거 (지방보조금 관리기준 참고) 1. 법률에 규정 2. 국고보조 재원(국가지정) 3. 용도 지정 기부금 4. 조례에 직접규정 5. 지자체가 권장하는 사업을 하는 공공기관 6. 시,도 정책 및 재정사정 7. 기타 8. 해당없음	입찰방식: 계약체결방법 (경쟁형태) 1. 일반경쟁 2. 제한경쟁 3. 지명경쟁 4. 수의계약 5. 법정위탁 6. 기타 ( ) 7. 없음	입찰방식: 계약기간 1. 1년 2. 2년 3. 3년 4. 4년 5. 5년 6. 기타 ( )년 7. 단기계약 (1년미만) 8. 없음	입찰방식: 낙찰자선정방법 1. 적격심사 2. 협상에의한계약 3. 최저가낙찰제 4. 규격가격분리 5. 2단계 경쟁입찰 6. 기타 ( ) 7. 없음	운영예산 산정: 운영예산 산정 1. 내부산정 (지자체 자체적으로 산정) 2. 외부산정 (외부전문기관위탁 산정) 3. 내·외부 모두 산정 4. 산정 無 5. 없음	운영예산 산정: 정산방법 1. 내부정산 (지자체 내부적으로 정산) 2. 외부정산 (외부전문기관위탁 정산) 3. 내·외부 모두 산정 4. 정산 無 5. 없음	성과평가 실시여부 1. 실시 2. 미실시 3. 향후 추진 4. 해당없음
11238	강원 평창군	대한민국전몰군경유족회군지회지원	1,400	1	1	7	8	7	1	1	1
11239	강원 평창군	대한민국무공수훈자회군지회지원	1,400	1	1	7	8	7	1	1	1
11240	강원 평창군	대한민국전몰군경미망인회군지회지원	1,300	1	1	7	8	7	1	1	1
11241	강원 평창군	모범운전자연합회활동지원	800	1	4	7	8	7	5	5	4
11242	강원 정선군	유기질비료지원	1,251,456	1	2	7	8	7	5	5	4
11243	강원 정선군	연작피해지역토양미생물개량제등지원	713,700	1	2	7	8	7	1	1	1
11244	강원 정선군	농촌신활력플러스사업추진	681,285	1	1	7	8	7	5	2	3
11245	강원 정선군	채소무사마귀병방제지원	550,000	1	1	7	8	7	1	1	1
11246	강원 정선군	농특산물소포장재지원	550,000	1	6	7	8	7	1	1	1
11247	강원 정선군	조사료사일리지제조비지원	427,054	1	6	7	8	7	1	1	1
11248	강원 정선군	소배합사료구입비지원	325,000	1	6	7	8	7	1	1	1
11249	강원 정선군	토양개량제지원	235,588	1	2	7	8	7	5	5	4
11250	강원 정선군	도민체육대회참가(엘리트)	235,000	1	1	7	8	7	1	1	1
11251	강원 정선군	농업용면세유구입비지원	225,000	1	1	7	8	7	1	1	1
11252	강원 정선군	톱밥구입비지원	200,000	1	6	7	8	7	1	1	1
11253	강원 정선군	생활체육지도자배치사업	188,742	1	1	7	8	7	1	1	1
11254	강원 정선군	공동방제단운영비	169,800	1	2	7	8	7	1	1	1
11255	강원 정선군	청년농업인영농정착지원	158,000	1	1	7	8	7	5	5	4
11256	강원 정선군	정선군택시호출(콜)운영수수료지원	143,220	1	4	4	1	7	2	2	1
11257	강원 정선군	버섯,약용재배시설현대화지원	138,350	1	2	7	8	7	1	1	1
11258	강원 정선군	찾아가는산부인과운영지원	138,108	1	6	7	8	7	5	1	4
11259	강원 정선군	정선문화원문화사업비	133,900	1	1	7	8	7	1	1	1
11260	강원 정선군	어르신체육지도자배치사업	125,828	1	1	7	8	7	1	1	1
11261	강원 정선군	조사료운반비지원	120,500	1	6	7	8	7	1	1	1
11262	강원 정선군	농촌체험마을사무장지원	118,713	1	1	7	8	7	1	1	1
11263	강원 정선군	영농부산물안전처리지원	105,125	1	2	7	8	7	5	5	4
11264	강원 정선군	도민생활체육대회참가	100,000	1	1	7	8	7	5	5	4
11265	강원 정선군	씨스트선충방제	100,000	1	2	7	8	7	1	1	1
11266	강원 정선군	도지사기(배)체육대회지원	99,625	1	1	7	8	7	5	5	4
11267	강원 정선군	도연합회장기및각종체육대회지원	95,125	1	1	7	8	7	1	1	1
11268	강원 정선군	지역문화예술활동활성화사업지원	94,000	1	8	7	8	7	1	1	1
11269	강원 정선군	농산물판매운송비지원	80,000	1	6	7	8	7	5	5	4
11270	강원 정선군	군동호인체육대회지원	75,500	1	1	7	8	7	1	1	1
11271	강원 정선군	사일리지제조비	75,000	1	6	7	8	7	1	1	1
11272	강원 정선군	농업인력지원센터운영	73,000	1	5	7	8	7	1	1	1
11273	강원 정선군	황기수매장려금지원	70,000	1	1	7	8	7	5	5	4
11274	강원 정선군	정선군자원봉사센터자체사업	65,000	1	1	7	8	7	1	1	1
11275	강원 정선군	군수기(배)체육대회지원	65,000	1	1	7	8	7	1	1	1
11276	강원 정선군	조사료종자구입비지원	64,989	1	6	7	8	7	1	1	1
11277	강원 정선군	백복령을품은정선아리랑	62,500	1	2	7	8	7	5	1	4

순번	시군구	지출명 (사업명)	2024년예산 (단위 : 천원 /1년간)	민간이전 분류 (지방자치단체 세출예산 집행기준에 의거) 1. 민간경상사업보조(307-02) 2. 민간단체 법정운영비보조(307-03) 3. 민간행사사업보조(307-04) 4. 민간위탁금(307-05) 5. 사회복지시설 법정운영비보조(307-10) 6. 민간인위탁교육비(307-12) 7. 공기관등에대한경상적위탁사업비(308-13) 8. 민간자본사업보조,자체재원(402-01) 9. 민간자본사업보조,이전재원(402-02) 10. 민간위탁사업비(402-03) 11. 공기관등에 대한 자본적 위탁사업비(403-02)	민간이전지출 근거 (지방보조금 관리기준 참고) 1. 법률에 규정 2. 국고보조 재원(국가지정) 3. 용도 지정 기부금 4. 조례에 직접규정 5. 지자체가 권장하는 사업을 하는 공공기관 6. 시,도 정책 및 재정사정 7. 기타 8. 해당없음	입찰방식 계약체결방법 (경쟁형태) 1. 일반경쟁 2. 제한경쟁 3. 지명경쟁 4. 수의계약 5. 법정위탁 6. 기타 ( ) 7. 없음	입찰방식 계약기간 1. 1년 2. 2년 3. 3년 4. 4년 5. 5년 6. 기타 ( )년 7. 단기계약 (1년미만) 8. 없음	입찰방식 낙찰자선정방법 1. 적격심사 2. 협상에의한계약 3. 최저가낙찰제 4. 규격가격분리 5. 2단계 경쟁입찰 6. 기타 ( ) 7. 없음	운영예산 산정 운영예산 산정 1. 내부산정 (지자체 자체적으로 산정) 2. 외부산정 (외부전문기관위탁 산정) 3. 내·외부 모두 산정 4. 산정 無 5. 없음	운영예산 산정 정산방법 1. 내부정산 (지자체 내부적으로 정산) 2. 외부정산 (외부전문기관위탁 정산) 3. 내·외부 모두 산정 4. 정산 無 5. 없음	성과평가 실시여부 1. 실시 2. 미실시 3. 향후 추진 4. 해당없음
11278	강원 정선군	정선향교문화유산활용사업	62,500	1	4	7	8	7	1	1	1
11279	강원 정선군	사회적기업일자리창출사업	60,001	1	8	7	8	7	5	5	4
11280	강원 정선군	강원민속예술축제참가	60,000	1	1	7	8	7	1	1	1
11281	강원 정선군	성인문해교육사업위탁운영(기초)	57,000	1	4	1	5	1	1	1	1
11282	강원 정선군	친환경농자재지원	50,000	1	4	7	8	7	5	5	4
11283	강원 정선군	작목별맞춤형안전관리실천시범	50,000	1	2	7	8	7	5	5	4
11284	강원 정선군	교통비보조금	48,000	1	4	7	8	7	1	4	4
11285	강원 정선군	정선삼베길쌈전승사업	45,000	1	1	7	8	7	1	1	1
11286	강원 정선군	감자광역브랜드계열화지원(포장재제작)	45,000	1	1	7	8	7	1	1	1
11287	강원 정선군	지역사회발전을위한새마을운동추진	42,986	1	1	7	8	7	1	1	1
11288	강원 정선군	생분해성멀칭필름지원	42,000	1	6	7	8	7	5	5	4
11289	강원 정선군	번영연합회지역사회발전과공익을위한활동	40,000	1	4	7	8	7	1	1	1
11290	강원 정선군	지역생활예술지원	40,000	1	1	7	8	7	1	1	1
11291	강원 정선군	지역활성화를위한주민교육및문화사업	40,000	1	4	7	8	7	1	1	4
11292	강원 정선군	평생학습우수프로그램지원사업	38,810	1	4	1	8	7	1	1	1
11293	강원 정선군	한우우량정액대지원	38,500	1	6	7	8	7	1	1	1
11294	강원 정선군	공동선별비지원	36,440	1	2	7	8	7	1	1	1
11295	강원 정선군	어린이바둑교실운영	35,000	1	1	7	8	7	1	1	1
11296	강원 정선군	지속가능한지역발전을위한실천사업	32,672	1	4	7	8	7	5	5	4
11297	강원 정선군	소귀표부착비지원	31,488	1	2	7	8	7	1	1	1
11298	강원 정선군	장애인생활체육지도자배치사업	31,302	1	1	7	8	7	1	1	1
11299	강원 정선군	범죄피해자지원센터운영비	30,000	1	1	7	8	7	1	1	1
11300	강원 정선군	마을활력프로그램	30,000	1	6	7	3	1	1	1	1
11301	강원 정선군	홈쇼핑,라이브커머스운영	30,000	1	6	7	8	7	1	1	1
11302	강원 정선군	원적외발열보온등지원	30,000	1	1	7	8	7	5	5	4
11303	강원 정선군	문화예술동아리지원확대	27,000	1	1	7	8	7	1	1	1
11304	강원 정선군	찾아가는문화활동지원	26,667	1	8	7	8	7	5	5	4
11305	강원 정선군	장애인동호인대회지원	25,500	1	1	7	8	7	1	1	1
11306	강원 정선군	우수선수발굴육성지원(훈련비)	25,000	1	1	7	8	7	1	1	1
11307	강원 정선군	33주민운동기념사업	25,000	1	4	7	8	7	1	1	4
11308	강원 정선군	정선찰옥수수수매지원	25,000	1	4	7	8	7	5	5	4
11309	강원 정선군	농특산물직거래장터운영	25,000	1	6	7	8	7	1	1	1
11310	강원 정선군	건강마을사업(남면,임계면)	24,000	1	2	7	8	7	5	1	1
11311	강원 정선군	도민어르신생활체육대회참가	23,000	1	1	7	8	7	1	1	1
11312	강원 정선군	소과류재배확대	22,500	1	1	4	7	2	1	1	1
11313	강원 정선군	정선풍경미술대전	22,000	1	1	7	8	7	1	1	1
11314	강원 정선군	작은도서관활성화지원사업	21,750	1	1	7	8	7	1	1	1
11315	강원 정선군	영농자재지원(벼상토)	21,750	1	6	7	8	7	5	5	4
11316	강원 정선군	창업간접비	21,434	1	8	7	8	7	5	5	4
11317	강원 정선군	공동주택전기요금지원	21,000	1	1	7	8	7	5	5	4

순번	시군구	지출명 (사업명)	2024년예산 (단위 : 천원 /1년간)	민간이전 분류 (지방자치단체 세출예산 집행기준에 의거) 1. 민간경상사업보조(307-02) 2. 민간단체 법정운영비보조(307-03) 3. 민간행사사업보조(307-04) 4. 민간위탁금(307-05) 5. 사회복지시설 법정운영비보조(307-10) 6. 민간인위탁교육비(307-12) 7. 공기관등에대한경상적위탁사업비(308-13) 8. 민간자본사업보조,자체재원(402-01) 9. 민간자본사업보조,이전재원(402-02) 10. 민간위탁사업비(402-03) 11. 공기관등에 대한 자본적 위탁사업비(403-02)	민간이전지출 근거 (지방보조금 관리기준 참고) 1. 법률에 규정 2. 국고보조 재원(국가지정) 3. 용도 지정 기부금 4. 조례에 직접규정 5. 지자체가 권장하는 사업을 하는 공공기관 6. 시,도 정책 및 재정사정 7. 기타 8. 해당없음	입찰방식 계약체결방법 (경쟁형태) 1. 일반경쟁 2. 제한경쟁 3. 지명경쟁 4. 수의계약 5. 법정위탁 6. 기타 ( ) 7. 없음	입찰방식 계약기간 1. 1년 2. 2년 3. 3년 4. 4년 5. 5년 6. 기타 ( )년 7. 단기계약 (1년미만) 8. 없음	입찰방식 낙찰자선정방법 1. 적격심사 2. 협상에의한계약 3. 최저가낙찰제 4. 규격가격분리 5. 2단계 경쟁입찰 6. 기타 ( ) 7. 없음	운영예산 산정 운영예산 산정 1. 내부산정 (지자체 자체적으로 산정) 2. 외부산정 (외부전문기관위탁 산정) 3. 내·외부 모두 산정 4. 산정 無 5. 없음	운영예산 산정 정산방법 1. 내부정산 (지자체 내부적으로 정산) 2. 외부정산 (외부전문기관위탁 정산) 3. 내·외부 모두 정산 4. 정산 無 5. 없음	성과평가 실시여부 1. 실시 2. 미실시 3. 향후 추진 4. 해당없음
11318	강원 정선군	자율방범연합대직무경진대회지원	20,000	1	1	7	8	7	1	1	1
11319	강원 정선군	정선군치안협의회범죄예방사업비	20,000	1	4	7	8	7	5	5	2
11320	강원 정선군	지방문화원사랑방운영지원	20,000	1	1	7	8	7	1	1	1
11321	강원 정선군	정선문화원신규강좌지원	20,000	1	1	7	8	7	1	1	1
11322	강원 정선군	정선그림바위예술마을키네틱아트캠프	20,000	1	8	7	8	7	5	5	4
11323	강원 정선군	어린이바둑교실운영	20,000	1	6	7	8	7	1	1	1
11324	강원 정선군	도민여성종합체육대회참가	20,000	1	1	7	8	7	1	1	1
11325	강원 정선군	생활체육교실및프로그램운영	20,000	1	6	7	8	7	1	1	1
11326	강원 정선군	물류보조금	20,000	1	4	7	8	7	1	4	4
11327	강원 정선군	택배상자보급지원	20,000	1	6	7	8	7	1	1	1
11328	강원 정선군	스마트스토어제작지원	20,000	1	6	7	8	7	1	1	1
11329	강원 정선군	조사료사일리지생산장비부품지원	20,000	1	6	7	8	7	1	1	1
11330	강원 정선군	촉진비	19,500	1	1,4	7	8	7	1	1	1
11331	강원 정선군	바르게살기운동국민화합,도덕성회복,문화시민운동	18,440	1	1	7	8	7	1	1	1
11332	강원 정선군	통합브랜드포장재지원	18,000	1	6	7	8	7	1	1	1
11333	강원 정선군	낙동농악및북평농악보전및전승	17,000	1	1	7	8	7	1	1	1
11334	강원 정선군	사료작물종자구입지원	16,632	1	6	7	8	7	1	1	1
11335	강원 정선군	물류기기임차,포장재제작등	16,500	1	1,4	7	8	7	1	1	1
11336	강원 정선군	배추육묘공급지원	16,200	1	1	7	8	7	1	1	1
11337	강원 정선군	8.15광복기념평화통일기원한마음대장정	16,000	1	1	7	8	7	1	1	1
11338	강원 정선군	유기농업자재지원	15,247	1	2	7	8	7	5	5	4
11339	강원 정선군	범죄예방자원봉사활동사업	15,000	1	1	7	8	7	1	1	1
11340	강원 정선군	폐교활용문화예술활동공간운영	15,000	1	8	7	8	7	5	5	4
11341	강원 정선군	농촌지역농번기중식지원사업	15,000	1	1	7	8	7	5	5	4
11342	강원 정선군	축산분뇨교반비지원	15,000	1	6	7	8	7	1	1	1
11343	강원 정선군	자두인공수분용꽃가루지원	15,000	1	1	7	8	7	5	5	4
11344	강원 정선군	인삼재배시설현대화지원	14,925	1	2	7	8	7	1	1	1
11345	강원 정선군	유소년축구단지원	14,000	1	1	7	8	7	1	1	1
11346	강원 정선군	관행벼제초용우렁이공급지원	14,000	1	4	7	8	7	5	5	4
11347	강원 정선군	자유총연맹군민안보의식강화사업	13,410	1	1	7	8	7	1	1	1
11348	강원 정선군	생활체육지도자처우개선지원	13,250	1	1	7	8	7	1	1	1
11349	강원 정선군	정선향토문화학술조사	12,000	1	1	7	8	7	1	1	1
11350	강원 정선군	도민장애인생활체육대회참가	12,000	1	1	7	8	7	1	1	1
11351	강원 정선군	골프교실운영	12,000	1	1	7	8	7	1	1	1
11352	강원 정선군	친환경농산물인증포장재지원	12,000	1	6	7	8	7	5	5	4
11353	강원 정선군	건강마을지원	12,000	1	2	7	8	7	5	1	1
11354	강원 정선군	노란우산공제희망보조금지원사업	10,236	1	8	7	8	7	5	5	4
11355	강원 정선군	장기요양시설환기시설설치사업	10,080	1	2	7	7	7	1	1	4
11356	강원 정선군	평화통일기반조성자문위원역량강화	10,000	1	1	7	8	7	1	1	1
11357	강원 정선군	전북,전남협의회와의합동워크숍	10,000	1	1	7	8	7	1	1	1

순번	시군구	지출명 (사업명)	2024년예산 (단위 : 천원 /1년간)	민간이전 분류 (지방자치단체 세출예산 집행기준에 의거) 1. 민간경상사업보조(307-02) 2. 민간단체 법정운영비보조(307-03) 3. 민간행사사업보조(307-04) 4. 민간위탁금(307-05) 5. 사회복지시설 법정운영비보조(307-10) 6. 민간인위탁교육비(307-12) 7. 공기관등에대한경상적위탁사업비(308-13) 8. 민간자본사업보조,자체재원(402-01) 9. 민간자본사업보조,이전재원(402-02) 10. 민간위탁사업비(402-03) 11. 공기관등에 대한 자본적 위탁사업비(403-02)	민간이전지출 근거 (지방보조금 관리기준 참고) 1. 법률에 규정 2. 국고보조 재원(국가지정) 3. 용도 지정 기부금 4. 조례에 직접규정 5. 지자체가 권장하는 사업을 하는 공공기관 6. 시,도 정책 및 재정사정 7. 기타 8. 해당없음	입찰방식			운영예산 산정		성과평가 실시여부
						계약체결방법 (경쟁형태) 1. 일반경쟁 2. 제한경쟁 3. 지명경쟁 4. 수의계약 5. 법정위탁 6. 기타 ( ) 7. 없음	계약기간 1. 1년 2. 2년 3. 3년 4. 4년 5. 5년 6. 기타 ( )년 7. 단기계약 (1년미만) 8. 없음	낙찰자선정방법 1. 적격심사 2. 협상에의한계약 3. 최저가낙찰제 4. 규격가격분리 5. 2단계 경쟁입찰 6. 기타 ( ) 7. 없음	운영예산 산정 1. 내부산정 (지자체 자체적으로 산정) 2. 외부산정 (외부전문기관위탁 산정) 3. 내·외부 모두 산정 4. 산정 無 5. 없음	정산방법 1. 내부정산 (지자체 내부적으로 정산) 2. 외부정산 (외부전문기관위탁 정산) 3. 내·외부 모두 산정 4. 정산 無 5. 없음	1. 실시 2. 미실시 3. 향후 추진 4. 해당없음
11358	강원 정선군	자유총연맹안보견학	10,000	1	1	7	8	7	1	1	1
11359	강원 정선군	지역아동센터종사자역량강화워크숍	10,000	1	7	7	8	7	1	1	1
11360	강원 정선군	정선2024년동계올림픽을향한열정의순간사진전	10,000	1	8	7	8	7	5	5	4
11361	강원 정선군	정선삼베민속문화학술세미나개최	10,000	1	1	7	8	7	1	1	1
11362	강원 정선군	관정,양수장전기사용료지원	10,000	1	1	7	8	7	1	1	4
11363	강원 정선군	청년농업인육성지원(취업농)	10,000	1	4	7	8	7	5	5	4
11364	강원 정선군	농특산물전자상거래활성화지원	10,000	1	6	7	8	7	1	1	1
11365	강원 정선군	친환경농자재공급	9,454	1	6	7	8	7	5	5	4
11366	강원 정선군	농촌지도자중앙및도대회참가지원	9,000	1	1	7	8	7	5	5	4
11367	강원 정선군	정선아리랑창작가사짓기공모전	8,500	1	8	7	8	7	1	1	1
11368	강원 정선군	찾아가는부인과운영지원	8,392	1	6	7	8	7	5	1	4
11369	강원 정선군	정선향교석전대제	8,000	1	4	7	8	7	1	1	1
11370	강원 정선군	잡곡산업기반조성	8,000	1	6	7	8	7	5	5	4
11371	강원 정선군	한우송아지생산안정사업	8,000	1	6	7	8	7	1	1	1
11372	강원 정선군	정선아리랑제축산물홍보행사지원	8,000	1	6	7	8	7	1	1	1
11373	강원 정선군	도지사품질인증제지원	7,000	1	6	7	8	7	1	1	1
11374	강원 정선군	평창풍력발전소	6,600	1	2	7	8	7	1	3	4
11375	강원 정선군	정선군모범운전자회활동비지원	6,300	1	2	4	1	7	2	2	1
11376	강원 정선군	정선군지방행정동우회행정무료상담소지원	6,000	1	4	7	8	7	1	1	1
11377	강원 정선군	행복에이르는건기학교	6,000	1	1	7	8	7	1	1	1
11378	강원 정선군	저탄소농업교육홍보	5,000	1	2	7	8	7	5	5	4
11379	강원 정선군	환경보호국민운동본부정선군지역본부	5,000	1	6	7	8	7	5	5	4
11380	강원 정선군	자연보호정선군협의회	5,000	1	6	7	8	7	5	5	4
11381	강원 정선군	생활개선회중앙및도대회참가지원	5,000	1	1	7	8	7	5	5	4
11382	강원 정선군	강원감자자조금조성지원	4,800	1	1	7	8	7	1	1	1
11383	강원 정선군	고랭지밭흙탕물저감호밀식재사업	4,267	1	7	7	8	7	5	1	1
11384	강원 정선군	로컬푸드활성화(운영지원)	4,000	1	6	7	8	7	1	1	1
11385	강원 정선군	사일리지비닐지원	3,360	1	6	7	8	7	1	1	1
11386	강원 정선군	개인하수처리시설위탁관리용역비지원	3,072	1	6	7	7	7	2	5	1
11387	강원 정선군	유관기관및사회단체지도자통일워크숍	3,000	1	1	7	8	7	1	1	1
11388	강원 정선군	민족통일안보강연회	3,000	1	1	7	8	7	1	1	1
11389	강원 정선군	NGO환경보호국민운동본부정선군지회	3,000	1	6	7	8	7	5	5	4
11390	강원 정선군	동강할미꽃보존연구회	3,000	1	6	7	8	7	5	5	4
11391	강원 정선군	정선향교기로연재연	2,700	1	4	7	8	7	1	1	1
11392	강원 정선군	농촌체험휴양마을역량강화교육	2,640	1	4	7	8	7	5	5	4
11393	강원 정선군	청소년통일지킴이통일마중물연수	2,000	1	1	7	8	7	1	1	1
11394	강원 정선군	정선군재향경우회지역치안업무활동	2,000	1	4	7	8	7	5	5	2
11395	강원 정선군	한국농업경영인정선군연합회	2,000	1	1	7	8	7	5	5	4
11396	강원 정선군	한국여성농업인정선군연합회	2,000	1	1	7	8	7	5	5	4
11397	강원 정선군	인삼친환경재배	1,890	1	6	7	8	7	5	5	4

순번	시군구	지출명 (사업명)	2024년예산 (단위 : 천원 /1년간)	민간이전 분류 (지방자치단체 세출예산 집행기준에 의거) 1. 민간경상사업보조(307-02) 2. 민간단체 법정운영비보조(307-03) 3. 민간행사사업보조(307-04) 4. 민간위탁금(307-05) 5. 사회복지시설 법정운영비보조(307-10) 6. 민간인위탁교육비(307-12) 7. 공기관등에대한경상적위탁사업비(308-13) 8. 민간자본사업보조,자체재원(402-01) 9. 민간자본사업보조,이전재원(402-02) 10. 민간위탁사업비(402-03) 11. 공기관등에 대한 자본적 위탁사업비(403-02)	민간이전지출 근거 (지방보조금 관리기준 참고) 1. 법률에 규정 2. 국고보조 재원(국가지정) 3. 용도 지정 기부금 4. 조례에 직접규정 5. 지자체가 권장하는 사업을 하는 공공기관 6. 시,도 정책 및 재정사정 7. 기타 8. 해당없음	입찰방식: 계약체결방법 (경쟁형태) 1. 일반경쟁 2. 제한경쟁 3. 지명경쟁 4. 수의계약 5. 법정위탁 6. 기타 ( ) 7. 없음	입찰방식: 계약기간 1. 1년 2. 2년 3. 3년 4. 4년 5. 5년 6. 기타 ( )년 7. 단기계약 (1년미만) 8. 없음	입찰방식: 낙찰자선정방법 1. 적격심사 2. 협상에의한계약 3. 최저가낙찰제 4. 규격가격분리 5. 2단계 경쟁입찰 6. 기타 ( ) 7. 없음	운영예산 산정: 운영예산 산정 1. 내부산정 (지자체 자체적으로 산정) 2. 외부산정 (외부전문기관위탁 산정) 3. 내·외부 모두 산정 4. 산정 無 5. 없음	운영예산 산정: 정산방법 1. 내부정산 (지자체 내부적으로 정산) 2. 외부정산 (외부전문기관위탁 정산) 3. 내·외부 모두 산정 4. 정산 無 5. 없음	성과평가 실시여부 1. 실시 2. 미실시 3. 향후 추진 4. 해당없음
11398	강원 정선군	우수등록스포츠클럽지원	1,750	1	1	7	8	7	1	1	1
11399	강원 정선군	한국농촌지도자정선군연합회	500	1	1	7	8	7	5	5	4
11400	강원 정선군	한국생활개선정선군연합회	500	1	1	7	8	7	5	5	4
11401	강원 화천군	보훈단체사업비지원	89,220	1	1	7	8	7	1	1	1
11402	강원 화천군	임산물명품화지원사업(군)	50,000	1	1,4	7	8	7	5	5	1
11403	강원 화천군	새마을지도자향토지보급사업	36,480	1	1	7	8	7	1	1	1
11404	강원 화천군	소귀표부착비지원	21,888	1	5	7	8	7	5	5	4
11405	강원 화천군	사랑의김치담그기사업	20,000	1	4	7	8	7	1	1	2
11406	강원 화천군	임산물상품화지원(소액)	16,730	1	1,2	7	8	7	5	5	1
11407	강원 화천군	새마을회읍면지원사업	13,200	1	1	7	8	7	1	1	1
11408	강원 화천군	임산물생산기반조성(소액)	10,226	1	1,2	7	8	7	5	5	1
11409	강원 화천군	전문임업인육성지원사업(군)	4,800	1	4	7	8	7	5	5	1
11410	강원 화천군	새마을지도자역량강화교육	3,000	1	1	7	8	7	1	1	1
11411	강원 양구군	자원봉사센터운영비지원	372,090	1	1,4	7	8	7	1	1	1
11412	강원 양구군	양구군청년지킴이사업(자체)	288,000	1	1	7	8	7	1	1	4
11413	강원 양구군	양구군응급의료기관운영비지원	222,000	1	1,4	7	8	7	5	2	1
11414	강원 양구군	문화원행사지원	189,440	1	1	7	8	7	5	1	1
11415	강원 양구군	일반생활체육지도자배치지원	188,742	1	2	7	8	7	1	1	1
11416	강원 양구군	문화원사업지원	179,430	1	1	7	8	7	5	1	1
11417	강원 양구군	농촌형교통모델(농촌지역공공형버스지원사업)	170,000	1	2	6	2	6	1	1	4
11418	강원 양구군	어르신생활체육지도자배치지원	157,284	1	2	7	8	7	1	1	1
11419	강원 양구군	신재생에너지주택지원사업	157,214	1	2	7	8	7	3	1	4
11420	강원 양구군	문화원운영지원	150,635	1	1	7	8	7	5	1	1
11421	강원 양구군	사회단체공익활동지원사업	150,000	1	1,4	7	8	7	1	1	1
11422	강원 양구군	고품질양구농산물육성지원	90,000	1	6	7	8	7	5	1	1
11423	강원 양구군	생태관광지역지정및육성	84,000	1	2	7	8	7	5	3	3
11424	강원 양구군	전통문화전승보전	80,160	1	1	7	8	7	5	1	1
11425	강원 양구군	산불예방감시활동	75,000	1	4	7	8	7	1	1	4
11426	강원 양구군	호국정신함양보훈단체지원	70,616	1	4	7	8	7	1	1	3
11427	강원 양구군	청년일자리지역혁신형지원사업(계속)	67,928	1	1,2	7	8	7	1	1	4
11428	강원 양구군	자원봉사코디네이터지원·육성	66,412	1	1,4	7	8	7	1	1	1
11429	강원 양구군	전통시장안전관리지원	65,040	1	2	7	8	7	1	1	4
11430	강원 양구군	자원봉사센터활성화운영	65,000	1	1,4	7	8	7	1	1	1
11431	강원 양구군	취업취약계층인턴채용지원사업	64,000	1	1	7	8	7	1	1	4
11432	강원 양구군	귀농귀촌유치지원	61,200	1	6	7	7	7	5	5	4
11433	강원 양구군	한우품질고급화사업	60,920	1	6	7	8	7	5	2	4
11434	강원 양구군	양구창업스타트업육성사업	60,000	1	4	7	8	7	5	5	4
11435	강원 양구군	포장재제작지원	50,000	1	4	7	8	7	5	5	4
11436	강원 양구군	농업환경보전프로그램	50,000	1	2	7	8	7	5	5	4
11437	강원 양구군	양구군창업청년지원사업(계속)	47,455	1	1,2	7	8	7	1	1	4

순번	시군구	지출명 (사업명)	2024년예산 (단위 : 천원 /1년간)	민간이전 분류 (지방자치단체 세출예산 집행기준에 의거) 1. 민간경상사업보조(307-02) 2. 민간단체 법정운영비보조(307-03) 3. 민간행사사업보조(307-04) 4. 민간위탁금(307-05) 5. 사회복지시설 법정운영비보조(307-10) 6. 민간인위탁교육비(307-12) 7. 공기관등에대한경상적위탁사업비(308-13) 8. 민간자본사업보조,자체재원(402-01) 9. 민간자본사업보조,이전재원(402-02) 10. 민간위탁사업비(402-03) 11. 공기관등에 대한 자본적 위탁사업비(403-02)	민간이전지출 근거 (지방보조금 관리기준 참고) 1. 법률에 규정 2. 국고보조 재원(국가지정) 3. 용도 지정 기부금 4. 조례에 직접규정 5. 지자체가 권장하는 사업을 하는 공공기관 6. 시,도 정책 및 재정사정 7. 기타 8. 해당없음	입찰방식			운영예산 산정		성과평가 실시여부
						계약체결방법 (경쟁형태) 1. 일반경쟁 2. 제한경쟁 3. 지명경쟁 4. 수의계약 5. 법정위탁 6. 기타 ( ) 7. 없음	계약기간 1. 1년 2. 2년 3. 3년 4. 4년 5. 5년 6. 기타 ( )년 7. 단기계약 (1년미만) 8. 없음	낙찰자선정방법 1. 적격심사 2. 협상에의한계약 3. 최저가낙찰제 4. 규격가격분리 5. 2단계 경쟁입찰 6. 기타 ( ) 7. 없음	운영예산 산정 1. 내부산정 (지자체 자체적으로 산정) 2. 외부산정 (외부전문기관위탁 산정) 3. 내·외부 모두 산정 4. 산정 無 5. 없음	정산방법 1. 내부정산 (지자체 내부적으로 정산) 2. 외부정산 (외부전문기관위탁 정산) 3. 내·외부 모두 산정 4. 정산 無 5. 없음	1. 실시 2. 미실시 3. 향후 추진 4. 해당없음
11438	강원 양구군	양구군청년지킴이사업	47,453	1	1,2	7	8	7	1	1	4
11439	강원 양구군	지식재산권리화지원사업	44,458	1	4	4	1	7	1	1	1
11440	강원 양구군	고용유지및신규채용에대한지원사업	42,000	1	1	7	8	7	1	1	4
11441	강원 양구군	생활체육인구저변확대(체육대회우수자포상)	40,000	1	4	7	8	7	1	1	1
11442	강원 양구군	지역생활예술지원(전환사업)	40,000	1	6	7	8	7	5	1	1
11443	강원 양구군	생활체육인구저변확대(우수체육종목육성)	36,000	1	1	7	8	7	1	1	1
11444	강원 양구군	생활체육인구저변확대(체육우수선수육성지원금)	36,000	1	4	7	8	7	1	1	1
11445	강원 양구군	전통시장시장관리자운영지원	33,948	1	1	7	8	7	1	1	4
11446	강원 양구군	농업경영컨설팅지원	32,000	1	7	7	8	7	5	5	4
11447	강원 양구군	장애인생활체육지도자배치지원	31,302	1	2	7	8	7	1	1	1
11448	강원 양구군	생활체육인구저변확대(생활체육활성화용품지원)	30,000	1	1	7	8	7	1	1	1
11449	강원 양구군	농특산물마케팅지원	30,000	1	6	7	8	7	5	1	1
11450	강원 양구군	청정양구조기햅쌀생산지원	28,750	1	7	7	8	7	5	5	4
11451	강원 양구군	우수여왕벌보급사업	27,600	1	2	7	8	7	5	5	4
11452	강원 양구군	찾아가는문화예술활동	26,667	1	6	7	8	7	5	1	1
11453	강원 양구군	시간선택제일자리지원사업	25,000	1	1	7	8	7	1	1	4
11454	강원 양구군	홈쇼핑활성화지원	25,000	1	6	7	8	7	5	1	1
11455	강원 양구군	양봉농가꿀병지원사업	25,000	1	1	7	8	7	5	1	1
11456	강원 양구군	자원봉사센터프로그램운영인센티브지원	24,000	1	1,4	7	8	7	1	1	1
11457	강원 양구군	강원도형사회보험료지원	24,000	1	1	7	8	7	1	1	4
11458	강원 양구군	강원쌀대량소비처차액지원사업	24,000	1	4	7	8	7	5	1	1
11459	강원 양구군	생활체육프로그램운영지원(자체제원)	23,000	1	1	7	8	7	1	1	1
11460	강원 양구군	플리마켓운영	22,000	1	4	7	8	7	5	5	4
11461	강원 양구군	여성농업인예방접종지원	20,349	1	7	7	7	7	1	1	4
11462	강원 양구군	생활체육교실운영지원	20,000	1	1	7	8	7	1	1	1
11463	강원 양구군	유청소년축구클럽육성	20,000	1	1	7	8	7	1	1	1
11464	강원 양구군	공공스포츠클럽운영지원	20,000	1	1	7	8	7	1	1	1
11465	강원 양구군	지방문화원사랑방운영지원	20,000	1	6	7	8	7	5	1	1
11466	강원 양구군	평화시역민박활성화홍보비지원	20,000	1	7	7	7	7	1	1	4
11467	강원 양구군	강원쌀소비촉진지원	19,250	1	4	7	8	7	5	1	1
11468	강원 양구군	양봉농가화분지원사업	18,250	1	1	7	8	7	5	1	1
11469	강원 양구군	사료작물종자구입지원	18,018	1	6	7	8	7	5	1	1
11470	강원 양구군	통일안보교육및홍보활동지원	17,000	1	1	7	8	7	1	1	1
11471	강원 양구군	임업협의체구성운영및임업인교육추진(임업협의체운영단체보조금)	16,000	1	4	7	8	7	1	1	1
11472	강원 양구군	양구군창업성장플러스청년창업	15,818	1	1,2	7	8	7	1	1	4
11473	강원 양구군	생활체육인구저변확대(청소년스포츠클럽육성)	15,000	1	1	7	8	7	1	1	1
11474	강원 양구군	양구군마을공동체지원사업	15,000	1	6	7	8	7	1	1	4
11475	강원 양구군	전시박람회참가지원	15,000	1	4	7	8	7	5	5	4
11476	강원 양구군	농촌체험관광활성화지원	14,428	1	1	7	8	7	5	5	4
11477	강원 양구군	닭진드기공동방제	12,800	1	2	7	7	7	5	5	4

순번	시군구	지출명 (사업명)	2024년예산 (단위 : 천원 /1년간)	민간이전 분류 (지방자치단체 세출예산 집행기준에 의거) 1. 민간경상사업보조(307-02) 2. 민간단체 법정운영비보조(307-03) 3. 민간행사사업보조(307-04) 4. 민간위탁금(307-05) 5. 사회복지시설 법정운영비보조(307-10) 6. 민간인위탁교육비(307-12) 7. 공기관등에대한경상적위탁사업비(308-13) 8. 민간자본사업보조,자체재원(402-01) 9. 민간자본사업보조,이전재원(402-02) 10. 민간위탁사업비(402-03) 11. 공기관등에 대한 자본적 위탁사업비(403-02)	민간이전지출 근거 (지방보조금 관리기준 참고) 1. 법률에 규정 2. 국고보조 재원(국가지정) 3. 용도 지정 기부금 4. 조례에 직접규정 5. 지자체가 권장하는 사업을 하는 공공기관 6. 시,도 정책 및 재정사정 7. 기타 8. 해당없음	입찰방식: 계약체결방법 (경쟁형태) 1. 일반경쟁 2. 제한경쟁 3. 지명경쟁 4. 수의계약 5. 법정위탁 6. 기타 ( ) 7. 없음	입찰방식: 계약기간 1. 1년 2. 2년 3. 3년 4. 4년 5. 5년 6. 기타 ( )년 7. 단기계약 (1년미만) 8. 없음	입찰방식: 낙찰자선정방법 1. 적격심사 2. 협상에의한계약 3. 최저가낙찰제 4. 규격가격분리 5. 2단계 경쟁입찰 6. 기타 ( ) 7. 없음	운영예산 산정: 운영예산 산정 1. 내부산정 (지자체 자체적으로 산정) 2. 외부산정 (외부전문기관위탁 산정) 3. 내·외부 모두 산정 4. 산정 無 5. 없음	운영예산 산정: 정산방법 1. 내부정산 (지자체 내부적으로 정산) 2. 외부정산 (외부전문기관위탁 정산) 3. 내·외부 모두 정산 4. 정산 無 5. 없음	성과평가 실시여부 1. 실시 2. 미실시 3. 향후 추진 4. 해당없음
11478	강원 양구군	임산물상품화지원	12,185	1	2	7	8	7	1	1	4
11479	강원 양구군	동아리지원	12,000	1	4	7	8	7	1	1	1
11480	강원 양구군	(예비)사회적기업육성(일자리창출사업)	10,667	1	1	7	8	7	2	1	4
11481	강원 양구군	2024국토정중앙알리미아카데미운영	10,000	1	7	7	1	7	1	1	1
11482	강원 양구군	범죄피해자보호지원사업	10,000	1	1	7	8	7	1	1	1
11483	강원 양구군	영유아체육교실운영	10,000	1	1	7	8	7	1	1	1
11484	강원 양구군	귀농귀촌유치지원	10,000	1	6	7	7	7	5	5	4
11485	강원 양구군	양구농특산물홈쇼핑지원사업	10,000	1	6	7	8	7	5	1	1
11486	강원 양구군	노란우산공제희망보조금ㅈ원	9,990	1	6	7	8	7	5	5	4
11487	강원 양구군	생활체육지도자처우개선지원(생활체육지도자활동수당)	9,240	1	1	7	8	7	1	1	1
11488	강원 양구군	호국정신함양보훈단체지원	9,000	1	4	7	8	7	1	1	3
11489	강원 양구군	생계형1인자영업자사회보험료지원사업	8,000	1	1	7	8	7	1	1	4
11490	강원 양구군	무형문화재보호육성	7,200	1	1	7	8	7	5	1	1
11491	강원 양구군	농촌생활활력화지원	6,400	1	1	7	8	7	5	5	4
11492	강원 양구군	농업인안전실천역량강화지원	6,000	1	7	7	7	7	1	1	4
11493	강원 양구군	가금농가질병관리지원	6,000	1	2	7	7	7	5	5	4
11494	강원 양구군	생활체육지도자처우개선지원(생활체육지도자처우개선비)	5,910	1	1	7	8	7	1	1	1
11495	강원 양구군	방과후생활체육프로그램운영	5,000	1	1	7	8	7	1	1	1
11496	강원 양구군	시장활성화운영	5,000	1	7	7	8	7	1	1	4
11497	강원 양구군	농촌관광주체육성지원	3,134	1	2	7	8	7	5	5	4
11498	강원 양구군	여성어업인작업물품지원	2,520	1	6	7	7	7	5	5	4
11499	강원 양구군	산양삼생산과정확인	2,280	1	2	7	8	7	1	1	4
11500	강원 양구군	전통시장안전관리지원	1,500	1	2	7	8	7	1	1	4
11501	강원 양구군	전통시장안전관리지원	1,320	1	2	7	8	7	1	1	4
11502	강원 양구군	전국통합자원봉사보험가입서비스지원	1,042	1	1,4	7	8	7	1	1	1
11503	강원 양구군	내수면양식장사료구입비지원	1,000	1	6	7	7	7	5	5	4
11504	강원 인제군	지방문화원활동지원	701,276	1	2	7	8	7	1	1	1
11505	강원 인제군	농촌체험휴양마을활성화지원[자체]	421,000	1	1	7	8	7	5	5	4
11506	강원 인제군	DMZ평화의길운영	360,000	1	4	4	5	1	1	1	3
11507	강원 인제군	농촌체험마을사무장채용지원[자체]	254,032	1	1	7	8	7	5	5	4
11508	강원 인제군	농촌체험휴양마을사무장활동비지원[도비]	246,588	1	1	7	8	7	5	5	4
11509	강원 인제군	개인하수처리시설위탁관리	244,320	1	8	7	8	7	5	5	4
11510	강원 인제군	청년창업농영농정착지원	208,000	1	3	7	7	7	1	1	1
11511	강원 인제군	농촌마을경관조성사업[자체]	200,000	1	1	7	8	7	5	5	4
11512	강원 인제군	람사르습지도시인증제도운영[국비]	160,000	1	2	7	8	7	5	5	4
11513	강원 인제군	전통시장안전관리사업	150,080	1	1	4	1	7	1	1	1
11514	강원 인제군	산골부터바다까지살아보기[자체](지방소멸대응기금)	150,000	1	1	7	8	7	5	5	4
11515	강원 인제군	2024년지역혁신리더양성교육추진	108,000	1	4	4	8	7	1	1	1
11516	강원 인제군	생태관광지역지정및육성[국비]	90,000	1	2	7	8	7	5	5	4
11517	강원 인제군	강원한우통합브랜드활성화	80,080	1	1	7	8	7	1	1	4

순번	시군구	지출명 (사업명)	2024년예산 (단위 : 천원 /1년간)	민간이전 분류 (지방자치단체 세출예산 집행기준에 의거) 1. 민간경상사업보조(307-02) 2. 민간단체 법정운영비보조(307-03) 3. 민간행사사업보조(307-04) 4. 민간위탁금(307-05) 5. 사회복지시설 법정운영비보조(307-10) 6. 민간인위탁교육비(307-12) 7. 공기관등에대한경상적위탁사업비(308-13) 8. 민간자본사업보조,자체재원(402-01) 9. 민간자본사업보조,이전재원(402-02) 10. 민간위탁사업비(402-03) 11. 공기관등에 대한 자본적 위탁사업비(403-02)	민간이전지출 근거 (지방보조금 관리기준 참고) 1. 법률에 규정 2. 국고보조 재원(국가지정) 3. 용도 지정 기부금 4. 조례에 직접규정 5. 지자체가 권장하는 사업을 하는 공공기관 6. 시,도 정책 및 재정사정 7. 기타 8. 해당없음	입찰방식 계약체결방법 (경쟁형태) 1. 일반경쟁 2. 제한경쟁 3. 지명경쟁 4. 수의계약 5. 법정위탁 6. 기타 ( ) 7. 없음	입찰방식 계약기간 1. 1년 2. 2년 3. 3년 4. 4년 5. 5년 6. 기타 ( )년 7. 단기계약 (1년미만) 8. 없음	입찰방식 낙찰자선정방법 1. 적격심사 2. 협상에의한계약 3. 최저가낙찰제 4. 규격가격분리 5. 2단계 경쟁입찰 6. 기타 ( ) 7. 없음	운영예산 산정 운영예산 산정 1. 내부산정 (지자체 자체적으로 산정) 2. 외부산정 (외부전문기관위탁 산정) 3. 내·외부 모두 산정 4. 산정 無 5. 없음	운영예산 산정 정산방법 1. 내부정산 (지자체 내부적으로 정산) 2. 외부정산 (외부전문기관위탁 정산) 3. 내·외부 모두 산정 4. 정산 無 5. 없음	성과평가 실시여부 1. 실시 2. 미실시 3. 향후 추진 4. 해당없음
11518	강원 인제군	미시령힐링가도사진전개최	50,000	1	6	7	8	7	5	1	3
11519	강원 인제군	농촌지도자우량종묘지원사업	50,000	1	6	7	8	7	1	1	1
11520	강원 인제군	마을교육혁신프로그램지원사업	45,000	1	4	6	8	7	1	1	1
11521	강원 인제군	자원봉사센터운영지원[자체]	41,720	1	5	6	8	7	3	1	1
11522	강원 인제군	지역평생교육기관협력사업	40,000	1	1,4	6	1	7	1	1	1
11523	강원 인제군	성인문해교육지원사업	40,000	1	1,4	7	1	7	1	1	1
11524	강원 인제군	인제천리길홍보단지원	40,000	1	4	7	8	7	1	1	1
11525	강원 인제군	인제장터택배비및포장재지원	37,000	1	4	7	8	7	5	5	4
11526	강원 인제군	북카페활성화지원사업	36,000	1	8	7	8	7	1	1	4
11527	강원 인제군	농업경영인토종작물보존사업	36,000	1	6	7	8	7	1	1	1
11528	강원 인제군	한국여성농업인소득작물재배사업	36,000	1	6	7	8	7	1	1	1
11529	강원 인제군	언택트소비지원	33,334	1	6	7	8	7	5	5	4
11530	강원 인제군	어업용면세유일부지원	32,600	1	1	7	8	7	5	5	4
11531	강원 인제군	대학연계취창업지원사업	30,000	1	1,4	6	1	7	1	1	1
11532	강원 인제군	전자상거래거점센터관리자육성(신규사업)	29,290	1	1,2	7	8	7	5	5	4
11533	강원 인제군	전자상거래거점센터조성	25,000	1	1,2	7	8	7	1	1	4
11534	강원 인제군	청년4H회원국외연수지원사업	22,000	1	1	7	8	7	1	1	1
11535	강원 인제군	지방문화원사랑방지원	20,000	1	2	7	8	7	1	1	1
11536	강원 인제군	원전오염처리수방류대응수산물소비촉진판로개척지원	20,000	1	1	7	8	7	5	5	4
11537	강원 인제군	내수면송어치어구입지원	18,000	1	4	7	8	7	5	5	4
11538	강원 인제군	건강한밥상(꾸러미)택배비지원	13,000	1	2	7	8	7	5	5	4
11539	강원 인제군	청년농업인드론방제단운영비지원	12,000	1	4	7	8	7	5	5	4
11540	강원 인제군	학교4H과제활동지원	12,000	1	5	7	8	7	1	1	1
11541	강원 인제군	강원도평생학습마을조성사업	9,000	1	1,4	6	1	7	1	1	1
11542	강원 인제군	인제군농어촌민박협회지원[자체]	9,000	1	4	7	8	7	5	5	4
11543	강원 인제군	내수면양식장사료구입비지원	8,000	1	1	7	8	7	5	5	4
11544	강원 인제군	행복학습센터운영지원	5,000	1	4	6	8	7	1	1	1
11545	강원 인제군	인제군검정고시반지원사업	4,000	1	1,4	6	1	7	1	1	1
11546	강원 인제군	로컬푸드사업운영지원	4,000	1	1,4	7	8	7	5	5	4
11547	강원 인제군	도지사품질인증제지원	3,500	1	6	7	8	7	5	5	4
11548	강원 인제군	학교4H단체지원	2,000	1	7	7	8	7	1	1	1
11549	강원 고성군	문화원지원사업	336,840	1	4	7	8	7	1	1	1
11550	강원 고성군	농특산물포장재제작지원	180,000	1	4	7	8	7	5	5	4
11551	강원 고성군	청년농업인영농정착지원사업	152,000	1	2	7	8	7	5	5	4
11552	강원 고성군	영농부산물안전처리지원사업	105,125	1	2	7	8	7	5	5	4
11553	강원 고성군	친환경농자재공급	70,825	1	6	7	8	7	5	5	4
11554	강원 고성군	학생승마체험지원사업	64,640	1	2	7	8	7	1	1	4
11555	강원 고성군	지역생활예술지원사업	40,000	1	4	7	8	7	5	1	1
11556	강원 고성군	R&D기술접목여성농업인안전보호구보급	36,000	1	6	7	8	7	5	5	4
11557	강원 고성군	농산물유통활성화지원	35,000	1	4	7	8	7	5	5	4

순번	시군구	지출명 (사업명)	2024년예산 (단위 : 천원 /1년간)	민간이전 분류 (지방자치단체 세출예산 집행기준에 의거) 1. 민간경상사업보조(307-02) 2. 민간단체 법정운영비보조(307-03) 3. 민간행사사업보조(307-04) 4. 민간위탁금(307-05) 5. 사회복지시설 법정운영비보조(307-10) 6. 민간인위탁교육비(307-12) 7. 공기관등에대한경상적위탁사업비(308-13) 8. 민간자본사업보조,자체재원(402-01) 9. 민간자본사업보조,이전재원(402-02) 10. 민간위탁사업비(402-03) 11. 공기관등에 대한 자본적 위탁사업비(403-02)	민간이전지출 근거 (지방보조금 관리기준 참고) 1. 법률에 규정 2. 국고보조 재원(국가지정) 3. 용도 지정 기부금 4. 조례에 직접규정 5. 지자체가 권장하는 사업을 하는 공공기관 6. 시,도 정책 및 재정사정 7. 기타 8. 해당없음	입찰방식 계약체결방법 (경쟁형태) 1. 일반경쟁 2. 제한경쟁 3. 지명경쟁 4. 수의계약 5. 법정위탁 6. 기타 ( ) 7. 없음	입찰방식 계약기간 1. 1년 2. 2년 3. 3년 4. 4년 5. 5년 6. 기타 ( )년 7. 단기계약 (1년미만) 8. 없음	입찰방식 낙찰자선정방법 1. 적격심사 2. 협상에의한계약 3. 최저가낙찰제 4. 규격가격분리 5. 2단계 경쟁입찰 6. 기타 ( ) 7. 없음	운영예산 산정 운영예산 산정 1. 내부산정 (지자체 자체적으로 산정) 2. 외부산정 (외부전문기관위탁 산정) 3. 내·외부 모두 산정 4. 산정 無 5. 없음	운영예산 산정 정산방법 1. 내부정산 (지자체 내부적으로 정산) 2. 외부정산 (외부전문기관위탁 정산) 3. 내·외부 모두 산정 4. 정산 無 5. 없음	성과평가 실시여부 1. 실시 2. 미실시 3. 향후 추진 4. 해당없음
11558	강원 고성군	농산물출하운송료지원	35,000	1	4	7	8	7	5	5	4
11559	강원 고성군	찾아가는문화활동	26,667	1	6	7	8	7	5	1	1
11560	강원 고성군	전수교육관활성화지원	26,000	1	2	7	8	7	1	1	1
11561	강원 고성군	홈쇼핑활성화지원	25,000	1	6	7	8	7	5	5	4
11562	강원 고성군	꿀벌농가경영안정화	25,000	1	1,4	7	8	7	1	1	4
11563	강원 고성군	지역활력화작목기반조성(곤달비유통비지원)	21,600	1	4	7	8	7	5	5	4
11564	강원 고성군	고성오대미포장재지원	21,000	1	4	7	8	7	5	5	4
11565	강원 고성군	지방문화원사랑방사업	20,000	1	6	7	8	7	1	1	1
11566	강원 고성군	축산물유통체계활성화	20,000	1	4	7	8	7	1	1	3
11567	강원 고성군	공동선별비지원	17,760	1	2	7	8	7	5	5	4
11568	강원 고성군	친환경벼병해충방제지원	15,360	1	4	7	8	7	5	5	4
11569	강원 고성군	고성애국지사발굴및서훈신청	14,000	1	4	7	8	7	1	1	1
11570	강원 고성군	박물관미술관운영활성화	12,300	1	1	7	7	7	1	1	1
11571	강원 고성군	친환경인증농산물포장재지원사업	12,000	1	6	7	8	7	5	5	4
11572	강원 고성군	고성군재향군인회사업보조	10,745	1	4	7	8	7	1	1	1
11573	강원 고성군	건강증진사업관리	10,000	1	4	7	1	7	5	3	4
11574	강원 고성군	로컬푸드활성화	8,000	1	6	7	8	7	5	5	4
11575	강원 고성군	법무부청소년범죄예방위원운영위원	7,555	1	1	7	8	7	1	1	4
11576	강원 고성군	모범운전자공익활동지원사업	7,000	1	1	5	8	6	1	1	4
11577	강원 고성군	군납농산물연계공급활성화	6,500	1	6	7	8	7	5	5	4
11578	강원 고성군	의용소방대연합회소방기술경연대회	5,390	1	1	7	8	7	5	5	4
11579	강원 고성군	한국청소년육성회운영위원	4,500	1	1	7	8	7	1	1	4
11580	강원 고성군	강원도한마음전진(기술경연)대회	4,340	1	2	7	8	7	5	5	4
11581	강원 고성군	유기농업자재지원	3,254	1	2	7	8	7	5	5	4
11582	강원 고성군	대한민국상이군경회고성군지회전적지순례지원	2,000	1	4	7	8	7	1	1	1
11583	강원 고성군	대한민국전몰군경미망인회고성군지회전적지순례지원	2,000	1	4	7	8	7	1	1	1
11584	강원 고성군	대한민국고엽제전우회고성군지회전적지순례지원	2,000	1	4	7	8	7	1	1	1
11585	강원 고성군	대한민국특수임무유공자회고성군지회전적지순례지원	2,000	1	4	7	8	7	1	1	1
11586	강원 고성군	대한민국6.25참전유공자회고성군지회전적지순례지원	2,000	1	4	7	8	7	1	1	1
11587	강원 고성군	대한민국무공수훈자회고성군지회전적지순례지원	2,000	1	4	7	8	7	1	1	1
11588	강원 고성군	대한민국월남전참전자회고성군지회전적지순례지원	2,000	1	4	7	8	7	1	1	1
11589	강원 고성군	대한민국전몰군경유족회고성군지회전적지순례지원	1,650	1	4	7	8	7	1	1	1
11590	충북 청주시	통합문화이용권사업	4,669,600	1	1	7	8	7	1	1	1
11591	충북 청주시	충북청주프로축구단운영지원	4,000,000	1	1	7	8	7	5	1	1
11592	충북 청주시	유기질비료지원	1,897,873	1	4	7	8	7	5	1	4
11593	충북 청주시	벼병해충방제지원	1,411,529	1	4	7	8	7	5	1	4
11594	충북 청주시	못자리용상토지원	1,296,000	1	4	7	8	7	1	1	4
11595	충북 청주시	논농업필수영농자재지원	1,164,167	1	4	7	8	7	5	1	4
11596	충북 청주시	토양개량제보조	968,323	1	1	7	8	7	5	1	4
11597	충북 청주시	2024년청년도전지원사업	914,800	1	2	7	8	7	5	1	1

순번	시군구	지출명 (사업명)	2024년예산 (단위 : 천원 /1년간)	민간이전 분류 (지방자치단체 세출예산 집행기준에 의거) 1. 민간경상사업보조(307-02) 2. 민간단체 법정운영비보조(307-03) 3. 민간행사사업보조(307-04) 4. 민간위탁금(307-05) 5. 사회복지시설 법정운영비보조(307-10) 6. 민간인위탁교육비(307-12) 7. 공기관등에대한경상적위탁사업비(308-13) 8. 민간자본사업보조,자체재원(402-01) 9. 민간자본사업보조,이전재원(402-02) 10. 민간위탁사업비(402-03) 11. 공기관등에 대한 자본적 위탁사업비(403-02)	민간이전지출 근거 (지방보조금 관리기준 참고) 1. 법률에 규정 2. 국고보조 재원(국가지정) 3. 용도 지정 기부금 4. 조례에 직접규정 5. 지자체가 권장하는 사업을 하는 공공기관 6. 시,도 정책 및 재정사정 7. 기타 8. 해당없음	입찰방식 계약체결방법 (경쟁형태) 1. 일반경쟁 2. 제한경쟁 3. 지명경쟁 4. 수의계약 5. 법정위탁 6. 기타 ( ) 7. 없음	입찰방식 계약기간 1. 1년 2. 2년 3. 3년 4. 4년 5. 5년 6. 기타 ( )년 7. 단기계약 (1년미만) 8. 없음	입찰방식 낙찰자선정방법 1. 적격심사 2. 협상에의한계약 3. 최저가낙찰제 4. 규격가격분리 5. 2단계 경쟁입찰 6. 기타 ( ) 7. 없음	운영예산 산정 운영예산 산정 1. 내부산정 (지자체 자체적으로 산정) 2. 외부산정 (외부전문기관위탁 산정) 3. 내·외부 모두 산정 4. 산정 無 5. 없음	운영예산 산정 정산방법 1. 내부정산 (지자체 내부적으로 정산) 2. 외부정산 (외부전문기관위탁 정산) 3. 내·외부 모두 산정 4. 정산 無 5. 없음	성과평가 실시여부 1. 실시 2. 미실시 3. 향후 추진 4. 해당없음
11598	충북 청주시	청주시체육회지원사업	723,431	1	1	7	8	7	5	1	1
11599	충북 청주시	논농업필수영농자재추가지원	655,031	1	4	7	8	7	5	1	4
11600	충북 청주시	친환경왕우렁이지원	596,000	1	4	7	8	7	1	1	4
11601	충북 청주시	(예비)사회적기업육성사업	573,650	1	2	7	8	7	5	5	4
11602	충북 청주시	농업기반조성청주시농협공동협력사업	560,000	1	7	7	8	7	5	5	4
11603	충북 청주시	청원생명쌀미질향상고품질생산자재지원	531,300	1	4	7	8	7	5	5	3
11604	충북 청주시	신중년사회공헌사업	524,076	1	6	7	8	7	5	5	4
11605	충북 청주시	지역산업맞춤형일자리창출지원사업	497,844	1	6	7	8	7	5	1	1
11606	충북 청주시	열린도서관운영	488,880	1	4	7	6	7	1	1	1
11607	충북 청주시	청원생명브랜드포장재제작지원	416,500	1	4	7	8	7	5	5	3
11608	충북 청주시	일반생활체육지도자배치	389,916	1	1	7	8	7	5	1	1
11609	충북 청주시	2024생활체육교실운영	380,000	1	1	7	8	7	5	1	1
11610	충북 청주시	소공연장콘텐츠제작지원	360,000	1	4	7	8	7	1	1	1
11611	충북 청주시	친환경벼예방자재지원	355,680	1	4	7	8	7	1	1	4
11612	충북 청주시	친환경농업친환경비료구입	320,010	1	1	1	2	1	1	1	2
11613	충북 청주시	225청주공예비엔날레준비	291,000	1	4	7	8	7	3	1	1
11614	충북 청주시	논타작물재배지원사업	290,500	1	4	7	8	7	5	1	4
11615	충북 청주시	청원생명브랜드고품질생산자재지원	285,000	1	4	7	8	7	5	5	3
11616	충북 청주시	응급의료기관지원	278,400	1	1	7	8	7	5	5	1
11617	충북 청주시	충북형도시근로자지원사업	275,426	1	6	1	1	1	1	1	3
11618	충북 청주시	농작업대행서비스센터지원	250,000	1	1	7	8	7	5	1	4
11619	충북 청주시	2024생활체육지도자처우개선사업(정근수당,정액급식비,명절휴가비등)	234,387	1	1	7	8	7	5	1	1
11620	충북 청주시	청주시티투어운영	229,600	1	4	7	8	7	1	1	1
11621	충북 청주시	신항서원(신항서원휴식시대)	227,500	1	7	7	8	7	1	1	4
11622	충북 청주시	고등직업교육거점지구(HiVE)사업지원	220,000	1	4	7	8	7	1	1	4
11623	충북 청주시	장애인생활체육지도자배치	219,114	1	1	7	8	7	5	1	1
11624	충북 청주시	친환경우렁이종패지원사업	215,117	1	4	7	8	7	5	1	4
11625	충북 청주시	청주시지역치안협의회사업지원	210,000	1	4	7	8	7	1	1	1
11626	충북 청주시	(예비)사회적기업전문인력지원사업	206,780	1	2	7	8	7	5	5	4
11627	충북 청주시	국민체력1청주체력인증센터운영	203,640	1	1	7	8	7	5	1	1
11628	충북 청주시	농작업대행서비스센터운영지원	203,000	1	1	7	8	7	5	1	4
11629	충북 청주시	농산물포장재지원	203,000	1	7	7	8	7	5	5	4
11630	충북 청주시	2024청주전통공예페스티벌추진	200,000	1	4	7	8	7	3	1	1
11631	충북 청주시	시설원예육성토양개량제지원	200,000	1	4	7	8	7	1	1	1
11632	충북 청주시	대형유통매장청원생명쌀입점지원	200,000	1	4	7	8	7	5	5	3
11633	충북 청주시	탄소중립지원센터운영지원	200,000	1	1	6	3	6	5	3	1
11634	충북 청주시	어르신생활체육지도자배치	194,958	1	1	7	8	7	5	1	1
11635	충북 청주시	학교밖청소년지원(청주센터)	173,336	1	2	7	8	7	1	1	1
11636	충북 청주시	학교밖청소년지원(서청주센터)	173,336	1	2	7	8	7	1	1	1
11637	충북 청주시	토양개량제공동살포지원사업	163,779	1	1	7	8	7	5	1	4

순번	시군구	지출명 (사업명)	2024년예산 (단위 : 천원 /1년간)	민간이전 분류 (지방자치단체 세출예산 집행기준에 의거) 1. 민간경상사업보조(307-02) 2. 민간단체 법정운영비보조(307-03) 3. 민간행사사업보조(307-04) 4. 민간위탁금(307-05) 5. 사회복지시설 법정운영비보조(307-10) 6. 민간인위탁교육비(307-12) 7. 공기관등에대한경상적위탁사업비(308-13) 8. 민간자본사업보조,지체재원(402-01) 9. 민간자본사업보조,이전재원(402-02) 10. 민간위탁사업비(402-03) 11. 공기관등에 대한 자본적 위탁사업비(403-02)	민간이전지출 근거 (지방보조금 관리기준 참고) 1. 법률에 규정 2. 국고보조 재원(국가지정) 3. 용도 지정 기부금 4. 조례에 직접규정 5. 지자체가 권장하는 사업을 하는 공공기관 6. 시,도 정책 및 재정사정 7. 기타 8. 해당없음	입찰방식: 계약체결방법 (경쟁형태) 1. 일반경쟁 2. 제한경쟁 3. 지명경쟁 4. 수의계약 5. 법정위탁 6. 기타 ( ) 7. 없음	입찰방식: 계약기간 1. 1년 2. 2년 3. 3년 4. 4년 5. 5년 6. 기타 ( )년 7. 단기계약 (1년미만) 8. 없음	입찰방식: 낙찰자선정방법 1. 적격심사 2. 협상에의한계약 3. 최저가낙찰제 4. 규격가격분리 5. 2단계 경쟁입찰 6. 기타 ( ) 7. 없음	운영예산 산정: 운영예산 산정 1. 내부산정 (지자체 자체적으로 산정) 2. 외부산정 (외부전문기관위탁 산정) 3. 내·외부 모두 산정 4. 산정 無 5. 없음	운영예산 산정: 정산방법 1. 내부정산 (지자체 내부적으로 정산) 2. 외부정산 (외부전문기관위탁 정산) 3. 내·외부 모두 산정 4. 정산 無 5. 없음	성과평가 실시여부 1. 실시 2. 미실시 3. 향후 추진 4. 해당없음
11638	충북 청주시	맞춤생분해성피복필름지원	156,450	1	4	7	8	7	1	1	1
11639	충북 청주시	응급의료기관지원	153,600	1	1	7	1	7	5	2	1
11640	충북 청주시	고품질과실생신토양개량제지원	148,500	1	4	7	8	7	1	1	1
11641	충북 청주시	청소년동반자프로그램운영(청주센터)	145,666	1	2	7	8	7	1	1	1
11642	충북 청주시	절임배추생산자재(전일염)지원	142,500	1	4	7	8	7	5	5	3
11643	충북 청주시	일반음식점시설개선지원	140,000	1	4	7	8	7	1	1	4
11644	충북 청주시	농업환경보전프로그램	135,000	1	1	7	8	7	5	1	4
11645	충북 청주시	응급의료기관지원	134,400	1	1	7	1	7	5	2	1
11646	충북 청주시	원예작물보호제지원	129,570	1	4	7	8	7	1	1	1
11647	충북 청주시	호국보훈의달기념사업	127,459	1	1	7	8	7	1	1	3
11648	충북 청주시	품질고급화규격출하지원	127,000	1	7	7	8	7	5	5	4
11649	충북 청주시	청소년동반자프로그램운영(서청주센터)	125,134	1	2	7	8	7	1	1	1
11650	충북 청주시	청주향교(새로운유교문화의꽃을피우다)	122,500	1	7	7	8	7	1	1	4
11651	충북 청주시	청원생명브랜드수정벌지원	119,250	1	4	7	8	7	5	5	3
11652	충북 청주시	영농폐기물수거용마대지원	119,210	1	4	7	8	7	1	1	1
11653	충북 청주시	고품질과실생산과수보호제지원	118,800	1	4	7	8	7	1	1	1
11654	충북 청주시	농산물가공식품해외마케팅지원	117,000	1	7	7	8	7	5	5	3
11655	충북 청주시	동아시아문화도시교류사업	116,400	1	4	7	8	7	1	1	1
11656	충북 청주시	자원봉사센터봉사활동지원	116,000	1	1	7	8	7	1	1	1
11657	충북 청주시	자원봉사센터사업지원	106,631	1	1	7	8	7	1	1	1
11658	충북 청주시	메이커스페이스운영지원사업	100,000	1	2	7	8	7	5	1	1
11659	충북 청주시	예비창업패키지지원사업	100,000	1	2	7	8	7	5	1	3
11660	충북 청주시	창업도약패키지지원사업	100,000	1	2	7	8	7	5	1	3
11661	충북 청주시	저탄소벼논물관리기술보급시범사업	100,000	1	2	7	8	7	5	1	4
11662	충북 청주시	뿌리혹병방제지원	100,000	1	4	7	8	7	1	1	1
11663	충북 청주시	고품질쌀생력재배친환경자재공급	99,120	1	4	7	8	7	5	1	4
11664	충북 청주시	청원생명애호박생육봉지지원	97,000	1	4	7	8	7	5	5	3
11665	충북 청주시	청주지식산업센터(미래누리터)입주기업성장지원	96,000	1	6	1	5	1	1	1	3
11666	충북 청주시	친환경특수미생산단지육성	96,000	1	4	7	8	7	5	1	4
11667	충북 청주시	치매안심요양병원공공사업지원	94,000	1	2	5	5	7	5	1	1
11668	충북 청주시	갤러리전시기획지원	90,000	1	4	7	8	7	1	1	1
11669	충북 청주시	장애인생활체육지도자처우개선사업	89,979	1	1	7	8	7	5	1	1
11670	충북 청주시	유기농업자재지원	89,226	1	1	7	8	7	5	1	4
11671	충북 청주시	노동조합대표자워크숍	88,755	1	7	7	8	7	1	1	1
11672	충북 청주시	청주형내일공감일자리사업	88,000	1	6	7	8	7	5	5	4
11673	충북 청주시	상이군경복지회관이용자급식지원사업	86,432	1	1	7	8	7	1	1	3
11674	충북 청주시	청주시새마을회사업지원	77,830	1	1	7	8	7	1	1	1
11675	충북 청주시	공공청소년수련시설청소년지도사배치지원	76,104	1	1	7	8	7	5	1	4
11676	충북 청주시	의료기관결핵관리사업	75,368	1	2	7	8	7	5	1	1
11677	충북 청주시	버섯농가육성생산자재지원	70,300	1	4	7	8	7	1	1	1

순번	시군구	지출명 (사업명)	2024년예산 (단위 : 천원 /1년간)	민간이전 분류 (지방자치단체 세출예산 집행기준에 의거) 1. 민간경상사업보조(307-02) 2. 민간단체 법정운영비보조(307-03) 3. 민간행사사업보조(307-04) 4. 민간위탁금(307-05) 5. 사회복지시설 법정운영비보조(307-10) 6. 민간인위탁교육비(307-12) 7. 공기관등에대한경상적위탁사업비(308-13) 8. 민간자본사업보조,자체재원(402-01) 9. 민간자본사업보조,이전재원(402-02) 10. 민간위탁사업비(402-03) 11. 공기관등에 대한 자본적 위탁사업비(403-02)	민간이전지출 근거 (지방보조금 관리기준 참고) 1. 법률에 규정 2. 국고보조 재원(국가지정) 3. 용도 지정 기부금 4. 조례에 직접규정 5. 지자체가 권장하는 사업을 하는 공공기관 6. 시,도 정책 및 재정사정 7. 기타 8. 해당없음	입찰방식			운영예산 산정		성과평가 실시여부
						계약체결방법 (경쟁형태) 1. 일반경쟁 2. 제한경쟁 3. 지명경쟁 4. 수의계약 5. 법정위탁 6. 기타 ( ) 7. 없음	계약기간 1. 1년 2. 2년 3. 3년 4. 4년 5. 5년 6. 기타 ( )년 7. 단기계약 (1년미만) 8. 없음	낙찰자선정방법 1. 적격심사 2. 협상에의한계약 3. 최저가낙찰제 4. 규격가격분리 5. 2단계 경쟁입찰 6. 기타 ( ) 7. 없음	운영예산 산정 1. 내부산정 (지자체 자체적으로 산정) 2. 외부산정 (외부전문기관위탁 산정) 3. 내·외부 모두 산정 4. 산정 無 5. 없음	정산방법 1. 내부정산 (지자체 내부적으로 정산) 2. 외부정산 (외부전문기관위탁 정산) 3. 내·외부 모두 산정 4. 정산 無 5. 없음	1. 실시 2. 미실시 3. 향후 추진 4. 해당없음
11678	충북 청주시	영구임대주택단지공동전기료지원	70,000	1	1	7	7	7	1	1	1
11679	충북 청주시	청주시지속가능발전협의회사업지원	69,860	1	1,4	7	8	7	1	1	1
11680	충북 청주시	과수농가봉지지원	68,803	1	4	7	8	7	1	1	1
11681	충북 청주시	식량작물영농자재지원	67,394	1	4	7	8	7	5	1	4
11682	충북 청주시	자원봉사코디네이터지원사업	66,400	1	1	7	8	7	1	1	1
11683	충북 청주시	청주문화동아리육성사업	64,000	1	1,4	7	8	7	1	1	1
11684	충북 청주시	지역노사민정활성화사업	63,200	1	2	7	8	7	1	1	1
11685	충북 청주시	농산물공동선별비지원	61,200	1	2	7	8	7	5	5	4
11686	충북 청주시	용화사칠존석불에기원하다	60,000	1	7	7	8	7	1	1	4
11687	충북 청주시	제34회충청북도생활체육대회출전	60,000	1	1	7	8	7	5	1	1
11688	충북 청주시	청원생명쌀포장재제작지원	58,500	1	4	7	8	7	5	5	3
11689	충북 청주시	청주시학교밖청소년지원센터운영	55,310	1	4	7	8	7	1	1	1
11690	충북 청주시	민주평화통일자문회의청주시협의회사업지원	54,320	1	1	7	8	7	1	1	1
11691	충북 청주시	국제한중일청소년무술문화교류	54,000	1	6	7	8	7	1	1	4
11692	충북 청주시	탐나는청주	52,000	1	7	7	8	7	1	1	4
11693	충북 청주시	문의향교(문의,향교가는날)	50,000	1	7	7	8	7	1	1	4
11694	충북 청주시	내안의우물을찾는수천암스테이	50,000	1	7	7	8	7	5	5	4
11695	충북 청주시	신형호고가,대한의혼을향유하다	50,000	1	7	7	8	7	1	1	4
11696	충북 청주시	정북동토성마한의꿈	50,000	1	7	7	8	7	1	1	4
11697	충북 청주시	평화의아이콘,비중리보물	50,000	1	7	7	8	7	1	1	4
11698	충북 청주시	창업보육센터활성화사업	48,000	1	6	7	8	7	5	1	1
11699	충북 청주시	지역사회보장협의체사업	45,768	1	1	7	7	7	1	1	1
11700	충북 청주시	청소년자살예방프로그램운영지원	45,000	1	4	7	8	7	1	1	1
11701	충북 청주시	제18회충북장애인도민체육대회출전	45,000	1	1	7	8	7	5	1	1
11702	충북 청주시	범죄피해자지원센터사업지원	43,650	1	1	7	8	7	1	1	1
11703	충북 청주시	과실품질향상자재지원(반사필름6ha,장기저장제5,41㎡)	43,550	1	6	7	8	7	5	1	4
11704	충북 청주시	농산물대량소비상생마케팅판촉지원	42,700	1	4	1	8	7	1	1	3
11705	충북 청주시	유기가공식품포장재지원	41,934	1	4	7	8	7	5	1	4
11706	충북 청주시	작은도서관사업비지원(B등급)	40,800	1	4	7	8	7	1	1	1
11707	충북 청주시	쾌적한환경행복한공동체만들기	40,000	1	1	7	8	7	1	1	1
11708	충북 청주시	중장년기술창업센터지원사업	40,000	1	2	7	8	7	5	1	1
11709	충북 청주시	장애인생활체육클럽운영지원	40,000	1	1	7	8	7	5	1	1
11710	충북 청주시	산업인력양성지원사업(양성교육)	38,800	1	7	7	8	7	1	1	2
11711	충북 청주시	바르게살기운동청주시협의회사업지원	37,805	1	1	7	8	7	1	1	1
11712	충북 청주시	시군결핵예방사업(결핵안심벨트)	37,714	1	2	7	8	7	5	1	1
11713	충북 청주시	의료기관결핵환자관리지원	37,684	1	2	7	8	7	5	2	1
11714	충북 청주시	의료기관결핵관리사업	37,684	1	2	7	8	7	5	3	1
11715	충북 청주시	디지털미디어피해청소년지원전담상담사배치(청주시센터)	37,110	1	2	7	8	7	1	1	1
11716	충북 청주시	인삼지력증진제공급	37,000	1	6	7	8	7	5	1	4
11717	충북 청주시	박물관미술관활성화지원사업	36,000	1	4	6	8	7	3	1	2

순번	시군구	지출명 (사업명)	2024년예산 (단위 : 천원 /1년간)	민간이전 분류 (지방자치단체 세출예산 집행기준에 의거) 1. 민간경상사업보조(307-02) 2. 민간단체 법정운영비보조(307-03) 3. 민간행사사업보조(307-04) 4. 민간위탁금(307-05) 5. 사회복지시설 법정운영비보조(307-10) 6. 민간인위탁교육비(307-12) 7. 공기관등에대한경상적위탁사업비(308-13) 8. 민간자본사업보조,자체재원(402-01) 9. 민간자본사업보조,이전재원(402-02) 10. 민간위탁사업비(402-03) 11. 공기관등에 대한 자본적 위탁사업비(403-02)	민간이전지출 근거 (지방보조금 관리기준 참고) 1. 법률에 규정 2. 국고보조 재원(국가지정) 3. 용도 지정 기부금 4. 조례에 직접규정 5. 지자체가 권장하는 사업을 하는 공공기관 6. 시,도 정책 및 재정사정 7. 기타 8. 해당없음	입찰방식: 계약체결방법 (경쟁형태) 1. 일반경쟁 2. 제한경쟁 3. 지명경쟁 4. 수의계약 5. 법정위탁 6. 기타 ( ) 7. 없음	입찰방식: 계약기간 1. 1년 2. 2년 3. 3년 4. 4년 5. 5년 6. 기타 ( )년 7. 단기계약 (1년미만) 8. 없음	입찰방식: 낙찰자선정방법 1. 적격심사 2. 협상에의한계약 3. 최저가낙찰제 4. 규격가격분리 5. 2단계 경쟁입찰 6. 기타 ( ) 7. 없음	운영예산 산정: 운영예산 산정 1. 내부산정 (지자체 자체적으로 산정) 2. 외부산정 (외부전문기관위탁 산정) 3. 내·외부 모두 산정 4. 산정 無 5. 없음	운영예산 산정: 정산방법 1. 내부정산 (지자체 내부적으로 정산) 2. 외부정산 (외부전문기관위탁 정산) 3. 내·외부 모두 정산 4. 정산 無 5. 없음	성과평가 실시여부 1. 실시 2. 미실시 3. 향후 추진 4. 해당없음
11718	충북 청주시	자원봉사자보험료지원	35,996	1	1	7	8	7	1	1	1
11719	충북 청주시	친환경목재생산	34,400	1	1,2	7	8	7	5	5	4
11720	충북 청주시	고위기청소년집중심리클리닉운영(청주센터)	34,166	1	2	7	8	7	1	1	4
11721	충북 청주시	고위기청소년집중심리클리닉운영(서청주센터)	34,166	1	2	7	8	7	1	1	4
11722	충북 청주시	수출농식품포장재지원	33,618	1	7	7	8	7	5	5	3
11723	충북 청주시	청주시생활체육지도자배치(행정)	32,500	1	1	7	8	7	5	1	1
11724	충북 청주시	모범노동자해외문화탐방	32,000	1	7	7	8	7	1	1	1
11725	충북 청주시	국내개최국제전시회개별참가지원	32,000	1	4	7	8	7	1	1	1
11726	충북 청주시	임산물상품화	31,984	1	1,2	7	8	7	5	5	4
11727	충북 청주시	엽연초생산자재지원	31,920	1	4	7	8	7	1	1	1
11728	충북 청주시	자활기업전문인력한시적인건비지원	31,200	1	4	7	8	7	2	1	4
11729	충북 청주시	마을기업육성사업	31,000	1	2	7	8	7	5	5	4
11730	충북 청주시	한국자유총연맹청주시지회사업지원	30,125	1	1	7	8	7	1	1	1
11731	충북 청주시	인삼생산시설현대화사업	30,100	1	2	7	8	7	5	1	4
11732	충북 청주시	청주대학교대학일자리플러스센터사업	30,000	1	1	7	8	7	1	1	3
11733	충북 청주시	사회적경제판로지원사업	30,000	1	6	7	8	7	5	5	4
11734	충북 청주시	배첩전수교육관활성화사업	30,000	1	2	7	8	7	1	1	4
11735	충북 청주시	초정행궁세종창의마을과학교육투어	30,000	1	4	7	8	7	1	1	1
11736	충북 청주시	수암골관광안내및벽화관리사업	30,000	1	4	7	8	7	1	1	1
11737	충북 청주시	초정행궁전통음식감상회	30,000	1	4	7	8	7	1	1	1
11738	충북 청주시	장애인축구교실운영	30,000	1	1	7	8	7	5	1	1
11739	충북 청주시	임산물토양개량및친환경비료지원	28,224	1	1,2	7	8	7	5	5	4
11740	충북 청주시	청원생명농산물판로개척물류비지원	26,026	1	4	7	8	7	5	5	3
11741	충북 청주시	장애인체력인증센터운영	26,000	1	1	7	8	7	5	1	1
11742	충북 청주시	가루쌀생산단지조성사업(교육,컨설팅)	25,200	1	4	7	8	7	5	1	4
11743	충북 청주시	어린이놀이시설정기검사수수료지원	25,000	1	1	4	7	3	1	1	4
11744	충북 청주시	농촌우수마당극큰잔치	24,300	1	1,4	7	8	7	1	1	1
11745	충북 청주시	학교밖청소년공동작업장운영	24,250	1	4	7	8	7	1	1	1
11746	충북 청주시	지역초중고교와대학교연계프로그램운영	24,000	1	1	7	8	7	1	1	1
11747	충북 청주시	사회적경제협업화지원사업	24,000	1	6	7	8	7	5	5	4
11748	충북 청주시	청주시통역안내원지원사업	24,000	1	4	7	8	7	1	1	1
11749	충북 청주시	푸른청주푸른꿈키우기	23,522	1	1,4	7	8	7	1	1	1
11750	충북 청주시	산업인력양성지원사업(향상교육)	22,800	1	7	7	8	7	1	1	2
11751	충북 청주시	삼일절및광복절유공자위로사업	22,400	1	1	7	8	7	1	1	3
11752	충북 청주시	학교폭력상담치유프로그램운영	22,000	1	1	7	8	7	5	1	1
11753	충북 청주시	찾아가는학교폭력예방및인성교육	22,000	1	1	7	8	7	5	1	1
11754	충북 청주시	친환경임산물재배관리(토양개량제)	20,807	1	1,2	7	8	7	5	5	4
11755	충북 청주시	청주지역자활센터자활사업활성화추진사업(표준형)	20,000	1	6	7	8	7	2	1	4
11756	충북 청주시	청원지역자활센터자활사업활성화추진사업(표준형)	20,000	1	6	7	8	7	2	1	4
11757	충북 청주시	단재신채호교육활용사업	20,000	1	7	7	8	7	1	1	4

순번	시군구	지출명 (사업명)	2024년예산 (단위 : 천원 /1년간)	민간이전 분류 (지방자치단체 세출예산 집행기준에 의거) 1. 민간경상사업보조(307-02) 2. 민간단체 법정운영비보조(307-03) 3. 민간행사사업보조(307-04) 4. 민간위탁금(307-05) 5. 사회복지시설 법정운영비보조(307-10) 6. 민간인위탁교육비(307-12) 7. 공기관등에대한경상적위탁사업비(308-13) 8. 민간자본사업보조,자체재원(402-01) 9. 민간자본사업보조,이전재원(402-02) 10. 민간위탁사업비(402-03) 11. 공기관등에 대한 자본적 위탁사업비(403-02)	민간이전지출 근거 (지방보조금 관리기준 참고) 1. 법률에 규정 2. 국고보조 재원(국가지정) 3. 용도 지정 기부금 4. 조례에 직접규정 5. 지자체가 권장하는 사업을 하는 공공기관 6. 시,도 정책 및 재정사정 7. 기타 8. 해당없음	입찰방식			운영예산 산정		성과평가 실시여부
						계약체결방법 (경쟁형태) 1. 일반경쟁 2. 제한경쟁 3. 지명경쟁 4. 수의계약 5. 법정위탁 6. 기타 ( ) 7. 없음	계약기간 1. 1년 2. 2년 3. 3년 4. 4년 5. 5년 6. 기타 ( )년 7. 단기계약 (1년미만) 8. 없음	낙찰자선정방법 1. 적격심사 2. 협상에의한계약 3. 최저가낙찰제 4. 규격가격분리 5. 2단계 경쟁입찰 6. 기타 ( ) 7. 없음	운영예산 산정 1. 내부산정 (지자체 자체적으로 산정) 2. 외부산정 (외부전문기관위탁 산정) 3. 내·외부 모두 산정 4. 산정 無 5. 없음	정산방법 1. 내부정산 (지자체 내부적으로 정산) 2. 외부정산 (외부전문기관위탁 정산) 3. 내·외부 모두 산정 4. 정산 無 5. 없음	1. 실시 2. 미실시 3. 향후 추진 4. 해당없음
11758	충북 청주시	2024충청북도지사기및도협회장기생활체육종목별대회출전	20,000	1	1	7	8	7	5	1	1
11759	충북 청주시	빈집철거비용보조사업	20,000	1	1,4	7	8	7	5	5	4
11760	충북 청주시	국산밀생산단지경영체육성(교육,컨설팅)지원	19,800	1	2	7	8	7	5	1	4
11761	충북 청주시	장애인우수선수육성지원	19,400	1	1	7	8	7	5	1	1
11762	충북 청주시	무형문화재공개행사지원	18,800	1	6	7	8	7	1	1	4
11763	충북 청주시	노동자산업연수	18,624	1	7	7	8	7	1	1	1
11764	충북 청주시	유기농식품등지자체수출전략상품지원	18,278	1	7	7	8	7	5	5	3
11765	충북 청주시	제44회전국장애인체육대회출전	18,000	1	1	7	8	7	5	1	1
11766	충북 청주시	쌀전업농워크숍	18,000	1	4	7	8	7	1	1	4
11767	충북 청주시	상이군경회청주시지회사업	17,520	1	1	7	8	7	1	1	3
11768	충북 청주시	하석2리퇴비구입지원	17,090	1	1	1	2	1	1	1	2
11769	충북 청주시	제19회충청북도어르신생활체육대회출전	17,000	1	1	7	8	7	5	1	1
11770	충북 청주시	작은도서관사업비지원(A등급)	17,000	1	4	7	8	7	1	1	1
11771	충북 청주시	청소년도전청주사랑운영	16,587	1	1	7	8	7	1	1	1
11772	충북 청주시	친환경임산물재배관리(유기질비료)	16,457	1	1,2	7	8	7	5	5	4
11773	충북 청주시	청주문화총서발간	16,347	1	1,4	7	8	7	1	1	1
11774	충북 청주시	전몰군경유족회청주시지회사업	16,080	1	1	7	8	7	1	1	3
11775	충북 청주시	전몰군경미망인회청주시지회사업	16,080	1	1	7	8	7	1	1	3
11776	충북 청주시	월남전참전자회청주시지회사업	16,080	1	1	7	8	7	1	1	3
11777	충북 청주시	6.25참전유공자회청주시지회사업	16,080	1	1	7	8	7	1	1	3
11778	충북 청주시	사회복지협의회사업	16,000	1	4	5	8	7	1	1	4
11779	충북 청주시	유기농인증확대를위한소비,홍보지원	16,000	1	4	7	8	7	5	1	4
11780	충북 청주시	국내식품전시회참가지원	16,000	1	7	7	8	7	5	5	3
11781	충북 청주시	서청주학교밖청소년지원센터운영	15,718	1	4	7	8	7	1	1	1
11782	충북 청주시	오디생산비절감기자재지원	15,569	1	6	7	8	7	5	1	4
11783	충북 청주시	고엽제전우회베트남전적지순례	15,450	1	1	7	8	7	1	1	3
11784	충북 청주시	월남전참전자회베트남전적지순례	15,450	1	1	7	8	7	1	1	3
11785	충북 청주시	청주역사바로알기'내사랑청주'	15,365	1	1,4	7	8	7	1	1	1
11786	충북 청주시	무공수훈자회청주시지회사업	15,120	1	1	7	8	7	1	1	3
11787	충북 청주시	화훼농가친환경하우스필름지원	15,000	1	6	7	8	7	5	1	4
11788	충북 청주시	FTA사업계획수립지원	15,000	1	2	7	8	7	5	2	4
11789	충북 청주시	고엽제전우회청주시지회사업	14,560	1	1	7	8	7	1	1	3
11790	충북 청주시	특수임무유공자회청주시지회사업	13,840	1	1	7	8	7	1	1	3
11791	충북 청주시	민족통일청주시협의회사업지원	13,377	1	1	7	8	7	1	1	1
11792	충북 청주시	청주시재향군인회사업	13,200	1	1	7	8	7	1	1	3
11793	충북 청주시	청년정책네트워크운영	13,000	1	4	7	8	7	1	1	4
11794	충북 청주시	청소년문화학교운영	12,416	1	1,4	7	8	7	1	1	1
11795	충북 청주시	전국대회참가출전비지원	11,000	1	1	7	8	7	5	1	1
11796	충북 청주시	하석2리(오가리)정화조유지관리및방역	11,000	1	1	1	2	1	1	1	2
11797	충북 청주시	경미보수등일상관리(청주향교)	10,540	1	6	7	8	7	1	1	4

순번	시군구	지출명 (사업명)	2024년예산 (단위 : 천원 /1년간)	민간이전 분류 (지방자치단체 세출예산 집행기준에 의거) 1. 민간경상사업보조(307-02) 2. 민간단체 법정운영비보조(307-03) 3. 민간행사사업보조(307-04) 4. 민간위탁금(307-05) 5. 사회복지시설 법정운영비보조(307-10) 6. 민간인위탁교육비(307-12) 7. 공기관등에대한경상적위탁사업비(308-13) 8. 민간자본사업보조,자체재원(402-01) 9. 민간자본사업보조,이전재원(402-02) 10. 민간위탁사업비(402-03) 11. 공기관등에 대한 자본적 위탁사업비(403-02)	민간이전지출 근거 (지방보조금 관리기준 참고) 1. 법률에 규정 2. 국고보조 재원(국가지정) 3. 용도 지정 기부금 4. 조례에 직접규정 5. 지자체가 권장하는 사업을 하는 공공기관 6. 시,도 정책 및 재정사정 7. 기타 8. 해당없음	입찰방식: 계약체결방법 (경쟁형태) 1. 일반경쟁 2. 제한경쟁 3. 지명경쟁 4. 수의계약 5. 법정위탁 6. 기타 ( ) 7. 없음	입찰방식: 계약기간 1. 1년 2. 2년 3. 3년 4. 4년 5. 5년 6. 기타 ( )년 7. 단기계약 (1년미만) 8. 없음	입찰방식: 낙찰자선정방법 1. 적격심사 2. 협상에의한계약 3. 최저가낙찰제 4. 규격가격분리 5. 2단계 경쟁입찰 6. 기타 ( ) 7. 없음	운영예산 산정: 운영예산 산정 1. 내부산정 (지자체 자체적으로 산정) 2. 외부산정 (외부전문기관위탁 산정) 3. 내·외부 모두 산정 4. 산정 無 5. 없음	운영예산 산정: 정산방법 1. 내부정산 (지자체 내부적으로 정산) 2. 외부정산 (외부전문기관위탁 정산) 3. 내·외부 모두 산정 4. 정산 無 5. 없음	성과평가 실시여부 1. 실시 2. 미실시 3. 향후 추진 4. 해당없음
11798	충북 청주시	청소년국제교류사업(독일)	10,000	1	1	7	8	7	1	1	1
11799	충북 청주시	종목별운동용소모품지원	10,000	1	1	7	8	7	5	1	1
11800	충북 청주시	청주스쿼시스포츠클럽지원	10,000	1	1	7	8	7	5	1	1
11801	충북 청주시	성균관유도회도의선양강연	9,984	1	7	7	8	7	1	1	4
11802	충북 청주시	청소년배치지도사4대보험료기관부담금	9,360	1	1	7	8	7	5	1	4
11803	충북 청주시	지방문화학교지원	9,280	1	1,4	7	8	7	1	1	1
11804	충북 청주시	광복회청주시지회사업	9,200	1	1	7	8	7	1	1	3
11805	충북 청주시	서청주학교밖청소년코딩프로그램운영	8,730	1	4	7	8	7	1	1	1
11806	충북 청주시	도덕성회복교육지원(청주향교)	8,658	1	7	7	8	7	1	1	4
11807	충북 청주시	사회복지협의회운영사업지원	8,000	1	4	5	8	7	1	1	4
11808	충북 청주시	상이군경복지회관시설이용지원사업	8,000	1	1	7	8	7	1	1	3
11809	충북 청주시	음식문화개선추진협의회개최지원	8,000	1	4	7	8	7	1	1	4
11810	충북 청주시	청주시민과함께하는인문학강좌	7,760	1	4	7	8	7	1	1	1
11811	충북 청주시	배치지도자퇴직금	7,122	1	5	7	8	7	1	1	4
11812	충북 청주시	시민국어문화학교	6,984	1	4	7	8	7	1	1	1
11813	충북 청주시	국민체력1청주체력인증센터운영(시설사용료부족분)	6,984	1	1	7	8	7	5	1	1
11814	충북 청주시	인문학특강청주의진심	6,800	1	1,4	7	8	7	1	1	1
11815	충북 청주시	청주예술지발간	6,790	1	1,4	7	8	7	1	1	1
11816	충북 청주시	쌀전업농대회참석	6,480	1	4	7	8	7	1	1	4
11817	충북 청주시	경미보수등일상관리(문의향교)	6,460	1	6	7	8	7	1	1	4
11818	충북 청주시	청년유교교실	6,440	1	7	7	8	7	1	1	4
11819	충북 청주시	현도두레농요공연	6,208	1	4	7	8	7	1	1	1
11820	충북 청주시	학교밖청소년인턴제운영(청주센터)	6,111	1	4	7	8	7	1	1	1
11821	충북 청주시	학교밖청소년인턴제운영(서청주)	6,111	1	4	7	8	7	1	1	1
11822	충북 청주시	청소년유해환경감시단운영	6,000	1	2	7	8	7	5	1	4
11823	충북 청주시	충북작가문예지발간	6,000	1	1,4	7	8	7	1	1	1
11824	충북 청주시	학교밖청소년수학여행지원사업(청주시)	5,820	1	4	7	8	7	1	1	1
11825	충북 청주시	학교밖청소년수학여행지원사업(서청주)	5,820	1	4	7	8	7	1	1	1
11826	충북 청주시	도덕성회복교육지원(문의향교)	5,772	1	7	7	8	7	1	1	4
11827	충북 청주시	노사민정역량강화워크숍	5,600	1	7	7	8	7	1	1	1
11828	충북 청주시	청원농기놀이공연	5,432	1	4	7	8	7	1	1	1
11829	충북 청주시	제18회전국장애학생체육대회출전	5,430	1	1	7	8	7	5	1	1
11830	충북 청주시	친환경농업인대회참가지원	5,400	1	4	7	8	7	1	1	4
11831	충북 청주시	작은도서관문화프로그램운영비지원	5,400	1	4	7	8	7	1	1	1
11832	충북 청주시	종목별생활체육클럽교류전	5,000	1	1	7	8	7	5	1	1
11833	충북 청주시	2024충북씨름왕선발대회출전	5,000	1	1	7	8	7	5	1	1
11834	충북 청주시	제16회어울림체육대회출전	4,500	1	1	7	8	7	5	1	1
11835	충북 청주시	충북농아인한마음체육대회출전	4,500	1	1	7	8	7	5	1	1
11836	충북 청주시	쌀사랑캠페인	4,500	1	4	7	8	7	1	1	4
11837	충북 청주시	2024년지역문화재생사회적협동조합초기사업비지원사업	4,500	1	7	7	8	7	5	5	4

순번	시군구	지출명 (사업명)	2024년예산 (단위 : 천원 /1년간)	민간이전 분류 (지방자치단체 세출예산 집행기준에 의거) 1. 민간경상사업보조(307-02) 2. 민간단체 법정운영비보조(307-03) 3. 민간행사사업보조(307-04) 4. 민간위탁금(307-05) 5. 사회복지시설 법정운영비보조(307-10) 6. 민간인위탁교육비(307-12) 7. 공기관등에대한경상적위탁사업비(308-13) 8. 민간자본사업보조,자체재원(402-01) 9. 민간자본사업보조,이전재원(402-02) 10. 민간위탁사업비(402-03) 11. 공기관등에 대한 자본적 위탁사업비(403-02)	민간이전지출 근거 (지방보조금 관리기준 참고) 1. 법률에 규정 2. 국고보조 재원(국가지정) 3. 용도 지정 기부금 4. 조례에 직접규정 5. 지자체가 권장하는 사업을 하는 공공기관 6. 시,도 정책 및 재정사정 7. 기타 8. 해당없음	입찰방식 계약체결방법 (경쟁형태) 1. 일반경쟁 2. 제한경쟁 3. 지명경쟁 4. 수의계약 5. 법정위탁 6. 기타 ( ) 7. 없음	입찰방식 계약기간 1. 1년 2. 2년 3. 3년 4. 4년 5. 5년 6. 기타 ( )년 7. 단기계약 (1년미만) 8. 없음	입찰방식 낙찰자선정방법 1. 적격심사 2. 협상에의한계약 3. 최저가낙찰제 4. 규격가격분리 5. 2단계 경쟁입찰 6. 기타 ( ) 7. 없음	운영예산 산정 운영예산 산정 1. 내부산정 (지자체 자체적으로 산정) 2. 외부산정 (외부전문기관위탁 산정) 3. 내·외부 모두 산정 4. 산정 無 5. 없음	운영예산 산정 정산방법 1. 내부정산 (지자체 내부적으로 정산) 2. 외부정산 (외부전문기관위탁 정산) 3. 내·외부 모두 산정 4. 정산 無 5. 없음	성과평가 실시여부 1. 실시 2. 미실시 3. 향후 추진 4. 해당없음
11838	충북 청주시	세종백일장	4,365	1	1,4	7	8	7	1	1	1
11839	충북 청주시	시민안보고취사업	4,000	1	1	7	8	7	1	1	3
11840	충북 청주시	쌀축제참가지원	3,600	1	4	7	8	7	1	1	4
11841	충북 청주시	친환경농업인단체전문교육지원	3,492	1	4	7	8	7	1	1	4
11842	충북 청주시	수중정화활동사업	3,360	1	1	7	8	7	1	1	3
11843	충북 청주시	2024생활체육종목별전국대회출전	3,000	1	1	7	8	7	5	1	1
11844	충북 청주시	제25회충청북도체육회장배꿈나무어린이축구대회출전	3,000	1	1	7	8	7	5	1	1
11845	충북 청주시	생활체육교실노후용품교체	3,000	1	1	7	8	7	5	1	1
11846	충북 청주시	생활체육지도자지도활동보험료	2,952	1	1	7	8	7	5	1	1
11847	충북 청주시	작은도서관독서동아리지원비지원	2,400	1	4	7	8	7	1	1	1
11848	충북 청주시	공동주택온라인투표지원	2,000	1	1	4	7	3	1	1	1
11849	충북 청주시	2024청주시체육회실무자워크숍	1,500	1	1	7	8	7	5	1	1
11850	충북 청주시	2024청주시그라운드골프경기장사용료지원	1,000	1	1	7	8	7	5	1	1
11851	충북 충주시	일반생활체육지도자배치	364,939	1	1	7	8	7	1	1	1
11852	충북 충주시	어르신생활체육지도자배치	317,615	1	1	7	8	7	1	1	1
11853	충북 충주시	장애인생활체육지도자배치	311,365	1	1	7	8	7	1	1	1
11854	충북 충주시	파리올림픽아시아&오세아니아대륙예선조정대회	263,500	1	1	7	8	7	1	1	1
11855	충북 충주시	충북도민체전출전지원	250,000	1	1	7	8	7	1	1	1
11856	충북 충주시	지식재산창출지원사업	250,000	1	2	7	8	7	1	1	1
11857	충북 충주시	취약지응급실운영기관지원	210,000	1	1,2	7	8	7	5	3	4
11858	충북 충주시	우수선수육성	200,000	1	1	7	8	7	1	1	1
11859	충북 충주시	조정체험학교운영	179,730	1	4	7	8	7	1	1	1
11860	충북 충주시	전국배드민턴선수권대회	170,000	1	1	7	8	7	1	1	1
11861	충북 충주시	생활체육교실운영	164,997	1	1	7	8	7	1	1	1
11862	충북 충주시	장애친화산부인과지원사업	150,000	1	2	7	8	7	5	5	4
11863	충북 충주시	공동주택내보안등전기요금지원	120,000	1	4	7	8	7	1	1	4
11864	충북 충주시	영농부산물안전처리지원	106,000	1	2	7	8	7	5	5	4
11865	충북 충주시	영농부산물안전처리지원	106,000	1	1	7	8	7	5	5	4
11866	충북 충주시	충주시생활체육대회	104,500	1	1	7	8	7	1	1	1
11867	충북 충주시	치매환자지원프로그램운영	100,000	1	2	7	5	7	5	1	1
11868	충북 충주시	충주탄금호배전국조정대회	100,000	1	1	7	8	7	1	1	1
11869	충북 충주시	청년소상공인골목경제활성화지원	100,000	1	1	7	8	7	5	5	4
11870	충북 충주시	응급의료기관지원	96,000	1	1,2	7	8	7	5	3	4
11871	충북 충주시	세계무술연맹연차총회지원	72,000	1	1	7	8	7	1	1	1
11872	충북 충주시	유소년생활체육대회	63,000	1	1	7	8	7	1	1	1
11873	충북 충주시	전국생활체육남녀배구대회	63,000	1	1	7	8	7	1	1	1
11874	충북 충주시	지속가능발전사업	63,000	1	2	4	1	7	1	1	1
11875	충북 충주시	연작장해대응피트모스농법시범	60,000	1	1	7	8	7	5	5	4
11876	충북 충주시	충청북도생활체육대회출전지원	54,900	1	1	7	8	7	1	1	1
11877	충북 충주시	충청북도장애인도민체육대회출전	53,000	1	1	7	8	7	1	1	1

순번	시군구	지출명 (사업명)	2024년예산 (단위 : 천원 /1년간)	민간이전 분류 (지방자치단체 세출예산 집행기준에 의거) 1. 민간경상사업보조(307-02) 2. 민간단체 법정운영비보조(307-03) 3. 민간행사사업보조(307-04) 4. 민간위탁금(307-05) 5. 사회복지시설 법정운영비보조(307-10) 6. 민간인위탁교육비(307-12) 7. 공기관등에대한경상적위탁사업비(308-13) 8. 민간자본사업보조,자체재원(402-01) 9. 민간자본사업보조,이전재원(402-02) 10. 민간위탁사업비(402-03) 11. 공기관등에 대한 자본적 위탁사업비(403-02)	민간이전지출 근거 (지방보조금 관리기준 참고) 1. 법률에 규정 2. 국고보조 재원(국가지정) 3. 용도 지정 기부금 4. 조례에 직접규정 5. 지자체가 권장하는 사업을 하는 공공기관 6. 시,도 정책 및 재정사정 7. 기타 8. 해당없음	입찰방식 계약체결방법 (경쟁형태) 1. 일반경쟁 2. 제한경쟁 3. 지명경쟁 4. 수의계약 5. 법정위탁 6. 기타 ( ) 7. 없음	입찰방식 계약기간 1. 1년 2. 2년 3. 3년 4. 4년 5. 5년 6. 기타 ( )년 7. 단기계약 (1년미만) 8. 없음	입찰방식 낙찰자선정방법 1. 적격심사 2. 협상에의한계약 3. 최저가낙찰제 4. 규격가격분리 5. 2단계 경쟁입찰 6. 기타 ( ) 7. 없음	운영예산 산정 운영예산 산정 1. 내부산정 (지자체 자체적으로 산정) 2. 외부산정 (외부전문기관위탁 산정) 3. 내·외부 모두 산정 4. 산정 無 5. 없음	운영예산 산정 정산방법 1. 내부정산 (지자체 내부적으로 정산) 2. 외부정산 (외부전문기관위탁 정산) 3. 내·외부 모두 정산 4. 정산 無 5. 없음	성과평가 실시여부 1. 실시 2. 미실시 3. 향후 추진 4. 해당없음
11878	충북 충주시	광복회사업지원	50,160	1	1	7	8	7	5	5	4
11879	충북 충주시	전국단위체육대회유치및기타행사지원	50,000	1	1	7	8	7	1	1	1
11880	충북 충주시	바이오성장기반구축시원사업	50,000	1	4	7	8	7	5	5	4
11881	충북 충주시	시장기읍면동대항체육대회(축구,배구)출전지원	45,000	1	1	7	8	7	1	1	1
11882	충북 충주시	전국및시도단위대회개최및출전지원	45,000	1	1	7	8	7	1	1	1
11883	충북 충주시	전국철인3종대회	45,000	1	1	7	8	7	1	1	1
11884	충북 충주시	충주사과배전국배드민턴대회	45,000	1	1	7	8	7	1	1	1
11885	충북 충주시	충주탄금호배전국생활체육조정대회	45,000	1	1	7	8	7	1	1	1
11886	충북 충주시	장애인생활체육교실운영	40,000	1	1	7	8	7	1	1	1
11887	충북 충주시	생활과학교실운영	40,000	1	2	7	8	7	3	3	4
11888	충북 충주시	청년바이오스타트업지원사업	40,000	1	4	7	8	7	5	5	4
11889	충북 충주시	충주문화원사업활동비	37,000	1	1	7	7	7	1	1	3
11890	충북 충주시	소상공인노란우산공제희망장려금	36,900	1	1	7	8	7	1	5	1
11891	충북 충주시	전국생활체육야구대회	36,000	1	1	7	8	7	1	1	1
11892	충북 충주시	전국초등테니스대회	36,000	1	1	7	8	7	1	1	1
11893	충북 충주시	전국족구대회	30,000	1	1	7	8	7	1	1	1
11894	충북 충주시	전국그란폰도대회	30,000	1	1	7	8	7	1	1	1
11895	충북 충주시	전국피구대회	30,000	1	1	7	8	7	1	1	1
11896	충북 충주시	영구임대아파트공동전기료지원	30,000	1	4	7	8	7	1	1	4
11897	충북 충주시	3단계산학연협력선도대학육성	30,000	1	2	7	8	7	3	3	4
11898	충북 충주시	전국파크골프대회	28,000	1	1	7	8	7	1	1	1
11899	충북 충주시	전국유소년농구대회	27,000	1	1	7	8	7	1	1	1
11900	충북 충주시	고엽제전우회사업지원	26,200	1	1	7	8	7	5	5	4
11901	충북 충주시	외국인근로자지원	25,000	1	4	7	8	7	5	5	4
11902	충북 충주시	충주시어르신생활체육대회	23,000	1	1	7	8	7	1	1	1
11903	충북 충주시	전지훈련유치	20,000	1	1	7	8	7	1	1	1
11904	충북 충주시	전국및도단위대회출전및개최지원	20,000	1	1	7	8	7	1	1	1
11905	충북 충주시	노사민정협력활성화사업	20,000	1	4	7	8	7	1	1	1
11906	충북 충주시	충주문화원문화학교운영비	20,000	1	1	7	7	7	1	1	3
11907	충북 충주시	미래형자동차기술융합혁신인재양성사업	20,000	1	1	7	8	7	3	3	4
11908	충북 충주시	창업보육센터지원	20,000	1	2	7	8	7	3	3	4
11909	충북 충주시	창업보육센터지원	20,000	1	2	7	8	7	3	3	4
11910	충북 충주시	창의융합형공학인재양성지원	20,000	1	2	7	8	7	3	3	4
11911	충북 충주시	다수공급자계약컨설팅지원	19,800	1	4	7	8	7	1	1	1
11912	충북 충주시	기업맞춤형입찰정보서비스	18,900	1	4	7	8	7	1	1	1
11913	충북 충주시	전국및시도단위생활체육대회개최지원	18,000	1	1	7	8	7	1	1	1
11914	충북 충주시	충북어르신생활체육대회출전지원	18,000	1	1	7	8	7	1	1	1
11915	충북 충주시	토종붕어대량생산지원	18,000	1	1	7	8	7	5	5	4
11916	충북 충주시	노사안정위한노동상담지원	18,000	1	4	7	8	7	1	1	1
11917	충북 충주시	장애인체육회종목별강화훈련비지원	15,000	1	1	7	8	7	1	1	1

순번	시군구	지출명 (사업명)	2024년예산 (단위 : 천원 /1년간)	민간이전 분류 (지방자치단체 세출예산 집행기준에 의거) 1. 민간경상사업보조(307-02) 2. 민간단체 법정운영비보조(307-03) 3. 민간행사사업보조(307-04) 4. 민간위탁금(307-05) 5. 사회복지시설 법정운영비보조(307-10) 6. 민간인위탁교육비(307-12) 7. 공기관등에대한경상적위탁사업비(308-13) 8. 민간자본사업보조,자체재원(402-01) 9. 민간자본사업보조,이전재원(402-02) 10. 민간위탁사업비(402-03) 11. 공기관등에 대한 자본적 위탁사업비(403-02)	민간이전지출 근거 (지방보조금 관리기준 참고) 1. 법률에 규정 2. 국고보조 재원(국가지정) 3. 용도 지정 기부금 4. 조례에 직접규정 5. 지자체가 권장하는 사업을 하는 공공기관 6. 시,도 정책 및 재정사정 7. 기타 8. 해당없음	입찰방식 계약체결방법 (경쟁형태) 1. 일반경쟁 2. 제한경쟁 3. 지명경쟁 4. 수의계약 5. 법정위탁 6. 기타 ( ) 7. 없음	입찰방식 계약기간 1. 1년 2. 2년 3. 3년 4. 4년 5. 5년 6. 기타 ( )년 7. 단기계약 (1년미만) 8. 없음	입찰방식 낙찰자선정방법 1. 적격심사 2. 협상에의한계약 3. 최저가낙찰제 4. 규격가격분리 5. 2단계 경쟁입찰 6. 기타 ( ) 7. 없음	운영예산 산정 운영예산 산정 1. 내부산정 (지자체 자체적으로 산정) 2. 외부산정 (외부전문기관위탁 산정) 3. 내·외부 모두 산정 4. 산정 無 5. 없음	운영예산 산정 정산방법 1. 내부정산 (지자체 내부적으로 정산) 2. 외부정산 (외부전문기관위탁 정산) 3. 내·외부 모두 산정 4. 정산 無 5. 없음	성과평가 실시여부 1. 실시 2. 미실시 3. 향후 추진 4. 해당없음
11918	충북 충주시	우수선수훈련비등지원	15,000	1	1	7	8	7	1	1	1
11919	충북 충주시	충주탄금호국제장애인조정대회	15,000	1	1	7	8	7	1	1	1
11920	충북 충주시	전몰군경유족회사업지원	13,700	1	1	7	8	7	5	5	4
11921	충북 충주시	생활체육전국단위대회출전지원	13,500	1	1	7	8	7	1	1	1
11922	충북 충주시	전국생활체육여성축구대회	13,500	1	1	7	8	7	1	1	1
11923	충북 충주시	전국소프트테니스대회	13,500	1	1	7	8	7	1	1	1
11924	충북 충주시	도지사기차지시군대항역전마라톤대회	12,000	1	1	7	8	7	1	1	1
11925	충북 충주시	전국장애인체육대회출전	12,000	1	1	7	8	7	1	1	1
11926	충북 충주시	전국축구스토브리그	11,000	1	1	7	8	7	1	1	1
11927	충북 충주시	마을기업육성	10,500	1	2	7	8	7	5	1	1
11928	충북 충주시	월남전참전자회사업지원	10,300	1	1	7	8	7	5	5	4
11929	충북 충주시	충청북도시군대항역전마라톤대회	10,000	1	1	7	8	7	1	1	1
11930	충북 충주시	전국목회자축구대회	10,000	1	1	7	8	7	1	1	1
11931	충북 충주시	고구려역사문화탐방지원	10,000	1	1	7	7	7	1	1	3
11932	충북 충주시	야생생물보호활동지원	10,000	1	1,4	7	8	7	1	1	1
11933	충북 충주시	농촌지도자충주시연합회육성지원	10,000	1	1	7	8	7	5	5	4
11934	충북 충주시	4H연합회육성지원	10,000	1	1	7	8	7	5	5	4
11935	충북 충주시	지역경제활성화를위한경제포럼	9,000	1	4	7	8	7	1	1	1
11936	충북 충주시	생활개선회육성지원	9,000	1	1	7	8	7	5	5	4
11937	충북 충주시	충주공용버스터미널주변공중화장실	8,550	1	1	7	8	7	1	1	1
11938	충북 충주시	지역자율방재단대표단활동지원	8,400	1	4	4	1	7	1	1	1
11939	충북 충주시	재난예방및인명구조활동지원	8,000	1	4	4	1	1	1	1	1
11940	충북 충주시	어린이생활체육교실운영	8,000	1	1	7	8	7	1	1	1
11941	충북 충주시	충주기업청년채용지원사업	7,924	1	2	7	8	7	3	1	3
11942	충북 충주시	무공수훈자회사업지원	7,500	1	1	7	8	7	5	5	4
11943	충북 충주시	전통시장가로등전기료	6,000	1	7	7	8	7	1	1	4
11944	충북 충주시	옥외광고물재난방재단	5,200	1	1	7	8	7	1	1	3
11945	충북 충주시	특수임무유공자회사업지원	5,100	1	1	7	8	7	5	5	4
11946	충북 충주시	농촌여성지도자능력개발지원	5,000	1	1	7	8	7	5	5	4
11947	충북 충주시	상이군경회사업지원	4,900	1	1	7	8	7	5	5	4
11948	충북 충주시	전몰군경미망인회사업지원	4,900	1	1	7	8	7	5	5	4
11949	충북 충주시	외래식물퇴치및국토청결활동지원	4,500	1	7	6	1	7	1	1	1
11950	충북 충주시	6.25참전유공자회사업지원	4,100	1	1	7	8	7	5	5	4
11951	충북 충주시	6.25전쟁첫전승부대방문	3,000	1	1	7	8	7	5	5	4
11952	충북 충주시	귀농귀촌인재능나눔활동지원	3,000	1	1	7	8	7	5	5	4
11953	충북 충주시	생명사랑걷기대회	1,600	1	4	7	8	7	5	5	4
11954	충북 충주시	불법광고물캠페인	800	1	1	7	8	7	1	1	3
11955	충북 충주시	유기질비료	2,242,674	1	4	7	8	7	5	5	4
11956	충북 충주시	무기질비료가격보조및수급안정사업	1,201,000	1	4	7	8	7	5	5	4
11957	충북 충주시	유기질비료(자체)	930,000	1	4	7	8	7	5	5	4

순번	시군구	지출명 (사업명)	2024년예산 (단위 : 천원 /1년간)	민간이전 분류 (지방자치단체 세출예산 집행기준에 의거) 1. 민간경상사업보조(307-02) 2. 민간단체 법정운영비보조(307-03) 3. 민간행사사업보조(307-04) 4. 민간위탁금(307-05) 5. 사회복지시설 법정운영비보조(307-10) 6. 민간인위탁교육비(307-12) 7. 공기관등에대한경상적위탁사업비(308-13) 8. 민간자본사업보조,자체재원(402-01) 9. 민간자본사업보조,이전재원(402-02) 10. 민간위탁사업비(402-03) 11. 공기관등에 대한 자본적 위탁사업비(403-02)	민간이전지출 근거 (지방보조금 관리기준 참고) 1. 법률에 규정 2. 국고보조 재원(국가지정) 3. 용도 지정 기부금 4. 조례에 직접규정 5. 지자체가 권장하는 사업을 하는 공공기관 6. 시,도 정책 및 재정사정 7. 기타 8. 해당없음	입찰방식 계약체결방법 (경쟁형태) 1. 일반경쟁 2. 제한경쟁 3. 지명경쟁 4. 수의계약 5. 법정위탁 6. 기타 ( ) 7. 없음	입찰방식 계약기간 1. 1년 2. 2년 3. 3년 4. 4년 5. 5년 6. 기타 ( )년 7. 단기계약 (1년미만) 8. 없음	입찰방식 낙찰자선정방법 1. 적격심사 2. 협상에의한계약 3. 최저가낙찰제 4. 규격가격분리 5. 2단계 경쟁입찰 6. 기타 ( ) 7. 없음	운영예산 산정 운영예산 산정 1. 내부산정 (지자체 자체적으로 산정) 2. 외부산정 (외부전문기관위탁 산정) 3. 내·외부 모두 산정 4. 산정 無 5. 없음	운영예산 산정 정산방법 1. 내부정산 (지자체 내부적으로 정산) 2. 외부정산 (외부전문기관위탁 정산) 3. 내·외부 모두 산정 4. 정산 無 5. 없음	성과평가 실시여부 1. 실시 2. 미실시 3. 향후 추진 4. 해당없음
11958	충북 충주시	토양개량제	883,189	1	4	7	8	7	5	5	4
11959	충북 충주시	충북형도시농부지원	360,727	1	4	7	8	7	5	5	4
11960	충북 충주시	택시통합콜센터운영비지원	310,937	1	4	7	8	7	5	5	4
11961	충북 충주시	충주학진흥사업	294,000	1	4	7	8	7	1	1	1
11962	충북 충주시	충북형도시농부지원	284,500	1	8	7	8	7	5	5	4
11963	충북 충주시	택시카드결제수수료지원	238,400	1	4	7	8	7	5	5	4
11964	충북 충주시	새일센터운영지원	212,609	1	2	7	8	7	5	5	4
11965	충북 충주시	팔봉서원문화재활용사업	135,000	1	1	7	8	7	1	1	4
11966	충북 충주시	농촌인력중개센터지원	90,000	1	8	7	8	7	5	5	4
11967	충북 충주시	농촌인력중개센터지원	80,000	1	2	7	8	7	5	5	4
11968	충북 충주시	택시통신비지원	76,225	1	4	7	8	7	5	5	4
11969	충북 충주시	임산부친환경농산물지원사업	64,512	1	1,4	7	8	7	5	5	4
11970	충북 충주시	충주향교문화재활용사업	57,500	1	1	7	8	7	1	1	4
11971	충북 충주시	유람유랑문화유산사업	33,500	1	1	7	8	7	1	1	4
11972	충북 충주시	사무장채용지원(금가면기초생활거점조성사업)	21,600	1	2	7	8	7	1	1	4
11973	충북 충주시	중앙탑면기초생활거점육성사업사무장채용지원	21,600	1	2	7	8	7	1	1	4
11974	충북 충주시	찾아가는시민택견교실	18,000	1	4	7	8	7	1	1	4
11975	충북 충주시	교통정체교차로수신호지원	17,000	1	4	7	8	7	1	1	4
11976	충북 충주시	택견인재양성활성화	16,000	1	4	7	8	7	5	5	4
11977	충북 충주시	쌀전업농대회참가지원	15,000	1	4	7	8	7	1	1	4
11978	충북 충주시	교통단체활동복지원	11,000	1	1	7	8	7	5	5	4
11979	충북 충주시	택견예능보유자공개행사지원	10,000	1	4	7	8	7	5	5	4
11980	충북 충주시	충주쌀전업농워크숍지원	7,500	1	1	7	8	7	1	1	4
11981	충북 충주시	마을경영지원(금가면기초생활거점조성사업)	6,000	1	1	7	8	7	5	5	4
11982	충북 충주시	수신호봉사활동등	4,860	1	2	7	8	7	1	1	4
11983	충북 충주시	지역사회봉사등	3,600	1	4	7	8	7	5	5	4
11984	충북 충주시	어린이교통안전등	3,600	1	4	7	8	7	5	5	4
11985	충북 충주시	중앙탑면기초생활거점육성사업추진위원회마을경영지원	1,000	1	4	7	8	7	5	5	4
11986	충북 충주시	충주시평생학습박람회개최	40,000	1	2	7	8	7	1	1	4
11987	충북 충주시	성인문해학교운영지원	36,800	1	4	7	8	7	1	1	1
11988	충북 충주시	성인문해학교운영지원	33,120	1	1,4	7	8	7	1	1	1
11989	충북 충주시	평생학습동아리운영지원	29,500	1	1,4	7	8	7	1	1	1
11990	충북 충주시	성인문해학교운영지원	21,160	1	4	7	8	7	1	1	1
11991	충북 충주시	평생학습우수프로그램지원	18,000	1	1,4	7	8	7	1	1	1
11992	충북 충주시	성인문해학교운영지원	13,340	1	4	7	8	7	1	1	1
11993	충북 충주시	성인문해학교운영지원	12,236	1	1,4	7	8	7	1	1	1
11994	충북 제천시	통합문화이용권사업	1,267,500	1	1,4	7	8	7	1	1	1
11995	충북 제천시	생균제구입지원	992,000	1	8	7	8	7	5	5	4
11996	충북 제천시	의림지뜰친환경농업단지조성영농작업비	981,125	1	8	7	8	7	5	5	4
11997	충북 제천시	충북형도시농부지원	789,000	1	8	7	8	7	5	5	4

순번	시군구	지출명 (사업명)	2024년예산 (단위 : 천원 /1년간)	민간이전 분류 (지방자치단체 세출예산 집행기준에 의거) 1. 민간경상사업보조(307-02) 2. 민간단체 법정운영비보조(307-03) 3. 민간행사사업보조(307-04) 4. 민간위탁금(307-05) 5. 사회복지시설 법정운영비보조(307-10) 6. 민간인위탁교육비(307-12) 7. 공기관등에대한경상적위탁사업비(308-13) 8. 민간자본사업보조,자체재원(402-01) 9. 민간자본사업보조,이전재원(402-02) 10. 민간위탁사업비(402-03) 11. 공기관등에 대한 자본적 위탁사업비(403-02)	민간이전지출 근거 (지방보조금 관리기준 참고) 1. 법률에 규정 2. 국고보조 재원(국가지정) 3. 용도 지정 기부금 4. 조례에 직접규정 5. 지자체가 권장하는 사업을 하는 공공기관 6. 시,도 정책 및 재정사정 7. 기타 8. 해당없음	입찰방식			운영예산 산정		성과평가 실시여부
						계약체결방법 (경쟁형태) 1. 일반경쟁 2. 제한경쟁 3. 지명경쟁 4. 수의계약 5. 법정위탁 6. 기타 ( ) 7. 없음	계약기간 1. 1년 2. 2년 3. 3년 4. 4년 5. 5년 6. 기타 ( )년 7. 단기계약 (1년미만) 8. 없음	낙찰자선정방법 1. 적격심사 2. 협상에의한계약 3. 최저가낙찰제 4. 규격가격분리 5. 2단계 경쟁입찰 6. 기타 ( ) 7. 없음	운영예산 산정 1. 내부산정 (지자체 자체적으로 산정) 2. 외부산정 (외부전문기관위탁 산정) 3. 내·외부 모두 산정 4. 산정 無 5. 없음	정산방법 1. 내부정산 (지자체 내부적으로 정산) 2. 외부정산 (외부전문기관위탁 정산) 3. 내·외부 모두 산정 4. 정산 無 5. 없음	1. 실시 2. 미실시 3. 향후 추진 4. 해당없음
11998	충북 제천시	GAP우수약초세척,건조,가공비지원	630,000	1	8	7	8	7	5	5	4
11999	충북 제천시	스포츠강좌이용권지원	561,600	1	8	7	8	7	5	5	4
12000	충북 제천시	분만취약지지원사업	500,000	1	8	7	8	7	5	5	4
12001	충북 제천시	사일리지(담근먹이)제조비	405,000	1	8	7	8	7	5	5	4
12002	충북 제천시	전통시장러브투어운영(상반기)	400,000	1	8	7	8	7	5	5	4
12003	충북 제천시	제천브랜드콜택시통합콜센터운영비지원	377,988	1	8	7	8	7	5	5	4
12004	충북 제천시	디지털유통플랫폼배달모아운영	320,000	1	8	7	8	7	5	5	4
12005	충북 제천시	제63회충북도민체육대회출전	315,000	1	8	7	8	7	5	5	4
12006	충북 제천시	(예비)사회적기업육성사업	313,500	1	8	7	8	7	5	5	4
12007	충북 제천시	토양개량제보조사업	301,322	1	8	7	8	7	5	5	4
12008	충북 제천시	청년농업인영농정착지원사업지원금	242,860	1	8	7	8	7	5	5	4
12009	충북 제천시	농촌돌봄서비스활성화지원사업	242,000	1	8	7	8	7	5	5	4
12010	충북 제천시	과수화상병방제비지원	236,800	1	8	7	8	7	5	5	4
12011	충북 제천시	일반생활체육지도자활동지원	227,452	1	8	7	8	7	5	5	4
12012	충북 제천시	어르신생활체육지도자활동지원	194,958	1	8	7	8	7	5	5	4
12013	충북 제천시	지역혁신형청년일자리사업	174,994	1	8	7	8	7	5	5	4
12014	충북 제천시	종교문화여행치유순례프로그램지원사업	170,000	1	8	7	8	7	5	5	4
12015	충북 제천시	(예비)사회적기업전문인력지원사업	162,760	1	8	7	8	7	5	5	4
12016	충북 제천시	제천브랜드콜택시야간운행기사인센티브지급	160,000	1	8	7	8	7	5	5	4
12017	충북 제천시	농산물공동선별운송물류비지원	160,000	1	8	7	8	7	5	5	4
12018	충북 제천시	청년층인턴형일자리사업	157,000	1	8	7	8	7	5	5	4
12019	충북 제천시	장애인생활체육지도자배치	156,510	1	8	7	8	7	5	5	4
12020	충북 제천시	농촌돌봄서비스활성화거점농장지원사업	155,000	1	8	7	8	7	5	5	4
12021	충북 제천시	응급의료기관평가결과지원	153,600	1	8	7	8	7	5	5	4
12022	충북 제천시	공동주택관리지원사업(가로등전기료등)	140,000	1	8	7	8	7	5	5	4
12023	충북 제천시	농작업대행서비스센터운영	140,000	1	8	7	8	7	5	5	4
12024	충북 제천시	택시카드결제수수료지원	122,000	1	8	7	8	7	5	5	4
12025	충북 제천시	공공사업지원보조금	114,000	1	8	7	8	7	5	5	4
12026	충북 제천시	의림지뜰친환경단지조성사업기반지원	112,720	1	8	7	8	7	5	5	4
12027	충북 제천시	장애인스포츠강좌이용권지원	105,600	1	8	7	8	7	5	5	4
12028	충북 제천시	지역치안협의회지역치안사업	104,415	1	8	7	8	7	5	5	4
12029	충북 제천시	전지훈련인센티브	100,000	1	8	7	8	7	5	5	4
12030	충북 제천시	시장경영바우처지원사업(전통시장매니저지원)	81,500	1	8	7	8	7	5	5	4
12031	충북 제천시	우수선수육성및훈련비지원	80,000	1	8	7	8	7	5	5	4
12032	충북 제천시	농작물병해충긴급방제	78,000	1	8	7	8	7	5	5	4
12033	충북 제천시	생활체육지도자복리후생비(일반,어르신)	76,980	1	8	7	8	7	5	5	4
12034	충북 제천시	자원봉사센터봉사활동지원	74,000	1	8	7	8	7	5	5	4
12035	충북 제천시	중앙시장문화센터프로그램운영	70,000	1	8	7	8	7	5	5	4
12036	충북 제천시	야영장활성화프로그램운영지원	69,000	1	8	7	8	7	5	5	4
12037	충북 제천시	자원봉사코디네이터지원사업(2명)	66,400	1	8	7	8	7	5	5	4

순번	시군구	지출명 (사업명)	2024년예산 (단위 : 천원 /1년간)	민간이전 분류 (지방자치단체 세출예산 집행기준에 의거) 1. 민간경상사업보조(307-02) 2. 민간단체 법정운영비보조(307-03) 3. 민간행사사업보조(307-04) 4. 민간위탁금(307-05) 5. 사회복지시설 법정운영비보조(307-10) 6. 민간인위탁교육비(307-12) 7. 공기관등에대한경상적위탁사업비(308-13) 8. 민간자본사업보조,자체재원(402-01) 9. 민간자본사업보조,이전재원(402-02) 10. 민간위탁사업비(402-03) 11. 공기관등에 대한 자본적 위탁사업비(403-02)	민간이전지출 근거 (지방보조금 관리기준 참고) 1. 법률에 규정 2. 국고보조 재원(국가지정) 3. 용도 지정 기부금 4. 조례에 직접규정 5. 지자체가 권장하는 사업을 하는 공공기관 6. 시,도 정책 및 재정사정 7. 기타 8. 해당없음	입찰방식 계약체결방법 (경쟁형태) 1. 일반경쟁 2. 제한경쟁 3. 지명경쟁 4. 수의계약 5. 법정위탁 6. 기타 ( ) 7. 없음	입찰방식 계약기간 1. 1년 2. 2년 3. 3년 4. 4년 5. 5년 6. 기타 ( )년 7. 단기계약 (1년미만) 8. 없음	입찰방식 낙찰자선정방법 1. 적격심사 2. 협상에의한계약 3. 최저가낙찰제 4. 규격가격분리 5. 2단계 경쟁입찰 6. 기타 ( ) 7. 없음	운영예산 산정 운영예산 산정 1. 내부산정 (지자체 자체적으로 산정) 2. 외부산정 (외부전문기관위탁 산정) 3. 내·외부 모두 산정 4. 산정 無 5. 없음	운영예산 산정 정산방법 1. 내부정산 (지자체 내부적으로 정산) 2. 외부정산 (외부전문기관위탁 정산) 3. 내·외부 모두 산정 4. 정산 無 5. 없음	성과평가 실시여부 1. 실시 2. 미실시 3. 향후 추진 4. 해당없음
12038	충북 제천시	전통시장특판행사및홍보등지원	63,000	1	8	7	8	7	5	5	4
12039	충북 제천시	충북(제천)에서살아보기	60,000	1	8	7	8	7	5	5	4
12040	충북 제천시	맘편한태교패키지지원	59,682	1	8	7	8	7	5	5	4
12041	충북 제천시	전통시장및상점가배송도우미사업(역전한마음,내토시장)	54,240	1	8	7	8	7	5	5	4
12042	충북 제천시	새벽인력시장구직자급식지원사업	53,352	1	8	7	8	7	5	5	4
12043	충북 제천시	평생학습동아리및프로그램육성지원사업	50,000	1	8	7	8	7	5	5	4
12044	충북 제천시	삼한의초록길자전거체험센터운영(경상)	50,000	1	8	7	8	7	5	5	4
12045	충북 제천시	지역업체경쟁력강화지원사업	50,000	1	8	7	8	7	5	5	4
12046	충북 제천시	지방의제21실천사업비(지속가능발전협의회)	47,500	1	8	7	8	7	5	5	4
12047	충북 제천시	특색있는전통공연개최	45,000	1	8	7	8	7	5	5	4
12048	충북 제천시	초등돌봄교실과일간식지원	43,281	1	8	7	8	7	5	5	4
12049	충북 제천시	민주평통제천시협의회통일역량강화사업	43,120	1	8	7	8	7	5	5	4
12050	충북 제천시	로컬푸드직매장활성화지원사업	42,400	1	8	7	8	7	5	5	4
12051	충북 제천시	읍면동새마을봉사활동지원	40,000	1	8	7	8	7	5	5	4
12052	충북 제천시	제2회청풍명월전국사생대회	40,000	1	8	7	8	7	5	5	4
12053	충북 제천시	관학연계맞춤형교육지원사업	40,000	1	8	7	8	7	5	5	4
12054	충북 제천시	대학창업보육센터운영지원	40,000	1	8	7	8	7	5	5	4
12055	충북 제천시	중소기업인증획득지원	40,000	1	8	7	8	7	5	5	4
12056	충북 제천시	읍면동생활개선회육성사업	40,000	1	8	7	8	7	5	5	4
12057	충북 제천시	장애인생활체육교실운영	39,000	1	8	7	8	7	5	5	4
12058	충북 제천시	과수화상병방제비지원	39,000	1	8	7	8	7	5	5	4
12059	충북 제천시	의료기관결핵환자관리지원	37,684	1	8	7	8	7	5	5	4
12060	충북 제천시	농업인단체선진농업연수	36,000	1	8	7	8	7	5	5	4
12061	충북 제천시	벼육묘상관주처리시범	35,000	1	8	7	8	7	5	5	4
12062	충북 제천시	조사료생산용종자구입지원	34,740	1	8	7	8	7	5	5	4
12063	충북 제천시	제천단양범죄피해자지원센터범죄피해자보호및지원사업	33,900	1	8	7	8	7	5	5	4
12064	충북 제천시	청소년범죄예방위원제천단양지역협의회청소년범죄예방활동사업	33,500	1	8	7	8	7	5	5	4
12065	충북 제천시	농산물청풍명월장터e쇼핑몰물류비지원	31,894	1	8	7	8	7	5	5	4
12066	충북 제천시	신중년사회공헌활동지원사업	31,629	1	8	7	8	7	5	5	4
12067	충북 제천시	충북소상공인희망장려금지원	31,200	1	8	7	8	7	5	5	4
12068	충북 제천시	수질자동측정기기운영관리비지원사업	30,983	1	8	7	8	7	5	5	4
12069	충북 제천시	적십자봉사회제천지구협의회봉사활동지원사업	30,200	1	8	7	8	7	5	5	4
12070	충북 제천시	주민자치위원해외자매도시교류지원	30,000	1	8	7	8	7	5	5	4
12071	충북 제천시	이통장해외자매도시교류지원	30,000	1	8	7	8	7	5	5	4
12072	충북 제천시	레이크사랑걷기대회	30,000	1	8	7	8	7	5	5	4
12073	충북 제천시	택시카드결제수수료지원	30,000	1	8	7	8	7	5	5	4
12074	충북 제천시	한방바이오제천몰방송광고사업	30,000	1	8	7	8	7	5	5	4
12075	충북 제천시	농촌공동체회사우수사업지원	30,000	1	8	7	8	7	5	5	4
12076	충북 제천시	백미명품마을선정사업	30,000	1	8	7	8	7	5	5	4
12077	충북 제천시	충북형도시근로자지원사업	29,212	1	8	7	8	7	5	5	4

순번	시군구	지출명 (사업명)	2024년예산 (단위 : 천원 /1년간)	민간이전 분류 (지방자치단체 세출예산 집행기준에 의거) 1. 민간경상사업보조(307-02) 2. 민간단체 법정운영비보조(307-03) 3. 민간행사사업보조(307-04) 4. 민간위탁금(307-05) 5. 사회복지시설 법정운영비보조(307-10) 6. 민간인위탁교육비(307-12) 7. 공기관등에대한경상적위탁사업비(308-13) 8. 민간자본사업보조,자체재원(402-01) 9. 민간자본사업보조,이전재원(402-02) 10. 민간위탁사업비(402-03) 11. 공기관등에 대한 자본적 위탁사업비(403-02)	민간이전지출 근거 (지방보조금 관리기준 참고) 1. 법률에 규정 2. 국고보조 재원(국가지정) 3. 용도 지정 기부금 4. 조례에 직접규정 5. 지자체가 권장하는 사업을 하는 공공기관 6. 시,도 정책 및 재정사정 7. 기타 8. 해당없음	입찰방식 계약체결방법 (경쟁형태) 1. 일반경쟁 2. 제한경쟁 3. 지명경쟁 4. 수의계약 5. 법정위탁 6. 기타 ( ) 7. 없음	입찰방식 계약기간 1. 1년 2. 2년 3. 3년 4. 4년 5. 5년 6. 기타 ( )년 7. 단기계약 (1년미만) 8. 없음	입찰방식 낙찰자선정방법 1. 적격심사 2. 협상에의한계약 3. 최저가낙찰제 4. 규격가격분리 5. 2단계 경쟁입찰 6. 기타 ( ) 7. 없음	운영예산 산정 운영예산 산정 1. 내부산정 (지자체 자체적으로 산정) 2. 외부산정 (외부전문기관위탁 산정) 3. 내·외부 모두 산정 4. 산정 無 5. 없음	운영예산 산정 정산방법 1. 내부정산 (지자체 내부적으로 정산) 2. 외부정산 (외부전문기관위탁 정산) 3. 내·외부 모두 산정 4. 정산 無 5. 없음	성과평가 실시여부 1. 실시 2. 미실시 3. 향후 추진 4. 해당없음
12078	충북 제천시	마을공동체만들기공모사업	29,000	1	8	7	8	7	5	5	4
12079	충북 제천시	생활과학교실운영사업보조	29,000	1	8	7	8	7	5	5	4
12080	충북 제천시	자유총연맹시민안보의식고취사업	28,500	1	8	7	8	7	5	5	4
12081	충북 제천시	소멸위기지역창업지원사업	26,862	1	8	7	8	7	5	5	4
12082	충북 제천시	보훈단체협의회해외역사탐방	26,600	1	8	7	8	7	5	5	4
12083	충북 제천시	사랑의김장담그기큰마당	25,000	1	8	7	8	7	5	5	4
12084	충북 제천시	향교유지관리사업(제천향교,청풍향교)	25,000	1	8	7	8	7	5	5	4
12085	충북 제천시	생활체육프로그램운영	25,000	1	8	7	8	7	5	5	4
12086	충북 제천시	생활체육교실운영	25,000	1	8	7	8	7	5	5	4
12087	충북 제천시	제천시직업교육훈련운영	25,000	1	8	7	8	7	5	5	4
12088	충북 제천시	한방엑스포공원활성화운영사업	25,000	1	8	7	8	7	5	5	4
12089	충북 제천시	쾌적한환경,행복한공동체만들기사업	22,500	1	8	7	8	7	5	5	4
12090	충북 제천시	지역자율방재단사업비	22,000	1	8	7	8	7	5	5	4
12091	충북 제천시	우수여왕벌보급사업	21,600	1	8	7	8	7	5	5	4
12092	충북 제천시	다회용기재사용컵세척비	20,200	1	8	7	8	7	5	5	4
12093	충북 제천시	제천향교유학아카데미운영	20,000	1	8	7	8	7	5	5	4
12094	충북 제천시	새마을과동행하는사랑,희망,꿈	20,000	1	8	7	8	7	5	5	4
12095	충북 제천시	사랑의집짓기및집고쳐주기	20,000	1	8	7	8	7	5	5	4
12096	충북 제천시	다문화청소년엄마나라문화체험지원	20,000	1	8	7	8	7	5	5	4
12097	충북 제천시	제천문화원문화학교지원	20,000	1	8	7	8	7	5	5	4
12098	충북 제천시	의병묘소관리및성역화사업	20,000	1	8	7	8	7	5	5	4
12099	충북 제천시	의병후손에게듣는구술,제천의병사	20,000	1	8	7	8	7	5	5	4
12100	충북 제천시	청풍승평계뿌리찾기학술조사연구	20,000	1	8	7	8	7	5	5	4
12101	충북 제천시	도전탐험챌린지아카데미운영	20,000	1	8	7	8	7	5	5	4
12102	충북 제천시	약초특성화체험프로그램운영	20,000	1	8	7	8	7	5	5	4
12103	충북 제천시	국내외박람회참가지원	20,000	1	8	7	8	7	5	5	4
12104	충북 제천시	기업지역탐방을통한청년인구정착지원사업	20,000	1	8	7	8	7	5	5	4
12105	충북 제천시	청풍관광마을	19,785	1	8	7	8	7	5	5	4
12106	충북 제천시	월악산약초마을	19,785	1	8	7	8	7	5	5	4
12107	충북 제천시	제천시여성인턴운영	19,000	1	8	7	8	7	5	5	4
12108	충북 제천시	장애인생활체육지도자복리후생비	18,800	1	8	7	8	7	5	5	4
12109	충북 제천시	자원봉사센터홈페이지구축	18,000	1	8	7	8	7	5	5	4
12110	충북 제천시	아기와함께하는책사랑운동	17,900	1	8	7	8	7	5	5	4
12111	충북 제천시	사랑의빵굼터운영	17,000	1	8	7	8	7	5	5	4
12112	충북 제천시	지역사회보장협의체역량강화컨퍼런스지원	16,500	1	8	7	8	7	5	5	4
12113	충북 제천시	농산물상생마케팅판촉지원	16,000	1	8	7	8	7	5	5	4
12114	충북 제천시	2024년충북연극제출전	15,000	1	8	7	8	7	5	5	4
12115	충북 제천시	공공스포츠클럽육성지원	15,000	1	8	7	8	7	5	5	4
12116	충북 제천시	여성친화동아리육성공모사업	15,000	1	8	7	8	7	5	5	4
12117	충북 제천시	녹색마을	15,000	1	8	7	8	7	5	5	4

순번	시군구	지출명 (사업명)	2024년예산 (단위 : 천원 /1년간)	민간이전 분류 (지방자치단체 세출예산 집행기준에 의거) 1. 민간경상사업보조(307-02) 2. 민간단체 법정운영비보조(307-03) 3. 민간행사사업보조(307-04) 4. 민간위탁금(307-05) 5. 사회복지시설 법정운영비보조(307-10) 6. 민간인위탁교육비(307-12) 7. 공기관등에대한경상적위탁사업비(308-13) 8. 민간자본사업보조,자체재원(402-01) 9. 민간자본사업보조,이전재원(402-02) 10. 민간위탁사업비(402-03) 11. 공기관등에 대한 자본적 위탁사업비(403-02)	민간이전지출 근거 (지방보조금 관리기준 참고) 1. 법률에 규정 2. 국고보조 재원(국가지정) 3. 용도 지정 기부금 4. 조례에 직접규정 5. 지자체가 권장하는 사업을 하는 공공기관 6. 시,도 정책 및 재정사정 7. 기타 8. 해당없음	입찰방식 계약체결방법 (경쟁형태) 1. 일반경쟁 2. 제한경쟁 3. 지명경쟁 4. 수의계약 5. 법정위탁 6. 기타 ( ) 7. 없음	입찰방식 계약기간 1. 1년 2. 2년 3. 3년 4. 4년 5. 5년 6. 기타 ( )년 7. 단기계약 (1년미만) 8. 없음	입찰방식 낙찰자선정방법 1. 적격심사 2. 협상에의한계약 3. 최저가낙찰제 4. 규격가격분리 5. 2단계 경쟁입찰 6. 기타 ( ) 7. 없음	운영예산 산정 운영예산 산정 1. 내부산정 (지자체 자체적으로 산정) 2. 외부산정 (외부전문기관위탁 산정) 3. 내·외부 모두 산정 4. 산정 無 5. 없음	운영예산 산정 정산방법 1. 내부정산 (지자체 내부적으로 정산) 2. 외부정산 (외부전문기관위탁 정산) 3. 내·외부 모두 산정 4. 정산 無 5. 없음	성과평가 실시여부 1. 실시 2. 미실시 3. 향후 추진 4. 해당없음
12118	충북 제천시	향토음식거리활성화지원	15,000	1	8	7	8	7	5	5	4
12119	충북 제천시	우수시장및선진시장견학(내토,동문,약초,박달재,덕산,고추,전통시장연합회)	14,000	1	8	7	8	7	5	5	4
12120	충북 제천시	무형문화재전승지원	13,200	1	8	7	8	7	5	5	4
12121	충북 제천시	지자체수출전략상품육성지원	12,794	1	8	7	8	7	5	5	4
12122	충북 제천시	북한이탈주민정착지원사업	12,080	1	8	7	8	7	5	5	4
12123	충북 제천시	사랑의나눔텃밭가꾸기	12,000	1	8	7	8	7	5	5	4
12124	충북 제천시	여성창업인큐베이팅스쿨굿스타트	12,000	1	8	7	8	7	5	5	4
12125	충북 제천시	여성맞춤형취창업준비교실프로그램운영	12,000	1	8	7	8	7	5	5	4
12126	충북 제천시	내토시장문화센터프로그램운영	12,000	1	8	7	8	7	5	5	4
12127	충북 제천시	축산단체선진축산국내연수	12,000	1	8	7	8	7	5	5	4
12128	충북 제천시	볏짚곤포사일리지네트지원	11,800	1	8	7	8	7	5	5	4
12129	충북 제천시	광복회해외역사탐방지원	11,760	1	8	7	8	7	5	5	4
12130	충북 제천시	독서동아리활동비지원	11,200	1	8	7	8	7	5	5	4
12131	충북 제천시	모범지원봉사자해외활동	10,500	1	8	7	8	7	5	5	4
12132	충북 제천시	새마을국제협력사업	10,500	1	8	7	8	7	5	5	4
12133	충북 제천시	농촌지도자해외농업연수	10,500	1	8	7	8	7	5	5	4
12134	충북 제천시	생활개선회해외농업연수	10,500	1	8	7	8	7	5	5	4
12135	충북 제천시	GAP인증농가안전성검사비지원	10,246	1	8	7	8	7	5	5	4
12136	충북 제천시	보훈단체협의회안보한마음결의대회	10,000	1	8	7	8	7	5	5	4
12137	충북 제천시	여성가족친화마을조성공모사업	10,000	1	8	7	8	7	5	5	4
12138	충북 제천시	전국및충북우수시장박람회참가	10,000	1	8	7	8	7	5	5	4
12139	충북 제천시	자연치유도시및브랜드택시홍보지원	10,000	1	8	7	8	7	5	5	4
12140	충북 제천시	우수약초저장비지원	10,000	1	8	7	8	7	5	5	4
12141	충북 제천시	여성농업인교육지원사업	10,000	1	8	7	8	7	5	5	4
12142	충북 제천시	찾아가는로컬푸드행사지원	10,000	1	8	7	8	7	5	5	4
12143	충북 제천시	도시민유치귀농귀촌협의회활성화지원	10,000	1	8	7	8	7	5	5	4
12144	충북 제천시	작목별맞춤형안전관리실천시범	10,000	1	8	7	8	7	5	5	4
12145	충북 제천시	읍면동남녀지도자여비보상	9,720	1	8	7	8	7	5	5	4
12146	충북 제천시	바르게살기임원및회원연수	9,600	1	8	7	8	7	5	5	4
12147	충북 제천시	퇴비발효촉진제지원	9,308	1	8	7	8	7	5	5	4
12148	충북 제천시	통일쌀경작지조성	9,200	1	8	7	8	7	5	5	4
12149	충북 제천시	박물관활성화지원사업	9,000	1	8	7	8	7	5	5	4
12150	충북 제천시	전담의용소방대위험지역순찰활동운영지원	9,000	1	8	7	8	7	5	5	4
12151	충북 제천시	사랑의밥차운영	8,000	1	8	7	8	7	5	5	4
12152	충북 제천시	전국(도)새마을지도자대회	8,000	1	8	7	8	7	5	5	4
12153	충북 제천시	청소년인식개선사업	8,000	1	8	7	8	7	5	5	4
12154	충북 제천시	자작문화학교지원	8,000	1	8	7	8	7	5	5	4
12155	충북 제천시	우수시장및선진시장견학(중앙,역전한마음)	8,000	1	8	7	8	7	5	5	4
12156	충북 제천시	농업인학습단체역량강화활동지원	8,000	1	8	7	8	7	5	5	4
12157	충북 제천시	자원봉사자보험료지원	7,790	1	8	7	8	7	5	5	4

순번	시군구	지출명 (사업명)	2024년예산 (단위 : 천원 /1년간)	민간이전 분류 (지방자치단체 세출예산 집행기준에 의거) 1. 민간경상사업보조(307-02) 2. 민간단체 법정운영비보조(307-03) 3. 민간행사사업보조(307-04) 4. 민간위탁금(307-05) 5. 사회복지시설 법정운영비보조(307-10) 6. 민간인위탁교육비(307-12) 7. 공기관등에대한경상적위탁사업비(308-13) 8. 민간자본사업보조,자체재원(402-01) 9. 민간자본사업보조,이전재원(402-02) 10. 민간위탁사업비(402-03) 11. 공기관등에 대한 자본적 위탁사업비(403-02)	민간이전지출 근거 (지방보조금 관리기준 참고) 1. 법률에 규정 2. 국고보조 재원(국가지정) 3. 용도 지정 기부금 4. 조례에 직접규정 5. 지자체가 권장하는 사업을 하는 공공기관 6. 시,도 정책 및 재정사정 7. 기타 8. 해당없음	입찰방식			운영예산 산정		성과평가 실시여부
						계약체결방법 (경쟁형태) 1. 일반경쟁 2. 제한경쟁 3. 지명경쟁 4. 수의계약 5. 법정위탁 6. 기타 ( ) 7. 없음	계약기간 1. 1년 2. 2년 3. 3년 4. 4년 5. 5년 6. 기타 ( )년 7. 단기계약 (1년미만) 8. 없음	낙찰자선정방법 1. 적격심사 2. 협상에의한계약 3. 최저가낙찰제 4. 규격가격분리 5. 2단계 경쟁입찰 6. 기타 ( ) 7. 없음	운영예산 산정 1. 내부산정 (지자체 자체적으로 산정) 2. 외부산정 (외부전문기관위탁 산정) 3. 내·외부 모두 산정 4. 산정 無 5. 없음	정산방법 1. 내부정산 (지자체 내부적으로 정산) 2. 외부정산 (외부전문기관위탁 정산) 3. 내·외부 모두 산정 4. 정산 無 5. 없음	1. 실시 2. 미실시 3. 향후 추진 4. 해당없음
12158	충북 제천시	FC신백아동축구단운영지원	7,000	1	8	7	8	7	5	5	4
12159	충북 제천시	자원봉사홍보서포터즈운영	6,000	1	8	7	8	7	5	5	4
12160	충북 제천시	전문자원봉사자양성교육	6,000	1	8	7	8	7	5	5	4
12161	충북 제천시	일일부모,자녀되기	6,000	1	8	7	8	7	5	5	4
12162	충북 제천시	디딤마을전국모범운전자연합회충북지부제천지회	6,000	1	8	7	8	7	5	5	4
12163	충북 제천시	농업소식홍보지제작	6,000	1	8	7	8	7	5	5	4
12164	충북 제천시	쌀전업농전국대회참석지원	6,000	1	8	7	8	7	5	5	4
12165	충북 제천시	귀농귀촌인및지역주민융화교육	6,000	1	8	7	8	7	5	5	4
12166	충북 제천시	학교4H회과제활동지원	6,000	1	8	7	8	7	5	5	4
12167	충북 제천시	농업활동안전사고예방생활화	6,000	1	8	7	8	7	5	5	4
12168	충북 제천시	진폐단체사업비지원	5,760	1	8	7	8	7	5	5	4
12169	충북 제천시	정진야간학교운영지원사업	5,000	1	8	7	8	7	5	5	4
12170	충북 제천시	솔뫼학교운영지원사업	5,000	1	8	7	8	7	5	5	4
12171	충북 제천시	자원봉사소식지발행	5,000	1	8	7	8	7	5	5	4
12172	충북 제천시	바르게살기협의회충북회원대회	5,000	1	8	7	8	7	5	5	4
12173	충북 제천시	제25호제천예술지발간	5,000	1	8	7	8	7	5	5	4
12174	충북 제천시	디딤마을을제천시녹색어머니연합회	5,000	1	8	7	8	7	5	5	4
12175	충북 제천시	디딤마을사랑실은교통봉사대제천지대	5,000	1	8	7	8	7	5	5	4
12176	충북 제천시	디딤마을제천시교통봉사대	5,000	1	8	7	8	7	5	5	4
12177	충북 제천시	야생생물보호및관리사업	5,000	1	8	7	8	7	5	5	4
12178	충북 제천시	로컬푸드이용업소소비확대	5,000	1	8	7	8	7	5	5	4
12179	충북 제천시	4H현장체험교육및과제포운영지원	5,000	1	8	7	8	7	5	5	4
12180	충북 제천시	6.25참전유공자회나라사랑함양전적지순례	4,900	1	8	7	8	7	5	5	4
12181	충북 제천시	재향군인회안보현장견학사업	4,900	1	8	7	8	7	5	5	4
12182	충북 제천시	재향군인회학생안보현장견학사업	4,900	1	8	7	8	7	5	5	4
12183	충북 제천시	새마을지도자새마을잡지구독	4,800	1	8	7	8	7	5	5	4
12184	충북 제천시	행정동우회상담서비스및핵심사업홍보단운영	4,720	1	8	7	8	7	5	5	4
12185	충북 제천시	지역공동체제안공모사업	4,500	1	8	7	8	7	5	5	4
12186	충북 제천시	프로그램관리자퇴직금	4,400	1	8	7	8	7	5	5	4
12187	충북 제천시	고엽제전우회나라사랑함양전적지순례	4,400	1	8	7	8	7	5	5	4
12188	충북 제천시	고엽제전우회통일안보강연회및건강문화강좌참가	4,400	1	8	7	8	7	5	5	4
12189	충북 제천시	상이군경회나라사랑함양전적지순례	4,400	1	8	7	8	7	5	5	4
12190	충북 제천시	연어류(송어)발안란구입비지원	4,160	1	8	7	8	7	5	5	4
12191	충북 제천시	새마을문고도서구입	4,000	1	8	7	8	7	5	5	4
12192	충북 제천시	교통안전지킴이봉사활동지원	4,000	1	8	7	8	7	5	5	4
12193	충북 제천시	국가상징선양운동실천	4,000	1	8	7	8	7	5	5	4
12194	충북 제천시	안전문화정착운동및국토청결운동	4,000	1	8	7	8	7	5	5	4
12195	충북 제천시	바르게살기협의회전국회원대회	4,000	1	8	7	8	7	5	5	4
12196	충북 제천시	바르게조직및지역활성화	4,000	1	8	7	8	7	5	5	4
12197	충북 제천시	콘텐츠센터입주자지원	4,000	1	8	7	8	7	5	5	4

순번	시군구	지출명 (사업명)	2024년예산 (단위 : 천원 /1년간)	민간이전 분류 (지방자치단체 세출예산 집행기준에 의거) 1. 민간경상사업보조(307-02) 2. 민간단체 법정운영비보조(307-03) 3. 민간행사사업보조(307-04) 4. 민간위탁금(307-05) 5. 사회복지시설 법정운영비보조(307-10) 6. 민간인위탁교육비(307-12) 7. 공기관등에대한경상적위탁사업비(308-13) 8. 민간자본사업보조,자체재원(402-01) 9. 민간자본사업보조,이전재원(402-02) 10. 민간위탁사업비(402-03) 11. 공기관등에 대한 자본적 위탁사업비(403-02)	민간이전지출 근거 (지방보조금 관리기준 참고) 1. 법률에 규정 2. 국고보조 재원(국가지정) 3. 용도 지정 기부금 4. 조례에 직접규정 5. 지자체가 권장하는 사업을 하는 공공기관 6. 시,도 정책 및 재정사정 7. 기타 8. 해당없음	입찰방식 계약체결방법 (경쟁형태) 1. 일반경쟁 2. 제한경쟁 3. 지명경쟁 4. 수의계약 5. 법정위탁 6. 기타 ( ) 7. 없음	입찰방식 계약기간 1. 1년 2. 2년 3. 3년 4. 4년 5. 5년 6. 기타 ( )년 7. 단기계약 (1년미만) 8. 없음	입찰방식 낙찰자선정방법 1. 적격심사 2. 협상에의한계약 3. 최저가낙찰제 4. 규격가격분리 5. 2단계 경쟁입찰 6. 기타 ( ) 7. 없음	운영예산 산정 운영예산 산정 1. 내부산정 (지자체 자체적으로 산정) 2. 외부산정 (외부전문기관위탁 산정) 3. 내·외부 모두 산정 4. 산정 無 5. 없음	운영예산 산정 정산방법 1. 내부정산 (지자체 내부적으로 정산) 2. 외부정산 (외부전문기관위탁 정산) 3. 내·외부 모두 산정 4. 정산 無 5. 없음	성과평가 실시여부 1. 실시 2. 미실시 3. 향후 추진 4. 해당없음
12198	충북 제천시	공연과함께하는유적답사기행	4,000	1	8	7	8	7	5	5	4
12199	충북 제천시	국내식품전시회참가지원사업	4,000	1	8	7	8	7	5	5	4
12200	충북 제천시	도,중앙생활개선회한마음대회참가	4,000	1	8	7	8	7	5	5	4
12201	충북 제천시	숲해설활동보조사업	3,609	1	8	7	8	7	5	5	4
12202	충북 제천시	독거노인급식배달봉사	3,500	1	8	7	8	7	5	5	4
12203	충북 제천시	청소년현장체험문화답사	3,500	1	8	7	8	7	5	5	4
12204	충북 제천시	직장새마을지도자봉사활동지원	3,000	1	8	7	8	7	5	5	4
12205	충북 제천시	새마을문고피서지이동문고운영	3,000	1	8	7	8	7	5	5	4
12206	충북 제천시	새마을문고봉사활동지원	3,000	1	8	7	8	7	5	5	4
12207	충북 제천시	청풍향교충효인성교육	3,000	1	8	7	8	7	5	5	4
12208	충북 제천시	월남참전자회나라사랑함양전적지순례	2,200	1	8	7	8	7	5	5	4
12209	충북 제천시	월남참전자회창립기념행사참가	2,200	1	8	7	8	7	5	5	4
12210	충북 제천시	무공수훈자회나라사랑함양전적지순례	2,200	1	8	7	8	7	5	5	4
12211	충북 제천시	무공수훈자회장진호전투추모식참가	2,200	1	8	7	8	7	5	5	4
12212	충북 제천시	고엽제전우회월남참전위령제참가	2,200	1	8	7	8	7	5	5	4
12213	충북 제천시	전몰군경유족회나라사랑함양전적지순례	2,200	1	8	7	8	7	5	5	4
12214	충북 제천시	전몰군경미망인회나라사랑함양전적지순례	2,200	1	8	7	8	7	5	5	4
12215	충북 제천시	생활체육지도자지도활동보험료지원	2,132	1	8	7	8	7	5	5	4
12216	충북 제천시	탄소중립사회로나아가기	2,000	1	8	7	8	7	5	5	4
12217	충북 제천시	전통민속놀이전승지원사업	2,000	1	8	7	8	7	5	5	4
12218	충북 제천시	음식문화개선추진협의회개최지원	2,000	1	8	7	8	7	5	5	4
12219	충북 제천시	작은도서관운영보조	2,000	1	8	7	8	7	5	5	4
12220	충북 제천시	월남참전자회호국안보실천결의대회참가	1,840	1	8	7	8	7	5	5	4
12221	충북 제천시	빨래방및수선방운영	1,500	1	8	7	8	7	5	5	4
12222	충북 제천시	광복회독립운동사적지순례	1,256	1	8	7	8	7	5	5	4
12223	충북 제천시	우수자원봉사자간병지원	1,000	1	8	7	8	7	5	5	4
12224	충북 제천시	새마을청소년봉사단봉사활동지원	1,000	1	8	7	8	7	5	5	4
12225	충북 제천시	광복회항일독립운동사진이동전시	300	1	8	7	8	7	5	5	4
12226	충북 보은군	보은군상권활성화사업	1,689,200	1	6	7	4	7	1	1	1
12227	충북 보은군	농산물포장재제작지원	780,000	1	4	7	8	7	1	1	3
12228	충북 보은군	토양개량제지원	544,411	1	4	7	8	7	3	1	4
12229	충북 보은군	논농업필수영농자재지원	474,773	1	4	7	8	7	1	1	4
12230	충북 보은군	여성농업인행복바우처사업	416,500	1	6	7	8	7	5	1	3
12231	충북 보은군	못자리용제품상토공급	380,000	1	4	7	8	7	1	1	4
12232	충북 보은군	통합문화이용권사업	305,500	1	7	7	8	7	1	1	1
12233	충북 보은군	노인복지대학운영지원	283,990	1	4	7	8	7	1	1	1
12234	충북 보은군	임산물포장재지원	258,283	1	2	7	8	7	1	1	2
12235	충북 보은군	소아청소년의료취약지운영비	250,000	1	7	7	8	7	5	3	1
12236	충북 보은군	일손이음지원사업(시군운영)	241,560	1	5	7	8	7	1	1	1
12237	충북 보은군	수도작병해충공동방제지원	210,000	1	4	7	8	7	1	1	4

순번	시군구	지출명 (사업명)	2024년예산 (단위 : 천원 /1년간)	민간이전 분류 (지방자치단체 세출예산 집행기준에 의거) 1. 민간경상사업보조(307-02) 2. 민간단체 법정운영비보조(307-03) 3. 민간행사사업보조(307-04) 4. 민간위탁금(307-05) 5. 사회복지시설 법정운영비보조(307-10) 6. 민간인위탁교육비(307-12) 7. 공기관등에대한경상적위탁사업비(308-13) 8. 민간자본사업보조,자체재원(402-01) 9. 민간자본사업보조,이전재원(402-02) 10. 민간위탁사업비(402-03) 11. 공기관등에 대한 자본적 위탁사업비(403-02)	민간이전지출 근거 (지방보조금 관리기준 참고) 1. 법률에 규정 2. 국고보조 재원(국가지정) 3. 용도 지정 기부금 4. 조례에 직접규정 5. 지자체가 권장하는 사업을 하는 공공기관 6. 시,도 정책 및 재정사정 7. 기타 8. 해당없음	입찰방식 계약체결방법 (경쟁형태) 1. 일반경쟁 2. 제한경쟁 3. 지명경쟁 4. 수의계약 5. 법정위탁 6. 기타 ( ) 7. 없음	입찰방식 계약기간 1. 1년 2. 2년 3. 3년 4. 4년 5. 5년 6. 기타 ( )년 7. 단기계약 (1년미만) 8. 없음	입찰방식 낙찰자선정방법 1. 적격심사 2. 협상에의한계약 3. 최저가낙찰제 4. 규격가격분리 5. 2단계 경쟁입찰 6. 기타 ( ) 7. 없음	운영예산 산정 운영예산 산정 1. 내부산정 (지자체 자체적으로 산정) 2. 외부산정 (외부전문기관위탁 산정) 3. 내·외부 모두 산정 4. 산정 無 5. 없음	운영예산 산정 정산방법 1. 내부정산 (지자체 내부적으로 정산) 2. 외부정산 (외부전문기관위탁 정산) 3. 내·외부 모두 산정 4. 정산 無 5. 없음	성과평가 실시여부 1. 실시 2. 미실시 3. 향후 추진 4. 해당없음
12238	충북 보은군	보은체력인증센터운영	203,640	1	1	7	8	7	1	1	1
12239	충북 보은군	분만의료취약지(외래산부인과)운영비	200,000	1	7	7	8	7	5	3	1
12240	충북 보은군	공공의료취약지역응급실운영지원	200,000	1	7	7	8	7	5	3	1
12241	충북 보은군	비료구입등지원	197,430	1	1	7	8	7	1	1	1
12242	충북 보은군	인삼지주목	189,000	1	4	7	8	7	1	1	3
12243	충북 보은군	유기질비료	175,313	1	4	7	8	7	1	1	3
12244	충북 보은군	어르신생활체육지도자배치	162,465	1	1	7	8	7	1	1	1
12245	충북 보은군	농촌인력중개센터운영지원	140,000	1	2	7	8	7	5	1	3
12246	충북 보은군	과수병해충방제예찰사업	140,000	1	4	7	8	7	5	5	4
12247	충북 보은군	품질향상비료	138,600	1	4	7	8	7	1	1	3
12248	충북 보은군	과실품질향상자재지원	131,150	1	4	7	8	7	1	1	3
12249	충북 보은군	일반생활체육지도자배치	129,972	1	1	7	8	7	1	1	1
12250	충북 보은군	보은문화원문화학교운영(39강좌)	117,720	1	4	7	8	7	1	1	1
12251	충북 보은군	임산물유기질비료지원	109,689	1	2	7	8	7	1	1	1
12252	충북 보은군	배추재배용전용비료	108,000	1	4	7	8	7	1	1	3
12253	충북 보은군	영농부산물안전처리지원	105,000	1	2	7	8	7	5	5	4
12254	충북 보은군	반사필름	104,000	1	2	7	8	7	1	1	3
12255	충북 보은군	구제역백신전업농지원	102,515	1	2	7	8	7	1	1	1
12256	충북 보은군	과일봉지	102,060	1	4	7	8	7	1	1	3
12257	충북 보은군	과수생리활성농자재	101,000	1	4	7	8	7	1	1	3
12258	충북 보은군	논농업필수영농자재지원(군비추가분)	100,000	1	4	7	8	7	1	1	4
12259	충북 보은군	취약지응급실운영기관지원(군비추가분)	100,000	1	7	7	8	7	5	3	1
12260	충북 보은군	법주사산지승원,천년의향기	99,160	1	1	7	8	7	1	1	1
12261	충북 보은군	고추기능성농자재지원사업	98,040	1	4	7	8	7	1	1	3
12262	충북 보은군	수출농식품포장재제작지원	97,797	1	2	2	7	1	1	1	3
12263	충북 보은군	장애인생활체육지도자배치	93,906	1	1	7	8	7	1	1	1
12264	충북 보은군	유기질비료지원	90,658	1	2	7	8	7	3	1	4
12265	충북 보은군	비육용암소시장육성사업	90,000	1	6	7	8	7	1	1	1
12266	충북 보은군	공동방제단인건비	89,670	1	2	7	8	7	1	1	1
12267	충북 보은군	보은음악협의회지원	88,950	1	7	7	8	7	1	1	1
12268	충북 보은군	대추특성화비료지원사업	85,500	1	2	7	8	7	1	1	1
12269	충북 보은군	오이재배용미량요소	81,000	1	4	7	8	7	1	1	3
12270	충북 보은군	GAP(농산물우수관리)인증농가육성지원	81,000	1	2	7	8	7	1	1	1
12271	충북 보은군	취약지응급실운영기관지원	81,000	1	7	7	8	7	5	3	1
12272	충북 보은군	공동방제단운영비	80,652	1	2	7	8	7	1	1	1
12273	충북 보은군	보르도액	80,640	1	4	7	8	7	1	1	3
12274	충북 보은군	내일을여는보은향교	80,000	1	1	7	8	7	1	1	1
12275	충북 보은군	가축생균제공급(군비추가분)	76,000	1	6	7	8	7	1	1	3
12276	충북 보은군	정이품송으로마실가자!	75,000	1	1	7	8	7	1	1	1
12277	충북 보은군	전지훈련및전국단위대회지원	75,000	1	1	7	8	7	1	1	1

순번	시군구	지출명 (사업명)	2024년예산 (단위 : 천원 /1년간)	민간이전 분류 (지방자치단체 세출예산 집행기준에 의거) 1. 민간경상사업보조(307-02) 2. 민간단체 법정운영비보조(307-03) 3. 민간행사사업보조(307-04) 4. 민간위탁금(307-05) 5. 사회복지시설 법정운영비보조(307-10) 6. 민간인위탁교육비(307-12) 7. 공기관등에대한경상적위탁사업비(308-13) 8. 민간자본사업보조,자체재원(402-01) 9. 민간자본사업보조,이전재원(402-02) 10. 민간위탁사업비(402-03) 11. 공기관등에 대한 자본적 위탁사업비(403-02)	민간이전지출 근거 (지방보조금 관리기준 참고) 1. 법률에 규정 2. 국고보조 재원(국가지정) 3. 용도 지정 기부금 4. 조례에 직접규정 5. 지자체가 권장하는 사업을 하는 공공기관 6. 시,도 정책 및 재정사정 7. 기타 8. 해당없음	입찰방식 계약체결방법 (경쟁형태) 1. 일반경쟁 2. 제한경쟁 3. 지명경쟁 4. 수의계약 5. 법정위탁 6. 기타 ( ) 7. 없음	입찰방식 계약기간 1. 1년 2. 2년 3. 3년 4. 4년 5. 5년 6. 기타 ( )년 7. 단기계약 (1년미만) 8. 없음	입찰방식 낙찰자선정방법 1. 적격심사 2. 협상에의한계약 3. 최저가낙찰제 4. 규격가격분리 5. 2단계 경쟁입찰 6. 기타 ( ) 7. 없음	운영예산 산정 운영예산 산정 1. 내부산정 (지자체 자체적으로 산정) 2. 외부산정 (외부전문기관위탁 산정) 3. 내·외부 모두 산정 4. 산정 無 5. 없음	운영예산 산정 정산방법 1. 내부정산 (지자체 내부적으로 정산) 2. 외부정산 (외부전문기관위탁 정산) 3. 내·외부 모두 산정 4. 정산 無 5. 없음	성과평가 실시여부 1. 실시 2. 미실시 3. 향후 추진 4. 해당없음
12278	충북 보은군	자원봉사센터봉사활동지원	74,000	1	6	7	1	7	1	1	1
12279	충북 보은군	한우경쟁력강화(개량)사업	70,800	1	6	7	8	7	1	1	1
12280	충북 보은군	배추무사마귀병약제	67,500	1	4	7	8	7	1	1	3
12281	충북 보은군	꿀벌생산량향상	66,600	1	6	7	8	7	1	1	1
12282	충북 보은군	자원봉사자코디네이터지원	66,400	1	2	7	1	7	5	3	1
12283	충북 보은군	연작장해경감비료	64,600	1	4	7	8	7	1	1	3
12284	충북 보은군	양봉회분사료공급	64,125	1	4	7	8	7	1	1	1
12285	충북 보은군	사회적기업일자리창출사업(일반인력)	64,030	1	2	7	1	7	5	1	1
12286	충북 보은군	유기농업자재지원	62,500	1	2	7	8	7	3	1	4
12287	충북 보은군	보은에서살아보기운영비	62,400	1	4	7	8	7	5	1	3
12288	충북 보은군	고품질쌀생력재배친환경자재공급	62,020	1	4	7	8	7	1	1	4
12289	충북 보은군	친환경인증필수영농자재지원	61,200	1	4	7	8	7	1	1	4
12290	충북 보은군	볏짚처리비(비닐)지원	60,770	1	6	7	8	7	1	1	3
12291	충북 보은군	노인회관취미교실운영지원	60,760	1	4	7	8	7	1	1	1
12292	충북 보은군	우수마을	60,000	1	6	7	7	7	5	1	1
12293	충북 보은군	지역혁신청년정착일자리사업	58,381	1	2	7	2	1	5	1	1
12294	충북 보은군	전지훈련지원금지원	55,000	1	1	7	8	7	1	1	3
12295	충북 보은군	사회적기업전문인력지원사업	53,360	1	2	7	1	7	5	1	1
12296	충북 보은군	밭작물칼슘유황맞춤비료지원	52,308	1	4	7	8	7	1	1	3
12297	충북 보은군	임산물(대추)생리활성농자재지원사업	50,400	1	2	7	8	7	1	1	2
12298	충북 보은군	난공불락의요새"삼년산성"대장장이와함께해요	50,000	1	1	7	8	7	1	1	1
12299	충북 보은군	유기질비료지원(군비추가분)	50,000	1	2	7	8	7	3	1	4
12300	충북 보은군	마늘전용비료	45,600	1	4	7	8	7	1	1	3
12301	충북 보은군	김영조낙화장과함께하는문화여행"불에서예술,피어나다"	45,000	1	1	7	8	7	1	1	1
12302	충북 보은군	외국인계절근로자사용료지원	45,000	1	4	7	8	7	5	1	3
12303	충북 보은군	인삼차광지	44,424	1	4	7	8	7	1	1	3
12304	충북 보은군	결초보은농산물공동선별비지원	43,750	1	4	7	8	7	1	1	3
12305	충북 보은군	오이재배용전용비료	40,500	1	4	7	8	7	1	1	3
12306	충북 보은군	고품질고추생산(고추재배용농업용부직포)지원	38,400	1	4	7	8	7	1	1	3
12307	충북 보은군	가축생균제공급	36,000	1	4	7	8	7	1	1	3
12308	충북 보은군	친환경인증농가육성지원	36,000	1	2	7	8	7	1	1	1
12309	충북 보은군	고품질쌀계약재배유기질비료지원	35,000	1	4	7	8	7	1	1	3
12310	충북 보은군	인삼차광망	34,992	1	4	7	8	7	1	1	3
12311	충북 보은군	농산물청풍명월장터e쇼핑몰물류비지원	33,917	1	6	7	8	7	5	1	3
12312	충북 보은군	충북형도시근로자지원사업	30,673	1	6	1	1	1	1	1	1
12313	충북 보은군	90세.100세생신잔치	30,000	1	4	7	8	7	1	1	1
12314	충북 보은군	농촌공동체회사우수사업지원	30,000	1	6	7	8	7	5	1	3
12315	충북 보은군	과수긴급병해충방제지원	30,000	1	4	7	8	7	1	1	3
12316	충북 보은군	저탄소벼논물관리기술보급시범사업	30,000	1	6	7	8	7	1	1	4
12317	충북 보은군	선형심사비	30,000	1	6	7	8	7	1	1	1

순번	시군구	지출명 (사업명)	2024년예산 (단위 : 천원 /1년간)	민간이전 분류 (지방자치단체 세출예산 집행기준에 의거) 1. 민간경상사업보조(307-02) 2. 민간단체 법정운영비보조(307-03) 3. 민간행사사업보조(307-04) 4. 민간위탁금(307-05) 5. 사회복지시설 법정운영비보조(307-10) 6. 민간인위탁교육비(307-12) 7. 공기관등에대한경상적위탁사업비(308-13) 8. 민간자본사업보조,자체재원(402-01) 9. 민간자본사업보조,이전재원(402-02) 10. 민간위탁사업비(402-03) 11. 공기관등에 대한 자본적 위탁사업비(403-02)	민간이전지출 근거 (지방보조금 관리기준 참고) 1. 법률에 규정 2. 국고보조 재원(국가지정) 3. 용도 지정 기부금 4. 조례에 직접규정 5. 지자체가 권장하는 사업을 하는 공공기관 6. 시,도 정책 및 재정사정 7. 기타 8. 해당없음	입찰방식			운영예산 산정		성과평가 실시여부
						계약체결방법 (경쟁형태) 1. 일반경쟁 2. 제한경쟁 3. 지명경쟁 4. 수의계약 5. 법정위탁 6. 기타 ( ) 7. 없음	계약기간 1. 1년 2. 2년 3. 3년 4. 4년 5. 5년 6. 기타 ( )년 7. 단기계약 (1년미만) 8. 없음	낙찰자선정방법 1. 적격심사 2. 협상에의한계약 3. 최저가낙찰제 4. 규격가격분리 5. 2단계 경쟁입찰 6. 기타 ( ) 7. 없음	운영예산 산정 1. 내부산정 (지자체 자체적으로 산정) 2. 외부산정 (외부전문기관위탁 산정) 3. 내·외부 모두 산정 4. 산정 無 5. 없음	정산방법 1. 내부정산 (지자체 내부적으로 정산) 2. 외부정산 (외부전문기관위탁 정산) 3. 내·외부 모두 산정 4. 정산 無 5. 없음	1. 실시 2. 미실시 3. 향후 추진 4. 해당없음
12318	충북 보은군	한우친자검정지원	30,000	1	5	7	8	7	1	1	1
12319	충북 보은군	우수선수영입비지원	30,000	1	1	7	8	7	1	1	1
12320	충북 보은군	돼지써코바이러스백신지원	28,800	1	2	7	8	7	1	1	1
12321	충북 보은군	2024보은군스포츠행사추진지원팀운영	28,000	1	1	7	8	7	1	1	1
12322	충북 보은군	전용비료(연초전용비료,4종복합비료)	27,540	1	4	7	8	7	1	1	3
12323	충북 보은군	전통시장배송도우미운영	27,120	1	6	7	8	7	1	1	1
12324	충북 보은군	시설재배농가양액비료지원	27,000	1	4	7	8	7	1	1	3
12325	충북 보은군	우렁이종패공급	26,460	1	4	7	8	7	3	1	4
12326	충북 보은군	생활체육지도자배치지원	26,400	1	1	7	8	7	1	1	1
12327	충북 보은군	젖소능력검정개량	26,000	1	6	7	8	7	1	1	1
12328	충북 보은군	유기질비료구입	25,380	1	2	7	8	7	1	1	1
12329	충북 보은군	미량요소공급	25,200	1	4	7	8	7	3	1	4
12330	충북 보은군	교통안전사고예방및교통질서유지활동요원보조	25,000	1	4	4	1	6	1	1	1
12331	충북 보은군	농업기계등화장치부착지원	25,000	1	2	7	8	7	1	1	4
12332	충북 보은군	초등돌봄교실과일간식지원	24,256	1	4	7	1	7	5	1	3
12333	충북 보은군	혼합사료포장재지원	24,210	1	6	7	8	7	1	1	3
12334	충북 보은군	친환경우렁이종패지원	22,593	1	4	7	8	7	3	1	4
12335	충북 보은군	전통민속보존회지원	22,300	1	7	7	8	7	1	1	1
12336	충북 보은군	마늘피복자재(비닐,부직포)	21,960	1	4	7	8	7	1	1	3
12337	충북 보은군	지자체수출전략상품육성지원	20,106	1	6	2	7	1	1	1	3
12338	충북 보은군	과수교미교란제	20,100	1	4	7	8	7	1	1	3
12339	충북 보은군	쾌적한환경행복한공동체만들기	20,000	1	6	7	7	7	5	1	1
12340	충북 보은군	한우컨설팅지원	20,000	1	5	7	8	7	1	1	1
12341	충북 보은군	교통사고줄이기캠페인및거리질서계도요원보조	19,840	1	4	4	1	6	1	1	1
12342	충북 보은군	친환경특수미생산단지육성	19,200	1	4	7	8	7	1	1	4
12343	충북 보은군	혈통등록	18,000	1	5	7	8	7	1	1	1
12344	충북 보은군	작목별맞춤형안전관리실천시범	18,000	1	2	7	8	7	5	5	4
12345	충북 보은군	월남전참전자회사업지원	17,095	1	4	7	8	7	1	1	1
12346	충북 보은군	친환경병해충방제	17,000	1	4	7	8	7	3	1	4
12347	충북 보은군	벌통및소초광지원	15,400	1	4	7	8	7	1	1	1
12348	충북 보은군	행복마을1단계사업	15,000	1	6	7	7	7	5	1	1
12349	충북 보은군	자원봉사이어받기	15,000	1	1	7	7	7	1	1	1
12350	충북 보은군	육상국가대표후보선수단전지훈련지원	15,000	1	1	7	8	7	1	1	1
12351	충북 보은군	우수여왕벌보급사업	14,400	1	2	7	8	7	1	1	1
12352	충북 보은군	고능력돼지액상정액공급	14,325	1	6	7	8	7	1	1	1
12353	충북 보은군	동물복지인증컨설팅	14,000	1	6	7	8	7	1	1	1
12354	충북 보은군	농식품산업소득화마케팅지원	14,000	1	6	7	8	7	5	5	4
12355	충북 보은군	새마을읍면사업비	13,200	1	4	7	1	7	3	3	1
12356	충북 보은군	청년동아리활동지원	12,500	1	4	7	8	7	1	1	1
12357	충북 보은군	제향비지원	12,500	1	7	7	8	7	1	1	1

순번	시군구	지출명 (사업명)	2024년예산 (단위 : 천원 /1년간)	민간이전 분류 (지방자치단체 세출예산 집행기준에 의거) 1. 민간경상사업보조(307-02) 2. 민간단체 법정운영비보조(307-03) 3. 민간행사사업보조(307-04) 4. 민간위탁금(307-05) 5. 사회복지시설 법정운영비보조(307-10) 6. 민간인위탁교육비(307-12) 7. 공기관등에대한경상적위탁사업비(308-13) 8. 민간자본사업보조,자체재원(402-01) 9. 민간자본사업보조,이전재원(402-02) 10. 민간위탁사업비(402-03) 11. 공기관등에 대한 자본적 위탁사업비(403-02)	민간이전지출 근거 (지방보조금 관리기준 참고) 1. 법률에 규정 2. 국고보조 재원(국가지정) 3. 용도 지정 기부금 4. 조례에 직접규정 5. 지자체가 권장하는 사업을 하는 공공기관 6. 시,도 정책 및 재정사정 7. 기타 8. 해당없음	입찰방식 계약체결방법 (경쟁형태) 1. 일반경쟁 2. 제한경쟁 3. 지명경쟁 4. 수의계약 5. 법정위탁 6. 기타 ( ) 7. 없음	입찰방식 계약기간 1. 1년 2. 2년 3. 3년 4. 4년 5. 5년 6. 기타 ( )년 7. 단기계약 (1년미만) 8. 없음	입찰방식 낙찰자선정방법 1. 적격심사 2. 협상에의한계약 3. 최저가낙찰제 4. 규격가격분리 5. 2단계 경쟁입찰 6. 기타 ( ) 7. 없음	운영예산 산정 운영예산 산정 1. 내부산정 (지자체 자체적으로 산정) 2. 외부산정 (외부전문기관위탁 산정) 3. 내·외부 모두 산정 4. 산정 無 5. 없음	운영예산 산정 정산방법 1. 내부정산 (지자체 내부적으로 정산) 2. 외부정산 (외부전문기관위탁 정산) 3. 내·외부 모두 산정 4. 정산 無 5. 없음	성과평가 실시여부 1. 실시 2. 미실시 3. 향후 추진 4. 해당없음
12358	충북 보은군	축산인도우미사업	12,500	1	5	7	8	7	1	1	1
12359	충북 보은군	성인문해교육단체지원	12,000	1	1	7	1	7	1	1	1
12360	충북 보은군	로컬푸드사업활성화지원	12,000	1	6	7	8	7	5	1	3
12361	충북 보은군	고등등록	12,000	1	5	7	8	7	1	1	1
12362	충북 보은군	가금농가질병관리지원	12,000	1	2	7	8	7	1	1	1
12363	충북 보은군	양봉농가저장시설설치지원	12,000	1	6	7	8	7	1	1	1
12364	충북 보은군	공동선별조직판촉지원	12,000	1	4	7	8	7	1	1	1
12365	충북 보은군	상이군경회사업지원	11,265	1	4	7	8	7	1	1	1
12366	충북 보은군	고엽제전우회사업지원	11,120	1	4	7	8	7	1	1	1
12367	충북 보은군	주민자치생활공감사업	11,000	1	4	7	1	7	3	3	1
12368	충북 보은군	서예및인성교육	11,000	1	7	7	8	7	1	1	1
12369	충북 보은군	엽연초멀칭필름지원	10,800	1	4	7	8	7	1	1	3
12370	충북 보은군	6.25참전유공자회사업지원	10,015	1	4	7	8	7	1	1	1
12371	충북 보은군	사랑의김장나누기	10,000	1	4	7	7	7	3	3	1
12372	충북 보은군	장려마을	10,000	1	6	7	7	7	5	1	1
12373	충북 보은군	단오맞이풍류한마당	10,000	1	7	7	8	7	1	1	1
12374	충북 보은군	유도회원읍면순회교육	10,000	1	7	7	8	7	1	1	1
12375	충북 보은군	회인사직단사직대제	10,000	1	7	7	8	7	1	1	1
12376	충북 보은군	송아지생산안정제사업	10,000	1	6	7	8	7	1	1	1
12377	충북 보은군	축산물포장재지원	10,000	1	4	7	8	7	1	1	1
12378	충북 보은군	농촌어르신복지실천시범	10,000	1	6	7	8	7	5	5	4
12379	충북 보은군	농업활동안전사고예방생활화	10,000	1	6	7	8	7	5	5	4
12380	충북 보은군	농업인가공사업장시설장비개선	10,000	1	6	7	8	7	5	5	4
12381	충북 보은군	전몰군경유족회사업지원	9,535	1	4	7	8	7	1	1	1
12382	충북 보은군	한우퇴비발효촉진제지원	9,309	1	6	7	8	7	1	1	3
12383	충북 보은군	축산물HACCP컨설팅지원(생산단계)	9,240	1	2	7	8	7	1	1	1
12384	충북 보은군	무공수훈자회사업지원	9,069	1	4	7	8	7	1	1	1
12385	충북 보은군	전몰군경미망인회사업지원	9,027	1	4	7	8	7	1	1	1
12386	충북 보은군	지역공동체제안공모사업	9,000	1	4	7	7	7	5	1	1
12387	충북 보은군	농촌체험휴양마을체험기반조성사업	9,000	1	2	7	8	7	5	1	3
12388	충북 보은군	스마트농업특화지구육성사업경관농업조성	8,300	1	2	7	8	7	1	1	3
12389	충북 보은군	유기가공식품포장재지원	8,200	1	4	7	8	7	3	1	4
12390	충북 보은군	사회복지협의회운영지원	8,000	1	4	7	8	7	1	1	1
12391	충북 보은군	도의선양추진대회	8,000	1	7	7	8	7	1	1	1
12392	충북 보은군	보은향교유지관리지원	8,000	1	1	7	8	7	1	1	1
12393	충북 보은군	한문교실	7,850	1	1	7	8	7	1	1	1
12394	충북 보은군	보은군보훈회사업지원	7,560	1	4	7	8	7	1	1	1
12395	충북 보은군	그레이스합창단지원	7,000	1	7	7	8	7	1	1	1
12396	충북 보은군	충효교실운영	7,000	1	7	7	8	7	1	1	1
12397	충북 보은군	향토사연구지원사업	7,000	1	4	7	8	7	1	1	1

순번	시군구	지출명 (사업명)	2024년예산 (단위 : 천원 /1년간)	민간이전 분류 (지방자치단체 세출예산 집행기준에 의거) 1. 민간경상사업보조(307-02) 2. 민간단체 법정운영비보조(307-03) 3. 민간행사사업보조(307-04) 4. 민간위탁금(307-05) 5. 사회복지시설 법정운영비보조(307-10) 6. 민간인위탁교육비(307-12) 7. 공기관등에대한경상적위탁사업비(308-13) 8. 민간자본사업보조,자체재원(402-01) 9. 민간자본사업보조,이전재원(402-02) 10. 민간위탁사업비(402-03) 11. 공기관등에 대한 자본적 위탁사업비(403-02)	민간이전지출 근거 (지방보조금 관리기준 참고) 1. 법률에 규정 2. 국고보조 재원(국가지정) 3. 용도 지정 기부금 4. 조례에 직접규정 5. 지자체가 권장하는 사업을 하는 공공기관 6. 시,도 정책 및 재정사정 7. 기타 8. 해당없음	입찰방식 계약체결방법 (경쟁형태) 1. 일반경쟁 2. 제한경쟁 3. 지명경쟁 4. 수의계약 5. 법정위탁 6. 기타 ( ) 7. 없음	입찰방식 계약기간 1. 1년 2. 2년 3. 3년 4. 4년 5. 5년 6. 기타 ( )년 7. 단기계약 (1년미만) 8. 없음	입찰방식 낙찰자선정방법 1. 적격심사 2. 협상에의한계약 3. 최저가낙찰제 4. 규격가격분리 5. 2단계 경쟁입찰 6. 기타 ( ) 7. 없음	운영예산 산정 운영예산 산정 1. 내부산정 (지자체 자체적으로 산정) 2. 외부산정 (외부전문기관위탁 산정) 3. 내·외부 모두 산정 4. 산정 無 5. 없음	운영예산 산정 정산방법 1. 내부정산 (지자체 내부적으로 정산) 2. 외부정산 (외부전문기관위탁 정산) 3. 내·외부 모두 산정 4. 정산 無 5. 없음	성과평가 실시여부 1. 실시 2. 미실시 3. 향후 추진 4. 해당없음
12398	충북 보은군	양파재배용전용비료지원	6,750	1	4	7	8	7	1	1	3
12399	충북 보은군	양돈액비저장조가축분뇨발효제공급	6,480	1	6	7	8	7	1	1	3
12400	충북 보은군	엽연초결순억제제	6,075	1	4	7	8	7	1	1	3
12401	충북 보은군	역량강화연찬회	6,000	1	4	7	8	7	1	1	1
12402	충북 보은군	세계유산답사	6,000	1	4	7	8	7	1	1	1
12403	충북 보은군	향교(보은,회인)석전대제	6,000	1	7	7	8	7	1	1	1
12404	충북 보은군	보은회인향교유지관리지원	6,000	1	1	7	8	7	1	1	1
12405	충북 보은군	기초등록	6,000	1	5	7	8	7	1	1	1
12406	충북 보은군	돼지소모성질환지도지원사업	6,000	1	2	7	8	7	1	1	1
12407	충북 보은군	보은군4H본부혁신역량강화교육	6,000	1	5	7	8	7	5	5	4
12408	충북 보은군	보은군4H역량강화교육	6,000	1	5	7	8	7	5	5	4
12409	충북 보은군	임산부친환경농산물지원	5,760	1	1	4	7	1	5	1	3
12410	충북 보은군	작품발표전시회및송년시낭송회	5,600	1	4	7	8	7	1	1	1
12411	충북 보은군	범죄피해자보호지원	5,400	1	1	7	8	7	1	1	1
12412	충북 보은군	젖소번식장애컨설팅사업	5,400	1	2	7	8	7	1	1	1
12413	충북 보은군	다양한문화의이해	5,000	1	5	5	3	7	3	1	1
12414	충북 보은군	장애인문화탐방지원	5,000	1	4	7	8	7	5	1	1
12415	충북 보은군	실버악단지원	5,000	1	7	7	8	7	1	1	1
12416	충북 보은군	풍물연합회지원	5,000	1	7	7	8	7	1	1	1
12417	충북 보은군	어르신고전무용	5,000	1	4	7	8	7	1	1	1
12418	충북 보은군	전문농업인최고경영자과정운영	5,000	1	6	7	8	7	5	5	4
12419	충북 보은군	일반음식점K급소화기지원	4,920	1	1	7	8	7	5	1	1
12420	충북 보은군	오이재배용농업용부직포지원	4,800	1	4	7	8	7	1	1	3
12421	충북 보은군	특수임무유공자회사업지원	4,676	1	4	7	8	7	1	1	1
12422	충북 보은군	해병대전우회야간방범순찰및수난구조지원	4,500	1	6	7	7	7	1	1	1
12423	충북 보은군	외국인계절근로자간식비	4,500	1	4	7	8	7	5	1	3
12424	충북 보은군	포장재제작지원	4,500	1	4	7	8	7	1	1	3
12425	충북 보은군	마늘톤백	4,200	1	4	7	8	7	1	1	3
12426	충북 보은군	소상공인희망장려금지원	3,900	1	6	7	8	7	5	1	1
12427	충북 보은군	2024년장애인생활체육사업지원	3,850	1	1	7	8	7	1	1	1
12428	충북 보은군	찾아가는응급처치법교육	3,400	1	6	7	7	7	1	1	1
12429	충북 보은군	유기농인증확대를위한소비,홍보지원	3,200	1	4	7	8	7	3	1	4
12430	충북 보은군	재향군인회사업지원	3,150	1	4	7	8	7	1	1	1
12431	충북 보은군	잔류농약(안전성)검사비지원	3,010	1	4	4	8	7	5	1	3
12432	충북 보은군	먹그림작품전시활동지원	3,000	1	7	7	8	7	1	1	1
12433	충북 보은군	전국농업기술자협회보은군지회워크숍	3,000	1	5	7	8	7	1	1	3
12434	충북 보은군	귀농귀촌인지역주민융화교육	3,000	1	4	7	8	7	5	1	3
12435	충북 보은군	한국전쟁민간인희생자보은합동추모제	2,700	1	4	7	8	7	1	1	1
12436	충북 보은군	특전동지회보은지회야간순찰활동지원	2,700	1	6	7	7	7	1	1	1
12437	충북 보은군	미래세대(중고생)와함께하는통일염원현장견학	2,690	1	1	7	8	7	1	1	1

순번	시군구	지출명 (사업명)	2024년예산 (단위 : 천원 /1년간)	민간이전 분류 (지방자치단체 세출예산 집행기준에 의거) 1. 민간경상사업보조(307-02) 2. 민간단체 법정운영비보조(307-03) 3. 민간행사사업보조(307-04) 4. 민간위탁금(307-05) 5. 사회복지시설 법정운영비보조(307-10) 6. 민간인위탁교육비(307-12) 7. 공기관등에대한경상적위탁사업비(308-13) 8. 민간자본사업보조,자체재원(402-01) 9. 민간자본사업보조,이전재원(402-02) 10. 민간위탁사업비(402-03) 11. 공기관등에 대한 자본적 위탁사업비(403-02)	민간이전지출 근거 (지방보조금 관리기준 참고) 1. 법률에 규정 2. 국고보조 재원(국가지정) 3. 용도 지정 기부금 4. 조례에 직접규정 5. 지자체가 권장하는 사업을 하는 공공기관 6. 시,도 정책 및 재정사정 7. 기타 8. 해당없음	입찰방식 계약체결방법 (경쟁형태) 1. 일반경쟁 2. 제한경쟁 3. 지명경쟁 4. 수의계약 5. 법정위탁 6. 기타 ( ) 7. 없음	입찰방식 계약기간 1. 1년 2. 2년 3. 3년 4. 4년 5. 5년 6. 기타 ( )년 7. 단기계약 (1년미만) 8. 없음	입찰방식 낙찰자선정방법 1. 적격심사 2. 협상에의한계약 3. 최저가낙찰제 4. 규격가격분리 5. 2단계 경쟁입찰 6. 기타 ( ) 7. 없음	운영예산 산정 운영예산 산정 1. 내부산정 (지자체 자체적으로 산정) 2. 외부산정 (외부전문기관위탁 산정) 3. 내·외부 모두 산정 4. 산정 無 5. 없음	운영예산 산정 정산방법 1. 내부정산 (지자체 내부적으로 정산) 2. 외부정산 (외부전문기관위탁 정산) 3. 내·외부 모두 산정 4. 정산 無 5. 없음	성과평가 실시여부 1. 실시 2. 미실시 3. 향후 추진 4. 해당없음
12438	충북 보은군	군민(지역리더)과함께하는통일염원현장견학	2,690	1	1	7	8	7	1	1	1
12439	충북 보은군	엽연초육묘용상토	2,552	1	4	7	8	7	1	1	3
12440	충북 보은군	환경보전활동및자연보호캠페인지원	2,500	1	1	7	8	7	5	5	3
12441	충북 보은군	내고장역사아카데미	2,500	1	4	7	8	7	1	1	1
12442	충북 보은군	민주시민교육	2,050	1	1	7	7	7	1	1	4
12443	충북 보은군	피서지문고운영지원	2,000	1	4	7	7	7	3	3	1
12444	충북 보은군	음식문화개선추진협의회개최지원	2,000	1	1	7	1	7	1	1	2
12445	충북 보은군	한여름밤의작은음악회	2,000	1	4	7	8	7	1	1	1
12446	충북 보은군	국토대청결운동	1,832	1	1	7	7	7	1	1	1
12447	충북 보은군	통일안보역량강화	1,800	1	6	7	7	7	1	1	1
12448	충북 보은군	보은송로주공개행사지원	1,800	1	1	7	8	7	1	1	1
12449	충북 보은군	목불조각장공개행사지원	1,800	1	1	7	8	7	1	1	1
12450	충북 보은군	보은각자장공개행사지원	1,800	1	1	7	8	7	1	1	1
12451	충북 보은군	수정란이식시술료지원	1,800	1	6	7	8	7	1	1	1
12452	충북 보은군	미래세대(중고생)평화통일교육	1,770	1	1	7	8	7	1	1	1
12453	충북 보은군	전래놀이한마당	1,500	1	4	7	8	7	1	1	1
12454	충북 보은군	한글사랑백일장	1,500	1	4	7	8	7	1	1	1
12455	충북 보은군	자연정화활동	1,260	1	1	7	8	7	1	1	1
12456	충북 보은군	직거래참여농가교육지원	1,000	1	4	7	8	7	1	1	3
12457	충북 보은군	양식수산물재해보험	600	1	6	7	8	7	1	1	1
12458	충북 보은군	대통령기국민독서경진대회	500	1	4	7	7	7	3	3	1
12459	충북 옥천군	직접지원사업비	1,253,293	1	2	7	8	7	5	1	1
12460	충북 옥천군	통합문화이용권사업지원(4,172명)	488,800	1	1	7	8	7	5	5	4
12461	충북 옥천군	대청호상류하천유역가축분뇨수거사업지원	396,360	1	2	5	1	6	5	1	1
12462	충북 옥천군	충북형도시농부지원	387,000	1	6	7	8	7	1	1	4
12463	충북 옥천군	청년농업인영농정착지원(36명)	357,140	1	2	7	8	7	5	5	2
12464	충북 옥천군	일손이음지원	325,260	1	6	7	8	7	5	5	4
12465	충북 옥천군	일반생활체육지도자배치지원(7명)	227,451	1	2	7	8	7	1	1	3
12466	충북 옥천군	응급의료기관운영사업지원(1개소)	210,000	1	3	7	8	7	1	3	4
12467	충북 옥천군	공공의료취약지역응급지원	200,000	1	6	7	8	7	1	1	4
12468	충북 옥천군	어르신생활체육지도자배치지원(6명)	194,958	1	2	7	8	7	1	1	3
12469	충북 옥천군	제63회충북도민체육대회출전지원	189,000	1	1	7	8	7	1	1	3
12470	충북 옥천군	농작물돌발병해충방제약제지원	182,000	1	7	7	8	7	5	1	1
12471	충북 옥천군	청년창업소상공인점포임차료지원	165,440	1	4	7	8	7	1	1	3
12472	충북 옥천군	한우개량및고급육생산지원	165,100	1	6	7	8	7	5	1	1
12473	충북 옥천군	전국민마음투자지원사업(1개소)	134,200	1	1	7	8	7	5	5	4
12474	충북 옥천군	마을공동체활동사업지원	120,000	1	4	7	8	7	1	1	1
12475	충북 옥천군	(예비)사회적기업전문인력지원(2개소)	106,730	1	1	7	8	7	5	5	4
12476	충북 옥천군	영농부산물안전처리지원사업	105,000	1	2	7	8	7	5	1	1
12477	충북 옥천군	영상자서전사업단운영지원	100,000	1	6	7	8	7	5	5	4

순번	시군구	지출명 (사업명)	2024년예산 (단위 : 천원 /1년간)	민간이전 분류 (지방자치단체 세출예산 집행기준에 의거) 1. 민간경상사업보조(307-02) 2. 민간단체 법정운영비보조(307-03) 3. 민간행사사업보조(307-04) 4. 민간위탁금(307-05) 5. 사회복지시설 법정운영비보조(307-10) 6. 민간인위탁교육비(307-12) 7. 공기관등에대한경상적위탁사업비(308-13) 8. 민간자본사업보조,자체재원(402-01) 9. 민간자본사업보조,이전재원(402-02) 10. 민간위탁사업비(402-03) 11. 공기관등에 대한 자본적 위탁사업비(403-02)	민간이전지출 근거 (지방보조금 관리기준 참고) 1. 법률에 규정 2. 국고보조 재원(국가지정) 3. 용도 지정 기부금 4. 조례에 직접규정 5. 지자체가 권장하는 사업을 하는 공공기관 6. 시,도 정책 및 재정사정 7. 기타 8. 해당없음	입찰방식 계약체결방법 (경쟁형태) 1. 일반경쟁 2. 제한경쟁 3. 지명경쟁 4. 수의계약 5. 법정위탁 6. 기타 ( ) 7. 없음	입찰방식 계약기간 1. 1년 2. 2년 3. 3년 4. 4년 5. 5년 6. 기타 ( )년 7. 단기계약 (1년미만) 8. 없음	입찰방식 낙찰자선정방법 1. 적격심사 2. 협상에의한계약 3. 최저가낙찰제 4. 규격가격분리 5. 2단계 경쟁입찰 6. 기타 ( ) 7. 없음	운영예산 산정 운영예산 산정 1. 내부산정 (지자체 자체적으로 산정) 2. 외부산정 (외부전문기관위탁 산정) 3. 내·외부 모두 산정 4. 산정 無 5. 없음	운영예산 산정 정산방법 1. 내부정산 (지자체 내부적으로 정산) 2. 외부정산 (외부전문기관위탁 정산) 3. 내·외부 모두 산정 4. 정산 無 5. 없음	성과평가 실시여부 1. 실시 2. 미실시 3. 향후 추진 4. 해당없음
12478	충북 옥천군	어린이집특별활동비지원	99,000	1	2	7	8	7	5	5	4
12479	충북 옥천군	농촌체험휴양마을사무장인건비지원	98,928	1	1	7	8	7	1	1	1
12480	충북 옥천군	장애인생활체육지도자배치지원(3명)	93,906	1	2	7	8	7	1	1	3
12481	충북 옥천군	마을교육공동체사업지원	90,000	1	4	7	8	7	1	1	4
12482	충북 옥천군	옥천대청호생태관광지역육성지원	90,000	1	1	7	8	7	1	1	4
12483	충북 옥천군	농촌인력중개센터운영	90,000	1	2	7	8	7	1	1	4
12484	충북 옥천군	공동방제단인건비지원(3개반)	89,670	1	2	7	8	7	5	1	1
12485	충북 옥천군	공동방제단운영비지원(3개반)	75,032	1	2	7	8	7	5	1	1
12486	충북 옥천군	자원봉사자코디네이터지원(2명)	74,160	1	1	7	8	7	1	1	1
12487	충북 옥천군	자원봉사센터봉사활동지원(1개소)	74,000	1	1	7	8	7	1	1	1
12488	충북 옥천군	택시통합콜센터운영비지원	72,000	1	4	4	1	7	1	1	4
12489	충북 옥천군	옥천에서살아보기프로그램운영지원	64,500	1	1	7	8	7	5	5	4
12490	충북 옥천군	농촌돌봄서비스활성화지원	55,000	1	1,2	7	8	7	1	1	2
12491	충북 옥천군	농산물판매활성화지원	54,000	1	4	7	8	7	5	5	4
12492	충북 옥천군	농업자원활용농장명소화지원(1개소)	50,000	1	1	7	8	7	1	1	1
12493	충북 옥천군	도단위이상생활체육대회출전격려지원	50,000	1	1	7	8	7	1	1	3
12494	충북 옥천군	(예비)사회적기업일자리창출사업지원(6개소)	45,350	1	1	7	8	7	5	5	4
12495	충북 옥천군	제34회충청북도생활체육대회출전지원	45,000	1	1	7	8	7	1	1	3
12496	충북 옥천군	제18회충청북도장애인도민체육대회출전지원	43,000	1	1	7	8	7	1	1	3
12497	충북 옥천군	종목별생활체육대회출전지원	43,000	1	1	7	8	7	1	1	3
12498	충북 옥천군	옥천미곡종합처리장시설임차료지원	42,000	1	4	7	8	7	5	1	1
12499	충북 옥천군	안남배바우목욕탕운영비지원	40,600	1	2	7	8	7	5	1	1
12500	충북 옥천군	분뇨수집운반비차액지원금	38,000	1	4	7	1	7	1	1	4
12501	충북 옥천군	이동세탁봉사인건비지원(1명)	36,366	1	4	7	8	7	1	1	1
12502	충북 옥천군	농산물공동브랜드홍보판촉행사지원	36,000	1	4	7	8	7	5	5	4
12503	충북 옥천군	자원봉사활동비지원	35,910	1	4	7	8	7	1	1	1
12504	충북 옥천군	문화원사업활동비지원	32,400	1	1	7	8	7	5	5	4
12505	충북 옥천군	비육용암소시장육성사업	30,000	1	2	7	8	7	5	1	1
12506	충북 옥천군	생활체육종목별경기력향상물품구입및강사료지원	30,000	1	1	7	8	7	1	1	3
12507	충북 옥천군	농작물국가검역병해충방제약제지원	29,600	1	2	7	8	7	5	1	1
12508	충북 옥천군	수출전략상품육성지원	29,246	1	6	7	8	7	5	1	1
12509	충북 옥천군	경로당월세지원(6개소)	28,080	1	4	7	8	7	1	1	1
12510	충북 옥천군	친환경농산물판촉행사지원	27,000	1	4	7	8	7	5	5	2
12511	충북 옥천군	우수농특산물홍보판매행사지원	27,000	1	7	7	8	7	5	5	4
12512	충북 옥천군	수출농특산물판촉행사지원	27,000	1	4	7	8	7	5	1	1
12513	충북 옥천군	한우등록사업지원	26,100	1	4	7	8	7	5	1	1
12514	충북 옥천군	안내학교활성화사업지원	25,000	1	2	7	8	7	5	1	1
12515	충북 옥천군	군서제설용차량운영지원	25,000	1	2	7	8	7	5	1	1
12516	충북 옥천군	정보화마을프로그램관리자지원(1개소)	24,845	1	1	7	1	7	1	1	4
12517	충북 옥천군	충북형도시근로자지원	24,343	1	6	1	1	1	1	2	4

순번	시군구	지출명 (사업명)	2024년예산 (단위 : 천원 /1년간)	민간이전 분류 (지방자치단체 세출예산 집행기준에 의거) 1. 민간경상사업보조(307-02) 2. 민간단체 법정운영비보조(307-03) 3. 민간행사사업보조(307-04) 4. 민간위탁금(307-05) 5. 사회복지시설 법정운영비보조(307-10) 6. 민간인위탁교육비(307-12) 7. 공기관등에대한경상적위탁사업비(308-13) 8. 민간자본사업보조,자체재원(402-01) 9. 민간자본사업보조,이전재원(402-02) 10. 민간위탁사업비(402-03) 11. 공기관등에 대한 자본적 위탁사업비(403-02)	민간이전지출 근거 (지방보조금 관리기준 참고) 1. 법률에 규정 2. 국고보조 재원(국가지정) 3. 용도 지정 기부금 4. 조례에 직접규정 5. 지자체가 권장하는 사업을 하는 공공기관 6. 시,도 정책 및 재정사정 7. 기타 8. 해당없음	입찰방식 계약체결방법 (경쟁형태) 1. 일반경쟁 2. 제한경쟁 3. 지명경쟁 4. 수의계약 5. 법정위탁 6. 기타 ( ) 7. 없음	입찰방식 계약기간 1. 1년 2. 2년 3. 3년 4. 4년 5. 5년 6. 기타 ( )년 7. 단기계약 (1년미만) 8. 없음	입찰방식 낙찰자선정방법 1. 적격심사 2. 협상에의한계약 3. 최저가낙찰제 4. 규격가격분리 5. 2단계 경쟁입찰 6. 기타 ( ) 7. 없음	운영예산 산정 운영예산 산정 1. 내부산정 (지자체 자체적으로 산정) 2. 외부산정 (외부전문기관위탁 산정) 3. 내·외부 모두 산정 4. 산정 無 5. 없음	운영예산 산정 정산방법 1. 내부정산 (지자체 내부적으로 정산) 2. 외부정산 (외부전문기관위탁 정산) 3. 내·외부 모두 산정 4. 정산 無 5. 없음	성과평가 실시여부 1. 실시 2. 미실시 3. 향후 추진 4. 해당없음
12518	충북 옥천군	안남주민공동시설운영지원	24,000	1	2	7	8	7	5	1	1
12519	충북 옥천군	초등돌봄교실과일간식지원	22,996	1	1	2	7	1	1	1	1
12520	충북 옥천군	정순철합창단지원	22,500	1	4	7	8	7	1	1	1
12521	충북 옥천군	2단계행복마을사업지원	20,000	1	6	7	1	7	1	1	4
12522	충북 옥천군	마을공동체지원센터사업운영지원	20,000	1	4	7	8	7	5	5	3
12523	충북 옥천군	쾌적한환경행복한공동체만들기	20,000	1	4	7	8	7	1	1	1
12524	충북 옥천군	양성평등공모사업선정지원	20,000	1	8	7	8	7	1	3	4
12525	충북 옥천군	초중고등학교체육동아리활동비지원	20,000	1	1	7	8	7	1	1	3
12526	충북 옥천군	생활체육교실운영지원(13개종목)	19,800	1	1	7	8	7	1	1	3
12527	충북 옥천군	농산물청풍명월장터e쇼핑몰물류비지원	19,297	1	6	7	8	7	5	5	4
12528	충북 옥천군	군북제설용차량운영지원	19,000	1	2	7	8	7	5	1	1
12529	충북 옥천군	농산물대량소비상생마케팅판촉지원(2회)	18,670	1	6	7	8	7	5	5	4
12530	충북 옥천군	진로체험플랫폼사업지원	18,000	1	7	7	8	7	1	1	4
12531	충북 옥천군	옥천군지역치안협의회지역안전사업지원	18,000	1	4	7	8	7	1	1	4
12532	충북 옥천군	범죄피해자보호지원	18,000	1	1	7	8	7	1	1	4
12533	충북 옥천군	야영장활성화프로그램	17,500	1	2	7	8	7	1	1	4
12534	충북 옥천군	향교유지관리지원(2개소)	17,000	1	1	7	8	7	5	5	4
12535	충북 옥천군	양봉농가질병관리지원	16,800	1	2	7	8	7	5	1	1
12536	충북 옥천군	보증기간경과장치성능유지관리업무대행지원	16,114	1	1	7	8	7	5	1	4
12537	충북 옥천군	중소기업제품판로확대지원	16,000	1	4	7	8	7	5	5	4
12538	충북 옥천군	전문예술활동지원	16,000	1	4	7	8	7	1	1	1
12539	충북 옥천군	닭진드기공동방제지원	16,000	1	2	7	8	7	5	1	1
12540	충북 옥천군	청성면작은도서관운영지원	15,920	1	2	7	8	7	5	1	1
12541	충북 옥천군	태교패키지지원(39명)	15,652	1	6	7	8	7	5	5	4
12542	충북 옥천군	1단계행복마을사업지원	15,000	1	6	7	1	7	1	1	4
12543	충북 옥천군	동호회아마추어예술활동지원	15,000	1	4	7	8	7	1	1	1
12544	충북 옥천군	동이힐링센터운영지원	15,000	1	2	7	8	7	5	1	1
12545	충북 옥천군	농촌아이돌봄지원(1개소)	13,700	1	1	7	8	7	5	5	4
12546	충북 옥천군	옥천사랑도전골든벨지원(1회)	13,500	1	4	7	8	7	1	1	1
12547	충북 옥천군	주민자치회성과공유회지원(1회)	13,500	1	4	7	8	7	1	1	1
12548	충북 옥천군	한우헬퍼(도우미)지원	13,500	1	4	7	8	7	5	1	1
12549	충북 옥천군	제19회충청북도어르신생활체육대회출전지원	13,500	1	1	7	8	7	1	1	3
12550	충북 옥천군	월남전참전자회사업지원	12,400	1	1	7	8	7	1	1	1
12551	충북 옥천군	도덕성회복교육지원(옥천향교,청산향교)	11,543	1	1	7	8	7	5	5	4
12552	충북 옥천군	문화원문화학교운영지원	10,800	1	4	7	8	7	1	1	1
12553	충북 옥천군	영동~단양간시군대항역전마라톤대회출전지원	10,800	1	1	7	8	7	1	1	3
12554	충북 옥천군	단양~영동간시군대항역전마라톤대회출전지원	10,800	1	1	7	8	7	1	1	3
12555	충북 옥천군	이동세탁봉사운영비지원	10,550	1	4	7	8	7	1	1	1
12556	충북 옥천군	지역주민관계형성지원	10,000	1	2	7	8	7	1	1	4
12557	충북 옥천군	자활사업참여주민및종사자교육지원	10,000	1	1	7	8	7	1	1	1

순번	시군구	지출명 (사업명)	2024년예산 (단위 : 천원 /1년간)	민간이전 분류 (지방자치단체 세출예산 집행기준에 의거) 1. 민간경상사업보조(307-02) 2. 민간단체 법정운영비보조(307-03) 3. 민간행사사업보조(307-04) 4. 민간위탁금(307-05) 5. 사회복지시설 법정운영비보조(307-10) 6. 민간인위탁교육비(307-12) 7. 공기관등에대한경상적위탁사업비(308-13) 8. 민간자본사업보조,자체재원(402-01) 9. 민간자본사업보조,이전재원(402-02) 10. 민간위탁사업비(402-03) 11. 공기관등에 대한 자본적 위탁사업비(403-02)	민간이전지출 근거 (지방보조금 관리기준 참고) 1. 법률에 규정 2. 국고보조 재원(국가지정) 3. 용도 지정 기부금 4. 조례에 직접규정 5. 지자체가 권장하는 사업을 하는 공공기관 6. 시,도 정책 및 재정사정 7. 기타 8. 해당없음	입찰방식 계약체결방법 (경쟁형태) 1. 일반경쟁 2. 제한경쟁 3. 지명경쟁 4. 수의계약 5. 법정위탁 6. 기타 ( ) 7. 없음	입찰방식 계약기간 1. 1년 2. 2년 3. 3년 4. 4년 5. 5년 6. 기타 ( )년 7. 단기계약 (1년미만) 8. 없음	입찰방식 낙찰자선정방법 1. 적격심사 2. 협상에의한계약 3. 최저가낙찰제 4. 규격가격분리 5. 2단계 경쟁입찰 6. 기타 ( ) 7. 없음	운영예산 산정 운영예산 산정 1. 내부산정 (지자체 자체적으로 산정) 2. 외부산정 (외부전문기관위탁 산정) 3. 내·외부 모두 산정 4. 산정 無 5. 없음	운영예산 산정 정산방법 1. 내부정산 (지자체 내부적으로 정산) 2. 외부정산 (외부전문기관위탁 정산) 3. 내·외부 모두 산정 4. 정산 無 5. 없음	성과평가 실시여부 1. 실시 2. 미실시 3. 향후 추진 4. 해당없음
12558	충북 옥천군	안남주민공동시설및셔틀버스유지보수지원	10,000	1	2	7	8	7	5	1	1
12559	충북 옥천군	안남주민공동이용시설환경정비	10,000	1	2	7	8	7	5	1	1
12560	충북 옥천군	국가유공자국외전적지순례지원	9,960	1	1	7	8	7	1	1	1
12561	충북 옥천군	소상공인희망장려금(노란우산공제)지원	9,600	1	5	5	1	7	5	5	3
12562	충북 옥천군	고엽제전우회사업지원	9,090	1	1	7	8	7	1	1	1
12563	충북 옥천군	박물관활성화사업지원	9,000	1	1	7	8	7	5	5	4
12564	충북 옥천군	옥천군자율방재단운영지원	9,000	1	4	7	8	7	1	1	3
12565	충북 옥천군	한우암소컨설팅지원	9,000	1	4	7	8	7	5	1	1
12566	충북 옥천군	통합자원봉사지원단지원	8,800	1	4	7	8	7	1	1	1
12567	충북 옥천군	농촌창업청년농업인정착지원(1명)	8,800	1	6	7	8	7	5	1	2
12568	충북 옥천군	이동자원봉사센터지원	8,640	1	4	7	8	7	1	1	1
12569	충북 옥천군	청년동아리활동지원	8,000	1	4	7	8	7	1	1	4
12570	충북 옥천군	군북석호리방역약품구입지원	8,000	1	4	7	8	7	5	5	4
12571	충북 옥천군	로컬푸드직매장활성화지원(교육홍보)	8,000	1	6	7	8	7	1	1	4
12572	충북 옥천군	안남치유공원운영비지원	7,920	1	2	7	8	7	5	1	1
12573	충북 옥천군	옥천푸드거점가공센터생산품검사비지원	7,560	1	4	7	8	7	1	1	4
12574	충북 옥천군	무공수훈자회사업지원	7,458	1	1	7	8	7	1	1	1
12575	충북 옥천군	재향군인회사업지원	7,332	1	1	7	8	7	1	1	1
12576	충북 옥천군	향교기로연재연행사지원(옥천향교,청산향교)	7,200	1	4	7	8	7	1	1	1
12577	충북 옥천군	안내다목적회관셔틀버스운영지원	7,000	1	2	7	8	7	5	1	1
12578	충북 옥천군	옥천풍물연합회교육지원(11개단체)	6,750	1	4	7	8	7	1	1	1
12579	충북 옥천군	상이군경회사업지원	6,640	1	1	7	8	7	1	1	1
12580	충북 옥천군	안전사고예방활동지원	6,300	1	4	7	8	7	1	1	3
12581	충북 옥천군	인명구조및환경정화활동지원	6,300	1	4	7	8	7	1	1	3
12582	충북 옥천군	중앙단위생활개선회한마음대회참가지원(1회)	6,300	1	6	7	8	7	5	5	4
12583	충북 옥천군	외국인근로자지원사업(15명)	6,000	1	6	7	8	7	5	5	4
12584	충북 옥천군	가금농가질병관리지원	6,000	1	2	7	8	7	5	1	1
12585	충북 옥천군	농업활동안전사고예방생활화컨설팅및안전교육지원(1개소)	6,000	1	6	7	8	7	5	5	4
12586	충북 옥천군	적십자봉사회집수리봉사지원	5,850	1	1	7	8	7	1	1	1
12587	충북 옥천군	좋은마을공동체만들기지원	5,500	1	4	7	8	7	1	1	1
12588	충북 옥천군	도단위농촌지도자대회참가지원(1회)	5,400	1	1	7	8	7	1	1	1
12589	충북 옥천군	중앙단위농촌지도자대회참가지원(1회)	5,400	1	1	7	8	7	1	1	1
12590	충북 옥천군	장애인생활체육육성지원	5,400	1	1	7	8	7	1	1	3
12591	충북 옥천군	전몰군경유족회사업지원	5,130	1	1	7	8	7	1	1	1
12592	충북 옥천군	우리가그린(Green)옥천지원(옥천읍)	5,000	1	4	7	8	7	1	1	1
12593	충북 옥천군	유채꽃축제스마트폰사진공모전지원(동이면)	5,000	1	4	7	8	7	1	1	1
12594	충북 옥천군	주민교육프로그램운영지원(안내면)	5,000	1	4	7	8	7	1	1	1
12595	충북 옥천군	찾아가는발건강관리교실지원(청성면)	5,000	1	4	7	8	7	1	1	1
12596	충북 옥천군	반려식물키우기교육지원(이원면)	5,000	1	4	7	8	7	1	1	1
12597	충북 옥천군	우리동네역사탐방지원(군북면)	5,000	1	4	7	8	7	1	1	1

순번	시군구	지출명 (사업명)	2024년예산 (단위 : 천원 /1년간)	민간이전 분류 (지방자치단체 세출예산 집행기준에 의거) 1. 민간경상사업보조(307-02) 2. 민간단체 법정운영비보조(307-03) 3. 민간행사사업보조(307-04) 4. 민간위탁금(307-05) 5. 사회복지시설 법정운영비보조(307-10) 6. 민간인위탁교육비(307-12) 7. 공기관등에대한경상적위탁사업비(308-13) 8. 민간자본사업보조,자체재원(402-01) 9. 민간자본사업보조,이전재원(402-02) 10. 민간위탁사업비(402-03) 11. 공기관등에 대한 자본적 위탁사업비(403-02)	민간이전지출 근거 (지방보조금 관리기준 참고) 1. 법률에 규정 2. 국고보조 재원(국가지정) 3. 용도 지정 기부금 4. 조례에 직접규정 5. 지자체가 권장하는 사업을 하는 공공기관 6. 시,도 정책 및 재정사정 7. 기타 8. 해당없음	입찰방식: 계약체결방법 (경쟁형태) 1. 일반경쟁 2. 제한경쟁 3. 지명경쟁 4. 수의계약 5. 법정위탁 6. 기타 ( ) 7. 없음	입찰방식: 계약기간 1. 1년 2. 2년 3. 3년 4. 4년 5. 5년 6. 기타 ( )년 7. 단기계약 (1년미만) 8. 없음	입찰방식: 낙찰자선정방법 1. 적격심사 2. 협상에의한계약 3. 최저가낙찰제 4. 규격가격분리 5. 2단계 경쟁입찰 6. 기타 ( ) 7. 없음	운영예산 산정: 운영예산 산정 1. 내부산정 (지자체 자체적으로 산정) 2. 외부산정 (외부전문기관위탁 산정) 3. 내·외부 모두 산정 4. 산정 無 5. 없음	운영예산 산정: 정산방법 1. 내부정산 (지자체 내부적으로 정산) 2. 외부정산 (외부전문기관위탁 정산) 3. 내·외부 모두 정산 4. 정산 無 5. 없음	성과평가 실시여부 1. 실시 2. 미실시 3. 향후 추진 4. 해당없음
12598	충북 옥천군	동이힐링센터사무관리비지원	5,000	1	2	7	8	7	5	1	1
12599	충북 옥천군	젖소능력검정	4,950	1	6	7	8	7	5	1	1
12600	충북 옥천군	전국및충북소년체육대회출전지원	4,950	1	1	7	8	7	1	1	3
12601	충북 옥천군	일반음식점기존영업자위생교육비지원	4,800	1	4	7	8	7	1	1	4
12602	충북 옥천군	6.25참전유공자회사업지원	4,760	1	1	7	8	7	1	1	1
12603	충북 옥천군	자문위원평화통일역량강화워크숍지원	4,690	1	1	7	8	7	1	1	1
12604	충북 옥천군	옥천출신독립운동가학술대회지원	4,600	1	1	7	8	7	1	1	1
12605	충북 옥천군	지역공동체제안공모사업지원(1개소)	4,500	1	4	7	8	7	5	5	4
12606	충북 옥천군	모범노인선진지견학지원	4,500	1	1	7	8	7	1	1	1
12607	충북 옥천군	후계농업경영인교육지원	4,500	1	4	7	8	7	1	1	2
12608	충북 옥천군	농민학생한마음잔치및도농교류지원	4,500	1	4	7	8	7	1	1	2
12609	충북 옥천군	여성농업인교육지원	4,500	1	4	7	8	7	1	1	2
12610	충북 옥천군	제15회전국체육대회출전지원	4,500	1	1	7	8	7	1	1	3
12611	충북 옥천군	장애인생활체육대회출전지원	4,500	1	1	7	8	7	1	1	3
12612	충북 옥천군	축산농가HACCP컨설팅지원	4,200	1	2	7	8	7	5	1	1
12613	충북 옥천군	적십자봉사회김장봉사지원	4,110	1	1	7	8	7	1	1	1
12614	충북 옥천군	특화사업지원(정순철작곡가)	4,000	1	4	7	8	7	1	1	1
12615	충북 옥천군	군북이평1리마을방역물품구입지원	4,000	1	4	7	8	7	5	5	4
12616	충북 옥천군	보훈회관관리협의회사업지원	3,410	1	1	7	8	7	1	1	1
12617	충북 옥천군	유기농인증확대를위한소비홍보지원	3,200	1	6	7	8	7	5	5	2
12618	충북 옥천군	옥천향토사문화제28집발간지원	3,150	1	4	7	8	7	1	1	1
12619	충북 옥천군	옥천예술제21집발간지원	3,150	1	4	7	8	7	1	1	1
12620	충북 옥천군	옥천문단제25집발간지원	3,150	1	4	7	8	7	1	1	1
12621	충북 옥천군	길거리공연지원	3,000	1	4	7	8	7	1	1	1
12622	충북 옥천군	재능기부문화예술인(단체)활동지원	3,000	1	4	7	8	7	1	1	1
12623	충북 옥천군	미용업기존영업자위생교육비지원	3,000	1	4	7	8	7	5	5	4
12624	충북 옥천군	사랑나눔김장담그기지원	2,980	1	4	7	8	7	1	1	1
12625	충북 옥천군	북한이탈주민명절선물나눔지원(2회)	2,800	1	1	7	8	7	1	1	1
12626	충북 옥천군	전몰군경미망인회사업지원	2,720	1	1	7	8	7	1	1	1
12627	충북 옥천군	전통문화계승발전교육지원	2,700	1	4	7	8	7	1	1	1
12628	충북 옥천군	자원봉사자보험료지원	2,670	1	1	7	8	7	1	1	1
12629	충북 옥천군	낙농도우미지원	2,520	1	6	7	8	7	5	1	1
12630	충북 옥천군	국악강습회지원	2,250	1	4	7	8	7	1	1	1
12631	충북 옥천군	민요강습회지원	2,250	1	4	7	8	7	1	1	1
12632	충북 옥천군	대청호환경사진전지원	2,250	1	1	5	8	6	5	1	1
12633	충북 옥천군	탄소중립실천캠페인지원	2,250	1	1	7	8	7	1	1	2
12634	충북 옥천군	주민자치프로그램경연대회지원(1회)	2,160	1	4	7	8	7	1	1	1
12635	충북 옥천군	일반(어르신)생활체육지도자지도활동보험료지원	2,132	1	2	7	8	7	1	1	3
12636	충북 옥천군	음식문화개선추진협의회개최지원(1개소)	2,000	1	4	5	7	7	2	1	2
12637	충북 옥천군	옥천군자율방재단재난대응특화훈련지원	2,000	1	4	7	8	7	1	1	2

순번	시군구	지출명 (사업명)	2024년예산 (단위 : 천원 /1년간)	민간이전 분류 (지방자치단체 세출예산 집행기준에 의거) 1. 민간경상사업보조(307-02) 2. 민간단체 법정운영비보조(307-03) 3. 민간행사사업보조(307-04) 4. 민간위탁금(307-05) 5. 사회복지시설 법정운영비보조(307-10) 6. 민간인위탁교육비(307-12) 7. 공기관등에대한경상적위탁사업비(308-13) 8. 민간자본사업보조,자체재원(402-01) 9. 민간자본사업보조,이전재원(402-02) 10. 민간위탁사업비(402-03) 11. 공기관등에 대한 자본적 위탁사업비(403-02)	민간이전지출 근거 (지방보조금 관리기준 참고) 1. 법률에 규정 2. 국고보조 재원(국가지정) 3. 용도 지정 기부금 4. 조례에 직접규정 5. 지자체가 권장하는 사업을 하는 공공기관 6. 시,도 정책 및 재정사정 7. 기타 8. 해당없음	입찰방식 계약체결방법 (경쟁형태) 1. 일반경쟁 2. 제한경쟁 3. 지명경쟁 4. 수의계약 5. 법정위탁 6. 기타 ( ) 7. 없음	입찰방식 계약기간 1. 1년 2. 2년 3. 3년 4. 4년 5. 5년 6. 기타 ( )년 7. 단기계약 (1년미만) 8. 없음	입찰방식 낙찰자선정방법 1. 적격심사 2. 협상에의한계약 3. 최저가낙찰제 4. 규격가격분리 5. 2단계 경쟁입찰 6. 기타 ( ) 7. 없음	운영예산 산정 운영예산 산정 1. 내부산정 (지자체 자체적으로 산정) 2. 외부산정 (외부전문기관위탁 산정) 3. 내·외부 모두 산정 4. 산정 無 5. 없음	운영예산 산정 정산방법 1. 내부정산 (지자체 내부적으로 정산) 2. 외부정산 (외부전문기관위탁 정산) 3. 내·외부 모두 산정 4. 정산 無 5. 없음	성과평가 실시여부 1. 실시 2. 미실시 3. 향후 추진 4. 해당없음
12638	충북 옥천군	국내식품전시회참가지원(1개소)	2,000	1	6	7	8	7	5	1	1
12639	충북 옥천군	도단위4H경진대회참가지원(1회)	2,000	1	1	7	8	7	1	1	1
12640	충북 옥천군	충.효.예교실운영지원(2회)	1,800	1	4	7	8	7	1	1	1
12641	충북 옥천군	6.25전쟁당시음식재현시식회지원	1,700	1	1	7	8	7	1	1	4
12642	충북 옥천군	청소년과함께하는평화통일이야기지원	1,660	1	4	7	8	7	1	1	1
12643	충북 옥천군	1만그루나무심기지원	1,540	1	4	7	8	7	1	1	1
12644	충북 옥천군	바르게살기전국대회및도대회참가지원(2회)	1,500	1	1	7	8	7	1	1	1
12645	충북 옥천군	장애인교통안전교육지원(1회)	1,500	1	7	7	8	7	1	1	1
12646	충북 옥천군	민족통일전국대회및도대회참가지원(2회)	1,400	1	1	7	8	7	1	1	4
12647	충북 옥천군	무용강습회지원	1,350	1	4	7	8	7	1	1	1
12648	충북 옥천군	국민독서경진대회지원	1,350	1	4	7	8	7	1	1	1
12649	충북 옥천군	피서지새마을문고운영지원	1,310	1	4	7	8	7	1	1	1
12650	충북 옥천군	통일기원안보현장탐방지원	1,160	1	1	7	8	7	1	1	4
12651	충북 옥천군	명사초청안보강연회지원	1,100	1	1	7	8	7	1	1	4
12652	충북 옥천군	전국한마음자유수호결의대회참가지원	1,080	1	1	7	8	7	1	1	4
12653	충북 옥천군	한우송아지생산안정제가입비지원	1,000	1	6	7	8	7	5	1	1
12654	충북 옥천군	서훈지도자와함께하는새마을운동지원	960	1	4	7	8	7	1	1	1
12655	충북 옥천군	관내학생강연회개최지원	900	1	1	7	8	7	1	1	1
12656	충북 옥천군	태극기달아주기운동지원	900	1	1	7	8	7	1	1	4
12657	충북 옥천군	자연보호운동지원	900	1	1	7	8	7	1	1	2
12658	충북 옥천군	젖소농가번식장애지도지원	900	1	6	7	8	7	5	1	1
12659	충북 옥천군	사랑의효편지쓰기지원	850	1	4	7	8	7	1	1	1
12660	충북 옥천군	충청북도향토음식경연대회참가지원	810	1	6	7	8	7	5	1	2
12661	충북 옥천군	맛집지정위생업소시식비지원	250	1	4	7	8	7	5	5	4
12662	충북 영동군	생생문화재사업	50,000	1	2	7	8	7	5	5	4
12663	충북 영동군	유기질비료지원	1,016,649	1	2	7	8	7	5	1	1
12664	충북 영동군	청년창업농영농정착지원	495,000	1	6	7	8	7	5	5	4
12665	충북 영동군	토양개량제지원사업	424,193	1	2	7	8	7	5	1	2
12666	충북 영동군	농산물포장재지원	400,000	1	4	7	8	7	5	5	4
12667	충북 영동군	과일포장완충재지원	400,000	1	4	7	8	7	5	5	4
12668	충북 영동군	임산물상품화지원(임산물포장재)보조사업	391,503	1	2	7	8	7	5	5	4
12669	충북 영동군	축산환경개선제지원사업	262,500	1	4	7	8	7	5	1	1
12670	충북 영동군	국민체력인증센터운영지원	203,640	1	2	6	8	7	1	1	1
12671	충북 영동군	블루베리재배용피트모스지원	200,000	1	4	7	8	7	1	1	1
12672	충북 영동군	공공의료취약지역응급지원확대	200,000	1	1	4	1	7	1	1	1
12673	충북 영동군	어르신생활체육지도자배치	194,958	1	2	6	8	7	1	1	1
12674	충북 영동군	자원봉사센터사업지원	194,600	1	1	7	8	7	1	1	1
12675	충북 영동군	취약지응급의료기관운영보조	170,000	1	1	4	1	7	1	1	1
12676	충북 영동군	일반생활체육지도자배치	162,465	1	2	6	8	7	1	1	1
12677	충북 영동군	과수저온냉해방지용영양제지원	136,740	1	4	7	8	7	1	1	1

순번	시군구	지출명 (사업명)	2024년예산 (단위 : 천원 /1년간)	민간이전 분류 (지방자치단체 세출예산 집행기준에 의거) 1. 민간경상사업보조(307-02) 2. 민간단체 법정운영비보조(307-03) 3. 민간행사사업보조(307-04) 4. 민간위탁금(307-05) 5. 사회복지시설 법정운영비보조(307-10) 6. 민간인위탁교육비(307-12) 7. 공기관등에대한경상적위탁사업비(308-13) 8. 민간자본사업보조,자체재원(402-01) 9. 민간자본사업보조,이전재원(402-02) 10. 민간위탁사업비(402-03) 11. 공기관등에 대한 자본적 위탁사업비(403-02)	민간이전지출 근거 (지방보조금 관리기준 참고) 1. 법률에 규정 2. 국고보조 재원(국가지정) 3. 용도 지정 기부금 4. 조례에 직접규정 5. 지자체가 권장하는 사업을 하는 공공기관 6. 시,도 정책 및 재정사정 7. 기타 8. 해당없음	입찰방식 계약체결방법 (경쟁형태) 1. 일반경쟁 2. 제한경쟁 3. 지명경쟁 4. 수의계약 5. 법정위탁 6. 기타 ( ) 7. 없음	입찰방식 계약기간 1. 1년 2. 2년 3. 3년 4. 4년 5. 5년 6. 기타 ( )년 7. 단기계약 (1년미만) 8. 없음	입찰방식 낙찰자선정방법 1. 적격심사 2. 협상에의한계약 3. 최저가낙찰제 4. 규격가격분리 5. 2단계 경쟁입찰 6. 기타 ( ) 7. 없음	운영예산 산정 운영예산 산정 1. 내부산정 (지자체 자체적으로 산정) 2. 외부산정 (외부전문기관위탁 산정) 3. 내·외부 모두 산정 4. 산정 無 5. 없음	운영예산 산정 정산방법 1. 내부정산 (지자체 내부적으로 정산) 2. 외부정산 (외부전문기관위탁 정산) 3. 내·외부 모두 산정 4. 정산 無 5. 없음	성과평가 실시여부 1. 실시 2. 미실시 3. 향후 추진 4. 해당없음
12678	충북 영동군	양봉설탕지원사업	127,500	1	4	7	8	7	5	1	1
12679	충북 영동군	장애인생활체육지도자배치	125,856	1	2	6	8	7	1	1	1
12680	충북 영동군	과실저장성향상지원	115,000	1	4	7	8	7	1	1	1
12681	충북 영동군	영농부산물안전처리지원	105,000	1	2	7	8	7	5	5	4
12682	충북 영동군	생활체육교실운영	100,700	1	1,4	6	8	7	1	1	1
12683	충북 영동군	충북영상자서전시군사업단운영	100,000	1	1	7	8	7	1	1	2
12684	충북 영동군	황간면도시재생사업	100,000	1	1	7	8	7	5	5	1
12685	충북 영동군	직업교육훈련비	94,000	1	2	7	8	7	5	1	1
12686	충북 영동군	공립요양병원치매환자프로그램운영지원	94,000	1	2	4	1	7	5	1	1
12687	충북 영동군	벼육묘용상토공급지원	91,500	1	4	7	8	7	5	1	1
12688	충북 영동군	포도택배용포장재지원	90,000	1	4	7	8	7	5	5	4
12689	충북 영동군	임산물토양개량및친환경비료지원	87,660	1	6	7	8	7	5	5	4
12690	충북 영동군	새일여성인턴	87,400	1	2	7	8	7	5	1	1
12691	충북 영동군	자원봉사센터봉사활동지원	74,000	1	1	7	8	7	1	1	1
12692	충북 영동군	자원봉사자코디네이터지원	66,400	1	1	7	8	7	1	1	1
12693	충북 영동군	양봉산업경쟁력강화(양봉화분)	66,375	1	6	7	8	7	5	1	2
12694	충북 영동군	경로당운영관리사지원사업	65,421	1	1	7	8	7	1	1	1
12695	충북 영동군	구제역예방백신구입지원(전업농)	63,085	1	2	7	8	7	1	1	1
12696	충북 영동군	영동문화원운영비지원	60,939	1	1	7	8	7	1	1	1
12697	충북 영동군	지방문화원사업활동비	53,500	1	4	7	8	7	1	1	1
12698	충북 영동군	과실품질향상자재지원	51,800	1	1	7	8	7	1	1	1
12699	충북 영동군	명품농산물TV&온라인방송마케팅사업	50,000	1	4	7	8	7	5	5	4
12700	충북 영동군	벼물바구미공동방제지원사업	50,000	1	4	7	8	7	5	1	1
12701	충북 영동군	과수원예농가수정용벌지원	45,000	1	1	7	8	7	1	1	1
12702	충북 영동군	농업환경보전프로그램	45,000	1	2	7	8	7	5	1	2
12703	충북 영동군	지역문화유산교육사업	44,000	1	2	7	1	7	1	1	3
12704	충북 영동군	돼지써코바이러스예방백신구입지원	41,280	1	2	7	8	7	1	1	1
12705	충북 영동군	정보화마을프로그램관육성인부임	39,566	1	6	7	8	7	5	1	1
12706	충북 영동군	일라이트마케팅지원사업	39,000	1	4	7	8	7	5	5	4
12707	충북 영동군	친환경임산물재배관리	38,392	1	2	7	8	7	5	5	4
12708	충북 영동군	농촌공동체회사우수사업지원	37,500	1	6	7	8	7	5	5	4
12709	충북 영동군	영동예총운영비지원	35,304	1	4	7	8	7	1	1	1
12710	충북 영동군	전통시장배송서비스인건비지원	31,176	1	4	7	8	7	1	1	1
12711	충북 영동군	영동예총특별사업비	28,000	1	4	7	8	7	1	1	1
12712	충북 영동군	소규모수도시설전기요금보조	27,500	1	4	7	8	7	1	1	4
12713	충북 영동군	전통시장및상점가배송도우미운영지원	27,120	1	4	7	8	7	1	1	1
12714	충북 영동군	대한적십자사봉사회영동지구협의회사업비	27,000	1	1	7	8	7	1	1	1
12715	충북 영동군	농촌공동아이돌봄센터운영지원	26,200	1	6	7	8	7	5	5	4
12716	충북 영동군	명품수박단지조성	25,000	1	4	7	8	7	1	1	1
12717	충북 영동군	초등돌봄교실과일간식지원사업	20,476	1	1	7	8	7	1	1	1

순번	시군구	지출명 (사업명)	2024년예산 (단위 : 천원 /1년간)	민간이전 분류 (지방자치단체 세출예산 집행기준에 의거) 1. 민간경상사업보조(307-02) 2. 민간단체 법정운영비보조(307-03) 3. 민간행사사업보조(307-04) 4. 민간위탁금(307-05) 5. 사회복지시설 법정운영비보조(307-10) 6. 민간인위탁교육비(307-12) 7. 공기관등에대한경상적위탁사업비(308-13) 8. 민간자본사업보조,자체재원(402-01) 9. 민간자본사업보조,이전재원(402-02) 10. 민간위탁사업비(402-03) 11. 공기관등에 대한 자본적 위탁사업비(403-02)	민간이전지출 근거 (지방보조금 관리기준 참고) 1. 법률에 규정 2. 국고보조 재원(국가지정) 3. 용도 지정 기부금 4. 조례에 직접규정 5. 지자체가 권장하는 사업을 하는 공공기관 6. 시,도 정책 및 재정사정 7. 기타 8. 해당없음	입찰방식			운영예산 산정		성과평가 실시여부
						계약체결방법 (경쟁형태) 1. 일반경쟁 2. 제한경쟁 3. 지명경쟁 4. 수의계약 5. 법정위탁 6. 기타 ( ) 7. 없음	계약기간 1. 1년 2. 2년 3. 3년 4. 4년 5. 5년 6. 기타 ( )년 7. 단기계약 (1년미만) 8. 없음	낙찰자선정방법 1. 적격심사 2. 협상에의한계약 3. 최저가낙찰제 4. 규격가격분리 5. 2단계 경쟁입찰 6. 기타 ( ) 7. 없음	운영예산 산정 1. 내부산정 (지자체 자체적으로 산정) 2. 외부산정 (외부전문기관위탁 산정) 3. 내·외부 모두 산정 4. 산정 無 5. 없음	정산방법 1. 내부정산 (지자체 내부적으로 정산) 2. 외부정산 (외부전문기관위탁 정산) 3. 내·외부 모두 산정 4. 정산 無 5. 없음	1. 실시 2. 미실시 3. 향후 추진 4. 해당없음
12718	충북 영동군	농식품수출전략상품육성지원	20,107	1	6	7	8	7	5	5	4
12719	충북 영동군	주민자치형공공서비스사업	20,000	1	1	7	8	7	1	1	1
12720	충북 영동군	쾌적한환경행복한공동체만들기	20,000	1	1	7	8	7	1	1	1
12721	충북 영동군	영동과일음식홍보지원	20,000	1	1	7	8	7	5	5	4
12722	충북 영동군	농촌에서살아보기	19,600	1	4	7	8	7	1	1	1
12723	충북 영동군	인삼지력증진제공급	19,500	1	4	7	8	7	1	1	1
12724	충북 영동군	영동옥천범죄피해자지원센터사업비	19,000	1	1	7	8	7	1	1	1
12725	충북 영동군	문화학교지원	19,000	1	4	7	8	7	1	1	1
12726	충북 영동군	영동향교및황간향교유지관리사업	18,000	1	6	7	1	7	1	1	3
12727	충북 영동군	영동바로알기교실운영	18,000	1	7	4	7	7	1	1	2
12728	충북 영동군	고능력돼지액상정액공급	17,325	1	6	7	8	7	5	1	2
12729	충북 영동군	장애인생활체육교실운영	17,000	1	1,4	6	8	7	1	1	1
12730	충북 영동군	AI예방계란난좌공급	17,000	1	6	7	8	7	1	1	1
12731	충북 영동군	주민자치센터프로그램발표회참가보조	16,500	1	1	7	8	7	1	1	1
12732	충북 영동군	자원봉사자코디네이터지원(군비추가분)	16,300	1	1	7	8	7	1	1	1
12733	충북 영동군	한우임신진단키트지원사업	16,250	1	4	7	8	7	1	1	1
12734	충북 영동군	가축생균제공급	16,000	1	6	7	8	7	5	1	2
12735	충북 영동군	영동군새마을회사업비	15,000	1	1	7	8	7	1	1	1
12736	충북 영동군	송아지친자검정확인지원사업	15,000	1	4	7	8	7	1	1	1
12737	충북 영동군	4H회육성지원	14,000	1	1	7	8	7	5	5	4
12738	충북 영동군	농촌지도자육성지원	14,000	1	1	7	8	7	5	5	4
12739	충북 영동군	생활개선회육성지원	14,000	1	1	7	8	7	5	5	4
12740	충북 영동군	친환경충해관리용유기농업자재지원사업	14,000	1	6	7	8	7	1	1	1
12741	충북 영동군	교통질서계도요원활동보조	13,000	1	4	7	8	7	1	1	3
12742	충북 영동군	6.25참전유공자회영동군지회경상사업지원	12,760	1	1	7	8	7	1	1	1
12743	충북 영동군	상이군경회영동군지회경상사업지원	11,688	1	1	7	8	7	1	1	1
12744	충북 영동군	민족통일영동군협의회사업비	10,700	1	1	7	8	7	1	1	1
12745	충북 영동군	정보화마을프로그램관육성인부임(군비추가분)	10,600	1	6	7	8	7	5	1	1
12746	충북 영동군	바르게살기운동영동군협의회사업비	10,000	1	1	7	8	7	1	1	1
12747	충북 영동군	한국자유총연맹영동군지부사업비	10,000	1	1	7	8	7	1	1	1
12748	충북 영동군	농업경영인대회행사지원	10,000	1	4	7	8	7	5	5	4
12749	충북 영동군	영동포도지리적표지운영지원	10,000	1	4	7	8	7	5	5	4
12750	충북 영동군	영동보호관찰소협의회사업비	9,500	1	1	7	8	7	1	1	1
12751	충북 영동군	퇴비발효촉진제지원	9,308	1	6	7	8	7	5	1	2
12752	충북 영동군	박물관활성화지원사업(농민문학관)	9,000	1	4	7	8	7	1	1	1
12753	충북 영동군	생활원예프로그램운영시범	9,000	1	6	7	8	7	5	5	4
12754	충북 영동군	농가형와인포장재지원	9,000	1	4	7	8	7	5	5	4
12755	충북 영동군	대한노인회영동군지회장기게이트볼대회	9,000	1	1	7	8	7	1	1	2
12756	충북 영동군	여성지도자교육	9,000	1	1	7	8	7	1	1	1
12757	충북 영동군	무공수훈자회영동군지회경상사업지원	8,945	1	1	7	8	7	1	1	1

순번	시군구	지출명 (사업명)	2024년예산 (단위 : 천원 /1년간)	민간이전 분류 (지방자치단체 세출예산 집행기준에 의거) 1. 민간경상사업보조(307-02) 2. 민간단체 법정운영비보조(307-03) 3. 민간행사사업보조(307-04) 4. 민간위탁금(307-05) 5. 사회복지시설 법정운영비보조(307-10) 6. 민간인위탁교육비(307-12) 7. 공기관등에대한경상적위탁사업비(308-13) 8. 민간자본사업보조,자체재원(402-01) 9. 민간자본사업보조,이전재원(402-02) 10. 민간위탁사업비(402-03) 11. 공기관등에 대한 자본적 위탁사업비(403-02)	민간이전지출 근거 (지방보조금 관리기준 참고) 1. 법률에 규정 2. 국고보조 재원(국가지정) 3. 용도 지정 기부금 4. 조례에 직접규정 5. 지자체가 권장하는 사업을 하는 공공기관 6. 시,도 정책 및 재정사정 7. 기타 8. 해당없음	입찰방식 계약체결방법 (경쟁형태) 1. 일반경쟁 2. 제한경쟁 3. 지명경쟁 4. 수의계약 5. 법정위탁 6. 기타 ( ) 7. 없음	입찰방식 계약기간 1. 1년 2. 2년 3. 3년 4. 4년 5. 5년 6. 기타 ( )년 7. 단기계약 (1년미만) 8. 없음	입찰방식 낙찰자선정방법 1. 적격심사 2. 협상에의한계약 3. 최저가낙찰제 4. 규격가격분리 5. 2단계 경쟁입찰 6. 기타 ( ) 7. 없음	운영예산 산정 운영예산 산정 1. 내부산정 (지자체 자체적으로 산정) 2. 외부산정 (외부전문기관위탁 산정) 3. 내·외부 모두 산정 4. 산정 無 5. 없음	운영예산 산정 정산방법 1. 내부정산 (지자체 내부적으로 정산) 2. 외부정산 (외부전문기관위탁 정산) 3. 내·외부 모두 산정 4. 정산 無 5. 없음	성과평가 실시여부 1. 실시 2. 미실시 3. 향후 추진 4. 해당없음
12758	충북 영동군	월남전참전자회영동군지회경상사업지원	8,410	1	1	7	8	7	1	1	1
12759	충북 영동군	전몰군경유족회영동군지회경상사업지원	8,039	1	1	7	8	7	1	1	1
12760	충북 영동군	여성농업인대회행사지원	8,000	1	4	7	8	7	5	5	4
12761	충북 영동군	로컬푸드직매장활성화지원	8,000	1	6	7	8	7	5	5	4
12762	충북 영동군	엽연초생산자재지원사업	8,000	1	4	7	8	7	1	1	1
12763	충북 영동군	전몰군경미망인회영동군지회경상사업지원	7,984	1	1	7	8	7	1	1	1
12764	충북 영동군	영동예술지발간	7,830	1	4	7	8	7	1	1	1
12765	충북 영동군	양봉농가질병관리지원	7,200	1	2	7	8	7	1	1	1
12766	충북 영동군	8.15광복절기념식	7,000	1	1	7	8	7	1	1	1
12767	충북 영동군	전통문화연등행사	7,000	1	4	7	8	7	1	1	1
12768	충북 영동군	벼노력절감형육묘상자공급지원	7,000	1	4	7	8	7	5	1	1
12769	충북 영동군	일반음식점K급소화기지원사업	6,640	1	2	7	8	7	5	5	4
12770	충북 영동군	한여농과제교육지원	6,000	1	4	7	8	7	5	5	4
12771	충북 영동군	학교4H회과제활동지원	6,000	1	1	7	8	7	5	5	4
12772	충북 영동군	작은도서관도서구입비지원	6,000	1	6	7	8	7	1	1	1
12773	충북 영동군	소상공인희망장려금지원사업	6,000	1	6	7	8	7	1	1	1
12774	충북 영동군	전통시장상인회동아리활동지원	6,000	1	4	7	8	7	1	1	1
12775	충북 영동군	설계리농요등무형문화재공개행사	5,800	1	6	7	1	7	1	1	3
12776	충북 영동군	액비저장조가축분뇨발효제공급	5,760	1	6	7	8	7	5	1	2
12777	충북 영동군	위생교육비지원	5,600	1	4	7	8	7	5	5	4
12778	충북 영동군	향토사연구회의식교육	5,000	1	4	7	8	7	1	1	1
12779	충북 영동군	전국농민회총연맹충북대회행사지원	5,000	1	4	7	8	7	5	5	4
12780	충북 영동군	성폭력예방및성교육뮤지컬인형극	5,000	1	7	7	8	7	1	1	1
12781	충북 영동군	귀농귀촌인협의회육성지원	5,000	1	4	7	8	7	1	1	1
12782	충북 영동군	그림책과푸드놀이테라피	4,960	1	7	7	8	7	1	1	1
12783	충북 영동군	시니어전통혼례	4,680	1	7	7	8	7	1	1	1
12784	충북 영동군	커피바리스타과정	4,580	1	7	7	8	7	1	1	1
12785	충북 영동군	녹색어머니회교통질서활동보조	4,000	1	4	7	8	7	1	1	3
12786	충북 영동군	419혁명이기태열사추모사업지원	4,000	1	1	7	8	7	1	1	1
12787	충북 영동군	음식문화개선선진외식문화견학지원	4,000	1	4	7	8	7	5	5	4
12788	충북 영동군	FTA사업계획수립및관리비	3,900	1	1	7	8	7	1	1	1
12789	충북 영동군	우수시장박람회	3,600	1	4	7	8	7	1	1	1
12790	충북 영동군	심천리복지회관운영	3,534	1	1	7	1	7	1	1	1
12791	충북 영동군	고엽제전우회영동군지회경상사업지원	3,360	1	1	7	8	7	1	1	1
12792	충북 영동군	유기농인증확대를위한홍보지원	3,200	1	4	7	8	7	1	1	1
12793	충북 영동군	주민자치센터동아리대회출전보조	3,000	1	1	7	8	7	1	1	1
12794	충북 영동군	청소년평화통일공감현장견학및강연	3,000	1	1	7	8	7	1	1	1
12795	충북 영동군	국내전시,박람회참가비지원	3,000	1	6	7	8	1	1	1	1
12796	충북 영동군	귀농귀촌인융화교육	3,000	1	4	7	8	7	1	1	1
12797	충북 영동군	자원봉사센터보험료지원	2,862	1	1	7	8	7	1	1	1

순번	시군구	지출명 (사업명)	2024년예산 (단위 : 천원 /1년간)	민간이전 분류 (지방자치단체 세출예산 집행기준에 의거)	민간이전지출 근거 (지방보조금 관리기준 참고)	입찰방식			운영예산 산정		성과평가 실시여부
				1. 민간경상사업보조(307-02) 2. 민간단체 법정운영비보조(307-03) 3. 민간행사사업보조(307-04) 4. 민간위탁금(307-05) 5. 사회복지시설 법정운영비보조(307-10) 6. 민간인위탁교육비(307-12) 7. 공기관등에대한경상적위탁사업비(308-13) 8. 민간자본사업보조,자체재원(402-01) 9. 민간자본사업보조,이전재원(402-02) 10. 민간위탁사업비(402-03) 11. 공기관등에 대한 자본적 위탁사업비(403-02)	1. 법률에 규정 2. 국고보조 재원(국가지정) 3. 용도 지정 기부금 4. 조례에 직접규정 5. 지자체가 권장하는 사업을 하는 공공기관 6. 시,도 정책 및 재정사정 7. 기타 8. 해당없음	계약체결방법 (경쟁형태) 1. 일반경쟁 2. 제한경쟁 3. 지명경쟁 4. 수의계약 5. 법정위탁 6. 기타 ( ) 7. 없음	계약기간 1. 1년 2. 2년 3. 3년 4. 4년 5. 5년 6. 기타 ( )년 7. 단기계약 (1년미만) 8. 없음	낙찰자선정방법 1. 적격심사 2. 협상에의한계약 3. 최저가낙찰제 4. 규격가격분리 5. 2단계 경쟁입찰 6. 기타 ( ) 7. 없음	운영예산 산정 1. 내부산정 (지자체 자체적으로 산정) 2. 외부산정 (외부전문기관위탁 산정) 3. 내·외부 모두 산정 4. 산정 無 5. 없음	정산방법 1. 내부정산 (지자체 내부적으로 정산) 2. 외부정산 (외부전문기관위탁 정산) 3. 내·외부 모두 산정 4. 정산 無 5. 없음	1. 실시 2. 미실시 3. 향후 추진 4. 해당없음
12798	충북 영동군	경로당현판및노인회기등교체	2,700	1	1	7	8	7	1	1	1
12799	충북 영동군	북한이탈주민정착지워너사업	2,500	1	4	7	8	7	5	5	1
12800	충북 영동군	영동군재향군인회경상사업지원	2,290	1	1	7	8	7	1	1	1
12801	충북 영동군	광복회충북지부영동군분회경상사업지원	2,150	1	1	7	8	7	1	1	1
12802	충북 영동군	지역평생학습활성화우수동아리지원	2,000	1	5	6	8	6	1	1	4
12803	충북 영동군	음식문화개선추진및자율활동지원	2,000	1	7	7	8	7	5	5	4
12804	충북 영동군	음식문화개선추진협의회개최지원	2,000	1	2	7	8	7	5	5	4
12805	충북 영동군	청년귀농인영농자재지원	2,000	1	4	7	8	7	1	1	1
12806	충북 영동군	생활체육지도자(일반,어르신)지도활동보험료	1,804	1	2	6	8	7	1	1	1
12807	충북 영동군	양봉농가농약해독제공급	1,700	1	6	7	8	7	5	1	2
12808	충북 영동군	하천수질모니터링	1,500	1	4	4	1	7	1	1	4
12809	충북 영동군	마을하천가꾸지지원사업	1,500	1	1	7	1	7	1	1	1
12810	충북 영동군	축산물HACCP컨설팅지원(생산단계)	840	1	2	6	1	7	1	1	1
12811	충북 영동군	노근리국제평화재단운영지원	73,000	1	2	7	8	7	1	1	4
12812	충북 영동군	노근리사건희생자유족회운영지원	65,000	1	1,4	7	8	7	1	1	4
12813	충북 영동군	난계민속풍물단양성사업	33,560	1	6	7	8	7	5	5	4
12814	충북 증평군	통합문화체육관광이용권	257,400	1	2	7	8	7	1	1	4
12815	충북 증평군	유기질비료지원(전환사업)	253,618	1	2	7	8	7	5	1	2
12816	충북 증평군	증평체력인증센터운영	203,640	1	2	7	8	7	5	1	4
12817	충북 증평군	일반생활체육지도자배치	162,465	1	2	7	8	7	5	1	4
12818	충북 증평군	일손이음지원사업	147,936	1	4	7	8	7	5	5	4
12819	충북 증평군	어르신생활체육지도자배치	129,972	1	2	7	8	7	5	1	4
12820	충북 증평군	논농업필수영농자재지원	116,300	1	6	7	8	7	5	1	2
12821	충북 증평군	토양개량제지원	114,223	1	2	7	8	7	5	1	2
12822	충북 증평군	영농부산물안전처리지원	105,000	1	1	7	8	7	5	5	4
12823	충북 증평군	추억공유디지털영상자서전콘텐츠운영지원	100,000	1	6	7	8	7	5	5	4
12824	충북 증평군	육묘용농자재지원	95,000	1	7	7	8	7	1	1	1
12825	충북 증평군	돌봄정책추진(온종일돌봄등)	80,000	1	4	1	1	7	1	1	4
12826	충북 증평군	자원봉사센터봉사활동지원	74,000	1	1	7	8	7	5	5	4
12827	충북 증평군	유기질비료지원사업(자체)	70,000	1	7	7	8	7	1	1	1
12828	충북 증평군	자원봉사코디네이터지원	66,400	1	1	7	8	7	5	5	4
12829	충북 증평군	장애인생활체육지도자배치	62,604	1	2	7	8	7	5	1	4
12830	충북 증평군	포장재제작지원	60,000	1	1	7	8	7	5	5	4
12831	충북 증평군	지역주도형청년일자리	51,439	1	2	7	8	7	5	5	4
12832	충북 증평군	지역체육진흥	50,000	1	1	7	8	7	1	1	3
12833	충북 증평군	귀농귀촌유치지원(충북에서살아보기)	49,200	1	6	7	8	7	5	1	4
12834	충북 증평군	행복교육지구협력사업	40,000	1	7	4	1	7	1	1	4
12835	충북 증평군	한우송아지경매장출하지원사업	40,000	1	1	7	8	7	1	1	4
12836	충북 증평군	마을기업육성	31,000	1	2	7	8	7	5	5	4
12837	충북 증평군	생활체육활성화	30,731	1	1	7	8	7	1	1	4

순번	시군구	지출명 (사업명)	2024년예산 (단위 : 천원 /1년간)	민간이전 분류 (지방자치단체 세출예산 집행기준에 의거) 1. 민간경상사업보조(307-02) 2. 민간단체 법정운영비보조(307-03) 3. 민간행사사업보조(307-04) 4. 민간위탁금(307-05) 5. 사회복지시설 법정운영비보조(307-10) 6. 민간인위탁교육비(307-12) 7. 공기관등에대한경상적위탁사업비(308-13) 8. 민간자본사업보조,자체재원(402-01) 9. 민간자본사업보조,이전재원(402-02) 10. 민간위탁사업비(402-03) 11. 공기관등에 대한 자본적 위탁사업비(403-02)	민간이전지출 근거 (지방보조금 관리기준 참고) 1. 법률에 규정 2. 국고보조 재원(국가지정) 3. 용도 지정 기부금 4. 조례에 직접규정 5. 지자체가 권장하는 사업을 하는 공공기관 6. 시,도 정책 및 재정사정 7. 기타 8. 해당없음	입찰방식 계약체결방법 (경쟁형태) 1. 일반경쟁 2. 제한경쟁 3. 지명경쟁 4. 수의계약 5. 법정위탁 6. 기타 ( ) 7. 없음	입찰방식 계약기간 1. 1년 2. 2년 3. 3년 4. 4년 5. 5년 6. 기타 ( )년 7. 단기계약 (1년미만) 8. 없음	입찰방식 낙찰자선정방법 1. 적격심사 2. 협상에의한계약 3. 최저가낙찰제 4. 규격가격분리 5. 2단계 경쟁입찰 6. 기타 ( ) 7. 없음	운영예산 산정 운영예산 산정 1. 내부산정 (지자체 자체적으로 산정) 2. 외부산정 (외부전문기관위탁 산정) 3. 내·외부 모두 산정 4. 산정 無 5. 없음	운영예산 산정 정산방법 1. 내부정산 (지자체 내부적으로 정산) 2. 외부정산 (외부전문기관위탁 정산) 3. 내·외부 모두 산정 4. 정산 無 5. 없음	성과평가 실시여부 1. 실시 2. 미실시 3. 향후 추진 4. 해당없음
12838	충북 증평군	지자체간우호교류추진	30,000	1	5	7	8	7	5	5	4
12839	충북 증평군	친환경농업전환농가지원	30,000	1	7	7	8	7	1	1	1
12840	충북 증평군	인삼생산자재지원	30,000	1	4	7	8	7	5	5	4
12841	충북 증평군	도시재생뉴딜사업(윗장뜰)	30,000	1	4,7	7	8	7	5	5	4
12842	충북 증평군	청년후계농영농정착지원	27,140	1	2	7	8	7	5	1	4
12843	충북 증평군	배송도우미사업	27,120	1	6	7	8	7	5	1	4
12844	충북 증평군	문화재활용사업	27,000	1	4	7	8	7	1	1	1
12845	충북 증평군	민속체험박물관교육프로그램운영	27,000	1	7	7	8	7	1	1	1
12846	충북 증평군	구제역예방백신구입지원	27,000	1	2	7	8	7	1	1	4
12847	충북 증평군	생활체육활성화	26,400	1	1	7	8	7	1	1	4
12848	충북 증평군	농촌재능나눔지원(전환사업)	25,000	1	1	7	8	7	5	1	1
12849	충북 증평군	충북형도시근로자지원사업	24,343	1	6	7	8	7	5	5	4
12850	충북 증평군	과일품질향상자재지원	23,400	1	4	7	8	7	5	5	4
12851	충북 증평군	가축예방주사및기생충구제	20,160	1	2	7	8	7	1	1	4
12852	충북 증평군	지자체수출전략상품육성지원	20,107	1	6	7	8	7	5	5	4
12853	충북 증평군	농촌창의사업(농촌다움복원)(전환사업)	20,000	1	4	7	4	1	1	1	4
12854	충북 증평군	농촌창의사업(농촌다움복원)(전환사업)	20,000	1	4	7	8	7	5	5	4
12855	충북 증평군	행복교육지구협력사업	20,000	1	5	4	1	7	1	1	4
12856	충북 증평군	쾌적한환경행복한공동체만들기	20,000	1	1	7	8	7	5	5	4
12857	충북 증평군	정보화마을프로그램관리자육성	19,302	1	1,6	7	8	7	2	1	1
12858	충북 증평군	친환경특수미생산단지육성	19,200	1	6	7	8	7	5	1	2
12859	충북 증평군	생활체육활성화	18,480	1	1	7	8	7	1	1	4
12860	충북 증평군	증평예총사업지원	18,000	1	4	7	8	7	1	1	4
12861	충북 증평군	비육용암소시장육성사업	18,000	1	1	7	8	7	1	1	4
12862	충북 증평군	친환경임산물재배관리	16,091	1	2	7	8	7	5	1	4
12863	충북 증평군	증평인삼육성사업	15,000	1	4	7	8	7	5	5	4
12864	충북 증평군	고품질고추생산기반구축	15,000	1	4	7	8	7	5	5	4
12865	충북 증평군	우량종돈개량사업	15,000	1	1	7	8	7	1	1	4
12866	충북 증평군	한센병관리사업	14,900	1	1	5	1	7	1	5	4
12867	충북 증평군	농촌생활활력화새기술보급	14,000	1	6	7	8	7	5	5	4
12868	충북 증평군	양봉산업경쟁력강화(양봉화분)	13,875	1	1	7	8	7	1	1	4
12869	충북 증평군	증평예총사업지원	13,500	1	4	7	8	7	1	1	4
12870	충북 증평군	농촌창의사업(농촌다움복원)(전환사업)	13,000	1	4	7	8	7	5	5	4
12871	충북 증평군	생활체육활성화	11,732	1	1	7	8	7	1	1	4
12872	충북 증평군	고품질부추생산자재지원	11,700	1	4	7	8	7	5	5	4
12873	충북 증평군	증평인삼골축제	11,200	1	4	7	8	7	1	1	1
12874	충북 증평군	친환경쌀포장재제작지원	11,000	1	7	7	8	7	1	1	1
12875	충북 증평군	인삼지력증진제공급	11,000	1	6	7	8	7	5	5	4
12876	충북 증평군	지역주도형청년일자리	10,800	1	2	7	8	7	5	5	4
12877	충북 증평군	고품질쌀생력재배친환경자재공급	10,500	1	6	7	8	7	5	1	2

순번	시군구	지출명 (사업명)	2024년예산 (단위 : 천원 /1년간)	민간이전 분류 (지방자치단체 세출예산 집행기준에 의거) 1. 민간경상사업보조(307-02) 2. 민간단체 법정운영비보조(307-03) 3. 민간행사사업보조(307-04) 4. 민간위탁금(307-05) 5. 사회복지시설 법정운영비보조(307-10) 6. 민간인위탁교육비(307-12) 7. 공기관등에대한경상적위탁사업비(308-13) 8. 민간자본사업보조,자체재원(402-01) 9. 민간자본사업보조,이전재원(402-02) 10. 민간위탁사업비(402-03) 11. 공기관등에 대한 자본적 위탁사업비(403-02)	민간이전지출 근거 (지방보조금 관리기준 참고) 1. 법률에 규정 2. 국고보조 재원(국가지정) 3. 용도 지정 기부금 4. 조례에 직접규정 5. 지자체가 권장하는 사업을 하는 공공기관 6. 시,도 정책 및 재정사정 7. 기타 8. 해당없음	입찰방식			운영예산 산정		성과평가 실시여부
						계약체결방법 (경쟁형태) 1. 일반경쟁 2. 제한경쟁 3. 지명경쟁 4. 수의계약 5. 법정위탁 6. 기타 ( ) 7. 없음	계약기간 1. 1년 2. 2년 3. 3년 4. 4년 5. 5년 6. 기타 ( )년 7. 단기계약 (1년미만) 8. 없음	낙찰자선정방법 1. 적격심사 2. 협상에의한계약 3. 최저가낙찰제 4. 규격가격분리 5. 2단계 경쟁입찰 6. 기타 ( ) 7. 없음	운영예산 산정 1. 내부산정 (지자체 자체적으로 산정) 2. 외부산정 (외부전문기관위탁 산정) 3. 내·외부 모두 산정 4. 산정 無 5. 없음	정산방법 1. 내부정산 (지자체 내부적으로 정산) 2. 외부정산 (외부전문기관위탁 정산) 3. 내·외부 모두 산정 4. 정산 無 5. 없음	1. 실시 2. 미실시 3. 향후 추진 4. 해당없음
12878	충북 증평군	임산부친환경농산물지원사업	10,176	1	6	7	8	7	5	1	2
12879	충북 증평군	행복마을사업	10,000	1	7	7	8	7	5	5	4
12880	충북 증평군	민간사회단체지원	10,000	1	1	7	8	7	5	5	4
12881	충북 증평군	증평문화원사업지원	10,000	1	1	7	8	7	1	1	1
12882	충북 증평군	생활체육대회참가	10,000	1	1	7	8	7	1	1	3
12883	충북 증평군	농촌재능나눔지원(전환사업)	10,000	1	1	7	8	7	5	1	1
12884	충북 증평군	로컬푸드활용돌봄체계구축지원	10,000	1	1	7	8	7	5	5	4
12885	충북 증평군	농촌어르신복지실천시범(전환사업)	10,000	1	6	7	8	7	5	5	4
12886	충북 증평군	과수생산자재지원	9,774	1	4	7	8	7	5	5	4
12887	충북 증평군	초등돌봄교실과일간식지원	9,513	1	6	7	8	7	5	5	4
12888	충북 증평군	수출농식품포장재지원사업	9,168	1	6	7	8	7	5	5	4
12889	충북 증평군	생활체육활성화	9,120	1	1	7	8	7	1	1	4
12890	충북 증평군	생활체육교실운영	9,000	1	1	7	8	7	1	1	3
12891	충북 증평군	생활체육교실운영	9,000	1	1	7	8	7	1	1	3
12892	충북 증평군	로컬푸드유통활성화지원	9,000	1	1	7	8	7	5	5	4
12893	충북 증평군	유기농업자재지원	8,100	1	2	7	8	7	5	1	2
12894	충북 증평군	정보화마을운영활성화	8,000	1	1,6	7	8	7	2	1	1
12895	충북 증평군	엽연초생산자재지원	8,000	1	4	7	8	7	5	5	4
12896	충북 증평군	로컬푸드직매장활성화지원사업	8,000	1	6	7	8	7	5	5	4
12897	충북 증평군	한우등록지원사업	7,200	1	1	7	8	7	1	1	4
12898	충북 증평군	증평문화원사업지원	7,000	1	1	7	8	7	1	1	1
12899	충북 증평군	도깨비동화마을운영지원	7,000	1	7	7	8	7	1	1	4
12900	충북 증평군	친환경우렁이종패지원사업	6,767	1	6	7	8	7	5	1	2
12901	충북 증평군	문화예술활동지원사업	6,700	1	6	7	8	7	1	1	1
12902	충북 증평군	생활체육활성화	6,600	1	1	7	8	7	1	1	4
12903	충북 증평군	소상공인희망장려금지원사업	6,600	1	6	7	8	7	5	1	4
12904	충북 증평군	문화재활용사업	6,300	1	4	7	8	7	1	1	1
12905	충북 증평군	환경단체활동지원	6,000	1	6	7	8	7	5	5	4
12906	충북 증평군	농업경영인및여성농업인지원	5,400	1	7	7	8	7	1	1	1
12907	충북 증평군	민속체험박물관교육프로그램운영	5,300	1	7	7	8	7	1	1	1
12908	충북 증평군	민속체험박물관교육프로그램운영	5,300	1	7	7	8	7	1	1	1
12909	충북 증평군	구제역예방백신구입지원	5,225	1	2	7	8	7	1	1	4
12910	충북 증평군	농촌창의사업(농촌다움복원)(전환사업)	5,000	1	7	7	1	7	1	1	3
12911	충북 증평군	도서관프로그램운영	5,000	1	7	7	1	7	1	1	3
12912	충북 증평군	범죄피해자지원센터지원	5,000	1	1	7	8	7	5	5	4
12913	충북 증평군	자원봉사활성화	5,000	1	1	7	8	7	5	5	4
12914	충북 증평군	정보화마을프로그램관리자육성	5,000	1	1,6	7	8	7	2	1	1
12915	충북 증평군	증평예총사업지원	5,000	1	4	7	8	7	1	1	4
12916	충북 증평군	기업경영안정및육성지원	5,000	1	7	7	8	7	5	1	4
12917	충북 증평군	한돈사료첨가제지원	5,000	1	2	7	8	7	1	1	4

순번	시군구	지출명 (사업명)	2024년예산 (단위 : 전원 /1년간)	민간이전 분류 (지방자치단체 세출예산 집행기준에 의거) 1. 민간경상사업보조(307-02) 2. 민간단체 법정운영비보조(307-03) 3. 민간행사사업보조(307-04) 4. 민간위탁금(307-05) 5. 사회복지시설 법정운영비보조(307-10) 6. 민간인위탁교육비(307-12) 7. 공기관등에대한경상적위탁사업비(308-13) 8. 민간자본사업보조,자체재원(402-01) 9. 민간자본사업보조,이전재원(402-02) 10. 민간위탁사업비(402-03) 11. 공기관등에 대한 자본적 위탁사업비(403-02)	민간이전지출 근거 (지방보조금 관리기준 참고) 1. 법률에 규정 2. 국고보조 재원(국가지정) 3. 용도 지정 기부금 4. 조례에 직접규정 5. 지자체가 권장하는 사업을 하는 공공기관 6. 시,도 정책 및 재정사정 7. 기타 8. 해당없음	입찰방식 계약체결방법 (경쟁형태) 1. 일반경쟁 2. 제한경쟁 3. 지명경쟁 4. 수의계약 5. 법정위탁 6. 기타 ( ) 7. 없음	입찰방식 계약기간 1. 1년 2. 2년 3. 3년 4. 4년 5. 5년 6. 기타 ( )년 7. 단기계약 (1년미만) 8. 없음	입찰방식 낙찰자선정방법 1. 적격심사 2. 협상에의한계약 3. 최저가낙찰제 4. 규격가격분리 5. 2단계 경쟁입찰 6. 기타 ( ) 7. 없음	운영예산 산정 운영예산 산정 1. 내부산정 (지자체 자체적으로 산정) 2. 외부산정 (외부전문기관위탁 산정) 3. 내·외부 모두 산정 4. 산정 無 5. 없음	운영예산 산정 정산방법 1. 내부정산 (지자체 내부적으로 정산) 2. 외부정산 (외부전문기관위탁 정산) 3. 내·외부 모두 산정 4. 정산 無 5. 없음	성과평가 실시여부 1. 실시 2. 미실시 3. 향후 추진 4. 해당없음
12918	충북 증평군	작은도서관지원	4,800	1	5	7	8	7	5	5	4
12919	충북 증평군	과수생산자재지원	4,725	1	4	7	8	7	5	5	4
12920	충북 증평군	지역공동체제안공모사업	4,500	1	6	7	8	7	5	1	4
12921	충북 증평군	농업경영인및여성농업인지원	4,500	1	7	7	8	7	1	1	1
12922	충북 증평군	쌀품평회및쌀전업농대회지원	4,500	1	7	7	8	7	1	1	1
12923	충북 증평군	어린이놀이시설관리및지원	4,500	1	1,4	7	8	7	1	1	4
12924	충북 증평군	주민자치활성화	4,200	1	4	7	8	7	5	5	4
12925	충북 증평군	한우등록지원사업	4,160	1	1	7	8	7	1	1	4
12926	충북 증평군	주민자치활성화	4,000	1	4	7	8	7	5	5	4
12927	충북 증평군	주민자치활성화	4,000	1	4	7	8	7	5	5	4
12928	충북 증평군	생활체육교실운영	4,000	1	1	7	8	7	1	1	4
12929	충북 증평군	고품질쌀생산자재지원	4,000	1	7	7	8	7	1	1	1
12930	충북 증평군	과실품질향상자재지원	3,950	1	6	7	8	7	5	5	4
12931	충북 증평군	농촌창의사업(농촌다움복원)(전환사업)	3,600	1	4	7	1	7	1	1	4
12932	충북 증평군	친환경상토지원사업	3,300	1	7	7	8	7	1	1	1
12933	충북 증평군	양봉산업경쟁력강화(양봉벌통)	3,300	1	1	7	8	7	1	1	4
12934	충북 증평군	유기농인증확대를위한소비홍보지원	3,200	1	6	7	8	7	5	1	2
12935	충북 증평군	문화재활용사업	3,000	1	4	7	8	7	1	1	1
12936	충북 증평군	기업경영안정및육성지원	3,000	1	7	7	8	7	5	1	4
12937	충북 증평군	귀농귀촌인과지역주민융화교육	3,000	1	6	7	8	7	5	1	4
12938	충북 증평군	유기가공식품포장재지원	3,000	1	6	7	8	7	5	1	2
12939	충북 증평군	친환경축산물인증농가계란판지원	3,000	1	1	7	8	7	1	1	4
12940	충북 증평군	영구임대아파트공동전기요금지원	3,000	1	1	7	8	7	5	5	4
12941	충북 증평군	도덕성회복교육지원	2,886	1	6	7	8	7	1	1	4
12942	충북 증평군	자원봉사보험가입서비스지원	2,870	1	1	7	8	7	5	5	4
12943	충북 증평군	쌀품평회및쌀전업농대회지원	2,700	1	7	7	8	7	1	1	1
12944	충북 증평군	북한이탈주민정착지원사업	2,500	1	6	7	8	7	5	5	4
12945	충북 증평군	생활체육활성화	2,400	1	1	7	8	7	1	1	4
12946	충북 증평군	환경단체활동지원	2,400	1	6	7	8	7	5	5	4
12947	충북 증평군	우수여왕벌보급사업	2,400	1	1	7	8	7	1	1	4
12948	충북 증평군	민간사회단체지원	2,150	1	1	7	8	7	5	5	4
12949	충북 증평군	환경단체활동지원	2,100	1	6	7	8	7	5	5	4
12950	충북 증평군	농촌창의사업(농촌다움복원)(전환사업)	2,000	1	4	7	1	7	1	1	4
12951	충북 증평군	민간사회단체지원	2,000	1	1	7	8	7	5	5	4
12952	충북 증평군	민간사회단체지원	2,000	1	1	7	8	7	5	5	4
12953	충북 증평군	문화재활용사업	2,000	1	4	7	8	7	1	1	1
12954	충북 증평군	문화재활용사업	2,000	1	4	7	8	7	1	1	1
12955	충북 증평군	음식문화개선추진협의회개최지원	2,000	1	6	7	8	7	4	1	1
12956	충북 증평군	친환경농업전환농가지원	2,000	1	7	7	8	7	1	1	1
12957	충북 증평군	장뜰쌀특화재배육성	2,000	1	7	7	8	7	1	1	1

순번	시군구	지출명 (사업명)	2024년예산 (단위 : 천원 /1년간)	민간이전 분류 (지방자치단체 세출예산 집행기준에 의거) 1. 민간경상사업보조(307-02) 2. 민간단체 법정운영비보조(307-03) 3. 민간행사사업보조(307-04) 4. 민간위탁금(307-05) 5. 사회복지시설 법정운영비보조(307-10) 6. 민간인위탁교육비(307-12) 7. 공기관등에대한경상적위탁사업비(308-13) 8. 민간자본사업보조,자체재원(402-01) 9. 민간자본사업보조,이전재원(402-02) 10. 민간위탁사업비(402-03) 11. 공기관등에 대한 자본적 위탁사업비(403-02)	민간이전지출 근거 (지방보조금 관리기준 참고) 1. 법률에 규정 2. 국고보조 재원(국가지정) 3. 용도 지정 기부금 4. 조례에 직접규정 5. 지자체가 권장하는 사업을 하는 공공기관 6. 시,도 정책 및 재정사정 7. 기타 8. 해당없음	입찰방식			운영예산 산정		성과평가 실시여부
						계약체결방법 (경쟁형태) 1. 일반경쟁 2. 제한경쟁 3. 지명경쟁 4. 수의계약 5. 법정위탁 6. 기타 ( ) 7. 없음	계약기간 1. 1년 2. 2년 3. 3년 4. 4년 5. 5년 6. 기타 ( )년 7. 단기계약 (1년미만) 8. 없음	낙찰자선정방법 1. 적격심사 2. 협상에의한계약 3. 최저가낙찰제 4. 규격가격분리 5. 2단계 경쟁입찰 6. 기타 ( ) 7. 없음	운영예산 산정 1. 내부산정 (지자체 자체적으로 산정) 2. 외부산정 (외부전문기관위탁 산정) 3. 내·외부 모두 산정 4. 산정 無 5. 없음	정산방법 1. 내부정산 (지자체 내부적으로 정산) 2. 외부정산 (외부전문기관위탁 정산) 3. 내·외부 모두 산정 4. 정산 無 5. 없음	1. 실시 2. 미실시 3. 향후 추진 4. 해당없음
12958	충북 증평군	국내식품전시회참가지원	2,000	1	6	7	8	7	5	5	4
12959	충북 증평군	무형문화재공개행사지원	1,800	1	4	7	8	7	1	1	1
12960	충북 증평군	과수생산자재지원	1,701	1	4	7	8	7	5	5	4
12961	충북 증평군	민간사회단체지원	1,600	1	1	7	8	7	5	5	4
12962	충북 증평군	생분해성멀칭비닐지원사업	1,600	1	6	7	8	7	5	1	2
12963	충북 증평군	민간사회단체지원	1,500	1	1	7	8	7	5	5	4
12964	충북 증평군	민간사회단체지원	1,500	1	1	7	8	7	5	5	4
12965	충북 증평군	민간사회단체지원	1,500	1	1	7	8	7	5	5	4
12966	충북 증평군	지도활동보험료지원	1,476	1	2	7	8	7	5	1	4
12967	충북 증평군	민주평화통일자문회의운영	1,400	1	1	7	8	7	5	5	4
12968	충북 증평군	교통편의시설관리	1,400	1	1	7	8	7	1	1	1
12969	충북 증평군	민간사회단체지원	1,000	1	1	7	8	7	5	5	4
12970	충북 증평군	민간사회단체지원	1,000	1	1	7	8	7	5	5	4
12971	충북 증평군	민간사회단체지원	1,000	1	1	7	8	7	5	5	4
12972	충북 증평군	문화재활용사업	1,000	1	4	7	8	7	1	1	1
12973	충북 증평군	문화재활용사업	1,000	1	4	7	8	7	1	1	1
12974	충북 증평군	문화재활용사업	1,000	1	4	7	8	7	1	1	1
12975	충북 증평군	문화재활용사업	1,000	1	4	7	8	7	1	1	1
12976	충북 증평군	생활체육대회참가	1,000	1	1	7	8	7	1	1	3
12977	충북 증평군	민주평화통일자문회의운영	950	1	1	7	8	7	5	5	4
12978	충북 증평군	민주평화통일자문회의운영	800	1	1	7	8	7	5	5	4
12979	충북 증평군	민간사회단체지원	800	1	1	7	8	7	5	5	4
12980	충북 증평군	친환경임산물재배관리	767	1	2	7	8	7	5	1	4
12981	충북 증평군	민간사회단체지원	750	1	1	7	8	7	5	5	4
12982	충북 증평군	민간사회단체지원	630	1	1	7	8	7	5	5	4
12983	충북 증평군	민간사회단체지원	400	1	1	7	8	7	5	5	4
12984	충북 증평군	민간사회단체지원	300	1	1	7	8	7	5	5	4
12985	충북 증평군	민간사회단체지원	250	1	1	7	8	7	5	5	4
12986	충북 진천군	유기질비료지원(전환))	864,382	1	6	7	8	7	5	1	3
12987	충북 진천군	충북형도시농부지원)	774,000	1	6	7	8	7	1	1	3
12988	충북 진천군	논농업필수영농자재지원)	537,387	1	6	7	8	7	5	1	3
12989	충북 진천군	농작업대행서비스센터지원사업)	520,000	1	4	7	8	7	5	1	3
12990	충북 진천군	각종대회유치및참가(도민체전전략종목육성)	450,000	1	4	7	8	7	1	1	1
12991	충북 진천군	벼육묘용제조상토공급)	445,200	1	4	7	8	7	5	1	3
12992	충북 진천군	통합문화이용권사업)	438,100	1	2	7	8	7	2	4	4
12993	충북 진천군	각종대회유치및참가(충북도민체육대회)	360,000	1	4	7	8	7	1	1	1
12994	충북 진천군	토양개량제지원)	343,178	1	2	7	8	7	5	1	3
12995	충북 진천군	고품질벼맞춤형영농자재지원사업)	325,080	1	4	7	8	7	5	1	3
12996	충북 진천군	맞춤형유기질비료지원)	321,060	1	4	7	8	7	1	1	3
12997	충북 진천군	산업단지중소기업출퇴근지원사업(전환))	317,040	1	1	7	8	7	1	1	4

순번	시군구	지출명 (사업명)	2024년예산 (단위 : 천원 /1년간)	민간이전 분류 (지방자치단체 세출예산 집행기준에 의거) 1. 민간경상사업보조(307-02) 2. 민간단체 법정운영비보조(307-03) 3. 민간행사사업보조(307-04) 4. 민간위탁금(307-05) 5. 사회복지시설 법정운영비보조(307-10) 6. 민간인위탁교육비(307-12) 7. 공기관등에대한경상적위탁사업비(308-13) 8. 민간자본사업보조,자체재원(402-01) 9. 민간자본사업보조,이전재원(402-02) 10. 민간위탁사업비(402-03) 11. 공기관등에 대한 자본적 위탁사업비(403-02)	민간이전지출 근거 (지방보조금 관리기준 참고) 1. 법률에 규정 2. 국고보조 재원(국가지정) 3. 용도 지정 기부금 4. 조례에 직접규정 5. 지자체가 권장하는 사업을 하는 공공기관 6. 시,도 정책 및 재정사정 7. 기타 8. 해당없음	입찰방식: 계약체결방법 (경쟁형태) 1. 일반경쟁 2. 제한경쟁 3. 지명경쟁 4. 수의계약 5. 법정위탁 6. 기타 ( ) 7. 없음	입찰방식: 계약기간 1. 1년 2. 2년 3. 3년 4. 4년 5. 5년 6. 기타 ( )년 7. 단기계약 (1년미만) 8. 없음	입찰방식: 낙찰자선정방법 1. 적격심사 2. 협상에의한계약 3. 최저가낙찰제 4. 규격가격분리 5. 2단계 경쟁입찰 6. 기타 ( ) 7. 없음	운영예산 산정: 운영예산 산정 1. 내부산정 (지자체 자체적으로 산정) 2. 외부산정 (외부전문기관위탁 산정) 3. 내·외부 모두 산정 4. 산정 無 5. 없음	운영예산 산정: 정산방법 1. 내부정산 (지자체 내부적으로 정산) 2. 외부정산 (외부전문기관위탁 정산) 3. 내·외부 모두 산정 4. 정산 無 5. 없음	성과평가 실시여부 1. 실시 2. 미실시 3. 향후 추진 4. 해당없음
12998	충북 진천군	청년농업인영농정착지원사업지원금)	277,140	1	2	7	8	7	5	1	3
12999	충북 진천군	일손이음운영지원)	249,660	1	6	7	1	7	5	1	3
13000	충북 진천군	생거진천공동브랜드포장재지원)	225,000	1	4	7	8	7	1	1	4
13001	충북 진천군	벼생육맞춤형이삭거름지원)	205,862	1	4	7	8	7	5	1	3
13002	충북 진천군	국민체력1체력인증센터운영지원)	203,640	1	4	7	8	7	1	1	1
13003	충북 진천군	공공의료취약지역응급지원확대)	200,000	1	2	7	8	7	2	2	1
13004	충북 진천군	농촌인력중개센터운영지원)	160,000	1	2	7	8	7	5	1	3
13005	충북 진천군	장애인생활체육지도자배치)	156,510	1	4	7	8	7	1	1	1
13006	충북 진천군	생생문화재사업)	145,000	1	1	6	8	7	5	1	1
13007	충북 진천군	농작업대행서비스센터운영지원)	134,000	1	6	7	8	7	5	1	3
13008	충북 진천군	축사깔짚지원(톱밥))	131,705	1	4	7	8	7	5	5	4
13009	충북 진천군	전문선수운영)	129,970	1	4	7	8	7	1	1	1
13010	충북 진천군	공동방제기활용방제비지원)	124,525	1	4	7	7	7	5	1	1
13011	충북 진천군	충북형도시근로자지원사업)	119,977	1	6	7	1	7	5	5	4
13012	충북 진천군	1차공동방제약제비지원)	116,090	1	4	7	7	7	5	1	1
13013	충북 진천군	농촌돌봄서비스활성화지원사업)	110,000	1	2	7	8	7	5	1	3
13014	충북 진천군	산업농공단지가로등지원사업)	108,800	1	1	7	8	7	1	1	3
13015	충북 진천군	영농부산물안전처리지원)	105,000	1	2	7	8	7	5	5	4
13016	충북 진천군	친환경특수미생산단지육성)	96,000	1	6	7	8	7	5	1	3
13017	충북 진천군	축산농가분뇨처리지원)	90,000	1	4	7	8	7	5	5	4
13018	충북 진천군	제63회충북도민체육대회자원봉사자운영지원)	86,780	1	1	7	8	7	5	5	4
13019	충북 진천군	토양개량제공동살포비지원)	78,000	1	2	7	8	7	5	1	3
13020	충북 진천군	자원봉사센터봉사활동지원)	74,000	1	2	7	8	7	1	1	1
13021	충북 진천군	친환경벼생산단지지원사업)	74,000	1	4	7	8	7	5	1	3
13022	충북 진천군	공동주택전기료지원)	70,000	1	4	7	8	7	5	5	4
13023	충북 진천군	양봉월동용기능강화제지원)	70,000	1	4	7	8	7	5	5	4
13024	충북 진천군	자원봉사코디네이터지원)	66,400	1	2	7	8	7	1	1	1
13025	충북 진천군	인건비)	65,486	1	2	7	8	7	5	5	4
13026	충북 진천군	가축생균제공급)	63,000	1	6	7	8	7	5	5	4
13027	충북 진천군	로컬푸드직매장활성화지원사업)	60,000	1	4	7	8	7	5	5	4
13028	충북 진천군	새벽인력시장구직자급식지원)	55,328	1	6	7	8	7	5	5	4
13029	충북 진천군	양봉화분사료공급)	54,750	1	6	7	8	7	5	5	4
13030	충북 진천군	고품질쌀생력재배친환경자재공급)	52,080	1	6	7	8	7	5	1	3
13031	충북 진천군	오이품질개선사업)	51,300	1	4	7	8	7	1	1	3
13032	충북 진천군	가척마을농산물집하장설치사업)	50,400	1	4	7	8	7	1	1	4
13033	충북 진천군	농작물병해충긴급방제)	48,750	1	6	4	7	7	5	1	4
13034	충북 진천군	새소득허니짱멜론저탄소생산보급)	48,000	1	7	7	8	7	5	1	3
13035	충북 진천군	충청북도장애인도민체육대회참가)	48,000	1	4	7	8	7	1	1	1
13036	충북 진천군	진천문화원추진사업지원)	43,000	1	4	7	8	7	1	1	1
13037	충북 진천군	초등돌봄교실과일간식지원사업)	42,273	1	6	7	8	7	1	1	3

순번	시군구	지출명 (사업명)	2024년예산 (단위 : 천원 /1년간)	민간이전 분류 (지방자치단체 세출예산 집행기준에 의거) 1. 민간경상사업보조(307-02) 2. 민간단체 법정운영비보조(307-03) 3. 민간행사사업보조(307-04) 4. 민간위탁금(307-05) 5. 사회복지시설 법정운영비보조(307-10) 6. 민간인위탁교육비(307-12) 7. 공기관등에대한경상적위탁사업비(308-13) 8. 민간자본사업보조,자체재원(402-01) 9. 민간자본사업보조,이전재원(402-02) 10. 민간위탁사업비(402-03) 11. 공기관등에 대한 자본적 위탁사업비(403-02)	민간이전지출 근거 (지방보조금 관리기준 참고) 1. 법률에 규정 2. 국고보조 재원(국가지정) 3. 용도 지정 기부금 4. 조례에 직접규정 5. 지자체가 권장하는 사업을 하는 공공기관 6. 시,도 정책 및 재정사정 7. 기타 8. 해당없음	입찰방식 계약체결방법 (경쟁형태) 1. 일반경쟁 2. 제한경쟁 3. 지명경쟁 4. 수의계약 5. 법정위탁 6. 기타 ( ) 7. 없음	입찰방식 계약기간 1. 1년 2. 2년 3. 3년 4. 4년 5. 5년 6. 기타 ( )년 7. 단기계약 (1년미만) 8. 없음	입찰방식 낙찰자선정방법 1. 적격심사 2. 협상에의한계약 3. 최저가낙찰제 4. 규격가격분리 5. 2단계 경쟁입찰 6. 기타 ( ) 7. 없음	운영예산 산정 운영예산 산정 1. 내부산정 (지자체 자체적으로 산정) 2. 외부산정 (외부전문기관위탁 산정) 3. 내·외부 모두 산정 4. 산정 無 5. 없음	운영예산 산정 정산방법 1. 내부정산 (지자체 내부적으로 정산) 2. 외부정산 (외부전문기관위탁 정산) 3. 내·외부 모두 산정 4. 정산 無 5. 없음	성과평가 실시여부 1. 실시 2. 미실시 3. 향후 추진 4. 해당없음
13038	충북 진천군	장애인전문체육선수경기력향상지원)	42,000	1	4	7	8	7	1	1	1
13039	충북 진천군	청년인건비)	40,922	1	2	7	8	7	5	5	4
13040	충북 진천군	친환경벼재배단지병해충방제)	40,000	1	4	7	8	7	5	1	3
13041	충북 진천군	농산가공제품포장재및홍보물제작지원사업)	40,000	1	4	7	8	7	5	1	3
13042	충북 진천군	농산물소포장재지원)	40,000	1	4	7	8	7	1	1	4
13043	충북 진천군	친환경우렁이종패지원)	39,310	1	6	7	8	7	5	1	3
13044	충북 진천군	농작물병해충방제비)	36,000	1	2	4	7	7	5	1	4
13045	충북 진천군	읍면민속예술단육성)	35,000	1	1	7	8	7	1	5	4
13046	충북 진천군	진천군여성단체협의회운영비)	32,706	1	8	7	8	7	1	1	1
13047	충북 진천군	유기농업자재지원)	31,900	1	2	7	8	7	5	1	3
13048	충북 진천군	ESG환경친화형생분해멀핑필름지원)	31,500	1	4	7	8	7	5	1	3
13049	충북 진천군	농촌에서살아보기지원)	31,200	1	2	7	8	7	5	5	4
13050	충북 진천군	액비저장조가축분뇨발효제공급)	30,960	1	6	7	8	7	5	5	4
13051	충북 진천군	사회적기업일자리창출사업(일반인력))	30,670	1	2	7	8	7	1	1	1
13052	충북 진천군	연초자재지원사업)	30,240	1	4	7	8	7	1	1	3
13053	충북 진천군	기업홍보영상제작지원)	30,000	1	7	7	8	7	5	5	1
13054	충북 진천군	대파보온자재지원사업)	30,000	1	4	7	8	7	1	1	3
13055	충북 진천군	체육우수선수지원(피복,훈련용품등)	30,000	1	4	7	8	7	1	1	1
13056	충북 진천군	시군생활체육프로그램(생활체육교실운영)	29,300	1	4	7	8	7	1	1	1
13057	충북 진천군	농산물수출농가육성지원)	28,000	1	4	7	8	7	1	1	4
13058	충북 진천군	딸기양액배지지원사업)	27,621	1	6	7	8	7	1	1	3
13059	충북 진천군	전통시장배송도우미지원사업)	27,120	1	2	7	7	7	5	5	4
13060	충북 진천군	조명희문학제)	27,000	1	1	7	8	7	1	5	4
13061	충북 진천군	각종대회유치및참가(시군대항종목별생활체육대회)	27,000	1	4	7	8	7	1	1	1
13062	충북 진천군	진천군학교체육육성프로그램운영)	26,800	1	4	7	8	7	1	1	1
13063	충북 진천군	농산물대량소비상생마케팅판촉지원)	26,670	1	4	7	8	7	1	1	4
13064	충북 진천군	마음을나누는부모자녀교육사업)	25,600	1	8	7	8	7	5	1	4
13065	충북 진천군	어린이합창단육성지원)	25,080	1	1	7	8	7	1	5	4
13066	충북 진천군	외국인근로자지원)	25,000	1	4	7	8	7	5	5	3
13067	충북 진천군	신소득작목육성사업(멜론복합미생물)	24,640	1	4	7	8	7	1	1	3
13068	충북 진천군	애호박인큐봉지지원)	24,300	1	4	7	8	7	1	1	3
13069	충북 진천군	신소득작목육성사업(토마토토양개량제)	23,000	1	4	7	8	7	1	1	3
13070	충북 진천군	사회적기업일자리창출사업(전문인력))	21,340	1	2	7	8	7	1	1	1
13071	충북 진천군	지자체수출전략상품육성지원)	20,107	1	4	7	8	7	1	1	1
13072	충북 진천군	쾌적한환경행복한공동체만들기사업)	20,000	1	2	7	8	7	1	1	4
13073	충북 진천군	주민자치회소식지발행(진천읍))	20,000	1	4	7	8	7	1	1	1
13074	충북 진천군	주민자치회소식지발행(초평면))	20,000	1	4	7	8	7	1	1	1
13075	충북 진천군	백곡신문)	20,000	1	4	7	8	7	1	1	1
13076	충북 진천군	충북형배달앱할인행사지원)	20,000	1	6	7	8	7	1	1	1
13077	충북 진천군	제조물책임(PL)보험지원)	20,000	1	7	7	8	7	5	5	1

순번	시군구	지출명 (사업명)	2024년예산 (단위 : 천원 /1년간)	민간이전 분류 (지방자치단체 세출예산 집행기준에 의거) 1. 민간경상사업보조(307-02) 2. 민간단체 법정운영비보조(307-03) 3. 민간행사사업보조(307-04) 4. 민간위탁금(307-05) 5. 사회복지시설 법정운영비보조(307-10) 6. 민간인위탁교육비(307-12) 7. 공기관등에대한경상적위탁사업비(308-13) 8. 민간자본사업보조,자체재원(402-01) 9. 민간자본사업보조,이전재원(402-02) 10. 민간위탁사업비(402-03) 11. 공기관등에 대한 자본적 위탁사업비(403-02)	민간이전지출 근거 (지방보조금 관리기준 참고) 1. 법률에 규정 2. 국고보조 재원(국가지정) 3. 용도 지정 기부금 4. 조례에 직접규정 5. 지자체가 권장하는 사업을 하는 공공기관 6. 시,도 정책 및 재정사정 7. 기타 8. 해당없음	입찰방식 계약체결방법 (경쟁형태) 1. 일반경쟁 2. 제한경쟁 3. 지명경쟁 4. 수의계약 5. 법정위탁 6. 기타 ( ) 7. 없음	입찰방식 계약기간 1. 1년 2. 2년 3. 3년 4. 4년 5. 5년 6. 기타 ( )년 7. 단기계약 (1년미만) 8. 없음	입찰방식 낙찰자선정방법 1. 적격심사 2. 협상에의한계약 3. 최저가낙찰제 4. 규격가격분리 5. 2단계 경쟁입찰 6. 기타 ( ) 7. 없음	운영예산 산정 운영예산 산정 1. 내부산정 (지자체 자체적으로 산정) 2. 외부산정 (외부전문기관위탁 산정) 3. 내·외부 모두 산정 4. 산정 無 5. 없음	운영예산 산정 정산방법 1. 내부정산 (지자체 내부적으로 정산) 2. 외부정산 (외부전문기관위탁 정산) 3. 내·외부 모두 산정 4. 정산 無 5. 없음	성과평가 실시여부 1. 실시 2. 미실시 3. 향후 추진 4. 해당없음
13078	충북 진천군	중소기업수출물류비지원)	20,000	1	7	7	8	7	5	5	1
13079	충북 진천군	농특산물홍보및브랜드육성사업)	20,000	1	4	7	8	7	1	1	4
13080	충북 진천군	한센병관리사업지원)	18,300	1	1	7	1	7	2	2	1
13081	충북 진천군	어린이놀이터정기검사수수료지원)	18,000	1	4	7	8	7	1	1	3
13082	충북 진천군	농촌재능나눔활동지원사업(전환))	18,000	1	6	7	8	7	1	1	3
13083	충북 진천군	소비변화대응수박중소과종생산지원사업)	18,000	1	4	7	8	7	1	1	3
13084	충북 진천군	토종붕어대량생산지원)	18,000	1	8	7	8	7	5	5	4
13085	충북 진천군	각종대회유치및참가(도지사기역전마라톤대회)	18,000	1	4	7	8	7	1	1	1
13086	충북 진천군	소상공인희망장려금(노란우산공제))	17,700	1	6	7	8	7	1	1	1
13087	충북 진천군	(사립)작은도서관독서문화프로그램지원)	17,424	1	4	7	8	7	1	1	1
13088	충북 진천군	글로벌리더스아카데미)	16,000	1	7	7	8	7	5	5	1
13089	충북 진천군	각종대회유치및참가(충북어르신생활체육대회)	16,000	1	4	7	8	7	1	1	1
13090	충북 진천군	이팝나무거리명소만들기)	15,800	1	4	7	8	7	1	1	1
13091	충북 진천군	향토사연구개발비)	15,500	1	3	7	8	7	1	1	1
13092	충북 진천군	굴뚝자동측정기기설치운영관리비지원사업)	15,300	1	2	7	8	7	5	5	4
13093	충북 진천군	범죄피해자지원센터지원)	15,000	1	1	5	1	7	1	1	4
13094	충북 진천군	주민자치위원워크숍)	15,000	1	4	7	8	7	1	1	1
13095	충북 진천군	영동영서함께하는사랑의문백만들기)	15,000	1	4	7	8	7	1	1	1
13096	충북 진천군	동양사상을통한생활의지혜시민강좌3차년도운영)	15,000	1	3	7	8	7	1	1	1
13097	충북 진천군	악취저감제지원)	15,000	1	4	7	8	7	5	5	4
13098	충북 진천군	수출농식품행사홍보비)	15,000	1	4	7	8	7	1	1	4
13099	충북 진천군	생거진천RUN축구단육성)	15,000	1	4	7	8	7	1	1	1
13100	충북 진천군	농업기계등화장치부착지원)	14,000	1	2	7	8	7	5	1	3
13101	충북 진천군	인삼지력증진제공급)	14,000	1	6	7	8	7	1	1	3
13102	충북 진천군	우수자원봉사자워크숍)	13,500	1	1	7	8	7	1	1	1
13103	충북 진천군	평생학습우수프로그램공모사업)	13,500	1	5	1	1	1	3	1	3
13104	충북 진천군	양봉벌통지원)	13,200	1	6	7	8	7	5	5	4
13105	충북 진천군	생활체육프로그램운영)	13,000	1	4	7	8	7	1	1	1
13106	충북 진천군	수출농식품포장재제작지원)	12,224	1	4	7	8	7	1	1	4
13107	충북 진천군	진천군지역치안협의회운영지원)	12,000	1	4	7	8	7	1	1	1
13108	충북 진천군	우수여왕벌보급)	12,000	1	2	7	8	7	5	5	4
13109	충북 진천군	지구위해모이자!슈퍼덕산)	11,920	1	4	7	8	7	1	1	1
13110	충북 진천군	혼합사료포장재지원)	11,750	1	8	7	8	7	5	5	4
13111	충북 진천군	교통문화질서확립)	11,650	1	4	7	8	7	1	1	1
13112	충북 진천군	생거진천미래포럼)	11,000	1	4	7	8	7	1	1	1
13113	충북 진천군	주거교통비)	10,856	1	2	7	8	7	5	5	4
13114	충북 진천군	농업인단체선진농업기술연수및역량강화)	10,800	1	4	7	8	7	5	5	4
13115	충북 진천군	작은마실음악회)	10,500	1	4	7	8	7	1	1	1
13116	충북 진천군	진천읍주민세환원사업지원)	10,000	1	4	7	8	7	1	1	1
13117	충북 진천군	덕산읍주민세환원사업지원)	10,000	1	4	7	8	7	1	1	1

순번	시군구	지출명 (사업명)	2024년예산 (단위 : 천원 /1년간)	민간이전 분류 (지방자치단체 세출예산 집행기준에 의거) 1. 민간경상사업보조(307-02) 2. 민간단체 법정운영비보조(307-03) 3. 민간행사사업보조(307-04) 4. 민간위탁금(307-05) 5. 사회복지시설 법정운영비보조(307-10) 6. 민간인위탁교육비(307-12) 7. 공기관등에대한경상적위탁사업비(308-13) 8. 민간자본사업보조,자체재원(402-01) 9. 민간자본사업보조,이전재원(402-02) 10. 민간위탁사업비(402-03) 11. 공기관등에 대한 자본적 위탁사업비(403-02)	민간이전지출 근거 (지방보조금 관리기준 참고) 1. 법률에 규정 2. 국고보조 재원(국가지정) 3. 용도 지정 기부금 4. 조례에 직접규정 5. 지자체가 권장하는 사업을 하는 공공기관 6. 시,도 정책 및 재정사정 7. 기타 8. 해당없음	입찰방식 계약체결방법 (경쟁형태) 1. 일반경쟁 2. 제한경쟁 3. 지명경쟁 4. 수의계약 5. 법정위탁 6. 기타 ( ) 7. 없음	입찰방식 계약기간 1. 1년 2. 2년 3. 3년 4. 4년 5. 5년 6. 기타 ( )년 7. 단기계약 (1년미만) 8. 없음	입찰방식 낙찰자선정방법 1. 적격심사 2. 협상에의한계약 3. 최저가낙찰제 4. 규격가격분리 5. 2단계 경쟁입찰 6. 기타 ( ) 7. 없음	운영예산 산정 운영예산 산정 1. 내부산정 (지자체 자체적으로 산정) 2. 외부산정 (외부전문기관위탁 산정) 3. 내·외부 모두 산정 4. 산정 無 5. 없음	운영예산 산정 정산방법 1. 내부정산 (지자체 내부적으로 정산) 2. 외부정산 (외부전문기관위탁 정산) 3. 내·외부 모두 산정 4. 정산 無 5. 없음	성과평가 실시여부 1. 실시 2. 미실시 3. 향후 추진 4. 해당없음
13118	충북 진천군	초평면주민세환원사업지원)	10,000	1	4	7	8	7	1	1	1
13119	충북 진천군	문백면주민세환원사업지원)	10,000	1	4	7	8	7	1	1	1
13120	충북 진천군	백곡면주민세환원사업지원)	10,000	1	4	7	8	7	1	1	1
13121	충북 진천군	이월면주민세환원사업지원)	10,000	1	4	7	8	7	1	1	1
13122	충북 진천군	혁신도시에서버스킹을만나다.시즌3)	10,000	1	4	7	8	7	1	1	1
13123	충북 진천군	환경사랑진천사랑)	10,000	1	4	7	8	7	5	5	1
13124	충북 진천군	자원순환마을교육프로그램운영및홍보)	10,000	1	4	7	8	7	1	1	1
13125	충북 진천군	농촌어르신복지실천시범(전환))	10,000	1	6	7	8	7	5	5	4
13126	충북 진천군	진천형원예유통혁신조직지원사업)	10,000	1	4	7	8	7	1	1	4
13127	충북 진천군	경력이음플러스(경력단절여성취업지원))	10,000	1	4	7	1	7	5	1	3
13128	충북 진천군	외국인근로자한국어교육지원)	10,000	1	6	7	1	7	5	1	3
13129	충북 진천군	퇴비발효촉진제지원)	9,308	1	6	7	8	7	5	5	4
13130	충북 진천군	양성평등문화확산사업)	9,000	1	8	7	8	7	1	1	1
13131	충북 진천군	지역공동체제안공모사업)	9,000	1	4	7	8	7	1	1	1
13132	충북 진천군	지역공동체활성화공모)	9,000	1	4	7	8	7	1	1	1
13133	충북 진천군	충북민속예술축제참가비)	9,000	1	1	7	8	7	1	5	4
13134	충북 진천군	생거진천지속가능발전사업추진)	8,200	1	4	7	8	7	5	5	1
13135	충북 진천군	토종종자지킴이지원사업)	8,100	1	4	7	8	7	1	1	3
13136	충북 진천군	내수면양식장수질개선)	8,100	1	8	7	8	7	5	5	4
13137	충북 진천군	문백면농축산물일일판매장터운영)	8,000	1	4	7	8	7	1	1	1
13138	충북 진천군	여성단체리더역량강화교육)	8,000	1	8	7	8	7	1	1	1
13139	충북 진천군	향교유지관리지원)	8,000	1	1	6	8	7	5	1	1
13140	충북 진천군	야생동물보호및밀렵감시)	8,000	1	1	7	8	7	5	5	1
13141	충북 진천군	주거교통비)	7,826	1	2	7	8	7	5	5	4
13142	충북 진천군	북한이탈주민정착지원사업)	7,500	1	1,4	7	8	7	1	1	1
13143	충북 진천군	희망등불나눔사업)	7,200	1	1	7	8	7	1	1	1
13144	충북 진천군	여성농업인역량강화교육)	7,200	1	4	7	8	7	1	1	3
13145	충북 진천군	수리계수리시설관리지원(관정등42개소))	7,200	1	7	7	8	7	1	1	3
13146	충북 진천군	여성단체전회원특화교육)	7,000	1	8	7	8	7	1	1	1
13147	충북 진천군	진천군여성단체사회참여교육사업)	7,000	1	8	7	8	7	1	1	1
13148	충북 진천군	과실품질향상자재지원)	6,950	1	6	7	8	7	1	1	3
13149	충북 진천군	유기농인증확대를위한소비홍보지원)	6,400	1	6	7	8	7	1	1	3
13150	충북 진천군	자문위원통일역량강화워크숍)	6,000	1	1,4	7	8	7	5	1	3
13151	충북 진천군	가족사랑명절음식나누기)	6,000	1	8	7	8	7	1	1	1
13152	충북 진천군	청소년정치참여아카데미)	6,000	1	1	6	7	6	1	1	1
13153	충북 진천군	배봉지구입비지원)	6,000	1	4	7	8	7	1	1	1
13154	충북 진천군	수리시설(대형관정및펌프장)유지관리비지원(72개소))	6,000	1	7	7	8	7	1	1	3
13155	충북 진천군	농업활동안전사고예방생활화(전환))	6,000	1	6	7	8	7	5	5	4
13156	충북 진천군	농산물가공제품FDA인증지원)	6,000	1	4	7	8	7	5	5	4
13157	충북 진천군	알뜰도서교환시장운영)	5,850	1	1	7	8	7	1	1	1

순번	시군구	지출명 (사업명)	2024년예산 (단위 : 천원 /1년간)	민간이전 분류 (지방자치단체 세출예산 집행기준에 의거) 1. 민간경상사업보조(307-02) 2. 민간단체 법정운영비보조(307-03) 3. 민간행사사업보조(307-04) 4. 민간위탁금(307-05) 5. 사회복지시설 법정운영비보조(307-10) 6. 민간인위탁교육비(307-12) 7. 공기관등에대한경상적위탁사업비(308-13) 8. 민간자본사업보조,자체재원(402-01) 9. 민간자본사업보조,이전재원(402-02) 10. 민간위탁사업비(402-03) 11. 공기관등에 대한 자본적 위탁사업비(403-02)	민간이전지출 근거 (지방보조금 관리기준 참고) 1. 법률에 규정 2. 국고보조 재원(국가지정) 3. 용도 지정 기부금 4. 조례에 직접규정 5. 지자체가 권장하는 사업을 하는 공공기관 6. 시,도 정책 및 재정사정 7. 기타 8. 해당없음	입찰방식 계약체결방법 (경쟁형태) 1. 일반경쟁 2. 제한경쟁 3. 지명경쟁 4. 수의계약 5. 법정위탁 6. 기타 ( ) 7. 없음	입찰방식 계약기간 1. 1년 2. 2년 3. 3년 4. 4년 5. 5년 6. 기타 ( )년 7. 단기계약 (1년미만) 8. 없음	입찰방식 낙찰자선정방법 1. 적격심사 2. 협상에의한계약 3. 최저가낙찰제 4. 규격가격분리 5. 2단계 경쟁입찰 6. 기타 ( ) 7. 없음	운영예산 산정 운영예산 산정 1. 내부산정 (지자체 자체적으로 산정) 2. 외부산정 (외부전문기관위탁 산정) 3. 내·외부 모두 산정 4. 산정 無 5. 없음	운영예산 산정 정산방법 1. 내부정산 (지자체 내부적으로 정산) 2. 외부정산 (외부전문기관위탁 정산) 3. 내·외부 모두 정산 4. 정산 無 5. 없음	성과평가 실시여부 1. 실시 2. 미실시 3. 향후 추진 4. 해당없음
13158	충북 진천군	수산가공식품포장재지원)	5,835	1	8	7	8	7	5	5	4
13159	충북 진천군	도덕성회복교육지원사업(충효교실))	5,772	1	3	7	8	7	1	1	1
13160	충북 진천군	성인문해교육공모사업)	5,400	1	5	1	1	1	3	1	3
13161	충북 진천군	자원봉사자보험료지원)	5,358	1	2	7	8	7	1	1	1
13162	충북 진천군	도농교류행사지원)	5,100	1	6	7	8	7	1	1	3
13163	충북 진천군	찾아가는사랑의효나눔)	5,090	1	1	7	8	7	1	1	1
13164	충북 진천군	충청북도이통장한마음체육대회참가)	5,000	1	4	7	8	7	1	1	1
13165	충북 진천군	함께하는충북만들기도내초중고생그림그리기및글짓기대회)	5,000	1	1	7	8	7	1	1	1
13166	충북 진천군	사랑가득반찬나눔사업)	5,000	1	4	7	8	7	1	1	1
13167	충북 진천군	진천군가족센터임차료)	5,000	1	8	7	8	7	5	1	4
13168	충북 진천군	자연보호진천군협의회지원)	5,000	1	4	7	8	7	1	1	3
13169	충북 진천군	농업경영컨설팅)	5,000	1	2	7	8	7	5	1	3
13170	충북 진천군	시군생활체육프로그램(장수체육대학운영)	4,800	1	4	7	8	7	1	1	1
13171	충북 진천군	시군생활체육프로그램(여성생활체육강좌운영)	4,800	1	4	7	8	7	1	1	1
13172	충북 진천군	문화학교운영)	4,752	1	4	7	8	7	1	1	1
13173	충북 진천군	미용업소친절서비스능력향상워크숍및위생교육지원)	4,500	1	4	7	8	7	1	1	1
13174	충북 진천군	재난예방및인명구조활동)	4,500	1	4	7	8	7	5	5	4
13175	충북 진천군	행복한선진교통문화정착)	4,500	1	4	7	8	7	1	1	1
13176	충북 진천군	공동방제운영비지원)	4,500	1	4	7	7	7	5	1	1
13177	충북 진천군	분단현장견학)	4,000	1	1	7	8	7	1	1	1
13178	충북 진천군	이웃과함께하는국수나눔사업)	4,000	1	4	7	8	7	1	1	1
13179	충북 진천군	주민자치프로그램경진대회참가(도))	4,000	1	4	7	8	7	1	1	1
13180	충북 진천군	청정백곡전시회)	4,000	1	4	7	8	7	1	1	1
13181	충북 진천군	무형문화재공개행사지원)	4,000	1	1	6	8	7	5	1	1
13182	충북 진천군	과수영양제지원)	4,000	1	4	7	8	7	1	1	3
13183	충북 진천군	농업인학습단체역량강화활동지원(농촌지도자))	4,000	1	1	7	8	7	5	5	4
13184	충북 진천군	농업인학습단체역량강화활동지원(4H))	4,000	1	1	7	8	7	5	5	4
13185	충북 진천군	충북농촌지도자대회)	4,000	1	1	7	8	7	5	5	4
13186	충북 진천군	농촌여성지도자능력개발지원)	4,000	1	6	7	8	7	5	5	4
13187	충북 진천군	각종대회유치및참가(전국체육대회)	4,000	1	4	7	8	7	1	1	1
13188	충북 진천군	유기질비료)	3,674	1	2	7	8	7	5	5	4
13189	충북 진천군	유기가공식품포장재지원)	3,500	1	6	7	8	7	5	1	3
13190	충북 진천군	생활개선회전국한마음대회)	3,500	1	7	7	8	7	5	5	4
13191	충북 진천군	안보견학및실향민통일기원제)	3,000	1	7	7	8	7	1	1	1
13192	충북 진천군	전국새마을지도자대회참가)	3,000	1	1	7	8	7	1	1	1
13193	충북 진천군	대한적십자사봉사회진천지구협의회봉사활동사업지원)	3,000	1	4	7	8	7	1	1	1
13194	충북 진천군	장애인체육활성화(장애인생활체육대회참가)	3,000	1	4	7	8	7	1	1	1
13195	충북 진천군	4대악추방운동)	2,500	1	1	7	8	7	1	1	1
13196	충북 진천군	포도봉지구입비지원)	2,500	1	4	7	8	7	1	1	3
13197	충북 진천군	오디생산비절감기자재보급)	2,450	1	6	7	8	7	1	1	3

순번	시군구	지출명 (사업명)	2024년예산 (단위 : 천원 /1년간)	민간이전 분류 (지방자치단체 세출예산 집행기준에 의거) 1. 민간경상사업보조(307-02) 2. 민간단체 법정운영비보조(307-03) 3. 민간행사사업보조(307-04) 4. 민간위탁금(307-05) 5. 사회복지시설 법정운영비보조(307-10) 6. 민간인위탁교육비(307-12) 7. 공기관등에대한경상적위탁사업비(308-13) 8. 민간자본사업보조,자체재원(402-01) 9. 민간자본사업보조,이전재원(402-02) 10. 민간위탁사업비(402-03) 11. 공기관등에 대한 자본적 위탁사업비(403-02)	민간이전지출 근거 (지방보조금 관리기준 참고) 1. 법률에 규정 2. 국고보조 재원(국가지정) 3. 용도 지정 기부금 4. 조례에 직접규정 5. 지자체가 권장하는 사업을 하는 공공기관 6. 시,도 정책 및 재정사정 7. 기타 8. 해당없음	입찰방식 계약체결방법 (경쟁형태) 1. 일반경쟁 2. 제한경쟁 3. 지명경쟁 4. 수의계약 5. 법정위탁 6. 기타 ( ) 7. 없음	입찰방식 계약기간 1. 1년 2. 2년 3. 3년 4. 4년 5. 5년 6. 기타 ( )년 7. 단기계약 (1년미만) 8. 없음	입찰방식 낙찰자선정방법 1. 적격심사 2. 협상에의한계약 3. 최저가낙찰제 4. 규격가격분리 5. 2단계 경쟁입찰 6. 기타 ( ) 7. 없음	운영예산 산정 운영예산 산정 1. 내부산정 (지자체 자체적으로 산정) 2. 외부산정 (외부전문기관위탁 산정) 3. 내·외부 모두 산정 4. 산정 無 5. 없음	운영예산 산정 정산방법 1. 내부정산 (지자체 내부적으로 정산) 2. 외부정산 (외부전문기관위탁 정산) 3. 내·외부 모두 산정 4. 정산 無 5. 없음	성과평가 실시여부 1. 실시 2. 미실시 3. 향후 추진 4. 해당없음
13198	충북 진천군	대통령기국민독서경진대회)	2,430	1	1	7	8	7	1	1	1
13199	충북 진천군	의료관련감염병표본감시체계운영)	2,160	1	1	7	1	7	2	2	4
13200	충북 진천군	충북회원한마음갖기운동참가)	2,100	1	1	7	8	7	1	1	1
13201	충북 진천군	찾아가는빨래방)	2,000	1	4	7	8	7	1	1	1
13202	충북 진천군	주민을위한마을을위한생생덕산체험농장홍보영상제작)	2,000	1	4	7	8	7	1	1	1
13203	충북 진천군	음식문화개선추진협의회운영비)	2,000	1	1	7	8	7	1	1	1
13204	충북 진천군	백곡지환경보호지원)	2,000	1	4	7	8	7	1	1	3
13205	충북 진천군	한국4H진천군본부한마음수련대회)	2,000	1	1	7	8	7	5	5	4
13206	충북 진천군	국내식품전시회참가지원)	2,000	1	6	7	8	7	1	1	4
13207	충북 진천군	각종대회유치및참가(충북소년체육대회)	2,000	1	4	7	8	7	1	1	1
13208	충북 진천군	각종대회유치및참가(전국소년체육대회)	2,000	1	4	7	8	7	1	1	1
13209	충북 진천군	카메라불법촬영방지사업지원)	1,800	1	8	7	8	7	1	1	1
13210	충북 진천군	군민과함께하는통일안보교육)	1,500	1	1	7	8	7	1	1	1
13211	충북 진천군	말벌퇴치장비지원사업)	1,500	1	2	7	8	7	5	5	4
13212	충북 진천군	장한어린이문학기행)	1,440	1	1	7	8	7	1	1	1
13213	충북 진천군	민족통일전국대회참가)	1,360	1	1	7	8	7	1	1	1
13214	충북 진천군	전국바르게살기운동회원대회참가)	1,300	1	1	7	8	7	1	1	1
13215	충북 진천군	6.25전쟁당시음식재현시식회)	1,300	1	1	7	8	7	1	1	1
13216	충북 진천군	핵심지도자워크숍참가)	1,200	1	1	7	8	7	1	1	1
13217	충북 진천군	안보교육장탐방)	1,200	1	1	7	8	7	1	1	1
13218	충북 진천군	생명운동하천살리기EM흙공던지기)	1,080	1	1	7	8	7	1	1	1
13219	충북 진천군	지역자율방재단운영관리(방범cctv및사무실전기료)	1,080	1	1	7	8	7	1	1	1
13220	충북 진천군	찾아가는청소년통일교육)	1,000	1	1,4	7	8	7	1	1	1
13221	충북 진천군	기능성양잠산업기반조성)	850	1	6	7	8	7	1	1	3
13222	충북 진천군	충북지도자대회참가)	710	1	1	7	8	7	1	1	1
13223	충북 진천군	효편지쓰기운동)	600	1	1	7	8	7	1	1	1
13224	충북 음성군	유기질비료지원사업	1,679,836	1	1	7	8	7	1	1	4
13225	충북 음성군	논농업필수영농자재지원	831,961	1	4	7	8	7	1	1	4
13226	충북 음성군	통합문화이용권사업	729,300	1	1	7	8	7	2	3	1
13227	충북 음성군	토양개량제지원사업	605,549	1	2	7	8	7	1	1	4
13228	충북 음성군	음성형자연순환유기질비료지원사업	600,000	1	4	7	8	7	1	1	4
13229	충북 음성군	청년농업인영농정착지원사업	514,290	1	4	7	8	7	1	1	4
13230	충북 음성군	구제역백신지원(전업농)	342,955	1	2	7	8	7	5	5	4
13231	충북 음성군	가축분뇨악취저감	300,000	1	1	7	8	7	5	5	4
13232	충북 음성군	제41회음성군민체육대회	284,000	1	1,4	7	8	7	5	1	1
13233	충북 음성군	못자리조성용상토지원	221,000	1	4	7	8	7	1	1	4
13234	충북 음성군	제63회충북도민체육대회참가	215,000	1	1,4	7	8	7	1	1	1
13235	충북 음성군	벼병해충방제(물바구미,살충제,살균제등)지원	204,000	1	4	7	8	7	1	1	4
13236	충북 음성군	일손이음지원사업실비	200,000	1	4	7	8	7	1	1	1
13237	충북 음성군	공공의료취약지역응급지원	200,000	1	1	7	8	7	3	1	3

순번	시군구	지출명 (사업명)	2024년예산 (단위 : 천원 /1년간)	민간이전 분류 (지방자치단체 세출예산 집행기준에 의거) 1. 민간경상사업보조(307-02) 2. 민간단체 법정운영비보조(307-03) 3. 민간행사사업보조(307-04) 4. 민간위탁금(307-05) 5. 사회복지시설 법정운영비보조(307-10) 6. 민간인위탁교육비(307-12) 7. 공기관등에대한경상적위탁사업비(308-13) 8. 민간자본사업보조,자체재원(402-01) 9. 민간자본사업보조,이전재원(402-02) 10. 민간위탁사업비(402-03) 11. 공기관등에 대한 자본적 위탁사업비(403-02)	민간이전지출 근거 (지방보조금 관리기준 참고) 1. 법률에 규정 2. 국고보조 재원(국가지정) 3. 용도 지정 기부금 4. 조례에 직접규정 5. 지자체가 권장하는 사업을 하는 공공기관 6. 시,도 정책 및 재정사정 7. 기타 8. 해당없음	입찰방식 계약체결방법 (경쟁형태) 1. 일반경쟁 2. 제한경쟁 3. 지명경쟁 4. 수의계약 5. 법정위탁 6. 기타 ( ) 7. 없음	입찰방식 계약기간 1. 1년 2. 2년 3. 3년 4. 4년 5. 5년 6. 기타 ( )년 7. 단기계약 (1년미만) 8. 없음	입찰방식 낙찰자선정방법 1. 적격심사 2. 협상에의한계약 3. 최저가낙찰제 4. 규격가격분리 5. 2단계 경쟁입찰 6. 기타 ( ) 7. 없음	운영예산 산정 운영예산 산정 1. 내부산정 (지자체 자체적으로 산정) 2. 외부산정 (외부전문기관위탁 산정) 3. 내·외부 모두 산정 4. 산정 無 5. 없음	운영예산 산정 정산방법 1. 내부정산 (지자체 내부적으로 정산) 2. 외부정산 (외부전문기관위탁 정산) 3. 내·외부 모두 정산 4. 정산 無 5. 없음	성과평가 실시여부 1. 실시 2. 미실시 3. 향후 추진 4. 해당없음
13238	충북 음성군	읍면체육대회(9개읍면)	180,000	1	1,4	7	8	7	1	1	1
13239	충북 음성군	인삼영농자재지원	180,000	1	4	7	8	7	1	1	4
13240	충북 음성군	돼지써코바이러스백신지원사업	157,440	1	2	7	8	7	5	5	4
13241	충북 음성군	저탄소벼논물관리기술보급농기자재등지원	150,000	1	4	7	8	7	1	1	4
13242	충북 음성군	농작업대행서비스센터운영지원	150,000	1	6	7	8	7	5	5	4
13243	충북 음성군	충북형도시근로자지원사업	143,973	1	6	7	8	7	1	1	1
13244	충북 음성군	혁신기업청년채용지원인건비및주거교통비	143,605	1	2	7	8	7	1	1	1
13245	충북 음성군	마을학교공모사업	140,000	1	6	7	8	7	1	1	1
13246	충북 음성군	피잡초취약지방제(제초제)	140,000	1	4	7	8	7	1	1	4
13247	충북 음성군	벼공정육묘장영농자재지원	128,100	1	4	7	8	7	1	1	4
13248	충북 음성군	수출농식품포장재제작지원	119,191	1	1	7	8	7	1	1	4
13249	충북 음성군	종목별생활체육대회개최	110,000	1	1,4	7	8	7	1	1	1
13250	충북 음성군	상인조직역량강화사업	100,353	1	4	7	8	7	1	1	1
13251	충북 음성군	과수영농자재(저온피해예방영양제등)지원사업	100,000	1	4	7	8	7	1	1	4
13252	충북 음성군	화훼재배용화분지원사업	100,000	1	4	7	8	7	1	1	4
13253	충북 음성군	화훼재배용상토지원사업	100,000	1	4	7	8	7	1	1	4
13254	충북 음성군	음성명작농산물TV&온라인방송지원	100,000	1	1	7	8	7	1	1	4
13255	충북 음성군	농촌신활력플러스사업	100,000	1	8	7	8	7	5	5	4
13256	충북 음성군	지역단위농촌관광지원사업	100,000	1	1	7	8	7	5	5	4
13257	충북 음성군	영농부산물안전처리지원	100,000	1	2	7	8	7	1	1	3
13258	충북 음성군	읍면열린음악회	99,000	1	7	7	8	7	1	1	1
13259	충북 음성군	양봉화분사료지원	98,625	1	1	7	8	7	5	5	4
13260	충북 음성군	도단위체육대회개최	91,000	1	1,4	7	8	7	1	1	1
13261	충북 음성군	2024음성전국자전거대회	90,000	1	1,4	7	8	7	1	1	1
13262	충북 음성군	볏짚곤포비닐지원	90,000	1	1	7	8	7	5	5	4
13263	충북 음성군	공동주택보안등가로등전기요금	90,000	1	4	7	8	7	1	1	1
13264	충북 음성군	경로당정수기렌탈사업	86,141	1	6	7	8	7	1	1	4
13265	충북 음성군	일손이음지원사업인건비	82,260	1	4	7	8	7	1	1	1
13266	충북 음성군	취약지응급실운영기관지원	81,000	1	1	7	8	7	3	1	3
13267	충북 음성군	전통시장및상점가상생문화축제	80,000	1	4	7	8	7	1	1	1
13268	충북 음성군	농특산물포장재지원	80,000	1	1	7	8	7	1	1	4
13269	충북 음성군	양봉필동용기능강화제공급	75,000	1	4	7	8	7	5	5	4
13270	충북 음성군	충북생활체육대회참가	70,000	1	1,4	7	8	7	1	1	1
13271	충북 음성군	음성장터판매활성화지원	70,000	1	1	7	8	7	1	1	4
13272	충북 음성군	농촌인력중개센터운영지원	70,000	1	2	7	8	7	5	5	4
13273	충북 음성군	닭진드기공동방제지원사업	64,000	1	2	7	8	7	5	5	4
13274	충북 음성군	홍미진진한팩토리투어센터운영	62,986	1	7	7	8	7	1	1	1
13275	충북 음성군	굴뚝자동측정기기설치운영관리비지원사업	62,685	1	1	7	8	7	1	1	4
13276	충북 음성군	수질자동측정기기설치운영관리비지원사업	61,966	1	1	7	8	7	1	1	4
13277	충북 음성군	고품질쌀생력재배친환경자재공급	61,880	1	4	7	8	7	1	1	4

순번	시군구	지출명 (사업명)	2024년예산 (단위 : 천원 /1년간)	민간이전 분류 (지방자치단체 세출예산 집행기준에 의거) 1. 민간경상사업보조(307-02) 2. 민간단체 법정운영비보조(307-03) 3. 민간행사사업보조(307-04) 4. 민간위탁금(307-05) 5. 사회복지시설 법정운영비보조(307-10) 6. 민간인위탁교육비(307-12) 7. 공기관등에대한경상적위탁사업비(308-13) 8. 민간자본사업보조,자체재원(402-01) 9. 민간자본사업보조,이전재원(402-02) 10. 민간위탁사업비(402-03) 11. 공기관등에 대한 자본적 위탁사업비(403-02)	민간이전지출 근거 (지방보조금 관리기준 참고) 1. 법률에 규정 2. 국고보조 재원(국가지정) 3. 용도 지정 기부금 4. 조례에 직접규정 5. 지자체가 권장하는 사업을 하는 공공기관 6. 시,도 정책 및 재정사정 7. 기타 8. 해당없음	입찰방식 계약체결방법 (경쟁형태) 1. 일반경쟁 2. 제한경쟁 3. 지명경쟁 4. 수의계약 5. 법정위탁 6. 기타 ( ) 7. 없음	입찰방식 계약기간 1. 1년 2. 2년 3. 3년 4. 4년 5. 5년 6. 기타 ( )년 7. 단기계약 (1년미만) 8. 없음	입찰방식 낙찰자선정방법 1. 적격심사 2. 협상에의한계약 3. 최저가낙찰제 4. 규격가격분리 5. 2단계 경쟁입찰 6. 기타 ( ) 7. 없음	운영예산 산정 운영예산 산정 1. 내부산정 (지자체 자체적으로 산정) 2. 외부산정 (외부전문기관위탁 산정) 3. 내·외부 모두 산정 4. 산정 無 5. 없음	운영예산 산정 정산방법 1. 내부정산 (지자체 내부적으로 정산) 2. 외부정산 (외부전문기관위탁 정산) 3. 내·외부 모두 산정 4. 정산 無 5. 없음	성과평가 실시여부 1. 실시 2. 미실시 3. 향후 추진 4. 해당없음
13278	충북 음성군	가축생균제지원사업	60,000	1	1	7	8	7	5	5	4
13279	충북 음성군	농산물대량소비마케팅판촉지원	56,000	1	1	7	8	7	1	1	4
13280	충북 음성군	생활체육교실운영	54,800	1	1,4	7	8	7	1	1	1
13281	충북 음성군	초등돌봄교실과일간식지원	51,219	1	4	7	8	7	5	5	4
13282	충북 음성군	이장워크숍	50,000	1	4	7	8	7	3	1	1
13283	충북 음성군	제18회충북장애인도민체육대회참가	50,000	1	1,4	7	8	7	1	1	1
13284	충북 음성군	수출전략농산물해외마케팅지원	50,000	1	1	7	8	7	1	1	4
13285	충북 음성군	음성명작포장재등지원	50,000	1	1	7	8	7	1	1	4
13286	충북 음성군	유기농업자재지원	45,000	1	4	7	8	7	1	1	4
13287	충북 음성군	인삼지력증진제공급	44,000	1	6	7	8	7	1	1	4
13288	충북 음성군	음성군생활체육대회개최	40,000	1	1,4	7	8	7	1	1	1
13289	충북 음성군	제18회충북우수시장박람회개최	40,000	1	4	7	8	7	1	1	1
13290	충북 음성군	음성군통합RPC포장재지원사업	40,000	1	7	7	8	7	1	1	4
13291	충북 음성군	잎담배영농자재지원	40,000	1	4	7	8	7	1	1	4
13292	충북 음성군	중소기업개별전시박람회참가지원	40,000	1	4	7	8	7	3	3	2
13293	충북 음성군	음성진로체험지원센터지원	37,000	1	4	7	8	7	1	1	1
13294	충북 음성군	음성문화원예술진흥사업	37,000	1	1	7	8	7	5	5	4
13295	충북 음성군	제18회반기문마라톤대회농특산물구입	37,000	1	1,4	7	8	7	1	1	1
13296	충북 음성군	주민자치위원워크숍및프로그램경연대회등	36,000	1	4	7	8	7	3	1	1
13297	충북 음성군	읍면새마을회운영사업	33,000	1	1	7	8	7	3	1	1
13298	충북 음성군	문화유산활용및교육사업	33,000	1	8	7	8	7	1	1	2
13299	충북 음성군	종목별생활체육대회참가	31,000	1	1,4	7	8	7	1	1	1
13300	충북 음성군	수출용과실봉지대지원	31,000	1	1	7	8	7	1	1	4
13301	충북 음성군	찾아가는거리자유공연	30,000	1	1,4	7	8	7	1	1	1
13302	충북 음성군	시군대항역전마라톤대회참가	30,000	1	1,4	7	8	7	1	1	1
13303	충북 음성군	제1회음성군장애인체육대회개최	30,000	1	1,4	7	8	7	1	1	1
13304	충북 음성군	외국인근로자지원사업	30,000	1	6	1	7	1	4	1	1
13305	충북 음성군	식생활교육지원	30,000	1	1	7	8	7	5	5	4
13306	충북 음성군	중소기업제조물책임보험지원(음성상공회의소)	30,000	1	4	7	8	7	3	3	1
13307	충북 음성군	로컬푸드직매장활성화지원	29,200	1	4	7	8	7	5	5	4
13308	충북 음성군	작은도서관운영지원	29,000	1	1,4	7	8	7	1	1	1
13309	충북 음성군	대형톤백포대지원	28,800	1	4	7	8	7	1	1	4
13310	충북 음성군	친환경특수미생산단지육성	28,800	1	4	7	8	7	1	1	4
13311	충북 음성군	음성품바축제쇼케이스공연	28,000	1	1	7	8	7	1	1	1
13312	충북 음성군	농업기계등화장치부착지원	27,500	1	2	7	8	7	5	5	4
13313	충북 음성군	읍면바르게살기운동위원회운영사업보조	27,020	1	1	7	8	7	3	1	1
13314	충북 음성군	노숙인시설지원(프로그램비)	26,250	1	1	7	8	7	3	3	4
13315	충북 음성군	충북에서살아보기(임시거주비등)	25,800	1	1	7	8	7	5	5	4
13316	충북 음성군	농산물청풍명월장터e쇼핑몰물류비지원	25,394	1	1	7	8	7	1	1	4
13317	충북 음성군	충북어르신생활체육대회참가	25,000	1	1,4	7	8	7	1	1	1

순번	시군구	지출명 (사업명)	2024년예산 (단위 : 천원 /1년간)	민간이전 분류 (지방자치단체 세출예산 집행기준에 의거) 1. 민간경상사업보조(307-02) 2. 민간단체 법정운영비보조(307-03) 3. 민간행사사업보조(307-04) 4. 민간위탁금(307-05) 5. 사회복지시설 법정운영비보조(307-10) 6. 민간인위탁교육비(307-12) 7. 공기관등에대한경상적위탁사업비(308-13) 8. 민간자본사업보조,자체재원(402-01) 9. 민간자본사업보조,이전재원(402-02) 10. 민간위탁사업비(402-03) 11. 공기관등에 대한 자본적 위탁사업비(403-02)	민간이전지출 근거 (지방보조금 관리기준 참고) 1. 법률에 규정 2. 국고보조 재원(국가지정) 3. 용도 지정 기부금 4. 조례에 직접규정 5. 지자체가 권장하는 사업을 하는 공공기관 6. 시,도 정책 및 재정사정 7. 기타 8. 해당없음	입찰방식 계약체결방법 (경쟁형태) 1. 일반경쟁 2. 제한경쟁 3. 지명경쟁 4. 수의계약 5. 법정위탁 6. 기타 ( ) 7. 없음	입찰방식 계약기간 1. 1년 2. 2년 3. 3년 4. 4년 5. 5년 6. 기타 ( )년 7. 단기계약 (1년미만) 8. 없음	입찰방식 낙찰자선정방법 1. 적격심사 2. 협상에의한계약 3. 최저가낙찰제 4. 규격가격분리 5. 2단계 경쟁입찰 6. 기타 ( ) 7. 없음	운영예산 산정 운영예산 산정 1. 내부산정 (지자체 자체적으로 산정) 2. 외부산정 (외부전문기관위탁 산정) 3. 내·외부 모두 산정 4. 산정 無 5. 없음	운영예산 산정 정산방법 1. 내부정산 (지자체 내부적으로 정산) 2. 외부정산 (외부전문기관위탁 정산) 3. 내·외부 모두 산정 4. 정산 無 5. 없음	성과평가 실시여부 1. 실시 2. 미실시 3. 향후 추진 4. 해당없음
13318	충북 음성군	음성군수배전국동호인테니스대회개최	25,000	1	1,4	7	8	7	1	1	1
13319	충북 음성군	제2회음성명작페스티벌전국오픈생활체육탁구대회개최	25,000	1	1,4	7	8	7	1	1	1
13320	충북 음성군	노란우산공제희망장려금지원	24,600	1	4	4	8	7	1	1	1
13321	충북 음성군	임산부친환경농산물지원	21,120	1	1	7	8	7	1	1	4
13322	충북 음성군	양봉벌통지원	20,900	1	1	7	8	7	5	5	4
13323	충북 음성군	액비저장조분뇨발효제공급	20,160	1	1	7	8	7	5	5	4
13324	충북 음성군	쾌적한환경행복한공동체만들기	20,000	1	1	7	8	7	3	1	1
13325	충북 음성군	안보활동사업	20,000	1	4	7	8	7	3	1	1
13326	충북 음성군	반기문전국백일장	20,000	1	1,4	7	8	7	1	1	1
13327	충북 음성군	가을음악회	20,000	1	1,4	7	8	7	1	1	1
13328	충북 음성군	전통민속문화발굴및재현사업	20,000	1	1	7	8	7	1	1	1
13329	충북 음성군	레이크사랑걷기대회	20,000	1	6	7	8	7	1	1	1
13330	충북 음성군	농업인단체워크숍지원	20,000	1	4	7	8	7	1	1	4
13331	충북 음성군	농업인마을공동급식소지원	20,000	1	4	7	8	7	1	1	4
13332	충북 음성군	친환경농업영농자재지원사업	20,000	1	4	7	8	7	1	1	4
13333	충북 음성군	로컬푸드포장재지원	20,000	1	4	7	8	7	5	5	4
13334	충북 음성군	도시재생지원	20,000	1	7	6	8	7	1	1	3
13335	충북 음성군	치안협의회치안정책지원사업	19,000	1	4	7	8	7	3	1	1
13336	충북 음성군	충청북도청풍명월장터브랜드숍운영	19,000	1	1	7	8	7	1	1	4
13337	충북 음성군	퇴비발효촉진제지원	18,614	1	1	7	8	7	5	5	4
13338	충북 음성군	박물관및미술관활성화지원사업	18,000	1	6	7	8	7	3	3	1
13339	충북 음성군	볏짚곤포사일리지(네트등)지원	17,840	1	1	7	8	7	5	5	4
13340	충북 음성군	이장선진지견학	17,300	1	4	7	8	7	3	1	1
13341	충북 음성군	볍씨침종소독약지원	16,200	1	4	7	8	7	1	1	4
13342	충북 음성군	일손이음지원사업운영비	16,000	1	4	7	8	7	1	1	4
13343	충북 음성군	농식품모바일마케팅지원사업	16,000	1	4	7	8	7	1	1	1
13344	충북 음성군	지회및분회봉사활동	15,560	1	1	7	8	7	1	1	4
13345	충북 음성군	6.25기념행사지원	15,000	1	1	7	8	7	3	1	1
13346	충북 음성군	제야의타종	15,000	1	4	7	8	7	3	1	1
13347	충북 음성군	한여름밤의음악회	15,000	1	1,4	7	8	7	1	1	1
13348	충북 음성군	장애인생활체육교실운영	15,000	1	1,4	7	8	7	1	1	1
13349	충북 음성군	제18회반기문마라톤대회후원사업(농협)	15,000	1	1,4	7	8	7	1	1	1
13350	충북 음성군	장애인체육대회개최및참가	15,000	1	1,4	7	8	7	1	1	1
13351	충북 음성군	애호박인큐봉지	15,000	1	4	7	8	7	1	1	4
13352	충북 음성군	음성군경제(인)포럼	15,000	1	4	7	8	7	3	3	1
13353	충북 음성군	유림대학운영지원	14,820	1	4	7	8	7	1	1	1
13354	충북 음성군	혼합사료포장재지원	14,700	1	1	7	8	7	5	5	4
13355	충북 음성군	작은도서관도서구입비지원	14,400	1	1,4	7	8	7	1	1	1
13356	충북 음성군	우수여왕벌보급	14,400	1	1	7	8	7	5	5	4
13357	충북 음성군	음성군민가족등반대회	14,360	1	1	7	8	7	3	1	1

순번	시군구	지출명 (사업명)	2024년예산 (단위 : 천원 /1년간)	민간이전 분류 (지방자치단체 세출예산 집행기준에 의거) 1. 민간경상사업보조(307-02) 2. 민간단체 법정운영비보조(307-03) 3. 민간행사사업보조(307-04) 4. 민간위탁금(307-05) 5. 사회복지시설 법정운영비보조(307-10) 6. 민간인위탁교육비(307-12) 7. 공기관등에대한경상적위탁사업비(308-13) 8. 민간자본사업보조,자체재원(402-01) 9. 민간자본사업보조,이전재원(402-02) 10. 민간위탁사업비(402-03) 11. 공기관등에 대한 자본적 위탁사업비(403-02)	민간이전지출 근거 (지방보조금 관리기준 참고) 1. 법률에 규정 2. 국고보조 재원(국가지정) 3. 용도 지정 기부금 4. 조례에 직접규정 5. 지자체가 권장하는 사업을 하는 공공기관 6. 시,도 정책 및 재정사정 7. 기타 8. 해당없음	입찰방식			운영예산 산정		성과평가 실시여부
						계약체결방법 (경쟁형태) 1. 일반경쟁 2. 제한경쟁 3. 지명경쟁 4. 수의계약 5. 법정위탁 6. 기타 ( ) 7. 없음	계약기간 1. 1년 2. 2년 3. 3년 4. 4년 5. 5년 6. 기타 ( )년 7. 단기계약 (1년미만) 8. 없음	낙찰자선정방법 1. 적격심사 2. 협상에의한계약 3. 최저가낙찰제 4. 규격가격분리 5. 2단계 경쟁입찰 6. 기타 ( ) 7. 없음	운영예산 산정 1. 내부산정 (지자체 자체적으로 산정) 2. 외부산정 (외부전문기관위탁 산정) 3. 내·외부 모두 산정 4. 산정 無 5. 없음	정산방법 1. 내부정산 (지자체 내부적으로 정산) 2. 외부정산 (외부전문기관위탁 정산) 3. 내·외부 모두 산정 4. 정산 無 5. 없음	1. 실시 2. 미실시 3. 향후 추진 4. 해당없음
13358	충북 음성군	4H야영교육행사지원	14,000	1	4	7	8	7	1	1	3
13359	충북 음성군	학생승마체험	13,280	1	1	7	8	7	5	5	4
13360	충북 음성군	축산물HACCP컨설팅사업(생산단계)	12,040	1	1	7	8	7	5	5	4
13361	충북 음성군	음성청결고추직거래장터활성화지원	12,000	1	1	7	8	7	1	1	4
13362	충북 음성군	생태계교란야생동물퇴치	12,000	1	2	7	8	7	1	1	4
13363	충북 음성군	우수생활개선회정예화육성지원	10,800	1	4	7	8	7	1	1	3
13364	충북 음성군	6.25전쟁최초승전지체험	10,000	1	1	7	8	7	3	1	1
13365	충북 음성군	자율방범대직무경진대회	10,000	1	4	7	8	7	3	1	1
13366	충북 음성군	반기문시낭송대회	10,000	1	1,4	7	8	7	1	1	1
13367	충북 음성군	찾아가는작은음악회	10,000	1	1,4	7	8	7	1	1	1
13368	충북 음성군	2024년충북민속예술축제참가	10,000	1	1	7	8	7	1	1	1
13369	충북 음성군	2024년충북청소년민속예술제참가	10,000	1	1	7	8	7	1	1	1
13370	충북 음성군	야영장활성화프로그램	10,000	1	7	7	8	7	1	1	4
13371	충북 음성군	생활체육프로그램운영	10,000	1	1,4	7	8	7	1	1	1
13372	충북 음성군	체육행사안전관리운영	10,000	1	1,4	7	8	7	1	1	1
13373	충북 음성군	전국대회참가	10,000	1	1,4	7	8	7	1	1	1
13374	충북 음성군	음성청결고추포장재지원	10,000	1	1	7	8	7	1	1	4
13375	충북 음성군	농촌어르신복지실천시범	10,000	1	4	7	8	7	1	1	3
13376	충북 음성군	자문위원통일전문교육연수	9,500	1	1	7	8	7	3	1	1
13377	충북 음성군	지역공동체제안공모사업	9,000	1	4	7	8	7	3	1	1
13378	충북 음성군	음성문인협회발간사업및시낭송	9,000	1	1,4	7	8	7	1	1	1
13379	충북 음성군	문화재단기금지원사업	9,000	1	1,4	7	8	7	1	1	1
13380	충북 음성군	청사복도갤러리전시지원	9,000	1	1,4	7	8	7	1	1	1
13381	충북 음성군	북한이탈주민정착지원사업	8,750	1	4	7	8	7	3	1	1
13382	충북 음성군	전통예절교육	8,300	1	4	7	8	7	1	1	1
13383	충북 음성군	감곡면플리마켓	8,000	1	4	7	8	7	3	1	1
13384	충북 음성군	승용마조련강화	8,000	1	1	7	8	7	5	5	4
13385	충북 음성군	교통안전지도사업지원	8,000	1	1,4	7	8	7	1	1	1
13386	충북 음성군	농업활동안전사고예방생활화	8,000	1	4	7	8	7	1	1	3
13387	충북 음성군	재향군인의날기념식	7,640	1	4	7	8	7	3	1	1
13388	충북 음성군	바르게살기운동조직강화워크숍	7,310	1	1	7	8	7	3	1	1
13389	충북 음성군	품바콘서트	7,000	1	1,4	7	8	7	1	1	1
13390	충북 음성군	세연음악회	7,000	1	7	7	8	7	2	1	1
13391	충북 음성군	새마을지도자대회	6,820	1	1	7	8	7	3	1	1
13392	충북 음성군	향토음식연구회품바축제참가지원	6,800	1	4	7	8	7	1	1	3
13393	충북 음성군	춘추석전대제행사	6,740	1	4	7	8	7	1	1	1
13394	충북 음성군	야생동물보호및구조활동	6,700	1	7	7	8	7	1	1	4
13395	충북 음성군	야생화연구회품바축제참가지원	6,640	1	7	7	8	7	1	1	3
13396	충북 음성군	밤나무노령목관리	6,460	1	2	7	8	7	1	1	4
13397	충북 음성군	자연환경보전사업	6,400	1	7	7	8	7	1	1	4

순번	시군구	지출명 (사업명)	2024년예산 (단위 : 천원 /1년간)	민간이전 분류 (지방자치단체 세출예산 집행기준에 의거) 1. 민간경상사업보조(307-02) 2. 민간단체 법정운영비보조(307-03) 3. 민간행사사업보조(307-04) 4. 민간위탁금(307-05) 5. 사회복지시설 법정운영비보조(307-10) 6. 민간인위탁교육비(307-12) 7. 공기관등에대한경상적위탁사업비(308-13) 8. 민간자본사업보조,자체재원(402-01) 9. 민간자본사업보조,이전재원(402-02) 10. 민간위탁사업비(402-03) 11. 공기관등에 대한 자본적 위탁사업비(403-02)	민간이전지출 근거 (지방보조금 관리기준 참고) 1. 법률에 규정 2. 국고보조 재원(국가지정) 3. 용도 지정 기부금 4. 조례에 직접규정 5. 지자체가 권장하는 사업을 하는 공공기관 6. 시,도 정책 및 재정사정 7. 기타 8. 해당없음	입찰방식 계약체결방법 (경쟁형태) 1. 일반경쟁 2. 제한경쟁 3. 지명경쟁 4. 수의계약 5. 법정위탁 6. 기타 ( ) 7. 없음	입찰방식 계약기간 1. 1년 2. 2년 3. 3년 4. 4년 5. 5년 6. 기타 ( )년 7. 단기계약 (1년미만) 8. 없음	입찰방식 낙찰자선정방법 1. 적격심사 2. 협상에의한계약 3. 최저가낙찰제 4. 규격가격분리 5. 2단계 경쟁입찰 6. 기타 ( ) 7. 없음	운영예산 산정 운영예산 산정 1. 내부산정 (지자체 자체적으로 산정) 2. 외부산정 (외부전문기관위탁 산정) 3. 내·외부 모두 산정 4. 산정 無 5. 없음	운영예산 산정 정산방법 1. 내부정산 (지자체 내부적으로 정산) 2. 외부정산 (외부전문기관위탁 정산) 3. 내·외부 모두 산정 4. 정산 無 5. 없음	성과평가 실시여부 1. 실시 2. 미실시 3. 향후 추진 4. 해당없음
13398	충북 음성군	생분해성멀칭필름지원	6,340	1	4	7	8	7	1	1	4
13399	충북 음성군	감곡면청미천벚꽃길주변꽃길조성	6,000	1	4	7	8	7	3	1	1
13400	충북 음성군	음성예술지발간	6,000	1	1,4	7	8	7	1	1	1
13401	충북 음성군	돼지소모성질환지도지원사업	6,000	1	2	7	8	7	5	5	4
13402	충북 음성군	가금농가질병관리지원	6,000	1	2	7	8	7	5	5	4
13403	충북 음성군	도덕성회복교육지원	5,771	1	4	7	8	7	5	5	4
13404	충북 음성군	음성군이장협의회국내연수	5,400	1	4	7	8	7	3	1	1
13405	충북 음성군	맹동면찾아가는힐링버스킹공연	5,200	1	4	7	8	7	3	1	1
13406	충북 음성군	민주시민교육	5,143	1	1	7	8	7	3	1	1
13407	충북 음성군	음성읍변개장터운영	5,000	1	4	7	8	7	3	1	1
13408	충북 음성군	음성읍마을어르신인생책(영상)제작	5,000	1	4	7	8	7	3	1	1
13409	충북 음성군	음성읍경제환경협력봉사단추진	5,000	1	4	7	8	7	3	1	1
13410	충북 음성군	음성읍주민자치대학	5,000	1	4	7	8	7	3	1	1
13411	충북 음성군	대소면소식지제작	5,000	1	4	7	8	7	3	1	1
13412	충북 음성군	대소면플리마켓	5,000	1	4	7	8	7	3	1	1
13413	충북 음성군	대소면아름다운산야초길만들기	5,000	1	4	7	8	7	3	1	1
13414	충북 음성군	삼성면마을신문만들기(마당뉴스)	5,000	1	4	7	8	7	3	1	1
13415	충북 음성군	나만의다육식물무료아트힐링체험	5,000	1	4	7	8	7	3	1	1
13416	충북 음성군	생극면해충이여안녕	5,000	1	4	7	8	7	3	1	1
13417	충북 음성군	생극면아름다운인생이야기	5,000	1	4	7	8	7	3	1	1
13418	충북 음성군	가정사랑릴레이캠페인	5,000	1	4	7	8	7	3	1	1
13419	충북 음성군	바르게살기가족한마음다짐대회	5,000	1	1	7	8	7	3	1	1
13420	충북 음성군	적십자봉사원대회	5,000	1	1	7	8	7	3	1	1
13421	충북 음성군	음악협회(합창단)정기공연	5,000	1	4	7	8	7	3	1	1
13422	충북 음성군	음성문화원문화학교사업	5,000	1	1,4	7	8	7	1	1	1
13423	충북 음성군	철문화체험교실	5,000	1	1	7	8	7	5	5	4
13424	충북 음성군	시를통한인문학캠페인	5,000	1	7	7	8	7	2	1	1
13425	충북 음성군	음성예술인의밤	5,000	1	7	7	8	7	2	1	1
13426	충북 음성군	음성향악당지원사업	5,000	1	1,4	7	8	7	1	1	1
13427	충북 음성군	충북씨름왕선발대회참가	5,000	1	1	7	8	7	1	1	1
13428	충북 음성군	그린투어지원사업	5,000	1	1,4	7	8	7	1	1	1
13429	충북 음성군	미용업소친절서비스및능력향상워크숍	5,000	1	4	7	8	7	1	1	4
13430	충북 음성군	도와줘!홈즈(비상연락망제작)	4,840	1	4	7	8	7	1	1	4
13431	충북 음성군	한국미술협회음성지부전	4,500	1	1,4	7	8	7	3	1	1
13432	충북 음성군	젖소번식장애컨설팅사업	4,500	1	2	7	8	7	1	1	1
13433	충북 음성군	전국,도농촌지도자대회개최지원	4,500	1	4	7	8	7	5	5	4
13434	충북 음성군	시골마을로떠나는미술체험	4,400	1	1,4	7	8	7	1	1	3
13435	충북 음성군	통일안보현장견학	4,025	1	4	7	8	7	1	1	1
13436	충북 음성군	금빛도시화단가꾸기	4,000	1	4	7	8	7	3	1	1
13437	충북 음성군	소이면독거어르신찾아가는생일축하	4,000	1	4	7	8	7	3	1	1

순번	시군구	지출명 (사업명)	2024년예산 (단위 : 천원 /1년간)	민간이전 분류 (지방자치단체 세출예산 집행기준에 의거) 1. 민간경상사업보조(307-02) 2. 민간단체 법정운영비보조(307-03) 3. 민간행사사업보조(307-04) 4. 민간위탁금(307-05) 5. 사회복지시설 법정운영비보조(307-10) 6. 민간인위탁교육비(307-12) 7. 공기관등에대한경상적위탁사업비(308-13) 8. 민간자본사업보조,자체재원(402-01) 9. 민간자본사업보조,이전재원(402-02) 10. 민간위탁사업비(402-03) 11. 공기관등에 대한 자본적 위탁사업비(403-02)	민간이전지출 근거 (지방보조금 관리기준 참고) 1. 법률에 규정 2. 국고보조 재원(국가지정) 3. 용도 지정 기부금 4. 조례에 직접규정 5. 지자체가 권장하는 사업을 하는 공공기관 6. 시,도 정책 및 재정사정 7. 기타 8. 해당없음	입찰방식 계약체결방법 (경쟁형태) 1. 일반경쟁 2. 제한경쟁 3. 지명경쟁 4. 수의계약 5. 법정위탁 6. 기타 ( ) 7. 없음	입찰방식 계약기간 1. 1년 2. 2년 3. 3년 4. 4년 5. 5년 6. 기타 ( )년 7. 단기계약 (1년미만) 8. 없음	입찰방식 낙찰자선정방법 1. 적격심사 2. 협상에의한계약 3. 최저가낙찰제 4. 규격가격분리 5. 2단계 경쟁입찰 6. 기타 ( ) 7. 없음	운영예산 산정 운영예산 산정 1. 내부산정 (지자체 자체적으로 산정) 2. 외부산정 (외부전문기관위탁 산정) 3. 내·외부 모두 산정 4. 산정 無 5. 없음	운영예산 산정 정산방법 1. 내부정산 (지자체 내부적으로 정산) 2. 외부정산 (외부전문기관위탁 정산) 3. 내·외부 모두 산정 4. 정산 無 5. 없음	성과평가 실시여부 1. 실시 2. 미실시 3. 향후 추진 4. 해당없음
13438	충북 음성군	아름다운음성전	4,000	1	1,4	7	8	7	1	1	1
13439	충북 음성군	전국,도4H경진대회행사지원	4,000	1	4	7	8	7	1	1	3
13440	충북 음성군	우리고장음성사랑실천1대덕목전개사업	3,900	1	1	7	8	7	3	1	1
13441	충북 음성군	향교기로연재연	3,700	1	4	7	8	7	1	1	1
13442	충북 음성군	음성군체육회직원처우개선	3,600	1	1,4	7	8	7	1	1	1
13443	충북 음성군	음성국악협회정기공연	3,500	1	1,4	7	8	7	1	1	1
13444	충북 음성군	음성연극협회정기공연	3,500	1	1,4	7	8	7	1	1	1
13445	충북 음성군	맹동면이웃사랑K오이김치나눔사업	3,300	1	4	7	8	7	3	1	1
13446	충북 음성군	전국,도단위생활개선대회지원	3,200	1	4	7	8	7	1	1	3
13447	충북 음성군	금빛도시환경.청소년공감프로젝트	3,000	1	4	7	8	7	3	1	1
13448	충북 음성군	알뜰도서교환시장운영	3,000	1	1	7	8	7	3	1	1
13449	충북 음성군	행복한음성만들기희망의등불달아주기	3,000	1	1	7	8	7	3	1	1
13450	충북 음성군	우리의소원통일송편빚기사업	3,000	1	1	7	8	7	3	1	1
13451	충북 음성군	음성공예진로체험	3,000	1	1,4	7	8	7	1	1	1
13452	충북 음성군	사진협회전시회및동호회	3,000	1	1,4	7	8	7	1	1	1
13453	충북 음성군	귀농귀촌인및지역주민융화교육	3,000	1	1	7	8	7	5	5	4
13454	충북 음성군	지역특화음식문화개선사업발굴,육성지원	3,000	1	4	7	8	7	1	1	4
13455	충북 음성군	자율방재단재해예방안전교육	3,000	1	4	7	8	7	1	1	3
13456	충북 음성군	공동주택온라인투표비용지원	2,500	1	4	7	8	7	1	1	1
13457	충북 음성군	금왕읍찾아가는동네한바퀴	2,000	1	4	7	8	7	3	1	1
13458	충북 음성군	음성공예협회작품전시회	2,000	1	1,4	7	8	7	1	1	1
13459	충북 음성군	음식문화개선운동추진위원회개최지원	2,000	1	6	7	8	7	5	1	4
13460	충북 음성군	장승배기고향동산가꾸기	1,950	1	4	7	8	7	3	1	1
13461	충북 음성군	대소면걷고싶은산책길조성	1,800	1	4	7	8	7	3	1	1
13462	충북 음성군	민족통일전국대회	1,700	1	4	7	8	7	3	1	1
13463	충북 음성군	청소년평화누리나라사랑체험	1,585	1	1	7	8	7	3	1	1
13464	충북 음성군	제24회친절봉사대상시상및친절운동	1,570	1	1	7	8	7	3	1	1
13465	충북 음성군	국민독서경진대회	1,560	1	1	7	8	7	3	1	1
13466	충북 음성군	찾아가는상록봉사단운영지원	1,280	1	4	7	8	7	3	1	1
13467	충북 음성군	음성군장애인체육회직원처우개선	1,200	1	1,4	7	8	7	1	1	1
13468	충북 단양군	원예작물미량요소지원	337,500	1	7	7	8	7	1	1	3
13469	충북 단양군	이상기후대응주요병해방제지원	300,000	1	1	7	8	7	1	1	1
13470	충북 단양군	단양군관광협의회사업비지원	270,400	1	4	5	8	7	1	1	1
13471	충북 단양군	농산물택배비지원	261,333	1	4	7	8	7	5	5	4
13472	충북 단양군	고추생산영농자재지원(전용비료)	240,000	1	7	7	8	7	1	1	3
13473	충북 단양군	충북형도시농부육성사업	216,000	1	6	7	8	7	5	5	4
13474	충북 단양군	단고을농산물포장재지원	207,000	1	7	7	8	7	1	1	3
13475	충북 단양군	전일제일반생활체육지도자배치	195,942	1	1,2,4	7	8	7	3	3	4
13476	충북 단양군	어르신전일제생활체육지도자배치	163,285	1	1,2,4	7	8	7	3	3	4
13477	충북 단양군	전략품목(마늘,콩)활성화지원	160,000	1	4	7	8	7	5	5	4

순번	시군구	지출명 (사업명)	2024년예산 (단위 : 천원 /1년간)	민간이전 분류 (지방자치단체 세출예산 집행기준에 의거) 1. 민간경상사업보조(307-02) 2. 민간단체 법정운영비보조(307-03) 3. 민간행사사업보조(307-04) 4. 민간위탁금(307-05) 5. 사회복지시설 법정운영비보조(307-10) 6. 민간인위탁교육비(307-12) 7. 공기관등에대한경상적위탁사업비(308-13) 8. 민간자본사업보조,자체재원(402-01) 9. 민간자본사업보조,이전재원(402-02) 10. 민간위탁사업비(402-03) 11. 공기관등에 대한 자본적 위탁사업비(403-02)	민간이전지출 근거 (지방보조금 관리기준 참고) 1. 법률에 규정 2. 국고보조 재원(국가지정) 3. 용도 지정 기부금 4. 조례에 직접규정 5. 지자체가 권장하는 사업을 하는 공공기관 6. 시,도 정책 및 재정사정 7. 기타 8. 해당없음	입찰방식 계약체결방법 (경쟁형태) 1. 일반경쟁 2. 제한경쟁 3. 지명경쟁 4. 수의계약 5. 법정위탁 6. 기타 ( ) 7. 없음	입찰방식 계약기간 1. 1년 2. 2년 3. 3년 4. 4년 5. 5년 6. 기타 ( )년 7. 단기계약 (1년미만) 8. 없음	입찰방식 낙찰자선정방법 1. 적격심사 2. 협상에의한계약 3. 최저가낙찰제 4. 규격가격분리 5. 2단계 경쟁입찰 6. 기타 ( ) 7. 없음	운영예산 산정 운영예산 산정 1. 내부산정 (지자체 자체적으로 산정) 2. 외부산정 (외부전문기관위탁 산정) 3. 내·외부 모두 산정 4. 산정 無 5. 없음	운영예산 산정 정산방법 1. 내부정산 (지자체 내부적으로 정산) 2. 외부정산 (외부전문기관위탁 정산) 3. 내·외부 모두 산정 4. 정산 無 5. 없음	성과평가 실시여부 1. 실시 2. 미실시 3. 향후 추진 4. 해당없음
13478	충북 단양군	마늘생산영농자재지원(전용비료)	144,000	1	7	7	8	7	1	1	3
13479	충북 단양군	일손이음지원사업	143,061	1	6	7	8	7	1	1	1
13480	충북 단양군	수박생산영농자재지원(피복비닐)	142,500	1	7	7	8	7	1	1	3
13481	충북 단양군	잎담배생산영농자재지원	120,000	1	7	7	8	7	1	1	3
13482	충북 단양군	친환경분뇨수분조절제지원	110,000	1	6	7	8	7	1	1	3
13483	충북 단양군	농촌체험휴양마을사무장활동비지원	107,054	1	6	7	8	7	5	5	4
13484	충북 단양군	고추생산영농자재지원(피복비닐)	105,000	1	7	7	8	7	1	1	3
13485	충북 단양군	수박생산영농자재지원(전용비료)	91,200	1	7	7	8	7	1	1	3
13486	충북 단양군	마늘생산영농자재지원(피복비닐)	90,000	1	7	7	8	7	1	1	3
13487	충북 단양군	행복마을사업	85,000	1	6	7	8	7	5	5	4
13488	충북 단양군	산양삼종자묘근지원	84,000	1	7	7	8	7	5	1	4
13489	충북 단양군	주민자치위원회자치활동사업지원	80,000	1	1,4	7	8	7	1	1	1
13490	충북 단양군	과수생산영농자재지원(반사필름)	80,000	1	7	7	8	7	1	1	3
13491	충북 단양군	안전교육및체험1차(플라이보드및전동서프보드)	70,000	1	2	7	8	7	5	5	4
13492	충북 단양군	굴뚝자동측정기기운영관리비지원사업	69,669	1	2	7	8	7	5	5	4
13493	충북 단양군	단양에서살아보기운영	62,400	1	6	7	8	7	5	5	4
13494	충북 단양군	GAP인증농가영농자재지원	58,500	1	7	7	8	7	1	1	3
13495	충북 단양군	정보화마을프로그램관리자육성	53,581	1	6	7	8	7	5	5	4
13496	충북 단양군	시장경영패키지지원사업	45,792	1	2	6	1	7	3	1	4
13497	충북 단양군	단양예총사업활동지원	45,000	1	4	7	8	7	1	1	1
13498	충북 단양군	도단위이상생활체육대회출전지원	45,000	1	1,4	7	8	7	1	3	1
13499	충북 단양군	농촌체험휴양마을사무장채용지원	44,512	1	4	7	8	7	5	5	4
13500	충북 단양군	양봉월동용기능강화제지원	44,000	1	6	7	8	7	1	1	3
13501	충북 단양군	단양군새마을회사업비지원	40,500	1	1,4	7	8	7	1	1	1
13502	충북 단양군	청년취창업지원사업(청년창업지원사업(기타경비))	40,000	1	4	7	8	7	1	1	1
13503	충북 단양군	유기질액체비료지원	40,000	1	7	7	8	7	5	1	4
13504	충북 단양군	양봉화분사료공급	37,125	1	6	7	8	7	1	1	3
13505	충북 단양군	수출농가영농자재지원	36,000	1	6	7	8	7	5	5	4
13506	충북 단양군	과수생산영농자재지원(봉지)	36,000	1	7	7	8	7	1	1	3
13507	충북 단양군	토종붕어대량생산지원	36,000	1	6	7	8	7	1	1	3
13508	충북 단양군	단양문화원사업활동지원	34,000	1	4	7	8	7	3	1	4
13509	충북 단양군	대한노인회시군지회사무국운영지원	33,453	1	4	7	8	7	1	1	4
13510	충북 단양군	수박생산영농자재지원(받침대)	33,000	1	7	7	8	7	1	1	3
13511	충북 단양군	가축생균제공급(자체)	33,000	1	6	7	8	7	1	1	3
13512	충북 단양군	원예작물클로렐라지원	32,400	1	1	7	8	7	1	1	1
13513	충북 단양군	장애인생활체육지도자배치	31,302	1	1,2,4	7	8	7	3	1	4
13514	충북 단양군	단양군통합방위협의회운영지원사업	31,000	1	1	7	1	7	1	1	4
13515	충북 단양군	살고싶은마을만들기사업비	30,000	1	4	7	8	7	5	5	4
13516	충북 단양군	문화예술단체육성지원	30,000	1	4	7	8	7	1	1	1
13517	충북 단양군	생활체육프로그램지원	30,000	1	1,4	7	8	7	1	3	1

순번	시군구	지출명 (사업명)	2024년예산 (단위 : 천원 /1년간)	민간이전 분류 (지방자치단체 세출예산 집행기준에 의거) 1. 민간경상사업보조(307-02) 2. 민간단체 법정운영비보조(307-03) 3. 민간행사사업보조(307-04) 4. 민간위탁금(307-05) 5. 사회복지시설 법정운영비보조(307-10) 6. 민간인위탁교육비(307-12) 7. 공기관등에대한경상적위탁사업비(308-13) 8. 민간자본사업보조,자체재원(402-01) 9. 민간자본사업보조,이전재원(402-02) 10. 민간위탁사업비(402-03) 11. 공기관등에 대한 자본적 위탁사업비(403-02)	민간이전지출 근거 (지방보조금 관리기준 참고) 1. 법률에 규정 2. 국고보조 재원(국가지정) 3. 용도 지정 기부금 4. 조례에 직접규정 5. 지자체가 권장하는 사업을 하는 공공기관 6. 시,도 정책 및 재정사정 7. 기타 8. 해당없음	입찰방식			운영예산 산정		성과평가 실시여부
						계약체결방법 (경쟁형태) 1. 일반경쟁 2. 제한경쟁 3. 지명경쟁 4. 수의계약 5. 법정위탁 6. 기타 ( ) 7. 없음	계약기간 1. 1년 2. 2년 3. 3년 4. 4년 5. 5년 6. 기타 ( )년 7. 단기계약 (1년미만) 8. 없음	낙찰자선정방법 1. 적격심사 2. 협상에의한계약 3. 최저가낙찰제 4. 규격가격분리 5. 2단계 경쟁입찰 6. 기타 ( ) 7. 없음	운영예산 산정 1. 내부산정 (지자체 자체적으로 산정) 2. 외부산정 (외부전문기관위탁 산정) 3. 내·외부 모두 산정 4. 산정 無 5. 없음	정산방법 1. 내부정산 (지자체 내부적으로 정산) 2. 외부정산 (외부전문기관위탁 정산) 3. 내·외부 모두 산정 4. 정산 無 5. 없음	1. 실시 2. 미실시 3. 향후 추진 4. 해당없음
13518	충북 단양군	안전교육및체험2차(무동력기구)	30,000	1	2	7	8	7	5	5	4
13519	충북 단양군	꿀벌친환경신소재벌통지원	30,000	1	6	7	8	7	1	1	3
13520	충북 단양군	수박생산영농자재지원(고정자재)	28,500	1	7	7	8	7	1	1	3
13521	충북 단양군	민주평화통일자문회의국외연수지원	28,000	1	1,4	7	8	7	1	1	1
13522	충북 단양군	수출단지선별작업비지원	27,608	1	6	7	8	7	5	5	4
13523	충북 단양군	전통시장및상점가배송도우미운영	27,120	1	6	6	1	7	3	1	4
13524	충북 단양군	농산물TV&온라인판매지원	27,000	1	4	7	8	7	5	5	4
13525	충북 단양군	단양의소리기록화사업	25,000	1	4	7	8	7	5	5	4
13526	충북 단양군	농촌공동아이돌봄센터운영지원	25,000	1	2	7	8	7	5	5	4
13527	충북 단양군	민족통일역량강화및통일촉진홍보사업	24,000	1	1,4	7	8	7	1	1	1
13528	충북 단양군	시멘트공장주변호흡기질환유소견자사후관리(시멘트산업지역사회공헌상생기금)	23,760	1	1	4	7	7	1	1	4
13529	충북 단양군	지자체수출전략상품육성지원	21,934	1	6	7	8	7	5	5	4
13530	충북 단양군	단양군이장협의회임원국외연수지원	21,000	1	4	7	8	7	1	1	4
13531	충북 단양군	단양군주민자치위원회임원국외연수지원	21,000	1	1,4	7	8	7	1	1	1
13532	충북 단양군	평화통일기반조성및홍보사업	21,000	1	1,4	7	8	7	1	1	1
13533	충북 단양군	초등돌봄교실과일간식지원	20,476	1	6	7	8	7	1	1	3
13534	충북 단양군	지역현안과연계한주민자치우수사업발굴	20,000	1	1,4	7	8	7	1	1	1
13535	충북 단양군	쾌적한환경행복한공동체만들기사업	20,000	1	1,4	7	8	7	1	1	1
13536	충북 단양군	여성지도자관리능력배양활동지원	20,000	1	4	7	1	7	1	1	1
13537	충북 단양군	법무부청소년범죄예방위원제천단양지역협의회지원	20,000	1	1	7	8	7	1	1	1
13538	충북 단양군	단양마늘지리적표시제운영지원	20,000	1	7	7	8	7	1	1	3
13539	충북 단양군	전통시장활성화(전통시장청소도우미지원)	19,800	1	4	6	1	7	1	1	4
13540	충북 단양군	지역자활센터활성화지원	18,000	1	6	7	1	7	5	1	1
13541	충북 단양군	여성단체협의회사업지원	18,000	1	4	7	1	7	1	1	1
13542	충북 단양군	귀농귀촌인협의회활성화사업	16,680	1	4	7	8	7	5	5	4
13543	충북 단양군	농촌체험프로그램운영	16,000	1	4	7	8	7	5	5	4
13544	충북 단양군	산양삼포장재지원	16,000	1	7	7	8	7	5	1	4
13545	충북 단양군	과실품질향상자재지원	16,000	1	6	7	8	7	1	1	3
13546	충북 단양군	지역치안협의회활동지원	15,000	1	4	7	8	7	1	1	4
13547	충북 단양군	의용소방대소방기술경연대회	15,000	1	4	7	1	7	1	1	4
13548	충북 단양군	(사)전국모범운전자연합회단양군지회사업지원	14,700	1	1	7	8	7	1	1	4
13549	충북 단양군	바르게살기운동단양군협의회사업비지원	14,160	1	1,4	7	8	7	1	1	1
13550	충북 단양군	가축생균제공급	14,000	1	6	7	8	7	1	1	3
13551	충북 단양군	농산물청풍명월장터e쇼핑몰물류비지원	12,250	1	4	7	8	7	5	5	4
13552	충북 단양군	평생학습박람회참가지원	12,000	1	4	7	8	7	5	5	4
13553	충북 단양군	산양삼재배기술교육지원	12,000	1	7	7	8	7	5	1	4
13554	충북 단양군	도덕성회복교육지원	11,544	1	4	7	8	7	1	1	1
13555	충북 단양군	단양야간학교지원	10,000	1	4	7	8	7	5	5	4
13556	충북 단양군	생활체육교실운영지원	10,000	1	1,4	7	8	7	1	3	1
13557	충북 단양군	장애인체육대회출전지원	10,000	1	1,4	7	8	7	1	1	1

순번	시군구	지출명 (사업명)	2024년예산 (단위 : 천원 /1년간)	민간이전 분류 (지방자치단체 세출예산 집행기준에 의거) 1. 민간경상사업보조(307-02) 2. 민간단체 법정운영비보조(307-03) 3. 민간행사사업보조(307-04) 4. 민간위탁금(307-05) 5. 사회복지시설 법정운영비보조(307-10) 6. 민간인위탁교육비(307-12) 7. 공기관등에대한경상적위탁사업비(308-13) 8. 민간자본사업보조,자체재원(402-01) 9. 민간자본사업보조,이전재원(402-02) 10. 민간위탁사업비(402-03) 11. 공기관등에 대한 자본적 위탁사업비(403-02)	민간이전지출 근거 (지방보조금 관리기준 참고) 1. 법률에 규정 2. 국고보조 재원(국가지정) 3. 용도 지정 기부금 4. 조례에 직접규정 5. 지자체가 권장하는 사업을 하는 공공기관 6. 시,도 정책 및 재정사정 7. 기타 8. 해당없음	입찰방식 계약체결방법 (경쟁형태) 1. 일반경쟁 2. 제한경쟁 3. 지명경쟁 4. 수의계약 5. 법정위탁 6. 기타 ( ) 7. 없음	입찰방식 계약기간 1. 1년 2. 2년 3. 3년 4. 4년 5. 5년 6. 기타 ( )년 7. 단기계약 (1년미만) 8. 없음	입찰방식 낙찰자선정방법 1. 적격심사 2. 협상에의한계약 3. 최저가낙찰제 4. 규격가격분리 5. 2단계 경쟁입찰 6. 기타 ( ) 7. 없음	운영예산 산정 운영예산 산정 1. 내부산정 (지자체 자체적으로 산정) 2. 외부산정 (외부전문기관위탁 산정) 3. 내·외부 모두 산정 4. 산정 無 5. 없음	운영예산 산정 정산방법 1. 내부정산 (지자체 내부적으로 정산) 2. 외부정산 (외부전문기관위탁 정산) 3. 내·외부 모두 산정 4. 정산 無 5. 없음	성과평가 실시여부 1. 실시 2. 미실시 3. 향후 추진 4. 해당없음
13558	충북 단양군	산양삼지역축제부스설치지원	10,000	1	7	7	8	7	5	1	4
13559	충북 단양군	한우퇴비발효촉진제지원	9,307	1	6	7	8	7	1	1	3
13560	충북 단양군	단양해병전우회사업지원	9,000	1	1,4	7	8	7	1	1	1
13561	충북 단양군	한국자유총연맹사업지원	9,000	1	1,4	7	8	7	1	1	1
13562	충북 단양군	우수학습동아리지원	9,000	1	4	7	8	7	5	5	4
13563	충북 단양군	박물관활성화사업	9,000	1	6	7	8	7	5	5	4
13564	충북 단양군	장애인생활체육교실운영지원	9,000	1	1,4	7	8	7	1	1	1
13565	충북 단양군	과수생산영농자재지원(장기저장제)	9,000	1	7	7	8	7	1	1	3
13566	충북 단양군	충북형도시근로자지원사업	8,276	1	6	7	8	7	1	1	1
13567	충북 단양군	단양적십자봉사회사업지원	8,000	1	1,4	7	8	7	1	1	1
13568	충북 단양군	고엽제전우회사업지원	8,000	1	7	7	8	7	1	1	1
13569	충북 단양군	녹색어머니회어린이교통안전사업지원	8,000	1	6	7	8	7	1	1	1
13570	충북 단양군	어린이축구교실운영지원	8,000	1	1,4	7	8	7	1	3	1
13571	충북 단양군	벌집(벌통,소초광등)지원	7,700	1	6	7	8	7	1	1	3
13572	충북 단양군	읍면방위협의회운영지원사업	7,500	1	1	7	1	7	1	1	4
13573	충북 단양군	조사료생산용종자구입지원	7,440	1	6	7	8	7	1	1	3
13574	충북 단양군	북한이탈주민정착지원사업	7,000	1	4	7	8	7	1	1	4
13575	충북 단양군	농촌체험휴양마을보험가입지원	6,176	1	2	7	8	7	5	5	4
13576	충북 단양군	수출농식품포장재제작지원	6,113	1	6	7	8	7	5	5	4
13577	충북 단양군	충북소상공인희망장려금지원사업	6,000	1	6	7	1	7	1	1	1
13578	충북 단양군	생활체육탁구교실운영지원	6,000	1	1,4	7	8	7	1	3	1
13579	충북 단양군	농특산물판매행사부스사용료지원	6,000	1	4	7	8	7	5	5	4
13580	충북 단양군	비육용암소시장육성사업	6,000	1	6	7	8	7	1	1	3
13581	충북 단양군	전몰군경유족회사업지원	5,400	1	7	7	8	7	1	1	1
13582	충북 단양군	전몰군경미망인회사업지원	5,400	1	7	7	8	7	1	1	1
13583	충북 단양군	상이군경회사업지원	5,400	1	7	7	8	7	1	1	1
13584	충북 단양군	무공수훈자회사업지원	5,400	1	7	7	8	7	1	1	1
13585	충북 단양군	지역업체경쟁력강화지원사업	5,400	1	1	7	8	7	1	1	4
13586	충북 단양군	수출농산물선별비지원	5,000	1	6	7	8	7	5	5	4
13587	충북 단양군	임산물수액채취자재지원	5,000	1	7	7	8	7	5	1	4
13588	충북 단양군	우수여왕벌보급지원	4,800	1	6	7	8	7	1	1	3
13589	충북 단양군	전통시장활성화(우수전통시장박람회참가)	4,500	1	4	6	1	7	1	1	4
13590	충북 단양군	지역공동체역량강화및지원(지역공동체제안공모사업)	4,500	1	6	7	8	7	1	1	4
13591	충북 단양군	자연보호활동지원(자연보호협의회)	4,500	1	1	7	1	7	1	1	1
13592	충북 단양군	단양향교사업비지원	4,000	1	4	7	8	7	1	1	1
13593	충북 단양군	영춘향교사업비지원	4,000	1	4	7	8	7	1	1	1
13594	충북 단양군	산양삼재배자워크숍지원	4,000	1	7	7	8	7	5	1	4
13595	충북 단양군	유해조수퇴치제구입지원	4,000	1	7	7	8	7	5	1	4
13596	충북 단양군	화재예방및홍보활동추진	4,000	1	4	7	1	7	1	1	4
13597	충북 단양군	방곡도예촌활성화(공예박람회및전시회참가)	3,600	1	4	7	8	7	1	1	1

순번	시군구	지출명 (사업명)	2024년예산 (단위 : 천원 /1년간)	민간이전 분류 (지방자치단체 세출예산 집행기준에 의거) 1. 민간경상사업보조(307-02) 2. 민간단체 법정운영비보조(307-03) 3. 민간행사사업보조(307-04) 4. 민간위탁금(307-05) 5. 사회복지시설 법정운영비보조(307-10) 6. 민간인위탁교육비(307-12) 7. 공기관등에대한경상적위탁사업비(308-13) 8. 민간자본사업보조,자체재원(402-01) 9. 민간자본사업보조,이전재원(402-02) 10. 민간위탁사업비(402-03) 11. 공기관등에 대한 자본적 위탁사업비(403-02)	민간이전지출 근거 (지방보조금 관리기준 참고) 1. 법률에 규정 2. 국고보조 재원(국가지정) 3. 용도 지정 기부금 4. 조례에 직접규정 5. 지자체가 권장하는 사업을 하는 공공기관 6. 시,도 정책 및 재정사정 7. 기타 8. 해당없음	입찰방식 계약체결방법 (경쟁형태) 1. 일반경쟁 2. 제한경쟁 3. 지명경쟁 4. 수의계약 5. 법정위탁 6. 기타 ( ) 7. 없음	입찰방식 계약기간 1. 1년 2. 2년 3. 3년 4. 4년 5. 5년 6. 기타 ( )년 7. 단기계약 (1년미만) 8. 없음	입찰방식 낙찰자선정방법 1. 적격심사 2. 협상에의한계약 3. 최저가낙찰제 4. 규격가격분리 5. 2단계 경쟁입찰 6. 기타 ( ) 7. 없음	운영예산 산정 운영예산 산정 1. 내부산정 (지자체 자체적으로 산정) 2. 외부산정 (외부전문기관위탁 산정) 3. 내·외부 모두 산정 4. 산정 無 5. 없음	운영예산 산정 정산방법 1. 내부정산 (지자체 내부적으로 정산) 2. 외부정산 (외부전문기관위탁 정산) 3. 내·외부 모두 산정 4. 정산 無 5. 없음	성과평가 실시여부 1. 실시 2. 미실시 3. 향후 추진 4. 해당없음
13598	충북 단양군	수출업무추진국외여비지원	3,600	1	6	7	8	7	5	5	4
13599	충북 단양군	유기질비료지원	3,109	1	2	7	8	7	5	1	4
13600	충북 단양군	4.19혁명기념행사사업지원	3,000	1	7	7	8	7	1	1	1
13601	충북 단양군	재향군인회여성회사업지원	3,000	1	4	7	1	7	1	1	1
13602	충북 단양군	마을단위융화교육	3,000	1	6	7	8	7	5	5	4
13603	충북 단양군	조사료생산용볏짚처리비지원	3,000	1	6	7	8	7	1	1	3
13604	충북 단양군	국내식품전시회참가지원사업	2,000	1	4	7	8	7	5	5	4
13605	충북 단양군	산림문화축제참가지원	2,000	1	7	7	8	7	5	1	4
13606	충북 단양군	음식문화개선추진협의회개최지원	2,000	1	7	7	8	7	1	1	4
13607	충북 단양군	토양개량제지원	1,512	1	2	7	8	7	5	1	4
13608	충북 단양군	말벌퇴치장비지원	1,500	1	6	7	8	7	1	1	3
13609	충북 단양군	무공수훈자회장진호전투추모식참가	1,400	1	7	7	8	7	1	1	1
13610	충북 단양군	양돈액비저장조분뇨발효제공급	720	1	6	7	8	7	1	1	3
13611	충북 단양군	양식어업인수산약품및양식장비공급	702	1	6	7	8	7	1	1	3
13612	충청남도	아동안전지킴이지원사업	3,471,092	1	1	7	8	7	5	5	4
13613	충청남도	지역형플러스사업	1,125,000	1	2	7	8	7	5	5	4
13614	충청남도	지역혁신프로젝트(금속산업통합지원)사업	1,041,428	1	2	7	8	7	5	5	4
13615	충청남도	상공회의소지원	800,000	1	1	7	8	7	5	5	4
13616	충청남도	소상공인노란우산공제가입장려금지원	780,000	1	1	7	8	7	1	1	1
13617	충청남도	농업과기업간연계강화지원	660,000	1	1	6	1	2	5	3	4
13618	충청남도	충남오감통합물류지원	600,000	1	4	7	1	7	1	1	1
13619	충청남도	충남오감홍보마케팅추진	494,000	1	4	7	1	7	1	1	1
13620	충청남도	ICT이노베이션충남스퀘어운영	463,750	1	2	5	2	7	2	2	1
13621	충청남도	농촌공간계획수립체계지원	370,000	1	2	7	8	7	5	5	4
13622	충청남도	도자원봉사센터사업지원	200,000	1	1	7	8	7	1	1	1
13623	충청남도	창업중심대학사업지원	200,000	1	4	7	8	7	5	5	4
13624	충청남도	농촌공동체활성화(도민참여)	185,100	1	1	7	8	7	5	5	4
13625	충청남도	전략품목연합마케팅육성	182,000	1	4	7	1	7	1	1	1
13626	충청남도	식생활교육지원	180,000	1	1,2	1	2	1	1	3	1
13627	충청남도	산지조직결속력및역량강화조직화지원	152,000	1	4	7	1	7	1	1	1
13628	충청남도	4차산업분야원격실습직업훈련지원	150,000	1	2	7	8	7	5	5	4
13629	충청남도	평화통일공감대조성	120,000	1	4	7	8	7	1	1	4
13630	충청남도	중소기업협동조합활성화사업	100,000	1	1	7	8	7	5	5	4
13631	충청남도	아동학대전담의료기관활성화사업	100,000	1	2	7	8	7	1	1	4
13632	충청남도	수출전략품목공동마케팅	100,000	1	4	7	1	7	1	1	1
13633	충청남도	청년농업인문화콘서트및로컬푸드판매지원	100,000	1	1	7	8	7	5	5	4
13634	충청남도	자원봉사코디네이터지원육성(도센터)	99,500	1	1	7	8	7	1	1	1
13635	충청남도	결핵관리사업운영비	91,000	1	1	7	8	7	1	1	3
13636	충청남도	농특산물홍보및직거래지원	90,000	1	1	7	8	7	5	5	4
13637	충청남도	도농교류활성화지원	85,000	1	1	6	1	2	1	1	4

순번	시군구	지출명 (사업명)	2024년예산 (단위 : 천원 /1년간)	민간이전 분류 (지방자치단체 세출예산 집행기준에 의거) 1. 민간경상사업보조(307-02) 2. 민간단체 법정운영비보조(307-03) 3. 민간행사사업보조(307-04) 4. 민간위탁금(307-05) 5. 사회복지시설 법정운영비보조(307-10) 6. 민간인위탁교육비(307-12) 7. 공기관등에대한경상적위탁사업비(308-13) 8. 민간자본사업보조,자체재원(402-01) 9. 민간자본사업보조,이전재원(402-02) 10. 민간위탁사업비(402-03) 11. 공기관등에 대한 자본적 위탁사업비(403-02)	민간이전지출 근거 (지방보조금 관리기준 참고) 1. 법률에 규정 2. 국고보조 재원(국가지정) 3. 용도 지정 기부금 4. 조례에 직접규정 5. 지자체가 권장하는 사업을 하는 공공기관 6. 시,도 정책 및 재정사정 7. 기타 8. 해당없음	입찰방식: 계약체결방법 (경쟁형태) 1. 일반경쟁 2. 제한경쟁 3. 지명경쟁 4. 수의계약 5. 법정위탁 6. 기타 ( ) 7. 없음	입찰방식: 계약기간 1. 1년 2. 2년 3. 3년 4. 4년 5. 5년 6. 기타 ( )년 7. 단기계약 (1년미만) 8. 없음	입찰방식: 낙찰자선정방법 1. 적격심사 2. 협상에의한계약 3. 최저가낙찰제 4. 규격가격분리 5. 2단계 경쟁입찰 6. 기타 ( ) 7. 없음	운영예산 산정: 운영예산 산정 1. 내부산정 (지자체 자체적으로 산정) 2. 외부산정 (외부전문기관위탁 산정) 3. 내·외부 모두 산정 4. 산정 無 5. 없음	운영예산 산정: 정산방법 1. 내부정산 (지자체 내부적으로 정산) 2. 외부정산 (외부전문기관위탁 정산) 3. 내·외부 모두 산정 4. 정산 無 5. 없음	성과평가 실시여부 1. 실시 2. 미실시 3. 향후 추진 4. 해당없음
13638	충청남도	장애인정보화교육지원(도)	84,000	1	6	7	8	7	1	1	1
13639	충청남도	중소기업품질경영활성화	80,000	1	1	7	8	7	5	5	4
13640	충청남도	대한적십자사충남지사활동지원	67,000	1	1	7	8	7	1	1	4
13641	충청남도	충청남도인권보호및증진활동지원	64,000	1	4	7	8	7	1	1	4
13642	충청남도	장애인정보화교육지원(국)	63,000	1	2	7	8	7	5	1	1
13643	충청남도	디지털역량강화교육	60,300	1	2	1	1	2	5	1	1
13644	충청남도	새마을운동국제협력사업	58,000	1	1	7	8	7	1	1	1
13645	충청남도	취약계층소비자보호및지원사업	54,000	1	4	7	8	7	1	1	1
13646	충청남도	위기가정맞춤형안정지원	50,000	1	1	7	8	7	1	1	4
13647	충청남도	충남자율방범연합회활동지원	41,900	1	1	7	8	7	5	5	4
13648	충청남도	전통시장지역특산품전시홍보관기반강화	40,000	1	4	7	8	7	1	1	1
13649	충청남도	여성창업보육사업	40,000	1	1,4	7	8	7	5	5	4
13650	충청남도	아줌마축제참가지원	40,000	1	1	4	1	7	1	1	1
13651	충청남도	저출산극복사회연대회의	39,530	1	2	7	8	7	1	1	1
13652	충청남도	민간이주도하는자치분권공감대확산	38,250	1	4	7	8	7	1	1	4
13653	충청남도	도민참여예산활성화를위한예산학교운영지원	36,450	1	4	7	8	7	1	1	4
13654	충청남도	충청남도소비자상담지원운영	35,000	1	4	7	8	7	1	1	1
13655	충청남도	목재문화체험지원	34,200	1	4	6	7	1	3	1	1
13656	충청남도	향우회초청의날행사및도내방문지원	31,000	1	4	7	8	7	1	1	4
13657	충청남도	공동체교육프로그램운영	30,330	1	6	7	8	7	5	5	4
13658	충청남도	광역네트워크조직육성지원	30,000	1	4	1	1	6	1	1	4
13659	충청남도	작은사업장안전관리체계지원	30,000	1	4	7	8	7	5	5	4
13660	충청남도	농식품스마트소비지원	30,000	1	1	7	8	7	5	5	4
13661	충청남도	저소득보훈가족특식도시락지원	25,500	1	1	7	8	7	1	1	4
13662	충청남도	북한이탈주민정신건강관리	25,000	1	4	7	8	7	1	1	4
13663	충청남도	전통시장고객유치홍보	25,000	1	4	7	8	7	1	1	4
13664	충청남도	우수시장사례조사	25,000	1	4	7	8	7	1	1	1
13665	충청남도	대전충남재향군인회활동지원	24,000	1	1	7	8	7	1	1	4
13666	충청남도	전국우수시장박람회참가비지원	22,000	1	4	7	8	7	1	1	1
13667	충청남도	헌혈권장및홍보지원	20,961	1	1	7	1	7	1	1	1
13668	충청남도	충남우수시장활성화지원사업	20,000	1	4	7	8	7	1	1	1
13669	충청남도	중장년기술창업센터지원	20,000	1	4	7	8	7	5	5	4
13670	충청남도	국가지정입원치료병상운영관리	20,000	1	2	7	8	7	5	3	1
13671	충청남도	국가지정입원치료병상운영관리	20,000	1	2	7	8	7	5	3	1
13672	충청남도	에이즈예방교육및홍보	19,508	1	1	7	8	7	1	1	3
13673	충청남도	행복한공동체만들기자원봉사활동지원	18,000	1	1	7	8	7	1	1	1
13674	충청남도	전통목공예및옻칠교육지원	17,100	1	4	6	7	1	3	1	1
13675	충청남도	충남공유단체및공유기업지원	17,000	1	4	1	1	6	1	1	4
13676	충청남도	퇴직공무원사회공헌사업지원	15,000	1	1	7	8	7	5	5	4
13677	충청남도	이통장연합회도지부활동지원	15,000	1	4	7	8	7	1	1	4

순번	시군구	지출명 (사업명)	2024년예산 (단위 : 천원 /1년간)	민간이전 분류 (지방자치단체 세출예산 집행기준에 의거) 1. 민간경상사업보조(307-02) 2. 민간단체 법정운영비보조(307-03) 3. 민간행사사업보조(307-04) 4. 민간위탁금(307-05) 5. 사회복지시설 법정운영비보조(307-10) 6. 민간인위탁교육비(307-12) 7. 공기관등에대한경상적위탁사업비(308-13) 8. 민간자본사업보조,자체재원(402-01) 9. 민간자본사업보조,이전재원(402-02) 10. 민간위탁사업비(402-03) 11. 공기관등에 대한 자본적 위탁사업비(403-02)	민간이전지출 근거 (지방보조금 관리기준 참고) 1. 법률에 규정 2. 국고보조 재원(국가지정) 3. 용도 지정 기부금 4. 조례에 직접규정 5. 지자체가 권장하는 사업을 하는 공공기관 6. 시,도 정책 및 재정사정 7. 기타 8. 해당없음	입찰방식 계약체결방법 (경쟁형태) 1. 일반경쟁 2. 제한경쟁 3. 지명경쟁 4. 수의계약 5. 법정위탁 6. 기타 ( ) 7. 없음	입찰방식 계약기간 1. 1년 2. 2년 3. 3년 4. 4년 5. 5년 6. 기타 ( )년 7. 단기계약 (1년미만) 8. 없음	입찰방식 낙찰자선정방법 1. 적격심사 2. 협상에의한계약 3. 최저가낙찰제 4. 규격가격분리 5. 2단계 경쟁입찰 6. 기타 ( ) 7. 없음	운영예산 산정 운영예산 산정 1. 내부산정 (지자체 자체적으로 산정) 2. 외부산정 (외부전문기관위탁 산정) 3. 내·외부 모두 산정 4. 산정 無 5. 없음	운영예산 산정 정산방법 1. 내부정산 (지자체 내부적으로 정산) 2. 외부정산 (외부전문기관위탁 정산) 3. 내·외부 모두 산정 4. 정산 無 5. 없음	성과평가 실시여부 1. 실시 2. 미실시 3. 향후 추진 4. 해당없음
13678	충청남도	충남적십자사재난구호용세탁및급식차량관리운영지원	15,000	1	1	7	8	7	1	1	4
13679	충청남도	가축방역교육및워크숍지원	15,000	1	1	7	8	7	5	5	4
13680	충청남도	건축및도시공간지속가능발전연구개발지원사업	15,000	1	4	7	8	7	5	5	4
13681	충청남도	충청남도협치학교운영	11,900	1	4	7	8	7	5	5	4
13682	충청남도	수의사회연수교육등지원	10,800	1	1	7	8	7	5	5	4
13683	충청남도	실천적새마을지도자양성지원사업	10,000	1	1	7	8	7	1	1	1
13684	충청남도	청소년수련시설이용청소년교류활성화	10,000	1	8	7	8	7	1	1	4
13685	충청남도	약물오남용예방사업	8,330	1	4	1	1	1	1	1	1
13686	충청남도	장애인기업활동촉진	8,300	1	1	7	8	7	5	5	4
13687	충청남도	청년새마을운동활성화사업지원	8,000	1	1	7	8	7	1	1	1
13688	충청남도	통일대비청소년교육및안보현장견학	6,120	1	1	7	8	7	1	1	1
13689	충청남도	새마을우수기관인센티브	5,600	1	1	7	8	7	1	1	1
13690	충청남도	산불예방및방지활동사업지원	3,273	1	4	1	1	1	1	1	1
13691	충청남도	체육회직장운동경기부육성	4,047,412	1	1	7	8	7	1	1	1
13692	충청남도	전국(소년)체육대회지원	3,980,530	1	1	7	8	7	1	1	1
13693	충청남도	회원단체육성	3,273,172	1	1	7	8	7	1	1	1
13694	충청남도	충청남도민생활체육(걷기)활성화	2,308,515	1	4	7	8	7	1	1	1
13695	충청남도	장애인전문체육육성	1,357,850	1	4	7	8	7	1	1	1
13696	충청남도	국악분야학교예술강사운영지원	790,500	1	2	7	8	7	3	1	4
13697	충청남도	아름다운이야기할머니사업	621,450	1	2	7	8	7	1	1	1
13698	충청남도	정신응급센터운영지원	569,400	1	2	1	1	2	1	1	4
13699	충청남도	생활체육대회참가지원	547,700	1	4	7	8	7	1	1	1
13700	충청남도	장애인체육대회운영지원	542,958	1	4	7	8	7	1	1	1
13701	충청남도	충청남도노인스포츠클럽육성	521,000	1	4	1	1	1	1	1	1
13702	충청남도	건쥬앱고도화사업	500,000	1	4	7	8	7	1	1	1
13703	충청남도	(신규)급경사지실태조사	450,000	1	2	7	8	7	5	5	4
13704	충청남도	지역문화예술교육지원센터운영	450,000	1	5	7	8	7	1	1	4
13705	충청남도	탄소중립지원센터운영지원	400,000	1	1	6	6	6	5	1	1
13706	충청남도	자살유족원스톱서비스운영지원(광역)	337,870	1	2	5	3	1	1	1	1
13707	충청남도	행복드림생활체육교실운영	242,000	1	4	7	8	7	1	1	1
13708	충청남도	생활문화활성화사업	240,000	1	4	7	8	7	1	1	1
13709	충청남도	충청남도체육대회회원단체지원	220,000	1	1	7	8	7	1	1	1
13710	충청남도	교통안전교육및홍보비등지원	220,000	1	4	7	8	7	1	1	4
13711	충청남도	장애인생활체육지원사업	212,670	1	4	7	8	7	1	1	1
13712	충청남도	지역암센터운영지원	200,000	1	2	5	8	7	5	3	1
13713	충청남도	암생존자통합지지센터운영지원	200,000	1	2	5	8	7	5	3	1
13714	충청남도	기후위기안심마을조성	200,000	1	3	7	8	7	5	1	4
13715	충청남도	체육진흥지원	172,410	1	1	7	8	7	1	1	1
13716	충청남도	문화예술교육사현장역량강화	168,000	1	2	7	8	7	1	1	4
13717	충청남도	어업용기자재이동수리소운영	158,000	1	1	7	8	7	5	5	4

순번	시군구	지출명 (사업명)	2024년예산 (단위 : 천원 /1년간)	민간이전 분류 (지방자치단체 세출예산 집행기준에 의거) 1. 민간경상사업보조(307-02) 2. 민간단체 법정운영비보조(307-03) 3. 민간행사사업보조(307-04) 4. 민간위탁금(307-05) 5. 사회복지시설 법정운영비보조(307-10) 6. 민간인위탁교육비(307-12) 7. 공기관등에대한경상적위탁사업비(308-13) 8. 민간자본사업보조,자체재원(402-01) 9. 민간자본사업보조,이전재원(402-02) 10. 민간위탁사업비(402-03) 11. 공기관등에 대한 자본적 위탁사업비(403-02)	민간이전지출 근거 (지방보조금 관리기준 참고) 1. 법률에 규정 2. 국고보조 재원(국가지정) 3. 용도 지정 기부금 4. 조례에 직접규정 5. 지자체가 권장하는 사업을 하는 공공기관 6. 시,도 정책 및 재정사정 7. 기타 8. 해당없음	입찰방식: 계약체결방법 (경쟁형태) 1. 일반경쟁 2. 제한경쟁 3. 지명경쟁 4. 수의계약 5. 법정위탁 6. 기타 ( ) 7. 없음	입찰방식: 계약기간 1. 1년 2. 2년 3. 3년 4. 4년 5. 5년 6. 기타 ( )년 7. 단기계약 (1년미만) 8. 없음	입찰방식: 낙찰자선정방법 1. 적격심사 2. 협상에의한계약 3. 최저가낙찰제 4. 규격가격분리 5. 2단계 경쟁입찰 6. 기타 ( ) 7. 없음	운영예산 산정: 운영예산 산정 1. 내부산정 (지자체 자체적으로 산정) 2. 외부산정 (외부전문기관위탁 산정) 3. 내·외부 모두 산정 4. 산정 無 5. 없음	운영예산 산정: 정산방법 1. 내부정산 (지자체 내부적으로 정산) 2. 외부정산 (외부전문기관위탁 정산) 3. 내·외부 모두 산정 4. 정산 無 5. 없음	성과평가 실시여부 1. 실시 2. 미실시 3. 향후 추진 4. 해당없음
13718	충청남도	민간단체국제교류활성화추진	150,000	1	6	7	8	7	1	1	3
13719	충청남도	자살유족지원사업비	150,000	1	2	5	3	1	1	1	1
13720	충청남도	회원단체역량강화지원	150,000	1	1	7	8	7	1	1	1
13721	충청남도	전국규모대회유치등지원	148,275	1	1	7	8	7	5	5	4
13722	충청남도	충청남도지속가능발전협의회지원	147,000	1	4	7	8	7	1	1	1
13723	충청남도	도농업인학습단체역량강화활동지원	140,000	1	1	7	8	7	1	1	1
13724	충청남도	대학충남학정규교양과정운영지원	130,000	1	1	7	8	7	1	1	1
13725	충청남도	충청남도태권도시범단운영	120,000	1	4	7	8	7	5	5	4
13726	충청남도	탄소중립실천사업	110,000	1	4	1	1	1	1	1	1
13727	충청남도	국제교류지원	108,980	1	1	7	8	7	5	5	4
13728	충청남도	택시운수업계노사정한마음대회지원	82,500	1	1	7	8	7	1	1	1
13729	충청남도	충청남도문화원연합회활성화	80,250	1	4	7	8	7	1	1	4
13730	충청남도	도어르신생활체육대회	80,000	1	4	7	8	7	1	1	1
13731	충청남도	한우광역브랜드홍보	80,000	1	2	7	8	7	1	1	1
13732	충청남도	충남청년뮤직페스타	72,500	1	1	7	8	7	5	5	4
13733	충청남도	장애인스포츠클럽육성	52,000	1	1	7	8	7	5	5	4
13734	충청남도	범충청권생활문화축제지원	50,000	1	4	7	8	7	1	1	1
13735	충청남도	자동차정비업종사자기술교육지원	50,000	1	4	7	8	7	1	1	1
13736	충청남도	수산경영대학과정	45,000	1	6	7	8	7	1	1	4
13737	충청남도	전국어울림생활체육대축전참가지원	40,000	1	1	7	1	7	1	3	1
13738	충청남도	축산생명공학시험연구등	35,000	1	4	7	8	7	1	1	1
13739	충청남도	찾아가는생활체육서비스지원	34,833	1	4	7	8	7	1	1	1
13740	충청남도	자살예방실무자등정신건강증진	32,000	1	4	7	8	7	1	1	1
13741	충청남도	충남지속가능발전포럼운영	31,500	1	2	5	3	1	1	1	1
13742	충청남도	장애인체육국제교류지원사업	30,000	1	1	7	8	7	1	1	1
13743	충청남도	수산업경영인역량강화교육지원	26,000	1	4	7	8	7	1	1	1
13744	충청남도	근현대구술채록사업운영	24,000	1	1	7	1	7	1	1	2
13745	충청남도	축산물이력관리지원(DNA검사)	22,714	1	4	7	8	7	1	1	1
13746	충청남도	국어사용활성화지원	20,000	1	2	7	8	7	5	5	4
13747	충청남도	충남장애인농구가족한마음화합한마당	20,000	1	4	7	8	7	1	1	1
13748	충청남도	아름다운예술충남지발간	18,000	1	4	7	8	7	1	1	1
13749	충청남도	창업어가멘토링	18,000	1	1	7	7	7	1	1	1
13750	충청남도	충남모범운전자충남도지부활동비지원	17,000	1	1	7	8	7	5	5	4
13751	충청남도	적정기술보급및교육	14,800	1	4	7	8	7	1	1	4
13752	충청남도	충남녹색어머니연합회활동비지원	11,000	1	4	7	8	7	5	1	4
13753	충청남도	지역특화청년무역전문가양성	10,000	1	4	7	8	7	1	1	4
13754	충청남도	백혈병소아암환아지원	10,000	1	1	7	8	7	1	1	4
13755	충청남도	충남공예상품국내전시판매전	10,000	1	6	1	1	7	3	3	2
13756	충청남도	자연환경보호활동민간단체지원	9,000	1	4	7	8	7	1	1	1
13757	충청남도	야생생물보호활동민간단체지원	4,000	1	1	7	8	7	1	1	1

순번	시군구	지출명 (사업명)	2024년예산 (단위 : 천원 /1년간)	민간이전 분류 (지방자치단체 세출예산 집행기준에 의거) 1. 민간경상사업보조(307-02) 2. 민간단체 법정운영비보조(307-03) 3. 민간행사사업보조(307-04) 4. 민간위탁금(307-05) 5. 사회복지시설 법정운영비보조(307-10) 6. 민간인위탁교육비(307-12) 7. 공기관등에대한경상적위탁사업비(308-13) 8. 민간자본사업보조,자체재원(402-01) 9. 민간자본사업보조,이전재원(402-02) 10. 민간위탁사업비(402-03) 11. 공기관등에 대한 자본적 위탁사업비(403-02)	민간이전지출 근거 (지방보조금 관리기준 참고) 1. 법률에 규정 2. 국고보조 재원(국가지정) 3. 용도 지정 기부금 4. 조례에 직접규정 5. 지자체가 권장하는 사업을 하는 공공기관 6. 시,도 정책 및 재정사정 7. 기타 8. 해당없음	입찰방식			운영예산 산정		성과평가 실시여부
						계약체결방법 (경쟁형태) 1. 일반경쟁 2. 제한경쟁 3. 지명경쟁 4. 수의계약 5. 법정위탁 6. 기타 ( ) 7. 없음	계약기간 1. 1년 2. 2년 3. 3년 4. 4년 5. 5년 6. 기타 ( )년 7. 단기계약 (1년미만) 8. 없음	낙찰자선정방법 1. 적격심사 2. 협상에의한계약 3. 최저가낙찰제 4. 규격가격분리 5. 2단계 경쟁입찰 6. 기타 ( ) 7. 없음	운영예산 산정 1. 내부산정 (지자체 자체적으로 산정) 2. 외부산정 (외부전문기관위탁 산정) 3. 내·외부 모두 산정 4. 산정 無 5. 없음	정산방법 1. 내부정산 (지자체 내부적으로 정산) 2. 외부정산 (외부전문기관위탁 정산) 3. 내·외부 모두 산정 4. 정산 無 5. 없음	1. 실시 2. 미실시 3. 향후 추진 4. 해당없음
13758	충남 천안시	중증외상전문진료체계구축(권역외상센터운영지원)	3,579,890	1	2	7	8	7	5	3	4
13759	충남 천안시	청년도전지원사업	924,000	1	2	7	8	7	1	1	1
13760	충남 천안시	소아전용응급실지원육성	530,000	1	2	7	8	7	5	3	4
13761	충남 천안시	지역주도형청년일자리사업	421,404	1	2	7	8	7	1	1	2
13762	충남 천안시	응급의료기관평가결과에따른보조금	400,000	1	2	7	8	7	5	3	4
13763	충남 천안시	농축산관리	330,000	1	7	7	8	7	5	5	4
13764	충남 천안시	농축산관리	285,000	1	7	7	8	7	5	5	4
13765	충남 천안시	고등직업교육거점지구사업(HiVE1유형)	200,000	1	2	7	8	7	1	1	3
13766	충남 천안시	의료기관결핵환자관리지원(동남)	188,420	1	1	5	1	7	5	3	4
13767	충남 천안시	취약지응급의료기관간호인력파견사업	134,000	1	2	7	8	7	5	3	4
13768	충남 천안시	청년정책추진	100,000	1	4	7	8	7	1	1	1
13769	충남 천안시	응급의료기관평가결과에따른보조금	96,000	1	2	7	8	7	5	3	1
13770	충남 천안시	노인자살예방멘토링사업	91,300	1	4	1	1	1	1	1	2
13771	충남 천안시	공립요양병원공공보건사업운영지원	90,000	1	2	1	5	1	5	1	1
13772	충남 천안시	자살예방멘토링사업	73,100	1	1	6	1	7	1	1	1
13773	충남 천안시	공공심야약국운영지원	65,880	1	4	1	1	1	1	1	4
13774	충남 천안시	의료관련감염병표본감시체계운영(의료기관)	60,000	1	1	7	8	7	5	5	4
13775	충남 천안시	고품질식량작물생산보급	38,750	1	1	7	8	7	5	5	4
13776	충남 천안시	의료기관결핵환자관리지원(서북)	37,684	1	1	5	1	7	5	3	4
13777	충남 천안시	공공심야약국운영지원	32,940	1	4	1	1	1	1	1	1
13778	충남 천안시	작은도서관운영지원	30,000	1	4	7	8	7	5	5	4
13779	충남 천안시	통합정신건강증진사업(자살예방)	20,000	1	1	6	1	7	5	1	1
13780	충남 천안시	대학일자리센터지원	15,000	1	2	7	8	7	1	1	2
13781	충남 천안시	주요감염병표본감시사업운영지원	13,320	1	2	7	8	7	5	5	4
13782	충남 천안시	농업인학습단체육성(도)농촌지도사회직업역량강화시범	10,000	1	1,4	7	8	7	1	1	1
13783	충남 천안시	경로당기능보강	10,000	1	1	7	1	7	1	1	4
13784	충남 천안시	취약지역원격협진네트워크구축사업지원	8,400	1	2	7	8	7	5	3	4
13785	충남 천안시	농업인학습단체육성(생활개선회도,중앙단위행사)	6,000	1	1,4	7	8	7	1	1	1
13786	충남 천안시	경로당기능보강	6,000	1	6	4	1	7	1	1	4
13787	충남 천안시	친환경농업지원	3,600	1	4	7	7	7	1	1	4
13788	충남 공주시	백제세계유산센터통합홍보프로그램	500,000	1	2	6	8	7	1	1	1
13789	충남 공주시	세계유산축전	500,000	1	2	6	8	7	1	1	1
13790	충남 공주시	사회적기업육성(일자리창출,생활)	210,667	1	2	7	8	7	5	5	4
13791	충남 공주시	공동선별출하생산자조직육성	192,000	1	6	7	8	7	1	1	3
13792	충남 공주시	향교서원문화유산활용사업(충현서원)	175,000	1	2	6	8	7	1	1	1
13793	충남 공주시	농촌체험휴양마을사무장활동비지원	136,012	1	1	7	8	7	5	5	4
13794	충남 공주시	지역산식품비지원	120,000	1	4	7	7	7	1	1	3
13795	충남 공주시	자원봉사센터운영	99,797	1	1	5	8	7	1	1	1
13796	충남 공주시	생생문화유산활용사업(근대문화유산)	92,500	1	2	6	8	7	1	1	1
13797	충남 공주시	전통산사문화유산활용사업(갑사)	92,500	1	2	6	8	7	1	1	1

순번	시군구	지출명 (사업명)	2024년예산 (단위 : 천원 /1년간)	민간이전 분류 (지방자치단체 세출예산 집행기준에 의거) 1. 민간경상사업보조(307-02) 2. 민간단체 법정운영비보조(307-03) 3. 민간행사사업보조(307-04) 4. 민간위탁금(307-05) 5. 사회복지시설 법정운영비보조(307-10) 6. 민간인위탁교육비(307-12) 7. 공기관등에대한경상적위탁사업비(308-13) 8. 민간자본사업보조,자체재원(402-01) 9. 민간자본사업보조,이전재원(402-02) 10. 민간위탁사업비(402-03) 11. 공기관등에 대한 자본적 위탁사업비(403-02)	민간이전지출 근거 (지방보조금 관리기준 참고) 1. 법률에 규정 2. 국고보조 재원(국가지정) 3. 용도 지정 기부금 4. 조례에 직접규정 5. 지자체가 권장하는 사업을 하는 공공기관 6. 시,도 정책 및 재정사정 7. 기타 8. 해당없음	입찰방식 계약체결방법 (경쟁형태) 1. 일반경쟁 2. 제한경쟁 3. 지명경쟁 4. 수의계약 5. 법정위탁 6. 기타 ( ) 7. 없음	입찰방식 계약기간 1. 1년 2. 2년 3. 3년 4. 4년 5. 5년 6. 기타 ( )년 7. 단기계약 (1년미만) 8. 없음	입찰방식 낙찰자선정방법 1. 적격심사 2. 협상에의한계약 3. 최저가낙찰제 4. 규격가격분리 5. 2단계 경쟁입찰 6. 기타 ( ) 7. 없음	운영예산 산정 운영예산 산정 1. 내부산정 (지자체 자체적으로 산정) 2. 외부산정 (외부전문기관위탁 산정) 3. 내·외부 모두 산정 4. 산정 無 5. 없음	운영예산 산정 정산방법 1. 내부정산 (지자체 내부적으로 정산) 2. 외부정산 (외부전문기관위탁 정산) 3. 내·외부 모두 정산 4. 정산 無 5. 없음	성과평가 실시여부 1. 실시 2. 미실시 3. 향후 추진 4. 해당없음
13798	충남 공주시	마을주도형마을학교운영	90,000	1	4	7	8	7	1	1	1
13799	충남 공주시	향교서원문화유산활용사업(명탄서원)	85,000	1	2	6	8	7	1	1	1
13800	충남 공주시	주민자치특성화사업	81,000	1	4	7	8	7	5	5	4
13801	충남 공주시	자원봉사코디네이터지원육성	66,300	1	1	5	8	7	1	1	1
13802	충남 공주시	희망마을만들기선행사업	60,000	1	1	4	1	7	1	3	1
13803	충남 공주시	2024년문화유산활용사업	60,000	1	4	6	8	7	1	1	1
13804	충남 공주시	고택종갓집문화유산활용사업(이유태유허지)	60,000	1	2	6	8	7	1	1	1
13805	충남 공주시	향교서원문화유산활용사업(공주향교)	57,500	1	2	6	8	7	1	1	1
13806	충남 공주시	학교친환경농업실천지원사업	56,000	1	4	7	8	7	1	1	3
13807	충남 공주시	공주시사회적경제기업일자리(3유형)	55,620	1	2	7	8	7	5	5	4
13808	충남 공주시	생생문화유산활용사업(수촌리고분군)	55,000	1	2	6	8	7	1	1	1
13809	충남 공주시	범죄피해자지원사업	50,000	1	4	7	8	7	5	5	4
13810	충남 공주시	생생문화유산활용사업(선화당)	50,000	1	2	6	8	7	1	1	1
13811	충남 공주시	충남오감포장재지원사업	45,000	1	4	7	8	7	1	1	3
13812	충남 공주시	새마을이웃과사랑나누기	44,500	1	4	7	8	7	5	5	4
13813	충남 공주시	지역문화유산교육사업	40,000	1	2	4	7	7	1	1	3
13814	충남 공주시	우수평생학습프로그램지원	36,000	1	4	7	8	7	1	1	3
13815	충남 공주시	학교급식지원센터운영활성화	35,000	1	4	7	7	7	5	5	3
13816	충남 공주시	행복마을자원봉사코디네이터양성	32,400	1	1	5	8	7	1	1	1
13817	충남 공주시	자원봉사거점캠프운영	32,223	1	1	5	8	7	1	1	1
13818	충남 공주시	마을공동체활성화지원	32,000	1	4	7	8	7	5	5	4
13819	충남 공주시	무형문화재공개행사등지원	32,000	1	4	7	8	7	1	1	4
13820	충남 공주시	(도민참여)주민자치회로고및홍보용품제작(신관동)	30,000	1	6	7	8	7	5	5	4
13821	충남 공주시	자원봉사센터사업비	28,500	1	1	5	8	7	1	1	1
13822	충남 공주시	주민자치박람회	27,000	1	4	7	8	7	5	5	4
13823	충남 공주시	전통제향지원	27,000	1	6	7	7	7	1	1	1
13824	충남 공주시	충남형주민자치회지원(금학동)	26,000	1	6	7	8	7	5	5	4
13825	충남 공주시	주민생각현실화지원	26,000	1	2	7	8	7	5	5	4
13826	충남 공주시	탄소중립생활실천운동	25,000	1	2	7	1	7	4	1	4
13827	충남 공주시	새마을문화의식운동지원	24,000	1	4	7	8	7	5	5	4
13828	충남 공주시	마곡사영규대사추모다례제	24,000	1	4	7	7	7	1	1	1
13829	충남 공주시	마곡사김구선생추모제	24,000	1	4	7	7	7	1	1	1
13830	충남 공주시	공주시사회적경제기업일자리	22,200	1	2	7	8	7	5	5	4
13831	충남 공주시	지역수산물학교급식공급활성화지원	22,000	1	4	7	7	7	5	5	3
13832	충남 공주시	운수종사자국외선진지견학	20,000	1	4	7	8	7	1	1	1
13833	충남 공주시	새마을지도자기본교육	18,000	1	4	7	8	7	5	5	4
13834	충남 공주시	마을기업지원	18,000	1	2	7	8	7	5	5	4
13835	충남 공주시	생활과학교실운영	18,000	1	4	7	8	7	1	1	4
13836	충남 공주시	고도주민협의회활동지원	18,000	1	1	7	8	7	1	1	1
13837	충남 공주시	농특산물TV홈쇼핑지원	18,000	1	6	7	8	7	1	1	3

순번	시군구	지출명 (사업명)	2024년예산 (단위 : 천원 /1년간)	민간이전 분류 (지방자치단체 세출예산 집행기준에 의거) 1. 민간경상사업보조(307-02) 2. 민간단체 법정운영비보조(307-03) 3. 민간행사사업보조(307-04) 4. 민간위탁금(307-05) 5. 사회복지시설 법정운영비보조(307-10) 6. 민간인위탁교육비(307-12) 7. 공기관등에대한경상적위탁사업비(308-13) 8. 민간자본사업보조,자체재원(402-01) 9. 민간자본사업보조,이전재원(402-02) 10. 민간위탁사업비(402-03) 11. 공기관등에 대한 자본적 위탁사업비(403-02)	민간이전지출 근거 (지방보조금 관리기준 참고) 1. 법률에 규정 2. 국고보조 재원(국가지정) 3. 용도 지정 기부금 4. 조례에 직접규정 5. 지자체가 권장하는 사업을 하는 공공기관 6. 시,도 정책 및 재정사정 7. 기타 8. 해당없음	입찰방식 계약체결방법 (경쟁형태) 1. 일반경쟁 2. 제한경쟁 3. 지명경쟁 4. 수의계약 5. 법정위탁 6. 기타 ( ) 7. 없음	입찰방식 계약기간 1. 1년 2. 2년 3. 3년 4. 4년 5. 5년 6. 기타 ( )년 7. 단기계약 (1년미만) 8. 없음	입찰방식 낙찰자선정방법 1. 적격심사 2. 협상에의한계약 3. 최저가낙찰제 4. 규격가격분리 5. 2단계 경쟁입찰 6. 기타 ( ) 7. 없음	운영예산 산정 운영예산 산정 1. 내부산정 (지자체 자체적으로 산정) 2. 외부산정 (외부전문기관위탁 산정) 3. 내·외부 모두 산정 4. 산정 無 5. 없음	운영예산 산정 정산방법 1. 내부정산 (지자체 내부적으로 정산) 2. 외부정산 (외부전문기관위탁 정산) 3. 내·외부 모두 산정 4. 정산 無 5. 없음	성과평가 실시여부 1. 실시 2. 미실시 3. 향후 추진 4. 해당없음
13838	충남 공주시	무령왕추모제례	17,000	1	4	7	8	7	1	1	1
13839	충남 공주시	대안학교무상급식식품비지원	17,000	1	4	7	7	7	5	5	3
13840	충남 공주시	청소년범죄예방활동지원	16,000	1	4	7	8	7	5	5	4
13841	충남 공주시	평생학습동아리활성화지원	16,000	1	4	7	8	7	1	1	3
13842	충남 공주시	숙모전,삼은각,동계사제향비지원	15,000	1	4	7	7	7	1	1	1
13843	충남 공주시	수출농산물포장재지원	15,000	1	6	7	8	7	1	1	3
13844	충남 공주시	도의새마을교육	12,086	1	4	7	8	7	5	5	4
13845	충남 공주시	바르게살기운동읍면동위원회지원	11,200	1	4	7	8	7	5	5	4
13846	충남 공주시	학습공동체활성화지원	11,000	1	1	7	8	7	1	1	3
13847	충남 공주시	공주시공공기관유치위원회활동지원	10,000	1	4	7	8	7	5	5	4
13848	충남 공주시	인명구조활동지원	10,000	1	4	7	8	7	1	1	4
13849	충남 공주시	예비마을기업지원	10,000	1	2	7	8	7	5	5	4
13850	충남 공주시	마을제지원사업	10,000	1	2	7	8	7	1	1	4
13851	충남 공주시	고도아카데미자율반	10,000	1	1	7	8	7	1	1	1
13852	충남 공주시	학교급식납품농산물포장재지원	10,000	1	4	7	7	7	1	1	3
13853	충남 공주시	유통활성화자금지원사업	9,400	1	4	7	8	7	1	1	3
13854	충남 공주시	공주시산악구조대활동지원	9,200	1	4	7	8	7	1	1	4
13855	충남 공주시	사회적경제청년정착지원	8,673	1	2	7	8	7	5	5	4
13856	충남 공주시	보호관찰대상자재범방지사업	8,000	1	4	7	8	7	5	5	4
13857	충남 공주시	한문교육지원	8,000	1	4	7	8	7	1	1	3
13858	충남 공주시	1+3사랑나눔자원봉사단운영	8,000	1	1	5	8	7	1	1	1
13859	충남 공주시	모범운전자회교통안전활동지원	8,000	1	4	7	8	7	1	1	4
13860	충남 공주시	농촌체험휴양마을보험가입지원	7,912	1	1	7	8	7	5	5	4
13861	충남 공주시	자유민주주의신장활동과통일안보교육	7,500	1	1	7	8	7	5	5	4
13862	충남 공주시	전국통합자원봉사보험가입서비스지원	7,460	1	1	5	8	7	1	1	1
13863	충남 공주시	공주시재향군인회향군안보강좌등	7,000	1	4	7	8	7	5	5	4
13864	충남 공주시	바르게살기운동정신사업활동지원	6,000	1	4	7	8	7	5	5	4
13865	충남 공주시	하대리칠석제	6,000	1	4	7	8	7	1	1	4
13866	충남 공주시	서화작품전시회	6,000	1	4	6	7	1	1	1	1
13867	충남 공주시	지방의제21	6,000	1	6	7	1	7	1	1	4
13868	충남 공주시	문화재및공원지역안전순찰	5,000	1	4	7	8	7	5	5	4
13869	충남 공주시	청소년안전지킴이및관광지교통캠페인	4,000	1	4	7	8	7	5	5	4
13870	충남 공주시	새들목섬자연보호및방범순찰	4,000	1	4	7	8	7	5	5	4
13871	충남 공주시	법인택시운수종사자교통안전캠페인및체육대회	4,000	1	4	7	8	7	1	1	1
13872	충남 공주시	공주사랑실천운동	3,500	1	4	6	8	7	1	1	1
13873	충남 공주시	농촌체험휴양마을홍보행사지원	3,000	1	1	7	8	7	5	5	4
13874	충남 공주시	공주고마나루웅진단수신제	3,000	1	2	7	8	7	1	1	3
13875	충남 공주시	향교전통문화전승보존	3,000	1	4	7	7	7	1	1	1
13876	충남 공주시	녹색어머니회교통안전활동지원	3,000	1	4	7	8	7	1	1	4
13877	충남 공주시	의료관련감염병표본감시기관운영비지원	2,070	1	2	7	1	7	5	1	1

순번	시군구	지출명 (사업명)	2024년예산 (단위 : 천원 /1년간)	민간이전 분류 (지방자치단체 세출예산 집행기준에 의거) 1. 민간경상사업보조(307-02) 2. 민간단체 법정운영비보조(307-03) 3. 민간행사사업보조(307-04) 4. 민간위탁금(307-05) 5. 사회복지시설 법정운영비보조(307-10) 6. 민간인위탁교육비(307-12) 7. 공기관등에대한경상적위탁사업비(308-13) 8. 민간자본사업보조,자체재원(402-01) 9. 민간자본사업보조,이전재원(402-02) 10. 민간위탁사업비(402-03) 11. 공기관등에 대한 자본적 위탁사업비(403-02)	민간이전지출 근거 (지방보조금 관리기준 참고) 1. 법률에 규정 2. 국고보조 재원(국가지정) 3. 용도 지정 기부금 4. 조례에 직접규정 5. 지자체가 권장하는 사업을 하는 공공기관 6. 시,도 정책 및 재정사정 7. 기타 8. 해당없음	입찰방식 계약체결방법 (경쟁형태) 1. 일반경쟁 2. 제한경쟁 3. 지명경쟁 4. 수의계약 5. 법정위탁 6. 기타 ( ) 7. 없음	입찰방식 계약기간 1. 1년 2. 2년 3. 3년 4. 4년 5. 5년 6. 기타 ( )년 7. 단기계약 (1년미만) 8. 없음	입찰방식 낙찰자선정방법 1. 적격심사 2. 협상에의한계약 3. 최저가낙찰제 4. 규격가격분리 5. 2단계 경쟁입찰 6. 기타 ( ) 7. 없음	운영예산 산정 운영예산 산정 1. 내부산정 (지자체 자체적으로 산정) 2. 외부산정 (외부전문기관위탁 산정) 3. 내·외부 모두 산정 4. 산정 無 5. 없음	운영예산 산정 정산방법 1. 내부정산 (지자체 내부적으로 정산) 2. 외부정산 (외부전문기관위탁 정산) 3. 내·외부 모두 산정 4. 정산 無 5. 없음	성과평가 실시여부 1. 실시 2. 미실시 3. 향후 추진 4. 해당없음
13878	충남 공주시	농촌체험휴양마을역량강화	492	1	1	7	8	7	5	5	4
13879	충남 보령시	소외도서지역해상교통운항결손액지원	1,000,000	1	4	7	1	7	4	2	4
13880	충남 보령시	섬주민여객선운임지원	417,000	1	1,4	7	1	7	4	1	4
13881	충남 보령시	국고예비선운영지원	400,000	1	4	7	1	7	5	1	4
13882	충남 보령시	노인등섬주민여객운임무료화사업	100,000	1	1,4	7	1	7	4	1	4
13883	충남 보령시	낙지미끼활참게지원사업	100,000	1	4	7	8	7	5	5	4
13884	충남 보령시	어촌체험마을사무장채용지원사업	98,928	1	2	7	1	7	1	1	2
13885	충남 보령시	청년어업인정착지원	97,200	1	1	7	8	7	5	5	4
13886	충남 보령시	해상가두리양식장시설기자재및약품지원	75,080	1	6	7	8	7	5	5	4
13887	충남 보령시	조업중인양된불가사리수매	41,000	1	4	7	8	7	5	5	4
13888	충남 보령시	보령시귀어귀촌지원센터지원	40,000	1	1	7	8	7	5	5	4
13889	충남 보령시	섬주민사회적기본권향상포럼	30,000	1	1	7	8	7	5	5	4
13890	충남 보령시	한국수산업경영인보령시연합회교육운영비지원	10,800	1	4	7	8	7	5	5	4
13891	충남 보령시	어린이교통사고예방활동지원	8,100	1	6	7	8	7	1	1	1
13892	충남 보령시	해양항구정화사업	5,000	1	4	7	8	7	5	5	4
13893	충남 보령시	보령해양발전방안마련워크숍	2,000	1	4	7	8	7	5	5	4
13894	충남 보령시	조사료생산지원	1,175,280	1	2	7	8	7	5	5	4
13895	충남 보령시	통합문화이용권카드사업	871,000	1	4	7	8	7	1	1	1
13896	충남 보령시	축산악취저감제	550,000	1	6	7	8	7	5	5	4
13897	충남 보령시	꿈나무선수발굴및지원	474,000	1	1	7	8	7	1	1	1
13898	충남 보령시	보령댐주변지역지원사업	372,077	1	1	7	8	7	5	1	4
13899	충남 보령시	써코바이러스백신	369,720	1	2	7	8	7	5	5	4
13900	충남 보령시	벼병해충방제지원(상자처리제)	300,000	1	2	7	8	7	5	5	4
13901	충남 보령시	만세청년창업지원사업	247,500	1	7	7	8	7	5	5	4
13902	충남 보령시	가축분뇨처리개선	235,510	1	6	7	8	7	5	5	4
13903	충남 보령시	청년창업지원사업	220,000	1	8	7	8	7	5	5	4
13904	충남 보령시	어르신체육활동지원	184,128	1	1	7	8	7	1	1	1
13905	충남 보령시	보령항교프로듀서13(만세)	180,000	1	2	7	8	7	5	1	1
13906	충남 보령시	생활체육지도자배치사업	153,440	1	1	7	8	7	1	1	1
13907	충남 보령시	농촌신활력플러스사업추진단운영	152,440	1	2	7	8	7	1	2	3
13908	충남 보령시	낙농안전축산물생산	131,650	1	6	7	8	7	5	5	4
13909	충남 보령시	우수농특산물공동상표포장재	130,000	1	4	7	8	7	1	1	1
13910	충남 보령시	친환경농업보급(친환경비료차액지원)	130,000	1	4	7	8	7	5	5	4
13911	충남 보령시	관광두레조성	110,000	1	1	7	8	7	1	1	3
13912	충남 보령시	자살예방멘토링사업	107,350	1	1	7	8	7	5	1	1
13913	충남 보령시	지방문화원활성화및향토문화발굴육성	100,000	1	4	7	8	7	1	1	1
13914	충남 보령시	양봉농가육성	99,750	1	6	7	8	7	5	5	4
13915	충남 보령시	종목별전문체육대회지원	96,000	1	1	7	8	7	1	1	1
13916	충남 보령시	마을학교운영	94,000	1	1,4	7	8	7	1	1	4
13917	충남 보령시	돼지개량지원	92,250	1	6	7	8	7	5	5	4

순번	시군구	지출명 (사업명)	2024년예산 (단위 : 전원 /1년간)	민간이전 분류 (지방자치단체 세출예산 집행기준에 의거) 1. 민간경상사업보조(307-02) 2. 민간단체 법정운영비보조(307-03) 3. 민간행사사업보조(307-04) 4. 민간위탁금(307-05) 5. 사회복지시설 법정운영비보조(307-10) 6. 민간인위탁교육비(307-12) 7. 공기관등에대한경상적위탁사업비(308-13) 8. 민간자본사업보조,자체재원(402-01) 9. 민간자본사업보조,이전재원(402-02) 10. 민간위탁사업비(402-03) 11. 공기관등에 대한 자본적 위탁사업비(403-02)	민간이전지출 근거 (지방보조금 관리기준 참고) 1. 법률에 규정 2. 국고보조 재원(국가지정) 3. 용도 지정 기부금 4. 조례에 직접규정 5. 지자체가 권장하는 사업을 하는 공공기관 6. 시,도 정책 및 재정사정 7. 기타 8. 해당없음	입찰방식 계약체결방법 (경쟁형태) 1. 일반경쟁 2. 제한경쟁 3. 지명경쟁 4. 수의계약 5. 법정위탁 6. 기타 ( ) 7. 없음	입찰방식 계약기간 1. 1년 2. 2년 3. 3년 4. 4년 5. 5년 6. 기타 ( )년 7. 단기계약 (1년미만) 8. 없음	입찰방식 낙찰자선정방법 1. 적격심사 2. 협상에의한계약 3. 최저가낙찰제 4. 규격가격분리 5. 2단계 경쟁입찰 6. 기타 ( ) 7. 없음	운영예산 산정 운영예산 산정 1. 내부산정 (지자체 자체적으로 산정) 2. 외부산정 (외부전문기관위탁 산정) 3. 내·외부 모두 산정 4. 산정 無 5. 없음	운영예산 산정 정산방법 1. 내부정산 (지자체 내부적으로 정산) 2. 외부정산 (외부전문기관위탁 정산) 3. 내·외부 모두 산정 4. 정산 無 5. 없음	성과평가 실시여부 1. 실시 2. 미실시 3. 향후 추진 4. 해당없음
13918	충남 보령시	농작물병해충공공방제지원(골든타임방제)	89,800	1	4	7	8	7	5	5	4
13919	충남 보령시	만세청년상생창업지원사업	89,374	1	7	7	8	7	5	5	4
13920	충남 보령시	사회적경제청년정착(liveinCN)지원사업	89,000	1	7	7	8	7	5	5	4
13921	충남 보령시	체육지도자관리	86,606	1	1	7	8	7	1	1	1
13922	충남 보령시	공립요양병원공공보건사업운영지원	84,000	1	2	7	7	7	3	3	1
13923	충남 보령시	소상공인경영안정지원사업	80,000	1	4	7	8	7	5	5	4
13924	충남 보령시	대학생직업체험단기인턴운영	80,000	1	8	7	8	7	5	5	4
13925	충남 보령시	(예비)사회적기업일자리창출지원사업	72,000	1	2	7	8	7	5	5	4
13926	충남 보령시	영원히보전하라!충청수영성	70,000	1	2	7	8	7	5	1	1
13927	충남 보령시	읍면동자원봉사거점센터운영	69,770	1	2	5	8	7	1	1	4
13928	충남 보령시	보령시체육회운영	66,600	1	1	7	8	7	1	1	1
13929	충남 보령시	자원봉사코디네이터지원	66,300	1	2	5	8	7	1	1	4
13930	충남 보령시	전통시장시장매니저운영지원	65,400	1	4	7	8	7	1	5	4
13931	충남 보령시	보령천년나무옆고택의진미	65,000	1	2	7	8	7	5	1	1
13932	충남 보령시	행복마을자원봉사코디네이터양성	64,800	1	2	5	8	7	1	1	4
13933	충남 보령시	사료작물종자대구입지원	61,800	1	2	7	8	7	5	5	4
13934	충남 보령시	산학관협력관내중소기업개발	60,000	1	4	7	1	7	1	1	1
13935	충남 보령시	희망마을선행사업	60,000	1	4	7	8	1	1	1	1
13936	충남 보령시	벼돌발병해충방제(상자처리제)	58,600	1	2	7	8	7	5	5	4
13937	충남 보령시	보령시장애인체육회운영지원	57,500	1	1	7	8	7	1	1	1
13938	충남 보령시	저능력암소도태장려금지원	52,000	1	6	7	8	7	5	5	4
13939	충남 보령시	해양레저스포츠교육프로그램	50,000	1	1	7	8	7	1	1	1
13940	충남 보령시	생활체육프로그램운영	48,000	1	1	7	8	7	1	1	1
13941	충남 보령시	만세보령특화산업청년일자리사업인건비	45,000	1	7	7	8	7	5	5	4
13942	충남 보령시	공선출하생산자조직육성	42,400	1	6	7	8	7	1	1	1
13943	충남 보령시	지역환경교육센터	40,000	1	4	4	1	2	1	1	4
13944	충남 보령시	공동주택관리비지원사업(임대아파트공동전기료지원등)	40,000	1	4	7	8	7	5	5	1
13945	충남 보령시	보령시민연합필하모닉오케스트라교실	40,000	1	4	7	8	7	1	1	1
13946	충남 보령시	권역별광역투어버스운영지원	38,250	1	4	7	8	7	1	1	1
13947	충남 보령시	양봉농가경영안정	36,200	1	6	7	8	7	5	5	4
13948	충남 보령시	평생교육특성화프로그램운영	36,000	1	1,4	7	8	7	1	1	4
13949	충남 보령시	문화학교	35,280	1	4	7	8	7	1	1	1
13950	충남 보령시	농업인드론전문가양성	35,000	1	4	7	8	7	5	5	4
13951	충남 보령시	보훈단체국내전적지순례	34,000	1	4	7	8	7	1	1	4
13952	충남 보령시	양돈농가파리감소화	33,000	1	6	7	8	7	5	5	4
13953	충남 보령시	작은도서관운영지원	30,600	1	1	7	7	7	1	1	4
13954	충남 보령시	공동브랜드수출상품포장재	30,000	1	4	7	8	7	1	1	1
13955	충남 보령시	품목농업인연구회직거래장터	30,000	1	4	7	8	7	5	5	4
13956	충남 보령시	양돈농가PRRS백신	30,000	1	6	7	8	7	5	5	4
13957	충남 보령시	돼지소모성질환지도	30,000	1	2	7	8	7	5	5	4

순번	시군구	지출명 (사업명)	2024년예산 (단위 : 천원 /1년간)	민간이전 분류 (지방자치단체 세출예산 집행기준에 의거) 1. 민간경상사업보조(307-02) 2. 민간단체 법정운영비보조(307-03) 3. 민간행사사업보조(307-04) 4. 민간위탁금(307-05) 5. 사회복지시설 법정운영비보조(307-10) 6. 민간인위탁교육비(307-12) 7. 공기관등에대한경상적위탁사업비(308-13) 8. 민간자본사업보조,자체재원(402-01) 9. 민간자본사업보조,이전재원(402-02) 10. 민간위탁사업비(402-03) 11. 공기관등에 대한 자본적 위탁사업비(403-02)	민간이전지출 근거 (지방보조금 관리기준 참고) 1. 법률에 규정 2. 국고보조 재원(국가지정) 3. 용도 지정 기부금 4. 조례에 직접규정 5. 지자체가 권장하는 사업을 하는 공공기관 6. 시,도 정책 및 재정사정 7. 기타 8. 해당없음	입찰방식: 계약체결방법 (경쟁형태) 1. 일반경쟁 2. 제한경쟁 3. 지명경쟁 4. 수의계약 5. 법정위탁 6. 기타 ( ) 7. 없음	입찰방식: 계약기간 1. 1년 2. 2년 3. 3년 4. 4년 5. 5년 6. 기타 ( )년 7. 단기계약 (1년미만) 8. 없음	입찰방식: 낙찰자선정방법 1. 적격심사 2. 협상에의한계약 3. 최저가낙찰제 4. 규격가격분리 5. 2단계 경쟁입찰 6. 기타 ( ) 7. 없음	운영예산 산정: 운영예산 산정 1. 내부산정 (지자체 자체적으로 산정) 2. 외부산정 (외부전문기관위탁 산정) 3. 내·외부 모두 산정 4. 산정 無 5. 없음	운영예산 산정: 정산방법 1. 내부정산 (지자체 내부적으로 정산) 2. 외부정산 (외부전문기관위탁 정산) 3. 내·외부 모두 산정 4. 정산 無 5. 없음	성과평가 실시여부 1. 실시 2. 미실시 3. 향후 추진 4. 해당없음
13958	충남 보령시	범죄피해자지원센터사업지원	30,000	1	1	7	8	7	5	5	4
13959	충남 보령시	마을기업육성	30,000	1	2	7	8	7	5	5	4
13960	충남 보령시	탄소중립생활실천확산지원사업	30,000	1	4	7	8	7	5	5	4
13961	충남 보령시	노인체육활동프로그램운영지원	30,000	1	1	7	8	7	1	1	1
13962	충남 보령시	지역사회보장협의체활성화사업	25,500	1	6	7	8	7	1	1	1
13963	충남 보령시	비대면판매용소포장재	25,000	1	4	7	8	7	1	1	1
13964	충남 보령시	고구마농작업효율성증진기술지원촉진사업	25,000	1	4	7	8	7	5	5	4
13965	충남 보령시	보령의마을지발간	25,000	1	4	7	8	7	1	1	1
13966	충남 보령시	주민체감형생활문화비지원사업	25,000	1	4	7	8	7	1	1	1
13967	충남 보령시	성인문해교육운영	25,000	1	4	7	8	7	1	1	4
13968	충남 보령시	주거환경개선집수리사업	25,000	1	1,4	5	8	7	1	1	1
13969	충남 보령시	보령남포벼루전수관전승교육프로그램	25,000	1	2	7	8	7	5	1	1
13970	충남 보령시	폐광의역사도서편찬지원사업	24,000	1	4	6	8	7	1	1	3
13971	충남 보령시	도시청년지역상생지원사업인건비	23,780	1	7	7	8	7	5	5	4
13972	충남 보령시	축산농가헬퍼	22,400	1	6	7	8	7	5	5	4
13973	충남 보령시	축사지붕차열제도포비	22,000	1	6	7	8	7	5	5	4
13974	충남 보령시	생산단계HACCP컨설팅	21,000	1	2	7	8	7	5	5	4
13975	충남 보령시	보령쌀제주지역물류비	20,000	1	4	7	8	7	1	1	1
13976	충남 보령시	농촌체험키트개발상품화시범	20,000	1	6	7	8	7	5	5	4
13977	충남 보령시	악취저감유용미생물등	20,000	1	6	7	8	7	5	5	4
13978	충남 보령시	우리도육성신품종확대보급시범	20,000	1	4	7	8	7	5	5	4
13979	충남 보령시	(예비)사회적기업사업개발비지원	20,000	1	2	7	8	7	5	5	4
13980	충남 보령시	지역발전을위한시민운동지원	20,000	1	4	7	8	7	5	5	4
13981	충남 보령시	만세보령연극학교	20,000	1	4	7	7	7	1	1	3
13982	충남 보령시	우리고장역사문화알기	20,000	1	4	7	8	7	1	1	1
13983	충남 보령시	자원봉사단활동지원	20,000	1	1,4	5	8	7	1	1	1
13984	충남 보령시	이동빨래차운영	20,000	1	1,4	5	8	7	1	1	1
13985	충남 보령시	옛이야기투어	20,000	1	4	7	8	7	1	1	1
13986	충남 보령시	지역시설활성화를위한청년공동체지원	20,000	1	4	6	8	7	1	1	1
13987	충남 보령시	보훈단체선양사업	19,000	1	4	7	8	7	1	1	4
13988	충남 보령시	호우피해우심지역토양개량지원	18,900	1	4	7	8	7	5	5	4
13989	충남 보령시	생활체육지도자처우개선	18,819	1	1	7	8	7	1	1	1
13990	충남 보령시	전국농특산물직거래참가	18,000	1	4	7	8	7	1	1	1
13991	충남 보령시	품목농업인연구회마케팅경영전략화시범사업	18,000	1	6	7	8	7	5	5	4
13992	충남 보령시	근현대구술채록사업	18,000	1	4	7	8	7	1	1	1
13993	충남 보령시	보령향토자료DB구축	16,939	1	4	7	8	7	1	1	1
13994	충남 보령시	도의새마을교육(사회단체)	16,254	1	4	7	8	7	1	1	3
13995	충남 보령시	청년봉사대새마을사업	16,000	1	4	7	8	7	1	1	3
13996	충남 보령시	소규모도정공장쌀포장재	15,000	1	4	7	8	7	1	1	1
13997	충남 보령시	보령청년농부상생장터운영	15,000	1	4	7	8	7	5	5	4

순번	시군구	지출명 (사업명)	2024년예산 (단위 : 천원 /1년간)	민간이전 분류 (지방자치단체 세출예산 집행기준에 의거) 1. 민간경상사업보조(307-02) 2. 민간단체 법정운영비보조(307-03) 3. 민간행사사업보조(307-04) 4. 민간위탁금(307-05) 5. 사회복지시설 법정운영비보조(307-10) 6. 민간인위탁교육비(307-12) 7. 공기관등에대한경상적위탁사업비(308-13) 8. 민간자본사업보조,자체재원(402-01) 9. 민간자본사업보조,이전재원(402-02) 10. 민간위탁사업비(402-03) 11. 공기관등에 대한 자본적 위탁사업비(403-02)	민간이전지출 근거 (지방보조금 관리기준 참고) 1. 법률에 규정 2. 국고보조 재원(국가지정) 3. 용도 지정 기부금 4. 조례에 직접규정 5. 지자체가 권장하는 사업을 하는 공공기관 6. 시,도 정책 및 재정사정 7. 기타 8. 해당없음	입찰방식 계약체결방법 (경쟁형태) 1. 일반경쟁 2. 제한경쟁 3. 지명경쟁 4. 수의계약 5. 법정위탁 6. 기타 ( ) 7. 없음	입찰방식 계약기간 1. 1년 2. 2년 3. 3년 4. 4년 5. 5년 6. 기타 ( )년 7. 단기계약 (1년미만) 8. 없음	입찰방식 낙찰자선정방법 1. 적격심사 2. 협상에의한계약 3. 최저가낙찰제 4. 규격가격분리 5. 2단계 경쟁입찰 6. 기타 ( ) 7. 없음	운영예산 산정 운영예산 산정 1. 내부산정 (지자체 자체적으로 산정) 2. 외부산정 (외부전문기관위탁 산정) 3. 내·외부 모두 산정 4. 산정 無 5. 없음	운영예산 산정 정산방법 1. 내부정산 (지자체 내부적으로 정산) 2. 외부정산 (외부전문기관위탁 정산) 3. 내·외부 모두 산정 4. 정산 無 5. 없음	성과평가 실시여부 1. 실시 2. 미실시 3. 향후 추진 4. 해당없음
13998	충남 보령시	넝쿨강낭콩지리적표시포장재지원	15,000	1	4	7	8	7	5	5	4
13999	충남 보령시	한우개량컨설팅	15,000	1	6	7	8	7	5	5	4
14000	충남 보령시	작은도서관운영지원	15,000	1	1	7	7	7	1	1	1
14001	충남 보령시	사랑의가위손사업	15,000	1	1,4	5	8	7	1	1	1
14002	충남 보령시	청년동아리활동지원	15,000	1	4	6	8	7	1	1	1
14003	충남 보령시	새마을청년봉사대어려운이웃주거환경개선	13,000	1	4	7	8	7	1	1	3
14004	충남 보령시	전략수출상품개발비	12,000	1	4	7	8	7	1	1	1
14005	충남 보령시	돼지생산성향상	12,000	1	6	7	8	7	5	5	4
14006	충남 보령시	재향군인주거환경개선활동	12,000	1	4	7	8	7	5	5	4
14007	충남 보령시	중소농업경영체온라인판로지원	10,000	1	4	7	8	7	1	1	1
14008	충남 보령시	농촌지도자회저탄소농업실천시범	10,000	1	6	7	8	7	5	5	4
14009	충남 보령시	농촌지도자회논메탄발생저감을위한타작물재배시범	10,000	1	6	7	8	7	5	5	4
14010	충남 보령시	품목농업인연구회실증연구과제포운영시범사업	10,000	1	6	7	8	7	5	5	4
14011	충남 보령시	생활개선회능력개발아카데미	10,000	1	4	7	8	7	5	5	4
14012	충남 보령시	축산물판매업소위생개선	10,000	1	6	7	8	7	5	5	4
14013	충남 보령시	우리도육성벼우량품종종자생산자율교환시범	10,000	1	4	7	8	7	5	5	4
14014	충남 보령시	북한이탈주민시군특화지원사업	10,000	1	2	7	8	7	5	5	4
14015	충남 보령시	국내외전시박람회참가	10,000	1	4	7	8	7	1	1	1
14016	충남 보령시	지속가능발전교육	10,000	1	4	4	1	2	1	1	4
14017	충남 보령시	전지훈련유치지원	10,000	1	1	7	8	7	1	1	1
14018	충남 보령시	향토서적발간	10,000	1	4	7	8	7	1	1	1
14019	충남 보령시	지역기반통합프로그램'나의문화유산만들기'	10,000	1	4	7	8	7	1	1	1
14020	충남 보령시	공동주택문화예술교육행사지원	10,000	1	4	7	8	7	1	1	1
14021	충남 보령시	자원봉사자선진지견학	10,000	1	1,4	5	8	7	1	1	1
14022	충남 보령시	뉴새마을4대사업이웃공동체운동	10,000	1	4	7	8	7	1	1	3
14023	충남 보령시	뉴새마을4대사업경제공동체운동	10,000	1	4	7	8	7	1	1	3
14024	충남 보령시	청년농업인품목별연구동아리육성지원	9,300	1	6	7	8	7	5	5	4
14025	충남 보령시	퇴액비살포비	9,200	1	6	7	8	7	5	5	4
14026	충남 보령시	자원봉사교육사업	9,000	1	1,4	5	8	7	1	1	1
14027	충남 보령시	도의새마을교육참가지원비	8,100	1	4	7	8	7	1	1	3
14028	충남 보령시	포도에어백포장재	8,000	1	4	7	8	7	1	1	1
14029	충남 보령시	사회적경제기업세무회계지원관리사업	8,000	1	4	7	8	7	5	5	4
14030	충남 보령시	1+3사랑나눔자원봉사	8,000	1	2	5	8	7	1	1	4
14031	충남 보령시	자원봉사센터조끼및팔토시구입	8,000	1	1,4	5	8	7	1	1	3
14032	충남 보령시	인명구조및수중환경정화활동	7,000	1	4	7	8	7	5	5	4
14033	충남 보령시	자원봉사홍보사업	7,000	1	1,4	5	8	7	1	1	1
14034	충남 보령시	자원봉사참여자보험료지원	6,210	1	2	5	8	7	1	1	4
14035	충남 보령시	수출포장재지원	6,000	1	6	7	8	7	1	1	1
14036	충남 보령시	농촌체험연구회전문인력육성사업	6,000	1	4	7	8	7	5	5	4
14037	충남 보령시	은빛봉사대전진대회	6,000	1	4	7	8	7	5	5	1

순번	시군구	지출명 (사업명)	2024년예산 (단위 : 천원 /1년간)	민간이전 분류 (지방자치단체 세출예산 집행기준에 의거) 1. 민간경상사업보조(307-02) 2. 민간단체 법정운영비보조(307-03) 3. 민간행사사업보조(307-04) 4. 민간위탁금(307-05) 5. 사회복지시설 법정운영비보조(307-10) 6. 민간인위탁교육비(307-12) 7. 공기관등에대한경상적위탁사업비(308-13) 8. 민간자본사업보조,자체재원(402-01) 9. 민간자본사업보조,이전재원(402-02) 10. 민간위탁사업비(402-03) 11. 공기관등에 대한 자본적 위탁사업비(403-02)	민간이전지출 근거 (지방보조금 관리기준 참고) 1. 법률에 규정 2. 국고보조 재원(국가지정) 3. 용도 지정 기부금 4. 조례에 직접규정 5. 지자체가 권장하는 사업을 하는 공공기관 6. 시,도 정책 및 재정사정 7. 기타 8. 해당없음	입찰방식 계약체결방법 (경쟁형태) 1. 일반경쟁 2. 제한경쟁 3. 지명경쟁 4. 수의계약 5. 법정위탁 6. 기타 ( ) 7. 없음	입찰방식 계약기간 1. 1년 2. 2년 3. 3년 4. 4년 5. 5년 6. 기타 ( )년 7. 단기계약 (1년미만) 8. 없음	입찰방식 낙찰자선정방법 1. 적격심사 2. 협상에의한계약 3. 최저가낙찰제 4. 규격가격분리 5. 2단계 경쟁입찰 6. 기타 ( ) 7. 없음	운영예산 산정 운영예산 산정 1. 내부산정 (지자체 자체적으로 산정) 2. 외부산정 (외부전문기관위탁 산정) 3. 내·외부 모두 산정 4. 산정 無 5. 없음	운영예산 산정 정산방법 1. 내부정산 (지자체 내부적으로 정산) 2. 외부정산 (외부전문기관위탁 정산) 3. 내·외부 모두 산정 4. 정산 無 5. 없음	성과평가 실시여부 1. 실시 2. 미실시 3. 향후 추진 4. 해당없음
14038	충남 보령시	보령외연도당제공개행사지원	6,000	1	6	7	8	7	5	1	1
14039	충남 보령시	도의교실운영	5,300	1	4	6	1	7	1	1	3
14040	충남 보령시	충남인성교육사업지원	5,126	1	4	6	1	7	1	1	3
14041	충남 보령시	청소년선도활동	5,000	1	4	7	8	7	5	5	4
14042	충남 보령시	보령예술지발간	5,000	1	4	7	7	7	1	1	3
14043	충남 보령시	유교전통문화계승지원	5,000	1	4	7	8	7	5	1	1
14044	충남 보령시	새마을문고독서문화운동	5,000	1	4	7	8	7	1	1	3
14045	충남 보령시	충남정신발양사업	5,000	1	4	6	1	7	1	1	3
14046	충남 보령시	물놀이취약지역예방활동	5,000	1	4	1	7	1	1	1	4
14047	충남 보령시	청년중소기업채용지원사업인건비	4,251	1	7	7	8	7	5	5	4
14048	충남 보령시	태극기선양사업	4,000	1	4	7	8	7	5	5	4
14049	충남 보령시	가축개량기자재지원	3,300	1	2	7	8	7	5	5	4
14050	충남 보령시	잎담배재배농가비료지원	3,000	1	4	7	8	7	5	5	4
14051	충남 보령시	머드축제장교통정리및순찰	3,000	1	4	7	8	7	5	5	4
14052	충남 보령시	생태현장답사및국내교류	3,000	1	4	4	1	2	1	1	4
14053	충남 보령시	청소년자원봉사활동지원	3,000	1	1,4	5	8	7	1	1	1
14054	충남 보령시	관광종사자친절서비스교육	3,000	1	1	7	8	7	1	1	4
14055	충남 보령시	장애인체험활동	2,000	1	4	7	8	7	5	5	4
14056	충남 보령시	우범지역지킴이활동	2,000	1	4	7	8	7	5	5	4
14057	충남 보령시	보령남포벼루제작공개행사지원	2,000	1	6	7	8	7	5	1	1
14058	충남 보령시	보령석장공개행사지원	2,000	1	6	7	8	7	5	1	1
14059	충남 보령시	생활체육지도자용품구입비	1,650	1	1	7	8	7	1	1	1
14060	충남 보령시	기후변화대응인삼약초생산자재지원	1,500	1	4	7	8	7	5	5	4
14061	충남 보령시	염소산업육성	1,250	1	6	7	8	7	5	5	4
14062	충남 보령시	뉴새마을4대사업문화공동체운동	1,000	1	4	7	8	7	1	1	3
14063	충남 아산시	통합문화이용권사업(문화누리카드)	1,713,010	1	1	7	8	7	1	1	4
14064	충남 아산시	벼못자리용상토지원	1,500,000	1	4	7	8	7	5	5	4
14065	충남 아산시	유기질비료지원사업	918,056	1	6	7	8	7	1	1	1
14066	충남 아산시	조사료생산용사일리지제조지원	696,300	1	2	7	8	7	5	1	4
14067	충남 아산시	농작업지원단육성운영	648,690	1	6	7	8	7	1	1	1
14068	충남 아산시	농특산물공동브랜드포장재지원	600,000	1	4	7	8	7	1	1	1
14069	충남 아산시	외암마을초가이엉잇기및폐볏집처리	555,000	1	2	7	1	7	3	3	2
14070	충남 아산시	부산물비료(퇴비)구입지원(농협협력사업)	527,250	1	4	7	8	7	1	1	1
14071	충남 아산시	토양개량제지원사업	509,125	1	2	7	8	7	1	1	1
14072	충남 아산시	벼육묘상자처리제지원	470,000	1	4	7	8	7	5	5	4
14073	충남 아산시	학교우유급식지원	437,250	1	2	7	8	7	5	5	4
14074	충남 아산시	구제역예방백신(전업농)지원	359,600	1	2	7	8	7	5	1	4
14075	충남 아산시	짚풀문화제	300,000	1	4	7	8	7	5	5	4
14076	충남 아산시	농작물돌발병해충긴급방제비지원	300,000	1	4	7	8	7	5	5	4
14077	충남 아산시	청년마음건강센터운영(인건비)	258,000	1	4	1	3	1	1	3	1

순번	시군구	지출명 (사업명)	2024년예산 (단위 : 천원 /1년간)	민간이전 분류 (지방자치단체 세출예산 집행기준에 의거) 1. 민간경상사업보조(307-02) 2. 민간단체 법정운영비보조(307-03) 3. 민간행사사업보조(307-04) 4. 민간위탁금(307-05) 5. 사회복지시설 법정운영비보조(307-10) 6. 민간인위탁교육비(307-12) 7. 공기관등에대한경상적위탁사업비(308-13) 8. 민간자본사업보조,자체재원(402-01) 9. 민간자본사업보조,이전재원(402-02) 10. 민간위탁사업비(402-03) 11. 공기관등에 대한 자본적 위탁사업비(403-02)	민간이전지출 근거 (지방보조금 관리기준 참고) 1. 법률에 규정 2. 국고보조 재원(국가지정) 3. 용도 지정 기부금 4. 조례에 직접규정 5. 지자체가 권장하는 사업을 하는 공공기관 6. 시,도 정책 및 재정사정 7. 기타 8. 해당없음	입찰방식			운영예산 산정		성과평가 실시여부
						계약체결방법 (경쟁형태) 1. 일반경쟁 2. 제한경쟁 3. 지명경쟁 4. 수의계약 5. 법정위탁 6. 기타 ( ) 7. 없음	계약기간 1. 1년 2. 2년 3. 3년 4. 4년 5. 5년 6. 기타 ( )년 7. 단기계약 (1년미만) 8. 없음	낙찰자선정방법 1. 적격심사 2. 협상에의한계약 3. 최저가낙찰제 4. 규격가격분리 5. 2단계 경쟁입찰 6. 기타 ( ) 7. 없음	운영예산 산정 1. 내부산정 (지자체 자체적으로 산정) 2. 외부산정 (외부전문기관위탁 산정) 3. 내·외부 모두 산정 4. 산정 無 5. 없음	정산방법 1. 내부정산 (지자체 내부적으로 정산) 2. 외부정산 (외부전문기관위탁 정산) 3. 내·외부 모두 산정 4. 정산 無 5. 없음	1. 실시 2. 미실시 3. 향후 추진 4. 해당없음
14078	충남 아산시	수출농산물포장재지원	240,000	1	1	7	8	7	5	5	4
14079	충남 아산시	돼지써코바이러스백신지원사업(국비)	210,000	1	2	7	8	7	5	1	4
14080	충남 아산시	통합마케팅산지유통활성화지원	200,000	1	4	7	8	7	1	1	1
14081	충남 아산시	자살예방멘토링사업	182,900	1	6	7	1	7	5	5	4
14082	충남 아산시	신품종수출육성지원	150,000	1	1	7	8	7	5	5	4
14083	충남 아산시	청소년마을배움터공모사업	150,000	1	6	7	8	7	5	5	4
14084	충남 아산시	청년마음건강센터운영(사업비)	148,900	1	4	1	3	1	1	3	1
14085	충남 아산시	방학중영어캠프지원	144,500	1	4	7	8	7	5	5	4
14086	충남 아산시	친환경농업자재지원	140,787	1	6	7	8	7	1	1	1
14087	충남 아산시	병충해방제약제공급(농협협력사업)	140,000	1	6	7	8	7	1	1	1
14088	충남 아산시	농산물수출비관세장벽해소지원	138,000	1	1	7	8	7	5	5	4
14089	충남 아산시	축산농가악취저감제지원	135,000	1	1	7	8	7	5	5	4
14090	충남 아산시	응급의료기관평가결과에따른보조금지원	134,400	1	2	7	8	7	5	2	4
14091	충남 아산시	학생승마체험지원(일반승마기초)	134,400	1	3	7	8	7	5	5	4
14092	충남 아산시	통합마케팅전문조직육성	130,400	1	1	7	8	7	1	1	1
14093	충남 아산시	농산물수출선도조직육성	120,000	1	1	7	8	7	5	5	4
14094	충남 아산시	과수명품화육성사업	119,000	1	6	7	8	7	5	5	4
14095	충남 아산시	공동선별출하생산자조직육성	112,800	1	1	7	8	7	1	1	1
14096	충남 아산시	친환경유기질비료지원	112,500	1	4	7	8	7	1	1	1
14097	충남 아산시	원어민보조교사주거관리비지원	112,000	1	4	7	8	7	5	5	4
14098	충남 아산시	수출유망품목공동마케팅지원	106,667	1	1	7	8	7	5	5	4
14099	충남 아산시	통합구매지원	105,500	1	1	7	8	7	1	1	1
14100	충남 아산시	한우광역브랜드육성지원(전용사료)	105,200	1	1	7	8	7	5	5	4
14101	충남 아산시	아산학강좌운영	105,000	1	4	7	8	7	5	5	4
14102	충남 아산시	지방문화원활성화및향토문화발굴육성	100,000	1	1	7	8	7	1	1	4
14103	충남 아산시	공예창작지원센터사업추진	100,000	1	6	7	8	7	5	5	4
14104	충남 아산시	스마트(Smart)축산시설지원	100,000	1	1	7	8	7	5	5	4
14105	충남 아산시	인주일반산업단지공동직장어린이집운영지원	91,000	1	4	6	8	7	1	1	4
14106	충남 아산시	가축분뇨수거비지원	90,540	1	1	7	8	7	5	5	4
14107	충남 아산시	농촌마을공동급식지원	90,000	1	6	7	8	7	1	1	3
14108	충남 아산시	친환경퇴비포장재지원사업	83,520	1	4	7	8	7	1	1	1
14109	충남 아산시	농촌고용인력지원사업	80,000	1	2	7	8	7	1	1	1
14110	충남 아산시	생생문화유산사업(둘러보공놀아보세)	75,000	1	2	7	8	7	5	5	4
14111	충남 아산시	외국인계절근로자지원	75,000	1	6	7	8	7	1	1	1
14112	충남 아산시	유기농업자재및녹비작물지원	75,000	1	2	7	8	7	1	1	1
14113	충남 아산시	원예작물고품질생산지원	72,000	1	4	7	8	7	5	5	4
14114	충남 아산시	아산테크노밸리시설물유지관리(시설물등)	70,000	1	1	6	8	7	1	1	4
14115	충남 아산시	체육꿈나무훈련장비지원	70,000	1	1	7	8	7	1	1	1
14116	충남 아산시	아산맑은쌀명품화추진	70,000	1	4	7	8	7	5	5	4
14117	충남 아산시	외국인계절근로자고용환경개선지원사업	69,000	1	6	7	8	7	1	1	1

순번	시군구	지출명 (사업명)	2024년예산 (단위 : 천원 /1년간)	민간이전 분류 (지방자치단체 세출예산 집행기준에 의거) 1. 민간경상사업보조(307-02) 2. 민간단체 법정운영비보조(307-03) 3. 민간행사사업보조(307-04) 4. 민간위탁금(307-05) 5. 사회복지시설 법정운영비보조(307-10) 6. 민간인위탁교육비(307-12) 7. 공기관등에대한경상적위탁사업비(308-13) 8. 민간자본사업보조,자체재원(402-01) 9. 민간자본사업보조,이전재원(402-02) 10. 민간위탁사업비(402-03) 11. 공기관등에 대한 자본적 위탁사업비(403-02)	민간이전지출 근거 (지방보조금 관리기준 참고) 1. 법률에 규정 2. 국고보조 재원(국가지정) 3. 용도 지정 기부금 4. 조례에 직접규정 5. 지자체가 권장하는 사업을 하는 공공기관 6. 시,도 정책 및 재정사정 7. 기타 8. 해당없음	입찰방식: 계약체결방법 (경쟁형태) 1. 일반경쟁 2. 제한경쟁 3. 지명경쟁 4. 수의계약 5. 법정위탁 6. 기타 ( ) 7. 없음	입찰방식: 계약기간 1. 1년 2. 2년 3. 3년 4. 4년 5. 5년 6. 기타 ( )년 7. 단기계약 (1년미만) 8. 없음	입찰방식: 낙찰자선정방법 1. 적격심사 2. 협상에의한계약 3. 최저가낙찰제 4. 규격가격분리 5. 2단계 경쟁입찰 6. 기타 ( ) 7. 없음	운영예산 산정: 운영예산 산정 1. 내부산정 (지자체 자체적으로 산정) 2. 외부산정 (외부전문기관위탁 산정) 3. 내·외부 모두 산정 4. 산정 無 5. 없음	운영예산 산정: 정산방법 1. 내부정산 (지자체 내부적으로 정산) 2. 외부정산 (외부전문기관위탁 정산) 3. 내·외부 모두 산정 4. 정산 無 5. 없음	성과평가 실시여부 1. 실시 2. 미실시 3. 향후 추진 4. 해당없음
14118	충남 아산시	아산농촌체험휴양마을협의회사무장채용지원	68,286	1	1	7	8	7	1	1	1
14119	충남 아산시	사슴농가육성지원(인공수정비)	67,750	1	6	7	8	7	5	5	4
14120	충남 아산시	사회적농업활성화지원사업	66,000	1	2	7	8	7	1	1	3
14121	충남 아산시	향교서원문화유산활용사업(배움이빛나는자리,신창향교)	65,000	1	2	7	8	7	5	5	4
14122	충남 아산시	원어민보조교사관리인건비지원	64,000	1	4	7	8	7	5	5	4
14123	충남 아산시	젖소번식우생산성향상지원	62,000	1	4	7	8	7	5	5	4
14124	충남 아산시	식량작물생산비절감지원(볏짚환원)	60,000	1	6	7	8	7	1	1	1
14125	충남 아산시	농촌체험관광활성화지원	60,000	1	1	7	8	7	1	1	1
14126	충남 아산시	공동방제단인건비	59,780	1	3	7	8	7	5	1	4
14127	충남 아산시	공동방제단운영비	58,867	1	3	7	8	7	5	1	4
14128	충남 아산시	한우등록비지원	57,000	1	1	7	8	7	5	5	4
14129	충남 아산시	수확및운송작업단지원	56,000	1	1	7	8	7	1	1	1
14130	충남 아산시	채소특용작물생산지원사업	54,000	1	4	7	8	7	5	5	4
14131	충남 아산시	기초정신건강복지센터지원	51,100	1	4	1	3	1	1	3	1
14132	충남 아산시	중소기업CEO기술세미나아카데미운영사업	50,000	1	4	7	8	7	1	1	1
14133	충남 아산시	인주일반산업단지시설물유지관리	50,000	1	1	6	8	7	1	1	4
14134	충남 아산시	아산시여성축구회활성화사업	50,000	1	1	7	8	7	5	5	4
14135	충남 아산시	신정호생태농업단지친환경농자재구입지원	50,000	1	4	7	8	7	1	1	1
14136	충남 아산시	젖소유질개선제지원	50,000	1	4	7	8	7	5	5	4
14137	충남 아산시	가금농가방역환경개선지원	50,000	1	6	7	8	7	5	1	4
14138	충남 아산시	아산맑은도고쪽파홍보지원	50,000	1	4	7	8	7	5	5	4
14139	충남 아산시	아산맑은쌀브랜드원료곡신품종해맑은벼계약재배단지병해충사전방제지원	50,000	1	4	7	8	7	5	5	4
14140	충남 아산시	주말영어방과후학교지원	49,800	1	4	7	8	7	5	5	4
14141	충남 아산시	축산농가헬퍼(도우미)지원	48,600	1	4	7	8	7	5	5	4
14142	충남 아산시	밭식량작물특화단지육성	45,000	1	6	7	8	7	1	1	1
14143	충남 아산시	축분수분조절제지원	44,250	1	1	7	8	7	5	5	4
14144	충남 아산시	친환경수용성규산질비료지원	43,375	1	4	7	8	7	1	1	1
14145	충남 아산시	조사료생산용종자구입지원	42,000	1	2	7	8	7	5	1	4
14146	충남 아산시	제조기업DB구축및활용사업	40,000	1	4	7	8	7	1	1	1
14147	충남 아산시	해외마케팅활동지원	40,000	1	1	7	8	7	5	5	4
14148	충남 아산시	아산맑은쌀브랜드원료곡신품종홍보지원사업	40,000	1	4	7	8	7	5	5	4
14149	충남 아산시	공동주택가로등및보안등전기요금지원	38,876	1	1,4	7	8	7	5	5	4
14150	충남 아산시	아산시지속가능발전협의회지원	38,200	1	1	7	8	7	1	1	4
14151	충남 아산시	채소특용작물생산지원사업	38,000	1	4	7	8	7	5	5	4
14152	충남 아산시	의료기관결핵환자관리지원(민간의료기관)	36,765	1	2	7	8	7	5	5	4
14153	충남 아산시	신정호수중환경정비	36,000	1	4	7	8	7	1	1	1
14154	충남 아산시	식량작물생산비절감지원(삼광벼재배단지공동방제)	35,250	1	6	7	8	7	1	1	1
14155	충남 아산시	외암마을재난방지시스템구축(방화관리자선임)	35,000	1	2	7	1	7	3	1	2
14156	충남 아산시	공세리성체거동개최	35,000	1	6	7	8	7	5	5	4
14157	충남 아산시	채소특용작물생산지원사업	35,000	1	4	7	8	7	5	5	4

순번	시군구	지출명 (사업명)	2024년예산 (단위 : 천원 /1년간)	민간이전 분류 (지방자치단체 세출예산 집행기준에 의거) 1. 민간경상사업보조(307-02) 2. 민간단체 법정운영비보조(307-03) 3. 민간행사사업보조(307-04) 4. 민간위탁금(307-05) 5. 사회복지시설 법정운영비보조(307-10) 6. 민간인위탁교육비(307-12) 7. 공기관등에대한경상적위탁사업비(308-13) 8. 민간자본사업보조,자체재원(402-01) 9. 민간자본사업보조,이전재원(402-02) 10. 민간위탁사업비(402-03) 11. 공기관등에 대한 자본적 위탁사업비(403-02)	민간이전지출 근거 (지방보조금 관리기준 참고) 1. 법률에 규정 2. 국고보조 재원(국가지정) 3. 용도 지정 기부금 4. 조례에 직접규정 5. 지자체가 권장하는 사업을 하는 공공기관 6. 시,도 정책 및 재정사정 7. 기타 8. 해당없음	입찰방식 계약체결방법 (경쟁형태) 1. 일반경쟁 2. 제한경쟁 3. 지명경쟁 4. 수의계약 5. 법정위탁 6. 기타 ( ) 7. 없음	입찰방식 계약기간 1. 1년 2. 2년 3. 3년 4. 4년 5. 5년 6. 기타 ( )년 7. 단기계약 (1년미만) 8. 없음	입찰방식 낙찰자선정방법 1. 적격심사 2. 협상에의한계약 3. 최저가낙찰제 4. 규격가격분리 5. 2단계 경쟁입찰 6. 기타 ( ) 7. 없음	운영예산 산정 운영예산 산정 1. 내부산정 (지자체 자체적으로 산정) 2. 외부산정 (외부전문기관위탁 산정) 3. 내·외부 모두 산정 4. 산정 無 5. 없음	운영예산 산정 정산방법 1. 내부정산 (지자체 내부적으로 정산) 2. 외부정산 (외부전문기관위탁 정산) 3. 내·외부 모두 산정 4. 정산 無 5. 없음	성과평가 실시여부 1. 실시 2. 미실시 3. 향후 추진 4. 해당없음
14158	충남 아산시	역사알리미우리문화재바로알기	34,000	1	1	7	8	7	1	1	3
14159	충남 아산시	상수도보호관리	32,800	1	4	7	8	7	1	1	4
14160	충남 아산시	농업회의소운영지원	32,000	1	4	7	8	7	1	1	1
14161	충남 아산시	저능력암소도태장려금지원(미경산우)	32,000	1	1	7	8	7	5	5	4
14162	충남 아산시	육우사육농가육성지원	32,000	1	4	7	8	7	5	5	4
14163	충남 아산시	닭진드기공동방제지원사업	32,000	1	2	7	8	7	5	1	4
14164	충남 아산시	치유농업연계사회복지기관협업모델구축	32,000	1	1	7	8	7	5	5	4
14165	충남 아산시	학생승마체험지원(사회공익승마재활승마)	30,660	1	3	7	8	7	5	5	4
14166	충남 아산시	득산농공단지노후시설유지보수	30,000	1	1	6	8	7	1	1	4
14167	충남 아산시	공세리성지성당박물관유물관리	30,000	1	1	7	8	7	1	1	3
14168	충남 아산시	한복상설체험관운영	30,000	1	4	7	1	7	1	1	1
14169	충남 아산시	향교명륜대학등전통문화교육	30,000	1	4	7	8	7	5	5	4
14170	충남 아산시	공세리성당세미나운영	30,000	1	6	7	8	7	5	5	4
14171	충남 아산시	아산전통마을조사	30,000	1	6	7	8	7	5	5	4
14172	충남 아산시	로봇활용사회적약자(노인)편익지원사업	30,000	1	5	7	8	7	1	1	1
14173	충남 아산시	중소기업노인고용장려금	30,000	1	6	7	8	7	4	4	2
14174	충남 아산시	아산시교통질서계도및각종행사교통근무지원	30,000	1	4	5	1	7	1	1	1
14175	충남 아산시	친환경벼재배단지육성	30,000	1	4	7	8	7	1	1	1
14176	충남 아산시	치유(힐링)농촌체험관광활성화지원	30,000	1	1	7	8	7	1	1	1
14177	충남 아산시	환경친화적신소재영농지원	30,000	1	6	7	8	7	5	5	4
14178	충남 아산시	국산젖소보증씨수소정액지원	28,220	1	4	7	8	7	5	5	4
14179	충남 아산시	젖소위생원유생산지원	28,000	1	4	7	8	7	5	5	4
14180	충남 아산시	친환경농산물홍보마케팅지원	26,400	1	6	7	8	7	1	1	1
14181	충남 아산시	젖소고온면역증강제지원	25,750	1	4	7	8	7	5	5	4
14182	충남 아산시	배추무사마귀병방제지원	25,050	1	4	7	8	7	5	5	4
14183	충남 아산시	온양문화원생활문화센터문화강좌운영비	25,000	1	1	7	8	7	1	1	3
14184	충남 아산시	온양문화원생활문화동아리활동지원	25,000	1	1	7	8	7	1	1	4
14185	충남 아산시	악취저감제지원	25,000	1	1	7	8	7	5	5	4
14186	충남 아산시	아산맑은한우암소육성지원	25,000	1	4	7	8	7	5	5	4
14187	충남 아산시	양계농가폭염피해예방지원	25,000	1	6	7	8	7	5	5	4
14188	충남 아산시	양봉농가벌대용먹이지원	25,000	1	4	7	8	7	5	5	4
14189	충남 아산시	들풀이용조사료생산단지운영	25,000	1	4	7	8	7	5	5	4
14190	충남 아산시	농특산물공동브랜드품목육성지원	25,000	1	4	7	8	7	5	5	4
14191	충남 아산시	벼친환경병충해방제약지원	24,480	1	4	7	8	7	1	1	1
14192	충남 아산시	향교석전대제	24,000	1	4	7	8	7	5	5	4
14193	충남 아산시	향교청년유도회유교성지탐방	24,000	1	4	7	8	7	5	5	4
14194	충남 아산시	가금농가질병관리	24,000	1	2	7	8	7	5	1	4
14195	충남 아산시	도시농업기술적용시범사업	24,000	1	6	7	8	7	5	5	4
14196	충남 아산시	한우광역브랜드육성지원(품질고급화장려금)	23,760	1	1	7	8	7	5	5	4
14197	충남 아산시	농약안전사용장비(방제복)	23,520	1	6	7	8	7	1	1	1

순번	시군구	지출명 (사업명)	2024년예산 (단위 : 천원 /1년간)	민간이전 분류 (지방자치단체 세출예산 집행기준에 의거) 1. 민간경상사업보조(307-02) 2. 민간단체 법정운영비보조(307-03) 3. 민간행사사업보조(307-04) 4. 민간위탁금(307-05) 5. 사회복지시설 법정운영비보조(307-10) 6. 민간인위탁교육비(307-12) 7. 공기관등에대한경상적위탁사업비(308-13) 8. 민간자본사업보조,자체재원(402-01) 9. 민간자본사업보조,이전재원(402-02) 10. 민간위탁사업비(402-03) 11. 공기관등에 대한 자본적 위탁사업비(403-02)	민간이전지출 근거 (지방보조금 관리기준 참고) 1. 법률에 규정 2. 국고보조 재원(국가지정) 3. 용도 지정 기부금 4. 조례에 직접규정 5. 지자체가 권장하는 사업을 하는 공공기관 6. 시,도 정책 및 재정사정 7. 기타 8. 해당없음	입찰방식 계약체결방법 (경쟁형태) 1. 일반경쟁 2. 제한경쟁 3. 지명경쟁 4. 수의계약 5. 법정위탁 6. 기타 ( ) 7. 없음	입찰방식 계약기간 1. 1년 2. 2년 3. 3년 4. 4년 5. 5년 6. 기타 ( )년 7. 단기계약 (1년미만) 8. 없음	입찰방식 낙찰자선정방법 1. 적격심사 2. 협상에의한계약 3. 최저가낙찰제 4. 규격가격분리 5. 2단계 경쟁입찰 6. 기타 ( ) 7. 없음	운영예산 산정 운영예산 산정 1. 내부산정 (지자체 자체적으로 산정) 2. 외부산정 (외부전문기관위탁 산정) 3. 내·외부 모두 산정 4. 산정 無 5. 없음	운영예산 산정 정산방법 1. 내부정산 (지자체 내부적으로 정산) 2. 외부정산 (외부전문기관위탁 정산) 3. 내·외부 모두 산정 4. 정산 無 5. 없음	성과평가 실시여부 1. 실시 2. 미실시 3. 향후 추진 4. 해당없음
14198	충남 아산시	친환경퇴비포장재용팔레트지원	21,250	1	4	7	8	7	1	1	1
14199	충남 아산시	공세리성지성당박물관야간전시	20,000	1	1	7	8	7	1	1	3
14200	충남 아산시	아산투어관광프로그램운영지원	20,000	1	1	7	8	7	1	1	3
14201	충남 아산시	외암마을담장보수	20,000	1	2	7	1	7	3	1	2
14202	충남 아산시	아산인산서원배향인물학술대회	20,000	1	6	7	8	7	5	5	4
14203	충남 아산시	친환경실천사업(초등학교)	20,000	1	6	7	8	7	1	1	1
14204	충남 아산시	구제역(전업농)예방백신지원	20,000	1	2	7	8	7	5	1	4
14205	충남 아산시	아산맑은맛있는쌀밥집육성지원	20,000	1	4	7	8	7	5	5	4
14206	충남 아산시	농촌체험협의체역량강화지원	19,000	1	1	7	8	7	1	1	1
14207	충남 아산시	무역사절단항공료지원	18,000	1	1	7	8	7	5	5	4
14208	충남 아산시	아산시근현대구술채록사업	18,000	1	1	7	8	7	1	1	4
14209	충남 아산시	한우광역브랜육성지원(브랜드유통판매장려금)	18,000	1	1	7	8	7	5	5	4
14210	충남 아산시	육계농가왕겨지원사업	18,000	1	6	7	8	7	5	5	4
14211	충남 아산시	채소친환경영농자재지원	17,600	1	4	7	8	7	1	1	1
14212	충남 아산시	사료작물종자대구입비	17,550	1	6	7	8	7	5	5	4
14213	충남 아산시	온양문화원향토문화연구	17,000	1	1	7	8	7	1	1	3
14214	충남 아산시	대한노인회읍면동분회지원	17,000	1	1,6	7	8	7	1	1	2
14215	충남 아산시	도시농업기술적용시범사업	17,000	1	6	7	8	7	5	5	4
14216	충남 아산시	생산단계HACCP컨설팅지원	16,800	1	3	7	8	7	5	5	4
14217	충남 아산시	수정란이식송아지장려금지원	16,200	1	1	7	8	7	5	5	4
14218	충남 아산시	친환경농업생산자와소비자의만남행사	16,000	1	6	7	8	7	1	1	1
14219	충남 아산시	FTA사업계획수립및관리비	16,000	1	2	7	8	7	5	5	4
14220	충남 아산시	일반농산어촌개발사업완료지구경비지원	15,000	1	4	7	8	7	5	5	4
14221	충남 아산시	체험농가조직활성화시범	15,000	1	2	7	8	7	5	5	4
14222	충남 아산시	특화작목통합전시회	15,000	1	4	7	8	7	5	5	4
14223	충남 아산시	유림회기로연	14,000	1	4	7	8	7	5	5	4
14224	충남 아산시	한우광역브랜드육성지원(출하운송비)	14,000	1	1	7	8	7	5	5	4
14225	충남 아산시	저능력암소도태장려금지원(경산우)	14,000	1	1	7	8	7	5	5	4
14226	충남 아산시	국제식품박람회개별참가지원사업	14,000	1	4	7	8	7	5	5	4
14227	충남 아산시	우수평생학습동아리지원	13,500	1	4	7	1	7	1	1	1
14228	충남 아산시	특수미생산및상품화지원	13,000	1	4	7	8	7	5	5	4
14229	충남 아산시	퇴비살포비지원	12,800	1	1	7	8	7	5	5	4
14230	충남 아산시	녹용생산량증가첨가제지원	12,500	1	6	7	8	7	5	5	4
14231	충남 아산시	도고농공단지시설물유지관리	12,000	1	1	6	8	7	1	1	4
14232	충남 아산시	여성농업인역량강화교육	12,000	1	6	7	8	7	1	1	3
14233	충남 아산시	송아지설사예방제지원	12,000	1	1	7	8	7	5	5	4
14234	충남 아산시	충남학프로그램운영	11,300	1	4	7	1	7	1	1	1
14235	충남 아산시	용궁댁초가이엉잇기	11,000	1	2	7	8	7	5	5	4
14236	충남 아산시	한우DNA친자감별검사지원	10,730	1	1	7	8	7	5	5	4
14237	충남 아산시	친환경농업조직활성화지원	10,500	1	6	7	8	7	1	1	1

순번	시군구	지출명 (사업명)	2024년예산 (단위 : 천원 /1년간)	민간이전 분류 (지방자치단체 세출예산 집행기준에 의거) 1. 민간경상사업보조(307-02) 2. 민간단체 법정운영비보조(307-03) 3. 민간행사사업보조(307-04) 4. 민간위탁금(307-05) 5. 사회복지시설 법정운영비보조(307-10) 6. 민간인위탁교육비(307-12) 7. 공기관등에대한경상적위탁사업비(308-13) 8. 민간자본사업보조,자체재원(402-01) 9. 민간자본사업보조,이전재원(402-02) 10. 민간위탁사업비(402-03) 11. 공기관등에 대한 자본적 위탁사업비(403-02)	민간이전지출 근거 (지방보조금 관리기준 참고) 1. 법률에 규정 2. 국고보조 재원(국가지정) 3. 용도 지정 기부금 4. 조례에 직접규정 5. 지자체가 권장하는 사업을 하는 공공기관 6. 시,도 정책 및 재정사정 7. 기타 8. 해당없음	입찰방식			운영예산 산정		성과평가 실시여부
						계약체결방법 (경쟁형태) 1. 일반경쟁 2. 제한경쟁 3. 지명경쟁 4. 수의계약 5. 법정위탁 6. 기타 ( ) 7. 없음	계약기간 1. 1년 2. 2년 3. 3년 4. 4년 5. 5년 6. 기타 ( )년 7. 단기계약 (1년미만) 8. 없음	낙찰자선정방법 1. 적격심사 2. 협상에의한계약 3. 최저가낙찰제 4. 규격가격분리 5. 2단계 경쟁입찰 6. 기타 ( ) 7. 없음	운영예산 산정 1. 내부산정 (지자체 자체적으로 산정) 2. 외부산정 (외부전문기관위탁 산정) 3. 내·외부 모두 산정 4. 산정 無 5. 없음	정산방법 1. 내부정산 (지자체 내부적으로 정산) 2. 외부정산 (외부전문기관위탁 정산) 3. 내·외부 모두 산정 4. 정산 無 5. 없음	1. 실시 2. 미실시 3. 향후 추진 4. 해당없음
14238	충남 아산시	중소기업모범근로자건강검진비지원	10,000	1	4	7	8	7	1	1	1
14239	충남 아산시	온양민속박물관전통가옥지붕보수	10,000	1	1	7	8	7	1	1	3
14240	충남 아산시	온양민속박물관소장유물상시관리	10,000	1	1	7	8	7	1	1	3
14241	충남 아산시	당림미술관체험프로그램지원	10,000	1	1	7	8	7	1	1	3
14242	충남 아산시	외암마을선진역량강화사업	10,000	1	4	7	1	7	1	1	1
14243	충남 아산시	외암마을디딜방아보수사업	10,000	1	4	7	1	7	1	1	1
14244	충남 아산시	외암마을가옥벽바르기,기단보수사업	10,000	1	4	7	1	7	1	1	1
14245	충남 아산시	장승제작(소형)	10,000	1	4	7	1	7	1	1	3
14246	충남 아산시	외암마을내수해대비하천정비	10,000	1	4	7	1	7	1	1	1
14247	충남 아산시	장승제작(대형)	10,000	1	2	7	1	7	3	1	2
14248	충남 아산시	외암마을싸리문보수	10,000	1	2	7	1	7	3	1	2
14249	충남 아산시	학교연계형(하키)스프츠클럽사업지원	10,000	1	1	7	8	7	1	1	1
14250	충남 아산시	자살예방교육및생명사랑네트워크구축(자살예방민간단체지원사업)	10,000	1	2	7	1	7	5	5	4
14251	충남 아산시	의료관련감염병표본감시체계운영(의료기관)	10,000	1	2	7	8	7	5	5	4
14252	충남 아산시	즉석밥용(햇반)원료곡보람찬벼종자채종단지조성	10,000	1	4	7	8	7	5	5	4
14253	충남 아산시	벼우량품종종자생산자율교환시범사업	10,000	1	4	7	8	7	5	5	4
14254	충남 아산시	친환경청년농부교육훈련비지원	9,790	1	6	7	8	7	1	1	1
14255	충남 아산시	내수면어장환경개선	9,600	1	2	7	8	7	5	1	4
14256	충남 아산시	젖소유전체분석지원	9,360	1	4	7	8	7	5	5	4
14257	충남 아산시	농특산물TV홈쇼핑지원	9,000	1	1	7	8	7	1	1	1
14258	충남 아산시	친환경급식용쌀포장재지원	9,000	1	5	5	1	2	1	3	1
14259	충남 아산시	송아지기능성블록지원	8,640	1	1	7	8	7	5	5	4
14260	충남 아산시	한우유전체분석컨설팅지원	8,400	1	1	7	8	7	5	5	4
14261	충남 아산시	동학농민위령제	8,000	1	4	7	8	7	5	5	4
14262	충남 아산시	어린이교통사고예방캠페인및교통안전계도지원	8,000	1	4	5	1	7	1	1	1
14263	충남 아산시	학생승마체험지원(사회공익승마생활승마)	8,000	1	3	7	8	7	5	5	4
14264	충남 아산시	(사)아산도농교류센터운영비지원	6,500	1	1	7	8	7	1	1	1
14265	충남 아산시	칡소도축장려금지원	6,000	1	4	7	8	7	5	1	4
14266	충남 아산시	농산물대금선지급제이자보전지원	6,000	1	4	7	8	7	5	5	4
14267	충남 아산시	농작물병해충친환경방제기술시범사업	6,000	1	4	7	8	7	5	5	4
14268	충남 아산시	한우면역강화및고온스트레스예방제지원	5,940	1	1	7	8	7	5	5	4
14269	충남 아산시	기초정신건강복지센터종사자처우개선비	5,550	1	4	1	3	1	1	3	1
14270	충남 아산시	맹고불추모제	5,000	1	4	7	8	7	5	5	4
14271	충남 아산시	아산시유림회유교문화권탐방	5,000	1	4	7	8	7	5	5	4
14272	충남 아산시	마을단위여성농업인프로그램지원	5,000	1	6	7	8	7	1	1	3
14273	충남 아산시	옥내노후급수전개량비	5,000	1	7	7	8	7	5	5	4
14274	충남 아산시	숭모제제례비(만전당)	4,830	1	4	7	8	7	5	5	4
14275	충남 아산시	농촌체험휴양마을우수사무장성과금	4,800	1	1	7	8	7	5	5	4
14276	충남 아산시	농촌체험휴양마을보험가입지원(안전,화재)	4,753	1	2	7	8	7	1	1	1
14277	충남 아산시	농촌융복합농식품디자인사업	4,500	1	1	7	8	7	5	5	4

순번	시군구	지출명 (사업명)	2024년예산 (단위 : 천원 /1년간)	민간이전 분류 (지방자치단체 세출예산 집행기준에 의거) 1. 민간경상사업보조(307-02) 2. 민간단체 법정운영비보조(307-03) 3. 민간행사사업보조(307-04) 4. 민간위탁금(307-05) 5. 사회복지시설 법정운영비보조(307-10) 6. 민간인위탁교육비(307-12) 7. 공기관등에대한경상적위탁사업비(308-13) 8. 민간자본사업보조,자체재원(402-01) 9. 민간자본사업보조,이전재원(402-02) 10. 민간위탁사업비(402-03) 11. 공기관등에 대한 자본적 위탁사업비(403-02)	민간이전지출 근거 (지방보조금 관리기준 참고) 1. 법률에 규정 2. 국고보조 재원(국가지정) 3. 용도 지정 기부금 4. 조례에 직접규정 5. 지자체가 권장하는 사업을 하는 공공기관 6. 시,도 정책 및 재정사정 7. 기타 8. 해당없음	입찰방식 계약체결방법 (경쟁형태) 1. 일반경쟁 2. 제한경쟁 3. 지명경쟁 4. 수의계약 5. 법정위탁 6. 기타 ( ) 7. 없음	입찰방식 계약기간 1. 1년 2. 2년 3. 3년 4. 4년 5. 5년 6. 기타 ( )년 7. 단기계약 (1년미만) 8. 없음	입찰방식 낙찰자선정방법 1. 적격심사 2. 협상에의한계약 3. 최저가낙찰제 4. 규격가격분리 5. 2단계 경쟁입찰 6. 기타 ( ) 7. 없음	운영예산 산정 운영예산 산정 1. 내부산정 (지자체 자체적으로 산정) 2. 외부산정 (외부전문기관위탁 산정) 3. 내·외부 모두 산정 4. 산정 無 5. 없음	운영예산 산정 정산방법 1. 내부정산 (지자체 내부적으로 정산) 2. 외부정산 (외부전문기관위탁 정산) 3. 내·외부 모두 산정 4. 정산 無 5. 없음	성과평가 실시여부 1. 실시 2. 미실시 3. 향후 추진 4. 해당없음
14278	충남 아산시	숭모제제례비(이순신추모제)	4,350	1	4	7	8	7	5	5	4
14279	충남 아산시	가축개량기자재지원	4,200	1	1	7	8	7	5	5	4
14280	충남 아산시	농촌체험휴양마을역량강화	3,648	1	1	7	8	7	1	1	1
14281	충남 아산시	마을전통민속제의보존과육성지원	3,500	1	4	7	8	7	5	5	4
14282	충남 아산시	한우광역브랜드육성지원(생산성향상사업)	3,432	1	1	7	8	7	5	5	4
14283	충남 아산시	경로당대한노인회기지원	3,080	1	6	4	8	7	1	1	2
14284	충남 아산시	아산시기업인협의회수첩제작	2,800	1	4	7	8	7	1	1	1
14285	충남 아산시	숭모제제례비(독성서사)	2,500	1	4	7	8	7	5	5	4
14286	충남 아산시	충남쌀유전자분석비지원사업	2,500	1	6	7	8	7	1	1	1
14287	충남 아산시	취소다산장려금지원	2,250	1	4	7	8	7	5	1	4
14288	충남 아산시	아산시기업인협의회총회책자제작	2,200	1	4	7	8	7	1	1	1
14289	충남 아산시	무형문화재전승장비지원	2,000	1	6	7	8	7	5	5	4
14290	충남 아산시	장애인거주시설공기청정기렌탈지원	2,000	1	1	7	8	7	5	1	4
14291	충남 아산시	우수여왕벌보급지원	1,440	1	4	7	8	7	5	5	4
14292	충남 서산시	농산물품질향상토양개량제지원사업	2,000,000	1	4	4	7	7	1	1	1
14293	충남 서산시	원예특작용유기질비료지원사업	200,000	1	4	4	7	7	1	1	1
14294	충남 서산시	원예작물품질고급화지원사업	150,000	1	4	4	7	7	1	1	1
14295	충남 서산시	기후변화대응인삼약초생산자재지원	125,000	1	4	4	7	7	1	1	1
14296	충남 서산시	원예특작용병해충방제약제지원사업	120,000	1	4	4	7	7	1	1	1
14297	충남 서산시	인삼생산유기농업자재지원	100,000	1	4	4	7	7	1	1	1
14298	충남 서산시	황토알타리무환경변화대응사업	50,000	1	4	4	7	7	1	1	1
14299	충남 서산시	화훼종묘입식비지원사업	50,000	1	4	4	7	7	1	1	1
14300	충남 서산시	바이오차활용토양개량사업	42,000	1	4	4	7	7	1	1	1
14301	충남 서산시	달래토양환경개선지원사업	40,000	1	4	4	7	7	1	1	1
14302	충남 서산시	원예작물화분매개용수정벌지원사업	35,000	1	4	4	7	7	1	1	1
14303	충남 서산시	충남인삼마케팅강화	35,000	1	6	4	7	7	1	1	1
14304	충남 서산시	엽연초영농자재지원	20,000	1	4	4	7	7	1	1	1
14305	충남 서산시	시장유통인삼컬러박스지원	13,230	1	6	4	7	7	1	1	1
14306	충남 서산시	대한민국과일산업대전참가지원	10,000	1	4	4	7	7	1	1	1
14307	충남 서산시	난전시회지원	5,000	1	4	4	7	7	1	1	1
14308	충남 서산시	지역주도형청년일자리사업	1,638,693	1	2	7	8	7	5	1	1
14309	충남 서산시	통합문화체육관광이용권	789,100	1	4	7	8	7	5	5	4
14310	충남 서산시	취약지역응급의료센터기관운영비지원	772,000	1	2	7	8	7	5	3	4
14311	충남 서산시	지방문화예술활동지원	600,000	1	4	7	8	7	5	5	4
14312	충남 서산시	생활체육지도자활동지원사업	583,072	1	1,2,4	7	8	7	1	1	3
14313	충남 서산시	농작업지원단육성운영	574,000	1	4	4	7	7	1	1	1
14314	충남 서산시	도민체전출전지원	540,000	1	1,4	7	8	7	1	1	3
14315	충남 서산시	체육인재육성사업운영지원(인건비)	426,689	1	1,4	7	8	7	1	1	3
14316	충남 서산시	공동주택관리비용지원	350,000	1	4	7	8	7	1	1	3
14317	충남 서산시	공동방제단	300,854	1	4	7	8	7	5	5	4

순번	시군구	지출명 (사업명)	2024년예산 (단위 : 천원 /1년간)	민간이전 분류 (지방자치단체 세출예산 집행기준에 의거) 1. 민간경상사업보조(307-02) 2. 민간단체 법정운영비보조(307-03) 3. 민간행사사업보조(307-04) 4. 민간위탁금(307-05) 5. 사회복지시설 법정운영비보조(307-10) 6. 민간인위탁교육비(307-12) 7. 공기관등에대한경상적위탁사업비(308-13) 8. 민간자본사업보조,자체재원(402-01) 9. 민간자본사업보조,이전재원(402-02) 10. 민간위탁사업비(402-03) 11. 공기관등에 대한 자본적 위탁사업비(403-02)	민간이전지출 근거 (지방보조금 관리기준 참고) 1. 법률에 규정 2. 국고보조 재원(국가지정) 3. 용도 지정 기부금 4. 조례에 직접규정 5. 지자체가 권장하는 사업을 하는 공공기관 6. 시,도 정책 및 재정사정 7. 기타 8. 해당없음	입찰방식			운영예산 산정		성과평가 실시여부
						계약체결방법 (경쟁형태) 1. 일반경쟁 2. 제한경쟁 3. 지명경쟁 4. 수의계약 5. 법정위탁 6. 기타 ( ) 7. 없음	계약기간 1. 1년 2. 2년 3. 3년 4. 4년 5. 5년 6. 기타 ( )년 7. 단기계약 (1년미만) 8. 없음	낙찰자선정방법 1. 적격심사 2. 협상에의한계약 3. 최저가낙찰제 4. 규격가격분리 5. 2단계 경쟁입찰 6. 기타 ( ) 7. 없음	운영예산 산정 1. 내부산정 (지자체 자체적으로 산정) 2. 외부산정 (외부전문기관위탁 산정) 3. 내·외부 모두 산정 4. 산정 無 5. 없음	정산방법 1. 내부정산 (지자체 내부적으로 정산) 2. 외부정산 (외부전문기관위탁 정산) 3. 내·외부 모두 산정 4. 정산 無 5. 없음	1. 실시 2. 미실시 3. 향후 추진 4. 해당없음
14318	충남 서산시	플랜트기능학교교육운영비지원	300,000	1	6	7	8	7	1	1	4
14319	충남 서산시	도장애인체육대회출전지원	268,258	1	1,4	7	8	7	1	1	3
14320	충남 서산시	통합마케팅유통활성화지원	250,000	1	6	4	7	7	1	1	1
14321	충남 서산시	장애인생활체육지도자배치	244,224	1	1,2,4	7	8	7	1	1	3
14322	충남 서산시	체육인재육성사업운영지원(사업비)	230,000	1	1,4	7	8	7	1	1	3
14323	충남 서산시	일자리창출사업	200,000	1	2	7	1	6	4	1	1
14324	충남 서산시	우수농특산물포장재제작비지원	170,000	1	4	4	7	7	1	1	1
14325	충남 서산시	충남인삼소비촉진지원	167,500	1	6	7	8	7	5	5	4
14326	충남 서산시	전국,도,기타대회출전및개최	162,000	1	1,4	7	8	7	1	1	3
14327	충남 서산시	생활체육지도자처우개선비	147,030	1	1,4	7	8	7	1	1	3
14328	충남 서산시	서산시장배국제유소년축구대회개최지원	120,000	1	1,4	7	8	7	1	1	3
14329	충남 서산시	숨은자원찾기경진대회	112,000	1	4	7	8	7	1	1	1
14330	충남 서산시	지역지식재산창출지원사업(국가직접지원사업)	105,000	1	2	7	8	7	5	5	4
14331	충남 서산시	차없는거리운영지원	100,000	1	6	7	8	7	5	5	4
14332	충남 서산시	지방문화원활성화및향토문화발굴육성	100,000	1	4	7	8	7	5	5	4
14333	충남 서산시	서산시장기생활체육대회개최지원	100,000	1	1,4	7	8	7	1	1	3
14334	충남 서산시	통합마케팅포장이미지통일화지원	100,000	1	6	4	7	7	1	1	1
14335	충남 서산시	서산6쪽마늘출하지원	100,000	1	4	4	7	7	1	1	1
14336	충남 서산시	수출활성화(판촉전등)지원	100,000	1	4	4	7	7	1	1	1
14337	충남 서산시	송곡서원문화유산활용사업	97,500	1	2	7	8	7	1	1	4
14338	충남 서산시	축산악취저감제지원	95,000	1	1,4	7	8	7	5	5	4
14339	충남 서산시	생활체육지도자처우개선비(자체)	93,800	1	1,4	7	8	7	1	1	3
14340	충남 서산시	돼지써코바이러스백신지원	90,000	1	4	7	8	7	5	5	4
14341	충남 서산시	한우광역브랜드육성	89,318	1	1,4	7	8	7	5	5	4
14342	충남 서산시	공동선별출하생산자조직육성	88,000	1	6	4	7	7	1	1	1
14343	충남 서산시	생태관광지역주민협의체운영지원	84,000	1	1	7	8	7	1	1	1
14344	충남 서산시	도민체전하반기강화훈련비	80,000	1	1,4	7	8	7	1	1	3
14345	충남 서산시	양봉농가육성지원	79,200	1	1,4	7	8	7	5	5	4
14346	충남 서산시	자율감시단(의용소방대)운영비지원	77,000	1	1,4	7	8	7	5	5	4
14347	충남 서산시	서산예총사업활동비	74,300	1	4	7	8	7	5	5	4
14348	충남 서산시	범죄피해자지원사업	70,000	1	1	7	8	7	1	1	1
14349	충남 서산시	가축분뇨처리개선지원	69,480	1	1,4	7	8	7	5	5	4
14350	충남 서산시	서산향교문화유산활용사업	67,500	1	2	7	8	7	5	5	4
14351	충남 서산시	지방문화연구	67,200	1	4	7	8	7	5	5	4
14352	충남 서산시	장애인생활체육지도자처우개선비	65,477	1	1,4	7	8	7	1	1	3
14353	충남 서산시	지역문화예술행사지원	60,000	1	4	7	8	7	5	5	4
14354	충남 서산시	해미읍성생생문화유산사업	60,000	1	2	7	8	7	1	1	4
14355	충남 서산시	보원사지수륙재재현	60,000	1	6	7	8	7	1	1	4
14356	충남 서산시	안견선생현창사업	60,000	1	6	7	8	7	5	5	4
14357	충남 서산시	서산마라톤대회개최지원	60,000	1	1,4	7	8	7	1	1	3

순번	시군구	지출명 (사업명)	2024년예산 (단위 : 천원 /1년간)	민간이전 분류 (지방자치단체 세출예산 집행기준에 의거) 1. 민간경상사업보조(307-02) 2. 민간단체 법정운영비보조(307-03) 3. 민간행사사업보조(307-04) 4. 민간위탁금(307-05) 5. 사회복지시설 법정운영비보조(307-10) 6. 민간인위탁교육비(307-12) 7. 공기관등에대한경상적위탁사업비(308-13) 8. 민간자본사업보조,자체재원(402-01) 9. 민간자본사업보조,이전재원(402-02) 10. 민간위탁사업비(402-03) 11. 공기관등에 대한 자본적 위탁사업비(403-02)	민간이전지출 근거 (지방보조금 관리기준 참고) 1. 법률에 규정 2. 국고보조 재원(국가지정) 3. 용도 지정 기부금 4. 조례에 직접규정 5. 지자체가 권장하는 사업을 하는 공공기관 6. 시,도 정책 및 재정사정 7. 기타 8. 해당없음	입찰방식 계약체결방법 (경쟁형태) 1. 일반경쟁 2. 제한경쟁 3. 지명경쟁 4. 수의계약 5. 법정위탁 6. 기타 ( ) 7. 없음	입찰방식 계약기간 1. 1년 2. 2년 3. 3년 4. 4년 5. 5년 6. 기타 ( )년 7. 단기계약 (1년미만) 8. 없음	입찰방식 낙찰자선정방법 1. 적격심사 2. 협상에의한계약 3. 최저가낙찰제 4. 규격가격분리 5. 2단계 경쟁입찰 6. 기타 ( ) 7. 없음	운영예산 산정 운영예산 산정 1. 내부산정 (지자체 자체적으로 산정) 2. 외부산정 (외부전문기관위탁 산정) 3. 내·외부 모두 산정 4. 산정 無 5. 없음	운영예산 산정 정산방법 1. 내부정산 (지자체 내부적으로 정산) 2. 외부정산 (외부전문기관위탁 정산) 3. 내·외부 모두 산정 4. 정산 無 5. 없음	성과평가 실시여부 1. 실시 2. 미실시 3. 향후 추진 4. 해당없음
14358	충남 서산시	생활체육프로그램운영	53,333	1	1,4	7	8	7	1	1	3
14359	충남 서산시	중장년기술창업센터지원	50,000	1	2	5	2	7	5	1	1
14360	충남 서산시	보원사지생생문화유산사업	50,000	1	2	7	8	7	1	1	4
14361	충남 서산시	전국,도,기타대회출전및개최	50,000	1	1,4	7	8	7	1	1	3
14362	충남 서산시	지역농특산물대형유통업체납품확대	50,000	1	4	4	7	7	1	1	1
14363	충남 서산시	양봉농가사양관리지원	50,000	1	1,4	7	8	7	5	5	4
14364	충남 서산시	우수농특산물홈쇼핑등비대면판매지원	45,000	1	4	4	7	7	1	1	1
14365	충남 서산시	양돈농가모돈갱신	45,000	1	1,4	7	8	7	5	5	4
14366	충남 서산시	젖소번식우생산성향상지원	43,000	1	1,4	7	8	7	5	5	4
14367	충남 서산시	충남거점형육상스포츠클럽운영지원	42,000	1	1,4	7	8	7	1	1	3
14368	충남 서산시	사업개발비지원사업	40,000	1	6	7	1	6	4	1	1
14369	충남 서산시	발달장애인문화예술양성프로그램지원	40,000	1	7	7	8	7	1	1	1
14370	충남 서산시	해미향교문화유산활용사업	40,000	1	2	7	8	7	5	5	4
14371	충남 서산시	3종시설물점검비용지원	40,000	1	4	7	8	7	1	1	2
14372	충남 서산시	통합마케팅조직육성	40,000	1	6	4	7	7	1	1	1
14373	충남 서산시	농촌체험휴양마을사무장지원	38,862	1	2	4	7	7	1	1	1
14374	충남 서산시	재활체육프로그램운영	36,000	1	1,4	7	8	7	1	1	3
14375	충남 서산시	범죄예방활동지원사업	35,000	1	1	7	8	7	1	1	1
14376	충남 서산시	장애인생활체육지도자처우개선비(자체)	33,600	1	1,4	7	8	7	1	1	3
14377	충남 서산시	통일기반조성및통일무지개운동사업	30,000	1	1	7	8	7	1	1	1
14378	충남 서산시	마을기업육성사업	30,000	1	2	7	1	6	4	1	1
14379	충남 서산시	읍면동풍물단강습지원	30,000	1	4	7	8	7	5	5	4
14380	충남 서산시	부석사금동불상환수활동지원	30,000	1	6	7	8	7	1	1	4
14381	충남 서산시	충남기독교유적학술세미나	30,000	1	6	7	8	7	1	1	4
14382	충남 서산시	지역공판장출하농가물류비지원	30,000	1	4	4	7	7	1	1	1
14383	충남 서산시	우수농특산물판매기획전참가지원	30,000	1	4	4	7	7	1	1	1
14384	충남 서산시	고능력젖소정액지원사업	30,000	1	1,4	7	8	7	5	5	4
14385	충남 서산시	지역사회보장협의체운영활성화	28,380	1	4	7	8	7	1	1	1
14386	충남 서산시	양봉농가경영안정지원	28,200	1	1,4	7	8	7	5	5	4
14387	충남 서산시	자유민주주의역량강화	25,000	1	1	7	8	7	1	1	1
14388	충남 서산시	재활용활성화지원	25,000	1	4	7	8	7	1	1	1
14389	충남 서산시	주민체감형생활문화비지원사업	25,000	1	4	7	8	7	5	5	4
14390	충남 서산시	도민생활체육대회출전지원(어르신)	25,000	1	1,4	7	8	7	1	1	3
14391	충남 서산시	서산시장애인체육대회개최	25,000	1	1,4	7	8	7	1	1	3
14392	충남 서산시	지역사회보장협의체사업비	24,725	1	4	7	8	7	1	1	1
14393	충남 서산시	찾아가는청년문화예술활동지원사업	24,000	1	4	7	8	7	5	5	4
14394	충남 서산시	송아지설사예방제지원	24,000	1	1,4	7	8	7	5	5	4
14395	충남 서산시	공동선별비지원	22,680	1	2	7	8	7	5	5	4
14396	충남 서산시	서산시장배전국동호인배드민턴대회개최지원	22,000	1	1,4	7	8	7	1	1	3
14397	충남 서산시	서산시장배전국동호인테니스대회개최지원	22,000	1	1,4	7	8	7	1	1	3

순번	시군구	지출명 (사업명)	2024년예산 (단위 : 천원 /1년간)	민간이전 분류 (지방자치단체 세출예산 집행기준에 의거) 1. 민간경상사업보조(307-02) 2. 민간단체 법정운영비보조(307-03) 3. 민간행사사업보조(307-04) 4. 민간위탁금(307-05) 5. 사회복지시설 법정운영비보조(307-10) 6. 민간인위탁교육비(307-12) 7. 공기관등에대한경상적위탁사업비(308-13) 8. 민간자본사업보조,자체재원(402-01) 9. 민간자본사업보조,이전재원(402-02) 10. 민간위탁사업비(402-03) 11. 공기관등에 대한 자본적 위탁사업비(403-02)	민간이전지출 근거 (지방보조금 관리기준 참고) 1. 법률에 규정 2. 국고보조 재원(국가지정) 3. 용도 지정 기부금 4. 조례에 직접규정 5. 지자체가 권장하는 사업을 하는 공공기관 6. 시,도 정책 및 재정사정 7. 기타 8. 해당없음	입찰방식 계약체결방법 (경쟁형태) 1. 일반경쟁 2. 제한경쟁 3. 지명경쟁 4. 수의계약 5. 법정위탁 6. 기타 ( ) 7. 없음	입찰방식 계약기간 1. 1년 2. 2년 3. 3년 4. 4년 5. 5년 6. 기타 ( )년 7. 단기계약 (1년미만) 8. 없음	입찰방식 낙찰자선정방법 1. 적격심사 2. 협상에의한계약 3. 최저가낙찰제 4. 규격가격분리 5. 2단계 경쟁입찰 6. 기타 ( ) 7. 없음	운영예산 산정 운영예산 산정 1. 내부산정 (지자체 자체적으로 산정) 2. 외부산정 (외부전문기관위탁 산정) 3. 내·외부 모두 산정 4. 산정 無 5. 없음	운영예산 산정 정산방법 1. 내부정산 (지자체 내부적으로 정산) 2. 외부정산 (외부전문기관위탁 정산) 3. 내·외부 모두 산정 4. 정산 無 5. 없음	성과평가 실시여부 1. 실시 2. 미실시 3. 향후 추진 4. 해당없음
14398	충남 서산시	유소년승마단운영비지원	22,000	1	1,2,4	7	8	7	5	5	4
14399	충남 서산시	젖소고온면역증강제지원	21,000	1	1,4	7	8	7	5	5	4
14400	충남 서산시	서산대산항국제여객항로취항을위한국내외투자설명회	20,000	1	4	7	8	7	5	5	4
14401	충남 서산시	성교육자원활동가양성지원사업	20,000	1	6	1	1	1	1	1	3
14402	충남 서산시	청소년육성보호행사활동등지원	20,000	1	4	7	8	7	5	1	1
14403	충남 서산시	도지사기생활체육대회개최지원	20,000	1	1,4	7	8	7	1	1	3
14404	충남 서산시	서산시장배전국장애인탁구대회개최	20,000	1	1,4	7	8	7	1	1	3
14405	충남 서산시	충남오감통합구매(포장재)지원	20,000	1	6	1	7	1	1	1	1
14406	충남 서산시	로컬푸드포장재지원	20,000	1	4	4	7	7	1	1	1
14407	충남 서산시	양계농가생산성향상지원사업	20,000	1	1,4	7	8	7	5	5	4
14408	충남 서산시	젖소고품질유질개선제지원사업	20,000	1	1,4	7	8	7	5	5	4
14409	충남 서산시	젖소위생원유생산지원	20,000	1	1,4	7	8	7	5	5	4
14410	충남 서산시	수출농산물포장재지원	18,000	1	6	4	7	7	1	1	1
14411	충남 서산시	양돈생산능력우수정액지원	18,000	1	1,4	7	8	7	5	5	4
14412	충남 서산시	한우번식효율증진지원사업	18,000	1	4	7	8	7	5	5	4
14413	충남 서산시	사슴농가인공수정비지원	17,500	1	1,4	7	8	7	5	5	4
14414	충남 서산시	기능성블럭지원	16,960	1	1,4	7	8	7	5	5	4
14415	충남 서산시	생산단계haccp컨설팅	16,800	1	4	7	8	7	5	5	4
14416	충남 서산시	수확및운송작업단운영	16,000	1	6	4	7	7	1	1	1
14417	충남 서산시	승용마조련강화지원	16,000	1	1,2,4	7	8	7	5	5	4
14418	충남 서산시	가금농가생산성향상지원	16,000	1	1,4	7	8	7	5	5	4
14419	충남 서산시	국산젖소보증씨수소정액지원	16,000	1	1,4	7	8	7	5	5	4
14420	충남 서산시	친환경임산물재배관리	15,660	1	1,2	7	8	7	5	5	4
14421	충남 서산시	고독사위험군지원	15,000	1	6	7	8	7	1	1	3
14422	충남 서산시	3.1절역전마라톤대회출전지원	15,000	1	1,4	7	8	7	1	1	3
14423	충남 서산시	뜸부기쌀포장재제작지원	15,000	1	4	4	7	7	1	1	1
14424	충남 서산시	농산물수출선도조직육성	15,000	1	6	4	7	7	1	1	1
14425	충남 서산시	양돈농가액상미네랄지원	15,000	1	1,4	7	8	7	5	5	4
14426	충남 서산시	자율방범대컨테이너지원	14,000	1	4,6	7	8	7	1	1	1
14427	충남 서산시	노인일자리고용장려금지원	13,333	1	7	7	8	7	1	5	4
14428	충남 서산시	젖소유질개선제지원	12,500	1	1,4	7	8	7	5	5	4
14429	충남 서산시	송아지면역강화제지원	12,210	1	1,4	7	8	7	5	5	4
14430	충남 서산시	각종행사지원및질서유지활동	12,000	1	1	7	8	7	1	1	1
14431	충남 서산시	저소득보훈가족밑반찬지원사업	10,525	1	6	7	8	7	1	1	3
14432	충남 서산시	사회적경제청년정착(liveinCN)지원사업	10,288	1	2	7	1	6	4	1	1
14433	충남 서산시	젖소유전체분석	10,080	1	1,4	7	8	7	5	5	4
14434	충남 서산시	서산대산항선사,화주초청워크숍개최	10,000	1	4	7	8	7	5	5	4
14435	충남 서산시	사회적경제기업홍보물제작비지원	10,000	1	4	7	1	6	1	1	1
14436	충남 서산시	사회복지사역량강화사업	10,000	1	1	7	8	7	1	1	3
14437	충남 서산시	사립박물관및미술관운영지원	10,000	1	4	7	8	7	5	5	4

순번	시군구	지출명 (사업명)	2024년예산 (단위 : 천원 /1년간)	민간이전 분류 (지방자치단체 세출예산 집행기준에 의거) 1. 민간경상사업보조(307-02) 2. 민간단체 법정운영비보조(307-03) 3. 민간행사사업보조(307-04) 4. 민간위탁금(307-05) 5. 사회복지시설 법정운영비보조(307-10) 6. 민간인위탁교육비(307-12) 7. 공기관등에대한경상적위탁사업비(308-13) 8. 민간자본사업보조,자체재원(402-01) 9. 민간자본사업보조,이전재원(402-02) 10. 민간위탁사업비(402-03) 11. 공기관등에 대한 자본적 위탁사업비(403-02)	민간이전지출 근거 (지방보조금 관리기준 참고) 1. 법률에 규정 2. 국고보조 재원(국가지정) 3. 용도 지정 기부금 4. 조례에 직접규정 5. 지자체가 권장하는 사업을 하는 공공기관 6. 시,도 정책 및 재정사정 7. 기타 8. 해당없음	입찰방식: 계약체결방법 (경쟁형태) 1. 일반경쟁 2. 제한경쟁 3. 지명경쟁 4. 수의계약 5. 법정위탁 6. 기타 ( ) 7. 없음	입찰방식: 계약기간 1. 1년 2. 2년 3. 3년 4. 4년 5. 5년 6. 기타 ( )년 7. 단기계약 (1년미만) 8. 없음	입찰방식: 낙찰자선정방법 1. 적격심사 2. 협상에의한계약 3. 최저가낙찰제 4. 규격가격분리 5. 2단계 경쟁입찰 6. 기타 ( ) 7. 없음	운영예산 산정: 운영예산 산정 1. 내부산정 (지자체 자체적으로 산정) 2. 외부산정 (외부전문기관위탁 산정) 3. 내·외부 모두 산정 4. 산정 無 5. 없음	운영예산 산정: 정산방법 1. 내부정산 (지자체 내부적으로 정산) 2. 외부정산 (외부전문기관위탁 정산) 3. 내·외부 모두 정산 4. 정산 無 5. 없음	성과평가 실시여부 1. 실시 2. 미실시 3. 향후 추진 4. 해당없음
14438	충남 서산시	서산의문화발간	10,000	1	7	7	8	7	1	1	3
14439	충남 서산시	서산6쪽마늘홍보지원	10,000	1	4	4	7	7	1	1	1
14440	충남 서산시	지역친환경농산물생산체계구축	10,000	1	6	4	7	7	1	1	1
14441	충남 서산시	호국정신의함양및고취	9,000	1	1	7	8	7	1	1	1
14442	충남 서산시	양돈농가위생매트지원	8,000	1	1,4	7	8	7	5	5	4
14443	충남 서산시	동물복지컨설팅지원	7,000	1	1,4	7	8	7	5	5	4
14444	충남 서산시	전국체전출전지원	6,000	1	1,4	7	8	7	1	1	3
14445	충남 서산시	소년체전출전지원	6,000	1	1,4	7	8	7	1	1	3
14446	충남 서산시	돼지소모성질환지도지원	6,000	1	4	7	8	7	5	5	4
14447	충남 서산시	통일교육활성화	5,000	1	1	7	8	7	1	1	1
14448	충남 서산시	사회복지시설종사자상담센터운영	5,000	1	1	7	8	7	1	1	3
14449	충남 서산시	서산시저소득보호관찰대상자사회정착지원	5,000	1	4	7	8	7	1	1	3
14450	충남 서산시	가축개량기자재지원	4,200	1	1,4	7	8	7	5	5	4
14451	충남 서산시	사회적경제기업협의회운영지원	4,000	1	4	7	1	7	1	1	1
14452	충남 서산시	농산물꾸러미판매지원	4,000	1	4	4	7	7	1	1	1
14453	충남 서산시	학부모건강먹거리지킴이단운영	4,000	1	6	4	7	7	1	1	1
14454	충남 서산시	사슴생산성향상제지원사업	4,000	1	1,4	7	8	7	5	5	4
14455	충남 서산시	가금농가방역환경개선지원	4,000	1	4	7	8	7	5	5	4
14456	충남 서산시	농촌체험휴양마을보험가입지원	3,685	1	2	4	7	7	1	1	1
14457	충남 서산시	서산대산항경쟁력향상민관기업협의체운영	3,000	1	4	7	8	7	5	5	4
14458	충남 서산시	축산농가경진대회행사견학참가지원	3,000	1	1,4	7	8	7	5	5	4
14459	충남 서산시	생활체육지도자운동용품지원	2,850	1	1,4	7	8	7	1	1	3
14460	충남 서산시	양봉농가우수여왕벌보급지원	2,400	1	1,2,4	7	8	7	5	5	4
14461	충남 서산시	염소농가생산성향상제지원	2,250	1	1,4	7	8	7	5	5	4
14462	충남 서산시	농촌체험마을홍보행사지원	2,000	1	6	4	7	7	1	1	1
14463	충남 서산시	산양삼생산과정확인제도	1,524	1	1,2	7	8	7	5	5	4
14464	충남 서산시	염소농가미네랄블럭지원	1,400	1	1,4	7	8	7	5	5	4
14465	충남 서산시	농촌체험휴양마을역량강화	1,248	1	2	4	7	7	1	1	1
14466	충남 서산시	의료관련감염병표본감시체계운영	1,070	1	2	4	1	2	1	1	1
14467	충남 서산시	농어촌체험휴양마을민박서비스안전교육	864	1	2	4	7	7	1	1	1
14468	충남 서산시	곤충농가육성지원	625	1	1,4	7	8	7	5	5	4
14469	충남 논산시	학교급식지원센터운영활성화지원	730,000	1	1	7	8	7	5	1	1
14470	충남 논산시	충남오감유통활성화자금조성지원	585,300	1	1	7	8	7	5	1	1
14471	충남 논산시	공동출하확대지원(공동선별비)	507,060	1	2	7	8	7	5	1	1
14472	충남 논산시	오계혈통보존사업	470,000	1	2	7	8	7	5	5	4
14473	충남 논산시	충남오감통합구매지원	268,000	1	1	7	8	7	5	1	1
14474	충남 논산시	농특산물홍보판촉및시장개척	266,500	1	4	7	8	7	5	1	1
14475	충남 논산시	농산물수출전문조직육성지원	250,000	1	4	7	8	7	5	1	1
14476	충남 논산시	농식품해외홍보판촉	240,000	1	4	7	8	7	5	1	1
14477	충남 논산시	공선출하생산자조직육성	236,800	1	1	7	8	7	5	1	1

순번	시군구	지출명 (사업명)	2024년예산 (단위 : 천원 /1년간)	민간이전 분류 (지방자치단체 세출예산 집행기준에 의거) 1. 민간경상사업보조(307-02) 2. 민간단체 법정운영비보조(307-03) 3. 민간행사사업보조(307-04) 4. 민간위탁금(307-05) 5. 사회복지시설 법정운영비보조(307-10) 6. 민간인위탁교육비(307-12) 7. 공기관등에대한경상적위탁사업비(308-13) 8. 민간자본사업보조,자체재원(402-01) 9. 민간자본사업보조,이전재원(402-02) 10. 민간위탁사업비(402-03) 11. 공기관등에 대한 자본적 위탁사업비(403-02)	민간이전지출 근거 (지방보조금 관리기준 참고) 1. 법률에 규정 2. 국고보조 재원(국가지정) 3. 용도 지정 기부금 4. 조례에 직접규정 5. 지자체가 권장하는 사업을 하는 공공기관 6. 시,도 정책 및 재정사정 7. 기타 8. 해당없음	입찰방식 계약체결방법 (경쟁형태) 1. 일반경쟁 2. 제한경쟁 3. 지명경쟁 4. 수의계약 5. 법정위탁 6. 기타 ( ) 7. 없음	입찰방식 계약기간 1. 1년 2. 2년 3. 3년 4. 4년 5. 5년 6. 기타 ( )년 7. 단기계약 (1년미만) 8. 없음	입찰방식 낙찰자선정방법 1. 적격심사 2. 협상에의한계약 3. 최저가낙찰제 4. 규격가격분리 5. 2단계 경쟁입찰 6. 기타 ( ) 7. 없음	운영예산 산정 운영예산 산정 1. 내부산정 (지자체 자체적으로 산정) 2. 외부산정 (외부전문기관위탁 산정) 3. 내·외부 모두 산정 4. 산정 無 5. 없음	운영예산 산정 정산방법 1. 내부정산 (지자체 내부적으로 정산) 2. 외부정산 (외부전문기관위탁 정산) 3. 내·외부 모두 산정 4. 정산 無 5. 없음	성과평가 실시여부 1. 실시 2. 미실시 3. 향후 추진 4. 해당없음
14478	충남 논산시	연산고정리명문가의품격	200,000	1	2	7	8	7	5	5	4
14479	충남 논산시	돈암서원예힐링캠프	200,000	1	2	7	8	7	5	5	4
14480	충남 논산시	학교급식친환경쌀차액보전	200,000	1	1	7	8	7	5	1	1
14481	충남 논산시	어린이집식재료현물(차액)지원	199,599	1	1	7	8	7	5	1	1
14482	충남 논산시	충청도선비,그들의생활을엿보다	197,500	1	2	7	8	7	5	5	4
14483	충남 논산시	수출농산물포장재지원	195,000	1	4	7	8	7	5	1	1
14484	충남 논산시	농산물수출선도조직육성	180,000	1	4	7	8	7	5	1	1
14485	충남 논산시	공동브랜드포장재제작지원	150,000	1	4	7	8	7	5	1	1
14486	충남 논산시	아시아한상논산대회개최	150,000	1	4	7	8	7	5	1	1
14487	충남 논산시	논산딸기품질및저장성향상지원	150,000	1	4	7	8	7	5	1	1
14488	충남 논산시	해외시장유통기반구축	150,000	1	4	7	8	7	5	1	1
14489	충남 논산시	마을교육공동체및행복마을학교지원	145,000	1	4	7	8	7	1	1	1
14490	충남 논산시	농산물비관세장병해소지원	135,000	1	4	7	8	7	5	1	1
14491	충남 논산시	예와충을찾아떠나는역사기행	130,000	1	2	7	8	7	5	5	4
14492	충남 논산시	통합마케팅조직육성지원	128,000	1	1	7	8	7	5	1	1
14493	충남 논산시	자살예방멘토링사업	125,550	1	6	7	8	7	1	1	1
14494	충남 논산시	로컬푸드농산물포장재지원	124,000	1	1	7	8	7	5	1	1
14495	충남 논산시	쌍계마바시	107,500	1	2	7	8	7	5	5	4
14496	충남 논산시	지방문화원활성화및향토문화발굴육성사업	100,000	1	7	7	8	7	1	1	1
14497	충남 논산시	논산딸기품질관리이행평가우수조직지원	100,000	1	4	7	8	7	5	1	1
14498	충남 논산시	지역농산물과함께하는건강급식데이운영	100,000	1	1	7	8	7	5	1	1
14499	충남 논산시	농식품수출판로개척지원	100,000	1	4	7	8	7	5	1	1
14500	충남 논산시	농식품수출활성화지원	100,000	1	4	7	8	7	5	1	1
14501	충남 논산시	논산시마을교육공동체활성화사업	90,000	1	4	7	8	7	1	1	1
14502	충남 논산시	해외농식품박람회참가지원	90,000	1	4	7	8	7	5	1	1
14503	충남 논산시	시군립요양병원공공사업운영지원	90,000	1	2	6	1	1	5	1	1
14504	충남 논산시	소상공인경영환경개선사업	80,000	1	6	7	8	7	1	1	4
14505	충남 논산시	세계문화유산사계인문학대축제	80,000	1	4	7	8	7	5	5	4
14506	충남 논산시	학교급식지역산식재료(GAP등)차액보전	80,000	1	1	7	8	7	5	1	1
14507	충남 논산시	옛강경포구의영광을재현하다	70,000	1	2	7	8	7	5	5	4
14508	충남 논산시	농촌유학지원	70,000	1	1	7	8	7	5	1	1
14509	충남 논산시	로컬푸드참여농가안정적출하기반조성	60,000	1	1	7	8	7	5	1	1
14510	충남 논산시	농촌체험휴양마을사무장지원	58,290	1	1	7	8	7	5	1	1
14511	충남 논산시	논산영상문화센터프로그램지원	50,000	1	7	7	8	7	1	1	1
14512	충남 논산시	삼대가함께하는종학당삼도락	50,000	1	2	7	8	7	5	5	4
14513	충남 논산시	연산백중놀이보존지원	50,000	1	4	7	8	7	5	5	4
14514	충남 논산시	농촌폐기물수거인력및장비지원사업	50,000	1	6	7	8	7	5	5	4
14515	충남 논산시	국내유통사판로확대지원	50,000	1	4	7	8	7	5	1	1
14516	충남 논산시	지역농특산물TV홈쇼핑지원(자체사업)	50,000	1	1	7	8	7	5	1	1
14517	충남 논산시	농식품홍보판촉지원	50,000	1	4	7	8	7	5	1	1

순번	시군구	지출명 (사업명)	2024년예산 (단위 : 천원 /1년간)	민간이전 분류 (지방자치단체 세출예산 집행기준에 의거) 1. 민간경상사업보조(307-02) 2. 민간단체 법정운영비보조(307-03) 3. 민간행사사업보조(307-04) 4. 민간위탁금(307-05) 5. 사회복지시설 법정운영비보조(307-10) 6. 민간인위탁교육비(307-12) 7. 공기관등에대한경상적위탁사업비(308-13) 8. 민간자본사업보조,자체재원(402-01) 9. 민간자본사업보조,이전재원(402-02) 10. 민간위탁사업비(402-03) 11. 공기관등에 대한 자본적 위탁사업비(403-02)	민간이전지출 근거 (지방보조금 관리기준 참고) 1. 법률에 규정 2. 국고보조 재원(국가지정) 3. 용도 지정 기부금 4. 조례에 직접규정 5. 지자체가 권장하는 사업을 하는 공공기관 6. 시,도 정책 및 재정사정 7. 기타 8. 해당없음	입찰방식 계약체결방법 (경쟁형태) 1. 일반경쟁 2. 제한경쟁 3. 지명경쟁 4. 수의계약 5. 법정위탁 6. 기타 ( ) 7. 없음	입찰방식 계약기간 1. 1년 2. 2년 3. 3년 4. 4년 5. 5년 6. 기타 ( )년 7. 단기계약 (1년미만) 8. 없음	입찰방식 낙찰자선정방법 1. 적격심사 2. 협상에의한계약 3. 최저가낙찰제 4. 규격가격분리 5. 2단계 경쟁입찰 6. 기타 ( ) 7. 없음	운영예산 산정 운영예산 산정 1. 내부산정 (지자체 자체적으로 산정) 2. 외부산정 (외부전문기관위탁 산정) 3. 내·외부 모두 산정 4. 산정 無 5. 없음	운영예산 산정 정산방법 1. 내부정산 (지자체 내부적으로 정산) 2. 외부정산 (외부전문기관위탁 정산) 3. 내·외부 모두 산정 4. 정산 無 5. 없음	성과평가 실시여부 1. 실시 2. 미실시 3. 향후 추진 4. 해당없음
14518	충남 논산시	농식품수출전문단지육성	50,000	1	4	7	8	7	5	1	1
14519	충남 논산시	찾아가는양조장지원	48,000	1	1	7	8	7	5	1	1
14520	충남 논산시	충남학프로그램운영사업	46,700	1	4	7	8	7	1	1	1
14521	충남 논산시	논산문화원지역문화육성사업	46,000	1	7	7	8	7	1	1	1
14522	충남 논산시	(예비)사회적기업일자리창출사업	40,000	1	2	7	8	7	5	1	4
14523	충남 논산시	(예비)사회적기업일자리창출사업	40,000	1	2	7	8	7	5	1	4
14524	충남 논산시	(예비)사회적기업일자리창출사업	40,000	1	2	7	8	7	5	1	4
14525	충남 논산시	(예비)사회적기업일자리창출사업	40,000	1	2	7	8	7	5	1	4
14526	충남 논산시	수확및운송작업단운영	40,000	1	1	7	8	7	5	1	1
14527	충남 논산시	로컬푸드직매장운영활성화지원(자체사업)	40,000	1	1	7	8	7	5	1	1
14528	충남 논산시	광역직거래센터농산물포장재지원	40,000	1	1	7	8	7	5	1	1
14529	충남 논산시	권역별광역투어버스운영지원	38,475	1	1	7	8	7	5	5	4
14530	충남 논산시	국내관광홍보관운영	38,000	1	4	7	8	7	5	5	4
14531	충남 논산시	논산문화발간사업	37,000	1	7	7	8	7	1	1	1
14532	충남 논산시	생활과학교실지원	30,000	1	5	7	8	7	1	1	1
14533	충남 논산시	보육교직원세미나및연찬회	30,000	1	4	7	8	7	1	1	4
14534	충남 논산시	사회적경제기업사업개발비지원사업	30,000	1	2	7	8	7	5	1	4
14535	충남 논산시	문화학교운영	30,000	1	7	7	8	7	1	1	1
14536	충남 논산시	취약계층문화예술교육및창작활동	30,000	1	7	7	8	7	1	1	1
14537	충남 논산시	주민체감형생활문화비지원	25,000	1	7	7	8	7	1	1	1
14538	충남 논산시	마을기업육성	24,000	1	2	7	8	7	5	1	4
14539	충남 논산시	농촌체험형충남특화관광상품개발운영	23,700	1	1	7	8	7	5	5	4
14540	충남 논산시	작은도서관운영지원	21,420	1	1	7	8	7	1	1	1
14541	충남 논산시	템플스테이플러스원투어	20,000	1	4	7	8	7	5	5	4
14542	충남 논산시	지역수산물학교급식식재료공급활성화	20,000	1	1	7	8	7	5	1	1
14543	충남 논산시	근현대구술채록사업	18,000	1	7	7	8	7	1	1	1
14544	충남 논산시	평생교육특성화프로그램운영지원사업	16,500	1	4	7	8	7	1	1	1
14545	충남 논산시	양지서당프로그램운영	15,000	1	7	7	8	7	1	1	1
14546	충남 논산시	백제문화체험운영	15,000	1	4	7	8	7	5	5	4
14547	충남 논산시	논산딸기품질관리지원	15,000	1	4	7	8	7	5	1	1
14548	충남 논산시	광역직거래센터홍보마케팅지원	15,000	1	1	7	8	7	5	1	1
14549	충남 논산시	농촌관광안내서비스지원	12,000	1	1	7	8	7	5	1	1
14550	충남 논산시	인명구조및수변수중정화사업	11,000	1	4	7	8	7	1	1	1
14551	충남 논산시	문화관광해설사역량강화지원사업	10,000	1	1	7	8	7	5	5	4
14552	충남 논산시	보육교직원한마음대회	9,000	1	4	7	8	7	1	1	4
14553	충남 논산시	논산시지역자율방재단활동지원	8,000	1	4	7	8	7	1	1	4
14554	충남 논산시	농촌체험휴양마을보험가입지원	5,806	1	1	7	8	7	5	1	1
14555	충남 논산시	인명구조및물놀이안전지도사업	5,000	1	4	7	8	7	1	1	1
14556	충남 논산시	논산예술책자발간	5,000	1	7	7	8	7	1	1	1
14557	충남 논산시	농촌체험휴양마을도농교류행사지원	5,000	1	1	7	8	7	5	1	1

순번	시군구	지출명 (사업명)	2024년예산 (단위 : 천원 /1년간)	민간이전 분류 (지방자치단체 세출예산 집행기준에 의거) 1. 민간경상사업보조(307-02) 2. 민간단체 법정운영비보조(307-03) 3. 민간행사사업보조(307-04) 4. 민간위탁금(307-05) 5. 사회복지시설 법정운영비보조(307-10) 6. 민간인위탁교육비(307-12) 7. 공기관등에대한경상적위탁사업비(308-13) 8. 민간자본사업보조,자체재원(402-01) 9. 민간자본사업보조,이전재원(402-02) 10. 민간위탁사업비(402-03) 11. 공기관등에 대한 자본적 위탁사업비(403-02)	민간이전지출 근거 (지방보조금 관리기준 참고) 1. 법률에 규정 2. 국고보조 재원(국가지정) 3. 용도 지정 기부금 4. 조례에 직접규정 5. 지자체가 권장하는 사업을 하는 공공기관 6. 시,도 정책 및 재정사정 7. 기타 8. 해당없음	입찰방식			운영예산 산정		성과평가 실시여부
						계약체결방법 (경쟁형태) 1. 일반경쟁 2. 제한경쟁 3. 지명경쟁 4. 수의계약 5. 법정위탁 6. 기타 ( ) 7. 없음	계약기간 1. 1년 2. 2년 3. 3년 4. 4년 5. 5년 6. 기타 ( )년 7. 단기계약 (1년미만) 8. 없음	낙찰자선정방법 1. 적격심사 2. 협상에의한계약 3. 최저가낙찰제 4. 규격가격분리 5. 2단계 경쟁입찰 6. 기타 ( ) 7. 없음	운영예산 산정 1. 내부산정 (지자체 자체적으로 산정) 2. 외부산정 (외부전문기관위탁 산정) 3. 내·외부 모두 산정 4. 산정 無 5. 없음	정산방법 1. 내부정산 (지자체 내부적으로 정산) 2. 외부정산 (외부전문기관위탁 정산) 3. 내·외부 모두 산정 4. 정산 無 5. 없음	1. 실시 2. 미실시 3. 향후 추진 4. 해당없음
14558	충남 논산시	농촌체험휴양마을홍보행사지원	4,600	1	1	7	8	7	5	1	1
14559	충남 논산시	안전점검활동및상담	3,000	1	4	7	8	7	1	1	1
14560	충남 논산시	연산오유공위령제	2,857	1	2	7	8	7	5	5	4
14561	충남 논산시	사회적경제청년정착지원사업(계속)	2,500	1	2	7	1	7	5	1	4
14562	충남 논산시	농촌체험휴양마을역량강화	2,297	1	1	7	8	7	5	1	1
14563	충남 논산시	물가안정및소비자보호다짐대회	1,350	1	4	7	8	7	1	1	4
14564	충남 계룡시	소상공인지원사업	360,000	1	6	7	8	7	1	1	4
14565	충남 계룡시	학교체육육성	271,114	1	6	7	8	7	1	1	1
14566	충남 계룡시	도민체전참가선수강화훈련비	224,200	1	6	7	8	7	1	1	1
14567	충남 계룡시	계룡체력인증센터운영	218,687	1	1	7	8	7	2	3	2
14568	충남 계룡시	생활체육지도자배치	213,696	1	2	7	8	7	2	3	2
14569	충남 계룡시	충청남도체육대회참가	200,930	1	6	7	8	7	1	1	1
14570	충남 계룡시	통합문화체육관광이용권	167,700	1	2	7	8	7	1	1	1
14571	충남 계룡시	장애인생활체육지도자배치	152,640	1	1	7	8	7	2	3	2
14572	충남 계룡시	충남장애인체육대회참가	144,740	1	6	7	8	7	1	1	1
14573	충남 계룡시	생활체육지도자배치	93,184	1	2	7	8	7	2	3	2
14574	충남 계룡시	우수선수발굴및성적포상금	82,000	1	6	7	8	7	1	1	1
14575	충남 계룡시	소상공인경영환경개선지원사업	80,000	1	6	7	8	7	1	1	4
14576	충남 계룡시	생활체육지도자처우개선비	79,430	1	1	7	8	7	1	1	1
14577	충남 계룡시	공동주택지원사업(보안등전기요금지원)	50,000	1	4	7	8	7	1	1	1
14578	충남 계룡시	지역주도형청년일자리사업	49,576	1	2	7	8	7	1	1	4
14579	충남 계룡시	생활체육교실운영	42,800	1	6	7	8	7	1	1	1
14580	충남 계룡시	체육단체사무국장활동비지원	42,000	1	6	7	8	7	1	1	1
14581	충남 계룡시	장애인생활체육지도자처우개선비	41,290	1	1	7	8	7	1	1	1
14582	충남 계룡시	생활체육프로그램운영	38,510	1	6	7	8	7	1	1	1
14583	충남 계룡시	새마을운동계룡시지회기능보강사업	35,000	1	1,4	7	8	7	1	1	1
14584	충남 계룡시	생활체육종목별대회참가지원	31,050	1	6	7	8	7	1	1	1
14585	충남 계룡시	범죄피해자지원센터운영	30,000	1	1	7	8	7	1	1	1
14586	충남 계룡시	딸기병해충종합관리시범	30,000	1	1	7	8	7	1	1	3
14587	충남 계룡시	충남주민자치회시범사업(후속)	26,000	1	1,6	7	8	7	5	5	4
14588	충남 계룡시	생활체육지도자처우개선비(자체)	24,242	1	1	7	8	7	1	1	1
14589	충남 계룡시	도시농업R&D기술적용운영시범	24,000	1	1	7	8	7	3	3	1
14590	충남 계룡시	노인자살예방멘토링사업	23,250	1	1	6	1	6	5	5	4
14591	충남 계룡시	충남어르신생활체육대회참가	22,584	1	6	7	8	7	1	1	1
14592	충남 계룡시	계룡군문화축제전국사진촬영대회	20,000	1	6	7	8	7	1	1	1
14593	충남 계룡시	계룡시치안협의회운영	19,800	1	4	7	8	7	1	1	3
14594	충남 계룡시	민주평화통일자문회의계룡시협의회사업지원	18,000	1	1	7	8	7	1	1	3
14595	충남 계룡시	근현대구술채록사업	18,000	1	6	7	8	7	1	1	1
14596	충남 계룡시	시장상점가활성화사업(국가직접지원사업포함)	18,000	1	2	7	8	7	1	1	4
14597	충남 계룡시	장애인생활체육지도자처우개선비(자체)	16,902	1	1	7	8	7	1	1	1

순번	시군구	지출명 (사업명)	2024년예산 (단위 : 천원 /1년간)	민간이전 분류 (지방자치단체 세출예산 집행기준에 의거) 1. 민간경상사업보조(307-02) 2. 민간단체 법정운영비보조(307-03) 3. 민간행사사업보조(307-04) 4. 민간위탁금(307-05) 5. 사회복지시설 법정운영비보조(307-10) 6. 민간인위탁교육비(307-12) 7. 공기관등에대한경상적위탁사업비(308-13) 8. 민간자본사업보조,자체재원(402-01) 9. 민간자본사업보조,이전재원(402-02) 10. 민간위탁사업비(402-03) 11. 공기관등에 대한 자본적 위탁사업비(403-02)	민간이전지출 근거 (지방보조금 관리기준 참고) 1. 법률에 규정 2. 국고보조 재원(국가지정) 3. 용도 지정 기부금 4. 조례에 직접규정 5. 지자체가 권장하는 사업을 하는 공공기관 6. 시,도 정책 및 재정사정 7. 기타 8. 해당없음	입찰방식: 계약체결방법 (경쟁형태) 1. 일반경쟁 2. 제한경쟁 3. 지명경쟁 4. 수의계약 5. 법정위탁 6. 기타 ( ) 7. 없음	입찰방식: 계약기간 1. 1년 2. 2년 3. 3년 4. 4년 5. 5년 6. 기타 ( )년 7. 단기계약 (1년미만) 8. 없음	입찰방식: 낙찰자선정방법 1. 적격심사 2. 협상에의한계약 3. 최저가낙찰제 4. 규격가격분리 5. 2단계 경쟁입찰 6. 기타 ( ) 7. 없음	운영예산 산정: 운영예산 산정 1. 내부산정 (지자체 자체적으로 산정) 2. 외부산정 (외부전문기관위탁 산정) 3. 내·외부 모두 산정 4. 산정 無 5. 없음	운영예산 산정: 정산방법 1. 내부정산 (지자체 내부적으로 정산) 2. 외부정산 (외부전문기관위탁 정산) 3. 내·외부 모두 산정 4. 정산 無 5. 없음	성과평가 실시여부 1. 실시 2. 미실시 3. 향후 추진 4. 해당없음
14598	충남 계룡시	농업인의날행사	14,250	1	1	7	8	7	1	1	3
14599	충남 계룡시	전국및도단위장애인체육대회참가지원	13,530	1	6	7	8	7	1	1	1
14600	충남 계룡시	양성평등및여성대회행사추진	12,000	1	7	7	8	7	5	1	3
14601	충남 계룡시	장애인목욕나들이	11,000	1	5	5	8	7	1	1	3
14602	충남 계룡시	읍면동마을공동체지원사업	10,000	1	6	7	8	7	1	1	1
14603	충남 계룡시	엄마손맛미역국배달서비스	10,000	1	1,4	7	8	7	1	1	1
14604	충남 계룡시	이동장산업시찰	10,000	1	4	7	8	7	1	1	3
14605	충남 계룡시	벼우량품종종자생산자율교환시범사업	10,000	1	1	7	8	7	1	1	3
14606	충남 계룡시	농업인학습단체대회참여및활동지원	10,000	1	1	7	8	7	5	5	4
14607	충남 계룡시	농촌지도자회저탄소농업실천시범	10,000	1	1	7	8	7	1	1	3
14608	충남 계룡시	사계김장생문학상현상공모	9,000	1	6	7	8	7	1	1	1
14609	충남 계룡시	중소기업국내개별전시박람회참가지원	9,000	1	4	7	8	7	1	1	1
14610	충남 계룡시	대한노인회지회사업지원(자체)	9,000	1	4	7	8	7	1	1	1
14611	충남 계룡시	체육단체활성화시설사용료지원	8,208	1	6	7	8	7	1	1	1
14612	충남 계룡시	평생학습동아리활성화지원	8,000	1	7	7	8	7	5	1	1
14613	충남 계룡시	품목농업인연구회마케팅경영전략화시범	8,000	1	1	7	8	7	1	1	3
14614	충남 계룡시	계룡문화예술종합진발간	7,000	1	6	7	8	7	1	1	1
14615	충남 계룡시	충청남도의용소방대한마음경연대회참가	6,750	1	1,4	7	8	7	1	1	1
14616	충남 계룡시	평화통일안보행사전적지순례재향군인의날행사	6,115	1	1,4	7	8	7	1	1	1
14617	충남 계룡시	여성지도자리더십향상지원	6,000	1	7	7	8	7	5	1	3
14618	충남 계룡시	생활개선회5대과제실천역량강화	6,000	1	1	7	8	7	1	1	3
14619	충남 계룡시	생활개선회취약계층맞춤형후원결연	6,000	1	1	7	8	7	1	1	3
14620	충남 계룡시	품목농업인연구회특성화사업	5,600	1	1	7	8	7	1	1	3
14621	충남 계룡시	생활개선회과제연찬지원	5,500	1	1	7	8	7	1	1	3
14622	충남 계룡시	장애인생활체육교실운영	5,280	1	6	7	8	7	1	1	1
14623	충남 계룡시	김장담가주기지원	5,000	1	1,4	7	8	7	1	1	1
14624	충남 계룡시	계룡시우수공예품제조업체지원	5,000	1	4	7	8	7	1	1	1
14625	충남 계룡시	농업인학습단체우수농업인육성국외역량강화	5,000	1	1	7	8	7	5	5	4
14626	충남 계룡시	농산물소비촉진체험장운영	5,000	1	1	7	8	7	1	1	3
14627	충남 계룡시	계룡미술작품공모대회	4,780	1	6	7	8	7	1	1	1
14628	충남 계룡시	녹색생활공동체사업	4,500	1	1,4	7	8	7	1	1	1
14629	충남 계룡시	계룡시청소년문학상	4,000	1	6	7	8	7	1	1	1
14630	충남 계룡시	지역간어르신문화교류체험	4,000	1	8	7	8	7	5	5	4
14631	충남 계룡시	여성사회교육프로그램운영	4,000	1	7	7	8	7	5	1	3
14632	충남 계룡시	경로당지도자선진지견학	3,690	1	4	7	8	7	1	1	1
14633	충남 계룡시	도지사배민속대제전참가	3,500	1	6	7	8	7	1	1	1
14634	충남 계룡시	평생학습동아리활동사례집제작	3,500	1	7	4	7	7	1	1	1
14635	충남 계룡시	충남형씨감자현장실증재배시범	3,500	1	1	7	8	7	5	5	4
14636	충남 계룡시	계룡시엄사예술단육성지원	3,200	1	6	7	8	7	1	1	1
14637	충남 계룡시	도의사회교육사업	3,016	1	1,4	7	8	7	1	1	1

순번	시군구	지출명 (사업명)	2024년예산 (단위 : 천원 /1년간)	민간이전 분류 (지방자치단체 세출예산 집행기준에 의거) 1. 민간경상사업보조(307-02) 2. 민간단체 법정운영비보조(307-03) 3. 민간행사사업보조(307-04) 4. 민간위탁금(307-05) 5. 사회복지시설 법정운영비보조(307-10) 6. 민간인위탁교육비(307-12) 7. 공기관등에대한경상적위탁사업비(308-13) 8. 민간자본사업보조,자체재원(402-01) 9. 민간자본사업보조,이전재원(402-02) 10. 민간위탁사업비(402-03) 11. 공기관등에 대한 자본적 위탁사업비(403-02)	민간이전지출 근거 (지방보조금 관리기준 참고) 1. 법률에 규정 2. 국고보조 재원(국가지정) 3. 용도 지정 기부금 4. 조례에 직접규정 5. 지자체가 권장하는 사업을 하는 공공기관 6. 시,도 정책 및 재정사정 7. 기타 8. 해당없음	입찰방식 계약체결방법 (경쟁형태) 1. 일반경쟁 2. 제한경쟁 3. 지명경쟁 4. 수의계약 5. 법정위탁 6. 기타 ( ) 7. 없음	입찰방식 계약기간 1. 1년 2. 2년 3. 3년 4. 4년 5. 5년 6. 기타 ( )년 7. 단기계약 (1년미만) 8. 없음	입찰방식 낙찰자선정방법 1. 적격심사 2. 협상에의한계약 3. 최저가낙찰제 4. 규격가격분리 5. 2단계 경쟁입찰 6. 기타 ( ) 7. 없음	운영예산 산정 운영예산 산정 1. 내부산정 (지자체 자체적으로 산정) 2. 외부산정 (외부전문기관위탁 산정) 3. 내·외부 모두 산정 4. 산정 無 5. 없음	운영예산 산정 정산방법 1. 내부정산 (지자체 내부적으로 정산) 2. 외부정산 (외부전문기관위탁 정산) 3. 내·외부 모두 산정 4. 정산 無 5. 없음	성과평가 실시여부 1. 실시 2. 미실시 3. 향후 추진 4. 해당없음
14638	충남 계룡시	경로위안행사및목욕봉사지원	3,000	1	1	7	8	7	1	1	3
14639	충남 계룡시	전국국악경연대회참가	3,000	1	6	7	8	7	1	1	1
14640	충남 계룡시	도지사배풍물경연대회참가	3,000	1	6	7	8	7	1	1	1
14641	충남 계룡시	전국합창경연대회참가	3,000	1	6	7	8	7	1	1	1
14642	충남 계룡시	도지사배합창경연대회참가	3,000	1	6	7	8	7	1	1	1
14643	충남 계룡시	초,중,고댄스경연대회	3,000	1	6	7	8	7	1	1	1
14644	충남 계룡시	충남장애인의날기념식참가	2,700	1	5	5	8	7	1	1	3
14645	충남 계룡시	계룡문학동인지발간	2,520	1	6	7	8	7	1	1	1
14646	충남 계룡시	주민총회개최지원(신도안면주민자치회)	2,000	1	1,4	7	8	7	1	1	1
14647	충남 계룡시	무형문화재공개행사지원	2,000	1	6	7	8	7	1	1	1
14648	충남 계룡시	충혼위령제및전우만남의날지원	2,000	1	1	7	8	7	1	1	3
14649	충남 계룡시	장애인합동결혼식참가	2,000	1	5	5	8	7	1	1	3
14650	충남 계룡시	생활체육지도자운동용품지원	1,500	1	6	7	8	7	1	1	1
14651	충남 계룡시	장진호전투영웅추모제지원사업	1,500	1	1	7	8	7	1	1	3
14652	충남 계룡시	북한이탈주민위문품지원	1,000	1	4	7	8	7	1	1	3
14653	충남 계룡시	학교4H프로젝트활동지원	1,000	1	1	7	8	7	1	1	3
14654	충남 계룡시	충남장애인기능경기대회참가	900	1	5	5	8	7	1	1	3
14655	충남 당진시	소아야간응급진료센터운영사업	1,008,000	1	6	7	8	7	1	2	4
14656	충남 당진시	구제역예방백신지원(전업)	870,750	1	1	7	8	7	5	5	4
14657	충남 당진시	한우광역브랜드육성	567,590	1	1	7	8	7	5	5	4
14658	충남 당진시	학생부체육팀지도자배치	472,500	1	1	7	8	7	1	3	1
14659	충남 당진시	취약지역응급의료센터기관운영비지원	440,000	1	2	7	8	7	5	2	4
14660	충남 당진시	돼지써코바이러스백신지원사업	424,876	1	1	7	8	7	5	5	4
14661	충남 당진시	석탄화력발전소민간환경감시기구운영	297,000	1	7	7	8	7	5	5	4
14662	충남 당진시	2024충청남도체육대회참가지원	270,000	1	1	7	8	7	1	3	1
14663	충남 당진시	축분수분조절제지원(가축분뇨처리개선)	252,100	1	6	7	8	7	5	5	4
14664	충남 당진시	산학융합지구조성사업지원(국가직접지원)	250,000	1	1	7	8	7	1	1	1
14665	충남 당진시	축산악취저감제(축산악취저감제지원)	240,000	1	6	7	8	7	5	5	4
14666	충남 당진시	당찬진미재배단지확대조성시범	240,000	1	7	7	8	7	5	5	4
14667	충남 당진시	사료작물곤포사일리지지원	225,000	1	1	7	8	7	5	5	4
14668	충남 당진시	축분처리용수분조절제지원	200,000	1	4	7	8	7	5	5	4
14669	충남 당진시	우수종돈농가보급지원	200,000	1	2	7	8	7	5	5	4
14670	충남 당진시	농작물병해충방제비지원(식량작물)	167,000	1	2	7	8	7	5	5	4
14671	충남 당진시	지속가능발전협의회운영비	152,224	1	4	7	8	7	1	1	1
14672	충남 당진시	가축분뇨이용촉진	151,800	1	2	7	8	7	5	5	4
14673	충남 당진시	양돈농가악취(탈취)저감제지원	150,000	1	4	7	8	7	5	5	4
14674	충남 당진시	가축분뇨처리활성화지원(가축분뇨처리개선)	150,000	1	6	7	8	7	5	5	4
14675	충남 당진시	가축분뇨환경개선제지원(가축분뇨처리개선)	150,000	1	6	7	8	7	5	5	4
14676	충남 당진시	가축분뇨수거비지원(가축분뇨처리개선)	143,100	1	6	7	8	7	5	5	4
14677	충남 당진시	제3회충남장애인체육대회훈련비지원	142,300	1	1	7	8	7	1	1	1

순번	시군구	지출명 (사업명)	2024년예산 (단위 : 전원 /1년간)	민간이전 분류 (지방자치단체 세출예산 집행기준에 의거) 1. 민간경상사업보조(307-02) 2. 민간단체 법정운영비보조(307-03) 3. 민간행사사업보조(307-04) 4. 민간위탁금(307-05) 5. 사회복지시설 법정운영비보조(307-10) 6. 민간인위탁교육비(307-12) 7. 공기관등에대한경상적위탁사업비(308-13) 8. 민간자본사업보조,자체재원(402-01) 9. 민간자본사업보조,이전재원(402-02) 10. 민간위탁사업비(402-03) 11. 공기관등에 대한 자본적 위탁사업비(403-02)	민간이전지출 근거 (지방보조금 관리기준 참고) 1. 법률에 규정 2. 국고보조 재원(국가지정) 3. 용도 지정 기부금 4. 조례에 직접규정 5. 지자체가 권장하는 사업을 하는 공공기관 6. 시,도 정책 및 재정사정 7. 기타 8. 해당없음	입찰방식 계약체결방법 (경쟁형태) 1. 일반경쟁 2. 제한경쟁 3. 지명경쟁 4. 수의계약 5. 법정위탁 6. 기타 ( ) 7. 없음	입찰방식 계약기간 1. 1년 2. 2년 3. 3년 4. 4년 5. 5년 6. 기타 ( )년 7. 단기계약 (1년미만) 8. 없음	입찰방식 낙찰자선정방법 1. 적격심사 2. 협상에의한계약 3. 최저가낙찰제 4. 규격가격분리 5. 2단계 경쟁입찰 6. 기타 ( ) 7. 없음	운영예산 산정 운영예산 산정 1. 내부산정 (지자체 자체적으로 산정) 2. 외부산정 (외부전문기관위탁 산정) 3. 내·외부 모두 산정 4. 산정 無 5. 없음	운영예산 산정 정산방법 1. 내부정산 (지자체 내부적으로 정산) 2. 외부정산 (외부전문기관위탁 정산) 3. 내·외부 모두 산정 4. 정산 無 5. 없음	성과평가 실시여부 1. 실시 2. 미실시 3. 향후 추진 4. 해당없음
14678	충남 당진시	젖소저지품종수정란보급(낙농안전축산물생산)	138,750	1	1	7	8	7	5	5	4
14679	충남 당진시	전문단지조성용퇴액비지원	136,000	1	1	7	8	7	5	5	4
14680	충남 당진시	농작물병해충방제비지원(괴수특작)	123,000	1	2	7	8	7	5	5	4
14681	충남 당진시	축산물이력관리지원(귀표부착)	115,200	1	2	7	8	7	5	5	4
14682	충남 당진시	돼지개량지원사업	112,500	1	6	7	8	7	5	5	4
14683	충남 당진시	난지도관광객여객운임지원	101,250	1	4	6	1	7	1	1	1
14684	충남 당진시	중소기업지원센터지원	100,000	1	1	7	8	7	1	1	1
14685	충남 당진시	젖소육성우위탁사육관리비지원(낙농안전축산물생산)	100,000	1	1	7	8	7	5	5	4
14686	충남 당진시	지방문화원활성화및향토문화발굴육성	100,000	1	4	4	8	7	1	1	2
14687	충남 당진시	고택종갓집활용사업(필경사)	100,000	1	2	7	8	7	5	5	4
14688	충남 당진시	공동주택공용전기료지원(가로등)	100,000	1	1,4	7	8	7	5	5	4
14689	충남 당진시	고능력젖소개량지원(낙농안전축산물생산)	93,600	1	1	7	8	7	5	5	4
14690	충남 당진시	충청남도체육대회일반부선수육성지원	90,000	1	1	7	8	7	1	3	1
14691	충남 당진시	생생문화재사업(면천읍성)	90,000	1	2	7	8	7	5	5	4
14692	충남 당진시	당진쌀및해나루쌀활성화지원	84,000	1	4	7	8	7	1	1	4
14693	충남 당진시	통합마케팅조직육성	80,000	1	6	7	8	7	1	1	4
14694	충남 당진시	한우암소감축장려금지원	80,000	1	1	7	8	7	5	5	4
14695	충남 당진시	청년어촌정착지원	76,800	1	2	7	8	7	1	1	4
14696	충남 당진시	탄소중립지원센터운영	70,000	1	2	2	4	1	1	1	1
14697	충남 당진시	제13회당진시장기통합체육대회개최	70,000	1	1	7	8	7	1	3	1
14698	충남 당진시	한우등록비지원(한우명품화)	66,000	1	1	7	8	7	5	5	4
14699	충남 당진시	전문단지조성용종자구입지원	63,010	1	1	7	8	7	5	5	4
14700	충남 당진시	조사료생산용종자구입지원	63,000	1	1	7	8	7	5	5	4
14701	충남 당진시	학생승마활성화사업	62,600	1	1	7	8	7	5	5	4
14702	충남 당진시	전통산사문화재활용사업(영탑사)	62,500	1	2	7	7	7	1	1	1
14703	충남 당진시	지역산업맞춤형인력양성사업지원(국가직접지원)	60,000	1	1	7	8	7	1	1	1
14704	충남 당진시	가금농가질병관리	60,000	1	2	7	8	7	5	5	4
14705	충남 당진시	시군구연고산업육성사업(국가직접지원)	59,500	1	2	7	8	7	1	1	1
14706	충남 당진시	지역문화자원발굴사업	58,060	1	4	4	8	7	1	1	2
14707	충남 당진시	공공임대주택공용전기료지원(산업용,가로등)	56,000	1	1,4	7	8	7	5	5	4
14708	충남 당진시	도서민여객선운임지원	53,000	1	2	7	1	7	1	1	1
14709	충남 당진시	가금농가생산성향상지원	51,500	1	1	7	8	7	5	5	4
14710	충남 당진시	기업경영조사및애로지원센터지원	50,000	1	4	7	8	7	1	1	1
14711	충남 당진시	대조도도선유류비지원	50,000	1	4	6	1	7	1	1	1
14712	충남 당진시	총체벼먹은해나루한우브랜드육성지원	50,000	1	1	7	8	7	5	5	4
14713	충남 당진시	한우브랜드품질고급화육성	50,000	1	1	7	8	7	5	5	4
14714	충남 당진시	젖소위생원유생산지원(낙농안전축산물생산)	50,000	1	1	7	8	7	5	5	4
14715	충남 당진시	젖소유질개선제지원(낙농안전축산물생산)	50,000	1	1	7	8	7	5	5	4
14716	충남 당진시	엘리트학생부체육팀등,하계훈련비지원	50,000	1	1	7	8	7	1	3	1
14717	충남 당진시	향교서원활용사업(면천향교)	50,000	1	2	7	7	7	1	1	1

순번	시군구	지출명 (사업명)	2024년예산 (단위 : 천원 /1년간)	민간이전 분류 (지방자치단체 세출예산 집행기준에 의거) 1. 민간경상사업보조(307-02) 2. 민간단체 법정운영비보조(307-03) 3. 민간행사사업보조(307-04) 4. 민간위탁금(307-05) 5. 사회복지시설 법정운영비보조(307-10) 6. 민간인위탁교육비(307-12) 7. 공기관등에대한경상적위탁사업비(308-13) 8. 민간자본사업보조,자체재원(402-01) 9. 민간자본사업보조,이전재원(402-02) 10. 민간위탁사업비(402-03) 11. 공기관등에 대한 자본적 위탁사업비(403-02)	민간이전지출 근거 (지방보조금 관리기준 참고) 1. 법률에 규정 2. 국고보조 재원(국가지정) 3. 용도 지정 기부금 4. 조례에 직접규정 5. 지자체가 권장하는 사업을 하는 공공기관 6. 시,도 정책 및 재정사정 7. 기타 8. 해당없음	입찰방식 계약체결방법 (경쟁형태) 1. 일반경쟁 2. 제한경쟁 3. 지명경쟁 4. 수의계약 5. 법정위탁 6. 기타 ( ) 7. 없음	계약기간 1. 1년 2. 2년 3. 3년 4. 4년 5. 5년 6. 기타 ( )년 7. 단기계약 (1년미만) 8. 없음	낙찰자선정방법 1. 적격심사 2. 협상에의한계약 3. 최저가낙찰제 4. 규격가격분리 5. 2단계 경쟁입찰 6. 기타 ( ) 7. 없음	운영예산 산정 운영예산 산정 1. 내부산정 (지자체 자체적으로 산정) 2. 외부산정 (외부전문기관위탁 산정) 3. 내·외부 모두 산정 4. 산정 無 5. 없음	정산방법 1. 내부정산 (지자체 내부적으로 정산) 2. 외부정산 (외부전문기관위탁 정산) 3. 내·외부 모두 산정 4. 정산 無 5. 없음	성과평가 실시여부 1. 실시 2. 미실시 3. 향후 추진 4. 해당없음
14718	충남 당진시	생활체육프로그램운영	48,000	1	1	7	8	7	1	3	1
14719	충남 당진시	일반부체육팀육성지원	45,000	1	1	7	8	7	1	3	1
14720	충남 당진시	젖소고온면역증강제지원(낙농안전축산물생산)	42,500	1	1	7	8	7	5	5	4
14721	충남 당진시	돼지AI센터육성지원	40,000	1	4	7	8	7	5	5	4
14722	충남 당진시	한우저능력암소조기도태지원	40,000	1	1	7	8	7	5	5	4
14723	충남 당진시	젖소번식우생산성향상지원(낙농안전축산물생산)	40,000	1	1	7	8	7	5	5	4
14724	충남 당진시	엘리트체육지도자배치	37,800	1	1	7	8	7	1	3	1
14725	충남 당진시	공동출하생산자조직육성	36,800	1	5	7	8	7	1	1	4
14726	충남 당진시	양봉농가경영안정지원	36,800	1	1	7	8	7	5	5	4
14727	충남 당진시	농작물병해충공공방제비지원	36,300	1	6	7	8	7	5	5	4
14728	충남 당진시	사료작물종자대구입비지원(양질조사료기반)	35,700	1	1	7	8	7	5	5	4
14729	충남 당진시	(부곡1리)건강검진비지원	35,200	1	7	7	8	7	5	5	4
14730	충남 당진시	2024충청남도체육대회참가훈련경비	35,000	1	1	7	8	7	1	3	1
14731	충남 당진시	젖소우량정액지원	32,000	1	1	7	8	7	5	5	4
14732	충남 당진시	닭진드기공동방제지원	32,000	1	2	7	8	7	5	5	4
14733	충남 당진시	지역지식재산창출지원(국가직접지원)	30,000	1	4	7	8	7	1	1	1
14734	충남 당진시	대소난지도도선유류비지원	30,000	1	4	6	1	7	1	1	1
14735	충남 당진시	해양레저스포츠체험교실운영	30,000	1	1	7	8	7	1	1	4
14736	충남 당진시	한국형젖소보증씨수소정액지원(낙농안전축산물생산)	30,000	1	1	7	8	7	5	5	4
14737	충남 당진시	돼지소모성질환지도지원	30,000	1	2	7	8	7	5	5	4
14738	충남 당진시	2024초,중,고등부배드민턴전국강종대회참가지원	30,000	1	1	7	8	7	1	3	1
14739	충남 당진시	여성친화도시역량강화지원(장날장바구니도우미)	30,000	1	5	7	8	7	1	1	1
14740	충남 당진시	도서지역생활필수품해상운송비지원	28,800	1	1	6	1	7	1	1	1
14741	충남 당진시	젖소사육농가헬퍼지원(축산농가헬퍼지원사업)	28,800	1	1	7	8	7	5	5	4
14742	충남 당진시	노인등도서민여객선운임지원	27,200	1	6	6	1	7	1	1	1
14743	충남 당진시	도단위각종대회개최	25,600	1	1	7	8	7	1	3	1
14744	충남 당진시	주민체감형생활문화비지원	25,000	1	4	7	8	7	1	3	1
14745	충남 당진시	마을조합초기사업지원(1차)	25,000	1	4	4	8	7	1	1	2
14746	충남 당진시	한우유전체분석(SNP)컨설팅지원(한우명품화)	22,000	1	1	7	8	7	5	5	4
14747	충남 당진시	탄소중립생활실천확산지원사업	20,000	1	1	7	8	7	5	5	4
14748	충남 당진시	당진항정책세미나	20,000	1	4	6	1	7	1	1	1
14749	충남 당진시	체육회육성보조(볼링)	20,000	1	1	7	8	7	1	3	1
14750	충남 당진시	템플스테이플러스원투어지원	20,000	1	8	7	8	7	1	3	1
14751	충남 당진시	과수화상병방제약제구입	20,000	1	6	7	8	7	5	5	4
14752	충남 당진시	한우송아지설사예방제지원(한우생산성향상)	19,500	1	1	7	8	7	5	5	4
14753	충남 당진시	그린스타트온실가스줄이기실천사업	19,000	1	1	7	8	7	5	5	4
14754	충남 당진시	학생부축구팀육성지원	19,000	1	1	7	8	7	1	3	1
14755	충남 당진시	지역주요현안정책토론회개최지원	18,000	1	4	7	8	7	1	1	1
14756	충남 당진시	(당진태양광)석문노인대학프로그램운영지원	18,000	1	7	7	8	7	5	5	4
14757	충남 당진시	근현대구술채록사업	18,000	1	4	4	8	7	1	1	2

순번	시군구	지출명 (사업명)	2024년예산 (단위 : 천원 /1년간)	민간이전 분류 (지방자치단체 세출예산 집행기준에 의거) 1. 민간경상사업보조(307-02) 2. 민간단체 법정운영비보조(307-03) 3. 민간행사사업보조(307-04) 4. 민간위탁금(307-05) 5. 사회복지시설 법정운영비보조(307-10) 6. 민간인위탁교육비(307-12) 7. 공기관등에대한경상적위탁사업비(308-13) 8. 민간자본사업보조,자체재원(402-01) 9. 민간자본사업보조,이전재원(402-02) 10. 민간위탁사업비(402-03) 11. 공기관등에 대한 자본적 위탁사업비(403-02)	민간이전지출 근거 (지방보조금 관리기준 참고) 1. 법률에 규정 2. 국고보조 재원(국가지정) 3. 용도 지정 기부금 4. 조례에 직접규정 5. 지자체가 권장하는 사업을 하는 공공기관 6. 시,도 정책 및 재정사정 7. 기타 8. 해당없음	입찰방식 계약체결방법 (경쟁형태) 1. 일반경쟁 2. 제한경쟁 3. 지명경쟁 4. 수의계약 5. 법정위탁 6. 기타 ( ) 7. 없음	입찰방식 계약기간 1. 1년 2. 2년 3. 3년 4. 4년 5. 5년 6. 기타 ( )년 7. 단기계약 (1년미만) 8. 없음	입찰방식 낙찰자선정방법 1. 적격심사 2. 협상에의한계약 3. 최저가낙찰제 4. 규격가격분리 5. 2단계 경쟁입찰 6. 기타 ( ) 7. 없음	운영예산 산정 운영예산 산정 1. 내부산정 (지자체 자체적으로 산정) 2. 외부산정 (외부전문기관위탁 산정) 3. 내·외부 모두 산정 4. 산정 無 5. 없음	운영예산 산정 정산방법 1. 내부정산 (지자체 내부적으로 정산) 2. 외부정산 (외부전문기관위탁 정산) 3. 내·외부 모두 산정 4. 정산 無 5. 없음	성과평가 실시여부 1. 실시 2. 미실시 3. 향후 추진 4. 해당없음
14758	충남 당진시	한우DNA친자감별검사지원(한우명품화)	17,390	1	1	7	8	7	5	5	4
14759	충남 당진시	생산단계HACCP컨설팅지원	16,800	1	1	7	8	7	5	5	4
14760	충남 당진시	농촌체험팜투어활성화지원	15,000	1	6	7	8	7	1	1	4
14761	충남 당진시	한우육성율향상기능성블록지원(한우생산성향상)	13,440	1	1	7	8	7	5	5	4
14762	충남 당진시	신리다블뤼주교기념관초가이엉잇기	13,000	1	6	7	7	7	1	1	1
14763	충남 당진시	(석문에너지)석문노인대학프로그램운영지원	12,000	1	7	7	8	7	5	5	4
14764	충남 당진시	필경사초가이엉잇기	11,000	1	6	7	7	7	1	1	1
14765	충남 당진시	유기무항생제축산물인증비지원	10,800	1	6	7	8	7	5	5	4
14766	충남 당진시	돼지생산성향상지원	10,400	1	6	7	8	7	5	5	4
14767	충남 당진시	포럼사업,논총및회보발간지원	10,000	1	4	7	8	7	1	1	1
14768	충남 당진시	창업보육센터지원	10,000	1	1	7	8	7	1	1	1
14769	충남 당진시	창의융합형공학인재양성지원사업(국가직접지원)	10,000	1	1	7	8	7	1	1	1
14770	충남 당진시	우유소비촉진홍보지원	10,000	1	1	7	8	7	5	5	4
14771	충남 당진시	꿀벌전용사료지원	10,000	1	1	7	8	7	5	5	4
14772	충남 당진시	학생부수영팀육성지원	10,000	1	1	7	8	7	1	3	1
14773	충남 당진시	주민제안공모사업(기획)	10,000	1	2	7	8	7	5	5	4
14774	충남 당진시	웰빙잡곡단지역량강화지원	10,000	1	7	7	8	7	5	5	4
14775	충남 당진시	한우송아지면역강화제지원(한우생산성향상)	9,240	1	1	7	8	7	5	5	4
14776	충남 당진시	경제포럼조찬세미나지원	9,000	1	4	7	8	7	1	1	1
14777	충남 당진시	체육회육성보조	9,000	1	1	7	8	7	1	3	1
14778	충남 당진시	젖소유전체분석(낙농안전축산물생산)	8,640	1	1	7	8	7	5	5	4
14779	충남 당진시	당진씨름장난방비지원	8,500	1	1	7	8	7	1	3	1
14780	충남 당진시	청년농업인스마트팜기술연수	8,400	1	6	7	8	7	5	5	4
14781	충남 당진시	도단위각종대회참가지원	8,000	1	1	7	8	7	1	3	1
14782	충남 당진시	면천두견주보존단체전승지원	8,000	1	4	7	7	7	1	1	1
14783	충남 당진시	사슴농가전용사료지원	7,500	1	1	7	8	7	5	5	4
14784	충남 당진시	체육회사무실임대	6,000	1	1	7	8	7	1	3	1
14785	충남 당진시	장애인생활체육프로그램지원	6,000	1	1	7	8	7	1	1	1
14786	충남 당진시	농작물병해충친환경방제기술시범사업	6,000	1	6	7	8	7	5	5	4
14787	충남 당진시	곤충농가육성지원	5,650	1	1	7	8	7	5	5	4
14788	충남 당진시	(부곡1리)건강검진비지원	5,600	1	7	7	8	7	5	5	4
14789	충남 당진시	학교체육시설사용료지원	5,400	1	1	7	8	7	1	3	1
14790	충남 당진시	자전거출퇴근챌린지	5,000	1	6	7	8	7	1	1	1
14791	충남 당진시	초등부창단팀훈련물품지원	5,000	1	1	7	8	7	1	3	1
14792	충남 당진시	스포츠줄다리기대회참가및교류	5,000	1	4	7	7	7	1	1	1
14793	충남 당진시	보훈시설관리및행사업무(나라사랑환경지킴사업)	5,000	1	1	7	8	7	1	1	1
14794	충남 당진시	주민제안공모사업(일반)	5,000	1	2	7	8	7	5	5	4
14795	충남 당진시	독서동아리활성화보조금지원	5,000	1	6	7	8	7	1	1	1
14796	충남 당진시	농촌체험휴양마을홍보행사지원	3,800	1	6	7	8	7	1	1	4
14797	충남 당진시	가축개량기자재지원	3,600	1	1	7	8	7	5	5	4

순번	시군구	지출명 (사업명)	2024년예산 (단위 : 천원 /1년간)	민간이전 분류 (지방자치단체 세출예산 집행기준에 의거) 1. 민간경상사업보조(307-02) 2. 민간단체 법정운영비보조(307-03) 3. 민간행사사업보조(307-04) 4. 민간위탁금(307-05) 5. 사회복지시설 법정운영비보조(307-10) 6. 민간인위탁교육비(307-12) 7. 공기관등에대한경상적위탁사업비(308-13) 8. 민간자본사업보조,자체재원(402-01) 9. 민간자본사업보조,이전재원(402-02) 10. 민간위탁사업비(402-03) 11. 공기관등에 대한 자본적 위탁사업비(403-02)	민간이전지출 근거 (지방보조금 관리기준 참고) 1. 법률에 규정 2. 국고보조 재원(국가지정) 3. 용도 지정 기부금 4. 조례에 직접규정 5. 지자체가 권장하는 사업을 하는 공공기관 6. 시,도 정책 및 재정사정 7. 기타 8. 해당없음	입찰방식 계약체결방법 (경쟁형태) 1. 일반경쟁 2. 제한경쟁 3. 지명경쟁 4. 수의계약 5. 법정위탁 6. 기타 ( ) 7. 없음	입찰방식 계약기간 1. 1년 2. 2년 3. 3년 4. 4년 5. 5년 6. 기타 ( )년 7. 단기계약 (1년미만) 8. 없음	입찰방식 낙찰자선정방법 1. 적격심사 2. 협상에의한계약 3. 최저가낙찰제 4. 규격가격분리 5. 2단계 경쟁입찰 6. 기타 ( ) 7. 없음	운영예산 산정 운영예산 산정 1. 내부산정 (지자체 자체적으로 산정) 2. 외부산정 (외부전문기관위탁 산정) 3. 내·외부 모두 산정 4. 산정 無 5. 없음	운영예산 산정 정산방법 1. 내부정산 (지자체 내부적으로 정산) 2. 외부정산 (외부전문기관위탁 정산) 3. 내·외부 모두 산정 4. 정산 無 5. 없음	성과평가 실시여부 1. 실시 2. 미실시 3. 향후 추진 4. 해당없음
14798	충남 당진시	(부곡1리)건강검진비지원	3,400	1	7	7	8	7	5	5	4
14799	충남 당진시	한우농가카우브러쉬지원(한우생산성향상)	3,250	1	1	7	8	7	5	5	4
14800	충남 당진시	농촌체험마을보험가입지원	3,159	1	2	7	8	7	1	1	4
14801	충남 당진시	농촌체험휴양마을역량강화사업	2,503	1	2	7	8	7	1	1	4
14802	충남 당진시	한우사육농가헬퍼지원(축산농가헬퍼지원사업)	2,100	1	1	7	8	7	5	5	4
14803	충남 당진시	의료관련감염병관리사업	2,070	1	2	7	8	7	5	3	4
14804	충남 당진시	도서민생필품운송비지원	1,000	1	6	6	1	7	1	1	1
14805	충남 당진시	외식업소용해나루쌀공급차액지원사업	420	1	4	7	8	7	1	1	4
14806	충남 금산군	농업농촌경쟁력강화사업	368,585	1	5	7	8	7	1	1	3
14807	충남 금산군	감초집중육성신기술재배단지조성시범	200,000	1	6	7	8	7	5	5	4
14808	충남 금산군	씀바귀집중육성신기술재배단지조성사업	70,000	1	6	7	8	7	5	5	4
14809	충남 금산군	노인자살예방멘토링사업	66,650	1	7	6	7	6	1	1	1
14810	충남 금산군	임산물유통기반조성	42,549	1	2	7	8	7	1	1	4
14811	충남 금산군	지역환경교육센터	40,000	1	6	1	7	7	2	1	3
14812	충남 금산군	읍면농촌지도자회특화작목과제시범	40,000	1	5	7	8	7	5	5	4
14813	충남 금산군	시설재배지바이오차보급시범	35,000	1	6	7	8	7	5	5	4
14814	충남 금산군	임산물상품화지원	20,123	1	2	7	8	7	1	1	4
14815	충남 금산군	품목농업인연구회지역농산물홍보판촉행사지원	20,000	1	5	7	8	7	5	5	4
14816	충남 금산군	여성단체지도자워크숍지원	15,000	1	4	7	8	7	1	1	1
14817	충남 금산군	금산여성문화제지원	15,000	1	4	7	8	7	1	1	1
14818	충남 금산군	기업인대회지원	15,000	1	4	7	8	7	1	1	1
14819	충남 금산군	농촌지도자성과보고회지원	15,000	1	5	7	8	7	5	5	4
14820	충남 금산군	인삼연작장해경감지원시범사업	15,000	1	6	7	8	7	5	5	4
14821	충남 금산군	농가공품브랜드포장재지원사업	14,000	1	5	7	8	7	5	5	4
14822	충남 금산군	농촌지도자지역농산물홍보지원	10,000	1	5	7	8	7	5	5	4
14823	충남 금산군	품목농업인연구연합회과제포지원	10,000	1	5	7	8	7	5	5	4
14824	충남 금산군	생활개선회수련대회지원	10,000	1	5	7	8	7	5	5	4
14825	충남 금산군	생활개선회공동과제포운영	10,000	1	5	7	8	7	5	5	4
14826	충남 금산군	4H연합회과제포지원	10,000	1	5	7	8	7	5	5	4
14827	충남 금산군	농촌지도자회저탄소농업실천시범사업	10,000	1	5	7	8	7	5	5	4
14828	충남 금산군	농촌지도자논메탄발생저감을위한타작물재배시범	10,000	1	5	7	8	7	5	5	4
14829	충남 금산군	인삼약초요리만들어먹기체험행사지원	10,000	1	5	7	8	7	1	1	1
14830	충남 금산군	벼우량품종종자생산자율교환시범	10,000	1	6	7	8	7	5	5	4
14831	충남 금산군	청년농업인품목별연구동아리육성지원사업	9,300	1	5	7	8	7	5	5	4
14832	충남 금산군	임업인역량교육	7,142	1	2	7	8	7	1	1	4
14833	충남 금산군	자연보호정화활동지원	7,000	1	1	7	8	7	5	1	1
14834	충남 금산군	생활개선회취약계층맞춤형후원결연(자살예방)	6,000	1	5	7	8	7	5	5	4
14835	충남 금산군	일본군위안부피해자기림의날기념식	5,500	1	4	7	8	7	1	1	1
14836	충남 금산군	귀농귀촌인네트워크활성화지원	5,000	1	5	7	8	7	1	1	3
14837	충남 금산군	귀농귀촌정착민활동지원	5,000	1	5	7	8	7	1	1	3

순번	시군구	지출명 (사업명)	2024년예산 (단위 : 천원 /1년간)	민간이전 분류 (지방자치단체 세출예산 집행기준에 의거) 1. 민간경상사업보조(307-02) 2. 민간단체 법정운영비보조(307-03) 3. 민간행사사업보조(307-04) 4. 민간위탁금(307-05) 5. 사회복지시설 법정운영비보조(307-10) 6. 민간인위탁교육비(307-12) 7. 공기관등에대한경상적위탁사업비(308-13) 8. 민간자본사업보조,자체재원(402-01) 9. 민간자본사업보조,이전재원(402-02) 10. 민간위탁사업비(402-03) 11. 공기관등에 대한 자본적 위탁사업비(403-02)	민간이전지출 근거 (지방보조금 관리기준 참고) 1. 법률에 규정 2. 국고보조 재원(국가지정) 3. 용도 지정 기부금 4. 조례에 직접규정 5. 지자체가 권장하는 사업을 하는 공공기관 6. 시,도 정책 및 재정사정 7. 기타 8. 해당없음	입찰방식: 계약체결방법 (경쟁형태) 1. 일반경쟁 2. 제한경쟁 3. 지명경쟁 4. 수의계약 5. 법정위탁 6. 기타 ( ) 7. 없음	입찰방식: 계약기간 1. 1년 2. 2년 3. 3년 4. 4년 5. 5년 6. 기타 ( )년 7. 단기계약 (1년미만) 8. 없음	입찰방식: 낙찰자선정방법 1. 적격심사 2. 협상에의한계약 3. 최저가낙찰제 4. 규격가격분리 5. 2단계 경쟁입찰 6. 기타 ( ) 7. 없음	운영예산 산정: 운영예산 산정 1. 내부산정 (지자체 자체적으로 산정) 2. 외부산정 (외부전문기관위탁 산정) 3. 내·외부 모두 산정 4. 산정 無 5. 없음	운영예산 산정: 정산방법 1. 내부정산 (지자체 내부적으로 정산) 2. 외부정산 (외부전문기관위탁 정산) 3. 내·외부 모두 산정 4. 정산 無 5. 없음	성과평가 실시여부 1. 실시 2. 미실시 3. 향후 추진 4. 해당없음
14838	충남 금산군	귀농귀촌인재능기부활성화지원	4,600	1	6	7	8	7	1	1	3
14839	충남 금산군	여성리더역량강화교육	3,980	1	4	7	8	7	1	1	1
14840	충남 금산군	프리마켓운영	3,000	1	4	7	8	7	1	1	1
14841	충남 금산군	3.8세계여성의날기념식	2,000	1	4	7	8	7	1	1	1
14842	충남 금산군	충남여성대회참가지원	2,000	1	4	7	8	7	1	1	1
14843	충남 금산군	산양삼생산과정확인	1,894	1	2	7	8	7	1	1	4
14844	충남 금산군	소비자단체지원	1,850	1	4	7	8	7	1	1	1
14845	충남 부여군	통합문화이용권카드사업	704,860	1	1	5	8	7	1	1	1
14846	충남 부여군	공선출하생산자조직육성	322,400	1	6	7	8	7	5	5	4
14847	충남 부여군	일반및어르신생활체육지도자배치사업	306,880	1	1	7	8	7	1	1	1
14848	충남 부여군	공동방제단운영지원	297,346	1	8	7	8	7	5	5	4
14849	충남 부여군	부여형주민자치회특화사업비	280,000	1	4	7	8	7	5	5	4
14850	충남 부여군	충남오감유통활성화자금조성지원	245,300	1	6	7	8	7	5	5	4
14851	충남 부여군	충남오감통합구매지원	239,500	1	6	7	8	7	5	5	4
14852	충남 부여군	농산물통합마케팅조직육성	216,000	1	6	7	8	7	5	5	4
14853	충남 부여군	주민자치센터기능지원	168,000	1	4	7	8	7	5	5	4
14854	충남 부여군	장애인생활체육지도자배치사업	152,640	1	1	7	8	7	1	1	1
14855	충남 부여군	굿뜨래농식품포장화지원	100,000	1	4	7	8	7	5	5	4
14856	충남 부여군	지방문화원활성화사업	100,000	1	4	4	1	7	1	1	1
14857	충남 부여군	부여에서미리살아보기체험운영(지방소멸대응기금)	100,000	1	1	7	8	7	1	1	1
14858	충남 부여군	축산물이력관리지원(귀표부착)	96,000	1	2	7	8	7	1	1	4
14859	충남 부여군	충남해병전우회환경정비및활성화지원	90,000	1	6	7	8	7	5	5	4
14860	충남 부여군	농산물수출선도조직육성	90,000	1	1	7	8	7	5	5	4
14861	충남 부여군	자살예방멘토링사업	86,800	1	4	7	8	7	1	1	1
14862	충남 부여군	생활체육지도자처우개선비	79,583	1	1	7	8	7	1	1	1
14863	충남 부여군	농촌체험휴양마을사무장지원	77,724	1	2	7	8	7	5	5	4
14864	충남 부여군	농촌마을공동급식도우미지원	75,000	1	6	7	8	7	5	5	4
14865	충남 부여군	부여청소년오케스트라운영	70,000	1	4	4	1	7	1	1	1
14866	충남 부여군	매월당김시습전집발간지원사업(2년차)	67,800	1	4	4	1	7	1	1	1
14867	충남 부여군	수확및운송작업단운영(멜론)	64,000	1	6	7	8	7	5	5	4
14868	충남 부여군	생활체육프로그램운영	59,193	1	1	7	8	7	1	1	1
14869	충남 부여군	특성화전문인력양성일자리사업	57,600	1	4	7	8	7	1	1	1
14870	충남 부여군	유홍준교수기증유물전시회	52,500	1	7	4	1	7	1	1	1
14871	충남 부여군	양성평등기금공모사업	50,000	1	4	7	8	1	1	1	1
14872	충남 부여군	기획문화예술공연	50,000	1	4	4	7	7	1	1	1
14873	충남 부여군	농업인의날행사	50,000	1	4	4	7	7	1	1	1
14874	충남 부여군	임산물홈쇼핑판매지원	42,857	1	1	7	8	7	1	1	2
14875	충남 부여군	읍면지역사회보장협의체민관협력활성화지원사업	41,300	1	4	7	8	7	1	1	1
14876	충남 부여군	장애인생활체육지도자처우개선비	40,150	1	1	7	8	7	1	1	1
14877	충남 부여군	부여학강좌운영비지원	40,000	1	4	7	8	7	5	5	4

순번	시군구	지출명 (사업명)	2024년예산 (단위 : 천원 /1년간)	민간이전 분류 (지방자치단체 세출예산 집행기준에 의거) 1. 민간경상사업보조(307-02) 2. 민간단체 법정운영비보조(307-03) 3. 민간행사사업보조(307-04) 4. 민간위탁금(307-05) 5. 사회복지시설 법정운영비보조(307-10) 6. 민간인위탁교육비(307-12) 7. 공기관등에대한경상적위탁사업비(308-13) 8. 민간자본사업보조,자체재원(402-01) 9. 민간자본사업보조,이전재원(402-02) 10. 민간위탁사업비(402-03) 11. 공기관등에 대한 자본적 위탁사업비(403-02)	민간이전지출 근거 (지방보조금 관리기준 참고) 1. 법률에 규정 2. 국고보조 재원(국가지정) 3. 용도 지정 기부금 4. 조례에 직접규정 5. 지자체가 권장하는 사업을 하는 공공기관 6. 시,도 정책 및 재정사정 7. 기타 8. 해당없음	입찰방식 계약체결방법 (경쟁형태) 1. 일반경쟁 2. 제한경쟁 3. 지명경쟁 4. 수의계약 5. 법정위탁 6. 기타 ( ) 7. 없음	입찰방식 계약기간 1. 1년 2. 2년 3. 3년 4. 4년 5. 5년 6. 기타 ( )년 7. 단기계약 (1년미만) 8. 없음	입찰방식 낙찰자선정방법 1. 적격심사 2. 협상에의한계약 3. 최저가낙찰제 4. 규격가격분리 5. 2단계 경쟁입찰 6. 기타 ( ) 7. 없음	운영예산 산정 운영예산 산정 1. 내부산정 (지자체 자체적으로 산정) 2. 외부산정 (외부전문기관위탁 산정) 3. 내·외부 모두 산정 4. 산정 無 5. 없음	운영예산 산정 정산방법 1. 내부정산 (지자체 내부적으로 정산) 2. 외부정산 (외부전문기관위탁 정산) 3. 내·외부 모두 산정 4. 정산 無 5. 없음	성과평가 실시여부 1. 실시 2. 미실시 3. 향후 추진 4. 해당없음
14878	충남 부여군	지역환경교육센터운영	40,000	1	6	7	8	7	5	5	4
14879	충남 부여군	읍면농촌지도자회활력화사업	40,000	1	4	4	7	7	1	1	1
14880	충남 부여군	신동엽시인브랜드화사업	38,500	1	4	2	1	1	1	1	1
14881	충남 부여군	새마을운동읍면협의회사업	37,240	1	4	7	8	7	5	5	4
14882	충남 부여군	지속가능발전협의회사업지원	36,400	1	1,4	1	3	2	1	1	1
14883	충남 부여군	걷쥬도민참여활성화지원	35,343	1	1	7	8	7	1	1	1
14884	충남 부여군	굿뜨래농산물(수박)품질관리사운영	34,000	1	1	7	8	7	5	5	4
14885	충남 부여군	2024년주민자치활성화지원(남면)	30,000	1	4	7	8	7	5	5	4
14886	충남 부여군	가금농가질병관리(컨설팅)지원	30,000	1	1	7	8	7	1	1	2
14887	충남 부여군	수출농산물포장재지원	30,000	1	1	7	8	7	5	5	4
14888	충남 부여군	임산물유통개선지원	30,000	1	1	7	8	7	1	1	2
14889	충남 부여군	범죄피해자지원센터지원	28,000	1	4	7	8	7	5	5	4
14890	충남 부여군	작은도서관자료구입및프로그램지원	27,540	1	4	1	1	1	1	1	1
14891	충남 부여군	주민체감형생활문화비지원사업	25,000	1	4	4	1	7	1	1	1
14892	충남 부여군	청소년독서동아리운영지원	24,000	1	6	7	8	7	5	5	4
14893	충남 부여군	마을기업육성지원	24,000	1	4	7	8	7	1	1	1
14894	충남 부여군	사회적기업일자리창출사업	24,000	1	4	7	8	7	1	1	1
14895	충남 부여군	공동출하확대(공동선별비)지원	22,680	1	1	7	8	7	5	5	4
14896	충남 부여군	신산업중소기업및농업법인일자리사업	21,600	1	4	7	8	7	1	1	1
14897	충남 부여군	산촌생태마을운영지원(운영매니저)	21,000	1	1	6	1	7	1	3	1
14898	충남 부여군	사회적경제기업사업개발비지원사업	20,000	1	4	7	8	7	1	1	1
14899	충남 부여군	템플스테이플러스원투어	20,000	1	4	6	1	6	1	1	3
14900	충남 부여군	농촌자원활용치유콘텐츠개발및상품화	20,000	1	6	7	8	7	5	5	4
14901	충남 부여군	농촌체험키트개발,상품화시범사업	20,000	1	6	7	8	7	5	5	4
14902	충남 부여군	미래축제청년인재사업	19,800	1	4	7	8	7	1	1	1
14903	충남 부여군	근현대구술채록사업	18,000	1	4	4	1	7	1	1	1
14904	충남 부여군	부여군체육회유소년축구교실운영비지원	17,500	1	1	7	8	7	1	1	1
14905	충남 부여군	멘토링프로그램사업지원	15,000	1	4	7	8	7	5	5	4
14906	충남 부여군	백제고취대지원	14,000	1	4	7	1	1	1	1	1
14907	충남 부여군	청년동아리지원사업	13,300	1	1,4	7	8	7	1	1	3
14908	충남 부여군	동절기어르신체육활성화지원	12,600	1	1	7	8	7	1	1	1
14909	충남 부여군	도의새마을위탁교육	11,723	1	4	7	8	7	5	5	4
14910	충남 부여군	한우대학운영지원	10,500	1	6	7	8	7	1	1	1
14911	충남 부여군	굿뜨래농산물(토마토)품질관리사운영	10,000	1	1	7	8	7	5	5	4
14912	충남 부여군	품목농업인연구회실증연구과제포운영시범	10,000	1	6	4	7	7	1	1	1
14913	충남 부여군	농촌지도자회논메탄발생저감을위한타작물재배시범	10,000	1	6	4	7	7	1	1	1
14914	충남 부여군	자문위원평화통일공감연수	9,744	1	4	7	8	7	1	1	1
14915	충남 부여군	전국마라톤대회출전지원	9,500	1	4	7	7	7	1	1	1
14916	충남 부여군	대한적십자사어버이날행사및봉사활동등	8,978	1	1,4	7	8	7	1	1	1
14917	충남 부여군	새마을운동행복나눔사업(고추장담기,보금자리등)운영	8,645	1	4	7	8	7	5	5	4

순번	시군구	지출명 (사업명)	2024년예산 (단위 : 천원 /1년간)	민간이전 분류 (지방자치단체 세출예산 집행기준에 의거) 1. 민간경상사업보조(307-02) 2. 민간단체 법정운영비보조(307-03) 3. 민간행사사업보조(307-04) 4. 민간위탁금(307-05) 5. 사회복지시설 법정운영비보조(307-10) 6. 민간인위탁교육비(307-12) 7. 공기관등에대한경상적위탁사업비(308-13) 8. 민간자본사업보조,자체재원(402-01) 9. 민간자본사업보조,이전재원(402-02) 10. 민간위탁사업비(402-03) 11. 공기관등에 대한 자본적 위탁사업비(403-02)	민간이전지출 근거 (지방보조금 관리기준 참고) 1. 법률에 규정 2. 국고보조 재원(국가지정) 3. 용도 지정 기부금 4. 조례에 직접규정 5. 지자체가 권장하는 사업을 하는 공공기관 6. 시,도 정책 및 재정사정 7. 기타 8. 해당없음	입찰방식 계약체결방법 (경쟁형태) 1. 일반경쟁 2. 제한경쟁 3. 지명경쟁 4. 수의계약 5. 법정위탁 6. 기타 ( ) 7. 없음	입찰방식 계약기간 1. 1년 2. 2년 3. 3년 4. 4년 5. 5년 6. 기타 ( )년 7. 단기계약 (1년미만) 8. 없음	입찰방식 낙찰자선정방법 1. 적격심사 2. 협상에의한계약 3. 최저가낙찰제 4. 규격가격분리 5. 2단계 경쟁입찰 6. 기타 ( ) 7. 없음	운영예산 산정 운영예산 산정 1. 내부산정 (지자체 자체적으로 산정) 2. 외부산정 (외부전문기관위탁 산정) 3. 내·외부 모두 산정 4. 산정 無 5. 없음	운영예산 산정 정산방법 1. 내부정산 (지자체 내부적으로 정산) 2. 외부정산 (외부전문기관위탁 정산) 3. 내·외부 모두 산정 4. 정산 無 5. 없음	성과평가 실시여부 1. 실시 2. 미실시 3. 향후 추진 4. 해당없음
14918	충남 부여군	보행교통지킴이활동비지원	8,400	1	4	7	8	7	1	1	1
14919	충남 부여군	대회출전지원(풍물,국악,합창등)	8,400	1	4	7	7	1	1	1	1
14920	충남 부여군	사회적경제청년정착(liveinCN)지원사업(신규)	7,672	1	4	7	8	7	1	1	1
14921	충남 부여군	충남인성교육사업지원	7,390	1	4	7	8	7	5	5	4
14922	충남 부여군	임업인역량교육	7,142	1	1	7	8	7	1	1	2
14923	충남 부여군	백제국악관현악단공연및강습지원	7,000	1	4	7	7	1	1	1	1
14924	충남 부여군	(사)한국민예총부여지부공연및전시지원	7,000	1	4	7	7	1	1	1	1
14925	충남 부여군	대한적십자사사랑나눔급식지원사업등	6,650	1	1,4	7	8	7	1	1	1
14926	충남 부여군	북한이탈주민명절맞이나눔행사	6,650	1	4	7	8	7	1	1	1
14927	충남 부여군	대한적십자사고추장담그기사업	6,300	1	1,4	7	8	7	1	1	1
14928	충남 부여군	관내체육시설사용료지원	6,000	1	1	7	8	7	1	1	1
14929	충남 부여군	기업관련단체활동지원	5,600	1	4	7	8	7	1	1	3
14930	충남 부여군	충남도지사배민속대제전참가지원	5,600	1	4	7	7	1	1	1	1
14931	충남 부여군	백제기악미마지전승지원	4,900	1	4	7	1	1	1	1	1
14932	충남 부여군	백마강수중환경정화활동등	4,655	1	4	7	8	7	5	5	4
14933	충남 부여군	청소년백일장및사생대회	4,200	1	7	7	8	7	5	5	4
14934	충남 부여군	청소년유해환경감시단활동지원	4,000	1	7	7	8	7	5	5	4
14935	충남 부여군	여성농민회토종종자지키기	4,000	1	4	4	7	7	1	1	1
14936	충남 부여군	북한이탈주민시군특화지원사업	3,700	1	4,6	1	1	1	1	1	2
14937	충남 부여군	농촌체험휴양마을보험가입지원	3,685	1	2	7	8	7	5	5	4
14938	충남 부여군	인권증진활동지원사업	3,658	1	4	7	8	7	5	5	4
14939	충남 부여군	충효예교실운영지원	3,325	1	4	7	8	7	1	1	1
14940	충남 부여군	청소년문화유적지탐방	2,800	1	7	7	8	7	5	5	4
14941	충남 부여군	애국지사추모제등효자효부표창기념행사	2,660	1	4	7	8	7	5	5	4
14942	충남 부여군	농촌체험휴양마을역량강화	2,496	1	2	7	8	7	5	5	4
14943	충남 부여군	생활체육지도자용품구입비	1,500	1	1	7	8	7	1	1	1
14944	충남 부여군	초중학생지역소외계층평화통일현장견학	1,400	1	4	7	8	7	1	1	1
14945	충남 부여군	야생동물보호구조및생태계보호활동지원	1,400	1	4	7	8	7	5	5	4
14946	충남 서천군	토양개량제지원	1,030,598	1	2	7	8	7	1	1	1
14947	충남 서천군	벼병해충공동방제지원	900,000	1	4	7	8	7	5	5	4
14948	충남 서천군	조사료생산용사일리지제조지원	855,500	1	1	7	8	7	5	5	4
14949	충남 서천군	유기질비료지원	744,486	1	6	7	8	7	1	1	1
14950	충남 서천군	어선어업정책보험료지원	529,231	1	1	7	8	7	1	1	1
14951	충남 서천군	친환경농산물생산농업인지원사업	521,000	1	4	7	8	7	1	1	1
14952	충남 서천군	농작업지원단육성운영	362,040	1	6	7	8	7	1	1	1
14953	충남 서천군	경관보전직불(자체)	300,000	1	4	7	8	7	1	1	1
14954	충남 서천군	서천군농산물공동브랜드서래야쌀생산사업	220,000	1	4	7	8	7	1	1	1
14955	충남 서천군	서천군주민자치회자체후속지원	165,000	1	4	7	8	7	1	1	1
14956	충남 서천군	김가공6차산업화구축지원	160,000	1	6	7	8	7	5	5	4
14957	충남 서천군	수분조절제지원	140,000	1	1	7	8	7	5	5	4

순번	시군구	지출명 (사업명)	2024년예산 (단위 : 천원 /1년간)	민간이전 분류 (지방자치단체 세출예산 집행기준에 의거) 1. 민간경상사업보조(307-02) 2. 민간단체 법정운영비보조(307-03) 3. 민간행사사업보조(307-04) 4. 민간위탁금(307-05) 5. 사회복지시설 법정운영비보조(307-10) 6. 민간인위탁교육비(307-12) 7. 공기관등에대한경상적위탁사업비(308-13) 8. 민간자본사업보조,자체재원(402-01) 9. 민간자본사업보조,이전재원(402-02) 10. 민간위탁사업비(402-03) 11. 공기관등에 대한 자본적 위탁사업비(403-02)	민간이전지출 근거 (지방보조금 관리기준 참고) 1. 법률에 규정 2. 국고보조 재원(국가지정) 3. 용도 지정 기부금 4. 조례에 직접규정 5. 지자체가 권장하는 사업을 하는 공공기관 6. 시,도 정책 및 재정사정 7. 기타 8. 해당없음	입찰방식 계약체결방법 (경쟁형태) 1. 일반경쟁 2. 제한경쟁 3. 지명경쟁 4. 수의계약 5. 법정위탁 6. 기타 ( ) 7. 없음	입찰방식 계약기간 1. 1년 2. 2년 3. 3년 4. 4년 5. 5년 6. 기타 ( )년 7. 단기계약 (1년미만) 8. 없음	입찰방식 낙찰자선정방법 1. 적격심사 2. 협상에의한계약 3. 최저가낙찰제 4. 규격가격분리 5. 2단계 경쟁입찰 6. 기타 ( ) 7. 없음	운영예산 산정 운영예산 산정 1. 내부산정 (지자체 자체적으로 산정) 2. 외부산정 (외부전문기관위탁 산정) 3. 내·외부 모두 산정 4. 산정 無 5. 없음	운영예산 산정 정산방법 1. 내부정산 (지자체 내부적으로 정산) 2. 외부정산 (외부전문기관위탁 정산) 3. 내·외부 모두 산정 4. 정산 無 5. 없음	성과평가 실시여부 1. 실시 2. 미실시 3. 향후 추진 4. 해당없음
14958	충남 서천군	지역특화작물생산지원	110,080	1	4	7	8	7	1	1	1
14959	충남 서천군	신품종고품질브랜드쌀기반구축	100,000	1	4	7	8	7	1	1	1
14960	충남 서천군	공동브랜드포장재지원	98,000	1	6	1	1	1	1	1	4
14961	충남 서천군	농촌고용인력지원	98,000	1	2	7	8	7	1	1	1
14962	충남 서천군	양봉농가육성지원	87,000	1	1	7	8	7	5	5	4
14963	충남 서천군	축산악취저감제지원	85,000	1	1	7	8	7	5	5	4
14964	충남 서천군	자율방범대활동지원	82,400	1	1	7	8	7	1	1	1
14965	충남 서천군	청년창업기업육성지원	80,000	1	5	7	8	7	5	5	4
14966	충남 서천군	가축분뇨이용촉진	77,000	1	1	7	8	7	5	5	4
14967	충남 서천군	한우광역브랜드육성(토바우전용사료)	74,400	1	1	7	8	7	5	5	4
14968	충남 서천군	영농부산물안전처리지원	70,000	1	2	7	8	7	5	5	4
14969	충남 서천군	과채농가경영개선지원	64,000	1	6	1	1	1	1	1	4
14970	충남 서천군	조사료생산용종자구입지원	61,320	1	1	7	8	7	5	5	4
14971	충남 서천군	자살예방멘토링사업	60,700	1	6	7	8	7	5	5	4
14972	충남 서천군	서래야쌀홍보마케팅지원사업	60,000	1	6	1	1	1	1	1	4
14973	충남 서천군	외국인계절근로자지원	58,000	1	6	7	8	7	1	1	1
14974	충남 서천군	통합마케팅산지유통활성화지원	56,000	1	6	1	1	1	1	1	4
14975	충남 서천군	서천군새마을회운영지원	55,000	1	1,4	7	8	7	1	1	1
14976	충남 서천군	바르게살기운동서천군협의회운영지원	53,360	1	1,4	7	8	7	1	1	1
14977	충남 서천군	가루쌀생산단지조성	52,200	1	2	7	8	7	1	1	1
14978	충남 서천군	원예작물경쟁력강화	52,150	1	6	7	8	7	1	1	1
14979	충남 서천군	청년어촌정착지원	50,400	1	1	7	8	7	1	1	1
14980	충남 서천군	중장년기술창업센터지원사업	50,000	1	4	7	1	7	1	1	4
14981	충남 서천군	식량작물생산비절감지원	48,750	1	6	7	8	7	1	1	1
14982	충남 서천군	채소류생산안정지원	47,667	1	2	7	8	7	1	1	1
14983	충남 서천군	청년센터프로그램운영	40,000	1	5	7	8	7	5	5	4
14984	충남 서천군	통합마케팅전문조직육성	40,000	1	6	1	1	1	1	1	4
14985	충남 서천군	국산밀생산단지경영체지원	39,600	1	2	7	8	7	1	1	1
14986	충남 서천군	농특산가공식품판로지원	36,000	1	6	1	1	1	1	1	4
14987	충남 서천군	학교친환경농업실천지원	32,000	1	6	1	1	1	1	1	4
14988	충남 서천군	양봉농가경영안정지원	30,750	1	1	7	8	7	5	5	4
14989	충남 서천군	범죄피해자지원센터사업지원	30,000	1	1,4	7	8	7	1	1	1
14990	충남 서천군	농산물수출선도조직육성	30,000	1	6	1	1	1	1	1	4
14991	충남 서천군	맥문동대표음식점선정	30,000	1	7	7	8	7	5	5	4
14992	충남 서천군	사료작물종자대구입지원	27,900	1	1	7	8	7	5	5	4
14993	충남 서천군	식량작물공동경영체육성	27,000	1	2	7	8	7	1	1	1
14994	충남 서천군	친환경농업인프라구축	26,000	1	6	7	8	7	1	1	1
14995	충남 서천군	공선출하생산자조직육성	25,600	1	6	1	1	1	1	1	4
14996	충남 서천군	친환경쌀포장재지원사업	25,000	1	6	1	1	1	1	1	4
14997	충남 서천군	농수특산물직거래장터지원사업	24,000	1	6	1	1	1	1	1	4

순번	시군구	지출명 (사업명)	2024년예산 (단위 : 천원 /1년간)	민간이전 분류 (지방자치단체 세출예산 집행기준에 의거) 1. 민간경상사업보조(307-02) 2. 민간단체 법정운영비보조(307-03) 3. 민간행사사업보조(307-04) 4. 민간위탁금(307-05) 5. 사회복지시설 법정운영비보조(307-10) 6. 민간인위탁교육비(307-12) 7. 공기관등에대한경상적위탁사업비(308-13) 8. 민간자본사업보조,자체재원(402-01) 9. 민간자본사업보조,이전재원(402-02) 10. 민간위탁사업비(402-03) 11. 공기관등에 대한 자본적 위탁사업비(403-02)	민간이전지출 근거 (지방보조금 관리기준 참고) 1. 법률에 규정 2. 국고보조 재원(국가지정) 3. 용도 지정 기부금 4. 조례에 직접규정 5. 지자체가 권장하는 사업을 하는 공공기관 6. 시,도 정책 및 재정사정 7. 기타 8. 해당없음	입찰방식 계약체결방법 (경쟁형태) 1. 일반경쟁 2. 제한경쟁 3. 지명경쟁 4. 수의계약 5. 법정위탁 6. 기타 ( ) 7. 없음	입찰방식 계약기간 1. 1년 2. 2년 3. 3년 4. 4년 5. 5년 6. 기타 ( )년 7. 단기계약 (1년미만) 8. 없음	입찰방식 낙찰자선정방법 1. 적격심사 2. 협상에의한계약 3. 최저가낙찰제 4. 규격가격분리 5. 2단계 경쟁입찰 6. 기타 ( ) 7. 없음	운영예산 산정 운영예산 산정 1. 내부산정 (지자체 자체적으로 산정) 2. 외부산정 (외부전문기관위탁 산정) 3. 내·외부 모두 산정 4. 산정 無 5. 없음	운영예산 산정 정산방법 1. 내부정산 (지자체 내부적으로 정산) 2. 외부정산 (외부전문기관위탁 정산) 3. 내·외부 모두 산정 4. 정산 無 5. 없음	성과평가 실시여부 1. 실시 2. 미실시 3. 향후 추진 4. 해당없음
14998	충남 서천군	새마을읍면협의회사업비	23,400	1	1,4	7	8	7	1	1	1
14999	충남 서천군	민주평화통일자문회의서천군협의회사업지원	22,800	1	1,4	7	8	7	1	1	1
15000	충남 서천군	돼지게량지원	22,500	1	1	7	8	7	5	5	4
15001	충남 서천군	친환경농산물홍보마케팅지원	22,200	1	6	1	1	1	1	1	4
15002	충남 서천군	고품질쌀생산및유통지원(친환경)	22,100	1	6	7	8	7	1	1	1
15003	충남 서천군	블루베리공선출하비용지원	22,000	1	6	1	1	1	1	1	4
15004	충남 서천군	농촌체험교육농장맥문동체험상품화	21,000	1	6	7	8	7	5	5	4
15005	충남 서천군	친환경농업인력육성	20,810	1	6	7	8	7	1	1	1
15006	충남 서천군	서천자치학교발굴사업지원	20,000	1	4	7	8	7	1	1	1
15007	충남 서천군	품목농업인연구회경쟁력강화실천지원시범	20,000	1	4	7	8	7	5	5	4
15008	충남 서천군	소비자맞춤형가공상품개선시범	20,000	1	6	7	8	7	5	5	4
15009	충남 서천군	우리도육성신품종확대보급시범	20,000	1	6	7	8	7	5	5	4
15010	충남 서천군	민주평화통일자문회의서천군협의회운영지원	19,000	1	1,4	7	8	7	1	1	1
15011	충남 서천군	수박공선출하비용지원	17,500	1	6	1	1	1	1	1	4
15012	충남 서천군	수산식품포장재지원	17,400	1	6	7	8	7	5	5	4
15013	충남 서천군	가금농가생산성향상지원(고온스트레스예방제)	17,000	1	1	7	8	7	5	5	4
15014	충남 서천군	한국자유총연맹서천군지부운영지원	16,000	1	1	7	8	7	1	1	1
15015	충남 서천군	수확및운송작업단육성	16,000	1	6	1	1	1	1	1	4
15016	충남 서천군	청소년진로체험활성화지원사업	16,000	1	6	7	8	7	5	5	4
15017	충남 서천군	수출농산물포장재지원	15,000	1	6	1	1	1	1	1	4
15018	충남 서천군	농산물비관세장벽해소지원	15,000	1	6	1	1	1	1	1	4
15019	충남 서천군	농촌지도자영농승계후원결연시범	15,000	1	6	7	8	7	5	5	4
15020	충남 서천군	체험농가조직활성화시범	15,000	1	6	7	8	7	5	5	4
15021	충남 서천군	바르게살기운동읍면협의회사업비	13,000	1	1,4	7	8	7	1	1	1
15022	충남 서천군	가축발효제지원	12,500	1	1	7	8	7	5	5	4
15023	충남 서천군	도의새마을위탁교육	12,399	1	1,4	7	8	7	1	1	1
15024	충남 서천군	어촌계안전지킴이지원	12,000	1	4	7	8	7	1	1	1
15025	충남 서천군	청년농업인스마트팜기술연수	12,000	1	6	7	8	7	5	5	4
15026	충남 서천군	품목농업인연구회마케팅경영전략화시범	12,000	1	6	7	8	7	5	5	4
15027	충남 서천군	낙농안전축산물생산(젖소번식우생산성향상지원)	11,000	1	1	7	8	7	5	5	4
15028	충남 서천군	식품박람회,전시회참가부스비지원	10,500	1	6	1	1	1	1	1	4
15029	충남 서천군	한우생산성향상지원(송아지설사예방제지원)	10,500	1	1	7	8	7	5	5	4
15030	충남 서천군	가축부제병예방	10,500	1	1	7	8	7	5	5	4
15031	충남 서천군	서천군발전협의회사업지원	10,400	1	4	7	8	7	1	1	1
15032	충남 서천군	농민회육성	10,000	1	4	7	8	7	1	1	1
15033	충남 서천군	농업경영인육성	10,000	1	4	7	8	7	1	1	1
15034	충남 서천군	충남오감통합구매지원	10,000	1	6	1	1	1	1	1	4
15035	충남 서천군	농촌지도자논메탄발생저감타작물재배시범	10,000	1	6	7	8	7	5	5	4
15036	충남 서천군	농업인학습단체대회참여및활동지원사업	10,000	1	6	7	8	7	5	5	4
15037	충남 서천군	농업인학습단체우수농업인육성국외역량강화사업	10,000	1	6	7	8	7	5	5	4

순번	시군구	지출명 (사업명)	2024년예산 (단위 : 천원 /1년간)	민간이전 분류 (지방자치단체 세출예산 집행기준에 의거) 1. 민간경상사업보조(307-02) 2. 민간단체 법정운영비보조(307-03) 3. 민간행사사업보조(307-04) 4. 민간위탁금(307-05) 5. 사회복지시설 법정운영비보조(307-10) 6. 민간인위탁교육비(307-12) 7. 공기관등에대한경상적위탁사업비(308-13) 8. 민간자본사업보조,자체재원(402-01) 9. 민간자본사업보조,이전재원(402-02) 10. 민간위탁사업비(402-03) 11. 공기관등에 대한 자본적 위탁사업비(403-02)	민간이전지출 근거 (지방보조금 관리기준 참고) 1. 법률에 규정 2. 국고보조 재원(국가지정) 3. 용도 지정 기부금 4. 조례에 직접규정 5. 지자체가 권장하는 사업을 하는 공공기관 6. 시,도 정책 및 재정사정 7. 기타 8. 해당없음	입찰방식			운영예산 산정		성과평가 실시여부
						계약체결방법 (경쟁형태) 1. 일반경쟁 2. 제한경쟁 3. 지명경쟁 4. 수의계약 5. 법정위탁 6. 기타 ( ) 7. 없음	계약기간 1. 1년 2. 2년 3. 3년 4. 4년 5. 5년 6. 기타 ( )년 7. 단기계약 (1년미만) 8. 없음	낙찰자선정방법 1. 적격심사 2. 협상에의한계약 3. 최저가낙찰제 4. 규격가격분리 5. 2단계 경쟁입찰 6. 기타 ( ) 7. 없음	운영예산 산정 1. 내부산정 (지자체 자체적으로 산정) 2. 외부산정 (외부전문기관위탁 산정) 3. 내·외부 모두 산정 4. 산정 無 5. 없음	정산방법 1. 내부정산 (지자체 내부적으로 정산) 2. 외부정산 (외부전문기관위탁 정산) 3. 내·외부 모두 산정 4. 정산 無 5. 없음	1. 실시 2. 미실시 3. 향후 추진 4. 해당없음
15038	충남 서천군	농가형가공상품마케팅강화시범	10,000	1	6	7	8	7	5	5	4
15039	충남 서천군	농촌어르신복지생활실천시범(경상)	10,000	1	6	7	8	7	5	5	4
15040	충남 서천군	벼우량품종종자생산자율교환시범	10,000	1	6	7	8	7	5	5	4
15041	충남 서천군	낙농안전축산물생산(젖소고온면역증강제지원)	9,500	1	1	7	8	7	5	5	4
15042	충남 서천군	청년농업인품목별연구동아리육성지원사업	9,300	1	6	7	8	7	5	5	4
15043	충남 서천군	청년농업인역량강화활동지원사업	9,000	1	4	7	8	7	5	5	4
15044	충남 서천군	충남인성교육사업지원	8,546	1	1	6	7	1	1	1	1
15045	충남 서천군	개방화대응과수원예농가지원	8,000	1	6	7	8	7	1	1	1
15046	충남 서천군	생활개선회6차산업역량강화활동	8,000	1	6	7	8	7	5	5	4
15047	충남 서천군	농촌체험협의체네트워크시범사업	8,000	1	6	7	8	7	5	5	4
15048	충남 서천군	돼지생산성향상(위생매트)	8,000	1	1	7	8	7	5	5	4
15049	충남 서천군	한우생산성향상지원(육성률향상기능성블럭지원)	7,520	1	1	7	8	7	5	5	4
15050	충남 서천군	대한적십자사봉사회서천지구협의회사업	7,200	1	1,4	7	8	7	1	1	1
15051	충남 서천군	서천군민도의교실운영	6,976	1	1,4	7	8	7	1	1	1
15052	충남 서천군	유기농업자재지원	6,800	1	2	7	8	7	1	1	1
15053	충남 서천군	생활개선회5대과제실천역량강화시범	6,000	1	6	7	8	7	5	5	4
15054	충남 서천군	생활개선회자살예방공감확산후원결연시범	6,000	1	6	7	8	7	5	5	4
15055	충남 서천군	낙농안전축산물생산(젖소위생원유생산지원)	5,500	1	1	7	8	7	5	5	4
15056	충남 서천군	한우생산성향상지원(한우송아지면역강화제및고온스트레스예방제지원)	5,280	1	1	7	8	7	5	5	4
15057	충남 서천군	범죄예방활동단체사업지원	5,000	1	1,4	7	8	7	1	1	1
15058	충남 서천군	추석맞이무연분묘벌초사업지원	5,000	1	1,4	7	8	7	1	1	1
15059	충남 서천군	추석맞이사랑의송편나눔운동지원	5,000	1	1,4	7	8	7	1	1	1
15060	충남 서천군	벼직파재배기술역량강화	5,000	1	6	7	8	7	5	5	4
15061	충남 서천군	사슴농가육성지원(사슴인공수정비)	5,000	1	1	7	8	7	5	5	4
15062	충남 서천군	낙농안전축산물생산(젖소유질개선제지원)	5,000	1	1	7	8	7	5	5	4
15063	충남 서천군	쌀전업농육성	4,700	1	4	7	8	7	1	1	1
15064	충남 서천군	쌀생산자육성	4,700	1	4	7	8	7	1	1	1
15065	충남 서천군	귀농귀촌인재능기부활성화	4,600	1	4	7	8	7	5	5	4
15066	충남 서천군	인삼약초산업기반구축지원	3,500	1	6	7	8	7	1	1	1
15067	충남 서천군	서천군재향경우회사업지원	3,000	1	1,4	7	8	7	1	1	1
15068	충남 서천군	해양인명구조활동및수중수변정화활동지원	3,000	1	4	7	8	7	1	1	1
15069	충남 서천군	염소산업육성지원(생산성향상제)	2,250	1	1	7	8	7	5	5	4
15070	충남 서천군	여성농업인육성	2,000	1	4	7	8	7	1	1	1
15071	충남 서천군	지방농촌지도자단체육성사업	2,000	1	4	7	8	7	5	5	4
15072	충남 서천군	곤충산업육성지원(곤충사료)	2,000	1	1	7	8	7	5	5	4
15073	충남 서천군	서천군교육삼락회운영지원	1,700	1	1	7	8	7	1	1	1
15074	충남 청양군	야생동물피해예방사업	42,000	1	1	7	1	7	1	1	1
15075	충남 청양군	지역환경교육센터사업비지원	40,000	1	4	5	1	7	1	1	1
15076	충남 청양군	청양군지속가능발전협의회사업비	39,880	1	4	5	1	7	1	1	1
15077	충남 청양군	야생동물피해방지단운영	35,000	1	1	5	1	7	1	1	1

순번	시군구	지출명 (사업명)	2024년예산 (단위 : 천원 /1년간)	민간이전 분류 (지방자치단체 세출예산 집행기준에 의거) 1. 민간경상사업보조(307-02) 2. 민간단체 법정운영비보조(307-03) 3. 민간행사사업보조(307-04) 4. 민간위탁금(307-05) 5. 사회복지시설 법정운영비보조(307-10) 6. 민간인위탁교육비(307-12) 7. 공기관등에대한경상적위탁사업비(308-13) 8. 민간자본사업보조,자체재원(402-01) 9. 민간자본사업보조,이전재원(402-02) 10. 민간위탁사업비(402-03) 11. 공기관등에 대한 자본적 위탁사업비(403-02)	민간이전지출 근거 (지방보조금 관리기준 참고) 1. 법률에 규정 2. 국고보조 재원(국가지정) 3. 용도 지정 기부금 4. 조례에 직접규정 5. 지자체가 권장하는 사업을 하는 공공기관 6. 시,도 정책 및 재정사정 7. 기타 8. 해당없음	입찰방식: 계약체결방법 (경쟁형태) 1. 일반경쟁 2. 제한경쟁 3. 지명경쟁 4. 수의계약 5. 법정위탁 6. 기타 ( ) 7. 없음	입찰방식: 계약기간 1. 1년 2. 2년 3. 3년 4. 4년 5. 5년 6. 기타 ( )년 7. 단기계약 (1년미만) 8. 없음	입찰방식: 낙찰자선정방법 1. 적격심사 2. 협상에의한계약 3. 최저가낙찰제 4. 규격가격분리 5. 2단계 경쟁입찰 6. 기타 ( ) 7. 없음	운영예산 산정: 운영예산 산정 1. 내부산정 (지자체 자체적으로 산정) 2. 외부산정 (외부전문기관위탁 산정) 3. 내·외부 모두 산정 4. 산정 無 5. 없음	운영예산 산정: 정산방법 1. 내부정산 (지자체 내부적으로 정산) 2. 외부정산 (외부전문기관위탁 정산) 3. 내·외부 모두 산정 4. 정산 無 5. 없음	성과평가 실시여부 1. 실시 2. 미실시 3. 향후 추진 4. 해당없음
15078	충남 청양군	야생동물폐사체처리지원	28,000	1	1	5	1	7	1	1	1
15079	충남 청양군	장례식장다회용기지원사업	27,000	1	6	7	8	7	5	5	4
15080	충남 청양군	생태계교란생물퇴치사업	20,000	1	1	5	1	7	1	1	1
15081	충남 청양군	청정청양희귀야생식물서식지유지관리	20,000	1	1	5	1	7	1	1	1
15082	충남 청양군	야생동물폐사체관리지원	20,000	1	1	5	1	7	1	1	1
15083	충남 청양군	환경교육릴레이(주민참여)	12,000	1	6	7	8	7	5	5	4
15084	충남 청양군	야생동물구제단체지원	5,000	1	1	5	1	7	1	1	1
15085	충남 청양군	수도용상토지원	899,250	1	6	7	8	7	5	5	4
15086	충남 청양군	유기질비료지원사업(2단계전환사업)	759,935	1	6	7	8	7	5	5	4
15087	충남 청양군	주민자치운영	618,300	1	4	7	8	7	5	1	3
15088	충남 청양군	토양개량제공급지원	575,492	1	6	7	8	7	5	5	4
15089	충남 청양군	고추산업기반지원(경상보조)	510,000	1	6	7	8	7	1	1	3
15090	충남 청양군	농식품바우처시범사업	424,000	1	2	7	8	7	1	1	4
15091	충남 청양군	친환경임산물재배관리	352,097	1	1,2	7	8	7	5	5	4
15092	충남 청양군	시군자원봉사센터운영	336,920	1	6	7	8	7	2	1	1
15093	충남 청양군	청년후계농영농정착지원사업	270,000	1	2	7	8	7	5	5	4
15094	충남 청양군	벼육묘상자처리제지원	250,000	1	6	7	8	7	5	5	4
15095	충남 청양군	일자리창출사업(충남형사회적기업)	240,000	1	2	7	8	7	1	1	2
15096	충남 청양군	충남도민체육대회출전지원사업	240,000	1	4	7	8	7	1	1	1
15097	충남 청양군	농작업지원단육성운영	238,000	1	6	7	8	7	1	1	1
15098	충남 청양군	주민자치회운영지원(도)	212,200	1	4	7	8	7	5	1	3
15099	충남 청양군	통합문화이용권사업	211,250	1	1	7	8	7	5	1	1
15100	충남 청양군	한우광역브랜드육성(전용사료)	210,000	1	6	7	8	7	5	5	4
15101	충남 청양군	공동브랜드칠갑마루포장재지원	200,000	1	4	7	8	7	5	5	4
15102	충남 청양군	지역문화예술단체지원사업(군공모)	200,000	1	4	7	8	7	1	1	1
15103	충남 청양군	지방문화원운영비지원	176,840	1	4	7	8	7	1	1	1
15104	충남 청양군	농촌체험휴양마을사무장활동비지원	174,805	1	7	7	8	7	5	5	4
15105	충남 청양군	조사료생산용사일리지제조비지원	171,500	1	2	7	8	7	5	5	4
15106	충남 청양군	양돈사업지원(경영안정지원)	168,000	1	4	7	8	7	5	5	4
15107	충남 청양군	사회적농업활성화지원	165,000	1	2	7	8	7	3	3	1
15108	충남 청양군	대회출전지원사업	164,300	1	4	7	8	7	1	1	1
15109	충남 청양군	임산물소득증대	160,000	1	1,4,6	7	8	7	5	5	4
15110	충남 청양군	일반생활체육지도자배치사업	153,440	1	2	7	8	7	3	1	1
15111	충남 청양군	장애인체육지도자배치사업	152,640	1	2	7	8	7	3	1	1
15112	충남 청양군	통합마케팅출하물류비지원	150,000	1	4	7	8	7	5	5	4
15113	충남 청양군	3농정책특화사업	147,000	1	2	7	8	7	5	5	4
15114	충남 청양군	전국및도단위장애인체육대회출전비지원사업	146,500	1	4	7	8	7	1	1	1
15115	충남 청양군	농업인단체지원	146,000	1	6	7	8	7	1	1	1
15116	충남 청양군	여성농업인센터운영지원	140,000	1	6	7	8	7	1	1	3
15117	충남 청양군	일반문화행사지원사업	135,000	1	4	7	8	7	1	1	1

순번	시군구	지출명 (사업명)	2024년예산 (단위 : 천원 /1년간)	민간이전 분류 (지방자치단체 세출예산 집행기준에 의거) 1. 민간경상사업보조(307-02) 2. 민간단체 법정운영비보조(307-03) 3. 민간행사사업보조(307-04) 4. 민간위탁금(307-05) 5. 사회복지시설 법정운영비보조(307-10) 6. 민간인위탁교육비(307-12) 7. 공기관등에대한경상적위탁사업비(308-13) 8. 민간자본사업보조,자체재원(402-01) 9. 민간자본사업보조,이전재원(402-02) 10. 민간위탁사업비(402-03) 11. 공기관등에 대한 자본적 위탁사업비(403-02)	민간이전지출 근거 (지방보조금 관리기준 참고) 1. 법률에 규정 2. 국고보조 재원(국가지정) 3. 용도 지정 기부금 4. 조례에 직접규정 5. 지자체가 권장하는 사업을 하는 공공기관 6. 시,도 정책 및 재정사정 7. 기타 8. 해당없음	입찰방식 계약체결방법 (경쟁형태) 1. 일반경쟁 2. 제한경쟁 3. 지명경쟁 4. 수의계약 5. 법정위탁 6. 기타 ( ) 7. 없음	입찰방식 계약기간 1. 1년 2. 2년 3. 3년 4. 4년 5. 5년 6. 기타 ( )년 7. 단기계약 (1년미만) 8. 없음	입찰방식 낙찰자선정방법 1. 적격심사 2. 협상에의한계약 3. 최저가낙찰제 4. 규격가격분리 5. 2단계 경쟁입찰 6. 기타 ( ) 7. 없음	운영예산 산정 운영예산 산정 1. 내부산정 (지자체 자체적으로 산정) 2. 외부산정 (외부전문기관위탁 산정) 3. 내·외부 모두 산정 4. 산정 無 5. 없음	운영예산 산정 정산방법 1. 내부정산 (지자체 내부적으로 정산) 2. 외부정산 (외부전문기관위탁 정산) 3. 내·외부 모두 산정 4. 정산 無 5. 없음	성과평가 실시여부 1. 실시 2. 미실시 3. 향후 추진 4. 해당없음
15118	충남 청양군	청양군체육회운영비지원사업	130,000	1	4	7	8	7	1	1	1
15119	충남 청양군	가축분뇨청정화사업지원(악취저감제지원)	120,000	1	6	7	8	7	5	5	4
15120	충남 청양군	향교서원문화유산활용사업	120,000	1	2	7	8	7	3	3	1
15121	충남 청양군	향교서원문화유산활용사업	120,000	1	2	7	8	7	3	3	1
15122	충남 청양군	영농부산물안전처리지원	120,000	1	2	7	8	7	5	5	4
15123	충남 청양군	임산물표준규격출하지원	119,193	1	1,2	7	8	7	5	5	4
15124	충남 청양군	여농업인농작업편의장비지원사업	112,000	1	6	7	8	7	5	5	4
15125	충남 청양군	임산물명품화및생산기반지원	105,000	1	1,4,6	7	8	7	5	5	4
15126	충남 청양군	농산물수출선도조직육성	100,000	1	4	7	8	7	5	5	4
15127	충남 청양군	농특산물소포장재지원	100,000	1	4	7	8	7	5	5	4
15128	충남 청양군	양봉농가사료지원	100,000	1	4	7	8	7	5	5	4
15129	충남 청양군	지방문화원활성화및향토문화발굴육성	100,000	1	4	7	8	7	1	1	1
15130	충남 청양군	청양문화예술활동진흥사업	100,000	1	4	7	8	7	1	1	1
15131	충남 청양군	읍면체육회체육대회개최비지원(1개읍면)	100,000	1	4	7	8	7	1	1	1
15132	충남 청양군	농촌인력중개센터	98,000	1	2	7	8	7	5	5	4
15133	충남 청양군	어르신생활체육지도자배치사업	92,064	1	2	7	8	7	3	1	1
15134	충남 청양군	청년농업인농지임차료지원사업	92,000	1	6	7	8	7	5	5	4
15135	충남 청양군	벼미질향상제(수용성규산)지원	90,000	1	6	7	8	7	5	5	4
15136	충남 청양군	양봉농가육성지원	90,000	1	6	7	8	7	5	5	4
15137	충남 청양군	가축분뇨수거비지원	90,000	1	6	7	8	7	5	5	4
15138	충남 청양군	주민협력지원사업	90,000	1	7	7	8	7	5	5	4
15139	충남 청양군	고품질브랜드쌀육성지원	86,000	1	6	7	8	7	5	5	4
15140	충남 청양군	공동출하확대공동선별비지원	80,000	1	4	7	8	7	5	5	4
15141	충남 청양군	통합마케팅전문조직육성	80,000	1	4	7	8	7	5	5	4
15142	충남 청양군	고향쌀판매지원	80,000	1	6	7	8	7	5	5	4
15143	충남 청양군	관광두레운영활성화지원사업	80,000	1	5	7	8	7	5	5	4
15144	충남 청양군	자원봉사코디네이터육성지원	79,145	1	2	7	8	7	2	1	1
15145	충남 청양군	수분조절제지원	78,500	1	6	7	8	7	5	5	4
15146	충남 청양군	돼지써코바이러스백신지원	76,800	1	2	7	8	7	5	5	4
15147	충남 청양군	주요임산물경쟁력강화및육성지원	75,000	1	1,4,6	7	8	7	5	5	4
15148	충남 청양군	채소류생산안정지원사업	73,333	1	2	7	8	7	1	1	3
15149	충남 청양군	양돈사업지원(후보돈전입지원)	72,000	1	4	7	8	7	5	5	4
15150	충남 청양군	생생문화유산사업	70,000	1	2	7	8	7	3	3	1
15151	충남 청양군	생생문화유산사업	70,000	1	2	7	8	7	3	3	1
15152	충남 청양군	주민세환원동네자치특색사업	70,000	1	4	7	8	7	3	3	1
15153	충남 청양군	기업체육성지원사업	66,000	1	4	7	8	7	5	1	3
15154	충남 청양군	군수기체육대회개최지원사업	65,000	1	4	7	8	7	1	1	1
15155	충남 청양군	한우광역브랜드육성(품질고급화장려금)	64,656	1	6	7	8	7	1	1	1
15156	충남 청양군	장애인체육회사무국운영비지원사업	64,000	1	4	7	8	7	5	5	4
15157	충남 청양군	양돈사업지원(악취제거개선사업)	62,500	1	4	7	8	7	1	1	1
15157	충남 청양군	양돈사업지원(악취제거개선사업)	62,500	1	4	7	8	7	5	5	4

순번	시군구	지출명 (사업명)	2024년예산 (단위 : 천원 /1년간)	민간이전 분류 (지방자치단체 세출예산 집행기준에 의거) 1. 민간경상사업보조(307-02) 2. 민간단체 법정운영비보조(307-03) 3. 민간행사사업보조(307-04) 4. 민간위탁금(307-05) 5. 사회복지시설 법정운영비보조(307-10) 6. 민간인위탁교육비(307-12) 7. 공기관등에대한경상적위탁사업비(308-13) 8. 민간자본사업보조,자체재원(402-01) 9. 민간자본사업보조,이전재원(402-02) 10. 민간위탁사업비(402-03) 11. 공기관등에 대한 자본적 위탁사업비(403-02)	민간이전지출 근거 (지방보조금 관리기준 참고) 1. 법률에 규정 2. 국고보조 재원(국가지정) 3. 용도 지정 기부금 4. 조례에 직접규정 5. 지자체가 권장하는 사업을 하는 공공기관 6. 시,도 정책 및 재정사정 7. 기타 8. 해당없음	입찰방식: 계약체결방법 (경쟁형태) 1. 일반경쟁 2. 제한경쟁 3. 지명경쟁 4. 수의계약 5. 법정위탁 6. 기타 ( ) 7. 없음	입찰방식: 계약기간 1. 1년 2. 2년 3. 3년 4. 4년 5. 5년 6. 기타 ( )년 7. 단기계약 (1년미만) 8. 없음	입찰방식: 낙찰자선정방법 1. 적격심사 2. 협상에의한계약 3. 최저가낙찰제 4. 규격가격분리 5. 2단계 경쟁입찰 6. 기타 ( ) 7. 없음	운영예산 산정: 운영예산 산정 1. 내부산정 (지자체 자체적으로 산정) 2. 외부산정 (외부전문기관위탁 산정) 3. 내·외부 모두 산정 4. 산정 無 5. 없음	운영예산 산정: 정산방법 1. 내부정산 (지자체 내부적으로 정산) 2. 외부정산 (외부전문기관위탁 정산) 3. 내·외부 모두 산정 4. 정산 無 5. 없음	성과평가 실시여부 1. 실시 2. 미실시 3. 향후 추진 4. 해당없음
15158	충남 청양군	생활체육지도자처우개선비지원사업	62,030	1	6	7	8	7	3	1	1
15159	충남 청양군	조사료생산용기계장비지원	60,000	1	2	7	8	7	5	5	4
15160	충남 청양군	달빛마켓행사	60,000	1	4	7	8	7	1	1	3
15161	충남 청양군	공동선별출하생산자조직육성	54,000	1	4	7	8	7	5	5	4
15162	충남 청양군	조사료생산용종자구입지원	54,000	1	4	7	8	7	5	5	4
15163	충남 청양군	가금산업육성지원(양계농가육성사업)	53,000	1	6	7	8	7	5	5	4
15164	충남 청양군	공동선별조직육성포장재지원	50,000	1	4	7	8	7	5	5	4
15165	충남 청양군	수확및운송작업단운영	50,000	1	4	7	8	7	5	5	4
15166	충남 청양군	농산물비관세장벽해소지원	50,000	1	4	7	8	7	5	5	4
15167	충남 청양군	축분청정화지원(축산환경악취제거개선사업)	50,000	1	4	7	8	7	5	5	4
15168	충남 청양군	충남오감통합구매	44,000	1	4	7	8	7	5	5	4
15169	충남 청양군	학교친환경농업실천사업	44,000	1	6	7	8	7	5	5	4
15170	충남 청양군	자살예방멘토링사업	43,400	1	6	7	8	7	5	5	4
15171	충남 청양군	선진농업인육성	42,000	1	6	7	8	7	1	1	1
15172	충남 청양군	읍면게이트볼장체육행사및활동지원사업	40,500	1	8	7	8	7	5	5	4
15173	충남 청양군	산촌생태마을운영매니저지원	38,000	1	4	7	8	7	1	1	1
15174	충남 청양군	교촌치킨계약재배지원(경상보조)	37,500	1	1,4,6	7	8	7	5	5	4
15175	충남 청양군	장애인생활체육지도자처우개선비지원사업	37,203	1	6	7	8	7	1	1	3
15176	충남 청양군	청양고추포장재지원	36,000	1	6	7	8	7	3	1	1
15177	충남 청양군	조사료생산부속장비지원	35,000	1	4	7	8	7	5	5	4
15178	충남 청양군	한우광역브랜드육성(브랜드유통판매장려금)	34,800	1	6	7	8	7	5	5	4
15179	충남 청양군	닭진드기공동방제	32,000	1	6	7	8	7	5	5	4
15180	충남 청양군	민주평통자문회의사업비	32,000	1	2	7	8	7	5	5	4
15181	충남 청양군	양봉농가경영안정지원	31,950	1	4	7	8	7	1	1	1
15182	충남 청양군	우수임업인해외선진임업벤치마킹지원	31,500	1	6	7	8	7	5	5	4
15183	충남 청양군	청년축제및청년의날기념행사등	30,000	1	6	2	8	7	5	1	1
15184	충남 청양군	생활체육교실운영	30,000	1	7	7	8	7	5	5	4
15185	충남 청양군	체육활동지원사업(궁도,배드민턴,테니스,축구)	30,000	1	4	7	8	7	1	1	1
15186	충남 청양군	생활체육시설내프로그램운영사업	30,000	1	4	7	8	7	1	1	1
15187	충남 청양군	종목별전국및도대회출전비지원사업	30,000	1	6	7	8	7	3	1	1
15188	충남 청양군	농촌체험휴양마을홍보마케팅지원	30,000	1	4	7	8	7	1	1	1
15189	충남 청양군	임산물유통개선지원	30,000	1	7	7	8	7	5	5	4
15190	충남 청양군	재활용품모으기경진대회	30,000	1	1,4,6	7	8	7	5	5	4
15191	충남 청양군	새마을운동해외봉사	30,000	1	1	7	8	7	1	1	1
15192	충남 청양군	새마을지회탄소중립활동지원	30,000	1	1	7	8	7	1	1	1
15193	충남 청양군	농촌체험휴양마을홍보행사지원	26,000	1	6	7	8	7	1	1	1
15194	충남 청양군	가루쌀전문생산단지육성	25,200	1	7	7	8	7	5	5	4
15195	충남 청양군	농산물수출포장재지원	25,000	1	6	7	8	7	5	5	4
15196	충남 청양군	농산물수출포장재지원	25,000	1	4	7	8	7	5	5	4
15197	충남 청양군	주민체감형생활문화비지원사업	25,000	1	4	7	8	7	1	1	1

순번	시군구	지출명 (사업명)	2024년예산 (단위 : 천원 /1년간)	민간이전 분류 (지방자치단체 세출예산 집행기준에 의거) 1. 민간경상사업보조(307-02) 2. 민간단체 법정운영비보조(307-03) 3. 민간행사사업보조(307-04) 4. 민간위탁금(307-05) 5. 사회복지시설 법정운영비보조(307-10) 6. 민간인위탁교육비(307-12) 7. 공기관등에대한경상적위탁사업비(308-13) 8. 민간자본사업보조,자체재원(402-01) 9. 민간자본사업보조,이전재원(402-02) 10. 민간위탁사업비(402-03) 11. 공기관등에 대한 자본적 위탁사업비(403-02)	민간이전지출 근거 (지방보조금 관리기준 참고) 1. 법률에 규정 2. 국고보조 재원(국가지정) 3. 용도 지정 기부금 4. 조례에 직접규정 5. 지자체가 권장하는 사업을 하는 공공기관 6. 시,도 정책 및 재정사정 7. 기타 8. 해당없음	입찰방식 계약체결방법 (경쟁형태) 1. 일반경쟁 2. 제한경쟁 3. 지명경쟁 4. 수의계약 5. 법정위탁 6. 기타 ( ) 7. 없음	입찰방식 계약기간 1. 1년 2. 2년 3. 3년 4. 4년 5. 5년 6. 기타 ( )년 7. 단기계약 (1년미만) 8. 없음	입찰방식 낙찰자선정방법 1. 적격심사 2. 협상에의한계약 3. 최저가낙찰제 4. 규격가격분리 5. 2단계 경쟁입찰 6. 기타 ( ) 7. 없음	운영예산 산정 운영예산 산정 1. 내부산정 (지자체 자체적으로 산정) 2. 외부산정 (외부전문기관위탁 산정) 3. 내·외부 모두 산정 4. 산정 無 5. 없음	운영예산 산정 정산방법 1. 내부정산 (지자체 내부적으로 정산) 2. 외부정산 (외부전문기관위탁 정산) 3. 내·외부 모두 산정 4. 정산 無 5. 없음	성과평가 실시여부 1. 실시 2. 미실시 3. 향후 추진 4. 해당없음
15198	충남 청양군	도어르신생활체육대회출전지원사업	25,000	1	4	7	8	7	1	1	1
15199	충남 청양군	가공센터입주이용업체가공유통활성화	25,000	1	4	7	8	7	1	1	1
15200	충남 청양군	도의새마을위탁교육비	24,970	1	6	7	8	7	1	1	1
15201	충남 청양군	청년농사회적농업지원사업	24,000	1	6	7	8	7	5	5	4
15202	충남 청양군	마을기업육성사업	24,000	1	2	7	8	7	1	1	2
15203	충남 청양군	구기자시배지보존및활성화사업	24,000	1	4	7	8	7	1	1	1
15204	충남 청양군	청양고추잔류농약검증품질관리	20,000	1	4	7	8	7	5	5	4
15205	충남 청양군	가금산업육성지원(고온스트레스예방제지원)	20,000	1	6	7	8	7	5	5	4
15206	충남 청양군	사회적경제네트워크활성화(상생투어)	20,000	1	4	7	8	7	1	1	3
15207	충남 청양군	국제관악제참가지원사업	20,000	1	4	7	8	7	1	1	1
15208	충남 청양군	푸드플랜가공업체자가품질검사비지원	20,000	1	4	7	8	7	1	1	1
15209	충남 청양군	새마을읍면협희외사업비	20,000	1	1	7	8	7	1	1	1
15210	충남 청양군	농촌체험키트개발・상품화시범	20,000	1	6	7	8	7	5	5	4
15211	충남 청양군	우리도육성벼신품종확대보급시범	20,000	1	1	7	8	7	5	5	4
15212	충남 청양군	한우광역브랜드육성(출하운송비)	18,900	1	6	7	8	7	5	5	4
15213	충남 청양군	한우생산성향상지원(송아지설사예방제지원)	18,000	1	6	7	8	7	5	5	4
15214	충남 청양군	돼지개량지원사업	18,000	1	6	7	8	7	5	5	4
15215	충남 청양군	청정우유생산지원(육우사육농가육성지원)	18,000	1	6	7	8	7	5	5	4
15216	충남 청양군	근현대구술채록사업	18,000	1	4	7	8	7	1	1	1
15217	충남 청양군	농작업보호장비지원	17,192	1	6	7	8	7	5	5	4
15218	충남 청양군	성인문해교실현장체험(문해백일장)	16,000	1	4	1	1	1	1	1	1
15219	충남 청양군	축산인한마음선진지견학	15,750	1	4	7	8	7	5	5	4
15220	충남 청양군	바르게살기운동읍면위원회사업비	15,300	1	1	7	8	7	1	1	1
15221	충남 청양군	민간단체지원	15,059	1	4	5	1	7	1	1	3
15222	충남 청양군	청양군탁구협회(정산초)지원사업	15,000	1	4	7	8	7	1	1	1
15223	충남 청양군	성인문해교실특별활동비	15,000	1	4	1	1	1	1	1	1
15224	충남 청양군	새마을지도자수련대회	15,000	1	1	7	8	7	1	1	1
15225	충남 청양군	임산물홈쇼핑판매지원	14,286	1	1,4,6	7	8	7	5	5	4
15226	충남 청양군	새마을읍면부녀회사업비	14,000	1	1	7	8	7	1	1	1
15227	충남 청양군	충남정신운동사업	14,000	1	4	7	8	7	1	1	1
15228	충남 청양군	농업인선진농업해외연수	14,000	1	4	7	8	7	5	5	4
15229	충남 청양군	한우광역브랜드육성(생산성향상지원)	13,728	1	6	7	8	7	5	5	4
15230	충남 청양군	생활체육프로그램운영	13,301	1	4	7	8	7	3	1	1
15231	충남 청양군	한우생산성향상지원(육성률향상기능성블록지원)	13,040	1	6	7	8	7	5	5	4
15232	충남 청양군	충남학프로그램운영	12,700	1	4	1	1	1	1	1	1
15233	충남 청양군	청양더한우브랜드포장재지원	12,000	1	4	7	8	7	5	5	4
15234	충남 청양군	돼지소모성질환지도지원	12,000	1	2	7	8	7	5	5	4
15235	충남 청양군	AI차단방역시설설치(무한천그물)지원	12,000	1	4	7	8	7	5	5	4
15236	충남 청양군	청년네트워크활성화지원	12,000	1	7	7	8	7	5	5	4
15237	충남 청양군	교통문화활동지원	12,000	1	7	7	8	7	1	1	1

순번	시군구	지출명 (사업명)	2024년예산 (단위 : 천원 /1년간)	민간이전 분류 (지방자치단체 세출예산 집행기준에 의거) 1. 민간경상사업보조(307-02) 2. 민간단체 법정운영비보조(307-03) 3. 민간행사사업보조(307-04) 4. 민간위탁금(307-05) 5. 사회복지시설 법정운영비보조(307-10) 6. 민간인위탁교육비(307-12) 7. 공기관등에대한경상적위탁사업비(308-13) 8. 민간자본사업보조,자체재원(402-01) 9. 민간자본사업보조,이전재원(402-02) 10. 민간위탁사업비(402-03) 11. 공기관등에 대한 자본적 위탁사업비(403-02)	민간이전지출 근거 (지방보조금 관리기준 참고) 1. 법률에 규정 2. 국고보조 재원(국가지정) 3. 용도 지정 기부금 4. 조례에 직접규정 5. 지자체가 권장하는 사업을 하는 공공기관 6. 시,도 정책 및 재정사정 7. 기타 8. 해당없음	입찰방식 계약체결방법 (경쟁형태) 1. 일반경쟁 2. 제한경쟁 3. 지명경쟁 4. 수의계약 5. 법정위탁 6. 기타 ( ) 7. 없음	입찰방식 계약기간 1. 1년 2. 2년 3. 3년 4. 4년 5. 5년 6. 기타 ( )년 7. 단기계약 (1년미만) 8. 없음	입찰방식 낙찰자선정방법 1. 적격심사 2. 협상에의한계약 3. 최저가낙찰제 4. 규격가격분리 5. 2단계 경쟁입찰 6. 기타 ( ) 7. 없음	운영예산 산정 운영예산 산정 1. 내부산정 (지자체 자체적으로 산정) 2. 외부산정 (외부전문기관위탁 산정) 3. 내·외부 모두 산정 4. 산정 無 5. 없음	운영예산 산정 정산방법 1. 내부정산 (지자체 내부적으로 정산) 2. 외부정산 (외부전문기관위탁 정산) 3. 내·외부 모두 산정 4. 정산 無 5. 없음	성과평가 실시여부 1. 실시 2. 미실시 3. 향후 추진 4. 해당없음
15238	충남 청양군	레저스포츠교실운영	12,000	1	4	7	8	7	1	1	1
15239	충남 청양군	자율방범대교육지원	12,000	1	4	7	8	7	1	1	1
15240	충남 청양군	장애인관련기타행사	11,000	1	4	7	8	7	1	1	1
15241	충남 청양군	한우명품화지원(한우유전체분석지원)	10,800	1	6	7	8	7	5	5	4
15242	충남 청양군	전통사당제향지원	10,200	1	4	7	8	7	1	1	1
15243	충남 청양군	전통사당제향지원	10,200	1	4	7	8	7	1	1	1
15244	충남 청양군	농업계고졸업청년농업인농창업지원사업	10,000	1	6	7	8	7	5	5	4
15245	충남 청양군	마을단위여성농업인프로그램지원	10,000	1	6	7	8	7	5	5	4
15246	충남 청양군	가금산업육성지원(육질개선제및악취저감제지원)	10,000	1	6	7	8	7	5	5	4
15247	충남 청양군	사업개발비지원사업(충남형사회적기업)	10,000	1	2	7	8	7	1	1	2
15248	충남 청양군	청양군통합방위협의회사업비	10,000	1	1	7	1	7	1	1	1
15249	충남 청양군	전통향교석전대제	10,000	1	4	7	8	7	1	1	1
15250	충남 청양군	전통향교석전대제	10,000	1	4	7	8	7	1	1	1
15251	충남 청양군	유소년스포츠교실운영	10,000	1	4	7	8	7	1	1	1
15252	충남 청양군	3.1절기념시군대항마라톤대회출전지원사업	10,000	1	4	7	8	7	1	1	1
15253	충남 청양군	우수평생학습동아리지원	10,000	1	4	7	8	7	1	1	1
15254	충남 청양군	농촌지도자회저탄소농업실천시범사업	10,000	1	4	1	1	1	1	1	1
15255	충남 청양군	농업인학습단체대회및활동지원	10,000	1	4	7	8	7	5	5	4
15256	충남 청양군	품목농업인연구회실증연구과제포운영	10,000	1	4	7	8	7	5	5	4
15257	충남 청양군	벼우량품종종자생산자율교환시범	10,000	1	1	7	8	7	5	5	4
15258	충남 청양군	청년농업인품목별연구동아리육성지원	9,300	1	4	7	8	7	5	5	4
15259	충남 청양군	여성농업인역량강화교육지원	9,000	1	6	7	8	7	5	5	4
15260	충남 청양군	이장정례회의운영	9,000	1	4	7	8	7	1	1	1
15261	충남 청양군	행복을주는씨앗나눔(주민참여)	8,500	1	7	7	8	7	5	5	4
15262	충남 청양군	사료작물(춘.추파)종자대지원	8,400	1	2	7	8	7	5	5	4
15263	충남 청양군	돼지생산성향상지원	8,000	1	6	7	8	7	5	5	4
15264	충남 청양군	1+3사랑나눔자원봉사활동	8,000	1	6	7	8	7	2	1	1
15265	충남 청양군	재난안전예방활동지원	8,000	1	1,4	7	8	7	1	1	3
15266	충남 청양군	품목농업인연구협의회6차산업화지원	8,000	1	4	7	8	7	5	5	4
15267	충남 청양군	농작물병해충친환경방제기술시범	8,000	1	1	7	8	7	5	5	4
15268	충남 청양군	한우생산성향상지원(한우면역강화제지원)	7,920	1	6	7	8	7	5	5	4
15269	충남 청양군	농촌체험휴양마을보험가입지원	7,912	1	7	7	8	7	5	5	4
15270	충남 청양군	조사료종자대구입지원	7,650	1	6	7	8	7	5	5	4
15271	충남 청양군	6.25기념행사및호국보훈의달위문행사지원	7,000	1	1	7	8	7	1	1	1
15272	충남 청양군	문화학교운영	7,000	1	4	7	8	7	1	1	1
15273	충남 청양군	충남도이장한마음행사참가	7,000	1	4	7	8	7	1	1	1
15274	충남 청양군	충남인성교육사업지원(충효예교실)	6,836	1	6	7	8	7	1	1	1
15275	충남 청양군	저소득보훈가족밑반찬지원사업	6,736	1	1	7	8	7	1	1	1
15276	충남 청양군	가금농가질병관리(컨설팅)지원	6,000	1	2	7	8	7	5	5	4
15277	충남 청양군	중소기업전시박람회참가비지원사업	6,000	1	4	7	8	7	1	1	1

순번	시군구	지출명 (사업명)	2024년예산 (단위 : 천원 /1년간)	민간이전 분류 (지방자치단체 세출예산 집행기준에 의거) 1. 민간경상사업보조(307-02) 2. 민간단체 법정운영비보조(307-03) 3. 민간행사사업보조(307-04) 4. 민간위탁금(307-05) 5. 사회복지시설 법정운영비보조(307-10) 6. 민간인위탁교육비(307-12) 7. 공기관등에대한경상적위탁사업비(308-13) 8. 민간자본사업보조,자체재원(402-01) 9. 민간자본사업보조,이전재원(402-02) 10. 민간위탁사업비(402-03) 11. 공기관등에 대한 자본적 위탁사업비(403-02)	민간이전지출 근거 (지방보조금 관리기준 참고) 1. 법률에 규정 2. 국고보조 재원(국가지정) 3. 용도 지정 기부금 4. 조례에 직접규정 5. 지자체가 권장하는 사업을 하는 공공기관 6. 시,도 정책 및 재정사정 7. 기타 8. 해당없음	입찰방식			운영예산 산정		성과평가 실시여부
						계약체결방법 (경쟁형태) 1. 일반경쟁 2. 제한경쟁 3. 지명경쟁 4. 수의계약 5. 법정위탁 6. 기타 ( ) 7. 없음	계약기간 1. 1년 2. 2년 3. 3년 4. 4년 5. 5년 6. 기타 ( )년 7. 단기계약 (1년미만) 8. 없음	낙찰자선정방법 1. 적격심사 2. 협상에의한계약 3. 최저가낙찰제 4. 규격가격분리 5. 2단계 경쟁입찰 6. 기타 ( ) 7. 없음	운영예산 산정 1. 내부산정 (지자체 자체적으로 산정) 2. 외부산정 (외부전문기관위탁 산정) 3. 내·외부 모두 산정 4. 산정 無 5. 없음	정산방법 1. 내부정산 (지자체 내부적으로 정산) 2. 외부정산 (외부전문기관위탁 정산) 3. 내·외부 모두 산정 4. 정산 無 5. 없음	1. 실시 2. 미실시 3. 향후 추진 4. 해당없음
15278	충남 청양군	바둑교실운영	6,000	1	4	7	8	7	1	1	1
15279	충남 청양군	벼품종비교시범포운영사업	6,000	1	1	7	8	7	5	5	4
15280	충남 청양군	생산단계HACCP컨설팅지원	5,600	1	2	7	8	7	5	5	4
15281	충남 청양군	독립유공자명패달아드리기	5,300	1	1	7	8	7	1	1	1
15282	충남 청양군	친환경쌀공급물류비지원	5,000	1	6	7	8	7	5	5	4
15283	충남 청양군	청정우유생산지원(젖소번식우생산성향상지원)	5,000	1	6	7	8	7	5	5	4
15284	충남 청양군	복지취약계층발굴지원사업	5,000	1	1	7	8	7	1	1	1
15285	충남 청양군	전통향교문화기행	5,000	1	4	7	8	7	1	1	1
15286	충남 청양군	전통향교문화기행	5,000	1	4	7	8	7	1	1	1
15287	충남 청양군	북한이탈주민특화지원사업	5,000	1	4	7	8	7	1	1	1
15288	충남 청양군	새마을지회사업비	5,000	1	1	7	8	7	1	1	1
15289	충남 청양군	해병대전우회사업비	5,000	1	4	7	8	7	1	1	1
15290	충남 청양군	우수농업인육성국외역량강화	5,000	1	4	7	8	7	5	5	4
15291	충남 청양군	농촌체험휴양마을역량강화교육지원	4,992	1	7	7	8	7	5	5	4
15292	충남 청양군	청소년범죄예방위원청양지구협의회사업비	4,500	1	4	7	8	7	1	1	1
15293	충남 청양군	민족통일협의회사업비	4,050	1	4	7	8	7	1	1	1
15294	충남 청양군	공공체육시설내장애인프로그램운영지원사업	4,000	1	4	7	8	7	1	1	1
15295	충남 청양군	도의새마을운동촉진대회참석	4,000	1	1	7	8	7	1	1	1
15296	충남 청양군	전국새마을지도자대회참석	4,000	1	1	7	8	7	1	1	1
15297	충남 청양군	여성(군민)도의교실운영	4,000	1	1	7	8	7	1	1	1
15298	충남 청양군	독거노인및소외된가정밑반찬지원사업	4,000	1	1	7	8	7	1	1	1
15299	충남 청양군	전국통합자원봉사보험가입서비스지원	3,772	1	2	7	8	7	2	1	1
15300	충남 청양군	청정우유생산지원(젖소고온면역증강제지원)	3,750	1	6	7	8	7	5	5	4
15301	충남 청양군	청정우유생산지원(젖소유질개선제지원)	3,750	1	6	7	8	7	5	5	4
15302	충남 청양군	전통시장박람회견학	3,600	1	4	7	8	7	1	1	2
15303	충남 청양군	충령사추계제향	3,500	1	1	7	8	7	1	1	1
15304	충남 청양군	바르게살기운동전국회원대회참석	3,500	1	1	7	8	7	1	1	1
15305	충남 청양군	적십자봉사회독거노인및소년소녀가장지원사업	3,500	1	4	7	8	7	1	1	1
15306	충남 청양군	행정동우회사업비	3,400	1	4	7	8	7	1	1	1
15307	충남 청양군	청정우유생산지원(국산젖소보증씨수소정액지원)	3,000	1	6	7	8	7	5	5	4
15308	충남 청양군	직장공장새마을협의회사업비	3,000	1	1	7	8	7	1	1	1
15309	충남 청양군	바르게살기운동충남회원전진대회참석	3,000	1	1	7	8	7	1	1	1
15310	충남 청양군	도자율연합회한마음체육대히참석	3,000	1	4	7	8	7	1	1	1
15311	충남 청양군	정보화마을Festa참석	3,000	1	4	7	8	7	1	1	1
15312	충남 청양군	바르게살기운동협의회사업비	2,800	1	1	7	8	7	1	1	1
15313	충남 청양군	청년봉사단재능기부사업	2,500	1	1	7	8	7	1	1	1
15314	충남 청양군	한우명품화지원(맞춤형우수정액지원)	2,000	1	6	7	8	7	5	5	4
15315	충남 청양군	청정우유생산지원(젖소위생원유생산지원)	2,000	1	6	7	8	7	5	5	4
15316	충남 청양군	청대사제향비	2,000	1	1	7	8	7	1	1	1
15317	충남 청양군	청양군경우회사업비	2,000	1	4	7	8	7	1	1	1

순번	시군구	지출명 (사업명)	2024년예산 (단위 : 천원 /1년간)	민간이전 분류 (지방자치단체 세출예산 집행기준에 의거) 1. 민간경상사업보조(307-02) 2. 민간단체 법정운영비보조(307-03) 3. 민간행사사업보조(307-04) 4. 민간위탁금(307-05) 5. 사회복지시설 법정운영비보조(307-10) 6. 민간인위탁교육비(307-12) 7. 공기관등에대한경상적위탁사업비(308-13) 8. 민간자본사업보조,자체재원(402-01) 9. 민간자본사업보조,이전재원(402-02) 10. 민간위탁사업비(402-03) 11. 공기관등에 대한 자본적 위탁사업비(403-02)	민간이전지출 근거 (지방보조금 관리기준 참고) 1. 법률에 규정 2. 국고보조 재원(국가지정) 3. 용도 지정 기부금 4. 조례에 직접규정 5. 지자체가 권장하는 사업을 하는 공공기관 6. 시,도 정책 및 재정사정 7. 기타 8. 해당없음	입찰방식: 계약체결방법 (경쟁형태) 1. 일반경쟁 2. 제한경쟁 3. 지명경쟁 4. 수의계약 5. 법정위탁 6. 기타 ( ) 7. 없음	입찰방식: 계약기간 1. 1년 2. 2년 3. 3년 4. 4년 5. 5년 6. 기타 ( )년 7. 단기계약 (1년미만) 8. 없음	입찰방식: 낙찰자선정방법 1. 적격심사 2. 협상에의한계약 3. 최저가낙찰제 4. 규격가격분리 5. 2단계 경쟁입찰 6. 기타 ( ) 7. 없음	운영예산 산정: 운영예산 산정 1. 내부산정 (지자체 자체적으로 산정) 2. 외부산정 (외부전문기관위탁 산정) 3. 내·외부 모두 산정 4. 산정 無 5. 없음	운영예산 산정: 정산방법 1. 내부정산 (지자체 내부적으로 정산) 2. 외부정산 (외부전문기관위탁 정산) 3. 내·외부 모두 정산 4. 정산 無 5. 없음	성과평가 실시여부 1. 실시 2. 미실시 3. 향후 추진 4. 해당없음
15318	충남 청양군	재향군인회사업비	2,000	1	4	7	8	7	1	1	1
15319	충남 청양군	청정우유생산지원(축산농가헬퍼지원)	1,400	1	6	7	8	7	5	5	4
15320	충남 청양군	도의여인상시상식참석	1,000	1	1	7	8	7	1	1	1
15321	충남 청양군	기타가축육성지원(곤충산업육성지원)	750	1	6	7	8	7	5	5	4
15322	충남 청양군	기타가축육성지원(염소산업육성지원)	350	1	6	7	8	7	5	5	4
15323	충남 홍성군	주민자치자체사업추진	264,000	1	4	4	1	7	1	1	1
15324	충남 홍성군	자율방범대활동지원	121,952	1	4	7	8	7	1	1	4
15325	충남 홍성군	사랑의집고쳐주기	60,000	1	4	7	8	7	1	1	1
15326	충남 홍성군	민주평화통일자문회의지원	47,000	1	4	7	8	7	1	1	1
15327	충남 홍성군	범죄피해자지원센터지원	30,000	1	4	7	8	7	1	1	1
15328	충남 홍성군	모범이장선진기견학	27,170	1	4	7	8	7	1	1	1
15329	충남 홍성군	충남형주민자치회시범사업발굴및후속지원	26,000	1	6	4	1	7	1	1	1
15330	충남 홍성군	산불이재민과함께하는천연염색프로그램	24,400	1	7	7	8	7	1	1	1
15331	충남 홍성군	저탄소농축산업전화프로젝트지원	24,000	1	6	4	1	7	1	1	1
15332	충남 홍성군	모범새마을지도자연수	15,000	1	4	7	8	7	1	1	1
15333	충남 홍성군	전국이통장한마음체육대회참가	10,200	1	4	7	8	7	1	1	1
15334	충남 홍성군	충남이통장한마음체육대회참가	10,200	1	4	7	8	7	1	1	1
15335	충남 홍성군	자유수호합동위령제	10,000	1	4	7	8	7	1	1	1
15336	충남 홍성군	북한이탈주민정착지원	10,000	1	4	7	8	7	1	1	1
15337	충남 홍성군	대한적십자사홍성지구협의회봉사지원	10,000	1	4	4	1	7	1	1	1
15338	충남 홍성군	브라보,Mylife	10,000	1	4	7	8	7	1	1	1
15339	충남 홍성군	홍성군지역치안협의회지원	9,000	1	4	7	8	7	1	1	1
15340	충남 홍성군	사랑의김장담그기	8,000	1	4	7	8	7	1	1	1
15341	충남 홍성군	한국전쟁민간인희생자홍성군유족회지원	7,000	1	4	7	8	7	1	1	1
15342	충남 홍성군	주민자치협의회선진지견학	6,650	1	4	4	1	7	1	1	1
15343	충남 홍성군	도의사회교실운영	5,000	1	4	7	8	7	1	1	1
15344	충남 홍성군	민족통일홍성군협의회지원	5,000	1	4	7	8	7	1	1	1
15345	충남 홍성군	재향경우회교통캠페인	5,000	1	4	7	8	7	1	1	1
15346	충남 홍성군	행정동우회봉사활동	5,000	1	4	7	8	7	1	1	1
15347	충남 홍성군	대한적십자사반찬봉사	5,000	1	4	7	8	7	1	1	1
15348	충남 홍성군	전국새마을지도자대회참가	4,500	1	4	4	1	7	1	1	1
15349	충남 홍성군	충남도의새마을촉진대회참가	3,000	1	4	7	8	7	1	1	1
15350	충남 홍성군	바르게살기운동전국대회참가	3,000	1	4	7	8	7	1	1	1
15351	충남 홍성군	바르게살기운동도전진대회참가	3,000	1	4	7	8	7	1	1	1
15352	충남 홍성군	대한적십자사충남봉사원대회	3,000	1	4	7	8	7	1	1	1
15353	충남 홍성군	자율방범연합대충남한마음체육대회참가	3,000	1	4	4	1	7	1	1	1
15354	충남 홍성군	이북5도민회지원	2,600	1	4	7	8	7	1	1	1
15355	충남 홍성군	대한적십자사소나무봉사회농어촌의료봉사	2,000	1	4	7	8	7	1	1	1
15356	충남 홍성군	충남새마을여인상시상식및리더교육	1,500	1	4	4	1	7	1	1	1
15357	충남 예산군	농작물재해보험료지원	4,545,000	1	4	7	8	7	1	1	1

순번	시군구	지출명 (사업명)	2024년예산 (단위 : 천원 /1년간)	민간이전 분류 (지방자치단체 세출예산 집행기준에 의거) 1. 민간경상사업보조(307-02) 2. 민간단체 법정운영비보조(307-03) 3. 민간행사사업보조(307-04) 4. 민간위탁금(307-05) 5. 사회복지시설 법정운영비보조(307-10) 6. 민간인위탁교육비(307-12) 7. 공기관등에대한경상적위탁사업비(308-13) 8. 민간자본사업보조,자체재원(402-01) 9. 민간자본사업보조,이전재원(402-02) 10. 민간위탁사업비(402-03) 11. 공기관등에 대한 자본적 위탁사업비(403-02)	민간이전지출 근거 (지방보조금 관리기준 참고) 1. 법률에 규정 2. 국고보조 재원(국가지정) 3. 용도 지정 기부금 4. 조례에 직접규정 5. 지자체가 권장하는 사업을 하는 공공기관 6. 시,도 정책 및 재정사정 7. 기타 8. 해당없음	입찰방식 계약체결방법 (경쟁형태) 1. 일반경쟁 2. 제한경쟁 3. 지명경쟁 4. 수의계약 5. 법정위탁 6. 기타 ( ) 7. 없음	입찰방식 계약기간 1. 1년 2. 2년 3. 3년 4. 4년 5. 5년 6. 기타 ( )년 7. 단기계약 (1년미만) 8. 없음	입찰방식 낙찰자선정방법 1. 적격심사 2. 협상에의한계약 3. 최저가낙찰제 4. 규격가격분리 5. 2단계 경쟁입찰 6. 기타 ( ) 7. 없음	운영예산 산정 운영예산 산정 1. 내부산정 (지자체 자체적으로 산정) 2. 외부산정 (외부전문기관위탁 산정) 3. 내·외부 모두 산정 4. 산정 無 5. 없음	운영예산 산정 정산방법 1. 내부정산 (지자체 내부적으로 정산) 2. 외부정산 (외부전문기관위탁 정산) 3. 내·외부 모두 산정 4. 정산 無 5. 없음	성과평가 실시여부 1. 실시 2. 미실시 3. 향후 추진 4. 해당없음
15358	충남 예산군	벼육묘용상토지원	1,540,000	1	4	7	8	7	1	1	1
15359	충남 예산군	벼병해충예방항공공동방제지원사업	1,440,000	1	4	7	8	7	1	1	1
15360	충남 예산군	토양개량제지원	1,136,408	1	2	7	8	7	1	1	1
15361	충남 예산군	유기질비료지원	1,082,992	1	6	7	8	7	1	1	1
15362	충남 예산군	구제역예방백신지원(전업농)	978,650	1	2	4	1	6	1	1	4
15363	충남 예산군	통합문화이용권카드사업	569,732	1	4	7	8	7	1	1	1
15364	충남 예산군	청년후계농영농정착지원금	551,000	1	2	7	7	7	3	1	4
15365	충남 예산군	벼묘판처리소독약제지원	506,000	1	4	7	8	7	1	1	1
15366	충남 예산군	농작업지원단육성운영	462,000	1	6	7	8	7	1	1	1
15367	충남 예산군	미황쌀대표브랜드쌀원료곡수매지원	450,000	1	5	7	8	7	1	1	1
15368	충남 예산군	친환경농업단지조성사업	405,000	1	5	7	8	7	1	1	1
15369	충남 예산군	공선출하조직농가수송비지원	400,000	1	7	7	8	7	1	1	1
15370	충남 예산군	농산물연합사업포장재제작비지원	370,000	1	4	7	8	7	1	1	1
15371	충남 예산군	수리계수리시설유지관리	350,000	1	1	4	1	7	1	1	2
15372	충남 예산군	공동방제단운영지원	346,004	1	2	4	1	6	1	1	4
15373	충남 예산군	농산물연합사업수탁물류비지원	330,000	1	4	7	8	7	1	1	1
15374	충남 예산군	농업인안전보험	300,000	1	4	7	8	7	1	1	1
15375	충남 예산군	전용사료공급	294,400	1	6	7	8	7	1	1	4
15376	충남 예산군	돼지써코바이러스백신지원사업	276,000	1	2	7	8	7	1	1	4
15377	충남 예산군	가축분뇨처리개선지원	260,000	1	6	7	8	7	1	1	4
15378	충남 예산군	농기계종합보험지원	240,000	1	4	7	8	7	1	1	1
15379	충남 예산군	동물용의약품수출혁신품목육성지원	235,200	1	2	7	8	7	1	1	4
15380	충남 예산군	고령은퇴농업인농지이양활성화	222,000	1	4	7	8	7	1	1	1
15381	충남 예산군	축산악취저감제지원	215,000	1	6	7	8	7	1	1	4
15382	충남 예산군	RPC자체매입금이차보전지원	200,000	1	5	7	8	7	1	1	1
15383	충남 예산군	과수저장시설신선도유지제지원사업	200,000	1	4	4	8	7	5	1	1
15384	충남 예산군	예산향교문화유산활용	190,000	1	2	7	8	7	1	1	3
15385	충남 예산군	예산군자율방범대활동지원	185,400	1	1,4	7	8	7	1	1	4
15386	충남 예산군	여성농업인센터운영지원(운영비)	183,392	1	6	7	8	7	1	1	1
15387	충남 예산군	농촌인력중개센터운영지원사업(농촌형)	170,000	1	5	7	8	7	1	1	1
15388	충남 예산군	원예작물연작장해경감제지원	150,000	1	4	4	8	7	5	1	1
15389	충남 예산군	신중년사회공헌활동지원사업	150,000	1	1	7	8	7	5	5	4
15390	충남 예산군	여성농업인센터운영지원	148,608	1	6	7	8	7	1	1	1
15391	충남 예산군	청년농업인농지임차료지원	138,000	1	1,3	7	8	7	3	1	4
15392	충남 예산군	배추무사마귀병방제지원사업	133,000	1	4	4	8	7	5	1	1
15393	충남 예산군	가축분뇨수분조절제지원	125,000	1	4	7	8	7	1	1	1
15394	충남 예산군	지역사회보장협의체운영지원	124,337	1	4	7	8	7	1	1	4
15395	충남 예산군	외국인계절근로자고용환경개선지원사업	117,000	1	6	7	8	7	1	1	1
15396	충남 예산군	가축분뇨이용촉진	116,000	1	2	7	8	7	1	1	4
15397	충남 예산군	한우등록비지원	115,200	1	6	7	8	7	1	1	4

순번	시군구	지출명 (사업명)	2024년예산 (단위 : 천원 /1년간)	민간이전 분류 (지방자치단체 세출예산 집행기준에 의거) 1. 민간경상사업보조(307-02) 2. 민간단체 법정운영비보조(307-03) 3. 민간행사사업보조(307-04) 4. 민간위탁금(307-05) 5. 사회복지시설 법정운영비보조(307-10) 6. 민간인위탁교육비(307-12) 7. 공기관등에대한경상적위탁사업비(308-13) 8. 민간자본사업보조,자체재원(402-01) 9. 민간자본사업보조,이전재원(402-02) 10. 민간위탁사업비(402-03) 11. 공기관등에 대한 자본적 위탁사업비(403-02)	민간이전지출 근거 (지방보조금 관리기준 참고) 1. 법률에 규정 2. 국고보조 재원(국가지정) 3. 용도 지정 기부금 4. 조례에 직접규정 5. 지자체가 권장하는 사업을 하는 공공기관 6. 시,도 정책 및 재정사정 7. 기타 8. 해당없음	입찰방식: 계약체결방법 (경쟁형태) 1. 일반경쟁 2. 제한경쟁 3. 지명경쟁 4. 수의계약 5. 법정위탁 6. 기타 ( ) 7. 없음	입찰방식: 계약기간 1. 1년 2. 2년 3. 3년 4. 4년 5. 5년 6. 기타 ( )년 7. 단기계약 (1년미만) 8. 없음	입찰방식: 낙찰자선정방법 1. 적격심사 2. 협상에의한계약 3. 최저가낙찰제 4. 규격가격분리 5. 2단계 경쟁입찰 6. 기타 ( ) 7. 없음	운영예산 산정: 운영예산 산정 1. 내부산정 (지자체 자체적으로 산정) 2. 외부산정 (외부전문기관위탁 산정) 3. 내·외부 모두 산정 4. 산정 無 5. 없음	운영예산 산정: 정산방법 1. 내부정산 (지자체 내부적으로 정산) 2. 외부정산 (외부전문기관위탁 정산) 3. 내·외부 모두 산정 4. 정산 無 5. 없음	성과평가 실시여부 1. 실시 2. 미실시 3. 향후 추진 4. 해당없음
15398	충남 예산군	공선출하생산자조직육성	114,400	1	4	7	8	7	1	1	1
15399	충남 예산군	농촌돌봄서비스활성화지원	110,000	1	2	1	5	1	3	3	4
15400	충남 예산군	GMP컨설팅지원	105,000	1	2	7	8	7	1	1	4
15401	충남 예산군	지방문화원활성화및향토문화발굴육성	100,000	1	4	7	8	7	5	1	1
15402	충남 예산군	산업단지고용환경개선사업(기숙사임차지원)	100,000	1	4	7	8	7	1	1	1
15403	충남 예산군	농촌인력중개센터운영지원사업(공공형)	98,000	1	2	7	8	7	1	1	1
15404	충남 예산군	노인자살예방멘토링사업	93,000	1	6	7	8	7	5	5	4
15405	충남 예산군	농공단지입주기업물류보조금지원	90,000	1	4	7	8	7	1	1	1
15406	충남 예산군	양봉농가육성지원	86,000	1	6	7	8	7	1	1	4
15407	충남 예산군	전통산사문화재활용사업(수덕사대웅전에반하다)	82,500	1	2	7	8	7	1	1	3
15408	충남 예산군	돼지개량지원	79,000	1	6	7	8	7	1	1	4
15409	충남 예산군	농촌체험휴양마을사무장지원	77,724	1	6	7	8	7	1	1	4
15410	충남 예산군	품질고급화장려금	77,664	1	6	7	8	7	4	1	2
15411	충남 예산군	젖소번식우생산성향상지원	76,000	1	6	7	8	7	1	1	4
15412	충남 예산군	조사료생산용종자구입지원	72,660	1	6	7	8	7	1	1	4
15413	충남 예산군	APC사과공동선별비지원	70,000	1	2	7	8	7	1	1	4
15414	충남 예산군	농어업회의소육성지원사업	65,000	1	4	7	8	7	1	1	1
15415	충남 예산군	예산상설시장질서유지및주차관리	64,722	1	1,3	7	8	7	1	1	1
15416	충남 예산군	APC사과출하농가수송비지원	63,000	1	4	4	1	7	1	1	2
15417	충남 예산군	주민자치회활성화사업	60,000	1	4	7	8	7	1	1	1
15418	충남 예산군	가금농가질병관리(컨설팅)	60,000	1	4	7	8	7	1	1	1
15419	충남 예산군	농촌마을공동급식도우미지원	60,000	1	2	7	8	7	1	1	4
15420	충남 예산군	산림경영지원	57,800	1	4	7	8	7	2	1	1
15421	충남 예산군	식량작물생산비절감지원사업(경상)	56,250	1	2	7	8	7	5	5	4
15422	충남 예산군	(예비)사회적기업일자리창출사업	56,000	1	5	7	8	7	1	1	1
15423	충남 예산군	젖소고온면역증강제지원	55,500	1	2	7	8	7	5	5	4
15424	충남 예산군	생생문화유산사업(높이날자황새야)	50,000	1	6	7	8	7	1	1	4
15425	충남 예산군	다회용기재사용촉진지원사업	50,000	1	2	6	1	7	3	1	4
15426	충남 예산군	농촌융복합산업활성화맞춤형지원	50,000	1	4	7	8	7	5	5	4
15427	충남 예산군	양돈농가분뇨분해촉진지원	50,000	1	4	7	8	7	1	1	1
15428	충남 예산군	생생문화재(룰루랄라,충의사에서놀아보자!)	50,000	1	4	7	8	7	1	1	1
15429	충남 예산군	추사고택탐구생활	50,000	1	2	7	8	7	5	1	4
15430	충남 예산군	통합마케팅조직육성	48,000	1	2	7	8	7	5	1	4
15431	충남 예산군	황새식체험사업	45,000	1	4	7	8	7	1	1	1
15432	충남 예산군	부직포활용친환경고추생산지원사업	45,000	1	4	4	1	7	1	1	4
15433	충남 예산군	사료작물종자대구입지원	44,400	1	4	4	8	7	5	1	1
15434	충남 예산군	가금농가생산성향상사업	43,000	1	6	7	8	7	1	1	4
15435	충남 예산군	돼지소모성질환지도지원	42,000	1	6	7	8	7	1	1	4
15436	충남 예산군	고능력젖소개량지원	41,400	1	2	7	8	7	1	1	4
15437	충남 예산군	볏짚환원사업(삼광벼)	40,500	1	6	7	8	7	1	1	4

순번	시군구	지출명 (사업명)	2024년예산 (단위 : 천원 /1년간)	민간이전 분류 (지방자치단체 세출예산 집행기준에 의거) 1. 민간경상사업보조(307-02) 2. 민간단체 법정운영비보조(307-03) 3. 민간행사사업보조(307-04) 4. 민간위탁금(307-05) 5. 사회복지시설 법정운영비보조(307-10) 6. 민간인위탁교육비(307-12) 7. 공기관등에대한경상적위탁사업비(308-13) 8. 민간자본사업보조,자체재원(402-01) 9. 민간자본사업보조,이전재원(402-02) 10. 민간위탁사업비(402-03) 11. 공기관등에 대한 자본적 위탁사업비(403-02)	민간이전지출 근거 (지방보조금 관리기준 참고) 1. 법률에 규정 2. 국고보조 재원(국가지정) 3. 용도 지정 기부금 4. 조례에 직접규정 5. 지자체가 권장하는 사업을 하는 공공기관 6. 시,도 정책 및 재정사정 7. 기타 8. 해당없음	입찰방식			운영예산 산정		성과평가 실시여부
						계약체결방법 (경쟁형태) 1. 일반경쟁 2. 제한경쟁 3. 지명경쟁 4. 수의계약 5. 법정위탁 6. 기타 ( ) 7. 없음	계약기간 1. 1년 2. 2년 3. 3년 4. 4년 5. 5년 6. 기타 ( )년 7. 단기계약 (1년미만) 8. 없음	낙찰자선정방법 1. 적격심사 2. 협상에의한계약 3. 최저가낙찰제 4. 규격가격분리 5. 2단계 경쟁입찰 6. 기타 ( ) 7. 없음	운영예산 산정 1. 내부산정 (지자체 자체적으로 산정) 2. 외부산정 (외부전문기관위탁 산정) 3. 내·외부 모두 산정 4. 산정 無 5. 없음	정산방법 1. 내부정산 (지자체 내부적으로 정산) 2. 외부정산 (외부전문기관위탁 정산) 3. 내·외부 모두 산정 4. 정산 無 5. 없음	1. 실시 2. 미실시 3. 향후 추진 4. 해당없음
15438	충남 예산군	지역환경교육센터지원	40,000	1	6	7	8	7	5	5	4
15439	충남 예산군	주민주도마을만들기사업(농촌현장포럼)(전환사업)	40,000	1	4	6	1	7	1	1	1
15440	충남 예산군	젖소유질개선제지원	40,000	1	6	7	8	7	1	1	4
15441	충남 예산군	식량작물생산비절감지원사업(볏짚환원)	39,000	1	5	7	8	7	1	1	1
15442	충남 예산군	충남오감통합구매지원(충남오감육성)(전환사업)	38,000	1	6	7	8	7	4	1	2
15443	충남 예산군	가금농가방역환경개선지원	38,000	1	6	7	8	7	1	1	4
15444	충남 예산군	학교친환경농업실천지원	36,000	1	6	7	8	7	1	1	1
15445	충남 예산군	APC마케팅홍보비지원	36,000	1	4	7	8	7	1	1	1
15446	충남 예산군	농작업보호장비지원	33,600	1	4	7	8	7	1	1	1
15447	충남 예산군	한우송아지설사예방제지원	33,000	1	6	7	8	7	1	1	4
15448	충남 예산군	닭진드기공동방제지원	32,000	1	2	7	8	7	1	1	4
15449	충남 예산군	양봉농가경영안정지원	31,000	1	6	7	8	7	1	1	4
15450	충남 예산군	범죄피해자지원센터사업지원	30,000	1	1,4	7	8	7	1	1	4
15451	충남 예산군	예산군자율방범대장비지원	30,000	1	1,4	7	8	7	1	1	4
15452	충남 예산군	통일기반조성사업	30,000	1	1,4	7	8	7	1	1	4
15453	충남 예산군	농요발굴복원사업	30,000	1	6	7	8	7	5	5	4
15454	충남 예산군	지속가능발전협의회지원사업	30,000	1	4	7	8	7	5	5	4
15455	충남 예산군	탄소중립생활실천확산지원사업	30,000	1	6	7	8	7	5	5	4
15456	충남 예산군	생태계교란생물퇴치사업	30,000	1	2	7	8	7	5	5	4
15457	충남 예산군	식량산업지역맞춤형	30,000	1	4	7	8	7	1	1	1
15458	충남 예산군	농산물수출선도조직육성	30,000	1	6	7	8	7	4	1	2
15459	충남 예산군	임산물유통개선	30,000	1	2	7	8	7	5	5	4
15460	충남 예산군	농산물공동가공센터가공활성화포장재지원	30,000	1	6	7	8	7	5	5	4
15461	충남 예산군	새마을운동활성화사업추진	28,800	1	1,4	7	8	7	1	1	4
15462	충남 예산군	엽연초영농자재지원사업	28,800	1	4	4	8	7	5	1	1
15463	충남 예산군	공선출하조직공동선별비지원	27,000	1	4	7	8	7	1	1	1
15464	충남 예산군	충남형주민자치회시범사업	26,000	1	6	7	8	7	1	1	1
15465	충남 예산군	가루쌀생산단지교육컨설팅지원	25,200	1	2	7	8	7	1	1	1
15466	충남 예산군	여성농업인마을단위프로그램	25,000	1	1	7	8	7	2	1	4
15467	충남 예산군	육성률향상기능성볼록지원	24,640	1	6	7	8	7	1	1	4
15468	충남 예산군	바르게살기운동활성화사업	24,000	1	1,4	7	8	7	1	1	4
15469	충남 예산군	여성농업인역량강화교육	24,000	1	4	7	8	7	1	1	1
15470	충남 예산군	한우유전체분석지원	24,000	1	6	7	8	7	1	1	4
15471	충남 예산군	마을기업육성사업	24,000	1	2	7	8	7	5	5	4
15472	충남 예산군	젖소위생원유생산지원	23,500	1	6	7	8	7	1	1	4
15473	충남 예산군	기후변화대응인삼약초생산자재지원	23,000	1	4	4	8	7	5	1	1
15474	충남 예산군	광시한우택배비지원	22,500	1	4	7	8	7	1	1	4
15475	충남 예산군	추사학당(추사인문학교)	22,500	1	4	7	8	7	5	1	4
15476	충남 예산군	청년고용인건비	20,525	1	2	7	8	7	5	5	4
15477	충남 예산군	새마을운동활성화사업지원	20,000	1	1,4	7	8	7	1	1	4

순번	시군구	지출명 (사업명)	2024년예산 (단위 : 천원 /1년간)	민간이전 분류 (지방자치단체 세출예산 집행기준에 의거) 1. 민간경상사업보조(307-02) 2. 민간단체 법정운영비보조(307-03) 3. 민간행사사업보조(307-04) 4. 민간위탁금(307-05) 5. 사회복지시설 법정운영비보조(307-10) 6. 민간인위탁교육비(307-12) 7. 공기관등에대한경상적위탁사업비(308-13) 8. 민간자본사업보조,자체재원(402-01) 9. 민간자본사업보조,이전재원(402-02) 10. 민간위탁사업비(402-03) 11. 공기관등에 대한 자본적 위탁사업비(403-02)	민간이전지출 근거 (지방보조금 관리기준 참고) 1. 법률에 규정 2. 국고보조 재원(국가지정) 3. 용도 지정 기부금 4. 조례에 직접규정 5. 지자체가 권장하는 사업을 하는 공공기관 6. 시,도 정책 및 재정사정 7. 기타 8. 해당없음	입찰방식: 계약체결방법 (경쟁형태) 1. 일반경쟁 2. 제한경쟁 3. 지명경쟁 4. 수의계약 5. 법정위탁 6. 기타 ( ) 7. 없음	입찰방식: 계약기간 1. 1년 2. 2년 3. 3년 4. 4년 5. 5년 6. 기타 ( )년 7. 단기계약 (1년미만) 8. 없음	입찰방식: 낙찰자선정방법 1. 적격심사 2. 협상에의한계약 3. 최저가낙찰제 4. 규격가격분리 5. 2단계 경쟁입찰 6. 기타 ( ) 7. 없음	운영예산 산정 1. 내부산정 (지자체 자체적으로 산정) 2. 외부산정 (외부전문기관위탁 산정) 3. 내·외부 모두 산정 4. 산정 無 5. 없음	정산방법 1. 내부정산 (지자체 내부적으로 정산) 2. 외부정산 (외부전문기관위탁 정산) 3. 내·외부 모두 산정 4. 정산 無 5. 없음	성과평가 실시여부 1. 실시 2. 미실시 3. 향후 추진 4. 해당없음
15478	충남 예산군	문화예술단체각종대회출전지원	20,000	1	4	7	7	7	1	1	1
15479	충남 예산군	템플스테이플러스원투어	20,000	1	4	7	8	7	5	5	4
15480	충남 예산군	농약안전보관함보급사업	20,000	1	6	7	8	7	1	1	1
15481	충남 예산군	젖소우수정액지원	20,000	1	4	7	8	7	1	1	1
15482	충남 예산군	귀농인농자재구입비지원	20,000	1	4	7	8	7	5	5	4
15483	충남 예산군	국산밀생산단지교육컨설팅지원	19,800	1	2	7	8	7	1	1	1
15484	충남 예산군	축산차량GPS상시전원체계구축	19,800	1	2	7	8	7	1	1	4
15485	충남 예산군	돼지생산성향상지원	19,000	1	6	7	8	7	1	1	4
15486	충남 예산군	산촌생태마을운영지원	19,000	1	1	7	8	7	5	5	4
15487	충남 예산군	청년고용인건비	18,939	1	2	7	8	7	5	5	4
15488	충남 예산군	지역발전사업지원	18,000	1	4	7	8	7	1	1	1
15489	충남 예산군	근현대구술채록사업지원	18,000	1	4	7	8	7	5	1	1
15490	충남 예산군	배다리마을관리사회적협동조합초기사업비지원금(2년차)	18,000	1	1	7	8	7	1	1	3
15491	충남 예산군	품목농업인연구회마케팅경영전략화시범사업	18,000	1	6	7	8	7	5	5	4
15492	충남 예산군	식량작물생산비절감지원사업(공동방제)	17,250	1	6	7	8	7	1	1	1
15493	충남 예산군	한우개량DNA친자감별검사지원	17,020	1	6	7	8	7	1	1	4
15494	충남 예산군	생산단계HACCP컨설팅지원	16,800	1	2	7	8	7	1	1	4
15495	충남 예산군	출하운송비	15,400	1	6	7	8	7	1	1	4
15496	충남 예산군	축산농가헬퍼지원사업	15,300	1	6	7	8	7	1	1	4
15497	충남 예산군	예산학강좌운영지원	15,000	1	4	7	8	7	5	1	1
15498	충남 예산군	민족음악원영선관리	15,000	1	2	7	7	7	1	1	1
15499	충남 예산군	장애인음악활동지원	15,000	1	4	7	7	7	1	1	1
15500	충남 예산군	수출농산물포장재지원	15,000	1	6	7	8	7	4	1	2
15501	충남 예산군	국산젖소보증씨수소정액지원	15,000	1	6	7	8	7	1	1	4
15502	충남 예산군	온행(저등급)수매지원사업	15,000	1	2	7	8	7	5	5	4
15503	충남 예산군	도의새마을위탁교육	14,807	1	1,4	7	8	7	1	1	4
15504	충남 예산군	동물복지컨설팅	14,000	1	2	7	8	7	5	5	4
15505	충남 예산군	교통사고예방봉사및캠페인활동	14,000	1	4	7	8	7	1	1	3
15506	충남 예산군	모범자율방범대원선진지견학	13,500	1	4	7	8	7	1	1	4
15507	충남 예산군	지방행정동우회예산군분회사업지원	13,000	1	4	7	8	7	1	1	4
15508	충남 예산군	문화학교운영지원	13,000	1	4	7	8	7	5	1	1
15509	충남 예산군	호우피해우심지역토양개량지원	12,600	1	4	4	8	7	5	1	1
15510	충남 예산군	폐사체수거함지원	12,480	1	2	7	8	7	1	1	4
15511	충남 예산군	젖소유전체분석	12,240	1	6	7	8	7	1	1	4
15512	충남 예산군	모범운수종사자교육및연수사업지원	12,000	1	4	7	8	7	1	1	3
15513	충남 예산군	도시농업전문가양성과정	12,000	1	4	7	8	7	5	5	4
15514	충남 예산군	생산성향상지원	11,440	1	6	7	8	7	1	1	4
15515	충남 예산군	유기농업자재지원	11,150	1	2	7	8	7	1	1	1
15516	충남 예산군	한우면역강화및고온스트레스예방제지원	10,890	1	6	7	8	7	1	1	4
15517	충남 예산군	친환경농산물홍보마케팅지원	10,800	1	6	7	8	7	1	1	1

순번	시군구	지출명 (사업명)	2024년예산 (단위 : 천원 /1년간)	민간이전 분류 (지방자치단체 세출예산 집행기준에 의거) 1. 민간경상사업보조(307-02) 2. 민간단체 법정운영비보조(307-03) 3. 민간행사사업보조(307-04) 4. 민간위탁금(307-05) 5. 사회복지시설 법정운영비보조(307-10) 6. 민간인위탁교육비(307-12) 7. 공기관등에대한경상적위탁사업비(308-13) 8. 민간자본사업보조,자체재원(402-01) 9. 민간자본사업보조,이전재원(402-02) 10. 민간위탁사업비(402-03) 11. 공기관등에 대한 자본적 위탁사업비(403-02)	민간이전지출 근거 (지방보조금 관리기준 참고) 1. 법률에 규정 2. 국고보조 재원(국가지정) 3. 용도 지정 기부금 4. 조례에 직접규정 5. 지자체가 권장하는 사업을 하는 공공기관 6. 시,도 정책 및 재정사정 7. 기타 8. 해당없음	입찰방식 계약체결방법 (경쟁형태) 1. 일반경쟁 2. 제한경쟁 3. 지명경쟁 4. 수의계약 5. 법정위탁 6. 기타 ( ) 7. 없음	입찰방식 계약기간 1. 1년 2. 2년 3. 3년 4. 4년 5. 5년 6. 기타 ( )년 7. 단기계약 (1년미만) 8. 없음	입찰방식 낙찰자선정방법 1. 적격심사 2. 협상에의한계약 3. 최저가낙찰제 4. 규격가격분리 5. 2단계 경쟁입찰 6. 기타 ( ) 7. 없음	운영예산 산정 운영예산 산정 1. 내부산정 (지자체 자체적으로 산정) 2. 외부산정 (외부전문기관위탁 산정) 3. 내·외부 모두 산정 4. 산정 無 5. 없음	운영예산 산정 정산방법 1. 내부정산 (지자체 내부적으로 정산) 2. 외부정산 (외부전문기관위탁 정산) 3. 내·외부 모두 산정 4. 정산 無 5. 없음	성과평가 실시여부 1. 실시 2. 미실시 3. 향후 추진 4. 해당없음
15518	충남 예산군	상하이의거92주년기념식	10,800	1	4	7	8	7	5	1	4
15519	충남 예산군	사회복지사보수교육비	10,080	1	4	7	8	7	1	1	4
15520	충남 예산군	한국자유총연맹예산군지회사업지원	10,000	1	4	7	8	7	1	1	4
15521	충남 예산군	예산군지역치안협의회3대치안정책사업	10,000	1	4	7	8	7	1	1	4
15522	충남 예산군	새마을지도자선진지견학	10,000	1	1,4	7	8	7	1	1	4
15523	충남 예산군	새마을지도자하계수련대회	10,000	1	1,4	7	8	7	1	1	4
15524	충남 예산군	민족음악원계절캠프운영지원	10,000	1	4	7	7	7	1	1	1
15525	충남 예산군	창호전수관문화체험	10,000	1	1	7	8	7	1	1	3
15526	충남 예산군	무형문화유산공개행사지원	10,000	1	1	7	8	7	1	1	3
15527	충남 예산군	공동상표포장재제작비지원	10,000	1	6	7	8	7	4	1	2
15528	충남 예산군	농촌지도자회저탄소농업실천시범	10,000	1	6	7	8	7	5	5	4
15529	충남 예산군	품목농업인연구회실증연구과제포운영	10,000	1	6	7	8	7	5	5	4
15530	충남 예산군	벼우량품종종자생산자율교환시범사업	10,000	1	6	7	8	7	5	5	4
15531	충남 예산군	윤봉길의사암장지참배및분향물품지원	9,600	1	4	7	8	7	5	5	4
15532	충남 예산군	청년농업인역량강회지원사업	9,500	1	6	7	8	7	5	5	4
15533	충남 예산군	청년농업인품목별연구동아리육성지원	9,300	1	4	7	8	7	5	5	4
15534	충남 예산군	친환경농업조직활성화	9,100	1	6	7	8	7	1	1	1
15535	충남 예산군	농업인월급제지원	9,000	1	5	7	8	7	1	1	1
15536	충남 예산군	재난및안전사고예방활동지원	9,000	1	1	7	8	7	1	1	1
15537	충남 예산군	충남인성교육사업지원	8,546	1	8	7	8	7	1	1	4
15538	충남 예산군	폐사체수거처리비지원	8,190	1	2	7	8	7	1	1	4
15539	충남 예산군	범죄예방활동지원	8,000	1	4	7	8	7	1	1	4
15540	충남 예산군	(사)한국쌀전업농예산쌀소비촉진홍보비	8,000	1	4	7	8	7	1	1	1
15541	충남 예산군	청년농사회적농업지원	8,000	1	1,2	7	8	7	2	1	1
15542	충남 예산군	수확및운송작업단운영	8,000	1	4	7	8	7	1	1	1
15543	충남 예산군	자율방재단활동지원	8,000	1	1	7	7	7	1	1	3
15544	충남 예산군	바르게살기운동한마음수련대회	7,500	1	1,4	7	8	7	1	1	4
15545	충남 예산군	임업인역량교육	7,142	1	2	7	8	7	5	5	4
15546	충남 예산군	충남연극제참가지원	7,000	1	4	7	7	7	1	1	1
15547	충남 예산군	선진지견학및워크숍	6,500	1	1,3	7	8	7	1	1	1
15548	충남 예산군	시설채소육묘용상토지원사업	6,300	1	4	4	8	7	5	1	1
15549	충남 예산군	사랑의집고쳐주기사업	6,000	1	1,4	7	8	7	1	1	4
15550	충남 예산군	민족음악원문화학교운영지원	6,000	1	4	7	7	7	1	1	1
15551	충남 예산군	농업경영인대의원연수	6,000	1	1,3	7	8	7	1	1	1
15552	충남 예산군	전국으뜸농산물한마당행사지원	6,000	1	1,3	7	8	7	1	1	1
15553	충남 예산군	농산물비관세장벽해소지원	6,000	1	6	7	8	7	4	1	2
15554	충남 예산군	생활개선회5대과제실천역량강화사업	6,000	1	6	7	8	7	5	5	4
15555	충남 예산군	생활개선회자살예방공감확산후원결연	6,000	1	6	7	8	7	5	5	4
15556	충남 예산군	충남민속대제전출전지원	5,670	1	4	7	7	7	1	1	1
15557	충남 예산군	이통장연합회예산군지회연찬회	5,500	1	4	7	8	7	1	1	4

순번	시군구	지출명 (사업명)	2024년예산 (단위 : 천원 /1년간)	민간이전 분류 (지방자치단체 세출예산 집행기준에 의거) 1. 민간경상사업보조(307-02) 2. 민간단체 법정운영비보조(307-03) 3. 민간행사사업보조(307-04) 4. 민간위탁금(307-05) 5. 사회복지시설 법정운영비보조(307-10) 6. 민간인위탁교육비(307-12) 7. 공기관등에대한경상적위탁사업비(308-13) 8. 민간자본사업보조,자체재원(402-01) 9. 민간자본사업보조,이전재원(402-02) 10. 민간위탁사업비(402-03) 11. 공기관등에 대한 자본적 위탁사업비(403-02)	민간이전지출 근거 (지방보조금 관리기준 참고) 1. 법률에 규정 2. 국고보조 재원(국가지정) 3. 용도 지정 기부금 4. 조례에 직접규정 5. 지자체가 권장하는 사업을 하는 공공기관 6. 시,도 정책 및 재정사정 7. 기타 8. 해당없음	입찰방식 계약체결방법 (경쟁형태) 1. 일반경쟁 2. 제한경쟁 3. 지명경쟁 4. 수의계약 5. 법정위탁 6. 기타 ( ) 7. 없음	입찰방식 계약기간 1. 1년 2. 2년 3. 3년 4. 4년 5. 5년 6. 기타 ( )년 7. 단기계약 (1년미만) 8. 없음	입찰방식 낙찰자선정방법 1. 적격심사 2. 협상에의한계약 3. 최저가낙찰제 4. 규격가격분리 5. 2단계 경쟁입찰 6. 기타 ( ) 7. 없음	운영예산 산정 운영예산 산정 1. 내부산정 (지자체 자체적으로 산정) 2. 외부산정 (외부전문기관위탁 산정) 3. 내·외부 모두 산정 4. 산정 無 5. 없음	운영예산 산정 정산방법 1. 내부정산 (지자체 내부적으로 정산) 2. 외부정산 (외부전문기관위탁 정산) 3. 내·외부 모두 산정 4. 정산 無 5. 없음	성과평가 실시여부 1. 실시 2. 미실시 3. 향후 추진 4. 해당없음
15558	충남 예산군	이통장연합회도지부체육대회참가지원	5,500	1	4	7	8	7	1	1	4
15559	충남 예산군	대한적십자사봉사회예산지구협의회사업지원	5,000	1	4	7	8	7	1	1	4
15560	충남 예산군	북한이탈주민지원사업	5,000	1	4,6	7	8	7	1	1	4
15561	충남 예산군	새마을운동종합평가대회	5,000	1	1,4	7	8	7	1	1	4
15562	충남 예산군	사랑의밑반찬나누기	5,000	1	1,4	7	8	7	1	1	4
15563	충남 예산군	바르게살기운동전국대회참가	5,000	1	1,4	7	8	7	1	1	4
15564	충남 예산군	바르게살기운동예산군협의회선진지견학	5,000	1	1,4	7	8	7	1	1	4
15565	충남 예산군	슬로시티주민교육육성지원	5,000	1	4	7	8	7	5	5	4
15566	충남 예산군	여성농업인도대회행사지원	5,000	1	4	7	8	7	1	1	1
15567	충남 예산군	농업계고졸업청년농업인농창업지원사업	5,000	1	1,3	7	8	7	3	1	4
15568	충남 예산군	임업후계자전국대회참석	5,000	1	8	7	8	7	5	5	4
15569	충남 예산군	귀농귀촌인재능기부활성화	4,600	1	4	7	8	7	5	5	4
15570	충남 예산군	통일의식강화사업	4,500	1	8	7	8	7	1	1	4
15571	충남 예산군	여성농업인창의력개발교육	4,200	1	1,3	7	8	7	1	1	1
15572	충남 예산군	도의새마을촉진대회	4,000	1	1,4	7	8	7	1	1	4
15573	충남 예산군	전국새마을지도자대회	4,000	1	1,4	7	8	7	1	1	4
15574	충남 예산군	여성농업인한마음다짐대회	4,000	1	4	7	8	7	1	1	1
15575	충남 예산군	곤충산업육성	4,000	1	6	7	8	7	1	1	4
15576	충남 예산군	임업후계자임업발전경연대회	4,000	1	8	7	8	7	5	5	4
15577	충남 예산군	독립운동가유적지순례및학생글짓기공모전	4,000	1	4	7	8	7	5	1	4
15578	충남 예산군	충남쌀유전자분석비지원	3,750	1	6	7	8	7	1	1	1
15579	충남 예산군	친환경농업자재지원사업	3,710	1	6	7	8	7	1	1	1
15580	충남 예산군	충남일반남여농악경연대회출전지원	3,600	1	4	7	7	7	1	1	1
15581	충남 예산군	자격증취득지원및기타지원	3,500	1	2	7	8	7	5	5	4
15582	충남 예산군	예산문학집발간지원	3,240	1	4	7	7	7	1	1	1
15583	충남 예산군	새마을어린이독서골든벨	3,200	1	1,4	7	8	7	1	1	4
15584	충남 예산군	충남국악제출전지원	3,000	1	4	7	7	7	1	1	1
15585	충남 예산군	황새홍보활성화사업	3,000	1	4	4	1	7	1	1	4
15586	충남 예산군	제5회전국어울림마라톤대회참가	3,000	1	1	7	8	7	1	1	1
15587	충남 예산군	대안농정심포지엄	3,000	1	1,3	7	8	7	1	1	1
15588	충남 예산군	내고장농산물홍보및나눔한마당(여성농업인)	3,000	1	4	7	8	7	1	1	1
15589	충남 예산군	고추농가포대지원사업	3,000	1	4	4	8	7	5	1	1
15590	충남 예산군	자격증취득지원및기타지원	3,000	1	2	7	8	7	5	5	4
15591	충남 예산군	예산예술지발간지원	2,700	1	4	7	7	7	1	1	1
15592	충남 예산군	예산재향경우회사업지원	2,000	1	4	7	8	7	1	1	4
15593	충남 예산군	(사)한국쌀전업농대회참가및홍보비	2,000	1	4	7	8	7	1	1	1
15594	충남 예산군	농촌체험휴양마을홍보행사지원	2,000	1	6	7	8	7	4	1	2
15595	충남 예산군	문집출판및시화전지원	1,900	1	4	7	7	7	1	1	1
15596	충남 예산군	통일염원안보교육	1,620	1	8	7	8	7	1	1	4
15597	충남 예산군	공동출하확대(공동선별비)지원	1,620	1	2	7	8	7	4	1	2

순번	시군구	지출명 (사업명)	2024년예산 (단위 : 천원 /1년간)	민간이전 분류 (지방자치단체 세출예산 집행기준에 의거) 1. 민간경상사업보조(307-02) 2. 민간단체 법정운영비보조(307-03) 3. 민간행사사업보조(307-04) 4. 민간위탁금(307-05) 5. 사회복지시설 법정운영비보조(307-10) 6. 민간인위탁교육비(307-12) 7. 공기관등에대한경상적위탁사업비(308-13) 8. 민간자본사업보조,자체재원(402-01) 9. 민간자본사업보조,이전재원(402-02) 10. 민간위탁사업비(402-03) 11. 공기관등에 대한 자본적 위탁사업비(403-02)	민간이전지출 근거 (지방보조금 관리기준 참고) 1. 법률에 규정 2. 국고보조 재원(국가지정) 3. 용도 지정 기부금 4. 조례에 직접규정 5. 지자체가 권장하는 사업을 하는 공공기관 6. 시,도 정책 및 재정사정 7. 기타 8. 해당없음	입찰방식			운영예산 산정		성과평가 실시여부
						계약체결방법 (경쟁형태) 1. 일반경쟁 2. 제한경쟁 3. 지명경쟁 4. 수의계약 5. 법정위탁 6. 기타 ( ) 7. 없음	계약기간 1. 1년 2. 2년 3. 3년 4. 4년 5. 5년 6. 기타 ( )년 7. 단기계약 (1년미만) 8. 없음	낙찰자선정방법 1. 적격심사 2. 협상에의한계약 3. 최저가낙찰제 4. 규격가격분리 5. 2단계 경쟁입찰 6. 기타 ( ) 7. 없음	운영예산 산정 1. 내부산정 (지자체 자체적으로 산정) 2. 외부산정 (외부전문기관위탁 산정) 3. 내·외부 모두 산정 4. 산정 無 5. 없음	정산방법 1. 내부정산 (지자체 내부적으로 정산) 2. 외부정산 (외부전문기관위탁 정산) 3. 내·외부 모두 산정 4. 정산 無 5. 없음	1. 실시 2. 미실시 3. 향후 추진 4. 해당없음
15598	충남 예산군	야생황새먹이주기	1,500	1	4	4	7	7	1	1	4
15599	충남 예산군	교통안전및기초질서확립운영	1,440	1	4	7	8	7	1	1	3
15600	충남 예산군	주요감염병표본감시사업운영지원	1,320	1	2	5	8	7	1	1	4
15601	충남 예산군	전국지체장애인체육대회참가	1,000	1	1	7	8	7	1	1	1
15602	충남 예산군	친환경농업인교육	1,000	1	1,3	7	8	7	1	1	1
15603	충남 예산군	맞춤형우수정액지원	1,000	1	6	7	8	7	1	1	4
15604	충남 예산군	농촌체험휴양마을역량강화사업	768	1	6	7	8	7	4	1	2
15605	경상북도	아동안전지킴이활동지원	4,602,923	1	1	7	8	7	1	1	1
15606	경상북도	응급의료전용헬기운영지원	3,481,000	1	1	5	8	7	5	3	1
15607	경상북도	방역요원운영지원	3,333,900	1	2	7	8	7	5	5	4
15608	경상북도	권역외상센터운영지원	2,491,000	1	2	7	8	7	5	5	4
15609	경상북도	의료인력인건비지원	2,400,000	1	6	7	8	7	5	3	4
15610	경상북도	지역책임의료기관운영	2,375,000	1	2	7	8	7	5	3	1
15611	경상북도	도장애인체육회사업비지원	2,232,000	1	4	7	8	7	5	5	4
15612	경상북도	지식재산창출지원	1,894,000	1	4	7	8	7	5	3	4
15613	경상북도	3단계산학연협력선도대학육성사업(LINC3.)	1,623,333	1	2	7	8	7	1	1	1
15614	경상북도	도축검사원운영지원	1,623,333	1	2	7	8	7	5	5	4
15615	경상북도	경상북도정신건강복지센터인력지원	1,083,200	1	2	2	3	1	1	1	1
15616	경상북도	통합정신건강증진사업(직접)	1,083,000	1	2	2	3	1	1	1	1
15617	경상북도	청년도전지원사업	914,800	1	2	7	8	7	5	2	1
15618	경상북도	소상공인노란우산공제희망장려금지원	900,000	1	1	5	1	7	1	1	1
15619	경상북도	도자원봉사센터코디네이터지원(지특중앙)	850,000	1	4	7	8	7	5	5	4
15620	경상북도	거점정신응급의료기관운영지원	713,000	1	2	6	1	1	1	1	4
15621	경상북도	권역책임의료기관운영	655,000	1	2	7	8	7	5	3	1
15622	경상북도	권역응급의료센터운영지원	633,700	1	2	7	8	7	5	5	4
15623	경상북도	권역정신응급의료센터운영지원	601,000	1	2	6	1	1	1	3	4
15624	경상북도	경북형바이오소셜프로모션	600,000	1	4	6	1	6	1	1	1
15625	경상북도	사회공헌활동지원사업	600,000	1	4	7	8	7	5	5	1
15626	경상북도	순회진료산부인과운영(지특중앙)	600,000	1	5	7	6	6	5	1	1
15627	경상북도	수출농업기술지원단	600,000	1	7	3	3	7	1	1	1
15628	경상북도	광역단위예술활동지원	560,000	1	4	7	8	7	1	1	1
15629	경상북도	KU시티문화콘텐츠활성화지원	550,000	1	4	7	8	7	5	5	4
15630	경상북도	지역장애인보건의료센터운영(경상보조)	546,960	1	2	1	8	7	5	5	4
15631	경상북도	공공기관연관산업기업유치및지원사업	540,000	1	1	7	8	7	1	1	1
15632	경상북도	청소년자원봉사단운영	530,400	1	4	7	8	7	5	5	4
15633	경상북도	새마을전문대학원학위과정지원	510,000	1	4	7	8	7	5	5	4
15634	경상북도	경북글로벌학당	500,000	1	4	7	8	7	5	5	4
15635	경상북도	섬유소재공정저탄소화지원사업	500,000	1	2	7	8	7	5	3	4
15636	경상북도	공립요양병원치매환자지원프로그램운영(직접)	440,000	1	2	7	8	7	5	5	1
15637	경상북도	비영리민간단체공익활동지원	420,000	1	1	7	8	7	5	5	4

순번	시군구	지출명 (사업명)	2024년예산 (단위 : 천원 /1년간)	민간이전 분류 (지방자치단체 세출예산 집행기준에 의거) 1. 민간경상사업보조(307-02) 2. 민간단체 법정운영비보조(307-03) 3. 민간행사사업보조(307-04) 4. 민간위탁금(307-05) 5. 사회복지시설 법정운영비보조(307-10) 6. 민간인위탁교육비(307-12) 7. 공기관등에대한경상적위탁사업비(308-13) 8. 민간자본사업보조,자체재원(402-01) 9. 민간자본사업보조,이전재원(402-02) 10. 민간위탁사업비(402-03) 11. 공기관등에 대한 자본적 위탁사업비(403-02)	민간이전지출 근거 (지방보조금 관리기준 참고) 1. 법률에 규정 2. 국고보조 재원(국가지정) 3. 용도 지정 기부금 4. 조례에 직접규정 5. 지자체가 권장하는 사업을 하는 공공기관 6. 시,도 정책 및 재정사정 7. 기타 8. 해당없음	입찰방식 계약체결방법 (경쟁형태) 1. 일반경쟁 2. 제한경쟁 3. 지명경쟁 4. 수의계약 5. 법정위탁 6. 기타 ( ) 7. 없음	입찰방식 계약기간 1. 1년 2. 2년 3. 3년 4. 4년 5. 5년 6. 기타 ( )년 7. 단기계약 (1년미만) 8. 없음	입찰방식 낙찰자선정방법 1. 적격심사 2. 협상에의한계약 3. 최저가낙찰제 4. 규격가격분리 5. 2단계 경쟁입찰 6. 기타 ( ) 7. 없음	운영예산 산정 운영예산 산정 1. 내부산정 (지자체 자체적으로 산정) 2. 외부산정 (외부전문기관위탁 산정) 3. 내·외부 모두 산정 4. 산정 無 5. 없음	운영예산 산정 정산방법 1. 내부정산 (지자체 내부적으로 정산) 2. 외부정산 (외부전문기관위탁 정산) 3. 내·외부 모두 산정 4. 정산 無 5. 없음	성과평가 실시여부 1. 실시 2. 미실시 3. 향후 추진 4. 해당없음
15638	경상북도	사회적가치우수유망기업성장지원	400,000	1	4	6	8	7	5	5	1
15639	경상북도	글로벌섬유패션공급망역량강화사업	400,000	1	2	7	8	7	5	3	4
15640	경상북도	탄소중립지원센터운영(직접)	400,000	1	2	5	4	7	3	3	1
15641	경상북도	경북환경보건센터운영지원	400,000	1	2	7	8	7	5	5	4
15642	경상북도	농어업R&D활성화사업	381,780	1	7	7	8	7	5	5	4
15643	경상북도	경북중소기업정보보호지원사업	360,000	1	2	6	1	7	1	1	4
15644	경상북도	공예업체인턴지원사업	353,535	1	4	7	8	7	1	1	1
15645	경상북도	광역단위예술교류지원	350,000	1	4	7	8	7	1	1	1
15646	경상북도	유연인쇄전자신전자산업기술개발	333,334	1	2	7	8	7	5	3	4
15647	경상북도	경북녹색환경사업지원	314,100	1	2	7	8	7	3	3	1
15648	경상북도	창업중심대학지원사업	300,000	1	2	7	8	7	1	1	1
15649	경상북도	공학연구센터(ERC)지원	300,000	1	2	7	8	7	1	1	1
15650	경상북도	지역상공인경쟁력강화사업	300,000	1	1	7	8	7	1	1	4
15651	경상북도	한센병관리사업	300,000	1	1	7	8	7	5	5	1
15652	경상북도	지방의료원파견의료인력인건비지원	300,000	1	2	5	1	7	3	3	1
15653	경상북도	대구경북권소아전문응급의료센터운영	300,000	1	1	7	8	7	5	5	4
15654	경상북도	도장애인체육대회개최지원	290,000	1	4	7	8	7	5	5	4
15655	경상북도	북한이탈주민지역적응센터운영지원	283,000	1	2	7	8	7	1	1	4
15656	경상북도	중소기업일학습병행지원	275,000	1	1	7	8	7	1	1	1
15657	경상북도	찾아가는행복병원운영	270,000	1	5	7	1	6	1	1	1
15658	경상북도	재난재해자원봉사활동및운영지원	269,000	1	4	7	8	7	5	5	4
15659	경상북도	대구경북도농상생직매장운영지원	256,600	1	5	6	8	7	1	3	1
15660	경상북도	경북안전기동대재난대응지원	250,000	1	7	7	8	7	5	5	4
15661	경상북도	기초의과학연구센터(MRC)지원	250,000	1	2	7	8	7	1	1	1
15662	경상북도	무항생제한우출하장려금지원	250,000	1	4	7	8	7	5	5	4
15663	경상북도	난임우울증상담센터운영지원	238,000	1	1	7	8	7	1	3	1
15664	경상북도	관광청년인턴제지원	231,000	1	4	7	8	7	1	1	1
15665	경상북도	재난거점병원운영지원	229,400	1	1	5	8	7	5	3	1
15666	경상북도	청년농산업창업지원센터운영	218,000	1	5	7	8	7	1	1	1
15667	경상북도	경북관광홍보관운영	211,000	1	4	7	7	7	1	1	1
15668	경상북도	대학교육역량PLUSUP프로그램사업	210,000	1	4	3	1	7	1	1	2
15669	경상북도	대구경북기업인라운지운영	210,000	1	1	7	8	7	1	1	4
15670	경상북도	경북관광사진공모전개최	210,000	1	5	7	8	7	5	5	4
15671	경상북도	이공분야대학중점연구소지원사업	205,500	1	2	7	8	7	1	1	1
15672	경상북도	외국인주민등지역사회적응특성화사업	200,000	1	4	7	8	7	1	1	4
15673	경상북도	특성화고나노융합기술인력양성사업	200,000	1	2	7	8	7	5	3	4
15674	경상북도	창업도약패키지지원사업	200,000	1	2	6	6	6	1	1	1
15675	경상북도	경북협협동조합활성화지원	200,000	1	4	6	1	6	1	1	1
15676	경상북도	경북소셜비즈니스청년일자리(지특중앙)	200,000	1	2	7	2	7	1	3	4
15677	경상북도	사회적기업경영혁신및자립경영지원	200,000	1	4	6	8	7	1	5	1

순번	시군구	지출명 (사업명)	2024년예산 (단위 : 전원 /1년간)	민간이전 분류 (지방자치단체 세출예산 집행기준에 의거) 1. 민간경상사업보조(307-02) 2. 민간단체 법정운영비보조(307-03) 3. 민간행사사업보조(307-04) 4. 민간위탁금(307-05) 5. 사회복지시설 법정운영비보조(307-10) 6. 민간인위탁교육비(307-12) 7. 공기관등에대한경상적위탁사업비(308-13) 8. 민간자본사업보조,자체재원(402-01) 9. 민간자본사업보조,이전재원(402-02) 10. 민간위탁사업비(402-03) 11. 공기관등에 대한 자본적 위탁사업비(403-02)	민간이전지출 근거 (지방보조금 관리기준 참고) 1. 법률에 규정 2. 국고보조 재원(국가지정) 3. 용도 지정 기부금 4. 조례에 직접규정 5. 지자체가 권장하는 사업을 하는 공공기관 6. 시,도 정책 및 재정사정 7. 기타 8. 해당없음	입찰방식			운영예산 산정		성과평가 실시여부
						계약체결방법 (경쟁형태) 1. 일반경쟁 2. 제한경쟁 3. 지명경쟁 4. 수의계약 5. 법정위탁 6. 기타 ( ) 7. 없음	계약기간 1. 1년 2. 2년 3. 3년 4. 4년 5. 5년 6. 기타 ( )년 7. 단기계약 (1년미만) 8. 없음	낙찰자선정방법 1. 적격심사 2. 협상에의한계약 3. 최저가낙찰제 4. 규격가격분리 5. 2단계 경쟁입찰 6. 기타 ( ) 7. 없음	운영예산 산정 1. 내부산정 (지자체 자체적으로 산정) 2. 외부산정 (외부전문기관위탁 산정) 3. 내·외부 모두 산정 4. 산정 無 5. 없음	정산방법 1. 내부정산 (지자체 내부적으로 정산) 2. 외부정산 (외부전문기관위탁 정산) 3. 내·외부 모두 산정 4. 정산 無 5. 없음	1. 실시 2. 미실시 3. 향후 추진 4. 해당없음
15678	경상북도	소상공인IP역량강화	200,000	1	2	7	1	7	1	1	1
15679	경상북도	섬유소재전시참가지원	200,000	1	6	7	8	7	5	1	1
15680	경상북도	소아청소년과원격협진지원	200,000	1	5	7	8	7	5	5	4
15681	경상북도	AI협동로봇정책개발및기업지원사업	190,000	1	4	7	8	7	5	3	1
15682	경상북도	장애인집합정보화교육사업	189,000	1	2	6	8	7	1	1	4
15683	경상북도	교통안전교육	180,000	1	4	7	8	7	1	1	1
15684	경상북도	식생활교육지원사업	180,000	1	1	7	8	7	1	1	1
15685	경상북도	경상북도종합관광안내소운영	171,000	1	5	7	7	7	1	1	1
15686	경상북도	찾아가는산부인과운영	160,000	1	5	7	1	6	1	1	1
15687	경상북도	도민안전문화대학운영	150,000	1	7	7	8	7	5	5	4
15688	경상북도	경북청년별별창업아카데미	150,000	1	6	7	8	7	5	5	4
15689	경상북도	사회적경제11클럽육성패키지	150,000	1	4	6	8	7	5	5	1
15690	경상북도	장애친화산부인과운영	150,000	1	2	1	8	7	5	5	4
15691	경상북도	경북형공공보건의료협력강화지원	150,000	1	6	7	8	7	5	3	4
15692	경상북도	후계농업경영인교육	140,700	1	2	7	8	7	5	5	4
15693	경상북도	우량누에씨안정생산지원	140,000	1	1	6	1	6	1	1	1
15694	경상북도	민간시각디자인사업지원	139,500	1	4	7	8	7	1	1	1
15695	경상북도	경상북도근로자권익지원사업	130,000	1	4	6	1	6	1	1	1
15696	경상북도	노사파트너십교육및연수지원	125,000	1	4	6	1	6	1	1	1
15697	경상북도	지역암센터지원	125,000	1	2	4	8	7	5	3	1
15698	경상북도	암생존자통합지지센터지원	125,000	1	2	4	8	7	5	3	1
15699	경상북도	경상북도지속가능발전협의회사업지원	120,000	1	1	5	1	7	1	3	3
15700	경상북도	지역언론과함께하는전통시장알리기	120,000	1	4	7	1	7	1	1	1
15701	경상북도	어업용기자재이동수리반운영	120,000	1	2	7	8	7	5	1	4
15702	경상북도	과학기술활용주민공감지역문제해결사업	112,500	1	1	7	8	7	5	3	1
15703	경상북도	근로자자녀학자금지원	110,000	1	4	6	1	6	1	1	1
15704	경상북도	생활과학교실사업지원	100,000	1	2	7	8	7	3	1	2
15705	경상북도	지역노사민정협력활성화지원	100,000	1	4	6	1	6	1	1	1
15706	경상북도	수출지원해외서포터즈운영	100,000	1	4	7	8	7	5	5	4
15707	경상북도	경북주요종가소개책자및영상물제작	100,000	1	7	7	1	7	1	1	1
15708	경상북도	국외소재문화유산실태조사지원	100,000	1	4	7	8	7	1	1	1
15709	경상북도	국외소재문화유산찾기사업지원	100,000	1	4	7	8	7	1	1	1
15710	경상북도	국내관광박람회참가	100,000	1	5	7	7	7	1	1	1
15711	경상북도	안동의료원난임센터운영지원	100,000	1	4	7	8	7	1	3	1
15712	경상북도	해외의료봉사활동지원	100,000	1	7	7	8	7	1	1	3
15713	경상북도	민주평화통일자문회의활동지원	100,000	1	1	7	8	7	1	1	1
15714	경상북도	환동해시책지원(민간)	100,000	1	7	7	8	7	5	5	4
15715	경상북도	경북씨그랜트센터지원	100,000	1	1	7	8	7	1	1	1
15716	경상북도	어르신생활체육대회지원	92,470	1	2	7	8	7	5	5	4
15717	경상북도	디지털역량강화교육	91,700	1	2	2	7	2	5	5	4

순번	시군구	지출명 (사업명)	2024년예산 (단위 : 천원 /1년간)	민간이전 분류 (지방자치단체 세출예산 집행기준에 의거) 1. 민간경상사업보조(307-02) 2. 민간단체 법정운영비보조(307-03) 3. 민간행사사업보조(307-04) 4. 민간위탁금(307-05) 5. 사회복지시설 법정운영비보조(307-10) 6. 민간인위탁교육비(307-12) 7. 공기관등에대한경상적위탁사업비(308-13) 8. 민간자본사업보조,자체재원(402-01) 9. 민간자본사업보조,이전재원(402-02) 10. 민간위탁사업비(402-03) 11. 공기관등에 대한 자본적 위탁사업비(403-02)	민간이전지출 근거 (지방보조금 관리기준 참고) 1. 법률에 규정 2. 국고보조 재원(국가지정) 3. 용도 지정 기부금 4. 조례에 직접규정 5. 지자체가 권장하는 사업을 하는 공공기관 6. 시,도 정책 및 재정사정 7. 기타 8. 해당없음	입찰방식 계약체결방법 (경쟁형태) 1. 일반경쟁 2. 제한경쟁 3. 지명경쟁 4. 수의계약 5. 법정위탁 6. 기타 ( ) 7. 없음	입찰방식 계약기간 1. 1년 2. 2년 3. 3년 4. 4년 5. 5년 6. 기타 ( )년 7. 단기계약 (1년미만) 8. 없음	입찰방식 낙찰자선정방법 1. 적격심사 2. 협상에의한계약 3. 최저가낙찰제 4. 규격가격분리 5. 2단계 경쟁입찰 6. 기타 ( ) 7. 없음	운영예산 산정 운영예산 산정 1. 내부산정 (지자체 자체적으로 산정) 2. 외부산정 (외부전문기관위탁 산정) 3. 내·외부 모두 산정 4. 산정 無 5. 없음	운영예산 산정 정산방법 1. 내부정산 (지자체 내부적으로 정산) 2. 외부정산 (외부전문기관위탁 정산) 3. 내·외부 모두 산정 4. 정산 無 5. 없음	성과평가 실시여부 1. 실시 2. 미실시 3. 향후 추진 4. 해당없음
15718	경상북도	사회적경제기업창업성장역량강화사업	90,000	1	4	6	8	7	5	5	1
15719	경상북도	사회적경제상사맨육성	90,000	1	4	6	1	6	1	1	1
15720	경상북도	경상북도FTA활용지원사업	90,000	1	2	6	8	7	1	3	3
15721	경상북도	도민안보의식고취및홍보활동지원	88,000	1	1	7	8	7	5	5	4
15722	경상북도	탄소중립생활실천및기후환경네트워크운영지원	87,000	1	1	7	8	7	5	5	4
15723	경상북도	도덕성회복교육사업및학술발표지원	81,200	1	1	5	1	7	1	1	1
15724	경상북도	창업교육혁신선도대학사업	80,000	1	2	7	8	7	1	1	1
15725	경상북도	과학문화확산협력체계구축사업	80,000	1	2	7	8	7	1	1	1
15726	경상북도	미래형(친환경)자동차현장전문인력양성	80,000	1	6	7	8	7	5	5	4
15727	경상북도	지역대학글로벌무역전문가양성	80,000	1	4	7	8	7	5	5	4
15728	경상북도	스마트팜국제협력사업	80,000	1	2	6	8	7	1	3	3
15729	경상북도	에이즈감염인지원사업	80,000	1	4	7	8	7	1	1	4
15730	경상북도	경북농기계및교통안전교육	76,800	1	1	7	8	7	5	5	1
15731	경상북도	문화예절선양및교육지원	75,600	1	7	7	8	7	5	5	4
15732	경상북도	전통문화예절교육사업지원	73,500	1	4	7	8	7	1	1	1
15733	경상북도	광역한우브랜드홍보마케팅지원	72,000	1	2	7	8	7	1	1	1
15734	경상북도	내일은디자인컨설턴트	70,000	1	4	7	8	7	5	5	4
15735	경상북도	훈민정음뿌리찾기사업	70,000	1	4	1	1	6	1	1	1
15736	경상북도	감염병관리기관운영지원	70,000	1	6	7	8	7	1	1	1
15737	경상북도	한센인지원사업	70,000	1	1	7	8	7	1	1	1
15738	경상북도	새마을지도자대학	70,000	1	1	7	8	7	5	5	1
15739	경상북도	마대장건강증진기능성연구(지특중앙)	70,000	1	4	7	8	7	5	5	4
15740	경상북도	마활용가공식품개발(지특중앙)	70,000	1	2	6	2	6	1	2	1
15741	경상북도	대한민국캠핑대전	68,000	1	2	6	2	6	1	2	1
15742	경상북도	실크로드중앙아시아인문루트조성사업	65,000	1	5	7	7	7	1	1	1
15743	경상북도	안전교육영상(안전감수성)콘텐츠제작	64,000	1	4	5	1	7	1	1	1
15744	경상북도	FTA맞춤형컨설팅	64,000	1	7	7	8	7	5	5	4
15745	경상북도	박물관미술관인턴사원지원	63,000	1	4	6	8	7	1	3	3
15746	경상북도	취약지역원격협진네트워크구축	60,600	1	4	7	8	7	5	5	4
15747	경상북도	아이안전학교운영	60,000	1	1	7	8	7	5	5	4
15748	경상북도	중앙아시아탄탄대로교류협력사업	60,000	1	7	7	8	7	5	5	4
15749	경상북도	외국지자체공무원초청한국어연수사업	60,000	1	4	7	8	7	5	5	4
15750	경상북도	대구경북공예품상설전시판매장운영지원	60,000	1	4	1	1	7	1	3	1
15751	경상북도	경북관광기념품공모전개최지원	60,000	1	4	7	8	7	1	1	1
15752	경상북도	대구경북국제관광박람회공동추진	60,000	1	4	7	7	7	1	1	1
15753	경상북도	아름다운나눔사랑의김장담그기	60,000	1	4	7	7	7	1	1	1
15754	경상북도	풀뿌리자원봉사단(뚝심이)활동지원	60,000	1	4	7	8	7	5	5	4
15755	경상북도	한글문예대전	56,000	1	4	7	8	7	5	5	4
15756	경상북도	재난응급의료무선통신망구축	53,597	1	6	7	8	7	1	1	1
15757	경상북도	메타버스랩지원	53,064	1	1	5	8	7	5	3	1

순번	시군구	지출명 (사업명)	2024년예산 (단위 : 천원 /1년간)	민간이전 분류 (지방자치단체 세출예산 집행기준에 의거) 1. 민간경상사업보조(307-02) 2. 민간단체 법정운영비보조(307-03) 3. 민간행사사업보조(307-04) 4. 민간위탁금(307-05) 5. 사회복지시설 법정운영비보조(307-10) 6. 민간인위탁교육비(307-12) 7. 공기관등에대한경상적위탁사업비(308-13) 8. 민간자본사업보조,자체재원(402-01) 9. 민간자본사업보조,이전재원(402-02) 10. 민간위탁사업비(402-03) 11. 공기관등에 대한 자본적 위탁사업비(403-02)	민간이전지출 근거 (지방보조금 관리기준 참고) 1. 법률에 규정 2. 국고보조 재원(국가지정) 3. 용도 지정 기부금 4. 조례에 직접규정 5. 지자체가 권장하는 사업을 하는 공공기관 6. 시,도 정책 및 재정사정 7. 기타 8. 해당없음	입찰방식			운영예산 산정		성과평가 실시여부
						계약체결방법 (경쟁형태) 1. 일반경쟁 2. 제한경쟁 3. 지명경쟁 4. 수의계약 5. 법정위탁 6. 기타 ( ) 7. 없음	계약기간 1. 1년 2. 2년 3. 3년 4. 4년 5. 5년 6. 기타 ( )년 7. 단기계약 (1년미만) 8. 없음	낙찰자선정방법 1. 적격심사 2. 협상에의한계약 3. 최저가낙찰제 4. 규격가격분리 5. 2단계 경쟁입찰 6. 기타 ( ) 7. 없음	운영예산 산정 1. 내부산정 (지자체 자체적으로 산정) 2. 외부산정 (외부전문기관위탁 산정) 3. 내·외부 모두 산정 4. 산정 無 5. 없음	정산방법 1. 내부정산 (지자체 내부적으로 정산) 2. 외부정산 (외부전문기관위탁 정산) 3. 내·외부 모두 산정 4. 정산 無 5. 없음	1. 실시 2. 미실시 3. 향후 추진 4. 해당없음
15758	경상북도	농촌체험휴양마을사무장채용지원(직접)	53,064	1	2	7	8	7	1	1	1
15759	경상북도	경상북도정신건강복지센터종사자수당지원	50,400	1	6	2	3	1	1	1	1
15760	경상북도	저출산극복범도민공감대확산	50,000	1	6	7	8	7	5	5	4
15761	경상북도	메타버스과학산업지원	50,000	1	7	7	8	7	5	5	4
15762	경상북도	IT여성취창업지원사업	50,000	1	2	7	8	7	3	2	1
15763	경상북도	해외자매우호도시초등교사초청연수사업	50,000	1	4	6	8	7	1	3	1
15764	경상북도	민간해외교류협력사업(대구경북국제교류협의회)	50,000	1	4	5	1	7	1	1	1
15765	경상북도	갤러리경북운영	50,000	1	4	7	8	7	5	5	4
15766	경상북도	대구경북관광안내소운영	50,000	1	5	7	7	7	1	1	1
15767	경상북도	전국규모등체육대회지원(민간)	50,000	1	1,4	7	8	7	5	5	4
15768	경상북도	자연환경보전활성화사업	50,000	1	6	7	8	7	1	1	1
15769	경상북도	신종감염병입원치료병상확충유지	50,000	1	1	7	8	7	5	5	4
15770	경상북도	중증응급환자전원네트워크강화	50,000	1	1	7	8	7	5	5	4
15771	경상북도	퇴직공무원사회공헌사업	50,000	1	1	7	8	7	3	3	4
15772	경상북도	자유민주주의수호및안보지킴이활동	50,000	1	1	7	8	7	5	5	4
15773	경상북도	자원봉사거점센터운영	50,000	1	4	7	8	7	5	5	4
15774	경상북도	재래종고추가공품개발등(지특중앙)	50,000	1	2	6	2	6	1	2	1
15775	경상북도	경북의미래동해에서연다특집다큐제작	50,000	1	4	7	8	7	5	5	4
15776	경상북도	경북해양민속자원조사기록및콘텐츠개발	50,000	1	6	7	8	7	5	5	4
15777	경상북도	해외어장개발협의회지원	50,000	1	7	7	8	7	5	1	1
15778	경상북도	체험마을리더교육지원(농촌체험휴양마을역량강화)	49,600	1	2	7	8	7	1	1	1
15779	경상북도	장애인기업제품전시판매장운영	46,000	1	4	6	1	6	1	1	1
15780	경상북도	재난응급의료유관기관네트워크활성화	46,000	1	1	5	8	7	1	3	1
15781	경상북도	에이즈예방홍보교육사업	45,000	1	1	7	8	7	5	5	1
15782	경상북도	찾아라경북행복마을	45,000	1	4	7	8	7	5	5	4
15783	경상북도	지역SW품질역량강화사업	42,000	1	4	5	1	7	3	2	1
15784	경상북도	희망경북만들기노사협력사업	42,000	1	4	6	1	6	1	1	1
15785	경상북도	도민과함께하는녹색생활실천사업	42,000	1	6	7	8	7	5	5	4
15786	경상북도	취약지역응급의료기관간호사파견	41,100	1	1	7	8	7	5	5	4
15787	경상북도	대구경북대학생e스포츠대회	40,000	1	6	7	8	7	5	5	4
15788	경상북도	창의융합형공학인재양성사업	40,000	1	2	7	8	7	1	1	1
15789	경상북도	농식품스마트소비사업	40,000	1	1	7	8	7	1	1	1
15790	경상북도	꼭지무절단사과유통정착지원	40,000	1	4	7	8	7	1	1	1
15791	경상북도	쌀소비촉진홍보캠페인지원	40,000	1	4	7	8	7	5	5	4
15792	경상북도	한의약난임치료지원	40,000	1	4	7	8	7	1	3	1
15793	경상북도	새마을도민정신함양교육	40,000	1	4	7	8	7	5	5	4
15794	경상북도	자원봉사우수프로그램개발공모사업	40,000	1	4	7	8	7	5	5	4
15795	경상북도	농촌지도자활성화지원	40,000	1	4	7	8	7	5	5	4
15796	경상북도	지자체선도저출산대응인식개선사업	39,530	1	2	7	8	7	5	5	4
15797	경상북도	장애인공동구매및판매오픈마켓지원	39,000	1	4	6	1	6	1	1	1

순번	시군구	지출명 (사업명)	2024년예산 (단위 : 천원 /1년간)	민간이전 분류 (지방자치단체 세출예산 집행기준에 의거) 1. 민간경상사업보조(307-02) 2. 민간단체 법정운영비보조(307-03) 3. 민간행사사업보조(307-04) 4. 민간위탁금(307-05) 5. 사회복지시설 법정운영비보조(307-10) 6. 민간인위탁교육비(307-12) 7. 공기관등에대한경상적위탁사업비(308-13) 8. 민간자본사업보조,자체재원(402-01) 9. 민간자본사업보조,이전재원(402-02) 10. 민간위탁사업비(402-03) 11. 공기관등에 대한 자본적 위탁사업비(403-02)	민간이전지출 근거 (지방보조금 관리기준 참고) 1. 법률에 규정 2. 국고보조 재원(국가지정) 3. 용도 지정 기부금 4. 조례에 직접규정 5. 지자체가 권장하는 사업을 하는 공공기관 6. 시,도 정책 및 재정사정 7. 기타 8. 해당없음	입찰방식 계약체결방법 (경쟁형태) 1. 일반경쟁 2. 제한경쟁 3. 지명경쟁 4. 수의계약 5. 법정위탁 6. 기타 ( ) 7. 없음	입찰방식 계약기간 1. 1년 2. 2년 3. 3년 4. 4년 5. 5년 6. 기타 ( )년 7. 단기계약 (1년미만) 8. 없음	입찰방식 낙찰자선정방법 1. 적격심사 2. 협상에의한계약 3. 최저가낙찰제 4. 규격가격분리 5. 2단계 경쟁입찰 6. 기타 ( ) 7. 없음	운영예산 산정 운영예산 산정 1. 내부산정 (지자체 자체적으로 산정) 2. 외부산정 (외부전문기관위탁 산정) 3. 내·외부 모두 산정 4. 산정 無 5. 없음	운영예산 산정 정산방법 1. 내부정산 (지자체 내부적으로 정산) 2. 외부정산 (외부전문기관위탁 정산) 3. 내·외부 모두 정산 4. 정산 無 5. 없음	성과평가 실시여부 1. 실시 2. 미실시 3. 향후 추진 4. 해당없음
15798	경상북도	경북형마이스유치지원및홍보	38,000	1	4	7	7	7	1	1	1
15799	경상북도	국학및향토사연구집발간지원	37,100	1	4	7	8	7	1	1	1
15800	경상북도	경상북도자살예방센터인력지원	37,036	1	2	2	3	1	1	1	1
15801	경상북도	자원봉사홍보및관리	36,000	1	4	7	8	7	5	5	4
15802	경상북도	경상북도공무직노사상생협력지원사업	35,000	1	4	6	1	6	1	1	1
15803	경상북도	나라사랑구국문화예술제지원	35,000	1	2	7	8	7	1	1	1
15804	경상북도	북한이탈주민정착지원사업	35,000	1	8	7	8	7	1	1	1
15805	경상북도	FTA기금사업관리지원	34,000	1	1	7	8	7	5	1	4
15806	경상북도	한국후계농업경영인도연합회회원역량강화교육	33,000	1	4	7	8	7	1	1	1
15807	경상북도	물산업육성관련포럼및행사지원	32,550	1	6	7	8	7	5	5	4
15808	경상북도	경북역사인물학술발표회	32,000	1	4	7	8	7	1	1	1
15809	경상북도	환동해해양인문증진사업	32,000	1	6	7	8	7	5	5	4
15810	경상북도	도장애인생활체육지도자배치	31,293	1	2	7	8	7	5	5	4
15811	경상북도	지방의회발전세미나	30,000	1	4	7	8	7	1	1	3
15812	경상북도	찾아가는전통시장생활안전교육	30,000	1	7	7	8	7	5	5	4
15813	경상북도	대형수난사고현장대응역량강화훈련	30,000	1	7	7	8	7	5	5	4
15814	경상북도	지역이공계여성인재양성사업(RWeSET2.)	30,000	1	2	7	8	7	3	1	2
15815	경상북도	지능형홈케어산업전문인력양성사업	30,000	1	2	7	8	7	5	2	3
15816	경상북도	정보화마을직거래장터활성화	30,000	1	4	7	8	7	1	1	1
15817	경상북도	경상북도여성기업인경영연수	30,000	1	4	6	8	7	1	1	1
15818	경상북도	기업인증프로그램획득지원	30,000	1	4	7	8	7	5	5	4
15819	경상북도	경북우수소상공인성공이야기책자발간지원	30,000	1	4	6	1	7	1	1	1
15820	경상북도	영세소상공인노무세무교육강화	30,000	1	4	7	1	7	1	1	1
15821	경상북도	경북전통시장이야기책자발간지원	30,000	1	4	7	7	7	1	1	1
15822	경상북도	경북관광코스답사팸투어	30,000	1	5	7	7	7	1	1	1
15823	경상북도	경북농업인역량강화	30,000	1	7	7	8	7	5	5	4
15824	경상북도	농촌활성화지원센터운영지원	30,000	1	4	7	8	7	1	1	2
15825	경상북도	환경보전활동지원(민간)	30,000	1	6	7	8	7	5	5	4
15826	경상북도	이통장능력개발교육지원	30,000	1	1	7	8	7	1	1	1
15827	경상북도	청년새마을연대푸른경북만들기	30,000	1	4	7	8	7	5	5	4
15828	경상북도	경북볼런투어운영	30,000	1	4	7	8	7	5	5	4
15829	경상북도	자원봉사단체리더워크숍	30,000	1	4	7	8	7	5	5	4
15830	경상북도	경상북도자원봉사대회	30,000	1	4	7	8	7	5	5	4
15831	경상북도	환동해남북경제협력포럼운영	30,000	1	6	7	8	7	5	5	4
15832	경상북도	경북수산물공동브랜드홍보	30,000	1	7	7	8	7	1	1	3
15833	경상북도	어업용기자재이동수리반운영	30,000	1	2	7	8	7	5	5	4
15834	경상북도	도농교류활성화지원	29,400	1	1	7	8	7	1	1	1
15835	경상북도	자원봉사인정및지원	29,400	1	4	7	8	7	5	5	4
15836	경상북도	중소기업제조물책임보험지원	28,000	1	4	6	8	7	1	1	1
15837	경상북도	근대종교문화연구교육지원	28,000	1	2	7	8	7	1	1	1

순번	시군구	지출명 (사업명)	2024년예산 (단위 : 천원 /1년간)	민간이전 분류 (지방자치단체 세출예산 집행기준에 의거) 1. 민간경상사업보조(307-02) 2. 민간단체 법정운영비보조(307-03) 3. 민간행사사업보조(307-04) 4. 민간위탁금(307-05) 5. 사회복지시설 법정운영비보조(307-10) 6. 민간인위탁교육비(307-12) 7. 공기관등에대한경상적위탁사업비(308-13) 8. 민간자본사업보조,자체재원(402-01) 9. 민간자본사업보조,이전재원(402-02) 10. 민간위탁사업비(402-03) 11. 공기관등에 대한 자본적 위탁사업비(403-02)	민간이전지출 근거 (지방보조금 관리기준 참고) 1. 법률에 규정 2. 국고보조 재원(국가지정) 3. 용도 지정 기부금 4. 조례에 직접규정 5. 지자체가 권장하는 사업을 하는 공공기관 6. 시,도 정책 및 재정사정 7. 기타 8. 해당없음	입찰방식 계약체결방법 (경쟁형태) 1. 일반경쟁 2. 제한경쟁 3. 지명경쟁 4. 수의계약 5. 법정위탁 6. 기타 ( ) 7. 없음	입찰방식 계약기간 1. 1년 2. 2년 3. 3년 4. 4년 5. 5년 6. 기타 ( )년 7. 단기계약 (1년미만) 8. 없음	입찰방식 낙찰자선정방법 1. 적격심사 2. 협상에의한계약 3. 최저가낙찰제 4. 규격가격분리 5. 2단계 경쟁입찰 6. 기타 ( ) 7. 없음	운영예산 산정 운영예산 산정 1. 내부산정 (지자체 자체적으로 산정) 2. 외부산정 (외부전문기관위탁 산정) 3. 내·외부 모두 산정 4. 산정 無 5. 없음	운영예산 산정 정산방법 1. 내부정산 (지자체 내부적으로 정산) 2. 외부정산 (외부전문기관위탁 정산) 3. 내·외부 모두 산정 4. 정산 無 5. 없음	성과평가 실시여부 1. 실시 2. 미실시 3. 향후 추진 4. 해당없음
15838	경상북도	결핵관리사업	28,000	1	1	7	8	7	1	1	1
15839	경상북도	경북명품쌀홍보지원	27,000	1	4	7	8	7	1	1	1
15840	경상북도	행복경북마을공동체운동	27,000	1	4	7	8	7	5	5	4
15841	경상북도	경북사회적경제ESG청년일자리(지특중앙)	26,500	1	2	7	2	7	1	3	4
15842	경상북도	재난통신사업지원	26,000	1	4	7	8	7	5	5	4
15843	경상북도	상인조직역량강화사업(국가직접지원)	25,704	1	4	7	1	7	1	1	1
15844	경상북도	도시재생전문인력양성지원	25,000	1	2	7	1	7	5	4	4
15845	경상북도	3R자원다시모으기경진대회	25,000	1	4	7	8	7	5	5	4
15846	경상북도	광역한우브랜드활성화	24,000	1	4	7	8	7	5	5	4
15847	경상북도	2.28민주운동도민의식함양사업	24,000	1	6	7	8	7	1	1	1
15848	경상북도	찾아가는안보강연회	24,000	1	1	7	8	7	5	5	4
15849	경상북도	경상북도독도위원회연구활동지원	24,000	1	1	6	1	7	1	1	3
15850	경상북도	도자율방재단연합회역량강화사업	21,000	1	1	4	1	7	1	3	1
15851	경상북도	경북유림지도자양성교육사업	21,000	1	2	7	8	7	1	1	1
15852	경상북도	워터밸리비즈니스위크	21,000	1	4	7	8	7	5	5	4
15853	경상북도	경북산림포럼지원	21,000	1	4	7	8	7	5	5	4
15854	경상북도	독도미디어문화재	21,000	1	1	7	8	7	5	5	4
15855	경상북도	자율관리어업경영컨설팅등지원	21,000	1	6	7	8	7	1	1	1
15856	경상북도	경상북도공무직근로자건전노사관교육지원	20,300	1	4	6	1	6	1	1	1
15857	경상북도	통일교육활성화사업	20,000	1	4	7	8	7	5	5	4
15858	경상북도	청년주도경북바로알리기	20,000	1	6	7	8	7	5	5	4
15859	경상북도	경상북도평생교육네트워크활성화지원	20,000	1	4	4	1	7	1	1	1
15860	경상북도	경상북도어르신주산경기대회	20,000	1	4	4	1	7	1	1	1
15861	경상북도	소비취약계층경제역량강화교육	20,000	1	1	1	1	6	1	1	1
15862	경상북도	고령소비자상담지원체계개선사업	20,000	1	1	1	1	6	1	1	1
15863	경상북도	녹색식생활실천기반조성사업	20,000	1	8	7	8	7	1	1	2
15864	경상북도	실버행복아카데미	20,000	1	4	7	8	7	1	1	1
15865	경상북도	마약및약물오남용예방홍보교육지원	20,000	1	1	7	8	7	1	1	1
15866	경상북도	주민자치회역량강화사업	20,000	1	1	7	8	7	1	1	1
15867	경상북도	박정희대통령리더십교육	20,000	1	7	7	8	7	5	5	4
15868	경상북도	박정희대통령청년현장탐방교육	20,000	1	7	7	8	7	5	5	4
15869	경상북도	농공단지기업지속성장역량강화	19,600	1	4	7	8	7	1	1	1
15870	경상북도	전국새마을지도자문화기행	19,400	1	4	7	8	7	1	1	1
15871	경상북도	청년봉사활동활성화지원사업	18,000	1	6	7	8	7	5	5	4
15872	경상북도	한국여성농업인도연합회회원역량강화교육	17,000	1	4	7	8	7	5	5	4
15873	경상북도	전국농민회총연맹도연맹회원역량강화교육	16,000	1	4	7	8	7	1	1	1
15874	경상북도	경북문화연구집발간지원	15,799	1	4	7	8	7	1	1	1
15875	경상북도	청년독도지킴이활동지원	15,000	1	6	7	8	7	1	1	1
15876	경상북도	경북사회적가치청년활동지원	15,000	1	6	7	8	7	5	5	4
15877	경상북도	모범운전자선진교통문화역량강화워크숍	15,000	1	4	7	8	7	1	1	4

순번	시군구	지출명 (사업명)	2024년예산 (단위 : 천원 /1년간)	민간이전 분류 (지방자치단체 세출예산 집행기준에 의거) 1. 민간경상사업보조(307-02) 2. 민간단체 법정운영비보조(307-03) 3. 민간행사사업보조(307-04) 4. 민간위탁금(307-05) 5. 사회복지시설 법정운영비보조(307-10) 6. 민간인위탁교육비(307-12) 7. 공기관등에대한경상적위탁사업비(308-13) 8. 민간자본사업보조,자체재원(402-01) 9. 민간자본사업보조,이전재원(402-02) 10. 민간위탁사업비(402-03) 11. 공기관등에 대한 자본적 위탁사업비(403-02)	민간이전지출 근거 (지방보조금 관리기준 참고) 1. 법률에 규정 2. 국고보조 재원(국가지정) 3. 용도 지정 기부금 4. 조례에 직접규정 5. 지자체가 권장하는 사업을 하는 공공기관 6. 시,도 정책 및 재정사정 7. 기타 8. 해당없음	입찰방식: 계약체결방법 (경쟁형태) 1. 일반경쟁 2. 제한경쟁 3. 지명경쟁 4. 수의계약 5. 법정위탁 6. 기타 ( ) 7. 없음	입찰방식: 계약기간 1. 1년 2. 2년 3. 3년 4. 4년 5. 5년 6. 기타 ( )년 7. 단기계약 (1년미만) 8. 없음	입찰방식: 낙찰자선정방법 1. 적격심사 2. 협상에의한계약 3. 최저가낙찰제 4. 규격가격분리 5. 2단계 경쟁입찰 6. 기타 ( ) 7. 없음	운영예산 산정: 운영예산 산정 1. 내부산정 (지자체 자체적으로 산정) 2. 외부산정 (외부전문기관위탁 산정) 3. 내·외부 모두 산정 4. 산정 無 5. 없음	운영예산 산정: 정산방법 1. 내부정산 (지자체 내부적으로 정산) 2. 외부정산 (외부전문기관위탁 정산) 3. 내·외부 모두 산정 4. 정산 無 5. 없음	성과평가 실시여부 1. 실시 2. 미실시 3. 향후 추진 4. 해당없음
15878	경상북도	전세버스운송사업자중대재해예방워크숍	15,000	1	1	7	7	7	1	1	4
15879	경상북도	쌀전업농역량강화	15,000	1	4	7	8	7	1	1	1
15880	경상북도	광역환경교육센터교육지원	15,000	1	4	5	1	7	1	1	1
15881	경상북도	지역급식관리지원센터역량강화교육	15,000	1	7	7	8	7	1	1	1
15882	경상북도	옥외광고디자인공모전	15,000	1	4	7	8	7	1	1	1
15883	경상북도	이통장사기진작지원	15,000	1	1	7	8	7	1	1	1
15884	경상북도	새마을대학동아리육성	15,000	1	4	7	8	7	5	5	4
15885	경상북도	전통문화계승및간행물을통한교화사업	15,000	1	4	7	8	7	5	5	4
15886	경상북도	인명구조및수중정화활동	15,000	1	1	7	8	7	5	5	4
15887	경상북도	청소년선도및방범순찰봉사활동	15,000	1	4	7	8	7	5	5	4
15888	경상북도	자연보호운동및생태계보호활동지원	15,000	1	1	7	8	7	5	5	4
15889	경상북도	도자율방범연합회사무실임차료및유류대지원	15,000	1	1	7	8	7	5	5	4
15890	경상북도	개인택시운송사업발전워크숍	14,000	1	1	7	7	7	1	1	4
15891	경상북도	경북숨은이야기찾기	14,000	1	4	7	8	7	5	5	4
15892	경상북도	경북역사와문화의뿌리찾기	14,000	1	4	5	1	7	1	1	1
15893	경상북도	여성농업인리더십교육	14,000	1	4	7	8	7	1	1	1
15894	경상북도	우수농촌마을만들기지원	14,000	1	4	7	8	7	1	1	2
15895	경상북도	생활개선회활동지원	14,000	1	4	7	8	7	5	5	1
15896	경상북도	경북안전포럼	13,000	1	6	7	8	7	5	5	4
15897	경상북도	경상북도여성경제인경영연수	13,000	1	4	6	8	7	1	1	1
15898	경상북도	청년주도농촌지역활성화지원	12,000	1	6	7	8	7	5	5	4
15899	경상북도	중소기업협동조합공동사업역량강화	12,000	1	4	6	8	7	1	1	1
15900	경상북도	소비자분야전문인력양성사업	12,000	1	1	1	1	1	1	1	1
15901	경상북도	환경정책포럼	12,000	1	6	7	8	7	5	5	4
15902	경상북도	전국여성농민회도연합회회원역량강화교육	11,000	1	4	7	8	7	1	1	1
15903	경상북도	자원봉사센터관리자교육및협력네트워크	11,000	1	4	7	8	7	5	5	4
15904	경상북도	제5회전국양묘기술세미나지원	10,000	1	1	7	8	7	5	5	4
15905	경상북도	새마을캐릭터활용홍보활성화	10,000	1	4	7	8	7	5	5	4
15906	경상북도	직장공장새마을운동활성화	10,000	1	4	7	8	7	5	5	4
15907	경상북도	산림경영전문임업인육성	9,600	1	1	7	8	7	5	5	4
15908	경상북도	독도생태연구지원	8,000	1	1	6	1	7	1	1	3
15909	경상북도	교통단체연합회워크숍	7,000	1	4	7	8	7	5	5	4
15910	경상북도	경북대구한마음성시화대회	7,000	1	2	7	8	7	1	1	1
15911	경상북도	전통문화계승의혼례와관계례지원	7,000	1	2	7	8	7	1	1	1
15912	경상북도	농촌체험휴양마을보험가입지원(직접)	6,400	1	2	7	8	7	1	1	1
15913	경상북도	숲속힐링프로그램사업지원	6,000	1	6	7	8	7	5	5	4
15914	경상북도	경북전남대학생새마을동행	5,000	1	4	7	8	7	5	5	4
15915	경상북도	주취자응급의료센터운영지원	5,000	1	1	7	8	7	5	5	4
15916	경상북도	옥외광고종사자통합교육	4,600	1	4	7	8	7	1	1	1
15917	경상북도	의료관련감염병감시체계중심병원지원	4,320	1	2	7	8	7	5	5	2

순번	시군구	지출명 (사업명)	2024년예산 (단위 : 천원 /1년간)	민간이전 분류 (지방자치단체 세출예산 집행기준에 의거) 1. 민간경상사업보조(307-02) 2. 민간단체 법정운영비보조(307-03) 3. 민간행사사업보조(307-04) 4. 민간위탁금(307-05) 5. 사회복지시설 법정운영비보조(307-10) 6. 민간인위탁교육비(307-12) 7. 공기관등에대한경상적위탁사업비(308-13) 8. 민간자본사업보조,자체재원(402-01) 9. 민간자본사업보조,이전재원(402-02) 10. 민간위탁사업비(402-03) 11. 공기관등에 대한 자본적 위탁사업비(403-02)	민간이전지출 근거 (지방보조금 관리기준 참고) 1. 법률에 규정 2. 국고보조 재원(국가지정) 3. 용도 지정 기부금 4. 조례에 직접규정 5. 지자체가 권장하는 사업을 하는 공공기관 6. 시,도 정책 및 재정사정 7. 기타 8. 해당없음	입찰방식			운영예산 산정		성과평가 실시여부
						계약체결방법 (경쟁형태) 1. 일반경쟁 2. 제한경쟁 3. 지명경쟁 4. 수의계약 5. 법정위탁 6. 기타 ( ) 7. 없음	계약기간 1. 1년 2. 2년 3. 3년 4. 4년 5. 5년 6. 기타 ( )년 7. 단기계약 (1년미만) 8. 없음	낙찰자선정방법 1. 적격심사 2. 협상에의한계약 3. 최저가낙찰제 4. 규격가격분리 5. 2단계 경쟁입찰 6. 기타 ( ) 7. 없음	운영예산 산정 1. 내부산정 (지자체 자체적으로 산정) 2. 외부산정 (외부전문기관위탁 산정) 3. 내·외부 모두 산정 4. 산정 無 5. 없음	정산방법 1. 내부정산 (지자체 내부적으로 정산) 2. 외부정산 (외부전문기관위탁 정산) 3. 내·외부 모두 산정 4. 정산 無 5. 없음	1. 실시 2. 미실시 3. 향후 추진 4. 해당없음
15918	경상북도	산림경영인역량강화	4,000	1	1	7	8	7	5	5	4
15919	경상북도	축산물이력제(DNA검사비)	831	1	2	7	8	7	5	5	4
15920	경상북도	도장애인생활체육지도자활동보험료지원	162	1	2	7	8	7	5	5	4
15921	경북 포항시	통합문화이용권사업	4,038,450	1	6	7	8	7	5	5	4
15922	경북 포항시	첨단제조플랫폼기반ICT혁신제품화지원	1,300,000	1	6	7	8	7	5	5	4
15923	경북 포항시	소아응급의료기관운영지원	1,196,650	1	6	7	8	7	5	5	4
15924	경북 포항시	바이오프린팅활용동물대체시험평가플랫폼지원	700,000	1	2	7	8	7	5	5	4
15925	경북 포항시	바이오미래기술혁신연구센터지원	400,000	1	2	7	8	7	5	5	4
15926	경북 포항시	포항창조경제혁신센터사업운영	400,000	1	1,4	7	8	7	1	1	1
15927	경북 포항시	주방환경개선	400,000	1	4	7	8	7	5	5	4
15928	경북 포항시	양식어가종자대지원	350,000	1	1	7	8	7	3	3	4
15929	경북 포항시	벼생력재배육모상자처리제지원	350,000	1	1	7	8	7	5	5	4
15930	경북 포항시	다회용기재사용촉진사업	300,000	1	2	7	8	7	4	5	1
15931	경북 포항시	산업디지털전환협업지원센터	290,000	1	4	6	5	6	2	3	4
15932	경북 포항시	시각장애인지식정보격차해소대체자료제작사업	288,000	1	6	7	8	7	5	5	4
15933	경북 포항시	마을어장수산자원지킴이지원	224,000	1	1	7	7	1	3	3	4
15934	경북 포항시	지역응급의료기관운영지원(2개소)	220,800	1	2	7	8	7	2	3	4
15935	경북 포항시	2024년시외버스터미널지원	200,000	1	1	7	8	7	3	3	4
15936	경북 포항시	조업중인양쓰레기수매<보조>(전환사업)	200,000	1	1	7	8	7	5	1	4
15937	경북 포항시	지역특화수산물소비촉진지원	200,000	1	1	7	8	7	5	5	4
15938	경북 포항시	첨단바이오유망기술국제연구역량강화	200,000	1	6	7	8	7	5	5	4
15939	경북 포항시	합성생물학기술연구산업화지원	200,000	1	6	7	8	7	5	5	4
15940	경북 포항시	마을어장관리사업	193,000	1	1	7	7	7	3	3	4
15941	경북 포항시	과수개화기동상해대책지원	140,500	1	4	7	8	7	5	5	4
15942	경북 포항시	포항근현대사영상및출판IV	135,000	1	6	7	8	7	5	5	4
15943	경북 포항시	외국인선원도입비용지원사업	120,000	1	1	7	8	7	3	3	4
15944	경북 포항시	비취약응급의료기관운영지원<보조>	115,200	1	2	7	8	7	5	3	4
15945	경북 포항시	산딸기포장재지원	115,000	1	4	7	8	7	5	5	4
15946	경북 포항시	DNA기반제조유해환경안전진단플랫폼연구	105,000	1	4	6	6	6	2	1	4
15947	경북 포항시	2024년고속버스터미널지원	100,000	1	1	7	8	7	3	3	4
15948	경북 포항시	어선폐선처리지원<보조>	100,000	1	1	7	8	7	5	1	4
15949	경북 포항시	RIST지역중소기업애로기술지원(민산관기술협력위원회)	100,000	1	7	7	1	7	5	1	1
15950	경북 포항시	정보화마을프로그램관리자육성	98,675	1	6	7	8	7	1	1	4
15951	경북 포항시	포항전통활쏘기체험	90,000	1	6	7	8	7	5	5	4
15952	경북 포항시	국악분야예술강사지원사업	89,524	1	6	7	8	7	5	5	4
15953	경북 포항시	포항시수출지원활성화사업	87,650	1	7	7	1	7	5	1	1
15954	경북 포항시	바르게살기운동활성화추진사업지원<보조>	79,000	1	1	5	8	7	1	1	1
15955	경북 포항시	읍면동새마을운동사업	78,300	1	1	5	8	7	1	1	1
15956	경북 포항시	한센간이양로주택운영지원<보조>	71,933	1	1	7	8	7	5	1	1
15957	경북 포항시	SW중심대학육성지원사업	70,000	1	2	7	8	7	5	3	1

순번	시군구	지출명 (사업명)	2024년예산 (단위 : 천원 /1년간)	민간이전 분류 (지방자치단체 세출예산 집행기준에 의거) 1. 민간경상사업보조(307-02) 2. 민간단체 법정운영비보조(307-03) 3. 민간행사사업보조(307-04) 4. 민간위탁금(307-05) 5. 사회복지시설 법정운영비보조(307-10) 6. 민간인위탁교육비(307-12) 7. 공기관등에대한경상적위탁사업비(308-13) 8. 민간자본사업보조,자체재원(402-01) 9. 민간자본사업보조,이전재원(402-02) 10. 민간위탁사업비(402-03) 11. 공기관등에 대한 자본적 위탁사업비(403-02)	민간이전지출 근거 (지방보조금 관리기준 참고) 1. 법률에 규정 2. 국고보조 재원(국가지정) 3. 용도 지정 기부금 4. 조례에 직접규정 5. 지자체가 권장하는 사업을 하는 공공기관 6. 시,도 정책 및 재정사정 7. 기타 8. 해당없음	입찰방식 계약체결방법 (경쟁형태) 1. 일반경쟁 2. 제한경쟁 3. 지명경쟁 4. 수의계약 5. 법정위탁 6. 기타 ( ) 7. 없음	계약기간 1. 1년 2. 2년 3. 3년 4. 4년 5. 5년 6. 기타 ( )년 7. 단기계약 (1년미만) 8. 없음	낙찰자선정방법 1. 적격심사 2. 협상에의한계약 3. 최저가낙찰제 4. 규격가격분리 5. 2단계 경쟁입찰 6. 기타 ( ) 7. 없음	운영예산 산정 1. 내부산정 (지자체 자체적으로 산정) 2. 외부산정 (외부전문기관위탁 산정) 3. 내·외부 모두 산정 4. 산정 無 5. 없음	정산방법 1. 내부정산 (지자체 내부적으로 정산) 2. 외부정산 (외부전문기관위탁 정산) 3. 내·외부 모두 정산 4. 정산 無 5. 없음	성과평가 실시여부 1. 실시 2. 미실시 3. 향후 추진 4. 해당없음
15958	경북 포항시	경북행복기업산업안전환경개선사업	60,000	1	6	7	1	7	5	1	4
15959	경북 포항시	포항문화원사업비	50,000	1	4	7	8	7	5	5	4
15960	경북 포항시	생생문화유산사업(포항용계정과덕동숲)	50,000	1	6	7	8	7	5	5	4
15961	경북 포항시	생생문화유산사업(포항뇌성산뇌록산지)	50,000	1	6	7	8	7	5	5	4
15962	경북 포항시	한국수산업경영인대회	50,000	1	1	7	7	7	3	3	4
15963	경북 포항시	러시아출어선선원지원	50,000	1	1	7	8	7	5	1	4
15964	경북 포항시	경영혁신외식서비스지원	50,000	1	4	7	8	7	5	5	4
15965	경북 포항시	사과황금부사생산시범	50,000	1	4	7	8	7	5	5	4
15966	경북 포항시	해월최시형선생기념사업	45,000	1	6	7	8	7	5	5	4
15967	경북 포항시	지식재산창출지원사업	44,100	1	2	7	1	7	5	1	4
15968	경북 포항시	마을어장안정장비지원	43,000	1	1	7	8	7	3	3	4
15969	경북 포항시	수산물택배비지원사업	42,000	1	1	7	8	7	5	5	4
15970	경북 포항시	자유민주주의수호및통일안보역량강화사업	42,000	1	1	7	8	7	5	5	4
15971	경북 포항시	산딸기품질향상친환경자재지원	42,000	1	4	7	8	7	5	5	4
15972	경북 포항시	전통산사문화유산활용사업	40,000	1	6	7	8	7	5	5	4
15973	경북 포항시	외국인선원숙소지원<보조>	40,000	1	1	7	8	7	5	1	4
15974	경북 포항시	범시민통일역량함양및통일기반조성	40,000	1	1	7	8	7	5	5	4
15975	경북 포항시	새마을공동체정신문화사업	40,000	1	1	5	8	7	1	1	1
15976	경북 포항시	과메기포장재개선사업	36,000	1	1	7	8	7	5	5	4
15977	경북 포항시	향교문화전승보전	33,600	1	4	7	8	7	5	5	4
15978	경북 포항시	수산물해외규격인증지원	32,000	1	1	7	8	7	5	5	4
15979	경북 포항시	소형어선안전관리지원<보조>	31,400	1	1	7	8	7	5	1	4
15980	경북 포항시	공동주택공동체활성화지원사업	30,000	1	1	7	8	7	5	5	4
15981	경북 포항시	결혼이주여성사랑의집지어주기	30,000	1	1	5	8	7	1	1	1
15982	경북 포항시	행복한보금자리만들기사업<보조>	30,000	1	1	5	8	7	1	1	1
15983	경북 포항시	우수식재료소비확대기반조성	30,000	1	4	7	8	7	5	5	4
15984	경북 포항시	지방자치대학지원	30,000	1	1	7	8	7	1	1	1
15985	경북 포항시	사랑의김장담가주기지원	28,000	1	1	5	8	7	1	1	1
15986	경북 포항시	포항소재문학상공모전	27,000	1	6	7	8	7	5	5	4
15987	경북 포항시	수산물가공폐수처리지원	27,000	1	1	7	8	7	5	5	4
15988	경북 포항시	포항시티투어운영	27,000	1	7	7	8	7	1	1	1
15989	경북 포항시	지역주민안전망구축을위한범죄예방활동	21,870	1	4	7	8	7	5	5	4
15990	경북 포항시	고품질고추생산지원	21,250	1	1	7	8	7	5	5	4
15991	경북 포항시	한흑구의한국문학사적위상과업적재조명	20,000	1	6	7	8	7	5	5	4
15992	경북 포항시	북한이탈주민인식개선사업	20,000	1	4	7	8	7	5	5	4
15993	경북 포항시	새마을환경살리기<보조>	20,000	1	1	5	8	7	1	1	1
15994	경북 포항시	정보화마을활성화지원	20,000	1	6	7	8	7	4	1	4
15995	경북 포항시	심폐소생술시민교육	19,800	1	6	7	8	7	1	1	4
15996	경북 포항시	어업경영지원	19,200	1	4	7	8	7	5	1	4
15997	경북 포항시	연오세오길을찾아'학술세미나	18,500	1	6	7	8	7	5	5	4

순번	시군구	지출명 (사업명)	2024년예산 (단위 : 천원 /1년간)	민간이전 분류 (지방자치단체 세출예산 집행기준에 의거) 1. 민간경상사업보조(307-02) 2. 민간단체 법정운영비보조(307-03) 3. 민간행사사업보조(307-04) 4. 민간위탁금(307-05) 5. 사회복지시설 법정운영비보조(307-10) 6. 민간인위탁교육비(307-12) 7. 공기관등에대한경상적위탁사업비(308-13) 8. 민간자본사업보조,자체재원(402-01) 9. 민간자본사업보조,이전재원(402-02) 10. 민간위탁사업비(402-03) 11. 공기관등에 대한 자본적 위탁사업비(403-02)	민간이전지출 근거 (지방보조금 관리기준 참고) 1. 법률에 규정 2. 국고보조 재원(국가지정) 3. 용도 지정 기부금 4. 조례에 직접규정 5. 지자체가 권장하는 사업을 하는 공공기관 6. 시,도 정책 및 재정사정 7. 기타 8. 해당없음	입찰방식 계약체결방법 (경쟁형태) 1. 일반경쟁 2. 제한경쟁 3. 지명경쟁 4. 수의계약 5. 법정위탁 6. 기타 ( ) 7. 없음	입찰방식 계약기간 1. 1년 2. 2년 3. 3년 4. 4년 5. 5년 6. 기타 ( )년 7. 단기계약 (1년미만) 8. 없음	입찰방식 낙찰자선정방법 1. 적격심사 2. 협상에의한계약 3. 최저가낙찰제 4. 규격가격분리 5. 2단계 경쟁입찰 6. 기타 ( ) 7. 없음	운영예산 산정 운영예산 산정 1. 내부산정 (지자체 자체적으로 산정) 2. 외부산정 (외부전문기관위탁 산정) 3. 내·외부 모두 산정 4. 산정 無 5. 없음	운영예산 산정 정산방법 1. 내부정산 (지자체 내부적으로 정산) 2. 외부정산 (외부전문기관위탁 정산) 3. 내·외부 모두 산정 4. 정산 無 5. 없음	성과평가 실시여부 1. 실시 2. 미실시 3. 향후 추진 4. 해당없음
15998	경북 포항시	전통문화보급교육	18,500	1	6	7	8	7	5	5	4
15999	경북 포항시	지역문화사랑방지원(2개소)	18,000	1	4	7	8	7	5	5	4
16000	경북 포항시	소비트렌드변화대응애플수박재배시범	18,000	1	1	7	8	7	5	5	4
16001	경북 포항시	구룡포선원복지회관체력단련장비지원<보조>	17,040	1	1	7	8	7	5	1	4
16002	경북 포항시	야생화보급확대및수목생태관리지원	16,100	1	4	7	8	7	5	5	4
16003	경북 포항시	토마토바이러스예방자재지원	15,750	1	1	7	8	7	5	5	4
16004	경북 포항시	중소기업마케팅지원사업	13,500	1	7	7	1	7	5	1	1
16005	경북 포항시	경북동해권관광진흥협의회공동홍보사업	13,400	1	4	7	1	7	1	1	2
16006	경북 포항시	중소기업비즈니스융합성장지원	12,600	1	7	7	1	7	5	1	1
16007	경북 포항시	포항시새마을지도자대회사업지원	12,000	1	1	5	8	7	1	1	1
16008	경북 포항시	한센병관리사업	11,000	1	1	7	8	7	5	1	1
16009	경북 포항시	한센병관리사업비(한국한센복지협회)	10,000	1	1	7	8	7	1	1	1
16010	경북 포항시	제46회전국한시백일장	10,000	1	6	7	8	7	5	5	4
16011	경북 포항시	포항시여성기업기술혁신지원	10,000	1	7	7	1	7	5	1	1
16012	경북 포항시	경북여성기업경영혁신연수	10,000	1	7	7	1	7	5	1	1
16013	경북 포항시	고품질사과재배시범	10,000	1	4	7	8	7	5	5	4
16014	경북 포항시	산딸기생력화및유통장비지원	10,000	1	4	7	8	7	5	5	4
16015	경북 포항시	새마을운동국제교류사업	9,000	1	1	5	8	7	1	1	1
16016	경북 포항시	행복한포항,행복한학교현장만들기	9,000	1	1	7	8	7	1	1	1
16017	경북 포항시	지역사회교통질서선진화정착(북부)	8,100	1	4	7	8	7	1	1	1
16018	경북 포항시	문화학교운영지원	8,000	1	6	7	8	7	5	5	4
16019	경북 포항시	범도민독서생활화사업<보조>	8,000	1	1	5	8	7	1	1	1
16020	경북 포항시	옥외광고디자인공모전및전시회	7,000	1	6	7	8	7	1	1	3
16021	경북 포항시	월월이청청전통문화육성사업	7,000	1	6	7	8	7	5	5	4
16022	경북 포항시	취타대육성사업	7,000	1	6	7	8	7	5	5	4
16023	경북 포항시	기동순찰및교통봉사활동	7,000	1	4	7	8	7	5	5	4
16024	경북 포항시	지역사회교통질서선진화정착(남부)	6,900	1	4	7	8	7	1	1	1
16025	경북 포항시	의료관련감염병감시체계참여병원운영비	6,480	1	2	7	8	7	5	5	4
16026	경북 포항시	청소년생명존중교육사업지원	6,480	1	6	5	1	1	1	1	1
16027	경북 포항시	한문화한마당운영	6,300	1	4	7	8	7	5	5	4
16028	경북 포항시	포항문화유산해설사육성사업	6,000	1	6	7	8	7	5	5	4
16029	경북 포항시	포항문학발간	6,000	1	6	7	8	7	5	5	4
16030	경북 포항시	외식업특화지구육성지원	6,000	1	4	7	8	7	5	5	4
16031	경북 포항시	경북선비아카데미지원	5,600	1	6	7	8	7	5	5	4
16032	경북 포항시	재난구조인명구조사업	5,175	1	4	7	8	7	5	5	4
16033	경북 포항시	포항예술지예술포항발간	5,000	1	6	7	8	7	1	1	1
16034	경북 포항시	시민과함께하는포항문예아카데미	5,000	1	6	7	8	7	5	5	4
16035	경북 포항시	자연보호및치안보조활동	5,000	1	4	7	8	7	5	5	4
16036	경북 포항시	설머리물회지구육성지원	5,000	1	4	7	8	7	5	5	4
16037	경북 포항시	문화유산지킴이활동비지원사업	4,900	1	6	7	8	7	5	5	4

순번	시군구	지출명 (사업명)	2024년예산 (단위 : 천원 /1년간)	민간이전 분류 (지방자치단체 세출예산 집행기준에 의거) 1. 민간경상사업보조(307-02) 2. 민간단체 법정운영비보조(307-03) 3. 민간행사사업보조(307-04) 4. 민간위탁금(307-05) 5. 사회복지시설 법정운영비보조(307-10) 6. 민간인위탁교육비(307-12) 7. 공기관등에대한경상적위탁사업비(308-13) 8. 민간자본사업보조,자체재원(402-01) 9. 민간자본사업보조,이전재원(402-02) 10. 민간위탁사업비(402-03) 11. 공기관등에 대한 자본적 위탁사업비(403-02)	민간이전지출 근거 (지방보조금 관리기준 참고) 1. 법률에 규정 2. 국고보조 재원(국가지정) 3. 용도 지정 기부금 4. 조례에 직접규정 5. 지자체가 권장하는 사업을 하는 공공기관 6. 시,도 정책 및 재정사정 7. 기타 8. 해당없음	입찰방식: 계약체결방법 (경쟁형태) 1. 일반경쟁 2. 제한경쟁 3. 지명경쟁 4. 수의계약 5. 법정위탁 6. 기타 ( ) 7. 없음	입찰방식: 계약기간 1. 1년 2. 2년 3. 3년 4. 4년 5. 5년 6. 기타 ( )년 7. 단기계약 (1년미만) 8. 없음	입찰방식: 낙찰자선정방법 1. 적격심사 2. 협상에의한계약 3. 최저가낙찰제 4. 규격가격분리 5. 2단계 경쟁입찰 6. 기타 ( ) 7. 없음	운영예산 산정: 운영예산 산정 1. 내부산정 (지자체 자체적으로 산정) 2. 외부산정 (외부전문기관위탁 산정) 3. 내·외부 모두 산정 4. 산정 無 5. 없음	운영예산 산정: 정산방법 1. 내부정산 (지자체 내부적으로 정산) 2. 외부정산 (외부전문기관위탁 정산) 3. 내·외부 모두 정산 4. 정산 無 5. 없음	성과평가 실시여부 1. 실시 2. 미실시 3. 향후 추진 4. 해당없음
16038	경북 포항시	주요감염병표본감시의료기관지원	4,440	1	2	7	8	7	5	5	4
16039	경북 포항시	의료관련감염병감시체계참여병원지원<보조>	4,320	1	2	7	8	7	5	1	4
16040	경북 포항시	포항시학교폭력예방순찰대운영	4,320	1	4	7	8	7	5	5	4
16041	경북 포항시	충효교실운영지원	4,300	1	6	7	8	7	5	5	4
16042	경북 포항시	전국한시지상백일장	4,250	1	6	7	8	7	5	5	4
16043	경북 포항시	찾아가는안전지킴이리더십체험캠프	4,050	1	4	7	8	7	1	1	1
16044	경북 포항시	선진교통문화정착운동	4,000	1	4	7	8	7	1	1	1
16045	경북 포항시	두드림예절학당	4,000	1	4	7	8	7	5	5	4
16046	경북 포항시	모포줄유지관리및발굴	4,000	1	6	7	8	7	5	5	4
16047	경북 포항시	포항시교통사고"확"줄이기운동	3,600	1	4	7	8	7	1	1	1
16048	경북 포항시	안전도시포항!만들기운동	3,150	1	4	7	8	7	1	1	1
16049	경북 포항시	취약계층찾아가는의료나눔봉사	3,000	1	6	7	8	7	1	1	4
16050	경북 포항시	보리누름문학제	3,000	1	6	7	8	7	5	5	4
16051	경북 포항시	수필문학동인지발간	3,000	1	6	7	8	7	5	5	4
16052	경북 포항시	고전속의인문학발간	3,000	1	6	7	8	7	5	5	4
16053	경북 포항시	장기풍물단활성화및장기면문화행사활성화	2,800	1	4	7	8	7	5	5	4
16054	경북 포항시	안전지킴이교통안전교육및또래도우미역할추진	2,700	1	4	7	8	7	1	1	1
16055	경북 포항시	통일역량강화및북한이탈주민자매결연	2,700	1	1	7	8	7	5	5	4
16056	경북 포항시	위령탑·위령제봉행	2,500	1	4	7	8	7	5	5	4
16057	경북 포항시	죽장지게상여놀이보존사업	2,100	1	6	7	8	7	5	5	4
16058	경북 포항시	선진선거문화정착홍보및계도활동	2,070	1	4	7	8	7	5	5	4
16059	경북 포항시	교통안전의식고취및기초질서확립	2,000	1	4	7	8	7	1	1	1
16060	경북 포항시	맥시조동인연간집발간	2,000	1	6	7	8	7	5	5	4
16061	경북 포항시	문학동인지(영포문학)발간	2,000	1	6	7	8	7	5	5	4
16062	경북 포항시	장기문학발간	2,000	1	6	7	8	7	5	5	4
16063	경북 포항시	충효예실천운동교육	2,000	1	4	7	8	7	5	5	4
16064	경북 포항시	흥해풍물단활성화사업	2,000	1	4	7	8	7	5	5	4
16065	경북 포항시	녹색어머니회교통안전지도(북부)	1,700	1	4	7	8	7	1	1	1
16066	경북 포항시	참전지구순례	1,700	1	4	7	8	7	5	5	4
16067	경북 포항시	주요감염병표본감시의료기관지원<보조>	1,680	1	2	7	8	7	5	1	4
16068	경북 포항시	녹색어머니회교통안전지도(남부)	1,000	1	4	7	8	7	1	1	1
16069	경북 포항시	사회질서계도및봉사활동	1,000	1	4	7	8	7	5	5	4
16070	경북 경주시	통합문화이용권사업	1,776,060	1	8	7	8	7	5	5	4
16071	경북 경주시	원전현장인력양성원운영사업지원	1,300,000	1	4	7	8	7	1	1	1
16072	경북 경주시	중심상권르네상스사업	1,226,000	1	1	5	1	7	5	2	1
16073	경북 경주시	이사금농산물출하농가지원	1,215,000	1	1	7	8	7	1	1	3
16074	경북 경주시	24시간영유아진료센터인건비	1,025,200	1	1,6	7	8	7	5	3	4
16075	경북 경주시	고품질쌀생산을위한공동방제지원사업	950,000	1	1	7	8	7	5	5	4
16076	경북 경주시	청년농업인영농정착지원	695,880	1	2	7	8	7	5	5	4
16077	경북 경주시	경로식당무료급식	624,000	1	1	4	2	7	1	1	4

순번	시군구	지출명 (사업명)	2024년예산 (단위 : 천원 /1년간)	민간이전 분류 (지방자치단체 세출예산 집행기준에 의거) 1. 민간경상사업보조(307-02) 2. 민간단체 법정운영비보조(307-03) 3. 민간행사사업보조(307-04) 4. 민간위탁금(307-05) 5. 사회복지시설 법정운영비보조(307-10) 6. 민간인위탁교육비(307-12) 7. 공기관등에대한경상적위탁사업비(308-13) 8. 민간자본사업보조,자체재원(402-01) 9. 민간자본사업보조,이전재원(402-02) 10. 민간위탁사업비(402-03) 11. 공기관등에 대한 자본적 위탁사업비(403-02)	민간이전지출 근거 (지방보조금 관리기준 참고) 1. 법률에 규정 2. 국고보조 재원(국가지정) 3. 용도 지정 기부금 4. 조례에 직접규정 5. 지자체가 권장하는 사업을 하는 공공기관 6. 시,도 정책 및 재정사정 7. 기타 8. 해당없음	입찰방식 계약체결방법 (경쟁형태) 1. 일반경쟁 2. 제한경쟁 3. 지명경쟁 4. 수의계약 5. 법정위탁 6. 기타 ( ) 7. 없음	입찰방식 계약기간 1. 1년 2. 2년 3. 3년 4. 4년 5. 5년 6. 기타 ( )년 7. 단기계약 (1년미만) 8. 없음	입찰방식 낙찰자선정방법 1. 적격심사 2. 협상에의한계약 3. 최저가낙찰제 4. 규격가격분리 5. 2단계 경쟁입찰 6. 기타 ( ) 7. 없음	운영예산 산정 운영예산 산정 1. 내부산정 (지자체 자체적으로 산정) 2. 외부산정 (외부전문기관위탁 산정) 3. 내·외부 모두 산정 4. 산정 無 5. 없음	운영예산 산정 정산방법 1. 내부정산 (지자체 내부적으로 정산) 2. 외부정산 (외부전문기관위탁 정산) 3. 내·외부 모두 산정 4. 정산 無 5. 없음	성과평가 실시여부 1. 실시 2. 미실시 3. 향후 추진 4. 해당없음
16078	경북 경주시	산물벼건조수수료지원	518,400	1	1	7	8	7	1	1	3
16079	경북 경주시	사회적기업일자리창출사업	466,667	1	2	7	8	7	5	5	4
16080	경북 경주시	경주지역특화신산업전환촉진기업지원사업	443,800	1	7	7	8	7	1	3	4
16081	경북 경주시	사회공헌활동지원사업(전환사업)	400,000	1	1	7	8	7	1	1	1
16082	경북 경주시	경북도민체육대회참가지원	340,000	1	4	7	8	7	1	1	1
16083	경북 경주시	농촌인력중개센터운영지원	330,000	1	2	7	8	7	5	5	4
16084	경북 경주시	주방환경개선	300,000	1	6	7	8	7	5	5	4
16085	경북 경주시	농산물유통구조개선지원	253,670	1	1	7	8	7	1	1	3
16086	경북 경주시	일반생활체육지도자배치	250,344	1	2	7	8	7	1	1	4
16087	경북 경주시	취업지원센터활성화사업	250,000	1	4	7	8	7	1	1	4
16088	경북 경주시	유소년축구클럽팀육성	230,000	1	6	7	8	7	1	1	4
16089	경북 경주시	전통시장행복경영매니저사업	209,280	1	1	3	1	1	1	1	1
16090	경북 경주시	산학일체형도제학교지원	200,000	1	6	7	8	7	1	1	4
16091	경북 경주시	퍼스널모빌리티플랫폼핵심기술개발및실증사업(국비매칭)	200,000	1	7	7	8	7	1	3	4
16092	경북 경주시	산물벼입고운송료지원	200,000	1	1	7	8	7	1	1	3
16093	경북 경주시	경주시주민(마을)공동체공모사업	200,000	1	6	7	8	7	1	1	1
16094	경북 경주시	경기력향상을위한우수선수육성지원(도민체전)	180,000	1	6	7	8	7	1	1	4
16095	경북 경주시	청년고용우수기업지원사업	178,200	1	1	7	8	7	1	1	4
16096	경북 경주시	어르신생활체육지도자배치	156,465	1	2	7	8	7	1	1	4
16097	경북 경주시	장애인생활체육지도자배치	156,465	1	2	7	8	7	1	1	4
16098	경북 경주시	경주시환경교육센터운영비지원	152,000	1	1	6	3	2	2	1	3
16099	경북 경주시	감성순례내마음다시봄	144,000	1	7	7	8	7	5	5	4
16100	경북 경주시	지방시대학술대회	130,000	1	4	7	8	7	5	5	4
16101	경북 경주시	명륜교실운영지원	120,000	1	7	7	8	7	5	5	4
16102	경북 경주시	식량작물공동경영체컨설팅지원	108,000	1	2	7	8	7	5	5	4
16103	경북 경주시	영농부산물안전처리지원	105,000	1	1	7	8	7	5	5	4
16104	경북 경주시	지역산업기반인재양성및혁신기술개발지원사업	100,000	1	4	7	8	7	5	5	4
16105	경북 경주시	경주쌀(이사금)판매홍보비지원	100,000	1	1	7	8	7	1	1	3
16106	경북 경주시	응급의료기관지원	96,000	1	1,2	7	8	7	5	3	4
16107	경북 경주시	수출농식품안전성제고	90,000	1	1	7	8	7	5	5	4
16108	경북 경주시	이사금농산물토마토품질균일화	90,000	1	1	7	8	7	1	1	3
16109	경북 경주시	유소년축구교실운영	76,500	1	6	7	8	7	1	1	4
16110	경북 경주시	삼국유사활용문화콘텐츠발굴사업	72,000	1	6	7	8	7	1	1	1
16111	경북 경주시	경북도민생활체육대축전참가지원	70,000	1	4	7	8	7	1	1	1
16112	경북 경주시	외국인근로자쉼터지원사업	63,000	1	4	7	8	7	5	5	4
16113	경북 경주시	경주천년나들이	63,000	1	1	7	8	7	5	5	4
16114	경북 경주시	범죄피해자센터지원	58,500	1	1,4	7	8	7	1	1	1
16115	경북 경주시	한센간이양로주택운영지원	56,480	1	2	7	8	7	5	5	4
16116	경북 경주시	축구동계훈련지원	54,000	1	7	7	8	7	1	1	1
16117	경북 경주시	이사금농산물멜론품질균일화	54,000	1	1	7	8	7	1	1	3

순번	시군구	지출명 (사업명)	2024년예산 (단위 : 전원 /1년간)	민간이전 분류 (지방자치단체 세출예산 집행기준에 의거) 1. 민간경상사업보조(307-02) 2. 민간단체 법정운영비보조(307-03) 3. 민간행사사업보조(307-04) 4. 민간위탁금(307-05) 5. 사회복지시설 법정운영비보조(307-10) 6. 민간인위탁교육비(307-12) 7. 공기관등에대한경상적위탁사업비(308-13) 8. 민간자본사업보조,자체재원(402-01) 9. 민간자본사업보조,이전재원(402-02) 10. 민간위탁사업비(402-03) 11. 공기관등에 대한 자본적 위탁사업비(403-02)	민간이전지출 근거 (지방보조금 관리기준 참고) 1. 법률에 규정 2. 국고보조 재원(국가지정) 3. 용도 지정 기부금 4. 조례에 직접규정 5. 지자체가 권장하는 사업을 하는 공공기관 6. 시,도 정책 및 재정사정 7. 기타 8. 해당없음	입찰방식 계약체결방법 (경쟁형태) 1. 일반경쟁 2. 제한경쟁 3. 지명경쟁 4. 수의계약 5. 법정위탁 6. 기타 ( ) 7. 없음	입찰방식 계약기간 1. 1년 2. 2년 3. 3년 4. 4년 5. 5년 6. 기타 ( )년 7. 단기계약 (1년미만) 8. 없음	입찰방식 낙찰자선정방법 1. 적격심사 2. 협상에의한계약 3. 최저가낙찰제 4. 규격가격분리 5. 2단계 경쟁입찰 6. 기타 ( ) 7. 없음	운영예산 산정 운영예산 산정 1. 내부산정 (지자체 자체적으로 산정) 2. 외부산정 (외부전문기관위탁 산정) 3. 내·외부 모두 산정 4. 산정 無 5. 없음	운영예산 산정 정산방법 1. 내부정산 (지자체 내부적으로 정산) 2. 외부정산 (외부전문기관위탁 정산) 3. 내·외부 모두 산정 4. 정산 無 5. 없음	성과평가 실시여부 1. 실시 2. 미실시 3. 향후 추진 4. 해당없음
16118	경북 경주시	국악분야예술강사지원	48,240	1	7	7	8	7	5	5	4
16119	경북 경주시	경주문화원사업비	47,700	1	7	7	1	7	5	1	4
16120	경북 경주시	경주고도육성프로그램지원	47,700	1	2	7	8	7	1	1	4
16121	경북 경주시	지방의제21및지속가능발전목표실천사업	47,700	1	4	4	1	6	1	1	3
16122	경북 경주시	전통시장화재공제지원사업	47,420	1	1	3	1	1	1	1	1
16123	경북 경주시	도지사기종목별생활체육대회참가지원	45,000	1	4	7	8	7	1	1	1
16124	경북 경주시	고품질브랜드쌀택배비지원	45,000	1	1	7	8	7	1	1	3
16125	경북 경주시	경주시재난안전네트워크지원	43,000	1	7	7	1	7	1	1	4
16126	경북 경주시	경북소셜비즈니스청년일자리사업	42,725	1	2	7	8	7	5	5	4
16127	경북 경주시	전통혼례체험프로그램운영	40,500	1	7	7	8	7	5	5	4
16128	경북 경주시	경주형사회적경제플랫폼활성화	40,000	1	1	7	8	7	1	1	1
16129	경북 경주시	새마을특화사업지원	40,000	1	1,4	7	8	7	1	1	1
16130	경북 경주시	국산밀생산단지경영체컨설팅지원	39,600	1	6	7	8	7	5	5	4
16131	경북 경주시	의료기관결핵환자관리지원	37,684	1	2	4	8	6	3	3	1
16132	경북 경주시	안강유교문화교육장사업비(유교강좌)	36,000	1	7	7	1	7	5	1	4
16133	경북 경주시	각종경기단체육성	36,000	1	6	7	8	7	1	1	4
16134	경북 경주시	농정사업안내서제작	36,000	1	6	7	8	7	5	5	4
16135	경북 경주시	경주시신중년사관학교강사비지원	34,000	1	1	7	8	7	1	1	1
16136	경북 경주시	경상북도장애인체육대회참가지원	33,000	1	4	7	8	7	1	1	1
16137	경북 경주시	고도지구주민단체고도육성지원사업	31,800	1	2	7	8	7	1	1	4
16138	경북 경주시	경주시시민대학3기	31,500	1	6	7	8	7	5	5	4
16139	경북 경주시	경주시농어업회의소사업설명회	31,500	1	6	7	8	7	5	5	4
16140	경북 경주시	문무대왕RC요트대회	30,000	1	6	7	8	7	5	5	4
16141	경북 경주시	경주지역유가문집류번역지원	30,000	1	7	7	1	7	5	1	4
16142	경북 경주시	우수농업인선진지연수	30,000	1	1	7	8	7	5	5	4
16143	경북 경주시	농산물공동선별비지원	30,000	1	2	7	8	7	1	1	3
16144	경북 경주시	로컬푸드직매장포장재지원사업	30,000	1	1	7	8	7	1	1	4
16145	경북 경주시	찾아가는안전예방교육	30,000	1	4	7	1	7	1	1	4
16146	경북 경주시	행복한보금자리만들기사업	30,000	1	1,4	7	8	7	1	1	1
16147	경북 경주시	상이군경회경주시지회운영	30,000	1	4	7	8	7	1	1	1
16148	경북 경주시	청소년인성교육현장교실	30,000	1	1	7	8	7	1	1	1
16149	경북 경주시	농촌에서살아보기운영	30,000	1	4	7	8	7	5	5	4
16150	경북 경주시	황성공원숲체험교실	29,700	1	1,4	1	1	1	1	1	4
16151	경북 경주시	전통공예청년승계자특별지원사업	28,854	1	6	7	8	7	1	1	2
16152	경북 경주시	생활체육교실운영	28,800	1	1	7	8	7	1	1	4
16153	경북 경주시	경북어르신생활체육대회참가지원	27,000	1	4	7	8	7	1	1	1
16154	경북 경주시	이사금농산물방울토마토품질균일화	27,000	1	1	7	8	7	1	1	3
16155	경북 경주시	문해(한글)교실운영지원	27,000	1	1	7	8	7	1	1	4
16156	경북 경주시	소상공인정책지원현장전문가운영	25,000	1	1	5	1	6	1	1	1
16157	경북 경주시	경주역동편재생구역내주민공모사업	25,000	1	6	7	8	7	1	2	1

순번	시군구	지출명 (사업명)	2024년예산 (단위 : 천원 /1년간)	민간이전 분류 (지방자치단체 세출예산 집행기준에 의거) 1. 민간경상사업보조(307-02) 2. 민간단체 법정운영비보조(307-03) 3. 민간행사사업보조(307-04) 4. 민간위탁금(307-05) 5. 사회복지시설 법정운영비보조(307-10) 6. 민간인위탁교육비(307-12) 7. 공기관등에대한경상적위탁사업비(308-13) 8. 민간자본사업보조,자체재원(402-01) 9. 민간자본사업보조,이전재원(402-02) 10. 민간위탁사업비(402-03) 11. 공기관등에 대한 자본적 위탁사업비(403-02)	민간이전지출 근거 (지방보조금 관리기준 참고) 1. 법률에 규정 2. 국고보조 재원(국가지정) 3. 용도 지정 기부금 4. 조례에 직접규정 5. 지자체가 권장하는 사업을 하는 공공기관 6. 시,도 정책 및 재정사정 7. 기타 8. 해당없음	입찰방식 계약체결방법 (경쟁형태) 1. 일반경쟁 2. 제한경쟁 3. 지명경쟁 4. 수의계약 5. 법정위탁 6. 기타 ( ) 7. 없음	입찰방식 계약기간 1. 1년 2. 2년 3. 3년 4. 4년 5. 5년 6. 기타 ( )년 7. 단기계약 (1년미만) 8. 없음	입찰방식 낙찰자선정방법 1. 적격심사 2. 협상에의한계약 3. 최저가낙찰제 4. 규격가격분리 5. 2단계 경쟁입찰 6. 기타 ( ) 7. 없음	운영예산 산정 운영예산 산정 1. 내부산정 (지자체 자체적으로 산정) 2. 외부산정 (외부전문기관위탁 산정) 3. 내·외부 모두 산정 4. 산정 無 5. 없음	운영예산 산정 정산방법 1. 내부정산 (지자체 내부적으로 정산) 2. 외부정산 (외부전문기관위탁 정산) 3. 내·외부 모두 산정 4. 정산 無 5. 없음	성과평가 실시여부 1. 실시 2. 미실시 3. 향후 추진 4. 해당없음
16158	경북 경주시	성인문해학교운영지원	25,000	1	1	7	8	7	1	1	4
16159	경북 경주시	자녀안심하고학교보내기사업	23,400	1	1,4	7	8	7	1	1	1
16160	경북 경주시	야구동계훈련지원	22,500	1	7	7	8	7	1	1	1
16161	경북 경주시	해오름생활체육대축전참가	22,500	1	4	7	8	7	1	1	1
16162	경북 경주시	해오름동맹벤처창업기업혁신포럼	20,000	1	7	7	8	7	1	1	4
16163	경북 경주시	농식품국외판촉지원	20,000	1	1	7	8	7	1	1	3
16164	경북 경주시	전통손명주마케팅지원	20,000	1	1	7	8	7	1	1	3
16165	경북 경주시	우수식재료소비확대기반조성지원	20,000	1	2	7	8	7	5	5	4
16166	경북 경주시	사랑의김장담가주기	20,000	1	1,4	7	8	7	1	1	1
16167	경북 경주시	성인문해교육프로그램운영	20,000	1	1	7	8	7	1	1	4
16168	경북 경주시	평생학습도시지원사업	20,000	1	7	7	8	7	1	1	4
16169	경북 경주시	국제화사업민간서포터즈지원	19,800	1	4	7	8	7	1	1	1
16170	경북 경주시	정보화마을프로그램관리자운영	19,786	1	6	7	8	7	5	5	4
16171	경북 경주시	경주민속공예촌전시판매장운영지원	19,000	1	1	4	1	7	1	1	1
16172	경북 경주시	다둥이가정의행복한추억만들기사진전	18,000	1	4	7	8	7	5	5	4
16173	경북 경주시	태권도동계훈련지원	18,000	1	7	7	8	7	1	1	1
16174	경북 경주시	전국기능경기대회참가자지원사업	18,000	1	1	7	8	7	1	1	4
16175	경북 경주시	농어업인종합상담센터운영	18,000	1	6	7	8	7	5	5	4
16176	경북 경주시	찾아가는유아숲프로그램지원	17,100	1	1	1	1	6	1	1	3
16177	경북 경주시	생태환경보전사업	17,000	1	7	4	1	6	5	1	3
16178	경북 경주시	3급이하장애인무료수송비	17,000	1	1	4	1	7	1	1	1
16179	경북 경주시	가야금병창교육	16,200	1	7	7	8	7	5	5	4
16180	경북 경주시	경주여자야구단육성지원	16,200	1	6	7	8	7	1	1	4
16181	경북 경주시	평생학습경로당사업	16,200	1	6	7	8	7	1	1	4
16182	경북 경주시	수출농식품브랜드경쟁력제고	16,000	1	1	7	8	7	5	5	4
16183	경북 경주시	신라차다원안정화지원	16,000	1	1	7	8	7	5	5	4
16184	경북 경주시	청소년장애인식개선프로그램운영	15,666	1	1	7	8	7	1	1	1
16185	경북 경주시	생활체육지도자교통비지원	15,600	1	1	7	8	7	1	1	4
16186	경북 경주시	경주시농어업회의소조직역량강화	15,600	1	6	7	8	7	5	5	4
16187	경북 경주시	경북사회적경제ESG청년일자리사업	15,300	1	2	7	8	7	5	5	4
16188	경북 경주시	신라국학유학경연대회지원	14,850	1	7	7	8	7	5	5	4
16189	경북 경주시	청소년화랑도체험활동	14,580	1	1	7	8	7	5	5	4
16190	경북 경주시	경주발전연구개발을위한세미나개최	14,400	1	4	6	8	7	1	1	4
16191	경북 경주시	지역민과함께하는대학생문화활동지원	13,500	1	4	7	8	7	5	5	4
16192	경북 경주시	경주형세계시민교육지원	13,500	1	4	7	8	7	1	1	1
16193	경북 경주시	외국인주민사랑방지원사업	13,500	1	4	7	8	7	5	5	4
16194	경북 경주시	지역평생학습활성화사업	13,500	1	6	7	8	7	1	1	4
16195	경북 경주시	과실생산유통지원사업관리비지원	13,248	1	1	7	8	7	5	5	4
16196	경북 경주시	경주인문학강좌운영	12,600	1	7	7	1	7	5	1	4
16197	경북 경주시	신원2리복지행사	12,398	1	1	7	8	7	5	5	4

순번	시군구	지출명 (사업명)	2024년예산 (단위 : 천원 /1년간)	민간이전 분류 (지방자치단체 세출예산 집행기준에 의거) 1. 민간경상사업보조(307-02) 2. 민간단체 법정운영비보조(307-03) 3. 민간행사사업보조(307-04) 4. 민간위탁금(307-05) 5. 사회복지시설 법정운영비보조(307-10) 6. 민간인위탁교육비(307-12) 7. 공기관등에대한경상적위탁사업비(308-13) 8. 민간자본사업보조,자체재원(402-01) 9. 민간자본사업보조,이전재원(402-02) 10. 민간위탁사업비(402-03) 11. 공기관등에 대한 자본적 위탁사업비(403-02)	민간이전지출 근거 (지방보조금 관리기준 참고) 1. 법률에 규정 2. 국고보조 재원(국가지정) 3. 용도 지정 기부금 4. 조례에 직접규정 5. 지자체가 권장하는 사업을 하는 공공기관 6. 시,도 정책 및 재정사정 7. 기타 8. 해당없음	입찰방식 계약체결방법 (경쟁형태) 1. 일반경쟁 2. 제한경쟁 3. 지명경쟁 4. 수의계약 5. 법정위탁 6. 기타 ( ) 7. 없음	입찰방식 계약기간 1. 1년 2. 2년 3. 3년 4. 4년 5. 5년 6. 기타 ( )년 7. 단기계약 (1년미만) 8. 없음	입찰방식 낙찰자선정방법 1. 적격심사 2. 협상에의한계약 3. 최저가낙찰제 4. 규격가격분리 5. 2단계 경쟁입찰 6. 기타 ( ) 7. 없음	운영예산 산정 운영예산 산정 1. 내부산정 (지자체 자체적으로 산정) 2. 외부산정 (외부전문기관위탁 산정) 3. 내·외부 모두 산정 4. 산정 無 5. 없음	운영예산 산정 정산방법 1. 내부정산 (지자체 내부적으로 정산) 2. 외부정산 (외부전문기관위탁 정산) 3. 내·외부 모두 산정 4. 정산 無 5. 없음	성과평가 실시여부 1. 실시 2. 미실시 3. 향후 추진 4. 해당없음
16198	경북 경주시	생활체육지도자장기근속수당지원	12,270	1	6	7	8	7	1	1	4
16199	경북 경주시	남산문화유적답사	11,700	1	7	7	8	7	5	5	4
16200	경북 경주시	내일2리복지행사	11,000	1	1	7	8	7	5	5	4
16201	경북 경주시	경주문화논총발간	10,800	1	7	7	1	7	5	1	4
16202	경북 경주시	경주문화지발간	10,800	1	7	7	1	7	5	1	4
16203	경북 경주시	바르게살기운동활성화추진운영지원	10,000	1	1,4	7	8	7	1	1	1
16204	경북 경주시	농촌지도자과제활동지원	10,000	1	6	7	8	7	5	5	4
16205	경북 경주시	행복한농촌가정육성프로젝트	10,000	1	6	7	8	7	5	5	4
16206	경북 경주시	마을평생교육지도자양성사업	10,000	1	1	7	8	7	1	1	4
16207	경북 경주시	향토연구지(비화원)발간	9,900	1	7	7	8	7	5	5	4
16208	경북 경주시	지역사회보장협의체민관협력실무분과사업	9,900	1	7	7	8	7	1	1	1
16209	경북 경주시	지역과함께하는대학생봉사단지원	9,000	1	4	7	8	7	5	5	4
16210	경북 경주시	고려인한국어교실운영	9,000	1	4	7	8	7	5	5	4
16211	경북 경주시	경주예술지발간	9,000	1	7	7	8	7	5	5	4
16212	경북 경주시	시민과함께하는문예대학	9,000	1	7	7	8	7	5	5	4
16213	경북 경주시	북경주유소년축구교실운영	9,000	1	6	7	8	7	1	1	4
16214	경북 경주시	태권도경연대회참가지원	9,000	1	4	7	8	7	1	1	1
16215	경북 경주시	지식재산권등록지원사업	9,000	1	1	5	1	7	1	1	4
16216	경북 경주시	중앙시장문화교실	9,000	1	1	4	1	7	1	1	1
16217	경북 경주시	미용아카데미운영	9,000	1	4	7	8	7	5	5	4
16218	경북 경주시	어린이교통안전방문교육	9,000	1	1	4	1	7	1	1	1
16219	경북 경주시	행정동우회시정홍보사업	9,000	1	1,4	7	8	7	1	1	1
16220	경북 경주시	학생집단상담현장보고회및성캠프	9,000	1	1	7	8	7	1	1	1
16221	경북 경주시	등대청소년공부방운영	9,000	1	1,4	7	8	7	1	1	1
16222	경북 경주시	4차농업혁명속미래농업인역량강화사업	9,000	1	6	7	8	7	5	5	4
16223	경북 경주시	내고향뿌리찾기신라역사탐방	9,000	1	4	6	6	6	1	1	1
16224	경북 경주시	뷰티풀환경미술대전	8,600	1	7	4	1	6	5	1	3
16225	경북 경주시	리틀야구단육성지원	8,500	1	6	7	8	7	1	1	4
16226	경북 경주시	찰쌀보리건조수수료지원	8,500	1	1	7	8	7	1	1	3
16227	경북 경주시	자율방범대원한마음다짐대회(범죄예방결의대회)	8,100	1	1,4	7	8	7	1	1	1
16228	경북 경주시	장애인우수선수육성지원	8,000	1	1	7	8	7	1	1	4
16229	경북 경주시	안계1리복지행사	8,000	1	1	7	8	7	5	5	4
16230	경북 경주시	범도민독서생활화추진	8,000	1	1,4	7	8	7	1	1	1
16231	경북 경주시	농촌여성일자리창출전문기능교육	8,000	1	6	7	8	7	5	5	4
16232	경북 경주시	지역아동센터종사자교육지원	7,650	1	4	7	8	7	1	1	4
16233	경북 경주시	농식품국내판촉지원	7,500	1	1	7	8	7	1	1	3
16234	경북 경주시	외국인근로자의료지원	7,200	1	4	7	8	7	5	5	4
16235	경북 경주시	경주문학발간	7,200	1	7	7	8	7	5	5	4
16236	경북 경주시	화랑씨름대회읍면동참가팀지원	7,200	1	4	7	8	7	1	1	1
16237	경북 경주시	행복한행복한We	7,200	1	6	7	8	7	1	1	4

순번	시군구	지출명 (사업명)	2024년예산 (단위 : 천원 /1년간)	민간이전 분류 (지방자치단체 세출예산 집행기준에 의거) 1. 민간경상사업보조(307-02) 2. 민간단체 법정운영비보조(307-03) 3. 민간행사사업보조(307-04) 4. 민간위탁금(307-05) 5. 사회복지시설 법정운영비보조(307-10) 6. 민간인위탁교육비(307-12) 7. 공기관등에대한경상적위탁사업비(308-13) 8. 민간자본사업보조,자체재원(402-01) 9. 민간자본사업보조,이전재원(402-02) 10. 민간위탁사업비(402-03) 11. 공기관등에 대한 자본적 위탁사업비(403-02)	민간이전지출 근거 (지방보조금 관리기준 참고) 1. 법률에 규정 2. 국고보조 재원(국가지정) 3. 용도 지정 기부금 4. 조례에 직접규정 5. 지자체가 권장하는 사업을 하는 공공기관 6. 시,도 정책 및 재정사정 7. 기타 8. 해당없음	입찰방식 계약체결방법 (경쟁형태) 1. 일반경쟁 2. 제한경쟁 3. 지명경쟁 4. 수의계약 5. 법정위탁 6. 기타 ( ) 7. 없음	입찰방식 계약기간 1. 1년 2. 2년 3. 3년 4. 4년 5. 5년 6. 기타 ( )년 7. 단기계약 (1년미만) 8. 없음	입찰방식 낙찰자선정방법 1. 적격심사 2. 협상에의한계약 3. 최저가낙찰제 4. 규격가격분리 5. 2단계 경쟁입찰 6. 기타 ( ) 7. 없음	운영예산 산정 운영예산 산정 1. 내부산정 (지자체 자체적으로 산정) 2. 외부산정 (외부전문기관위탁 산정) 3. 내·외부 모두 산정 4. 산정 無 5. 없음	운영예산 산정 정산방법 1. 내부정산 (지자체 내부적으로 정산) 2. 외부정산 (외부전문기관위탁 정산) 3. 내·외부 모두 산정 4. 정산 無 5. 없음	성과평가 실시여부 1. 실시 2. 미실시 3. 향후 추진 4. 해당없음
16238	경북 경주시	장애인경기단체육성지원	7,000	1	1	7	8	7	1	1	4
16239	경북 경주시	지역미술관활성화지원	6,500	1	1	7	8	7	1	1	4
16240	경북 경주시	사회복지협의회사업지원	6,480	1	7	7	8	7	1	1	1
16241	경북 경주시	신원1리복지행사	6,374	1	1	7	8	7	5	5	4
16242	경북 경주시	내일1리복지행사	6,348	1	1	7	8	7	5	5	4
16243	경북 경주시	시청갤러리운영	6,300	1	7	7	8	7	5	5	4
16244	경북 경주시	보호관찰대상자사회복귀지원사업	6,300	1	1,4	7	8	7	1	1	1
16245	경북 경주시	청소년유해환경감시단지원	6,300	1	1	7	8	7	1	1	1
16246	경북 경주시	내칠1리복지행사	6,263	1	1	7	8	7	5	5	4
16247	경북 경주시	장애인생활체육지도자교통비지원	6,000	1	1	7	8	7	1	1	4
16248	경북 경주시	전통시장청년몰운영지원	6,000	1	1	3	1	1	1	1	1
16249	경북 경주시	자원봉사프로그램지원	6,000	1	1,4	7	8	7	1	1	1
16250	경북 경주시	하천살리기시민실천운동	5,500	1	7	4	1	6	5	1	3
16251	경북 경주시	녹색성장실천을위한환경운동	5,500	1	7	4	1	6	5	1	3
16252	경북 경주시	대현1리복지행사	5,446	1	1	7	8	7	5	5	4
16253	경북 경주시	일부2리복지행사	5,310	1	1	7	8	7	5	5	4
16254	경북 경주시	외칠2리복지행사	5,216	1	1	7	8	7	5	5	4
16255	경북 경주시	정보화마을활성화지원	5,000	1	6	7	8	7	5	5	4
16256	경북 경주시	경주향교지발간지원	5,000	1	7	7	8	7	5	5	4
16257	경북 경주시	성인교육강좌	5,000	1	7	7	8	7	5	5	4
16258	경북 경주시	수질오염방제훈련	5,000	1	1	7	8	7	5	5	3
16259	경북 경주시	바르게살기운동청년회조직활성화	5,000	1	1,4	7	8	7	1	1	1
16260	경북 경주시	성인문해교육활성화사업	5,000	1	1	7	8	7	1	1	4
16261	경북 경주시	신원2리복지행사	4,703	1	1	7	8	7	5	5	4
16262	경북 경주시	일부2리복지행사	4,689	1	1	7	8	7	5	5	4
16263	경북 경주시	스마트HACCP구축운영	4,500	1	6	7	8	7	5	5	4
16264	경북 경주시	재향경우회법질서확립및범죄예방활동	4,500	1	1,4	7	8	7	1	1	1
16265	경북 경주시	경주시민배움교실지원	4,250	1	6	7	8	7	1	1	4
16266	경북 경주시	생활체육지도자자녀수당지원	4,080	1	2	7	8	7	1	1	4
16267	경북 경주시	신라문화강좌	4,000	1	7	7	8	7	5	5	4
16268	경북 경주시	장애인생활체육교실운영	4,000	1	8	7	8	7	5	5	4
16269	경북 경주시	경북우수시장상품전시회참가시장지원	4,000	1	1	3	1	1	1	1	1
16270	경북 경주시	환경보호정화사업및선도활동	4,000	1	7	4	1	6	5	1	3
16271	경북 경주시	국토청결및자연보호시민실천운동	4,000	1	7	4	1	6	5	1	3
16272	경북 경주시	안계2리복지행사	4,000	1	1	7	8	7	5	5	4
16273	경북 경주시	교통사고줄이기캠페인	4,000	1	1	4	1	7	1	1	1
16274	경북 경주시	천원의아침밥지원	3,600	1	1	7	8	7	5	5	4
16275	경북 경주시	산림소득활성화사업지원	3,500	1	2	7	7	7	1	1	4
16276	경북 경주시	대현2리복지행사	3,056	1	1	7	8	7	5	5	4
16277	경북 경주시	외국인유학생치안자원봉사대지원	3,000	1	4	7	8	7	5	5	4

순번	시군구	지출명 (사업명)	2024년예산 (단위 : 천원 /1년간)	민간이전 분류 (지방자치단체 세출예산 집행기준에 의거) 1. 민간경상사업보조(307-02) 2. 민간단체 법정운영비보조(307-03) 3. 민간행사사업보조(307-04) 4. 민간위탁금(307-05) 5. 사회복지시설 법정운영비보조(307-10) 6. 민간인위탁교육비(307-12) 7. 공기관등에대한경상적위탁사업비(308-13) 8. 민간자본사업보조,자체재원(402-01) 9. 민간자본사업보조,이전재원(402-02) 10. 민간위탁사업비(402-03) 11. 공기관등에 대한 자본적 위탁사업비(403-02)	민간이전지출 근거 (지방보조금 관리기준 참고) 1. 법률에 규정 2. 국고보조 재원(국가지정) 3. 용도 지정 기부금 4. 조례에 직접규정 5. 지자체가 권장하는 사업을 하는 공공기관 6. 시,도 정책 및 재정사정 7. 기타 8. 해당없음	입찰방식 계약체결방법 (경쟁형태) 1. 일반경쟁 2. 제한경쟁 3. 지명경쟁 4. 수의계약 5. 법정위탁 6. 기타 ( ) 7. 없음	입찰방식 계약기간 1. 1년 2. 2년 3. 3년 4. 4년 5. 5년 6. 기타 ( )년 7. 단기계약 (1년미만) 8. 없음	입찰방식 낙찰자선정방법 1. 적격심사 2. 협상에의한계약 3. 최저가낙찰제 4. 규격가격분리 5. 2단계 경쟁입찰 6. 기타 ( ) 7. 없음	운영예산 산정 운영예산 산정 1. 내부산정 (지자체 자체적으로 산정) 2. 외부산정 (외부전문기관위탁 산정) 3. 내·외부 모두 산정 4. 산정 無 5. 없음	운영예산 산정 정산방법 1. 내부정산 (지자체 내부적으로 정산) 2. 외부정산 (외부전문기관위탁 정산) 3. 내·외부 모두 산정 4. 정산 無 5. 없음	성과평가 실시여부 1. 실시 2. 미실시 3. 향후 추진 4. 해당없음
16278	경북 경주시	경북씨름왕선발대회참가지원	3,000	1	4	7	8	7	1	1	1
16279	경북 경주시	종목별전국단위생활체육대회참가지원	3,000	1	4	7	8	7	1	1	1
16280	경북 경주시	외칠1리복지행사	3,000	1	1	7	8	7	5	5	4
16281	경북 경주시	장애인생활체육지도자장기근속수당지원	2,720	1	1	7	8	7	1	1	4
16282	경북 경주시	자연환경보호운동	2,400	1	7	4	1	6	5	1	3
16283	경북 경주시	생태문화탐방및조사	2,400	1	7	4	1	6	5	1	3
16284	경북 경주시	환경사업및야생동물구조	2,400	1	7	4	1	6	5	1	3
16285	경북 경주시	생활체육지도자활동보험료지원	2,132	1	1	7	8	7	1	1	4
16286	경북 경주시	산양삼생산적합성조사및품질검사수수료지원	1,900	1	2	7	7	7	1	1	4
16287	경북 경주시	바르게살기운동건전생활실천교육	1,650	1	1,4	7	8	7	1	1	1
16288	경북 경주시	장애인생활체육지도자자녀수당지원	1,560	1	2	7	8	7	1	1	4
16289	경북 경주시	외칠2리복지행사	1,358	1	1	7	8	7	5	5	4
16290	경북 경주시	장애인생활체육지도자활동보험료지원	810	1	2	7	8	7	1	1	4
16291	경북 영천시	국)청년후계농영농정착지원	982,980	1	2	7	8	7	5	5	4
16292	경북 영천시	구제역백신(돼지전업농)	498,330	1	2	6	1	6	4	1	1
16293	경북 영천시	영천별빛한우브랜드지원	325,000	1	6	6	1	6	4	1	1
16294	경북 영천시	돼지써코바이러스백신공급	276,491	1	2	6	1	6	4	1	1
16295	경북 영천시	공동방제단운영지원	273,936	1	2	6	1	6	4	1	1
16296	경북 영천시	토양개량제공급(64,33포)	273,107	1	2	7	8	7	5	5	4
16297	경북 영천시	친환경못자리용상토지원(일반못자리)	221,760	1	4	7	8	7	5	5	4
16298	경북 영천시	여성농업인행복바우처지원	216,000	1	6	7	8	7	5	1	4
16299	경북 영천시	정신재활시설운영비지원	144,949	1	1	7	8	7	5	1	1
16300	경북 영천시	명품쌀재배단지조성지원	126,260	1	4	7	8	7	5	5	4
16301	경북 영천시	도)농업인정보지보급지원	125,528	1	2	7	8	7	5	5	4
16302	경북 영천시	전문인력양성사업(경상)	115,526	1	2	6	1	6	4	1	1
16303	경북 영천시	농기계(콤바인등)지원	105,000	1	4	7	8	7	5	5	4
16304	경북 영천시	영농부산물안전처리지원	105,000	1	4	7	8	7	5	5	4
16305	경북 영천시	도)청년농부육성지원	70,000	1	6	7	8	7	5	5	4
16306	경북 영천시	구제역백신(소전업농)	68,210	1	2	6	1	6	4	1	1
16307	경북 영천시	친환경농업부직포지원사업	66,500	1	4	7	8	7	5	5	4
16308	경북 영천시	애누에공동사육비지원	66,000	1	6	7	8	7	5	5	4
16309	경북 영천시	도)농업인신문보급지원	63,360	1	2	7	8	7	5	5	4
16310	경북 영천시	꿀벌화분지원	58,000	1	6	6	1	6	4	1	1
16311	경북 영천시	친환경벼우렁이농법지원사업	56,880	1	4	7	8	7	1	1	4
16312	경북 영천시	벼육묘상병충해예방제지원(일반못자리)	50,000	1	4	7	8	7	5	5	4
16313	경북 영천시	친환경농업기능성(고품질)비료지원사업	44,640	1	4	7	8	7	1	1	4
16314	경북 영천시	유기농업자재지원(76ha)	42,000	1	2	7	8	7	5	5	4
16315	경북 영천시	친환경농법종합지원사업	34,423	1	6	7	8	7	5	5	4
16316	경북 영천시	별빛촌쌀포장재지원사업	32,000	1	4	7	8	7	5	5	4
16317	경북 영천시	국)농산업분야지역혁신청년일자리지원	30,750	1	6	7	8	7	5	5	4

순번	시군구	지출명 (사업명)	2024년예산 (단위 : 천원 /1년간)	민간이전 분류 (지방자치단체 세출예산 집행기준에 의거) 1. 민간경상사업보조(307-02) 2. 민간단체 법정운영비보조(307-03) 3. 민간행사사업보조(307-04) 4. 민간위탁금(307-05) 5. 사회복지시설 법정운영비보조(307-10) 6. 민간인위탁교육비(307-12) 7. 공기관등에대한경상적위탁사업비(308-13) 8. 민간자본사업보조,자체재원(402-01) 9. 민간자본사업보조,이전재원(402-02) 10. 민간위탁사업비(402-03) 11. 공기관등에 대한 자본적 위탁사업비(403-02)	민간이전지출 근거 (지방보조금 관리기준 참고) 1. 법률에 규정 2. 국고보조 재원(국가지정) 3. 용도 지정 기부금 4. 조례에 직접규정 5. 지자체가 권장하는 사업을 하는 공공기관 6. 시,도 정책 및 재정사정 7. 기타 8. 해당없음	입찰방식 계약체결방법 (경쟁형태) 1. 일반경쟁 2. 제한경쟁 3. 지명경쟁 4. 수의계약 5. 법정위탁 6. 기타 ( ) 7. 없음	입찰방식 계약기간 1. 1년 2. 2년 3. 3년 4. 4년 5. 5년 6. 기타 ( )년 7. 단기계약 (1년미만) 8. 없음	입찰방식 낙찰자선정방법 1. 적격심사 2. 협상에의한계약 3. 최저가낙찰제 4. 규격가격분리 5. 2단계 경쟁입찰 6. 기타 ( ) 7. 없음	운영예산 산정 운영예산 산정 1. 내부산정 (지자체 자체적으로 산정) 2. 외부산정 (외부전문기관위탁 산정) 3. 내·외부 모두 산정 4. 산정 無 5. 없음	운영예산 산정 정산방법 1. 내부정산 (지자체 내부적으로 정산) 2. 외부정산 (외부전문기관위탁 정산) 3. 내·외부 모두 산정 4. 정산 無 5. 없음	성과평가 실시여부 1. 실시 2. 미실시 3. 향후 추진 4. 해당없음
16318	경북 영천시	잠종대지원사업	30,000	1	4	7	8	7	5	5	4
16319	경북 영천시	양봉(개량)벌통지원사업	30,000	1	6	6	1	6	4	1	1
16320	경북 영천시	마필산업활성화승마단체육성지원	27,000	1	6	6	1	6	4	1	1
16321	경북 영천시	친환경미생물비료지원사업	25,000	1	4	7	8	7	5	5	4
16322	경북 영천시	꿀벌면역증가제지원	24,650	1	6	6	1	6	4	1	1
16323	경북 영천시	친환경고품질쌀단지지원	21,000	1	1	7	8	7	5	5	4
16324	경북 영천시	6차산업경영체활성화지원사업	20,800	1	6	7	8	7	5	1	4
16325	경북 영천시	곤충사육톱밥밀기울지원	20,000	1	4	7	8	7	5	5	4
16326	경북 영천시	여성농업인능력개발교육프로그램지원	18,000	1	7	7	8	7	5	5	4
16327	경북 영천시	도)농촌지도자전국대회참가비지원	17,000	1	2	7	8	7	5	5	4
16328	경북 영천시	도)생활개선회원신문보급료지원	16,800	1	7	7	8	7	5	5	4
16329	경북 영천시	대한민국식품명인브랜드경쟁력제고사업	16,000	1	6	7	8	7	5	1	4
16330	경북 영천시	닭진드기공동방제지원	16,000	1	2	6	1	6	4	1	1
16331	경북 영천시	축산물소비촉진행사	15,000	1	6	6	1	6	4	1	1
16332	경북 영천시	영천축산물판매업소진공비닐지원	15,000	1	6	6	1	6	4	1	1
16333	경북 영천시	농어촌지역사랑의공부방운영지원	14,400	1	1	7	8	7	5	5	4
16334	경북 영천시	도)바이오숯활용저탄소토양개량기술보급시범	14,000	1	2	7	8	7	5	5	4
16335	경북 영천시	농촌지도자회한마음대회	13,500	1	6	7	8	7	5	5	4
16336	경북 영천시	농식품국내판촉지원사업	12,500	1	6	7	8	7	5	1	4
16337	경북 영천시	돼지소모성질환지도사업	12,000	1	2	6	1	6	4	1	1
16338	경북 영천시	도)농촌지도자과제활동지원	10,000	1	2	7	8	7	5	5	4
16339	경북 영천시	도)행복한농촌가정육성프로젝트시범	10,000	1	7	7	8	7	5	5	4
16340	경북 영천시	자동사양기지원	9,100	1	6	6	1	6	4	1	1
16341	경북 영천시	후계농업경영인회경영교육사업지원	9,000	1	6	7	8	7	5	5	4
16342	경북 영천시	우수후계농업경영인워크숍	9,000	1	6	7	8	7	5	5	4
16343	경북 영천시	한센병관리사업	8,917	1	1	5	1	1	2	2	1
16344	경북 영천시	우수여왕벌인공왕대지원	7,500	1	6	6	1	6	4	1	1
16345	경북 영천시	4H야영교육지원	7,200	1	6	7	8	7	5	5	4
16346	경북 영천시	토종벌벌통지원	5,600	1	6	6	1	6	4	1	1
16347	경북 영천시	축산물HACCP컨설팅	5,600	1	6	6	1	6	4	1	1
16348	경북 영천시	별빛촌쌀소비촉진홍보사업추진	5,000	1	4	7	8	7	5	5	4
16349	경북 영천시	전국으뜸농산물전시회참가지원	4,500	1	6	7	8	7	5	5	4
16350	경북 영천시	경북농특산물직판행사참가	4,500	1	6	7	8	7	5	5	4
16351	경북 영천시	좋은식단추진및음식문화개선사업지원	3,500	1	1	7	8	7	5	5	4
16352	경북 영천시	정신재활시설종사자수당	3,360	1	1	7	8	7	5	1	1
16353	경북 영천시	농촌지도자회영호남자매결연행사지원	3,150	1	6	7	8	7	5	5	4
16354	경북 영천시	미용경기대회및기술세미나등행사참가지원	3,000	1	1,4	1	8	1	1	1	1
16355	경북 영천시	도)학생4H회원과제활동지원	3,000	1	2	7	8	7	5	5	4
16356	경북 영천시	도)청년농업인4H회원활동지원	3,000	1	2	7	8	7	5	5	4
16357	경북 영천시	농촌지도자품목분과교육지원	2,700	1	6	7	8	7	5	5	4

순번	시군구	지출명 (사업명)	2024년예산 (단위 : 천원 /1년간)	민간이전 분류 (지방자치단체 세출예산 집행기준에 의거) 1. 민간경상사업보조(307-02) 2. 민간단체 법정운영비보조(307-03) 3. 민간행사사업보조(307-04) 4. 민간위탁금(307-05) 5. 사회복지시설 법정운영비보조(307-10) 6. 민간인위탁교육비(307-12) 7. 공기관등에대한경상적위탁사업비(308-13) 8. 민간자본사업보조,자체재원(402-01) 9. 민간자본사업보조,이전재원(402-02) 10. 민간위탁사업비(402-03) 11. 공기관등에 대한 자본적 위탁사업비(403-02)	민간이전지출 근거 (지방보조금 관리기준 참고) 1. 법률에 규정 2. 국고보조 재원(국가지정) 3. 용도 지정 기부금 4. 조례에 직접규정 5. 지자체가 권장하는 사업을 하는 공공기관 6. 시,도 정책 및 재정사정 7. 기타 8. 해당없음	입찰방식 계약체결방법 (경쟁형태) 1. 일반경쟁 2. 제한경쟁 3. 지명경쟁 4. 수의계약 5. 법정위탁 6. 기타 ( ) 7. 없음	입찰방식 계약기간 1. 1년 2. 2년 3. 3년 4. 4년 5. 5년 6. 기타 ( )년 7. 단기계약 (1년미만) 8. 없음	입찰방식 낙찰자선정방법 1. 적격심사 2. 협상에의한계약 3. 최저가낙찰제 4. 규격가격분리 5. 2단계 경쟁입찰 6. 기타 ( ) 7. 없음	운영예산 산정 운영예산 산정 1. 내부산정 (지자체 자체적으로 산정) 2. 외부산정 (외부전문기관위탁 산정) 3. 내·외부 모두 산정 4. 산정 無 5. 없음	운영예산 산정 정산방법 1. 내부정산 (지자체 내부적으로 정산) 2. 외부정산 (외부전문기관위탁 정산) 3. 내·외부 모두 산정 4. 정산 無 5. 없음	성과평가 실시여부 1. 실시 2. 미실시 3. 향후 추진 4. 해당없음
16358	경북 영천시	우수여왕벌보급지원	2,400	1	6	6	1	6	4	1	1
16359	경북 영천시	의료관련감염병감시체계참여병원지원	2,160	1	1	7	1	7	1	1	4
16360	경북 영천시	위생관련단체회원식품박람회등각종행사참가지원	2,000	1	1,4	1	8	1	1	1	1
16361	경북 영천시	주요감염병표본감시의료기관지원	1,800	1	1	7	1	7	1	1	4
16362	경북 영천시	신규창업농및읍면동이사현지연찬교육	1,800	1	6	7	8	7	5	5	4
16363	경북 영천시	후계농업경영인간부역량강화교육	1,800	1	6	7	8	7	5	5	4
16364	경북 영천시	도)4H신문보급지원	1,800	1	2	7	8	7	5	5	4
16365	경북 영천시	4H본부행사지원	1,800	1	6	7	8	7	5	5	4
16366	경북 영천시	화분매개곤충공급지원	1,500	1	4	7	8	7	5	5	4
16367	경북 영천시	염소미네랄블럭지원	1,000	1	6	6	1	6	4	1	1
16368	경북 영천시	정신재활시설입소자지원	360	1	1	7	8	7	5	1	1
16369	경북 영천시	정신재활시설복지포인트	200	1	1	7	8	7	5	1	1
16370	경북 영천시	채소류생산안정지원사업	2,570,490	1	2	7	8	7	1	1	1
16371	경북 영천시	과일통합디자인포장재제작지원	1,100,000	1	4	7	8	7	5	1	4
16372	경북 영천시	농산물유통구조개선지원사업	743,670	1	4	7	8	7	5	1	4
16373	경북 영천시	영천마늘농촌융복합산업지구조성사업	600,000	1	2	7	8	7	5	3	3
16374	경북 영천시	유황패드지원사업	320,000	1	4	7	8	7	5	5	4
16375	경북 영천시	면역강화용사료첨가제지원	239,250	1	4	6	1	6	4	1	1
16376	경북 영천시	신선농산물수출경쟁력제고	228,000	1	4	7	8	7	5	1	4
16377	경북 영천시	한우사육농가깔짚지원	220,000	1	6	6	1	6	4	1	1
16378	경북 영천시	마늘주아종구갱신지원사업	176,000	1	1	7	8	7	1	1	4
16379	경북 영천시	작약세척건조가공비지원사업	160,000	1	4	7	8	7	1	1	1
16380	경북 영천시	농산물공동선별비지원사업	149,000	1	4	7	8	7	5	1	4
16381	경북 영천시	불량모돈갱신사업	141,000	1	6	6	1	6	4	1	1
16382	경북 영천시	농산물산지유통기능활성화지원사업	128,800	1	4	7	8	7	5	1	4
16383	경북 영천시	신활력플러스사업(인건비)	118,180	1	4	7	8	7	1	1	1
16384	경북 영천시	재해예방냉방시설	102,500	1	6	6	1	6	4	1	1
16385	경북 영천시	과실장기저장제지원사업	100,000	1	4	7	8	7	1	1	2
16386	경북 영천시	과실생산유통지원사업관리비지원	92,736	1	1	7	8	7	1	1	2
16387	경북 영천시	저품위사과시장격리수매지원	87,000	1	4	7	8	7	1	1	2
16388	경북 영천시	약용작물자원화지원사업	80,000	1	4	7	8	7	1	1	1
16389	경북 영천시	과실생산비절감및품질제고지원	76,890	1	4	7	8	7	1	1	2
16390	경북 영천시	영천포도홍보포장재지원사업	75,000	1	4	7	8	7	1	1	2
16391	경북 영천시	약용작물유통활성화지원사업	75,000	1	4	7	8	7	1	1	1
16392	경북 영천시	곤포사일리지비닐대지원사업	72,000	1	6	6	1	6	4	1	1
16393	경북 영천시	한우등록비지원사업	66,000	1	6	6	1	6	4	1	1
16394	경북 영천시	돼지액상정액지원	52,110	1	6	6	1	6	4	1	1
16395	경북 영천시	농식품해외상설매장운영	50,000	1	4	7	8	7	5	5	4
16396	경북 영천시	농식품국외판촉지원	50,000	1	4	7	8	7	5	1	4
16397	경북 영천시	한우미네랄블럭지원	50,000	1	6	6	1	6	4	1	1

순번	시군구	지출명 (사업명)	2024년예산 (단위 : 천원 /1년간)	민간이전 분류 (지방자치단체 세출예산 집행기준에 의거) 1. 민간경상사업보조(307-02) 2. 민간단체 법정운영비보조(307-03) 3. 민간행사사업보조(307-04) 4. 민간위탁금(307-05) 5. 사회복지시설 법정운영비보조(307-10) 6. 민간인위탁교육비(307-12) 7. 공기관등에대한경상적위탁사업비(308-13) 8. 민간자본사업보조,자체재원(402-01) 9. 민간자본사업보조,이전재원(402-02) 10. 민간위탁사업비(402-03) 11. 공기관등에 대한 자본적 위탁사업비(403-02)	민간이전지출 근거 (지방보조금 관리기준 참고) 1. 법률에 규정 2. 국고보조 재원(국가지정) 3. 용도 지정 기부금 4. 조례에 직접규정 5. 지자체가 권장하는 사업을 하는 공공기관 6. 시,도 정책 및 재정사정 7. 기타 8. 해당없음	입찰방식 계약체결방법 (경쟁형태) 1. 일반경쟁 2. 제한경쟁 3. 지명경쟁 4. 수의계약 5. 법정위탁 6. 기타 ( ) 7. 없음	입찰방식 계약기간 1. 1년 2. 2년 3. 3년 4. 4년 5. 5년 6. 기타 ( )년 7. 단기계약 (1년미만) 8. 없음	입찰방식 낙찰자선정방법 1. 적격심사 2. 협상에의한계약 3. 최저가낙찰제 4. 규격가격분리 5. 2단계 경쟁입찰 6. 기타 ( ) 7. 없음	운영예산 산정 운영예산 산정 1. 내부산정 (지자체 자체적으로 산정) 2. 외부산정 (외부전문기관위탁 산정) 3. 내·외부 모두 산정 4. 산정 無 5. 없음	운영예산 산정 정산방법 1. 내부정산 (지자체 내부적으로 정산) 2. 외부정산 (외부전문기관위탁 정산) 3. 내·외부 모두 산정 4. 정산 無 5. 없음	성과평가 실시여부 1. 실시 2. 미실시 3. 향후 추진 4. 해당없음
16398	경북 영천시	농식품수출프런티어기업육성	48,000	1	4	7	8	7	5	5	4
16399	경북 영천시	우수한약재품질검사비지원사업	48,000	1	4	7	8	7	1	1	1
16400	경북 영천시	과실브랜드육성지원사업	46,200	1	4	7	8	7	5	1	4
16401	경북 영천시	영천마늘특구깐마늘포장재지원사업	44,000	1	1	7	8	7	1	1	1
16402	경북 영천시	자돈폐사율감소지원사업	39,897	1	6	6	1	6	4	1	1
16403	경북 영천시	한우자동목걸이구입지원	38,500	1	6	6	1	6	4	1	1
16404	경북 영천시	조사료생산용종자구입	35,280	1	2	6	1	6	4	1	1
16405	경북 영천시	퇴비부숙제지원	30,170	1	4	6	1	6	4	1	1
16406	경북 영천시	와인포장재지원	25,000	1	4	7	8	7	1	1	4
16407	경북 영천시	친환경악취저감제지원(일반)	25,000	1	4	6	1	6	4	1	1
16408	경북 영천시	마늘양파수확용그물망지원사업	24,000	1	4	7	8	7	1	1	1
16409	경북 영천시	한우친자확인사업	22,000	1	6	6	1	6	4	1	1
16410	경북 영천시	계란난좌지원	22,000	1	6	6	1	6	4	1	1
16411	경북 영천시	경북사과홍보행사시군부담금	20,000	1	4	7	8	7	1	1	2
16412	경북 영천시	젖소능력개량사업	18,560	1	6	6	1	6	4	1	1
16413	경북 영천시	수출농식품브랜드경쟁력제고사업	16,000	1	4	7	8	7	5	1	4
16414	경북 영천시	안개분무시설지원	16,000	1	6	6	1	6	4	1	1
16415	경북 영천시	별빛촌장터운영위원회농특산물직거래사업운영지원	15,000	1	4	7	8	7	5	5	4
16416	경북 영천시	직거래장터지원사업	15,000	1	4	7	8	7	5	1	4
16417	경북 영천시	한방진흥특구활성화사업	15,000	1	4	7	8	7	1	1	1
16418	경북 영천시	젖소사육농가깔짚지원	15,000	1	6	6	1	6	4	1	1
16419	경북 영천시	친환경축산물인증비지원	14,700	1	4	6	1	6	4	1	1
16420	경북 영천시	육계사깔짚지원	11,500	1	4	6	1	6	4	1	1
16421	경북 영천시	젖소착유라인세척제지원사업	11,000	1	6	6	1	6	4	1	1
16422	경북 영천시	한우우군선형심사비	10,000	1	6	6	1	6	4	1	1
16423	경북 영천시	과수친환경해충방제지원사업	9,000	1	4	7	8	7	1	1	2
16424	경북 영천시	미나리포장재지원사업	8,000	1	6	7	8	7	1	1	1
16425	경북 영천시	별빛한방촌공동브랜드지원사업	8,000	1	4	7	8	7	1	1	1
16426	경북 영천시	경북사과홍보행사참가지원	4,000	1	4	7	8	7	1	1	2
16427	경북 영천시	야생동물기피제지원사업	4,000	1	4	7	8	7	1	1	2
16428	경북 영천시	우량한우암소장려금	1,600	1	6	6	1	6	4	1	1
16429	경북 영천시	통합문화이용권사업지원	1,111,760	1	1	7	1	7	1	1	1
16430	경북 영천시	영천시체육회배구단육성지원	700,000	1	1	7	8	7	1	1	3
16431	경북 영천시	경북도민체전선수훈련및참가지원	330,000	1	1	7	8	7	1	1	3
16432	경북 영천시	도)취업지원센터활성화사업	250,000	1	4	6	1	1	1	1	1
16433	경북 영천시	청소년상담복지센터운영지원	209,647	1	1	7	1	7	1	1	1
16434	경북 영천시	청년근로자근속장려금지원사업	200,000	1	4	7	8	7	1	1	1
16435	경북 영천시	균)지역청년창업활성화를위한패키지지원사업	189,103	1	2	7	8	7	1	1	1
16436	경북 영천시	일반생활체육지도자배치	187,759	1	1	7	8	7	1	1	3
16437	경북 영천시	사회적기업일자리창출사업	175,498	1	2	7	8	7	5	5	1

순번	시군구	지출명 (사업명)	2024년예산 (단위 : 천원 /1년간)	민간이전 분류 (지방자치단체 세출예산 집행기준에 의거) 1. 민간경상사업보조(307-02) 2. 민간단체 법정운영비보조(307-03) 3. 민간행사사업보조(307-04) 4. 민간위탁금(307-05) 5. 사회복지시설 법정운영비보조(307-10) 6. 민간인위탁교육비(307-12) 7. 공기관등에대한경상적위탁사업비(308-13) 8. 민간자본사업보조,자체재원(402-01) 9. 민간자본사업보조,이전재원(402-02) 10. 민간위탁사업비(402-03) 11. 공기관등에 대한 자본적 위탁사업비(403-02)	민간이전지출 근거 (지방보조금 관리기준 참고) 1. 법률에 규정 2. 국고보조 재원(국가지정) 3. 용도 지정 기부금 4. 조례에 직접규정 5. 지자체가 권장하는 사업을 하는 공공기관 6. 시,도 정책 및 재정사정 7. 기타 8. 해당없음	입찰방식 계약체결방법 (경쟁형태) 1. 일반경쟁 2. 제한경쟁 3. 지명경쟁 4. 수의계약 5. 법정위탁 6. 기타 ( ) 7. 없음	입찰방식 계약기간 1. 1년 2. 2년 3. 3년 4. 4년 5. 5년 6. 기타 ( )년 7. 단기계약 (1년미만) 8. 없음	입찰방식 낙찰자선정방법 1. 적격심사 2. 협상에의한계약 3. 최저가낙찰제 4. 규격가격분리 5. 2단계 경쟁입찰 6. 기타 ( ) 7. 없음	운영예산 산정 운영예산 산정 1. 내부산정 (지자체 자체적으로 산정) 2. 외부산정 (외부전문기관위탁 산정) 3. 내·외부 모두 산정 4. 산정 無 5. 없음	운영예산 산정 정산방법 1. 내부정산 (지자체 내부적으로 정산) 2. 외부정산 (외부전문기관위탁 정산) 3. 내·외부 모두 산정 4. 정산 無 5. 없음	성과평가 실시여부 1. 실시 2. 미실시 3. 향후 추진 4. 해당없음
16438	경북 영천시	도)지역특화형비자외국인정착주거지원	172,800	1	6	7	8	7	5	5	4
16439	경북 영천시	영천유소년축구단육성지원(초등부)	164,000	1	1	7	8	7	1	1	3
16440	경북 영천시	균)첨단세소산업청년일사리창출사업	150,562	1	2	7	8	7	1	1	1
16441	경북 영천시	명륜교실운영지원(영천향교)	150,000	1	6	7	1	7	1	1	1
16442	경북 영천시	영천유소년축구단육성지원(중등부)	146,000	1	1	7	8	7	1	1	3
16443	경북 영천시	영천향교에서선비를만나다	145,000	1	1	7	8	7	1	1	3
16444	경북 영천시	청년창업사업장임차료지원사업	140,000	1	4	7	8	7	1	1	1
16445	경북 영천시	청소년안전망구축	129,000	1	1	7	1	7	1	1	1
16446	경북 영천시	청소년동반자프로그램운영지원	127,316	1	1	7	1	7	1	1	1
16447	경북 영천시	어르신생활체육지도자배치	125,171	1	1	7	8	7	1	1	3
16448	경북 영천시	체육꿈나무및특기종목육성지원	120,000	1	1	7	8	7	1	1	3
16449	경북 영천시	균)영천시친환경모빌리티부품전환및고도화를위한고용지원사업	115,863	1	2	7	8	7	1	1	1
16450	경북 영천시	시군학업중단청소년자립및학습지원	109,940	1	1	7	1	7	1	1	1
16451	경북 영천시	영천공설시장특성화시장육성사업	105,000	1	1	5	1	7	1	1	1
16452	경북 영천시	영천청년창업대학운영	100,000	1	4	7	8	7	1	1	1
16453	경북 영천시	도)경북청년예비창업가육성사업	90,000	1	1	7	8	7	1	1	1
16454	경북 영천시	도)중소기업정규직프로젝트	90,000	1	7	7	8	7	1	1	1
16455	경북 영천시	경북도민생활체육대축전참가지원	85,000	1	1	7	8	7	1	1	3
16456	경북 영천시	외국인지역특화형비자희망이음사업	80,000	1	6	7	8	7	5	5	4
16457	경북 영천시	경북도민체전우수선수및단체육성	80,000	1	1	7	8	7	1	1	3
16458	경북 영천시	경북도민체전취약종목집중육성	70,000	1	1	7	8	7	1	1	3
16459	경북 영천시	영천시인성교육관강좌프로그램운영지원	70,000	1	6	7	1	7	1	1	1
16460	경북 영천시	자원봉사센터코디네이터지원육성	66,382	1	2	7	8	7	1	1	3
16461	경북 영천시	인력양성및혁신기술개발지원	60,000	1	6	7	8	7	5	5	4
16462	경북 영천시	노사민정모범근로자기업벤치마킹	60,000	1	4	7	8	7	1	1	1
16463	경북 영천시	중소기업경쟁력강화지원	60,000	1	4	7	8	7	5	5	4
16464	경북 영천시	외국인근로자상담센터지원	54,000	1	6	6	1	6	1	1	1
16465	경북 영천시	크리스마스트리문화축제	54,000	1	4	7	8	7	1	1	1
16466	경북 영천시	영천아리랑전국경창대회	54,000	1	1	7	8	7	1	1	1
16467	경북 영천시	시니어바둑리그참가지원	50,000	1	1	7	8	7	1	1	3
16468	경북 영천시	노동법률상담소지원	50,000	1	6	6	1	6	1	1	1
16469	경북 영천시	찾아가는직장문화배달사업	50,000	1	4	7	1	7	1	2	4
16470	경북 영천시	생생문화유산사업	50,000	1	1	7	8	7	1	1	3
16471	경북 영천시	안전한기업일터조성	49,000	1	4	7	8	7	5	5	4
16472	경북 영천시	지방문화원사업지원	46,000	1	1	7	1	7	1	1	1
16473	경북 영천시	자원봉사우수프로그램스타빌리지사업	45,000	1	1	7	8	7	1	1	3
16474	경북 영천시	도)산학일체형도제학교지원	40,000	1	2	7	8	7	1	1	1
16475	경북 영천시	시군자율방재단운영지원	40,000	1	1,4	7	8	7	5	5	4
16476	경북 영천시	리틀야구단육성지원	39,000	1	1	7	8	7	1	1	3
16477	경북 영천시	도지사기종목별생활체육대회(22개종목)참가지원	38,100	1	1	7	8	7	1	1	3

순번	시군구	지출명 (사업명)	2024년예산 (단위 : 천원 /1년간)	민간이전 분류 (지방자치단체 세출예산 집행기준에 의거) 1. 민간경상사업보조(307-02) 2. 민간단체 법정운영비보조(307-03) 3. 민간행사사업보조(307-04) 4. 민간위탁금(307-05) 5. 사회복지시설 법정운영비보조(307-10) 6. 민간인위탁교육비(307-12) 7. 공기관등에대한경상적위탁사업비(308-13) 8. 민간자본사업보조,자체재원(402-01) 9. 민간자본사업보조,이전재원(402-02) 10. 민간위탁사업비(402-03) 11. 공기관등에 대한 자본적 위탁사업비(403-02)	민간이전지출 근거 (지방보조금 관리기준 참고) 1. 법률에 규정 2. 국고보조 재원(국가지정) 3. 용도 지정 기부금 4. 조례에 직접규정 5. 지자체가 권장하는 사업을 하는 공공기관 6. 시,도 정책 및 재정사정 7. 기타 8. 해당없음	입찰방식 계약체결방법 (경쟁형태) 1. 일반경쟁 2. 제한경쟁 3. 지명경쟁 4. 수의계약 5. 법정위탁 6. 기타 ( ) 7. 없음	입찰방식 계약기간 1. 1년 2. 2년 3. 3년 4. 4년 5. 5년 6. 기타 ( )년 7. 단기계약 (1년미만) 8. 없음	입찰방식 낙찰자선정방법 1. 적격심사 2. 협상에의한계약 3. 최저가낙찰제 4. 규격가격분리 5. 2단계 경쟁입찰 6. 기타 ( ) 7. 없음	운영예산 산정 운영예산 산정 1. 내부산정 (지자체 자체적으로 산정) 2. 외부산정 (외부전문기관위탁 산정) 3. 내·외부 모두 산정 4. 산정 無 5. 없음	운영예산 산정 정산방법 1. 내부정산 (지자체 내부적으로 정산) 2. 외부정산 (외부전문기관위탁 정산) 3. 내·외부 모두 산정 4. 정산 無 5. 없음	성과평가 실시여부 1. 실시 2. 미실시 3. 향후 추진 4. 해당없음
16478	경북 영천시	꿈이음청춘카페지원사업	37,000	1	1	7	8	7	1	1	1
16479	경북 영천시	생활체육교실운영지원	36,000	1	1	7	8	7	1	1	3
16480	경북 영천시	장애인생활체육지도자배치	31,293	1	1	7	8	7	1	1	3
16481	경북 영천시	대규모체육대회유치및준비활동지원	30,000	1	1	7	8	7	1	1	3
16482	경북 영천시	경북어르신생활체육대회참가지원	30,000	1	1	7	8	7	1	1	3
16483	경북 영천시	찾아가는영천의병역사박물관사업지원	30,000	1	6	7	1	7	1	1	1
16484	경북 영천시	영천문화원문화학교운영지원	30,000	1	1	7	1	7	1	1	1
16485	경북 영천시	경북장애인체육대회참가지원	27,500	1	1	7	8	7	1	1	3
16486	경북 영천시	지산조호익선생학술대회개최지원	27,000	1	6	7	1	7	1	1	1
16487	경북 영천시	소상공인정책지원현장전문가운영	25,000	1	1	5	1	7	1	1	1
16488	경북 영천시	행복한보금자리만들기사업	24,000	1	1	7	8	7	1	1	3
16489	경북 영천시	청소년어울림마당지원	24,000	1	1	1	1	1	1	1	1
16490	경북 영천시	명주농악보존회육성지원	23,000	1	1	7	1	7	1	1	1
16491	경북 영천시	국악분야예술강사지원	22,822	1	2	7	8	7	1	1	1
16492	경북 영천시	균)섬유제조분야MD청년인력지원사업	22,745	1	2	7	8	7	1	1	1
16493	경북 영천시	영천문화원생활문화센터운영지원	21,000	1	1	7	1	7	1	1	1
16494	경북 영천시	새마을환경살리기사업	20,000	1	1	7	8	7	1	1	3
16495	경북 영천시	창업중심대학지원사업(국가직접지원)	20,000	1	2	7	8	7	1	1	1
16496	경북 영천시	영천읍성전시회개최지원	20,000	1	6	7	1	7	1	1	1
16497	경북 영천시	영천미술인및출향작가통합전	20,000	1	7	7	8	7	1	1	1
16498	경북 영천시	영천예술제개최(전국품바경연대회)	20,000	1	7	7	8	7	1	1	1
16499	경북 영천시	하근찬전집편찬사업	20,000	1	7	7	8	7	1	1	1
16500	경북 영천시	영천불교연합회봉축법회및사업지원	20,000	1	4	7	8	7	1	1	1
16501	경북 영천시	영천관광전국사진공모전	20,000	1	4	7	8	7	1	1	4
16502	경북 영천시	노인일반	20,000	1	6	7	8	7	1	1	4
16503	경북 영천시	청소년동아리활동지원	20,000	1	1	4	1	7	1	1	1
16504	경북 영천시	자연보호자연환경정화활동(읍면동)	19,200	1	1	7	8	7	1	1	3
16505	경북 영천시	아리랑태무시범단운영지원	18,000	1	7	7	8	7	1	1	1
16506	경북 영천시	지역문화사랑방운영지원	18,000	1	4	7	8	7	1	1	1
16507	경북 영천시	시조명창교육및명인명창대회	15,300	1	7	7	8	7	1	1	1
16508	경북 영천시	우수기업홍보지원	15,000	1	4	7	1	7	1	2	4
16509	경북 영천시	여성기업경영연수지원	15,000	1	4	7	1	1	1	1	1
16510	경북 영천시	음악협회찾아가는음악회	15,000	1	7	7	8	7	1	1	1
16511	경북 영천시	전국풍물난타경연대회	15,000	1	7	7	8	7	1	1	1
16512	경북 영천시	시안미술관향토작가특별전	15,000	1	4	7	8	7	1	1	1
16513	경북 영천시	청년창업특화거리점포임차료지원	14,400	1	4	7	8	7	1	1	4
16514	경북 영천시	종목별생활체육대회참가지원	14,300	1	1	7	8	7	1	1	3
16515	경북 영천시	학업중단청소년급식지원	12,342	1	1	7	1	7	1	1	1
16516	경북 영천시	자연보호백일장개회및단합대회	12,000	1	1	7	8	7	1	1	3
16517	경북 영천시	클린마을공동체만들기	12,000	1	1	7	8	7	1	1	3

순번	시군구	지출명 (사업명)	2024년예산 (단위 : 천원 /1년간)	민간이전 분류 (지방자치단체 세출예산 집행기준에 의거) 1. 민간경상사업보조(307-02) 2. 민간단체 법정운영비보조(307-03) 3. 민간행사사업보조(307-04) 4. 민간위탁금(307-05) 5. 사회복지시설 법정운영비보조(307-10) 6. 민간인위탁교육비(307-12) 7. 공기관등에대한경상적위탁사업비(308-13) 8. 민간자본사업보조,자체재원(402-01) 9. 민간자본사업보조,이전재원(402-02) 10. 민간위탁사업비(402-03) 11. 공기관등에 대한 자본적 위탁사업비(403-02)	민간이전지출 근거 (지방보조금 관리기준 참고) 1. 법률에 규정 2. 국고보조 재원(국가지정) 3. 용도 지정 기부금 4. 조례에 직접규정 5. 지자체가 권장하는 사업을 하는 공공기관 6. 시,도 정책 및 재정사정 7. 기타 8. 해당없음	입찰방식 계약체결방법 (경쟁형태) 1. 일반경쟁 2. 제한경쟁 3. 지명경쟁 4. 수의계약 5. 법정위탁 6. 기타 ( ) 7. 없음	입찰방식 계약기간 1. 1년 2. 2년 3. 3년 4. 4년 5. 5년 6. 기타 ( )년 7. 단기계약 (1년미만) 8. 없음	입찰방식 낙찰자선정방법 1. 적격심사 2. 협상에의한계약 3. 최저가낙찰제 4. 규격가격분리 5. 2단계 경쟁입찰 6. 기타 ( ) 7. 없음	운영예산 산정 운영예산 산정 1. 내부산정 (지자체 자체적으로 산정) 2. 외부산정 (외부전문기관위탁 산정) 3. 내·외부 모두 산정 4. 산정 無 5. 없음	운영예산 산정 정산방법 1. 내부정산 (지자체 내부적으로 정산) 2. 외부정산 (외부전문기관위탁 정산) 3. 내·외부 모두 산정 4. 정산 無 5. 없음	성과평가 실시여부 1. 실시 2. 미실시 3. 향후 추진 4. 해당없음
16518	경북 영천시	생활체육지도자교통비지원	12,000	1	1	7	8	7	1	1	3
16519	경북 영천시	청년마을만들기지원사업공간임차료지원	12,000	1	4	7	8	7	1	1	4
16520	경북 영천시	여성역량강화교육	12,000	1	4	7	8	/	1	1	1
16521	경북 영천시	풍수해보험사업	12,000	1	1	7	8	7	5	5	4
16522	경북 영천시	문화유산지킴이활동비	10,900	1	1	7	8	7	1	1	3
16523	경북 영천시	각종체육대회대비우수선수발굴육성지원	10,000	1	1	7	8	7	1	1	3
16524	경북 영천시	생활체육지도자장기근속수당지원	10,000	1	1	7	8	7	1	1	3
16525	경북 영천시	영천공설시장활성화마케팅사업	10,000	1	1	5	1	7	1	1	1
16526	경북 영천시	담벼락시화전사업	10,000	1	7	7	8	7	1	1	1
16527	경북 영천시	춤페스티벌공연	10,000	1	7	7	8	7	1	1	1
16528	경북 영천시	영천아리랑경로당순회공연	10,000	1	1	7	8	7	1	1	1
16529	경북 영천시	함께읽는영천의독립운동발간	10,000	1	4	7	8	7	5	5	4
16530	경북 영천시	교통사고줄이기캠페인및교통지도사업	10,000	1	4	5	1	7	1	1	1
16531	경북 영천시	맞춤형자원봉사프로그램운영지원	9,390	1	1	7	8	7	1	1	3
16532	경북 영천시	여성축구단육성지원	8,800	1	1	7	8	7	1	1	3
16533	경북 영천시	장애인생활체육교실운영및대회개최지원	8,800	1	1	7	8	7	1	1	3
16534	경북 영천시	버스터미널관리비지원	8,640	1	1	7	8	7	1	1	4
16535	경북 영천시	범도민독서생활화추진	8,000	1	1	7	8	7	1	1	3
16536	경북 영천시	향교문화전승보존지원(기로연)	8,000	1	4	7	8	7	1	1	1
16537	경북 영천시	교통안내지원사업	8,000	1	4	5	1	7	1	1	1
16538	경북 영천시	선진교통문화정착및교통질서계도사업	8,000	1	4	5	1	7	1	1	1
16539	경북 영천시	어린이교통안전지도및캠페인	8,000	1	4	5	1	7	1	1	1
16540	경북 영천시	새마을사랑의김장담가주기행사	7,000	1	1	7	8	7	1	1	3
16541	경북 영천시	전국체전참가지원	6,600	1	1	7	8	7	1	1	3
16542	경북 영천시	도)지역미술관활성화지원	6,500	1	6	7	8	7	1	1	1
16543	경북 영천시	충혼탑및봉안당유지관리	6,500	1	4	7	8	7	5	5	4
16544	경북 영천시	새마을부녀회합창단운영경비	6,400	1	1	7	8	7	1	1	3
16545	경북 영천시	화목한가정만들기실천대회	6,400	1	1	7	8	7	1	1	3
16546	경북 영천시	영천공설시장상인교육및상거래질서유지	6,400	1	1	5	1	7	1	1	1
16547	경북 영천시	전국도단위민속경연대회참가지원	6,400	1	1	7	1	7	1	1	1
16548	경북 영천시	재활용자원모으기경진대회지원	6,000	1	1	7	8	7	1	1	3
16549	경북 영천시	바르게살기선진의식실천함양대회	6,000	1	1	7	8	7	1	1	3
16550	경북 영천시	사랑의효자손사업	6,000	1	1	7	8	7	1	1	3
16551	경북 영천시	전국청소년미술실기대회	6,000	1	7	7	8	7	1	1	1
16552	경북 영천시	문학영천발간사업	6,000	1	7	7	8	7	1	1	1
16553	경북 영천시	범국민예의실천본부예의운동추진(영천지부)	6,000	1	4	7	8	7	1	1	1
16554	경북 영천시	향교문화전승보존지원(석전대제)	5,880	1	4	7	8	7	1	1	1
16555	경북 영천시	향교문화전승보존지원(유림지도자업무연찬)	5,880	1	4	7	8	7	1	1	1
16556	경북 영천시	선비아카데미지원	5,600	1	4	7	8	7	1	1	1
16557	경북 영천시	영천공설시장시장경영패키지지원사업	5,232	1	1	5	1	7	1	1	1

순번	시군구	지출명 (사업명)	2024년예산 (단위 : 천원 /1년간)	민간이전 분류 (지방자치단체 세출예산 집행기준에 의거) 1. 민간경상사업보조(307-02) 2. 민간단체 법정운영비보조(307-03) 3. 민간행사사업보조(307-04) 4. 민간위탁금(307-05) 5. 사회복지시설 법정운영비보조(307-10) 6. 민간인위탁교육비(307-12) 7. 공기관등에대한경상적위탁사업비(308-13) 8. 민간자본사업보조,지체재원(402-01) 9. 민간자본사업보조,이전재원(402-02) 10. 민간위탁사업비(402-03) 11. 공기관등에 대한 자본적 위탁사업비(403-02)	민간이전지출 근거 (지방보조금 관리기준 참고) 1. 법률에 규정 2. 국고보조 재원(국가지정) 3. 용도 지정 기부금 4. 조례에 직접규정 5. 지자체가 권장하는 사업을 하는 공공기관 6. 시,도 정책 및 재정사정 7. 기타 8. 해당없음	입찰방식 계약체결방법 (경쟁형태) 1. 일반경쟁 2. 제한경쟁 3. 지명경쟁 4. 수의계약 5. 법정위탁 6. 기타 ( ) 7. 없음	입찰방식 계약기간 1. 1년 2. 2년 3. 3년 4. 4년 5. 5년 6. 기타 ( )년 7. 단기계약 (1년미만) 8. 없음	입찰방식 낙찰자선정방법 1. 적격심사 2. 협상에의한계약 3. 최저가낙찰제 4. 규격가격분리 5. 2단계 경쟁입찰 6. 기타 ( ) 7. 없음	운영예산 산정 운영예산 산정 1. 내부산정 (지자체 자체적으로 산정) 2. 외부산정 (외부전문기관위탁 산정) 3. 내·외부 모두 산정 4. 산정 無 5. 없음	운영예산 산정 정산방법 1. 내부정산 (지자체 내부적으로 정산) 2. 외부정산 (외부전문기관위탁 정산) 3. 내·외부 모두 산정 4. 정산 無 5. 없음	성과평가 실시여부 1. 실시 2. 미실시 3. 향후 추진 4. 해당없음
16558	경북 영천시	우수공예업체상품개발장려금지원	5,200	1	7	7	8	7	1	1	1
16559	경북 영천시	바르게살기운동청년회조직활성화	5,000	1	1	7	8	7	1	1	3
16560	경북 영천시	종목별체육대회참가지원	5,000	1	1	7	8	7	1	1	3
16561	경북 영천시	전국소년체전참가지원	5,000	1	1	7	8	7	1	1	3
16562	경북 영천시	종목별장애인체육대회참가지원	5,000	1	1	7	8	7	1	1	3
16563	경북 영천시	보훈단체협의회활동사업	5,000	1	4	7	8	7	5	5	4
16564	경북 영천시	국악인문학음악콘서트	4,800	1	7	7	8	7	1	1	1
16565	경북 영천시	전국장애인체육대회및학생체전출전지원	4,500	1	1	7	8	7	1	1	3
16566	경북 영천시	도)지역미술관장애인편의시설조성지원	4,500	1	6	7	8	7	1	1	1
16567	경북 영천시	사회복지시설종사자처우개선비	4,500	1	1	7	8	7	5	5	4
16568	경북 영천시	전국통합자원봉사보험가입서비스지원	4,380	1	2	7	8	7	1	1	3
16569	경북 영천시	영천문화원충효교실운영지원	4,300	1	1	7	1	7	1	1	1
16570	경북 영천시	영호남미술교류전(영천나주시)	4,000	1	7	7	8	7	1	1	1
16571	경북 영천시	미술협회회원전	4,000	1	7	7	8	7	1	1	1
16572	경북 영천시	예총지발간사업	4,000	1	7	7	8	7	1	1	1
16573	경북 영천시	신녕향교충효교실운영	4,000	1	4	7	8	7	1	1	1
16574	경북 영천시	향교문화전승보존지원(전통문화예절교육)	3,420	1	4	7	8	7	1	1	1
16575	경북 영천시	경북씨름왕선발대회참가지원	3,200	1	1	7	8	7	1	1	3
16576	경북 영천시	고유유학문화연구보급(박약회)	3,200	1	4	7	8	7	1	1	1
16577	경북 영천시	새마을알뜰도서교환시장개최	3,000	1	1	7	8	7	1	1	3
16578	경북 영천시	다문화가족과함께더불어가는세상(행복아카데미)	3,000	1	1	7	8	7	1	1	3
16579	경북 영천시	자원봉사자역량강화교육	3,000	1	1	7	8	7	1	1	3
16580	경북 영천시	사진작가협회회원전	3,000	1	7	7	8	7	1	1	1
16581	경북 영천시	차문화교육사업	3,000	1	7	7	8	7	1	1	1
16582	경북 영천시	임고서원제향비	3,000	1	4	7	8	7	1	1	1
16583	경북 영천시	고천서원제향비	3,000	1	4	7	8	7	1	1	1
16584	경북 영천시	영천향교충효교실운영	3,000	1	4	7	8	7	1	1	1
16585	경북 영천시	생활체육지도자자녀수당지원	2,760	1	1	7	8	7	1	1	1
16586	경북 영천시	자연보호명예지도원정기대회및단합대회	2,600	1	1	7	8	7	1	1	3
16587	경북 영천시	무형문화유산공개행사비지원	2,500	1	1	7	8	7	1	1	3
16588	경북 영천시	도지사기태권도대회참가지원	2,400	1	1	7	8	7	1	1	3
16589	경북 영천시	도지사기유도대회참가지원	2,400	1	1	7	8	7	1	1	3
16590	경북 영천시	선현유학문화창달과도덕사회구현(담수회)	2,400	1	4	7	8	7	1	1	3
16591	경북 영천시	송곡서원제향비	2,200	1	4	7	8	7	1	1	1
16592	경북 영천시	시민과함께하는선진윤리의식교육	2,000	1	1	7	8	7	1	1	3
16593	경북 영천시	짚풀공예작품전시회	2,000	1	7	7	8	7	1	1	1
16594	경북 영천시	용계서원제향비	2,000	1	4	7	8	7	1	1	1
16595	경북 영천시	도계서원제향비	2,000	1	4	7	8	7	1	1	1
16596	경북 영천시	창대서원제향비	2,000	1	4	7	8	7	1	1	1
16597	경북 영천시	숭열당제향비	2,000	1	4	7	8	7	1	1	1

순번	시군구	지출명 (사업명)	2024년예산 (단위 : 천원 /1년간)	민간이전 분류 (지방자치단체 세출예산 집행기준에 의거) 1. 민간경상사업보조(307-02) 2. 민간단체 법정운영비보조(307-03) 3. 민간행사사업보조(307-04) 4. 민간위탁금(307-05) 5. 사회복지시설 법정운영비보조(307-10) 6. 민간인위탁교육비(307-12) 7. 공기관등에대한경상적위탁사업비(308-13) 8. 민간자본사업보조,자체재원(402-01) 9. 민간자본사업보조,이전재원(402-02) 10. 민간위탁사업비(402-03) 11. 공기관등에 대한 자본적 위탁사업비(403-02)	민간이전지출 근거 (지방보조금 관리기준 참고) 1. 법률에 규정 2. 국고보조 재원(국가지정) 3. 용도 지정 기부금 4. 조례에 직접규정 5. 지자체가 권장하는 사업을 하는 공공기관 6. 시,도 정책 및 재정사정 7. 기타 8. 해당없음	입찰방식 계약체결방법 (경쟁형태) 1. 일반경쟁 2. 제한경쟁 3. 지명경쟁 4. 수의계약 5. 법정위탁 6. 기타 ( ) 7. 없음	입찰방식 계약기간 1. 1년 2. 2년 3. 3년 4. 4년 5. 5년 6. 기타 ( )년 7. 단기계약 (1년미만) 8. 없음	입찰방식 낙찰자선정방법 1. 적격심사 2. 협상에의한계약 3. 최저가낙찰제 4. 규격가격분리 5. 2단계 경쟁입찰 6. 기타 ( ) 7. 없음	운영예산 산정 운영예산 산정 1. 내부산정 (지자체 자체적으로 산정) 2. 외부산정 (외부전문기관위탁 산정) 3. 내·외부 모두 산정 4. 산정 無 5. 없음	운영예산 산정 정산방법 1. 내부정산 (지자체 내부적으로 정산) 2. 외부정산 (외부전문기관위탁 정산) 3. 내·외부 모두 산정 4. 정산 無 5. 없음	성과평가 실시여부 1. 실시 2. 미실시 3. 향후 추진 4. 해당없음
16598	경북 영천시	환구서원제향비	2,000	1	4	7	8	7	1	1	1
16599	경북 영천시	동린각제향비	2,000	1	4	7	8	7	1	1	1
16600	경북 영천시	자양서당제향비	2,000	1	4	7	8	7	1	1	1
16601	경북 영천시	황보농장제향비	2,000	1	4	7	8	7	1	1	1
16602	경북 영천시	우고서사제향비	2,000	1	4	7	8	7	1	1	1
16603	경북 영천시	범국민예의실천본부예의운동추진(신녕지부)	2,000	1	4	7	8	7	1	1	1
16604	경북 영천시	바르게살기운동건전생활실천교육	1,650	1	1	7	8	7	1	1	3
16605	경북 영천시	생활체육지도자활동보험료지원	1,640	1	1	7	8	7	1	1	3
16606	경북 영천시	시군대항단축마라톤대회참가지원	1,500	1	1	7	8	7	1	1	3
16607	경북 영천시	장애인생활체육지도자교통비지원	1,200	1	1	7	8	7	1	1	3
16608	경북 영천시	자연유산민속행사	1,200	1	1	7	8	7	1	1	3
16609	경북 영천시	도잠서원제향비	1,000	1	4	7	8	7	1	1	1
16610	경북 영천시	이원대열사추모사업(학술회동)	1,000	1	4	7	8	7	5	5	4
16611	경북 영천시	장애인생활체육지도자장기근속수당지원	600	1	1	7	8	7	1	1	3
16612	경북 영천시	장애인생활체육지도자활동보험료지원	162	1	1	7	8	7	1	1	3
16613	경북 영천시	지속가능한평생학습도시지원사업	70,000	1	5	1	1	1	1	1	1
16614	경북 영천시	청소년국악관현악단	22,000	1	7	6	8	7	1	1	1
16615	경북 영천시	성인문해교육프로그램지원사업	20,000	1	7	6	8	7	1	1	1
16616	경북 영천시	행복학습센터지정사업	20,000	1	7	6	8	7	1	1	1
16617	경북 영천시	풀뿌리평생학습동아리운영	20,000	1	1	7	8	7	1	1	3
16618	경북 영천시	여성자원봉사단운영	12,000	1	7	7	8	7	5	5	4
16619	경북 영천시	마을평생교육지도자양성교육	10,000	1	7	6	8	7	1	1	1
16620	경북 영천시	평생학습형일자리연계	10,000	1	7	6	8	7	1	1	1
16621	경북 영천시	마을평생교육지도자양성교육	10,000	1	7	6	8	7	1	1	1
16622	경북 김천시	신규소각장설치사업	3,557,000	1	2	7	8	7	1	1	4
16623	경북 김천시	유기질비료지원	2,936,167	1	1	7	8	7	5	1	1
16624	경북 김천시	BTL전문과학관(김천녹색미래과학관)임대료	2,814,000	1	2	2	6	2	5	4	1
16625	경북 김천시	친환경농산물학교급식지원	2,258,995	1	1	1	3	1	1	1	2
16626	경북 김천시	슬레이트처리비지원	1,578,560	1	2	1	1	3	1	2	1
16627	경북 김천시	국민체육센터진입도로확장공사보상비	1,500,000	1	7	7	8	7	5	5	4
16628	경북 김천시	청년농업인영농정착지원	1,322,640	1	1	7	8	7	5	1	1
16629	경북 김천시	포도자두김천앤포장재지원	1,300,000	1	4	7	5	5	4	5	4
16630	경북 김천시	통합문화이용권사업지원	1,206,010	1	2	7	3	3	1	1	4
16631	경북 김천시	시설위탁운영비	1,140,000	1	2	2	6	2	5	4	1
16632	경북 김천시	국민기초생활급여(수선유지급여)	900,000	1	1	5	1	7	1	1	4
16633	경북 김천시	유기질비료지원	800,000	1	1	7	8	7	5	1	1
16634	경북 김천시	토양개량제공급	760,268	1	1	7	8	7	5	1	1
16635	경북 김천시	2024김천시민체육대회개최지원	750,000	1	1	7	8	7	1	1	3
16636	경북 김천시	도민체전참가지원	620,000	1	1	7	8	7	1	1	3
16637	경북 김천시	농촌인력중개센터운영지원	527,100	1	1	7	8	7	5	1	1

순번	시군구	지출명 (사업명)	2024년예산 (단위 : 천원 /1년간)	민간이전 분류 (지방자치단체 세출예산 집행기준에 의거) 1. 민간경상사업보조(307-02) 2. 민간단체 법정운영비보조(307-03) 3. 민간행사사업보조(307-04) 4. 민간위탁금(307-05) 5. 사회복지시설 법정운영비보조(307-10) 6. 민간인위탁교육비(307-12) 7. 공기관등에대한경상적위탁사업비(308-13) 8. 민간자본사업보조,자체재원(402-01) 9. 민간자본사업보조,이전재원(402-02) 10. 민간위탁사업비(402-03) 11. 공기관등에 대한 자본적 위탁사업비(403-02)	민간이전지출 근거 (지방보조금 관리기준 참고) 1. 법률에 규정 2. 국고보조 재원(국가지정) 3. 용도 지정 기부금 4. 조례에 직접규정 5. 지자체가 권장하는 사업을 하는 공공기관 6. 시,도 정책 및 재정사정 7. 기타 8. 해당없음	입찰방식 계약체결방법 (경쟁형태) 1. 일반경쟁 2. 제한경쟁 3. 지명경쟁 4. 수의계약 5. 법정위탁 6. 기타 ( ) 7. 없음	입찰방식 계약기간 1. 1년 2. 2년 3. 3년 4. 4년 5. 5년 6. 기타 ( )년 7. 단기계약 (1년미만) 8. 없음	입찰방식 낙찰자선정방법 1. 적격심사 2. 협상에의한계약 3. 최저가낙찰제 4. 규격가격분리 5. 2단계 경쟁입찰 6. 기타 ( ) 7. 없음	운영예산 산정 운영예산 산정 1. 내부산정 (지자체 자체적으로 산정) 2. 외부산정 (외부전문기관위탁 산정) 3. 내·외부 모두 산정 4. 산정 無 5. 없음	운영예산 산정 정산방법 1. 내부정산 (지자체 내부적으로 정산) 2. 외부정산 (외부전문기관위탁 정산) 3. 내·외부 모두 산정 4. 정산 無 5. 없음	성과평가 실시여부 1. 실시 2. 미실시 3. 향후 추진 4. 해당없음
16638	경북 김천시	2024년김천앤과일축제	500,000	1	4	6	1	6	1	1	1
16639	경북 김천시	분만취약지분만산부인과지원사업	500,000	1	2	6	8	6	5	2	4
16640	경북 김천시	축분처리용톱밥(왕겨)지원	450,000	1	1	7	8	7	1	1	1
16641	경북 김천시	벼재배농가육묘상토지원	432,000	1	1	7	8	7	5	1	1
16642	경북 김천시	정골자연재해위험개선지구정비사업	400,000	1	1	4	5	7	5	1	4
16643	경북 김천시	건축사현장조사대행수수료	400,000	1	1	7	8	7	5	5	4
16644	경북 김천시	우수농산물상품성제고	400,000	1	1	7	8	7	5	1	1
16645	경북 김천시	소규모영세사업장방지시설지원	378,000	1	1	6	1	6	3	3	1
16646	경북 김천시	(예비)사회적기업일자리창출사업	333,333	1	2	7	8	7	1	1	1
16647	경북 김천시	어린이급식관리지원센터운영지원	315,000	1	1	7	8	7	5	5	3
16648	경북 김천시	도로유지관리시스템구축및운영	300,000	1	4	7	1	6	1	1	2
16649	경북 김천시	여성농업인행복바우처지원	300,000	1	6	7	8	7	5	1	1
16650	경북 김천시	농산물산지유통센터설치지원	288,000	1	1	7	1	1	4	1	4
16651	경북 김천시	한센간이양로시설운영	283,518	1	2	7	8	7	5	5	4
16652	경북 김천시	전국어린이태권왕대회	250,000	1	1	6	1	1	1	5	4
16653	경북 김천시	과수미생물제제	250,000	1	4	7	8	7	5	1	1
16654	경북 김천시	브랜드사료구입비지원	250,000	1	1	7	8	7	1	1	1
16655	경북 김천시	정신재활시설(사랑의집)운영	238,735	1	1	7	8	7	5	1	4
16656	경북 김천시	오수중계펌프장위탁관리비	204,000	1	7	7	5	7	1	3	1
16657	경북 김천시	국민체력1김천체력인증센터운영	203,640	1	1	7	8	7	1	1	3
16658	경북 김천시	전국종별배드민턴대회(중고)	200,000	1	1	6	1	1	1	5	4
16659	경북 김천시	한국테니스선수권대회	200,000	1	1	6	1	1	1	5	4
16660	경북 김천시	전국단위대회개최	200,000	1	1	7	8	7	1	5	4
16661	경북 김천시	저탄소인증활성화농자재지원	200,000	1	4	7	8	7	5	1	1
16662	경북 김천시	친환경농산물유치원급식지원	200,000	1	1	1	3	1	1	1	2
16663	경북 김천시	면역강화용사료첨가제지원	200,000	1	1	7	8	7	1	1	1
16664	경북 김천시	채소류생산안정지원사업	180,090	1	2	7	8	7	5	1	1
16665	경북 김천시	신바람행복콘서트개최지원	180,000	1	1	7	8	7	1	1	4
16666	경북 김천시	호국선양대제전지원	180,000	1	6	7	1	1	1	1	4
16667	경북 김천시	면역강화용사료첨가제지원	180,000	1	1	7	8	7	1	1	1
16668	경북 김천시	구제역백신구입지원(돼지,전업농)	175,950	1	2	7	8	7	1	1	1
16669	경북 김천시	전국중고농구대회	170,000	1	1	6	1	1	1	5	4
16670	경북 김천시	새마을여성합창단공연지원	159,000	1	1	7	8	7	1	1	1
16671	경북 김천시	생활체육지도자배치	156,465	1	1	7	8	7	1	1	3
16672	경북 김천시	비취약지역응급의료기관운영지원	153,600	1	2	7	8	7	5	2	1
16673	경북 김천시	시장기대회개최지원	153,000	1	1	7	8	7	1	1	3
16674	경북 김천시	동아수영대회	150,000	1	1	6	1	1	1	5	4
16675	경북 김천시	반달가슴곰공존문화조성홍보	150,000	1	2	7	8	7	1	1	2
16676	경북 김천시	방치슬레이트처리지원	146,200	1	6	7	8	7	1	1	2
16677	경북 김천시	통합마케팅조직육성	134,330	1	1	7	1	1	4	1	4

순번	시군구	지출명 (사업명)	2024년예산 (단위 : 천원 /1년간)	민간이전 분류 (지방자치단체 세출예산 집행기준에 의거) 1. 민간경상사업보조(307-02) 2. 민간단체 법정운영비보조(307-03) 3. 민간행사사업보조(307-04) 4. 민간위탁금(307-05) 5. 사회복지시설 법정운영비보조(307-10) 6. 민간인위탁교육비(307-12) 7. 공기관등에대한경상적위탁사업비(308-13) 8. 민간자본사업보조,자체재원(402-01) 9. 민간자본사업보조,이전재원(402-02) 10. 민간위탁사업비(402-03) 11. 공기관등에 대한 자본적 위탁사업비(403-02)	민간이전지출 근거 (지방보조금 관리기준 참고) 1. 법률에 규정 2. 국고보조 재원(국가지정) 3. 용도 지정 기부금 4. 조례에 직접규정 5. 지자체가 권장하는 사업을 하는 공공기관 6. 시,도 정책 및 재정사정 7. 기타 8. 해당없음	입찰방식 계약체결방법 (경쟁형태) 1. 일반경쟁 2. 제한경쟁 3. 지명경쟁 4. 수의계약 5. 법정위탁 6. 기타 ( ) 7. 없음	입찰방식 계약기간 1. 1년 2. 2년 3. 3년 4. 4년 5. 5년 6. 기타 ( )년 7. 단기계약 (1년미만) 8. 없음	입찰방식 낙찰자선정방법 1. 적격심사 2. 협상에의한계약 3. 최저가낙찰제 4. 규격가격분리 5. 2단계 경쟁입찰 6. 기타 ( ) 7. 없음	운영예산 산정 운영예산 산정 1. 내부산정 (지자체 자체적으로 산정) 2. 외부산정 (외부전문기관위탁 산정) 3. 내·외부 모두 산정 4. 산정 無 5. 없음	운영예산 산정 정산방법 1. 내부정산 (지자체 내부적으로 정산) 2. 외부정산 (외부전문기관위탁 정산) 3. 내·외부 모두 산정 4. 정산 無 5. 없음	성과평가 실시여부 1. 실시 2. 미실시 3. 향후 추진 4. 해당없음
16678	경북 김천시	전국종별배드민턴대회(초등)	130,000	1	1	6	1	1	1	5	4
16679	경북 김천시	김천시생활체육대회개최지원	120,000	1	1	7	8	7	1	1	3
16680	경북 김천시	김천전국수영대회	120,000	1	1	6	1	1	1	5	4
16681	경북 김천시	코리아스위밍챔피언십	120,000	1	1	6	1	1	1	5	4
16682	경북 김천시	전국초등농구대회	120,000	1	1	6	1	1	1	5	4
16683	경북 김천시	경영,다이빙국가대표선발대회	120,000	1	1	6	1	1	1	5	4
16684	경북 김천시	전국소독의날운영(인건비)	119,560	1	2	7	8	7	1	1	1
16685	경북 김천시	명품쌀재배단지조성	117,360	1	1	7	8	7	5	1	1
16686	경북 김천시	전국소독의날운영(운영비)	113,418	1	2	7	8	7	1	1	1
16687	경북 김천시	학생승마체험지원	112,984	1	1	7	8	7	1	1	1
16688	경북 김천시	도민생활체육대회참가경비	110,000	1	1	7	8	7	1	1	3
16689	경북 김천시	전국유도대회	110,000	1	1	6	1	1	1	5	4
16690	경북 김천시	휴대용비파괴당도측정기	107,250	1	1	7	8	7	5	1	1
16691	경북 김천시	유소년전국마스터즈수영대회	100,000	1	1	6	1	1	1	5	4
16692	경북 김천시	호연배아마추어골프대회	100,000	1	1	6	1	1	1	5	4
16693	경북 김천시	학생탁구최강전및대학탁구대회	100,000	1	1	6	1	1	1	5	4
16694	경북 김천시	코리아마스터즈수영대회	100,000	1	1	6	1	1	1	5	4
16695	경북 김천시	친환경농산물포장재지원	100,000	1	1	7	8	7	5	1	1
16696	경북 김천시	고급육(1+등급이상)출하장려금	100,000	1	1	7	8	7	1	1	1
16697	경북 김천시	전국구광고매체활용홍보	100,000	1	1	7	8	7	3	1	1
16698	경북 김천시	임산부친환경농산물꾸러미지원	96,000	1	1	7	8	7	5	1	1
16699	경북 김천시	김천예술제행사지원	95,000	1	1	7	8	7	1	1	3
16700	경북 김천시	도단위통합포장재지원	94,000	1	1	7	1	1	4	1	4
16701	경북 김천시	기능성게르마늄사과육성단지조성	92,000	1	4	7	8	7	5	1	1
16702	경북 김천시	돼지써코바이러스백신지원	91,683	1	2	7	8	7	1	1	1
16703	경북 김천시	전국종별테니스대회	90,000	1	1	6	1	1	1	5	4
16704	경북 김천시	양파포장재지원	90,000	1	4	7	5	5	1	5	1
16705	경북 김천시	대기오염측정망민간위탁관리비	85,000	1	6	2	1	3	1	1	4
16706	경북 김천시	국가무형문화유산전승공동체활성화지원	80,000	1	2	7	8	7	5	5	4
16707	경북 김천시	도단위대회개최지원	80,000	1	1	7	8	7	1	1	3
16708	경북 김천시	김천오픈유소년탁구대회	80,000	1	1	6	1	1	1	5	4
16709	경북 김천시	노동법률상담소활성화사업	80,000	1	4	7	8	7	1	1	1
16710	경북 김천시	경북행복기업산업안전환경개선사업	80,000	1	6	7	7	7	1	1	4
16711	경북 김천시	지리적표시제활성화지원사업	80,000	1	1	7	8	7	5	5	4
16712	경북 김천시	주민건강걷기운동지원	80,000	1	7	7	8	7	1	1	4
16713	경북 김천시	농산물산지유통기능활성화지원	79,800	1	1	7	1	1	4	1	4
16714	경북 김천시	과실생산유통지원사업관리비지원	79,488	1	2	7	8	7	5	1	1
16715	경북 김천시	중소기업정규직프로젝트	78,000	1	6	7	8	7	1	1	1
16716	경북 김천시	생생문화유산사업지원	75,000	1	2	7	8	7	5	5	4
16717	경북 김천시	경북청년예비창업가육성사업	75,000	1	6	1	1	1	1	2	1

순번	시군구	지출명 (사업명)	2024년예산 (단위 : 천원 /1년간)	민간이전 분류 (지방자치단체 세출예산 집행기준에 의거) 1. 민간경상사업보조(307-02) 2. 민간단체 법정운영비보조(307-03) 3. 민간행사사업보조(307-04) 4. 민간위탁금(307-05) 5. 사회복지시설 법정운영비보조(307-10) 6. 민간인위탁교육비(307-12) 7. 공기관등에대한경상적위탁사업비(308-13) 8. 민간자본사업보조,자체재원(402-01) 9. 민간자본사업보조,이전재원(402-02) 10. 민간위탁사업비(402-03) 11. 공기관등에 대한 자본적 위탁사업비(403-02)	민간이전지출 근거 (지방보조금 관리기준 참고) 1. 법률에 규정 2. 국고보조 재원(국가지정) 3. 용도 지정 기부금 4. 조례에 직접규정 5. 지자체가 권장하는 사업을 하는 공공기관 6. 시,도 정책 및 재정사정 7. 기타 8. 해당없음	입찰방식			운영예산 산정		성과평가 실시여부
						계약체결방법 (경쟁형태) 1. 일반경쟁 2. 제한경쟁 3. 지명경쟁 4. 수의계약 5. 법정위탁 6. 기타 ( ) 7. 없음	계약기간 1. 1년 2. 2년 3. 3년 4. 4년 5. 5년 6. 기타 ( )년 7. 단기계약 (1년미만) 8. 없음	낙찰자선정방법 1. 적격심사 2. 협상에의한계약 3. 최저가낙찰제 4. 규격가격분리 5. 2단계 경쟁입찰 6. 기타 ( ) 7. 없음	운영예산 산정 1. 내부산정 (지자체 자체적으로 산정) 2. 외부산정 (외부전문기관위탁 산정) 3. 내·외부 모두 산정 4. 산정 無 5. 없음	정산방법 1. 내부정산 (지자체 내부적으로 정산) 2. 외부정산 (외부전문기관위탁 정산) 3. 내·외부 모두 산정 4. 정산 無 5. 없음	1. 실시 2. 미실시 3. 향후 추진 4. 해당없음
16718	경북 김천시	수출용포장재지원사업	75,000	1	4	7	8	7	1	1	4
16719	경북 김천시	경북버스킹페스티벌개최지원	72,000	1	1	7	8	7	1	1	4
16720	경북 김천시	김천컵프로볼링대회	70,000	1	1	6	1	1	1	5	4
16721	경북 김천시	중고핸드볼대회	70,000	1	1	6	1	1	1	5	4
16722	경북 김천시	학교급식지원센터배송비지원	70,000	1	1	1	3	1	1	1	2
16723	경북 김천시	경기연맹경기력향상지원	68,400	1	1	7	8	7	1	1	3
16724	경북 김천시	동계훈련비지원	68,300	1	1	7	8	7	1	1	3
16725	경북 김천시	지역사회건강조사(위탁사업)	67,904	1	2	7	8	7	5	5	4
16726	경북 김천시	사회복지관사례관리사운영지원	67,200	1	1	7	8	7	1	1	4
16727	경북 김천시	주민자치센터프로그램운영	66,000	1	4	7	8	7	1	1	1
16728	경북 김천시	김천국제음악제개최지원	65,700	1	1	7	8	7	1	1	4
16729	경북 김천시	저능력미경산우비육지원사업	65,000	1	1	7	8	7	3	1	1
16730	경북 김천시	1++등급이상	65,000	1	1	7	8	7	1	1	1
16731	경북 김천시	장애인생활체육지도자배치	62,586	1	1	7	8	7	1	1	3
16732	경북 김천시	김천황악산전국사진촬영대회개최지원	60,000	1	1	7	8	7	1	1	4
16733	경북 김천시	전국종별우슈선수권대회	60,000	1	1	6	1	1	1	5	4
16734	경북 김천시	전국킥복싱선수권대회	60,000	1	1	6	1	1	1	5	4
16735	경북 김천시	김천키즈풋볼페스티벌	60,000	1	1	6	1	1	1	5	4
16736	경북 김천시	꿈나무전국수영대회	60,000	1	1	6	1	1	1	5	4
16737	경북 김천시	화학물질취급사업장시설개선사업	60,000	1	1	6	1	6	3	2	1
16738	경북 김천시	모범근로자선진지문화탐방	60,000	1	4	7	8	7	1	1	1
16739	경북 김천시	농식품국외판촉지원	60,000	1	4	7	8	7	1	1	4
16740	경북 김천시	경북한우암소능력개량사업(한우등록비)	60,000	1	1	7	8	7	3	1	1
16741	경북 김천시	농산물공동선별비지원	59,000	1	1	7	1	1	4	1	4
16742	경북 김천시	구제역백신구입지원(소,전업농)	58,995	1	2	7	8	7	1	1	1
16743	경북 김천시	백수문학제개최지원	58,500	1	1	7	8	7	1	1	4
16744	경북 김천시	민주평화통일자문회의김천시협의회통일역량강화사업지원	58,500	1	1	7	8	7	1	1	1
16745	경북 김천시	스포츠클럽운영지원	58,000	1	1	7	8	7	1	1	3
16746	경북 김천시	경북과수통합브랜드육성	57,400	1	4	7	5	5	1	5	1
16747	경북 김천시	불량모돈갱신사업	57,000	1	1	7	8	7	3	1	1
16748	경북 김천시	한우암소유전체분석사업	55,890	1	1	7	8	7	3	1	1
16749	경북 김천시	도지사기생활체육대회참가경비	55,000	1	1	7	8	7	1	1	3
16750	경북 김천시	김천전국궁도대회	55,000	1	1	6	1	1	1	5	4
16751	경북 김천시	김천시장배전국산악자전거대회개최	55,000	1	2	7	8	7	5	5	4
16752	경북 김천시	배봉지	55,000	1	4	7	8	7	5	1	1
16753	경북 김천시	저품위사과시장격리수매지원	55,000	1	1	7	8	7	5	1	1
16754	경북 김천시	전국상모놀이경연한마당개최지원	54,000	1	1	7	8	7	1	1	4
16755	경북 김천시	김천시니어가요대제전개최지원	54,000	1	1	7	8	7	1	1	4
16756	경북 김천시	기초생활용품지원사업(서민생활안정)	52,800	1	5	4	2	7	1	1	4
16757	경북 김천시	유기농업자재지원	52,735	1	1	7	8	7	5	1	1

순번	시군구	지출명 (사업명)	2024년예산 (단위 : 천원 /1년간)	민간이전 분류 (지방자치단체 세출예산 집행기준에 의거) 1. 민간경상사업보조(307-02) 2. 민간단체 법정운영비보조(307-03) 3. 민간행사사업보조(307-04) 4. 민간위탁금(307-05) 5. 사회복지시설 법정운영비보조(307-10) 6. 민간인위탁교육비(307-12) 7. 공기관등에대한경상적위탁사업비(308-13) 8. 민간자본사업보조,자체재원(402-01) 9. 민간자본사업보조,이전재원(402-02) 10. 민간위탁사업비(402-03) 11. 공기관등에 대한 자본적 위탁사업비(403-02)	민간이전지출 근거 (지방보조금 관리기준 참고) 1. 법률에 규정 2. 국고보조 재원(국가지정) 3. 용도 지정 기부금 4. 조례에 직접규정 5. 지자체가 권장하는 사업을 하는 공공기관 6. 시,도 정책 및 재정사정 7. 기타 8. 해당없음	입찰방식 계약체결방법 (경쟁형태) 1. 일반경쟁 2. 제한경쟁 3. 지명경쟁 4. 수의계약 5. 법정위탁 6. 기타 ( ) 7. 없음	입찰방식 계약기간 1. 1년 2. 2년 3. 3년 4. 4년 5. 5년 6. 기타 ( )년 7. 단기계약 (1년미만) 8. 없음	입찰방식 낙찰자선정방법 1. 적격심사 2. 협상에의한계약 3. 최저가낙찰제 4. 규격가격분리 5. 2단계 경쟁입찰 6. 기타 ( ) 7. 없음	운영예산 산정 운영예산 산정 1. 내부산정 (지자체 자체적으로 산정) 2. 외부산정 (외부전문기관위탁 산정) 3. 내·외부 모두 산정 4. 산정 無 5. 없음	운영예산 산정 정산방법 1. 내부정산 (지자체 내부적으로 정산) 2. 외부정산 (외부전문기관위탁 정산) 3. 내·외부 모두 정산 4. 정산 無 5. 없음	성과평가 실시여부 1. 실시 2. 미실시 3. 향후 추진 4. 해당없음
16758	경북 김천시	포장재(박스)디자인지원	52,000	1	4	7	8	7	5	1	1
16759	경북 김천시	꿀벌화분지원	50,800	1	1	7	8	7	3	1	1
16760	경북 김천시	김천전국초등테니스대회	50,000	1	1	6	1	1	1	5	4
16761	경북 김천시	ITF김천국제주니어테니스대회	50,000	1	1	6	1	1	1	5	4
16762	경북 김천시	회장기전국중고테니스대회	50,000	1	1	6	1	1	1	5	4
16763	경북 김천시	전국태극권우슈교류대회	50,000	1	1	6	1	1	1	5	4
16764	경북 김천시	근로자한마음갖기대회지원	50,000	1	4	7	8	7	1	1	1
16765	경북 김천시	사과반사필름	50,000	1	4	7	8	7	5	1	1
16766	경북 김천시	친환경해충방제제지원	50,000	1	4	7	8	7	5	1	1
16767	경북 김천시	품질향상및일손절감농자재지원	50,000	1	4	7	8	7	5	1	1
16768	경북 김천시	한우인공수정료지원	50,000	1	1	7	8	7	3	1	1
16769	경북 김천시	브랜드전용사료첨가제지원	50,000	1	1	7	8	7	1	1	1
16770	경북 김천시	한우농가축분수거비지원	50,000	1	1	7	8	7	1	3	1
16771	경북 김천시	조사료운송비지원	50,000	1	1	7	8	7	1	3	1
16772	경북 김천시	전자상거래농산물판로확대지원사업	50,000	1	1	7	8	7	5	5	4
16773	경북 김천시	김천포도택배전용포장재사업	50,000	1	6	7	8	7	5	5	4
16774	경북 김천시	생활개선회활성화지원	49,000	1	6	7	8	7	5	5	4
16775	경북 김천시	전국동요대회개최지원	48,000	1	1	7	8	7	1	1	3
16776	경북 김천시	조사료생산용사일리지제조비지원	45,360	1	1	7	8	7	1	1	3
16777	경북 김천시	빗내농악상설공연개최지원	45,000	1	1	7	8	7	3	1	1
16778	경북 김천시	이통장한마음화합행사	45,000	1	1	6	1	1	4	5	4
16779	경북 김천시	경상북도협회및김천시전무이사협의회지원	45,000	1	4	7	8	1	1	1	3
16780	경북 김천시	김천포도컵전국유소년축구대회	45,000	1	1	7	8	7	1	1	3
16781	경북 김천시	전국유소년배구대회	45,000	1	1	6	1	1	1	5	4
16782	경북 김천시	읍면동체육회활성화지원	44,000	1	1	6	1	1	1	5	4
16783	경북 김천시	농업인신문보급지원	43,800	1	1	7	8	7	1	1	3
16784	경북 김천시	어울림예술장터개최지원	41,400	1	6	7	8	7	5	5	4
16785	경북 김천시	경북어르신생활체육대회참가경비	40,000	1	1	7	8	7	1	1	4
16786	경북 김천시	도장애인체육대회참가지원	40,000	1	1	7	8	7	1	1	3
16787	경북 김천시	장애인한마음스포츠대회지원	40,000	1	1	7	8	7	1	1	3
16788	경북 김천시	춘계전국주니어테니스대회	40,000	1	1	6	1	1	1	1	3
16789	경북 김천시	대한체육회장배전국스쿼시대회	40,000	1	1	6	1	1	1	5	4
16790	경북 김천시	전한국스쿼시선수권대회	40,000	1	1	6	1	1	1	5	4
16791	경북 김천시	추계전국주니어테니스대회	40,000	1	1	6	1	1	1	5	4
16792	경북 김천시	각종대회개최지원	40,000	1	1	7	8	7	1	5	4
16793	경북 김천시	정보화마을리모델링사업	40,000	1	6	7	8	7	1	1	4
16794	경북 김천시	산학일체형도제학교지원	40,000	1	2	7	8	7	1	1	1
16795	경북 김천시	마을만들기주민제안공모사업	40,000	1	2	2	1	1	1	1	1
16796	경북 김천시	청년농부육성지원	40,000	1	1	7	8	7	5	1	1
16797	경북 김천시	과실품질향상자재지원	40,000	1	4	7	8	7	5	1	1

순번	시군구	지출명 (사업명)	2024년예산 (단위 : 천원 /1년간)	민간이전 분류 (지방자치단체 세출예산 집행기준에 의거)	민간이전지출 근거 (지방보조금 관리기준 참고)	입찰방식			운영예산 산정		성과평가 실시여부
				1. 민간경상사업보조(307-02) 2. 민간단체 법정운영비보조(307-03) 3. 민간행사사업보조(307-04) 4. 민간위탁금(307-05) 5. 사회복지시설 법정운영비보조(307-10) 6. 민간인위탁교육비(307-12) 7. 공기관등에대한경상적위탁사업비(308-13) 8. 민간자본사업보조,자체재원(402-01) 9. 민간자본사업보조,이전재원(402-02) 10. 민간위탁사업비(402-03) 11. 공기관등에 대한 자본적 위탁사업비(403-02)	1. 법률에 규정 2. 국고보조 재원(국가지정) 3. 용도 지정 기부금 4. 조례에 직접규정 5. 지자체가 권장하는 사업을 하는 공공기관 6. 시,도 정책 및 재정사정 7. 기타 8. 해당없음	계약체결방법 (경쟁형태) 1. 일반경쟁 2. 제한경쟁 3. 지명경쟁 4. 수의계약 5. 법정위탁 6. 기타 ( ) 7. 없음	계약기간 1. 1년 2. 2년 3. 3년 4. 4년 5. 5년 6. 기타 ( )년 7. 단기계약 (1년미만) 8. 없음	낙찰자선정방법 1. 적격심사 2. 협상에의한계약 3. 최저가낙찰제 4. 규격가격분리 5. 2단계 경쟁입찰 6. 기타 ( ) 7. 없음	운영예산 산정 1. 내부산정 (지자체 자체적으로 산정) 2. 외부산정 (외부전문기관위탁 산정) 3. 내·외부 모두 산정 4. 산정 無 5. 없음	정산방법 1. 내부정산 (지자체 내부적으로 정산) 2. 외부정산 (외부전문기관위탁 정산) 3. 내·외부 모두 산정 4. 정산 無 5. 없음	1. 실시 2. 미실시 3. 향후 추진 4. 해당없음
16798	경북 김천시	유기액상게르마늄구입비지원	40,000	1	4	7	8	7	5	1	1
16799	경북 김천시	정보화마을프로그램관리자인부임	39,572	1	6	7	8	7	1	1	4
16800	경북 김천시	경북소셜비즈니스청년일자리사업	37,934	1	2	7	8	7	1	1	1
16801	경북 김천시	육계사깔짚지원	37,500	1	1	7	8	7	1	1	1
16802	경북 김천시	계란난좌지원	36,000	1	1	7	8	7	3	1	1
16803	경북 김천시	국악분야예술강사지원사업	35,634	1	2	7	8	7	1	1	4
16804	경북 김천시	스포츠클럽활성화지원	35,000	1	1	7	8	7	1	1	3
16805	경북 김천시	복숭아봉지	35,000	1	4	7	8	7	5	1	1
16806	경북 김천시	농업계고졸업생창업비용지원	35,000	1	2	7	8	7	3	1	4
16807	경북 김천시	1+등급이상	35,000	1	1	7	8	7	1	1	1
16808	경북 김천시	한센간이양로시설운영및인건비	33,401	1	2	7	8	7	5	5	4
16809	경북 김천시	종목별대회지원	32,000	1	1	7	8	7	1	1	3
16810	경북 김천시	닭진드기공동방제지원사업	32,000	1	2	7	8	7	1	1	1
16811	경북 김천시	백두대간구곡문화자산탐방사업	31,500	1	2	7	8	7	5	5	4
16812	경북 김천시	한국후계농업경영인연합회지원	31,400	1	1	7	8	7	5	1	1
16813	경북 김천시	정월대보름행사지원	30,000	1	1	7	1	1	1	1	3
16814	경북 김천시	청암사인현왕후복위식재현행사	30,000	1	7	7	1	1	1	1	3
16815	경북 김천시	교보생명컵꿈나무수영대회	30,000	1	1	6	1	1	1	5	4
16816	경북 김천시	시민과함께하는서포터즈활성화지원	30,000	1	1	7	8	7	1	5	4
16817	경북 김천시	평화시장축제지원	30,000	1	5	7	8	7	1	1	2
16818	경북 김천시	황금시장축제지원	30,000	1	5	7	8	7	1	1	2
16819	경북 김천시	평화로상가축제지원	30,000	1	5	7	8	7	1	1	2
16820	경북 김천시	부곡맛고을축제지원	30,000	1	5	7	8	7	1	1	2
16821	경북 김천시	소상공인온라인마케팅홍보비용지원사업	30,000	1	6	7	8	7	5	5	4
16822	경북 김천시	기업체직무체험	30,000	1	6	1	8	7	1	1	1
16823	경북 김천시	친환경농업용부직포지원	30,000	1	1	7	8	7	5	1	1
16824	경북 김천시	김천가공식품브랜드경쟁력제고사업	30,000	1	4	7	8	7	5	5	4
16825	경북 김천시	향교문화전승보전	29,250	1	1	7	1	1	4	1	4
16826	경북 김천시	낙농헬퍼(도우미)지원사업	28,800	1	1	7	8	7	3	1	1
16827	경북 김천시	양봉벌통지원	28,500	1	1	7	8	7	3	1	1
16828	경북 김천시	새마을운동국제화사업지원	28,000	1	1	7	8	7	1	1	1
16829	경북 김천시	김천전통미술공예대전지원	27,000	1	1	7	8	7	1	1	3
16830	경북 김천시	황악산전국가요제개최지원	27,000	1	1	7	8	7	1	1	4
16831	경북 김천시	종목별우수선수및지도자육성	27,000	1	1	7	8	7	1	1	3
16832	경북 김천시	지역상공인경쟁력강화사업	27,000	1	1	7	8	7	3	1	3
16833	경북 김천시	대광농공단지활성화지원	27,000	1	4	7	8	7	1	1	1
16834	경북 김천시	식량작물공동경영체육성(교육・컨설팅)	27,000	1	1	7	8	7	5	1	1
16835	경북 김천시	생활체육교실운영	26,400	1	1	7	8	7	1	1	3
16836	경북 김천시	전통시장행복경영매니저운영	26,160	1	6	7	8	7	1	1	2
16837	경북 김천시	지역문화예술단체활성화지원	26,000	1	4	7	1	1	1	1	3

순번	시군구	지출명 (사업명)	2024년예산 (단위 : 천원 /1년간)	민간이전 분류 (지방자치단체 세출예산 집행기준에 의거) 1. 민간경상사업보조(307-02) 2. 민간단체 법정운영비보조(307-03) 3. 민간행사사업보조(307-04) 4. 민간위탁금(307-05) 5. 사회복지시설 법정운영비보조(307-10) 6. 민간인위탁교육비(307-12) 7. 공기관등에대한경상적위탁사업비(308-13) 8. 민간자본사업보조,자체재원(402-01) 9. 민간자본사업보조,이전재원(402-02) 10. 민간위탁사업비(402-03) 11. 공기관등에 대한 자본적 위탁사업비(403-02)	민간이전지출 근거 (지방보조금 관리기준 참고) 1. 법률에 규정 2. 국고보조 재원(국가지정) 3. 용도 지정 기부금 4. 조례에 직접규정 5. 지자체가 권장하는 사업을 하는 공공기관 6. 시,도 정책 및 재정사정 7. 기타 8. 해당없음	입찰방식 계약체결방법 (경쟁형태) 1. 일반경쟁 2. 제한경쟁 3. 지명경쟁 4. 수의계약 5. 법정위탁 6. 기타 ( ) 7. 없음	입찰방식 계약기간 1. 1년 2. 2년 3. 3년 4. 4년 5. 5년 6. 기타 ( )년 7. 단기계약 (1년미만) 8. 없음	입찰방식 낙찰자선정방법 1. 적격심사 2. 협상에의한계약 3. 최저가낙찰제 4. 규격가격분리 5. 2단계 경쟁입찰 6. 기타 ( ) 7. 없음	운영예산 산정 운영예산 산정 1. 내부산정 (지자체 자체적으로 산정) 2. 외부산정 (외부전문기관위탁 산정) 3. 내·외부 모두 산정 4. 산정 無 5. 없음	운영예산 산정 정산방법 1. 내부정산 (지자체 내부적으로 정산) 2. 외부정산 (외부전문기관위탁 정산) 3. 내·외부 모두 산정 4. 정산 無 5. 없음	성과평가 실시여부 1. 실시 2. 미실시 3. 향후 추진 4. 해당없음
16838	경북 김천시	지방문화원사업활동지원	26,000	1	1	7	1	1	1	1	4
16839	경북 김천시	남산지구도시재생노후주택환경정비(집수리지원)운영금등35가구	25,980	1	2	2	1	1	1	1	1
16840	경북 김천시	규산염제지원	25,550	1	1	7	8	7	1	1	1
16841	경북 김천시	젖소능력개량사업(유전형질개량)	25,520	1	1	7	8	7	3	1	1
16842	경북 김천시	생활개선회원신문보급료지원	25,500	1	6	7	8	7	5	5	4
16843	경북 김천시	가루쌀생산단지조성사업(교육컨설팅)	25,200	1	1	7	8	7	5	1	1
16844	경북 김천시	전국단위생활체육대회참가경비	25,000	1	1	7	8	7	1	1	3
16845	경북 김천시	춘계전국동호인스쿼시대회개최지원	25,000	1	1	7	8	7	1	1	3
16846	경북 김천시	추계전국동호인스쿼시대회개최지원	25,000	1	1	7	8	7	1	1	3
16847	경북 김천시	김천전국동호인테니스대회	25,000	1	1	6	1	1	1	5	4
16848	경북 김천시	로컬푸드직매장납품농가포장재지원	25,000	1	4	7	8	7	5	1	2
16849	경북 김천시	농식품수출국제인증비지원	25,000	1	4	7	8	7	1	1	4
16850	경북 김천시	젖소축분수거비지원	25,000	1	1	7	8	7	1	3	1
16851	경북 김천시	행복한보금자리만들기사업	24,000	1	1	7	8	7	1	1	1
16852	경북 김천시	퇴비부숙제지원	24,000	1	1	7	8	7	3	1	1
16853	경북 김천시	생활체육지도자시간외근무수당	23,983	1	1	7	8	7	1	1	3
16854	경북 김천시	찾아가는유아숲프로그램지원	22,930	1	2	7	8	7	5	5	4
16855	경북 김천시	지역치안협력사업지원	22,500	1	7	7	8	1	1	1	3
16856	경북 김천시	LPG용기사용가구시설개선사업	22,500	1	2	7	8	7	1	1	4
16857	경북 김천시	산촌생태마을운영매니저보조금	21,667	1	2	7	8	7	5	5	4
16858	경북 김천시	농업인건강관리실시설운영지원	21,000	1	6	7	8	7	5	5	4
16859	경북 김천시	생활체육지도자급식비지원	20,280	1	1	7	8	7	1	1	3
16860	경북 김천시	향토사료지발간지원	20,000	1	1	7	1	1	1	1	3
16861	경북 김천시	문집발간지원	20,000	1	4	7	1	1	1	1	3
16862	경북 김천시	경북도민민속장기대회지원	20,000	1	1	7	1	1	1	1	3
16863	경북 김천시	주민참여형행복마을관리소운영	20,000	1	4	7	8	7	1	1	4
16864	경북 김천시	새마을환경살리기	20,000	1	1	7	8	7	1	1	1
16865	경북 김천시	도지사기생활체육대회개최지원	20,000	1	1	7	8	7	1	1	3
16866	경북 김천시	김천시리틀야구단대회참가지원	20,000	1	1	7	8	7	1	1	3
16867	경북 김천시	경북드림밸리전국동호인테니스대회	20,000	1	1	6	1	1	1	5	4
16868	경북 김천시	전지훈련지원	20,000	1	1	7	8	7	1	5	4
16869	경북 김천시	보훈단체해외안보체험	20,000	1	1	7	8	7	5	1	4
16870	경북 김천시	국가유공자및보훈단체전적지순례	20,000	1	1	7	8	7	5	1	4
16871	경북 김천시	소규모영세사업장방지시설운영지원	20,000	1	1	6	1	6	3	3	1
16872	경북 김천시	소상공인온라인마케팅역량강화컨설팅	20,000	1	6	7	8	7	5	5	4
16873	경북 김천시	향토뿌리기업환경정비지원	20,000	1	6	7	7	7	1	1	2
16874	경북 김천시	마을관리협동조합초기사업비지원	20,000	1	2	7	8	7	1	1	1
16875	경북 김천시	청년농업인커뮤니티활성화지원	20,000	1	1	7	8	7	5	1	1
16876	경북 김천시	가루쌀재배농가농자재지원	20,000	1	1	7	8	7	5	1	1
16877	경북 김천시	이상기후대비농업자재공급	20,000	1	4	7	8	7	5	1	1

순번	시군구	지출명 (사업명)	2024년예산 (단위 : 천원 /1년간)	민간이전 분류 (지방자치단체 세출예산 집행기준에 의거)	민간이전지출 근거 (지방보조금 관리기준 참고)	입찰방식			운영예산 산정		성과평가 실시여부
				1. 민간경상사업보조(307-02) 2. 민간단체 법정운영비보조(307-03) 3. 민간행사사업보조(307-04) 4. 민간위탁금(307-05) 5. 사회복지시설 법정운영비보조(307-10) 6. 민간인위탁교육비(307-12) 7. 공기관등에대한경상적위탁사업비(308-13) 8. 민간자본사업보조,자체재원(402-01) 9. 민간자본사업보조,이전재원(402-02) 10. 민간위탁사업비(402-03) 11. 공기관등에 대한 자본적 위탁사업비(403-02)	1. 법률에 규정 2. 국고보조 재원(국가지정) 3. 용도 지정 기부금 4. 조례에 직접규정 5. 지자체가 권장하는 사업을 하는 공공기관 6. 시,도 정책 및 재정사정 7. 기타 8. 해당없음	계약체결방법 (경쟁형태) 1. 일반경쟁 2. 제한경쟁 3. 지명경쟁 4. 수의계약 5. 법정위탁 6. 기타 ( ) 7. 없음	계약기간 1. 1년 2. 2년 3. 3년 4. 4년 5. 5년 6. 기타 ( )년 7. 단기계약 (1년미만) 8. 없음	낙찰자선정방법 1. 적격심사 2. 협상에의한계약 3. 최저가낙찰제 4. 규격가격분리 5. 2단계 경쟁입찰 6. 기타 ( ) 7. 없음	운영예산 산정 1. 내부산정 (지자체 자체적으로 산정) 2. 외부산정 (외부전문기관위탁 산정) 3. 내·외부 모두 산정 4. 산정 無 5. 없음	정산방법 1. 내부정산 (지자체 내부적으로 정산) 2. 외부정산 (외부전문기관위탁 정산) 3. 내·외부 모두 산정 4. 정산 無 5. 없음	1. 실시 2. 미실시 3. 향후 추진 4. 해당없음
16878	경북 김천시	경북사과홍보행사비	20,000	1	1	7	8	7	5	1	1
16879	경북 김천시	해외수출촉진및홍보지원	20,000	1	4	7	8	7	1	1	4
16880	경북 김천시	양봉급이용사료지원	20,000	1	1	7	8	7	3	1	1
16881	경북 김천시	경북한우암소능력개량사업(한우친자확인)	20,000	1	1	7	8	7	3	1	1
16882	경북 김천시	악취저감용퇴비부숙제지원	20,000	1	1	7	8	7	3	1	1
16883	경북 김천시	귀농연합회활성화지원	20,000	1	7	7	8	7	5	5	4
16884	경북 김천시	찾아라행복마을	20,000	1	1	7	8	7	3	3	1
16885	경북 김천시	돼지액상정액지원	19,890	1	1	7	8	7	3	1	1
16886	경북 김천시	지역문화사랑방운영지원	19,800	1	6	7	1	1	1	1	3
16887	경북 김천시	자원봉사활성화지원사업	19,600	1	1	7	8	7	3	3	1
16888	경북 김천시	새마을교통봉사대교통질서확립사업지원	19,000	1	1	7	8	7	1	1	1
16889	경북 김천시	생활체육지도자명절상여금지원(설,추석)	18,200	1	1	7	8	7	1	1	3
16890	경북 김천시	매계문학제개최지원	18,000	1	1	7	1	1	1	1	4
16891	경북 김천시	나화랑음악제개최지원	18,000	1	1	7	8	7	1	1	4
16892	경북 김천시	바르게살기운동이웃사랑나눔사업지원	18,000	1	1	7	8	7	1	1	1
16893	경북 김천시	전국(도)단위대회참가지원	18,000	1	1	7	8	7	1	1	3
16894	경북 김천시	염소건초구입비지원	18,000	1	1	7	8	7	3	1	1
16895	경북 김천시	자원봉사행사운영및지원	18,000	1	1	7	8	7	3	3	1
16896	경북 김천시	농업용수처리기	17,500	1	1	7	8	7	5	1	1
16897	경북 김천시	농촌체험휴양마을사무장채용지원	17,313	1	2	7	8	7	5	1	1
16898	경북 김천시	한국자유총연맹김천시지회사업비지원(안보현장교육,민주시민교육등)	17,000	1	1	7	8	7	1	1	3
16899	경북 김천시	5등급차량단속카메라민간위탁관리비	16,500	1	6	4	1	3	1	1	4
16900	경북 김천시	번식우조기임신진단비지원	16,500	1	1	7	8	7	3	1	1
16901	경북 김천시	삼도화합안보결의대회	15,000	1	1	7	8	7	5	5	4
16902	경북 김천시	대기중금속측정망민간위탁관리비	15,000	1	6	2	1	3	1	1	4
16903	경북 김천시	임산물상품화지원	15,000	1	2	7	8	7	5	5	4
16904	경북 김천시	폐사축랜더링비	15,000	1	1	7	8	7	1	1	1
16905	경북 김천시	전통공예청년승계자특별지원사업	14,426	1	1	7	8	7	1	1	4
16906	경북 김천시	벼육묘상처리제지원	14,250	1	1	7	8	7	5	1	1
16907	경북 김천시	과실장기저장제	13,860	1	1	7	8	7	5	1	1
16908	경북 김천시	사료작물종자구입비지원	13,650	1	1	7	8	7	1	3	1
16909	경북 김천시	쌀전업농김천시연합회지원	13,500	1	1	7	8	7	5	1	1
16910	경북 김천시	생활체육지도자교통비지원	13,200	1	1	7	8	7	1	1	3
16911	경북 김천시	김천한우브랜드홍보마케팅지원	13,000	1	1	7	8	7	1	1	1
16912	경북 김천시	김천한우브랜드유통활성화지원	13,000	1	1	7	8	7	1	1	1
16913	경북 김천시	청년농업인농지임대료지원	12,800	1	1	7	8	7	5	1	1
16914	경북 김천시	새마을지도자한마음다짐대회	12,000	1	1	7	8	7	1	1	1
16915	경북 김천시	주민공모사업	12,000	1	2	2	1	1	1	1	1
16916	경북 김천시	사과봉지	12,000	1	4	7	8	7	5	1	1
16917	경북 김천시	젖소능력검정지원	12,000	1	1	7	8	7	3	1	1

순번	시군구	지출명 (사업명)	2024년예산 (단위 : 천원 /1년간)	민간이전 분류 (지방자치단체 세출예산 집행기준에 의거) 1. 민간경상사업보조(307-02) 2. 민간단체 법정운영비보조(307-03) 3. 민간행사사업보조(307-04) 4. 민간위탁금(307-05) 5. 사회복지시설 법정운영비보조(307-10) 6. 민간인위탁교육비(307-12) 7. 공기관등에대한경상적위탁사업비(308-13) 8. 민간자본사업보조,자체재원(402-01) 9. 민간자본사업보조,이전재원(402-02) 10. 민간위탁사업비(402-03) 11. 공기관등에 대한 자본적 위탁사업비(403-02)	민간이전지출 근거 (지방보조금 관리기준 참고) 1. 법률에 규정 2. 국고보조 재원(국가지정) 3. 용도 지정 기부금 4. 조례에 직접규정 5. 지자체가 권장하는 사업을 하는 공공기관 6. 시,도 정책 및 재정사정 7. 기타 8. 해당없음	입찰방식 계약체결방법 (경쟁형태) 1. 일반경쟁 2. 제한경쟁 3. 지명경쟁 4. 수의계약 5. 법정위탁 6. 기타 ( ) 7. 없음	계약기간 1. 1년 2. 2년 3. 3년 4. 4년 5. 5년 6. 기타 ( )년 7. 단기계약 (1년미만) 8. 없음	낙찰자선정방법 1. 적격심사 2. 협상에의한계약 3. 최저가낙찰제 4. 규격가격분리 5. 2단계 경쟁입찰 6. 기타 ( ) 7. 없음	운영예산 산정 운영예산 산정 1. 내부산정 (지자체 자체적으로 산정) 2. 외부산정 (외부전문기관위탁 산정) 3. 내·외부 모두 산정 4. 산정 無 5. 없음	정산방법 1. 내부정산 (지자체 내부적으로 정산) 2. 외부정산 (외부전문기관위탁 정산) 3. 내·외부 모두 산정 4. 정산 無 5. 없음	성과평가 실시여부 1. 실시 2. 미실시 3. 향후 추진 4. 해당없음
16918	경북 김천시	생활체육지도자장기근속수당지원	11,950	1	1	7	8	7	1	1	3
16919	경북 김천시	향군의날기념한마당안보결의대회	11,500	1	1	7	8	7	5	1	4
16920	경북 김천시	서민층가스안전차단기(타이머콕)보급사업	11,400	1	6	7	8	7	1	1	4
16921	경북 김천시	신선도유지기	11,250	1	1	7	8	7	5	1	1
16922	경북 김천시	젖소능력개량사업(유전체분석)	10,800	1	1	7	8	7	3	1	1
16923	경북 김천시	친환경악취저감제지원	10,790	1	1	7	8	7	3	1	1
16924	경북 김천시	조사료생산용종자구입지원	10,080	1	1	7	8	7	1	3	1
16925	경북 김천시	노촌이약동선생을통한청백리정신함양사업	10,000	1	4	7	8	7	1	1	1
16926	경북 김천시	팝스오케스트라연주회지원	10,000	1	7	7	1	1	1	1	3
16927	경북 김천시	바르게살기운동여성회지원사업	10,000	1	1	7	8	7	1	1	1
16928	경북 김천시	경북리그축구대회참가경비	10,000	1	1	7	8	7	1	1	3
16929	경북 김천시	경북리그야구대회참가경비	10,000	1	1	7	8	7	1	1	3
16930	경북 김천시	정보화마을활성화지원	10,000	1	6	7	8	7	1	1	4
16931	경북 김천시	사회복지급식관리지원센터설치운영	10,000	1	1	7	8	7	5	5	3
16932	경북 김천시	안전골든벨어린이퀴즈쇼	10,000	1	4	7	8	7	4	5	4
16933	경북 김천시	벌꿀유통포장박스지원	10,000	1	1	7	8	7	3	1	1
16934	경북 김천시	양봉면역증강제지원	10,000	1	1	7	8	7	3	1	1
16935	경북 김천시	한우수정란이식사업(수정란구입비)	10,000	1	1	7	8	7	3	1	1
16936	경북 김천시	농촌지도자과제활동지원	10,000	1	6	7	8	7	5	5	4
16937	경북 김천시	공공형계절근로센터운영지원	9,800	1	2	7	8	7	5	1	1
16938	경북 김천시	정보화마을프로그램관리자4대보험료및퇴직금	9,694	1	6	7	8	7	1	1	4
16939	경북 김천시	고품질조사료구입물류비지원	9,600	1	1	7	8	7	1	3	1
16940	경북 김천시	삼도봉만남의날행사지원(김천시주관)	9,000	1	1	7	1	1	1	1	3
16941	경북 김천시	매계백일장개최지원	9,000	1	1	7	1	1	1	1	3
16942	경북 김천시	향교전통행사재현	9,000	1	7	7	1	1	1	1	3
16943	경북 김천시	문화유산지킴이활동비지원	9,000	1	1	7	1	1	4	1	4
16944	경북 김천시	초등학생영어골든벨대회지원	9,000	1	4	6	8	7	1	1	1
16945	경북 김천시	여성기업인경쟁력강화사업	9,000	1	4	7	7	7	1	1	1
16946	경북 김천시	한베통상및문화교류한마당	9,000	1	6	7	7	7	1	1	1
16947	경북 김천시	전통시장화재공제지원사업	8,526	1	6	7	8	7	1	1	2
16948	경북 김천시	향토작가전시지원	8,500	1	1	7	8	7	1	1	3
16949	경북 김천시	양봉자동사양기지원	8,400	1	1	7	8	7	3	1	1
16950	경북 김천시	축사환기시설(송풍기)지원	8,250	1	1	7	8	7	3	1	1
16951	경북 김천시	김천전국사진공모전지원	8,000	1	1	7	8	7	1	1	3
16952	경북 김천시	문화유산전국사진공모전개최지원	8,000	1	1	7	8	7	1	1	3
16953	경북 김천시	새마을지도자대회	8,000	1	1	7	8	7	1	1	1
16954	경북 김천시	바르게살기운동회원화합전진활동지원	8,000	1	1	7	8	7	1	1	1
16955	경북 김천시	범도민독서생활화사업	8,000	1	1	7	8	7	1	1	1
16956	경북 김천시	김천시농민회지원	8,000	1	1	7	8	7	5	1	1
16957	경북 김천시	한국여성농업인연합회지원	8,000	1	1	7	8	7	5	1	1

순번	시군구	지출명 (사업명)	2024년예산 (단위 : 천원 /1년간)	민간이전 분류 (지방자치단체 세출예산 집행기준에 의거) 1. 민간경상사업보조(307-02) 2. 민간단체 법정운영비보조(307-03) 3. 민간행사사업보조(307-04) 4. 민간위탁금(307-05) 5. 사회복지시설 법정운영비보조(307-10) 6. 민간인위탁교육비(307-12) 7. 공기관등에대한경상적위탁사업비(308-13) 8. 민간자본사업보조,자체재원(402-01) 9. 민간자본사업보조,이전재원(402-02) 10. 민간위탁사업비(402-03) 11. 공기관등에 대한 자본적 위탁사업비(403-02)	민간이전지출 근거 (지방보조금 관리기준 참고) 1. 법률에 규정 2. 국고보조 재원(국가지정) 3. 용도 지정 기부금 4. 조례에 직접규정 5. 지자체가 권장하는 사업을 하는 공공기관 6. 시,도 정책 및 재정사정 7. 기타 8. 해당없음	입찰방식 계약체결방법 (경쟁형태) 1. 일반경쟁 2. 제한경쟁 3. 지명경쟁 4. 수의계약 5. 법정위탁 6. 기타 ( ) 7. 없음	입찰방식 계약기간 1. 1년 2. 2년 3. 3년 4. 4년 5. 5년 6. 기타 ( )년 7. 단기계약 (1년미만) 8. 없음	입찰방식 낙찰자선정방법 1. 적격심사 2. 협상에의한계약 3. 최저가낙찰제 4. 규격가격분리 5. 2단계 경쟁입찰 6. 기타 ( ) 7. 없음	운영예산 산정 운영예산 산정 1. 내부산정 (지자체 자체적으로 산정) 2. 외부산정 (외부전문기관위탁 산정) 3. 내·외부 모두 산정 4. 산정 無 5. 없음	운영예산 산정 정산방법 1. 내부정산 (지자체 내부적으로 정산) 2. 외부정산 (외부전문기관위탁 정산) 3. 내·외부 모두 산정 4. 정산 無 5. 없음	성과평가 실시여부 1. 실시 2. 미실시 3. 향후 추진 4. 해당없음
16958	경북 김천시	농가주부모임연합회지원	8,000	1	1	7	8	7	5	1	1
16959	경북 김천시	농업인단체자매도시(군산시)교류활성화	8,000	1	1	7	8	7	5	1	1
16960	경북 김천시	친환경농업협회지원	8,000	1	1	7	8	7	5	1	1
16961	경북 김천시	농촌인력중개센터운영지원	8,000	1	2	7	8	7	5	1	1
16962	경북 김천시	경북한우암소능력개량사업(한우우군선형심사비)	8,000	1	1	7	8	7	3	1	1
16963	경북 김천시	승용마조련강화	8,000	1	1	7	8	7	3	1	1
16964	경북 김천시	여성농업인농작업편의장비지원	7,500	1	8	7	8	7	5	1	1
16965	경북 김천시	농식품국내판촉지원	7,500	1	4	7	8	7	1	1	4
16966	경북 김천시	김천예술인전지원	7,000	1	1	7	8	7	1	1	3
16967	경북 김천시	지역발전과공익증진을위한사업지원	7,000	1	1	7	8	1	1	1	3
16968	경북 김천시	경북씨름왕대회출전경비	7,000	1	1	7	8	7	1	1	3
16969	경북 김천시	모범운전자연합회경북김천지회활동지원	7,000	1	1	5	1	6	1	1	2
16970	경북 김천시	정신재활시설종사자수당	6,720	1	1	7	8	7	5	1	4
16971	경북 김천시	초등학생독도바로알기캠페인	6,300	1	4	6	8	7	1	1	1
16972	경북 김천시	향교관리비지원	6,120	1	7	7	1	1	1	1	3
16973	경북 김천시	용복신평마을줄다리기행사지원	6,000	1	1	7	1	1	1	1	3
16974	경북 김천시	문화학교운영지원	6,000	1	1	7	1	1	1	1	4
16975	경북 김천시	새마을문고독서문화활성화사업지원	6,000	1	1	7	8	7	1	1	1
16976	경북 김천시	새마을부녀회경로사업지원	6,000	1	1	7	8	7	1	1	1
16977	경북 김천시	우수여왕벌보급지원	6,000	1	1	7	8	7	3	1	1
16978	경북 김천시	우량한우(EliteCow)암소장려금지원	6,000	1	1	7	8	7	1	1	1
16979	경북 김천시	돼지소모성질환지도사업	6,000	1	2	7	8	7	1	1	1
16980	경북 김천시	축산물HACCP컨설팅사업(농장)	5,600	1	1	7	8	7	1	3	1
16981	경북 김천시	통일안보교육지원	5,400	1	4	6	8	7	1	1	1
16982	경북 김천시	신년해맞이행사지원	5,000	1	4	6	8	7	1	1	1
16983	경북 김천시	대한적십자사봉사회김천지구협의회활동지원	5,000	1	4	7	8	7	5	5	4
16984	경북 김천시	사랑의김장담그기사업지원	5,000	1	1	7	8	7	1	1	1
16985	경북 김천시	바르게살기운동청년회조직활성화	5,000	1	1	7	8	7	1	1	1
16986	경북 김천시	전국의료인농구대회	5,000	1	1	6	1	1	1	5	4
16987	경북 김천시	김천호두포장재개발지원	5,000	1	1	7	8	7	5	5	4
16988	경북 김천시	재난발생구조및구급활동지원	5,000	1	4	7	8	7	4	5	4
16989	경북 김천시	농촌인력지원센터운영지원	5,000	1	1	7	8	7	5	1	1
16990	경북 김천시	한우친자확인검사지원	5,000	1	1	7	8	7	1	1	1
16991	경북 김천시	돼지액상정액지원	4,950	1	1	7	8	7	3	1	1
16992	경북 김천시	친환경축산물인증비지원	4,900	1	1	7	8	7	1	1	1
16993	경북 김천시	친환경농법종합지원	4,536	1	1	7	8	7	5	1	1
16994	경북 김천시	신년인사회행사지원	4,500	1	4	6	8	7	1	1	1
16995	경북 김천시	어린이자전거운전면허시험지원	4,500	1	1	7	8	7	1	1	1
16996	경북 김천시	전국민파워업농촌관광지원	4,500	1	2	7	8	7	5	1	1
16997	경북 김천시	농촌에서살아보기프로그램운영비	4,500	1	6	7	8	7	5	5	4

순번	시군구	지출명 (사업명)	2024년예산 (단위 : 천원 /1년간)	민간이전 분류 (지방자치단체 세출예산 집행기준에 의거) 1. 민간경상사업보조(307-02) 2. 민간단체 법정운영비보조(307-03) 3. 민간행사사업보조(307-04) 4. 민간위탁금(307-05) 5. 사회복지시설 법정운영비보조(307-10) 6. 민간인위탁교육비(307-12) 7. 공기관등에대한경상적위탁사업비(308-13) 8. 민간자본사업보조,자체재원(402-01) 9. 민간자본사업보조,이전재원(402-02) 10. 민간위탁사업비(402-03) 11. 공기관등에 대한 자본적 위탁사업비(403-02)	민간이전지출 근거 (지방보조금 관리기준 참고) 1. 법률에 규정 2. 국고보조 재원(국가지정) 3. 용도 지정 기부금 4. 조례에 직접규정 5. 지자체가 권장하는 사업을 하는 공공기관 6. 시,도 정책 및 재정사정 7. 기타 8. 해당없음	입찰방식 계약체결방법 (경쟁형태) 1. 일반경쟁 2. 제한경쟁 3. 지명경쟁 4. 수의계약 5. 법정위탁 6. 기타 ( ) 7. 없음	입찰방식 계약기간 1. 1년 2. 2년 3. 3년 4. 4년 5. 5년 6. 기타 ( )년 7. 단기계약 (1년미만) 8. 없음	입찰방식 낙찰자선정방법 1. 적격심사 2. 협상에의한계약 3. 최저가낙찰제 4. 규격가격분리 5. 2단계 경쟁입찰 6. 기타 ( ) 7. 없음	운영예산 산정 운영예산 산정 1. 내부산정 (지자체 자체적으로 산정) 2. 외부산정 (외부전문기관위탁 산정) 3. 내·외부 모두 산정 4. 산정 無 5. 없음	운영예산 산정 정산방법 1. 내부정산 (지자체 내부적으로 정산) 2. 외부정산 (외부전문기관위탁 정산) 3. 내·외부 모두 산정 4. 정산 無 5. 없음	성과평가 실시여부 1. 실시 2. 미실시 3. 향후 추진 4. 해당없음
16998	경북 김천시	의료관련감염병예방관리사업운영	4,320	1	1	7	8	7	5	1	1
16999	경북 김천시	충효교실운영지원	4,300	1	1	7	1	1	1	1	4
17000	경북 김천시	한우수정란이식사업(수정란이식비)	4,200	1	1	7	8	7	3	1	1
17001	경북 김천시	김천문학책자발간지원	4,000	1	1	7	8	7	1	1	3
17002	경북 김천시	자연보호활동및생태교란동식물퇴치사업	4,000	1	6	7	8	7	1	1	2
17003	경북 김천시	남산지구주민협의체	4,000	1	4	7	8	7	1	1	4
17004	경북 김천시	감호지구주민상인협의체	4,000	1	4	7	8	7	1	1	4
17005	경북 김천시	양식장내기자재지원	4,000	1	1	7	8	7	3	1	1
17006	경북 김천시	학교폭력및성폭력예방활동지원	3,600	1	4	6	8	7	1	1	1
17007	경북 김천시	통일을위한시민역량강화사업지원	3,600	1	1	7	8	1	1	1	3
17008	경북 김천시	산림소득활성화사업	3,500	1	1	7	8	7	5	5	4
17009	경북 김천시	농촌지도자회육성지원	3,200	1	1	7	8	7	5	5	4
17010	경북 김천시	4H연합회육성지원	3,200	1	6	7	8	7	5	5	4
17011	경북 김천시	4H본부육성지원	3,200	1	6	7	8	7	5	5	4
17012	경북 김천시	장계향선양사업지원	3,000	1	1	7	8	7	1	1	3
17013	경북 김천시	소비자상담실지원	3,000	1	1	7	8	7	1	1	1
17014	경북 김천시	청년농업인4H회원활동지원	3,000	1	6	7	8	7	5	5	4
17015	경북 김천시	학생4H회원과제활동지원	3,000	1	6	7	8	7	5	5	4
17016	경북 김천시	2024자원봉사챌린지	3,000	1	1	7	8	7	3	3	1
17017	경북 김천시	경북풍물대회참가단체지원	2,700	1	1	7	1	1	1	1	3
17018	경북 김천시	우수여왕벌인공왕대지원	2,500	1	1	7	8	7	3	1	1
17019	경북 김천시	시군생활체육지도자자녀수당지원	2,400	1	1	7	8	7	1	1	3
17020	경북 김천시	장애인생활체육지도자교통비지원	2,400	1	1	7	8	7	1	1	3
17021	경북 김천시	농촌체험휴양마을협의회운영비	2,400	1	2	7	8	7	5	1	1
17022	경북 김천시	토종벌종보전지원	2,240	1	1	7	8	7	3	1	1
17023	경북 김천시	신문공고료	2,200	1	1	7	8	7	5	5	4
17024	경북 김천시	벼육묘장상토지원(소규모)	2,000	1	1	7	8	7	5	1	1
17025	경북 김천시	축산정책사업홍보	2,000	1	1	7	8	7	1	1	1
17026	경북 김천시	토종벌벌통지원	2,000	1	1	7	8	7	3	1	1
17027	경북 김천시	친환경축산물인증장려금지원	2,000	1	1	7	8	7	1	1	1
17028	경북 김천시	장애인생활체육지도자장기근속수당지원	1,920	1	1	7	8	7	1	1	3
17029	경북 김천시	생활체육지도자활동보험료지원	1,804	1	1	7	8	7	1	1	3
17030	경북 김천시	바르게살기운동건전생활실천교육지원	1,650	1	1	7	8	7	1	1	1
17031	경북 김천시	4H신문보급지원	1,350	1	6	7	8	7	5	5	4
17032	경북 김천시	언론홍보	1,000	1	1	4	7	6	1	1	2
17033	경북 김천시	벼육묘장상토지원(대규모)	1,000	1	1	7	8	7	5	1	1
17034	경북 김천시	벼육묘매트지원	880	1	1	7	8	7	5	1	1
17035	경북 김천시	농촌체험휴양마을보험가입지원	800	1	2	7	8	7	5	1	1
17036	경북 김천시	기후변화대응실천사업	450	1	5	6	1	6	1	1	4
17037	경북 김천시	알뜰장터운영및녹색생활운동촉진사업	450	1	5	6	1	6	1	1	4

순번	시군구	지출명 (사업명)	2024년예산 (단위 : 천원 /1년간)	민간이전 분류 (지방자치단체 세출예산 집행기준에 의거) 1. 민간경상사업보조(307-02) 2. 민간단체 법정운영비보조(307-03) 3. 민간행사사업보조(307-04) 4. 민간위탁금(307-05) 5. 사회복지시설 법정운영비보조(307-10) 6. 민간인위탁교육비(307-12) 7. 공기관등에대한경상적위탁사업비(308-13) 8. 민간자본사업보조,자체재원(402-01) 9. 민간자본사업보조,이전재원(402-02) 10. 민간위탁사업비(402-03) 11. 공기관등에 대한 자본적 위탁사업비(403-02)	민간이전지출 근거 (지방보조금 관리기준 참고) 1. 법률에 규정 2. 국고보조 재원(국가지정) 3. 용도 지정 기부금 4. 조례에 직접규정 5. 지자체가 권장하는 사업을 하는 공공기관 6. 시,도 정책 및 재정사정 7. 기타 8. 해당없음	입찰방식			운영예산 산정		성과평가 실시여부
						계약체결방법 (경쟁형태) 1. 일반경쟁 2. 제한경쟁 3. 지명경쟁 4. 수의계약 5. 법정위탁 6. 기타 ( ) 7. 없음	계약기간 1. 1년 2. 2년 3. 3년 4. 4년 5. 5년 6. 기타 ( )년 7. 단기계약 (1년미만) 8. 없음	낙찰자선정방법 1. 적격심사 2. 협상에의한계약 3. 최저가낙찰제 4. 규격가격분리 5. 2단계 경쟁입찰 6. 기타 ( ) 7. 없음	운영예산 산정 1. 내부산정 (지자체 자체적으로 산정) 2. 외부산정 (외부전문기관위탁 산정) 3. 내·외부 모두 산정 4. 산정 無 5. 없음	정산방법 1. 내부정산 (지자체 내부적으로 정산) 2. 외부정산 (외부전문기관위탁 정산) 3. 내·외부 모두 산정 4. 정산 無 5. 없음	1. 실시 2. 미실시 3. 향후 추진 4. 해당없음
17038	경북 김천시	정신재활시설종사자복지포인트	400	1	1	7	8	7	5	1	4
17039	경북 김천시	장애인생활체육지도자자녀수당지원	360	1	1	7	8	7	1	1	3
17040	경북 김천시	사과적화제	336	1	1	7	8	7	5	1	1
17041	경북 김천시	장애인생활체육지도자활동보험료지원	324	1	1	7	8	7	1	1	3
17042	경북 김천시	정신질환자정신재활시설입소자지원	300	1	1	7	8	7	5	1	4
17043	경북 김천시	어르신전담생활체육지도자배치	188	1	1	7	8	7	1	1	3
17044	경북 안동시	유기질비료지원	2,832,825	1	1	7	8	7	5	1	4
17045	경북 안동시	친환경농산물학교급식지원	2,702,389	1	4	7	8	7	5	1	4
17046	경북 안동시	상권르네상스사업	2,000,000	1	2	5	5	7	1	3	1
17047	경북 안동시	초중고특수학교급식지원	1,810,812	1	4	7	8	7	5	1	4
17048	경북 안동시	경북산업용헴프규제자유특구사업	1,720,000	1	2	7	8	7	2	2	1
17049	경북 안동시	기상이변수도작병해충공동방제지원사업	1,504,000	1	6	7	8	7	1	1	1
17050	경북 안동시	토양개량제지원	961,044	1	1	7	8	7	5	1	4
17051	경북 안동시	(예비)사회적기업일자리창출지원사업	958,992	1	2	7	8	7	5	5	4
17052	경북 안동시	산업혁신대학기업공동과제개발	900,000	1	6	7	8	7	5	5	4
17053	경북 안동시	사과반사필름지원	825,000	1	1	7	8	7	5	5	4
17054	경북 안동시	하회별신굿탈놀이상설공연	700,000	1	8	7	8	7	3	1	4
17055	경북 안동시	청년농업인영농정착지원	608,100	1	1	7	8	7	5	1	4
17056	경북 안동시	시민체육대축전읍면동체육회지원경비	600,000	1	4	7	8	7	1	3	1
17057	경북 안동시	체육꿈나무및특기종목육성	600,000	1	4	7	8	7	1	3	1
17058	경북 안동시	수출농식품안전정제고지원	600,000	1	1	7	8	7	5	5	4
17059	경북 안동시	SW미래채움사업	525,000	1	1,2,4	7	7	7	3	3	3
17060	경북 안동시	공공형외국인계절근로운영지원	500,000	1	1	7	8	7	5	1	4
17061	경북 안동시	주산지양파계약출하농가장려금지원	480,000	1	4	7	8	7	5	5	4
17062	경북 안동시	백신글로벌산업화기업지원사업	438,000	1	2	7	3	7	5	3	1
17063	경북 안동시	살아숨쉬는고택만들기[소멸기금4백만원]	400,000	1	6	7	8	7	5	1	1
17064	경북 안동시	사과착색제지원	390,000	1	1	7	8	7	5	5	4
17065	경북 안동시	경북인공지능전문인력양성사업	360,000	1	4,6	7	1	7	3	3	3
17066	경북 안동시	지역산업연계형바이오생명분야인력양성사업	309,800	1	4	7	8	7	5	3	4
17067	경북 안동시	숙박시설서비스지원사업	300,000	1	7	7	8	7	5	5	4
17068	경북 안동시	산업농공단지입주기업체물류비용지원	300,000	1	1	7	8	7	1	1	3
17069	경북 안동시	사과작목반농자재지원	300,000	1	1	7	8	7	5	5	4
17070	경북 안동시	친환경농축산물유치원급식지원	280,000	1	4	7	8	7	5	1	4
17071	경북 안동시	경북도민체전선수단출전경비	270,000	1	4	7	8	7	1	1	1
17072	경북 안동시	농촌인력중개센터운영	270,000	1	1	7	8	7	5	1	4
17073	경북 안동시	농촌보육정보센터운영지원	260,000	1	4,6	7	8	7	5	1	4
17074	경북 안동시	농촌인력중개센터운영	250,000	1	1	7	8	7	5	1	4
17075	경북 안동시	안동소주세계화기반구축	250,000	1	1	7	8	7	5	5	4
17076	경북 안동시	농산물포장재지원	240,000	1	7	7	8	7	5	5	4
17077	경북 안동시	고추재배농가농자재지원	240,000	1	6	7	8	7	5	5	4

순번	시군구	지출명 (사업명)	2024년예산 (단위 : 천원 /1년간)	민간이전 분류 (지방자치단체 세출예산 집행기준에 의거) 1. 민간경상사업보조(307-02) 2. 민간단체 법정운영비보조(307-03) 3. 민간행사사업보조(307-04) 4. 민간위탁금(307-05) 5. 사회복지시설 법정운영비보조(307-10) 6. 민간인위탁교육비(307-12) 7. 공기관등에대한경상적위탁사업비(308-13) 8. 민간자본사업보조,지체재원(402-01) 9. 민간자본사업보조,이전재원(402-02) 10. 민간위탁사업비(402-03) 11. 공기관등에 대한 자본적 위탁사업비(403-02)	민간이전지출 근거 (지방보조금 관리기준 참고) 1. 법률에 규정 2. 국고보조 재원(국가지정) 3. 용도 지정 기부금 4. 조례에 직접규정 5. 지자체가 권장하는 사업을 하는 공공기관 6. 시,도 정책 및 재정사정 7. 기타 8. 해당없음	입찰방식 계약체결방법 (경쟁형태) 1. 일반경쟁 2. 제한경쟁 3. 지명경쟁 4. 수의계약 5. 법정위탁 6. 기타 ( ) 7. 없음	입찰방식 계약기간 1. 1년 2. 2년 3. 3년 4. 4년 5. 5년 6. 기타 ( )년 7. 단기계약 (1년미만) 8. 없음	입찰방식 낙찰자선정방법 1. 적격심사 2. 협상에의한계약 3. 최저가낙찰제 4. 규격가격분리 5. 2단계 경쟁입찰 6. 기타 ( ) 7. 없음	운영예산 산정 운영예산 산정 1. 내부산정 (지자체 자체적으로 산정) 2. 외부산정 (외부전문기관위탁 산정) 3. 내·외부 모두 산정 4. 산정 無 5. 없음	운영예산 산정 정산방법 1. 내부정산 (지자체 내부적으로 정산) 2. 외부정산 (외부전문기관위탁 정산) 3. 내·외부 모두 산정 4. 정산 無 5. 없음	성과평가 실시여부 1. 실시 2. 미실시 3. 향후 추진 4. 해당없음
17078	경북 안동시	과실장기저장제지원	221,000	1	1	7	8	7	5	5	4
17079	경북 안동시	시군생활체육지도자배치	220,278	1	2	7	8	7	1	1	1
17080	경북 안동시	장애인생활체육지도자배치	220,278	1	2	7	8	7	1	1	1
17081	경북 안동시	전통시장"왔니껴"투어운영	220,000	1	6	7	1	7	1	1	1
17082	경북 안동시	고택종갓집활용사업	217,500	1	8	6	8	7	3	1	4
17083	경북 안동시	농산물유통구조개선지원	208,670	1	4	7	8	7	5	5	4
17084	경북 안동시	저품위사과시장격리수매지원	201,000	1	1	7	8	7	5	5	4
17085	경북 안동시	관광시설방역사업	200,000	1	7	7	8	7	5	5	4
17086	경북 안동시	관광두레연계역량강화	200,000	1	7	7	1	7	1	1	3
17087	경북 안동시	유연인쇄전자기술개발사업	200,000	1	1,2,4	7	5	7	3	3	3
17088	경북 안동시	지능형농업용로봇기술융합기업지원사업	200,000	1	4,6	7	3	7	3	1	3
17089	경북 안동시	[도]주방환경개선	200,000	1	4	7	8	7	2	1	2
17090	경북 안동시	사과명품화사업지원	200,000	1	6	7	8	7	5	5	4
17091	경북 안동시	생강재배농가농자재지원	200,000	1	6	7	8	7	5	5	4
17092	경북 안동시	시설원예농가연작피해방지제지원	200,000	1	6	7	8	7	5	5	4
17093	경북 안동시	산학연협력선도대학육성사업(LINC3.)	200,000	1	4	7	8	7	1	1	2
17094	경북 안동시	과실장기저장제지원	198,000	1	1	7	8	7	5	5	4
17095	경북 안동시	시군어르신생활체육활동지원	182,865	1	2	7	8	7	1	1	1
17096	경북 안동시	세계유산활용프로그램운영(하회마을)	180,551	1	8	6	8	7	3	1	4
17097	경북 안동시	도민체전취약종목경기단지원	180,000	1	4	7	8	7	1	1	1
17098	경북 안동시	하회마을주민대상서비스교육및활성화방안	175,000	1	8	6	8	7	3	1	4
17099	경북 안동시	향교서원문화유산활용사업(꼬마도령의놀이터묵계서원)	162,500	1	8	6	8	7	3	1	4
17100	경북 안동시	여성농업인센터운영지원	160,000	1	1,4	7	8	7	5	1	4
17101	경북 안동시	비취약지역응급의료기관운영지원	153,600	1	2	7	8	7	5	5	4
17102	경북 안동시	3대문화권투어프로그램운영	150,000	1	7	7	1	7	1	1	3
17103	경북 안동시	경북도민체전선수단훈련경비	150,000	1	4	7	8	7	1	1	1
17104	경북 안동시	발달장애인가족창업특화사업지원	150,000	1	1,4,6	7	8	7	1	3	4
17105	경북 안동시	친환경칼슘유황비료지원	150,000	1	4	7	8	7	5	1	4
17106	경북 안동시	임동면임동종합복지회관운영비	140,000	1	1	7	8	7	5	5	4
17107	경북 안동시	친환경농자재지원	140,000	1	4	7	8	7	5	1	4
17108	경북 안동시	잎담배재배농가농자재지원	140,000	1	6	7	8	7	5	5	4
17109	경북 안동시	농촌인력지원센터운영	133,000	1	1	7	8	7	5	1	4
17110	경북 안동시	생생문화유산사업(탈쓰고탈막세)	132,500	1	8	6	8	7	3	1	4
17111	경북 안동시	도산서원야간개장사업	130,000	1	8	7	8	7	3	1	4
17112	경북 안동시	헴프산업전문인력양성사업	120,000	1	6	7	8	7	2	2	1
17113	경북 안동시	지리적단체표장농산물(사과)포장재지원	120,000	1	7	7	8	7	5	5	4
17114	경북 안동시	시설원예농가수정벌지원	114,000	1	6	7	8	7	5	5	4
17115	경북 안동시	경북북부권청년창업지원사업	105,000	1	6	7	8	7	5	5	4
17116	경북 안동시	창업보육센터지원	105,000	1	1	7	8	7	1	1	4
17117	경북 안동시	전통시장행복경영매니저운영	104,640	1	6	4	1	7	1	1	1

순번	시군구	지출명 (사업명)	2024년예산 (단위 : 천원 /1년간)	민간이전 분류 (지방자치단체 세출예산 집행기준에 의거) 1. 민간경상사업보조(307-02) 2. 민간단체 법정운영비보조(307-03) 3. 민간행사사업보조(307-04) 4. 민간위탁금(307-05) 5. 사회복지시설 법정운영비보조(307-10) 6. 민간인위탁교육비(307-12) 7. 공기관등에대한경상적위탁사업비(308-13) 8. 민간자본사업보조,자체재원(402-01) 9. 민간자본사업보조,이전재원(402-02) 10. 민간위탁사업비(402-03) 11. 공기관등에 대한 자본적 위탁사업비(403-02)	민간이전지출 근거 (지방보조금 관리기준 참고) 1. 법률에 규정 2. 국고보조 재원(국가지정) 3. 용도 지정 기부금 4. 조례에 직접규정 5. 지자체가 권장하는 사업을 하는 공공기관 6. 시,도 정책 및 재정사정 7. 기타 8. 해당없음	입찰방식 계약체결방법 (경쟁형태) 1. 일반경쟁 2. 제한경쟁 3. 지명경쟁 4. 수의계약 5. 법정위탁 6. 기타 ( ) 7. 없음	입찰방식 계약기간 1. 1년 2. 2년 3. 3년 4. 4년 5. 5년 6. 기타 ( )년 7. 단기계약 (1년미만) 8. 없음	입찰방식 낙찰자선정방법 1. 적격심사 2. 협상에의한계약 3. 최저가낙찰제 4. 규격가격분리 5. 2단계 경쟁입찰 6. 기타 ( ) 7. 없음	운영예산 산정 운영예산 산정 1. 내부산정 (지자체 자체적으로 산정) 2. 외부산정 (외부전문기관위탁 산정) 3. 내·외부 모두 산정 4. 산정 無 5. 없음	운영예산 산정 정산방법 1. 내부정산 (지자체 내부적으로 정산) 2. 외부정산 (외부전문기관위탁 정산) 3. 내·외부 모두 산정 4. 정산 無 5. 없음	성과평가 실시여부 1. 실시 2. 미실시 3. 향후 추진 4. 해당없음
17118	경북 안동시	도산면서부리이야기가있는마을활성화사업	104,000	1	4	6	8	7	4	1	2
17119	경북 안동시	농촌체험휴양마을사무장채용지원	103,872	1	1	7	8	7	5	1	4
17120	경북 안동시	농촌체험휴양마을사무장채용지원	100,800	1	1	7	8	7	5	1	4
17121	경북 안동시	지역관광추진조직육성지원사업	100,000	1	2	7	8	7	1	3	1
17122	경북 안동시	하회별신굿탈놀이야간상설공연지원	100,000	1	4	7	8	7	1	1	1
17123	경북 안동시	한국문화테마파크체험프로그램운영	100,000	1	7	7	8	7	5	5	4
17124	경북 안동시	메이커스페이스운영	100,000	1	1,2,4	7	5	7	1	1	3
17125	경북 안동시	SW중심대학육성지원사업	100,000	1	1,2,4	7	6	7	3	1	3
17126	경북 안동시	산업집적지경쟁력강화(미니클러스터)사업	100,000	1	2	7	8	7	1	1	4
17127	경북 안동시	사과수형구성자재지원	100,000	1	1	7	8	7	5	5	4
17128	경북 안동시	과실폭염피해경감제지원	100,000	1	1	7	8	7	5	5	4
17129	경북 안동시	수박재배농가농자재지원	100,000	1	6	7	8	7	5	5	4
17130	경북 안동시	농식품수출해외바이어초청지원	100,000	1	1	7	8	7	5	5	4
17131	경북 안동시	찾아가는한글배달교실운영	95,000	1	4	1	1	1	1	1	1
17132	경북 안동시	명사초청세상돌아가는이야기특강	95,000	1	7	1	1	1	1	1	1
17133	경북 안동시	안동형SMILE씨앗뿌리기사업	90,000	1	4	7	8	7	5	1	1
17134	경북 안동시	경북도민생활체전선수단출전비	90,000	1	4	7	8	7	1	1	1
17135	경북 안동시	시군청년예비창업지원	90,000	1	6	7	8	7	5	5	4
17136	경북 안동시	친환경농산물포장재지원	90,000	1	4	7	8	7	5	1	4
17137	경북 안동시	(신중년)사회공헌활동지원사업	88,000	1	6	7	8	7	5	5	4
17138	경북 안동시	지리적단체표장농산물(산약)포장재지원	85,000	1	7	7	8	7	5	5	4
17139	경북 안동시	사과착색봉지지원	81,000	1	1	7	8	7	5	5	4
17140	경북 안동시	미래무형문화유산발굴육성사업(하회선유줄불놀이)	80,000	1	8	7	3	7	5	1	4
17141	경북 안동시	과수노린재트랩지원	80,000	1	1	7	8	7	5	5	4
17142	경북 안동시	농산물산지유통기능활성화지원	77,000	1	4	7	8	7	5	5	4
17143	경북 안동시	전통식품브랜드경쟁력제고	77,000	1	1	7	8	7	5	5	4
17144	경북 안동시	의료기관결핵관리운영	75,368	1	1	6	1	2	1	1	2
17145	경북 안동시	시설원예농가육묘상토지원	75,000	1	6	7	8	7	5	5	4
17146	경북 안동시	정보화마을프로그램관리자운영	74,958	1	6	7	8	7	1	1	4
17147	경북 안동시	고품격체험프로그램운영	72,000	1	4	7	8	7	5	5	4
17148	경북 안동시	복숭아농자재(봉지,영양제등)지원	70,000	1	1	7	8	7	5	5	4
17149	경북 안동시	수출농특산물경쟁력제고지원	70,000	1	1	7	8	7	5	5	4
17150	경북 안동시	월영장터운영관리	68,000	1	1	7	8	7	5	5	4
17151	경북 안동시	경북가맹경기단체지원	66,000	1	4	7	8	7	1	1	1
17152	경북 안동시	안동지역대학인재고용인센티브지원사업	61,727	1	6	7	8	7	5	5	4
17153	경북 안동시	농산업분야지역혁신청년일자리지원사업	61,500	1	1	7	8	7	5	1	4
17154	경북 안동시	이동세탁차량사업	61,000	1	5	7	7	7	1	1	1
17155	경북 안동시	관광택시활성화사업	60,000	1	4	7	8	7	5	1	1
17156	경북 안동시	2024야간관광상품개발및운영	60,000	1	4	7	8	7	1	1	3
17157	경북 안동시	전통주마스터청년창업인력양성사업	60,000	1	5	7	8	7	5	5	4

순번	시군구	지출명 (사업명)	2024년예산 (단위 : 천원 /1년간)	민간이전 분류 (지방자치단체 세출예산 집행기준에 의거) 1. 민간경상사업보조(307-02) 2. 민간단체 법정운영비보조(307-03) 3. 민간행사사업보조(307-04) 4. 민간위탁금(307-05) 5. 사회복지시설 법정운영비보조(307-10) 6. 민간인위탁교육비(307-12) 7. 공기관등에대한경상적위탁사업비(308-13) 8. 민간자본사업보조,자체재원(402-01) 9. 민간자본사업보조,이전재원(402-02) 10. 민간위탁사업비(402-03) 11. 공기관등에 대한 자본적 위탁사업비(403-02)	민간이전지출 근거 (지방보조금 관리기준 참고) 1. 법률에 규정 2. 국고보조 재원(국가지정) 3. 용도 지정 기부금 4. 조례에 직접규정 5. 지자체가 권장하는 사업을 하는 공공기관 6. 시,도 정책 및 재정사정 7. 기타 8. 해당없음	입찰방식 계약체결방법 (경쟁형태) 1. 일반경쟁 2. 제한경쟁 3. 지명경쟁 4. 수의계약 5. 법정위탁 6. 기타 ( ) 7. 없음	입찰방식 계약기간 1. 1년 2. 2년 3. 3년 4. 4년 5. 5년 6. 기타 ( )년 7. 단기계약 (1년미만) 8. 없음	입찰방식 낙찰자선정방법 1. 적격심사 2. 협상에의한계약 3. 최저가낙찰제 4. 규격가격분리 5. 2단계 경쟁입찰 6. 기타 ( ) 7. 없음	운영예산 산정 운영예산 산정 1. 내부산정 (지자체 자체적으로 산정) 2. 외부산정 (외부전문기관위탁 산정) 3. 내·외부 모두 산정 4. 산정 無 5. 없음	운영예산 산정 정산방법 1. 내부정산 (지자체 내부적으로 정산) 2. 외부정산 (외부전문기관위탁 정산) 3. 내·외부 모두 산정 4. 정산 無 5. 없음	성과평가 실시여부 1. 실시 2. 미실시 3. 향후 추진 4. 해당없음
17158	경북 안동시	홍고추계약출하농가장려금지원	60,000	1	4	7	8	7	5	5	4
17159	경북 안동시	사과수분용꽃가루지원	60,000	1	1	7	8	7	5	5	4
17160	경북 안동시	사과친환경스테비아지원	60,000	1	1	7	8	7	5	5	4
17161	경북 안동시	단호박재배농가농자재지원	60,000	1	6	7	8	7	5	5	4
17162	경북 안동시	수출과채류경쟁력제고지원	60,000	1	1	7	8	7	5	5	4
17163	경북 안동시	장애인평생학습프로그램운영	60,000	1	4	1	1	1	1	1	1
17164	경북 안동시	친환경농산물판로확대택배및물류비지원	59,400	1	4	7	8	7	5	1	4
17165	경북 안동시	작은도서관운영지원	55,000	1	4	7	8	7	5	5	4
17166	경북 안동시	외국인근로자상담센터활성화사업	54,000	1	6	7	1	7	1	1	1
17167	경북 안동시	자전거무료대여사업	54,000	1	6	4	1	7	1	1	4
17168	경북 안동시	평생학습우수프로그램지원	54,000	1	7	1	1	1	1	1	1
17169	경북 안동시	전통시장시장매니저지원사업	52,800	1	6	7	1	7	1	1	1
17170	경북 안동시	채소가격안정지원	52,800	1	6	7	8	7	5	5	4
17171	경북 안동시	안동관광영크리에이터육성사업	50,000	1	4	7	8	7	5	5	4
17172	경북 안동시	경북전통주체험관광지원	50,000	1	4	7	8	7	5	5	4
17173	경북 안동시	생생문화유산사업(임하리천년고탑에등불을밝혀라)	50,000	1	8	6	8	7	3	1	4
17174	경북 안동시	구시장풍물시장운영	50,000	1	6	7	1	7	1	1	1
17175	경북 안동시	지식재산창출지원[국가직접지원]	50,000	1	2	7	1	7	5	1	2
17176	경북 안동시	노동법률상담소활성화사업	50,000	1	6	7	1	7	1	1	1
17177	경북 안동시	드론측량전문인력양성사업	50,000	1	5	7	8	7	5	5	4
17178	경북 안동시	대학일자리센터지원	50,000	1	6	7	8	7	5	5	4
17179	경북 안동시	2024년마을기업육성사업	50,000	1	2	7	8	7	5	5	4
17180	경북 안동시	어린이날행사	50,000	1	5	6	1	1	1	1	1
17181	경북 안동시	시설원예농가애호박농자재지원	50,000	1	6	7	8	7	5	5	4
17182	경북 안동시	참외재배농가농자재지원	50,000	1	6	7	8	7	5	5	4
17183	경북 안동시	월동과채단지생산성향상지원사업	50,000	1	6	7	8	7	5	5	4
17184	경북 안동시	원예작물수출단지품질규격화지원사업	50,000	1	6	7	8	7	1	1	1
17185	경북 안동시	행복학습센터교육프로그램사업	50,000	1	6	7	8	7	1	1	1
17186	경북 안동시	대학중점연구소지원	50,000	1	4	4	1	7	1	1	1
17187	경북 안동시	안동차전놀이전승보전사업확대	49,000	1	4	7	8	7	1	1	2
17188	경북 안동시	세계유산홍보지원사업(한국의서원)	48,500	1	8	7	8	7	3	1	4
17189	경북 안동시	지역문화유산교육활성화사업	48,000	1	8	6	8	7	3	1	4
17190	경북 안동시	무형문화유산공개행사지원	48,000	1	8	7	8	7	5	5	4
17191	경북 안동시	생활체육교실운영	48,000	1	4	7	8	7	3	1	4
17192	경북 안동시	주산지가공용사과수매지원	48,000	1	1	7	8	7	1	1	1
17193	경북 안동시	지역산업연계형드론전문인력양성사업	45,863	1	6	7	8	7	5	5	4
17194	경북 안동시	무형문화유산전수교육관활성화사업(하회별신굿탈놀이)	45,000	1	8	7	8	7	5	5	4
17195	경북 안동시	무형문화유산전수교육관활성화사업(안동포짜기)	45,000	1	8	7	8	7	3	1	4
17196	경북 안동시	경북어르신생활체육대회출전비	45,000	1	4	7	8	7	3	1	4
17197	경북 안동시	경상북도장애인체육대회참가	45,000	1	4	7	8	7	1	1	1

순번	시군구	지출명 (사업명)	2024년예산 (단위 : 천원 /1년간)	민간이전 분류 (지방자치단체 세출예산 집행기준에 의거) 1. 민간경상사업보조(307-02) 2. 민간단체 법정운영비보조(307-03) 3. 민간행사사업보조(307-04) 4. 민간위탁금(307-05) 5. 사회복지시설 법정운영비보조(307-10) 6. 민간인위탁교육비(307-12) 7. 공기관등에대한경상적위탁사업비(308-13) 8. 민간자본사업보조,자체재원(402-01) 9. 민간자본사업보조,이전재원(402-02) 10. 민간위탁사업비(402-03) 11. 공기관등에 대한 자본적 위탁사업비(403-02)	민간이전지출 근거 (지방보조금 관리기준 참고) 1. 법률에 규정 2. 국고보조 재원(국가지정) 3. 용도 지정 기부금 4. 조례에 직접규정 5. 지자체가 권장하는 사업을 하는 공공기관 6. 시,도 정책 및 재정사정 7. 기타 8. 해당없음	입찰방식			운영예산 산정		성과평가 실시여부
						계약체결방법 (경쟁형태) 1. 일반경쟁 2. 제한경쟁 3. 지명경쟁 4. 수의계약 5. 법정위탁 6. 기타 ( ) 7. 없음	계약기간 1. 1년 2. 2년 3. 3년 4. 4년 5. 5년 6. 기타 ( )년 7. 단기계약 (1년미만) 8. 없음	낙찰자선정방법 1. 적격심사 2. 협상에의한계약 3. 최저가낙찰제 4. 규격가격분리 5. 2단계 경쟁입찰 6. 기타 ( ) 7. 없음	운영예산 산정 1. 내부산정 (지자체 자체적으로 산정) 2. 외부산정 (외부전문기관위탁 산정) 3. 내·외부 모두 산정 4. 산정 無 5. 없음	정산방법 1. 내부정산 (지자체 내부적으로 정산) 2. 외부정산 (외부전문기관위탁 정산) 3. 내·외부 모두 산정 4. 정산 無 5. 없음	1. 실시 2. 미실시 3. 향후 추진 4. 해당없음
17198	경북 안동시	과실브랜드육성지원	43,400	1	6	7	8	7	5	5	4
17199	경북 안동시	경북사회적경제ESG청년일자리사업	43,339	1	2	7	8	7	5	5	4
17200	경북 안동시	6차산업경영체활성화지원	41,600	1	4	7	8	7	5	1	4
17201	경북 안동시	장애인생활체육한마당개최	40,500	1	4	7	8	7	1	1	1
17202	경북 안동시	세계유교문화박물관기획전시프로그램운영	40,000	1	4	7	8	7	5	5	4
17203	경북 안동시	생생문화유산사업(슬로패션금소마을)	40,000	1	8	6	8	7	3	1	4
17204	경북 안동시	향교서원문화유산활용사업(도계의열두마당세시이야기)	40,000	1	8	6	8	7	3	1	4
17205	경북 안동시	장애인기업육성지원사업	40,000	1	1,4,6	7	8	7	1	1	4
17206	경북 안동시	친환경벼재배단지지원	40,000	1	4	7	8	7	5	1	4
17207	경북 안동시	과수교미교란제지원	40,000	1	1	7	8	7	5	5	4
17208	경북 안동시	양파계약재배농가종자대지원	40,000	1	6	7	8	7	5	5	4
17209	경북 안동시	마늘양파연작피해방지제지원	40,000	1	6	7	8	7	5	5	4
17210	경북 안동시	약초재배농가농자재지원	40,000	1	6	7	8	7	5	5	4
17211	경북 안동시	농식품가공업체포장재지원	40,000	1	1	7	8	7	5	5	4
17212	경북 안동시	가정방문형문해교실지원	40,000	1	2,4	4	1	7	1	1	1
17213	경북 안동시	과수고품질시설현대사업관리비지원	39,744	1	1	7	8	7	5	5	4
17214	경북 안동시	길안면길안종합문화복지관운영지원비	37,000	1	1	7	8	7	5	5	4
17215	경북 안동시	청년농업인농지임대료지원	36,750	1	4	7	8	7	5	1	4
17216	경북 안동시	관내생산부숙유기질비료추가지원	36,000	1	1	7	8	7	5	1	4
17217	경북 안동시	안동빌딩농특산물전시판매장물류비지원	36,000	1	4	7	8	7	5	5	4
17218	경북 안동시	홍고추수확출하일관포장재지원	36,000	1	6	7	8	7	5	5	4
17219	경북 안동시	정부보급종생산포장공동방제비지원	35,200	1	6	7	8	7	1	1	1
17220	경북 안동시	안동관광사진공모전	35,000	1	4	7	1	7	1	1	3
17221	경북 안동시	세계유산활용프로그램운영(병산서원)	35,000	1	8	6	8	7	3	1	4
17222	경북 안동시	리틀및유소년야구단운영지원	35,000	1	4	7	8	7	1	1	1
17223	경북 안동시	친환경농산물판로확대지원	34,070	1	1	7	8	7	5	1	4
17224	경북 안동시	[도]자율방재단운영지원	34,000	1	4	7	8	7	5	5	4
17225	경북 안동시	지역경제활성화소상공인포장재지원	32,000	1	7	7	1	7	1	1	1
17226	경북 안동시	친환경농법종합지원	31,700	1	4	7	8	7	5	1	4
17227	경북 안동시	백두대간구곡문화자산탐방사업보조	31,500	1	7	6	7	2	5	1	1
17228	경북 안동시	안동사립박물관교육및전시지원	30,000	1	4	7	8	7	5	5	4
17229	경북 안동시	안동이야기책자발간	30,000	1	8	7	8	7	5	5	4
17230	경북 안동시	도산서원참알기해설도우미프로그램	30,000	1	8	7	8	7	3	1	4
17231	경북 안동시	안동차전놀이공개행사지원	30,000	1	8	7	8	7	3	1	4
17232	경북 안동시	산학일체형도제학교지원	30,000	1	6	7	8	7	5	5	4
17233	경북 안동시	K프리미엄국내산천연섬유방적사개발사업	30,000	1	2	7	8	7	5	5	2
17234	경북 안동시	안동시에이스기업육성지원사업(경상보조)	30,000	1	4	7	8	7	1	1	4
17235	경북 안동시	재능기부주거환경개선사업	30,000	1	1,4	7	8	7	5	5	4
17236	경북 안동시	사각지대통합지원사업	30,000	1	5	7	7	7	1	1	1
17237	경북 안동시	장애인거주시설정밀안전진단비지원	30,000	1	1	7	8	7	1	1	1

순번	시군구	지출명 (사업명)	2024년예산 (단위 : 천원 /1년간)	민간이전 분류 (지방자치단체 세출예산 집행기준에 의거) 1. 민간경상사업보조(307-02) 2. 민간단체 법정운영비보조(307-03) 3. 민간행사사업보조(307-04) 4. 민간위탁금(307-05) 5. 사회복지시설 법정운영비보조(307-10) 6. 민간인위탁교육비(307-12) 7. 공기관등에대한경상적위탁사업비(308-13) 8. 민간자본사업보조,자체재원(402-01) 9. 민간자본사업보조,이전재원(402-02) 10. 민간위탁사업비(402-03) 11. 공기관등에 대한 자본적 위탁사업비(403-02)	민간이전지출 근거 (지방보조금 관리기준 참고) 1. 법률에 규정 2. 국고보조 재원(국가지정) 3. 용도 지정 기부금 4. 조례에 직접규정 5. 지자체가 권장하는 사업을 하는 공공기관 6. 시,도 정책 및 재정사정 7. 기타 8. 해당없음	입찰방식 계약체결방법 (경쟁형태) 1. 일반경쟁 2. 제한경쟁 3. 지명경쟁 4. 수의계약 5. 법정위탁 6. 기타 ( ) 7. 없음	입찰방식 계약기간 1. 1년 2. 2년 3. 3년 4. 4년 5. 5년 6. 기타 ( )년 7. 단기계약 (1년미만) 8. 없음	입찰방식 낙찰자선정방법 1. 적격심사 2. 협상에의한계약 3. 최저가낙찰제 4. 규격가격분리 5. 2단계 경쟁입찰 6. 기타 ( ) 7. 없음	운영예산 산정 운영예산 산정 1. 내부산정 (지자체 자체적으로 산정) 2. 외부산정 (외부전문기관위탁 산정) 3. 내·외부 모두 산정 4. 산정 無 5. 없음	운영예산 산정 정산방법 1. 내부정산 (지자체 내부적으로 정산) 2. 외부정산 (외부전문기관위탁 정산) 3. 내·외부 모두 산정 4. 정산 無 5. 없음	성과평가 실시여부 1. 실시 2. 미실시 3. 향후 추진 4. 해당없음
17238	경북 안동시	창업인큐베이팅	30,000	1	7	7	8	7	1	1	4
17239	경북 안동시	마을관리사회적협동조합운영지원	30,000	1	7	7	8	7	1	1	1
17240	경북 안동시	임하면복지회관운영비	30,000	1	1	7	8	7	5	5	4
17241	경북 안동시	어린이안전지도교통봉사단체활동지원	30,000	1	7	7	8	7	3	3	1
17242	경북 안동시	위생업소친절및위생교육지원	30,000	1	4	1	1	1	1	1	1
17243	경북 안동시	식생활교육및체험지원사업	30,000	1	4	7	8	7	5	1	4
17244	경북 안동시	학교급식지원센터수송차량지원사업	30,000	1	4	7	8	7	5	1	4
17245	경북 안동시	농촌에서살아보기지원	30,000	1	1	7	8	7	5	1	4
17246	경북 안동시	명절선물용사과포장재지원	30,000	1	7	7	8	7	5	5	4
17247	경북 안동시	토마토재배농가농자재지원	30,000	1	6	7	8	7	5	5	4
17248	경북 안동시	창의융합형공학인재양성지원사업	30,000	1	4	7	8	7	1	1	2
17249	경북 안동시	새마을사랑의김장나누기	29,250	1	1,4	5	8	7	1	1	2
17250	경북 안동시	전국민파워업농촌관광지원	28,400	1	1	7	8	7	5	1	4
17251	경북 안동시	성인문해교육지원사업	28,000	1	2	4	1	7	1	1	1
17252	경북 안동시	지역경제활성화사업	27,000	1	1	7	1	7	1	1	2
17253	경북 안동시	식량작물공동경영체육성(교육컨설팅)	27,000	1	2	4	1	7	2	2	1
17254	경북 안동시	안동농산물공동마케팅지원	27,000	1	7	7	8	7	5	5	4
17255	경북 안동시	무지개학교(다문화어학강좌)운영	27,000	1	7	4	1	7	1	1	1
17256	경북 안동시	위탁대안학교지원	27,000	1	7	4	1	7	1	1	1
17257	경북 안동시	장애인생활체육교실운영	25,000	1	4	7	8	7	1	1	1
17258	경북 안동시	홍고추계약재배농가농자재지원	24,500	1	6	7	8	7	5	5	4
17259	경북 안동시	도시군협의체간협력사업추진	24,000	1	4	7	8	7	1	1	2
17260	경북 안동시	전지훈련팀지원	24,000	1	4	7	8	7	1	1	1
17261	경북 안동시	행복한보금자리만들기사업	24,000	1	1,4	5	8	7	1	1	2
17262	경북 안동시	고속도로직판장운영비지원	24,000	1	7	7	8	7	5	5	4
17263	경북 안동시	무배추재배농가농자재지원	24,000	1	6	7	8	7	5	5	4
17264	경북 안동시	입찰정보무료지원및다수공급자등록지원사업	23,000	1	1	7	1	7	1	1	2
17265	경북 안동시	소상공인정책지원현장전문가운영	22,500	1	7	7	1	7	1	1	4
17266	경북 안동시	농업경영인한마음대회지원	22,500	1	4	7	8	7	1	1	4
17267	경북 안동시	생활개선회도대회참가지원	22,500	1	4	7	8	7	5	5	4
17268	경북 안동시	사회복지사보수교육비지원	22,400	1	6	7	8	7	1	1	1
17269	경북 안동시	고품질고구마생산단지육성시범	21,000	1	6	7	8	7	1	1	1
17270	경북 안동시	해양레저스포츠교육프로그램운영	20,000	1	4	7	8	7	1	1	1
17271	경북 안동시	새마을환경살리기	20,000	1	1,4	5	8	7	1	1	2
17272	경북 안동시	도시재생대학(우리마을연구소)	20,000	1	7	7	8	7	1	1	4
17273	경북 안동시	임동면임동농산물수출물류센터운영비	20,000	1	1	7	8	7	5	5	4
17274	경북 안동시	샤인머스캣농기자재지원	20,000	1	1	7	8	7	5	5	4
17275	경북 안동시	전통주수출자재지원	20,000	1	1	7	8	7	5	5	4
17276	경북 안동시	BK21플러스사업지원	20,000	1	4	7	8	7	1	1	2
17277	경북 안동시	청소년범죄예방사업지원	20,000	1	4	7	8	7	1	1	1

순번	시군구	지출명 (사업명)	2024년예산 (단위 : 천원 /1년간)	민간이전 분류 (지방자치단체 세출예산 집행기준에 의거) 1. 민간경상사업보조(307-02) 2. 민간단체 법정운영비보조(307-03) 3. 민간행사사업보조(307-04) 4. 민간위탁금(307-05) 5. 사회복지시설 법정운영비보조(307-10) 6. 민간인위탁교육비(307-12) 7. 공기관등에대한경상적위탁사업비(308-13) 8. 민간자본사업보조,자체재원(402-01) 9. 민간자본사업보조,이전재원(402-02) 10. 민간위탁사업비(402-03) 11. 공기관등에 대한 자본적 위탁사업비(403-02)	민간이전지출 근거 (지방보조금 관리기준 참고) 1. 법률에 규정 2. 국고보조 재원(국가지정) 3. 용도 지정 기부금 4. 조례에 직접규정 5. 지자체가 권장하는 사업을 하는 공공기관 6. 시,도 정책 및 재정사정 7. 기타 8. 해당없음	입찰방식 계약체결방법 (경쟁형태) 1. 일반경쟁 2. 제한경쟁 3. 지명경쟁 4. 수의계약 5. 법정위탁 6. 기타 ( ) 7. 없음	입찰방식 계약기간 1. 1년 2. 2년 3. 3년 4. 4년 5. 5년 6. 기타 ( )년 7. 단기계약 (1년미만) 8. 없음	입찰방식 낙찰자선정방법 1. 적격심사 2. 협상에의한계약 3. 최저가낙찰제 4. 규격가격분리 5. 2단계 경쟁입찰 6. 기타 ( ) 7. 없음	운영예산 산정 운영예산 산정 1. 내부산정 (지자체 자체적으로 산정) 2. 외부산정 (외부전문기관위탁 산정) 3. 내·외부 모두 산정 4. 산정 無 5. 없음	운영예산 산정 정산방법 1. 내부정산 (지자체 내부적으로 정산) 2. 외부정산 (외부전문기관위탁 정산) 3. 내·외부 모두 산정 4. 정산 無 5. 없음	성과평가 실시여부 1. 실시 2. 미실시 3. 향후 추진 4. 해당없음
17278	경북 안동시	미래무형문화유산발굴육성사업(세계유산한국의서원제향의례)	19,440	1	8	7	3	7	5	1	4
17279	경북 안동시	장애체육꿈나무및특기종목육성	19,000	1	4	7	8	7	1	1	1
17280	경북 안동시	유네스코정책회의참가및탈춤세계화	18,000	1	4	7	1	7	1	1	3
17281	경북 안동시	세계유교문화박물관인문교양강연프로그램운영	18,000	1	4	7	1	7	1	1	2
17282	경북 안동시	새마을의날기념식및새마을지도자한마음대회	18,000	1	1,4	5	8	7	1	1	2
17283	경북 안동시	태화동도시재생활성화지역마을자원활용및마을모델수립프로그램	18,000	1	7	7	8	7	1	1	4
17284	경북 안동시	용상동도시재생마을학교	18,000	1	7	7	8	7	1	1	4
17285	경북 안동시	여성자원봉사운영회봉사활동지원	18,000	1	7	7	1	7	1	1	4
17286	경북 안동시	청소년단체청소년활동지원	18,000	1	4	7	8	7	1	1	1
17287	경북 안동시	청년어업인영어정착지원	17,100	1	1	7	8	7	5	5	4
17288	경북 안동시	농촌지도자중앙대회참가지원	17,000	1	1	7	8	7	5	5	4
17289	경북 안동시	한국한센복지협회진료사업보조	16,886	1	1	5	1	7	1	1	2
17290	경북 안동시	6.25바로알리기교육및학생안보교육	16,200	1	6	7	8	7	1	1	1
17291	경북 안동시	임산물소득증대(임산물재배임가자재지원)	16,200	1	1,4	7	8	7	5	5	4
17292	경북 안동시	농촌지도자한마음수련대회	16,200	1	1	7	8	7	5	5	4
17293	경북 안동시	생활개선회한마음수련대회	16,200	1	4	7	8	7	5	5	4
17294	경북 안동시	생활개선회원능력개발전문교육	16,200	1	4	7	8	7	5	5	4
17295	경북 안동시	친환경사과적화제지원	16,100	1	1	7	8	7	5	5	4
17296	경북 안동시	배농자재(봉지,꽃가루)지원	16,000	1	1	7	8	7	5	5	4
17297	경북 안동시	농촌여성조직체과제활동지원	16,000	1	4	7	8	7	5	5	4
17298	경북 안동시	안동시지역중소기업지식재산권리화지원사업	15,000	1	4	7	8	7	5	5	4
17299	경북 안동시	중소기업정규직프로젝트	15,000	1	6	7	8	7	5	5	4
17300	경북 안동시	태화동도시재생활성화지역주민공동체프로그램	15,000	1	7	7	8	7	1	1	4
17301	경북 안동시	임하면노산리복지회관운영비지원	15,000	1	1	7	8	7	5	5	4
17302	경북 안동시	서류작물영양제지원	15,000	1	4	7	8	7	5	1	4
17303	경북 안동시	365청소년지원단청소년보호선도활동	15,000	1	4	7	8	7	1	1	1
17304	경북 안동시	경북소셜비즈니스청년일자리사업	14,330	1	2	7	8	7	5	5	4
17305	경북 안동시	고령화대응농촌지도자회원생력화시범	14,000	1	1	7	8	7	5	5	4
17306	경북 안동시	바이오숯활용저탄소토양개량기술보급시범	14,000	1	1	7	8	7	5	5	4
17307	경북 안동시	신품종벼재배단지조성	14,000	1	6	7	8	7	5	5	4
17308	경북 안동시	가송리동제및풍물육성지원사업	13,500	1	8	7	8	7	5	5	4
17309	경북 안동시	자원봉사대축제	13,500	1	1,4	5	2	1	1	1	1
17310	경북 안동시	농촌체험관광활성화지원	13,500	1	1	7	8	7	5	1	4
17311	경북 안동시	건고추규격출하포장재지원	13,500	1	7	7	8	7	5	5	4
17312	경북 안동시	4H전진대회	13,500	1	1	7	8	7	5	5	4
17313	경북 안동시	안동시평생교육지도자양성	13,500	1	4	4	1	7	1	1	1
17314	경북 안동시	전통시장화재공제지원사업	13,320	1	6	4	1	7	1	1	4
17315	경북 안동시	시군생활체육지도자교통비지원	13,200	1	4	7	8	7	1	1	1
17316	경북 안동시	선성현문화단지관광활성화추진사업	13,000	1	4	1	4	1	4	4	4
17317	경북 안동시	학교폭력예방숲캠프프로그램운영비지원	13,000	1	4	7	8	7	1	1	1

순번	시군구	지출명 (사업명)	2024년예산 (단위 : 천원 /1년간)	민간이전 분류 (지방자치단체 세출예산 집행기준에 의거) 1. 민간경상사업보조(307-02) 2. 민간단체 법정운영비보조(307-03) 3. 민간행사사업보조(307-04) 4. 민간위탁금(307-05) 5. 사회복지시설 법정운영비보조(307-10) 6. 민간인위탁교육비(307-12) 7. 공기관등에대한경상적위탁사업비(308-13) 8. 민간자본사업보조,자체재원(402-01) 9. 민간자본사업보조,이전재원(402-02) 10. 민간위탁사업비(402-03) 11. 공기관등에 대한 자본적 위탁사업비(403-02)	민간이전지출 근거 (지방보조금 관리기준 참고) 1. 법률에 규정 2. 국고보조 재원(국가지정) 3. 용도 지정 기부금 4. 조례에 직접규정 5. 지자체가 권장하는 사업을 하는 공공기관 6. 시,도 정책 및 재정사정 7. 기타 8. 해당없음	입찰방식 계약체결방법 (경쟁형태) 1. 일반경쟁 2. 제한경쟁 3. 지명경쟁 4. 수의계약 5. 법정위탁 6. 기타 ( ) 7. 없음	입찰방식 계약기간 1. 1년 2. 2년 3. 3년 4. 4년 5. 5년 6. 기타 ( )년 7. 단기계약 (1년미만) 8. 없음	입찰방식 낙찰자선정방법 1. 적격심사 2. 협상에의한계약 3. 최저가낙찰제 4. 규격가격분리 5. 2단계 경쟁입찰 6. 기타 ( ) 7. 없음	운영예산 산정 운영예산 산정 1. 내부산정 (지자체 자체적으로 산정) 2. 외부산정 (외부전문기관위탁 산정) 3. 내·외부 모두 산정 4. 산정 無 5. 없음	운영예산 산정 정산방법 1. 내부정산 (지자체 내부적으로 정산) 2. 외부정산 (외부전문기관위탁 정산) 3. 내·외부 모두 산정 4. 정산 無 5. 없음	성과평가 실시여부 1. 실시 2. 미실시 3. 향후 추진 4. 해당없음
17318	경북 안동시	안동문화지킴이활동책자발간	12,600	1	8	7	8	7	3	1	4
17319	경북 안동시	야간학교교육과정지원사업	12,600	1	7	4	1	7	1	1	1
17320	경북 안동시	어린이백일장및사생대회지원비	12,500	1	5	6	1	1	1	1	1
17321	경북 안동시	여성지도자역량강화교육	12,000	1	4	7	8	7	1	1	1
17322	경북 안동시	상인역량강화프로그램	12,000	1	7	7	8	7	1	1	4
17323	경북 안동시	마뜰목수육성및집수리지원단지원	12,000	1	7	7	8	7	1	1	4
17324	경북 안동시	우수학습동아리지원	12,000	1	7	1	1	1	1	1	1
17325	경북 안동시	안동시평생교육지도자협의회프로그램운영	12,000	1	4	4	1	7	1	1	1
17326	경북 안동시	농업경영인대회지원	11,700	1	4	7	8	7	1	1	4
17327	경북 안동시	문화유산지킴이활동비지원	11,000	1	8	7	8	7	3	1	4
17328	경북 안동시	유기농업자재지원	11,000	1	4	7	8	7	5	1	4
17329	경북 안동시	4H야외교육지원	10,800	1	1	7	8	7	5	5	4
17330	경북 안동시	곤충병원성미생물을이용한친환경해충방제기술시범	10,500	1	6	7	8	7	1	1	1
17331	경북 안동시	동제행사지원(9개소)	10,000	1	8	7	8	7	3	1	4
17332	경북 안동시	외국인근로자소형건설기계면허취득지원사업	10,000	1	8	7	8	7	5	5	4
17333	경북 안동시	탄소중립에너지자립마을마을공동체지원	10,000	1	1	7	8	7	5	5	4
17334	경북 안동시	신흥무관학교일본외무성자료국역집발간사업	10,000	1	6	7	8	7	1	1	1
17335	경북 안동시	임산물소득증대(안동곶감생산지원)	10,000	1	1,4	7	8	7	5	5	4
17336	경북 안동시	임산물소득증대(임산물포장재지원)	10,000	1	1,4	7	8	7	5	5	4
17337	경북 안동시	용상동새뜰마을마을자원찾기프로그램	10,000	1	7	7	8	7	1	1	4
17338	경북 안동시	용상동마을관리사회적협동조합지원	10,000	1	7	7	8	7	1	1	1
17339	경북 안동시	옥동복지회관운영지원비	10,000	1	1	7	8	7	5	5	4
17340	경북 안동시	임동면임동어린이집운영비	10,000	1	1	7	8	7	5	5	4
17341	경북 안동시	임하면노산리교통약자배려차량지원	10,000	1	1	7	8	7	5	5	4
17342	경북 안동시	임하면주민자치위원회운영비지원	10,000	1	1	7	8	7	5	5	4
17343	경북 안동시	미용아카데미운영	10,000	1	4	7	8	7	5	1	2
17344	경북 안동시	안동소주브랜드경쟁력제고	10,000	1	1	7	8	7	5	5	4
17345	경북 안동시	농촌지도자과제활동지원	10,000	1	1	7	8	7	5	5	4
17346	경북 안동시	행복한농촌가정육성프로젝트	10,000	1	4	7	8	7	5	5	4
17347	경북 안동시	지역특화평생교육활성화지원	10,000	1	2,4	4	1	7	1	1	1
17348	경북 안동시	28HAM기동대청소년보호및선도순찰활동	10,000	1	4	7	8	7	1	1	1
17349	경북 안동시	동곶길사랑의아침밥나누기행사	10,000	1	4	7	8	7	1	1	1
17350	경북 안동시	농촌여성지도자교육	9,900	1	4	7	8	7	5	5	4
17351	경북 안동시	자원봉사센터자원봉사자보험료지원	9,502	1	1,4	5	2	1	1	1	1
17352	경북 안동시	맞춤형자원봉사프로그램운영지원	9,390	1	1,4	5	2	1	1	1	1
17353	경북 안동시	세계탈문화예술연맹소식지(웹진)발간	9,000	1	4	7	1	7	1	1	3
17354	경북 안동시	농민회도농공감프로젝트지원	9,000	1	4	7	8	7	1	1	4
17355	경북 안동시	자생난보존활동지원	9,000	1	4	7	8	7	5	5	4
17356	경북 안동시	한책읽기운동본부사업지원	9,000	1	4	7	8	7	5	5	4
17357	경북 안동시	옥동화합한마당지원운영비	8,600	1	1	7	8	7	5	5	4

순번	시군구	지출명 (사업명)	2024년예산 (단위 : 천원 /1년간)	민간이전 분류 (지방자치단체 세출예산 집행기준에 의거) 1. 민간경상사업보조(307-02) 2. 민간단체 법정운영비보조(307-03) 3. 민간행사사업보조(307-04) 4. 민간위탁금(307-05) 5. 사회복지시설 법정운영비보조(307-10) 6. 민간인위탁교육비(307-12) 7. 공기관등에대한경상적위탁사업비(308-13) 8. 민간자본사업보조,자체재원(402-01) 9. 민간자본사업보조,이전재원(402-02) 10. 민간위탁사업비(402-03) 11. 공기관등에 대한 자본적 위탁사업비(403-02)	민간이전지출 근거 (지방보조금 관리기준 참고) 1. 법률에 규정 2. 국고보조 재원(국가지정) 3. 용도 지정 기부금 4. 조례에 직접규정 5. 지자체가 권장하는 사업을 하는 공공기관 6. 시,도 정책 및 재정사정 7. 기타 8. 해당없음	입찰방식 계약체결방법 (경쟁형태) 1. 일반경쟁 2. 제한경쟁 3. 지명경쟁 4. 수의계약 5. 법정위탁 6. 기타 ( ) 7. 없음	입찰방식 계약기간 1. 1년 2. 2년 3. 3년 4. 4년 5. 5년 6. 기타 ( )년 7. 단기계약 (1년미만) 8. 없음	입찰방식 낙찰자선정방법 1. 적격심사 2. 협상에의한계약 3. 최저가낙찰제 4. 규격가격분리 5. 2단계 경쟁입찰 6. 기타 ( ) 7. 없음	운영예산 산정 운영예산 산정 1. 내부산정 (지자체 자체적으로 산정) 2. 외부산정 (외부전문기관위탁 산정) 3. 내·외부 모두 산정 4. 산정 無 5. 없음	운영예산 산정 정산방법 1. 내부정산 (지자체 내부적으로 정산) 2. 외부정산 (외부전문기관위탁 정산) 3. 내·외부 모두 산정 4. 정산 無 5. 없음	성과평가 실시여부 1. 실시 2. 미실시 3. 향후 추진 4. 해당없음
17358	경북 안동시	바르게살기운동회원단합수련대회	8,100	1	1,4	5	8	7	1	1	2
17359	경북 안동시	여성농민회교육비지원	8,100	1	4	7	8	7	1	1	4
17360	경북 안동시	범도민독서생활화추진	8,000	1	1,4	5	8	7	1	1	2
17361	경북 안동시	[도]임산물경쟁력제고사업(임산물택배비)	8,000	1	6	7	8	7	5	5	4
17362	경북 안동시	여성농업인일자리창출전문기능교육	8,000	1	4	7	8	7	5	5	4
17363	경북 안동시	생활체육지도자장기근속수당지원	7,500	1	4	7	8	7	1	1	1
17364	경북 안동시	장애인생활체육지도자교통비지원	7,200	1	4	7	8	7	1	1	1
17365	경북 안동시	전문자원봉사단육성지원사업	7,200	1	1,4	5	2	1	1	1	1
17366	경북 안동시	명륜동주민자치센터프로그램운영비	7,000	1	1	7	8	7	5	5	4
17367	경북 안동시	중구동화합한마당행사지원	7,000	1	1	7	8	7	5	5	4
17368	경북 안동시	정보화농업인온라인마케팅활성화시범	7,000	1	4	7	8	7	5	5	4
17369	경북 안동시	농가경영개선을위한브랜드활성화지원	7,000	1	4	7	8	7	5	5	4
17370	경북 안동시	신품종버채종포조성	7,000	1	6	7	8	7	5	5	4
17371	경북 안동시	길안면천지3리경로당효잔치행사	6,500	1	1	7	8	7	5	5	4
17372	경북 안동시	의료관련감염병감시체계참여병원지원	6,480	1	1	6	1	1	1	1	2
17373	경북 안동시	농민회농민아카데미지원	6,300	1	4	7	8	7	1	1	4
17374	경북 안동시	사회적경제활성화지원사업	6,000	1	6	7	8	7	5	5	4
17375	경북 안동시	송하동주민자치센터프로그램운영비	6,000	1	1	7	8	7	5	5	4
17376	경북 안동시	새마을회사랑의연탄나누기지원	5,400	1	1,4	5	8	7	1	1	2
17377	경북 안동시	새마을지도자홀몸어르신돌보미봉사	5,400	1	1,4	5	8	7	1	1	2
17378	경북 안동시	농촌체험휴양마을보험가입지원사업	5,120	1	1	7	8	7	5	1	4
17379	경북 안동시	충의역사체험장교육프로그램지원	5,000	1	8	7	8	7	3	1	4
17380	경북 안동시	저전동농요교류공연지원	5,000	1	8	7	8	7	3	1	4
17381	경북 안동시	바르게살기운동청년회조직활성화	5,000	1	1,4	5	8	7	1	1	2
17382	경북 안동시	중구동주민자치센터프로그램발표회운영비	5,000	1	1	7	8	7	5	5	4
17383	경북 안동시	중구동함께하는따뜻한한끼행사지원	5,000	1	1	7	8	7	5	5	4
17384	경북 안동시	이미용경기대회참가지원	5,000	1	4	7	8	7	5	1	2
17385	경북 안동시	에이즈퇴치연맹에이즈퇴치사업보조	5,000	1	1	5	1	7	1	1	2
17386	경북 안동시	농산물공동선별비지원	5,000	1	2	7	8	7	5	5	4
17387	경북 안동시	아파트새마을문고프로그램운영	4,950	1	1,4	5	8	7	1	1	2
17388	경북 안동시	여성농민회도대회지원	4,950	1	4	7	8	7	1	1	4
17389	경북 안동시	새마을회주부백일장	4,500	1	1,4	5	8	7	1	1	2
17390	경북 안동시	새마을문고도서구입및운영	4,500	1	1,4	5	8	7	1	1	2
17391	경북 안동시	새마을부녀행복한가정가꾸기	4,050	1	1,4	5	8	7	1	1	2
17392	경북 안동시	새마을회사랑의어르신섬기기사업	4,050	1	1,4	5	8	7	1	1	2
17393	경북 안동시	정보화마을Festa참가	4,050	1	7	7	8	7	1	1	1
17394	경북 안동시	농업경영인자매도시활성화지원	4,050	1	4	7	8	7	1	1	4
17395	경북 안동시	새농민대회지원	4,050	1	4	7	8	7	1	1	4
17396	경북 안동시	한국여성농업인대회지원	4,050	1	4	7	8	7	1	1	4
17397	경북 안동시	전농경북도연맹전진대회지원	4,050	1	4	7	8	7	1	1	4

순번	시군구	지출명 (사업명)	2024년예산 (단위 : 천원 /1년간)	민간이전 분류 (지방자치단체 세출예산 집행기준에 의거) 1. 민간경상사업보조(307-02) 2. 민간단체 법정운영비보조(307-03) 3. 민간행사사업보조(307-04) 4. 민간위탁금(307-05) 5. 사회복지시설 법정운영비보조(307-10) 6. 민간인위탁교육비(307-12) 7. 공기관등에대한경상적위탁사업비(308-13) 8. 민간자본사업보조,자체재원(402-01) 9. 민간자본사업보조,이전재원(402-02) 10. 민간위탁사업비(402-03) 11. 공기관등에 대한 자본적 위탁사업비(403-02)	민간이전지출 근거 (지방보조금 관리기준 참고) 1. 법률에 규정 2. 국고보조 재원(국가지정) 3. 용도 지정 기부금 4. 조례에 직접규정 5. 지자체가 권장하는 사업을 하는 공공기관 6. 시,도 정책 및 재정사정 7. 기타 8. 해당없음	입찰방식 계약체결방법 (경쟁형태) 1. 일반경쟁 2. 제한경쟁 3. 지명경쟁 4. 수의계약 5. 법정위탁 6. 기타 ( ) 7. 없음	입찰방식 계약기간 1. 1년 2. 2년 3. 3년 4. 4년 5. 5년 6. 기타 ( )년 7. 단기계약 (1년미만) 8. 없음	입찰방식 낙찰자선정방법 1. 적격심사 2. 협상에의한계약 3. 최저가낙찰제 4. 규격가격분리 5. 2단계 경쟁입찰 6. 기타 ( ) 7. 없음	운영예산 산정 운영예산 산정 1. 내부산정 (지자체 자체적으로 산정) 2. 외부산정 (외부전문기관위탁 산정) 3. 내·외부 모두 산정 4. 산정 無 5. 없음	운영예산 산정 정산방법 1. 내부정산 (지자체 내부적으로 정산) 2. 외부정산 (외부전문기관위탁 정산) 3. 내·외부 모두 산정 4. 정산 無 5. 없음	성과평가 실시여부 1. 실시 2. 미실시 3. 향후 추진 4. 해당없음
17398	경북 안동시	서구동자율방범대운영비지원	4,000	1	1	7	8	7	5	5	4
17399	경북 안동시	2024년도안동시어린이사회복지급식관리지원센터나트륨저감화사업	4,000	1	6	7	1	7	1	1	1
17400	경북 안동시	주요감염병표본감시의료기관지원	3,960	1	1	6	1	1	1	1	2
17401	경북 안동시	[국]산양삼생산과정확인제도	3,800	1	2	7	8	7	5	5	4
17402	경북 안동시	자연보호포럼및수련대회	3,600	1	1,4	5	8	7	1	1	2
17403	경북 안동시	자연보호전문가양성아카데미	3,600	1	1,4	5	8	7	1	1	2
17404	경북 안동시	[도]산림소득활성화사업	3,500	1	6	7	8	7	5	5	4
17405	경북 안동시	새마을다문화행복공동체프로그램운영	3,150	1	1,4	5	8	7	1	1	2
17406	경북 안동시	도시환경살리기	3,150	1	1,4	5	8	7	1	1	2
17407	경북 안동시	한국유네스코NGO역량강화	3,000	1	4	7	1	7	1	1	3
17408	경북 안동시	하회별신굿탈놀이정기공연지원	3,000	1	8	7	8	7	3	1	4
17409	경북 안동시	노국공주선발대회지원안동놋다리밟기공연	3,000	1	8	7	8	7	3	1	4
17410	경북 안동시	클린안동전통시장나들이사업	3,000	1	1,4	7	8	7	5	5	4
17411	경북 안동시	명륜동한끼지킴이사업운영비	3,000	1	1	7	8	7	5	5	4
17412	경북 안동시	명륜동새마을부녀회김장담그기행사지원운영비	3,000	1	1	7	8	7	5	5	4
17413	경북 안동시	명륜동새마을지도자협의회따뜻한겨울나기행사지원운영비	3,000	1	1	7	8	7	5	5	4
17414	경북 안동시	옥동노인회분회경로화합프로그램운영비	3,000	1	1	7	8	7	5	5	4
17415	경북 안동시	중구동저소득층김장김치지원사업운영비	3,000	1	1	7	8	7	5	5	4
17416	경북 안동시	청년농업인4H회원활동지원	3,000	1	1	7	8	7	5	5	4
17417	경북 안동시	학생4H회원과제활동지원	3,000	1	1	7	8	7	5	5	4
17418	경북 안동시	장애인생활체육지도자장기근속수당지원	2,940	1	4	7	8	7	1	1	1
17419	경북 안동시	시군생활체육지도자자녀수당지원	2,880	1	4	7	8	7	5	5	4
17420	경북 안동시	보리재배단지생산지원	2,800	1	4	7	8	7	5	1	4
17421	경북 안동시	시군참여위원회운영	2,800	1	1	7	8	7	1	1	1
17422	경북 안동시	직공장협의회따뜻한정나누기행사	2,700	1	1,4	5	8	7	1	1	2
17423	경북 안동시	새마을문고알뜰도서교환사업	2,700	1	1,4	5	8	7	1	1	2
17424	경북 안동시	바르게살기다문화사랑나눔행사	2,700	1	1,4	5	8	7	1	1	2
17425	경북 안동시	자연환경살리기	2,400	1	1,4	5	8	7	1	1	2
17426	경북 안동시	푸드뱅크운영비	2,000	1	6	7	7	7	1	1	1
17427	경북 안동시	명륜동노인분회경로당한궁대회지원운영비	2,000	1	1	7	8	7	5	5	4
17428	경북 안동시	중구동저소득층떡국나누기사업운영비	2,000	1	1	7	8	7	5	5	4
17429	경북 안동시	중구동축제행사참가지원운영비	2,000	1	1	7	8	7	5	5	4
17430	경북 안동시	중구동지역사회보장협의체반찬나눔사업운영비	2,000	1	1	7	8	7	5	5	4
17431	경북 안동시	스쿨존안전지도교통봉사단용품지원	2,000	1	7	7	8	7	3	3	1
17432	경북 안동시	생활체육지도자활동보험료지원	1,804	1	2	7	8	7	1	1	1
17433	경북 안동시	사회적기업제품공공기관우선구매지원사업	1,800	1	6	7	8	7	5	5	4
17434	경북 안동시	바르게살기운동건전생활실천교육	1,650	1	1,4	5	8	7	1	1	2
17435	경북 안동시	새마을피서지문고운영	1,350	1	1,4	5	8	7	1	1	2
17436	경북 안동시	시군장애인생활체육지도자자녀수당지원	1,200	1	4	7	8	7	5	5	4
17437	경북 안동시	평화동시민체육대회지원운영비	1,000	1	1	7	8	7	5	5	4

순번	시군구	지출명 (사업명)	2024년예산 (단위 : 천원 /1년간)	민간이전 분류 (지방자치단체 세출예산 집행기준에 의거) 1. 민간경상사업보조(307-02) 2. 민간단체 법정운영비보조(307-03) 3. 민간행사사업보조(307-04) 4. 민간위탁금(307-05) 5. 사회복지시설 법정운영비보조(307-10) 6. 민간인위탁교육비(307-12) 7. 공기관등에대한경상적위탁사업비(308-13) 8. 민간자본사업보조,자체재원(402-01) 9. 민간자본사업보조,이전재원(402-02) 10. 민간위탁사업비(402-03) 11. 공기관등에 대한 자본적 위탁사업비(403-02)	민간이전지출 근거 (지방보조금 관리기준 참고) 1. 법률에 규정 2. 국고보조 재원(국가지정) 3. 용도 지정 기부금 4. 조례에 직접규정 5. 지자체가 권장하는 사업을 하는 공공기관 6. 시,도 정책 및 재정사정 7. 기타 8. 해당없음	입찰방식			운영예산 산정		성과평가 실시여부
						계약체결방법 (경쟁형태) 1. 일반경쟁 2. 제한경쟁 3. 지명경쟁 4. 수의계약 5. 법정위탁 6. 기타 ( ) 7. 없음	계약기간 1. 1년 2. 2년 3. 3년 4. 4년 5. 5년 6. 기타 ( )년 7. 단기계약 (1년미만) 8. 없음	낙찰자선정방법 1. 적격심사 2. 협상에의한계약 3. 최저가낙찰제 4. 규격가격분리 5. 2단계 경쟁입찰 6. 기타 ( ) 7. 없음	운영예산 산정 1. 내부산정 (지자체 자체적으로 산정) 2. 외부산정 (외부전문기관위탁 산정) 3. 내·외부 모두 산정 4. 산정 無 5. 없음	정산방법 1. 내부정산 (지자체 내부적으로 정산) 2. 외부정산 (외부전문기관위탁 정산) 3. 내·외부 모두 산정 4. 정산 無 5. 없음	1. 실시 2. 미실시 3. 향후 추진 4. 해당없음
17438	경북 안동시	평화동차전장군노국공주축제지원운영비	1,000	1	1	7	8	7	5	5	4
17439	경북 안동시	평화동부녀회김장담기행사지원운영비	1,000	1	1	7	8	7	5	5	4
17440	경북 안동시	중구동저소득층연탄나눔사업운영비	1,000	1	1	7	8	7	5	5	4
17441	경북 안동시	중구동새해맞이타종행사지원운영비	1,000	1	1	7	8	7	5	5	4
17442	경북 안동시	장애인생활체육지도자활동보험료지원	972	1	2	7	8	7	1	1	1
17443	경북 안동시	도산서원선비문화체험연수	4,375,000	1	4	5	1	7	1	1	1
17444	경북 안동시	[기]통합문화체육관광이용권/통합문화이용권사업	1,503,710	1	2	7	8	7	5	1	4
17445	경북 안동시	명륜교실운영	120,000	1	4	7	8	7	1	1	1
17446	경북 안동시	이육사사전편찬	90,000	1	4	7	8	7	1	1	1
17447	경북 안동시	전통직조기능인력양성사업	82,000	1	6	7	7	7	1	1	2
17448	경북 안동시	도산별과재현	66,000	1	4	7	1	7	1	1	1
17449	경북 안동시	영남예술아카데미운영지원	62,100	1	4	7	8	7	1	1	1
17450	경북 안동시	이육사다큐멘터리제작	60,000	1	4	7	8	7	1	1	1
17451	경북 안동시	전통섬유직조활성화사업	50,000	1	6	7	7	7	1	1	2
17452	경북 안동시	퇴계선생삶과정신강좌운영	47,340	1	4	5	1	7	1	1	1
17453	경북 안동시	전국생활음악예술경연축제	45,000	1	4	7	8	7	1	1	1
17454	경북 안동시	경북북부권문화정보센터운영	45,000	1	4	7	8	7	1	1	1
17455	경북 안동시	크리스마스문화축제	45,000	1	4	7	8	7	1	1	1
17456	경북 안동시	안동전국아트페스티벌	43,200	1	4	7	8	7	1	1	1
17457	경북 안동시	[국]학교예술강사지원/국악분야예술강사지원	42,594	1	2	7	8	7	5	1	4
17458	경북 안동시	마을지발간	40,000	1	4	7	1	7	1	1	1
17459	경북 안동시	국제유교문화서예대전	40,000	1	4	7	8	7	1	1	1
17460	경북 안동시	전통길쌈전국사진촬영대회	39,000	1	4	7	8	7	1	1	1
17461	경북 안동시	소천권태호음악관나리어머니합창단지원	38,250	1	4	7	8	7	1	1	1
17462	경북 안동시	퇴계선생선비정신함양사업	36,600	1	4	7	8	7	1	1	1
17463	경북 안동시	옻민화와천연염색전문인력육성	36,000	1	4	7	8	7	1	1	1
17464	경북 안동시	생활도자기학교운영	36,000	1	4	7	8	7	1	1	1
17465	경북 안동시	지방문화원활동사업지원	36,000	1	4	7	1	7	1	1	1
17466	경북 안동시	경북유림신년교례회지원	36,000	1	4	7	8	7	1	1	1
17467	경북 안동시	소천권태호음악관나리음악단지원	34,650	1	4	7	8	7	1	1	1
17468	경북 안동시	[도]향토지역문화발간지원	34,000	1	4	7	8	7	1	1	1
17469	경북 안동시	2024공예놀이한마당	33,300	1	4	7	8	7	1	1	1
17470	경북 안동시	근대역사기념활동및연구사업	31,500	1	4	7	8	7	1	1	1
17471	경북 안동시	안동포디자인스쿨운영	30,000	1	6	7	7	7	1	1	2
17472	경북 안동시	이육사문화예술학교	27,000	1	4	7	8	7	1	1	1
17473	경북 안동시	해외이육사문학제개최	27,000	1	4	7	8	7	1	1	1
17474	경북 안동시	거경대학교운영	25,000	1	4	7	8	7	1	1	1
17475	경북 안동시	초파일봉축탑설치	22,500	1	4	5	1	7	1	1	1
17476	경북 안동시	전통문화아카데미	22,000	1	4	7	1	7	1	1	1
17477	경북 안동시	안동예술단체활동보조	21,600	1	1	7	8	7	1	1	1

순번	시군구	지출명 (사업명)	2024년예산 (단위 : 천원 /1년간)	민간이전 분류 (지방자치단체 세출예산 집행기준에 의거) 1. 민간경상사업보조(307-02) 2. 민간단체 법정운영비보조(307-03) 3. 민간행사사업보조(307-04) 4. 민간위탁금(307-05) 5. 사회복지시설 법정운영비보조(307-10) 6. 민간인위탁교육비(307-12) 7. 공기관등에대한경상적위탁사업비(308-13) 8. 민간자본사업보조,자체재원(402-01) 9. 민간자본사업보조,이전재원(402-02) 10. 민간위탁사업비(402-03) 11. 공기관등에 대한 자본적 위탁사업비(403-02)	민간이전지출 근거 (지방보조금 관리기준 참고) 1. 법률에 규정 2. 국고보조 재원(국가지정) 3. 용도 지정 기부금 4. 조례에 직접규정 5. 지자체가 권장하는 사업을 하는 공공기관 6. 시,도 정책 및 재정사정 7. 기타 8. 해당없음	입찰방식 계약체결방법 (경쟁형태) 1. 일반경쟁 2. 제한경쟁 3. 지명경쟁 4. 수의계약 5. 법정위탁 6. 기타 ( ) 7. 없음	입찰방식 계약기간 1. 1년 2. 2년 3. 3년 4. 4년 5. 5년 6. 기타 ( )년 7. 단기계약 (1년미만) 8. 없음	입찰방식 낙찰자선정방법 1. 적격심사 2. 협상에의한계약 3. 최저가낙찰제 4. 규격가격분리 5. 2단계 경쟁입찰 6. 기타 ( ) 7. 없음	운영예산 산정 운영예산 산정 1. 내부산정 (지자체 자체적으로 산정) 2. 외부산정 (외부전문기관위탁 산정) 3. 내·외부 모두 산정 4. 산정 無 5. 없음	운영예산 산정 정산방법 1. 내부정산 (지자체 내부적으로 정산) 2. 외부정산 (외부전문기관위탁 정산) 3. 내·외부 모두 산정 4. 정산 無 5. 없음	성과평가 실시여부 1. 실시 2. 미실시 3. 향후 추진 4. 해당없음
17478	경북 안동시	유교문화인성교육사업	19,200	1	4	7	1	7	1	1	1
17479	경북 안동시	[도]아로마테라피,DIY교실운영	17,000	1	4	7	8	7	1	1	1
17480	경북 안동시	안동미술협회전	16,200	1	4	7	8	7	1	1	1
17481	경북 안동시	안동교회지역문화사랑방운영	16,200	1	4	7	8	7	1	1	1
17482	경북 안동시	[도]전통공예민속놀이한마당	16,000	1	4	7	8	7	1	1	1
17483	경북 안동시	경북선비아카데미지원(전문)	16,000	1	4	7	8	7	1	1	1
17484	경북 안동시	[도]야생화문인화교실운영	15,300	1	4	7	8	7	1	1	1
17485	경북 안동시	제21회이육사문학축전	14,400	1	4	7	8	7	1	1	1
17486	경북 안동시	안동사투리경연대회	13,500	1	4	7	1	7	1	1	1
17487	경북 안동시	안동문화예술포럼개최지원	13,500	1	4	7	8	7	1	1	1
17488	경북 안동시	종가전통음식전승교육	13,500	1	4	7	8	7	1	1	1
17489	경북 안동시	누대정순회강좌	13,500	1	4	7	8	7	1	1	1
17490	경북 안동시	전통농악육성	11,000	1	4	7	1	7	1	1	1
17491	경북 안동시	전국내방가사경창대회	10,800	1	4	7	1	7	1	1	1
17492	경북 안동시	해동사지역문화사랑방운영	10,800	1	4	7	8	7	1	1	1
17493	경북 안동시	청소년한지공예프로그램운영	10,000	1	4	7	8	7	1	1	1
17494	경북 안동시	영가시집발간	10,000	1	4	7	8	7	1	1	1
17495	경북 안동시	제45회육사백일장	9,900	1	4	7	8	7	1	1	1
17496	경북 안동시	안동작가나들이전(온고지신전)	9,720	1	4	7	8	7	1	1	1
17497	경북 안동시	경북선비아카데미지원(교양)	9,100	1	4	7	1	7	1	1	1
17498	경북 안동시	취타대육성	9,000	1	4	7	1	7	1	1	1
17499	경북 안동시	한시교육운영영가시집발간	9,000	1	4	7	1	7	1	1	1
17500	경북 안동시	퇴계학자료총서연구편편찬발간	9,000	1	4	7	8	7	1	1	1
17501	경북 안동시	유교경전시민강좌	9,000	1	4	7	8	7	1	1	1
17502	경북 안동시	전통의례채록및보존관리	9,000	1	4	7	8	7	1	1	1
17503	경북 안동시	법룡사지역문화사랑방운영	9,000	1	4	7	8	7	1	1	1
17504	경북 안동시	대원사지역문화사랑방운영	9,000	1	4	7	8	7	1	1	1
17505	경북 안동시	이원영정신문화학술포럼	9,000	1	4	7	8	7	1	1	1
17506	경북 안동시	문화의거리활성화사업	8,100	1	4	7	8	7	1	1	1
17507	경북 안동시	예술안동지발간	8,100	1	4	7	8	7	1	1	1
17508	경북 안동시	성균관유도회인성교육및지원	8,100	1	4	7	8	7	1	1	1
17509	경북 안동시	유교문화전승및윤리도덕선양교육	8,100	1	4	7	8	7	1	1	1
17510	경북 안동시	안동의효열발간	8,100	1	4	7	8	7	1	1	1
17511	경북 안동시	문화원문화학교운영	7,600	1	4	7	8	7	1	1	1
17512	경북 안동시	기로연행사	7,450	1	4	7	1	7	1	1	1
17513	경북 안동시	처사의삶학술행사	7,200	1	4	7	8	7	1	1	1
17514	경북 안동시	공예체험프로그램운영	6,480	1	4	7	8	7	1	1	1
17515	경북 안동시	먹의세계전국특강	6,300	1	4	7	8	7	1	1	1
17516	경북 안동시	시민아카데미	6,300	1	4	7	8	7	1	1	1
17517	경북 안동시	한국음양지리학회정신문화보전교육	4,860	1	4	7	8	7	1	1	1

순번	시군구	지출명 (사업명)	2024년예산 (단위 : 천원 /1년간)	민간이전 분류 (지방자치단체 세출예산 집행기준에 의거) 1. 민간경상사업보조(307-02) 2. 민간단체 법정운영비보조(307-03) 3. 민간행사사업보조(307-04) 4. 민간위탁금(307-05) 5. 사회복지시설 법정운영비보조(307-10) 6. 민간인위탁교육비(307-12) 7. 공기관등에대한경상적위탁사업비(308-13) 8. 민간자본사업보조,자체재원(402-01) 9. 민간자본사업보조,이전재원(402-02) 10. 민간위탁사업비(402-03) 11. 공기관등에 대한 자본적 위탁사업비(403-02)	민간이전지출 근거 (지방보조금 관리기준 참고) 1. 법률에 규정 2. 국고보조 재원(국가지정) 3. 용도 지정 기부금 4. 조례에 직접규정 5. 지자체가 권장하는 사업을 하는 공공기관 6. 시,도 정책 및 재정사정 7. 기타 8. 해당없음	입찰방식 계약체결방법 (경쟁형태) 1. 일반경쟁 2. 제한경쟁 3. 지명경쟁 4. 수의계약 5. 법정위탁 6. 기타 ( ) 7. 없음	입찰방식 계약기간 1. 1년 2. 2년 3. 3년 4. 4년 5. 5년 6. 기타 ( )년 7. 단기계약 (1년미만) 8. 없음	입찰방식 낙찰자선정방법 1. 적격심사 2. 협상에의한계약 3. 최저가낙찰제 4. 규격가격분리 5. 2단계 경쟁입찰 6. 기타 ( ) 7. 없음	운영예산 산정 운영예산 산정 1. 내부산정 (지자체 자체적으로 산정) 2. 외부산정 (외부전문기관위탁 산정) 3. 내·외부 모두 산정 4. 산정 無 5. 없음	운영예산 산정 정산방법 1. 내부정산 (지자체 내부적으로 정산) 2. 외부정산 (외부전문기관위탁 정산) 3. 내·외부 모두 산정 4. 정산 無 5. 없음	성과평가 실시여부 1. 실시 2. 미실시 3. 향후 추진 4. 해당없음
17518	경북 안동시	충효교실운영	4,800	1	4	7	1	7	1	1	1
17519	경북 안동시	전통의례시연운영	4,680	1	4	7	8	7	1	1	1
17520	경북 안동시	어르신문화프로그램	4,500	1	4	7	1	7	1	1	1
17521	경북 안동시	향토대중화사업	4,500	1	4	7	1	7	1	1	1
17522	경북 안동시	제32회학생미술실기대회	4,500	1	4	7	8	7	1	1	1
17523	경북 안동시	안동문학제47집발간	4,050	1	4	7	8	7	1	1	1
17524	경북 안동시	제37회전국사진공모전	3,600	1	4	7	8	7	1	1	1
17525	경북 안동시	춘계추계석전대제행사	3,200	1	4	7	8	7	1	1	1
17526	경북 안동시	유림지도자업무연찬	2,000	1	4	7	8	7	1	1	1
17527	경북 안동시	주민자치센터별프로그램운영지원	144,000	1	4	5	1	7	1	1	1
17528	경북 안동시	안동형주민자치모델구축시범사업	55,000	1	4	5	1	7	1	1	1
17529	경북 안동시	범죄피해자센터지원	34,500	1	4	5	1	7	1	1	1
17530	경북 안동시	민주평통통일문화사업추진	33,300	1	4	5	1	7	1	1	1
17531	경북 안동시	주민자치박람회개최지원	30,000	1	4	5	1	7	1	1	1
17532	경북 안동시	북한이탈주민정착지원사업	27,000	1	4	5	1	7	1	1	1
17533	경북 안동시	행복주민자치만들기실무과정	20,000	1	4	7	8	7	5	5	4
17534	경북 안동시	주민자치학교운영	16,200	1	4	5	1	7	1	1	1
17535	경북 안동시	자유총연맹이념사업행사	9,000	1	1	5	1	7	1	1	1
17536	경북 안동시	이북도민안동시연합회안보사업	4,000	1	4	7	8	7	5	5	4
17537	경북 구미시	농촌신활력플러스사업(Hn/W,S/W)	2,384,000	1	2	7	8	7	5	5	4
17538	경북 구미시	전문체육육성지원	1,775,960	1	4	7	1	7	1	1	4
17539	경북 구미시	소아응급환자진료체계구축	1,400,000	1	1	2	5	1	1	1	3
17540	경북 구미시	로봇직업혁신센터구축	1,300,000	1	2	7	8	7	5	2	3
17541	경북 구미시	통합문화이용권	1,140,293	1	2	7	1	7	5	2	4
17542	경북 구미시	스포츠강좌이용권사업	1,028,400	1	2	7	1	7	1	1	4
17543	경북 구미시	(예비)사회적기업일자리창출사업	866,667	1	2	7	8	7	5	1	4
17544	경북 구미시	중소기업정규직프로젝트	840,000	1	6	7	8	7	5	5	4
17545	경북 구미시	제65회한국민속예술제	800,000	1	2	7	8	7	5	5	4
17546	경북 구미시	신생아집중치료센터운영	688,100	1	1	2	5	1	1	1	3
17547	경북 구미시	지역산업인재양성및혁신기술개발지원사업	666,650	1	6	7	8	7	5	5	4
17548	경북 구미시	상생형구미일자리투자기업입지보조금	640,000	1	4	7	8	7	1	4	4
17549	경북 구미시	청년농업인영농정착지원	627,202	1	2	7	8	7	5	1	4
17550	경북 구미시	지역산업연계형대학특성화학과혁신지원사업	500,000	1	6	7	8	7	5	1	4
17551	경북 구미시	글로벌로봇생산거점구축지원사업	500,000	1	5	7	8	7	1	1	3
17552	경북 구미시	주민자치활성화사업	500,000	1	4	7	8	7	1	1	1
17553	경북 구미시	체육회및가맹경기단체활성화지원	444,000	1	4	7	1	7	1	1	4
17554	경북 구미시	다회용기재사용촉진지원	308,000	1	2	7	8	7	5	5	4
17555	경북 구미시	프리미엄영호진미생산단지육성시범	300,000	1	6	7	8	7	5	5	4
17556	경북 구미시	경북산업디지털전환협업지원센터구축지원	290,000	1	1	5	1	6	2	2	3
17557	경북 구미시	생활체육지도자배치	281,637	1	2	7	1	7	1	1	4

순번	시군구	지출명 (사업명)	2024년예산 (단위 : 천원 /1년간)	민간이전 분류 (지방자치단체 세출예산 집행기준에 의거) 1. 민간경상사업보조(307-02) 2. 민간단체 법정운영비보조(307-03) 3. 민간행사사업보조(307-04) 4. 민간위탁금(307-05) 5. 사회복지시설 법정운영비보조(307-10) 6. 민간인위탁교육비(307-12) 7. 공기관등에대한경상적위탁사업비(308-13) 8. 민간자본사업보조,자체재원(402-01) 9. 민간자본사업보조,이전재원(402-02) 10. 민간위탁사업비(402-03) 11. 공기관등에 대한 자본적 위탁사업비(403-02)	민간이전지출 근거 (지방보조금 관리기준 참고) 1. 법률에 규정 2. 국고보조 재원(국가지정) 3. 용도 지정 기부금 4. 조례에 직접규정 5. 지자체가 권장하는 사업을 하는 공공기관 6. 시,도 정책 및 재정사정 7. 기타 8. 해당없음	입찰방식 계약체결방법 (경쟁형태) 1. 일반경쟁 2. 제한경쟁 3. 지명경쟁 4. 수의계약 5. 법정위탁 6. 기타 ( ) 7. 없음	입찰방식 계약기간 1. 1년 2. 2년 3. 3년 4. 4년 5. 5년 6. 기타 ( )년 7. 단기계약 (1년미만) 8. 없음	입찰방식 낙찰자선정방법 1. 적격심사 2. 협상에의한계약 3. 최저가낙찰제 4. 규격가격분리 5. 2단계 경쟁입찰 6. 기타 ( ) 7. 없음	운영예산 산정 운영예산 산정 1. 내부산정 (지자체 자체적으로 산정) 2. 외부산정 (외부전문기관위탁 산정) 3. 내·외부 모두 산정 4. 산정 無 5. 없음	운영예산 산정 정산방법 1. 내부정산 (지자체 내부적으로 정산) 2. 외부정산 (외부전문기관위탁 정산) 3. 내·외부 모두 산정 4. 정산 無 5. 없음	성과평가 실시여부 1. 실시 2. 미실시 3. 향후 추진 4. 해당없음
17558	경북 구미시	뿌리산업특화단지지원사업	220,000	1	1,2	7	8	7	3	2	3
17559	경북 구미시	생활체육지도자(노인전담)배치	219,051	1	2	7	1	7	1	1	4
17560	경북 구미시	도시숲정원관리인운영	210,560	1	2	7	8	7	5	5	4
17561	경북 구미시	국민체력1구미체력인증센터운영	203,640	1	2	7	1	7	1	1	4
17562	경북 구미시	고등직업교육거점지구사업	200,000	1	2	7	8	7	5	5	4
17563	경북 구미시	GrandICT연구센터지원사업	200,000	1	2	7	8	7	5	1	4
17564	경북 구미시	여성농업인행복바우처지원	192,000	1	1	7	8	7	5	1	4
17565	경북 구미시	장애인스포츠강좌이용권지원	191,400	1	2	7	1	7	1	1	4
17566	경북 구미시	학교체육(초,중,고)육성지원	190,000	1	4	7	1	7	1	1	4
17567	경북 구미시	농작물재해보험	178,977	1	6	7	1	7	5	1	4
17568	경북 구미시	장애인생활체육지도자배치	156,465	1	2	7	1	7	1	1	4
17569	경북 구미시	비취약지역응급의료기관운영지원	153,600	1	2	7	8	7	5	5	4
17570	경북 구미시	대학일자리플러스센터(금오공대)	150,000	1	2	7	1	7	1	3	4
17571	경북 구미시	제조업경쟁력강화핵심인재지원사업	150,000	1	4	7	8	7	5	5	4
17572	경북 구미시	지역산업연계형대학특성화학과(반도체)혁신지원사업	150,000	1	6	7	8	7	5	1	4
17573	경북 구미시	제과업체협업우리밀사용활성화시범	135,000	1	6	7	8	7	5	5	4
17574	경북 구미시	사회적농업활성화지원(현농촌돌봄서비스)	121,000	1	6	7	8	7	5	5	4
17575	경북 구미시	치매환자지원프로그램운영	114,000	1	2	7	1	7	5	1	1
17576	경북 구미시	농산물유통구조개선지원	113,670	1	6	7	8	7	5	5	4
17577	경북 구미시	영농부산물안전처리지원	105,000	1	2	7	8	7	5	5	4
17578	경북 구미시	모범근로자국제노사문화교류참가	100,000	1	4	1	1	1	1	1	3
17579	경북 구미시	산학연협력선도(전문)대학(LINC3.)육성사업	100,000	1	2	7	8	7	5	1	4
17580	경북 구미시	산학연협력선도(전문)대학(LINC3.)육성사업	100,000	1	2	7	8	7	5	1	4
17581	경북 구미시	SW중심대학지원사업	100,000	1	2	7	8	7	5	1	4
17582	경북 구미시	산학연협력선도(전문)대학(LINC3.)육성사업	100,000	1	2	7	8	7	5	1	4
17583	경북 구미시	조기취업형계약학과선도대학원	100,000	1	2	7	8	7	5	1	4
17584	경북 구미시	새마을운동해외전문인력양성사업	100,000	1	2	7	8	7	5	1	4
17585	경북 구미시	금오시장일원도시재생주민제안공모사업	100,000	1	4	7	8	7	5	5	4
17586	경북 구미시	여객자동차터미널지원사업	100,000	1	7	1	7	6	1	1	2
17587	경북 구미시	3대문화권특화관광프로그램운영지원사업	83,000	1	1	4	7	7	1	1	4
17588	경북 구미시	탄소분야중점연구소지원사업	80,000	1	6	7	8	7	5	5	4
17589	경북 구미시	농업인안전재해보험	72,333	1	2	7	8	7	5	2	3
17590	경북 구미시	종갓집슬로우푸드체험여행1박2일	70,000	1	6	7	1	7	5	1	4
17591	경북 구미시	소상공인연계경북육성신품종콩직거래시범	70,000	1	2	7	8	6	1	1	4
17592	경북 구미시	농기계종합보험	66,667	1	6	7	8	7	5	5	4
17593	경북 구미시	벤처기업집적시설입주기업지원	65,000	1	6	7	8	7	5	5	4
17594	경북 구미시	경북소셜비즈니스청년일자리	60,790	1	1	7	8	7	1	1	1
17595	경북 구미시	예갤러리초대전	60,300	1	2	7	8	7	5	1	4
17596	경북 구미시	동락서원나들이	60,000	1	4	7	7	6	1	1	1
17597	경북 구미시	주민제안공모사업	59,790	1	2	7	8	6	1	1	4

순번	시군구	지출명 (사업명)	2024년예산 (단위 : 천원 /1년간)	민간이전 분류 (지방자치단체 세출예산 집행기준에 의거)	민간이전지출 근거 (지방보조금 관리기준 참고)	입찰방식			운영예산 산정		성과평가 실시여부
				1. 민간경상사업보조(307-02) 2. 민간단체 법정운영비보조(307-03) 3. 민간행사사업보조(307-04) 4. 민간위탁금(307-05) 5. 사회복지시설 법정운영비보조(307-10) 6. 민간인위탁교육비(307-12) 7. 공기관등에대한경상적위탁사업비(308-13) 8. 민간자본사업보조,자체재원(402-01) 9. 민간자본사업보조,이전재원(402-02) 10. 민간위탁사업비(402-03) 11. 공기관등에 대한 자본적 위탁사업비(403-02)	1. 법률에 규정 2. 국고보조 재원(국가지정) 3. 용도 지정 기부금 4. 조례에 직접규정 5. 지자체가 권장하는 사업을 하는 공공기관 6. 시,도 정책 및 재정사정 7. 기타 8. 해당없음	계약체결방법 (경쟁형태) 1. 일반경쟁 2. 제한경쟁 3. 지명경쟁 4. 수의계약 5. 법정위탁 6. 기타 ( ) 7. 없음	계약기간 1. 1년 2. 2년 3. 3년 4. 4년 5. 5년 6. 기타 ( )년 7. 단기계약 (1년미만) 8. 없음	낙찰자선정방법 1. 적격심사 2. 협상에의한계약 3. 최저가낙찰제 4. 규격가격분리 5. 2단계 경쟁입찰 6. 기타 ( ) 7. 없음	운영예산 산정 1. 내부산정 (지자체 자체적으로 산정) 2. 외부산정 (외부전문기관위탁 산정) 3. 내·외부 모두 산정 4. 산정 無 5. 없음	정산방법 1. 내부정산 (지자체 내부적으로 정산) 2. 외부정산 (외부전문기관위탁 정산) 3. 내·외부 모두 산정 4. 정산 無 5. 없음	1. 실시 2. 미실시 3. 향후 추진 4. 해당없음
17598	경북 구미시	생활체육교실운영	58,000	1	4	7	1	7	1	1	4
17599	경북 구미시	청소년선도보호및범죄예방활동	57,600	1	1	2	1	1	3	3	1
17600	경북 구미시	정보화마을프로그램관리자육성	50,125	1	1,2	7	8	7	1	1	4
17601	경북 구미시	대학일자리플러스센터(구미대)	50,000	1	2	7	1	7	1	1	4
17602	경북 구미시	대학일자리플러스센터(경운대)	50,000	1	2	7	1	7	1	1	4
17603	경북 구미시	경북서부지식재산센터지원	50,000	1	1	7	8	7	1	1	1
17604	경북 구미시	노사갈등예방및해결을위한현장실무리더양성	50,000	1	4	1	1	1	1	1	3
17605	경북 구미시	이공분야대학중점연구소지원사업(민군ICT분야)	50,000	1	2	7	8	7	5	1	4
17606	경북 구미시	조선성리학인동향교를품다	50,000	1	2	7	8	7	5	5	4
17607	경북 구미시	마을기업육성사업	50,000	1	2	7	8	7	5	1	4
17608	경북 구미시	천원의아침밥지원	49,200	1	6	7	8	7	5	5	4
17609	경북 구미시	꿈이음청춘카페지원사업	46,000	1	6	7	8	7	5	5	4
17610	경북 구미시	자문위원통일역량강화현장견학	45,000	1	4	7	8	7	1	1	1
17611	경북 구미시	구미향토사료집발간	40,000	1	7	7	7	7	1	1	4
17612	경북 구미시	시민화합성탄트리설치	40,000	1	7	7	7	7	1	1	4
17613	경북 구미시	천년향의문을열다	40,000	1	2	7	8	6	1	1	4
17614	경북 구미시	이제구미는문화유산공단	40,000	1	2	7	8	6	1	1	4
17615	경북 구미시	치유농장육성지원	40,000	1	6	7	8	7	5	5	4
17616	경북 구미시	의료기관결핵환자관리지원	37,684	1	2	7	1	7	5	3	4
17617	경북 구미시	의료기관결핵환자관리지원	37,684	1	2	7	1	7	5	3	4
17618	경북 구미시	장택상유물전시회등개최	35,000	1	7	7	8	7	5	5	4
17619	경북 구미시	전통식품브랜드경쟁력제고지원	35,000	1	4	7	8	7	5	5	4
17620	경북 구미시	의료기관스프링클러설치지원	34,800	1	1	7	8	7	5	1	4
17621	경북 구미시	여성역량강화및양성평등문화활성화사업	33,000	1	4	7	8	7	1	1	1
17622	경북 구미시	터미널,정류장관리비	32,000	1	1	4	7	7	1	1	4
17623	경북 구미시	인구신활력디딤돌지원사업	30,000	1	4	7	8	7	5	5	4
17624	경북 구미시	창의융합형공학인재양성지원사업	30,000	1	2	7	8	7	5	1	4
17625	경북 구미시	구미의옛이야기만화책발간	30,000	1	7	7	7	7	1	1	4
17626	경북 구미시	구미발갱이들소리보존사업	30,000	1	7	7	8	7	1	1	4
17627	경북 구미시	행복한보금자리만들기사업	30,000	1	6	4	1	7	1	1	4
17628	경북 구미시	사회복지학술도입및국제사회복지단체교류	30,000	1	4	7	8	7	1	1	1
17629	경북 구미시	청년농부육성지원	30,000	1	6	7	8	7	5	5	4
17630	경북 구미시	어린이집친환경쌀현물지원	30,000	1	4	7	8	7	5	5	4
17631	경북 구미시	대표농산물씨감자자체생산공급차액지원	30,000	1	1	4	1	7	1	1	1
17632	경북 구미시	식량작물공동경영체육성컨설팅지원	27,000	1	2	7	8	7	5	1	4
17633	경북 구미시	유아숲프로그램지원	26,690	1	7	6	1	7	5	1	4
17634	경북 구미시	국산밀생산단지컨설팅지원	26,280	1	2	7	8	7	5	1	4
17635	경북 구미시	소상공인정책지원현장전문가운영	25,000	1	1	7	1	7	1	1	3
17636	경북 구미시	읍면동새마을부녀회활성화추진	25,000	1	4	4	1	7	1	1	1
17637	경북 구미시	첨단산업생태계구축및역량강화지원사업	24,000	1	4	7	8	7	5	5	4

순번	시군구	지출명 (사업명)	2024년예산 (단위 : 천원 /1년간)	민간이전 분류 (지방자치단체 세출예산 집행기준에 의거) 1. 민간경상사업보조(307-02) 2. 민간단체 법정운영비보조(307-03) 3. 민간행사사업보조(307-04) 4. 민간위탁금(307-05) 5. 사회복지시설 법정운영비보조(307-10) 6. 민간인위탁교육비(307-12) 7. 공기관등에대한경상적위탁사업비(308-13) 8. 민간자본사업보조,자체재원(402-01) 9. 민간자본사업보조,이전재원(402-02) 10. 민간위탁사업비(402-03) 11. 공기관등에 대한 자본적 위탁사업비(403-02)	민간이전지출 근거 (지방보조금 관리기준 참고) 1. 법률에 규정 2. 국고보조 재원(국가지정) 3. 용도 지정 기부금 4. 조례에 직접규정 5. 지자체가 권장하는 사업을 하는 공공기관 6. 시,도 정책 및 재정사정 7. 기타 8. 해당없음	입찰방식 계약체결방법 (경쟁형태) 1. 일반경쟁 2. 제한경쟁 3. 지명경쟁 4. 수의계약 5. 법정위탁 6. 기타 ( ) 7. 없음	입찰방식 계약기간 1. 1년 2. 2년 3. 3년 4. 4년 5. 5년 6. 기타 ( )년 7. 단기계약 (1년미만) 8. 없음	입찰방식 낙찰자선정방법 1. 적격심사 2. 협상에의한계약 3. 최저가낙찰제 4. 규격가격분리 5. 2단계 경쟁입찰 6. 기타 ( ) 7. 없음	운영예산 산정 운영예산 산정 1. 내부산정 (지자체 자체적으로 산정) 2. 외부산정 (외부전문기관위탁 산정) 3. 내·외부 모두 산정 4. 산정 無 5. 없음	운영예산 산정 정산방법 1. 내부정산 (지자체 내부적으로 정산) 2. 외부정산 (외부전문기관위탁 정산) 3. 내·외부 모두 산정 4. 정산 無 5. 없음	성과평가 실시여부 1. 실시 2. 미실시 3. 향후 추진 4. 해당없음
17638	경북 구미시	취약계층밑반찬지원사업	24,000	1	4	7	8	7	1	1	1
17639	경북 구미시	구미가정의례지도원양성및심화교육	23,000	1	7	7	8	7	1	1	4
17640	경북 구미시	읍면동새마을지도자협의회활성화추진	22,500	1	4	4	1	7	1	1	1
17641	경북 구미시	조기취업형계약학과선도전문대학	22,000	1	2	7	8	7	5	1	4
17642	경북 구미시	학교급식지원센터지원	21,000	1	4	7	8	7	5	5	4
17643	경북 구미시	선비아카데미지원	20,600	1	7	7	7	7	1	1	4
17644	경북 구미시	국제문화교류	20,000	1	7	7	7	7	1	1	4
17645	경북 구미시	북한이탈주민에대한인식개선사업	20,000	1	4	7	8	7	1	1	1
17646	경북 구미시	사랑의김장나누기사업	20,000	1	4	4	1	7	1	1	1
17647	경북 구미시	새마을환경살리기	20,000	1	6	4	1	7	1	1	4
17648	경북 구미시	바르게살기운동읍면동위원회지원사업	20,000	1	4	5	7	7	1	1	1
17649	경북 구미시	베트남전적지순례	20,000	1	1,4	7	8	7	1	1	1
17650	경북 구미시	국내외안보문화체험	20,000	1	1,4	7	8	7	1	1	1
17651	경북 구미시	탄소중립지원센터운영	20,000	1	2	7	8	7	5	5	4
17652	경북 구미시	지역사회교통질서계도및교통안전지도	20,000	1	4	1	1	1	5	1	1
17653	경북 구미시	농식품국외판촉지원	20,000	1	6	7	8	7	5	5	4
17654	경북 구미시	스마트팜취업지원사업	20,000	1	4	7	8	7	5	5	4
17655	경북 구미시	성인문해교육프로그램지원사업	20,000	1	4	1	7	1	1	1	3
17656	경북 구미시	생활체육지도자교통비지원(노인지도자포함)	19,200	1	4	7	1	7	1	1	4
17657	경북 구미시	읍면동분회및어머니포순이봉사단활동사업	18,100	1	1	7	8	7	1	1	1
17658	경북 구미시	호국용사및보훈단체,유족전적지순례	18,000	1	1,4	7	8	7	1	1	1
17659	경북 구미시	농촌체험휴양마을사무장채용지원	17,313	1	1	7	8	7	5	1	4
17660	경북 구미시	샤인머스켓고품질장기저장기술시범	16,000	1	1	7	8	7	5	5	4
17661	경북 구미시	6차산업활성화지원	15,800	1	6	7	8	7	5	5	4
17662	경북 구미시	제조업체네트워크및교류활성화지원사업	15,000	1	4	7	8	7	5	5	4
17663	경북 구미시	구미문화원임원문화연수및교육	15,000	1	7	7	8	7	5	5	4
17664	경북 구미시	청소년국토사랑탐방	15,000	1	4	7	8	7	1	1	1
17665	경북 구미시	청년새마을연대활성화사업	15,000	1	4	7	8	7	5	5	4
17666	경북 구미시	농식품국내판촉지원	15,000	1	4	7	8	7	5	5	4
17667	경북 구미시	구미문화원시민문화강좌	14,580	1	7	7	7	7	1	1	4
17668	경북 구미시	농어촌지역사랑의공부방지원	14,400	1	1	7	8	7	5	1	4
17669	경북 구미시	의용소방대소방기술경연대회	13,000	1	4	7	1	1	1	1	1
17670	경북 구미시	한센병관리	12,750	1	1	7	1	7	3	1	4
17671	경북 구미시	독도수호결의대회	12,260	1	1	7	8	7	1	1	1
17672	경북 구미시	생활체육지도자장기근속수당지원	12,200	1	4	7	1	7	1	1	4
17673	경북 구미시	새마을여성합창단활동지원	12,000	1	4	4	1	7	1	1	1
17674	경북 구미시	다공질필름활용과수품질향상시범	12,000	1	1	7	8	7	5	5	4
17675	경북 구미시	여헌학당시민문화강좌	11,000	1	7	7	8	7	1	1	4
17676	경북 구미시	서원향사지원	11,000	1	7	7	8	7	1	1	4
17677	경북 구미시	우수프로그램운영지원	10,800	1	4	1	7	1	1	1	1

순번	시군구	지출명 (사업명)	2024년예산 (단위 : 천원 /1년간)	민간이전 분류 (지방자치단체 세출예산 집행기준에 의거) 1. 민간경상사업보조(307-02) 2. 민간단체 법정운영비보조(307-03) 3. 민간행사사업보조(307-04) 4. 민간위탁금(307-05) 5. 사회복지시설 법정운영비보조(307-10) 6. 민간인위탁교육비(307-12) 7. 공기관등에대한경상적위탁사업비(308-13) 8. 민간자본사업보조,자체재원(402-01) 9. 민간자본사업보조,이전재원(402-02) 10. 민간위탁사업비(402-03) 11. 공기관등에 대한 자본적 위탁사업비(403-02)	민간이전지출 근거 (지방보조금 관리기준 참고) 1. 법률에 규정 2. 국고보조 재원(국가지정) 3. 용도 지정 기부금 4. 조례에 직접규정 5. 지자체가 권장하는 사업을 하는 공공기관 6. 시,도 정책 및 재정사정 7. 기타 8. 해당없음	입찰방식 계약체결방법 (경쟁형태) 1. 일반경쟁 2. 제한경쟁 3. 지명경쟁 4. 수의계약 5. 법정위탁 6. 기타 ( ) 7. 없음	계약기간 1. 1년 2. 2년 3. 3년 4. 4년 5. 5년 6. 기타 ( )년 7. 단기계약 (1년미만) 8. 없음	낙찰자선정방법 1. 적격심사 2. 협상에의한계약 3. 최저가낙찰제 4. 규격가격분리 5. 2단계 경쟁입찰 6. 기타 ( ) 7. 없음	운영예산 산정 운영예산 산정 1. 내부산정 (지자체 자체적으로 산정) 2. 외부산정 (외부전문기관위탁 산정) 3. 내·외부 모두 산정 4. 산정 無 5. 없음	정산방법 1. 내부정산 (지자체 내부적으로 정산) 2. 외부정산 (외부전문기관위탁 정산) 3. 내·외부 모두 산정 4. 정산 無 5. 없음	성과평가 실시여부 1. 실시 2. 미실시 3. 향후 추진 4. 해당없음
17678	경북 구미시	시민안보의식개선및한마음대회	10,320	1	1	7	8	7	1	1	1
17679	경북 구미시	새마을작은도서관독서취미교양교실	10,240	1	4	4	1	7	1	1	1
17680	경북 구미시	정보화마을활성화지원사업	10,000	1	1,2,4	7	8	7	1	1	4
17681	경북 구미시	경북풍물대축제출전	10,000	1	7	7	7	7	1	1	4
17682	경북 구미시	우수식재료소비확대기반조성	10,000	1	1,2	7	8	7	5	5	4
17683	경북 구미시	우수식재료소비확대기반조성	10,000	1	1,2	7	8	7	5	5	4
17684	경북 구미시	북한이탈주민과함께하는음악축제	10,000	1	4	7	8	7	1	1	1
17685	경북 구미시	행복한농촌가정육성프로젝트시범	10,000	1	1	7	8	7	1	1	4
17686	경북 구미시	여성기업인경쟁력강화지원사업	9,720	1	4	7	8	7	5	5	4
17687	경북 구미시	중소기업리더십역량강화사업	9,720	1	4	7	8	7	5	5	4
17688	경북 구미시	메이커스페이스구축운영(일반랩)	9,000	1	2	7	1	7	1	1	4
17689	경북 구미시	구미시소비자보호사업	9,000	1	1,4	7	1	7	1	1	1
17690	경북 구미시	구미풍물전승보전	9,000	1	7	7	7	7	1	1	4
17691	경북 구미시	금오문화지발간	9,000	1	7	7	7	7	1	1	4
17692	경북 구미시	보호관찰대상자사회복귀지원	9,000	1	4	7	8	7	1	1	1
17693	경북 구미시	농촌에서살아보기마을운영비	8,400	1	6	7	8	7	5	5	4
17694	경북 구미시	영구임대아파트공동전기료지원	8,100	1	4	7	8	7	1	1	1
17695	경북 구미시	여성경제인리더육성지원사업	8,000	1	4	7	8	7	5	5	4
17696	경북 구미시	향교석전대제	8,000	1	7	7	8	7	1	1	4
17697	경북 구미시	천생산성새해맞이안녕기원제	8,000	1	7	7	8	7	1	1	4
17698	경북 구미시	범도민독서생활화운동	8,000	1	6	4	1	7	1	1	4
17699	경북 구미시	통일의식함양사업	7,000	1	7	7	8	7	1	1	1
17700	경북 구미시	자유민주주의활성화연수및평가대회	7,000	1	1	7	8	7	1	1	1
17701	경북 구미시	향교전통문화예절교육	6,800	1	7	7	8	7	1	1	4
17702	경북 구미시	어르신문화학교운영	6,000	1	7	7	7	7	1	1	4
17703	경북 구미시	구미실버합창단운영	6,000	1	7	7	7	7	1	1	4
17704	경북 구미시	문화학교운영지원	6,000	1	7	7	7	7	1	1	4
17705	경북 구미시	지역유림(장의)인성교실	6,000	1	7	7	8	7	1	1	4
17706	경북 구미시	장애인생활체육지도자교통비지원	6,000	1	4	7	1	7	1	1	4
17707	경북 구미시	여성회지원사업	5,968	1	4	5	7	7	1	1	1
17708	경북 구미시	생활체육지도자자녀수당지원	5,520	1	4	7	1	7	1	1	4
17709	경북 구미시	6.25참전유공자회구미시지회활동	5,400	1	1,4	7	8	7	1	1	1
17710	경북 구미시	향교기로연	5,200	1	7	7	8	7	1	1	4
17711	경북 구미시	보훈단체국립현충원등참배순례	5,100	1	1,4	7	8	7	1	1	1
17712	경북 구미시	자연보호운동교육및홍보사업	5,040	1	4	7	8	7	5	5	4
17713	경북 구미시	북한이탈주민명랑운동회	5,000	1	4	7	8	7	1	1	1
17714	경북 구미시	초등학생과함께하는통일백일장	5,000	1	7	7	8	7	1	1	1
17715	경북 구미시	바르게살기운동청년회조직활성화	5,000	1	4	5	7	7	1	1	1
17716	경북 구미시	호국보훈선양사업지원	5,000	1	1,4	7	8	7	1	1	1
17717	경북 구미시	무공수훈자회구미시지회활동	5,000	1	1,4	7	8	7	1	1	1

순번	시군구	지출명 (사업명)	2024년예산 (단위 : 천원 /1년간)	민간이전 분류 (지방자치단체 세출예산 집행기준에 의거) 1. 민간경상사업보조(307-02) 2. 민간단체 법정운영비보조(307-03) 3. 민간행사사업보조(307-04) 4. 민간위탁금(307-05) 5. 사회복지시설 법정운영비보조(307-10) 6. 민간인위탁교육비(307-12) 7. 공기관등에대한경상적위탁사업비(308-13) 8. 민간자본사업보조,자체재원(402-01) 9. 민간자본사업보조,이전재원(402-02) 10. 민간위탁사업비(402-03) 11. 공기관등에 대한 자본적 위탁사업비(403-02)	민간이전지출 근거 (지방보조금 관리기준 참고) 1. 법률에 규정 2. 국고보조 재원(국가지정) 3. 용도 지정 기부금 4. 조례에 직접규정 5. 지자체가 권장하는 사업을 하는 공공기관 6. 시,도 정책 및 재정사정 7. 기타 8. 해당없음	입찰방식 계약체결방법 (경쟁형태) 1. 일반경쟁 2. 제한경쟁 3. 지명경쟁 4. 수의계약 5. 법정위탁 6. 기타 ( ) 7. 없음	입찰방식 계약기간 1. 1년 2. 2년 3. 3년 4. 4년 5. 5년 6. 기타 ( )년 7. 단기계약 (1년미만) 8. 없음	입찰방식 낙찰자선정방법 1. 적격심사 2. 협상에의한계약 3. 최저가낙찰제 4. 규격가격분리 5. 2단계 경쟁입찰 6. 기타 ( ) 7. 없음	운영예산 산정 운영예산 산정 1. 내부산정 (지자체 자체적으로 산정) 2. 외부산정 (외부전문기관위탁 산정) 3. 내·외부 모두 산정 4. 산정 無 5. 없음	운영예산 산정 정산방법 1. 내부정산 (지자체 내부적으로 정산) 2. 외부정산 (외부전문기관위탁 정산) 3. 내·외부 모두 산정 4. 정산 無 5. 없음	성과평가 실시여부 1. 실시 2. 미실시 3. 향후 추진 4. 해당없음
17718	경북 구미시	구미시재향군인회활동	5,000	1	1,4	7	8	7	1	1	1
17719	경북 구미시	클린구미를위한탄소중립실천운동	5,000	1	1	7	8	7	5	5	4
17720	경북 구미시	표본감시운영경비	4,680	1	2	7	1	7	5	1	4
17721	경북 구미시	고엽제전우회보훈병원치료및안보활동지원	4,500	1	1,4	7	8	7	1	1	1
17722	경북 구미시	충효교실운영지원	4,300	1	7	7	7	7	1	1	4
17723	경북 구미시	청년농업인농지임대지원	4,200	1	6	7	8	7	5	5	4
17724	경북 구미시	새마을교통봉사대교통계도활동지원	4,000	1	4	4	1	7	1	1	1
17725	경북 구미시	21세기새마을운동추진활성화	4,000	1	6	4	1	7	1	1	4
17726	경북 구미시	다정(多正/情)한행복촌(村)만들기	4,000	1	4	7	8	7	5	5	4
17727	경북 구미시	자연보호운동활동지원	4,000	1	4	7	8	7	5	5	4
17728	경북 구미시	여성농업인도대회참가지원	4,000	1	1	7	8	7	1	1	4
17729	경북 구미시	수출농식품브랜드경쟁력제고	4,000	1	6	7	8	7	5	5	4
17730	경북 구미시	장애인생활체육지도자장기근속수당지원	3,720	1	4	7	1	7	1	1	4
17731	경북 구미시	농촌체험관광활성화지원	3,700	1	1	7	8	7	5	1	4
17732	경북 구미시	구미재향경우회(국가안보관확립및지역사회봉사사업)	3,600	1	4	7	8	7	1	1	1
17733	경북 구미시	독도지킴이및안보활동지원	3,600	1	1,4	7	8	7	1	1	1
17734	경북 구미시	베트남참전기념행사참가	3,600	1	1,4	7	8	7	1	1	1
17735	경북 구미시	산림소득활성화지원사업	3,500	1	2	6	7	7	5	1	4
17736	경북 구미시	자원재활용품수집경진대회	3,200	1	4	4	1	7	1	1	1
17737	경북 구미시	새해맞이안녕기원제	3,150	1	4	7	8	6	1	1	2
17738	경북 구미시	여헌학연구지원(학보발간)	3,000	1	7	7	8	7	1	1	4
17739	경북 구미시	북한이탈주민화합한마당	3,000	1	4	7	8	7	1	1	1
17740	경북 구미시	청년농업인4H회원활동지원	3,000	1	4	7	8	7	3	3	4
17741	경북 구미시	학생4H회원과제활동지원	3,000	1	4	7	8	7	3	3	4
17742	경북 구미시	생활체육지도자활동보험료지원	2,624	1	2	7	1	7	1	1	4
17743	경북 구미시	바르게살기운동활동지원	2,400	1	4	5	7	7	1	1	1
17744	경북 구미시	의료관련감염병경비	2,160	1	2	7	1	7	5	1	4
17745	경북 구미시	의료관련감염병경비	2,160	1	2	7	1	7	5	1	4
17746	경북 구미시	구미산단입주기업동반성장및마케팅지원사업	2,000	1	4	7	8	7	5	5	4
17747	경북 구미시	자연유산민속행사지원	2,000	1	1	7	8	7	5	1	4
17748	경북 구미시	북한이탈주민과함께하는평화통일멘토링	2,000	1	4	7	8	7	1	1	1
17749	경북 구미시	평화통일기원정월대보름달빛걷기	2,000	1	4	7	8	7	1	1	1
17750	경북 구미시	농촌체험휴양마을보험가입지원	1,760	1	1	7	8	7	5	1	4
17751	경북 구미시	바르게살기운동건전생활실천교육	1,650	1	4	5	7	7	1	1	1
17752	경북 구미시	유림지도자체험연수	1,600	1	7	7	8	7	1	1	4
17753	경북 구미시	채미정유계회지원	1,500	1	7	7	8	7	1	1	4
17754	경북 구미시	표본감시운영경비	1,320	1	2	7	1	7	5	1	4
17755	경북 구미시	표본감시운영경비	1,320	1	2	7	1	7	5	1	4
17756	경북 구미시	표본감시운영경비	960	1	2	7	1	7	5	1	4
17757	경북 구미시	장애인생활체육지도자활동보험료지원	810	1	4	7	1	7	1	1	4

순번	시군구	지출명 (사업명)	2024년예산 (단위 : 천원 /1년간)	민간이전 분류 (지방자치단체 세출예산 집행기준에 의거) 1. 민간경상사업보조(307-02) 2. 민간단체 법정운영비보조(307-03) 3. 민간행사사업보조(307-04) 4. 민간위탁금(307-05) 5. 사회복지시설 법정운영비보조(307-10) 6. 민간인위탁교육비(307-12) 7. 공기관등에대한경상적위탁사업비(308-13) 8. 민간자본사업보조,자체재원(402-01) 9. 민간자본사업보조,이전재원(402-02) 10. 민간위탁사업비(402-03) 11. 공기관등에 대한 자본적 위탁사업비(403-02)	민간이전지출 근거 (지방보조금 관리기준 참고) 1. 법률에 규정 2. 국고보조 재원(국가지정) 3. 용도 지정 기부금 4. 조례에 직접규정 5. 지자체가 권장하는 사업을 하는 공공기관 6. 시,도 정책 및 재정사정 7. 기타 8. 해당없음	입찰방식 계약체결방법 (경쟁형태) 1. 일반경쟁 2. 제한경쟁 3. 지명경쟁 4. 수의계약 5. 법정위탁 6. 기타 ( ) 7. 없음	입찰방식 계약기간 1. 1년 2. 2년 3. 3년 4. 4년 5. 5년 6. 기타 ( )년 7. 단기계약 (1년미만) 8. 없음	입찰방식 낙찰자선정방법 1. 적격심사 2. 협상에의한계약 3. 최저가낙찰제 4. 규격가격분리 5. 2단계 경쟁입찰 6. 기타 ( ) 7. 없음	운영예산 산정 운영예산 산정 1. 내부산정 (지자체 자체적으로 산정) 2. 외부산정 (외부전문기관위탁 산정) 3. 내·외부 모두 산정 4. 산정 無 5. 없음	운영예산 산정 정산방법 1. 내부정산 (지자체 내부적으로 정산) 2. 외부정산 (외부전문기관위탁 정산) 3. 내·외부 모두 산정 4. 정산 無 5. 없음	성과평가 실시여부 1. 실시 2. 미실시 3. 향후 추진 4. 해당없음
17758	경북 구미시	표본감시운영경비	360	1	2	7	1	7	5	1	4
17759	경북 구미시	표본감시운영경비	360	1	2	7	1	7	5	1	4
17760	경북 상주시	토양개량제공급지원	2,126,589	1	2	7	8	7	5	5	4
17761	경북 상주시	청년농업인영농정착지원	1,364,980	1	1	7	8	7	5	5	4
17762	경북 상주시	친환경농산물학교급식지원	1,313,507	1	4	7	8	7	5	5	4
17763	경북 상주시	통합문화이용권사업지원	857,350	1	4	7	8	7	5	1	2
17764	경북 상주시	농산물유통구조개선지원	591,670	1	6	7	8	7	1	1	4
17765	경북 상주시	분만취약지분만산부인과운영비지원	500,000	1	1	7	8	7	5	2	4
17766	경북 상주시	한우농가깔짚지원	420,000	1	1	7	8	7	1	1	3
17767	경북 상주시	공동방제단운영비지원	401,472	1	1	7	8	7	1	1	3
17768	경북 상주시	통합마케팅포장상자지원	400,000	1	6	7	8	7	1	1	4
17769	경북 상주시	면역강화용사료첨가제지원	331,503	1	1	7	8	7	1	1	3
17770	경북 상주시	지역혁신선도연구센터(RLRC)지원	300,000	1	2	7	8	7	5	5	4
17771	경북 상주시	지역산업기반인재양성및혁신기술개발지원	300,000	1	1	7	8	7	5	5	4
17772	경북 상주시	종목별우수선수육성지원	300,000	1	4	7	8	7	1	1	1
17773	경북 상주시	농업환경보전프로그램지원	300,000	1	2	7	8	7	5	5	4
17774	경북 상주시	일반생활체육지도자배치사업지원	292,437	1	4	7	8	7	1	1	1
17775	경북 상주시	유치원급식지원	258,882	1	4	7	8	7	5	5	4
17776	경북 상주시	구제역백신구입비지원(전업농)	253,532	1	1	7	8	7	1	1	3
17777	경북 상주시	취업지원센터활성화사업지원	250,000	1	6	7	8	7	5	1	4
17778	경북 상주시	도민체육대회강화훈련및출전경비지원	250,000	1	4	7	8	7	1	1	1
17779	경북 상주시	상주농특산품해외홍보관운영지원	250,000	1	6	7	8	7	5	5	4
17780	경북 상주시	임산물상품화지원	215,000	1	2	7	8	7	5	5	4
17781	경북 상주시	양봉사양기자재지원	210,000	1	1	7	8	7	1	1	3
17782	경북 상주시	농산물산지유통기능활성화지원	201,600	1	6	7	8	7	5	5	4
17783	경북 상주시	세계유교문화축전개최지원	200,000	1	4	7	8	7	1	1	1
17784	경북 상주시	단소중립지원센터운영지원	200,000	1	2	7	8	7	5	5	1
17785	경북 상주시	가공용벼계약재배단지조성지원	186,300	1	4	7	8	7	5	5	4
17786	경북 상주시	과실브랜드육성사업지원	170,100	1	6	7	8	7	1	1	4
17787	경북 상주시	어르신생활체육지도자배치사업지원	162,465	1	4	7	8	7	1	1	1
17788	경북 상주시	농촌인력중개센터운영지원	160,000	1	4	7	8	7	5	5	4
17789	경북 상주시	전문단지조성용퇴액비지원	160,000	1	1	7	8	7	1	1	3
17790	경북 상주시	명륜교실운영지원	150,000	1	4	7	8	7	1	1	1
17791	경북 상주시	상주명품쌀유통활성화사업지원	150,000	1	4	7	8	7	5	5	4
17792	경북 상주시	저능력미경산우비육지원	145,000	1	1	7	8	7	1	1	3
17793	경북 상주시	사회적기업등일자리창출지원	142,200	1	2	7	8	7	5	5	4
17794	경북 상주시	유소년축구클럽팀운영지원	125,000	1	4	7	8	7	1	1	3
17795	경북 상주시	채소류생산안정지원	124,200	1	6	7	8	7	5	5	4
17796	경북 상주시	지역단위농촌관광시스템구축지원	120,000	1	2	7	8	7	5	5	4
17797	경북 상주시	농촌인력지원센터지원	120,000	1	4	7	8	7	5	5	4

순번	시군구	지출명 (사업명)	2024년예산 (단위 : 천원 /1년간)	민간이전 분류 (지방자치단체 세출예산 집행기준에 의거) 1. 민간경상사업보조(307-02) 2. 민간단체 법정운영비보조(307-03) 3. 민간행사사업보조(307-04) 4. 민간위탁금(307-05) 5. 사회복지시설 법정운영비보조(307-10) 6. 민간인위탁교육비(307-12) 7. 공기관등에대한경상적위탁사업비(308-13) 8. 민간자본사업보조,자체재원(402-01) 9. 민간자본사업보조,이전재원(402-02) 10. 민간위탁사업비(402-03) 11. 공기관등에 대한 자본적 위탁사업비(403-02)	민간이전지출 근거 (지방보조금 관리기준 참고) 1. 법률에 규정 2. 국고보조 재원(국가지정) 3. 용도 지정 기부금 4. 조례에 직접규정 5. 지자체가 권장하는 사업을 하는 공공기관 6. 시,도 정책 및 재정사정 7. 기타 8. 해당없음	입찰방식: 계약체결방법 (경쟁형태) 1. 일반경쟁 2. 제한경쟁 3. 지명경쟁 4. 수의계약 5. 법정위탁 6. 기타 ( ) 7. 없음	입찰방식: 계약기간 1. 1년 2. 2년 3. 3년 4. 4년 5. 5년 6. 기타 ( )년 7. 단기계약 (1년미만) 8. 없음	입찰방식: 낙찰자선정방법 1. 적격심사 2. 협상에의한계약 3. 최저가낙찰제 4. 규격가격분리 5. 2단계 경쟁입찰 6. 기타 ( ) 7. 없음	운영예산 산정: 운영예산 산정 1. 내부산정 (지자체 자체적으로 산정) 2. 외부산정 (외부전문기관위탁 산정) 3. 내·외부 모두 산정 4. 산정 無 5. 없음	운영예산 산정: 정산방법 1. 내부정산 (지자체 내부적으로 정산) 2. 외부정산 (외부전문기관위탁 정산) 3. 내·외부 모두 산정 4. 정산 無 5. 없음	성과평가 실시여부 1. 실시 2. 미실시 3. 향후 추진 4. 해당없음
17798	경북 상주시	한우암소능력개량한우등록비지원	120,000	1	1	7	8	7	1	1	3
17799	경북 상주시	꿀벌화분지원	116,000	1	1	7	8	7	1	1	3
17800	경북 상주시	과실생산유통지원관리비지원	115,328	1	6	7	8	7	5	5	4
17801	경북 상주시	공립요양병원치매환자지원프로그램운영지원	106,000	1	1	7	8	7	5	3	4
17802	경북 상주시	엄마와아이안심먹거리지원	100,000	1	6	7	8	7	5	5	4
17803	경북 상주시	낙동강문학제지원	94,500	1	6	7	8	7	1	1	2
17804	경북 상주시	친환경농업통합지원	90,000	1	4	7	8	7	5	5	4
17805	경북 상주시	양봉소초광지원	90,000	1	1	7	8	7	1	1	3
17806	경북 상주시	가축방역약품구입지원(돼지써코바이러스)	89,992	1	1	7	8	7	1	1	3
17807	경북 상주시	친환경농산물유치원급식지원	89,490	1	4	7	8	7	5	5	4
17808	경북 상주시	도민생활체육대회출전경비지원	87,175	1	4	7	8	7	1	1	1
17809	경북 상주시	한우암소유전체분석사업지원	84,960	1	1	7	8	7	1	1	3
17810	경북 상주시	한우친자확인사업지원	80,000	1	1	7	8	7	1	1	3
17811	경북 상주시	딸기재배용상토지원	77,000	1	6	7	8	7	5	5	4
17812	경북 상주시	정보화마을프로그램관리자육성지원	75,555	1	1	7	8	7	5	5	4
17813	경북 상주시	농촌여성생활체조교실운영지원	75,000	1	4	7	8	7	1	1	1
17814	경북 상주시	농식품가공업체포장재지원	75,000	1	6	7	8	7	5	5	4
17815	경북 상주시	육계사깔짚지원	72,500	1	1	7	8	7	1	5	3
17816	경북 상주시	축산차량등록제통신비지원	70,092	1	1	7	8	7	1	1	3
17817	경북 상주시	지역소득작물육성지원	70,000	1	6	7	8	7	5	5	4
17818	경북 상주시	명실상감한우브랜드홍보활동비지원	70,000	1	1	7	8	7	1	1	3
17819	경북 상주시	장애인생활체육지도자배치사업지원	64,986	1	4	7	8	7	1	1	1
17820	경북 상주시	도지사기종목별생활체육대회출전경비지원	64,900	1	4	7	8	7	1	1	1
17821	경북 상주시	계란난좌지원	64,000	1	1	7	8	7	1	1	3
17822	경북 상주시	생활체육교실운영지원	60,000	1	4	7	8	7	1	1	1
17823	경북 상주시	청년농부육성지원	60,000	1	6	7	8	7	5	5	4
17824	경북 상주시	젖소농가깔짚지원	60,000	1	1	7	8	7	1	1	3
17825	경북 상주시	양봉벌통지원	60,000	1	1	7	8	7	1	1	3
17826	경북 상주시	브랜드통합포장상자지원	60,000	1	6	7	8	7	5	5	4
17827	경북 상주시	도민대학운영지원	60,000	1	4	7	1	7	1	1	3
17828	경북 상주시	농촌에서살아보기프로그램운영지원	57,600	1	1	7	8	7	1	1	1
17829	경북 상주시	생활체육지도자활동지원	56,000	1	4	7	8	7	1	1	1
17830	경북 상주시	축산물이력제업무인턴지원	55,112	1	1	7	8	7	1	1	3
17831	경북 상주시	지역문화사랑방운영지원	54,000	1	6	7	8	7	1	1	1
17832	경북 상주시	퇴비부숙제지원	51,000	1	1	7	8	7	1	1	3
17833	경북 상주시	가루쌀생산단지조성사업(교육컨설팅)지원	50,400	1	4	7	8	7	5	5	4
17834	경북 상주시	경북청년주도연합체지원(경북에서가치살자)	50,000	1	4	7	8	7	5	5	4
17835	경북 상주시	청년농업인농지임대료지원	50,000	1	6	7	8	7	5	5	4
17836	경북 상주시	산학연연계지원	50,000	1	2	6	1	1	1	1	2
17837	경북 상주시	한우농가개체잠금장치지원	50,000	1	1	7	8	7	1	1	3

순번	시군구	지출명 (사업명)	2024년예산 (단위 : 천원 /1년간)	민간이전 분류 (지방자치단체 세출예산 집행기준에 의거) 1. 민간경상사업보조(307-02) 2. 민간단체 법정운영비보조(307-03) 3. 민간행사사업보조(307-04) 4. 민간위탁금(307-05) 5. 사회복지시설 법정운영비보조(307-10) 6. 민간인위탁교육비(307-12) 7. 공기관등에대한경상적위탁사업비(308-13) 8. 민간자본사업보조,자체재원(402-01) 9. 민간자본사업보조,이전재원(402-02) 10. 민간위탁사업비(402-03) 11. 공기관등에 대한 자본적 위탁사업비(403-02)	민간이전지출 근거 (지방보조금 관리기준 참고) 1. 법률에 규정 2. 국고보조 재원(국가지정) 3. 용도 지정 기부금 4. 조례에 직접규정 5. 지자체가 권장하는 사업을 하는 공공기관 6. 시,도 정책 및 재정사정 7. 기타 8. 해당없음	입찰방식 계약체결방법 (경쟁형태) 1. 일반경쟁 2. 제한경쟁 3. 지명경쟁 4. 수의계약 5. 법정위탁 6. 기타 ( ) 7. 없음	입찰방식 계약기간 1. 1년 2. 2년 3. 3년 4. 4년 5. 5년 6. 기타 ( )년 7. 단기계약 (1년미만) 8. 없음	입찰방식 낙찰자선정방법 1. 적격심사 2. 협상에의한계약 3. 최저가낙찰제 4. 규격가격분리 5. 2단계 경쟁입찰 6. 기타 ( ) 7. 없음	운영예산 산정 운영예산 산정 1. 내부산정 (지자체 자체적으로 산정) 2. 외부산정 (외부전문기관위탁 산정) 3. 내·외부 모두 산정 4. 산정 無 5. 없음	운영예산 산정 정산방법 1. 내부정산 (지자체 내부적으로 정산) 2. 외부정산 (외부전문기관위탁 정산) 3. 내·외부 모두 산정 4. 정산 無 5. 없음	성과평가 실시여부 1. 실시 2. 미실시 3. 향후 추진 4. 해당없음
17838	경북 상주시	소규모한우농가생균제구입지원	50,000	1	1	7	8	7	1	1	3
17839	경북 상주시	면역증강제지원	50,000	1	1	7	8	7	1	1	3
17840	경북 상주시	상주향교지발간지원	49,500	1	5	7	8	7	1	1	1
17841	경북 상주시	농산물산지유통혁신조직역량강화교육지원	48,000	1	6	7	8	7	1	1	4
17842	경북 상주시	도장애인체육대회훈련및출전경비지원	45,000	1	1	6	8	7	1	1	1
17843	경북 상주시	우수여왕벌보급지원	44,400	1	1	7	8	7	1	1	3
17844	경북 상주시	지역상공인경쟁력강화사업지원	43,000	1	4	7	8	7	1	1	1
17845	경북 상주시	우수모돈농가보급지원	42,000	1	1	7	8	7	1	1	3
17846	경북 상주시	행정동우회창립4년사발간지원	40,000	1	1	7	8	7	5	1	4
17847	경북 상주시	문화학교운영지원	40,000	1	4	7	8	7	1	1	1
17848	경북 상주시	한우암소능력개량친자확인지원	40,000	1	1	7	8	7	1	1	3
17849	경북 상주시	양돈농가친환경생균제지원	40,000	1	1	7	8	7	1	1	3
17850	경북 상주시	거점소독시설운영비지원	40,000	1	1	7	8	7	1	1	3
17851	경북 상주시	장애인평생학습도시운영지원	40,000	1	4	7	1	7	1	1	3
17852	경북 상주시	읍면동새마을지도자활동지원	36,720	1	4	7	8	7	1	1	1
17853	경북 상주시	읍면동새마을부녀회활동지원	36,720	1	4	7	8	7	1	1	1
17854	경북 상주시	윤리도덕성회복을위한학술강연회지원	36,000	1	6	7	8	7	1	1	2
17855	경북 상주시	전문단지조성용종자구입비지원	36,000	1	1	7	8	7	1	1	3
17856	경북 상주시	경북어르신생활체육대회출전경비지원	34,500	1	4	7	8	7	1	1	1
17857	경북 상주시	바르게살기운동읍면동위원회활동지원	34,200	1	1	7	8	7	1	1	1
17858	경북 상주시	농악대육성지원	33,660	1	4	7	8	7	1	1	1
17859	경북 상주시	사료작물종자구입비지원	33,600	1	1	7	8	7	1	1	3
17860	경북 상주시	유소년생활체육지도자배치사업지원	32,493	1	4	7	8	7	1	1	1
17861	경북 상주시	자율방범대순찰자근무복지원	31,690	1	4	7	8	7	5	5	4
17862	경북 상주시	백두대간구곡문화자산탐방지원	31,500	1	1	7	8	7	5	5	4
17863	경북 상주시	외국인주민사회통합교육지원	30,000	1	4	4	7	7	1	1	4
17864	경북 상주시	청년예비창업가육성사업지원	30,000	1	6	7	8	7	5	5	4
17865	경북 상주시	전통시장안전시설유지비지원	30,000	1	1	7	8	7	5	5	1
17866	경북 상주시	벌꿀유통포장재지원	30,000	1	1	7	8	7	1	1	3
17867	경북 상주시	선물용우수포장상자개발지원	30,000	1	6	7	8	7	5	5	4
17868	경북 상주시	해외시장개척생산자단체지원	30,000	1	6	7	8	7	5	5	4
17869	경북 상주시	수출농식품브랜드경쟁력제고지원	30,000	1	6	7	8	7	5	5	4
17870	경북 상주시	국악분야예술강사지원	29,374	1	4	7	8	7	1	1	1
17871	경북 상주시	여성취미클럽운영지원	28,800	1	4	7	8	7	1	1	1
17872	경북 상주시	귀농귀촌인역량강화교육지원	28,000	1	1	7	8	7	5	5	4
17873	경북 상주시	평통자문위원안보연수및통일안보사업지원	28,000	1	4	7	8	7	5	1	3
17874	경북 상주시	전문심리상담및언어치료프로그램운영지원(주민참여예산)	28,000	1	7	7	8	7	1	1	4
17875	경북 상주시	식량작물공동경영체육성교육컨설팅지원	27,000	1	4	7	8	7	5	5	4
17876	경북 상주시	성인문해교육프로그램(찾아가는한글교실)지원	27,000	1	4	7	1	7	1	1	3
17877	경북 상주시	조사료생산용종자구입지원	26,880	1	1	7	8	7	1	1	3

순번	시군구	지출명 (사업명)	2024년예산 (단위 : 천원 /1년간)	민간이전 분류 (지방자치단체 세출예산 집행기준에 의거) 1. 민간경상사업보조(307-02) 2. 민간단체 법정운영비보조(307-03) 3. 민간행사사업보조(307-04) 4. 민간위탁금(307-05) 5. 사회복지시설 법정운영비보조(307-10) 6. 민간인위탁교육비(307-12) 7. 공기관등에대한경상적위탁사업비(308-13) 8. 민간자본사업보조,자체재원(402-01) 9. 민간자본사업보조,이전재원(402-02) 10. 민간위탁사업비(402-03) 11. 공기관등에 대한 자본적 위탁사업비(403-02)	민간이전지출 근거 (지방보조금 관리기준 참고) 1. 법률에 규정 2. 국고보조 재원(국가지정) 3. 용도 지정 기부금 4. 조례에 직접규정 5. 지자체가 권장하는 사업을 하는 공공기관 6. 시,도 정책 및 재정사정 7. 기타 8. 해당없음	입찰방식 계약체결방법 (경쟁형태) 1. 일반경쟁 2. 제한경쟁 3. 지명경쟁 4. 수의계약 5. 법정위탁 6. 기타 ( ) 7. 없음	입찰방식 계약기간 1. 1년 2. 2년 3. 3년 4. 4년 5. 5년 6. 기타 ( )년 7. 단기계약 (1년미만) 8. 없음	입찰방식 낙찰자선정방법 1. 적격심사 2. 협상에의한계약 3. 최저가낙찰제 4. 규격가격분리 5. 2단계 경쟁입찰 6. 기타 ( ) 7. 없음	운영예산 산정 운영예산 산정 1. 내부산정 (지자체 자체적으로 산정) 2. 외부산정 (외부전문기관위탁 산정) 3. 내·외부 모두 산정 4. 산정 無 5. 없음	운영예산 산정 정산방법 1. 내부정산 (지자체 내부적으로 정산) 2. 외부정산 (외부전문기관위탁 정산) 3. 내·외부 모두 산정 4. 정산 無 5. 없음	성과평가 실시여부 1. 실시 2. 미실시 3. 향후 추진 4. 해당없음
17878	경북 상주시	전통시장행복경영매니저운영지원	26,160	1	1	7	8	7	5	5	4
17879	경북 상주시	지진안전시설물인증제비용지원	26,000	1	2	7	8	7	1	1	4
17880	경북 상주시	친환경악취저감제지원	25,010	1	1	7	8	7	1	1	3
17881	경북 상주시	소상공인정책지원현장전문가운영지원	25,000	1	1	7	8	7	5	5	1
17882	경북 상주시	상주사랑합창단지원	24,750	1	4	7	8	7	1	1	1
17883	경북 상주시	행복한보금자리만들기사업지원	24,000	1	4	7	8	7	1	1	1
17884	경북 상주시	상주로컬푸드인증포장재지원	24,000	1	6	7	8	7	5	5	4
17885	경북 상주시	상주문경예천범죄피해지원센터지원	23,500	1	4	7	8	7	5	1	4
17886	경북 상주시	상주민요합창단한국무용단육성지원	23,000	1	4	7	8	7	1	1	1
17887	경북 상주시	모동백화산진산제지원	22,500	1	6	7	8	7	1	1	1
17888	경북 상주시	가축방역약품구입지원(돼지호흡기질병)	22,500	1	1	7	8	7	1	1	3
17889	경북 상주시	우리동네상주이야기프로그램지원	22,500	1	4	7	1	7	1	1	3
17890	경북 상주시	토종벌종보전지원	22,400	1	1	7	8	7	1	1	3
17891	경북 상주시	산촌생태마을운영매니저활동지원	21,667	1	1	7	8	7	5	5	4
17892	경북 상주시	호랑이와곶감연극제작지원	21,600	1	4	7	8	7	1	1	1
17893	경북 상주시	낙농헬퍼(도우미)지원	21,600	1	1	7	8	7	1	1	3
17894	경북 상주시	상주시민예술아카데미강좌지원	20,000	1	4	7	8	7	1	1	1
17895	경북 상주시	상주예술단체역량강화강좌지원	20,000	1	4	7	8	7	1	1	1
17896	경북 상주시	새마을환경살리기지원	20,000	1	4	7	8	7	1	1	1
17897	경북 상주시	상주시리틀야구단지원	20,000	1	4	7	8	7	1	1	1
17898	경북 상주시	상주시자원봉사역량강화사업지원	20,000	1	1	4	1	3	1	1	3
17899	경북 상주시	경로당안전관리및행복프로그램운영지원	20,000	1	4	7	8	7	1	1	4
17900	경북 상주시	지역수출기업경쟁력강화사업지원	20,000	1	4	7	8	7	1	1	1
17901	경북 상주시	창업보육센터창업자지원	20,000	1	4	6	1	7	1	1	1
17902	경북 상주시	청년농업인커뮤니티활성화지원	20,000	1	6	7	8	7	5	5	4
17903	경북 상주시	한우암소능력개량한우우군선험심사비지원	20,000	1	1	7	8	7	1	1	3
17904	경북 상주시	축산물포장재지원	20,000	1	1	7	8	7	1	1	3
17905	경북 상주시	주방시설청소및교체지원	20,000	1	6	7	8	7	1	5	4
17906	경북 상주시	평생학습도시프로그램지원	20,000	1	4	7	1	7	1	1	3
17907	경북 상주시	예술작품전시회지원	19,985	1	4	7	8	7	1	1	1
17908	경북 상주시	국산밀생산단지경영체교육컨설팅지원	19,800	1	4	7	8	7	5	5	4
17909	경북 상주시	수암문화제지원	18,300	1	4	7	8	7	1	1	1
17910	경북 상주시	자동사앙기지원	18,200	1	1	7	8	7	1	1	3
17911	경북 상주시	상주역사문화총서제29호발간지원	18,000	1	4	7	8	7	1	1	1
17912	경북 상주시	경북북부권문화정보센터문화홍보지원	18,000	1	6	7	8	7	1	1	2
17913	경북 상주시	생활체육지도자교통비지원	18,000	1	4	7	8	7	1	1	1
17914	경북 상주시	한우수정란이식사업(수정란구입비)지원	17,500	1	1	7	8	7	1	1	3
17915	경북 상주시	생활체육지도자장기근속수당지원	16,300	1	4	7	8	7	1	1	1
17916	경북 상주시	농촌체험관광활성화지원	16,300	1	6	7	8	7	5	5	4
17917	경북 상주시	디지털청년일자리사업지원	16,186	1	2	7	8	7	5	5	4

순번	시군구	지출명 (사업명)	2024년예산 (단위 : 천원 /1년간)	민간이전 분류 (지방자치단체 세출예산 집행기준에 의거) 1. 민간경상사업보조(307-02) 2. 민간단체 법정운영비보조(307-03) 3. 민간행사사업보조(307-04) 4. 민간위탁금(307-05) 5. 사회복지시설 법정운영비보조(307-10) 6. 민간인위탁교육비(307-12) 7. 공기관등에대한경상적위탁사업비(308-13) 8. 민간자본사업보조,자체재원(402-01) 9. 민간자본사업보조,이전재원(402-02) 10. 민간위탁사업비(402-03) 11. 공기관등에 대한 자본적 위탁사업비(403-02)	민간이전지출 근거 (지방보조금 관리기준 참고) 1. 법률에 규정 2. 국고보조 재원(국가지정) 3. 용도 지정 기부금 4. 조례에 직접규정 5. 지자체가 권장하는 사업을 하는 공공기관 6. 시,도 정책 및 재정사정 7. 기타 8. 해당없음	입찰방식			운영예산 산정		성과평가 실시여부
						계약체결방법 (경쟁형태) 1. 일반경쟁 2. 제한경쟁 3. 지명경쟁 4. 수의계약 5. 법정위탁 6. 기타 ( ) 7. 없음	계약기간 1. 1년 2. 2년 3. 3년 4. 4년 5. 5년 6. 기타 ( )년 7. 단기계약 (1년미만) 8. 없음	낙찰자선정방법 1. 적격심사 2. 협상에의한계약 3. 최저가낙찰제 4. 규격가격분리 5. 2단계 경쟁입찰 6. 기타 ( ) 7. 없음	운영예산 산정 1. 내부산정 (지자체 자체적으로 산정) 2. 외부산정 (외부전문기관위탁 산정) 3. 내·외부 모두 산정 4. 산정 無 5. 없음	정산방법 1. 내부정산 (지자체 내부적으로 정산) 2. 외부정산 (외부전문기관위탁 정산) 3. 내·외부 모두 산정 4. 정산 無 5. 없음	1. 실시 2. 미실시 3. 향후 추진 4. 해당없음
17918	경북 상주시	노인복지증진사업지원	16,000	1	4	1	1	6	1	1	4
17919	경북 상주시	전통시장화재공제지원	15,984	1	1	7	8	7	5	5	1
17920	경북 상주시	의용소방대원장비물품지원	15,300	1	1	7	8	7	1	1	4
17921	경북 상주시	돼지액상정액지원	15,210	1	1	7	8	7	1	1	3
17922	경북 상주시	우리동네주산교실지원	15,200	1	4	7	1	7	1	1	1
17923	경북 상주시	정보화마을운영활성화지원	15,000	1	1	7	8	7	5	5	4
17924	경북 상주시	경북리그지역예선전개최및본선출전경비(축구,야구)지원	15,000	1	4	7	8	7	1	1	1
17925	경북 상주시	초보청년농부멘토링지원	15,000	1	6	7	8	7	5	5	4
17926	경북 상주시	곤충사육농가톱밥지원	15,000	1	4	7	8	7	5	5	4
17927	경북 상주시	후계축산인육성지원	15,000	1	1	7	8	7	1	1	3
17928	경북 상주시	우수여왕벌인공왕대지원	15,000	1	1	7	8	7	1	1	3
17929	경북 상주시	경북소셜비즈니스청년일자리사업(인건비)지원	14,920	1	2	7	8	7	5	5	4
17930	경북 상주시	금요사랑방개최및책자발간지원	14,500	1	4	7	8	7	1	1	1
17931	경북 상주시	상주취타대지원	14,400	1	4	7	8	7	1	1	1
17932	경북 상주시	바르게살기운동상주시협의회마중물활동지원	13,500	1	1	7	8	7	1	1	1
17933	경북 상주시	청소년민주시민교육및시민안보의식제고사업지원	13,300	1	1	7	8	7	1	5	4
17934	경북 상주시	춘추석전대제지원	13,000	1	6	7	8	7	1	1	1
17935	경북 상주시	음악공연단체지원	12,940	1	4	7	8	7	1	1	1
17936	경북 상주시	상주그린실버관악합주단지원	12,600	1	4	7	8	7	1	1	1
17937	경북 상주시	상주풍물전통문화이어주기청소년국악교실지원	12,600	1	4	7	8	7	1	1	1
17938	경북 상주시	사회복지사역량강화사업지원	12,600	1	1,4	7	8	7	1	1	4
17939	경북 상주시	젖소산유능력검정사업지원	12,365	1	1	7	8	7	1	1	3
17940	경북 상주시	청년커뮤니티활성화지원	12,000	1	4	7	8	7	5	5	4
17941	경북 상주시	청소년통일교육및시민통일홍보활동사업지원	12,000	1	4	7	8	7	5	1	3
17942	경북 상주시	상주포도택배용박스및에어포켓지원	12,000	1	6	7	8	7	1	1	4
17943	경북 상주시	승용마조련강화지원	12,000	1	2	7	1	6	3	3	4
17944	경북 상주시	문화유적탐방지원	11,900	1	4	7	8	7	1	1	1
17945	경북 상주시	상주향토문화연구및책자발간지원	11,275	1	4	7	8	7	1	1	1
17946	경북 상주시	축산물HACCP컨설팅지원	11,200	1	1	7	8	7	1	1	3
17947	경북 상주시	옥동서원학술대회지원	11,050	1	4	7	8	7	1	1	1
17948	경북 상주시	상주역사문화학술발표회개최지원	11,000	1	4	7	8	7	1	1	1
17949	경북 상주시	분회게이트볼대회지원	11,000	1	4	7	8	7	1	1	1
17950	경북 상주시	기로연개최지원	10,670	1	4	7	8	7	1	1	1
17951	경북 상주시	자매도시체육교류활동참가(국내외)및지원	10,000	1	4	7	8	7	1	1	1
17952	경북 상주시	향토뿌리기업환경정비사업지원	10,000	1	4	7	8	7	1	1	1
17953	경북 상주시	말사육농가톱밥(왕겨등)지원	10,000	1	1	7	8	7	1	1	3
17954	경북 상주시	행복한농촌가정육성프로젝트	10,000	1	1	7	8	7	5	5	4
17955	경북 상주시	마을평생교육지도자양성지원	10,000	1	4	7	1	7	1	1	3
17956	경북 상주시	지역특화평생교육활성화지원	10,000	1	4	7	1	7	1	1	3
17957	경북 상주시	평생학습일자리연계지원	10,000	1	4	7	1	7	1	1	4

순번	시군구	지출명 (사업명)	2024년예산 (단위 : 천원 /1년간)	민간이전 분류 (지방자치단체 세출예산 집행기준에 의거) 1. 민간경상사업보조(307-02) 2. 민간단체 법정운영비보조(307-03) 3. 민간행사사업보조(307-04) 4. 민간위탁금(307-05) 5. 사회복지시설 법정운영비보조(307-10) 6. 민간인위탁교육비(307-12) 7. 공기관등에대한경상적위탁사업비(308-13) 8. 민간자본사업보조,자체재원(402-01) 9. 민간자본사업보조,이전재원(402-02) 10. 민간위탁사업비(402-03) 11. 공기관등에 대한 자본적 위탁사업비(403-02)	민간이전지출 근거 (지방보조금 관리기준 참고) 1. 법률에 규정 2. 국고보조 재원(국가지정) 3. 용도 지정 기부금 4. 조례에 직접규정 5. 지자체가 권장하는 사업을 하는 공공기관 6. 시,도 정책 및 재정사정 7. 기타 8. 해당없음	입찰방식 계약체결방법 (경쟁형태) 1. 일반경쟁 2. 제한경쟁 3. 지명경쟁 4. 수의계약 5. 법정위탁 6. 기타 ( ) 7. 없음	입찰방식 계약기간 1. 1년 2. 2년 3. 3년 4. 4년 5. 5년 6. 기타 ( )년 7. 단기계약 (1년미만) 8. 없음	입찰방식 낙찰자선정방법 1. 적격심사 2. 협상에의한계약 3. 최저가낙찰제 4. 규격가격분리 5. 2단계 경쟁입찰 6. 기타 ( ) 7. 없음	운영예산 산정 운영예산 산정 1. 내부산정 (지자체 자체적으로 산정) 2. 외부산정 (외부전문기관위탁 산정) 3. 내·외부 모두 산정 4. 산정 無 5. 없음	운영예산 산정 정산방법 1. 내부정산 (지자체 내부적으로 정산) 2. 외부정산 (외부전문기관위탁 정산) 3. 내·외부 모두 정산 4. 정산 無 5. 없음	성과평가 실시여부 1. 실시 2. 미실시 3. 향후 추진 4. 해당없음
17958	경북 상주시	문화소외계층을위한찾아가는예술강좌지원	9,900	1	4	7	8	7	1	1	1
17959	경북 상주시	윈드오케스트라지원	9,900	1	4	7	8	7	1	1	1
17960	경북 상주시	들꽃무용단지원	9,900	1	4	7	8	7	1	1	1
17961	경북 상주시	새마을교통봉사대활동지원	9,900	1	4	7	8	7	1	1	1
17962	경북 상주시	바르게살기운동차세대리더양성교육지원	9,900	1	1	7	8	7	1	1	1
17963	경북 상주시	시정발전자문및봉사활동사업지원	9,800	1	4	7	8	7	5	1	3
17964	경북 상주시	숨어있는문화유산찾기및정비사업지원	9,775	1	5	7	8	7	1	1	1
17965	경북 상주시	상주조이플콰이어합창단지원	9,450	1	4	7	8	7	1	1	1
17966	경북 상주시	맞춤형자원봉사프로그램운영지원	9,390	1	1	4	1	3	1	1	3
17967	경북 상주시	경북선비아카데미지원(교양과정)	9,000	1	6	7	8	7	1	1	2
17968	경북 상주시	지속가능발전활동지원	9,000	1	1	7	7	7	5	5	4
17969	경북 상주시	한우암소능력개량우량한우암소송아지생산장려금지원	9,000	1	1	7	8	7	1	1	3
17970	경북 상주시	지역사회교통질서계도및봉사활동지원	9,000	1	4	7	8	7	1	1	1
17971	경북 상주시	전국한시백일장지원	8,730	1	4	7	8	7	1	1	1
17972	경북 상주시	찾아가는미술전시지원	8,100	1	4	7	8	7	1	1	1
17973	경북 상주시	청년상생협업프로젝트지원	8,000	1	4	7	8	7	5	5	4
17974	경북 상주시	도지정무형문화재(상주민요)공개행사지원	8,000	1	6	7	8	7	1	1	1
17975	경북 상주시	범도민독서생활화사업지원	8,000	1	4	7	8	7	1	1	1
17976	경북 상주시	양성평등촉진,여성인권보호및복지증진지원사업	8,000	1	4	7	8	7	1	1	1
17977	경북 상주시	농촌마을공동급식시설지원(운영)	8,000	1	6	7	8	7	5	5	4
17978	경북 상주시	경북사회적경제ESG청년일자리사업지원	7,620	1	2	7	8	7	5	5	4
17979	경북 상주시	분회파크골프대회지원	7,500	1	4	7	8	7	1	1	1
17980	경북 상주시	액비저장조발효촉진제지원	7,500	1	1	7	8	7	1	1	3
17981	경북 상주시	지역우수농산물홍보차량랩핑광고지원	7,500	1	6	7	8	7	5	5	4
17982	경북 상주시	한우수정란이식사업(수정란이식시술비)지원	7,350	1	1	7	8	7	1	1	3
17983	경북 상주시	양돈분만위생개선사업지원	7,020	1	1	7	8	7	1	1	3
17984	경북 상주시	장애인우수선수훈련비및장비지원	7,000	1	1	6	8	7	1	1	1
17985	경북 상주시	대미배수출단지검역관통역비지원	6,750	1	6	7	8	7	5	5	4
17986	경북 상주시	농촌체험휴양마을보험가입지원	6,720	1	2	7	8	7	5	5	4
17987	경북 상주시	말벌퇴치장비지원	6,600	1	1	7	8	7	1	1	3
17988	경북 상주시	일본미야자키현국제문화교류및공연사업지원	6,570	1	4	7	8	7	1	1	1
17989	경북 상주시	공갈못연밥따는노래(채련요)보존및전수사업지원	6,300	1	4	7	8	7	1	1	1
17990	경북 상주시	평생학습동아리육성지원	6,300	1	4	7	1	7	1	1	1
17991	경북 상주시	단오세시풍속전통계승사업지원	6,075	1	4	7	8	7	1	1	1
17992	경북 상주시	중소기업정규직프로젝트지원	6,000	1	6	7	8	7	5	1	4
17993	경북 상주시	저탄소벼논물관리기술교육홍보지원	6,000	1	4	7	8	7	5	5	4
17994	경북 상주시	자전거안전학교지원	6,000	1	1	7	8	7	1	1	2
17995	경북 상주시	학생4H회원과제활동지원	6,000	1	1	7	8	7	5	5	4
17996	경북 상주시	애누에공동사육비지원	5,940	1	6	7	8	7	5	5	4
17997	경북 상주시	지역아동센터연합회어울림한마당행사지원	5,850	1	7	7	8	7	1	1	4

순번	시군구	지출명 (사업명)	2024년예산 (단위 : 천원 /1년간)	민간이전 분류 (지방자치단체 세출예산 집행기준에 의거) 1. 민간경상사업보조(307-02) 2. 민간단체 법정운영비보조(307-03) 3. 민간행사사업보조(307-04) 4. 민간위탁금(307-05) 5. 사회복지시설 법정운영비보조(307-10) 6. 민간인위탁교육비(307-12) 7. 공기관등에대한경상적위탁사업비(308-13) 8. 민간자본사업보조,자체재원(402-01) 9. 민간자본사업보조,이전재원(402-02) 10. 민간위탁사업비(402-03) 11. 공기관등에 대한 자본적 위탁사업비(403-02)	민간이전지출 근거 (지방보조금 관리기준 참고) 1. 법률에 규정 2. 국고보조 재원(국가지정) 3. 용도 지정 기부금 4. 조례에 직접규정 5. 지자체가 권장하는 사업을 하는 공공기관 6. 시,도 정책 및 재정사정 7. 기타 8. 해당없음	입찰방식 계약체결방법 (경쟁형태) 1. 일반경쟁 2. 제한경쟁 3. 지명경쟁 4. 수의계약 5. 법정위탁 6. 기타 ( ) 7. 없음	입찰방식 계약기간 1. 1년 2. 2년 3. 3년 4. 4년 5. 5년 6. 기타 ( )년 7. 단기계약 (1년미만) 8. 없음	입찰방식 낙찰자선정방법 1. 적격심사 2. 협상에의한계약 3. 최저가낙찰제 4. 규격가격분리 5. 2단계 경쟁입찰 6. 기타 ( ) 7. 없음	운영예산 산정 운영예산 산정 1. 내부산정 (지자체 자체적으로 산정) 2. 외부산정 (외부전문기관위탁 산정) 3. 내·외부 모두 산정 4. 산정 無 5. 없음	운영예산 산정 정산방법 1. 내부정산 (지자체 내부적으로 정산) 2. 외부정산 (외부전문기관위탁 정산) 3. 내·외부 모두 산정 4. 정산 無 5. 없음	성과평가 실시여부 1. 실시 2. 미실시 3. 향후 추진 4. 해당없음
17998	경북 상주시	신년교례회개최지원	5,700	1	4	7	8	7	1	1	1
17999	경북 상주시	상주실버하모니카합주단지원	5,400	1	4	7	8	7	1	1	1
18000	경북 상주시	자돈폐사율감소지원	5,280	1	1	7	8	7	1	1	3
18001	경북 상주시	전통민요육성지원	5,040	1	4	7	8	7	1	1	1
18002	경북 상주시	공갈못문화정보나눔사업지원	5,040	1	4	7	8	7	1	1	1
18003	경북 상주시	의용소방대원선진지견학지원	5,000	1	1	7	8	7	1	1	4
18004	경북 상주시	경북풍물대축제참가지원	5,000	1	4	7	8	7	1	1	1
18005	경북 상주시	충효교실운영지원	5,000	1	4	7	8	7	1	1	1
18006	경북 상주시	바르게살기운동청년회조직활성화지원	5,000	1	1	7	8	7	1	1	1
18007	경북 상주시	유청소년및생활체육동호인육성지원	5,000	1	4	7	8	7	1	1	1
18008	경북 상주시	명실상주스포츠클럽대회개최및출전지원	5,000	1	4	7	8	7	1	1	1
18009	경북 상주시	한우능력경진대회출품축운반비지원	5,000	1	1	7	8	7	1	1	3
18010	경북 상주시	바르게살기운동청년회어르신나눔사랑봉사활동지원	4,950	1	1	7	8	7	1	1	1
18011	경북 상주시	북한이탈주민정착사업지원	4,900	1	4	6	1	6	1	1	3
18012	경북 상주시	지역주민안전망구축범죄예방활동지원	4,900	1	4	7	8	7	5	1	3
18013	경북 상주시	시조명인명창초청공연지원	4,500	1	4	7	8	7	1	1	1
18014	경북 상주시	찾아가는문화나들이지원	4,500	1	4	7	8	7	1	1	1
18015	경북 상주시	새마을재능기부봉사활동지원	4,500	1	4	7	8	7	1	1	1
18016	경북 상주시	바르게살기여성회봉사활동지원	4,500	1	1	7	8	7	1	1	1
18017	경북 상주시	어린이보호구역교통사고예방활동등지원	4,500	1	4	7	8	7	1	1	2
18018	경북 상주시	사회복지,치안협력및봉사활동사업지원	4,200	1	4	7	8	7	5	1	3
18019	경북 상주시	토종벌벌통지원	4,000	1	1	7	8	7	1	1	3
18020	경북 상주시	백화산을사랑하는모임지원	3,700	1	6	7	8	7	1	1	1
18021	경북 상주시	정보화마을운영활성화사업지원	3,600	1	1	7	8	7	5	5	4
18022	경북 상주시	어린이집문화체험한마당지원	3,600	1	7	7	8	7	1	1	4
18023	경북 상주시	산림소득활성화사업지원	3,500	1	1	7	8	7	5	5	4
18024	경북 상주시	대한불교상주법우회지원	3,300	1	6	7	8	7	1	1	1
18025	경북 상주시	재능기부봉사활동무용공연지원	3,150	1	4	7	8	7	1	1	1
18026	경북 상주시	상주문학집제36호발간지원	3,060	1	4	7	8	7	1	1	1
18027	경북 상주시	낙강시제시선집발간지원	3,060	1	4	7	8	7	1	1	1
18028	경북 상주시	정보화마을Festa참가지원	3,000	1	1	7	8	7	5	5	4
18029	경북 상주시	상주문화원지원	3,000	1	6	7	8	7	1	1	1
18030	경북 상주시	전고령가야왕릉보존회지원	3,000	1	6	7	8	7	1	1	1
18031	경북 상주시	문해교육강사역량강화사업지원	3,000	1	4	7	1	7	1	1	1
18032	경북 상주시	어린이민요체험교실지원	2,970	1	4	7	8	7	1	1	1
18033	경북 상주시	가훈보급및전시회지원	2,700	1	4	7	8	7	1	1	1
18034	경북 상주시	동부민요보존활동지원	2,700	1	4	7	8	7	1	1	1
18035	경북 상주시	여성안심호신술교육지원	2,700	1	6	7	8	7	1	1	1
18036	경북 상주시	광고물전시회출품작지원	2,700	1	1	7	8	7	5	1	1
18037	경북 상주시	존애원보존회지원	2,600	1	6	7	8	7	1	1	1

순번	시군구	지출명 (사업명)	2024년예산 (단위 : 천원 /1년간)	민간이전 분류 (지방자치단체 세출예산 집행기준에 의거) 1. 민간경상사업보조(307-02) 2. 민간단체 법정운영비보조(307-03) 3. 민간행사사업보조(307-04) 4. 민간위탁금(307-05) 5. 사회복지시설 법정운영비보조(307-10) 6. 민간인위탁교육비(307-12) 7. 공기관등에대한경상적위탁사업비(308-13) 8. 민간자본사업보조,자체재원(402-01) 9. 민간자본사업보조,이전재원(402-02) 10. 민간위탁사업비(402-03) 11. 공기관등에 대한 자본적 위탁사업비(403-02)	민간이전지출 근거 (지방보조금 관리기준 참고) 1. 법률에 규정 2. 국고보조 재원(국가지정) 3. 용도 지정 기부금 4. 조례에 직접규정 5. 지자체가 권장하는 사업을 하는 공공기관 6. 시,도 정책 및 재정사정 7. 기타 8. 해당없음	입찰방식 계약체결방법 (경쟁형태) 1. 일반경쟁 2. 제한경쟁 3. 지명경쟁 4. 수의계약 5. 법정위탁 6. 기타 ( ) 7. 없음	입찰방식 계약기간 1. 1년 2. 2년 3. 3년 4. 4년 5. 5년 6. 기타 ( )년 7. 단기계약 (1년미만) 8. 없음	입찰방식 낙찰자선정방법 1. 적격심사 2. 협상에의한계약 3. 최저가낙찰제 4. 규격가격분리 5. 2단계 경쟁입찰 6. 기타 ( ) 7. 없음	운영예산 산정 운영예산 산정 1. 내부산정 (지자체 자체적으로 산정) 2. 외부산정 (외부전문기관위탁 산정) 3. 내·외부 모두 산정 4. 산정 無 5. 없음	운영예산 산정 정산방법 1. 내부정산 (지자체 내부적으로 정산) 2. 외부정산 (외부전문기관위탁 정산) 3. 내·외부 모두 정산 4. 정산 無 5. 없음	성과평가 실시여부 1. 실시 2. 미실시 3. 향후 추진 4. 해당없음
18038	경북 상주시	도지정무형문화재(상주옹기장)공개행사지원	2,500	1	6	7	8	7	1	1	1
18039	경북 상주시	생활체육지도자활동보험료지원	2,460	1	4	7	8	7	1	1	1
18040	경북 상주시	전통문화예절교육지원	2,400	1	4	7	8	7	1	1	1
18041	경북 상주시	장애인생활체육지도자교통비지원	2,400	1	4	7	8	7	1	1	1
18042	경북 상주시	아동문학회연간집(푸른잔디)제7호발간지원	2,250	1	4	7	8	7	1	1	1
18043	경북 상주시	지역아동센터종사자역량강화워크숍행사지원	2,250	1	7	7	8	7	1	1	4
18044	경북 상주시	방범순찰및3대반칙행위근절사업지원	2,100	1	4	7	8	7	5	1	3
18045	경북 상주시	함창터사랑모임지원	2,100	1	6	7	8	7	1	1	1
18046	경북 상주시	한국민요전승보전지원	2,070	1	4	7	8	7	1	1	1
18047	경북 상주시	자매결연문화원교류사업지원	2,000	1	4	7	8	7	1	1	1
18048	경북 상주시	민족정신선양사업(한민족뿌리찾기)지원	2,000	1	4	7	8	7	1	1	1
18049	경북 상주시	도씨름왕선발대회출전경비지원	2,000	1	4	7	8	7	1	1	1
18050	경북 상주시	자연보호활동지원	1,980	1	5	7	1	7	5	1	4
18051	경북 상주시	경천대를사랑하는모임지원	1,600	1	6	7	8	7	1	1	1
18052	경북 상주시	장애인생활체육지도자자녀수당지원	1,200	1	4	7	8	7	1	1	1
18053	경북 상주시	유림지도자업무연찬지원	800	1	4	7	8	7	1	1	1
18054	경북 상주시	장애인생활체육지도자장기근속수당지원	800	1	4	7	8	7	1	1	1
18055	경북 상주시	장애인생활체육지도자활동보험료지원	324	1	4	7	8	7	1	1	1
18056	경북 문경시	경북도민체육대회출전경비	290,000	1	4	5	8	7	1	1	1
18057	경북 문경시	작은마을활성화사업	250,000	1	2	7	8	7	1	1	1
18058	경북 문경시	문화재야행사업	220,000	1	2	7	8	7	1	1	1
18059	경북 문경시	생활체육지도자지원(7명)	219,051	1	2	2	1	2	1	1	1
18060	경북 문경시	어르신체육지도자지원(5명)	160,840	1	2	5	8	7	3	1	1
18061	경북 문경시	경북도민생활체육대축전출전경비	150,000	1	2	5	8	7	3	1	1
18062	경북 문경시	생생문화재사업	145,000	1	4	5	8	7	1	1	1
18063	경북 문경시	영어체육교육지원	100,000	1	2	7	1	6	1	1	1
18064	경북 문경시	장애인생활체육지도자지원(3명)	93,879	1	4	7	8	7	5	5	4
18065	경북 문경시	[도비]제12회대한민국어린이제품디자인공모전지원	90,000	1	2	5	8	7	3	1	1
18066	경북 문경시	노인일자리특화사업	80,000	1	6	6	1	6	1	1	3
18067	경북 문경시	정보화마을프로그램관리자인건비지원(3명)	73,641	1	6	7	8	7	1	1	1
18068	경북 문경시	농촌체험휴양마을사무장채용지원	69,250	1	6	7	8	7	3	1	4
18069	경북 문경시	농업인정보지보급지원	67,944	1	1	7	8	7	5	1	4
18070	경북 문경시	새문경아카데미강좌운영	60,000	1	1	7	8	7	5	1	4
18071	경북 문경시	도민대학운영	60,000	1	4	7	8	7	1	1	1
18072	경북 문경시	중학생영어체험학습지원	60,000	1	1	7	8	7	5	5	4
18073	경북 문경시	새마을운동해외전문인력양성사업	60,000	1	4	7	8	7	5	5	4
18074	경북 문경시	학교교기지도비지원	56,000	1	1	7	8	7	1	1	1
18075	경북 문경시	경상북도지사기생활체육대회출전경비	55,000	1	4	5	8	7	1	1	1
18076	경북 문경시	종목단체동호인육성지원	50,000	1	4	5	8	7	1	1	1
18077	경북 문경시	전국소년/전국체전육성지원	50,000	1	4	5	8	7	1	1	1

순번	시군구	지출명 (사업명)	2024년예산 (단위 : 천원 /1년간)	민간이전 분류 (지방자치단체 세출예산 집행기준에 의거) 1. 민간경상사업보조(307-02) 2. 민간단체 법정운영비보조(307-03) 3. 민간행사사업보조(307-04) 4. 민간위탁금(307-05) 5. 사회복지시설 법정운영비보조(307-10) 6. 민간인위탁교육비(307-12) 7. 공기관등에대한경상적위탁사업비(308-13) 8. 민간자본사업보조,자체재원(402-01) 9. 민간자본사업보조,이전재원(402-02) 10. 민간위탁사업비(402-03) 11. 공기관등에 대한 자본적 위탁사업비(403-02)	민간이전지출 근거 (지방보조금 관리기준 참고) 1. 법률에 규정 2. 국고보조 재원(국가지정) 3. 용도 지정 기부금 4. 조례에 직접규정 5. 지자체가 권장하는 사업을 하는 공공기관 6. 시,도 정책 및 재정사정 7. 기타 8. 해당없음	입찰방식 계약체결방법 (경쟁형태) 1. 일반경쟁 2. 제한경쟁 3. 지명경쟁 4. 수의계약 5. 법정위탁 6. 기타 ( ) 7. 없음	입찰방식 계약기간 1. 1년 2. 2년 3. 3년 4. 4년 5. 5년 6. 기타 ( )년 7. 단기계약 (1년미만) 8. 없음	입찰방식 낙찰자선정방법 1. 적격심사 2. 협상에의한계약 3. 최저가낙찰제 4. 규격가격분리 5. 2단계 경쟁입찰 6. 기타 ( ) 7. 없음	운영예산 산정 운영예산 산정 1. 내부산정 (지자체 자체적으로 산정) 2. 외부산정 (외부전문기관위탁 산정) 3. 내·외부 모두 산정 4. 산정 無 5. 없음	운영예산 산정 정산방법 1. 내부정산 (지자체 내부적으로 정산) 2. 외부정산 (외부전문기관위탁 정산) 3. 내·외부 모두 산정 4. 정산 無 5. 없음	성과평가 실시여부 1. 실시 2. 미실시 3. 향후 추진 4. 해당없음
18078	경북 문경시	상무여자축구단활성화지원	50,000	1	7	7	8	7	1	1	1
18079	경북 문경시	향교서원문화재활용사업	50,000	1	2	7	1	6	1	1	1
18080	경북 문경시	우수선수발굴육성	45,000	1	4	5	8	7	1	1	1
18081	경북 문경시	꿈나무학교체육활성화지원	43,000	1	4	5	8	7	1	1	1
18082	경북 문경시	지역문화유산교육사업	42,000	1	2	6	1	6	1	1	1
18083	경북 문경시	경북장애인체육대회출전경비	40,000	1	4	5	8	7	1	1	1
18084	경북 문경시	학교고기육성비지원	37,000	1	4	5	8	7	1	1	1
18085	경북 문경시	푸른문경21증진사업	37,000	1	4	7	8	7	5	1	1
18086	경북 문경시	경북어르신생활체육대회출전경비	35,000	1	4	5	8	7	1	1	1
18087	경북 문경시	무형문화재전수관활성화사업	35,000	1	2	6	1	6	1	1	1
18088	경북 문경시	과실생산유통지원사업관리비지원	33,091	1	4	7	8	7	1	1	4
18089	경북 문경시	향토조사연구사업및문화원사업활동지원	33,000	1	4	7	8	7	1	1	1
18090	경북 문경시	건강백세를위한하하하운동	30,000	1	1	7	8	7	1	1	1
18091	경북 문경시	장애인생활체육교실운영지원	30,000	1	4	5	8	7	1	1	1
18092	경북 문경시	시민명륜학교강화	30,000	1	1	7	8	7	1	1	1
18093	경북 문경시	제11회문경새재전국휘호대회	30,000	1	4	7	8	7	1	1	1
18094	경북 문경시	문경향토사료33집발간	30,000	1	4	7	8	7	1	1	1
18095	경북 문경시	이야기가있는문화사랑방강좌	30,000	1	4	7	8	7	5	5	4
18096	경북 문경시	문경문원발간	30,000	1	1	7	8	7	1	1	1
18097	경북 문경시	근암서원선비체험교실	30,000	1	6	7	8	7	1	1	3
18098	경북 문경시	취약계층주거시설정비사업	28,000	1	4	7	8	7	1	1	1
18099	경북 문경시	무형문화재공개행사지원	28,000	1	6	7	8	7	1	1	1
18100	경북 문경시	생활체육교실운영지원	26,400	1	4	5	8	7	1	1	1
18101	경북 문경시	자연보호활동지원	26,000	1	4	7	8	7	5	1	1
18102	경북 문경시	친환경농산물잔류농약검사	25,200	1	6	7	8	7	1	1	4
18103	경북 문경시	통일안보사업	25,000	1	1	7	8	7	1	1	1
18104	경북 문경시	문경예술제	25,000	1	1	7	8	7	1	1	1
18105	경북 문경시	[국비]국악분야예술강사지원	24,890	1	2	7	8	7	1	1	1
18106	경북 문경시	농산업분야지역혁신청년일자리사업	24,600	1	1	7	8	7	5	1	4
18107	경북 문경시	향교문화전승보전지원	22,720	1	1	7	8	7	1	1	1
18108	경북 문경시	범죄피해자지원센터운영	22,000	1	1	7	8	7	1	1	1
18109	경북 문경시	쌀전농업정보지보급	20,160	1	4	7	8	7	1	1	4
18110	경북 문경시	평생교육중심도시구축지원	20,000	1	1	7	8	7	5	5	4
18111	경북 문경시	성인문해교육프로그램지원	20,000	1	1,4	7	8	7	5	5	4
18112	경북 문경시	복지사각지대주거환경개선및안심방역사업	20,000	1	1	7	8	7	1	1	1
18113	경북 문경시	건강백세를위한함께하는사랑방사업	20,000	1	1	7	8	7	1	1	1
18114	경북 문경시	생활체육동호인클럽경북리그출전경비	20,000	1	4	5	8	7	1	1	1
18115	경북 문경시	우수종목단체훈련비	20,000	1	4	5	8	7	1	1	1
18116	경북 문경시	초중고씨름부학교체육활성화지원	20,000	1	4	5	8	7	1	1	1
18117	경북 문경시	문경시민가요제개최	20,000	1	1	7	8	7	1	1	1

순번	시군구	지출명 (사업명)	2024년예산 (단위 : 천원 /1년간)	민간이전 분류 (지방자치단체 세출예산 집행기준에 의거) 1. 민간경상사업보조(307-02) 2. 민간단체 법정운영비보조(307-03) 3. 민간행사사업보조(307-04) 4. 민간위탁금(307-05) 5. 사회복지시설 법정운영비보조(307-10) 6. 민간인위탁교육비(307-12) 7. 공기관등에대한경상적위탁사업비(308-13) 8. 민간자본사업보조,자체재원(402-01) 9. 민간자본사업보조,이전재원(402-02) 10. 민간위탁사업비(402-03) 11. 공기관등에 대한 자본적 위탁사업비(403-02)	민간이전지출 근거 (지방보조금 관리기준 참고) 1. 법률에 규정 2. 국고보조 재원(국가지정) 3. 용도 지정 기부금 4. 조례에 직접규정 5. 지자체가 권장하는 사업을 하는 공공기관 6. 시,도 정책 및 재정사정 7. 기타 8. 해당없음	입찰방식 계약체결방법 (경쟁형태) 1. 일반경쟁 2. 제한경쟁 3. 지명경쟁 4. 수의계약 5. 법정위탁 6. 기타 ( ) 7. 없음	입찰방식 계약기간 1. 1년 2. 2년 3. 3년 4. 4년 5. 5년 6. 기타 ( )년 7. 단기계약 (1년미만) 8. 없음	입찰방식 낙찰자선정방법 1. 적격심사 2. 협상에의한계약 3. 최저가낙찰제 4. 규격가격분리 5. 2단계 경쟁입찰 6. 기타 ( ) 7. 없음	운영예산 산정 운영예산 산정 1. 내부산정 (지자체 자체적으로 산정) 2. 외부산정 (외부전문기관위탁 산정) 3. 내·외부 모두 산정 4. 산정 無 5. 없음	운영예산 산정 정산방법 1. 내부정산 (지자체 내부적으로 정산) 2. 외부정산 (외부전문기관위탁 정산) 3. 내·외부 모두 정산 4. 정산 無 5. 없음	성과평가 실시여부 1. 실시 2. 미실시 3. 향후 추진 4. 해당없음
18118	경북 문경시	찾아가는아리랑학교	20,000	1	6	7	8	7	1	1	3
18119	경북 문경시	친절한식품공중위생업소육성	20,000	1	4	7	8	7	5	5	4
18120	경북 문경시	음식점친절서비스컨설팅	20,000	1	4	7	8	7	5	5	4
18121	경북 문경시	우수식재료소비확대기반조성	20,000	1	4	7	8	7	5	5	4
18122	경북 문경시	문경시농업명장육성지원	20,000	1	2	7	8	7	5	5	4
18123	경북 문경시	장애인체육육성지원	19,000	1	4	7	8	7	5	1	4
18124	경북 문경시	자유민주주의체제수호사업	17,000	1	4	5	8	7	1	1	1
18125	경북 문경시	사랑의김장담가주기운동	17,000	1	1	7	8	7	1	1	1
18126	경북 문경시	안보선진지벤치마킹	15,000	1	4	7	8	7	1	1	1
18127	경북 문경시	전국소통토론대회	15,000	1	1	7	8	7	1	1	1
18128	경북 문경시	정보화마을운영홍보마케팅등지원	15,000	1	1	7	8	7	5	5	4
18129	경북 문경시	게이트볼대회출전경비	15,000	1	6	7	8	7	3	1	4
18130	경북 문경시	관내축구부활성화지원	15,000	1	4	5	8	7	1	1	1
18131	경북 문경시	문경시미용아카데미운영	15,000	1	4	5	8	7	1	1	1
18132	경북 문경시	생활체육지도자교통비지원	14,400	1	7	7	8	7	5	5	4
18133	경북 문경시	농어촌지역사랑의공부방운영지원	14,400	1	4	5	8	7	1	1	1
18134	경북 문경시	생활체육지도자장기근속수당지원(12명)	13,770	1	1	7	8	7	5	1	4
18135	경북 문경시	동계스쿨운영(스키,썰매)	13,000	1	4	5	8	7	1	1	1
18136	경북 문경시	평화통일을위한대국민의식계도	12,000	1	4	5	8	7	1	1	1
18137	경북 문경시	문경관광홍보및환경정화활동	12,000	1	4	7	8	7	1	1	1
18138	경북 문경시	기초푸드뱅크운영지원	12,000	1	4	7	8	7	1	1	1
18139	경북 문경시	문화학교운영지원	12,000	1	4	7	1	7	1	1	4
18140	경북 문경시	문경예술지발간	12,000	1	4	7	8	7	1	1	1
18141	경북 문경시	[도비]폐농약용기류잔류농약세척기지원사업	11,200	1	1	7	8	7	1	1	1
18142	경북 문경시	지역특화평생교육활성화지원	10,000	1	7	7	8	7	5	5	4
18143	경북 문경시	마을학습공동체지원	10,000	1	1	7	8	7	5	5	4
18144	경북 문경시	그라운드골프대회출전경비	10,000	1	1	7	8	7	5	5	4
18145	경북 문경시	유소년대회출전경비	10,000	1	4	5	8	7	1	1	1
18146	경북 문경시	관내유소년검도부활성화지원	10,000	1	4	5	8	7	1	1	1
18147	경북 문경시	전통문화예술지원사업	10,000	1	4	5	8	7	1	1	1
18148	경북 문경시	모전들소리공연	10,000	1	4	7	8	7	1	1	1
18149	경북 문경시	문경새재전국시낭송대회	10,000	1	1	7	8	7	1	1	1
18150	경북 문경시	찻사발축제대표향토음식전시	10,000	1	1	7	8	7	1	1	1
18151	경북 문경시	야생동물진료센터운영	10,000	1	4	7	8	7	5	5	4
18152	경북 문경시	친환경농업정보지보급지원	9,960	1	8	7	8	7	5	1	4
18153	경북 문경시	으뜸음식점종사자위생용품지원	9,600	1	6	7	8	7	1	1	4
18154	경북 문경시	문경구곡원림보존회,문경문화유적회	9,400	1	6	7	8	7	5	5	4
18155	경북 문경시	새마을지도자의식개혁교육	8,000	1	4	7	8	7	5	3	1
18156	경북 문경시	범도민독서생활화운동	8,000	1	4	7	8	7	1	1	1
18157	경북 문경시	농촌마을공동급식시설지원(운영)	8,000	1	6	7	8	7	5	1	4

순번	시군구	지출명 (사업명)	2024년예산 (단위 : 천원 /1년간)	민간이전 분류 (지방자치단체 세출예산 집행기준에 의거) 1. 민간경상사업보조(307-02) 2. 민간단체 법정운영비보조(307-03) 3. 민간행사사업보조(307-04) 4. 민간위탁금(307-05) 5. 사회복지시설 법정운영비보조(307-10) 6. 민간인위탁교육비(307-12) 7. 공기관등에대한경상적위탁사업비(308-13) 8. 민간자본사업보조,자체재원(402-01) 9. 민간자본사업보조,이전재원(402-02) 10. 민간위탁사업비(402-03) 11. 공기관등에 대한 자본적 위탁사업비(403-02)	민간이전지출 근거 (지방보조금 관리기준 참고) 1. 법률에 규정 2. 국고보조 재원(국가지정) 3. 용도 지정 기부금 4. 조례에 직접규정 5. 지자체가 권장하는 사업을 하는 공공기관 6. 시,도 정책 및 재정사정 7. 기타 8. 해당없음	입찰방식			운영예산 산정		성과평가 실시여부
						계약체결방법 (경쟁형태) 1. 일반경쟁 2. 제한경쟁 3. 지명경쟁 4. 수의계약 5. 법정위탁 6. 기타 ( ) 7. 없음	계약기간 1. 1년 2. 2년 3. 3년 4. 4년 5. 5년 6. 기타 ( )년 7. 단기계약 (1년미만) 8. 없음	낙찰자선정방법 1. 적격심사 2. 협상에의한계약 3. 최저가낙찰제 4. 규격가격분리 5. 2단계 경쟁입찰 6. 기타 ( ) 7. 없음	운영예산 산정 1. 내부산정 (지자체 자체적으로 산정) 2. 외부산정 (외부전문기관위탁 산정) 3. 내·외부 모두 산정 4. 산정 無 5. 없음	정산방법 1. 내부정산 (지자체 내부적으로 정산) 2. 외부정산 (외부전문기관위탁 정산) 3. 내·외부 모두 산정 4. 정산 無 5. 없음	1. 실시 2. 미실시 3. 향후 추진 4. 해당없음
18158	경북 문경시	지역치안선진지벤치마킹	7,800	1	1	7	8	7	1	1	1
18159	경북 문경시	농촌체험관광활성화지원	7,400	1	1	7	8	7	5	5	4
18160	경북 문경시	마을평생교육지도자양성사업	7,000	1	1,4	7	8	7	5	5	4
18161	경북 문경시	파크골프대회출전경비	7,000	1	4	5	8	7	1	1	1
18162	경북 문경시	장애인종목단체훈련비	7,000	1	4	5	8	7	1	1	1
18163	경북 문경시	청소년선도및범죄예방활동	6,000	1	4	7	8	7	1	1	1
18164	경북 문경시	충효교실운영지원	6,000	1	4	7	8	7	1	1	1
18165	경북 문경시	고박정희대통령추모식	6,000	1	1	7	8	7	1	1	1
18166	경북 문경시	고박정희대통령탄신숭모제	6,000	1	1	7	8	7	1	1	1
18167	경북 문경시	남북통일을위한대국민의식교육	5,800	1	4	7	8	7	1	1	1
18168	경북 문경시	희망나눔봉사활동	5,000	1	4	7	8	7	1	1	1
18169	경북 문경시	사랑의연탄보내기운동	5,000	1	4	7	8	7	1	1	1
18170	경북 문경시	찾아가는새마을전래놀이터운영	5,000	1	4	7	8	7	1	1	1
18171	경북 문경시	공경문화실천,이웃사랑음식나눔사업	5,000	1	4	7	8	7	1	1	1
18172	경북 문경시	문경시남원시자매결연행사	5,000	1	1	7	8	7	1	1	1
18173	경북 문경시	바르게살기운동청년회조직활성화	5,000	1	1	7	8	7	1	1	1
18174	경북 문경시	경북씨름왕선발대회출전경비	5,000	1	4	5	8	7	1	1	1
18175	경북 문경시	전국생활체육대축전(소프트테니스,족구)	5,000	1	4	5	8	7	1	1	1
18176	경북 문경시	충의사(신태식선생)향사봉행	5,000	1	1	7	8	7	1	1	1
18177	경북 문경시	경북선비아카데미	5,000	1	4	7	8	7	1	1	1
18178	경북 문경시	문경문학발간	5,000	1	1	7	8	7	1	1	1
18179	경북 문경시	식품및공중위생종사자워크숍	5,000	1	4	7	8	7	5	5	4
18180	경북 문경시	독서생활화운동및새마을환경안내소운영	4,500	1	4	7	8	7	1	1	1
18181	경북 문경시	스마트HACCP구축보급지원	4,500	1	6	7	8	7	5	5	4
18182	경북 문경시	생활체육지도자자녀수당	4,080	1	4	5	8	7	1	1	1
18183	경북 문경시	국민보도연맹사건위령제	4,000	1	4	7	8	7	1	1	1
18184	경북 문경시	문경유림대회	4,000	1	1	7	8	7	1	1	1
18185	경북 문경시	문화예술강좌및창조적문화활동	4,000	1	1	7	8	7	1	1	1
18186	경북 문경시	장애인생활체육지도자교통비지원	3,600	1	4	5	8	7	1	1	1
18187	경북 문경시	정보화마을Festa2024행사지원	3,000	1	6	7	8	7	3	1	4
18188	경북 문경시	기초질서및안전문화운동전개	3,000	1	1	7	8	7	1	1	1
18189	경북 문경시	사랑의떡국나누기사업(2회)	3,000	1	1	7	8	7	1	1	1
18190	경북 문경시	다자녀가정과함께하는사랑나누기행사	3,000	1	1	7	8	7	1	1	1
18191	경북 문경시	소양서원향사봉행	3,000	1	1	7	8	7	1	1	1
18192	경북 문경시	근암서원향사봉행	3,000	1	1	7	8	7	1	1	1
18193	경북 문경시	한시기초교육	3,000	1	1	7	8	7	1	1	1
18194	경북 문경시	유림학술발표회	3,000	1	1	7	8	7	1	1	1
18195	경북 문경시	유림학술대회(강의)	3,000	1	1	7	8	7	1	1	1
18196	경북 문경시	자녀인성교육	3,000	1	1	7	8	7	1	1	1
18197	경북 문경시	선비과정교육	3,000	1	1	7	8	7	1	1	1

순번	시군구	지출명 (사업명)	2024년예산 (단위 : 천원 /1년간)	민간이전 분류 (지방자치단체 세출예산 집행기준에 의거) 1. 민간경상사업보조(307-02) 2. 민간단체 법정운영비보조(307-03) 3. 민간행사사업보조(307-04) 4. 민간위탁금(307-05) 5. 사회복지시설 법정운영비보조(307-10) 6. 민간인위탁교육비(307-12) 7. 공기관등에대한경상적위탁사업비(308-13) 8. 민간자본사업보조,자체재원(402-01) 9. 민간자본사업보조,이전재원(402-02) 10. 민간위탁사업비(402-03) 11. 공기관등에 대한 자본적 위탁사업비(403-02)	민간이전지출 근거 (지방보조금 관리기준 참고) 1. 법률에 규정 2. 국고보조 재원(국가지정) 3. 용도 지정 기부금 4. 조례에 직접규정 5. 지자체가 권장하는 사업을 하는 공공기관 6. 시,도 정책 및 재정사정 7. 기타 8. 해당없음	입찰방식: 계약체결방법 (경쟁형태) 1. 일반경쟁 2. 제한경쟁 3. 지명경쟁 4. 수의계약 5. 법정위탁 6. 기타 ( ) 7. 없음	입찰방식: 계약기간 1. 1년 2. 2년 3. 3년 4. 4년 5. 5년 6. 기타 ( )년 7. 단기계약 (1년미만) 8. 없음	입찰방식: 낙찰자선정방법 1. 적격심사 2. 협상에의한계약 3. 최저가낙찰제 4. 규격가격분리 5. 2단계 경쟁입찰 6. 기타 ( ) 7. 없음	운영예산 산정: 운영예산 산정 1. 내부산정 (지자체 자체적으로 산정) 2. 외부산정 (외부전문기관위탁 산정) 3. 내·외부 모두 산정 4. 산정 無 5. 없음	운영예산 산정: 정산방법 1. 내부정산 (지자체 내부적으로 정산) 2. 외부정산 (외부전문기관위탁 정산) 3. 내·외부 모두 산정 4. 정산 無 5. 없음	성과평가 실시여부 1. 실시 2. 미실시 3. 향후 추진 4. 해당없음
18198	경북 문경시	국조단군정신선양사업	3,000	1	1	7	8	7	1	1	1
18199	경북 문경시	한시회전국수상작품집발간	3,000	1	1	7	8	7	1	1	1
18200	경북 문경시	청년유도회학술강연	3,000	1	1	7	8	7	1	1	1
18201	경북 문경시	문경새재문학지발간	3,000	1	1	7	8	7	1	1	1
18202	경북 문경시	동거부부전통혼인례및청소년인성교육	3,000	1	1	7	8	7	1	1	1
18203	경북 문경시	전통예절교육	2,500	1	1	7	8	7	1	1	1
18204	경북 문경시	전통예절교육	2,500	1	1	7	8	7	1	1	1
18205	경북 문경시	농촌체험휴양마을보험가입지원	2,320	1	2	7	8	7	5	1	4
18206	경북 문경시	새마을공원관리사업	2,000	1	4	7	8	7	1	1	1
18207	경북 문경시	숭위전(견훤왕)향사봉행	2,000	1	1	7	8	7	1	1	1
18208	경북 문경시	충렬사(신길원현감)향사봉행	2,000	1	1	7	8	7	1	1	1
18209	경북 문경시	옥소영각향사봉행	2,000	1	1	7	8	7	1	1	1
18210	경북 문경시	국학강좌및국학탐방	2,000	1	1	7	8	7	1	1	1
18211	경북 문경시	임란의병기념식	2,000	1	4	7	8	7	5	1	4
18212	경북 문경시	생활체육지도자활동보험료지원(12명)	1,968	1	2	5	8	7	3	1	1
18213	경북 문경시	장애인생활체육지도자장기근속수당지원	1,780	1	4	5	8	7	1	1	1
18214	경북 문경시	바르게살기운동건전생활실천교육	1,650	1	1	7	8	7	1	1	1
18215	경북 문경시	농촌민박서비스안전교육	1,568	1	1	7	8	7	5	1	4
18216	경북 문경시	한문교실운영	1,000	1	1	7	8	7	1	1	1
18217	경북 문경시	장애인생활체육지도자보험료	486	1	2	5	8	7	3	1	1
18218	경북 경산시	친환경농축산물학교급식지원	4,136,199	1	6	7	8	7	5	5	4
18219	경북 경산시	4등급노후경유차조기폐차지원	3,330,000	1	2	7	8	7	5	5	4
18220	경북 경산시	5등급노후경유차조기폐차지원	2,240,000	1	2	7	8	7	5	5	4
18221	경북 경산시	통합문화이용권사업지원	1,907,230	1	2	7	8	7	1	1	4
18222	경북 경산시	옹골찬포장박스지원사업	1,800,000	1	4	7	8	7	1	1	4
18223	경북 경산시	축산농가건초지원	1,000,000	1	4	7	8	7	1	1	4
18224	경북 경산시	첨단기능성소재기반시기능보조기기산업육성사업	650,000	1	4	7	8	7	5	5	4
18225	경북 경산시	청년농업인영농정착지원	646,080	1	4	7	8	7	1	3	1
18226	경북 경산시	로봇선도기술사업화지원사업	500,000	1	2	7	8	7	1	1	4
18227	경북 경산시	청색기술선도연구센터	500,000	1	4	7	8	7	5	5	4
18228	경북 경산시	경산시전문대학협력기반고등직업교육거점지구(HiVE)사업	500,000	1	2	7	6	7	1	3	1
18229	경북 경산시	지역산업연계형대학특성화학과혁신지원(K뷰티비즈니스학과)	470,000	1	2	7	8	7	1	1	1
18230	경북 경산시	지역산업연계형대학특성화학과혁신지원사업(로봇공학과)	450,000	1	7	7	5	6	1	3	1
18231	경북 경산시	중소기업정규직프로젝트(중소기업인턴사원제)	420,000	1	6	7	8	7	5	5	4
18232	경북 경산시	도민체전대비우수선수및우수단체훈련비	415,000	1	1	7	8	7	1	1	1
18233	경북 경산시	노후건설기계조기폐차지원	410,300	1	2	7	8	7	5	5	4
18234	경북 경산시	지역산업연계형대학특성화학과혁신지원사업(반도체전자공학과)	400,000	1	7	7	5	6	1	3	1
18235	경북 경산시	대학일자리플러스센터지원(국가직접지원)	400,000	1	2	7	8	7	5	3	1
18236	경북 경산시	사회적기업등일자리창출사업	400,000	1	2	7	8	7	5	5	4
18237	경북 경산시	지역우수농특산물상품차별화소포장지원	400,000	1	4	7	8	7	1	1	4

순번	시군구	지출명 (사업명)	2024년예산 (단위 : 천원 /1년간)	민간이전 분류 (지방자치단체 세출예산 집행기준에 의거) 1. 민간경상사업보조(307-02) 2. 민간단체 법정운영비보조(307-03) 3. 민간행사사업보조(307-04) 4. 민간위탁금(307-05) 5. 사회복지시설 법정운영비보조(307-10) 6. 민간인위탁교육비(307-12) 7. 공기관등에대한경상적위탁사업비(308-13) 8. 민간자본사업보조,자체재원(402-01) 9. 민간자본사업보조,이전재원(402-02) 10. 민간위탁사업비(402-03) 11. 공기관등에 대한 자본적 위탁사업비(403-02)	민간이전지출 근거 (지방보조금 관리기준 참고) 1. 법률에 규정 2. 국고보조 재원(국가지정) 3. 용도 지정 기부금 4. 조례에 직접규정 5. 지자체가 권장하는 사업을 하는 공공기관 6. 시,도 정책 및 재정사정 7. 기타 8. 해당없음	입찰방식			운영예산 산정		성과평가 실시여부
						계약체결방법 (경쟁형태) 1. 일반경쟁 2. 제한경쟁 3. 지명경쟁 4. 수의계약 5. 법정위탁 6. 기타 ( ) 7. 없음	계약기간 1. 1년 2. 2년 3. 3년 4. 4년 5. 5년 6. 기타 ( )년 7. 단기계약 (1년미만) 8. 없음	낙찰자선정방법 1. 적격심사 2. 협상에의한계약 3. 최저가낙찰제 4. 규격가격분리 5. 2단계 경쟁입찰 6. 기타 ( ) 7. 없음	운영예산 산정 1. 내부산정 (지자체 자체적으로 산정) 2. 외부산정 (외부전문기관위탁 산정) 3. 내·외부 모두 산정 4. 산정 無 5. 없음	정산방법 1. 내부정산 (지자체 내부적으로 정산) 2. 외부정산 (외부전문기관위탁 정산) 3. 내·외부 모두 산정 4. 정산 無 5. 없음	1. 실시 2. 미실시 3. 향후 추진 4. 해당없음
18238	경북 경산시	전속출하조직육성	400,000	1	6	7	8	7	5	5	4
18239	경북 경산시	조사료생산용사일리지제조비지원	368,550	1	2	7	8	7	5	5	4
18240	경북 경산시	조기취업형계약학과육성지원(국가직접지원)	357,500	1	2	7	8	7	5	3	1
18241	경북 경산시	친환경농축산물유치원급식지원	342,000	1	4	7	8	7	5	5	4
18242	경북 경산시	경산FCU15축구단훈련비및출전비	305,100	1	1	7	8	7	1	1	1
18243	경북 경산시	퍼스널케어융합얼라이언스육성사업	300,000	1	2	7	8	7	1	3	1
18244	경북 경산시	경북형청년로컬상생플랫폼구축	300,000	1	7	7	8	7	5	5	4
18245	경북 경산시	경북도민체육대회출전비	300,000	1	1	7	8	7	1	1	1
18246	경북 경산시	대구대학교정신건강상담센터운영	287,090	1	1	7	8	7	3	1	1
18247	경북 경산시	역노화연구및기술개발사업	250,000	1	7	7	1	7	1	3	1
18248	경북 경산시	축산분뇨처리수거비용지원	250,000	1	4	7	8	7	5	5	4
18249	경북 경산시	정신재활시설기능보강사업(신축)	242,550	1	2	7	8	7	3	1	1
18250	경북 경산시	청년예비창업가육성지원	210,000	1	6	7	8	7	5	1	1
18251	경북 경산시	경산체력인증센터운영	203,640	1	1	7	8	7	1	1	1
18252	경북 경산시	경산문화원사업비	203,331	1	4	7	8	7	1	1	1
18253	경북 경산시	경북형향기산업기반조성프로젝트	200,000	1	7	7	8	7	5	5	4
18254	경북 경산시	SW중심대학육성지원사업(국가직접지원)	200,000	1	2	7	8	7	5	3	1
18255	경북 경산시	벤처기업집적시설입주기업역량강화	195,000	1	1	7	8	7	1	1	4
18256	경북 경산시	일반생활체육지도자배치	187,758	1	1	7	8	7	1	1	1
18257	경북 경산시	경북도민체육대회출전훈련비	183,000	1	1	7	8	7	1	1	1
18258	경북 경산시	공동방제단운영	167,970	1	2	7	8	7	5	5	4
18259	경북 경산시	농산물공동선별비지원	160,000	1	2	7	8	7	1	1	4
18260	경북 경산시	어르신전담생활체육지도자배치	156,465	1	1	7	8	7	1	1	1
18261	경북 경산시	여성농업인행복바우처지원	156,000	1	6	7	8	7	1	1	4
18262	경북 경산시	농촌돌봄거점농장지원	155,000	1	2	7	8	7	1	1	4
18263	경북 경산시	라이프로그용멀티모달언택트센싱선도연구센터	150,000	1	2	7	6	7	1	3	1
18264	경북 경산시	농촌인력중개센터운영지원	150,000	1	2	7	8	7	5	5	1
18265	경북 경산시	학생승마체험(일반승마)	139,328	1	2	7	8	7	5	5	4
18266	경북 경산시	희망의집운영	133,882	1	2	7	8	7	3	1	1
18267	경북 경산시	농촌인력지원센터지원	133,000	1	6	7	8	7	5	5	1
18268	경북 경산시	축산농가악취저감제지원사업	125,000	1	4	7	8	7	5	5	4
18269	경북 경산시	가축사양관리용제지원	120,000	1	4	7	8	7	5	5	4
18270	경북 경산시	면역강화용사료첨가제지원	117,750	1	6	7	8	7	5	5	4
18271	경북 경산시	농산물유통구조개선지원(통합마케팅)	116,670	1	6	7	8	7	5	5	4
18272	경북 경산시	경북도민생활체육대회출전비	110,000	1	1	7	8	7	1	1	1
18273	경북 경산시	농촌돌봄농장지원	110,000	1	2	7	8	7	1	1	4
18274	경북 경산시	천원의아침밥지원	103,900	1	6	7	8	7	1	1	4
18275	경북 경산시	돼지써코바이러스백신구입지원	102,533	1	2	7	8	7	5	5	4
18276	경북 경산시	지역산업연계형대학특성화학과혁신지원사업(반도체전자공학과)	100,000	1	7	7	5	6	1	3	1
18277	경북 경산시	창업교육혁신선도대학(STOUT)사업	100,000	1	2	7	8	7	5	5	4

순번	시군구	지출명 (사업명)	2024년예산 (단위 : 천원 /1년간)	민간이전 분류 (지방자치단체 세출예산 집행기준에 의거) 1. 민간경상사업보조(307-02) 2. 민간단체 법정운영비보조(307-03) 3. 민간행사사업보조(307-04) 4. 민간위탁금(307-05) 5. 사회복지시설 법정운영비보조(307-10) 6. 민간인위탁교육비(307-12) 7. 공기관등에대한경상적위탁사업비(308-13) 8. 민간자본사업보조,자체재원(402-01) 9. 민간자본사업보조,이전재원(402-02) 10. 민간위탁사업비(402-03) 11. 공기관등에 대한 자본적 위탁사업비(403-02)	민간이전지출 근거 (지방보조금 관리기준 참고) 1. 법률에 규정 2. 국고보조 재원(국가지정) 3. 용도 지정 기부금 4. 조례에 직접규정 5. 지자체가 권장하는 사업을 하는 공공기관 6. 시,도 정책 및 재정사정 7. 기타 8. 해당없음	입찰방식: 계약체결방법 (경쟁형태) 1. 일반경쟁 2. 제한경쟁 3. 지명경쟁 4. 수의계약 5. 법정위탁 6. 기타 ( ) 7. 없음	입찰방식: 계약기간 1. 1년 2. 2년 3. 3년 4. 4년 5. 5년 6. 기타 ( )년 7. 단기계약 (1년미만) 8. 없음	입찰방식: 낙찰자선정방법 1. 적격심사 2. 협상에의한계약 3. 최저가낙찰제 4. 규격가격분리 5. 2단계 경쟁입찰 6. 기타 ( ) 7. 없음	운영예산 산정: 운영예산 산정 1. 내부산정 (지자체 자체적으로 산정) 2. 외부산정 (외부전문기관위탁 산정) 3. 내·외부 모두 산정 4. 산정 無 5. 없음	운영예산 산정: 정산방법 1. 내부정산 (지자체 내부적으로 정산) 2. 외부정산 (외부전문기관위탁 정산) 3. 내·외부 모두 정산 4. 정산 無 5. 없음	성과평가 실시여부 1. 실시 2. 미실시 3. 향후 추진 4. 해당없음
18278	경북 경산시	창업교육혁신선도대학(STOUT)사업	100,000	1	2	7	8	7	5	5	4
18279	경북 경산시	전통시장화재안전시설개보수	100,000	1	1	7	8	7	1	1	1
18280	경북 경산시	농산물유통구조개선지원(포장재)	100,000	1	6	7	8	7	5	5	4
18281	경북 경산시	생활체육교실운영지원	98,800	1	1	7	8	7	1	1	1
18282	경북 경산시	가축분뇨위탁처리비용지원	96,000	1	4	7	8	7	5	5	4
18283	경북 경산시	도및전국단위생활체육대회출전비	90,000	1	1	7	8	7	1	1	1
18284	경북 경산시	도민체전대비고등부선수지도자수당	86,000	1	1	7	8	7	1	1	1
18285	경북 경산시	경북도민체육대회장비대	80,000	1	1	7	8	7	1	1	1
18286	경북 경산시	경산복숭아영농조합공동선별포장재지원	80,000	1	4	7	8	7	1	1	4
18287	경북 경산시	저능력미경산우비육지원	80,000	1	6	7	8	7	5	5	4
18288	경북 경산시	경북소셜비즈니스청년일자리사업(인건비)	77,930	1	2	7	8	7	5	5	4
18289	경북 경산시	체육회가맹단체육성지원	74,400	1	1	7	8	7	1	1	1
18290	경북 경산시	국외폐기물처리시설견학	74,250	1	1	7	8	7	5	5	4
18291	경북 경산시	외국인근로자상담센터운영지원	74,000	1	6	7	1	7	1	1	4
18292	경북 경산시	34희망잡고(JobGo)아카데미운영	70,000	1	1	7	8	7	1	1	1
18293	경북 경산시	경산학대학교양강좌개설	70,000	1	4	7	8	7	1	1	1
18294	경북 경산시	청년고용일자리창출우수기업ESG경영도입지원사업	70,000	1	4	7	8	7	1	1	1
18295	경북 경산시	우수농특산물홈쇼핑방송(라이브커머스)지원	70,000	1	4	7	8	7	5	5	4
18296	경북 경산시	산업디지털전환협업지원센터지원사업	65,000	1	4	7	8	7	1	1	4
18297	경북 경산시	댐주변지역주민지원사업	63,514	1	2	7	8	7	5	5	4
18298	경북 경산시	장애인생활체육지도자배치	62,586	1	7	7	8	7	5	5	4
18299	경북 경산시	농산업분야지역혁신청년일자리지원	61,500	1	1	7	8	7	1	1	1
18300	경북 경산시	도민대학운영	60,000	1	2	7	8	7	1	1	4
18301	경북 경산시	시민화합행복기원	60,000	1	6	7	8	7	1	1	1
18302	경북 경산시	만화로보는시니어전성시대	60,000	1	4	7	8	7	1	1	1
18303	경북 경산시	리틀야구단및주니어야구단훈련비및출전비	60,000	1	4	7	8	7	5	5	4
18304	경북 경산시	공공비축미곡매입지원(조작비)	60,000	1	1	7	8	7	1	1	1
18305	경북 경산시	노동법률상담소운영지원	54,300	1	6	7	8	7	1	1	3
18306	경북 경산시	국악분야예술강사지원	54,016	1	6	7	1	7	1	1	4
18307	경북 경산시	창업중심대학사업지원	50,000	1	2	7	8	7	1	1	4
18308	경북 경산시	농식품국외판촉지원	50,000	1	7	7	5	7	1	1	1
18309	경북 경산시	포도소포장재지원	50,000	1	4	7	8	7	1	1	4
18310	경북 경산시	용성농협퇴비공장포장재지원	50,000	1	4	7	8	7	1	1	4
18311	경북 경산시	농산물산지유통기능활성화지원	49,000	1	6	7	8	7	5	5	1
18312	경북 경산시	과실브랜드육성사업	49,000	1	6	7	8	7	1	1	4
18313	경북 경산시	전통식품브랜드경쟁력제고사업	49,000	1	6	7	8	7	5	5	4
18314	경북 경산시	농촌에서살아보기	48,600	1	6	7	8	7	5	5	4
18315	경북 경산시	국내우수소각장견학	48,000	1	1	7	8	7	1	1	4
18316	경북 경산시	국외폐기물처리시설견학	48,000	1	1	7	8	7	5	5	4
18317	경북 경산시	비육용암소시장육성사업	46,200	1	2	7	8	7	5	5	4

순번	시군구	지출명 (사업명)	2024년예산 (단위 : 천원 /1년간)	민간이전 분류 (지방자치단체 세출예산 집행기준에 의거) 1. 민간경상사업보조(307-02) 2. 민간단체 법정운영비보조(307-03) 3. 민간행사사업보조(307-04) 4. 민간위탁금(307-05) 5. 사회복지시설 법정운영비보조(307-10) 6. 민간인위탁교육비(307-12) 7. 공기관등에대한경상적위탁사업비(308-13) 8. 민간자본사업보조,자체재원(402-01) 9. 민간자본사업보조,이전재원(402-02) 10. 민간위탁사업비(402-03) 11. 공기관등에 대한 자본적 위탁사업비(403-02)	민간이전지출 근거 (지방보조금 관리기준 참고) 1. 법률에 규정 2. 국고보조 재원(국가지정) 3. 용도 지정 기부금 4. 조례에 직접규정 5. 지자체가 권장하는 사업을 하는 공공기관 6. 시,도 정책 및 재정사정 7. 기타 8. 해당없음	입찰방식			운영예산 산정		성과평가 실시여부
						계약체결방법 (경쟁형태) 1. 일반경쟁 2. 제한경쟁 3. 지명경쟁 4. 수의계약 5. 법정위탁 6. 기타 ( ) 7. 없음	계약기간 1. 1년 2. 2년 3. 3년 4. 4년 5. 5년 6. 기타 ( )년 7. 단기계약 (1년미만) 8. 없음	낙찰자선정방법 1. 적격심사 2. 협상에의한계약 3. 최저가낙찰제 4. 규격가격분리 5. 2단계 경쟁입찰 6. 기타 ( ) 7. 없음	운영예산 산정 1. 내부산정 (지자체 자체적으로 산정) 2. 외부산정 (외부전문기관위탁 산정) 3. 내·외부 모두 산정 4. 산정 無 5. 없음	정산방법 1. 내부정산 (지자체 내부적으로 정산) 2. 외부정산 (외부전문기관위탁 정산) 3. 내·외부 모두 산정 4. 정산 無 5. 없음	1. 실시 2. 미실시 3. 향후 추진 4. 해당없음
18318	경북 경산시	국내우수사업장비교견학	44,400	1	1	7	8	7	5	5	4
18319	경북 경산시	새마을운동추진운영지원	43,000	1	1	7	8	7	1	1	2
18320	경북 경산시	조사료생산장려금지원	42,000	1	6	7	8	7	5	5	4
18321	경북 경산시	한우등록비지원	42,000	1	6	7	8	7	5	5	4
18322	경북 경산시	한우암소유전체분석사업	40,500	1	6	7	8	7	5	5	4
18323	경북 경산시	밭작물공동경영체역량강화	40,500	1	2	7	8	7	5	5	1
18324	경북 경산시	창의융합형공학인재양성사업	40,000	1	2	7	8	7	5	5	4
18325	경북 경산시	과실생산유통지원사업관리비지원	39,744	1	1	7	8	7	5	5	1
18326	경북 경산시	유학생,다문화가정과함께하는독도지킴이사업	38,710	1	1	7	8	7	5	5	4
18327	경북 경산시	평화통일기반조성사업지원	38,600	1	1	7	8	7	1	1	1
18328	경북 경산시	학생승마체험(재활승마)	36,960	1	2	7	8	7	5	5	4
18329	경북 경산시	지역문화사랑방운영	35,100	1	4	7	8	7	1	1	4
18330	경북 경산시	농식품가공유통마케팅지원사업	35,000	1	4	7	8	7	5	5	4
18331	경북 경산시	호장행렬조마동력운반차제작및연장구입지원	33,000	1	4	7	8	7	1	1	1
18332	경북 경산시	계정숲별별이야기	32,400	1	4	7	8	7	1	1	4
18333	경북 경산시	이공분야대학중점연구소지원사업	30,000	1	2	7	6	7	1	1	1
18334	경북 경산시	마을기업지원	30,000	1	2	7	8	7	5	5	4
18335	경북 경산시	경북장애인생활체육대제전출전비	30,000	1	1	7	8	7	1	1	1
18336	경북 경산시	신선농산물해외시장개척지원	30,000	1	6	7	8	7	1	1	4
18337	경북 경산시	주요행사질서관리및시민안녕을위한활동	25,000	1	4	7	8	7	1	1	1
18338	경북 경산시	생태계교란생물퇴치사업	25,000	1	1	7	8	7	5	5	4
18339	경북 경산시	경산자인단오제전수교육관활성화사업	25,000	1	2	7	8	7	1	1	1
18340	경북 경산시	경북어르신생활체육대회출전비	25,000	1	1	7	8	7	1	1	1
18341	경북 경산시	생활개선회도대회참가지원	25,000	1	1	7	8	7	5	5	4
18342	경북 경산시	정보화마을프로그램관리자육성	24,815	1	7	6	6	6	1	1	1
18343	경북 경산시	전통문화예절교육	24,000	1	4	7	8	7	1	1	1
18344	경북 경산시	마을회관난방비지원사업	24,000	1	1	7	8	7	5	5	4
18345	경북 경산시	낙농헬퍼(도우미)지원	21,600	1	6	7	8	7	5	5	4
18346	경북 경산시	보훈단체전적지순례	21,000	1	1	7	8	7	1	1	1
18347	경북 경산시	석전대제(춘추)	21,000	1	4	7	8	7	1	1	1
18348	경북 경산시	국내개최국제박람회참가지원(부스임차료)	20,000	1	1	7	8	7	1	1	4
18349	경북 경산시	새마을환경살리기	20,000	1	1	7	8	7	1	1	2
18350	경북 경산시	시민상생캠퍼스지원	20,000	1	1	7	8	7	1	1	1
18351	경북 경산시	한방건강행복대학	20,000	1	1	7	8	7	1	1	1
18352	경북 경산시	성인문해교육프로그램지원	20,000	1	1	7	8	7	1	1	1
18353	경북 경산시	지역특화평생교육활성화지원사업	20,000	1	6	7	8	7	1	1	1
18354	경북 경산시	평생학습도시지원	20,000	1	6	7	8	7	1	1	1
18355	경북 경산시	유기질비료지원	20,000	1	2	7	8	1	1	1	1
18356	경북 경산시	한국자유총연맹	19,000	1	1	7	8	7	1	1	1
18357	경북 경산시	전통시장화재공제지원사업	18,648	1	1	7	8	7	3	1	4

순번	시군구	지출명 (사업명)	2024년예산 (단위 : 천원 /1년간)	민간이전 분류 (지방자치단체 세출예산 집행기준에 의거) 1. 민간경상사업보조(307-02) 2. 민간단체 법정운영비보조(307-03) 3. 민간행사사업보조(307-04) 4. 민간위탁금(307-05) 5. 사회복지시설 법정운영비보조(307-10) 6. 민간인위탁교육비(307-12) 7. 공기관등에대한경상적위탁사업비(308-13) 8. 민간자본사업보조,자체재원(402-01) 9. 민간자본사업보조,이전재원(402-02) 10. 민간위탁사업비(402-03) 11. 공기관등에 대한 자본적 위탁사업비(403-02)	민간이전지출 근거 (지방보조금 관리기준 참고) 1. 법률에 규정 2. 국고보조 재원(국가지정) 3. 용도 지정 기부금 4. 조례에 직접규정 5. 지자체가 권장하는 사업을 하는 공공기관 6. 시,도 정책 및 재정사정 7. 기타 8. 해당없음	입찰방식 계약체결방법 (경쟁형태) 1. 일반경쟁 2. 제한경쟁 3. 지명경쟁 4. 수의계약 5. 법정위탁 6. 기타 ( ) 7. 없음	입찰방식 계약기간 1. 1년 2. 2년 3. 3년 4. 4년 5. 5년 6. 기타 ( )년 7. 단기계약 (1년미만) 8. 없음	입찰방식 낙찰자선정방법 1. 적격심사 2. 협상에의한계약 3. 최저가낙찰제 4. 규격가격분리 5. 2단계 경쟁입찰 6. 기타 ( ) 7. 없음	운영예산 산정 운영예산 산정 1. 내부산정 (지자체 자체적으로 산정) 2. 외부산정 (외부전문기관위탁 산정) 3. 내·외부 모두 산정 4. 산정 無 5. 없음	운영예산 산정 정산방법 1. 내부정산 (지자체 내부적으로 정산) 2. 외부정산 (외부전문기관위탁 정산) 3. 내·외부 모두 산정 4. 정산 無 5. 없음	성과평가 실시여부 1. 실시 2. 미실시 3. 향후 추진 4. 해당없음
18358	경북 경산시	호국보훈의달보훈가족위로사업	18,000	1	1	7	8	7	1	1	1
18359	경북 경산시	서원등제수비	18,000	1	4	7	8	7	1	1	1
18360	경북 경산시	임산물상품화지원	17,500	1	2	7	8	1	1	1	1
18361	경북 경산시	신선농산물수출경쟁력제고	16,200	1	6	7	8	7	1	1	4
18362	경북 경산시	닭진드기공동방제지원	16,000	1	2	7	8	7	5	5	4
18363	경북 경산시	주변영향지역경로당및마을회관난방비지원	16,000	1	1	7	8	7	5	5	4
18364	경북 경산시	―산업재해예방현장기능인력양성사업	15,260	1	4	7	8	7	5	5	4
18365	경북 경산시	어린이교통안전교육및현장지도	15,000	1	4	1	1	6	1	1	1
18366	경북 경산시	경산향교명륜교실운영	15,000	1	4	7	8	7	1	1	1
18367	경북 경산시	종목별장애인체육대회출전비	15,000	1	1	7	8	7	1	1	1
18368	경북 경산시	수출포장재지원사업	15,000	1	4	7	8	7	1	1	4
18369	경북 경산시	양봉농가질병관리지원	14,400	1	2	7	8	7	5	5	4
18370	경북 경산시	범죄피해자지원센터지원	14,000	1	4	7	8	7	1	1	1
18371	경북 경산시	한우친자확인비지원	14,000	1	6	7	8	7	5	5	4
18372	경북 경산시	한센환자관리사업	13,600	1	1	7	8	7	5	5	4
18373	경북 경산시	유교문화및전통민속놀이계승발전사업	13,400	1	4	7	8	7	1	1	1
18374	경북 경산시	젖소능력개량	13,340	1	6	7	8	7	5	5	4
18375	경북 경산시	일반및어르신생활체육지도자교통비지원	13,200	1	1	7	8	7	1	1	1
18376	경북 경산시	전적지순례및6.25바로알리기교육	13,000	1	1	7	8	7	1	1	1
18377	경북 경산시	경산향교예절교실운영	13,000	1	4	7	8	7	1	1	1
18378	경북 경산시	시민주도의친절질서청결운동	12,000	1	4	7	8	7	1	1	1
18379	경북 경산시	기로연행사시연	12,000	1	4	7	8	7	1	1	1
18380	경북 경산시	경북리그축구대회훈련비및출전비	12,000	1	1	7	8	7	1	1	1
18381	경북 경산시	돼지소모성질환지도사업	12,000	1	2	7	8	7	5	5	4
18382	경북 경산시	가금농가질병관리지원	12,000	1	2	7	8	7	5	5	4
18383	경북 경산시	전통농악발전사업	11,800	1	4	7	8	7	1	1	1
18384	경북 경산시	경산코발트광산합동위령제	11,000	1	1	7	8	7	1	1	1
18385	경북 경산시	일반및어르신생활체육지도자근속수당지원	10,490	1	1	7	8	7	1	1	1
18386	경북 경산시	경산공설시장	10,080	1	1	7	8	7	1	1	1
18387	경북 경산시	―자유수호단체워크숍	10,000	1	1	7	8	7	1	1	1
18388	경북 경산시	여성기업인경영연수지원	10,000	1	1	7	8	7	1	1	4
18389	경북 경산시	시정발전을위한생활현장위해요소순찰제실시	10,000	1	4	7	8	7	1	1	1
18390	경북 경산시	바르게살기운동추진운영지원	10,000	1	1	7	8	7	1	1	2
18391	경북 경산시	우수학습동아리지원	10,000	1	1	7	8	7	1	1	1
18392	경북 경산시	우수평생교육기관프로그램지원	10,000	1	1	7	8	7	1	1	1
18393	경북 경산시	평생교육지도자양성사업	10,000	1	6	7	8	7	1	1	1
18394	경북 경산시	교통질서계도및교통캠페인	10,000	1	1	7	8	7	1	1	1
18395	경북 경산시	경산자인단오제무형문화재전승보전(여원무)	10,000	1	4	7	8	7	1	1	1
18396	경북 경산시	경산자인단오제무형문화재전승보전(팔광대)	10,000	1	4	7	8	7	1	1	1
18397	경북 경산시	계정들소리무형문화재전승보전	10,000	1	4	7	8	7	1	1	1

순번	시군구	지출명 (사업명)	2024년예산 (단위 : 천원 /1년간)	민간이전 분류 (지방자치단체 세출예산 집행기준에 의거) 1. 민간경상사업보조(307-02) 2. 민간단체 법정운영비보조(307-03) 3. 민간행사사업보조(307-04) 4. 민간위탁금(307-05) 5. 사회복지시설 법정운영비보조(307-10) 6. 민간인위탁교육비(307-12) 7. 공기관등에대한경상적위탁사업비(308-13) 8. 민간자본사업보조,자체재원(402-01) 9. 민간자본사업보조,이전재원(402-02) 10. 민간위탁사업비(402-03) 11. 공기관등에 대한 자본적 위탁사업비(403-02)	민간이전지출 근거 (지방보조금 관리기준 참고) 1. 법률에 규정 2. 국고보조 재원(국가지정) 3. 용도 지정 기부금 4. 조례에 직접규정 5. 지자체가 권장하는 사업을 하는 공공기관 6. 시,도 정책 및 재정사정 7. 기타 8. 해당없음	입찰방식			운영예산 산정		성과평가 실시여부
						계약체결방법 (경쟁형태) 1. 일반경쟁 2. 제한경쟁 3. 지명경쟁 4. 수의계약 5. 법정위탁 6. 기타 ( ) 7. 없음	계약기간 1. 1년 2. 2년 3. 3년 4. 4년 5. 5년 6. 기타 ( )년 7. 단기계약 (1년미만) 8. 없음	낙찰자선정방법 1. 적격심사 2. 협상에의한계약 3. 최저가낙찰제 4. 규격가격분리 5. 2단계 경쟁입찰 6. 기타 ( ) 7. 없음	운영예산 산정 1. 내부산정 (지자체 자체적으로 산정) 2. 외부산정 (외부전문기관위탁 산정) 3. 내·외부 모두 산정 4. 산정 無 5. 없음	정산방법 1. 내부정산 (지자체 내부적으로 정산) 2. 외부정산 (외부전문기관위탁 정산) 3. 내·외부 모두 산정 4. 정산 無 5. 없음	1. 실시 2. 미실시 3. 향후 추진 4. 해당없음
18398	경북 경산시	보인농악무형문화재전승보전	10,000	1	4	7	8	7	1	1	1
18399	경북 경산시	경산중방농악(향토문화유산)전승보전	10,000	1	4	7	8	7	1	1	1
18400	경북 경산시	사직제제수비	10,000	1	4	7	8	7	1	1	1
18401	경북 경산시	경북우수농산물상표사용자지원	10,000	1	6	7	8	7	1	1	4
18402	경북 경산시	로컬푸드직매장포장재제작비지원	10,000	1	4	7	8	7	5	5	4
18403	경북 경산시	귀농창업활성화지원	10,000	1	1	7	8	7	5	5	4
18404	경북 경산시	4H교육행사지원	10,000	1	1	7	8	7	5	5	4
18405	경북 경산시	농촌지도자과제활동지원	10,000	1	1	7	8	7	5	5	4
18406	경북 경산시	행복한농촌가정육성프로젝트시범	10,000	1	1	7	8	7	5	5	4
18407	경북 경산시	청년농업인농지임대지원	9,950	1	6	7	8	7	1	1	4
18408	경북 경산시	학생승마체험(생활승마)	9,920	1	2	7	8	7	5	5	4
18409	경북 경산시	전국민파워업농촌관광지원	9,100	1	6	7	8	7	1	1	3
18410	경북 경산시	농촌지도자중앙대회참가비지원	9,000	1	1	7	8	7	5	5	4
18411	경북 경산시	경산공설시장	8,790	1	1	7	8	7	1	1	1
18412	경북 경산시	대구대학교정신건강상담센터종사자수당	8,400	1	2	7	8	7	3	1	1
18413	경북 경산시	친환경농가포장재지원	8,400	1	4	7	8	7	5	5	1
18414	경북 경산시	김장담그기지원	8,000	1	1	7	8	7	1	1	2
18415	경북 경산시	범도민독서생활화사업	8,000	1	1	7	8	7	1	1	2
18416	경북 경산시	바르게살기운동청년회조직활성화	8,000	1	1	7	8	7	1	1	2
18417	경북 경산시	한장군추모제봉행	8,000	1	4	7	8	7	1	1	1
18418	경북 경산시	원효성사다례재봉행	8,000	1	4	7	8	7	1	1	1
18419	경북 경산시	수출포장디자인개발지원	8,000	1	6	7	8	7	1	1	4
18420	경북 경산시	식품관련국제인증지원	8,000	1	6	7	8	7	1	1	4
18421	경북 경산시	—지식재산권지원사업	7,700	1	4	7	8	7	5	5	4
18422	경북 경산시	경산지역홀몸어르신을위한행복한밥상나눔봉사	7,000	1	4	7	8	7	1	1	1
18423	경북 경산시	자연환경보전및정화활동	7,000	1	1	7	8	7	5	5	4
18424	경북 경산시	한우우군선형심사비지원	7,000	1	6	7	8	7	5	5	4
18425	경북 경산시	의료관련감염병감시체계참여병원지원	6,480	1	2	7	1	7	4	1	1
18426	경북 경산시	야간방범및학교수변안전순찰	6,000	1	4	7	8	7	1	1	1
18427	경북 경산시	문화학교운영지원	6,000	1	4	7	8	7	1	1	1
18428	경북 경산시	문화유산지킴이활동비지원	5,800	1	4	7	8	7	1	1	4
18429	경북 경산시	지역주도형청년일자리사업(지역정착중소기업스케일업(Scaleup)지원사업)	5,400	1	2	7	8	7	5	3	1
18430	경북 경산시	경산시민과함께하는통일한마당행사	5,000	1	4	7	8	7	1	1	1
18431	경북 경산시	북한이탈주민정착지원	5,000	1	4	7	8	7	1	1	1
18432	경북 경산시	정보화마을활성화	5,000	1	7	6	6	6	1	1	1
18433	경북 경산시	안보현장견학및안보결의대회	5,000	1	1	7	8	7	1	1	1
18434	경북 경산시	충효교실운영지원	5,000	1	4	7	8	7	1	1	4
18435	경북 경산시	자인향교교화사업(인성예절)	5,000	1	4	7	8	7	1	1	1
18436	경북 경산시	경북학생체육대회출전비	5,000	1	1	7	8	7	1	1	1
18437	경북 경산시	영호남화합(신안군)교류	4,900	1	1	7	8	7	1	1	2

순번	시군구	지출명 (사업명)	2024년예산 (단위 : 천원 /1년간)	민간이전 분류 (지방자치단체 세출예산 집행기준에 의거) 1. 민간경상사업보조(307-02) 2. 민간단체 법정운영비보조(307-03) 3. 민간행사사업보조(307-04) 4. 민간위탁금(307-05) 5. 사회복지시설 법정운영비보조(307-10) 6. 민간인위탁교육비(307-12) 7. 공기관등에대한경상적위탁사업비(308-13) 8. 민간자본사업보조,자체재원(402-01) 9. 민간자본사업보조,이전재원(402-02) 10. 민간위탁사업비(402-03) 11. 공기관등에 대한 자본적 위탁사업비(403-02)	민간이전지출 근거 (지방보조금 관리기준 참고) 1. 법률에 규정 2. 국고보조 재원(국가지정) 3. 용도 지정 기부금 4. 조례에 직접규정 5. 지자체가 권장하는 사업을 하는 공공기관 6. 시,도 정책 및 재정사정 7. 기타 8. 해당없음	입찰방식 계약체결방법 (경쟁형태) 1. 일반경쟁 2. 제한경쟁 3. 지명경쟁 4. 수의계약 5. 법정위탁 6. 기타 ( ) 7. 없음	입찰방식 계약기간 1. 1년 2. 2년 3. 3년 4. 4년 5. 5년 6. 기타 ( )년 7. 단기계약 (1년미만) 8. 없음	입찰방식 낙찰자선정방법 1. 적격심사 2. 협상에의한계약 3. 최저가낙찰제 4. 규격가격분리 5. 2단계 경쟁입찰 6. 기타 ( ) 7. 없음	운영예산 산정 운영예산 산정 1. 내부산정 (지자체 자체적으로 산정) 2. 외부산정 (외부전문기관위탁 산정) 3. 내·외부 모두 산정 4. 산정 無 5. 없음	운영예산 산정 정산방법 1. 내부정산 (지자체 내부적으로 정산) 2. 외부정산 (외부전문기관위탁 정산) 3. 내·외부 모두 산정 4. 정산 無 5. 없음	성과평가 실시여부 1. 실시 2. 미실시 3. 향후 추진 4. 해당없음
18438	경북 경산시	하양공설시장	4,762	1	1	7	8	7	1	1	1
18439	경북 경산시	유림지도자업무연찬	4,500	1	4	7	8	7	1	1	1
18440	경북 경산시	경북씨름왕선발대회훈련비및출전비	4,400	1	1	7	8	7	1	1	1
18441	경북 경산시	축산물HACCP컨설팅지원	4,200	1	2	7	8	7	5	5	4
18442	경북 경산시	평화통일을위한민족역량배양	4,000	1	4	7	8	7	1	1	1
18443	경북 경산시	새마을문고도서교환및대출시장운영	4,000	1	1	7	8	7	1	1	2
18444	경북 경산시	대학4H회원과제활동지원	4,000	1	1	7	8	7	5	5	4
18445	경북 경산시	산림소득활성화사업지원	3,500	1	2	7	8	1	1	1	1
18446	경북 경산시	희망의집종사자수당	3,360	1	2	7	8	7	3	1	1
18447	경북 경산시	반공위령제제수비(남산)	3,000	1	1	7	8	7	1	1	1
18448	경북 경산시	범죄및사고예방을위한치안보조활동	3,000	1	4	7	8	7	1	1	1
18449	경북 경산시	새마을지도자타시군비교견학	3,000	1	1	7	8	7	1	1	2
18450	경북 경산시	바르게살기위원타시군비교견학	3,000	1	1	7	8	7	1	1	2
18451	경북 경산시	임산물택배비	3,000	1	2	7	8	1	1	1	1
18452	경북 경산시	순국선열및애국지사추모제	3,000	1	1	7	8	7	1	1	1
18453	경북 경산시	현충일행사제수비(전몰군경유족회)	3,000	1	1	7	8	7	1	1	1
18454	경북 경산시	설총다례재봉행	3,000	1	4	7	8	7	1	1	1
18455	경북 경산시	어르신게이트볼대회출전비	3,000	1	1	7	8	7	1	1	1
18456	경북 경산시	어르신그라운드골프대회출전비	3,000	1	1	7	8	7	1	1	1
18457	경북 경산시	어르신파크골프대회출전비	3,000	1	1	7	8	7	1	1	1
18458	경북 경산시	경상북도농특산물직거래장터행사	3,000	1	6	7	8	7	1	1	1
18459	경북 경산시	농촌체험관광활성화지원	3,000	1	6	7	8	7	1	1	3
18460	경북 경산시	청년농업인4H회원과제활동지원	3,000	1	1	7	8	7	5	5	4
18461	경북 경산시	학생4H회원과제활동지원	3,000	1	1	7	8	7	5	5	4
18462	경북 경산시	경북사회적경제ESG청년일자리사업(인건비)	2,545	1	2	7	8	7	5	5	4
18463	경북 경산시	태평양전쟁희생자위령제	2,500	1	1	7	8	7	1	1	1
18464	경북 경산시	장애인생활체육지도자교통비지원	2,400	1	1	7	8	7	1	1	1
18465	경북 경산시	장애인생활체육지도자근속수당지원	2,400	1	1	7	8	7	1	1	1
18466	경북 경산시	반공위령제제수비(와촌)	2,000	1	4	7	8	7	1	1	1
18467	경북 경산시	—자유수호희생자합동위령제운영비	2,000	1	1	7	8	7	1	1	1
18468	경북 경산시	자유수호제18회영호남교류방문	2,000	1	1	7	8	7	1	1	1
18469	경북 경산시	—자유민주수호를위한안보교육	2,000	1	1	7	8	7	1	1	1
18470	경북 경산시	—청소년안보사적지현장체험	2,000	1	1	7	8	7	1	1	1
18471	경북 경산시	이통장연합회연수대회참가	2,000	1	4	7	8	7	1	1	1
18472	경북 경산시	한국문인협회문화교류	2,000	1	4	7	8	7	1	1	1
18473	경북 경산시	일연선사다례재봉행	2,000	1	4	7	8	7	1	1	1
18474	경북 경산시	일반및어르신생활체육지도자활동보험료지원	1,804	1	1	7	8	7	1	1	1
18475	경북 경산시	바르게살기운동건전생활실천교육	1,650	1	1	7	8	7	1	1	2
18476	경북 경산시	—연맹창립7주년기념및안보의식고취사업	1,000	1	1	7	8	7	1	1	1
18477	경북 경산시	경산공설시장	1,000	1	1	7	8	7	1	1	1

순번	시군구	지출명 (사업명)	2024년예산 (단위 : 천원 /1년간)	민간이전 분류 (지방자치단체 세출예산 집행기준에 의거) 1. 민간경상사업보조(307-02) 2. 민간단체 법정운영비보조(307-03) 3. 민간행사사업보조(307-04) 4. 민간위탁금(307-05) 5. 사회복지시설 법정운영비보조(307-10) 6. 민간인위탁교육비(307-12) 7. 공기관등에대한경상적위탁사업비(308-13) 8. 민간자본사업보조,자체재원(402-01) 9. 민간자본사업보조,이전재원(402-02) 10. 민간위탁사업비(402-03) 11. 공기관등에 대한 자본적 위탁사업비(403-02)	민간이전지출 근거 (지방보조금 관리기준 참고) 1. 법률에 규정 2. 국고보조 재원(국가지정) 3. 용도 지정 기부금 4. 조례에 직접규정 5. 지자체가 권장하는 사업을 하는 공공기관 6. 시,도 정책 및 재정사정 7. 기타 8. 해당없음	입찰방식			운영예산 산정		성과평가 실시여부
						계약체결방법 (경쟁형태) 1. 일반경쟁 2. 제한경쟁 3. 지명경쟁 4. 수의계약 5. 법정위탁 6. 기타 ( ) 7. 없음	계약기간 1. 1년 2. 2년 3. 3년 4. 4년 5. 5년 6. 기타 ( )년 7. 단기계약 (1년미만) 8. 없음	낙찰자선정방법 1. 적격심사 2. 협상에의한계약 3. 최저가낙찰제 4. 규격가격분리 5. 2단계 경쟁입찰 6. 기타 ( ) 7. 없음	운영예산 산정 1. 내부산정 (지자체 자체적으로 산정) 2. 외부산정 (외부전문기관위탁 산정) 3. 내·외부 모두 산정 4. 산정 無 5. 없음	정산방법 1. 내부정산 (지자체 내부적으로 정산) 2. 외부정산 (외부전문기관위탁 정산) 3. 내·외부 모두 산정 4. 정산 無 5. 없음	1. 실시 2. 미실시 3. 향후 추진 4. 해당없음
18478	경북 경산시	하양공설시장	1,000	1	1	7	8	7	1	1	1
18479	경북 경산시	문화체험교실운영	1,000	1	1	7	8	7	1	1	1
18480	경북 경산시	대구대학교정신건강상담센터복지포인트	500	1	2	7	8	7	3	1	1
18481	경북 경산시	희망의집입소자지원비	300	1	2	7	8	7	3	1	1
18482	경북 경산시	희망의집종사자복지포인트	200	1	2	7	8	7	3	1	1
18483	경북 경산시	농촌민박서비스안전교육지원	118	1	6	7	8	7	1	1	4
18484	경북 의성군	유기질비료지원	1,668,233	1	2	7	8	7	1	1	3
18485	경북 의성군	토양개량제공급	1,412,232	1	2	7	8	7	1	1	3
18486	경북 의성군	노지스마트농업시범사업(사업단운영)	1,000,000	1	1,2	2	3	6	5	3	3
18487	경북 의성군	농산물표준규격포장재지원	900,000	1	6	7	8	7	1	1	4
18488	경북 의성군	벼재배농가상토지원	860,000	1	4	7	8	7	1	1	3
18489	경북 의성군	청년농업인영농정착지원	760,900	1	1,2	7	8	7	1	1	1
18490	경북 의성군	원예농산물유통지원	760,000	1	6	7	8	7	1	1	4
18491	경북 의성군	취약지응급의료기관운영지원	674,880	1	4	7	8	7	1	1	1
18492	경북 의성군	통합문화이용권사업지원	542,490	1	2	7	8	7	1	1	1
18493	경북 의성군	청년기업레벨업아카데미운영	500,000	1	2	7	8	7	5	5	4
18494	경북 의성군	공동브랜드의성진포장재지원	500,000	1	6	7	8	7	1	1	4
18495	경북 의성군	채소류생산안정지원	447,420	1	6	7	8	7	1	1	4
18496	경북 의성군	소사육농가수분조절제지원	420,000	1	4	7	8	7	1	1	3
18497	경북 의성군	고품질고추생산지원	336,000	1	4	7	8	7	1	1	4
18498	경북 의성군	벼초기병해충방제지원	310,000	1	4	7	8	7	1	1	3
18499	경북 의성군	메타노마드연계청년기업유치프로젝트	300,000	1	2	7	8	7	5	5	4
18500	경북 의성군	가축방역약품구입비(구제역전업농)	289,675	1	2	7	8	7	1	1	3
18501	경북 의성군	취약지응급의료기관운영지원(기금)	275,000	1	2	7	8	7	2	2	1
18502	경북 의성군	양봉농가자재지원	260,000	1	4	7	8	7	1	1	3
18503	경북 의성군	탄소중립지원센터운영(기금)	250,000	1	1	7	2	7	3	3	4
18504	경북 의성군	의료취약지지원사업운영(지특)	250,000	1	1	7	8	7	5	1	1
18505	경북 의성군	통합지원센터운영	240,000	1	6	7	8	7	5	5	4
18506	경북 의성군	저품위사과시장격리수매지원	221,000	1	6	7	8	7	1	1	4
18507	경북 의성군	일반생활체육지도자배치(기금)	219,051	1	2	7	8	7	5	1	1
18508	경북 의성군	면역강화용사료첨가제지원	215,400	1	4	7	8	7	1	1	3
18509	경북 의성군	농특산품온라인판매지원	200,000	1	4	7	8	7	1	1	1
18510	경북 의성군	과실봉지지원	200,000	1	4	7	8	7	1	1	4
18511	경북 의성군	의성마늘목장(마늘소)지원	200,000	1	4	7	8	7	1	1	3
18512	경북 의성군	의료취약지인공신장실운영지원(지특)	200,000	1	2	7	8	7	2	1	1
18513	경북 의성군	분만취약지지원(지특)	200,000	1	1	7	8	7	5	1	1
18514	경북 의성군	의료취약지인공신장실운영지원	196,080	1	4	7	8	7	1	1	1
18515	경북 의성군	벼병해충공동방제지원	175,000	1	4	7	8	7	1	1	3
18516	경북 의성군	조사료생산용사일리지제조지원	170,100	1	4	7	8	7	1	1	3
18517	경북 의성군	경북도민체육대회출전지원	167,000	1	4	7	8	7	5	1	1

순번	시군구	지출명 (사업명)	2024년예산 (단위 : 천원 /1년간)	민간이전 분류 (지방자치단체 세출예산 집행기준에 의거) 1. 민간경상사업보조(307-02) 2. 민간단체 법정운영비보조(307-03) 3. 민간행사사업보조(307-04) 4. 민간위탁금(307-05) 5. 사회복지시설 법정운영비보조(307-10) 6. 민간인위탁교육비(307-12) 7. 공기관등에대한경상적위탁사업비(308-13) 8. 민간자본사업보조,자체재원(402-01) 9. 민간자본사업보조,이전재원(402-02) 10. 민간위탁사업비(402-03) 11. 공기관등에 대한 자본적 위탁사업비(403-02)	민간이전지출 근거 (지방보조금 관리기준 참고) 1. 법률에 규정 2. 국고보조 재원(국가지정) 3. 용도 지정 기부금 4. 조례에 직접규정 5. 지자체가 권장하는 사업을 하는 공공기관 6. 시,도 정책 및 재정사정 7. 기타 8. 해당없음	입찰방식 계약체결방법 (경쟁형태) 1. 일반경쟁 2. 제한경쟁 3. 지명경쟁 4. 수의계약 5. 법정위탁 6. 기타 ( ) 7. 없음	입찰방식 계약기간 1. 1년 2. 2년 3. 3년 4. 4년 5. 5년 6. 기타 ( )년 7. 단기계약 (1년미만) 8. 없음	입찰방식 낙찰자선정방법 1. 적격심사 2. 협상에의한계약 3. 최저가낙찰제 4. 규격가격분리 5. 2단계 경쟁입찰 6. 기타 ( ) 7. 없음	운영예산 산정 운영예산 산정 1. 내부산정 (지자체 자체적으로 산정) 2. 외부산정 (외부전문기관위탁 산정) 3. 내·외부 모두 산정 4. 산정 無 5. 없음	운영예산 산정 정산방법 1. 내부정산 (지자체 내부적으로 정산) 2. 외부정산 (외부전문기관위탁 정산) 3. 내·외부 모두 산정 4. 정산 無 5. 없음	성과평가 실시여부 1. 실시 2. 미실시 3. 향후 추진 4. 해당없음
18518	경북 의성군	농촌인력중개센터운영지원	160,000	1	4	7	8	7	1	1	3
18519	경북 의성군	지역문화학교운영	150,000	1	6	7	8	7	1	1	4
18520	경북 의성군	문소선비대학	150,000	1	6	7	8	7	1	1	4
18521	경북 의성군	청년창업지역정착지원사업	150,000	1	6	7	8	7	5	5	4
18522	경북 의성군	농산물유통구조개선지원	136,670	1	6	7	8	7	1	1	4
18523	경북 의성군	농업환경보전프로그램	135,000	1	2	7	8	7	1	1	3
18524	경북 의성군	어르신생활체육지도자배치(기금)	125,172	1	2	7	8	7	5	1	1
18525	경북 의성군	가축방역약품구입비(돼지써코바이러스)	124,515	1	2	7	8	7	1	1	3
18526	경북 의성군	안전주택개선사업	120,000	1	6	1	1	2	1	1	4
18527	경북 의성군	농촌인력지원센터지원	120,000	1	4	7	8	7	1	1	3
18528	경북 의성군	축분바이오차이용활성화지원	120,000	1	4	7	8	7	1	1	3
18529	경북 의성군	분만취약지지원	120,000	1	7	7	8	7	5	1	1
18530	경북 의성군	의료취약지소아청소년과운영확대지원	120,000	1	1	7	8	7	5	1	1
18531	경북 의성군	공동방제단운영지원(인건비)	119,560	1	4	7	8	7	1	1	3
18532	경북 의성군	농산물산지유통기능활성화지원	119,000	1	6	7	8	7	1	1	4
18533	경북 의성군	명품쌀재배단지조성	118,000	1	4	7	8	7	1	1	3
18534	경북 의성군	향교서원문화재활용사업	112,500	1	2	7	8	7	1	1	1
18535	경북 의성군	공동방제단운영지원(운영비)	108,583	1	4	7	8	7	1	1	3
18536	경북 의성군	새끼우렁이지원	108,000	1	4	7	8	7	1	1	3
18537	경북 의성군	친환경농자재지원	105,000	1	4	7	8	7	1	1	3
18538	경북 의성군	성인문해교육프로그램운영	100,000	1	1	7	1	7	1	1	1
18539	경북 의성군	전통주창업학교운영	100,000	1	4	7	8	7	5	5	4
18540	경북 의성군	양돈양계농가사육환경개선지원	100,000	1	4	7	8	7	1	1	3
18541	경북 의성군	축분바이오차활용저탄소기술보급실증	100,000	1	4	1	8	7	1	1	1
18542	경북 의성군	영농부산물안전처리지원	100,000	1	1,2,4	7	8	7	1	1	1
18543	경북 의성군	치매안심요양병원공공사업운영지원(기금)	96,000	1	2	7	8	7	2	2	1
18544	경북 의성군	경북한우암소능력개량(4종)	93,800	1	4	7	8	7	1	1	3
18545	경북 의성군	과실장기저장제지원	92,400	1	6	7	8	7	1	1	4
18546	경북 의성군	의성문화원형아카이브DB구축	90,000	1	6	7	8	7	1	1	4
18547	경북 의성군	마을기업육성지원	90,000	1	6	7	8	7	1	1	4
18548	경북 의성군	이전지원위원회주민소통활동지원	90,000	1	4	7	8	7	5	5	4
18549	경북 의성군	귀농영농기반조성지원	90,000	1	4	7	8	7	1	1	4
18550	경북 의성군	한아름찰벼생산단지조성	86,000	1	4	7	8	7	5	5	1
18551	경북 의성군	전문단지조성용사일리지제조지원	85,050	1	4	7	8	7	1	1	3
18552	경북 의성군	도지사기종목별체육대회출전지원	81,000	1	4	7	8	7	5	1	1
18553	경북 의성군	농업고용인력지원센터운영	80,000	1	4	7	8	7	1	1	3
18554	경북 의성군	마늘사료가공용마늘구매지원	80,000	1	4	7	8	7	1	1	3
18555	경북 의성군	모돈도축운송비지원	80,000	1	4	7	8	7	1	1	3
18556	경북 의성군	과실인공수분지원	75,000	1	4	7	8	7	1	1	4
18557	경북 의성군	저능력미경산우비육지원	75,000	1	4	7	8	7	1	1	3

순번	시군구	지출명 (사업명)	2024년예산 (단위 : 천원 /1년간)	민간이전 분류 (지방자치단체 세출예산 집행기준에 의거) 1. 민간경상사업보조(307-02) 2. 민간단체 법정운영비보조(307-03) 3. 민간행사사업보조(307-04) 4. 민간위탁금(307-05) 5. 사회복지시설 법정운영비보조(307-10) 6. 민간인위탁교육비(307-12) 7. 공기관등에대한경상적위탁사업비(308-13) 8. 민간자본사업보조,자체재원(402-01) 9. 민간자본사업보조,이전재원(402-02) 10. 민간위탁사업비(402-03) 11. 공기관등에 대한 자본적 위탁사업비(403-02)	민간이전지출 근거 (지방보조금 관리기준 참고) 1. 법률에 규정 2. 국고보조 재원(국가지정) 3. 용도 지정 기부금 4. 조례에 직접규정 5. 지자체가 권장하는 사업을 하는 공공기관 6. 시,도 정책 및 재정사정 7. 기타 8. 해당없음	입찰방식 계약체결방법 (경쟁형태) 1. 일반경쟁 2. 제한경쟁 3. 지명경쟁 4. 수의계약 5. 법정위탁 6. 기타 ( ) 7. 없음	입찰방식 계약기간 1. 1년 2. 2년 3. 3년 4. 4년 5. 5년 6. 기타 ( )년 7. 단기계약 (1년미만) 8. 없음	입찰방식 낙찰자선정방법 1. 적격심사 2. 협상에의한계약 3. 최저가낙찰제 4. 규격가격분리 5. 2단계 경쟁입찰 6. 기타 ( ) 7. 없음	운영예산 산정 운영예산 산정 1. 내부산정 (지자체 자체적으로 산정) 2. 외부산정 (외부전문기관위탁 산정) 3. 내·외부 모두 산정 4. 산정 無 5. 없음	운영예산 산정 정산방법 1. 내부정산 (지자체 내부적으로 정산) 2. 외부정산 (외부전문기관위탁 정산) 3. 내·외부 모두 산정 4. 정산 無 5. 없음	성과평가 실시여부 1. 실시 2. 미실시 3. 향후 추진 4. 해당없음
18558	경북 의성군	한우번식기반지원	75,000	1	4	7	8	7	1	1	3
18559	경북 의성군	우수모돈농가보급지원	66,000	1	4	7	8	7	1	1	3
18560	경북 의성군	꿀벌화분지원	63,200	1	4	7	8	7	1	1	3
18561	경북 의성군	시군장애인생활체육지도자배치(개금)	62,586	1	2	7	8	7	5	1	1
18562	경북 의성군	지식재산창출지원	60,000	1	1	5	8	7	4	2	1
18563	경북 의성군	외국인지역특화형비자희망이음	60,000	1	4	7	8	7	1	2	3
18564	경북 의성군	시군구연고산업육성사업	60,000	1	2	7	8	7	1	2	3
18565	경북 의성군	기능성쌀생산단지지원	60,000	1	4	7	8	7	1	1	3
18566	경북 의성군	친환경자가퇴비생산지원	60,000	1	4	7	8	7	1	1	3
18567	경북 의성군	스마트팜취업지원	60,000	1	4	7	8	7	5	5	4
18568	경북 의성군	학생승마체험사업	56,224	1	1	7	1	7	1	1	4
18569	경북 의성군	사회적농업활성화지원	55,000	1	2	7	8	7	1	1	4
18570	경북 의성군	의성사촌문화공간평생교육프로그램운영	52,000	1	4	7	1	7	1	1	1
18571	경북 의성군	한우암소유전체분석	51,030	1	4	7	8	7	1	1	3
18572	경북 의성군	청년농업인농지임대지원	50,400	1	6	7	8	7	1	1	4
18573	경북 의성군	집수리전문봉사단활동지원	50,000	1	4	7	8	7	1	1	4
18574	경북 의성군	의성군수배전국컬링대회개최지원	50,000	1	4	7	8	7	5	1	1
18575	경북 의성군	생생문화재사업지원	50,000	1	2	7	8	7	1	1	1
18576	경북 의성군	경북연합청년거버넌스(지방소멸대응기금)	50,000	1	6	7	1	7	1	1	4
18577	경북 의성군	청년외식창업공동체공간조성사업운영	50,000	1	2	7	8	7	5	5	4
18578	경북 의성군	브랜드쌀홍보판촉지원	50,000	1	4	7	8	7	1	1	3
18579	경북 의성군	의성마늘결속끈지원	50,000	1	4	7	8	7	1	1	4
18580	경북 의성군	시설원예품질고급화지원	50,000	1	4	7	8	7	1	1	4
18581	경북 의성군	품목농업인연구회고품질생산기반조성	50,000	1	1,4	7	8	7	1	1	1
18582	경북 의성군	향교및유림단체활동지원	49,000	1	4	7	8	7	1	1	1
18583	경북 의성군	양식장친환경자재지원	45,000	1	4	7	8	7	1	1	3
18584	경북 의성군	한우고능력정액지원	45,000	1	4	7	8	7	1	1	3
18585	경북 의성군	자원봉사활동지원	43,000	1	4	7	8	7	1	1	4
18586	경북 의성군	유기농업자재지원	42,972	1	2	7	8	7	1	1	3
18587	경북 의성군	지역특화형비자가족정착지원	42,284	1	4	7	8	7	1	2	3
18588	경북 의성군	공영주차장환경정비지원	42,000	1	1	7	8	7	5	5	4
18589	경북 의성군	여객자동차터미널지원	40,000	1	1	7	8	7	1	1	1
18590	경북 의성군	이동목욕차량운영	40,000	1	4	7	8	7	1	1	4
18591	경북 의성군	청년로컬셀러양성지원	40,000	1	7	7	8	7	5	5	4
18592	경북 의성군	과실생산유통지원사업관리비지원	39,744	1	6	7	8	7	1	1	4
18593	경북 의성군	외래산부인과지원	36,000	1	7	7	8	7	5	1	1
18594	경북 의성군	지역사회보장역량강화지원	35,000	1	6	7	8	7	1	1	1
18595	경북 의성군	장애인의날기념행사지원	35,000	1	1	7	8	7	1	1	4
18596	경북 의성군	양봉벌통지원	34,500	1	4	7	8	7	1	1	3
18597	경북 의성군	가금농가질병관리지원사업	34,000	1	2	7	8	7	1	1	3

순번	시군구	지출명 (사업명)	2024년예산 (단위 : 천원 /1년간)	민간이전 분류 (지방자치단체 세출예산 집행기준에 의거) 1. 민간경상사업보조(307-02) 2. 민간단체 법정운영비보조(307-03) 3. 민간행사사업보조(307-04) 4. 민간위탁금(307-05) 5. 사회복지시설 법정운영비보조(307-10) 6. 민간인위탁교육비(307-12) 7. 공기관등에대한경상적위탁사업비(308-13) 8. 민간자본사업보조,자체재원(402-01) 9. 민간자본사업보조,이전재원(402-02) 10. 민간위탁사업비(402-03) 11. 공기관등에 대한 자본적 위탁사업비(403-02)	민간이전지출 근거 (지방보조금 관리기준 참고) 1. 법률에 규정 2. 국고보조 재원(국가지정) 3. 용도 지정 기부금 4. 조례에 직접규정 5. 지자체가 권장하는 사업을 하는 공공기관 6. 시,도 정책 및 재정사정 7. 기타 8. 해당없음	입찰방식: 계약체결방법 (경쟁형태) 1. 일반경쟁 2. 제한경쟁 3. 지명경쟁 4. 수의계약 5. 법정위탁 6. 기타 ( ) 7. 없음	입찰방식: 계약기간 1. 1년 2. 2년 3. 3년 4. 4년 5. 5년 6. 기타 ( )년 7. 단기계약 (1년미만) 8. 없음	입찰방식: 낙찰자선정방법 1. 적격심사 2. 협상에의한계약 3. 최저가낙찰제 4. 규격가격분리 5. 2단계 경쟁입찰 6. 기타 ( ) 7. 없음	운영예산 산정: 운영예산 산정 1. 내부산정 (지자체 자체적으로 산정) 2. 외부산정 (외부전문기관위탁 산정) 3. 내·외부 모두 산정 4. 산정 無 5. 없음	운영예산 산정: 정산방법 1. 내부정산 (지자체 내부적으로 정산) 2. 외부정산 (외부전문기관위탁 정산) 3. 내·외부 모두 산정 4. 정산 無 5. 없음	성과평가 실시여부 1. 실시 2. 미실시 3. 향후 추진 4. 해당없음
18598	경북 의성군	계란난좌지원	32,000	1	4	7	8	7	1	1	3
18599	경북 의성군	퇴비부숙제지원	32,000	1	4	7	8	7	1	1	3
18600	경북 의성군	청년예비창업가육성사업	30,000	1	6	7	8	7	5	5	4
18601	경북 의성군	학교급식지원센터운영지원	30,000	1	6	7	8	7	1	1	4
18602	경북 의성군	농업경영인가족한마음대회	30,000	1	4	7	8	7	1	1	1
18603	경북 의성군	수출복숭아경쟁력향상시범	30,000	1	4	7	8	7	1	1	1
18604	경북 의성군	친환경농법종합지원	28,301	1	4	7	8	7	1	1	3
18605	경북 의성군	친환경약취저감제지원	28,160	1	4	7	8	7	1	1	3
18606	경북 의성군	농촌에서살아보기마을운영비	28,000	1	4	7	8	7	1	1	4
18607	경북 의성군	식량작물공동경영체육성(교육컨설팅)	27,000	1	2	7	8	7	1	1	3
18608	경북 의성군	가루쌀생산단지조성(교육컨설팅)	25,200	1	2	7	8	7	1	1	3
18609	경북 의성군	사료작물종자구입비지원	25,200	1	4	7	8	7	1	1	3
18610	경북 의성군	육계사깔짚지원	25,000	1	4	7	8	7	1	1	3
18611	경북 의성군	면역증강제지원	25,000	1	4	7	8	7	1	1	3
18612	경북 의성군	양봉포장자재지원	25,000	1	4	7	8	7	1	1	3
18613	경북 의성군	생활체육교실운영지원	24,000	1	6	7	8	7	5	1	1
18614	경북 의성군	전문단지조성용퇴액비지원	24,000	1	4	7	8	7	1	1	3
18615	경북 의성군	친환경사과적화제지원	23,100	1	6	7	8	7	1	1	4
18616	경북 의성군	청소년범죄예방지원	22,000	1	1	7	8	7	1	1	4
18617	경북 의성군	돼지액상정액지원	21,780	1	4	7	8	7	1	1	3
18618	경북 의성군	조사료생산용종자구입지원	21,000	1	4	7	8	7	1	1	3
18619	경북 의성군	지역특화형비자외국인정착주거지원	20,400	1	4	7	8	7	1	1	3
18620	경북 의성군	전통연등행사지원	20,000	1	4	7	8	7	1	2	3
18621	경북 의성군	브랜드쌀택배지원	20,000	1	4	7	8	7	1	1	1
18622	경북 의성군	자연환경보전활동지원	20,000	1	4	7	8	7	1	1	3
18623	경북 의성군	K키친프로젝트추진	20,000	1	4	7	1	7	1	1	3
18624	경북 의성군	제3회경북여성농민한마당지원	20,000	1	6	6	8	7	1	1	4
18625	경북 의성군	청년농업인스마트팜영농정착컨설팅지원	20,000	1	4	7	8	7	1	1	1
18626	경북 의성군	조문국유물되찾기및박물관홍보	20,000	1	4	7	8	7	5	5	4
18627	경북 의성군	향사비지원	19,000	1	4	7	8	7	5	1	1
18628	경북 의성군	리틀야구단운영지원	18,000	1	4	7	8	7	1	1	1
18629	경북 의성군	경북북부권문화정보센터문화홍보사업지원	18,000	1	6	7	8	7	5	1	1
18630	경북 의성군	농촌지도자연수회	18,000	1	4	7	8	7	1	1	1
18631	경북 의성군	힐링원예프로그램운영	18,000	1	1,2,4	7	8	7	5	5	4
18632	경북 의성군	안전지킴이단활동사업	17,000	1	4	7	8	7	1	1	1
18633	경북 의성군	수출농식품브랜드경쟁력제고	16,000	1	6	7	8	7	1	1	1
18634	경북 의성군	닭진드기공동방제지원사업	16,000	1	2	7	8	7	1	1	3
18635	경북 의성군	경북소셜비즈니스청년일자리	15,155	1	6	7	8	7	1	1	4
18636	경북 의성군	채밀카지원	15,000	1	4	7	8	7	1	1	3
18637	경북 의성군	토종벌종보전	14,400	1	4	7	8	7	1	1	3

순번	시군구	지출명 (사업명)	2024년예산 (단위 : 천원 /1년간)	민간이전 분류 (지방자치단체 세출예산 집행기준에 의거) 1. 민간경상사업보조(307-02) 2. 민간단체 법정운영비보조(307-03) 3. 민간행사사업보조(307-04) 4. 민간위탁금(307-05) 5. 사회복지시설 법정운영비보조(307-10) 6. 민간인위탁교육비(307-12) 7. 공기관등에대한경상적위탁사업비(308-13) 8. 민간자본사업보조,자체재원(402-01) 9. 민간자본사업보조,이전재원(402-02) 10. 민간위탁사업비(402-03) 11. 공기관등에 대한 자본적 위탁사업비(403-02)	민간이전지출 근거 (지방보조금 관리기준 참고) 1. 법률에 규정 2. 국고보조 재원(국가지정) 3. 용도 지정 기부금 4. 조례에 직접규정 5. 지자체가 권장하는 사업을 하는 공공기관 6. 시,도 정책 및 재정사정 7. 기타 8. 해당없음	입찰방식 계약체결방법 (경쟁형태) 1. 일반경쟁 2. 제한경쟁 3. 지명경쟁 4. 수의계약 5. 법정위탁 6. 기타 ( ) 7. 없음	입찰방식 계약기간 1. 1년 2. 2년 3. 3년 4. 4년 5. 5년 6. 기타 ( )년 7. 단기계약 (1년미만) 8. 없음	입찰방식 낙찰자선정방법 1. 적격심사 2. 협상에의한계약 3. 최저가낙찰제 4. 규격가격분리 5. 2단계 경쟁입찰 6. 기타 ( ) 7. 없음	운영예산 산정 운영예산 산정 1. 내부산정 (지자체 자체적으로 산정) 2. 외부산정 (외부전문기관위탁 산정) 3. 내·외부 모두 산정 4. 산정 無 5. 없음	운영예산 산정 정산방법 1. 내부정산 (지자체 내부적으로 정산) 2. 외부정산 (외부전문기관위탁 정산) 3. 내·외부 모두 산정 4. 정산 無 5. 없음	성과평가 실시여부 1. 실시 2. 미실시 3. 향후 추진 4. 해당없음
18638	경북 의성군	국악분야예술강사지원	13,950	1	6	7	8	7	1	1	1
18639	경북 의성군	시군생활체육지도자장기근속수당지원	13,800	1	6	7	8	7	5	1	1
18640	경북 의성군	시군생활체육지도자교통비지원	13,200	1	6	7	8	7	5	1	1
18641	경북 의성군	강원동계청소년올림픽응원단운영	13,000	1	4	7	8	7	5	1	1
18642	경북 의성군	6차산업경영체활성화지원	13,000	1	6	7	8	7	1	1	4
18643	경북 의성군	교통캠페인행사지원	12,000	1	1	7	8	7	5	5	4
18644	경북 의성군	경북도민장애인체육대회출전지원	12,000	1	4	7	8	7	5	1	1
18645	경북 의성군	과실브랜드육성지원	11,900	1	6	7	8	7	1	1	4
18646	경북 의성군	농산업분야지역혁신청년일자리지원	11,750	1	2	7	8	7	1	1	4
18647	경북 의성군	지역혁신청년일자리사업	11,716	1	2	7	8	7	3	1	1
18648	경북 의성군	비육용암소시장육성사업	11,400	1	4	7	8	7	1	1	3
18649	경북 의성군	축산물HACCP컨설팅(농장)사업	11,200	1	2	7	8	7	1	1	3
18650	경북 의성군	문화학교운영지원	11,000	1	6	7	8	7	1	1	4
18651	경북 의성군	지역문화사랑방운영(종교시설)지원	10,800	1	6	7	8	7	1	1	1
18652	경북 의성군	6.25안보교육및환경정비활동	10,000	1	4	7	8	7	1	1	1
18653	경북 의성군	이띠키즈카페체험프로그램지원	10,000	1	7	7	8	7	1	1	4
18654	경북 의성군	대한노인회의성군지회활성화지원	10,000	1	4	7	8	7	1	1	1
18655	경북 의성군	31독립만세운동기념행사지원	10,000	1	4	7	8	7	1	1	1
18656	경북 의성군	탄소중립에너지전환시범마을조성	10,000	1	6	7	8	7	5	5	4
18657	경북 의성군	농업경영컨설팅지원	10,000	1	2	7	8	7	1	1	4
18658	경북 의성군	경북우수농산물브랜드화	10,000	1	6	7	8	7	1	1	4
18659	경북 의성군	고품질생강생산지원	10,000	1	4	7	8	7	1	1	4
18660	경북 의성군	젖소농가경영개선지원	10,000	1	4	7	8	7	1	1	3
18661	경북 의성군	농촌지도자과제활동	10,000	1	1,4	7	8	7	1	1	1
18662	경북 의성군	행복한농촌가정육성프로젝트	10,000	1	1,4	7	8	7	1	1	4
18663	경북 의성군	여성취업기능활성화	9,000	1	4	7	8	7	1	1	4
18664	경북 의성군	의성문학발간	9,000	1	6	7	8	7	1	1	4
18665	경북 의성군	친환경농업체험행사지원	9,000	1	4	7	8	7	1	1	3
18666	경북 의성군	조사료생산장려금시원	9,000	1	4	7	8	7	1	1	3
18667	경북 의성군	2024년풍년기원제	9,000	1	4	7	8	7	1	1	1
18668	경북 의성군	양돈분만위생개선지원	8,190	1	4	7	8	7	1	1	3
18669	경북 의성군	어르신대회출전지원	8,000	1	4	7	8	7	5	1	1
18670	경북 의성군	스포츠클럽교류전및리그전지원	8,000	1	4	7	8	7	5	1	1
18671	경북 의성군	조사료전문단지육성	8,000	1	4	7	8	7	1	1	3
18672	경북 의성군	자돈폐사율감소지원	7,920	1	4	7	8	7	1	1	3
18673	경북 의성군	농촌체험관광활성화지원운영	7,400	1	4	7	8	7	1	1	3
18674	경북 의성군	우수여왕벌인공왕대지원	7,250	1	4	7	8	7	1	1	3
18675	경북 의성군	전문단지조성용종자구입지원	7,200	1	4	7	8	7	1	1	3
18676	경북 의성군	사회적기업등일자리창출지원	7,140	1	1	7	8	7	1	1	4
18677	경북 의성군	향군읍면회장안보역량강화	7,000	1	4	7	8	7	1	1	1

순번	시군구	지출명 (사업명)	2024년예산 (단위 : 천원 /1년간)	민간이전 분류 (지방자치단체 세출예산 집행기준에 의거) 1. 민간경상사업보조(307-02) 2. 민간단체 법정운영비보조(307-03) 3. 민간행사사업보조(307-04) 4. 민간위탁금(307-05) 5. 사회복지시설 법정운영비보조(307-10) 6. 민간인위탁교육비(307-12) 7. 공기관등에대한경상적위탁사업비(308-13) 8. 민간자본사업보조,자체재원(402-01) 9. 민간자본사업보조,이전재원(402-02) 10. 민간위탁사업비(402-03) 11. 공기관등에 대한 자본적 위탁사업비(403-02)	민간이전지출 근거 (지방보조금 관리기준 참고) 1. 법률에 규정 2. 국고보조 재원(국가지정) 3. 용도 지정 기부금 4. 조례에 직접규정 5. 지자체가 권장하는 사업을 하는 공공기관 6. 시,도 정책 및 재정사정 7. 기타 8. 해당없음	입찰방식: 계약체결방법 (경쟁형태) 1. 일반경쟁 2. 제한경쟁 3. 지명경쟁 4. 수의계약 5. 법정위탁 6. 기타 ( ) 7. 없음	입찰방식: 계약기간 1. 1년 2. 2년 3. 3년 4. 4년 5. 5년 6. 기타 ( )년 7. 단기계약 (1년미만) 8. 없음	입찰방식: 낙찰자선정방법 1. 적격심사 2. 협상에의한계약 3. 최저가낙찰제 4. 규격가격분리 5. 2단계 경쟁입찰 6. 기타 ( ) 7. 없음	운영예산 산정: 운영예산 산정 1. 내부산정 (지자체 자체적으로 산정) 2. 외부산정 (외부전문기관위탁 산정) 3. 내·외부 모두 산정 4. 산정 無 5. 없음	운영예산 산정: 정산방법 1. 내부정산 (지자체 내부적으로 정산) 2. 외부정산 (외부전문기관위탁 정산) 3. 내·외부 모두 산정 4. 정산 無 5. 없음	성과평가 실시여부 1. 실시 2. 미실시 3. 향후 추진 4. 해당없음
18678	경북 의성군	외식업활성화지원	7,000	1	7	7	8	7	1	1	4
18679	경북 의성군	미용업활성화지원	7,000	1	7	7	8	7	1	1	4
18680	경북 의성군	불우청소년선도지원	6,200	1	1	7	8	7	1	1	4
18681	경북 의성군	노인문화교육사업지원	6,000	1	5	7	8	7	1	1	1
18682	경북 의성군	토종벌벌통지원	6,000	1	4	7	8	7	1	1	3
18683	경북 의성군	유교문화교양강좌지원(충효교실)	5,000	1	6	7	8	7	1	1	1
18684	경북 의성군	영호남교류사업	5,000	1	6	7	8	7	1	1	4
18685	경북 의성군	여성기업교육및연수지원	5,000	1	4	4	8	7	1	2	1
18686	경북 의성군	이용업활성화지원	5,000	1	7	7	8	7	1	1	4
18687	경북 의성군	여성농업인한마음수련회	5,000	1	4	7	8	7	1	1	1
18688	경북 의성군	농민사관의성군연합회역량강화활동지원	5,000	1	4	7	8	7	1	1	1
18689	경북 의성군	농산물가공시제품개발시범	5,000	1	4	7	8	7	1	1	4
18690	경북 의성군	식품안전관리사업추진	4,500	1	6	6	8	7	1	1	4
18691	경북 의성군	낙농헬퍼(도우미)지원	4,320	1	4	7	8	7	1	1	3
18692	경북 의성군	수난구조활동지원	3,600	1	4	7	8	7	1	1	1
18693	경북 의성군	산림시책사업추진	3,500	1	1	7	7	7	1	1	2
18694	경북 의성군	보육교직원교육지원	3,000	1	4	7	8	7	1	1	4
18695	경북 의성군	외국인근로자통역지원	3,000	1	4	7	8	7	1	1	4
18696	경북 의성군	청년농업인4H회원과제활동지원	3,000	1	4	4	8	7	1	2	1
18697	경북 의성군	학생4H회원과제활동지원	3,000	1	1,4	7	8	7	1	1	1
18698	경북 의성군	여성농업인리더십교육	3,000	1	1,4	7	8	7	1	1	1
18699	경북 의성군	농민회역량강화워크숍	3,000	1	4	7	8	7	1	1	1
18700	경북 의성군	농민회농촌일손돕기및농산물가공체험행사	3,000	1	4	7	8	7	1	1	1
18701	경북 의성군	여성농민회과제활동지원	3,000	1	4	7	8	7	1	1	1
18702	경북 의성군	시군장애인생활체육지도자교통비지원	2,400	1	6	7	8	7	5	1	1
18703	경북 의성군	젖소유전형질개량지원	2,320	1	4	7	8	7	1	1	3
18704	경북 의성군	휴게음식업활성화지원	2,000	1	7	7	8	7	1	1	4
18705	경북 의성군	시군장애인생활체육지도자자녀수당지원	1,560	1	6	7	8	7	5	1	1
18706	경북 의성군	시군장애인생활체육지도자장기근속수당지원	1,420	1	6	7	8	7	5	1	1
18707	경북 의성군	시군장애인생활체육지도자보험료지원	324	1	2	7	8	7	5	1	1
18708	경북 의성군	공공형계절근로센터운영지원	98,000	1	4	7	8	7	1	1	3
18709	경북 의성군	새마을운동지원	45,000	1	1	7	8	7	1	1	1
18710	경북 의성군	민주평통통일대행사업	33,650	1	1,4	7	8	7	1	1	1
18711	경북 의성군	민주의식및안보의식고양사업지원	24,000	1	1	7	8	7	1	1	1
18712	경북 의성군	새마을환경살리기사업	20,000	1	1	7	8	7	1	1	1
18713	경북 의성군	행복한보금자리만들기사업	19,300	1	1	7	8	7	1	1	1
18714	경북 의성군	의성군합창단지원	17,320	1	4	7	8	7	1	1	1
18715	경북 의성군	바르게살기운동활성화추진운영지원	10,000	1	1	7	8	7	1	1	1
18716	경북 의성군	바르게살기운동연수회및친선교류대회지원	8,000	1	1	7	8	7	1	1	1
18717	경북 의성군	범도민독서생활화사업	6,670	1	1	7	8	7	1	1	1

순번	시군구	지출명 (사업명)	2024년예산 (단위 : 천원 /1년간)	민간이전 분류 (지방자치단체 세출예산 집행기준에 의거) 1. 민간경상사업보조(307-02) 2. 민간단체 법정운영비보조(307-03) 3. 민간행사사업보조(307-04) 4. 민간위탁금(307-05) 5. 사회복지시설 법정운영비보조(307-10) 6. 민간인위탁교육비(307-12) 7. 공기관등에대한경상적위탁사업비(308-13) 8. 민간자본사업보조,자체재원(402-01) 9. 민간자본사업보조,이전재원(402-02) 10. 민간위탁사업비(402-03) 11. 공기관등에 대한 자본적 위탁사업비(403-02)	민간이전지출 근거 (지방보조금 관리기준 참고) 1. 법률에 규정 2. 국고보조 재원(국가지정) 3. 용도 지정 기부금 4. 조례에 직접규정 5. 지자체가 권장하는 사업을 하는 공공기관 6. 시,도 정책 및 재정사정 7. 기타 8. 해당없음	입찰방식			운영예산 산정		성과평가 실시여부
						계약체결방법 (경쟁형태) 1. 일반경쟁 2. 제한경쟁 3. 지명경쟁 4. 수의계약 5. 법정위탁 6. 기타 ( ) 7. 없음	계약기간 1. 1년 2. 2년 3. 3년 4. 4년 5. 5년 6. 기타 ( )년 7. 단기계약 (1년미만) 8. 없음	낙찰자선정방법 1. 적격심사 2. 협상에의한계약 3. 최저가낙찰제 4. 규격가격분리 5. 2단계 경쟁입찰 6. 기타 ( ) 7. 없음	운영예산 산정 1. 내부산정 (지자체 자체적으로 산정) 2. 외부산정 (외부전문기관위탁 산정) 3. 내·외부 모두 산정 4. 산정 無 5. 없음	정산방법 1. 내부정산 (지자체 내부적으로 정산) 2. 외부정산 (외부전문기관위탁 정산) 3. 내·외부 모두 산정 4. 정산 無 5. 없음	1. 실시 2. 미실시 3. 향후 추진 4. 해당없음
18718	경북 의성군	바르게살기운동청년조직활성화	5,000	1	1	7	8	7	1	1	1
18719	경북 의성군	지역치안사업지원	5,000	1	1	7	8	7	1	1	1
18720	경북 의성군	안계여성자율방범대봉사활동지원	5,000	1	4	7	8	7	1	1	1
18721	경북 의성군	의성읍여성자율방범대봉사활동지원	5,000	1	4	7	8	7	1	1	1
18722	경북 의성군	의성군해병전우회봉사활동지원	5,000	1	4	7	8	7	1	1	1
18723	경북 의성군	대한적십자사의성지회봉사활동지원	5,000	1	4	7	8	7	1	1	1
18724	경북 의성군	농촌마을공동급식시설지원	4,000	1	4	7	8	7	1	1	3
18725	경북 의성군	바르게살기운동건전생활실천교육	1,650	1	1	7	8	7	1	1	1
18726	경북 청송군	청년농업인영농정착지원	440,900	1	2	7	8	7	1	1	4
18727	경북 청송군	지역산업기반맞춤형전문인력및혁신기술개발지원	234,000	1	5	7	8	7	5	5	4
18728	경북 청송군	이웃사촌복지지원센터운영	230,000	1	6	7	1	7	1	1	1
18729	경북 청송군	청송특화형청년정주활성화사업	200,000	1	2	7	8	7	5	5	4
18730	경북 청송군	글로벌GAP인증농가출하장려금지원	200,000	1	4	7	8	7	1	1	4
18731	경북 청송군	친환경농산물학교급식지원	178,890	1	4	7	3	7	1	1	4
18732	경북 청송군	제62회도민체육대회참가지원	160,000	1	4	5	8	7	1	1	4
18733	경북 청송군	세계유교문화축전개최	150,000	1	7	7	8	7	5	1	2
18734	경북 청송군	군생활체육지도자배치	125,172	1	2	5	8	7	1	1	1
18735	경북 청송군	어린이급식관리지원센터운영지원	118,600	1	1	7	8	7	3	3	1
18736	경북 청송군	여성농업인행복바우처지원(자부담20%)	108,000	1	4	7	8	7	1	1	4
18737	경북 청송군	낙동강수계주민지원사업	101,238	1	2	7	8	7	5	1	1
18738	경북 청송군	읍면경로잔치행사지원	100,000	1	1	5	1	1	1	1	1
18739	경북 청송군	문화교양교육및인문학교실지원사업	100,000	1	4	7	8	7	1	1	1
18740	경북 청송군	스포츠강좌이용권지원	94,800	1	2	7	8	7	5	5	1
18741	경북 청송군	어르신생활체육지도자배치	93,879	1	2	5	8	7	1	1	1
18742	경북 청송군	2024활기찬농촌살기좋은청송군스토리텔링사업지원	90,000	1	7	7	7	7	1	1	3
18743	경북 청송군	객주문학학술포럼및청송문학상공모전개최	90,000	1	4	7	8	7	1	1	1
18744	경북 청송군	채소류생산안정지원(자부담203,000천원)	87,000	1	2	7	8	7	1	1	4
18745	경북 청송군	문화예술공연및전시회개최지원	80,000	1	4	7	8	7	1	1	1
18746	경북 청송군	체육대회개최및출전지원(읍면)	80,000	1	4	5	8	7	1	1	4
18747	경북 청송군	지방문화원문화사업	70,000	1	1	7	8	7	1	1	1
18748	경북 청송군	청송문화원합창단운영지원사업	70,000	1	4	7	8	7	1	1	1
18749	경북 청송군	과실생산유통지원사업관리비지원(자부담20%)	66,240	1	6	7	8	7	1	1	4
18750	경북 청송군	지역사회만성병조사감시체계구축연구용역	66,146	1	6	3	1	6	2	2	1
18751	경북 청송군	농업인단체과제포시범사업지원	64,800	1	6	7	8	7	1	1	3
18752	경북 청송군	군수기종목별체육대회개최지원	63,000	1	4	5	8	7	1	1	4
18753	경북 청송군	지역사회보장협의체사업지원	60,000	1	1	7	1	7	1	1	1
18754	경북 청송군	지역농특산물비대면판매지원	60,000	1	8	7	8	7	1	1	4
18755	경북 청송군	강연회등작가와함께하는프로그램운영	60,000	1	4	7	8	7	1	1	1
18756	경북 청송군	진보면문화및체육행사지원(소각시설주민지원사업)	55,000	1	1	7	8	7	1	1	4
18757	경북 청송군	농촌체험마을관리지원사업(사무장)	51,936	1	6	7	8	7	4	4	4

순번	시군구	지출명 (사업명)	2024년예산 (단위 : 천원 /1년간)	민간이전 분류 (지방자치단체 세출예산 집행기준에 의거) 1. 민간경상사업보조(307-02) 2. 민간단체 법정운영비보조(307-03) 3. 민간행사사업보조(307-04) 4. 민간위탁금(307-05) 5. 사회복지시설 법정운영비보조(307-10) 6. 민간인위탁교육비(307-12) 7. 공기관등에대한경상적위탁사업비(308-13) 8. 민간자본사업보조,자체재원(402-01) 9. 민간자본사업보조,이전재원(402-02) 10. 민간위탁사업비(402-03) 11. 공기관등에 대한 자본적 위탁사업비(403-02)	민간이전지출 근거 (지방보조금 관리기준 참고) 1. 법률에 규정 2. 국고보조 재원(국가지정) 3. 용도 지정 기부금 4. 조례에 직접규정 5. 지자체가 권장하는 사업을 하는 공공기관 6. 시,도 정책 및 재정사정 7. 기타 8. 해당없음	입찰방식 계약체결방법 (경쟁형태) 1. 일반경쟁 2. 제한경쟁 3. 지명경쟁 4. 수의계약 5. 법정위탁 6. 기타 ( ) 7. 없음	입찰방식 계약기간 1. 1년 2. 2년 3. 3년 4. 4년 5. 5년 6. 기타 ( )년 7. 단기계약 (1년미만) 8. 없음	입찰방식 낙찰자선정방법 1. 적격심사 2. 협상에의한계약 3. 최저가낙찰제 4. 규격가격분리 5. 2단계 경쟁입찰 6. 기타 ( ) 7. 없음	운영예산 산정 운영예산 산정 1. 내부산정 (지자체 자체적으로 산정) 2. 외부산정 (외부전문기관위탁 산정) 3. 내·외부 모두 산정 4. 산정 無 5. 없음	운영예산 산정 정산방법 1. 내부정산 (지자체 내부적으로 정산) 2. 외부정산 (외부전문기관위탁 정산) 3. 내·외부 모두 산정 4. 정산 無 5. 없음	성과평가 실시여부 1. 실시 2. 미실시 3. 향후 추진 4. 해당없음
18758	경북 청송군	평생교육사업지원	51,000	1	1,4	7	8	7	1	1	2
18759	경북 청송군	시군자원봉사센터운영지원	50,000	1	4	7	8	7	1	1	4
18760	경북 청송군	청송품물교육지원사업	50,000	1	4	7	8	7	1	1	1
18761	경북 청송군	2024도민생활체육대축전참가지원	45,000	1	4	5	8	7	1	1	4
18762	경북 청송군	산촌생태마을매니저운영지원비	43,332	1	1	7	8	7	1	1	2
18763	경북 청송군	행복한보금자리만들기사업	40,000	1	7	7	8	7	1	1	4
18764	경북 청송군	귀농귀촌정보센터운영	40,000	1	6	7	8	7	4	1	4
18765	경북 청송군	향교문화전승보전(청송향교,진보향교)	36,000	1	4	7	8	7	1	1	1
18766	경북 청송군	성인문해교육프로그램지원	35,000	1	1,4	7	8	7	1	1	2
18767	경북 청송군	농업인의날지원	34,000	1	4	7	8	7	1	1	4
18768	경북 청송군	범군민건강걷기대회및어린이대잔치사업비지원	33,000	1	4	7	8	7	5	5	3
18769	경북 청송군	청송사과생산자조직역량강화사업지원	32,000	1	5	7	8	7	1	1	4
18770	경북 청송군	범죄피해자센터지원	30,000	1	1	7	8	7	1	1	2
18771	경북 청송군	이장연합회직무연수지원	30,000	1	1	7	8	7	1	1	1
18772	경북 청송군	한중잡영번역	30,000	1	6	7	8	7	1	1	1
18773	경북 청송군	특성에맞는학교체육육성지원사업	30,000	1	4	5	8	7	1	1	4
18774	경북 청송군	2024체육대회(종목별)개최지원	30,000	1	4	5	8	7	1	1	4
18775	경북 청송군	경북어르신체육대회참가지원	30,000	1	4	5	8	7	1	1	4
18776	경북 청송군	2024전국및도단위전지훈련유치지원금	30,000	1	4	5	8	7	1	1	4
18777	경북 청송군	청송군농업발전활성화지원사업	30,000	1	4	7	8	7	1	1	4
18778	경북 청송군	청송사과지리적표시추진등	30,000	1	7	7	8	7	5	5	4
18779	경북 청송군	학교급식지원센터급식사업추진비지원	30,000	1	4	7	3	7	1	1	4
18780	경북 청송군	청송야송미술대전사업	30,000	1	4	7	8	7	1	1	1
18781	경북 청송군	학생승마체험학습	27,328	1	2	7	8	7	5	5	4
18782	경북 청송군	이장연합회체육대회지원	27,000	1	1	7	8	7	1	1	1
18783	경북 청송군	지역문화사랑방지원사업	27,000	1	6	7	8	7	1	1	1
18784	경북 청송군	지사기종목별생활체육대회참가지원	27,000	1	4	5	8	7	1	1	4
18785	경북 청송군	전통시장행복경영매니저운영	26,160	1	6	5	8	7	2	2	1
18786	경북 청송군	청송군자율방재단교육활동사업	26,000	1	4	7	8	7	5	5	4
18787	경북 청송군	이장연합회해외연수지원	25,000	1	4	7	8	7	1	1	1
18788	경북 청송군	문화예술인아이디어프로젝트사업	25,000	1	4	7	8	7	1	1	1
18789	경북 청송군	체육특기생(전국및국제대회)훈련지원사업	25,000	1	4	5	8	7	1	1	4
18790	경북 청송군	각종생활체육종목전국대회참가지원(11개종목)	25,000	1	4	5	8	7	1	1	4
18791	경북 청송군	도지사기생활체육대회개최지원	25,000	1	4	5	8	7	1	1	4
18792	경북 청송군	숨은자원모으기경진대회지원	25,000	1	7	7	8	7	1	1	4
18793	경북 청송군	도시민유치홍보사업	25,000	1	6	7	8	7	4	1	4
18794	경북 청송군	농촌에서살아보기	25,000	1	6	7	8	7	4	1	4
18795	경북 청송군	모돈도축운송비지원	23,200	1	2	7	8	7	5	5	4
18796	경북 청송군	민주평통자문위원해외연수경비지원	22,500	1	4	7	8	7	1	1	1
18797	경북 청송군	자율방범연합대사업지원	20,000	1	4	7	8	7	1	1	1

순번	시군구	지출명 (사업명)	2024년예산 (단위 : 천원 /1년간)	민간이전 분류 (지방자치단체 세출예산 집행기준에 의거) 1. 민간경상사업보조(307-02) 2. 민간단체 법정운영비보조(307-03) 3. 민간행사사업보조(307-04) 4. 민간위탁금(307-05) 5. 사회복지시설 법정운영비보조(307-10) 6. 민간인위탁교육비(307-12) 7. 공기관등에대한경상적위탁사업비(308-13) 8. 민간자본사업보조,자체재원(402-01) 9. 민간자본사업보조,이전재원(402-02) 10. 민간위탁사업비(402-03) 11. 공기관등에 대한 자본적 위탁사업비(403-02)	민간이전지출 근거 (지방보조금 관리기준 참고) 1. 법률에 규정 2. 국고보조 재원(국가지정) 3. 용도 지정 기부금 4. 조례에 직접규정 5. 지자체가 권장하는 사업을 하는 공공기관 6. 시,도 정책 및 재정사정 7. 기타 8. 해당없음	입찰방식 계약체결방법 (경쟁형태) 1. 일반경쟁 2. 제한경쟁 3. 지명경쟁 4. 수의계약 5. 법정위탁 6. 기타 ( ) 7. 없음	입찰방식 계약기간 1. 1년 2. 2년 3. 3년 4. 4년 5. 5년 6. 기타 ( )년 7. 단기계약 (1년미만) 8. 없음	입찰방식 낙찰자선정방법 1. 적격심사 2. 협상에의한계약 3. 최저가낙찰제 4. 규격가격분리 5. 2단계 경쟁입찰 6. 기타 ( ) 7. 없음	운영예산 산정 운영예산 산정 1. 내부산정 (지자체 자체적으로 산정) 2. 외부산정 (외부전문기관위탁 산정) 3. 내·외부 모두 산정 4. 산정 無 5. 없음	운영예산 산정 정산방법 1. 내부정산 (지자체 내부적으로 정산) 2. 외부정산 (외부전문기관위탁 정산) 3. 내·외부 모두 산정 4. 정산 無 5. 없음	성과평가 실시여부 1. 실시 2. 미실시 3. 향후 추진 4. 해당없음
18798	경북 청송군	우수이반장역량강화워크숍	20,000	1	1	7	8	7	1	1	1
18799	경북 청송군	보훈가족한마음대회	20,000	1	1	7	1	7	1	1	2
18800	경북 청송군	여성단체협의회역량강화워크숍	20,000	1	8	7	8	7	5	5	4
18801	경북 청송군	청송문화지발간사업	20,000	1	4	7	8	7	1	1	1
18802	경북 청송군	농악대교육지원사업	20,000	1	4	7	8	7	1	1	1
18803	경북 청송군	청송예술제개최	20,000	1	4	7	8	7	1	1	1
18804	경북 청송군	청송군민송년음악회개최지원	20,000	1	4	7	8	7	1	1	1
18805	경북 청송군	부처님오신날군민화합연등문화축제지원	20,000	1	4	7	8	7	1	1	1
18806	경북 청송군	우수동호회대회출전지원	20,000	1	4	5	8	7	1	1	4
18807	경북 청송군	음식점주방환경개선사업	20,000	1	4	7	8	7	1	1	1
18808	경북 청송군	농업경영인체육대회지원사업	20,000	1	4	7	8	7	1	1	4
18809	경북 청송군	청송사과홍보지원	20,000	1	5	7	8	7	1	1	4
18810	경북 청송군	학교급식지원센터급식사업차량운영비지원	20,000	1	4	7	3	7	1	1	4
18811	경북 청송군	다슬기체험홍보지원사업	20,000	1	4	7	8	7	5	5	4
18812	경북 청송군	임업후계자연수지원	20,000	1	1	7	8	7	1	1	3
18813	경북 청송군	새마을지도자역량강화워크숍개최지원	20,000	1	7	7	8	7	1	1	4
18814	경북 청송군	청송군민문화한마당행사지원	20,000	1	7	7	8	7	1	1	4
18815	경북 청송군	농촌지도역량강화대회지원(한마음대회)	20,000	1	6	7	8	7	1	1	3
18816	경북 청송군	생활개선수련대회개최지원	20,000	1	6	7	8	7	1	1	3
18817	경북 청송군	정보화마을프로그램관리자인건비(자부담4,946천원)	19,786	1	6	7	8	7	5	5	4
18818	경북 청송군	다문화가족어울림한마당	17,000	1	8	7	8	7	5	5	4
18819	경북 청송군	생활체육교실운영지원	16,800	1	6	5	8	7	1	1	1
18820	경북 청송군	농업경영인전국(도)대회참가지원	16,000	1	4	7	8	7	1	1	4
18821	경북 청송군	사랑의김장담그기사업	16,000	1	7	7	8	7	1	1	4
18822	경북 청송군	으뜸농산물품평회참가지원사업	15,300	1	4	7	8	7	1	1	4
18823	경북 청송군	청년농업인농지임대료지원	15,250	1	6	7	8	7	1	1	4
18824	경북 청송군	경북청년예비창업가육성사업	15,000	1	6	7	8	7	5	5	4
18825	경북 청송군	양성평등주간기념행사지원	15,000	1	8	7	8	7	5	5	4
18826	경북 청송군	2024경상북도장애인체육대회참가지원	15,000	1	4	5	8	7	1	1	4
18827	경북 청송군	여성농업인체육대회지원	15,000	1	4	7	8	7	1	1	4
18828	경북 청송군	임산물상품화지원(융자9,000천원,자부담6,000천원)	15,000	1	2	7	8	7	1	1	2
18829	경북 청송군	진보면체육회행사지원	15,000	1	1	7	8	7	1	1	4
18830	경북 청송군	정착귀농귀촌인심화교육	15,000	1	6	7	8	7	4	1	4
18831	경북 청송군	서예교육지원사업	14,400	1	4	7	8	7	1	1	1
18832	경북 청송군	범죄예방활동단체지원	14,000	1	4	7	8	7	1	1	1
18833	경북 청송군	바르게살기운동청송군협의회해외연수지원	13,500	1	7	7	8	7	1	1	4
18834	경북 청송군	장애인스포츠강좌이용권지원	13,200	1	2	7	8	7	5	5	1
18835	경북 청송군	경로당한궁보급지원	13,000	1	1	5	1	1	1	1	1
18836	경북 청송군	초등돌봄교실과일간식지원사업	12,768	1	4	4	1	7	1	1	4
18837	경북 청송군	자매도시간생활체육우호교류경비지원	12,000	1	7	7	8	7	1	1	1

순번	시군구	지출명 (사업명)	2024년예산 (단위 : 천원 /1년간)	민간이전 분류 (지방자치단체 세출예산 집행기준에 의거) 1. 민간경상사업보조(307-02) 2. 민간단체 법정운영비보조(307-03) 3. 민간행사사업보조(307-04) 4. 민간위탁금(307-05) 5. 사회복지시설 법정운영비보조(307-10) 6. 민간인위탁교육비(307-12) 7. 공기관등에대한경상적위탁사업비(308-13) 8. 민간자본사업보조,자체재원(402-01) 9. 민간자본사업보조,이전재원(402-02) 10. 민간위탁사업비(402-03) 11. 공기관등에 대한 자본적 위탁사업비(403-02)	민간이전지출 근거 (지방보조금 관리기준 참고) 1. 법률에 규정 2. 국고보조 재원(국가지정) 3. 용도 지정 기부금 4. 조례에 직접규정 5. 지자체가 권장하는 사업을 하는 공공기관 6. 시,도 정책 및 재정사정 7. 기타 8. 해당없음	입찰방식 계약체결방법 (경쟁형태) 1. 일반경쟁 2. 제한경쟁 3. 지명경쟁 4. 수의계약 5. 법정위탁 6. 기타 ( ) 7. 없음	입찰방식 계약기간 1. 1년 2. 2년 3. 3년 4. 4년 5. 5년 6. 기타 ( )년 7. 단기계약 (1년미만) 8. 없음	입찰방식 낙찰자선정방법 1. 적격심사 2. 협상에의한계약 3. 최저가낙찰제 4. 규격가격분리 5. 2단계 경쟁입찰 6. 기타 ( ) 7. 없음	운영예산 산정 운영예산 산정 1. 내부산정 (지자체 자체적으로 산정) 2. 외부산정 (외부전문기관위탁 산정) 3. 내·외부 모두 산정 4. 산정 無 5. 없음	운영예산 산정 정산방법 1. 내부정산 (지자체 내부적으로 정산) 2. 외부정산 (외부전문기관위탁 정산) 3. 내·외부 모두 산정 4. 정산 無 5. 없음	성과평가 실시여부 1. 실시 2. 미실시 3. 향후 추진 4. 해당없음
18838	경북 청송군	일반음식점위생클린UP사업	12,000	1	4	7	8	7	1	1	1
18839	경북 청송군	농특산물직거래장터참가지원사업	12,000	1	4	7	8	7	1	1	4
18840	경북 청송군	농촌마을공동급식시설지원(운영)	12,000	1	4	7	8	7	1	1	4
18841	경북 청송군	청송사과축제건강체조경연대회지원	12,000	1	5	7	8	7	5	5	4
18842	경북 청송군	서화예술전시회개최	11,700	1	4	7	8	7	1	1	1
18843	경북 청송군	대군민안보교육지원	11,000	1	1	7	8	7	5	5	4
18844	경북 청송군	생활체육지도자장기근속수당지원	10,680	1	6	5	8	7	1	1	1
18845	경북 청송군	체육회지도자활성화지원	10,500	1	4	5	8	7	1	1	4
18846	경북 청송군	의병선열추모제사업비지원	10,000	1	1	7	1	7	1	1	2
18847	경북 청송군	자원봉사자의날기념식	10,000	1	4	7	8	7	1	1	1
18848	경북 청송군	국악협회찾아가는국악한마당	10,000	1	4	7	8	7	1	1	1
18849	경북 청송군	미술협회경북학생미술서예공모전	10,000	1	4	7	8	7	1	1	1
18850	경북 청송군	농촌미혼농업인국제결혼지원사업(자부담50%)	10,000	1	4	7	8	7	1	1	4
18851	경북 청송군	청년농부육성지원	10,000	1	6	7	8	7	1	1	4
18852	경북 청송군	농업계고졸업생창업비용지원	10,000	1	6	7	8	7	1	1	4
18853	경북 청송군	축산물신선도유지지원사업(축산기업조합)	10,000	1	4	7	8	7	5	5	1
18854	경북 청송군	새마을의날기념사업	10,000	1	7	7	8	7	1	1	4
18855	경북 청송군	바르게살기운동하계수련대회지원	10,000	1	7	7	8	7	1	1	4
18856	경북 청송군	사과홍보및나눔행사지원	10,000	1	7	7	8	7	1	1	4
18857	경북 청송군	농촌지도자과제활동지원	10,000	1	6	7	8	7	1	1	3
18858	경북 청송군	생활개선효나눔사업	10,000	1	6	7	8	7	1	1	3
18859	경북 청송군	행복한농촌가정육성프로젝트	10,000	1	6	7	8	7	5	5	4
18860	경북 청송군	스마트농업현장컨설팅모델시범	10,000	1	6	7	8	7	5	5	4
18861	경북 청송군	농촌체험관광활성화지원	9,800	1	6	7	8	7	4	5	4
18862	경북 청송군	교통봉사활동지원사업	9,300	1	4	7	8	7	5	5	4
18863	경북 청송군	자유총연맹봉사활동선도사업	9,200	1	1	7	8	7	1	1	1
18864	경북 청송군	실천생활예절교육지원사업	9,200	1	4	7	8	7	1	1	1
18865	경북 청송군	재향군인회영호남교류지원	9,000	1	1	7	1	7	1	1	2
18866	경북 청송군	농업인단체역량강화및농산물홍보지원사업	9,000	1	4	7	8	7	1	1	4
18867	경북 청송군	농업경영인농산물직판및홍보지원사업	9,000	1	4	7	8	7	1	1	4
18868	경북 청송군	시군교류사업지원	9,000	1	4	7	8	7	1	1	4
18869	경북 청송군	서원춘향제지원	8,400	1	4	7	8	7	1	1	1
18870	경북 청송군	생활체육지도자교통비지원	8,400	1	6	5	8	7	1	1	1
18871	경북 청송군	보훈4단체안보전적지견학지원	8,000	1	1	7	1	7	1	1	2
18872	경북 청송군	재향군인회안보견학지원	8,000	1	1	7	1	7	1	1	2
18873	경북 청송군	월남참전전우회안보견학지원	8,000	1	1	7	1	7	1	1	2
18874	경북 청송군	청송사과감시활동지원	8,000	1	5	7	8	7	5	5	4
18875	경북 청송군	예비귀농귀촌인교육	8,000	1	6	7	8	7	4	1	4
18876	경북 청송군	이장근무복구입비	7,600	1	1	7	8	7	1	1	1
18877	경북 청송군	자유총연맹안보의식고취함양지원사업	7,200	1	1	7	8	7	1	1	1

순번	시군구	지출명 (사업명)	2024년예산 (단위 : 천원 /1년간)	민간이전 분류 (지방자치단체 세출예산 집행기준에 의거) 1. 민간경상사업보조(307-02) 2. 민간단체 법정운영비보조(307-03) 3. 민간행사사업보조(307-04) 4. 민간위탁금(307-05) 5. 사회복지시설 법정운영비보조(307-10) 6. 민간인위탁교육비(307-12) 7. 공기관등에대한경상적위탁사업비(308-13) 8. 민간자본사업보조,자체재원(402-01) 9. 민간자본사업보조,이전재원(402-02) 10. 민간위탁사업비(402-03) 11. 공기관등에 대한 자본적 위탁사업비(403-02)	민간이전지출 근거 (지방보조금 관리기준 참고) 1. 법률에 규정 2. 국고보조 재원(국가지정) 3. 용도 지정 기부금 4. 조례에 직접규정 5. 지자체가 권장하는 사업을 하는 공공기관 6. 시,도 정책 및 재정사정 7. 기타 8. 해당없음	입찰방식 계약체결방법 (경쟁형태) 1. 일반경쟁 2. 제한경쟁 3. 지명경쟁 4. 수의계약 5. 법정위탁 6. 기타 ( ) 7. 없음	입찰방식 계약기간 1. 1년 2. 2년 3. 3년 4. 4년 5. 5년 6. 기타 ( )년 7. 단기계약 (1년미만) 8. 없음	입찰방식 낙찰자선정방법 1. 적격심사 2. 협상에의한계약 3. 최저가낙찰제 4. 규격가격분리 5. 2단계 경쟁입찰 6. 기타 ( ) 7. 없음	운영예산 산정 운영예산 산정 1. 내부산정 (지자체 자체적으로 산정) 2. 외부산정 (외부전문기관위탁 산정) 3. 내·외부 모두 산정 4. 산정 無 5. 없음	운영예산 산정 정산방법 1. 내부정산 (지자체 내부적으로 정산) 2. 외부정산 (외부전문기관위탁 정산) 3. 내·외부 모두 산정 4. 정산 無 5. 없음	성과평가 실시여부 1. 실시 2. 미실시 3. 향후 추진 4. 해당없음
18878	경북 청송군	예절인성교육지원사업	7,200	1	4	7	8	7	1	1	1
18879	경북 청송군	여성농업인농외소득활동지원	7,200	1	4	7	8	7	1	1	4
18880	경북 청송군	노인회지회장기게이트볼대회지원	7,000	1	1	5	1	1	1	1	1
18881	경북 청송군	성인문해교육작품집제작	7,000	1	1,4	7	8	7	1	1	2
18882	경북 청송군	체육회지도자역량강화연수지원	7,000	1	4	5	8	7	1	1	4
18883	경북 청송군	체육회임직원역량강화연수지원	7,000	1	4	5	8	7	1	1	4
18884	경북 청송군	대학생농촌봉사활동지원	7,000	1	4	7	8	7	1	1	4
18885	경북 청송군	안동시환경교육센터운영비지원	7,000	1	7	7	8	7	5	5	4
18886	경북 청송군	고추장담그기사업	7,000	1	7	7	8	7	1	1	4
18887	경북 청송군	영농기술학습활동	7,000	1	6	7	8	7	4	1	4
18888	경북 청송군	농촌지도도농교류농특산물직판행사지원	7,000	1	6	7	8	7	1	1	3
18889	경북 청송군	범도민독서생활화사업	6,670	1	7	7	8	7	1	1	4
18890	경북 청송군	시군경로당지도자교육지원	6,300	1	1	5	1	1	1	1	1
18891	경북 청송군	유림활동지원사업	6,300	1	4	7	8	7	1	1	1
18892	경북 청송군	학교폭력예방선도프로그램운영비지원	6,200	1	1	7	8	7	5	5	4
18893	경북 청송군	6.25참전유공자회안보전적지견학지원	6,000	1	1	7	1	7	1	1	2
18894	경북 청송군	자원봉사단체리더역량강화워크숍	6,000	1	4	7	8	7	1	1	1
18895	경북 청송군	한우등록비	6,000	1	6	7	8	7	5	5	4
18896	경북 청송군	미술협회회원전및국내우수작가초대전	5,700	1	4	7	8	7	1	1	1
18897	경북 청송군	국악분야예술강사지원사업(문화예술교육활성화)	5,522	1	2	7	8	7	1	1	1
18898	경북 청송군	OB축구출전지원	5,500	1	4	5	8	7	1	1	4
18899	경북 청송군	전통문화교육지원사업	5,400	1	4	7	8	7	1	1	1
18900	경북 청송군	문인협회청송문예지발간	5,400	1	4	7	8	7	1	1	1
18901	경북 청송군	4대보험료및퇴직금	5,200	1	6	7	8	7	5	5	4
18902	경북 청송군	청송군청년소모임지원사업	5,000	1	4	7	8	7	5	5	4
18903	경북 청송군	정보화마을활성화지원	5,000	1	6	7	8	7	5	5	4
18904	경북 청송군	호국영령추모행사및나라사랑교육지원	5,000	1	1	7	1	7	1	1	2
18905	경북 청송군	재향군인회여성회안보전적지견학지원	5,000	1	1	7	1	7	1	1	2
18906	경북 청송군	시각장애인흰지팡이날지원	5,000	1	8	5	8	7	1	1	4
18907	경북 청송군	청송사과축제노인관련홍보부스운영지원	5,000	1	1	5	1	1	1	1	1
18908	경북 청송군	노인회지회임원선진지견학	5,000	1	1	5	1	1	1	1	1
18909	경북 청송군	충효교실운영	5,000	1	6	7	8	7	1	1	1
18910	경북 청송군	2024도씨름왕선발대회참가지원	5,000	1	4	5	8	7	1	1	4
18911	경북 청송군	여성농업인농산물직판행사지원	5,000	1	4	7	8	7	1	1	4
18912	경북 청송군	여성농업경영인전국(도)대회참가지원	5,000	1	4	7	8	7	1	1	4
18913	경북 청송군	농업경영컨설팅지원	5,000	1	2	7	8	7	1	1	4
18914	경북 청송군	임산물택배비(2,000건)	5,000	1	1	7	8	7	1	1	2
18915	경북 청송군	방과후공부방특별활동지원사업	5,000	1	4	7	8	7	1	1	4
18916	경북 청송군	선진귀농지역현장학습	5,000	1	6	7	8	7	4	1	4
18917	경북 청송군	4-H본부한마음대회지원(역량강화)	5,000	1	6	7	8	7	1	1	3

순번	시군구	지출명 (사업명)	2024년예산 (단위 : 천원 /1년간)	민간이전 분류 (지방자치단체 세출예산 집행기준에 의거) 1. 민간경상사업보조(307-02) 2. 민간단체 법정운영비보조(307-03) 3. 민간행사사업보조(307-04) 4. 민간위탁금(307-05) 5. 사회복지시설 법정운영비보조(307-10) 6. 민간인위탁교육비(307-12) 7. 공기관등에대한경상적위탁사업비(308-13) 8. 민간자본사업보조,자체재원(402-01) 9. 민간자본사업보조,이전재원(402-02) 10. 민간위탁사업비(402-03) 11. 공기관등에 대한 자본적 위탁사업비(403-02)	민간이전지출 근거 (지방보조금 관리기준 참고) 1. 법률에 규정 2. 국고보조 재원(국가지정) 3. 용도 지정 기부금 4. 조례에 직접규정 5. 지자체가 권장하는 사업을 하는 공공기관 6. 시,도 정책 및 재정사정 7. 기타 8. 해당없음	입찰방식 계약체결방법 (경쟁형태) 1. 일반경쟁 2. 제한경쟁 3. 지명경쟁 4. 수의계약 5. 법정위탁 6. 기타 ( ) 7. 없음	입찰방식 계약기간 1. 1년 2. 2년 3. 3년 4. 4년 5. 5년 6. 기타 ( )년 7. 단기계약 (1년미만) 8. 없음	입찰방식 낙찰자선정방법 1. 적격심사 2. 협상에의한계약 3. 최저가낙찰제 4. 규격가격분리 5. 2단계 경쟁입찰 6. 기타 ( ) 7. 없음	운영예산 산정 운영예산 산정 1. 내부산정 (지자체 자체적으로 산정) 2. 외부산정 (외부전문기관위탁 산정) 3. 내·외부 모두 산정 4. 산정 無 5. 없음	운영예산 산정 정산방법 1. 내부정산 (지자체 내부적으로 정산) 2. 외부정산 (외부전문기관위탁 정산) 3. 내·외부 모두 산정 4. 정산 無 5. 없음	성과평가 실시여부 1. 실시 2. 미실시 3. 향후 추진 4. 해당없음
18918	경북 청송군	청송재향경우회사업지원	4,750	1	4	7	8	7	1	1	1
18919	경북 청송군	적십자봉사활성화사업	4,500	1	4	7	8	7	1	1	1
18920	경북 청송군	도덕성회복교육책자발간사업	4,500	1	4	7	8	7	1	1	1
18921	경북 청송군	경북리그축구대회출전지원	4,500	1	4	5	8	7	1	1	4
18922	경북 청송군	스마트HACCP구축보급지원사업	4,500	1	4	7	8	7	1	1	1
18923	경북 청송군	쌀소비촉진홍보및농산물시식회	4,500	1	4	7	8	7	1	1	4
18924	경북 청송군	재난구호및교통봉사활동지원	4,500	1	1	7	8	7	5	5	4
18925	경북 청송군	자유총연맹전국대회경비지원	4,000	1	1	7	8	7	1	1	1
18926	경북 청송군	6.25전쟁음식재현시식사업지원	4,000	1	1	7	7	7	1	1	2
18927	경북 청송군	재향군인의날지원	4,000	1	1	7	1	7	1	1	2
18928	경북 청송군	상이군경회나라사랑안보견학	4,000	1	1	7	1	7	1	1	2
18929	경북 청송군	시각장애인한궁및플라잉디스크교육지원	4,000	1	8	5	8	7	1	1	4
18930	경북 청송군	태양광충전식농업기계용배터리커버지원	4,000	1	6	7	8	7	1	1	3
18931	경북 청송군	자유총연맹활동지원	3,600	1	1	7	8	7	1	1	1
18932	경북 청송군	유묵교양서예교육지원사업	3,600	1	4	7	8	7	1	1	1
18933	경북 청송군	한우수정란이식사업(자부담11.25%)	3,550	1	6	7	8	7	5	5	4
18934	경북 청송군	보훈4단체충혼탑참배	3,500	1	1	7	1	7	1	1	2
18935	경북 청송군	산림소득활성화사업	3,500	1	2	7	8	7	1	1	2
18936	경북 청송군	농촌체험휴양마을보험가입지원(자부담20%)	3,360	1	6	7	8	7	4	1	4
18937	경북 청송군	생활체육지도자자녀수당지원	3,240	1	6	5	8	7	1	1	1
18938	경북 청송군	청송군행정동우회사업지원	3,000	1	4	7	8	7	1	1	3
18939	경북 청송군	6.25사랑방운영	3,000	1	1	7	1	7	1	1	2
18940	경북 청송군	무공수훈자회청송군지회나라사랑안보견학	3,000	1	1	7	1	7	1	1	2
18941	경북 청송군	전몰군경미망인회안보견학지원	3,000	1	1	7	1	7	1	1	2
18942	경북 청송군	문학의밤행사지원	3,000	1	4	7	8	7	1	1	1
18943	경북 청송군	유교문화실천교육지원	3,000	1	4	7	8	7	1	1	1
18944	경북 청송군	소류선생추모제	3,000	1	4	7	8	7	1	1	1
18945	경북 청송군	실버탁구단출전지원	3,000	1	4	5	8	7	1	1	4
18946	경북 청송군	어르신생활체육게이트볼대회참가지원	3,000	1	4	5	8	7	1	1	4
18947	경북 청송군	전국풋살대회참가지원	3,000	1	4	5	8	7	1	1	4
18948	경북 청송군	여성리더쉽교육지원	3,000	1	4	7	8	7	1	1	4
18949	경북 청송군	통일벼시연회지원	3,000	1	4	7	8	7	1	1	4
18950	경북 청송군	농민회전국(도)대회참가지원	3,000	1	4	7	8	7	1	1	4
18951	경북 청송군	자연사랑연합그린스타트실천홍보지원	3,000	1	7	7	8	7	5	5	4
18952	경북 청송군	독서회책자발간사업	2,700	1	4	7	8	7	1	1	1
18953	경북 청송군	친환경축산물인증비지원	2,450	1	6	7	8	7	5	5	4
18954	경북 청송군	보훈단체협의회사랑방운영	2,400	1	1	7	1	7	1	1	2
18955	경북 청송군	무공수훈자회우주군교류지원	2,000	1	1	7	1	7	1	1	2
18956	경북 청송군	65세이상시각장애인특화사업	2,000	1	8	5	8	7	1	1	4
18957	경북 청송군	협회장기게이트볼대회지원	2,000	1	4	5	8	7	1	1	4

순번	시군구	지출명 (사업명)	2024년예산 (단위 : 천원 /1년간)	민간이전 분류 (지방자치단체 세출예산 집행기준에 의거) 1. 민간경상사업보조(307-02) 2. 민간단체 법정운영비보조(307-03) 3. 민간행사사업보조(307-04) 4. 민간위탁금(307-05) 5. 사회복지시설 법정운영비보조(307-10) 6. 민간인위탁교육비(307-12) 7. 공기관등에대한경상적위탁사업비(308-13) 8. 민간자본사업보조,자체재원(402-01) 9. 민간자본사업보조,이전재원(402-02) 10. 민간위탁사업비(402-03) 11. 공기관등에 대한 자본적 위탁사업비(403-02)	민간이전지출 근거 (지방보조금 관리기준 참고) 1. 법률에 규정 2. 국고보조 재원(국가지정) 3. 용도 지정 기부금 4. 조례에 직접규정 5. 지자체가 권장하는 사업을 하는 공공기관 6. 시,도 정책 및 재정사정 7. 기타 8. 해당없음	입찰방식 계약체결방법 (경쟁형태) 1. 일반경쟁 2. 제한경쟁 3. 지명경쟁 4. 수의계약 5. 법정위탁 6. 기타 ( ) 7. 없음	입찰방식 계약기간 1. 1년 2. 2년 3. 3년 4. 4년 5. 5년 6. 기타 ( )년 7. 단기계약 (1년미만) 8. 없음	입찰방식 낙찰자선정방법 1. 적격심사 2. 협상에의한계약 3. 최저가낙찰제 4. 규격가격분리 5. 2단계 경쟁입찰 6. 기타 ( ) 7. 없음	운영예산 산정 운영예산 산정 1. 내부산정 (지자체 자체적으로 산정) 2. 외부산정 (외부전문기관위탁 산정) 3. 내·외부 모두 산정 4. 산정 無 5. 없음	운영예산 산정 정산방법 1. 내부정산 (지자체 내부적으로 정산) 2. 외부정산 (외부전문기관위탁 정산) 3. 내·외부 모두 산정 4. 정산 無 5. 없음	성과평가 실시여부 1. 실시 2. 미실시 3. 향후 추진 4. 해당없음
18958	경북 청송군	새농민회도대회참가지원	2,000	1	4	7	8	7	1	1	4
18959	경북 청송군	친자확인	2,000	1	6	7	8	7	5	5	4
18960	경북 청송군	정보화마을한마당행사참가지원	1,800	1	6	7	8	7	5	5	4
18961	경북 청송군	청송군안보단체연합회안보결의대회	1,800	1	1	7	1	7	1	1	2
18962	경북 청송군	여성예비군소대안보활동지원	1,800	1	4	7	8	7	5	5	4
18963	경북 청송군	건전생활실천순회교육지원	1,650	1	7	7	8	7	1	1	4
18964	경북 청송군	한우우군선형심사비	1,500	1	6	7	8	7	5	5	4
18965	경북 청송군	생활체육지도자활동보험료지원	1,148	1	2	5	8	7	1	1	1
18966	경북 청송군	천연기념물민속행사지원	1,000	1	2	7	8	7	5	1	4
18967	경북 영양군	세계유교문화축전지원	200,000	1	4	7	8	7	1	1	1
18968	경북 영양군	통합문화이용권사업	180,830	1	2	7	8	7	1	1	1
18969	경북 영양군	제62회경북도민체육대회참가	150,000	1	4	7	8	7	1	1	1
18970	경북 영양군	공공보건의료수행기관간병인지원	146,640	1	4	7	8	7	1	1	1
18971	경북 영양군	청년농업인영농정착지원	143,580	1	2	7	8	7	5	5	4
18972	경북 영양군	생활체육지도자배치	125,172	1	2	7	8	7	1	1	1
18973	경북 영양군	어르신생활체육지도자배치	125,172	1	2	7	8	7	1	1	1
18974	경북 영양군	관내전지훈련유치지원	120,000	1	4	7	8	7	1	1	1
18975	경북 영양군	영농부산물안전처리지원사업	105,000	1	2	7	8	7	5	5	4
18976	경북 영양군	공공보건의료수행기관물리치료실인건비지원	103,932	1	4	7	8	7	1	1	1
18977	경북 영양군	여름철물놀이장운영	100,000	1	4	7	8	7	1	1	1
18978	경북 영양군	저품위사과시장격리수매지원	100,000	1	4	7	8	7	5	5	4
18979	경북 영양군	공공보건의료수행기관영양수액제본인부담금지원	84,000	1	4	7	8	7	1	1	1
18980	경북 영양군	여성농업인행복바우처지원	84,000	1	4	7	8	7	5	5	4
18981	경북 영양군	전통민속놀이(원놀음)발굴및보존육성	81,000	1	4	7	8	7	1	1	1
18982	경북 영양군	농촌체험휴양마을사무장채용지원	69,248	1	2	7	8	7	5	5	4
18983	경북 영양군	제3회별천지영양힐링예술제	58,500	1	4	7	8	7	1	1	1
18984	경북 영양군	공동방제단운영지원	54,551	1	2	7	8	7	1	1	1
18985	경북 영양군	전국생활체육배구대회개최지원	46,900	1	4	7	8	7	1	1	1
18986	경북 영양군	영양문화원사업활동지원	45,000	1	4	7	8	7	1	1	1
18987	경북 영양군	공공보건의료수행기관물리치료본인부담금지원	41,040	1	4	7	8	7	1	1	1
18988	경북 영양군	제34회경북도민생활체육대축전참가경비	40,000	1	4	7	8	7	1	1	1
18989	경북 영양군	지역주도형청년일자리사업	39,348	1	6	1	1	1	1	1	1
18990	경북 영양군	작목별맞춤형안전관리실천시범	35,000	1	1	7	8	7	5	5	4
18991	경북 영양군	전국유소년축구대회개최지원	35,000	1	4	7	8	7	1	1	1
18992	경북 영양군	전통시장장보기및배송서비스지원	32,120	1	4	7	1	7	1	1	4
18993	경북 영양군	군수기종목별대회지원	32,000	1	4	7	8	7	1	1	1
18994	경북 영양군	재래시장활성화	31,764	1	4	7	1	7	1	1	4
18995	경북 영양군	영양관광투어지원	30,000	1	4	7	8	7	1	1	1
18996	경북 영양군	전국생활체육동호인축구대회개최지원	30,000	1	4	7	8	7	1	1	1
18997	경북 영양군	농업인신문보급지원	26,340	1	1	7	8	7	5	5	4

순번	시군구	지출명 (사업명)	2024년예산 (단위 : 천원 /1년간)	민간이전 분류 (지방자치단체 세출예산 집행기준에 의거) 1. 민간경상사업보조(307-02) 2. 민간단체 법정운영비보조(307-03) 3. 민간행사사업보조(307-04) 4. 민간위탁금(307-05) 5. 사회복지시설 법정운영비보조(307-10) 6. 민간인위탁교육비(307-12) 7. 공기관등에대한경상적위탁사업비(308-13) 8. 민간자본사업보조,자체재원(402-01) 9. 민간자본사업보조,이전재원(402-02) 10. 민간위탁사업비(402-03) 11. 공기관등에 대한 자본적 위탁사업비(403-02)	민간이전지출 근거 (지방보조금 관리기준 참고) 1. 법률에 규정 2. 국고보조 재원(국가지정) 3. 용도 지정 기부금 4. 조례에 직접규정 5. 지자체가 권장하는 사업을 하는 공공기관 6. 시,도 정책 및 재정사정 7. 기타 8. 해당없음	입찰방식: 계약체결방법 (경쟁형태) 1. 일반경쟁 2. 제한경쟁 3. 지명경쟁 4. 수의계약 5. 법정위탁 6. 기타 ( ) 7. 없음	입찰방식: 계약기간 1. 1년 2. 2년 3. 3년 4. 4년 5. 5년 6. 기타 ( )년 7. 단기계약 (1년미만) 8. 없음	입찰방식: 낙찰자선정방법 1. 적격심사 2. 협상에의한계약 3. 최저가낙찰제 4. 규격가격분리 5. 2단계 경쟁입찰 6. 기타 ( ) 7. 없음	운영예산 산정: 운영예산 산정 1. 내부산정 (지자체 자체적으로 산정) 2. 외부산정 (외부전문기관위탁 산정) 3. 내·외부 모두 산정 4. 산정 無 5. 없음	운영예산 산정: 정산방법 1. 내부정산 (지자체 내부적으로 정산) 2. 외부정산 (외부전문기관위탁 정산) 3. 내·외부 모두 산정 4. 정산 無 5. 없음	성과평가 실시여부 1. 실시 2. 미실시 3. 향후 추진 4. 해당없음
18998	경북 영양군	제2회일월산전국오픈탁구대회지원	25,000	1	4	7	8	7	1	1	1
18999	경북 영양군	생활체육종목별대회참가경비	24,750	1	4	7	8	7	1	1	1
19000	경북 영양군	농촌지도자신기술보급	24,000	1	1	7	8	7	5	5	4
19001	경북 영양군	전국생활체육배드민턴대회개최지원	23,450	1	4	7	8	7	1	1	1
19002	경북 영양군	체육회가맹단체지원비	21,000	1	4	7	8	7	1	1	1
19003	경북 영양군	새마을환경살리기	20,000	1	1	7	8	7	5	5	4
19004	경북 영양군	부처님오신날연등행사봉축축제	20,000	1	4	7	8	7	1	1	1
19005	경북 영양군	달맞이행사개최경비지원	20,000	1	4	7	8	7	1	1	1
19006	경북 영양군	전국한시백일장활성화사업	20,000	1	4	7	8	7	1	1	1
19007	경북 영양군	영양원놀음지역전승활동지원	20,000	1	2	7	8	7	1	1	1
19008	경북 영양군	영양원놀음지역전승교육프로그램운영	20,000	1	2	7	8	7	1	1	1
19009	경북 영양군	청년경영실습임대농장농자재(배지,큐브)구입지원	20,000	1	7	7	8	7	5	5	4
19010	경북 영양군	경북사과홍보지원	20,000	1	4	7	8	7	5	5	4
19011	경북 영양군	행복한보금자리만들기사업	19,300	1	1	7	8	7	5	5	4
19012	경북 영양군	전국민파워업농촌관광지원	18,200	1	7	7	8	7	5	5	4
19013	경북 영양군	경북북부권문화정보센터문화홍보사업지원	18,000	1	4	7	8	7	1	1	1
19014	경북 영양군	학교체육및우수선수육성지원	18,000	1	4	7	8	7	1	1	1
19015	경북 영양군	영양풍물단육성지원	17,880	1	4	7	8	7	1	1	1
19016	경북 영양군	제26회경북장애인체육대회참가경비지원	17,000	1	4	7	8	7	1	1	1
19017	경북 영양군	새마을회국민운동활성화사업	15,200	1	1	7	8	7	5	5	4
19018	경북 영양군	바르게살기운동사회운동활성화사업	15,000	1	1	7	8	7	5	5	4
19019	경북 영양군	작목별맞춤형안전관리실천시범	15,000	1	1	7	8	7	5	5	4
19020	경북 영양군	무료스케이트장운영	15,000	1	4	7	8	7	1	1	1
19021	경북 영양군	생활체육교실운영	14,400	1	2	7	8	7	1	1	1
19022	경북 영양군	생활개선회원신문보급료지원	13,800	1	1	7	8	7	5	5	4
19023	경북 영양군	합창단육성지원	13,500	1	4	7	8	7	1	1	1
19024	경북 영양군	친환경농산물판로확대지원	13,487	1	4	7	8	7	5	5	4
19025	경북 영양군	향교문화전승보전	12,330	1	4	7	8	7	1	1	1
19026	경북 영양군	새마을회읍면단체사업비지원	12,000	1	1	7	8	7	5	5	4
19027	경북 영양군	문화예술동아리육성지원	10,800	1	4	7	8	7	1	1	1
19028	경북 영양군	오일도전국백일장	10,800	1	4	7	8	7	1	1	1
19029	경북 영양군	제36회군수기축구대회개최지원	10,800	1	4	7	8	7	1	1	1
19030	경북 영양군	새마을회하계수련대회	10,000	1	1	7	8	7	5	5	4
19031	경북 영양군	농촌지도자과제활동지원	10,000	1	1	7	8	7	5	5	4
19032	경북 영양군	생활개선회원참사랑실천지원사업	10,000	1	4	7	8	7	5	5	4
19033	경북 영양군	향토음식자원화지원사업	10,000	1	4	7	8	7	5	5	4
19034	경북 영양군	행복한농촌가정육성시범	10,000	1	1	7	8	7	5	5	4
19035	경북 영양군	인문학강좌운영	10,000	1	4	7	8	7	1	1	1
19036	경북 영양군	일월산맥전	10,000	1	4	7	8	7	1	1	1
19037	경북 영양군	자연과함께하는MTB체험코스운영	10,000	1	4	7	8	7	1	1	1

순번	시군구	지출명 (사업명)	2024년예산 (단위 : 천원 /1년간)	민간이전 분류 (지방자치단체 세출예산 집행기준에 의거) 1. 민간경상사업보조(307-02) 2. 민간단체 법정운영비보조(307-03) 3. 민간행사사업보조(307-04) 4. 민간위탁금(307-05) 5. 사회복지시설 법정운영비보조(307-10) 6. 민간인위탁교육비(307-12) 7. 공기관등에대한경상적위탁사업비(308-13) 8. 민간자본사업보조,자체재원(402-01) 9. 민간자본사업보조,이전재원(402-02) 10. 민간위탁사업비(402-03) 11. 공기관등에 대한 자본적 위탁사업비(403-02)	민간이전지출 근거 (지방보조금 관리기준 참고) 1. 법률에 규정 2. 국고보조 재원(국가지정) 3. 용도 지정 기부금 4. 조례에 직접규정 5. 지자체가 권장하는 사업을 하는 공공기관 6. 시,도 정책 및 재정사정 7. 기타 8. 해당없음	입찰방식			운영예산 산정		성과평가 실시여부
						계약체결방법 (경쟁형태) 1. 일반경쟁 2. 제한경쟁 3. 지명경쟁 4. 수의계약 5. 법정위탁 6. 기타 ( ) 7. 없음	계약기간 1. 1년 2. 2년 3. 3년 4. 4년 5. 5년 6. 기타 ( )년 7. 단기계약 (1년미만) 8. 없음	낙찰자선정방법 1. 적격심사 2. 협상에의한계약 3. 최저가낙찰제 4. 규격가격분리 5. 2단계 경쟁입찰 6. 기타 ( ) 7. 없음	운영예산 산정 1. 내부산정 (지자체 자체적으로 산정) 2. 외부산정 (외부전문기관위탁 산정) 3. 내·외부 모두 산정 4. 산정 無 5. 없음	정산방법 1. 내부정산 (지자체 내부적으로 정산) 2. 외부정산 (외부전문기관위탁 정산) 3. 내·외부 모두 산정 4. 정산 無 5. 없음	1. 실시 2. 미실시 3. 향후 추진 4. 해당없음
19038	경북 영양군	서예교실	9,900	1	4	7	8	7	1	1	1
19039	경북 영양군	농특산물직판행사차량임차료지원	9,800	1	7	7	8	7	5	5	4
19040	경북 영양군	농촌체험관광활성화지원	9,800	1	7	7	8	7	5	5	4
19041	경북 영양군	생활체육지도자교통비지원	9,600	1	2	7	8	7	1	1	1
19042	경북 영양군	영양문학집발간	9,000	1	4	7	8	7	1	1	1
19043	경북 영양군	전국으뜸농산물품평회참가지원	9,000	1	7	7	8	7	5	5	4
19044	경북 영양군	농업경영인사무실운영경비지원	9,000	1	7	7	8	7	5	5	4
19045	경북 영양군	경북한우암소능력개량사업	9,000	1	6	7	8	7	5	5	4
19046	경북 영양군	청년농업인농지임대지원	8,700	1	7	7	8	7	5	5	4
19047	경북 영양군	영양특화음식맛집메뉴개발	8,400	1	4	7	8	7	5	5	4
19048	경북 영양군	한우암소유전체분석사업	8,100	1	6	7	8	7	5	5	4
19049	경북 영양군	새마을회사랑의김장나누기사업	8,000	1	1	7	8	7	5	5	4
19050	경북 영양군	바르게살기운동선진지견학	8,000	1	1	7	8	7	5	5	4
19051	경북 영양군	여성농업인쌀소비촉진지원	8,000	1	7	7	8	7	5	5	4
19052	경북 영양군	청년근로자사랑채움사업	7,770	1	6	3	1	7	1	1	1
19053	경북 영양군	새마을회역량강화사업	7,560	1	1	7	8	7	5	5	4
19054	경북 영양군	영양서예인통합전시회	7,200	1	4	7	8	7	1	1	1
19055	경북 영양군	영양문향골캠프활성화사업	7,200	1	4	7	8	7	1	1	1
19056	경북 영양군	오일도전국백일장(군비추가)	7,200	1	4	7	8	7	1	1	1
19057	경북 영양군	한우수정란이식사업	7,100	1	6	7	8	7	5	5	4
19058	경북 영양군	전시예술지원(금경연화백예술프로그램)	7,000	1	4	7	8	7	1	1	1
19059	경북 영양군	영양문화아카데미운영	7,000	1	4	7	8	7	1	1	1
19060	경북 영양군	농업경영인영양농산물홍보지원	7,000	1	7	7	8	7	5	5	4
19061	경북 영양군	생활체육지도자근속수당지원	6,840	1	2	7	8	7	1	1	1
19062	경북 영양군	범도민독서생활화추진	6,670	1	1	7	8	7	5	5	4
19063	경북 영양군	착한가격업소활성화지원	6,640	1	2	7	8	7	5	5	4
19064	경북 영양군	어르신체육대회참가경비	6,000	1	4	7	8	7	1	1	1
19065	경북 영양군	출산농가영농도우미지원	5,760	1	7	7	8	7	5	5	4
19066	경북 영양군	경북선비아카데미지원	5,600	1	4	7	8	7	1	1	1
19067	경북 영양군	색소폰동아리육성지원	5,400	1	4	7	8	7	1	1	1
19068	경북 영양군	생활개선회도대회참가비지원	5,000	1	1	7	8	7	5	5	4
19069	경북 영양군	네이버스마트스토어입점농가지원	5,000	1	4	7	8	7	5	5	4
19070	경북 영양군	고추연구모임활성화지원	5,000	1	4	7	8	7	5	5	4
19071	경북 영양군	충효교실운영	5,000	1	4	7	8	7	1	1	1
19072	경북 영양군	농업경영인경북농특산물직거래장터참가지원	5,000	1	7	7	8	7	5	5	4
19073	경북 영양군	농업계고졸업생창업비용지원	5,000	1	7	7	8	7	5	5	4
19074	경북 영양군	농촌체험휴양마을운영비지원	4,800	1	1	7	8	7	5	5	4
19075	경북 영양군	바르게살기운동청년조직활성화사업	4,650	1	1	7	8	7	5	5	4
19076	경북 영양군	새마을회선진지견학	4,500	1	1	7	8	7	5	5	4
19077	경북 영양군	유림교화사업지원	4,500	1	4	7	8	7	1	1	1

순번	시군구	지출명 (사업명)	2024년예산 (단위 : 천원 /1년간)	민간이전 분류 (지방자치단체 세출예산 집행기준에 의거) 1. 민간경상사업보조(307-02) 2. 민간단체 법정운영비보조(307-03) 3. 민간행사사업보조(307-04) 4. 민간위탁금(307-05) 5. 사회복지시설 법정운영비보조(307-10) 6. 민간인위탁교육비(307-12) 7. 공기관등에대한경상적위탁사업비(308-13) 8. 민간자본사업보조,자체재원(402-01) 9. 민간자본사업보조,이전재원(402-02) 10. 민간위탁사업비(402-03) 11. 공기관등에 대한 자본적 위탁사업비(403-02)	민간이전지출 근거 (지방보조금 관리기준 참고) 1. 법률에 규정 2. 국고보조 재원(국가지정) 3. 용도 지정 기부금 4. 조례에 직접규정 5. 지자체가 권장하는 사업을 하는 공공기관 6. 시,도 정책 및 재정사정 7. 기타 8. 해당없음	입찰방식: 계약체결방법 (경쟁형태) 1. 일반경쟁 2. 제한경쟁 3. 지명경쟁 4. 수의계약 5. 법정위탁 6. 기타 ( ) 7. 없음	입찰방식: 계약기간 1. 1년 2. 2년 3. 3년 4. 4년 5. 5년 6. 기타 ( )년 7. 단기계약 (1년미만) 8. 없음	입찰방식: 낙찰자선정방법 1. 적격심사 2. 협상에의한계약 3. 최저가낙찰제 4. 규격가격분리 5. 2단계 경쟁입찰 6. 기타 ( ) 7. 없음	운영예산 산정: 운영예산 산정 1. 내부산정 (지자체 자체적으로 산정) 2. 외부산정 (외부전문기관위탁 산정) 3. 내·외부 모두 산정 4. 산정 無 5. 없음	운영예산 산정: 정산방법 1. 내부정산 (지자체 내부적으로 정산) 2. 외부정산 (외부전문기관위탁 정산) 3. 내·외부 모두 산정 4. 정산 無 5. 없음	성과평가 실시여부 1. 실시 2. 미실시 3. 향후 추진 4. 해당없음
19078	경북 영양군	정보화농업인연합회육성	4,000	1	4	7	8	7	5	5	4
19079	경북 영양군	영산서원향사	4,000	1	4	7	8	7	1	1	1
19080	경북 영양군	농촌체험휴양마을보험가입지원	4,000	1	2	7	8	7	5	5	4
19081	경북 영양군	농촌마을공동급식시설지원	4,000	1	7	7	8	7	5	5	4
19082	경북 영양군	축구경북리그본선참가경비	3,600	1	4	7	8	7	1	1	1
19083	경북 영양군	경상북도풍물대축제참가지원사업	3,240	1	4	7	8	7	1	1	1
19084	경북 영양군	새마을회재활용품및헌옷모으기경진대회	3,000	1	1	7	8	7	5	5	4
19085	경북 영양군	청년농업인4H회원활동지원	3,000	1	6	7	8	7	5	5	4
19086	경북 영양군	시화전시및문학의밤	3,000	1	4	7	8	7	1	1	1
19087	경북 영양군	문화유산지킴이활동비지원	3,000	1	1	7	7	7	1	1	4
19088	경북 영양군	파크골프대회참가경비	3,000	1	4	7	8	7	1	1	1
19089	경북 영양군	동호인클럽대항전축구대회참가경비	3,000	1	4	7	8	7	1	1	1
19090	경북 영양군	게이트볼대회참가경비	3,000	1	4	7	8	7	1	1	1
19091	경북 영양군	바르게살기운동한마음결의대회	2,880	1	1	7	8	7	5	5	4
19092	경북 영양군	국악강사풀제운영	2,836	1	2	7	8	7	1	1	1
19093	경북 영양군	교통안전사고예방활동지원	2,700	1	1	7	8	7	1	1	2
19094	경북 영양군	농업인대학농심체험사업지원	2,400	1	2	7	8	7	5	5	4
19095	경북 영양군	축구활성화지원사업	2,400	1	4	7	8	7	1	1	1
19096	경북 영양군	새마을회피서지문고운영	2,000	1	1	7	8	7	5	5	4
19097	경북 영양군	새마을회알뜰도서교환시장운영	2,000	1	1	7	8	7	5	5	4
19098	경북 영양군	청년월세지원사업	2,000	1	2	7	1	7	2	1	1
19099	경북 영양군	청년전세보증금반환보증보증료지원사업	2,000	1	6	7	8	7	5	5	4
19100	경북 영양군	한시전승지원사업	2,000	1	4	7	8	7	1	1	1
19101	경북 영양군	군민문화의식개혁사업지원	2,000	1	4	7	8	7	1	1	1
19102	경북 영양군	옥녀봉장승제전승사업	2,000	1	4	7	8	7	1	1	1
19103	경북 영양군	석보병암장승제전승사업	2,000	1	4	7	8	7	1	1	1
19104	경북 영양군	바르게살기운동건전생활실천순회교육	1,650	1	1	7	8	7	5	5	4
19105	경북 영양군	바르게살기운동국민화합전진대회	1,600	1	1	7	8	7	5	5	4
19106	경북 영양군	바르게살기운동녹색생활실천대회	1,440	1	1	7	8	7	5	5	4
19107	경북 영양군	생활체육지도자활동보험료지원	1,312	1	2	7	8	7	1	1	1
19108	경북 영양군	4H신문보급지원	1,200	1	1	7	8	7	5	5	4
19109	경북 영양군	생활체육지도자자녀수당지원	360	1	2	7	8	7	1	1	1
19110	경북 영양군	농촌민박서비스안전교육	218	1	2	7	8	7	5	5	4
19111	경북 영덕군	세대통합지원센터운영	1,200,000	1	4	7	1	7	1	3	3
19112	경북 영덕군	전국단위스포츠대회유치	1,000,000	1	4	7	8	7	5	5	4
19113	경북 영덕군	초고도취약지응급실운영지원	920,000	1	1	7	8	7	3	1	4
19114	경북 영덕군	초고도취약지응급실운영지원	500,000	1	1	7	8	7	3	1	4
19115	경북 영덕군	STAY영덕춘계전국중등축구대회개최	500,000	1	4	7	8	7	5	5	4
19116	경북 영덕군	STAY영덕추계전국중등축구대회개최	500,000	1	4	7	8	7	5	5	4
19117	경북 영덕군	특별교통수단(장애인휠체어차량)운영보조	250,000	1	1	7	8	7	1	1	4

순번	시군구	지출명 (사업명)	2024년예산 (단위 : 천원 /1년간)	민간이전 분류 (지방자치단체 세출예산 집행기준에 의거) 1. 민간경상사업보조(307-02) 2. 민간단체 법정운영비보조(307-03) 3. 민간행사사업보조(307-04) 4. 민간위탁금(307-05) 5. 사회복지시설 법정운영비보조(307-10) 6. 민간인위탁교육비(307-12) 7. 공기관등에대한경상적위탁사업비(308-13) 8. 민간자본사업보조,자체재원(402-01) 9. 민간자본사업보조,이전재원(402-02) 10. 민간위탁사업비(402-03) 11. 공기관등에 대한 자본적 위탁사업비(403-02)	민간이전지출 근거 (지방보조금 관리기준 참고) 1. 법률에 규정 2. 국고보조 재원(국가지정) 3. 용도 지정 기부금 4. 조례에 직접규정 5. 지자체가 권장하는 사업을 하는 공공기관 6. 시,도 정책 및 재정사정 7. 기타 8. 해당없음	입찰방식 계약체결방법 (경쟁형태) 1. 일반경쟁 2. 제한경쟁 3. 지명경쟁 4. 수의계약 5. 법정위탁 6. 기타 ( ) 7. 없음	입찰방식 계약기간 1. 1년 2. 2년 3. 3년 4. 4년 5. 5년 6. 기타 ( )년 7. 단기계약 (1년미만) 8. 없음	입찰방식 낙찰자선정방법 1. 적격심사 2. 협상에의한계약 3. 최저가낙찰제 4. 규격가격분리 5. 2단계 경쟁입찰 6. 기타 ( ) 7. 없음	운영예산 산정 운영예산 산정 1. 내부산정 (지자체 자체적으로 산정) 2. 외부산정 (외부전문기관위탁 산정) 3. 내·외부 모두 산정 4. 산정 無 5. 없음	운영예산 산정 정산방법 1. 내부정산 (지자체 내부적으로 정산) 2. 외부정산 (외부전문기관위탁 정산) 3. 내·외부 모두 산정 4. 정산 無 5. 없음	성과평가 실시여부 1. 실시 2. 미실시 3. 향후 추진 4. 해당없음
19118	경북 영덕군	의료취약지소아청소년과운영비지원(균특)	250,000	1	1	7	8	7	2	2	4
19119	경북 영덕군	2024영덕풋볼페스타윈터리그개최	250,000	1	4	7	8	7	5	5	4
19120	경북 영덕군	2024영덕풋볼페스타써머리그개최	250,000	1	4	7	8	7	5	5	4
19121	경북 영덕군	제62회경북도민체육대회출전경비지원	220,000	1	4	7	8	7	5	5	4
19122	경북 영덕군	K스토리여름학교운영	200,000	1	6	7	8	7	5	5	4
19123	경북 영덕군	취약지당직의료기관운영(기금보조)	160,000	1	1	7	8	7	2	2	4
19124	경북 영덕군	어르신생활체육지도자배치	156,465	1	4	7	8	7	5	5	4
19125	경북 영덕군	군기(축구)육성지원	150,000	1	4	7	8	7	5	5	4
19126	경북 영덕군	지역응급의료기관지원	144,000	1	1	7	8	7	3	1	4
19127	경북 영덕군	일반생활체육지도자배치	125,172	1	4	7	8	7	5	5	4
19128	경북 영덕군	특별교통수단운영비보조	114,000	1	2	7	8	7	1	1	4
19129	경북 영덕군	영농부산물안전처리지원	106,250	1	2	7	8	7	5	5	4
19130	경북 영덕군	지역산업기반인재양성및혁신기술개발지원사업	100,000	1	6	7	8	7	5	5	4
19131	경북 영덕군	제34회경북도민생활체육대회출전	80,000	1	4	7	8	7	5	5	4
19132	경북 영덕군	정보화마을프로그램관리자인부임	53,294	1	4	7	1	7	1	1	4
19133	경북 영덕군	영덕축구기념백서발간	50,000	1	4	7	8	7	5	5	4
19134	경북 영덕군	전통시장행복경영매니저운영	49,440	1	1	7	8	7	5	1	4
19135	경북 영덕군	사회적기업등일자리창출사업	45,795	1	5	7	8	7	1	1	4
19136	경북 영덕군	읍면체육대회개최지원	40,000	1	4	7	8	7	5	5	4
19137	경북 영덕군	2024년6세이상전국축구대회개최	40,000	1	4	7	8	7	5	5	4
19138	경북 영덕군	장사상륙작전전승기념행사	31,350	1	1	1	1	1	1	1	2
19139	경북 영덕군	경북청년예비창업가육성사업	30,000	1	5	4	7	7	1	1	4
19140	경북 영덕군	영덕풍력발전소주변지원	30,000	1	1	7	8	7	3	3	4
19141	경북 영덕군	2024년경북도지사기생활체육종목별대회출전	27,000	1	4	7	8	7	5	5	4
19142	경북 영덕군	군체육회가맹단체지원	27,000	1	4	7	8	7	5	5	4
19143	경북 영덕군	대진해수욕장체험프로그램운영지원	27,000	1	4	4	7	6	1	1	1
19144	경북 영덕군	여름해수욕장체험프로그램운영	27,000	1	7	6	8	6	1	1	2
19145	경북 영덕군	제1회영덕대게배전국족구대회개최	25,000	1	4	7	8	7	5	5	4
19146	경북 영덕군	제8회영덕군수배전국오픈탁구대회개최	25,000	1	4	7	8	7	5	5	4
19147	경북 영덕군	전통시장행복경영매니저운영사업(자체)	24,720	1	1	7	8	7	5	1	4
19148	경북 영덕군	중학교축구부기숙사비지원	24,000	1	4	7	8	7	5	5	4
19149	경북 영덕군	생활체육교실운영지원	24,000	1	4	7	8	7	5	5	4
19150	경북 영덕군	영덕군죠이풀어린이합창단지원	20,250	1	8	7	8	7	1	1	4
19151	경북 영덕군	탄소중립에너지전환시범마을조성	20,000	1	6	7	8	7	2	1	4
19152	경북 영덕군	도단위생활체육대회개최	20,000	1	4	7	8	7	5	5	4
19153	경북 영덕군	장애인드론축구동아리운영(주민참여)	18,000	1	4	7	8	7	5	5	4
19154	경북 영덕군	드론축구동아리운영	18,000	1	4	7	8	7	5	5	4
19155	경북 영덕군	제26회경북장애인생활체육대전출전	17,000	1	4	7	8	7	5	5	4
19156	경북 영덕군	2024년경북어르신생활체육대회출전	17,000	1	4	7	8	7	5	5	4
19157	경북 영덕군	장사상륙작전참전용사추모사업지원	15,000	1	4	1	1	1	1	1	2

순번	시군구	지출명 (사업명)	2024년예산 (단위 : 천원 /1년간)	민간이전 분류 (지방자치단체 세출예산 집행기준에 의거) 1. 민간경상사업보조(307-02) 2. 민간단체 법정운영비보조(307-03) 3. 민간행사사업보조(307-04) 4. 민간위탁금(307-05) 5. 사회복지시설 법정운영비보조(307-10) 6. 민간인위탁교육비(307-12) 7. 공기관등에대한경상적위탁사업비(308-13) 8. 민간자본사업보조,자체재원(402-01) 9. 민간자본사업보조,이전재원(402-02) 10. 민간위탁사업비(402-03) 11. 공기관등에 대한 자본적 위탁사업비(403-02)	민간이전지출 근거 (지방보조금 관리기준 참고) 1. 법률에 규정 2. 국고보조 재원(국가지정) 3. 용도 지정 기부금 4. 조례에 직접규정 5. 지자체가 권장하는 사업을 하는 공공기관 6. 시,도 정책 및 재정사정 7. 기타 8. 해당없음	입찰방식 계약체결방법 (경쟁형태) 1. 일반경쟁 2. 제한경쟁 3. 지명경쟁 4. 수의계약 5. 법정위탁 6. 기타 ( ) 7. 없음	입찰방식 계약기간 1. 1년 2. 2년 3. 3년 4. 4년 5. 5년 6. 기타 ( )년 7. 단기계약 (1년미만) 8. 없음	입찰방식 낙찰자선정방법 1. 적격심사 2. 협상에의한계약 3. 최저가낙찰제 4. 규격가격분리 5. 2단계 경쟁입찰 6. 기타 ( ) 7. 없음	운영예산 산정 운영예산 산정 1. 내부산정 (지자체 자체적으로 산정) 2. 외부산정 (외부전문기관위탁 산정) 3. 내·외부 모두 산정 4. 산정 無 5. 없음	운영예산 산정 정산방법 1. 내부정산 (지자체 내부적으로 정산) 2. 외부정산 (외부전문기관위탁 정산) 3. 내·외부 모두 산정 4. 정산 無 5. 없음	성과평가 실시여부 1. 실시 2. 미실시 3. 향후 추진 4. 해당없음
19158	경북 영덕군	음식점주방환경개선사업	15,000	1	6	7	8	7	1	1	4
19159	경북 영덕군	제22회영덕군수기직장클럽전국야구대회개최	15,000	1	4	7	8	7	5	5	4
19160	경북 영덕군	6.25행사	14,400	1	1	1	1	1	1	1	2
19161	경북 영덕군	꿈이음청춘카페지원사업	14,300	1	5	7	8	7	1	1	1
19162	경북 영덕군	각종전국도단위대회출전지원	14,000	1	4	7	8	7	5	5	4
19163	경북 영덕군	현충일행사	11,700	1	1	1	1	1	1	1	2
19164	경북 영덕군	벽산김도현선생숭모행사	10,800	1	1	1	1	1	1	1	2
19165	경북 영덕군	생활체육지도자교통비지원	10,800	1	4	7	8	7	5	5	4
19166	경북 영덕군	정보화마을환경개선및소득증대를위한장비구입	10,000	1	6	7	8	7	5	5	4
19167	경북 영덕군	농촌지도자과제활동지원	10,000	1	6	7	8	7	5	5	4
19168	경북 영덕군	행복한농촌가정육성프로젝트	10,000	1	6	7	8	7	5	5	4
19169	경북 영덕군	군민체육대회참가지원	10,000	1	6	7	8	7	5	5	4
19170	경북 영덕군	군민체육대회참가지원	10,000	1	4	7	8	7	5	5	4
19171	경북 영덕군	군민체육대회참가지원	10,000	1	6	7	8	7	1	1	1
19172	경북 영덕군	군민체육대회참가지원	10,000	1	4	4	7	6	1	1	1
19173	경북 영덕군	군민체육대회참가지원	10,000	1	7	6	8	6	1	1	2
19174	경북 영덕군	생활체육지도자장기근속수당지원	9,240	1	6	7	8	7	1	1	1
19175	경북 영덕군	영양풍력발전소주변지원	9,000	1	4	7	8	7	5	5	4
19176	경북 영덕군	친환경EM보급사업	9,000	1	1	7	8	7	3	3	4
19177	경북 영덕군	제18회영덕군수기출향인골프대회개최	9,000	1	7	7	8	7	1	1	4
19178	경북 영덕군	한센환자관리지원(한센복지협회)	8,030	1	4	7	8	7	5	5	4
19179	경북 영덕군	제35회영덕군수기직장축구대회개최	8,000	1	1	5	8	7	1	1	1
19180	경북 영덕군	전통시장화재안전지원(도비조조)	7,248	1	4	7	8	7	5	5	4
19181	경북 영덕군	무창풍력발전소주변지원	7,000	1	6	7	8	7	5	5	4
19182	경북 영덕군	선진교통문화개선프로그램운영	7,000	1	1	7	8	7	3	3	4
19183	경북 영덕군	제13회영덕군수기동호인테니스대회개최	7,000	1	4	7	8	7	1	1	4
19184	경북 영덕군	생활체육지도자자녀수당지원	6,120	1	4	7	8	7	5	5	4
19185	경북 영덕군	기초종목육성및선수선발지원	6,000	1	4	7	8	7	5	5	4
19186	경북 영덕군	소규모사업장방지시설설치지원	5,700	1	4	7	8	7	5	5	4
19187	경북 영덕군	폐기물재활용교육및생태복원사업	5,500	1	6	7	8	7	5	5	4
19188	경북 영덕군	2024년어르신종목대회참가지원	5,000	1	7	7	8	7	1	1	4
19189	경북 영덕군	2024년대게리그축구대회지원	5,000	1	4	7	8	7	5	5	4
19190	경북 영덕군	경상북도축구주말리그개최	5,000	1	4	7	8	7	5	5	4
19191	경북 영덕군	권역별및전국축구대회출전지원	4,500	1	4	7	8	7	5	5	4
19192	경북 영덕군	영양제2풍력발전소주변지원	4,100	1	1	7	8	7	3	3	4
19193	경북 영덕군	체육특기교육성	4,000	1	4	7	8	7	5	5	4
19194	경북 영덕군	기관단체화합종목별체육대회개최지원	4,000	1	4	7	8	7	5	5	4
19195	경북 영덕군	제29회영덕군수기볼링대회개최	4,000	1	4	7	8	7	5	5	4
19196	경북 영덕군	제14회영덕군수기배구대회개최	4,000	1	4	7	8	7	5	5	4
19197	경북 영덕군	제6회영덕군수배배드민턴대회개최	4,000	1	4	7	8	7	5	5	4

순번	시군구	지출명 (사업명)	2024년예산 (단위 : 천원 /1년간)	민간이전 분류 (지방자치단체 세출예산 집행기준에 의거) 1. 민간경상사업보조(307-02) 2. 민간단체 법정운영비보조(307-03) 3. 민간행사사업보조(307-04) 4. 민간위탁금(307-05) 5. 사회복지시설 법정운영비보조(307-10) 6. 민간인위탁교육비(307-12) 7. 공기관등에대한경상적위탁사업비(308-13) 8. 민간자본사업보조,자체재원(402-01) 9. 민간자본사업보조,이전재원(402-02) 10. 민간위탁사업비(402-03) 11. 공기관등에 대한 자본적 위탁사업비(403-02)	민간이전지출 근거 (지방보조금 관리기준 참고) 1. 법률에 규정 2. 국고보조 재원(국가지정) 3. 용도 지정 기부금 4. 조례에 직접규정 5. 지자체가 권장하는 사업을 하는 공공기관 6. 시,도 정책 및 재정사정 7. 기타 8. 해당없음	입찰방식			운영예산 산정		성과평가 실시여부
						계약체결방법 (경쟁형태) 1. 일반경쟁 2. 제한경쟁 3. 지명경쟁 4. 수의계약 5. 법정위탁 6. 기타 ( ) 7. 없음	계약기간 1. 1년 2. 2년 3. 3년 4. 4년 5. 5년 6. 기타 ( )년 7. 단기계약 (1년미만) 8. 없음	낙찰자선정방법 1. 적격심사 2. 협상에의한계약 3. 최저가낙찰제 4. 규격가격분리 5. 2단계 경쟁입찰 6. 기타 ( ) 7. 없음	운영예산 산정 1. 내부산정 (지자체 자체적으로 산정) 2. 외부산정 (외부전문기관위탁 산정) 3. 내·외부 모두 산정 4. 산정 無 5. 없음	정산방법 1. 내부정산 (지자체 내부적으로 정산) 2. 외부정산 (외부전문기관위탁 정산) 3. 내·외부 모두 산정 4. 정산 無 5. 없음	1. 실시 2. 미실시 3. 향후 추진 4. 해당없음
19198	경북 영덕군	산림사업시책추진산림소득활성화사업	3,500	1	1	7	8	7	1	1	4
19199	경북 영덕군	야생동물보호사업	3,200	1	7	7	8	7	1	1	4
19200	경북 영덕군	정보화마을FESTA행사참가비	3,000	1	4	7	1	7	1	1	4
19201	경북 영덕군	GS영양풍력발전소주변지원	3,000	1	1	7	8	7	3	3	4
19202	경북 영덕군	산림보호및공익사업지원	3,000	1	1	7	8	7	1	1	4
19203	경북 영덕군	산림자원보호및자율감시체계구축	3,000	1	1	7	8	7	1	1	4
19204	경북 영덕군	청년농업인4H회원활동지원	3,000	1	6	7	8	7	5	5	4
19205	경북 영덕군	동호인클럽축구대회경북리그출전지원	3,000	1	4	7	8	7	5	5	4
19206	경북 영덕군	영양양구풍력발전소주변지원	2,500	1	1	7	8	7	3	3	4
19207	경북 영덕군	2024년전국도종별육상대회참가지원	2,400	1	4	7	8	7	5	5	4
19208	경북 영덕군	도지정문화재봉화산봉수대동제지원	2,000	1	4	7	8	7	5	5	4
19209	경북 영덕군	자연정화활동사업	1,800	1	7	7	8	7	1	1	4
19210	경북 영덕군	생활체육지도자활동보험료지원	1,476	1	4	7	8	7	5	5	4
19211	경북 영덕군	결핵환자가족접촉자검진비지원(건강보험대상자)	1,386	1	2	5	8	7	1	1	1
19212	경북 청도군	유기질비료지원(전환)	1,222,623	1	1	7	8	7	1	1	1
19213	경북 청도군	수출농식품안전성제고지원	1,066,667	1	6	7	8	7	1	1	4
19214	경북 청도군	청년농업인영농정착지원	674,760	1	4	7	8	7	1	1	1
19215	경북 청도군	산림소득사업	650,000	1	1	7	8	7	1	1	1
19216	경북 청도군	토양개량제지원	514,267	1	2	7	8	7	1	1	1
19217	경북 청도군	친환경농산물학교급식지원	417,857	1	6	1	3	1	1	1	4
19218	경북 청도군	원예특작시범사업	352,400	1	1	7	8	7	1	1	1
19219	경북 청도군	드론방제단운영사업	340,000	1	4	7	8	7	1	1	1
19220	경북 청도군	농촌형교통모델(버스)운영비지원	280,000	1	2	5	8	1	1	1	2
19221	경북 청도군	고품질친환경쌀생산지원	248,130	1	4	7	8	7	1	1	1
19222	경북 청도군	농산물유통기반조성	230,000	1	4	7	8	7	1	1	1
19223	경북 청도군	농산물유통기반조성	230,000	1	8	7	8	7	5	5	4
19224	경북 청도군	청도반시경쟁력강화사업	225,000	1	4	7	8	7	1	1	1
19225	경북 청도군	통합마케팅조직육성지원	212,336	1	6	7	8	7	1	1	4
19226	경북 청도군	청도청정한우사료원재료비지원	209,000	1	4	7	8	7	1	1	1
19227	경북 청도군	여성농업인행복바우처지원사업	186,000	1	1	7	8	7	1	1	1
19228	경북 청도군	한우환경개선사료첨가제지원	175,000	1	4	7	8	7	1	1	1
19229	경북 청도군	경북도민체육대회참가지원	170,000	1	4	7	8	7	1	1	1
19230	경북 청도군	공동방제단운영	165,094	1	1	1	1	1	1	1	1
19231	경북 청도군	구제역예방접종지원	142,644	1	1	1	1	1	1	1	1
19232	경북 청도군	농촌인력지원센터지원	133,000	1	1	7	8	7	1	1	1
19233	경북 청도군	수출용포장재지원	132,000	1	6	7	8	7	1	1	1
19234	경북 청도군	신활력플러스사업인건비	127,200	1	2	7	8	7	1	1	1
19235	경북 청도군	고품질퇴액비생산시설지원	126,000	1	6	7	8	7	1	1	1
19236	경북 청도군	생활체육지도자배치사업	125,172	1	2	7	8	7	1	1	1
19237	경북 청도군	조사료용사일리지제조지원	124,740	1	2	7	8	7	1	1	1

순번	시군구	지출명 (사업명)	2024년예산 (단위 : 천원 /1년간)	민간이전 분류 (지방자치단체 세출예산 집행기준에 의거) 1. 민간경상사업보조(307-02) 2. 민간단체 법정운영비보조(307-03) 3. 민간행사사업보조(307-04) 4. 민간위탁금(307-05) 5. 사회복지시설 법정운영비보조(307-10) 6. 민간인위탁교육비(307-12) 7. 공기관등에대한경상적위탁사업비(308-13) 8. 민간자본사업보조,자체재원(402-01) 9. 민간자본사업보조,이전재원(402-02) 10. 민간위탁사업비(402-03) 11. 공기관등에 대한 자본적 위탁사업비(403-02)	민간이전지출 근거 (지방보조금 관리기준 참고) 1. 법률에 규정 2. 국고보조 재원(국가지정) 3. 용도 지정 기부금 4. 조례에 직접규정 5. 지자체가 권장하는 사업을 하는 공공기관 6. 시,도 정책 및 재정사정 7. 기타 8. 해당없음	입찰방식 계약체결방법 (경쟁형태) 1. 일반경쟁 2. 제한경쟁 3. 지명경쟁 4. 수의계약 5. 법정위탁 6. 기타 ( ) 7. 없음	입찰방식 계약기간 1. 1년 2. 2년 3. 3년 4. 4년 5. 5년 6. 기타 ( )년 7. 단기계약 (1년미만) 8. 없음	입찰방식 낙찰자선정방법 1. 적격심사 2. 협상에의한계약 3. 최저가낙찰제 4. 규격가격분리 5. 2단계 경쟁입찰 6. 기타 ( ) 7. 없음	운영예산 산정 운영예산 산정 1. 내부산정 (지자체 자체적으로 산정) 2. 외부산정 (외부전문기관위탁 산정) 3. 내·외부 모두 산정 4. 산정 無 5. 없음	운영예산 산정 정산방법 1. 내부정산 (지자체 내부적으로 정산) 2. 외부정산 (외부전문기관위탁 정산) 3. 내·외부 모두 산정 4. 정산 無 5. 없음	성과평가 실시여부 1. 실시 2. 미실시 3. 향후 추진 4. 해당없음
19238	경북 청도군	축분건조재지원사업	115,000	1	4	7	8	7	1	1	1
19239	경북 청도군	농업환경보전프로그램	110,000	1	2	7	8	7	1	1	1
19240	경북 성도군	냉동무산불안전처리지원사업	105,000	1	2	7	8	7	5	5	4
19241	경북 청도군	청년농부창농기반구축	100,000	1	2	7	8	7	1	1	1
19242	경북 청도군	수출용딸기품질고급화생산기술시범사업	100,000	1	2	7	8	7	5	5	4
19243	경북 청도군	싸움소육성사료비지원	96,000	1	6	7	8	7	1	1	1
19244	경북 청도군	어르신생활체육지도자배치사업	93,879	1	2	7	8	7	1	1	1
19245	경북 청도군	면역강화용사료첨가제지원	90,900	1	6	7	8	7	1	1	1
19246	경북 청도군	농촌형교통모델(택시)운영비지원	90,000	1	2	5	8	1	1	1	2
19247	경북 청도군	양봉경쟁력강화(경상)	73,300	1	6	7	8	7	1	1	1
19248	경북 청도군	농산물유통판로개척	70,000	1	4	7	8	7	1	1	1
19249	경북 청도군	경북도민생활체육대회참가지원	70,000	1	4	7	8	7	1	1	1
19250	경북 청도군	친환경임산물재배관리	67,457	1	2	7	8	7	1	1	4
19251	경북 청도군	가축전염병예방약품구입지원	64,629	1	1	1	1	1	1	1	1
19252	경북 청도군	농촌자원육성	64,000	1	4	7	8	7	1	1	3
19253	경북 청도군	친환경농업육성	63,000	1	4	7	8	7	1	1	1
19254	경북 청도군	K키친프로젝트추진	60,000	1	2	7	8	7	5	5	4
19255	경북 청도군	축산물이력제관리지원(귀표장착비)	55,200	1	1	1	1	1	1	1	1
19256	경북 청도군	한우암소능력검정사업	55,000	1	6	7	8	7	1	1	1
19257	경북 청도군	농식품가공업체수출경쟁력제고	54,000	1	6	7	8	7	1	1	4
19258	경북 청도군	축사악취저감시설지원사업	53,000	1	6	7	8	7	1	1	1
19259	경북 청도군	축산농가환경개선지원사업	50,000	1	4	7	8	7	1	1	1
19260	경북 청도군	양봉보조사료(설탕)지원사업	50,000	1	4	7	8	7	1	1	1
19261	경북 청도군	양돈농가생산성지원사업	50,000	1	4	7	8	7	1	1	1
19262	경북 청도군	작목별맞춤형안전관리실천시범	50,000	1	6	7	8	7	5	5	3
19263	경북 청도군	한우암소유전체분석사업	48,600	1	6	7	8	7	1	1	1
19264	경북 청도군	스탄존설치지원사업	45,000	1	4	7	8	7	1	1	1
19265	경북 청도군	암소계획번식실증사업	44,000	1	4	7	8	7	1	1	1
19266	경북 청도군	비육용암소시장육성사업	40,800	1	6	7	8	7	1	1	1
19267	경북 청도군	21세기새마을운동추진운영지원	40,000	1	1	7	8	7	5	5	4
19268	경북 청도군	향토우수선수육성및학교체육지원	40,000	1	4	7	8	7	1	1	1
19269	경북 청도군	모돈도축운송비지원	36,800	1	6	7	8	7	1	1	1
19270	경북 청도군	장애인체육대회지원	36,450	1	4	7	8	7	1	1	1
19271	경북 청도군	불량모돈갱신사업	36,000	1	6	7	8	7	1	1	1
19272	경북 청도군	품목농업인연구모임체육성지원	35,000	1	6	7	8	7	5	5	3
19273	경북 청도군	유기농업자재지원사업	33,030	1	2	7	8	7	1	1	1
19274	경북 청도군	새마을이동도서관운영	32,000	1	1	7	8	7	5	5	4
19275	경북 청도군	장애인생활체육지도자배치사업	31,293	1	2	7	8	7	1	1	1
19276	경북 청도군	생활체육지도자활동지원	31,000	1	4	7	8	7	1	1	1
19277	경북 청도군	학교급식센터지원	30,000	1	4	7	8	7	1	1	1

순번	시군구	지출명 (사업명)	2024년예산 (단위 : 천원 /1년간)	민간이전 분류 (지방자치단체 세출예산 집행기준에 의거) 1. 민간경상사업보조(307-02) 2. 민간단체 법정운영비보조(307-03) 3. 민간행사사업보조(307-04) 4. 민간위탁금(307-05) 5. 사회복지시설 법정운영비보조(307-10) 6. 민간인위탁교육비(307-12) 7. 공기관등에대한경상적위탁사업비(308-13) 8. 민간자본사업보조,자체재원(402-01) 9. 민간자본사업보조,이전재원(402-02) 10. 민간위탁사업비(402-03) 11. 공기관등에 대한 자본적 위탁사업비(403-02)	민간이전지출 근거 (지방보조금 관리기준 참고) 1. 법률에 규정 2. 국고보조 재원(국가지정) 3. 용도 지정 기부금 4. 조례에 직접규정 5. 지자체가 권장하는 사업을 하는 공공기관 6. 시,도 정책 및 재정사정 7. 기타 8. 해당없음	입찰방식 계약체결방법 (경쟁형태) 1. 일반경쟁 2. 제한경쟁 3. 지명경쟁 4. 수의계약 5. 법정위탁 6. 기타 ( ) 7. 없음	입찰방식 계약기간 1. 1년 2. 2년 3. 3년 4. 4년 5. 5년 6. 기타 ( )년 7. 단기계약 (1년미만) 8. 없음	입찰방식 낙찰자선정방법 1. 적격심사 2. 협상에의한계약 3. 최저가낙찰제 4. 규격가격분리 5. 2단계 경쟁입찰 6. 기타 ( ) 7. 없음	운영예산 산정 운영예산 산정 1. 내부산정 (지자체 자체적으로 산정) 2. 외부산정 (외부전문기관위탁 산정) 3. 내·외부 모두 산정 4. 산정 無 5. 없음	운영예산 산정 정산방법 1. 내부정산 (지자체 내부적으로 정산) 2. 외부정산 (외부전문기관위탁 정산) 3. 내·외부 모두 산정 4. 정산 無 5. 없음	성과평가 실시여부 1. 실시 2. 미실시 3. 향후 추진 4. 해당없음
19278	경북 청도군	한우수송아지거세비용지원	30,000	1	4	7	8	7	1	1	1
19279	경북 청도군	양봉소초광지원사업	30,000	1	4	7	8	7	1	1	1
19280	경북 청도군	민주평화통일기반조성사업지원	30,000	1	1	7	8	7	5	5	4
19281	경북 청도군	도지사기(생활)체육대회참가지원	29,000	1	4	7	8	7	1	1	1
19282	경북 청도군	전통식품브랜드경쟁력제고사업	28,000	1	6	7	8	7	1	1	4
19283	경북 청도군	전통식품브랜드경쟁력제고사업	28,000	1	8	7	8	7	5	5	4
19284	경북 청도군	조사료생산장려금지원	26,000	1	6	7	8	7	1	1	1
19285	경북 청도군	농산물산지유통기능활성화지원	25,200	1	6	7	8	7	1	1	4
19286	경북 청도군	사료작물종자구입비지원	25,200	1	6	7	8	7	1	1	1
19287	경북 청도군	농업인학습조직체지원	23,000	1	7	7	8	7	1	1	1
19288	경북 청도군	GAP안전성분석지원	22,500	1	2	7	8	7	1	1	4
19289	경북 청도군	GAP안전성분석지원	22,500	1	8	7	8	7	5	5	4
19290	경북 청도군	한우수정란이식사업	21,300	1	6	7	8	7	1	1	1
19291	경북 청도군	농정시책지원	21,000	1	4	7	8	7	1	1	1
19292	경북 청도군	조사료생산용종자구입	21,000	1	2	7	8	7	1	1	1
19293	경북 청도군	방역인프라구축지원	20,975	1	1	1	1	1	1	1	1
19294	경북 청도군	농식품국외판촉지원	20,000	1	6	7	8	7	1	1	4
19295	경북 청도군	청도반시염색산업화사업	20,000	1	4	7	8	7	1	1	3
19296	경북 청도군	벼육묘농자재지원	20,000	1	1	7	8	7	1	1	1
19297	경북 청도군	정보화마을프로그램관리자인건비지원	19,786	1	8	7	1	7	5	5	4
19298	경북 청도군	향군안보사업지원	18,000	1	1	7	8	7	5	5	4
19299	경북 청도군	닭진드기공동방제지원	16,000	1	1	1	1	1	1	1	1
19300	경북 청도군	과실브랜드육성지원	15,400	1	6	7	8	7	1	1	4
19301	경북 청도군	농업전문인력양성	15,000	1	6	7	8	7	5	5	3
19302	경북 청도군	귀농귀촌유치지원사업	15,000	1	4	7	8	7	1	1	1
19303	경북 청도군	경북어르신생활체육대회지원	15,000	1	4	7	8	7	1	1	1
19304	경북 청도군	바이오숯활용저탄소토양개량기술보급시범	14,000	1	6	7	8	7	1	1	1
19305	경북 청도군	시설원예광합성증대기술시범사업	14,000	1	1	7	8	7	1	1	1
19306	경북 청도군	범죄피해자센터지원	13,000	1	1	7	8	7	5	5	4
19307	경북 청도군	돼지액상정액지원	12,330	1	6	7	8	7	1	1	1
19308	경북 청도군	지역혁신청년일자리지원	12,300	1	4	7	8	7	1	1	1
19309	경북 청도군	중소가축질병관리지도사업	12,000	1	1	1	1	1	1	1	1
19310	경북 청도군	저품위사과시장격리수매지원	12,000	1	1	1	1	1	1	1	1
19311	경북 청도군	한민족통일안보사업지원	12,000	1	1	7	8	7	1	1	1
19312	경북 청도군	6차산업경영체활성화지원	10,400	1	6	7	8	7	5	5	4
19313	경북 청도군	축산농가기자재지원(경상)	10,080	1	6	7	8	7	1	1	1
19314	경북 청도군	지역농특산물직거래활성화	10,000	1	6	7	8	7	1	1	1
19315	경북 청도군	육질진단지원사업	10,000	1	4	7	8	7	1	1	4
19316	경북 청도군	축산물소비촉진행사지원사업	10,000	1	4	7	8	7	1	1	1
19317	경북 청도군	친환경악취저감제지원	10,000	1	6	7	8	7	1	1	1

순번	시군구	지출명 (사업명)	2024년예산 (단위 : 천원 /1년간)	민간이전 분류 (지방자치단체 세출예산 집행기준에 의거) 1. 민간경상사업보조(307-02) 2. 민간단체 법정운영비보조(307-03) 3. 민간행사사업보조(307-04) 4. 민간위탁금(307-05) 5. 사회복지시설 법정운영비보조(307-10) 6. 민간인위탁교육비(307-12) 7. 공기관등에대한경상적위탁사업비(308-13) 8. 민간자본사업보조,자체재원(402-01) 9. 민간자본사업보조,이전재원(402-02) 10. 민간위탁사업비(402-03) 11. 공기관등에 대한 자본적 위탁사업비(403-02)	민간이전지출 근거 (지방보조금 관리기준 참고) 1. 법률에 규정 2. 국고보조 재원(국가지정) 3. 용도 지정 기부금 4. 조례에 직접규정 5. 지자체가 권장하는 사업을 하는 공공기관 6. 시,도 정책 및 재정사정 7. 기타 8. 해당없음	입찰방식 계약체결방법 (경쟁형태) 1. 일반경쟁 2. 제한경쟁 3. 지명경쟁 4. 수의계약 5. 법정위탁 6. 기타 ( ) 7. 없음	입찰방식 계약기간 1. 1년 2. 2년 3. 3년 4. 4년 5. 5년 6. 기타 ( )년 7. 단기계약 (1년미만) 8. 없음	입찰방식 낙찰자선정방법 1. 적격심사 2. 협상에의한계약 3. 최저가낙찰제 4. 규격가격분리 5. 2단계 경쟁입찰 6. 기타 ( ) 7. 없음	운영예산 산정 운영예산 산정 1. 내부산정 (지자체 자체적으로 산정) 2. 외부산정 (외부전문기관위탁 산정) 3. 내·외부 모두 산정 4. 산정 無 5. 없음	운영예산 산정 정산방법 1. 내부정산 (지자체 내부적으로 정산) 2. 외부정산 (외부전문기관위탁 정산) 3. 내·외부 모두 산정 4. 정산 無 5. 없음	성과평가 실시여부 1. 실시 2. 미실시 3. 향후 추진 4. 해당없음
19318	경북 청도군	농촌지도자과제활동지원	10,000	1	6	7	8	7	1	1	1
19319	경북 청도군	귀농창업활성화지원	10,000	1	6	7	8	7	1	1	1
19320	경북 청도군	4H한마음체육대회활동지원	10,000	1	7	7	8	7	1	1	1
19321	경북 청도군	행복한농촌가정육성프로젝트시범	10,000	1	2	7	8	7	1	1	3
19322	경북 청도군	청년농부육성지원	10,000	1	4	7	8	7	1	1	1
19323	경북 청도군	스마트농업현장컨설팅모델시범	10,000	1	2	7	8	7	1	1	1
19324	경북 청도군	리틀야구대회참가지원	10,000	1	4	7	8	7	1	1	1
19325	경북 청도군	교통질서계도및야간방범순찰활동지원	10,000	1	4	1	1	1	1	1	2
19326	경북 청도군	생활체육지도자장기근속수당지원	9,960	1	6	7	8	7	1	1	1
19327	경북 청도군	전국민파워업농촌관광지원	9,100	1	4	7	8	7	1	1	1
19328	경북 청도군	농산물공동선별비지원	9,000	1	2	7	8	7	1	1	4
19329	경북 청도군	한우헬퍼지원사업	9,000	1	4	7	8	7	1	1	1
19330	경북 청도군	농촌지도자중앙대회참가비지원	9,000	1	6	7	8	7	1	1	1
19331	경북 청도군	전국도단위생활체육대회	9,000	1	4	7	8	7	1	1	1
19332	경북 청도군	범도민독서생활화추진	8,400	1	1	7	8	7	5	5	4
19333	경북 청도군	생활체육지도자교통비지원	8,400	1	6	7	8	7	1	1	1
19334	경북 청도군	과실생산비절감및품질제고지원	8,264	1	1	7	8	7	1	1	1
19335	경북 청도군	농촌마을공동급식시설지원	8,000	1	1	7	8	7	1	1	1
19336	경북 청도군	승마장환경개선사업	7,500	1	6	7	8	7	1	1	1
19337	경북 청도군	생활원예기술시범	7,000	1	1	7	8	7	1	1	1
19338	경북 청도군	친환경농법종합지원	6,200	1	1	7	8	7	1	1	1
19339	경북 청도군	깨끗한축산환경지원	6,000	1	6	7	8	7	1	1	1
19340	경북 청도군	가금농가질병관리지원	6,000	1	1	1	1	1	1	1	1
19341	경북 청도군	신도정보화마을전자상거래용포장재지원	5,000	1	8	7	1	7	5	5	4
19342	경북 청도군	해외새마을시범단지가꾸기사업	5,000	1	5	7	8	7	5	5	4
19343	경북 청도군	바르게살기운동청년회조직활성화	5,000	1	1	7	8	7	5	5	4
19344	경북 청도군	젖소농가생균제지원	5,000	1	4	7	8	7	1	1	1
19345	경북 청도군	양봉포장용기구입지원	5,000	1	4	7	8	7	1	1	1
19346	경북 청도군	경북씨름왕선발대회참가지원	5,000	1	4	7	8	7	1	1	1
19347	경북 청도군	교통봉사및교통질서계도지원	5,000	1	4	1	1	1	1	1	2
19348	경북 청도군	청도군행정동우회지원	5,000	1	1	7	8	7	5	5	4
19349	경북 청도군	농촌체험관광활성화지원	4,900	1	4	7	8	7	1	1	1
19350	경북 청도군	우수여왕벌보급사업	4,800	1	2	7	8	7	1	1	1
19351	경북 청도군	스마트HACCP구축보급지원	4,500	1	2	7	8	7	5	5	4
19352	경북 청도군	축산물HACCP컨설팅	4,200	1	1	1	1	1	1	1	1
19353	경북 청도군	젖소유전형질개량사업	4,060	1	6	7	8	7	1	1	1
19354	경북 청도군	바르게살기운동협의회역량강화사업	4,000	1	1	7	8	7	5	5	4
19355	경북 청도군	양계경쟁력강화(경상)	3,900	1	6	7	8	7	1	1	1
19356	경북 청도군	낙농헬퍼(도우미)지원사업	3,600	1	6	7	8	7	1	1	1
19357	경북 청도군	산림시책사업추진	3,500	1	1	7	8	7	1	1	4

순번	시군구	지출명 (사업명)	2024년예산 (단위 : 천원 /1년간)	민간이전 분류 (지방자치단체 세출예산 집행기준에 의거) 1. 민간경상사업보조(307-02) 2. 민간단체 법정운영비보조(307-03) 3. 민간행사사업보조(307-04) 4. 민간위탁금(307-05) 5. 사회복지시설 법정운영비보조(307-10) 6. 민간인위탁교육비(307-12) 7. 공기관등에대한경상적위탁사업비(308-13) 8. 민간자본사업보조,자체재원(402-01) 9. 민간자본사업보조,이전재원(402-02) 10. 민간위탁사업비(402-03) 11. 공기관등에 대한 자본적 위탁사업비(403-02)	민간이전지출 근거 (지방보조금 관리기준 참고) 1. 법률에 규정 2. 국고보조 재원(국가지정) 3. 용도 지정 기부금 4. 조례에 직접규정 5. 지자체가 권장하는 사업을 하는 공공기관 6. 시,도 정책 및 재정사정 7. 기타 8. 해당없음	입찰방식			운영예산 산정		성과평가 실시여부
						계약체결방법 (경쟁형태) 1. 일반경쟁 2. 제한경쟁 3. 지명경쟁 4. 수의계약 5. 법정위탁 6. 기타 ( ) 7. 없음	계약기간 1. 1년 2. 2년 3. 3년 4. 4년 5. 5년 6. 기타 ( )년 7. 단기계약 (1년미만) 8. 없음	낙찰자선정방법 1. 적격심사 2. 협상에의한계약 3. 최저가낙찰제 4. 규격가격분리 5. 2단계 경쟁입찰 6. 기타 ( ) 7. 없음	운영예산 산정 1. 내부산정 (지자체 자체적으로 산정) 2. 외부산정 (외부전문기관위탁 산정) 3. 내·외부 모두 산정 4. 산정 無 5. 없음	정산방법 1. 내부정산 (지자체 내부적으로 정산) 2. 외부정산 (외부전문기관위탁 정산) 3. 내·외부 모두 산정 4. 정산 無 5. 없음	1. 실시 2. 미실시 3. 향후 추진 4. 해당없음
19358	경북 청도군	친환경축산물인증비지원	3,430	1	6	7	8	7	1	1	1
19359	경북 청도군	위생업소위생교육	3,400	1	4	7	8	7	5	5	4
19360	경북 청도군	청년농업인4H회원활동지원	3,000	1	6	7	8	7	1	1	1
19361	경북 청도군	학생4H회원과제활동지원	3,000	1	6	7	8	7	1	1	1
19362	경북 청도군	자연보호단체운영지원	2,000	1	4	7	8	7	5	5	4
19363	경북 청도군	경북학생체육대회출전지원	2,000	1	4	7	8	7	1	1	1
19364	경북 청도군	바르게살기운동건전생활실천교육	1,650	1	1	7	8	7	5	5	4
19365	경북 청도군	생활체육지도자자녀수당지원	1,560	1	6	7	8	7	1	1	1
19366	경북 청도군	말벌퇴치장비지원사업	1,200	1	2	7	8	7	1	1	1
19367	경북 청도군	장애인생활체육지도자교통비지원	1,200	1	6	7	8	7	1	1	1
19368	경북 청도군	장애인생활체육지도자장기근속수당지원	1,200	1	6	7	8	7	1	1	1
19369	경북 청도군	생활체육지도자활동보험료지원	1,148	1	2	7	8	7	1	1	1
19370	경북 청도군	어린이교통사고예방및아동범죄예방지원	1,000	1	4	1	1	1	1	1	2
19371	경북 청도군	조류인플루엔자현장진단비지원	420	1	1	1	1	1	1	1	1
19372	경북 청도군	장애인생활체육지도자활동보험료지원	162	1	2	7	8	7	1	1	1
19373	경북 청도군	크리스마스트리점등식지원	225,000	1	4	7	8	7	5	5	4
19374	경북 청도군	이호우이영도시조문학제지원	72,000	1	4	7	8	7	5	5	4
19375	경북 청도군	전국청도관광사진공모전개최지원	72,000	1	4	7	8	7	5	5	4
19376	경북 청도군	지역문화교육사업지원	35,500	1	4	7	8	7	5	5	4
19377	경북 청도군	친환경캠핑관광프로그램운영	30,000	1	4	7	8	7	5	5	4
19378	경북 청도군	지역문화발굴사업지원	28,000	1	4	7	8	7	5	5	4
19379	경북 청도군	청도전국한시백일장개최지원	23,400	1	4	7	8	7	5	5	4
19380	경북 청도군	청도예술제지원	20,000	1	4	7	8	7	5	5	4
19381	경북 청도군	국악전문예술단체공연지원	20,000	1	4	7	8	7	5	5	4
19382	경북 청도군	찾아가는문화예술활동	20,000	1	4	7	8	7	5	5	4
19383	경북 청도군	시조의수도문학계간지발행	20,000	1	4	7	8	7	5	5	4
19384	경북 청도군	봉축기념탑점등식지원	18,000	1	4	7	8	7	5	5	4
19385	경북 청도군	문화학교운영지원	17,000	1	4	7	8	7	5	5	4
19386	경북 청도군	향교문화전승보전사업지원	14,800	1	4	7	8	7	5	5	4
19387	경북 청도군	토요상설국악공연지원	10,500	1	4	7	8	7	5	5	4
19388	경북 청도군	청도예술지발간지원	10,000	1	4	7	8	7	5	5	4
19389	경북 청도군	청소년예술대전지원	10,000	1	4	7	8	7	5	5	4
19390	경북 청도군	국악분야예술강사지원사업지원	9,032	1	4	7	8	7	5	5	4
19391	경북 청도군	유교문화계승사업지원	8,000	1	4	7	8	7	5	5	4
19392	경북 청도군	지역문화사랑방	7,200	1	4	7	8	7	5	5	4
19393	경북 청도군	미술관활성화전시체험지원	6,500	1	4	7	8	7	5	5	4
19394	경북 청도군	경북선비아카데미운영지원	5,000	1	4	7	8	7	5	5	4
19395	경북 청도군	충효교실운영지원	5,000	1	4	7	8	7	5	5	4
19396	경북 청도군	청도예술인의날지원	5,000	1	4	7	8	7	5	5	4
19397	경북 청도군	미술전문예술단체전시회지원	5,000	1	4	7	8	7	5	5	4

순번	시군구	지출명 (사업명)	2024년예산 (단위 : 천원 /1년간)	민간이전 분류 (지방자치단체 세출예산 집행기준에 의거) 1. 민간경상사업보조(307-02) 2. 민간단체 법정운영비보조(307-03) 3. 민간행사사업보조(307-04) 4. 민간위탁금(307-05) 5. 사회복지시설 법정운영비보조(307-10) 6. 민간인위탁교육비(307-12) 7. 공기관등에대한경상적위탁사업비(308-13) 8. 민간자본사업보조,자체재원(402-01) 9. 민간자본사업보조,이전재원(402-02) 10. 민간위탁사업비(402-03) 11. 공기관등에 대한 자본적 위탁사업비(403-02)	민간이전지출 근거 (지방보조금 관리기준 참고) 1. 법률에 규정 2. 국고보조 재원(국가지정) 3. 용도 지정 기부금 4. 조례에 직접규정 5. 지자체가 권장하는 사업을 하는 공공기관 6. 시,도 정책 및 재정사정 7. 기타 8. 해당없음	입찰방식 계약체결방법 (경쟁형태) 1. 일반경쟁 2. 제한경쟁 3. 지명경쟁 4. 수의계약 5. 법정위탁 6. 기타 ( ) 7. 없음	입찰방식 계약기간 1. 1년 2. 2년 3. 3년 4. 4년 5. 5년 6. 기타 ( )년 7. 단기계약 (1년미만) 8. 없음	입찰방식 낙찰자선정방법 1. 적격심사 2. 협상에의한계약 3. 최저가낙찰제 4. 규격가격분리 5. 2단계 경쟁입찰 6. 기타 ( ) 7. 없음	운영예산 산정 운영예산 산정 1. 내부산정 (지자체 자체적으로 산정) 2. 외부산정 (외부전문기관위탁 산정) 3. 내·외부 모두 산정 4. 산정 無 5. 없음	운영예산 산정 정산방법 1. 내부정산 (지자체 내부적으로 정산) 2. 외부정산 (외부전문기관위탁 정산) 3. 내·외부 모두 산정 4. 정산 無 5. 없음	성과평가 실시여부 1. 실시 2. 미실시 3. 향후 추진 4. 해당없음
19398	경북 청도군	연극전문예술단체공연지원	5,000	1	4	7	8	7	5	5	4
19399	경북 청도군	음악전문예술단체공연지원	5,000	1	4	7	8	7	5	5	4
19400	경북 청도군	문인단체문예집발간지원	5,000	1	4	7	8	7	5	5	4
19401	경북 청도군	문인단체문학교실지원	5,000	1	4	7	8	7	5	5	4
19402	경북 청도군	연예전문예술단체공연지원	5,000	1	4	7	8	7	5	5	4
19403	경북 청도군	사진전문예술단체전시회지원	5,000	1	4	7	8	7	5	5	4
19404	경북 청도군	한시집발간지원	4,000	1	4	7	8	7	5	5	4
19405	경북 청도군	민화전문예술단체전시회지원	3,000	1	4	7	8	7	5	5	4
19406	경북 청도군	난문화계승전시회지원	3,000	1	4	7	8	7	5	5	4
19407	경북 청도군	사회적기업등일자리창출사업	169,498	1	2	7	8	7	5	5	4
19408	경북 청도군	탄소중립에너지전환시범마을지원사업	120,000	1	4	7	8	7	1	1	4
19409	경북 청도군	청도라이프케어U시티인력양성프로그램지원	100,000	1	5	7	8	7	5	5	4
19410	경북 청도군	중소기업정규직프로젝트	36,000	1	6	7	8	7	2	2	3
19411	경북 청도군	청년예비창업지원사업	30,000	1	6	7	8	7	2	2	3
19412	경북 청도군	전통시장행복경영매니저운영	26,160	1	4	7	8	7	5	5	4
19413	경북 청도군	전통시장화재공제지원사업	4,776	1	4	7	8	7	5	5	4
19414	경북 고령군	토양개량제공급	954,375	1	2	7	8	7	1	1	1
19415	경북 고령군	농작물무인항공병해충방제	470,000	1	4	7	8	7	1	1	3
19416	경북 고령군	여성농업인행복바우처지원	385,795	1	2	7	8	7	1	1	1
19417	경북 고령군	교육취약지역아동수송비지원	355,500	1	2	7	8	7	1	1	1
19418	경북 고령군	취약지역응급의료기관운영지원	325,000	1	1,2	7	8	7	5	3	1
19419	경북 고령군	통합문화이용권지원사업	300,070	1	2	7	8	7	1	1	1
19420	경북 고령군	시군역량강화사업	300,000	1	2	1	3	1	1	1	1
19421	경북 고령군	농식품국외판촉지원	295,963	1	2	7	8	7	1	1	1
19422	경북 고령군	유기농업자재지원(47ha)	283,373	1	2	7	8	7	1	1	1
19423	경북 고령군	돼지써코백신지원사업	232,637	1	1	7	8	7	1	1	1
19424	경북 고령군	공동방제단운영지원	212,979	1	8	7	8	7	1	1	1
19425	경북 고령군	농식품국내판촉지원	209,670	1	2	7	8	7	1	1	1
19426	경북 고령군	농촌인력중개센터운영지원	201,750	1	2	7	8	7	1	1	1
19427	경북 고령군	경북도민체육대회참가	200,000	1	4	7	8	7	1	1	1
19428	경북 고령군	향교서원활용사업	192,500	1	1	7	8	7	1	1	1
19429	경북 고령군	고령옥미무농약단지조성	178,200	1	2	7	8	7	1	1	1
19430	경북 고령군	문화유산야행사업	175,000	1	1	7	8	7	1	1	1
19431	경북 고령군	공공형계절근로센터운영지원	141,000	1	2	7	8	7	1	1	1
19432	경북 고령군	직거래장터운영지원	138,000	1	2	7	8	7	1	1	1
19433	경북 고령군	다문화가족특성화사업	130,244	1	1	5	2	1	5	1	1
19434	경북 고령군	통제초소운영및소독비용지원	126,000	1	8	7	8	7	1	1	1
19435	경북 고령군	일반생활체육지도자배치	125,172	1	2	7	8	7	1	1	1
19436	경북 고령군	어르신생활체육지도자배치	125,172	1	2	7	8	7	1	1	1
19437	경북 고령군	토양환경개선(객토)	122,500	1	2	7	8	7	1	1	1

순번	시군구	지출명 (사업명)	2024년예산 (단위 : 천원 /1년간)	민간이전 분류 (지방자치단체 세출예산 집행기준에 의거) 1. 민간경상사업보조(307-02) 2. 민간단체 법정운영비보조(307-03) 3. 민간행사사업보조(307-04) 4. 민간위탁금(307-05) 5. 사회복지시설 법정운영비보조(307-10) 6. 민간인위탁교육비(307-12) 7. 공기관등에대한경상적위탁사업비(308-13) 8. 민간자본사업보조,자체재원(402-01) 9. 민간자본사업보조,이전재원(402-02) 10. 민간위탁사업비(402-03) 11. 공기관등에 대한 자본적 위탁사업비(403-02)	민간이전지출 근거 (지방보조금 관리기준 참고) 1. 법률에 규정 2. 국고보조 재원(국가지정) 3. 용도 지정 기부금 4. 조례에 직접규정 5. 지자체가 권장하는 사업을 하는 공공기관 6. 시,도 정책 및 재정사정 7. 기타 8. 해당없음	입찰방식			운영예산 산정		성과평가 실시여부
						계약체결방법 (경쟁형태) 1. 일반경쟁 2. 제한경쟁 3. 지명경쟁 4. 수의계약 5. 법정위탁 6. 기타 ( ) 7. 없음	계약기간 1. 1년 2. 2년 3. 3년 4. 4년 5. 5년 6. 기타 ( )년 7. 단기계약 (1년미만) 8. 없음	낙찰자선정방법 1. 적격심사 2. 협상에의한계약 3. 최저가낙찰제 4. 규격가격분리 5. 2단계 경쟁입찰 6. 기타 ( ) 7. 없음	운영예산 산정 1. 내부산정 (지자체 자체적으로 산정) 2. 외부산정 (외부전문기관위탁 산정) 3. 내·외부 모두 산정 4. 산정 無 5. 없음	정산방법 1. 내부정산 (지자체 내부적으로 정산) 2. 외부정산 (외부전문기관위탁 정산) 3. 내·외부 모두 산정 4. 정산 無 5. 없음	1. 실시 2. 미실시 3. 향후 추진 4. 해당없음
19438	경북 고령군	농산물공동출하확대사업(공동선별비)	100,000	1	2	7	8	7	1	1	1
19439	경북 고령군	공립요양병원치매환자지원프로그램운영	100,000	1	1,2	7	8	7	5	3	1
19440	경북 고령군	농작물병해충항공방제	100,000	1	6	7	8	7	1	1	3
19441	경북 고령군	농촌인력지원센터운영지원	80,000	1	2	7	8	7	1	1	1
19442	경북 고령군	고택종갓집활용사업	77,500	1	1	7	8	7	1	1	1
19443	경북 고령군	농산물유통구조개선지원	77,000	1	2	7	8	7	1	1	1
19444	경북 고령군	청년예술인지원	76,000	1	4	7	8	7	1	1	1
19445	경북 고령군	농업회의소운영지원	70,000	1	2	5	1	7	1	1	1
19446	경북 고령군	출산농가영농도우미지원	70,000	1	2	7	8	7	1	1	1
19447	경북 고령군	유기질비료지원사업(11,93톤)	70,000	1	2	7	8	7	1	1	1
19448	경북 고령군	한우정액지원사업	70,000	1	6	7	8	7	5	5	1
19449	경북 고령군	거점소독시설운영비지원	70,000	1	1	7	8	7	1	1	1
19450	경북 고령군	농기계종합보험료지원	67,920	1	2	7	8	7	1	1	1
19451	경북 고령군	지방문화원사업활동지원	66,500	1	4	7	8	7	1	1	1
19452	경북 고령군	저소득다문화자녀교육활동비지원	60,225	1	1	5	2	1	5	1	1
19453	경북 고령군	사회적기업육성(일자리창출)	58,667	1	2	7	8	7	1	1	4
19454	경북 고령군	농업인안전보험료지원	49,333	1	6	7	8	7	5	5	4
19455	경북 고령군	우량한우수정란이식사업	46,000	1	6	7	8	7	5	5	1
19456	경북 고령군	문화교실운영	45,600	1	4	7	8	7	1	1	1
19457	경북 고령군	경북도민생활체육대축전참가	45,000	1	4	7	8	7	1	1	1
19458	경북 고령군	낙동강7경문화한마당개최	45,000	1	2	7	8	7	1	1	1
19459	경북 고령군	한우암소유전체분석사업	43,740	1	6	7	8	7	5	5	1
19460	경북 고령군	새마을운동추진지원	43,000	1	1	7	8	7	1	1	3
19461	경북 고령군	대가야다례문화전승사업	41,300	1	7	7	8	7	3	1	1
19462	경북 고령군	평생학습마을만들기사업	40,000	1	4	6	8	6	1	1	2
19463	경북 고령군	고령문화원5년사발간	40,000	1	4	7	8	7	1	1	1
19464	경북 고령군	다산면지발간	40,000	1	4	7	8	7	1	1	1
19465	경북 고령군	작은영화관(대가야시네마)운영지원	40,000	1	4	7	8	7	1	1	1
19466	경북 고령군	관내음식점고령옥미마케팅지원	40,000	1	2	7	8	7	1	1	1
19467	경북 고령군	친환경농산물판로확대지원	33,200	1	2	7	8	7	1	1	1
19468	경북 고령군	감자부직포지원사업	32,500	1	2	7	8	7	1	1	1
19469	경북 고령군	시군장애인생활체육지도자배치	31,293	1	2	7	8	7	1	1	1
19470	경북 고령군	동고령일반산업단지운영지원	30,000	1	4	7	8	7	1	1	4
19471	경북 고령군	관악단,청소년동아리육성	30,000	1	4	7	8	7	1	1	1
19472	경북 고령군	농협중앙회협력사업(공선출하회운송비지원)	30,000	1	2	7	8	7	1	1	1
19473	경북 고령군	정보화마을프로그램관리자육성	29,606	1	6	7	1	7	1	1	1
19474	경북 고령군	우륵청소년가야금연주단운영	28,500	1	4	7	8	7	1	1	1
19475	경북 고령군	청년농업인영농정착지원	26,667	1	2	7	8	7	1	1	1
19476	경북 고령군	전통시장행복경영매니저지원	26,160	1	6	7	8	7	5	5	4
19477	경북 고령군	향토뿌리기업환경정비지원	25,000	1	6	7	8	7	1	1	4

순번	시군구	지출명 (사업명)	2024년예산 (단위 : 천원 /1년간)	민간이전 분류 (지방자치단체 세출예산 집행기준에 의거) 1. 민간경상사업보조(307-02) 2. 민간단체 법정운영비보조(307-03) 3. 민간행사사업보조(307-04) 4. 민간위탁금(307-05) 5. 사회복지시설 법정운영비보조(307-10) 6. 민간인위탁교육비(307-12) 7. 공기관등에대한경상적위탁사업비(308-13) 8. 민간자본사업보조,자체재원(402-01) 9. 민간자본사업보조,이전재원(402-02) 10. 민간위탁사업비(402-03) 11. 공기관등에 대한 자본적 위탁사업비(403-02)	민간이전지출 근거 (지방보조금 관리기준 참고) 1. 법률에 규정 2. 국고보조 재원(국가지정) 3. 용도 지정 기부금 4. 조례에 직접규정 5. 지자체가 권장하는 사업을 하는 공공기관 6. 시,도 정책 및 재정사정 7. 기타 8. 해당없음	입찰방식: 계약체결방법 (경쟁형태) 1. 일반경쟁 2. 제한경쟁 3. 지명경쟁 4. 수의계약 5. 법정위탁 6. 기타 ( ) 7. 없음	입찰방식: 계약기간 1. 1년 2. 2년 3. 3년 4. 4년 5. 5년 6. 기타 ( )년 7. 단기계약 (1년미만) 8. 없음	입찰방식: 낙찰자선정방법 1. 적격심사 2. 협상에의한계약 3. 최저가낙찰제 4. 규격가격분리 5. 2단계 경쟁입찰 6. 기타 ( ) 7. 없음	운영예산 산정: 운영예산 산정 1. 내부산정 (지자체 자체적으로 산정) 2. 외부산정 (외부전문기관위탁 산정) 3. 내·외부 모두 산정 4. 산정 無 5. 없음	운영예산 산정: 정산방법 1. 내부정산 (지자체 내부적으로 정산) 2. 외부정산 (외부전문기관위탁 정산) 3. 내·외부 모두 산정 4. 정산 無 5. 없음	성과평가 실시여부 1. 실시 2. 미실시 3. 향후 추진 4. 해당없음
19478	경북 고령군	귀농귀촌유치귀농투어현장견학지원	25,000	1	2	7	8	7	1	1	1
19479	경북 고령군	저능력미경산우비육지원	25,000	1	6	7	8	7	5	5	1
19480	경북 고령군	바르게살기운동활성화추진사업	23,230	1	1	7	8	7	1	1	3
19481	경북 고령군	체육회가맹경기단체육성지원	23,000	1	4	7	8	7	1	1	1
19482	경북 고령군	도지사기체육대회참가	23,000	1	4	7	8	7	1	1	1
19483	경북 고령군	농업기계등화장치부착지원	20,650	1	2	7	8	7	1	1	1
19484	경북 고령군	새마을환경살리기	20,000	1	1	7	8	7	1	1	3
19485	경북 고령군	고령군대표음식(메뉴)운영음식점지원	20,000	1	4	7	8	7	5	5	4
19486	경북 고령군	고령군대표음식(빵)운영업소지원	20,000	1	4	7	8	7	5	5	4
19487	경북 고령군	상토지원사업	20,000	1	2	7	8	7	1	1	1
19488	경북 고령군	대가야축제딸기홍보시식및판매	20,000	1	2	7	8	7	1	1	1
19489	경북 고령군	생산자단체공동선별비지원	20,000	1	2	7	8	7	1	1	1
19490	경북 고령군	한우육량및육질향상지원	20,000	1	6	7	8	7	5	5	1
19491	경북 고령군	생활체육교실운영지원	19,200	1	4	7	8	7	1	1	1
19492	경북 고령군	향토사료조사발간	19,000	1	4	7	8	7	1	1	1
19493	경북 고령군	쌀브랜드포장재및농자재지원	18,000	1	2	7	8	7	1	1	1
19494	경북 고령군	돼지소모성질환지도지원	18,000	1	1	7	8	7	1	1	1
19495	경북 고령군	힐링원예프로그램운영	18,000	1	6	7	8	7	5	5	3
19496	경북 고령군	벼육묘상처리제지원	17,250	1	2	7	8	7	1	1	1
19497	경북 고령군	읍면새마을활동지원	16,000	1	1	7	8	7	1	1	3
19498	경북 고령군	다문화가족지역맞춤형학습및프로그램운영	16,000	1	1	5	2	1	5	1	1
19499	경북 고령군	귀농인재능나눔봉사활동지원	15,900	1	2	7	8	7	1	1	1
19500	경북 고령군	고령볼링장사용임차료지원	15,000	1	4	7	8	7	1	1	1
19501	경북 고령군	버스투어	15,000	1	4	5	7	7	1	1	1
19502	경북 고령군	청년농업인농지임대지원	15,000	1	2	7	8	7	1	1	1
19503	경북 고령군	대가야축제참가업체지원	15,000	1	2	7	8	7	1	1	1
19504	경북 고령군	강소농전문심화컨설팅지원	14,250	1	1	7	8	7	5	5	4
19505	경북 고령군	범죄피해자지원활동	13,000	1	6	7	8	7	1	1	1
19506	경북 고령군	경북어르신생활체육대회참가	13,000	1	4	7	8	7	1	1	1
19507	경북 고령군	한국자유총연맹경상사업비	12,000	1	1	7	8	7	1	1	3
19508	경북 고령군	주방환경개선사업	12,000	1	6	7	8	7	5	5	4
19509	경북 고령군	벼계약업체쌀택배비지원	12,000	1	2	7	8	7	1	1	1
19510	경북 고령군	농작물재해보험료지원	11,520	1	2	7	8	7	1	1	1
19511	경북 고령군	소년소녀합창단육성	11,400	1	4	7	8	7	1	1	1
19512	경북 고령군	태권도부훈련경비지원	10,000	1	4	7	8	7	1	1	1
19513	경북 고령군	경상북도장애인체육대회참가	10,000	1	4	7	8	7	1	1	1
19514	경북 고령군	관광아카데미운영	10,000	1	7	7	8	7	5	5	4
19515	경북 고령군	고령알리기팸투어	10,000	1	1,4	5	1	7	1	1	1
19516	경북 고령군	공공비축수매지원(수매장인력지원)	10,000	1	2	7	8	7	1	1	1
19517	경북 고령군	신선농산물수출장려금지원	10,000	1	2	7	8	7	1	1	1

순번	시군구	지출명 (사업명)	2024년예산 (단위 : 천원 /1년간)	민간이전 분류 (지방자치단체 세출예산 집행기준에 의거) 1. 민간경상사업보조(307-02) 2. 민간단체 법정운영비보조(307-03) 3. 민간행사사업보조(307-04) 4. 민간위탁금(307-05) 5. 사회복지시설 법정운영비보조(307-10) 6. 민간인위탁교육비(307-12) 7. 공기관등에대한경상적위탁사업비(308-13) 8. 민간자본사업보조,자체재원(402-01) 9. 민간자본사업보조,이전재원(402-02) 10. 민간위탁사업비(402-03) 11. 공기관등에 대한 자본적 위탁사업비(403-02)	민간이전지출 근거 (지방보조금 관리기준 참고) 1. 법률에 규정 2. 국고보조 재원(국가지정) 3. 용도 지정 기부금 4. 조례에 직접규정 5. 지자체가 권장하는 사업을 하는 공공기관 6. 시,도 정책 및 재정사정 7. 기타 8. 해당없음	입찰방식 계약체결방법 (경쟁형태) 1. 일반경쟁 2. 제한경쟁 3. 지명경쟁 4. 수의계약 5. 법정위탁 6. 기타 ( ) 7. 없음	입찰방식 계약기간 1. 1년 2. 2년 3. 3년 4. 4년 5. 5년 6. 기타 ( )년 7. 단기계약 (1년미만) 8. 없음	입찰방식 낙찰자선정방법 1. 적격심사 2. 협상에의한계약 3. 최저가낙찰제 4. 규격가격분리 5. 2단계 경쟁입찰 6. 기타 ( ) 7. 없음	운영예산 산정 운영예산 산정 1. 내부산정 (지자체 자체적으로 산정) 2. 외부산정 (외부전문기관위탁 산정) 3. 내·외부 모두 산정 4. 산정 無 5. 없음	운영예산 산정 정산방법 1. 내부정산 (지자체 내부적으로 정산) 2. 외부정산 (외부전문기관위탁 정산) 3. 내·외부 모두 산정 4. 정산 無 5. 없음	성과평가 실시여부 1. 실시 2. 미실시 3. 향후 추진 4. 해당없음
19518	경북 고령군	농촌지도자과제활동지원	10,000	1	2	7	8	7	1	1	1
19519	경북 고령군	청년농업인4H회원활동지원	10,000	1	2	7	8	7	1	1	1
19520	경북 고령군	축산물유통포장재지원	10,000	1	8	7	8	7	1	1	1
19521	경북 고령군	친환경농법종합지원	9,623	1	2	7	8	7	1	1	1
19522	경북 고령군	시군생활체육지도자교통비지원	9,600	1	2	7	8	7	1	1	1
19523	경북 고령군	공공미술프로젝트유지보수	9,500	1	4	7	8	7	1	1	1
19524	경북 고령군	농업인학습단체육성(4H회)	9,500	1	2	7	8	7	1	1	1
19525	경북 고령군	농업용드론자격증취득지원	9,500	1	1	7	8	7	5	5	4
19526	경북 고령군	시군생활체육지도자장기근속수당지원	8,970	1	2	7	8	7	1	1	1
19527	경북 고령군	민주평통고령군협의회사업비	8,000	1	4	7	8	7	5	5	4
19528	경북 고령군	다산미생물배양센터재료지원	8,000	1	4	7	8	7	1	1	3
19529	경북 고령군	고령문화39집발간	7,600	1	4	7	8	7	1	1	1
19530	경북 고령군	벼육묘매트지원	7,500	1	2	7	8	7	1	1	1
19531	경북 고령군	한우수정란이식사업	7,100	1	6	7	8	7	5	5	1
19532	경북 고령군	재향군인회영호남교류행사등	7,000	1	4	7	8	7	1	1	1
19533	경북 고령군	결혼이민여성이중언어강사일자리창출사업	7,000	1	1	5	2	1	5	1	1
19534	경북 고령군	비료절감형벼재배기술지원	7,000	1	2	7	8	7	1	1	1
19535	경북 고령군	범도민독서생활화사업	6,670	1	1	7	8	7	1	1	3
19536	경북 고령군	국악분야예술강사지원	6,616	1	2	7	8	7	1	1	1
19537	경북 고령군	생활체육동호인육성지원	6,000	1	4	7	8	7	1	1	1
19538	경북 고령군	문화학교운영	6,000	1	4	7	8	7	1	1	1
19539	경북 고령군	연극반육성	5,700	1	4	7	8	7	1	1	1
19540	경북 고령군	선비아카데미운영	5,600	1	4	7	8	7	1	1	1
19541	경북 고령군	민족통일고령군협의회	5,000	1	1	7	8	7	1	1	3
19542	경북 고령군	행정동우회	5,000	1	4	7	8	7	1	1	3
19543	경북 고령군	바르게살기운동청년회조직활성화사업	5,000	1	1	7	8	7	1	1	3
19544	경북 고령군	상이군경회전적지순례등	5,000	1	4	7	8	7	1	1	1
19545	경북 고령군	전몰군경유족회전적지순례등	5,000	1	4	7	8	7	1	1	1
19546	경북 고령군	전몰군경미망인회전적지순례등	5,000	1	4	7	8	7	1	1	1
19547	경북 고령군	고엽제전우회전적지순례등	5,000	1	4	7	8	7	1	1	1
19548	경북 고령군	월남전참전자회전적지순례등	5,000	1	4	7	8	7	1	1	1
19549	경북 고령군	기타체육대회참가	5,000	1	4	7	8	7	1	1	1
19550	경북 고령군	장애인스포츠대학운영	5,000	1	4	7	8	7	1	1	1
19551	경북 고령군	충효교실운영	5,000	1	4	7	8	7	1	1	1
19552	경북 고령군	저품위사과시장격리수매지원]	5,000	1	2	7	8	7	1	1	1
19553	경북 고령군	친환경농산물학교급식지원	5,000	1	2	7	8	7	1	1	1
19554	경북 고령군	여성농업인역량강화교육(한여농)	5,000	1	2	7	8	7	1	1	1
19555	경북 고령군	지역사회협력네트워크구축	4,500	1	5	6	1	7	1	1	1
19556	경북 고령군	우곡그린수박직판행사지원사업	4,200	1	2	7	8	7	1	1	1
19557	경북 고령군	영농안전장비지원	4,125	1	2	7	8	7	1	1	1

순번	시군구	지출명 (사업명)	2024년예산 (단위 : 천원 /1년간)	민간이전 분류 (지방자치단체 세출예산 집행기준에 의거) 1. 민간경상사업보조(307-02) 2. 민간단체 법정운영비보조(307-03) 3. 민간행사사업보조(307-04) 4. 민간위탁금(307-05) 5. 사회복지시설 법정운영비보조(307-10) 6. 민간인위탁교육비(307-12) 7. 공기관등에대한경상적위탁사업비(308-13) 8. 민간자본사업보조,자체재원(402-01) 9. 민간자본사업보조,이전재원(402-02) 10. 민간위탁사업비(402-03) 11. 공기관등에 대한 자본적 위탁사업비(403-02)	민간이전지출 근거 (지방보조금 관리기준 참고) 1. 법률에 규정 2. 국고보조 재원(국가지정) 3. 용도 지정 기부금 4. 조례에 직접규정 5. 지자체가 권장하는 사업을 하는 공공기관 6. 시,도 정책 및 재정사정 7. 기타 8. 해당없음	입찰방식: 계약체결방법 (경쟁형태) 1. 일반경쟁 2. 제한경쟁 3. 지명경쟁 4. 수의계약 5. 법정위탁 6. 기타 ( ) 7. 없음	입찰방식: 계약기간 1. 1년 2. 2년 3. 3년 4. 4년 5. 5년 6. 기타 ( )년 7. 단기계약 (1년미만) 8. 없음	입찰방식: 낙찰자선정방법 1. 적격심사 2. 협상에의한계약 3. 최저가낙찰제 4. 규격가격분리 5. 2단계 경쟁입찰 6. 기타 ( ) 7. 없음	운영예산 산정: 운영예산 산정 1. 내부산정 (지자체 자체적으로 산정) 2. 외부산정 (외부전문기관위탁 산정) 3. 내·외부 모두 산정 4. 산정 無 5. 없음	운영예산 산정: 정산방법 1. 내부정산 (지자체 내부적으로 정산) 2. 외부정산 (외부전문기관위탁 정산) 3. 내·외부 모두 산정 4. 정산 無 5. 없음	성과평가 실시여부 1. 실시 2. 미실시 3. 향후 추진 4. 해당없음
19558	경북 고령군	독서경진고령군예선대회개최	4,000	1	1	7	8	7	1	1	3
19559	경북 고령군	고령군한국전쟁민간인희생자위령사업지원	4,000	1	4	7	8	7	1	1	3
19560	경북 고령군	장애인복지지원(지체장애인협회고령군지회)	4,000	1	1	7	8	7	1	1	1
19561	경북 고령군	마을평생교육지도자협의회역량강화사업	3,500	1	4	6	8	6	1	1	2
19562	경북 고령군	산림소득활성화사업	3,500	1	6	7	8	7	5	5	4
19563	경북 고령군	벼생력화지원(육묘상처리제)	3,300	1	2	7	8	7	1	1	1
19564	경북 고령군	도민의날행사	3,000	1	4	7	8	7	5	5	4
19565	경북 고령군	사랑의김장담가주기행사	3,000	1	1	7	8	7	1	1	3
19566	경북 고령군	한국스카우트경북연맹고령군지회	3,000	1	7	7	8	7	1	1	1
19567	경북 고령군	태권도대회참가	3,000	1	4	7	8	7	1	1	1
19568	경북 고령군	생활체육축구대회경북리그운영	3,000	1	4	7	8	7	1	1	1
19569	경북 고령군	우수농특산물홍보행사지원	3,000	1	2	7	8	7	1	1	1
19570	경북 고령군	학생4H회원과제활동지원	3,000	1	2	7	8	7	1	1	1
19571	경북 고령군	YOYO클럽활성화지원	2,600	1	6	7	8	7	1	1	1
19572	경북 고령군	6.25참전유공자회전적지순례등	2,400	1	4	7	8	7	1	1	1
19573	경북 고령군	무공수훈자회전적지순례등	2,100	1	4	7	8	7	1	1	1
19574	경북 고령군	피서지문고운영	2,000	1	1	7	8	7	1	1	3
19575	경북 고령군	새마을청소년동아리운영	2,000	1	1	7	8	7	1	1	3
19576	경북 고령군	자연보호운동전개	2,000	1	1	7	8	7	1	1	3
19577	경북 고령군	범죄예방위원고령군지구협의회경상사업	2,000	1	1	7	8	7	1	1	3
19578	경북 고령군	경상북도씨름왕선발대회참가	2,000	1	4	7	8	7	1	1	1
19579	경북 고령군	탄소중립에너지전환시범마을사업	2,000	1	7	7	8	7	5	5	4
19580	경북 고령군	채소류생산안정지원	2,000	1	2	7	8	7	1	1	1
19581	경북 고령군	바르게살기운동건전생활실천교육	1,650	1	1	7	8	7	1	1	3
19582	경북 고령군	재향경우회고령군지회	1,350	1	4	4	1	6	1	1	2
19583	경북 고령군	고령군녹색어머니회	1,350	1	1	7	8	7	1	1	3
19584	경북 고령군	생활체육지도자활동보험료지원	1,312	1	2	7	8	7	1	1	1
19585	경북 고령군	시군장애인생활체육지도자교통비지원	1,200	1	2	7	8	7	1	1	1
19586	경북 고령군	광복회전적지순례등	1,000	1	4	7	8	7	1	1	1
19587	경북 고령군	행복한농촌가정육성프로젝트	1,000	1	2	7	8	7	1	1	1
19588	경북 고령군	고령고등학교소프트테니스장사용임차료	960	1	4	7	8	7	1	1	1
19589	경북 고령군	시군장애인생활체육지도자장기근속수당지원	600	1	2	7	8	7	1	1	1
19590	경북 고령군	장애인생활체육지도자활동보험료지원	162	1	2	7	8	7	1	1	1
19591	경북 성주군	유기질비료지원사업	1,804,964	1	2	7	8	7	1	1	3
19592	경북 성주군	참외저급과유통근절수매지원사업	1,600,000	1	6	7	8	7	1	1	1
19593	경북 성주군	청년농업인영농정착지원사업	960,000	1	2	7	8	7	1	1	1
19594	경북 성주군	참외저급과수매장운영비지원	800,000	1	4	7	8	7	1	1	1
19595	경북 성주군	생명문화도시조성사업지원	728,400	1	6	7	8	7	1	1	1
19596	경북 성주군	성주군역량강화사업	400,000	1	5	1	1	6	1	2	3
19597	경북 성주군	친환경농산물학교급식지원(현물지원)	362,165	1	6	1	3	1	1	1	3

순번	시군구	지출명 (사업명)	2024년예산 (단위 : 천원 /1년간)	민간이전 분류 (지방자치단체 세출예산 집행기준에 의거) 1. 민간경상사업보조(307-02) 2. 민간단체 법정운영비보조(307-03) 3. 민간행사사업보조(307-04) 4. 민간위탁금(307-05) 5. 사회복지시설 법정운영비보조(307-10) 6. 민간인위탁교육비(307-12) 7. 공기관등에대한경상적위탁사업비(308-13) 8. 민간자본사업보조,자체재원(402-01) 9. 민간자본사업보조,이전재원(402-02) 10. 민간위탁사업비(402-03) 11. 공기관등에 대한 자본적 위탁사업비(403-02)	민간이전지출 근거 (지방보조금 관리기준 참고) 1. 법률에 규정 2. 국고보조 재원(국가지정) 3. 용도 지정 기부금 4. 조례에 직접규정 5. 지자체가 권장하는 사업을 하는 공공기관 6. 시,도 정책 및 재정사정 7. 기타 8. 해당없음	입찰방식 계약체결방법 (경쟁형태) 1. 일반경쟁 2. 제한경쟁 3. 지명경쟁 4. 수의계약 5. 법정위탁 6. 기타 ( ) 7. 없음	입찰방식 계약기간 1. 1년 2. 2년 3. 3년 4. 4년 5. 5년 6. 기타 ( )년 7. 단기계약 (1년미만) 8. 없음	입찰방식 낙찰자선정방법 1. 적격심사 2. 협상에의한계약 3. 최저가낙찰제 4. 규격가격분리 5. 2단계 경쟁입찰 6. 기타 ( ) 7. 없음	운영예산 산정 운영예산 산정 1. 내부산정 (지자체 자체적으로 산정) 2. 외부산정 (외부전문기관위탁 산정) 3. 내·외부 모두 산정 4. 산정 無 5. 없음	운영예산 산정 정산방법 1. 내부정산 (지자체 내부적으로 정산) 2. 외부정산 (외부전문기관위탁 정산) 3. 내·외부 모두 산정 4. 정산 無 5. 없음	성과평가 실시여부 1. 실시 2. 미실시 3. 향후 추진 4. 해당없음
19598	경북 성주군	통합문화이용권사업지원	358,670	1	1	7	8	7	1	1	4
19599	경북 성주군	토양개량제공급	315,514	1	2	7	8	7	1	1	3
19600	경북 성주군	취약지역응급의료지원비	275,000	1	1	5	1	7	5	3	1
19601	경북 성주군	이웃사촌복지센터지원	230,000	1	1	7	8	7	1	1	4
19602	경북 성주군	생활체육지도자배치	219,051	1	1	7	8	7	1	1	1
19603	경북 성주군	세계장태문화와의만남	200,000	1	1	7	8	7	5	5	4
19604	경북 성주군	친환경농자재재료구입비지원사업	200,000	1	4	6	6	7	1	1	1
19605	경북 성주군	시설원예농가피트모스토양교체지원	200,000	1	4	7	8	7	5	5	1
19606	경북 성주군	성주참외맞춤형액비생산보급지원	200,000	1	4	7	8	7	1	1	1
19607	경북 성주군	화분매개벌전문생산농가육성지원사업	200,000	1	1	7	8	7	5	1	1
19608	경북 성주군	축산농가톱밥및왕겨지원사업	200,000	1	1	7	8	7	5	1	1
19609	경북 성주군	경북도민체육대회출전경비	190,000	1	1	7	8	7	1	1	1
19610	경북 성주군	돼지써코바이러스예방	183,586	1	1	7	8	7	5	1	1
19611	경북 성주군	벼재배농가상토지원	150,000	1	4	7	8	7	1	1	3
19612	경북 성주군	체육회운영비	150,000	1	1	7	8	7	1	1	1
19613	경북 성주군	청년스타트업지원	146,230	1	4	7	7	7	5	3	4
19614	경북 성주군	어르신체육활동지원	125,172	1	1	7	8	7	1	1	1
19615	경북 성주군	여성농업인행복바우처지원사업	120,000	1	6	7	8	7	1	1	1
19616	경북 성주군	벼정부보급종종자공급지원	120,000	1	4	7	8	7	1	1	3
19617	경북 성주군	농산물유통구조개선지원	120,000	1	6	7	8	7	1	1	3
19618	경북 성주군	영농부산물안전처리지원	105,000	1	2	7	8	7	1	1	4
19619	경북 성주군	면역강화용사료첨가제지원	103,950	1	1	7	8	7	5	1	1
19620	경북 성주군	성주한우참외잇소브랜드육성지원	102,000	1	1	7	8	7	5	1	1
19621	경북 성주군	성주형U시티프로젝트인력양성사업	100,000	1	6	7	8	7	5	5	4
19622	경북 성주군	친환경농산물학교급식지원	100,000	1	4	1	3	1	1	1	3
19623	경북 성주군	축산분뇨(양돈)자원화처리지원사업	100,000	1	1	7	8	7	5	1	1
19624	경북 성주군	제52회군민체육대회개최	100,000	1	1	7	8	7	1	1	1
19625	경북 성주군	향교문화유산활용사업	87,500	1	1	7	8	7	5	1	3
19626	경북 성주군	사회적기업등일자리창출사업	87,080	1	4	7	7	7	5	3	4
19627	경북 성주군	신활력플러스사업운영비	86,000	1	1	7	8	7	1	1	3
19628	경북 성주군	경북청년예술촌활성화프로그램지원	81,000	1	4	6	3	2	1	1	3
19629	경북 성주군	농촌인력중개센터운영지원(농협)	80,000	1	2	7	8	7	1	1	1
19630	경북 성주군	꿀벌화분지원	79,200	1	1	7	8	7	5	1	1
19631	경북 성주군	초보청년농부멘토링지원	75,000	1	6	7	8	7	1	1	1
19632	경북 성주군	친환경악취저감제지원(악취저감제)	74,670	1	1	7	8	7	5	1	1
19633	경북 성주군	조사료생산용사일리지제조비지원	73,710	1	2	7	8	7	5	1	1
19634	경북 성주군	생생문화유산사업	72,500	1	1	7	8	7	5	1	3
19635	경북 성주군	서원문화유산활용사업	72,500	1	1	7	8	7	5	1	3
19636	경북 성주군	한우고급육생산을위한정액지원사업	70,000	1	1	7	8	7	5	1	1
19637	경북 성주군	지방문화원사업지원	63,200	1	1	7	8	7	1	1	4

순번	시군구	지출명 (사업명)	2024년예산 (단위 : 천원 /1년간)	민간이전 분류 (지방자치단체 세출예산 집행기준에 의거) 1. 민간경상사업보조(307-02) 2. 민간단체 법정운영비보조(307-03) 3. 민간행사사업보조(307-04) 4. 민간위탁금(307-05) 5. 사회복지시설 법정운영비보조(307-10) 6. 민간인위탁교육비(307-12) 7. 공기관등에대한경상적위탁사업비(308-13) 8. 민간자본사업보조,자체재원(402-01) 9. 민간자본사업보조,이전재원(402-02) 10. 민간위탁사업비(402-03) 11. 공기관등에 대한 자본적 위탁사업비(403-02)	민간이전지출 근거 (지방보조금 관리기준 참고) 1. 법률에 규정 2. 국고보조 재원(국가지정) 3. 용도 지정 기부금 4. 조례에 직접규정 5. 지자체가 권장하는 사업을 하는 공공기관 6. 시,도 정책 및 재정사정 7. 기타 8. 해당없음	입찰방식 계약체결방법 (경쟁형태) 1. 일반경쟁 2. 제한경쟁 3. 지명경쟁 4. 수의계약 5. 법정위탁 6. 기타 ( ) 7. 없음	입찰방식 계약기간 1. 1년 2. 2년 3. 3년 4. 4년 5. 5년 6. 기타 ( )년 7. 단기계약 (1년미만) 8. 없음	입찰방식 낙찰자선정방법 1. 적격심사 2. 협상에의한계약 3. 최저가낙찰제 4. 규격가격분리 5. 2단계 경쟁입찰 6. 기타 ( ) 7. 없음	운영예산 산정 운영예산 산정 1. 내부산정 (지자체 자체적으로 산정) 2. 외부산정 (외부전문기관위탁 산정) 3. 내·외부 모두 산정 4. 산정 無 5. 없음	운영예산 산정 정산방법 1. 내부정산 (지자체 내부적으로 정산) 2. 외부정산 (외부전문기관위탁 정산) 3. 내·외부 모두 산정 4. 정산 無 5. 없음	성과평가 실시여부 1. 실시 2. 미실시 3. 향후 추진 4. 해당없음
19638	경북 성주군	장애인생활체육지도자배치	62,586	1	1	7	8	7	1	1	1
19639	경북 성주군	도민대학성주캠퍼스운영	60,000	1	4	7	8	7	5	5	4
19640	경북 성주군	성주의인물학술대회개최및인물평전간행	60,000	1	1	7	8	7	1	1	4
19641	경북 성주군	청년농부육성지원	60,000	1	6	7	8	7	1	1	1
19642	경북 성주군	성주참외전자상거래활성화지원사업	60,000	1	6	7	8	7	1	1	1
19643	경북 성주군	경북도민생활체육대축전지원경비	60,000	1	1	7	8	7	1	1	1
19644	경북 성주군	공동방제단운영지원(인건비)	59,780	1	1	5	1	7	5	1	1
19645	경북 성주군	우수모돈농가보급	57,000	1	1	7	8	7	5	1	1
19646	경북 성주군	'MZ로컬히어로'스타트업지원사업	56,948	1	4	7	7	7	5	3	4
19647	경북 성주군	공동방제단운영지원(운영비)	56,514	1	1	5	1	7	5	1	1
19648	경북 성주군	브랜드홍보영상촬영	55,000	1	6	7	8	7	1	1	1
19649	경북 성주군	우수선수육성지원(체육회)	55,000	1	1	7	8	7	1	1	1
19650	경북 성주군	성주愛청년창업가정착지원사업	54,868	1	4	7	7	7	5	3	4
19651	경북 성주군	청년농업인농지임대지원	50,600	1	6	7	8	7	1	1	1
19652	경북 성주군	시설원예농가피트모스토양개량지원	50,000	1	4	6	6	7	1	1	1
19653	경북 성주군	과수농가착색봉지공급지원사업	50,000	1	4	7	8	7	1	1	1
19654	경북 성주군	성주참외팝업스토어운영	50,000	1	6	7	8	7	1	1	1
19655	경북 성주군	성신농장축산분뇨처리시설운영비(약품구입비)지원사업	50,000	1	1	7	8	7	5	1	1
19656	경북 성주군	심산김창숙선생숭모제	49,500	1	1	7	8	7	1	1	4
19657	경북 성주군	성주역사인물선양전국휘호대회	49,200	1	1	7	8	7	1	1	4
19658	경북 성주군	농촌인력중개센터운영지원(민간)	45,000	1	2	7	8	7	1	1	1
19659	경북 성주군	청년농업인커뮤니티활성화지원사업	40,000	1	6	7	8	7	1	1	1
19660	경북 성주군	양봉(개량)벌통지원	39,000	1	1	7	8	7	5	1	1
19661	경북 성주군	유기농업자재지원사업	38,566	1	2	7	8	7	1	1	3
19662	경북 성주군	한센간이양로시설운영지원	37,114	1	7	7	8	7	5	5	4
19663	경북 성주군	명품쌀재배단지조성사업	35,400	1	4	7	8	7	1	1	3
19664	경북 성주군	과실생산비절감및품질제고지원	35,060	1	6	7	8	7	1	1	1
19665	경북 성주군	저품위사과시장격리수매지원	34,500	1	6	7	8	7	1	1	1
19666	경북 성주군	저탄소벼논물관리교육홍보지원	34,000	1	2	7	8	7	1	1	3
19667	경북 성주군	양봉농가꿀벌사료(설탕)지원사업	34,000	1	1	7	8	7	5	1	1
19668	경북 성주군	심산추모전국경전암송대회	33,300	1	1	7	8	7	1	1	4
19669	경북 성주군	꿀벌면역증강제지원	33,000	1	1	7	8	7	5	1	1
19670	경북 성주군	중.고등부태권도지도자배치	32,700	1	1	7	8	7	1	1	1
19671	경북 성주군	서예교실	32,000	1	1	7	8	7	1	1	4
19672	경북 성주군	닭진드기공동방제지원사업	32,000	1	1	4	1	2	5	1	1
19673	경북 성주군	식품접객업소환경개선	32,000	1	6	7	8	7	1	1	4
19674	경북 성주군	백두대간구곡문화자산탐방	31,500	1	1	7	8	7	5	1	1
19675	경북 성주군	친환경농산물포장재지원사업	30,000	1	4	7	8	7	1	1	3
19676	경북 성주군	해외시장개척지원	30,000	1	4	7	8	7	1	1	1
19677	경북 성주군	농식품국외판촉지원	30,000	1	6	7	8	7	1	1	1

순번	시군구	지출명 (사업명)	2024년예산 (단위 : 천원 /1년간)	민간이전 분류 (지방자치단체 세출예산 집행기준에 의거) 1. 민간경상사업보조(307-02) 2. 민간단체 법정운영비보조(307-03) 3. 민간행사사업보조(307-04) 4. 민간위탁금(307-05) 5. 사회복지시설 법정운영비보조(307-10) 6. 민간인위탁교육비(307-12) 7. 공기관등에대한경상적위탁사업비(308-13) 8. 민간자본사업보조,자체재원(402-01) 9. 민간자본사업보조,이전재원(402-02) 10. 민간위탁사업비(402-03) 11. 공기관등에 대한 자본적 위탁사업비(403-02)	민간이전지출 근거 (지방보조금 관리기준 참고) 1. 법률에 규정 2. 국고보조 재원(국가지정) 3. 용도 지정 기부금 4. 조례에 직접규정 5. 지자체가 권장하는 사업을 하는 공공기관 6. 시,도 정책 및 재정사정 7. 기타 8. 해당없음	입찰방식			운영예산 산정		성과평가 실시여부
						계약체결방법 (경쟁형태) 1. 일반경쟁 2. 제한경쟁 3. 지명경쟁 4. 수의계약 5. 법정위탁 6. 기타 ( ) 7. 없음	계약기간 1. 1년 2. 2년 3. 3년 4. 4년 5. 5년 6. 기타 ( )년 7. 단기계약 (1년미만) 8. 없음	낙찰자선정방법 1. 적격심사 2. 협상에의한계약 3. 최저가낙찰제 4. 규격가격분리 5. 2단계 경쟁입찰 6. 기타 ( ) 7. 없음	운영예산 산정 1. 내부산정 (지자체 자체적으로 산정) 2. 외부산정 (외부전문기관위탁 산정) 3. 내·외부 모두 산정 4. 산정 無 5. 없음	정산방법 1. 내부정산 (지자체 내부적으로 정산) 2. 외부정산 (외부전문기관위탁 정산) 3. 내·외부 모두 산정 4. 정산 無 5. 없음	1. 실시 2. 미실시 3. 향후 추진 4. 해당없음
19678	경북 성주군	저능력미경산우비육지원	30,000	1	1	7	8	7	5	1	1
19679	경북 성주군	한우등록비지원	30,000	1	1	7	8	7	5	1	1
19680	경북 성주군	새마을운동단체교육(중앙및도단위)	30,000	1	1	7	8	7	1	1	1
19681	경북 성주군	사회단체협의회지역발전활성화추진	30,000	1	4	7	8	7	1	1	1
19682	경북 성주군	도지사기생활체육대회지원경비(16종)	30,000	1	1	7	8	7	1	1	1
19683	경북 성주군	모돈도축운송비지원	29,200	1	1	7	8	7	5	1	1
19684	경북 성주군	비육용암소시장육성사업	28,800	1	2	7	8	7	5	1	1
19685	경북 성주군	하키부훈련경비지원(중학교,고등학교)	28,000	1	1	7	8	7	1	1	1
19686	경북 성주군	성주군풍물활성화운영지원	27,000	1	4	7	8	7	1	1	3
19687	경북 성주군	사회적경제기업활성화지원(전문수행기관)	27,000	1	4	7	7	7	5	3	4
19688	경북 성주군	성주임진전쟁의병기림예술제	26,600	1	1	7	8	7	1	1	4
19689	경북 성주군	친환경참외농가생물생약구입지원	25,000	1	4	7	8	1	1	1	3
19690	경북 성주군	지역특산물포장개선(양봉)	25,000	1	4	7	8	7	1	1	3
19691	경북 성주군	산림작물생산단지(소액)	25,000	1	1	7	8	7	1	1	1
19692	경북 성주군	생활체육육성지원	25,000	1	1	7	8	7	1	1	1
19693	경북 성주군	한우유전체분석사업	24,300	1	1	7	8	7	5	1	1
19694	경북 성주군	생활체육교실운영(1개종목)	24,000	1	1	7	8	7	1	1	1
19695	경북 성주군	태권도훈련경비지원(초등부,중등부)	23,000	1	1	7	8	7	1	1	1
19696	경북 성주군	민주평화통일자문회의성주군협의회	22,500	1	1	7	8	7	5	5	4
19697	경북 성주군	일반승마체험	21,728	1	2	7	8	7	5	1	1
19698	경북 성주군	양봉농가질병관리지원	21,600	1	1	7	8	7	5	1	1
19699	경북 성주군	농촌에서살아보기	21,600	1	6	7	8	7	1	1	4
19700	경북 성주군	벼액상규산활용시범	21,000	1	6	7	8	7	1	1	4
19701	경북 성주군	돼지액상정액지원	20,880	1	1	7	8	7	5	1	1
19702	경북 성주군	6차산업경영체활성화사업	20,800	1	6	7	8	7	1	1	1
19703	경북 성주군	성인문해교육프로그램지원	20,000	1	4	7	8	7	5	5	4
19704	경북 성주군	한개마을문화유산일상관리	20,000	1	4	7	8	7	5	1	3
19705	경북 성주군	친환경농산물천적적용사업	20,000	1	4	7	8	7	1	1	3
19706	경북 성주군	과수농가반사필름공급지원사업	20,000	1	4	7	8	7	1	1	1
19707	경북 성주군	GAP(농산물우수관리)활성화사업	20,000	1	4	7	8	7	1	1	3
19708	경북 성주군	성주군농특산물꾸러미지원사업	20,000	1	6	7	8	7	1	1	1
19709	경북 성주군	표고버섯자목구입비지원	20,000	1	1	7	8	7	1	1	1
19710	경북 성주군	버섯톱밥배지구입비	20,000	1	1	7	8	7	1	1	1
19711	경북 성주군	TMR사료랩핑비닐및포장지지원사업	20,000	1	1	7	8	7	5	1	1
19712	경북 성주군	양돈농가악취저감용생균제지원	20,000	1	1	7	8	7	5	1	1
19713	경북 성주군	양봉농가소초광지원	20,000	1	1	7	8	7	5	1	1
19714	경북 성주군	성신농장축산분뇨처리시설운영비(전기료)지원사업	20,000	1	1	7	8	7	5	1	1
19715	경북 성주군	가축분뇨공동자원화톱밥공급지원사업	20,000	1	1	7	8	7	5	1	1
19716	경북 성주군	양봉농가꿀벌화분지원	20,000	1	1	7	8	7	5	1	1
19717	경북 성주군	마을관리협동조합사업비지원	20,000	1	1	4	5	7	1	1	1

순번	시군구	지출명 (사업명)	2024년예산 (단위 : 천원 /1년간)	민간이전 분류 (지방자치단체 세출예산 집행기준에 의거) 1. 민간경상사업보조(307-02) 2. 민간단체 법정운영비보조(307-03) 3. 민간행사사업보조(307-04) 4. 민간위탁금(307-05) 5. 사회복지시설 법정운영비보조(307-10) 6. 민간인위탁교육비(307-12) 7. 공기관등에대한경상적위탁사업비(308-13) 8. 민간자본사업보조,자체재원(402-01) 9. 민간자본사업보조,이전재원(402-02) 10. 민간위탁사업비(402-03) 11. 공기관등에 대한 자본적 위탁사업비(403-02)	민간이전지출 근거 (지방보조금 관리기준 참고) 1. 법률에 규정 2. 국고보조 재원(국가지정) 3. 용도 지정 기부금 4. 조례에 직접규정 5. 지자체가 권장하는 사업을 하는 공공기관 6. 시,도 정책 및 재정사정 7. 기타 8. 해당없음	입찰방식 계약체결방법 (경쟁형태) 1. 일반경쟁 2. 제한경쟁 3. 지명경쟁 4. 수의계약 5. 법정위탁 6. 기타 ( ) 7. 없음	입찰방식 계약기간 1. 1년 2. 2년 3. 3년 4. 4년 5. 5년 6. 기타 ( )년 7. 단기계약 (1년미만) 8. 없음	입찰방식 낙찰자선정방법 1. 적격심사 2. 협상에의한계약 3. 최저가낙찰제 4. 규격가격분리 5. 2단계 경쟁입찰 6. 기타 ( ) 7. 없음	운영예산 산정 운영예산 산정 1. 내부산정 (지자체 자체적으로 산정) 2. 외부산정 (외부전문기관위탁 산정) 3. 내·외부 모두 산정 4. 산정 無 5. 없음	운영예산 산정 정산방법 1. 내부정산 (지자체 내부적으로 정산) 2. 외부정산 (외부전문기관위탁 정산) 3. 내·외부 모두 산정 4. 정산 無 5. 없음	성과평가 실시여부 1. 실시 2. 미실시 3. 향후 추진 4. 해당없음
19718	경북 성주군	사랑의김장나눔	20,000	1	1	7	8	7	1	1	1
19719	경북 성주군	새마을환경살리기	20,000	1	1	7	8	7	1	1	1
19720	경북 성주군	지속가능발전협의회환경정화활동지원	20,000	1	4	7	1	7	3	3	1
19721	경북 성주군	농업경영인경영능력향상교육	20,000	1	1	7	8	7	1	1	4
19722	경북 성주군	경북어르신생활체육대회지원경비(6개종목)	20,000	1	1	7	8	7	1	1	1
19723	경북 성주군	별고을테니스스포츠클럽공모사업매칭지원금지원	20,000	1	1	7	8	7	1	1	1
19724	경북 성주군	토종벌종보전지원	19,200	1	1	7	8	7	5	1	1
19725	경북 성주군	대표관광상품지원사업	18,000	1	4	1	1	1	1	1	4
19726	경북 성주군	읍면협의체활성화지원	18,000	1	1	7	8	7	1	1	4
19727	경북 성주군	가금농가질병관리지원	18,000	1	1	4	1	2	5	1	1
19728	경북 성주군	성주해병대전우회안전문화지도및자원봉사활동	18,000	1	4	7	8	7	1	1	1
19729	경북 성주군	임산물상품화지원	17,500	1	1	7	8	7	1	1	1
19730	경북 성주군	농촌체험휴양마을사무장채용지원	17,312	1	6	7	8	7	5	5	4
19731	경북 성주군	우수여왕벌보급사업	16,800	1	2	7	8	7	5	1	1
19732	경북 성주군	고품질퇴액비생산시설지원(퇴비부숙제지원)	16,000	1	1	7	8	7	5	1	1
19733	경북 성주군	성주참외배전국테니스대회	16,000	1	1	7	8	7	1	1	1
19734	경북 성주군	성주참외배전국소프트테니스대회	16,000	1	1	7	8	7	1	1	1
19735	경북 성주군	성주향토사지발간	15,000	1	1	7	8	7	1	1	4
19736	경북 성주군	유기질비료지원(상추)	15,000	1	1	7	8	7	1	1	4
19737	경북 성주군	볏짚처리(랩핑비닐구입비)지원	15,000	1	4	7	8	7	1	1	3
19738	경북 성주군	한국자유총연맹성주군지회단체활동지원	15,000	1	1	7	8	7	5	1	1
19739	경북 성주군	메뉴개발요리아카데미운영	15,000	1	1	7	8	7	1	1	1
19740	경북 성주군	생활개선회육성	15,000	1	4	7	8	7	1	1	1
19741	경북 성주군	파크골프대회지원경비	15,000	1	1	7	8	7	1	1	4
19742	경북 성주군	지역문화사랑방운영지원	14,400	1	1	7	8	7	1	1	1
19743	경북 성주군	향교문화전승보전(석전대제춘추)	14,000	1	1	7	8	7	1	1	4
19744	경북 성주군	깨끗한우리마을(읍면공동체)만들기사업	14,000	1	1	7	8	7	1	1	3
19745	경북 성주군	바이오숯활용저탄소토양개량기술보급시범	14,000	1	1	7	8	7	1	1	1
19746	경북 성주군	사료작물종자구입비지원	13,650	1	1	7	8	7	1	1	4
19747	경북 성주군	급식비지원	13,200	1	1	7	8	7	5	1	1
19748	경북 성주군	시군생활체육지도자교통비지원	13,200	1	1	7	8	7	1	1	1
19749	경북 성주군	성주군풍물큰잔치	13,000	1	1	7	8	7	1	1	4
19750	경북 성주군	우리마을학교운영	13,000	1	1	7	8	7	1	1	1
19751	경북 성주군	바르게살기운동성주군협의회단체활동지원	13,000	1	1	7	8	7	1	1	1
19752	경북 성주군	생활체육지도자장기근속수당지원	12,550	1	1	7	8	7	1	1	1
19753	경북 성주군	농식품국내판촉지원	12,500	1	4	7	8	7	1	1	1
19754	경북 성주군	친환경농법종합지원	12,133	1	4	7	8	7	1	1	3
19755	경북 성주군	외식업소음식문화개선선진지견학	12,000	1	4	7	8	7	1	1	1
19756	경북 성주군	향토뿌리기업환경정비지원	11,137	1	4	7	8	7	1	1	4
19757	경북 성주군	범죄피해자지원활동추진	11,000	1	1	7	8	7	1	1	1

순번	시군구	지출명 (사업명)	2024년예산 (단위 : 천원 /1년간)	민간이전 분류 (지방자치단체 세출예산 집행기준에 의거)	민간이전지출 근거 (지방보조금 관리기준 참고)	입찰방식			운영예산 산정		성과평가 실시여부
				1. 민간경상사업보조(307-02) 2. 민간단체 법정운영비보조(307-03) 3. 민간행사사업보조(307-04) 4. 민간위탁금(307-05) 5. 사회복지시설 법정운영비보조(307-10) 6. 민간인위탁교육비(307-12) 7. 공기관등에대한경상적위탁사업비(308-13) 8. 민간자본사업보조,자체재원(402-01) 9. 민간자본사업보조,이전재원(402-02) 10. 민간위탁사업비(402-03) 11. 공기관등에 대한 자본적 위탁사업비(403-02)	1. 법률에 규정 2. 국고보조 재원(국가지정) 3. 용도 지정 기부금 4. 조례에 직접규정 5. 지자체가 권장하는 사업을 하는 공공기관 6. 시,도 정책 및 재정사정 7. 기타 8. 해당없음	계약체결방법 (경쟁형태) 1. 일반경쟁 2. 제한경쟁 3. 지명경쟁 4. 수의계약 5. 법정위탁 6. 기타 ( ) 7. 없음	계약기간 1. 1년 2. 2년 3. 3년 4. 4년 5. 5년 6. 기타 ( )년 7. 단기계약 (1년미만) 8. 없음	낙찰자선정방법 1. 적격심사 2. 협상에의한계약 3. 최저가낙찰제 4. 규격가격분리 5. 2단계 경쟁입찰 6. 기타 ( ) 7. 없음	운영예산 산정 1. 내부산정 (지자체 자체적으로 산정) 2. 외부산정 (외부전문기관위탁 산정) 3. 내·외부 모두 산정 4. 산정 無 5. 없음	정산방법 1. 내부정산 (지자체 내부적으로 정산) 2. 외부정산 (외부전문기관위탁 정산) 3. 내·외부 모두 산정 4. 정산 無 5. 없음	1. 실시 2. 미실시 3. 향후 추진 4. 해당없음
19758	경북 성주군	조사료생산용종자구입비지원	10,920	1	2	7	8	7	5	1	1
19759	경북 성주군	벼육묘(소형)상토지원	10,500	1	4	7	8	7	1	1	3
19760	경북 성주군	전국민파워업농촌관광지원	10,200	1	6	7	8	7	5	5	1
19761	경북 성주군	국악분야예술강사지원사업	10,190	1	4	6	3	2	1	1	3
19762	경북 성주군	작은결혼식지원사업	10,000	1	1	7	8	7	1	1	4
19763	경북 성주군	곤충농가포장재개선사업	10,000	1	4	7	8	7	1	1	3
19764	경북 성주군	수출농산물포장상자및선도유지제지원	10,000	1	4	7	8	7	1	1	1
19765	경북 성주군	한우친자확인사업	10,000	1	1	7	8	7	5	1	1
19766	경북 성주군	숨은자원모으기대회	10,000	1	1	7	8	7	1	1	1
19767	경북 성주군	바르게살기운동활성화추진운영지원	10,000	1	1	7	8	7	1	1	1
19768	경북 성주군	생활개선회도대회참가비지원	10,000	1	1	7	8	7	1	1	4
19769	경북 성주군	행복한농촌가정육성프로젝트	10,000	1	1	7	8	7	1	1	4
19770	경북 성주군	육상꿈나무훈련비지원	10,000	1	1	7	8	7	1	1	1
19771	경북 성주군	우수여왕벌인공왕대지원	9,500	1	1	7	8	7	5	1	1
19772	경북 성주군	지역민과함께하는음악교실	9,000	1	1	7	8	7	1	1	4
19773	경북 성주군	심산문화축제	9,000	1	4	7	8	7	1	1	3
19774	경북 성주군	벼육묘상처리제지원	9,000	1	4	7	8	7	1	1	3
19775	경북 성주군	참외농가토양환경개선지원사업	9,000	1	4	6	6	7	1	1	1
19776	경북 성주군	조사료생산장려금지원	9,000	1	1	7	8	7	5	1	1
19777	경북 성주군	농촌지도자중앙대회참가지원	9,000	1	1	7	8	7	1	1	4
19778	경북 성주군	농가형농산물가공제품포장재개발지원	9,000	1	1	7	8	7	1	1	4
19779	경북 성주군	전국및국제대회참가우수선수지원	9,000	1	1	7	8	7	1	1	1
19780	경북 성주군	생산단계농산물안전성검사지원	8,000	1	4	7	8	7	1	1	3
19781	경북 성주군	수출농식품브랜드경쟁력제고	8,000	1	6	7	8	7	1	1	1
19782	경북 성주군	계란선별장냉방장치지원	8,000	1	1	7	8	7	5	1	1
19783	경북 성주군	문예지발간,문학기행및독서경진대회	8,000	1	1	7	8	7	1	1	1
19784	경북 성주군	자돈폐사율감소지원	7,920	1	1	7	8	7	5	1	1
19785	경북 성주군	어르신게이트볼대회지원경비	7,200	1	1	7	8	7	1	1	1
19786	경북 성주군	한우수정란이식사업	7,100	1	1	7	8	7	5	1	1
19787	경북 성주군	범도민독서생활화추진	6,670	1	1	7	8	7	1	1	1
19788	경북 성주군	친환경농산물판로확대지원	6,453	1	4	7	8	7	1	1	3
19789	경북 성주군	토종벌벌통지원	6,400	1	1	7	8	7	5	1	1
19790	경북 성주군	문화학교운영지원	6,000	1	1	7	8	7	1	1	4
19791	경북 성주군	중장년1인가구발굴사업비지원	6,000	1	1	7	8	7	1	1	4
19792	경북 성주군	벼육묘(대형)상토지원	6,000	1	4	7	8	7	1	1	3
19793	경북 성주군	계란난좌지원	6,000	1	1	7	8	7	5	1	1
19794	경북 성주군	돼지소모성질환지도지원	6,000	1	1	7	8	7	5	1	1
19795	경북 성주군	그라운드골프대회지원경비	6,000	1	1	7	8	7	1	1	1
19796	경북 성주군	낙농헬퍼(도우미)지원사업	5,760	1	1	7	8	7	5	1	1
19797	경북 성주군	재활승마체험	5,460	1	2	7	8	7	5	1	1

순번	시군구	지출명 (사업명)	2024년예산 (단위 : 천원 /1년간)	민간이전 분류 (지방자치단체 세출예산 집행기준에 의거) 1. 민간경상사업보조(307-02) 2. 민간단체 법정운영비보조(307-03) 3. 민간행사사업보조(307-04) 4. 민간위탁금(307-05) 5. 사회복지시설 법정운영비보조(307-10) 6. 민간인위탁교육비(307-12) 7. 공기관등에대한경상적위탁사업비(308-13) 8. 민간자본사업보조,자체재원(402-01) 9. 민간자본사업보조,이전재원(402-02) 10. 민간위탁사업비(402-03) 11. 공기관등에 대한 자본적 위탁사업비(403-02)	민간이전지출 근거 (지방보조금 관리기준 참고) 1. 법률에 규정 2. 국고보조 재원(국가지정) 3. 용도 지정 기부금 4. 조례에 직접규정 5. 지자체가 권장하는 사업을 하는 공공기관 6. 시,도 정책 및 재정사정 7. 기타 8. 해당없음	입찰방식 계약체결방법 (경쟁형태) 1. 일반경쟁 2. 제한경쟁 3. 지명경쟁 4. 수의계약 5. 법정위탁 6. 기타 ( ) 7. 없음	입찰방식 계약기간 1. 1년 2. 2년 3. 3년 4. 4년 5. 5년 6. 기타 ( )년 7. 단기계약 (1년미만) 8. 없음	입찰방식 낙찰자선정방법 1. 적격심사 2. 협상에의한계약 3. 최저가낙찰제 4. 규격가격분리 5. 2단계 경쟁입찰 6. 기타 ( ) 7. 없음	운영예산 산정 운영예산 산정 1. 내부산정 (지자체 자체적으로 산정) 2. 외부산정 (외부전문기관위탁 산정) 3. 내·외부 모두 산정 4. 산정 無 5. 없음	운영예산 산정 정산방법 1. 내부정산 (지자체 내부적으로 정산) 2. 외부정산 (외부전문기관위탁 정산) 3. 내·외부 모두 산정 4. 정산 無 5. 없음	성과평가 실시여부 1. 실시 2. 미실시 3. 향후 추진 4. 해당없음
19798	경북 성주군	도씨름왕선발대회지원경비	5,400	1	1	7	8	7	1	1	1
19799	경북 성주군	시장매니저지원(군비부담분)	5,232	1	2	7	8	7	5	1	4
19800	경북 성주군	향교문화전승보전(기로연)	5,100	1	1	7	8	7	1	1	4
19801	경북 성주군	충효교실운영지원	5,000	1	1	7	8	7	1	1	4
19802	경북 성주군	경북선비아카데미지원	5,000	1	1	7	8	7	1	1	4
19803	경북 성주군	농업경영체경영컨설팅지원	5,000	1	2	7	8	7	1	1	1
19804	경북 성주군	임산물수액물통지원	5,000	1	1	7	8	7	1	1	1
19805	경북 성주군	임산물택배비	5,000	1	1	7	8	7	1	1	1
19806	경북 성주군	육계사깔짚지원	5,000	1	1	7	8	7	5	1	1
19807	경북 성주군	중소기업협의회위탁연수	5,000	1	4	7	8	7	1	1	4
19808	경북 성주군	여성기업인역량강화교육	5,000	1	4	7	8	7	1	1	4
19809	경북 성주군	바르게살기운동가정의달가족사랑글짓기공모전	5,000	1	1	7	8	7	1	1	1
19810	경북 성주군	바르게살기운동청년회조직활성화	5,000	1	1	7	8	7	1	1	1
19811	경북 성주군	식품접객업(일반음식점)영업자위생교육지원	5,000	1	4	7	8	7	1	1	1
19812	경북 성주군	농촌지도자과제학습포운영	5,000	1	1	7	8	7	1	1	4
19813	경북 성주군	생활개선동우회활동지원	5,000	1	1	7	8	7	1	1	4
19814	경북 성주군	유소년축구훈련및대회출전경비	5,000	1	1	7	8	7	1	1	1
19815	경북 성주군	리틀야구훈련및대회출전경비	5,000	1	1	7	8	7	1	1	1
19816	경북 성주군	젖소유전형질개량사업	4,640	1	1	7	8	7	5	1	1
19817	경북 성주군	별고을어린이문화탐방사업지원	4,500	1	4	1	1	1	1	1	4
19818	경북 성주군	경북리그생활체육대회지원경비(축구)	4,500	1	1	7	8	7	1	1	1
19819	경북 성주군	경북리그생활체육대회지원경비(야구)	4,500	1	1	7	8	7	1	1	1
19820	경북 성주군	문화유산지킴이활동비지원사업	4,200	1	1	7	8	7	5	1	3
19821	경북 성주군	말벌퇴치장비지원사업	4,200	1	2	7	8	7	5	1	1
19822	경북 성주군	축산물HACCP컨설팅	4,200	1	1	7	8	7	5	1	1
19823	경북 성주군	성주군행정동우회지원	4,000	1	4	7	8	7	5	5	4
19824	경북 성주군	한우우군선형심사비지원	4,000	1	1	7	8	7	5	1	1
19825	경북 성주군	새마을과함께하는즐거운성주만들기	4,000	1	1	7	8	7	1	1	1
19826	경북 성주군	궁도대회출전경비	4,000	1	1	7	8	7	1	1	1
19827	경북 성주군	여성농업인농작업편의장비지원	3,750	1	6	7	8	7	1	1	1
19828	경북 성주군	산림소득활성화사업	3,500	1	1	7	8	7	1	1	1
19829	경북 성주군	청소년결연사업	3,000	1	6	7	1	7	1	1	4
19830	경북 성주군	피서지새마을이동문고운영	3,000	1	1	7	8	7	1	1	1
19831	경북 성주군	농촌지도자회PLS대응홍보및역량강화활동지원	3,000	1	1	7	8	7	1	1	4
19832	경북 성주군	청년농업인4H회원활동지원	3,000	1	1	7	8	7	1	1	4
19833	경북 성주군	학생4H회원과제활동지원	3,000	1	1	7	8	7	1	1	4
19834	경북 성주군	배구대회지원경비	3,000	1	1	7	8	7	1	1	1
19835	경북 성주군	생활체육지도자자녀수당지원	2,760	1	1	7	8	7	1	1	1
19836	경북 성주군	청소년인성교육	2,700	1	1	7	8	7	1	1	4
19837	경북 성주군	노인건강교실	2,500	1	1	7	8	7	1	1	4

순번	시군구	지출명 (사업명)	2024년예산 (단위 : 천원 /1년간)	민간이전 분류 (지방자치단체 세출예산 집행기준에 의거) 1. 민간경상사업보조(307-02) 2. 민간단체 법정운영비보조(307-03) 3. 민간행사사업보조(307-04) 4. 민간위탁금(307-05) 5. 사회복지시설 법정운영비보조(307-10) 6. 민간인위탁교육비(307-12) 7. 공기관등에대한경상적위탁사업비(308-13) 8. 민간자본사업보조,자체재원(402-01) 9. 민간자본사업보조,이전재원(402-02) 10. 민간위탁사업비(402-03) 11. 공기관등에 대한 자본적 위탁사업비(403-02)	민간이전지출 근거 (지방보조금 관리기준 참고) 1. 법률에 규정 2. 국고보조 재원(국가지정) 3. 용도 지정 기부금 4. 조례에 직접규정 5. 지자체가 권장하는 사업을 하는 공공기관 6. 시,도 정책 및 재정사정 7. 기타 8. 해당없음	입찰방식			운영예산 산정		성과평가 실시여부
						계약체결방법 (경쟁형태) 1. 일반경쟁 2. 제한경쟁 3. 지명경쟁 4. 수의계약 5. 법정위탁 6. 기타 ( ) 7. 없음	계약기간 1. 1년 2. 2년 3. 3년 4. 4년 5. 5년 6. 기타 ( )년 7. 단기계약 (1년미만) 8. 없음	낙찰자선정방법 1. 적격심사 2. 협상에의한계약 3. 최저가낙찰제 4. 규격가격분리 5. 2단계 경쟁입찰 6. 기타 ( ) 7. 없음	운영예산 산정 1. 내부산정 (지자체 자체적으로 산정) 2. 외부산정 (외부전문기관위탁 산정) 3. 내·외부 모두 산정 4. 산정 無 5. 없음	정산방법 1. 내부정산 (지자체 내부적으로 정산) 2. 외부정산 (외부전문기관위탁 정산) 3. 내·외부 모두 산정 4. 정산 無 5. 없음	1. 실시 2. 미실시 3. 향후 추진 4. 해당없음
19838	경북 성주군	청소년보호및방범활동	2,500	1	6	7	1	7	1	1	4
19839	경북 성주군	청소년현장체험및수련활동	2,500	1	6	7	1	7	1	1	4
19840	경북 성주군	임산물포장디자인개발및제작	2,500	1	1	7	8	7	1	1	1
19841	경북 성주군	모범운전자회교통안전활동지원	2,450	1	1	4	1	1	1	1	3
19842	경북 성주군	향교문화전승보전(전통문화예절교육)	2,400	1	1	7	8	7	1	1	4
19843	경북 성주군	급식비지원(군비추가분)	2,400	1	1	7	8	7	1	1	1
19844	경북 성주군	시군장애인생활체육지도자교통비지원	2,400	1	1	7	8	7	1	1	1
19845	경북 성주군	경북사회복지사체육대회지원	2,000	1	4	7	8	7	1	1	1
19846	경북 성주군	민족통일성주군협의회평화통일기반구축활동	2,000	1	4	7	8	7	1	1	1
19847	경북 성주군	녹색어머니회교통안전사업지원	2,000	1	1	4	1	1	1	1	3
19848	경북 성주군	전국생활체육대축전출전경비	2,000	1	1	7	8	7	1	1	1
19849	경북 성주군	생활체육지도자활동보험료지원	1,804	1	1	7	8	7	1	1	1
19850	경북 성주군	향교문화전승보전(유림지도자교육)	1,800	1	1	7	8	7	1	1	4
19851	경북 성주군	청소년동아리지원	1,800	1	6	7	1	7	1	1	4
19852	경북 성주군	농촌체험휴양마을보험가입지원	1,712	1	2	7	8	7	5	5	4
19853	경북 성주군	바르게살기운동건전생활실천순회교육	1,650	1	1	7	8	7	1	1	1
19854	경북 성주군	지역치안협의회지원	1,500	1	8	7	8	7	5	5	4
19855	경북 성주군	오미자청포장재지원	1,500	1	4	7	8	7	1	1	3
19856	경북 성주군	농촌마을공동급식시설지원(운영)	1,200	1	6	7	8	7	1	1	1
19857	경북 성주군	심산김창숙선생추모다도시연	1,000	1	1	7	8	7	1	1	4
19858	경북 성주군	전통놀이체험	1,000	1	1	7	8	7	1	1	4
19859	경북 성주군	우량한우암소장려금지원	1,000	1	1	7	8	7	5	1	1
19860	경북 성주군	사회공익승마체험	960	1	2	7	8	7	5	1	1
19861	경북 성주군	장애인생활체육지도자장기근속수당지원	960	1	1	7	8	7	1	1	1
19862	경북 성주군	벼육묘상매트지원	880	1	4	7	8	7	1	1	3
19863	경북 성주군	장애인생활체육지도자활동보험료지원	324	1	1	7	8	7	1	1	1
19864	경북 성주군	장애인생활체육지도자배치	306	1	1	7	8	7	1	1	1
19865	경북 칠곡군	칠곡군혁신기술인재지역정착지원사업	196,230	1	2	7	8	7	5	5	4
19866	경북 칠곡군	사회적기업등일자리창출사업	172,498	1	2	7	8	7	5	5	4
19867	경북 칠곡군	왜관산업단지통근버스임차지원	128,000	1	1	7	1	7	1	1	4
19868	경북 칠곡군	청년예비창업가육성사업	105,000	1	6	7	8	7	5	5	4
19869	경북 칠곡군	신중년사회공헌활동지원사업	68,920	1	6	7	8	7	5	5	4
19870	경북 칠곡군	칠곡군미취업청년jumpup지원사업	40,976	1	2	7	8	7	5	5	4
19871	경북 칠곡군	전통시장행복경영매니저운영	26,160	1	6	7	8	7	5	3	1
19872	경북 칠곡군	농업인신문보급지원	24,180	1	6	7	8	7	1	1	4
19873	경북 칠곡군	찾아가는유아숲프로그램운영	23,600	1	4	7	8	7	5	5	4
19874	경북 칠곡군	생활개선회원신문보급료지원	18,600	1	6	7	8	7	1	1	4
19875	경북 칠곡군	범죄피해자센터지원	13,500	1	1	7	8	7	5	1	4
19876	경북 칠곡군	중소기업정규직프로젝트(고용지원금)	12,000	1	6	7	8	7	5	5	4
19877	경북 칠곡군	칠곡모범운전자연합회운영지원	11,400	1	1	7	8	7	1	1	4

순번	시군구	지출명 (사업명)	2024년예산 (단위 : 천원 /1년간)	민간이전 분류 (지방자치단체 세출예산 집행기준에 의거) 1. 민간경상사업보조(307-02) 2. 민간단체 법정운영비보조(307-03) 3. 민간행사사업보조(307-04) 4. 민간위탁금(307-05) 5. 사회복지시설 법정운영비보조(307-10) 6. 민간인위탁교육비(307-12) 7. 공기관등에대한경상적위탁사업비(308-13) 8. 민간자본사업보조,자체재원(402-01) 9. 민간자본사업보조,이전재원(402-02) 10. 민간위탁사업비(402-03) 11. 공기관등에 대한 자본적 위탁사업비(403-02)	민간이전지출 근거 (지방보조금 관리기준 참고) 1. 법률에 규정 2. 국고보조 재원(국가지정) 3. 용도 지정 기부금 4. 조례에 직접규정 5. 지자체가 권장하는 사업을 하는 공공기관 6. 시,도 정책 및 재정사정 7. 기타 8. 해당없음	입찰방식 계약체결방법 (경쟁형태) 1. 일반경쟁 2. 제한경쟁 3. 지명경쟁 4. 수의계약 5. 법정위탁 6. 기타 ( ) 7. 없음	입찰방식 계약기간 1. 1년 2. 2년 3. 3년 4. 4년 5. 5년 6. 기타 ( )년 7. 단기계약 (1년미만) 8. 없음	입찰방식 낙찰자선정방법 1. 적격심사 2. 협상에의한계약 3. 최저가낙찰제 4. 규격가격분리 5. 2단계 경쟁입찰 6. 기타 ( ) 7. 없음	운영예산 산정 운영예산 산정 1. 내부산정 (지자체 자체적으로 산정) 2. 외부산정 (외부전문기관위탁 산정) 3. 내·외부 모두 산정 4. 산정 無 5. 없음	운영예산 산정 정산방법 1. 내부정산 (지자체 내부적으로 정산) 2. 외부정산 (외부전문기관위탁 정산) 3. 내·외부 모두 산정 4. 정산 無 5. 없음	성과평가 실시여부 1. 실시 2. 미실시 3. 향후 추진 4. 해당없음
19878	경북 칠곡군	농촌지도자과제활동지원	10,000	1	6	7	8	7	1	1	4
19879	경북 칠곡군	행복한농촌가정육성프로젝트	10,000	1	6	7	8	7	1	1	4
19880	경북 칠곡군	맞춤형입찰정보서비스제공	9,800	1	5	7	8	7	1	1	3
19881	경북 칠곡군	맞춤형안전보건관리컨설팅사업	9,800	1	5	7	8	7	1	1	3
19882	경북 칠곡군	경북사회적경제ESG청년일자리사업(인건비)	7,648	1	2	7	8	7	5	5	4
19883	경북 칠곡군	생활개선회도대회참가지원	7,500	1	6	7	8	7	1	1	4
19884	경북 칠곡군	4H회육성지원	7,000	1	7	7	8	7	1	1	4
19885	경북 칠곡군	농촌지도자중앙대회참가비지원	7,000	1	6	7	8	7	1	1	4
19886	경북 칠곡군	임업인정보지보급지원	6,786	1	2	7	8	7	5	5	4
19887	경북 칠곡군	민주평화통일자문지원사업	5,200	1	1	7	8	7	1	1	1
19888	경북 칠곡군	산주산림소득활성화교육비및실비지원	3,500	1	2	7	8	7	5	5	4
19889	경북 칠곡군	생활개선회육성지원	3,150	1	4	7	8	7	1	1	4
19890	경북 칠곡군	청년농업인4H회원과제활동지원	3,000	1	6	7	8	7	1	1	4
19891	경북 칠곡군	농촌지도자회육성지원	2,520	1	7	7	8	7	1	1	4
19892	경북 칠곡군	4H신문보급지원	2,400	1	6	7	8	7	1	1	4
19893	경북 칠곡군	민주평통평화통일을위한국토사랑탐방	2,300	1	1	7	8	7	1	1	1
19894	경북 칠곡군	산양삼생산과정확인제도	760	1	2	7	8	7	5	5	4
19895	경북 칠곡군	민족통일회원연수대회	700	1	1	7	8	7	1	1	1
19896	경북 칠곡군	민족통일경상북도대회	700	1	1	7	8	7	1	1	1
19897	경북 칠곡군	민족통일전국대회	700	1	1	7	8	7	1	1	1
19898	경북 예천군	친환경농산물학교급식지원(유치원,초중고등학교)	755,145	1	1	7	8	7	5	5	4
19899	경북 예천군	청년농업인영농정착지원	627,960	1	2	7	8	7	2	1	1
19900	경북 예천군	통합문화이용권사업지원	461,240	1	4	7	8	7	1	1	1
19901	경북 예천군	풀사료(건초)공급지원	300,000	1	4	7	8	7	1	1	1
19902	경북 예천군	예천국제스마트폰영화제지원	220,000	1	4	7	8	7	5	5	1
19903	경북 예천군	생활체육지도자배치지원	219,051	1	4	7	1	7	3	1	1
19904	경북 예천군	도민체전출전비지원	218,000	1	4	7	8	7	1	1	1
19905	경북 예천군	공동방제단인건비지원(7명)	209,230	1	2	7	8	7	5	5	4
19906	경북 예천군	비육우품질관리지원	195,000	1	4	7	8	7	5	5	1
19907	경북 예천군	공동방제단운영비지원	178,123	1	2	7	8	7	5	5	4
19908	경북 예천군	마케팅조직육성사업	170,000	1	6	7	8	7	1	1	4
19909	경북 예천군	면역강화용사료첨가제지원	169,800	1	6	7	8	7	5	5	4
19910	경북 예천군	여성농업인행복바우처지원	168,000	1	6	7	8	7	2	1	1
19911	경북 예천군	어르신생활체육지도자배치지원	156,465	1	4	7	1	7	3	1	1
19912	경북 예천군	한우등록우인공수정료지원	120,000	1	4	7	8	7	5	5	1
19913	경북 예천군	수리계수리시설유지관리지원	120,000	1	1	7	8	7	4	1	4
19914	경북 예천군	대한육상연맹교육훈련센터활성화지원	120,000	1	4	7	1	7	3	1	1
19915	경북 예천군	저품위사과시장격리수매지원	104,000	1	6	7	8	7	1	1	4
19916	경북 예천군	사회적기업일자리창출	100,488	1	2	7	8	7	5	5	4
19917	경북 예천군	송아지품질관리지원	100,000	1	4	7	8	7	5	5	1

순번	시군구	지출명 (사업명)	2024년예산 (단위 : 천원 /1년간)	민간이전 분류 (지방자치단체 세출예산 집행기준에 의거) 1. 민간경상사업보조(307-02) 2. 민간단체 법정운영비보조(307-03) 3. 민간행사사업보조(307-04) 4. 민간위탁금(307-05) 5. 사회복지시설 법정운영비보조(307-10) 6. 민간인위탁교육비(307-12) 7. 공기관등에대한경상적위탁사업비(308-13) 8. 민간자본사업보조,자체재원(402-01) 9. 민간자본사업보조,이전재원(402-02) 10. 민간위탁사업비(402-03) 11. 공기관등에 대한 자본적 위탁사업비(403-02)	민간이전지출 근거 (지방보조금 관리기준 참고) 1. 법률에 규정 2. 국고보조 재원(국가지정) 3. 용도 지정 기부금 4. 조례에 직접규정 5. 지자체가 권장하는 사업을 하는 공공기관 6. 시,도 정책 및 재정사정 7. 기타 8. 해당없음	입찰방식 계약체결방법 (경쟁형태) 1. 일반경쟁 2. 제한경쟁 3. 지명경쟁 4. 수의계약 5. 법정위탁 6. 기타 ( ) 7. 없음	입찰방식 계약기간 1. 1년 2. 2년 3. 3년 4. 4년 5. 5년 6. 기타 ( )년 7. 단기계약 (1년미만) 8. 없음	입찰방식 낙찰자선정방법 1. 적격심사 2. 협상에의한계약 3. 최저가낙찰제 4. 규격가격분리 5. 2단계 경쟁입찰 6. 기타 ( ) 7. 없음	운영예산 산정 운영예산 산정 1. 내부산정 (지자체 자체적으로 산정) 2. 외부산정 (외부전문기관위탁 산정) 3. 내·외부 모두 산정 4. 산정 無 5. 없음	운영예산 산정 정산방법 1. 내부정산 (지자체 내부적으로 정산) 2. 외부정산 (외부전문기관위탁 정산) 3. 내·외부 모두 산정 4. 정산 無 5. 없음	성과평가 실시여부 1. 실시 2. 미실시 3. 향후 추진 4. 해당없음
19918	경북 예천군	도시재생주민공모사업	100,000	1	1	7	8	7	5	5	4
19919	경북 예천군	저능력미경산우비육지원	90,000	1	6	7	8	7	5	5	4
19920	경북 예천군	신도시주민참여공동체지원	90,000	1	6	6	1	6	1	1	1
19921	경북 예천군	도종합생활체육대축전참가지원	90,000	1	4	7	1	7	3	1	1
19922	경북 예천군	하이스토리경북특화관광프로그램운영지원	83,000	1	5	6	7	6	1	1	1
19923	경북 예천군	예천한우홍보마케팅지원	80,000	1	4	7	8	7	5	5	1
19924	경북 예천군	한우등록비지원	78,000	1	6	7	8	7	5	5	4
19925	경북 예천군	신도청지역상생발전협력사업지원	75,000	1	6	6	1	6	1	1	1
19926	경북 예천군	학교양궁육성지원	72,000	1	4	7	8	7	1	1	1
19927	경북 예천군	행복학습센터지원(감천,유천,용궁)	70,000	1	4	7	8	7	5	5	4
19928	경북 예천군	순환형매립장주변지역지원금	70,000	1	4	4	2	6	2	1	1
19929	경북 예천군	각종육상대회운영및전지훈련유치활동비	70,000	1	4	7	1	7	3	1	1
19930	경북 예천군	노인교실운영지원	64,000	1	1	7	7	7	1	1	4
19931	경북 예천군	예천문화원사업활동비지원	64,000	1	4	7	8	7	1	1	1
19932	경북 예천군	단샘글씨겨루기대회지원	63,000	1	4	7	8	7	1	1	1
19933	경북 예천군	도민행복대학운영	60,000	1	4	7	8	7	5	5	4
19934	경북 예천군	종무활동지원(기독교및불교연합회)	60,000	1	4	7	8	7	1	1	1
19935	경북 예천군	수출농식품안전성제고	60,000	1	6	7	8	7	1	1	4
19936	경북 예천군	한우암소사료첨가영양제지원	60,000	1	4	7	8	7	5	5	1
19937	경북 예천군	꿀벌화분지원	56,000	1	6	7	8	7	5	5	4
19938	경북 예천군	우수선수육성지도자지원	54,000	1	4	7	8	7	1	1	1
19939	경북 예천군	모돈도축운송비지원	51,200	1	6	7	8	7	5	5	4
19940	경북 예천군	생생문화유산(삼강주막주모요잘~지내시니껴!!)	50,000	1	6	7	8	6	2	1	1
19941	경북 예천군	농산물해외수출홍보지원	50,000	1	4	7	8	7	1	1	1
19942	경북 예천군	예천한우브랜드관리운영비지원	50,000	1	4	7	8	7	5	5	1
19943	경북 예천군	공동체활성화지원사업	50,000	1	4	7	8	7	1	1	1
19944	경북 예천군	무인항공이용공동방제지원	50,000	1	4	7	8	7	1	1	3
19945	경북 예천군	도지사기종목별생활체육대회출전비지원(18종목)	50,000	1	4	7	1	7	3	1	1
19946	경북 예천군	양궁우수선수육성지원	45,000	1	4	7	8	7	1	1	1
19947	경북 예천군	농촌지도자회원신문구독료지원	43,080	1	1	7	8	7	1	1	3
19948	경북 예천군	우수모돈농가보급	42,000	1	6	7	8	7	5	5	4
19949	경북 예천군	정부보급종채종단지공동방제	42,000	1	4	7	8	7	1	1	3
19950	경북 예천군	창업보육센터보육기업지원	40,000	1	4	7	8	7	1	1	4
19951	경북 예천군	환경오염사고예방실천결의대회지원	40,000	1	8	7	8	7	5	5	4
19952	경북 예천군	농촌유학센터운영지원(시골살이아이들)	40,000	1	6	7	8	7	2	1	1
19953	경북 예천군	체육청년사회첫걸음지원	36,000	1	4	7	8	7	1	1	1
19954	경북 예천군	한우암소유전체분석지원	35,640	1	6	7	8	7	5	5	4
19955	경북 예천군	해외스포츠마케팅추진(양궁)	35,000	1	4	7	8	7	1	1	1
19956	경북 예천군	과실생산유통지원사업관리비지원	33,120	1	6	7	8	7	1	1	4
19957	경북 예천군	농산물산지유통기능활성화지원	32,200	1	6	7	8	7	1	1	4

순번	시군구	지출명 (사업명)	2024년예산 (단위 : 천원 /1년간)	민간이전 분류 (지방자치단체 세출예산 집행기준에 의거) 1. 민간경상사업보조(307-02) 2. 민간단체 법정운영비보조(307-03) 3. 민간행사사업보조(307-04) 4. 민간위탁금(307-05) 5. 사회복지시설 법정운영비보조(307-10) 6. 민간인위탁교육비(307-12) 7. 공기관등에대한경상적위탁사업비(308-13) 8. 민간자본사업보조,자체재원(402-01) 9. 민간자본사업보조,이전재원(402-02) 10. 민간위탁사업비(402-03) 11. 공기관등에 대한 자본적 위탁사업비(403-02)	민간이전지출 근거 (지방보조금 관리기준 참고) 1. 법률에 규정 2. 국고보조 재원(국가지정) 3. 용도 지정 기부금 4. 조례에 직접규정 5. 지자체가 권장하는 사업을 하는 공공기관 6. 시,도 정책 및 재정사정 7. 기타 8. 해당없음	입찰방식: 계약체결방법 (경쟁형태) 1. 일반경쟁 2. 제한경쟁 3. 지명경쟁 4. 수의계약 5. 법정위탁 6. 기타 ( ) 7. 없음	입찰방식: 계약기간 1. 1년 2. 2년 3. 3년 4. 4년 5. 5년 6. 기타 ( )년 7. 단기계약 (1년미만) 8. 없음	입찰방식: 낙찰자선정방법 1. 적격심사 2. 협상에의한계약 3. 최저가낙찰제 4. 규격가격분리 5. 2단계 경쟁입찰 6. 기타 ( ) 7. 없음	운영예산 산정: 운영예산 산정 1. 내부산정 (지자체 자체적으로 산정) 2. 외부산정 (외부전문기관위탁 산정) 3. 내·외부 모두 산정 4. 산정 無 5. 없음	운영예산 산정: 정산방법 1. 내부정산 (지자체 내부적으로 정산) 2. 외부정산 (외부전문기관위탁 정산) 3. 내·외부 모두 정산 4. 정산 無 5. 없음	성과평가 실시여부 1. 실시 2. 미실시 3. 향후 추진 4. 해당없음
19958	경북 예천군	장애인생활체육지도자배치지원	31,293	1	4	7	1	7	3	1	1
19959	경북 예천군	경북소셜비즈니스청년일자리지원	30,920	1	2	7	8	7	5	5	4
19960	경북 예천군	청년예비창업가육성지원	30,000	1	6	7	8	7	5	1	3
19961	경북 예천군	마을기록자양성교육및근현대기록사업지원	30,000	1	4	7	8	7	1	1	1
19962	경북 예천군	정간공약포정탁선생기념사업지원	30,000	1	4	7	8	7	1	1	1
19963	경북 예천군	삼강주막생생나들이	30,000	1	6	6	8	6	2	1	1
19964	경북 예천군	스마트팜취업지원	30,000	1	6	7	8	7	1	1	4
19965	경북 예천군	양봉사료(설탕)구입비지원	30,000	1	4	7	8	7	5	5	1
19966	경북 예천군	곤포사일리지제조비닐랩지원	30,000	1	4	7	8	7	5	5	1
19967	경북 예천군	경북어르신생활체육대회참가지원(1종목)	30,000	1	4	7	1	7	3	1	1
19968	경북 예천군	전통사찰음식요리교육운영지원	29,600	1	4	7	8	7	1	1	1
19969	경북 예천군	축산물이력제업무인턴지원	28,800	1	2	7	8	7	5	5	4
19970	경북 예천군	양봉벌통지원	28,500	1	6	7	8	7	5	5	4
19971	경북 예천군	지진안전시설물인증제지원사업	28,000	1	2	7	8	7	5	5	4
19972	경북 예천군	지역문화사랑방운영지원	27,000	1	4	7	8	7	1	1	1
19973	경북 예천군	데일리포장재지원사업	27,000	1	6	7	8	7	1	1	4
19974	경북 예천군	상인조직역량강화(상설시장매니저)	26,160	1	7	7	1	7	1	1	4
19975	경북 예천군	한우친자확인	26,000	1	6	7	8	7	5	5	4
19976	경북 예천군	가루쌀생산단지조성교육컨설팅지원	25,200	1	2	7	8	7	3	3	4
19977	경북 예천군	비육용암소시장육성사업	25,200	1	2	7	8	7	5	5	4
19978	경북 예천군	이장역량강화	25,000	1	4	7	8	7	1	1	2
19979	경북 예천군	지역특화평생교육활성화지원사업	25,000	1	4	7	8	7	5	5	4
19980	경북 예천군	예천여성합창단활성화지원	25,000	1	4	7	8	7	1	1	1
19981	경북 예천군	양궁대회및전지훈련유치활동지원	25,000	1	4	7	8	7	1	1	1
19982	경북 예천군	도교육감배초중구간마라톤대회개최지원	25,000	1	4	7	1	7	3	1	1
19983	경북 예천군	학생승마체험(일반승마)지원	24,640	1	2	7	8	7	5	5	4
19984	경북 예천군	생활체육교실운영지원	24,000	1	4	7	1	7	3	1	1
19985	경북 예천군	저능력한우암소불임시술비지원	23,100	1	4	7	8	7	5	5	1
19986	경북 예천군	식중독예방및음식문화개선사업	23,000	1	4	7	8	7	5	5	4
19987	경북 예천군	농업경영인군연합회육성지원	23,000	1	4	7	8	7	1	1	1
19988	경북 예천군	대한육상연맹활성화사업지원	23,000	1	4	7	1	7	3	1	1
19989	경북 예천군	저품위사과유지저장	22,500	1	6	7	8	7	1	1	4
19990	경북 예천군	무형유산보유단체지원	21,600	1	6	6	8	6	2	1	1
19991	경북 예천군	청년농업인농지임대지원	21,550	1	6	7	8	7	2	1	1
19992	경북 예천군	생활개선회회원신문구독료지원	21,300	1	1	7	8	7	1	1	3
19993	경북 예천군	사료작물종자구입비지원	21,000	1	6	7	8	7	5	5	4
19994	경북 예천군	한자녀더갖기사업활성화지원	20,000	1	7	7	1	7	1	1	1
19995	경북 예천군	지역치안협력사업지원	20,000	1	4	7	8	7	1	1	2
19996	경북 예천군	성인문해교육지원	20,000	1	4	7	8	7	5	5	4
19997	경북 예천군	행복학습센터지원	20,000	1	4	7	8	7	5	5	4

순번	시군구	지출명 (사업명)	2024년예산 (단위 : 천원 /1년간)	민간이전 분류 (지방자치단체 세출예산 집행기준에 의거) 1. 민간경상사업보조(307-02) 2. 민간단체 법정운영비보조(307-03) 3. 민간행사사업보조(307-04) 4. 민간위탁금(307-05) 5. 사회복지시설 법정운영비보조(307-10) 6. 민간인위탁교육비(307-12) 7. 공기관등에대한경상적위탁사업비(308-13) 8. 민간자본사업보조,자체재원(402-01) 9. 민간자본사업보조,이전재원(402-02) 10. 민간위탁사업비(402-03) 11. 공기관등에 대한 자본적 위탁사업비(403-02)	민간이전지출 근거 (지방보조금 관리기준 참고) 1. 법률에 규정 2. 국고보조 재원(국가지정) 3. 용도 지정 기부금 4. 조례에 직접규정 5. 지자체가 권장하는 사업을 하는 공공기관 6. 시,도 정책 및 재정사정 7. 기타 8. 해당없음	입찰방식 계약체결방법 (경쟁형태) 1. 일반경쟁 2. 제한경쟁 3. 지명경쟁 4. 수의계약 5. 법정위탁 6. 기타 ( ) 7. 없음	입찰방식 계약기간 1. 1년 2. 2년 3. 3년 4. 4년 5. 5년 6. 기타 ( )년 7. 단기계약 (1년미만) 8. 없음	입찰방식 낙찰자선정방법 1. 적격심사 2. 협상에의한계약 3. 최저가낙찰제 4. 규격가격분리 5. 2단계 경쟁입찰 6. 기타 ( ) 7. 없음	운영예산 산정 운영예산 산정 1. 내부산정 (지자체 자체적으로 산정) 2. 외부산정 (외부전문기관위탁 산정) 3. 내·외부 모두 산정 4. 산정 無 5. 없음	운영예산 산정 정산방법 1. 내부정산 (지자체 내부적으로 정산) 2. 외부정산 (외부전문기관위탁 정산) 3. 내·외부 모두 산정 4. 정산 無 5. 없음	성과평가 실시여부 1. 실시 2. 미실시 3. 향후 추진 4. 해당없음
19998	경북 예천군	평생학습형일자리연계지원	20,000	1	4	7	8	7	5	5	4
19999	경북 예천군	사랑의김장담가주기지원	20,000	1	4	7	8	7	5	5	4
20000	경북 예천군	새마을환경살리기사업	20,000	1	6	7	8	7	5	5	4
20001	경북 예천군	위생업소현장방문친절교육	20,000	1	4	7	8	7	5	5	4
20002	경북 예천군	문화학교운영지원	20,000	1	4	7	8	7	1	1	1
20003	경북 예천군	그린실버관악합주단활성화사업지원	20,000	1	4	7	8	7	1	1	1
20004	경북 예천군	초정서예연구원활성화사업지원	20,000	1	4	7	1	7	1	1	1
20005	경북 예천군	귀농인빈집수리비지원	20,000	1	4	7	8	7	1	1	1
20006	경북 예천군	한우미네랄블록지원	20,000	1	4	7	8	7	5	5	1
20007	경북 예천군	HACCP친환경인증농가인센티브지원	20,000	1	6	7	8	7	5	5	4
20008	경북 예천군	마을조합공공지원	20,000	1	1	5	1	7	1	1	1
20009	경북 예천군	육상우수선수지원	20,000	1	4	7	8	7	1	1	1
20010	경북 예천군	해외스포츠마케팅추진(육상)	20,000	1	4	7	1	7	3	1	1
20011	경북 예천군	과실브랜드육성지원	19,600	1	6	7	8	7	1	1	4
20012	경북 예천군	조사료생산용종자구입지원	19,320	1	2	7	8	7	5	5	4
20013	경북 예천군	행복한보금자리만들기	19,300	1	6	7	8	7	5	5	4
20014	경북 예천군	문화정보센터문화홍보사업지원	18,000	1	4	7	8	7	1	1	1
20015	경북 예천군	주민과함께하는문학아카데미지원	18,000	1	4	7	8	7	1	1	1
20016	경북 예천군	아뉴스오페라단창작오페라활동지원	18,000	1	4	7	8	7	1	1	1
20017	경북 예천군	도민체전대비우수선수육성지원	18,000	1	4	7	8	7	1	1	1
20018	경북 예천군	정회원종목단체각종대회참가및개최지원	18,000	1	4	7	8	7	1	1	1
20019	경북 예천군	체육회종목단체학생스포츠클럽육성지원	18,000	1	4	7	8	7	1	1	1
20020	경북 예천군	범죄피해자지원활동	17,500	1	1	7	8	7	1	1	2
20021	경북 예천군	예천2024현대양궁월드컵대회경기운영전문인력	17,500	1	7	7	8	7	1	1	2
20022	경북 예천군	우수여왕벌보급지원	16,800	1	2	7	8	7	5	5	4
20023	경북 예천군	수출농식품브랜드경쟁력제고	16,000	1	6	7	8	7	1	1	4
20024	경북 예천군	토종벌종보전지원	15,360	1	6	7	8	7	5	5	4
20025	경북 예천군	서원향사비지원	15,300	1	6	6	8	6	2	1	1
20026	경북 예천군	돼지액상정액지원	15,210	1	6	7	8	7	5	5	4
20027	경북 예천군	갤러리전시활동지원	15,000	1	4	7	8	7	1	1	1
20028	경북 예천군	생활문화예술동아리활성화사업지원	15,000	1	4	7	8	7	1	1	1
20029	경북 예천군	생태계교란종제거사업및깨끗한거리환경조성등추진	15,000	1	4	7	8	7	5	5	4
20030	경북 예천군	예천군후계농업경영인한마음대회개최	15,000	1	4	7	8	7	1	1	1
20031	경북 예천군	젖소유질개선제지원	15,000	1	4	7	8	7	5	5	1
20032	경북 예천군	육계사깔짚지원	15,000	1	6	7	8	7	5	5	4
20033	경북 예천군	염소종축구입지원	15,000	1	4	7	8	7	5	5	1
20034	경북 예천군	교통지도및교통사고예방활동지원	15,000	1	7	7	8	7	1	1	1
20035	경북 예천군	생활개선회역량강화지원	15,000	1	1	7	8	7	1	1	3
20036	경북 예천군	농촌지도자역량강화지원	15,000	1	1	7	8	7	1	1	3
20037	경북 예천군	농산물축제전시체험전지원(4단체)	15,000	1	6	7	8	7	1	1	3

순번	시군구	지출명 (사업명)	2024년예산 (단위 : 천원 /1년간)	민간이전 분류 (지방자치단체 세출예산 집행기준에 의거) 1. 민간경상사업보조(307-02) 2. 민간단체 법정운영비보조(307-03) 3. 민간행사사업보조(307-04) 4. 민간위탁금(307-05) 5. 사회복지시설 법정운영비보조(307-10) 6. 민간인위탁교육비(307-12) 7. 공기관등에대한경상적위탁사업비(308-13) 8. 민간자본사업보조,자체재원(402-01) 9. 민간자본사업보조,이전재원(402-02) 10. 민간위탁사업비(402-03) 11. 공기관등에 대한 자본적 위탁사업비(403-02)	민간이전지출 근거 (지방보조금 관리기준 참고) 1. 법률에 규정 2. 국고보조 재원(국가지정) 3. 용도 지정 기부금 4. 조례에 직접규정 5. 지자체가 권장하는 사업을 하는 공공기관 6. 시,도 정책 및 재정사정 7. 기타 8. 해당없음	입찰방식 계약체결방법 (경쟁형태) 1. 일반경쟁 2. 제한경쟁 3. 지명경쟁 4. 수의계약 5. 법정위탁 6. 기타 ( ) 7. 없음	입찰방식 계약기간 1. 1년 2. 2년 3. 3년 4. 4년 5. 5년 6. 기타 ( )년 7. 단기계약 (1년미만) 8. 없음	입찰방식 낙찰자선정방법 1. 적격심사 2. 협상에의한계약 3. 최저가낙찰제 4. 규격가격분리 5. 2단계 경쟁입찰 6. 기타 ( ) 7. 없음	운영예산 산정 운영예산 산정 1. 내부산정 (지자체 자체적으로 산정) 2. 외부산정 (외부전문기관위탁 산정) 3. 내·외부 모두 산정 4. 산정 無 5. 없음	운영예산 산정 정산방법 1. 내부정산 (지자체 내부적으로 정산) 2. 외부정산 (외부전문기관위탁 정산) 3. 내·외부 모두 산정 4. 정산 無 5. 없음	성과평가 실시여부 1. 실시 2. 미실시 3. 향후 추진 4. 해당없음
20038	경북 예천군	도장애인체육대회참가지원	15,000	1	4	7	8	7	1	1	1
20039	경북 예천군	전국민파워업농촌체험관광지원	14,800	1	6	7	8	7	2	1	1
20040	경북 예천군	수출사과병해충예찰지원	14,500	1	4	7	8	7	1	1	1
20041	경북 예천군	생활체육지도자교통비지원	14,400	1	4	7	1	7	3	1	1
20042	경북 예천군	예천군통합방위협의회지원	14,000	1	4	7	8	7	5	5	4
20043	경북 예천군	바이오숯활용저탄소토양개량기술보급시범	14,000	1	1	7	8	7	1	1	3
20044	경북 예천군	여성권익증진사업	13,000	1	4	7	8	7	1	1	4
20045	경북 예천군	한우선형심사비지원	13,000	1	6	7	8	7	5	5	4
20046	경북 예천군	체육회직원및생체지도자역량강화	13,000	1	4	7	8	7	1	1	1
20047	경북 예천군	전통시장청년소상공인홍보마케팅지원	12,600	1	4	7	8	7	5	5	4
20048	경북 예천군	한우수정란구입비	12,500	1	6	7	8	7	5	5	4
20049	경북 예천군	예천군적십자사봉사회사업활성화지원	12,000	1	4	7	8	7	5	5	4
20050	경북 예천군	휴휴페스티벌및그림학교지원	12,000	1	4	7	8	7	1	1	1
20051	경북 예천군	예천향교경전반교육지원	12,000	1	6	6	8	6	2	1	1
20052	경북 예천군	생활개선회과제활동지원	12,000	1	1	7	8	7	1	1	3
20053	경북 예천군	생활개선회도대회참가지원	12,000	1	1	7	8	7	1	1	3
20054	경북 예천군	우수선수및교기육성지원	12,000	1	4	7	8	7	1	1	1
20055	경북 예천군	예천서예인연합회활성화사업지원	11,000	1	4	7	8	7	1	1	1
20056	경북 예천군	농산물공동선별비지원	11,000	1	2	7	8	7	1	1	4
20057	경북 예천군	민주평화통일역량강화	10,000	1	4	7	8	7	1	1	2
20058	경북 예천군	자율방범대역량강화	10,000	1	4	7	8	7	1	1	2
20059	경북 예천군	마을평생교육지도자양성사업	10,000	1	4	7	8	7	5	5	4
20060	경북 예천군	노인회활성화지원	10,000	1	4	7	8	7	5	5	4
20061	경북 예천군	외식업소영업주선진외식문화체험	10,000	1	4	7	8	7	5	5	4
20062	경북 예천군	우수식재료소비확대기반조성	10,000	1	2	7	8	7	5	5	4
20063	경북 예천군	창작공간예술인촌활성화사업지원	10,000	1	4	7	8	7	1	1	1
20064	경북 예천군	농업경영인전국대회참가지원	10,000	1	4	7	8	7	1	1	1
20065	경북 예천군	청년농부육성지원	10,000	1	6	7	8	7	2	1	1
20066	경북 예천군	양봉포장재지원	10,000	1	4	7	8	7	5	5	1
20067	경북 예천군	의용소방대회재및재난예방활동사업지원	10,000	1	4	7	8	7	5	5	4
20068	경북 예천군	행복한농촌가정육성프로젝트시범	10,000	1	1	7	8	7	1	1	3
20069	경북 예천군	농촌지도자과제활동지원	10,000	1	1	7	8	7	1	1	3
20070	경북 예천군	농촌지도자중앙대회참가지원	10,000	1	1	7	8	7	1	1	3
20071	경북 예천군	청소년원어민영어축구교실지원	10,000	1	4	7	8	7	1	1	1
20072	경북 예천군	생활체육게이트볼대회참가지원	10,000	1	4	7	1	7	3	1	1
20073	경북 예천군	국악분야예술강사지원	9,928	1	4	7	8	7	1	1	1
20074	경북 예천군	생활체육지도자장기근속수당지원	9,740	1	4	7	1	7	3	1	1
20075	경북 예천군	사회복지시설종사자보수교육지원	9,520	1	4	7	8	7	1	1	1
20076	경북 예천군	맞춤형자원봉사프로그램운영	9,390	1	1	5	8	7	1	1	2
20077	경북 예천군	향우회군민의날지원	9,000	1	4	7	8	7	5	5	4

순번	시군구	지출명 (사업명)	2024년예산 (단위 : 천원 /1년간)	민간이전 분류 (지방자치단체 세출예산 집행기준에 의거) 1. 민간경상사업보조(307-02) 2. 민간단체 법정운영비보조(307-03) 3. 민간행사사업보조(307-04) 4. 민간위탁금(307-05) 5. 사회복지시설 법정운영비보조(307-10) 6. 민간인위탁교육비(307-12) 7. 공기관등에대한경상적위탁사업비(308-13) 8. 민간자본사업보조,자체재원(402-01) 9. 민간자본사업보조,이전재원(402-02) 10. 민간위탁사업비(402-03) 11. 공기관등에 대한 자본적 위탁사업비(403-02)	민간이전지출 근거 (지방보조금 관리기준 참고) 1. 법률에 규정 2. 국고보조 재원(국가지정) 3. 용도 지정 기부금 4. 조례에 직접규정 5. 지자체가 권장하는 사업을 하는 공공기관 6. 시,도 정책 및 재정사정 7. 기타 8. 해당없음	입찰방식			운영예산 산정		성과평가 실시여부
						계약체결방법 (경쟁형태) 1. 일반경쟁 2. 제한경쟁 3. 지명경쟁 4. 수의계약 5. 법정위탁 6. 기타 ( ) 7. 없음	계약기간 1. 1년 2. 2년 3. 3년 4. 4년 5. 5년 6. 기타 ( )년 7. 단기계약 (1년미만) 8. 없음	낙찰자선정방법 1. 적격심사 2. 협상에의한계약 3. 최저가낙찰제 4. 규격가격분리 5. 2단계 경쟁입찰 6. 기타 ( ) 7. 없음	운영예산 산정 1. 내부산정 (지자체 자체적으로 산정) 2. 외부산정 (외부전문기관위탁 산정) 3. 내·외부 모두 산정 4. 산정 無 5. 없음	정산방법 1. 내부정산 (지자체 내부적으로 정산) 2. 외부정산 (외부전문기관위탁 정산) 3. 내·외부 모두 산정 4. 정산 無 5. 없음	1. 실시 2. 미실시 3. 향후 추진 4. 해당없음
20078	경북 예천군	기로연지원	9,000	1	6	6	8	6	2	1	1
20079	경북 예천군	자동사양기지원	8,400	1	6	7	8	7	5	5	4
20080	경북 예천군	임업인정보지보급지원	8,144	1	1	4	7	2	5	1	4
20081	경북 예천군	춘추석전대제지원	8,000	1	6	6	8	6	2	1	1
20082	경북 예천군	농업경영인직거래장터운영지원	8,000	1	4	7	8	7	1	1	1
20083	경북 예천군	전통공예확산교육(수공품연구회)	8,000	1	1	7	8	7	1	1	3
20084	경북 예천군	농촌체험관광활성화지원	7,400	1	6	7	8	7	2	1	1
20085	경북 예천군	군민안보의식강화사업지원	7,000	1	4	7	8	7	5	5	4
20086	경북 예천군	미협지부및미술작가회활성화사업지원	7,000	1	4	7	8	7	1	1	1
20087	경북 예천군	염소생산능력개선제지원	7,000	1	4	7	8	7	5	5	1
20088	경북 예천군	해병대전우회인명구조훈련및교통질서등안전활동지원	7,000	1	7	7	8	7	5	5	4
20089	경북 예천군	전국및도단위파크골프대회참가지원	7,000	1	4	7	1	7	3	1	1
20090	경북 예천군	북부지역시군(8개지역)파크골프대회개최지원	7,000	1	4	7	1	7	3	1	1
20091	경북 예천군	노인회선진의식함양교육	6,750	1	4	7	8	7	5	5	4
20092	경북 예천군	군민독서생활화추진	6,670	1	6	7	8	7	5	5	4
20093	경북 예천군	신풍미술관활성화지원	6,500	1	4	7	8	7	1	1	1
20094	경북 예천군	청년마을만들기지원	6,000	1	4	7	8	7	1	1	3
20095	경북 예천군	상이군경회전적지순례지원	6,000	1	4	7	8	7	1	1	3
20096	경북 예천군	유림지도자전통학문연구지원	6,000	1	1	7	8	7	1	1	1
20097	경북 예천군	보트장운영지원	6,000	1	6	6	8	6	2	1	1
20098	경북 예천군	지역특화식품개발활성화시범	6,000	1	7	7	8	7	5	5	4
20099	경북 예천군	양돈분만위생개선사업	5,850	1	1	7	8	7	1	1	3
20100	경북 예천군	낙농헬퍼(도우미)지원	5,760	1	6	7	8	7	5	5	4
20101	경북 예천군	경북선비아카데미지원	5,600	1	4	7	8	7	5	5	1
20102	경북 예천군	자돈폐사율감소지원	5,280	1	6	7	8	7	1	1	1
20103	경북 예천군	한우수정란이식비	5,250	1	6	7	8	7	5	5	4
20104	경북 예천군	토종벌벌통지원	5,200	1	6	7	8	7	5	5	4
20105	경북 예천군	바르게살기운동청년회활성화지원	5,000	1	6	7	8	7	5	5	4
20106	경북 예천군	월남전참전자회활성화사업지원	5,000	1	1	7	8	7	1	1	1
20107	경북 예천군	전몰군경유족회전적지순례지원	5,000	1	1	7	8	7	1	1	1
20108	경북 예천군	충효교실운영지원	5,000	1	4	7	8	7	1	1	1
20109	경북 예천군	한시기초반강의운영지원	5,000	1	4	7	8	7	1	1	1
20110	경북 예천군	예천문인협회예천문단발간지원	5,000	1	4	7	8	7	1	1	1
20111	경북 예천군	예술인역량강화교육지원	5,000	1	4	7	8	7	1	1	1
20112	경북 예천군	흑응풍물단전통문화활성화사업지원	5,000	1	4	7	8	7	1	1	1
20113	경북 예천군	문화연구회풍류와멋책자발간지원	5,000	1	4	7	8	7	1	1	1
20114	경북 예천군	한내책자발간지원	5,000	1	4	7	8	7	1	1	1
20115	경북 예천군	환경오염배출업소및축산농가지도계몽활동등추진	5,000	1	4	7	8	7	5	5	4
20116	경북 예천군	예천농업발전을위한워크숍개최	5,000	1	4	7	8	7	1	1	1
20117	경북 예천군	농업경영인시군교류행사참가지원	5,000	1	4	7	8	7	1	1	1

순번	시군구	지출명 (사업명)	2024년예산 (단위 : 전원 /1년간)	민간이전 분류 (지방자치단체 세출예산 집행기준에 의거) 1. 민간경상사업보조(307-02) 2. 민간단체 법정운영비보조(307-03) 3. 민간행사사업보조(307-04) 4. 민간위탁금(307-05) 5. 사회복지시설 법정운영비보조(307-10) 6. 민간인위탁교육비(307-12) 7. 공기관등에대한경상적위탁사업비(308-13) 8. 민간자본사업보조,자체재원(402-01) 9. 민간자본사업보조,이전재원(402-02) 10. 민간위탁사업비(402-03) 11. 공기관등에 대한 자본적 위탁사업비(403-02)	민간이전지출 근거 (지방보조금 관리기준 참고) 1. 법률에 규정 2. 국고보조 재원(국가지정) 3. 용도 지정 기부금 4. 조례에 직접규정 5. 지자체가 권장하는 사업을 하는 공공기관 6. 시,도 정책 및 재정사정 7. 기타 8. 해당없음	입찰방식 계약체결방법 (경쟁형태) 1. 일반경쟁 2. 제한경쟁 3. 지명경쟁 4. 수의계약 5. 법정위탁 6. 기타 ( ) 7. 없음	입찰방식 계약기간 1. 1년 2. 2년 3. 3년 4. 4년 5. 5년 6. 기타 ( )년 7. 단기계약 (1년미만) 8. 없음	입찰방식 낙찰자선정방법 1. 적격심사 2. 협상에의한계약 3. 최저가낙찰제 4. 규격가격분리 5. 2단계 경쟁입찰 6. 기타 ( ) 7. 없음	운영예산 산정 운영예산 산정 1. 내부산정 (지자체 자체적으로 산정) 2. 외부산정 (외부전문기관위탁 산정) 3. 내·외부 모두 산정 4. 산정 無 5. 없음	운영예산 산정 정산방법 1. 내부정산 (지자체 내부적으로 정산) 2. 외부정산 (외부전문기관위탁 정산) 3. 내·외부 모두 산정 4. 정산 無 5. 없음	성과평가 실시여부 1. 실시 2. 미실시 3. 향후 추진 4. 해당없음
20118	경북 예천군	여성농업인역량강화지원	5,000	1	4	7	8	7	1	1	1
20119	경북 예천군	미래농업청년경영인역량강화	5,000	1	4	7	8	7	1	1	1
20120	경북 예천군	아마추어무선연맹재난안전활동사업지원	5,000	1	4	7	8	7	1	1	1
20121	경북 예천군	향토음식확산교육(우리음식연구회)	5,000	1	4	7	8	7	5	5	4
20122	경북 예천군	예천군4H회역량강화지원	5,000	1	1	7	8	7	1	1	3
20123	경북 예천군	농업CEO양성교육(한국벤처농업대학)수학경비지원	5,000	1	6	7	8	7	1	1	3
20124	경북 예천군	생활체육지도자자녀수당지원	4,920	1	6	7	8	7	1	1	3
20125	경북 예천군	정보화마을농산물직거래장터(Festa)참가지원	4,500	1	4	7	1	7	3	1	1
20126	경북 예천군	전몰군경미망인회전적지순례지원	4,000	1	7	7	8	7	5	5	1
20127	경북 예천군	중증장애인사회참여역량강화	4,000	1	1	7	8	7	1	1	1
20128	경북 예천군	예천군농업인단체협의회육성지원	4,000	1	4	7	8	7	1	1	1
20129	경북 예천군	한여농도대회참가지원	4,000	1	4	7	8	7	1	1	1
20130	경북 예천군	농촌마을공동급식지원	4,000	1	4	7	8	7	1	1	1
20131	경북 예천군	저탄소비논물관리기술교육홍보지원	4,000	1	6	7	8	7	2	1	1
20132	경북 예천군	산림소득활성화사업	3,500	1	2	7	8	7	1	1	4
20133	경북 예천군	자원봉사보험가입서비스지원	3,402	1	1	4	7	2	5	1	4
20134	경북 예천군	호국보훈안보교육지원	3,000	1	1	5	8	7	1	1	2
20135	경북 예천군	재향군인의날기념식지원	3,000	1	1	7	8	7	1	1	1
20136	경북 예천군	6.25바로알리기및현장교육지원	3,000	1	1	7	8	7	1	1	1
20137	경북 예천군	한시회시집발간지원	3,000	1	1	7	8	7	1	1	1
20138	경북 예천군	윤리선양실천사업지원	3,000	1	4	7	8	7	1	1	1
20139	경북 예천군	전통의식행사진행자(집례자)육성교육지원	3,000	1	4	7	8	7	1	1	1
20140	경북 예천군	민예총예천지부전통공연활성화사업지원	3,000	1	4	7	8	7	1	1	1
20141	경북 예천군	무형문화재교육활동지원	3,000	1	4	7	8	7	1	1	1
20142	경북 예천군	한여농쌀소비촉진및도농상생교류지원	3,000	1	6	6	8	6	2	1	1
20143	경북 예천군	농민회전국대회참가지원	3,000	1	4	7	8	7	1	1	1
20144	경북 예천군	농민회도농교류활성화지원	3,000	1	4	7	8	7	1	1	1
20145	경북 예천군	말벌퇴치장비지원	3,000	1	2	7	8	7	1	1	1
20146	경북 예천군	안전모니터봉사단재난안전활동사업지원	3,000	1	4	7	8	7	5	5	4
20147	경북 예천군	4H신문보급지원	3,000	1	6	7	8	7	5	5	4
20148	경북 예천군	청년농업인4H회원과제활동지원	3,000	1	6	7	8	7	1	1	3
20149	경북 예천군	전국지체장애인체육대회참가지원	3,000	1	4	7	8	7	1	1	3
20150	경북 예천군	생활체육관련각종회의참가지원	3,000	1	4	7	1	7	3	1	1
20151	경북 예천군	지자체간생활체육교류전지원	3,000	1	4	7	1	7	3	1	1
20152	경북 예천군	각종그라운드골프대회참가지원	3,000	1	4	7	1	7	3	1	1
20153	경북 예천군	축구경북리그참가지원	3,000	1	4	7	1	7	3	1	1
20154	경북 예천군	도씨름왕선발대회참가지원	3,000	1	4	7	1	7	3	1	1
20155	경북 예천군	자전거연맹전국대회출전지원	3,000	1	4	7	1	7	3	1	1
20156	경북 예천군	궁도교실운영지원	3,000	1	4	7	1	7	3	1	1
20157	경북 예천군	궁도대회(전국및도단위)출전지원	3,000	1	4	7	1	7	3	1	1

순번	시군구	지출명 (사업명)	2024년예산 (단위 : 천원 /1년간)	민간이전 분류 (지방자치단체 세출예산 집행기준에 의거) 1. 민간경상사업보조(307-02) 2. 민간단체 법정운영비보조(307-03) 3. 민간행사사업보조(307-04) 4. 민간위탁금(307-05) 5. 사회복지시설 법정운영비보조(307-10) 6. 민간인위탁교육비(307-12) 7. 공기관등에대한경상적위탁사업비(308-13) 8. 민간자본사업보조,자체재원(402-01) 9. 민간자본사업보조,이전재원(402-02) 10. 민간위탁사업비(402-03) 11. 공기관등에 대한 자본적 위탁사업비(403-02)	민간이전지출 근거 (지방보조금 관리기준 참고) 1. 법률에 규정 2. 국고보조 재원(국가지정) 3. 용도 지정 기부금 4. 조례에 직접규정 5. 지자체가 권장하는 사업을 하는 공공기관 6. 시,도 정책 및 재정사정 7. 기타 8. 해당없음	입찰방식			운영예산 산정		성과평가 실시여부
						계약체결방법 (경쟁형태) 1. 일반경쟁 2. 제한경쟁 3. 지명경쟁 4. 수의계약 5. 법정위탁 6. 기타 ( ) 7. 없음	계약기간 1. 1년 2. 2년 3. 3년 4. 4년 5. 5년 6. 기타 ( )년 7. 단기계약 (1년미만) 8. 없음	낙찰자선정방법 1. 적격심사 2. 협상에의한계약 3. 최저가낙찰제 4. 규격가격분리 5. 2단계 경쟁입찰 6. 기타 ( ) 7. 없음	운영예산 산정 1. 내부산정 (지자체 자체적으로 산정) 2. 외부산정 (외부전문기관위탁 산정) 3. 내·외부 모두 산정 4. 산정 無 5. 없음	정산방법 1. 내부정산 (지자체 내부적으로 정산) 2. 외부정산 (외부전문기관위탁 정산) 3. 내·외부 모두 산정 4. 정산 無 5. 없음	1. 실시 2. 미실시 3. 향후 추진 4. 해당없음
20158	경북 예천군	도협회장배축구대회참가지원	3,000	1	4	7	1	7	3	1	1
20159	경북 예천군	무공수훈자회전적지순례지원	2,500	1	1	7	8	7	1	1	1
20160	경북 예천군	벌꿀성분검사비용지원	2,310	1	4	7	8	7	5	5	1
20161	경북 예천군	광복회전적지순례지원	2,000	1	1	7	8	7	1	1	1
20162	경북 예천군	도풍물경연대회출연참가지원	2,000	1	4	7	8	7	1	1	1
20163	경북 예천군	귀농인연합회육성지원사업지원	2,000	1	4	7	8	7	1	1	1
20164	경북 예천군	장애인휠체어마라톤대회참가지원	2,000	1	4	7	8	7	1	1	1
20165	경북 예천군	생활체육지도자활동보험료지원	1,968	1	4	7	1	7	3	1	1
20166	경북 예천군	건전생활실천순회교육지원	1,650	1	6	7	8	7	5	5	4
20167	경북 예천군	우량한우암소송아지생산장려금	1,600	1	6	7	8	7	5	5	4
20168	경북 예천군	학생승마체험(생활승마)지원	1,600	1	2	7	8	7	5	5	4
20169	경북 예천군	장애인생활체육지도자교통비지원	1,200	1	4	7	1	7	3	1	1
20170	경북 예천군	한여농핵심리더역량강화워크숍	1,000	1	4	7	8	7	1	1	1
20171	경북 예천군	장애인생활체육지도자장기근속수당지원	360	1	4	7	1	7	3	1	1
20172	경북 예천군	장애인생활체육지도자활동보험료지원	162	1	4	7	1	7	3	1	1
20173	경북 봉화군	유기질비료지원사업(2단계전환사업)	2,000,000	1	2	7	8	7	5	5	4
20174	경북 봉화군	농작물병해충방제비지원(검역병해충)	1,200,000	1	2	7	8	7	5	5	4
20175	경북 봉화군	한우고급육생산지원	775,000	1	1	7	8	7	5	5	4
20176	경북 봉화군	토양개량제공급지원	717,400	1	2	7	8	7	5	5	4
20177	경북 봉화군	농특산물대도시홍보	660,000	1	4	7	8	7	1	1	3
20178	경북 봉화군	유기질퇴비재료지원	620,000	1	5	7	8	7	5	5	4
20179	경북 봉화군	과수착색향상기자재보급지원사업	580,000	1	4	7	8	7	5	5	4
20180	경북 봉화군	청년브랜딩탐색지원사업	550,000	1	7	1	2	6	1	1	3
20181	경북 봉화군	의료취약지의료기관지원	500,000	1	1	7	8	7	3	2	1
20182	경북 봉화군	우수농산물택배비지원사업	375,000	1	4	7	8	7	1	1	1
20183	경북 봉화군	취약지역응급의료기관운영지원(군비)	360,000	1	1	7	8	7	3	2	1
20184	경북 봉화군	친환경농산물재배지토양개량사업(객토)	330,000	1	5	7	8	7	5	5	4
20185	경북 봉화군	친환경인증농가확대지원	330,000	1	5	7	8	7	5	5	4
20186	경북 봉화군	벼파종상동시처리(측조시비)비료지원	325,000	1	1	7	8	7	5	5	4
20187	경북 봉화군	봉화군립노인전문요양병원운영지원	300,000	1	4	7	1	7	1	2	4
20188	경북 봉화군	친환경농산물학교급식지원	281,305	1	6	7	8	7	1	1	1
20189	경북 봉화군	청년농업인영농정착지원	261,780	1	7	7	8	7	5	5	4
20190	경북 봉화군	한우농가조사료공급지원	240,000	1	1	7	8	7	5	5	4
20191	경북 봉화군	한우농가생산성향상지원	210,000	1	1	7	8	7	5	5	4
20192	경북 봉화군	저품위사과시장격리수매지원사업	207,000	1	4	7	8	7	5	5	4
20193	경북 봉화군	농작물드론방제비지원	198,000	1	1	7	8	7	5	5	4
20194	경북 봉화군	친환경농산물재배지토양개량사업(땅뒤집기)	198,000	1	5	7	8	7	5	5	4
20195	경북 봉화군	도민체육대회참가	190,000	1	1,4	7	8	7	1	2	1
20196	경북 봉화군	일반생활체육지도자배치	187,758	1	2	7	8	7	1	1	1
20197	경북 봉화군	벼재배농가상토지원	180,000	1	1	7	8	7	5	5	4

순번	시군구	지출명 (사업명)	2024년예산 (단위 : 천원 /1년간)	민간이전 분류 (지방자치단체 세출예산 집행기준에 의거) 1. 민간경상사업보조(307-02) 2. 민간단체 법정운영비보조(307-03) 3. 민간행사사업보조(307-04) 4. 민간위탁금(307-05) 5. 사회복지시설 법정운영비보조(307-10) 6. 민간인위탁교육비(307-12) 7. 공기관등에대한경상적위탁사업비(308-13) 8. 민간자본사업보조,자체재원(402-01) 9. 민간자본사업보조,이전재원(402-02) 10. 민간위탁사업비(402-03) 11. 공기관등에 대한 자본적 위탁사업비(403-02)	민간이전지출 근거 (지방보조금 관리기준 참고) 1. 법률에 규정 2. 국고보조 재원(국가지정) 3. 용도 지정 기부금 4. 조례에 직접규정 5. 지자체가 권장하는 사업을 하는 공공기관 6. 시,도 정책 및 재정사정 7. 기타 8. 해당없음	입찰방식 계약체결방법 (경쟁형태) 1. 일반경쟁 2. 제한경쟁 3. 지명경쟁 4. 수의계약 5. 법정위탁 6. 기타 ( ) 7. 없음	입찰방식 계약기간 1. 1년 2. 2년 3. 3년 4. 4년 5. 5년 6. 기타 ( )년 7. 단기계약 (1년미만) 8. 없음	입찰방식 낙찰자선정방법 1. 적격심사 2. 협상에의한계약 3. 최저가낙찰제 4. 규격가격분리 5. 2단계 경쟁입찰 6. 기타 ( ) 7. 없음	운영예산 산정 운영예산 산정 1. 내부산정 (지자체 자체적으로 산정) 2. 외부산정 (외부전문기관위탁 산정) 3. 내·외부 모두 산정 4. 산정 無 5. 없음	운영예산 산정 정산방법 1. 내부정산 (지자체 내부적으로 정산) 2. 외부정산 (외부전문기관위탁 정산) 3. 내·외부 모두 산정 4. 정산 無 5. 없음	성과평가 실시여부 1. 실시 2. 미실시 3. 향후 추진 4. 해당없음
20198	경북 봉화군	농산물유통구조개선지원	171,330	1	4	7	8	7	1	1	1
20199	경북 봉화군	봉화군체육회운영경비	170,000	1	1,4	7	8	7	1	2	1
20200	경북 봉화군	취약지역응급의료기관운영지원(기금)	160,000	1	2	7	8	7	5	2	1
20201	경북 봉화군	감자재배농가박스포장재지원	160,000	1	1	7	8	7	5	5	4
20202	경북 봉화군	사과원고품질과실생산기술컨설팅시범사업	155,000	1	4	7	8	7	5	5	4
20203	경북 봉화군	구제역백신구입비지원(소,돼지전업농가)	149,345	1	1	7	8	7	5	5	4
20204	경북 봉화군	양봉산업경쟁력강화지원	135,000	1	1	7	8	7	5	5	4
20205	경북 봉화군	면역강화용사료첨가제지원	125,100	1	1	7	8	7	5	5	4
20206	경북 봉화군	친환경쌀생산지원(우렁이,미꾸라지)	125,000	1	1	7	8	7	5	5	4
20207	경북 봉화군	도단위생활체육대회참가	125,000	1	5	7	8	7	5	5	4
20208	경북 봉화군	여성농업인행복바우처지원	120,000	1	1,4	7	8	7	1	1	1
20209	경북 봉화군	벼육묘상처리약제지원	120,000	1	1	7	8	7	5	5	4
20210	경북 봉화군	공동방제단운영비(인건비)	119,560	1	1	7	8	7	5	5	4
20211	경북 봉화군	군단위체육대회개최	112,500	1	1	7	8	7	5	5	4
20212	경북 봉화군	표고원목(배지)지원사업	110,000	1	1,4	7	8	7	1	2	1
20213	경북 봉화군	봉화송이전국마라톤대회개최	99,000	1	1	7	8	7	5	5	4
20214	경북 봉화군	공동방제단운영비(운영비)	94,856	1	1,4	7	8	7	1	1	1
20215	경북 봉화군	어르신생활체육지도자배치	93,880	1	1	7	8	7	5	5	4
20216	경북 봉화군	과수수세안정화기자재지원사업	90,000	1	2	7	8	7	1	1	1
20217	경북 봉화군	농산물산지유통기능활성화지원	88,200	1	4	7	8	7	5	5	4
20218	경북 봉화군	우수농특산물TV홈쇼핑지원	80,000	1	4	7	8	7	1	1	1
20219	경북 봉화군	농업인정보지보급지원	79,786	1	4	7	8	7	1	1	3
20220	경북 봉화군	경북청년예비창업육성사업	75,000	1	7	7	8	7	5	5	4
20221	경북 봉화군	6차산업창업지원	75,000	1	6	1	1	6	1	1	3
20222	경북 봉화군	임산물포장재지원사업	70,000	1	4	7	8	7	1	1	3
20223	경북 봉화군	과수연작대응지원사업	70,000	1	1	7	8	7	5	5	4
20224	경북 봉화군	감자생육촉진활성화지원	62,500	1	4	7	8	7	5	5	4
20225	경북 봉화군	에너지전환마을조성	60,000	1	1	7	8	7	5	5	4
20226	경북 봉화군	농특산물홍보용버스랩핑광고	60,000	1	4,6	7	8	7	1	1	1
20227	경북 봉화군	축산물이력제(귀표장착비)지원	58,080	1	4	7	8	7	1	1	3
20228	경북 봉화군	어르신효한마당행사	50,000	1	1	7	8	7	5	5	4
20229	경북 봉화군	농특산물SNS홍보	50,000	1	1	7	8	7	5	5	4
20230	경북 봉화군	농산물수출용포장재지원	50,000	1	4	7	8	7	1	1	3
20231	경북 봉화군	친환경농산물학교급식공급지원	50,000	1	4	7	8	7	1	1	3
20232	경북 봉화군	사과수출단지병해충예찰시범사업	50,000	1	4	7	8	7	1	1	1
20233	경북 봉화군	글로벌GAP인증단체육성시범사업	50,000	1	4	7	8	7	5	5	4
20234	경북 봉화군	각종체육대회참가읍면지원	50,000	1	4	7	8	7	5	5	4
20235	경북 봉화군	돼지써코바이러스백신지원	45,042	1	1,4	7	8	7	1	1	1
20236	경북 봉화군	가금농가질병관리지원(컨설팅)	42,000	1	1	7	8	7	5	5	4
20237	경북 봉화군	성인문해교육프로그램지원	41,000	1	1	1	1	1	5	1	1

순번	시군구	지출명 (사업명)	2024년예산 (단위 : 천원 /1년간)	민간이전 분류 (지방자치단체 세출예산 집행기준에 의거)	민간이전지출 근거 (지방보조금 관리기준 참고)	입찰방식			운영예산 산정		성과평가 실시여부
				1. 민간경상사업보조(307-02) 2. 민간단체 법정운영비보조(307-03) 3. 민간행사사업보조(307-04) 4. 민간위탁금(307-05) 5. 사회복지시설 법정운영비보조(307-10) 6. 민간인위탁교육비(307-12) 7. 공기관등에대한경상적위탁사업비(308-13) 8. 민간자본사업보조,자체재원(402-01) 9. 민간자본사업보조,이전재원(402-02) 10. 민간위탁사업비(402-03) 11. 공기관등에 대한 자본적 위탁사업비(403-02)	1. 법률에 규정 2. 국고보조 재원(국가지정) 3. 용도 지정 기부금 4. 조례에 직접규정 5. 지자체가 권장하는 사업을 하는 공공기관 6. 시,도 정책 및 재정사정 7. 기타 8. 해당없음	계약체결방법 (경쟁형태) 1. 일반경쟁 2. 제한경쟁 3. 지명경쟁 4. 수의계약 5. 법정위탁 6. 기타 ( ) 7. 없음	계약기간 1. 1년 2. 2년 3. 3년 4. 4년 5. 5년 6. 기타 ( )년 7. 단기계약 (1년미만) 8. 없음	낙찰자선정방법 1. 적격심사 2. 협상에의한계약 3. 최저가낙찰제 4. 규격가격분리 5. 2단계 경쟁입찰 6. 기타 ( ) 7. 없음	운영예산 산정 1. 내부산정 (지자체 자체적으로 산정) 2. 외부산정 (외부전문기관위탁 산정) 3. 내·외부 모두 산정 4. 산정 無 5. 없음	정산방법 1. 내부정산 (지자체 내부적으로 정산) 2. 외부정산 (외부전문기관위탁 정산) 3. 내·외부 모두 산정 4. 정산 無 5. 없음	1. 실시 2. 미실시 3. 향후 추진 4. 해당없음
20238	경북 봉화군	새마을운동추진	39,000	1	1	7	8	7	1	1	1
20239	경북 봉화군	한센간이양로주택운영지원	37,831	1	2	6	1	7	5	1	1
20240	경북 봉화군	농업법인청년플러스지원사업(지역주도형청년일자리사업)	37,342	1	2	7	8	7	1	1	3
20241	경북 봉화군	창업청년스타트업지원사업(지역주도형청년일자리사업)	36,578	1	2	7	8	7	1	1	3
20242	경북 봉화군	수출농가농자재지원	35,000	1	4	7	8	7	1	1	3
20243	경북 봉화군	수출농식품안전성제고지원	35,000	1	4	7	8	7	1	1	3
20244	경북 봉화군	스마트청년인재육성프로젝트(지역주도형청년일자리사업)	31,778	1	2	7	8	7	1	1	3
20245	경북 봉화군	장애인생활체육지도자배치	31,293	1	2	7	8	7	1	1	1
20246	경북 봉화군	문화및주민화합행사	31,000	1	4	7	8	7	1	1	1
20247	경북 봉화군	민주평통자문위원연수대회	30,000	1	1	7	8	7	5	5	4
20248	경북 봉화군	로컬크리에이터활성화사업	30,000	1	7	1	1	6	1	1	3
20249	경북 봉화군	감자재배농가PP포장재지원	30,000	1	1	7	8	7	5	5	4
20250	경북 봉화군	경북한우암소능력개량사업(한우등록비)	30,000	1	1	7	8	7	5	5	4
20251	경북 봉화군	송아지설사병예방백신구입지원	30,000	1	1	7	8	7	5	5	4
20252	경북 봉화군	과수화상병매몰지도양관리시범사업	30,000	1	4	7	8	7	5	5	4
20253	경북 봉화군	친환경생분해성멀칭필름지원	30,000	1	5	7	8	7	5	5	4
20254	경북 봉화군	문화및주민화합행사	30,000	1	4	7	8	7	1	1	1
20255	경북 봉화군	문화및주민화합행사	30,000	1	4	4	1	7	4	1	1
20256	경북 봉화군	문화및주민화합행사	30,000	1	4	7	8	7	1	1	1
20257	경북 봉화군	문화및주민화합행사	30,000	1	4	7	8	7	1	1	1
20258	경북 봉화군	문화및주민화합행사	30,000	1	4	4	1	7	4	1	1
20259	경북 봉화군	문화및주민화합행사	30,000	1	4	4	1	7	1	1	1
20260	경북 봉화군	문화및주민화합행사	30,000	1	4	7	8	7	5	5	4
20261	경북 봉화군	문화및주민화합행사	30,000	1	4	7	8	7	1	1	1
20262	경북 봉화군	문화및주민화합행사	30,000	1	4	7	8	7	1	1	1
20263	경북 봉화군	농업인신문보급우송료지원	29,940	1	7	7	8	7	5	5	4
20264	경북 봉화군	계란난좌지원사업	28,000	1	1	7	8	7	5	5	4
20265	경북 봉화군	안정성검사비지원	28,000	1	2	7	8	7	1	1	1
20266	경북 봉화군	농식품국외판촉광고비지원	28,000	1	4	7	8	7	1	1	3
20267	경북 봉화군	친환경농법종합지원	28,000	1	5	7	8	7	5	5	4
20268	경북 봉화군	소형벼육묘공장상토지원	27,000	1	1	7	8	7	5	5	4
20269	경북 봉화군	수출사과착색봉지지원	27,000	1	4	7	8	7	1	1	3
20270	경북 봉화군	과실생산유통지원사업관리비지원	26,496	1	4	7	8	7	5	5	3
20271	경북 봉화군	꿀벌화분지원	25,200	1	1	7	8	7	5	5	4
20272	경북 봉화군	소상공인정책지원현장전문가운영	25,000	1	4	7	8	7	1	1	1
20273	경북 봉화군	한우암소유전체분석사업	24,300	1	1	7	8	7	5	5	4
20274	경북 봉화군	청년농업인품목중심농업기술과제현장적용	24,000	1	7	7	8	7	5	5	4
20275	경북 봉화군	생활체육교실운영지원	24,000	1	2	7	8	7	1	1	1
20276	경북 봉화군	정보화마을프로그램관리자	23,167	1	6	7	1	7	5	1	4
20277	경북 봉화군	악취저감용생균제지원사업	22,500	1	1	7	8	7	5	5	4

순번	시군구	지출명 (사업명)	2024년예산 (단위 : 천원 /1년간)	민간이전 분류 (지방자치단체 세출예산 집행기준에 의거) 1. 민간경상사업보조(307-02) 2. 민간단체 법정운영비보조(307-03) 3. 민간행사사업보조(307-04) 4. 민간위탁금(307-05) 5. 사회복지시설 법정운영비보조(307-10) 6. 민간인위탁교육비(307-12) 7. 공기관등에대한경상적위탁사업비(308-13) 8. 민간자본사업보조,자체재원(402-01) 9. 민간자본사업보조,이전재원(402-02) 10. 민간위탁사업비(402-03) 11. 공기관등에 대한 자본적 위탁사업비(403-02)	민간이전지출 근거 (지방보조금 관리기준 참고) 1. 법률에 규정 2. 국고보조 재원(국가지정) 3. 용도 지정 기부금 4. 조례에 직접규정 5. 지자체가 권장하는 사업을 하는 공공기관 6. 시,도 정책 및 재정사정 7. 기타 8. 해당없음	입찰방식: 계약체결방법 (경쟁형태) 1. 일반경쟁 2. 제한경쟁 3. 지명경쟁 4. 수의계약 5. 법정위탁 6. 기타 ( ) 7. 없음	입찰방식: 계약기간 1. 1년 2. 2년 3. 3년 4. 4년 5. 5년 6. 기타 ( )년 7. 단기계약 (1년미만) 8. 없음	입찰방식: 낙찰자선정방법 1. 적격심사 2. 협상에의한계약 3. 최저가낙찰제 4. 규격가격분리 5. 2단계 경쟁입찰 6. 기타 ( ) 7. 없음	운영예산 산정: 운영예산 산정 1. 내부산정 (지자체 자체적으로 산정) 2. 외부산정 (외부전문기관위탁 산정) 3. 내·외부 모두 산정 4. 산정 無 5. 없음	운영예산 산정: 정산방법 1. 내부정산 (지자체 내부적으로 정산) 2. 외부정산 (외부전문기관위탁 정산) 3. 내·외부 모두 산정 4. 정산 無 5. 없음	성과평가 실시여부 1. 실시 2. 미실시 3. 향후 추진 4. 해당없음
20278	경북 봉화군	봉화군이장연합회체육대회	20,000	1	4	7	8	7	5	5	4
20279	경북 봉화군	사회적경제기업활성화사업	20,000	1	7	1	1	6	1	1	3
20280	경북 봉화군	새마을환경살리기사업	20,000	1	1	7	8	7	1	1	1
20281	경북 봉화군	장애인화합한마당	20,000	1	1	7	1	7	1	1	1
20282	경북 봉화군	골목재생주민제안공모사업	20,000	1	6	7	8	7	5	5	4
20283	경북 봉화군	생활환경주민인식개선사업	20,000	1	1,4	7	1	7	1	1	4
20284	경북 봉화군	자돈설사예방백신구입지원	20,000	1	1	7	8	7	5	5	4
20285	경북 봉화군	돼지구충제구입지원	20,000	1	1	7	8	7	5	5	4
20286	경북 봉화군	청년농업인커뮤니티활성화지원	20,000	1	4	7	8	7	1	1	3
20287	경북 봉화군	농산물직판매장지원	20,000	1	4	7	8	7	1	1	3
20288	경북 봉화군	농식품국외판촉지원	20,000	1	4	7	8	7	1	1	3
20289	경북 봉화군	농업경영인가족체육대회지원	20,000	1	7	7	8	7	5	5	4
20290	경북 봉화군	청년농업인육성지원	20,000	1	7	7	8	7	5	5	4
20291	경북 봉화군	농업계고졸업생창업비용지원사업	20,000	1	6	7	8	7	5	5	4
20292	경북 봉화군	도장애인체육대회참가	20,000	1	1,4	7	8	7	1	1	1
20293	경북 봉화군	경북도지사기그라운드골프대회개최	20,000	1	1,4	7	8	7	1	1	1
20294	경북 봉화군	경북협회장기군대항볼링대회개최	20,000	1	1,4	7	8	7	1	1	1
20295	경북 봉화군	행복한보금자리만들기사업	19,300	1	1	7	8	7	1	1	1
20296	경북 봉화군	범죄피해자센터지원	18,000	1	1	7	8	7	1	1	1
20297	경북 봉화군	최고농업경영자과정교육지원	17,640	1	1	7	8	7	5	5	4
20298	경북 봉화군	생활개선회신문우송료지원	17,400	1	6	7	8	7	1	1	1
20299	경북 봉화군	친환경축산물인증비지원	17,150	1	1	7	8	7	5	5	4
20300	경북 봉화군	농촌지도자회가족수련대회	17,000	1	7	7	8	7	5	5	4
20301	경북 봉화군	유기농업자재지원	16,850	1	2	7	8	7	5	5	4
20302	경북 봉화군	우수여왕벌보급사업	16,800	1	1	7	8	7	5	5	4
20303	경북 봉화군	닭진드기공동방제지원	16,000	1	1	7	8	7	5	5	4
20304	경북 봉화군	자원봉사자단체화합한마당개최	15,000	1	6	7	8	7	1	1	1
20305	경북 봉화군	면역증강제지원	15,000	1	1	7	8	7	5	5	4
20306	경북 봉화군	청년농업인멘토링지원	15,000	1	4	7	8	7	1	1	3
20307	경북 봉화군	과수결실향상지원사업	15,000	1	4	7	8	7	5	5	4
20308	경북 봉화군	봉화송이한약우배전국동호인테니스대회개최	15,000	1	1,4	7	8	7	1	1	1
20309	경북 봉화군	민주평화통일활성화사업	14,300	1	1	7	8	7	5	5	4
20310	경북 봉화군	바이오숯활용저탄소토양개량기술보급시범	14,000	1	7	7	8	7	5	5	4
20311	경북 봉화군	교미교란제활용과수해충방제시범사업	14,000	1	4	7	8	7	5	5	4
20312	경북 봉화군	사회적기업등일자리창출사업	13,333	1	2	7	8	7	1	1	3
20313	경북 봉화군	친환경농업정보지보급지원	13,080	1	5	7	8	7	5	5	4
20314	경북 봉화군	자율방범연합대방범활동지원	13,000	1	4	7	8	7	5	5	4
20315	경북 봉화군	양봉벌통지원	12,750	1	1	7	8	7	5	5	4
20316	경북 봉화군	범죄예방위원회지원	12,000	1	1	7	8	7	1	1	1
20317	경북 봉화군	여성농업인회가족수련대회	12,000	1	7	7	8	7	5	5	4

순번	시군구	지출명 (사업명)	2024년예산 (단위 : 천원 /1년간)	민간이전 분류 (지방자치단체 세출예산 집행기준에 의거) 1. 민간경상사업보조(307-02) 2. 민간단체 법정운영비보조(307-03) 3. 민간행사사업보조(307-04) 4. 민간위탁금(307-05) 5. 사회복지시설 법정운영비보조(307-10) 6. 민간인위탁교육비(307-12) 7. 공기관등에대한경상적위탁사업비(308-13) 8. 민간자본사업보조,자체재원(402-01) 9. 민간자본사업보조,이전재원(402-02) 10. 민간위탁사업비(402-03) 11. 공기관등에 대한 자본적 위탁사업비(403-02)	민간이전지출 근거 (지방보조금 관리기준 참고) 1. 법률에 규정 2. 국고보조 재원(국가지정) 3. 용도 지정 기부금 4. 조례에 직접규정 5. 지자체가 권장하는 사업을 하는 공공기관 6. 시,도 정책 및 재정사정 7. 기타 8. 해당없음	입찰방식			운영예산 산정		성과평가 실시여부
						계약체결방법 (경쟁형태) 1. 일반경쟁 2. 제한경쟁 3. 지명경쟁 4. 수의계약 5. 법정위탁 6. 기타 ( ) 7. 없음	계약기간 1. 1년 2. 2년 3. 3년 4. 4년 5. 5년 6. 기타 ( )년 7. 단기계약 (1년미만) 8. 없음	낙찰자선정방법 1. 적격심사 2. 협상에의한계약 3. 최저가낙찰제 4. 규격가격분리 5. 2단계 경쟁입찰 6. 기타 ( ) 7. 없음	운영예산 산정 1. 내부산정 (지자체 자체적으로 산정) 2. 외부산정 (외부전문기관위탁 산정) 3. 내·외부 모두 산정 4. 산정 無 5. 없음	정산방법 1. 내부정산 (지자체 내부적으로 정산) 2. 외부정산 (외부전문기관위탁 정산) 3. 내·외부 모두 산정 4. 정산 無 5. 없음	1. 실시 2. 미실시 3. 향후 추진 4. 해당없음
20318	경북 봉화군	다공질필름활용과수품질향상시범사업	12,000	1	4	7	8	7	5	5	4
20319	경북 봉화군	생활체육지도자교통비지원	10,800	1	2	7	8	7	1	1	1
20320	경북 봉화군	사료작물종자구입비지원	10,500	1	1	7	8	7	5	5	4
20321	경북 봉화군	돼지액상정액지원	10,440	1	1	7	8	7	5	5	4
20322	경북 봉화군	자율방범연합회체육대회	10,000	1	4	7	8	7	5	5	4
20323	경북 봉화군	정보화마을활성화지원	10,000	1	6	7	7	7	1	1	4
20324	경북 봉화군	재향군인의날행사및안보견학	10,000	1	1	7	1	7	1	1	1
20325	경북 봉화군	여성자원봉사활동운영	10,000	1	6	7	8	7	1	1	1
20326	경북 봉화군	여성정책사업평가대회	10,000	1	4	7	7	7	5	5	4
20327	경북 봉화군	산양삼종자대지원사업	10,000	1	1	7	8	7	5	5	4
20328	경북 봉화군	농산물홍보판매행사지원	10,000	1	1	7	8	7	5	5	4
20329	경북 봉화군	경북한우암소능력개량사업(친자확인)	10,000	1	1	7	8	7	5	5	4
20330	경북 봉화군	친환경악취저감제지원	10,000	1	1	7	8	7	5	5	4
20331	경북 봉화군	토양용수안전성분석	10,000	1	2	1	1	7	1	1	1
20332	경북 봉화군	생활개선회하계수련대회	10,000	1	6	7	8	7	1	1	1
20333	경북 봉화군	생활개선회활성화지원	10,000	1	4	7	8	7	1	1	1
20334	경북 봉화군	행복한농촌가정육성프로젝트시범	10,000	1	6	7	8	7	1	1	1
20335	경북 봉화군	농업경영인회육성지원	10,000	1	7	7	8	7	5	5	4
20336	경북 봉화군	여성농업인능력개발지원	10,000	1	7	7	8	7	5	5	4
20337	경북 봉화군	후계농업경영인읍면활성화지원	10,000	1	7	7	8	7	5	5	4
20338	경북 봉화군	농촌지도자과제활동지원	10,000	1	7	7	8	7	5	5	4
20339	경북 봉화군	맞춤형자원봉사프로그램운영지원	9,118	1	6	7	8	7	1	1	1
20340	경북 봉화군	토종곡물재배단지생산비지원	8,400	1	1	7	8	7	5	5	4
20341	경북 봉화군	자원봉사단체리더역량강화워크숍	8,000	1	6	7	8	7	1	1	1
20342	경북 봉화군	여성지도자역량강과교육	8,000	1	4	7	7	7	5	5	4
20343	경북 봉화군	대형벼육묘공장상토지원	8,000	1	1	7	8	7	5	5	4
20344	경북 봉화군	토종벌통지원	8,000	1	1	7	8	7	5	5	4
20345	경북 봉화군	수출농식품브랜드경쟁력제고	8,000	1	4	7	8	7	1	1	3
20346	경북 봉화군	농촌지도자중앙대회경비지원	8,000	1	7	7	8	7	5	5	4
20347	경북 봉화군	염소경쟁력강화지원	7,500	1	1	7	8	7	5	5	4
20348	경북 봉화군	한우수정란이식사업(구입비)	7,500	1	1	7	8	7	5	5	4
20349	경북 봉화군	육계사깔짚지원	7,500	1	1	7	8	7	5	5	4
20350	경북 봉화군	국토대청결운동및화합한마당	7,000	1	1	7	8	7	5	5	4
20351	경북 봉화군	축산농가HACCP인증비지원	7,000	1	1	7	8	7	1	1	1
20352	경북 봉화군	농촌지도자회자매결연도시소비자단체농촌체험행사지원	7,000	1	7	7	8	7	5	5	4
20353	경북 봉화군	범도민독서생활화운동	6,670	1	1	7	8	7	1	1	1
20354	경북 봉화군	중소기업정규직프로젝트	6,000	1	6	7	8	7	1	1	3
20355	경북 봉화군	쌀전업농정보지보급지원	5,760	1	1	7	8	7	5	5	4
20356	경북 봉화군	축산물HACCP컨설팅지원	5,600	1	1	7	8	7	5	5	4
20357	경북 봉화군	자돈폐사율감소지원사업	5,280	1	1	7	8	7	5	5	4

순번	시군구	지출명 (사업명)	2024년예산 (단위 : 천원 /1년간)	민간이전 분류 (지방자치단체 세출예산 집행기준에 의거) 1. 민간경상사업보조(307-02) 2. 민간단체 법정운영비보조(307-03) 3. 민간행사사업보조(307-04) 4. 민간위탁금(307-05) 5. 사회복지시설 법정운영비보조(307-10) 6. 민간인위탁교육비(307-12) 7. 공기관등에대한경상적위탁사업비(308-13) 8. 민간자본사업보조,자체재원(402-01) 9. 민간자본사업보조,이전재원(402-02) 10. 민간위탁사업비(402-03) 11. 공기관등에 대한 자본적 위탁사업비(403-02)	민간이전지출 근거 (지방보조금 관리기준 참고) 1. 법률에 규정 2. 국고보조 재원(국가지정) 3. 용도 지정 기부금 4. 조례에 직접규정 5. 지자체가 권장하는 사업을 하는 공공기관 6. 시,도 정책 및 재정사정 7. 기타 8. 해당없음	입찰방식 계약체결방법 (경쟁형태) 1. 일반경쟁 2. 제한경쟁 3. 지명경쟁 4. 수의계약 5. 법정위탁 6. 기타 ( ) 7. 없음	입찰방식 계약기간 1. 1년 2. 2년 3. 3년 4. 4년 5. 5년 6. 기타 ( )년 7. 단기계약 (1년미만) 8. 없음	입찰방식 낙찰자선정방법 1. 적격심사 2. 협상에의한계약 3. 최저가낙찰제 4. 규격가격분리 5. 2단계 경쟁입찰 6. 기타 ( ) 7. 없음	운영예산 산정 운영예산 산정 1. 내부산정 (지자체 자체적으로 산정) 2. 외부산정 (외부전문기관위탁 산정) 3. 내·외부 모두 산정 4. 산정 無 5. 없음	운영예산 산정 정산방법 1. 내부정산 (지자체 내부적으로 정산) 2. 외부정산 (외부전문기관위탁 정산) 3. 내·외부 모두 산정 4. 정산 無 5. 없음	성과평가 실시여부 1. 실시 2. 미실시 3. 향후 추진 4. 해당없음
20358	경북 봉화군	바르게살기운동청년회조직활성화	5,000	1	1	7	8	7	1	1	1
20359	경북 봉화군	청소년자원봉사캠프	5,000	1	6	7	8	7	1	1	1
20360	경북 봉화군	자원봉사자단체평가대회개최	5,000	1	6	7	8	7	1	1	1
20361	경북 봉화군	찾아가는어르신이미용봉사활동사업	5,000	1	6	7	8	7	1	1	1
20362	경북 봉화군	경북한우암소능력개량사업(선형심사)	5,000	1	1	7	8	7	5	5	4
20363	경북 봉화군	농식품국내판촉지원	5,000	1	4	7	8	7	1	1	3
20364	경북 봉화군	농업인단체도농교류행사	5,000	1	7	7	8	7	5	5	4
20365	경북 봉화군	젖소농가생산성향상지원	4,500	1	1	7	8	7	5	5	4
20366	경북 봉화군	산림활성화교육지원	4,480	1	1	7	8	7	5	5	4
20367	경북 봉화군	생활체육지도자장기근속수당지원	4,320	1	2	7	8	7	1	1	1
20368	경북 봉화군	경찰관순직비추모행사	4,000	1	1	7	1	7	1	1	1
20369	경북 봉화군	우수여왕벌인공왕대지원	4,000	1	1	7	8	7	5	5	4
20370	경북 봉화군	청년농업인4H회육성지원	4,000	1	7	7	8	7	5	5	4
20371	경북 봉화군	토종벌별통지원	3,600	1	1	7	8	7	5	5	4
20372	경북 봉화군	산림소득활성화사업	3,500	1	1	7	8	7	5	5	4
20373	경북 봉화군	생활개선회과제활동비지원	3,500	1	4	7	8	7	1	1	1
20374	경북 봉화군	여성농업인회공동과제활동지원	3,500	1	7	7	8	7	5	5	4
20375	경북 봉화군	한우수정란이식사업(이식비)	3,150	1	1	7	8	7	5	5	4
20376	경북 봉화군	정보화마을FESTA2024행사지원	3,000	1	4	7	7	7	1	1	1
20377	경북 봉화군	청년농업인농지임대지원	3,000	1	4	7	8	7	1	1	3
20378	경북 봉화군	농촌지도자회육성지원	3,000	1	7	7	8	7	5	5	4
20379	경북 봉화군	여성농업인회육성지원	3,000	1	7	7	8	7	5	5	4
20380	경북 봉화군	청년농업인4H회원활동지원	3,000	1	7	7	8	7	5	5	4
20381	경북 봉화군	학생4H회원과제활동지원	3,000	1	7	7	8	7	5	5	4
20382	경북 봉화군	지도자물품구입비지원	3,000	1	1,4	7	8	7	1	1	1
20383	경북 봉화군	담배소매인지정및관리위탁	2,200	1	4	5	1	2	1	1	4
20384	경북 봉화군	6.25바로알리기교육사업	2,000	1	1	7	1	7	1	1	1
20385	경북 봉화군	자원봉사센터행복나눔장터운영	2,000	1	6	7	8	7	1	1	1
20386	경북 봉화군	자원봉사센터자장면봉사대운영	2,000	1	6	7	8	7	1	1	1
20387	경북 봉화군	지방4H단체육성지원	2,000	1	7	7	8	7	5	5	4
20388	경북 봉화군	젖소유전형질개량사업	1,740	1	1	7	8	7	5	5	4
20389	경북 봉화군	바르게살기운동건전생활실천순회교육	1,650	1	1	7	8	7	1	1	1
20390	경북 봉화군	생활체육지도자자녀수당지원	1,560	1	2	7	8	7	1	1	1
20391	경북 봉화군	생활체육지도자활동보험료지원	1,476	1	2	7	8	7	1	1	1
20392	경북 봉화군	4H신문보급지원	1,200	1	7	7	8	7	5	5	4
20393	경북 봉화군	장애인생활체육지도자교통비지원	1,200	1	2	7	8	7	1	1	1
20394	경북 봉화군	전국통합자원봉사보험가입서비스지원	1,196	1	2	7	8	7	1	1	1
20395	경북 봉화군	장애인생활체육지도자자녀수당지원	360	1	2	7	8	7	1	1	1
20396	경북 봉화군	장애인생활체육지도자장기근속수당지원	300	1	2	7	8	7	1	1	1
20397	경북 봉화군	장애인생활체육지도자활동보험료지원	162	1	2	7	8	7	1	1	1

순번	시군구	지출명 (사업명)	2024년예산 (단위 : 천원 /1년간)	민간이전 분류 (지방자치단체 세출예산 집행기준에 의거) 1. 민간경상사업보조(307-02) 2. 민간단체 법정운영비보조(307-03) 3. 민간행사사업보조(307-04) 4. 민간위탁금(307-05) 5. 사회복지시설 법정운영비보조(307-10) 6. 민간인위탁교육비(307-12) 7. 공기관등에대한경상적위탁사업비(308-13) 8. 민간자본사업보조,자체재원(402-01) 9. 민간자본사업보조,이전재원(402-02) 10. 민간위탁사업비(402-03) 11. 공기관등에 대한 자본적 위탁사업비(403-02)	민간이전지출 근거 (지방보조금 관리기준 참고) 1. 법률에 규정 2. 국고보조 재원(국가지정) 3. 용도 지정 기부금 4. 조례에 직접규정 5. 지자체가 권장하는 사업을 하는 공공기관 6. 시,도 정책 및 재정사정 7. 기타 8. 해당없음	입찰방식 계약체결방법 (경쟁형태) 1. 일반경쟁 2. 제한경쟁 3. 지명경쟁 4. 수의계약 5. 법정위탁 6. 기타 ( ) 7. 없음	입찰방식 계약기간 1. 1년 2. 2년 3. 3년 4. 4년 5. 5년 6. 기타 ( )년 7. 단기계약 (1년미만) 8. 없음	입찰방식 낙찰자선정방법 1. 적격심사 2. 협상에의한계약 3. 최저가낙찰제 4. 규격가격분리 5. 2단계 경쟁입찰 6. 기타 ( ) 7. 없음	운영예산 산정 운영예산 산정 1. 내부산정 (지자체 자체적으로 산정) 2. 외부산정 (외부전문기관위탁 산정) 3. 내·외부 모두 산정 4. 산정 無 5. 없음	운영예산 산정 정산방법 1. 내부정산 (지자체 내부적으로 정산) 2. 외부정산 (외부전문기관위탁 정산) 3. 내·외부 모두 산정 4. 정산 無 5. 없음	성과평가 실시여부 1. 실시 2. 미실시 3. 향후 추진 4. 해당없음
20398	경북 울진군	무인항공활용병해충공동방제시범	450,000	1	6	7	8	7	1	1	1
20399	경북 울진군	제61회경북도민체육대회참가	250,000	1	1	7	8	7	1	1	1
20400	경북 울진군	일반생활체육지도자배치(활동지원)	197,634	1	1	7	8	7	1	1	1
20401	경북 울진군	어르신생활체육지도자배치(활동지원)	197,634	1	1	7	8	7	1	1	1
20402	경북 울진군	체육특기종목및가맹경기단체육성	150,000	1	1	7	8	7	1	1	1
20403	경북 울진군	영농부산물안전처리지원시범	106,250	1	2	7	8	7	1	1	1
20404	경북 울진군	체육종목별주니어클럽육성지원	100,000	1	1	7	8	7	1	1	1
20405	경북 울진군	제34회경북도민생활체육대축전참가지원	100,000	1	1	7	8	7	1	1	1
20406	경북 울진군	울진군유소년축구육성지원	80,000	1	1	7	8	7	1	1	1
20407	경북 울진군	생활체육건강증진교실사업운영	60,000	1	1	7	8	7	1	1	1
20408	경북 울진군	울진군농업인한마음대회	45,000	1	6	7	8	7	1	1	1
20409	경북 울진군	경상북도지사기종목별대회출전지원	40,000	1	1	7	8	7	1	1	1
20410	경북 울진군	시군장애인생활체육지도자배치(활동지원)	38,526	1	1	7	8	7	1	1	1
20411	경북 울진군	제26회경상북도장애인체육대회참가	35,000	1	1	7	8	7	1	1	1
20412	경북 울진군	2024년경상북도어르신생활체육대회참가	35,000	1	1	7	8	7	1	1	1
20413	경북 울진군	읍면평생학습센터지정·운영	30,000	1	1	7	8	7	3	3	4
20414	경북 울진군	지역발전협의회	30,000	1	4	7	8	7	1	1	1
20415	경북 울진군	소규모급수지역수도(전기,통신)료지원사업	30,000	1	6	7	8	7	1	1	4
20416	경북 울진군	정보화마을프로그램관리자육성	27,467	1	6	7	8	7	1	1	1
20417	경북 울진군	시군생활체육지도자교통비지원	21,600	1	1	7	8	7	1	1	1
20418	경북 울진군	군정발전을위한의견수렴및추진	20,000	1	4	7	8	7	5	5	1
20419	경북 울진군	군민갈등해소위민상담실운영사업	20,000	1	1	7	8	7	5	5	1
20420	경북 울진군	민주평화통일관련사업	15,000	1	1	7	8	7	5	5	1
20421	경북 울진군	범죄피해자센터지원및운영비지원	13,000	1	1	5	8	7	5	1	4
20422	경북 울진군	경상북도7개시군4H한마음행사	12,000	1	6	7	8	7	1	1	1
20423	경북 울진군	지역특화평생교육활성화지원	10,000	1	1	2	7	1	1	1	1
20424	경북 울진군	생활체육지도자장기근속수당지원	8,160	1	1	7	8	7	1	1	1
20425	경북 울진군	울진부역혐의희생사건위령제지원	7,000	1	4	7	8	7	5	5	1
20426	경북 울진군	자유민주주의역량강화	7,000	1	1	7	8	7	5	5	1
20427	경북 울진군	농촌교육농장팜파티지원	7,000	1	6	7	8	7	1	1	1
20428	경북 울진군	생활체육지도자연수비지원	6,000	1	1	7	8	7	1	1	1
20429	경북 울진군	바르게살기운동청년회조직활성화	5,000	1	1	7	8	7	5	5	1
20430	경북 울진군	정보화마을활성화	5,000	1	6	7	8	7	1	1	2
20431	경북 울진군	치유농장프로그램지원	3,500	1	6	7	8	7	1	1	1
20432	경북 울진군	청년농업인4H회원활동지원	3,000	1	1	7	8	7	1	1	1
20433	경북 울진군	학생4H회원과제활동지원	3,000	1	1	7	8	7	1	1	1
20434	경북 울진군	북한이탈주민정착지원	2,500	1	4	7	8	7	5	5	1
20435	경북 울진군	시군장애인생활체육지도자교통지원	2,160	1	1	7	8	7	1	1	1
20436	경북 울진군	생활체육지도자활동보험료지원	1,640	1	1	7	8	7	1	1	1
20437	경북 울진군	생활체육지도자자녀수당지원	1,200	1	1	7	8	7	1	1	1

순번	시군구	지출명 (사업명)	2024년예산 (단위 : 천원 /1년간)	민간이전 분류 (지방자치단체 세출예산 집행기준에 의거) 1. 민간경상사업보조(307-02) 2. 민간단체 법정운영비보조(307-03) 3. 민간행사사업보조(307-04) 4. 민간위탁금(307-05) 5. 사회복지시설 법정운영비보조(307-10) 6. 민간인위탁교육비(307-12) 7. 공기관등에대한경상적위탁사업비(308-13) 8. 민간자본사업보조,자체재원(402-01) 9. 민간자본사업보조,이전재원(402-02) 10. 민간위탁사업비(402-03) 11. 공기관등에 대한 자본적 위탁사업비(403-02)	민간이전지출 근거 (지방보조금 관리기준 참고) 1. 법률에 규정 2. 국고보조 재원(국가지정) 3. 용도 지정 기부금 4. 조례에 직접규정 5. 지자체가 권장하는 사업을 하는 공공기관 6. 시,도 정책 및 재정사정 7. 기타 8. 해당없음	입찰방식 계약체결방법 (경쟁형태) 1. 일반경쟁 2. 제한경쟁 3. 지명경쟁 4. 수의계약 5. 법정위탁 6. 기타 ( ) 7. 없음	입찰방식 계약기간 1. 1년 2. 2년 3. 3년 4. 4년 5. 5년 6. 기타 ( )년 7. 단기계약 (1년미만) 8. 없음	입찰방식 낙찰자선정방법 1. 적격심사 2. 협상에의한계약 3. 최저가낙찰제 4. 규격가격분리 5. 2단계 경쟁입찰 6. 기타 ( ) 7. 없음	운영예산 산정 운영예산 산정 1. 내부산정 (지자체 자체적으로 산정) 2. 외부산정 (외부전문기관위탁 산정) 3. 내·외부 모두 산정 4. 산정 無 5. 없음	운영예산 산정 정산방법 1. 내부정산 (지자체 내부적으로 정산) 2. 외부정산 (외부전문기관위탁 정산) 3. 내·외부 모두 정산 4. 정산 無 5. 없음	성과평가 실시여부 1. 실시 2. 미실시 3. 향후 추진 4. 해당없음
20438	경북 울진군	시군장애인생활체육지도자장기근속수당지원	600	1	1	7	8	7	1	1	1
20439	경북 울진군	장애인생활체육지도자활동보험료지원	162	1	1	7	8	7	1	1	1
20440	경북 울진군	의료관련감염병감시체계참여병원지원	2,160	1	2	7	8	7	5	5	4
20441	경북 울릉군	경북도민여객운임지원	900,000	1	1	7	8	7	2	2	2
20442	경북 울릉군	도서지역여객선유류비지원	450,000	1	1	7	8	7	2	2	2
20443	경북 울릉군	울릉군민차량수송운임지원	300,000	1	1	7	8	7	1	1	1
20444	경북 울릉군	노인단체지원	40,000	1	1	7	8	7	1	1	1
20445	경북 울릉군	준도서민여객운임지원	30,000	1	1	7	8	7	1	1	1
20446	경북 울릉군	정보화마을프로그램관리자운영	19,786	1	6	7	8	7	5	1	4
20447	경북 울릉군	새마을운동활성화(행복한보금자리만들기사업)	19,000	1	4	7	8	7	5	5	4
20448	경북 울릉군	울릉군새마을회사업비	18,300	1	4	7	8	7	5	5	4
20449	경북 울릉군	도선적자노선손실보전	15,000	1	1	7	8	7	1	1	1
20450	경북 울릉군	사랑의김장나눔	10,000	1	1	7	8	7	1	1	1
20451	경북 울릉군	지역사회보장협의체운영지원	10,000	1	1	7	2	7	1	1	1
20452	경북 울릉군	수난인명구조활동지원	8,000	1	7	6	1	1	1	1	1
20453	경북 울릉군	양성평등주간행사	7,000	1	1	7	8	7	1	1	1
20454	경북 울릉군	새마을운동활성화(범도민독서생활화사업)	6,630	1	4	7	8	7	5	5	4
20455	경북 울릉군	한국자유총연맹울릉군지부사업비	6,000	1	1	7	8	7	1	1	1
20456	경북 울릉군	산악인명구조활동지원	6,000	1	7	6	1	1	1	1	1
20457	경북 울릉군	민간단체육성지원(바르게살기운동청년회조직활성화)	5,000	1	4	7	8	7	5	5	4
20458	경북 울릉군	정보화마을활성화지원	5,000	1	6	7	8	7	5	1	4
20459	경북 울릉군	노인회시군지회활성화지원	5,000	1	6	7	8	7	1	1	1
20460	경북 울릉군	울릉군민도선운임지원	5,000	1	1	7	8	7	1	1	1
20461	경북 울릉군	법사랑청소년현장교육	3,000	1	1	7	8	7	1	1	1
20462	경북 울릉군	아마추어무선중계기보수	3,000	1	4	5	1	1	1	1	1
20463	경북 울릉군	울릉군재향군인회사업비	2,500	1	1	7	8	7	1	1	1
20464	경북 울릉군	바르게살기울릉군협의회사업비	2,000	1	4	7	8	7	5	5	4
20465	경북 울릉군	민간단체육성지원(바르게살기운동건전생활실천교육)	1,650	1	4	7	8	7	5	5	4
20466	경북 울릉군	취약계층아동및청소년시설지원	1,500	1	1	7	8	7	1	1	1
20467	경북 울릉군	우리장담그기	1,000	1	1	7	8	7	1	1	1
20468	경상남도	임업인해외동임업연수	20,000	1	1	7	8	7	1	1	3
20469	경상남도	경남전문임업인역량강화교육	10,000	1	1	7	8	7	1	1	3
20470	경상남도	임업후계자전국대회참가경비지원	6,000	1	1	7	8	7	1	1	3
20471	경상남도	산림비전포럼	5,320	1	1	7	8	7	1	1	3
20472	경상남도	산림경영인전국대회참가경비지원	2,000	1	1	7	8	7	1	1	3
20473	경상남도	문화재돌봄사업	2,890,000	1	2	6	3	6	5	2	4
20474	경상남도	새일센터지정운영(도)	2,673,860	1	2	5	8	7	3	3	1
20475	경상남도	해바라기센터운영지원	1,415,393	1	2	7	8	7	3	1	1
20476	경상남도	농촌융복합산업활성화지원	1,126,000	1	1	7	8	7	1	1	1
20477	경상남도	공동근로복지기금재정지원	800,000	1	6	6	8	7	1	1	4

순번	시군구	지출명 (사업명)	2024년예산 (단위 : 천원 /1년간)	민간이전 분류 (지방자치단체 세출예산 집행기준에 의거) 1. 민간경상사업보조(307-02) 2. 민간단체 법정운영비보조(307-03) 3. 민간행사사업보조(307-04) 4. 민간위탁금(307-05) 5. 사회복지시설 법정운영비보조(307-10) 6. 민간인위탁교육비(307-12) 7. 공기관등에대한경상적위탁사업비(308-13) 8. 민간자본사업보조,자체재원(402-01) 9. 민간자본사업보조,이전재원(402-02) 10. 민간위탁사업비(402-03) 11. 공기관등에 대한 자본적 위탁사업비(403-02)	민간이전지출 근거 (지방보조금 관리기준 참고) 1. 법률에 규정 2. 국고보조 재원(국가지정) 3. 용도 지정 기부금 4. 조례에 직접규정 5. 지자체가 권장하는 사업을 하는 공공기관 6. 시,도 정책 및 재정사정 7. 기타 8. 해당없음	입찰방식 계약체결방법 (경쟁형태) 1. 일반경쟁 2. 제한경쟁 3. 지명경쟁 4. 수의계약 5. 법정위탁 6. 기타 ( ) 7. 없음	입찰방식 계약기간 1. 1년 2. 2년 3. 3년 4. 4년 5. 5년 6. 기타 ( )년 7. 단기계약 (1년미만) 8. 없음	입찰방식 낙찰자선정방법 1. 적격심사 2. 협상에의한계약 3. 최저가낙찰제 4. 규격가격분리 5. 2단계 경쟁입찰 6. 기타 ( ) 7. 없음	운영예산 산정 운영예산 산정 1. 내부산정 (지자체 자체적으로 산정) 2. 외부산정 (외부전문기관위탁 산정) 3. 내·외부 모두 산정 4. 산정 無 5. 없음	운영예산 산정 정산방법 1. 내부정산 (지자체 내부적으로 정산) 2. 외부정산 (외부전문기관위탁 정산) 3. 내·외부 모두 산정 4. 정산 無 5. 없음	성과평가 실시여부 1. 실시 2. 미실시 3. 향후 추진 4. 해당없음
20478	경상남도	야생동물구조관리센터운영지원	732,333	1	2	7	8	7	1	3	4
20479	경상남도	찾아가는산부인과운영	658,000	1	2	7	8	7	1	3	1
20480	경상남도	마을기업컨설팅등지원사업	586,000	1	4	6	8	7	1	1	4
20481	경상남도	경상남도환경보건센터지원	561,272	1	1,2,4	7	8	7	5	3	1
20482	경상남도	산업디지털전환확산지원체계구축사업추진	450,000	1	2	7	8	7	3	3	1
20483	경상남도	농업과기업간연계강화사업	400,000	1	1	7	8	7	5	5	4
20484	경상남도	경남녹색환경지원센터지원	400,000	1	1,2,4	7	8	7	5	3	1
20485	경상남도	경력단절여성등일자리창출등지원	219,950	1	1	5	8	7	3	3	1
20486	경상남도	식생활교육지원	200,000	1	2	7	8	7	1	1	1
20487	경상남도	야생동물구조관리센터설치비지원	200,000	1	2	7	8	7	1	3	4
20488	경상남도	경남형자원순환마을조성	160,000	1	4	7	8	7	5	5	4
20489	경상남도	FTA활용지원사업	150,000	1	2	7	8	7	1	1	4
20490	경상남도	농업인학습단체조직활동지원	146,000	1	4	7	8	7	1	1	3
20491	경상남도	민간단체환경보전활동지원	138,400	1	4	7	8	7	1	1	1
20492	경상남도	아동안전지킴이운영(부대경비)	137,492	1	2	1	7	2	1	1	1
20493	경상남도	잠수어업인진료비지원	110,000	1	4	7	8	7	1	1	1
20494	경상남도	향토산업육성사업공동마케팅지원	100,000	1	1	7	8	7	1	1	1
20495	경상남도	선진노사관계구축해외연수및국제교류사업	100,000	1	4	7	8	7	1	1	1
20496	경상남도	새일여성인턴취업장려금지급(도)	100,000	1	1	5	8	7	3	3	1
20497	경상남도	농수특산물직거래장터개설및참가지원	94,500	1	4	7	8	7	1	1	1
20498	경상남도	지역행사수산물판촉전지원	80,000	1	4	7	8	7	5	5	4
20499	경상남도	(예비)사회적기업판로개척지원사업	70,000	1	4	7	8	7	5	5	4
20500	경상남도	성폭력피해자방문상담,돌봄비용,부대비용지원	63,030	1	2	7	8	7	3	1	1
20501	경상남도	기능성실크제품Hitech후가공기술공정지원	60,000	1	2	6	6	6	2	2	1
20502	경상남도	품질경영지원사업	50,000	1	1	7	1	7	1	1	1
20503	경상남도	장애인세상보기버스(휠체어리프트)운영	50,000	1	6	1	5	1	1	1	3
20504	경상남도	자연보호단체활동지원	45,600	1	1,4	7	8	7	1	1	1
20505	경상남도	경남아이다누리카드홍보사업	45,000	1	6	7	8	7	1	1	1
20506	경상남도	도민참여형민관협력공적개발원조(ODA)	42,750	1	5	7	8	7	1	1	1
20507	경상남도	노동자및노조간부교육	40,000	1	4	7	8	7	1	1	1
20508	경상남도	노동자및노조간부교육	40,000	1	4	7	8	7	1	1	1
20509	경상남도	협동조합활성화지원	40,000	1	4	6	8	7	1	1	1
20510	경상남도	남명집정본화연구지원	40,000	1	4	7	1	7	5	1	4
20511	경상남도	농업인학습단체생활개선회조직활동지원	38,000	1	8	7	8	7	1	1	3
20512	경상남도	숙련기술자단체사업지원	35,000	1	4	7	8	7	1	1	1
20513	경상남도	경남술도가전통으뜸주선발대회개최	30,000	1	1	7	8	7	5	5	4
20514	경상남도	노동자수련대회	30,000	1	4	7	8	7	1	1	1
20515	경상남도	청년여성일경험지원	29,550	1	2	5	8	7	3	3	1
20516	경상남도	온실가스줄이기실천운동	28,500	1	1	7	8	7	1	1	4
20517	경상남도	환경의날등환경기념일행사개최지원	28,500	1	4	7	8	7	1	1	1

순번	시군구	지출명 (사업명)	2024년예산 (단위 : 천원 /1년간)	민간이전 분류 (지방자치단체 세출예산 집행기준에 의거) 1. 민간경상사업보조(307-02) 2. 민간단체 법정운영비보조(307-03) 3. 민간행사사업보조(307-04) 4. 민간위탁금(307-05) 5. 사회복지시설 법정운영비보조(307-10) 6. 민간인위탁교육비(307-12) 7. 공기관등에대한경상적위탁사업비(308-13) 8. 민간자본사업보조,자체재원(402-01) 9. 민간자본사업보조,이전재원(402-02) 10. 민간위탁사업비(402-03) 11. 공기관등에 대한 자본적 위탁사업비(403-02)	민간이전지출 근거 (지방보조금 관리기준 참고) 1. 법률에 규정 2. 국고보조 재원(국가지정) 3. 용도 지정 기부금 4. 조례에 직접규정 5. 지자체가 권장하는 사업을 하는 공공기관 6. 시,도 정책 및 재정사정 7. 기타 8. 해당없음	입찰방식: 계약체결방법 (경쟁형태) 1. 일반경쟁 2. 제한경쟁 3. 지명경쟁 4. 수의계약 5. 법정위탁 6. 기타 ( ) 7. 없음	입찰방식: 계약기간 1. 1년 2. 2년 3. 3년 4. 4년 5. 5년 6. 기타 ( )년 7. 단기계약 (1년미만) 8. 없음	입찰방식: 낙찰자선정방법 1. 적격심사 2. 협상에의한계약 3. 최저가낙찰제 4. 규격가격분리 5. 2단계 경쟁입찰 6. 기타 ( ) 7. 없음	운영예산 산정: 운영예산 산정 1. 내부산정 (지자체 자체적으로 산정) 2. 외부산정 (외부전문기관위탁 산정) 3. 내·외부 모두 산정 4. 산정 無 5. 없음	운영예산 산정: 정산방법 1. 내부정산 (지자체 내부적으로 정산) 2. 외부정산 (외부전문기관위탁 정산) 3. 내·외부 모두 산정 4. 정산 無 5. 없음	성과평가 실시여부 1. 실시 2. 미실시 3. 향후 추진 4. 해당없음
20518	경상남도	파머스마켓페스타지우너사업(주민참여)	25,000	1	6	7	8	7	1	1	1
20519	경상남도	노사대학CEO과정지원	25,000	1	4	7	8	7	1	1	4
20520	경상남도	경상남도품질분임조경진대회개최	25,000	1	1	7	1	7	1	1	1
20521	경상남도	우수지역전통주홍보및판촉지원	23,000	1	1	7	8	7	1	1	1
20522	경상남도	우수수산업경영인해외연수비지원	23,000	1	6	7	8	7	1	1	3
20523	경상남도	안심농홍보지원	17,100	1	4	7	8	7	1	1	1
20524	경상남도	수산박람회참가지원	16,200	1	4	7	8	7	5	5	4
20525	경상남도	임산부의날행사및홍보	16,000	1	6	7	8	7	1	1	1
20526	경상남도	농촌교육농장활성화지원	15,500	1	8	7	8	7	1	1	3
20527	경상남도	노사합동조찬세미나개최	15,300	1	4	7	8	7	1	1	4
20528	경상남도	향교운영활성화(도향교재단충효교실운영지원)	15,000	1	4	7	1	7	5	1	4
20529	경상남도	자율관리어업한마음대회행사지원	13,500	1	4	7	8	7	1	1	1
20530	경상남도	전통생활문화대학운영	12,000	1	8	7	8	7	1	1	3
20531	경상남도	임신출산육아이야기공모전	12,000	1	6	7	8	7	1	3	1
20532	경상남도	벤처농업신성장활력창출마케팅지원	11,568	1	6	7	8	7	1	1	1
20533	경상남도	우수자율관리어업공동체해외연수비지원	10,000	1	4	7	8	7	1	1	1
20534	경상남도	남명학연구총서발행지원	10,000	1	4	7	1	7	5	1	4
20535	경상남도	외국인근로자1일경남투어	9,000	1	7	7	1	7	1	1	4
20536	경상남도	범국민예의생활및인성교육지원	8,630	1	4	7	1	7	5	1	4
20537	경상남도	남명학학술연구지원	7,000	1	4	7	1	7	5	1	4
20538	경상남도	4H교육행사지원	5,400	1	4	7	8	7	1	1	3
20539	경상남도	전국으뜸농산물전시회참가지원	5,000	1	4	7	8	7	1	1	1
20540	경상남도	경남과학기술포럼지원	5,000	1	1	7	1	7	1	1	1
20541	경상남도	고품질쌀생산교육	4,500	1	6	7	8	7	5	5	4
20542	경남 창원시	유기질비료지원(전환사업)	1,541,100	1	6	7	8	7	5	5	4
20543	경남 창원시	농작물재해보험지원	1,270,000	1	2	7	8	7	5	5	4
20544	경남 창원시	어린이집과일간식지원사업	852,242	1	6	7	8	7	5	1	4
20545	경남 창원시	벼육묘용상토매트및상토지원	450,000	1	4	7	8	7	5	5	4
20546	경남 창원시	청년후계농영농정착지원사업	397,960	1	2	7	8	7	5	1	4
20547	경남 창원시	노란우산희망장려금지원사업	397,900	1	1	4	1	2	1	1	1
20548	경남 창원시	365안심병동사업	382,599	1	4	7	8	7	1	1	1
20549	경남 창원시	365안심병동사업	348,600	1	6	7	8	7	1	1	2
20550	경남 창원시	선비마을선비의품격	275,000	1	1	7	8	7	1	1	1
20551	경남 창원시	벼병해충종합장제육묘상자처리제지원	271,700	1	4	7	8	7	5	5	4
20552	경남 창원시	토양개량제지원	270,000	1	2	7	8	7	5	5	4
20553	경남 창원시	조사료사일리지제조운송비지원	270,000	1	1	7	8	7	1	1	4
20554	경남 창원시	임산부친환경농산물꾸러미지원	264,000	1	6	7	8	7	5	5	4
20555	경남 창원시	지역산업맞춤형일자리창출지원사업	250,000	1	6	7	8	7	5	5	4
20556	경남 창원시	연안어선어업용유류비지원	250,000	1	6	7	8	7	5	5	4
20557	경남 창원시	농촌인력중개센터운영	212,500	1	2	7	8	7	1	1	1

순번	시군구	지출명 (사업명)	2024년예산 (단위 : 천원 /1년간)	민간이전 분류 (지방자치단체 세출예산 집행기준에 의거) 1. 민간경상사업보조(307-02) 2. 민간단체 법정운영비보조(307-03) 3. 민간행사사업보조(307-04) 4. 민간위탁금(307-05) 5. 사회복지시설 법정운영비보조(307-10) 6. 민간인위탁교육비(307-12) 7. 공기관등에대한경상적위탁사업비(308-13) 8. 민간자본사업보조,자체재원(402-01) 9. 민간자본사업보조,이전재원(402-02) 10. 민간위탁사업비(402-03) 11. 공기관등에 대한 자본적 위탁사업비(403-02)	민간이전지출 근거 (지방보조금 관리기준 참고) 1. 법률에 규정 2. 국고보조 재원(국가지정) 3. 용도 지정 기부금 4. 조례에 직접규정 5. 지자체가 권장하는 사업을 하는 공공기관 6. 시,도 정책 및 재정사정 7. 기타 8. 해당없음	입찰방식 계약체결방법 (경쟁형태) 1. 일반경쟁 2. 제한경쟁 3. 지명경쟁 4. 수의계약 5. 법정위탁 6. 기타 ( ) 7. 없음	입찰방식 계약기간 1. 1년 2. 2년 3. 3년 4. 4년 5. 5년 6. 기타 ( )년 7. 단기계약 (1년미만) 8. 없음	입찰방식 낙찰자선정방법 1. 적격심사 2. 협상에의한계약 3. 최저가낙찰제 4. 규격가격분리 5. 2단계 경쟁입찰 6. 기타 ( ) 7. 없음	운영예산 산정 운영예산 산정 1. 내부산정 (지자체 자체적으로 산정) 2. 외부산정 (외부전문기관위탁 산정) 3. 내·외부 모두 산정 4. 산정 無 5. 없음	운영예산 산정 정산방법 1. 내부정산 (지자체 내부적으로 정산) 2. 외부정산 (외부전문기관위탁 정산) 3. 내·외부 모두 산정 4. 정산 無 5. 없음	성과평가 실시여부 1. 실시 2. 미실시 3. 향후 추진 4. 해당없음
20558	경남 창원시	전통시장스마트경영지원	200,000	1	1	7	8	7	5	5	4
20559	경남 창원시	영세도선운영보조	170,000	1	4	7	8	7	1	1	2
20560	경남 창원시	조사료생산용종자구입지원	151,938	1	1	7	8	7	1	1	4
20561	경남 창원시	지식재산창출지원사업	150,000	1	1	5	1	7	3	3	1
20562	경남 창원시	장애인평생교육프로그램지원사업	134,540	1	6	7	1	7	2	1	2
20563	경남 창원시	K농산물전략품목통합지원	130,000	1	6	7	8	7	5	1	4
20564	경남 창원시	어선재해보상보험료지원	123,500	1	6	7	8	7	5	5	4
20565	경남 창원시	소상공인민원콜센터운영	122,740	1	4	7	8	7	1	1	1
20566	경남 창원시	여성농업인센터운영지원	120,650	1	6	7	8	7	5	1	4
20567	경남 창원시	농수특산물통합브랜드포장재지원	120,000	1	6	7	8	7	1	1	1
20568	경남 창원시	농촌융복합산업지구조성사업(경상보조분야)	120,000	1	2	7	8	7	5	1	4
20569	경남 창원시	치매안심요양병원공공사업지원	116,000	1	2	7	8	7	1	1	1
20570	경남 창원시	창원시지속가능발전협의회사업비	109,900	1	4	7	8	7	1	3	1
20571	경남 창원시	우리마을아이돌봄	104,000	1	7	7	3	7	5	1	1
20572	경남 창원시	무형문화재기능보유자전승보조	103,200	1	1	7	8	7	1	1	1
20573	경남 창원시	평생학습프로그램및동아리지원사업	100,000	1	1,4	6	1	6	1	1	3
20574	경남 창원시	어선원재해보상보험료지원	98,866	1	6	7	8	7	5	5	4
20575	경남 창원시	신중년사회공헌사업	96,193	1	6	7	8	7	5	3	1
20576	경남 창원시	비정규직노동자지원사업	96,000	1	4	7	8	7	5	5	4
20577	경남 창원시	여성어업인바우처지원	96,000	1	6	7	8	7	1	1	4
20578	경남 창원시	가축방역약품구입	84,000	1	2	7	8	7	5	5	4
20579	경남 창원시	청년맞춤형평생학습프로그램	80,000	1	1,4	7	8	7	5	5	4
20580	경남 창원시	농기계종합보험가입지원	80,000	1	1	7	8	7	1	1	4
20581	경남 창원시	소상공인법률상담지원단운영	76,800	1	4	7	8	7	1	1	1
20582	경남 창원시	전업농구제역백신지원	76,200	1	2	7	8	7	5	5	4
20583	경남 창원시	농번기마을공동급식지원	67,500	1	6	7	8	7	5	1	4
20584	경남 창원시	전국민속소힘겨루기대회	65,100	1	4	7	8	7	1	1	1
20585	경남 창원시	양식수산물재해보험지원	65,000	1	6	7	8	7	5	5	4
20586	경남 창원시	내수면유해생물퇴치수매사업	64,000	1	6	7	8	7	5	5	4
20587	경남 창원시	시장경영패키지지원사업	60,000	1	1	7	8	7	5	5	4
20588	경남 창원시	청년어촌정착지원	60,000	1	2	7	8	7	1	1	4
20589	경남 창원시	경남쌀소비염토확장사업	60,000	1	4	7	8	7	1	1	1
20590	경남 창원시	친환경쌀생산단지지원	56,000	1	4	7	8	7	5	5	4
20591	경남 창원시	2024전통과현대의만남_풍류21	55,000	1	1	7	8	7	1	1	1
20592	경남 창원시	시설채소수정벌입식지원	55,000	1	6	7	8	7	5	5	4
20593	경남 창원시	상이군경재활치료지원	50,490	1	1	7	8	7	5	5	4
20594	경남 창원시	청동路따라생생여행	50,000	1	1	7	8	7	1	1	1
20595	경남 창원시	봉암갯벌생태학습장관리및마산만연안습지학교운영	49,000	1	4	7	8	7	5	5	4
20596	경남 창원시	농산물생산유통통합조직육성	49,000	1	6	7	8	7	5	1	4
20597	경남 창원시	친환경수산물배합사료직불제	48,000	1	6	7	8	7	5	5	4

순번	시군구	지출명 (사업명)	2024년예산 (단위 : 천원 /1년간)	민간이전 분류 (지방자치단체 세출예산 집행기준에 의거) 1. 민간경상사업보조(307-02) 2. 민간단체 법정운영비보조(307-03) 3. 민간행사사업보조(307-04) 4. 민간위탁금(307-05) 5. 사회복지시설 법정운영비보조(307-10) 6. 민간인위탁교육비(307-12) 7. 공기관등에대한경상적위탁사업비(308-13) 8. 민간자본사업보조,자체재원(402-01) 9. 민간자본사업보조,이전재원(402-02) 10. 민간위탁사업비(402-03) 11. 공기관등에 대한 자본적 위탁사업비(403-02)	민간이전지출 근거 (지방보조금 관리기준 참고) 1. 법률에 규정 2. 국고보조 재원(국가지정) 3. 용도 지정 기부금 4. 조례에 직접규정 5. 지자체가 권장하는 사업을 하는 공공기관 6. 시,도 정책 및 재정사정 7. 기타 8. 해당없음	입찰방식: 계약체결방법 (경쟁형태) 1. 일반경쟁 2. 제한경쟁 3. 지명경쟁 4. 수의계약 5. 법정위탁 6. 기타 ( ) 7. 없음	입찰방식: 계약기간 1. 1년 2. 2년 3. 3년 4. 4년 5. 5년 6. 기타 ( )년 7. 단기계약 (1년미만) 8. 없음	입찰방식: 낙찰자선정방법 1. 적격심사 2. 협상에의한계약 3. 최저가낙찰제 4. 규격가격분리 5. 2단계 경쟁입찰 6. 기타 ( ) 7. 없음	운영예산 산정: 운영예산 산정 1. 내부산정 (지자체 자체적으로 산정) 2. 외부산정 (외부전문기관위탁 산정) 3. 내·외부 모두 산정 4. 산정 無 5. 없음	운영예산 산정: 정산방법 1. 내부정산 (지자체 내부적으로 정산) 2. 외부정산 (외부전문기관위탁 정산) 3. 내·외부 모두 산정 4. 정산 無 5. 없음	성과평가 실시여부 1. 실시 2. 미실시 3. 향후 추진 4. 해당없음
20598	경남 창원시	수질자동측정기기(TMS)운영비중소기업지원사업	47,899	1	1	7	8	7	5	5	4
20599	경남 창원시	생태관광지역지정및육성	46,000	1	2	7	8	7	1	1	1
20600	경남 창원시	세입보훈단체관리비지원	36,370	1	1	7	8	7	5	5	4
20601	경남 창원시	농촌지도자농업정보지지원	36,000	1	6	7	8	7	5	5	4
20602	경남 창원시	마산읍면동복지패밀리자원봉사회봉사활동사업(마산복지패밀리봉사회)	35,100	1	6	7	8	7	1	1	1
20603	경남 창원시	과수수정용꽃가루지원사업	35,000	1	4	7	8	7	5	5	4
20604	경남 창원시	농산물수도권출하운송비지원	35,000	1	6	7	8	7	5	1	4
20605	경남 창원시	최고농업경영자과정교육비보조	33,875	1	6	7	8	7	5	1	4
20606	경남 창원시	낙농도우미지원	33,000	1	1	7	8	7	1	1	4
20607	경남 창원시	수산물수출촉진및브랜드육성지원	32,400	1	6	7	8	7	5	5	4
20608	경남 창원시	성인문해교육지원사업	31,500	1	2	6	1	6	2	1	1
20609	경남 창원시	맞춤형입찰정보서비스지원	30,000	1	5	4	1	7	1	1	1
20610	경남 창원시	외국인계절근로자근로편익지원사업	30,000	1	6	7	8	7	5	5	4
20611	경남 창원시	유기농업자재지원	29,000	1	2	7	8	7	5	5	4
20612	경남 창원시	어업인재해공제보험료지원	28,560	1	6	7	8	7	5	5	4
20613	경남 창원시	여성친화도시지역특화사업공모등	26,000	1	6	1	1	6	1	1	4
20614	경남 창원시	자전거이용활성화(돌돌데이캠페인,전동킥보드시민감시단운영)	25,920	1	6	7	8	7	1	1	4
20615	경남 창원시	공공심야약국운영지원	25,550	1	6	6	8	6	1	1	1
20616	경남 창원시	농식품가공전문업체글로컬현지화지원	25,000	1	6	7	8	7	5	1	4
20617	경남 창원시	어촌체험마을사무장채용지원	24,729	1	2	7	8	7	1	1	4
20618	경남 창원시	수산업경영인사무장채용지원	24,729	1	6	7	8	7	5	5	4
20619	경남 창원시	자율관리공동체사무장채용지원	24,729	1	6	7	8	7	1	1	4
20620	경남 창원시	청년꿈터지원사업	24,300	1	3	7	8	7	1	1	1
20621	경남 창원시	사랑의김장담그기사업(창원시자원봉사단체협의회)	24,300	1	6	7	8	7	1	1	1
20622	경남 창원시	범시민생활자전거타기대행진	24,300	1	6	7	8	7	1	1	1
20623	경남 창원시	낙동강녹색자전거길무료대여소운영	22,680	1	6	7	8	7	1	1	1
20624	경남 창원시	밭작물공동경영체역량강화	22,500	1	2	7	8	7	5	5	4
20625	경남 창원시	연안어선기관개방검사비지원	21,600	1	6	7	8	7	1	1	2
20626	경남 창원시	민간주도기업사랑운동실천사업	21,000	1	5	4	1	7	1	1	1
20627	경남 창원시	수산물브랜드및수출상품화지원	21,000	1	6	7	8	7	5	5	4
20628	경남 창원시	친환경농산물유통활성화지원	20,000	1	6	7	8	7	5	5	4
20629	경남 창원시	경남FTA통상진흥센터지원	18,000	1	2	7	8	7	1	1	1
20630	경남 창원시	우수평생학습센터프로그램운영비	18,000	1	5	7	8	7	5	5	4
20631	경남 창원시	가곡전수관상설공연비	18,000	1	1	7	8	7	1	1	1
20632	경남 창원시	수산물소비촉진지원	18,000	1	6	7	8	7	5	5	4
20633	경남 창원시	GAP인증안전성검사비지원(국도비사업)	18,000	1	2	7	8	7	5	1	4
20634	경남 창원시	소소텃밭조성시범	17,100	1	1	7	8	7	5	1	4
20635	경남 창원시	불가사리구제사업	16,666	1	6	7	8	7	5	5	4
20636	경남 창원시	창원보훈3단체전적지순례	16,560	1	1	7	8	7	5	5	4
20637	경남 창원시	축산농가사료첨가제지원	16,500	1	1	7	8	7	1	1	4

순번	시군구	지출명 (사업명)	2024년예산 (단위 : 천원 /1년간)	민간이전 분류 (지방자치단체 세출예산 집행기준에 의거) 1. 민간경상사업보조(307-02) 2. 민간단체 법정운영비보조(307-03) 3. 민간행사사업보조(307-04) 4. 민간위탁금(307-05) 5. 사회복지시설 법정운영비보조(307-10) 6. 민간인위탁교육비(307-12) 7. 공기관등에대한경상적위탁사업비(308-13) 8. 민간자본사업보조,자체재원(402-01) 9. 민간자본사업보조,이전재원(402-02) 10. 민간위탁사업비(402-03) 11. 공기관등에 대한 자본적 위탁사업비(403-02)	민간이전지출 근거 (지방보조금 관리기준 참고) 1. 법률에 규정 2. 국고보조 재원(국가지정) 3. 용도 지정 기부금 4. 조례에 직접규정 5. 지자체가 권장하는 사업을 하는 공공기관 6. 시,도 정책 및 재정사정 7. 기타 8. 해당없음	입찰방식 계약체결방법 (경쟁형태) 1. 일반경쟁 2. 제한경쟁 3. 지명경쟁 4. 수의계약 5. 법정위탁 6. 기타 ( ) 7. 없음	입찰방식 계약기간 1. 1년 2. 2년 3. 3년 4. 4년 5. 5년 6. 기타 ( )년 7. 단기계약 (1년미만) 8. 없음	입찰방식 낙찰자선정방법 1. 적격심사 2. 협상에의한계약 3. 최저가낙찰제 4. 규격가격분리 5. 2단계 경쟁입찰 6. 기타 ( ) 7. 없음	운영예산 산정 운영예산 산정 1. 내부산정 (지자체 자체적으로 산정) 2. 외부산정 (외부전문기관위탁 산정) 3. 내·외부 모두 산정 4. 산정 無 5. 없음	운영예산 산정 정산방법 1. 내부정산 (지자체 내부적으로 정산) 2. 외부정산 (외부전문기관위탁 정산) 3. 내·외부 모두 산정 4. 정산 無 5. 없음	성과평가 실시여부 1. 실시 2. 미실시 3. 향후 추진 4. 해당없음
20638	경남 창원시	읍면동및시자원봉사회봉사활동사업비(창원시자원봉사회)	16,200	1	6	7	8	7	1	1	1
20639	경남 창원시	동자원봉사회봉사활동사업(진해구동자원봉사회)	16,200	1	6	7	8	7	1	1	1
20640	경남 창원시	우수수산산업경영인선진수산현장견학	16,200	1	7	7	8	7	1	1	1
20641	경남 창원시	우수자율관리공동체선진수산현장견학	16,200	1	7	7	8	7	1	1	1
20642	경남 창원시	4H회농업정보지보급(4H신문)	16,170	1	6	7	8	7	5	5	4
20643	경남 창원시	수산물유통활성화지원	16,000	1	6	7	8	7	5	5	4
20644	경남 창원시	농작업안전관리신기술보급시범	16,000	1	2	7	8	7	5	5	4
20645	경남 창원시	친환경꿀벌사양지원	16,000	1	1	7	8	7	1	1	1
20646	경남 창원시	해양수중정화및안전사고예방활동	15,120	1	4	7	8	7	5	5	4
20647	경남 창원시	수산물상생할인지원	15,000	1	2	7	8	7	5	5	4
20648	경남 창원시	원예활동전문가활용도시농업시범	15,000	1	1	7	8	7	5	1	4
20649	경남 창원시	국가무형문화재(여창가곡)공개공연비지원	14,400	1	1	7	8	7	1	1	1
20650	경남 창원시	국가무형문화재(아랫녘수륙재)공개공연비지원	14,400	1	1	7	8	7	1	1	1
20651	경남 창원시	무공수훈자회(창원,마산,진해)전적지순례	14,370	1	1	7	8	7	5	5	4
20652	경남 창원시	재향군인회(창원,마산,진해)전적지순례	14,360	1	1	7	8	7	5	5	4
20653	경남 창원시	선진농업분야현장학습	14,000	1	1	7	8	7	1	1	1
20654	경남 창원시	송아지생산성향상사업	14,000	1	1	7	8	7	1	1	4
20655	경남 창원시	청소년노동인권증진사업	13,500	1	4	7	8	7	5	5	4
20656	경남 창원시	가곡전수관활성화사업	12,500	1	1	7	8	7	1	1	1
20657	경남 창원시	작목별맞춤형안전관리실천시범	12,500	1	2	7	8	7	5	5	4
20658	경남 창원시	청년농업인취농직불제사업	12,000	1	6	7	8	7	5	1	4
20659	경남 창원시	친환경토양개량제지원	12,000	1	4	7	8	7	5	5	4
20660	경남 창원시	마산보훈3단체전적지순례	11,630	1	1	7	8	7	5	5	4
20661	경남 창원시	청소년지도위원역량강화워크숍,활동평가회	11,380	1	4	7	8	7	1	1	1
20662	경남 창원시	고엽제전우회통합지회전적지순례	10,950	1	1	7	8	7	5	5	4
20663	경남 창원시	월남전참전자회통합지회전적지순례	10,260	1	1	7	8	7	5	5	4
20664	경남 창원시	아동참여기구운영	10,000	1	4	7	8	6	1	1	1
20665	경남 창원시	수출주력품종시장개척지원	10,000	1	6	7	8	7	1	5	4
20666	경남 창원시	귀농창업실행비지원	10,000	1	2	7	8	7	5	1	4
20667	경남 창원시	청년농업인취농인턴제사업	10,000	1	6	7	8	7	5	1	4
20668	경남 창원시	청년농업인커뮤니티활성화지원	10,000	1	6	7	8	7	5	1	4
20669	경남 창원시	화훼류퇴화모주갱신우량모종보급시범	10,000	1	4	7	8	7	5	5	4
20670	경남 창원시	로컬푸드기획생산체계농자재지원사업	10,000	1	6	7	8	7	1	1	1
20671	경남 창원시	우량암소생산기반구축사업	10,000	1	1	7	8	7	1	1	4
20672	경남 창원시	불모산영산재공개공연비지원	9,800	1	1	7	8	7	1	1	1
20673	경남 창원시	화훼국내육성품종(종자,종묘)보급	9,500	1	6	7	8	7	5	5	4
20674	경남 창원시	매듭장공개공연비지원	9,310	1	1	7	8	7	1	1	1
20675	경남 창원시	광려산숯일소리공개공연비지원	9,310	1	1	7	8	7	1	1	1
20676	경남 창원시	고엽제전우회(만남의장및위령제)	9,000	1	1	7	8	7	5	5	4
20677	경남 창원시	선진교통질서확립단체활동지원(창원중부모범운전자회)	9,000	1	4	7	8	7	5	5	4

순번	시군구	지출명 (사업명)	2024년예산 (단위 : 천원 /1년간)	민간이전 분류 (지방자치단체 세출예산 집행기준에 의거) 1. 민간경상사업보조(307-02) 2. 민간단체 법정운영비보조(307-03) 3. 민간행사사업보조(307-04) 4. 민간위탁금(307-05) 5. 사회복지시설 법정운영비보조(307-10) 6. 민간인위탁교육비(307-12) 7. 공기관등에대한경상적위탁사업비(308-13) 8. 민간자본사업보조,자체재원(402-01) 9. 민간자본사업보조,이전재원(402-02) 10. 민간위탁사업비(402-03) 11. 공기관등에 대한 자본적 위탁사업비(403-02)	민간이전지출 근거 (지방보조금 관리기준 참고) 1. 법률에 규정 2. 국고보조 재원(국가지정) 3. 용도 지정 기부금 4. 조례에 직접규정 5. 지자체가 권장하는 사업을 하는 공공기관 6. 시,도 정책 및 재정사정 7. 기타 8. 해당없음	입찰방식 계약체결방법 (경쟁형태) 1. 일반경쟁 2. 제한경쟁 3. 지명경쟁 4. 수의계약 5. 법정위탁 6. 기타 ( ) 7. 없음	입찰방식 계약기간 1. 1년 2. 2년 3. 3년 4. 4년 5. 5년 6. 기타 ( )년 7. 단기계약 (1년미만) 8. 없음	입찰방식 낙찰자선정방법 1. 적격심사 2. 협상에의한계약 3. 최저가낙찰제 4. 규격가격분리 5. 2단계 경쟁입찰 6. 기타 ( ) 7. 없음	운영예산 산정 운영예산 산정 1. 내부산정 (지자체 자체적으로 산정) 2. 외부산정 (외부전문기관위탁 산정) 3. 내·외부 모두 산정 4. 산정 無 5. 없음	운영예산 산정 정산방법 1. 내부정산 (지자체 내부적으로 정산) 2. 외부정산 (외부전문기관위탁 정산) 3. 내·외부 모두 산정 4. 정산 無 5. 없음	성과평가 실시여부 1. 실시 2. 미실시 3. 향후 추진 4. 해당없음
20678	경남 창원시	선진교통질서확립단체활동지원보조	9,000	1	4	7	1	7	1	1	1
20679	경남 창원시	캄보디아창원국제교육협력센터운영지원	8,910	1	6	7	8	7	1	1	2
20680	경남 창원시	마산농청놀이공개공연비지원	8,845	1	1	7	8	7	1	1	1
20681	경남 창원시	마산성신대제공개공연비지원	8,820	1	1	7	8	7	1	1	1
20682	경남 창원시	야생동물보호소운영	8,500	1	4	7	8	7	1	1	1
20683	경남 창원시	더부러합주단(창원지체장애인협회)	8,424	1	1	7	8	7	1	1	1
20684	경남 창원시	진해보훈3단체전적지순례	8,210	1	1	7	8	7	5	5	4
20685	경남 창원시	해외봉사단파견사업지원	8,100	1	6	7	8	7	1	1	3
20686	경남 창원시	생활안전응급처치교육	8,000	1	6	7	8	7	1	1	1
20687	경남 창원시	귀농인안정정착지원사업	7,500	1	6	7	8	7	5	1	4
20688	경남 창원시	양파마늘생산생분해성농자재지원	7,400	1	6	7	8	7	5	5	4
20689	경남 창원시	지역사회발전을위한봉사활동(창원시자원봉사단체협의회)	7,290	1	6	7	8	7	1	1	1
20690	경남 창원시	임업기술교육및산림경영지도활동지원	7,054	1	6	4	7	6	1	1	4
20691	경남 창원시	법무보호복지대회및모범출소자합동결혼식(법무보호복지공단경남지부보호위원회)	7,047	1	6	7	8	7	1	1	1
20692	경남 창원시	아금바리및폐자원나눔사업	7,000	1	1	7	8	7	5	5	4
20693	경남 창원시	경남추천상품수산물활성화지원	6,000	1	6	7	8	7	5	5	4
20694	경남 창원시	학교4H회과제활동지원	6,000	1	6	7	8	7	5	5	4
20695	경남 창원시	GAP인증수수료지원(도비사업)	6,000	1	6	7	8	7	5	1	4
20696	경남 창원시	제15회불교의식음악학술대회비	5,895	1	1	7	8	7	1	1	1
20697	경남 창원시	소유전체정보분석지원사업	5,760	1	1	7	8	7	1	1	4
20698	경남 창원시	지역사회발전을위한봉사활동(해병대창원시전자봉연합회)	5,670	1	6	7	8	7	1	1	1
20699	경남 창원시	난타공연단운영(창원시각장애인협회)	5,670	1	1	7	8	7	1	1	1
20700	경남 창원시	도랑살리기사업사후관리	5,670	1	6	7	8	7	5	5	4
20701	경남 창원시	마을회관전기요금및운영비품지원(창녕함안보소수력)	5,300	1	1	7	8	7	5	5	4
20702	경남 창원시	창원RCE캄보디아물품기증사업	5,103	1	6	7	8	7	1	1	3
20703	경남 창원시	월남전참전자회기념행사및사진전	5,000	1	1	7	8	7	5	5	4
20704	경남 창원시	여성문화홍보단지원	5,000	1	6	7	8	7	1	1	1
20705	경남 창원시	청년농업인농산물마케팅지원	5,000	1	7	7	8	7	1	1	4
20706	경남 창원시	농업신소득원발굴실증포장운영시범	5,000	1	6	7	8	7	5	5	4
20707	경남 창원시	청년4H회과제교육지원	5,000	1	6	7	8	7	5	5	4
20708	경남 창원시	다품종쌀재배육성지원사업	5,000	1	4	7	8	7	5	5	4
20709	경남 창원시	우리밀육성지원	5,000	1	6	7	8	7	5	5	4
20710	경남 창원시	시설원예연작장해경감제지원	5,000	1	6	7	8	7	5	5	4
20711	경남 창원시	사랑의자장면나눔봉사활동(한국중식나눔회창원시지부)	4,860	1	6	7	8	7	1	1	1
20712	경남 창원시	바닷길8리환경(수중)정화사업	4,500	1	4	7	8	7	5	5	4
20713	경남 창원시	불모산영산재공개행사비지원	4,200	1	1	7	8	7	1	1	1
20714	경남 창원시	마산농청놀이공개행사비지원	4,200	1	1	7	8	7	1	1	1
20715	경남 창원시	마산성신대제공개행사비지원	4,200	1	1	7	8	7	1	1	1
20716	경남 창원시	광려산숯일소리공개행사비지원	4,200	1	1	7	8	7	1	1	1
20717	경남 창원시	축산물HACCP컨설팅(농가)지원	4,200	1	1	7	8	7	1	1	4

순번	시군구	지출명 (사업명)	2024년예산 (단위 : 천원 /1년간)	민간이전 분류 (지방자치단체 세출예산 집행기준에 의거) 1. 민간경상사업보조(307-02) 2. 민간단체 법정운영비보조(307-03) 3. 민간행사사업보조(307-04) 4. 민간위탁금(307-05) 5. 사회복지시설 법정운영비보조(307-10) 6. 민간인위탁교육비(307-12) 7. 공기관등에대한경상적위탁사업비(308-13) 8. 민간자본사업보조,자체재원(402-01) 9. 민간자본사업보조,이전재원(402-02) 10. 민간위탁사업비(402-03) 11. 공기관등에 대한 자본적 위탁사업비(403-02)	민간이전지출 근거 (지방보조금 관리기준 참고) 1. 법률에 규정 2. 국고보조 재원(국가지정) 3. 용도 지정 기부금 4. 조례에 직접규정 5. 지자체가 권장하는 사업을 하는 공공기관 6. 시,도 정책 및 재정사정 7. 기타 8. 해당없음	입찰방식 계약체결방법 (경쟁형태) 1. 일반경쟁 2. 제한경쟁 3. 지명경쟁 4. 수의계약 5. 법정위탁 6. 기타 ( ) 7. 없음	입찰방식 계약기간 1. 1년 2. 2년 3. 3년 4. 4년 5. 5년 6. 기타 ( )년 7. 단기계약 (1년미만) 8. 없음	입찰방식 낙찰자선정방법 1. 적격심사 2. 협상에의한계약 3. 최저가낙찰제 4. 규격가격분리 5. 2단계 경쟁입찰 6. 기타 ( ) 7. 없음	운영예산 산정 운영예산 산정 1. 내부산정 (지자체 자체적으로 산정) 2. 외부산정 (외부전문기관위탁 산정) 3. 내·외부 모두 산정 4. 산정 無 5. 없음	운영예산 산정 정산방법 1. 내부정산 (지자체 내부적으로 정산) 2. 외부정산 (외부전문기관위탁 정산) 3. 내·외부 모두 산정 4. 정산 無 5. 없음	성과평가 실시여부 1. 실시 2. 미실시 3. 향후 추진 4. 해당없음
20718	경남 창원시	전몰군경유자녀회(창원)전적지순례	4,000	1	1	7	8	7	5	5	4
20719	경남 창원시	청소년유해환경감시단	4,000	1	2	7	8	7	1	1	1
20720	경남 창원시	과실장지저장제지원사업	4,000	1	4	7	8	7	5	5	4
20721	경남 창원시	말기암환자와가족을돌보는생명사랑,사랑의돌봄(창원호스피스자원봉사회)	3,848	1	6	7	8	7	1	1	1
20722	경남 창원시	특수임무유공자회통합지회전적지순례	3,420	1	1	7	8	7	5	5	4
20723	경남 창원시	합리적소비문화확산을위한소비자피해예방사업(마산YMCA)	3,300	1	4	4	7	7	1	1	3
20724	경남 창원시	전몰군경유자녀회(마산)전적지순례	3,000	1	1	7	8	7	5	5	4
20725	경남 창원시	광복회창원연합지회전적지순례	3,000	1	1	7	8	7	5	5	4
20726	경남 창원시	625전몰군경유자녀회(창원)호국영령위령제	3,000	1	1	7	8	7	5	5	4
20727	경남 창원시	특수임무유공자회한국재난구조단교육및수중정화활동	3,000	1	1	7	8	7	5	5	4
20728	경남 창원시	농촌지도자품목별육성시범	3,000	1	6	7	8	7	5	5	4
20729	경남 창원시	장애인어울마당행사(경남참사랑봉사단)	2,835	1	6	7	8	7	1	1	1
20730	경남 창원시	무료급식봉사(음식과사랑창원지부나눔회)	2,835	1	6	7	8	7	1	1	1
20731	경남 창원시	전몰군경유족회국립호국원지킴이사업	2,800	1	1	7	8	7	5	5	4
20732	경남 창원시	순직군경부모유족회전적지순례	2,660	1	1	7	8	7	5	5	4
20733	경남 창원시	창원에서행복하게살아가기(창원YMCA)	2,500	1	4	4	7	7	1	1	3
20734	경남 창원시	신화환받침대지원	2,500	1	6	7	8	7	5	5	4
20735	경남 창원시	미용봉사(한마음미용봉사회)	2,430	1	6	7	8	7	1	1	1
20736	경남 창원시	바다환경살리기및수중정화사업(바다를사랑하는클럽)	2,430	1	6	7	8	7	1	1	1
20737	경남 창원시	저소득층집수리사업및전문기술봉사활동(창원시12자원봉사회)	2,430	1	6	7	8	7	1	1	1
20738	경남 창원시	우리동네음악회(꿈꿈따오케스트라)	2,430	1	6	7	8	7	1	1	1
20739	경남 창원시	수어문화제(창원농아인협회)	2,430	1	1	7	8	7	1	1	1
20740	경남 창원시	수어문화제(마산농아인협회)	2,430	1	1	7	8	7	1	1	1
20741	경남 창원시	어린이통학로교통지도활동지원	2,355	1	4	6	1	6	1	1	1
20742	경남 창원시	대한해외참전자전우회창원시지회전적지순례	2,300	1	1	7	8	7	5	5	4
20743	경남 창원시	대한해외참전자전우회창원시지회(파병의날행사)	2,300	1	1	7	8	7	5	5	4
20744	경남 창원시	매듭장공개행사비지원	2,200	1	1	7	8	7	1	1	1
20745	경남 창원시	농촌체험휴양마을보험가입지원	2,040	1	2	7	8	7	5	1	4
20746	경남 창원시	수어문화제(진해농아인협회)	2,025	1	1	7	8	7	1	1	1
20747	경남 창원시	스마트한소비문화확산(소비자교육중앙회창원지회)	2,000	1	4	4	7	7	1	1	3
20748	경남 창원시	2살을대비하는경제교육(진해YWCA)	2,000	1	4	4	7	7	1	1	3
20749	경남 창원시	마을회관전기요금및운영비품지원(성림신재생)	2,000	1	1	7	8	7	5	5	4
20750	경남 창원시	625참전경찰유공자회창원시지회전적지순례	2,000	1	1	7	8	7	5	5	4
20751	경남 창원시	시군4H본부교육지원	2,000	1	6	7	8	7	5	5	4
20752	경남 창원시	강소농자율모임체활성화시범	2,000	1	2	7	8	7	5	5	4
20753	경남 창원시	어린이통학로교통지도사업	2,000	1	4	7	8	7	5	5	4
20754	경남 창원시	경남지부창원지회유자녀회전적지순례	1,760	1	1	7	8	7	5	5	4
20755	경남 창원시	전몰군경유자녀회(진해)전적지순례	1,710	1	1	7	8	7	5	5	4
20756	경남 창원시	어르신효발마사지(발사랑회)	1,620	1	6	7	8	7	1	1	1
20757	경남 창원시	경로위안효도관광(창원시자원봉사회)	1,620	1	6	7	8	7	1	1	1

순번	시군구	지출명 (사업명)	2024년예산 (단위 : 천원 /1년간)	민간이전 분류 (지방자치단체 세출예산 집행기준에 의거) 1. 민간경상사업보조(307-02) 2. 민간단체 법정운영비보조(307-03) 3. 민간행사사업보조(307-04) 4. 민간위탁금(307-05) 5. 사회복지시설 법정운영비보조(307-10) 6. 민간인위탁교육비(307-12) 7. 공기관등에대한경상적위탁사업비(308-13) 8. 민간자본사업보조,자체재원(402-01) 9. 민간자본사업보조,이전재원(402-02) 10. 민간위탁사업비(402-03) 11. 공기관등에 대한 자본적 위탁사업비(403-02)	민간이전지출 근거 (지방보조금 관리기준 참고) 1. 법률에 규정 2. 국고보조 재원(국가지정) 3. 용도 지정 기부금 4. 조례에 직접규정 5. 지자체가 권장하는 사업을 하는 공공기관 6. 시,도 정책 및 재정사정 7. 기타 8. 해당없음	입찰방식 계약체결방법 (경쟁형태) 1. 일반경쟁 2. 제한경쟁 3. 지명경쟁 4. 수의계약 5. 법정위탁 6. 기타 ( ) 7. 없음	입찰방식 계약기간 1. 1년 2. 2년 3. 3년 4. 4년 5. 5년 6. 기타 ( )년 7. 단기계약 (1년미만) 8. 없음	입찰방식 낙찰자선정방법 1. 적격심사 2. 협상에의한계약 3. 최저가낙찰제 4. 규격가격분리 5. 2단계 경쟁입찰 6. 기타 ( ) 7. 없음	운영예산 산정 운영예산 산정 1. 내부산정 (지자체 자체적으로 산정) 2. 외부산정 (외부전문기관위탁 산정) 3. 내·외부 모두 산정 4. 산정 無 5. 없음	운영예산 산정 정산방법 1. 내부정산 (지자체 내부적으로 정산) 2. 외부정산 (외부전문기관위탁 정산) 3. 내·외부 모두 산정 4. 정산 無 5. 없음	성과평가 실시여부 1. 실시 2. 미실시 3. 향후 추진 4. 해당없음
20758	경남 창원시	소외계층및독거어르신밑반찬지원사업(창원시자원봉사회)	1,620	1	6	7	8	7	1	1	1
20759	경남 창원시	치안활동보조및사회시설방문봉사활동(창원서부경찰서명예소장연합회)	1,620	1	6	7	8	7	1	1	1
20760	경남 창원시	지안보조활동및사회복지시설방문봉사활동(창원중부경찰서명예소장연합회)	1,620	1	6	7	8	7	1	1	1
20761	경남 창원시	사랑의의료봉사활동(사랑의의료봉사단)	1,620	1	6	7	8	7	1	1	1
20762	경남 창원시	지역사회불우이웃을위한미용봉사활동(마산한사랑미용봉사회)	1,620	1	6	7	8	7	1	1	1
20763	경남 창원시	안전문화교육및위해요소안전예찰	1,500	1	6	7	8	7	1	1	1
20764	경남 창원시	시민안전문화운동추진	1,500	1	6	7	8	7	1	1	1
20765	경남 창원시	어린이경제교육페스티벌(마산YWCA)	1,500	1	4	4	7	7	1	1	3
20766	경남 창원시	마을회관전기요금및운영비품지원(부산신호2)	1,500	1	1	7	8	7	5	5	4
20767	경남 창원시	해병대진해전우회(교통봉사)	1,500	1	1	7	8	7	5	5	4
20768	경남 창원시	마을회관전기요금및운영비품지원(부산생활폐기물)	1,400	1	1	7	8	7	5	5	4
20769	경남 창원시	전통예절및효사상고취(성균관유도회진해지회)	1,296	1	4	7	8	7	1	1	2
20770	경남 창원시	딸기우량모주지원	1,280	1	6	7	8	7	5	5	4
20771	경남 창원시	장애우들과함께즐기는공예(예진공예문화협회)	1,215	1	6	7	8	7	1	1	1
20772	경남 창원시	발달장애인주말학교(지적발달장애인복지협회창원시지부)	1,215	1	1	7	8	7	1	1	1
20773	경남 창원시	상담원양성교육	1,200	1	6	7	8	7	1	1	1
20774	경남 창원시	농촌체험지도사및농촌해설가양성사업	1,200	1	1	7	8	7	5	1	4
20775	경남 창원시	수산박람회참가지원	1,000	1	6	7	8	7	5	5	4
20776	경남 창원시	농촌체험휴양마을인적역량강화교육	960	1	2	7	8	7	5	1	4
20777	경남 창원시	농아여성취미교실(창원농아인협회)	810	1	1	7	8	7	1	1	1
20778	경남 창원시	농아여성능력계발교육(마산농아인협회)	810	1	1	7	8	7	1	1	1
20779	경남 창원시	취미교실(진해농아인협회)	810	1	1	7	8	7	1	1	1
20780	경남 창원시	장애청소년음악활동(창원시장애청소년문화지원센터)	810	1	1	7	8	7	1	1	1
20781	경남 창원시	시각장애인컴퓨터초보자교육(창원시각장애인협회)	765	1	1	7	8	7	1	1	1
20782	경남 창원시	장애인부모성상담사양성교육(창원시장애인부모회)	765	1	1	7	8	7	1	1	1
20783	경남 진주시	K농산물전략품목통합지원	4,347,000	1	4	7	8	7	1	1	1
20784	경남 진주시	K농산물활성화지원사업	2,400,000	1	4	7	8	7	1	1	1
20785	경남 진주시	365안심병동사업	805,594	1	4	6	1	7	3	3	1
20786	경남 진주시	택시요금카드결제수수료지원	660,000	1	6	7	8	7	1	1	4
20787	경남 진주시	직접지원사업	615,440	1	1	7	8	7	1	1	1
20788	경남 진주시	어린이집과일간식지원사업	445,500	1	4	7	8	7	1	1	1
20789	경남 진주시	음성인식콜마일리지운영	384,000	1	4	7	8	7	5	5	4
20790	경남 진주시	K농산물선별장사회보험료및교통비지원사업	360,000	1	4	7	8	7	1	1	1
20791	경남 진주시	생활체육지도자배치지원	314,570	1	1,4	7	8	7	1	1	1
20792	경남 진주시	관광콘텐츠개발사업지원	300,000	1	5	7	1	7	1	1	1
20793	경남 진주시	진주실크소재빅데이터기반구축사업	300,000	1	4	7	8	7	1	1	1
20794	경남 진주시	장애인생활체육지도자배치지원	219,114	1	1,4	7	8	7	1	1	1
20795	경남 진주시	하모태릭터전용채널콘텐츠제작및운영	210,000	1	4	5	1	7	1	1	1
20796	경남 진주시	전지훈련육성비	209,500	1	1,4	7	8	7	1	1	1
20797	경남 진주시	특화형콜라보콘텐츠및제품개발사업	200,000	1	4	7	8	7	1	1	1

순번	시군구	지출명 (사업명)	2024년예산 (단위 : 천원 /1년간)	민간이전 분류 (지방자치단체 세출예산 집행기준에 의거) 1. 민간경상사업보조(307-02) 2. 민간단체 법정운영비보조(307-03) 3. 민간행사사업보조(307-04) 4. 민간위탁금(307-05) 5. 사회복지시설 법정운영비보조(307-10) 6. 민간인위탁교육비(307-12) 7. 공기관등에대한경상적위탁사업비(308-13) 8. 민간자본사업보조,자체재원(402-01) 9. 민간자본사업보조,이전재원(402-02) 10. 민간위탁사업비(402-03) 11. 공기관등에 대한 자본적 위탁사업비(403-02)	민간이전지출 근거 (지방보조금 관리기준 참고) 1. 법률에 규정 2. 국고보조 재원(국가지정) 3. 용도 지정 기부금 4. 조례에 직접규정 5. 지자체가 권장하는 사업을 하는 공공기관 6. 시,도 정책 및 재정사정 7. 기타 8. 해당없음	입찰방식 계약체결방법 (경쟁형태) 1. 일반경쟁 2. 제한경쟁 3. 지명경쟁 4. 수의계약 5. 법정위탁 6. 기타 ( ) 7. 없음	입찰방식 계약기간 1. 1년 2. 2년 3. 3년 4. 4년 5. 5년 6. 기타 ( )년 7. 단기계약 (1년미만) 8. 없음	입찰방식 낙찰자선정방법 1. 적격심사 2. 협상에의한계약 3. 최저가낙찰제 4. 규격가격분리 5. 2단계 경쟁입찰 6. 기타 ( ) 7. 없음	운영예산 산정 운영예산 산정 1. 내부산정 (지자체 자체적으로 산정) 2. 외부산정 (외부전문기관위탁 산정) 3. 내·외부 모두 산정 4. 산정 無 5. 없음	운영예산 산정 정산방법 1. 내부정산 (지자체 내부적으로 정산) 2. 외부정산 (외부전문기관위탁 정산) 3. 내·외부 모두 산정 4. 정산 無 5. 없음	성과평가 실시여부 1. 실시 2. 미실시 3. 향후 추진 4. 해당없음
20798	경남 진주시	실크복합소재활용제품개발사업	180,000	1	4	7	8	7	1	1	1
20799	경남 진주시	FTA대응축산경쟁력강화	160,380	1	7	7	8	7	1	1	4
20800	경남 진주시	어르신전담생활체육지도자배치지원	157,286	1	1,4	7	8	7	1	1	1
20801	경남 진주시	무형문화재전승보호비	152,400	1	6	6	1	7	1	1	3
20802	경남 진주시	지식재산창출지원사업	150,000	1	5	7	8	7	1	1	1
20803	경남 진주시	K농산물클레임제로화지원사업	150,000	1	4	7	8	7	1	1	1
20804	경남 진주시	유아체능단	150,000	1	1,4	7	8	7	1	1	1
20805	경남 진주시	노인대학운영비지원	143,000	1	1	7	8	7	1	1	4
20806	경남 진주시	실크제품홍보및마케팅사업비지원	130,000	1	4	7	8	7	1	1	1
20807	경남 진주시	실크기업브랜딩및e커머스사업화지원사업	130,000	1	4	7	8	7	1	1	1
20808	경남 진주시	중소기업네트워크형콜라보사업지원	120,000	1	4	7	8	7	1	1	1
20809	경남 진주시	창업보육센터지원사업(국가직접지원사업)	120,000	1	1	7	8	7	1	1	1
20810	경남 진주시	K농산물생산농가경영비이차보전지원	120,000	1	4	7	8	7	1	1	1
20811	경남 진주시	실크원사품질개선공동구매지원사업	100,000	1	4	7	8	7	1	1	1
20812	경남 진주시	실크업체물류비지원사업	100,000	1	4	7	8	7	1	1	1
20813	경남 진주시	진주실크소싱파트너및유통채널연계지원사업	100,000	1	4	7	8	7	1	1	1
20814	경남 진주시	실크.바이오항노화기능성제품개발사업	100,000	1	4	7	8	7	1	1	1
20815	경남 진주시	지역단위푸드플랜구축사업	100,000	1	6	7	8	7	1	1	1
20816	경남 진주시	로컬푸드유통기자재지원사업	100,000	1	4	7	8	7	1	1	3
20817	경남 진주시	읍면동경로당지역봉사지도원활동비	99,120	1	1	7	8	7	1	1	4
20818	경남 진주시	고품질K배품질향상지원사업	90,000	1	4	7	8	7	1	1	1
20819	경남 진주시	학교우유급식	87,000	1	2	7	8	7	1	1	4
20820	경남 진주시	가축분뇨수분조절재지원	85,500	1	6	7	8	7	1	1	4
20821	경남 진주시	진주지역기업제품및포장디자인개발지원	80,000	1	5	7	8	7	1	1	1
20822	경남 진주시	로컬푸드유통활성화지원사업	80,000	1	4	7	8	7	1	1	3
20823	경남 진주시	축산농가악취방지개선	75,000	1	6	7	8	7	1	1	4
20824	경남 진주시	낙농도우미지원사업	72,000	1	6	7	8	7	1	1	4
20825	경남 진주시	지역경제연구센터사업지원	64,000	1	4	7	8	7	1	1	1
20826	경남 진주시	기업맞춤형정보제공사업지원	60,000	1	4	7	8	7	1	1	1
20827	경남 진주시	시군구연고산업육성사업	60,000	1	4	7	8	7	1	1	1
20828	경남 진주시	서부권서민층의료서비스지원사업	60,000	1	6	2	8	1	1	1	2
20829	경남 진주시	우수공예품개발장려금지원	52,800	1	1	1	8	6	1	1	1
20830	경남 진주시	학교체육시설이용클럽사용료지원	50,400	1	1,4	7	8	7	1	1	1
20831	경남 진주시	중소기업공모사업컨설팅사업지원	50,000	1	4	7	8	7	1	1	1
20832	경남 진주시	해외마케팅홍보물제작지원	50,000	1	4	7	8	7	1	1	4
20833	경남 진주시	라이브이커머스지원사업	50,000	1	4	7	8	7	1	1	1
20834	경남 진주시	K농산물생산농단양액재배농업용수수질개선지원	50,000	1	4	7	8	7	1	1	1
20835	경남 진주시	부울경먹거리공동체활성화지원사업	50,000	1	4	7	8	7	1	1	1
20836	경남 진주시	사회복지정보센터구축및활성화사업	50,000	1	6	7	8	7	1	1	1
20837	경남 진주시	경남청년농식품수출마케터지원사업	49,000	1	4	7	8	7	1	1	1

순번	시군구	지출명 (사업명)	2024년예산 (단위 : 천원 /1년간)	민간이전 분류 (지방자치단체 세출예산 집행기준에 의거) 1. 민간경상사업보조(307-02) 2. 민간단체 법정운영비보조(307-03) 3. 민간행사사업보조(307-04) 4. 민간위탁금(307-05) 5. 사회복지시설 법정운영비보조(307-10) 6. 민간인위탁교육비(307-12) 7. 공기관등에대한경상적위탁사업비(308-13) 8. 민간자본사업보조,자체재원(402-01) 9. 민간자본사업보조,이전재원(402-02) 10. 민간위탁사업비(402-03) 11. 공기관등에 대한 자본적 위탁사업비(403-02)	민간이전지출 근거 (지방보조금 관리기준 참고) 1. 법률에 규정 2. 국고보조 재원(국가지정) 3. 용도 지정 기부금 4. 조례에 직접규정 5. 지자체가 권장하는 사업을 하는 공공기관 6. 시,도 정책 및 재정사정 7. 기타 8. 해당없음	입찰방식: 계약체결방법 (경쟁형태) 1. 일반경쟁 2. 제한경쟁 3. 지명경쟁 4. 수의계약 5. 법정위탁 6. 기타 ( ) 7. 없음	입찰방식: 계약기간 1. 1년 2. 2년 3. 3년 4. 4년 5. 5년 6. 기타 ( )년 7. 단기계약 (1년미만) 8. 없음	입찰방식: 낙찰자선정방법 1. 적격심사 2. 협상에의한계약 3. 최저가낙찰제 4. 규격가격분리 5. 2단계 경쟁입찰 6. 기타 ( ) 7. 없음	운영예산 산정: 운영예산 산정 1. 내부산정 (지자체 자체적으로 산정) 2. 외부산정 (외부전문기관위탁 산정) 3. 내·외부 모두 산정 4. 산정 無 5. 없음	운영예산 산정: 정산방법 1. 내부정산 (지자체 내부적으로 정산) 2. 외부정산 (외부전문기관위탁 정산) 3. 내·외부 모두 산정 4. 정산 無 5. 없음	성과평가 실시여부 1. 실시 2. 미실시 3. 향후 추진 4. 해당없음
20838	경남 진주시	가축분뇨수분조절재지원	48,000	1	7	7	8	7	1	1	4
20839	경남 진주시	개별국제전시박람회참가지원	45,000	1	4	7	8	7	1	1	4
20840	경남 진주시	창업기업신규고용인력보조금지원	45,000	1	1	7	8	7	1	1	1
20841	경남 진주시	읍면동풍물단교육	45,000	1	4	6	1	6	1	1	3
20842	경남 진주시	독서문화진흥을위한프로그램운영지원	43,000	1	4	7	8	7	1	1	1
20843	경남 진주시	농식품가공전문업체현지화지원	42,000	1	4	7	8	7	1	1	1
20844	경남 진주시	생활체육교실운영	41,208	1	1,4	7	8	7	1	1	1
20845	경남 진주시	진주실크해외안테나숍지원사업	40,000	1	4	7	8	7	1	1	1
20846	경남 진주시	경남유교대학	40,000	1	6	6	1	7	1	1	3
20847	경남 진주시	타시군문화원문화예술교류지원	40,000	1	1	6	1	6	1	1	3
20848	경남 진주시	영구임대주택공용전기료지원	40,000	1	4	7	8	7	1	1	4
20849	경남 진주시	평생학습기관단체,학습동아리우수프로그램공모사업	40,000	1	1,4	7	8	7	1	1	1
20850	경남 진주시	수확기피해방지단운영	37,840	1	1,4	7	8	7	5	1	1
20851	경남 진주시	읍면동바르게살기위원회단위사업추진	36,000	1	1	7	8	7	1	1	1
20852	경남 진주시	읍면동새마을회지역단위사업	36,000	1	4	7	8	7	1	1	1
20853	경남 진주시	읍면동새마을부녀회지역단위사업	36,000	1	4	7	8	7	1	1	1
20854	경남 진주시	실크업체국내외박람회참가비지원	35,000	1	4	7	8	7	1	1	1
20855	경남 진주시	시니어1,2정보센터운영	33,000	1	4	7	8	7	1	1	4
20856	경남 진주시	포획틀(멧돼지,조류)설치운영	32,000	1	1,4	7	8	7	5	1	1
20857	경남 진주시	고급육출하농가장려금지원	31,800	1	6	7	8	7	1	1	4
20858	경남 진주시	쇠고기이력제귀표부착비	31,152	1	2	7	8	7	1	1	4
20859	경남 진주시	건강한자조마을만들기사업	30,000	1	4	7	8	7	1	1	1
20860	경남 진주시	수상레저체험교실운영(전환사업)	30,000	1	1	7	8	7	1	1	1
20861	경남 진주시	특허기술시제품제작지원	30,000	1	5	7	8	7	1	1	1
20862	경남 진주시	해외지사화사업지원	30,000	1	4	7	8	7	1	1	4
20863	경남 진주시	무형문화재전승보호활동지원	30,000	1	6	6	1	7	1	1	3
20864	경남 진주시	지방문화원운영보조	30,000	1	1	6	1	6	1	1	3
20865	경남 진주시	메세나지원사업(국가직접지원사업)	30,000	1	2	4	1	6	1	1	3
20866	경남 진주시	자원봉사자역량강화연수회	30,000	1	4	7	8	7	1	1	1
20867	경남 진주시	생존수영교실운영지원	30,000	1	1,4	7	8	7	1	1	1
20868	경남 진주시	장애인평생교육시설지원	29,000	1	6	7	8	7	5	5	4
20869	경남 진주시	새마을지도자교육및대회지원	29,000	1	4	7	8	7	1	1	1
20870	경남 진주시	노인단체지원(기금사업)	25,000	1	4	7	8	7	1	1	1
20871	경남 진주시	진주문화원소식지발간지원	25,000	1	1	6	1	6	1	1	3
20872	경남 진주시	읍면동문화위원회활성화지원	24,000	1	1	6	1	6	1	1	3
20873	경남 진주시	굴뚝자동측정기기설치운영관리비지원	23,448	1	2	7	8	7	1	1	2
20874	경남 진주시	한우등록사업	20,000	1	6	7	8	7	1	1	4
20875	경남 진주시	문화고을진주연구사업지원	20,000	1	4	6	1	7	1	1	3
20876	경남 진주시	어린이.청소년프로그램운영지원	20,000	1	1	6	1	6	1	1	3
20877	경남 진주시	진주문화지발간지원	20,000	1	1	6	1	6	1	1	3

순번	시군구	지출명 (사업명)	2024년예산 (단위 : 천원 /1년간)	민간이전 분류 (지방자치단체 세출예산 집행기준에 의거) 1. 민간경상사업보조(307-02) 2. 민간단체 법정운영비보조(307-03) 3. 민간행사사업보조(307-04) 4. 민간위탁금(307-05) 5. 사회복지시설 법정운영비보조(307-10) 6. 민간인위탁교육비(307-12) 7. 공기관등에대한경상적위탁사업비(308-13) 8. 민간자본사업보조,자체재원(402-01) 9. 민간자본사업보조,이전재원(402-02) 10. 민간위탁사업비(402-03) 11. 공기관등에 대한 자본적 위탁사업비(403-02)	민간이전지출 근거 (지방보조금 관리기준 참고) 1. 법률에 규정 2. 국고보조 재원(국가지정) 3. 용도 지정 기부금 4. 조례에 직접규정 5. 지자체가 권장하는 사업을 하는 공공기관 6. 시,도 정책 및 재정사정 7. 기타 8. 해당없음	입찰방식			운영예산 산정		성과평가 실시여부
						계약체결방법 (경쟁형태) 1. 일반경쟁 2. 제한경쟁 3. 지명경쟁 4. 수의계약 5. 법정위탁 6. 기타 ( ) 7. 없음	계약기간 1. 1년 2. 2년 3. 3년 4. 4년 5. 5년 6. 기타 ( )년 7. 단기계약 (1년미만) 8. 없음	낙찰자선정방법 1. 적격심사 2. 협상에의한계약 3. 최저가낙찰제 4. 규격가격분리 5. 2단계 경쟁입찰 6. 기타 ( ) 7. 없음	운영예산 산정 1. 내부산정 (지자체 자체적으로 산정) 2. 외부산정 (외부전문기관위탁 산정) 3. 내·외부 모두 산정 4. 산정 無 5. 없음	정산방법 1. 내부정산 (지자체 내부적으로 정산) 2. 외부정산 (외부전문기관위탁 정산) 3. 내·외부 모두 산정 4. 정산 無 5. 없음	1. 실시 2. 미실시 3. 향후 추진 4. 해당없음
20878	경남 진주시	여성친화도시지역특성화사업공모	20,000	1	6	7	8	7	1	1	4
20879	경남 진주시	희망의집고쳐주기	20,000	1	4	7	8	7	1	1	1
20880	경남 진주시	생태계교란생물퇴치사업	20,000	1	1,2	7	8	7	5	1	1
20881	경남 진주시	장애인체육동아리지원	19,404	1	1,4	7	8	7	1	1	1
20882	경남 진주시	생활체육프로그램운영	17,924	1	1,4	7	8	7	1	1	1
20883	경남 진주시	무형문화재공개시연행사	17,000	1	6	6	1	7	1	1	3
20884	경남 진주시	축산농가사료첨가제지원사업	16,500	1	6	7	8	7	1	1	4
20885	경남 진주시	한우도우미지원사업	15,000	1	6	7	8	7	1	1	4
20886	경남 진주시	공동주택공동체활성화추진	15,000	1	4	7	8	7	1	1	4
20887	경남 진주시	자전거이용활성화사업	15,000	1	4	7	8	7	5	1	1
20888	경남 진주시	송아지생산성향상사업	14,000	1	6	7	8	7	1	1	4
20889	경남 진주시	퇴액비살포비지원	14,000	1	2	7	8	7	1	1	4
20890	경남 진주시	농촌융복합선도경영체지원사업	12,000	1	4	7	8	7	1	1	3
20891	경남 진주시	자원봉사동아리우수프로그램사업지원	12,000	1	4	7	8	7	1	1	1
20892	경남 진주시	진주지역민간인희생자위령제지원	12,000	1	4	7	8	7	1	1	1
20893	경남 진주시	멸종위기종공존문화조성사업	12,000	1	1,2	7	8	7	5	1	1
20894	경남 진주시	진주시여자어린이축구교실운영지원	11,600	1	1,4	7	8	7	1	1	1
20895	경남 진주시	향토사료조사지원	11,000	1	1	6	1	6	1	1	3
20896	경남 진주시	양봉농가밀원수조성사업	10,820	1	6	7	8	7	1	1	4
20897	경남 진주시	제조물보험가입사업지원	10,000	1	4	7	8	7	1	1	1
20898	경남 진주시	우수식재료소비확대기반조성사업	10,000	1	2	7	8	7	1	1	3
20899	경남 진주시	남명사상뿌리를찾아서	10,000	1	1	6	1	6	1	1	3
20900	경남 진주시	진주리틀야구단운영지원	10,000	1	1,4	7	8	7	1	1	1
20901	경남 진주시	바르게살기위원교육및대회지원	10,000	1	1	7	8	7	1	1	1
20902	경남 진주시	경로당운영지역봉사지도원실무교육및역량강화교육	8,900	1	1	7	8	7	1	1	4
20903	경남 진주시	노인여가선용장려사업	8,620	1	6	7	8	7	1	1	4
20904	경남 진주시	소유전체정보분석지원사업	7,200	1	6	7	8	7	1	1	4
20905	경남 진주시	타종식희망떡국나눔	7,000	1	4	6	8	7	1	1	1
20906	경남 진주시	남강(천수교~진양교)수중정화활동	6,500	1	4	7	8	7	5	1	1
20907	경남 진주시	K농산물생산농단국제표준인증관리지원	6,000	1	4	7	8	7	1	1	1
20908	경남 진주시	우량암소생산기반구축사업	6,000	1	6	7	8	7	1	1	4
20909	경남 진주시	민주평화통일자문위원활동지원	6,000	1	1	7	8	7	1	1	1
20910	경남 진주시	유우군능력검정사업	5,832	1	6	7	8	7	1	1	4
20911	경남 진주시	악탈문화재환수운동(연지사종반환)보조	5,000	1	6	6	1	7	1	1	3
20912	경남 진주시	학생등하굣길교통안전지도사업	5,000	1	4	7	8	7	1	1	1
20913	경남 진주시	진주시순천시합동정례회의	5,000	1	1	7	8	7	1	1	1
20914	경남 진주시	한국전쟁민간인희생자유해유지관리	5,000	1	4	7	8	7	1	1	1
20915	경남 진주시	사랑의고추장나누기	5,000	1	4	7	8	7	1	1	1
20916	경남 진주시	어업활동지원사업	4,800	1	2	7	8	7	1	1	4
20917	경남 진주시	경남농아인협회진주지회취미교실	4,500	1	1	7	8	1	1	1	1

순번	시군구	지출명 (사업명)	2024년예산 (단위 : 천원 /1년간)	민간이전 분류 (지방자치단체 세출예산 집행기준에 의거) 1. 민간경상사업보조(307-02) 2. 민간단체 법정운영비보조(307-03) 3. 민간행사사업보조(307-04) 4. 민간위탁금(307-05) 5. 사회복지시설 법정운영비보조(307-10) 6. 민간인위탁교육비(307-12) 7. 공기관등에대한경상적위탁사업비(308-13) 8. 민간자본사업보조,자체재원(402-01) 9. 민간자본사업보조,이전재원(402-02) 10. 민간위탁사업비(402-03) 11. 공기관등에 대한 자본적 위탁사업비(403-02)	민간이전지출 근거 (지방보조금 관리기준 참고) 1. 법률에 규정 2. 국고보조 재원(국가지정) 3. 용도 지정 기부금 4. 조례에 직접규정 5. 지자체가 권장하는 사업을 하는 공공기관 6. 시,도 정책 및 재정사정 7. 기타 8. 해당없음	입찰방식: 계약체결방법 (경쟁형태) 1. 일반경쟁 2. 제한경쟁 3. 지명경쟁 4. 수의계약 5. 법정위탁 6. 기타 ( ) 7. 없음	입찰방식: 계약기간 1. 1년 2. 2년 3. 3년 4. 4년 5. 5년 6. 기타 ( )년 7. 단기계약 (1년미만) 8. 없음	입찰방식: 낙찰자선정방법 1. 적격심사 2. 협상에의한계약 3. 최저가낙찰제 4. 규격가격분리 5. 2단계 경쟁입찰 6. 기타 ( ) 7. 없음	운영예산 산정: 운영예산 산정 1. 내부산정 (지자체 자체적으로 산정) 2. 외부산정 (외부전문기관위탁 산정) 3. 내·외부 모두 산정 4. 산정 無 5. 없음	운영예산 산정: 정산방법 1. 내부정산 (지자체 내부적으로 정산) 2. 외부정산 (외부전문기관위탁 정산) 3. 내·외부 모두 산정 4. 정산 無 5. 없음	성과평가 실시여부 1. 실시 2. 미실시 3. 향후 추진 4. 해당없음
20918	경남 진주시	내일을여는멋진여성취미교실	4,000	1	1	7	8	1	1	1	1
20919	경남 진주시	경남척수장애인협회찾아가는헬스케어지원사업	4,000	1	1	7	8	1	1	1	1
20920	경남 진주시	장애인부모연대진주시지회디도교실	4,000	1	1	7	8	1	1	1	1
20921	경남 진주시	야생동물보호활동	4,000	1	1,4	7	8	7	5	1	1
20922	경남 진주시	젖소등록개량사업	3,600	1	6	7	8	7	1	1	4
20923	경남 진주시	축사시설전기안전점검지원사업	3,000	1	6	7	8	7	1	1	4
20924	경남 진주시	평거지역방범,순찰및청소년선도,교통환경봉사	3,000	1	4	7	8	7	1	1	1
20925	경남 진주시	도동지역방범,순찰및청소년선도,교통환경봉사	3,000	1	4	7	8	7	1	1	1
20926	경남 진주시	상봉지역방범,순찰및청소년선도,교통환경봉사	3,000	1	4	7	8	7	1	1	1
20927	경남 진주시	한국전통차보급및차문화체험교실운영	3,000	1	4	7	8	7	1	1	1
20928	경남 진주시	법질서확립운동	3,000	1	1	7	8	7	1	1	1
20929	경남 진주시	향교소화전관리비	2,400	1	6	6	1	7	1	1	3
20930	경남 진주시	말벌퇴치장비지원사업	2,340	1	2	7	8	7	1	1	4
20931	경남 진주시	수출기업통번역지원	2,000	1	4	7	8	7	1	1	4
20932	경남 진주시	친환경축산물인증지원사업	2,000	1	6	7	8	7	1	1	4
20933	경남 진주시	창렬사제향유족참여보상등	2,000	1	4	6	8	7	1	1	1
20934	경남 진주시	교통질서지키기운동	2,000	1	4	7	8	7	1	1	1
20935	경남 진주시	일제하일본군위안부피해자에대한기념사업	1,900	1	6	7	8	7	1	1	4
20936	경남 진주시	한국신장장애인협회신장병예방홍보및건강증진	1,800	1	1	7	8	1	1	1	1
20937	경남 진주시	국민화합운동	1,400	1	1	7	8	7	1	1	1
20938	경남 진주시	군집기교체및정비	1,000	1	4	7	8	7	1	1	1
20939	경남 진주시	진주시항공우주품질인증지원	80,000	1	4	7	8	7	1	1	1
20940	경남 진주시	KAI하나로공동근로복지기금조성	70,000	1	4	7	8	7	1	1	1
20941	경남 진주시	전통시장화재공제가입점포공제료지원	31,000	1	1	7	8	7	1	1	1
20942	경남 진주시	유기질비료지원(전환사업)	3,870,021	1	4	7	7	7	1	1	4
20943	경남 진주시	벼육묘용상자처리제지원	716,320	1	1,6	7	8	7	1	1	4
20944	경남 진주시	토양개량제지원	487,576	1	7	7	8	7	1	1	4
20945	경남 진주시	임산부친환경농산물지원	384,000	1	2	7	8	7	1	1	4
20946	경남 진주시	고령농업인육묘지원	380,000	1	6	7	8	7	1	1	4
20947	경남 진주시	벼육묘용상토매트공급	300,000	1	7	7	8	7	1	1	4
20948	경남 진주시	친환경우렁이농법지원사업	253,470	1	7	7	8	7	1	1	4
20949	경남 진주시	공동방제단운영(운영비)	253,217	1	2	7	8	7	1	1	4
20950	경남 진주시	친환경벼재배단지농자재지원	172,200	1	6	7	8	7	1	1	4
20951	경남 진주시	구제역백신지원(전업농구제역백신)	109,950	1	2	7	8	7	1	1	4
20952	경남 진주시	친환경농자재지원	105,000	1	6	7	8	7	5	5	4
20953	경남 진주시	가축방역약품구입	84,000	1	2	7	8	7	1	1	4
20954	경남 진주시	친환경인증농가농산물포장재지원사업	80,500	1	7	7	8	7	1	1	4
20955	경남 진주시	온새미로농법탄화물재료지원	77,700	1	7	7	8	7	1	1	4
20956	경남 진주시	친환경벼재배단지육묘지원	65,436	1	6	7	8	7	1	1	4
20957	경남 진주시	온새미로농산물포장재지원	63,000	1	7	7	8	7	1	1	4

순번	시군구	지출명 (사업명)	2024년예산 (단위 : 천원 /1년간)	민간이전 분류 (지방자치단체 세출예산 집행기준에 의거) 1. 민간경상사업보조(307-02) 2. 민간단체 법정운영비보조(307-03) 3. 민간행사사업보조(307-04) 4. 민간위탁금(307-05) 5. 사회복지시설 법정운영비보조(307-10) 6. 민간인위탁교육비(307-12) 7. 공기관등에대한경상적위탁사업비(308-13) 8. 민간자본사업보조,자체재원(402-01) 9. 민간자본사업보조,이전재원(402-02) 10. 민간위탁사업비(402-03) 11. 공기관등에 대한 자본적 위탁사업비(403-02)	민간이전지출 근거 (지방보조금 관리기준 참고) 1. 법률에 규정 2. 국고보조 재원(국가지정) 3. 용도 지정 기부금 4. 조례에 직접규정 5. 지자체가 권장하는 사업을 하는 공공기관 6. 시,도 정책 및 재정사정 7. 기타 8. 해당없음	입찰방식 계약체결방법 (경쟁형태) 1. 일반경쟁 2. 제한경쟁 3. 지명경쟁 4. 수의계약 5. 법정위탁 6. 기타 ( ) 7. 없음	입찰방식 계약기간 1. 1년 2. 2년 3. 3년 4. 4년 5. 5년 6. 기타 ( )년 7. 단기계약 (1년미만) 8. 없음	입찰방식 낙찰자선정방법 1. 적격심사 2. 협상에의한계약 3. 최저가낙찰제 4. 규격가격분리 5. 2단계 경쟁입찰 6. 기타 ( ) 7. 없음	운영예산 산정 운영예산 산정 1. 내부산정 (지자체 자체적으로 산정) 2. 외부산정 (외부전문기관위탁 산정) 3. 내·외부 모두 산정 4. 산정 無 5. 없음	운영예산 산정 정산방법 1. 내부정산 (지자체 내부적으로 정산) 2. 외부정산 (외부전문기관위탁 정산) 3. 내·외부 모두 산정 4. 정산 無 5. 없음	성과평가 실시여부 1. 실시 2. 미실시 3. 향후 추진 4. 해당없음
20958	경남 진주시	유기농업자재지원	38,083	1	2	7	8	7	1	1	4
20959	경남 진주시	고품질잡곡재배단지조성	37,500	1	6	7	8	7	1	1	4
20960	경남 진주시	우리밀육성지원	30,250	1	6	7	8	7	1	1	4
20961	경남 진주시	동물보호및복지대책(유기동물입양비용지원)	30,000	1	2	7	8	7	1	1	4
20962	경남 진주시	온새미로탄화물가공연료비지원	24,500	1	7	7	8	7	1	1	4
20963	경남 진주시	가금농가질병관리지원	24,000	1	2	7	8	7	1	1	4
20964	경남 진주시	돼지소모성질환지도지원	24,000	1	2	7	8	7	1	1	4
20965	경남 진주시	가금생산성향상및AI차단지원사업	17,920	1	6	7	8	7	1	1	4
20966	경남 진주시	시비효율개선농자재지원	16,000	1	6	7	8	7	1	1	4
20967	경남 진주시	동절기오리농가난방비지원	10,000	1	6	7	8	7	1	1	4
20968	경남 진주시	청년후계농영농정착지원	900,000	1	4	7	8	7	5	1	4
20969	경남 진주시	사회적기업육성지원사업	600,000	1	2	1	1	7	5	1	1
20970	경남 진주시	농촌일손지원단운영비지원(자체)	350,000	1	4	7	8	7	5	1	4
20971	경남 진주시	농촌일손지원단운영비지원	112,500	1	4	7	8	7	5	1	4
20972	경남 진주시	농촌돌봄서비스활성화지원	55,000	1	4	7	8	7	5	1	4
20973	경남 진주시	경상국립대학교대학일자리플러스센터운영	50,000	1	2	7	1	1	5	1	1
20974	경남 진주시	지역주도형일자리사업((신)진주실크바이오부흥프로젝트)	39,600	1	2	7	2	7	1	1	4
20975	경남 진주시	청년농업인취농직불제	36,000	1	4	7	8	7	5	1	4
20976	경남 진주시	학교4H회과제활동지원	15,000	1	4	7	8	7	5	1	4
20977	경남 진주시	농촌지도자회공동학습포운영지원(자체)	10,000	1	4	7	8	7	5	1	4
20978	경남 진주시	청년농업인4H품목연구회지원	10,000	1	4	7	8	7	5	1	4
20979	경남 진주시	청년농업인커뮤니티활성화지원	10,000	1	4	7	8	7	5	1	4
20980	경남 진주시	여성농업인선진지역벤치마킹지원	8,000	1	4	7	8	7	5	1	4
20981	경남 진주시	농촌지도자회공동학습포운영지원	5,000	1	4	7	8	7	5	1	4
20982	경남 진주시	4H회공동학습포운영지원	5,000	1	4	7	8	7	5	1	4
20983	경남 진주시	귀농인안정정착지원	4,500	1	4	7	8	7	5	1	4
20984	경남 진주시	청년4H회과제교육지원	4,000	1	4	7	8	7	5	1	4
20985	경남 진주시	4H산업정보현장학습지원	4,000	1	4	7	8	7	5	1	4
20986	경남 진주시	농촌지도지품목별육성시범	3,000	1	4	7	8	7	5	1	4
20987	경남 진주시	학교4H회과제교육지원	3,000	1	4	7	8	7	5	1	4
20988	경남 진주시	여성농민학교운영	3,000	1	4	7	8	7	5	1	4
20989	경남 진주시	농촌체험휴양마을보험가입지원	2,491	1	4	7	8	7	5	1	4
20990	경남 진주시	4H본부교육지원	2,000	1	4	7	8	7	5	1	4
20991	경남 진주시	공동선별비지원	1,000,000	1	2	7	8	7	5	1	4
20992	경남 진주시	농산물생산유통통합조직육성사업	88,000	1	4	7	8	7	1	1	1
20993	경남 진주시	농촌지도자역량강화지원	1,600	1	4	7	8	7	1	1	1
20994	경남 통영시	사업모델업체운영비	800,000	1	2	7	8	7	5	1	4
20995	경남 통영시	분만취약지지원	500,000	1	2	7	8	7	5	5	4
20996	경남 통영시	365안심병동사업	431,200	1	5	7	1	7	5	2	4
20997	경남 통영시	수산물수출활로개척지원	400,000	1	4	7	8	7	5	1	4

순번	시군구	지출명 (사업명)	2024년예산 (단위 : 천원 /1년간)	민간이전 분류 (지방자치단체 세출예산 집행기준에 의거) 1. 민간경상사업보조(307-02) 2. 민간단체 법정운영비보조(307-03) 3. 민간행사사업보조(307-04) 4. 민간위탁금(307-05) 5. 사회복지시설 법정운영비보조(307-10) 6. 민간인위탁교육비(307-12) 7. 공기관등에대한경상적위탁사업비(308-13) 8. 민간자본사업보조,자체재원(402-01) 9. 민간자본사업보조,이전재원(402-02) 10. 민간위탁사업비(402-03) 11. 공기관등에 대한 자본적 위탁사업비(403-02)	민간이전지출 근거 (지방보조금 관리기준 참고) 1. 법률에 규정 2. 국고보조 재원(국가지정) 3. 용도 지정 기부금 4. 조례에 직접규정 5. 지자체가 권장하는 사업을 하는 공공기관 6. 시,도 정책 및 재정사정 7. 기타 8. 해당없음	입찰방식: 계약체결방법 (경쟁형태) 1. 일반경쟁 2. 제한경쟁 3. 지명경쟁 4. 수의계약 5. 법정위탁 6. 기타 ( ) 7. 없음	입찰방식: 계약기간 1. 1년 2. 2년 3. 3년 4. 4년 5. 5년 6. 기타 ( )년 7. 단기계약 (1년미만) 8. 없음	입찰방식: 낙찰자선정방법 1. 적격심사 2. 협상에의한계약 3. 최저가낙찰제 4. 규격가격분리 5. 2단계 경쟁입찰 6. 기타 ( ) 7. 없음	운영예산 산정: 운영예산 산정 1. 내부산정 (지자체 자체적으로 산정) 2. 외부산정 (외부전문기관위탁 산정) 3. 내·외부 모두 산정 4. 산정 無 5. 없음	운영예산 산정: 정산방법 1. 내부정산 (지자체 내부적으로 정산) 2. 외부정산 (외부전문기관위탁 정산) 3. 내·외부 모두 산정 4. 정산 無 5. 없음	성과평가 실시여부 1. 실시 2. 미실시 3. 향후 추진 4. 해당없음
20998	경남 통영시	도민체육대회참가	200,000	1	1	7	8	7	1	1	1
20999	경남 통영시	일반생활체육지도자배치	188,742	1	2	7	8	7	1	1	1
21000	경남 통영시	취약지역응급의료기관지원	150,000	1	2	7	1	7	5	1	4
21001	경남 통영시	통영시장애인체육회운영지원	139,553	1	1	7	8	7	1	1	1
21002	경남 통영시	취약지응급실운영기관지원	130,000	1	2	7	1	7	5	1	4
21003	경남 통영시	통영시체육회운영지원	127,900	1	1	7	8	7	1	1	1
21004	경남 통영시	어르신생활체육지도자배치	125,828	1	2	7	8	7	1	1	1
21005	경남 통영시	수산물고차가공식품개발지원	120,000	1	4	7	8	7	5	5	4
21006	경남 통영시	응급의료기관운영비지원	100,000	1	4	7	1	7	5	1	4
21007	경남 통영시	수산물소비활성화지원	100,000	1	4	7	8	7	5	5	4
21008	경남 통영시	경기단체육성지원비(51개)	100,000	1	1	7	8	7	1	1	1
21009	경남 통영시	제35회경남생활체육대축전참가지원	95,000	1	1	7	8	7	1	1	1
21010	경남 통영시	장애인생활체육지도자배치	93,906	1	1	7	8	7	1	1	1
21011	경남 통영시	통영그란폰도대회	90,000	1	1	7	8	7	1	1	1
21012	경남 통영시	소아과야간진료의료기관운영비지원	60,000	1	7	7	1	7	1	1	4
21013	경남 통영시	지역행사수산물판촉전지원	40,000	1	4	7	8	7	5	5	4
21014	경남 통영시	열린어린이집운영활성화지원	38,000	1	1	7	8	7	1	1	1
21015	경남 통영시	양성평등지원사업	35,000	1	4	7	7	7	1	1	1
21016	경남 통영시	제27회영호남및자매도시생활체육대회	30,000	1	1	7	8	7	1	1	1
21017	경남 통영시	수산물소비촉진행사지원	27,000	1	4	7	8	7	5	5	4
21018	경남 통영시	교통봉사단체활동보조금지원	25,000	1	1	7	8	7	1	1	2
21019	경남 통영시	통영시리틀야구단운영및대회참가	25,000	1	1	7	8	7	1	1	1
21020	경남 통영시	수산물브랜드및수출상품화지원	23,100	1	4	7	8	7	5	5	4
21021	경남 통영시	학교연계형(한종목)스포츠클럽지원(국가직접지원)	20,000	1	1	7	8	7	1	1	1
21022	경남 통영시	동계전지훈련홈리그지원	20,000	1	1	7	8	7	1	1	1
21023	경남 통영시	전지훈련선수단훈련지원	20,000	1	1	7	8	7	1	1	1
21024	경남 통영시	청년전세보증금반환보증보증료지원사업	18,000	1	2	7	8	7	1	4	2
21025	경남 통영시	여성단체특성화사업지원	15,000	1	4	7	7	7	1	1	1
21026	경남 통영시	여성축구단지원	15,000	1	1	7	8	7	1	1	1
21027	경남 통영시	여성폭력근절사업지원	13,000	1	1	7	8	7	1	1	1
21028	경남 통영시	생활체육교실운영지원	12,880	1	1	7	8	7	5	1	1
21029	경남 통영시	전국대회유치를위한스포츠교류	12,000	1	1	7	8	7	1	1	1
21030	경남 통영시	생활체육프로그램운영지원	11,750	1	1	7	8	7	1	1	1
21031	경남 통영시	시군장애인동아리체육활성화지원	11,280	1	1	7	8	7	1	1	1
21032	경남 통영시	전지훈련팀심판비및경기운영지원	10,800	1	1	7	8	7	1	1	1
21033	경남 통영시	공동주택공동체활성화지원사업	10,000	1	1	7	8	7	1	1	2
21034	경남 통영시	동계전지훈련선수단차량임차지원	10,000	1	1	7	8	7	1	1	1
21035	경남 통영시	그린로드대장정(안전하고쾌적한통학로만들기)	10,000	1	7	7	8	7	1	1	4
21036	경남 통영시	통영시7대실버축구단지원	9,000	1	1	7	8	7	1	1	1
21037	경남 통영시	체육활성화사업지원	8,000	1	1	7	8	7	1	1	1

순번	시군구	지출명 (사업명)	2024년예산 (단위 : 천원 /1년간)	민간이전 분류 (지방자치단체 세출예산 집행기준에 의거) 1. 민간경상사업보조(307-02) 2. 민간단체 법정운영비보조(307-03) 3. 민간행사사업보조(307-04) 4. 민간위탁금(307-05) 5. 사회복지시설 법정운영비보조(307-10) 6. 민간인위탁교육비(307-12) 7. 공기관등에대한경상적위탁사업비(308-13) 8. 민간자본사업보조,자체재원(402-01) 9. 민간자본사업보조,이전재원(402-02) 10. 민간위탁사업비(402-03) 11. 공기관등에 대한 자본적 위탁사업비(403-02)	민간이전지출 근거 (지방보조금 관리기준 참고) 1. 법률에 규정 2. 국고보조 재원(국가지정) 3. 용도 지정 기부금 4. 조례에 직접규정 5. 지자체가 권장하는 사업을 하는 공공기관 6. 시,도 정책 및 재정사정 7. 기타 8. 해당없음	입찰방식 계약체결방법 (경쟁형태) 1. 일반경쟁 2. 제한경쟁 3. 지명경쟁 4. 수의계약 5. 법정위탁 6. 기타 ( ) 7. 없음	입찰방식 계약기간 1. 1년 2. 2년 3. 3년 4. 4년 5. 5년 6. 기타 ( )년 7. 단기계약 (1년미만) 8. 없음	입찰방식 낙찰자선정방법 1. 적격심사 2. 협상에의한계약 3. 최저가낙찰제 4. 규격가격분리 5. 2단계 경쟁입찰 6. 기타 ( ) 7. 없음	운영예산 산정 운영예산 산정 1. 내부산정 (지자체 자체적으로 산정) 2. 외부산정 (외부전문기관위탁 산정) 3. 내·외부 모두 산정 4. 산정 無 5. 없음	운영예산 산정 정산방법 1. 내부정산 (지자체 내부적으로 정산) 2. 외부정산 (외부전문기관위탁 정산) 3. 내·외부 모두 산정 4. 정산 無 5. 없음	성과평가 실시여부 1. 실시 2. 미실시 3. 향후 추진 4. 해당없음
21038	경남 통영시	임업인단체등지원	7,054	1	6	7	8	7	5	5	4
21039	경남 통영시	소년체전및전국체전참가지원	7,000	1	1	7	8	7	1	1	1
21040	경남 통영시	체육인재육성(통영트라이연맹)	7,000	1	1	7	8	7	1	1	1
21041	경남 통영시	경남씨름왕선발대회참가	4,000	1	1	7	8	7	1	1	1
21042	경남 통영시	의료관련감염병표본감시체계운영	2,268	1	2	7	1	7	5	1	4
21043	경남 통영시	코로나19양성자조사감시사업	2,000	1	2	7	1	7	5	1	4
21044	경남 통영시	표본감시운영비	360	1	2	7	1	7	5	1	4
21045	경남 통영시	신활력플러스	110,000	1	2	3	1	7	1	1	3
21046	경남 통영시	지역단위농촌관광	100,000	1	2	7	8	7	5	5	4
21047	경남 통영시	농촌관광주체육성지원(사무장활동비지원)	43,428	1	2	7	8	7	5	1	1
21048	경남 통영시	농촌관광주체육성지원(체험마을보험가입지원)	2,550	1	2	6	1	7	5	1	1
21049	경남 통영시	연안어선어업용유류비지원사업	1,900,000	1	6	7	8	7	5	1	2
21050	경남 통영시	도서자가발전운영비	1,074,957	1	1	7	8	7	1	1	4
21051	경남 통영시	어선원재해보상보험료지원사업	390,000	1	6	7	8	7	5	1	2
21052	경남 통영시	어선재해보상보험료지원사업	313,500	1	6	7	8	7	5	1	2
21053	경남 통영시	천연가스생산기지주변지역지원	255,240	1	4	7	8	7	1	1	4
21054	경남 통영시	통영소재향토기업및강소기업육성	250,000	1	4	1	8	7	5	5	4
21055	경남 통영시	청년어촌정착지원사업	164,985	1	1	7	8	7	5	5	4
21056	경남 통영시	(예비)사회적기업일자리창출및전문인력지원	92,000	1	1	7	8	7	3	3	4
21057	경남 통영시	가스전기안전관리	80,000	1	4	7	8	7	1	1	4
21058	경남 통영시	도시민어촌유치지원	75,000	1	1,4	6	5	6	1	1	2
21059	경남 통영시	도서지역전기공급	73,000	1	7	7	8	7	1	1	4
21060	경남 통영시	조선업신규취업자이주정착비지원사업	72,000	1	4	1	8	7	5	5	4
21061	경남 통영시	통영시청년인턴제	72,000	1	8	7	8	7	1	1	3
21062	경남 통영시	노란우산희망장려금지원사업	65,860	1	6	7	8	7	5	5	4
21063	경남 통영시	여성어업인바우처지원	52,000	1	5	7	8	7	1	1	2
21064	경남 통영시	지역지식재산창출지원	50,000	1	2	6	8	7	1	1	1
21065	경남 통영시	창업청년일자리플러스지원사업	49,380	1	2	7	8	7	1	1	1
21066	경남 통영시	마을기업육성사업지원	40,000	1	2	7	8	7	5	3	4
21067	경남 통영시	통영청년수호일자리사업	37,494	1	2	7	8	7	1	1	1
21068	경남 통영시	통영시환경교육센터환경교육사업지원	30,000	1	1	7	8	7	1	1	1
21069	경남 통영시	귀어인정착생활자금지원사업	24,000	1	4	7	8	7	5	5	2
21070	경남 통영시	어업인재해공제보험료지원사업	23,760	1	6	7	8	7	5	1	2
21071	경남 통영시	수산업경영인통영시연합회사무장지원	22,968	1	4	7	8	7	5	5	4
21072	경남 통영시	통영시환경교육활성화지원	20,000	1	1	7	8	7	1	1	1
21073	경남 통영시	마을공동체활성화사업공모	18,000	1	4	7	8	7	1	1	4
21074	경남 통영시	수산업경영인선진수산현장벤치마킹지원	15,000	1	1,4	7	8	7	1	1	2
21075	경남 통영시	e경남몰입점업체택배비지원	13,800	1	1	7	8	7	5	5	4
21076	경남 통영시	청년직무경험플러스사업	13,720	1	2	7	8	7	1	1	1
21077	경남 통영시	전통시장화재공제지원사업	11,000	1	4	7	8	7	5	1	4

순번	시군구	지출명 (사업명)	2024년예산 (단위 : 천원 /1년간)	민간이전 분류 (지방자치단체 세출예산 집행기준에 의거) 1. 민간경상사업보조(307-02) 2. 민간단체 법정운영비보조(307-03) 3. 민간행사사업보조(307-04) 4. 민간위탁금(307-05) 5. 사회복지시설 법정운영비보조(307-10) 6. 민간인위탁교육비(307-12) 7. 공기관등에대한경상적위탁사업비(308-13) 8. 민간자본사업보조,자체재원(402-01) 9. 민간자본사업보조,이전재원(402-02) 10. 민간위탁사업비(402-03) 11. 공기관등에 대한 자본적 위탁사업비(403-02)	민간이전지출 근거 (지방보조금 관리기준 참고) 1. 법률에 규정 2. 국고보조 재원(국가지정) 3. 용도 지정 기부금 4. 조례에 직접규정 5. 지자체가 권장하는 사업을 하는 공공기관 6. 시,도 정책 및 재정사정 7. 기타 8. 해당없음	입찰방식 계약체결방법 (경쟁형태) 1. 일반경쟁 2. 제한경쟁 3. 지명경쟁 4. 수의계약 5. 법정위탁 6. 기타 ( ) 7. 없음	계약기간 1. 1년 2. 2년 3. 3년 4. 4년 5. 5년 6. 기타 ( )년 7. 단기계약 (1년미만) 8. 없음	낙찰자선정방법 1. 적격심사 2. 협상에의한계약 3. 최저가낙찰제 4. 규격가격분리 5. 2단계 경쟁입찰 6. 기타 ( ) 7. 없음	운영예산 산정 운영예산 산정 1. 내부산정 (지자체 자체적으로 산정) 2. 외부산정 (외부전문기관위탁 산정) 3. 내·외부 모두 산정 4. 산정 無 5. 없음	정산방법 1. 내부정산 (지자체 내부적으로 정산) 2. 외부정산 (외부전문기관위탁 정산) 3. 내·외부 모두 정산 4. 정산 無 5. 없음	성과평가 실시여부 1. 실시 2. 미실시 3. 향후 추진 4. 해당없음
21078	경남 통영시	통영형청년보금자리일자리사업	10,000	1	2	7	8	7	1	1	1
21079	경남 통영시	자연보호운동전개	6,500	1	1	7	8	7	1	1	4
21080	경남 통영시	농작물피해방지단활동지원	6,000	1	4	7	8	7	1	1	4
21081	경남 통영시	노동자소모임지원사업	6,000	1	7	7	8	7	5	5	4
21082	경남 통영시	공동주택경관조명시설전기요금지원보조사업	3,936	1	4	7	8	7	1	1	4
21083	경남 통영시	사회취약계층환경성질환예방사업	1,400	1	1	7	8	7	1	1	4
21084	경남 김해시	유기질비료지원	962,618	1	2	7	8	7	5	1	4
21085	경남 김해시	완효성비료지원사업	869,400	1	5	7	8	7	5	1	4
21086	경남 김해시	농촌신활력플러스사업	834,500	1	2	7	8	7	1	1	1
21087	경남 김해시	농작물재해보험	800,000	1	2	7	8	7	1	1	1
21088	경남 김해시	사회적기업일자리창출사업	540,000	1	8	7	7	7	5	5	4
21089	경남 김해시	청년후계농영농정착지원	517,500	1	2	7	8	7	5	1	4
21090	경남 김해시	어린이집과일간식지원사업	512,276	1	1	7	8	7	1	1	4
21091	경남 김해시	365안심병동사업	460,339	1	4	7	8	7	1	1	4
21092	경남 김해시	여성농업인바우처지원	420,000	1	6	7	8	7	5	1	4
21093	경남 김해시	K농산물전략품목통합지원	350,000	1	6	7	8	7	5	1	4
21094	경남 김해시	벼병해충공동방제농작업대행료지원(자체사업)	348,000	1	5	7	8	7	5	1	4
21095	경남 김해시	지역산업맞춤형일자리창출지원사업(전환사업)	332,934	1	7	7	8	7	1	1	1
21096	경남 김해시	전업농구제역백신	266,750	1	1	7	8	7	5	5	1
21097	경남 김해시	문화예술단체지원	241,000	1	1	7	8	7	5	5	1
21098	경남 김해시	임산부친환경농산물꾸러미지원	240,000	1	6	7	8	7	5	1	4
21099	경남 김해시	소프트웨어중심대학지원사업	200,000	1	7	6	4	6	3	3	1
21100	경남 김해시	학교우유급식지원	200,000	1	2	7	8	7	5	5	1
21101	경남 김해시	친환경농법쌀생산단지운영	180,000	1	1	7	8	7	5	1	4
21102	경남 김해시	우수능력모돈지원사업	170,000	1	1	7	8	7	5	5	1
21103	경남 김해시	우리마을아이돌봄사업운영비및인건비	156,000	1	6	7	8	7	5	1	4
21104	경남 김해시	시민평생교육사업	154,000	1	4	7	8	7	5	5	1
21105	경남 김해시	토양개량제공급	151,000	1	2	7	8	7	5	1	4
21106	경남 김해시	기업경쟁력강화지원	146,000	1	7	7	7	7	5	1	1
21107	경남 김해시	친환경원예작물토양병해충지원	140,000	1	6	7	8	7	5	1	4
21108	경남 김해시	벼병해충공동방제농작업대행료지원	121,200	1	6	7	8	7	5	1	4
21109	경남 김해시	친환경생태농업쌀생산단지운영	120,000	1	1	7	8	7	5	1	4
21110	경남 김해시	조사료생산용종자구입지원사업	119,700	1	2	7	8	7	5	1	4
21111	경남 김해시	신활력플러스사업추진단운영보조	117,000	1	7	7	8	7	1	1	1
21112	경남 김해시	우량암소수정란이식지원사업	114,000	1	5	7	8	7	2	1	1
21113	경남 김해시	돼지써코바이러스백신지원사업	108,000	1	1	7	8	7	5	5	1
21114	경남 김해시	원예시설영농폐기물수거사업	105,600	1	6	7	8	7	1	1	1
21115	경남 김해시	농촌돌봄서비스활성화지원사업	104,500	1	2	7	8	7	5	1	4
21116	경남 김해시	거점형장난감도서관운영비	100,000	1	6	7	8	7	5	5	4
21117	경남 김해시	김해쌀소비촉진지원	100,000	1	5	7	8	7	5	1	4

순번	시군구	지출명 (사업명)	2024년예산 (단위 : 천원 /1년간)	민간이전 분류 (지방자치단체 세출예산 집행기준에 의거) 1. 민간경상사업보조(307-02) 2. 민간단체 법정운영비보조(307-03) 3. 민간행사사업보조(307-04) 4. 민간위탁금(307-05) 5. 사회복지시설 법정운영비보조(307-10) 6. 민간인위탁교육비(307-12) 7. 공기관등에대한경상적위탁사업비(308-13) 8. 민간자본사업보조,자체재원(402-01) 9. 민간자본사업보조,이전재원(402-02) 10. 민간위탁사업비(402-03) 11. 공기관등에 대한 자본적 위탁사업비(403-02)	민간이전지출 근거 (지방보조금 관리기준 참고) 1. 법률에 규정 2. 국고보조 재원(국가지정) 3. 용도 지정 기부금 4. 조례에 직접규정 5. 지자체가 권장하는 사업을 하는 공공기관 6. 시,도 정책 및 재정사정 7. 기타 8. 해당없음	입찰방식 계약체결방법 (경쟁형태) 1. 일반경쟁 2. 제한경쟁 3. 지명경쟁 4. 수의계약 5. 법정위탁 6. 기타 ( ) 7. 없음	입찰방식 계약기간 1. 1년 2. 2년 3. 3년 4. 4년 5. 5년 6. 기타 ( )년 7. 단기계약 (1년미만) 8. 없음	입찰방식 낙찰자선정방법 1. 적격심사 2. 협상에의한계약 3. 최저가낙찰제 4. 규격가격분리 5. 2단계 경쟁입찰 6. 기타 ( ) 7. 없음	운영예산 산정 운영예산 산정 1. 내부산정 (지자체 자체적으로 산정) 2. 외부산정 (외부전문기관위탁 산정) 3. 내·외부 모두 산정 4. 산정 無 5. 없음	운영예산 산정 정산방법 1. 내부정산 (지자체 내부적으로 정산) 2. 외부정산 (외부전문기관위탁 정산) 3. 내·외부 모두 산정 4. 정산 無 5. 없음	성과평가 실시여부 1. 실시 2. 미실시 3. 향후 추진 4. 해당없음
21118	경남 김해시	수출농업단지모종지원	100,000	1	7	7	8	7	5	1	4
21119	경남 김해시	학생승마체험지원사업	99,352	1	2	7	8	7	5	5	1
21120	경남 김해시	통합마케팅(산지출하)물류비지원사업	96,000	1	6	7	8	7	1	1	1
21121	경남 김해시	(예비)마을기업육성(지원)사업	90,000	1	2	7	7	7	5	5	4
21122	경남 김해시	창업기업신규고용인력보조금	90,000	1	5	7	8	7	1	1	1
21123	경남 김해시	공동방제단운영(운영비)	88,000	1	1	7	8	7	5	5	1
21124	경남 김해시	응급의료기관평가보조금	86,400	1	1	7	8	7	5	5	4
21125	경남 김해시	청년여성일경험지원	85,863	1	2	7	8	7	5	5	4
21126	경남 김해시	대한노인회김해시지회운영비	83,610	1	1	7	8	7	5	5	3
21127	경남 김해시	사회적경제기업사업개발비지원	80,000	1	2	7	7	7	5	5	4
21128	경남 김해시	농산물공동선별비지원사업	80,000	1	6	7	8	7	1	1	1
21129	경남 김해시	소사육환경개선장비지원사업	80,000	1	4	7	8	7	1	1	1
21130	경남 김해시	양돈농가환경개선제지원사업	75,000	1	1	7	8	7	5	5	1
21131	경남 김해시	쇠고기이력추적제사업	74,160	1	2	7	8	7	5	5	1
21132	경남 김해시	김해문화원사업활동지원	72,400	1	1	7	8	7	5	5	1
21133	경남 김해시	지속가능발전사업지원	72,000	1	4	7	8	7	5	5	3
21134	경남 김해시	여성친화도시지역특화사업	70,000	1	6	7	8	7	5	5	2
21135	경남 김해시	생생국가유산사업	70,000	1	2	7	8	7	5	5	4
21136	경남 김해시	양봉산업경쟁력강화사업	69,000	1	1	7	8	7	5	5	3
21137	경남 김해시	장애인평생교육시설지원	66,200	1	4	7	8	7	5	5	1
21138	경남 김해시	고품질쌀생산단지조성	63,000	1	4	7	8	7	5	1	4
21139	경남 김해시	향교서원문화유산활용사업	62,500	1	2	7	8	7	5	5	4
21140	경남 김해시	경남청년농식품수출마케터지원	58,800	1	2	7	8	7	5	1	4
21141	경남 김해시	한우우수유전자육성지원사업	57,240	1	5	7	8	7	1	1	1
21142	경남 김해시	통합마케팅(공선출하)물류비지원사업	55,000	1	6	7	8	7	1	1	1
21143	경남 김해시	농기계보험농가부담보험료지원	54,000	1	6	7	8	7	5	5	2
21144	경남 김해시	해외시장개척마케팅지원	50,000	1	6	7	8	7	5	1	4
21145	경남 김해시	우수농산물구입비지원(어린이집등)	50,000	1	4	7	8	7	5	5	1
21146	경남 김해시	수로왕춘,추향대제비	50,000	1	6	7	8	7	1	1	1
21147	경남 김해시	단감생육장애개선지원	48,000	1	6	7	8	7	1	1	1
21148	경남 김해시	농번기마을공동급식지원	45,000	1	6	7	8	7	5	1	4
21149	경남 김해시	개별농가연계조사료유통비지원사업	45,000	1	6	7	8	7	1	1	4
21150	경남 김해시	생활과학교실운영	45,000	1	4	7	8	7	5	5	1
21151	경남 김해시	가축분뇨액비살포비지원사업	44,000	1	2	7	7	7	5	1	1
21152	경남 김해시	사회적기업창업boomup사업	40,000	1	7	7	7	7	5	5	4
21153	경남 김해시	보육교직원연찬회	40,000	1	6	7	8	7	5	5	4
21154	경남 김해시	외국인주민사회적응교육	40,000	1	4	6	1	1	1	1	1
21155	경남 김해시	농업경영인회육성	40,000	1	1	7	8	7	5	1	1
21156	경남 김해시	산지통합마케팅지원사업	40,000	1	6	7	8	7	1	1	1
21157	경남 김해시	언택트온라인농산물판매홍보행사	40,000	1	7	7	8	7	1	1	1

순번	시군구	지출명 (사업명)	2024년예산 (단위 : 천원 /1년간)	민간이전 분류 (지방자치단체 세출예산 집행기준에 의거) 1. 민간경상사업보조(307-02) 2. 민간단체 법정운영비보조(307-03) 3. 민간행사사업보조(307-04) 4. 민간위탁금(307-05) 5. 사회복지시설 법정운영비보조(307-10) 6. 민간인위탁교육비(307-12) 7. 공기관등에대한경상적위탁사업비(308-13) 8. 민간자본사업보조,자체재원(402-01) 9. 민간자본사업보조,이전재원(402-02) 10. 민간위탁사업비(402-03) 11. 공기관등에 대한 자본적 위탁사업비(403-02)	민간이전지출 근거 (지방보조금 관리기준 참고) 1. 법률에 규정 2. 국고보조 재원(국가지정) 3. 용도 지정 기부금 4. 조례에 직접규정 5. 지자체가 권장하는 사업을 하는 공공기관 6. 시,도 정책 및 재정사정 7. 기타 8. 해당없음	입찰방식 계약체결방법 (경쟁형태) 1. 일반경쟁 2. 제한경쟁 3. 지명경쟁 4. 수의계약 5. 법정위탁 6. 기타 ( ) 7. 없음	입찰방식 계약기간 1. 1년 2. 2년 3. 3년 4. 4년 5. 5년 6. 기타 ( )년 7. 단기계약 (1년미만) 8. 없음	입찰방식 낙찰자선정방법 1. 적격심사 2. 협상에의한계약 3. 최저가낙찰제 4. 규격가격분리 5. 2단계 경쟁입찰 6. 기타 ( ) 7. 없음	운영예산 산정 운영예산 산정 1. 내부산정 (지자체 자체적으로 산정) 2. 외부산정 (외부전문기관위탁 산정) 3. 내·외부 모두 산정 4. 산정 無 5. 없음	운영예산 산정 정산방법 1. 내부정산 (지자체 내부적으로 정산) 2. 외부정산 (외부전문기관위탁 정산) 3. 내·외부 모두 정산 4. 정산 無 5. 없음	성과평가 실시여부 1. 실시 2. 미실시 3. 향후 추진 4. 해당없음
21158	경남 김해시	양봉산업육성사업(화분)	40,000	1	1	7	8	7	5	5	3
21159	경남 김해시	도지정업체우수공예품개발장려비지원	40,000	1	4	7	8	7	5	5	4
21160	경남 김해시	고품질원유생산지원	39,500	1	6	7	8	7	1	1	4
21161	경남 김해시	새마을읍면동마을가꾸기사업	37,620	1	1	5	1	7	1	1	1
21162	경남 김해시	축산물수출촉진지원사업	36,000	1	6	7	8	7	5	5	1
21163	경남 김해시	제29회가야사학술회의	36,000	1	7	7	8	7	1	1	1
21164	경남 김해시	대한노인회김해시지회읍면동분회운영비	35,264	1	1	7	8	7	5	5	3
21165	경남 김해시	대학일자리플러스센터운영	35,000	1	7	7	8	7	1	3	2
21166	경남 김해시	농산물생산유통토합조직육성사업	35,000	1	6	7	8	7	1	1	1
21167	경남 김해시	장군차무농약생엽수매지원	35,000	1	4	7	8	7	5	5	1
21168	경남 김해시	문화학교운영비	34,140	1	1	7	8	7	5	5	1
21169	경남 김해시	지진안전시설물인증지원사업	33,456	1	2	7	8	7	5	5	4
21170	경남 김해시	범죄피해자지원센터지원	32,400	1	1	5	1	7	1	1	1
21171	경남 김해시	시지정업체우수공예품개발장려비지원	32,400	1	4	7	8	7	5	5	1
21172	경남 김해시	민주평통통일시대대비국민대통합활동사업	30,600	1	1	5	1	7	1	1	1
21173	경남 김해시	유기농업자재지원	30,000	1	2	7	8	7	5	1	4
21174	경남 김해시	농산물직거래사업장홍보및운영	30,000	1	7	7	8	7	1	1	1
21175	경남 김해시	코로나19대응농특산물홍보판매사업	30,000	1	7	7	8	7	1	1	1
21176	경남 김해시	축산농가사료첨가제지원	30,000	1	6	7	7	7	5	1	1
21177	경남 김해시	대한민국분청도자대전	30,000	1	4	6	8	6	1	1	1
21178	경남 김해시	대학연계특화평생교육사업운영	30,000	1	4	7	8	7	5	5	1
21179	경남 김해시	영세축산농가가축분뇨수거운반비지원	28,500	1	4	7	8	7	5	1	3
21180	경남 김해시	친환경인증농가마케팅지원사업	28,000	1	6	7	8	7	5	1	4
21181	경남 김해시	공동브랜드사용포장재지원	28,000	1	7	7	8	7	1	1	1
21182	경남 김해시	법무부청소년범죄예방위원지역협의회범죄예방활동지원	27,000	1	1	5	1	7	1	1	1
21183	경남 김해시	식량작물공동경영체교육컨설팅지원	27,000	1	2	7	8	7	5	1	4
21184	경남 김해시	바르게살기이웃과지역사랑을위한읍면동위원회사업	25,650	1	1	5	1	7	1	1	1
21185	경남 김해시	공공심야약국사업	25,550	1	4	7	8	7	1	1	4
21186	경남 김해시	공공심야약국지원사업	25,500	1	6	7	8	7	5	5	4
21187	경남 김해시	자원봉사단체활동사업지원	25,000	1	4	7	8	7	1	1	1
21188	경남 김해시	통합마케팅(공선출하)포장재지원사업	25,000	1	6	7	8	7	1	1	1
21189	경남 김해시	농식품가공전문업체글로컬현지화지원	25,000	1	6	7	8	7	5	1	4
21190	경남 김해시	어린이집등친환경쌀공공급식지원	25,000	1	4	7	8	7	1	1	4
21191	경남 김해시	자연보호협의회마을별자연정화활동지원	24,000	1	6	7	8	7	5	5	3
21192	경남 김해시	한우브랜드농가경영비이자지원	24,000	1	5	7	8	7	5	5	1
21193	경남 김해시	고품질양파종자대지원	23,040	1	6	7	8	7	1	1	1
21194	경남 김해시	도무형문화재보유자전승교육비	22,800	1	6	7	8	7	1	1	1
21195	경남 김해시	민주평통평화통일준비를위한통일미래세대지원사업	22,000	1	1	5	1	7	1	1	1
21196	경남 김해시	우량암소생산기반구축사업	22,000	1	5	7	8	7	2	1	1
21197	경남 김해시	농촌체험휴양마을사무장채용지원	21,714	1	2	7	8	7	1	1	1

순번	시군구	지출명 (사업명)	2024년예산 (단위 : 천원 /1년간)	민간이전 분류 (지방자치단체 세출예산 집행기준에 의거) 1. 민간경상사업보조(307-02) 2. 민간단체 법정운영비보조(307-03) 3. 민간행사사업보조(307-04) 4. 민간위탁금(307-05) 5. 사회복지시설 법정운영비보조(307-10) 6. 민간인위탁교육비(307-12) 7. 공기관등에대한경상적위탁사업비(308-13) 8. 민간자본사업보조,자체재원(402-01) 9. 민간자본사업보조,이전재원(402-02) 10. 민간위탁사업비(402-03) 11. 공기관등에 대한 자본적 위탁사업비(403-02)	민간이전지출 근거 (지방보조금 관리기준 참고) 1. 법률에 규정 2. 국고보조 재원(국가지정) 3. 용도 지정 기부금 4. 조례에 직접규정 5. 지자체가 권장하는 사업을 하는 공공기관 6. 시,도 정책 및 재정사정 7. 기타 8. 해당없음	입찰방식			운영예산 산정		성과평가 실시여부
						계약체결방법 (경쟁형태) 1. 일반경쟁 2. 제한경쟁 3. 지명경쟁 4. 수의계약 5. 법정위탁 6. 기타 ( ) 7. 없음	계약기간 1. 1년 2. 2년 3. 3년 4. 4년 5. 5년 6. 기타 ( )년 7. 단기계약 (1년미만) 8. 없음	낙찰자선정방법 1. 적격심사 2. 협상에의한계약 3. 최저가낙찰제 4. 규격가격분리 5. 2단계 경쟁입찰 6. 기타 ( ) 7. 없음	운영예산 산정 1. 내부산정 (지자체 자체적으로 산정) 2. 외부산정 (외부전문기관위탁 산정) 3. 내·외부 모두 산정 4. 산정 無 5. 없음	정산방법 1. 내부정산 (지자체 내부적으로 정산) 2. 외부정산 (외부전문기관위탁 정산) 3. 내·외부 모두 산정 4. 정산 無 5. 없음	1. 실시 2. 미실시 3. 향후 추진 4. 해당없음
21198	경남 김해시	최고농업경영자과정	20,620	1	6	7	8	7	5	1	4
21199	경남 김해시	농촌에서살아보기운영지원	20,400	1	6	7	8	7	5	1	4
21200	경남 김해시	향교전통문화계승사업(유림교양강좌등)	20,020	1	6	7	8	7	1	1	1
21201	경남 김해시	창의융합형공학인재양성지원사업	20,000	1	7	6	3	6	3	3	1
21202	경남 김해시	원예시설하우스차열차광제지원사업	20,000	1	6	7	8	7	1	1	1
21203	경남 김해시	시설원예연작장해토양환경개선사업	20,000	1	6	7	8	7	1	1	1
21204	경남 김해시	영농활용우수과제현장적용시범사업	20,000	1	1	7	8	7	5	5	4
21205	경남 김해시	로컬푸드직매장납품농가포장재지원	19,200	1	7	7	8	7	1	1	1
21206	경남 김해시	도무형문화재보유단체전승교육비	19,200	1	6	7	8	7	1	1	1
21207	경남 김해시	진영단감명품브랜드육성지원(기능성진영단감육성)	18,750	1	6	7	8	7	1	1	1
21208	경남 김해시	화훼국내육성품종보급사업	18,250	1	6	7	8	7	5	5	1
21209	경남 김해시	맞춤형노동권익보호(비정규직노동자복지사업지원)	18,000	1	1	7	7	7	1	1	1
21210	경남 김해시	중학교자유학기제	18,000	1	6	7	8	7	5	5	4
21211	경남 김해시	과수자연재해경감제지원	18,000	1	6	7	8	7	1	1	1
21212	경남 김해시	청소년육성사업	18,000	1	6	7	8	7	1	1	1
21213	경남 김해시	송아지생산성향상사업	17,500	1	5	7	8	7	2	1	1
21214	경남 김해시	장군차포장재제작지원	17,500	1	4	7	8	7	5	5	1
21215	경남 김해시	우리동네탄소중립마을조성	17,100	1	4	7	8	7	5	5	1
21216	경남 김해시	낙농도우미지원사업	16,500	1	6	7	8	7	5	1	4
21217	경남 김해시	작은도서관방과후돌봄서비스지원	16,200	1	4	7	8	7	5	5	1
21218	경남 김해시	수출클레임제로화지원	16,000	1	6	7	8	7	5	1	4
21219	경남 김해시	친환경화훼보존화산업화지원사업	16,000	1	6	7	8	7	1	1	3
21220	경남 김해시	보육인한마음큰축제행사	15,000	1	4	7	8	7	5	5	4
21221	경남 김해시	리틀포레스트팜운영지원	15,000	1	6	7	8	7	5	1	4
21222	경남 김해시	축산물브랜드전시회및소비촉진홍보지원	15,000	1	5	7	8	7	5	5	1
21223	경남 김해시	민주평통통일맞이하나다섯운동사업	14,400	1	1	5	1	7	1	1	1
21224	경남 김해시	여성농업인출산바우처지원	14,400	1	6	7	8	7	5	1	4
21225	경남 김해시	유휴농지활용맥류재배지원	14,400	1	1	7	8	7	5	1	4
21226	경남 김해시	소유전체정보분석지원사업	14,400	1	5	7	8	7	2	1	1
21227	경남 김해시	젖소능력개량사업	13,772	1	6	7	8	7	5	1	4
21228	경남 김해시	다문화가족,이주배경청소년등사회적응지원사업운영	13,500	1	4	1	1	1	1	1	1
21229	경남 김해시	김해농악육성지원	13,500	1	1	7	8	7	5	5	1
21230	경남 김해시	향교춘,추향제례비	13,200	1	6	7	8	7	1	1	1
21231	경남 김해시	6.25및베트남참전기념탑전시물	13,000	1	1	7	8	7	5	5	4
21232	경남 김해시	김해예총창작활동비	12,960	1	1	7	8	7	5	5	1
21233	경남 김해시	통합쌀브랜드포장재지원	12,900	1	6	7	8	7	5	1	4
21234	경남 김해시	여성기업인협의회경영정보연수지원	12,600	1	4	7	8	7	5	1	1
21235	경남 김해시	지역아동센터합창단운영	12,000	1	4	7	8	7	5	1	1
21236	경남 김해시	농촌융복합산업선도경영체지원사업	12,000	1	6	7	8	7	1	1	1
21237	경남 김해시	돼지소모성질환지도지원사업	12,000	1	1	7	8	7	5	5	1

순번	시군구	지출명 (사업명)	2024년예산 (단위 : 천원 /1년간)	민간이전 분류 (지방자치단체 세출예산 집행기준에 의거) 1. 민간경상사업보조(307-02) 2. 민간단체 법정운영비보조(307-03) 3. 민간행사사업보조(307-04) 4. 민간위탁금(307-05) 5. 사회복지시설 법정운영비보조(307-10) 6. 민간인위탁교육비(307-12) 7. 공기관등에대한경상적위탁사업비(308-13) 8. 민간자본사업보조,자체재원(402-01) 9. 민간자본사업보조,이전재원(402-02) 10. 민간위탁사업비(402-03) 11. 공기관등에 대한 자본적 위탁사업비(403-02)	민간이전지출 근거 (지방보조금 관리기준 참고) 1. 법률에 규정 2. 국고보조 재원(국가지정) 3. 용도 지정 기부금 4. 조례에 직접규정 5. 지자체가 권장하는 사업을 하는 공공기관 6. 시,도 정책 및 재정사정 7. 기타 8. 해당없음	입찰방식: 계약체결방법 (경쟁형태) 1. 일반경쟁 2. 제한경쟁 3. 지명경쟁 4. 수의계약 5. 법정위탁 6. 기타 ( ) 7. 없음	입찰방식: 계약기간 1. 1년 2. 2년 3. 3년 4. 4년 5. 5년 6. 기타 ( )년 7. 단기계약 (1년미만) 8. 없음	입찰방식: 낙찰자선정방법 1. 적격심사 2. 협상에의한계약 3. 최저가낙찰제 4. 규격가격분리 5. 2단계 경쟁입찰 6. 기타 ( ) 7. 없음	운영예산 산정: 운영예산 산정 1. 내부산정 (지자체 자체적으로 산정) 2. 외부산정 (외부전문기관위탁 산정) 3. 내·외부 모두 산정 4. 산정 無 5. 없음	운영예산 산정: 정산방법 1. 내부정산 (지자체 내부적으로 정산) 2. 외부정산 (외부전문기관위탁 정산) 3. 내·외부 모두 산정 4. 정산 無 5. 없음	성과평가 실시여부 1. 실시 2. 미실시 3. 향후 추진 4. 해당없음
21238	경남 김해시	생활개선회현지연찬	12,000	1	6	7	8	7	5	5	4
21239	경남 김해시	친환경농산물유통활성화지원	11,837	1	1	7	8	7	5	1	4
21240	경남 김해시	시민주도특화프로그램운영	11,340	1	4	7	8	7	5	5	1
21241	경남 김해시	향교충효교실운영	11,000	1	6	7	8	7	1	1	1
21242	경남 김해시	향교관리비지원	10,450	1	6	7	8	7	1	1	1
21243	경남 김해시	여성농업인회육성	10,200	1	1	7	8	7	5	1	1
21244	경남 김해시	김해민속예술보존회연례발표회지원	10,080	1	1	7	8	7	5	5	1
21245	경남 김해시	사회적기업사회보험료지원	10,000	1	8	7	7	7	5	5	4
21246	경남 김해시	외국인주민자녀진로탐방교육	10,000	1	4	6	1	1	1	1	1
21247	경남 김해시	외국인주민기술교육지원	10,000	1	4	6	1	1	1	1	1
21248	경남 김해시	청년농업인커뮤니티활성화지원	10,000	1	6	7	8	7	5	1	4
21249	경남 김해시	여성농업인특수건강검진지원	10,000	1	2	7	8	7	5	1	4
21250	경남 김해시	시설원예연작장해경감제지원사업	10,000	1	6	7	8	7	1	1	1
21251	경남 김해시	향토사료조사지원	10,000	1	1	7	8	7	5	5	1
21252	경남 김해시	수로왕릉숭선전관리비지원	10,000	1	6	7	8	7	1	1	1
21253	경남 김해시	향교유교교육비지원	9,500	1	6	7	8	7	1	1	1
21254	경남 김해시	새마을해외협력사업	9,450	1	1	5	1	7	1	1	1
21255	경남 김해시	바르게살기시민과함께하는지역사랑나눔및영호남문화교류사업	9,000	1	1	5	1	7	1	1	1
21256	경남 김해시	사충단관리비지원	9,000	1	6	7	8	7	1	1	1
21257	경남 김해시	서포터즈활동지원	9,000	1	7	7	8	7	5	5	4
21258	경남 김해시	친환경농업정보지보급	8,400	1	1	4	1	1	5	1	4
21259	경남 김해시	도무형문화재보유단체공개행사비	8,400	1	6	7	8	7	1	1	1
21260	경남 김해시	김해석전놀이연례발표회지원	8,190	1	1	7	8	7	5	5	1
21261	경남 김해시	전국문화예술교류지원	8,100	1	1	7	8	7	5	5	1
21262	경남 김해시	대포천살리기정화활동지원	8,000	1	6	7	8	7	5	5	3
21263	경남 김해시	진영단감명품브랜드육성지원(진영단감시배지홍보박스비)	8,000	1	6	7	8	7	1	1	1
21264	경남 김해시	향교여성및청년유도회교육비지원	7,630	1	6	7	8	7	1	1	1
21265	경남 김해시	김해문학지발간지원	7,200	1	1	7	8	7	5	5	1
21266	경남 김해시	월봉서원관리비지원	7,000	1	6	7	8	7	1	1	1
21267	경남 김해시	전통서원제례비지원(미양서원,예암서원,구천서원,거연정,예강재)	6,624	1	6	7	8	7	1	1	1
21268	경남 김해시	향교기로연개최비지원	6,050	1	6	7	8	7	1	1	1
21269	경남 김해시	우수식재료소비확대기반조성사업	6,000	1	2	7	8	7	1	1	1
21270	경남 김해시	학교4H회과제활동지원	6,000	1	1	7	8	7	5	5	4
21271	경남 김해시	도무형문화재전승교육사전승교육비	6,000	1	6	7	8	7	1	1	1
21272	경남 김해시	도서관다문화서비스지원(국비보고)	5,720	1	4	7	8	7	5	5	1
21273	경남 김해시	김해중부재향경우회치안보조및안보역량강화활동지원	5,600	1	1	5	1	7	1	1	1
21274	경남 김해시	한국자총자유안보확립읍면동사업	5,130	1	1	5	1	7	1	1	1
21275	경남 김해시	바른통일담론확산으로국민통합의플랫폼역할사업	5,000	1	1	5	1	7	1	1	1
21276	경남 김해시	모범이통장및읍면동협의회장연수	5,000	1	7	5	1	7	1	1	1
21277	경남 김해시	고품질한우산업육성	5,000	1	5	7	8	7	2	1	1

순번	시군구	지출명 (사업명)	2024년예산 (단위 : 천원 /1년간)	민간이전 분류 (지방자치단체 세출예산 집행기준에 의거) 1. 민간경상사업보조(307-02) 2. 민간단체 법정운영비보조(307-03) 3. 민간행사사업보조(307-04) 4. 민간위탁금(307-05) 5. 사회복지시설 법정운영비보조(307-10) 6. 민간인위탁교육비(307-12) 7. 공기관등에대한경상적위탁사업비(308-13) 8. 민간자본사업보조,자체재원(402-01) 9. 민간자본사업보조,이전재원(402-02) 10. 민간위탁사업비(402-03) 11. 공기관등에 대한 자본적 위탁사업비(403-02)	민간이전지출 근거 (지방보조금 관리기준 참고) 1. 법률에 규정 2. 국고보조 재원(국가지정) 3. 용도 지정 기부금 4. 조례에 직접규정 5. 지자체가 권장하는 사업을 하는 공공기관 6. 시,도 정책 및 재정사정 7. 기타 8. 해당없음	입찰방식			운영예산 산정		성과평가 실시여부
						계약체결방법 (경쟁형태) 1. 일반경쟁 2. 제한경쟁 3. 지명경쟁 4. 수의계약 5. 법정위탁 6. 기타 ( ) 7. 없음	계약기간 1. 1년 2. 2년 3. 3년 4. 4년 5. 5년 6. 기타 ( )년 7. 단기계약 (1년미만) 8. 없음	낙찰자선정방법 1. 적격심사 2. 협상에의한계약 3. 최저가낙찰제 4. 규격가격분리 5. 2단계 경쟁입찰 6. 기타 ( ) 7. 없음	운영예산 산정 1. 내부산정 (지자체 자체적으로 산정) 2. 외부산정 (외부전문기관위탁 산정) 3. 내·외부 모두 산정 4. 산정 無 5. 없음	정산방법 1. 내부정산 (지자체 내부적으로 정산) 2. 외부정산 (외부전문기관위탁 정산) 3. 내·외부 모두 산정 4. 정산 無 5. 없음	1. 실시 2. 미실시 3. 향후 추진 4. 해당없음
21278	경남 김해시	농업신소득원발굴공동학습포장운영지원	5,000	1	1	7	8	7	5	5	4
21279	경남 김해시	농촌지도자회중앙대회지원	5,000	1	1	7	8	7	5	5	4
21280	경남 김해시	장군차가공품육성	5,000	1	4	7	8	7	5	5	1
21281	경남 김해시	바르게살기법질서확립및사회질서확립캠페인사업	4,950	1	1	5	1	7	1	1	1
21282	경남 김해시	서원전통문화체험교육	4,800	1	6	7	8	7	1	1	1
21283	경남 김해시	귀농인안정정착지원	4,500	1	6	7	8	7	5	1	4
21284	경남 김해시	사충단제례비	4,500	1	6	7	8	7	1	1	1
21285	경남 김해시	작은도서관운영자선진도서관견학지원	4,500	1	4	7	8	7	5	5	1
21286	경남 김해시	독서동아리활동비지원	4,500	1	4	7	8	7	5	5	1
21287	경남 김해시	문화원풍물단운영비	4,100	1	1	7	8	7	5	5	1
21288	경남 김해시	새마을군집기교체사업	4,050	1	1	5	1	7	1	1	1
21289	경남 김해시	보육교직원아동학대예방등안전교육	4,000	1	6	7	8	7	5	5	4
21290	경남 김해시	환경보전사업지원	4,000	1	6	7	8	7	5	5	3
21291	경남 김해시	학교급식식재료포장재및라벨지구입지원	4,000	1	4	7	8	7	1	1	4
21292	경남 김해시	정보화농업활성화지원	4,000	1	1	7	8	7	5	5	4
21293	경남 김해시	자연유산민속행사(이팝나무동제)지원	4,000	1	6	7	8	7	1	1	1
21294	경남 김해시	부산국제차공예박람회참가지원	3,690	1	4	7	8	7	1	1	1
21295	경남 김해시	어린이집보육아동부모교육	3,600	1	6	7	8	7	5	5	4
21296	경남 김해시	생애주기별맞춤환경교육지원	3,600	1	6	7	8	7	5	5	3
21297	경남 김해시	농촌체험지도사및마을해설가교육지원사업	3,600	1	6	7	8	7	1	1	1
21298	경남 김해시	산해정관리비지원	3,600	1	6	7	8	7	1	1	1
21299	경남 김해시	김해서부재향경우회치안보조및안보역량강화활동지원	3,500	1	1	5	1	7	1	1	1
21300	경남 김해시	밭작물재배지원사업	3,500	1	5	7	8	7	5	1	4
21301	경남 김해시	새마을맑고푸른김해가꾸기사업	3,240	1	1	5	1	7	1	1	1
21302	경남 김해시	지체장애인의날참가	3,000	1	6	7	8	7	1	1	1
21303	경남 김해시	시각장애인흰지팡이의날참가	3,000	1	6	7	8	7	1	1	1
21304	경남 김해시	새마을탄소중립실천샛강(하천)살리기사업	3,000	1	1	5	1	7	1	1	1
21305	경남 김해시	바르게살기자연보호활동및바다사랑캠페인사업	3,000	1	1	5	1	7	1	1	1
21306	경남 김해시	시설채소(수박)수정벌지원사업	3,000	1	6	7	8	7	1	1	1
21307	경남 김해시	청년4H과제교육지원	3,000	1	1	7	8	7	5	5	4
21308	경남 김해시	외국인농업기술학교운영	3,000	1	1	7	8	7	5	5	4
21309	경남 김해시	서강김계금일고책판관리비지원	3,000	1	6	7	8	7	1	1	1
21310	경남 김해시	새마을시민독서문화진흥사업	2,700	1	1	5	1	7	1	1	1
21311	경남 김해시	여성권리바로알기	2,600	1	4	6	1	1	1	1	1
21312	경남 김해시	말벌퇴치장비지원사업	2,520	1	1	7	8	7	5	5	3
21313	경남 김해시	김해시여성지도자역량강화를위한특강	2,430	1	4	6	1	1	1	1	1
21314	경남 김해시	다문화와양성평등시극	2,430	1	4	6	1	1	1	1	1
21315	경남 김해시	새마을숨은자원모으기사업	2,400	1	1	5	1	7	1	1	1
21316	경남 김해시	한국자총나라사랑태극기나눔캠페인사업	2,400	1	1	5	1	7	1	1	1
21317	경남 김해시	선조어서각관리비지원	2,400	1	6	7	8	7	1	1	1

순번	시군구	지출명 (사업명)	2024년예산 (단위 : 천원 /1년간)	민간이전 분류 (지방자치단체 세출예산 집행기준에 의거) 1. 민간경상사업보조(307-02) 2. 민간단체 법정운영비보조(307-03) 3. 민간행사사업보조(307-04) 4. 민간위탁금(307-05) 5. 사회복지시설 법정운영비보조(307-10) 6. 민간인위탁교육비(307-12) 7. 공기관등에대한경상적위탁사업비(308-13) 8. 민간자본사업보조,자체재원(402-01) 9. 민간자본사업보조,이전재원(402-02) 10. 민간위탁사업비(402-03) 11. 공기관등에 대한 자본적 위탁사업비(403-02)	민간이전지출 근거 (지방보조금 관리기준 참고) 1. 법률에 규정 2. 국고보조 재원(국가지정) 3. 용도 지정 기부금 4. 조례에 직접규정 5. 지자체가 권장하는 사업을 하는 공공기관 6. 시,도 정책 및 재정사정 7. 기타 8. 해당없음	입찰방식: 계약체결방법 (경쟁형태) 1. 일반경쟁 2. 제한경쟁 3. 지명경쟁 4. 수의계약 5. 법정위탁 6. 기타 ( ) 7. 없음	입찰방식: 계약기간 1. 1년 2. 2년 3. 3년 4. 4년 5. 5년 6. 기타 ( )년 7. 단기계약 (1년미만) 8. 없음	입찰방식: 낙찰자선정방법 1. 적격심사 2. 협상에의한계약 3. 최저가낙찰제 4. 규격가격분리 5. 2단계 경쟁입찰 6. 기타 ( ) 7. 없음	운영예산 산정: 운영예산 산정 1. 내부산정 (지자체 자체적으로 산정) 2. 외부산정 (외부전문기관위탁 산정) 3. 내·외부 모두 산정 4. 산정 無 5. 없음	운영예산 산정: 정산방법 1. 내부정산 (지자체 내부적으로 정산) 2. 외부정산 (외부전문기관위탁 정산) 3. 내·외부 모두 산정 4. 정산 無 5. 없음	성과평가 실시여부 1. 실시 2. 미실시 3. 향후 추진 4. 해당없음
21318	경남 김해시	온실가스감축단체지원	2,250	1	4	7	8	7	5	5	1
21319	경남 김해시	바르게살기선진시민의식확립운동사업	2,240	1	1	5	1	7	1	1	1
21320	경남 김해시	시군자원봉사자연수	2,200	1	4	7	8	7	1	1	1
21321	경남 김해시	월남전참전자회파병의날행사참가	2,190	1	1	7	8	7	5	5	3
21322	경남 김해시	고엽제전우회고엽제의날만남의장행사참가	2,190	1	1	7	8	7	5	5	3
21323	경남 김해시	보육교직원역량강화교육	2,160	1	6	7	8	7	5	5	4
21324	경남 김해시	어업인재해공제보험료지원사업	2,011	1	2	5	1	7	5	1	3
21325	경남 김해시	김해여성새일센터창업보육	2,000	1	6	7	8	7	5	5	2
21326	경남 김해시	무공수훈자회장진호전투영웅추모행사참가	2,000	1	1	7	8	7	5	5	3
21327	경남 김해시	한국자총어머니포순이봉사단사업	1,900	1	1	5	1	7	1	1	1
21328	경남 김해시	가족친화성인동화구연대회	1,620	1	4	6	1	1	1	1	1
21329	경남 김해시	새마을교통안전의식확립운동사업	1,600	1	1	5	1	7	1	1	1
21330	경남 김해시	농촌체험마을안전화재보험	1,530	1	2	7	8	7	1	1	1
21331	경남 김해시	산해정제례비	1,440	1	6	7	8	7	1	1	1
21332	경남 김해시	현충사제례비	1,440	1	6	7	8	7	1	1	1
21333	경남 김해시	월봉서원향례비	1,440	1	6	7	8	7	1	1	1
21334	경남 김해시	칠산재제례비	1,440	1	6	7	8	7	1	1	1
21335	경남 김해시	여의낭자초혼제례비	1,440	1	6	7	8	7	1	1	1
21336	경남 김해시	취정재제례비	1,440	1	6	7	8	7	1	1	1
21337	경남 김해시	충의각제례비	1,440	1	6	7	8	7	1	1	1
21338	경남 김해시	가정폭력피해아동.청소년을위한체험학습비	1,400	1	6	7	8	7	1	1	1
21339	경남 김해시	경남장애인기능경기대회참가	1,400	1	4	6	1	1	1	1	1
21340	경남 김해시	전국장애인종합예술제참가	1,170	1	6	7	8	7	1	1	1
21341	경남 김해시	새마을깨끗한버스정류장만들기사업	1,120	1	6	7	8	7	1	1	1
21342	경남 김해시	김해여성새일센터여성특화창업지원	1,000	1	1	5	1	7	1	1	1
21343	경남 김해시	경남장애인합동결혼식참가	900	1	6	7	8	7	5	5	2
21344	경남 김해시	한국자총통일준비청소년민주시민교육사업	800	1	6	7	8	7	1	1	1
21345	경남 김해시	농촌체험휴양마을인적역량강화사업	720	1	1	5	1	7	1	1	1
21346	경남 거제시	기초지자체식생활교육	45,500	1	2	7	8	7	1	1	1
21347	경남 거제시	노후경유차조기폐차지원(4등급)	1,850,000	1	2	7	8	7	1	1	1
21348	경남 거제시	패각친환경처리지원	1,639,200	1	2	7	8	7	5	5	4
21349	경남 거제시	노후경유차조기폐차지원(5등급)	928,000	1	2	7	8	7	5	5	4
21350	경남 거제시	취약지역응급의료센터운영비지원	620,000	1	2	7	8	7	5	5	4
21351	경남 거제시	공동근로복지기금조성	600,000	1	2	7	8	7	5	5	4
21352	경남 거제시	양식수산물재해보험지원	357,000	1	1	7	8	7	5	5	4
21353	경남 거제시	산학협력중심전문대학육성	250,000	1	1	7	8	7	5	5	4
21354	경남 거제시	어린이집과일간식지원시범사업	245,520	1	4	7	8	7	5	5	4
21355	경남 거제시	민간의료기관간병인인건비지원	230,170	1	6	7	8	7	5	5	4
21356	경남 거제시	기숙사임차료지원	228,000	1	4	7	8	7	5	5	4
21357	경남 거제시	연안어선어업용유류비지원	200,000	1	6	7	8	7	5	5	4

순번	시군구	지출명 (사업명)	2024년예산 (단위 : 천원 /1년간)	민간이전 분류 (지방자치단체 세출예산 집행기준에 의거) 1. 민간경상사업보조(307-02) 2. 민간단체 법정운영비보조(307-03) 3. 민간행사사업보조(307-04) 4. 민간위탁금(307-05) 5. 사회복지시설 법정운영비보조(307-10) 6. 민간인위탁교육비(307-12) 7. 공기관등에대한경상적위탁사업비(308-13) 8. 민간자본사업보조,자체재원(402-01) 9. 민간자본사업보조,이전재원(402-02) 10. 민간위탁사업비(402-03) 11. 공기관등에 대한 자본적 위탁사업비(403-02)	민간이전지출 근거 (지방보조금 관리기준 참고) 1. 법률에 규정 2. 국고보조 재원(국가지정) 3. 용도 지정 기부금 4. 조례에 직접규정 5. 지자체가 권장하는 사업을 하는 공공기관 6. 시,도 정책 및 재정사정 7. 기타 8. 해당없음	입찰방식			운영예산 산정		성과평가 실시여부
						계약체결방법 (경쟁형태) 1. 일반경쟁 2. 제한경쟁 3. 지명경쟁 4. 수의계약 5. 법정위탁 6. 기타 ( ) 7. 없음	계약기간 1. 1년 2. 2년 3. 3년 4. 4년 5. 5년 6. 기타 ( )년 7. 단기계약 (1년미만) 8. 없음	낙찰자선정방법 1. 적격심사 2. 협상에의한계약 3. 최저가낙찰제 4. 규격가격분리 5. 2단계 경쟁입찰 6. 기타 ( ) 7. 없음	운영예산 산정 1. 내부산정 (지자체 자체적으로 산정) 2. 외부산정 (외부전문기관위탁 산정) 3. 내·외부 모두 산정 4. 산정 無 5. 없음	정산방법 1. 내부정산 (지자체 내부적으로 정산) 2. 외부정산 (외부전문기관위탁 정산) 3. 내·외부 모두 산정 4. 정산 無 5. 없음	1. 실시 2. 미실시 3. 향후 추진 4. 해당없음
21358	경남 거제시	고수온대응장비지원	200,000	1	1	7	8	7	5	5	4
21359	경남 거제시	어선원재해보상보험료지원	190,000	1	2	7	8	7	5	5	4
21360	경남 거제시	일반생활체육지도자배치(활동지원)	187,758	1	4	7	8	7	5	5	4
21361	경남 거제시	어구부표보증금	163,200	1	2	7	8	7	5	5	4
21362	경남 거제시	수산동물예방백신공급	160,800	1	1	7	8	7	5	5	4
21363	경남 거제시	지역응급의료기관기능격상지원	150,000	1	2	7	8	7	5	5	4
21364	경남 거제시	해외신시장개척마케팅지원	150,000	1	4	7	8	7	5	5	4
21365	경남 거제시	청년농업인영농정착지원	142,500	1	1,2	7	8	7	5	5	4
21366	경남 거제시	고령영세농업인벼육묘지원	126,000	1	4	7	8	7	5	5	4
21367	경남 거제시	어르신생활체육지도자배치(활동지원)	125,172	1	4	7	8	7	5	5	4
21368	경남 거제시	거점농장활동및교육연수프로그램운영	120,000	1	2	7	8	7	5	5	4
21369	경남 거제시	(예비)사회적기업일자리창출	110,000	1	2	7	8	7	5	5	4
21370	경남 거제시	어촌체험마을사무장채용	110,000	1	1	7	8	7	5	5	4
21371	경남 거제시	임산부친환경농산물지원	108,000	1	6	7	8	7	5	5	4
21372	경남 거제시	조업중인양쓰레기수매	100,000	1	2	7	8	7	5	5	4
21373	경남 거제시	고교축구부지원	100,000	1	4	7	8	7	5	5	4
21374	경남 거제시	영세도선운영비지원	100,000	1	1,2	7	8	7	5	5	4
21375	경남 거제시	농특산물유통자재지원	100,000	1	4	7	8	7	5	5	4
21376	경남 거제시	노후경유차조기폐차지원(건설기계)	96,980	1	2	7	8	7	5	5	4
21377	경남 거제시	장애인생활체육지도자배치(활동지원)	93,906	1	4	7	8	7	5	5	4
21378	경남 거제시	소상공인민원지원센터운영및역량강화교육	88,925	1	1	7	8	7	5	5	4
21379	경남 거제시	어선재해보상보험료지원	87,000	1	2	7	8	7	5	5	4
21380	경남 거제시	거제시체육진흥사업	80,000	1	4	7	8	7	5	5	4
21381	경남 거제시	농촌체험마을사무장채용지원	78,413	1	2	7	8	7	5	5	4
21382	경남 거제시	지역지식재산창출지원	70,000	1	4	7	8	7	5	5	4
21383	경남 거제시	자원봉사코디네이터지원	66,418	1	2	7	8	7	5	5	4
21384	경남 거제시	공동체단위농촌돌봄농장프로그램및활동운영	65,000	1	2	7	8	7	5	5	4
21385	경남 거제시	지방문화원사업활동지원	61,400	1	1	7	8	7	5	5	4
21386	경남 거제시	시민의식선진화운동추진	60,000	1	4	7	8	7	5	5	4
21387	경남 거제시	공동농작업대행료지원	60,000	1	6	7	8	7	5	5	4
21388	경남 거제시	벼병해충공동방제비지원	60,000	1	5	7	8	7	5	5	4
21389	경남 거제시	상수원보호구역주민상수도요금지원	52,500	1	6	7	8	7	5	5	4
21390	경남 거제시	상수원보호구역주민케이블TV이용료지원	51,692	1	6	7	8	7	5	5	4
21391	경남 거제시	보훈단체전적지순례비	51,000	1	4	7	8	7	5	5	4
21392	경남 거제시	마을기업육성	50,000	1	2	7	8	7	5	5	4
21393	경남 거제시	자율관리어업사무장채용지원	49,167	1	6	7	8	7	5	5	4
21394	경남 거제시	청년어촌정착지원	47,138	1	1	7	8	7	5	5	4
21395	경남 거제시	수산물포장재지원	45,000	1	4	7	8	7	5	5	4
21396	경남 거제시	새마을운동지원사업	42,500	1	1	7	8	7	5	5	4
21397	경남 거제시	지역대표과수고품질생력화지원	42,000	1	6	7	8	7	5	5	4

순번	시군구	지출명 (사업명)	2024년예산 (단위 : 천원 /1년간)	민간이전 분류 (지방자치단체 세출예산 집행기준에 의거) 1. 민간경상사업보조(307-02) 2. 민간단체 법정운영비보조(307-03) 3. 민간행사사업보조(307-04) 4. 민간위탁금(307-05) 5. 사회복지시설 법정운영비보조(307-10) 6. 민간인위탁교육비(307-12) 7. 공기관등에대한경상적위탁사업비(308-13) 8. 민간자본사업보조,자체재원(402-01) 9. 민간자본사업보조,이전재원(402-02) 10. 민간위탁사업비(402-03) 11. 공기관등에 대한 자본적 위탁사업비(403-02)	민간이전지출 근거 (지방보조금 관리기준 참고) 1. 법률에 규정 2. 국고보조 재원(국가지정) 3. 용도 지정 기부금 4. 조례에 직접규정 5. 지자체가 권장하는 사업을 하는 공공기관 6. 시,도 정책 및 재정사정 7. 기타 8. 해당없음	입찰방식 계약체결방법 (경쟁형태) 1. 일반경쟁 2. 제한경쟁 3. 지명경쟁 4. 수의계약 5. 법정위탁 6. 기타 ( ) 7. 없음	입찰방식 계약기간 1. 1년 2. 2년 3. 3년 4. 4년 5. 5년 6. 기타 ( )년 7. 단기계약 (1년미만) 8. 없음	입찰방식 낙찰자선정방법 1. 적격심사 2. 협상에의한계약 3. 최저가낙찰제 4. 규격가격분리 5. 2단계 경쟁입찰 6. 기타 ( ) 7. 없음	운영예산 산정 운영예산 산정 1. 내부산정 (지자체 자체적으로 산정) 2. 외부산정 (외부전문기관위탁 산정) 3. 내·외부 모두 산정 4. 산정 無 5. 없음	운영예산 산정 정산방법 1. 내부정산 (지자체 내부적으로 정산) 2. 외부정산 (외부전문기관위탁 정산) 3. 내·외부 모두 정산 4. 정산 無 5. 없음	성과평가 실시여부 1. 실시 2. 미실시 3. 향후 추진 4. 해당없음
21398	경남 거제시	거제시유소년축구교실운영지원	40,000	1	4	7	8	7	5	5	4
21399	경남 거제시	지역문화유산교육사업	40,000	1	1	7	8	7	5	5	4
21400	경남 거제시	민주평화통일역량강화사업	40,000	1	1	7	8	7	5	5	4
21401	경남 거제시	농촌돌봄농장육성지원프로그램운영	40,000	1	2	7	8	7	5	5	4
21402	경남 거제시	바른식생활교육지원	40,000	1	2	7	8	7	5	5	4
21403	경남 거제시	도서지역생활필수품해상운송비지원(이수도)	37,500	1	2	7	8	7	5	5	4
21404	경남 거제시	UN지방의제21추진사업	35,000	1	1	7	8	7	5	5	4
21405	경남 거제시	지역치안협의회범죄예방활동지원	35,000	1	4	7	8	7	5	5	4
21406	경남 거제시	말산업육성지원사업(승용마조련강화)	32,000	1	2	7	8	7	5	5	4
21407	경남 거제시	바르게살기운동지원사업	31,100	1	1	7	8	7	5	5	4
21408	경남 거제시	거제읍내시장시장매니저지원	30,000	1	1	7	8	7	5	5	4
21409	경남 거제시	면역증강제공급	30,000	1	1	7	8	7	5	5	4
21410	경남 거제시	수산물수출해외시장개척	30,000	1	4	7	8	7	5	5	4
21411	경남 거제시	도민체육대회참가선수육성	30,000	1	4	7	8	7	5	5	4
21412	경남 거제시	(사)통영거제고성범죄피해자지원센터사업지원	30,000	1	1	7	8	7	5	5	4
21413	경남 거제시	청소년선도및범죄예방봉사활동	30,000	1	1	7	8	7	5	5	4
21414	경남 거제시	지역특화작목포장박스지원	30,000	1	6	7	8	7	5	5	4
21415	경남 거제시	어업인재해공제보험료지원	29,412	1	2	7	8	7	5	5	4
21416	경남 거제시	가축분뇨수분조절재지원	29,199	1	6	7	8	7	5	5	4
21417	경남 거제시	여성사회참여활성화지원	27,000	1	4	7	8	7	5	5	4
21418	경남 거제시	양식피낭류껍질친환경처리지원	26,000	1	6	7	8	7	5	5	4
21419	경남 거제시	공공심야약국약사인건비지원	25,550	1	4	7	8	7	5	5	4
21420	경남 거제시	주민제안공모사업	25,000	1	1	7	8	7	5	5	4
21421	경남 거제시	한국예총거제지회3년의발자취백서발간	25,000	1	4	7	8	7	5	5	4
21422	경남 거제시	환경보전및자연보호의식확산사업	24,910	1	4	7	8	7	5	5	4
21423	경남 거제시	수산업경영인사무장채용지원	24,730	1	4	7	8	7	5	5	4
21424	경남 거제시	향교활성화지원사업	24,500	1	1	7	8	7	5	5	4
21425	경남 거제시	시군문화원활성화운영비지원	24,000	1	1	7	8	7	5	5	4
21426	경남 거제시	청년창업농정착지원	24,000	1	4	7	8	7	5	5	4
21427	경남 거제시	연안어선기관개방검사비지원	23,400	1	6	7	8	7	5	5	4
21428	경남 거제시	나잠어업인잠수장비지원	21,000	1	4	7	8	7	5	5	4
21429	경남 거제시	모범노동자문화체험연수지원	20,000	1	4	7	8	7	5	5	4
21430	경남 거제시	수출주력품종시장개척지원	20,000	1	6	7	8	7	5	5	4
21431	경남 거제시	이통장사기진작및역량강화	20,000	1	4	7	8	7	5	5	4
21432	경남 거제시	섬주민해상교통운임1원제지원사업	18,600	1	6	7	8	7	5	5	4
21433	경남 거제시	수산물소비촉진	18,000	1	6	7	8	7	5	5	4
21434	경남 거제시	장애인체육동아리사업	17,556	1	4	7	8	7	5	5	4
21435	경남 거제시	청년활동지원	16,000	1	6	7	8	7	5	5	4
21436	경남 거제시	지역통합방위사업	15,000	1	1	7	8	7	5	5	4

순번	시군구	지출명 (사업명)	2024년예산 (단위 : 천원 /1년간)	민간이전 분류 (지방자치단체 세출예산 집행기준에 의거) 1. 민간경상사업보조(307-02) 2. 민간단체 법정운영비보조(307-03) 3. 민간행사사업보조(307-04) 4. 민간위탁금(307-05) 5. 사회복지시설 법정운영비보조(307-10) 6. 민간인위탁교육비(307-12) 7. 공기관등에대한경상적위탁사업비(308-13) 8. 민간자본사업보조,자체재원(402-01) 9. 민간자본사업보조,이전재원(402-02) 10. 민간위탁사업비(402-03) 11. 공기관등에 대한 자본적 위탁사업비(403-02)	민간이전지출 근거 (지방보조금 관리기준 참고) 1. 법률에 규정 2. 국고보조 재원(국가지정) 3. 용도 지정 기부금 4. 조례에 직접규정 5. 지자체가 권장하는 사업을 하는 공공기관 6. 시,도 정책 및 재정사정 7. 기타 8. 해당없음	입찰방식 계약체결방법 (경쟁형태) 1. 일반경쟁 2. 제한경쟁 3. 지명경쟁 4. 수의계약 5. 법정위탁 6. 기타 ( ) 7. 없음	입찰방식 계약기간 1. 1년 2. 2년 3. 3년 4. 4년 5. 5년 6. 기타 ( )년 7. 단기계약 (1년미만) 8. 없음	입찰방식 낙찰자선정방법 1. 적격심사 2. 협상에의한계약 3. 최저가낙찰제 4. 규격가격분리 5. 2단계 경쟁입찰 6. 기타 ( ) 7. 없음	운영예산 산정 운영예산 산정 1. 내부산정 (지자체 자체적으로 산정) 2. 외부산정 (외부전문기관위탁 산정) 3. 내·외부 모두 산정 4. 산정 無 5. 없음	운영예산 산정 정산방법 1. 내부정산 (지자체 내부적으로 정산) 2. 외부정산 (외부전문기관위탁 정산) 3. 내·외부 모두 산정 4. 정산 無 5. 없음	성과평가 실시여부 1. 실시 2. 미실시 3. 향후 추진 4. 해당없음
21437	경남 거제시	자원봉사코디네이터지원	15,000	1	1	7	8	7	5	5	4
21438	경남 거제시	공공급식농자재지원	15,000	1	4	7	8	7	5	5	4
21439	경남 거제시	굴뚝자동측정기기설치운영관리비지원	14,448	1	1	7	8	7	5	5	4
21440	경남 거제시	축산농가악취방지개선	14,050	1	6	7	8	7	5	5	4
21441	경남 거제시	해금강테마박물관기획전시사업	14,000	1	1	7	8	7	5	5	4
21442	경남 거제시	거제농산물포장재지원	14,000	1	4	7	8	7	5	5	4
21443	경남 거제시	한국자유총연맹지원사업	13,300	1	1	7	8	7	5	5	4
21444	경남 거제시	거제관광홍보사업	12,600	1	4	7	8	7	5	5	4
21445	경남 거제시	양봉산업구조개선(경상)	12,445	1	6	7	8	7	5	5	4
21446	경남 거제시	창업기업신규고용인력보조금지원	12,000	1	6	7	8	7	5	5	4
21447	경남 거제시	거제향교활동사업	12,000	1	1	7	8	7	5	5	4
21448	경남 거제시	자원봉사활성화지원	12,000	1	1	7	8	7	5	5	4
21449	경남 거제시	고품질꿀안전생산기술	12,000	1	1	7	8	7	5	5	4
21450	경남 거제시	청년농업인취농직불제지원	12,000	1	4,6	7	8	7	5	5	4
21451	경남 거제시	로컬푸드꾸러미사업	12,000	1	6	7	8	7	5	5	4
21452	경남 거제시	비산업부문사업장온실가스진단컨설팅	12,000	1	8	7	8	7	5	5	4
21453	경남 거제시	자원봉사자보험료지원	11,474	1	2	7	8	7	5	5	4
21454	경남 거제시	외줄낚시미끼용활새우공급	11,000	1	4	7	8	7	5	5	4
21455	경남 거제시	생활체육교실운영	10,465	1	4	7	8	7	5	5	4
21456	경남 거제시	수산업경영인선진지견학	10,000	1	4	7	8	7	5	5	4
21457	경남 거제시	거제시유소년야구교실운영지원	10,000	1	4	7	8	7	5	5	4
21458	경남 거제시	문화예술인역량강화워크숍	10,000	1	4	7	8	7	5	5	4
21459	경남 거제시	경상남도생활문화활성화지원	10,000	1	4	7	8	7	5	5	4
21460	경남 거제시	향토사료조사비지원	10,000	1	1	7	8	7	5	5	4
21461	경남 거제시	거제박물관기획전시사업	10,000	1	1	7	8	7	5	5	4
21462	경남 거제시	교통질서캠페인및교통지도	10,000	1	1	7	8	7	5	5	4
21463	경남 거제시	청년농업인커뮤니티활성화지원	10,000	1	4,6	7	8	7	5	5	4
21464	경남 거제시	농업인단체역량강화지원	10,000	1	4	7	8	7	5	5	4
21465	경남 거제시	우수식재료소비확대기반조성사업	10,000	1	2	7	8	7	5	5	4
21466	경남 거제시	작목별맞춤형안전관리실천시범	10,000	1	2	7	8	7	5	5	4
21467	경남 거제시	농업인가공사업장시설장비개선지원	10,000	1	6	7	8	7	5	5	4
21468	경남 거제시	로컬푸드농산물포장재지원	10,000	1	4	7	8	7	5	5	4
21469	경남 거제시	수산부산물악취저감미생물지원	9,750	1	6	7	8	7	5	5	4
21470	경남 거제시	생활체육프로그램지원	9,600	1	4	7	8	7	5	5	4
21471	경남 거제시	지역사회호국정신함양	9,100	1	1	7	8	7	5	5	4
21472	경남 거제시	수출주력품종위생안전관리	9,000	1	6	7	8	7	5	5	4
21473	경남 거제시	평화통일기반조성	9,000	1	4	7	8	7	5	5	4
21474	경남 거제시	경남한우공동브랜드육성사업(고급육출하농가장려금지원)	9,000	1	6	7	8	7	5	5	4
21475	경남 거제시	전업농(돼지)구제역백신지원	8,100	1	6	7	8	7	5	5	4
21476	경남 거제시	거제올유지관리	8,000	1	4	7	8	7	5	5	4

순번	시군구	지출명 (사업명)	2024년예산 (단위 : 천원 /1년간)	민간이전 분류 (지방자치단체 세출예산 집행기준에 의거) 1. 민간경상사업보조(307-02) 2. 민간단체 법정운영비보조(307-03) 3. 민간행사사업보조(307-04) 4. 민간위탁금(307-05) 5. 사회복지시설 법정운영비보조(307-10) 6. 민간인위탁교육비(307-12) 7. 공기관등에대한경상적위탁사업비(308-13) 8. 민간자본사업보조,자체재원(402-01) 9. 민간자본사업보조,이전재원(402-02) 10. 민간위탁사업비(402-03) 11. 공기관등에 대한 자본적 위탁사업비(403-02)	민간이전지출 근거 (지방보조금 관리기준 참고) 1. 법률에 규정 2. 국고보조 재원(국가지정) 3. 용도 지정 기부금 4. 조례에 직접규정 5. 지자체가 권장하는 사업을 하는 공공기관 6. 시,도 정책 및 재정사정 7. 기타 8. 해당없음	입찰방식: 계약체결방법 (경쟁형태) 1. 일반경쟁 2. 제한경쟁 3. 지명경쟁 4. 수의계약 5. 법정위탁 6. 기타 ( ) 7. 없음	입찰방식: 계약기간 1. 1년 2. 2년 3. 3년 4. 4년 5. 5년 6. 기타 ( )년 7. 단기계약 (1년미만) 8. 없음	입찰방식: 낙찰자선정방법 1. 적격심사 2. 협상에의한계약 3. 최저가낙찰제 4. 규격가격분리 5. 2단계 경쟁입찰 6. 기타 ( ) 7. 없음	운영예산 산정: 운영예산 산정 1. 내부산정 (지자체 자체적으로 산정) 2. 외부산정 (외부전문기관위탁 산정) 3. 내·외부 모두 산정 4. 산정 無 5. 없음	운영예산 산정: 정산방법 1. 내부정산 (지자체 내부적으로 정산) 2. 외부정산 (외부전문기관위탁 정산) 3. 내·외부 모두 산정 4. 정산 無 5. 없음	성과평가 실시여부 1. 실시 2. 미실시 3. 향후 추진 4. 해당없음
21477	경남 거제시	임업기술교육및산림경영지도활동지원	7,054	1	6	7	8	7	5	5	4
21478	경남 거제시	거제시생활체육프로그램교실운영지원	7,000	1	4	7	8	7	5	5	4
21479	경남 거제시	시민안전강화및해양정화	7,000	1	4	7	8	7	5	5	4
21480	경남 거제시	재해대비예비모생산지원	7,000	1	5	7	8	7	5	5	4
21481	경남 거제시	의료관련감염병표본감시체계운영지원	6,804	1	2	7	8	7	5	5	4
21482	경남 거제시	사료첨가제지원	6,660	1	6	7	8	7	5	5	4
21483	경남 거제시	맥류(보리,밀)재배단지조성	6,300	1	5	7	8	7	5	5	4
21484	경남 거제시	공예기능인력양성사업지원	6,000	1	1	7	8	7	5	5	4
21485	경남 거제시	한우등록	6,000	1	6	7	8	7	5	5	4
21486	경남 거제시	농촌융복합산업선도경영체지원	6,000	1	4	7	8	7	5	5	4
21487	경남 거제시	전통문화연구회육성	5,600	1	4	7	8	7	5	5	4
21488	경남 거제시	송아지생산성향상사업(면역증강제)	5,180	1	6	7	8	7	5	5	4
21489	경남 거제시	전지훈련유치및참가팀지원격려	5,000	1	4	7	8	7	5	5	4
21490	경남 거제시	자원봉사단체지원봉사자연수	5,000	1	4	7	8	7	5	5	4
21491	경남 거제시	원예작물안전농산물생산기술보급	5,000	1	6	7	8	7	5	5	4
21492	경남 거제시	지방행정발전사업및공익봉사활동	4,900	1	1	7	8	7	5	5	4
21493	경남 거제시	농촌여성과제분과활동지원	4,900	1	4	7	8	7	5	5	4
21494	경남 거제시	친환경농산물유통활성화	4,865	1	6	7	8	7	5	5	4
21495	경남 거제시	상수원보호구역주민지하수요금지원	4,800	1	6	7	8	7	5	5	4
21496	경남 거제시	문화행사지원	4,500	1	1	7	8	7	5	5	4
21497	경남 거제시	작은도서관문화프로그램운영지원	4,500	1	1	7	8	7	5	5	4
21498	경남 거제시	양봉농가밀원수조성	4,260	1	1	7	8	7	5	5	4
21499	경남 거제시	축산물HACCP컨설팅(농가)지원	4,200	1	1	7	8	7	5	5	4
21500	경남 거제시	등하굣길안전한스쿨존만들기및학교폭력예방지도	4,000	1	4	7	8	7	5	5	4
21501	경남 거제시	귀농인안정정착지원	3,000	1	4,6	7	8	7	5	5	4
21502	경남 거제시	시설원예연작장해경감제지원	3,000	1	6	7	8	7	5	5	4
21503	경남 거제시	지역사회자율방범활동및시민안전지원	2,800	1	4	7	8	7	5	5	4
21504	경남 거제시	이북도민지원	2,800	1	4	7	8	7	5	5	4
21505	경남 거제시	과수수정용꽃가루지원	2,750	1	6	7	8	7	5	5	4
21506	경남 거제시	과채류수정벌지원	2,500	1	6	7	8	7	5	5	4
21507	경남 거제시	곤충생산농가육성지원	2,430	1	1	7	8	7	5	5	4
21508	경남 거제시	공예품개발장려금지원	2,400	1	1	7	8	7	5	5	4
21509	경남 거제시	자원봉사자연수	2,200	1	4	7	8	7	5	5	4
21510	경남 거제시	러브하우스주거개선사업	2,200	1	4	7	8	7	5	5	4
21511	경남 거제시	친환경목재생산	2,000	1	2	7	8	7	5	5	4
21512	경남 거제시	장진호전투영웅추모행사	2,000	1	4	7	8	7	5	5	4
21513	경남 거제시	고엽제의날및만남의장	2,000	1	4	7	8	7	5	5	4
21514	경남 거제시	월남전참전기념호국안보결의대회	2,000	1	4	7	8	7	5	5	4
21515	경남 거제시	해외파병의날기념행사	2,000	1	4	7	8	7	5	5	4
21516	경남 거제시	도서민여객선운임지원(통영)	2,000	1	1	7	8	7	5	5	4

순번	시군구	지출명 (사업명)	2024년예산 (단위 : 천원 /1년간)	민간이전 분류 (지방자치단체 세출예산 집행기준에 의거) 1. 민간경상사업보조(307-02) 2. 민간단체 법정운영비보조(307-03) 3. 민간행사사업보조(307-04) 4. 민간위탁금(307-05) 5. 사회복지시설 법정운영비보조(307-10) 6. 민간인위탁교육비(307-12) 7. 공기관등에대한경상적위탁사업비(308-13) 8. 민간자본사업보조,자체재원(402-01) 9. 민간자본사업보조,이전재원(402-02) 10. 민간위탁사업비(402-03) 11. 공기관등에 대한 자본적 위탁사업비(403-02)	민간이전지출 근거 (지방보조금 관리기준 참고) 1. 법률에 규정 2. 국고보조 재원(국가지정) 3. 용도 지정 기부금 4. 조례에 직접규정 5. 지자체가 권장하는 사업을 하는 공공기관 6. 시,도 정책 및 재정사정 7. 기타 8. 해당없음	입찰방식 계약체결방법 (경쟁형태) 1. 일반경쟁 2. 제한경쟁 3. 지명경쟁 4. 수의계약 5. 법정위탁 6. 기타 ( ) 7. 없음	입찰방식 계약기간 1. 1년 2. 2년 3. 3년 4. 4년 5. 5년 6. 기타 ( )년 7. 단기계약 (1년미만) 8. 없음	입찰방식 낙찰자선정방법 1. 적격심사 2. 협상에의한계약 3. 최저가낙찰제 4. 규격가격분리 5. 2단계 경쟁입찰 6. 기타 ( ) 7. 없음	운영예산 산정 운영예산 산정 1. 내부산정 (지자체 자체적으로 산정) 2. 외부산정 (외부전문기관위탁 산정) 3. 내·외부 모두 산정 4. 산정 無 5. 없음	운영예산 산정 정산방법 1. 내부정산 (지자체 내부적으로 정산) 2. 외부정산 (외부전문기관위탁 정산) 3. 내·외부 모두 산정 4. 정산 無 5. 없음	성과평가 실시여부 1. 실시 2. 미실시 3. 향후 추진 4. 해당없음
21517	경남 거제시	한우도우미지원	2,000	1	6	7	8	7	5	5	4
21518	경남 거제시	우리밀육성지원	1,848	1	6	7	8	7	5	5	4
21519	경남 거제시	전업농(소)구제역백신지원	1,663	1	6	7	8	7	5	5	4
21520	경남 거제시	생활체육지도자지도활동보험료	1,640	1	4	7	8	7	5	5	4
21521	경남 거제시	체험마을리더교육지원	1,200	1	2	7	8	7	5	5	4
21522	경남 거제시	상수원보호구역주민정보이용료지원	1,200	1	6	7	8	7	5	5	4
21523	경남 거제시	말벌퇴치장비지원	960	1	1	7	8	7	5	5	4
21524	경남 양산시	학교우유급식지원	675,577	1	1	7	8	7	5	5	4
21525	경남 양산시	청년도전지원사업	457,400	1	8	7	8	7	5	5	4
21526	경남 양산시	전국및도체육대회참가지원	356,100	1	4	7	8	7	5	5	4
21527	경남 양산시	학교체육육성지원	298,500	1	4	7	8	7	5	5	4
21528	경남 양산시	(예비)사회적기업육성(일자리창출,전문인력)	275,000	1	1	7	8	7	1	1	4
21529	경남 양산시	노란우산공제희망장려금지원	245,200	1	6	7	8	7	5	1	4
21530	경남 양산시	일반생활체육지도자배치	220,200	1	4	7	8	7	5	5	4
21531	경남 양산시	축산농가악취방지개선사업	207,500	1	1	7	8	7	5	5	4
21532	경남 양산시	중소기업R&BD/E지원센터운영지원	200,000	1	4	4	1	7	1	1	2
21533	경남 양산시	밀양댐주변지역지원사업	199,982	1	1	7	8	7	3	3	2
21534	경남 양산시	응급의료기관지원발전프로그램	192,000	1	2	7	8	7	1	3	1
21535	경남 양산시	어르신생활체육지도자배치	188,742	1	4	7	8	7	5	5	4
21536	경남 양산시	생활체육지도자(일반,어르신)배치	181,893	1	4	7	8	7	5	5	4
21537	경남 양산시	작은도서관운영보조(독서사업비)	171,000	1	1,4	7	8	7	5	5	4
21538	경남 양산시	해외시장개척활동지원	159,000	1	4	1	1	7	1	1	2
21539	경남 양산시	지식재산창출지원(국가직접지원)	150,000	1	4	4	1	7	1	1	2
21540	경남 양산시	닭진드기공동방제지원사업	144,000	1	2	7	8	7	5	5	4
21541	경남 양산시	전업농구제역백신지원사업	137,850	1	2	7	8	7	5	5	4
21542	경남 양산시	장애인생활체육지도자배치	125,208	1	4	7	8	7	5	5	4
21543	경남 양산시	경상남도생활체육대축전참가	120,000	1	4	7	8	7	5	5	4
21544	경남 양산시	2024년주민지원사업(간접지원)추진	116,776	1	2	7	8	7	3	3	1
21545	경남 양산시	공통방제단운영지원(인건비)	109,188	1	6	7	8	7	5	5	4
21546	경남 양산시	돼지써코바이러스백신지원사업	108,000	1	2	7	8	7	5	5	4
21547	경남 양산시	해외시장개척활동지원	97,000	1	4	1	1	7	1	1	2
21548	경남 양산시	유소년체육교실운영	80,000	1	4	7	8	7	5	5	4
21549	경남 양산시	소상공인민원지원센터운영	79,422	1	1	7	8	7	1	1	1
21550	경남 양산시	창업보육센터운영지원	73,000	1	4	7	8	7	1	1	1
21551	경남 양산시	우수선수육성지원	70,000	1	4	7	8	7	5	5	4
21552	경남 양산시	학생승마체험지원사업	61,056	1	1	7	8	7	5	5	4
21553	경남 양산시	창업기업신규고용인력보조금	60,000	1	4	7	8	7	5	5	4
21554	경남 양산시	일반음식점주방위생환경개선사업	60,000	1	4	7	8	7	5	5	4
21555	경남 양산시	응급의료기관지원발전프로그램	57,600	1	2	7	8	7	1	3	1
21556	경남 양산시	장애인체육활동지원	57,053	1	4	7	8	7	5	5	4

순번	시군구	지출명 (사업명)	2024년예산 (단위 : 천원 /1년간)	민간이전 분류 (지방자치단체 세출예산 집행기준에 의거) 1. 민간경상사업보조(307-02) 2. 민간단체 법정운영비보조(307-03) 3. 민간행사사업보조(307-04) 4. 민간위탁금(307-05) 5. 사회복지시설 법정운영비보조(307-10) 6. 민간인위탁교육비(307-12) 7. 공기관등에대한경상적위탁사업비(308-13) 8. 민간자본사업보조,자체재원(402-01) 9. 민간자본사업보조,이전재원(402-02) 10. 민간위탁사업비(402-03) 11. 공기관등에 대한 자본적 위탁사업비(403-02)	민간이전지출 근거 (지방보조금 관리기준 참고) 1. 법률에 규정 2. 국고보조 재원(국가지정) 3. 용도 지정 기부금 4. 조례에 직접규정 5. 지자체가 권장하는 사업을 하는 공공기관 6. 시,도 정책 및 재정사정 7. 기타 8. 해당없음	입찰방식 계약체결방법 (경쟁형태) 1. 일반경쟁 2. 제한경쟁 3. 지명경쟁 4. 수의계약 5. 법정위탁 6. 기타 ( ) 7. 없음	입찰방식 계약기간 1. 1년 2. 2년 3. 3년 4. 4년 5. 5년 6. 기타 ( )년 7. 단기계약 (1년미만) 8. 없음	입찰방식 낙찰자선정방법 1. 적격심사 2. 협상에의한계약 3. 최저가낙찰제 4. 규격가격분리 5. 2단계 경쟁입찰 6. 기타 ( ) 7. 없음	운영예산 산정 운영예산 산정 1. 내부산정 (지자체 자체적으로 산정) 2. 외부산정 (외부전문기관위탁 산정) 3. 내·외부 모두 산정 4. 산정 無 5. 없음	운영예산 산정 정산방법 1. 내부정산 (지자체 내부적으로 정산) 2. 외부정산 (외부전문기관위탁 정산) 3. 내·외부 모두 산정 4. 정산 無 5. 없음	성과평가 실시여부 1. 실시 2. 미실시 3. 향후 추진 4. 해당없음
21557	경남 양산시	우리마을아이돌봄사업운영지원	52,000	1	6	7	8	7	1	1	3
21558	경남 양산시	위생업소청소소독비지원사업	50,000	1	4	7	8	7	5	5	4
21559	경남 양산시	전시회및박람회지원	48,000	1	4	1	1	1	1	1	2
21560	경남 양산시	축산분뇨퇴비화유도사업(축산분뇨처리개선톱밥지원사업)	47,500	1	1	7	8	7	5	5	4
21561	경남 양산시	장애인생활체육지도자배치	46,626	1	4	7	8	7	5	5	4
21562	경남 양산시	한여름밤건강체조교실운영	45,000	1	4	7	8	7	5	5	4
21563	경남 양산시	다목적회관운영관리비	45,000	1	1	7	8	7	3	3	2
21564	경남 양산시	굴뚝자동측정기기설치운영관리비지원	41,610	1	2	7	8	7	5	5	4
21565	경남 양산시	방문전지훈련단유치	40,000	1	4	7	8	7	5	5	4
21566	경남 양산시	특허출원비용지원사업	40,000	1	4	4	1	7	1	1	2
21567	경남 양산시	아프리카돼지열병대응사업(시료채취및폐사체처리비)	40,000	1	2	7	8	7	5	5	4
21568	경남 양산시	시민자전거교실운영	36,800	1	4	7	8	7	5	5	4
21569	경남 양산시	새마을회사랑의김장담그기지원	36,400	1	1	7	8	7	5	5	4
21570	경남 양산시	장애인평생교육시설지원	35,000	1	1,4	7	8	7	1	1	1
21571	경남 양산시	낙농도우미지원사업	33,545	1	6	7	8	7	5	5	4
21572	경남 양산시	중소기업해외물류비지원	30,000	1	4	1	1	1	1	1	2
21573	경남 양산시	FTA대응가축사육기반조성(가축사육환경개선장비지원사업)	30,000	1	1	7	8	7	5	5	4
21574	경남 양산시	거리공연지원	30,000	1	4	7	8	7	5	5	4
21575	경남 양산시	창업보육센터임차료지원	30,000	1	4	7	8	7	5	5	4
21576	경남 양산시	해외봉사프로그램운영	30,000	1	4	7	8	7	5	5	4
21577	경남 양산시	장애인체육동아리지원	25,380	1	4	7	8	7	5	5	4
21578	경남 양산시	생활체육대회참가지원	25,000	1	4	7	8	7	5	5	4
21579	경남 양산시	양산범죄피해자지원센터사업지원	24,900	1	4	7	8	7	1	1	1
21580	경남 양산시	배내목욕탕운영비지원	24,800	1	1	7	8	7	1	1	2
21581	경남 양산시	조사료생산용사일리지제조지원	24,300	1	1	7	8	7	5	5	4
21582	경남 양산시	장애인생활체육교실운영	23,460	1	4	7	8	7	5	5	4
21583	경남 양산시	해외무역관지사화사업	21,000	1	4	1	1	7	1	1	2
21584	경남 양산시	축산농가사료첨가제지원사업	21,000	1	1	7	8	7	5	5	4
21585	경남 양산시	바르게살기운동읍면동위원회사업비지원	20,800	1	1	7	8	7	5	5	4
21586	경남 양산시	전시회및박람회지원	20,000	1	4	1	1	7	1	1	2
21587	경남 양산시	기업홍보동영상제작지원	20,000	1	4	4	1	7	1	1	2
21588	경남 양산시	중소기업온라인마케팅지원	20,000	1	4	4	1	7	1	1	2
21589	경남 양산시	조달청다수공급자계약(MAS)컨설팅지원	20,000	1	4	4	1	7	1	1	2
21590	경남 양산시	맞춤형입찰정보서비스제공지원	20,000	1	4	4	1	7	1	1	2
21591	경남 양산시	중소기업매출채권보험가입보염료지원	20,000	1	4	4	1	7	1	1	2
21592	경남 양산시	거리공연지원	20,000	1	4	7	8	7	5	5	4
21593	경남 양산시	(예비)사회적기업시설장비비지원사업	20,000	1	6	7	8	7	1	1	4
21594	경남 양산시	전통문화계승사업(전통문화학당)	19,500	1	6	7	8	7	3	3	1
21595	경남 양산시	외국인주민지역사회적응지원사업	19,240	1	4	7	8	7	1	1	4
21596	경남 양산시	가축분뇨수분조절재지원사업	19,000	1	1	7	8	7	5	5	4

순번	시군구	지출명 (사업명)	2024년예산 (단위 : 천원 /1년간)	민간이전 분류 (지방자치단체 세출예산 집행기준에 의거) 1. 민간경상사업보조(307-02) 2. 민간단체 법정운영비보조(307-03) 3. 민간행사사업보조(307-04) 4. 민간위탁금(307-05) 5. 사회복지시설 법정운영비보조(307-10) 6. 민간인위탁교육비(307-12) 7. 공기관등에대한경상적위탁사업비(308-13) 8. 민간자본사업보조,자체재원(402-01) 9. 민간자본사업보조,이전재원(402-02) 10. 민간위탁사업비(402-03) 11. 공기관등에 대한 자본적 위탁사업비(403-02)	민간이전지출 근거 (지방보조금 관리기준 참고) 1. 법률에 규정 2. 국고보조 재원(국가지정) 3. 용도 지정 기부금 4. 조례에 직접규정 5. 지자체가 권장하는 사업을 하는 공공기관 6. 시,도 정책 및 재정사정 7. 기타 8. 해당없음	입찰방식 계약체결방법 (경쟁형태) 1. 일반경쟁 2. 제한경쟁 3. 지명경쟁 4. 수의계약 5. 법정위탁 6. 기타 ( ) 7. 없음	입찰방식 계약기간 1. 1년 2. 2년 3. 3년 4. 4년 5. 5년 6. 기타 ( )년 7. 단기계약 (1년미만) 8. 없음	입찰방식 낙찰자선정방법 1. 적격심사 2. 협상에의한계약 3. 최저가낙찰제 4. 규격가격분리 5. 2단계 경쟁입찰 6. 기타 ( ) 7. 없음	운영예산 산정 운영예산 산정 1. 내부산정 (지자체 자체적으로 산정) 2. 외부산정 (외부전문기관위탁 산정) 3. 내·외부 모두 산정 4. 산정 無 5. 없음	운영예산 산정 정산방법 1. 내부정산 (지자체 내부적으로 정산) 2. 외부정산 (외부전문기관위탁 정산) 3. 내·외부 모두 산정 4. 정산 無 5. 없음	성과평가 실시여부 1. 실시 2. 미실시 3. 향후 추진 4. 해당없음
21597	경남 양산시	모범노동자해외문화탐방지원	17,000	1	4	7	8	7	1	1	4
21598	경남 양산시	영천초등학교학생통학버스운영비지원	17,000	1	1	7	8	7	3	3	2
21599	경남 양산시	중소기업기술개발장비이용료지원	16,000	1	4	1	1	7	1	1	2
21600	경남 양산시	전통문화계승사업(전통문화학당)시추가	15,500	1	6	7	8	7	3	3	1
21601	경남 양산시	행복학습센터운영	15,000	1	1,4	7	8	7	5	5	4
21602	경남 양산시	기업홈페이지제작지원	15,000	1	4	4	1	7	1	1	2
21603	경남 양산시	자원봉사우수프로그램공모사업	15,000	1	4	7	8	7	5	5	4
21604	경남 양산시	축산관계시설출입차량GPS통신료지원	14,850	1	2	7	8	7	5	5	4
21605	경남 양산시	축산물이력관리지원(쇠고기이력제귀표부착비)	12,691	1	1	7	8	7	5	5	4
21606	경남 양산시	가금농가질병관리지원사업	12,000	1	2	7	8	7	5	5	4
21607	경남 양산시	가야진용신제보존및육성	12,000	1	6	7	8	7	3	3	1
21608	경남 양산시	조사료생산용종자구입지원	11,900	1	1	7	8	7	5	5	4
21609	경남 양산시	우수평생학습프로그램공모	10,000	1	1,4	7	8	7	5	5	4
21610	경남 양산시	우수동아리지원사업공모	10,000	1	1,4	7	8	7	5	5	4
21611	경남 양산시	생활체육동호회리그사업	10,000	1	4	7	8	7	5	5	4
21612	경남 양산시	교통안전이보장되는양산	10,000	1	4	7	8	7	5	5	4
21613	경남 양산시	선진교통문화캠페인및교통지도	10,000	1	4	7	8	7	5	5	4
21614	경남 양산시	기업카달로그제작지원	10,000	1	4	4	1	7	1	1	2
21615	경남 양산시	제조물책임보험료지원	10,000	1	4	1	1	7	1	1	2
21616	경남 양산시	경제포럼지원	10,000	1	4	4	1	7	1	1	2
21617	경남 양산시	노동자직업능력향상교육지원	10,000	1	4	7	8	7	1	1	4
21618	경남 양산시	산업평화정착을위한노사정세미나지원	10,000	1	4	7	8	7	1	1	4
21619	경남 양산시	선도사회적경제기업육성사업	10,000	1	7	7	8	7	1	1	4
21620	경남 양산시	생활체육프로그램운영	9,600	1	4	7	8	7	5	5	4
21621	경남 양산시	양봉농가생산성향상사업(EPP벌통지원)	8,700	1	6	7	8	7	5	5	4
21622	경남 양산시	소사육기반조성사업(한우인공수정료지원사업)	8,400	1	6	7	8	7	5	5	4
21623	경남 양산시	양산시어르신파크골프교실운영	8,000	1	4	7	8	7	5	5	4
21624	경남 양산시	사회적경제협업모델구축사업	8,000	1	7	7	8	7	1	1	4
21625	경남 양산시	소사육기반조성사업(한우친자확인검사지원사업)	7,500	1	6	7	8	7	5	5	4
21626	경남 양산시	양봉농가생산성향상사업(꿀벌화분지원)	7,425	1	6	7	8	7	5	5	4
21627	경남 양산시	보육교직원자질향상및사기진작	7,350	1	6	7	8	7	1	1	3
21628	경남 양산시	어르신체육활동지원	7,200	1	4	7	8	7	5	5	4
21629	경남 양산시	향교운영	7,000	1	6	7	8	7	3	3	1
21630	경남 양산시	웅상농청장원놀이보존및육성	7,000	1	6	7	8	7	3	3	1
21631	경남 양산시	행정동우회사업추진	7,000	1	1	7	8	7	1	1	1
21632	경남 양산시	외국인주민지역사회적응지원사업	6,760	1	4	7	8	7	1	1	4
21633	경남 양산시	한우등록사업	6,400	1	6	7	8	7	5	5	4
21634	경남 양산시	젖소능력개량사업(유우군능력검정)	6,222	1	6	7	8	7	5	5	4
21635	경남 양산시	축산물HACCP컨설팅지원사업	5,600	1	1	7	8	7	5	5	4
21636	경남 양산시	한센병관리사업	5,190	1	4	5	8	7	1	1	4

순번	시군구	지출명 (사업명)	2024년예산 (단위 : 천원 /1년간)	민간이전 분류 (지방자치단체 세출예산 집행기준에 의거) 1. 민간경상사업보조(307-02) 2. 민간단체 법정운영비보조(307-03) 3. 민간행사사업보조(307-04) 4. 민간위탁금(307-05) 5. 사회복지시설 법정운영비보조(307-10) 6. 민간인위탁교육비(307-12) 7. 공기관등에대한경상적위탁사업비(308-13) 8. 민간자본사업보조,자체재원(402-01) 9. 민간자본사업보조,이전재원(402-02) 10. 민간위탁사업비(402-03) 11. 공기관등에 대한 자본적 위탁사업비(403-02)	민간이전지출 근거 (지방보조금 관리기준 참고) 1. 법률에 규정 2. 국고보조 재원(국가지정) 3. 용도 지정 기부금 4. 조례에 직접규정 5. 지자체가 권장하는 사업을 하는 공공기관 6. 시,도 정책 및 재정사정 7. 기타 8. 해당없음	입찰방식 계약체결방법 (경쟁형태) 1. 일반경쟁 2. 제한경쟁 3. 지명경쟁 4. 수의계약 5. 법정위탁 6. 기타 ( ) 7. 없음	입찰방식 계약기간 1. 1년 2. 2년 3. 3년 4. 4년 5. 5년 6. 기타 ( )년 7. 단기계약 (1년미만) 8. 없음	입찰방식 낙찰자선정방법 1. 적격심사 2. 협상에의한계약 3. 최저가낙찰제 4. 규격가격분리 5. 2단계 경쟁입찰 6. 기타 ( ) 7. 없음	운영예산 산정 운영예산 산정 1. 내부산정 (지자체 자체적으로 산정) 2. 외부산정 (외부전문기관위탁 산정) 3. 내·외부 모두 산정 4. 산정 無 5. 없음	운영예산 산정 정산방법 1. 내부정산 (지자체 내부적으로 정산) 2. 외부정산 (외부전문기관위탁 정산) 3. 내·외부 모두 산정 4. 정산 無 5. 없음	성과평가 실시여부 1. 실시 2. 미실시 3. 향후 추진 4. 해당없음
21637	경남 양산시	소유전체정보분석지원사업	5,040	1	6	7	8	7	5	5	4
21638	경남 양산시	시민씨름교실운영	5,000	1	4	7	8	7	5	5	4
21639	경남 양산시	중소기업인증수수료지원	5,000	1	4	4	1	7	1	1	2
21640	경남 양산시	중소기업통번역지원	5,000	1	4	4	1	7	1	1	2
21641	경남 양산시	연구소/전담부서설립지원	5,000	1	4	4	1	7	1	1	2
21642	경남 양산시	충효교실운영(양산향교)	5,000	1	6	7	8	7	3	3	1
21643	경남 양산시	자원봉사111캠페인	5,000	1	4	7	8	7	5	5	4
21644	경남 양산시	이통장등기초행정지원(자체)	4,992	1	4	7	8	7	5	5	4
21645	경남 양산시	젖소능력개량사업(젖소등록개량)	4,200	1	6	7	8	7	5	5	4
21646	경남 양산시	양산등산학교운영	4,100	1	4	7	8	7	5	5	4
21647	경남 양산시	안심하고보내는등하굣길조성	4,000	1	4	7	8	7	5	5	4
21648	경남 양산시	사회취약계층환경성질환예방사업	3,500	1	6	7	8	7	5	5	4
21649	경남 양산시	송아지생산성향상사업	3,500	1	6	7	8	7	5	5	4
21650	경남 양산시	생활속환경실천운동지원	3,400	1	1,4	7	8	7	5	5	4
21651	경남 양산시	각종행사시교통질서유지	3,000	1	4	7	8	7	5	5	4
21652	경남 양산시	소비자정보전시회개최	3,000	1	1	7	7	7	1	1	1
21653	경남 양산시	자유총연맹탈북민및사할린동포애지원	3,000	1	1	7	8	7	5	5	4
21654	경남 양산시	안전한교통문화조성	2,600	1	4	7	8	7	5	5	4
21655	경남 양산시	양봉농가생산성향상사업(개량벌통지원)	2,500	1	6	7	8	7	5	5	4
21656	경남 양산시	우수여왕벌보급사업	2,400	1	1	7	8	7	5	5	4
21657	경남 양산시	자연보호활동지원	2,200	1	1,4	7	8	7	5	5	4
21658	경남 양산시	자원봉사자연수	2,200	1	4	7	8	7	5	5	4
21659	경남 양산시	축산물수출촉진지원	2,000	1	1	7	8	7	5	5	4
21660	경남 양산시	우량암소생산기반구축사업	2,000	1	6	7	8	7	5	5	4
21661	경남 양산시	새마을회어르신마음잇기사업지원	2,000	1	1	7	8	7	5	5	4
21662	경남 양산시	자유총연맹아동성폭력및학원폭력예방캠페인지원	2,000	1	1	7	8	7	5	5	4
21663	경남 양산시	통일교육공모사업	2,000	1	1	7	8	7	5	5	4
21664	경남 양산시	야생동물보호사업지원	1,300	1	1,4	7	8	7	5	5	4
21665	경남 양산시	바르게살기운동기초질서확립운동지원	1,000	1	1	7	8	7	5	5	4
21666	경남 양산시	새마을회한가위쌀한줌나누기운동지원	500	1	1	7	8	7	5	5	4
21667	경남 양산시	말벌퇴치장비지원	480	1	1	7	8	7	5	5	4
21668	경남 양산시	양봉농가생산성향상사업(재래벌통지원)	375	1	6	7	8	7	5	5	4
21669	경남 양산시	문화원문화학교운영	67,200	1	1	7	8	7	1	1	3
21670	경남 양산시	양산청소년오케스트라육성사업	40,900	1	1	7	8	7	1	1	3
21671	경남 양산시	학술대회개최및책자발간	18,000	1	1	7	8	7	1	1	3
21672	경남 양산시	양산문화원향토사료조사	10,000	1	1	7	8	7	1	1	3
21673	경남 양산시	문화유적답사	8,000	1	1	7	8	7	1	1	3
21674	경남 양산시	양산문화발간	7,200	1	1	7	8	7	1	1	3
21675	경남 양산시	양산문학발간	5,000	1	4	7	8	7	1	1	3
21676	경남 의령군	유기질비료지원(전환)	1,665,514	1	2	7	8	7	5	5	4

순번	시군구	지출명 (사업명)	2024년예산 (단위 : 천원 /1년간)	민간이전 분류 (지방자치단체 세출예산 집행기준에 의거) 1. 민간경상사업보조(307-02) 2. 민간단체 법정운영비보조(307-03) 3. 민간행사사업보조(307-04) 4. 민간위탁금(307-05) 5. 사회복지시설 법정운영비보조(307-10) 6. 민간인위탁교육비(307-12) 7. 공기관등에대한경상적위탁사업비(308-13) 8. 민간자본사업보조,자체재원(402-01) 9. 민간자본사업보조,이전재원(402-02) 10. 민간위탁사업비(402-03) 11. 공기관등에 대한 자본적 위탁사업비(403-02)	민간이전지출 근거 (지방보조금 관리기준 참고) 1. 법률에 규정 2. 국고보조 재원(국가지정) 3. 용도 지정 기부금 4. 조례에 직접규정 5. 지자체가 권장하는 사업을 하는 공공기관 6. 시,도 정책 및 재정사정 7. 기타 8. 해당없음	입찰방식			운영예산 산정		성과평가 실시여부
						계약체결방법 (경쟁형태) 1. 일반경쟁 2. 제한경쟁 3. 지명경쟁 4. 수의계약 5. 법정위탁 6. 기타 ( ) 7. 없음	계약기간 1. 1년 2. 2년 3. 3년 4. 4년 5. 5년 6. 기타 ( )년 7. 단기계약 (1년미만) 8. 없음	낙찰자선정방법 1. 적격심사 2. 협상에의한계약 3. 최저가낙찰제 4. 규격가격분리 5. 2단계 경쟁입찰 6. 기타 ( ) 7. 없음	운영예산 산정 1. 내부산정 (지자체 자체적으로 산정) 2. 외부산정 (외부전문기관위탁 산정) 3. 내·외부 모두 산정 4. 산정 無 5. 없음	정산방법 1. 내부정산 (지자체 내부적으로 정산) 2. 외부정산 (외부전문기관위탁 정산) 3. 내·외부 모두 산정 4. 정산 無 5. 없음	1. 실시 2. 미실시 3. 향후 추진 4. 해당없음
21677	경남 의령군	벼병해충공동방제농작업대행료지원	646,392	1	4	7	8	7	5	5	4
21678	경남 의령군	조사료사일리지제조비지원	519,420	1	1	7	8	7	5	5	4
21679	경남 의령군	공동브랜드농산물물류비지원	490,000	1	2	7	8	7	5	5	4
21680	경남 의령군	공동브랜드농산물출하처수수료지원	420,000	1	4	7	8	7	5	5	4
21681	경남 의령군	가축분뇨수분조절재지원	399,000	1	1	7	8	7	5	5	4
21682	경남 의령군	벼병해충공동방제비지원(벼육묘상자처리제지원사업)	321,000	1	4	7	8	7	5	5	4
21683	경남 의령군	여성농업인바우처지원	308,800	1	4	7	8	7	5	5	4
21684	경남 의령군	농작물재해보험료지원	304,000	1	2	7	8	7	5	5	4
21685	경남 의령군	일반생활체육지도자지원	248,561	1	4	7	8	7	1	1	4
21686	경남 의령군	공동브랜드농산물선별비지원	245,000	1	2	7	8	7	5	5	4
21687	경남 의령군	청년농업인영농정착지원	237,500	1	2	7	8	7	5	5	4
21688	경남 의령군	축산농가악취방지개선	232,500	1	1	7	8	7	5	5	4
21689	경남 의령군	벼육묘용상토매트지원	220,104	1	4	7	8	7	5	5	4
21690	경남 의령군	토양개량제지원	204,000	1	2	7	8	7	5	5	4
21691	경남 의령군	TMF사료생산지원	200,000	1	1	7	8	7	5	5	4
21692	경남 의령군	친환경쌀재배단지공동방제지원	189,420	1	4	7	8	7	5	5	4
21693	경남 의령군	공동브랜드농산물규격포장재비지원	182,000	1	2	7	8	7	5	5	4
21694	경남 의령군	전업농구제역백신지원	178,400	1	2	7	8	7	5	5	4
21695	경남 의령군	의령토요애한우브랜드육성	170,000	1	1	7	8	7	5	5	4
21696	경남 의령군	우수힘겨루기소육성비지원	170,000	1	1	7	8	7	5	5	4
21697	경남 의령군	어르신생활체육지도자지원	162,367	1	4	7	8	7	1	1	4
21698	경남 의령군	7세이상소규모농업인모판지원	162,000	1	4	7	8	7	5	5	4
21699	경남 의령군	가축분뇨자연순환농업지원	150,000	1	1	7	8	7	5	5	4
21700	경남 의령군	농촌체험휴양마을사무장활동비지원	125,460	1	2	7	8	7	5	1	4
21701	경남 의령군	의령토요애한우우수혈통관리	120,000	1	1	7	8	7	5	5	4
21702	경남 의령군	시설채소수정벌지원사업	116,500	1	6	7	8	7	5	5	4
21703	경남 의령군	365안심병동사업	115,085	1	5	3	1	7	1	1	4
21704	경남 의령군	조사료생산용종자구입지원	113,210	1	2	7	8	7	5	5	4
21705	경남 의령군	농촌고용인력지원사업	112,500	1	2	7	8	7	5	5	4
21706	경남 의령군	농업환경보전프로그램추진	105,000	1	2	7	8	7	5	5	4
21707	경남 의령군	취약지역응급의료기관지원	100,000	1	5	3	1	7	1	1	4
21708	경남 의령군	고품질쌀생산및수급대책지원	100,000	1	4	7	8	7	5	5	4
21709	경남 의령군	가금농가난좌지원	100,000	1	1	7	8	7	5	5	4
21710	경남 의령군	외국인근로자근로편익지원사업	98,000	1	4	7	8	7	5	5	4
21711	경남 의령군	강봉육성양봉증식지원	90,000	1	1	7	8	7	5	5	4
21712	경남 의령군	돼지써코바이러스지원	84,000	1	2	7	8	7	5	5	4
21713	경남 의령군	지역응급의료기관육성	78,000	1	5	3	1	7	1	1	4
21714	경남 의령군	친환경농산물인증수수료지원	75,000	1	4	7	8	7	5	5	4
21715	경남 의령군	마을배움터운영	70,000	1	4	7	8	7	1	1	4
21716	경남 의령군	공동브랜드농산물판촉비지원	70,000	1	4	7	8	7	5	5	4

순번	시군구	지출명 (사업명)	2024년예산 (단위 : 천원 /1년간)	민간이전 분류 (지방자치단체 세출예산 집행기준에 의거) 1. 민간경상사업보조(307-02) 2. 민간단체 법정운영비보조(307-03) 3. 민간행사사업보조(307-04) 4. 민간위탁금(307-05) 5. 사회복지시설 법정운영비보조(307-10) 6. 민간인위탁교육비(307-12) 7. 공기관등에대한경상적위탁사업비(308-13) 8. 민간자본사업보조,자체재원(402-01) 9. 민간자본사업보조,이전재원(402-02) 10. 민간위탁사업비(402-03) 11. 공기관등에 대한 자본적 위탁사업비(403-02)	민간이전지출 근거 (지방보조금 관리기준 참고) 1. 법률에 규정 2. 국고보조 재원(국가지정) 3. 용도 지정 기부금 4. 조례에 직접규정 5. 지자체가 권장하는 사업을 하는 공공기관 6. 시,도 정책 및 재정사정 7. 기타 8. 해당없음	입찰방식: 계약체결방법 (경쟁형태) 1. 일반경쟁 2. 제한경쟁 3. 지명경쟁 4. 수의계약 5. 법정위탁 6. 기타 ( ) 7. 없음	입찰방식: 계약기간 1. 1년 2. 2년 3. 3년 4. 4년 5. 5년 6. 기타 ( )년 7. 단기계약 (1년미만) 8. 없음	입찰방식: 낙찰자선정방법 1. 적격심사 2. 협상에의한계약 3. 최저가낙찰제 4. 규격가격분리 5. 2단계 경쟁입찰 6. 기타 ( ) 7. 없음	운영예산 산정: 운영예산 산정 1. 내부산정 (지자체 자체적으로 산정) 2. 외부산정 (외부전문기관위탁 산정) 3. 내·외부 모두 산정 4. 산정 無 5. 없음	운영예산 산정: 정산방법 1. 내부정산 (지자체 내부적으로 정산) 2. 외부정산 (외부전문기관위탁 정산) 3. 내·외부 모두 산정 4. 정산 無 5. 없음	성과평가 실시여부 1. 실시 2. 미실시 3. 향후 추진 4. 해당없음
21717	경남 의령군	시설원예연작장해경감제지원	68,500	1	6	7	8	7	5	5	4
21718	경남 의령군	고품질양파마늘생산농자재지원	67,500	1	7	7	8	7	5	5	4
21719	경남 의령군	유기농업자재지원	63,750	1	2	7	8	7	5	5	4
21720	경남 의령군	옥수수재배농가생분해멀칭필름지원	60,000	1	4	7	8	7	5	5	4
21721	경남 의령군	양상추공동출하회포장재지원	58,800	1	4	7	8	7	5	5	4
21722	경남 의령군	사회적기업일자리창출지원	55,000	1	6	2	1	1	1	1	1
21723	경남 의령군	가축재해보험지원	55,000	1	2	7	8	7	5	5	4
21724	경남 의령군	쇠고기이력제귀표부착비	52,080	1	2	7	8	7	5	5	4
21725	경남 의령군	주민자치특성화사업	50,000	1	4	7	8	7	1	1	4
21726	경남 의령군	고품질쌀소비촉진지원	50,000	1	4	7	8	7	5	5	4
21727	경남 의령군	신선농산물생산글로컬농가포장재지원	50,000	1	4	7	8	7	5	5	4
21728	경남 의령군	한우등록	49,600	1	1	7	8	7	5	5	4
21729	경남 의령군	정보화마을프로그램관리자육성	48,128	1	4	7	8	7	1	1	1
21730	경남 의령군	토요애작물생산성향상자재지원	46,000	1	7	7	8	7	5	5	4
21731	경남 의령군	무형문화재기예능보유자전승교육	45,600	1	1	7	8	7	5	5	4
21732	경남 의령군	농번기마을공동급식지원사업	45,000	1	4	7	8	7	5	5	4
21733	경남 의령군	지방문화원유적전시체험활동지원	43,300	1	1	7	8	7	1	1	1
21734	경남 의령군	학교우유급식지원사업	43,200	1	2	4	1	2	1	1	1
21735	경남 의령군	우리밀생산지원	42,480	1	6	7	8	7	5	5	4
21736	경남 의령군	장애인생활체육지도자인건비	42,152	1	4	7	8	7	1	1	4
21737	경남 의령군	양봉농가소초광지원	40,000	1	1	7	8	7	5	5	4
21738	경남 의령군	사회적농업활성화지원(운영비)	38,500	1	2	7	8	7	5	5	4
21739	경남 의령군	청년농업인취농직불제사업	36,000	1	4	7	8	7	5	5	4
21740	경남 의령군	친환경쌀재배단지우렁이지원	35,700	1	4	7	8	7	5	5	4
21741	경남 의령군	농업인농작업편의장비지원사업	35,000	1	4	7	8	7	5	5	4
21742	경남 의령군	우수향토음식점육성지원	30,000	1	4	7	8	7	5	5	4
21743	경남 의령군	우량송아지구입비	30,000	1	1	7	8	7	5	5	4
21744	경남 의령군	축산종합방역소운영지원	30,000	1	6	7	8	7	5	5	4
21745	경남 의령군	이장협의회연수및한마음대회지원	28,000	1	4	7	8	7	1	1	4
21746	경남 의령군	문화원향토사료조사지원	27,000	1	1	7	8	7	1	1	1
21747	경남 의령군	노인서실운영지원	27,000	1	1	7	8	7	1	1	1
21748	경남 의령군	가루쌀생산단지조성사업(교육컨설팅)	27,000	1	2	7	8	7	5	5	4
21749	경남 의령군	국산밀생산단지육성(교육컨설팅)	26,280	1	2	7	8	7	5	5	4
21750	경남 의령군	의령의인물학술세미나	26,000	1	1	7	8	7	1	1	1
21751	경남 의령군	시군문화원활성화운영비	24,000	1	1	7	8	7	1	1	1
21752	경남 의령군	소상공인희망장려금지원사업	23,290	1	6	6	1	6	1	1	2
21753	경남 의령군	젖소능력개량사업	22,392	1	1	7	8	7	5	5	4
21754	경남 의령군	여성농업인출산바우처지원사업	21,600	1	4	7	8	7	5	5	4
21755	경남 의령군	위생업소지도및환경개선	20,700	1	4	7	8	7	1	1	1
21756	경남 의령군	학생승마체험지원	20,368	1	2	7	8	7	5	5	4

순번	시군구	지출명 (사업명)	2024년예산 (단위 : 천원 /1년간)	민간이전 분류 (지방자치단체 세출예산 집행기준에 의거) 1. 민간경상사업보조(307-02) 2. 민간단체 법정운영비보조(307-03) 3. 민간행사사업보조(307-04) 4. 민간위탁금(307-05) 5. 사회복지시설 법정운영비보조(307-10) 6. 민간인위탁교육비(307-12) 7. 공기관등에대한경상적위탁사업비(308-13) 8. 민간자본사업보조,자체재원(402-01) 9. 민간자본사업보조,이전재원(402-02) 10. 민간위탁사업비(402-03) 11. 공기관등에 대한 자본적 위탁사업비(403-02)	민간이전지출 근거 (지방보조금 관리기준 참고) 1. 법률에 규정 2. 국고보조 재원(국가지정) 3. 용도 지정 기부금 4. 조례에 직접규정 5. 지자체가 권장하는 사업을 하는 공공기관 6. 시,도 정책 및 재정사정 7. 기타 8. 해당없음	입찰방식 계약체결방법 (경쟁형태) 1. 일반경쟁 2. 제한경쟁 3. 지명경쟁 4. 수의계약 5. 법정위탁 6. 기타 ( ) 7. 없음	입찰방식 계약기간 1. 1년 2. 2년 3. 3년 4. 4년 5. 5년 6. 기타 ( )년 7. 단기계약 (1년미만) 8. 없음	입찰방식 낙찰자선정방법 1. 적격심사 2. 협상에의한계약 3. 최저가낙찰제 4. 규격가격분리 5. 2단계 경쟁입찰 6. 기타 ( ) 7. 없음	운영예산 산정 운영예산 산정 1. 내부산정 (지자체 자체적으로 산정) 2. 외부산정 (외부전문기관위탁 산정) 3. 내·외부 모두 산정 4. 산정 無 5. 없음	운영예산 산정 정산방법 1. 내부정산 (지자체 내부적으로 정산) 2. 외부정산 (외부전문기관위탁 정산) 3. 내·외부 모두 산정 4. 정산 無 5. 없음	성과평가 실시여부 1. 실시 2. 미실시 3. 향후 추진 4. 해당없음
21757	경남 의령군	응급의료관리료지원	20,228	1	5	3	1	7	1	1	4
21758	경남 의령군	문화원문화행사지원	20,000	1	1	7	8	7	1	1	1
21759	경남 의령군	도민예술단시군순회공연	20,000	1	4	7	8	7	1	1	1
21760	경남 의령군	청년후계농농지임차료지원사업	20,000	1	4	7	8	7	5	5	4
21761	경남 의령군	글로컬농식품가공상품화지원	20,000	1	4	7	8	7	5	5	4
21762	경남 의령군	문화학교운영지원	19,300	1	1	7	8	7	1	1	1
21763	경남 의령군	무형문화재기예능보유자후보전승교육	18,000	1	1	7	8	7	5	5	4
21764	경남 의령군	여성농업인농작업안전장비지원	17,600	1	4	7	8	7	5	5	4
21765	경남 의령군	생활문화동호회활성화지원사업	15,000	1	4	7	8	1	1	1	1
21766	경남 의령군	축산농가사료첨가제지원	15,000	1	1	7	8	7	5	5	4
21767	경남 의령군	가축분퇴비발효촉진제지원	15,000	1	1	7	8	7	5	5	4
21768	경남 의령군	의령홍의장군축제	14,500	1	5	7	8	7	1	1	1
21769	경남 의령군	농가형가공제품마케팅기술지원	14,000	1	4	7	8	7	5	5	4
21770	경남 의령군	향교전통문화계승사업	13,500	1	1	7	8	7	1	1	4
21771	경남 의령군	친환경농산물유통활성화지원	12,500	1	4	7	8	7	5	5	4
21772	경남 의령군	우량암소생산기반구축	12,000	1	1	7	8	7	5	5	4
21773	경남 의령군	가축분뇨퇴액비살포비지원	12,000	1	2	7	8	7	5	5	4
21774	경남 의령군	농어가도우미지원	11,781	1	4	7	8	7	5	5	4
21775	경남 의령군	범죄피해자지원보호운영사업	11,000	1	1	7	8	7	1	1	4
21776	경남 의령군	향교충효교실운영사업	11,000	1	1	7	8	7	1	1	4
21777	경남 의령군	의령전통시장운영지원	10,700	1	4	5	1	7	1	1	1
21778	경남 의령군	자원봉사활성화지원(재능기부연계자원봉사자활동지원사업)(읍면자원봉사협의회활동지원사업)	10,530	1	1	7	8	7	5	5	4
21779	경남 의령군	의령청년자원봉사활동지원사업	10,000	1	4	7	8	7	1	1	4
21780	경남 의령군	전통민속놀이및오광대전수	10,000	1	1	7	8	7	1	1	1
21781	경남 의령군	의령합창단운영지원	10,000	1	4	7	8	7	1	1	1
21782	경남 의령군	상동지구주민공모사업	10,000	1	2	7	8	7	1	1	4
21783	경남 의령군	배추무사마귀병방제비지원	10,000	1	7	7	8	7	5	5	4
21784	경남 의령군	농촌여성기술창출소득화시범	10,000	1	1	7	8	7	5	5	4
21785	경남 의령군	한우우수정액	10,000	1	1	7	8	7	5	5	4
21786	경남 의령군	젖소우수정액지원	10,000	1	1	7	8	7	5	5	4
21787	경남 의령군	송아지생산성향상	9,800	1	1	7	8	7	5	5	4
21788	경남 의령군	자연환경보전활동	9,540	1	1	7	7	7	1	1	4
21789	경남 의령군	어린이집과일간식지원	9,355	1	6	6	1	6	1	1	1
21790	경남 의령군	청년농업인커뮤니티활성화지원사업	9,230	1	4	7	8	7	5	5	4
21791	경남 의령군	무형문화재기예능보유단체전승교육	9,000	1	1	7	8	7	5	5	4
21792	경남 의령군	한우헬퍼지원	8,500	1	1	7	8	7	5	5	4
21793	경남 의령군	사랑의김장담그기	8,000	1	1	7	8	7	1	1	4
21794	경남 의령군	통일아카데미	8,000	1	1	7	8	7	1	1	4
21795	경남 의령군	신반전통시장운영지원	8,000	1	4	5	1	7	1	1	1
21796	경남 의령군	한여름밤의음악회	8,000	1	1	7	8	7	1	1	1

순번	시군구	지출명 (사업명)	2024년예산 (단위 : 천원 /1년간)	민간이전 분류 (지방자치단체 세출예산 집행기준에 의거) 1. 민간경상사업보조(307-02) 2. 민간단체 법정운영비보조(307-03) 3. 민간행사사업보조(307-04) 4. 민간위탁금(307-05) 5. 사회복지시설 법정운영비보조(307-10) 6. 민간인위탁교육비(307-12) 7. 공기관등에대한경상적위탁사업비(308-13) 8. 민간자본사업보조,자체재원(402-01) 9. 민간자본사업보조,이전재원(402-02) 10. 민간위탁사업비(402-03) 11. 공기관등에 대한 자본적 위탁사업비(403-02)	민간이전지출 근거 (지방보조금 관리기준 참고) 1. 법률에 규정 2. 국고보조 재원(국가지정) 3. 용도 지정 기부금 4. 조례에 직접규정 5. 지자체가 권장하는 사업을 하는 공공기관 6. 시,도 정책 및 재정사정 7. 기타 8. 해당없음	입찰방식 계약체결방법 (경쟁형태) 1. 일반경쟁 2. 제한경쟁 3. 지명경쟁 4. 수의계약 5. 법정위탁 6. 기타 ( ) 7. 없음	입찰방식 계약기간 1. 1년 2. 2년 3. 3년 4. 4년 5. 5년 6. 기타 ( )년 7. 단기계약 (1년미만) 8. 없음	입찰방식 낙찰자선정방법 1. 적격심사 2. 협상에의한계약 3. 최저가낙찰제 4. 규격가격분리 5. 2단계 경쟁입찰 6. 기타 ( ) 7. 없음	운영예산 산정 운영예산 산정 1. 내부산정 (지자체 자체적으로 산정) 2. 외부산정 (외부전문기관위탁 산정) 3. 내·외부 모두 산정 4. 산정 無 5. 없음	운영예산 산정 정산방법 1. 내부정산 (지자체 내부적으로 정산) 2. 외부정산 (외부전문기관위탁 정산) 3. 내·외부 모두 산정 4. 정산 無 5. 없음	성과평가 실시여부 1. 실시 2. 미실시 3. 향후 추진 4. 해당없음
21797	경남 의령군	생활체육프로그램운영지원	7,200	1	4	7	8	7	1	1	4
21798	경남 의령군	우수축산물인증지원	7,200	1	1	7	8	7	5	5	4
21799	경남 의령군	친환경쌀재배단지해충포획기설치지원	7,000	1	4	7	8	7	5	5	4
21800	경남 의령군	농산물온라인오픈마켓진입지원	7,000	1	4	7	8	7	5	5	4
21801	경남 의령군	의령문학제28호발간	6,480	1	4	7	8	7	1	1	1
21802	경남 의령군	생활체육교실지원	6,440	1	4	7	8	7	1	1	4
21803	경남 의령군	의령청년동아리활동지원사업	6,000	1	4	7	8	7	1	1	4
21804	경남 의령군	지방문화원어르신문화프로그램운영지원	6,000	1	1	7	8	7	1	1	1
21805	경남 의령군	GAP안전성검사비지원	6,000	1	2	7	8	7	5	5	4
21806	경남 의령군	다문화가정멘토링사업	5,900	1	1	7	8	7	1	1	4
21807	경남 의령군	기초질서지키기및청소년선도	5,400	1	1	7	7	7	1	5	4
21808	경남 의령군	청소년과함께하는통일현장체험학습	5,000	1	1	7	8	7	1	1	4
21809	경남 의령군	한우암소유전능력평가	5,000	1	1	7	8	7	5	5	4
21810	경남 의령군	친환경급식육성품목지원	4,900	1	4	7	8	7	5	5	4
21811	경남 의령군	공예품개발사업장려금	4,800	1	2	7	8	7	3	3	4
21812	경남 의령군	무형문화재기예능보유단체공개행사	4,200	1	1	7	8	7	5	5	4
21813	경남 의령군	축산물HACCP컨설팅	4,200	1	2	7	8	7	5	5	4
21814	경남 의령군	농촌체험휴양마을안전,화재보험지원	4,080	1	2	7	8	7	5	1	4
21815	경남 의령군	민원행정상담사업	4,000	1	1	7	8	7	1	1	4
21816	경남 의령군	농촌체험지도사및마을해설가양성사업	3,600	1	6	7	7	7	5	1	4
21817	경남 의령군	나라사랑태극기보급	3,360	1	1	7	8	7	1	1	4
21818	경남 의령군	GAP인증수수료지원사업	3,300	1	6	7	8	7	5	5	4
21819	경남 의령군	새마을효지킴이운동전개	3,100	1	1	7	8	7	1	1	4
21820	경남 의령군	이동무료급식사업	3,000	1	1	7	8	7	1	1	4
21821	경남 의령군	민족통일안보교육및현장순례	3,000	1	1	7	8	7	1	1	4
21822	경남 의령군	국민보도연맹사건위령제지원사업	3,000	1	4	7	8	7	1	1	4
21823	경남 의령군	자원봉사활성화지원(자원봉사자역량강화및활동지원사업)	3,000	1	1	7	8	7	5	5	4
21824	경남 의령군	자원봉사활성화지원(재능기부연계자원봉사자활동지원사업)	3,000	1	1	7	8	7	5	5	4
21825	경남 의령군	과수수정용꽃가루지원	3,000	1	6	7	8	7	5	5	4
21826	경남 의령군	작은도서관도서구입	2,500	1	4	7	8	7	1	1	1
21827	경남 의령군	무형문화재기예능보유자공개행사	2,200	1	1	7	8	7	5	5	4
21828	경남 의령군	의령무안합동위령제	2,000	1	1	7	8	7	1	1	4
21829	경남 의령군	청소년민주시민의식교육	2,000	1	1	7	8	7	1	1	4
21830	경남 의령군	효사랑넘치는의령군만들기	2,000	1	1	7	8	7	1	1	4
21831	경남 의령군	쾌적한지역사회만들기사업	2,000	1	1	7	8	7	1	1	4
21832	경남 의령군	체험휴양마을인적역량강화	1,920	1	2	7	7	7	5	1	4
21833	경남 의령군	독립유공자묘지안내판	1,200	1	4	7	8	7	1	1	1
21834	경남 의령군	어머니포순이봉사단	1,000	1	1	7	8	7	1	1	4
21835	경남 의령군	청소년범죄예방위원청소년선도활동	1,000	1	1	7	8	7	1	1	4
21836	경남 의령군	과실장기저장제지원	1,000	1	6	7	8	7	5	5	4

순번	시군구	지출명 (사업명)	2024년예산 (단위 : 천원 /1년간)	민간이전 분류 (지방자치단체 세출예산 집행기준에 의거) 1. 민간경상사업보조(307-02) 2. 민간단체 법정운영비보조(307-03) 3. 민간행사사업보조(307-04) 4. 민간위탁금(307-05) 5. 사회복지시설 법정운영비보조(307-10) 6. 민간인위탁교육비(307-12) 7. 공기관등에대한경상적위탁사업비(308-13) 8. 민간자본사업보조,자체재원(402-01) 9. 민간자본사업보조,이전재원(402-02) 10. 민간위탁사업비(402-03) 11. 공기관등에 대한 자본적 위탁사업비(403-02)	민간이전지출 근거 (지방보조금 관리기준 참고) 1. 법률에 규정 2. 국고보조 재원(국가지정) 3. 용도 지정 기부금 4. 조례에 직접규정 5. 지자체가 권장하는 사업을 하는 공공기관 6. 시,도 정책 및 재정사정 7. 기타 8. 해당없음	입찰방식 계약체결방법 (경쟁형태) 1. 일반경쟁 2. 제한경쟁 3. 지명경쟁 4. 수의계약 5. 법정위탁 6. 기타 ( ) 7. 없음	입찰방식 계약기간 1. 1년 2. 2년 3. 3년 4. 4년 5. 5년 6. 기타 ( )년 7. 단기계약 (1년미만) 8. 없음	입찰방식 낙찰자선정방법 1. 적격심사 2. 협상에의한계약 3. 최저가낙찰제 4. 규격가격분리 5. 2단계 경쟁입찰 6. 기타 ( ) 7. 없음	운영예산 산정 운영예산 산정 1. 내부산정 (지자체 자체적으로 산정) 2. 외부산정 (외부전문기관위탁 산정) 3. 내·외부 모두 산정 4. 산정 無 5. 없음	운영예산 산정 정산방법 1. 내부정산 (지자체 내부적으로 정산) 2. 외부정산 (외부전문기관위탁 정산) 3. 내·외부 모두 산정 4. 정산 無 5. 없음	성과평가 실시여부 1. 실시 2. 미실시 3. 향후 추진 4. 해당없음
21837	경남 의령군	수산분야농사용전기요금인상액지원	800	1	1	7	8	7	5	5	4
21838	경남 의령군	독서생활문화운동	500	1	1	7	8	7	1	1	4
21839	경남 함안군	청년농업인영농정착지원사업	510,000	1	7	7	8	7	1	1	1
21840	경남 함안군	여성농업인바우처지원	500,000	1	7	7	8	7	1	1	1
21841	경남 함안군	취약지응급의료기관운영지원	240,000	1	1,2,4	1,5	1	7	5	3	3
21842	경남 함안군	농촌인력중개센터운영	200,000	1	2	4	7	7	1	1	1
21843	경남 함안군	여성농업인센터운영비지원	94,382	1	7	7	8	7	1	1	1
21844	경남 함안군	함안정착지역주도형청년일자리사업	92,816	1	2	7	8	7	5	5	4
21845	경남 함안군	열정청년(문화사회문제해결)지원	60,000	1	4	7	8	7	5	5	4
21846	경남 함안군	여성농업인센터사업비지원	50,398	1	7	7	8	7	1	1	1
21847	경남 함안군	작목별맞춤형안전관리실천시범	50,000	1	2	7	8	7	5	5	4
21848	경남 함안군	농촌생활환경	40,000	1	7	7	8	7	5	5	4
21849	경남 함안군	청년농업인취농직불제사업	36,000	1	7	7	8	7	1	1	1
21850	경남 함안군	농경문화소득화모델구축	35,000	1	2	7	8	7	5	5	4
21851	경남 함안군	수리계지원	33,000	1	4	7	8	7	1	1	4
21852	경남 함안군	함청동(함안청년동아리)지원	30,000	1	4	7	8	7	5	5	4
21853	경남 함안군	농촌재능나눔활성화지원	30,000	1	6	4	7	7	1	1	1
21854	경남 함안군	함안군농촌지도자대회	25,000	1	7	7	8	7	1	1	1
21855	경남 함안군	농업인역량강화해외연수지원	25,000	1	7	7	8	7	1	1	1
21856	경남 함안군	생활개선회육성	25,000	1	7	7	8	7	5	5	4
21857	경남 함안군	여성농업인출산바우처지원	21,600	1	7	7	8	7	1	1	1
21858	경남 함안군	느그집에서(민간청년활동공간)지원	20,000	1	4	7	8	7	5	5	4
21859	경남 함안군	청년네트워크끼리끼리	20,000	1	4	7	8	7	5	5	4
21860	경남 함안군	강소농브랜드"가치가야"포장재지원	20,000	1	6	4	7	7	1	1	1
21861	경남 함안군	강소농경영비지원	20,000	1	6	4	7	7	1	1	1
21862	경남 함안군	사회적경제청년부흥프로젝트	15,921	1	2	7	8	7	5	5	4
21863	경남 함안군	여성민방위기동대운영	15,000	1	4	7	8	7	1	1	4
21864	경남 함안군	노인회운영보조	12,000	1	4	7	8	7	1	1	2
21865	경남 함안군	폭력근절캠페인및기념식	12,000	1	5	7	8	7	5	1	1
21866	경남 함안군	농어가도우미지원	11,781	1	7	7	8	7	1	1	1
21867	경남 함안군	유소년승마단창단및운영지원	10,400	1	5	4	1	6	1	1	4
21868	경남 함안군	양성평등주간기념행사	10,000	1	4	7	8	7	5	1	1
21869	경남 함안군	보육시설및종사자지원(자체)	10,000	1	6	7	8	7	5	1	1
21870	경남 함안군	청년농업인커뮤니티활성화지원	10,000	1	7	7	8	7	1	1	1
21871	경남 함안군	향토음식육성지원	10,000	1	7	7	8	7	5	5	4
21872	경남 함안군	여성농업인단체화합행사운영	9,000	1	7	7	8	7	1	1	1
21873	경남 함안군	여성지도자역량강화워크숍	8,000	1	5	7	8	7	5	1	1
21874	경남 함안군	교통질서계도,청소년선도(모범운전자회)	7,000	1	4	5	1	7	1	1	4
21875	경남 함안군	영호남농업인자매결연교류사업	7,000	1	7	7	8	7	1	1	1
21876	경남 함안군	4H본부.청년.지도교사역량강화교육및체험학습	6,000	1	7	7	8	7	1	1	1

순번	시군구	지출명 (사업명)	2024년예산 (단위 : 천원 /1년간)	민간이전 분류 (지방자치단체 세출예산 집행기준에 의거) 1. 민간경상사업보조(307-02) 2. 민간단체 법정운영비보조(307-03) 3. 민간행사사업보조(307-04) 4. 민간위탁금(307-05) 5. 사회복지시설 법정운영비보조(307-10) 6. 민간인위탁교육비(307-12) 7. 공기관등에대한경상적위탁사업비(308-13) 8. 민간자본사업보조,자체재원(402-01) 9. 민간자본사업보조,이전재원(402-02) 10. 민간위탁사업비(402-03) 11. 공기관등에 대한 자본적 위탁사업비(403-02)	민간이전지출 근거 (지방보조금 관리기준 참고) 1. 법률에 규정 2. 국고보조 재원(국가지정) 3. 용도 지정 기부금 4. 조례에 직접규정 5. 지자체가 권장하는 사업을 하는 공공기관 6. 시,도 정책 및 재정사정 7. 기타 8. 해당없음	입찰방식: 계약체결방법 (경쟁형태) 1. 일반경쟁 2. 제한경쟁 3. 지명경쟁 4. 수의계약 5. 법정위탁 6. 기타 ( ) 7. 없음	입찰방식: 계약기간 1. 1년 2. 2년 3. 3년 4. 4년 5. 5년 6. 기타 ( )년 7. 단기계약 (1년미만) 8. 없음	입찰방식: 낙찰자선정방법 1. 적격심사 2. 협상에의한계약 3. 최저가낙찰제 4. 규격가격분리 5. 2단계 경쟁입찰 6. 기타 ( ) 7. 없음	운영예산 산정: 운영예산 산정 1. 내부산정 (지자체 자체적으로 산정) 2. 외부산정 (외부전문기관위탁 산정) 3. 내·외부 모두 산정 4. 산정 無 5. 없음	운영예산 산정: 정산방법 1. 내부정산 (지자체 내부적으로 정산) 2. 외부정산 (외부전문기관위탁 정산) 3. 내·외부 모두 산정 4. 정산 無 5. 없음	성과평가 실시여부 1. 실시 2. 미실시 3. 향후 추진 4. 해당없음
21877	경남 함안군	스마트강소농활성화시범	6,000	1	6	4	7	7	1	1	1
21878	경남 함안군	여성농업인건강생활문화교실운영	5,000	1	7	7	8	7	1	1	1
21879	경남 함안군	농업경영인지역리더양성교육운영	5,000	1	7	7	8	7	1	1	1
21880	경남 함안군	농민회우리농업지키는여름농활	5,000	1	7	7	8	7	1	1	1
21881	경남 함안군	농업신소득원발굴공동학습포장운영지원	5,000	1	7	7	8	7	1	1	1
21882	경남 함안군	청년4H과제교육지원	5,000	1	7	7	8	7	1	1	1
21883	경남 함안군	농작업재해예방안전기술능력배양	5,000	1	6	7	8	7	5	5	4
21884	경남 함안군	귀농인안정정착지원	4,500	1	7	7	8	7	1	1	1
21885	경남 함안군	여성농민회도시농촌교류사업	4,000	1	7	7	8	7	1	1	1
21886	경남 함안군	정보화농업활성화지원	4,000	1	6	4	7	7	1	1	1
21887	경남 함안군	지원민방위대안보견학	3,000	1	4	7	8	7	1	1	4
21888	경남 함안군	농촌지도자품목별육성지원	3,000	1	7	7	8	7	1	1	1
21889	경남 함안군	농촌자원융복합전문능력향상	3,000	1	6	7	8	7	5	5	4
21890	경남 함안군	4H본부교육지원	2,000	1	7	7	8	7	1	1	1
21891	경남 함안군	농민회역량강화교육	2,000	1	7	7	8	7	1	1	1
21892	경남 함안군	농촌지도자양성교육	2,000	1	7	7	8	7	1	1	1
21893	경남 함안군	학교4H회과제활동지원	1,500	1	7	7	8	7	1	1	1
21894	경남 함안군	학교4H회우수과제체험학습포활동지원	1,000	1	7	7	8	7	1	1	1
21895	경남 함안군	곶감택배비지원	50,000	1	4	7	8	7	1	1	1
21896	경남 함안군	벼병해충공동방제비종합지원	1,504,800	1	4	7	8	7	1	1	4
21897	경남 함안군	벼자가육묘농가육묘용자재지원	372,000	1	4	7	8	7	1	1	1
21898	경남 함안군	구제역백신구입지원	241,083	1	2	7	8	7	5	1	4
21899	경남 함안군	가축질병치료보험지원	150,000	1	6	7	8	7	5	1	4
21900	경남 함안군	창업기업신규고용인력보조금지원	120,000	1	4	7	8	7	1	1	2
21901	경남 함안군	돼지써코바이러스백신구입지원	120,000	1	2	7	8	7	5	1	4
21902	경남 함안군	우수종자차액지원	65,000	1	4	7	8	7	1	1	1
21903	경남 함안군	경제동향분석조사	50,000	1	4	4	1	1	1	1	4
21904	경남 함안군	축산물이력관리지원	38,640	1	2	7	8	7	5	1	4
21905	경남 함안군	돼지소모성질환지도지원	30,000	1	2	7	8	7	5	1	4
21906	경남 함안군	식량작물공동경영체(논콩)육성교육컨설팅지원	27,000	1	2	7	8	7	5	1	4
21907	경남 함안군	식량작물공동경영체(국산밀단지)교육컨설팅지원	26,280	1	2	7	8	7	5	1	4
21908	경남 함안군	가금농가질병관리지원	24,000	1	2	7	8	7	5	1	4
21909	경남 함안군	중소기업맞춤형판로정보제공	20,000	1	4	7	8	7	1	1	2
21910	경남 함안군	국내외국제전시(박람)회지원	20,000	1	4	7	8	7	1	1	2
21911	경남 함안군	지역지식재산창출지원	20,000	1	4	7	8	7	1	1	2
21912	경남 함안군	기숙사임차비용	16,800	1	5	7	7	7	1	1	1
21913	경남 함안군	해외지사화참가업체지원	10,000	1	4	7	8	7	1	1	2
21914	경남 함안군	조달청다수공급자계약	10,000	1	4	7	8	7	1	1	2
21915	경남 함안군	안전관리인증기준컨설팅지원	4,200	1	2	7	8	7	5	1	4
21916	경남 창녕군	노후주택외부리모델링지원사업	300,000	1	1	7	1	7	5	5	4

순번	시군구	지출명 (사업명)	2024년예산 (단위 : 천원 /1년간)	민간이전 분류 (지방자치단체 세출예산 집행기준에 의거)	민간이전지출 근거 (지방보조금 관리기준 참고)	입찰방식			운영예산 산정		성과평가 실시여부
				1. 민간경상사업보조(307-02) 2. 민간단체 법정운영비보조(307-03) 3. 민간행사사업보조(307-04) 4. 민간위탁금(307-05) 5. 사회복지시설 법정운영비보조(307-10) 6. 민간인위탁교육비(307-12) 7. 공기관등에대한경상적위탁사업비(308-13) 8. 민간자본사업보조,자체재원(402-01) 9. 민간자본사업보조,이전재원(402-02) 10. 민간위탁사업비(402-03) 11. 공기관등에 대한 자본적 위탁사업비(403-02)	1. 법률에 규정 2. 국고보조 재원(국가지정) 3. 용도 지정 기부금 4. 조례에 직접규정 5. 지자체가 권장하는 사업을 하는 공공기관 6. 시,도 정책 및 재정사정 7. 기타 8. 해당없음	계약체결방법 (경쟁형태) 1. 일반경쟁 2. 제한경쟁 3. 지명경쟁 4. 수의계약 5. 법정위탁 6. 기타 ( ) 7. 없음	계약기간 1. 1년 2. 2년 3. 3년 4. 4년 5. 5년 6. 기타 ( )년 7. 단기계약 (1년미만) 8. 없음	낙찰자선정방법 1. 적격심사 2. 협상에의한계약 3. 최저가낙찰제 4. 규격가격분리 5. 2단계 경쟁입찰 6. 기타 ( ) 7. 없음	운영예산 산정 1. 내부산정 (지자체 자체적으로 산정) 2. 외부산정 (외부전문기관위탁 산정) 3. 내·외부 모두 산정 4. 산정 無 5. 없음	정산방법 1. 내부정산 (지자체 내부적으로 정산) 2. 외부정산 (외부전문기관위탁 정산) 3. 내·외부 모두 산정 4. 정산 無 5. 없음	1. 실시 2. 미실시 3. 향후 추진 4. 해당없음
21917	경남 창녕군	폐기물처리시설주변주민지원기금	127,048	1	6	6	8	7	5	1	2
21918	경남 창녕군	도시재생주민공모사업	50,000	1	1	7	1	7	5	5	4
21919	경남 창녕군	일반음식점환경개선자금지원	40,000	1	4	7	8	7	1	1	1
21920	경남 창녕군	농촌현장포럼	35,000	1	7	1	1	1	1	1	3
21921	경남 창녕군	마을만들기사업예비단계소액사업추진	30,000	1	7	7	8	7	5	5	4
21922	경남 창녕군	괴산마을만들기사업역량강화	20,000	1	7	1	1	1	1	1	3
21923	경남 창녕군	청년동아리활동지원	20,000	1	4	7	8	7	1	1	3
21924	경남 창녕군	마을관리사회적협동조합초기사업비	20,000	1	1	7	8	7	5	5	4
21925	경남 창녕군	지방의제21추진	15,000	1	4	7	8	7	1	1	1
21926	경남 창녕군	계팔마을만들기사업역량강화	10,000	1	7	1	1	1	1	1	3
21927	경남 창녕군	휴게음식점환경개선자금지원	10,000	1	4	7	8	7	1	1	1
21928	경남 창녕군	저탄소녹색성장창녕가꾸기	5,000	1	4	7	8	7	1	1	1
21929	경남 창녕군	식생활문화개선사업	5,000	1	4	7	8	7	1	1	1
21930	경남 창녕군	저탄소녹색성장환경정화사업	3,000	1	4	7	8	7	1	1	1
21931	경남 창녕군	수질,환경정화감시활동	3,000	1	4	7	8	7	1	1	1
21932	경남 고성군	벼병해충공동방제농작업대행료지원	800,010	1	6	7	8	7	5	5	4
21933	경남 고성군	K농산물전략품목포장재통합지원	525,000	1	6	7	8	7	5	5	4
21934	경남 고성군	벼육묘용상토매트지원	448,000	1	4	7	8	7	5	5	4
21935	경남 고성군	365안심병동사업	442,368	1	6	1	1	1	3	3	1
21936	경남 고성군	친환경농업벼재배단지조성	361,000	1	4	7	8	7	5	5	4
21937	경남 고성군	366안심병동사업	331,776	1	6	1	1	1	3	3	1
21938	경남 고성군	머물고싶은고성!촌캉스운영	300,000	1	4	7	8	7	5	5	4
21939	경남 고성군	청년농업인영농정착지원	300,000	1	2	7	8	7	5	5	4
21940	경남 고성군	산부인과운영	220,000	1	6	1	3	1	5	3	1
21941	경남 고성군	취약지역응급의료기관운영비지원(기금)	210,000	1	1	6	8	1	3	3	1
21942	경남 고성군	고성행복교육지구운영	200,000	1	4	6	1	6	1	1	4
21943	경남 고성군	농산물포장재비지원(공동브랜드)	200,000	1	4	7	8	7	5	5	4
21944	경남 고성군	백세시대청춘교실	190,000	1	4	7	8	7	5	5	4
21945	경남 고성군	주민자치회자치활동지원	180,188	1	4	7	8	7	5	5	4
21946	경남 고성군	경관농업단지조성사업	152,500	1	4	7	8	7	1	1	1
21947	경남 고성군	농업환경보전프로그램	150,000	1	2	7	8	7	5	5	4
21948	경남 고성군	옥수수대체미니단호박생산단지조성	150,000	1	6	7	8	7	5	5	4
21949	경남 고성군	고성쌀판로개척지원	150,000	1	4	7	8	7	5	5	4
21950	경남 고성군	군지역소아청소년과지원사업	150,000	1	6	1	8	1	5	3	1
21951	경남 고성군	지역응급의료기관기능격상지원	150,000	1	1	6	8	1	3	3	1
21952	경남 고성군	가축분뇨수분조절재지원	128,250	1	1	7	8	7	5	5	4
21953	경남 고성군	성인문해교육	125,000	1	1	7	8	7	5	5	4
21954	경남 고성군	생생문화유산사업	125,000	1	2	7	8	7	1	1	1
21955	경남 고성군	기능성쌀생산단지조성	120,000	1	4	7	8	7	5	5	4
21956	경남 고성군	친환경벼재배단지병해충방제지원	113,400	1	4	7	8	7	5	5	4

순번	시군구	지출명 (사업명)	2024년예산 (단위 : 천원 /1년간)	민간이전 분류 (지방자치단체 세출예산 집행기준에 의거) 1. 민간경상사업보조(307-02) 2. 민간단체 법정운영비보조(307-03) 3. 민간행사사업보조(307-04) 4. 민간위탁금(307-05) 5. 사회복지시설 법정운영비보조(307-10) 6. 민간인위탁교육비(307-12) 7. 공기관등에대한경상적위탁사업비(308-13) 8. 민간자본사업보조,자체재원(402-01) 9. 민간자본사업보조,이전재원(402-02) 10. 민간위탁사업비(402-03) 11. 공기관등에 대한 자본적 위탁사업비(403-02)	민간이전지출 근거 (지방보조금 관리기준 참고) 1. 법률에 규정 2. 국고보조 재원(국가지정) 3. 용도 지정 기부금 4. 조례에 직접규정 5. 지자체가 권장하는 사업을 하는 공공기관 6. 시,도 정책 및 재정사정 7. 기타 8. 해당없음	입찰방식: 계약체결방법 (경쟁형태) 1. 일반경쟁 2. 제한경쟁 3. 지명경쟁 4. 수의계약 5. 법정위탁 6. 기타 ( ) 7. 없음	입찰방식: 계약기간 1. 1년 2. 2년 3. 3년 4. 4년 5. 5년 6. 기타 ( )년 7. 단기계약 (1년미만) 8. 없음	입찰방식: 낙찰자선정방법 1. 적격심사 2. 협상에의한계약 3. 최저가낙찰제 4. 규격가격분리 5. 2단계 경쟁입찰 6. 기타 ( ) 7. 없음	운영예산 산정: 운영예산 산정 1. 내부산정 (지자체 자체적으로 산정) 2. 외부산정 (외부전문기관위탁 산정) 3. 내·외부 모두 산정 4. 산정 無 5. 없음	운영예산 산정: 정산방법 1. 내부정산 (지자체 내부적으로 정산) 2. 외부정산 (외부전문기관위탁 정산) 3. 내·외부 모두 산정 4. 정산 無 5. 없음	성과평가 실시여부 1. 실시 2. 미실시 3. 향후 추진 4. 해당없음
21957	경남 고성군	농촌고용인력지원	112,500	1	2	7	8	7	5	5	4
21958	경남 고성군	전통시장장보기및배송서비스지원	110,640	1	1	7	8	7	5	5	3
21959	경남 고성군	농산물포장재비지원(공선포장재)	110,000	1	4	7	8	7	5	5	4
21960	경남 고성군	취약지역응급의료기관운영비지원(공모)	100,000	1	1	6	8	1	3	3	1
21961	경남 고성군	농번기마을공동급식지원	87,500	1	1	7	8	7	5	5	4
21962	경남 고성군	여성농업인센터운영지원	87,500	1	1	7	8	7	5	5	4
21963	경남 고성군	사회적기업육성일자리창출지원	80,000	1	1	6	1	1	2	3	1
21964	경남 고성군	지역특성살리기사업	80,000	1	2	7	8	7	5	5	3
21965	경남 고성군	축산농가악취방지개선	80,000	1	1	7	8	7	5	5	4
21966	경남 고성군	양정분야지원(자체)	80,000	1	4	7	8	7	5	5	4
21967	경남 고성군	조사료생산용종자구입지원	73,500	1	2	7	8	7	5	5	4
21968	경남 고성군	낙농헬퍼사업	67,100	1	6	7	8	7	5	5	4
21969	경남 고성군	전통산사문화재활용사업	62,500	1	2	7	8	7	1	1	1
21970	경남 고성군	고품질화훼생산지원사업	60,000	1	6	7	8	7	5	5	4
21971	경남 고성군	양봉농가기자재지원	60,000	1	1	7	8	7	5	5	4
21972	경남 고성군	사회적농업활성화지원	55,000	1	2	7	8	7	5	5	4
21973	경남 고성군	귀농귀촌유치지원사업	52,000	1	6	7	8	7	5	5	4
21974	경남 고성군	소아청소년과진료시간연장운영	52,000	1	5	1	8	1	5	3	1
21975	경남 고성군	전수교육관활성화지원(고성오광대)	50,000	1	2	7	8	7	1	1	1
21976	경남 고성군	유익미생물확대공급용발효시설관리	48,000	1	1	7	8	7	5	5	4
21977	경남 고성군	귀농세대정착지원	45,000	1	4	7	8	7	5	5	4
21978	경남 고성군	농촌관광주체육성지원(사무장채용지원)	44,512	1	2	7	8	7	5	5	4
21979	경남 고성군	통일역량강화및민주평통활성화지원사업	42,100	1	4	7	8	7	1	1	1
21980	경남 고성군	농가경영개선지원지업	42,000	1	6	7	8	7	5	5	4
21981	경남 고성군	고품질잡곡재배단지조성	42,000	1	6	7	8	7	5	5	4
21982	경남 고성군	한우개량시스템운영	40,000	1	1	7	8	7	1	1	4
21983	경남 고성군	양봉사료지원	40,000	1	1	7	8	7	5	5	4
21984	경남 고성군	선도농업단체육성및지원	36,000	1	4	7	8	7	5	5	4
21985	경남 고성군	고성발효사료생산지원센터부산물지원사업	36,000	1	4	7	8	7	5	5	4
21986	경남 고성군	농업인농작업편의장비지원	35,000	1	6	7	8	7	5	5	4
21987	경남 고성군	과수수정용꽃가루지원	35,000	1	6	7	8	7	5	5	4
21988	경남 고성군	새마을운동활성화사업지원	32,000	1	4	7	8	7	1	1	1
21989	경남 고성군	바르게살기운동활성화사업지원	30,116	1	4	7	8	7	1	1	1
21990	경남 고성군	자연생분해소재활용멀칭비닐지원	29,250	1	4	7	8	7	5	5	4
21991	경남 고성군	군내버스교통카드수수료지원	29,000	1	1	7	8	7	5	5	1
21992	경남 고성군	어린이집과일간식지원	27,225	1	1,4	7	8	7	5	5	4
21993	경남 고성군	정성한우브랜드사료포장재지원	25,000	1	4	7	8	7	5	5	4
21994	경남 고성군	청년농업인취농직불제지원	24,000	1	6	7	8	7	5	5	4
21995	경남 고성군	시비효율개선친환경농자재시범	24,000	1	5	7	8	7	5	5	4
21996	경남 고성군	참다래수꽃가루지원	24,000	1	6	7	8	7	5	5	4

순번	시군구	지출명 (사업명)	2024년예산 (단위 : 천원 /1년간)	민간이전 분류 (지방자치단체 세출예산 집행기준에 의거) 1. 민간경상사업보조(307-02) 2. 민간단체 법정운영비보조(307-03) 3. 민간행사사업보조(307-04) 4. 민간위탁금(307-05) 5. 사회복지시설 법정운영비보조(307-10) 6. 민간인위탁교육비(307-12) 7. 공기관등에대한경상적위탁사업비(308-13) 8. 민간자본사업보조,자체재원(402-01) 9. 민간자본사업보조,이전재원(402-02) 10. 민간위탁사업비(402-03) 11. 공기관등에 대한 자본적 위탁사업비(403-02)	민간이전지출 근거 (지방보조금 관리기준 참고) 1. 법률에 규정 2. 국고보조 재원(국가지정) 3. 용도 지정 기부금 4. 조례에 직접규정 5. 지자체가 권장하는 사업을 하는 공공기관 6. 시,도 정책 및 재정사정 7. 기타 8. 해당없음	입찰방식 계약체결방법 (경쟁형태) 1. 일반경쟁 2. 제한경쟁 3. 지명경쟁 4. 수의계약 5. 법정위탁 6. 기타 ( ) 7. 없음	입찰방식 계약기간 1. 1년 2. 2년 3. 3년 4. 4년 5. 5년 6. 기타 ( )년 7. 단기계약 (1년미만) 8. 없음	입찰방식 낙찰자선정방법 1. 적격심사 2. 협상에의한계약 3. 최저가낙찰제 4. 규격가격분리 5. 2단계 경쟁입찰 6. 기타 ( ) 7. 없음	운영예산 산정 운영예산 산정 1. 내부산정 (지자체 자체적으로 산정) 2. 외부산정 (외부전문기관위탁 산정) 3. 내·외부 모두 산정 4. 산정 無 5. 없음	운영예산 산정 정산방법 1. 내부정산 (지자체 내부적으로 정산) 2. 외부정산 (외부전문기관위탁 정산) 3. 내·외부 모두 산정 4. 정산 無 5. 없음	성과평가 실시여부 1. 실시 2. 미실시 3. 향후 추진 4. 해당없음
21997	경남 고성군	과수안전농산물생산지원	24,000	1	4	7	8	7	5	5	4
21998	경남 고성군	조사료동계작물항공파종지원	22,250	1	4	7	8	7	5	5	4
21999	경남 고성군	읍면회장단국외연수	20,000	1	4	7	8	7	1	1	1
22000	경남 고성군	충효교실및전통문화계승지원	20,000	1	4	7	8	7	1	1	1
22001	경남 고성군	범죄피해자지원사업	20,000	1	4	7	8	7	1	1	1
22002	경남 고성군	(예비)마을기업육성지원	20,000	1	2	6	1	1	2	3	1
22003	경남 고성군	지역지식재산창출지원사업(국가직접지원)	20,000	1	1	7	1	7	2	3	1
22004	경남 고성군	섬유질사료운반용비닐구입	20,000	1	4	7	8	7	5	5	4
22005	경남 고성군	신선농산물수출농가경쟁력제고지원	20,000	1	6	7	8	7	5	5	4
22006	경남 고성군	친환경농산물유통활성화지원	18,550	1	6	7	8	7	5	5	4
22007	경남 고성군	최고농업경영자과정지원	18,000	1	6	7	8	7	5	5	4
22008	경남 고성군	전수교육관활성화지원(고성농요)	17,500	1	2	7	8	7	1	1	1
22009	경남 고성군	노란우산공제회희망자려금	17,240	1	6	7	8	7	5	5	3
22010	경남 고성군	시설채소수정벌지원	16,000	1	6	7	8	7	5	5	4
22011	경남 고성군	한우수정란이식사업	16,000	1	2	7	8	7	1	1	4
22012	경남 고성군	소사육농가미네랄블록지원	15,000	1	4	7	8	7	5	5	4
22013	경남 고성군	비육용암소시장육성	15,000	1	2	7	8	7	5	5	4
22014	경남 고성군	로컬푸드육성지원	15,000	1	1	7	8	7	5	5	4
22015	경남 고성군	딸기우량모주(원묘)보급지원	14,500	1	6	7	8	7	5	5	4
22016	경남 고성군	축산농가사료첨가제지원	13,500	1	4	7	8	7	5	5	4
22017	경남 고성군	양봉브랜드육성지원	13,500	1	1	7	8	7	1	1	4
22018	경남 고성군	향교운영지원	13,090	1	4	7	1	7	1	1	1
22019	경남 고성군	양봉농가밀원수조성	12,500	1	1	7	8	7	5	5	4
22020	경남 고성군	평생교육기반조성	12,000	1	4	7	8	7	5	5	4
22021	경남 고성군	가축분뇨액비살포비지원	12,000	1	2	7	8	7	5	5	4
22022	경남 고성군	친환경꿀벌사양지원	12,000	1	1	7	8	7	5	5	4
22023	경남 고성군	선도여성농업인단체육성지원	11,000	1	4	7	8	7	5	5	4
22024	경남 고성군	송아지생산성향상사업	10,500	1	1	7	8	7	5	5	4
22025	경남 고성군	주민참여예산(당동별빛달빛프로젝트)	10,000	1	6	7	8	7	5	5	3
22026	경남 고성군	참다래묘목교체시범사업	10,000	1	4	7	8	7	5	5	4
22027	경남 고성군	우수식재료소비확대기반조성	10,000	1	2	7	8	7	5	5	4
22028	경남 고성군	오다가다프리마켓운영및아나바다축제	10,000	1	1	7	8	7	5	5	4
22029	경남 고성군	임산부친환경농산물꾸러미지원	9,600	1	2	7	8	7	5	5	4
22030	경남 고성군	청년농업인커뮤니티활성화지원	9,230	1	6	7	8	7	5	5	4
22031	경남 고성군	친환경과수자재지원	8,800	1	4	7	8	7	5	5	4
22032	경남 고성군	조경수생산지원	8,100	1	4	7	8	7	5	5	4
22033	경남 고성군	외국인계절근로자근로편익지원시범	8,000	1	6	7	8	7	5	5	4
22034	경남 고성군	답리작곤포사일리지비닐지원	8,000	1	4	7	8	7	5	5	4
22035	경남 고성군	수태율개선낙농사양기술시범	8,000	1	6	7	8	7	5	5	4
22036	경남 고성군	소유전체정보분석지원	7,560	1	1	7	8	7	1	1	4

순번	시군구	지출명 (사업명)	2024년예산 (단위 : 천원 /1년간)	민간이전 분류 (지방자치단체 세출예산 집행기준에 의거) 1. 민간경상사업보조(307-02) 2. 민간단체 법정운영비보조(307-03) 3. 민간행사사업보조(307-04) 4. 민간위탁금(307-05) 5. 사회복지시설 법정운영비보조(307-10) 6. 민간인위탁교육비(307-12) 7. 공기관등에대한경상적위탁사업비(308-13) 8. 민간자본사업보조,자체재원(402-01) 9. 민간자본사업보조,이전재원(402-02) 10. 민간위탁사업비(402-03) 11. 공기관등에 대한 자본적 위탁사업비(403-02)	민간이전지출 근거 (지방보조금 관리기준 참고) 1. 법률에 규정 2. 국고보조 재원(국가지정) 3. 용도 지정 기부금 4. 조례에 직접규정 5. 지자체가 권장하는 사업을 하는 공공기관 6. 시,도 정책 및 재정사정 7. 기타 8. 해당없음	입찰방식 계약체결방법 (경쟁형태) 1. 일반경쟁 2. 제한경쟁 3. 지명경쟁 4. 수의계약 5. 법정위탁 6. 기타 ( ) 7. 없음	입찰방식 계약기간 1. 1년 2. 2년 3. 3년 4. 4년 5. 5년 6. 기타 ( )년 7. 단기계약 (1년미만) 8. 없음	입찰방식 낙찰자선정방법 1. 적격심사 2. 협상에의한계약 3. 최저가낙찰제 4. 규격가격분리 5. 2단계 경쟁입찰 6. 기타 ( ) 7. 없음	운영예산 산정 운영예산 산정 1. 내부산정 (지자체 자체적으로 산정) 2. 외부산정 (외부전문기관위탁 산정) 3. 내·외부 모두 산정 4. 산정 無 5. 없음	운영예산 산정 정산방법 1. 내부정산 (지자체 내부적으로 정산) 2. 외부정산 (외부전문기관위탁 정산) 3. 내·외부 모두 정산 4. 정산 無 5. 없음	성과평가 실시여부 1. 실시 2. 미실시 3. 향후 추진 4. 해당없음
22037	경남 고성군	임업기술교육및산림경영지도활용지원	7,054	1	1,5	7	8	7	5	5	4
22038	경남 고성군	해병고성군연합전우회사업지원	7,000	1	4	7	8	7	1	1	1
22039	경남 고성군	모범이장및읍면회장단연수	7,000	1	4	7	8	7	1	1	1
22040	경남 고성군	농어촌버스교통카드단일요금할인지원	7,000	1	1	7	8	7	3	3	4
22041	경남 고성군	한국자유총연맹활성화사업지원	6,150	1	4	7	8	7	1	1	1
22042	경남 고성군	모범불우청소년지원사업	6,000	1	4	7	8	7	1	1	1
22043	경남 고성군	전통시장화재공제사업	5,800	1	6	7	8	7	5	5	3
22044	경남 고성군	시설원예연작장해경감제지원	5,500	1	6	7	8	7	5	5	4
22045	경남 고성군	고성군재향군인회사업지원	5,000	1	4	7	8	7	1	1	1
22046	경남 고성군	고성군모범운전자회	5,000	1	7	7	8	7	1	1	4
22047	경남 고성군	농업신소득원발굴공동학습포장운영지원	5,000	1	6	7	8	7	5	5	4
22048	경남 고성군	새마을문고사업지원	4,950	1	4	7	8	7	1	1	1
22049	경남 고성군	귀농인안정정착지원	4,500	1	6	7	8	7	5	5	4
22050	경남 고성군	알뜰교통카드사업	3,600	1	1	7	8	7	5	5	1
22051	경남 고성군	농산물온라인오픈마켓진입지원	3,500	1	1	7	8	7	5	5	4
22052	경남 고성군	지역사회여성활동지원	3,000	1	1	7	8	7	1	1	4
22053	경남 고성군	창업기업신규고용인력보조금지원	3,000	1	1	7	8	7	1	1	4
22054	경남 고성군	농촌지도자품목별육성지원	3,000	1	6	7	8	7	5	5	4
22055	경남 고성군	학교4H과제활동지원	3,000	1	6	7	8	7	5	5	4
22056	경남 고성군	청년4H과제활동지원	3,000	1	6	7	8	7	5	5	4
22057	경남 고성군	과수자연재해경감지원	3,000	1	6	7	8	7	5	5	4
22058	경남 고성군	농촌체험지도사및마을해설가교육지원	2,400	1	6	7	8	7	5	5	4
22059	경남 고성군	국내육성품종(종자,종묘)보급	2,100	1	6	7	8	7	5	5	4
22060	경남 고성군	농촌관광주체육성지원(체험마을보험가입지원)	2,040	1	6	7	8	7	5	5	4
22061	경남 고성군	고성군4H본부교육지원	2,000	1	6	7	8	7	5	5	4
22062	경남 고성군	청년농업인품목네트워크활성화시범	2,000	1	6	7	8	7	5	5	4
22063	경남 고성군	스마트강소농활성화시범	2,000	1	6	7	8	7	5	5	4
22064	경남 고성군	경남고성군행정동우회사업지원	1,900	1	4	7	8	7	1	1	1
22065	경남 고성군	친환경임산물재배관리	670	1	2	7	8	7	5	5	4
22066	경남 고성군	체험마을리더교육지원	480	1	2	7	8	7	5	5	4
22067	경남 남해군	인증부표보급지원사업	1,075,560	1	2	5	8	7	5	1	4
22068	경남 남해군	유기질비료지원	914,310	1	2	7	8	7	5	5	4
22069	경남 남해군	벼병해충공동농작업대행료지원(지원)	623,520	1	6	7	8	7	5	5	4
22070	경남 남해군	유기질비료지원(전환)	500,460	1	2	7	8	7	5	5	4
22071	경남 남해군	마늘재배영농지원단지원	397,560	1	4	7	8	7	5	5	4
22072	경남 남해군	토양개량제지원	350,000	1	2	7	8	7	5	5	4
22073	경남 남해군	365안심병동운영	331,776	1	4	7	8	7	5	1	4
22074	경남 남해군	양식수산물재해보험료지원	315,000	1	6	7	8	7	5	1	4
22075	경남 남해군	지역응급의료기관육성	300,000	1	4	7	8	7	1	1	1
22076	경남 남해군	우량묘확대보급	260,000	1	4	7	8	7	5	5	4

순번	시군구	지출명 (사업명)	2024년예산 (단위 : 천원 /1년간)	민간이전 분류 (지방자치단체 세출예산 집행기준에 의거) 1. 민간경상사업보조(307-02) 2. 민간단체 법정운영비보조(307-03) 3. 민간행사사업보조(307-04) 4. 민간위탁금(307-05) 5. 사회복지시설 법정운영비보조(307-10) 6. 민간인위탁교육비(307-12) 7. 공기관등에대한경상적위탁사업비(308-13) 8. 민간자본사업보조,자체재원(402-01) 9. 민간자본사업보조,이전재원(402-02) 10. 민간위탁사업비(402-03) 11. 공기관등에 대한 자본적 위탁사업비(403-02)	민간이전지출 근거 (지방보조금 관리기준 참고) 1. 법률에 규정 2. 국고보조 재원(국가지정) 3. 용도 지정 기부금 4. 조례에 직접규정 5. 지자체가 권장하는 사업을 하는 공공기관 6. 시,도 정책 및 재정사정 7. 기타 8. 해당없음	입찰방식			운영예산 산정		성과평가 실시여부
						계약체결방법 (경쟁형태) 1. 일반경쟁 2. 제한경쟁 3. 지명경쟁 4. 수의계약 5. 법정위탁 6. 기타 ( ) 7. 없음	계약기간 1. 1년 2. 2년 3. 3년 4. 4년 5. 5년 6. 기타 ( )년 7. 단기계약 (1년미만) 8. 없음	낙찰자선정방법 1. 적격심사 2. 협상에의한계약 3. 최저가낙찰제 4. 규격가격분리 5. 2단계 경쟁입찰 6. 기타 ( ) 7. 없음	운영예산 산정 1. 내부산정 (지자체 자체적으로 산정) 2. 외부산정 (외부전문기관위탁 산정) 3. 내·외부 모두 산정 4. 산정 無 5. 없음	정산방법 1. 내부정산 (지자체 내부적으로 정산) 2. 외부정산 (외부전문기관위탁 정산) 3. 내·외부 모두 산정 4. 정산 無 5. 없음	1. 실시 2. 미실시 3. 향후 추진 4. 해당없음
22077	경남 남해군	소아청소년과운영지원	250,000	1	2	7	8	7	5	1	4
22078	경남 남해군	경남도민체육대회참가지원	230,000	1	1	5	1	6	1	1	1
22079	경남 남해군	영세도선손실보조금지원	220,000	1	4	7	5	7	1	1	4
22080	경남 남해군	우량묘확대보급	212,776	1	4	7	8	7	5	5	4
22081	경남 남해군	연안어선어업용유류비(경유)지원	200,000	1	6	7	8	7	1	1	4
22082	경남 남해군	군전역우렁이공급	200,000	1	2	7	8	7	5	5	4
22083	경남 남해군	밥쌀용고품질신품종생산및확대보급시범	200,000	1	2	7	8	7	5	5	4
22084	경남 남해군	2024년문화재야행	175,000	1	2	6	1	6	1	1	1
22085	경남 남해군	보물섬남해스포츠클럽대회참가지원	155,280	1	1	5	1	6	1	1	1
22086	경남 남해군	경상남도생활체육대축전참가지원	150,000	1	1	5	1	6	1	1	1
22087	경남 남해군	취약지지역응급의료기관지원	150,000	1	6	7	8	7	5	1	4
22088	경남 남해군	청년후계농영농정착지원	142,500	1	2	7	8	7	1	1	1
22089	경남 남해군	농번기마을공동급식지원	120,000	1	1	7	8	7	1	1	1
22090	경남 남해군	치매안심요양병원공공사업지원	100,000	1	2	7	8	7	5	1	1
22091	경남 남해군	농업희망인력지원센터운영지원	96,300	1	6	7	8	7	1	1	1
22092	경남 남해군	수산동물예방백신공급	93,600	1	6	7	8	7	5	1	4
22093	경남 남해군	원예작물농자재지원	87,750	1	4	7	8	7	5	5	4
22094	경남 남해군	고품질쌀생산단지조성	84,000	1	6	7	8	7	5	5	4
22095	경남 남해군	임업기술교육및산림경영지도활동지원	70,540	1	6	7	8	7	1	1	1
22096	경남 남해군	어선원재해보상보험료지원	70,300	1	6	7	8	7	1	1	4
22097	경남 남해군	수산물상생할인지원	70,000	1	7	7	8	7	5	3	1
22098	경남 남해군	생분해어구보급	70,000	1	2	7	8	7	1	1	4
22099	경남 남해군	마늘생분해성농자재지원	65,667	1	4	7	8	7	5	5	4
22100	경남 남해군	패각친환경처리지원	64,800	1	2	7	8	7	5	1	4
22101	경남 남해군	어선재해보상보험료지원	64,000	1	6	7	8	7	1	1	4
22102	경남 남해군	학생승마체험지원	53,760	1	2	7	8	7	5	5	4
22103	경남 남해군	축산농가사료첨가제지원	52,000	1	1	7	8	7	5	5	4
22104	경남 남해군	향교서원문화재활용사업	50,000	1	2	7	8	7	1	5	4
22105	경남 남해군	자율관리어업공동체사무장채용지원	49,167	1	1	7	8	7	1	1	4
22106	경남 남해군	남해가천마을다랑이논관리	48,150	1	7	7	8	7	1	1	4
22107	경남 남해군	청년어촌정착지원사업	47,138	1	2	7	8	7	1	1	1
22108	경남 남해군	전국대회개최지원	47,000	1	1	5	1	6	1	1	1
22109	경남 남해군	사회적기업육성(일자리창출)	45,000	1	2	7	8	7	5	1	4
22110	경남 남해군	경상남도장애인생활체육대회참가지원	44,000	1	1	5	1	6	1	1	1
22111	경남 남해군	보물섬남해청년창업성장UP	43,200	1	2	7	8	7	5	1	4
22112	경남 남해군	전국및도규모체육대전참가지원	43,000	1	1	5	1	6	1	1	1
22113	경남 남해군	시금치출하물류비지원	40,500	1	4	7	8	7	5	5	4
22114	경남 남해군	생생문화재사업	40,000	1	2	6	1	6	1	1	1
22115	경남 남해군	전문(엘리트)체육학교운동부지원	40,000	1	1	5	1	6	1	1	1
22116	경남 남해군	수산식품산업거점단지자체역량강화	40,000	1	6	7	8	7	5	3	1

순번	시군구	지출명 (사업명)	2024년예산 (단위 : 천원 /1년간)	민간이전 분류 (지방자치단체 세출예산 집행기준에 의거) 1. 민간경상사업보조(307-02) 2. 민간단체 법정운영비보조(307-03) 3. 민간행사사업보조(307-04) 4. 민간위탁금(307-05) 5. 사회복지시설 법정운영비보조(307-10) 6. 민간인위탁교육비(307-12) 7. 공기관등에대한경상적위탁사업비(308-13) 8. 민간자본사업보조,자체재원(402-01) 9. 민간자본사업보조,이전재원(402-02) 10. 민간위탁사업비(402-03) 11. 공기관등에 대한 자본적 위탁사업비(403-02)	민간이전지출 근거 (지방보조금 관리기준 참고) 1. 법률에 규정 2. 국고보조 재원(국가지정) 3. 용도 지정 기부금 4. 조례에 직접규정 5. 지자체가 권장하는 사업을 하는 공공기관 6. 시,도 정책 및 재정사정 7. 기타 8. 해당없음	입찰방식: 계약체결방법 (경쟁형태) 1. 일반경쟁 2. 제한경쟁 3. 지명경쟁 4. 수의계약 5. 법정위탁 6. 기타 ( ) 7. 없음	입찰방식: 계약기간 1. 1년 2. 2년 3. 3년 4. 4년 5. 5년 6. 기타 ( )년 7. 단기계약 (1년미만) 8. 없음	입찰방식: 낙찰자선정방법 1. 적격심사 2. 협상에의한계약 3. 최저가낙찰제 4. 규격가격분리 5. 2단계 경쟁입찰 6. 기타 ( ) 7. 없음	운영예산 산정: 운영예산 산정 1. 내부산정 (지자체 자체적으로 산정) 2. 외부산정 (외부전문기관위탁 산정) 3. 내·외부 모두 산정 4. 산정 無 5. 없음	운영예산 산정: 정산방법 1. 내부정산 (지자체 내부적으로 정산) 2. 외부정산 (외부전문기관위탁 정산) 3. 내·외부 모두 산정 4. 정산 無 5. 없음	성과평가 실시여부 1. 실시 2. 미실시 3. 향후 추진 4. 해당없음
22117	경남 남해군	한우등록	40,000	1	5	7	8	7	5	5	4
22118	경남 남해군	보물섬독서학교지원	39,960	1	4	7	8	7	1	1	1
22119	경남 남해군	축산물이력관리지원	37,920	1	5	7	8	7	5	5	4
22120	경남 남해군	농번기마을공동급식지원	37,500	1	1	7	8	7	1	1	1
22121	경남 남해군	평화통일홍보활동(민주평통자문회의)	34,092	1	4	4	8	7	1	1	1
22122	경남 남해군	낙농헬퍼지원	33,545	1	1	7	8	7	5	5	4
22123	경남 남해군	시금치농자재지원	32,400	1	4	7	8	7	5	5	4
22124	경남 남해군	농업인단체육성	31,300	1	4	7	8	7	1	1	1
22125	경남 남해군	이웃나눔과생명운동으로건강한공동체구현(새마을운동남해군지회)	31,081	1	4	4	8	7	1	1	1
22126	경남 남해군	새마을운동활성화(읍면김장나눔)사업	30,000	1	4	4	8	7	1	1	1
22127	경남 남해군	장애인평생학습도시운영사업	30,000	1	2	7	1	7	1	1	1
22128	경남 남해군	전통시장시장매니저지원	30,000	1	1	7	8	7	1	1	1
22129	경남 남해군	보물섬남해청년창업스타트	30,000	1	2	7	8	7	5	1	4
22130	경남 남해군	도민체전대비동계훈련지원	30,000	1	1	5	1	6	1	1	1
22131	경남 남해군	2024년전국장애인체전PRE(프레)대회개최지원	30,000	1	1	5	1	6	1	1	1
22132	경남 남해군	면역증강제공급사업	30,000	1	6	7	8	7	5	1	4
22133	경남 남해군	고품질조생종벼(조원)생산단지조성시범	30,000	1	6	7	8	7	5	5	4
22134	경남 남해군	조사료생산지원	28,350	1	2	7	8	7	5	5	4
22135	경남 남해군	시금치계약재배활성화	27,000	1	4	7	8	7	5	5	4
22136	경남 남해군	마늘농작업대행지원	27,000	1	4	7	8	7	5	5	4
22137	경남 남해군	청년농업인취농직불제	24,000	1	6	7	8	7	1	1	1
22138	경남 남해군	시비효율개선친환경농자재시범	24,000	1	4	7	8	7	5	5	4
22139	경남 남해군	농어업회의소육성지원사업	23,220	1	4	7	8	7	1	1	1
22140	경남 남해군	남해선구줄끗기전승교육비지원	22,200	1	2	6	1	6	1	1	1
22141	경남 남해군	보물섬남해청년잡고일자리잡고	21,600	1	2	7	8	7	5	1	4
22142	경남 남해군	농촌에서살아보기프로그램운영	20,400	1	2	7	8	7	5	5	4
22143	경남 남해군	모범이장해외연수	20,000	1	4	4	8	7	1	1	1
22144	경남 남해군	여성친화도시활성화지원사업	20,000	1	4	7	8	7	5	5	4
22145	경남 남해군	전국대회운영(구급차,응급의료등)지원	20,000	1	1	5	1	6	1	1	1
22146	경남 남해군	섬향토사발굴수집조사연구사업	20,000	1	1	7	8	7	1	1	2
22147	경남 남해군	맞춤형미네랄블록가축생산성향상시범사업	20,000	1	2	7	8	7	5	5	4
22148	경남 남해군	쌀소비영토확장사업	20,000	1	6	7	8	7	5	5	4
22149	경남 남해군	어업인단체육성지원	19,920	1	4	7	8	7	1	1	1
22150	경남 남해군	농산물생산유통통합조직육성사업	19,600	1	6	7	8	7	5	5	4
22151	경남 남해군	어업인재해공제보험료지원	18,960	1	6	7	8	7	1	1	4
22152	경남 남해군	월남전참전자전적지순례지원	18,000	1	4	7	1	7	5	1	1
22153	경남 남해군	월남전참전자전적지순례지원	18,000	1	4	7	1	7	5	1	1
22154	경남 남해군	양성평등공모사업	18,000	1	4	7	8	7	5	5	4
22155	경남 남해군	국민의식개혁및기초질서확립운동(바르게살기운동)	16,949	1	4	4	8	7	1	1	1
22156	경남 남해군	수산물소비촉진지원	16,200	1	6	7	8	7	5	3	1

순번	시군구	지출명 (사업명)	2024년예산 (단위 : 천원 /1년간)	민간이전 분류 (지방자치단체 세출예산 집행기준에 의거) 1. 민간경상사업보조(307-02) 2. 민간단체 법정운영비보조(307-03) 3. 민간행사사업보조(307-04) 4. 민간위탁금(307-05) 5. 사회복지시설 법정운영비보조(307-10) 6. 민간인위탁교육비(307-12) 7. 공기관등에대한경상적위탁사업비(308-13) 8. 민간자본사업보조,자체재원(402-01) 9. 민간자본사업보조,이전재원(402-02) 10. 민간위탁사업비(402-03) 11. 공기관등에 대한 자본적 위탁사업비(403-02)	민간이전지출 근거 (지방보조금 관리기준 참고) 1. 법률에 규정 2. 국고보조 재원(국가지정) 3. 용도 지정 기부금 4. 조례에 직접규정 5. 지자체가 권장하는 사업을 하는 공공기관 6. 시,도 정책 및 재정사정 7. 기타 8. 해당없음	입찰방식 계약체결방법 (경쟁형태) 1. 일반경쟁 2. 제한경쟁 3. 지명경쟁 4. 수의계약 5. 법정위탁 6. 기타 ( ) 7. 없음	입찰방식 계약기간 1. 1년 2. 2년 3. 3년 4. 4년 5. 5년 6. 기타 ( )년 7. 단기계약 (1년미만) 8. 없음	입찰방식 낙찰자선정방법 1. 적격심사 2. 협상에의한계약 3. 최저가낙찰제 4. 규격가격분리 5. 2단계 경쟁입찰 6. 기타 ( ) 7. 없음	운영예산 산정 운영예산 산정 1. 내부산정 (지자체 자체적으로 산정) 2. 외부산정 (외부전문기관위탁 산정) 3. 내·외부 모두 산정 4. 산정 無 5. 없음	운영예산 산정 정산방법 1. 내부정산 (지자체 내부적으로 정산) 2. 외부정산 (외부전문기관위탁 정산) 3. 내·외부 모두 산정 4. 정산 無 5. 없음	성과평가 실시여부 1. 실시 2. 미실시 3. 향후 추진 4. 해당없음
22157	경남 남해군	체육교실운영(9개교실,8개종목)	16,100	1	1	5	1	6	1	1	1
22158	경남 남해군	생체정보이용가축질병및분만조기진단시범	16,000	1	1	7	8	7	5	5	4
22159	경남 남해군	여성농업인특수건강검진사업	16,000	1	2	7	8	7	1	1	1
22160	경남 남해군	과수(참다래)수분용꽃가루지원	16,000	1	6	7	8	7	5	5	4
22161	경남 남해군	여수광양만권대기오염측정조사	15,000	1	4	7	8	7	1	1	1
22162	경남 남해군	기후위기극복대체작물및향기산업육성	15,000	1	1,4	4	7	7	1	1	1
22163	경남 남해군	고려대장경판각체험학교운영	14,400	1	4	6	1	6	1	1	1
22164	경남 남해군	농산물공동선별비지원사업	14,000	1	2	7	8	7	5	5	4
22165	경남 남해군	수산물브랜드및수출상품화지원사업	13,800	1	6	7	8	7	5	1	4
22166	경남 남해군	자연보호활동	13,770	1	4	7	8	7	1	1	4
22167	경남 남해군	시금치계통출하지원	13,500	1	4	7	8	7	5	5	4
22168	경남 남해군	교통질서계도및행사지원	13,348	1	1	7	1	7	1	1	4
22169	경남 남해군	토속종자방류	13,340	1	1	7	8	7	1	1	4
22170	경남 남해군	우수체육단체활동지원	13,000	1	1	5	1	6	1	1	1
22171	경남 남해군	재향군인회보훈사업지원	12,960	1	4	7	1	7	5	1	1
22172	경남 남해군	소유전체정보분석지원사업	12,240	1	1	7	8	7	5	5	4
22173	경남 남해군	남해향교충효교실운영	12,000	1	4	7	8	7	1	1	4
22174	경남 남해군	맞춤형농특산물포장재지원사업	12,000	1	1	4	1	1	1	1	4
22175	경남 남해군	방범활동및남해바다수중정화활동(해병대전우회)	11,389	1	4	4	8	7	1	1	1
22176	경남 남해군	보물섬남해포럼운영	10,800	1	4	7	8	7	1	1	4
22177	경남 남해군	고품질쌀생산단지조성	10,500	1	6	7	8	7	5	5	4
22178	경남 남해군	대체어장자원동향조사사업	10,108	1	2	7	8	7	1	1	4
22179	경남 남해군	남해향교선비학당운영	10,000	1	4	7	8	7	1	1	4
22180	경남 남해군	남중권생활체육교류지원	10,000	1	1	5	1	6	1	1	1
22181	경남 남해군	초중고체육유망주지원	10,000	1	1	5	1	6	1	1	1
22182	경남 남해군	전국및도규모대회참가지원	10,000	1	1	5	1	6	1	1	1
22183	경남 남해군	장애인체육용품대여및지도	10,000	1	1	5	1	6	1	1	1
22184	경남 남해군	장애유청소년체육활동지원	10,000	1	1	5	1	6	1	1	1
22185	경남 남해군	장애인생활체육지원	10,000	1	1	5	1	6	1	1	1
22186	경남 남해군	양봉소초광구입지원	10,000	1	1	7	8	7	5	5	4
22187	경남 남해군	시설원예연작장해경감제지원	10,000	1	4	7	8	7	5	5	4
22188	경남 남해군	장애인체육동아리운영(1개단체)	9,656	1	1	5	1	6	1	1	1
22189	경남 남해군	식품접객업소서비스향상	9,630	1	4	7	1	1	1	1	1
22190	경남 남해군	통합브랜드승인업체포장재제작지원	9,000	1	1	4	7	7	1	1	1
22191	경남 남해군	시금치관외출하생산자전문조직육성	9,000	1	4	7	8	7	5	5	4
22192	경남 남해군	특용작물'땅두릅'포장박스지원	9,000	1	4	7	8	7	5	5	4
22193	경남 남해군	생태관광지역지정,육성	8,400	1	2	7	8	7	5	1	2
22194	경남 남해군	수태율개선을위한낙농사양기술시범	8,000	1	1	7	8	7	5	5	4
22195	경남 남해군	자원봉사협의회운영활성화	7,781	1	4	7	8	7	1	1	1
22196	경남 남해군	생활개선회육성지원	7,600	1	4	7	8	7	1	1	1

순번	시군구	지출명 (사업명)	2024년예산 (단위 : 천원 /1년간)	민간이전 분류 (지방자치단체 세출예산 집행기준에 의거) 1. 민간경상사업보조(307-02) 2. 민간단체 법정운영비보조(307-03) 3. 민간행사사업보조(307-04) 4. 민간위탁금(307-05) 5. 사회복지시설 법정운영비보조(307-10) 6. 민간인위탁교육비(307-12) 7. 공기관등에대한경상적위탁사업비(308-13) 8. 민간자본사업보조,자체재원(402-01) 9. 민간자본사업보조,이전재원(402-02) 10. 민간위탁사업비(402-03) 11. 공기관등에 대한 자본적 위탁사업비(403-02)	민간이전지출 근거 (지방보조금 관리기준 참고) 1. 법률에 규정 2. 국고보조 재원(국가지정) 3. 용도 지정 기부금 4. 조례에 직접규정 5. 지자체가 권장하는 사업을 하는 공공기관 6. 시,도 정책 및 재정사정 7. 기타 8. 해당없음	입찰방식 계약체결방법 (경쟁형태) 1. 일반경쟁 2. 제한경쟁 3. 지명경쟁 4. 수의계약 5. 법정위탁 6. 기타 ( ) 7. 없음	입찰방식 계약기간 1. 1년 2. 2년 3. 3년 4. 4년 5. 5년 6. 기타 ( )년 7. 단기계약 (1년미만) 8. 없음	입찰방식 낙찰자선정방법 1. 적격심사 2. 협상에의한계약 3. 최저가낙찰제 4. 규격가격분리 5. 2단계 경쟁입찰 6. 기타 ( ) 7. 없음	운영예산 산정 운영예산 산정 1. 내부산정 (지자체 자체적으로 산정) 2. 외부산정 (외부전문기관위탁 산정) 3. 내·외부 모두 산정 4. 산정 無 5. 없음	운영예산 산정 정산방법 1. 내부정산 (지자체 내부적으로 정산) 2. 외부정산 (외부전문기관위탁 정산) 3. 내·외부 모두 산정 4. 정산 無 5. 없음	성과평가 실시여부 1. 실시 2. 미실시 3. 향후 추진 4. 해당없음
22197	경남 남해군	우수체육단체(개인)활동지원	7,500	1	1	5	1	6	1	1	1
22198	경남 남해군	생활체육프로그램운영(어린이체능교실2개소,청소년체련교실1개소)	7,200	1	1	5	1	6	1	1	1
22199	경남 남해군	GAP인증농산물포장재제작지원	7,200	1	1	4	7	7	1	1	1
22200	경남 남해군	송아지생산성향상사업	7,000	1	5	7	8	7	5	5	4
22201	경남 남해군	농산물온라인오픈마켓진입지원사업	7,000	1	1	4	1	1	1	1	4
22202	경남 남해군	경남추천상품(QC)활성화지원	6,480	1	6	7	8	7	5	1	4
22203	경남 남해군	불가사리성게구제사업	6,330	1	1	7	8	7	1	1	4
22204	경남 남해군	외국인계절근로자숙소환경개선	6,250	1	6	7	8	7	1	1	1
22205	경남 남해군	전통시장화재공제지원	6,200	1	1	7	8	7	1	1	1
22206	경남 남해군	귀농인안정정착지원(교육,견학,농기계임차등)	6,000	1	1	7	8	7	5	5	4
22207	경남 남해군	남해방문전지훈련팀지원	6,000	1	1	5	1	6	1	1	1
22208	경남 남해군	드론활용조사료파종지원	6,000	1	1	7	8	7	5	5	4
22209	경남 남해군	친환경새소득작목육성	6,000	1	4	7	8	7	5	5	4
22210	경남 남해군	자유민주신장및자유선진의식고취(한국자유총연맹)	5,972	1	4	4	8	7	1	1	1
22211	경남 남해군	농촌체험휴양마을운영지원	5,600	1	1,4	4	7	7	1	1	1
22212	경남 남해군	친환경농업유통활성화지원	5,390	1	4	7	8	7	5	5	4
22213	경남 남해군	젖소능력개량	5,282	1	5	7	8	7	5	5	4
22214	경남 남해군	청년커뮤니티활성화지원	5,000	1	4	7	8	7	1	1	1
22215	경남 남해군	소규모체육대회지원	5,000	1	1	5	1	6	1	1	1
22216	경남 남해군	농업신소득원발굴공동학습포장운영	5,000	1	6	7	8	7	1	1	1
22217	경남 남해군	한우유전능력평가	5,000	1	5	7	8	7	5	5	4
22218	경남 남해군	한우헬퍼지원	5,000	1	1	7	8	7	5	5	4
22219	경남 남해군	농촌융복합산업선도경영체지원사업	5,000	1	1	4	1	7	1	1	1
22220	경남 남해군	어업활동지원사업	4,800	1	2	7	8	7	1	1	4
22221	경남 남해군	고품질남해쌀교육및홍보	4,617	1	4	7	8	7	5	5	4
22222	경남 남해군	농촌관광주체육성지원(농촌체험휴양마을안전화재보험지원)	4,590	1	1,2	4	1	7	1	1	2
22223	경남 남해군	남해군관광협의회지원(친절캠페인전개및수용태세개선등)	4,540	1	1	6	1	6	1	1	1
22224	경남 남해군	여성단체활성화지원	4,500	1	4	7	8	7	5	5	1
22225	경남 남해군	남해군관광협의회지원(친절아카데미개최)	4,460	1	1	6	1	6	1	1	1
22226	경남 남해군	친환경교육및홍보	4,277	1	4	7	8	7	5	5	4
22227	경남 남해군	임업인역량강화및정보교류활성화	4,040	1	4	7	8	7	1	1	1
22228	경남 남해군	정보화농업활성화지원	4,000	1	1,6	4	7	7	1	1	1
22229	경남 남해군	보물섬남해청년잡고일자리잡고사업(계속)	3,600	1	2	7	8	7	5	1	4
22230	경남 남해군	학교4H회과제활동지원	3,000	1	6	7	8	7	1	1	1
22231	경남 남해군	청년4H회과제교육지원	3,000	1	6	7	8	7	1	1	1
22232	경남 남해군	우량암소생산기반구축사업	3,000	1	5	7	8	7	5	5	4
22233	경남 남해군	젖소기후변화대응약품구입지원	3,000	1	1	7	8	7	5	5	4
22234	경남 남해군	법체험교육및범죄예방활동(법무부청소년범죄예방)	2,758	1	4	4	8	7	1	1	1
22235	경남 남해군	2024년범죄피해자지원센터남해군지부지원	2,400	1	1	7	8	7	1	1	4
22236	경남 남해군	자원봉사자연수교육	2,200	1	6	7	8	7	5	5	4

순번	시군구	지출명 (사업명)	2024년예산 (단위 : 천원 /1년간)	민간이전 분류 (지방자치단체 세출예산 집행기준에 의거) 1. 민간경상사업보조(307-02) 2. 민간단체 법정운영비보조(307-03) 3. 민간행사사업보조(307-04) 4. 민간위탁금(307-05) 5. 사회복지시설 법정운영비보조(307-10) 6. 민간인위탁교육비(307-12) 7. 공기관등에대한경상적위탁사업비(308-13) 8. 민간자본사업보조,자체재원(402-01) 9. 민간자본사업보조,이전재원(402-02) 10. 민간위탁사업비(402-03) 11. 공기관등에 대한 자본적 위탁사업비(403-02)	민간이전지출 근거 (지방보조금 관리기준 참고) 1. 법률에 규정 2. 국고보조 재원(국가지정) 3. 용도 지정 기부금 4. 조례에 직접규정 5. 지자체가 권장하는 사업을 하는 공공기관 6. 시,도 정책 및 재정사정 7. 기타 8. 해당없음	입찰방식 계약체결방법 (경쟁형태) 1. 일반경쟁 2. 제한경쟁 3. 지명경쟁 4. 수의계약 5. 법정위탁 6. 기타 ( ) 7. 없음	입찰방식 계약기간 1. 1년 2. 2년 3. 3년 4. 4년 5. 5년 6. 기타 ( )년 7. 단기계약 (1년미만) 8. 없음	입찰방식 낙찰자선정방법 1. 적격심사 2. 협상에의한계약 3. 최저가낙찰제 4. 규격가격분리 5. 2단계 경쟁입찰 6. 기타 ( ) 7. 없음	운영예산 산정 운영예산 산정 1. 내부산정 (지자체 자체적으로 산정) 2. 외부산정 (외부전문기관위탁 산정) 3. 내·외부 모두 산정 4. 산정 無 5. 없음	운영예산 산정 정산방법 1. 내부정산 (지자체 내부적으로 정산) 2. 외부정산 (외부전문기관위탁 정산) 3. 내·외부 모두 산정 4. 정산 無 5. 없음	성과평가 실시여부 1. 실시 2. 미실시 3. 향후 추진 4. 해당없음
22237	경남 남해군	유기농업자재지원	2,012	1	4	7	8	7	5	5	4
22238	경남 남해군	장애인전문체육육성	2,000	1	1	5	1	6	1	1	1
22239	경남 남해군	농촌지도자품목별육성지원	2,000	1	6	7	8	7	1	1	1
22240	경남 남해군	농산물온라인마케팅선도농가육성시범	2,000	1	1,6	7	8	7	5	5	4
22241	경남 남해군	양봉농가밀원수조성사업	1,700	1	1	7	8	7	5	5	4
22242	경남 남해군	우수선수포상및전국체전출전선수지원	1,600	1	1	5	1	6	1	1	1
22243	경남 남해군	우범지대범죄예방및기초질서확립운동(재향경우회)	1,163	1	4	4	8	7	1	1	1
22244	경남 남해군	말벌퇴치장비지원	1,020	1	2	7	8	7	5	5	4
22245	경남 남해군	4H본부교육지원	1,000	1	6	7	8	7	1	1	1
22246	경남 남해군	참전경찰유공자회보훈사업지원	963	1	4	7	1	7	5	1	1
22247	경남 남해군	수출활성화지원사업	800	1	4	4	7	7	1	1	1
22248	경남 남해군	공동방제단운영지원	446,481	1	2	7	8	7	5	1	4
22249	경남 남해군	가축분뇨수분조절재지원	43,700	1	6	7	8	7	5	1	4
22250	경남 남해군	가축분뇨이용촉진비지원	42,000	1	2	7	8	7	5	1	1
22251	경남 남해군	전업농구제역백신지원	20,550	1	2	7	8	7	5	1	4
22252	경남 남해군	축산농가악취방지개선지원	18,925	1	6	7	8	7	5	1	4
22253	경남 남해군	가축방역약품구입지원	16,800	1	2	7	8	7	5	1	4
22254	경남 남해군	돼지소모성질환지도지원	6,000	1	2	7	8	7	5	1	4
22255	경남 남해군	가금농가질병관리지원	6,000	1	2	7	8	7	5	1	4
22256	경남 하동군	농작물재해보험지원	1,900,000	1	1	7	8	7	1	1	1
22257	경남 하동군	일자리창출사업	774,000	1	2	7	8	7	1	1	4
22258	경남 하동군	여성농업인바우처지원사업	592,000	1	6	7	7	7	5	1	4
22259	경남 하동군	분만취약지지원	500,000	1	2	6	6	7	2	1	4
22260	경남 하동군	벼병해충공동방제대행료지원사업	500,000	1	6	7	8	7	1	1	1
22261	경남 하동군	청년농업인영농정착지원	465,050	1	2	5	8	7	5	5	4
22262	경남 하동군	전력산업기반기금(주민복지)	435,200	1	2	7	8	7	1	1	4
22263	경남 하동군	응급의료기관지원	423,000	1	4	7	8	7	1	2	4
22264	경남 하동군	벼육묘용우량상토공급	414,000	1	6	7	8	7	1	1	1
22265	경남 하동군	가축재해보험지원	297,620	1	2	7	8	7	5	5	4
22266	경남 하동군	농산물공동선별지원사업	290,000	1	2	7	8	7	5	5	4
22267	경남 하동군	일반생활체육지도자활동지원	283,199	1	4	7	8	7	1	1	1
22268	경남 하동군	어르신생활체육지도자활동지원	283,199	1	4	7	8	7	1	1	1
22269	경남 하동군	벼병해충농작업대행료지원사업	279,952	1	6	7	8	7	1	1	1
22270	경남 하동군	읍면체육대회지원	260,000	1	4	7	8	7	1	1	1
22271	경남 하동군	공동방제단운영비	236,617	1	6	7	8	7	5	1	4
22272	경남 하동군	전력산업기반기금	232,507	1	2	7	8	7	1	1	4
22273	경남 하동군	농촌고용인력지원사업	225,000	1	2	7	8	7	5	5	4
22274	경남 하동군	도민체육대회참가지원	210,000	1	4	7	8	7	1	1	1
22275	경남 하동군	수출농가육성지원	210,000	1	6	7	8	7	5	5	4
22276	경남 하동군	농업인재해안전공제료지원	194,402	1	2	7	7	7	5	1	4

순번	시군구	지출명 (사업명)	2024년예산 (단위 : 천원 /1년간)	민간이전 분류 (지방자치단체 세출예산 집행기준에 의거) 1. 민간경상사업보조(307-02) 2. 민간단체 법정운영비보조(307-03) 3. 민간행사사업보조(307-04) 4. 민간위탁금(307-05) 5. 사회복지시설 법정운영비보조(307-10) 6. 민간인위탁교육비(307-12) 7. 공기관등에대한경상적위탁사업비(308-13) 8. 민간자본사업보조,자체재원(402-01) 9. 민간자본사업보조,이전재원(402-02) 10. 민간위탁사업비(402-03) 11. 공기관등에 대한 자본적 위탁사업비(403-02)	민간이전지출 근거 (지방보조금 관리기준 참고) 1. 법률에 규정 2. 국고보조 재원(국가지정) 3. 용도 지정 기부금 4. 조례에 직접규정 5. 지자체가 권장하는 사업을 하는 공공기관 6. 시,도 정책 및 재정사정 7. 기타 8. 해당없음	입찰방식: 계약체결방법 (경쟁형태) 1. 일반경쟁 2. 제한경쟁 3. 지명경쟁 4. 수의계약 5. 법정위탁 6. 기타 ( ) 7. 없음	입찰방식: 계약기간 1. 1년 2. 2년 3. 3년 4. 4년 5. 5년 6. 기타 ( )년 7. 단기계약 (1년미만) 8. 없음	입찰방식: 낙찰자선정방법 1. 적격심사 2. 협상에의한계약 3. 최저가낙찰제 4. 규격가격분리 5. 2단계 경쟁입찰 6. 기타 ( ) 7. 없음	운영예산 산정: 운영예산 산정 1. 내부산정 (지자체 자체적으로 산정) 2. 외부산정 (외부전문기관위탁 산정) 3. 내·외부 모두 산정 4. 산정 無 5. 없음	운영예산 산정: 정산방법 1. 내부정산 (지자체 내부적으로 정산) 2. 외부정산 (외부전문기관위탁 정산) 3. 내·외부 모두 산정 4. 정산 無 5. 없음	성과평가 실시여부 1. 실시 2. 미실시 3. 향후 추진 4. 해당없음
22277	경남 하동군	지역문화예술활동지원	183,600	1	4	7	8	7	1	1	3
22278	경남 하동군	유기질비료인센티브지원	180,000	1	6	7	8	7	1	1	1
22279	경남 하동군	학교체육육성	178,000	1	4	7	8	7	1	1	1
22280	경남 하동군	통합마케팅조직육성지원(자체)	177,000	1	7	7	8	7	5	5	4
22281	경남 하동군	구제역백신지원(전업농구제역백신지원)	171,320	1	1,2	7	8	7	5	1	4
22282	경남 하동군	하동형농번기마을식당운영지원	150,000	1	6	7	7	7	5	1	4
22283	경남 하동군	양식수산물재해보험지원사업	150,000	1	1	7	8	7	1	1	4
22284	경남 하동군	조사료생산기반확충사업(자체)	130,000	1	6	7	8	7	5	5	4
22285	경남 하동군	경남생활체육대축전출전지원	117,000	1	4	7	8	7	1	1	1
22286	경남 하동군	농촌고용인력지원사업(자체)	112,500	1	5	7	8	7	5	5	4
22287	경남 하동군	군단위생활체육대회지원	100,000	1	4	7	8	7	1	1	4
22288	경남 하동군	전국및도단위대회경비지원	100,000	1	4	7	8	7	1	1	4
22289	경남 하동군	가축분뇨자원화사업(자체)	100,000	1	6	7	8	7	5	5	4
22290	경남 하동군	농업환경보전프로그램사업	100,000	1	2	7	8	7	1	1	1
22291	경남 하동군	하동군소상공인민원지원센터운영지원사업	100,000	1	8	7	8	7	5	5	4
22292	경남 하동군	학교우유급식지원	91,558	1	2	7	8	7	5	5	4
22293	경남 하동군	영세도선운영손실보조금지원사업	90,000	1	1	7	8	7	1	1	4
22294	경남 하동군	문화유산유지관리	85,000	1	4	7	8	7	1	1	3
22295	경남 하동군	가축전염병방역사업지원	84,000	1	1	7	8	7	5	1	4
22296	경남 하동군	취약지역응급의료기관육성지원	81,000	1	2	7	8	7	5	2	4
22297	경남 하동군	사회봉사단체지원	79,312	1	1	7	8	7	1	1	1
22298	경남 하동군	문화예술인육성지원	75,000	1	4	7	8	7	1	1	3
22299	경남 하동군	생생문화유산사업	67,500	1	4	7	8	7	1	1	3
22300	경남 하동군	북천꽃양귀비마을축제	60,000	1	6	7	7	7	5	5	4
22301	경남 하동군	북천꽃단지행사	60,000	1	6	7	7	7	5	5	4
22302	경남 하동군	으뜸마을만들기농촌체험행사지원	60,000	1	4	7	8	7	5	5	4
22303	경남 하동군	농기계영농작업단운영지원사업	60,000	1	5	7	8	7	5	5	4
22304	경남 하동군	구제역방역대책추진	56,000	1	1	7	8	7	5	1	1
22305	경남 하동군	농촌지도자육성	55,000	1	6	7	7	7	5	5	4
22306	경남 하동군	농촌돌봄농장	55,000	1	2	7	8	7	3	1	1
22307	경남 하동군	농번기마을공동급식지원	54,000	1	6	7	7	7	5	1	4
22308	경남 하동군	가축분뇨액비살포비지원	54,000	1	2	7	8	7	5	5	4
22309	경남 하동군	관광하동홍보사업	52,000	1	4	7	8	7	1	1	3
22310	경남 하동군	농어가도우미지원	51,370	1	6	7	7	7	5	1	4
22311	경남 하동군	사회복지정보센터구축및활성화사업	50,000	1	6	7	8	7	5	5	4
22312	경남 하동군	하동군체육회지원	50,000	1	4	7	8	7	1	1	1
22313	경남 하동군	농특산물TV홈쇼핑지원	50,000	1	7	7	8	7	5	5	4
22314	경남 하동군	어구부표보증금제	50,000	1	1	7	8	7	1	1	4
22315	경남 하동군	청년농식품수출마케터지원	49,000	1	2	7	8	7	5	5	4
22316	경남 하동군	드론활용스마트농업구현	45,000	1	6	7	8	7	1	1	1

순번	시군구	지출명 (사업명)	2024년예산 (단위 : 천원 /1년간)	민간이전 분류 (지방자치단체 세출예산 집행기준에 의거) 1. 민간경상사업보조(307-02) 2. 민간단체 법정운영비보조(307-03) 3. 민간행사사업보조(307-04) 4. 민간위탁금(307-05) 5. 사회복지시설 법정운영비보조(307-10) 6. 민간인위탁교육비(307-12) 7. 공기관등에대한경상적위탁사업비(308-13) 8. 민간자본사업보조,자체재원(402-01) 9. 민간자본사업보조,이전재원(402-02) 10. 민간위탁사업비(402-03) 11. 공기관등에 대한 자본적 위탁사업비(403-02)	민간이전지출 근거 (지방보조금 관리기준 참고) 1. 법률에 규정 2. 국고보조 재원(국가지정) 3. 용도 지정 기부금 4. 조례에 직접규정 5. 지자체가 권장하는 사업을 하는 공공기관 6. 시,도 정책 및 재정사정 7. 기타 8. 해당없음	입찰방식 계약체결방법 (경쟁형태) 1. 일반경쟁 2. 제한경쟁 3. 지명경쟁 4. 수의계약 5. 법정위탁 6. 기타 ( ) 7. 없음	입찰방식 계약기간 1. 1년 2. 2년 3. 3년 4. 4년 5. 5년 6. 기타 ( )년 7. 단기계약 (1년미만) 8. 없음	입찰방식 낙찰자선정방법 1. 적격심사 2. 협상에의한계약 3. 최저가낙찰제 4. 규격가격분리 5. 2단계 경쟁입찰 6. 기타 ( ) 7. 없음	운영예산 산정 운영예산 산정 1. 내부산정 (지자체 자체적으로 산정) 2. 외부산정 (외부전문기관위탁 산정) 3. 내·외부 모두 산정 4. 산정 無 5. 없음	운영예산 산정 정산방법 1. 내부정산 (지자체 내부적으로 정산) 2. 외부정산 (외부전문기관위탁 정산) 3. 내·외부 모두 산정 4. 정산 無 5. 없음	성과평가 실시여부 1. 실시 2. 미실시 3. 향후 추진 4. 해당없음
22317	경남 하동군	자율방범대활동지원	42,510	1	1	7	8	7	1	1	1
22318	경남 하동군	쇠고기이력제귀표부착비	40,320	1	1	7	8	7	5	1	4
22319	경남 하동군	문화유산활용활성화	40,000	1	4	7	8	7	1	1	3
22320	경남 하동군	하동솔잎한우육성지원(자체)	40,000	1	6	7	8	7	5	5	4
22321	경남 하동군	농촌관광주체육성지원(사무장채용)	38,604	1	2	7	8	7	3	1	1
22322	경남 하동군	최고농업경영자과정교육비지원	38,000	1	6	1	8	7	1	1	1
22323	경남 하동군	청년농업인취농직불제사업	36,000	1	6	7	8	7	5	5	4
22324	경남 하동군	낙농헬퍼지원사업	33,000	1	6	7	8	7	5	5	4
22325	경남 하동군	지방문화원사업활동지원	30,500	1	4	7	8	7	1	1	3
22326	경남 하동군	양성평등사업지원	30,000	1	7	7	8	7	5	5	4
22327	경남 하동군	판소리기념관운영활성화	30,000	1	4	7	8	7	1	1	3
22328	경남 하동군	문화환경예술사업	30,000	1	7	7	8	7	5	5	4
22329	경남 하동군	농촌체험휴양마을활성화지원	30,000	1	6	7	8	7	3	1	1
22330	경남 하동군	농공단지입주기업활성화지원	30,000	1	4	7	8	7	1	1	4
22331	경남 하동군	연안어선어업용유류비지원사업	30,000	1	1	7	8	7	1	1	4
22332	경남 하동군	경남노란우산희망장려금지원사업	28,620	1	1	7	8	7	2	2	2
22333	경남 하동군	소형어선인양기공제보험료지원사업	28,600	1	1	7	8	7	1	1	4
22334	경남 하동군	대회및전지훈련유치	28,000	1	4	7	8	7	1	1	1
22335	경남 하동군	가루쌀생산단지조성	27,000	1	2	7	8	7	1	1	1
22336	경남 하동군	소득화특화작목육성	27,000	1	4	7	8	7	1	1	1
22337	경남 하동군	수산정책보험료지원사업(어선재해보험)	27,000	1	1	7	8	7	1	1	4
22338	경남 하동군	수산정책보험료지원사업(어업인)	26,160	1	1	7	8	7	1	1	4
22339	경남 하동군	작은도서관조성지원사업	25,600	1	4	7	8	7	1	1	3
22340	경남 하동군	자율관리어업사무장채용지원사업	24,583	1	1	7	8	7	1	1	4
22341	경남 하동군	향교서원지원사업	24,500	1	4	7	8	7	1	1	3
22342	경남 하동군	과수상품성향상지원사업	24,000	1	4	7	8	7	1	1	1
22343	경남 하동군	축산물수출촉진지원사업	23,500	1	1,4	7	8	7	5	1	4
22344	경남 하동군	자활사업활성화촉진	23,000	1	1	7	8	7	5	3	4
22345	경남 하동군	(사)한국수산업경영인하동군연합회사무장채용지원	23,000	1	1	7	8	7	1	1	4
22346	경남 하동군	문화인프라활동지원	22,700	1	4	7	8	7	1	1	3
22347	경남 하동군	귀농인안정정착지원	21,000	1	6	7	8	7	1	1	4
22348	경남 하동군	과일간식지원사업	20,295	1	7	7	8	7	5	5	4
22349	경남 하동군	수출한우육성지원	20,250	1	1,4	7	8	7	5	1	1
22350	경남 하동군	청년드림카지원사업	20,000	1	4	7	8	7	1	1	4
22351	경남 하동군	청년여가활동비지원	20,000	1	4	7	8	7	1	1	4
22352	경남 하동군	생활체육활성화지원	20,000	1	4	7	8	7	1	1	4
22353	경남 하동군	치유농업팜핑장조성시범	20,000	1	6	7	8	7	5	5	4
22354	경남 하동군	하동녹차홍보지원	20,000	1	4	7	8	7	1	1	2
22355	경남 하동군	전통주(쌀막걸리)생산지원	20,000	1	1	7	8	7	5	5	4
22356	경남 하동군	마을공동체활동지원공모사업	20,000	1	4	7	8	7	1	1	2

순번	시군구	지출명 (사업명)	2024년예산 (단위 : 천원 /1년간)	민간이전 분류 (지방자치단체 세출예산 집행기준에 의거) 1. 민간경상사업보조(307-02) 2. 민간단체 법정운영비보조(307-03) 3. 민간행사사업보조(307-04) 4. 민간위탁금(307-05) 5. 사회복지시설 법정운영비보조(307-10) 6. 민간인위탁교육비(307-12) 7. 공기관등에대한경상적위탁사업비(308-13) 8. 민간자본사업보조,자체재원(402-01) 9. 민간자본사업보조,이전재원(402-02) 10. 민간위탁사업비(402-03) 11. 공기관등에 대한 자본적 위탁사업비(403-02)	민간이전지출 근거 (지방보조금 관리기준 참고) 1. 법률에 규정 2. 국고보조 재원(국가지정) 3. 용도 지정 기부금 4. 조례에 직접규정 5. 지자체가 권장하는 사업을 하는 공공기관 6. 시,도 정책 및 재정사정 7. 기타 8. 해당없음	입찰방식 계약체결방법 (경쟁형태) 1. 일반경쟁 2. 제한경쟁 3. 지명경쟁 4. 수의계약 5. 법정위탁 6. 기타 ( ) 7. 없음	입찰방식 계약기간 1. 1년 2. 2년 3. 3년 4. 4년 5. 5년 6. 기타 ( )년 7. 단기계약 (1년미만) 8. 없음	입찰방식 낙찰자선정방법 1. 적격심사 2. 협상에의한계약 3. 최저가낙찰제 4. 규격가격분리 5. 2단계 경쟁입찰 6. 기타 ( ) 7. 없음	운영예산 산정 운영예산 산정 1. 내부산정 (지자체 자체적으로 산정) 2. 외부산정 (외부전문기관위탁 산정) 3. 내·외부 모두 산정 4. 산정 無 5. 없음	운영예산 산정 정산방법 1. 내부정산 (지자체 내부적으로 정산) 2. 외부정산 (외부전문기관위탁 정산) 3. 내·외부 모두 산정 4. 정산 無 5. 없음	성과평가 실시여부 1. 실시 2. 미실시 3. 향후 추진 4. 해당없음
22357	경남 하동군	시외버스터미널관리	20,000	1	1	7	8	7	1	1	4
22358	경남 하동군	섬진강은어수정란이식사업	20,000	1	1	7	8	7	1	1	4
22359	경남 하동군	선차학술발표회지원사업	18,000	1	4	7	8	7	1	1	3
22360	경남 하동군	통합마케팅조직육성지원	16,800	1	7	7	8	7	5	5	4
22361	경남 하동군	소유전체정보분석지원	16,560	1	6	7	8	7	5	5	4
22362	경남 하동군	과수자연재해경감지원	16,500	1	6	7	8	7	1	1	1
22363	경남 하동군	경남사회적경제청년부흥프로젝트사업	16,118	1	2	7	8	7	1	1	4
22364	경남 하동군	전국한시백일장개최	16,000	1	4	7	8	7	1	1	3
22365	경남 하동군	청년후계농농지임대료지원사업	16,000	1	6	7	8	7	5	5	4
22366	경남 하동군	자연보호단체육성	15,100	1	1	7	8	7	5	5	4
22367	경남 하동군	이순신프로젝트사업	15,000	1	4	7	8	7	1	1	3
22368	경남 하동군	경남어르신체육대회지원	15,000	1	4	7	8	7	1	1	1
22369	경남 하동군	게이트볼대회출전경비보조	15,000	1	4	7	8	7	1	1	1
22370	경남 하동군	농산물온라인오픈마켓진입지원	14,000	1	7	7	8	7	5	5	4
22371	경남 하동군	벤처농업공동마케팅지원	14,000	1	1	7	8	7	5	5	4
22372	경남 하동군	하동합창단정기연주회지원	13,000	1	4	7	8	7	1	1	3
22373	경남 하동군	돼지소모성질환지도사업	12,000	1	1,2	7	8	7	5	1	4
22374	경남 하동군	전통시장화재공제지원사업	12,000	1	1	7	8	7	1	1	2
22375	경남 하동군	여성어업인바우처지원사업	12,000	1	1	7	8	7	1	1	4
22376	경남 하동군	장애인체육활동보조경비	11,000	1	4	7	8	7	1	1	1
22377	경남 하동군	돼지경제능력검정경상지원	10,800	1	2	7	8	7	5	5	4
22378	경남 하동군	군정주요업무활동지원	10,480	1	4	7	1	7	1	1	1
22379	경남 하동군	여성업무행사실비보상	10,000	1	7	7	8	7	5	5	4
22380	경남 하동군	문화유산행정운영지원	10,000	1	4	7	8	7	1	1	3
22381	경남 하동군	청년농업인취농인턴제사업	10,000	1	6	7	8	7	5	5	4
22382	경남 하동군	한우개량기반조성(자체)	10,000	1	6	7	8	7	5	5	4
22383	경남 하동군	도라지계약재배농가생산자재지원	9,000	1	6	7	8	7	1	1	1
22384	경남 하동군	창업기업신규고용인력보조금지원사업	9,000	1	2	7	8	7	1	1	4
22385	경남 하동군	남해안남중권생활체육교류대축전	8,700	1	4	7	8	7	1	1	1
22386	경남 하동군	장애인체육대회지원	8,000	1	4	7	8	7	1	1	4
22387	경남 하동군	교통단체보조금	8,000	1	6	7	8	7	5	5	4
22388	경남 하동군	시장경영패키지지원사업	7,632	1	1	7	8	7	1	1	1
22389	경남 하동군	사회단체보조금(수산업경영인연합회)	7,500	1	1	7	8	7	1	1	4
22390	경남 하동군	임산부친환경농산물지원시범사업	7,200	1	6	7	8	7	1	1	1
22391	경남 하동군	임업기술교육및산림경영활동지원	7,054	1	6	7	8	7	5	5	4
22392	경남 하동군	독서문화진흥사업	7,000	1	4	7	8	7	1	1	3
22393	경남 하동군	전국시조경창대회	7,000	1	4	7	8	7	1	1	3
22394	경남 하동군	문화관광해설사운영지원	7,000	1	4	7	8	7	1	1	3
22395	경남 하동군	영호남생활체육대회경비	7,000	1	4	7	8	7	1	1	1
22396	경남 하동군	가축사체처리지원(경상보조)	6,480	1	1,2	7	8	7	5	1	4

순번	시군구	지출명 (사업명)	2024년예산 (단위 : 천원 /1년간)	민간이전 분류 (지방자치단체 세출예산 집행기준에 의거) 1. 민간경상사업보조(307-02) 2. 민간단체 법정운영비보조(307-03) 3. 민간행사사업보조(307-04) 4. 민간위탁금(307-05) 5. 사회복지시설 법정운영비보조(307-10) 6. 민간인위탁교육비(307-12) 7. 공기관등에대한경상적위탁사업비(308-13) 8. 민간자본사업보조,자체재원(402-01) 9. 민간자본사업보조,이전재원(402-02) 10. 민간위탁사업비(402-03) 11. 공기관등에 대한 자본적 위탁사업비(403-02)	민간이전지출 근거 (지방보조금 관리기준 참고) 1. 법률에 규정 2. 국고보조 재원(국가지정) 3. 용도 지정 기부금 4. 조례에 직접규정 5. 지자체가 권장하는 사업을 하는 공공기관 6. 시,도 정책 및 재정사정 7. 기타 8. 해당없음	입찰방식 계약체결방법 (경쟁형태) 1. 일반경쟁 2. 제한경쟁 3. 지명경쟁 4. 수의계약 5. 법정위탁 6. 기타 ( ) 7. 없음	입찰방식 계약기간 1. 1년 2. 2년 3. 3년 4. 4년 5. 5년 6. 기타 ( )년 7. 단기계약 (1년미만) 8. 없음	입찰방식 낙찰자선정방법 1. 적격심사 2. 협상에의한계약 3. 최저가낙찰제 4. 규격가격분리 5. 2단계 경쟁입찰 6. 기타 ( ) 7. 없음	운영예산 산정 운영예산 산정 1. 내부산정 (지자체 자체적으로 산정) 2. 외부산정 (외부전문기관위탁 산정) 3. 내·외부 모두 산정 4. 산정 無 5. 없음	운영예산 산정 정산방법 1. 내부정산 (지자체 내부적으로 정산) 2. 외부정산 (외부전문기관위탁 정산) 3. 내·외부 모두 산정 4. 정산 無 5. 없음	성과평가 실시여부 1. 실시 2. 미실시 3. 향후 추진 4. 해당없음
22397	경남 하동군	장애인체육동아리지원사업	6,468	1	4	7	8	7	1	1	1
22398	경남 하동군	복지회관지원	6,000	1	6	7	8	7	5	5	4
22399	경남 하동군	쿨루프지원사업	6,000	1	6	7	8	7	5	5	4
22400	경남 하동군	4H육성	6,000	1	6	7	7	7	5	5	4
22401	경남 하동군	내수면유해생물퇴치수매	6,000	1	1	7	8	7	1	1	4
22402	경남 하동군	축산물HACCP컨설팅지원사업	5,600	1	1	7	8	7	5	1	4
22403	경남 하동군	축산농가감염성폐기물처리사업	5,500	1	1	7	8	7	5	1	4
22404	경남 하동군	농촌관광주체육성지원(농촌체험휴양마을보험가입)	5,483	1	2	7	8	2	3	1	1
22405	경남 하동군	수산정책보험료지원사업(어선원)	5,200	1	1	7	8	7	1	1	4
22406	경남 하동군	문화학교운영	5,000	1	4	7	8	7	1	1	3
22407	경남 하동군	밤나무항공방제	5,000	1	7	7	8	7	5	5	4
22408	경남 하동군	농업신소득원발굴공동학습포장운영지원	5,000	1	6	7	7	7	5	5	4
22409	경남 하동군	휴경지활용소득화선도단체육성지원사업	5,000	1	6	7	7	7	5	5	4
22410	경남 하동군	청년농업인품목네트워크활성화시범사업	5,000	1	6	7	7	7	5	5	4
22411	경남 하동군	농촌교육농장역량강화사업	5,000	1	1	7	8	7	1	1	1
22412	경남 하동군	우량암소생산기반구축사업	5,000	1	6	7	8	7	5	5	4
22413	경남 하동군	농촌체험지도사및마을해설사양성사업	4,800	1	6	7	8	7	3	1	1
22414	경남 하동군	불가사리,성게구제사업	4,660	1	1	7	8	7	1	1	4
22415	경남 하동군	학생4H회원농촌체험활동지원	4,500	1	6	7	7	7	5	5	4
22416	경남 하동군	문화예술축제지원	4,000	1	4	7	8	7	1	1	3
22417	경남 하동군	전통향교문화전승발전	4,000	1	4	7	8	7	1	1	3
22418	경남 하동군	정보화농업활성화지원사업	4,000	1	6	7	8	7	5	5	4
22419	경남 하동군	코로나19검사양성자조사감시	3,600	1	2	7	8	7	5	5	4
22420	경남 하동군	지리산섬진강권문학행사	3,200	1	4	7	8	7	1	1	3
22421	경남 하동군	북스타트지원사업	3,000	1	4	7	8	7	1	1	3
22422	경남 하동군	자연유산민속행사지원	3,000	1	4	7	8	7	1	1	3
22423	경남 하동군	4H육성지원	3,000	1	6	7	7	7	5	5	4
22424	경남 하동군	가축분뇨퇴비살포비지원	3,000	1	2	7	8	7	5	5	4
22425	경남 하동군	시군4H본부교육지원	2,000	1	6	7	7	7	5	5	4
22426	경남 하동군	스마트강소농활성화시범	2,000	1	6	7	8	7	5	5	4
22427	경남 하동군	하동군이장지회보조금	1,805	1	4	7	8	7	5	5	4
22428	경남 하동군	우리밀육성지원	1,000	1	6	7	8	7	1	1	1
22429	경남 하동군	특별교통수단지원	1,000	1	6	7	8	7	1	1	4
22430	경남 하동군	체험마을리더교육지원	960	1	2	7	8	7	3	1	1
22431	경남 산청군	조사료생산용사일리지제조비및종자구입비지원	1,438,837	1	2	7	8	7	5	1	1
22432	경남 산청군	산엔청공동브랜드포장박스지원사업	1,065,820	1	4	7	8	7	5	5	4
22433	경남 산청군	한국선비문화연구원체험연수	913,500	1	4	7	8	7	5	5	4
22434	경남 산청군	공동농작업지원	720,000	1	6	4	8	7	1	1	1
22435	경남 산청군	축산농가수분조절재지원사업	526,775	1	6	7	8	7	1	1	1
22436	경남 산청군	청년후계농영농정착지원	480,000	1	2	7	8	7	5	3	4

순번	시군구	지출명 (사업명)	2024년예산 (단위 : 천원 /1년간)	민간이전 분류 (지방자치단체 세출예산 집행기준에 의거) 1. 민간경상사업보조(307-02) 2. 민간단체 법정운영비보조(307-03) 3. 민간행사사업보조(307-04) 4. 민간위탁금(307-05) 5. 사회복지시설 법정운영비보조(307-10) 6. 민간인위탁교육비(307-12) 7. 공기관등에대한경상적위탁사업비(308-13) 8. 민간자본사업보조,자체재원(402-01) 9. 민간자본사업보조,이전재원(402-02) 10. 민간위탁사업비(402-03) 11. 공기관등에 대한 자본적 위탁사업비(403-02)	민간이전지출 근거 (지방보조금 관리기준 참고) 1. 법률에 규정 2. 국고보조 재원(국가지정) 3. 용도 지정 기부금 4. 조례에 직접규정 5. 지자체가 권장하는 사업을 하는 공공기관 6. 시,도 정책 및 재정사정 7. 기타 8. 해당없음	입찰방식 계약체결방법 (경쟁형태) 1. 일반경쟁 2. 제한경쟁 3. 지명경쟁 4. 수의계약 5. 법정위탁 6. 기타 ( ) 7. 없음	입찰방식 계약기간 1. 1년 2. 2년 3. 3년 4. 4년 5. 5년 6. 기타 ( )년 7. 단기계약 (1년미만) 8. 없음	입찰방식 낙찰자선정방법 1. 적격심사 2. 협상에의한계약 3. 최저가낙찰제 4. 규격가격분리 5. 2단계 경쟁입찰 6. 기타 ( ) 7. 없음	운영예산 산정 운영예산 산정 1. 내부산정 (지자체 자체적으로 산정) 2. 외부산정 (외부전문기관위탁 산정) 3. 내·외부 모두 산정 4. 산정 無 5. 없음	운영예산 산정 정산방법 1. 내부정산 (지자체 내부적으로 정산) 2. 외부정산 (외부전문기관위탁 정산) 3. 내·외부 모두 정산 4. 정산 無 5. 없음	성과평가 실시여부 1. 실시 2. 미실시 3. 향후 추진 4. 해당없음
22437	경남 산청군	농산물가공산업지원사업	432,318	1	6	7	8	7	5	5	4
22438	경남 산청군	벼수매가격보전사업	419,307	1	4	7	8	7	5	5	4
22439	경남 산청군	일반생활체육지도자배치	368,913	1	1	7	8	7	5	5	4
22440	경남 산청군	축산산업육성(자체)	353,200	1	7	7	8	7	5	1	1
22441	경남 산청군	가축재해보험지원사업	310,000	1	2	7	8	7	5	1	1
22442	경남 산청군	공동방재단운영(운영비)지원	295,866	1	2	7	8	7	1	1	1
22443	경남 산청군	벼육묘상처리제지원사업(지자체협력사업)	285,500	1	6	7	8	7	3	1	1
22444	경남 산청군	APC딸기공동선별비지원사업	265,000	1	4	7	8	7	5	5	4
22445	경남 산청군	어르신생활체육지도자배치	240,942	1	1	7	8	7	5	5	4
22446	경남 산청군	유기농한우유기사료차액보전	200,000	1	7	7	8	7	5	1	1
22447	경남 산청군	공동선별비지원사업	184,000	1	2	7	8	7	5	5	4
22448	경남 산청군	축산농가악취방지개선사업	156,330	1	6	7	8	7	1	1	1
22449	경남 산청군	돼지써코바이러스백신지원	156,000	1	2	7	8	7	1	1	1
22450	경남 산청군	농촌관광주체육성지원	153,320	1	6	7	8	7	5	5	4
22451	경남 산청군	채소특작사업지원	138,214	1	4	7	8	7	5	5	3
22452	경남 산청군	APC딸기공동선별포장용기지원사업	130,000	1	4	7	8	7	5	5	4
22453	경남 산청군	가축분뇨액비살포비지원	120,000	1	6	7	8	7	1	1	1
22454	경남 산청군	농촌인력중개센터운영	117,500	1	6	6	1	7	1	1	3
22455	경남 산청군	영농부산물안전처리지원	90,000	1	2	4	8	7	1	1	1
22456	경남 산청군	문화원분과위원회운영지원	72,000	1	1	7	8	7	5	5	4
22457	경남 산청군	농촌돌봄서비스활성화지원	66,000	1	2	7	8	7	5	1	1
22458	경남 산청군	산청축구스포츠클럽육성	64,000	1	1	7	8	7	5	5	4
22459	경남 산청군	축분퇴비유통센터반입농가수분조절재지원	63,100	1	6	7	8	7	1	1	1
22460	경남 산청군	산청평생학습플랫폼활성화사업	60,000	1	1,4	7	8	7	5	5	4
22461	경남 산청군	생활체육대회육성	60,000	1	1	7	8	7	5	5	4
22462	경남 산청군	학교체육육성지원	60,000	1	1	7	8	7	5	5	4
22463	경남 산청군	학교우유급식지원사업	59,092	1	6	7	8	7	5	1	1
22464	경남 산청군	학생승마체험지원	53,760	1	2	7	8	7	5	1	1
22465	경남 산청군	생생문화재사업	50,000	1	1	7	8	7	5	5	4
22466	경남 산청군	향교서원문화재활용사업(단성향교,신안정사)	50,000	1	4	7	8	7	5	5	4
22467	경남 산청군	규격화택배박스제작지원사업	50,000	1	4	7	8	7	5	5	4
22468	경남 산청군	농촌융복합산업선도경영체지원사업	50,000	1	6	7	8	7	5	5	4
22469	경남 산청군	꿀벌농가소초강지원	48,000	1	7	7	8	7	1	1	1
22470	경남 산청군	농산물통합마케팅조직육성	40,000	1	4	7	8	7	5	5	4
22471	경남 산청군	한우등록사업	36,800	1	6	7	8	7	5	1	1
22472	경남 산청군	청년농업인취농직불제	36,000	1	6	7	8	7	5	1	4
22473	경남 산청군	낙농도우미지원사업	33,545	1	6	7	8	7	5	1	1
22474	경남 산청군	꿀벌농가면역증강제지원	31,200	1	7	7	8	7	1	1	1
22475	경남 산청군	2024한방약초규격포장재지원사업	30,000	1	4	7	8	7	5	5	4
22476	경남 산청군	신등면지편찬발간지원	30,000	1	4	7	8	7	5	5	4

순번	시군구	지출명 (사업명)	2024년예산 (단위 : 천원 /1년간)	민간이전 분류 (지방자치단체 세출예산 집행기준에 의거)	민간이전지출 근거 (지방보조금 관리기준 참고)	입찰방식			운영예산 산정		성과평가 실시여부
				1. 민간경상사업보조(307-02) 2. 민간단체 법정운영비보조(307-03) 3. 민간행사사업보조(307-04) 4. 민간위탁금(307-05) 5. 사회복지시설 법정운영비보조(307-10) 6. 민간인위탁교육비(307-12) 7. 공기관등에대한경상적위탁사업비(308-13) 8. 민간자본사업보조,자체재원(402-01) 9. 민간자본사업보조,이전재원(402-02) 10. 민간위탁사업비(402-03) 11. 공기관등에 대한 자본적 위탁사업비(403-02)	1. 법률에 규정 2. 국고보조 재원(국가지정) 3. 용도 지정 기부금 4. 조례에 직접규정 5. 지자체가 권장하는 사업을 하는 공공기관 6. 시,도 정책 및 재정사정 7. 기타 8. 해당없음	계약체결방법 (경쟁형태) 1. 일반경쟁 2. 제한경쟁 3. 지명경쟁 4. 수의계약 5. 법정위탁 6. 기타 ( ) 7. 없음	계약기간 1. 1년 2. 2년 3. 3년 4. 4년 5. 5년 6. 기타 ( )년 7. 단기계약 (1년미만) 8. 없음	낙찰자선정방법 1. 적격심사 2. 협상에의한계약 3. 최저가낙찰제 4. 규격가격분리 5. 2단계 경쟁입찰 6. 기타 ( ) 7. 없음	운영예산 산정 1. 내부산정 (지자체 자체적으로 산정) 2. 외부산정 (외부전문기관위탁 산정) 3. 내·외부 모두 산정 4. 산정 無 5. 없음	정산방법 1. 내부정산 (지자체 내부적으로 정산) 2. 외부정산 (외부전문기관위탁 정산) 3. 내·외부 모두 산정 4. 정산 無 5. 없음	1. 실시 2. 미실시 3. 향후 추진 4. 해당없음
22477	경남 산청군	산청읍지편찬발간지원	30,000	1	4	7	8	7	5	5	4
22478	경남 산청군	돼지소모성질환지도지원	30,000	1	2	7	8	7	1	1	1
22479	경남 산청군	농업정책및농림사업추진	27,000	1	7	7	8	7	5	5	4
22480	경남 산청군	가루쌀생산단지조성사업(교육,컨설팅)	27,000	1	2	7	8	7	3	1	1
22481	경남 산청군	선비대학운영	25,000	1	4	7	8	7	5	5	4
22482	경남 산청군	경남에서한달여행하기	25,000	1	1	7	8	7	1	1	4
22483	경남 산청군	육계콕시듐치료제지원	25,000	1	7	7	8	7	1	1	1
22484	경남 산청군	덕양전춘추향제례	24,000	1	4	7	8	7	5	5	4
22485	경남 산청군	승마산업활성화지원	24,000	1	7	7	8	7	5	1	1
22486	경남 산청군	시비효율개선친환경농자재시범	24,000	1	6	4	8	7	1	1	1
22487	경남 산청군	지방문화원사업활동지원	23,800	1	1	7	8	7	5	5	4
22488	경남 산청군	산청단성향교충효교실운영지원	20,000	1	4	7	8	7	5	5	4
22489	경남 산청군	산청단성향교전통문화계승사업지원	20,000	1	4	7	8	7	5	5	4
22490	경남 산청군	산청곶감발전자금지원사업	20,000	1	7	7	8	7	5	5	4
22491	경남 산청군	농촌관광활성화	20,000	1	4	7	8	7	5	5	4
22492	경남 산청군	폐기물처리시설주민지원기금(주민지원협의체운영비)	18,000	1	1	7	8	7	5	5	4
22493	경남 산청군	차량무선인식장치통신료지원	17,820	1	2	7	8	7	1	1	1
22494	경남 산청군	닭진드기공동방제지원	16,000	1	2	7	8	7	1	1	1
22495	경남 산청군	문화학교운영지원	15,520	1	1	7	8	7	5	5	4
22496	경남 산청군	젖소농가면역증강제지원	15,200	1	7	7	8	7	1	1	1
22497	경남 산청군	향토사료조사지원	15,000	1	4	7	8	7	5	5	4
22498	경남 산청군	체육우수선수육성지원	15,000	1	1	7	8	7	5	5	4
22499	경남 산청군	임산물생산기반지원	15,000	1	7	7	8	7	5	5	4
22500	경남 산청군	지속가능발전협의회사업비	15,000	1	4	7	8	7	5	5	4
22501	경남 산청군	육계감보로예방백신지원	15,000	1	7	7	8	7	1	1	1
22502	경남 산청군	전업농구제역백신(소)	14,250	1	2	7	8	7	1	1	1
22503	경남 산청군	송아지설사병예방지원	13,750	1	7	7	8	7	1	1	1
22504	경남 산청군	우수축산물인증지원	13,400	1	6	7	8	7	5	1	1
22505	경남 산청군	문화원문화행사지원	13,000	1	4	7	8	7	5	5	4
22506	경남 산청군	살처분가축처리시설장비(폐사체수거처리비)지원	12,240	1	2	7	8	7	1	1	1
22507	경남 산청군	어린이집과일간식지원사업	11,682	1	6	7	8	7	5	5	4
22508	경남 산청군	도무형문화재전승교육비지원	11,400	1	4	7	8	7	5	5	4
22509	경남 산청군	경남노란우산희망장려금지원사업	10,520	1	6	7	8	7	3	1	4
22510	경남 산청군	젖소능력개량사업	10,054	1	6	7	8	7	5	1	1
22511	경남 산청군	산청군금석문총람재발간	10,000	1	4	7	8	7	5	5	4
22512	경남 산청군	산청단성향교춘추향제례지원	10,000	1	4	7	8	7	5	5	4
22513	경남 산청군	서원서당제례지원	10,000	1	4	7	8	7	5	5	4
22514	경남 산청군	도무형문화재공개행사비지원	10,000	1	4	7	8	7	5	5	4
22515	경남 산청군	남사예담촌관광활성화지원사업	10,000	1	4	7	8	7	1	1	4
22516	경남 산청군	젖소유방암예방지원	10,000	1	7	7	8	7	1	1	1

순번	시군구	지출명 (사업명)	2024년예산 (단위 : 천원 /1년간)	민간이전 분류 (지방자치단체 세출예산 집행기준에 의거) 1. 민간경상사업보조(307-02) 2. 민간단체 법정운영비보조(307-03) 3. 민간행사사업보조(307-04) 4. 민간위탁금(307-05) 5. 사회복지시설 법정운영비보조(307-10) 6. 민간인위탁교육비(307-12) 7. 공기관등에대한경상적위탁사업비(308-13) 8. 민간자본사업보조,자체재원(402-01) 9. 민간자본사업보조,이전재원(402-02) 10. 민간위탁사업비(402-03) 11. 공기관등에 대한 자본적 위탁사업비(403-02)	민간이전지출 근거 (지방보조금 관리기준 참고) 1. 법률에 규정 2. 국고보조 재원(국가지정) 3. 용도 지정 기부금 4. 조례에 직접규정 5. 지자체가 권장하는 사업을 하는 공공기관 6. 시,도 정책 및 재정사정 7. 기타 8. 해당없음	입찰방식 계약체결방법 (경쟁형태) 1. 일반경쟁 2. 제한경쟁 3. 지명경쟁 4. 수의계약 5. 법정위탁 6. 기타 ( ) 7. 없음	입찰방식 계약기간 1. 1년 2. 2년 3. 3년 4. 4년 5. 5년 6. 기타 ( )년 7. 단기계약 (1년미만) 8. 없음	입찰방식 낙찰자선정방법 1. 적격심사 2. 협상에의한계약 3. 최저가낙찰제 4. 규격가격분리 5. 2단계 경쟁입찰 6. 기타 ( ) 7. 없음	운영예산 산정 운영예산 산정 1. 내부산정 (지자체 자체적으로 산정) 2. 외부산정 (외부전문기관위탁 산정) 3. 내·외부 모두 산정 4. 산정 無 5. 없음	운영예산 산정 정산방법 1. 내부정산 (지자체 내부적으로 정산) 2. 외부정산 (외부전문기관위탁 정산) 3. 내·외부 모두 산정 4. 정산 無 5. 없음	성과평가 실시여부 1. 실시 2. 미실시 3. 향후 추진 4. 해당없음
22517	경남 산청군	청년4H회교육운영	10,000	1	6	7	8	7	1	1	1
22518	경남 산청군	전작물생분해멀칭필름재배지원	10,000	1	6	4	8	7	1	1	1
22519	경남 산청군	청년농업인커뮤니티활성화지원사업	9,230	1	6	7	8	7	5	1	4
22520	경남 산청군	한우도우미지원사업	9,000	1	6	7	8	7	5	1	1
22521	경남 산청군	가축분뇨퇴비살포지비원	9,000	1	6	7	8	7	1	1	1
22522	경남 산청군	장애인체육동아리지원	8,316	1	1	7	8	7	5	5	4
22523	경남 산청군	전국한시백일장지원	8,300	1	4	7	8	7	5	5	4
22524	경남 산청군	산청문예지발간	8,000	1	4	7	8	7	5	5	4
22525	경남 산청군	청년후계농농지임대료지원사업	8,000	1	6	7	8	7	5	1	4
22526	경남 산청군	생활체육프로그램운영	7,200	1	1	7	8	7	5	5	4
22527	경남 산청군	산림경영지도원활용지원	7,061	1	7	7	8	7	5	5	4
22528	경남 산청군	우량임소생산기반구축사업	7,000	1	6	7	8	7	5	1	1
22529	경남 산청군	산청단성향교기로연행사지원	6,000	1	4	7	8	7	5	5	4
22530	경남 산청군	학교생활체육시설사용지원	6,000	1	1	7	8	7	5	5	4
22531	경남 산청군	가금농가질병관리지원	6,000	1	2	7	8	7	1	1	1
22532	경남 산청군	생활체육교실운영	5,635	1	1	7	8	7	5	5	4
22533	경남 산청군	농업용드론조종인력양성사업	5,600	1	6	4	8	7	1	1	1
22534	경남 산청군	전통민속놀이육성지원	5,000	1	4	7	8	7	5	5	4
22535	경남 산청군	경남한우공동브랜드육성사업	5,000	1	6	7	8	7	5	1	1
22536	경남 산청군	전몰군경미망인산청군지회사업지원	4,300	1	4	7	8	7	5	1	4
22537	경남 산청군	교통봉사활동단체지원	4,000	1	4	7	8	7	1	1	1
22538	경남 산청군	택시업계재정지원및관리	4,000	1	1	7	8	7	3	3	1
22539	경남 산청군	승용마조련강화사업	4,000	1	2	7	8	7	5	1	1
22540	경남 산청군	정보화농업활성화지원	4,000	1	6	7	8	7	1	1	1
22541	경남 산청군	상이군경회산청군지회사업지원	3,800	1	4	7	8	7	5	1	4
22542	경남 산청군	전몰군경유족회산청군지회사업지원	3,750	1	4	7	8	7	5	1	4
22543	경남 산청군	전통시장화재공제지원사업	3,640	1	6	7	8	7	3	1	4
22544	경남 산청군	동절기오리농가난방비지원	3,400	1	6	7	8	7	1	1	1
22545	경남 산청군	어업활동지원	3,200	1	2	7	8	7	5	1	1
22546	경남 산청군	안전관리인증축산농가및영업장지원	3,000	1	6	7	8	7	1	1	1
22547	경남 산청군	학교4h회과제교육	3,000	1	4	7	8	7	1	1	1
22548	경남 산청군	청년농업인품목네트워크활성화	3,000	1	6	7	8	7	1	1	1
22549	경남 산청군	월남전참전유공자전우회산청군지회사업지원	2,300	1	4	7	8	7	5	1	4
22550	경남 산청군	자원봉사자연수보상	2,200	1	6	7	8	7	1	1	4
22551	경남 산청군	체험마을리더교육지원	2,160	1	6	7	8	7	5	5	4
22552	경남 산청군	단성향교사직단제례및성년의날행사지원	2,000	1	4	7	8	7	5	5	4
22553	경남 산청군	스마트강소농활성화	2,000	1	6	7	8	7	1	1	1
22554	경남 산청군	무공수훈자회산청군지회사업지원	1,800	1	4	7	8	7	5	1	4
22555	경남 산청군	6.25참전유공자회산청군지회사업지원	1,800	1	4	7	8	7	5	1	4
22556	경남 산청군	축산물HACCP(농가)지원사업	1,680	1	2	7	8	7	1	1	1

순번	시군구	지출명 (사업명)	2024년예산 (단위 : 천원 /1년간)	민간이전 분류 (지방자치단체 세출예산 집행기준에 의거) 1. 민간경상사업보조(307-02) 2. 민간단체 법정운영비보조(307-03) 3. 민간행사사업보조(307-04) 4. 민간위탁금(307-05) 5. 사회복지시설 법정운영비보조(307-10) 6. 민간인위탁교육비(307-12) 7. 공기관등에대한경상적위탁사업비(308-13) 8. 민간자본사업보조,자체재원(402-01) 9. 민간자본사업보조,이전재원(402-02) 10. 민간위탁사업비(402-03) 11. 공기관등에 대한 자본적 위탁사업비(403-02)	민간이전지출 근거 (지방보조금 관리기준 참고) 1. 법률에 규정 2. 국고보조 재원(국가지정) 3. 용도 지정 기부금 4. 조례에 직접규정 5. 지자체가 권장하는 사업을 하는 공공기관 6. 시,도 정책 및 재정사정 7. 기타 8. 해당없음	입찰방식			운영예산 산정		성과평가 실시여부
						계약체결방법 (경쟁형태) 1. 일반경쟁 2. 제한경쟁 3. 지명경쟁 4. 수의계약 5. 법정위탁 6. 기타 ( ) 7. 없음	계약기간 1. 1년 2. 2년 3. 3년 4. 4년 5. 5년 6. 기타 ( )년 7. 단기계약 (1년미만) 8. 없음	낙찰자선정방법 1. 적격심사 2. 협상에의한계약 3. 최저가낙찰제 4. 규격가격분리 5. 2단계 경쟁입찰 6. 기타 ( ) 7. 없음	운영예산 산정 1. 내부산정 (지자체 자체적으로 산정) 2. 외부산정 (외부전문기관위탁 산정) 3. 내·외부 모두 산정 4. 산정 無 5. 없음	정산방법 1. 내부정산 (지자체 내부적으로 정산) 2. 외부정산 (외부전문기관위탁 정산) 3. 내·외부 모두 산정 4. 정산 無 5. 없음	1. 실시 2. 미실시 3. 향후 추진 4. 해당없음
22557	경남 산청군	고엽제전우회산청군지회사업지원	1,620	1	4	7	8	7	5	1	4
22558	경남 산청군	코로나19양성자조사감시사업	1,500	1	2	7	8	7	5	5	3
22559	경남 산청군	우리동네그린존만들기	900	1	4	7	8	7	1	1	4
22560	경남 함양군	채소가격안정지원(양파)	617,480	1	2	5	8	7	2	1	1
22561	경남 함양군	상권활성화사업	572,000	1	2	6	5	6	3	3	1
22562	경남 함양군	365안심병동사업	552,960	1	6	7	8	7	5	1	4
22563	경남 함양군	공동농작업대행료지원	480,000	1	5	7	8	7	1	1	4
22564	경남 함양군	혼합발효사료지원	350,000	1	4	7	8	7	1	1	4
22565	경남 함양군	조사료사일리지제조비지원	320,400	1	2	7	8	7	1	1	4
22566	경남 함양군	전일제생활체육지도자지원	312,930	1	2	7	8	7	1	1	1
22567	경남 함양군	공동방제단운영(운영비)	229,345	1	2	7	8	7	1	1	4
22568	경남 함양군	생활체육지도자활동지원	188,901	1	2	7	8	7	1	1	1
22569	경남 함양군	구제역및AI예방약품구입지원(구제역전업농)	176,250	1	2	7	8	7	1	1	4
22570	경남 함양군	어르신체육활동지원	156,465	1	2	7	8	7	1	1	1
22571	경남 함양군	친환경축분퇴비생산지원	150,000	1	4	7	8	7	1	1	4
22572	경남 함양군	고택종갓집활용사업	137,500	1	2	7	8	7	5	1	1
22573	경남 함양군	우량가축생산기반지원	135,000	1	4	7	8	7	1	1	4
22574	경남 함양군	세계유산활용프로그램	125,512	1	2	7	8	7	5	1	1
22575	경남 함양군	취약지역응급의료기관지원	115,000	1	4	7	8	7	1	1	4
22576	경남 함양군	노인의날행사지원	100,640	1	4	7	8	7	5	5	4
22577	경남 함양군	산양삼제품포장재생산	100,000	1	4	7	8	7	5	5	4
22578	경남 함양군	취약지역응급의료기관육성(추가)사업	100,000	1	6	7	8	7	5	1	4
22579	경남 함양군	가축분뇨액비수거비지원	100,000	1	4	7	8	7	1	1	4
22580	경남 함양군	축산농가환경개선제지원	100,000	1	6	7	8	7	1	1	4
22581	경남 함양군	가축분뇨수분조절제지원	99,750	1	6	7	8	7	1	1	4
22582	경남 함양군	돼지써코바이러스백신지원	96,000	1	2	7	8	7	1	1	4
22583	경남 함양군	우량암소수정란이식지원	95,000	1	6	7	8	7	1	1	4
22584	경남 함양군	한센간이양로주택	84,876	1	2,6	7	8	7	1	1	4
22585	경남 함양군	국산종균을이용한맞춤형기능성식초상품화시범	80,000	1	7	7	8	7	5	1	4
22586	경남 함양군	함양문화원문화학교운영	70,000	1	4	7	8	7	5	5	4
22587	경남 함양군	함양흑돼지홍보마케팅지원	70,000	1	2	7	8	7	1	1	3
22588	경남 함양군	사회적농업활성화지원(농촌주민생활돌봄공동체)	66,000	1	7	7	8	7	1	1	4
22589	경남 함양군	농촌신활력플러스사업추진인건비	56,088	1	1,4	7	8	7	5	5	4
22590	경남 함양군	한우혈통개량지원	55,000	1	4	7	8	7	5	5	4
22591	경남 함양군	사회적농업활성화지원(농촌돌봄농장)	55,000	1	7	7	8	7	1	5	4
22592	경남 함양군	산양삼가공제품해외시장개척	50,000	1	7	7	8	7	5	5	4
22593	경남 함양군	축산농가악취방지개선	49,325	1	6	7	8	7	1	1	4
22594	경남 함양군	사과병해충종합관리시범사업	45,000	1	4	7	8	7	1	1	4
22595	경남 함양군	구제역및AI예방약품구입지원(가금질병)	42,000	1	2	7	8	7	1	1	4
22596	경남 함양군	향교활성화지원	40,000	1	6	7	8	7	5	1	1

순번	시군구	지출명 (사업명)	2024년예산 (단위 : 천원 /1년간)	민간이전 분류 (지방자치단체 세출예산 집행기준에 의거) 1. 민간경상사업보조(307-02) 2. 민간단체 법정운영비보조(307-03) 3. 민간행사사업보조(307-04) 4. 민간위탁금(307-05) 5. 사회복지시설 법정운영비보조(307-10) 6. 민간인위탁교육비(307-12) 7. 공기관등에대한경상적위탁사업비(308-13) 8. 민간자본사업보조,자체재원(402-01) 9. 민간자본사업보조,이전재원(402-02) 10. 민간위탁사업비(402-03) 11. 공기관등에 대한 자본적 위탁사업비(403-02)	민간이전지출 근거 (지방보조금 관리기준 참고) 1. 법률에 규정 2. 국고보조 재원(국가지정) 3. 용도 지정 기부금 4. 조례에 직접규정 5. 지자체가 권장하는 사업을 하는 공공기관 6. 시,도 정책 및 재정사정 7. 기타 8. 해당없음	입찰방식: 계약체결방법 (경쟁형태) 1. 일반경쟁 2. 제한경쟁 3. 지명경쟁 4. 수의계약 5. 법정위탁 6. 기타 ( ) 7. 없음	입찰방식: 계약기간 1. 1년 2. 2년 3. 3년 4. 4년 5. 5년 6. 기타 ( )년 7. 단기계약 (1년미만) 8. 없음	입찰방식: 낙찰자선정방법 1. 적격심사 2. 협상에의한계약 3. 최저가낙찰제 4. 규격가격분리 5. 2단계 경쟁입찰 6. 기타 ( ) 7. 없음	운영예산 산정: 운영예산 산정 1. 내부산정 (지자체 자체적으로 산정) 2. 외부산정 (외부전문기관위탁 산정) 3. 내·외부 모두 산정 4. 산정 無 5. 없음	운영예산 산정: 정산방법 1. 내부정산 (지자체 내부적으로 정산) 2. 외부정산 (외부전문기관위탁 정산) 3. 내·외부 모두 산정 4. 정산 無 5. 없음	성과평가 실시여부 1. 실시 2. 미실시 3. 향후 추진 4. 해당없음
22597	경남 함양군	서원,향교활용사업	40,000	1	2	7	8	7	5	1	1
22598	경남 함양군	의용소방대지원	35,000	1	4	7	8	7	5	5	4
22599	경남 함양군	읍면농악대지원	33,000	1	7	7	8	7	1	1	1
22600	경남 함양군	주민생활문화예술활성화지원	30,000	1	4	7	8	7	1	1	3
22601	경남 함양군	어르신농악경연대회참가지원	30,000	1	4	7	8	7	1	1	3
22602	경남 함양군	함양군체육회스포츠데이	30,000	1	4	7	8	7	1	1	1
22603	경남 함양군	학교체육및우수선수선발육성	30,000	1	4	7	8	7	1	1	1
22604	경남 함양군	고급육생산기반지원	30,000	1	4	7	8	7	1	1	4
22605	경남 함양군	조사료종자구입비지원	27,300	1	2	7	8	7	1	1	4
22606	경남 함양군	농산어촌유청소년선진축구체험사업지원	25,000	1	4	7	8	7	1	1	1
22607	경남 함양군	농촌교육농장활성화사업	25,000	1	7	7	8	7	5	5	4
22608	경남 함양군	우량암소생산기반구축지원	22,000	1	6	7	8	7	1	1	4
22609	경남 함양군	염소사육농가기자재지원	20,000	1	4	7	8	7	1	1	4
22610	경남 함양군	축산물영업장위생시설개선	18,000	1	6	7	8	7	1	1	4
22611	경남 함양군	낙농도우미지원	16,780	1	6	7	8	7	1	1	4
22612	경남 함양군	평생학습동아리지원사업	16,000	1	1	7	8	7	1	1	1
22613	경남 함양군	함양문화발간	15,000	1	4	7	8	7	1	1	3
22614	경남 함양군	가축시장거래소질병진단지원	14,400	1	4	7	8	7	1	1	4
22615	경남 함양군	우량암소나눔육성지원	14,000	1	4	7	8	7	1	1	4
22616	경남 함양군	축산농가사료첨가제지원	13,500	1	6	7	8	7	1	1	4
22617	경남 함양군	흑돼지농가육성	12,600	1	6	7	8	7	1	1	4
22618	경남 함양군	구제역및AI예방약품구입지원(돼지소모성질환)	12,000	1	2	7	8	7	1	1	4
22619	경남 함양군	한우도우미지원	11,500	1	6	7	8	7	1	1	4
22620	경남 함양군	소유전체정보분석지원	10,710	1	6	7	8	7	1	1	4
22621	경남 함양군	향토사료조사	10,000	1	6	7	8	7	1	1	3
22622	경남 함양군	방과후바둑교실운영	10,000	1	4	7	8	7	1	1	1
22623	경남 함양군	작은도서관도서구입비	10,000	1	4	6	1	7	1	1	1
22624	경남 함양군	침수방지시설설치지원사업	10,000	1	4	7	8	7	5	5	4
22625	경남 함양군	어린소면역개선지원	10,000	1	6	7	8	7	1	1	4
22626	경남 함양군	젖소유방염예방약품지원	10,000	1	6	7	8	7	1	1	4
22627	경남 함양군	송아지생산성향상지원	8,400	1	6	7	8	7	1	1	4
22628	경남 함양군	젖소능력개량	7,672	1	6	7	8	7	1	1	4
22629	경남 함양군	지역자율방재단기타운영사업	7,300	1	4	7	8	7	1	1	4
22630	경남 함양군	생활체육프로그램지원	7,200	1	4	7	8	7	1	1	1
22631	경남 함양군	축사시설환경개선지원	6,900	1	6	7	8	7	1	1	4
22632	경남 함양군	무형문화재공개행사지원(송순주,방짜유기,한지장)	6,600	1	1	7	8	7	1	1	3
22633	경남 함양군	어르신전통미술(사군자)교술운영	6,500	1	4	7	8	7	1	1	3
22634	경남 함양군	축사전기안전시설보수지원	6,000	1	6	7	8	7	1	1	4
22635	경남 함양군	생활체육교실운영	5,635	1	4	7	8	7	1	1	1
22636	경남 함양군	축산물HACCP컨설팅지원	5,600	1	2	7	8	7	1	1	4

순번	시군구	지출명 (사업명)	2024년예산 (단위 : 천원 /1년간)	민간이전 분류 (지방자치단체 세출예산 집행기준에 의거) 1. 민간경상사업보조(307-02) 2. 민간단체 법정운영비보조(307-03) 3. 민간행사사업보조(307-04) 4. 민간위탁금(307-05) 5. 사회복지시설 법정운영비보조(307-10) 6. 민간인위탁교육비(307-12) 7. 공기관등에대한경상적위탁사업비(308-13) 8. 민간자본사업보조,자체재원(402-01) 9. 민간자본사업보조,이전재원(402-02) 10. 민간위탁사업비(402-03) 11. 공기관등에 대한 자본적 위탁사업비(403-02)	민간이전지출 근거 (지방보조금 관리기준 참고) 1. 법률에 규정 2. 국고보조 재원(국가지정) 3. 용도 지정 기부금 4. 조례에 직접규정 5. 지자체가 권장하는 사업을 하는 공공기관 6. 시,도 정책 및 재정사정 7. 기타 8. 해당없음	입찰방식 계약체결방법 (경쟁형태) 1. 일반경쟁 2. 제한경쟁 3. 지명경쟁 4. 수의계약 5. 법정위탁 6. 기타 ( ) 7. 없음	계약기간 1. 1년 2. 2년 3. 3년 4. 4년 5. 5년 6. 기타 ( )년 7. 단기계약 (1년미만) 8. 없음	낙찰자선정방법 1. 적격심사 2. 협상에의한계약 3. 최저가낙찰제 4. 규격가격분리 5. 2단계 경쟁입찰 6. 기타 ( ) 7. 없음	운영예산 산정 운영예산 산정 1. 내부산정 (지자체 자체적으로 산정) 2. 외부산정 (외부전문기관위탁 산정) 3. 내·외부 모두 산정 4. 산정 無 5. 없음	정산방법 1. 내부정산 (지자체 내부적으로 정산) 2. 외부정산 (외부전문기관위탁 정산) 3. 내·외부 모두 산정 4. 정산 無 5. 없음	성과평가 실시여부 1. 실시 2. 미실시 3. 향후 추진 4. 해당없음
22637	경남 함양군	송전마을다듬이회지원	5,000	1	4	7	8	7	1	1	3
22638	경남 함양군	함양문화원문화행사	5,000	1	6	7	8	7	1	1	3
22639	경남 함양군	노인바둑교실운영	5,000	1	4	7	8	7	1	1	1
22640	경남 함양군	사과마이스터대학운영지원	5,000	1	4	7	8	7	1	1	4
22641	경남 함양군	농촌체험휴양마을보험가입비	4,080	1	7	7	8	7	5	5	4
22642	경남 함양군	함양문학발간	3,500	1	4	7	8	7	1	1	3
22643	경남 함양군	지리산문학지발간	3,000	1	4	7	8	7	1	1	3
22644	경남 함양군	산양삼포장재지원사업	3,000	1	4	7	8	7	5	5	4
22645	경남 함양군	장애인체육동아리지원	2,772	1	4	7	8	7	1	1	1
22646	경남 함양군	고품질한우산업육성지원	2,500	1	6	7	8	7	1	1	4
22647	경남 함양군	자산형성지원사업비	2,056	1	4	7	8	7	5	5	4
22648	경남 함양군	체험마을리더교육지원	960	1	7	7	8	7	5	5	4
22649	경남 합천군	톱밥생산판매비지원	770,000	1	1	7	8	7	5	5	4
22650	경남 합천군	365안심병동사업	737,280	1	6	7	1	7	2	3	1
22651	경남 합천군	통합문화이용권(복권기금)사업	369,980	1	1	7	8	7	1	1	4
22652	경남 합천군	일반생활체육지도자배치사업급여	344,223	1	2	7	8	7	1	1	4
22653	경남 합천군	경남도민체전출전지원	330,000	1	5	7	8	7	1	3	1
22654	경남 합천군	소아청소년과의료취약지지원	250,000	1	2	7	1	7	2	3	1
22655	경남 합천군	취약지역응급의료센터.기관운영비지원	210,000	1	2	7	1	7	2	3	1
22656	경남 합천군	분만취약지지원사업	200,000	1	2	7	1	7	2	3	1
22657	경남 합천군	경상남도생활체육대축전출전	170,000	1	5	7	8	7	1	1	4
22658	경남 합천군	지역응급의료기관운영비기증(격상)지원사업	150,000	1	6	7	1	7	2	3	1
22659	경남 합천군	틀니가교지원사업	150,000	1	4	7	1	2	1	1	2
22660	경남 합천군	행복교육지구마을학교운영(주말형)	137,500	1	7	7	8	7	1	1	4
22661	경남 합천군	하찬석국수배영재바둑대회지원	120,000	1	5	7	8	7	1	1	4
22662	경남 합천군	일반생활체육지도자활동지원	109,869	1	5	7	8	7	1	1	4
22663	경남 합천군	읍면단위체육행사지원	104,000	1	5	7	8	7	1	1	4
22664	경남 합천군	지역응급의료기관운영비추가지원사업	100,000	1	6	7	1	7	2	3	1
22665	경남 합천군	어르신생활체육지도자배치사업급여	62,586	1	2	7	8	7	1	1	4
22666	경남 합천군	협회별체육행사지원	60,000	1	5	7	8	7	1	1	4
22667	경남 합천군	향교전통문화계승사업	54,000	1	4	7	8	7	1	1	1
22668	경남 합천군	문화원활성화운영비	52,000	1	1	7	8	7	1	1	1
22669	경남 합천군	군민건강걷기대회지원	51,000	1	5	7	8	7	1	1	1
22670	경남 합천군	향교충효교실운영	44,000	1	4	7	8	7	1	1	4
22671	경남 합천군	행복교육지구보듬이학교운영(주중형)	42,500	1	7	7	8	7	1	1	1
22672	경남 합천군	체육꿈나무육성지원	40,000	1	5	7	8	7	1	1	4
22673	경남 합천군	유소년체육육성지도	40,000	1	5	7	8	7	1	1	4
22674	경남 합천군	노란우산공제희망장려금지원사업	39,000	1	6	7	8	7	5	5	4
22675	경남 합천군	장애인생활체육지도자인건비	37,088	1	2	7	8	7	1	1	4
22676	경남 합천군	원폭피해자진료비청구등지원사업	34,000	1	7	6	8	6	1	3	1

순번	시군구	지출명 (사업명)	2024년예산 (단위 : 천원 /1년간)	민간이전 분류 (지방자치단체 세출예산 집행기준에 의거) 1. 민간경상사업보조(307-02) 2. 민간단체 법정운영비보조(307-03) 3. 민간행사사업보조(307-04) 4. 민간위탁금(307-05) 5. 사회복지시설 법정운영비보조(307-10) 6. 민간인위탁교육비(307-12) 7. 공기관등에대한경상적위탁사업비(308-13) 8. 민간자본사업보조,자체재원(402-01) 9. 민간자본사업보조,이전재원(402-02) 10. 민간위탁사업비(402-03) 11. 공기관등에 대한 자본적 위탁사업비(403-02)	민간이전지출 근거 (지방보조금 관리기준 참고) 1. 법률에 규정 2. 국고보조 재원(국가지정) 3. 용도 지정 기부금 4. 조례에 직접규정 5. 지자체가 권장하는 사업을 하는 공공기관 6. 시,도 정책 및 재정사정 7. 기타 8. 해당없음	입찰방식 계약체결방법 (경쟁형태) 1. 일반경쟁 2. 제한경쟁 3. 지명경쟁 4. 수의계약 5. 법정위탁 6. 기타 ( ) 7. 없음	입찰방식 계약기간 1. 1년 2. 2년 3. 3년 4. 4년 5. 5년 6. 기타 ( )년 7. 단기계약 (1년미만) 8. 없음	입찰방식 낙찰자선정방법 1. 적격심사 2. 협상에의한계약 3. 최저가낙찰제 4. 규격가격분리 5. 2단계 경쟁입찰 6. 기타 ( ) 7. 없음	운영예산 산정 운영예산 산정 1. 내부산정 (지자체 자체적으로 산정) 2. 외부산정 (외부전문기관위탁 산정) 3. 내·외부 모두 산정 4. 산정 無 5. 없음	운영예산 산정 정산방법 1. 내부정산 (지자체 내부적으로 정산) 2. 외부정산 (외부전문기관위탁 정산) 3. 내·외부 모두 산정 4. 정산 無 5. 없음	성과평가 실시여부 1. 실시 2. 미실시 3. 향후 추진 4. 해당없음
22677	경남 합천군	군민체육대회행사지원	31,000	1	5	7	8	7	1	1	4
22678	경남 합천군	용암서원홍보지원	30,000	1	4	7	8	7	1	1	1
22679	경남 합천군	경남형한달살이사업운영	30,000	1	6	7	8	7	1	1	1
22680	경남 합천군	고향여름캠프운영	30,000	1	4	7	8	7	1	1	1
22681	경남 합천군	노인생활체육지원	30,000	1	5	7	8	7	1	1	4
22682	경남 합천군	장애인체육행사지원	26,240	1	5	7	8	7	1	1	4
22683	경남 합천군	작은도서관도서구입비	25,000	1	1	7	8	7	1	1	1
22684	경남 합천군	밤순회수집판매지원	24,000	1	1	7	8	7	5	5	4
22685	경남 합천군	합천사랑운동육성지원	20,000	1	4	7	8	7	5	5	4
22686	경남 합천군	관광택시활성화사업	20,000	1	4	7	8	7	1	1	1
22687	경남 합천군	어르신생활체육지도자활동지원	15,958	1	5	7	8	7	1	1	4
22688	경남 합천군	향토사료조사	15,000	1	1	7	8	7	1	1	1
22689	경남 합천군	한시백일장및유림지도자교육개최	15,000	1	4	7	8	7	1	1	1
22690	경남 합천군	원폭희생자추모제	13,000	1	7	6	8	6	1	3	1
22691	경남 합천군	장애인체육동아리지원	12,220	1	5	7	8	7	1	1	4
22692	경남 합천군	합천대평군물농악공개행사비	11,000	1	1	7	8	7	5	5	4
22693	경남 합천군	청년여성일경험및채용지원사업	10,942	1	6	7	8	7	5	5	4
22694	경남 합천군	무형문화재전승교육비	10,200	1	1	7	8	7	5	5	4
22695	경남 합천군	문화행사지원	10,000	1	5	7	8	7	1	1	1
22696	경남 합천군	합천문화발간	10,000	1	1	7	8	7	1	1	1
22697	경남 합천군	문화예술대회출전	10,000	1	1	7	8	7	1	1	1
22698	경남 합천군	향토사연구소	10,000	1	1	7	8	7	1	1	1
22699	경남 합천군	남명유적역사탐방행사지원	10,000	1	4	7	8	7	1	1	1
22700	경남 합천군	체육동호회시설사용료지원	8,160	1	5	7	8	7	1	1	4
22701	경남 합천군	생활체육교실운영	7,245	1	5	7	8	7	1	1	4
22702	경남 합천군	생활체육프로그램운영	7,200	1	5	7	8	7	1	1	4
22703	경남 합천군	밤마리오광대전통문화계승사업	6,000	1	1,4	7	8	7	1	1	1
22704	경남 합천군	풍물연합회시군문화교류행사	6,000	1	1	7	8	7	1	1	1
22705	경남 합천군	향교유도회예절교실운영	6,000	1	4	7	8	7	1	1	1
22706	경남 합천군	대평군물농악전수학교지원	5,800	1	1	7	8	7	5	5	4
22707	경남 합천군	경남민속예술축제참가지원	5,000	1	4	7	8	7	1	1	1
22708	경남 합천군	담수회충효교실	5,000	1	4	7	8	7	1	1	1
22709	경남 합천군	무형문화재공개행사비	4,200	1	1	7	8	7	5	5	4
22710	경남 합천군	원폭피해자복지증진대회	3,000	1	7	6	8	6	1	3	1
22711	경남 합천군	풍물기초및사물놀이강습	2,000	1	1	7	8	7	1	1	1
22712	경남 합천군	일반생활체육지도자지도활동보험료	1,804	1	2	7	8	7	1	1	4
22713	경남 합천군	어르신생활체육지도자지도활동보험료	328	1	2	7	8	7	1	1	4
22714	전라북도	응급의료전용헬기운영지원	3,523,750	1	1	7	8	7	1	1	3
22715	전라북도	권역외상센터운영지원	2,600,430	1	1	7	8	7	1	1	3
22716	전라북도	지역단위농촌융복합산업활성화지원(지원프로그램운영및사업화평가)	1,200,000	1	1	2	3	7	5	2	1

순번	시군구	지출명 (사업명)	2024년예산 (단위 : 천원 /1년간)	민간이전 분류 (지방자치단체 세출예산 집행기준에 의거) 1. 민간경상사업보조(307-02) 2. 민간단체 법정운영비보조(307-03) 3. 민간행사사업보조(307-04) 4. 민간위탁금(307-05) 5. 사회복지시설 법정운영비보조(307-10) 6. 민간인위탁교육비(307-12) 7. 공기관등에대한경상적위탁사업비(308-13) 8. 민간자본사업보조,자체재원(402-01) 9. 민간자본사업보조,이전재원(402-02) 10. 민간위탁사업비(402-03) 11. 공기관등에 대한 자본적 위탁사업비(403-02)	민간이전지출 근거 (지방보조금 관리기준 참고) 1. 법률에 규정 2. 국고보조 재원(국가지정) 3. 용도 지정 기부금 4. 조례에 직접규정 5. 지자체가 권장하는 사업을 하는 공공기관 6. 시,도 정책 및 재정사정 7. 기타 8. 해당없음	입찰방식 계약체결방법 (경쟁형태) 1. 일반경쟁 2. 제한경쟁 3. 지명경쟁 4. 수의계약 5. 법정위탁 6. 기타 ( ) 7. 없음	입찰방식 계약기간 1. 1년 2. 2년 3. 3년 4. 4년 5. 5년 6. 기타 ( )년 7. 단기계약 (1년미만) 8. 없음	입찰방식 낙찰자선정방법 1. 적격심사 2. 협상에의한계약 3. 최저가낙찰제 4. 규격가격분리 5. 2단계 경쟁입찰 6. 기타 ( ) 7. 없음	운영예산 산정 운영예산 산정 1. 내부산정 (지자체 자체적으로 산정) 2. 외부산정 (외부전문기관위탁 산정) 3. 내·외부 모두 산정 4. 산정 無 5. 없음	운영예산 산정 정산방법 1. 내부정산 (지자체 내부적으로 정산) 2. 외부정산 (외부전문기관위탁 정산) 3. 내·외부 모두 산정 4. 정산 無 5. 없음	성과평가 실시여부 1. 실시 2. 미실시 3. 향후 추진 4. 해당없음
22717	전라북도	지식재산창출지원사업	1,000,000	1	2	7	7	7	3	3	4
22718	전라북도	대중소상생형스마트공장구축(국가직접지원)	796,000	1	2	7	1	7	5	1	4
22719	전라북도	농업과기업간연계강화사업	660,000	1	1	7	8	7	1	3	1
22720	전라북도	공공보건의료협력체계구축지원(경상)	655,000	1	1	7	8	7	1	1	3
22721	전라북도	전북권역정신응급의료센터운영	601,000	1	2	6	8	7	1	2	4
22722	전라북도	지역산업맞춤형자치단체지원사업(전북지역인적자원개발위원회운영지원)	600,000	1	2	7	8	7	2	3	1
22723	전라북도	장애인구강진료센터운영지원	564,600	1	2	6	8	1	1	2	1
22724	전라북도	다회용기사용촉진지원사업	534,000	1	2	7	1	7	1	1	4
22725	전라북도	공공보건의료협력체계구축지원(경상)	475,000	1	1	7	8	7	1	1	3
22726	전라북도	공공보건의료협력체계구축지원(경상)	475,000	1	1	7	8	7	1	1	3
22727	전라북도	중소기업기술융합활성화사업	400,000	1	7	1	1	7	1	1	1
22728	전라북도	조선기자재친환경스마트기술지원사업(1차)(전환사업)	400,000	1	5	7	8	7	2	2	1
22729	전라북도	전북형산학융합스마트허브단지활성화사업	350,000	1	1	5	3	1	3	3	4
22730	전라북도	농촌융복합산업통합마케팅지원	350,000	1	1	7	1	7	1	2	3
22731	전라북도	자원봉사활성화사업	349,000	1	1	7	8	7	1	1	1
22732	전라북도	농어업농어촌일자리플러스센터구축(1차)(전환사업)	340,000	1	1	7	1	7	1	1	3
22733	전라북도	탄소산업국제기술교류지원사업	300,000	1	4	6	1	7	1	3	3
22734	전라북도	산업고용수요대응전문인력양성사업	300,000	1	6	7	8	7	1	3	3
22735	전라북도	전북특별자치도광역환경교육센터지원	270,000	1	1,4	1	6	1	3	3	1
22736	전라북도	나노소재미래형전자부품상용화R&D지원	250,000	1	4	7	5	7	1	3	1
22737	전라북도	천마시설재배고도화및가공제품유통마케팅개발	250,000	1	6	7	8	7	5	3	1
22738	전라북도	사회적경제기업제품판매지원	234,400	1	4	7	8	7	1	1	1
22739	전라북도	자연환경연수원환경교육프로그램운영	232,000	1	4	1	3	1	1	3	1
22740	전라북도	자원봉사기반조성사업	218,000	1	1	7	8	7	1	1	1
22741	전라북도	권역응급의료센터운영지원	216,000	1	1	7	8	7	1	1	3
22742	전라북도	암생존자통합지지센터지원	200,000	1	1	7	8	7	5	2	4
22743	전라북도	지역암센터지원	200,000	1	1	7	8	7	5	2	4
22744	전라북도	전북녹색환경지원센터사업지원(국가직접)	200,000	1	2	7	8	7	3	2	1
22745	전라북도	탄소선도기업협력체계구축및사업화지원	200,000	1	4	7	8	7	1	3	1
22746	전라북도	전북수산물공동브랜드육성	200,000	1	7	7	1	7	1	1	1
22747	전라북도	심폐소생술등응급처치교육지원	180,000	1	1	7	8	7	1	1	3
22748	전라북도	바른식생활교육지원	170,000	1	2	7	8	7	5	5	4
22749	전라북도	생태문명공동체실현을위한새마을운동	160,000	1	1	7	8	7	1	1	1
22750	전라북도	자랑스러운전북자긍심고취사업	160,000	1	4	7	8	7	1	1	1
22751	전라북도	농산물수출전략품목육성사업(1차)(전환사업)	150,000	1	6	7	8	7	1	1	1
22752	전라북도	기후변화대비작물육성	150,000	1	4	7	8	7	5	3	1
22753	전라북도	전북특별자치도청소년박람회	140,000	1	6	6	8	7	1	1	1
22754	전라북도	파프리카수출기반구축및국내외소비시장확대	140,000	1	2	7	8	7	5	3	1
22755	전라북도	재난의료전담인력지원	123,200	1	1	7	8	7	1	1	3
22756	전라북도	첨단나노소재부품사업화실증기반고도화	110,000	1	2	7	5	7	2	2	1

순번	시군구	지출명 (사업명)	2024년예산 (단위 : 전원 /1년간)	민간이전 분류 (지방자치단체 세출예산 집행기준에 의거) 1. 민간경상사업보조(307-02) 2. 민간단체 법정운영비보조(307-03) 3. 민간행사사업보조(307-04) 4. 민간위탁금(307-05) 5. 사회복지시설 법정운영비보조(307-10) 6. 민간인위탁교육비(307-12) 7. 공기관등에대한경상적위탁사업비(308-13) 8. 민간자본사업보조,지체재원(402-01) 9. 민간자본사업보조,이전재원(402-02) 10. 민간위탁사업비(402-03) 11. 공기관등에 대한 자본적 위탁사업비(403-02)	민간이전지출 근거 (지방보조금 관리기준 참고) 1. 법률에 규정 2. 국고보조 재원(국가지정) 3. 용도 지정 기부금 4. 조례에 직접규정 5. 지자체가 권장하는 사업을 하는 공공기관 6. 시,도 정책 및 재정사정 7. 기타 8. 해당없음	입찰방식 계약체결방법 (경쟁형태) 1. 일반경쟁 2. 제한경쟁 3. 지명경쟁 4. 수의계약 5. 법정위탁 6. 기타 ( ) 7. 없음	계약기간 1. 1년 2. 2년 3. 3년 4. 4년 5. 5년 6. 기타 ( )년 7. 단기계약 (1년미만) 8. 없음	낙찰자선정방법 1. 적격심사 2. 협상에의한계약 3. 최저가낙찰제 4. 규격가격분리 5. 2단계 경쟁입찰 6. 기타 ( ) 7. 없음	운영예산 산정 1. 내부산정 (지자체 자체적으로 산정) 2. 외부산정 (외부전문기관위탁 산정) 3. 내·외부 모두 산정 4. 산정 無 5. 없음	정산방법 1. 내부정산 (지자체 내부적으로 정산) 2. 외부정산 (외부전문기관위탁 정산) 3. 내·외부 모두 산정 4. 정산 無 5. 없음	성과평가 실시여부 1. 실시 2. 미실시 3. 향후 추진 4. 해당없음
22757	전라북도	애그테크기반연구(스마트정밀농업)	110,000	1	6	7	8	7	5	3	1
22758	전라북도	공립요양병원공공사업지원(도)	104,000	1	2	5	3	1	1	2	1
22759	전라북도	필수진료과인재육성시범사업	102,000	1	1	7	8	7	1	1	3
22760	전라북도	외국인환자유치마케팅지원사업	100,000	1	1	7	8	7	5	5	4
22761	전라북도	공립요양병원공공사업지원(도)	100,000	1	2	5	3	1	1	2	1
22762	전라북도	전북음식문화대전	100,000	1	4	2	1	1	1	1	1
22763	전라북도	탄소기업우수조달등록맞춤형지원사업	100,000	1	4	7	1	7	1	3	3
22764	전라북도	기초과학연구역량강화사업	100,000	1	2	7	4	7	2	2	1
22765	전라북도	곤충자원활용치유농업모델개발	100,000	1	1	1	3	1	2	1	1
22766	전라북도	자원봉사코디네이터인건비지원(도센터)	99,492	1	1	7	8	7	1	1	1
22767	전라북도	국방기술특화연구실지정사업지원	90,000	1	2	7	8	7	5	5	4
22768	전라북도	시도재난심리회복지원센터운영지원	83,400	1	2	5	8	7	5	5	4
22769	전라북도	청소년단체사업지원	80,000	1	1	1	1	7	1	1	1
22770	전라북도	곤충자원활용치유농업모델개발	80,000	1	1	1	3	1	2	1	1
22771	전라북도	화장품산업육성및기술혁신지원	75,000	1	6	7	5	7	1	3	1
22772	전라북도	전북형귀농귀촌사관학교지원	70,000	1	1	7	1	7	1	1	3
22773	전라북도	로컬푸드소비자신뢰구축사업	70,000	1	1	7	8	7	5	5	4
22774	전라북도	출향도민소통활성화지원	63,500	1	4	7	8	7	1	1	1
22775	전라북도	주민참여형물관리지원	63,000	1	1	7	8	7	1	1	1
22776	전라북도	지방의료원정보화지원사업(직접)	60,000	1	1	7	8	7	1	1	3
22777	전라북도	지방의료원정보화지원사업(직접)	60,000	1	1	7	8	7	1	1	3
22778	전라북도	화장품기업브랜드마케팅혁신지원사업	60,000	1	6	7	2	7	1	3	1
22779	전라북도	환경보전활동지원사업	58,000	1	4	6	8	7	1	2	1
22780	전라북도	전북지속가능발전협의회민관협력사업지원	52,800	1	1	7	8	7	1	1	4
22781	전라북도	사회적경제기업청년혁신가지원(교육비)	51,974	1	7	7	8	7	1	3	1
22782	전라북도	어업인단체지원	50,000	1	7	7	8	7	5	5	4
22783	전라북도	애그테크기반연구(첨단육종)	50,000	1	6	7	8	7	5	3	1
22784	전라북도	농촌체험휴양마을협의회사무장지원	49,458	1	8	7	8	7	5	1	4
22785	전라북도	전북특별자치도민주시민교육프로그램운영지원	48,250	1	4	7	8	7	1	1	1
22786	전라북도	전북마을기업사무장지원(교육비)	48,000	1	4	7	8	7	1	1	1
22787	전라북도	건강증진활성화사업지원	48,000	1	1	6	8	6	1	1	1
22788	전라북도	농촌지도자연합회지원	47,000	1	1,4	7	8	7	1	1	1
22789	전라북도	전북4H연합회육성지원	47,000	1	1,4	7	8	7	1	1	1
22790	전라북도	로컬푸드직거래장터운영	45,000	1	6	7	8	7	5	5	4
22791	전라북도	대국민통합실현을위한바르게살기운동	43,000	1	1	7	8	7	1	1	1
22792	전라북도	장애인집합정보화교육지원	42,000	1	2	7	1	7	4	1	4
22793	전라북도	국제외국인분야활성화지원	42,000	1	4	7	8	7	1	1	1
22794	전라북도	수산업전문가양성	42,000	1	2	6	1	7	1	1	4
22795	전라북도	재난응급의료무선통신망운영	35,044	1	1	7	8	7	1	1	3
22796	전라북도	사회적경제제품마케팅및장터운영	30,000	1	4	7	8	7	1	1	1

순번	시군구	지출명 (사업명)	2024년예산 (단위 : 천원 /1년간)	민간이전 분류 (지방자치단체 세출예산 집행기준에 의거) 1. 민간경상사업보조(307-02) 2. 민간단체 법정운영비보조(307-03) 3. 민간행사사업보조(307-04) 4. 민간위탁금(307-05) 5. 사회복지시설 법정운영비보조(307-10) 6. 민간인위탁교육비(307-12) 7. 공기관등에대한경상적위탁사업비(308-13) 8. 민간자본사업보조,자체재원(402-01) 9. 민간자본사업보조,이전재원(402-02) 10. 민간위탁사업비(402-03) 11. 공기관등에 대한 자본적 위탁사업비(403-02)	민간이전지출 근거 (지방보조금 관리기준 참고) 1. 법률에 규정 2. 국고보조 재원(국가지정) 3. 용도 지정 기부금 4. 조례에 직접규정 5. 지자체가 권장하는 사업을 하는 공공기관 6. 시,도 정책 및 재정사정 7. 기타 8. 해당없음	입찰방식 계약체결방법 (경쟁형태) 1. 일반경쟁 2. 제한경쟁 3. 지명경쟁 4. 수의계약 5. 법정위탁 6. 기타 ( ) 7. 없음	입찰방식 계약기간 1. 1년 2. 2년 3. 3년 4. 4년 5. 5년 6. 기타 ( )년 7. 단기계약 (1년미만) 8. 없음	입찰방식 낙찰자선정방법 1. 적격심사 2. 협상에의한계약 3. 최저가낙찰제 4. 규격가격분리 5. 2단계 경쟁입찰 6. 기타 ( ) 7. 없음	운영예산 산정 운영예산 산정 1. 내부산정 (지자체 자체적으로 산정) 2. 외부산정 (외부전문기관위탁 산정) 3. 내·외부 모두 산정 4. 산정 無 5. 없음	운영예산 산정 정산방법 1. 내부정산 (지자체 내부적으로 정산) 2. 외부정산 (외부전문기관위탁 정산) 3. 내·외부 모두 산정 4. 정산 無 5. 없음	성과평가 실시여부 1. 실시 2. 미실시 3. 향후 추진 4. 해당없음
22797	전라북도	전북특별자치도수집공모전개최	30,000	1	4	7	8	7	5	5	4
22798	전라북도	전북미용예술경연대회개최	30,000	1	4	2	1	1	1	1	1
22799	전라북도	이공분야대학중점연구소지원	30,000	1	1	5	6	7	1	2	1
22800	전라북도	농식품소비정책강화사업(2차)(전환사업)	30,000	1	6	7	8	7	5	5	4
22801	전라북도	자원봉사프로그램지원사업	30,000	1	1	7	8	7	1	1	1
22802	전라북도	자유민주주의수호및안보지킴이활동	25,000	1	1	7	8	7	1	1	1
22803	전라북도	필수진료과인재육성시범사업	24,000	1	1	7	8	7	1	1	3
22804	전라북도	전북사회적경제공동판매장육성지원	21,000	1	4	7	8	7	1	1	1
22805	전라북도	농촌체험휴양마을박람회참가지원(직접)	21,000	1	8	7	8	7	1	1	3
22806	전라북도	5.18민주화운동기념사업	20,500	1	4	7	8	7	1	1	1
22807	전라북도	자율방재단방재기술향상지원	20,000	1	1	7	8	7	5	5	4
22808	전라북도	마음구호프로그램운영	20,000	1	2	5	8	7	5	5	4
22809	전라북도	보건의료활동지원	20,000	1	4	7	8	7	1	1	3
22810	전라북도	모범운전자육성사업	20,000	1	4	7	8	7	5	1	4
22811	전라북도	정비업종사자신기술교육지원	20,000	1	5	7	8	7	5	5	4
22812	전라북도	연구중심병원육성기술개발지원사업	20,000	1	1	7	6	7	1	1	4
22813	전라북도	마약퇴치운동본부전북지부사업비지원	19,800	1	4	7	8	7	1	1	3
22814	전라북도	재난의료지원차량관리	18,000	1	1	7	8	7	1	1	3
22815	전라북도	전북산업발전전략포럼	18,000	1	5	7	7	7	5	1	4
22816	전라북도	연명의료결정지원사업	16,000	1	1	7	8	7	5	5	4
22817	전라북도	청소년국내문화교류활동지원	15,000	1	6	5	8	7	1	1	1
22818	전라북도	전북품질분임조경진대회	14,000	1	1	7	7	7	3	3	4
22819	전라북도	공정무역도민인식개선사업	12,000	1	4	7	8	7	1	1	1
22820	전라북도	필수진료과인재육성시범사업	12,000	1	1	7	8	7	1	1	3
22821	전라북도	중소기업융합교류활성화지원	10,000	1	5	7	7	7	3	3	4
22822	전라북도	바이오의료기술개발사업	10,000	1	1	7	5	7	1	1	4
22823	전라북도	도청소년참여위원회운영	10,000	1	1	7	8	7	1	1	1
22824	전라북도	청소년자기주도성강화학교연계사업	10,000	1	6	6	8	7	1	1	1
22825	전라북도	농업경영인연합회육성지원	7,200	1	1,4	7	8	7	1	1	1
22826	전라북도	전북생활개선회육성	6,300	1	4	7	8	7	1	1	1
22827	전라북도	농촌체험휴양마을협의회보험가입지원	3,500	1	8	7	8	7	5	1	4
22828	전라북도	학교기업지원사업	3,000	1	2	7	7	7	5	1	4
22829	전북 전주시	통합문화체육관광이용권	4,611,250	1	2	7	8	7	5	2	1
22830	전북 전주시	전주국제영화제개최	2,500,000	1	1	7	8	7	1	3	1
22831	전북 전주시	역사전통문화도시조성(전통문화보존계승및육성)(전환사업)	2,270,000	1	7	7	8	7	1	1	4
22832	전북 전주시	일자리창출사업(사회적기업)	1,458,400	1	2	7	8	7	1	1	4
22833	전북 전주시	지역주도형청년일자리사업	1,391,470	1	2	7	8	7	5	5	4
22834	전북 전주시	역사전통문화도시조성(문화유산보존및활용)(전환사업)	850,000	1	6	7	8	7	1	1	4
22835	전북 전주시	유기질비료지원(전환사업)	829,392	1	7	7	8	7	5	5	4
22836	전북 전주시	전주시민축구단지원	740,000	1	1	7	8	7	1	1	4

순번	시군구	지출명 (사업명)	2024년예산 (단위 : 천원 /1년간)	민간이전 분류 (지방자치단체 세출예산 집행기준에 의거) 1. 민간경상사업보조(307-02) 2. 민간단체 법정운영비보조(307-03) 3. 민간행사사업보조(307-04) 4. 민간위탁금(307-05) 5. 사회복지시설 법정운영비보조(307-10) 6. 민간인위탁교육비(307-12) 7. 공기관등에대한경상적위탁사업비(308-13) 8. 민간자본사업보조,자체재원(402-01) 9. 민간자본사업보조,이전재원(402-02) 10. 민간위탁사업비(402-03) 11. 공기관등에 대한 자본적 위탁사업비(403-02)	민간이전지출 근거 (지방보조금 관리기준 참고) 1. 법률에 규정 2. 국고보조 재원(국가지정) 3. 용도 지정 기부금 4. 조례에 직접규정 5. 지자체가 권장하는 사업을 하는 공공기관 6. 시,도 정책 및 재정사정 7. 기타 8. 해당없음	입찰방식 계약체결방법 (경쟁형태) 1. 일반경쟁 2. 제한경쟁 3. 지명경쟁 4. 수의계약 5. 법정위탁 6. 기타 ( ) 7. 없음	입찰방식 계약기간 1. 1년 2. 2년 3. 3년 4. 4년 5. 5년 6. 기타 ( )년 7. 단기계약 (1년미만) 8. 없음	입찰방식 낙찰자선정방법 1. 적격심사 2. 협상에의한계약 3. 최저가낙찰제 4. 규격가격분리 5. 2단계 경쟁입찰 6. 기타 ( ) 7. 없음	운영예산 산정 운영예산 산정 1. 내부산정 (지자체 자체적으로 산정) 2. 외부산정 (외부전문기관위탁 산정) 3. 내·외부 모두 산정 4. 산정 無 5. 없음	운영예산 산정 정산방법 1. 내부정산 (지자체 내부적으로 정산) 2. 외부정산 (외부전문기관위탁 정산) 3. 내·외부 모두 정산 4. 정산 無 5. 없음	성과평가 실시여부 1. 실시 2. 미실시 3. 향후 추진 4. 해당없음
22837	전북 전주시	비료가격안정지원	729,240	1	2	7	8	7	5	5	4
22838	전북 전주시	벤처촉진지구지원	700,000	1	4	7	8	7	5	5	4
22839	전북 전주시	새일센터지정운영	684,719	1	2	7	8	7	5	1	4
22840	전북 전주시	슈퍼커패시터융합특수목적모빌리티산업고도화플랫폼구축(국도비직접지원)	600,000	1	4	7	8	7	5	5	4
22841	전북 전주시	글로벌관광콘텐츠육성(씨네투어등)	550,000	1	2	6	1	1	1	1	4
22842	전북 전주시	야간관광특화도시조성사업	457,000	1	1	7	8	7	5	5	4
22843	전북 전주시	어르신생활체육지도자배치	456,600	1	2	7	8	7	1	1	4
22844	전북 전주시	임산부친환경농산물꾸러미지원사업	455,700	1	4	2	1	1	1	1	2
22845	전북 전주시	지역산업맞춤형일자리창출지원사업(전환사업)	437,000	1	6	6	1	6	5	2	1
22846	전북 전주시	문화재야행사업	435,000	1	2	7	8	7	1	1	1
22847	전북 전주시	일반생활체육지도자배치	415,903	1	2	7	8	7	1	1	4
22848	전북 전주시	전북형창업패키지지원	400,000	1	6	6	1	6	5	2	1
22849	전북 전주시	전라감영재창조복원	400,000	1	6	7	8	7	1	1	4
22850	전북 전주시	국민체력1전주체력인증센터운영	395,248	1	2	7	8	7	1	1	4
22851	전북 전주시	생활체육광장지도자운영	361,600	1	1	7	8	7	1	1	1
22852	전북 전주시	장애인생활체육지도자배치	353,949	1	2	7	8	7	1	1	1
22853	전북 전주시	기업맞춤형해외마케팅지원	350,000	1	4	7	8	7	5	5	4
22854	전북 전주시	반도체특성화대학지원사업(국도비직접지원)	340,000	1	1	7	8	7	5	5	4
22855	전북 전주시	전통시장장엔정장보기도우미운영	330,906	1	6	7	8	7	5	1	1
22856	전북 전주시	청년농업인영농정착지원	328,385	1	2	7	8	7	5	5	4
22857	전북 전주시	생활체육동호인리그운영	324,743	1	1	7	8	7	1	1	4
22858	전북 전주시	역사전통문화도시조성(유네스코음식창의도시기반구축)(전환사업)	320,000	1	1	7	8	7	5	5	4
22859	전북 전주시	맞춤형기술인력교육지원	311,900	1	6	6	1	6	5	1	1
22860	전북 전주시	소공인집적지구공동기반시설구축	310,000	1	7	7	8	7	5	5	4
22861	전북 전주시	조사료사일리지제조비지원	303,798	1	2	7	8	7	5	5	4
22862	전북 전주시	소상공인노란우산공제가입지원	280,520	1	1,4	7	8	7	1	1	4
22863	전북 전주시	취업연계융복합고급인력양성지원(국가직접지원)	270,000	1	1	7	8	7	5	5	4
22864	전북 전주시	학교과일간식지원사업	249,105	1	4	2	1	1	1	1	2
22865	전북 전주시	덕진공원대표관광지조성사업	235,000	1	1	7	8	7	5	5	4
22866	전북 전주시	쌀경쟁력제고사업	232,100	1	4	7	8	7	5	5	4
22867	전북 전주시	전라북도민체육대회출전	229,925	1	1	7	8	7	1	1	1
22868	전북 전주시	의료기관결핵환자관리지원	226,104	1	1	7	8	7	5	1	4
22869	전북 전주시	우리밀소비촉진지원	220,000	1	6	7	8	7	5	5	4
22870	전북 전주시	신중년사회공헌활동지원(전환사업)	212,271	1	7	7	8	7	1	1	4
22871	전북 전주시	인후반촌도시재생뉴딜사업	200,000	1	1	7	8	7	1	1	1
22872	전북 전주시	팔복동빈집밀집구역재생사업	200,000	1	1	7	8	7	1	1	1
22873	전북 전주시	벼병해충공동방제지원	200,000	1	6	7	8	7	1	1	1
22874	전북 전주시	문화예술진흥프로그램지원	200,000	1	1	7	8	7	1	1	4
22875	전북 전주시	체육단체등각종대회지원	200,000	1	1	7	8	7	1	1	4
22876	전북 전주시	전주시민체육대회	195,000	1	1	7	8	7	1	1	1

순번	시군구	지출명 (사업명)	2024년예산 (단위 : 천원 /1년간)	민간이전 분류 (지방자치단체 세출예산 집행기준에 의거) 1. 민간경상사업보조(307-02) 2. 민간단체 법정운영비보조(307-03) 3. 민간행사사업보조(307-04) 4. 민간위탁금(307-05) 5. 사회복지시설 법정운영비보조(307-10) 6. 민간인위탁교육비(307-12) 7. 공기관등에대한경상적위탁사업비(308-13) 8. 민간자본사업보조,자체재원(402-01) 9. 민간자본사업보조,이전재원(402-02) 10. 민간위탁사업비(402-03) 11. 공기관등에 대한 자본적 위탁사업비(403-02)	민간이전지출 근거 (지방보조금 관리기준 참고) 1. 법률에 규정 2. 국고보조 재원(국가지정) 3. 용도 지정 기부금 4. 조례에 직접규정 5. 지자체가 권장하는 사업을 하는 공공기관 6. 시,도 정책 및 재정사정 7. 기타 8. 해당없음	입찰방식			운영예산 산정		성과평가 실시여부
						계약체결방법 (경쟁형태) 1. 일반경쟁 2. 제한경쟁 3. 지명경쟁 4. 수의계약 5. 법정위탁 6. 기타 ( ) 7. 없음	계약기간 1. 1년 2. 2년 3. 3년 4. 4년 5. 5년 6. 기타 ( )년 7. 단기계약 (1년미만) 8. 없음	낙찰자선정방법 1. 적격심사 2. 협상에의한계약 3. 최저가낙찰제 4. 규격가격분리 5. 2단계 경쟁입찰 6. 기타 ( ) 7. 없음	운영예산 산정 1. 내부산정 (지자체 자체적으로 산정) 2. 외부산정 (외부전문기관위탁 산정) 3. 내·외부 모두 산정 4. 산정 無 5. 없음	정산방법 1. 내부정산 (지자체 내부적으로 정산) 2. 외부정산 (외부전문기관위탁 정산) 3. 내·외부 모두 산정 4. 정산 無 5. 없음	1. 실시 2. 미실시 3. 향후 추진 4. 해당없음
22877	전북 전주시	신선농산물수출자생력강화사업	180,000	1	6	7	8	7	5	5	4
22878	전북 전주시	생활문화예술동호회지원	178,495	1	1	7	2	7	1	1	1
22879	전북 전주시	자원봉사센터운영	172,080	1	1	7	8	7	5	1	4
22880	전북 전주시	생활체육교실운영	165,678	1	1	7	8	7	1	1	4
22881	전북 전주시	농촌고용인력지원	160,000	1	2	7	8	7	5	5	4
22882	전북 전주시	농촌자원복합산업화지원(생산자조직화및통합마케팅활성화지원)(전환사업)	160,000	1	6	7	8	7	1	1	1
22883	전북 전주시	산학협력선도대학육성(국가직접지원)	155,000	1	1	7	8	7	5	5	4
22884	전북 전주시	신중년취업지원사업	151,200	1	6	6	1	6	5	1	1
22885	전북 전주시	온두레공동체활성화사업	151,200	1	4	7	8	7	1	1	1
22886	전북 전주시	스마트의류제조공장클러스터구축사업(국가직접지원)	150,000	1	6	7	8	7	5	5	4
22887	전북 전주시	장애친화산부인과지원사업	150,000	1	2	7	8	7	5	5	4
22888	전북 전주시	민간단체활성화지원	150,000	1	1	7	8	7	1	1	4
22889	전북 전주시	작은미술관문화사업	148,500	1	1	7	8	7	1	1	1
22890	전북 전주시	출향청년채용전주기업취업지원	144,000	1	6	7	8	7	5	5	4
22891	전북 전주시	사립작은도서관운영지원	144,000	1	4	7	8	7	1	1	1
22892	전북 전주시	혼불문학사업	142,000	1	6	7	8	7	1	1	1
22893	전북 전주시	지역역량강화(원도심공동체활성화계획수립)(전환사업)	140,000	1	4	7	8	7	1	1	4
22894	전북 전주시	향교서원문화재활용사업	135,000	1	6	7	8	7	1	1	4
22895	전북 전주시	지역활력화작목기반조성(기술보급)(전환사업)	126,000	1	6	7	8	7	1	1	1
22896	전북 전주시	우수농산물포장재지원	120,000	1	6	7	8	7	1	1	1
22897	전북 전주시	공연예술연습공간운영(국가직접지원)	120,000	1	6	7	8	7	1	1	4
22898	전북 전주시	친환경농산물인증비용지원	114,700	1	8	7	8	7	1	1	4
22899	전북 전주시	토양개량제지원	114,137	1	2	7	8	7	5	5	4
22900	전북 전주시	전주비보이그랑프리개최	110,000	1	1	6	7	6	1	1	1
22901	전북 전주시	치매안심요양병원공공사업지원	110,000	1	1	7	8	7	5	1	1
22902	전북 전주시	전주프로젝트운영	110,000	1	4	7	8	7	1	1	1
22903	전북 전주시	청년취업2사업	109,200	1	6	7	8	7	5	5	4
22904	전북 전주시	회원종목단체운영지원	104,940	1	1	7	8	7	1	1	1
22905	전북 전주시	사회적경제청년혁신가지원	104,249	1	2	7	8	7	1	1	4
22906	전북 전주시	여성인력개발센터운영지원	103,000	1	1	7	8	7	5	1	4
22907	전북 전주시	동완산동새뜰마을주민공동체역량강화사업	100,000	1	4	7	8	7	1	1	1
22908	전북 전주시	관광거점도시민관협력체계구축(국가직접지원)(지역관광추진조직육성등)	100,000	1	2	6	1	1	1	1	4
22909	전북 전주시	창업중심대학사업(국가직접지원)	100,000	1	2	6	5	6	5	2	1
22910	전북 전주시	전승공동체활성화지원사업	100,000	1	2	7	8	7	1	1	4
22911	전북 전주시	소공인특화지원센터운영(국가직접지원)	100,000	1	1	7	8	7	5	5	4
22912	전북 전주시	도시농업기반구축(스쿨팜)사업	96,000	1	6	7	8	7	1	1	1
22913	전북 전주시	대학일자리플러스센터사업(국가직접지원)	95,000	1	2	6	5	6	5	2	1
22914	전북 전주시	종교문화여행치유순례프로그램	90,000	1	2	7	8	7	1	1	4
22915	전북 전주시	무형문화재예능축제	90,000	1	1	7	8	7	1	1	1
22916	전북 전주시	명품태권도시범공연	90,000	1	1	7	8	7	1	1	4

순번	시군구	지출명 (사업명)	2024년예산 (단위 : 전원 /1년간)	민간이전 분류 (지방자치단체 세출예산 집행기준에 의거) 1. 민간경상사업보조(307-02) 2. 민간단체 법정운영비보조(307-03) 3. 민간행사사업보조(307-04) 4. 민간위탁금(307-05) 5. 사회복지시설 법정운영비보조(307-10) 6. 민간인위탁교육비(307-12) 7. 공기관등에대한경상적위탁사업비(308-13) 8. 민간자본사업보조,자체재원(402-01) 9. 민간자본사업보조,이전재원(402-02) 10. 민간위탁사업비(402-03) 11. 공기관등에 대한 자본적 위탁사업비(403-02)	민간이전지출 근거 (지방보조금 관리기준 참고) 1. 법률에 규정 2. 국고보조 재원(국가지정) 3. 용도 지정 기부금 4. 조례에 직접규정 5. 지자체가 권장하는 사업을 하는 공공기관 6. 시,도 정책 및 재정사정 7. 기타 8. 해당없음	입찰방식 계약체결방법 (경쟁형태) 1. 일반경쟁 2. 제한경쟁 3. 지명경쟁 4. 수의계약 5. 법정위탁 6. 기타 ( ) 7. 없음	입찰방식 계약기간 1. 1년 2. 2년 3. 3년 4. 4년 5. 5년 6. 기타 ( )년 7. 단기계약 (1년미만) 8. 없음	입찰방식 낙찰자선정방법 1. 적격심사 2. 협상에의한계약 3. 최저가낙찰제 4. 규격가격분리 5. 2단계 경쟁입찰 6. 기타 ( ) 7. 없음	운영예산 산정 운영예산 산정 1. 내부산정 (지자체 자체적으로 산정) 2. 외부산정 (외부전문기관위탁 산정) 3. 내·외부 모두 산정 4. 산정 無 5. 없음	운영예산 산정 정산방법 1. 내부정산 (지자체 내부적으로 정산) 2. 외부정산 (외부전문기관위탁 정산) 3. 내·외부 모두 산정 4. 정산 無 5. 없음	성과평가 실시여부 1. 실시 2. 미실시 3. 향후 추진 4. 해당없음
22917	전북 전주시	민간단체선정지원	87,900	1	1	7	8	7	5	5	4
22918	전북 전주시	전주시생활과학운영(국가직접지원)	80,000	1	8	7	8	7	5	1	4
22919	전북 전주시	농촌자원복합산업화지원(전북형농촌관광거점마을육성지원)(전환사업)	80,000	1	6	7	8	7	5	5	4
22920	전북 전주시	완주전주상생협력활동지원	80,000	1	4	7	8	7	5	1	4
22921	전북 전주시	민주평화통일자문회의전주시협의회지원	80,000	1	1	7	8	7	1	1	1
22922	전북 전주시	영화(영상물)촬영유치지원	77,000	1	4	7	8	7	1	1	1
22923	전북 전주시	농작물병해충방제비지원	76,000	1	2	7	8	7	1	1	1
22924	전북 전주시	문화예술활동지원	75,530	1	1	7	2	7	1	1	1
22925	전북 전주시	청년참여예산운영	75,000	1	6	7	8	7	5	5	4
22926	전북 전주시	자원봉사센터운영비지원	75,000	1	1	7	8	7	5	1	4
22927	전북 전주시	전주한옥마을선현문집번역	70,000	1	6	7	8	7	1	1	4
22928	전북 전주시	사회적경제박람회개최(자치단체특화사업)	70,000	1	4	7	8	7	3	3	1
22929	전북 전주시	다함께돌봄센터설치비지원	70,000	1	1	1	5	1	1	1	1
22930	전북 전주시	반려동물산업육성지원사업	69,495	1	5	7	8	7	5	5	4
22931	전북 전주시	마을기업사무장지원사업	69,480	1	6	7	8	7	1	1	4
22932	전북 전주시	지역사회건강조사조사분석위탁운영	68,132	1	2	6	8	7	5	3	1
22933	전북 전주시	자원봉사코디네이터지원육성	66,322	1	1	7	8	7	5	1	4
22934	전북 전주시	후백제역사규명학술대회및홍보	66,000	1	6	7	8	7	1	1	1
22935	전북 전주시	바이전주브랜드마케팅및판로확대	63,500	1	4	7	8	7	5	1	1
22936	전북 전주시	전주문화원지원	63,000	1	6	7	8	7	1	1	1
22937	전북 전주시	첫마중길활성화사업	62,930	1	4	7	8	7	1	1	1
22938	전북 전주시	전북녹색환경지원센터지원(국가직접지원)	60,000	1	1	7	8	7	1	1	4
22939	전북 전주시	전주농산물홍보행사지원	60,000	1	6	7	8	7	1	1	1
22940	전북 전주시	농식품기업역량강화패키지지원	60,000	1	6	7	8	7	1	1	1
22941	전북 전주시	열린관광환경조성	60,000	1	7	7	8	7	5	5	4
22942	전북 전주시	관광코스및관광상품개발(성지혜윰길)	58,500	1	2	7	8	7	5	5	4
22943	전북 전주시	문화유산보존활동지원	57,000	1	6	7	8	7	1	1	4
22944	전북 전주시	전주형중소기업고용유지지원사업	55,800	1	4	7	8	7	5	5	4
22945	전북 전주시	전국통합자원봉사보험가입서비스지원	55,463	1	1	7	8	7	5	1	4
22946	전북 전주시	장애인체육대회출전지원	53,000	1	1	7	8	7	1	1	1
22947	전북 전주시	도시재생아카데미및지원센터운영	50,000	1	1	7	8	7	1	1	1
22948	전북 전주시	서예문화예술진흥사업	50,000	1	4	1	1	1	1	1	1
22949	전북 전주시	농업인조직교육훈련지원	50,000	1	8	7	8	7	5	5	1
22950	전북 전주시	SW중심대학사업	50,000	1	1,2	7	8	7	5	5	4
22951	전북 전주시	생생문화재사업	50,000	1	2	7	8	7	1	1	4
22952	전북 전주시	후암김창석문집번역사업	50,000	1	6	7	8	7	5	5	4
22953	전북 전주시	기업기살리기노사화합한마당및경쟁력강화지원사업	50,000	1	6	7	8	7	5	5	4
22954	전북 전주시	마을기업고도화사업	50,000	1	6	7	8	7	1	1	4
22955	전북 전주시	얼굴없는천사축제	50,000	1	4	7	8	7	1	1	1
22956	전북 전주시	범죄피해자지원센터지원	50,000	1	1	7	8	7	5	5	4

순번	시군구	지출명 (사업명)	2024년예산 (단위 : 천원 /1년간)	민간이전 분류 (지방자치단체 세출예산 집행기준에 의거) 1. 민간경상사업보조(307-02) 2. 민간단체 법정운영비보조(307-03) 3. 민간행사사업보조(307-04) 4. 민간위탁금(307-05) 5. 사회복지시설 법정운영비보조(307-10) 6. 민간인위탁교육비(307-12) 7. 공기관등에대한경상적위탁사업비(308-13) 8. 민간자본사업보조,자체재원(402-01) 9. 민간자본사업보조,이전재원(402-02) 10. 민간위탁사업비(402-03) 11. 공기관등에 대한 자본적 위탁사업비(403-02)	민간이전지출 근거 (지방보조금 관리기준 참고) 1. 법률에 규정 2. 국고보조 재원(국가지정) 3. 용도 지정 기부금 4. 조례에 직접규정 5. 지자체가 권장하는 사업을 하는 공공기관 6. 시,도 정책 및 재정사정 7. 기타 8. 해당없음	입찰방식 계약체결방법 (경쟁형태) 1. 일반경쟁 2. 제한경쟁 3. 지명경쟁 4. 수의계약 5. 법정위탁 6. 기타 ( ) 7. 없음	입찰방식 계약기간 1. 1년 2. 2년 3. 3년 4. 4년 5. 5년 6. 기타 ( )년 7. 단기계약 (1년미만) 8. 없음	입찰방식 낙찰자선정방법 1. 적격심사 2. 협상에의한계약 3. 최저가낙찰제 4. 규격가격분리 5. 2단계 경쟁입찰 6. 기타 ( ) 7. 없음	운영예산 산정 운영예산 산정 1. 내부산정 (지자체 자체적으로 산정) 2. 외부산정 (외부전문기관위탁 산정) 3. 내·외부 모두 산정 4. 산정 無 5. 없음	운영예산 산정 정산방법 1. 내부정산 (지자체 내부적으로 정산) 2. 외부정산 (외부전문기관위탁 정산) 3. 내·외부 모두 산정 4. 정산 無 5. 없음	성과평가 실시여부 1. 실시 2. 미실시 3. 향후 추진 4. 해당없음
22957	전북 전주시	드론메이커스페이스구축운영(국가직접지원)	50,000	1	7	7	8	7	5	1	1
22958	전북 전주시	전북스포츠클럽운영지원	50,000	1	1	7	8	7	1	1	4
22959	전북 전주시	전주스포츠클럽운영지원	50,000	1	1	7	8	7	1	1	4
22960	전북 전주시	대학인프라활용생활체육프로그램운영	48,000	1	1	7	8	7	1	1	4
22961	전북 전주시	전주비전스포츠클럽운영지원	45,000	1	1	7	8	7	1	1	4
22962	전북 전주시	전주시지속가능업무추진	44,500	1	1,4	7	8	7	1	1	1
22963	전북 전주시	지역문화유산교육활성화사업	44,000	1	2	7	8	7	5	5	4
22964	전북 전주시	전주시(아이)리그축구대회(국가직접지원)	44,000	1	1	7	8	7	1	1	4
22965	전북 전주시	시민이만들고가꾸는녹색도시	41,940	1	4	6	1	7	1	2	1
22966	전북 전주시	유소년생활체육지도자배치	40,588	1	2	7	8	7	1	1	4
22967	전북 전주시	전주시새마을회지원	40,500	1	1	7	8	7	5	1	4
22968	전북 전주시	지역대학연계평생교육운영	40,000	1	5	7	8	7	1	1	3
22969	전북 전주시	지역역량강화(마을기자와한지붕공동체프로젝트)(전환사업)	40,000	1	4	7	8	7	1	1	1
22970	전북 전주시	사회복지시설종사자역량강화사업	40,000	1	4	7	8	7	1	3	1
22971	전북 전주시	전주전통공예전국대전	40,000	1	6	7	8	7	1	1	1
22972	전북 전주시	전북독립영화제개최지원(도비직접지원)	40,000	1	4	7	8	7	1	1	1
22973	전북 전주시	시설아이돌봄서비스지원(한부모가족)	38,697	1	1	7	8	7	1	1	4
22974	전북 전주시	유소년축구교실지원	37,280	1	1	7	8	7	1	1	1
22975	전북 전주시	보육단체보조금선정지원	37,000	1	4	7	8	7	1	1	1
22976	전북 전주시	종합티켓판매소운영	36,000	1	1	7	8	7	1	1	1
22977	전북 전주시	전주시민미디어센터지원	36,000	1	4	7	8	7	1	1	1
22978	전북 전주시	농업인단체선진농업연수	35,000	1	6	7	8	7	1	1	1
22979	전북 전주시	찾아가는팔복공단노동상담소운영	34,000	1	7	6	1	1	1	1	1
22980	전북 전주시	전북청년도약프로젝트	33,000	1	6	7	8	7	1	1	1
22981	전북 전주시	청년농업인교육지원	30,000	1	6	7	8	7	1	1	1
22982	전북 전주시	금융산업전문인력양성사업	30,000	1	7	7	8	7	5	5	4
22983	전북 전주시	이공분야중점연구소지원사업(국가직접지원)	30,000	1	1	7	8	7	5	5	4
22984	전북 전주시	마을기업육성	30,000	1	2	7	8	7	1	1	4
22985	전북 전주시	전북마을공동체미디어활성화사업(전환사업)	30,000	1	1	7	8	7	1	1	1
22986	전북 전주시	법무부청소년범죄예방위원전주지역협의회지원	30,000	1	1	7	8	7	5	5	4
22987	전북 전주시	장애인체력인증센터운영(국가직접지원)	30,000	1	2	7	8	7	1	1	4
22988	전북 전주시	풋살활성화사업	30,000	1	1	7	8	7	1	1	4
22989	전북 전주시	전주시장배전국장애인파크골프대회	30,000	1	1	7	8	7	5	5	4
22990	전북 전주시	지역활력화작목기반조성(농촌지원)(전환사업)	27,500	1	6	7	8	7	1	1	1
22991	전북 전주시	농특산물인터넷판매활성화	27,000	1	6	7	8	7	1	4	4
22992	전북 전주시	밭작물공동경영체육성사업	27,000	1	2	7	8	7	5	5	4
22993	전북 전주시	식량작물공동경영체(논타작물단지화)육성사업(교육컨설팅)	27,000	1	2	7	8	7	5	5	4
22994	전북 전주시	전주형개발협력사업추진	27,000	1	7	7	8	7	5	5	4
22995	전북 전주시	바르게살기운동전주시협의회사업지원	26,580	1	1	7	8	7	5	1	4
22996	전북 전주시	전주경로국악대공연	26,244	1	6	7	8	7	5	1	4

순번	시군구	지출명 (사업명)	2024년예산 (단위 : 천원 /1년간)	민간이전 분류 (지방자치단체 세출예산 집행기준에 의거) 1. 민간경상사업보조(307-02) 2. 민간단체 법정운영비보조(307-03) 3. 민간행사사업보조(307-04) 4. 민간위탁금(307-05) 5. 사회복지시설 법정운영비보조(307-10) 6. 민간인위탁교육비(307-12) 7. 공기관등에대한경상적위탁사업비(308-13) 8. 민간자본사업보조,자체재원(402-01) 9. 민간자본사업보조,이전재원(402-02) 10. 민간위탁사업비(402-03) 11. 공기관등에 대한 자본적 위탁사업비(403-02)	민간이전지출 근거 (지방보조금 관리기준 참고) 1. 법률에 규정 2. 국고보조 재원(국가지정) 3. 용도 지정 기부금 4. 조례에 직접규정 5. 지자체가 권장하는 사업을 하는 공공기관 6. 시,도 정책 및 재정사정 7. 기타 8. 해당없음	입찰방식 계약체결방법 (경쟁형태) 1. 일반경쟁 2. 제한경쟁 3. 지명경쟁 4. 수의계약 5. 법정위탁 6. 기타 ( ) 7. 없음	입찰방식 계약기간 1. 1년 2. 2년 3. 3년 4. 4년 5. 5년 6. 기타 ( )년 7. 단기계약 (1년미만) 8. 없음	입찰방식 낙찰자선정방법 1. 적격심사 2. 협상에의한계약 3. 최저가낙찰제 4. 규격가격분리 5. 2단계 경쟁입찰 6. 기타 ( ) 7. 없음	운영예산 산정 운영예산 산정 1. 내부산정 (지자체 자체적으로 산정) 2. 외부산정 (외부전문기관위탁 산정) 3. 내·외부 모두 산정 4. 산정 無 5. 없음	운영예산 산정 정산방법 1. 내부정산 (지자체 내부적으로 정산) 2. 외부정산 (외부전문기관위탁 정산) 3. 내·외부 모두 산정 4. 정산 無 5. 없음	성과평가 실시여부 1. 실시 2. 미실시 3. 향후 추진 4. 해당없음
22997	전북 전주시	가루쌀생산단지교육컨설팅지원	25,200	1	2	7	8	7	5	5	4
22998	전북 전주시	성인문해교육운영	25,000	1	1	7	8	7	1	1	2
22999	전북 전주시	육아종합지원센터운영(전환사업)	25,000	1	1	1	5	1	1	1	1
23000	전북 전주시	우리소리우리가락	25,000	1	6	7	8	7	1	1	1
23001	전북 전주시	새일센터비정규직처우개선	24,840	1	1	7	8	7	5	1	4
23002	전북 전주시	도농상생공공급식안전성검사비지원	23,400	1	4	5	1	7	1	1	2
23003	전북 전주시	농업인조직육성지원	22,700	1	6	7	8	7	1	1	1
23004	전북 전주시	농번기공동급식지원	22,400	1	4	7	8	7	5	5	4
23005	전북 전주시	농업인의날지원	22,000	1	6	7	8	7	1	1	1
23006	전북 전주시	어머니배구교실	22,000	1	1	7	8	7	1	1	1
23007	전북 전주시	농촌체험휴양마을사무장활동비지원	21,719	1	2	7	8	7	5	5	4
23008	전북 전주시	중소기업기숙사임차료지원사업	21,100	1	6	7	8	7	5	5	4
23009	전북 전주시	전통시장시장매니저지원	20,928	1	2	7	8	7	5	1	1
23010	전북 전주시	농산물공선및출하수수료지원	20,000	1	6	7	8	7	5	5	4
23011	전북 전주시	농산물판매촉진지원	20,000	1	6	7	8	7	1	1	1
23012	전북 전주시	수산물소비활성화	20,000	1	1	7	8	7	5	5	4
23013	전북 전주시	로컬푸드직매장생산소비교류활동지원사업(전환사업)	20,000	1	4	6	1	6	1	1	1
23014	전북 전주시	글로벌무역전문가양성사업(국도비직접지원)	20,000	1	7	7	8	7	5	1	1
23015	전북 전주시	여성기업육성마케팅지원	20,000	1	4	7	8	7	5	1	1
23016	전북 전주시	전주시마을공동체미디어활성화사업	20,000	1	1	7	8	7	1	1	1
23017	전북 전주시	전주공동체라디오활성화사업	20,000	1	1	7	8	7	1	1	1
23018	전북 전주시	다함께돌봄센터기능보강(도참여예산)	20,000	1	1	1	5	1	1	1	1
23019	전북 전주시	시민국악교실	20,000	1	6	7	8	7	1	1	1
23020	전북 전주시	동아시아무빙브릿지프로젝트	20,000	1	1	7	8	7	1	1	1
23021	전북 전주시	전주문화예술3주년기념사업	20,000	1	6	7	8	7	1	1	1
23022	전북 전주시	전북여성생활체육대회출전	20,000	1	1	7	8	7	1	1	1
23023	전북 전주시	리틀야구단지원	20,000	1	1	7	8	7	1	1	1
23024	전북 전주시	대한체육회장배전국댄스스포츠선수권대회및풍남배생활체육댄스스포츠대회	20,000	1	1	7	8	7	1	1	4
23025	전북 전주시	식량작물공동경영체육성지원(국산밀생산단지경영체육성)	19,800	1	2	7	8	7	5	5	4
23026	전북 전주시	청년창업농영농기반임차지원	19,150	1	1	7	8	7	5	5	4
23027	전북 전주시	아동복지시설기능보강	19,000	1	1	7	8	7	1	1	1
23028	전북 전주시	간재학국제학술회의	19,000	1	6	7	8	7	1	1	1
23029	전북 전주시	구제역및AI예방약품구입지원(구제역예방약품)	18,670	1	2	7	8	7	5	5	4
23030	전북 전주시	주요감염병표본감시사업	18,480	1	1	7	8	7	5	1	1
23031	전북 전주시	아름다운전주관광사진전국공모전	18,000	1	6	7	8	7	1	1	1
23032	전북 전주시	지역작가교류전	18,000	1	6	7	8	7	1	1	1
23033	전북 전주시	6.25희생무명애국지사추모사업	18,000	1	4	7	8	7	1	1	1
23034	전북 전주시	전주시장애인생활체육교실	18,000	1	1	7	8	7	1	1	1
23035	전북 전주시	농식품기업수출사전이행지원사업	17,562	1	6	7	8	7	5	5	4
23036	전북 전주시	청소년문화활동지원	17,400	1	1	6	7	6	1	1	1

순번	시군구	지출명 (사업명)	2024년예산 (단위 : 천원 /1년간)	민간이전 분류 (지방자치단체 세출예산 집행기준에 의거) 1. 민간경상사업보조(307-02) 2. 민간단체 법정운영비보조(307-03) 3. 민간행사사업보조(307-04) 4. 민간위탁금(307-05) 5. 사회복지시설 법정운영비보조(307-10) 6. 민간인위탁교육비(307-12) 7. 공기관등에대한경상적위탁사업비(308-13) 8. 민간자본사업보조,자체재원(402-01) 9. 민간자본사업보조,이전재원(402-02) 10. 민간위탁사업비(402-03) 11. 공기관등에 대한 자본적 위탁사업비(403-02)	민간이전지출 근거 (지방보조금 관리기준 참고) 1. 법률에 규정 2. 국고보조 재원(국가지정) 3. 용도 지정 기부금 4. 조례에 직접규정 5. 지자체가 권장하는 사업을 하는 공공기관 6. 시,도 정책 및 재정사정 7. 기타 8. 해당없음	입찰방식			운영예산 산정		성과평가 실시여부
						계약체결방법 (경쟁형태) 1. 일반경쟁 2. 제한경쟁 3. 지명경쟁 4. 수의계약 5. 법정위탁 6. 기타 ( ) 7. 없음	계약기간 1. 1년 2. 2년 3. 3년 4. 4년 5. 5년 6. 기타 ( )년 7. 단기계약 (1년미만) 8. 없음	낙찰자선정방법 1. 적격심사 2. 협상에의한계약 3. 최저가낙찰제 4. 규격가격분리 5. 2단계 경쟁입찰 6. 기타 ( ) 7. 없음	운영예산 산정 1. 내부산정 (지자체 자체적으로 산정) 2. 외부산정 (외부전문기관위탁 산정) 3. 내·외부 모두 산정 4. 산정 無 5. 없음	정산방법 1. 내부정산 (지자체 내부적으로 정산) 2. 외부정산 (외부전문기관위탁 정산) 3. 내·외부 모두 산정 4. 정산 無 5. 없음	1. 실시 2. 미실시 3. 향후 추진 4. 해당없음
23037	전북 전주시	취업설계사활동비	16,200	1	1	7	8	7	5	1	4
23038	전북 전주시	마을경영체경쟁력강화사업	16,000	1	6	7	8	7	1	1	1
23039	전북 전주시	전주기독교선교유적연구지원사업	16,000	1	6	7	8	7	5	5	4
23040	전북 전주시	푸른도시협의회운영지원	16,000	1	4	6	1	7	1	2	1
23041	전북 전주시	체육발전유공자시상	15,800	1	1	7	8	7	1	1	1
23042	전북 전주시	회원단체역량강화워크숍	15,550	1	1	7	8	7	1	1	1
23043	전북 전주시	전국청소년마술경연대회	15,000	1	1	6	7	6	1	1	1
23044	전북 전주시	농업경영컨설팅(컨설팅지원)	15,000	1	2	7	8	7	5	5	4
23045	전북 전주시	전통놀이현대화체험프로그램운영지원	15,000	1	6	7	8	7	1	1	4
23046	전북 전주시	혁신도시상생발전확산지원	15,000	1	1,6	7	8	7	1	1	4
23047	전북 전주시	전주시4H본부육성	14,500	1	6	7	8	7	1	1	1
23048	전북 전주시	전국체전등출전지원	14,500	1	1	7	8	7	1	1	1
23049	전북 전주시	비보이문화학교운영지원	14,000	1	1	6	1	6	1	1	1
23050	전북 전주시	꿀벌사육농가면역증강제지원	14,000	1	6	7	8	7	5	5	4
23051	전북 전주시	농촌지도자육성	14,000	1	6	7	8	7	1	1	1
23052	전북 전주시	다문화가족단체보조금선정지원	14,000	1	4	7	8	7	5	5	4
23053	전북 전주시	중소농농산물안전유통지원	13,986	1	4	6	1	6	1	1	1
23054	전북 전주시	환경단체보조금지원	13,814	1	4	7	8	7	1	1	1
23055	전북 전주시	공공보건의료사업	13,200	1	1	7	8	7	5	2	1
23056	전북 전주시	국내교류활성화사업	13,000	1	1	7	8	7	1	1	1
23057	전북 전주시	의료관련감염병예방관리사업	12,960	1	1	7	8	7	5	1	1
23058	전북 전주시	구제역및AI예방약품구입지원(가금농가질병관리지원)	12,000	1	2	7	8	7	5	5	4
23059	전북 전주시	동네슈퍼및물류센터경쟁력강화지원	12,000	1	4	7	8	7	1	1	1
23060	전북 전주시	생태하천협의회활동및운영지원	12,000	1	4	7	1	7	1	1	1
23061	전북 전주시	지역농산물활용가공식품상품화	11,377	1	6	7	8	7	1	1	1
23062	전북 전주시	한옥마을과함께하는시조경창대회	11,000	1	6	7	8	7	1	1	1
23063	전북 전주시	강암서예대전지원	10,000	1	4	1	1	1	1	1	1
23064	전북 전주시	과수유통구조안정화지원	10,000	1	6	7	8	7	1	1	1
23065	전북 전주시	창의융합형공학인재양성지원(국가직접지원)	10,000	1	1	7	8	7	5	5	4
23066	전북 전주시	차세대바이오유망기술개발사업(국도비직접지원)	10,000	1	2	7	8	7	5	5	4
23067	전북 전주시	제례실행사업	10,000	1	6	7	8	7	1	1	4
23068	전북 전주시	한지작품활동지원	10,000	1	4	7	8	7	1	1	1
23069	전북 전주시	중소기업온라인마케팅지원	10,000	1	7	7	8	7	1	1	1
23070	전북 전주시	중소기업제조물책임보험지원	10,000	1	6	7	8	7	5	1	1
23071	전북 전주시	어린이맞춤형탄소중립교육프로그램운영	10,000	1	5	7	8	7	3	5	4
23072	전북 전주시	전통놀이전문지도사양성교육프로그램	10,000	1	6	7	8	7	1	1	4
23073	전북 전주시	대한민국황실공예대전	10,000	1	6	7	8	7	1	1	1
23074	전북 전주시	전주소리세계화를위한판소리콘텐츠개발및공연	10,000	1	6	7	8	7	1	1	1
23075	전북 전주시	초록바위진혼제	10,000	1	6	7	8	7	1	1	1
23076	전북 전주시	목담최승희전국판소리경연대회	10,000	1	6	7	8	7	1	1	1

순번	시군구	지출명 (사업명)	2024년예산 (단위 : 천원 /1년간)	민간이전 분류 (지방자치단체 세출예산 집행기준에 의거) 1. 민간경상사업보조(307-02) 2. 민간단체 법정운영비보조(307-03) 3. 민간행사사업보조(307-04) 4. 민간위탁금(307-05) 5. 사회복지시설 법정운영비보조(307-10) 6. 민간인위탁교육비(307-12) 7. 공기관등에대한경상적위탁사업비(308-13) 8. 민간자본사업보조,자체재원(402-01) 9. 민간자본사업보조,이전재원(402-02) 10. 민간위탁사업비(402-03) 11. 공기관등에 대한 자본적 위탁사업비(403-02)	민간이전지출 근거 (지방보조금 관리기준 참고) 1. 법률에 규정 2. 국고보조 재원(국가지정) 3. 용도 지정 기부금 4. 조례에 직접규정 5. 지자체가 권장하는 사업을 하는 공공기관 6. 시,도 정책 및 재정사정 7. 기타 8. 해당없음	입찰방식: 계약체결방법 (경쟁형태) 1. 일반경쟁 2. 제한경쟁 3. 지명경쟁 4. 수의계약 5. 법정위탁 6. 기타 ( ) 7. 없음	입찰방식: 계약기간 1. 1년 2. 2년 3. 3년 4. 4년 5. 5년 6. 기타 ( )년 7. 단기계약 (1년미만) 8. 없음	입찰방식: 낙찰자선정방법 1. 적격심사 2. 협상에의한계약 3. 최저가낙찰제 4. 규격가격분리 5. 2단계 경쟁입찰 6. 기타 ( ) 7. 없음	운영예산 산정: 운영예산 산정 1. 내부산정 (지자체 자체적으로 산정) 2. 외부산정 (외부전문기관위탁 산정) 3. 내·외부 모두 산정 4. 산정 無 5. 없음	운영예산 산정: 정산방법 1. 내부정산 (지자체 내부적으로 정산) 2. 외부정산 (외부전문기관위탁 정산) 3. 내·외부 모두 산정 4. 정산 無 5. 없음	성과평가 실시여부 1. 실시 2. 미실시 3. 향후 추진 4. 해당없음
23077	전북 전주시	주민참여자치활성화사업	10,000	1	1	7	8	7	5	5	4
23078	전북 전주시	우수식재료소비확대기반조성사업	10,000	1	1	7	8	7	5	5	4
23079	전북 전주시	여성친화기업환경개선	10,000	1	1	7	8	7	5	1	4
23080	전북 전주시	결혼이민자국적취득교육지원	10,000	1	4	7	8	7	5	1	4
23081	전북 전주시	전주시장배생활체육어르신게이트볼대회및여성및부부사랑게이트볼대회	10,000	1	1	7	8	7	1	1	1
23082	전북 전주시	전북어르신생활체육대회출전	10,000	1	1	7	8	7	1	1	1
23083	전북 전주시	여성단체역량강화	9,940	1	1	7	8	7	5	1	4
23084	전북 전주시	생활체조현장지도자연수	9,500	1	1	7	8	7	1	1	1
23085	전북 전주시	향교일요학교운영	9,100	1	6	7	8	7	1	1	4
23086	전북 전주시	음식점위생등급평가지원사업	9,000	1	6	1	7	1	1	1	4
23087	전북 전주시	공유경제활성화지원	9,000	1	4	7	8	7	1	1	4
23088	전북 전주시	예술로하나되는미술교실	9,000	1	6	7	8	7	1	1	1
23089	전북 전주시	동네책방릴레이강연운영지원	9,000	1	1	7	8	7	1	1	3
23090	전북 전주시	독서동아리활성화	9,000	1	1	7	8	7	1	1	3
23091	전북 전주시	한국자유총연맹전주시지회지원	8,550	1	1	7	8	7	5	1	4
23092	전북 전주시	한국여성소비자연합소비자정보센터소비자상담지원	8,500	1	1	7	8	7	1	1	1
23093	전북 전주시	석정문학회전주행사	8,500	1	6	7	8	7	1	1	1
23094	전북 전주시	NOW청년예술프로젝트	8,000	1	4	7	8	7	1	1	3
23095	전북 전주시	탄소중립저탄소한우축군조성	8,000	1	1	7	8	7	5	5	4
23096	전북 전주시	완산전국국악대제전	8,000	1	6	7	8	7	1	1	1
23097	전북 전주시	전주시농악경연대회	8,000	1	6	7	8	7	1	1	1
23098	전북 전주시	천년전주전국국악경연대회	8,000	1	6	7	8	7	1	1	1
23099	전북 전주시	여성취업인식전환교육및기업체네트워크구축	8,000	1	1	7	8	7	5	1	4
23100	전북 전주시	출산여성농가도우미지원	7,290	1	8	7	8	7	5	5	4
23101	전북 전주시	생활체육실버태극권보급및양성	7,200	1	1	7	8	7	1	1	1
23102	전북 전주시	보육교사힐링캠프	7,000	1	6	7	8	7	1	1	3
23103	전북 전주시	보육교사힐링캠프	7,000	1	6	7	8	7	1	1	3
23104	전북 전주시	바이전주우수상품쇼핑몰홍보	7,000	1	4	7	8	7	5	1	1
23105	전북 전주시	길문화축제	7,000	1	6	7	8	7	1	1	1
23106	전북 전주시	전주찬가시극페스티벌	7,000	1	6	7	8	7	1	1	1
23107	전북 전주시	조선조과거시험재현전국한시백일장대회	7,000	1	6	7	8	7	1	1	1
23108	전북 전주시	치매가족을위한힐링콘서트	7,000	1	6	7	8	7	1	1	1
23109	전북 전주시	전북역전마라톤대회출전	7,000	1	1	7	8	7	1	1	1
23110	전북 전주시	우수선수축구교실운영	7,000	1	1	7	8	7	1	1	1
23111	전북 전주시	교통사고줄이기시민참여지원	6,300	1	1	1	1	1	1	1	1
23112	전북 전주시	돼지소모성질환지도지원	6,000	1	2	7	8	7	5	5	4
23113	전북 전주시	공정무역활성화지원	6,000	1	1	7	8	7	1	1	1
23114	전북 전주시	전국시조가사가곡경연대회	6,000	1	6	7	8	7	1	1	1
23115	전북 전주시	소상공인의날행사지원	5,900	1	4	7	8	7	1	1	1
23116	전북 전주시	농촌자원복합산업화지원(HACCP컨설팅)(전환사업)	5,600	1	6	7	8	7	1	1	1

순번	시군구	지출명 (사업명)	2024년예산 (단위 : 천원 /1년간)	민간이전 분류 (지방자치단체 세출예산 집행기준에 의거) 1. 민간경상사업보조(307-02) 2. 민간단체 법정운영비보조(307-03) 3. 민간행사사업보조(307-04) 4. 민간위탁금(307-05) 5. 사회복지시설 법정운영비보조(307-10) 6. 민간인위탁교육비(307-12) 7. 공기관등에대한경상적위탁사업비(308-13) 8. 민간자본사업보조,자체재원(402-01) 9. 민간자본사업보조,이전재원(402-02) 10. 민간위탁사업비(402-03) 11. 공기관등에 대한 자본적 위탁사업비(403-02)	민간이전지출 근거 (지방보조금 관리기준 참고) 1. 법률에 규정 2. 국고보조 재원(국가지정) 3. 용도 지정 기부금 4. 조례에 직접규정 5. 지자체가 권장하는 사업을 하는 공공기관 6. 시,도 정책 및 재정사정 7. 기타 8. 해당없음	입찰방식			운영예산 산정		성과평가 실시여부
						계약체결방법 (경쟁형태) 1. 일반경쟁 2. 제한경쟁 3. 지명경쟁 4. 수의계약 5. 법정위탁 6. 기타 ( ) 7. 없음	계약기간 1. 1년 2. 2년 3. 3년 4. 4년 5. 5년 6. 기타 ( )년 7. 단기계약 (1년미만) 8. 없음	낙찰자선정방법 1. 적격심사 2. 협상에의한계약 3. 최저가낙찰제 4. 규격가격분리 5. 2단계 경쟁입찰 6. 기타 ( ) 7. 없음	운영예산 산정 1. 내부산정 (지자체 자체적으로 산정) 2. 외부산정 (외부전문기관위탁 산정) 3. 내·외부 모두 산정 4. 산정 無 5. 없음	정산방법 1. 내부정산 (지자체 내부적으로 정산) 2. 외부정산 (외부전문기관위탁 정산) 3. 내·외부 모두 산정 4. 정산 無 5. 없음	1. 실시 2. 미실시 3. 향후 추진 4. 해당없음
23117	전북 전주시	지역활력화작목기반조성(자원경영)(전환사업)	5,400	1	6	7	8	7	1	1	1
23118	전북 전주시	생활개선회육성	5,000	1	6	7	8	7	1	1	1
23119	전북 전주시	여성농업인조직육성지원	5,000	1	6	7	8	7	1	1	1
23120	전북 전주시	우리밀채종포지원사업	5,000	1	6	7	8	7	1	1	1
23121	전북 전주시	전주선비정신콘텐츠개발(건암김형관문집번역)	5,000	1	7	7	8	7	1	1	3
23122	전북 전주시	생생마을만들기사업(기초단계)	5,000	1	4	7	8	7	1	1	1
23123	전북 전주시	생명환경나눔페스티벌	5,000	1	6	7	8	7	1	1	1
23124	전북 전주시	전주여영원하라콘서트	5,000	1	6	7	8	7	1	1	1
23125	전북 전주시	내면의빛깔	5,000	1	6	7	8	7	1	1	1
23126	전북 전주시	마당축제봄날은간다	5,000	1	6	7	8	7	1	1	1
23127	전북 전주시	삼천생태문화축제	5,000	1	6	7	8	7	1	1	1
23128	전북 전주시	오케스트라및합창단공연	5,000	1	6	7	8	7	1	1	1
23129	전북 전주시	클래식페스티벌	5,000	1	6	7	8	7	1	1	1
23130	전북 전주시	전주산조예술제	5,000	1	6	7	8	7	1	1	1
23131	전북 전주시	열린타악문화예술체험오감	5,000	1	6	7	8	7	1	1	1
23132	전북 전주시	대통령배씨름왕선발대회출전지원	5,000	1	1	7	8	7	1	1	1
23133	전북 전주시	영농도우미지원	4,788	1	2	7	8	7	5	5	4
23134	전북 전주시	찾아가는맞춤형재능봉사단운영	4,500	1	1	7	8	7	5	1	4
23135	전북 전주시	전주국제행위예술제	4,300	1	6	7	8	7	1	1	1
23136	전북 전주시	우리동네돗자리음악회	4,300	1	6	7	8	7	1	1	1
23137	전북 전주시	전주국제단편영화제	4,300	1	4	7	8	7	1	1	1
23138	전북 전주시	브랜드메이커스지원	4,000	1	7	6	1	6	5	1	1
23139	전북 전주시	이재민구호비지원	4,000	1	1	7	8	7	1	1	1
23140	전북 전주시	한국서각협회전주지부전시회	4,000	1	6	7	8	7	1	1	1
23141	전북 전주시	구제역및AI예방약품구입지원(돼지써코바이러스예방약품)	3,600	1	2	7	8	7	5	5	4
23142	전북 전주시	친환경농업기술정보보급사업	3,600	1	7	4	1	7	1	1	4
23143	전북 전주시	청소년시설종사자역량강화워크숍	3,500	1	1	6	7	6	1	1	1
23144	전북 전주시	청년농업인생생동아리지원	3,000	1	1	7	8	7	5	5	4
23145	전북 전주시	한우암소유전형질개량사업	3,000	1	1	7	8	7	5	5	4
23146	전북 전주시	소비자교육중앙회소비자상담지원	3,000	1	1	7	8	7	1	1	1
23147	전북 전주시	구다라(백제)페스티벌참가	3,000	1	7	7	8	7	5	5	4
23148	전북 전주시	주민과함께세병공원환경정화활동	3,000	1	4	7	8	7	5	5	4
23149	전북 전주시	흑석골당산제전문화축제	2,700	1	6	7	8	7	1	1	1
23150	전북 전주시	희망나눔가족봉사단운영	2,700	1	7	7	8	7	5	1	4
23151	전북 전주시	FTA사업계획수립지원	2,500	1	2	7	8	7	5	5	4
23152	전북 전주시	유기농업자재지원	2,408	1	2	7	8	7	5	5	4
23153	전북 전주시	양봉농가질병관리지원	2,400	1	2	7	8	7	5	5	4
23154	전북 전주시	장애인거주시설공기청정기렌탈지원	2,100	1	2	7	8	7	1	1	4
23155	전북 전주시	시민무료자전거교실운영	2,100	1	4	7	7	7	1	1	1
23156	전북 전주시	로컬미디어커머스스튜디오	2,000	1	7	6	1	6	5	1	1

순번	시군구	지출명 (사업명)	2024년예산 (단위 : 천원 /1년간)	민간이전 분류 (지방자치단체 세출예산 집행기준에 의거)	민간이전지출 근거 (지방보조금 관리기준 참고)	입찰방식			운영예산 산정		성과평가 실시여부
				1. 민간경상사업보조(307-02) 2. 민간단체 법정운영비보조(307-03) 3. 민간행사사업보조(307-04) 4. 민간위탁금(307-05) 5. 사회복지시설 법정운영비보조(307-10) 6. 민간인위탁교육비(307-12) 7. 공기관등에대한경상적위탁사업비(308-13) 8. 민간자본사업보조,자체재원(402-01) 9. 민간자본사업보조,이전재원(402-02) 10. 민간위탁사업비(402-03) 11. 공기관등에 대한 자본적 위탁사업비(403-02)	1. 법률에 규정 2. 국고보조 재원(국가지정) 3. 용도 지정 기부금 4. 조례에 직접규정 5. 지자체가 권장하는 사업을 하는 공공기관 6. 시,도 정책 및 재정사정 7. 기타 8. 해당없음	계약체결방법 (경쟁형태) 1. 일반경쟁 2. 제한경쟁 3. 지명경쟁 4. 수의계약 5. 법정위탁 6. 기타 ( ) 7. 없음	계약기간 1. 1년 2. 2년 3. 3년 4. 4년 5. 5년 6. 기타 ( )년 7. 단기계약 (1년미만) 8. 없음	낙찰자선정방법 1. 적격심사 2. 협상에의한계약 3. 최저가낙찰제 4. 규격가격분리 5. 2단계 경쟁입찰 6. 기타 ( ) 7. 없음	운영예산 산정 1. 내부산정 (지자체 자체적으로 산정) 2. 외부산정 (외부전문기관위탁 산정) 3. 내·외부 모두 산정 4. 산정 無 5. 없음	정산방법 1. 내부정산 (지자체 내부적으로 정산) 2. 외부정산 (외부전문기관위탁 정산) 3. 내·외부 모두 산정 4. 정산 無 5. 없음	1. 실시 2. 미실시 3. 향후 추진 4. 해당없음
23157	전북 전주시	직능,중소상공인역량강화및경쟁력강화지원	2,000	1	4	7	8	7	1	1	1
23158	전북 전주시	선진교통문화분위기조성지원	1,750	1	4	7	1	7	1	1	1
23159	전북 전주시	선진교통문화분위기조성지원	1,750	1	4	7	1	7	1	1	1
23160	전북 전주시	축산환경개선지도지원	1,100	1	1	7	8	7	5	5	4
23161	전북 전주시	유해야생동물기피제지원사업	1,050	1	6	7	8	7	1	1	4
23162	전북 전주시	친환경축산물인증비지원	800	1	1	7	8	7	5	5	4
23163	전북 전주시	한우친자확인검사지원(전환사업)	600	1	1	7	8	7	5	5	4
23164	전북 전주시	농촌체험휴양마을보험가입비지원	488	1	2	7	8	7	5	5	4
23165	전북 전주시	체험마을리더교육지원	240	1	2	7	8	7	5	5	4
23166	전북 익산시	통합문화체육관광이용권	3,076,320	1	4	7	8	7	5	1	4
23167	전북 익산시	지역주도형청년일자리사업(1유형)	2,043,750	1	2	7	8	7	1	1	4
23168	전북 익산시	다e로움상권활성화사업	1,860,000	1	1	5	8	7	1	2	2
23169	전북 익산시	소스산업화센터건립(운영)	1,360,000	1	2	7	8	7	5	5	4
23170	전북 익산시	한센간이양로주택운영지원및재가한센인생계비지원(한센간이양로주택운영지원)	1,163,075	1	1,4	7	8	7	1	1	4
23171	전북 익산시	청년도전지원사업	914,800	1	1	7	8	7	1	1	1
23172	전북 익산시	민관협력위드로컬청년창업지원	900,000	1	1	7	8	7	1	1	1
23173	전북 익산시	마을공동체복원	885,998	1	4	7	8	7	5	5	4
23174	전북 익산시	사회적기업일자리창출사업	714,200	1	2	1	1	1	5	1	1
23175	전북 익산시	작은도서관운영지원(공립21개소)	687,790	1	1	7	8	7	5	1	4
23176	전북 익산시	익산형로컬창업스쿨	500,000	1	1	7	8	7	5	5	4
23177	전북 익산시	금마로컬푸드복합문화센터신축	450,000	1	4	7	8	7	5	5	4
23178	전북 익산시	문화예술전시,공연등지원	400,000	1	4	7	8	7	1	1	1
23179	전북 익산시	글로벌인재양성원어민화상영어	400,000	1	1	7	1	7	1	2	1
23180	전북 익산시	홀로그램핵심기술사업화실증사업	366,300	1	2	7	7	7	3	3	2
23181	전북 익산시	익산형청년이음일자리지원사업	355,000	1	6	1	1	1	1	1	4
23182	전북 익산시	기능성원료은행운영지원(신규)	300,000	1	1	7	8	7	5	5	4
23183	전북 익산시	시군역량강화사업	297,000	1	2	7	8	7	5	5	4
23184	전북 익산시	전통시장장엔정장보기도우미	268,166	1	1	7	8	7	1	3	2
23185	전북 익산시	구시장문화관광형시장육성사업	250,000	1	1	5	8	7	2	2	2
23186	전북 익산시	농산물공동작업지원체계확충사업	237,240	1	1	7	8	7	1	1	1
23187	전북 익산시	농촌돌봄서비스활성화지원	231,000	1	2	7	8	7	5	5	4
23188	전북 익산시	교육여건개선온라인코칭사업	230,000	1	1	6	1	7	1	1	1
23189	전북 익산시	익산형MVP지원	200,000	1	1	7	8	7	1	1	1
23190	전북 익산시	익산형로컬크리에이터지원	200,000	1	1	7	8	7	1	1	1
23191	전북 익산시	고등직업교육거점지구(HIVE)	200,000	1	2	6	8	7	5	1	1
23192	전북 익산시	시군마을만들기구축	180,000	1	6	7	8	7	5	5	4
23193	전북 익산시	생활문화예술동호회활성화지원	170,917	1	4	7	8	7	1	1	1
23194	전북 익산시	전국(도)단위참가,행사등지원	160,000	1	4	7	8	7	1	1	1
23195	전북 익산시	통합마케팅출하수수료지원	160,000	1	4	7	8	7	1	1	1
23196	전북 익산시	스마트의류제조공장클러스터구축사업	150,000	1	4	7	8	7	1	1	2

순번	시군구	지출명 (사업명)	2024년예산 (단위 : 천원 /1년간)	민간이전 분류 (지방자치단체 세출예산 집행기준에 의거) 1. 민간경상사업보조(307-02) 2. 민간단체 법정운영비보조(307-03) 3. 민간행사사업보조(307-04) 4. 민간위탁금(307-05) 5. 사회복지시설 법정운영비보조(307-10) 6. 민간인위탁교육비(307-12) 7. 공기관등에대한경상적위탁사업비(308-13) 8. 민간자본사업보조,자체재원(402-01) 9. 민간자본사업보조,이전재원(402-02) 10. 민간위탁사업비(402-03) 11. 공기관등에 대한 자본적 위탁사업비(403-02)	민간이전지출 근거 (지방보조금 관리기준 참고) 1. 법률에 규정 2. 국고보조 재원(국가지정) 3. 용도 지정 기부금 4. 조례에 직접규정 5. 지자체가 권장하는 사업을 하는 공공기관 6. 시,도 정책 및 재정사정 7. 기타 8. 해당없음	입찰방식 계약체결방법 (경쟁형태) 1. 일반경쟁 2. 제한경쟁 3. 지명경쟁 4. 수의계약 5. 법정위탁 6. 기타 ( ) 7. 없음	입찰방식 계약기간 1. 1년 2. 2년 3. 3년 4. 4년 5. 5년 6. 기타 ( )년 7. 단기계약 (1년미만) 8. 없음	입찰방식 낙찰자선정방법 1. 적격심사 2. 협상에의한계약 3. 최저가낙찰제 4. 규격가격분리 5. 2단계 경쟁입찰 6. 기타 ( ) 7. 없음	운영예산 산정 운영예산 산정 1. 내부산정 (지자체 자체적으로 산정) 2. 외부산정 (외부전문기관위탁 산정) 3. 내·외부 모두 산정 4. 산정 無 5. 없음	운영예산 산정 정산방법 1. 내부정산 (지자체 내부적으로 정산) 2. 외부정산 (외부전문기관위탁 정산) 3. 내·외부 모두 산정 4. 정산 無 5. 없음	성과평가 실시여부 1. 실시 2. 미실시 3. 향후 추진 4. 해당없음
23197	전북 익산시	한국예총익산지부활성화	150,000	1	4	7	8	7	1	1	1
23198	전북 익산시	채소류안정생산지원	146,900	1	2	7	8	7	5	5	4
23199	전북 익산시	지역주도형청년일자리(창업2유형)	141,826	1	1	7	8	7	1	1	1
23200	전북 익산시	친환경농산물유통소비마케팅지원	140,340	1	4	7	8	7	1	1	1
23201	전북 익산시	농촌체험휴양마을사무장활동비지원	138,482	1	6	7	8	7	5	5	4
23202	전북 익산시	소상공인공제(노란우산공제)가입지원	127,800	1	4	7	8	7	1	1	4
23203	전북 익산시	초등돌봄교실과일간식지원	125,303	1	2	7	8	7	5	5	4
23204	전북 익산시	국가식품클러스터입주기업기숙사임차비지원	120,000	1	1	7	8	7	1	1	3
23205	전북 익산시	전북형농촌관광운영활성화조성	120,000	1	6	7	8	7	5	5	4
23206	전북 익산시	성인문해교육지원사업	115,200	1	4	1	1	1	1	1	1
23207	전북 익산시	의료기관결핵환자관리지원	113,052	1	2	7	1	7	4	3	4
23208	전북 익산시	전통시장와글와글시장가요제	105,600	1	1	7	8	7	1	3	2
23209	전북 익산시	푸른익산가꾸기사업	105,000	1	1	7	1	7	1	1	1
23210	전북 익산시	스마트특성화기반구축사업지원(국가직접지원)	103,000	1	2	7	8	7	5	5	4
23211	전북 익산시	주민참여활동지원	100,000	1	2	7	8	7	1	1	1
23212	전북 익산시	주민참여활동지원	100,000	1	2	7	8	7	1	1	1
23213	전북 익산시	지역대표행사,축제등지원	96,000	1	4	7	8	7	1	1	1
23214	전북 익산시	마을기업사무장지원	92,640	1	4	1	2	1	5	1	1
23215	전북 익산시	군부대교류협력지원사업	91,240	1	8	7	8	7	5	5	4
23216	전북 익산시	CJ햇반원료곡물류비지원	90,000	1	1	7	8	7	1	1	1
23217	전북 익산시	익산문화원육성	82,200	1	4	7	8	7	1	1	1
23218	전북 익산시	기숙사임차지원	81,560	1	4	1	1	1	1	1	1
23219	전북 익산시	생산자조직화및통합마케팅활성화지원사업	80,000	1	6	7	8	7	1	1	1
23220	전북 익산시	로컬푸드모니터링단운영	80,000	1	4	7	8	7	1	1	1
23221	전북 익산시	평화통일활동사업	70,000	1	4	7	8	7	1	1	1
23222	전북 익산시	글로벌희귀질환교류및협력기반구축	70,000	1	4	7	8	7	1	1	3
23223	전북 익산시	농산물공동출하확대(공동선별비)지원사업	67,800	1	2	7	8	7	1	1	4
23224	전북 익산시	석분폐기물운반비지원	64,000	1	4	7	8	7	1	1	1
23225	전북 익산시	전통문화예술육성사업	61,000	1	4	7	8	7	1	1	1
23226	전북 익산시	식품산업육성지원	60,000	1	1	7	8	7	1	1	1
23227	전북 익산시	생생문화재사업	57,500	1	2	7	8	7	1	1	3
23228	전북 익산시	전략품목통합마케팅활성화지원사업	50,400	1	4	7	8	7	5	5	4
23229	전북 익산시	농산물판로개척지원사업	50,400	1	4	7	8	7	1	1	1
23230	전북 익산시	한센병관리	49,563	1	1,4	7	8	7	1	1	4
23231	전북 익산시	농촌관광객유치지원사업	48,000	1	4	7	8	7	5	5	4
23232	전북 익산시	농산물공동출하물류비지원	48,000	1	6	7	8	7	1	1	1
23233	전북 익산시	전통문화행사지원	45,600	1	4	7	8	7	1	1	1
23234	전북 익산시	전북청년생생아이디어지원사업	45,000	1	6	1	7	1	2	2	4
23235	전북 익산시	신선농산물수출자생력강화사업	45,000	1	6	7	8	7	5	5	4
23236	전북 익산시	어린이친환경농산물급식지원	45,000	1	4	7	8	7	1	1	1

순번	시군구	지출명 (사업명)	2024년예산 (단위 : 천원 /1년간)	민간이전 분류 (지방자치단체 세출예산 집행기준에 의거) 1. 민간경상사업보조(307-02) 2. 민간단체 법정운영비보조(307-03) 3. 민간행사사업보조(307-04) 4. 민간위탁금(307-05) 5. 사회복지시설 법정운영비보조(307-10) 6. 민간인위탁교육비(307-12) 7. 공기관등에대한경상적위탁사업비(308-13) 8. 민간자본사업보조,자체재원(402-01) 9. 민간자본사업보조,이전재원(402-02) 10. 민간위탁사업비(402-03) 11. 공기관등에 대한 자본적 위탁사업비(403-02)	민간이전지출 근거 (지방보조금 관리기준 참고) 1. 법률에 규정 2. 국고보조 재원(국가지정) 3. 용도 지정 기부금 4. 조례에 직접규정 5. 지자체가 권장하는 사업을 하는 공공기관 6. 시,도 정책 및 재정사정 7. 기타 8. 해당없음	입찰방식: 계약체결방법 (경쟁형태) 1. 일반경쟁 2. 제한경쟁 3. 지명경쟁 4. 수의계약 5. 법정위탁 6. 기타 ( ) 7. 없음	입찰방식: 계약기간 1. 1년 2. 2년 3. 3년 4. 4년 5. 5년 6. 기타 ( )년 7. 단기계약 (1년미만) 8. 없음	입찰방식: 낙찰자선정방법 1. 적격심사 2. 협상에의한계약 3. 최저가낙찰제 4. 규격가격분리 5. 2단계 경쟁입찰 6. 기타 ( ) 7. 없음	운영예산 산정: 운영예산 산정 1. 내부산정 (지자체 자체적으로 산정) 2. 외부산정 (외부전문기관위탁 산정) 3. 내·외부 모두 산정 4. 산정 無 5. 없음	운영예산 산정: 정산방법 1. 내부정산 (지자체 내부적으로 정산) 2. 외부정산 (외부전문기관위탁 정산) 3. 내·외부 모두 산정 4. 정산 無 5. 없음	성과평가 실시여부 1. 실시 2. 미실시 3. 향후 추진 4. 해당없음
23237	전북 익산시	청년창업농정책자금이차보전	45,000	1	1,4	7	8	7	1	1	4
23238	전북 익산시	메이커스페이스구축운영사업(국비직접지원)	42,500	1	2	7	8	7	3	3	3
23239	전북 익산시	범죄피해자지원사업(군산익산범죄피해자지원센터)	40,000	1	4	7	8	7	1	1	3
23240	전북 익산시	창업꿈나무사업화지원사업	40,000	1	4	7	8	7	5	5	4
23241	전북 익산시	전통문화지원	40,000	1	4	7	8	7	1	1	1
23242	전북 익산시	익산역사문화고문서번역	40,000	1	6	7	1	7	5	1	1
23243	전북 익산시	왕궁특수지역환경감시	40,000	1	7	7	1	7	1	1	1
23244	전북 익산시	향교일요학교운영	36,400	1	4	7	8	7	1	1	1
23245	전북 익산시	국가식품클러스터계약재배활성화사업	36,000	1	1	7	8	7	1	1	3
23246	전북 익산시	이리농악전수교육육성사업	36,000	1	1	7	1	7	1	1	1
23247	전북 익산시	우수브랜드쌀인센티브지원	36,000	1	6	7	8	7	1	1	1
23248	전북 익산시	로컬푸드직매장생산소비교류활동지원	35,760	1	6	7	8	7	1	1	1
23249	전북 익산시	농식품기업수출사전이행지원	35,124	1	6	7	8	7	5	5	4
23250	전북 익산시	탑마루쇼핑몰활성화지원	35,000	1	4	7	8	7	1	1	1
23251	전북 익산시	노동상담소사업지원	34,364	1	4	6	8	7	1	1	1
23252	전북 익산시	노동상담소사업지원	34,364	1	4	6	8	7	1	1	1
23253	전북 익산시	청년도약프로젝트지원사업	33,000	1	4	7	8	7	1	1	1
23254	전북 익산시	마을경영체경쟁력강화사업	32,000	1	6	7	8	7	5	5	4
23255	전북 익산시	지역생태계복원(옛도랑복원사업)	32,000	1	7	7	8	7	5	1	4
23256	전북 익산시	전북형청년창업농영농정착지원	31,550	1	1,4	7	8	7	1	1	4
23257	전북 익산시	청년기업안정화임대료지원	30,000	1	4	7	8	7	1	1	1
23258	전북 익산시	지식재산창출지원사업	30,000	1	4	7	8	7	1	1	4
23259	전북 익산시	예술지,문학지등발간사업	30,000	1	4	7	8	7	1	1	1
23260	전북 익산시	생활과학교실	30,000	1	1	7	1	7	1	1	1
23261	전북 익산시	마을공동체미디어활성화사업	30,000	1	6	7	8	7	5	5	4
23262	전북 익산시	지역농산물축제를통한소비촉진	30,000	1	4	7	8	7	5	5	4
23263	전북 익산시	농특산물인터넷판매활성화사업	30,000	1	6	7	8	7	1	1	1
23264	전북 익산시	익산쌀제주지역물류비지원	30,000	1	1	7	8	7	1	1	1
23265	전북 익산시	학교급식비유전자변형국내산유채유지원	30,000	1	4	7	8	7	1	1	1
23266	전북 익산시	우수사립작은도서관육성지원	30,000	1	1	7	8	7	5	1	4
23267	전북 익산시	친환경쌀어린이급식지원	29,743	1	4	7	8	7	1	1	1
23268	전북 익산시	사립미술관문화사업지원	29,700	1	4	7	8	7	5	1	4
23269	전북 익산시	중소농농산물안전유통지원사업	29,194	1	4	7	8	7	1	1	1
23270	전북 익산시	용동면기초생활거점육성사업	27,600	1	2	7	8	7	5	5	4
23271	전북 익산시	춘포면기초생활거점육성사업	27,600	1	2	7	8	7	5	5	4
23272	전북 익산시	성당면기초생활거점육성사업	27,600	1	2	7	8	7	5	5	4
23273	전북 익산시	삼기면기초생활거점육성사업	27,600	1	2	7	8	7	5	5	4
23274	전북 익산시	익산민예총육성	27,000	1	4	7	8	7	1	1	1
23275	전북 익산시	박물관문화사업지원	26,000	1	4	7	8	7	5	1	4
23276	전북 익산시	익산시민아카데미운영	25,000	1	4	7	8	7	5	5	4

순번	시군구	지출명 (사업명)	2024년예산 (단위 : 천원 /1년간)	민간이전 분류 (지방자치단체 세출예산 집행기준에 의거) 1. 민간경상사업보조(307-02) 2. 민간단체 법정운영비보조(307-03) 3. 민간행사사업보조(307-04) 4. 민간위탁금(307-05) 5. 사회복지시설 법정운영비보조(307-10) 6. 민간인위탁교육비(307-12) 7. 공기관등에대한경상적위탁사업비(308-13) 8. 민간자본사업보조,자체재원(402-01) 9. 민간자본사업보조,이전재원(402-02) 10. 민간위탁사업비(402-03) 11. 공기관등에 대한 자본적 위탁사업비(403-02)	민간이전지출 근거 (지방보조금 관리기준 참고) 1. 법률에 규정 2. 국고보조 재원(국가지정) 3. 용도 지정 기부금 4. 조례에 직접규정 5. 지자체가 권장하는 사업을 하는 공공기관 6. 시,도 정책 및 재정사정 7. 기타 8. 해당없음	입찰방식 계약체결방법 (경쟁형태) 1. 일반경쟁 2. 제한경쟁 3. 지명경쟁 4. 수의계약 5. 법정위탁 6. 기타 ( ) 7. 없음	입찰방식 계약기간 1. 1년 2. 2년 3. 3년 4. 4년 5. 5년 6. 기타 ( )년 7. 단기계약 (1년미만) 8. 없음	입찰방식 낙찰자선정방법 1. 적격심사 2. 협상에의한계약 3. 최저가낙찰제 4. 규격가격분리 5. 2단계 경쟁입찰 6. 기타 ( ) 7. 없음	운영예산 산정 운영예산 산정 1. 내부산정 (지자체 자체적으로 산정) 2. 외부산정 (외부전문기관위탁 산정) 3. 내·외부 모두 산정 4. 산정 無 5. 없음	운영예산 산정 정산방법 1. 내부정산 (지자체 내부적으로 정산) 2. 외부정산 (외부전문기관위탁 정산) 3. 내·외부 모두 산정 4. 정산 無 5. 없음	성과평가 실시여부 1. 실시 2. 미실시 3. 향후 추진 4. 해당없음
23277	전북 익산시	고도익산의역사문화적가치연구(학술회의)	25,000	1	4	7	1	7	1	1	1
23278	전북 익산시	홀몸어르신돌보기및건강반찬만들기사업	24,000	1	4	7	8	7	1	1	3
23279	전북 익산시	이리향제줄풍류전수교육육성사업	24,000	1	1	7	1	7	1	1	1
23280	전북 익산시	농촌체험휴양마을사무장활동보조비지원	24,000	1	4	7	8	7	5	5	4
23281	전북 익산시	귀금속제조기업왕궁지식산업센터임차료지원사업	23,040	1	4	7	8	7	5	5	1
23282	전북 익산시	생생마을플러스사업	22,000	1	6	7	8	7	5	5	4
23283	전북 익산시	토종농작물재배활성화사업	21,600	1	6	7	8	7	5	5	4
23284	전북 익산시	사회취약계층문화예술교육활성화	21,000	1	4	7	8	7	1	1	1
23285	전북 익산시	마을환영회지원	21,000	1	6	7	8	7	1	1	1
23286	전북 익산시	국민정신운동의활성화사업(바르게살기운동익산시협의회)	20,000	1	1	7	8	7	1	1	3
23287	전북 익산시	자율방범대임원직무교육워크숍(익산시자율방범대연합회)	20,000	1	1	7	8	7	1	1	3
23288	전북 익산시	중소상공인최고경영자과정지원	20,000	1	1	7	8	7	1	1	4
23289	전북 익산시	재도전성공패키지사업	20,000	1	4	7	8	7	5	5	4
23290	전북 익산시	국제보석전시회참가업체지원사업	20,000	1	4	7	8	7	1	1	1
23291	전북 익산시	왕궁입주귀금속제조기업출퇴근교통비지원	20,000	1	4	7	8	7	5	5	3
23292	전북 익산시	시군문화원활성화사업	20,000	1	4	7	8	7	1	1	4
23293	전북 익산시	백제왕궁소원등날리기	20,000	1	7	7	8	7	5	5	4
23294	전북 익산시	농촌관광홍보방송제작지원사업	20,000	1	6	7	8	7	5	5	4
23295	전북 익산시	농촌활동가육성사업	20,000	1	6	7	8	7	5	5	4
23296	전북 익산시	집수리학교운영	20,000	1	4	4	8	7	1	1	3
23297	전북 익산시	국내외시장개척단지원사업	18,000	1	4	7	8	7	1	1	4
23298	전북 익산시	지역혁신R&D특성화사업지원	18,000	1	2	7	8	7	3	3	3
23299	전북 익산시	부모교육플랫폼사업	18,000	1	7	7	8	7	1	1	1
23300	전북 익산시	시군역량강화전담기관운영비	18,000	1	6	7	8	7	5	5	4
23301	전북 익산시	청년성장한뼘지원사업	17,800	1	4	7	8	7	1	1	1
23302	전북 익산시	익산의용소방대지원	17,500	1	1,4	7	8	7	1	1	1
23303	전북 익산시	사회적기업청년혁신가지원	17,375	1	2	1	2	1	5	1	1
23304	전북 익산시	전통시장화재공제가입지원사업	17,200	1	1	7	8	7	1	3	2
23305	전북 익산시	청년창업농영농기반임차지원	17,150	1	1,4	7	8	7	1	1	4
23306	전북 익산시	생생마을만들기기초단계사업	16,670	1	6	7	8	7	5	5	4
23307	전북 익산시	소규모농산물순회수집물류비지원	16,130	1	4	7	8	7	1	1	1
23308	전북 익산시	대한민국국가무형문화재농악축재	16,000	1	1	7	1	7	1	1	1
23309	전북 익산시	APC공동선별장물류비지원	16,000	1	4	7	8	7	1	1	1
23310	전북 익산시	생활문화예술동호회활성화지원(자체)	15,000	1	4	7	8	7	1	1	1
23311	전북 익산시	전통놀이현대화체험프로그램운영	15,000	1	4	7	8	7	1	1	4
23312	전북 익산시	평생학습동아리지원사업	15,000	1	4	1	1	1	1	1	1
23313	전북 익산시	귀농귀촌인농지및주택임차비지원	15,000	1	6	7	8	7	1	1	1
23314	전북 익산시	귀농현장실습교육농장지원	15,000	1	4	7	8	7	1	1	1
23315	전북 익산시	사랑의김장나누기	14,400	1	4	7	8	7	1	1	3
23316	전북 익산시	여성기업마케팅지원	14,400	1	4	7	8	7	1	1	1

순번	시군구	지출명 (사업명)	2024년예산 (단위 : 천원 /1년간)	민간이전 분류 (지방자치단체 세출예산 집행기준에 의거) 1. 민간경상사업보조(307-02) 2. 민간단체 법정운영비보조(307-03) 3. 민간행사사업보조(307-04) 4. 민간위탁금(307-05) 5. 사회복지시설 법정운영비보조(307-10) 6. 민간인위탁교육비(307-12) 7. 공기관등에대한경상적위탁사업비(308-13) 8. 민간자본사업보조,자체재원(402-01) 9. 민간자본사업보조,이전재원(402-02) 10. 민간위탁사업비(402-03) 11. 공기관등에 대한 자본적 위탁사업비(403-02)	민간이전지출 근거 (지방보조금 관리기준 참고) 1. 법률에 규정 2. 국고보조 재원(국가지정) 3. 용도 지정 기부금 4. 조례에 직접규정 5. 지자체가 권장하는 사업을 하는 공공기관 6. 시,도 정책 및 재정사정 7. 기타 8. 해당없음	입찰방식 계약체결방법 (경쟁형태) 1. 일반경쟁 2. 제한경쟁 3. 지명경쟁 4. 수의계약 5. 법정위탁 6. 기타 ( ) 7. 없음	입찰방식 계약기간 1. 1년 2. 2년 3. 3년 4. 4년 5. 5년 6. 기타 ( )년 7. 단기계약 (1년미만) 8. 없음	입찰방식 낙찰자선정방법 1. 적격심사 2. 협상에의한계약 3. 최저가낙찰제 4. 규격가격분리 5. 2단계 경쟁입찰 6. 기타 ( ) 7. 없음	운영예산 산정 운영예산 산정 1. 내부산정 (지자체 자체적으로 산정) 2. 외부산정 (외부전문기관위탁 산정) 3. 내·외부 모두 산정 4. 산정 無 5. 없음	운영예산 산정 정산방법 1. 내부정산 (지자체 내부적으로 정산) 2. 외부정산 (외부전문기관위탁 정산) 3. 내·외부 모두 산정 4. 정산 無 5. 없음	성과평가 실시여부 1. 실시 2. 미실시 3. 향후 추진 4. 해당없음
23317	전북 익산시	익산목발의노래전수교육육성사업	12,000	1	1	7	1	7	1	1	1
23318	전북 익산시	농산물TV홈쇼핑지원사업	12,000	1	6	7	8	7	1	1	1
23319	전북 익산시	생태관광지지역공동체활성화	12,000	1	7	7	8	7	5	1	4
23320	전북 익산시	로컬푸드농산물택배비지원	11,600	1	4	7	8	7	1	1	1
23321	전북 익산시	농식품기업HACCP컨설팅지원사업(전환사업)	11,200	1	1	7	8	7	1	1	3
23322	전북 익산시	농촌여성안전향상보조구지원	11,200	1	6	7	8	7	1	1	4
23323	전북 익산시	청년농업인생생동아리지원	10,500	1	4	7	8	7	1	1	4
23324	전북 익산시	생명사랑,인권존중힐링프로그램	10,220	1	4	7	8	7	1	1	4
23325	전북 익산시	전통놀이전문지도사양성교육프로그램	10,000	1	4	7	8	7	1	1	4
23326	전북 익산시	귀농귀촌인네트워크활성화지원	10,000	1	4	7	8	7	5	5	4
23327	전북 익산시	새마을운동교육지원	9,000	1	4	7	8	7	1	1	3
23328	전북 익산시	익산학생신문운영	9,000	1	4	7	8	7	1	1	3
23329	전북 익산시	농촌지도자생활개선회한마음대회	9,000	1	4	1	8	7	1	1	3
23330	전북 익산시	품목생산자조직경쟁력제고시범	9,000	1	1	7	8	7	1	1	4
23331	전북 익산시	안보활동지원(익산시안보단체협의회)	8,100	1	6	7	8	7	1	1	1
23332	전북 익산시	익산기세배전수교육육성사업	8,000	1	4	7	8	7	1	1	3
23333	전북 익산시	익산성당포구농악전수교육육성사업	8,000	1	1	7	1	7	1	1	1
23334	전북 익산시	하림즉석밥원료곡물류비지원	8,000	1	1	7	1	7	1	1	1
23335	전북 익산시	익산시4H회원대회	8,000	1	1	7	8	7	1	1	1
23336	전북 익산시	전라북도4H본부연합회한마음대회참가	8,000	1	1	7	8	7	1	1	1
23337	전북 익산시	청년주얼리(예비)창업임차료지원	7,200	1	1	7	8	7	1	1	1
23338	전북 익산시	자유민주주의수호사업(한국자유총연맹익산시지회)	7,000	1	4	7	8	7	5	5	3
23339	전북 익산시	익산시자전거라이딩행사	6,500	1	4	7	8	7	1	1	3
23340	전북 익산시	익산경주교류협력사업	6,000	1	4	7	7	7	3	3	3
23341	전북 익산시	자연보호운동및자연보호전국행사	6,000	1	8	7	8	7	5	5	4
23342	전북 익산시	농업인건강관리실지원	6,000	1	7	7	8	7	5	1	4
23343	전북 익산시	농촌체험휴양마을하계물놀이장안전관리자지원	5,400	1	7	7	8	7	1	1	1
23344	전북 익산시	농촌지도자대회참가및활동지원	5,400	1	4	7	8	7	5	5	4
23345	전북 익산시	북한이탈주민정착지원사업	5,000	1	1	7	8	7	1	1	4
23346	전북 익산시	결연청소년과함께하는체육대회	5,000	1	1	5	8	7	1	1	1
23347	전북 익산시	청소년연합회운영지원	5,000	1	4	1	8	7	1	1	3
23348	전북 익산시	해돋이학교	5,000	1	4	7	8	7	1	1	3
23349	전북 익산시	농촌여성학습단체활동지원	5,000	1	1	6	1	7	1	1	1
23350	전북 익산시	한여농의식선진화리더교육	5,000	1	6	7	8	7	1	1	4
23351	전북 익산시	농촌체험휴양마을보험가입지원	4,880	1	4	7	8	7	1	1	1
23352	전북 익산시	소상공인역량강화사업	4,800	1	2	7	8	7	5	5	4
23353	전북 익산시	환경사랑콘서트	4,500	1	4	7	8	7	1	1	1
23354	전북 익산시	전북4H참여활동및경진지원	4,500	1	7	7	8	7	5	1	4
23355	전북 익산시	농업인학습단체기후변화대응현장학습	4,500	1	1	7	8	7	1	1	1
23356	전북 익산시	의료관련감염병표본감시체계운영	4,320	1	2	7	8	7	5	5	4

순번	시군구	지출명 (사업명)	2024년예산 (단위 : 천원 /1년간)	민간이전 분류 (지방자치단체 세출예산 집행기준에 의거) 1. 민간경상사업보조(307-02) 2. 민간단체 법정운영비보조(307-03) 3. 민간행사사업보조(307-04) 4. 민간위탁금(307-05) 5. 사회복지시설 법정운영비보조(307-10) 6. 민간인위탁교육비(307-12) 7. 공기관등에대한경상적위탁사업비(308-13) 8. 민간자본사업보조,자체재원(402-01) 9. 민간자본사업보조,이전재원(402-02) 10. 민간위탁사업비(402-03) 11. 공기관등에 대한 자본적 위탁사업비(403-02)	민간이전지출 근거 (지방보조금 관리기준 참고) 1. 법률에 규정 2. 국고보조 재원(국가지정) 3. 용도 지정 기부금 4. 조례에 직접규정 5. 지자체가 권장하는 사업을 하는 공공기관 6. 시,도 정책 및 재정사정 7. 기타 8. 해당없음	입찰방식 계약체결방법 (경쟁형태) 1. 일반경쟁 2. 제한경쟁 3. 지명경쟁 4. 수의계약 5. 법정위탁 6. 기타 ( ) 7. 없음	입찰방식 계약기간 1. 1년 2. 2년 3. 3년 4. 4년 5. 5년 6. 기타 ( )년 7. 단기계약 (1년미만) 8. 없음	입찰방식 낙찰자선정방법 1. 적격심사 2. 협상에의한계약 3. 최저가낙찰제 4. 규격가격분리 5. 2단계 경쟁입찰 6. 기타 ( ) 7. 없음	운영예산 산정 운영예산 산정 1. 내부산정 (지자체 자체적으로 산정) 2. 외부산정 (외부전문기관위탁 산정) 3. 내·외부 모두 산정 4. 산정 無 5. 없음	운영예산 산정 정산방법 1. 내부정산 (지자체 내부적으로 정산) 2. 외부정산 (외부전문기관위탁 정산) 3. 내·외부 모두 산정 4. 정산 無 5. 없음	성과평가 실시여부 1. 실시 2. 미실시 3. 향후 추진 4. 해당없음
23357	전북 익산시	익산시재향경우회지원사업	4,000	1	4	7	8	7	1	1	3
23358	전북 익산시	지역사회청소년참여활동을위한청소년의회구성및운영	4,000	1	4	7	8	7	1	1	3
23359	전북 익산시	농촌체험휴양마을박람회참가지원사업	4,000	1	6	7	8	7	5	5	4
23360	전북 익산시	전적지순례및향군의날기념행사(익산시재향군인회)	3,600	1	4	7	8	7	1	1	3
23361	전북 익산시	깨끗한익산만들기사업	3,400	1	4	7	8	7	1	1	3
23362	전북 익산시	농업인학습단체활력화지원(익산시4H본부)	3,250	1	1	7	8	7	1	1	1
23363	전북 익산시	농업인학습단체활력화지원	3,250	1	6	7	8	7	1	1	4
23364	전북 익산시	새마을지도자대회및결산대회	3,000	1	4	7	8	7	1	1	3
23365	전북 익산시	한여농전북대회참가	3,000	1	4	7	8	7	1	1	1
23366	전북 익산시	호남,영남향군친선교류행사(익산시재향군인회)	2,500	1	4	7	8	7	1	1	3
23367	전북 익산시	체험마을리더교육지원	2,400	1	2	7	8	7	5	5	4
23368	전북 익산시	자연보호활동	1,800	1	8	7	8	7	5	5	4
23369	전북 정읍시	농축산용미생물효능평가지원사업	1,450,000	1	2	7	8	7	1	2	3
23370	전북 정읍시	샘고을정다운상권활성화사업	822,500	1	2	7	8	7	1	1	4
23371	전북 정읍시	고부두승산청정메밀축제	650,000	1	6	4	7	7	1	1	4
23372	전북 정읍시	농촌신활력플러스사업	641,152	1	2	7	8	7	3	3	1
23373	전북 정읍시	특화품목6차산업화지원사업	640,000	1	6	7	8	7	1	1	4
23374	전북 정읍시	여성농업인생생카드지원	505,700	1	4	7	8	7	5	5	4
23375	전북 정읍시	분만취약지지원사업	500,000	1	2	7	8	7	5	5	4
23376	전북 정읍시	식량작물공동(들녘)경영체교육컨설팅지원	459,000	1	2	7	8	7	1	1	4
23377	전북 정읍시	탄소중립저탄소한우축군조성사업	400,000	1	6	7	8	7	1	1	4
23378	전북 정읍시	축산농가경영안정사료구입비지원	400,000	1	6	7	8	7	1	1	4
23379	전북 정읍시	조사료종자구입지원	356,508	1	2	7	8	7	1	1	4
23380	전북 정읍시	정읍시통합마케팅공선출하회육성및판매지원사업	320,000	1	1	7	8	7	1	1	4
23381	전북 정읍시	지역혁신기관융복합R&D지원	300,000	1	4	7	8	7	5	5	4
23382	전북 정읍시	(예비)사회적기업일자리창출사업지원	270,000	1	2	7	8	7	1	1	4
23383	전북 정읍시	농촌인력지원센터운영지원	240,000	1	4	7	8	7	5	5	4
23384	전북 정읍시	암소유전형질개량사업	218,000	1	6	7	8	7	1	1	4
23385	전북 정읍시	귀농귀촌활성화지원사업	209,000	1	1	7	8	7	5	1	3
23386	전북 정읍시	농촌체험휴양마을사무장활동비지원사업	200,329	1	2	7	8	7	1	1	4
23387	전북 정읍시	동학농민혁명국제컨퍼런스제3회세계혁명도시연대회의	200,000	1	4	7	8	7	1	1	1
23388	전북 정읍시	정읍시취업중개센터운영	200,000	1	7	7	7	7	1	1	1
23389	전북 정읍시	고등직업교육거점지구사업지원	200,000	1	7	7	8	7	5	5	4
23390	전북 정읍시	고능력암소축군조성사업	190,700	1	6	7	8	7	1	1	4
23391	전북 정읍시	학교과일간식지원사업	167,179	1	1	7	8	7	5	5	3
23392	전북 정읍시	국산밀생산단지경영체육성교육컨설팅지원	144,900	1	2	7	8	7	1	1	4
23393	전북 정읍시	지역특화산업청년창업성장지원	137,170	1	2	7	8	7	1	1	1
23394	전북 정읍시	2023년내장산쿨센터운영보조금교부결정및지급	135,000	1	4	7	8	7	1	1	4
23395	전북 정읍시	맞춤형기술인력교육사업	131,968	1	4	7	8	7	5	5	4
23396	전북 정읍시	한우친자확인검사지원사업	114,000	1	6	7	8	7	1	1	4

순번	시군구	지출명 (사업명)	2024년예산 (단위 : 천원 /1년간)	민간이전 분류 (지방자치단체 세출예산 집행기준에 의거) 1. 민간경상사업보조(307-02) 2. 민간단체 법정운영비보조(307-03) 3. 민간행사사업보조(307-04) 4. 민간위탁금(307-05) 5. 사회복지시설 법정운영비보조(307-10) 6. 민간인위탁교육비(307-12) 7. 공기관등에대한경상적위탁사업비(308-13) 8. 민간자본사업보조,자체재원(402-01) 9. 민간자본사업보조,이전재원(402-02) 10. 민간위탁사업비(402-03) 11. 공기관등에 대한 자본적 위탁사업비(403-02)	민간이전지출 근거 (지방보조금 관리기준 참고) 1. 법률에 규정 2. 국고보조 재원(국가지정) 3. 용도 지정 기부금 4. 조례에 직접규정 5. 지자체가 권장하는 사업을 하는 공공기관 6. 시,도 정책 및 재정사정 7. 기타 8. 해당없음	입찰방식 계약체결방법 (경쟁형태) 1. 일반경쟁 2. 제한경쟁 3. 지명경쟁 4. 수의계약 5. 법정위탁 6. 기타 ( ) 7. 없음	계약기간 1. 1년 2. 2년 3. 3년 4. 4년 5. 5년 6. 기타 ( )년 7. 단기계약 (1년미만) 8. 없음	낙찰자선정방법 1. 적격심사 2. 협상에의한계약 3. 최저가낙찰제 4. 규격가격분리 5. 2단계 경쟁입찰 6. 기타 ( ) 7. 없음	운영예산 산정 운영예산 산정 1. 내부산정 (지자체 자체적으로 산정) 2. 외부산정 (외부전문기관위탁 산정) 3. 내·외부 모두 산정 4. 산정 無 5. 없음	정산방법 1. 내부정산 (지자체 내부적으로 정산) 2. 외부정산 (외부전문기관위탁 정산) 3. 내·외부 모두 정산 4. 정산 無 5. 없음	성과평가 실시여부 1. 실시 2. 미실시 3. 향후 추진 4. 해당없음
23397	전북 정읍시	이동식놀이교실운영비지원	110,000	1	2	7	8	7	1	1	4
23398	전북 정읍시	가루쌀생산단지교육컨설팅지원	109,800	1	2	7	8	7	1	1	4
23399	전북 정읍시	농번기공동급식지원	102,400	1	4	7	8	7	5	5	4
23400	전북 정읍시	농촌찾아가는사회서비스활성화지원사업	100,000	1	1	7	8	7	1	1	3
23401	전북 정읍시	친환경쌀재배단지자재지원	100,000	1	6	7	8	7	1	1	4
23402	전북 정읍시	농산물공동작업지원체계확충사업	99,720	1	1	7	8	7	1	1	4
23403	전북 정읍시	치매안심요양병원공공사업지원	94,000	1	2	7	8	7	5	1	1
23404	전북 정읍시	국가생태관광지역육성사업	90,000	1	2	5	3	1	1	1	1
23405	전북 정읍시	전통시장장옌정장보기도우미	88,740	1	6	7	8	7	1	1	3
23406	전북 정읍시	신중년취업지원사업	84,000	1	2	7	8	7	1	1	4
23407	전북 정읍시	전북형농촌관광활성화지원사업	80,000	1	6	4	7	7	1	1	4
23408	전북 정읍시	생산자조직화및통합마케팅활성화지원	80,000	1	1	7	8	7	1	1	4
23409	전북 정읍시	2023년정읍단풍콜브랜드택시운영보조금교부결정및지급	75,000	1	4	7	8	7	1	1	4
23410	전북 정읍시	신선농산물수출자생력강화사업	73,000	1	1	7	8	7	1	1	4
23411	전북 정읍시	한센간이양로주택운영비지원	71,746	1	2	7	8	7	2	2	4
23412	전북 정읍시	자원봉사자코디네이터지원육성	66,322	1	2	7	8	7	1	1	4
23413	전북 정읍시	정읍시통합마케팅농산물공동수집및판매물류비지원	60,000	1	1	7	8	7	1	1	4
23414	전북 정읍시	정읍시지속가능발전정책발굴포럼	59,500	1	1,4	7	8	7	5	5	4
23415	전북 정읍시	고택종갓집활용사업	57,500	1	2	7	8	7	1	1	2
23416	전북 정읍시	신성장산업전문인력양성이음	54,867	1	2	7	8	7	1	1	1
23417	전북 정읍시	중소농농산물안전유통지원사업(잔류농약검사비)	54,000	1	1,4	7	8	7	5	5	3
23418	전북 정읍시	자원봉사센터교육및사업비	53,830	1	1	7	8	7	1	1	1
23419	전북 정읍시	비육용암소시장육성사업	52,800	1	2	7	8	7	1	1	4
23420	전북 정읍시	전북도연맹농업전진대회개최	52,200	1	7	7	8	7	5	5	1
23421	전북 정읍시	전통시장장보기배송서비스지원	50,328	1	6	7	8	7	1	1	3
23422	전북 정읍시	제28회정읍예술제	50,000	1	4	7	8	7	1	1	1
23423	전북 정읍시	13주년고부농민봉기재현행사	50,000	1	4	7	8	7	1	1	1
23424	전북 정읍시	생생문화유산사업(다시피는녹두꽃)	50,000	1	2	7	8	7	1	1	2
23425	전북 정읍시	창업보육센터지원	50,000	1	4	7	8	7	5	5	4
23426	전북 정읍시	소상공인공제가입지원	48,000	1	2	7	8	7	1	1	4
23427	전북 정읍시	도시재생아카데미운영	47,642	1	6	7	8	7	1	1	3
23428	전북 정읍시	세계유산활용사업(무성서원에서선비정신을묻다)	46,939	1	2	7	8	7	1	1	2
23429	전북 정읍시	마을기업사무장지원사업	46,320	1	7	7	8	7	1	1	4
23430	전북 정읍시	제29회농업인의날한마음대회	46,100	1	7	7	8	7	5	5	1
23431	전북 정읍시	임산부친환경농산물꾸러미지원	46,080	1	6	7	8	7	1	1	4
23432	전북 정읍시	농촌재능나눔사업	45,000	1	1	7	8	7	1	1	3
23433	전북 정읍시	지역특화산업청년창업지원이음	42,981	1	2	7	8	7	1	1	1
23434	전북 정읍시	청년취업지원사업	42,000	1	2	7	8	7	1	1	4
23435	전북 정읍시	신성장산업전문인력양성	41,152	1	2	7	8	7	1	1	1
23436	전북 정읍시	정읍예총운영비	41,000	1	4	7	8	7	1	1	1

순번	시군구	지출명 (사업명)	2024년예산 (단위 : 천원 /1년간)	민간이전 분류 (지방자치단체 세출예산 집행기준에 의거) 1. 민간경상사업보조(307-02) 2. 민간단체 법정운영비보조(307-03) 3. 민간행사사업보조(307-04) 4. 민간위탁금(307-05) 5. 사회복지시설 법정운영비보조(307-10) 6. 민간인위탁교육비(307-12) 7. 공기관등에대한경상적위탁사업비(308-13) 8. 민간자본사업보조,자체재원(402-01) 9. 민간자본사업보조,이전재원(402-02) 10. 민간위탁사업비(402-03) 11. 공기관등에 대한 자본적 위탁사업비(403-02)	민간이전지출 근거 (지방보조금 관리기준 참고) 1. 법률에 규정 2. 국고보조 재원(국가지정) 3. 용도 지정 기부금 4. 조례에 직접규정 5. 지자체가 권장하는 사업을 하는 공공기관 6. 시,도 정책 및 재정사정 7. 기타 8. 해당없음	입찰방식 계약체결방법 (경쟁형태) 1. 일반경쟁 2. 제한경쟁 3. 지명경쟁 4. 수의계약 5. 법정위탁 6. 기타 ( ) 7. 없음	입찰방식 계약기간 1. 1년 2. 2년 3. 3년 4. 4년 5. 5년 6. 기타 ( )년 7. 단기계약 (1년미만) 8. 없음	입찰방식 낙찰자선정방법 1. 적격심사 2. 협상에의한계약 3. 최저가낙찰제 4. 규격가격분리 5. 2단계 경쟁입찰 6. 기타 ( ) 7. 없음	운영예산 산정 운영예산 산정 1. 내부산정 (지자체 자체적으로 산정) 2. 외부산정 (외부전문기관위탁 산정) 3. 내·외부 모두 산정 4. 산정 無 5. 없음	운영예산 산정 정산방법 1. 내부정산 (지자체 내부적으로 정산) 2. 외부정산 (외부전문기관위탁 정산) 3. 내·외부 모두 산정 4. 정산 無 5. 없음	성과평가 실시여부 1. 실시 2. 미실시 3. 향후 추진 4. 해당없음
23437	전북 정읍시	농산물공동출하확대지원사업	40,400	1	2	7	8	7	1	1	4
23438	전북 정읍시	지식재산창출지원사업	39,000	1	4	7	8	7	5	5	4
23439	전북 정읍시	시민정원조성사업	36,000	1	4	7	8	7	5	5	4
23440	전북 정읍시	공동체프리마켓어울림한마당	36,000	1	4	7	8	7	1	1	3
23441	전북 정읍시	작은도서관운영지원	35,160	1	1	7	1	7	1	1	1
23442	전북 정읍시	옛도람복원사업	35,000	1	6	4	1	7	1	1	2
23443	전북 정읍시	작은도서관운영지원	34,900	1	1	7	1	7	1	1	1
23444	전북 정읍시	작은도서관운영지원	34,900	1	1	7	1	7	1	1	1
23445	전북 정읍시	작은도서관운영지원	34,900	1	1	7	1	7	1	1	1
23446	전북 정읍시	작은도서관운영지원	34,900	1	1	7	1	7	1	1	1
23447	전북 정읍시	작은도서관운영지원	34,900	1	1	7	1	7	1	1	1
23448	전북 정읍시	작은도서관운영지원	34,900	1	1	7	1	7	1	1	1
23449	전북 정읍시	작은도서관운영지원	34,900	1	1	7	1	7	1	1	1
23450	전북 정읍시	작은도서관운영지원	34,900	1	1	7	1	7	1	1	1
23451	전북 정읍시	작은도서관운영지원	34,900	1	1	7	1	7	1	1	1
23452	전북 정읍시	작은도서관운영지원	34,900	1	1	7	1	7	1	1	1
23453	전북 정읍시	작은도서관운영지원	34,900	1	1	7	1	7	1	1	1
23454	전북 정읍시	축산환경개선지도지원사업	34,250	1	6	7	8	7	1	1	4
23455	전북 정읍시	마을기술사업단운영	34,000	1	4	7	8	7	1	1	3
23456	전북 정읍시	낙농도우미지원사업	33,600	1	6	7	8	7	1	1	4
23457	전북 정읍시	마을경영체경쟁력강화사업	32,000	1	1	7	8	7	5	5	4
23458	전북 정읍시	정읍예총문화예술교육	30,000	1	4	7	8	7	1	1	1
23459	전북 정읍시	최초의동학농민혁명고부봉기학술대회	30,000	1	4	7	8	7	1	1	1
23460	전북 정읍시	정읍시생활과학교실운영	30,000	1	4	7	8	7	1	1	3
23461	전북 정읍시	청소년영어캠프	30,000	1	7	7	8	7	5	5	4
23462	전북 정읍시	우리밀소비촉진지원	30,000	1	1	7	8	7	1	1	4
23463	전북 정읍시	발효식품마케팅활성화지원	30,000	1	1	7	8	7	1	1	1
23464	전북 정읍시	2023년내장산콜통신비보조금교부결정및지급	29,700	1	4	7	8	7	1	1	4
23465	전북 정읍시	출산여성농가도우미지원	29,160	1	4	7	8	7	5	5	4
23466	전북 정읍시	제34회정읍(관광&창작)전국사진공모전	28,500	1	4	7	8	7	1	1	1
23467	전북 정읍시	내고향바로알기프로젝트	28,000	1	7	7	8	7	5	5	4
23468	전북 정읍시	출향인환영행사	27,600	1	4	7	8	7	2	1	3
23469	전북 정읍시	와글와글시장가요제	26,400	1	6	7	8	7	1	1	3
23470	전북 정읍시	축산물품질향상지원사업	25,833	1	6	7	8	7	1	1	4
23471	전북 정읍시	동학농민혁명참여자와유족등록사업관련학술대회	25,000	1	4	7	8	7	1	1	1
23472	전북 정읍시	동학농민혁명대상시상	25,000	1	4	7	8	7	1	1	1
23473	전북 정읍시	전통산사문화유산활용사업(나를찾는명상순례)	25,000	1	2	7	8	7	1	1	2
23474	전북 정읍시	청년창업지원(2023년도2차분)	25,000	1	4	7	8	7	1	1	4
23475	전북 정읍시	학교부적응학생체험교실'꿈을그린다'	25,000	1	7	7	8	7	5	5	4
23476	전북 정읍시	성인문해교육지원사업	25,000	1	6	7	8	7	5	5	4

순번	시군구	지출명 (사업명)	2024년예산 (단위 : 천원 /1년간)	민간이전 분류 (지방자치단체 세출예산 집행기준에 의거) 1. 민간경상사업보조(307-02) 2. 민간단체 법정운영비보조(307-03) 3. 민간행사사업보조(307-04) 4. 민간위탁금(307-05) 5. 사회복지시설 법정운영비보조(307-10) 6. 민간인위탁교육비(307-12) 7. 공기관등에대한경상적위탁사업비(308-13) 8. 민간자본사업보조,자체재원(402-01) 9. 민간자본사업보조,이전재원(402-02) 10. 민간위탁사업비(402-03) 11. 공기관등에 대한 자본적 위탁사업비(403-02)	민간이전지출 근거 (지방보조금 관리기준 참고) 1. 법률에 규정 2. 국고보조 재원(국가지정) 3. 용도 지정 기부금 4. 조례에 직접규정 5. 지자체가 권장하는 사업을 하는 공공기관 6. 시,도 정책 및 재정사정 7. 기타 8. 해당없음	입찰방식: 계약체결방법 (경쟁형태) 1. 일반경쟁 2. 제한경쟁 3. 지명경쟁 4. 수의계약 5. 법정위탁 6. 기타 ( ) 7. 없음	입찰방식: 계약기간 1. 1년 2. 2년 3. 3년 4. 4년 5. 5년 6. 기타 ( )년 7. 단기계약 (1년미만) 8. 없음	입찰방식: 낙찰자선정방법 1. 적격심사 2. 협상에의한계약 3. 최저가낙찰제 4. 규격가격분리 5. 2단계 경쟁입찰 6. 기타 ( ) 7. 없음	운영예산 산정: 운영예산 산정 1. 내부산정 (지자체 자체적으로 산정) 2. 외부산정 (외부전문기관위탁 산정) 3. 내·외부 모두 산정 4. 산정 無 5. 없음	운영예산 산정: 정산방법 1. 내부정산 (지자체 내부적으로 정산) 2. 외부정산 (외부전문기관위탁 정산) 3. 내·외부 모두 정산 4. 정산 無 5. 없음	성과평가 실시여부 1. 실시 2. 미실시 3. 향후 추진 4. 해당없음
23477	전북 정읍시	공동주택공동체활성화사업	25,000	1	4	7	8	7	1	1	3
23478	전북 정읍시	새마을지도자한마음대회	25,000	1	4	7	8	7	2	1	3
23479	전북 정읍시	새마을부녀회원역량강화수련대회	24,500	1	4	7	8	7	2	1	3
23480	전북 정읍시	2024명인명무축판	24,000	1	4	7	8	7	1	1	1
23481	전북 정읍시	하우스공동수확지원사업	24,000	1	1	7	8	7	1	1	4
23482	전북 정읍시	전통시장시장매니저지원사업	23,544	1	6	7	8	7	1	1	3
23483	전북 정읍시	찾아가는농업인1세버스운영	22,400	1	4	7	8	7	5	5	4
23484	전북 정읍시	제32회정읍사전국서화대전	22,000	1	4	7	8	7	1	1	1
23485	전북 정읍시	제22회갑오동학미술대전	22,000	1	4	7	8	7	1	1	1
23486	전북 정읍시	사랑의고추장나누기	21,000	1	4	7	8	7	2	1	3
23487	전북 정읍시	과학기술및IT산업활성화를위한창업지원	20,576	1	2	7	8	7	1	1	1
23488	전북 정읍시	제21회장애인과함께하는열린음악회	20,000	1	4	7	8	7	1	1	1
23489	전북 정읍시	보천교의독립운동구술사료집발간및학술대회	20,000	1	4	7	8	7	1	1	1
23490	전북 정읍시	제27회황토현전국농악경연대회	20,000	1	4	7	8	7	1	1	1
23491	전북 정읍시	정읍학11호발간및학술대회	20,000	1	4	7	8	7	1	1	1
23492	전북 정읍시	제32회정읍전국국악대경연	20,000	1	4	7	8	7	1	1	1
23493	전북 정읍시	제15회황토현전국청소년토론대회	20,000	1	4	7	8	7	1	1	1
23494	전북 정읍시	문화재지킴이사업	20,000	1	4	7	8	7	1	1	1
23495	전북 정읍시	정읍창의과학축전	20,000	1	4	7	8	7	1	1	1
23496	전북 정읍시	농촌관광홍보방송지원	20,000	1	4	7	8	7	1	1	3
23497	전북 정읍시	홀몸어르신돌보기및영양식반찬나눔행사	20,000	1	6	4	7	7	1	1	4
23498	전북 정읍시	창암이삼만대한민국서예대전및학술대회	20,000	1	4	7	8	7	2	1	3
23499	전북 정읍시	전국명창명고초청'신광대가'	18,000	1	4	7	8	7	1	1	1
23500	전북 정읍시	민주평통자문회의평화통일활동사업	18,000	1	4	7	8	7	1	1	1
23501	전북 정읍시	GAP이력관리체계구축	17,350	1	4	7	8	7	2	1	3
23502	전북 정읍시	정읍청소년토론학교	17,280	1	1	7	8	7	1	1	4
23503	전북 정읍시	로컬푸드직매장생산소비교류활동지원사업	17,000	1	7	7	8	7	5	5	4
23504	전북 정읍시	전통시장소비쿠폰지원사업	16,500	1	1,4	7	8	7	5	5	3
23505	전북 정읍시	정읍시4h연합회수련교육지원	16,000	1	6	7	8	7	1	1	3
23506	전북 정읍시	제19회정읍전국실버영화제	16,000	1	1	7	8	7	1	1	1
23507	전북 정읍시	제3회정촌풀파티(정촌예술제)	15,000	1	4	7	8	7	1	1	1
23508	전북 정읍시	제34회정읍사전국국악경연대회	15,000	1	4	7	8	7	1	1	1
23509	전북 정읍시	전통놀이현대화체험프로그램운영	15,000	1	4	7	8	7	1	1	1
23510	전북 정읍시	제9회한가위시민가요제	15,000	1	4	7	8	7	1	1	1
23511	전북 정읍시	별나라여행축제	15,000	1	4	7	8	7	1	1	3
23512	전북 정읍시	도시재생뉴딜사업(중심시가지형)마을관리사회적협동조합초기사업비지원	15,000	1	2	7	8	7	1	1	3
23513	전북 정읍시	도시재생뉴딜사업(공기업제안형)마을관리사회적협동조합초기사업비지원	15,000	1	2	7	8	7	1	1	3
23514	전북 정읍시	농업용드론전문자격증반육성지원	15,000	1	1	7	8	7	1	1	1
23515	전북 정읍시	김치문화사랑운동	15,000	1	4	7	8	7	2	1	3
23516	전북 정읍시	농업인영농발대식풍년기원제	14,990	1	7	7	8	7	5	5	1

순번	시군구	지출명 (사업명)	2024년예산 (단위 : 천원 /1년간)	민간이전 분류 (지방자치단체 세출예산 집행기준에 의거) 1. 민간경상사업보조(307-02) 2. 민간단체 법정운영비보조(307-03) 3. 민간행사사업보조(307-04) 4. 민간위탁금(307-05) 5. 사회복지시설 법정운영비보조(307-10) 6. 민간인위탁교육비(307-12) 7. 공기관등에대한경상적위탁사업비(308-13) 8. 민간자본사업보조,자체재원(402-01) 9. 민간자본사업보조,이전재원(402-02) 10. 민간위탁사업비(402-03) 11. 공기관등에 대한 자본적 위탁사업비(403-02)	민간이전지출 근거 (지방보조금 관리기준 참고) 1. 법률에 규정 2. 국고보조 재원(국가지정) 3. 용도 지정 기부금 4. 조례에 직접규정 5. 지자체가 권장하는 사업을 하는 공공기관 6. 시,도 정책 및 재정사정 7. 기타 8. 해당없음	입찰방식			운영예산 산정		성과평가 실시여부
						계약체결방법 (경쟁형태) 1. 일반경쟁 2. 제한경쟁 3. 지명경쟁 4. 수의계약 5. 법정위탁 6. 기타 ( ) 7. 없음	계약기간 1. 1년 2. 2년 3. 3년 4. 4년 5. 5년 6. 기타 ( )년 7. 단기계약 (1년미만) 8. 없음	낙찰자선정방법 1. 적격심사 2. 협상에의한계약 3. 최저가낙찰제 4. 규격가격분리 5. 2단계 경쟁입찰 6. 기타 ( ) 7. 없음	운영예산 산정 1. 내부산정 (지자체 자체적으로 산정) 2. 외부산정 (외부전문기관위탁 산정) 3. 내·외부 모두 산정 4. 산정 無 5. 없음	정산방법 1. 내부정산 (지자체 내부적으로 정산) 2. 외부정산 (외부전문기관위탁 정산) 3. 내·외부 모두 산정 4. 정산 無 5. 없음	1. 실시 2. 미실시 3. 향후 추진 4. 해당없음
23517	전북 정읍시	2023년시민을위한교통봉사활동보조금교부결정및지급	14,525	1	1	7	8	7	1	1	4
23518	전북 정읍시	사회적경제청년혁신가지원사업(인건비,교통비)	14,480	1	2	7	8	7	1	1	4
23519	전북 정읍시	제21회단풍미인기읍면동농악경연대회	14,220	1	4	7	8	7	1	1	1
23520	전북 정읍시	친환경희망농부육성지원	14,040	1	6	7	8	7	1	1	4
23521	전북 정읍시	샘고을시장방역소독지원사업	14,000	1	6	7	8	7	1	1	3
23522	전북 정읍시	정읍의용소방대소방기술경연대회	14,000	1	4	7	8	7	1	1	1
23523	전북 정읍시	18회한농연가족한마당대회	13,950	1	7	7	8	7	5	5	1
23524	전북 정읍시	농촌공동아이돌봄센터운영비지원	13,700	1	2	7	8	7	1	1	4
23525	전북 정읍시	제17회전국한문경전성독대회	13,500	1	4	7	8	7	1	1	1
23526	전북 정읍시	학생승마체험지원	13,440	1	2	7	1	7	5	1	1
23527	전북 정읍시	농촌여성안전향상보조구지원	12,800	1	1	7	8	7	1	1	1
23528	전북 정읍시	제37회전국시조경창대회	12,500	1	4	7	8	7	1	1	1
23529	전북 정읍시	19회한농연전국(전북)대회참가	12,420	1	7	7	8	7	5	5	1
23530	전북 정읍시	고부향교유도학교	12,300	1	4	7	8	7	1	1	1
23531	전북 정읍시	21회전북농특산물명품큰장터	12,150	1	7	7	8	7	5	5	1
23532	전북 정읍시	2024벚꽃야행	12,000	1	4	7	8	7	1	1	1
23533	전북 정읍시	찾아가는우도농악교습	12,000	1	4	7	8	7	1	1	1
23534	전북 정읍시	단편영화'동학의영웅들'제작	12,000	1	4	7	8	7	1	1	1
23535	전북 정읍시	제23기전봉준역사캠프	12,000	1	4	7	8	7	1	1	1
23536	전북 정읍시	전통시장명절장보기행사	12,000	1	6	7	8	7	1	1	3
23537	전북 정읍시	저탄소녹색생활실천시민운동지원	12,000	1	8	7	8	7	5	5	4
23538	전북 정읍시	마을축제운영활성화	12,000	1	4	7	8	7	1	1	3
23539	전북 정읍시	친환경기술정보보급	12,000	1	6	7	8	7	1	1	4
23540	전북 정읍시	로컬푸드직매장홍보및판촉행사지원	12,000	1	4	7	8	7	5	5	3
23541	전북 정읍시	통합자원봉사보험가입서비스지원	11,650	1	2	7	8	7	1	1	4
23542	전북 정읍시	민주노총근로자체육대회	11,600	1	6	7	8	7	1	1	4
23543	전북 정읍시	한국노총근로자체육대회	11,600	1	6	7	8	7	1	1	1
23544	전북 정읍시	우수농업벤치마킹및시책개발워크숍	11,340	1	7	7	8	7	5	5	1
23545	전북 정읍시	제24회청소년인문학캠프	11,000	1	4	7	8	7	2	1	3
23546	전북 정읍시	조사료전문단지종자구입지원	10,778	1	2	7	8	7	1	1	4
23547	전북 정읍시	제12회정읍사문학상공모전	10,000	1	4	7	8	7	1	1	1
23548	전북 정읍시	제32회전국농악명인대회	10,000	1	4	7	8	7	1	1	1
23549	전북 정읍시	제17회동초제판소리기획공연"판"	10,000	1	4	7	8	7	1	1	1
23550	전북 정읍시	제1회정읍전국단풍무용경연대회	10,000	1	4	7	8	7	1	1	1
23551	전북 정읍시	선율따라흐르는퓨전여행	10,000	1	4	7	8	7	1	1	1
23552	전북 정읍시	정읍농악보존회정기발표회	10,000	1	4	7	8	7	1	1	1
23553	전북 정읍시	제례실행사업(석전대제)	10,000	1	4	7	8	7	1	1	2
23554	전북 정읍시	제례실행사업(석전대제)	10,000	1	4	7	8	7	1	1	2
23555	전북 정읍시	제례실행사업(석전대제)	10,000	1	4	7	8	7	1	1	2
23556	전북 정읍시	자활실시기관연찬회	10,000	1	4	7	8	1	1	1	4

순번	시군구	지출명 (사업명)	2024년예산 (단위 : 천원 /1년간)	민간이전 분류 (지방자치단체 세출예산 집행기준에 의거) 1. 민간경상사업보조(307-02) 2. 민간단체 법정운영비보조(307-03) 3. 민간행사사업보조(307-04) 4. 민간위탁금(307-05) 5. 사회복지시설 법정운영비보조(307-10) 6. 민간인위탁교육비(307-12) 7. 공기관등에대한경상적위탁사업비(308-13) 8. 민간자본사업보조,자체재원(402-01) 9. 민간자본사업보조,이전재원(402-02) 10. 민간위탁사업비(402-03) 11. 공기관등에 대한 자본적 위탁사업비(403-02)	민간이전지출 근거 (지방보조금 관리기준 참고) 1. 법률에 규정 2. 국고보조 재원(국가지정) 3. 용도 지정 기부금 4. 조례에 직접규정 5. 지자체가 권장하는 사업을 하는 공공기관 6. 시,도 정책 및 재정사정 7. 기타 8. 해당없음	입찰방식 계약체결방법 (경쟁형태) 1. 일반경쟁 2. 제한경쟁 3. 지명경쟁 4. 수의계약 5. 법정위탁 6. 기타 ( ) 7. 없음	입찰방식 계약기간 1. 1년 2. 2년 3. 3년 4. 4년 5. 5년 6. 기타 ( )년 7. 단기계약 (1년미만) 8. 없음	입찰방식 낙찰자선정방법 1. 적격심사 2. 협상에의한계약 3. 최저가낙찰제 4. 규격가격분리 5. 2단계 경쟁입찰 6. 기타 ( ) 7. 없음	운영예산 산정 운영예산 산정 1. 내부산정 (지자체 자체적으로 산정) 2. 외부산정 (외부전문기관위탁 산정) 3. 내·외부 모두 산정 4. 산정 無 5. 없음	운영예산 산정 정산방법 1. 내부정산 (지자체 내부적으로 정산) 2. 외부정산 (외부전문기관위탁 정산) 3. 내·외부 모두 산정 4. 정산 無 5. 없음	성과평가 실시여부 1. 실시 2. 미실시 3. 향후 추진 4. 해당없음
23557	전북 정읍시	평생학습동아리지원사업	10,000	1	6	7	8	7	5	5	1
23558	전북 정읍시	생생마을만들기기초단계	10,000	1	4	7	8	7	1	1	3
23559	전북 정읍시	마을주민평생교육지원	10,000	1	4	7	8	7	1	1	3
23560	전북 정읍시	2023년정읍단풍콜브랜드택시통신비보조금교부결정및지급	10,000	1	4	7	8	7	1	1	4
23561	전북 정읍시	품목생산자조직경쟁력제고시범	10,000	1	1	7	8	7	1	1	1
23562	전북 정읍시	귀성객환영행사	10,000	1	4	7	8	7	2	1	3
23563	전북 정읍시	최덕수열사정신계승36주년정읍시민문화제	10,000	1	4	7	8	7	2	1	3
23564	전북 정읍시	자율방범연합회한마음대회	10,000	1	4	7	8	7	2	1	3
23565	전북 정읍시	자율방범연합회임원워크숍	10,000	1	4	7	8	7	2	1	3
23566	전북 정읍시	농식품기업수출사전이행지원사업	9,552	1	1	7	8	7	1	1	4
23567	전북 정읍시	해병대전우회재난재해대비인명구조훈련	9,500	1	1	7	8	7	5	5	4
23568	전북 정읍시	메이플문화예술공연	9,000	1	4	7	8	7	1	1	1
23569	전북 정읍시	제18회상춘곡문학제	9,000	1	4	7	8	7	1	1	1
23570	전북 정읍시	2024년모범근로자근로의욕고취	9,000	1	1	7	8	7	5	1	3
23571	전북 정읍시	쌀전업농전국회원대회참가	9,000	1	4	7	8	7	1	1	4
23572	전북 정읍시	품목별우수농업현지연찬워크숍	8,540	1	7	7	8	7	5	5	1
23573	전북 정읍시	정읍한여농화합한마음대회	8,100	1	7	7	8	7	5	5	3
23574	전북 정읍시	신바람문화교실	8,000	1	4	7	8	7	1	1	1
23575	전북 정읍시	불우헌정극인선생추모행사	8,000	1	7	7	8	7	5	5	3
23576	전북 정읍시	청소년리더십아카데미	8,000	1	7	7	8	7	5	5	1
23577	전북 정읍시	제3회의용소방대의날기념행사	8,000	1	4	7	8	7	1	1	1
23578	전북 정읍시	기후변화대응농업인교육워크숍	7,700	1	7	7	8	7	5	5	1
23579	전북 정읍시	영농도우미농가부담금지원	7,560	1	4	7	8	7	5	5	4
23580	전북 정읍시	자가인공수정농가육성교육	7,500	1	6	7	8	7	1	1	4
23581	전북 정읍시	사람과자연의공생생고을플러깅	7,450	1	4	7	8	7	5	5	4
23582	전북 정읍시	전통시장대보름방화제	7,200	1	6	7	8	7	1	1	3
23583	전북 정읍시	농특산물인터넷판매활성화사업	7,200	1	1	7	8	7	1	1	4
23584	전북 정읍시	농촌체험휴양마을보험가입지원사업	7,125	1	2	7	8	7	1	1	4
23585	전북 정읍시	탄소제로화사업	6,800	1	4	7	8	7	5	5	4
23586	전북 정읍시	정읍시장애인어울림합창단	6,500	1	4	7	8	7	1	1	1
23587	전북 정읍시	시민과함께하는국악예술제	6,400	1	4	7	8	7	1	1	1
23588	전북 정읍시	33회전국으뜸농산물한마당참가	6,300	1	7	7	8	7	1	1	1
23589	전북 정읍시	도시,치유농업활성화현지연찬교육	6,300	1	7	7	8	7	5	5	1
23590	전북 정읍시	정읍시민통일문화한마당	6,300	1	1	7	8	7	5	5	3
23591	전북 정읍시	2024년송년음악회및예술인의밤	6,000	1	4	7	8	7	2	1	3
23592	전북 정읍시	무성서원전통문화재현(춘,추향제)	6,000	1	4	7	8	7	1	1	1
23593	전북 정읍시	EQ두이노사업지원	6,000	1	4	7	8	7	1	1	1
23594	전북 정읍시	지역자율방재단재난예찰및복구한동운영	6,000	1	7	7	8	7	5	5	1
23595	전북 정읍시	제6회BestofKorea국악&댄스콜라보페스티벌	6,000	1	1	7	8	7	5	5	4
23596	전북 정읍시	장애인전통문화체험우리의소리를찾아서	5,600	1	4	7	8	7	1	1	1
23596	전북 정읍시	장애인전통문화체험우리의소리를찾아서	5,550	1	4	7	8	7	1	1	1

순번	시군구	지출명 (사업명)	2024년예산 (단위 : 천원 /1년간)	민간이전 분류 (지방자치단체 세출예산 집행기준에 의거) 1. 민간경상사업보조(307-02) 2. 민간단체 법정운영비보조(307-03) 3. 민간행사사업보조(307-04) 4. 민간위탁금(307-05) 5. 사회복지시설 법정운영비보조(307-10) 6. 민간인위탁교육비(307-12) 7. 공기관등에대한경상적위탁사업비(308-13) 8. 민간자본사업보조,자체재원(402-01) 9. 민간자본사업보조,이전재원(402-02) 10. 민간위탁사업비(402-03) 11. 공기관등에 대한 자본적 위탁사업비(403-02)	민간이전지출 근거 (지방보조금 관리기준 참고) 1. 법률에 규정 2. 국고보조 재원(국가지정) 3. 용도 지정 기부금 4. 조례에 직접규정 5. 지자체가 권장하는 사업을 하는 공공기관 6. 시,도 정책 및 재정사정 7. 기타 8. 해당없음	입찰방식 계약체결방법 (경쟁형태) 1. 일반경쟁 2. 제한경쟁 3. 지명경쟁 4. 수의계약 5. 법정위탁 6. 기타 ( ) 7. 없음	입찰방식 계약기간 1. 1년 2. 2년 3. 3년 4. 4년 5. 5년 6. 기타 ( )년 7. 단기계약 (1년미만) 8. 없음	입찰방식 낙찰자선정방법 1. 적격심사 2. 협상에의한계약 3. 최저가낙찰제 4. 규격가격분리 5. 2단계 경쟁입찰 6. 기타 ( ) 7. 없음	운영예산 산정 운영예산 산정 1. 내부산정 (지자체 자체적으로 산정) 2. 외부산정 (외부전문기관위탁 산정) 3. 내·외부 모두 산정 4. 산정 無 5. 없음	운영예산 산정 정산방법 1. 내부정산 (지자체 내부적으로 정산) 2. 외부정산 (외부전문기관위탁 정산) 3. 내·외부 모두 산정 4. 정산 無 5. 없음	성과평가 실시여부 1. 실시 2. 미실시 3. 향후 추진 4. 해당없음
23597	전북 정읍시	제28회정읍의미	5,500	1	4	7	8	7	1	1	1
23598	전북 정읍시	25회전북여성농민한마음행사	5,100	1	7	7	8	7	5	5	1
23599	전북 정읍시	전북의용소방대소방기술경연대회참가	5,060	1	4	7	8	7	1	1	1
23600	전북 정읍시	제8회내장산단풍축제한마당	5,000	1	4	7	8	7	1	1	1
23601	전북 정읍시	수필동인지발행및수필문학강좌운영	5,000	1	4	7	8	7	1	1	1
23602	전북 정읍시	샘소리터어울마당	5,000	1	4	7	8	7	1	1	1
23603	전북 정읍시	전북시군농악경연대회출전경비지원	5,000	1	4	7	8	7	1	1	1
23604	전북 정읍시	제13주년김개남장군추모제	5,000	1	4	7	8	7	1	1	1
23605	전북 정읍시	청년창업지원(2022년도3차분)	5,000	1	4	7	8	7	1	1	4
23606	전북 정읍시	섬진강댐노인복지관노년사회교육운영	5,000	1	1	7	1	3	1	1	1
23607	전북 정읍시	농촌여성학습단체활동지원	5,000	1	1	7	8	7	1	1	1
23608	전북 정읍시	사립(명봉)도서관자료구입비지원	5,000	1	1	7	1	7	1	1	4
23609	전북 정읍시	정읍시북부권역추억의콩쿨대회	4,800	1	4	7	8	7	1	1	1
23610	전북 정읍시	임업후계자선진지견학	4,748	1	7	7	8	7	5	5	4
23611	전북 정읍시	하동군의용소방대동서교류행사지원	4,560	1	4	7	8	7	1	1	1
23612	전북 정읍시	제7회썸머페스티벌	4,500	1	4	7	8	7	1	1	1
23613	전북 정읍시	찾아가는맞춤형재능봉사단운영	4,500	1	1	7	8	7	1	1	4
23614	전북 정읍시	동진강환경,복지협의회플로깅사업	4,500	1	4	7	8	7	5	5	4
23615	전북 정읍시	귀농인과함께하는현장실습교육	4,500	1	7	7	8	7	5	5	1
23616	전북 정읍시	청년농업인생생동아리지원	4,500	1	1	7	8	7	1	1	1
23617	전북 정읍시	11회한국여성농업인전북대회	4,120	1	7	7	8	7	5	5	1
23618	전북 정읍시	정읍설장고무료강습	4,000	1	4	7	8	7	1	1	1
23619	전북 정읍시	장애인문화예술공연	4,000	1	4	7	8	7	1	1	1
23620	전북 정읍시	정읍시민과함께하는대보름큰잔치	4,000	1	7	7	8	7	5	5	3
23621	전북 정읍시	정읍시창작스튜디오기획전시	4,000	1	4	7	8	7	1	1	1
23622	전북 정읍시	산촌마당캠프활성화지원	4,000	1	4	7	8	7	1	1	3
23623	전북 정읍시	여성농업인농부병건강클리닉	4,000	1	7	7	8	7	5	5	1
23624	전북 정읍시	농촌체험휴양마을박람회참가지원	4,000	1	6	4	7	7	1	1	4
23625	전북 정읍시	친환경농산물유통.소비미케팅지원	3,840	1	6	7	8	7	1	1	4
23626	전북 정읍시	정읍의용소방대연합회워크숍개최	3,600	1	4	7	8	7	1	1	1
23627	전북 정읍시	전국새마을지도자대회	3,500	1	4	7	8	7	2	1	3
23628	전북 정읍시	국민독서경진대회	3,400	1	4	7	8	7	2	1	3
23629	전북 정읍시	나라사랑태극기달기운동및캠페인	3,330	1	4	7	8	7	2	1	3
23630	전북 정읍시	해양구조협회인명구조요원양성	3,132	1	1	7	8	7	5	5	4
23631	전북 정읍시	중소농농산물안전유통지원사업(유통물류비)	3,111	1	1,4	7	8	7	5	5	3
23632	전북 정읍시	24회도농어울림한마음대회	3,110	1	7	7	8	7	5	5	1
23633	전북 정읍시	시민과함께하는한스밸리페스티벌	3,000	1	4	7	8	7	1	1	1
23634	전북 정읍시	구절초어머니합창단	3,000	1	4	7	8	7	1	1	1
23635	전북 정읍시	신태인농악단활성화지원사업	3,000	1	4	7	8	7	1	1	1
23636	전북 정읍시	북면서원농악단활성화지원사업	3,000	1	4	7	8	7	1	1	1

순번	시군구	지출명 (사업명)	2024년예산 (단위 : 천원 /1년간)	민간이전 분류 (지방자치단체 세출예산 집행기준에 의거) 1. 민간경상사업보조(307-02) 2. 민간단체 법정운영비보조(307-03) 3. 민간행사사업보조(307-04) 4. 민간위탁금(307-05) 5. 사회복지시설 법정운영비보조(307-10) 6. 민간인위탁교육비(307-12) 7. 공기관등에대한경상적위탁사업비(308-13) 8. 민간자본사업보조,자체재원(402-01) 9. 민간자본사업보조,이전재원(402-02) 10. 민간위탁사업비(402-03) 11. 공기관등에 대한 자본적 위탁사업비(403-02)	민간이전지출 근거 (지방보조금 관리기준 참고) 1. 법률에 규정 2. 국고보조 재원(국가지정) 3. 용도 지정 기부금 4. 조례에 직접규정 5. 지자체가 권장하는 사업을 하는 공공기관 6. 시,도 정책 및 재정사정 7. 기타 8. 해당없음	입찰방식: 계약체결방법 (경쟁형태) 1. 일반경쟁 2. 제한경쟁 3. 지명경쟁 4. 수의계약 5. 법정위탁 6. 기타 ( ) 7. 없음	입찰방식: 계약기간 1. 1년 2. 2년 3. 3년 4. 4년 5. 5년 6. 기타 ( )년 7. 단기계약 (1년미만) 8. 없음	입찰방식: 낙찰자선정방법 1. 적격심사 2. 협상에의한계약 3. 최저가낙찰제 4. 규격가격분리 5. 2단계 경쟁입찰 6. 기타 ( ) 7. 없음	운영예산 산정: 운영예산 산정 1. 내부산정 (지자체 자체적으로 산정) 2. 외부산정 (외부전문기관위탁 산정) 3. 내·외부 모두 산정 4. 산정 無 5. 없음	운영예산 산정: 정산방법 1. 내부정산 (지자체 내부적으로 정산) 2. 외부정산 (외부전문기관위탁 정산) 3. 내·외부 모두 정산 4. 정산 無 5. 없음	성과평가 실시여부 1. 실시 2. 미실시 3. 향후 추진 4. 해당없음
23637	전북 정읍시	대흥농악단활성화지원사업	3,000	1	4	7	8	7	1	1	1
23638	전북 정읍시	소성농악단활성화지원사업	3,000	1	4	7	8	7	1	1	1
23639	전북 정읍시	고부영주농악단활성화지원사업	3,000	1	4	7	8	7	1	1	1
23640	전북 정읍시	영원면농악단활성화지원사업	3,000	1	4	7	8	7	1	1	1
23641	전북 정읍시	덕천황토현농악단활성화지원사업	3,000	1	4	7	8	7	1	1	1
23642	전북 정읍시	이평배들농악단활성화지원사업	3,000	1	4	7	8	7	1	1	1
23643	전북 정읍시	태인농악단활성화지원사업	3,000	1	4	7	8	7	1	1	1
23644	전북 정읍시	감곡농악단활성화지원사업	3,000	1	4	7	8	7	1	1	1
23645	전북 정읍시	옹동농악단활성화지원사업	3,000	1	4	7	8	7	1	1	1
23646	전북 정읍시	산내산울림농악단활성화지원사업	3,000	1	4	7	8	7	1	1	1
23647	전북 정읍시	산외면평사낙안농악단활성화지원사업	3,000	1	4	7	8	7	1	1	1
23648	전북 정읍시	수성동농악단활성화지원사업	3,000	1	4	7	8	7	1	1	1
23649	전북 정읍시	장명동농악단활성화지원사업	3,000	1	4	7	8	7	1	1	1
23650	전북 정읍시	상동농악단활성화지원사업	3,000	1	4	7	8	7	1	1	1
23651	전북 정읍시	초산농악단활성화지원사업	3,000	1	4	7	8	7	1	1	1
23652	전북 정읍시	연지농악단활성화지원사업	3,000	1	1	7	8	7	1	1	1
23653	전북 정읍시	정읍농악문화예술향유기회확대	3,000	1	4	7	8	7	1	1	1
23654	전북 정읍시	산외면정량골줄다리기당산굿	3,000	1	7	7	8	7	5	5	3
23655	전북 정읍시	영원면정월대보름한마당행사	3,000	1	7	7	8	7	5	5	3
23656	전북 정읍시	덕천면정월대보름행사	3,000	1	7	7	8	7	5	5	3
23657	전북 정읍시	정우면양지마을당산제	3,000	1	7	7	8	7	5	5	3
23658	전북 정읍시	정우면천덕마을당산제	3,000	1	7	7	8	7	5	5	3
23659	전북 정읍시	신태인우령마을당산제및백중절화합한마음축제	3,000	1	7	7	8	7	5	5	3
23660	전북 정읍시	입암면정월대보름당산제	3,000	1	7	7	8	7	5	5	3
23661	전북 정읍시	정읍문학대상	3,000	1	4	7	8	7	1	1	1
23662	전북 정읍시	정읍내장문학지발간(42집)	3,000	1	4	7	8	7	1	1	1
23663	전북 정읍시	2024년정읍미술전	3,000	1	4	7	8	7	1	1	1
23664	전북 정읍시	청소년과함께하는문화재환경정화사업	3,000	1	4	7	8	7	1	1	1
23665	전북 정읍시	정충사삼충신추모제향	3,000	1	4	7	8	7	1	1	1
23666	전북 정읍시	환경감시기동순찰대운영및환경정화활동	3,000	1	4	7	8	7	5	5	4
23667	전북 정읍시	희망나눔가족봉사단운영	2,700	1	1	7	8	7	1	1	4
23668	전북 정읍시	농촌체험휴양마을리더교육	2,640	1	2	7	8	7	1	1	4
23669	전북 정읍시	녹색생활실천문화탐방	2,580	1	1	7	8	7	2	1	3
23670	전북 정읍시	야생조류보호및구조구난	2,500	1	4	7	8	7	5	5	4
23671	전북 정읍시	영호남화합국민전진대회참가	2,450	1	1	7	8	7	2	1	3
23672	전북 정읍시	의료관련감염병표본감시체계지원	2,160	1	2	7	8	7	5	5	4
23673	전북 정읍시	정읍예총기능보강	2,000	1	4	7	8	7	1	1	1
23674	전북 정읍시	정읍향교전통문화시연(기로연)	2,000	1	4	7	8	7	1	1	2
23675	전북 정읍시	고부향교전통문화시연(기로연)	2,000	1	4	7	8	7	1	1	2
23676	전북 정읍시	태인향교전통문화시연(기로연)	2,000	1	4	7	8	7	1	1	2

순번	시군구	지출명 (사업명)	2024년예산 (단위 : 천원 /1년간)	민간이전 분류 (지방자치단체 세출예산 집행기준에 의거) 1. 민간경상사업보조(307-02) 2. 민간단체 법정운영비보조(307-03) 3. 민간행사사업보조(307-04) 4. 민간위탁금(307-05) 5. 사회복지시설 법정운영비보조(307-10) 6. 민간인위탁교육비(307-12) 7. 공기관등에대한경상적위탁사업비(308-13) 8. 민간자본사업보조,자체재원(402-01) 9. 민간자본사업보조,이전재원(402-02) 10. 민간위탁사업비(402-03) 11. 공기관등에 대한 자본적 위탁사업비(403-02)	민간이전지출 근거 (지방보조금 관리기준 참고) 1. 법률에 규정 2. 국고보조 재원(국가지정) 3. 용도 지정 기부금 4. 조례에 직접규정 5. 지자체가 권장하는 사업을 하는 공공기관 6. 시,도 정책 및 재정사정 7. 기타 8. 해당없음	입찰방식 계약체결방법 (경쟁형태) 1. 일반경쟁 2. 제한경쟁 3. 지명경쟁 4. 수의계약 5. 법정위탁 6. 기타 ( ) 7. 없음	입찰방식 계약기간 1. 1년 2. 2년 3. 3년 4. 4년 5. 5년 6. 기타 ( )년 7. 단기계약 (1년미만) 8. 없음	입찰방식 낙찰자선정방법 1. 적격심사 2. 협상에의한계약 3. 최저가낙찰제 4. 규격가격분리 5. 2단계 경쟁입찰 6. 기타 ( ) 7. 없음	운영예산 산정 운영예산 산정 1. 내부산정 (지자체 자체적으로 산정) 2. 외부산정 (외부전문기관위탁 산정) 3. 내·외부 모두 산정 4. 산정 無 5. 없음	운영예산 산정 정산방법 1. 내부정산 (지자체 내부적으로 정산) 2. 외부정산 (외부전문기관위탁 정산) 3. 내·외부 모두 산정 4. 정산 無 5. 없음	성과평가 실시여부 1. 실시 2. 미실시 3. 향후 추진 4. 해당없음
23677	전북 정읍시	남고서원전통문화재현사업	2,000	1	4	7	8	7	1	1	1
23678	전북 정읍시	민주노총노동교실	2,000	1	6	7	8	7	1	1	4
23679	전북 정읍시	한국노총노동교실	2,000	1	6	7	8	7	1	1	1
23680	전북 정읍시	소규모영세사업장방지시설설치지원기술자문료	2,000	1	8	7	8	7	1	1	1
23681	전북 정읍시	수산업경영인대회지원	2,000	1	4	7	8	7	5	5	3
23682	전북 정읍시	백운화상기념제	1,800	1	4	7	8	7	1	1	1
23683	전북 정읍시	민족의식찾기대회(개천절제례)	1,800	1	4	7	8	7	1	1	1
23684	전북 정읍시	충무공탄신제(충렬사)	1,800	1	4	7	8	7	1	1	1
23685	전북 정읍시	충민공백광언추모제(모충사)	1,800	1	4	7	8	7	1	1	1
23686	전북 정읍시	한국여성소비자연합정읍지부소비자교육	1,750	1	1	7	8	7	1	1	3
23687	전북 정읍시	전국여성농민대회참가	1,740	1	7	7	8	7	5	5	1
23688	전북 정읍시	자유수호희생자합동위령제	1,600	1	1	7	8	7	2	1	3
23689	전북 정읍시	고암서원향사	1,500	1	4	7	8	7	1	1	1
23690	전북 정읍시	충무공추모제(유애사)	1,500	1	4	7	8	7	1	1	1
23691	전북 정읍시	병오창의기념제(무성서원)	1,500	1	4	7	8	7	1	1	1
23692	전북 정읍시	통일안보현장견학	1,500	1	1	7	8	7	2	1	3
23693	전북 정읍시	전북새농민한마음전진대회참가	1,452	1	7	7	8	7	5	5	1
23694	전북 정읍시	전국회원대회참가	1,260	1	1	7	8	7	2	1	3
23695	전북 정읍시	여성농민활동가양성워크숍	1,200	1	7	7	8	7	5	5	1
23696	전북 정읍시	정기총회개최	1,010	1	1	7	8	7	2	1	3
23697	전북 정읍시	어린이집친환경농산물급식지원사업	968	1	1,4	7	8	7	5	5	3
23698	전북 남원시	유기질비료지원사업(전환)	2,919,252	1	1	7	8	7	5	1	4
23699	전북 남원시	통합문화이용권지원	953,030	1	1	7	7	7	1	1	4
23700	전북 남원시	토양개량제지원사업	844,381	1	2	7	8	7	5	1	4
23701	전북 남원시	문화예술진흥사업공모	800,000	1	1	7	8	7	1	1	1
23702	전북 남원시	문화유산야행사업	680,000	1	2	1	1	1	5	1	1
23703	전북 남원시	시군역량강화(농촌지역역량강화사업)	551,848	1	1	7	8	7	5	5	4
23704	전북 남원시	통합마케팅참여공동물류비지원	300,000	1	4	7	8	7	5	1	1
23705	전북 남원시	GAP농산물포장재비지원사업	197,600	1	4	1	7	3	1	1	1
23706	전북 남원시	농촌자원복합산업화지원(귀농귀촌활성화)	195,000	1	1	7	8	7	1	1	1
23707	전북 남원시	친환경농산물유통소비마케팅지원	170,330	1	6	7	8	7	5	1	4
23708	전북 남원시	6차산업도약지원사업	160,000	1	1	7	8	7	5	5	4
23709	전북 남원시	농산물공동출하확대지원(PB공선비)	150,000	1	4	1	7	3	5	1	4
23710	전북 남원시	임산물상품화지원	130,495	1	2	7	8	7	1	1	4
23711	전북 남원시	출하권위임농가농산물물류비지원	120,000	1	4	7	8	7	5	1	1
23712	전북 남원시	학교급식지역농산물공급체계구축지원	110,000	1	4	7	8	7	1	1	3
23713	전북 남원시	농작물병해충방제비지원사업	104,000	1	1	7	8	7	5	5	4
23714	전북 남원시	농산물공동작업지원체계확충사업	100,440	1	6	7	8	7	5	1	4
23715	전북 남원시	농산물수출경쟁력강화지원사업	100,000	1	4	7	8	3	1	1	4
23716	전북 남원시	2024년국제도예축제지원사업(남원국제도예캠프)	100,000	1	1	7	8	7	1	1	1

순번	시군구	지출명 (사업명)	2024년예산 (단위 : 천원 /1년간)	민간이전 분류 (지방자치단체 세출예산 집행기준에 의거) 1. 민간경상사업보조(307-02) 2. 민간단체 법정운영비보조(307-03) 3. 민간행사사업보조(307-04) 4. 민간위탁금(307-05) 5. 사회복지시설 법정운영비보조(307-10) 6. 민간인위탁교육비(307-12) 7. 공기관등에대한경상적위탁사업비(308-13) 8. 민간자본사업보조,자체재원(402-01) 9. 민간자본사업보조,이전재원(402-02) 10. 민간위탁사업비(402-03) 11. 공기관등에 대한 자본적 위탁사업비(403-02)	민간이전지출 근거 (지방보조금 관리기준 참고) 1. 법률에 규정 2. 국고보조 재원(국가지정) 3. 용도 지정 기부금 4. 조례에 직접규정 5. 지자체가 권장하는 사업을 하는 공공기관 6. 시,도 정책 및 재정사정 7. 기타 8. 해당없음	입찰방식: 계약체결방법 (경쟁형태) 1. 일반경쟁 2. 제한경쟁 3. 지명경쟁 4. 수의계약 5. 법정위탁 6. 기타 ( ) 7. 없음	입찰방식: 계약기간 1. 1년 2. 2년 3. 3년 4. 4년 5. 5년 6. 기타 ( )년 7. 단기계약 (1년미만) 8. 없음	입찰방식: 낙찰자선정방법 1. 적격심사 2. 협상에의한계약 3. 최저가낙찰제 4. 규격가격분리 5. 2단계 경쟁입찰 6. 기타 ( ) 7. 없음	운영예산 산정: 운영예산 산정 1. 내부산정 (지자체 자체적으로 산정) 2. 외부산정 (외부전문기관위탁 산정) 3. 내·외부 모두 산정 4. 산정 無 5. 없음	운영예산 산정: 정산방법 1. 내부정산 (지자체 내부적으로 정산) 2. 외부정산 (외부전문기관위탁 정산) 3. 내·외부 모두 산정 4. 정산 無 5. 없음	성과평가 실시여부 1. 실시 2. 미실시 3. 향후 추진 4. 해당없음
23717	전북 남원시	전북형농촌관광운영활성화	100,000	1	4	7	8	7	1	1	4
23718	전북 남원시	귀농귀촌활성화지원(자체)	88,000	1	1	7	8	7	1	1	1
23719	전북 남원시	생산자조직화및통합마케팅활성화사업	80,000	1	6	7	8	7	5	5	4
23720	전북 남원시	남원시농업인한마음대회	80,000	1	1,4	7	8	7	5	5	4
23721	전북 남원시	생활문화예술동호회지원사업	72,232	1	1	4	1	7	3	3	1
23722	전북 남원시	전통산사문화유산활용사업	70,000	1	2	1	1	1	5	1	1
23723	전북 남원시	향교,서원문화유산활용사업	65,000	1	2	1	1	1	5	1	1
23724	전북 남원시	농특산물활용가공시제품상품화지원	64,000	1	1	7	8	7	5	5	4
23725	전북 남원시	도농상생공공급식유통지원사업	60,000	1	4	7	8	7	1	1	1
23726	전북 남원시	농촌관광프로그램지원사업	60,000	1	4	7	8	7	1	1	1
23727	전북 남원시	초등돌봄과일간식지원사업	57,999	1	4	7	8	7	1	1	4
23728	전북 남원시	농산물공동선별비지원사업	50,000	1	4	7	8	7	5	1	1
23729	전북 남원시	농산물판매촉진지원사업	50,000	1	4	7	8	7	5	1	1
23730	전북 남원시	전북4H본부한마음대회(남원시)	50,000	1	1	7	8	7	5	5	4
23731	전북 남원시	민주평화통일자문회의사업지원	46,200	1	1	7	8	7	1	1	1
23732	전북 남원시	임산부친환경농산물꾸러미지원사업	42,240	1	6	7	8	7	5	1	4
23733	전북 남원시	프리미엄친환경쌀생산및상품성강화지원사업	42,000	1	4	7	8	7	5	1	4
23734	전북 남원시	농특산물수출시장개척	40,000	1	4	7	8	3	1	1	4
23735	전북 남원시	농식품기업지역특화청년인턴취업지원사업	39,328	1	2	7	8	7	5	5	4
23736	전북 남원시	도농상생공공급식안전성검사비지원	36,000	1	4	7	8	7	1	1	3
23737	전북 남원시	특산자원융복합소규모가공창업활성화	35,000	1	1	7	8	7	5	5	4
23738	전북 남원시	마을경영체경쟁력강화	32,000	1	1	7	8	7	5	5	4
23739	전북 남원시	시민숙원이해상충해소사업추진	32,000	1	4	7	8	7	5	5	4
23740	전북 남원시	친환경쌀원료곡현장수매비지원사업	30,000	1	4	7	8	7	5	1	4
23741	전북 남원시	양성평등기금지원사업	30,000	1	4	7	8	7	5	5	4
23742	전북 남원시	범죄예방활동사업지원	30,000	1	4	7	8	7	1	1	1
23743	전북 남원시	남원자율방범연합대사업지원	30,000	1	1	7	8	7	1	1	1
23744	전북 남원시	사립미술관문화사업	29,700	1	1	7	8	7	1	1	1
23745	전북 남원시	로컬푸드직매장생산·소비교류활동지원사업	28,000	1	4	7	8	7	1	1	4
23746	전북 남원시	남원시애향본부사업지원	28,000	1	4	7	8	7	5	5	1
23747	전북 남원시	밭작물공동경영체육성지원사업	27,000	1	2	7	8	7	5	1	1
23748	전북 남원시	우수자원봉사프로그램운영	25,000	1	1	7	8	7	5	1	2
23749	전북 남원시	남원시새마을부녀회사업보조	25,000	1	1	7	8	7	1	1	1
23750	전북 남원시	대안학교무상급식지원	24,000	1	4	7	8	7	1	1	1
23751	전북 남원시	청소년어울림마당운영	24,000	1	4	7	8	7	5	5	4
23752	전북 남원시	가야고분군지킴이운영	24,000	1	6	7	1	7	5	1	1
23753	전북 남원시	새마을운동남원시지회사업보조	23,500	1	1	7	8	7	1	1	1
23754	전북 남원시	바르게살기운동협의회사업지원	21,000	1	1	7	8	7	1	1	1
23755	전북 남원시	학교급식포장재지원	20,000	1	4	7	8	7	1	1	1
23756	전북 남원시	초촌리고분군사적지정을위한학술대회	20,000	1	2	1	1	1	5	1	1

순번	시군구	지출명 (사업명)	2024년예산 (단위 : 천원 /1년간)	민간이전 분류 (지방자치단체 세출예산 집행기준에 의거) 1. 민간경상사업보조(307-02) 2. 민간단체 법정운영비보조(307-03) 3. 민간행사사업보조(307-04) 4. 민간위탁금(307-05) 5. 사회복지시설 법정운영비보조(307-10) 6. 민간인위탁교육비(307-12) 7. 공기관등에대한경상적위탁사업비(308-13) 8. 민간자본사업보조,자체재원(402-01) 9. 민간자본사업보조,이전재원(402-02) 10. 민간위탁사업비(402-03) 11. 공기관등에 대한 자본적 위탁사업비(403-02)	민간이전지출 근거 (지방보조금 관리기준 참고) 1. 법률에 규정 2. 국고보조 재원(국가지정) 3. 용도 지정 기부금 4. 조례에 직접규정 5. 지자체가 권장하는 사업을 하는 공공기관 6. 시,도 정책 및 재정사정 7. 기타 8. 해당없음	입찰방식			운영예산 산정		성과평가 실시여부
						계약체결방법 (경쟁형태) 1. 일반경쟁 2. 제한경쟁 3. 지명경쟁 4. 수의계약 5. 법정위탁 6. 기타 ( ) 7. 없음	계약기간 1. 1년 2. 2년 3. 3년 4. 4년 5. 5년 6. 기타 ( )년 7. 단기계약 (1년미만) 8. 없음	낙찰자선정방법 1. 적격심사 2. 협상에의한계약 3. 최저가낙찰제 4. 규격가격분리 5. 2단계 경쟁입찰 6. 기타 ( ) 7. 없음	운영예산 산정 1. 내부산정 (지자체 자체적으로 산정) 2. 외부산정 (외부전문기관위탁 산정) 3. 내·외부 모두 산정 4. 산정 無 5. 없음	정산방법 1. 내부정산 (지자체 내부적으로 정산) 2. 외부정산 (외부전문기관위탁 정산) 3. 내·외부 모두 산정 4. 정산 無 5. 없음	1. 실시 2. 미실시 3. 향후 추진 4. 해당없음
23757	전북 남원시	남원문화원활성화사업	20,000	1	1	6	8	7	1	1	1
23758	전북 남원시	향교석전대제지원	20,000	1	4	7	7	7	1	1	1
23759	전북 남원시	농촌관광홍보방송제작지원사업	20,000	1	4	4	8	7	1	1	4
23760	전북 남원시	농촌재능나눔활동지원사업	20,000	1	1	7	8	7	1	1	2
23761	전북 남원시	여성경영인(전국,도단위)행사	20,000	1	1	7	8	7	5	5	4
23762	전북 남원시	친환경희망농부육성지원	18,720	1	6	7	8	7	5	1	4
23763	전북 남원시	향교일요학교운영	18,200	1	4	7	7	7	1	1	1
23764	전북 남원시	새마을지도자남원시협의회사업보조	18,000	1	1	7	8	7	1	1	1
23765	전북 남원시	GAP이력관리체계구축사업	17,280	1	4	7	8	7	1	1	1
23766	전북 남원시	육아종합지원센터부모교육사업	16,000	1	6	7	8	7	5	5	4
23767	전북 남원시	범죄피해자지원센터사업지원	16,000	1	1	7	8	7	1	1	1
23768	전북 남원시	FTA과수자율사업계획및관리	15,750	1	1	7	8	7	5	5	4
23769	전북 남원시	농촌여성안전향상보조구지원	15,400	1	1	7	8	7	5	5	4
23770	전북 남원시	국제식품박람회참가지원	15,000	1	4	7	8	3	1	1	4
23771	전북 남원시	국내식품박람회참가지원	15,000	1	4	7	8	3	1	1	4
23772	전북 남원시	전통놀이현대화체험프로그램운영	15,000	1	1	7	8	7	1	1	1
23773	전북 남원시	이통장직무능력향상워크숍	15,000	1	1	7	8	7	1	1	1
23774	전북 남원시	재외향우회교류및지원사업추진	15,000	1	4	7	8	7	5	5	4
23775	전북 남원시	중소농농산물안전지원	13,986	1	4	7	8	7	1	1	4
23776	전북 남원시	청소년동아리활동지원	12,500	1	6	7	8	7	5	5	4
23777	전북 남원시	친환경농업기술정보보급사업	12,000	1	6	7	8	7	5	1	4
23778	전북 남원시	농특산물인터넷판매활성화지원	10,800	1	4	7	8	3	1	1	4
23779	전북 남원시	농특산물홍보및특판행사실시	10,000	1	4	7	8	3	1	1	4
23780	전북 남원시	도농상생공공급식포장재지원	10,000	1	4	7	8	7	1	1	1
23781	전북 남원시	전통놀이전문지도사양성교육프로그램	10,000	1	1	7	8	7	1	1	1
23782	전북 남원시	청년4H교육행사	10,000	1	1	7	8	7	5	5	4
23783	전북 남원시	청년농업인생생동아리(자체)	10,000	1	1	7	8	7	5	5	4
23784	전북 남원시	농업경영인(전국,도단위)행사참가	10,000	1	1	7	8	7	5	5	4
23785	전북 남원시	남원시재향군인회사업지원	10,000	1	1	7	8	7	1	1	1
23786	전북 남원시	보호관찰대상자사회복귀지원	10,000	1	1	7	8	7	1	1	1
23787	전북 남원시	남원재향경우회사업지원	9,360	1	1	7	8	7	1	1	1
23788	전북 남원시	대한적십자남원지구협의회사업지원	9,000	1	1	7	8	7	1	1	1
23789	전북 남원시	농촌체험휴양마을보험가입지원	8,296	1	2	7	8	7	1	1	4
23790	전북 남원시	중소농농산물유통지원	8,206	1	4	7	8	7	1	1	4
23791	전북 남원시	농민회역량강화교육	8,000	1	1	7	8	7	5	5	4
23792	전북 남원시	청년농업인생생동아리	7,500	1	1	7	8	7	5	5	4
23793	전북 남원시	한국자유총연맹남원시지회사업지원	7,200	1	1	7	8	7	1	1	1
23794	전북 남원시	농업인학습단체(생활개선,4H)활력화지원	6,500	1	1	7	8	7	5	5	4
23795	전북 남원시	친환경쌀어린이급식지원	6,237	1	4	7	8	7	1	1	4
23796	전북 남원시	농식품기업HACCP컨설팅지원	5,600	1	1	7	8	7	5	5	4

순번	시군구	지출명 (사업명)	2024년예산 (단위 : 천원 /1년간)	민간이전 분류 (지방자치단체 세출예산 집행기준에 의거) 1. 민간경상사업보조(307-02) 2. 민간단체 법정운영비보조(307-03) 3. 민간행사사업보조(307-04) 4. 민간위탁금(307-05) 5. 사회복지시설 법정운영비보조(307-10) 6. 민간인위탁교육비(307-12) 7. 공기관등에대한경상적위탁사업비(308-13) 8. 민간자본사업보조,자체재원(402-01) 9. 민간자본사업보조,이전재원(402-02) 10. 민간위탁사업비(402-03) 11. 공기관등에 대한 자본적 위탁사업비(403-02)	민간이전지출 근거 (지방보조금 관리기준 참고) 1. 법률에 규정 2. 국고보조 재원(국가지정) 3. 용도 지정 기부금 4. 조례에 직접규정 5. 지자체가 권장하는 사업을 하는 공공기관 6. 시,도 정책 및 재정사정 7. 기타 8. 해당없음	입찰방식: 계약체결방법 (경쟁형태) 1. 일반경쟁 2. 제한경쟁 3. 지명경쟁 4. 수의계약 5. 법정위탁 6. 기타 ( ) 7. 없음	입찰방식: 계약기간 1. 1년 2. 2년 3. 3년 4. 4년 5. 5년 6. 기타 ( )년 7. 단기계약 (1년미만) 8. 없음	입찰방식: 낙찰자선정방법 1. 적격심사 2. 협상에의한계약 3. 최저가낙찰제 4. 규격가격분리 5. 2단계 경쟁입찰 6. 기타 ( ) 7. 없음	운영예산 산정: 운영예산 산정 1. 내부산정 (지자체 자체적으로 산정) 2. 외부산정 (외부전문기관위탁 산정) 3. 내·외부 모두 산정 4. 산정 無 5. 없음	운영예산 산정: 정산방법 1. 내부정산 (지자체 내부적으로 정산) 2. 외부정산 (외부전문기관위탁 정산) 3. 내·외부 모두 정산 4. 정산 無 5. 없음	성과평가 실시여부 1. 실시 2. 미실시 3. 향후 추진 4. 해당없음
23797	전북 남원시	농촌지도자대회참여및활동지원	5,400	1	1	7	8	7	5	5	4
23798	전북 남원시	사각지대청소년발굴사업	5,000	1	5	7	8	7	1	1	1
23799	전북 남원시	성년의날맞이전통성년례행사	5,000	1	4	7	8	7	1	1	1
23800	전북 남원시	청소년전통놀이행사	5,000	1	4	7	8	7	1	1	1
23801	전북 남원시	농업경영인직거래장터행사참여	5,000	1	1	7	8	7	5	5	4
23802	전북 남원시	농촌여성학습단체활동지원	5,000	1	1	7	8	7	5	5	4
23803	전북 남원시	제37주기이석규민주노동열사추모행사및열사알리기사업	4,600	1	4	7	8	7	1	1	1
23804	전북 남원시	찾아가는맞춤형재능봉사단운영	4,500	1	1	7	8	7	5	1	2
23805	전북 남원시	농업인학습단체기후변화대응현장교육	4,500	1	1	7	8	7	5	5	4
23806	전북 남원시	전북4H경진및참여활동지원	4,500	1	1	7	8	7	5	5	4
23807	전북 남원시	농촌체험휴양마을리더교육지원	4,080	1	2	7	8	7	1	1	4
23808	전북 남원시	남원진기리느티나무당산제	4,000	1	2	7	1	7	5	1	1
23809	전북 남원시	지리산천년송당산제	4,000	1	2	7	1	7	5	1	1
23810	전북 남원시	농촌체험휴양마을박람회참가지원	4,000	1	4	7	8	7	1	1	4
23811	전북 남원시	4H본부교육(도)행사	4,000	1	1	7	8	7	5	5	4
23812	전북 남원시	동부권4H본부한마음대회	4,000	1	1	7	8	7	5	5	4
23813	전북 남원시	농업경영인친환경농업전문교육	4,000	1	1	7	8	7	5	5	4
23814	전북 남원시	청소년유해환경감시단운영	3,000	1	2	7	1	7	1	1	4
23815	전북 남원시	농민회도단위행사	3,000	1	1	7	8	7	5	5	4
23816	전북 남원시	희망나눔가족봉사단운영	2,700	1	1	7	8	7	5	5	4
23817	전북 김제시	무기질비료가격인상차액지원사업	4,058,006	1	6	7	8	7	5	5	4
23818	전북 김제시	청년농업인영농정착지원금지급	2,075,194	1	1	7	8	7	5	5	4
23819	전북 김제시	통합문화이용권지원사업	1,196,390	1	2	7	8	7	5	1	2
23820	전북 김제시	지역공동체기반영커센터운영(SW)	550,000	1	7	7	8	7	5	5	4
23821	전북 김제시	귀농청년로컬재생복합문화거점공간조성사업	550,000	1	6	7	8	7	1	1	4
23822	전북 김제시	논타작물단지화교육컨설팅지원사업	540,000	1	1	7	8	7	5	5	4
23823	전북 김제시	분만취약지지원사업운영비	500,000	1	7	5	8	7	2	3	1
23824	전북 김제시	정신재활시설운영비	473,741	1	6	7	8	7	1	1	4
23825	전북 김제시	소상공인임차료지원사업	400,000	1	4	7	8	7	5	5	4
23826	전북 김제시	기숙사임차지원사업	350,000	1	7	7	8	7	1	1	1
23827	전북 김제시	전국(도단위)체육대회및전지훈련유치	340,000	1	4	6	7	7	5	1	1
23828	전북 김제시	시군역량강화	300,000	1	2	5	3	7	5	5	4
23829	전북 김제시	지역응급의료기관응급실운영지원	297,000	1	4	7	8	7	5	5	4
23830	전북 김제시	한센간이양로주택운영지원	283,307	1	2	7	8	7	5	1	4
23831	전북 김제시	제61회전라북도도민체육대회	250,000	1	4	7	8	7	1	1	1
23832	전북 김제시	쌀경쟁력제고사업	237,440	1	1	7	8	7	5	5	4
23833	전북 김제시	작은도서관운영지원	229,090	1	1	7	8	7	5	1	4
23834	전북 김제시	생활체육지도자활동지원(일반)	220,198	1	2	7	8	7	1	1	1
23835	전북 김제시	약취저감미생물제지원사업	216,000	1	4	7	8	7	5	5	4
23836	전북 김제시	국산밀생산단지경영체육성교육컨설팅지원사업	204,480	1	1	7	8	7	5	5	4

순번	시군구	지출명 (사업명)	2024년예산 (단위 : 천원 /1년간)	민간이전 분류 (지방자치단체 세출예산 집행기준에 의거) 1. 민간경상사업보조(307-02) 2. 민간단체 법정운영비보조(307-03) 3. 민간행사사업보조(307-04) 4. 민간위탁금(307-05) 5. 사회복지시설 법정운영비보조(307-10) 6. 민간인위탁교육비(307-12) 7. 공기관등에대한경상적위탁사업비(308-13) 8. 민간자본사업보조,자체재원(402-01) 9. 민간자본사업보조,이전재원(402-02) 10. 민간위탁사업비(402-03) 11. 공기관등에 대한 자본적 위탁사업비(403-02)	민간이전지출 근거 (지방보조금 관리기준 참고) 1. 법률에 규정 2. 국고보조 재원(국가지정) 3. 용도 지정 기부금 4. 조례에 직접규정 5. 지자체가 권장하는 사업을 하는 공공기관 6. 시,도 정책 및 재정사정 7. 기타 8. 해당없음	입찰방식 계약체결방법 (경쟁형태) 1. 일반경쟁 2. 제한경쟁 3. 지명경쟁 4. 수의계약 5. 법정위탁 6. 기타 ( ) 7. 없음	입찰방식 계약기간 1. 1년 2. 2년 3. 3년 4. 4년 5. 5년 6. 기타 ( )년 7. 단기계약 (1년미만) 8. 없음	입찰방식 낙찰자선정방법 1. 적격심사 2. 협상에의한계약 3. 최저가낙찰제 4. 규격가격분리 5. 2단계 경쟁입찰 6. 기타 ( ) 7. 없음	운영예산 산정 운영예산 산정 1. 내부산정 (지자체 자체적으로 산정) 2. 외부산정 (외부전문기관위탁 산정) 3. 내·외부 모두 산정 4. 산정 無 5. 없음	운영예산 산정 정산방법 1. 내부정산 (지자체 내부적으로 정산) 2. 외부정산 (외부전문기관위탁 정산) 3. 내·외부 모두 산정 4. 정산 無 5. 없음	성과평가 실시여부 1. 실시 2. 미실시 3. 향후 추진 4. 해당없음
23837	전북 김제시	제4회우수선수선발전및최강전전국초등학교태권도대회	200,000	1	4	6	7	7	5	1	1
23838	전북 김제시	시군마을만들기중간지원조직지원	200,000	1	6	5	3	7	5	5	4
23839	전북 김제시	귀농귀촌활성화지원사업	197,000	1	6	7	8	7	1	1	4
23840	전북 김제시	신선농산물수출자생력강화사업	196,000	1	1	7	8	7	1	1	3
23841	전북 김제시	들녘경영체교육컨설팅지원	189,000	1	1	7	8	7	5	5	4
23842	전북 김제시	생활체육지도자배치(어르신)	188,742	1	2	7	8	7	1	1	1
23843	전북 김제시	농업정보지보급지원	168,330	1	1	7	8	7	5	5	4
23844	전북 김제시	품목별농업인조직체육성	161,610	1	4	7	8	7	5	5	4
23845	전북 김제시	종자생명산업맞춤형인력양성지원사업	161,500	1	6	7	8	7	5	5	4
23846	전북 김제시	(예비)사회적기업일자리창출지원사업	161,000	1	2	7	8	7	1	1	2
23847	전북 김제시	원예농산물공선조직및출하권위임농가마케팅비용지원사업	161,000	1	1	7	8	7	1	1	3
23848	전북 김제시	생산자조직화및통합마케팅활성화사업	160,000	1	1	7	8	7	1	1	3
23849	전북 김제시	고택종갓집활용사업	152,500	1	2	7	8	7	1	1	4
23850	전북 김제시	스마트팜청년보육및기술혁신등지원	140,000	1	2	7	8	7	5	5	4
23851	전북 김제시	가루쌀생산단지교육컨설팅지원사업	133,200	1	1	7	8	7	5	5	4
23852	전북 김제시	생활체육지도자활동지원(장애인)	125,208	1	2	7	8	7	1	1	1
23853	전북 김제시	자원봉사센터사업비	115,500	1	1	7	8	7	5	1	1
23854	전북 김제시	농촌돌봄서비스활성화지원사업	110,000	1	2	7	8	7	5	3	4
23855	전북 김제시	영농부산물안전처리지원	105,000	1	2	7	8	7	5	5	4
23856	전북 김제시	와글와글움직이는놀이터운영('22년지방소멸대응기금불용분)	100,000	1	6	7	7	7	1	1	1
23857	전북 김제시	새만금김제뭍찾기사업	100,000	1	4	7	8	7	2	3	1
23858	전북 김제시	농산물수출사전이행지원사업	100,000	1	1	7	8	7	1	1	3
23859	전북 김제시	농촌찾아가는사회서비스활성화지원사업	100,000	1	6	5	3	7	5	5	4
23860	전북 김제시	농촌관광거점마을운영활성화지원사업	100,000	1	6	7	8	7	5	5	4
23861	전북 김제시	농번기공동급식지원사업	99,200	1	6	7	8	7	5	5	4
23862	전북 김제시	청년근로자교통비지원사업	99,000	1	3	7	8	7	5	5	4
23863	전북 김제시	농촌관광주체육성(사무장활동비지원)	96,516	1	2	7	8	7	5	5	4
23864	전북 김제시	민간육종연구단지청년취업연계일자리지원사업	93,746	1	2	7	8	7	5	5	4
23865	전북 김제시	전북형청년창업농영농정착지원	90,500	1	1	7	8	7	5	5	4
23866	전북 김제시	새만금해보며해보내기축제	90,000	1	4	7	8	7	2	3	1
23867	전북 김제시	전통산사문화유산활용사업	75,000	1	2	7	8	7	1	1	4
23868	전북 김제시	제주소비지RPC물류비지원사업	75,000	1	1	7	8	7	5	5	4
23869	전북 김제시	생활문화예술동호회활성화사업	73,723	1	4	7	8	7	5	5	4
23870	전북 김제시	자원봉사코디네이터지원육성	66,322	1	1	7	8	7	5	1	1
23871	전북 김제시	전북청년도약프로젝트	66,000	1	6	2	2	6	1	2	3
23872	전북 김제시	농특산물인터넷판매활성화사업	65,400	1	1	7	8	7	5	5	4
23873	전북 김제시	제23회김제새만금지평선전국마라톤대회	64,260	1	4	6	7	7	5	1	1
23874	전북 김제시	사회적기업자치단체지역특화추진	60,000	1	6	7	8	7	1	1	2
23875	전북 김제시	응급의료기관평가결과에따른보조금	57,600	1	2	7	8	7	5	5	4
23876	전북 김제시	제26회김제지평선축제기록관리및홍보마케팅	54,000	1	4	7	8	7	5	5	3

순번	시군구	지출명 (사업명)	2024년예산 (단위 : 천원 /1년간)	민간이전 분류 (지방자치단체 세출예산 집행기준에 의거) 1. 민간경상사업보조(307-02) 2. 민간단체 법정운영비보조(307-03) 3. 민간행사사업보조(307-04) 4. 민간위탁금(307-05) 5. 사회복지시설 법정운영비보조(307-10) 6. 민간인위탁교육비(307-12) 7. 공기관등에대한경상적위탁사업비(308-13) 8. 민간자본사업보조,자체재원(402-01) 9. 민간자본사업보조,이전재원(402-02) 10. 민간위탁사업비(402-03) 11. 공기관등에 대한 자본적 위탁사업비(403-02)	민간이전지출 근거 (지방보조금 관리기준 참고) 1. 법률에 규정 2. 국고보조 재원(국가지정) 3. 용도 지정 기부금 4. 조례에 직접규정 5. 지자체가 권장하는 사업을 하는 공공기관 6. 시,도 정책 및 재정사정 7. 기타 8. 해당없음	입찰방식 계약체결방법 (경쟁형태) 1. 일반경쟁 2. 제한경쟁 3. 지명경쟁 4. 수의계약 5. 법정위탁 6. 기타 ( ) 7. 없음	입찰방식 계약기간 1. 1년 2. 2년 3. 3년 4. 4년 5. 5년 6. 기타 ( )년 7. 단기계약 (1년미만) 8. 없음	입찰방식 낙찰자선정방법 1. 적격심사 2. 협상에의한계약 3. 최저가낙찰제 4. 규격가격분리 5. 2단계 경쟁입찰 6. 기타 ( ) 7. 없음	운영예산 산정 운영예산 산정 1. 내부산정 (지자체 자체적으로 산정) 2. 외부산정 (외부전문기관위탁 산정) 3. 내·외부 모두 산정 4. 산정 無 5. 없음	운영예산 산정 정산방법 1. 내부정산 (지자체 내부적으로 정산) 2. 외부정산 (외부전문기관위탁 정산) 3. 내·외부 모두 정산 4. 정산 無 5. 없음	성과평가 실시여부 1. 실시 2. 미실시 3. 향후 추진 4. 해당없음
23877	전북 김제시	생생문화유산사업	52,500	1	2	7	8	7	1	1	4
23878	전북 김제시	시군자원봉사센터운영비지원	50,000	1	1	7	8	7	5	1	1
23879	전북 김제시	마을기업고도화사업	50,000	1	6	7	8	7	1	1	2
23880	전북 김제시	생생마을플러스사업	45,000	1	6	7	8	7	5	5	4
23881	전북 김제시	농촌지도자육성	45,000	1	1	7	8	7	5	5	4
23882	전북 김제시	김제시이통장한마음대회	40,000	1	4	7	8	7	5	1	1
23883	전북 김제시	제11회지평선배국제줄다리기대회	40,000	1	4	6	7	7	5	1	1
23884	전북 김제시	제4회우수선수선발전및최강전전국초등학교태권도대회	40,000	1	4	6	7	7	5	1	1
23885	전북 김제시	자활교육및컨설팅지원사업	40,000	1	2	5	1	7	1	1	1
23886	전북 김제시	시.군동호인리그운영	39,773	1	6	7	8	7	1	1	1
23887	전북 김제시	정보화마을프로그램관리자육성	39,570	1	6	7	8	7	1	1	2
23888	전북 김제시	소상공인공제(노란우산공제)가입지원	39,000	1	4	7	8	7	5	5	4
23889	전북 김제시	임산부친환경농산물꾸러미지원사업	38,400	1	1	7	8	7	5	5	4
23890	전북 김제시	종자산업청년일자리지원사업	37,437	1	2	7	8	7	5	5	4
23891	전북 김제시	청년어촌정착지원	37,200	1	1	7	8	7	5	1	4
23892	전북 김제시	해양레저스포츠교육프로그램운영	36,000	1	6	7	8	7	5	1	1
23893	전북 김제시	전업농신문보급사업	36,000	1	1	7	8	7	5	5	4
23894	전북 김제시	김제시평생학습우수동아리및우수프로그램공모지원사업	35,000	1	4	7	7	7	1	1	1
23895	전북 김제시	친환경쌀급식물류비지원사업	34,000	1	4	7	8	7	1	1	2
23896	전북 김제시	행복한공동체만들기운동	33,840	1	1	7	8	7	5	1	1
23897	전북 김제시	어르신생활체육지도자복리후생비	33,120	1	4	7	8	7	1	1	1
23898	전북 김제시	일반생활체육지도자복리후생비	33,120	1	4	7	8	7	1	1	1
23899	전북 김제시	청년창업농영농기반임차지원	32,800	1	1	7	8	7	5	5	4
23900	전북 김제시	플랫폼노동자산재보험료지원사업	32,000	1	4	7	8	7	1	1	2
23901	전북 김제시	수산물소비촉진활성화지원	31,667	1	1	7	8	7	1	1	4
23902	전북 김제시	문화원사업비	31,500	1	8	7	7	7	1	1	1
23903	전북 김제시	농산물공동출하확대지원사업	30,400	1	1	7	8	7	1	1	3
23904	전북 김제시	제례실행사업비지원	30,000	1	8	7	8	7	1	1	4
23905	전북 김제시	김제정소영배전국배드민턴대회	30,000	1	4	7	8	7	1	1	3
23906	전북 김제시	읍면동체육회체육행사지원	30,000	1	4	7	8	7	1	1	1
23907	전북 김제시	마을기업육성사업	30,000	1	2	7	8	7	1	1	2
23908	전북 김제시	통합마케팅원예농산물광고홍보지원사업	30,000	1	1	7	8	7	1	1	3
23909	전북 김제시	농촌융복합산업활성화지원(마을경영체경쟁력강화사업)	30,000	1	6	7	8	7	5	3	4
23910	전북 김제시	제2회김제시장기전국남녀궁도(활쏘기)대회	28,350	1	4	7	8	7	1	1	1
23911	전북 김제시	우량종자(논콩)채종포지원	27,600	1	1	7	8	7	5	5	4
23912	전북 김제시	향교일요학교운영지원사업	27,300	1	8	7	8	7	1	1	4
23913	전북 김제시	범죄피해자지원사업	27,000	1	1	7	8	7	5	1	1
23914	전북 김제시	제8회축구협회장배시군대항축구대회	27,000	1	4	7	8	7	1	1	1
23915	전북 김제시	쌀가공제품소비촉진지원사업	27,000	1	1	7	8	7	1	1	3
23916	전북 김제시	민주평화통일자문회의통일역량강화워크숍	26,000	1	1	7	8	7	5	1	1

순번	시군구	지출명 (사업명)	2024년예산 (단위 : 천원 /1년간)	민간이전 분류 (지방자치단체 세출예산 집행기준에 의거) 1. 민간경상사업보조(307-02) 2. 민간단체 법정운영비보조(307-03) 3. 민간행사사업보조(307-04) 4. 민간위탁금(307-05) 5. 사회복지시설 법정운영비보조(307-10) 6. 민간인위탁교육비(307-12) 7. 공기관등에대한경상적위탁사업비(308-13) 8. 민간자본사업보조,자체재원(402-01) 9. 민간자본사업보조,이전재원(402-02) 10. 민간위탁사업비(402-03) 11. 공기관등에 대한 자본적 위탁사업비(403-02)	민간이전지출 근거 (지방보조금 관리기준 참고) 1. 법률에 규정 2. 국고보조 재원(국가지정) 3. 용도 지정 기부금 4. 조례에 직접규정 5. 지자체가 권장하는 사업을 하는 공공기관 6. 시,도 정책 및 재정사정 7. 기타 8. 해당없음	입찰방식 계약체결방법 (경쟁형태) 1. 일반경쟁 2. 제한경쟁 3. 지명경쟁 4. 수의계약 5. 법정위탁 6. 기타 ( ) 7. 없음	입찰방식 계약기간 1. 1년 2. 2년 3. 3년 4. 4년 5. 5년 6. 기타 ( )년 7. 단기계약 (1년미만) 8. 없음	입찰방식 낙찰자선정방법 1. 적격심사 2. 협상에의한계약 3. 최저가낙찰제 4. 규격가격분리 5. 2단계 경쟁입찰 6. 기타 ( ) 7. 없음	운영예산 산정 운영예산 산정 1. 내부산정 (지자체 자체적으로 산정) 2. 외부산정 (외부전문기관위탁 산정) 3. 내·외부 모두 산정 4. 산정 無 5. 없음	운영예산 산정 정산방법 1. 내부정산 (지자체 내부적으로 정산) 2. 외부정산 (외부전문기관위탁 정산) 3. 내·외부 모두 산정 4. 정산 無 5. 없음	성과평가 실시여부 1. 실시 2. 미실시 3. 향후 추진 4. 해당없음
23917	전북 김제시	한국농업신문보급사업	25,944	1	1	7	8	7	5	5	4
23918	전북 김제시	전북장애인체육대회	25,000	1	4	7	8	7	1	1	1
23919	전북 김제시	농산물TV홈쇼핑마케팅지원사업	24,000	1	1	7	8	7	5	5	4
23920	전북 김제시	제15회김제지평선배축구대회	23,760	1	4	7	8	7	1	1	1
23921	전북 김제시	마을기업사무장지원사업	23,160	1	6	7	8	7	1	1	2
23922	전북 김제시	우리밀소비촉진지원사업	23,000	1	1	7	8	7	1	1	3
23923	전북 김제시	장애인생활체육지도자복리후생비	21,920	1	4	7	8	7	1	1	1
23924	전북 김제시	제26회대통령배지평선축제전국농악경연대회	21,600	1	4	7	8	7	1	1	1
23925	전북 김제시	토종농작물재배활성화사업	21,600	1	6	7	8	7	5	5	4
23926	전북 김제시	중소농농산물안전유통지원사업	20,140	1	1	7	8	7	1	1	2
23927	전북 김제시	김제향토문화진흥사업	20,000	1	8	7	7	7	1	1	1
23928	전북 김제시	김제문화원활성화사업	20,000	1	8	7	7	7	1	1	4
23929	전북 김제시	초.중.고엘리트육성훈련비지원	20,000	1	4	7	8	7	1	1	1
23930	전북 김제시	제6회김제지평선배사회인야구대회	20,000	1	4	7	8	7	1	1	1
23931	전북 김제시	김제스포츠클럽인건비보조및운영비	20,000	1	5	7	8	7	1	1	3
23932	전북 김제시	신풍지구주민공모사업	20,000	1	4	7	8	7	5	5	4
23933	전북 김제시	로컬푸드직매장생산소비교류활동지원사업	20,000	1	1	7	8	7	1	1	2
23934	전북 김제시	저탄소벼논물관리시범사업	20,000	1	1	7	8	7	5	5	4
23935	전북 김제시	마을공동체미디어활성화지원사업	20,000	1	6	5	3	7	5	5	4
23936	전북 김제시	농촌관광홍보방송제작지원사업	20,000	1	6	7	8	7	5	5	4
23937	전북 김제시	품목생산자조직경쟁력제고시범	20,000	1	1	7	8	7	5	5	4
23938	전북 김제시	생활체육광장지도자운영	19,250	1	6	7	8	7	1	1	1
23939	전북 김제시	생활체육교실운영	19,174	1	6	7	8	7	1	1	1
23940	전북 김제시	4H회육성	18,300	1	1	7	8	7	5	5	4
23941	전북 김제시	제22회김제시장기읍면동대항어르신생활체육대회	17,700	1	4	7	8	7	1	1	1
23942	전북 김제시	GAP이력관리체계구축지원사업	17,280	1	1	7	8	7	1	1	2
23943	전북 김제시	양성평등기금지원사업	16,000	1	4	7	8	7	5	5	4
23944	전북 김제시	제48회김제예술제	15,265	1	4	7	8	7	1	1	4
23945	전북 김제시	제25회전국벽골미술대전	15,000	1	4	7	8	7	1	1	1
23946	전북 김제시	2024글로벌지평선배성공기원동호인초청족구대회	15,000	1	4	7	8	7	1	1	1
23947	전북 김제시	2024년새만금지평선생활체육유도대회	15,000	1	4	7	8	7	1	1	1
23948	전북 김제시	농특산물직거래장터지원	15,000	1	4	7	8	7	5	5	4
23949	전북 김제시	범죄예방활동및기초질서지키기운동	14,400	1	4	7	8	7	5	1	1
23950	전북 김제시	제18회김제시장기클럽대항축구대회	12,393	1	4	7	8	7	1	1	1
23951	전북 김제시	시내버스LED행선판수리비지원	12,300	1	7	7	8	7	1	1	1
23952	전북 김제시	치유와희망을위한연등축제	12,000	1	8	7	8	7	1	1	1
23953	전북 김제시	금구향교석전대제를위한제기제복구입	12,000	1	8	7	8	7	5	5	4
23954	전북 김제시	모악산숲속음악회	11,500	1	4	7	8	7	1	1	1
23955	전북 김제시	국민통합운동	11,400	1	1	7	8	7	5	1	1
23956	전북 김제시	농업인학습단체육성	11,000	1	1	7	8	7	5	5	4

순번	시군구	지출명 (사업명)	2024년예산 (단위 : 천원 /1년간)	민간이전 분류 (지방자치단체 세출예산 집행기준에 의거) 1. 민간경상사업보조(307-02) 2. 민간단체 법정운영비보조(307-03) 3. 민간행사사업보조(307-04) 4. 민간위탁금(307-05) 5. 사회복지시설 법정운영비보조(307-10) 6. 민간인위탁교육비(307-12) 7. 공기관등에대한경상적위탁사업비(308-13) 8. 민간자본사업보조,자체재원(402-01) 9. 민간자본사업보조,이전재원(402-02) 10. 민간위탁사업비(402-03) 11. 공기관등에 대한 자본적 위탁사업비(403-02)	민간이전지출 근거 (지방보조금 관리기준 참고) 1. 법률에 규정 2. 국고보조 재원(국가지정) 3. 용도 지정 기부금 4. 조례에 직접규정 5. 지자체가 권장하는 사업을 하는 공공기관 6. 시,도 정책 및 재정사정 7. 기타 8. 해당없음	입찰방식 계약체결방법 (경쟁형태) 1. 일반경쟁 2. 제한경쟁 3. 지명경쟁 4. 수의계약 5. 법정위탁 6. 기타 ( ) 7. 없음	입찰방식 계약기간 1. 1년 2. 2년 3. 3년 4. 4년 5. 5년 6. 기타 ( )년 7. 단기계약 (1년미만) 8. 없음	입찰방식 낙찰자선정방법 1. 적격심사 2. 협상에의한계약 3. 최저가낙찰제 4. 규격가격분리 5. 2단계 경쟁입찰 6. 기타 ( ) 7. 없음	운영예산 산정 운영예산 산정 1. 내부산정 (지자체 자체적으로 산정) 2. 외부산정 (외부전문기관위탁 산정) 3. 내·외부 모두 산정 4. 산정 無 5. 없음	운영예산 산정 정산방법 1. 내부정산 (지자체 내부적으로 정산) 2. 외부정산 (외부전문기관위탁 정산) 3. 내·외부 모두 산정 4. 정산 無 5. 없음	성과평가 실시여부 1. 실시 2. 미실시 3. 향후 추진 4. 해당없음
23957	전북 김제시	지역경제활성화결의대회및소상공인의날행사	10,700	1	1	7	8	7	5	5	4
23958	전북 김제시	유소년축구교실운영	10,140	1	6	7	8	7	1	1	1
23959	전북 김제시	지역농특산물홍보및봉사	10,000	1	4	7	8	7	5	1	1
23960	전북 김제시	김제부거리옹기가마큰불때기	10,000	1	8	7	8	7	1	1	3
23961	전북 김제시	향토문화(도자기)전승보전사업	10,000	1	8	7	8	7	1	1	3
23962	전북 김제시	제26회전국시조경창대회	10,000	1	4	7	8	7	1	1	1
23963	전북 김제시	전북여성생활체육대회	10,000	1	4	7	8	7	1	1	1
23964	전북 김제시	체육인의밤행사	10,000	1	4	7	8	7	1	1	1
23965	전북 김제시	전국체전및소년체전출전선수격려	10,000	1	4	7	8	7	1	1	1
23966	전북 김제시	제6회김제시장배골프대회	10,000	1	4	7	8	7	1	1	1
23967	전북 김제시	제21회김제시장배생활체육수영대회	10,000	1	4	7	8	7	1	1	1
23968	전북 김제시	제6회김제지평선배댄스대회	10,000	1	4	7	8	7	1	1	1
23969	전북 김제시	제8회김제시장기태권도대회	10,000	1	4	7	8	7	1	1	1
23970	전북 김제시	제3회김제시장배볼링대회	10,000	1	4	7	8	7	1	1	1
23971	전북 김제시	김제스포츠클럽운영지원	10,000	1	5	7	8	7	1	1	4
23972	전북 김제시	소상공인정책홍보및지역업체활성화를위한징게장터발간	10,000	1	1	7	8	7	5	5	4
23973	전북 김제시	국내박람회참가지원사업	10,000	1	7	7	8	7	1	1	1
23974	전북 김제시	제27회김제지평선배동호인테니스대회	9,810	1	4	7	8	7	1	1	1
23975	전북 김제시	김제문협제54주년문학제	9,720	1	4	7	8	7	1	1	1
23976	전북 김제시	자유민주주의수호사업	9,000	1	1	7	8	7	5	1	1
23977	전북 김제시	사립박물관문화사업	9,000	1	8	7	8	7	1	1	4
23978	전북 김제시	제1회벼고을국악제전통국악경연대회	9,000	1	4	7	8	7	1	1	1
23979	전북 김제시	2024년청소년나눔작은음악회	9,000	1	4	7	8	7	1	1	1
23980	전북 김제시	최만춘의공취팔취	9,000	1	4	7	8	7	1	1	1
23981	전북 김제시	시민가족레포츠교실	9,000	1	4	7	8	7	1	1	1
23982	전북 김제시	농촌영농인력일자리직접지원사업(인건비)	9,000	1	7	7	8	7	5	5	4
23983	전북 김제시	농촌고용인력지원사업	9,000	1	2	7	8	7	5	5	4
23984	전북 김제시	찾아가는행복나눔문화행사	8,800	1	4	7	8	7	1	1	1
23985	전북 김제시	제11회김제아리랑전국가요제	8,500	1	4	7	8	7	1	1	1
23986	전북 김제시	입석줄다리기보존행사	8,340	1	4	7	8	7	1	1	1
23987	전북 김제시	김제동학농민혁명기념사업	8,100	1	8	7	8	7	1	1	1
23988	전북 김제시	종목단체전국대회및각종대회출전지원비	8,000	1	4	7	8	7	1	1	1
23989	전북 김제시	제9회김제시장기생활체육유도대회	8,000	1	4	7	8	7	1	1	1
23990	전북 김제시	전국으뜸농산물품평회출품지원사업	8,000	1	4	7	8	7	1	1	1
23991	전북 김제시	제22회가족사랑음악회	7,614	1	4	7	8	7	5	5	4
23992	전북 김제시	작목별맞춤형안전관리실천(경상)	7,500	1	4	7	8	7	1	1	1
23993	전북 김제시	전통문화체험사업	7,290	1	1	7	8	7	5	5	4
23994	전북 김제시	향교유림전통문화사업(기로연)	7,290	1	8	7	8	7	1	1	1
23995	전북 김제시	농촌관광주체육성(체험마을보험가입지원)	7,213	1	4	7	8	7	1	1	1
23996	전북 김제시	친환경농업기술정보보급사업	7,200	1	2	7	8	7	5	5	4

순번	시군구	지출명 (사업명)	2024년예산 (단위 : 천원 /1년간)	민간이전 분류 (지방자치단체 세출예산 집행기준에 의거) 1. 민간경상사업보조(307-02) 2. 민간단체 법정운영비보조(307-03) 3. 민간행사사업보조(307-04) 4. 민간위탁금(307-05) 5. 사회복지시설 법정운영비보조(307-10) 6. 민간인위탁교육비(307-12) 7. 공기관등에대한경상적위탁사업비(308-13) 8. 민간자본사업보조,자체재원(402-01) 9. 민간자본사업보조,이전재원(402-02) 10. 민간위탁사업비(402-03) 11. 공기관등에 대한 자본적 위탁사업비(403-02)	민간이전지출 근거 (지방보조금 관리기준 참고) 1. 법률에 규정 2. 국고보조 재원(국가지정) 3. 용도 지정 기부금 4. 조례에 직접규정 5. 지자체가 권장하는 사업을 하는 공공기관 6. 시,도 정책 및 재정사정 7. 기타 8. 해당없음	입찰방식 계약체결방법 (경쟁형태) 1. 일반경쟁 2. 제한경쟁 3. 지명경쟁 4. 수의계약 5. 법정위탁 6. 기타 ( ) 7. 없음	입찰방식 계약기간 1. 1년 2. 2년 3. 3년 4. 4년 5. 5년 6. 기타 ( )년 7. 단기계약 (1년미만) 8. 없음	입찰방식 낙찰자선정방법 1. 적격심사 2. 협상에의한계약 3. 최저가낙찰제 4. 규격가격분리 5. 2단계 경쟁입찰 6. 기타 ( ) 7. 없음	운영예산 산정 운영예산 산정 1. 내부산정 (지자체 자체적으로 산정) 2. 외부산정 (외부전문기관위탁 산정) 3. 내·외부 모두 산정 4. 산정 無 5. 없음	운영예산 산정 정산방법 1. 내부정산 (지자체 내부적으로 정산) 2. 외부정산 (외부전문기관위탁 정산) 3. 내·외부 모두 산정 4. 정산 無 5. 없음	성과평가 실시여부 1. 실시 2. 미실시 3. 향후 추진 4. 해당없음
23997	전북 김제시	생활체육광장운영	7,150	1	4	7	8	7	1	1	1
23998	전북 김제시	참봉사로아름다운세상만들기	7,000	1	4	7	8	7	5	1	1
23999	전북 김제시	문화원의날행사	7,000	1	8	7	7	7	1	1	1
24000	전북 김제시	김제시체육회선진지견학	7,000	1	4	7	8	7	1	1	3
24001	전북 김제시	제6회김제시장기클럽대항풋살대회	7,000	1	4	7	8	7	1	1	1
24002	전북 김제시	장애학생축구교실	7,000	1	4	7	8	7	1	1	3
24003	전북 김제시	김제시우회시조후계자양성강사수당	6,840	1	4	7	8	7	1	1	1
24004	전북 김제시	제15회김제시장기사회인야구대회	6,840	1	4	7	8	7	1	1	1
24005	전북 김제시	제26회김제지평선전국국악경연대회	6,480	1	4	7	8	7	1	1	1
24006	전북 김제시	제16회새만금지평선배탁구대회	6,480	1	4	7	8	7	1	1	1
24007	전북 김제시	제17회김제시장배동호인초청족구대회	6,480	1	4	7	8	7	1	1	1
24008	전북 김제시	안전김제실현,해병대전우회봉사	6,318	1	4	7	8	7	5	1	1
24009	전북 김제시	김제문학제3호발간	6,120	1	4	7	8	7	1	1	1
24010	전북 김제시	성산문화(제36호)발간	6,120	1	8	7	7	7	1	1	1
24011	전북 김제시	제26회김제지평선배아마추어볼링대회	6,050	1	4	7	8	7	1	1	1
24012	전북 김제시	김제농악채보발간	6,000	1	8	7	8	7	1	1	3
24013	전북 김제시	다프국제아트페어	6,000	1	4	7	8	7	1	1	1
24014	전북 김제시	문화학교(한문)운영	6,000	1	8	7	7	7	1	1	1
24015	전북 김제시	전북어르신생활체육대회	6,000	1	4	7	8	7	1	1	1
24016	전북 김제시	장애인종목단체대회출전비	6,000	1	4	7	8	7	1	1	1
24017	전북 김제시	청년농업인생생동아리지원	6,000	1	1	7	8	7	5	5	4
24018	전북 김제시	사회적경제청년혁신가지원사업(인센티브)	5,714	1	2	7	8	7	1	1	2
24019	전북 김제시	제16회아름다운김제전	5,500	1	4	7	8	7	1	1	1
24020	전북 김제시	공용버스터미널냉난방전기료지원	5,450	1	7	7	8	7	1	1	1
24021	전북 김제시	김제청년중심전통연희단육성	5,400	1	4	7	8	7	1	1	1
24022	전북 김제시	보험료	5,032	1	1	7	8	7	5	1	1
24023	전북 김제시	찾아가는맞춤형재능봉사단지원	5,000	1	1	7	8	7	5	1	1
24024	전북 김제시	제24회모악문화제	5,000	1	4	7	8	7	1	1	1
24025	전북 김제시	제5회지평선축제전국사진촬영대회	5,000	1	4	7	8	7	1	1	1
24026	전북 김제시	시민운동장생활체조교실운영	5,000	1	4	7	8	7	1	1	1
24027	전북 김제시	스키캠프교실운영	5,000	1	4	7	8	7	1	1	1
24028	전북 김제시	제6회김제시장기지평선배당구대회	5,000	1	4	7	8	7	1	1	1
24029	전북 김제시	제7회김제지평선배드민턴대회	5,000	1	4	7	8	7	1	1	1
24030	전북 김제시	전북농아인체육대회	5,000	1	4	7	8	7	1	1	1
24031	전북 김제시	전북지체장애인체육대회	5,000	1	4	7	8	7	1	1	1
24032	전북 김제시	농업경영체경영컨설팅지원	5,000	1	1	7	8	7	5	5	4
24033	전북 김제시	농업인재해안전마을육성사업(경상)	5,000	1	1	7	8	7	5	5	4
24034	전북 김제시	공용버스터미널화장실소모품지원	4,680	1	7	7	8	7	1	1	1
24035	전북 김제시	각종대회및행사지원추진	4,500	1	4	7	8	7	1	1	1
24036	전북 김제시	제18회김제시장기남여클럽배구대회	4,410	1	4	7	8	7	1	1	1

순번	시군구	지출명 (사업명)	2024년예산 (단위 : 천원 /1년간)	민간이전 분류 (지방자치단체 세출예산 집행기준에 의거) 1. 민간경상사업보조(307-02) 2. 민간단체 법정운영비보조(307-03) 3. 민간행사사업보조(307-04) 4. 민간위탁금(307-05) 5. 사회복지시설 법정운영비보조(307-10) 6. 민간인위탁교육비(307-12) 7. 공기관등에대한경상적위탁사업비(308-13) 8. 민간자본사업보조,자체재원(402-01) 9. 민간자본사업보조,이전재원(402-02) 10. 민간위탁사업비(402-03) 11. 공기관등에 대한 자본적 위탁사업비(403-02)	민간이전지출 근거 (지방보조금 관리기준 참고) 1. 법률에 규정 2. 국고보조 재원(국가지정) 3. 용도 지정 기부금 4. 조례에 직접규정 5. 지자체가 권장하는 사업을 하는 공공기관 6. 시,도 정책 및 재정사정 7. 기타 8. 해당없음	입찰방식 계약체결방법 (경쟁형태) 1. 일반경쟁 2. 제한경쟁 3. 지명경쟁 4. 수의계약 5. 법정위탁 6. 기타 ( ) 7. 없음	입찰방식 계약기간 1. 1년 2. 2년 3. 3년 4. 4년 5. 5년 6. 기타 ( )년 7. 단기계약 (1년미만) 8. 없음	입찰방식 낙찰자선정방법 1. 적격심사 2. 협상에의한계약 3. 최저가낙찰제 4. 규격가격분리 5. 2단계 경쟁입찰 6. 기타 ( ) 7. 없음	운영예산 산정 운영예산 산정 1. 내부산정 (지자체 자체적으로 산정) 2. 외부산정 (외부전문기관위탁 산정) 3. 내·외부 모두 산정 4. 산정 無 5. 없음	운영예산 산정 정산방법 1. 내부정산 (지자체 내부적으로 정산) 2. 외부정산 (외부전문기관위탁 정산) 3. 내·외부 모두 산정 4. 정산 無 5. 없음	성과평가 실시여부 1. 실시 2. 미실시 3. 향후 추진 4. 해당없음
24037	전북 김제시	명전명시시회전	4,050	1	4	7	8	7	1	1	1
24038	전북 김제시	전북시군농악경연대회참가지원	4,050	1	4	7	8	7	1	1	1
24039	전북 김제시	내가먼저시민운동,시정홍보	4,000	1	1	7	8	7	5	1	1
24040	전북 김제시	자매결연도시농특산물홍보	4,000	1	4	7	8	7	5	1	1
24041	전북 김제시	제13회파이팅김제시민을위한한여름밤콘서트	4,000	1	4	7	8	7	1	1	1
24042	전북 김제시	제1회벼고을,춤에안기다	4,000	1	4	7	8	7	1	1	1
24043	전북 김제시	제18회김제시장기이순테니스대회	4,000	1	4	7	8	7	1	1	1
24044	전북 김제시	장애인전문체육지원	4,000	1	4	7	8	7	1	1	1
24045	전북 김제시	금산백운동소규모급수시설전기료지원	4,000	1	4	7	8	7	1	1	1
24046	전북 김제시	농촌체험휴양마을박람회참가지원사업	4,000	1	6	7	8	7	5	5	4
24047	전북 김제시	제15회김제시장배클럽대항농구대회	3,870	1	4	7	8	7	1	1	1
24048	전북 김제시	제19회김제시장배읍면동대항게이트볼대회	3,500	1	4	7	8	7	1	1	1
24049	전북 김제시	제54회김제미술협회전	3,420	1	4	7	8	7	1	1	1
24050	전북 김제시	김제미술협회미술강좌	3,096	1	4	7	8	7	1	1	1
24051	전북 김제시	제1회김제아리랑실버가요제	3,000	1	4	7	8	7	1	1	1
24052	전북 김제시	시민과함께하는문화공감사업	3,000	1	4	7	8	7	1	1	1
24053	전북 김제시	역사문화교류활성화	3,000	1	8	7	7	7	1	1	1
24054	전북 김제시	2024년게이트볼협회대회참가비	3,000	1	4	7	8	7	1	1	1
24055	전북 김제시	장애인체육인의밤행사	3,000	1	4	7	8	7	1	1	1
24056	전북 김제시	꿈드래장애인협회한마음체육대회	3,000	1	4	7	8	7	1	1	1
24057	전북 김제시	장애인생활체육교실운영	3,000	1	4	7	8	7	1	1	1
24058	전북 김제시	모범운전자회교통봉사활동	3,000	1	4	7	8	7	1	1	1
24059	전북 김제시	지평선농촌풍경그리기대회	2,880	1	8	7	7	7	1	1	1
24060	전북 김제시	농촌체험휴양마을리더교육지원사업	2,880	1	2	7	8	7	5	5	4
24061	전북 김제시	얼쑤!우리가락한마당	2,790	1	4	7	8	7	1	1	1
24062	전북 김제시	사회적경제청년혁신가지원사업(인건비)	2,743	1	2	7	8	7	1	1	2
24063	전북 김제시	희망나눔가족봉사단지원	2,700	1	1	7	8	7	5	1	1
24064	전북 김제시	김제역사문화재교육	2,700	1	8	7	7	7	1	1	1
24065	전북 김제시	제54회새만금문화체험음악회	2,430	1	4	7	8	7	1	1	1
24066	전북 김제시	시민대상장구교실운영	2,340	1	4	7	8	7	1	1	1
24067	전북 김제시	내고장역사문화재교육탐방	2,340	1	8	7	7	7	1	1	1
24068	전북 김제시	고김천석추모제사	1,500	1	4	7	8	7	1	1	1
24069	전북 김제시	농아노인게이트볼교실	1,500	1	4	7	8	7	1	1	1
24070	전북 김제시	수산업경영인대회참가지원	1,500	1	4	7	8	7	1	1	4
24071	전북 김제시	전국지체장애인체육대회	1,224	1	4	7	8	7	1	1	1
24072	전북 김제시	제22회전라북도지사기시군대항테니스대회참가	1,000	1	4	7	8	7	1	1	1
24073	전북 김제시	제12회김제시장배동호인테니스대회	1,000	1	4	7	8	7	1	1	1
24074	전북 김제시	농촌관광활성화지원(농어촌민박안전서비스교육)	170	1	2	7	8	7	5	5	4
24075	전북 김제시	사회적경제청년혁신가지원사업(교통비)	154	1	2	7	8	7	1	1	2
24076	전북 완주군	청년농업인영농정착지원사업	689,052	1	2	7	8	7	5	5	4

순번	시군구	지출명 (사업명)	2024년예산 (단위 : 천원 /1년간)	민간이전 분류 (지방자치단체 세출예산 집행기준에 의거) 1. 민간경상사업보조(307-02) 2. 민간단체 법정운영비보조(307-03) 3. 민간행사사업보조(307-04) 4. 민간위탁금(307-05) 5. 사회복지시설 법정운영비보조(307-10) 6. 민간인위탁교육비(307-12) 7. 공기관등에대한경상적위탁사업비(308-13) 8. 민간자본사업보조,자체재원(402-01) 9. 민간자본사업보조,이전재원(402-02) 10. 민간위탁사업비(402-03) 11. 공기관등에 대한 자본적 위탁사업비(403-02)	민간이전지출 근거 (지방보조금 관리기준 참고) 1. 법률에 규정 2. 국고보조 재원(국가지정) 3. 용도 지정 기부금 4. 조례에 직접규정 5. 지자체가 권장하는 사업을 하는 공공기관 6. 시,도 정책 및 재정사정 7. 기타 8. 해당없음	입찰방식 계약체결방법 (경쟁형태) 1. 일반경쟁 2. 제한경쟁 3. 지명경쟁 4. 수의계약 5. 법정위탁 6. 기타 ( ) 7. 없음	입찰방식 계약기간 1. 1년 2. 2년 3. 3년 4. 4년 5. 5년 6. 기타 ( )년 7. 단기계약 (1년미만) 8. 없음	입찰방식 낙찰자선정방법 1. 적격심사 2. 협상에의한계약 3. 최저가낙찰제 4. 규격가격분리 5. 2단계 경쟁입찰 6. 기타 ( ) 7. 없음	운영예산 산정 운영예산 산정 1. 내부산정 (지자체 자체적으로 산정) 2. 외부산정 (외부전문기관위탁 산정) 3. 내·외부 모두 산정 4. 산정 無 5. 없음	운영예산 산정 정산방법 1. 내부정산 (지자체 내부적으로 정산) 2. 외부정산 (외부전문기관위탁 정산) 3. 내·외부 모두 산정 4. 정산 無 5. 없음	성과평가 실시여부 1. 실시 2. 미실시 3. 향후 추진 4. 해당없음
24077	전북 완주군	농촌고용인력지원	400,000	1	2	7	1	7	5	1	3
24078	전북 완주군	채소류생산안정지원사업	254,100	1	6	7	8	7	5	5	4
24079	전북 완주군	농산물공동출하확대지원사업	235,600	1	1	7	7	7	3	1	1
24080	전북 완주군	농산물공동작업지원체계확충사업	225,600	1	4	7	7	7	3	1	1
24081	전북 완주군	쌀경쟁력제고	129,600	1	6	7	8	7	5	5	4
24082	전북 완주군	친환경농산물유통소비마케팅지원사업	121,920	1	6	7	8	7	5	5	4
24083	전북 완주군	생산자조직화및통합마케팅활성화지원사업	120,000	1	4	7	1	7	3	1	1
24084	전북 완주군	여성단체역량강화사업	117,650	1	1	7	3	7	1	1	1
24085	전북 완주군	영농부산물안전처리지원	105,000	1	2	7	8	7	5	5	4
24086	전북 완주군	전략육성품목연작장해경감자재지원사업	100,000	1	7	7	8	7	5	5	4
24087	전북 완주군	농산물수출경쟁력강화사업	90,000	1	4	7	8	7	3	1	1
24088	전북 완주군	농작업대행사업단운영지원	80,000	1	6	7	8	7	5	5	4
24089	전북 완주군	밭작물공동경영체육성(역량강화)	76,500	1	1	7	8	7	3	1	1
24090	전북 완주군	초등돌봄과일간식지원사업	71,136	1	6	7	8	7	5	5	4
24091	전북 완주군	농작물병해충방제비	68,000	1	2	7	8	7	5	5	4
24092	전북 완주군	(사)완주군새마을회지원	67,000	1	1	7	8	7	1	1	3
24093	전북 완주군	임산부친환경농산물꾸러미지원사업	65,280	1	6	7	8	7	5	5	4
24094	전북 완주군	완주군애향운동본부지원	60,000	1	1	7	8	7	1	1	3
24095	전북 완주군	민주평화통일자문회의완주군협의회지원	55,000	1	1	7	8	7	1	1	3
24096	전북 완주군	경천싱그랭이에코빌생태관광지사업지원	50,000	1	4	7	8	7	5	5	4
24097	전북 완주군	농어업회의소운영지원	49,600	1	1	7	1	7	5	1	1
24098	전북 완주군	농산물TV홈쇼핑지원사업	36,000	1	4	7	8	7	3	1	1
24099	전북 완주군	친환경벼생산장려금지원	32,500	1	4	7	8	7	5	5	4
24100	전북 완주군	전북형청년창업농영농정착지원사업	32,073	1	6	7	8	7	5	5	4
24101	전북 완주군	어린이날축제한마당	32,000	1	2	7	7	7	5	1	1
24102	전북 완주군	우리밀소비촉진지원사업	32,000	1	6	7	8	7	5	5	4
24103	전북 완주군	외국인계절근로자운영지원	30,000	1	7	7	1	7	5	1	3
24104	전북 완주군	낚시터환경개선사업(전환사업)	30,000	1	1	7	8	7	5	5	4
24105	전북 완주군	공영터미널운영비및화장실용품지원	30,000	1	1	7	8	7	1	1	3
24106	전북 완주군	민간협력사업공모	30,000	1	4	7	8	7	1	1	3
24107	전북 완주군	어린이집석면건축물철지지원	29,043	1	6	7	8	7	1	1	4
24108	전북 완주군	식량작물공동경영체육성사업교육컨설팅지원	27,000	1	2	7	8	7	5	5	4
24109	전북 완주군	완주군생활개선회활성화사업	26,600	1	4	7	8	7	5	5	4
24110	전북 완주군	가금농가질병관리지원	24,000	1	1	7	8	7	5	5	4
24111	전북 완주군	GAP이력관리체계구축지원사업	21,000	1	4	7	8	7	3	1	1
24112	전북 완주군	지역활력화작목기반조성(품목생산자조직경쟁력제고시범)	20,000	1	6	7	8	7	5	5	4
24113	전북 완주군	일반학습단체육성완주군경영인가족한마음대회	20,000	1	4	7	8	7	5	5	4
24114	전북 완주군	농촌치유관광활성화콘텐츠개발	20,000	1	6	7	8	7	5	5	4
24115	전북 완주군	와일드&로컬푸드축제포장재지원사업	20,000	1	6	7	8	7	5	5	4
24116	전북 완주군	바르게살기운동완주군협의회지원	20,000	1	1	7	8	7	1	1	3

순번	시군구	지출명 (사업명)	2024년예산 (단위 : 천원 /1년간)	민간이전 분류 (지방자치단체 세출예산 집행기준에 의거) 1. 민간경상사업보조(307-02) 2. 민간단체 법정운영비보조(307-03) 3. 민간행사사업보조(307-04) 4. 민간위탁금(307-05) 5. 사회복지시설 법정운영비보조(307-10) 6. 민간인위탁교육비(307-12) 7. 공기관등에대한경상적위탁사업비(308-13) 8. 민간자본사업보조,자체재원(402-01) 9. 민간자본사업보조,이전재원(402-02) 10. 민간위탁사업비(402-03) 11. 공기관등에 대한 자본적 위탁사업비(403-02)	민간이전지출 근거 (지방보조금 관리기준 참고) 1. 법률에 규정 2. 국고보조 재원(국가지정) 3. 용도 지정 기부금 4. 조례에 직접규정 5. 지자체가 권장하는 사업을 하는 공공기관 6. 시,도 정책 및 재정사정 7. 기타 8. 해당없음	입찰방식: 계약체결방법 (경쟁형태) 1. 일반경쟁 2. 제한경쟁 3. 지명경쟁 4. 수의계약 5. 법정위탁 6. 기타 ( ) 7. 없음	입찰방식: 계약기간 1. 1년 2. 2년 3. 3년 4. 4년 5. 5년 6. 기타 ( )년 7. 단기계약 (1년미만) 8. 없음	입찰방식: 낙찰자선정방법 1. 적격심사 2. 협상에의한계약 3. 최저가낙찰제 4. 규격가격분리 5. 2단계 경쟁입찰 6. 기타 ( ) 7. 없음	운영예산 산정: 운영예산 산정 1. 내부산정 (지자체 자체적으로 산정) 2. 외부산정 (외부전문기관위탁 산정) 3. 내·외부 모두 산정 4. 산정 無 5. 없음	운영예산 산정: 정산방법 1. 내부정산 (지자체 내부적으로 정산) 2. 외부정산 (외부전문기관위탁 정산) 3. 내·외부 모두 산정 4. 정산 無 5. 없음	성과평가 실시여부 1. 실시 2. 미실시 3. 향후 추진 4. 해당없음
24117	전북 완주군	(사)전주지역범죄피해자지원센터지원	20,000	1	1	7	8	7	1	1	3
24118	전북 완주군	돼지소모성질환지도지원	18,000	1	2	7	8	7	5	5	4
24119	전북 완주군	공공보건의료기관공공보건사업	17,000	1	2	7	8	7	2	2	1
24120	전북 완주군	승용마조련강화	16,000	1	1	7	8	7	5	5	4
24121	전북 완주군	법무부청소년범죄예방완주지구협의회	16,000	1	1	7	8	7	1	1	3
24122	전북 완주군	아동권리영화제	15,000	1	7	7	8	7	5	1	1
24123	전북 완주군	독서모임운영	15,000	1	4	7	8	7	1	1	4
24124	전북 완주군	일반학습단체육성농업경영인전북농특산물명품큰장터참가	13,500	1	4	7	8	7	5	5	4
24125	전북 완주군	농특산물인터넷판매활성화사업	13,400	1	4	7	1	7	3	1	1
24126	전북 완주군	일반학습단체육성농업경영인한마음대회참가(도,중앙)	10,000	1	4	7	8	7	5	5	4
24127	전북 완주군	여성농업인와일드&로컬푸드축제참가	10,000	1	4	7	8	7	5	5	4
24128	전북 완주군	한국자유총연맹완주군지회지원	10,000	1	1	7	8	7	1	1	3
24129	전북 완주군	완주청년회의소지원	10,000	1	1	7	8	7	1	1	3
24130	전북 완주군	농촌여성안전향상보조구지원	9,800	1	6	7	8	7	5	5	4
24131	전북 완주군	만경강수중정화활동지원	8,000	1	4	7	8	7	1	1	1
24132	전북 완주군	청년창업농영농기반임차지원	7,800	1	6	7	8	7	5	5	4
24133	전북 완주군	농업인재해안전마을육성시범(민간경상)	7,500	1	6	7	8	7	5	5	4
24134	전북 완주군	북한이탈주민정착지원	7,500	1	4	7	8	7	1	1	3
24135	전북 완주군	일반학습단체육성4H본부도대회참가	7,000	1	4	7	8	7	5	5	4
24136	전북 완주군	농업인학습단체(생활개선,4H)활력화지원	6,500	1	6	7	8	7	5	5	4
24137	전북 완주군	아동친화도시활동가	6,000	1	7	7	8	7	5	1	1
24138	전북 완주군	실버세대맞춤형치유농장프로그램운영	6,000	1	2	7	8	7	5	5	4
24139	전북 완주군	자연보호활동지원	5,600	1	4	7	8	7	5	5	4
24140	전북 완주군	농촌지도자육성농촌지도자대회참여및활동지원	5,400	1	6	7	8	7	5	5	4
24141	전북 완주군	농업인한마음대회	5,000	1	7	7	8	7	5	1	1
24142	전북 완주군	농산물수출활성화지원사업	5,000	1	4	7	1	7	1	1	1
24143	전북 완주군	농촌여성학습단체활동지원	5,000	1	6	7	8	7	5	5	4
24144	전북 완주군	어업용면세유가격안정지원사업	4,740	1	1	7	8	7	5	5	4
24145	전북 완주군	청년농업인생생동아리지원	4,500	1	6	7	8	7	5	5	4
24146	전북 완주군	농업인학습단체기후변화대응현장교육	4,500	1	6	7	8	7	5	5	4
24147	전북 완주군	전북4H경진및참여활동지원	4,500	1	6	7	8	7	5	5	4
24148	전북 완주군	섬진강댐주변지역지원사업	4,018	1	1	7	8	7	5	5	4
24149	전북 완주군	새농민회한마음대회	4,000	1	4	7	8	7	5	1	1
24150	전북 완주군	농업기술자협회워크숍	4,000	1	4	7	8	7	5	1	1
24151	전북 완주군	완주군행정동우회지원	4,000	1	1	7	8	7	1	1	3
24152	전북 완주군	완주재향경우회지원	4,000	1	1	7	8	7	1	1	3
24153	전북 완주군	지역사회안전을위한민간단체지원	3,500	1	4	7	8	7	1	1	1
24154	전북 완주군	한국여성농업인전국(도)대회참가	3,150	1	7	7	8	7	5	5	4
24155	전북 완주군	모범운전자교통안내및교통캠페인봉사활동사업	3,000	1	4	7	1	7	1	1	3
24156	전북 완주군	수산박람회참가지원	2,400	1	1	7	8	7	5	5	4

순번	시군구	지출명 (사업명)	2024년예산 (단위 : 천원 /1년간)	민간이전 분류 (지방자치단체 세출예산 집행기준에 의거) 1. 민간경상사업보조(307-02) 2. 민간단체 법정운영비보조(307-03) 3. 민간행사사업보조(307-04) 4. 민간위탁금(307-05) 5. 사회복지시설 법정운영비보조(307-10) 6. 민간인위탁교육비(307-12) 7. 공기관등에대한경상적위탁사업비(308-13) 8. 민간자본사업보조,자체재원(402-01) 9. 민간자본사업보조,이전재원(402-02) 10. 민간위탁사업비(402-03) 11. 공기관등에 대한 자본적 위탁사업비(403-02)	민간이전지출 근거 (지방보조금 관리기준 참고) 1. 법률에 규정 2. 국고보조 재원(국가지정) 3. 용도 지정 기부금 4. 조례에 직접규정 5. 지자체가 권장하는 사업을 하는 공공기관 6. 시,도 정책 및 재정사정 7. 기타 8. 해당없음	입찰방식 계약체결방법 (경쟁형태) 1. 일반경쟁 2. 제한경쟁 3. 지명경쟁 4. 수의계약 5. 법정위탁 6. 기타 ( ) 7. 없음	입찰방식 계약기간 1. 1년 2. 2년 3. 3년 4. 4년 5. 5년 6. 기타 ( )년 7. 단기계약 (1년미만) 8. 없음	입찰방식 낙찰자선정방법 1. 적격심사 2. 협상에의한계약 3. 최저가낙찰제 4. 규격가격분리 5. 2단계 경쟁입찰 6. 기타 ( ) 7. 없음	운영예산 산정 운영예산 산정 1. 내부산정 (지자체 자체적으로 산정) 2. 외부산정 (외부전문기관위탁 산정) 3. 내·외부 모두 산정 4. 산정 無 5. 없음	운영예산 산정 정산방법 1. 내부정산 (지자체 내부적으로 정산) 2. 외부정산 (외부전문기관위탁 정산) 3. 내·외부 모두 산정 4. 정산 無 5. 없음	성과평가 실시여부 1. 실시 2. 미실시 3. 향후 추진 4. 해당없음
24157	전북 완주군	양봉농가질병관리지원사업	2,400	1	2	7	8	7	5	5	4
24158	전북 완주군	안심마을가꾸기사업	2,000	1	4	7	8	7	1	1	1
24159	전북 완주군	학교4H회원과제활동지도	1,800	1	6	7	8	7	5	5	4
24160	전북 완주군	새농민회전북도회전진대회	1,600	1	4	7	8	7	5	1	1
24161	전북 장수군	유기질비료지원사업(전환사업)	2,378,551	1	1	7	8	7	5	5	1
24162	전북 장수군	조사료포퇴비공급및살포지원사업	910,000	1	4	7	8	7	5	1	1
24163	전북 장수군	지역산업맞춤형일자리창출지원사업(JOB센터)	800,000	1	1	1	1	1	1	1	3
24164	전북 장수군	비료가격안정지원사업	640,414	1	2	7	8	7	5	5	1
24165	전북 장수군	시군역량강화	384,000	1	6	7	8	7	5	1	1
24166	전북 장수군	토양개량제지원사업	367,952	1	2	7	8	7	5	5	1
24167	전북 장수군	장수가야문화유산관광자원화사업(동부권발전사업)(전환사업)	300,000	1	8	6	1	6	4	5	4
24168	전북 장수군	APC운영활성화지원	300,000	1	4	7	8	7	3	1	1
24169	전북 장수군	레드푸드융복합클러스터구축	280,000	1	1	7	8	7	5	1	1
24170	전북 장수군	지방문화원사업활동지원	239,139	1	4	1	1	1	1	1	1
24171	전북 장수군	생활문화예술동호회지원사업	220,998	1	4	1	1	1	1	1	1
24172	전북 장수군	공동방제단운영	220,170	1	2	7	8	7	5	5	4
24173	전북 장수군	마을만들기중간지원조직구축사업	200,000	1	6	7	8	7	5	1	1
24174	전북 장수군	조사료생산용종자구입지원	179,010	1	1	7	8	7	5	1	4
24175	전북 장수군	신선농산물수출자생력강화사업	167,000	1	4	7	8	7	5	5	4
24176	전북 장수군	사회적경제중간지원조직구축사업	163,000	1	4	1	3	1	1	1	3
24177	전북 장수군	농촌인력중개센터지원	160,000	1	1	7	8	7	1	1	1
24178	전북 장수군	탄소중립저탄소한우축군조성사업	144,000	1	1	7	8	7	5	5	4
24179	전북 장수군	지역주도형청년일자리사업(청년창업공간지원)	129,170	1	1	1	8	1	1	1	4
24180	전북 장수군	농산물공동작업지원체계확충사업(전환사업)	127,200	1	4	7	8	7	3	1	1
24181	전북 장수군	외국인계절근로자운영지원사업(자체)	124,045	1	6	7	8	7	5	5	1
24182	전북 장수군	향교서원문화재활용사업	112,500	1	4	1	1	1	5	1	1
24183	전북 장수군	농번기공동급식지원사업	112,000	1	4	7	8	7	5	5	1
24184	전북 장수군	일반및어린이승마체험	110,000	1	1	7	8	7	5	5	4
24185	전북 장수군	기상재해예방지원사업	104,000	1	4	7	8	7	5	1	1
24186	전북 장수군	농촌청년현장활동가육성사업	100,000	1	6	7	8	7	5	1	1
24187	전북 장수군	생생문화재활용사업	95,000	1	4	1	1	1	5	1	1
24188	전북 장수군	마을기업육성지원(사무장)	92,640	1	1	1	8	1	1	1	4
24189	전북 장수군	말산업전문인력양성기관지원사업(경상)	91,526	1	1	7	8	7	5	5	4
24190	전북 장수군	에틸렌생성억제제지원사업	91,200	1	4	7	8	7	1	1	1
24191	전북 장수군	암소유전형질개량사업	90,000	1	1	7	8	7	5	1	4
24192	전북 장수군	농촌자원복합산업화지원(생산자조직화및통합마케팅활성화지원)(전환사업)	80,000	1	4	7	8	7	3	1	1
24193	전북 장수군	인삼재배시설지원	75,100	1	4	7	8	7	1	1	1
24194	전북 장수군	지역주도형청년일자리사업(청년비상일자리)	74,784	1	1	1	8	1	1	1	3
24195	전북 장수군	가축시장친자확인검사지원사업	74,400	1	1	7	8	7	5	1	4
24196	전북 장수군	농식품기업수출사전이행지원	74,034	1	4	7	8	7	1	1	1

순번	시군구	지출명 (사업명)	2024년예산 (단위 : 천원 /1년간)	민간이전 분류 (지방자치단체 세출예산 집행기준에 의거) 1. 민간경상사업보조(307-02) 2. 민간단체 법정운영비보조(307-03) 3. 민간행사사업보조(307-04) 4. 민간위탁금(307-05) 5. 사회복지시설 법정운영비보조(307-10) 6. 민간인위탁교육비(307-12) 7. 공기관등에대한경상적위탁사업비(308-13) 8. 민간자본사업보조,자체재원(402-01) 9. 민간자본사업보조,이전재원(402-02) 10. 민간위탁사업비(402-03) 11. 공기관등에 대한 자본적 위탁사업비(403-02)	민간이전지출 근거 (지방보조금 관리기준 참고) 1. 법률에 규정 2. 국고보조 재원(국가지정) 3. 용도 지정 기부금 4. 조례에 직접규정 5. 지자체가 권장하는 사업을 하는 공공기관 6. 시,도 정책 및 재정사정 7. 기타 8. 해당없음	입찰방식 계약체결방법 (경쟁형태) 1. 일반경쟁 2. 제한경쟁 3. 지명경쟁 4. 수의계약 5. 법정위탁 6. 기타 ( ) 7. 없음	입찰방식 계약기간 1. 1년 2. 2년 3. 3년 4. 4년 5. 5년 6. 기타 ( )년 7. 단기계약 (1년미만) 8. 없음	입찰방식 낙찰자선정방법 1. 적격심사 2. 협상에의한계약 3. 최저가낙찰제 4. 규격가격분리 5. 2단계 경쟁입찰 6. 기타 ( ) 7. 없음	운영예산 산정 운영예산 산정 1. 내부산정 (지자체 자체적으로 산정) 2. 외부산정 (외부전문기관위탁 산정) 3. 내·외부 모두 산정 4. 산정 無 5. 없음	운영예산 산정 정산방법 1. 내부정산 (지자체 내부적으로 정산) 2. 외부정산 (외부전문기관위탁 정산) 3. 내·외부 모두 산정 4. 정산 無 5. 없음	성과평가 실시여부 1. 실시 2. 미실시 3. 향후 추진 4. 해당없음
24197	전북 장수군	유해야생동물기피제지원	73,500	1	4	7	8	7	5	5	4
24198	전북 장수군	친환경유기농자재지원사업	66,300	1	7	7	8	7	5	5	1
24199	전북 장수군	풍물단체육성지원	65,550	1	4	1	1	1	1	1	1
24200	전북 장수군	과수인공수분기자재지원사업	62,000	1	4	7	8	7	1	1	1
24201	전북 장수군	공동선별비(농산물공동출하확대지원)	59,800	1	4	7	8	7	1	1	1
24202	전북 장수군	GAP농산물포장재지원	58,100	1	2	7	8	7	3	1	1
24203	전북 장수군	통합마케팅유통효율화지원사업(협력사업)	57,200	1	4	7	8	7	1	1	1
24204	전북 장수군	농촌돌봄서비스활성화지원사업	55,000	1	4	7	8	7	3	1	1
24205	전북 장수군	공동브랜드포장재지원	50,050	1	6	7	8	7	5	1	1
24206	전북 장수군	마을기업육성지원(도고도화)	50,000	1	4	7	8	7	1	1	1
24207	전북 장수군	박람회등행사참가지원	44,800	1	1	1	8	1	1	1	4
24208	전북 장수군	학생승마체험	44,800	1	4	7	8	7	1	1	1
24209	전북 장수군	전통문화전승보존	37,900	1	1	7	8	7	5	5	4
24210	전북 장수군	여성농업인농작업편의장비지원	36,000	1	4	1	1	1	1	1	1
24211	전북 장수군	고능력암소축군조성사업	34,000	1	1	7	8	7	5	5	1
24212	전북 장수군	신중년일자리사업	33,600	1	1	7	8	7	5	1	4
24213	전북 장수군	청년도약프로젝트	33,000	1	1	1	1	1	1	1	3
24214	전북 장수군	전통산사문화재활용사업	32,500	1	1	1	8	1	1	1	3
24215	전북 장수군	꿈꾸는예술터운영	31,940	1	4	1	1	1	5	1	1
24216	전북 장수군	논개선양사업	31,560	1	4	1	1	1	1	1	1
24217	전북 장수군	장수가야문화유산연구용역	30,000	1	4	1	1	1	1	1	1
24218	전북 장수군	생생마을만들기사업(기초단계)	30,000	1	8	6	1	6	4	5	4
24219	전북 장수군	전북형농촌관광거점마을운영활성화	30,000	1	4	7	8	7	5	5	1
24220	전북 장수군	마을기업지정(예비,신규,재지정,고도화)	30,000	1	6	7	8	7	5	1	1
24221	전북 장수군	장수청년LevelUp	30,000	1	1	1	8	1	1	1	4
24222	전북 장수군	청년네트워크활성화사업	30,000	1	1	1	8	1	1	1	3
24223	전북 장수군	농특산물수출전용포장재지원	30,000	1	1	1	8	1	1	1	3
24224	전북 장수군	사립미술관문화사업	29,700	1	4	7	8	7	1	1	1
24225	전북 장수군	친환경유기벼재배단지지원사업	28,445	1	4	1	1	1	1	1	1
24226	전북 장수군	고품질장수쌀지원사업	27,250	1	7	7	8	7	5	5	1
24227	전북 장수군	한국예총장수지회지원사업	26,620	1	7	7	8	7	5	5	1
24228	전북 장수군	청년일자리사업	25,200	1	4	1	1	1	1	1	1
24229	전북 장수군	사회적기업육성지원(일자리창출)	25,000	1	1	1	1	1	1	1	3
24230	전북 장수군	농특산물수출확대지원	25,000	1	1	1	8	1	1	1	4
24231	전북 장수군	농촌관광홍보방송제작지원사업	20,000	1	4	7	8	7	5	5	4
24232	전북 장수군	농촌희망농촌활동가육성지원	20,000	1	6	7	8	7	5	5	1
24233	전북 장수군	공동브랜드육성	20,000	1	6	7	8	7	5	1	1
24234	전북 장수군	가축방역사업(가금농가질병관리지원사업)	18,000	1	4	7	8	7	3	1	1
24235	전북 장수군	유기농업자재지원사업	17,340	1	2	7	8	7	5	5	4
24236	전북 장수군	GAP이력관리체계구축지원	17,280	1	2	7	8	7	5	5	1

순번	시군구	지출명 (사업명)	2024년예산 (단위 : 천원 /1년간)	민간이전 분류 (지방자치단체 세출예산 집행기준에 의거) 1. 민간경상사업보조(307-02) 2. 민간단체 법정운영비보조(307-03) 3. 민간행사사업보조(307-04) 4. 민간위탁금(307-05) 5. 사회복지시설 법정운영비보조(307-10) 6. 민간인위탁교육비(307-12) 7. 공기관등에대한경상적위탁사업비(308-13) 8. 민간자본사업보조,자체재원(402-01) 9. 민간자본사업보조,이전재원(402-02) 10. 민간위탁사업비(402-03) 11. 공기관등에 대한 자본적 위탁사업비(403-02)	민간이전지출 근거 (지방보조금 관리기준 참고) 1. 법률에 규정 2. 국고보조 재원(국가지정) 3. 용도 지정 기부금 4. 조례에 직접규정 5. 지자체가 권장하는 사업을 하는 공공기관 6. 시,도 정책 및 재정사정 7. 기타 8. 해당없음	입찰방식			운영예산 산정		성과평가 실시여부
						계약체결방법 (경쟁형태) 1. 일반경쟁 2. 제한경쟁 3. 지명경쟁 4. 수의계약 5. 법정위탁 6. 기타 ( ) 7. 없음	계약기간 1. 1년 2. 2년 3. 3년 4. 4년 5. 5년 6. 기타 ( )년 7. 단기계약 (1년미만) 8. 없음	낙찰자선정방법 1. 적격심사 2. 협상에의한계약 3. 최저가낙찰제 4. 규격가격분리 5. 2단계 경쟁입찰 6. 기타 ( ) 7. 없음	운영예산 산정 1. 내부산정 (지자체 자체적으로 산정) 2. 외부산정 (외부전문기관위탁 산정) 3. 내·외부 모두 산정 4. 산정 無 5. 없음	정산방법 1. 내부정산 (지자체 내부적으로 정산) 2. 외부정산 (외부전문기관위탁 정산) 3. 내·외부 모두 산정 4. 정산 無 5. 없음	1. 실시 2. 미실시 3. 향후 추진 4. 해당없음
24237	전북 장수군	농업인단체지원	16,000	1	1	7	8	7	5	5	1
24238	전북 장수군	원예산업발전협의회운영	16,000	1	4	7	8	7	3	1	1
24239	전북 장수군	마을경영체경쟁력강화사업	16,000	1	4	7	8	7	5	1	1
24240	전북 장수군	초등돌봄교실과일간식지원시범사업	15,490	1	4	7	8	7	5	1	1
24241	전북 장수군	전통놀이전문지도사양성교육지원	15,000	1	8	1	1	1	5	1	1
24242	전북 장수군	뜬봉샘생태관광지육성사업(전환사업)	15,000	1	4	7	8	7	5	1	4
24243	전북 장수군	마을환영회지원	15,000	1	4	7	8	7	5	5	1
24244	전북 장수군	장수군사회복지협의회사업지원	14,130	1	4	7	8	7	1	1	1
24245	전북 장수군	청년동아리지원	14,000	1	1	1	8	1	1	1	3
24246	전북 장수군	환경친화형농자재지원사업	13,806	1	6	7	8	7	5	5	1
24247	전북 장수군	오리농가난방비지원	13,600	1	6	7	8	7	5	5	4
24248	전북 장수군	축산물수출활성화지원	13,500	1	4	7	8	7	1	1	1
24249	전북 장수군	재향군인회사업지원	13,110	1	4	7	8	7	1	1	1
24250	전북 장수군	친환경쌀어린이집급식지원사업	12,169	1	4	7	8	7	5	1	1
24251	전북 장수군	농산물TV홈쇼핑지원	12,000	1	4	7	8	7	1	1	1
24252	전북 장수군	구제역및AI예방약품구입지원(돼지소모성질환지도지원)	12,000	1	2	7	8	7	5	5	4
24253	전북 장수군	6.25참전유공자회사업지원	10,190	1	4	7	8	7	1	1	1
24254	전북 장수군	향교석전대제지원	10,000	1	4	1	1	1	1	1	1
24255	전북 장수군	전통놀이현대화체험교육프로그램지원	10,000	1	8	1	1	1	5	1	1
24256	전북 장수군	전북1리길운영	10,000	1	4	7	8	7	1	1	1
24257	전북 장수군	임산부친환경농산물꾸러미지원사업	9,600	1	4	7	8	7	5	1	1
24258	전북 장수군	학생승마체험(자체)	9,120	1	1	7	8	7	5	5	4
24259	전북 장수군	향교일요학교운영	9,100	1	4	1	1	1	1	1	1
24260	전북 장수군	소상공인공제(노란우산공제)가입지원	8,520	1	6	7	1	7	1	1	4
24261	전북 장수군	축산물HACCP컨설팅지원	6,300	1	2	7	8	7	5	5	4
24262	전북 장수군	축산환경개선지도지원사업	5,750	1	1	7	8	7	5	1	1
24263	전북 장수군	중소농농산물안전유통지원사업	5,448	1	4	7	8	7	5	1	1
24264	전북 장수군	자연환경보호지원사업	5,000	1	1	7	8	7	1	1	1
24265	전북 장수군	HACCP컨설팅지원	4,900	1	4	7	8	7	5	1	1
24266	전북 장수군	비육용암소시장육성사업	4,800	1	1	7	8	7	5	5	4
24267	전북 장수군	대한노인회사업지원(수학여행)	4,600	1	1	7	8	7	1	1	4
24268	전북 장수군	우리밀소비촉진지원사업	4,000	1	4	7	8	7	5	1	1
24269	전북 장수군	재해구호전문인력양성	3,500	1	1	7	8	7	5	1	1
24270	전북 장수군	월남참전전우회사업지원	3,262	1	4	7	8	7	1	1	1
24271	전북 장수군	친환경농업기술정보보급사업	3,000	1	6	7	8	7	5	5	1
24272	전북 장수군	FTA사업계획수립및관리비	2,750	1	4	7	8	7	5	1	1
24273	전북 장수군	지역주도형청년일자리사업(장수청년상생네트워킹)	2,572	1	1	1	8	1	1	1	3
24274	전북 장수군	고엽제전우회사업지원	2,553	1	4	7	8	7	1	1	1
24275	전북 장수군	청년창업더하기지원사업	2,400	1	1	1	8	1	1	1	3
24276	전북 장수군	양봉농가질병관리지원	2,400	1	2	7	8	7	5	5	4

순번	시군구	지출명 (사업명)	2024년예산 (단위 : 천원 /1년간)	민간이전 분류 (지방자치단체 세출예산 집행기준에 의거) 1. 민간경상사업보조(307-02) 2. 민간단체 법정운영비보조(307-03) 3. 민간행사사업보조(307-04) 4. 민간위탁금(307-05) 5. 사회복지시설 법정운영비보조(307-10) 6. 민간인위탁교육비(307-12) 7. 공기관등에대한경상적위탁사업비(308-13) 8. 민간자본사업보조,자체재원(402-01) 9. 민간자본사업보조,이전재원(402-02) 10. 민간위탁사업비(402-03) 11. 공기관등에 대한 자본적 위탁사업비(403-02)	민간이전지출 근거 (지방보조금 관리기준 참고) 1. 법률에 규정 2. 국고보조 재원(국가지정) 3. 용도 지정 기부금 4. 조례에 직접규정 5. 지자체가 권장하는 사업을 하는 공공기관 6. 시,도 정책 및 재정사정 7. 기타 8. 해당없음	입찰방식: 계약체결방법 (경쟁형태) 1. 일반경쟁 2. 제한경쟁 3. 지명경쟁 4. 수의계약 5. 법정위탁 6. 기타 ( ) 7. 없음	입찰방식: 계약기간 1. 1년 2. 2년 3. 3년 4. 4년 5. 5년 6. 기타 ( )년 7. 단기계약 (1년미만) 8. 없음	입찰방식: 낙찰자선정방법 1. 적격심사 2. 협상에의한계약 3. 최저가낙찰제 4. 규격가격분리 5. 2단계 경쟁입찰 6. 기타 ( ) 7. 없음	운영예산 산정: 운영예산 산정 1. 내부산정 (지자체 자체적으로 산정) 2. 외부산정 (외부전문기관위탁 산정) 3. 내·외부 모두 산정 4. 산정 無 5. 없음	운영예산 산정: 정산방법 1. 내부정산 (지자체 내부적으로 정산) 2. 외부정산 (외부전문기관위탁 정산) 3. 내·외부 모두 산정 4. 정산 無 5. 없음	성과평가 실시여부 1. 실시 2. 미실시 3. 향후 추진 4. 해당없음
24277	전북 장수군	농촌체험휴양마을박람회참가지원사업	2,000	1	6	7	8	7	5	1	4
24278	전북 장수군	전몰군경유족회사업지원	1,630	1	4	7	8	7	1	1	1
24279	전북 장수군	무공수훈자회사업지원	1,041	1	4	7	8	7	1	1	1
24280	전북 장수군	지역사회보장협의체교육	1,000	1	1	7	8	7	1	1	1
24281	전북 장수군	지역사회보장협의체교육(자체)	1,000	1	1	7	8	7	1	1	1
24282	전북 장수군	전몰군경미망인회사업지원	950	1	4	7	8	7	1	1	1
24283	전북 장수군	송아지생산안정제지원사업	660	1	1	7	8	7	5	1	4
24284	전북 장수군	전북생생장터입점업체택배비지원	500	1	4	7	8	7	1	1	1
24285	전북 장수군	상이군경회사업지원	330	1	4	7	8	7	1	1	1
24286	전북 임실군	로컬JOB센터운영사업	800,000	1	2	7	1	7	3	1	1
24287	전북 임실군	맞춤형기술인력교육지원사업	118,361	1	6	7	1	7	1	1	1
24288	전북 임실군	마을기업사무장지원사업	92,640	1	1	7	1	7	1	1	1
24289	전북 임실군	임실청년창업지원프로젝트	75,898	1	2	7	1	7	3	1	1
24290	전북 임실군	지역특화청년일자리사업	56,026	1	2	7	1	7	1	1	1
24291	전북 임실군	마을기업고도화사업	50,000	1	1	7	1	7	1	1	1
24292	전북 임실군	전통시장장옌정장보기도우미운영(관촌,오수시장)	35,496	1	6	7	8	7	1	1	1
24293	전북 임실군	마을기업육성사업	30,000	1	1	7	1	7	1	1	1
24294	전북 임실군	전통시장장옌정장보기도우미운영(임실시장)	27,748	1	6	7	8	7	1	1	1
24295	전북 임실군	사회적기업지원	25,000	1	1	7	1	7	1	1	1
24296	전북 임실군	사회적경제청년혁신가지원사업	24,537	1	2	7	1	7	1	1	1
24297	전북 임실군	청년취업지원사업	16,800	1	6	7	1	7	1	1	1
24298	전북 임실군	신중년취업지원사업	16,800	1	6	7	1	7	1	1	1
24299	전북 임실군	소상공인공제(노란우산공제)가입지원	13,920	1	6	7	8	7	1	1	1
24300	전북 임실군	와글와글시장가요제	13,200	1	6	7	8	7	1	1	1
24301	전북 임실군	지역경제살리기사업	13,000	1	4	7	8	7	1	1	1
24302	전북 임실군	모범운전자&녹색어머니회제복지원사업	7,000	1	4	7	8	7	1	1	4
24303	전북 임실군	전통시장화재공제지원사업	6,000	1	6	7	8	7	1	1	1
24304	전북 임실군	교통사고예방캠페인및모범운전자체육대회지원	568	1	4	7	8	7	1	1	4
24305	전북 순창군	제61회전북특별자치도민(장애인)체육대회개최	1,990,000	1	1	7	8	7	1	1	1
24306	전북 순창군	객토지원사업	1,380,000	1	4	7	8	7	1	1	1
24307	전북 순창군	유기질비료지원	1,103,000	1	2	7	8	7	1	1	1
24308	전북 순창군	비료가격안정지원사업	803,848	1	2	7	8	7	1	1	1
24309	전북 순창군	농특산물유통포장재지원사업	700,000	1	4	7	8	7	1	1	3
24310	전북 순창군	집중육성품목공동선별비및마케팅사업지원	700,000	1	4	7	8	7	1	2	3
24311	전북 순창군	가축분뇨수분조절제지원사업	690,000	1	4	7	8	7	1	1	4
24312	전북 순창군	토양개량제지원	648,273	1	2	7	8	7	1	1	1
24313	전북 순창군	청년농업인영농정착지원사업	450,184	1	2	7	8	7	5	5	4
24314	전북 순창군	여성농업인생생카드지원사업	396,000	1	1	7	8	7	1	1	3
24315	전북 순창군	양돈농가액비처리비용지원사업	380,000	1	4	7	8	7	1	1	4
24316	전북 순창군	지역역량강화사업	363,000	1	2	1	3	1	1	1	1

순번	시군구	지출명 (사업명)	2024년예산 (단위 : 천원 /1년간)	민간이전 분류 (지방자치단체 세출예산 집행기준에 의거) 1. 민간경상사업보조(307-02) 2. 민간단체 법정운영비보조(307-03) 3. 민간행사사업보조(307-04) 4. 민간위탁금(307-05) 5. 사회복지시설 법정운영비보조(307-10) 6. 민간인위탁교육비(307-12) 7. 공기관등에대한경상적위탁사업비(308-13) 8. 민간자본사업보조,자체재원(402-01) 9. 민간자본사업보조,이전재원(402-02) 10. 민간위탁사업비(402-03) 11. 공기관등에 대한 자본적 위탁사업비(403-02)	민간이전지출 근거 (지방보조금 관리기준 참고) 1. 법률에 규정 2. 국고보조 재원(국가지정) 3. 용도 지정 기부금 4. 조례에 직접규정 5. 지자체가 권장하는 사업을 하는 공공기관 6. 시,도 정책 및 재정사정 7. 기타 8. 해당없음	입찰방식 계약체결방법 (경쟁형태) 1. 일반경쟁 2. 제한경쟁 3. 지명경쟁 4. 수의계약 5. 법정위탁 6. 기타 ( ) 7. 없음	입찰방식 계약기간 1. 1년 2. 2년 3. 3년 4. 4년 5. 5년 6. 기타 ( )년 7. 단기계약 (1년미만) 8. 없음	입찰방식 낙찰자선정방법 1. 적격심사 2. 협상에의한계약 3. 최저가낙찰제 4. 규격가격분리 5. 2단계 경쟁입찰 6. 기타 ( ) 7. 없음	운영예산 산정 운영예산 산정 1. 내부산정 (지자체 자체적으로 산정) 2. 외부산정 (외부전문기관위탁 산정) 3. 내·외부 모두 산정 4. 산정 無 5. 없음	운영예산 산정 정산방법 1. 내부정산 (지자체 내부적으로 정산) 2. 외부정산 (외부전문기관위탁 정산) 3. 내·외부 모두 산정 4. 정산 無 5. 없음	성과평가 실시여부 1. 실시 2. 미실시 3. 향후 추진 4. 해당없음
24317	전북 순창군	친환경생분해성멀칭필름지원사업	352,000	1	4	7	8	7	1	1	1
24318	전북 순창군	벼안전생산방제지원(자체)	343,013	1	4	7	8	7	1	1	1
24319	전북 순창군	농기계작업단운영지원	316,000	1	4	7	1	7	1	1	1
24320	전북 순창군	통합문화이용권지원사업	282,100	1	2	7	8	7	3	1	3
24321	전북 순창군	임산물상품화지원	245,083	1	2	7	8	7	1	1	4
24322	전북 순창군	농생명바이오소재기반산업화지원(국가연구지원사업비국2,61,도6,군69백만원)	230,000	1	2	7	8	7	5	5	4
24323	전북 순창군	전북특별자치도민체육대회출전	230,000	1	4	7	8	7	1	1	1
24324	전북 순창군	치유연수체험프로그램추진	200,000	1	4	7	8	7	1	1	3
24325	전북 순창군	농촌사랑동행순창행사지원	200,000	1	4	7	8	7	1	1	1
24326	전북 순창군	지역사업관리단운영	200,000	1	6	7	8	7	1	1	1
24327	전북 순창군	발효미생물산업기술혁신강화사업	200,000	1	2	7	1	7	1	1	4
24328	전북 순창군	유용미생물(EM)활성액지원사업	192,000	1	4	7	8	7	1	1	1
24329	전북 순창군	펠릿(입상)퇴비구입비지원	190,000	1	4	7	8	7	1	1	1
24330	전북 순창군	관내생산퇴비구입농가우대지원	180,000	1	4	7	8	7	1	1	1
24331	전북 순창군	마을만들기중간지원조직운영지원	170,000	1	6	7	8	7	1	1	1
24332	전북 순창군	경관조성용국화(분화)위탁재배	162,000	1	1	7	8	7	1	1	1
24333	전북 순창군	벼병해충방제약제지원사업	160,552	1	4	7	8	7	1	1	1
24334	전북 순창군	6차산업도약지원사업	160,000	1	2	1	8	7	3	1	4
24335	전북 순창군	꿀벌사료공급지원사업	153,120	1	4	7	8	7	1	1	4
24336	전북 순창군	악취저감및퇴비품질향상원료구입지원	150,000	1	4	7	8	7	1	1	1
24337	전북 순창군	고품질퇴비화를위한토탄구입지원	150,000	1	4	7	8	7	1	1	1
24338	전북 순창군	발효아카데미운영	150,000	1	2	7	1	7	1	1	4
24339	전북 순창군	가축재해보험지원사업	142,500	1	6	7	8	7	1	1	4
24340	전북 순창군	지방문화원사업지원	138,780	1	1	6	1	6	1	1	1
24341	전북 순창군	(예비)사회적기업일자리창출지원사업	136,000	1	2	7	8	7	1	1	4
24342	전북 순창군	흑염소종축지원사업	135,000	1	4	7	8	7	1	1	4
24343	전북 순창군	현장지원조직운영비	135,000	1	2	7	8	7	1	1	1
24344	전북 순창군	논타작물단지화교육컨설팅지원	135,000	1	2	7	8	7	1	1	1
24345	전북 순창군	농축산순환자원센터지역유기질비료추가지원	130,000	1	4	7	8	7	1	1	1
24346	전북 순창군	일반생활체육지도자배치	125,172	1	4	7	8	7	1	1	1
24347	전북 순창군	어르신생활체육지도자배치	125,172	1	4	7	8	7	1	1	1
24348	전북 순창군	읍면민의날행사지원	120,000	1	4	7	8	7	1	1	1
24349	전북 순창군	탄소중립저탄소한우축군조성	120,000	1	6	7	8	7	1	1	4
24350	전북 순창군	농촌관광거점마을운영활성화지원사업	106,000	1	1	7	8	7	5	1	2
24351	전북 순창군	영농부산물안전처리지원사업	105,000	1	2	7	1	7	1	1	1
24352	전북 순창군	GAP농산물포장재비지원사업	104,500	1	6	7	8	7	1	1	1
24353	전북 순창군	생생마을관리소운영및서비스공동체활동지원	100,000	1	6	7	8	7	5	5	4
24354	전북 순창군	벼안전생산방제지원	100,000	1	4	7	8	7	1	1	1
24355	전북 순창군	발효소스리빙랩운영	100,000	1	2	7	1	7	1	1	4
24356	전북 순창군	무형문화유산(발효미생물관광상품화)	100,000	1	2	7	1	7	1	1	4

순번	시군구	지출명 (사업명)	2024년예산 (단위 : 천원 /1년간)	민간이전 분류 (지방자치단체 세출예산 집행기준에 의거) 1. 민간경상사업보조(307-02) 2. 민간단체 법정운영비보조(307-03) 3. 민간행사사업보조(307-04) 4. 민간위탁금(307-05) 5. 사회복지시설 법정운영비보조(307-10) 6. 민간인위탁교육비(307-12) 7. 공기관등에대한경상적위탁사업비(308-13) 8. 민간자본사업보조,자체재원(402-01) 9. 민간자본사업보조,이전재원(402-02) 10. 민간위탁사업비(402-03) 11. 공기관등에 대한 자본적 위탁사업비(403-02)	민간이전지출 근거 (지방보조금 관리기준 참고) 1. 법률에 규정 2. 국고보조 재원(국가지정) 3. 용도 지정 기부금 4. 조례에 직접규정 5. 지자체가 권장하는 사업을 하는 공공기관 6. 시,도 정책 및 재정사정 7. 기타 8. 해당없음	입찰방식 계약체결방법 (경쟁형태) 1. 일반경쟁 2. 제한경쟁 3. 지명경쟁 4. 수의계약 5. 법정위탁 6. 기타 ( ) 7. 없음	입찰방식 계약기간 1. 1년 2. 2년 3. 3년 4. 4년 5. 5년 6. 기타 ( )년 7. 단기계약 (1년미만) 8. 없음	입찰방식 낙찰자선정방법 1. 적격심사 2. 협상에의한계약 3. 최저가낙찰제 4. 규격가격분리 5. 2단계 경쟁입찰 6. 기타 ( ) 7. 없음	운영예산 산정 운영예산 산정 1. 내부산정 (지자체 자체적으로 산정) 2. 외부산정 (외부전문기관위탁 산정) 3. 내·외부 모두 산정 4. 산정 無 5. 없음	운영예산 산정 정산방법 1. 내부정산 (지자체 내부적으로 정산) 2. 외부정산 (외부전문기관위탁 정산) 3. 내·외부 모두 정산 4. 정산 無 5. 없음	성과평가 실시여부 1. 실시 2. 미실시 3. 향후 추진 4. 해당없음
24357	전북 순창군	유소년스포츠단지원	100,000	1	4	7	8	7	1	1	1
24358	전북 순창군	폐축사철거비지원사업	98,000	1	4	7	8	7	1	1	4
24359	전북 순창군	민주평통통일기반조성사업지원	91,875	1	1,4	7	8	7	1	1	1
24360	전북 순창군	볏짚곤포사일리지비닐지원사업	90,000	1	4	7	8	7	1	1	4
24361	전북 순창군	농번기공동급식지원사업	89,600	1	1	7	8	7	1	1	3
24362	전북 순창군	유기농업자재지원사업	84,585	1	2	7	8	7	1	1	1
24363	전북 순창군	농특산물쇼핑몰판매지원사업	80,000	1	4	7	8	7	1	1	3
24364	전북 순창군	생산자조직화및통합마케팅활성화사업	80,000	1	6	7	8	7	1	1	3
24365	전북 순창군	친환경농산물유통소비마케팅지원사업	77,330	1	6	7	8	7	1	1	2
24366	전북 순창군	유기질비료지원(군비자체)	77,000	1	4	7	8	7	1	1	1
24367	전북 순창군	외국인계절근로자관리인건비	76,351	1	2	7	8	7	5	5	4
24368	전북 순창군	경로당안마의자지원사업(2023~226년)	73,200	1	4	1	4	1	1	1	1
24369	전북 순창군	농촌신활력플러스사업사무국운영인건비	72,900	1	1,4	7	8	7	1	1	4
24370	전북 순창군	신선농산물수출자생력강화사업	72,000	1	6	7	8	7	1	1	3
24371	전북 순창군	생활문화예술동호회활성화사업	70,936	1	1	6	1	6	1	1	1
24372	전북 순창군	손실보상금	66,000	1	2	7	8	7	5	5	4
24373	전북 순창군	경력단절여성시간제일자리지원	64,000	1	7	7	8	7	5	5	4
24374	전북 순창군	돈사분뇨처리관리지원	63,000	1	6	7	8	7	1	1	4
24375	전북 순창군	장애인생활체육지도자배치	62,280	1	4	7	8	7	1	1	1
24376	전북 순창군	귀농귀촌활성화전담기구운영	60,000	1	1	7	8	7	1	1	1
24377	전북 순창군	옥천줄다리기등	60,000	1	1	7	8	7	3	1	3
24378	전북 순창군	4대보험료	60,000	1	2	7	8	7	5	5	4
24379	전북 순창군	모돈갱신지원사업	60,000	1	4	7	8	7	1	1	4
24380	전북 순창군	농촌체험휴양마을사무장활동비	59,124	1	1	7	8	7	5	1	2
24381	전북 순창군	마을회관(경로당)지역신문보급지원	56,000	1	4	7	8	7	1	1	4
24382	전북 순창군	중소기업환경개선사업(기숙사임차지원)	55,200	1	1	7	8	7	1	1	4
24383	전북 순창군	벼육묘상상자처리제지원사업	52,000	1	4	7	8	7	1	1	1
24384	전북 순창군	장애인체육대회(전북특별자치도민체전)출전	52,000	1	4	7	8	7	1	1	1
24385	전북 순창군	환경친화형농자재지원사업	51,246	1	6	7	8	7	1	1	1
24386	전북 순창군	조사료종자구입지원	51,192	1	2	7	8	7	1	1	4
24387	전북 순창군	귀농청년현장실습비지원	50,000	1	1	7	8	7	1	1	1
24388	전북 순창군	제28회순창추령장승축제	50,000	1	1	7	8	7	3	1	3
24389	전북 순창군	1시군1대표시골마을작은축제	50,000	1	6	7	8	7	3	1	3
24390	전북 순창군	생생문화재활용사업	50,000	1	2	1	1	7	1	1	1
24391	전북 순창군	악취저감친환경미생물확대보급사업	50,000	1	4	7	8	7	1	1	4
24392	전북 순창군	친환경벼유통업체물류비지원	50,000	1	6	7	8	7	1	1	2
24393	전북 순창군	돼지써코바이러스예방약품지원	48,000	1	2	7	8	7	5	1	4
24394	전북 순창군	퇴비발효촉진지원사업	45,000	1	6	7	8	7	1	1	4
24395	전북 순창군	읍면농악(풍물)보존육성	44,000	1	1	7	8	7	5	5	4
24396	전북 순창군	미량요소활용깨씨무늬병예방시범	42,000	1	4	7	8	7	1	1	1

순번	시군구	지출명 (사업명)	2024년예산 (단위 : 천원 /1년간)	민간이전 분류 (지방자치단체 세출예산 집행기준에 의거) 1. 민간경상사업보조(307-02) 2. 민간단체 법정운영비보조(307-03) 3. 민간행사사업보조(307-04) 4. 민간위탁금(307-05) 5. 사회복지시설 법정운영비보조(307-10) 6. 민간인위탁교육비(307-12) 7. 공기관등에대한경상적위탁사업비(308-13) 8. 민간자본사업보조,자체재원(402-01) 9. 민간자본사업보조,이전재원(402-02) 10. 민간위탁사업비(402-03) 11. 공기관등에 대한 자본적 위탁사업비(403-02)	민간이전지출 근거 (지방보조금 관리기준 참고) 1. 법률에 규정 2. 국고보조 재원(국가지정) 3. 용도 지정 기부금 4. 조례에 직접규정 5. 지자체가 권장하는 사업을 하는 공공기관 6. 시,도 정책 및 재정사정 7. 기타 8. 해당없음	입찰방식 계약체결방법 (경쟁형태) 1. 일반경쟁 2. 제한경쟁 3. 지명경쟁 4. 수의계약 5. 법정위탁 6. 기타 ( ) 7. 없음	입찰방식 계약기간 1. 1년 2. 2년 3. 3년 4. 4년 5. 5년 6. 기타 ( )년 7. 단기계약 (1년미만) 8. 없음	입찰방식 낙찰자선정방법 1. 적격심사 2. 협상에의한계약 3. 최저가낙찰제 4. 규격가격분리 5. 2단계 경쟁입찰 6. 기타 ( ) 7. 없음	운영예산 산정 운영예산 산정 1. 내부산정 (지자체 자체적으로 산정) 2. 외부산정 (외부전문기관위탁 산정) 3. 내·외부 모두 산정 4. 산정 無 5. 없음	운영예산 산정 정산방법 1. 내부정산 (지자체 내부적으로 정산) 2. 외부정산 (외부전문기관위탁 정산) 3. 내·외부 모두 산정 4. 정산 無 5. 없음	성과평가 실시여부 1. 실시 2. 미실시 3. 향후 추진 4. 해당없음
24397	전북 순창군	마을기업사무장인건비	40,320	1	6	7	8	7	1	1	4
24398	전북 순창군	지역사회맞춤형평생직업교육프로그램운영	40,000	1	7	4	3	1	1	1	4
24399	전북 순창군	여름철아동물놀이장운영	40,000	1	4	1	7	1	1	1	1
24400	전북 순창군	제22회옥천골벚꽃축제	40,000	1	1	7	8	7	3	1	3
24401	전북 순창군	전라북도생활문화예술동호회페스티벌	40,000	1	1	6	1	6	1	1	1
24402	전북 순창군	우리영화만들자청소년영화캠프지원사업	40,000	1	6	6	1	6	1	1	2
24403	전북 순창군	농업인의날지원	40,000	1	4	7	8	7	1	1	4
24404	전북 순창군	복숭아병해충방제약제지원사업	40,000	1	4	7	8	7	1	1	1
24405	전북 순창군	지역특색농업발굴소득화사업	40,000	1	4	7	8	7	1	1	1
24406	전북 순창군	봄배추뿌리혹병방제지원	40,000	1	4	7	8	7	1	1	1
24407	전북 순창군	농산물공동작업지원체계확충사업	39,960	1	6	7	8	7	1	1	3
24408	전북 순창군	농촌공동아이돌봄센터지원사업	39,900	1	2	7	8	7	1	1	3
24409	전북 순창군	국악무료강습교실	39,000	1	1	6	1	6	1	1	1
24410	전북 순창군	생활체육동호인리그운영	36,881	1	4	7	8	7	1	1	1
24411	전북 순창군	청년창업지속성장지원사업(상생기반대응형)	36,578	1	2	7	8	7	1	1	2
24412	전북 순창군	전통사찰방재시스템유지보수	36,000	1	4	4	1	7	1	1	1
24413	전북 순창군	사회서비스형청년인턴지원	36,000	1	4	7	8	7	1	1	4
24414	전북 순창군	한우친자확인검사지원사업	36,000	1	6	7	8	7	1	1	4
24415	전북 순창군	해양레저스포츠체험교실	34,000	1	6	7	8	7	1	1	1
24416	전북 순창군	전북신중년취업지원사업	33,600	1	6	7	8	7	1	1	4
24417	전북 순창군	방재단방재활동지원	33,012	1	4	7	8	7	1	1	4
24418	전북 순창군	암소유전형질개량사업	33,000	1	6	7	8	7	1	1	4
24419	전북 순창군	전국및도단위체육대회출전	33,000	1	4	7	8	7	1	1	4
24420	전북 순창군	닭진드기공동방제지원	32,000	1	2	7	8	7	1	1	1
24421	전북 순창군	제2회전국시조경창대회	30,600	1	1	7	8	7	5	1	4
24422	전북 순창군	초등돌봄과일간식지원사업	30,320	1	1	6	1	6	1	1	1
24423	전북 순창군	이장한마음체육대회지원	30,000	1	6	4	8	7	1	1	4
24424	전북 순창군	사생대회및사진대회	30,000	1	4	7	8	7	1	1	1
24425	전북 순창군	우리영화만들자어린이영화캠프지원사업	30,000	1	1	7	8	7	5	5	4
24426	전북 순창군	순창농요금과들소리공개행사초청공연출연료지원등	30,000	1	6	6	1	6	1	1	2
24427	전북 순창군	마을기업지정사업	30,000	1	4	1	1	7	1	1	1
24428	전북 순창군	친환경농산물학교급식포장재지원사업	30,000	1	2	7	8	7	1	1	4
24429	전북 순창군	도시소비자를찾아가는직거래장터운영지원사업	30,000	1	4	7	8	7	1	1	3
24430	전북 순창군	학교급식유통물류비지원사업	30,000	1	4	7	8	7	1	1	3
24431	전북 순창군	친환경축산물무항생제재구입지원사업	30,000	1	4	7	8	7	1	1	3
24432	전북 순창군	장애인체육활성화사업	30,000	1	4	7	8	7	1	1	4
24433	전북 순창군	제2회순창예술제	29,000	1	4	7	8	7	1	1	1
24434	전북 순창군	도시민상담및교육	28,000	1	1	6	1	6	1	1	1
24435	전북 순창군	악취저감안개분무시설지원	28,000	1	1	7	8	7	1	1	1
24436	전북 순창군	전국및도단위장애인체육대회출전	28,000	1	6	7	8	7	1	1	4

순번	시군구	지출명 (사업명)	2024년예산 (단위 : 천원 /1년간)	민간이전 분류 (지방자치단체 세출예산 집행기준에 의거) 1. 민간경상사업보조(307-02) 2. 민간단체 법정운영비보조(307-03) 3. 민간행사사업보조(307-04) 4. 민간위탁금(307-05) 5. 사회복지시설 법정운영비보조(307-10) 6. 민간인위탁교육비(307-12) 7. 공기관등에대한경상적위탁사업비(308-13) 8. 민간자본사업보조,자체재원(402-01) 9. 민간자본사업보조,이전재원(402-02) 10. 민간위탁사업비(402-03) 11. 공기관등에 대한 자본적 위탁사업비(403-02)	민간이전지출 근거 (지방보조금 관리기준 참고) 1. 법률에 규정 2. 국고보조 재원(국가지정) 3. 용도 지정 기부금 4. 조례에 직접규정 5. 지자체가 권장하는 사업을 하는 공공기관 6. 시,도 정책 및 재정사정 7. 기타 8. 해당없음	입찰방식 계약체결방법 (경쟁형태) 1. 일반경쟁 2. 제한경쟁 3. 지명경쟁 4. 수의계약 5. 법정위탁 6. 기타 ( ) 7. 없음	입찰방식 계약기간 1. 1년 2. 2년 3. 3년 4. 4년 5. 5년 6. 기타 ( )년 7. 단기계약 (1년미만) 8. 없음	입찰방식 낙찰자선정방법 1. 적격심사 2. 협상에의한계약 3. 최저가낙찰제 4. 규격가격분리 5. 2단계 경쟁입찰 6. 기타 ( ) 7. 없음	운영예산 산정 운영예산 산정 1. 내부산정 (지자체 자체적으로 산정) 2. 외부산정 (외부전문기관위탁 산정) 3. 내·외부 모두 산정 4. 산정 無 5. 없음	운영예산 산정 정산방법 1. 내부정산 (지자체 내부적으로 정산) 2. 외부정산 (외부전문기관위탁 정산) 3. 내·외부 모두 정산 4. 정산 無 5. 없음	성과평가 실시여부 1. 실시 2. 미실시 3. 향후 추진 4. 해당없음
24437	전북 순창군	발효미생물전문인력육성지원사업	26,196	1	2	7	7	7	1	1	4
24438	전북 순창군	식생활개선캠프추진등	26,000	1	6	7	8	7	5	5	4
24439	전북 순창군	수리계수리시설유지관리	25,840	1	4	7	8	7	1	5	4
24440	전북 순창군	전북형청년취업지원사업	25,200	1	6	7	8	7	1	1	4
24441	전북 순창군	가루쌀생산단지교육컨설팅지원	25,200	1	2	7	8	7	1	1	1
24442	전북 순창군	문화나들이체험	25,000	1	4	1	1	7	1	1	1
24443	전북 순창군	순창농요금과들소리보존육성	25,000	1	4	1	1	7	1	1	1
24444	전북 순창군	자율방재단가족한마음행사	25,000	1	4	7	8	7	1	1	4
24445	전북 순창군	젖소퇴비발효부숙제지원사업	25,000	1	4	7	8	7	1	1	4
24446	전북 순창군	농업인학습단체특별교육지원	25,000	1	1	7	8	7	1	1	1
24447	전북 순창군	체육회원단체동호인시설사용료지원	25,000	1	4	7	8	7	1	1	1
24448	전북 순창군	마을경영체경쟁력강화사업	24,000	1	1	7	8	7	1	1	3
24449	전북 순창군	친환경농업기술정보보급사업	24,000	1	6	7	8	7	1	1	1
24450	전북 순창군	순창군의용소방대연합회사업지원	23,650	1	4	7	8	7	1	1	1
24451	전북 순창군	새마을운동순창군지회사업지원	23,000	1	4	7	8	7	1	1	1
24452	전북 순창군	알음알음산골음악회열한번째이야기	22,600	1	1	6	1	6	1	1	1
24453	전북 순창군	제2회순창예술인의밤	22,500	1	1	6	1	6	1	1	1
24454	전북 순창군	산란계농장난좌지원	22,400	1	6	7	8	7	5	1	4
24455	전북 순창군	정보화마을프로그램관리자인건비	22,350	1	1	7	1	2	1	1	1
24456	전북 순창군	지역교류활성화지원	22,000	1	4	7	8	7	1	1	1
24457	전북 순창군	읍면체육회운영비지원	22,000	1	4	7	8	7	1	1	1
24458	전북 순창군	전국및도단위어르신체육대회출전	22,000	1	4	7	8	7	1	1	1
24459	전북 순창군	가축분뇨이용촉진비지원	21,560	1	6	7	8	7	1	1	4
24460	전북 순창군	제6회전국정가(가사,가곡,시조)경창대회	20,460	1	1	6	1	6	1	1	1
24461	전북 순창군	해외청소년홈스테이추진	20,000	1	1	7	8	7	1	1	1
24462	전북 순창군	청소년범죄예방위원순창지구사업지원	20,000	1	4	7	8	7	1	1	1
24463	전북 순창군	생활문화예술동호회야외상설공연	20,000	1	1	6	1	6	1	1	1
24464	전북 순창군	문화예술활동창작프로그램	20,000	1	1	6	1	6	1	1	1
24465	전북 순창군	순창문화원활성화사업	20,000	1	1	6	1	6	1	1	1
24466	전북 순창군	강천산코레일관광객연계시스템구축	20,000	1	6	7	8	7	5	5	4
24467	전북 순창군	순창농요금과들소리국가무형문화재지정을위한학술용역비지원	20,000	1	4	1	1	7	1	1	1
24468	전북 순창군	국내박람회지원사업	20,000	1	4	7	8	7	1	1	4
24469	전북 순창군	농촌관광홍보방송제작지원사업	20,000	1	6	7	8	7	5	5	4
24470	전북 순창군	농촌활동가활동비및운영비지원	20,000	1	6	7	8	7	5	5	4
24471	전북 순창군	친환경목재생산보조금	20,000	1	2	7	8	7	1	1	4
24472	전북 순창군	친환경학교급식등물류비지원사업	20,000	1	4	7	8	7	1	1	3
24473	전북 순창군	젖소수태율향상제지원사업	20,000	1	4	7	8	7	1	1	4
24474	전북 순창군	양봉농가꿀포장재지원사업	20,000	1	4	7	8	7	1	1	4
24475	전북 순창군	축산환경개선사업	20,000	1	6	7	8	7	1	1	4
24476	전북 순창군	내수면양식장미생물제재지원사업	20,000	1	4	7	8	7	1	1	4

순번	시군구	지출명 (사업명)	2024년예산 (단위 : 천원 /1년간)	민간이전 분류 (지방자치단체 세출예산 집행기준에 의거) 1. 민간경상사업보조(307-02) 2. 민간단체 법정운영비보조(307-03) 3. 민간행사사업보조(307-04) 4. 민간위탁금(307-05) 5. 사회복지시설 법정운영비보조(307-10) 6. 민간인위탁교육비(307-12) 7. 공기관등에대한경상적위탁사업비(308-13) 8. 민간자본사업보조,자체재원(402-01) 9. 민간자본사업보조,이전재원(402-02) 10. 민간위탁사업비(402-03) 11. 공기관등에 대한 자본적 위탁사업비(403-02)	민간이전지출 근거 (지방보조금 관리기준 참고) 1. 법률에 규정 2. 국고보조 재원(국가지정) 3. 용도 지정 기부금 4. 조례에 직접규정 5. 지자체가 권장하는 사업을 하는 공공기관 6. 시,도 정책 및 재정사정 7. 기타 8. 해당없음	입찰방식			운영예산 산정		성과평가 실시여부
						계약체결방법 (경쟁형태) 1. 일반경쟁 2. 제한경쟁 3. 지명경쟁 4. 수의계약 5. 법정위탁 6. 기타 ( ) 7. 없음	계약기간 1. 1년 2. 2년 3. 3년 4. 4년 5. 5년 6. 기타 ( )년 7. 단기계약 (1년미만) 8. 없음	낙찰자선정방법 1. 적격심사 2. 협상에의한계약 3. 최저가낙찰제 4. 규격가격분리 5. 2단계 경쟁입찰 6. 기타 ( ) 7. 없음	운영예산 산정 1. 내부산정 (지자체 자체적으로 산정) 2. 외부산정 (외부전문기관위탁 산정) 3. 내·외부 모두 산정 4. 산정 無 5. 없음	정산방법 1. 내부정산 (지자체 내부적으로 정산) 2. 외부정산 (외부전문기관위탁 정산) 3. 내·외부 모두 산정 4. 정산 無 5. 없음	1. 실시 2. 미실시 3. 향후 추진 4. 해당없음
24477	전북 순창군	품목생산자조직경쟁력제고시범	20,000	1	1	7	8	7	2	1	1
24478	전북 순창군	기후변화대응돌발해충방제약제구입	20,000	1	4	7	8	7	1	1	1
24479	전북 순창군	농산물가공제품포장재지원사업	20,000	1	1	7	8	7	1	1	2
24480	전북 순창군	학교선수용품지원	20,000	1	4	7	8	7	1	1	1
24481	전북 순창군	순창군민체조교실운영	20,000	1	4	7	8	7	1	1	1
24482	전북 순창군	학교운동부육성지원	20,000	1	4	7	8	7	1	1	1
24483	전북 순창군	장류제조전문인력육성사업	19,940	1	2	7	7	7	1	1	4
24484	전북 순창군	유기액비자가제조실증시범	19,600	1	4	7	8	7	1	1	1
24485	전북 순창군	사회적경제청년혁신가지원사업(인건비)	19,205	1	2	7	8	7	1	1	4
24486	전북 순창군	친환경희망농부육성지원사업	18,720	1	6	7	8	7	1	1	1
24487	전북 순창군	가금농가질병관리지원	18,000	1	2	7	8	7	5	1	4
24488	전북 순창군	귀농귀촌상담홍보전(박람회등)행사추진	17,650	1	1	7	8	7	1	1	1
24489	전북 순창군	GAP이력관리체계구축지원사업	17,280	1	6	7	8	7	1	1	1
24490	전북 순창군	한국농업경영인가족한마음대회	17,000	1	7	7	8	7	3	1	4
24491	전북 순창군	귀농귀촌재능나눔사업	16,500	1	1	7	8	7	1	1	1
24492	전북 순창군	다문화이주여성영화동아리지원사업	16,000	1	6	6	1	6	1	1	2
24493	전북 순창군	가축폭염스트레스완화제지원사업	16,000	1	6	7	8	7	1	1	4
24494	전북 순창군	주민자치한마음대회	15,000	1	4	7	8	7	1	1	1
24495	전북 순창군	순창청년리빙랩프로젝트	15,000	1	4	7	8	7	1	1	2
24496	전북 순창군	강천산전국가요제	15,000	1	1	6	1	6	1	1	1
24497	전북 순창군	삼인문화기념행사	15,000	1	4	1	1	7	1	1	1
24498	전북 순창군	전통놀이현대화체험프로그램	15,000	1	4	1	1	7	1	1	1
24499	전북 순창군	기업출퇴근근로자차량유류비지원	15,000	1	4	7	8	7	1	1	4
24500	전북 순창군	생생마을만들기기초단계지원	15,000	1	6	7	8	7	1	1	1
24501	전북 순창군	계절근로자항공료	15,000	1	2	7	8	7	5	5	4
24502	전북 순창군	낙우회우수정액지원사업	15,000	1	4	7	8	7	1	1	4
24503	전북 순창군	암소다산우발톱정리지원사업	15,000	1	4	7	8	7	1	1	4
24504	전북 순창군	농업인학습단체동아리활동지원	15,000	1	1	7	8	7	1	1	1
24505	전북 순창군	동호인용품지원	15,000	1	4	7	8	7	1	1	1
24506	전북 순창군	출산여성농가도우미지원	14,580	1	1	7	8	7	1	1	3
24507	전북 순창군	꿀벌사육농가면역증강제지원	14,500	1	6	7	8	7	5	1	4
24508	전북 순창군	내수면양식장소독제지원	14,372	1	6	7	8	7	1	1	4
24509	전북 순창군	농식품기업수출사전이행지원사업	14,331	1	6	7	8	7	1	1	3
24510	전북 순창군	토착미생물활용고품질농산물생산성증대기술시범	14,000	1	4	7	8	7	1	1	1
24511	전북 순창군	무농약고추안정생산을위한실증재배시범	14,000	1	4	7	8	7	1	1	1
24512	전북 순창군	생활체육교실운영	13,974	1	4	7	8	7	1	1	1
24513	전북 순창군	왕대추안정생산을위한친환경자재지원	13,750	1	4	7	8	7	1	1	1
24514	전북 순창군	전통시장TV홍보사업(와글와글시장가요제)	13,200	1	4	7	8	7	1	1	1
24515	전북 순창군	제23회읍면농악경연대회	13,000	1	1	6	1	6	1	1	1
24516	전북 순창군	전북역전마라톤대회출전	13,000	1	4	7	8	7	1	1	1

순번	시군구	지출명 (사업명)	2024년예산 (단위 : 천원 /1년간)	민간이전 분류 (지방자치단체 세출예산 집행기준에 의거) 1. 민간경상사업보조(307-02) 2. 민간단체 법정운영비보조(307-03) 3. 민간행사사업보조(307-04) 4. 민간위탁금(307-05) 5. 사회복지시설 법정운영비보조(307-10) 6. 민간인위탁교육비(307-12) 7. 공기관등에대한경상적위탁사업비(308-13) 8. 민간자본사업보조,자체재원(402-01) 9. 민간자본사업보조,이전재원(402-02) 10. 민간위탁사업비(402-03) 11. 공기관등에 대한 자본적 위탁사업비(403-02)	민간이전지출 근거 (지방보조금 관리기준 참고) 1. 법률에 규정 2. 국고보조 재원(국가지정) 3. 용도 지정 기부금 4. 조례에 직접규정 5. 지자체가 권장하는 사업을 하는 공공기관 6. 시,도 정책 및 재정사정 7. 기타 8. 해당없음	입찰방식: 계약체결방법 (경쟁형태) 1. 일반경쟁 2. 제한경쟁 3. 지명경쟁 4. 수의계약 5. 법정위탁 6. 기타 ( ) 7. 없음	입찰방식: 계약기간 1. 1년 2. 2년 3. 3년 4. 4년 5. 5년 6. 기타 ( )년 7. 단기계약 (1년미만) 8. 없음	입찰방식: 낙찰자선정방법 1. 적격심사 2. 협상에의한계약 3. 최저가낙찰제 4. 규격가격분리 5. 2단계 경쟁입찰 6. 기타 ( ) 7. 없음	운영예산 산정: 운영예산 산정 1. 내부산정 (지자체 자체적으로 산정) 2. 외부산정 (외부전문기관위탁 산정) 3. 내·외부 모두 산정 4. 산정 無 5. 없음	운영예산 산정: 정산방법 1. 내부정산 (지자체 내부적으로 정산) 2. 외부정산 (외부전문기관위탁 정산) 3. 내·외부 모두 정산 4. 정산 無 5. 없음	성과평가 실시여부 1. 실시 2. 미실시 3. 향후 추진 4. 해당없음
24517	전북 순창군	전북어르신생활체육대회출전	13,000	1	4	7	8	7	1	1	1
24518	전북 순창군	전북여성생활체육대회출전	13,000	1	4	7	8	7	1	1	1
24519	전북 순창군	작은음악회	12,000	1	1	6	1	6	1	1	1
24520	전북 순창군	교통약자(노인)효도관광지원	12,000	1	4	7	8	7	1	1	2
24521	전북 순창군	가축분뇨운송처리비지원사업	12,000	1	6	7	8	7	1	1	4
24522	전북 순창군	생활체육광장지도자운영	11,550	1	4	7	8	7	1	1	1
24523	전북 순창군	범죄피해자지원센터사업비지원	11,500	1	4	7	8	7	1	1	1
24524	전북 순창군	방재활동장비소모품구입및유지관리비	11,000	1	4	7	8	7	1	1	4
24525	전북 순창군	순창아리랑"아라리요"교실운영	10,400	1	1	6	1	6	1	1	1
24526	전북 순창군	유소년축구교실운영	10,140	1	4	7	8	7	1	1	1
24527	전북 순창군	평생학습동아리지원	10,000	1	7	1	1	1	1	1	4
24528	전북 순창군	순창군애향운동본부지원	10,000	1	4	7	8	7	1	1	1
24529	전북 순창군	순창에서살아보기체험지원	10,000	1	1	7	8	7	1	1	1
24530	전북 순창군	귀농귀촌역량강화지원	10,000	1	1	7	8	7	1	1	1
24531	전북 순창군	제1회쌍치면추령천벚꽃축제	10,000	1	1	7	8	7	3	1	3
24532	전북 순창군	5대명창추모공연	10,000	1	1	6	1	6	1	1	1
24533	전북 순창군	순창향교전통예절학교운영	10,000	1	4	1	1	7	1	1	1
24534	전북 순창군	개천절기념단군대제봉행	10,000	1	4	1	1	7	1	1	1
24535	전북 순창군	향교제례실행사업비	10,000	1	4	1	1	7	1	1	1
24536	전북 순창군	외국인계절근로자교육및홍보등	10,000	1	2	7	8	7	5	5	4
24537	전북 순창군	젖소기능성볼록지원사업	10,000	1	4	7	8	7	1	1	4
24538	전북 순창군	축산물품질향상지원사업	10,000	1	6	7	8	7	1	1	4
24539	전북 순창군	내수면양식장수산물포장재지원사업	10,000	1	4	7	8	7	1	1	4
24540	전북 순창군	승마산업활성화지원사업	10,000	1	6	7	8	7	1	1	4
24541	전북 순창군	전북/동부권4H본부한마음대회참가지원	10,000	1	1	7	8	7	1	1	1
24542	전북 순창군	전국체전및소년체전출전선수지원	10,000	1	4	7	8	7	1	1	1
24543	전북 순창군	유소년승마단운영비지원	10,000	1	1	7	8	7	1	1	1
24544	전북 순창군	소상공인(노란우산)공제가입지원	9,960	1	4	7	8	7	1	5	4
24545	전북 순창군	오리농가동절기난방비지원	9,440	1	6	7	8	7	5	1	4
24546	전북 순창군	방재단방재활동장비구입	9,350	1	4	7	8	7	1	1	4
24547	전북 순창군	향교일요학교운영	9,100	1	4	1	1	7	1	1	1
24548	전북 순창군	귀농귀촌인멘토컨설팅	9,000	1	1	7	8	7	1	1	1
24549	전북 순창군	지역축제등귀농귀촌홍보지원	9,000	1	1	7	8	7	1	1	1
24550	전북 순창군	옥천사마대제봉행	9,000	1	4	1	1	7	1	1	1
24551	전북 순창군	옥천문화15집발간	9,000	1	4	1	1	7	1	1	1
24552	전북 순창군	양식수산물재해보험	9,000	1	6	7	8	7	1	1	4
24553	전북 순창군	청년창업농영농기반임차지원	8,950	1	6	7	8	7	5	5	4
24554	전북 순창군	바르게살기운동순창군협의회사업지원	8,920	1	1	7	8	7	1	1	1
24555	전북 순창군	전북형청년창업농영농정착지원	8,747	1	6	7	8	7	5	5	4
24556	전북 순창군	귀농체험(현장실습)운영	8,200	1	1	7	8	7	1	1	1

순번	시군구	지출명 (사업명)	2024년예산 (단위 : 천원 /1년간)	민간이전 분류 (지방자치단체 세출예산 집행기준에 의거) 1. 민간경상사업보조(307-02) 2. 민간단체 법정운영비보조(307-03) 3. 민간행사사업보조(307-04) 4. 민간위탁금(307-05) 5. 사회복지시설 법정운영비보조(307-10) 6. 민간인위탁교육비(307-12) 7. 공기관등에대한경상적위탁사업비(308-13) 8. 민간자본사업보조,자체재원(402-01) 9. 민간자본사업보조,이전재원(402-02) 10. 민간위탁사업비(402-03) 11. 공기관등에 대한 자본적 위탁사업비(403-02)	민간이전지출 근거 (지방보조금 관리기준 참고) 1. 법률에 규정 2. 국고보조 재원(국가지정) 3. 용도 지정 기부금 4. 조례에 직접규정 5. 지자체가 권장하는 사업을 하는 공공기관 6. 시,도 정책 및 재정사정 7. 기타 8. 해당없음	입찰방식			운영예산 산정		성과평가 실시여부
						계약체결방법 (경쟁형태) 1. 일반경쟁 2. 제한경쟁 3. 지명경쟁 4. 수의계약 5. 법정위탁 6. 기타 ( ) 7. 없음	계약기간 1. 1년 2. 2년 3. 3년 4. 4년 5. 5년 6. 기타 ( )년 7. 단기계약 (1년미만) 8. 없음	낙찰자선정방법 1. 적격심사 2. 협상에의한계약 3. 최저가낙찰제 4. 규격가격분리 5. 2단계 경쟁입찰 6. 기타 ( ) 7. 없음	운영예산 산정 1. 내부산정 (지자체 자체적으로 산정) 2. 외부산정 (외부전문기관위탁 산정) 3. 내·외부 모두 산정 4. 산정 無 5. 없음	정산방법 1. 내부정산 (지자체 내부적으로 정산) 2. 외부정산 (외부전문기관위탁 정산) 3. 내·외부 모두 산정 4. 정산 無 5. 없음	1. 실시 2. 미실시 3. 향후 추진 4. 해당없음
24557	전북 순창군	국악원각종행사순회공연	8,100	1	1	6	1	6	1	1	1
24558	전북 순창군	회문산해원제제전위원회사업지원	8,000	1	4	7	8	7	1	1	1
24559	전북 순창군	귀농귀촌동아리활동지원	8,000	1	1	7	8	7	1	1	1
24560	전북 순창군	순회민요반강습교실운영	8,000	1	1	6	1	6	1	1	1
24561	전북 순창군	임업인면세유가격안정지원	7,682	1	6	7	8	7	1	1	4
24562	전북 순창군	임산부친환경농산물행복꾸러미지원	7,680	1	6	7	8	7	1	1	1
24563	전북 순창군	한센병관리위탁(이동진료사업)	7,550	1	1	7	8	7	5	5	4
24564	전북 순창군	정책설명회및마을이장간담회	7,150	1	1	7	8	7	1	1	1
24565	전북 순창군	전라북도시군농악경연대회출연보상	7,000	1	1	6	1	6	1	1	1
24566	전북 순창군	한국농업신문보급사업	6,840	1	6	7	8	7	1	1	1
24567	전북 순창군	시조강습교실운영	6,600	1	1	6	1	6	1	1	1
24568	전북 순창군	농업인학습단체(생활개선,4H)활력화지원	6,500	1	1	7	8	7	2	1	1
24569	전북 순창군	재향군인회사업지원	6,370	1	4	7	8	7	1	1	1
24570	전북 순창군	국악원수강생발표회	6,300	1	1	6	1	6	1	1	1
24571	전북 순창군	젖소대사질병예방제지원	6,120	1	6	7	8	7	5	1	4
24572	전북 순창군	자율방범연합대사업지원	6,000	1	4	7	8	7	1	1	1
24573	전북 순창군	전라북도민속예술축제출연보상	6,000	1	1	6	1	6	1	1	1
24574	전북 순창군	시조및국악읍면순회강습교실운영	6,000	1	1	6	1	6	1	1	1
24575	전북 순창군	순창출신예술인추모공연	6,000	1	1	6	1	6	1	1	1
24576	전북 순창군	마을기업사무장교통비및사회보험료	6,000	1	6	7	8	7	1	1	4
24577	전북 순창군	낙농헬퍼지원사업	6,000	1	4	7	8	7	1	1	4
24578	전북 순창군	고능력암소축군조성사업	6,000	1	6	7	8	7	1	1	4
24579	전북 순창군	돼지소모성질환지도지원사업	6,000	1	6	7	8	7	1	1	4
24580	전북 순창군	농촌체험휴양마을보험료지원	5,856	1	2	7	8	7	5	1	4
24581	전북 순창군	착유시설세척제지원사업	5,800	1	1	7	8	7	5	1	2
24582	전북 순창군	전업농신문보급사업	5,760	1	6	7	8	7	1	1	4
24583	전북 순창군	중소농농산물안전유통지원사업	5,746	1	6	7	8	7	1	1	1
24584	전북 순창군	순창청년회의소사업지원	5,500	1	4	7	8	7	1	1	3
24585	전북 순창군	마을환영회	5,500	1	1	7	8	7	1	1	1
24586	전북 순창군	우리밀소비촉진지원사업	5,500	1	6	4	8	7	1	1	4
24587	전북 순창군	농촌지도자대회참여및활동지원	5,400	1	1	7	8	7	1	1	4
24588	전북 순창군	민족통일순창군협의회사업지원	5,240	1	1	7	8	7	2	1	1
24589	전북 순창군	민간단체등공모사업자부담금지원	5,000	1	4	7	8	7	1	1	1
24590	전북 순창군	청년커뮤니티활동지원	5,000	1	4	7	8	7	1	1	1
24591	전북 순창군	도시민농업농촌체험버스비	5,000	1	1	7	8	7	1	1	2
24592	전북 순창군	안내지제작	5,000	1	1	7	8	7	1	1	1
24593	전북 순창군	순창문학29호발간	5,000	1	1	6	1	6	1	1	1
24594	전북 순창군	순창향교춘추계석전대제	5,000	1	4	1	1	7	1	1	1
24595	전북 순창군	옥천향토문화사회아카데미	5,000	1	4	1	1	7	1	1	1
24596	전북 순창군	사회적기업컨설팅지원	5,000	1	4	7	8	7	1	1	4

순번	시군구	지출명 (사업명)	2024년예산 (단위 : 천원 /1년간)	민간이전 분류 (지방자치단체 세출예산 집행기준에 의거) 1. 민간경상사업보조(307-02) 2. 민간단체 법정운영비보조(307-03) 3. 민간행사사업보조(307-04) 4. 민간위탁금(307-05) 5. 사회복지시설 법정운영비보조(307-10) 6. 민간인위탁교육비(307-12) 7. 공기관등에대한경상적위탁사업비(308-13) 8. 민간자본사업보조,자체재원(402-01) 9. 민간자본사업보조,이전재원(402-02) 10. 민간위탁사업비(402-03) 11. 공기관등에 대한 자본적 위탁사업비(403-02)	민간이전지출 근거 (지방보조금 관리기준 참고) 1. 법률에 규정 2. 국고보조 재원(국가지정) 3. 용도 지정 기부금 4. 조례에 직접규정 5. 지자체가 권장하는 사업을 하는 공공기관 6. 시,도 정책 및 재정사정 7. 기타 8. 해당없음	입찰방식 계약체결방법 (경쟁형태) 1. 일반경쟁 2. 제한경쟁 3. 지명경쟁 4. 수의계약 5. 법정위탁 6. 기타 ( ) 7. 없음	입찰방식 계약기간 1. 1년 2. 2년 3. 3년 4. 4년 5. 5년 6. 기타 ( )년 7. 단기계약 (1년미만) 8. 없음	입찰방식 낙찰자선정방법 1. 적격심사 2. 협상에의한계약 3. 최저가낙찰제 4. 규격가격분리 5. 2단계 경쟁입찰 6. 기타 ( ) 7. 없음	운영예산 산정 운영예산 산정 1. 내부산정 (지자체 자체적으로 산정) 2. 외부산정 (외부전문기관위탁 산정) 3. 내·외부 모두 산정 4. 산정 無 5. 없음	운영예산 산정 정산방법 1. 내부정산 (지자체 내부적으로 정산) 2. 외부정산 (외부전문기관위탁 정산) 3. 내·외부 모두 산정 4. 정산 無 5. 없음	성과평가 실시여부 1. 실시 2. 미실시 3. 향후 추진 4. 해당없음
24597	전북 순창군	우수시군자율방재단지원	5,000	1	4	7	8	7	1	1	4
24598	전북 순창군	전북축산인한마음대회	5,000	1	4	7	8	7	1	1	4
24599	전북 순창군	경영실습임대농징컨설팅지원	5,000	1	6	7	8	7	1	1	2
24600	전북 순창군	농촌여성학습단체활동지원	5,000	1	1	7	8	7	2	1	1
24601	전북 순창군	4H연합회야영대회및참여활동지원	5,000	1	1	7	8	7	1	1	1
24602	전북 순창군	장애인용품지원	5,000	1	4	7	8	7	1	1	1
24603	전북 순창군	외국인계절근로자운영지원사업	4,620	1	2	7	8	7	5	5	4
24604	전북 순창군	청년농업인생생동아리지원사업	4,500	1	6	7	8	7	5	5	4
24605	전북 순창군	전북4H경진및참여활동지원	4,500	1	1	7	8	7	2	1	1
24606	전북 순창군	농업인학습단체기후변화대응현장교육	4,500	1	1	7	8	7	2	1	1
24607	전북 순창군	승용마조련강화지원사업	4,000	1	2	7	8	7	1	1	4
24608	전북 순창군	전북씨름왕선발대회출전	4,000	1	4	7	8	7	1	1	1
24609	전북 순창군	사회적경제청년혁신가지원사업(인센티브)	3,811	1	2	7	8	7	1	1	4
24610	전북 순창군	제1회한국미술협회순창지부전	3,700	1	1	6	1	6	1	1	1
24611	전북 순창군	농특산물인터넷판매활성화사업	3,600	1	6	7	8	7	1	1	3
24612	전북 순창군	전북적십자봉사원대회참가지원	3,500	1	4	7	8	7	5	5	4
24613	전북 순창군	재해구호전문인력양성교육	3,500	1	1	7	8	7	1	1	1
24614	전북 순창군	한국자유총연맹순창군지회사업지원	3,440	1	1	7	8	7	1	1	1
24615	전북 순창군	금과들소리무형문화재공개행사비(보유단체)	3,400	1	4	1	1	7	1	1	1
24616	전북 순창군	평화통일지도자순창군협의회지원	3,250	1	1	7	8	7	1	1	1
24617	전북 순창군	공항인솔차량임차료	3,080	1	2	7	8	7	5	5	4
24618	전북 순창군	주택및농지정보구축	3,000	1	1	7	8	7	1	1	1
24619	전북 순창군	귀농귀촌인선진지견학	3,000	1	1	7	8	7	1	1	1
24620	전북 순창군	문학창작교실운영	3,000	1	1	6	1	6	1	1	1
24621	전북 순창군	향교유림전통문화시연(기로연)	3,000	1	4	1	1	7	1	1	1
24622	전북 순창군	순창버스터미널냉난방비지원	2,600	1	1	7	8	7	1	1	2
24623	전북 순창군	농공단지활성화지원사업(폐수처리)	2,500	1	1	7	8	7	1	1	4
24624	전북 순창군	문학기행	2,400	1	1	6	1	6	1	1	1
24625	전북 순창군	순창군재향경우회지원	2,300	1	1	7	8	7	1	1	1
24626	전북 순창군	농촌체험휴양마을박람회참가지원사업	2,000	1	1	7	8	7	5	1	2
24627	전북 순창군	가인김병로선양사업	1,500	1	1	6	1	6	1	1	1
24628	전북 순창군	사회적경제청년혁신가지원사업(교통비)	1,067	1	2	7	8	7	1	1	4
24629	전북 순창군	마약검사비용	900	1	2	7	8	7	5	5	4
24630	전북 순창군	지도자활동보험료	656	1	4	7	8	7	1	1	1
24631	전북 순창군	지도자활동보험료	656	1	4	7	8	7	1	1	1
24632	전북 순창군	양식장방사능검사지원	360	1	6	7	8	7	1	1	4
24633	전북 순창군	지도자활동보험료	324	1	4	7	8	7	1	1	1
24634	전북 고창군	농작물재해보험농가부담금지원사업	3,840,000	1	2	7	8	7	5	5	4
24635	전북 고창군	패류양식어장자원조성사업	1,279,700	1	1	7	8	7	5	5	4
24636	전북 고창군	청년농업인영농정착지원금	848,492	1	2	7	8	7	5	5	4

순번	시군구	지출명 (사업명)	2024년예산 (단위 : 천원 /1년간)	민간이전 분류 (지방자치단체 세출예산 집행기준에 의거) 1. 민간경상사업보조(307-02) 2. 민간단체 법정운영비보조(307-03) 3. 민간행사사업보조(307-04) 4. 민간위탁금(307-05) 5. 사회복지시설 법정운영비보조(307-10) 6. 민간인위탁교육비(307-12) 7. 공기관등에대한경상적위탁사업비(308-13) 8. 민간자본사업보조,자체재원(402-01) 9. 민간자본사업보조,이전재원(402-02) 10. 민간위탁사업비(402-03) 11. 공기관등에 대한 자본적 위탁사업비(403-02)	민간이전지출 근거 (지방보조금 관리기준 참고) 1. 법률에 규정 2. 국고보조 재원(국가지정) 3. 용도 지정 기부금 4. 조례에 직접규정 5. 지자체가 권장하는 사업을 하는 공공기관 6. 시,도 정책 및 재정사정 7. 기타 8. 해당없음	입찰방식			운영예산 산정		성과평가 실시여부
						계약체결방법 (경쟁형태) 1. 일반경쟁 2. 제한경쟁 3. 지명경쟁 4. 수의계약 5. 법정위탁 6. 기타 ( ) 7. 없음	계약기간 1. 1년 2. 2년 3. 3년 4. 4년 5. 5년 6. 기타 ( )년 7. 단기계약 (1년미만) 8. 없음	낙찰자선정방법 1. 적격심사 2. 협상에의한계약 3. 최저가낙찰제 4. 규격가격분리 5. 2단계 경쟁입찰 6. 기타 ( ) 7. 없음	운영예산 산정 1. 내부산정 (지자체 자체적으로 산정) 2. 외부산정 (외부전문기관위탁 산정) 3. 내·외부 모두 산정 4. 산정 無 5. 없음	정산방법 1. 내부정산 (지자체 내부적으로 정산) 2. 외부정산 (외부전문기관위탁 정산) 3. 내·외부 모두 산정 4. 정산 無 5. 없음	1. 실시 2. 미실시 3. 향후 추진 4. 해당없음
24637	전북 고창군	지역산업맞춤형일자리창출지원사업	638,730	1	1	7	8	7	3	1	4
24638	전북 고창군	채소류생산안정제지원사업	376,147	1	2	7	8	7	5	5	4
24639	전북 고창군	가루쌀생산단지조성지원사업	369,000	1	2	7	8	7	5	5	4
24640	전북 고창군	무료경로식당	334,261	1	4	7	8	7	1	1	4
24641	전북 고창군	쌀경쟁력제고사업	284,551	1	6	7	8	7	5	5	4
24642	전북 고창군	맞춤형기술인력교육지원사업	260,964	1	1	7	8	7	3	1	4
24643	전북 고창군	농기계종합보험지원	219,000	1	6	7	8	7	5	5	4
24644	전북 고창군	가축분뇨이용촉진비지원	200,000	1	2	7	8	7	1	1	3
24645	전북 고창군	돼지써코바이러스예방약품	196,800	1	2	7	8	7	5	5	4
24646	전북 고창군	시군마을만들기중간지원조직구축[고창군공동체지원센터]	180,000	1	6	1	3	2	2	1	1
24647	전북 고창군	일자리창출사업(사회적기업)	165,000	1	1	7	8	7	3	1	4
24648	전북 고창군	패류양식어가경영안정지원	161,460	1	1	7	8	7	5	5	4
24649	전북 고창군	농지토양개량지원사업	150,000	1	4	7	8	7	5	5	4
24650	전북 고창군	농번기공동급식지원사업	134,400	1	4	7	8	7	5	5	4
24651	전북 고창군	청년창업패키지지원사업	110,000	1	4	7	8	7	5	5	4
24652	전북 고창군	들녘경영체교육컨설팅지원	108,000	1	2	7	8	7	5	5	4
24653	전북 고창군	사회적경제중간지원조직구축	105,000	1	1	7	8	7	3	1	4
24654	전북 고창군	젖소대사질병예방제지원	102,000	1	8	7	8	7	5	5	4
24655	전북 고창군	저탄소벼논물관리기술보급시범사업(경상)	100,000	1	2	7	8	7	5	5	4
24656	전북 고창군	전북형권리중심중증장애인맞춤형공공일자리(복지형)사업	95,921	1	2	7	8	7	1	1	2
24657	전북 고창군	46신중년청년취업지원사업	90,792	1	6	7	8	7	5	5	4
24658	전북 고창군	자율관리어업육성지원사업	90,000	1	1	7	8	7	5	5	4
24659	전북 고창군	청년창업농영농정착확대지원사업	90,000	1	6	7	8	7	5	5	4
24660	전북 고창군	어촌체험휴양마을사무장채용지원	89,036	1	1	7	8	7	5	5	4
24661	전북 고창군	벼병해충육묘상자처리제지원	88,400	1	2	7	8	7	5	5	4
24662	전북 고창군	농촌관광승마활성화지원	84,000	1	2	7	8	7	5	5	4
24663	전북 고창군	연안환경개선사업	80,000	1	6	7	8	7	1	1	3
24664	전북 고창군	수산물소비촉진활성화지원	79,333	1	1	7	8	7	5	5	4
24665	전북 고창군	친환경농산물유통소비마케팅지원사업	78,460	1	6	7	8	7	5	5	4
24666	전북 고창군	국산밀생산단지교육컨설팅지원	72,360	1	2	7	8	7	5	5	4
24667	전북 고창군	고창형청년일자리지원사업	70,659	1	2	7	8	7	5	5	4
24668	전북 고창군	마을기업사무장지원사업	69,480	1	1	7	8	7	5	5	4
24669	전북 고창군	청년취업지원사업	66,444	1	6	7	8	7	3	1	4
24670	전북 고창군	닭유해해충방제지원	64,000	1	8	7	8	7	5	5	4
24671	전북 고창군	오리농가동절기난방비지원	62,800	1	8	7	8	7	5	5	4
24672	전북 고창군	전북형청년창업농영농정착지원금	61,790	1	2	7	8	7	5	5	4
24673	전북 고창군	시군자원봉사센터운영비지원	57,200	1	4	7	1	7	1	1	1
24674	전북 고창군	가금농가질병관리지원	54,000	1	8	7	8	7	5	5	4
24675	전북 고창군	마을기업고도화사업	50,000	1	1	7	8	7	3	1	4
24676	전북 고창군	농산물유통계열화지원사업	50,000	1	4	7	8	7	5	5	4

순번	시군구	지출명 (사업명)	2024년예산 (단위 : 천원 /1년간)	민간이전 분류 (지방자치단체 세출예산 집행기준에 의거) 1. 민간경상사업보조(307-02) 2. 민간단체 법정운영비보조(307-03) 3. 민간행사사업보조(307-04) 4. 민간위탁금(307-05) 5. 사회복지시설 법정운영비보조(307-10) 6. 민간인위탁교육비(307-12) 7. 공기관등에대한경상적위탁사업비(308-13) 8. 민간자본사업보조,자체재원(402-01) 9. 민간자본사업보조,이전재원(402-02) 10. 민간위탁사업비(402-03) 11. 공기관등에 대한 자본적 위탁사업비(403-02)	민간이전지출 근거 (지방보조금 관리기준 참고) 1. 법률에 규정 2. 국고보조 재원(국가지정) 3. 용도 지정 기부금 4. 조례에 직접규정 5. 지자체가 권장하는 사업을 하는 공공기관 6. 시,도 정책 및 재정사정 7. 기타 8. 해당없음	입찰방식: 계약체결방법 (경쟁형태) 1. 일반경쟁 2. 제한경쟁 3. 지명경쟁 4. 수의계약 5. 법정위탁 6. 기타 ( ) 7. 없음	입찰방식: 계약기간 1. 1년 2. 2년 3. 3년 4. 4년 5. 5년 6. 기타 ( )년 7. 단기계약 (1년미만) 8. 없음	입찰방식: 낙찰자선정방법 1. 적격심사 2. 협상에의한계약 3. 최저가낙찰제 4. 규격가격분리 5. 2단계 경쟁입찰 6. 기타 ( ) 7. 없음	운영예산 산정: 운영예산 산정 1. 내부산정 (지자체 자체적으로 산정) 2. 외부산정 (외부전문기관위탁 산정) 3. 내·외부 모두 산정 4. 산정 無 5. 없음	운영예산 산정: 정산방법 1. 내부정산 (지자체 내부적으로 정산) 2. 외부정산 (외부전문기관위탁 정산) 3. 내·외부 모두 산정 4. 정산 無 5. 없음	성과평가 실시여부 1. 실시 2. 미실시 3. 향후 추진 4. 해당없음
24677	전북 고창군	친환경지수식김양식활성화지원사업	50,000	1	1	7	8	7	5	5	4
24678	전북 고창군	수산물상생할인지원사업	50,000	1	1	7	8	7	5	5	4
24679	전북 고창군	저탄소벼논물관리기술보급시범사업(교육홍보)	45,000	1	2	7	8	7	5	5	4
24680	전북 고창군	어촌마을환경정비사업	45,000	1	6	7	8	7	5	5	4
24681	전북 고창군	우수깨끗한축산농장지원	42,000	1	6	7	8	7	1	1	3
24682	전북 고창군	양식장소독제지원(해면,내수면)	41,384	1	1	7	8	7	5	5	4
24683	전북 고창군	사회적경제중간지원조직구축(자체)	40,000	1	1	7	8	7	3	1	4
24684	전북 고창군	초등돌봄과일간식지원사업	38,486	1	6	7	8	7	5	5	4
24685	전북 고창군	중소기업근로자기숙사임차지원사업	36,460	1	6	7	8	7	5	5	4
24686	전북 고창군	양식장기자재지원사업(해면,내수면)	36,257	1	1	7	8	7	5	5	4
24687	전북 고창군	농업경영컨설팅지원사업	35,000	1	4	7	8	7	5	5	4
24688	전북 고창군	제1회전라북도수산업경영인대회지원	35,000	1	1	7	8	7	5	5	4
24689	전북 고창군	무,배추뿌리혹병사전방제사업	33,600	1	2	7	8	7	5	5	4
24690	전북 고창군	전북청년도약프로젝트지원사업	33,000	1	6	7	8	7	5	5	4
24691	전북 고창군	어업용면세유가격안정지원사업	31,640	1	6	7	8	7	5	5	4
24692	전북 고창군	유해야생동물기피제지원사업	30,950	1	6	7	8	7	5	5	4
24693	전북 고창군	전통시장장엔정장보기도우미운영	30,500	1	6	7	8	7	1	1	3
24694	전북 고창군	마을기업육성	30,000	1	1	7	8	7	3	1	4
24695	전북 고창군	소상공인공제(노란우산공제)가입지원	30,000	1	2	7	8	7	3	3	4
24696	전북 고창군	유해생물구제사업(해파리구제)	30,000	1	2	7	8	7	5	5	4
24697	전북 고창군	농업인의날행사참가지원	30,000	1	6	7	8	7	5	5	4
24698	전북 고창군	축산환경개선(냄새저감제)	28,000	1	6	7	8	7	1	1	3
24699	전북 고창군	꿀벌사육농가면역증강제지원	28,000	1	8	7	8	7	5	5	4
24700	전북 고창군	활력고창청년창업지원사업	27,548	1	2	7	8	7	5	5	4
24701	전북 고창군	수산물포장재지원사업	25,000	1	1	7	8	7	5	5	4
24702	전북 고창군	친환경쌀배송택배비지원사업	24,000	1	5	7	8	7	5	5	4
24703	전북 고창군	우량김생산기반지원사업	24,000	1	1	7	8	7	5	5	4
24704	전북 고창군	의용소방대지원	24,000	1	1	7	8	7	1	1	1
24705	전북 고창군	장애인단체지원(지체,꿈드래,시각,농아장애인협회)	23,200	1	4	7	8	7	1	1	1
24706	전북 고창군	말산업활성화지원	20,000	1	6	7	8	7	1	1	3
24707	전북 고창군	임산부친환경농산물꾸러미지원사업	19,200	1	6	7	8	7	5	5	4
24708	전북 고창군	착유시설세척제지원	19,120	1	6	7	8	7	1	1	3
24709	전북 고창군	젖소유방염예방백신지원	18,744	1	8	7	8	7	5	5	4
24710	전북 고창군	사회복지종사자상해보험료	18,000	1	4	7	8	7	5	5	4
24711	전북 고창군	돼지소모성질환지도지원	18,000	1	8	7	8	7	5	5	4
24712	전북 고창군	우리밀소비촉진지원사업	16,000	1	6	7	8	7	5	5	4
24713	전북 고창군	청년창업농영농기반임차지원	15,800	1	2	7	8	7	5	5	4
24714	전북 고창군	고창군생활개선회한마음대회	15,000	1	6	7	8	7	5	5	4
24715	전북 고창군	고창군농촌지도자연합회활성화대회	15,000	1	6	7	8	7	5	5	4
24716	전북 고창군	재향군인회	14,200	1	4	7	8	7	1	1	4

순번	시군구	지출명 (사업명)	2024년예산 (단위 : 전원 /1년간)	민간이전 분류 (지방자치단체 세출예산 집행기준에 외거) 1. 민간경상사업보조(307-02) 2. 민간단체 법정운영비보조(307-03) 3. 민간행사사업보조(307-04) 4. 민간위탁금(307-05) 5. 사회복지시설 법정운영비보조(307-10) 6. 민간인위탁교육비(307-12) 7. 공기관등에대한경상적위탁사업비(308-13) 8. 민간자본사업보조,자체재원(402-01) 9. 민간자본사업보조,이전재원(402-02) 10. 민간위탁사업비(402-03) 11. 공기관등에 대한 자본적 위탁사업비(403-02)	민간이전지출 근거 (지방보조금 관리기준 참고) 1. 법률에 규정 2. 국고보조 재원(국가지정) 3. 용도 지정 기부금 4. 조례에 직접규정 5. 지자체가 권장하는 사업을 하는 공공기관 6. 시,도 정책 및 재정사정 7. 기타 8. 해당없음	입찰방식 계약체결방법 (경쟁형태) 1. 일반경쟁 2. 제한경쟁 3. 지명경쟁 4. 수의계약 5. 법정위탁 6. 기타 ( ) 7. 없음	입찰방식 계약기간 1. 1년 2. 2년 3. 3년 4. 4년 5. 5년 6. 기타 ( )년 7. 단기계약 (1년미만) 8. 없음	입찰방식 낙찰자선정방법 1. 적격심사 2. 협상에의한계약 3. 최저가낙찰제 4. 규격가격분리 5. 2단계 경쟁입찰 6. 기타 ( ) 7. 없음	운영예산 산정 운영예산 산정 1. 내부산정 (지자체 자체적으로 산정) 2. 외부산정 (외부전문기관위탁 산정) 3. 내·외부 모두 산정 4. 산정 無 5. 없음	운영예산 산정 정산방법 1. 내부정산 (지자체 내부적으로 정산) 2. 외부정산 (외부전문기관위탁 정산) 3. 내·외부 모두 산정 4. 정산 無 5. 없음	성과평가 실시여부 1. 실시 2. 미실시 3. 향후 추진 4. 해당없음
24717	전북 고창군	농업경영인농특산물홍보지원	13,000	1	6	7	8	7	5	5	4
24718	전북 고창군	고창군농업경영인연합회활성화대회	13,000	1	6	7	8	7	5	5	4
24719	전북 고창군	마을환영회지원	13,000	1	2	7	8	7	5	5	4
24720	전북 고창군	6.25참전유공자회	12,700	1	4	7	8	7	1	1	4
24721	전북 고창군	상이군경회	12,200	1	4	7	8	7	1	1	4
24722	전북 고창군	월남참전유공자회	12,200	1	4	7	8	7	1	1	4
24723	전북 고창군	고엽제전우회	12,200	1	4	7	8	7	1	1	4
24724	전북 고창군	양봉농가질병관리지원	12,000	1	8	7	8	7	5	5	4
24725	전북 고창군	전몰군경유족회	11,200	1	4	7	8	7	1	1	4
24726	전북 고창군	한국농업경영인전국/도단위대회및교류행사보조	11,000	1	6	7	8	7	5	5	4
24727	전북 고창군	농촌여성안전향상보조구지원	10,800	1	2	7	8	7	5	5	4
24728	전북 고창군	무공수훈자회	10,700	1	4	7	8	7	1	1	4
24729	전북 고창군	지역맞춤형좋은인재양성사업	10,000	1	1	7	8	7	3	1	4
24730	전북 고창군	소상공인의날행사지원	10,000	1	2	7	8	7	3	3	4
24731	전북 고창군	청년네트워크동아리활동비지원	10,000	1	4	7	8	7	5	5	4
24732	전북 고창군	고착슬러지제거및냄새저감제등지원	10,000	1	6	7	8	7	1	1	3
24733	전북 고창군	상하면장사농악단육성지원	10,000	1	1	4	1	6	1	1	4
24734	전북 고창군	귀농귀촌통합화합한마당행사	10,000	1	6	7	8	7	5	5	4
24735	전북 고창군	양식장고수온및폭염대응지원사업	9,856	1	1	7	8	7	5	5	4
24736	전북 고창군	친환경농업기술정보보급사업	9,600	1	6	7	8	7	5	5	4
24737	전북 고창군	친환경희망농부육성지원사업	9,360	1	6	7	8	7	5	5	4
24738	전북 고창군	동물복지축산컨설팅	9,100	1	8	7	8	7	5	5	4
24739	전북 고창군	청년농업인생생동아리지원사업	9,000	1	2	7	8	7	5	5	4
24740	전북 고창군	축산환경개선지도지원(깨끗한축산농장사후관리)	8,400	1	6	7	8	7	1	1	3
24741	전북 고창군	여성농촌지도자역량강화교육	8,000	1	6	7	8	7	5	5	4
24742	전북 고창군	소규모가공창업장맞춤형사업화지원	8,000	1	2	7	8	7	5	5	4
24743	전북 고창군	사회복지처우개선보수교육비	7,500	1	4	7	8	7	5	5	4
24744	전북 고창군	축산환경개선지도지원(냄새저감컨설팅)	7,500	1	6	7	8	7	1	1	3
24745	전북 고창군	토종농작물재배활성화사업	7,200	1	2	7	8	7	5	5	4
24746	전북 고창군	고창군4H회한마음대회	7,000	1	6	7	8	7	5	5	4
24747	전북 고창군	전몰군경미망인회운영비	6,640	1	4	7	8	7	1	1	4
24748	전북 고창군	농업인학습단체활력화지원	6,500	1	2	7	8	7	5	5	4
24749	전북 고창군	축산물HACCP컨설팅	5,600	1	8	7	8	7	5	5	4
24750	전북 고창군	농촌지도자대회참여및활동지원	5,400	1	2	7	8	7	5	5	4
24751	전북 고창군	등하굣길교통안전지킴이및교통캠페인	5,000	1	4	7	8	7	1	1	1
24752	전북 고창군	농촌여성학습단체활동지원	5,000	1	2	7	8	7	5	5	4
24753	전북 고창군	지역민과함께하는동아리지원	5,000	1	2	7	8	7	5	5	4
24754	전북 고창군	수산박람회참가지원	4,800	1	1	7	8	7	5	5	4
24755	전북 고창군	전몰군경미망인회	4,560	1	4	7	8	7	1	1	4
24756	전북 고창군	인명구조및질서유지활동	4,500	1	4	7	8	7	1	1	1

순번	시군구	지출명 (사업명)	2024년예산 (단위 : 천원 /1년간)	민간이전 분류 (지방자치단체 세출예산 집행기준에 의거) 1. 민간경상사업보조(307-02) 2. 민간단체 법정운영비보조(307-03) 3. 민간행사사업보조(307-04) 4. 민간위탁금(307-05) 5. 사회복지시설 법정운영비보조(307-10) 6. 민간인위탁교육비(307-12) 7. 공기관등에대한경상적위탁사업비(308-13) 8. 민간자본사업보조,자체재원(402-01) 9. 민간자본사업보조,이전재원(402-02) 10. 민간위탁사업비(402-03) 11. 공기관등에 대한 자본적 위탁사업비(403-02)	민간이전지출 근거 (지방보조금 관리기준 참고) 1. 법률에 규정 2. 국고보조 재원(국가지정) 3. 용도 지정 기부금 4. 조례에 직접규정 5. 지자체가 권장하는 사업을 하는 공공기관 6. 시,도 정책 및 재정사정 7. 기타 8. 해당없음	입찰방식: 계약체결방법 (경쟁형태) 1. 일반경쟁 2. 제한경쟁 3. 지명경쟁 4. 수의계약 5. 법정위탁 6. 기타 ( ) 7. 없음	입찰방식: 계약기간 1. 1년 2. 2년 3. 3년 4. 4년 5. 5년 6. 기타 ( )년 7. 단기계약 (1년미만) 8. 없음	입찰방식: 낙찰자선정방법 1. 적격심사 2. 협상에의한계약 3. 최저가낙찰제 4. 규격가격분리 5. 2단계 경쟁입찰 6. 기타 ( ) 7. 없음	운영예산 산정: 운영예산 산정 1. 내부산정 (지자체 자체적으로 산정) 2. 외부산정 (외부전문기관위탁 산정) 3. 내·외부 모두 산정 4. 산정 無 5. 없음	운영예산 산정: 정산방법 1. 내부정산 (지자체 내부적으로 정산) 2. 외부정산 (외부전문기관위탁 정산) 3. 내·외부 모두 산정 4. 정산 無 5. 없음	성과평가 실시여부 1. 실시 2. 미실시 3. 향후 추진 4. 해당없음
24757	전북 고창군	임업기계용면세유가격안정지원사업	4,340	1	6	7	8	7	5	5	4
24758	전북 고창군	자율관리대회참가보조	4,300	1	4	7	8	7	5	5	4
24759	전북 고창군	자원봉사축제의날	4,100	1	5	7	1	7	1	1	1
24760	전북 고창군	쌀전업농경쟁력강화	4,000	1	5	7	8	7	5	5	4
24761	전북 고창군	자돈폐사예방지원	3,840	1	8	7	8	7	5	5	4
24762	전북 고창군	재해구호전문인력양성지원(교육비)	3,500	1	1	5	8	7	5	5	4
24763	전북 고창군	BM활성수생산시스템운영	3,500	1	4	7	8	7	1	1	3
24764	전북 고창군	6.25양민희생위령제	3,000	1	4	7	8	7	1	1	4
24765	전북 고창군	지하전기차충전시설지상이전지원사업	3,000	1	6	7	8	7	5	5	4
24766	전북 고창군	친환경수산물인증지원사업	3,000	1	1	7	8	7	5	5	4
24767	전북 고창군	사회적경제청년혁신가지원사업	2,221	1	2	7	8	7	5	5	4
24768	전북 부안군	귀농귀촌활성화지원사업	199,000	1	1	7	8	7	1	1	1
24769	전남 완도군	소외도서항로운영지원사업	180,000	1	1	7	8	7	5	5	4
24770	전남 완도군	취약도서주민수송도선운영지원	89,000	1	1	7	8	7	1	1	4
24771	전남 완도군	취약도서주민수송도선운영지원	89,000	1	1	7	8	7	1	1	4
24772	전남 완도군	(예비)사회적기업일자리창출사업	86,300	1	2	7	8	7	1	1	1
24773	전남 완도군	행복드림돌봄공동체지원사업	60,000	1	6	7	8	7	1	1	2
24774	전남 완도군	행안부형마을기업육성사업	50,000	1	2	7	8	7	1	1	2
24775	전남 완도군	전남청년근속장려금지원사업	50,000	1	6	7	8	7	1	1	2
24776	전남 완도군	노란우산가입장려금지원	48,000	1	1	7	1	7	5	1	1
24777	전남 완도군	전라남도마을공동체활동지원사업	40,000	1	6	7	8	7	1	1	1
24778	전남 완도군	사회적경제기업시설장비지원사업	31,000	1	6	7	8	7	1	1	2
24779	전남 완도군	사회적경제기업자립화지원사업	20,000	1	4	7	8	7	1	1	2
24780	전남 완도군	신중년희망일자리장려금지원사업	14,400	1	6	7	8	7	1	1	2
24781	전남 완도군	소상공인연합회운영비보조	13,000	1	1	7	1	7	1	1	1
24782	전남 완도군	사회적경제기업고도화지원사업	5,400	1	6	7	8	7	1	1	2
24783	전남 완도군	수산동물질병예방백신공급사업	1,554,378	1	2	7	8	7	5	5	4
24784	전남 완도군	해조류부산물재활용지원사업	625,000	1	6	7	8	7	5	5	4
24785	전남 완도군	수산물판로개척지원사업	400,000	1	6	7	8	7	5	5	4
24786	전남 완도군	ASC인증심사비지원사업	304,000	1	6	4	7	7	1	1	3
24787	전남 완도군	도서지역생활필수품해상운송비지원사업	280,000	1	2	4	1	1	2	1	4
24788	전남 완도군	일반생활체육지도자배치(활동지원)	270,558	1	1	7	7	7	1	1	4
24789	전남 완도군	수산물소비촉진마케팅지원사업	200,000	1	6	7	8	7	5	5	4
24790	전남 완도군	한국수산벤처대학운영	175,500	1	2	7	8	7	1	3	3
24791	전남 완도군	전복먹이용해조류저장공급사업	150,000	1	6	7	8	7	5	5	4
24792	전남 완도군	섬주민생필품지원	150,000	1	2	4	1	6	2	1	4
24793	전남 완도군	어업인복지지원(어업도우미)	124,800	1	2	7	8	7	5	5	4
24794	전남 완도군	가을철전복먹이공급지원사업	120,000	1	6	7	8	7	5	5	4
24795	전남 완도군	수산물직거래택배비지원사업	100,000	1	6	7	8	7	5	5	4
24796	전남 완도군	대형유통업체수산물입점지원사업	100,000	1	6	7	8	7	5	5	4

순번	시군구	지출명 (사업명)	2024년예산 (단위 : 천원 /1년간)	민간이전 분류 (지방자치단체 세출예산 집행기준에 의거) 1. 민간경상사업보조(307-02) 2. 민간단체 법정운영비보조(307-03) 3. 민간행사사업보조(307-04) 4. 민간위탁금(307-05) 5. 사회복지시설 법정운영비보조(307-10) 6. 민간인위탁교육비(307-12) 7. 공기관등에대한경상적위탁사업비(308-13) 8. 민간자본사업보조,자체재원(402-01) 9. 민간자본사업보조,이전재원(402-02) 10. 민간위탁사업비(402-03) 11. 공기관등에 대한 자본적 위탁사업비(403-02)	민간이전지출 근거 (지방보조금 관리기준 참고) 1. 법률에 규정 2. 국고보조 재원(국가지정) 3. 용도 지정 기부금 4. 조례에 직접규정 5. 지자체가 권장하는 사업을 하는 공공기관 6. 시,도 정책 및 재정사정 7. 기타 8. 해당없음	입찰방식			운영예산 산정		성과평가 실시여부
						계약체결방법 (경쟁형태) 1. 일반경쟁 2. 제한경쟁 3. 지명경쟁 4. 수의계약 5. 법정위탁 6. 기타 ( ) 7. 없음	계약기간 1. 1년 2. 2년 3. 3년 4. 4년 5. 5년 6. 기타 ( )년 7. 단기계약 (1년미만) 8. 없음	낙찰자선정방법 1. 적격심사 2. 협상에의한계약 3. 최저가낙찰제 4. 규격가격분리 5. 2단계 경쟁입찰 6. 기타 ( ) 7. 없음	운영예산 산정 1. 내부산정 (지자체 자체적으로 산정) 2. 외부산정 (외부전문기관위탁 산정) 3. 내·외부 모두 산정 4. 산정 無 5. 없음	정산방법 1. 내부정산 (지자체 내부적으로 정산) 2. 외부정산 (외부전문기관위탁 정산) 3. 내·외부 모두 산정 4. 정산 無 5. 없음	1. 실시 2. 미실시 3. 향후 추진 4. 해당없음
24797	전남 완도군	바다지킴이365기동대	100,000	1	4	7	8	7	5	5	4
24798	전남 완도군	2024년해양레저스포츠교육(체험)프로그램	70,000	1	1	1	7	1	1	1	3
24799	전남 완도군	장애인생활체육지도자배치	65,004	1	1,2	7	8	7	1	1	4
24800	전남 완도군	수산물TV홈쇼핑방송판매지원사업	60,000	1	6	7	8	7	5	5	4
24801	전남 완도군	전복먹이용미역운반비지원사업	60,000	1	6	7	8	7	5	5	4
24802	전남 완도군	어르신생활체육지도자배치(활동지원)	44,573	1	1	7	7	7	1	1	4
24803	전남 완도군	완도농산가공품수출농업활성화육성	40,000	1	1	7	8	7	5	5	4
24804	전남 완도군	군우수선수관리및육성지원	40,000	1	1	7	7	7	1	1	4
24805	전남 완도군	불가사리구제사업	35,700	1	6	7	8	7	5	5	4
24806	전남 완도군	도시군협업농축수산물온라인기획전지원사업	33,700	1	6	7	8	7	5	5	4
24807	전남 완도군	동해피해유자과원노목갱신사업	32,000	1	1	7	8	7	5	5	4
24808	전남 완도군	한우OPU수정란이식종축개량시범	27,000	1	1	7	8	7	5	5	4
24809	전남 완도군	생활체육교실사업지원	20,000	1	1,2	7	7	7	1	1	4
24810	전남 완도군	버섯유통시장개척종합마케팅지원	15,000	1	1	7	8	7	5	5	4
24811	전남 완도군	유소년체육활성화지원	12,000	1	1	7	7	7	1	1	4
24812	전남 완도군	완도군농업인학습단체육성사업	8,000	1	1	7	8	7	5	5	4
24813	전남 완도군	과수신품종보급사업	8,000	1	1	7	8	7	5	5	4
24814	전남 완도군	완도군농업인단체활동지원사업	7,000	1	1	7	8	7	5	5	4
24815	전남 완도군	해양보호구역관리사업(청산도,소화도)	2,858	1	8	7	8	7	5	5	4
24816	전남 완도군	친환경유기수산물인증비지원사업	124,000	1	6	4	7	7	1	1	3
24817	전남 목포시	학교우유급식지원사업	758,297	1	2	7	8	7	1	1	4
24818	전남 목포시	공공보건의료협력체계구축(민간경상사업)	475,000	1	2	7	8	7	5	5	4
24819	전남 목포시	코리아오픈배드민턴대회	400,000	1	4	7	8	7	5	5	4
24820	전남 목포시	어르신생활체육지도자배치사업	346,028	1	2	7	8	7	1	1	4
24821	전남 목포시	사회적기업일자리창출지원사업(일반인력)	332,300	1	1	7	8	7	1	1	1
24822	전남 목포시	전남지식정보문화산업기업유치보조금	321,000	1	4	1	5	1	1	1	3
24823	전남 목포시	공동주택지원사업	295,000	1	4	7	8	7	1	1	1
24824	전남 목포시	KBS배전국육상경기대회	229,542	1	4	7	8	7	5	5	4
24825	전남 목포시	소상공인노란우산공제가입장려금지원	200,000	1	4	7	8	7	1	1	2
24826	전남 목포시	일반생활체육지도자배치사업	188,742	1	2	7	8	7	1	1	4
24827	전남 목포시	전라남도체육대회출전	180,000	1	4	7	8	7	1	1	1
24828	전남 목포시	장애인생활체육지도자배치사업	156,510	1	2	7	8	7	1	1	4
24829	전남 목포시	아시아육상투척경기대회겸목포전국육상투척경기대회	140,000	1	4	7	8	7	1	1	1
24830	전남 목포시	무안공항교통연계성강화사업(무안공항셔틀버스운영)	140,000	1	2	7	8	7	5	5	4
24831	전남 목포시	전라남도민생활체육대축전출전	117,000	1	4	7	8	7	1	1	1
24832	전남 목포시	임산부친환경농산물꾸러미지원	107,520	1	6	7	8	7	1	1	4
24833	전남 목포시	기타각종대회개최및출전	100,000	1	4	7	8	7	1	1	1
24834	전남 목포시	전라남도장애인체육대회출전	90,000	1	4	7	8	7	1	1	1
24835	전남 목포시	전남조선인력지원사업	84,000	1	6	7	8	7	3	1	1
24836	전남 목포시	사회적기업일자리창출지원사업(전문인력)	80,500	1	1	7	8	7	1	1	1

순번	시군구	지출명 (사업명)	2024년예산 (단위 : 천원 /1년간)	민간이전 분류 (지방자치단체 세출예산 집행기준에 의거) 1. 민간경상사업보조(307-02) 2. 민간단체 법정운영비보조(307-03) 3. 민간행사사업보조(307-04) 4. 민간위탁금(307-05) 5. 사회복지시설 법정운영비보조(307-10) 6. 민간인위탁교육비(307-12) 7. 공기관등에대한경상적위탁사업비(308-13) 8. 민간자본사업보조,자체재원(402-01) 9. 민간자본사업보조,이전재원(402-02) 10. 민간위탁사업비(402-03) 11. 공기관등에 대한 자본적 위탁사업비(403-02)	민간이전지출 근거 (지방보조금 관리기준 참고) 1. 법률에 규정 2. 국고보조 재원(국가지정) 3. 용도 지정 기부금 4. 조례에 직접규정 5. 지자체가 권장하는 사업을 하는 공공기관 6. 시,도 정책 및 재정사정 7. 기타 8. 해당없음	입찰방식: 계약체결방법 (경쟁형태) 1. 일반경쟁 2. 제한경쟁 3. 지명경쟁 4. 수의계약 5. 법정위탁 6. 기타 ( ) 7. 없음	입찰방식: 계약기간 1. 1년 2. 2년 3. 3년 4. 4년 5. 5년 6. 기타 ( )년 7. 단기계약 (1년미만) 8. 없음	입찰방식: 낙찰자선정방법 1. 적격심사 2. 협상에의한계약 3. 최저가낙찰제 4. 규격가격분리 5. 2단계 경쟁입찰 6. 기타 ( ) 7. 없음	운영예산 산정: 운영예산 산정 1. 내부산정 (지자체 자체적으로 산정) 2. 외부산정 (외부전문기관위탁 산정) 3. 내·외부 모두 산정 4. 산정 無 5. 없음	운영예산 산정: 정산방법 1. 내부정산 (지자체 내부적으로 정산) 2. 외부정산 (외부전문기관위탁 정산) 3. 내·외부 모두 산정 4. 정산 無 5. 없음	성과평가 실시여부 1. 실시 2. 미실시 3. 향후 추진 4. 해당없음
24837	전남 목포시	목포신안통합추진위원회활동지원	80,000	1	6	7	8	7	1	1	4
24838	전남 목포시	의료기관결핵환자관리지원	75,368	1	2	7	1	7	5	3	1
24839	전남 목포시	행안부형마을기업육성지원	70,000	1	2	7	8	7	1	1	1
24840	전남 목포시	2024난영가요제	70,000	1	4	7	8	7	1	1	1
24841	전남 목포시	전라남도체육대회출전우수선수육성지원	66,000	1	4	7	8	7	1	1	1
24842	전남 목포시	제16회대한민국남농미술대전	66,000	1	4	7	8	7	1	1	1
24843	전남 목포시	마을공동체활동지원사업(도공모사업)	65,000	1	4	7	8	7	1	1	1
24844	전남 목포시	해달맞이생활체육교실	60,200	1	4	7	8	7	1	1	1
24845	전남 목포시	김대중마라톤대회	60,000	1	4	7	8	7	1	1	1
24846	전남 목포시	유기질비료지원	57,767	1	2	7	8	7	1	1	3
24847	전남 목포시	제36회목포전국국악경연대회	45,000	1	4	7	8	7	1	1	1
24848	전남 목포시	전라남도장애인체육대회출전우수선수육성지원	44,000	1	4	7	8	7	1	1	1
24849	전남 목포시	2024목포항구음악회	40,500	1	4	7	8	7	1	1	1
24850	전남 목포시	체육진흥사업지원비	40,000	1	4	7	8	7	1	1	1
24851	전남 목포시	목포시소상공인연합회소상공인경쟁력강화사업	38,000	1	4	7	8	7	1	1	3
24852	전남 목포시	무안공항교통연계성강화사업(렌터카무안공항배송서비스지원	35,000	1	2	7	8	7	5	5	4
24853	전남 목포시	행복드림돌봄공동체지원사업(도공모사업)	30,000	1	4	7	8	7	1	1	1
24854	전남 목포시	공동방제단인건비	29,162	1	2	7	8	7	1	1	4
24855	전남 목포시	지속가능목포만들기사업(사업비)	28,730	1	4	7	8	7	5	5	4
24856	전남 목포시	온오프라인해외마케팅지원	27,000	1	4	7	8	7	1	1	3
24857	전남 목포시	목포시장기장애인생활체육대회개최	25,000	1	4	7	8	7	1	1	1
24858	전남 목포시	동하계전지훈련유치비	25,000	1	4	7	8	7	1	1	1
24859	전남 목포시	목포시iLeague(유청소년축구대회)개최	24,300	1	4	7	8	7	1	1	1
24860	전남 목포시	생활체육교실운영	23,000	1	4	7	8	7	1	1	1
24861	전남 목포시	신선미술관운영지원	22,000	1	1	7	8	7	1	1	1
24862	전남 목포시	갓바위미술관운영지원	22,000	1	1	7	8	7	1	1	1
24863	전남 목포시	경훈미술관운영지원	22,000	1	1	7	8	7	1	1	1
24864	전남 목포시	유달미술관운영지원	22,000	1	1	7	8	7	1	1	1
24865	전남 목포시	사회적경제기업고도화지원사업	21,600	1	1	7	8	7	1	1	1
24866	전남 목포시	친환경농자재지원	21,000	1	5	7	8	7	1	1	3
24867	전남 목포시	환경교육사업(목포시지속가능발전협의회)	20,000	1	4	7	8	7	5	5	4
24868	전남 목포시	자매도시(영주,창원)초청친선생활체육대회출전	20,000	1	4	7	8	7	1	1	1
24869	전남 목포시	동하계전지훈련팀인센티브지원	20,000	1	4	7	8	7	1	1	1
24870	전남 목포시	전남형예비마을기업육성지원	20,000	1	4	7	8	7	1	1	1
24871	전남 목포시	농촌지도자회신문구독료지원	19,800	1	6	7	8	7	1	1	4
24872	전남 목포시	제64회목포예술제시상식및예술인의밤	18,000	1	4	7	8	7	1	1	1
24873	전남 목포시	제6회국도1호선평화미술제(목포,익산,나주교류전)	18,000	1	4	7	8	7	1	1	1
24874	전남 목포시	갓바위배전국당구대회	17,000	1	4	7	8	7	1	1	1
24875	전남 목포시	소비자상담실운영(전남목포소비자연맹)	16,416	1	1	7	8	7	1	1	3
24876	전남 목포시	공동방제단운영비	16,282	1	2	7	8	7	1	1	4

순번	시군구	지출명 (사업명)	2024년예산 (단위 : 천원 /1년간)	민간이전 분류 (지방자치단체 세출예산 집행기준에 의거)	민간이전지출 근거 (지방보조금 관리기준 참고)	입찰방식			운영예산 산정		성과평가 실시여부
				1. 민간경상사업보조(307-02) 2. 민간단체 법정운영비보조(307-03) 3. 민간행사사업보조(307-04) 4. 민간위탁금(307-05) 5. 사회복지시설 법정운영비보조(307-10) 6. 민간인위탁교육비(307-12) 7. 공기관등에대한경상적위탁사업비(308-13) 8. 민간자본사업보조,자체재원(402-01) 9. 민간자본사업보조,이전재원(402-02) 10. 민간위탁사업비(402-03) 11. 공기관등에 대한 자본적 위탁사업비(403-02)	1. 법률에 규정 2. 국고보조 재원(국가지정) 3. 용도 지정 기부금 4. 조례에 직접규정 5. 지자체가 권장하는 사업을 하는 공공기관 6. 시,도 정책 및 재정사정 7. 기타 8. 해당없음	계약체결방법 (경쟁형태) 1. 일반경쟁 2. 제한경쟁 3. 지명경쟁 4. 수의계약 5. 법정위탁 6. 기타 ( ) 7. 없음	계약기간 1. 1년 2. 2년 3. 3년 4. 4년 5. 5년 6. 기타 ( )년 7. 단기계약 (1년미만) 8. 없음	낙찰자선정방법 1. 적격심사 2. 협상에의한계약 3. 최저가낙찰제 4. 규격가격분리 5. 2단계 경쟁입찰 6. 기타 ( ) 7. 없음	운영예산 산정 1. 내부산정 (지자체 자체적으로 산정) 2. 외부산정 (외부전문기관위탁 산정) 3. 내·외부 모두 산정 4. 산정 無 5. 없음	정산방법 1. 내부정산 (지자체 내부적으로 정산) 2. 외부정산 (외부전문기관위탁 정산) 3. 내·외부 모두 산정 4. 정산 無 5. 없음	1. 실시 2. 미실시 3. 향후 추진 4. 해당없음
24877	전남 목포시	제19회우봉이매방전국무용경연대회	16,000	1	4	7	8	7	1	1	1
24878	전남 목포시	제17회한중서화국제교류전	15,300	1	4	7	8	7	1	1	1
24879	전남 목포시	제18회KOMAS(코리아모던아트페어스페셜)	15,300	1	4	7	8	7	1	1	1
24880	전남 목포시	목포유달산축제기념제7회전국배드민턴대회	15,000	1	4	7	8	7	1	1	1
24881	전남 목포시	목포시장기배드민턴대회	15,000	1	4	7	8	7	1	1	1
24882	전남 목포시	목포시장배태권도선수권대회개최	15,000	1	4	7	8	7	1	1	1
24883	전남 목포시	목포시볼링협회장기(배)전남클럽선수권볼링대회	15,000	1	4	7	8	7	1	1	1
24884	전남 목포시	시민과함께하는연등문화축제	15,000	1	7	7	8	7	5	5	4
24885	전남 목포시	목포시장배전국스포츠클라이밍동호인대회	13,500	1	4	7	8	7	1	1	1
24886	전남 목포시	목포시장기교육장배초중학교축구대회	13,500	1	4	7	8	7	1	1	1
24887	전남 목포시	가맹단체별전국장애인체육대회출전	13,500	1	4	7	8	7	1	1	1
24888	전남 목포시	과실수묘목공급지원	12,000	1	5	7	8	7	1	1	3
24889	전남 목포시	토양개량제지원	10,333	1	2	7	8	7	1	1	3
24890	전남 목포시	전라남도어르신생활체육대축전출전	10,000	1	4	7	8	7	1	1	1
24891	전남 목포시	장애인생활체육건강증진사업	10,000	1	4	7	8	7	1	1	1
24892	전남 목포시	제2회전국학생바다사생대회	10,000	1	4	7	8	7	1	1	1
24893	전남 목포시	제음회평화통일전국무용경연대회	10,000	1	4	7	8	7	1	1	1
24894	전남 목포시	4H대회참여교육	9,000	1	6	7	8	7	1	1	4
24895	전남 목포시	목포시장배및목포시협회장배조손가정돕기무에타이국제전	9,000	1	4	7	8	7	1	1	1
24896	전남 목포시	목포시장배전국유도대회	9,000	1	4	7	8	7	1	1	1
24897	전남 목포시	목포시장배전국동호인테니스대회	9,000	1	4	7	8	7	1	1	1
24898	전남 목포시	목포시장배전국파크골프대회	9,000	1	4	7	8	7	1	1	1
24899	전남 목포시	목포유달산배및협회장기배구대회개최	9,000	1	4	7	8	7	1	1	1
24900	전남 목포시	목포시체육회장배축구대회개최	9,000	1	4	7	8	7	1	1	1
24901	전남 목포시	목포시체육회장및협회장배태권도대회	9,000	1	4	7	8	7	1	1	1
24902	전남 목포시	시니어및신인부한마음배드민턴대회	9,000	1	4	7	8	7	1	1	1
24903	전남 목포시	유달산배호남권오픈탁구대회개최	9,000	1	4	7	8	7	1	1	1
24904	전남 목포시	목포시장기제주호남영남장애인파크골프친선교류전개최	9,000	1	4	7	8	7	1	1	1
24905	전남 목포시	종목별장애인생활체육대회개최및출전	9,000	1	4	7	8	7	1	1	1
24906	전남 목포시	전라남도장애인생활체육대회출전	9,000	1	4	7	8	7	1	1	1
24907	전남 목포시	체육인의밤연말표창및행사운영비	9,000	1	4	7	8	7	1	1	1
24908	전남 목포시	수출상품화지원	9,000	1	4	7	8	7	1	1	1
24909	전남 목포시	중소기업산업재산권출원등록지원	9,000	1	4	7	8	7	1	1	3
24910	전남 목포시	예향목포의별(예술인)추모전시＆음악회	9,000	1	4	7	8	7	1	1	1
24911	전남 목포시	제81회회원전(목포해양미술의미래전)	9,000	1	4	7	8	7	1	1	1
24912	전남 목포시	목포전통서예계승전	9,000	1	4	7	8	7	1	1	1
24913	전남 목포시	제69회호남예술제	9,000	1	4	7	8	7	1	1	1
24914	전남 목포시	2024김대중평화캠프	9,000	1	4	7	8	7	1	1	1
24915	전남 목포시	의료관련감염병표본감시체계운영지원	8,640	1	2	7	1	7	5	3	1
24916	전남 목포시	도무형문화재공개행사	8,000	1	6	7	8	7	5	5	4

순번	시군구	지출명 (사업명)	2024년예산 (단위 : 천원 /1년간)	민간이전 분류 (지방자치단체 세출예산 집행기준에 의거) 1. 민간경상사업보조(307-02) 2. 민간단체 법정운영비보조(307-03) 3. 민간행사사업보조(307-04) 4. 민간위탁금(307-05) 5. 사회복지시설 법정운영비보조(307-10) 6. 민간인위탁교육비(307-12) 7. 공기관등에대한경상적위탁사업비(308-13) 8. 민간자본사업보조,자체재원(402-01) 9. 민간자본사업보조,이전재원(402-02) 10. 민간위탁사업비(402-03) 11. 공기관등에 대한 자본적 위탁사업비(403-02)	민간이전지출 근거 (지방보조금 관리기준 참고) 1. 법률에 규정 2. 국고보조 재원(국가지정) 3. 용도 지정 기부금 4. 조례에 직접규정 5. 지자체가 권장하는 사업을 하는 공공기관 6. 시,도 정책 및 재정사정 7. 기타 8. 해당없음	입찰방식 계약체결방법 (경쟁형태) 1. 일반경쟁 2. 제한경쟁 3. 지명경쟁 4. 수의계약 5. 법정위탁 6. 기타 ( ) 7. 없음	입찰방식 계약기간 1. 1년 2. 2년 3. 3년 4. 4년 5. 5년 6. 기타 ( )년 7. 단기계약 (1년미만) 8. 없음	입찰방식 낙찰자선정방법 1. 적격심사 2. 협상에의한계약 3. 최저가낙찰제 4. 규격가격분리 5. 2단계 경쟁입찰 6. 기타 ( ) 7. 없음	운영예산 산정 운영예산 산정 1. 내부산정 (지자체 자체적으로 산정) 2. 외부산정 (외부전문기관위탁 산정) 3. 내·외부 모두 산정 4. 산정 無 5. 없음	운영예산 산정 정산방법 1. 내부정산 (지자체 내부적으로 정산) 2. 외부정산 (외부전문기관위탁 정산) 3. 내·외부 모두 산정 4. 정산 無 5. 없음	성과평가 실시여부 1. 실시 2. 미실시 3. 향후 추진 4. 해당없음
24917	전남 목포시	자매결연도시간(목포청주)예술교류	8,000	1	4	7	8	7	1	1	1
24918	전남 목포시	제11회목포명인명창국악향연	8,000	1	4	7	8	7	1	1	1
24919	전남 목포시	목포시민과함께하는특별연주회	8,000	1	4	7	8	7	1	1	1
24920	전남 목포시	서예거필퍼포먼스	8,000	1	4	7	8	7	1	1	1
24921	전남 목포시	제11회목포국도1호선독립영화제	7,200	1	4	7	8	7	1	1	1
24922	전남 목포시	벼못자리용상토지원	7,000	1	5	7	8	7	1	1	3
24923	전남 목포시	목포시장기검도대회개최	7,000	1	4	7	8	7	1	1	1
24924	전남 목포시	목포시배구협회클럽리그전	7,000	1	4	7	8	7	1	1	1
24925	전남 목포시	제64회목포예술제전국무용경연대회	7,000	1	4	7	8	7	1	1	1
24926	전남 목포시	2024목포필하모닉오케스트라정기연주회	7,000	1	4	7	8	7	1	1	1
24927	전남 목포시	제13회목포영주교류전및세미나	6,500	1	4	7	8	7	1	1	1
24928	전남 목포시	월남전참전자회다문화가족결연행사	6,300	1	1,4	7	1	7	1	1	1
24929	전남 목포시	축산물이력추적제라벨지지원사업	6,000	1	1	7	8	7	1	1	4
24930	전남 목포시	목포시장배바둑대회개최	6,000	1	4	7	8	7	1	1	1
24931	전남 목포시	수출기업홍보물제작지원	6,000	1	4	7	8	7	1	1	3
24932	전남 목포시	2024목포시민노래자랑	6,000	1	4	7	8	7	1	1	1
24933	전남 목포시	2024관광목포예술의향기여행	6,000	1	4	7	8	7	1	1	1
24934	전남 목포시	제33회전남무용제목포대표출전	6,000	1	4	7	8	7	1	1	1
24935	전남 목포시	전남서예가남도화합교류묵향의이음전	6,000	1	4	7	8	7	1	1	1
24936	전남 목포시	2024김대중평화문화제	5,800	1	4	7	8	7	1	1	1
24937	전남 목포시	2024벨칸토합창단정기연주회	5,700	1	4	7	8	7	1	1	1
24938	전남 목포시	상이군경회현충일보훈가족위로연	5,400	1	1,4	7	1	7	1	1	1
24939	전남 목포시	고엽제전우회호국순례	5,400	1	1,4	7	1	7	1	1	1
24940	전남 목포시	꿀벌산업육성지원사업	5,000	1	1	7	8	7	1	1	4
24941	전남 목포시	목포시장배전국댄스스포츠경기대회	5,000	1	4	7	8	7	1	1	1
24942	전남 목포시	목포시장배및목포시체육회장배소프트테니스(정구)대회개최	5,000	1	4	7	8	7	1	1	1
24943	전남 목포시	목포시장기생활체육야구대회개최	5,000	1	4	7	8	7	1	1	1
24944	전남 목포시	목포시종별학생(초중고)볼링대회개최	5,000	1	4	7	8	7	1	1	1
24945	전남 목포시	목포유달산배전남광주생활체육테니스대회개최	5,000	1	4	7	8	7	1	1	1
24946	전남 목포시	어르신게이트볼대회출전비	5,000	1	4	7	8	7	1	1	1
24947	전남 목포시	영산강배전국장애인조정대회개최	5,000	1	4	7	8	7	1	1	1
24948	전남 목포시	전라남도농아인체육대회출전	5,000	1	4	7	8	7	1	1	1
24949	전남 목포시	장애인체육인의밤연말표창및행사운영비	5,000	1	4	7	8	7	1	1	1
24950	전남 목포시	5.18사적지및기념물관리	5,000	1	4	7	8	7	1	1	1
24951	전남 목포시	상이군경회참전용사의탑건립기념행사	5,000	1	1,4	7	1	7	1	1	1
24952	전남 목포시	청소년우리지역보훈문화체험하기	5,000	1	1,4	7	1	7	1	1	1
24953	전남 목포시	우봉이매방전통춤전수관운영지원(승무)	5,000	1	4	7	1	7	1	1	1
24954	전남 목포시	우봉이매방전통춤전수관운영지원(살풀이춤)	5,000	1	7	7	8	7	5	5	4
24955	전남 목포시	유달산민속문화발굴및복원	5,000	1	7	7	8	7	5	5	4
24956	전남 목포시	웰다잉교육지원사업	5,000	1	4	7	8	7	1	1	4

순번	시군구	지출명 (사업명)	2024년예산 (단위 : 천원 /1년간)	민간이전 분류 (지방자치단체 세출예산 집행기준에 의거) 1. 민간경상사업보조(307-02) 2. 민간단체 법정운영비보조(307-03) 3. 민간행사사업보조(307-04) 4. 민간위탁금(307-05) 5. 사회복지시설 법정운영비보조(307-10) 6. 민간인위탁교육비(307-12) 7. 공기관등에대한경상적위탁사업비(308-13) 8. 민간자본사업보조,자체재원(402-01) 9. 민간자본사업보조,이전재원(402-02) 10. 민간위탁사업비(402-03) 11. 공기관등에 대한 자본적 위탁사업비(403-02)	민간이전지출 근거 (지방보조금 관리기준 참고) 1. 법률에 규정 2. 국고보조 재원(국가지정) 3. 용도 지정 기부금 4. 조례에 직접규정 5. 지자체가 권장하는 사업을 하는 공공기관 6. 시,도 정책 및 재정사정 7. 기타 8. 해당없음	입찰방식			운영예산 산정		성과평가 실시여부
						계약체결방법 (경쟁형태) 1. 일반경쟁 2. 제한경쟁 3. 지명경쟁 4. 수의계약 5. 법정위탁 6. 기타 ( ) 7. 없음	계약기간 1. 1년 2. 2년 3. 3년 4. 4년 5. 5년 6. 기타 ( )년 7. 단기계약 (1년미만) 8. 없음	낙찰자선정방법 1. 적격심사 2. 협상에의한계약 3. 최저가낙찰제 4. 규격가격분리 5. 2단계 경쟁입찰 6. 기타 ( ) 7. 없음	운영예산 산정 1. 내부산정 (지자체 자체적으로 산정) 2. 외부산정 (외부전문기관위탁 산정) 3. 내·외부 모두 산정 4. 산정 無 5. 없음	정산방법 1. 내부정산 (지자체 내부적으로 정산) 2. 외부정산 (외부전문기관위탁 정산) 3. 내·외부 모두 산정 4. 정산 無 5. 없음	1. 실시 2. 미실시 3. 향후 추진 4. 해당없음
24957	전남 목포시	공공보건의료협력체계구축(민간자본사업)	5,000	1	2	7	8	7	5	5	4
24958	전남 목포시	2024찾아가는예술공연	5,000	1	4	7	8	7	1	1	1
24959	전남 목포시	다둥이가정의행복한가족사진전	5,000	1	4	7	8	7	1	1	1
24960	전남 목포시	2024목포항구축제전국사진촬영대회	5,000	1	4	7	8	7	1	1	1
24961	전남 목포시	제6회젊은춤작가전	5,000	1	4	7	8	7	1	1	1
24962	전남 목포시	2024목포북항노을축제	5,000	1	4	7	8	7	1	1	1
24963	전남 목포시	연산푸른음악회	5,000	1	4	7	8	7	1	1	1
24964	전남 목포시	제21회전라남도서예전람회개최	5,000	1	4	7	8	7	1	1	1
24965	전남 목포시	농촌여성영농생활정보신문구독료지원	4,980	1	6	7	8	7	1	1	4
24966	전남 목포시	한국농어민신문구독료지원	4,560	1	6	7	8	7	1	1	4
24967	전남 목포시	전남서남부16개정친선남여궁도대회개최	4,500	1	4	7	8	7	1	1	1
24968	전남 목포시	시행사및등하굣길교통지도사업	4,500	1	7	6	8	7	1	1	4
24969	전남 목포시	상이군경회호국순례	4,500	1	1,4	7	1	7	1	1	1
24970	전남 목포시	제23회전국학생서예공모대전	4,500	1	4	7	8	7	1	1	1
24971	전남 목포시	전태홍추모배파크골프대회개최	4,000	1	4	7	8	7	1	1	1
24972	전남 목포시	6.25참전유공자회호국순례	4,000	1	1,4	7	1	7	1	1	1
24973	전남 목포시	제22회전남동서예술문화교류전'아름다운동행'	4,000	1	4	7	8	7	1	1	1
24974	전남 목포시	한여름밤의댄스페스티벌	4,000	1	4	7	8	7	1	1	1
24975	전남 목포시	해설이있는무용공연	4,000	1	4	7	8	7	1	1	1
24976	전남 목포시	2024목포열린음악회	4,000	1	4	7	8	7	1	1	1
24977	전남 목포시	신흥동벚꽃나들이축제및작은음악회	4,000	1	4	7	8	7	1	1	1
24978	전남 목포시	상이군경회회원정기총회	3,780	1	1,4	7	1	7	1	1	1
24979	전남 목포시	고엽제전우회환자후송차량지원	3,600	1	1,4	7	1	7	1	1	1
24980	전남 목포시	남도판소리한마당개최	3,600	1	4	7	8	7	1	1	1
24981	전남 목포시	목포시와함께하는디사이플챔버오케스트라정기연주회	3,600	1	4	7	8	7	1	1	1
24982	전남 목포시	농촌지도자회대회참여및교육	3,500	1	6	7	8	7	1	1	4
24983	전남 목포시	생활개선회대회참여및교육	3,500	1	6	7	8	7	1	1	4
24984	전남 목포시	목포시농구협회장배농구대회개최	3,500	1	4	7	8	7	1	1	1
24985	전남 목포시	전라남도시각장애인체육대회출전	3,500	1	4	7	8	7	1	1	1
24986	전남 목포시	제45회남도국악제	3,500	1	4	7	8	7	1	1	1
24987	전남 목포시	전몰군경유족회호국순례	3,400	1	1,4	7	1	7	1	1	1
24988	전남 목포시	전몰군경미망인회호국순례	3,400	1	1,4	7	1	7	1	1	1
24989	전남 목포시	특수임무유공자회수중폐기물정화활동	3,240	1	1,4	7	1	7	1	1	1
24990	전남 목포시	월남전참전자회호국순례	3,240	1	1,4	7	1	7	1	1	1
24991	전남 목포시	4H회농업기술정보신문구독료지원	3,120	1	6	7	8	7	1	1	4
24992	전남 목포시	벼보급종차액지원	3,000	1	6	7	8	7	1	1	4
24993	전남 목포시	목포시체조협회장기체조경연대회개최	3,000	1	4	7	8	7	1	1	1
24994	전남 목포시	실버축구출전비	3,000	1	4	7	8	7	1	1	1
24995	전남 목포시	제34회전남청소년연극제참가	3,000	1	4	7	8	7	1	1	1
24996	전남 목포시	지역주민과함께하는"양을산뜨락축제"	3,000	1	4	7	8	7	1	1	1

순번	시군구	지출명 (사업명)	2024년예산 (단위 : 천원 /1년간)	민간이전 분류 (지방자치단체 세출예산 집행기준에 의거) 1. 민간경상사업보조(307-02) 2. 민간단체 법정운영비보조(307-03) 3. 민간행사사업보조(307-04) 4. 민간위탁금(307-05) 5. 사회복지시설 법정운영비보조(307-10) 6. 민간인위탁교육비(307-12) 7. 공기관등에대한경상적위탁사업비(308-13) 8. 민간자본사업보조,자체재원(402-01) 9. 민간자본사업보조,이전재원(402-02) 10. 민간위탁사업비(402-03) 11. 공기관등에 대한 자본적 위탁사업비(403-02)	민간이전지출 근거 (지방보조금 관리기준 참고) 1. 법률에 규정 2. 국고보조 재원(국가지정) 3. 용도 지정 기부금 4. 조례에 직접규정 5. 지자체가 권장하는 사업을 하는 공공기관 6. 시,도 정책 및 재정사정 7. 기타 8. 해당없음	입찰방식 계약체결방법 (경쟁형태) 1. 일반경쟁 2. 제한경쟁 3. 지명경쟁 4. 수의계약 5. 법정위탁 6. 기타 ( ) 7. 없음	입찰방식 계약기간 1. 1년 2. 2년 3. 3년 4. 4년 5. 5년 6. 기타 ( )년 7. 단기계약 (1년미만) 8. 없음	입찰방식 낙찰자선정방법 1. 적격심사 2. 협상에의한계약 3. 최저가낙찰제 4. 규격가격분리 5. 2단계 경쟁입찰 6. 기타 ( ) 7. 없음	운영예산 산정 운영예산 산정 1. 내부산정 (지자체 자체적으로 산정) 2. 외부산정 (외부전문기관위탁 산정) 3. 내·외부 모두 산정 4. 산정 無 5. 없음	운영예산 산정 정산방법 1. 내부정산 (지자체 내부적으로 정산) 2. 외부정산 (외부전문기관위탁 정산) 3. 내·외부 모두 정산 4. 정산 無 5. 없음	성과평가 실시여부 1. 실시 2. 미실시 3. 향후 추진 4. 해당없음
24997	전남 목포시	제34회삼목회정주자연미술협회교류전	3,000	1	4	7	8	7	1	1	1
24998	전남 목포시	삼향골풍년문화축제	3,000	1	4	7	8	7	1	1	1
24999	전남 목포시	부흥동어울마당축제	3,000	1	4	7	8	7	1	1	1
25000	전남 목포시	제15회심미포토사진전	3,000	1	4	7	8	7	1	1	1
25001	전남 목포시	오거리문화예술협회정기회원전및공연	3,000	1	4	7	8	7	1	1	1
25002	전남 목포시	제2회목포여성작가회정기회원전	3,000	1	4	7	8	7	1	1	1
25003	전남 목포시	장애인가요제	3,000	1	4	7	8	7	1	1	1
25004	전남 목포시	푸른숲행복마을음악회	3,000	1	4	7	8	7	1	1	1
25005	전남 목포시	제42회전남연극제참가	2,970	1	4	7	8	7	1	1	1
25006	전남 목포시	등하굣길통학로교통안전캠페인	2,700	1	7	6	8	7	1	1	4
25007	전남 목포시	무공수훈자회호국순례	2,700	1	1,4	7	1	7	1	1	1
25008	전남 목포시	고엽제전우회창립기념행사	2,700	1	1,4	7	1	7	1	1	1
25009	전남 목포시	제16회자연과사람전	2,700	1	4	7	8	7	1	1	1
25010	전남 목포시	서울국제장애인파크골프대회	2,500	1	4	7	8	7	1	1	1
25011	전남 목포시	학교폭력예방토론연극	2,500	1	4	7	8	7	1	1	1
25012	전남 목포시	농촌지도자회육성사업지원	2,400	1	4	7	8	7	1	1	1
25013	전남 목포시	제42회목포연극제개최	2,200	1	4	7	8	7	1	1	3
25014	전남 목포시	제64회목포학생연극경연대회개최	2,200	1	4	7	8	7	1	1	1
25015	전남 목포시	농업경영인회대회참여	2,100	1	4	7	8	7	1	1	1
25016	전남 목포시	대한라켓볼협회장배전한국복식대회	2,000	1	4	7	8	7	1	1	4
25017	전남 목포시	유달산배광주전남우수클럽초청족구대회개최	2,000	1	4	7	8	7	1	1	1
25018	전남 목포시	목포시밀리터리서바이벌클럽대항전개최	2,000	1	4	7	8	7	1	1	1
25019	전남 목포시	목포유달산신제개최	2,000	1	4	7	8	7	1	1	1
25020	전남 목포시	목포시서바이벌페스티발	2,000	1	4	7	8	7	1	1	1
25021	전남 목포시	빛고을전국장애인게이트볼대회출전	2,000	1	4	7	8	7	1	1	1
25022	전남 목포시	5.18민주화운동부상자회호국순례	2,000	1	1,4	7	1	7	1	1	1
25023	전남 목포시	보훈가족행복나눔열린음악회	2,000	1	4	7	1	7	1	1	1
25024	전남 목포시	제4회문화도시목포강릉교류전및세미나	2,000	1	4	7	8	7	1	1	1
25025	전남 목포시	제38회미술인의밤및시상식	2,000	1	4	7	8	7	1	1	1
25026	전남 목포시	제64회목포예술제전국학생국악경연대회	2,000	1	4	7	8	7	1	1	1
25027	전남 목포시	2024제1회대한민국평화서예대전초대작가전	2,000	1	4	7	8	7	1	1	1
25028	전남 목포시	2024파예술이나들이갑니다	2,000	1	4	7	8	7	1	1	1
25029	전남 목포시	장애인어울림버스킹	2,000	1	4	7	8	7	1	1	1
25030	전남 목포시	남도예술의맥을전통서각으로새기다	2,000	1	4	7	8	7	1	1	1
25031	전남 목포시	하모니가흐르는꿈의연주회	2,000	1	4	7	8	7	1	1	1
25032	전남 목포시	문화가있는콘서트	2,000	1	4	7	8	7	1	1	1
25033	전남 목포시	제21회전라남도수석인연합회원전	2,000	1	4	7	8	7	1	1	1
25034	전남 목포시	제9회전국인성나눔교육글쓰기공모전및그림그리기대회	2,000	1	4	7	8	7	1	1	1
25035	전남 목포시	시와노래가우리의삶이되다	2,000	1	4	7	8	7	1	1	1
25036	전남 목포시	산그리고강흘러바다로	2,000	1	4	7	8	7	1	1	1

순번	시군구	지출명 (사업명)	2024년예산 (단위 : 천원 /1년간)	민간이전 분류 (지방자치단체 세출예산 집행기준에 의거) 1. 민간경상사업보조(307-02) 2. 민간단체 법정운영비보조(307-03) 3. 민간행사사업보조(307-04) 4. 민간위탁금(307-05) 5. 사회복지시설 법정운영비보조(307-10) 6. 민간인위탁교육비(307-12) 7. 공기관등에대한경상적위탁사업비(308-13) 8. 민간자본사업보조,자체재원(402-01) 9. 민간자본사업보조,이전재원(402-02) 10. 민간위탁사업비(402-03) 11. 공기관등에 대한 자본적 위탁사업비(403-02)	민간이전지출 근거 (지방보조금 관리기준 참고) 1. 법률에 규정 2. 국고보조 재원(국가지정) 3. 용도 지정 기부금 4. 조례에 직접규정 5. 지자체가 권장하는 사업을 하는 공공기관 6. 시,도 정책 및 재정사정 7. 기타 8. 해당없음	입찰방식 계약체결방법 (경쟁형태) 1. 일반경쟁 2. 제한경쟁 3. 지명경쟁 4. 수의계약 5. 법정위탁 6. 기타 ( ) 7. 없음	입찰방식 계약기간 1. 1년 2. 2년 3. 3년 4. 4년 5. 5년 6. 기타 ( )년 7. 단기계약 (1년미만) 8. 없음	입찰방식 낙찰자선정방법 1. 적격심사 2. 협상에의한계약 3. 최저가낙찰제 4. 규격가격분리 5. 2단계 경쟁입찰 6. 기타 ( ) 7. 없음	운영예산 산정 운영예산 산정 1. 내부산정 (지자체 자체적으로 산정) 2. 외부산정 (외부전문기관위탁 산정) 3. 내·외부 모두 산정 4. 산정 無 5. 없음	운영예산 산정 정산방법 1. 내부정산 (지자체 내부적으로 정산) 2. 외부정산 (외부전문기관위탁 정산) 3. 내·외부 모두 산정 4. 정산 無 5. 없음	성과평가 실시여부 1. 실시 2. 미실시 3. 향후 추진 4. 해당없음
25037	전남 목포시	한국전업미술가협회전남지회전'힐링'	2,000	1	4	7	8	7	1	1	1
25038	전남 목포시	목포무늬동백회전시전	2,000	1	4	7	8	7	1	1	1
25039	전남 목포시	원예작물연작장해경감제지원(1ha)	1,800	1	6	7	8	7	1	1	4
25040	전남 목포시	제29회목포남성합창단정기공연	1,800	1	4	7	8	7	1	1	1
25041	전남 목포시	무공수훈자회회원위로행사	1,600	1	1,4	7	1	7	1	1	1
25042	전남 목포시	목포시벨리댄스연맹전국댄스경연대회	1,500	1	4	7	8	7	1	1	1
25043	전남 목포시	목포시국학기공협회장배국학기공대회개최	1,500	1	4	7	8	7	1	1	1
25044	전남 목포시	목포시소프트테니스협회장배소프트테니스동호인대회개최	1,500	1	4	7	8	7	1	1	1
25045	전남 목포시	목포시협회장배줄넘기대회개최	1,500	1	4	7	8	7	1	1	1
25046	전남 목포시	실버힐링레크리에이션축제개최	1,500	1	4	7	8	7	1	1	1
25047	전남 목포시	2024해넘이예술인역량강화세미나및힐링공연	1,500	1	4	7	8	7	1	1	1
25048	전남 목포시	무용공연'목포춤나들이'	1,500	1	4	7	8	7	1	1	1
25049	전남 목포시	플라멩코정기공연	1,500	1	4	7	8	7	1	1	1
25050	전남 목포시	오필리아의그림자극장	1,500	1	4	7	8	7	1	1	1
25051	전남 목포시	특수임무유공자회호국순례	1,440	1	1,4	7	1	7	1	1	1
25052	전남 목포시	어르신을위한무용공연	1,350	1	4	7	8	7	1	1	1
25053	전남 목포시	축산물이력관리지원	1,344	1	1	7	8	7	1	1	4
25054	전남 목포시	대한민국수석인총연합회전남연합회원전	1,200	1	4	7	8	7	1	1	1
25055	전남 목포시	목포시낚시협회장배낚시대회개최	1,000	1	4	7	8	7	1	1	1
25056	전남 목포시	목포시요가협회장배아사나대회개최	1,000	1	4	7	8	7	1	1	1
25057	전남 목포시	목포시체육회장기및목포시합기도협회장기대회	1,000	1	4	7	8	7	1	1	1
25058	전남 목포시	민속연만들기및날리기체험	1,000	1	7	7	8	7	5	5	4
25059	전남 목포시	2024만수무강!실버인생파이팅	1,000	1	4	7	8	7	1	1	1
25060	전남 목포시	지역민을위한소리나무콘서트	1,000	1	4	7	8	7	1	1	1
25061	전남 목포시	제49회목포음악협회정기연주회	1,000	1	4	7	8	7	1	1	1
25062	전남 목포시	학생음악회	1,000	1	4	7	8	7	1	1	1
25063	전남 목포시	희망의콘서트	1,000	1	4	7	8	7	1	1	1
25064	전남 목포시	치유춤공연	1,000	1	4	7	8	7	1	1	1
25065	전남 목포시	문화예술체험목포시민평생교육	1,000	1	4	7	8	7	1	1	1
25066	전남 목포시	제27회목포서협전(동서교류전)	1,000	1	4	7	8	7	1	1	1
25067	전남 목포시	목포시민과관광객을위한문화콘서트	1,000	1	4	7	8	7	1	1	1
25068	전남 목포시	한우등록지원사업	420	1	2	7	8	7	1	1	4
25069	전남 여수시	인증부표보급지원사업	1,750,000	1	2	6	6	6	1	1	2
25070	전남 여수시	청년근속장려금	918,000	1	4	7	7	7	5	1	4
25071	전남 여수시	패각친환경처리지원사업	720,000	1	1	7	8	7	1	1	4
25072	전남 여수시	1일생활권미구축항로지원(여수~거문)	682,500	1	2	7	1	7	2	2	4
25073	전남 여수시	수산동물질병예방백신공급사업	678,080	1	2	6	6	6	1	1	2
25074	전남 여수시	사회적기업일자리창출	527,100	1	2	6	1	7	3	3	1
25075	전남 여수시	여수시공공심야어린이병원운영지원	500,000	1	4	6	2	7	1	1	3
25076	전남 여수시	농촌융복합산업지구조성사업	400,000	1	1,2,4	7	8	7	5	5	4

순번	시군구	지출명 (사업명)	2024년예산 (단위 : 천원 /1년간)	민간이전 분류 (지방자치단체 세출예산 집행기준에 의거) 1. 민간경상사업보조(307-02) 2. 민간단체 법정운영비보조(307-03) 3. 민간행사사업보조(307-04) 4. 민간위탁금(307-05) 5. 사회복지시설 법정운영비보조(307-10) 6. 민간인위탁교육비(307-12) 7. 공기관등에대한경상적위탁사업비(308-13) 8. 민간자본사업보조,자체재원(402-01) 9. 민간자본사업보조,이전재원(402-02) 10. 민간위탁사업비(402-03) 11. 공기관등에 대한 자본적 위탁사업비(403-02)	민간이전지출 근거 (지방보조금 관리기준 참고) 1. 법률에 규정 2. 국고보조 재원(국가지정) 3. 용도 지정 기부금 4. 조례에 직접규정 5. 지자체가 권장하는 사업을 하는 공공기관 6. 시,도 정책 및 재정사정 7. 기타 8. 해당없음	입찰방식 계약체결방법 (경쟁형태) 1. 일반경쟁 2. 제한경쟁 3. 지명경쟁 4. 수의계약 5. 법정위탁 6. 기타 ( ) 7. 없음	입찰방식 계약기간 1. 1년 2. 2년 3. 3년 4. 4년 5. 5년 6. 기타 ( )년 7. 단기계약 (1년미만) 8. 없음	입찰방식 낙찰자선정방법 1. 적격심사 2. 협상에의한계약 3. 최저가낙찰제 4. 규격가격분리 5. 2단계 경쟁입찰 6. 기타 ( ) 7. 없음	운영예산 산정 운영예산 산정 1. 내부산정 (지자체 자체적으로 산정) 2. 외부산정 (외부전문기관위탁 산정) 3. 내·외부 모두 산정 4. 산정 無 5. 없음	운영예산 산정 정산방법 1. 내부정산 (지자체 내부적으로 정산) 2. 외부정산 (외부전문기관위탁 정산) 3. 내·외부 모두 산정 4. 정산 無 5. 없음	성과평가 실시여부 1. 실시 2. 미실시 3. 향후 추진 4. 해당없음
25077	전남 여수시	농촌융복합산업체험활동건강꾸러미(체험키트)지원	353,000	1	2	7	8	7	1	1	3
25078	전남 여수시	사립작은도서관조성및운영지원	314,258	1	4	7	8	7	1	1	4
25079	전남 여수시	일반생활체육지도자배치	302,414	1	1	7	8	7	4	1	1
25080	전남 여수시	어르신생활체육지도자배치	301,814	1	1	7	8	7	4	1	1
25081	전남 여수시	지역산업맞춤형일자리창출지원사업	300,000	1	1	6	1	7	3	3	1
25082	전남 여수시	오천산단공동폐수처리시설관리지원	300,000	1	1	7	8	7	1	3	1
25083	전남 여수시	제63회전라남도체육대회	270,000	1	1	7	8	7	4	1	1
25084	전남 여수시	신중년사회공헌사업(2단계전환사업)	257,509	1	2	7	8	7	1	1	1
25085	전남 여수시	명품돌산갓생산기반조성	248,100	1	1,4	7	8	7	5	5	4
25086	전남 여수시	수익성이낮은항로운항결손액지원	230,000	1	2	7	1	7	2	2	4
25087	전남 여수시	장애인생활체육지도자배치	225,043	1	1	7	8	7	4	1	1
25088	전남 여수시	지역아동센터꿈사다리공부방지원	224,050	1	6	7	8	7	5	5	4
25089	전남 여수시	농식품제조·가공업체자가품질검사비지원	192,200	1	1	7	8	7	1	1	4
25090	전남 여수시	가고싶은섬(연도)가꾸기사업	191,760	1	6	7	8	7	5	5	4
25091	전남 여수시	가고싶은섬(송도)가꾸기사업	191,760	1	6	7	8	7	5	5	4
25092	전남 여수시	가고싶은섬(대횡간도)가꾸기사업	191,760	1	6	7	8	7	5	5	4
25093	전남 여수시	청년도전창업지원	190,000	1	4	6	7	6	1	1	1
25094	전남 여수시	마을공동체만들기육성	190,000	1	4	6	1	7	1	1	1
25095	전남 여수시	자율관리어업공동체사무장지원사업	180,000	1	1	7	8	7	5	5	4
25096	전남 여수시	노란우산공제가입장려금지원	175,200	1	4	7	1	7	5	3	1
25097	전남 여수시	전남형강소기업육성	160,000	1	4	7	1	2	2	2	1
25098	전남 여수시	안전농산물경쟁력강화	151,600	1	4	7	8	7	1	1	4
25099	전남 여수시	2024년도주민주도형마을자치특화사업	150,000	1	4	7	8	7	1	1	3
25100	전남 여수시	국산김치사용업소식자재구입비지원	147,750	1	1	7	8	7	1	1	4
25101	전남 여수시	지역응급의료기관운영지원	144,000	1	2	7	8	7	5	1	1
25102	전남 여수시	디지털소상공인1만양성	120,000	1	6	7	1	7	5	3	1
25103	전남 여수시	제32회전라남도장애인체육대회	110,000	1	1	7	8	7	4	1	1
25104	전남 여수시	문화의거리청년창업지원	100,000	1	4	7	8	7	5	5	4
25105	전남 여수시	2024년도주민자치특화사업	100,000	1	4	7	8	7	1	1	3
25106	전남 여수시	벼병해충생력방제모판관주처리지원	90,000	1	1,4,6	7	8	7	5	5	4
25107	전남 여수시	신중년잡매칭지원	80,000	1	4	1	1	1	1	1	1
25108	전남 여수시	지역공동체마을기업육성	80,000	1	4	6	1	7	1	1	1
25109	전남 여수시	고령운전자차선이탈경보장치지원	60,000	1	6	7	8	7	3	3	3
25110	전남 여수시	여수농수특산품해외시장판로구축지원	60,000	1	1	6	7	6	1	1	1
25111	전남 여수시	청년소상공인맞춤형방문컨설팅	60,000	1	4	6	7	6	1	1	1
25112	전남 여수시	생활과학교실	60,000	1	1	7	1	7	5	1	4
25113	전남 여수시	노란우산공제가입장려금추가적립지원	60,000	1	4	7	1	7	5	1	1
25114	전남 여수시	도서지가발전용유류대지원	50,200	1	1	7	8	7	5	1	1
25115	전남 여수시	작목별맞춤형안전관리실천시범	50,000	1	1,2,4	7	8	7	1	1	1
25116	전남 여수시	취업약정형관광전문인력양성사업	50,000	1	4	7	8	7	5	5	4

순번	시군구	지출명 (사업명)	2024년예산 (단위 : 천원 /1년간)	민간이전 분류 (지방자치단체 세출예산 집행기준에 의거) 1. 민간경상사업보조(307-02) 2. 민간단체 법정운영비보조(307-03) 3. 민간행사사업보조(307-04) 4. 민간위탁금(307-05) 5. 사회복지시설 법정운영비보조(307-10) 6. 민간인위탁교육비(307-12) 7. 공기관등에대한경상적위탁사업비(308-13) 8. 민간자본사업보조,자체재원(402-01) 9. 민간자본사업보조,이전재원(402-02) 10. 민간위탁사업비(402-03) 11. 공기관등에 대한 자본적 위탁사업비(403-02)	민간이전지출 근거 (지방보조금 관리기준 참고) 1. 법률에 규정 2. 국고보조 재원(국가지정) 3. 용도 지정 기부금 4. 조례에 직접규정 5. 지자체가 권장하는 사업을 하는 공공기관 6. 시,도 정책 및 재정사정 7. 기타 8. 해당없음	입찰방식 계약체결방법 (경쟁형태) 1. 일반경쟁 2. 제한경쟁 3. 지명경쟁 4. 수의계약 5. 법정위탁 6. 기타 ( ) 7. 없음	입찰방식 계약기간 1. 1년 2. 2년 3. 3년 4. 4년 5. 5년 6. 기타 ( )년 7. 단기계약 (1년미만) 8. 없음	입찰방식 낙찰자선정방법 1. 적격심사 2. 협상에의한계약 3. 최저가낙찰제 4. 규격가격분리 5. 2단계 경쟁입찰 6. 기타 ( ) 7. 없음	운영예산 산정 운영예산 산정 1. 내부산정 (지자체 자체적으로 산정) 2. 외부산정 (외부전문기관위탁 산정) 3. 내·외부 모두 산정 4. 산정 無 5. 없음	운영예산 산정 정산방법 1. 내부정산 (지자체 내부적으로 정산) 2. 외부정산 (외부전문기관위탁 정산) 3. 내·외부 모두 산정 4. 정산 無 5. 없음	성과평가 실시여부 1. 실시 2. 미실시 3. 향후 추진 4. 해당없음
25117	전남 여수시	여순사건지역전문가양성및바로알기교육사업	50,000	1	4	7	8	7	1	1	1
25118	전남 여수시	농수특산품TV홈쇼핑방송판매지원	48,000	1	1	7	8	7	1	1	2
25119	전남 여수시	조기취업형계약학과선도대학육성	44,250	1	6	7	8	7	1	1	1
25120	전남 여수시	로컬푸드출하농가포장재지원	43,400	1	4	7	8	7	1	1	4
25121	전남 여수시	여수아카데미	40,000	1	4	4	1	1	1	1	1
25122	전남 여수시	기업사랑운동추진	38,000	1	4	7	8	7	5	5	1
25123	전남 여수시	벼일반단지공동방제비지원	36,000	1	1,4	7	8	7	5	5	4
25124	전남 여수시	2024전지훈련팀지원(동・하계)	36,000	1	1	7	8	7	4	1	1
25125	전남 여수시	대학일자리플러스센터사업(국가직접지원)	35,000	1	2	7	8	7	1	1	1
25126	전남 여수시	고수온대응지원사업	32,000	1	2	6	6	6	1	1	2
25127	전남 여수시	친환경옥수수가공업체농가수매단가차액지원	30,000	1	4	7	8	7	1	1	3
25128	전남 여수시	각종대회출전및행사지원	30,000	1	1	7	8	7	4	1	1
25129	전남 여수시	제27회영호남생활체육대회	30,000	1	1	7	8	7	4	1	1
25130	전남 여수시	여순사건유족증언기록사업	30,000	1	4	7	8	7	1	1	1
25131	전남 여수시	여수창업보육센터지원	30,000	1	4	7	1	2	3	3	1
25132	전남 여수시	도시군협업농수축산물판촉기획전	28,900	1	1	7	8	7	1	1	2
25133	전남 여수시	집단급식소지역쌀구매협력사업	28,000	1	4	7	8	7	1	1	4
25134	전남 여수시	새마을지도자읍면동협의회새마을운동활성화사업	27,000	1	1	7	8	7	1	1	3
25135	전남 여수시	읍면동새마을부녀회새마을운동활성화사업	27,000	1	1	7	8	7	1	1	3
25136	전남 여수시	제19회전라남도어르신생활체육대축전	25,000	1	1	7	8	7	4	1	1
25137	전남 여수시	2024년시민건강증진프로그램운영	25,000	1	1	7	8	7	4	1	1
25138	전남 여수시	민주평통여수시협의회자문위원역량강화워크숍	25,000	1	1	7	8	7	1	1	3
25139	전남 여수시	평생학습우수프로그램지원사업	25,000	1	4	1	1	1	1	1	1
25140	전남 여수시	정보화마을프로그램관리자육성	24,493	1	4	7	8	7	1	1	1
25141	전남 여수시	불가사리구제사업	24,000	1	6	7	8	7	1	1	4
25142	전남 여수시	성인문해교육기관지원사업	24,000	1	4	1	1	1	1	1	1
25143	전남 여수시	도지사품질인증제품디자인제작지원	20,000	1	1	7	8	7	1	1	4
25144	전남 여수시	공공비축미곡톤백포장재지원사업	20,000	1	4	7	8	7	1	1	4
25145	전남 여수시	의료관련감염병표본감시체계운영	20,000	1	2	7	1	7	5	1	1
25146	전남 여수시	2024전라남도장애인생활체육대회	20,000	1	1	7	8	7	4	1	1
25147	전남 여수시	학교연계형(한종목테니스)스프츠클럽운영지원	20,000	1	2	7	8	7	4	1	1
25148	전남 여수시	청년단체주도역량강화공모사업	20,000	1	4	7	8	7	5	5	4
25149	전남 여수시	바르게살기운동읍면동위원회총괄사업비	20,000	1	1	7	8	7	1	1	3
25150	전남 여수시	새우양식장유용미생물공급지원사업	19,000	1	1	7	8	7	5	5	4
25151	전남 여수시	농업인학습단체선진농업연수	18,200	1	4	1	7	3	1	1	1
25152	전남 여수시	거문도해풍쑥브랜드화(포장재)지원	18,000	1	4	7	8	7	1	1	3
25153	전남 여수시	채소재배단지조성지원	15,000	1	4	7	8	7	5	5	4
25154	전남 여수시	농업인맞춤형안전관리기술시범	15,000	1	1,4	7	8	7	1	1	1
25155	전남 여수시	2024종목별전국장애인체육대회개최및출전	15,000	1	1	7	8	7	4	1	1
25156	전남 여수시	한국자유총연맹읍면동총괄사업비	15,000	1	1	7	8	7	1	1	3

순번	시군구	지출명 (사업명)	2024년예산 (단위 : 천원 /1년간)	민간이전 분류 (지방자치단체 세출예산 집행기준에 의거) 1. 민간경상사업보조(307-02) 2. 민간단체 법정운영비보조(307-03) 3. 민간행사사업보조(307-04) 4. 민간위탁금(307-05) 5. 사회복지시설 법정운영비보조(307-10) 6. 민간인위탁교육비(307-12) 7. 공기관등에대한경상적위탁사업비(308-13) 8. 민간자본사업보조,자체재원(402-01) 9. 민간자본사업보조,이전재원(402-02) 10. 민간위탁사업비(402-03) 11. 공기관등에 대한 자본적 위탁사업비(403-02)	민간이전지출 근거 (지방보조금 관리기준 참고) 1. 법률에 규정 2. 국고보조 재원(국가지정) 3. 용도 지정 기부금 4. 조례에 직접규정 5. 지자체가 권장하는 사업을 하는 공공기관 6. 시,도 정책 및 재정사정 7. 기타 8. 해당없음	입찰방식 계약체결방법 (경쟁형태) 1. 일반경쟁 2. 제한경쟁 3. 지명경쟁 4. 수의계약 5. 법정위탁 6. 기타 ( ) 7. 없음	입찰방식 계약기간 1. 1년 2. 2년 3. 3년 4. 4년 5. 5년 6. 기타 ( )년 7. 단기계약 (1년미만) 8. 없음	입찰방식 낙찰자선정방법 1. 적격심사 2. 협상에의한계약 3. 최저가낙찰제 4. 규격가격분리 5. 2단계 경쟁입찰 6. 기타 ( ) 7. 없음	운영예산 산정 운영예산 산정 1. 내부산정 (지자체 자체적으로 산정) 2. 외부산정 (외부전문기관위탁 산정) 3. 내·외부 모두 산정 4. 산정 無 5. 없음	운영예산 산정 정산방법 1. 내부정산 (지자체 내부적으로 정산) 2. 외부정산 (외부전문기관위탁 정산) 3. 내·외부 모두 정산 4. 정산 無 5. 없음	성과평가 실시여부 1. 실시 2. 미실시 3. 향후 추진 4. 해당없음
25157	전남 여수시	장애인평생학습지원사업	15,000	1	4	1	1	1	1	1	1
25158	전남 여수시	대학평생교육지원사업	15,000	1	4	1	1	1	1	1	1
25159	전남 여수시	전문체육학생선수및지도자지원(신규)	14,300	1	1	7	8	7	4	1	1
25160	전남 여수시	온라인판매확대지원	12,800	1	1	7	8	7	1	1	2
25161	전남 여수시	기상재해대응병해충방제지원	12,000	1	1,4,6	7	8	7	5	5	4
25162	전남 여수시	거문도해풍쑥출하물류비지원	12,000	1	4	7	8	7	1	1	3
25163	전남 여수시	선도농업인선진농업연수	12,000	1	4	1	7	3	1	1	1
25164	전남 여수시	지역사회보장협의체위원역량강화	12,000	1	8	7	8	7	1	1	1
25165	전남 여수시	사회단체보조금지원	11,000	1	5	7	8	7	1	1	4
25166	전남 여수시	행복한나눔냉장고운영	10,000	1	8	7	8	7	1	1	1
25167	전남 여수시	고령층정보화교육	10,000	1	4	7	8	7	1	1	1
25168	전남 여수시	장애인정보화교육	10,000	1	4	7	8	7	1	1	1
25169	전남 여수시	제4회4개시군(여수,순천,광양,구례)생활체육교류전	10,000	1	1	7	8	7	4	1	1
25170	전남 여수시	북한이탈주민통합지원사업	10,000	1	4	7	8	7	1	1	3
25171	전남 여수시	제37주년6월민주항쟁기념식	10,000	1	4	7	8	7	1	1	3
25172	전남 여수시	재경여수시향우회'좌수영'향우회지발간	10,000	1	4	7	8	7	1	1	3
25173	전남 여수시	소상공인경쟁력강화및소상공인의날주간행사지원	10,000	1	4	7	1	7	5	1	1
25174	전남 여수시	도지사품질인증제품자가품질검사비지원	9,450	1	1	7	8	7	1	1	4
25175	전남 여수시	제3회여수시·경주시장애인체육문화친선교류전	9,400	1	1	7	8	7	4	1	1
25176	전남 여수시	4H중앙대회참여및교육지원	9,000	1	4	7	8	7	1	1	1
25177	전남 여수시	전국체전및소년체전출전선수단지원	9,000	1	1	7	8	7	4	1	1
25178	전남 여수시	해양로봇페스티벌	9,000	1	1	7	1	7	5	1	1
25179	전남 여수시	여수이주민센터사업	9,000	1	2	6	5	1	1	1	1
25180	전남 여수시	365나라사랑태극기보급	8,000	1	1	7	8	7	1	1	3
25181	전남 여수시	섬섬여수옥수수브랜드화(포장재)지원	7,500	1	4	7	8	7	1	1	3
25182	전남 여수시	이북도민회합동망향제및실향민위안행사	7,200	1	4	7	8	7	1	1	3
25183	전남 여수시	제44회전국장애인체육대회	6,500	1	1	7	8	7	4	1	1
25184	전남 여수시	제23회전남농아인체육대회	6,000	1	1	7	8	7	4	1	1
25185	전남 여수시	법무보호대상자지원사업	6,000	1	1	7	8	7	1	1	3
25186	전남 여수시	청소년보호관찰대상자의심리상담및문화체험	6,000	1	1	7	8	7	1	1	3
25187	전남 여수시	사랑의고추장담가주기	5,500	1	1	7	8	7	1	1	3
25188	전남 여수시	행복지킴이봉사단운영	5,500	1	1	7	8	7	1	1	3
25189	전남 여수시	4H회교육행사	5,000	1	4	7	8	7	1	1	1
25190	전남 여수시	정보화마을운영사업지원	5,000	1	4	7	8	7	1	1	2
25191	전남 여수시	아름다운여수행복한시민운동실천교재발간보급및현장교육	5,000	1	1	7	8	7	1	1	3
25192	전남 여수시	머무르고싶은버스정류장만들기	5,000	1	1	7	8	7	1	1	3
25193	전남 여수시	사랑愛보금자리고쳐주기	5,000	1	1	7	8	7	1	1	3
25194	전남 여수시	유족회피해신고사실조사상담창구운영	5,000	1	4	7	8	7	1	1	1
25195	전남 여수시	2024년도대한민국지방자치박람회우수사례출품지원	5,000	1	4	7	8	7	1	1	3
25196	전남 여수시	폭력예방교육(여수YWCA)	5,000	1	1	1	1	1	1	1	1

순번	시군구	지출명 (사업명)	2024년예산 (단위 : 천원 /1년간)	민간이전 분류 (지방자치단체 세출예산 집행기준에 의거) 1. 민간경상사업보조(307-02) 2. 민간단체 법정운영비보조(307-03) 3. 민간행사사업보조(307-04) 4. 민간위탁금(307-05) 5. 사회복지시설 법정운영비보조(307-10) 6. 민간인위탁교육비(307-12) 7. 공기관등에대한경상적위탁사업비(308-13) 8. 민간자본사업보조,자체재원(402-01) 9. 민간자본사업보조,이전재원(402-02) 10. 민간위탁사업비(402-03) 11. 공기관등에 대한 자본적 위탁사업비(403-02)	민간이전지출 근거 (지방보조금 관리기준 참고) 1. 법률에 규정 2. 국고보조 재원(국가지정) 3. 용도 지정 기부금 4. 조례에 직접규정 5. 지자체가 권장하는 사업을 하는 공공기관 6. 시,도 정책 및 재정사정 7. 기타 8. 해당없음	입찰방식 계약체결방법 (경쟁형태) 1. 일반경쟁 2. 제한경쟁 3. 지명경쟁 4. 수의계약 5. 법정위탁 6. 기타 ( ) 7. 없음	입찰방식 계약기간 1. 1년 2. 2년 3. 3년 4. 4년 5. 5년 6. 기타 ( )년 7. 단기계약 (1년미만) 8. 없음	입찰방식 낙찰자선정방법 1. 적격심사 2. 협상에의한계약 3. 최저가낙찰제 4. 규격가격분리 5. 2단계 경쟁입찰 6. 기타 ( ) 7. 없음	운영예산 산정 운영예산 산정 1. 내부산정 (지자체 자체적으로 산정) 2. 외부산정 (외부전문기관위탁 산정) 3. 내·외부 모두 산정 4. 산정 無 5. 없음	운영예산 산정 정산방법 1. 내부정산 (지자체 내부적으로 정산) 2. 외부정산 (외부전문기관위탁 정산) 3. 내·외부 모두 산정 4. 정산 無 5. 없음	성과평가 실시여부 1. 실시 2. 미실시 3. 향후 추진 4. 해당없음
25197	전남 여수시	청소년평화통일캠프	4,800	1	1	7	8	7	1	1	3
25198	전남 여수시	대통령기국민독서경진대회	4,500	1	1	7	8	7	1	1	3
25199	전남 여수시	아름다운여수가꾸기백일장사생대회	4,500	1	1	7	8	7	1	1	3
25200	전남 여수시	대한민국재향경우회여수지회국가안보호국현장견학	4,390	1	1	7	8	7	1	1	3
25201	전남 여수시	제16회전라남도시각장애인체육대회	4,000	1	1	7	8	7	4	1	1
25202	전남 여수시	대통령기이북도민체육대회참가지원	4,000	1	4	7	8	7	1	1	3
25203	전남 여수시	전기리모컨스위치및절전형전구교체	4,000	1	1	7	8	7	1	1	3
25204	전남 여수시	더불어사는공동체북한이탈주민의행복한정착지원사업	4,000	1	1	7	8	7	1	1	3
25205	전남 여수시	초중고학생과함께하는열린통일교실	3,600	1	1	7	8	7	1	1	3
25206	전남 여수시	자전거이용활성화캠페인	3,420	1	4	7	8	7	1	1	1
25207	전남 여수시	시민자전거교실운영	3,420	1	4	7	8	7	1	1	1
25208	전남 여수시	청소년유해환경감시단지원	3,282	1	1	1	1	1	1	1	4
25209	전남 여수시	바다환경가꾸기현장활동	3,200	1	1	7	8	7	1	1	3
25210	전남 여수시	전라남도새마을부녀회한마음어울마당참가지원	3,200	1	1	7	8	7	1	1	3
25211	전남 여수시	제34회낙도봉사활동지원	3,000	1	4	7	8	7	3	1	4
25212	전남 여수시	2024대통령배전라남도씨름왕선발대회	3,000	1	1	7	8	7	4	1	1
25213	전남 여수시	아름다운여수가꾸기읍면동순회교육	3,000	1	1	7	8	7	1	1	3
25214	전남 여수시	지역아동센터종사자역량강화워크숍지원	3,000	1	4	7	8	7	5	5	4
25215	전남 여수시	통일명사특강	2,500	1	1	7	8	7	1	1	3
25216	전남 여수시	통일문제공론화토론회	2,500	1	1	7	8	7	1	1	3
25217	전남 여수시	여수시재향군인회전적지순례사업	2,400	1	1	7	8	7	1	1	3
25218	전남 여수시	소비자교육및지역물가안정캠페인등지원	2,400	1	4	7	8	7	1	1	1
25219	전남 여수시	광복회전라남도지부동부연합지회사업비	2,000	1	1	7	8	7	1	1	1
25220	전남 여수시	여수시재향군인회평화안보포럼	1,350	1	1	7	8	7	1	1	3
25221	전남 여수시	장진호전투영웅추도식참석지원	1,300	1	1	7	8	7	1	1	1
25222	전남 여수시	사회적경제기업고도화지원사업	216	1	6	6	1	7	3	3	1
25223	전남 순천시	주민세환원보조사업	1,156,100	1	4	7	8	7	5	5	4
25224	전남 순천시	지역산업맞춤형일자리창출지원	1,069,000	1	6	6	1	6	3	3	1
25225	진남 순천시	뿌리신업선도기업육성	900,000	1	2	7	8	7	2	2	3
25226	전남 순천시	작은도서관운영보조금	825,000	1	8	7	8	7	5	5	4
25227	전남 순천시	사회적기업일자리창출지원	820,700	1	2	6	1	6	3	3	1
25228	전남 순천시	(사)순천시자원봉사센터운영	498,938	1	1,4	7	8	7	5	5	4
25229	전남 순천시	청년후계농영농정착지원	480,000	1	2	7	8	7	1	1	3
25230	전남 순천시	우수특화농산물포장재지원	470,000	1	7	7	8	7	1	1	4
25231	전남 순천시	어르신전담생활체육지도자배치사업	432,512	1	2	7	7	7	1	1	4
25232	전남 순천시	농작물병해충방제비	400,000	1	2	7	8	7	5	5	4
25233	전남 순천시	농번기농촌마을공동급식지원	396,880	1	6	7	8	7	5	1	4
25234	전남 순천시	어르신등체험활동건강꾸러미지원사업	374,000	1	7	7	8	7	1	1	2
25235	전남 순천시	순천농산물택배비지원	370,000	1	7	7	8	7	1	1	4
25236	전남 순천시	일반생활체육지도자배치사업	350,188	1	2	7	7	7	1	1	4

순번	시군구	지출명 (사업명)	2024년예산 (단위 : 천원 /1년간)	민간이전 분류 (지방자치단체 세출예산 집행기준에 의거) 1. 민간경상사업보조(307-02) 2. 민간단체 법정운영비보조(307-03) 3. 민간행사사업보조(307-04) 4. 민간위탁금(307-05) 5. 사회복지시설 법정운영비보조(307-10) 6. 민간인위탁교육비(307-12) 7. 공기관등에대한경상적위탁사업비(308-13) 8. 민간자본사업보조,자체재원(402-01) 9. 민간자본사업보조,이전재원(402-02) 10. 민간위탁사업비(402-03) 11. 공기관등에 대한 자본적 위탁사업비(403-02)	민간이전지출 근거 (지방보조금 관리기준 참고) 1. 법률에 규정 2. 국고보조 재원(국가지정) 3. 용도 지정 기부금 4. 조례에 직접규정 5. 지자체가 권장하는 사업을 하는 공공기관 6. 시,도 정책 및 재정사정 7. 기타 8. 해당없음	입찰방식 계약체결방법 (경쟁형태) 1. 일반경쟁 2. 제한경쟁 3. 지명경쟁 4. 수의계약 5. 법정위탁 6. 기타 ( ) 7. 없음	입찰방식 계약기간 1. 1년 2. 2년 3. 3년 4. 4년 5. 5년 6. 기타 ( )년 7. 단기계약 (1년미만) 8. 없음	입찰방식 낙찰자선정방법 1. 적격심사 2. 협상에의한계약 3. 최저가낙찰제 4. 규격가격분리 5. 2단계 경쟁입찰 6. 기타 ( ) 7. 없음	운영예산 산정 운영예산 산정 1. 내부산정 (지자체 자체적으로 산정) 2. 외부산정 (외부전문기관위탁 산정) 3. 내·외부 모두 산정 4. 산정 無 5. 없음	운영예산 산정 정산방법 1. 내부정산 (지자체 내부적으로 정산) 2. 외부정산 (외부전문기관위탁 정산) 3. 내·외부 모두 산정 4. 정산 無 5. 없음	성과평가 실시여부 1. 실시 2. 미실시 3. 향후 추진 4. 해당없음
25237	전남 순천시	장애인평생교육시설지원	300,000	1	4	7	8	7	1	1	1
25238	전남 순천시	난임부부친환경농산물지원사업	297,600	1	1	7	8	7	5	5	4
25239	전남 순천시	주민지원협의체운영비	284,620	1	4	7	8	7	1	1	4
25240	전남 순천시	가축분뇨퇴액비자원화지원	258,840	1	6	7	8	7	5	1	4
25241	전남 순천시	농산물산지유통활성화지원	250,000	1	4	7	8	7	1	1	1
25242	전남 순천시	강소기업육성사업	240,000	1	6	7	8	7	2	2	3
25243	전남 순천시	장애인생활체육지도자배치사업	230,472	1	2	7	8	7	1	1	4
25244	전남 순천시	벼병해충공동방제비지원	220,000	1	6	7	8	7	5	5	4
25245	전남 순천시	임산부친환경농산물꾸러미지원	211,200	1	1	7	8	7	1	1	4
25246	전남 순천시	제63회전라남도체육대회참가지원	210,000	1	1	7	8	7	1	1	4
25247	전남 순천시	농촌(고용)인력지원센터지원	210,000	1	1	7	8	7	5	1	4
25248	전남 순천시	소규모들녘경영체육성	210,000	1	1	7	8	7	1	1	4
25249	전남 순천시	농산물수출촉진지원	208,000	1	7	7	8	7	5	5	4
25250	전남 순천시	지역응급의료기관운영지원	201,600	1	2	7	8	7	2	3	1
25251	전남 순천시	소아긴급진료센터참여당직수당	200,350	1	4	7	8	7	5	5	4
25252	전남 순천시	마을기업육성(행안부형)	200,000	1	2	6	1	6	3	3	1
25253	전남 순천시	농특산물포장재지원	200,000	1	7	7	8	7	1	1	4
25254	전남 순천시	기상재해대응병해충방제지원	180,000	1	6	7	8	7	5	5	4
25255	전남 순천시	공동방제단운영(인건비)	174,972	1	2	7	8	7	5	1	4
25256	전남 순천시	사회적기업시설장비지원	155,000	1	6	6	6	6	3	3	1
25257	전남 순천시	문화재재난방지시설유지관리	150,000	1	2	7	8	7	5	5	4
25258	전남 순천시	시민사회단체협력지원	124,200	1	4	7	8	7	5	5	4
25259	전남 순천시	장애인평생학습도시운영	120,000	1	1	7	8	7	1	1	1
25260	전남 순천시	달빛어린이병원운영지원	120,000	1	4	7	8	7	5	5	4
25261	전남 순천시	순천만두루누리주민참여공모사업	120,000	1	4	7	8	7	5	5	4
25262	전남 순천시	로컬푸드안전품질관리지원사업	110,850	1	2	7	8	7	1	1	2
25263	전남 순천시	디지털소상공인1만양성	108,000	1	6	7	8	7	1	1	1
25264	전남 순천시	미세먼지저감을위한영농부산물안전처리지원	105,000	1	2	7	8	7	5	5	4
25265	전남 순천시	농업환경보전활동비지급	105,000	1	6	7	8	7	5	1	4
25266	전남 순천시	순천연등축제개최	100,000	1	4	7	8	7	5	5	4
25267	전남 순천시	영상창작스튜디오활영배경소스제작	100,000	1	1	7	8	7	1	1	4
25268	전남 순천시	주민편익시설운영비	98,700	1	4	7	8	7	1	1	4
25269	전남 순천시	사회적기업전문인력지원	98,500	1	2	6	1	6	3	3	1
25270	전남 순천시	음식물류폐기물수거용기세척비(공동주택)	93,400	1	4	7	8	7	5	5	4
25271	전남 순천시	노동상담실운영	90,000	1	4	6	1	6	3	3	1
25272	전남 순천시	제32회전라남도장애인체육대회출전	90,000	1	1	7	8	7	1	1	4
25273	전남 순천시	순천FCU15지원	90,000	1	2	7	7	7	1	1	4
25274	전남 순천시	농어촌공중목욕장운영지원및기능보강	90,000	1	4	7	8	7	1	1	4
25275	전남 순천시	농어촌체험휴양마을운영매니저지원사업(농촌체험휴양마을운영매니저지원사업)	86,860	1	1	7	8	7	1	1	4
25276	전남 순천시	가축분뇨이용촉진지원사업	86,000	1	2	7	8	7	5	1	4

순번	시군구	지출명 (사업명)	2024년예산 (단위 : 천원 /1년간)	민간이전 분류 (지방자치단체 세출예산 집행기준에 의거) 1. 민간경상사업보조(307-02) 2. 민간단체 법정운영비보조(307-03) 3. 민간행사사업보조(307-04) 4. 민간위탁금(307-05) 5. 사회복지시설 법정운영비보조(307-10) 6. 민간인위탁교육비(307-12) 7. 공기관등에대한경상적위탁사업비(308-13) 8. 민간자본사업보조,자체재원(402-01) 9. 민간자본사업보조,이전재원(402-02) 10. 민간위탁사업비(402-03) 11. 공기관등에 대한 자본적 위탁사업비(403-02)	민간이전지출 근거 (지방보조금 관리기준 참고) 1. 법률에 규정 2. 국고보조 재원(국가지정) 3. 용도 지정 기부금 4. 조례에 직접규정 5. 지자체가 권장하는 사업을 하는 공공기관 6. 시,도 정책 및 재정사정 7. 기타 8. 해당없음	입찰방식 계약체결방법 (경쟁형태) 1. 일반경쟁 2. 제한경쟁 3. 지명경쟁 4. 수의계약 5. 법정위탁 6. 기타 ( ) 7. 없음	입찰방식 계약기간 1. 1년 2. 2년 3. 3년 4. 4년 5. 5년 6. 기타 ( )년 7. 단기계약 (1년미만) 8. 없음	입찰방식 낙찰자선정방법 1. 적격심사 2. 협상에의한계약 3. 최저가낙찰제 4. 규격가격분리 5. 2단계 경쟁입찰 6. 기타 ( ) 7. 없음	운영예산 산정 운영예산 산정 1. 내부산정 (지자체 자체적으로 산정) 2. 외부산정 (외부전문기관위탁 산정) 3. 내·외부 모두 산정 4. 산정 無 5. 없음	운영예산 산정 정산방법 1. 내부정산 (지자체 내부적으로 정산) 2. 외부정산 (외부전문기관위탁 정산) 3. 내·외부 모두 산정 4. 정산 無 5. 없음	성과평가 실시여부 1. 실시 2. 미실시 3. 향후 추진 4. 해당없음
25277	전남 순천시	순천만생태관광활성화사업	82,000	1	2	7	8	7	5	5	4
25278	전남 순천시	낙안읍성주변마을지원및외	80,000	1	4	7	8	7	5	5	4
25279	전남 순천시	지속가능한발전사업추진	75,000	1	4	6	7	6	1	1	3
25280	전남 순천시	제41회전라남도의용소방대기술경연대회	70,000	1	1,4	7	8	7	5	5	4
25281	전남 순천시	젖소분뇨발효촉진지원	70,000	1	6	7	8	7	5	1	4
25282	전남 순천시	2024년우수선수훈련비지원	65,000	1	1	7	8	7	1	1	4
25283	전남 순천시	제36회전라남도생활체육대축전출전	65,000	1	1	7	8	7	1	1	4
25284	전남 순천시	행복드림돌봄공동체지원사업	60,000	1	6	7	8	7	5	5	4
25285	전남 순천시	새마을운동활성화지원사업	60,000	1	4	7	8	7	5	5	4
25286	전남 순천시	아랫장야시장운영	60,000	1	4	7	8	7	1	1	1
25287	전남 순천시	로컬푸드출하농가순회수집지원사업	55,000	1	4	7	8	7	1	1	2
25288	전남 순천시	도무형유산보존전승비	50,400	1	4	7	8	7	5	5	4
25289	전남 순천시	따순마을만들기공모사업	50,000	1	6	7	8	7	5	5	4
25290	전남 순천시	생태계교란식물제거사업	50,000	1	1	7	8	7	5	5	4
25291	전남 순천시	전라남도장애인체력인증센터운영지원	50,000	1	2	7	8	7	1	1	4
25292	전남 순천시	필수질환순환당직수당	50,000	1	4	7	8	7	5	5	4
25293	전남 순천시	임산부신생아전용구급차운영비지원	50,000	1	4	7	8	7	5	5	4
25294	전남 순천시	순천뷰티페스타	50,000	1	4	7	1	7	1	1	1
25295	전남 순천시	마을가꾸기사업	50,000	1	4	7	8	7	5	1	4
25296	전남 순천시	로컬푸드출하농가친환경포장재비지원사업	50,000	1	4	7	8	7	1	1	2
25297	전남 순천시	TV홈쇼핑방송판매지원	48,000	1	7	7	8	7	1	1	4
25298	전남 순천시	독서문화프로그램	46,400	1	8	7	8	7	5	5	4
25299	전남 순천시	가축분뇨퇴비부숙용톱밥지원	46,400	1	6	7	8	7	5	1	4
25300	전남 순천시	한우증체율향상지원	46,200	1	6	7	8	7	5	1	4
25301	전남 순천시	자원봉사센터활성화지원	45,860	1	1,6	7	8	7	5	5	4
25302	전남 순천시	마을공동체활동지원사업	45,000	1	6	7	8	7	5	5	4
25303	전남 순천시	로컬푸드출하농가포장재비지원사업	43,260	1	4	7	8	7	1	1	2
25304	전남 순천시	국산김치사용업소식자재구입비지원사업	42,575	1	7	7	8	7	1	1	2
25305	전남 순천시	사회적농업활성화지원(사회적농업활성화프로그램운영지원)	42,000	1	2	7	8	7	1	1	1
25306	전남 순천시	돼지사료효율개선제지원	42,000	1	6	7	8	7	5	1	4
25307	전남 순천시	일자리우수기업인증사업	40,000	1	6	1	8	7	2	2	3
25308	전남 순천시	한국의갯벌CEPA행동계획수립	40,000	1	7	7	8	7	5	5	4
25309	전남 순천시	매실산지유통조직활성화	40,000	1	1	7	8	7	1	1	4
25310	전남 순천시	임업기술전문교육추진	40,000	1	1	7	8	7	1	1	1
25311	전남 순천시	의료기관결핵환자관리지원	37,683	1	1,2	3	1	1	3	1	1
25312	전남 순천시	나라사랑함양보훈단체호국순례	36,960	1	1	7	8	7	5	5	4
25313	전남 순천시	학생예절교육운영	36,800	1	6	1	3	2	1	1	1
25314	전남 순천시	마을기업육성(순천형)	36,000	1	4	6	1	6	3	3	1
25315	전남 순천시	평생학습동아리우수프로그램지원	36,000	1	1	7	8	7	1	1	1
25316	전남 순천시	전남(농촌)에서살아보기	36,000	1	4	7	8	7	1	1	4

순번	시군구	지출명 (사업명)	2024년예산 (단위 : 천원 /1년간)	민간이전 분류 (지방자치단체 세출예산 집행기준에 의거) 1. 민간경상사업보조(307-02) 2. 민간단체 법정운영비보조(307-03) 3. 민간행사사업보조(307-04) 4. 민간위탁금(307-05) 5. 사회복지시설 법정운영비보조(307-10) 6. 민간인위탁교육비(307-12) 7. 공기관등에대한경상적위탁사업비(308-13) 8. 민간자본사업보조,자체재원(402-01) 9. 민간자본사업보조,이전재원(402-02) 10. 민간위탁사업비(402-03) 11. 공기관등에 대한 자본적 위탁사업비(403-02)	민간이전지출 근거 (지방보조금 관리기준 참고) 1. 법률에 규정 2. 국고보조 재원(국가지정) 3. 용도 지정 기부금 4. 조례에 직접규정 5. 지자체가 권장하는 사업을 하는 공공기관 6. 시,도 정책 및 재정사정 7. 기타 8. 해당없음	입찰방식: 계약체결방법 (경쟁형태) 1. 일반경쟁 2. 제한경쟁 3. 지명경쟁 4. 수의계약 5. 법정위탁 6. 기타 ( ) 7. 없음	입찰방식: 계약기간 1. 1년 2. 2년 3. 3년 4. 4년 5. 5년 6. 기타 ( )년 7. 단기계약 (1년미만) 8. 없음	입찰방식: 낙찰자선정방법 1. 적격심사 2. 협상에의한계약 3. 최저가낙찰제 4. 규격가격분리 5. 2단계 경쟁입찰 6. 기타 ( ) 7. 없음	운영예산 산정: 운영예산 산정 1. 내부산정 (지자체 자체적으로 산정) 2. 외부산정 (외부전문기관위탁 산정) 3. 내·외부 모두 산정 4. 산정 無 5. 없음	운영예산 산정: 정산방법 1. 내부정산 (지자체 내부적으로 정산) 2. 외부정산 (외부전문기관위탁 정산) 3. 내·외부 모두 산정 4. 정산 無 5. 없음	성과평가 실시여부 1. 실시 2. 미실시 3. 향후 추진 4. 해당없음
25317	전남 순천시	산업평화노사민정한마음체육대회	35,000	1	4	6	1	6	3	3	1
25318	전남 순천시	장애인체육대회출전비지원	34,000	1	1	7	8	7	1	1	4
25319	전남 순천시	플럼코트인공수분꽃가루지원	31,500	1	6	7	8	7	5	5	4
25320	전남 순천시	사립공공특화프로그램	30,000	1	8	7	8	7	5	5	4
25321	전남 순천시	순천스포츠클럽관리자지원	30,000	1	2	7	7	7	1	1	4
25322	전남 순천시	의료기관간호간병통합서비스지원사업	30,000	1	2	7	8	7	5	5	4
25323	전남 순천시	가공품유통확대지원	30,000	1	1	7	8	7	1	1	4
25324	전남 순천시	해외상설판매장시군연계판촉행사사업	30,000	1	6	7	8	7	5	5	4
25325	전남 순천시	승주읍시민의날및읍민의날행사지원	30,000	1	1	7	1	7	5	1	4
25326	전남 순천시	주암면면민의날,노인의날등주요행사(축제)지원	30,000	1	1	7	1	7	5	1	4
25327	전남 순천시	이상고온에따른돌발병해충방제비	27,700	1	6	7	8	7	5	5	4
25328	전남 순천시	송광면환경정비사업	27,000	1	1	7	1	7	5	1	4
25329	전남 순천시	송광면주민복지센터운영관리	26,000	1	1	7	1	7	5	1	4
25330	전남 순천시	정보화마을프로그램관리자인부임	25,419	1	6	7	8	7	5	5	4
25331	전남 순천시	한국의갯벌가치확산및인식증진사업	25,000	1	7	7	8	7	5	5	4
25332	전남 순천시	귀농산어촌어울림마을조성사업	25,000	1	4	7	8	7	1	1	4
25333	전남 순천시	승주읍선암사길꽃길조성	25,000	1	1	7	1	7	5	1	4
25334	전남 순천시	전남쌀평생고객확보택배비지원	24,780	1	7	7	8	7	1	1	4
25335	전남 순천시	상사면각종단체행사등지원	23,192	1	1	7	1	7	5	1	4
25336	전남 순천시	송광면주암댐실버대학운영지원	20,500	1	1	7	1	7	5	1	4
25337	전남 순천시	여순사건청년서포터즈양성	20,000	1	1	7	8	7	5	5	4
25338	전남 순천시	유족의삶이야기제작	20,000	1	1	7	8	7	5	5	4
25339	전남 순천시	농공단지맞춤형특화지원(중소기업경쟁력강화)	20,000	1	1	7	8	7	5	5	4
25340	전남 순천시	한국의갯벌이동식전시홍보콘텐츠운영	20,000	1	2	7	8	7	2	2	3
25341	전남 순천시	2024전라남도장애인생활체육대회출전	20,000	1	7	7	8	7	5	5	4
25342	전남 순천시	해달맞이생활체육교실운영	20,000	1	1	7	8	7	1	1	4
25343	전남 순천시	각종체육대회출전비지원	20,000	1	7	7	7	7	1	1	4
25344	전남 순천시	학교매실가공품지원	20,000	1	7	7	7	7	1	1	4
25345	전남 순천시	공공비축미곡톤백포장재지원	20,000	1	1	7	8	7	1	1	4
25346	전남 순천시	우수식재료소비확대기반조성사업	20,000	1	7	7	8	7	1	1	4
25347	전남 순천시	농산물수출물류비대체사업	20,000	1	2	7	8	7	1	1	2
25348	전남 순천시	상사면이주민의날행사지원	20,000	1	6	7	8	7	5	5	4
25349	전남 순천시	송광농산물포장재구입(감자외)	20,000	1	1	7	1	7	5	1	4
25350	전남 순천시	송광농산물포장재구입(매실외)	20,000	1	1	7	1	7	5	1	4
25351	전남 순천시	송광농산물포장재구입(단감외)	20,000	1	1	7	1	7	5	1	4
25352	전남 순천시	농산물온라인판매확대지원	19,200	1	7	7	8	7	1	1	4
25353	전남 순천시	전라남도사회혁신공모사업	19,000	1	6	7	8	7	5	5	4
25354	전남 순천시	송광면종합체육관운영관리	19,000	1	1	7	1	7	5	1	4
25355	전남 순천시	낙안면주민지원사업추진위원회운영및행사지원	18,530	1	1	7	1	7	5	1	4
25356	전남 순천시	제19회전라남도어르신생활체육대회출전	18,000	1	1	7	8	7	1	1	4

순번	시군구	지출명 (사업명)	2024년예산 (단위 : 천원 /1년간)	민간이전 분류 (지방자치단체 세출예산 집행기준에 의거) 1. 민간경상사업보조(307-02) 2. 민간단체 법정운영비보조(307-03) 3. 민간행사사업보조(307-04) 4. 민간위탁금(307-05) 5. 사회복지시설 법정운영비보조(307-10) 6. 민간인위탁교육비(307-12) 7. 공기관등에대한경상적위탁사업비(308-13) 8. 민간자본사업보조,자체재원(402-01) 9. 민간자본사업보조,이전재원(402-02) 10. 민간위탁사업비(402-03) 11. 공기관등에 대한 자본적 위탁사업비(403-02)	민간이전지출 근거 (지방보조금 관리기준 참고) 1. 법률에 규정 2. 국고보조 재원(국가지정) 3. 용도 지정 기부금 4. 조례에 직접규정 5. 지자체가 권장하는 사업을 하는 공공기관 6. 시,도 정책 및 재정사정 7. 기타 8. 해당없음	입찰방식			운영예산 산정		성과평가 실시여부
						계약체결방법 (경쟁형태) 1. 일반경쟁 2. 제한경쟁 3. 지명경쟁 4. 수의계약 5. 법정위탁 6. 기타 ( ) 7. 없음	계약기간 1. 1년 2. 2년 3. 3년 4. 4년 5. 5년 6. 기타 ( )년 7. 단기계약 (1년미만) 8. 없음	낙찰자선정방법 1. 적격심사 2. 협상에의한계약 3. 최저가낙찰제 4. 규격가격분리 5. 2단계 경쟁입찰 6. 기타 ( ) 7. 없음	운영예산 산정 1. 내부산정 (지자체 자체적으로 산정) 2. 외부산정 (외부전문기관위탁 산정) 3. 내·외부 모두 산정 4. 산정 無 5. 없음	정산방법 1. 내부정산 (지자체 내부적으로 정산) 2. 외부정산 (외부전문기관위탁 정산) 3. 내·외부 모두 산정 4. 정산 無 5. 없음	1. 실시 2. 미실시 3. 향후 추진 4. 해당없음
25357	전남 순천시	돼지증체율향상지원사업	18,000	1	6	7	8	7	5	1	4
25358	전남 순천시	닭증체율향상지원사업	17,500	1	6	7	8	7	5	1	4
25359	전남 순천시	제15회전국체육대회출전선수단지원	16,000	1	1	7	8	7	1	1	4
25360	전남 순천시	다문화가족안정적정착지원	16,000	1	1	7	8	7	1	1	1
25361	전남 순천시	농촌유학지원사업	16,000	1	2	7	8	7	1	1	4
25362	전남 순천시	자원순환활동지원	16,000	1	4	7	8	7	1	1	1
25363	전남 순천시	순천시의용소방대기술경연대회	15,000	1	1,4	7	8	7	1	1	4
25364	전남 순천시	로컬푸드직거래장터운영지원사업	15,000	1	4	7	8	7	1	1	2
25365	전남 순천시	자원순환마을만들기	15,000	1	4	7	8	7	1	1	1
25366	전남 순천시	승주읍댐주변자연정화활동	15,000	1	1	7	1	7	5	1	4
25367	전남 순천시	향교춘추기석전대제	14,000	1	4	7	8	7	5	5	4
25368	전남 순천시	여성친화도시조성	14,000	1	4	7	8	7	1	1	1
25369	전남 순천시	농촌공동아이돌봄센터운영지원	13,700	1	2	7	8	7	5	1	4
25370	전남 순천시	어선재해보험료지원사업	13,670	1	1	7	8	7	5	5	4
25371	전남 순천시	어르신생활체육지도자처우개선지원사업	13,200	1	2	7	7	7	1	1	4
25372	전남 순천시	마을기업육성(전남형예비)	12,000	1	6	6	1	6	3	3	1
25373	전남 순천시	양성평등실현	12,000	1	4	7	8	7	1	1	1
25374	전남 순천시	여성농업인능력개발(여성농업인공감소통프로그램지원사업)	12,000	1	1	7	8	7	1	1	4
25375	전남 순천시	승주읍선암사감나무길친환경병충해방제	12,000	1	1	7	1	7	5	1	4
25376	전남 순천시	승주읍선암사감나무길친환경거름주기	12,000	1	1	7	1	7	5	1	4
25377	전남 순천시	승주읍김장김치나눔행사지원	12,000	1	1	7	1	7	5	1	4
25378	전남 순천시	희망두드림캠프운영	11,800	1	5	1	7	7	1	1	4
25379	전남 순천시	시장경영바우처지원	11,000	1	6	7	8	7	1	1	1
25380	전남 순천시	시장경영바우처지원	11,000	1	6	7	8	7	1	1	1
25381	전남 순천시	모범근로자선진지견학	11,000	1	4	6	1	6	3	3	1
25382	전남 순천시	사회적경제기업고도화지원	10,800	1	6	6	6	6	3	3	1
25383	전남 순천시	일반생활체육지도자처우개선지원사업	10,800	1	2	7	7	7	1	1	4
25384	전남 순천시	오리증체율향상지원사업	10,500	1	6	7	8	7	5	1	4
25385	전남 순천시	여순1.19유족다크투어	10,000	1	1	7	8	7	5	5	4
25386	전남 순천시	5.18민주화운동기념사업	10,000	1	1	7	8	7	5	5	4
25387	전남 순천시	순천웃장국밥데이행사	10,000	1	4	7	8	7	1	1	1
25388	전남 순천시	향교기로연재현	10,000	1	4	7	8	7	5	5	4
25389	전남 순천시	충무공이순신장군제향	10,000	1	4	7	8	7	5	5	4
25390	전남 순천시	청소년성교육강사양성	10,000	1	4	1	3	1	1	1	1
25391	전남 순천시	제3회4개시군생활체육교류전출전지원	10,000	1	1	7	8	7	1	1	4
25392	전남 순천시	남해안남중권9개시군생활체육교류대회	10,000	1	1	7	8	7	1	1	4
25393	전남 순천시	대표먹거리홍보포장지제작지원	10,000	1	6	7	8	7	1	1	4
25394	전남 순천시	승주읍주민지원사업추진위원회운영비	10,000	1	1	7	1	7	5	1	4
25395	전남 순천시	승주읍선암사길유실수및수국관리	10,000	1	1	7	1	7	5	1	4
25396	전남 순천시	주암면각종단체행사등지원	10,000	1	1	7	1	7	5	1	4

순번	시군구	지출명 (사업명)	2024년예산 (단위 : 천원 /1년간)	민간이전 분류 (지방자치단체 세출예산 집행기준에 의거) 1. 민간경상사업보조(307-02) 2. 민간단체 법정운영비보조(307-03) 3. 민간행사사업보조(307-04) 4. 민간위탁금(307-05) 5. 사회복지시설 법정운영비보조(307-10) 6. 민간인위탁교육비(307-12) 7. 공기관등에대한경상적위탁사업비(308-13) 8. 민간자본사업보조,자체재원(402-01) 9. 민간자본사업보조,이전재원(402-02) 10. 민간위탁사업비(402-03) 11. 공기관등에 대한 자본적 위탁사업비(403-02)	민간이전지출 근거 (지방보조금 관리기준 참고) 1. 법률에 규정 2. 국고보조 재원(국가지정) 3. 용도 지정 기부금 4. 조례에 직접규정 5. 지자체가 권장하는 사업을 하는 공공기관 6. 시,도 정책 및 재정사정 7. 기타 8. 해당없음	입찰방식 계약체결방법 (경쟁형태) 1. 일반경쟁 2. 제한경쟁 3. 지명경쟁 4. 수의계약 5. 법정위탁 6. 기타 ( ) 7. 없음	입찰방식 계약기간 1. 1년 2. 2년 3. 3년 4. 4년 5. 5년 6. 기타 ( )년 7. 단기계약 (1년미만) 8. 없음	입찰방식 낙찰자선정방법 1. 적격심사 2. 협상에의한계약 3. 최저가낙찰제 4. 규격가격분리 5. 2단계 경쟁입찰 6. 기타 ( ) 7. 없음	운영예산 산정 운영예산 산정 1. 내부산정 (지자체 자체적으로 산정) 2. 외부산정 (외부전문기관위탁 산정) 3. 내·외부 모두 산정 4. 산정 無 5. 없음	운영예산 산정 정산방법 1. 내부정산 (지자체 내부적으로 정산) 2. 외부정산 (외부전문기관위탁 정산) 3. 내·외부 모두 산정 4. 정산 無 5. 없음	성과평가 실시여부 1. 실시 2. 미실시 3. 향후 추진 4. 해당없음
25397	전남 순천시	주암면주민지원사업위원회운영비	10,000	1	1	7	1	7	5	1	4
25398	전남 순천시	송광면마을진입로풀베기사업	10,000	1	1	7	1	7	5	1	4
25399	전남 순천시	송광면체육공원풀베기사업	10,000	1	1	7	1	7	5	1	4
25400	전남 순천시	송광면읍면동체육대회행사지원	10,000	1	1	7	1	7	5	1	4
25401	전남 순천시	송광면농산물포장재구입	10,000	1	1	7	1	7	5	1	4
25402	전남 순천시	송광면두릅작목반소득증대사업	10,000	1	1	7	1	7	5	1	4
25403	전남 순천시	송광면전통식품가공유통지원사업	10,000	1	1	7	1	7	5	1	4
25404	전남 순천시	상사면주민지원사업추진위원회운영비	10,000	1	1	7	1	7	5	1	4
25405	전남 순천시	상사면시민의날및면민의날등행사지원	10,000	1	1	7	1	7	5	1	4
25406	전남 순천시	상사면수변구역내공공요금등지원	10,000	1	1	7	1	7	5	1	4
25407	전남 순천시	어선원보험료지원사업	10,000	1	1	7	8	7	5	5	4
25408	전남 순천시	도지사품질인증제품자가품질검사비지원	9,450	1	7	7	8	7	1	1	2
25409	전남 순천시	대한적십자사순천지구협의회지원	9,000	1	4	7	8	7	5	5	4
25410	전남 순천시	2024장애인체육우수선수훈련비지원	9,000	1	1	7	8	7	1	1	4
25411	전남 순천시	송광마을유지관리비(후곡마을등8개마을)	8,662	1	1	7	1	7	5	1	4
25412	전남 순천시	청년어촌정착지원사업	8,532	1	2	7	8	7	5	5	4
25413	전남 순천시	5.18부상자회기념사업	8,500	1	1	7	8	7	5	5	4
25414	전남 순천시	우수여왕벌보급사업	8,160	1	6	7	8	7	5	1	4
25415	전남 순천시	제53회전국소년체육대회출전선수단지원	8,000	1	1	7	8	7	1	1	4
25416	전남 순천시	송광시외버스터미널운영지원	8,000	1	5	7	8	7	1	1	4
25417	전남 순천시	청년농업인연구동아리지원	8,000	1	6	7	8	7	1	1	3
25418	전남 순천시	향교서예교실운영	7,200	1	4	7	8	7	5	5	4
25419	전남 순천시	장애인생활체육지도자처우개선지원사업	7,200	1	2	7	8	7	1	1	4
25420	전남 순천시	주암면장촌관리실유지관리	7,200	1	1	7	1	7	5	1	4
25421	전남 순천시	귀농인모임체사랑방운영지원	7,000	1	4	7	8	7	1	1	4
25422	전남 순천시	송광면생강작목반소득증대사업	7,000	1	1	7	1	7	5	1	4
25423	전남 순천시	송광면표고작목반소득증대사업	7,000	1	1	7	1	7	5	1	4
25424	전남 순천시	송광면배추작목반소득증대사업	7,000	1	1	7	1	7	5	1	4
25425	전남 순천시	송광면매실작목반소득증대사업	7,000	1	1	7	1	7	5	1	4
25426	전남 순천시	송광면콩작목반소득증대사업	7,000	1	1	7	1	7	5	1	4
25427	전남 순천시	송광면감자작목반소득증대사업	7,000	1	1	7	1	7	5	1	4
25428	전남 순천시	상사면주민지원사업추진위원회등선진지견학지원	7,000	1	1	7	1	7	5	1	4
25429	전남 순천시	순천시행정동우회사업지원	6,000	1	4	7	8	7	5	1	4
25430	전남 순천시	향교사직단제향	6,000	1	4	7	8	7	5	5	4
25431	전남 순천시	송광면참취작목반소득증대사업	6,000	1	1	7	1	7	5	1	4
25432	전남 순천시	송광면옥수수작목반소득증대사업	6,000	1	1	7	1	7	5	1	4
25433	전남 순천시	송광면고추작목반소득증대사업	6,000	1	1	7	1	7	5	1	4
25434	전남 순천시	소비자보호및권익증진사업	5,000	1	4	7	8	7	1	1	1
25435	전남 순천시	유네스코생물권보전지역관리지원	5,000	1	4	6	7	6	1	1	3
25436	전남 순천시	저소득청소년리더십캠프운영	5,000	1	4	1	7	7	1	1	1

순번	시군구	지출명 (사업명)	2024년예산 (단위 : 천원 /1년간)	민간이전 분류 (지방자치단체 세출예산 집행기준에 의거) 1. 민간경상사업보조(307-02) 2. 민간단체 법정운영비보조(307-03) 3. 민간행사사업보조(307-04) 4. 민간위탁금(307-05) 5. 사회복지시설 법정운영비보조(307-10) 6. 민간인위탁교육비(307-12) 7. 공기관등에대한경상적위탁사업비(308-13) 8. 민간자본사업보조,자체재원(402-01) 9. 민간자본사업보조,이전재원(402-02) 10. 민간위탁사업비(402-03) 11. 공기관등에 대한 자본적 위탁사업비(403-02)	민간이전지출 근거 (지방보조금 관리기준 참고) 1. 법률에 규정 2. 국고보조 재원(국가지정) 3. 용도 지정 기부금 4. 조례에 직접규정 5. 지자체가 권장하는 사업을 하는 공공기관 6. 시,도 정책 및 재정사정 7. 기타 8. 해당없음	입찰방식			운영예산 산정		성과평가 실시여부
						계약체결방법 (경쟁형태) 1. 일반경쟁 2. 제한경쟁 3. 지명경쟁 4. 수의계약 5. 법정위탁 6. 기타 ( ) 7. 없음	계약기간 1. 1년 2. 2년 3. 3년 4. 4년 5. 5년 6. 기타 ( )년 7. 단기계약 (1년미만) 8. 없음	낙찰자선정방법 1. 적격심사 2. 협상에의한계약 3. 최저가낙찰제 4. 규격가격분리 5. 2단계 경쟁입찰 6. 기타 ( ) 7. 없음	운영예산 산정 1. 내부산정 (지자체 자체적으로 산정) 2. 외부산정 (외부전문기관위탁 산정) 3. 내·외부 모두 산정 4. 산정 無 5. 없음	정산방법 1. 내부정산 (지자체 내부적으로 정산) 2. 외부정산 (외부전문기관위탁 정산) 3. 내·외부 모두 산정 4. 정산 無 5. 없음	1. 실시 2. 미실시 3. 향후 추진 4. 해당없음
25437	전남 순천시	전지훈련유치지원	5,000	1	6	7	7	7	1	1	4
25438	전남 순천시	한센양로자의료비지원	5,000	1	6	5	1	2	2	2	1
25439	전남 순천시	승주읍주민지원사업추진위원회선진지견학	5,000	1	1	7	1	7	5	1	4
25440	전남 순천시	주암면읍면동체육대회행사지원	5,000	1	1	7	1	7	5	1	4
25441	전남 순천시	주암면주암댐주변주민선진지견학	5,000	1	1	7	1	7	5	1	4
25442	전남 순천시	송광면고동산철쭉가꾸기사업	5,000	1	1	7	1	7	5	1	4
25443	전남 순천시	송광면고동산철쭉제지원	5,000	1	1	7	1	7	5	1	4
25444	전남 순천시	송광면친환경유기농연구회소득증대사업	5,000	1	1	7	1	7	5	1	4
25445	전남 순천시	송광면양봉작목반소득증대사업	5,000	1	1	7	1	7	5	1	4
25446	전남 순천시	장년층인생이모작지원사업	4,900	1	6	7	8	7	1	1	1
25447	전남 순천시	선진교통문화정착질서유지지도활동	4,800	1	4	7	8	7	1	1	1
25448	전남 순천시	FTA사업계획수립및관리비지급	4,393	1	1	6	1	6	1	1	1
25449	전남 순천시	순천건설기계연합회근로자의날기념행사	4,000	1	4	6	1	6	3	3	1
25450	전남 순천시	향교성년례운영	4,000	1	4	7	7	7	1	1	4
25451	전남 순천시	독서진흥행사및프로그램	4,000	1	6	7	8	7	5	5	4
25452	전남 순천시	시민독서경진대회	4,000	1	6	7	8	7	5	5	4
25453	전남 순천시	외서면주민지원사업추진위원회운영비	4,000	1	1	7	1	7	5	1	4
25454	전남 순천시	승주읍로터리단풍나무이식식재	4,000	1	1	7	1	7	5	1	4
25455	전남 순천시	평통청소년통일현장체험	3,700	1	4	7	8	7	5	5	4
25456	전남 순천시	송광면추억의전시관운영관리	3,500	1	1	7	1	7	5	1	4
25457	전남 순천시	낙안면댐주변지역간이상수도물탱크유지관리	3,200	1	1	7	1	7	5	1	4
25458	전남 순천시	승주읍관내환경정비등	3,050	1	1	7	1	7	5	1	4
25459	전남 순천시	순천건설근로자지역연합회근로자의날기념행사	3,000	1	4	6	1	6	3	3	1
25460	전남 순천시	주암면사랑나눔복지회관유지관리	3,000	1	1	7	1	7	5	1	4
25461	전남 순천시	송광면채소작목반소득증대사업	3,000	1	1	7	1	7	5	1	4
25462	전남 순천시	상사면노동마을황토방연료비및전기요금등지원	3,000	1	1	7	1	7	5	1	4
25463	전남 순천시	상사면미곡마을진입로도로변환경정비	3,000	1	1	7	1	7	5	1	4
25464	전남 순천시	상사면용계마을진입로도로변환경정비	3,000	1	1	7	1	7	5	1	4
25465	전남 순천시	상사면구계마을진입로도로변환경정비	3,000	1	1	7	1	7	5	1	4
25466	전남 순천시	승주죽림마을경로당운영비지원	3,000	1	1	7	1	7	5	1	4
25467	전남 순천시	외서취약계층및경로당'사랑의김장나눔사업'운영	3,000	1	1	7	1	7	5	1	4
25468	전남 순천시	여성단체역량강화및사회참여확대	2,600	1	4	7	8	7	1	1	1
25469	전남 순천시	6.25참전용사기념탑정화및관리	2,515	1	1	7	8	7	5	5	4
25470	전남 순천시	의료관련감염표본감시	2,160	1	1,2	3	1	1	3	1	1
25471	전남 순천시	의료관련감염표본감시	2,160	1	1,2	3	1	1	3	1	1
25472	전남 순천시	의료관련감염표본감시	2,160	1	1,2	3	1	1	3	1	1
25473	전남 순천시	수중정화및환경보호	2,025	1	1	7	8	7	5	5	4
25474	전남 순천시	북한이탈주민나라사랑안보교육	2,000	1	4	7	8	7	1	1	1
25475	전남 순천시	제44회전국장애인체육대회출전선수지원	2,000	1	1	7	8	7	1	1	4
25476	전남 순천시	승주신전마을경로당운영비지원	2,000	1	1	7	1	7	5	1	4

순번	시군구	지출명 (사업명)	2024년예산 (단위 : 천원 /1년간)	민간이전 분류 (지방자치단체 세출예산 집행기준에 의거) 1. 민간경상사업보조(307-02) 2. 민간단체 법정운영비보조(307-03) 3. 민간행사사업보조(307-04) 4. 민간위탁금(307-05) 5. 사회복지시설 법정운영비보조(307-10) 6. 민간인위탁교육비(307-12) 7. 공기관등에대한경상적위탁사업비(308-13) 8. 민간자본사업보조,자체재원(402-01) 9. 민간자본사업보조,이전재원(402-02) 10. 민간위탁사업비(402-03) 11. 공기관등에 대한 자본적 위탁사업비(403-02)	민간이전지출 근거 (지방보조금 관리기준 참고) 1. 법률에 규정 2. 국고보조 재원(국가지정) 3. 용도 지정 기부금 4. 조례에 직접규정 5. 지자체가 권장하는 사업을 하는 공공기관 6. 시,도 정책 및 재정사정 7. 기타 8. 해당없음	입찰방식: 계약체결방법 (경쟁형태) 1. 일반경쟁 2. 제한경쟁 3. 지명경쟁 4. 수의계약 5. 법정위탁 6. 기타 ( ) 7. 없음	입찰방식: 계약기간 1. 1년 2. 2년 3. 3년 4. 4년 5. 5년 6. 기타 ( )년 7. 단기계약 (1년미만) 8. 없음	입찰방식: 낙찰자선정방법 1. 적격심사 2. 협상에의한계약 3. 최저가낙찰제 4. 규격가격분리 5. 2단계 경쟁입찰 6. 기타 ( ) 7. 없음	운영예산 산정: 운영예산 산정 1. 내부산정 (지자체 자체적으로 산정) 2. 외부산정 (외부전문기관위탁 산정) 3. 내·외부 모두 산정 4. 산정 無 5. 없음	운영예산 산정: 정산방법 1. 내부정산 (지자체 내부적으로 정산) 2. 외부정산 (외부전문기관위탁 정산) 3. 내·외부 모두 산정 4. 정산 無 5. 없음	성과평가 실시여부 1. 실시 2. 미실시 3. 향후 추진 4. 해당없음
25477	전남 순천시	승주송전마을경로당운영비지원	2,000	1	1	7	1	7	5	1	4
25478	전남 순천시	외서저소득층'반찬나눔사업'운영	2,000	1	1	7	1	7	5	1	4
25479	전남 순천시	체험마을리더교육지원(농촌체험휴양마을운영자역량교육지원)	1,920	1	2	7	8	7	1	1	4
25480	전남 순천시	어르신생활체육지도자활동보험료	1,804	1	2	7	7	7	1	1	4
25481	전남 순천시	청소년유해환경감시단운영	1,600	1	2	7	8	7	1	1	4
25482	전남 순천시	민주평통경남진주시협의회자매결연교류행사	1,500	1	4	7	8	7	5	5	4
25483	전남 순천시	일반생활체육지도자지도활동보험료	1,476	1	2	7	7	7	1	1	4
25484	전남 순천시	상사면서정마을입구환경정비	1,000	1	1	7	1	7	5	1	4
25485	전남 순천시	상사면쌍지마을마을회관주변환경정비	1,000	1	1	7	1	7	5	1	4
25486	전남 순천시	승주사현마을경로당운영비지원	1,000	1	1	7	1	7	5	1	4
25487	전남 나주시	구제역백신지원	981,000	1	2	7	8	7	1	1	4
25488	전남 나주시	청년창업농영농정착지원사업	894,275	1	1	7	8	7	5	5	4
25489	전남 나주시	축산악취저감제공급사업	869,000	1	1	7	8	7	1	1	4
25490	전남 나주시	혁신융합캠퍼스구축사업	506,000	1	2	7	8	7	5	5	4
25491	전남 나주시	가축분뇨퇴액비자원화지원사업	426,060	1	1	7	8	7	1	1	4
25492	전남 나주시	문화재야행사업	330,000	1	2	7	1	7	5	1	4
25493	전남 나주시	가금류칼슘첨가제지원	260,160	1	1	7	8	7	1	1	4
25494	전남 나주시	새일센터지정운영	250,890	1	2	7	8	7	2	1	1
25495	전남 나주시	전통산사활용사업	240,000	1	2	7	1	7	5	1	4
25496	전남 나주시	돼지써코바이러스예방백신지원	228,000	1	2	7	8	7	1	1	4
25497	전남 나주시	가축분뇨이용촉진지원사업	226,000	1	2	7	8	7	1	1	4
25498	전남 나주시	문화예술사업지원	217,780	1	4	7	8	7	1	1	1
25499	전남 나주시	가축분뇨퇴비부숙용톱밥지원사업	207,000	1	1	7	8	7	1	1	4
25500	전남 나주시	공동방제단운영(인건비)	204,134	1	2	7	8	7	1	1	4
25501	전남 나주시	향교서원문화재활용사업	200,000	1	2	7	1	7	5	1	4
25502	전남 나주시	축산물이력관리지원	186,720	1	2	7	8	7	1	1	4
25503	전남 나주시	공동방제단운영(운영비)	166,579	1	2	7	8	7	1	1	4
25504	전남 나주시	오리증체율향상지원사업	164,500	1	1	7	8	7	1	1	4
25505	전남 나주시	새일여성인턴연계	152,000	1	2	7	8	7	2	1	1
25506	전남 나주시	축산물수출기업경쟁력강화지원사업	150,000	1	6	7	8	7	1	1	4
25507	전남 나주시	이동식놀이교실운영	143,500	1	1	7	8	7	5	5	4
25508	전남 나주시	여성농업인센터운영지원	140,000	1	4	7	8	7	5	5	4
25509	전남 나주시	젖소분뇨발효촉진지원사업	122,500	1	1	7	8	7	1	1	4
25510	전남 나주시	가금농가질병관리지원	120,000	1	2	7	8	7	1	1	4
25511	전남 나주시	닭증체율향상지원사업	115,500	1	1	7	8	7	1	1	4
25512	전남 나주시	나주문화원사업지원	100,000	1	1	7	8	7	1	1	1
25513	전남 나주시	한우개량인공수정지원사업	100,000	1	1	7	8	7	1	1	4
25514	전남 나주시	닭진드기공동방제지원	99,200	1	2	7	8	7	1	1	4
25515	전남 나주시	직업교육훈련	94,000	1	2	7	8	7	2	1	1
25516	전남 나주시	작은도서관운영지원	80,000	1	4	7	8	7	5	5	4

순번	시군구	지출명 (사업명)	2024년예산 (단위 : 천원 /1년간)	민간이전 분류 (지방자치단체 세출예산 집행기준에 의거) 1. 민간경상사업보조(307-02) 2. 민간단체 법정운영비보조(307-03) 3. 민간행사사업보조(307-04) 4. 민간위탁금(307-05) 5. 사회복지시설 법정운영비보조(307-10) 6. 민간인위탁교육비(307-12) 7. 공기관등에대한경상적위탁사업비(308-13) 8. 민간자본사업보조,자체재원(402-01) 9. 민간자본사업보조,이전재원(402-02) 10. 민간위탁사업비(402-03) 11. 공기관등에 대한 자본적 위탁사업비(403-02)	민간이전지출 근거 (지방보조금 관리기준 참고) 1. 법률에 규정 2. 국고보조 재원(국가지정) 3. 용도 지정 기부금 4. 조례에 직접규정 5. 지자체가 권장하는 사업을 하는 공공기관 6. 시,도 정책 및 재정사정 7. 기타 8. 해당없음	입찰방식 계약체결방법 (경쟁형태) 1. 일반경쟁 2. 제한경쟁 3. 지명경쟁 4. 수의계약 5. 법정위탁 6. 기타 ( ) 7. 없음	입찰방식 계약기간 1. 1년 2. 2년 3. 3년 4. 4년 5. 5년 6. 기타 ( )년 7. 단기계약 (1년미만) 8. 없음	입찰방식 낙찰자선정방법 1. 적격심사 2. 협상에의한계약 3. 최저가낙찰제 4. 규격가격분리 5. 2단계 경쟁입찰 6. 기타 ( ) 7. 없음	운영예산 산정 운영예산 산정 1. 내부산정 (지자체 자체적으로 산정) 2. 외부산정 (외부전문기관위탁 산정) 3. 내·외부 모두 산정 4. 산정 無 5. 없음	운영예산 산정 정산방법 1. 내부정산 (지자체 내부적으로 정산) 2. 외부정산 (외부전문기관위탁 정산) 3. 내·외부 모두 산정 4. 정산 無 5. 없음	성과평가 실시여부 1. 실시 2. 미실시 3. 향후 추진 4. 해당없음
25517	전남 나주시	장애인평생학습프로그램운영지원	80,000	1	4	7	8	7	5	5	4
25518	전남 나주시	닭진드기친환경구제사업	72,500	1	1	7	8	7	1	1	4
25519	전남 나주시	청년농업인스타트업지원사업	72,000	1	6	7	8	7	5	5	4
25520	전남 나주시	한우증체율향상지원사업	63,000	1	1	7	8	7	1	1	4
25521	전남 나주시	장애인단체행사지원	62,568	1	1	7	8	7	5	5	4
25522	전남 나주시	양돈생산성향상지원	60,620	1	6	7	8	7	1	1	4
25523	전남 나주시	축산도우미운영	60,000	1	1	7	8	7	1	1	4
25524	전남 나주시	학생승마체험지원사업	57,376	1	2	7	8	7	1	1	4
25525	전남 나주시	생생문화재사업(읍성권외)	55,000	1	2	7	1	7	5	1	4
25526	전남 나주시	생생문화재사업(미천서원)	50,000	1	2	7	1	7	5	1	4
25527	전남 나주시	여성일자리박람회지원	50,000	1	6	7	8	7	2	1	1
25528	전남 나주시	경력채움인턴십지원사업	49,500	1	6	7	8	7	2	1	1
25529	전남 나주시	지역문화유산교육사업	44,000	1	2	7	1	7	5	1	4
25530	전남 나주시	낙농환경(질병)개선지원사업	43,400	1	6	7	8	7	1	1	4
25531	전남 나주시	친환경천적이용해충구제사업	41,088	1	1	7	8	7	1	1	4
25532	전남 나주시	축산물HACCP컨설팅	40,600	1	2	7	8	7	1	1	4
25533	전남 나주시	돼지생산비절감용사료효율개선제지원사업	39,000	1	6	7	8	7	1	1	4
25534	전남 나주시	경로당순회프로그램운영	38,504	1	2	7	8	7	1	1	4
25535	전남 나주시	한우송아지폐사예방지원	37,500	1	6	7	8	7	1	1	4
25536	전남 나주시	행복학습센터운영지원	36,000	1	4	7	8	7	5	5	4
25537	전남 나주시	평생학습우수프로그램지원	35,500	1	4	7	8	7	5	5	4
25538	전남 나주시	나주읍성인력거투어	35,000	1	7	7	8	7	5	5	4
25539	전남 나주시	한우등록지원	34,020	1	1	7	8	7	1	1	4
25540	전남 나주시	축사지붕열차단재도포사업	33,600	1	1	7	8	7	1	1	4
25541	전남 나주시	공영텃밭운영	30,000	1	4	7	8	7	5	5	4
25542	전남 나주시	농촌공동아이돌봄센터운영	27,400	1	1	7	8	7	5	5	4
25543	전남 나주시	환경단체운영	25,260	1	7	7	8	7	5	5	4
25544	전남 나주시	새일센터종사자처우개선비	22,080	1	6	7	8	7	2	1	1
25545	전남 나주시	새일센터종사자활동비지원	20,160	1	6	7	8	7	2	1	1
25546	전남 나주시	반남마한유적보존회기념책자발간	20,000	1	4	7	8	7	1	1	4
25547	전남 나주시	도시경제조직지원	20,000	1	1	7	8	7	5	5	4
25548	전남 나주시	마을관리사회적협동조합초기정착지원금	20,000	1	1	7	8	7	5	5	4
25549	전남 나주시	농기계기술지원	20,000	1	4	7	8	7	5	5	4
25550	전남 나주시	젖소개량지원사업	18,000	1	6	7	8	7	1	1	4
25551	전남 나주시	사슴인공수정지원	17,808	1	1	7	8	7	1	1	4
25552	전남 나주시	염색장전수교육관활성화사업(정관채)	17,500	1	2	7	3	7	5	1	4
25553	전남 나주시	여성단체지원	15,550	1	4	7	8	7	1	1	1
25554	전남 나주시	나주반전수교육관활성화사업	12,500	1	2	7	3	7	5	1	4
25555	전남 나주시	돼지소모성질환지도지원사업	12,000	1	2	7	8	7	1	1	4
25556	전남 나주시	염소생산성향상지원사업	11,500	1	1	7	8	7	1	1	4

순번	시군구	지출명 (사업명)	2024년예산 (단위 : 천원 /1년간)	민간이전 분류 (지방자치단체 세출예산 집행기준에 의거) 1. 민간경상사업보조(307-02) 2. 민간단체 법정운영비보조(307-03) 3. 민간행사사업보조(307-04) 4. 민간위탁금(307-05) 5. 사회복지시설 법정운영비보조(307-10) 6. 민간인위탁교육비(307-12) 7. 공기관등에대한경상적위탁사업비(308-13) 8. 민간자본사업보조,자체재원(402-01) 9. 민간자본사업보조,이전재원(402-02) 10. 민간위탁사업비(402-03) 11. 공기관등에 대한 자본적 위탁사업비(403-02)	민간이전지출 근거 (지방보조금 관리기준 참고) 1. 법률에 규정 2. 국고보조 재원(국가지정) 3. 용도 지정 기부금 4. 조례에 직접규정 5. 지자체가 권장하는 사업을 하는 공공기관 6. 시,도 정책 및 재정사정 7. 기타 8. 해당없음	입찰방식 계약체결방법 (경쟁형태) 1. 일반경쟁 2. 제한경쟁 3. 지명경쟁 4. 수의계약 5. 법정위탁 6. 기타 ( ) 7. 없음	입찰방식 계약기간 1. 1년 2. 2년 3. 3년 4. 4년 5. 5년 6. 기타 ( )년 7. 단기계약 (1년미만) 8. 없음	입찰방식 낙찰자선정방법 1. 적격심사 2. 협상에의한계약 3. 최저가낙찰제 4. 규격가격분리 5. 2단계 경쟁입찰 6. 기타 ( ) 7. 없음	운영예산 산정 운영예산 산정 1. 내부산정 (지자체 자체적으로 산정) 2. 외부산정 (외부전문기관위탁 산정) 3. 내·외부 모두 산정 4. 산정 無 5. 없음	운영예산 산정 정산방법 1. 내부정산 (지자체 내부적으로 정산) 2. 외부정산 (외부전문기관위탁 정산) 3. 내·외부 모두 산정 4. 정산 無 5. 없음	성과평가 실시여부 1. 실시 2. 미실시 3. 향후 추진 4. 해당없음
25557	전남 나주시	농촌지도자나주시연합회회원역량강화교육	11,000	1	1	7	8	7	5	5	4
25558	전남 나주시	한국농업경영인전국대회참가,선진지견학,워크숍개최,전국으뜸농산물한마당참가	11,000	1	1	7	8	7	5	5	4
25559	전남 나주시	농산물직거래확대팜파티마케팅지원사업	10,000	1	6	7	8	7	5	5	4
25560	전남 나주시	여성친화도시조성사업	10,000	1	4	7	8	7	1	1	1
25561	전남 나주시	발달장애인사회참여프로그램(자조모임)	10,000	1	6	7	8	7	5	5	4
25562	전남 나주시	다자녀행복카드가맹점카드수수료감면지원	9,720	1	6	7	8	7	1	1	4
25563	전남 나주시	장애인수어교실	7,800	1	1	7	8	7	5	5	4
25564	전남 나주시	곤충사료첨가제지원	7,700	1	1	7	8	7	1	1	4
25565	전남 나주시	교통사고예방및교통질서캠페인전개	5,994	1	4	7	8	7	1	1	1
25566	전남 나주시	한국여성농업인전남대회참가및역량강화워크숍	5,950	1	1	7	8	7	5	5	4
25567	전남 나주시	자원봉사생활화운동전개	5,000	1	6	7	8	7	1	1	1
25568	전남 나주시	4H본부현장교육및역량강화워크숍	3,500	1	1	7	8	7	5	5	4
25569	전남 나주시	생활개선회원역량강화교육	3,500	1	1	7	8	7	5	5	4
25570	전남 나주시	사회복지시설운영관리	3,000	1	5	7	8	7	5	5	4
25571	전남 나주시	장애인부모회지원	2,800	1	1	7	8	7	5	5	4
25572	전남 나주시	노인교통안전봉사활동	2,187	1	4	7	8	7	1	1	1
25573	전남 나주시	지역교통안전봉사및지원봉사활동	1,215	1	4	7	8	7	1	1	1
25574	전남 나주시	동산리당산제거행	700	1	7	7	8	7	1	1	4
25575	전남 나주시	제장당산제거행	700	1	7	7	8	7	1	1	4
25576	전남 나주시	중포리당산제거행	700	1	7	7	8	7	1	1	4
25577	전남 광양시	유기질비료지원	2,880,000	1	2	7	8	7	1	1	4
25578	전남 광양시	제62회전라남도체육대회참가지원	270,000	1	1	7	8	7	1	3	1
25579	전남 광양시	토양개량제지원	242,000	1	2	7	8	7	1	1	4
25580	전남 광양시	농촌고용인력지원	240,000	1	2	7	8	7	1	1	4
25581	전남 광양시	어르신전담지도자배치사업	228,800	1	1	7	8	7	1	1	1
25582	전남 광양시	제25회백운기전국고등학교축구대회	200,000	1	1	7	8	7	1	3	1
25583	전남 광양시	생활체육지도자배치사업	196,000	1	1	7	8	7	1	1	1
25584	전남 광양시	장애인생활체육지도자배치	150,200	1	1	7	8	7	1	1	1
25585	전남 광양시	임산부친환경농산물꾸러미지원	136,320	1	2	7	8	7	1	1	4
25586	전남 광양시	제39회대통령기전국볼링대회	110,000	1	1	7	8	7	1	3	1
25587	전남 광양시	농번기마을공동급식지원	108,900	1	1	7	8	7	1	1	4
25588	전남 광양시	영농부산물안전처리지원	105,125	1	2	7	8	7	5	5	4
25589	전남 광양시	양봉농가사료지원	90,000	1	6	7	8	7	1	1	4
25590	전남 광양시	제32회전라남도장애인체육대회참가	85,000	1	1	7	8	7	1	1	1
25591	전남 광양시	논벼왕우렁이공급지원	81,189	1	1	7	8	7	1	1	4
25592	전남 광양시	친환경유기농업자재지원	76,219	1	2	7	8	7	1	1	4
25593	전남 광양시	제36회전라남도생활체육대축전참가	70,000	1	1	7	8	7	1	1	1
25594	전남 광양시	귀농어귀촌인우수창업활성화지원	64,000	1	1	7	8	7	1	1	1
25595	전남 광양시	제14회광양만배유소년전국수영대회	60,000	1	1	7	8	7	1	3	1
25596	전남 광양시	생활체육종목단체지원	60,000	1	1	7	8	7	1	1	1

순번	시군구	지출명 (사업명)	2024년예산 (단위 : 천원 /1년간)	민간이전 분류 (지방자치단체 세출예산 집행기준에 의거) 1. 민간경상사업보조(307-02) 2. 민간단체 법정운영비보조(307-03) 3. 민간행사사업보조(307-04) 4. 민간위탁금(307-05) 5. 사회복지시설 법정운영비보조(307-10) 6. 민간인위탁교육비(307-12) 7. 공기관등에대한경상적위탁사업비(308-13) 8. 민간자본사업보조,자체재원(402-01) 9. 민간자본사업보조,이전재원(402-02) 10. 민간위탁사업비(402-03) 11. 공기관등에 대한 자본적 위탁사업비(403-02)	민간이전지출 근거 (지방보조금 관리기준 참고) 1. 법률에 규정 2. 국고보조 재원(국가지정) 3. 용도 지정 기부금 4. 조례에 직접규정 5. 지자체가 권장하는 사업을 하는 공공기관 6. 시,도 정책 및 재정사정 7. 기타 8. 해당없음	입찰방식 계약체결방법 (경쟁형태) 1. 일반경쟁 2. 제한경쟁 3. 지명경쟁 4. 수의계약 5. 법정위탁 6. 기타 ( ) 7. 없음	입찰방식 계약기간 1. 1년 2. 2년 3. 3년 4. 4년 5. 5년 6. 기타 ( )년 7. 단기계약 (1년미만) 8. 없음	입찰방식 낙찰자선정방법 1. 적격심사 2. 협상에의한계약 3. 최저가낙찰제 4. 규격가격분리 5. 2단계 경쟁입찰 6. 기타 ( ) 7. 없음	운영예산 산정 운영예산 산정 1. 내부산정 (지자체 자체적으로 산정) 2. 외부산정 (외부전문기관위탁 산정) 3. 내·외부 모두 산정 4. 산정 無 5. 없음	운영예산 산정 정산방법 1. 내부정산 (지자체 내부적으로 정산) 2. 외부정산 (외부전문기관위탁 정산) 3. 내·외부 모두 산정 4. 정산 無 5. 없음	성과평가 실시여부 1. 실시 2. 미실시 3. 향후 추진 4. 해당없음
25597	전남 광양시	공동방제단운영(운영비)	58,324	1	2	5	1	6	1	1	4
25598	전남 광양시	스토브리그개최	55,000	1	1	7	8	7	1	3	1
25599	전남 광양시	2024년광양드론페스티벌	50,000	1	1	1	7	1	2	2	2
25600	전남 광양시	전남(농촌)에서살아보기운영	50,000	1	1	7	8	7	1	1	1
25601	전남 광양시	농업인의날기념농업인한마음대회	50,000	1	4	7	8	7	1	1	1
25602	전남 광양시	공동방제단운영(재료비)	45,276	1	2	5	1	6	1	1	4
25603	전남 광양시	고품질생강재배단지조성	45,000	1	4	7	8	7	5	5	4
25604	전남 광양시	제19회광양시장기전국궁도대회	42,000	1	1	7	8	7	1	3	1
25605	전남 광양시	우수평생학습기관·단체,동아리지원	40,500	1	4	7	8	7	1	1	3
25606	전남 광양시	제13회MBC섬진강꽃길마라톤대회	40,000	1	1	7	8	7	1	3	1
25607	전남 광양시	제17회광양백운산기전국남녀배구대회	40,000	1	1	7	8	7	1	3	1
25608	전남 광양시	유기질비료포장재지원	40,000	1	4	7	8	7	1	1	4
25609	전남 광양시	친환경한우농가조사료지원	40,000	1	6	7	8	7	1	1	4
25610	전남 광양시	가축분뇨수분조절제지원	40,000	1	6	7	8	7	1	1	4
25611	전남 광양시	기부식품제공사업(기초푸드뱅크)	39,000	1	1	7	8	7	1	1	1
25612	전남 광양시	유소년생활체육지도자배치사업	37,800	1	1	7	8	7	1	1	1
25613	전남 광양시	작은도서관(공립)운영지원	36,000	1	4	7	8	7	5	5	4
25614	전남 광양시	양봉농가벌먹이공급지원	35,000	1	6	7	8	7	1	1	4
25615	전남 광양시	공공스포츠클럽운영	32,400	1	1	7	8	7	1	1	1
25616	전남 광양시	전지훈련팀지원	30,000	1	1	7	8	7	1	3	1
25617	전남 광양시	해양레저스포츠(윈드서핑)체험교실운영	30,000	1	1	7	8	7	1	1	1
25618	전남 광양시	아이스팩재사용활성화지원	30,000	1	1	7	8	7	5	1	3
25619	전남 광양시	제22회광양시장배전국테니스대회	25,000	1	1	7	8	7	1	3	1
25620	전남 광양시	전라남도장애인생활체육대회참가	25,000	1	1	7	8	7	1	1	1
25621	전남 광양시	전남체전참가선수단훈련비지원	24,000	1	1	7	8	7	1	3	1
25622	전남 광양시	축산악취저감제지원	22,500	1	6	7	8	7	1	1	4
25623	전남 광양시	친환경농업협회조직활성화지원	22,360	1	1	7	8	7	1	1	4
25624	전남 광양시	생활체육교실운영	20,000	1	1	7	8	7	1	1	1
25625	전남 광양시	장애인공공스포츠클럽운영	20,000	1	1	7	8	7	1	1	1
25626	전남 광양시	2024년찾아가는청소년드론교실	20,000	1	1	1	7	1	2	2	2
25627	전남 광양시	2024년스마트드론전문가양성과정운영	20,000	1	1	1	7	1	2	2	2
25628	전남 광양시	가축분뇨부숙용톱밥지원	20,000	1	6	7	8	7	1	1	4
25629	전남 광양시	한농연활성화농산물직거래장터	20,000	1	4	7	8	7	1	1	1
25630	전남 광양시	한농연활성화교류사업지원	20,000	1	4	7	8	7	1	1	1
25631	전남 광양시	농업인단체국내외선진지견학	20,000	1	4	7	8	7	1	1	1
25632	전남 광양시	축산환경개선제지원	18,000	1	6	7	8	7	1	1	4
25633	전남 광양시	제9회어르신건강체조어울마당	17,000	1	1	7	8	7	1	1	1
25634	전남 광양시	틈새과수브랜드육성규격박스제작지원	16,000	1	4	7	8	7	5	5	4
25635	전남 광양시	친환경농산물계약재배청년농가육성(공급주체)	16,000	1	1	7	8	7	1	1	4
25636	전남 광양시	취나물브랜드육성규격박스제작지원	15,600	1	4	7	8	7	5	5	4

순번	시군구	지출명 (사업명)	2024년예산 (단위 : 전원 /1년간)	민간이전 분류 (지방자치단체 세출예산 집행기준에 의거) 1. 민간경상사업보조(307-02) 2. 민간단체 법정운영비보조(307-03) 3. 민간행사사업보조(307-04) 4. 민간위탁금(307-05) 5. 사회복지시설 법정운영비보조(307-10) 6. 민간인위탁교육비(307-12) 7. 공기관등에대한경상적위탁사업비(308-13) 8. 민간자본사업보조,자체재원(402-01) 9. 민간자본사업보조,이전재원(402-02) 10. 민간위탁사업비(402-03) 11. 공기관등에 대한 자본적 위탁사업비(403-02)	민간이전지출 근거 (지방보조금 관리기준 참고) 1. 법률에 규정 2. 국고보조 재원(국가지정) 3. 용도 지정 기부금 4. 조례에 직접규정 5. 지자체가 권장하는 사업을 하는 공공기관 6. 시,도 정책 및 재정사정 7. 기타 8. 해당없음	입찰방식: 계약체결방법 (경쟁형태) 1. 일반경쟁 2. 제한경쟁 3. 지명경쟁 4. 수의계약 5. 법정위탁 6. 기타 ( ) 7. 없음	입찰방식: 계약기간 1. 1년 2. 2년 3. 3년 4. 4년 5. 5년 6. 기타 ( )년 7. 단기계약 (1년미만) 8. 없음	입찰방식: 낙찰자선정방법 1. 적격심사 2. 협상에의한계약 3. 최저가낙찰제 4. 규격가격분리 5. 2단계 경쟁입찰 6. 기타 ( ) 7. 없음	운영예산 산정: 운영예산 산정 1. 내부산정 (지자체 자체적으로 산정) 2. 외부산정 (외부전문기관위탁 산정) 3. 내·외부 모두 산정 4. 산정 無 5. 없음	운영예산 산정: 정산방법 1. 내부정산 (지자체 내부적으로 정산) 2. 외부정산 (외부전문기관위탁 정산) 3. 내·외부 모두 산정 4. 정산 無 5. 없음	성과평가 실시여부 1. 실시 2. 미실시 3. 향후 추진 4. 해당없음
25637	전남 광양시	제21회광양만직장인축구대회	15,000	1	1	7	8	7	1	1	1
25638	전남 광양시	광양시장기전국그라운드골프대회	15,000	1	1	7	8	7	1	1	1
25639	전남 광양시	제8회전국선샤인배전국댄스스포츠대회	15,000	1	1	7	8	7	1	1	1
25640	전남 광양시	제19회전라남도어르신생활체육대회참가	15,000	1	1	7	8	7	1	1	1
25641	전남 광양시	광양시장애인체육대회개최	15,000	1	1	7	8	7	1	1	1
25642	전남 광양시	도심속상자텃밭조성지원	14,400	1	4	7	8	7	5	5	4
25643	전남 광양시	생활체육광장운영지원	14,000	1	1	7	8	7	1	1	1
25644	전남 광양시	한우증체율향상지원	14,000	1	6	7	8	7	1	1	4
25645	전남 광양시	농촌공동아이돌봄센터지원	13,700	1	1	7	8	7	1	1	4
25646	전남 광양시	종목별대회지원(11개종목)	13,000	1	1	7	8	7	1	1	1
25647	전남 광양시	제21회광양시장기전국배드민턴대회	13,000	1	1	7	8	7	1	1	1
25648	전남 광양시	경계선지능아동자립지원	12,600	1	1	7	8	7	5	1	4
25649	전남 광양시	축산농가도우미지원	12,000	1	4	7	8	7	1	1	4
25650	전남 광양시	제14회백운산기와숲체험건강등산	11,000	1	1	7	8	7	1	1	1
25651	전남 광양시	작은도서관(공립)프로그램지원	10,800	1	4	7	8	7	5	5	4
25652	전남 광양시	예방주사및기생충구제약품	10,800	1	2	7	8	7	1	1	4
25653	전남 광양시	축산물이력제지원	10,560	1	2	7	8	7	1	1	4
25654	전남 광양시	가축분뇨퇴액비자원화지원	10,380	1	6	7	8	7	1	1	4
25655	전남 광양시	독서동아리도서구입지원	10,000	1	4	7	8	7	1	1	3
25656	전남 광양시	생존수영체험교실운영지원	10,000	1	1	7	8	7	5	5	4
25657	전남 광양시	제6회남해안남중권9개시군생활체육교류행사	10,000	1	1	7	8	7	1	1	1
25658	전남 광양시	제2회순천,여수,광양,구례생활체육교류행사참가	10,000	1	1	7	8	7	1	1	1
25659	전남 광양시	전라남도지체장애인파크골프대회개최	10,000	1	1	7	8	7	1	1	1
25660	전남 광양시	전라남도농아인체육대회참가	10,000	1	1	7	8	7	1	1	1
25661	전남 광양시	전라남도시각장애인체육대회참가	10,000	1	1	7	8	7	1	1	1
25662	전남 광양시	3개시(광양,여수,순천)생활체육교류전	10,000	1	1	7	8	7	1	1	1
25663	전남 광양시	향우회교류및지원	10,000	1	4	7	8	7	5	5	4
25664	전남 광양시	일회용품없는축제만들기지원	10,000	1	1	7	8	7	5	1	3
25665	전남 광양시	농촌지도자자매결연도시교류활동	10,000	1	4	7	8	7	5	5	4
25666	전남 광양시	귀농귀촌유치지원	10,000	1	1	7	8	7	1	1	1
25667	전남 광양시	양봉농가벌꿀포장재지원	10,000	1	6	7	8	7	1	1	4
25668	전남 광양시	한여농활성화교류사업지원	10,000	1	4	7	8	7	1	1	1
25669	전남 광양시	친환경천적이용해충구제지원	9,984	1	6	7	8	7	1	1	4
25670	전남 광양시	화훼브랜드육성규격박스제작지원	9,600	1	4	7	8	7	5	5	4
25671	전남 광양시	귀농어귀촌협회육성지원	9,500	1	1	7	8	7	1	1	4
25672	전남 광양시	생활체육활성화지원	9,000	1	1	7	8	7	1	1	1
25673	전남 광양시	어린이체능교실	9,000	1	1	7	8	7	1	1	1
25674	전남 광양시	장수체육대학	9,000	1	1	7	8	7	1	1	1
25675	전남 광양시	폐자원(폐건전지등)수집운동지원	9,000	1	1	7	8	7	5	1	3
25676	전남 광양시	유기농쌀재배단지소포장재지원	9,000	1	4	7	8	7	1	1	4

순번	시군구	지출명 (사업명)	2024년예산 (단위 : 천원 /1년간)	민간이전 분류 (지방자치단체 세출예산 집행기준에 의거) 1. 민간경상사업보조(307-02) 2. 민간단체 법정운영비보조(307-03) 3. 민간행사사업보조(307-04) 4. 민간위탁금(307-05) 5. 사회복지시설 법정운영비보조(307-10) 6. 민간인위탁교육비(307-12) 7. 공기관등에대한경상적위탁사업비(308-13) 8. 민간자본사업보조,자체재원(402-01) 9. 민간자본사업보조,이전재원(402-02) 10. 민간위탁사업비(402-03) 11. 공기관등에 대한 자본적 위탁사업비(403-02)	민간이전지출 근거 (지방보조금 관리기준 참고) 1. 법률에 규정 2. 국고보조 재원(국가지정) 3. 용도 지정 기부금 4. 조례에 직접규정 5. 지자체가 권장하는 사업을 하는 공공기관 6. 시,도 정책 및 재정사정 7. 기타 8. 해당없음	입찰방식 계약체결방법 (경쟁형태) 1. 일반경쟁 2. 제한경쟁 3. 지명경쟁 4. 수의계약 5. 법정위탁 6. 기타 ( ) 7. 없음	입찰방식 계약기간 1. 1년 2. 2년 3. 3년 4. 4년 5. 5년 6. 기타 ( )년 7. 단기계약 (1년미만) 8. 없음	입찰방식 낙찰자선정방법 1. 적격심사 2. 협상에의한계약 3. 최저가낙찰제 4. 규격가격분리 5. 2단계 경쟁입찰 6. 기타 ( ) 7. 없음	운영예산 산정 운영예산 산정 1. 내부산정 (지자체 자체적으로 산정) 2. 외부산정 (외부전문기관위탁 산정) 3. 내·외부 모두 산정 4. 산정 無 5. 없음	운영예산 산정 정산방법 1. 내부정산 (지자체 내부적으로 정산) 2. 외부정산 (외부전문기관위탁 정산) 3. 내·외부 모두 산정 4. 정산 無 5. 없음	성과평가 실시여부 1. 실시 2. 미실시 3. 향후 추진 4. 해당없음
25677	전남 광양시	한우육질개선제지원	9,000	1	6	7	8	7	1	1	4
25678	전남 광양시	대통령배전국씨름왕전라남도선발대회참가	8,800	1	1	7	8	7	1	1	1
25679	전남 광양시	임산물홍보및판촉행사지원	8,100	1	7	7	8	7	5	5	3
25680	전남 광양시	제22회광양시장기볼링대회	8,000	1	1	7	8	7	1	1	1
25681	전남 광양시	제18회광양시장기바둑대회	8,000	1	1	7	8	7	1	1	1
25682	전남 광양시	제16회광양시장배소프트테니스대회	8,000	1	1	7	8	7	1	1	1
25683	전남 광양시	제14회광양시장기검도대회	8,000	1	1	7	8	7	1	1	1
25684	전남 광양시	제12회광양시장기태권도대회	8,000	1	1	7	8	7	1	1	1
25685	전남 광양시	제23회광양시장기축구대회	8,000	1	1	7	8	7	1	1	1
25686	전남 광양시	제22회광양시장기족구대회	8,000	1	1	7	8	7	1	1	1
25687	전남 광양시	제9회광양시장배탁구대회	8,000	1	1	7	8	7	1	1	1
25688	전남 광양시	제2회광양시장배파크골프대회	8,000	1	1	7	8	7	1	1	1
25689	전남 광양시	제13회광양시의회의장기배구대회	8,000	1	1	7	8	7	1	1	1
25690	전남 광양시	제17회생활체육야구동호인연중리그	8,000	1	1	7	8	7	1	1	1
25691	전남 광양시	제1회광양시장배등산대회	8,000	1	1	7	8	7	5	5	4
25692	전남 광양시	장애인종목별체육대회참가	8,000	1	1	7	8	7	1	1	1
25693	전남 광양시	제15회전국체육대회출전선수단지원	7,500	1	1	7	8	7	1	1	1
25694	전남 광양시	전국체전및소년체전선수단격려	7,500	1	1	7	8	7	1	1	1
25695	전남 광양시	어르신전담생활체육지도자처우개선비	7,200	1	1	7	8	7	1	1	1
25696	전남 광양시	정보화마을특산품택배비지원	7,000	1	1	7	1	7	1	1	1
25697	전남 광양시	숫돌이축구교실운영	7,000	1	1	7	8	7	1	1	1
25698	전남 광양시	제27회영호남(광양,하동)생활체육한마음축제	7,000	1	1	7	8	7	1	1	1
25699	전남 광양시	양돈생산성향상지원	6,720	1	6	7	8	7	1	1	4
25700	전남 광양시	O섬진강재첩유통포대제작보급	6,300	1	8	7	8	7	5	5	4
25701	전남 광양시	조사료사일리지제조운송비지원	6,156	1	2	7	8	7	1	1	4
25702	전남 광양시	체육활동지원	6,000	1	1	7	8	7	1	1	1
25703	전남 광양시	학교운동부꿈나무(선수)성과금	6,000	1	1	7	8	7	1	1	1
25704	전남 광양시	생활체육지도자처우개선비	6,000	1	1	7	8	7	1	1	1
25705	전남 광양시	전남동부권7개시군게이트볼대회	6,000	1	1	7	8	7	1	1	1
25706	전남 광양시	제27회어린이및제12회청소년풋살대회	6,000	1	1	7	8	7	1	1	1
25707	전남 광양시	돼지사료효율개선제지원	6,000	1	6	7	8	7	1	1	4
25708	전남 광양시	광양생강차별화포장재제작지원	5,760	1	4	7	8	7	5	5	4
25709	전남 광양시	한우등록지원	5,600	1	6	7	8	7	1	1	4
25710	전남 광양시	청소년체련교실	5,500	1	1	7	8	7	1	1	1
25711	전남 광양시	광양시체육인의밤행사지원	5,000	1	1	7	8	7	1	1	1
25712	전남 광양시	전국대회유치활동비지원	5,000	1	1	7	8	7	1	1	1
25713	전남 광양시	제52회전국소년체전출전선수단지원	5,000	1	1	7	8	7	1	1	1
25714	전남 광양시	우수학교운동부성과금	5,000	1	1	7	8	7	1	1	1
25715	전남 광양시	제1회광양시장기씨름대회	5,000	1	1	7	8	7	5	5	4
25716	전남 광양시	소규모체육행사	5,000	1	1	7	8	7	1	1	1

순번	시군구	지출명 (사업명)	2024년예산 (단위 : 천원 /1년간)	민간이전 분류 (지방자치단체 세출예산 집행기준에 의거) 1. 민간경상사업보조(307-02) 2. 민간단체 법정운영비보조(307-03) 3. 민간행사사업보조(307-04) 4. 민간위탁금(307-05) 5. 사회복지시설 법정운영비보조(307-10) 6. 민간인위탁교육비(307-12) 7. 공기관등에대한경상적위탁사업비(308-13) 8. 민간자본사업보조,자체재원(402-01) 9. 민간자본사업보조,이전재원(402-02) 10. 민간위탁사업비(402-03) 11. 공기관등에 대한 자본적 위탁사업비(403-02)	민간이전지출 근거 (지방보조금 관리기준 참고) 1. 법률에 규정 2. 국고보조 재원(국가지정) 3. 용도 지정 기부금 4. 조례에 직접규정 5. 지자체가 권장하는 사업을 하는 공공기관 6. 시,도 정책 및 재정사정 7. 기타 8. 해당없음	입찰방식: 계약체결방법 (경쟁형태) 1. 일반경쟁 2. 제한경쟁 3. 지명경쟁 4. 수의계약 5. 법정위탁 6. 기타 ( ) 7. 없음	입찰방식: 계약기간 1. 1년 2. 2년 3. 3년 4. 4년 5. 5년 6. 기타 ( )년 7. 단기계약 (1년미만) 8. 없음	입찰방식: 낙찰자선정방법 1. 적격심사 2. 협상에의한계약 3. 최저가낙찰제 4. 규격가격분리 5. 2단계 경쟁입찰 6. 기타 ( ) 7. 없음	운영예산 산정: 운영예산 산정 1. 내부산정 (지자체 자체적으로 산정) 2. 외부산정 (외부전문기관위탁 산정) 3. 내·외부 모두 산정 4. 산정 無 5. 없음	운영예산 산정: 정산방법 1. 내부정산 (지자체 내부적으로 정산) 2. 외부정산 (외부전문기관위탁 정산) 3. 내·외부 모두 산정 4. 정산 無 5. 없음	성과평가 실시여부 1. 실시 2. 미실시 3. 향후 추진 4. 해당없음
25717	전남 광양시	제19회광양시장기게이트볼대회	5,000	1	1	7	8	7	1	1	1
25718	전남 광양시	제18회광양시장배수영대회	5,000	1	1	7	8	7	1	1	1
25719	전남 광양시	제1회광양시장배체조경연대회	5,000	1	1	7	8	7	1	1	1
25720	전남 광양시	전라남도생활체육장애인배드민턴대회개최	5,000	1	1	7	8	7	1	1	1
25721	전남 광양시	청년농업인연구동아리지원	5,000	1	1	7	8	7	1	1	4
25722	전남 광양시	축사지붕열차단재도포지원	4,900	1	6	7	8	7	1	1	4
25723	전남 광양시	장애인생활체육지도자처우개선비	4,800	1	1	7	8	7	1	1	1
25724	전남 광양시	여성생활체육강좌	4,000	1	1	7	8	7	1	1	1
25725	전남 광양시	생활체육지도자신종목보급연수회	3,500	1	1	7	8	7	1	1	1
25726	전남 광양시	제2회전라남도지사기축구대회참가	3,500	1	1	7	8	7	1	1	1
25727	전남 광양시	닭증체율향상지원	3,500	1	6	7	8	7	1	1	4
25728	전남 광양시	벼모판1회처리방제시범	3,375	1	4	7	8	7	5	5	4
25729	전남 광양시	생활체육활동지원	3,000	1	1	7	8	7	1	1	1
25730	전남 광양시	제9회광양시그라운드골프동호인친선대회	3,000	1	1	7	8	7	1	1	1
25731	전남 광양시	제16회숏돌이족구대회	3,000	1	1	7	8	7	1	1	1
25732	전남 광양시	제3회광양시청소년3대3농구대회	3,000	1	1	7	8	7	1	1	1
25733	전남 광양시	전국생활체육대축전참가	3,000	1	1	7	8	7	1	1	1
25734	전남 광양시	돼지증체율향상지원	3,000	1	6	7	8	7	1	1	4
25735	전남 광양시	한녀농활성화농산물직거래장터	3,000	1	4	7	8	7	1	1	1
25736	전남 광양시	진폐근로자지원사업	2,700	1	4	7	8	7	5	5	1
25737	전남 광양시	제23회광양시게이트볼협회장배대회	2,500	1	1	7	8	7	1	1	1
25738	전남 광양시	학교체육발전간담회	2,000	1	1	7	8	7	1	1	1
25739	전남 광양시	선수발굴활동여비및격려등	2,000	1	1	7	8	7	1	1	1
25740	전남 광양시	시니어생활체육활성화지원	2,000	1	1	7	8	7	1	1	1
25741	전남 광양시	제32회전라남도지사기게이트볼대회참가	2,000	1	1	7	8	7	1	1	1
25742	전남 광양시	O어업인안전보험료지원사업	2,000	1	1	7	8	7	5	5	4
25743	전남 광양시	전국체전자매종목지원	1,500	1	1	7	8	7	1	1	1
25744	전남 광양시	친환경과수농가해충방제기지원	1,500	1	1	7	8	7	1	1	4
25745	전남 광양시	유소년생활체육지도자처우개선비	1,200	1	1	7	8	7	1	1	1
25746	전남 광양시	조사료생산용종자구입지원	1,039	1	2	7	8	7	1	1	4
25747	전남 광양시	가금류칼슘첨가제지원	960	1	6	7	8	7	1	1	4
25748	전남 담양군	유기질비료추가지원(군비추가)	1,823,080	1	4	7	8	7	5	5	4
25749	전남 담양군	유기질비료지원(전환사업)	1,060,346	1	4	7	8	7	5	5	4
25750	전남 담양군	전문단지사일리지제조비지원(992ha)	964,224	1	2	7	8	7	5	5	4
25751	전남 담양군	일반단지사일리지제조비지원(975ha)	947,700	1	2	7	8	7	5	5	4
25752	전남 담양군	토양개량제공급	541,042	1	2	7	8	7	5	5	4
25753	전남 담양군	친환경쌀생산단지유기질비료지원(1,1ha)	480,000	1	4	7	8	7	5	5	4
25754	전남 담양군	수도용상토공급지원	354,960	1	4	7	8	7	5	5	4
25755	전남 담양군	전문단지퇴액비지원	348,000	1	2	7	8	7	5	5	4
25756	전남 담양군	통합문화이용권사업지원	334,840	1	2	7	1	7	5	1	1

순번	시군구	지출명 (사업명)	2024년예산 (단위 : 천원 /1년간)	민간이전 분류 (지방자치단체 세출예산 집행기준에 의거) 1. 민간경상사업보조(307-02) 2. 민간단체 법정운영비보조(307-03) 3. 민간행사사업보조(307-04) 4. 민간위탁금(307-05) 5. 사회복지시설 법정운영비보조(307-10) 6. 민간인위탁교육비(307-12) 7. 공기관등에대한경상적위탁사업비(308-13) 8. 민간자본사업보조,자체재원(402-01) 9. 민간자본사업보조,이전재원(402-02) 10. 민간위탁사업비(402-03) 11. 공기관등에 대한 자본적 위탁사업비(403-02)	민간이전지출 근거 (지방보조금 관리기준 참고) 1. 법률에 규정 2. 국고보조 재원(국가지정) 3. 용도 지정 기부금 4. 조례에 직접규정 5. 지자체가 권장하는 사업을 하는 공공기관 6. 시,도 정책 및 재정사정 7. 기타 8. 해당없음	입찰방식			운영예산 산정		성과평가 실시여부
						계약체결방법 (경쟁형태) 1. 일반경쟁 2. 제한경쟁 3. 지명경쟁 4. 수의계약 5. 법정위탁 6. 기타 ( ) 7. 없음	계약기간 1. 1년 2. 2년 3. 3년 4. 4년 5. 5년 6. 기타 ( )년 7. 단기계약 (1년미만) 8. 없음	낙찰자선정방법 1. 적격심사 2. 협상에의한계약 3. 최저가낙찰제 4. 규격가격분리 5. 2단계 경쟁입찰 6. 기타 ( ) 7. 없음	운영예산 산정 1. 내부산정 (지자체 자체적으로 산정) 2. 외부산정 (외부전문기관위탁 산정) 3. 내·외부 모두 산정 4. 산정 無 5. 없음	정산방법 1. 내부정산 (지자체 내부적으로 정산) 2. 외부정산 (외부전문기관위탁 정산) 3. 내·외부 모두 산정 4. 정산 無 5. 없음	1. 실시 2. 미실시 3. 향후 추진 4. 해당없음
25757	전남 담양군	왕우렁이피해예방자재	278,000	1	6	7	8	7	5	5	4
25758	전남 담양군	영세고령농가육묘지원	273,780	1	4	7	8	7	5	5	4
25759	전남 담양군	으뜸마을만들기사업추진(2023년)	245,000	1	6	7	8	7	5	5	4
25760	전남 담양군	으뜸마을만들기사업추진(2022년)	225,000	1	6	7	8	7	5	5	4
25761	전남 담양군	으뜸마을만들기사업추진(2024년)	225,000	1	6	7	8	7	5	5	4
25762	전남 담양군	가축분뇨액비살포비지원	215,000	1	2	7	8	7	5	5	4
25763	전남 담양군	지역원예양봉연계지원사업(수정용벌공급)	200,000	1	6	7	8	7	5	5	4
25764	전남 담양군	학교우유급식지원(도자체)	190,080	1	2	7	8	7	5	5	4
25765	전남 담양군	주민세활용주민자치특화사업	180,000	1	4	7	8	7	5	5	4
25766	전남 담양군	관내가공식품판매촉진지원	180,000	1	4	7	8	7	5	5	4
25767	전남 담양군	가축사육농가수분조절제지원	180,000	1	4	7	8	7	5	5	4
25768	전남 담양군	가축분뇨퇴액비자원화지원	179,460	1	6	7	8	7	5	5	4
25769	전남 담양군	사회적기업인건비지원	161,000	1	1,2	7	8	7	1	1	4
25770	전남 담양군	기능성천연물소재사업화지원사업	160,000	1	7	7	8	7	1	1	4
25771	전남 담양군	서울시지자체공공급식지원사업(성북구)	160,000	1	6	7	8	7	5	5	4
25772	전남 담양군	시설하우스육묘양액상토지원	157,500	1	6	7	8	7	5	5	4
25773	전남 담양군	돼지전업농가구제역예방백신지원사업	144,000	1	2	7	8	7	5	5	4
25774	전남 담양군	일반인력지원	140,000	1	1,2	7	8	7	1	1	4
25775	전남 담양군	고품질쌀및친환경쌀택배비	132,000	1	6	7	8	7	5	5	4
25776	전남 담양군	농촌고용인력지원사업	130,000	1	2	7	8	7	5	5	4
25777	전남 담양군	새끼우렁이공급(1,31ha)	122,664	1	6	7	8	7	5	5	4
25778	전남 담양군	농산물공동출하확대지원(공동선별비)	116,653	1	2	7	8	7	5	5	4
25779	전남 담양군	축산악취저감제공급사업	107,500	1	6	7	8	7	5	5	4
25780	전남 담양군	영농부산물안전처리지원	105,125	1	1	7	8	7	5	5	4
25781	전남 담양군	양봉산업육성지원(자체)	105,000	1	7	7	8	7	5	5	4
25782	전남 담양군	저탄소농업활성화(바이오차)지원사업	102,480	1	6	7	8	7	5	5	4
25783	전남 담양군	농특산물포장재디자인개발보급	100,800	1	4	7	8	7	5	5	4
25784	전남 담양군	공장화재보험료지원	100,500	1	4	7	8	7	1	1	4
25785	전남 담양군	담양국악소리복원사업지원	100,000	1	4	7	8	7	5	5	4
25786	전남 담양군	지역문화예술진흥사업추진	100,000	1	4	7	1	7	1	1	1
25787	전남 담양군	문화지역사업	100,000	1	4	7	1	7	1	1	1
25788	전남 담양군	담양군생활체육단체활성화지원	100,000	1	4	7	7	7	1	1	1
25789	전남 담양군	전통장담그기발효학교프로그램개발및교육	100,000	1	2	4	1	6	1	1	1
25790	전남 담양군	전남형청년인턴사업	100,000	1	1,6	7	8	7	1	1	4
25791	전남 담양군	농산물통합물류비지원	100,000	1	4	7	8	7	5	5	4
25792	전남 담양군	한우송아지브랜드육성사업	100,000	1	6	7	8	7	5	5	4
25793	전남 담양군	농업환경보전프로그램활동비지원(개인,공동)	100,000	1	2	7	8	7	5	5	4
25794	전남 담양군	일반단지종자구입지원(1,999ha)	98,950	1	2	7	8	7	5	5	4
25795	전남 담양군	양봉산업육성지원	97,500	1	7	7	8	7	5	5	4
25796	전남 담양군	소전업농가구제역예방백신지원사업	91,200	1	2	7	8	7	5	5	4

순번	시군구	지출명 (사업명)	2024년예산 (단위 : 천원 /1년간)	민간이전 분류 (지방자치단체 세출예산 집행기준에 의거) 1. 민간경상사업보조(307-02) 2. 민간단체 법정운영비보조(307-03) 3. 민간행사사업보조(307-04) 4. 민간위탁금(307-05) 5. 사회복지시설 법정운영비보조(307-10) 6. 민간인위탁교육비(307-12) 7. 공기관등에대한경상적위탁사업비(308-13) 8. 민간자본사업보조,자체재원(402-01) 9. 민간자본사업보조,이전재원(402-02) 10. 민간위탁사업비(402-03) 11. 공기관등에 대한 자본적 위탁사업비(403-02)	민간이전지출 근거 (지방보조금 관리기준 참고) 1. 법률에 규정 2. 국고보조 재원(국가지정) 3. 용도 지정 기부금 4. 조례에 직접규정 5. 지자체가 권장하는 사업을 하는 공공기관 6. 시,도 정책 및 재정사정 7. 기타 8. 해당없음	입찰방식: 계약체결방법 (경쟁형태) 1. 일반경쟁 2. 제한경쟁 3. 지명경쟁 4. 수의계약 5. 법정위탁 6. 기타 ( ) 7. 없음	입찰방식: 계약기간 1. 1년 2. 2년 3. 3년 4. 4년 5. 5년 6. 기타 ( )년 7. 단기계약 (1년미만) 8. 없음	입찰방식: 낙찰자선정방법 1. 적격심사 2. 협상에의한계약 3. 최저가낙찰제 4. 규격가격분리 5. 2단계 경쟁입찰 6. 기타 ( ) 7. 없음	운영예산 산정: 운영예산 산정 1. 내부산정 (지자체 자체적으로 산정) 2. 외부산정 (외부전문기관위탁 산정) 3. 내·외부 모두 산정 4. 산정 無 5. 없음	운영예산 산정: 정산방법 1. 내부정산 (지자체 내부적으로 정산) 2. 외부정산 (외부전문기관위탁 정산) 3. 내·외부 모두 산정 4. 정산 無 5. 없음	성과평가 실시여부 1. 실시 2. 미실시 3. 향후 추진 4. 해당없음
25797	전남 담양군	가축분뇨위탁처리비지원사업(돼지)	90,000	1	4	7	8	7	5	5	4
25798	전남 담양군	쇠고기이력추적제귀표장착비지원사업	89,280	1	2	7	8	7	5	5	4
25799	전남 담양군	공동방제단인건비(3개조)	87,486	1	2	7	8	7	5	5	4
25800	전남 담양군	새끼우렁이공급(군비추가분)	86,000	1	4	7	8	7	5	5	4
25801	전남 담양군	대전면행복문화센터프로그램운영	85,000	1	4	7	8	7	5	5	4
25802	전남 담양군	전문단지종자구입지원(98ha)	80,850	1	2	7	8	7	5	5	4
25803	전남 담양군	등록사립미술관운영지원	80,000	1	4	7	1	7	1	1	1
25804	전남 담양군	어르신등체험활동건강꾸러미지원사업(57개소)	79,000	1	2	7	8	7	5	5	4
25805	전남 담양군	임산물상품화지원(39개소)	75,375	1	2	7	8	7	5	5	4
25806	전남 담양군	공동방제단운영비(3개조)	71,391	1	2	7	8	7	5	5	4
25807	전남 담양군	담양군농업회의소활성화지원	70,000	1	4	7	8	7	5	5	4
25808	전남 담양군	농촌체험휴양마을사무장채용지원	66,768	1	2	7	8	7	5	5	4
25809	전남 담양군	일반단지종자구입지원(군비추가분)	65,967	1	5	7	8	7	5	5	4
25810	전남 담양군	중고등학교가공식품간식지원	61,440	1	5	7	8	7	5	5	4
25811	전남 담양군	농번기마을공동급식지원사업	55,000	1	6	7	8	7	5	5	4
25812	전남 담양군	농번기마을공동급식지원사업(군비추가분)	55,000	1	6	7	8	7	5	5	4
25813	전남 담양군	어린이집친환경농산물식재료지원	54,675	1	4	7	8	7	5	5	4
25814	전남 담양군	돼지써코백신지원사업	54,000	1	2	7	8	7	5	5	4
25815	전남 담양군	한우등록사업(7,63두)	53,410	1	6	7	8	7	5	5	4
25816	전남 담양군	유기농업자재지원	52,980	1	2	7	8	7	5	5	4
25817	전남 담양군	담양쌀겉박스포장재보급(3만포)	52,500	1	4	7	8	7	5	5	4
25818	전남 담양군	창흥학당프로그램운영	50,000	1	4	7	8	7	5	5	4
25819	전남 담양군	대덕행복나눔터프로그램운영	50,000	1	4	7	8	7	5	5	4
25820	전남 담양군	의병이지킨나라,나무가지킨마을	50,000	1	2	4	1	6	1	1	1
25821	전남 담양군	생태도시담양,역사문화를잇다!	50,000	1	2	4	1	6	1	1	1
25822	전남 담양군	창평향교은행나무선비학교	50,000	1	2	4	1	6	1	1	1
25823	전남 담양군	주민공모사업	50,000	1	2	7	8	7	5	5	4
25824	전남 담양군	관내농특산물홈페이지운영농가(단체)지원	50,000	1	4	7	8	7	5	5	4
25825	전남 담양군	학교우유급식지원	45,600	1	2	7	8	7	5	5	4
25826	전남 담양군	동복댐주변지역주민지원사업(공과금등)	44,640	1	2	7	8	7	5	5	4
25827	전남 담양군	로컬푸드포장재지원	43,750	1	6	7	8	7	5	5	4
25828	전남 담양군	국산김치사용업소식자재구입비지원	43,750	1	6	7	8	7	5	5	4
25829	전남 담양군	봉산문화쉼터프로그램운영	42,000	1	4	7	8	7	5	5	4
25830	전남 담양군	친환경농가농자재지원	42,000	1	6	7	8	7	5	5	4
25831	전남 담양군	제주도학교급식친환경쌀해상운송비지원	40,320	1	4	7	8	7	5	5	4
25832	전남 담양군	소상공인점포임대료지원	40,000	1	4	7	8	7	1	1	2
25833	전남 담양군	담양쌀비대면판로판매지원	40,000	1	4	7	8	7	5	5	4
25834	전남 담양군	담양향토문화총서발간	36,000	1	1	5	1	7	1	1	1
25835	전남 담양군	직접주민지원사업	35,489	1	2	7	8	7	5	5	4
25836	전남 담양군	오늘의가사문학계간지발간(한국가사문학공모포함)	35,000	1	4	7	8	7	5	5	4

순번	시군구	지출명 (사업명)	2024년예산 (단위 : 천원 /1년간)	민간이전 분류 (지방자치단체 세출예산 집행기준에 의거) 1. 민간경상사업보조(307-02) 2. 민간단체 법정운영비보조(307-03) 3. 민간행사사업보조(307-04) 4. 민간위탁금(307-05) 5. 사회복지시설 법정운영비보조(307-10) 6. 민간인위탁교육비(307-12) 7. 공기관등에대한경상적위탁사업비(308-13) 8. 민간자본사업보조,자체재원(402-01) 9. 민간자본사업보조,이전재원(402-02) 10. 민간위탁사업비(402-03) 11. 공기관등에 대한 자본적 위탁사업비(403-02)	민간이전지출 근거 (지방보조금 관리기준 참고) 1. 법률에 규정 2. 국고보조 재원(국가지정) 3. 용도 지정 기부금 4. 조례에 직접규정 5. 지자체가 권장하는 사업을 하는 공공기관 6. 시,도 정책 및 재정사정 7. 기타 8. 해당없음	입찰방식			운영예산 산정		성과평가 실시여부
						계약체결방법 (경쟁형태) 1. 일반경쟁 2. 제한경쟁 3. 지명경쟁 4. 수의계약 5. 법정위탁 6. 기타 ( ) 7. 없음	계약기간 1. 1년 2. 2년 3. 3년 4. 4년 5. 5년 6. 기타 ( )년 7. 단기계약 (1년미만) 8. 없음	낙찰자선정방법 1. 적격심사 2. 협상에의한계약 3. 최저가낙찰제 4. 규격가격분리 5. 2단계 경쟁입찰 6. 기타 ( ) 7. 없음	운영예산 산정 1. 내부산정 (지자체 자체적으로 산정) 2. 외부산정 (외부전문기관위탁 산정) 3. 내·외부 모두 산정 4. 산정 無 5. 없음	정산방법 1. 내부정산 (지자체 내부적으로 정산) 2. 외부정산 (외부전문기관위탁 정산) 3. 내·외부 모두 산정 4. 정산 無 5. 없음	1. 실시 2. 미실시 3. 향후 추진 4. 해당없음
25837	전남 담양군	도지사품질인증제품디자인제작지원	35,000	1	6	7	8	7	5	5	4
25838	전남 담양군	역량강화(교육)	32,600	1	4	7	8	7	5	5	4
25839	전남 담양군	행복학습센터프로그램운영	32,000	1	4	7	1	7	1	1	1
25840	전남 담양군	학생승마체험사업지원	31,840	1	2	7	8	7	5	5	4
25841	전남 담양군	청년농부초기정착지원사업	31,250	1	4	7	8	7	5	5	4
25842	전남 담양군	청년농부영농시설임차료지원	31,250	1	4	7	8	7	5	5	4
25843	전남 담양군	GAP인증안전성검사비지원	30,240	1	6	7	8	7	5	5	4
25844	전남 담양군	읍면문화교실운영	30,000	1	4	7	1	7	1	1	1
25845	전남 담양군	담양군학교체육시설사용료지원	30,000	1	4	7	7	7	1	1	1
25846	전남 담양군	친환경및GAP인증농산물택배비지원	30,000	1	4	7	8	7	5	5	4
25847	전남 담양군	가축분뇨퇴비부숙용톱밥지원	29,600	1	6	7	8	7	5	5	4
25848	전남 담양군	식품제조업체가동률제고지원	28,000	1	6	7	8	7	5	5	4
25849	전남 담양군	푸드뱅크센터운영(군비추가)	27,200	1	4	7	8	7	1	1	4
25850	전남 담양군	식량작물공동경영체교육컨설팅지원	27,000	1	2	7	8	7	5	5	4
25851	전남 담양군	도시군협업농수축산물판촉기획전	26,600	1	6	7	8	7	5	5	4
25852	전남 담양군	범죄발생취약지역방범,교통질서계도(담양군방범연합회)	25,000	1	1	7	8	7	5	5	4
25853	전남 담양군	깨끗한마을만들기등(새마을지도자담양군협의회)	25,000	1	1	7	8	7	5	5	4
25854	전남 담양군	창평면지편찬지원	25,000	1	4	7	1	7	1	1	1
25855	전남 담양군	관광지주변마을주거환경개선	25,000	1	4	7	8	7	5	5	4
25856	전남 담양군	풀뿌리공동체지원센터디딤돌사업돋움단계사업	25,000	1	4	7	8	7	1	1	4
25857	전남 담양군	청결위생축산선도농가면역증강제지원	25,000	1	7	7	8	7	5	5	4
25858	전남 담양군	우량암송아지입식비지원	25,000	1	1	7	8	7	5	5	4
25859	전남 담양군	닭증체율향상지원사업	24,500	1	7	7	8	7	5	5	4
25860	전남 담양군	담양문화학교운영	24,000	1	1	5	1	7	1	1	1
25861	전남 담양군	임산부친환경농산물지원시범사업	23,040	1	6	7	8	7	5	5	4
25862	전남 담양군	농촌관광주체육성지원(운영매니저채용)	22,256	1	6	7	8	7	5	5	4
25863	전남 담양군	농정활동(토론회,설명회)	21,400	1	4	7	8	7	5	5	4
25864	전남 담양군	전문인력지원	21,000	1	1,2	7	8	7	1	1	4
25865	전남 담양군	국악분야예술강사지원(11개소)	20,574	1	2	7	8	7	5	5	4
25866	전남 담양군	양돈생산성향상지원	20,300	1	6	7	8	7	5	5	4
25867	전남 담양군	고품질조기햅쌀조성사업	20,196	1	4	7	8	7	5	5	4
25868	전남 담양군	마을자치회선도마을지원사업	20,000	1	4	7	8	7	5	5	4
25869	전남 담양군	채상장전수교육관활성화사업	20,000	1	2	4	1	6	1	1	1
25870	전남 담양군	한국농업경영인연합회지원	20,000	1	1	7	8	7	5	5	4
25871	전남 담양군	수출농산물국내외가격차액보전	20,000	1	4	7	8	7	5	5	4
25872	전남 담양군	로컬푸드직매장홍보용포장재지원	20,000	1	4	7	8	7	5	5	4
25873	전남 담양군	국내외직거래행사참가비지원	20,000	1	4	7	8	7	5	5	4
25874	전남 담양군	식품가공업체TV홈쇼핑방송판매지원	20,000	1	4	7	8	7	5	5	4
25875	전남 담양군	농촌민박시설환경개선지원	20,000	1	4	7	8	7	5	5	4
25876	전남 담양군	가축분뇨위탁처리비지원사업(소,가금)	20,000	1	4	7	8	7	5	5	4

순번	시군구	지출명 (사업명)	2024년예산 (단위 : 천원 /1년간)	민간이전 분류 (지방자치단체 세출예산 집행기준에 의거) 1. 민간경상사업보조(307-02) 2. 민간단체 법정운영비보조(307-03) 3. 민간행사사업보조(307-04) 4. 민간위탁금(307-05) 5. 사회복지시설 법정운영비보조(307-10) 6. 민간인위탁교육비(307-12) 7. 공기관등에대한경상적위탁사업비(308-13) 8. 민간자본사업보조,자체재원(402-01) 9. 민간자본사업보조,이전재원(402-02) 10. 민간위탁사업비(402-03) 11. 공기관등에 대한 자본적 위탁사업비(403-02)	민간이전지출 근거 (지방보조금 관리기준 참고) 1. 법률에 규정 2. 국고보조 재원(국가지정) 3. 용도 지정 기부금 4. 조례에 직접규정 5. 지자체가 권장하는 사업을 하는 공공기관 6. 시,도 정책 및 재정사정 7. 기타 8. 해당없음	입찰방식 계약체결방법 (경쟁형태) 1. 일반경쟁 2. 제한경쟁 3. 지명경쟁 4. 수의계약 5. 법정위탁 6. 기타 ( ) 7. 없음	입찰방식 계약기간 1. 1년 2. 2년 3. 3년 4. 4년 5. 5년 6. 기타 ( )년 7. 단기계약 (1년미만) 8. 없음	입찰방식 낙찰자선정방법 1. 적격심사 2. 협상에의한계약 3. 최저가낙찰제 4. 규격가격분리 5. 2단계 경쟁입찰 6. 기타 ( ) 7. 없음	운영예산 산정 운영예산 산정 1. 내부산정 (지자체 자체적으로 산정) 2. 외부산정 (외부전문기관위탁 산정) 3. 내·외부 모두 산정 4. 산정 無 5. 없음	운영예산 산정 정산방법 1. 내부정산 (지자체 내부적으로 정산) 2. 외부정산 (외부전문기관위탁 정산) 3. 내·외부 모두 정산 4. 정산 無 5. 없음	성과평가 실시여부 1. 실시 2. 미실시 3. 향후 추진 4. 해당없음
25877	전남 담양군	빈축사철거지원	20,000	1	1	7	8	7	5	5	4
25878	전남 담양군	한우고급육생산품질개선사업	20,000	1	1	7	8	7	5	5	4
25879	전남 담양군	딸기농가맞춤스마트팜컨설팅시범	20,000	1	1	7	8	7	5	5	4
25880	전남 담양군	곤충먹이자재지원	19,800	1	7	7	8	7	5	5	4
25881	전남 담양군	담양군체육회체육활동지원	19,200	1	4	7	7	7	1	1	1
25882	전남 담양군	온라인판매확대지원사업	19,200	1	6	7	8	7	5	5	4
25883	전남 담양군	가금류칼슘첨가제지원사업	19,200	1	7	7	8	7	5	5	4
25884	전남 담양군	담양문화아카데미운영	16,000	1	1	5	1	7	1	1	1
25885	전남 담양군	홍보활동(소식지발행등)	16,000	1	4	7	8	7	5	5	4
25886	전남 담양군	대나무소재종이컵구입비지원	15,750	1	4	7	8	7	5	5	4
25887	전남 담양군	장애인편의시설전수조사	15,699	1	2	7	5	1	1	1	1
25888	전남 담양군	전문단지품질등급제(16ha)	15,552	1	2	7	8	7	5	5	4
25889	전남 담양군	1인창조기업지원센터운영지원(대응투자)	15,000	1	7	7	8	7	1	2	4
25890	전남 담양군	수출인증및디자인개발지원	15,000	1	4	7	8	7	5	5	4
25891	전남 담양군	담양몰상세페이지제작및홍보	15,000	1	4	7	8	7	5	5	4
25892	전남 담양군	고추재배농가묘목구입비지원사업(대덕면,6농가)	15,000	1	6	7	8	7	5	5	4
25893	전남 담양군	과수농가톱밥지원사업	15,000	1	6	7	8	7	5	5	4
25894	전남 담양군	농작업용편의의자지원	14,243	1	6	7	8	7	5	5	4
25895	전남 담양군	낙농환경(질병)개선지원	14,000	1	7	7	8	7	5	5	4
25896	전남 담양군	가축개량방역복지원	12,960	1	1	7	8	7	5	5	4
25897	전남 담양군	친환경천적이용해충구제지원사업	12,864	1	6	7	8	7	5	5	4
25898	전남 담양군	신중년희망일자리장려금지원사업	12,800	1	1,6	7	8	7	1	1	4
25899	전남 담양군	어린이집연합회지원(보육교사연수대회,의무교육)	12,000	1	4	7	8	7	5	5	4
25900	전남 담양군	읍면게이트볼분회지원	12,000	1	4	7	7	7	1	1	1
25901	전남 담양군	담양군생활체육지도자처우개선지원	12,000	1	4	7	7	7	1	1	1
25902	전남 담양군	담양몰신선농산물디자인개발및포장재지원	12,000	1	4	7	8	7	5	5	4
25903	전남 담양군	생태도시담양21협의회운영	12,000	1	2	7	8	7	5	5	4
25904	전남 담양군	농가도우미지원사업	11,043	1	6	7	8	7	5	5	4
25905	전남 담양군	GAP인증신청수수료지원	10,800	1	6	7	8	7	5	5	4
25906	전남 담양군	노동절감형생분해성멀칭농자재지원	10,200	1	6	7	8	7	5	5	4
25907	전남 담양군	범죄피해자구조사업	10,000	1	4	6	8	7	1	1	1
25908	전남 담양군	수북주민자치프로그램운영	10,000	1	4	7	8	7	5	5	4
25909	전남 담양군	마을자치회시범운영지원사업	10,000	1	4	7	8	7	5	5	4
25910	전남 담양군	푸른숲가꾸기및자연정화활동(바르게살기읍면분회)	10,000	1	1	7	8	7	5	5	4
25911	전남 담양군	영산강하천변식재식물관리	10,000	1	4	7	8	7	5	5	4
25912	전남 담양군	모다들사람채프로그램운영	10,000	1	4	7	8	7	5	5	4
25913	전남 담양군	5.18민중항쟁기념사업(담양5.18민중항쟁)	10,000	1	4	7	1	7	1	1	4
25914	전남 담양군	군민자전거안전교실운영	10,000	1	4	7	7	7	1	1	1
25915	전남 담양군	창업보육센터운영지원	10,000	1	7	7	8	7	1	2	4
25916	전남 담양군	한국농업경영인연합회회보발간	10,000	1	1	7	8	7	5	5	4

순번	시군구	지출명 (사업명)	2024년예산 (단위 : 천원 /1년간)	민간이전 분류 (지방자치단체 세출예산 집행기준에 의거) 1. 민간경상사업보조(307-02) 2. 민간단체 법정운영비보조(307-03) 3. 민간행사사업보조(307-04) 4. 민간위탁금(307-05) 5. 사회복지시설 법정운영비보조(307-10) 6. 민간인위탁교육비(307-12) 7. 공기관등에대한경상적위탁사업비(308-13) 8. 민간자본사업보조,자체재원(402-01) 9. 민간자본사업보조,이전재원(402-02) 10. 민간위탁사업비(402-03) 11. 공기관등에 대한 자본적 위탁사업비(403-02)	민간이전지출 근거 (지방보조금 관리기준 참고) 1. 법률에 규정 2. 국고보조 재원(국가지정) 3. 용도 지정 기부금 4. 조례에 직접규정 5. 지자체가 권장하는 사업을 하는 공공기관 6. 시,도 정책 및 재정사정 7. 기타 8. 해당없음	입찰방식 계약체결방법 (경쟁형태) 1. 일반경쟁 2. 제한경쟁 3. 지명경쟁 4. 수의계약 5. 법정위탁 6. 기타 ( ) 7. 없음	입찰방식 계약기간 1. 1년 2. 2년 3. 3년 4. 4년 5. 5년 6. 기타 ( )년 7. 단기계약 (1년미만) 8. 없음	입찰방식 낙찰자선정방법 1. 적격심사 2. 협상에의한계약 3. 최저가낙찰제 4. 규격가격분리 5. 2단계 경쟁입찰 6. 기타 ( ) 7. 없음	운영예산 산정 운영예산 산정 1. 내부산정 (지자체 자체적으로 산정) 2. 외부산정 (외부전문기관위탁 산정) 3. 내·외부 모두 산정 4. 산정 無 5. 없음	운영예산 산정 정산방법 1. 내부정산 (지자체 내부적으로 정산) 2. 외부정산 (외부전문기관위탁 정산) 3. 내·외부 모두 산정 4. 정산 無 5. 없음	성과평가 실시여부 1. 실시 2. 미실시 3. 향후 추진 4. 해당없음
25917	전남 담양군	한국농업경영인연합회역량강화교육	10,000	1	1	7	8	7	5	5	4
25918	전남 담양군	청년농업인연구동아리지원사업	10,000	1	6	7	8	7	5	5	4
25919	전남 담양군	수도권향우친환경농산물꾸러미지원사업	10,000	1	6	7	8	7	5	5	4
25920	전남 담양군	해외시장판촉행사지원	10,000	1	4	7	8	7	5	5	4
25921	전남 담양군	담양몰신선농산물택배비지원	10,000	1	4	7	8	7	5	5	4
25922	전남 담양군	사설유기동물보호소치료비지원	10,000	1	4	7	8	7	1	1	4
25923	전남 담양군	찾아가는자원순환교실운영	10,000	1	4	7	7	7	1	5	3
25924	전남 담양군	한국대나무발전협회학술대회및총회개최	10,000	1	4	7	8	7	5	5	4
25925	전남 담양군	한국대나무발전협회국내외홍보행사운영및WBO가입유지협회비납부	10,000	1	4	7	8	7	5	5	4
25926	전남 담양군	우량핵군한우수정란이식	9,720	1	4	7	8	7	5	5	4
25927	전남 담양군	젖소이용한우수정란이식	9,720	1	4	7	8	7	5	5	4
25928	전남 담양군	돼지생산비절감용사료효율개선제지원	9,000	1	6	7	8	7	5	5	4
25929	전남 담양군	평생학습동아리운영	8,000	1	4	7	1	7	1	1	1
25930	전남 담양군	담양소리전수관국악교실	8,000	1	4	7	8	7	5	5	4
25931	전남 담양군	향토문화기록관리사업	8,000	1	1	5	1	7	1	1	1
25932	전남 담양군	외식경영아카데미	8,000	1	4	7	8	7	5	5	4
25933	전남 담양군	젖소우량정액공급	8,000	1	4	7	8	7	5	5	4
25934	전남 담양군	한돈우량정액공급	7,950	1	4	7	8	7	5	5	4
25935	전남 담양군	도지사품질인증제품자가품질검사비지원	7,875	1	6	7	8	7	5	5	4
25936	전남 담양군	전문단지입모중파종비지원(59ha)	7,787	1	2	7	8	7	5	5	4
25937	전남 담양군	가축분뇨퇴비부숙용톱밥지원(군비추가분)	7,400	1	4	7	8	7	5	5	4
25938	전남 담양군	대금연주단운영지원	7,200	1	4	7	1	7	1	1	1
25939	전남 담양군	담양여성합창단육성	7,000	1	4	7	1	7	1	1	1
25940	전남 담양군	생활체조교실운영지원	7,000	1	4	7	7	7	1	1	1
25941	전남 담양군	젖소미생물제제지원	7,000	1	7	7	8	7	5	5	4
25942	전남 담양군	오리증체율향상지원사업	7,000	1	7	7	8	7	5	5	4
25943	전남 담양군	젖소분뇨발효촉진지원사업	7,000	1	7	7	8	7	5	5	4
25944	전남 담양군	우수여왕벌보급사업(2024신규)	6,960	1	2	7	8	7	5	5	4
25945	전남 담양군	푸드뱅크센터운영	6,800	1	4	7	8	7	1	1	4
25946	전남 담양군	사랑의밑반찬나눔등(새마을부녀회)	6,000	1	1	7	8	7	5	5	4
25947	전남 담양군	새마을지도자역량교육	6,000	1	1	7	8	7	5	5	4
25948	전남 담양군	담양여성합창단의상비지원	6,000	1	4	7	1	7	1	1	1
25949	전남 담양군	교육비지원사업	6,000	1	4	7	8	7	1	1	4
25950	전남 담양군	농촌체험휴양마을안전화재보험가입비지원	5,078	1	2	7	8	7	5	5	4
25951	전남 담양군	자원봉사단체지원	5,000	1	4	7	8	7	1	1	1
25952	전남 담양군	운수대통난타예술회역량강화교육지원	5,000	1	4	7	1	7	1	1	1
25953	전남 담양군	채상장전수교육관지원	5,000	1	2	4	1	6	1	1	1
25954	전남 담양군	음식점식중독예방물품구입비지원	5,000	1	4	7	8	7	5	5	4
25955	전남 담양군	농업경영컨설팅지원사업	5,000	1	2	7	8	7	5	5	4
25956	전남 담양군	모돈분만율향상지원사업	5,000	1	6	7	8	7	5	5	4

순번	시군구	지출명 (사업명)	2024년예산 (단위 : 천원 /1년간)	민간이전 분류 (지방자치단체 세출예산 집행기준에 의거) 1. 민간경상사업보조(307-02) 2. 민간단체 법정운영비보조(307-03) 3. 민간행사사업보조(307-04) 4. 민간위탁금(307-05) 5. 사회복지시설 법정운영비보조(307-10) 6. 민간인위탁교육비(307-12) 7. 공기관등에대한경상적위탁사업비(308-13) 8. 민간자본사업보조,자체재원(402-01) 9. 민간자본사업보조,이전재원(402-02) 10. 민간위탁사업비(402-03) 11. 공기관등에 대한 자본적 위탁사업비(403-02)	민간이전지출 근거 (지방보조금 관리기준 참고) 1. 법률에 규정 2. 국고보조 재원(국가지정) 3. 용도 지정 기부금 4. 조례에 직접규정 5. 지자체가 권장하는 사업을 하는 공공기관 6. 시,도 정책 및 재정사정 7. 기타 8. 해당없음	입찰방식 계약체결방법 (경쟁형태) 1. 일반경쟁 2. 제한경쟁 3. 지명경쟁 4. 수의계약 5. 법정위탁 6. 기타 ( ) 7. 없음	입찰방식 계약기간 1. 1년 2. 2년 3. 3년 4. 4년 5. 5년 6. 기타 ( )년 7. 단기계약 (1년미만) 8. 없음	입찰방식 낙찰자선정방법 1. 적격심사 2. 협상에의한계약 3. 최저가낙찰제 4. 규격가격분리 5. 2단계 경쟁입찰 6. 기타 ( ) 7. 없음	운영예산 산정 운영예산 산정 1. 내부산정 (지자체 자체적으로 산정) 2. 외부산정 (외부전문기관위탁 산정) 3. 내·외부 모두 산정 4. 산정 無 5. 없음	운영예산 산정 정산방법 1. 내부정산 (지자체 내부적으로 정산) 2. 외부정산 (외부전문기관위탁 정산) 3. 내·외부 모두 산정 4. 정산 無 5. 없음	성과평가 실시여부 1. 실시 2. 미실시 3. 향후 추진 4. 해당없음
25957	전남 담양군	사설유기동물보호소사료비지원	5,000	1	4	7	8	7	1	1	4
25958	전남 담양군	담양한우리연희예술단문화교실운영	4,800	1	4	7	1	7	1	1	1
25959	전남 담양군	전국농민회총연맹담양군농민회정기교육	4,800	1	4	7	8	7	5	5	4
25960	전남 담양군	염소생산사양관리기자재지원사업	4,800	1	8	7	8	7	5	5	4
25961	전남 담양군	시설원예연작장해경감제지원	4,292	1	6	7	8	7	5	5	4
25962	전남 담양군	곤충사료첨가제지원사업	4,200	1	7	7	8	7	5	5	4
25963	전남 담양군	축산물HACCP컨설팅지원사업	4,200	1	2	7	8	7	5	5	4
25964	전남 담양군	내고장가꾸기사업(바르게살기협의회)	4,000	1	1	7	8	7	5	5	4
25965	전남 담양군	소외계층생일상차려드리기및독거노인나들이봉사(새마을회)	4,000	1	1	7	8	7	5	5	4
25966	전남 담양군	군민준법질서지키기계도	4,000	1	1	7	8	7	1	1	1
25967	전남 담양군	담양수채화협회수채화교실	4,000	1	4	7	1	7	1	1	1
25968	전남 담양군	담양서예협회작품활동지원	4,000	1	4	7	1	7	1	1	1
25969	전남 담양군	문인협회문학지발간	4,000	1	4	7	1	7	1	1	1
25970	전남 담양군	담양예총예술지발간	4,000	1	4	7	1	7	1	1	1
25971	전남 담양군	담양향토문화예술배움터	4,000	1	4	4	1	6	1	1	1
25972	전남 담양군	한우고등등록선형심사비지원	4,000	1	4	7	8	7	5	5	4
25973	전남 담양군	개량물꼬지원	3,870	1	6	7	8	7	5	5	4
25974	전남 담양군	전통공예문화활동지원	3,500	1	4	7	1	7	1	1	1
25975	전남 담양군	담양죽산농악역량강화	3,500	1	4	4	1	6	1	1	1
25976	전남 담양군	염소생산성향상지원	3,500	1	6	7	8	7	5	5	4
25977	전남 담양군	축사지붕열차단재지원(3농가)	3,500	1	6	7	8	7	5	5	4
25978	전남 담양군	구제역예방접종자동연속주사기지원(농가)	3,430	1	6	7	8	7	5	5	4
25979	전남 담양군	아동복지시설안전공제지원사업	3,300	1	1	7	8	7	5	5	4
25980	전남 담양군	전통연희예술창작배움학교	3,200	1	4	7	1	7	1	1	1
25981	전남 담양군	교통정리및주거환경개선등(해병전우회)	3,000	1	4	7	8	7	5	5	4
25982	전남 담양군	담양군모범운전자회교통기초질서지키기운동전개	3,000	1	4	7	8	7	2	2	4
25983	전남 담양군	꿀벌산업육성(한봉)사업	3,000	1	7	7	8	7	5	5	4
25984	전남 담양군	돼지소모성질환지도지원사업	3,000	1	2	7	8	7	5	5	4
25985	전남 담양군	장애인거주시설공기청정기렌탈지원사업	2,880	1	1	7	8	7	1	1	4
25986	전남 담양군	농촌체험휴양마을역량강화교육(11개소)	2,640	1	2	7	8	7	5	5	4
25987	전남 담양군	학교폭력등관내학생선도사업(법무부청소년범죄예방위원회)	2,500	1	4	7	8	7	5	5	4
25988	전남 담양군	지역아동센터역량강화워크숍	2,500	1	1	7	8	7	5	5	4
25989	전남 담양군	담양미술협회작품활동지원	2,500	1	4	7	1	7	1	1	1
25990	전남 담양군	창평학구당교양강좌및한시백일장지원	2,500	1	4	4	1	6	1	1	1
25991	전남 담양군	호국안보의식고취및민주시민의식함양(한국자유총연맹읍면분회)	2,000	1	1	7	8	7	5	5	4
25992	전남 담양군	민족통일전국및전남대회(민족통일담양군협의회)	2,000	1	4	7	8	7	5	5	4
25993	전남 담양군	경찰충혼탑관리및위령제(재향경우회)	2,000	1	4	7	8	7	5	5	4
25994	전남 담양군	다문화가정과함께하는천연염색체험(소비자교육중앙회담양지회)	2,000	1	4	7	8	7	5	5	4
25995	전남 담양군	보호관찰대상자교정지원사업	2,000	1	4	7	8	7	5	5	4
25996	전남 담양군	죽로차포장재디자인및제작	1,800	1	4	7	8	7	5	5	4

순번	시군구	지출명 (사업명)	2024년예산 (단위 : 천원 /1년간)	민간이전 분류 (지방자치단체 세출예산 집행기준에 의거) 1. 민간경상사업보조(307-02) 2. 민간단체 법정운영비보조(307-03) 3. 민간행사사업보조(307-04) 4. 민간위탁금(307-05) 5. 사회복지시설 법정운영비보조(307-10) 6. 민간인위탁교육비(307-12) 7. 공기관등에대한경상적위탁사업비(308-13) 8. 민간자본사업보조,자체재원(402-01) 9. 민간자본사업보조,이전재원(402-02) 10. 민간위탁사업비(402-03) 11. 공기관등에 대한 자본적 위탁사업비(403-02)	민간이전지출 근거 (지방보조금 관리기준 참고) 1. 법률에 규정 2. 국고보조 재원(국가지정) 3. 용도 지정 기부금 4. 조례에 직접규정 5. 지자체가 권장하는 사업을 하는 공공기관 6. 시,도 정책 및 재정사정 7. 기타 8. 해당없음	입찰방식 계약체결방법 (경쟁형태) 1. 일반경쟁 2. 제한경쟁 3. 지명경쟁 4. 수의계약 5. 법정위탁 6. 기타 ( ) 7. 없음	입찰방식 계약기간 1. 1년 2. 2년 3. 3년 4. 4년 5. 5년 6. 기타 ( )년 7. 단기계약 (1년미만) 8. 없음	입찰방식 낙찰자선정방법 1. 적격심사 2. 협상에의한계약 3. 최저가낙찰제 4. 규격가격분리 5. 2단계 경쟁입찰 6. 기타 ( ) 7. 없음	운영예산 산정 운영예산 산정 1. 내부산정 (지자체 자체적으로 산정) 2. 외부산정 (외부전문기관위탁 산정) 3. 내·외부 모두 산정 4. 산정 無 5. 없음	운영예산 산정 정산방법 1. 내부정산 (지자체 내부적으로 정산) 2. 외부정산 (외부전문기관위탁 정산) 3. 내·외부 모두 산정 4. 정산 無 5. 없음	성과평가 실시여부 1. 실시 2. 미실시 3. 향후 추진 4. 해당없음
25997	전남 담양군	생활체육지도자지도활동보험료지원	1,620	1	2	7	7	7	1	1	1
25998	전남 담양군	장애인생활체육지도자보험료지원	1,620	1	2	7	7	7	1	1	1
25999	전남 담양군	젖소개량(등록심사)지원사업	1,000	1	2	7	8	7	5	5	4
26000	전남 담양군	군민의식개혁및환경보전홍보계도(영산강환경보전담양군협의회)	1,000	1	4	7	8	7	5	5	4
26001	전남 곡성군	유기질비료지원	2,103,000	1	2	7	8	7	1	1	3
26002	전남 곡성군	여성농업인행복바우처지원	540,000	1	6	7	8	7	1	1	2
26003	전남 곡성군	농촌융복합산업지구조성(S/W)	480,000	1	2	7	8	7	1	1	4
26004	전남 곡성군	토양개량제지원	452,905	1	2	7	8	7	1	1	4
26005	전남 곡성군	청년농업인영농정착지원	427,641	1	2	7	8	1	1	1	4
26006	전남 곡성군	전남쌀평생고객확보사업택배비지원	386,360	1	6	7	8	7	1	1	1
26007	전남 곡성군	유기농업자재지원	355,000	1	2	7	8	7	1	1	4
26008	전남 곡성군	통합문화이용권사업	283,790	1	2	7	8	7	5	5	4
26009	전남 곡성군	사회적기업일자리창출사업(일반인력)	277,100	1	2	7	8	7	5	5	4
26010	전남 곡성군	지역응급의료기관응급실운영지원	230,000	1	1	7	8	7	1	2	4
26011	전남 곡성군	농촌체험휴양마을사무장채용지원	207,508	1	2	7	8	7	5	5	4
26012	전남 곡성군	취약지응급실운영기관지원	200,000	1	2	7	8	7	5	2	4
26013	전남 곡성군	공공형계절근로사업	198,000	1	2	7	8	7	5	1	1
26014	전남 곡성군	전업농구제역백신지원	192,000	1	2	4	1	7	1	1	1
26015	전남 곡성군	농촌인력지원센터운영지원	170,000	1	1	7	8	7	5	1	4
26016	전남 곡성군	학교우유급식지원	165,600	1	2	7	8	7	1	1	4
26017	전남 곡성군	일반단지종자구입지원	161,073	1	2	7	8	7	1	1	4
26018	전남 곡성군	주민참여한마당행사지원—그외6개면	150,000	1	4	5	8	7	1	1	4
26019	전남 곡성군	청년농업인농지임차료지원사업	150,000	1	4	7	8	1	1	1	1
26020	전남 곡성군	농촌돌봄서비스활성화지원	132,000	1	2	7	8	7	1	1	4
26021	전남 곡성군	주민참여한마당행사지원—오곡면,석곡면,옥과면,입면	128,000	1	4	5	8	7	1	1	4
26022	전남 곡성군	야생동물피해예방사업	116,296	1	1,2	7	8	7	5	5	4
26023	전남 곡성군	농산물수출물류비대체지원	114,000	1	6	7	8	7	1	1	1
26024	전남 곡성군	토양개량제공동살포지원	108,115	1	2	7	8	7	1	1	4
26025	전남 곡성군	영농부산물안전처리지원	105,125	1	2	7	8	7	5	5	4
26026	전남 곡성군	행복드림돌봄공동체지원공모사업	100,000	1	4	7	8	7	5	5	4
26027	전남 곡성군	농산물통합마케팅유통출하지원	100,000	1	4	7	8	7	1	1	1
26028	전남 곡성군	지역농특산물전자상거래택배비지원	100,000	1	4	7	8	7	1	1	1
26029	전남 곡성군	귀농귀촌유치지원프로그램운영	100,000	1	4	7	8	7	1	1	4
26030	전남 곡성군	치매안심요양병원공공보건사업지원	100,000	1	1	2	1	1	1	1	1
26031	전남 곡성군	생생문화재사업	92,500	1	1	7	8	7	1	1	4
26032	전남 곡성군	지역공동체활동지원공모사업	90,000	1	4	7	8	7	5	5	4
26033	전남 곡성군	공동방제단운영인건비	87,486	1	2	4	1	7	1	1	1
26034	전남 곡성군	공동방제단운영비	86,484	1	2	4	1	7	1	1	1
26035	전남 곡성군	축산악취저감제공급(가금)	84,000	1	6	7	8	7	1	1	4
26036	전남 곡성군	농산물공동선별비지원	80,372	1	2	7	8	7	1	1	1

순번	시군구	지출명 (사업명)	2024년예산 (단위 : 천원 /1년간)	민간이전 분류 (지방자치단체 세출예산 집행기준에 의거) 1. 민간경상사업보조(307-02) 2. 민간단체 법정운영비보조(307-03) 3. 민간행사사업보조(307-04) 4. 민간위탁금(307-05) 5. 사회복지시설 법정운영비보조(307-10) 6. 민간인위탁교육비(307-12) 7. 공기관등에대한경상적위탁사업비(308-13) 8. 민간자본사업보조,자체재원(402-01) 9. 민간자본사업보조,이전재원(402-02) 10. 민간위탁사업비(402-03) 11. 공기관등에 대한 자본적 위탁사업비(403-02)	민간이전지출 근거 (지방보조금 관리기준 참고) 1. 법률에 규정 2. 국고보조 재원(국가지정) 3. 용도 지정 기부금 4. 조례에 직접규정 5. 지자체가 권장하는 사업을 하는 공공기관 6. 시,도 정책 및 재정사정 7. 기타 8. 해당없음	입찰방식 계약체결방법 (경쟁형태) 1. 일반경쟁 2. 제한경쟁 3. 지명경쟁 4. 수의계약 5. 법정위탁 6. 기타 ( ) 7. 없음	입찰방식 계약기간 1. 1년 2. 2년 3. 3년 4. 4년 5. 5년 6. 기타 ( )년 7. 단기계약 (1년미만) 8. 없음	입찰방식 낙찰자선정방법 1. 적격심사 2. 협상에의한계약 3. 최저가낙찰제 4. 규격가격분리 5. 2단계 경쟁입찰 6. 기타 ( ) 7. 없음	운영예산 산정 운영예산 산정 1. 내부산정 (지자체 자체적으로 산정) 2. 외부산정 (외부전문기관위탁 산정) 3. 내·외부 모두 산정 4. 산정 無 5. 없음	운영예산 산정 정산방법 1. 내부정산 (지자체 내부적으로 정산) 2. 외부정산 (외부전문기관위탁 정산) 3. 내·외부 모두 산정 4. 정산 無 5. 없음	성과평가 실시여부 1. 실시 2. 미실시 3. 향후 추진 4. 해당없음
26037	전남 곡성군	세탁물수거.배달대행서비스용역비(세탁지원서비스사업)	80,000	1	4	7	8	7	5	5	4
26038	전남 곡성군	농촌공동체회사우수사업지원	75,000	1	6	7	8	7	5	1	1
26039	전남 곡성군	주민참여형지역특화상설공연지원	70,000	1	4	7	8	7	5	5	4
26040	전남 곡성군	가축분뇨퇴비부숙용톱밥지원	65,000	1	6	7	8	7	1	1	4
26041	전남 곡성군	청년창업지원사업	60,000	1	6	7	8	7	5	5	4
26042	전남 곡성군	찾아가는마을자치활동지원사업	60,000	1	4	7	8	7	5	5	4
26043	전남 곡성군	양돈농가가축분뇨운반비지원	60,000	1	4	7	8	7	1	1	4
26044	전남 곡성군	귀표부착비지원	58,052	1	2	7	8	7	1	1	4
26045	전남 곡성군	청년정착금지원사업	54,000	1	6	7	8	7	5	5	4
26046	전남 곡성군	들녘경영체교육컨설팅지원	54,000	1	2	7	8	7	1	1	4
26047	전남 곡성군	축산악취저감제공급(돼지)	54,000	1	6	7	8	7	1	1	4
26048	전남 곡성군	곡성문화원운영	53,000	1	4	7	8	7	1	1	4
26049	전남 곡성군	돼지써코(PCV2)백신지원	50,400	1	6	7	8	7	1	1	1
26050	전남 곡성군	한우,젖소호흡기및설사예방약품	50,000	1	4	7	8	7	1	1	1
26051	전남 곡성군	고품질브랜드쌀로열티지원	50,000	1	4	7	8	7	1	1	1
26052	전남 곡성군	곡성군영화드라마제작인센티브지원	50,000	1	4	7	8	7	5	5	4
26053	전남 곡성군	가축폭염대비고온스트레스완화제지원	47,000	1	6	7	8	7	1	1	4
26054	전남 곡성군	주민참여한마당행사지원곡성읍	45,000	1	4	5	8	7	1	1	4
26055	전남 곡성군	농촌에서살아보기	43,800	1	6	7	8	7	5	5	4
26056	전남 곡성군	농촌체험휴양마을운영매니저지원	43,430	1	6	7	8	7	5	5	4
26057	전남 곡성군	군지역공동체활동지원사업	40,000	1	4	7	8	7	5	5	4
26058	전남 곡성군	소지역지역공동체활동지원	40,000	1	4	7	8	7	5	5	4
26059	전남 곡성군	(사)한국농업경영인곡성군연합회지원	40,000	1	4	7	8	7	1	1	1
26060	전남 곡성군	한우,젖소,돼지구충제	40,000	1	4	7	8	7	1	1	1
26061	전남 곡성군	과수화상병사전방제약제지원	40,000	1	2	7	8	7	5	5	4
26062	전남 곡성군	낙농환경(질병)개선지원	39,200	1	6	7	8	7	1	1	4
26063	전남 곡성군	축산악취저감제공급(한우,젖소)	37,500	1	6	7	8	7	1	1	4
26064	전남 곡성군	어르신등체험활동건강꾸러미지원	37,000	1	6	7	8	7	1	1	4
26065	전남 곡성군	가금류칼슘첨가제지원	36,480	1	6	7	8	7	1	1	4
26066	전남 곡성군	가루쌀생산단지조성(교육컨설팅)	36,000	1	2	7	8	7	1	1	4
26067	전남 곡성군	TV홈쇼핑방송판매지원사업	36,000	1	6	7	8	7	1	1	1
26068	전남 곡성군	곡성친환경쌀판매택배비	34,000	1	4	7	8	7	1	1	1
26069	전남 곡성군	읍면청소년농악육성지원	34,000	1	4	7	8	7	5	5	4
26070	전남 곡성군	양돈생산성향상지원	32,760	1	6	7	8	7	1	1	4
26071	전남 곡성군	젖소분뇨발효촉진지원	31,500	1	6	7	8	7	1	1	4
26072	전남 곡성군	닭증체율향상지원	31,500	1	6	7	8	7	1	1	4
26073	전남 곡성군	소상공인노란우산가입장려금지원	31,200	1	4	7	8	7	5	1	4
26074	전남 곡성군	곡성군새마을회활동지원(단체지원)공익사업(활동)보조금지원	31,000	1	1	7	8	7	5	5	4
26075	전남 곡성군	민주평화통일자문회의곡성군협의회활동지원(단체지원)자문위원통일연수(3일)	30,000	1	1	7	8	7	5	5	4
26076	전남 곡성군	전남형청년공동체활성화사업	30,000	1	6	7	8	7	5	5	4

순번	시군구	지출명 (사업명)	2024년예산 (단위 : 천원 /1년간)	민간이전 분류 (지방자치단체 세출예산 집행기준에 의거) 1. 민간경상사업보조(307-02) 2. 민간단체 법정운영비보조(307-03) 3. 민간행사사업보조(307-04) 4. 민간위탁금(307-05) 5. 사회복지시설 법정운영비보조(307-10) 6. 민간인위탁교육비(307-12) 7. 공기관등에대한경상적위탁사업비(308-13) 8. 민간자본사업보조,자체재원(402-01) 9. 민간자본사업보조,이전재원(402-02) 10. 민간위탁사업비(402-03) 11. 공기관등에 대한 자본적 위탁사업비(403-02)	민간이전지출 근거 (지방보조금 관리기준 참고) 1. 법률에 규정 2. 국고보조 재원(국가지정) 3. 용도 지정 기부금 4. 조례에 직접규정 5. 지자체가 권장하는 사업을 하는 공공기관 6. 시,도 정책 및 재정사정 7. 기타 8. 해당없음	입찰방식			운영예산 산정		성과평가 실시여부
						계약체결방법 (경쟁형태) 1. 일반경쟁 2. 제한경쟁 3. 지명경쟁 4. 수의계약 5. 법정위탁 6. 기타 ( ) 7. 없음	계약기간 1. 1년 2. 2년 3. 3년 4. 4년 5. 5년 6. 기타 ( )년 7. 단기계약 (1년미만) 8. 없음	낙찰자선정방법 1. 적격심사 2. 협상에의한계약 3. 최저가낙찰제 4. 규격가격분리 5. 2단계 경쟁입찰 6. 기타 ( ) 7. 없음	운영예산 산정 1. 내부산정 (지자체 자체적으로 산정) 2. 외부산정 (외부전문기관위탁 산정) 3. 내·외부 모두 산정 4. 산정 無 5. 없음	정산방법 1. 내부정산 (지자체 내부적으로 정산) 2. 외부정산 (외부전문기관위탁 정산) 3. 내·외부 모두 산정 4. 정산 無 5. 없음	1. 실시 2. 미실시 3. 향후 추진 4. 해당없음
26077	전남 곡성군	도깨비콘텐츠개발지원	30,000	1	4	7	8	7	5	5	4
26078	전남 곡성군	다도제다교육지원	30,000	1	4	7	8	7	5	5	4
26079	전남 곡성군	창작국악뮤지컬지원	30,000	1	4	7	8	7	5	5	4
26080	전남 곡성군	청년농업인선진연수지원	30,000	1	4	7	8	7	5	5	4
26081	전남 곡성군	매실공동선별활성화사업	30,000	1	4	7	8	7	5	5	4
26082	전남 곡성군	블루베리공동출하유통마케팅지원	30,000	1	4	7	8	7	5	5	4
26083	전남 곡성군	한우증체율향상지원	29,400	1	6	7	8	7	1	1	4
26084	전남 곡성군	작은도서관독서문화프로그램운영지원	28,000	1	4	7	8	7	5	5	4
26085	전남 곡성군	남도국악제참가및국악교실운영	27,000	1	4	7	8	7	5	5	4
26086	전남 곡성군	국산밀생산단지교육컨설팅지원	26,280	1	2	7	8	7	1	1	4
26087	전남 곡성군	돼지써코백신지원	26,000	1	4	7	8	7	1	1	1
26088	전남 곡성군	곡성군합창단운영지원	24,670	1	4	7	8	7	5	5	4
26089	전남 곡성군	정보화마을프로그램관리자육성프로그램관리자인건비	24,603	1	2	5	1	7	3	3	4
26090	전남 곡성군	신중년희망일자리장려금지원사업	24,000	1	1	7	8	7	5	5	4
26091	전남 곡성군	곤충사료첨가제지원	23,100	1	6	7	8	7	1	1	4
26092	전남 곡성군	유기농생태마을사무장지원	22,000	1	6	7	8	7	1	1	4
26093	전남 곡성군	국산김치사용업소식자재구입비지원	21,500	1	6	7	8	7	1	1	4
26094	전남 곡성군	오리증체율향상지원	21,000	1	6	7	8	7	1	1	4
26095	전남 곡성군	친환경천적이용해충구제지원	20,544	1	6	7	8	7	1	1	4
26096	전남 곡성군	도시군협업기획전	20,000	1	6	7	8	7	1	1	1
26097	전남 곡성군	곡성서화예술인작품전시회지원	20,000	1	4	7	8	7	5	5	4
26098	전남 곡성군	체리공동선별장려및유통마케팅지원	20,000	1	4	7	8	7	5	5	4
26099	전남 곡성군	지역특화토란품질향상협력사업	20,000	1	4	7	8	7	5	5	4
26100	전남 곡성군	찾아가는주민참여문화활동지원	19,800	1	4	7	8	7	5	5	4
26101	전남 곡성군	가축분뇨퇴액비자원화지원	19,200	1	6	7	8	7	1	1	4
26102	전남 곡성군	농산물온라인판매확대지원사업	19,200	1	6	7	8	7	1	1	1
26103	전남 곡성군	여성지역발전의식함양워크숍	19,000	1	4	7	8	7	1	1	3
26104	전남 곡성군	축산물HACCP컨설팅지원사업	18,480	1	2	7	8	7	1	1	1
26105	전남 곡성군	작목별맞춤형안전관리실천시범	17,500	1	2	7	8	7	5	5	4
26106	전남 곡성군	사슴인공수정료지원	16,800	1	6	7	8	7	1	1	4
26107	전남 곡성군	세시풍속놀이지원	15,200	1	4	7	8	7	5	5	4
26108	전남 곡성군	주민자치센터지역공동체형성프로그램	15,000	1	4	7	8	7	5	5	4
26109	전남 곡성군	여성단체특색사업	15,000	1	4	7	8	7	1	1	3
26110	전남 곡성군	공용버스터미널화장실관리인건비지원	14,400	1	1	7	8	7	5	5	4
26111	전남 곡성군	곡성향교서예활동지원	13,750	1	4	7	8	7	5	5	4
26112	전남 곡성군	염소생산성향상지원	13,000	1	6	7	8	7	1	1	4
26113	전남 곡성군	농가도우미지원	12,930	1	6	7	8	7	5	1	4
26114	전남 곡성군	수도권향우친환경농산물꾸러미지원	12,500	1	6	7	8	7	1	1	4
26115	전남 곡성군	농촌축제지원	12,000	1	2	7	8	7	5	5	4
26116	전남 곡성군	농업인한마음대회추진	11,000	1	4	7	8	7	5	5	4

순번	시군구	지출명 (사업명)	2024년예산 (단위 : 천원 /1년간)	민간이전 분류 (지방자치단체 세출예산 집행기준에 의거) 1. 민간경상사업보조(307-02) 2. 민간단체 법정운영비보조(307-03) 3. 민간행사사업보조(307-04) 4. 민간위탁금(307-05) 5. 사회복지시설 법정운영비보조(307-10) 6. 민간인위탁교육비(307-12) 7. 공기관등에대한경상적위탁사업비(308-13) 8. 민간자본사업보조,자체재원(402-01) 9. 민간자본사업보조,이전재원(402-02) 10. 민간위탁사업비(402-03) 11. 공기관등에 대한 자본적 위탁사업비(403-02)	민간이전지출 근거 (지방보조금 관리기준 참고) 1. 법률에 규정 2. 국고보조 재원(국가지정) 3. 용도 지정 기부금 4. 조례에 직접규정 5. 지자체가 권장하는 사업을 하는 공공기관 6. 시,도 정책 및 재정사정 7. 기타 8. 해당없음	입찰방식: 계약체결방법 (경쟁형태) 1. 일반경쟁 2. 제한경쟁 3. 지명경쟁 4. 수의계약 5. 법정위탁 6. 기타 ( ) 7. 없음	입찰방식: 계약기간 1. 1년 2. 2년 3. 3년 4. 4년 5. 5년 6. 기타 ( )년 7. 단기계약 (1년미만) 8. 없음	입찰방식: 낙찰자선정방법 1. 적격심사 2. 협상에의한계약 3. 최저가낙찰제 4. 규격가격분리 5. 2단계 경쟁입찰 6. 기타 ( ) 7. 없음	운영예산 산정: 운영예산 산정 1. 내부산정 (지자체 자체적으로 산정) 2. 외부산정 (외부전문기관위탁 산정) 3. 내·외부 모두 산정 4. 산정 無 5. 없음	운영예산 산정: 정산방법 1. 내부정산 (지자체 내부적으로 정산) 2. 외부정산 (외부전문기관위탁 정산) 3. 내·외부 모두 산정 4. 정산 無 5. 없음	성과평가 실시여부 1. 실시 2. 미실시 3. 향후 추진 4. 해당없음
26117	전남 곡성군	한우농가환경(질병)개선지원	10,500	1	4	7	8	7	5	5	4
26118	전남 곡성군	대중교통서비스개선사업(버스운전원제복)	10,200	1	1	7	8	7	5	5	4
26119	전남 곡성군	곡성군새마을회활동지원(단체지원)새마을지도자한마음대회(군행사)	10,000	1	1	7	8	7	5	5	4
26120	전남 곡성군	청년커뮤니티활성화지원사업	10,000	1	4	7	8	7	5	5	4
26121	전남 곡성군	곡성군합창단단원복지원	10,000	1	4	7	8	7	5	5	4
26122	전남 곡성군	한국생활개선곡성군연합회사업비지원(단체지원)	10,000	1	4	7	8	7	5	5	4
26123	전남 곡성군	치유농업생활화시범	10,000	1	4	7	8	7	5	5	4
26124	전남 곡성군	경로당공동작업장	9,000	1	4	5	8	7	1	1	1
26125	전남 곡성군	전국농민회총연맹곡성군농민회지원	9,000	1	4	7	8	7	1	1	1
26126	전남 곡성군	곡성군재향군인회활동지원(단체지원)6.25전쟁기념행사	8,000	1	1	7	8	7	5	5	4
26127	전남 곡성군	장애인전용주차구역정비사업(지체편의시설센터)	8,000	1	5	7	8	7	5	5	4
26128	전남 곡성군	청년농업인농지확보지원사업	7,200	1	6	7	8	1	1	1	4
26129	전남 곡성군	젖소개량지원	7,000	1	6	7	8	7	1	1	4
26130	전남 곡성군	곡성문학작품집발간지원	7,000	1	4	7	8	7	5	5	4
26131	전남 곡성군	곡성군4H연합회역량강화교육	7,000	1	4	7	8	7	5	5	4
26132	전남 곡성군	농업인건강관리실운영비지원	7,000	1	5	7	8	7	5	5	4
26133	전남 곡성군	농촌체험휴양마을활성화지원사업(홍보지원)	7,000	1	6	7	8	7	5	5	4
26134	전남 곡성군	바르게살기운동곡성군협의회활동지원(단체지원)안전문화운동및홍보사업	6,500	1	4	7	8	7	5	5	4
26135	전남 곡성군	(사)해병대전우회곡성지회활동지원(단체지원)	6,500	1	4	7	8	7	5	5	4
26136	전남 곡성군	농촌체험휴양마을보험가입지원	6,353	1	2	7	8	7	5	5	4
26137	전남 곡성군	공용버스터미널공공요금지원	6,000	1	1	7	8	7	5	5	4
26138	전남 곡성군	민주평화통일자문회의곡성군협의회활동지원(단체지원)통일강좌및통일교육(현장견학)	6,000	1	1	7	8	7	5	5	4
26139	전남 곡성군	자치계획수립및주민총회운영	6,000	1	4	7	8	7	5	5	4
26140	전남 곡성군	보육교직원힐링워크숍지원	6,000	1	4	5	1	7	1	1	4
26141	전남 곡성군	가금농가질병관리지원	6,000	1	2	7	8	7	1	1	1
26142	전남 곡성군	돼지소모성질환지도지원	6,000	1	2	7	8	7	1	1	1
26143	전남 곡성군	범죄피해자구조사업지원비	5,500	1	4	7	1	7	1	1	1
26144	전남 곡성군	임산부친환경농산물꾸러미지원	5,376	1	6	7	8	7	1	1	4
26145	전남 곡성군	어린이집안전공제회보험료지원	5,002	1	4	5	1	7	1	1	4
26146	전남 곡성군	민주평화통일자문회의곡성군협의회활동지원(단체지원)평화통일한마당	5,000	1	1	7	8	7	5	5	4
26147	전남 곡성군	대한적십자사곡성군지구협의회활동지원(단체지원)	5,000	1	4	7	8	7	5	5	4
26148	전남 곡성군	상이군경회곡성군지회고령국가유공자위문행사및정기회의	5,000	1	4	7	8	7	5	5	4
26149	전남 곡성군	시니어합창단	5,000	1	4	5	8	7	1	1	1
26150	전남 곡성군	도지사품질인증제품디자인제작지원	5,000	1	6	7	8	7	1	1	4
26151	전남 곡성군	농촌지도자회대회참석	5,000	1	4	7	8	7	5	5	4
26152	전남 곡성군	토양보전환경정화활동지원	5,000	1	4	7	8	7	5	5	4
26153	전남 곡성군	노인회지회차량유지비지원	4,920	1	4	5	8	7	1	1	1
26154	전남 곡성군	법무부청소년범죄예방위원곡성지구위원회활동지원(단체지원)	4,870	1	4	7	8	7	5	5	4
26155	전남 곡성군	국악분야예술강사지원사업	4,774	1	2	7	8	7	5	5	4
26156	전남 곡성군	축사지붕열차단재도포시범	4,550	1	6	7	8	7	1	1	4

순번	시군구	지출명 (사업명)	2024년예산 (단위 : 천원 /1년간)	민간이전 분류 (지방자치단체 세출예산 집행기준에 의거) 1. 민간경상사업보조(307-02) 2. 민간단체 법정운영비보조(307-03) 3. 민간행사사업보조(307-04) 4. 민간위탁금(307-05) 5. 사회복지시설 법정운영비보조(307-10) 6. 민간인위탁교육비(307-12) 7. 공기관등에대한경상적위탁사업비(308-13) 8. 민간자본사업보조,자체재원(402-01) 9. 민간자본사업보조,이전재원(402-02) 10. 민간위탁사업비(402-03) 11. 공기관등에 대한 자본적 위탁사업비(403-02)	민간이전지출 근거 (지방보조금 관리기준 참고) 1. 법률에 규정 2. 국고보조 재원(국가지정) 3. 용도 지정 기부금 4. 조례에 직접규정 5. 지자체가 권장하는 사업을 하는 공공기관 6. 시,도 정책 및 재정사정 7. 기타 8. 해당없음	입찰방식 계약체결방법 (경쟁형태) 1. 일반경쟁 2. 제한경쟁 3. 지명경쟁 4. 수의계약 5. 법정위탁 6. 기타 ( ) 7. 없음	입찰방식 계약기간 1. 1년 2. 2년 3. 3년 4. 4년 5. 5년 6. 기타 ( )년 7. 단기계약 (1년미만) 8. 없음	입찰방식 낙찰자선정방법 1. 적격심사 2. 협상에의한계약 3. 최저가낙찰제 4. 규격가격분리 5. 2단계 경쟁입찰 6. 기타 ( ) 7. 없음	운영예산 산정 운영예산 산정 1. 내부산정 (지자체 자체적으로 산정) 2. 외부산정 (외부전문기관위탁 산정) 3. 내·외부 모두 산정 4. 산정 無 5. 없음	운영예산 산정 정산방법 1. 내부정산 (지자체 내부적으로 정산) 2. 외부정산 (외부전문기관위탁 정산) 3. 내·외부 모두 산정 4. 정산 無 5. 없음	성과평가 실시여부 1. 실시 2. 미실시 3. 향후 추진 4. 해당없음
26157	전남 곡성군	곡성군새마을회활동지원(단체지원)전국새마을지도자대회	4,510	1	1	7	8	7	5	5	4
26158	전남 곡성군	동악한시집발간지원	4,500	1	4	7	8	7	5	5	4
26159	전남 곡성군	한궁대회개최및대회참가지원	4,330	1	4	5	8	7	1	1	1
26160	전남 곡성군	지방행정동우회곡성군분회활동지원(단체지원)무연고분묘벌초사업	4,000	1	1	7	8	7	5	5	4
26161	전남 곡성군	중소기업제품판매전참가지원	4,000	1	4	7	8	7	1	1	4
26162	전남 곡성군	4H회지역사랑실천봉사활동지원	4,000	1	4	7	8	7	5	5	4
26163	전남 곡성군	농촌체험휴양마을홍보관운영	4,000	1	6	7	8	7	5	5	4
26164	전남 곡성군	대한민국재향곡성경우회활동지원(단체지원)	3,680	1	4	7	8	7	5	5	4
26165	전남 곡성군	곡성군재향군인회활동지원(단체지원)호국순례	3,500	1	1	7	8	7	5	5	4
26166	전남 곡성군	상이군경회곡성군지회호국정신함양안보현장탐방	3,500	1	4	7	8	7	5	5	4
26167	전남 곡성군	경력이음바우처지원사업	3,500	1	6	7	8	7	5	5	4
26168	전남 곡성군	곡성교육희망연대활동지원(단체지원)월례강좌	3,400	1	4	7	8	7	5	5	4
26169	전남 곡성군	그라운드,파크골프대회참가지원	3,280	1	4	5	8	7	1	1	1
26170	전남 곡성군	농촌체험휴양마을역량강화지원	3,256	1	2	7	8	7	5	5	4
26171	전남 곡성군	한국자유총연맹곡성군지부활동지원(단체지원)자유수호희생자합동위령제	3,076	1	1	7	8	7	5	5	4
26172	전남 곡성군	교통안전지도및캠페인사업보조금지원	3,000	1	4	7	8	7	5	5	4
26173	전남 곡성군	녹색어머니회활동지원	3,000	1	4	7	8	7	5	5	4
26174	전남 곡성군	곡성한국화협회회원전지원	3,000	1	4	7	8	7	5	5	4
26175	전남 곡성군	한국자유총연맹곡성군지부활동지원(단체지원)안보현장체험학습	2,820	1	1	7	8	7	5	5	4
26176	전남 곡성군	상이군경회곡성군지회나라사랑배움터순례	2,730	1	4	7	8	7	5	5	4
26177	전남 곡성군	곡성군재향군인회활동지원(단체지원)백일장대회	2,700	1	1	7	8	7	5	5	4
26178	전남 곡성군	119동우회자연보호활동등지원(단체지원)	2,700	1	4	7	8	7	5	5	4
26179	전남 곡성군	한국자유총연맹곡성군지부활동지원(단체지원)자유수호한마음대회	2,635	1	1	7	8	7	5	5	4
26180	전남 곡성군	곡성군새마을회활동지원(단체지원)새마을지도자한마음전진대회(도행사)	2,600	1	1	7	8	7	5	5	4
26181	전남 곡성군	곡성군새마을회활동지원(단체지원)새마을부녀회어울마당	2,600	1	1	7	8	7	5	5	4
26182	전남 곡성군	월남참전자회곡성군지회—호국정신함양안보현장탐방	2,600	1	4	7	8	7	5	5	4
26183	전남 곡성군	6.25참전유공자회곡성군지회—호국정신함양안보현장탐방	2,600	1	4	7	8	7	5	5	4
26184	전남 곡성군	고엽제전우회곡성군지회—호국정신함양안보현장탐방	2,600	1	4	7	8	7	5	5	4
26185	전남 곡성군	무공수훈자회곡성군지회호국정신함양안보현장탐방	2,600	1	4	7	8	7	5	5	4
26186	전남 곡성군	전몰군경미망인회곡성군지회호국정신함양안보현장탐방	2,600	1	4	7	8	7	5	5	4
26187	전남 곡성군	전몰군경유족회곡성군지회호국정신함양안보현장탐방	2,600	1	4	7	8	7	5	5	4
26188	전남 곡성군	곡성6.25참전경찰국가유공자회활동지원(단체지원)	2,560	1	4	7	8	7	5	5	4
26189	전남 곡성군	곡성군재향군인회활동지원(단체지원)율곡안보강좌	2,500	1	1	7	8	7	5	5	4
26190	전남 곡성군	청년농업인연구동아리지원사업	2,500	1	6	7	8	1	1	1	4
26191	전남 곡성군	조기취업형계약학과운영사업	2,486	1	1	7	8	7	5	1	4
26192	전남 곡성군	게이트볼대회참가지원	2,200	1	4	5	8	7	1	1	1
26193	전남 곡성군	바르게살기운동곡성군협의회활동지원(단체지원)녹색생활운동	2,142	1	4	7	8	7	5	5	4
26194	전남 곡성군	한국자유총연맹곡성군지부활동지원(단체지원)어머니포순이활동	2,000	1	1	7	8	7	5	5	4
26195	전남 곡성군	민주평화통일자문회의곡성군협의회활동지원(단체지원)민주평통홍보사업	2,000	1	1	7	8	7	5	5	4
26196	전남 곡성군	바르게살기운동곡성군협의회활동지원(단체지원)전국회원대회	1,940	1	4	7	8	7	5	5	4

순번	시군구	지출명 (사업명)	2024년예산 (단위 : 천원 /1년간)	민간이전 분류 (지방자치단체 세출예산 집행기준에 의거) 1. 민간경상사업보조(307-02) 2. 민간단체 법정운영비보조(307-03) 3. 민간행사사업보조(307-04) 4. 민간위탁금(307-05) 5. 사회복지시설 법정운영비보조(307-10) 6. 민간인위탁교육비(307-12) 7. 공기관등에대한경상적위탁사업비(308-13) 8. 민간자본사업보조,자체재원(402-01) 9. 민간자본사업보조,이전재원(402-02) 10. 민간위탁사업비(402-03) 11. 공기관등에 대한 자본적 위탁사업비(403-02)	민간이전지출 근거 (지방보조금 관리기준 참고) 1. 법률에 규정 2. 국고보조 재원(국가지정) 3. 용도 지정 기부금 4. 조례에 직접규정 5. 지자체가 권장하는 사업을 하는 공공기관 6. 시,도 정책 및 재정사정 7. 기타 8. 해당없음	입찰방식 계약체결방법 (경쟁형태) 1. 일반경쟁 2. 제한경쟁 3. 지명경쟁 4. 수의계약 5. 법정위탁 6. 기타 ( ) 7. 없음	입찰방식 계약기간 1. 1년 2. 2년 3. 3년 4. 4년 5. 5년 6. 기타 ( )년 7. 단기계약 (1년미만) 8. 없음	입찰방식 낙찰자선정방법 1. 적격심사 2. 협상에의한계약 3. 최저가낙찰제 4. 규격가격분리 5. 2단계 경쟁입찰 6. 기타 ( ) 7. 없음	운영예산 산정 운영예산 산정 1. 내부산정 (지자체 자체적으로 산정) 2. 외부산정 (외부전문기관위탁 산정) 3. 내·외부 모두 산정 4. 산정 無 5. 없음	운영예산 산정 정산방법 1. 내부정산 (지자체 내부적으로 정산) 2. 외부정산 (외부전문기관위탁 정산) 3. 내·외부 모두 산정 4. 정산 無 5. 없음	성과평가 실시여부 1. 실시 2. 미실시 3. 향후 추진 4. 해당없음
26197	전남 곡성군	바르게살기운동곡성군협의회활동지원(단체지원)—전남회원대회	1,940	1	4	7	8	7	5	5	4
26198	전남 곡성군	식품박람회지원	1,800	1	6	7	8	7	1	1	1
26199	전남 곡성군	상이군경회곡성군지회중상이자및참전회원물리치료	1,640	1	4	7	8	7	5	5	4
26200	전남 곡성군	곡성군재향군인회활동지원(단체지원)향군여성회봉사활동	1,350	1	1	7	8	7	5	5	4
26201	전남 곡성군	전몰군경유족회곡성군지회국립묘지지킴이활동	1,300	1	4	7	8	7	5	5	4
26202	전남 곡성군	노인회지회현안사업(전남복지재단매칭)	1,300	1	4	5	8	7	1	1	1
26203	전남 곡성군	지방행정동우회곡성군분회활동지원(단체지원)자연정화활동	1,000	1	1	7	8	7	5	5	4
26204	전남 곡성군	전통시장박람회참가지원	1,000	1	4	7	8	7	1	1	4
26205	전남 구례군	민간수행기관노인일자리사업	1,504,780	1	1	7	8	7	1	1	4
26206	전남 구례군	조사료사일리지제조비지원	1,052,676	1	2	7	8	7	5	1	4
26207	전남 구례군	농촌형교통서비스(버스형)지원사업	600,000	1	2	7	8	7	5	3	4
26208	전남 구례군	지역응급의료기관응급실운영지원	328,000	1	2,4	7	8	7	1	1	4
26209	전남 구례군	농산물소포장재개선사업	300,000	1	4	7	8	7	5	3	4
26210	전남 구례군	일반생활체육지도자배치(활동지원)	219,052	1	2	7	8	7	1	1	1
26211	전남 구례군	청년농업인영농정착지원사업	161,200	1	6	7	8	7	5	3	4
26212	전남 구례군	어르신생활체육지도자배치(활동지원)	156,464	1	2	7	8	7	1	1	1
26213	전남 구례군	가축백신지원(구제역)사업	138,660	1	2	7	8	7	5	3	4
26214	전남 구례군	전라남도체육대회참가	130,000	1	1	7	8	7	1	1	1
26215	전남 구례군	구례전국여자천하장사씨름대회개최	125,000	1	1,4	7	8	7	1	1	1
26216	전남 구례군	경로식당운영지원(위탁운영)	120,000	1	1	7	8	7	1	1	4
26217	전남 구례군	시설원예흙살리기다시마액비시범	108,000	1	7	7	8	7	5	5	4
26218	전남 구례군	농번기마을공동급식지원사업	101,640	1	4	7	8	7	5	3	4
26219	전남 구례군	전남청년근속장려금지원사업	100,000	1	6	7	8	7	5	1	4
26220	전남 구례군	전지훈련팀지원	95,000	1	4	7	8	7	1	1	1
26221	전남 구례군	전라남도생활체육대회참가	90,000	1	1	7	8	7	1	1	1
26222	전남 구례군	농촌고용인력지원	90,000	1	6	7	8	7	5	3	4
26223	전남 구례군	국악교실운영등	85,000	1	1	7	8	7	1	1	1
26224	전남 구례군	구례노고단스포츠클럽운영지원	85,000	1	1,4	7	8	7	1	1	1
26225	전남 구례군	농촌체험마을운영매니저지원	82,728	1	6	7	8	7	5	3	4
26226	전남 구례군	저비용무제초제농법지원	80,601	1	6	7	8	7	5	1	4
26227	전남 구례군	가축분뇨퇴액비살포지원	76,000	1	2	7	8	7	5	1	4
26228	전남 구례군	학교우유급식확대지원	74,280	1	6	7	8	7	5	1	4
26229	전남 구례군	친환경단지공동방제단방제비지원	72,000	1	1	7	8	7	5	5	4
26230	전남 구례군	학교우유급식지원	71,880	1	2	7	8	7	5	1	4
26231	전남 구례군	지방문화원역사문화자원발굴및교육사업	68,000	1	1	7	8	7	1	1	1
26232	전남 구례군	가축분뇨퇴액비자원화지원사업	66,720	1	6	7	8	7	5	1	4
26233	전남 구례군	구례쌀평생고객확보택배비지원사업	62,300	1	4	7	8	7	5	3	4
26234	전남 구례군	악취저감제지원사업	60,500	1	6	7	8	7	5	1	4
26235	전남 구례군	증체율향상지원사업	56,500	1	6	7	8	7	5	1	4
26236	전남 구례군	저비용무제초제농법지원	55,125	1	6	7	8	7	5	1	4

순번	시군구	지출명 (사업명)	2024년예산 (단위 : 천원 /1년간)	민간이전 분류 (지방자치단체 세출예산 집행기준에 의거) 1. 민간경상사업보조(307-02) 2. 민간단체 법정운영비보조(307-03) 3. 민간행사사업보조(307-04) 4. 민간위탁금(307-05) 5. 사회복지시설 법정운영비보조(307-10) 6. 민간인위탁교육비(307-12) 7. 공기관등에대한경상적위탁사업비(308-13) 8. 민간자본사업보조,자체재원(402-01) 9. 민간자본사업보조,이전재원(402-02) 10. 민간위탁사업비(402-03) 11. 공기관등에 대한 자본적 위탁사업비(403-02)	민간이전지출 근거 (지방보조금 관리기준 참고) 1. 법률에 규정 2. 국고보조 재원(국가지정) 3. 용도 지정 기부금 4. 조례에 직접규정 5. 지자체가 권장하는 사업을 하는 공공기관 6. 시,도 정책 및 재정사정 7. 기타 8. 해당없음	입찰방식			운영예산 산정		성과평가 실시여부
						계약체결방법 (경쟁형태) 1. 일반경쟁 2. 제한경쟁 3. 지명경쟁 4. 수의계약 5. 법정위탁 6. 기타 ( ) 7. 없음	계약기간 1. 1년 2. 2년 3. 3년 4. 4년 5. 5년 6. 기타 ( )년 7. 단기계약 (1년미만) 8. 없음	낙찰자선정방법 1. 적격심사 2. 협상에의한계약 3. 최저가낙찰제 4. 규격가격분리 5. 2단계 경쟁입찰 6. 기타 ( ) 7. 없음	운영예산 산정 1. 내부산정 (지자체 자체적으로 산정) 2. 외부산정 (외부전문기관위탁 산정) 3. 내·외부 모두 산정 4. 산정 無 5. 없음	정산방법 1. 내부정산 (지자체 내부적으로 정산) 2. 외부정산 (외부전문기관위탁 정산) 3. 내·외부 모두 산정 4. 정산 無 5. 없음	1. 실시 2. 미실시 3. 향후 추진 4. 해당없음
26237	전남 구례군	고령농업인과수전정지원단운영	55,000	1	7	7	8	7	5	5	4
26238	전남 구례군	시설하우스온풍기가스구입비지원사업	52,000	1	4	7	8	7	5	5	4
26239	전남 구례군	향교서원문화재활용사업	50,000	1	2	7	8	7	1	1	1
26240	전남 구례군	전지훈련팀스토브리그전지원	50,000	1	4	7	8	7	1	1	1
26241	전남 구례군	공동선별비지원사업	47,010	1	2	7	8	7	5	3	4
26242	전남 구례군	벌꿀포장용기제작지원사업	45,000	1	4	7	8	7	5	1	4
26243	전남 구례군	어르신등체험활동건강꾸러미지원사업	42,000	1	2	7	8	7	5	3	4
26244	전남 구례군	친환경콩재배단지조성시범	42,000	1	1	7	8	7	5	5	4
26245	전남 구례군	농산어촌체험마을사무장채용지원	41,364	1	6	7	8	7	1	1	4
26246	전남 구례군	꿈사다리공부방사업	41,160	1	6	1	8	1	2	1	2
26247	전남 구례군	여순119사건75주기추모연극사업	40,000	1	4	7	1	7	1	1	3
26248	전남 구례군	과수통합마케팅운영지원	40,000	1	6	7	8	7	5	5	4
26249	전남 구례군	꿈키움드림오케스트라운영지원	38,400	1	1	1	1	1	5	1	3
26250	전남 구례군	민주평통자문위원역량강화워크숍	36,000	1	4	7	7	7	1	1	3
26251	전남 구례군	청년농업인스타트업(초기창업)지원	36,000	1	1	7	8	7	5	5	4
26252	전남 구례군	국산김치사용업소식자재구입비지원	35,750	1	6	7	8	7	5	3	4
26253	전남 구례군	지방문화원사업활동지원	35,000	1	1	7	8	7	1	1	1
26254	전남 구례군	경로당순회프로그램관리자배치	34,787	1	1	7	8	7	1	1	4
26255	전남 구례군	시설감자종자구입비지원	32,000	1	1	7	8	7	5	5	4
26256	전남 구례군	가축방역사업	31,200	1	2	7	8	7	5	3	4
26257	전남 구례군	여순119사건다크투어	30,000	1	4	7	1	7	1	1	3
26258	전남 구례군	지역농산물전자상거래택배비지원사업	30,000	1	4	7	8	7	5	3	4
26259	전남 구례군	가축분뇨수분조절재지원사업	30,000	1	4	7	8	7	5	1	4
26260	전남 구례군	가금농가질병관리지원	30,000	1	2	7	8	7	5	3	4
26261	전남 구례군	보급종차액지원	30,000	1	1	7	8	7	5	5	4
26262	전남 구례군	생활체육지도자교통보조비	28,800	1	4	7	8	7	1	1	1
26263	전남 구례군	구례군새마을회사업비지원	26,200	1	1	7	1	7	1	1	3
26264	전남 구례군	전통산사문화재활용사업지원	25,000	1	2	7	8	7	1	1	1
26265	전남 구례군	전지훈련팀유치활동비지원	25,000	1	4	7	8	7	1	1	1
26266	전남 구례군	저탄소농산물인증농가육성시범	25,000	1	1	7	8	7	5	5	4
26267	전남 구례군	전남형청년공동체활성화지원사업	24,000	1	6	7	8	7	5	5	4
26268	전남 구례군	대한노인회운영비지원	22,600	1	1	7	8	7	1	1	4
26269	전남 구례군	체육단체대회개최지원	20,000	1	1	7	8	7	1	1	1
26270	전남 구례군	체육단체대회참가지원	20,000	1	1	7	8	7	1	1	1
26271	전남 구례군	이장단선진지견학	20,000	1	4	7	7	7	1	1	3
26272	전남 구례군	구례반달곰씨름스포츠클럽운영지원	20,000	1	1,4	7	8	7	1	1	1
26273	전남 구례군	소상공인경영안정체계구축	20,000	1	4	7	8	7	1	1	1
26274	전남 구례군	도지사품질인증제품디자인제작지원사업	20,000	1	6	7	8	7	5	3	4
26275	전남 구례군	가축분뇨퇴비부숙용톱밥지원	20,000	1	6	7	8	7	5	1	4
26276	전남 구례군	친환경농업협회조직활성화지원	19,440	1	6	7	8	7	5	1	4

순번	시군구	지출명 (사업명)	2024년예산 (단위 : 천원 /1년간)	민간이전 분류 (지방자치단체 세출예산 집행기준에 의거) 1. 민간경상사업보조(307-02) 2. 민간단체 법정운영비보조(307-03) 3. 민간행사사업보조(307-04) 4. 민간위탁금(307-05) 5. 사회복지시설 법정운영비보조(307-10) 6. 민간인위탁교육비(307-12) 7. 공기관등에대한경상적위탁사업비(308-13) 8. 민간자본사업보조,자체재원(402-01) 9. 민간자본사업보조,이전재원(402-02) 10. 민간위탁사업비(402-03) 11. 공기관등에 대한 자본적 위탁사업비(403-02)	민간이전지출 근거 (지방보조금 관리기준 참고) 1. 법률에 규정 2. 국고보조 재원(국가지정) 3. 용도 지정 기부금 4. 조례에 직접규정 5. 지자체가 권장하는 사업을 하는 공공기관 6. 시,도 정책 및 재정사정 7. 기타 8. 해당없음	입찰방식 계약체결방법 (경쟁형태) 1. 일반경쟁 2. 제한경쟁 3. 지명경쟁 4. 수의계약 5. 법정위탁 6. 기타 ( ) 7. 없음	입찰방식 계약기간 1. 1년 2. 2년 3. 3년 4. 4년 5. 5년 6. 기타 ( )년 7. 단기계약 (1년미만) 8. 없음	입찰방식 낙찰자선정방법 1. 적격심사 2. 협상에의한계약 3. 최저가낙찰제 4. 규격가격분리 5. 2단계 경쟁입찰 6. 기타 ( ) 7. 없음	운영예산 산정 운영예산 산정 1. 내부산정 (지자체 자체적으로 산정) 2. 외부산정 (외부전문기관위탁 산정) 3. 내·외부 모두 산정 4. 산정 無 5. 없음	운영예산 산정 정산방법 1. 내부정산 (지자체 내부적으로 정산) 2. 외부정산 (외부전문기관위탁 정산) 3. 내·외부 모두 산정 4. 정산 無 5. 없음	성과평가 실시여부 1. 실시 2. 미실시 3. 향후 추진 4. 해당없음
26277	전남 구례군	생활체육지도자경력수당	18,360	1	4	7	8	7	1	1	1
26278	전남 구례군	저비용무제초제농법지원	18,036	1	6	7	8	7	5	1	4
26279	전남 구례군	구례읍체육대회개최	18,000	1	1	7	8	7	1	1	1
26280	전남 구례군	기상재해대응농작물병해충방제지원	18,000	1	1	7	8	7	5	5	4
26281	전남 구례군	대한노인회지회사업비지원	17,000	1	1	7	8	7	1	1	4
26282	전남 구례군	농가도우미지원	16,415	1	4	7	8	7	5	3	4
26283	전남 구례군	문화예술사회단체지원	15,500	1	1	7	8	7	1	1	1
26284	전남 구례군	노란우산가입장려금지원	15,200	1	6	6	8	7	1	1	1
26285	전남 구례군	지리산남악제배전남배드민턴대회	15,000	1	1	7	8	7	1	1	1
26286	전남 구례군	전라남도어르신생활체육대회참가	15,000	1	1	7	8	7	1	1	1
26287	전남 구례군	거제시생활체육교류전참가	15,000	1	1	7	8	7	1	1	1
26288	전남 구례군	전라남도장애인체육대회참가	15,000	1	1	7	8	7	1	1	1
26289	전남 구례군	5.28유족회사업비지원	15,000	1	4	7	1	7	1	1	3
26290	전남 구례군	생활체육지도자활동지원비	14,400	1	4	7	8	7	1	1	1
26291	전남 구례군	바르게살기운동구례군협의회사업비지원	13,790	1	1	7	1	7	1	1	3
26292	전남 구례군	국산밀생산단지경영체육성교육컨설팅지원사업	13,140	1	2	7	8	7	5	1	4
26293	전남 구례군	친환경목재생산지원	12,400	1	2	7	8	7	5	5	4
26294	전남 구례군	생활체육지도자명절상여금	12,000	1	4	7	8	7	1	1	1
26295	전남 구례군	돼지생산비절감용사료효율개선사업	12,000	1	6	7	8	7	5	1	4
26296	전남 구례군	고품질원예작물생산지원	12,000	1	7	7	8	7	5	5	4
26297	전남 구례군	화엄사홍매화사진콘테스트	10,000	1	4	7	8	7	1	1	4
26298	전남 구례군	호남여성농악운영지원	10,000	1	1	7	8	7	1	1	1
26299	전남 구례군	로컬푸드포장재지원사업	9,800	1	6	7	8	7	5	3	4
26300	전남 구례군	전남신중년희망일자리장려금지원사업	9,600	1	6	7	8	7	5	1	4
26301	전남 구례군	유기농생태마을사무장활동비지원사업	9,600	1	6	7	8	7	5	1	4
26302	전남 구례군	산동면체육대회개최	9,500	1	1	7	8	7	1	1	1
26303	전남 구례군	토지면체육대회개최	9,000	1	1	7	8	7	1	1	1
26304	전남 구례군	마산면체육대회개최	9,000	1	1	7	8	7	1	1	1
26305	전남 구례군	광의면체육대회개최	9,000	1	1	7	8	7	1	1	1
26306	전남 구례군	119Remind투어	9,000	1	4	7	1	7	1	1	3
26307	전남 구례군	경로당공동작업장운영	9,000	1	1	7	8	7	1	1	4
26308	전남 구례군	영호남그라운드골프대회개최	8,000	1	1	7	8	7	1	1	1
26309	전남 구례군	구례군협회장기파크골프대회개최	8,000	1	1	7	8	7	1	1	1
26310	전남 구례군	동편제소리체험운영	8,000	1	1	7	8	7	1	1	1
26311	전남 구례군	여순사건구례유족회사업비지원	8,000	1	4	7	1	7	1	1	3
26312	전남 구례군	한국자유총연맹구례군지회사업비지원	7,500	1	1	7	1	7	1	1	3
26313	전남 구례군	소규모한우농가진료비지원	7,500	1	6	7	8	7	5	3	4
26314	전남 구례군	저비용무제초제농법지원	7,440	1	6	7	8	7	5	1	4
26315	전남 구례군	구례노고단배테니스대회개최	7,000	1	1	7	8	7	1	1	1
26316	전남 구례군	씨름단후계양성활동지원	7,000	1	4	7	8	7	1	1	1

순번	시군구	지출명 (사업명)	2024년예산 (단위 : 천원 /1년간)	민간이전 분류 (지방자치단체 세출예산 집행기준에 의거) 1. 민간경상사업보조(307-02) 2. 민간단체 법정운영비보조(307-03) 3. 민간행사사업보조(307-04) 4. 민간위탁금(307-05) 5. 사회복지시설 법정운영비보조(307-10) 6. 민간인위탁교육비(307-12) 7. 공기관등에대한경상적위탁사업비(308-13) 8. 민간자본사업보조,자체재원(402-01) 9. 민간자본사업보조,이전재원(402-02) 10. 민간위탁사업비(402-03) 11. 공기관등에 대한 자본적 위탁사업비(403-02)	민간이전지출 근거 (지방보조금 관리기준 참고) 1. 법률에 규정 2. 국고보조 재원(국가지정) 3. 용도 지정 기부금 4. 조례에 직접규정 5. 지자체가 권장하는 사업을 하는 공공기관 6. 시,도 정책 및 재정사정 7. 기타 8. 해당없음	입찰방식 계약체결방법 (경쟁형태) 1. 일반경쟁 2. 제한경쟁 3. 지명경쟁 4. 수의계약 5. 법정위탁 6. 기타 ( ) 7. 없음	입찰방식 계약기간 1. 1년 2. 2년 3. 3년 4. 4년 5. 5년 6. 기타 ( )년 7. 단기계약 (1년미만) 8. 없음	입찰방식 낙찰자선정방법 1. 적격심사 2. 협상에의한계약 3. 최저가낙찰제 4. 규격가격분리 5. 2단계 경쟁입찰 6. 기타 ( ) 7. 없음	운영예산 산정 운영예산 산정 1. 내부산정 (지자체 자체적으로 산정) 2. 외부산정 (외부전문기관위탁 산정) 3. 내·외부 모두 산정 4. 산정 無 5. 없음	운영예산 산정 정산방법 1. 내부정산 (지자체 내부적으로 정산) 2. 외부정산 (외부전문기관위탁 정산) 3. 내·외부 모두 산정 4. 정산 無 5. 없음	성과평가 실시여부 1. 실시 2. 미실시 3. 향후 추진 4. 해당없음
26317	전남 구례군	젖소분뇨발효촉진지원사업	7,000	1	6	7	8	7	5	1	4
26318	전남 구례군	양돈생산성향상지원	6,720	1	6	7	8	7	5	1	4
26319	전남 구례군	양돈생산성향상지원사업	6,720	1	6	7	8	7	5	1	4
26320	전남 구례군	온라인판매확대지원사업	6,400	1	6	7	8	7	5	3	4
26321	전남 구례군	구례군협회장기축구대회개최	6,000	1	1	7	8	7	1	1	1
26322	전남 구례군	매천정신강화프로그램운영	6,000	1	1	7	8	7	1	1	1
26323	전남 구례군	남북교류협력통일쌀경작지원	6,000	1	4	7	7	7	1	1	3
26324	전남 구례군	국악분야예술강사지원	5,174	1	2	7	8	7	1	1	1
26325	전남 구례군	전남동부7개시군게이트볼대회개최	5,000	1	1	7	8	7	1	1	1
26326	전남 구례군	구례군협회장기게이트볼대회개최	5,000	1	1	7	8	7	1	1	1
26327	전남 구례군	군협회장배골프대회개최	5,000	1	1	7	8	7	1	1	1
26328	전남 구례군	구례군협회장기읍면및직장배구대회개최	5,000	1	1	7	8	7	1	1	1
26329	전남 구례군	구례군협회장기족구대회개최	5,000	1	1	7	8	7	1	1	1
26330	전남 구례군	구례산수유배호남권탁구대회개최	5,000	1	1	7	8	7	1	1	1
26331	전남 구례군	전국소년체육대회및전국체육대회참가	5,000	1	1	7	8	7	1	1	1
26332	전남 구례군	전라남도장애인생활체육대회참가	5,000	1	1	7	8	7	1	1	1
26333	전남 구례군	남도음식문화큰잔치	5,000	1	6	7	8	7	1	1	1
26334	전남 구례군	청년농업인연구동아리지원사업	5,000	1	6	7	8	7	5	3	4
26335	전남 구례군	청년농업인농지확보지원사업	4,800	1	6	7	8	7	5	5	4
26336	전남 구례군	지역사회보장협의체운영활성화지원	4,600	1	1	7	8	7	5	1	1
26337	전남 구례군	농촌체험휴양마을안전화재보험가입지원	4,320	1	6	7	8	7	1	1	4
26338	전남 구례군	저소득조손가족동절기부식비지원	4,140	1	1	7	8	7	5	1	4
26339	전남 구례군	산사랑등산대회개최	4,000	1	1	7	8	7	1	1	1
26340	전남 구례군	전국씨름왕구례군선발대회개최	4,000	1	1	7	8	7	1	1	1
26341	전남 구례군	축구사랑회장기축구대회개최	4,000	1	1	7	8	7	1	1	1
26342	전남 구례군	전라남도도지사기축구대회참가	4,000	1	1	7	8	7	1	1	1
26343	전남 구례군	대한노인회지회운영활성화지원	4,000	1	1	7	8	7	1	1	1
26344	전남 구례군	구례군협회장기영호남바둑대회개최	3,000	1	1	7	8	7	1	1	4
26345	전남 구례군	구례군협회장기볼링대회개최	3,000	1	1	7	8	7	1	1	1
26346	전남 구례군	구례군연맹회장기수영대회개최	3,000	1	1	7	8	7	1	1	1
26347	전남 구례군	영호남실버축구대회개최	3,000	1	1	7	8	7	1	1	1
26348	전남 구례군	군협회장기패러글라이딩대회개최	3,000	1	1	7	8	7	1	1	1
26349	전남 구례군	전남동부7개시군게이트볼대회참가	3,000	1	1	7	8	7	1	1	1
26350	전남 구례군	구례군재경향우회장배골프대회참가	3,000	1	1	7	8	7	1	1	1
26351	전남 구례군	전라남도도지사기생활체육축구대회(여성)참가	3,000	1	1	7	8	7	1	1	1
26352	전남 구례군	문화관광해설인력타시군비교답사	3,000	1	4	7	8	7	1	1	1
26353	전남 구례군	군축제추진위원우수시군벤치마킹	3,000	1	4	7	8	7	1	1	1
26354	전남 구례군	노인전문교육원교육비	3,000	1	1	7	8	7	1	1	4
26355	전남 구례군	실버음악단사업비지원	3,000	1	4	7	8	7	1	1	4
26356	전남 구례군	고로쇠약수홍보	3,000	1	7	7	8	7	5	5	4

순번	시군구	지출명 (사업명)	2024년예산 (단위 : 천원 /1년간)	민간이전 분류 (지방자치단체 세출예산 집행기준에 의거) 1. 민간경상사업보조(307-02) 2. 민간단체 법정운영비보조(307-03) 3. 민간행사사업보조(307-04) 4. 민간위탁금(307-05) 5. 사회복지시설 법정운영비보조(307-10) 6. 민간인위탁교육비(307-12) 7. 공기관등에대한경상적위탁사업비(308-13) 8. 민간자본사업보조,자체재원(402-01) 9. 민간자본사업보조,이전재원(402-02) 10. 민간위탁사업비(402-03) 11. 공기관등에 대한 자본적 위탁사업비(403-02)	민간이전지출 근거 (지방보조금 관리기준 참고) 1. 법률에 규정 2. 국고보조 재원(국가지정) 3. 용도 지정 기부금 4. 조례에 직접규정 5. 지자체가 권장하는 사업을 하는 공공기관 6. 시,도 정책 및 재정사정 7. 기타 8. 해당없음	입찰방식 계약체결방법 (경쟁형태) 1. 일반경쟁 2. 제한경쟁 3. 지명경쟁 4. 수의계약 5. 법정위탁 6. 기타 ( ) 7. 없음	입찰방식 계약기간 1. 1년 2. 2년 3. 3년 4. 4년 5. 5년 6. 기타 ( )년 7. 단기계약 (1년미만) 8. 없음	입찰방식 낙찰자선정방법 1. 적격심사 2. 협상에의한계약 3. 최저가낙찰제 4. 규격가격분리 5. 2단계 경쟁입찰 6. 기타 ( ) 7. 없음	운영예산 산정 운영예산 산정 1. 내부산정 (지자체 자체적으로 산정) 2. 외부산정 (외부전문기관위탁 산정) 3. 내·외부 모두 산정 4. 산정 無 5. 없음	운영예산 산정 정산방법 1. 내부정산 (지자체 내부적으로 정산) 2. 외부정산 (외부전문기관위탁 정산) 3. 내·외부 모두 정산 4. 정산 無 5. 없음	성과평가 실시여부 1. 실시 2. 미실시 3. 향후 추진 4. 해당없음
26357	전남 구례군	전라남도의장기생활체육축구대회참가	2,100	1	1	7	8	7	1	1	1
26358	전남 구례군	농촌체험휴양마을역량강화지원	2,100	1	6	7	8	7	5	3	4
26359	전남 구례군	축산물HACCP컨설팅	2,100	1	2	7	8	7	5	3	4
26360	전남 구례군	구례군연맹회장기당구대회개최	2,000	1	1	7	8	7	1	1	1
26361	전남 구례군	구례군협회장기초중학교씨름대회	2,000	1	1	7	8	7	1	1	1
26362	전남 구례군	군협회장기한궁대회개최	2,000	1	1	7	8	7	1	1	1
26363	전남 구례군	전라남도어린이생활체육대회참가	2,000	1	1	7	8	7	1	1	1
26364	전남 구례군	전라남도도지사기골프대회참가	2,000	1	1	7	8	7	1	1	1
26365	전남 구례군	전라남도도지사기궁도대회참가	2,000	1	1	7	8	7	1	1	1
26366	전남 구례군	전국씨름왕전남선발대회참가	2,000	1	1	7	8	7	1	1	1
26367	전남 구례군	전라남도협회장기야구대회참가	2,000	1	1	7	8	7	1	1	1
26368	전남 구례군	전라남도도지사기파크골프대회참가	2,000	1	1	7	8	7	1	1	1
26369	전남 구례군	전라남도협회장기파크골프대회참가	2,000	1	1	7	8	7	1	1	1
26370	전남 구례군	호양학교고서강독교실운영	2,000	1	1	7	8	7	1	1	1
26371	전남 구례군	전라남도협회장기그라운드골프대회참가	1,800	1	1	7	8	7	1	1	1
26372	전남 구례군	전라남도도지사기그라운드골프대회참가	1,500	1	1	7	8	7	1	1	1
26373	전남 구례군	전라남도도지사기배구대회참가	1,500	1	1	7	8	7	1	1	1
26374	전남 구례군	전라남도협회장기배구대회참가	1,500	1	1	7	8	7	1	1	1
26375	전남 구례군	노인체육문화행상참가	1,500	1	1	7	8	7	1	1	4
26376	전남 구례군	전라남도도지사기바둑대회참가	1,200	1	1	7	8	7	1	1	1
26377	전남 구례군	전라남도협회장기배드민턴대회참가	1,200	1	1	7	8	7	1	1	1
26378	전남 구례군	일반생활체육지도자보험료	1,148	1	2	7	8	7	1	1	1
26379	전남 구례군	노인복지기금시군지회지원사업	1,100	1	1	7	8	7	1	1	4
26380	전남 구례군	구례군볼링대표선수선발전개최	1,000	1	1	7	8	7	1	1	1
26381	전남 구례군	전라남도도지사기게이트볼대회참가	1,000	1	1	7	8	7	1	1	1
26382	전남 구례군	전라남도협회장기게이트볼대회참가	1,000	1	1	7	8	7	1	1	1
26383	전남 구례군	전라남도도지사기배드민턴대회참가	1,000	1	1	7	8	7	1	1	1
26384	전남 구례군	전라남도도지사기소프트테니스대회참가	1,000	1	1	7	8	7	1	1	1
26385	전남 구례군	전국실버축구대회참가	1,000	1	1	7	8	7	1	1	1
26386	전남 구례군	전라남도도지사기야구대회참가	1,000	1	1	7	8	7	1	1	1
26387	전남 구례군	전라남도도지사기생활체조경연대회참가	1,000	1	1	7	8	7	1	1	1
26388	전남 구례군	전라남도협회장기축구대회참가	1,000	1	1	7	8	7	1	1	1
26389	전남 구례군	전라남도도지사기테니스대회참가	1,000	1	1	7	8	7	1	1	1
26390	전남 구례군	전라남도도지사기합기도대회참가	1,000	1	1	7	8	7	1	1	1
26391	전남 구례군	전라남도도지사기수영대회참가	900	1	1	7	8	7	1	1	1
26392	전남 구례군	전라남도연맹회장기수영대회참가	900	1	1	7	8	7	1	1	1
26393	전남 구례군	어르신생활체육지도자보험료	820	1	2	7	8	7	1	1	1
26394	전남 구례군	문척면체육대회개최	820	1	1	7	8	7	1	1	1
26395	전남 구례군	간전면체육대회개최	820	1	1	7	8	7	1	1	1
26396	전남 구례군	용방면체육대회개최	820	1	1	7	8	7	1	1	1

순번	시군구	지출명 (사업명)	2024년예산 (단위 : 천원 /1년간)	민간이전 분류 (지방자치단체 세출예산 집행기준에 의거) 1. 민간경상사업보조(307-02) 2. 민간단체 법정운영비보조(307-03) 3. 민간행사사업보조(307-04) 4. 민간위탁금(307-05) 5. 사회복지시설 법정운영비보조(307-10) 6. 민간인위탁교육비(307-12) 7. 공기관등에대한경상적위탁사업비(308-13) 8. 민간자본사업보조,자체재원(402-01) 9. 민간자본사업보조,이전재원(402-02) 10. 민간위탁사업비(402-03) 11. 공기관등에 대한 자본적 위탁사업비(403-02)	민간이전지출 근거 (지방보조금 관리기준 참고) 1. 법률에 규정 2. 국고보조 재원(국가지정) 3. 용도 지정 기부금 4. 조례에 직접규정 5. 지자체가 권장하는 사업을 하는 공공기관 6. 시,도 정책 및 재정사정 7. 기타 8. 해당없음	입찰방식 계약체결방법 (경쟁형태) 1. 일반경쟁 2. 제한경쟁 3. 지명경쟁 4. 수의계약 5. 법정위탁 6. 기타 ( ) 7. 없음	입찰방식 계약기간 1. 1년 2. 2년 3. 3년 4. 4년 5. 5년 6. 기타 ( )년 7. 단기계약 (1년미만) 8. 없음	입찰방식 낙찰자선정방법 1. 적격심사 2. 협상에의한계약 3. 최저가낙찰제 4. 규격가격분리 5. 2단계 경쟁입찰 6. 기타 ( ) 7. 없음	운영예산 산정 운영예산 산정 1. 내부산정 (지자체 자체적으로 산정) 2. 외부산정 (외부전문기관위탁 산정) 3. 내·외부 모두 산정 4. 산정 無 5. 없음	운영예산 산정 정산방법 1. 내부정산 (지자체 내부적으로 정산) 2. 외부정산 (외부전문기관위탁 정산) 3. 내·외부 모두 산정 4. 정산 無 5. 없음	성과평가 실시여부 1. 실시 2. 미실시 3. 향후 추진 4. 해당없음
26397	전남 구례군	구례군재향군인회사업비지원	11,000	1	4	7	8	7	1	1	4
26398	전남 구례군	월남참전자회구례군지회사업비지원	5,000	1	4	7	8	7	1	1	4
26399	전남 구례군	구례6.25참전경찰국가유공자회사업비지원	5,000	1	4	7	8	7	1	1	4
26400	전남 구례군	고엽제전우회구례군지회사업비지원	4,000	1	4	7	8	7	1	1	4
26401	전남 구례군	6.25참전유공자회구례군지회사업비지원	2,200	1	4	7	8	7	1	1	4
26402	전남 고흥군	청정전남으뜸마을만들기	645,000	1	4	7	3	7	5	1	1
26403	전남 고흥군	기상재해대응병해충방제지원	585,000	1	4	7	8	7	5	5	4
26404	전남 고흥군	농작물돌발병해충방제비	560,000	1	2	7	8	7	5	5	4
26405	전남 고흥군	고흥우주항공축제지원	400,000	1	8	7	8	7	5	5	4
26406	전남 고흥군	꿈꾸는예술터조성	350,000	1	1	7	8	7	5	5	4
26407	전남 고흥군	취약지응급실운영기관지원	316,000	1	2	5	1	7	2	2	1
26408	전남 고흥군	세계유산잠정목록연구지원	284,000	1	4	7	8	7	5	1	4
26409	전남 고흥군	농산물수출물류비대체지원	230,000	1	4,6	7	8	7	5	5	4
26410	전남 고흥군	공선출하비지원	200,000	1	4	7	8	7	5	5	4
26411	전남 고흥군	친환경벼집적화단지인센티브지원	172,719	1	1	7	8	7	5	5	4
26412	전남 고흥군	자율관리어업공동체사무장(도우미)지원	162,000	1	1	7	8	7	5	5	4
26413	전남 고흥군	공립요양병원공공보건지원	100,000	1	2	7	8	7	3	3	4
26414	전남 고흥군	농촌인력지원센터개설운영지원	80,000	1	6	7	8	7	5	5	4
26415	전남 고흥군	경관농업소득증대지원	80,000	1	6	7	8	7	5	5	4
26416	전남 고흥군	장애인생활체육지도자배치	77,856	1	1	4	1	7	1	1	1
26417	전남 고흥군	꿈사다리공부방지원	72,262	1	1	7	8	7	1	1	1
26418	전남 고흥군	어린이급식관리지원센터임대료지원	72,000	1	1	1	5	1,2	1	1	1
26419	전남 고흥군	새마을사업육성지원	65,536	1	1	7	8	7	1	1	3
26420	전남 고흥군	공공형계절근로센터운영지원	65,000	1	6	7	8	7	5	5	4
26421	전남 고흥군	전남영상위원회운영지원	50,000	1	1	7	8	7	5	5	4
26422	전남 고흥군	차범근축구교실운영	50,000	1	1	4	1	7	1	1	1
26423	전남 고흥군	장애인스포츠강좌이용권	48,840	1	1	4	1	7	1	1	1
26424	전남 고흥군	농작물병해충방제비	43,200	1	4	7	8	7	5	5	4
26425	전남 고흥군	학습단체육성	42,500	1	4	7	8	7	5	5	4
26426	전남 고흥군	국산김치사용업소식자재구입비지원	41,250	1	6	7	8	7	5	5	4
26427	전남 고흥군	공공스포츠클럽지원	40,000	1	1	4	5	7	1	1	1
26428	전남 고흥군	고흥우주항공배한궁대회개최	40,000	1	1	4	1	7	1	1	1
26429	전남 고흥군	꿈키움드림오케스트라사업운영	38,400	1	1	5	2	1	1	1	1
26430	전남 고흥군	의료기관결핵환자관리지원(민간의료기관)	37,684	1	2	7	8	7	1	1	1
26431	전남 고흥군	도시군협업농축수산물판촉기획전추진	35,900	1	6	7	8	7	5	5	4
26432	전남 고흥군	전남쌀소포장지제작비지원	33,840	1	6	7	8	7	5	5	4
26433	전남 고흥군	미미식생활체험	30,000	1	1	1	5	1,2	1	1	3
26434	전남 고흥군	고품질고흥쌀판로확보지원	30,000	1	1,6	7	8	7	5	5	4
26435	전남 고흥군	고흥우주항공배서핑대회개최	30,000	1	1	4	1	7	1	1	1
26436	전남 고흥군	고흥우주항공배게이트볼대회개최	30,000	1	1	4	1	7	1	1	1

순번	시군구	지출명 (사업명)	2024년예산 (단위 : 천원 /1년간)	민간이전 분류 (지방자치단체 세출예산 집행기준에 의거) 1. 민간경상사업보조(307-02) 2. 민간단체 법정운영비보조(307-03) 3. 민간행사사업보조(307-04) 4. 민간위탁금(307-05) 5. 사회복지시설 법정운영비보조(307-10) 6. 민간인위탁교육비(307-12) 7. 공기관등에대한경상적위탁사업비(308-13) 8. 민간자본사업보조,자체재원(402-01) 9. 민간자본사업보조,이전재원(402-02) 10. 민간위탁사업비(402-03) 11. 공기관등에 대한 자본적 위탁사업비(403-02)	민간이전지출 근거 (지방보조금 관리기준 참고) 1. 법률에 규정 2. 국고보조 재원(국가지정) 3. 용도 지정 기부금 4. 조례에 직접규정 5. 지자체가 권장하는 사업을 하는 공공기관 6. 시,도 정책 및 재정사정 7. 기타 8. 해당없음	입찰방식 계약체결방법 (경쟁형태) 1. 일반경쟁 2. 제한경쟁 3. 지명경쟁 4. 수의계약 5. 법정위탁 6. 기타 ( ) 7. 없음	입찰방식 계약기간 1. 1년 2. 2년 3. 3년 4. 4년 5. 5년 6. 기타 ( )년 7. 단기계약 (1년미만) 8. 없음	입찰방식 낙찰자선정방법 1. 적격심사 2. 협상에의한계약 3. 최저가낙찰제 4. 규격가격분리 5. 2단계 경쟁입찰 6. 기타 ( ) 7. 없음	운영예산 산정 운영예산 산정 1. 내부산정 (지자체 자체적으로 산정) 2. 외부산정 (외부전문기관위탁 산정) 3. 내·외부 모두 산정 4. 산정 無 5. 없음	운영예산 산정 정산방법 1. 내부정산 (지자체 내부적으로 정산) 2. 외부정산 (외부전문기관위탁 정산) 3. 내·외부 모두 산정 4. 정산 無 5. 없음	성과평가 실시여부 1. 실시 2. 미실시 3. 향후 추진 4. 해당없음
26437	전남 고흥군	고흥우주항공배그라운드골프대회개최	30,000	1	1	4	1	7	1	1	1
26438	전남 고흥군	고흥우주항공배바둑대회개최	30,000	1	1	4	1	7	1	1	1
26439	전남 고흥군	전라남도족구협회장기족구대회개최	30,000	1	1	4	1	7	1	1	1
26440	전남 고흥군	우주항공산업운영	30,000	1	4	7	1	7	1	1	2
26441	전남 고흥군	고령운전자차선이탈경보장치지원	30,000	1	6	7	8	7	5	5	4
26442	전남 고흥군	디지털소상공인1만양성지원	28,000	1	6	7	8	7	5	1	3
26443	전남 고흥군	생활체육단체체육관대관료지원	27,600	1	1	4	1	7	1	1	1
26444	전남 고흥군	민주평화통일자문회의지원	26,000	1	1	7	8	7	1	1	3
26445	전남 고흥군	유기농명인멘토링지원	23,400	1	4	7	8	7	5	5	4
26446	전남 고흥군	농촌체험휴양마을운영매니저지원	21,719	1	6	7	8	7	5	5	4
26447	전남 고흥군	환경단체지원	21,600	1	4	7	8	7	5	5	4
26448	전남 고흥군	장애인체육대회개최및참가	19,400	1	1	4	1	7	1	1	1
26449	전남 고흥군	자유총연맹지원	18,400	1	1	7	8	7	1	1	3
26450	전남 고흥군	친환경농산물판촉활동지원	18,020	1	1	7	8	7	5	5	4
26451	전남 고흥군	친환경농업협회조직활성화지원	18,010	1	4	7	8	7	5	5	4
26452	전남 고흥군	무형문화유산공개행사지원	16,000	1	1	7	8	7	5	1	4
26453	전남 고흥군	생활체육활동온라인서비스제공	15,000	1	1	4	1	7	1	1	1
26454	전남 고흥군	바르게살기운동협의회지원	12,800	1	1	7	8	7	1	1	3
26455	전남 고흥군	청년농업인영농정착멘토링지원	12,500	1	6	7	8	7	5	5	4
26456	전남 고흥군	농촌공동아이돌봄센터운영지원	11,800	1	6	7	8	7	5	5	4
26457	전남 고흥군	범죄피해자지원센터지원	10,000	1	1	7	8	7	1	1	3
26458	전남 고흥군	전국씨름대회출전및훈련지원	10,000	1	1	4	1	7	1	1	1
26459	전남 고흥군	출산및양육지원	10,000	1	1	1	8	1	1	1	1
26460	전남 고흥군	유기농생태마을사무장지원	8,800	1	4	7	8	7	5	5	4
26461	전남 고흥군	음식문화개선및좋은식단추진	8,500	1	4,6	7	1	2	1	1	3
26462	전남 고흥군	이장사기진작및관리	8,000	1	1	7	8	7	1	1	4
26463	전남 고흥군	지방행정동우회지원	5,000	1	1	7	8	7	1	1	3
26464	전남 고흥군	재향경우회지원	5,000	1	1	7	8	7	1	1	3
26465	전남 고흥군	공중위생업소관리	4,000	1	4	7	1	2	1	1	3
26466	전남 고흥군	우수농식품업체포장재지원(전환사업)	4,000	1	6	7	8	7	5	5	4
26467	전남 고흥군	전라남도어린이생활체육대회참가	4,000	1	1	4	1	7	1	1	1
26468	전남 고흥군	지역아동센터종사자한마음대회지원	3,000	1	4	7	8	7	1	1	2
26469	전남 고흥군	자연유산민속행사	2,000	1	1	7	8	7	5	1	4
26470	전남 고흥군	운전면허자진반납할인카드참여업체지원	2,000	1	6	7	7	7	1	1	2
26471	전남 고흥군	요보호아동그룹홈종사자워크숍지원	1,000	1	4	7	8	7	1	1	4
26472	전남 보성군	자문위원통일안보연수	48,000	1	4	7	8	7	5	1	4
26473	전남 보성군	정보화마을프로그램관리자인건비	37,094	1	1	7	1	7	1	1	4
26474	전남 보성군	정보하마을프로그램관리자보험료,퇴직금	11,308	1	1	7	1	7	1	1	4
26475	전남 보성군	여순사건등민간인희생자위령제	10,000	1	4	7	8	7	5	1	4
26476	전남 보성군	범죄피해자지원센터운영지원	10,000	1	4	7	8	7	5	1	4

순번	시군구	지출명 (사업명)	2024년예산 (단위 : 천원 /1년간)	민간이전 분류 (지방자치단체 세출예산 집행기준에 의거) 1. 민간경상사업보조(307-02) 2. 민간단체 법정운영비보조(307-03) 3. 민간행사사업보조(307-04) 4. 민간위탁금(307-05) 5. 사회복지시설 법정운영비보조(307-10) 6. 민간인위탁교육비(307-12) 7. 공기관등에대한경상적위탁사업비(308-13) 8. 민간자본사업보조,자체재원(402-01) 9. 민간자본사업보조,이전재원(402-02) 10. 민간위탁사업비(402-03) 11. 공기관등에 대한 자본적 위탁사업비(403-02)	민간이전지출 근거 (지방보조금 관리기준 참고) 1. 법률에 규정 2. 국고보조 재원(국가지정) 3. 용도 지정 기부금 4. 조례에 직접규정 5. 지자체가 권장하는 사업을 하는 공공기관 6. 시,도 정책 및 재정사정 7. 기타 8. 해당없음	입찰방식			운영예산 산정		성과평가 실시여부
						계약체결방법 (경쟁형태) 1. 일반경쟁 2. 제한경쟁 3. 지명경쟁 4. 수의계약 5. 법정위탁 6. 기타 ( ) 7. 없음	계약기간 1. 1년 2. 2년 3. 3년 4. 4년 5. 5년 6. 기타 ( )년 7. 단기계약 (1년미만) 8. 없음	낙찰자선정방법 1. 적격심사 2. 협상에의한계약 3. 최저가낙찰제 4. 규격가격분리 5. 2단계 경쟁입찰 6. 기타 ( ) 7. 없음	운영예산 산정 1. 내부산정 (지자체 자체적으로 산정) 2. 외부산정 (외부전문기관위탁 산정) 3. 내·외부 모두 산정 4. 산정 無 5. 없음	정산방법 1. 내부정산 (지자체 내부적으로 정산) 2. 외부정산 (외부전문기관위탁 정산) 3. 내·외부 모두 산정 4. 정산 無 5. 없음	1. 실시 2. 미실시 3. 향후 추진 4. 해당없음
26477	전남 보성군	친절군민의식개혁활동지원	10,000	1	4	7	8	7	5	1	4
26478	전남 보성군	사회단체활성화를위한체험활동	10,000	1	4	7	8	7	5	1	4
26479	전남 보성군	자유수호전진대회참가지원	10,000	1	4	7	8	7	5	1	4
26480	전남 보성군	청소년통일현장견학	9,000	1	4	7	8	7	5	1	4
26481	전남 보성군	안전사고예방및자연정화캠페인지원	7,000	1	4	7	8	7	5	1	4
26482	전남 보성군	새마을문고육성사업지원	6,000	1	4	7	8	7	5	1	4
26483	전남 보성군	뉴평통운동행사지원	5,200	1	4	7	8	7	5	1	4
26484	전남 보성군	보성군읍면민회장협의회활동지원사업	5,000	1	4	7	8	7	5	1	4
26485	전남 보성군	자매결연도시결연사업사업	5,000	1	4	7	8	7	5	1	4
26486	전남 보성군	새마을청년연대워크숍개최지원	5,000	1	4	7	8	7	5	1	4
26487	전남 보성군	새마을청년연대나눔봉사활동지원	5,000	1	4	7	8	7	5	1	4
26488	전남 보성군	소외계층문화교류사업지원	5,000	1	4	7	8	7	5	1	4
26489	전남 보성군	해상구조활동지원	5,000	1	4	7	8	7	5	1	4
26490	전남 보성군	6.25행사기념식	5,000	1	4	7	8	7	5	1	4
26491	전남 보성군	자율방범연합회워크숍개최지원	5,000	1	4	7	8	7	5	1	4
26492	전남 보성군	자유총연맹선지지및안보견학	5,000	1	4	7	8	7	5	1	4
26493	전남 보성군	이웃사랑지역봉사활동지원	5,000	1	4	7	8	7	5	1	4
26494	전남 보성군	국토청결운동및교통질서캠페인지원	4,500	1	4	7	8	7	5	1	4
26495	전남 보성군	새마을지도자대회참가지원	4,000	1	4	7	8	7	5	1	4
26496	전남 보성군	민족통일협의회경북칠곡군협의회교류행사지원	3,000	1	4	7	8	7	5	1	4
26497	전남 보성군	우범지역야간순찰활동지원	3,000	1	4	7	8	7	5	1	4
26498	전남 보성군	사회단체협의회환경정화활동지원	3,000	1	4	7	8	7	5	1	4
26499	전남 보성군	새마을의날행사지원	2,000	1	4	7	8	7	5	1	4
26500	전남 보성군	기초질서활동지원	2,000	1	4	7	8	7	5	1	4
26501	전남 보성군	호국순례행사지원	2,000	1	4	7	8	7	5	1	4
26502	전남 보성군	나라사랑교육청소년체험행사	2,000	1	4	7	8	7	5	1	4
26503	전남 화순군	직접지원사업	2,041,829	1	7	7	8	7	5	5	1
26504	전남 화순군	조사료생산용사일리지제조지원	1,970,946	1	1	7	8	7	1	1	4
26505	전남 화순군	농촌신활력플러스사업	1,634,000	1	4	6	8	7	5	5	4
26506	전남 화순군	전문단지조성용사일리지제조지원	743,850	1	1	7	8	7	1	1	4
26507	전남 화순군	여성농업인행복바우처지원	637,400	1	6	7	8	7	1	1	4
26508	전남 화순군	한우브랜드육성지원	500,000	1	1	7	8	7	1	1	4
26509	전남 화순군	미생물실증지원센터활용백신산업화기업지원사업(국가직접지원)	427,000	1	4	7	8	7	5	2	3
26510	전남 화순군	응급실운영의료기관운영비지원	330,000	1	1	6	1	6	1	2	4
26511	전남 화순군	2024화순국제백신면역치료포럼	300,000	1	4	7	8	7	5	2	3
26512	전남 화순군	공동브랜드농산물포장재지원	300,000	1	1	7	8	7	5	5	4
26513	전남 화순군	농번기마을공동급식지원	261,360	1	6	7	8	7	1	1	4
26514	전남 화순군	마을공동체활동지원사업	207,000	1	4	1	1	1	5	1	3
26515	전남 화순군	가축분뇨퇴액비자원화지원	204,300	1	1	7	8	7	1	1	4
26516	전남 화순군	농촌활성화중간지원조직인건비	195,000	1	6	7	8	7	5	5	4

순번	시군구	지출명 (사업명)	2024년예산 (단위 : 천원 /1년간)	민간이전 분류 (지방자치단체 세출예산 집행기준에 의거) 1. 민간경상사업보조(307-02) 2. 민간단체 법정운영비보조(307-03) 3. 민간행사사업보조(307-04) 4. 민간위탁금(307-05) 5. 사회복지시설 법정운영비보조(307-10) 6. 민간인위탁교육비(307-12) 7. 공기관등에대한경상적위탁사업비(308-13) 8. 민간자본사업보조,자체재원(402-01) 9. 민간자본사업보조,이전재원(402-02) 10. 민간위탁사업비(402-03) 11. 공기관등에 대한 자본적 위탁사업비(403-02)	민간이전지출 근거 (지방보조금 관리기준 참고) 1. 법률에 규정 2. 국고보조 재원(국가지정) 3. 용도 지정 기부금 4. 조례에 직접규정 5. 지자체가 권장하는 사업을 하는 공공기관 6. 시,도 정책 및 재정사정 7. 기타 8. 해당없음	입찰방식 계약체결방법 (경쟁형태) 1. 일반경쟁 2. 제한경쟁 3. 지명경쟁 4. 수의계약 5. 법정위탁 6. 기타 ( ) 7. 없음	입찰방식 계약기간 1. 1년 2. 2년 3. 3년 4. 4년 5. 5년 6. 기타 ( )년 7. 단기계약 (1년미만) 8. 없음	입찰방식 낙찰자선정방법 1. 적격심사 2. 협상에의한계약 3. 최저가낙찰제 4. 규격가격분리 5. 2단계 경쟁입찰 6. 기타 ( ) 7. 없음	운영예산 산정 운영예산 산정 1. 내부산정 (지자체 자체적으로 산정) 2. 외부산정 (외부전문기관위탁 산정) 3. 내·외부 모두 산정 4. 산정 無 5. 없음	운영예산 산정 정산방법 1. 내부정산 (지자체 내부적으로 정산) 2. 외부정산 (외부전문기관위탁 정산) 3. 내·외부 모두 산정 4. 정산 無 5. 없음	성과평가 실시여부 1. 실시 2. 미실시 3. 향후 추진 4. 해당없음
26517	전남 화순군	전문단지조성용퇴액비지원	144,400	1	1	7	8	7	1	1	4
26518	전남 화순군	식량작물공동경영체교육컨설팅지원	135,000	1	2	6	8	7	1	1	4
26519	전남 화순군	화순문화원활동지원등	125,000	1	1	7	8	7	1	1	1
26520	전남 화순군	복숭아병해충방제약품지원	125,000	1	4	7	8	7	1	1	4
26521	전남 화순군	새일여성인턴	121,600	1	2	7	8	7	1	1	1
26522	전남 화순군	지역산업맞춤형일자리창출지원사업	100,000	1	1	7	8	7	1	1	4
26523	전남 화순군	약용작물경쟁력제고지원	100,000	1	4	7	8	7	1	1	4
26524	전남 화순군	양액재배시설배지교체지원사업	100,000	1	4	7	8	7	1	1	4
26525	전남 화순군	양봉기자재지원	100,000	1	1	7	8	7	1	1	4
26526	전남 화순군	간접지원사업(5개면)	99,373	1	7	7	8	7	5	5	1
26527	전남 화순군	화순생명사회포럼개최	95,000	1	4	7	8	7	5	5	4
26528	전남 화순군	경로당공동급식지원	90,432	1	1	7	8	7	5	5	4
26529	전남 화순군	가축질병예방및검진약품구입등지원(돼지써코바이러스백신지원)	88,800	1	7	7	8	7	1	1	4
26530	전남 화순군	(예비)사회적기업일자리창출지원사업	87,500	1	2	7	8	7	1	1	4
26531	전남 화순군	공동방제단인건비지원	87,486	1	1	7	8	7	1	1	4
26532	전남 화순군	꿈사다리공부방사업	82,320	1	1	7	8	7	1	1	4
26533	전남 화순군	경로당노인건강프로그램운영	80,000	1	4	7	8	7	1	1	4
26534	전남 화순군	축사깔짚지원	80,000	1	1	7	8	7	1	1	4
26535	전남 화순군	공동방제단운영비지원	71,391	1	1	7	8	7	1	1	4
26536	전남 화순군	충전식전기분무기지원	54,000	1	6	6	8	7	1	1	4
26537	전남 화순군	농작업용편의의자지원	54,000	1	6	6	8	7	1	1	4
26538	전남 화순군	공정식전국가요제	50,000	1	4	7	8	7	1	1	1
26539	전남 화순군	벌먹이지원	50,000	1	1	7	8	7	1	1	4
26540	전남 화순군	소상공인노란우산가입장려금지원	48,000	1	6	7	8	7	1	1	4
26541	전남 화순군	풍물단육성지원	42,000	1	4	7	8	7	1	1	1
26542	전남 화순군	달집태우기행사지원	40,000	1	4	7	8	7	1	1	1
26543	전남 화순군	고려시대화순인물및묘소현황조사	40,000	1	6	7	1	7	1	1	4
26544	전남 화순군	노동절감형생분해성멀칭농자재지원	37,739	1	4	7	8	7	1	1	4
26545	전남 화순군	전통시장체험학습운영	35,000	1	4	7	8	7	1	1	4
26546	전남 화순군	화순군민과함께하는봄맞이음악회	35,000	1	4	7	8	7	1	1	1
26547	전남 화순군	국악상설공연	30,000	1	4	7	8	7	1	1	1
26548	전남 화순군	화순군연등축제	30,000	1	4	7	8	7	1	1	1
26549	전남 화순군	화순쌀포장재지원(홈쇼핑)	30,000	1	1	7	8	7	5	5	4
26550	전남 화순군	화순여미합창단활동지원	25,000	1	4	7	8	7	1	1	1
26551	전남 화순군	찾아가는힐링음악회	25,000	1	4	7	8	7	1	1	1
26552	전남 화순군	향교석전대제	24,000	1	4	7	8	7	1	1	1
26553	전남 화순군	개량물꼬지원	23,400	1	6	6	8	7	1	1	4
26554	전남 화순군	임산부친환경농산물지원	23,040	1	2	6	8	7	1	1	4
26555	전남 화순군	바이오메디컬워크숍개최	20,000	1	4	7	8	7	5	1	3
26556	전남 화순군	(사)광주전남범죄피해자지원센터운영비지원	20,000	1	1	5	8	7	5	5	1

순번	시군구	지출명 (사업명)	2024년예산 (단위 : 천원 /1년간)	민간이전 분류 (지방자치단체 세출예산 집행기준에 의거) 1. 민간경상사업보조(307-02) 2. 민간단체 법정운영비보조(307-03) 3. 민간행사사업보조(307-04) 4. 민간위탁금(307-05) 5. 사회복지시설 법정운영비보조(307-10) 6. 민간인위탁교육비(307-12) 7. 공기관등에대한경상적위탁사업비(308-13) 8. 민간자본사업보조,자체재원(402-01) 9. 민간자본사업보조,이전재원(402-02) 10. 민간위탁사업비(402-03) 11. 공기관등에 대한 자본적 위탁사업비(403-02)	민간이전지출 근거 (지방보조금 관리기준 참고) 1. 법률에 규정 2. 국고보조 재원(국가지정) 3. 용도 지정 기부금 4. 조례에 직접규정 5. 지자체가 권장하는 사업을 하는 공공기관 6. 시,도 정책 및 재정사정 7. 기타 8. 해당없음	입찰방식			운영예산 산정		성과평가 실시여부
						계약체결방법 (경쟁형태) 1. 일반경쟁 2. 제한경쟁 3. 지명경쟁 4. 수의계약 5. 법정위탁 6. 기타 ( ) 7. 없음	계약기간 1. 1년 2. 2년 3. 3년 4. 4년 5. 5년 6. 기타 ( )년 7. 단기계약 (1년미만) 8. 없음	낙찰자선정방법 1. 적격심사 2. 협상에의한계약 3. 최저가낙찰제 4. 규격가격분리 5. 2단계 경쟁입찰 6. 기타 ( ) 7. 없음	운영예산 산정 1. 내부산정 (지자체 자체적으로 산정) 2. 외부산정 (외부전문기관위탁 산정) 3. 내·외부 모두 산정 4. 산정 無 5. 없음	정산방법 1. 내부정산 (지자체 내부적으로 정산) 2. 외부정산 (외부전문기관위탁 정산) 3. 내·외부 모두 산정 4. 정산 無 5. 없음	1. 실시 2. 미실시 3. 향후 추진 4. 해당없음
26557	전남 화순군	화순군소상공인연합회지원	20,000	1	4	7	8	7	1	1	4
26558	전남 화순군	양성평등관련공모사업	20,000	1	4	7	8	7	1	1	4
26559	전남 화순군	오지호미술공모전	20,000	1	4	7	8	7	1	1	1
26560	전남 화순군	능주향교활성화사업(호락호락한온고지신)	20,000	1	4	7	8	7	1	1	1
26561	전남 화순군	한우파출지원	20,000	1	1	7	8	7	1	1	4
26562	전남 화순군	낙농파출지원	20,000	1	1	7	8	7	1	1	4
26563	전남 화순군	양봉농가브랜드및포장재제작지원	20,000	1	1	7	8	7	1	1	4
26564	전남 화순군	지역특화작목포장재지원	20,000	1	1	7	8	7	5	5	4
26565	전남 화순군	신중년일자리장려금지원사업	16,000	1	1	7	8	7	1	1	4
26566	전남 화순군	화순예술인협회작품전시회지원	15,000	1	4	7	8	7	1	1	1
26567	전남 화순군	진각국사다례제	15,000	1	4	7	8	7	1	1	1
26568	전남 화순군	진폐환자등의료비지원	15,000	1	4	5	8	7	5	1	1
26569	전남 화순군	농식품관련인증업체등포장재지원	12,500	1	4	7	8	7	5	5	4
26570	전남 화순군	새일센터사업관리및사후관리	10,000	1	2	7	8	7	1	1	4
26571	전남 화순군	맹자사상교육및인성교육	10,000	1	4	7	8	7	1	1	1
26572	전남 화순군	애향문화행사	10,000	1	4	7	8	7	1	1	1
26573	전남 화순군	한국보학회지발간	10,000	1	4	7	8	7	1	1	1
26574	전남 화순군	화순문학지발간	10,000	1	4	7	8	7	1	1	1
26575	전남 화순군	희망나눔한마당	10,000	1	4	7	8	7	1	1	1
26576	전남 화순군	주민과함께만들어가는가족오케스트라음악회	10,000	1	4	7	8	7	1	1	1
26577	전남 화순군	화순문인협회시화전시회	10,000	1	4	7	8	7	1	1	1
26578	전남 화순군	화순군민을위한힐링콘서트	10,000	1	4	7	8	7	1	1	1
26579	전남 화순군	영호남상생예술교류전	10,000	1	4	7	8	7	1	1	1
26580	전남 화순군	내평리길쌈노래전승비지원	10,000	1	4	7	8	7	1	1	1
26581	전남 화순군	능주들소리보존전승비지원	10,000	1	4	7	8	7	1	1	1
26582	전남 화순군	한천농악전승비(군비추가분)	10,000	1	4	7	8	7	1	1	1
26583	전남 화순군	도장리밭노래전승비(군비추가분)	10,000	1	4	7	8	7	1	1	1
26584	전남 화순군	우봉들소리전승비(군비추가분)	10,000	1	4	7	8	7	1	1	1
26585	전남 화순군	화순쌍산항일의병위령제	10,000	1	4	7	8	7	1	1	1
26586	전남 화순군	쌀전업농회원활성화지원	10,000	1	6	7	8	7	1	1	4
26587	전남 화순군	농촌활성화중간지원조직운영비	10,000	1	6	7	8	7	5	5	4
26588	전남 화순군	원예작물연작장해경감제지원	9,180	1	4	7	8	7	1	1	4
26589	전남 화순군	화순향교성인인문학교육	8,000	1	4	7	8	7	1	1	1
26590	전남 화순군	남도국악제참가지원	6,000	1	4	7	8	7	1	1	1
26591	전남 화순군	화순향교청소년인성교육	6,000	1	4	7	8	7	1	1	1
26592	전남 화순군	화순예총지발간	5,500	1	4	7	8	7	1	1	1
26593	전남 화순군	시니어합창단운영	5,000	1	6	7	8	7	1	1	4
26594	전남 화순군	도민합창경연대회참가지원	5,000	1	4	7	8	7	1	1	1
26595	전남 화순군	화순재즈축제	5,000	1	4	7	8	7	1	1	1
26596	전남 화순군	미술관사랑방속으로	5,000	1	4	7	8	7	1	1	1

순번	시군구	지출명 (사업명)	2024년예산 (단위 : 천원 /1년간)	민간이전 분류 (지방자치단체 세출예산 집행기준에 의거) 1. 민간경상사업보조(307-02) 2. 민간단체 법정운영비보조(307-03) 3. 민간행사사업보조(307-04) 4. 민간위탁금(307-05) 5. 사회복지시설 법정운영비보조(307-10) 6. 민간인위탁교육비(307-12) 7. 공기관등에대한경상적위탁사업비(308-13) 8. 민간자본사업보조,자체재원(402-01) 9. 민간자본사업보조,이전재원(402-02) 10. 민간위탁사업비(402-03) 11. 공기관등에 대한 자본적 위탁사업비(403-02)	민간이전지출 근거 (지방보조금 관리기준 참고) 1. 법률에 규정 2. 국고보조 재원(국가지정) 3. 용도 지정 기부금 4. 조례에 직접규정 5. 지자체가 권장하는 사업을 하는 공공기관 6. 시,도 정책 및 재정사정 7. 기타 8. 해당없음	입찰방식 계약체결방법 (경쟁형태) 1. 일반경쟁 2. 제한경쟁 3. 지명경쟁 4. 수의계약 5. 법정위탁 6. 기타 ( ) 7. 없음	입찰방식 계약기간 1. 1년 2. 2년 3. 3년 4. 4년 5. 5년 6. 기타 ( )년 7. 단기계약 (1년미만) 8. 없음	입찰방식 낙찰자선정방법 1. 적격심사 2. 협상에의한계약 3. 최저가낙찰제 4. 규격가격분리 5. 2단계 경쟁입찰 6. 기타 ( ) 7. 없음	운영예산 산정 운영예산 산정 1. 내부산정 (지자체 자체적으로 산정) 2. 외부산정 (외부전문기관위탁 산정) 3. 내·외부 모두 산정 4. 산정 無 5. 없음	운영예산 산정 정산방법 1. 내부정산 (지자체 내부적으로 정산) 2. 외부정산 (외부전문기관위탁 정산) 3. 내·외부 모두 정산 4. 정산 無 5. 없음	성과평가 실시여부 1. 실시 2. 미실시 3. 향후 추진 4. 해당없음
26597	전남 화순군	주자묘제예비	5,000	1	4	7	8	7	1	1	1
26598	전남 화순군	학포선생부조묘제례비	5,000	1	4	7	8	7	1	1	1
26599	전남 화순군	개천산산신제지원	5,000	1	4	7	8	7	1	1	1
26600	전남 화순군	의료기관감시체계운영비지원	4,320	1	2	6	8	7	5	5	4
26601	전남 화순군	가수리짐대세우기전승비지원	3,000	1	4	7	8	7	1	1	1
26602	전남 화순군	쌍봉리당산제전승비지원	3,000	1	4	7	8	7	1	1	1
26603	전남 화순군	화순야사리은행나무당산제	2,800	1	1	7	1	7	5	1	4
26604	전남 화순군	축산물HACCP지원	2,520	1	1	7	8	7	1	1	4
26605	전남 장흥군	전문단지조성용사일리지지원	2,088,780	1	2	7	8	7	5	5	4
26606	전남 장흥군	조사료생산용사일리지제조지원	2,028,878	1	2	7	8	7	5	5	4
26607	전남 장흥군	장흥한우농촌융복합산업지구조성사업	400,000	1	6	7	8	7	1	1	4
26608	전남 장흥군	전문단지조성용퇴액비지원	398,400	1	2	7	8	7	5	5	4
26609	전남 장흥군	명품한우생산우량정액공급	350,013	1	7	7	8	7	1	1	4
26610	전남 장흥군	신중년경력활동지원	310,662	1	8	7	8	7	5	5	4
26611	전남 장흥군	전남청년문화복지카드	286,000	1	4	7	8	7	5	5	4
26612	전남 장흥군	한우송아지브랜드육성사업	250,000	1	6	7	8	7	1	1	4
26613	전남 장흥군	정남진장흥한우전용사료첨가제지원	240,003	1	7	7	8	7	1	1	4
26614	전남 장흥군	어르신생활체육지도자배치(기금)	213,713	1	2	7	8	7	5	5	4
26615	전남 장흥군	전통시장및상점가활성화지원사업	210,000	1	2	7	8	7	5	5	4
26616	전남 장흥군	전업규모구제역백신구입지원	204,900	1	8	7	8	7	5	5	4
26617	전남 장흥군	전문단지조성용종자구입지원	202,455	1	2	7	8	7	5	5	4
26618	전남 장흥군	산림소득증대기반조성(표고종균지원사업)	180,000	1	4	7	8	7	5	5	4
26619	전남 장흥군	축산농장악취저감제공급사업	150,003	1	7	7	8	7	1	1	4
26620	전남 장흥군	전라남도체육대회참가	140,000	1	5	7	8	7	5	5	4
26621	전남 장흥군	일반생활체육지도자배치(기금)	122,122	1	2	7	8	7	5	5	4
26622	전남 장흥군	쇠고기이력제지원	116,160	1	2	7	8	7	5	5	4
26623	전남 장흥군	학교우유급식지원(기금)	114,280	1	2	7	8	7	1	1	4
26624	전남 장흥군	조사료생산용종자구입지원	113,107	1	2	7	8	7	5	5	4
26625	전남 장흥군	스포츠강좌이용권지원(기금)	102,600	1	2	7	8	7	5	5	4
26626	전남 장흥군	전라남도스포츠과학연구소지원	102,000	1	5	4	6	7	1	1	4
26627	전남 장흥군	사회적기업육성(일자리창출)	98,846	1	2	7	8	7	5	5	4
26628	전남 장흥군	한우증체율향상지원사업	95,200	1	7	7	8	7	5	5	4
26629	전남 장흥군	말산업전문인력양성기관지정(경상)	91,526	1	1	7	8	7	1	1	4
26630	전남 장흥군	학교우유급식지원(도자체)	90,200	1	4	7	8	7	5	5	4
26631	전남 장흥군	가축분뇨퇴비부숙용왕겨지원사업	80,000	1	7	7	8	7	5	5	4
26632	전남 장흥군	야생동물피해예방사업	72,000	1	2	7	8	7	5	1	4
26633	전남 장흥군	가축분뇨퇴비부숙용톱밥지원사업	70,000	1	7	7	8	7	5	5	4
26634	전남 장흥군	전문단지조성용입모중파종지원	67,187	1	2	7	8	7	5	5	4
26635	전남 장흥군	축산악취저감제지원사업(한우)	65,000	1	7	7	8	7	5	5	4
26636	전남 장흥군	전남청년근속장려금지원사업	64,500	1	1	7	8	7	5	5	4

순번	시군구	지출명 (사업명)	2024년예산 (단위 : 천원 /1년간)	민간이전 분류 (지방자치단체 세출예산 집행기준에 의거) 1. 민간경상사업보조(307-02) 2. 민간단체 법정운영비보조(307-03) 3. 민간행사사업보조(307-04) 4. 민간위탁금(307-05) 5. 사회복지시설 법정운영비보조(307-10) 6. 민간인위탁교육비(307-12) 7. 공기관등에대한경상적위탁사업비(308-13) 8. 민간자본사업보조,자체재원(402-01) 9. 민간자본사업보조,이전재원(402-02) 10. 민간위탁사업비(402-03) 11. 공기관등에 대한 자본적 위탁사업비(403-02)	민간이전지출 근거 (지방보조금 관리기준 참고) 1. 법률에 규정 2. 국고보조 재원(국가지정) 3. 용도 지정 기부금 4. 조례에 직접규정 5. 지자체가 권장하는 사업을 하는 공공기관 6. 시,도 정책 및 재정사정 7. 기타 8. 해당없음	입찰방식			운영예산 산정		성과평가 실시여부
						계약체결방법 (경쟁형태) 1. 일반경쟁 2. 제한경쟁 3. 지명경쟁 4. 수의계약 5. 법정위탁 6. 기타 ( ) 7. 없음	계약기간 1. 1년 2. 2년 3. 3년 4. 4년 5. 5년 6. 기타 ( )년 7. 단기계약 (1년미만) 8. 없음	낙찰자선정방법 1. 적격심사 2. 협상에의한계약 3. 최저가낙찰제 4. 규격가격분리 5. 2단계 경쟁입찰 6. 기타 ( ) 7. 없음	운영예산 산정 1. 내부산정 (지자체 자체적으로 산정) 2. 외부산정 (외부전문기관위탁 산정) 3. 내·외부 모두 산정 4. 산정 無 5. 없음	정산방법 1. 내부정산 (지자체 내부적으로 정산) 2. 외부정산 (외부전문기관위탁 정산) 3. 내·외부 모두 산정 4. 정산 無 5. 없음	1. 실시 2. 미실시 3. 향후 추진 4. 해당없음
26637	전남 장흥군	꿀벌산업육성지원	64,000	1	6	7	8	7	1	1	4
26638	전남 장흥군	축산악취저감제(가금)공급사업	63,000	1	7	7	8	7	5	5	4
26639	전남 장흥군	장애인생활체육지도자배치(기금)	62,604	1	2	7	8	7	5	5	4
26640	전남 장흥군	소규모한우농가진료비지원	62,500	1	8	7	8	7	5	5	4
26641	전남 장흥군	마을기업육성사업	60,000	1	2	7	8	7	5	5	4
26642	전남 장흥군	풍력발전관련주민지원사업	59,600	1	2	7	8	7	5	5	4
26643	전남 장흥군	오리증체율향상지원	56,000	1	6	7	8	7	5	5	4
26644	전남 장흥군	임산물상품화지원(국비)	55,463	1	2	7	8	7	1	1	4
26645	전남 장흥군	민주평통통일역량강화사업지원	55,000	1	1	7	8	7	5	5	4
26646	전남 장흥군	도지사기종목별생활체육대회참가경비	50,000	1	5	7	8	7	5	5	4
26647	전남 장흥군	2024년정보화마을프로그램관리자육성지원사업	49,183	1	7	7	8	7	5	5	4
26648	전남 장흥군	꿀멀먹이지원	40,000	1	1	7	8	7	1	1	4
26649	전남 장흥군	마을공동체만들기육성	40,000	1	1	7	8	7	5	5	4
26650	전남 장흥군	가금류칼슘첨가제지원	38,400	1	1	7	8	7	5	5	4
26651	전남 장흥군	학생승마체육사업	38,400	1	1	7	8	7	5	5	4
26652	전남 장흥군	전라남도장애인체육대회참가	37,000	1	5	7	8	7	5	5	4
26653	전남 장흥군	경로당전담관리사배치	36,715	1	4	7	8	7	5	5	4
26654	전남 장흥군	기초푸드뱅크	35,000	1	2	7	8	7	1	1	1
26655	전남 장흥군	사회적경제지역특화(시군특화)	35,000	1	1	7	8	7	5	5	4
26656	전남 장흥군	액비살포비지원사업	34,000	1	7	7	8	7	5	5	4
26657	전남 장흥군	소상공인노란우산가입장려금지원	31,200	1	1,4,6	7	8	7	5	5	4
26658	전남 장흥군	어르신생활체육지도자배치	30,520	1	5	7	8	7	5	5	4
26659	전남 장흥군	한우농가도우미지원	30,000	1	7	7	8	7	1	1	4
26660	전남 장흥군	축산악취저감제(양돈)공급사업	30,000	1	7	7	8	7	5	5	4
26661	전남 장흥군	돼지써코바이러스백신지원	30,000	1	8	7	8	7	5	5	4
26662	전남 장흥군	암소난소결찰지원	30,000	1	6	7	8	7	1	1	4
26663	전남 장흥군	행복드림돌봄공동체지원사업	30,000	1	1	7	8	7	5	5	4
26664	전남 장흥군	장애인스포츠강좌이용권보조금지원(기금)	29,640	1	2	7	8	7	5	5	4
26665	전남 장흥군	새마을회주요시책업무추진	29,000	1	4	7	8	7	5	5	4
26666	전남 장흥군	아프리카돼지열병대응사업	27,300	1	2	7	8	7	5	1	4
26667	전남 장흥군	사회적경제공동판매장운영지원사업	25,620	1	4	7	8	7	5	5	4
26668	전남 장흥군	생활체육활성화지원	25,000	1	5	7	8	7	5	5	4
26669	전남 장흥군	산림소득증대기반조성(표고버섯기술교육및지리적표시제관리)	25,000	1	4	7	8	7	1	1	4
26670	전남 장흥군	전시회및박람회참가업체지원	24,000	1	6	7	8	7	1	1	4
26671	전남 장흥군	사회적경제기업고도화지원사업	21,600	1	2	7	8	7	5	5	4
26672	전남 장흥군	경로당전담관리사	20,712	1	4	7	8	7	5	5	4
26673	전남 장흥군	친환경천적이용해충제지원	20,544	1	4	7	8	7	5	5	4
26674	전남 장흥군	장흥학당지원	20,000	1	5	7	8	7	1	1	1
26675	전남 장흥군	체육회장배체육대회참가지원	20,000	1	5	7	8	7	5	5	4
26676	전남 장흥군	청소년수련관운영	20,000	1	7	7	8	7	1	1	1

순번	시군구	지출명 (사업명)	2024년예산 (단위 : 천원 /1년간)	민간이전 분류 (지방자치단체 세출예산 집행기준에 의거) 1. 민간경상사업보조(307-02) 2. 민간단체 법정운영비보조(307-03) 3. 민간행사사업보조(307-04) 4. 민간위탁금(307-05) 5. 사회복지시설 법정운영비보조(307-10) 6. 민간인위탁교육비(307-12) 7. 공기관등에대한경상적위탁사업비(308-13) 8. 민간자본사업보조,자체재원(402-01) 9. 민간자본사업보조,이전재원(402-02) 10. 민간위탁사업비(402-03) 11. 공기관등에 대한 자본적 위탁사업비(403-02)	민간이전지출 근거 (지방보조금 관리기준 참고) 1. 법률에 규정 2. 국고보조 재원(국가지정) 3. 용도 지정 기부금 4. 조례에 직접규정 5. 지자체가 권장하는 사업을 하는 공공기관 6. 시,도 정책 및 재정사정 7. 기타 8. 해당없음	입찰방식: 계약체결방법 (경쟁형태) 1. 일반경쟁 2. 제한경쟁 3. 지명경쟁 4. 수의계약 5. 법정위탁 6. 기타 ( ) 7. 없음	입찰방식: 계약기간 1. 1년 2. 2년 3. 3년 4. 4년 5. 5년 6. 기타 ( )년 7. 단기계약 (1년미만) 8. 없음	입찰방식: 낙찰자선정방법 1. 적격심사 2. 협상에의한계약 3. 최저가낙찰제 4. 규격가격분리 5. 2단계 경쟁입찰 6. 기타 ( ) 7. 없음	운영예산 산정: 운영예산 산정 1. 내부산정 (지자체 자체적으로 산정) 2. 외부산정 (외부전문기관위탁 산정) 3. 내·외부 모두 산정 4. 산정 無 5. 없음	운영예산 산정: 정산방법 1. 내부정산 (지자체 내부적으로 정산) 2. 외부정산 (외부전문기관위탁 정산) 3. 내·외부 모두 산정 4. 정산 無 5. 없음	성과평가 실시여부 1. 실시 2. 미실시 3. 향후 추진 4. 해당없음
26677	전남 장흥군	전남형예비마을기업육성	20,000	1	1	7	8	7	5	5	4
26678	전남 장흥군	농공단지기업맞춤형특화지원사업	20,000	1	5	7	8	7	1	2	4
26679	전남 장흥군	유소년승마단운영지원사업	20,000	1	1	7	8	7	5	5	4
26680	전남 장흥군	음식문화개선및좋은식단실천	20,000	1	4	7	8	7	2	2	3
26681	전남 장흥군	전남장애인생활체육대회참가	18,000	1	5	7	8	7	5	5	4
26682	전남 장흥군	일반생활체육지도자배치	17,440	1	5	7	8	7	5	5	4
26683	전남 장흥군	녹지관련후계자양성	15,000	1	1	7	8	7	1	1	4
26684	전남 장흥군	구제역백신접종원거리자동연속주사기지원사업	14,700	1	8	7	8	7	5	5	4
26685	전남 장흥군	건전청소년육성	14,400	1	4	7	8	7	1	1	1
26686	전남 장흥군	평생학습우수프로그램운영지원	14,000	1	4	7	8	7	1	1	2
26687	전남 장흥군	닭증체율향상지원	14,000	1	6	7	8	7	5	5	4
26688	전남 장흥군	염소생산성향상지원사업	13,500	1	1	7	8	7	1	1	4
26689	전남 장흥군	민간단체사업보조	13,000	1	1	7	8	7	5	5	4
26690	전남 장흥군	전남형청년공동체활성화사업	12,000	1	4	7	8	7	5	5	4
26691	전남 장흥군	돼지생산비절감용사료효율개선제지원	12,000	1	7	7	8	7	5	5	4
26692	전남 장흥군	돼지증체율향상지원	12,000	1	6	7	8	7	5	5	4
26693	전남 장흥군	승용마조련강화지원사업	12,000	1	1	7	8	7	5	5	4
26694	전남 장흥군	구제역및AI예방약품구입지원(돼지소모성질환)	12,000	1	8	7	8	7	5	5	4
26695	전남 장흥군	곤충사료첨가제지원사업	11,900	1	6	7	8	7	1	1	4
26696	전남 장흥군	축사지붕열차단재도포시범사업	11,200	1	6	7	8	7	1	1	4
26697	전남 장흥군	범죄피해자지원센터피해자지원사업비지원	10,800	1	4	7	8	7	5	5	4
26698	전남 장흥군	법무부청소년범죄예방위원지원	10,000	1	1	7	8	7	5	5	4
26699	전남 장흥군	자매결연도시체육행사교류전추진	10,000	1	5	7	8	7	5	5	4
26700	전남 장흥군	자활근로사업기능보강	10,000	1	1	7	8	7	1	1	1
26701	전남 장흥군	송아지폐사방지보온등지원사업	10,000	1	7	7	8	7	1	1	4
26702	전남 장흥군	송아지구충제지원사업	10,000	1	8	7	8	7	5	5	4
26703	전남 장흥군	한우사료첨가제지원	10,000	1	6	7	8	7	1	1	4
26704	전남 장흥군	심폐소생술및응급처치교육	10,000	1	4	4	7	1	1	1	1
26705	전남 장흥군	양돈생산성향상지원	9,800	1	7	7	8	7	5	5	4
26706	전남 장흥군	닭진드기공동방제지원사업	8,800	1	8	7	8	7	5	5	4
26707	전남 장흥군	어르신생활체육지도자처우개선비	8,400	1	5	7	8	7	5	5	4
26708	전남 장흥군	가축폭염피해대비고온스트레스완화제지원	8,400	1	6	7	8	7	1	1	4
26709	전남 장흥군	전라남도체육대회우수종목단체및개인격려	8,000	1	5	7	8	7	5	5	4
26710	전남 장흥군	전라남도어르신생활체육대회참가	8,000	1	5	7	8	7	5	5	4
26711	전남 장흥군	전남형신중년희망일자리장려금지원사업	8,000	1	6	7	8	7	5	5	4
26712	전남 장흥군	평생학습동아리지원	7,500	1	4	7	8	7	1	1	2
26713	전남 장흥군	젖소분뇨발효촉진지원	7,000	1	6	7	8	7	5	5	4
26714	전남 장흥군	보훈가족독거회원특별돌보기사업	6,648	1	4	7	8	7	1	1	1
26715	전남 장흥군	자원봉사활동운영지원	6,500	1	2	7	8	7	1	1	1
26716	전남 장흥군	청년동아리활동지원사업	6,000	1	4	7	8	7	5	5	4

순번	시군구	지출명 (사업명)	2024년예산 (단위 : 천원 /1년간)	민간이전 분류 (지방자치단체 세출예산 집행기준에 의거) 1. 민간경상사업보조(307-02) 2. 민간단체 법정운영비보조(307-03) 3. 민간행사사업보조(307-04) 4. 민간위탁금(307-05) 5. 사회복지시설 법정운영비보조(307-10) 6. 민간인위탁교육비(307-12) 7. 공기관등에대한경상적위탁사업비(308-13) 8. 민간자본사업보조,자체재원(402-01) 9. 민간자본사업보조,이전재원(402-02) 10. 민간위탁사업비(402-03) 11. 공기관등에 대한 자본적 위탁사업비(403-02)	민간이전지출 근거 (지방보조금 관리기준 참고) 1. 법률에 규정 2. 국고보조 재원(국가지정) 3. 용도 지정 기부금 4. 조례에 직접규정 5. 지자체가 권장하는 사업을 하는 공공기관 6. 시,도 정책 및 재정사정 7. 기타 8. 해당없음	입찰방식 계약체결방법 (경쟁형태) 1. 일반경쟁 2. 제한경쟁 3. 지명경쟁 4. 수의계약 5. 법정위탁 6. 기타 ( ) 7. 없음	입찰방식 계약기간 1. 1년 2. 2년 3. 3년 4. 4년 5. 5년 6. 기타 ( )년 7. 단기계약 (1년미만) 8. 없음	입찰방식 낙찰자선정방법 1. 적격심사 2. 협상에의한계약 3. 최저가낙찰제 4. 규격가격분리 5. 2단계 경쟁입찰 6. 기타 ( ) 7. 없음	운영예산 산정 운영예산 산정 1. 내부산정 (지자체 자체적으로 산정) 2. 외부산정 (외부전문기관위탁 산정) 3. 내·외부 모두 산정 4. 산정 無 5. 없음	운영예산 산정 정산방법 1. 내부정산 (지자체 내부적으로 정산) 2. 외부정산 (외부전문기관위탁 정산) 3. 내·외부 모두 산정 4. 정산 無 5. 없음	성과평가 실시여부 1. 실시 2. 미실시 3. 향후 추진 4. 해당없음
26717	전남 장흥군	퇴비살포비지원사업	6,000	1	7	7	8	7	5	5	4
26718	전남 장흥군	축산물HACCP컨설팅지원	5,600	1	8	7	8	7	5	5	4
26719	전남 장흥군	어린이통학차량LPG차전환지원사업	5,000	1	2	7	8	7	5	1	1
26720	전남 장흥군	소상공인연합회지원	4,950	1	1,4	7	8	7	5	5	4
26721	전남 장흥군	일반생활체육지도자처우개선비	4,800	1	5	7	8	7	5	5	4
26722	전남 장흥군	장애인생활체육지도자배치	4,360	1	5	7	8	7	5	5	4
26723	전남 장흥군	탈북민정착을위한멘토링지원	4,000	1	7	7	8	7	5	5	4
26724	전남 장흥군	다자녀행복카드가맹점수수료지원	4,000	1	6	7	8	7	2	2	4
26725	전남 장흥군	전남축구클럽리그참가	3,500	1	5	7	8	7	5	5	4
26726	전남 장흥군	실버그라운드골프및바둑대회지원	3,500	1	4	7	8	7	5	5	4
26727	전남 장흥군	노인게이트볼대회참가	3,000	1	5	7	8	7	5	5	4
26728	전남 장흥군	전국소년체전우리군출신선수참가지원	3,000	1	5	7	8	7	5	5	4
26729	전남 장흥군	전국소년체육대회대표선수훈련지원	3,000	1	5	7	8	7	5	5	4
26730	전남 장흥군	남해안권시군축구대회참가	3,000	1	5	7	8	7	5	5	4
26731	전남 장흥군	축구영호남교류전	3,000	1	5	7	8	7	5	5	4
26732	전남 장흥군	전국마라톤대회참가	3,000	1	5	7	8	7	5	5	4
26733	전남 장흥군	전라남도농아인체육대회참가	3,000	1	5	7	8	7	5	5	4
26734	전남 장흥군	전남지체장애인체육대회참가	3,000	1	5	7	8	7	5	5	4
26735	전남 장흥군	자원봉사활동운영지원(군비)	3,000	1	5	7	8	7	1	1	1
26736	전남 장흥군	가축질병예방해충퇴치제지원사업	3,000	1	8	7	8	7	5	5	4
26737	전남 장흥군	산림소득증대기반조성(표고버섯재배전문가컨설팅)	3,000	1	4	7	8	7	1	1	4
26738	전남 장흥군	노인게이트볼행사지원	2,700	1	4	7	8	7	5	5	4
26739	전남 장흥군	푸른장흥및자연보호활동	2,700	1	1	7	1	6	1	1	1
26740	전남 장흥군	전라남도의장기축구대회참가	2,500	1	5	7	8	7	5	5	4
26741	전남 장흥군	전국지체장애인체육대회참가	2,500	1	5	7	8	7	5	5	4
26742	전남 장흥군	장애인생활체육지도자처우개선비	2,400	1	5	7	8	7	5	5	4
26743	전남 장흥군	2024년정보화마을인빌박스지원	2,000	1	7	7	8	7	5	5	4
26744	전남 장흥군	2024년정보화마을택배비지원	2,000	1	7	7	8	7	5	5	4
26745	전남 장흥군	전남시각장애인체육대회참가	2,000	1	5	7	8	7	5	5	4
26746	전남 장흥군	어르신생활체육지도자배치보험료(기금)	2,000	1	2	7	8	7	5	5	4
26747	전남 장흥군	장흥군행정동우회지원	1,800	1	4	7	8	7	5	5	4
26748	전남 장흥군	자원봉사활동운영지원(군비)	1,800	1	5	7	8	7	1	1	1
26749	전남 장흥군	자원봉사활동운영지원(군비)	1,800	1	5	7	8	7	1	1	1
26750	전남 장흥군	자원봉사활동운영지원(군비)	1,800	1	5	7	8	7	1	1	1
26751	전남 장흥군	청소년유해환경감시단운영(국비)	1,635	1	1	7	8	7	1	1	1
26752	전남 장흥군	전남협회장배탁구대회참가	1,500	1	5	7	8	7	5	5	4
26753	전남 장흥군	전남협회장배생활체육야구대회참가	1,500	1	5	7	8	7	5	5	4
26754	전남 장흥군	전남협회장기합기도대회참가	1,500	1	5	7	8	7	5	5	4
26755	전남 장흥군	일반생활체육지도자배치보험료(기금)	1,200	1	2	7	8	7	5	5	4
26756	전남 장흥군	친환경임산물재배관리(국비)	1,113	1	2	7	8	7	1	1	4

순번	시군구	지출명 (사업명)	2024년예산 (단위 : 천원 /1년간)	민간이전 분류 (지방자치단체 세출예산 집행기준에 의거) 1. 민간경상사업보조(307-02) 2. 민간단체 법정운영비보조(307-03) 3. 민간행사사업보조(307-04) 4. 민간위탁금(307-05) 5. 사회복지시설 법정운영비보조(307-10) 6. 민간인위탁교육비(307-12) 7. 공기관등에대한경상적위탁사업비(308-13) 8. 민간자본사업보조,자체재원(402-01) 9. 민간자본사업보조,이전재원(402-02) 10. 민간위탁사업비(402-03) 11. 공기관등에 대한 자본적 위탁사업비(403-02)	민간이전지출 근거 (지방보조금 관리기준 참고) 1. 법률에 규정 2. 국고보조 재원(국가지정) 3. 용도 지정 기부금 4. 조례에 직접규정 5. 지자체가 권장하는 사업을 하는 공공기관 6. 시,도 정책 및 재정사정 7. 기타 8. 해당없음	입찰방식 계약체결방법 (경쟁형태) 1. 일반경쟁 2. 제한경쟁 3. 지명경쟁 4. 수의계약 5. 법정위탁 6. 기타 ( ) 7. 없음	입찰방식 계약기간 1. 1년 2. 2년 3. 3년 4. 4년 5. 5년 6. 기타 ( )년 7. 단기계약 (1년미만) 8. 없음	입찰방식 낙찰자선정방법 1. 적격심사 2. 협상에의한계약 3. 최저가낙찰제 4. 규격가격분리 5. 2단계 경쟁입찰 6. 기타 ( ) 7. 없음	운영예산 산정 운영예산 산정 1. 내부산정 (지자체 자체적으로 산정) 2. 외부산정 (외부전문기관위탁 산정) 3. 내·외부 모두 산정 4. 산정 無 5. 없음	운영예산 산정 정산방법 1. 내부정산 (지자체 내부적으로 정산) 2. 외부정산 (외부전문기관위탁 정산) 3. 내·외부 모두 산정 4. 정산 無 5. 없음	성과평가 실시여부 1. 실시 2. 미실시 3. 향후 추진 4. 해당없음
26757	전남 장흥군	장애인체육회사무국장명절휴가비	1,000	1	5	7	8	7	5	5	4
26758	전남 강진군	까치내문화나눔터운영및환경관리	10,670	1	7	7	8	7	1	1	4
26759	전남 강진군	계획공모형지역관광개발사업	1,350,700	1	2	7	8	7	1	1	1
26760	전남 강진군	강진쌀귀리농촌융복합산업지구조성사업	740,000	1	4	6	4	7	1	1	3
26761	전남 강진군	청정전남으뜸마을만들기	695,000	1	2	7	8	7	1	1	2
26762	전남 강진군	노인일자리사업(성인지)	539,950	1	1,4	5	1	1	1	1	4
26763	전남 강진군	벼포장재지원사업	350,000	1	4	6	7	7	1	1	1
26764	전남 강진군	(관라)쌀귀리도복예방(비료)지원사업	300,000	1	4	7	8	7	5	5	4
26765	전남 강진군	과채화훼류배지교체지원사업	300,000	1	4	7	8	7	1	1	4
26766	전남 강진군	안전교육종합체험관운영	200,000	1	5	7	7	7	1	1	4
26767	전남 강진군	농번기마을공동급식지원사업	198,000	1	4	6	7	7	1	1	1
26768	전남 강진군	찾아가는어머니한글교실운영	165,000	1	4	7	8	7	5	5	4
26769	전남 강진군	(기본)초록믿음직거래지원센터쇼핑몰운영	150,000	1	5	7	8	7	5	5	4
26770	전남 강진군	꼬막패류치패대지원	150,000	1	4	7	8	7	5	5	4
26771	전남 강진군	미끼지원사업	141,102	1	4	7	8	7	5	5	4
26772	전남 강진군	패류모패장조성	140,000	1	4	7	8	7	5	5	4
26773	전남 강진군	학교우유급식지원	139,480	1	2	7	8	7	1	1	4
26774	전남 강진군	꼬막종자대량생산기반구축	135,968	1	6	7	8	7	5	5	4
26775	전남 강진군	들녘별쌀경영체교육컨설팅지원	135,000	1	2	6	7	7	5	5	3
26776	전남 강진군	친환경기능성식량작물유통지원	133,000	1	1	7	7	7	1	1	4
26777	전남 강진군	명품반찬산업육성사업	130,000	1	4	7	8	7	5	5	4
26778	전남 강진군	생활체육지도자배치사업	122,112	1	4	4	7	1	1	1	2
26779	전남 강진군	우량마늘종구구입지원사업	120,000	1	4	7	8	7	1	1	4
26780	전남 강진군	가루쌀전문생산단지육성사업교육컨설팅지원	108,000	1	2	7	8	7	5	5	4
26781	전남 강진군	농업환경보전프로그램주민활동비	105,000	1	2	1	1	1	5	5	3
26782	전남 강진군	소상공인소규모경영환경개선지원사업	100,000	1	4	1	7	1	1	1	4
26783	전남 강진군	화훼농가우량품종지원	100,000	1	4	7	8	7	1	1	4
26784	전남 강진군	한우미생물단백질공급지원사업	100,000	1	6	7	8	7	1	1	4
26785	전남 강진군	강진만패류감소공익소송비지원	100,000	1	4	7	8	7	5	5	4
26786	전남 강진군	강진군청자FCU15선수육성지원	100,000	1	4	4	7	1	1	1	2
26787	전남 강진군	전남청년근속장려금	97,000	1	6	7	8	7	1	1	4
26788	전남 강진군	인증부표보급지원	95,200	1	2	7	8	7	5	5	4
26789	전남 강진군	어르신전담지도자배치사업	91,592	1	4	4	7	1	1	1	2
26790	전남 강진군	청소년상담복지센터운영	90,655	1	1	5	3	1	1	1	1
26791	전남 강진군	학교우유급식확대지원사업	90,200	1	6	7	8	7	1	1	4
26792	전남 강진군	직거래선도농어업인육성	90,000	1	4	6	7	7	1	1	4
26793	전남 강진군	농산어촌체험마을사무장채용지원	82,038	1	4	7	8	7	5	5	4
26794	전남 강진군	한국민화뮤지엄특별전	80,000	1	4	7	8	7	1	1	4
26795	전남 강진군	농촌인력지원센터지원사업	80,000	1	7	6	7	7	1	1	1
26796	전남 강진군	농특산물포장재(용기)지원사업1	80,000	1	4	6	7	7	1	1	3

순번	시군구	지출명 (사업명)	2024년예산 (단위 : 천원 /1년간)	민간이전 분류 (지방자치단체 세출예산 집행기준에 의거) 1. 민간경상사업보조(307-02) 2. 민간단체 법정운영비보조(307-03) 3. 민간행사사업보조(307-04) 4. 민간위탁금(307-05) 5. 사회복지시설 법정운영비보조(307-10) 6. 민간인위탁교육비(307-12) 7. 공기관등에대한경상적위탁사업비(308-13) 8. 민간자본사업보조,자체재원(402-01) 9. 민간자본사업보조,이전재원(402-02) 10. 민간위탁사업비(402-03) 11. 공기관등에 대한 자본적 위탁사업비(403-02)	민간이전지출 근거 (지방보조금 관리기준 참고) 1. 법률에 규정 2. 국고보조 재원(국가지정) 3. 용도 지정 기부금 4. 조례에 직접규정 5. 지자체가 권장하는 사업을 하는 공공기관 6. 시,도 정책 및 재정사정 7. 기타 8. 해당없음	입찰방식 계약체결방법 (경쟁형태) 1. 일반경쟁 2. 제한경쟁 3. 지명경쟁 4. 수의계약 5. 법정위탁 6. 기타 ( ) 7. 없음	입찰방식 계약기간 1. 1년 2. 2년 3. 3년 4. 4년 5. 5년 6. 기타 ( )년 7. 단기계약 (1년미만) 8. 없음	입찰방식 낙찰자선정방법 1. 적격심사 2. 협상에의한계약 3. 최저가낙찰제 4. 규격가격분리 5. 2단계 경쟁입찰 6. 기타 ( ) 7. 없음	운영예산 산정 운영예산 산정 1. 내부산정 (지자체 자체적으로 산정) 2. 외부산정 (외부전문기관위탁 산정) 3. 내·외부 모두 산정 4. 산정 無 5. 없음	운영예산 산정 정산방법 1. 내부정산 (지자체 내부적으로 정산) 2. 외부정산 (외부전문기관위탁 정산) 3. 내·외부 모두 산정 4. 정산 無 5. 없음	성과평가 실시여부 1. 실시 2. 미실시 3. 향후 추진 4. 해당없음
26797	전남 강진군	한우등급향상제공급사업	80,000	1	6	7	8	7	1	1	4
26798	전남 강진군	다산실학연구원운영지원	80,000	1	1	7	5	7	1	1	1
26799	전남 강진군	어촌체험마을사무장지원	79,133	1	2	7	8	7	5	5	4
26800	전남 강진군	농공단지포장재지원사업	72,800	1	4	7	1	7	1	1	4
26801	전남 강진군	강진군문화예술진흥기금	70,000	1	4	7	8	7	1	1	4
26802	전남 강진군	체류형귀농사관학교운영	70,000	1	4	7	7	7	1	1	1
26803	전남 강진군	장애인생활체육지도자인건비	61,056	1	4	4	7	1	1	1	2
26804	전남 강진군	양파종자구입지원사업	60,000	1	4	7	8	7	1	1	4
26805	전남 강진군	GAP인증지원사업	60,000	1	1	6	7	7	1	1	3
26806	전남 강진군	도시학생농산어촌유학육성지원사업	54,000	1	4	7	8	7	5	5	4
26807	전남 강진군	읍면동스마트복지안전공동체구축지원사업	52,000	1	2	7	1	7	1	1	1
26808	전남 강진군	직거래선도농어업인육성	51,000	1	4	6	7	7	1	1	4
26809	전남 강진군	사찰음식체험지원사업	50,000	1	4	7	8	7	1	1	4
26810	전남 강진군	시설하우스화재제로화추진	50,000	1	4	4	7	1	1	1	4
26811	전남 강진군	농식품가공산업육성사업	50,000	1	4	6	7	7	1	1	3
26812	전남 강진군	한우미네랄블럭공급지원사업	50,000	1	6	7	8	7	1	1	4
26813	전남 강진군	강진한우직거래판매행사지원	50,000	1	6	7	8	7	1	1	4
26814	전남 강진군	생산적연구모임체육성지원	50,000	1	1	7	7	7	1	1	4
26815	전남 강진군	농특산물브랜드화지원	50,000	1	1	7	7	7	1	1	4
26816	전남 강진군	관내유소년스포츠클럽활성화지원	50,000	1	4	4	7	1	1	1	2
26817	전남 강진군	시군청년센터활성화지원사업	49,000	1	4	1	3	1	1	1	2
26818	전남 강진군	고품질쌀생산객토지원사업	46,800	1	4	6	7	7	1	1	4
26819	전남 강진군	수산물소포장등지원	45,600	1	6	7	8	7	5	5	4
26820	전남 강진군	수산물브랜드개발및포장재제작지원	45,000	1	4	7	8	7	5	5	4
26821	전남 강진군	농번기마을공동급식확대지원	44,100	1	4	6	7	7	1	1	1
26822	전남 강진군	한종목스포츠클럽(FC)군비부담금지원	42,000	1	4	4	7	1	1	1	2
26823	전남 강진군	전남농공단지기업맞춤형특화지원사업	40,000	1	4	7	1	7	1	2	1
26824	전남 강진군	도농상생판촉지원	40,000	1	4	1	7	1	1	1	4
26825	전남 강진군	지역문화유산교육활성화사업	40,000	1	1	7	1	7	1	1	1
26826	전남 강진군	강진군청자FCU15선수육성지원	39,600	1	4	4	7	1	1	1	2
26827	전남 강진군	읍면지역사회보장협의체지역특화사업운영	36,300	1	4	7	1	7	1	1	1
26828	전남 강진군	자율관리어업공동체사무장지원	36,000	1	6	7	8	7	5	5	4
26829	전남 강진군	민주평통협의회지원	35,500	1	4	7	8	7	1	1	4
26830	전남 강진군	원예작물경쟁력제고사업	32,280	1	6	7	8	7	1	1	4
26831	전남 강진군	보훈단체전적지호국순례지원사업	31,700	1	6	7	8	7	1	1	1
26832	전남 강진군	노란우산가입장려금	31,000	1	1	7	8	7	2	2	4
26833	전남 강진군	전통시장활성화마케팅행사	30,000	1	4	7	7	7	1	1	4
26834	전남 강진군	공유자전거대여소운영	30,000	1	4	7	8	7	1	1	4
26835	전남 강진군	마늘흑색썩음균핵병방제지원사업	30,000	1	4	7	8	7	1	1	4
26836	전남 강진군	도농상생판촉지원	30,000	1	4	6	7	7	1	1	4

순번	시군구	지출명 (사업명)	2024년예산 (단위 : 천원 /1년간)	민간이전 분류 (지방자치단체 세출예산 집행기준에 의거) 1. 민간경상사업보조(307-02) 2. 민간단체 법정운영비보조(307-03) 3. 민간행사사업보조(307-04) 4. 민간위탁금(307-05) 5. 사회복지시설 법정운영비보조(307-10) 6. 민간인위탁교육비(307-12) 7. 공기관등에대한경상적위탁사업비(308-13) 8. 민간자본사업보조,자체재원(402-01) 9. 민간자본사업보조,이전재원(402-02) 10. 민간위탁사업비(402-03) 11. 공기관등에 대한 자본적 위탁사업비(403-02)	민간이전지출 근거 (지방보조금 관리기준 참고) 1. 법률에 규정 2. 국고보조 재원(국가지정) 3. 용도 지정 기부금 4. 조례에 직접규정 5. 지자체가 권장하는 사업을 하는 공공기관 6. 시,도 정책 및 재정사정 7. 기타 8. 해당없음	입찰방식: 계약체결방법 (경쟁형태) 1. 일반경쟁 2. 제한경쟁 3. 지명경쟁 4. 수의계약 5. 법정위탁 6. 기타 ( ) 7. 없음	입찰방식: 계약기간 1. 1년 2. 2년 3. 3년 4. 4년 5. 5년 6. 기타 ( )년 7. 단기계약 (1년미만) 8. 없음	입찰방식: 낙찰자선정방법 1. 적격심사 2. 협상에의한계약 3. 최저가낙찰제 4. 규격가격분리 5. 2단계 경쟁입찰 6. 기타 ( ) 7. 없음	운영예산 산정: 운영예산 산정 1. 내부산정 (지자체 자체적으로 산정) 2. 외부산정 (외부전문기관위탁 산정) 3. 내·외부 모두 산정 4. 산정 無 5. 없음	운영예산 산정: 정산방법 1. 내부정산 (지자체 내부적으로 정산) 2. 외부정산 (외부전문기관위탁 정산) 3. 내·외부 모두 산정 4. 정산 無 5. 없음	성과평가 실시여부 1. 실시 2. 미실시 3. 향후 추진 4. 해당없음
26837	전남 강진군	쌀귀리융복합산업특구특화조성	30,000	1	4	6	7	7	1	1	4
26838	전남 강진군	닭감보로병예방백신지원	30,000	1	4	7	8	7	1	1	4
26839	전남 강진군	돼지써코바이러스백신지원	30,000	1	2	7	8	7	1	1	4
26840	전남 강진군	강진한우브랜드유통포장재지원사업	30,000	1	6	7	8	7	1	1	4
26841	전남 강진군	민간요대도시전시판매전	30,000	1	4	7	7	7	1	1	4
26842	전남 강진군	일반농산어촌개발사업시설관리유지비지원	28,000	1	4	7	8	7	1	1	4
26843	전남 강진군	(예비)사회적기업일자리창출지원사업	27,000	1	1	7	8	7	5	5	4
26844	전남 강진군	야생수제차품평대회지원	26,800	1	4	7	8	7	5	5	4
26845	전남 강진군	청년어촌정착지원	26,400	1	2	7	8	7	5	5	4
26846	전남 강진군	청년프로그램운영지원	25,000	1	4	1	1	1	1	1	2
26847	전남 강진군	항종목스포츠클럽(테니스)군비부담금지원	25,000	1	4	4	7	1	1	1	2
26848	전남 강진군	불가사리구제사업	24,000	1	6	7	8	7	5	5	4
26849	전남 강진군	농번기마을공동급식비추가지원사업	22,500	1	4	6	7	7	1	1	1
26850	전남 강진군	강진향교관리사업	22,000	1	4	7	8	7	1	1	1
26851	전남 강진군	강진문화유산도록발간사업	22,000	1	1	7	8	7	1	1	4
26852	전남 강진군	농촌체험마을운영매니저지원사업	21,715	1	4	7	8	7	5	5	4
26853	전남 강진군	평생학습추진	21,000	1	4	7	8	7	1	1	4
26854	전남 강진군	길거리버스킹공연지원	20,000	1	4	7	8	7	1	1	4
26855	전남 강진군	제12회강진역사문화학술심포지엄	20,000	1	1	7	8	7	1	1	4
26856	전남 강진군	강진쌀판매평생고객배가운동	20,000	1	4	6	7	7	1	1	4
26857	전남 강진군	직거래선도농어업인육성	20,000	1	4	6	7	7	1	1	4
26858	전남 강진군	로컬푸드활성화지원	20,000	1	4	6	7	7	1	1	4
26859	전남 강진군	국산김치사용업소식자재구입비지원사업	20,000	1	4	7	8	7	5	5	4
26860	전남 강진군	한우초유분말면역첨가제지원사업	20,000	1	6	7	8	7	1	1	4
26861	전남 강진군	민관협력활성화운영사업	20,000	1	4	7	1	7	1	1	1
26862	전남 강진군	마을복지활성화지원	20,000	1	4	7	1	7	1	1	1
26863	전남 강진군	여성친화도시군민참여단운영외1개사업	20,000	1	1,4	1	1	1	1	1	4
26864	전남 강진군	가정의달기념사랑의편지공모전	20,000	1	1,4	1	7	1	1	1	4
26865	전남 강진군	가정의달기념사랑의편지공모전	20,000	1	1,4	1	7	1	1	1	4
26866	전남 강진군	장수어르신인생이야기책자발간	20,000	1	7	1	7	1	1	1	4
26867	전남 강진군	강진군생활개선회육성	20,000	1	1	7	7	7	1	1	4
26868	전남 강진군	농산업창업가공아카데미운영	20,000	1	1	7	7	7	1	1	4
26869	전남 강진군	강진스포츠클럽운영비지원	20,000	1	4	4	7	1	1	1	2
26870	전남 강진군	전문자원봉사단체지원	18,000	1	4	7	1	7	1	1	1
26871	전남 강진군	강진군새마을회사업지원	18,000	1	1	7	8	7	1	1	4
26872	전남 강진군	바르게살기운동강진군협의회총괄사업비	17,180	1	1	7	8	7	1	1	4
26873	전남 강진군	복지사각지대목욕쿠폰지원	17,160	1	4	7	1	7	1	1	1
26874	전남 강진군	수산동물질병예방백신	16,920	1	2	7	8	7	5	5	4
26875	전남 강진군	전통시장상인도우미운영	16,800	1	4	7	7	7	1	1	4
26876	전남 강진군	강진합창단공연지원사업	15,000	1	4	7	8	7	1	1	4

순번	시군구	지출명 (사업명)	2024년예산 (단위 : 천원 /1년간)	민간이전 분류 (지방자치단체 세출예산 집행기준에 의거) 1. 민간경상사업보조(307-02) 2. 민간단체 법정운영비보조(307-03) 3. 민간행사사업보조(307-04) 4. 민간위탁금(307-05) 5. 사회복지시설 법정운영비보조(307-10) 6. 민간인위탁교육비(307-12) 7. 공기관등에대한경상적위탁사업비(308-13) 8. 민간자본사업보조,자체재원(402-01) 9. 민간자본사업보조,이전재원(402-02) 10. 민간위탁사업비(402-03) 11. 공기관등에 대한 자본적 위탁사업비(403-02)	민간이전지출 근거 (지방보조금 관리기준 참고) 1. 법률에 규정 2. 국고보조 재원(국가지정) 3. 용도 지정 기부금 4. 조례에 직접규정 5. 지자체가 권장하는 사업을 하는 공공기관 6. 시,도 정책 및 재정사정 7. 기타 8. 해당없음	입찰방식 계약체결방법 (경쟁형태) 1. 일반경쟁 2. 제한경쟁 3. 지명경쟁 4. 수의계약 5. 법정위탁 6. 기타 ( ) 7. 없음	입찰방식 계약기간 1. 1년 2. 2년 3. 3년 4. 4년 5. 5년 6. 기타 ( )년 7. 단기계약 (1년미만) 8. 없음	입찰방식 낙찰자선정방법 1. 적격심사 2. 협상에의한계약 3. 최저가낙찰제 4. 규격가격분리 5. 2단계 경쟁입찰 6. 기타 ( ) 7. 없음	운영예산 산정 운영예산 산정 1. 내부산정 (지자체 자체적으로 산정) 2. 외부산정 (외부전문기관위탁 산정) 3. 내·외부 모두 산정 4. 산정 無 5. 없음	운영예산 산정 정산방법 1. 내부정산 (지자체 내부적으로 정산) 2. 외부정산 (외부전문기관위탁 정산) 3. 내·외부 모두 산정 4. 정산 無 5. 없음	성과평가 실시여부 1. 실시 2. 미실시 3. 향후 추진 4. 해당없음
26877	전남 강진군	명품떡산업육성	15,000	1	4	6	7	7	1	1	3
26878	전남 강진군	돈사환경정화제지원사업	15,000	1	6	7	8	7	1	1	4
26879	전남 강진군	탐진청소년백일장대회,어울림한마당개최	15,000	1	5	7	7	7	1	1	4
26880	전남 강진군	지역사회보장협의체활동보고대회	15,000	1	4	7	1	7	1	1	1
26881	전남 강진군	여성단체협의회운영비지원외4개사업	15,000	1	1,4	1	7	1	1	1	4
26882	전남 강진군	농촌체험휴양마을활성화지원사업	14,000	1	4	7	8	7	5	5	4
26883	전남 강진군	2024년다산박물관관람안내	14,000	1	4	7	8	7	1	1	1
26884	전남 강진군	절화용장미뿌리혹병방제지원사업	13,000	1	4	7	8	7	1	1	4
26885	전남 강진군	강진전통민속놀이보존사업	12,000	1	1	7	8	7	1	1	4
26886	전남 강진군	밀키트포장재지원사업	12,000	1	4	7	8	7	1	1	4
26887	전남 강진군	수산물다목적소형저온저장시설	12,000	1	6	7	8	7	5	5	4
26888	전남 강진군	한국민화뮤지엄운영	11,000	1	4	7	8	7	1	1	4
26889	전남 강진군	한국자유총연맹강진군지회총괄사업비	10,670	1	1	7	8	7	1	1	4
26890	전남 강진군	최우수한우(암소)우수개체선정육성	10,500	1	6	7	8	7	1	1	4
26891	전남 강진군	강진문화발간	10,000	1	1	7	8	7	1	1	4
26892	전남 강진군	제12회목민심서서예대전	10,000	1	1	7	8	7	1	1	4
26893	전남 강진군	사초해신제	10,000	1	4	7	8	7	1	1	4
26894	전남 강진군	제7회강진풍물인한마당개최	10,000	1	4	7	8	7	1	1	4
26895	전남 강진군	재난방시설유지관리	10,000	1	1	7	8	7	1	1	4
26896	전남 강진군	소상공인점포전기안전점검지원사업	10,000	1	4	7	8	7	1	1	4
26897	전남 강진군	강진군착한가격맞춤형시설개선지원사업	10,000	1	4	1	7	1	1	1	4
26898	전남 강진군	시설하우스안내표지판제작지원	10,000	1	4	7	8	7	1	1	4
26899	전남 강진군	강진쌀판매평생고객배가운동	10,000	1	4	6	7	7	1	1	4
26900	전남 강진군	수출기업마케팅지원	10,000	1	4	6	7	7	1	1	4
26901	전남 강진군	농촌융복합산업육성(6차산업)	10,000	1	4	6	7	7	1	1	3
26902	전남 강진군	양봉농가포장재지원사업	10,000	1	6	7	8	7	1	1	4
26903	전남 강진군	가축생균제지원사업	10,000	1	6	7	8	7	1	1	4
26904	전남 강진군	해양구조대인명장비구입	10,000	1	4	7	8	7	5	5	4
26905	전남 강진군	양식어장정화사업	10,000	1	4	7	8	7	5	5	4
26906	전남 강진군	임산물상품화지원	10,000	1	1	7	8	7	5	5	4
26907	전남 강진군	지역사회보장협의체지역특화사업운영	10,000	1	4	7	1	7	1	1	1
26908	전남 강진군	재향군인화활성화및향군의날지원	10,000	1	6	7	8	7	1	1	1
26909	전남 강진군	5.18.기념행사지원	10,000	1	6	7	8	7	1	1	1
26910	전남 강진군	한국여성농업인강진군연합회육성	10,000	1	1	7	7	7	1	1	4
26911	전남 강진군	지방농촌지도자회육성	10,000	1	1	7	7	7	1	1	4
26912	전남 강진군	후계농업경영인회육성	10,000	1	1	7	7	7	1	1	4
26913	전남 강진군	지방4H단체육성	10,000	1	1	7	7	7	1	1	4
26914	전남 강진군	작목별맞춤형안전관리실천시범	10,000	1	1	7	7	7	1	1	4
26915	전남 강진군	전통시장배달도우미운영	9,939	1	4	7	7	7	1	1	4
26916	전남 강진군	강진청자이야기연재	9,000	1	1	7	8	7	1	1	4

순번	시군구	지출명 (사업명)	2024년예산 (단위 : 천원 /1년간)	민간이전 분류 (지방자치단체 세출예산 집행기준에 의거) 1. 민간경상사업보조(307-02) 2. 민간단체 법정운영비보조(307-03) 3. 민간행사사업보조(307-04) 4. 민간위탁금(307-05) 5. 사회복지시설 법정운영비보조(307-10) 6. 민간인위탁교육비(307-12) 7. 공기관등에대한경상적위탁사업비(308-13) 8. 민간자본사업보조,자체재원(402-01) 9. 민간자본사업보조,이전재원(402-02) 10. 민간위탁사업비(402-03) 11. 공기관등에 대한 자본적 위탁사업비(403-02)	민간이전지출 근거 (지방보조금 관리기준 참고) 1. 법률에 규정 2. 국고보조 재원(국가지정) 3. 용도 지정 기부금 4. 조례에 직접규정 5. 지자체가 권장하는 사업을 하는 공공기관 6. 시,도 정책 및 재정사정 7. 기타 8. 해당없음	입찰방식: 계약체결방법 (경쟁형태) 1. 일반경쟁 2. 제한경쟁 3. 지명경쟁 4. 수의계약 5. 법정위탁 6. 기타 ( ) 7. 없음	입찰방식: 계약기간 1. 1년 2. 2년 3. 3년 4. 4년 5. 5년 6. 기타 ( )년 7. 단기계약 (1년미만) 8. 없음	입찰방식: 낙찰자선정방법 1. 적격심사 2. 협상에의한계약 3. 최저가낙찰제 4. 규격가격분리 5. 2단계 경쟁입찰 6. 기타 ( ) 7. 없음	운영예산 산정: 운영예산 산정 1. 내부산정 (지자체 자체적으로 산정) 2. 외부산정 (외부전문기관위탁 산정) 3. 내·외부 모두 산정 4. 산정 無 5. 없음	운영예산 산정: 정산방법 1. 내부정산 (지자체 내부적으로 정산) 2. 외부정산 (외부전문기관위탁 정산) 3. 내·외부 모두 정산 4. 정산 無 5. 없음	성과평가 실시여부 1. 실시 2. 미실시 3. 향후 추진 4. 해당없음
26917	전남 강진군	전통문화계승지원사업	9,000	1	4	7	8	7	1	1	4
26918	전남 강진군	전통문화계승지원사업	9,000	1	4	7	8	7	1	1	4
26919	전남 강진군	수산물발효식품활성화	9,000	1	4	7	8	7	5	5	4
26920	전남 강진군	생활체육지도자처우개선지원사업	8,400	1	4	4	7	1	1	1	2
26921	전남 강진군	전통시장활성화마케팅행사	8,000	1	4	7	7	7	1	1	4
26922	전남 강진군	플라워강진관광회체험프로그램운영등	8,000	1	4	7	8	7	1	1	4
26923	전남 강진군	친절,청결,신뢰군민자본함양운동지원	8,000	1	5	7	7	7	1	1	4
26924	전남 강진군	행정동우회지원	8,000	1	1	7	8	7	1	1	4
26925	전남 강진군	강진군체육회각종위원회운영위원수당	8,000	1	4	4	7	1	1	1	2
26926	전남 강진군	어업활동지원	7,200	1	2	7	8	7	5	5	4
26927	전남 강진군	서화회원전	7,000	1	1	7	8	7	1	1	4
26928	전남 강진군	향토무형문화유산작품전시회	7,000	1	4	7	8	7	1	1	4
26929	전남 강진군	젖소면역증강제지원사업	7,000	1	6	4	7	7	1	4	4
26930	전남 강진군	문화학교운영지원사업	6,000	1	1	7	8	7	1	1	4
26931	전남 강진군	문화예술행사개최	6,000	1	4	7	8	7	1	1	4
26932	전남 강진군	청소년통기타교육지원	6,000	1	4	7	8	7	1	1	4
26933	전남 강진군	자원봉사단체협의회운영비	5,600	1	4	7	1	7	1	1	1
26934	전남 강진군	생활체육지도자복리후생비(명절휴가비)	5,600	1	4	4	7	1	1	1	2
26935	전남 강진군	4개군합창단합동공연지원사업	5,000	1	4	7	8	7	1	1	4
26936	전남 강진군	선비의향연	5,000	1	4	7	8	7	1	1	4
26937	전남 강진군	하멜촌커피제조업소포장재등지원사업	5,000	1	4	7	8	7	1	1	4
26938	전남 강진군	농촌유학지원사업	5,000	1	4	7	8	7	5	5	4
26939	전남 강진군	도지사품질인증확대	5,000	1	4	7	8	7	5	5	4
26940	전남 강진군	곤충사육농가포장재지원사업	5,000	1	6	7	8	7	1	1	4
26941	전남 강진군	소규모한우농가진료비지원	5,000	1	6	7	8	7	1	1	4
26942	전남 강진군	인명구조및안전관리활동지원	5,000	1	4	7	8	7	5	5	4
26943	전남 강진군	해양정화(불가사리구제등)지원	5,000	1	4	7	8	7	5	5	4
26944	전남 강진군	해파리구제사업	5,000	1	4	7	8	7	5	5	4
26945	전남 강진군	군민안보의식향상교육사업지원	5,000	1	6	7	8	7	1	1	1
26946	전남 강진군	강진4.4독립만세운동기념사업	5,000	1	6	7	8	7	1	1	1
26947	전남 강진군	국가유공자강진군감성투어지원	5,000	1	6	7	8	7	1	1	1
26948	전남 강진군	적십자회활동지원(떡국나눔,구호활동)	5,000	1	4	7	8	7	1	1	4
26949	전남 강진군	농촌체험마을안전화재보험가입지원사업	4,800	1	4	7	8	7	5	5	4
26950	전남 강진군	장애인생활체육지도자실비보상	4,800	1	4	4	7	1	1	1	2
26951	전남 강진군	수산물직거래택배비지원	4,250	1	6	7	8	7	5	5	4
26952	전남 강진군	6.25전쟁제74주년기념행사	4,000	1	6	7	8	7	1	1	1
26953	전남 강진군	재향군인회사랑의나눔봉사지원	4,000	1	6	7	8	7	1	1	1
26954	전남 강진군	청소년건전성장지원	4,000	1	4	7	7	7	1	1	4
26955	전남 강진군	친환경농업연합회육성지원	4,000	1	1	7	7	7	1	1	4
26956	전남 강진군	직능별기능별전문자원봉사지원	3,740	1	4	7	1	7	1	1	1

순번	시군구	지출명 (사업명)	2024년예산 (단위 : 천원 /1년간)	민간이전 분류 (지방자치단체 세출예산 집행기준에 의거) 1. 민간경상사업보조(307-02) 2. 민간단체 법정운영비보조(307-03) 3. 민간행사사업보조(307-04) 4. 민간위탁금(307-05) 5. 사회복지시설 법정운영비보조(307-10) 6. 민간인위탁교육비(307-12) 7. 공기관등에대한경상적위탁사업비(308-13) 8. 민간자본사업보조,자체재원(402-01) 9. 민간자본사업보조,이전재원(402-02) 10. 민간위탁사업비(402-03) 11. 공기관등에 대한 자본적 위탁사업비(403-02)	민간이전지출 근거 (지방보조금 관리기준 참고) 1. 법률에 규정 2. 국고보조 재원(국가지정) 3. 용도 지정 기부금 4. 조례에 직접규정 5. 지자체가 권장하는 사업을 하는 공공기관 6. 시,도 정책 및 재정사정 7. 기타 8. 해당없음	입찰방식			운영예산 산정		성과평가 실시여부
						계약체결방법 (경쟁형태) 1. 일반경쟁 2. 제한경쟁 3. 지명경쟁 4. 수의계약 5. 법정위탁 6. 기타 ( ) 7. 없음	계약기간 1. 1년 2. 2년 3. 3년 4. 4년 5. 5년 6. 기타 ( )년 7. 단기계약 (1년미만) 8. 없음	낙찰자선정방법 1. 적격심사 2. 협상에의한계약 3. 최저가낙찰제 4. 규격가격분리 5. 2단계 경쟁입찰 6. 기타 ( ) 7. 없음	운영예산 산정 1. 내부산정 (지자체 자체적으로 산정) 2. 외부산정 (외부전문기관위탁 산정) 3. 내·외부 모두 산정 4. 산정 無 5. 없음	정산방법 1. 내부정산 (지자체 내부적으로 정산) 2. 외부정산 (외부전문기관위탁 정산) 3. 내·외부 모두 산정 4. 정산 無 5. 없음	1. 실시 2. 미실시 3. 향후 추진 4. 해당없음
26957	전남 강진군	차강좌및행다실습추진	3,500	1	4	7	8	7	5	5	4
26958	전남 강진군	건강축종시식회,판매행사등지원	3,000	1	6	7	8	7	1	1	4
26959	전남 강진군	젖소유두소독제지원사업	3,000	1	6	4	7	7	1	4	4
26960	전남 강진군	반려동물동물등록비용지원사업	3,000	1	6	7	8	7	1	1	4
26961	전남 강진군	탈북민정착을위한멘토링지원(민족통일협의회)	3,000	1	4	7	8	7	1	1	4
26962	전남 강진군	농촌체험마을역량강화사업	2,880	1	4	7	8	7	5	5	4
26963	전남 강진군	이북5도민망향제례친선도모	2,700	1	1	7	8	7	1	1	4
26964	전남 강진군	가업승계동아리지원	2,500	1	4	1	3	1	1	1	2
26965	전남 강진군	젖소인공수정정액료지원사업	2,500	1	6	7	8	7	1	1	4
26966	전남 강진군	시설관리매니저복리후생비(명절휴가비)	2,400	1	4	4	7	1	1	1	2
26967	전남 강진군	장애인생활체육지도자처우개선	2,400	1	4	4	7	1	1	1	2
26968	전남 강진군	흑염소흔들이병예방사업	2,250	1	6	7	8	7	1	1	4
26969	전남 강진군	글로벌미용아카데미운영	2,000	1	4	7	8	7	1	1	4
26970	전남 강진군	현충시설관리및환경정화사업	2,000	1	6	7	8	7	1	1	1
26971	전남 강진군	노인복지시설및기관복지증진	2,000	1	1,4	7	7	1	1	1	4
26972	전남 강진군	일반생활체육지도자지도활동보험료	1,120	1	4	4	7	1	1	1	2
26973	전남 강진군	장애인생활체육지도자복리후생비(명절휴가비)	700	1	4	4	7	1	1	1	2
26974	전남 해남군	조사료일반단지사일리지제조운송비지원사업	4,106,052	1	7	7	8	7	1	1	4
26975	전남 해남군	유기질비료지원사업(전환)	3,290,419	1	7	7	8	7	1	1	3
26976	전남 해남군	못자리상토공급지원	2,800,000	1	7	7	8	7	1	1	3
26977	전남 해남군	토양개량제지원사업	1,737,263	1	2	7	8	7	1	1	3
26978	전남 해남군	여성농어업인행복바우처지원	1,420,000	1	6	7	8	7	1	1	3
26979	전남 해남군	청년농업인영농정착지원사업	1,022,446	1	2	7	8	7	5	5	4
26980	전남 해남군	벼병해충항공방제비지원(농협협력)	995,940	1	1	7	8	7	5	5	4
26981	전남 해남군	통합문화이용권사업	699,400	1	1	7	8	7	1	1	3
26982	전남 해남군	구제역예방백신지원(전업농)	695,192	1	7	7	8	7	1	1	4
26983	전남 해남군	해남형중소농농자재반값지원	500,000	1	7	7	8	7	1	1	3
26984	전남 해남군	유기질비료(3종)	500,000	1	7	7	8	7	1	1	3
26985	전남 해남군	항암농산물생산단지조성사업	497,100	1	7	7	8	7	1	1	3
26986	전남 해남군	토양개량제공동살포비지원	449,876	1	2	7	8	7	1	1	3
26987	전남 해남군	소아청소년과야간진료운영인건비	380,000	1	4	6	6	7	1	1	3
26988	전남 해남군	취약지응급실운영기관지원(2개소)	376,000	1	2	7	8	7	5	3	4
26989	전남 해남군	축산농장악취저감제공급사업	375,500	1	7	7	8	7	1	1	4
26990	전남 해남군	청소년방과후아카데미운영지원	372,148	1	2	7	8	7	1	1	1
26991	전남 해남군	가축분뇨액비살포비지원사업	351,200	1	7	7	8	7	1	1	4
26992	전남 해남군	친환경벼육묘상자처리제지원	300,000	1	7	7	8	7	1	1	3
26993	전남 해남군	식량작물공동경영체교육컨설팅지원사업	300,000	1	2	4	1	7	1	1	3
26994	전남 해남군	20232024국산밀생산단지교육컨설팅지원(2년차)	299,800	1	2	4	1	7	1	1	3
26995	전남 해남군	가루쌀생산단지교육컨설팅지원	298,000	1	7	4	1	7	1	1	3
26996	전남 해남군	조사료전문단지사일리지제조운송비지원	277,020	1	7	7	8	7	1	1	4

순번	시군구	지출명 (사업명)	2024년예산 (단위 : 천원 /1년간)	민간이전 분류 (지방자치단체 세출예산 집행기준에 의거) 1. 민간경상사업보조(307-02) 2. 민간단체 법정운영비보조(307-03) 3. 민간행사사업보조(307-04) 4. 민간위탁금(307-05) 5. 사회복지시설 법정운영비보조(307-10) 6. 민간인위탁교육비(307-12) 7. 공기관등에대한경상적위탁사업비(308-13) 8. 민간자본사업보조,자체재원(402-01) 9. 민간자본사업보조,이전재원(402-02) 10. 민간위탁사업비(402-03) 11. 공기관등에 대한 자본적 위탁사업비(403-02)	민간이전지출 근거 (지방보조금 관리기준 참고) 1. 법률에 규정 2. 국고보조 재원(국가지정) 3. 용도 지정 기부금 4. 조례에 직접규정 5. 지자체가 권장하는 사업을 하는 공공기관 6. 시,도 정책 및 재정사정 7. 기타 8. 해당없음	입찰방식: 계약체결방법 (경쟁형태) 1. 일반경쟁 2. 제한경쟁 3. 지명경쟁 4. 수의계약 5. 법정위탁 6. 기타 ( ) 7. 없음	입찰방식: 계약기간 1. 1년 2. 2년 3. 3년 4. 4년 5. 5년 6. 기타 ( )년 7. 단기계약 (1년미만) 8. 없음	입찰방식: 낙찰자선정방법 1. 적격심사 2. 협상에의한계약 3. 최저가낙찰제 4. 규격가격분리 5. 2단계 경쟁입찰 6. 기타 ( ) 7. 없음	운영예산 산정: 운영예산 산정 1. 내부산정 (지자체 자체적으로 산정) 2. 외부산정 (외부전문기관위탁 산정) 3. 내·외부 모두 산정 4. 산정 無 5. 없음	운영예산 산정: 정산방법 1. 내부정산 (지자체 내부적으로 정산) 2. 외부정산 (외부전문기관위탁 정산) 3. 내·외부 모두 산정 4. 정산 無 5. 없음	성과평가 실시여부 1. 실시 2. 미실시 3. 향후 추진 4. 해당없음
26997	전남 해남군	가축분뇨퇴액비자원화지원사업	256,260	1	7	7	8	7	1	1	4
26998	전남 해남군	전라남도체육대회출전지원	240,000	1	4	7	8	7	1	1	4
26999	전남 해남군	새끼우렁이공급지원	225,600	1	6	7	8	7	1	1	3
27000	전남 해남군	돼지	222,000	1	7	7	8	7	1	1	4
27001	전남 해남군	버섯배지구입지원	220,000	1	7	7	8	7	1	1	3
27002	전남 해남군	농업환경보전프로그램주민활동비	210,000	1	2	7	8	7	1	1	3
27003	전남 해남군	고구마품질향상약제지원	210,000	1	7	7	8	7	1	1	3
27004	전남 해남군	원예작물연작장해예방	207,592	1	6	7	8	7	1	1	3
27005	전남 해남군	기능성액류맞춤형비료지원	200,000	1	7	7	8	7	1	1	3
27006	전남 해남군	소득특화작목육성지원	200,000	1	7	7	8	7	1	1	3
27007	전남 해남군	송아지귀표장착비지원	197,760	1	7	7	8	7	1	1	4
27008	전남 해남군	세계유산활용프로그램(공모)	197,590	1	2	7	8	7	5	5	4
27009	전남 해남군	친환경농자재(유기농업자재)지원사업	195,057	1	2	7	8	7	1	1	3
27010	전남 해남군	일반생활체육지도자배치(활동지원)	187,704	1	2	7	8	7	1	1	4
27011	전남 해남군	어르신생활체육지도자배치(활동지원)	187,704	1	2	7	8	7	1	1	4
27012	전남 해남군	땅끝해바라기청년창업지원	187,200	1	2	7	1	7	1	1	3
27013	전남 해남군	지자체협력사업(노지채소친환경자재및칼슘유황비료)	176,000	1	7	7	8	7	1	1	3
27014	전남 해남군	사료구매자금이자지원사업	154,122	1	7	7	8	7	1	1	4
27015	전남 해남군	청년농업인스타트업(초기창업)지원	150,000	1	6	7	8	7	5	5	4
27016	전남 해남군	농번기마을공동급식지원사업	133,100	1	6	7	8	7	1	1	3
27017	전남 해남군	우량종묘생산지원	122,910	1	4	7	8	7	5	5	4
27018	전남 해남군	한우등록지원사업	122,220	1	7	7	8	7	1	1	4
27019	전남 해남군	고품질쌀지역전략품종육성재배단지조성(2년차)	120,000	1	1	7	8	7	5	5	4
27020	전남 해남군	공동방제단인건비	116,647	1	7	7	8	7	1	1	4
27021	전남 해남군	전남친환경농산물판촉활동지원사업	116,400	1	6	7	8	7	1	1	3
27022	전남 해남군	조사료전문단지품질등급제지원	112,860	1	7	7	8	7	1	1	4
27023	전남 해남군	징검다리청년창업지원	112,704	1	2	7	1	7	1	1	3
27024	전남 해남군	닭,오리	108,500	1	7	7	8	7	1	1	4
27025	전남 해남군	출하운송비지원사업	105,000	1	7	7	8	7	1	1	4
27026	전남 해남군	한우증체율향상지원사업	105,000	1	7	7	8	7	1	1	4
27027	전남 해남군	공동방제단운영비	102,971	1	7	7	8	7	1	1	4
27028	전남 해남군	향교서원문화유산활용사업(공모)	102,500	1	2	7	8	7	1	1	3
27029	전남 해남군	꿀벌산업육성(양봉)지원사업	102,500	1	7	7	8	7	1	1	4
27030	전남 해남군	돼지써코바이러스백신지원	100,800	1	7	7	8	7	1	1	4
27031	전남 해남군	조사료일반단지종자구입지원사업	100,188	1	7	7	8	7	1	1	4
27032	전남 해남군	해남형청년창업지원	100,000	1	4	7	1	7	1	1	3
27033	전남 해남군	대규모친환경쌀생산유통단지조성	100,000	1	7	7	8	7	1	1	3
27034	전남 해남군	엽연초생산농자재지원	100,000	1	7	7	8	7	1	1	3
27035	전남 해남군	전라남도장애인체육대회출전지원	100,000	1	7	7	8	7	1	1	4
27036	전남 해남군	땅끝해남명품한우사료포장재지원사업	100,000	1	7	7	8	7	1	1	4

순번	시군구	지출명 (사업명)	2024년예산 (단위 : 천원 /1년간)	민간이전 분류 (지방자치단체 세출예산 집행기준에 의거) 1. 민간경상사업보조(307-02) 2. 민간단체 법정운영비보조(307-03) 3. 민간행사사업보조(307-04) 4. 민간위탁금(307-05) 5. 사회복지시설 법정운영비보조(307-10) 6. 민간인위탁교육비(307-12) 7. 공기관등에대한경상적위탁사업비(308-13) 8. 민간자본사업보조,자체재원(402-01) 9. 민간자본사업보조,이전재원(402-02) 10. 민간위탁사업비(402-03) 11. 공기관등에 대한 자본적 위탁사업비(403-02)	민간이전지출 근거 (지방보조금 관리기준 참고) 1. 법률에 규정 2. 국고보조 재원(국가지정) 3. 용도 지정 기부금 4. 조례에 직접규정 5. 지자체가 권장하는 사업을 하는 공공기관 6. 시,도 정책 및 재정사정 7. 기타 8. 해당없음	입찰방식 계약체결방법 (경쟁형태) 1. 일반경쟁 2. 제한경쟁 3. 지명경쟁 4. 수의계약 5. 법정위탁 6. 기타 ( ) 7. 없음	입찰방식 계약기간 1. 1년 2. 2년 3. 3년 4. 4년 5. 5년 6. 기타 ( )년 7. 단기계약 (1년미만) 8. 없음	입찰방식 낙찰자선정방법 1. 적격심사 2. 협상에의한계약 3. 최저가낙찰제 4. 규격가격분리 5. 2단계 경쟁입찰 6. 기타 ( ) 7. 없음	운영예산 산정 운영예산 산정 1. 내부산정 (지자체 자체적으로 산정) 2. 외부산정 (외부전문기관위탁 산정) 3. 내·외부 모두 산정 4. 산정 無 5. 없음	운영예산 산정 정산방법 1. 내부정산 (지자체 내부적으로 정산) 2. 외부정산 (외부전문기관위탁 정산) 3. 내·외부 모두 산정 4. 정산 無 5. 없음	성과평가 실시여부 1. 실시 2. 미실시 3. 향후 추진 4. 해당없음
27037	전남 해남군	가축분뇨퇴비부숙용톱밥지원사업	96,800	1	7	7	8	7	1	1	4
27038	전남 해남군	관내부숙유기질비료	96,000	1	7	7	8	7	1	1	3
27039	전남 해남군	귀농어귀촌인우수창업활성화	96,000	1	2	7	8	7	5	5	4
27040	전남 해남군	친환경이모작유기비료지원	95,700	1	7	7	8	7	1	1	3
27041	전남 해남군	장애인생활체육지도자배치(활동지원)	93,420	1	7	7	8	7	1	1	4
27042	전남 해남군	농업환경보전프로그램현장지원조직	90,000	1	2	7	8	7	1	1	3
27043	전남 해남군	톱밥표고배지구입	90,000	1	4	7	8	7	5	5	4
27044	전남 해남군	고추탄저병등병해예방지원	87,000	1	7	7	8	7	1	1	3
27045	전남 해남군	표고버섯원목및종균대구입	82,500	1	4	7	8	7	5	5	4
27046	전남 해남군	지역아동센터통합프로그램운영(자체)	80,000	1	2	7	8	7	5	1	4
27047	전남 해남군	고품질초당옥수수생산지원	80,000	1	7	7	8	7	1	1	3
27048	전남 해남군	특수농기계자격증취득지원	80,000	1	7	7	8	7	1	1	3
27049	전남 해남군	저탄소농업활성화(바이오차)지원사업	79,424	1	6	7	8	7	1	1	3
27050	전남 해남군	원예분야노동절감형농자재지원	71,400	1	6	7	8	7	1	1	3
27051	전남 해남군	조사료전문단지퇴액비지원사업	70,800	1	7	7	8	7	1	1	4
27052	전남 해남군	개량물꼬지원사업(지자체협력사업)	70,650	1	6	7	8	7	1	1	3
27053	전남 해남군	민주평통각종행사운영지원	68,880	1	1	7	1	7	1	1	4
27054	전남 해남군	표고버섯원목	68,750	1	4	7	8	7	5	5	4
27055	전남 해남군	양돈생산성향상지원사업	66,780	1	7	7	8	7	1	1	4
27056	전남 해남군	공공형계절근로사업	65,000	1	2	7	8	7	1	1	3
27057	전남 해남군	경력단절여성경력이음바우처지원	62,000	1	6	7	8	7	1	1	4
27058	전남 해남군	청년일자리카페운영	60,000	1	4	7	1	7	1	1	3
27059	전남 해남군	농촌고용인력지원사업	60,000	1	2	7	8	7	1	1	3
27060	전남 해남군	마늘우량종구생산시범	60,000	1	1	7	8	7	5	5	4
27061	전남 해남군	저탄소벼논물관리기술보급교육컨설팅	60,000	1	6	7	8	7	5	5	4
27062	전남 해남군	향토문화계승발전지원	56,000	1	4	7	1	7	1	1	3
27063	전남 해남군	다목적소형농기계구입지원(농작업용편의의자)	53,336	1	6	7	8	7	1	1	3
27064	전남 해남군	청년소모임활동지원	50,000	1	7	7	8	7	1	1	4
27065	전남 해남군	농경문화소득화모델운영및홍보	50,000	1	2	7	8	7	5	5	4
27066	전남 해남군	해남꽃등농촌살이프로그램운영	50,000	1	1	7	8	7	5	5	4
27067	전남 해남군	벼특수미재배실증단지조성시범	50,000	1	1	7	8	7	5	5	4
27068	전남 해남군	고구마우량종자생산시범	50,000	1	1	7	8	7	5	5	4
27069	전남 해남군	강강술래보존회활동지원	49,000	1	4	7	8	7	1	1	3
27070	전남 해남군	정보화마을프로그램관리자육성	48,144	1	1	4	1	1	3	3	1
27071	전남 해남군	땅끝해남스포츠클럽프로그램운영지원	45,000	1	4	7	8	7	1	1	4
27072	전남 해남군	한우,젖소	45,000	1	7	7	8	7	1	1	4
27073	전남 해남군	돼지사료효율개선제지원사업	42,000	1	7	7	8	7	1	1	4
27074	전남 해남군	전남형청년공동체활성화사업	40,000	1	6	7	8	7	1	1	4
27075	전남 해남군	논두렁개량지원	40,000	1	7	7	8	7	1	1	3
27076	전남 해남군	신품종화훼류생산시범	40,000	1	1	7	8	7	5	5	4

순번	시군구	지출명 (사업명)	2024년예산 (단위 : 천원 /1년간)	민간이전 분류 (지방자치단체 세출예산 집행기준에 의거) 1. 민간경상사업보조(307-02) 2. 민간단체 법정운영비보조(307-03) 3. 민간행사사업보조(307-04) 4. 민간위탁금(307-05) 5. 사회복지시설 법정운영비보조(307-10) 6. 민간인위탁교육비(307-12) 7. 공기관등에대한경상적위탁사업비(308-13) 8. 민간자본사업보조,자체재원(402-01) 9. 민간자본사업보조,이전재원(402-02) 10. 민간위탁사업비(402-03) 11. 공기관등에 대한 자본적 위탁사업비(403-02)	민간이전지출 근거 (지방보조금 관리기준 참고) 1. 법률에 규정 2. 국고보조 재원(국가지정) 3. 용도 지정 기부금 4. 조례에 직접규정 5. 지자체가 권장하는 사업을 하는 공공기관 6. 시,도 정책 및 재정사정 7. 기타 8. 해당없음	입찰방식: 계약체결방법 (경쟁형태) 1. 일반경쟁 2. 제한경쟁 3. 지명경쟁 4. 수의계약 5. 법정위탁 6. 기타 ( ) 7. 없음	입찰방식: 계약기간 1. 1년 2. 2년 3. 3년 4. 4년 5. 5년 6. 기타 ( )년 7. 단기계약 (1년미만) 8. 없음	입찰방식: 낙찰자선정방법 1. 적격심사 2. 협상에의한계약 3. 최저가낙찰제 4. 규격가격분리 5. 2단계 경쟁입찰 6. 기타 ( ) 7. 없음	운영예산 산정: 운영예산 산정 1. 내부산정 (지자체 자체적으로 산정) 2. 외부산정 (외부전문기관위탁 산정) 3. 내·외부 모두 산정 4. 산정 無 5. 없음	운영예산 산정: 정산방법 1. 내부정산 (지자체 내부적으로 정산) 2. 외부정산 (외부전문기관위탁 정산) 3. 내·외부 모두 산정 4. 정산 無 5. 없음	성과평가 실시여부 1. 실시 2. 미실시 3. 향후 추진 4. 해당없음
27077	전남 해남군	해남군새마을회육성지원사업	39,500	1	1	7	1	7	1	1	4
27078	전남 해남군	꿈사다리공부방운영지원	38,400	1	6	1	1	6	1	1	1
27079	전남 해남군	여성농업인농가도우미(질병등)	37,200	1	6	7	8	7	1	1	3
27080	전남 해남군	참다래꽃가루지원	36,450	1	7	7	8	7	1	1	3
27081	전남 해남군	토양개량제	35,475	1	2	7	8	7	5	5	4
27082	전남 해남군	벌화분지원사업	35,275	1	7	7	8	7	1	1	4
27083	전남 해남군	사립박물관미술관운영지원	35,200	1	4	7	1	7	1	1	3
27084	전남 해남군	가금칼슘첨가제지원사업	34,560	1	7	7	8	7	1	1	4
27085	전남 해남군	시군역사문화자원발굴및교육사업	34,000	1	4	7	1	7	1	1	3
27086	전남 해남군	해남형ESG공모사업	30,000	1	4	7	8	7	3	1	3
27087	전남 해남군	스포츠선수단이용음식점쌀지원사업	30,000	1	4	7	8	7	1	1	4
27088	전남 해남군	청소년해남예술아카데미운영지원	30,000	1	4	7	1	7	1	1	3
27089	전남 해남군	삼호학당강의지원	30,000	1	4	7	1	7	1	1	3
27090	전남 해남군	공예품개발지원	30,000	1	4	7	8	7	1	1	3
27091	전남 해남군	탄소마을만들기	30,000	1	1	7	8	7	1	1	3
27092	전남 해남군	바이오차및천적활용시설재배지온실가스감축기술시범	30,000	1	2	7	8	7	5	5	4
27093	전남 해남군	낙농환경(질병)개선지원사업	29,400	1	7	7	8	7	1	1	4
27094	전남 해남군	천연밀랍벌집지원사업	28,750	1	7	7	8	7	1	1	4
27095	전남 해남군	맥류붉은곰팡이병방제시범	28,000	1	1	7	8	7	5	5	4
27096	전남 해남군	동물복지축산컨설팅지원사업	28,000	1	7	7	8	7	1	1	4
27097	전남 해남군	임산부친환경농산물지원사업	26,880	1	6	7	8	7	1	1	3
27098	전남 해남군	조사료전문단지종자구입지원사업	25,987	1	7	7	8	7	1	1	4
27099	전남 해남군	청소년휴카페운영	25,000	1	6	7	8	7	1	1	4
27100	전남 해남군	젖소분뇨발효촉진제지원사업	24,500	1	7	7	8	7	1	1	4
27101	전남 해남군	청소년어울림마당지원(자체)	24,000	1	6	7	8	7	1	1	1
27102	전남 해남군	교재교구비지원	24,000	1	2	7	8	7	5	1	4
27103	전남 해남군	향토무형유산홍보및전승지원	21,000	1	4	7	8	7	5	5	4
27104	전남 해남군	학교4H회과제활동지원	21,000	1	6	7	8	7	5	5	4
27105	전남 해남군	유전정보활용한우조기개량기술시범	21,000	1	1	7	8	7	5	5	4
27106	전남 해남군	주민주도관광사업개발운영지원	20,000	1	4	7	8	7	1	1	4
27107	전남 해남군	좋은식단실천업소찬기류등지원	20,000	1	4	7	8	7	1	1	4
27108	전남 해남군	농업인의식선진화지원	20,000	1	7	7	8	7	1	1	3
27109	전남 해남군	마을전통민속잔치육성지원	20,000	1	4	7	1	7	1	1	3
27110	전남 해남군	더덕종근재배실증시범	20,000	1	1	7	8	7	5	5	4
27111	전남 해남군	기아챔피언스필드해남군의날행사	20,000	1	4	7	8	7	1	1	4
27112	전남 해남군	K리그해남군의날행사	20,000	1	4	7	8	7	1	1	4
27113	전남 해남군	각종대회유치활동지원	20,000	1	4	7	8	7	1	1	4
27114	전남 해남군	국악분야예술강사지원	19,706	1	4	7	1	7	1	1	3
27115	전남 해남군	친환경천적이용해충구제지원사업	19,584	1	7	7	8	7	1	1	4
27116	전남 해남군	수도권향우친환경농산물꾸러미지원사업	18,750	1	6	7	8	7	1	1	3

순번	시군구	지출명 (사업명)	2024년예산 (단위 : 천원 /1년간)	민간이전 분류 (지방자치단체 세출예산 집행기준에 의거) 1. 민간경상사업보조(307-02) 2. 민간단체 법정운영비보조(307-03) 3. 민간행사사업보조(307-04) 4. 민간위탁금(307-05) 5. 사회복지시설 법정운영비보조(307-10) 6. 민간인위탁교육비(307-12) 7. 공기관등에대한경상적위탁사업비(308-13) 8. 민간자본사업보조,자체재원(402-01) 9. 민간자본사업보조,이전재원(402-02) 10. 민간위탁사업비(402-03) 11. 공기관등에 대한 자본적 위탁사업비(403-02)	민간이전지출 근거 (지방보조금 관리기준 참고) 1. 법률에 규정 2. 국고보조 재원(국가지정) 3. 용도 지정 기부금 4. 조례에 직접규정 5. 지자체가 권장하는 사업을 하는 공공기관 6. 시,도 정책 및 재정사정 7. 기타 8. 해당없음	입찰방식 계약체결방법 (경쟁형태) 1. 일반경쟁 2. 제한경쟁 3. 지명경쟁 4. 수의계약 5. 법정위탁 6. 기타 ( ) 7. 없음	입찰방식 계약기간 1. 1년 2. 2년 3. 3년 4. 4년 5. 5년 6. 기타 ( )년 7. 단기계약 (1년미만) 8. 없음	입찰방식 낙찰자선정방법 1. 적격심사 2. 협상에의한계약 3. 최저가낙찰제 4. 규격가격분리 5. 2단계 경쟁입찰 6. 기타 ( ) 7. 없음	운영예산 산정 운영예산 산정 1. 내부산정 (지자체 자체적으로 산정) 2. 외부산정 (외부전문기관위탁 산정) 3. 내·외부 모두 산정 4. 산정 無 5. 없음	운영예산 산정 정산방법 1. 내부정산 (지자체 내부적으로 정산) 2. 외부정산 (외부전문기관위탁 정산) 3. 내·외부 모두 산정 4. 정산 無 5. 없음	성과평가 실시여부 1. 실시 2. 미실시 3. 향후 추진 4. 해당없음
27117	전남 해남군	닭증체율향상지원사업	17,500	1	7	7	8	7	1	1	4
27118	전남 해남군	농가도우미지원	17,236	1	6	7	8	7	1	1	3
27119	전남 해남군	바르게살기운동해남군협의회안전문화정착국민운동사업비지원	17,000	1	1	7	1	7	1	1	4
27120	전남 해남군	딸기자가수분증진제지원	17,000	1	7	7	8	7	1	1	3
27121	전남 해남군	농촌체험마을사무장인건비지원	16,546	1	2	7	8	7	1	1	3
27122	전남 해남군	농촌체험휴양마을사무장(운영매니저)활동비지원	16,546	1	2	7	8	7	1	1	3
27123	전남 해남군	친환경벼포트육묘상자지원	15,500	1	7	7	8	7	1	1	3
27124	전남 해남군	사료비지원사업	15,400	1	7	7	8	7	1	1	4
27125	전남 해남군	곤충사료첨가제지원사업	15,400	1	7	7	8	7	1	1	4
27126	전남 해남군	친환경농업협회조직활성화지원	15,100	1	6	7	8	7	1	1	3
27127	전남 해남군	청소년방과후아카데미운영(기관부담금)	15,000	1	6	7	8	7	1	1	1
27128	전남 해남군	귀농산어촌어울림마을조성사업	15,000	1	2	7	8	7	5	5	4
27129	전남 해남군	아파트음식물감량기관리비지원	14,040	1	7	7	8	7	1	1	3
27130	전남 해남군	오리증체율향상지원사업	14,000	1	7	7	8	7	1	1	4
27131	전남 해남군	표고버섯종균대	13,750	1	4	7	8	7	5	5	4
27132	전남 해남군	한국자유총연맹해남지회민주시민교육및안보의식고취사업	13,500	1	1	7	1	7	1	1	4
27133	전남 해남군	문학지발간지원	13,200	1	4	7	1	7	1	1	3
27134	전남 해남군	땅끝한우고능력암소선발지원	13,200	1	7	7	8	7	1	1	4
27135	전남 해남군	비육용암소시장육성사업	13,200	1	7	7	8	7	1	1	4
27136	전남 해남군	여성지도자리더십교육지원	13,000	1	4	7	8	7	1	1	4
27137	전남 해남군	친환경농산물계약재배청년농가육성(포장재)	12,800	1	6	7	8	7	1	1	3
27138	전남 해남군	치유농업활성화컨설팅지원	12,600	1	1	7	8	7	5	5	4
27139	전남 해남군	축산물HACCP컨설팅지원	12,600	1	7	7	8	7	1	1	4
27140	전남 해남군	생산비절감절화류상자재배	12,500	1	1	7	8	7	5	5	4
27141	전남 해남군	해남군체육회사무차장업무추진활동비	12,000	1	4	7	8	7	1	1	4
27142	전남 해남군	5.18기념행사지원	11,520	1	4	7	8	7	1	1	4
27143	전남 해남군	축사지붕열차단재도포시범사업	11,200	1	7	7	8	7	1	1	4
27144	전남 해남군	농촌아이돌봄센터운영지원(운영비)	10,960	1	7	7	8	7	1	1	3
27145	전남 해남군	화훼절화용팩구입	10,800	1	7	7	8	7	1	1	3
27146	전남 해남군	유기농생태마을사무장활동비지원사업	10,560	1	6	7	8	7	1	1	3
27147	전남 해남군	청소년방과후아카데미운영지원	10,080	1	6	7	8	7	1	1	1
27148	전남 해남군	고품질쌀적정생산단체육성지원	10,000	1	7	7	8	7	1	1	3
27149	전남 해남군	국악협회읍면분회지원	10,000	1	4	7	1	7	1	1	3
27150	전남 해남군	전국학생미술서예작품공모전	10,000	1	4	7	1	7	1	1	3
27151	전남 해남군	우수영남자들소리와풍물교육지원	10,000	1	4	7	1	7	1	1	3
27152	전남 해남군	임산물상품화지원	10,000	1	2	7	8	7	5	5	4
27153	전남 해남군	블루베리조기출하시범	10,000	1	1	7	8	7	5	5	4
27154	전남 해남군	전라남도농아인체육대회출전지원	10,000	1	4	7	8	7	1	1	4
27155	전남 해남군	땅끝해남스포츠클럽강좌개설지원	10,000	1	4	7	8	7	1	1	4
27156	전남 해남군	동계전지훈련유치활동지원	10,000	1	4	7	8	7	1	1	4

순번	시군구	지출명 (사업명)	2024년예산 (단위 : 천원 /1년간)	민간이전 분류 (지방자치단체 세출예산 집행기준에 의거) 1. 민간경상사업보조(307-02) 2. 민간단체 법정운영비보조(307-03) 3. 민간행사사업보조(307-04) 4. 민간위탁금(307-05) 5. 사회복지시설 법정운영비보조(307-10) 6. 민간인위탁교육비(307-12) 7. 공기관등에대한경상적위탁사업비(308-13) 8. 민간자본사업보조,자체재원(402-01) 9. 민간자본사업보조,이전재원(402-02) 10. 민간위탁사업비(402-03) 11. 공기관등에 대한 자본적 위탁사업비(403-02)	민간이전지출 근거 (지방보조금 관리기준 참고) 1. 법률에 규정 2. 국고보조 재원(국가지정) 3. 용도 지정 기부금 4. 조례에 직접규정 5. 지자체가 권장하는 사업을 하는 공공기관 6. 시,도 정책 및 재정사정 7. 기타 8. 해당없음	입찰방식 계약체결방법 (경쟁형태) 1. 일반경쟁 2. 제한경쟁 3. 지명경쟁 4. 수의계약 5. 법정위탁 6. 기타 ( ) 7. 없음	입찰방식 계약기간 1. 1년 2. 2년 3. 3년 4. 4년 5. 5년 6. 기타 ( )년 7. 단기계약 (1년미만) 8. 없음	입찰방식 낙찰자선정방법 1. 적격심사 2. 협상에의한계약 3. 최저가낙찰제 4. 규격가격분리 5. 2단계 경쟁입찰 6. 기타 ( ) 7. 없음	운영예산 산정 운영예산 산정 1. 내부산정 (지자체 자체적으로 산정) 2. 외부산정 (외부전문기관위탁 산정) 3. 내·외부 모두 산정 4. 산정 無 5. 없음	운영예산 산정 정산방법 1. 내부정산 (지자체 내부적으로 정산) 2. 외부정산 (외부전문기관위탁 정산) 3. 내·외부 모두 정산 4. 정산 無 5. 없음	성과평가 실시여부 1. 실시 2. 미실시 3. 향후 추진 4. 해당없음
27157	전남 해남군	전국장애학생체전지원	10,000	1	7	7	8	7	1	1	4
27158	전남 해남군	전국소년체전지원	10,000	1	4	7	8	7	1	1	4
27159	전남 해남군	한봉기자재지원사업	10,000	1	7	7	8	7	1	1	4
27160	전남 해남군	꿀벌산업육성(한봉)지원사업	10,000	1	7	7	8	7	1	1	4
27161	전남 해남군	고급육출하인센티브지원사업	8,160	1	7	7	8	7	1	1	4
27162	전남 해남군	우수여왕벌보급사업	8,160	1	7	7	8	7	1	1	4
27163	전남 해남군	군민청와대방문사업(공모)	8,000	1	5	1	1	7	1	1	4
27164	전남 해남군	청소년동아리지원사업	7,500	1	6	7	8	7	1	1	1
27165	전남 해남군	씨마늘생산단지조성시범	7,350	1	1	7	8	7	5	5	4
27166	전남 해남군	일반생활체육지도자활동지원비	7,200	1	2	7	8	7	1	1	4
27167	전남 해남군	어르신생활체육지도자활동지원비	7,200	1	2	7	8	7	1	1	4
27168	전남 해남군	유기질비료	7,169	1	2	7	8	7	5	5	4
27169	전남 해남군	해남군장애인체육회강의재료구입	7,000	1	7	7	8	7	1	1	4
27170	전남 해남군	대한적십자사해남협의회인도주의실현사업	6,300	1	1	7	1	7	1	1	4
27171	전남 해남군	학교폭력예방부모역할교육	6,000	1	6	7	8	7	1	1	1
27172	전남 해남군	아름답고깨끗한해남가꾸기사업	6,000	1	1,4	7	8	7	1	1	3
27173	전남 해남군	해남군체육회강의재료구입	6,000	1	4	7	8	7	1	1	4
27174	전남 해남군	젖소개량지원사업	6,000	1	7	7	8	7	1	1	4
27175	전남 해남군	퇴비살포비지원	6,000	1	7	7	8	7	1	1	4
27176	전남 해남군	농기계등화장치부착지원	5,200	1	2	7	8	7	1	1	3
27177	전남 해남군	청소년예절교실지원	5,000	1	6	7	8	7	1	1	4
27178	전남 해남군	청소년5대5축구대회지원	5,000	1	6	7	8	7	1	1	4
27179	전남 해남군	종사자역량강화교육	5,000	1	2	7	8	7	5	1	4
27180	전남 해남군	재소자가족만남의날행사(공모)	5,000	1	5	1	1	7	1	1	4
27181	전남 해남군	공예품우수입상자홍보및판촉물지원	5,000	1	4	7	8	7	1	1	3
27182	전남 해남군	해남군체육회생활체육지도자피복비	4,800	1	4	7	8	7	1	1	4
27183	전남 해남군	의료관련감염병참여병원예방관리비	4,320	1	2	7	8	7	1	1	1
27184	전남 해남군	청소년체험활동지원	4,000	1	6	7	8	7	1	1	4
27185	전남 해남군	청소년의달행사지원	4,000	1	6	7	8	7	1	1	4
27186	전남 해남군	청년농업인연구동아리지원사업	4,000	1	6	7	8	7	5	5	4
27187	전남 해남군	장애인생활체육지도자활동지원비	3,600	1	7	7	8	7	1	1	4
27188	전남 해남군	꿈키움드림오케스트라운영	3,200	1	7	7	8	7	5	5	4
27189	전남 해남군	청소년선도보호및범죄예방사업	3,000	1	6	7	8	7	1	1	4
27190	전남 해남군	아동안전지킴이사업(공모)	2,000	1	5	1	1	7	1	1	4
27191	전남 해남군	교양강좌강의지원	2,000	1	4	7	1	7	1	1	3
27192	전남 해남군	해남군장애인체육회장애인생활체육지도자피복비	1,200	1	7	7	8	7	1	1	4
27193	전남 해남군	청소년유해환경감시단운영	1,000	1	6	7	8	7	1	1	1
27194	전남 해남군	전국동계장애인체육대회출전지원	1,000	1	7	7	8	7	1	1	4
27195	전남 해남군	전국지체장애인체육대회출전지원	1,000	1	7	7	8	7	1	1	4
27196	전남 해남군	서울국제파크골프대회출전지원	1,000	1	4	7	8	7	1	1	4

순번	시군구	지출명 (사업명)	2024년예산 (단위 : 천원 /1년간)	민간이전 분류 (지방자치단체 세출예산 집행기준에 의거)	민간이전지출 근거 (지방보조금 관리기준 참고)	입찰방식			운영예산 산정		성과평가 실시여부
				1. 민간경상사업보조(307-02) 2. 민간단체 법정운영비보조(307-03) 3. 민간행사사업보조(307-04) 4. 민간위탁금(307-05) 5. 사회복지시설 법정운영비보조(307-10) 6. 민간인위탁교육비(307-12) 7. 공기관등에대한경상적위탁사업비(308-13) 8. 민간자본사업보조,자체재원(402-01) 9. 민간자본사업보조,이전재원(402-02) 10. 민간위탁사업비(402-03) 11. 공기관등에 대한 자본적 위탁사업비(403-02)	1. 법률에 규정 2. 국고보조 재원(국가지정) 3. 용도 지정 기부금 4. 조례에 직접규정 5. 지자체가 권장하는 사업을 하는 공공기관 6. 시,도 정책 및 재정사정 7. 기타 8. 해당없음	계약체결방법 (경쟁형태) 1. 일반경쟁 2. 제한경쟁 3. 지명경쟁 4. 수의계약 5. 법정위탁 6. 기타 ( ) 7. 없음	계약기간 1. 1년 2. 2년 3. 3년 4. 4년 5. 5년 6. 기타 ( )년 7. 단기계약 (1년미만) 8. 없음	낙찰자선정방법 1. 적격심사 2. 협상에의한계약 3. 최저가낙찰제 4. 규격가격분리 5. 2단계 경쟁입찰 6. 기타 ( ) 7. 없음	운영예산 산정 1. 내부산정 (지자체 자체적으로 산정) 2. 외부산정 (외부전문기관위탁 산정) 3. 내·외부 모두 산정 4. 산정 無 5. 없음	정산방법 1. 내부정산 (지자체 내부적으로 정산) 2. 외부정산 (외부전문기관위탁 정산) 3. 내·외부 모두 산정 4. 정산 無 5. 없음	1. 실시 2. 미실시 3. 향후 추진 4. 해당없음
27197	전남 해남군	일반생활체육지도자지도활동보험료	984	1	2	7	8	7	1	1	4
27198	전남 해남군	어르신생활체육지도자지도활동보험료	984	1	2	7	8	7	1	1	4
27199	전남 해남군	농촌체험휴양마을역량교육지원	768	1	2	4	8	7	1	1	3
27200	전남 해남군	보증기간경과매연저감장치성능유지관리	590	1	1	5	8	7	3	2	4
27201	전남 해남군	장애인생활체육지도자지도활동보험료	486	1	7	7	8	7	1	1	4
27202	전남 해남군	땅끝해남스포츠클럽사무원피복비	300	1	4	7	8	7	1	1	4
27203	전남 해남군	해남군체육회사무원피복비	150	1	4	7	8	7	1	1	4
27204	전남 영암군	일반단지조사료사일리지제조지원	2,318,224	1	1	7	8	7	5	5	4
27205	전남 영암군	친환경비료(유기질)지원	1,894,727	1	2	7	8	7	5	5	4
27206	전남 영암군	전문단지조사료사일리지제조지원	1,690,720	1	1	7	8	7	5	5	4
27207	전남 영암군	친환경비료(토양개량제)공급	1,562,878	1	2	7	8	7	5	5	4
27208	전남 영암군	개조전기차주행안정성실증사업	1,393,000	1	2	6	3	7	2	2	1
27209	전남 영암군	여성농업인행복바우처지원	900,000	1	4	7	8	7	5	5	4
27210	전남 영암군	전문단지조사료퇴비지원	866,800	1	1	7	8	7	5	5	4
27211	전남 영암군	전문단지조사료품질등급제지원	861,354	1	1	7	8	7	5	5	4
27212	전남 영암군	친환경농산물학교급식식재료지원	828,939	1	6	7	8	7	5	5	4
27213	전남 영암군	친환경선박용극저온단열시스템실증기반구축사업(4차년도)	780,000	1	2	7	8	7	5	1	4
27214	전남 영암군	친환경자동차튜닝지원플랫폼설계및기술개발지원	770,000	1	2	6	3	7	2	2	1
27215	전남 영암군	장애인거주시설운영지원	700,000	1	2	7	8	7	1	1	1
27216	전남 영암군	지역응급의료기관운영지원	640,000	1	4	7	8	7	5	5	1
27217	전남 영암군	구제역백신지원(돼지전업농)	540,000	1	2	7	8	7	5	5	4
27218	전남 영암군	청년농업인영농정착지원사업	529,854	1	1	7	8	7	5	5	4
27219	전남 영암군	유기농생태마을육성	450,000	1	6	7	8	7	5	5	4
27220	전남 영암군	농산물공동출하확대지원	445,447	1	2	7	8	7	5	5	4
27221	전남 영암군	청년디지털일자리프로젝트	441,600	1	2	7	8	7	1	1	2
27222	전남 영암군	장애인직업재활시설운영지원	412,963	1	1,4	7	8	7	1	1	1
27223	전남 영암군	가루쌀생산단지시설장비지원	405,000	1	2	7	8	7	5	5	4
27224	전남 영암군	토양개량제공동살포비지원	382,609	1	2	7	8	7	5	5	4
27225	전남 영암군	수소연료전지기반레저선박건조실증사업	374,400	1	2	7	8	7	5	1	4
27226	전남 영암군	통합문화이용권사업	372,840	1	6	7	8	7	4	4	1
27227	전남 영암군	친환경HDPE소형어선규제자유특구실증사업	320,330	1	2	7	8	7	5	1	4
27228	전남 영암군	친환경농산물생산유통인프라구축사업(전환사업)	300,000	1	1	7	8	7	5	5	4
27229	전남 영암군	농산물포장재박스지원	300,000	1	4	7	8	7	5	5	4
27230	전남 영암군	전문단지조사료입모중파종지원	293,568	1	1	7	8	7	5	5	4
27231	전남 영암군	주말5일마켓프로그램운영	282,000	1	2	7	8	7	5	5	4
27232	전남 영암군	조선해양친환경특화기술공유플랫폼사업(4차년도)	270,000	1	2	7	8	7	5	1	4
27233	전남 영암군	전문단지조사료종자지원	259,957	1	1	7	8	7	5	5	4
27234	전남 영암군	귀농어귀촌인우수창업활성화지원	256,000	1	6	7	8	7	3	3	1
27235	전남 영암군	산업단지기숙사임차지원사업	250,000	1	1	7	8	7	5	5	4
27236	전남 영암군	임산물상품화지원	231,711	1	2	7	8	7	5	5	4

순번	시군구	지출명 (사업명)	2024년예산 (단위 : 천원 /1년간)	민간이전 분류 (지방자치단체 세출예산 집행기준에 의거) 1. 민간경상사업보조(307-02) 2. 민간단체 법정운영비보조(307-03) 3. 민간행사사업보조(307-04) 4. 민간위탁금(307-05) 5. 사회복지시설 법정운영비보조(307-10) 6. 민간인위탁교육비(307-12) 7. 공기관등에대한경상적위탁사업비(308-13) 8. 민간자본사업보조,자체재원(402-01) 9. 민간자본사업보조,이전재원(402-02) 10. 민간위탁사업비(402-03) 11. 공기관등에 대한 자본적 위탁사업비(403-02)	민간이전지출 근거 (지방보조금 관리기준 참고) 1. 법률에 규정 2. 국고보조 재원(국가지정) 3. 용도 지정 기부금 4. 조례에 직접규정 5. 지자체가 권장하는 사업을 하는 공공기관 6. 시,도 정책 및 재정사정 7. 기타 8. 해당없음	입찰방식: 계약체결방법 (경쟁형태) 1. 일반경쟁 2. 제한경쟁 3. 지명경쟁 4. 수의계약 5. 법정위탁 6. 기타 ( ) 7. 없음	입찰방식: 계약기간 1. 1년 2. 2년 3. 3년 4. 4년 5. 5년 6. 기타 ( )년 7. 단기계약 (1년미만) 8. 없음	입찰방식: 낙찰자선정방법 1. 적격심사 2. 협상에의한계약 3. 최저가낙찰제 4. 규격가격분리 5. 2단계 경쟁입찰 6. 기타 ( ) 7. 없음	운영예산 산정: 운영예산 산정 1. 내부산정 (지자체 자체적으로 산정) 2. 외부산정 (외부전문기관위탁 산정) 3. 내·외부 모두 산정 4. 산정 無 5. 없음	운영예산 산정: 정산방법 1. 내부정산 (지자체 내부적으로 정산) 2. 외부정산 (외부전문기관위탁 정산) 3. 내·외부 모두 산정 4. 정산 無 5. 없음	성과평가 실시여부 1. 실시 2. 미실시 3. 향후 추진 4. 해당없음
27237	전남 영암군	노후시설하우스비닐교체지원사업	230,000	1	1	7	8	7	5	5	4
27238	전남 영암군	축산농장악취저감제공급(가금)	227,500	1	1,6	7	8	7	5	5	4
27239	전남 영암군	국민체력인증1지원사업	203,640	1	2	7	8	7	5	5	4
27240	전남 영암군	무화과재배농가농기자재지원	200,000	1	1	7	8	7	5	5	4
27241	전남 영암군	가축재해보험가입비지원	191,100	1	1	7	8	7	5	5	4
27242	전남 영암군	장애인생활이동지원센터운영지원	190,205	1	1,4	7	8	7	1	1	1
27243	전남 영암군	가축분뇨퇴액비자원화지원	189,900	1	1,6	7	8	7	5	5	4
27244	전남 영암군	O어르신생활체육지도자배치사업	188,742	1	2	7	8	7	5	5	4
27245	전남 영암군	지역특화청년디지털일자리프로젝트	187,500	1	2	7	8	7	1	1	2
27246	전남 영암군	주민지원사업(직접지원)	185,400	1	8	7	8	7	1	1	4
27247	전남 영암군	주민공모사업운영추진	180,000	1	2	7	8	7	5	5	4
27248	전남 영암군	일반단지조사료종자지원	178,992	1	1	7	8	7	5	5	4
27249	전남 영암군	구제역백신지원(소전업농)	171,000	1	2	7	8	7	5	5	4
27250	전남 영암군	장애인수어통역센터운영지원	170,395	1	1,4	7	8	7	1	1	1
27251	전남 영암군	저탄소농업활성화(바이오차)지원사업	167,200	1	1	7	8	7	5	5	4
27252	전남 영암군	농촌체험휴양마을운영매니저채용지원	157,507	1	1	7	8	7	5	5	4
27253	전남 영암군	O일반생활체육지도자배치사업	157,286	1	2	7	8	7	5	5	4
27254	전남 영암군	고등직업교육거점지구사업	150,000	1	1	7	8	7	3	1	4
27255	전남 영암군	보육시설친환경농산물식재료지원	150,000	1	6	7	8	7	5	5	4
27256	전남 영암군	조선업신규취업자이주정착금지원	135,000	1	2	7	8	7	5	1	4
27257	전남 영암군	수출전략품목육성지원	130,000	1	7	7	8	7	5	5	4
27258	전남 영암군	축산물이력관리지원(귀표부착비)	127,680	1	1,2	7	8	7	5	5	4
27259	전남 영암군	가금농가질병관리지원	126,000	1	2	7	8	7	5	5	4
27260	전남 영암군	축산농장악취저감제공급(양돈)	126,000	1	1,6	7	8	7	5	5	4
27261	전남 영암군	스포츠강좌이용권지원	125,400	1	2	7	8	7	5	5	4
27262	전남 영암군	전남서남권근로자건강센터지원	125,000	1	6	6	7	7	1	1	3
27263	전남 영암군	돼지써코바이러스백신지원	120,000	1	2	7	8	7	5	5	4
27264	전남 영암군	조기취업형계약학과지원	118,550	1	2	7	8	7	1	1	2
27265	전남 영암군	외래어종퇴치수매사업	110,000	1	1	7	8	7	5	5	4
27266	전남 영암군	영농부산물안전처리지원	105,125	1	2	7	8	7	5	5	4
27267	전남 영암군	농업환경보전프로그램주민활동이행비	105,000	1	1	7	8	7	5	5	4
27268	전남 영암군	한우등록지원	105,000	1	1	7	8	7	5	5	4
27269	전남 영암군	전남동행일자리지원사업	100,000	1	6	7	8	7	1	1	2
27270	전남 영암군	대봉감(말랭이,곶감)홍보용샘플가공품제작지원	100,000	1	4	7	8	7	5	5	4
27271	전남 영암군	가축분뇨이용촉진지원	94,000	1	1,2	7	8	7	5	5	4
27272	전남 영암군	오리중체율향상지원사업	91,000	1	1	7	8	7	5	5	4
27273	전남 영암군	학교우유급식지원	90,000	1	2	7	8	7	5	5	4
27274	전남 영암군	O수당및4대보험	87,913	1	2	7	8	7	5	5	4
27275	전남 영암군	친환경농산물판촉활동지원사업	87,370	1	1	7	8	7	5	5	4
27276	전남 영암군	식량작물공동경영체교육컨설팅지원	81,000	1	2	7	8	7	5	5	4

순번	시군구	지출명 (사업명)	2024년예산 (단위 : 천원 /1년간)	민간이전 분류 (지방자치단체 세출예산 집행기준에 의거) 1. 민간경상사업보조(307-02) 2. 민간단체 법정운영비보조(307-03) 3. 민간행사사업보조(307-04) 4. 민간위탁금(307-05) 5. 사회복지시설 법정운영비보조(307-10) 6. 민간인위탁교육비(307-12) 7. 공기관등에대한경상적위탁사업비(308-13) 8. 민간자본사업보조,자체재원(402-01) 9. 민간자본사업보조,이전재원(402-02) 10. 민간위탁사업비(402-03) 11. 공기관등에 대한 자본적 위탁사업비(403-02)	민간이전지출 근거 (지방보조금 관리기준 참고) 1. 법률에 규정 2. 국고보조 재원(국가지정) 3. 용도 지정 기부금 4. 조례에 직접규정 5. 지자체가 권장하는 사업을 하는 공공기관 6. 시,도 정책 및 재정사정 7. 기타 8. 해당없음	입찰방식 계약체결방법 (경쟁형태) 1. 일반경쟁 2. 제한경쟁 3. 지명경쟁 4. 수의계약 5. 법정위탁 6. 기타 ( ) 7. 없음	입찰방식 계약기간 1. 1년 2. 2년 3. 3년 4. 4년 5. 5년 6. 기타 ( )년 7. 단기계약 (1년미만) 8. 없음	입찰방식 낙찰자선정방법 1. 적격심사 2. 협상에의한계약 3. 최저가낙찰제 4. 규격가격분리 5. 2단계 경쟁입찰 6. 기타 ( ) 7. 없음	운영예산 산정 운영예산 산정 1. 내부산정 (지자체 자체적으로 산정) 2. 외부산정 (외부전문기관위탁 산정) 3. 내·외부 모두 산정 4. 산정 無 5. 없음	운영예산 산정 정산방법 1. 내부정산 (지자체 내부적으로 정산) 2. 외부정산 (외부전문기관위탁 정산) 3. 내·외부 모두 산정 4. 정산 無 5. 없음	성과평가 실시여부 1. 실시 2. 미실시 3. 향후 추진 4. 해당없음
27277	전남 영암군	가금류칼슘첨가제지원	80,640	1	1	7	8	7	5	5	4
27278	전남 영암군	양돈생산성향상지원	80,360	1	1	7	8	7	5	5	4
27279	전남 영암군	영암일자리카페지원사업	80,000	1	1	7	8	7	5	5	4
27280	전남 영암군	O수당및4대보험	73,261	1	2	7	8	7	5	5	4
27281	전남 영암군	청년농업인스타트업(초기창업)지원	72,000	1	6	7	8	7	5	5	4
27282	전남 영암군	어르신등체험활동건강꾸러미지원	71,000	1	2	7	8	7	5	5	4
27283	전남 영암군	마을공동체활동지원사업	70,000	1	4	7	8	7	1	1	2
27284	전남 영암군	역사문화자원발굴및교육사업	68,000	1	8	7	8	7	5	5	4
27285	전남 영암군	장애인편의증진기술지원센터운영지원	67,310	1	1,4	7	8	7	5	1	4
27286	전남 영암군	한우증체율향상지원	64,400	1	1	7	8	7	5	5	4
27287	전남 영암군	원예작물연작장해경감제지원사업	60,420	1	1	7	8	7	5	5	4
27288	전남 영암군	청년농업인창업스케일업지원	56,250	1	6	7	8	7	5	5	4
27289	전남 영암군	우수농식품업체포장재지원	56,000	1	6	7	8	7	5	5	4
27290	전남 영암군	가루쌀생산단지조성교육컨설팅지원	54,000	1	2	7	8	7	5	5	4
27291	전남 영암군	젖소분뇨발효촉진지원	52,500	1	1,6	7	8	7	5	5	4
27292	전남 영암군	학생승마체험지원	51,840	1	1	7	8	7	5	5	4
27293	전남 영암군	행복드림돌봄공동체지원사업	50,000	1	4	7	8	7	1	1	2
27294	전남 영암군	대봉감병해충방제약제지원	50,000	1	4	7	8	7	5	5	4
27295	전남 영암군	소상공인공제노란우산가입장려금지원	48,000	1	6	7	8	7	1	4	2
27296	전남 영암군	수산동물질병예방백신공급사업	48,000	1	1	7	8	7	5	5	4
27297	전남 영암군	차조생산단지생산비저감지원사업	47,520	1	4	7	8	7	5	5	4
27298	전남 영암군	LPG집단공급탱크철거비지원사업	46,500	1	4	7	8	7	1	2	2
27299	전남 영암군	신중년희망일자리장려금지원	46,400	1	1	7	8	7	1	1	2
27300	전남 영암군	닭증체율향상지원사업	45,500	1	1	7	8	7	5	5	4
27301	전남 영암군	돼지증체율향상지원사업	42,000	1	8	7	8	7	5	5	4
27302	전남 영암군	가축분뇨퇴비부숙용톱밥지원	42,000	1	1,6	7	8	7	5	5	4
27303	전남 영암군	행복전남문화지소사업지원	40,000	1	7	7	8	7	5	5	1
27304	전남 영암군	장애인스포츠강좌이용권지원	39,600	1	2	7	8	7	5	5	4
27305	전남 영암군	농산물온라인판매확대지원	38,400	1	6	7	8	7	5	5	4
27306	전남 영암군	장애인거주시설종사자특별수당지원	37,800	1	1,4	7	8	7	1	1	1
27307	전남 영암군	소규모한우농가진료비지원	37,500	1	6	7	8	7	5	5	4
27308	전남 영암군	자활사례관리운영	36,476	1	1,6	7	8	7	1	1	1
27309	전남 영암군	농촌신활력플러스사업사무장인건비	36,000	1	4	7	8	7	5	5	4
27310	전남 영암군	지역사회혁신플랫폼의제실행지원(공모)	35,000	1	4	7	8	7	1	1	2
27311	전남 영암군	축산농장악취저감제공급(한우,젖소)	35,000	1	1,6	7	8	7	5	5	4
27312	전남 영암군	국산김치사용업소식자재구입비지원사업	34,500	1	6	7	8	7	5	5	4
27313	전남 영암군	축사지붕열차단재시범사업	34,300	1	1	7	8	7	5	5	4
27314	전남 영암군	O장애인생활체육지도자배치사업	31,302	1	2	7	8	7	5	5	4
27315	전남 영암군	영암영보정및삼성당고택,도갑사해탈문방재관리	30,000	1	2	4	1	7	5	5	4
27316	전남 영암군	영암향교활용사업	30,000	1	2	7	8	7	3	3	4

순번	시군구	지출명 (사업명)	2024년예산 (단위 : 천원 /1년간)	민간이전 분류 (지방자치단체 세출예산 집행기준에 의거) 1. 민간경상사업보조(307-02) 2. 민간단체 법정운영비보조(307-03) 3. 민간행사사업보조(307-04) 4. 민간위탁금(307-05) 5. 사회복지시설 법정운영비보조(307-10) 6. 민간인위탁교육비(307-12) 7. 공기관등에대한경상적위탁사업비(308-13) 8. 민간자본사업보조,자체재원(402-01) 9. 민간자본사업보조,이전재원(402-02) 10. 민간위탁사업비(402-03) 11. 공기관등에 대한 자본적 위탁사업비(403-02)	민간이전지출 근거 (지방보조금 관리기준 참고) 1. 법률에 규정 2. 국고보조 재원(국가지정) 3. 용도 지정 기부금 4. 조례에 직접규정 5. 지자체가 권장하는 사업을 하는 공공기관 6. 시,도 정책 및 재정사정 7. 기타 8. 해당없음	입찰방식: 계약체결방법 (경쟁형태) 1. 일반경쟁 2. 제한경쟁 3. 지명경쟁 4. 수의계약 5. 법정위탁 6. 기타 ( ) 7. 없음	입찰방식: 계약기간 1. 1년 2. 2년 3. 3년 4. 4년 5. 5년 6. 기타 ( )년 7. 단기계약 (1년미만) 8. 없음	입찰방식: 낙찰자선정방법 1. 적격심사 2. 협상에의한계약 3. 최저가낙찰제 4. 규격가격분리 5. 2단계 경쟁입찰 6. 기타 ( ) 7. 없음	운영예산 산정: 운영예산 산정 1. 내부산정 (지자체 자체적으로 산정) 2. 외부산정 (외부전문기관위탁 산정) 3. 내·외부 모두 산정 4. 산정 無 5. 없음	운영예산 산정: 정산방법 1. 내부정산 (지자체 내부적으로 정산) 2. 외부정산 (외부전문기관위탁 정산) 3. 내·외부 모두 산정 4. 정산 無 5. 없음	성과평가 실시여부 1. 실시 2. 미실시 3. 향후 추진 4. 해당없음
27317	전남 영암군	돼지사료효율개선제지원	30,000	1	1	7	8	7	5	5	4
27318	전남 영암군	영암몰유통자재구입비용지원	30,000	1	6	7	8	7	5	5	4
27319	전남 영암군	낙농환경(질병)개선지원	29,400	1	6	7	8	7	5	5	4
27320	전남 영암군	유기농생태마을사무장지원	28,800	1	6	7	8	7	5	5	4
27321	전남 영암군	문화학교운영	28,000	1	8	7	8	7	5	5	4
27322	전남 영암군	소상공인디지털기기도입비지원	28,000	1	6	7	8	7	1	1	2
27323	전남 영암군	국산밀생산단지교육컨설팅지원	26,280	1	2	7	8	7	5	5	4
27324	전남 영암군	국악분야예술강사지원	25,776	1	8	7	8	7	5	5	4
27325	전남 영암군	서예교육및전시회지원	25,000	1	4	7	8	7	5	5	1
27326	전남 영암군	수도권향우친환경농산물꾸러미지원	25,000	1	1	7	8	7	5	5	4
27327	전남 영암군	정보화마을프로그램관리자육성	24,730	1	1	7	8	7	3	3	4
27328	전남 영암군	농촌신활력플러스사업사무원인건비	24,611	1	4	7	8	7	5	5	4
27329	전남 영암군	국악문화예술교실운영지원	24,500	1	4	7	8	7	5	5	1
27330	전남 영암군	닭진드기공동방제지원	24,000	1	1,2	7	8	7	5	5	4
27331	전남 영암군	청년경영실습임대농장운영비지원	24,000	1	6	7	8	7	5	5	4
27332	전남 영암군	장애인이용시설종사자특별수당지원	23,760	1	1,4	7	8	7	1	1	1
27333	전남 영암군	임산부친환경농산물지원	23,040	1	1	7	8	7	5	5	4
27334	전남 영암군	사회적기업전문인력지원사업	23,000	1	1	4	1	1	1	1	4
27335	전남 영암군	민주평통시책사업	22,500	1	4	6	8	6	1	1	2
27336	전남 영암군	수산물소포장재등지원사업	22,500	1	1	7	8	7	5	5	4
27337	전남 영암군	작은도서관육성사업비	22,400	1	8	7	8	7	5	5	4
27338	전남 영암군	산촌마을운영매니저활동비지원	22,200	1	2	7	8	7	5	5	4
27339	전남 영암군	전남친환경농업협회조직활성화지원	22,100	1	6	7	8	7	5	5	4
27340	전남 영암군	농가도우미지원사업	22,087	1	1	7	8	7	5	5	4
27341	전남 영암군	지방문화원사업활동지원	21,000	1	8	7	8	7	5	5	4
27342	전남 영암군	전통산업육성및역량강화사업	21,000	1	4	7	8	7	1	4	2
27343	전남 영암군	농산물가공고품질상품화시범	21,000	1	6	7	8	7	5	5	4
27344	전남 영암군	최고품질쌀생산단지실증시범	21,000	1	6	7	8	7	5	5	4
27345	전남 영암군	원예분야노동절감형농자재지원사업	20,400	1	1	7	8	7	5	5	4
27346	전남 영암군	마한역사교재발간	20,000	1	4	7	8	7	5	5	1
27347	전남 영암군	탄소중립실현공동주택만들기	20,000	1	6	7	8	7	5	5	4
27348	전남 영암군	사회적경제기업시설장비지원	20,000	1	7	6	2	7	1	1	4
27349	전남 영암군	전남형예비마을기업육성사업지원	20,000	1	1	7	8	7	1	1	2
27350	전남 영암군	유기농생태마을네트워크활동지원사업	20,000	1	6	7	8	7	5	5	4
27351	전남 영암군	잎담배경작농가농자재지원	20,000	1	1	7	8	7	5	5	4
27352	전남 영암군	조업중인양쓰레기수매비	20,000	1	1	7	8	7	5	5	4
27353	전남 영암군	임산물택배비지원	20,000	1	4	7	8	7	5	5	4
27354	전남 영암군	마을관리사회적협동조합초기정착지원금	20,000	1	1	6	1	6	5	1	4
27355	전남 영암군	영암쌀택배상자지원	20,000	1	7	7	8	7	5	5	4
27356	전남 영암군	로컬푸드포장재지원사업	19,250	1	4	7	8	7	5	5	4

순번	시군구	지출명 (사업명)	2024년예산 (단위 : 천원 /1년간)	민간이전 분류 (지방자치단체 세출예산 집행기준에 의거)	민간이전지출 근거 (지방보조금 관리기준 참고)	입찰방식			운영예산 산정		성과평가 실시여부
				1. 민간경상사업보조(307-02) 2. 민간단체 법정운영비보조(307-03) 3. 민간행사사업보조(307-04) 4. 민간위탁금(307-05) 5. 사회복지시설 법정운영비보조(307-10) 6. 민간인위탁교육비(307-12) 7. 공기관등에대한경상적위탁사업비(308-13) 8. 민간자본사업보조,자체재원(402-01) 9. 민간자본사업보조,이전재원(402-02) 10. 민간위탁사업비(402-03) 11. 공기관등에 대한 자본적 위탁사업비(403-02)	1. 법률에 규정 2. 국고보조 재원(국가지정) 3. 용도 지정 기부금 4. 조례에 직접규정 5. 지자체가 권장하는 사업을 하는 공공기관 6. 시,도 정책 및 재정사정 7. 기타 8. 해당없음	계약체결방법 (경쟁형태) 1. 일반경쟁 2. 제한경쟁 3. 지명경쟁 4. 수의계약 5. 법정위탁 6. 기타 ( ) 7. 없음	계약기간 1. 1년 2. 2년 3. 3년 4. 4년 5. 5년 6. 기타 ( )년 7. 단기계약 (1년미만) 8. 없음	낙찰자선정방법 1. 적격심사 2. 협상에의한계약 3. 최저가낙찰제 4. 규격가격분리 5. 2단계 경쟁입찰 6. 기타 ( ) 7. 없음	운영예산 산정 1. 내부산정 (지자체 자체적으로 산정) 2. 외부산정 (외부전문기관위탁 산정) 3. 내·외부 모두 산정 4. 산정 無 5. 없음	정산방법 1. 내부정산 (지자체 내부적으로 정산) 2. 외부정산 (외부전문기관위탁 정산) 3. 내·외부 모두 산정 4. 정산 無 5. 없음	1. 실시 2. 미실시 3. 향후 추진 4. 해당없음
27357	전남 영암군	야생동물피해예방시설지원사업	19,000	1	2	7	8	7	1	1	4
27358	전남 영암군	돼지소모성질환지도지원	18,000	1	2	7	8	7	5	5	4
27359	전남 영암군	왕인학당예절체험프로그램운영	16,800	1	4	7	8	7	5	5	4
27360	전남 영암군	친환경목재생산	16,115	1	2	7	8	7	5	5	4
27361	전남 영암군	한우면역증강제지원	16,000	1	1	7	8	7	5	5	4
27362	전남 영암군	가축기생충구제지원	15,000	1	4	7	8	7	5	5	4
27363	전남 영암군	지역자율방재단피복구입	15,000	1	4	7	8	7	5	5	4
27364	전남 영암군	영암읍도시재생사업거버넌스주민협약체선진지견학	15,000	1	7	6	1	6	5	1	4
27365	전남 영암군	친환경임산물재배관리	13,593	1	2	7	8	7	5	5	4
27366	전남 영암군	O수당및4대보험	13,444	1	2	7	8	7	5	5	4
27367	전남 영암군	사슴인공수정지원	13,440	1	1	7	8	7	5	5	4
27368	전남 영암군	생활체육지도자활동지원비	13,200	1	2	7	8	7	5	5	4
27369	전남 영암군	자원봉사센터운영활성화지원	13,058	1	1,4	7	8	7	5	5	4
27370	전남 영암군	향교석전대제	13,000	1	8	7	8	7	5	5	4
27371	전남 영암군	젖소개량지원사업	13,000	1	6	7	8	7	5	5	4
27372	전남 영암군	귀농귀촌인품목별학습동아리지원	12,600	1	4	7	8	7	1	1	1
27373	전남 영암군	벌채부산물수집이용확대사업	12,111	1	2	7	8	7	5	5	4
27374	전남 영암군	전통제례문화보급지원	12,000	1	8	7	8	7	5	5	4
27375	전남 영암군	떫은감염료추출염색체험지원	12,000	1	4	7	8	7	5	5	4
27376	전남 영암군	농산물TV홈쇼핑지원	12,000	1	6	7	8	7	5	5	4
27377	전남 영암군	자원봉사프로그램운영	11,200	1	1,4	7	8	7	5	5	4
27378	전남 영암군	자율방재단정기교육및대회참석	10,780	1	4	7	8	7	5	5	4
27379	전남 영암군	곤충용톱밥지원	10,500	1	1	7	8	7	5	5	4
27380	전남 영암군	전남시군문화원운영비지원	10,000	1	8	7	8	7	5	5	4
27381	전남 영암군	토종농산물육성	10,000	1	6	7	8	7	5	5	4
27382	전남 영암군	반딧불이(유충,성충)구입비지원	10,000	1	7	7	8	7	5	5	4
27383	전남 영암군	성기동책자제작	9,800	1	4	7	8	7	5	5	4
27384	전남 영암군	유해야생동물포획단보험료지원사업	9,725	1	6	7	8	7	1	1	4
27385	전남 영암군	고령운전자운전면허자진반납인센티브	9,200	1	8	7	8	7	5	5	4
27386	전남 영암군	지역자활센터종사자특별수당	8,640	1	1,6	7	8	7	1	1	1
27387	전남 영암군	문화관광해설가활동보조금	8,400	1	4	7	8	7	5	5	4
27388	전남 영암군	갈곡들소리전승보전	8,400	1	1	7	8	7	5	5	4
27389	전남 영암군	인성학교운영	8,400	1	8	7	8	7	5	5	4
27390	전남 영암군	영암성대첩세미나	8,400	1	4	7	8	7	1	1	1
27391	전남 영암군	농촌지도자회읍면전략작목육성사업	8,400	1	1	7	8	7	5	5	4
27392	전남 영암군	여성농업인단체우량종자증식포사업	8,400	1	1	7	8	7	5	5	4
27393	전남 영암군	방과후아카데미대상자귀가차량지원	8,040	1	6	7	8	7	5	1	4
27394	전남 영암군	주민총회운영	8,000	1	4	7	8	7	1	1	2
27395	전남 영암군	사립미술관운영지원(아천미술관)	7,700	1	8	7	8	7	5	5	4
27396	전남 영암군	생활공예교실운영	7,700	1	8	7	8	7	5	5	4

순번	시군구	지출명 (사업명)	2024년예산 (단위 : 천원 /1년간)	민간이전 분류 (지방자치단체 세출예산 집행기준에 의거) 1. 민간경상사업보조(307-02) 2. 민간단체 법정운영비보조(307-03) 3. 민간행사사업보조(307-04) 4. 민간위탁금(307-05) 5. 사회복지시설 법정운영비보조(307-10) 6. 민간인위탁교육비(307-12) 7. 공기관등에대한경상적위탁사업비(308-13) 8. 민간자본사업보조,자체재원(402-01) 9. 민간자본사업보조,이전재원(402-02) 10. 민간위탁사업비(402-03) 11. 공기관등에 대한 자본적 위탁사업비(403-02)	민간이전지출 근거 (지방보조금 관리기준 참고) 1. 법률에 규정 2. 국고보조 재원(국가지정) 3. 용도 지정 기부금 4. 조례에 직접규정 5. 지자체가 권장하는 사업을 하는 공공기관 6. 시,도 정책 및 재정사정 7. 기타 8. 해당없음	입찰방식 계약체결방법 (경쟁형태) 1. 일반경쟁 2. 제한경쟁 3. 지명경쟁 4. 수의계약 5. 법정위탁 6. 기타 ( ) 7. 없음	입찰방식 계약기간 1. 1년 2. 2년 3. 3년 4. 4년 5. 5년 6. 기타 ( )년 7. 단기계약 (1년미만) 8. 없음	입찰방식 낙찰자선정방법 1. 적격심사 2. 협상에의한계약 3. 최저가낙찰제 4. 규격가격분리 5. 2단계 경쟁입찰 6. 기타 ( ) 7. 없음	운영예산 산정 운영예산 산정 1. 내부산정 (지자체 자체적으로 산정) 2. 외부산정 (외부전문기관위탁 산정) 3. 내·외부 모두 산정 4. 산정 無 5. 없음	운영예산 산정 정산방법 1. 내부정산 (지자체 내부적으로 정산) 2. 외부정산 (외부전문기관위탁 정산) 3. 내·외부 모두 산정 4. 정산 無 5. 없음	성과평가 실시여부 1. 실시 2. 미실시 3. 향후 추진 4. 해당없음
27397	전남 영암군	축산농가헬퍼(도우미)지원	7,500	1	1	7	8	7	5	5	4
27398	전남 영암군	로컬푸드생산농산물순회수집차량유류비지원	7,200	1	4	7	8	7	5	5	4
27399	전남 영암군	마한역사문화체험	7,000	1	4	7	8	7	5	5	1
27400	전남 영암군	농산물꾸러미포장재지원	7,000	1	6	7	8	7	5	5	4
27401	전남 영암군	기능성쌀생산단지실증시범	7,000	1	6	7	8	7	5	5	4
27402	전남 영암군	교통기초질서및교통사고예방캠페인	6,720	1	7	7	7	7	1	1	4
27403	전남 영암군	농촌신활력플러스사무실임대	6,600	1	4	7	8	7	5	5	4
27404	전남 영암군	선비와함께하는전통문화계승	6,300	1	8	7	8	7	5	5	4
27405	전남 영암군	갈곡들소리공개행사지원	6,000	1	1	7	8	7	5	5	4
27406	전남 영암군	전통민속계승지원	6,000	1	4	7	8	7	5	5	1
27407	전남 영암군	수산물직거래택배비지원사업	6,000	1	1	7	8	7	5	5	4
27408	전남 영암군	새우양식장유용미생물공급지원	6,000	1	1	7	8	7	5	5	4
27409	전남 영암군	반려견동물등록지원	6,000	1	1,6	7	8	7	5	5	4
27410	전남 영암군	대봉감과원정비지원	6,000	1	4	7	8	7	5	5	4
27411	전남 영암군	지역공동체만들기활동지원	5,600	1	6	6	1	6	1	1	2
27412	전남 영암군	지역특성화사회문화예술교육	5,600	1	4	7	8	7	5	5	1
27413	전남 영암군	농업경영컨설팅지원	5,000	1	2	7	8	7	5	5	4
27414	전남 영암군	농식품업체성분안전성검사비	5,000	1	4	7	8	7	5	5	4
27415	전남 영암군	장애인음악밴드교육지원	4,900	1	4	7	8	7	5	5	1
27416	전남 영암군	영암문학동인발간지원	4,620	1	4	7	8	7	5	5	1
27417	전남 영암군	청소년지도및교육환경조성	4,600	1	1	1	1	1	1	1	1
27418	전남 영암군	농촌신활력플러스사업사무장보험료	4,320	1	4	7	8	7	5	5	4
27419	전남 영암군	축산물HACCP컨설팅지원	4,200	1	2	7	8	7	5	5	4
27420	전남 영암군	어린이대상교통질서운동전개	4,200	1	7	7	7	7	1	1	4
27421	전남 영암군	축산폐의약품수거처리지원	3,960	1	4	7	8	7	5	5	4
27422	전남 영암군	식품박람회지원	3,600	1	6	7	8	7	5	5	4
27423	전남 영암군	범죄예방및선도활동지원	3,500	1	6	7	8	7	5	5	4
27424	전남 영암군	성현의발자취순례	3,500	1	6	6	1	6	1	1	2
27425	전남 영암군	재향군인회사랑의나눔봉사지원	3,500	1	8	7	8	7	5	5	4
27426	전남 영암군	4H회과제활동	3,000	1	1,4	7	8	7	1	1	1
27427	전남 영암군	농촌신활력플러스사업사무원보험료	3,000	1	1	7	8	7	5	5	4
27428	전남 영암군	농촌체험마을역량강화사업	2,954	1	4	7	8	7	5	5	4
27429	전남 영암군	전통향교문화전승보전(기로연)	2,880	1	2	5	7	7	5	3	4
27430	전남 영암군	교통질서확립및범죄없는고장만들기	2,800	1	8	7	8	7	5	5	4
27431	전남 영암군	귀농귀촌인전문교육지원	2,100	1	6	6	1	6	1	1	2
27432	전남 영암군	장애인음악활동지원	2,100	1	2	7	8	7	1	1	1
27433	전남 영암군	청년동아리지원사업	2,000	1	4	7	8	7	5	5	1
27434	전남 영암군	한의난임치료지원	1,400	1	4	7	8	7	1	1	4
27435	전남 영암군	장애인생활체육지도자활동지원비	1,260	1	5	6	8	7	5	5	4
27436	전남 영암군	보증기간경과장치성능유지관리	1,200	1	2	7	8	7	5	5	4
			1,116	1	2	7	8	7	1	1	4

순번	시군구	지출명 (사업명)	2024년예산 (단위 : 천원 /1년간)	민간이전 분류 (지방자치단체 세출예산 집행기준에 의거) 1. 민간경상사업보조(307-02) 2. 민간단체 법정운영비보조(307-03) 3. 민간행사사업보조(307-04) 4. 민간위탁금(307-05) 5. 사회복지시설 법정운영비보조(307-10) 6. 민간인위탁교육비(307-12) 7. 공기관등에대한경상적위탁사업비(308-13) 8. 민간자본사업보조,자체재원(402-01) 9. 민간자본사업보조,이전재원(402-02) 10. 민간위탁사업비(402-03) 11. 공기관등에 대한 자본적 위탁사업비(403-02)	민간이전지출 근거 (지방보조금 관리기준 참고) 1. 법률에 규정 2. 국고보조 재원(국가지정) 3. 용도 지정 기부금 4. 조례에 직접규정 5. 지자체가 권장하는 사업을 하는 공공기관 6. 시,도 정책 및 재정사정 7. 기타 8. 해당없음	입찰방식 계약체결방법 (경쟁형태) 1. 일반경쟁 2. 제한경쟁 3. 지명경쟁 4. 수의계약 5. 법정위탁 6. 기타 ( ) 7. 없음	입찰방식 계약기간 1. 1년 2. 2년 3. 3년 4. 4년 5. 5년 6. 기타 ( )년 7. 단기계약 (1년미만) 8. 없음	입찰방식 낙찰자선정방법 1. 적격심사 2. 협상에의한계약 3. 최저가낙찰제 4. 규격가격분리 5. 2단계 경쟁입찰 6. 기타 ( ) 7. 없음	운영예산 산정 운영예산 산정 1. 내부산정 (지자체 자체적으로 산정) 2. 외부산정 (외부전문기관위탁 산정) 3. 내·외부 모두 산정 4. 산정 無 5. 없음	운영예산 산정 정산방법 1. 내부정산 (지자체 내부적으로 정산) 2. 외부정산 (외부전문기관위탁 정산) 3. 내·외부 모두 산정 4. 정산 無 5. 없음	성과평가 실시여부 1. 실시 2. 미실시 3. 향후 추진 4. 해당없음
27437	전남 영암군	농촌신활력플러스사업사무원작업장려수당	600	1	4	7	8	7	5	5	4
27438	전남 영암군	농촌신활력플러스사업사무원명절상여금	200	1	4	7	8	7	5	5	4
27439	전남 무안군	양식어장자동화시설장비지원	200,042	1	6	4	7	7	1	1	4
27440	전남 무안군	김양식기자재지원	177,282	1	7	4	7	7	1	1	4
27441	전남 무안군	일반농산어촌개발사업완료지구사무장채용	173,880	1	4	7	8	7	1	1	1
27442	전남 무안군	새우양식장유용미생물지원	150,000	1	6	4	7	7	1	1	4
27443	전남 무안군	탄도도선운항경비지원	148,387	1	1	7	8	7	1	1	4
27444	전남 무안군	수산물유통포장재제작공급	123,900	1	1	7	8	7	5	5	4
27445	전남 무안군	친환경부표보급지원	114,865	1	2	4	7	7	1	1	4
27446	전남 무안군	김활성처리제공급	85,179	1	6	1	7	1	1	1	4
27447	전남 무안군	고수온대응지원	54,000	1	2	4	7	7	1	1	4
27448	전남 무안군	수산정책보험료지원사업	47,759	1	1	7	8	7	1	1	4
27449	전남 무안군	수산물소포장재지원	19,590	1	1	7	8	7	5	5	4
27450	전남 무안군	일반농산어촌개발사업완료지구사무장보험료	17,388	1	4	7	8	7	1	1	1
27451	전남 무안군	내수면어업환경개선지원사업	10,000	1	1	7	8	7	5	5	4
27452	전남 무안군	어산사고예방시스템구축	8,800	1	1	7	8	7	5	5	4
27453	전남 무안군	수산업경영인대회참가지원	5,250	1	1	7	8	7	1	1	4
27454	전남 무안군	수산물직거래택배비지원	5,000	1	1	7	8	7	5	5	4
27455	전남 무안군	여성농어업인행복바우처지원사업	1,069,800	1	6	7	8	7	5	5	4
27456	전남 무안군	청년농업인영농정착지원사업	948,620	1	2	7	8	7	5	5	4
27457	전남 무안군	(예비)사회적기업일자리창출지원사업	564,900	1	2	7	8	7	5	5	4
27458	전남 무안군	무안형청년디지털뉴딜프로젝트	294,040	1	2	4	1	7	2	2	3
27459	전남 무안군	농번기마을공동급식지원사업	174,240	1	6	7	8	7	5	5	4
27460	전남 무안군	전남청년근속장려금지원사업	160,000	1	6	7	8	7	5	5	4
27461	전남 무안군	어르신등체험활동건강꾸러미지원	102,000	1	2	7	8	7	5	5	4
27462	전남 무안군	군공항이전저지활동지원사업	90,000	1	4	7	8	7	1	1	1
27463	전남 무안군	민간행사사업보조	53,200	1	4	7	8	7	5	5	4
27464	전남 무안군	전남형청년공동체활성화사업	48,000	1	4	7	8	7	5	5	4
27465	전남 무안군	무안브랜드쌀포장재제작지원	46,750	1	4	7	8	7	5	5	4
27466	전남 무안군	중소기업전자상거래택배비및물류비지원사업	42,500	1	4	7	8	7	1	1	1
27467	전남 무안군	농업인단체보조금지원	40,375	1	6	7	8	7	5	5	4
27468	전남 무안군	전남형강소기업육성사업	30,000	1	5	7	8	7	2	2	1
27469	전남 무안군	초등돌봄교실과일간식지원사업	26,250	1	6	7	8	7	5	5	4
27470	전남 무안군	도지사품질인증제품디자인제작지원	25,000	1	6	7	8	7	5	5	4
27471	전남 무안군	로컬푸드포장재지원	22,400	1	6	7	8	7	5	5	4
27472	전남 무안군	무안전통시장토요야시장운영	20,000	1	4	7	8	7	1	1	3
27473	전남 무안군	청년협의체청년정책의제발굴사업	17,000	1	4	7	8	7	5	5	4
27474	전남 무안군	신중년희망일자리장려금지원사업	16,000	1	6	7	8	7	5	5	4
27475	전남 무안군	사회적경제기업온라인판매지원(택배비지원)	10,000	1	4	7	8	7	5	5	4
27476	전남 무안군	일로전통시장활성화문화공연	10,000	1	4	7	8	7	1	1	3

순번	시군구	지출명 (사업명)	2024년예산 (단위 : 천원 /1년간)	민간이전 분류 (지방자치단체 세출예산 집행기준에 의거) 1. 민간경상사업보조(307-02) 2. 민간단체 법정운영비보조(307-03) 3. 민간행사사업보조(307-04) 4. 민간위탁금(307-05) 5. 사회복지시설 법정운영비보조(307-10) 6. 민간인위탁교육비(307-12) 7. 공기관등에대한경상적위탁사업비(308-13) 8. 민간자본사업보조,자체재원(402-01) 9. 민간자본사업보조,이전재원(402-02) 10. 민간위탁사업비(402-03) 11. 공기관등에 대한 자본적 위탁사업비(403-02)	민간이전지출 근거 (지방보조금 관리기준 참고) 1. 법률에 규정 2. 국고보조 재원(국가지정) 3. 용도 지정 기부금 4. 조례에 직접규정 5. 지자체가 권장하는 사업을 하는 공공기관 6. 시,도 정책 및 재정사정 7. 기타 8. 해당없음	입찰방식 계약체결방법 (경쟁형태) 1. 일반경쟁 2. 제한경쟁 3. 지명경쟁 4. 수의계약 5. 법정위탁 6. 기타 ( ) 7. 없음	입찰방식 계약기간 1. 1년 2. 2년 3. 3년 4. 4년 5. 5년 6. 기타 ( )년 7. 단기계약 (1년미만) 8. 없음	입찰방식 낙찰자선정방법 1. 적격심사 2. 협상에의한계약 3. 최저가낙찰제 4. 규격가격분리 5. 2단계 경쟁입찰 6. 기타 ( ) 7. 없음	운영예산 산정 운영예산 산정 1. 내부산정 (지자체 자체적으로 산정) 2. 외부산정 (외부전문기관위탁 산정) 3. 내·외부 모두 산정 4. 산정 無 5. 없음	운영예산 산정 정산방법 1. 내부정산 (지자체 내부적으로 정산) 2. 외부정산 (외부전문기관위탁 정산) 3. 내·외부 모두 정산 4. 정산 無 5. 없음	성과평가 실시여부 1. 실시 2. 미실시 3. 향후 추진 4. 해당없음
27477	전남 무안군	사회적경제기업고도화지원사업	5,400	1	6	7	8	7	5	5	4
27478	전남 무안군	청년농업인연구동아리지원사업	5,000	1	6	7	8	7	5	5	4
27479	전남 무안군	농업경영컨설팅지원사업	5,000	1	6	7	8	7	5	5	4
27480	전남 무안군	로컬푸드생산자역량강화교육지원	4,000	1	6	7	8	7	5	5	4
27481	전남 무안군	로컬푸드생산자협의회운영지원	3,000	1	6	7	8	7	5	5	4
27482	전남 무안군	농어촌민박소방안전시설지원	2,100	1	6	7	8	7	5	5	4
27483	전남 무안군	노인전문요양병원운영관리	156,000	1	4	7	1	7	1	1	4
27484	전남 함평군	일반단지사일리지제조운송비지원	2,184,354	1	2	7	8	7	5	5	4
27485	전남 함평군	전문단지사일리지제조운송비지원	2,138,184	1	2	7	8	7	5	5	4
27486	전남 함평군	유기질비료지원	1,300,000	1	6	7	8	7	5	5	4
27487	전남 함평군	못자리용상토공급지원사업	687,960	1	6	7	8	7	5	5	4
27488	전남 함평군	토양개량제공급지원	619,186	1	2	7	8	7	5	5	4
27489	전남 함평군	돼지구제역(전업농)예방백신지원	522,000	1	2	7	8	7	5	5	4
27490	전남 함평군	유기농업자재지원	438,654	1	2	7	8	7	5	5	4
27491	전남 함평군	청정전남으뜸마을만들기	372,000	1	6	7	8	7	1	1	4
27492	전남 함평군	가축분뇨퇴액비자원화지원사업	315,120	1	6	7	8	7	5	5	4
27493	전남 함평군	농작물병해충방제비	312,000	1	2	7	8	7	1	1	1
27494	전남 함평군	시설원예및단호박종묘대지원사업	308,000	1	4	7	8	7	5	5	4
27495	전남 함평군	청년농업인영농정착지원금	293,100	1	6	7	8	7	5	5	4
27496	전남 함평군	축산악취저감제공급사업(양돈)	243,000	1	6	7	8	7	5	5	4
27497	전남 함평군	문화예술단체지원	231,850	1	6	7	8	7	1	1	4
27498	전남 함평군	전문단지종자구입지원	216,645	1	2	7	8	7	5	5	4
27499	전남 함평군	축산악취저감제공급사업(닭,오리)	213,500	1	6	7	8	7	5	5	4
27500	전남 함평군	한우송아지브랜드육성사업	200,000	1	6	7	8	7	5	5	4
27501	전남 함평군	원예작물연작장해경감제지원사업	189,750	1	4	7	8	7	5	5	4
27502	전남 함평군	일반생활체육지도자배치사업	188,742	1	1	4	1	6	1	1	2
27503	전남 함평군	어르신생활체육지도자배치사업	188,742	1	1	4	1	6	1	1	2
27504	전남 함평군	학교우유급식지원사업	188,400	1	2	7	8	7	5	5	4
27505	전남 함평군	소이력제귀표부착비지원	144,000	1	2	7	8	7	5	5	4
27506	전남 함평군	돼지써코바이러스(PCV2)백신지원	141,600	1	2	7	8	7	5	5	4
27507	전남 함평군	소구제역(전업농)예방백신지원	132,050	1	2	7	8	7	5	5	4
27508	전남 함평군	축산악취저감제공급사업(한우,젖소)	126,000	1	6	7	8	7	5	5	4
27509	전남 함평군	일반단지종자구입지원	125,284	1	2	7	8	7	5	5	4
27510	전남 함평군	함평천지한우우량정액지원사업	120,000	1	4	7	8	7	5	5	4
27511	전남 함평군	함평문화원지원	113,000	1	1	7	8	7	1	1	4
27512	전남 함평군	영농부산물안전처리지원	105,125	1	2	7	8	7	1	1	1
27513	전남 함평군	마늘우량종구갱신지원사업	105,000	1	4	7	8	7	5	5	4
27514	전남 함평군	가금류사료첨가제지원사업	104,640	1	4	7	8	7	5	5	4
27515	전남 함평군	유기농생태마을활성화사업	102,000	1	6	7	8	7	5	5	4
27516	전남 함평군	가축분뇨이용촉진지원사업	100,000	1	2	7	8	7	5	5	4

순번	시군구	지출명 (사업명)	2024년예산 (단위 : 천원 /1년간)	민간이전 분류 (지방자치단체 세출예산 집행기준에 의거) 1. 민간경상사업보조(307-02) 2. 민간단체 법정운영비보조(307-03) 3. 민간행사사업보조(307-04) 4. 민간위탁금(307-05) 5. 사회복지시설 법정운영비보조(307-10) 6. 민간인위탁교육비(307-12) 7. 공기관등에대한경상적위탁사업비(308-13) 8. 민간자본사업보조,자체재원(402-01) 9. 민간자본사업보조,이전재원(402-02) 10. 민간위탁사업비(402-03) 11. 공기관등에 대한 자본적 위탁사업비(403-02)	민간이전지출 근거 (지방보조금 관리기준 참고) 1. 법률에 규정 2. 국고보조 재원(국가지정) 3. 용도 지정 기부금 4. 조례에 직접규정 5. 지자체가 권장하는 사업을 하는 공공기관 6. 시,도 정책 및 재정사정 7. 기타 8. 해당없음	입찰방식 계약체결방법 (경쟁형태) 1. 일반경쟁 2. 제한경쟁 3. 지명경쟁 4. 수의계약 5. 법정위탁 6. 기타 ( ) 7. 없음	입찰방식 계약기간 1. 1년 2. 2년 3. 3년 4. 4년 5. 5년 6. 기타 ( )년 7. 단기계약 (1년미만) 8. 없음	입찰방식 낙찰자선정방법 1. 적격심사 2. 협상에의한계약 3. 최저가낙찰제 4. 규격가격분리 5. 2단계 경쟁입찰 6. 기타 ( ) 7. 없음	운영예산 산정 운영예산 산정 1. 내부산정 (지자체 자체적으로 산정) 2. 외부산정 (외부전문기관위탁 산정) 3. 내·외부 모두 산정 4. 산정 無 5. 없음	운영예산 산정 정산방법 1. 내부정산 (지자체 내부적으로 정산) 2. 외부정산 (외부전문기관위탁 정산) 3. 내·외부 모두 산정 4. 정산 無 5. 없음	성과평가 실시여부 1. 실시 2. 미실시 3. 향후 추진 4. 해당없음
27517	전남 함평군	함평천지한우명품브랜드육성	100,000	1	4	7	8	7	5	5	4
27518	전남 함평군	전문단지입모중파종비지원	97,811	1	2	7	8	7	5	5	4
27519	전남 함평군	함평향교활동지원	97,600	1	1	7	8	7	1	1	4
27520	전남 함평군	밭작물재해예방시설지원사업	97,500	1	4	7	8	7	5	5	4
27521	전남 함평군	가축분퇴비원재료구입비지원	95,000	1	6	7	8	7	5	5	4
27522	전남 함평군	전문단지품질등급제지원	86,184	1	2	7	8	7	5	5	4
27523	전남 함평군	양돈생산성향상지원사업	81,900	1	6	7	8	7	5	5	4
27524	전남 함평군	농촌인력중개센터	80,000	1	6	7	8	7	5	5	4
27525	전남 함평군	한우암소유전체분석지원	80,000	1	4	7	8	7	5	5	4
27526	전남 함평군	청년농업인스타트업(초기창업)지원	72,000	1	6	7	8	7	1	1	1
27527	전남 함평군	한국예술문화단체총연합회함평지회활동지원	69,300	1	6	7	8	7	1	1	4
27528	전남 함평군	농촌공동아이돌봄센터지원(운영비)	66,100	1	6	7	8	7	5	5	4
27529	전남 함평군	한우등록사업	64,400	1	6	7	8	7	5	5	4
27530	전남 함평군	원예분야노동절감형농자재지원사업	61,200	1	4	7	8	7	5	5	4
27531	전남 함평군	기상재해대응병해방제지원	60,000	1	6	7	8	7	1	1	1
27532	전남 함평군	돼지증체율향상지원사업	60,000	1	6	7	8	7	5	5	4
27533	전남 함평군	저탄소농업활성화(바이오차)지원사업	59,880	1	4	7	8	7	5	5	4
27534	전남 함평군	닭증체율향상지원사업	59,500	1	4	7	8	7	5	5	4
27535	전남 함평군	벼병해충생력방제모판관주처리지원	56,250	1	6	7	8	7	1	1	1
27536	전남 함평군	친환경농산물계약재배청년농가육성사업	55,200	1	6	7	8	7	5	5	4
27537	전남 함평군	돼지사료효율개선제지원사업	54,000	1	6	7	8	7	5	5	4
27538	전남 함평군	국산밀생산단지교육컨설팅	52,740	1	2	7	8	7	5	5	4
27539	전남 함평군	주민자치회지원	50,000	1	4	7	8	7	1	1	4
27540	전남 함평군	군체육회가맹단체별육성지원	50,000	1	1	4	1	6	1	1	2
27541	전남 함평군	가축분뇨퇴비부숙용톱밥지원사업	50,000	1	6	7	8	7	5	5	4
27542	전남 함평군	한우사육농가헬퍼요원지원사업	50,000	1	4	7	8	7	5	5	4
27543	전남 함평군	젖소분뇨발효촉진지원사업	49,000	1	6	7	8	7	5	5	4
27544	전남 함평군	친환경농산물잔류농약검사지원	48,000	1	6	7	8	7	5	5	4
27545	전남 함평군	우량한우수정란이식사업	43,200	1	4	7	8	7	5	5	4
27546	전남 함평군	축사지붕열차단재도포시범사업	42,000	1	6	7	8	7	5	5	4
27547	전남 함평군	길고양이중성화수술비지원사업	40,000	1	2	7	8	7	5	5	4
27548	전남 함평군	청보리사료제조용발효제	38,500	1	4	7	8	7	5	5	4
27549	전남 함평군	축산물HACCP컨설팅지원	37,870	1	2	7	8	7	5	5	4
27550	전남 함평군	낙농환경(질병)개선사업	37,800	1	6	7	8	7	5	5	4
27551	전남 함평군	낙농전문파출요원지원(축협협력사업)	36,000	1	4	7	8	7	5	5	4
27552	전남 함평군	사슴인공수정지원사업	35,280	1	6	7	8	7	5	5	4
27553	전남 함평군	곤충사료첨가제지원사업	33,600	1	6	7	8	7	5	5	4
27554	전남 함평군	생활체조보급운영지원	32,400	1	1	4	1	6	1	1	2
27555	전남 함평군	새마을운동(사)함평군새마을회사업	31,207	1	1	7	8	7	1	1	1
27556	전남 함평군	생활체육지도자명절휴가비	30,848	1	1	4	1	6	1	1	2

순번	시군구	지출명 (사업명)	2024년예산 (단위 : 천원 /1년간)	민간이전 분류 (지방자치단체 세출예산 집행기준에 의거) 1. 민간경상사업보조(307-02) 2. 민간단체 법정운영비보조(307-03) 3. 민간행사사업보조(307-04) 4. 민간위탁금(307-05) 5. 사회복지시설 법정운영비보조(307-10) 6. 민간인위탁교육비(307-12) 7. 공기관등에대한경상적위탁사업비(308-13) 8. 민간자본사업보조,자체재원(402-01) 9. 민간자본사업보조,이전재원(402-02) 10. 민간위탁사업비(402-03) 11. 공기관등에 대한 자본적 위탁사업비(403-02)	민간이전지출 근거 (지방보조금 관리기준 참고) 1. 법률에 규정 2. 국고보조 재원(국가지정) 3. 용도 지정 기부금 4. 조례에 직접규정 5. 지자체가 권장하는 사업을 하는 공공기관 6. 시,도 정책 및 재정사정 7. 기타 8. 해당없음	입찰방식 계약체결방법 (경쟁형태) 1. 일반경쟁 2. 제한경쟁 3. 지명경쟁 4. 수의계약 5. 법정위탁 6. 기타 ( ) 7. 없음	입찰방식 계약기간 1. 1년 2. 2년 3. 3년 4. 4년 5. 5년 6. 기타 ( )년 7. 단기계약 (1년미만) 8. 없음	입찰방식 낙찰자선정방법 1. 적격심사 2. 협상에의한계약 3. 최저가낙찰제 4. 규격가격분리 5. 2단계 경쟁입찰 6. 기타 ( ) 7. 없음	운영예산 산정 운영예산 산정 1. 내부산정 (지자체 자체적으로 산정) 2. 외부산정 (외부전문기관위탁 산정) 3. 내·외부 모두 산정 4. 산정 無 5. 없음	운영예산 산정 정산방법 1. 내부정산 (지자체 내부적으로 정산) 2. 외부정산 (외부전문기관위탁 정산) 3. 내·외부 모두 산정 4. 정산 無 5. 없음	성과평가 실시여부 1. 실시 2. 미실시 3. 향후 추진 4. 해당없음
27557	전남 함평군	(사)전남영상위원회운영지원	30,000	1	6	7	8	7	1	1	4
27558	전남 함평군	농업경영컨설팅지원	30,000	1	6	7	8	7	5	5	4
27559	전남 함평군	함평천지한우육질등급향상지원사업	30,000	1	4	7	8	7	5	5	4
27560	전남 함평군	생활체육지도자출장여비지원	28,800	1	1	4	1	6	1	1	2
27561	전남 함평군	전문단지퇴액비지원	28,800	1	2	7	8	7	5	5	4
27562	전남 함평군	오리증체율향상지원사업	28,000	1	4	7	8	7	5	5	4
27563	전남 함평군	축산차량GPS통신료지원	26,018	1	2	7	8	7	5	5	4
27564	전남 함평군	시설원예작물온실환경기반컨설팅시범	25,000	1	7	7	8	7	1	1	1
27565	전남 함평군	정보화마을프로그램관리자인부임	24,469	1	6	7	8	7	1	1	4
27566	전남 함평군	함평군농악단운영지원	24,000	1	6	7	8	7	1	1	4
27567	전남 함평군	밭작물공동경영체육성지원사업(컨설팅)	22,500	1	2	7	8	7	5	5	4
27568	전남 함평군	농촌체험마을육성지원(사무장채용)	21,716	1	6	7	8	7	5	5	4
27569	전남 함평군	야구(학교연계형)스포츠클럽육성지원(221년~225년)	21,500	1	1	4	1	6	1	1	2
27570	전남 함평군	골프(학교연계형)스포츠클럽육성지원(221년~225년)	21,500	1	1	4	1	6	1	1	2
27571	전남 함평군	회원종목단체학교체육관및체육시설대관료지원	20,000	1	1	4	1	6	1	1	2
27572	전남 함평군	젖소목장나들이체험행사(축제프로그램추진)	20,000	1	4	7	8	7	5	5	4
27573	전남 함평군	초유은행설치사업	20,000	1	4	7	8	7	5	5	4
27574	전남 함평군	염소고온스트레스완화제지원사업	20,000	1	4	7	8	7	5	5	4
27575	전남 함평군	길고양이중성화지원사업(자체사업)	20,000	1	7	7	8	7	5	5	4
27576	전남 함평군	친환경천적이용해충구제지원	19,584	1	6	7	8	7	5	5	4
27577	전남 함평군	임산부친환경농산물지원	19,200	1	6	7	8	7	5	5	4
27578	전남 함평군	해외수출확대컨설팅지원	16,000	1	4	7	8	7	5	5	4
27579	전남 함평군	실외사육견중성화수술지원사업	16,000	1	2	7	8	7	5	5	4
27580	전남 함평군	세대별생활체육프로그램운영(청소년,어린이,여성,어르신)	15,000	1	1	4	1	6	1	1	2
27581	전남 함평군	법무부목포지역범죄피해자지원센터보조금	15,000	1	4	7	8	7	5	5	1
27582	전남 함평군	낙농가면역증강제지원사업	15,000	1	4	7	8	7	5	5	4
27583	전남 함평군	벌꿀산업전자상거래등택배비지원사업	15,000	1	4	7	8	7	5	5	4
27584	전남 함평군	돼지모돈분만율향상지원사업	15,000	1	6	7	8	7	5	5	4
27585	전남 함평군	미경산우도태장려금	15,000	1	4	7	8	7	5	5	4
27586	전남 함평군	우량한우암소(엘리트카우)지원	15,000	1	4	7	8	7	5	5	4
27587	전남 함평군	생활체육지도자복리후생비지원	14,400	1	1	4	1	6	1	1	2
27588	전남 함평군	생활체육지도자정액급식비	14,400	1	1	4	1	6	1	1	2
27589	전남 함평군	생활체육지도자경력수당지원	14,340	1	1	4	1	6	1	1	2
27590	전남 함평군	함평사건민간인희생자추모사업지원	14,000	1	4	7	8	7	1	1	4
27591	전남 함평군	축사전기안전관리지원사업(축협협력사업)	12,500	1	4	7	8	7	5	5	4
27592	전남 함평군	말산업육성(학생승마체험)지원사업	12,320	1	2	7	8	7	5	5	4
27593	전남 함평군	생활체육지도자정근수당지원	12,211	1	1	4	1	6	1	1	2
27594	전남 함평군	우수여왕벌보급사업	11,040	1	2	7	8	7	5	5	4
27595	전남 함평군	축산차량GPS상시전원설치비지원	10,800	1	2	7	8	7	5	5	4
27596	전남 함평군	생활체육어린이스키교실운영지원	10,000	1	1	4	1	6	1	1	2

순번	시군구	지출명 (사업명)	2024년예산 (단위 : 천원 /1년간)	민간이전 분류 (지방자치단체 세출예산 집행기준에 의거) 1. 민간경상사업보조(307-02) 2. 민간단체 법정운영비보조(307-03) 3. 민간행사사업보조(307-04) 4. 민간위탁금(307-05) 5. 사회복지시설 법정운영비보조(307-10) 6. 민간인위탁교육비(307-12) 7. 공기관등에대한경상적위탁사업비(308-13) 8. 민간자본사업보조,자체재원(402-01) 9. 민간자본사업보조,이전재원(402-02) 10. 민간위탁사업비(402-03) 11. 공기관등에 대한 자본적 위탁사업비(403-02)	민간이전지출 근거 (지방보조금 관리기준 참고) 1. 법률에 규정 2. 국고보조 재원(국가지정) 3. 용도 지정 기부금 4. 조례에 직접규정 5. 지자체가 권장하는 사업을 하는 공공기관 6. 시,도 정책 및 재정사정 7. 기타 8. 해당없음	입찰방식 계약체결방법 (경쟁형태) 1. 일반경쟁 2. 제한경쟁 3. 지명경쟁 4. 수의계약 5. 법정위탁 6. 기타 ( ) 7. 없음	입찰방식 계약기간 1. 1년 2. 2년 3. 3년 4. 4년 5. 5년 6. 기타 ( )년 7. 단기계약 (1년미만) 8. 없음	입찰방식 낙찰자선정방법 1. 적격심사 2. 협상에의한계약 3. 최저가낙찰제 4. 규격가격분리 5. 2단계 경쟁입찰 6. 기타 ( ) 7. 없음	운영예산 산정 운영예산 산정 1. 내부산정 (지자체 자체적으로 산정) 2. 외부산정 (외부전문기관위탁 산정) 3. 내·외부 모두 산정 4. 산정 無 5. 없음	운영예산 산정 정산방법 1. 내부정산 (지자체 내부적으로 정산) 2. 외부정산 (외부전문기관위탁 정산) 3. 내·외부 모두 산정 4. 정산 無 5. 없음	성과평가 실시여부 1. 실시 2. 미실시 3. 향후 추진 4. 해당없음
27597	전남 함평군	벌꿀화분채집기지원사업	10,000	1	4	7	8	7	5	5	4
27598	전남 함평군	축산의료폐기물수거지원사업(축협협력사업)	10,000	1	4	7	8	7	5	5	4
27599	전남 함평군	축사폐건축기자재처리지원사업	10,000	1	4	7	8	7	5	5	4
27600	전남 함평군	함평천지한우전문기술위탁교육	10,000	1	4	7	8	7	5	5	4
27601	전남 함평군	생활체육교실운영(배구등9개종목)	8,100	1	1	4	1	6	1	1	2
27602	전남 함평군	수도권향우친환경농산물지원	7,500	1	6	7	8	7	5	5	4
27603	전남 함평군	에어로빅보급강사료지원	7,200	1	1	4	1	6	1	1	2
27604	전남 함평군	(사)지방행정동우회함평군분회보조금	7,000	1	4	7	8	7	5	5	1
27605	전남 함평군	농어촌민박소방안전시설지원	7,000	1	6	7	8	7	5	5	4
27606	전남 함평군	생활체육대축전등참가가맹경기단체지원	6,000	1	1	4	1	6	1	1	2
27607	전남 함평군	생활개선회육성	6,000	1	5	7	8	7	1	1	1
27608	전남 함평군	단감국내육성품종전정단운영	6,000	1	7	7	8	7	1	1	1
27609	전남 함평군	군체육회주관도단위이상각종행사및회의참가(관외출장)	5,880	1	1	4	1	6	1	1	2
27610	전남 함평군	몸튼튼레슬링교실운영	5,000	1	1	4	1	6	1	1	2
27611	전남 함평군	우량암소생산번식및사양관리	5,000	1	4	7	8	7	5	5	4
27612	전남 함평군	구제역예방접종원거리자동연속주사기지원	4,900	1	6	7	8	7	5	5	4
27613	전남 함평군	자산서원도지정문화재수장고운영관리지원	4,800	1	4	7	8	7	1	1	4
27614	전남 함평군	과수통합마케팅운영지원사업	4,800	1	4	7	8	7	5	5	4
27615	전남 함평군	함평천지한우소비촉진행사추진	4,650	1	4	7	8	7	5	5	4
27616	전남 함평군	학교예술강사지원	3,794	1	6	7	8	7	1	1	4
27617	전남 함평군	생활체육지도자직책급(팀장)수당	3,600	1	1	4	1	6	1	1	2
27618	전남 함평군	생활체육지도자및직원피복구입비	3,600	1	1	4	1	6	1	1	2
27619	전남 함평군	전국체육대회도대표참가자매결연경기단체지원(레슬링,골프)	3,000	1	1	4	1	6	1	1	2
27620	전남 함평군	민족통일의식계도사업	2,600	1	1	7	8	7	1	1	1
27621	전남 함평군	법무부청소년범죄예방위원함평군협의회보조금	2,500	1	4	7	8	7	5	5	1
27622	전남 함평군	청년농업인연구동아리지원	2,500	1	6	7	8	7	5	5	4
27623	전남 함평군	한우친자확인지원사업	2,400	1	4	7	8	7	5	5	4
27624	전남 함평군	바르게살기운동함평군협의회사업	2,200	1	1	7	8	7	1	1	1
27625	전남 함평군	통일지도자교육	1,500	1	1	7	8	7	1	1	1
27626	전남 함평군	한국자유총연맹함평군지회사업	1,100	1	1	7	8	7	1	1	1
27627	전남 함평군	말벌퇴치장비지원	1,080	1	2	7	8	7	5	5	4
27628	전남 함평군	반려견동물등록지원	900	1	2	7	8	7	5	5	4
27629	전남 함평군	농촌체험마을리더교육지원	240	1	6	7	8	7	5	5	4
27630	전남 함평군	소상공인활성화지원사업	29,700	1	4	7	8	7	1	1	4
27631	전남 함평군	함평전통시장경영패키지지원사업	25,000	1	1	7	8	7	1	1	4
27632	전남 함평군	전남형청년공동체활성화사업	18,000	1	6	7	8	7	5	5	4
27633	전남 함평군	함평전통시장관광활성화바우처운영	5,000	1	1	7	8	7	1	1	4
27634	전남 함평군	평생학습동아리운영	4,000	1	4	7	8	7	5	5	4
27635	전남 함평군	친절하고깨끗한함평만들기캠페인	3,000	1	1	7	8	7	1	1	4
27636	전남 함평군	상인의날행사지원	1,000	1	1	7	8	7	1	1	4

순번	시군구	지출명 (사업명)	2024년예산 (단위 : 천원 /1년간)	민간이전 분류 (지방자치단체 세출예산 집행기준에 의거) 1. 민간경상사업보조(307-02) 2. 민간단체 법정운영비보조(307-03) 3. 민간행사사업보조(307-04) 4. 민간위탁금(307-05) 5. 사회복지시설 법정운영비보조(307-10) 6. 민간인위탁교육비(307-12) 7. 공기관등에대한경상적위탁사업비(308-13) 8. 민간자본사업보조,자체재원(402-01) 9. 민간자본사업보조,이전재원(402-02) 10. 민간위탁사업비(402-03) 11. 공기관등에 대한 자본적 위탁사업비(403-02)	민간이전지출 근거 (지방보조금 관리기준 참고) 1. 법률에 규정 2. 국고보조 재원(국가지정) 3. 용도 지정 기부금 4. 조례에 직접규정 5. 지자체가 권장하는 사업을 하는 공공기관 6. 시,도 정책 및 재정사정 7. 기타 8. 해당없음	입찰방식: 계약체결방법 (경쟁형태) 1. 일반경쟁 2. 제한경쟁 3. 지명경쟁 4. 수의계약 5. 법정위탁 6. 기타 ( ) 7. 없음	입찰방식: 계약기간 1. 1년 2. 2년 3. 3년 4. 4년 5. 5년 6. 기타 ( )년 7. 단기계약 (1년미만) 8. 없음	입찰방식: 낙찰자선정방법 1. 적격심사 2. 협상에의한계약 3. 최저가낙찰제 4. 규격가격분리 5. 2단계 경쟁입찰 6. 기타 ( ) 7. 없음	운영예산 산정: 운영예산 산정 1. 내부산정 (지자체 자체적으로 산정) 2. 외부산정 (외부전문기관위탁 산정) 3. 내·외부 모두 산정 4. 산정 無 5. 없음	운영예산 산정: 정산방법 1. 내부정산 (지자체 내부적으로 정산) 2. 외부정산 (외부전문기관위탁 정산) 3. 내·외부 모두 산정 4. 정산 無 5. 없음	성과평가 실시여부 1. 실시 2. 미실시 3. 향후 추진 4. 해당없음
27637	전남 함평군	국가유공자예우및보훈단체지원	216,000	1	1	7	8	7	1	1	4
27638	전남 함평군	자원봉사자활동지원	34,700	1	4	7	8	7	1	1	4
27639	전남 영광군	2023년비료가격안정지원사업보조금교부결정및보조금지급(신속집행)	1,832,792	1	8	7	8	7	5	5	4
27640	전남 영광군	2023년조사료사일리지제조비지원사업선급금지급(동계)	1,685,205	1	8	7	8	7	5	5	4
27641	전남 영광군	2023년조사료사일리지제조비지원사업교부결정변경및지급(최종)	1,613,561	1	8	7	8	7	5	5	4
27642	전남 영광군	2023년구제역백신지원사업(전업농)보조금선금급지급	1,215,900	1	8	7	8	7	5	5	4
27643	전남 영광군	2023년조사료사일리지제조비지원사업2차선급금지급(동계)	1,011,123	1	8	7	8	7	5	5	4
27644	전남 영광군	초소형전기차산업육성서비스지원실증사업5차년도군비분담금교부	1,000,000	1	8	7	8	7	5	5	4
27645	전남 영광군	2023년유기질비료지원사업보조금교부결정및보조금지급(신속집행)	989,102	1	8	7	8	7	5	5	4
27646	전남 영광군	2023년제64회한국민속예술제보조금교부결정및지출품의	800,000	1	8	7	8	7	5	5	4
27647	전남 영광군	2023년토양개량제지원사업보조금교부결정및보조금지급(신속집행)	770,941	1	8	7	8	7	5	5	4
27648	전남 영광군	2023년여성농어업인행복바우처지원사업보조금교부결정및지급(1차)	699,400	1	8	7	8	7	5	5	4
27649	전남 영광군	2023년청정전남으뜸마을만들기보조금지급	691,000	1	8	7	8	7	5	5	4
27650	전남 영광군	퍼스널모빌리티플랫폼핵심기술개발및실증사업3차년도군비분담금교부	500,000	1	8	7	8	7	5	5	4
27651	전남 영광군	2023년분만취약지지원사업보조금송금	500,000	1	8	7	8	7	5	5	4
27652	전남 영광군	에코프로바이오틱스이용활성화사업보조금지급(1차)	496,000	1	8	7	8	7	5	5	4
27653	전남 영광군	에코프로바이오틱스이용활성화사업보조금(선금급)지급(2차)	496,000	1	8	7	8	7	5	5	4
27654	전남 영광군	2023영광e모빌리티엑스포위수탁사업비(보조금)1차교부결정	490,000	1	8	7	8	7	5	5	4
27655	전남 영광군	2023년청년후계농영농정착지원사업보조금지급(1차)	450,000	1	8	7	8	7	5	5	4
27656	전남 영광군	2023년유기농업자재지원사업보조금지급(11차)	407,262	1	8	7	8	7	5	5	4
27657	전남 영광군	2023년e모빌리티기업역량강화사업1차년도보조금지급	400,000	1	8	7	8	7	5	5	4
27658	전남 영광군	2023년벼병해충공동방제비지원사업보조금지급(7차)	362,736	1	8	7	8	7	5	5	4
27659	전남 영광군	2023년지자체농협협력사업(밭토양개량제지원)보조금교부결정및지급(신속집행)	325,000	1	8	7	8	7	5	5	4
27660	전남 영광군	2023년e모빌리티기업역량강화사업1차년도보조금지급(2차)	312,500	1	8	7	8	7	5	5	4
27661	전남 영광군	2023년조사료사일리지제조운송비지원사업(하계)교부결정변경및지급	298,350	1	8	7	8	7	5	5	4
27662	전남 영광군	수산분야농사용(을)전기요금지원사업지원금지급	291,486	1	8	7	8	7	5	5	4
27663	전남 영광군	2023년한우송아지브랜드육성사업보조금교부결정및지급	260,000	1	8	7	8	7	5	5	4
27664	전남 영광군	2023년조사료전문단지퇴액비지원사업보조금지급	253,600	1	8	7	8	7	5	5	4
27665	전남 영광군	2023년벼병해충공동방제비지원사업보조금지급(8차)	218,859	1	8	7	8	7	5	5	4
27666	전남 영광군	2023년토양개량제지원사업보조금교부결정및지급(2차)	211,020	1	8	7	8	7	5	5	4
27667	전남 영광군	2023영광e모빌리티엑스포위수탁사업비(보조금)2차교부결정및송금	210,000	1	8	7	8	7	5	5	4
27668	전남 영광군	2023년청년후계농영농정착지원사업보조금지급(2차)	209,905	1	8	7	8	7	5	5	4
27669	전남 영광군	2023년벼병해충공동방제비지원사업보조금지급(3차)	197,846	1	8	7	8	7	5	5	4
27670	전남 영광군	2023년지자체농협협력사업(GAP원예농산물우수종자지원)보조금교부결정및지급	181,600	1	8	7	8	7	5	5	4
27671	전남 영광군	2023년영광쌀평생고객확보택배비지원사업보조금지급(신속집행)	180,000	1	8	7	8	7	5	5	4
27672	전남 영광군	러우사태어업용면세유지원사업(34차)보조금지급	180,000	1	8	7	8	7	5	5	4
27673	전남 영광군	2023전남체전종목육성팀지원보조금교부결정및송금(1차)	169,379	1	8	7	8	7	5	5	4
27674	전남 영광군	2023년취약지응급실운영기관지원보조금교부결정및송금	168,000	1	8	7	8	7	5	5	4
27675	전남 영광군	2023년통합문화이용권사업보조금지출품의(1차)	167,200	1	8	7	8	7	5	5	4
27676	전남 영광군	2023년조사료추파용종자지원사업보조금교부결정및지급	158,461	1	8	7	8	7	5	5	4

순번	시군구	지출명 (사업명)	2024년예산 (단위 : 천원 /1년간)	민간이전 분류 (지방자치단체 세출예산 집행기준에 의거) 1. 민간경상사업보조(307-02) 2. 민간단체 법정운영비보조(307-03) 3. 민간행사사업보조(307-04) 4. 민간위탁금(307-05) 5. 사회복지시설 법정운영비보조(307-10) 6. 민간인위탁교육비(307-12) 7. 공기관등에대한경상적위탁사업비(308-13) 8. 민간자본사업보조,자체재원(402-01) 9. 민간자본사업보조,이전재원(402-02) 10. 민간위탁사업비(402-03) 11. 공기관등에 대한 자본적 위탁사업비(403-02)	민간이전지출 근거 (지방보조금 관리기준 참고) 1. 법률에 규정 2. 국고보조 재원(국가지정) 3. 용도 지정 기부금 4. 조례에 직접규정 5. 지자체가 권장하는 사업을 하는 공공기관 6. 시,도 정책 및 재정사정 7. 기타 8. 해당없음	입찰방식			운영예산 산정		성과평가 실시여부
						계약체결방법 (경쟁형태) 1. 일반경쟁 2. 제한경쟁 3. 지명경쟁 4. 수의계약 5. 법정위탁 6. 기타 ( ) 7. 없음	계약기간 1. 1년 2. 2년 3. 3년 4. 4년 5. 5년 6. 기타 ( )년 7. 단기계약 (1년미만) 8. 없음	낙찰자선정방법 1. 적격심사 2. 협상에의한계약 3. 최저가낙찰제 4. 규격가격분리 5. 2단계 경쟁입찰 6. 기타 ( ) 7. 없음	운영예산 산정 1. 내부산정 (지자체 자체적으로 산정) 2. 외부산정 (외부전문기관위탁 산정) 3. 내·외부 모두 산정 4. 산정 無 5. 없음	정산방법 1. 내부정산 (지자체 내부적으로 정산) 2. 외부정산 (외부전문기관위탁 정산) 3. 내·외부 모두 산정 4. 정산 無 5. 없음	1. 실시 2. 미실시 3. 향후 추진 4. 해당없음
27677	전남 영광군	2023년전남형동행일자리사업보조금교부결정및송금	150,000	1	8	7	8	7	5	5	4
27678	전남 영광군	2023영광스포츠클럽(영광FC)운영지원보조금송금통보(3차)	150,000	1	8	7	8	7	5	5	4
27679	전남 영광군	2023년TMF사료구입비지원사업보조금교부결정및선급금지급	150,000	1	8	7	8	7	5	5	4
27680	전남 영광군	2023년유기농업자재지원사업보조금지급(1차)	148,399	1	8	7	8	7	5	5	4
27681	전남 영광군	2023년참조기부세종자분양사업사업비지급	148,000	1	8	7	8	7	5	5	4
27682	전남 영광군	2023년한빛원전인접지역환경방사능분석지원보조금교부결정및지급	140,000	1	8	7	8	7	5	5	4
27683	전남 영광군	『스마트전통시장지원사업』보조금교부결정및송금(1차)	132,000	1	8	7	8	7	5	5	4
27684	전남 영광군	2023년취약지응급실운영기관지원보조금교부결정및송금	131,680	1	8	7	8	7	5	5	4
27685	전남 영광군	2023년가축분뇨퇴액비자원화지원사업보조금지급(1차)	123,888	1	8	7	8	7	5	5	4
27686	전남 영광군	2023년수산물소포장재등지원사업보조금지급의뢰(2차)	117,729	1	8	7	8	7	5	5	4
27687	전남 영광군	2023년벼병해충공동방제비지원사업보조금지급(6차)	116,747	1	8	7	8	7	5	5	4
27688	전남 영광군	2023년공동방제단운영(인건비)지원사업보조금(선금급)지급	116,648	1	8	7	8	7	5	5	4
27689	전남 영광군	2023년벼병해충공동방제비지원사업보조금지급(4차)	114,925	1	8	7	8	7	5	5	4
27690	전남 영광군	2023년고택종갓집활용사업보조금교부결정및지출품의	112,500	1	8	7	8	7	5	5	4
27691	전남 영광군	2023조사료전문단지입모중파종비지원사업보조금지급(2차)	110,696	1	8	7	8	7	5	5	4
27692	전남 영광군	2023년농번기마을공동급식지원사업교부결정및지급	108,610	1	8	7	8	7	5	5	4
27693	전남 영광군	2023년폭염대비고온스트레스완화제지원사업교부결정및지급	105,400	1	8	7	8	7	5	5	4
27694	전남 영광군	2023년민물장어기능성물질(면역증강제)지원사업보조금지급	105,000	1	8	7	8	7	5	5	4
27695	전남 영광군	농촌사회적경제서비스공급기반조성사업보조금교부결정및송금(1차)	100,800	1	8	7	8	7	5	5	4
27696	전남 영광군	2023년부처지역사업연계지원사업(소생활권프로젝트)보조금교부결정및송금(1차)	100,000	1	8	7	8	7	5	5	4
27697	전남 영광군	2023년부처지역사업연계지원사업(소생활권프로젝트)보조금교부결정및송금(2차)	100,000	1	8	7	8	7	5	5	4
27698	전남 영광군	2023년전라남도마을공동체활동지원사업보조금교부결정및송금(씨앗)	100,000	1	8	7	8	7	5	5	4
27699	전남 영광군	2023년제14회전국체전수상스키·웨이크보드대회보조금교부결정및송금	100,000	1	8	7	8	7	5	5	4
27700	전남 영광군	2023년흑찰벼계약재배위탁육묘지원사업(지자체농협협력사업)보조금교부결정및지급(신속집행)	99,000	1	8	7	8	7	5	5	4
27701	전남 영광군	2023조사료전문단지입모중파종비지원사업보조금지급(1차)	98,920	1	8	7	8	7	5	5	4
27702	전남 영광군	2023년양돈생산성향상지원사업보조금지급	96,600	1	8	7	8	7	5	5	4
27703	전남 영광군	2023년공동방제단운영(재료비)지원사업보조금(선금급)지급	94,961	1	8	7	8	7	5	5	4
27704	전남 영광군	2023년돼지써코바이러스백신지원사업보조금지급(1차)	93,000	1	8	7	8	7	5	5	4
27705	전남 영광군	2023영광군체육회생활체육지도자지원보조금송금알림(3차)	91,104	1	8	7	8	7	5	5	4
27706	전남 영광군	2023년축산물이력관리지원사업보조금교부결정및지급(신속집행)	90,355	1	8	7	8	7	5	5	4
27707	전남 영광군	2023년영광문화원영광전국휘호대회보조금교부	90,000	1	8	7	8	7	5	5	4
27708	전남 영광군	2023년가축분뇨이용촉진지원사업보조금지급	88,400	1	8	7	8	7	5	5	4
27709	전남 영광군	2023년천일염포장재지원사업보조금지급	85,575	1	8	7	8	7	5	5	4
27710	전남 영광군	2023영광스포츠클럽운영지원보조금송금통보(3차)	82,496	1	8	7	8	7	5	5	4
27711	전남 영광군	2023년농촌고용인력지원사업(농촌인력중개센터)보조금교부결정및지급	80,000	1	8	7	8	7	5	5	4
27712	전남 영광군	2023년농촌고용인력지원사업(농촌인력중개센터)보조금교부결정및지급	80,000	1	8	7	8	7	5	5	4
27713	전남 영광군	2023년지자체농협협력사업(우수농산물TV홈쇼핑지원)보조금지급(신속집행)	80,000	1	8	7	8	7	5	5	4
27714	전남 영광군	2023년서울시산지지자체공공급식지원사업보조금교부결정및지급	80,000	1	8	7	8	7	5	5	4
27715	전남 영광군	2023년서울시산지지자체공공급식지원사업보조금지급(2차)	80,000	1	8	7	8	7	5	5	4
27716	전남 영광군	2023영광군체육회생활체육지도자지원보조금송금알림(3차)	75,920	1	8	7	8	7	5	5	4

순번	시군구	지출명 (사업명)	2024년예산 (단위 : 천원 /1년간)	민간이전 분류 (지방자치단체 세출예산 집행기준에 의거) 1. 민간경상사업보조(307-02) 2. 민간단체 법정운영비보조(307-03) 3. 민간행사사업보조(307-04) 4. 민간위탁금(307-05) 5. 사회복지시설 법정운영비보조(307-10) 6. 민간인위탁교육비(307-12) 7. 공기관등에대한경상적위탁사업비(308-13) 8. 민간자본사업보조,자체재원(402-01) 9. 민간자본사업보조,이전재원(402-02) 10. 민간위탁사업비(402-03) 11. 공기관등에 대한 자본적 위탁사업비(403-02)	민간이전지출 근거 (지방보조금 관리기준 참고) 1. 법률에 규정 2. 국고보조 재원(국가지정) 3. 용도 지정 기부금 4. 조례에 직접규정 5. 지자체가 권장하는 사업을 하는 공공기관 6. 시,도 정책 및 재정사정 7. 기타 8. 해당없음	입찰방식: 계약체결방법 (경쟁형태) 1. 일반경쟁 2. 제한경쟁 3. 지명경쟁 4. 수의계약 5. 법정위탁 6. 기타 ( ) 7. 없음	입찰방식: 계약기간 1. 1년 2. 2년 3. 3년 4. 4년 5. 5년 6. 기타 ( )년 7. 단기계약 (1년미만) 8. 없음	입찰방식: 낙찰자선정방법 1. 적격심사 2. 협상에의한계약 3. 최저가낙찰제 4. 규격가격분리 5. 2단계 경쟁입찰 6. 기타 ( ) 7. 없음	운영예산 산정: 운영예산 산정 1. 내부산정 (지자체 자체적으로 산정) 2. 외부산정 (외부전문기관위탁 산정) 3. 내·외부 모두 산정 4. 산정 無 5. 없음	운영예산 산정: 정산방법 1. 내부정산 (지자체 내부적으로 정산) 2. 외부정산 (외부전문기관위탁 정산) 3. 내·외부 모두 산정 4. 정산 無 5. 없음	성과평가 실시여부 1. 실시 2. 미실시 3. 향후 추진 4. 해당없음
27717	전남 영광군	2023년유기농업자재지원사업보조금지급(8차)	75,018	1	8	7	8	7	5	5	4
27718	전남 영광군	2023년4차산업청소년기술교육지원(글로리메이커아카데미운영)보조금교부결정및송금(1차)	75,000	1	8	7	8	7	5	5	4
27719	전남 영광군	2023년4차산업청소년기술교육지원(글로리메이커아카데미운영)보조금송금(2차)	75,000	1	8	7	8	7	5	5	4
27720	전남 영광군	2023영광스포츠클럽(영광FC)운영지원보조금교부결정및송금(1차)	75,000	1	8	7	8	7	5	5	4
27721	전남 영광군	2023영광스포츠클럽(영광FC))운영지원보조금송금통보(2차)	75,000	1	8	7	8	7	5	5	4
27722	전남 영광군	2023년e모빌리티규제자유특구안착화지원지방비교부(군비)	74,790	1	8	7	8	7	5	5	4
27723	전남 영광군	2023년e모빌리티규제자유특구안착화지원지방비교부(군비)	74,790	1	8	7	8	7	5	5	4
27724	전남 영광군	2023년통합문화이용권사업보조금지출품의(3차)	73,452	1	8	7	8	7	5	5	4
27725	전남 영광군	2023년구제역백신지원사업(전업농)보조금선급금반납요청	70,000	1	8	7	8	7	5	5	4
27726	전남 영광군	2023년영광군장애인편의증진기술지원센터운영보조금교부결정및송금	69,120	1	8	7	8	7	5	5	4
27727	전남 영광군	2023년돼지써코바이러스백신지원사업보조금교부결정(변경)및지급(최종)	68,400	1	8	7	8	7	5	5	4
27728	전남 영광군	2023년홍농읍경로식당운영보조금교부결정및송금	65,000	1	8	7	8	7	5	5	4
27729	전남 영광군	2023년돼지사료효율개선제지원사업보조금교부결정변경및지급(최종)	63,000	1	8	7	8	7	5	5	4
27730	전남 영광군	2023년수산물직거래택배비지원사업지급의뢰	62,484	1	8	7	8	7	5	5	4
27731	전남 영광군	2023년꿈사다리공부방사업보조금교부결정및송금(2차)	61,500	1	8	7	8	7	5	5	4
27732	전남 영광군	2023년영광문화원영광의인물학술토론회보조금교부	60,000	1	8	7	8	7	5	5	4
27733	전남 영광군	2023년통합문화이용권사업보조금지출품의(8차)	59,991	1	8	7	8	7	5	5	4
27734	전남 영광군	2023년모싯잎송편지리적표시품활력화지원(포장재)보조금지급(고향식품외36개소)	57,609	1	8	7	8	7	5	5	4
27735	전남 영광군	2023년청년단체활력사업보조금교부결정및송금(영광청년회의소외1개단체)	55,000	1	8	7	8	7	5	5	4
27736	전남 영광군	2023년원예작물농자재(칼슘유황비료)지원사업보조금지급	54,507	1	8	7	8	7	5	5	4
27737	전남 영광군	2023년한우등록지원사업	53,200	1	8	7	8	7	5	5	4
27738	전남 영광군	2023년무형문화재전수교육관활성화사업보조금(법성포단오제전수교육관)교부결정및지출품의	52,500	1	8	7	8	7	5	5	4
27739	전남 영광군	2023년학교예술강사(국악분야)지원보조금교부결정	51,926	1	8	7	8	7	5	5	4
27740	전남 영광군	2023년임산부친환경농산물꾸러미지원사업보조금교부결정및지급	51,072	1	8	7	8	7	5	5	4
27741	전남 영광군	2023년지역산업맞춤형일자리창출지원사업보조금교부결정및송금(3차)	50,000	1	8	7	8	7	5	5	4
27742	전남 영광군	2023년사회적농업활성화지원사업(지역서비스공동체)교부결정및지급(신속집행)	50,000	1	8	7	8	7	5	5	4
27743	전남 영광군	2023년영광RPC수매용톤백지원사업보조금지급(신속집행)	50,000	1	8	7	8	7	5	5	4
27744	전남 영광군	2023년엽연초경작인4종복합비료지원사업보조금교부결정및지급(신속집행)	50,000	1	8	7	8	7	5	5	4
27745	전남 영광군	2023년영광쌀택배전용포장재지원사업보조금지급(신속집행)	50,000	1	8	7	8	7	5	5	4
27746	전남 영광군	2023년고품질건초지원사업선급금지급	50,000	1	8	7	8	7	5	5	4
27747	전남 영광군	2022년가축분뇨처리지원사업(액비살포비)보조금지급(최종)명시이월	50,000	1	8	7	8	7	5	5	4
27748	전남 영광군	e모빌리티규제자유특구안착화지원사업사업비교부(한자연)	49,590	1	8	7	8	7	5	5	4
27749	전남 영광군	2023년통합문화이용권사업보조금지출품의(6차)	49,171	1	8	7	8	7	5	5	4
27750	전남 영광군	2023년수산물소포장재등지원사업보조금지급의뢰(3차)	47,112	1	8	7	8	7	5	5	4
27751	전남 영광군	2023영광군체육회생활체육지도자지원보조금교부결정및송금(1차)	46,032	1	8	7	8	7	5	5	4
27752	전남 영광군	2023영광군체육회생활체육지도자지원보조금송금(2차)	46,032	1	8	7	8	7	5	5	4
27753	전남 영광군	2023영광군장애인체육회생활체육지도자지원보조금송금알림(3차)	45,792	1	8	7	8	7	5	5	4
27754	전남 영광군	2023년가정폭력상담소운영지원보조금송금(1분기)	45,550	1	8	7	8	7	5	5	4
27755	전남 영광군	2023년벼병해충공동방제비지원사업보조금제급(5차)	45,512	1	8	7	8	7	5	5	4
27756	전남 영광군	2023년시군역사문화자원발굴및교육사업보조금교부	45,400	1	8	7	8	7	5	5	4

순번	시군구	지출명 (사업명)	2024년예산 (단위 : 천원 /1년간)	민간이전 분류 (지방자치단체 세출예산 집행기준에 의거) 1. 민간경상사업보조(307-02) 2. 민간단체 법정운영비보조(307-03) 3. 민간행사사업보조(307-04) 4. 민간위탁금(307-05) 5. 사회복지시설 법정운영비보조(307-10) 6. 민간인위탁교육비(307-12) 7. 공기관등에대한경상적위탁사업비(308-13) 8. 민간자본사업보조,자체재원(402-01) 9. 민간자본사업보조,이전재원(402-02) 10. 민간위탁사업비(402-03) 11. 공기관등에 대한 자본적 위탁사업비(403-02)	민간이전지출 근거 (지방보조금 관리기준 참고) 1. 법률에 규정 2. 국고보조 재원(국가지정) 3. 용도 지정 기부금 4. 조례에 직접규정 5. 지자체가 권장하는 사업을 하는 공공기관 6. 시,도 정책 및 재정사정 7. 기타 8. 해당없음	입찰방식 계약체결방법 (경쟁형태) 1. 일반경쟁 2. 제한경쟁 3. 지명경쟁 4. 수의계약 5. 법정위탁 6. 기타 ( ) 7. 없음	입찰방식 계약기간 1. 1년 2. 2년 3. 3년 4. 4년 5. 5년 6. 기타 ( )년 7. 단기계약 (1년미만) 8. 없음	입찰방식 낙찰자선정방법 1. 적격심사 2. 협상에의한계약 3. 최저가낙찰제 4. 규격가격분리 5. 2단계 경쟁입찰 6. 기타 ( ) 7. 없음	운영예산 산정 운영예산 산정 1. 내부산정 (지자체 자체적으로 산정) 2. 외부산정 (외부전문기관위탁 산정) 3. 내·외부 모두 산정 4. 산정 無 5. 없음	운영예산 산정 정산방법 1. 내부정산 (지자체 내부적으로 정산) 2. 외부정산 (외부전문기관위탁 정산) 3. 내·외부 모두 산정 4. 정산 無 5. 없음	성과평가 실시여부 1. 실시 2. 미실시 3. 향후 추진 4. 해당없음
27757	전남 영광군	2023년전남형청년공동체활성화사업보조금교부결정및송금	45,000	1	8	7	8	7	5	5	4
27758	전남 영광군	2023년축산헬퍼지원사업	45,000	1	8	7	8	7	5	5	4
27759	전남 영광군	2023년청년농업인경쟁력제고사업보조금교부결정및지급(신속집행)	45,000	1	8	7	8	7	5	5	4
27760	전남 영광군	2023년청년농업인경쟁력제고사업보조금지급	45,000	1	8	7	8	7	5	5	4
27761	전남 영광군	2023년청년농업인경쟁력제고사업보조금반납	45,000	1	8	7	8	7	5	5	4
27762	전남 영광군	2023년공공비축미곡매입용톤백포장재지원사업보조금지급	44,900	1	8	7	8	7	5	5	4
27763	전남 영광군	2023년공공비축미곡매입용톤백포장재지원사업보조금지급	44,900	1	8	7	8	7	5	5	4
27764	전남 영광군	2023년공공비축미곡매입용톤백포장재지원사업보조금지급	44,900	1	8	7	8	7	5	5	4
27765	전남 영광군	2023년2분기가정폭력상담소운영지원보조금송금	44,100	1	8	7	8	7	5	5	4
27766	전남 영광군	2023년생활개선회과제활동지원사업보조금지급(신속집행)	44,000	1	8	7	8	7	5	5	4
27767	전남 영광군	2023년통합문화이용권사업보조금지출품의(2차)	43,654	1	8	7	8	7	5	5	4
27768	전남 영광군	2023년저탄소농업활성화(바이오차)지원사업보조급집행	43,494	1	8	7	8	7	5	5	4
27769	전남 영광군	2023년닭증체율향상지원사업보조금지급(최종)	43,225	1	8	7	8	7	5	5	4
27770	전남 영광군	2023년통합문화이용권사업보조금지출품의(7차)	42,940	1	8	7	8	7	5	5	4
27771	전남 영광군	2023년농업신문보급사업보조금교부결정및지급(신속집행)	42,864	1	8	7	8	7	5	5	4
27772	전남 영광군	2023년돼지써코바이러스백신지원사업보조금지급(2차)	42,600	1	8	7	8	7	5	5	4
27773	전남 영광군	2023년취약지응급실운영기관지원보조금교부결정및송금(2차)	42,000	1	8	7	8	7	5	5	4
27774	전남 영광군	2023년4분기가정폭력상담소운영지원보조금송금	41,677	1	8	7	8	7	5	5	4
27775	전남 영광군	2023년유기농업자재지원사업보조금지급(9차)	41,646	1	8	7	8	7	5	5	4
27776	전남 영광군	2023년3분기가정폭력상담소운영지원보조금송금	41,463	1	8	7	8	7	5	5	4
27777	전남 영광군	2023년영광스포츠클럽운영지원보조금교부결정및송금(1차)	41,248	1	8	7	8	7	5	5	4
27778	전남 영광군	2023영광스포츠클럽운영지원보조금송금통보(2차)	41,248	1	8	7	8	7	5	5	4
27779	전남 영광군	2023년전남마을공동체활동지원사업보조금교부결정및송금(행복드림돌봄공동체)	41,000	1	8	7	8	7	5	5	4
27780	전남 영광군	2023년가축분뇨이용촉진지원사업보조금교부결정및선급금지급	40,000	1	8	7	8	7	5	5	4
27781	전남 영광군	2023년전남에서살아보기(특화형)보조금지급	40,000	1	8	7	8	7	5	5	4
27782	전남 영광군	2023년자문위원통일역량강화국외연수보조금교부결정및지급(민주평화통일자문회의)	39,200	1	8	7	8	7	5	5	4
27783	전남 영광군	2022년분수리계운영경비보조금지급지출품의	38,784	1	8	7	8	7	5	5	4
27784	전남 영광군	2023년읍면농악대육성및농악한마당개최지원보조금교부결정및지출품의	38,500	1	8	7	8	7	5	5	4
27785	전남 영광군	2023년영광군꿈키움드림오케스트라운영보조금교부결정및송금통보	38,400	1	8	7	8	7	5	5	4
27786	전남 영광군	2023영광군체육회생활체육지도자지원보조금교부결정및송금(1차)	38,360	1	8	7	8	7	5	5	4
27787	전남 영광군	2023영광군체육회생활체육지도자지원보조금송금(2차)	38,360	1	8	7	8	7	5	5	4
27788	전남 영광군	2023년가축분뇨퇴비부숙용톱밥지원사업보조금지급(1차)	37,000	1	8	7	8	7	5	5	4
27789	전남 영광군	2023년종균활용발효식품산업지원사업보조금교부결정및지급	36,000	1	8	7	8	7	5	5	4
27790	전남 영광군	2023년축산악취저감제공급사업(돼지)보조금지급(최종)	36,000	1	8	7	8	7	5	5	4
27791	전남 영광군	2023년원예작물연작장해경감제지원사업보조금집행(6차최종)	35,873	1	8	7	8	7	5	5	4
27792	전남 영광군	2023년영광법성진사적지정학술대회개최보조금교부결정및지출품의	35,000	1	8	7	8	7	5	5	4
27793	전남 영광군	「2023년농번기마을공동급식지원사업」인건비지급(3차,최종)	34,875	1	8	7	8	7	5	5	4
27794	전남 영광군	2023년수산물소포장재등지원사업보조금지급의뢰(1차)	33,972	1	8	7	8	7	5	5	4
27795	전남 영광군	「2023년농번기마을공동급식지원사업」인건비지급(2차)	33,750	1	8	7	8	7	5	5	4
27796	전남 영광군	2023년천일염포장재지원사업보조금지급(3차)	33,565	1	8	7	8	7	5	5	4

순번	시군구	지출명 (사업명)	2024년예산 (단위 : 천원 /1년간)	민간이전 분류 (지방자치단체 세출예산 집행기준에 의거) 1. 민간경상사업보조(307-02) 2. 민간단체 법정운영비보조(307-03) 3. 민간행사사업보조(307-04) 4. 민간위탁금(307-05) 5. 사회복지시설 법정운영비보조(307-10) 6. 민간인위탁교육비(307-12) 7. 공기관등에대한경상적위탁사업비(308-13) 8. 민간자본사업보조,자체재원(402-01) 9. 민간자본사업보조,이전재원(402-02) 10. 민간위탁사업비(402-03) 11. 공기관등에 대한 자본적 위탁사업비(403-02)	민간이전지출 근거 (지방보조금 관리기준 참고) 1. 법률에 규정 2. 국고보조 재원(국가지정) 3. 용도 지정 기부금 4. 조례에 직접규정 5. 지자체가 권장하는 사업을 하는 공공기관 6. 시,도 정책 및 재정사정 7. 기타 8. 해당없음	입찰방식 계약체결방법 (경쟁형태) 1. 일반경쟁 2. 제한경쟁 3. 지명경쟁 4. 수의계약 5. 법정위탁 6. 기타 ( ) 7. 없음	입찰방식 계약기간 1. 1년 2. 2년 3. 3년 4. 4년 5. 5년 6. 기타 ( )년 7. 단기계약 (1년미만) 8. 없음	입찰방식 낙찰자선정방법 1. 적격심사 2. 협상에의한계약 3. 최저가낙찰제 4. 규격가격분리 5. 2단계 경쟁입찰 6. 기타 ( ) 7. 없음	운영예산 산정 운영예산 산정 1. 내부산정 (지자체 자체적으로 산정) 2. 외부산정 (외부전문기관위탁 산정) 3. 내·외부 모두 산정 4. 산정 無 5. 없음	운영예산 산정 정산방법 1. 내부정산 (지자체 내부적으로 정산) 2. 외부정산 (외부전문기관위탁 정산) 3. 내·외부 모두 산정 4. 정산 無 5. 없음	성과평가 실시여부 1. 실시 2. 미실시 3. 향후 추진 4. 해당없음
27797	전남 영광군	2023년천일염포장재보조금지급(4차)	33,460	1	8	7	8	7	5	5	4
27798	전남 영광군	2023년2/4분기기숙사임차지원사업(1차)임차료지급	33,372	1	8	7	8	7	5	5	4
27799	전남 영광군	2023년축산악취저감제공급사업(가금)보조금지급(1차)	33,180	1	8	7	8	7	5	5	4
27800	전남 영광군	2023년유기농업자재지원사업보조금지급(6차)	33,169	1	8	7	8	7	5	5	4
27801	전남 영광군	2023년축산농가생균제공급지원사업보조금지급(1차)	33,000	1	8	7	8	7	5	5	4
27802	전남 영광군	2023년수산물소포장재등지원사업보조금지급의뢰(4차)	33,000	1	8	7	8	7	5	5	4
27803	전남 영광군	2023년취약지응급실운영기관지원보조금교부결정및송금(2차)	32,920	1	8	7	8	7	5	5	4
27804	전남 영광군	2023년원예작물연작장해경감제지원사업보조금집행(4차)	32,796	1	8	7	8	7	5	5	4
27805	전남 영광군	2023년가금류칼슘첨가제지원사업보조금지급(2차)	32,640	1	8	7	8	7	5	5	4
27806	전남 영광군	2023년원예작물연작장해경감제지원사업보조금집행(1차)	32,476	1	8	7	8	7	5	5	4
27807	전남 영광군	2023년4분기기숙사임차지원사업임차료지급	32,172	1	8	7	8	7	5	5	4
27808	전남 영광군	2022년유기농생태마을활성화사업보조금지급(이월)	32,000	1	8	7	8	7	5	5	4
27809	전남 영광군	2023농촌지도자회신문우송료지원사업보조금교부결정및지급(신속집행)	31,800	1	8	7	8	7	5	5	4
27810	전남 영광군	2023년학교우유급식지원사업보조금지급(12월분서울,매일,남양)	31,032	1	8	7	8	7	5	5	4
27811	전남 영광군	2023년영광쌀평생고객확보택배비지원사업보조금지급(2차)	30,960	1	8	7	8	7	5	5	4
27812	전남 영광군	2023전남체전종목육성팀지원보조금송금알림(2차)	30,621	1	8	7	8	7	5	5	4
27813	전남 영광군	2023년도시군협업남도장터농축수산물판촉기획전보조금지급	30,500	1	8	7	8	7	5	5	4
27814	전남 영광군	2023년친환경농업단지관광자원화지원사업상사화구입비지급(조달)	30,162	1	8	7	8	7	5	5	4
27815	전남 영광군	2023전라남도마을공동체활동지원사업보조금교부결정및송금(새싹,열매)	30,000	1	8	7	8	7	5	5	4
27816	전남 영광군	법성포단오제전수교육관전시영상제작지원비교부	30,000	1	8	7	8	7	5	5	4
27817	전남 영광군	2023년영광찰보리복합상품명품화지원사업보조금지급(최종)	30,000	1	8	7	8	7	5	5	4
27818	전남 영광군	2023모싯잎송편지리적표시품가공및품질관리지원사업보조금지급(신속집행)	30,000	1	8	7	8	7	5	5	4
27819	전남 영광군	2023년여성농어업인행복바우처지원사업보조금교부결정및지급(2차)	29,400	1	8	7	8	7	5	5	4
27820	전남 영광군	2023년소규모한우농가진료비지원사업보조금교부결정및지급(2차)	28,757	1	8	7	8	7	5	5	4
27821	전남 영광군	2023년소규모농가진료비지원사업보조금교부결정및지급	28,555	1	8	7	8	7	5	5	4
27822	전남 영광군	2023년낙농환경(질병)개선지원사업	28,000	1	8	7	8	7	5	5	4
27823	전남 영광군	2023년도무형문화재우도농악보존전승지원보조금교부	27,900	1	8	7	8	7	5	5	4
27824	전남 영광군	2023년어르신등건강꾸러미지원사업보조금지급4분기	27,800	1	8	7	8	7	5	5	4
27825	전남 영광군	2023년영광군푸드마켓운영비보조금교부결정및통지	27,500	1	8	7	8	7	5	5	4
27826	전남 영광군	2023년축산농가생균제공급지원사업보조금지급(2차)	27,300	1	8	7	8	7	5	5	4
27827	전남 영광군	2023년친환경농업단지관광자원화지원사업보조금지급	27,145	1	8	7	8	7	5	5	4
27828	전남 영광군	2023년유기농업자재(유기농업자재및자재원료)지원사업보조금지급(1차)	27,117	1	8	7	8	7	5	5	4
27829	전남 영광군	2023년수산물소포장재등지원사업보조금지급의뢰(5차)	26,664	1	8	7	8	7	5	5	4
27830	전남 영광군	2023년전남형청년근속장려금지원사업보조금교부결정및송금(5차)	26,655	1	8	7	8	7	5	5	4
27831	전남 영광군	2023년2분기한센간이양로주택운영비교부결정및송금	26,247	1	8	7	8	7	5	5	4
27832	전남 영광군	2023년소규모한우농가진료비지원사업보조금교부결정및지급(1차)(정정)	26,243	1	8	7	8	7	5	5	4
27833	전남 영광군	농촌체험휴양마을활성화지원사업교부결정알림(시설비)	26,200	1	8	7	8	7	5	5	4
27834	전남 영광군	2023년한우증체율향상지원사업보조금지급(1차)	25,872	1	8	7	8	7	5	5	4
27835	전남 영광군	2023년학교우유급식지원사업보조금지급(4월분서울,매일)	25,492	1	8	7	8	7	5	5	4
27836	전남 영광군	2023년꿀벌농가육성지원사업보조금지급(2차)	25,410	1	8	7	8	7	5	5	4

순번	시군구	지출명 (사업명)	2024년예산 (단위 : 천원 /1년간)	민간이전 분류 (지방자치단체 세출예산 집행기준에 의거) 1. 민간경상사업보조(307-02) 2. 민간단체 법정운영비보조(307-03) 3. 민간행사사업보조(307-04) 4. 민간위탁금(307-05) 5. 사회복지시설 법정운영비보조(307-10) 6. 민간인위탁교육비(307-12) 7. 공기관등에대한경상적위탁사업비(308-13) 8. 민간자본사업보조,자체재원(402-01) 9. 민간자본사업보조,이전재원(402-02) 10. 민간위탁사업비(402-03) 11. 공기관등에 대한 자본적 위탁사업비(403-02)	민간이전지출 근거 (지방보조금 관리기준 참고) 1. 법률에 규정 2. 국고보조 재원(국가지정) 3. 용도 지정 기부금 4. 조례에 직접규정 5. 지자체가 권장하는 사업을 하는 공공기관 6. 시,도 정책 및 재정사정 7. 기타 8. 해당없음	입찰방식			운영예산 산정		성과평가 실시여부
						계약체결방법 (경쟁형태) 1. 일반경쟁 2. 제한경쟁 3. 지명경쟁 4. 수의계약 5. 법정위탁 6. 기타 ( ) 7. 없음	계약기간 1. 1년 2. 2년 3. 3년 4. 4년 5. 5년 6. 기타 ( )년 7. 단기계약 (1년미만) 8. 없음	낙찰자선정방법 1. 적격심사 2. 협상에의한계약 3. 최저가낙찰제 4. 규격가격분리 5. 2단계 경쟁입찰 6. 기타 ( ) 7. 없음	운영예산 산정 1. 내부산정 (지자체 자체적으로 산정) 2. 외부산정 (외부전문기관위탁 산정) 3. 내·외부 모두 산정 4. 산정 無 5. 없음	정산방법 1. 내부정산 (지자체 내부적으로 정산) 2. 외부정산 (외부전문기관위탁 정산) 3. 내·외부 모두 산정 4. 정산 無 5. 없음	1. 실시 2. 미실시 3. 향후 추진 4. 해당없음
27837	전남 영광군	「2023년농번기마을공동급식지원사업」인건비지급(1차)	25,335	1	8	7	8	7	5	5	4
27838	전남 영광군	2023년유기농업자재지원사업보조금지급(4차)	25,327	1	8	7	8	7	5	5	4
27839	전남 영광군	2023년1/4분기기숙사임차지원사업임차료지급	25,312	1	8	7	8	7	5	5	4
27840	전남 영광군	e모빌리티규제자유특구안착화지원사업사업비교부(한국스마트이모빌리티협회)	25,200	1	8	7	8	7	5	5	4
27841	전남 영광군	2023년농업신문보급사업보조금교부결정및지급(신속집행)	25,200	1	8	7	8	7	5	5	4
27842	전남 영광군	2023년지역산업맞춤형일자리창출지원사업보조금교부결정및송금(2차)	25,000	1	8	7	8	7	5	5	4
27843	전남 영광군	2023년문화예술교류공연보조금교부결정및지출품의	25,000	1	8	7	8	7	5	5	4
27844	전남 영광군	2023년문화예술교류공연보조금교부	25,000	1	8	7	8	7	5	5	4
27845	전남 영광군	2023년여성장애인세상밖으로교육프로그램보조금교부결정및송금	25,000	1	8	7	8	7	5	5	4
27846	전남 영광군	2023년여성장애인세상밖으로교육프로그램보조금송금(2차)	25,000	1	8	7	8	7	5	5	4
27847	전남 영광군	2023년어르신등건강꾸러미지원사업보조금지급2차	24,719	1	8	7	8	7	5	5	4
27848	전남 영광군	2023년가금류칼슘첨가제지원사업보조금지급(1차)	24,000	1	8	7	8	7	5	5	4
27849	전남 영광군	2023년3분기기숙사임차지원사업(1차)임차료지급	23,772	1	8	7	8	7	5	5	4
27850	전남 영광군	2023년유기농업자재지원사업보조금지급(12차)	23,676	1	8	7	8	7	5	5	4
27851	전남 영광군	2023년유기농업자재지원사업보조급지급(7차)	23,671	1	8	7	8	7	5	5	4
27852	전남 영광군	2023년농어촌빈집정비사업교부결정및지급(6차)	23,490	1	8	7	8	7	5	5	4
27853	전남 영광군	(예비)사회적기업일자리창출사업(일반인력)보조금교부결정및송금(2023년2월)	23,282	1	8	7	8	7	5	5	4
27854	전남 영광군	2023년한우농가진료비지원사업보조금교부결정및지급(최종)	23,240	1	8	7	8	7	5	5	4
27855	전남 영광군	2023농어촌빈집정비사업교부결정및지급(2차)	23,000	1	8	7	8	7	5	5	4
27856	전남 영광군	2023년장애인공감과치유탐방프로그램보조금교부결정및송금	23,000	1	8	7	8	7	5	5	4
27857	전남 영광군	2023영광군장애인체육회생활체육지도자지원보조금교부결정및송금	22,896	1	8	7	8	7	5	5	4
27858	전남 영광군	2023영광군장애인체육회생활체육지도자지원보조금송금통보(2차)	22,896	1	8	7	8	7	5	5	4
27859	전남 영광군	(예비)사회적기업일자리창출사업(일반인력)보조금교부결정및송금(2023년3월분)	22,863	1	8	7	8	7	5	5	4
27860	전남 영광군	2023년젖소분뇨발효촉진지원사업보조금지급(1차)	22,820	1	8	7	8	7	5	5	4
27861	전남 영광군	2023년축산악취저감제공급사업(가금)보조금지급(최종)	22,680	1	8	7	8	7	5	5	4
27862	전남 영광군	2023년무형문화재전수교육관활성화사업보조금(우도농악전수교육관)교부결정및지출품의	22,500	1	8	7	8	7	5	5	4
27863	전남 영광군	2023년대파공동방제비지원사업보조금지급	22,161	1	8	7	8	7	5	5	4
27864	전남 영광군	2023년친환경천적이용해충구제지원사업보조금지급	22,080	1	8	7	8	7	5	5	4
27865	전남 영광군	2023년축산악취저감제공급사업(가금)보조금지급(3차)	22,050	1	8	7	8	7	5	5	4
27866	전남 영광군	(예비)사회적기업일자리창출사업(일반인력)보조금교부결정및송금(2023년4월분)	21,716	1	8	7	8	7	5	5	4
27867	전남 영광군	(예비)사회적기업일자리창출사업보조금교부결정및송금(2023년1월분)	21,640	1	8	7	8	7	5	5	4
27868	전남 영광군	2023년꿀벌산업육성지원사업(양봉)보조금지급(2차)(재품의)	21,335	1	8	7	8	7	5	5	4
27869	전남 영광군	2023년농어촌빈집정비사업교부결정및지급(7차)	20,585	1	8	7	8	7	5	5	4
27870	전남 영광군	2023년영광읍주민자치센터운영지원보조금교부결정및지급	20,508	1	8	7	8	7	5	5	4
27871	전남 영광군	2023년안심보호쉼터운영지원보조금지급	20,000	1	8	7	8	7	5	5	4
27872	전남 영광군	2023년공간정리멘토지원사업보조금교부결정및송금	20,000	1	8	7	8	7	5	5	4
27873	전남 영광군	군민과함께하는365일생활체육프로그램운영보조금교부결정및송금통보	20,000	1	8	7	8	7	5	5	4
27874	전남 영광군	2023년과수통합마케팅운영지원사업보조금교부결정및지급(신속집행)	20,000	1	8	7	8	7	5	5	4
27875	전남 영광군	2023년먹거리와사람을잇는도농상생공공급식지원사업보조금교부결정및지급(신속집행)	20,000	1	8	7	8	7	5	5	4
27876	전남 영광군	2023년청정전남으뜸마을만들기(추가4개소지원)보조금지급	20,000	1	8	7	8	7	5	5	4

순번	시군구	지출명 (사업명)	2024년예산 (단위 : 천원 /1년간)	민간이전 분류 (지방자치단체 세출예산 집행기준에 의거)	민간이전지출 근거 (지방보조금 관리기준 참고)	입찰방식			운영예산 산정		성과평가 실시여부
				1. 민간경상사업보조(307-02) 2. 민간단체 법정운영비보조(307-03) 3. 민간행사사업보조(307-04) 4. 민간위탁금(307-05) 5. 사회복지시설 법정운영비보조(307-10) 6. 민간인위탁교육비(307-12) 7. 공기관등에대한경상적위탁사업비(308-13) 8. 민간자본사업보조,자체재원(402-01) 9. 민간자본사업보조,이전재원(402-02) 10. 민간위탁사업비(402-03) 11. 공기관등에 대한 자본적 위탁사업비(403-02)	1. 법률에 규정 2. 국고보조 재원(국가지정) 3. 용도 지정 기부금 4. 조례에 직접규정 5. 지자체가 권장하는 사업을 하는 공공기관 6. 시,도 정책 및 재정사정 7. 기타 8. 해당없음	계약체결방법 (경쟁형태) 1. 일반경쟁 2. 제한경쟁 3. 지명경쟁 4. 수의계약 5. 법정위탁 6. 기타 ( ) 7. 없음	계약기간 1. 1년 2. 2년 3. 3년 4. 4년 5. 5년 6. 기타 ( )년 7. 단기계약 (1년미만) 8. 없음	낙찰자선정방법 1. 적격심사 2. 협상에의한계약 3. 최저가낙찰제 4. 규격가격분리 5. 2단계 경쟁입찰 6. 기타 ( ) 7. 없음	운영예산 산정 1. 내부산정 (지자체 자체적으로 산정) 2. 외부산정 (외부전문기관위탁 산정) 3. 내·외부 모두 산정 4. 산정 無 5. 없음	정산방법 1. 내부정산 (지자체 내부적으로 정산) 2. 외부정산 (외부전문기관위탁 정산) 3. 내·외부 모두 산정 4. 정산 無 5. 없음	1. 실시 2. 미실시 3. 향후 추진 4. 해당없음
27877	전남 영광군	원예활동생활화보급시범사업보조금지급	20,000	1	8	7	8	7	5	5	4
27878	전남 영광군	2023년수산경제신문보급지원보조금교부결정및송금(1~4분기)	19,980	1	8	7	8	7	5	5	4
27879	전남 영광군	(예비)사회적기업일자리창출사업(일반인력)보조금교부결정및송금(2023년6월분)	19,945	1	8	7	8	7	5	5	4
27880	전남 영광군	2023영광군체육회생활체육지도자지원보조금송금알림(3차)	19,850	1	8	7	8	7	5	5	4
27881	전남 영광군	(예비)사회적기업일자리창출사업(일반인력)보조금교부결정및송금(2023년7월분)	19,841	1	8	7	8	7	5	5	4
27882	전남 영광군	2023년학교우유급식지원사업보조금(3월분)지급	19,777	1	8	7	8	7	5	5	4
27883	전남 영광군	2023년전남친환경농업협회조직활성화지원사업보조금교부결정및지급(신속집행)	19,680	1	8	7	8	7	5	5	4
27884	전남 영광군	2023년유기농업자재지원사업보조금지급(3차)	18,923	1	8	7	8	7	5	5	4
27885	전남 영광군	(예비)사회적기업일자리창출사업(일반인력)보조금교부결정및송금(1월분)	18,668	1	8	7	8	7	5	5	4
27886	전남 영광군	(예비)사회적기업일자리창출사업(일반인력)보조금교부결정및송금(2023년5월분)	18,578	1	8	7	8	7	5	5	4
27887	전남 영광군	2023년농어촌빈집정비사업교부결정및지급(4차)	18,500	1	8	7	8	7	5	5	4
27888	전남 영광군	2022년분수리계운영경비보조금(2차)지급지출품의	18,453	1	8	7	8	7	5	5	4
27889	전남 영광군	2023년유기농업자재지원사업보조금지급(5차)	18,329	1	8	7	8	7	5	5	4
27890	전남 영광군	(예비)사회적기업일자리창출사업(일반인력)보조금교부결정및송금(2023년9월분)	18,187	1	8	7	8	7	5	5	4
27891	전남 영광군	2023년친환경퇴비생산지원사업보조금지급(4차)	18,136	1	8	7	8	7	5	5	4
27892	전남 영광군	(예비)사회적기업일자리창출사업(일반인력)보조금교부	18,059	1	8	7	8	7	5	5	4
27893	전남 영광군	2023년GAP인증포장재지원사업보조금지급(2차)	18,054	1	8	7	8	7	5	5	4
27894	전남 영광군	2023년식량작물공동경영체육성사업(교육컨설팅)보조금지급(선급금)	18,000	1	8	7	8	7	5	5	4
27895	전남 영광군	2023년식량작물공동경영체육성사업(교육컨설팅)보조금지급(선급금)	18,000	1	8	7	8	7	5	5	4
27896	전남 영광군	2023년식량작물공동경영체육성사업(교육컨설팅)보조금지급(선급금)	18,000	1	8	7	8	7	5	5	4
27897	전남 영광군	2023년식량작물공동경영체육성사업(교육컨설팅)보조금지급(2차)	18,000	1	8	7	8	7	5	5	4
27898	전남 영광군	2023년국산밀생산단지교육컨설팅지원사업보조금지급(선급금)	18,000	1	8	7	8	7	5	5	4
27899	전남 영광군	2023년자율관리어업공동체사무장지원사업보조금지급	18,000	1	8	7	8	7	5	5	4
27900	전남 영광군	2023년농촌여성영농생활정보지구독지원사업보조금교부결정및지급(신속집행)	18,000	1	8	7	8	7	5	5	4
27901	전남 영광군	영광청년일자리플러스지원사업(2년차)보조금교부결정에따른사업비송금	17,832	1	8	7	8	7	5	5	4
27902	전남 영광군	영광청년일자리플러스지원사업(2년차)보조금교부결정에따른사업비송금	17,832	1	8	7	8	7	5	5	4
27903	전남 영광군	영광청년일자리플러스지원사업(2년차)보조금교부결정에따른사업비송금	17,832	1	8	7	8	7	5	5	4
27904	전남 영광군	영광청년일자리플러스지원사업(2년차)보조금교부결정및송금	17,832	1	8	7	8	7	5	5	4
27905	전남 영광군	2023년통합문화이용권사업보조금지출품의(4차)	17,711	1	8	7	8	7	5	5	4
27906	전남 영광군	2023년유기농업자재지원사업보조금지급(2차)	17,189	1	8	7	8	7	5	5	4
27907	전남 영광군	2023년어르신동체험활동건강꾸러미지원사업보조금지급(1차)	16,984	1	8	7	8	7	5	5	4
27908	전남 영광군	2023년농업신문지원사업구독료지급	16,980	1	8	7	8	7	5	5	4
27909	전남 영광군	2023영광군체육회생활체육지도자지원보조금송금알림(3차)	16,920	1	8	7	8	7	5	5	4
27910	전남 영광군	2023년농특산물온라인판매확대지원사업보조금지급	16,548	1	8	7	8	7	5	5	4
27911	전남 영광군	2023년기후변화대응수산정보서비스지원사업보조금교부결정및송금	16,467	1	8	7	8	7	5	5	4
27912	전남 영광군	2023년대한노인회지원금(군지회운영비외4개사업)보조금교부결정및상반기송금통보(경로당순회프로그램)	16,223	1	8	7	8	7	5	5	4
27913	전남 영광군	2023년국산김치사용업소식자재구입비지원사업보조금집행	16,150	1	8	7	8	7	5	5	4
27914	전남 영광군	2023년학교우유급식확대지원사업보조금지급(11월분서울)	16,086	1	8	7	8	7	5	5	4
27915	전남 영광군	2023년통합문화이용권사업보조금지출품의(5차)	16,021	1	8	7	8	7	5	5	4
27916	전남 영광군	2023년가축분뇨퇴비부숙용톱밥지원사업보조금지급(2차)	16,000	1	8	7	8	7	5	5	4

순번	시군구	지출명 (사업명)	2024년예산 (단위 : 천원 /1년간)	민간이전 분류 (지방자치단체 세출예산 집행기준에 의거) 1. 민간경상사업보조(307-02) 2. 민간단체 법정운영비보조(307-03) 3. 민간행사사업보조(307-04) 4. 민간위탁금(307-05) 5. 사회복지시설 법정운영비보조(307-10) 6. 민간인위탁교육비(307-12) 7. 공기관등에대한경상적위탁사업비(308-13) 8. 민간자본사업보조,자체재원(402-01) 9. 민간자본사업보조,이전재원(402-02) 10. 민간위탁사업비(402-03) 11. 공기관등에 대한 자본적 위탁사업비(403-02)	민간이전지출 근거 (지방보조금 관리기준 참고) 1. 법률에 규정 2. 국고보조 재원(국가지정) 3. 용도 지정 기부금 4. 조례에 직접규정 5. 지자체가 권장하는 사업을 하는 공공기관 6. 시,도 정책 및 재정사정 7. 기타 8. 해당없음	입찰방식			운영예산 산정		성과평가 실시여부
						계약체결방법 (경쟁형태) 1. 일반경쟁 2. 제한경쟁 3. 지명경쟁 4. 수의계약 5. 법정위탁 6. 기타 ( ) 7. 없음	계약기간 1. 1년 2. 2년 3. 3년 4. 4년 5. 5년 6. 기타 ( )년 7. 단기계약 (1년미만) 8. 없음	낙찰자선정방법 1. 적격심사 2. 협상에의한계약 3. 최저가낙찰제 4. 규격가격분리 5. 2단계 경쟁입찰 6. 기타 ( ) 7. 없음	운영예산 산정 1. 내부산정 (지자체 자체적으로 산정) 2. 외부산정 (외부전문기관위탁 산정) 3. 내·외부 모두 산정 4. 산정 無 5. 없음	정산방법 1. 내부정산 (지자체 내부적으로 정산) 2. 외부정산 (외부전문기관위탁 정산) 3. 내·외부 모두 산정 4. 정산 無 5. 없음	1. 실시 2. 미실시 3. 향후 추진 4. 해당없음
27917	전남 영광군	2023년꿀벌산업육성지원사업(양봉)보조금지급(최종)	15,877	1	8	7	8	7	5	5	4
27918	전남 영광군	(예비)사회적기업일자리창출사업(일반인력)보조금교부결정및송금(12월분)	15,812	1	8	7	8	7	5	5	4
27919	전남 영광군	2023년전남형청년근속장려금지원사업보조금교부결정및송금(1차)	15,583	1	8	7	8	7	5	5	4
27920	전남 영광군	2023년우수농특산물포장재지원사업보조금지급(91차)	15,583	1	8	7	8	7	5	5	4
27921	전남 영광군	2023년학교우유급식지원사업보조금지급(5월분서울우유)	15,507	1	8	7	8	7	5	5	4
27922	전남 영광군	2023년학교우유급식지원사업보조금지급(5월분매일,남양)	15,203	1	8	7	8	7	5	5	4
27923	전남 영광군	2023년학교우유급식지원사업보조금지급(6월분남양,매일)	15,183	1	8	7	8	7	5	5	4
27924	전남 영광군	2023년친환경퇴비생산지원사업보조금지급(5차)	15,075	1	8	7	8	7	5	5	4
27925	전남 영광군	2023년축산악취저감제공급사업(소)보조금지급(4차)	15,050	1	8	7	8	7	5	5	4
27926	전남 영광군	2023년범죄피해자지원사업보조금교부지출	15,000	1	8	7	8	7	5	5	4
27927	전남 영광군	2023년영광군청년센터운영인력인건비지원사업교부결정및송금(1차)	15,000	1	8	7	8	7	5	5	4
27928	전남 영광군	2023년영광군청년센터프로그램운영비지원사업교부금결정및송금(1차)	15,000	1	8	7	8	7	5	5	4
27929	전남 영광군	2023년영광문화원지방문화사업보조금교부	15,000	1	8	7	8	7	5	5	4
27930	전남 영광군	무형문화재학술세미나지원보조금교부	15,000	1	8	7	8	7	5	5	4
27931	전남 영광군	무형문화재전승지원보조금교부	15,000	1	8	7	8	7	5	5	4
27932	전남 영광군	2023년구제역백신지원사업(전업농)교부결정(변경)및지급내역	15,000	1	8	7	8	7	5	5	4
27933	전남 영광군	2023년새우양식장유용미생물공급사업보조금지급	15,000	1	8	7	8	7	5	5	4
27934	전남 영광군	2023년영광군지방보조금(교통지킴이)지원사업보조금지급	15,000	1	8	7	8	7	5	5	4
27935	전남 영광군	2023년환경보전기금환경단체활동지원사업보조금교부결정및지급	15,000	1	8	7	8	7	5	5	4
27936	전남 영광군	2023년영광군새마을회새마을지도자전진대회보조금교부결정및지급	15,000	1	8	7	8	7	5	5	4
27937	전남 영광군	2023년농업신문보급사업보조금교부결정및지급(신속집행)	14,700	1	8	7	8	7	5	5	4
27938	전남 영광군	2023년친환경농업단지관광자원화지원사업보조금지급(최종)	14,693	1	8	7	8	7	5	5	4
27939	전남 영광군	2023년학교우유급식지원사업보조금지급(6월분서울)	14,628	1	8	7	8	7	5	5	4
27940	전남 영광군	2023년상반기영광군청년창업지원사업(임차비)교부결정및송금(이O영외3명)	14,400	1	8	7	8	7	5	5	4
27941	전남 영광군	2023년한농연,한여농선진지현장교육지원사업보조금지급	14,400	1	8	7	8	7	5	5	4
27942	전남 영광군	2023년월간친환경기술지보급사업구독료지급	14,040	1	8	7	8	7	5	5	4
27943	전남 영광군	2023년학교우유급식확대지원사업보조금지급(1월분서울)	14,033	1	8	7	8	7	5	5	4
27944	전남 영광군	2023년식품제조업체가동률제고지원사업교부결정알림(2차)	14,000	1	8	7	8	7	5	5	4
27945	전남 영광군	2023년4H중앙대회참여및교육지원사업보조금지급(신속집행)	14,000	1	8	7	8	7	5	5	4
27946	전남 영광군	2023년우수농특산물포장재지원사업보조금지급(1차)	13,921	1	8	7	8	7	5	5	4
27947	전남 영광군	지역실업자직업훈련(터링지도자과정)교육비청구서지급	13,890	1	8	7	8	7	5	5	4
27948	전남 영광군	2023년도서자가발전시설유류대지원사업보조금지급	13,836	1	8	7	8	7	5	5	4
27949	전남 영광군	2023년민주평화통일자문회의영광군협의회직능별워크숍및회의참석보상보조금교부결정및지급	13,800	1	8	7	8	7	5	5	4
27950	전남 영광군	2023년사회적경제기업사업개발비지원사업보조금교부결정및송금(1차)	13,760	1	8	7	8	7	5	5	4
27951	전남 영광군	2023년영광군푸드마켓운영비보조금송금통지(2차)	13,750	1	8	7	8	7	5	5	4
27952	전남 영광군	2023년영광군푸드마켓운영비보조금송금통지(3차)	13,750	1	8	7	8	7	5	5	4
27953	전남 영광군	2023년농촌공동아이돌봄센터지원사업보조금교부결정및지급	13,700	1	8	7	8	7	5	5	4
27954	전남 영광군	2023년꿀벌산업육성지원사업(양봉)보조금지급(1차)	13,685	1	8	7	8	7	5	5	4
27955	전남 영광군	(예비)사회적기업일자리창출사업(일반인력)보조금교부결정및송금(11월분)	13,659	1	8	7	8	7	5	5	4
27956	전남 영광군	2023년학교우유급식지원사업보조금지급(7월분서울)	13,636	1	8	7	8	7	5	5	4

순번	시군구	지출명 (사업명)	2024년예산 (단위 : 천원 /1년간)	민간이전 분류 (지방자치단체 세출예산 집행기준에 의거) 1. 민간경상사업보조(307-02) 2. 민간단체 법정운영비보조(307-03) 3. 민간행사사업보조(307-04) 4. 민간위탁금(307-05) 5. 사회복지시설 법정운영비보조(307-10) 6. 민간인위탁교육비(307-12) 7. 공기관등에대한경상적위탁사업비(308-13) 8. 민간자본사업보조,자체재원(402-01) 9. 민간자본사업보조,이전재원(402-02) 10. 민간위탁사업비(402-03) 11. 공기관등에 대한 자본적 위탁사업비(403-02)	민간이전지출 근거 (지방보조금 관리기준 참고) 1. 법률에 규정 2. 국고보조 재원(국가지정) 3. 용도 지정 기부금 4. 조례에 직접규정 5. 지자체가 권장하는 사업을 하는 공공기관 6. 시,도 정책 및 재정사정 7. 기타 8. 해당없음	입찰방식 계약체결방법 (경쟁형태) 1. 일반경쟁 2. 제한경쟁 3. 지명경쟁 4. 수의계약 5. 법정위탁 6. 기타 ( ) 7. 없음	입찰방식 계약기간 1. 1년 2. 2년 3. 3년 4. 4년 5. 5년 6. 기타 ( )년 7. 단기계약 (1년미만) 8. 없음	입찰방식 낙찰자선정방법 1. 적격심사 2. 협상에의한계약 3. 최저가낙찰제 4. 규격가격분리 5. 2단계 경쟁입찰 6. 기타 ( ) 7. 없음	운영예산 산정 운영예산 산정 1. 내부산정 (지자체 자체적으로 산정) 2. 외부산정 (외부전문기관위탁 산정) 3. 내·외부 모두 산정 4. 산정 無 5. 없음	운영예산 산정 정산방법 1. 내부정산 (지자체 내부적으로 정산) 2. 외부정산 (외부전문기관위탁 정산) 3. 내·외부 모두 정산 4. 정산 無 5. 없음	성과평가 실시여부 1. 실시 2. 미실시 3. 향후 추진 4. 해당없음
27957	전남 영광군	2023년노동절감형생분해성멀칭농자재지원사업보조금집행(1차)	13,559	1	8	7	8	7	5	5	4
27958	전남 영광군	지역축제연계문화예술행사지원(상사화축제마술여행)보조금교부	13,500	1	8	7	8	7	5	5	4
27959	전남 영광군	2023년농촌에서살아보기사업보조금지급(1차)	13,500	1	8	7	8	7	5	5	4
27960	전남 영광군	2023년농촌에서살아보기사업보조금지급(1차)	13,500	1	8	7	8	7	5	5	4
27961	전남 영광군	2023년농촌에서살아보기사업보조금지급(2차)	13,500	1	8	7	8	7	5	5	4
27962	전남 영광군	2023년농촌에서살아보기사업보조금교부반납	13,500	1	8	7	8	7	5	5	4
27963	전남 영광군	2023년국산김치사용업소식자재구입비지원사업보조금집행	13,418	1	8	7	8	7	5	5	4
27964	전남 영광군	2023년학교우유급식확대지원사업보조금지급(9월분서울)	13,183	1	8	7	8	7	5	5	4
27965	전남 영광군	2023영광스포츠클럽운영지원보조금추가교부결정및송금	13,008	1	8	7	8	7	5	5	4
27966	전남 영광군	2023년농어촌빈집정비사업교부결정및지급(8차)	13,000	1	8	7	8	7	5	5	4
27967	전남 영광군	2023년영광문화원문화학교운영보조금교부	13,000	1	8	7	8	7	5	5	4
27968	전남 영광군	2023년재능나눔봉사단운영보조금교부결정및송금통지	13,000	1	8	7	8	7	5	5	4
27969	전남 영광군	2023년환경관리센터주변지역주민지원협의체운영지원보조금교부결정통보및송금	13,000	1	8	7	8	7	5	5	4
27970	전남 영광군	2023년대한노인회지원금(군지회운영비외4개사업)보조금교부결정및하반기송금통보(경로당순회프로그램)	12,979	1	8	7	8	7	5	5	4
27971	전남 영광군	2023년사회적경제기업사업개발비지원사업보조금교부결정및송금(1차)	12,800	1	8	7	8	7	5	5	4
27972	전남 영광군	2023년3분기여성폭력방지시설운영(도추가지원)보조금송금	12,780	1	8	7	8	7	5	5	4
27973	전남 영광군	2023년전남형청년근속장려금지원사업보조금교부결정및송금(6차)	12,750	1	8	7	8	7	5	5	4
27974	전남 영광군	2023년벼병해충공동방제비지원사업보조금지급(2차)	12,667	1	8	7	8	7	5	5	4
27975	전남 영광군	2023년김양식자재지원사업보조금지급	12,621	1	8	7	8	7	5	5	4
27976	전남 영광군	2023년영광군새마을회새마을국민교육비보조금교부결정및지급	12,600	1	8	7	8	7	5	5	4
27977	전남 영광군	2023년가축분뇨퇴비부숙용톱밥지원사업보조금지급(최종)	12,500	1	8	7	8	7	5	5	4
27978	전남 영광군	2022년창업지원사업임차비(2년차)보조금교부결정및송금	12,000	1	8	7	8	7	5	5	4
27979	전남 영광군	2023년영광군마을공동체재활력지원사업보조금교부결정및송금	12,000	1	8	7	8	7	5	5	4
27980	전남 영광군	2023년농수특산품TV홈쇼핑방송판매지원사업보조금지급(1차)	12,000	1	8	7	8	7	5	5	4
27981	전남 영광군	2023년농수특산물TV홈쇼핑방송판매지원사업보조금지급(2차)	12,000	1	8	7	8	7	5	5	4
27982	전남 영광군	2023년농수특산물TV홈쇼핑방송판매지원사업보조금지급(3차)	12,000	1	8	7	8	7	5	5	4
27983	전남 영광군	2023년농수특산물TV홈쇼핑방송판매지원사업보조금지급(4차)	12,000	1	8	7	8	7	5	5	4
27984	전남 영광군	2023년동물복지형녹색축산농장육성지원사업보조금지급(2차,완료)	12,000	1	8	7	8	7	5	5	4
27985	전남 영광군	2023년가축질병예방해충퇴치제지원사업보조금교부결정	12,000	1	8	7	8	7	5	5	4
27986	전남 영광군	2023년전남형청년근속장려금지원사업보조금교부결정및송금(3차)	12,000	1	8	7	8	7	5	5	4
27987	전남 영광군	2023년춘파용사료작물종자지원사업보조금교부결정및지급	11,957	1	8	7	8	7	5	5	4
27988	전남 영광군	2023년농촌공동아이돌봄센터지원사업보조금교부결정및지급	11,800	1	8	7	8	7	5	5	4
27989	전남 영광군	2023년친환경퇴비생산지원사업보조금지급(8차)	11,775	1	8	7	8	7	5	5	4
27990	전남 영광군	2023년학교우유급식확대지원사업보조금지급(11월분매일)	11,688	1	8	7	8	7	5	5	4
27991	전남 영광군	2023년로컬푸드포장재지원사업보조금지급	11,550	1	8	7	8	7	5	5	4
27992	전남 영광군	2023년수산물소포장재등지원사업보조금지급의뢰(6차)	11,523	1	8	7	8	7	5	5	4
27993	전남 영광군	2023년가축분뇨퇴비부숙용톱밥지원사업보조금지급(3차)	11,500	1	8	7	8	7	5	5	4
27994	전남 영광군	2022년가축분뇨퇴비부숙용톱밥지원사업(명시이월)보조금지급(최종)	11,500	1	8	7	8	7	5	5	4
27995	전남 영광군	2023년학교우유급식지원사업보조금지급(9월분매일,서울)	11,461	1	8	7	8	7	5	5	4
27996	전남 영광군	2023년여성폭력방지시설운영(도추가)지원보조금송금(1분기)	11,380	1	8	7	8	7	5	5	4

순번	시군구	지출명 (사업명)	2024년예산 (단위 : 천원 /1년간)	민간이전 분류 (지방자치단체 세출예산 집행기준에 의거) 1. 민간경상사업보조(307-02) 2. 민간단체 법정운영비보조(307-03) 3. 민간행사사업보조(307-04) 4. 민간위탁금(307-05) 5. 사회복지시설 법정운영비보조(307-10) 6. 민간인위탁교육비(307-12) 7. 공기관등에대한경상적위탁사업비(308-13) 8. 민간자본사업보조,지체재원(402-01) 9. 민간자본사업보조,이전재원(402-02) 10. 민간위탁사업비(402-03) 11. 공기관등에 대한 자본적 위탁사업비(403-02)	민간이전지출 근거 (지방보조금 관리기준 참고) 1. 법률에 규정 2. 국고보조 재원(국가지정) 3. 용도 지정 기부금 4. 조례에 직접규정 5. 지자체가 권장하는 사업을 하는 공공기관 6. 시,도 정책 및 재정사정 7. 기타 8. 해당없음	입찰방식			운영예산 산정		성과평가 실시여부
						계약체결방법 (경쟁형태) 1. 일반경쟁 2. 제한경쟁 3. 지명경쟁 4. 수의계약 5. 법정위탁 6. 기타 ( ) 7. 없음	계약기간 1. 1년 2. 2년 3. 3년 4. 4년 5. 5년 6. 기타 ( )년 7. 단기계약 (1년미만) 8. 없음	낙찰자선정방법 1. 적격심사 2. 협상에의한계약 3. 최저가낙찰제 4. 규격가격분리 5. 2단계 경쟁입찰 6. 기타 ( ) 7. 없음	운영예산 산정 1. 내부산정 (지자체 자체적으로 산정) 2. 외부산정 (외부전문기관위탁 산정) 3. 내·외부 모두 산정 4. 산정 無 5. 없음	정산방법 1. 내부정산 (지자체 내부적으로 정산) 2. 외부정산 (외부전문기관위탁 정산) 3. 내·외부 모두 산정 4. 정산 無 5. 없음	1. 실시 2. 미실시 3. 향후 추진 4. 해당없음
27997	전남 영광군	2023년영광쌀소포장지제작지원사업보조금지급	11,370	1	8	7	8	7	5	5	4
27998	전남 영광군	2023년전남친환경농산물판촉활동지원사업보조금교부결정및지급	11,090	1	8	7	8	7	5	5	4
27999	전남 영광군	2023년섬주민생필품물류비지원사업보조금교부결정및송금(1분기)	11,000	1	8	7	8	7	5	5	4
28000	전남 영광군	2023년섬주민생필품물류비지원사업보조금교부결정및지급(2분기)	11,000	1	8	7	8	7	5	5	4
28001	전남 영광군	2023년섬주민생필품물류비지원사업보조금지급(3분기)	11,000	1	8	7	8	7	5	5	4
28002	전남 영광군	2023년섬주민생필품물류비지원사업보조금지급(4분기)	11,000	1	8	7	8	7	5	5	4
28003	전남 영광군	2023영광군체육회생활체육지도자지원보조금교부결정및송금(1차)	10,925	1	8	7	8	7	5	5	4
28004	전남 영광군	2023년도무형문화재전남의례음식장(혼례음식)보존전승지원보조금교부	10,800	1	8	7	8	7	5	5	4
28005	전남 영광군	2023년청년어촌정착지원사업보조금집행(지출품의)	10,800	1	8	7	8	7	5	5	4
28006	전남 영광군	2023년벼병해충공동방제비지원사업보조금지급(1차)	10,708	1	8	7	8	7	5	5	4
28007	전남 영광군	2023년학교우유급식지원사업보조금지급(1월분매일)	10,567	1	8	7	8	7	5	5	4
28008	전남 영광군	2023농어촌빈집정비사업교부결정및지급(3차)	10,500	1	8	7	8	7	5	5	4
28009	전남 영광군	2023년2/4분기기숙사임차지원사업(2차)임차료지급	10,440	1	8	7	8	7	5	5	4
28010	전남 영광군	2023년한우증체율향상지원사업보조금지급(2차)	10,332	1	8	7	8	7	5	5	4
28011	전남 영광군	2023년시설원예수정벌지원사업보조급지급(6차)	10,260	1	8	7	8	7	5	5	4
28012	전남 영광군	2023년학교우유급식확대지원사업보조금지급(겨울방학분서울,매일)	10,156	1	8	7	8	7	5	5	4
28013	전남 영광군	2023년학교우유급식지원사업보조금지급(7월분매일,남양)	10,131	1	8	7	8	7	5	5	4
28014	전남 영광군	2023년영광군청년센터프로그램운영비지원사업교부금결정및송금(2차)	10,000	1	8	7	8	7	5	5	4
28015	전남 영광군	2023년전남형청년공동체활성화사업보조금교부결정및송금(2차)	10,000	1	8	7	8	7	5	5	4
28016	전남 영광군	2023년지역산업맞춤형일자리창출지원사업보조금교부결정및송금	10,000	1	8	7	8	7	5	5	4
28017	전남 영광군	2023년영광군사회적경제기업판촉홍보사업	10,000	1	8	7	8	7	5	5	4
28018	전남 영광군	디카시공모전보조금교부	10,000	1	8	7	8	7	5	5	4
28019	전남 영광군	지역축제연계문화예술행사지원(상사화축제'강항어록5선'휘호전)보조금교부	10,000	1	8	7	8	7	5	5	4
28020	전남 영광군	2023년영광문화예술인육성보조금교부결정및지급	10,000	1	8	7	8	7	5	5	4
28021	전남 영광군	제73주년6.25기념사업보조금교부결정및송금	10,000	1	8	7	8	7	5	5	4
28022	전남 영광군	2023년영광군여성지도자연수회보조금교부결정및송금통보	10,000	1	8	7	8	7	5	5	4
28023	전남 영광군	2023년여성단체기능익히기사업보조금교부결정및송금통보	10,000	1	8	7	8	7	5	5	4
28024	전남 영광군	2023년도지사품질인증제품디자인제작지원사업보조금지급	10,000	1	8	7	8	7	5	5	4
28025	전남 영광군	2023년꿀벌농가육성지원사업보조금지급(최종)	10,000	1	8	7	8	7	5	5	4
28026	전남 영광군	2023년영광난전시회지원사업보조금지급	10,000	1	8	7	8	7	5	5	4
28027	전남 영광군	도시재생주민제안공모사업(자연스럽게)보조금교부	10,000	1	8	7	8	7	5	5	4
28028	전남 영광군	도시재생주민제안공모사업(깨끗한인연청연)보조금교부	10,000	1	8	7	8	7	5	5	4
28029	전남 영광군	2023년공용버스터미널냉난방비지원사업보조금지급	10,000	1	8	7	8	7	5	5	4
28030	전남 영광군	2023년주민자치센터특성화프로그램보조금교부결정및지급	10,000	1	8	7	8	7	5	5	4
28031	전남 영광군	제17회전라남도후계농업경영인대회지원사업보조금지급	10,000	1	8	7	8	7	5	5	4
28032	전남 영광군	2023년귀농창업활성화지원사업보조금지급(신속집행)	10,000	1	8	7	8	7	5	5	4
28033	전남 영광군	2023민박체험관광지화사업보조금교부결정및지출품의	9,960	1	8	7	8	7	5	5	4
28034	전남 영광군	2023년수산식품국제식품인증취득지원사업보조금지급의뢰(1차)	9,920	1	8	7	8	7	5	5	4
28035	전남 영광군	2023년하반기영광군청년창업지원사업(임차비)교부결정및송금	9,900	1	8	7	8	7	5	5	4
28036	전남 영광군	2023년영광찰보리명품화포장재지원사업보조금지급(최종)	9,900	1	8	7	8	7	5	5	4

순번	시군구	지출명 (사업명)	2024년예산 (단위 : 천원 /1년간)	민간이전 분류 (지방자치단체 세출예산 집행기준에 의거) 1. 민간경상사업보조(307-02) 2. 민간단체 법정운영비보조(307-03) 3. 민간행사사업보조(307-04) 4. 민간위탁금(307-05) 5. 사회복지시설 법정운영비보조(307-10) 6. 민간인위탁교육비(307-12) 7. 공기관등에대한경상적위탁사업비(308-13) 8. 민간자본사업보조,자체재원(402-01) 9. 민간자본사업보조,이전재원(402-02) 10. 민간위탁사업비(402-03) 11. 공기관등에 대한 자본적 위탁사업비(403-02)	민간이전지출 근거 (지방보조금 관리기준 참고) 1. 법률에 규정 2. 국고보조 재원(국가지정) 3. 용도 지정 기부금 4. 조례에 직접규정 5. 지자체가 권장하는 사업을 하는 공공기관 6. 시,도 정책 및 재정사정 7. 기타 8. 해당없음	입찰방식: 계약체결방법 (경쟁형태) 1. 일반경쟁 2. 제한경쟁 3. 지명경쟁 4. 수의계약 5. 법정위탁 6. 기타 ( ) 7. 없음	입찰방식: 계약기간 1. 1년 2. 2년 3. 3년 4. 4년 5. 5년 6. 기타 ( )년 7. 단기계약 (1년미만) 8. 없음	입찰방식: 낙찰자선정방법 1. 적격심사 2. 협상에의한계약 3. 최저가낙찰제 4. 규격가격분리 5. 2단계 경쟁입찰 6. 기타 ( ) 7. 없음	운영예산 산정: 운영예산 산정 1. 내부산정 (지자체 자체적으로 산정) 2. 외부산정 (외부전문기관위탁 산정) 3. 내·외부 모두 산정 4. 산정 無 5. 없음	운영예산 산정: 정산방법 1. 내부정산 (지자체 내부적으로 정산) 2. 외부정산 (외부전문기관위탁 정산) 3. 내·외부 모두 산정 4. 정산 無 5. 없음	성과평가 실시여부 1. 실시 2. 미실시 3. 향후 추진 4. 해당없음
28037	전남 영광군	2023년친환경퇴비생산지원사업보조금지급(2차)	9,896	1	8	7	8	7	5	5	4
28038	전남 영광군	2023년초등돌봄교실과일간식지원사업보조금지급	9,844	1	8	7	8	7	5	5	4
28039	전남 영광군	2023영광군체육회생활체육지도자지원보조금교부결정및송금(1차)	9,660	1	8	7	8	7	5	5	4
28040	전남 영광군	2023년친환경농산물계약재배청년농가육성사업보조금지급(최종)	9,600	1	8	7	8	7	5	5	4
28041	전남 영광군	2022년가축분뇨퇴비부숙용톱밥지원사업(명시이월)보조금지급(2차)	9,600	1	8	7	8	7	5	5	4
28042	전남 영광군	2023년축산악취저감제공급사업(가금)보조금지급(2차)	9,590	1	8	7	8	7	5	5	4
28043	전남 영광군	2023년원예작물농자재(광합성촉진제)지원사업보조금집행(1차)	9,577	1	8	7	8	7	5	5	4
28044	전남 영광군	2023년유색미재배농가지원사업보조금지급	9,570	1	8	7	8	7	5	5	4
28045	전남 영광군	2023년전남형청년근속장려금지원사업보조금교부결정및송금(4차)	9,538	1	8	7	8	7	5	5	4
28046	전남 영광군	2023사회혁신공모사업교부금(2차완료금)집행	9,500	1	8	7	8	7	5	5	4
28047	전남 영광군	2023사회혁신공모사업교부금(1차)집행	9,500	1	8	7	8	7	5	5	4
28048	전남 영광군	2023년병역특례기업지정컨설팅비용지원금지급	9,350	1	8	7	8	7	5	5	4
28049	전남 영광군	2023년도무형문화재우도농악보존전승지원보조금교부결정및지출품의	9,300	1	8	7	8	7	5	5	4
28050	전남 영광군	2023년닭종체율향상지원사업보조금지급(1차)	9,275	1	8	7	8	7	5	5	4
28051	전남 영광군	2023년농특산물포장재지원사업보조금지급(21차)	9,091	1	8	7	8	7	5	5	4
28052	전남 영광군	2023년우수농특산물포장재지원사업보조금지급(61차)	9,091	1	8	7	8	7	5	5	4
28053	전남 영광군	2023년영광군청년센터운영인력인건비지원사업교부결정및송금(2차)	9,000	1	8	7	8	7	5	5	4
28054	전남 영광군	2023년장애인공감과치유탐방프로그램보조금교부결정및송금	9,000	1	8	7	8	7	5	5	4
28055	전남 영광군	2023년국산밀생산단지교육컨설팅지원사업보조금지급(최종)	9,000	1	8	7	8	7	5	5	4
28056	전남 영광군	2023년식량작물공동경영체육성사업(교육컨설팅)보조금지급(3차)	9,000	1	8	7	8	7	5	5	4
28057	전남 영광군	2023년식량작물공동경영체육성사업(교육컨설팅)보조금지급(4차_최종)	9,000	1	8	7	8	7	5	5	4
28058	전남 영광군	2023년식량작물공동경영체육성사업(교육컨설팅)보조금지급(4차_최종)	9,000	1	8	7	8	7	5	5	4
28059	전남 영광군	2023년식량작물공동경영체육성사업(교육컨설팅)보조금지급(4차_최종)	9,000	1	8	7	8	7	5	5	4
28060	전남 영광군	농촌지도자회선진지현장교육지원사업보조금지급	9,000	1	8	7	8	7	5	5	4
28061	전남 영광군	2023영광군체육회생활체육지도자지원보조금송금(2차)	8,925	1	8	7	8	7	5	5	4
28062	전남 영광군	2023년친환경퇴비생산지원사업보조금지급(7차)	8,775	1	8	7	8	7	5	5	4
28063	전남 영광군	2023영광군장애인체육회생활체육지도자지원보조금송금알림(3차)	8,760	1	8	7	8	7	5	5	4
28064	전남 영광군	2023년1분기한센간이양로주택운영지원교부	8,749	1	8	7	8	7	5	5	4
28065	전남 영광군	2023년송아지설사병예방백신(주사제)지원사업(3두초과)보조금지급2차	8,630	1	8	7	8	7	5	5	4
28066	전남 영광군	2023년GAP인증포장재지원사업보조금지급(3차)	8,546	1	8	7	8	7	5	5	4
28067	전남 영광군	2023년꿈사다리공부방사업보조금교부결정및송금	8,520	1	8	7	8	7	5	5	4
28068	전남 영광군	2023년3분기기숙사임차지원사업(2차)임차료지급	8,480	1	8	7	8	7	5	5	4
28069	전남 영광군	2023년친환경과수채소농업단지육성사업보조금지급(4차)	8,335	1	8	7	8	7	5	5	4
28070	전남 영광군	2023년우수농특산물포장재지원사업보조금지급(92차)	8,250	1	8	7	8	7	5	5	4
28071	전남 영광군	2023년TV홈쇼핑방송판매수수료등지원사업보조금지급의뢰(1차)	8,250	1	8	7	8	7	5	5	4
28072	전남 영광군	2023년TV홈쇼핑방송판매수수료등지원사업보조금지급의뢰(2차)	8,250	1	8	7	8	7	5	5	4
28073	전남 영광군	2023년농작업편의의자지원사업보조금지급(3차)	8,243	1	8	7	8	7	5	5	4
28074	전남 영광군	2023년4H회농업기술정보제공지원사업보조금지급(신속집행)	8,040	1	8	7	8	7	5	5	4
28075	전남 영광군	2023년행안부형청년공동체활성화사업보조금교부결정및송금	8,000	1	8	7	8	7	5	5	4
28076	전남 영광군	2023년사회적경제기업사업개발비지원사업보조금교부결정및송금(1차)	8,000	1	8	7	8	7	5	5	4

순번	시군구	지출명 (사업명)	2024년예산 (단위 : 천원 /1년간)	민간이전 분류 (지방자치단체 세출예산 집행기준에 의거) 1. 민간경상사업보조(307-02) 2. 민간단체 법정운영비보조(307-03) 3. 민간행사사업보조(307-04) 4. 민간위탁금(307-05) 5. 사회복지시설 법정운영비보조(307-10) 6. 민간인위탁교육비(307-12) 7. 공기관등에대한경상적위탁사업비(308-13) 8. 민간자본사업보조,자체재원(402-01) 9. 민간자본사업보조,이전재원(402-02) 10. 민간위탁사업비(402-03) 11. 공기관등에 대한 자본적 위탁사업비(403-02)	민간이전지출 근거 (지방보조금 관리기준 참고) 1. 법률에 규정 2. 국고보조 재원(국가지정) 3. 용도 지정 기부금 4. 조례에 직접규정 5. 지자체가 권장하는 사업을 하는 공공기관 6. 시,도 정책 및 재정사정 7. 기타 8. 해당없음	입찰방식			운영예산 산정		성과평가 실시여부
						계약체결방법 (경쟁형태) 1. 일반경쟁 2. 제한경쟁 3. 지명경쟁 4. 수의계약 5. 법정위탁 6. 기타 ( ) 7. 없음	계약기간 1. 1년 2. 2년 3. 3년 4. 4년 5. 5년 6. 기타 ( )년 7. 단기계약 (1년미만) 8. 없음	낙찰자선정방법 1. 적격심사 2. 협상에의한계약 3. 최저가낙찰제 4. 규격가격분리 5. 2단계 경쟁입찰 6. 기타 ( ) 7. 없음	운영예산 산정 1. 내부산정 (지자체 자체적으로 산정) 2. 외부산정 (외부전문기관위탁 산정) 3. 내·외부 모두 산정 4. 산정 無 5. 없음	정산방법 1. 내부정산 (지자체 내부적으로 정산) 2. 외부정산 (외부전문기관위탁 정산) 3. 내·외부 모두 산정 4. 정산 無 5. 없음	1. 실시 2. 미실시 3. 향후 추진 4. 해당없음
28077	전남 영광군	2023년영광군마을공동체재활력지원사업보조금교부결정및송금	8,000	1	8	7	8	7	5	5	4
28078	전남 영광군	2023년장애인공감과치유탐방프로그램보조금교부결정및송금(지적)	8,000	1	8	7	8	7	5	5	4
28079	전남 영광군	2023년염소생산성향상지원사업보조금교부결정변경및지급(최종)	8,000	1	8	7	8	7	5	5	4
28080	전남 영광군	2023년젖소개량지원사업보조금지급	8,000	1	8	7	8	7	5	5	4
28081	전남 영광군	2022년가축분뇨퇴비부숙용톱밥지원사업(명시이월)보조금지급(3차)	8,000	1	8	7	8	7	5	5	4
28082	전남 영광군	2023년영광군새마을회폐자원모으기보조금교부결정및지급	8,000	1	8	7	8	7	5	5	4
28083	전남 영광군	제12회한국여성농업인전국대회참가지원사업보조금교부	8,000	1	8	7	8	7	5	5	4
28084	전남 영광군	2023년농작업편의의자지원사업보조금지급(1차)	7,902	1	8	7	8	7	5	5	4
28085	전남 영광군	2023년꿀벌농가육성지원사업보조금지급(1차)	7,827	1	8	7	8	7	5	5	4
28086	전남 영광군	2023년친환경퇴비생산지원사업보조금지급(3차)	7,725	1	8	7	8	7	5	5	4
28087	전남 영광군	2023년농어촌빈집정비사업교부결정및지급(1차)	7,600	1	8	7	8	7	5	5	4
28088	전남 영광군	2023년농번기마을공동급식지원사업교부결정및지급(2차)	7,600	1	8	7	8	7	5	5	4
28089	전남 영광군	2023년농업신문보급사업보조금변경교부결정및지급(신속집행)	7,560	1	8	7	8	7	5	5	4
28090	전남 영광군	2023년농어촌빈집정비사업교부결정및지급(5차)	7,500	1	8	7	8	7	5	5	4
28091	전남 영광군	2023년보리산업특구찰보리온라인유통지원사업교부결정알림	7,500	1	8	7	8	7	5	5	4
28092	전남 영광군	2023년농작업편의의자지원사업보조금지급(최종)	7,497	1	8	7	8	7	5	5	4
28093	전남 영광군	2023년학교우유급식지원사업보조금지급(1,11월분남양)	7,488	1	8	7	8	7	5	5	4
28094	전남 영광군	2023년영광군새마을회새마을운동행사참석보조금교부결정및지급	7,400	1	8	7	8	7	5	5	4
28095	전남 영광군	2023년학교우유급식지원사업보조금지급(8월분서울)	7,305	1	8	7	8	7	5	5	4
28096	전남 영광군	2023년친환경퇴비생산지원사업보조금지급(6차)	7,275	1	8	7	8	7	5	5	4
28097	전남 영광군	2023년원예작물연작장해경감제지원사업보조금집행(2차)	7,272	1	8	7	8	7	5	5	4
28098	전남 영광군	2023영광군체육회생활체육지도자지원보조금송금(2차)	7,260	1	8	7	8	7	5	5	4
28099	전남 영광군	2023년꿈사다리공부방사업보조금교부결정및송금	7,200	1	8	7	8	7	5	5	4
28100	전남 영광군	2023~2024년국산밀생산단지교육컨설팅지원사업보조금교부결정및지급	7,200	1	8	7	8	7	5	5	4
28101	전남 영광군	2023년수산식품국제식품인증취득지원사업보조금지급의뢰(2차)	7,200	1	8	7	8	7	5	5	4
28102	전남 영광군	2023년노동절감형생분해성멀칭농자재지원사업보조금집행(3차최종)	7,196	1	8	7	8	7	5	5	4
28103	전남 영광군	2023년한우농가진료비지원사업보조금교부결정및지급(3차)	7,195	1	8	7	8	7	5	5	4
28104	전남 영광군	2023년송아지설사병예방약품(경구용)지원사업(5두초과)보조금지급2차	7,083	1	8	7	8	7	5	5	4
28105	전남 영광군	2023년얼쑤학당찾아가는국악공연보조금교부결정및지급	7,000	1	8	7	8	7	5	5	4
28106	전남 영광군	2023년보훈단체호국순례지원사업보조금송금(상이군경회)	7,000	1	8	7	8	7	5	5	4
28107	전남 영광군	2023제1회전국스포츠클럽교류전참가지원	7,000	1	8	7	8	7	5	5	4
28108	전남 영광군	2023년농촌체험휴양마을활성화지원사업선급금지급(홍보비)	7,000	1	8	7	8	7	5	5	4
28109	전남 영광군	2023년염소생산성향상지원사업보조금지급(1차)	7,000	1	8	7	8	7	5	5	4
28110	전남 영광군	2023년동물복지축산컨설팅지원사업보조금지급(완료)	7,000	1	8	7	8	7	5	5	4
28111	전남 영광군	2023년동물복지축산컨설팅지원사업보조금지급(완료)	7,000	1	8	7	8	7	5	5	4
28112	전남 영광군	2023년오리증체율향상지원사업보조금지급	7,000	1	8	7	8	7	5	5	4
28113	전남 영광군	2023년건전한문화조성운동지원공모사업보조금교부결정및지급(영광청년회의소환경정화활동및기부문화캠페인)	7,000	1	8	7	8	7	5	5	4
28114	전남 영광군	2023년송아지설사병예방백신(주사제)지원사업(3두초과)보조금지급1차	6,972	1	8	7	8	7	5	5	4
28115	전남 영광군	2023년지역실업자직업훈련(요양보호사)교육비지급(1차)	6,945	1	8	7	8	7	5	5	4
28116	전남 영광군	지역실업자직업훈련(요양보호사과정)교육비지급(2차)	6,945	1	8	7	8	7	5	5	4

순번	시군구	지출명 (사업명)	2024년예산 (단위 : 천원 /1년간)	민간이전 분류 (지방자치단체 세출예산 집행기준에 의거) 1. 민간경상사업보조(307-02) 2. 민간단체 법정운영비보조(307-03) 3. 민간행사사업보조(307-04) 4. 민간위탁금(307-05) 5. 사회복지시설 법정운영비보조(307-10) 6. 민간인위탁교육비(307-12) 7. 공기관등에대한경상적위탁사업비(308-13) 8. 민간자본사업보조,자체재원(402-01) 9. 민간자본사업보조,이전재원(402-02) 10. 민간위탁사업비(402-03) 11. 공기관등에 대한 자본적 위탁사업비(403-02)	민간이전지출 근거 (지방보조금 관리기준 참고) 1. 법률에 규정 2. 국고보조 재원(국가지정) 3. 용도 지정 기부금 4. 조례에 직접규정 5. 지자체가 권장하는 사업을 하는 공공기관 6. 시,도 정책 및 재정사정 7. 기타 8. 해당없음	입찰방식 계약체결방법 (경쟁형태) 1. 일반경쟁 2. 제한경쟁 3. 지명경쟁 4. 수의계약 5. 법정위탁 6. 기타 ( ) 7. 없음	입찰방식 계약기간 1. 1년 2. 2년 3. 3년 4. 4년 5. 5년 6. 기타 ( )년 7. 단기계약 (1년미만) 8. 없음	입찰방식 낙찰자선정방법 1. 적격심사 2. 협상에의한계약 3. 최저가낙찰제 4. 규격가격분리 5. 2단계 경쟁입찰 6. 기타 ( ) 7. 없음	운영예산 산정 운영예산 산정 1. 내부산정 (지자체 자체적으로 산정) 2. 외부산정 (외부전문기관위탁 산정) 3. 내·외부 모두 산정 4. 산정 無 5. 없음	운영예산 산정 정산방법 1. 내부정산 (지자체 내부적으로 정산) 2. 외부정산 (외부전문기관위탁 정산) 3. 내·외부 모두 정산 4. 정산 無 5. 없음	성과평가 실시여부 1. 실시 2. 미실시 3. 향후 추진 4. 해당없음
28117	전남 영광군	2023년친환경과수채소농업단지육성사업보조금지급(최종)	6,864	1	8	7	8	7	5	5	4
28118	전남 영광군	2023년학교우유급식지원사업보조금지급(8월분매입)	6,852	1	8	7	8	7	5	5	4
28119	전남 영광군	2023년영광찰보리명품화포장재지원사업보조금지급(2차)	6,798	1	8	7	8	7	5	5	4
28120	전남 영광군	2023년친환경퇴비생산지원사업보조금지급(1차)	6,750	1	8	7	8	7	5	5	4
28121	전남 영광군	2023년원예작물연작장해경감제지원사업보조금집행(3차)	6,732	1	8	7	8	7	5	5	4
28122	전남 영광군	2023년축산악취저감제공급사업(소)보조금지급(2차)	6,650	1	8	7	8	7	5	5	4
28123	전남 영광군	2023년송아지설사병예방백신(주사제)지원사업(3두초과)보조금지급(최종)	6,625	1	8	7	8	7	5	5	4
28124	전남 영광군	2023년도지사품질인증제품품질검사비지원사업보조금지급	6,614	1	8	7	8	7	5	5	4
28125	전남 영광군	2023년친환경과수채소농업단지육성사업보조금지급(5차)	6,609	1	8	7	8	7	5	5	4
28126	전남 영광군	지역축제연계문화예술행사지원(상사화축제버블맥스)보조금교부	6,600	1	8	7	8	7	5	5	4
28127	전남 영광군	2023년친환경과수채소농업단지육성사업보조금지급(2차)	6,600	1	8	7	8	7	5	5	4
28128	전남 영광군	2023년구제역백신지원사업(전업농)보조금지급(2차)	6,600	1	8	7	8	7	5	5	4
28129	전남 영광군	2023년원예작물농자재(광합성촉진제)지원사업보조금집행(2차)	6,598	1	8	7	8	7	5	5	4
28130	전남 영광군	2023년발달장애인사회참여프로그램(자조모임)보조금교부결정및송금	6,400	1	8	7	8	7	5	5	4
28131	전남 영광군	2023년친환경해충퇴치기자재지원사업보조금지급(1차)	6,180	1	8	7	8	7	5	5	4
28132	전남 영광군	2023년원예작물연작장해경감제지원사업보조금집행(5차)	6,030	1	8	7	8	7	5	5	4
28133	전남 영광군	2023년영광문화원지방문화사업보조금교부	6,000	1	8	7	8	7	5	5	4
28134	전남 영광군	2023년자원봉사활동(이동목욕)사업보조금송금통지(2차)	6,000	1	8	7	8	7	5	5	4
28135	전남 영광군	제62회전라남도체육대회군위선양우수성적종목단체격려에따른보조금교부결정및송금	6,000	1	8	7	8	7	5	5	4
28136	전남 영광군	2023년농특산물꾸러미지원사업보조금지급	6,000	1	8	7	8	7	5	5	4
28137	전남 영광군	2023년동물복지형녹색축산농장육성지원사업보조금지급(1차)	6,000	1	8	7	8	7	5	5	4
28138	전남 영광군	2023년돼지사료효율개선제지원사업보조금지급(1차)	6,000	1	8	7	8	7	5	5	4
28139	전남 영광군	2023년낙농세정수처리장비보수지원사업보조금지급	6,000	1	8	7	8	7	5	5	4
28140	전남 영광군	2023년청소년나라사랑통일캠프보조금교부결정및지급(민주평화통일자문회의)	6,000	1	8	7	8	7	5	5	4
28141	전남 영광군	2023년송아지설사병예방약품(경구용)지원사업(5두초과)보조금지급1차	5,936	1	8	7	8	7	5	5	4
28142	전남 영광군	도시재생주민제안공모사업(북누리)보조금교부(재료비)	5,930	1	8	7	8	7	5	5	4
28143	전남 영광군	2023년평생학습동아리지원사업보조금교부결정및송금통보	5,900	1	8	7	8	7	5	5	4
28144	전남 영광군	2023년여성농업인특수건강검진지원사업보조금(선금)교부결정및지급	5,713	1	8	7	8	7	5	5	4
28145	전남 영광군	2022년가축분뇨퇴비부숙용톱밥지원사업(명시이월)보조금지급(1차)	5,700	1	8	7	8	7	5	5	4
28146	전남 영광군	2023년송아지설사병예방약품(경구용)지원사업(5두초과)보조금지급(최종)	5,663	1	8	7	8	7	5	5	4
28147	전남 영광군	(예비)사회적기업일자리창출사업(전문인력)지원사업보조금교부결정및송금(2023년1월분)	5,580	1	8	7	8	7	5	5	4
28148	전남 영광군	(예비)사회적기업일자리창출사업(전문인력)보조금교부결정및송금(2023년2월분)	5,580	1	8	7	8	7	5	5	4
28149	전남 영광군	(예비)사회적기업일자리창출사업(전문인력)보조금교부결정및송금(2023년3월분)	5,580	1	8	7	8	7	5	5	4
28150	전남 영광군	2023년축산악취저감제공급사업(소)보조금지급(3차)	5,500	1	8	7	8	7	5	5	4
28151	전남 영광군	2023년어르신등체험활동건강꾸러미지원사업보조금지급(11차)	5,497	1	8	7	8	7	5	5	4
28152	전남 영광군	2023년4분기여성폭력방지시설운영(도주가지원)보조금송금	5,469	1	8	7	8	7	5	5	4
28153	전남 영광군	2023영광군장애인체육회생활체육지도자지원보조금교부결정및송금	5,430	1	8	7	8	7	5	5	4
28154	전남 영광군	2023년농촌체험휴양마을사무장채용지원사업보조금지급(2월)	5,429	1	8	7	8	7	5	5	4
28155	전남 영광군	2023년농촌체험휴양마을사무장채용지원사업보조금지급(3월)	5,429	1	8	7	8	7	5	5	4
28156	전남 영광군	2023년농촌체험휴양마을사무장채용지원사업보조금지급(4월)	5,429	1	8	7	8	7	5	5	4

순번	시군구	지출명 (사업명)	2024년예산 (단위 : 천원 /1년간)	민간이전 분류 (지방자치단체 세출예산 집행기준에 의거) 1. 민간경상사업보조(307-02) 2. 민간단체 법정운영비보조(307-03) 3. 민간행사사업보조(307-04) 4. 민간위탁금(307-05) 5. 사회복지시설 법정운영비보조(307-10) 6. 민간인위탁교육비(307-12) 7. 공기관등에대한경상적위탁사업비(308-13) 8. 민간자본사업보조,자체재원(402-01) 9. 민간자본사업보조,이전재원(402-02) 10. 민간위탁사업비(402-03) 11. 공기관등에 대한 자본적 위탁사업비(403-02)	민간이전지출 근거 (지방보조금 관리기준 참고) 1. 법률에 규정 2. 국고보조 재원(국가지정) 3. 용도 지정 기부금 4. 조례에 직접규정 5. 지자체가 권장하는 사업을 하는 공공기관 6. 시,도 정책 및 재정사정 7. 기타 8. 해당없음	입찰방식			운영예산 산정		성과평가 실시여부
						계약체결방법 (경쟁형태) 1. 일반경쟁 2. 제한경쟁 3. 지명경쟁 4. 수의계약 5. 법정위탁 6. 기타 ( ) 7. 없음	계약기간 1. 1년 2. 2년 3. 3년 4. 4년 5. 5년 6. 기타 ( )년 7. 단기계약 (1년미만) 8. 없음	낙찰자선정방법 1. 적격심사 2. 협상에의한계약 3. 최저가낙찰제 4. 규격가격분리 5. 2단계 경쟁입찰 6. 기타 ( ) 7. 없음	운영예산 산정 1. 내부산정 (지자체 자체적으로 산정) 2. 외부산정 (외부전문기관위탁 산정) 3. 내·외부 모두 산정 4. 산정 無 5. 없음	정산방법 1. 내부정산 (지자체 내부적으로 정산) 2. 외부정산 (외부전문기관위탁 정산) 3. 내·외부 모두 산정 4. 정산 無 5. 없음	1. 실시 2. 미실시 3. 향후 추진 4. 해당없음
28157	전남 영광군	2023년농촌체험휴양마을사무장채용지원사업보조금지급(5월)	5,429	1	8	7	8	7	5	5	4
28158	전남 영광군	2023년농촌체험휴양마을사무장채용지원사업보조금(6월)	5,429	1	8	7	8	7	5	5	4
28159	전남 영광군	2023년농촌체험휴양마을사무장채용지원사업보조금(7월)	5,429	1	8	7	8	7	5	5	4
28160	전남 영광군	2023년농촌체험휴양마을사무장채용지원사업보조금(8월)	5,429	1	8	7	8	7	5	5	4
28161	전남 영광군	2023년농촌체험휴양마을사무장채용지원사업보조금(9월)	5,429	1	8	7	8	7	5	5	4
28162	전남 영광군	2023년농촌체험휴양마을사무장채용지원사업보조금(1월)	5,429	1	8	7	8	7	5	5	4
28163	전남 영광군	2023년농촌체험휴양마을사무장채용지원사업보조금(11월)	5,429	1	8	7	8	7	5	5	4
28164	전남 영광군	2023년농촌체험휴양마을사무장채용지원사업보조금(12월)	5,429	1	8	7	8	7	5	5	4
28165	전남 영광군	2023년2분기여성폭력방지시설운영(도추가지원)보조금송금	5,300	1	8	7	8	7	5	5	4
28166	전남 영광군	제31회전라남도장애인체육대회우수성적입상자격려지원보조금교부결정	5,300	1	8	7	8	7	5	5	4
28167	전남 영광군	2023년축사지붕열차단재도포지원사업보조금지급(1차)	5,275	1	8	7	8	7	5	5	4
28168	전남 영광군	2023년학교우유급식지원사업보조금(1,2월분)지급	5,218	1	8	7	8	7	5	5	4
28169	전남 영광군	2023년학교우유급식확대지원사업보조금지급(8,9월분남양)	5,160	1	8	7	8	7	5	5	4
28170	전남 영광군	2023년국산김치사용업소식자재구입비지원사업(1분기)	5,100	1	8	7	8	7	5	5	4
28171	전남 영광군	2023년전남형청년공동체활성화사업교부결정및송금(청튼oo)	5,000	1	8	7	8	7	5	5	4
28172	전남 영광군	2023년청년단체활력사업보조금교부결정및송금	5,000	1	8	7	8	7	5	5	4
28173	전남 영광군	영광문학작품활동(발간)지원보조금교부(한국문인협회영광지부영광문학회)	5,000	1	8	7	8	7	5	5	4
28174	전남 영광군	영광문학작품활동(발간)지원보조금교부(영광문학글쟁이협회)	5,000	1	8	7	8	7	5	5	4
28175	전남 영광군	2023년보훈단체호국순례지원사업보조금송금(재향군인회)	5,000	1	8	7	8	7	5	5	4
28176	전남 영광군	2023년취약소회계층지원사업(좋은이웃들과함께반찬지원사업)보조금교부결정및송금통보(1차)	5,000	1	8	7	8	7	5	5	4
28177	전남 영광군	2023년취약소외계층지원사업(반찬지원)보조금송금통보(2차)	5,000	1	8	7	8	7	5	5	4
28178	전남 영광군	2023영광스포츠클럽운영지원보조금추가(2차)교부결정및송금알림	5,000	1	8	7	8	7	5	5	4
28179	전남 영광군	2023년우수농특산물포장재지원사업보조금지급(5차)	5,000	1	8	7	8	7	5	5	4
28180	전남 영광군	2023년공공급식시설관계자초청산지체험지원사업교부결정및송금	5,000	1	8	7	8	7	5	5	4
28181	전남 영광군	2023년환경보전기금환경단체활동지원사업보조금교부결정및지급	5,000	1	8	7	8	7	5	5	4
28182	전남 영광군	2023년5.18기념및박관현열사비참배보조금교부	5,000	1	8	7	8	7	5	5	4
28183	전남 영광군	2023년5.18민중항쟁43주년기념사업보조금교부	5,000	1	8	7	8	7	5	5	4
28184	전남 영광군	2023년농어촌마을벽화그리기사업보조금교부결정및지급	5,000	1	8	7	8	7	5	5	4
28185	전남 영광군	한국농촌지도자전라남도연합회회원한마8대회참가지원사업보조금지급	5,000	1	8	7	8	7	5	5	4
28186	전남 영광군	2023년전남생활개선회원한마음대회참가지원사업보조금지급	5,000	1	8	7	8	7	5	5	4
28187	전남 영광군	2023한농연한여농역량강화워크숍지원사업보조금지급	5,000	1	8	7	8	7	5	5	4
28188	전남 영광군	2023년영광군4H연합회야영교육지원사업보조금지급	5,000	1	8	7	8	7	5	5	4
28189	전남 영광군	제32회전국으뜸농산물한마당참가지원사업보조금지급	5,000	1	8	7	8	7	5	5	4
28190	전남 영광군	2023년귀농귀촌어울림마을조성사업보조금지급(영촌마을)	5,000	1	8	7	8	7	5	5	4
28191	전남 영광군	2023년귀농귀촌어울림마을조성사업보조금지급(지산2리마을)	5,000	1	8	7	8	7	5	5	4
28192	전남 영광군	2023년홍농읍경로식당운영보조금변경교부결정및송금	5,000	1	8	7	8	7	5	5	4
28193	전남 영광군	2023년먹거리와사람을잇는도농상생공공급식지원사업보조금집행잔액반납	4,807	1	8	7	8	7	5	5	4
28194	전남 영광군	2023년자원봉사활동(이동목욕)사업보조금송금통지(3차)	4,800	1	8	7	8	7	5	5	4
28195	전남 영광군	2023년우수농특산물포장재지원사업보조금지급(3차)	4,800	1	8	7	8	7	5	5	4
28196	전남 영광군	2023년농업신문지원사업구독료지급	4,752	1	8	7	8	7	5	5	4

순번	시군구	지출명 (사업명)	2024년예산 (단위 : 천원 /1년간)	민간이전 분류 (지방자치단체 세출예산 집행기준에 의거) 1. 민간경상사업보조(307-02) 2. 민간단체 법정운영비보조(307-03) 3. 민간행사사업보조(307-04) 4. 민간위탁금(307-05) 5. 사회복지시설 법정운영비보조(307-10) 6. 민간인위탁교육비(307-12) 7. 공기관등에대한경상적위탁사업비(308-13) 8. 민간자본사업보조,자체재원(402-01) 9. 민간자본사업보조,이전재원(402-02) 10. 민간위탁사업비(402-03) 11. 공기관등에 대한 자본적 위탁사업비(403-02)	민간이전지출 근거 (지방보조금 관리기준 참고) 1. 법률에 규정 2. 국고보조 재원(국가지정) 3. 용도 지정 기부금 4. 조례에 직접규정 5. 지자체가 권장하는 사업을 하는 공공기관 6. 시,도 정책 및 재정사정 7. 기타 8. 해당없음	입찰방식 계약체결방법 (경쟁형태) 1. 일반경쟁 2. 제한경쟁 3. 지명경쟁 4. 수의계약 5. 법정위탁 6. 기타 ( ) 7. 없음	입찰방식 계약기간 1. 1년 2. 2년 3. 3년 4. 4년 5. 5년 6. 기타 ( )년 7. 단기계약 (1년미만) 8. 없음	입찰방식 낙찰자선정방법 1. 적격심사 2. 협상에의한계약 3. 최저가낙찰제 4. 규격가격분리 5. 2단계 경쟁입찰 6. 기타 ( ) 7. 없음	운영예산 산정 운영예산 산정 1. 내부산정 (지자체 자체적으로 산정) 2. 외부산정 (외부전문기관위탁 산정) 3. 내·외부 모두 산정 4. 산정 無 5. 없음	운영예산 산정 정산방법 1. 내부정산 (지자체 내부적으로 정산) 2. 외부정산 (외부전문기관위탁 정산) 3. 내·외부 모두 산정 4. 정산 無 5. 없음	성과평가 실시여부 1. 실시 2. 미실시 3. 향후 추진 4. 해당없음
28197	전남 영광군	지역축제연계문화예술행사지원(단오제)보조금교부	4,500	1	8	7	8	7	5	5	4
28198	전남 영광군	2023년사회복지시설종사자역량강화교육사업보조금교부결정및송금통보	4,500	1	8	7	8	7	5	5	4
28199	전남 영광군	2023년농촌에서살아보기사업보조금지급(2차)잔액반납(여입)	4,500	1	8	7	8	7	5	5	4
28200	전남 영광군	2023년대도시농특산물박람회지원사업사업비지급(4차)	4,400	1	8	7	8	7	5	5	4
28201	전남 영광군	2023년사회혁신공모사업보조금교부결정및송금	4,350	1	8	7	8	7	5	5	4
28202	전남 영광군	2023년사회혁신공모사업보조금교부결정및송금(2차)	4,350	1	8	7	8	7	5	5	4
28203	전남 영광군	2023년식품제조업체가동률제고지원사업보조금지급(1차)	4,312	1	8	7	8	7	5	5	4
28204	전남 영광군	2023년농가도우미지원사업보조금지급(1차)	4,309	1	8	7	8	7	5	5	4
28205	전남 영광군	2023년축산물HACCP컨설팅지원사업보조금지급	4,200	1	8	7	8	7	5	5	4
28206	전남 영광군	2023년한국자유총연맹전남영광군지회나라사랑태극기달기보조금교부결정및지급	4,200	1	8	7	8	7	5	5	4
28207	전남 영광군	2023년우수농특산물포장재지원사업보조금지급(4차)	4,183	1	8	7	8	7	5	5	4
28208	전남 영광군	2023년천일염포장재지원사업보조금지급(2차)	4,165	1	8	7	8	7	5	5	4
28209	전남 영광군	도시재생주민제안공모사업(북누리)보조금교부	4,070	1	8	7	8	7	5	5	4
28210	전남 영광군	2023년원예작물농자재(광합성촉진제)지원사업보조금집행(3차최종)	4,032	1	8	7	8	7	5	5	4
28211	전남 영광군	2023년신중년희망일자리장려금지원사업보조금교부결정및송금(1차)	4,000	1	8	7	8	7	5	5	4
28212	전남 영광군	2023년영광문화원지방문화사업보조금교부	4,000	1	8	7	8	7	5	5	4
28213	전남 영광군	2023년건전한문화조성운동지원사업지방보조금교부결정및지급(바르게살기운동우리동네화단조성및식재활동)	4,000	1	8	7	8	7	5	5	4
28214	전남 영광군	2023년학교우유급식지원사업(4월분납양)	3,979	1	8	7	8	7	5	5	4
28215	전남 영광군	2023년우수농특산물포장재지원사업보조금지급(1차)	3,940	1	8	7	8	7	5	5	4
28216	전남 영광군	2023년정보화마을프로그램관리자퇴직금지급	3,934	1	8	7	8	7	5	5	4
28217	전남 영광군	2023영광군장애인체육회생활체육지도자지원보조금송금통보(2차)	3,930	1	8	7	8	7	5	5	4
28218	전남 영광군	2023년전문자원봉사지원보조금교부결정및송금통지	3,900	1	8	7	8	7	5	5	4
28219	전남 영광군	2023년장애인수어교실운영보조금교부결정및송금	3,800	1	8	7	8	7	5	5	4
28220	전남 영광군	2023년우수농특산물포장재지원사업보조금지급(11차)	3,785	1	8	7	8	7	5	5	4
28221	전남 영광군	2023년시설원예수정벌지원사업보조급지급(7차)	3,775	1	8	7	8	7	5	5	4
28222	전남 영광군	2023년국산김치사용업소식자재구입비지원사업보조금집행	3,758	1	8	7	8	7	5	5	4
28223	전남 영광군	제17회전라남도후계농업경영인대회지원사업보조금지급	3,713	1	8	7	8	7	5	5	4
28224	전남 영광군	2023년친환경해충퇴치기자재지원사업보조금지급(2차)	3,700	1	8	7	8	7	5	5	4
28225	전남 영광군	2023년국산김치사용업소식자재구입비지원집행	3,692	1	8	7	8	7	5	5	4
28226	전남 영광군	2023년노동절감형생분해성멀칭농자재지원사업보조금집행(2차)	3,669	1	8	7	8	7	5	5	4
28227	전남 영광군	2023년국산김치사용업소식자재구입비지원사업집행(2분기)	3,666	1	8	7	8	7	5	5	4
28228	전남 영광군	2023년축산악취저감제공급사업(소)보조금지급(1차)	3,650	1	8	7	8	7	5	5	4
28229	전남 영광군	2023년농촌체험휴양마을운영매니저지원사업보조금지급(2월)	3,619	1	8	7	8	7	5	5	4
28230	전남 영광군	2023년농촌체험휴양마을운영매니저지원사업보조금지급(3월)	3,619	1	8	7	8	7	5	5	4
28231	전남 영광군	2023년농촌체험휴양마을운영매니저지원사업보조금지급(4월)	3,619	1	8	7	8	7	5	5	4
28232	전남 영광군	2023년농촌체험휴양마을운영매니저지원사업보조금지급(5월)	3,619	1	8	7	8	7	5	5	4
28233	전남 영광군	2023년농촌체험휴양마을운영매니저지원사업보조금지급(6월)	3,619	1	8	7	8	7	5	5	4
28234	전남 영광군	2023년농촌체험휴양마을운영매니저지원사업보조금지급(7월)	3,619	1	8	7	8	7	5	5	4
28235	전남 영광군	2023년농촌체험휴양마을운영매니저지원사업보조금지급(8월)	3,619	1	8	7	8	7	5	5	4
28236	전남 영광군	2023년농촌체험휴양마을운영매니저지원사업보조금지급(9월)	3,619	1	8	7	8	7	5	5	4

순번	시군구	지출명 (사업명)	2024년예산 (단위 : 천원 /1년간)	민간이전 분류 (지방자치단체 세출예산 집행기준에 의거) 1. 민간경상사업보조(307-02) 2. 민간단체 법정운영비보조(307-03) 3. 민간행사사업보조(307-04) 4. 민간위탁금(307-05) 5. 사회복지시설 법정운영비보조(307-10) 6. 민간인위탁교육비(307-12) 7. 공기관등에대한경상적위탁사업비(308-13) 8. 민간자본사업보조,자체재원(402-01) 9. 민간자본사업보조,이전재원(402-02) 10. 민간위탁사업비(402-03) 11. 공기관등에 대한 자본적 위탁사업비(403-02)	민간이전지출 근거 (지방보조금 관리기준 참고) 1. 법률에 규정 2. 국고보조 재원(국가지정) 3. 용도 지정 기부금 4. 조례에 직접규정 5. 지자체가 권장하는 사업을 하는 공공기관 6. 시,도 정책 및 재정사정 7. 기타 8. 해당없음	입찰방식 계약체결방법 (경쟁형태) 1. 일반경쟁 2. 제한경쟁 3. 지명경쟁 4. 수의계약 5. 법정위탁 6. 기타 ( ) 7. 없음	입찰방식 계약기간 1. 1년 2. 2년 3. 3년 4. 4년 5. 5년 6. 기타 ( )년 7. 단기계약 (1년미만) 8. 없음	입찰방식 낙찰자선정방법 1. 적격심사 2. 협상에의한계약 3. 최저가낙찰제 4. 규격가격분리 5. 2단계 경쟁입찰 6. 기타 ( ) 7. 없음	운영예산 산정 운영예산 산정 1. 내부산정 (지자체 자체적으로 산정) 2. 외부산정 (외부전문기관위탁 산정) 3. 내·외부 모두 산정 4. 산정 無 5. 없음	운영예산 산정 정산방법 1. 내부정산 (지자체 내부적으로 정산) 2. 외부정산 (외부전문기관위탁 정산) 3. 내·외부 모두 산정 4. 정산 無 5. 없음	성과평가 실시여부 1. 실시 2. 미실시 3. 향후 추진 4. 해당없음
28237	전남 영광군	2023년농촌체험휴양마을운영매니저지원사업보조금지급(1월)	3,619	1	8	7	8	7	5	5	4
28238	전남 영광군	2023년농촌체험휴양마을운영매니저채용지원사업보조금(11월)	3,619	1	8	7	8	7	5	5	4
28239	전남 영광군	2023년농촌체험휴양마을운영매니저채용지원사업보조금(12월)	3,619	1	8	7	8	7	5	5	4
28240	전남 영광군	2023년9월정보화마을프로그램관리자보조금지급	3,618	1	8	7	8	7	5	5	4
28241	전남 영광군	2023년1월정보화마을프로그램관리자보조금지급	3,618	1	8	7	8	7	5	5	4
28242	전남 영광군	2023년11월정보화마을프로그램관리자보조금지급	3,618	1	8	7	8	7	5	5	4
28243	전남 영광군	2023년12월정보화마을프로그램관리자보조금지급	3,618	1	8	7	8	7	5	5	4
28244	전남 영광군	2023년1월정보화마을프로그램관리자보조금지급	3,607	1	8	7	8	7	5	5	4
28245	전남 영광군	2023년도무형문화재전남의례음식장(혼례음식)보존전승지원보조금교부결정및지출품의	3,600	1	8	7	8	7	5	5	4
28246	전남 영광군	2023년자원봉사활동(이동목욕)사업보조금교부결정및송금통지(1차)	3,600	1	8	7	8	7	5	5	4
28247	전남 영광군	2023영광군체육회생활체육지도자지원보조금송금알림(3차)	3,600	1	8	7	8	7	5	5	4
28248	전남 영광군	2023년시설원예수정벌지원사업보조급지급(5차)	3,600	1	8	7	8	7	5	5	4
28249	전남 영광군	깨끗한축사경관만들기지원사업보조금지급(3차)	3,600	1	8	7	8	7	5	5	4
28250	전남 영광군	2023년환경관리센터주변지역지원기금보조금(아동센터)지원교부결정	3,600	1	8	7	8	7	5	5	4
28251	전남 영광군	2023년7월정보화마을프로그램관리자보조금지급	3,588	1	8	7	8	7	5	5	4
28252	전남 영광군	2023년8월정보화마을프로그램관리자보조금지급	3,588	1	8	7	8	7	5	5	4
28253	전남 영광군	2023년꿀벌농가육성지원사업보조금지급(3차)	3,557	1	8	7	8	7	5	5	4
28254	전남 영광군	2023년시설원예수정벌지원사업보조급지급(8차)	3,550	1	8	7	8	7	5	5	4
28255	전남 영광군	2023년4월정보화마을프로그램관리자보조금지급	3,546	1	8	7	8	7	5	5	4
28256	전남 영광군	2023년5월정보화마을프로그램관리자보조금지급	3,540	1	8	7	8	7	5	5	4
28257	전남 영광군	2023년6월정보화마을프로그램관리자보조금지급	3,525	1	8	7	8	7	5	5	4
28258	전남 영광군	2023년2월정보화마을프로그램관리자보조금지급	3,523	1	8	7	8	7	5	5	4
28259	전남 영광군	2023년3월정보화마을프로그램관리자보조금지급	3,523	1	8	7	8	7	5	5	4
28260	전남 영광군	2023년농촌체험휴양마을주민역량강화워크숍지원사업보조금교부결정및지급	3,500	1	8	7	8	7	5	5	4
28261	전남 영광군	(예비)사회적경제기업재정지원사업(사업개발비)보조금교부결정및송금(2차)	3,440	1	8	7	8	7	5	5	4
28262	전남 영광군	2023년친환경해충퇴치기자재지원사업보조금지급(3차)	3,425	1	8	7	8	7	5	5	4
28263	전남 영광군	2023년농촌체험휴양마을지원(자체)사업보조금지급(5월)	3,418	1	8	7	8	7	5	5	4
28264	전남 영광군	2023년농촌체험휴양마을지원(자체)사업보조금지급(6월)	3,418	1	8	7	8	7	5	5	4
28265	전남 영광군	2023년농촌체험휴양마을지원(자체)사업보조금지급(7월)	3,418	1	8	7	8	7	5	5	4
28266	전남 영광군	2023년농촌체험휴양마을지원(자체)사업보조금지급(8월)	3,418	1	8	7	8	7	5	5	4
28267	전남 영광군	2023년농촌체험휴양마을지원(자체)사업보조금지급(9월)	3,418	1	8	7	8	7	5	5	4
28268	전남 영광군	2023년농촌체험휴양마을지원(자체)사업보조금지급(1월)	3,418	1	8	7	8	7	5	5	4
28269	전남 영광군	2023년농촌체험휴양마을지원(자체)사업보조금지급(11월)	3,418	1	8	7	8	7	5	5	4
28270	전남 영광군	2023년농촌체험휴양마을지원(자체)사업보조금지급(12월)	3,418	1	8	7	8	7	5	5	4
28271	전남 영광군	2023년여성농어업인행복바우처지원사업보조금교부결정및지급(3차)	3,400	1	8	7	8	7	5	5	4
28272	전남 영광군	2023년축산농가생균제공급지원사업보조금지급(3차)	3,400	1	8	7	8	7	5	5	4
28273	전남 영광군	2023년비산업부문온실가스진단컨설팅지원사업보조금교부결정및지급	3,400	1	8	7	8	7	5	5	4
28274	전남 영광군	(예비)사회적기업일자리창출사업(전문인력)보조금교부결정및송금(2023년4월분)	3,380	1	8	7	8	7	5	5	4
28275	전남 영광군	2023년사슴인공수정지원사업보조금지급	3,360	1	8	7	8	7	5	5	4
28276	전남 영광군	2023년전문임업인㈔한국임업신문구독료지급	3,352	1	8	7	8	7	5	5	4

순번	시군구	지출명 (사업명)	2024년예산 (단위 : 천원 /1년간)	민간이전 분류 (지방자치단체 세출예산 집행기준에 의거) 1. 민간경상사업보조(307-02) 2. 민간단체 법정운영비보조(307-03) 3. 민간행사사업보조(307-04) 4. 민간위탁금(307-05) 5. 사회복지시설 법정운영비보조(307-10) 6. 민간인위탁교육비(307-12) 7. 공기관등에대한경상적위탁사업비(308-13) 8. 민간자본사업보조,자체재원(402-01) 9. 민간자본사업보조,이전재원(402-02) 10. 민간위탁사업비(402-03) 11. 공기관등에 대한 자본적 위탁사업비(403-02)	민간이전지출 근거 (지방보조금 관리기준 참고) 1. 법률에 규정 2. 국고보조 재원(국가지정) 3. 용도 지정 기부금 4. 조례에 직접규정 5. 지자체가 권장하는 사업을 하는 공공기관 6. 시,도 정책 및 재정사정 7. 기타 8. 해당없음	입찰방식 계약체결방법 (경쟁형태) 1. 일반경쟁 2. 제한경쟁 3. 지명경쟁 4. 수의계약 5. 법정위탁 6. 기타 ( ) 7. 없음	입찰방식 계약기간 1. 1년 2. 2년 3. 3년 4. 4년 5. 5년 6. 기타 ( )년 7. 단기계약 (1년미만) 8. 없음	입찰방식 낙찰자선정방법 1. 적격심사 2. 협상에의한계약 3. 최저가낙찰제 4. 규격가격분리 5. 2단계 경쟁입찰 6. 기타 ( ) 7. 없음	운영예산 산정 운영예산 산정 1. 내부산정 (지자체 자체적으로 산정) 2. 외부산정 (외부전문기관위탁 산정) 3. 내·외부 모두 산정 4. 산정 無 5. 없음	운영예산 산정 정산방법 1. 내부정산 (지자체 내부적으로 정산) 2. 외부정산 (외부전문기관위탁 정산) 3. 내·외부 모두 산정 4. 정산 無 5. 없음	성과평가 실시여부 1. 실시 2. 미실시 3. 향후 추진 4. 해당없음
28277	전남 영광군	2023년전문임업인산림신문㈜구독료지급	3,352	1	8	7	8	7	5	5	4
28278	전남 영광군	2023년영광찰보리명품화포장재지원사업보조금지급(1차)	3,300	1	8	7	8	7	5	5	4
28279	전남 영광군	2023년전남형청년근속장려금지원사업보조금교부결정및송금(2차)	3,250	1	8	7	8	7	5	5	4
28280	전남 영광군	2023년친환경퇴비생산지원사업보조금지급(9차)	3,246	1	8	7	8	7	5	5	4
28281	전남 영광군	2023년대한노인회지원금(군지회운영비외4개사업)보조금교부결정및히반기송금통보(경로당순회프로그램)	3,244	1	8	7	8	7	5	5	4
28282	전남 영광군	2023년농촌체험휴양마을지원(자체)사업보조금지급(2월)	3,217	1	8	7	8	7	5	5	4
28283	전남 영광군	2023년농촌체험휴양마을지원(자체)사업보조금지급(3월)	3,217	1	8	7	8	7	5	5	4
28284	전남 영광군	2023년농촌체험휴양마을지원(자체)사업보조금지급(4월)	3,217	1	8	7	8	7	5	5	4
28285	전남 영광군	(예비)사회적경제기업재정지원사업(사업개발비)보조금교부결정및송금(2차)	3,200	1	8	7	8	7	5	5	4
28286	전남 영광군	2023년깨끗한축사경관만들기지원사업보조금지급(1차)	3,200	1	8	7	8	7	5	5	4
28287	전남 영광군	2023년시설원예수정벌지원사업보조급지급(1차)	3,185	1	8	7	8	7	5	5	4
28288	전남 영광군	청년월세한시특별지원사업(8월)	3,120	1	8	7	8	7	5	5	4
28289	전남 영광군	꿈사다리공부방운영보조금변경교부결정및송금	3,098	1	8	7	8	7	5	5	4
28290	전남 영광군	2023년영광문화원지방문화사업보조금교부	3,000	1	8	7	8	7	5	5	4
28291	전남 영광군	2023년영광문화원지방문화사업보조금교부	3,000	1	8	7	8	7	5	5	4
28292	전남 영광군	2023년도장례의전지원선양사업보조금교부결정및송금통보	3,000	1	8	7	8	7	5	5	4
28293	전남 영광군	2023영광군체육회생활체육지도자지원보조금송금알림(3차)	3,000	1	8	7	8	7	5	5	4
28294	전남 영광군	2023년군위선양우수체육지도자지원보조금교부결정및송금(1분기)	3,000	1	8	7	8	7	5	5	4
28295	전남 영광군	2023년군위선양우수체육지도자지원에따른보조금교부결정및송금(2분기)	3,000	1	8	7	8	7	5	5	4
28296	전남 영광군	2023년시설원예수정벌지원사업보조급지급(4차)	3,000	1	8	7	8	7	5	5	4
28297	전남 영광군	2023년꿀벌산업육성지원사업(한봉)보조금지급(2차)	3,000	1	8	7	8	7	5	5	4
28298	전남 영광군	2023년돼지증체율향상지원사업보조금지급	3,000	1	8	7	8	7	5	5	4
28299	전남 영광군	2023년건전한문화조성운동지원사업지방보조금교부결정및지급(영광문화공작소건전한여가문화만들기)	3,000	1	8	7	8	7	5	5	4
28300	전남 영광군	2023년건전한문화조성운동지원공모사업보조금교부결정및지급(법사랑청소년위원영광지구협의회)	3,000	1	8	7	8	7	5	5	4
28301	전남 영광군	2023년건전한문화조성운동지원공모사업보조금교부결정및지급(대한적십자사영광지구협의회)	3,000	1	8	7	8	7	5	5	4
28302	전남 영광군	2023년건전한문화조성운동지원공모사업보조금교부결정및지급(한국서예협회영광군지부)	3,000	1	8	7	8	7	5	5	4
28303	전남 영광군	2023년제16회평화통일글쓰기공모전보조금교부결정및지급(민주평화통일자문회의)	3,000	1	8	7	8	7	5	5	4
28304	전남 영광군	2023년구제역백신접종자동연속주사기지원사업보조금지급(1차)	2,940	1	8	7	8	7	5	5	4
28305	전남 영광군	청년월세한시특별지원사업(7월)	2,920	1	8	7	8	7	5	5	4
28306	전남 영광군	2023년우수농특산물포장재지원사업보조금지급(93차)	2,860	1	8	7	8	7	5	5	4
28307	전남 영광군	2023년친환경과수채소농업단지육성사업보조금지급(3차)	2,847	1	8	7	8	7	5	5	4
28308	전남 영광군	농촌지도자회신문우송료지원사업보조금지급(2차)	2,825	1	8	7	8	7	5	5	4
28309	전남 영광군	2023한농연영호남교류행사지원사업보조금지급	2,700	1	8	7	8	7	5	5	4
28310	전남 영광군	2023년친환경해충퇴치기자재지원사업보조금지급(4차)	2,675	1	8	7	8	7	5	5	4
28311	전남 영광군	2023년4분기여성폭력방지시설운영(도주가지원)보조금송금	2,621	1	8	7	8	7	5	5	4
28312	전남 영광군	섬지역생활필수품해상운송비지원사업보조금교부결정및지급(7월송암주유소,옥당가스)	2,575	1	8	7	8	7	5	5	4
28313	전남 영광군	2023년시설원예수정벌지원사업보조급지급(2차)	2,550	1	8	7	8	7	5	5	4
28314	전남 영광군	청년월세한시특별지원사업(9월)	2,520	1	8	7	8	7	5	5	4
28315	전남 영광군	2023년시장경영패키지지원사업(배송매니저)보조금교부결정및지급	2,500	1	8	7	8	7	5	5	4
28316	전남 영광군	2023년대도시농특산물박람회지원사업보조금지급(1차)	2,500	1	8	7	8	7	5	5	4

순번	시군구	지출명 (사업명)	2024년예산 (단위 : 천원 /1년간)	민간이전 분류 (지방자치단체 세출예산 집행기준에 의거) 1. 민간경상사업보조(307-02) 2. 민간단체 법정운영비보조(307-03) 3. 민간행사사업보조(307-04) 4. 민간위탁금(307-05) 5. 사회복지시설 법정운영비보조(307-10) 6. 민간인위탁교육비(307-12) 7. 공기관등에대한경상적위탁사업비(308-13) 8. 민간자본사업보조,자체재원(402-01) 9. 민간자본사업보조,이전재원(402-02) 10. 민간위탁사업비(402-03) 11. 공기관등에 대한 자본적 위탁사업비(403-02)	민간이전지출 근거 (지방보조금 관리기준 참고) 1. 법률에 규정 2. 국고보조 재원(국가지정) 3. 용도 지정 기부금 4. 조례에 직접규정 5. 지자체가 권장하는 사업을 하는 공공기관 6. 시,도 정책 및 재정사정 7. 기타 8. 해당없음	입찰방식 계약체결방법 (경쟁형태) 1. 일반경쟁 2. 제한경쟁 3. 지명경쟁 4. 수의계약 5. 법정위탁 6. 기타 ( ) 7. 없음	입찰방식 계약기간 1. 1년 2. 2년 3. 3년 4. 4년 5. 5년 6. 기타 ( )년 7. 단기계약 (1년미만) 8. 없음	입찰방식 낙찰자선정방법 1. 적격심사 2. 협상에의한계약 3. 최저가낙찰제 4. 규격가격분리 5. 2단계 경쟁입찰 6. 기타 ( ) 7. 없음	운영예산 산정 운영예산 산정 1. 내부산정 (지자체 자체적으로 산정) 2. 외부산정 (외부전문기관위탁 산정) 3. 내·외부 모두 산정 4. 산정 無 5. 없음	운영예산 산정 정산방법 1. 내부정산 (지자체 내부적으로 정산) 2. 외부정산 (외부전문기관위탁 정산) 3. 내·외부 모두 산정 4. 정산 無 5. 없음	성과평가 실시여부 1. 실시 2. 미실시 3. 향후 추진 4. 해당없음
28317	전남 영광군	2023년대도시농특산물박람회지원사업사업비지급(2차)	2,500	1	8	7	8	7	5	5	4
28318	전남 영광군	2023년대도시농특산물박람회지원사업비지급(3차)	2,500	1	8	7	8	7	5	5	4
28319	전남 영광군	2023년대도시농특산물박람회지원사업사업비지급(7차)	2,500	1	8	7	8	7	5	5	4
28320	전남 영광군	2023년대도시농특산물박람회지원사업사업비지급(6차)	2,500	1	8	7	8	7	5	5	4
28321	전남 영광군	2023년바르게살기운동영광군협의회지방보조금교부결정및지급(녹색생활운동)	2,500	1	8	7	8	7	5	5	4
28322	전남 영광군	2023년바르게살기운동영광군협의회지방보조금교부결정및지급(노인복지센터봉사활동)	2,500	1	8	7	8	7	5	5	4
28323	전남 영광군	2023년청년농업인연구동아리지원사업보조금지급(신속집행)	2,500	1	8	7	8	7	5	5	4
28324	전남 영광군	2023년농촌체험휴양마을사무장채용지원사업보조금지급(1월)	2,494	1	8	7	8	7	5	5	4
28325	전남 영광군	2023년축산경제신문보급사업보조금지급	2,400	1	8	7	8	7	5	5	4
28326	전남 영광군	2023년축산경제신문2/4분기구독료지급	2,400	1	8	7	8	7	5	5	4
28327	전남 영광군	2023년축산경제신문3/4분기구독료지급	2,400	1	8	7	8	7	5	5	4
28328	전남 영광군	2023년축산경제신문구독료지급(4/4분기)	2,400	1	8	7	8	7	5	5	4
28329	전남 영광군	(예비)사회적기업일자리창출사업(전문인력)보조금교부결정및송금(9월분)	2,320	1	8	7	8	7	5	5	4
28330	전남 영광군	(예비)사회적기업일자링창출사업(전문인력)보조금교부결정및송금(1월분)	2,320	1	8	7	8	7	5	5	4
28331	전남 영광군	(예비)사회적기업일자리창출사업(전문인력)보조금교부결정및송금(11월분)	2,320	1	8	7	8	7	5	5	4
28332	전남 영광군	(예비)사회적기업일자리창출사업(전문인력)보조금교부결정및송금(12월분)	2,320	1	8	7	8	7	5	5	4
28333	전남 영광군	섬지역생활필수품해상운송비지원사업보조금교부결정및지급(12월광명해주유소,염산가스)	2,279	1	8	7	8	7	5	5	4
28334	전남 영광군	청년월세한시특별지원사업(6월)	2,240	1	8	7	8	7	5	5	4
28335	전남 영광군	2023년친환경과수채소농업단지육성사업보조금지급(1차)	2,235	1	8	7	8	7	5	5	4
28336	전남 영광군	2023년대도시농특산물박람회지원사업사업비지급(5차)	2,200	1	8	7	8	7	5	5	4
28337	전남 영광군	2023년우수농특산물포장재지원사업보조금지급(62차)	2,182	1	8	7	8	7	5	5	4
28338	전남 영광군	2023년학교우유급식지원사업보조금(3월남양)지급	2,180	1	8	7	8	7	5	5	4
28339	전남 영광군	2023년농특산물포장재지원사업보조급지급(22차)	2,145	1	8	7	8	7	5	5	4
28340	전남 영광군	2023년유기질비료지원사업보조금교부결정및지급(2차)	2,132	1	8	7	8	7	5	5	4
28341	전남 영광군	청년월세한시특별지원사업(1월)	2,120	1	8	7	8	7	5	5	4
28342	전남 영광군	청년월세한시특별지원사업(11월)	2,120	1	8	7	8	7	5	5	4
28343	전남 영광군	청년월세한시특별지원사업지급(12월)	2,120	1	8	7	8	7	5	5	4
28344	전남 영광군	2023년시설원예수정벌지원사업보조급지급(3차)	2,100	1	8	7	8	7	5	5	4
28345	전남 영광군	2023년한우수정란이식지원사업보조금지급	2,080	1	8	7	8	7	5	5	4
28346	전남 영광군	2023년농작업편의의자지원사업보조금지급(2차)	2,016	1	8	7	8	7	5	5	4
28347	전남 영광군	청년월세한시특별지원사업(4월):강욱외9	2,000	1	8	7	8	7	5	5	4
28348	전남 영광군	청년월세한시특별지원사업(5월)	2,000	1	8	7	8	7	5	5	4
28349	전남 영광군	(예비)사회적경제기업재정지원사업(사업개발비)보조금교부결정및송금(2차)	2,000	1	8	7	8	7	5	5	4
28350	전남 영광군	2023년보훈단체호국순례지원사업보조금교부결정및송금통보(월남전참전자회)	2,000	1	8	7	8	7	5	5	4
28351	전남 영광군	2023년보훈단체호국순례지원사업보조금교부결정및송금(고엽제전우회)	2,000	1	8	7	8	7	5	5	4
28352	전남 영광군	2023년보훈단체호국순례지원사업보조금교부결정및송금(전몰군경유족회)	2,000	1	8	7	8	7	5	5	4
28353	전남 영광군	2023년보훈단체호국순례지원사업보조금송금(전몰군경미망인회)	2,000	1	8	7	8	7	5	5	4
28354	전남 영광군	2023년보훈단체호국순례지원사업보조금송금(무공수훈자회)	2,000	1	8	7	8	7	5	5	4
28355	전남 영광군	2023년도효행장려및효문화선양사업보조금교부결정및송금	2,000	1	8	7	8	7	5	5	4
28356	전남 영광군	제주산노을파크클럽초청파크골프교류대회개최지원보조금교부결정	2,000	1	8	7	8	7	5	5	4

순번	시군구	지출명 (사업명)	2024년예산 (단위 : 천원 /1년간)	민간이전 분류 (지방자치단체 세출예산 집행기준에 의거) 1. 민간경상사업보조(307-02) 2. 민간단체 법정운영비보조(307-03) 3. 민간행사사업보조(307-04) 4. 민간위탁금(307-05) 5. 사회복지시설 법정운영비보조(307-10) 6. 민간인위탁교육비(307-12) 7. 공기관등에대한경상적위탁사업비(308-13) 8. 민간자본사업보조,자체재원(402-01) 9. 민간자본사업보조,이전재원(402-02) 10. 민간위탁사업비(402-03) 11. 공기관등에 대한 자본적 위탁사업비(403-02)	민간이전지출 근거 (지방보조금 관리기준 참고) 1. 법률에 규정 2. 국고보조 재원(국가지정) 3. 용도 지정 기부금 4. 조례에 직접규정 5. 지자체가 권장하는 사업을 하는 공공기관 6. 시,도 정책 및 재정사정 7. 기타 8. 해당없음	입찰방식 계약체결방법 (경쟁형태) 1. 일반경쟁 2. 제한경쟁 3. 지명경쟁 4. 수의계약 5. 법정위탁 6. 기타 ( ) 7. 없음	입찰방식 계약기간 1. 1년 2. 2년 3. 3년 4. 4년 5. 5년 6. 기타 ( )년 7. 단기계약 (1년미만) 8. 없음	입찰방식 낙찰자선정방법 1. 적격심사 2. 협상에의한계약 3. 최저가낙찰제 4. 규격가격분리 5. 2단계 경쟁입찰 6. 기타 ( ) 7. 없음	운영예산 산정 운영예산 산정 1. 내부산정 (지자체 자체적으로 산정) 2. 외부산정 (외부전문기관위탁 산정) 3. 내·외부 모두 산정 4. 산정 無 5. 없음	운영예산 산정 정산방법 1. 내부정산 (지자체 내부적으로 정산) 2. 외부정산 (외부전문기관위탁 정산) 3. 내·외부 모두 정산 4. 정산 無 5. 없음	성과평가 실시여부 1. 실시 2. 미실시 3. 향후 추진 4. 해당없음
28357	전남 영광군	2023강진청자배전국사회인야구대회참가지원	2,000	1	8	7	8	7	5	5	4
28358	전남 영광군	2023년건전한문화조성운동지원공모사업보조금교부결정및지급(한국자유총연맹취약지구점검등)	2,000	1	8	7	8	7	5	5	4
28359	전남 영광군	2023년건전한문화조성운동지원공모사업보조금교부결정및지급(민족통일영광군협의회)	2,000	1	8	7	8	7	5	5	4
28360	전남 영광군	2023년영광군새마을회국민독서경진대회보조금교부결정및지급	2,000	1	8	7	8	7	5	5	4
28361	전남 영광군	2023년민주평화통일자문회의영광군협의회제21기출범식행사보조금교부결정및지급	2,000	1	8	7	8	7	5	5	4
28362	전남 영광군	2023년행복숲에서함께하는평화통일염원캠페인보조금교부결정및지급(민주평화통일자문회의)	2,000	1	8	7	8	7	5	5	4
28363	전남 영광군	2023년통일강연회보조금교부결정및지급(민주평화통일자문회의)	2,000	1	8	7	8	7	5	5	4
28364	전남 영광군	2023년한농연핵심지도자교육및도워크숍참가지원사업보조금지급	2,000	1	8	7	8	7	5	5	4
28365	전남 영광군	2023년전남생활개선회원한마음대회참가지원사업보조금지급(2/2)	2,000	1	8	7	8	7	5	5	4
28366	전남 영광군	한국농촌지도자전라남도연합회회원한마음대회참가지원사업보조금지급(2/2)자체	2,000	1	8	7	8	7	5	5	4
28367	전남 영광군	2023년가정폭력피해재발방지지원사업보조금송금	1,950	1	8	7	8	7	5	5	4
28368	전남 영광군	2023년농촌체험휴양마을역량강화사업지원보조금교부결정및송금	1,920	1	8	7	8	7	5	5	4
28369	전남 영광군	도서지역생활필수품해상운송비지원사업보조금교부결정및지급(1~4월낙월주유소)	1,831	1	8	7	8	7	5	5	4
28370	전남 영광군	2023년GAP인증포장재지원사업보조금지급(1차)	1,818	1	8	7	8	7	5	5	4
28371	전남 영광군	2023년학교우유급식확대지원사업배송비지급(겨울방학분서울,매일)	1,804	1	8	7	8	7	5	5	4
28372	전남 영광군	청년월세한시특별지원사업(3월)	1,800	1	8	7	8	7	5	5	4
28373	전남 영광군	2023영광군체육회생활체육지도자지원보조금교부결정및송금(1차)	1,800	1	8	7	8	7	5	5	4
28374	전남 영광군	2023영광군체육회생활체육지도자지원보조금송금(2차)	1,800	1	8	7	8	7	5	5	4
28375	전남 영광군	2023년깨끗한축사경관만들기지원사업보조금지급(2차)	1,800	1	8	7	8	7	5	5	4
28376	전남 영광군	2023년젖소분뇨발효촉진지원사업보조금지급(최종)	1,680	1	8	7	8	7	5	5	4
28377	전남 영광군	2023년농촌체험휴양마을운영매니저지원사업보조금지급(1월)	1,662	1	8	7	8	7	5	5	4
28378	전남 영광군	2023년축산악취저감제공급사업(소)보조금지급(최종)	1,650	1	8	7	8	7	5	5	4
28379	전남 영광군	2023년여성농업인특수건강검진지원사업검진비지급(2차)	1,635	1	8	7	8	7	5	5	4
28380	전남 영광군	2023년보리산업특구찰보리온라인유통지원사업보조금지급(최종)	1,635	1	8	7	8	7	5	5	4
28381	전남 영광군	2023년청년월세한시특별지원사업지급(2월분)	1,600	1	8	7	8	7	5	5	4
28382	전남 영광군	2023년전업농신문보급사업구독료지급(4분기)	1,584	1	8	7	8	7	5	5	4
28383	전남 영광군	2023년축산농가생균제공급지원사업보조금지급(6차)	1,550	1	8	7	8	7	5	5	4
28384	전남 영광군	2023년생활문화동아리활동지원사업보조금지출품의(늘꽃)	1,500	1	8	7	8	7	5	5	4
28385	전남 영광군	2023년생활문화동아리활동지원사업보조금지출품의(다송헌)	1,500	1	8	7	8	7	5	5	4
28386	전남 영광군	2023년생활문화동아리활동지원사업보조금지출품의(아름다운동행)	1,500	1	8	7	8	7	5	5	4
28387	전남 영광군	2023년도장례의전지원선양사업보조금추가송금	1,500	1	8	7	8	7	5	5	4
28388	전남 영광군	2023년푸른동산생활아동현장체험지원보조금지급	1,500	1	8	7	8	7	5	5	4
28389	전남 영광군	2023영광군체육회생활체육지도자지원보조금교부결정및송금(1차)	1,500	1	8	7	8	7	5	5	4
28390	전남 영광군	2023영광군체육회생활체육지도자지원보조금송금(2차)	1,500	1	8	7	8	7	5	5	4
28391	전남 영광군	2023영광군장애인체육회생활체육지도자지원보조금송금알림(3차)	1,500	1	8	7	8	7	5	5	4
28392	전남 영광군	제62회전남도지사기및제21회전남궁도협회장배궁도대회참가지원	1,500	1	8	7	8	7	5	5	4
28393	전남 영광군	제12회전라남도지사배생활체육수영대회참가지원	1,500	1	8	7	8	7	5	5	4
28394	전남 영광군	대통령배2023전국씨름왕선발대회참가지원	1,500	1	8	7	8	7	5	5	4
28395	전남 영광군	2023년바르게살기운동영광군협의회지방보조금교부결정및지급(전국회원대회)	1,500	1	8	7	8	7	5	5	4
28396	전남 영광군	2023년신청청년농업인농지확보지원사업원금지급	1,491	1	8	7	8	7	5	5	4

순번	시군구	지출명 (사업명)	2024년예산 (단위 : 천원 /1년간)	민간이전 분류 (지방자치단체 세출예산 집행기준에 의거) 1. 민간경상사업보조(307-02) 2. 민간단체 법정운영비보조(307-03) 3. 민간행사사업보조(307-04) 4. 민간위탁금(307-05) 5. 사회복지시설 법정운영비보조(307-10) 6. 민간인위탁교육비(307-12) 7. 공기관등에대한경상적위탁사업비(308-13) 8. 민간자본사업보조,자체재원(402-01) 9. 민간자본사업보조,이전재원(402-02) 10. 민간위탁사업비(402-03) 11. 공기관등에 대한 자본적 위탁사업비(403-02)	민간이전지출 근거 (지방보조금 관리기준 참고) 1. 법률에 규정 2. 국고보조 재원(국가지정) 3. 용도 지정 기부금 4. 조례에 직접규정 5. 지자체가 권장하는 사업을 하는 공공기관 6. 시,도 정책 및 재정사정 7. 기타 8. 해당없음	입찰방식 계약체결방법 (경쟁형태) 1. 일반경쟁 2. 제한경쟁 3. 지명경쟁 4. 수의계약 5. 법정위탁 6. 기타 ( ) 7. 없음	입찰방식 계약기간 1. 1년 2. 2년 3. 3년 4. 4년 5. 5년 6. 기타 ( )년 7. 단기계약 (1년미만) 8. 없음	입찰방식 낙찰자선정방법 1. 적격심사 2. 협상에의한계약 3. 최저가낙찰제 4. 규격가격분리 5. 2단계 경쟁입찰 6. 기타 ( ) 7. 없음	운영예산 산정 운영예산 산정 1. 내부산정 (지자체 자체적으로 산정) 2. 외부산정 (외부전문기관위탁 산정) 3. 내·외부 모두 산정 4. 산정 無 5. 없음	운영예산 산정 정산방법 1. 내부정산 (지자체 내부적으로 정산) 2. 외부정산 (외부전문기관위탁 정산) 3. 내·외부 모두 산정 4. 정산 無 5. 없음	성과평가 실시여부 1. 실시 2. 미실시 3. 향후 추진 4. 해당없음
28397	전남 영광군	2023년농촌체험휴양마을지원사업보조금지급(1월)	1,478	1	8	7	8	7	5	5	4
28398	전남 영광군	2023년구제역백신접종자동연속주사기지원사업보조금지급(2차)	1,470	1	8	7	8	7	5	5	4
28399	전남 영광군	2023년여성농업인특수건강검진지원사업검진비지급(3차)	1,436	1	8	7	8	7	5	5	4
28400	전남 영광군	2023년우수농특산물포장재지원사업보조금지급(8차)	1,360	1	8	7	8	7	5	5	4
28401	전남 영광군	2023년농번기마을공동급식지원사업부식비지급반납(영광읍신월1사업포기)	1,295	1	8	7	8	7	5	5	4
28402	전남 영광군	2023년노동절감형생분해성멀칭농자재지원사업보조금집행(1차)	1,233	1	8	7	8	7	5	5	4
28403	전남 영광군	2023년국산김치사용업소식자재구입비지원사업보조금집행	1,231	1	8	7	8	7	5	5	4
28404	전남 영광군	2023년여성농업인특수건강검진지원사업검진비지급(1차)	1,216	1	8	7	8	7	5	5	4
28405	전남 영광군	영광군사회적경제기업네트워크활동지원사업보조금교부결정및송금	1,215	1	8	7	8	7	5	5	4
28406	전남 영광군	2023영광군장애인체육회생활체육지도자지원보조금교부결정및송금	1,200	1	8	7	8	7	5	5	4
28407	전남 영광군	2023년친환경과수채소농업단지육성사업보조금지급(6차)	1,199	1	8	7	8	7	5	5	4
28408	전남 영광군	2023년학교우유급식지원사업택배비지급(서울우유)	1,062	1	8	7	8	7	5	5	4
28409	전남 영광군	2023년농어촌빈집정비사업교부결정및지급(5차)	1,000	1	8	7	8	7	5	5	4
28410	전남 영광군	2023년청년월세한시특별지원사업지급(1월분)	1,000	1	8	7	8	7	5	5	4
28411	전남 영광군	2023년보훈단체호국순례지원사업보조금교부결정및송금(6.25참전유공자회)	1,000	1	8	7	8	7	5	5	4
28412	전남 영광군	2023년보훈단체호국순례지원사업보조금송금(6.25참전경찰유공자회)	1,000	1	8	7	8	7	5	5	4
28413	전남 영광군	제15회전라남도시각장애인체육대회참가지원보조금교부결정	1,000	1	8	7	8	7	5	5	4
28414	전남 영광군	제13회문화체육관광부장관기전국생활체육등산대회참가지원	1,000	1	8	7	8	7	5	5	4
28415	전남 영광군	2023전라남도지사기생활체육남녀배구대회참가지원	1,000	1	8	7	8	7	5	5	4
28416	전남 영광군	제2회전남협회장배초등학생및생활체육남여장사씨름대회참가지원	1,000	1	8	7	8	7	5	5	4
28417	전남 영광군	제16회전라남도지사기족구대회참가지원	1,000	1	8	7	8	7	5	5	4
28418	전남 영광군	영광파크사랑클럽전주무궁화파크골프클럽친선교류대회참가지원	1,000	1	8	7	8	7	5	5	4
28419	전남 영광군	제8회녹차수도보성군수배그라운드골프대회참가지원	1,000	1	8	7	8	7	5	5	4
28420	전남 영광군	제6회강진청자배전국우수클럽초청축구대회참가지원	1,000	1	8	7	8	7	5	5	4
28421	전남 영광군	제16회전라남도지사기생활체육테니스대회참가지원	1,000	1	8	7	8	7	5	5	4
28422	전남 영광군	제18회전라남도지사기배드민턴대회참가지원	1,000	1	8	7	8	7	5	5	4
28423	전남 영광군	제16회전국생활체육大장사씨름대회참가지원	1,000	1	8	7	8	7	5	5	4
28424	전남 영광군	제2회함평천지배동호인배구대회및전라남도배구협회장배생활체육배구대회참가지원	1,000	1	8	7	8	7	5	5	4
28425	전남 영광군	2023년도서자가발전시설유류대지원사업보조금지급	1,000	1	8	7	8	7	5	5	4
28426	전남 영광군	2023년건전한문화조성운동지원공모사업보조금교부결정및지급(한국자유총연맹성산공원산책로가꾸기등)	1,000	1	8	7	8	7	5	5	4
28427	전남 영광군	2023년농어촌빈집정비사업교부결정및지급(5차)	1,000	1	8	7	8	7	5	5	4
28428	전남 영광군	2023년군위선양우수체육지도자지원에따른보조금교부결정및송금(2분기)	1,000	1	8	7	8	7	5	5	4
28429	전남 영광군	2023년국산김치사용업소식자재구입비지원사업보조금집행	978	1	8	7	8	7	5	5	4
28430	전남 영광군	도서지역생활필수품해상운송비지원사업보조금교부결정및지급(2월분옥당가스)	977	1	8	7	8	7	5	5	4
28431	전남 영광군	2023영광군체육회생활체육지도자지원보조금송금알림(3차)	960	1	8	7	8	7	5	5	4
28432	전남 영광군	2023년가금류칼슘첨가제지원사업보조금지급(최종)	960	1	8	7	8	7	5	5	4
28433	전남 영광군	(예비)사회적기업전문인력지원금미지급분(23년1~3월)지급	912	1	8	7	8	7	5	5	4
28434	전남 영광군	2023영광군장애인체육회생활체육지도자지원보조금송금통보(2차)	900	1	8	7	8	7	5	5	4
28435	전남 영광군	섬지역생활필수품해상운송비지원사업보조금교부결정및지급(11월송암주유소)	884	1	8	7	8	7	5	5	4
28436	전남 영광군	2023년섬지역택배비지원사업보조금지급	865	1	8	7	8	7	5	5	4

순번	시군구	지출명 (사업명)	2024년예산 (단위 : 천원 /1년간)	민간이전 분류 (지방자치단체 세출예산 집행기준에 의거) 1. 민간경상사업보조(307-02) 2. 민간단체 법정운영비보조(307-03) 3. 민간행사사업보조(307-04) 4. 민간위탁금(307-05) 5. 사회복지시설 법정운영비보조(307-10) 6. 민간인위탁교육비(307-12) 7. 공기관등에대한경상적위탁사업비(308-13) 8. 민간자본사업보조,자체재원(402-01) 9. 민간자본사업보조,이전재원(402-02) 10. 민간위탁사업비(402-03) 11. 공기관등에 대한 자본적 위탁사업비(403-02)	민간이전지출 근거 (지방보조금 관리기준 참고) 1. 법률에 규정 2. 국고보조 재원(국가지정) 3. 용도 지정 기부금 4. 조례에 직접규정 5. 지자체가 권장하는 사업을 하는 공공기관 6. 시,도 정책 및 재정사정 7. 기타 8. 해당없음	입찰방식 계약체결방법 (경쟁형태) 1. 일반경쟁 2. 제한경쟁 3. 지명경쟁 4. 수의계약 5. 법정위탁 6. 기타 ( ) 7. 없음	계약기간 1. 1년 2. 2년 3. 3년 4. 4년 5. 5년 6. 기타 ( )년 7. 단기계약 (1년미만) 8. 없음	낙찰자선정방법 1. 적격심사 2. 협상에의한계약 3. 최저가낙찰제 4. 규격가격분리 5. 2단계 경쟁입찰 6. 기타 ( ) 7. 없음	운영예산 산정 운영예산 산정 1. 내부산정 (지자체 자체적으로 산정) 2. 외부산정 (외부전문기관위탁 산정) 3. 내·외부 모두 산정 4. 산정 無 5. 없음	정산방법 1. 내부정산 (지자체 내부적으로 정산) 2. 외부정산 (외부전문기관위탁 정산) 3. 내·외부 모두 산정 4. 정산 無 5. 없음	성과평가 실시여부 1. 실시 2. 미실시 3. 향후 추진 4. 해당없음
28437	전남 영광군	2023년4분기가정폭력상담소운영지원보조금송금	800	1	8	7	8	7	5	5	4
28438	전남 영광군	2023영광군체육회생활체육지도자지원보조금송금알림(3차)	800	1	8	7	8	7	5	5	4
28439	전남 영광군	2023년한국자유총연맹전남영광군지회평화통일안보견학보조금교부결정및지급	800	1	8	7	8	7	5	5	4
28440	전남 영광군	2023년말벌퇴치장비지원사업보조금지급(최종)	792	1	8	7	8	7	5	5	4
28441	전남 영광군	2023년축산농가생균제공급지원사업보조금지급(4차)	780	1	8	7	8	7	5	5	4
28442	전남 영광군	섬지역생활필수품해상운송비지원사업보조금교부결정및지급(7월염산가스)	780	1	8	7	8	7	5	5	4
28443	전남 영광군	2023년한우증체율향상지원사업보조금지급(1차)	728	1	8	7	8	7	5	5	4
28444	전남 영광군	2023년한우증체율향상지원사업보조금지급(1차)	728	1	8	7	8	7	5	5	4
28445	전남 영광군	2023년가정폭력피해자의료비지원사업보조금송금(1분기)	600	1	8	7	8	7	5	5	4
28446	전남 영광군	2023년우수농특산물포장재지원사업보조금지급(7차)	545	1	8	7	8	7	5	5	4
28447	전남 영광군	2023년유기가공식품인증비지원사업보조금지급(3차)	524	1	8	7	8	7	5	5	4
28448	전남 영광군	제13회해남땅끝배생활체육족구대회참가지원	500	1	8	7	8	7	5	5	4
28449	전남 영광군	제18회전라남도농구협회장배농구대회참가지원	500	1	8	7	8	7	5	5	4
28450	전남 영광군	2023년꿀벌산업육성지원사업(한봉)보조금지급(1차)	500	1	8	7	8	7	5	5	4
28451	전남 영광군	2023년꿀벌산업육성지원사업(한봉)보조금지급(최종)	500	1	8	7	8	7	5	5	4
28452	전남 영광군	2023년유기가공식품인증비지원사업보조금지급(1차)	493	1	8	7	8	7	5	5	4
28453	전남 영광군	2023년구제역백신접종자동연속주사기지원사업보조금지급및정산결과알림(최종)	490	1	8	7	8	7	5	5	4
28454	전남 영광군	2023영광군장애인체육회생활체육지도자지원보조금추가교부결정및송금알림	480	1	8	7	8	7	5	5	4
28455	전남 영광군	2023년학교우유급식확대지원(도자체)사업배송비지급	437	1	8	7	8	7	5	5	4
28456	전남 영광군	섬지역생활필수품해상운송비지원사업보조금교부결정및지급(9월염산가스)	435	1	8	7	8	7	5	5	4
28457	전남 영광군	2023년한우증체율향상지원사업보조금지급(3차)	420	1	8	7	8	7	5	5	4
28458	전남 영광군	2023년유기농업자재(녹비종자)지원사업보조금지급	414	1	8	7	8	7	5	5	4
28459	전남 영광군	2023년말벌퇴치장비지원사업보조금지급(1차)	408	1	8	7	8	7	5	5	4
28460	전남 영광군	2023년유기가공식품인증비지원사업보조금지급(2차)	404	1	8	7	8	7	5	5	4
28461	전남 영광군	도서지역생활필수품해상운송비지원사업보조금교부결정및지급(5월옥당가스)	353	1	8	7	8	7	5	5	4
28462	전남 영광군	2023년노동절감형생분해성멀칭농자재지원사업보조금집행(2차)	334	1	8	7	8	7	5	5	4
28463	전남 영광군	도서지역생활필수품해상운송비지원사업보조금지급(7월낙원주유소)	304	1	8	7	8	7	5	5	4
28464	전남 영광군	섬지역생활필수품해상운송비지원사업보조금교부결정및지급(9월낙원주유소)	300	1	8	7	8	7	5	5	4
28465	전남 영광군	도서지역생활필수품해상운송비지원사업보조금지급(12월추가분옥당가스)	282	1	8	7	8	7	5	5	4
28466	전남 영광군	2023년국산김치사용업소식자재구입비지원사업보조금(2차)추가분집행	257	1	8	7	8	7	5	5	4
28467	전남 영광군	2023년수도권향우친환경농산물꾸러미지원사업보조금교부결정및지급	250	1	8	7	8	7	5	5	4
28468	전남 영광군	2023년축산농가생균제공급지원사업보조금지급(5차)	210	1	8	7	8	7	5	5	4
28469	전남 영광군	2023년청년월세한시특별지원사업지급(2월분)	200	1	8	7	8	7	5	5	4
28470	전남 영광군	한국농촌지도자전라남도연합회회원한마음대회참가지원사업보조금집행잔액반납	153	1	8	7	8	7	5	5	4
28471	전남 영광군	2023년청년농업인연구동아리지원사업보조금집행잔액여입	125	1	8	7	8	7	5	5	4
28472	전남 장성군	조사료생산지원	1,580,040	1	2	7	8	7	5	5	4
28473	전남 장성군	사회적기업육성(일자리창출,생활)	542,300	1	2	7	7	7	5	3	4
28474	전남 장성군	청년농업인영농정착지원	372,000	1	1	7	8	7	5	5	4
28475	전남 장성군	가축방역사업(국비지원)	362,000	1	2	7	8	7	5	5	4
28476	전남 장성군	농산물공동브랜드포장재지원	300,000	1	4	4	7	7	1	1	1

순번	시군구	지출명 (사업명)	2024년예산 (단위 : 천원 /1년간)	민간이전 분류 (지방자치단체 세출예산 집행기준에 의거) 1. 민간경상사업보조(307-02) 2. 민간단체 법정운영비보조(307-03) 3. 민간행사사업보조(307-04) 4. 민간위탁금(307-05) 5. 사회복지시설 법정운영비보조(307-10) 6. 민간인위탁교육비(307-12) 7. 공기관등에대한경상적위탁사업비(308-13) 8. 민간자본사업보조,자체재원(402-01) 9. 민간자본사업보조,이전재원(402-02) 10. 민간위탁사업비(402-03) 11. 공기관등에 대한 자본적 위탁사업비(403-02)	민간이전지출 근거 (지방보조금 관리기준 참고) 1. 법률에 규정 2. 국고보조 재원(국가지정) 3. 용도 지정 기부금 4. 조례에 직접규정 5. 지자체가 권장하는 사업을 하는 공공기관 6. 시,도 정책 및 재정사정 7. 기타 8. 해당없음	입찰방식			운영예산 산정		성과평가 실시여부
						계약체결방법 (경쟁형태) 1. 일반경쟁 2. 제한경쟁 3. 지명경쟁 4. 수의계약 5. 법정위탁 6. 기타 ( ) 7. 없음	계약기간 1. 1년 2. 2년 3. 3년 4. 4년 5. 5년 6. 기타 ( )년 7. 단기계약 (1년미만) 8. 없음	낙찰자선정방법 1. 적격심사 2. 협상에의한계약 3. 최저가낙찰제 4. 규격가격분리 5. 2단계 경쟁입찰 6. 기타 ( ) 7. 없음	운영예산 산정 1. 내부산정 (지자체 자체적으로 산정) 2. 외부산정 (외부전문기관위탁 산정) 3. 내·외부 모두 산정 4. 산정 無 5. 없음	정산방법 1. 내부정산 (지자체 내부적으로 정산) 2. 외부정산 (외부전문기관위탁 정산) 3. 내·외부 모두 산정 4. 정산 無 5. 없음	1. 실시 2. 미실시 3. 향후 추진 4. 해당없음
28477	전남 장성군	농번기마을공동급식지원	234,740	1	6	7	8	7	5	5	4
28478	전남 장성군	축산악취저감제공급사업	219,000	1	6	7	8	7	5	5	4
28479	전남 장성군	학교우유급식지원사업	216,000	1	6	7	8	7	5	5	4
28480	전남 장성군	청년농업인영농정착지원	206,700	1	1	7	8	7	5	5	4
28481	전남 장성군	취약지응급실운영기관지원	200,000	1	1,2	7	8	7	2	2	4
28482	전남 장성군	가축분뇨액비살포비지원	184,000	1	6	7	8	7	5	5	4
28483	전남 장성군	사회적농업활성화지원사업	180,000	1	2	7	8	7	3	3	4
28484	전남 장성군	취약지응급실운영기관지원(자체)	180,000	1	1,4	7	8	7	1	1	1
28485	전남 장성군	전남청년근속장려금지원사업	162,500	1	4	7	8	7	5	5	4
28486	전남 장성군	유기농업자재지원	162,500	1	2	7	8	7	5	5	4
28487	전남 장성군	일반생활체육지도자배치(활동지원)	156,465	1	1	7	8	7	1	1	4
28488	전남 장성군	어르신생활체육지도자배치(활동지원)	156,465	1	1	7	8	7	1	1	4
28489	전남 장성군	청년농업인영농정착지원	145,800	1	1	7	8	7	5	5	4
28490	전남 장성군	여성농업인센터운영지원	140,000	1	1	7	8	7	5	5	4
28491	전남 장성군	전라남도단위체육대회참가	140,000	1	1	7	8	7	1	1	1
28492	전남 장성군	소상공인지원	130,000	1	4	7	8	7	5	3	1
28493	전남 장성군	새일여성인턴운영	129,200	1	1	7	8	7	5	5	4
28494	전남 장성군	친환경농자재지원	126,000	1	4	7	8	7	5	5	1
28495	전남 장성군	소상공인지원	120,000	1	4	7	8	7	5	3	1
28496	전남 장성군	축산환경개선및축산기반구축	120,000	1	6	7	8	7	5	5	4
28497	전남 장성군	청년농업인영농정착지원	119,600	1	1	7	8	7	5	5	4
28498	전남 장성군	공동방제단운영(운영비)	116,648	1	2	7	8	7	5	5	4
28499	전남 장성군	교육시설신선과일간식확대지원	110,000	1	4	7	8	7	5	5	1
28500	전남 장성군	농업환경보전프로그램	105,000	1	2	7	8	7	5	5	4
28501	전남 장성군	영농부산물안전처리지원	105,000	1	2	7	8	7	5	5	4
28502	전남 장성군	가축분뇨퇴액비화지원사업	103,320	1	6	7	8	7	5	5	4
28503	전남 장성군	축산농가생산기반확충사업	100,000	1	6	7	8	7	5	5	4
28504	전남 장성군	한우송아지브랜드육성사업(전환사업)	100,000	1	7	7	8	7	5	5	4
28505	전남 장성군	치매안심요양병원확충(공공사업지원)	100,000	1	2	7	1	7	2	1	4
28506	전남 장성군	공동방제단운영비(재료비)	95,188	1	2	7	8	7	5	5	4
28507	전남 장성군	전국지방자치단체일자리대상상사업비	85,000	1	8	7	8	7	5	5	4
28508	전남 장성군	장성군통합마케팅활성화사업	85,000	1	5	6	7	7	1	1	1
28509	전남 장성군	꿈사다리공부방지원	82,320	1	2	7	7	7	1	1	4
28510	전남 장성군	전통산사문화재활용사업	80,000	1	2	7	1	7	5	1	4
28511	전남 장성군	농촌인력센터지원	80,000	1	2	7	8	7	3	1	4
28512	전남 장성군	꿀벌육성사업	80,000	1	6	7	8	7	5	5	4
28513	전남 장성군	전라남도단위체육대회참가	80,000	1	1	7	8	7	1	1	1
28514	전남 장성군	과수통합마케팅운영지원	72,000	1	6	6	7	7	1	1	4
28515	전남 장성군	장성문화원지원	68,000	1	6	7	1	7	5	1	4
28516	전남 장성군	조사료생산지원	60,835	1	2	7	8	7	5	5	4

순번	시군구	지출명 (사업명)	2024년예산 (단위 : 천원 /1년간)	민간이전 분류 (지방자치단체 세출예산 집행기준에 의거) 1. 민간경상사업보조(307-02) 2. 민간단체 법정운영비보조(307-03) 3. 민간행사사업보조(307-04) 4. 민간위탁금(307-05) 5. 사회복지시설 법정운영비보조(307-10) 6. 민간인위탁교육비(307-12) 7. 공기관등에대한경상적위탁사업비(308-13) 8. 민간자본사업보조,자체재원(402-01) 9. 민간자본사업보조,이전재원(402-02) 10. 민간위탁사업비(402-03) 11. 공기관등에 대한 자본적 위탁사업비(403-02)	민간이전지출 근거 (지방보조금 관리기준 참고) 1. 법률에 규정 2. 국고보조 재원(국가지정) 3. 용도 지정 기부금 4. 조례에 직접규정 5. 지자체가 권장하는 사업을 하는 공공기관 6. 시,도 정책 및 재정사정 7. 기타 8. 해당없음	입찰방식 계약체결방법 (경쟁형태) 1. 일반경쟁 2. 제한경쟁 3. 지명경쟁 4. 수의계약 5. 법정위탁 6. 기타 ( ) 7. 없음	입찰방식 계약기간 1. 1년 2. 2년 3. 3년 4. 4년 5. 5년 6. 기타 ( )년 7. 단기계약 (1년미만) 8. 없음	입찰방식 낙찰자선정방법 1. 적격심사 2. 협상에의한계약 3. 최저가낙찰제 4. 규격가격분리 5. 2단계 경쟁입찰 6. 기타 ( ) 7. 없음	운영예산 산정 운영예산 산정 1. 내부산정 (지자체 자체적으로 산정) 2. 외부산정 (외부전문기관위탁 산정) 3. 내·외부 모두 산정 4. 산정 無 5. 없음	운영예산 산정 정산방법 1. 내부정산 (지자체 내부적으로 정산) 2. 외부정산 (외부전문기관위탁 정산) 3. 내·외부 모두 산정 4. 정산 無 5. 없음	성과평가 실시여부 1. 실시 2. 미실시 3. 향후 추진 4. 해당없음
28517	전남 장성군	축산물이력관리지원	57,600	1	2	7	8	7	5	5	4
28518	전남 장성군	전남친환경농산물판촉활동지원	56,820	1	6	7	8	7	5	5	4
28519	전남 장성군	학교우유급식지원	54,000	1	2	7	8	7	5	5	4
28520	전남 장성군	공동선별비(농산물공동선별비지원사업)	53,661	1	2	6	7	7	1	1	4
28521	전남 장성군	축산환경개선및축산기반구축	50,000	1	6	7	8	7	5	5	4
28522	전남 장성군	축산환경개선및축산기반구축	50,000	1	6	7	8	7	5	5	4
28523	전남 장성군	양봉산업육성	50,000	1	6	7	8	7	5	5	4
28524	전남 장성군	장성군통합마케팅활성화사업	50,000	1	2	6	7	7	1	1	1
28525	전남 장성군	고품질양파육성	50,000	1	4	4	7	7	1	1	1
28526	전남 장성군	군부대신선과일간식지원사업	50,000	1	4	7	8	7	5	5	4
28527	전남 장성군	축산악취저감제공급사업	49,000	1	6	7	8	7	5	5	4
28528	전남 장성군	어르신등체험활동건강꾸러미지원	48,000	1	2	4	1	7	5	1	4
28529	전남 장성군	구제역및AI예방약품구입지원(가축방역)	46,800	1	2	7	8	7	5	5	4
28530	전남 장성군	장성문화원지원	45,000	1	4	7	1	7	5	1	1
28531	전남 장성군	전남여성경력채움인턴십지원사업	44,000	1	8	7	8	7	5	5	4
28532	전남 장성군	농산어촌체험마을사무장채용지원	43,430	1	6	4	1	7	5	1	4
28533	전남 장성군	지속가능한과수육성	42,500	1	4	4	7	7	1	1	1
28534	전남 장성군	사회적기업육성(일자리창출,생활)	41,500	1	2	7	7	7	5	3	1
28535	전남 장성군	축산농가사육기반조성및경쟁력강화지원	41,020	1	6	7	8	7	5	5	4
28536	전남 장성군	임산물상품화지원	40,000	1	2	7	6	7	5	5	4
28537	전남 장성군	딸기육묘용상토지원	40,000	1	4	4	7	7	1	1	1
28538	전남 장성군	식량작물공동경영체육성사업(교육컨설팅)	39,600	1	2	7	8	7	1	1	4
28539	전남 장성군	문화예술단체지원	37,000	1	4	7	1	7	5	1	1
28540	전남 장성군	소상공인지원	36,000	1	6	7	8	7	5	3	4
28541	전남 장성군	지역방송사활용농축수산물판촉지원사업	36,000	1	6	4	7	7	1	1	4
28542	전남 장성군	경로당운영지원	35,262	1	4	1	1	7	1	1	1
28543	전남 장성군	마을공동체만들기육성	35,000	1	4	7	7	7	5	3	4
28544	전남 장성군	벼모판1회처리방제시범	34,875	1	6	7	8	7	5	5	4
28545	전남 장성군	로컬푸드출하농가포장재비지원	34,650	1	6	7	8	7	5	5	4
28546	전남 장성군	국산김치사용업소식자재구입비지원	34,000	1	6	4	1	7	5	1	4
28547	전남 장성군	장애인생활체육지도자배치(활동지원)	31,140	1	1	7	8	7	1	1	4
28548	전남 장성군	장성문화원지원	30,000	1	4	7	1	7	5	1	1
28549	전남 장성군	농어촌공중목욕장운영지원	30,000	1	4	1	3	1	1	1	4
28550	전남 장성군	환경교육프로그램운영	30,000	1	6	7	8	7	5	1	4
28551	전남 장성군	축산환경개선및축산기반구축	30,000	1	6	7	8	7	5	5	4
28552	전남 장성군	평생교육활성화	30,000	1	4	7	8	7	1	1	1
28553	전남 장성군	가루쌀생산단지조성사업	28,000	1	2	7	8	7	1	1	4
28554	전남 장성군	식량작물공동경영체육성사업(교육컨설팅)	27,000	1	2	7	8	7	1	1	4
28555	전남 장성군	축산농가생산기반확충사업	26,880	1	6	7	8	7	5	5	4
28556	전남 장성군	도시군협업농축산물판촉기획전	26,800	1	6	6	7	7	1	1	4

순번	시군구	지출명 (사업명)	2024년예산 (단위 : 천원 /1년간)	민간이전 분류 (지방자치단체 세출예산 집행기준에 의거) 1. 민간경상사업보조(307-02) 2. 민간단체 법정운영비보조(307-03) 3. 민간행사사업보조(307-04) 4. 민간위탁금(307-05) 5. 사회복지시설 법정운영비보조(307-10) 6. 민간인위탁교육비(307-12) 7. 공기관등에대한경상적위탁사업비(308-13) 8. 민간자본사업보조,자체재원(402-01) 9. 민간자본사업보조,이전재원(402-02) 10. 민간위탁사업비(402-03) 11. 공기관등에 대한 자본적 위탁사업비(403-02)	민간이전지출 근거 (지방보조금 관리기준 참고) 1. 법률에 규정 2. 국고보조 재원(국가지정) 3. 용도 지정 기부금 4. 조례에 직접규정 5. 지자체가 권장하는 사업을 하는 공공기관 6. 시,도 정책 및 재정사정 7. 기타 8. 해당없음	입찰방식 계약체결방법 (경쟁형태) 1. 일반경쟁 2. 제한경쟁 3. 지명경쟁 4. 수의계약 5. 법정위탁 6. 기타 ( ) 7. 없음	입찰방식 계약기간 1. 1년 2. 2년 3. 3년 4. 4년 5. 5년 6. 기타 ( )년 7. 단기계약 (1년미만) 8. 없음	입찰방식 낙찰자선정방법 1. 적격심사 2. 협상에의한계약 3. 최저가낙찰제 4. 규격가격분리 5. 2단계 경쟁입찰 6. 기타 ( ) 7. 없음	운영예산 산정 운영예산 산정 1. 내부산정 (지자체 자체적으로 산정) 2. 외부산정 (외부전문기관위탁 산정) 3. 내·외부 모두 산정 4. 산정 無 5. 없음	운영예산 산정 정산방법 1. 내부정산 (지자체 내부적으로 정산) 2. 외부정산 (외부전문기관위탁 정산) 3. 내·외부 모두 산정 4. 정산 無 5. 없음	성과평가 실시여부 1. 실시 2. 미실시 3. 향후 추진 4. 해당없음
28557	전남 장성군	저탄소농업활성화(바이오차)지원	26,724	1	6	4	7	7	1	1	4
28558	전남 장성군	임산물상품화지원(자체)	26,000	1	2	7	6	7	5	5	4
28559	전남 장성군	친환경쌀홍보용샘플제작지원	24,000	1	6	7	8	7	5	5	4
28560	전남 장성군	축산농가사육기반조성및경쟁력강화지원	23,800	1	6	7	8	7	5	5	4
28561	전남 장성군	유기농업자재지원	23,143	1	2	7	8	7	5	5	4
28562	전남 장성군	자원봉사활동지원	22,500	1	4	6	7	7	1	1	1
28563	전남 장성군	초등돌봄교실과일간식지원사업	22,500	1	2	7	8	7	5	5	4
28564	전남 장성군	등록미술관지원	22,000	1	6	7	1	7	5	1	4
28565	전남 장성군	이장관리	21,000	1	4	7	8	7	1	5	4
28566	전남 장성군	폭염등기후변화대비가축사육환경개선	20,500	1	6	7	8	7	5	5	4
28567	전남 장성군	원예작물연작장해경감제지원	20,160	1	6	4	7	7	1	1	4
28568	전남 장성군	행복드림돌봄공동체지원사업	20,000	1	8	7	8	7	5	5	4
28569	전남 장성군	예비마을기업육성	20,000	1	2	7	7	7	5	3	4
28570	전남 장성군	백양사소장문화재승격조사	20,000	1	6	7	1	7	5	1	4
28571	전남 장성군	축산악취저감제공급사업	20,000	1	6	7	8	7	5	5	4
28572	전남 장성군	푸드플랜구축지원(거버넌스활성화)	20,000	1	2	7	8	7	5	5	4
28573	전남 장성군	학교연계형한종목공공스포츠클럽지원	20,000	1	1	7	8	7	1	1	1
28574	전남 장성군	전라남도단위체육대회참가	20,000	1	1	7	8	7	1	1	1
28575	전남 장성군	농산물온라인판매확대	19,200	1	6	4	7	7	1	1	4
28576	전남 장성군	전라남도단위체육대회참가	18,000	1	1	7	8	7	1	1	1
28577	전남 장성군	전라남도단위체육대회참가	18,000	1	1	7	8	7	1	1	1
28578	전남 장성군	보훈관련행사및보훈단체지원	17,600	1	4	7	8	7	1	1	1
28579	전남 장성군	장성문화원지원	17,280	1	4	7	1	7	5	1	1
28580	전남 장성군	보육지원	17,000	1	1	7	7	7	1	1	1
28581	전남 장성군	전통식품기술교육	17,000	1	4	4	1	7	5	1	4
28582	전남 장성군	친환경농업협회조직활성화지원	16,580	1	6	7	8	7	5	5	4
28583	전남 장성군	학교예술강사지원	16,430	1	2	7	1	7	5	1	4
28584	전남 장성군	귀농인우수창업활성화지원사업	16,000	1	6	7	8	7	5	5	4
28585	전남 장성군	장애인행사및단체지원	15,000	1	1	7	8	7	1	1	1
28586	전남 장성군	내수면어업환경개선사업	15,000	1	6	7	8	7	5	5	4
28587	전남 장성군	농산물수출물류비대체사업	15,000	1	6	4	7	7	1	1	4
28588	전남 장성군	종합형공공스포츠클럽지원	15,000	1	1	7	8	7	1	1	1
28589	전남 장성군	친환경농산물계약재배청년농가육성사업	14,400	1	6	7	8	7	5	5	4
28590	전남 장성군	장성유림회관지원	14,000	1	4	7	1	7	5	1	1
28591	전남 장성군	축산농가사육기반조성및경쟁력강화지원	14,000	1	6	7	8	7	5	5	4
28592	전남 장성군	낙농환경(질병)개선지원	14,000	1	6	7	8	7	5	5	4
28593	전남 장성군	보훈관련행사및보훈단체지원	13,600	1	4	7	8	7	1	1	1
28594	전남 장성군	민주평화통일자문회의장성군협의회지원	12,900	1	1	7	8	7	1	1	4
28595	전남 장성군	축산농가생산기반확충사업	12,096	1	6	7	8	7	5	5	4
28596	전남 장성군	주민자치활성화지원	12,000	1	4	7	8	7	1	1	4

순번	시군구	지출명 (사업명)	2024년예산 (단위 : 천원 /1년간)	민간이전 분류 (지방자치단체 세출예산 집행기준에 의거) 1. 민간경상사업보조(307-02) 2. 민간단체 법정운영비보조(307-03) 3. 민간행사사업보조(307-04) 4. 민간위탁금(307-05) 5. 사회복지시설 법정운영비보조(307-10) 6. 민간인위탁교육비(307-12) 7. 공기관등에대한경상적위탁사업비(308-13) 8. 민간자본사업보조,자체재원(402-01) 9. 민간자본사업보조,이전재원(402-02) 10. 민간위탁사업비(402-03) 11. 공기관등에 대한 자본적 위탁사업비(403-02)	민간이전지출 근거 (지방보조금 관리기준 참고) 1. 법률에 규정 2. 국고보조 재원(국가지정) 3. 용도 지정 기부금 4. 조례에 직접규정 5. 지자체가 권장하는 사업을 하는 공공기관 6. 시,도 정책 및 재정사정 7. 기타 8. 해당없음	입찰방식: 계약체결방법 (경쟁형태) 1. 일반경쟁 2. 제한경쟁 3. 지명경쟁 4. 수의계약 5. 법정위탁 6. 기타 ( ) 7. 없음	입찰방식: 계약기간 1. 1년 2. 2년 3. 3년 4. 4년 5. 5년 6. 기타 ( )년 7. 단기계약 (1년미만) 8. 없음	입찰방식: 낙찰자선정방법 1. 적격심사 2. 협상에의한계약 3. 최저가낙찰제 4. 규격가격분리 5. 2단계 경쟁입찰 6. 기타 ( ) 7. 없음	운영예산 산정: 운영예산 산정 1. 내부산정 (지자체 자체적으로 산정) 2. 외부산정 (외부전문기관위탁 산정) 3. 내·외부 모두 산정 4. 산정 無 5. 없음	운영예산 산정: 정산방법 1. 내부정산 (지자체 내부적으로 정산) 2. 외부정산 (외부전문기관위탁 정산) 3. 내·외부 모두 산정 4. 정산 無 5. 없음	성과평가 실시여부 1. 실시 2. 미실시 3. 향후 추진 4. 해당없음
28597	전남 장성군	쌀홍보및판촉지원	12,000	1	4	7	8	7	5	5	1
28598	전남 장성군	TV홈쇼핑방송판매지원	12,000	1	6	4	7	7	1	1	4
28599	전남 장성군	생활체육지도자처우개선지원	12,000	1	1	7	8	7	1	1	4
28600	전남 장성군	생활체육지도자처우개선지원	12,000	1	1	7	8	7	1	1	4
28601	전남 장성군	무농약딸기생산상품성향상시범	11,900	1	4	7	8	7	5	5	1
28602	전남 장성군	우수여왕벌보급사업	11,520	1	2	7	8	7	5	5	4
28603	전남 장성군	축산물HACCP컨설팅	11,200	1	2	7	8	7	5	5	4
28604	전남 장성군	경로당운영지원(자체)	10,375	1	4	1	1	7	1	1	1
28605	전남 장성군	미래무형문화유산발굴,육성사업	10,080	1	2	7	1	7	5	1	4
28606	전남 장성군	법무및소송업무지원	10,000	1	1	7	1	7	1	1	1
28607	전남 장성군	주민자치활성화지원	10,000	1	4	7	8	7	1	1	4
28608	전남 장성군	내수면어업환경개선사업	10,000	1	6	7	8	7	5	5	4
28609	전남 장성군	도지사품질인증제품지원	10,000	1	6	4	1	7	5	1	4
28610	전남 장성군	전라남도단위체육대회참가	10,000	1	1	7	8	7	1	1	1
28611	전남 장성군	평생교육활성화	10,000	1	4	7	8	7	1	1	1
28612	전남 장성군	문화예술단체지원	9,000	1	4	7	1	7	5	1	1
28613	전남 장성군	전라남도단위체육대회참가	9,000	1	1	7	8	7	1	1	1
28614	전남 장성군	중소기업육성	8,500	1	8	7	8	7	5	5	4
28615	전남 장성군	농촌생활과학기술교육	8,500	1	4	7	8	7	5	5	4
28616	전남 장성군	신중년희망일자리장려금	8,000	1	4	7	8	7	5	5	4
28617	전남 장성군	축산환경개선및축산기반구축	8,000	1	6	7	8	7	5	5	4
28618	전남 장성군	수산물유통가공산업육성	8,000	1	6	7	8	7	5	5	4
28619	전남 장성군	일반생활체육지도자배치(활동지원)	8,000	1	1	7	8	7	1	1	1
28620	전남 장성군	어르신생활체육지도자배치(활동지원)	8,000	1	1	7	8	7	1	1	1
28621	전남 장성군	전라남도단위체육대회참가	8,000	1	1	7	8	7	1	1	1
28622	전남 장성군	행정동우회	7,200	1	1	7	8	7	1	1	4
28623	전남 장성군	노동절감형생분해성멀칭농자재지원	7,133	1	6	4	7	7	1	1	4
28624	전남 장성군	새마을운동조직활성화사업	7,000	1	1	7	8	7	5	1	4
28625	전남 장성군	문화예술단체지원	7,000	1	4	7	1	7	5	1	1
28626	전남 장성군	축산농가사육기반조성및경쟁력강화지원	7,000	1	6	7	8	7	5	5	4
28627	전남 장성군	축산농가사육기반조성및경쟁력강화지원	7,000	1	6	7	8	7	5	5	4
28628	전남 장성군	농어촌민박소방시설지원	7,000	1	6	4	1	7	5	1	4
28629	전남 장성군	식품제조업체가동률제고지원사업(전환사업)	7,000	1	6	4	1	7	5	1	4
28630	전남 장성군	4H회육성	7,000	1	4	7	8	7	5	5	1
28631	전남 장성군	민간인희생자위령제지원사업	6,000	1	4	7	8	7	1	1	4
28632	전남 장성군	교통지도	6,000	1	1	7	8	7	1	1	1
28633	전남 장성군	문화예술단체지원	5,100	1	4	7	1	7	5	1	1
28634	전남 장성군	장성예총지원	5,000	1	4	7	1	7	5	1	1
28635	전남 장성군	자원봉사활성화지원	5,000	1	6	7	7	7	1	1	4
28636	전남 장성군	도지사품질인증제품자가품질검사비지원사업	4,725	1	6	4	1	7	5	1	4

순번	시군구	지출명 (사업명)	2024년예산 (단위 : 천원 /1년간)	민간이전 분류 (지방자치단체 세출예산 집행기준에 의거) 1. 민간경상사업보조(307-02) 2. 민간단체 법정운영비보조(307-03) 3. 민간행사사업보조(307-04) 4. 민간위탁금(307-05) 5. 사회복지시설 법정운영비보조(307-10) 6. 민간인위탁교육비(307-12) 7. 공기관등에대한경상적위탁사업비(308-13) 8. 민간자본사업보조,자체재원(402-01) 9. 민간자본사업보조,이전재원(402-02) 10. 민간위탁사업비(402-03) 11. 공기관등에 대한 자본적 위탁사업비(403-02)	민간이전지출 근거 (지방보조금 관리기준 참고) 1. 법률에 규정 2. 국고보조 재원(국가지정) 3. 용도 지정 기부금 4. 조례에 직접규정 5. 지자체가 권장하는 사업을 하는 공공기관 6. 시,도 정책 및 재정사정 7. 기타 8. 해당없음	입찰방식			운영예산 산정		성과평가 실시여부
						계약체결방법 (경쟁형태) 1. 일반경쟁 2. 제한경쟁 3. 지명경쟁 4. 수의계약 5. 법정위탁 6. 기타 ( ) 7. 없음	계약기간 1. 1년 2. 2년 3. 3년 4. 4년 5. 5년 6. 기타 ( )년 7. 단기계약 (1년미만) 8. 없음	낙찰자선정방법 1. 적격심사 2. 협상에의한계약 3. 최저가낙찰제 4. 규격가격분리 5. 2단계 경쟁입찰 6. 기타 ( ) 7. 없음	운영예산 산정 1. 내부산정 (지자체 자체적으로 산정) 2. 외부산정 (외부전문기관위탁 산정) 3. 내·외부 모두 산정 4. 산정 無 5. 없음	정산방법 1. 내부정산 (지자체 내부적으로 정산) 2. 외부정산 (외부전문기관위탁 정산) 3. 내·외부 모두 산정 4. 정산 無 5. 없음	1. 실시 2. 미실시 3. 향후 추진 4. 해당없음
28637	전남 장성군	자원봉사활성화지원	4,700	1	6	7	7	7	1	1	1
28638	전남 장성군	장성군장애인체육회지원	4,500	1	1	7	8	7	1	1	1
28639	전남 장성군	유기농생태마을사무장활동비지원	4,400	1	6	7	8	7	5	5	4
28640	전남 장성군	생활개선회육성	4,250	1	4	7	8	7	5	5	1
28641	전남 장성군	노인요양시설구강위생사업	4,180	1	1	7	8	1	1	3	4
28642	전남 장성군	다문화가족지원	4,000	1	7	7	8	7	1	1	1
28643	전남 장성군	아동문화활동지원	4,000	1	2	7	8	7	1	1	1
28644	전남 장성군	청소년활동지원	4,000	1	4	7	8	7	1	1	1
28645	전남 장성군	청년4H회중앙대회참여및교육지원	4,000	1	6	7	8	7	5	5	4
28646	전남 장성군	청년4H회중앙대회참여및교육지원	4,000	1	6	7	8	7	5	5	4
28647	전남 장성군	장애인수어교실운영	3,800	1	1	7	8	7	1	1	4
28648	전남 장성군	농업인및후계농업경영인육성	3,400	1	4	7	8	7	5	5	1
28649	전남 장성군	농업인및후계농업경영인육성	3,400	1	4	7	8	7	5	5	1
28650	전남 장성군	농촌지도자회육성	3,400	1	4	7	8	7	5	5	1
28651	전남 장성군	법무및소송업무지원	3,000	1	4	7	8	7	1	1	1
28652	전남 장성군	새마을운동조직활성화사업	3,000	1	1	7	8	7	5	1	4
28653	전남 장성군	사회질서의식함양과치안협력지원	3,000	1	1	7	8	7	5	1	4
28654	전남 장성군	보훈관련행사및보훈단체지원	3,000	1	4	7	8	7	1	1	1
28655	전남 장성군	보훈관련행사및보훈단체지원	3,000	1	4	7	8	7	1	1	1
28656	전남 장성군	임업단체육성지도	3,000	1	4	7	6	7	5	5	1
28657	전남 장성군	임업단체육성지도	3,000	1	4	7	6	7	5	5	1
28658	전남 장성군	농촌관광주체육성지원(안전화재보험)	2,647	1	6	4	1	7	5	1	4
28659	전남 장성군	농업인및후계농업경영인육성	2,600	1	4	7	8	7	5	5	1
28660	전남 장성군	나라사랑안보고취활성화사업	2,500	1	1	7	8	7	5	1	4
28661	전남 장성군	사회질서의식함양과치안협력지원	2,500	1	1	7	8	7	5	1	4
28662	전남 장성군	유기가공식품지원	2,400	1	6	4	1	7	5	1	4
28663	전남 장성군	행정동우회	2,000	1	1	7	8	7	1	1	4
28664	전남 장성군	행정동우회	2,000	1	1	7	8	7	1	1	4
28665	전남 장성군	녹색생활실천바르게살기운동	2,000	1	1	7	8	7	5	1	4
28666	전남 장성군	보훈관련행사및보훈단체지원	2,000	1	4	7	8	7	1	1	1
28667	전남 장성군	보훈관련행사및보훈단체지원	2,000	1	4	7	8	7	1	1	1
28668	전남 장성군	청소년활동지원	2,000	1	4	1	1	1	1	1	1
28669	전남 장성군	청소년활동지원	2,000	1	4	1	1	1	1	1	1
28670	전남 장성군	경로당운영지원(자체)	2,000	1	4	1	1	7	1	1	1
28671	전남 장성군	교통지도	2,000	1	1	7	8	7	1	1	1
28672	전남 장성군	장애인생활체육지도자배치(활동지원)	2,000	1	1	7	8	7	1	1	4
28673	전남 장성군	청소년유해환경개선	1,600	1	4	1	1	1	1	1	1
28674	전남 장성군	새마을운동조직활성화사업	1,500	1	1	7	8	7	5	1	4
28675	전남 장성군	유실및유기동물입양비지원	1,500	1	2	7	8	7	5	5	4
28676	전남 장성군	여성농업인학습단체육성	1,500	1	6	7	8	7	5	5	4

순번	시군구	지출명 (사업명)	2024년예산 (단위 : 천원 /1년간)	민간이전 분류 (지방자치단체 세출예산 집행기준에 의거) 1. 민간경상사업보조(307-02) 2. 민간단체 법정운영비보조(307-03) 3. 민간행사사업보조(307-04) 4. 민간위탁금(307-05) 5. 사회복지시설 법정운영비보조(307-10) 6. 민간인위탁교육비(307-12) 7. 공기관등에대한경상적위탁사업비(308-13) 8. 민간자본사업보조,자체재원(402-01) 9. 민간자본사업보조,이전재원(402-02) 10. 민간위탁사업비(402-03) 11. 공기관등에 대한 자본적 위탁사업비(403-02)	민간이전지출 근거 (지방보조금 관리기준 참고) 1. 법률에 규정 2. 국고보조 재원(국가지정) 3. 용도 지정 기부금 4. 조례에 직접규정 5. 지자체가 권장하는 사업을 하는 공공기관 6. 시,도 정책 및 재정사정 7. 기타 8. 해당없음	입찰방식 계약체결방법 (경쟁형태) 1. 일반경쟁 2. 제한경쟁 3. 지명경쟁 4. 수의계약 5. 법정위탁 6. 기타 ( ) 7. 없음	입찰방식 계약기간 1. 1년 2. 2년 3. 3년 4. 4년 5. 5년 6. 기타 ( )년 7. 단기계약 (1년미만) 8. 없음	입찰방식 낙찰자선정방법 1. 적격심사 2. 협상에의한계약 3. 최저가낙찰제 4. 규격가격분리 5. 2단계 경쟁입찰 6. 기타 ( ) 7. 없음	운영예산 산정 운영예산 산정 1. 내부산정 (지자체 자체적으로 산정) 2. 외부산정 (외부전문기관위탁 산정) 3. 내·외부 모두 산정 4. 산정 無 5. 없음	운영예산 산정 정산방법 1. 내부정산 (지자체 내부적으로 정산) 2. 외부정산 (외부전문기관위탁 정산) 3. 내·외부 모두 산정 4. 정산 無 5. 없음	성과평가 실시여부 1. 실시 2. 미실시 3. 향후 추진 4. 해당없음
28677	전남 장성군	새마을운동조직활성화사업	1,200	1	1	7	8	7	5	1	4
28678	전남 장성군	장애인생활체육지도자처우개선비지원	1,200	1	1	7	8	7	1	1	4
28679	전남 장성군	전남쌀평생고객확보택배비지원	1,000	1	6	7	8	7	5	5	4
28680	전남 장성군	일반생활체육지도자배치(활동지원)	820	1	1	7	8	7	1	1	4
28681	전남 장성군	어르신생활체육지도자배치(활동지원)	820	1	1	7	8	7	1	1	4
28682	전남 장성군	장애인생활체육지도자배치(활동지원)	162	1	1	7	8	7	1	1	4
28683	전남 진도군	인증부표보급지원사업	1,750,000	1	2	7	8	7	1	1	4
28684	전남 진도군	유기질비료지원사업	1,712,704	1	2	7	8	7	5	5	4
28685	전남 진도군	농촌신활력플러스사업역량강화프로그램운영	1,533,590	1	6	7	8	7	1	1	4
28686	전남 진도군	친환경유기농업자재지원사업	985,967	1	7	7	8	7	5	5	4
28687	전남 진도군	친환경에너지보급사업(히트펌프)	800,000	1	2	6	8	7	1	1	1
28688	전남 진도군	여성농어업인행복바우처지원사업	660,000	1	6	7	8	7	1	1	4
28689	전남 진도군	벼병해충모판관주처리약제비지원	450,000	1	6	7	8	7	5	5	4
28690	전남 진도군	채소가격안정제운송비지원사업	439,040	1	4	7	8	7	1	1	1
28691	전남 진도군	진도특산물포장재지원사업	404,000	1	1,4	7	8	7	1	1	1
28692	전남 진도군	민간병원인공신장실인건비지원	396,600	1	4	7	8	7	1	1	1
28693	전남 진도군	어선원재해보험료지원	377,000	1	2	7	8	7	1	1	4
28694	전남 진도군	포장재제작지원사업	360,000	1	1,4	7	8	7	1	1	1
28695	전남 진도군	청년농업인영농정착지원금	322,100	1	2	7	8	7	5	5	4
28696	전남 진도군	토양개량제지원사업	316,237	1	2	7	8	7	5	5	4
28697	전남 진도군	김육·해상채묘지원	300,000	1	4	7	8	7	1	1	1
28698	전남 진도군	전남청년문화복지카드	276,800	1	4	7	8	7	5	5	4
28699	전남 진도군	어선재해보험료지원	252,900	1	2	7	8	7	1	1	4
28700	전남 진도군	의료취약지소아청소년과운영지원	250,000	1	2	7	8	7	3	3	1
28701	전남 진도군	민간병원소아청소년과인건비지원	249,600	1	4	7	8	7	1	1	1
28702	전남 진도군	공동선별비지원사업	243,827	1	2	7	8	7	3	3	1
28703	전남 진도군	주말진도개Dog스포츠및학습체험장프로그램운영지원	226,800	1	4	7	8	7	1	1	1
28704	전남 진도군	전복양식소모성기자재구입비지원(박리제등)	220,000	1	4	7	8	7	1	1	1
28705	전남 진도군	전복가두리담수피해저감그물및하부틀지원	214,000	1	4	7	8	7	1	1	1
28706	전남 진도군	농번기마을공동급식지원사업	210,000	1	6	7	8	7	1	1	4
28707	전남 진도군	장애인콜택시운영비지원	205,786	1	1	4	3	1	1	1	2
28708	전남 진도군	전복종자소모성기자재구입비지원(박리제등)	200,000	1	4	7	8	7	1	1	1
28709	전남 진도군	투자기업입지보조금	198,100	1	4	7	8	7	5	5	4
28710	전남 진도군	대파품질개선광폭멀칭필름지원사업	180,000	1	4	7	8	7	1	1	1
28711	전남 진도군	물김채취망규격화지원	176,450	1	4	6	8	7	1	1	1
28712	전남 진도군	전복유통상자단일화보급지원사업	170,000	1	1,4	7	8	7	1	1	1
28713	전남 진도군	제63회전라남도체육대회출전	160,000	1	8	7	8	7	5	5	4
28714	전남 진도군	청년어업인영어정착지원	158,400	1	8	7	8	7	5	5	3
28715	전남 진도군	민간병원응급실인건비지원	156,000	1	4	7	8	7	1	1	1
28716	전남 진도군	양식수산물재해보험료지원	150,000	1	7	7	8	7	5	1	3

순번	시군구	지출명 (사업명)	2024년예산 (단위 : 천원 /1년간)	민간이전 분류 (지방자치단체 세출예산 집행기준에 의거) 1. 민간경상사업보조(307-02) 2. 민간단체 법정운영비보조(307-03) 3. 민간행사사업보조(307-04) 4. 민간위탁금(307-05) 5. 사회복지시설 법정운영비보조(307-10) 6. 민간인위탁교육비(307-12) 7. 공기관등에대한경상적위탁사업비(308-13) 8. 민간자본사업보조,자체재원(402-01) 9. 민간자본사업보조,이전재원(402-02) 10. 민간위탁사업비(402-03) 11. 공기관등에 대한 자본적 위탁사업비(403-02)	민간이전지출 근거 (지방보조금 관리기준 참고) 1. 법률에 규정 2. 국고보조 재원(국가지정) 3. 용도 지정 기부금 4. 조례에 직접규정 5. 지자체가 권장하는 사업을 하는 공공기관 6. 시,도 정책 및 재정사정 7. 기타 8. 해당없음	입찰방식			운영예산 산정		성과평가 실시여부
						계약체결방법 (경쟁형태) 1. 일반경쟁 2. 제한경쟁 3. 지명경쟁 4. 수의계약 5. 법정위탁 6. 기타 ( ) 7. 없음	계약기간 1. 1년 2. 2년 3. 3년 4. 4년 5. 5년 6. 기타 ( )년 7. 단기계약 (1년미만) 8. 없음	낙찰자선정방법 1. 적격심사 2. 협상에의한계약 3. 최저가낙찰제 4. 규격가격분리 5. 2단계 경쟁입찰 6. 기타 ( ) 7. 없음	운영예산 산정 1. 내부산정 (지자체 자체적으로 산정) 2. 외부산정 (외부전문기관위탁 산정) 3. 내·외부 모두 산정 4. 산정 無 5. 없음	정산방법 1. 내부정산 (지자체 내부적으로 정산) 2. 외부정산 (외부전문기관위탁 정산) 3. 내·외부 모두 산정 4. 정산 無 5. 없음	1. 실시 2. 미실시 3. 향후 추진 4. 해당없음
28717	전남 진도군	친환경에너지보급시설(히트펌프)임대료지원	150,000	1	4	7	8	7	1	1	1
28718	전남 진도군	마른김협회포장재지원사업	150,000	1	1,4	7	8	7	1	1	1
28719	전남 진도군	친환경에너지보급사업(인버터)	144,000	1	2	6	8	7	1	1	1
28720	전남 진도군	등록사립미술관운영보조	132,000	1	8	7	8	7	5	5	4
28721	전남 진도군	일반생활체육지도자배치인건비	122,122	1	8	7	8	7	5	5	4
28722	전남 진도군	친환경에너지절감장비보급사업	121,608	1	2	7	8	7	1	1	4
28723	전남 진도군	수산동물질병예방백신공급	120,000	1	2	7	8	7	5	1	3
28724	전남 진도군	생활체육지도자지원	108,140	1	8	7	8	7	5	5	4
28725	전남 진도군	전남청년근속장려금	104,000	1	6	7	8	7	5	5	4
28726	전남 진도군	낭장망어업로프지원	100,000	1	8	7	8	7	5	5	3
28727	전남 진도군	톳양식장로프지원	100,000	1	4	7	8	7	1	1	1
28728	전남 진도군	전승공동체활성화지원사업	100,000	1	8	7	8	7	5	5	4
28729	전남 진도군	소득특화작목육성지원사업	100,000	1	4	7	8	7	1	1	1
28730	전남 진도군	농수산식품수출경쟁력강화지원사업	100,000	1	1,4	7	8	7	1	1	1
28731	전남 진도군	채소수급안정물류개선지원사업	100,000	1	1,4	7	8	7	1	1	1
28732	전남 진도군	귀농어귀촌인우수창업활성화지원사업	96,000	1	6	7	8	7	1	1	4
28733	전남 진도군	제36회전라남도생활체육대축전출전	95,000	1	8	7	8	7	5	5	4
28734	전남 진도군	어르신생활체육지도자배치인건비	91,592	1	8	7	8	7	5	5	4
28735	전남 진도군	귀농어인농가주택수리비지원	87,500	1	4	7	8	7	1	1	1
28736	전남 진도군	원예시설환경개선지원사업	86,400	1	4	7	8	7	1	1	1
28737	전남 진도군	벼포트육묘상자지원사업	85,000	1	7	7	8	7	5	5	4
28738	전남 진도군	토양개량제지원사업공동살포비	84,904	1	2	7	8	7	5	5	4
28739	전남 진도군	농촌신활력플러스사업추진단인건비	84,100	1	6	7	8	7	1	1	4
28740	전남 진도군	공립요양병원치매환자지원	84,000	1	2	5	8	7	5	5	4
28741	전남 진도군	저탄소농업활성화(바이오-차)지원사업	80,040	1	4	7	8	7	1	1	1
28742	전남 진도군	꽃게통발로프지원사업	80,000	1	4	7	8	7	1	1	1
28743	전남 진도군	낙지통발미끼구입비지원	80,000	1	8	7	8	7	5	5	3
28744	전남 진도군	농촌인력지원센터지원사업	80,000	1	6	7	8	7	1	1	4
28745	전남 진도군	진도군노인전문요양병원의사인건비	78,000	1	4	1	5	1	1	1	1
28746	전남 진도군	정보화마을프로그램관리자육성사업(인건비외)	72,951	1	8	7	8	7	5	5	4
28747	전남 진도군	마을공동체공모사업	70,000	1	4	7	8	7	1	1	1
28748	전남 진도군	김국제인증ASC-MSC취득지원	70,000	1	4	7	8	7	5	5	3
28749	전남 진도군	천적기반시설채소종합적병해충관리기술보급	70,000	1	6	7	8	7	5	5	4
28750	전남 진도군	농촌돌봄서비스활성화지원사업	66,000	1	6	7	8	7	1	1	4
28751	전남 진도군	잡곡류단지화조성지원사업	65,000	1	4	7	8	7	1	1	1
28752	전남 진도군	농촌에서살아보기	62,000	1	6	7	8	7	5	5	2
28753	전남 진도군	원예분야노동절감형농자재지원사업	60,180	1	4	7	8	7	1	1	1
28754	전남 진도군	축산농가왕겨(톱밥)지원사업	60,000	1	1	7	8	7	1	1	1
28755	전남 진도군	진도아리랑농수산물택배비지원사업	60,000	1	1,4	7	8	7	1	1	1
28756	전남 진도군	23~'24년도국산밀생산단지지원사업(교육·컨설팅2년차)	59,400	1	2	7	8	7	1	1	1

순번	시군구	지출명 (사업명)	2024년예산 (단위 : 천원 /1년간)	민간이전 분류 (지방자치단체 세출예산 집행기준에 의거) 1. 민간경상사업보조(307-02) 2. 민간단체 법정운영비보조(307-03) 3. 민간행사사업보조(307-04) 4. 민간위탁금(307-05) 5. 사회복지시설 법정운영비보조(307-10) 6. 민간인위탁교육비(307-12) 7. 공기관등에대한경상적위탁사업비(308-13) 8. 민간자본사업보조,자체재원(402-01) 9. 민간자본사업보조,이전재원(402-02) 10. 민간위탁사업비(402-03) 11. 공기관등에 대한 자본적 위탁사업비(403-02)	민간이전지출 근거 (지방보조금 관리기준 참고) 1. 법률에 규정 2. 국고보조 재원(국가지정) 3. 용도 지정 기부금 4. 조례에 직접규정 5. 지자체가 권장하는 사업을 하는 공공기관 6. 시,도 정책 및 재정사정 7. 기타 8. 해당없음	입찰방식: 계약체결방법 (경쟁형태) 1. 일반경쟁 2. 제한경쟁 3. 지명경쟁 4. 수의계약 5. 법정위탁 6. 기타 ( ) 7. 없음	입찰방식: 계약기간 1. 1년 2. 2년 3. 3년 4. 4년 5. 5년 6. 기타 ( )년 7. 단기계약 (1년미만) 8. 없음	입찰방식: 낙찰자선정방법 1. 적격심사 2. 협상에의한계약 3. 최저가낙찰제 4. 규격가격분리 5. 2단계 경쟁입찰 6. 기타 ( ) 7. 없음	운영예산 산정: 운영예산 산정 1. 내부산정 (지자체 자체적으로 산정) 2. 외부산정 (외부전문기관위탁 산정) 3. 내·외부 모두 산정 4. 산정 無 5. 없음	운영예산 산정: 정산방법 1. 내부정산 (지자체 내부적으로 정산) 2. 외부정산 (외부전문기관위탁 정산) 3. 내·외부 모두 산정 4. 정산 無 5. 없음	성과평가 실시여부 1. 실시 2. 미실시 3. 향후 추진 4. 해당없음
28757	전남 진도군	섬지역생활필수품(LP가스,유류)해상운송비지원	54,400	1	1	7	1	7	5	1	1
28758	전남 진도군	식량작물공동경영체육성사업(교육·컨설팅)	54,000	1	2	7	8	7	1	1	1
28759	전남 진도군	다목적인양기안전보험지원	50,000	1	4	7	8	7	1	1	3
28760	전남 진도군	물김가격조절비용지원	50,000	1	4	7	8	7	1	1	1
28761	전남 진도군	꽃게통발미끼구입비지원	50,000	1	4	7	8	7	5	5	3
28762	전남 진도군	양봉농가벌먹이지원사업	50,000	1	1	7	8	7	1	1	1
28763	전남 진도군	생생문화재사업	50,000	1	8	7	8	7	5	5	4
28764	전남 진도군	친환경과수·채소운반상자지원사업	50,000	1	7	7	8	7	5	5	4
28765	전남 진도군	질소시비량경감을통한고품질벼안정생산소모성농자재지원	45,000	1	2	7	8	7	5	5	4
28766	전남 진도군	농산물가공신제품개발	42,000	1	6	4	7	7	5	1	1
28767	전남 진도군	식품제조업체가동률제고지원사업	42,000	1	6	4	7	7	5	1	1
28768	전남 진도군	어선사고예방시스템구축사업	41,200	1	2	7	8	7	1	1	4
28769	전남 진도군	낭장망어업닻지원	40,000	1	8	7	8	7	5	5	3
28770	전남 진도군	근해통발로프지원	40,000	1	4	7	8	7	5	5	3
28771	전남 진도군	불가사리구제사업	40,000	1	8	7	8	7	5	5	3
28772	전남 진도군	진도군향토사료기록화사업	40,000	1	8	7	8	7	5	5	4
28773	전남 진도군	표고종균및배지지원사업	40,000	1	1	7	8	7	5	3	1
28774	전남 진도군	읍면게이트볼장운영비	38,000	1	8	7	8	7	5	5	4
28775	전남 진도군	개량물고지원사업	36,144	1	4	7	8	7	1	1	1
28776	전남 진도군	어업인안전보험료지원	36,000	1	2	7	8	7	1	1	4
28777	전남 진도군	제32회전라남도장애인체육대회출전	35,000	1	8	7	8	7	5	5	4
28778	전남 진도군	시설원예작물바이러스종합예방기술시범	35,000	1	4	7	8	7	5	5	4
28779	전남 진도군	대파기계정식용포트지원사업	34,980	1	4	7	8	7	1	1	1
28780	전남 진도군	시군역사문화자원발굴및교육	34,000	1	8	7	8	7	5	5	4
28781	전남 진도군	신소득작목(고사리)육성지원사업	33,600	1	4	7	8	7	1	1	1
28782	전남 진도군	국산김치식자재구입비지원사업	32,500	1	1,4	7	8	7	1	1	1
28783	전남 진도군	자율관리어업공동체사무장지원	32,400	1	8	7	8	7	5	5	3
28784	전남 진도군	소상공인노란우산공제희망장려금지원	31,200	1	6	7	8	7	5	5	4
28785	전남 진도군	장애인생활체육지도자배치인건비	30,528	1	8	7	8	7	5	5	4
28786	전남 진도군	귀농산어촌어울림마을조성사업	30,000	1	6	7	8	7	1	1	4
28787	전남 진도군	범죄피해자지원센터운영에따른보조금	30,000	1	1	7	7	7	1	1	1
28788	전남 진도군	양봉농가화분지원사업	30,000	1	1	7	8	7	1	1	1
28789	전남 진도군	우수선수육성지원	30,000	1	8	7	8	7	5	5	4
28790	전남 진도군	김수출경쟁력강화지원사업	30,000	1	1,4	7	8	7	1	1	1
28791	전남 진도군	지리적표시제사후관리사업	30,000	1	1,4	7	8	7	1	1	1
28792	전남 진도군	돼지써코바이러스백신지원	27,600	1	1	7	8	7	5	5	4
28793	전남 진도군	가루쌀전문생산단지지원사업(교육·컨설팅)	27,000	1	2	7	8	7	1	1	1
28794	전남 진도군	여성단체협의회지원	26,800	1	1	7	7	7	1	1	1
28795	전남 진도군	미역양식장로프지원	25,000	1	8	7	8	7	5	1	3
28796	전남 진도군	문화학교운영	25,000	1	8	7	8	7	5	5	4

순번	시군구	지출명 (사업명)	2024년예산 (단위 : 천원 /1년간)	민간이전 분류 (지방자치단체 세출예산 집행기준에 의거) 1. 민간경상사업보조(307-02) 2. 민간단체 법정운영비보조(307-03) 3. 민간행사사업보조(307-04) 4. 민간위탁금(307-05) 5. 사회복지시설 법정운영비보조(307-10) 6. 민간인위탁교육비(307-12) 7. 공기관등에대한경상적위탁사업비(308-13) 8. 민간자본사업보조,자체재원(402-01) 9. 민간자본사업보조,이전재원(402-02) 10. 민간위탁사업비(402-03) 11. 공기관등에 대한 자본적 위탁사업비(403-02)	민간이전지출 근거 (지방보조금 관리기준 참고) 1. 법률에 규정 2. 국고보조 재원(국가지정) 3. 용도 지정 기부금 4. 조례에 직접규정 5. 지자체가 권장하는 사업을 하는 공공기관 6. 시,도 정책 및 재정사정 7. 기타 8. 해당없음	입찰방식 계약체결방법 (경쟁형태) 1. 일반경쟁 2. 제한경쟁 3. 지명경쟁 4. 수의계약 5. 법정위탁 6. 기타 ( ) 7. 없음	입찰방식 계약기간 1. 1년 2. 2년 3. 3년 4. 4년 5. 5년 6. 기타 ( )년 7. 단기계약 (1년미만) 8. 없음	입찰방식 낙찰자선정방법 1. 적격심사 2. 협상에의한계약 3. 최저가낙찰제 4. 규격가격분리 5. 2단계 경쟁입찰 6. 기타 ( ) 7. 없음	운영예산 산정 운영예산 산정 1. 내부산정 (지자체 자체적으로 산정) 2. 외부산정 (외부전문기관위탁 산정) 3. 내·외부 모두 산정 4. 산정 無 5. 없음	운영예산 산정 정산방법 1. 내부정산 (지자체 내부적으로 정산) 2. 외부정산 (외부전문기관위탁 정산) 3. 내·외부 모두 산정 4. 정산 無 5. 없음	성과평가 실시여부 1. 실시 2. 미실시 3. 향후 추진 4. 해당없음
28797	전남 진도군	진도예술아카데미운영지원	25,000	1	1	7	8	7	1	1	1
28798	전남 진도군	체육동호회공공체육시설사용료지원	25,000	1	8	7	8	7	5	5	4
28799	전남 진도군	수산물직거래택배비지원사업	25,000	1	1,4	7	8	7	1	1	1
28800	전남 진도군	표고재배시설개선사업	24,840	1	1	7	8	7	5	3	1
28801	전남 진도군	농수특산품TV홈쇼핑방송판매지원사업	24,000	1	1,4	7	8	7	1	1	1
28802	전남 진도군	원예농산물운송비지원사업	24,000	1	1,4	7	8	7	1	1	1
28803	전남 진도군	표고버섯전용비닐하우스지원	23,172	1	1	7	8	7	5	3	1
28804	전남 진도군	전남쌀평생고객확보택배비지원사업	22,740	1	1,4	7	8	7	1	1	1
28805	전남 진도군	체험마을사무장지원(길은푸르미)	21,716	1	2	7	8	7	5	5	4
28806	전남 진도군	체험마을사무장지원(동녘마루)	21,716	1	2	7	8	7	5	5	4
28807	전남 진도군	체험마을사무장지원(금골마루)	21,716	1	2	7	8	7	5	5	4
28808	전남 진도군	체험마을사무장지원(사천마을)	21,716	1	2	7	8	7	5	5	4
28809	전남 진도군	체험마을운영매니저지원(인지마을)	21,715	1	2	7	8	7	5	5	4
28810	전남 진도군	귀농어인영농어자재지원	21,000	1	4	7	8	7	1	1	1
28811	전남 진도군	전라남도장애인생활체육대회출전	21,000	1	8	7	8	7	5	5	4
28812	전남 진도군	구기자노동력절감지원사업	21,000	1	4	7	8	7	1	1	1
28813	전남 진도군	벼생산비절감종합기술모델시범소모성농자재지원	21,000	1	6	7	8	7	5	5	4
28814	전남 진도군	친환경농업정보지보급지원사업	20,520	1	7	7	8	7	5	5	4
28815	전남 진도군	전남형마을기업육성사업	20,000	1	6	7	8	7	1	1	1
28816	전남 진도군	행복나눔봉사활동	20,000	1	8	7	8	7	5	5	4
28817	전남 진도군	민주평화통일자문회의진도군협의회산업시찰	20,000	1	8	7	8	7	5	5	4
28818	전남 진도군	진도군수산단체연합회지원	20,000	1	8	7	8	7	5	5	3
28819	전남 진도군	주말진도개Dog스포츠견사료구입비지원	20,000	1	4	7	8	7	5	5	4
28820	전남 진도군	유소년승마단운영지원사업	20,000	1	1	7	8	7	1	1	4
28821	전남 진도군	어르신등체험활동건강꾸러미지원사업	20,000	1	2	4	7	7	5	1	1
28822	전남 진도군	전남형청년공동체활성화지원	18,000	1	4	7	8	7	4	1	4
28823	전남 진도군	진도군새마을회사업보조	18,000	1	8	7	8	7	5	5	4
28824	전남 진도군	전복유통업체COC인증지원	18,000	1	4	7	8	7	5	5	3
28825	전남 진도군	유소년승마단운영지원사업	18,000	1	1	7	8	7	1	1	4
28826	전남 진도군	쌀전업농한국농업신문보급지원사업	16,140	1	4	7	8	7	1	1	1
28827	전남 진도군	4050희망일자리장려금	16,000	1	6	7	8	7	5	5	4
28828	전남 진도군	낚시어선구명뗏목설치비지원	15,000	1	4	7	8	7	1	1	1
28829	전남 진도군	미생물제구입지원사업	15,000	1	1	7	8	7	1	1	1
28830	전남 진도군	섬주민위험물해상운송비지원	15,000	1	1	7	1	7	5	1	1
28831	전남 진도군	진도문화지발간지원	15,000	1	8	7	8	7	5	5	4
28832	전남 진도군	제19회전라남도어르신생활체육대회출전	15,000	1	8	7	8	7	5	5	4
28833	전남 진도군	진도군체육회단복구입	15,000	1	8	7	8	7	5	5	4
28834	전남 진도군	도지사품질인증제품디자인제작지원사업	15,000	1	1,4	7	8	7	1	1	1
28835	전남 진도군	원예작물연작장해경감제지원사업	14,940	1	4	7	8	7	1	1	1
28836	전남 진도군	농촌체험휴양마을프로그램지원사업	14,000	1	6	7	8	7	1	1	4

순번	시군구	지출명 (사업명)	2024년예산 (단위 : 천원 /1년간)	민간이전 분류 (지방자치단체 세출예산 집행기준에 의거) 1. 민간경상사업보조(307-02) 2. 민간단체 법정운영비보조(307-03) 3. 민간행사사업보조(307-04) 4. 민간위탁금(307-05) 5. 사회복지시설 법정운영비보조(307-10) 6. 민간인위탁교육비(307-12) 7. 공기관등에대한경상적위탁사업비(308-13) 8. 민간자본사업보조,자체재원(402-01) 9. 민간자본사업보조,이전재원(402-02) 10. 민간위탁사업비(402-03) 11. 공기관등에 대한 자본적 위탁사업비(403-02)	민간이전지출 근거 (지방보조금 관리기준 참고) 1. 법률에 규정 2. 국고보조 재원(국가지정) 3. 용도 지정 기부금 4. 조례에 직접규정 5. 지자체가 권장하는 사업을 하는 공공기관 6. 시,도 정책 및 재정사정 7. 기타 8. 해당없음	입찰방식 계약체결방법 (경쟁형태) 1. 일반경쟁 2. 제한경쟁 3. 지명경쟁 4. 수의계약 5. 법정위탁 6. 기타 ( ) 7. 없음	입찰방식 계약기간 1. 1년 2. 2년 3. 3년 4. 4년 5. 5년 6. 기타 ( )년 7. 단기계약 (1년미만) 8. 없음	입찰방식 낙찰자선정방법 1. 적격심사 2. 협상에의한계약 3. 최저가낙찰제 4. 규격가격분리 5. 2단계 경쟁입찰 6. 기타 ( ) 7. 없음	운영예산 산정 운영예산 산정 1. 내부산정 (지자체 자체적으로 산정) 2. 외부산정 (외부전문기관위탁 산정) 3. 내·외부 모두 산정 4. 산정 無 5. 없음	운영예산 산정 정산방법 1. 내부정산 (지자체 내부적으로 정산) 2. 외부정산 (외부전문기관위탁 정산) 3. 내·외부 모두 산정 4. 정산 無 5. 없음	성과평가 실시여부 1. 실시 2. 미실시 3. 향후 추진 4. 해당없음
28837	전남 진도군	기능성유황쌀생산단지조성	14,000	1	4	7	8	7	5	5	4
28838	전남 진도군	시설채소연중생산선도모델구축시범	14,000	1	4	7	8	7	5	5	4
28839	전남 진도군	주말진도개Dog스포츠및학습체험장운영복구입비지원	13,500	1	4	7	8	7	5	5	4
28840	전남 진도군	농가도우미지원사업	13,252	1	6	7	8	7	1	1	4
28841	전남 진도군	귀농창업활성화지원	12,500	1	2	7	8	7	1	1	4
28842	전남 진도군	디지털소상공인1만양성지원사업	12,000	1	6	7	8	7	5	5	4
28843	전남 진도군	농정신문구독료지원사업	12,000	1	6	7	8	7	1	1	4
28844	전남 진도군	시설하우스관수장비지원사업	12,000	1	4	7	8	7	1	1	1
28845	전남 진도군	고품질원예작물생산지원사업	12,000	1	6	7	8	7	5	5	4
28846	전남 진도군	농작업편의의자구입지원사업	10,530	1	4	7	8	7	1	1	1
28847	전남 진도군	전업농신문지원사업	10,500	1	4	7	8	7	1	1	1
28848	전남 진도군	축산농가미네랄블록지원사업	10,000	1	1	7	8	7	1	1	1
28849	전남 진도군	지역사회범죄예방및청소년보호활동지원	10,000	1	1	7	8	7	1	1	1
28850	전남 진도군	진도문화예술학술대회	10,000	1	1	7	8	7	1	1	1
28851	전남 진도군	전라남도지체장애인체육대회출전	10,000	1	8	7	8	7	5	5	4
28852	전남 진도군	장애인생활체육프로그램운영	10,000	1	8	7	8	7	5	5	4
28853	전남 진도군	임산물가공및포장기계지원	10,000	1	1	7	8	7	5	3	1
28854	전남 진도군	전통주국내외판촉및수출지원	10,000	1	6	4	7	7	5	1	1
28855	전남 진도군	전통주홍보물제작지원	10,000	1	6	4	7	7	5	1	1
28856	전남 진도군	용도별국내육성보리품종생산가공연계보급활성화소모성농자재지원	10,000	1	2	7	8	7	5	5	4
28857	전남 진도군	온라인판매확대지원사업	9,600	1	1,4	7	8	7	1	1	1
28858	전남 진도군	초등돌봄교실과일간식및교재제작비	9,563	1	2	7	8	7	1	1	1
28859	전남 진도군	다문화가정우리글이름갖기지원사업	9,039	1	8	7	8	7	5	5	4
28860	전남 진도군	4-H회중앙대회참여및교육지원	9,000	1	6	7	8	7	5	5	4
28861	전남 진도군	소치기념관등한시해설지원	8,000	1	8	7	8	7	5	5	4
28862	전남 진도군	제24회전라남도농아인체육대회출전	7,700	1	8	7	8	7	5	5	4
28863	전남 진도군	여성농업인신문보급	7,700	1	6	7	8	7	1	1	4
28864	전남 진도군	농어촌민박소방안전시설지원사업	7,000	1	6	7	8	7	1	1	4
28865	전남 진도군	임업신문및산림환경신문보급	6,812	1	6	7	8	7	5	3	4
28866	전남 진도군	정보화마을운영비보조(소포,접도,조도)	6,000	1	8	7	8	7	5	5	4
28867	전남 진도군	돼지소모성질환지도지원	6,000	1	1	7	8	7	5	5	4
28868	전남 진도군	찾아가는서화체험장운영지원	6,000	1	1	7	8	7	1	1	1
28869	전남 진도군	스포츠공정,지도자,회원종목단체등위원회운영비	6,000	1	8	7	8	7	5	5	4
28870	전남 진도군	전국및전남장애인체육대회출전	6,000	1	8	7	8	7	5	5	4
28871	전남 진도군	국악협회전수관운영보조	5,500	1	8	7	8	7	5	5	4
28872	전남 진도군	진도해창민속전수관운영보조	5,500	1	8	7	8	7	5	5	4
28873	전남 진도군	고군민속전수관운영보조	5,500	1	8	7	8	7	5	5	4
28874	전남 진도군	의신민속전수관운영보조	5,500	1	8	7	8	7	5	5	4
28875	전남 진도군	임회민속전수관운영보조	5,500	1	8	7	8	7	5	5	4
28876	전남 진도군	지산민속전수관운영보조	5,500	1	8	7	8	7	5	5	4

순번	시군구	지출명 (사업명)	2024년예산 (단위 : 천원 /1년간)	민간이전 분류 (지방자치단체 세출예산 집행기준에 의거) 1. 민간경상사업보조(307-02) 2. 민간단체 법정운영비보조(307-03) 3. 민간행사사업보조(307-04) 4. 민간위탁금(307-05) 5. 사회복지시설 법정운영비보조(307-10) 6. 민간인위탁교육비(307-12) 7. 공기관등에대한경상적위탁사업비(308-13) 8. 민간자본사업보조,자체재원(402-01) 9. 민간자본사업보조,이전재원(402-02) 10. 민간위탁사업비(402-03) 11. 공기관등에 대한 자본적 위탁사업비(403-02)	민간이전지출 근거 (지방보조금 관리기준 참고) 1. 법률에 규정 2. 국고보조 재원(국가지정) 3. 용도 지정 기부금 4. 조례에 직접규정 5. 지자체가 권장하는 사업을 하는 공공기관 6. 시,도 정책 및 재정사정 7. 기타 8. 해당없음	입찰방식 계약체결방법 (경쟁형태) 1. 일반경쟁 2. 제한경쟁 3. 지명경쟁 4. 수의계약 5. 법정위탁 6. 기타 ( ) 7. 없음	입찰방식 계약기간 1. 1년 2. 2년 3. 3년 4. 4년 5. 5년 6. 기타 ( )년 7. 단기계약 (1년미만) 8. 없음	입찰방식 낙찰자선정방법 1. 적격심사 2. 협상에의한계약 3. 최저가낙찰제 4. 규격가격분리 5. 2단계 경쟁입찰 6. 기타 ( ) 7. 없음	운영예산 산정 운영예산 산정 1. 내부산정 (지자체 자체적으로 산정) 2. 외부산정 (외부전문기관위탁 산정) 3. 내·외부 모두 산정 4. 산정 無 5. 없음	운영예산 산정 정산방법 1. 내부정산 (지자체 내부적으로 정산) 2. 외부정산 (외부전문기관위탁 정산) 3. 내·외부 모두 산정 4. 정산 無 5. 없음	성과평가 실시여부 1. 실시 2. 미실시 3. 향후 추진 4. 해당없음
28877	전남 진도군	소포민속전수관운영보조	5,500	1	8	7	8	7	5	5	4
28878	전남 진도군	군내민속전수관운영보조	5,500	1	8	7	8	7	5	5	4
28879	전남 진도군	택시요금카드통신료지원	5,280	1	1	7	6	6	1	1	2
28880	전남 진도군	귀농귀촌연합회운영지원	5,000	1	8	7	8	7	1	1	2
28881	전남 진도군	모범운전자회회운영비지원	5,000	1	1	7	6	6	1	1	2
28882	전남 진도군	주말진도개Dog스포츠및학습체험장물품구입비지원	5,000	1	4	7	8	7	5	5	4
28883	전남 진도군	유림선현유적지탐방	5,000	1	8	7	8	7	5	5	4
28884	전남 진도군	진도문학발간	5,000	1	1	7	8	7	1	1	1
28885	전남 진도군	전국및전남게이트볼대회출전	5,000	1	8	7	8	7	5	5	4
28886	전남 진도군	전국및전남축구대회출전	5,000	1	8	7	8	7	5	5	4
28887	전남 진도군	전라남도어린이생활체육대축전출전	5,000	1	8	7	8	7	5	5	4
28888	전남 진도군	제18회전라남도시각장애인체육대회출전	5,000	1	8	7	8	7	5	5	4
28889	전남 진도군	4-H연합회과제답지원	5,000	1	4	7	8	7	5	5	4
28890	전남 진도군	농가희망유망과수보급	5,000	1	4	7	8	7	5	5	4
28891	전남 진도군	국악분야예술강사지원사업	4,908	1	1	7	8	7	1	1	1
28892	전남 진도군	처우개선비(상여금,활동비등)	4,600	1	8	7	8	7	5	5	4
28893	전남 진도군	당산문학집발간	4,000	1	1	7	8	7	1	1	1
28894	전남 진도군	전국및전남궁도대회출전	4,000	1	8	7	8	7	5	5	4
28895	전남 진도군	생활체육교실운영	4,000	1	8	7	8	7	5	5	4
28896	전남 진도군	어린이,청소년,여성,장수생활체육프로그램운영	4,000	1	8	7	8	7	5	5	4
28897	전남 진도군	GAP인증농가농약안전보관함지원사업	3,450	1	1,4	7	8	7	1	1	1
28898	전남 진도군	전국지체장애인체육대회출전	3,300	1	8	7	8	7	5	5	4
28899	전남 진도군	전남쌀소포장지제작비지원사업	3,060	1	1,4	7	8	7	1	1	1
28900	전남 진도군	녹색어머니회운영비지원	3,000	1	1	7	6	6	1	1	2
28901	전남 진도군	전국및전남그라운드골프대회출전	3,000	1	8	7	8	7	5	5	4
28902	전남 진도군	전국및전남파크골프대회출전	3,000	1	8	7	8	7	5	5	4
28903	전남 진도군	친환경농산물전시·홍보부스운영지원	3,000	1	7	7	8	7	5	5	4
28904	전남 진도군	축산물HACCP컨설팅지원	2,520	1	1	7	8	7	5	5	4
28905	전남 진도군	제24회전라남도연합회장기노인게이트볼대회출전	2,500	1	8	7	8	7	5	5	4
28906	전남 진도군	제18회전라남도지사기노인게이트볼대회출전	2,500	1	8	7	8	7	5	5	4
28907	전남 진도군	청년농업인연구동아리활동비지원	2,500	1	6	7	8	7	5	5	4
28908	전남 진도군	전국체전및소년체전단체지원금	2,000	1	8	7	8	7	5	5	4
28909	전남 진도군	전국및전남족구대회출전	2,000	1	8	7	8	7	5	5	4
28910	전남 진도군	전남장애인생활체육파크골프어울림대회출전	2,000	1	8	7	8	7	5	5	4
28911	전남 진도군	전남장애인파크골프어울림대회출전	2,000	1	8	7	8	7	5	5	4
28912	전남 진도군	농촌지도자회활성화지원	2,000	1	4	7	8	7	5	5	4
28913	전남 진도군	도서자가발전유류대	1,600	1	8	7	8	7	1	1	4
28914	전남 진도군	청소년유해환경감시단운영	1,600	1	2	1	8	1	5	1	1
28915	전남 진도군	주말진도개Dog스포츠3개단체단장수당지급	1,500	1	4	7	8	7	5	5	4
28916	전남 진도군	제19회전라남도지사기배구대회출전	1,500	1	8	7	8	7	5	5	4

순번	시군구	지출명 (사업명)	2024년예산 (단위 : 천원 /1년간)	민간이전 분류 (지방자치단체 세출예산 집행기준에 의거) 1. 민간경상사업보조(307-02) 2. 민간단체 법정운영비보조(307-03) 3. 민간행사사업보조(307-04) 4. 민간위탁금(307-05) 5. 사회복지시설 법정운영비보조(307-10) 6. 민간인위탁교육비(307-12) 7. 공기관등에대한경상적위탁사업비(308-13) 8. 민간자본사업보조,자체재원(402-01) 9. 민간자본사업보조,이전재원(402-02) 10. 민간위탁사업비(402-03) 11. 공기관등에 대한 자본적 위탁사업비(403-02)	민간이전지출 근거 (지방보조금 관리기준 참고) 1. 법률에 규정 2. 국고보조 재원(국가지정) 3. 용도 지정 기부금 4. 조례에 직접규정 5. 지자체가 권장하는 사업을 하는 공공기관 6. 시,도 정책 및 재정사정 7. 기타 8. 해당없음	입찰방식 계약체결방법 (경쟁형태) 1. 일반경쟁 2. 제한경쟁 3. 지명경쟁 4. 수의계약 5. 법정위탁 6. 기타 ( ) 7. 없음	입찰방식 계약기간 1. 1년 2. 2년 3. 3년 4. 4년 5. 5년 6. 기타 ( )년 7. 단기계약 (1년미만) 8. 없음	입찰방식 낙찰자선정방법 1. 적격심사 2. 협상에의한계약 3. 최저가낙찰제 4. 규격가격분리 5. 2단계 경쟁입찰 6. 기타 ( ) 7. 없음	운영예산 산정 운영예산 산정 1. 내부산정 (지자체 자체적으로 산정) 2. 외부산정 (외부전문기관위탁 산정) 3. 내·외부 모두 산정 4. 산정 無 5. 없음	운영예산 산정 정산방법 1. 내부정산 (지자체 내부적으로 정산) 2. 외부정산 (외부전문기관위탁 정산) 3. 내·외부 모두 산정 4. 정산 無 5. 없음	성과평가 실시여부 1. 실시 2. 미실시 3. 향후 추진 4. 해당없음
28917	전남 진도군	제18회전라남도지사기탁구대회출전	1,000	1	8	7	8	7	5	5	4
28918	전남 진도군	제28회전라남도지사기볼링대회출전	1,000	1	8	7	8	7	5	5	4
28919	전남 진도군	대통령기전국씨름왕전남선발대회출전	1,000	1	8	7	8	7	5	5	4
28920	전남 진도군	제16회전국여자천하씨름대회출전	1,000	1	8	7	8	7	5	5	4
28921	전남 진도군	제8회대한민국족구협회장기족구대회출전	1,000	1	8	7	8	7	5	5	4
28922	전남 진도군	제23회전라남도지사기배드민턴대회출전	1,000	1	8	7	8	7	5	5	4
28923	전남 진도군	제13회전라남도지사기수영대회출전	1,000	1	8	7	8	7	5	5	4
28924	전남 진도군	제11회전라남도수영연맹회장배수영대회출전	1,000	1	8	7	8	7	5	5	4
28925	전남 진도군	제12회전라남도지사기야구대회출전	1,000	1	8	7	8	7	5	5	4
28926	전남 진도군	전라남도협회장배골프대회출전	1,000	1	8	7	8	7	5	5	4
28927	전남 진도군	제19회전라남도지사배생활체조대회출전	1,000	1	8	7	8	7	5	5	4
28928	전남 진도군	제19회전라남도지사기테니스대회출전	1,000	1	8	7	8	7	5	5	4
28929	전남 진도군	제19회전라남도지사배바둑대회출전	1,000	1	8	7	8	7	5	5	4
28930	전남 진도군	제19회전라남도지사배소프트테니스대회출전	1,000	1	8	7	8	7	5	5	4
28931	전남 진도군	2024전라남도협회장기야구대회출전	1,000	1	8	7	8	7	5	5	4
28932	전남 진도군	전남소프트볼야구협회시니어생활체육야구대회출전	1,000	1	8	7	8	7	5	5	4
28933	전남 진도군	유기가공식품인증비용지원사업	800	1	6	4	7	7	5	1	1
28934	전남 진도군	일반생활체육지도자활동보험료	640	1	8	7	8	7	5	5	4
28935	전남 진도군	어르신생활체육지도자활동보험료	480	1	8	7	8	7	5	5	4
28936	전남 신안군	염전바닥재개선사업	2,318,140	1	2	7	8	7	5	5	4
28937	전남 신안군	신안군"와!보라"청년창업지원사업	259,947	1	4	5	1	7	1	2	3
28938	전남 신안군	천일염포장재지원사업	188,778	1	2	7	8	7	5	5	4
28939	전남 신안군	세계유산활용사업	160,000	1	2	7	8	7	5	5	4
28940	전남 신안군	수산물소포장재지원사업	102,060	1	6	7	7	7	5	1	3
28941	전남 신안군	도지정무형유산전수비지원	86,400	1	4	7	8	7	5	5	4
28942	전남 신안군	김수출경쟁력강화지원	76,667	1	6	7	7	7	5	1	3
28943	전남 신안군	마을기업육성	70,000	1	2	7	1	7	1	1	1
28944	전남 신안군	세계유산홍보지원사업	60,000	1	2	7	8	7	5	5	4
28945	전남 신안군	농촌지도자군연합회육성지원	55,250	1	4	7	8	7	5	5	4
28946	전남 신안군	전남청년창업지원사업	55,220	1	4	5	1	7	1	2	3
28947	전남 신안군	천일염브랜드포장재지원사업	50,000	1	4	7	8	7	5	5	4
28948	전남 신안군	공공심야약국운영	40,000	1	1	7	8	7	5	1	3
28949	전남 신안군	수산물직거래택배비지원	37,500	1	6	7	7	7	5	1	3
28950	전남 신안군	수출용수산가공식품포장재지원	36,000	1	6	7	7	7	5	1	3
28951	전남 신안군	농업경영인군연합회육성지원	34,000	1	4	7	8	7	5	5	4
28952	전남 신안군	수산물판로개척지원사업	26,670	1	7	7	7	7	5	1	3
28953	전남 신안군	TV홈쇼핑방송판매수수료지원	26,400	1	6	7	7	7	5	1	3
28954	전남 신안군	수산식품수출통합마케팅지원	24,000	1	6	7	7	7	5	1	3
28955	전남 신안군	소형어선노후기관교체지원사업이자지원	20,000	1	4	6	7	7	5	1	3
28956	전남 신안군	수산식품국제식품인증취득지원	20,000	1	6	7	7	7	5	1	3

순번	시군구	지출명 (사업명)	2024년예산 (단위 : 천원 /1년간)	민간이전 분류 (지방자치단체 세출예산 집행기준에 의거) 1. 민간경상사업보조(307-02) 2. 민간단체 법정운영비보조(307-03) 3. 민간행사사업보조(307-04) 4. 민간위탁금(307-05) 5. 사회복지시설 법정운영비보조(307-10) 6. 민간인위탁교육비(307-12) 7. 공기관등에대한경상적위탁사업비(308-13) 8. 민간자본사업보조,자체재원(402-01) 9. 민간자본사업보조,이전재원(402-02) 10. 민간위탁사업비(402-03) 11. 공기관등에 대한 자본적 위탁사업비(403-02)	민간이전지출 근거 (지방보조금 관리기준 참고) 1. 법률에 규정 2. 국고보조 재원(국가지정) 3. 용도 지정 기부금 4. 조례에 직접규정 5. 지자체가 권장하는 사업을 하는 공공기관 6. 시,도 정책 및 재정사정 7. 기타 8. 해당없음	입찰방식			운영예산 산정		성과평가 실시여부
						계약체결방법 (경쟁형태) 1. 일반경쟁 2. 제한경쟁 3. 지명경쟁 4. 수의계약 5. 법정위탁 6. 기타 ( ) 7. 없음	계약기간 1. 1년 2. 2년 3. 3년 4. 4년 5. 5년 6. 기타 ( )년 7. 단기계약 (1년미만) 8. 없음	낙찰자선정방법 1. 적격심사 2. 협상에의한계약 3. 최저가낙찰제 4. 규격가격분리 5. 2단계 경쟁입찰 6. 기타 ( ) 7. 없음	운영예산 산정 1. 내부산정 (지자체 자체적으로 산정) 2. 외부산정 (외부전문기관위탁 산정) 3. 내·외부 모두 산정 4. 산정 無 5. 없음	정산방법 1. 내부정산 (지자체 내부적으로 정산) 2. 외부정산 (외부전문기관위탁 정산) 3. 내·외부 모두 산정 4. 정산 無 5. 없음	1. 실시 2. 미실시 3. 향후 추진 4. 해당없음
28957	전남 신안군	대형유통업체수산물입점지원	20,000	1	6	7	7	7	5	1	3
28958	전남 신안군	2024년취약계층마음건강치유프로그램	19,038	1	6	7	8	7	5	5	4
28959	전남 신안군	비금도뜀뛰기강강술래전승지원	17,000	1	4	7	8	7	5	5	4
28960	전남 신안군	슬로시티주민협의회구성및활동	17,000	1	4	7	8	7	5	5	4
28961	전남 신안군	신안군4H군연합회육성지원	17,000	1	4	7	8	7	5	5	4
28962	전남 신안군	신안군4H본부육성지원	17,000	1	4	7	8	7	5	5	4
28963	전남 신안군	여성단체협의회활동지원	15,000	1	4	7	8	7	5	5	2
28964	전남 신안군	환경친화적전기차이자지원	15,000	1	1	7	8	7	5	5	4
28965	전남 신안군	도지정무형유산공개행사	14,800	1	4	7	8	7	5	5	4
28966	전남 신안군	지도향교석전제및삼사제례지원	10,000	1	4	7	8	7	5	5	4
28967	전남 신안군	주민소득지원사업(코인빨래방유지관리)	9,000	1	4	1	5	7	1	1	4
28968	전남 신안군	어업인복지지원사업	7,200	1	4	7	7	7	1	1	3
28969	전남 신안군	사회적기업일자리창출	5,000	1	2	7	1	7	1	1	1
28970	전남 신안군	지도향교충효교실및기로연	4,000	1	4	7	8	7	5	5	4
28971	전남 신안군	두류단화산단제례지원	3,000	1	4	7	8	7	5	5	4
28972	제주 제주시	생태계교란생물퇴치사업비	50,000	1	2	1	1	7	1	1	1
28973	제주 제주시	유해야생동물구제단사업비	20,000	1	1	1	1	7	1	1	1
28974	제주 제주시	조사료사일리지제조비지원	2,712,640	1	1	7	8	7	5	1	4
28975	제주 제주시	사회적기업일자리창출사업등재정지원	1,946,900	1	2	2	6	7	3	1	3
28976	제주 제주시	생활체육지도자활동지원	1,548,446	1	2	7	8	7	5	5	4
28977	제주 제주시	전업농구제역예방백신구입지원	829,440	1	2	7	8	7	5	1	4
28978	제주 제주시	학교우유급식	808,800	1	1	7	8	7	5	5	4
28979	제주 제주시	장애인생활체육지도자육성및활동지원	735,612	1	2	7	8	7	5	5	4
28980	제주 제주시	사회적기업사회보험료지원사업	690,000	1	4	2	4	7	3	1	3
28981	제주 제주시	돼지써코바이러스백신공급지원	667,800	1	2	7	8	7	5	5	4
28982	제주 제주시	학생승마체험	469,000	1	1	7	8	7	5	5	4
28983	제주 제주시	가축분뇨공동자원화시설경영안정화지원	400,000	1	4	7	8	7	5	5	4
28984	제주 제주시	비정규학교운영및교육비지원(정액)	368,802	1	4	7	8	7	1	1	3
28985	제주 제주시	조사료용종자구입비지원	368,240	1	1	7	8	7	5	1	4
28986	제주 제주시	도서지역생활필수품(유류및LPG)해상운송비지원사업(3개도서)	339,520	1	2	6	1	7	1	1	2
28987	제주 제주시	CCTV등방역인프라설치지원	336,000	1	2	7	8	7	5	5	4
28988	제주 제주시	한우농장배합사료물류비지원	300,000	1	4	7	8	7	5	1	3
28989	제주 제주시	농촌관광승마활성화	283,600	1	1	7	8	7	5	5	4
28990	제주 제주시	고품질한(흑)우생산지원	278,100	1	4	7	8	7	5	1	3
28991	제주 제주시	이통장선진지연수	244,800	1	4	1	7	2	1	1	3
28992	제주 제주시	제주문화원육성사업지원(정액)	230,000	1	1	7	8	7	1	1	1
28993	제주 제주시	생활체육단체및동호인활성화지원	230,000	1	1	7	8	7	5	5	4
28994	제주 제주시	제주어음풍력발전소특별지원사업	227,900	1	1	7	8	7	5	5	4
28995	제주 제주시	읍면동체육회운영지원	225,000	1	1	7	8	7	5	5	4
28996	제주 제주시	유소년승마단지원	204,000	1	1	7	8	7	5	5	4

순번	시군구	지출명 (사업명)	2024년예산 (단위 : 천원 /1년간)	민간이전 분류 (지방자치단체 세출예산 집행기준에 의거) 1. 민간경상사업보조(307-02) 2. 민간단체 법정운영비보조(307-03) 3. 민간행사사업보조(307-04) 4. 민간위탁금(307-05) 5. 사회복지시설 법정운영비보조(307-10) 6. 민간인위탁교육비(307-12) 7. 공기관등에대한경상적위탁사업비(308-13) 8. 민간자본사업보조,자체재원(402-01) 9. 민간자본사업보조,이전재원(402-02) 10. 민간위탁사업비(402-03) 11. 공기관등에 대한 자본적 위탁사업비(403-02)	민간이전지출 근거 (지방보조금 관리기준 참고) 1. 법률에 규정 2. 국고보조 재원(국가지정) 3. 용도 지정 기부금 4. 조례에 직접규정 5. 지자체가 권장하는 사업을 하는 공공기관 6. 시,도 정책 및 재정사정 7. 기타 8. 해당없음	입찰방식 계약체결방법 (경쟁형태) 1. 일반경쟁 2. 제한경쟁 3. 지명경쟁 4. 수의계약 5. 법정위탁 6. 기타 ( ) 7. 없음	입찰방식 계약기간 1. 1년 2. 2년 3. 3년 4. 4년 5. 5년 6. 기타 ( )년 7. 단기계약 (1년미만) 8. 없음	입찰방식 낙찰자선정방법 1. 적격심사 2. 협상에의한계약 3. 최저가낙찰제 4. 규격가격분리 5. 2단계 경쟁입찰 6. 기타 ( ) 7. 없음	운영예산 산정 운영예산 산정 1. 내부산정 (지자체 자체적으로 산정) 2. 외부산정 (외부전문기관위탁 산정) 3. 내·외부 모두 산정 4. 산정 無 5. 없음	운영예산 산정 정산방법 1. 내부정산 (지자체 내부적으로 정산) 2. 외부정산 (외부전문기관위탁 정산) 3. 내·외부 모두 산정 4. 정산 無 5. 없음	성과평가 실시여부 1. 실시 2. 미실시 3. 향후 추진 4. 해당없음
28997	제주 제주시	가축재해보험료지원	190,000	1	1	7	8	7	5	1	3
28998	제주 제주시	연탄반입운송비지원사업(정액)	180,000	1	4	6	1	7	1	1	1
28999	제주 제주시	람사르습지도시인증프로그램지원	180,000	1	2	7	8	7	1	1	4
29000	제주 제주시	경주마경매용Xray검사비지원	170,000	1	4	7	8	7	5	1	4
29001	제주 제주시	자생단체등주민공동체활동지원(기준보조율)	160,000	1	4	7	8	7	5	5	1
29002	제주 제주시	공동방제단운영지원	151,968	1	2	7	8	7	5	1	4
29003	제주 제주시	우수체육선수육성	150,000	1	1	7	8	7	5	5	4
29004	제주 제주시	축산환경개선	150,000	1	4	7	8	7	5	5	4
29005	제주 제주시	새마을작은도서관신간도서구입	130,000	1	4	7	8	7	1	1	3
29006	제주 제주시	조사료용종자구입비(자체재원)	130,000	1	4	7	8	7	5	1	4
29007	제주 제주시	골목상권소상공인활성화지원사업	124,000	1	1	6	7	7	1	1	3
29008	제주 제주시	제주시체육회회원종목별단체운영지원	110,000	1	1	7	8	7	5	5	4
29009	제주 제주시	자생단체등주민공동체활동지원(기준보조율)	107,020	1	8	7	8	7	1	1	1
29010	제주 제주시	자생단체등주민공동체활동지원	105,000	1	4	7	8	7	5	5	4
29011	제주 제주시	사회적기업활성화지역특화사업	100,000	1	4	2	7	7	3	1	3
29012	제주 제주시	자생단체등주민공동체활동지원(기준보조율)	100,000	1	4	7	8	7	1	1	1
29013	제주 제주시	보들결제주한우판매,홍보방송프로그램제작	100,000	1	4	7	8	7	5	5	4
29014	제주 제주시	금악리친환경에너지타운운영관리	100,000	1	4	7	8	7	1	1	1
29015	제주 제주시	젖소품종교체	100,000	1	4	7	8	7	5	5	4
29016	제주 제주시	종봉생산개량(화분구입)	90,000	1	1	1,4	7	1,3	1	1	1
29017	제주 제주시	생태관광지역지정육성사업	90,000	1	2	7	8	7	1	1	4
29018	제주 제주시	생태관광지역지정육성사업	90,000	1	2	7	8	7	1	1	4
29019	제주 제주시	제주시지속가능발전협의회사업추진	90,000	1	1	7	8	7	1	1	3
29020	제주 제주시	자생단체등주민공동체활동지원	86,000	1	4	7	8	7	5	5	4
29021	제주 제주시	장애인생활체육가족캠프	80,000	1	1	7	8	7	5	5	4
29022	제주 제주시	제주산축산물홍보지원	80,000	1	4	7	8	7	5	5	4
29023	제주 제주시	장애인체육회생활체육가맹단체활성화운영지원	78,000	1	1	7	8	7	5	5	4
29024	제주 제주시	돼지소모성질환지도지원	78,000	1	2	7	8	7	5	5	4
29025	제주 제주시	자생단체등주민공동체활동지원(기준보조율)	75,000	1	4	7	8	7	5	5	4
29026	제주 제주시	가금농가질병관리지원	72,000	1	2	7	8	7	5	5	4
29027	제주 제주시	쇠고기이력제	68,888	1	1	7	8	7	5	5	4
29028	제주 제주시	우수벌꿀인증제품판로확대지원사업	66,000	1	1	1,4	7	1,3	1	1	1
29029	제주 제주시	자생단체등주민공동체활동지원	64,000	1	4	7	8	7	1	1	1
29030	제주 제주시	독서문화활성화지원사업	64,000	1	4	7	8	7	1	1	3
29031	제주 제주시	지역사회건강조사사업	63,776	1	2	7	8	7	5	5	4
29032	제주 제주시	지역사회건강조사사업비	63,088	1	2	7	8	7	5	5	4
29033	제주 제주시	새마을작은도서관운영비지원(정액)	62,000	1	4	7	8	7	1	1	3
29034	제주 제주시	자생단체등주민공동체활동지원(기준보조율)	60,000	1	4	7	8	7	5	5	4
29035	제주 제주시	감귤박TMR(F)사료지원	60,000	1	4	7	8	7	5	1	4
29036	제주 제주시	FTA대응조사료곤포사일리지비닐랩지원	60,000	1	4	7	8	7	5	1	4

순번	시군구	지출명 (사업명)	2024년예산 (단위 : 천원 /1년간)	민간이전 분류 (지방자치단체 세출예산 집행기준에 의거) 1. 민간경상사업보조(307-02) 2. 민간단체 법정운영비보조(307-03) 3. 민간행사사업보조(307-04) 4. 민간위탁금(307-05) 5. 사회복지시설 법정운영비보조(307-10) 6. 민간인위탁교육비(307-12) 7. 공기관등에대한경상적위탁사업비(308-13) 8. 민간자본사업보조,자체재원(402-01) 9. 민간자본사업보조,이전재원(402-02) 10. 민간위탁사업비(402-03) 11. 공기관등에 대한 자본적 위탁사업비(403-02)	민간이전지출 근거 (지방보조금 관리기준 참고) 1. 법률에 규정 2. 국고보조 재원(국가지정) 3. 용도 지정 기부금 4. 조례에 직접규정 5. 지자체가 권장하는 사업을 하는 공공기관 6. 시,도 정책 및 재정사정 7. 기타 8. 해당없음	입찰방식 계약체결방법 (경쟁형태) 1. 일반경쟁 2. 제한경쟁 3. 지명경쟁 4. 수의계약 5. 법정위탁 6. 기타 ( ) 7. 없음	입찰방식 계약기간 1. 1년 2. 2년 3. 3년 4. 4년 5. 5년 6. 기타 ( )년 7. 단기계약 (1년미만) 8. 없음	입찰방식 낙찰자선정방법 1. 적격심사 2. 협상에의한계약 3. 최저가낙찰제 4. 규격가격분리 5. 2단계 경쟁입찰 6. 기타 ( ) 7. 없음	운영예산 산정 운영예산 산정 1. 내부산정 (지자체 자체적으로 산정) 2. 외부산정 (외부전문기관위탁 산정) 3. 내·외부 모두 산정 4. 산정 無 5. 없음	운영예산 산정 정산방법 1. 내부정산 (지자체 내부적으로 정산) 2. 외부정산 (외부전문기관위탁 정산) 3. 내·외부 모두 산정 4. 정산 無 5. 없음	성과평가 실시여부 1. 실시 2. 미실시 3. 향후 추진 4. 해당없음
29037	제주 제주시	제76주년4·3희생자추념식행사참석지원(정액)	58,000	1	4	7	8	7	5	5	1
29038	제주 제주시	우수새마을작은도서관관리자운영비지원(정액)	56,000	1	4	7	8	7	1	1	3
29039	제주 제주시	기후위기대응사회적경제기업지원사업	50,000	1	4	2	7	7	1	1	3
29040	제주 제주시	생활과학교실운영(국가직접지원)	50,000	1	1	6	1	7	1	1	1
29041	제주 제주시	새마을지도자청정제주만들기사업	50,000	1	4	7	8	7	1	1	3
29042	제주 제주시	제주산축산물수급조절및소비촉진판매행사지원	50,000	1	4	7	8	7	5	5	4
29043	제주 제주시	이통사무장선진지연수	48,000	1	4	4	7	7	1	1	3
29044	제주 제주시	민주평화통일자문회의제주시협의회교류사업(정액)	45,000	1	4	7	8	7	1	1	3
29045	제주 제주시	창립17주년기념대회개최및도내43유적지순례(정액)	45,000	1	4	7	8	7	5	5	1
29046	제주 제주시	환경기초시설주변지역금악리마을복지증진	45,000	1	4	7	8	7	1	1	1
29047	제주 제주시	해녀를기록하다,제주를잇다	45,000	1	8	7	8	7	1	1	1
29048	제주 제주시	음악이있는마을이야기'한수풀락'	45,000	1	8	7	8	7	1	1	1
29049	제주 제주시	꿈차롱시인학교시즌3	45,000	1	8	7	8	7	1	1	1
29050	제주 제주시	승용마조련강화	40,000	1	1	7	8	7	5	5	4
29051	제주 제주시	전면소초광지원	40,000	1	1	1,4	7	1,3	1	1	1
29052	제주 제주시	제주산우수벌꿀포장재지원	40,000	1	1	1,4	7	1,3	1	1	1
29053	제주 제주시	자생단체등주민공동체활동지원	35,000	1	4	7	8	7	5	5	4
29054	제주 제주시	민주평화통일자문회의제주시협의회일반통일사업(정액)	35,000	1	4	7	8	7	1	1	3
29055	제주 제주시	제주시연합청년회활동지원사업(기준보조율)	35,000	1	4	7	8	7	1	1	3
29056	제주 제주시	한림읍건강하게성장하는유소년NextLevel	32,850	1	8	7	8	7	1	1	1
29057	제주 제주시	우도굿즈제작프로젝트	30,000	1	4	7	8	7	5	5	4
29058	제주 제주시	자생단체등주민공동체활동지원(기준보조율)	30,000	1	4	7	8	7	5	5	4
29059	제주 제주시	주민자치센터평가인센티브사업비지원(정액)	30,000	1	4	7	8	7	5	5	3
29060	제주 제주시	민주평화통일자문회의제주시협의회국민대통합평화통일기원사업(정액)	30,000	1	4	7	8	7	1	1	3
29061	제주 제주시	바르게살기운동밝고건강한제주만들기사업	30,000	1	4	7	8	7	1	1	3
29062	제주 제주시	유소년체육육성교실운영	30,000	1	1	7	8	7	5	5	4
29063	제주 제주시	엘리트체육육성지원	30,000	1	1	7	8	7	5	5	4
29064	제주 제주시	원유유질개선	30,000	1	1	7	8	7	5	5	4
29065	제주 제주시	경주용제주마경매상장등록비지원	30,000	1	4	7	8	7	5	1	4
29066	제주 제주시	2024년한경면사랑의집고쳐주기사업	30,000	1	4	7	8	7	5	1	4
29067	제주 제주시	섬속의섬우도풍경달력제작사업	28,600	1	1	7	8	7	5	5	4
29068	제주 제주시	시장경영패키지지원사업	28,532	1	4	7	8	7	5	5	4
29069	제주 제주시	세대공감을통한제주전통갈옷문화의체험과사랑나눔	27,000	1	2	6	1	7	3	2	1
29070	제주 제주시	백난아공연단경로당순회힐링음악공연	27,000	1	4	7	8	7	5	5	4
29071	제주 제주시	귀덕1리마을지편찬	27,000	1	8	7	8	7	1	1	1
29072	제주 제주시	상명리마을역사애니메이션영상제작	27,000	1	8	7	8	7	1	1	1
29073	제주 제주시	금악리마을향토지발간	27,000	1	8	7	8	7	1	1	1
29074	제주 제주시	금악리마을향토지발간	27,000	1	8	7	8	7	1	1	1
29075	제주 제주시	백난아공연단경로당순회힐링음악공연	27,000	1	8	7	8	7	1	1	1
29076	제주 제주시	귀덕1리마을지편찬	27,000	1	8	7	8	7	1	1	1

순번	시군구	지출명 (사업명)	2024년예산 (단위 : 천원 /1년간)	민간이전 분류 (지방자치단체 세출예산 집행기준에 의거) 1. 민간경상사업보조(307-02) 2. 민간단체 법정운영비보조(307-03) 3. 민간행사사업보조(307-04) 4. 민간위탁금(307-05) 5. 사회복지시설 법정운영비보조(307-10) 6. 민간인위탁교육비(307-12) 7. 공기관등에대한경상적위탁사업비(308-13) 8. 민간자본사업보조,자체재원(402-01) 9. 민간자본사업보조,이전재원(402-02) 10. 민간위탁사업비(402-03) 11. 공기관등에 대한 자본적 위탁사업비(403-02)	민간이전지출 근거 (지방보조금 관리기준 참고) 1. 법률에 규정 2. 국고보조 재원(국가지정) 3. 용도 지정 기부금 4. 조례에 직접규정 5. 지자체가 권장하는 사업을 하는 공공기관 6. 시,도 정책 및 재정사정 7. 기타 8. 해당없음	입찰방식 계약체결방법 (경쟁형태) 1. 일반경쟁 2. 제한경쟁 3. 지명경쟁 4. 수의계약 5. 법정위탁 6. 기타 ( ) 7. 없음	계약기간 1. 1년 2. 2년 3. 3년 4. 4년 5. 5년 6. 기타 ( )년 7. 단기계약 (1년미만) 8. 없음	낙찰자선정방법 1. 적격심사 2. 협상에의한계약 3. 최저가낙찰제 4. 규격가격분리 5. 2단계 경쟁입찰 6. 기타 ( ) 7. 없음	운영예산 산정 운영예산 산정 1. 내부산정 (지자체 자체적으로 산정) 2. 외부산정 (외부전문기관위탁 산정) 3. 내·외부 모두 산정 4. 산정 無 5. 없음	정산방법 1. 내부정산 (지자체 내부적으로 정산) 2. 외부정산 (외부전문기관위탁 정산) 3. 내·외부 모두 산정 4. 정산 無 5. 없음	성과평가 실시여부 1. 실시 2. 미실시 3. 향후 추진 4. 해당없음
29077	제주 제주시	상명리마을역사애니메이션영상제작	27,000	1	8	7	8	7	1	1	1
29078	제주 제주시	보훈단체활성화사업	26,100	1	1	7	8	7	5	1	2
29079	제주 제주시	도심텃밭가꾸기참여우수자선진지연수	25,000	1	4	7	8	7	5	5	4
29080	제주 제주시	우도마을신문'달그리안'발행	25,000	1	4	7	8	7	5	5	4
29081	제주 제주시	가축방역가상방역훈련	25,000	1	2	7	8	7	5	1	4
29082	제주 제주시	어르신도외역사문화탐방	23,000	1	1	7	8	7	1	1	1
29083	제주 제주시	해병대전우회제주시지회수중정화활동사업	22,000	1	4	7	8	7	1	1	3
29084	제주 제주시	서울우도면민회뿌리기념집발간	20,000	1	4	7	8	7	5	5	4
29085	제주 제주시	축산농가감염성폐기물처리지원	20,000	1	4	7	8	7	5	1	4
29086	제주 제주시	동물복지인증농가경쟁력강화지원사업	20,000	1	4	7	8	7	5	5	4
29087	제주 제주시	꿈꾸는옹포실버학교운영	18,180	1	8	7	8	7	1	1	1
29088	제주 제주시	꿈꾸는옹포실버학교운영	18,180	1	8	7	8	7	1	1	1
29089	제주 제주시	제주문화원문화대학운영(정액)	18,000	1	1	7	8	7	1	1	1
29090	제주 제주시	오라동주민과청소년이함께하는문화축제	18,000	1	4	7	8	7	5	5	4
29091	제주 제주시	장애인체육단체및동호인전국대회참가지원	18,000	1	1	7	8	7	5	5	4
29092	제주 제주시	가축개량지원(우수여왕벌보급사업)	16,920	1	2	7	8	7	5	5	4
29093	제주 제주시	필라테스교실운영	15,300	1	4	7	8	7	5	5	4
29094	제주 제주시	환경기초시설주변마을지원사업	15,000	1	4	7	8	7	5	5	4
29095	제주 제주시	가족이함께하는행복텃밭가꾸기	15,000	1	4	7	7	7	1	1	3
29096	제주 제주시	제7회새마을지도자역량강화사업(보조율7%)	15,000	1	4	7	8	7	5	5	4
29097	제주 제주시	43유족어르신공경의날행사운영(정액)	15,000	1	4	7	8	7	1	1	3
29098	제주 제주시	43희생자유족회제주시지부부녀회행복나눔활동(정액)	15,000	1	4	7	8	7	5	5	3
29099	제주 제주시	치유승마프로그램운영	15,000	1	4	7	8	7	5	5	3
29100	제주 제주시	우도어르신그림책놀이	14,400	1	4	7	8	7	5	5	4
29101	제주 제주시	수출상품샘플국제특송비용지원	14,000	1	4	7	8	7	5	5	4
29102	제주 제주시	여성및청년축산인양성교육지원	14,000	1	4	7	7	7	1	1	1
29103	제주 제주시	상이군경회회원자긍심고취사업	13,200	1	4	7	8	7	5	1	3
29104	제주 제주시	북한이탈주민(새터민)자립정착지원	13,000	1	1	7	8	7	5	1	2
29105	제주 제주시	축산물HACCP컨설팅지원	12,250	1	4	7	8	7	5	5	4
29106	제주 제주시	가정의달카네이션달아드리기및효도선물전달	11,000	1	1	7	8	7	5	5	4
29107	제주 제주시	통장협의회자치역량강화사업(정액)	10,000	1	4	7	8	7	1	1	1
29108	제주 제주시	새마을회청정한제주환경조성사업	10,000	1	4	7	8	7	1	1	3
29109	제주 제주시	새마을회자원봉사자육성중앙교육지원(정액)	10,000	1	4	7	8	7	1	1	3
29110	제주 제주시	현충일추념식참석지원	10,000	1	1	7	8	7	5	1	2
29111	제주 제주시	특수임무유공자회사무실임차료지원	10,000	1	1	7	8	7	5	1	2
29112	제주 제주시	고품질계란생산지원	10,000	1	4	7	8	7	5	5	4
29113	제주 제주시	제주승마교실운영지원	10,000	1	4	7	8	7	5	5	4
29114	제주 제주시	악취없는쾌적한생활환경만들기	9,900	1	8	7	8	7	1	1	1
29115	제주 제주시	악취없는쾌적한생활환경만들기	9,900	1	4	7	8	7	5	1	1
29116	제주 제주시	제주전통먹거리(빙떡)만들기체험	9,000	1	4	7	8	7	5	5	4

순번	시군구	지출명 (사업명)	2024년예산 (단위 : 천원 /1년간)	민간이전 분류 (지방자치단체 세출예산 집행기준에 의거) 1. 민간경상사업보조(307-02) 2. 민간단체 법정운영비보조(307-03) 3. 민간행사사업보조(307-04) 4. 민간위탁금(307-05) 5. 사회복지시설 법정운영비보조(307-10) 6. 민간인위탁교육비(307-12) 7. 공기관등에대한경상적위탁사업비(308-13) 8. 민간자본사업보조,자체재원(402-01) 9. 민간자본사업보조,이전재원(402-02) 10. 민간위탁사업비(402-03) 11. 공기관등에 대한 자본적 위탁사업비(403-02)	민간이전지출 근거 (지방보조금 관리기준 참고) 1. 법률에 규정 2. 국고보조 재원(국가지정) 3. 용도 지정 기부금 4. 조례에 직접규정 5. 지자체가 권장하는 사업을 하는 공공기관 6. 시,도 정책 및 재정사정 7. 기타 8. 해당없음	입찰방식 계약체결방법 (경쟁형태) 1. 일반경쟁 2. 제한경쟁 3. 지명경쟁 4. 수의계약 5. 법정위탁 6. 기타 ( ) 7. 없음	입찰방식 계약기간 1. 1년 2. 2년 3. 3년 4. 4년 5. 5년 6. 기타 ( )년 7. 단기계약 (1년미만) 8. 없음	입찰방식 낙찰자선정방법 1. 적격심사 2. 협상에의한계약 3. 최저가낙찰제 4. 규격가격분리 5. 2단계 경쟁입찰 6. 기타 ( ) 7. 없음	운영예산 산정 운영예산 산정 1. 내부산정 (지자체 자체적으로 산정) 2. 외부산정 (외부전문기관위탁 산정) 3. 내·외부 모두 산정 4. 산정 無 5. 없음	운영예산 산정 정산방법 1. 내부정산 (지자체 내부적으로 정산) 2. 외부정산 (외부전문기관위탁 정산) 3. 내·외부 모두 산정 4. 정산 無 5. 없음	성과평가 실시여부 1. 실시 2. 미실시 3. 향후 추진 4. 해당없음
29117	제주 제주시	한경면사랑의집고쳐주기자원봉사단2년의발자취	9,000	1	4	7	8	7	5	5	4
29118	제주 제주시	한수풀문화예술의밤	9,000	1	8	7	8	7	1	1	1
29119	제주 제주시	한수풀문화예술의밤	9,000	1	4	7	8	7	5	1	1
29120	제주 제주시	지역자율방재단운영(정액)	8,000	1	1	7	8	7	1	1	1
29121	제주 제주시	섬속의섬우도를찾아온인문학<우도세바시>	8,000	1	4	7	8	7	5	5	4
29122	제주 제주시	이장협의회자치역량강화사업(정액)	7,000	1	4	7	8	7	1	1	3
29123	제주 제주시	동물복지축산농장컨설팅지원	7,000	1	2	7	8	7	5	5	4
29124	제주 제주시	어버이날기념감사해孝행사개최	6,300	1	4	7	8	7	5	5	4
29125	제주 제주시	기타가축고급축산물생산,유통기반지원	6,000	1	1	1,4	7	1,3	1	1	1
29126	제주 제주시	민방위시범마을사업비(정액)	5,000	1	1	7	8	7	1	1	1
29127	제주 제주시	이사무장협의회자치역량강화사업(정액)	5,000	1	4	7	8	7	1	1	3
29128	제주 제주시	주민자치위원회협의회활동사업비지원(정액)	5,000	1	4	7	8	7	5	5	3
29129	제주 제주시	축산물수출장려금지원	5,000	1	4	7	8	7	5	5	4
29130	제주 제주시	무공수훈자회고령회원위문사업	4,500	1	1	7	8	7	5	1	2
29131	제주 제주시	월남전참전자회공익활동기반확대사업	4,500	1	1	7	8	7	5	1	2
29132	제주 제주시	경로당여성회장도내역사문화탐방	3,400	1	1	7	8	7	1	1	1
29133	제주 제주시	무공수훈자회태극기달기활성화사업	3,400	1	1	7	8	7	5	1	2
29134	제주 제주시	주민자치위원회활동지원(정액)(기준경비)	3,000	1	4	7	8	7	5	5	4
29135	제주 제주시	전도노인민속경기대회참가지원	3,000	1	1	7	8	7	1	1	1
29136	제주 제주시	주민자치위원회활동지원	3,000	1	4	7	8	7	1	1	1
29137	제주 제주시	주민자치위원회활동지원	3,000	1	4	7	8	7	5	5	4
29138	제주 제주시	주민자치위원회활동지원	3,000	1	4	7	8	7	5	5	4
29139	제주 제주시	주민자치위원회활동지원	3,000	1	4	7	8	7	1	1	1
29140	제주 제주시	주민자치위원회활동지원(정액)기준경비	3,000	1	4	7	8	7	5	5	4
29141	제주 제주시	주민자치위원회활동지원(정액)(기준경비)	3,000	1	4	4	1	7	1	1	3
29142	제주 제주시	전몰군경미마인회고령회원위안사업	3,000	1	1	7	8	7	5	1	2
29143	제주 제주시	특수임무유공자회해안정화사업	3,000	1	1	7	8	7	5	1	2
29144	제주 제주시	주민자치위원회활동지원(정액)(기준경비)	3,000	1	4	7	8	7	5	5	4
29145	제주 제주시	금능원담축제	3,000	1	6	7	8	7	1	1	1
29146	제주 제주시	주민자치위원회활동지원	3,000	1	4	7	8	7	5	1	1
29147	제주 제주시	주민자치위원회활동지원	3,000	1	4	7	8	7	5	5	4
29148	제주 제주시	젖소혈통등록	2,500	1	4	7	8	7	5	1	4
29149	제주 제주시	자유수호가치실현민주시민교육(보조율5%)	2,000	1	4	7	8	7	1	1	3
29150	제주 제주시	가축폐사체수거처리비지원	1,200	1	2	7	8	7	5	5	4
29151	제주 제주시	노인민속경기대회참가지원	1,000	1	4	7	8	7	5	5	4
29152	제주 제주시	노인민속경기대회참가지원	1,000	1	4	7	8	7	1	1	1
29153	제주 제주시	노인민속경기대회참가지원	1,000	1	4	7	8	7	5	5	4
29154	제주 제주시	노인민속경기대회참가지원	1,000	1	4	7	8	7	5	5	4
29155	제주 제주시	노인민속경기대회참가지원	1,000	1	4	7	8	7	1	1	1
29156	제주 제주시	노인회민속경기대회참가지원(기준경비)	1,000	1	4	7	8	7	5	5	4

순번	시군구	지출명 (사업명)	2024년예산 (단위 : 천원 /1년간)	민간이전 분류 (지방자치단체 세출예산 집행기준에 의거) 1. 민간경상사업보조(307-02) 2. 민간단체 법정운영비보조(307-03) 3. 민간행사사업보조(307-04) 4. 민간위탁금(307-05) 5. 사회복지시설 법정운영비보조(307-10) 6. 민간인위탁교육비(307-12) 7. 공기관등에대한경상적위탁사업비(308-13) 8. 민간자본사업보조,자체재원(402-01) 9. 민간자본사업보조,이전재원(402-02) 10. 민간위탁사업비(402-03) 11. 공기관등에 대한 자본적 위탁사업비(403-02)	민간이전지출 근거 (지방보조금 관리기준 참고) 1. 법률에 규정 2. 국고보조 재원(국가지정) 3. 용도 지정 기부금 4. 조례에 직접규정 5. 지자체가 권장하는 사업을 하는 공공기관 6. 시,도 정책 및 재정사정 7. 기타 8. 해당없음	입찰방식 계약체결방법 (경쟁형태) 1. 일반경쟁 2. 제한경쟁 3. 지명경쟁 4. 수의계약 5. 법정위탁 6. 기타 ( ) 7. 없음	입찰방식 계약기간 1. 1년 2. 2년 3. 3년 4. 4년 5. 5년 6. 기타 ( )년 7. 단기계약 (1년미만) 8. 없음	입찰방식 낙찰자선정방법 1. 적격심사 2. 협상에의한계약 3. 최저가낙찰제 4. 규격가격분리 5. 2단계 경쟁입찰 6. 기타 ( ) 7. 없음	운영예산 산정 운영예산 산정 1. 내부산정 (지자체 자체적으로 산정) 2. 외부산정 (외부전문기관위탁 산정) 3. 내·외부 모두 산정 4. 산정 無 5. 없음	운영예산 산정 정산방법 1. 내부정산 (지자체 내부적으로 정산) 2. 외부정산 (외부전문기관위탁 정산) 3. 내·외부 모두 산정 4. 정산 無 5. 없음	성과평가 실시여부 1. 실시 2. 미실시 3. 향후 추진 4. 해당없음
29157	제주 제주시	도서지역전기공급사업융자금상환지원사업(정액)	1,000	1	4	7	8	7	1	1	1
29158	제주 제주시	노인민속경기대회참가지원	1,000	1	4	7	8	7	5	5	4
29159	제주 제주시	노인민속경기대회참가지원(기준경비)	1,000	1	4	7	8	7	1	1	1
29160	제주 제주시	노인민속경기대회참가지원	1,000	1	4	7	8	7	5	5	4
29161	제주 제주시	유기질비료지원사업	3,981,840	1	1	7	8	7	5	5	4
29162	제주 제주시	청년창업농영농정착지원금	1,760,000	1	2	7	8	7	5	5	4
29163	제주 제주시	토양개량제지원사업	623,000	1	2	7	8	7	5	5	4
29164	제주 제주시	감귤원방풍수정비사업	600,000	1	4	7	8	7	5	5	4
29165	제주 제주시	농업인안전재해보험지원(국가직접지원사업)	505,000	1	2	7	8	7	5	5	4
29166	제주 제주시	임산부친환경농산물지원사업(정액)	499,200	1	4	7	8	7	5	5	4
29167	제주 제주시	친환경비료(폐광어발효액비등)지원사업	360,000	1	4	7	8	7	5	5	4
29168	제주 제주시	어린이식습관개선신선편이과일간식등지원사업	326,000	1	1,4	7	8	7	5	5	4
29169	제주 제주시	지역브랜드마케팅지원사업(균특이양)	300,000	1	4	7	8	7	5	5	4
29170	제주 제주시	친환경유기농업자재지원	292,640	1	1	7	8	7	5	5	4
29171	제주 제주시	농산물온라인물류비지원사업(보조율6%)	250,000	1	4	7	8	7	5	5	4
29172	제주 제주시	임산물생산단지규모화	249,497	1	1	7	8	7	1	1	4
29173	제주 제주시	채소작물생분해성농자재지원사업	200,000	1	4	7	8	7	5	5	4
29174	제주 제주시	농산물품목별공선회조직포장재비지원사업(보조율5%)	200,000	1	4	7	8	7	5	5	4
29175	제주 제주시	추자지역버스운영경비지원	196,350	1	1	7	8	7	1	1	1
29176	제주 제주시	토양개량제공동살포	164,000	1	2	7	8	7	5	5	4
29177	제주 제주시	농업성공대학(원)운영지원(보조율7%)	150,000	1	4	7	8	7	5	5	4
29178	제주 제주시	농업환경보전프로그램지원	150,000	1	1	7	8	7	5	5	4
29179	제주 제주시	드론방제비지원사업(보조율6%)	150,000	1	4	7	8	7	5	5	4
29180	제주 제주시	감자종서구입비지원사업(보조율6%)	150,000	1	4	7	8	7	5	5	4
29181	제주 제주시	수출용감귤포장재비지원(보조율5%)	140,000	1	4	7	8	7	5	5	4
29182	제주 제주시	자생단체등주민공동체활동지원	137,100	1	4	7	8	7	1	1	1
29183	제주 제주시	동복리버스운영경비지원	130,200	1	1	7	8	7	1	1	1
29184	제주 제주시	GAP인증농가안전성검사비지원	128,000	1	1	7	8	7	5	5	4
29185	제주 제주시	자생단체등주민공동체활동지원(기준보조율)	125,000	1	4	7	8	7	1	1	4
29186	제주 제주시	농산물소포장재비지원사업(보조율5%)	120,000	1	4	7	8	7	5	5	4
29187	제주 제주시	자생단체등주민공동체활동지원	120,000	1	4	7	8	7	1	1	1
29188	제주 제주시	봉개환경기초시설지역주민감시요원수당	103,428	1	6	7	8	7	5	5	4
29189	제주 제주시	농촌융복합산업맞춤형포장재지원사업	100,000	1	4	7	8	7	5	5	4
29190	제주 제주시	자생단체등주민공동체활동지원	100,000	1	4	7	8	7	1	1	1
29191	제주 제주시	임산물상품화지원	99,477	1	1	7	8	7	1	1	4
29192	제주 제주시	공공형계절근로사업운영지원(이전재원)(정액)	98,000	1	2	7	8	7	5	5	4
29193	제주 제주시	정보화마을프로그램관리자육성	95,222	1	4	6	1	7	1	1	1
29194	제주 제주시	제주임산물육성지원	85,000	1	1	7	8	7	1	1	4
29195	제주 제주시	한농연소득증대를위한농산물홍보등지원사업	76,000	1	4	7	8	7	5	5	4
29196	제주 제주시	정신건강복지센터종사자처우개선비	75,360	1	4	4	5	7	1	1	1

순번	시군구	지출명 (사업명)	2024년예산 (단위 : 천원 /1년간)	민간이전 분류 (지방자치단체 세출예산 집행기준에 의거) 1. 민간경상사업보조(307-02) 2. 민간단체 법정운영비보조(307-03) 3. 민간행사사업보조(307-04) 4. 민간위탁금(307-05) 5. 사회복지시설 법정운영비보조(307-10) 6. 민간인위탁교육비(307-12) 7. 공기관등에대한경상적위탁사업비(308-13) 8. 민간자본사업보조,자체재원(402-01) 9. 민간자본사업보조,이전재원(402-02) 10. 민간위탁사업비(402-03) 11. 공기관등에 대한 자본적 위탁사업비(403-02)	민간이전지출 근거 (지방보조금 관리기준 참고) 1. 법률에 규정 2. 국고보조 재원(국가지정) 3. 용도 지정 기부금 4. 조례에 직접규정 5. 지자체가 권장하는 사업을 하는 공공기관 6. 시,도 정책 및 재정사정 7. 기타 8. 해당없음	입찰방식			운영예산 산정		성과평가 실시여부
						계약체결방법 (경쟁형태) 1. 일반경쟁 2. 제한경쟁 3. 지명경쟁 4. 수의계약 5. 법정위탁 6. 기타 ( ) 7. 없음	계약기간 1. 1년 2. 2년 3. 3년 4. 4년 5. 5년 6. 기타 ( )년 7. 단기계약 (1년미만) 8. 없음	낙찰자선정방법 1. 적격심사 2. 협상에의한계약 3. 최저가낙찰제 4. 규격가격분리 5. 2단계 경쟁입찰 6. 기타 ( ) 7. 없음	운영예산 산정 1. 내부산정 (지자체 자체적으로 산정) 2. 외부산정 (외부전문기관위탁 산정) 3. 내·외부 모두 산정 4. 산정 無 5. 없음	정산방법 1. 내부정산 (지자체 내부적으로 정산) 2. 외부정산 (외부전문기관위탁 정산) 3. 내·외부 모두 산정 4. 정산 無 5. 없음	1. 실시 2. 미실시 3. 향후 추진 4. 해당없음
29197	제주 제주시	출산농어가도우미지원사업	70,000	1	1	7	8	7	5	5	4
29198	제주 제주시	지역사회건강조사사업비	64,464	1	2	7	8	7	5	5	4
29199	제주 제주시	자생단체등주민공동체활동지원	61,000	1	4	7	8	7	1	1	1
29200	제주 제주시	지역특산물활성화홍보마케팅지원	50,000	1	4	7	8	7	5	1	3
29201	제주 제주시	자생단체등주민공동체활동지원	49,000	1	4	7	8	7	1	1	4
29202	제주 제주시	자생단체등주민공동체활동지원(기준보조율)	48,000	1	4	4	8	7	5	1	1
29203	제주 제주시	자생단체등주민공동회활동지원	45,000	1	4	7	8	7	5	5	4
29204	제주 제주시	자살고위험군자살예방사업	40,000	1	4	4	5	7	1	1	1
29205	제주 제주시	어등1경을주제로한스토리북제작사업	40,000	1	4	7	8	7	1	1	4
29206	제주 제주시	종달리지발간사업	40,000	1	4	7	8	7	1	1	4
29207	제주 제주시	월정리마을향토지발간	40,000	1	4	7	8	7	1	1	4
29208	제주 제주시	기타과수및과채류수정벌지원사업	40,000	1	4	7	8	7	5	5	4
29209	제주 제주시	마늘토양소독제지원사업	40,000	1	4	7	8	7	5	5	4
29210	제주 제주시	식량작물공동경영체육성교육컨설팅지원(국산밀생산단지)	39,600	1	2	7	8	7	5	5	4
29211	제주 제주시	이도2동향토지편찬사업	36,000	1	4	7	8	7	5	5	4
29212	제주 제주시	봉개환경기초시설지역주민악취조사요원수당	34,476	1	6	7	8	7	5	5	4
29213	제주 제주시	봉개동주민대책위원회국외선진지비교견학지원	32,000	1	6	7	8	7	5	5	4
29214	제주 제주시	활성화지원프로그램운영및홍보	30,000	1	4	7	8	7	5	5	4
29215	제주 제주시	봉개동쓰레기매립장주민대책위원회활동사업비	30,000	1	6	7	8	7	5	5	4
29216	제주 제주시	마을정보교류를위한뱅디신문발간	27,000	1	4	7	8	7	1	1	4
29217	제주 제주시	식량작물공동(들녘)경영체교육컨설팅지원	27,000	1	2	7	8	7	5	5	4
29218	제주 제주시	예술이일상이되는마을만들기	22,500	1	4	7	8	7	5	5	4
29219	제주 제주시	한국후계농업경영인제주시연합회전국으뜸농산물전시회참가지원사업	22,000	1	4	7	8	7	5	5	4
29220	제주 제주시	선흘2리마을정원문화제	20,000	1	4	7	8	7	5	5	4
29221	제주 제주시	마을소식지제작사업	19,800	1	4	7	8	7	5	5	4
29222	제주 제주시	송당마을홍보를위한안내책자및지도제작	18,000	1	4	7	8	7	1	1	4
29223	제주 제주시	정보화마을정보센터유지관리비지원	18,000	1	4	6	1	7	1	1	1
29224	제주 제주시	함덕문학과함께하는찾아가는문학교실	18,000	1	4	7	8	7	5	5	4
29225	제주 제주시	해녀의바다	17,730	1	4	7	8	7	5	5	4
29226	제주 제주시	1.3세대가함께소통하고만드는어르신동화책자서전만들기사업	15,000	1	4	7	8	7	5	5	4
29227	제주 제주시	중독관리통합지원센터종사자처우개선비	12,400	1	4	4	5	7	1	1	1
29228	제주 제주시	다문화가족의행복찾기	11,880	1	4	7	8	7	5	5	4
29229	제주 제주시	사랑의빵만들기및나눔사업	11,570	1	4	7	8	7	5	5	4
29230	제주 제주시	노지한라봉봉지피복지원사업	10,000	1	4	7	8	7	5	5	4
29231	제주 제주시	마을관리사회적협동조합운영지원	10,000	1	2	7	8	7	5	5	4
29232	제주 제주시	봉개동주민대책위원회국내선진지비교견학지원	10,000	1	6	7	8	7	5	5	4
29233	제주 제주시	추포도자가발전기운영유류비지원사업(정액)	9,600	1	1	7	8	7	1	1	3
29234	제주 제주시	아라동4.3길답사프로그램운영	9,000	1	4	7	8	7	5	5	4
29235	제주 제주시	여성농업인및여성농민회역량강화교육사업	7,000	1	4	7	8	7	5	5	4
29236	제주 제주시	제주시친환경농업협회농특산물홍보사업	5,000	1	4	7	8	7	5	5	4

순번	시군구	지출명 (사업명)	2024년예산 (단위 : 천원 /1년간)	민간이전 분류 (지방자치단체 세출예산 집행기준에 의거) 1. 민간경상사업보조(307-02) 2. 민간단체 법정운영비보조(307-03) 3. 민간행사사업보조(307-04) 4. 민간위탁금(307-05) 5. 사회복지시설 법정운영비보조(307-10) 6. 민간인위탁교육비(307-12) 7. 공기관등에대한경상적위탁사업비(308-13) 8. 민간자본사업보조,자체재원(402-01) 9. 민간자본사업보조,이전재원(402-02) 10. 민간위탁사업비(402-03) 11. 공기관등에 대한 자본적 위탁사업비(403-02)	민간이전지출 근거 (지방보조금 관리기준 참고) 1. 법률에 규정 2. 국고보조 재원(국가지정) 3. 용도 지정 기부금 4. 조례에 직접규정 5. 지자체가 권장하는 사업을 하는 공공기관 6. 시,도 정책 및 재정사정 7. 기타 8. 해당없음	입찰방식 계약체결방법 (경쟁형태) 1. 일반경쟁 2. 제한경쟁 3. 지명경쟁 4. 수의계약 5. 법정위탁 6. 기타 ( ) 7. 없음	입찰방식 계약기간 1. 1년 2. 2년 3. 3년 4. 4년 5. 5년 6. 기타 ( )년 7. 단기계약 (1년미만) 8. 없음	입찰방식 낙찰자선정방법 1. 적격심사 2. 협상에의한계약 3. 최저가낙찰제 4. 규격가격분리 5. 2단계 경쟁입찰 6. 기타 ( ) 7. 없음	운영예산 산정 운영예산 산정 1. 내부산정 (지자체 자체적으로 산정) 2. 외부산정 (외부전문기관위탁 산정) 3. 내·외부 모두 산정 4. 산정 無 5. 없음	운영예산 산정 정산방법 1. 내부정산 (지자체 내부적으로 정산) 2. 외부정산 (외부전문기관위탁 정산) 3. 내·외부 모두 정산 4. 정산 無 5. 없음	성과평가 실시여부 1. 실시 2. 미실시 3. 향후 추진 4. 해당없음
29237	제주 제주시	농업기계등회장치부착지원	5,000	1	2	7	8	7	5	5	4
29238	제주 제주시	자생단체등주민공동체활동지원	4,000	1	6	7	8	7	1	1	1
29239	제주 제주시	주민자치위원회활동지원(정액)	3,000	1	4	7	8	7	1	1	1
29240	제주 제주시	주민자치위원회활동지원	3,000	1	4	7	8	7	1	1	1
29241	제주 제주시	주민자치위원회활동지원	3,000	1	4	7	8	7	1	1	4
29242	제주 제주시	주민자치위원회활동지원	3,000	1	4	7	8	7	5	5	4
29243	제주 제주시	주민자치위원회활동지원	3,000	1	4	7	8	7	1	1	1
29244	제주 제주시	주민자치위원회활동지원	3,000	1	4	7	8	7	1	1	1
29245	제주 제주시	주민자치위원회활동지원	3,000	1	4	7	8	7	1	1	1
29246	제주 제주시	주민자치위원회활동지원	3,000	1	4	7	8	7	1	1	1
29247	제주 제주시	주민자치위원회활동지원(정액)(기준경비)	3,000	1	1	6	8	7	5	1	1
29248	제주 제주시	노인민속경기대회참가지원	1,000	1	4	7	8	7	1	1	3
29249	제주 제주시	노인민속경기대회참가지원	1,000	1	4	7	8	7	1	1	2
29250	제주 제주시	노인민속경기대회참가지원	1,000	1	4	7	8	7	1	1	4
29251	제주 제주시	노인민속경기대회참가지원	1,000	1	4	7	8	7	5	5	4
29252	제주 제주시	노인민속경기대회참가지원	1,000	1	4	7	8	7	1	1	1
29253	제주 제주시	노인민속경기대회참가지원	1,000	1	4	7	8	7	1	1	1
29254	제주 제주시	노인민속경기대회참가지원	1,000	1	4	7	8	7	1	1	1
29255	제주 제주시	노인민속경기대회참가지원	1,000	1	4	7	8	7	1	1	1
29256	제주 제주시	노인민속경기대회참가지원(기준경비)	1,000	1	4	7	8	7	1	1	1
29257	제주 제주시	자생단체등주민공동체활동지원	30,000	1	4	7	8	7	5	5	4
29258	제주 제주시	주민자치위원회활동지원	3,000	1	4	7	8	7	5	5	4
29259	제주 제주시	노인민속경기대회참가지원	1,000	1	4	7	8	7	5	5	4
29260	제주 제주시	자생단체등주민공동체활동지원	45,000	1	4	7	8	7	5	5	4
29261	제주 제주시	주민자치위원회활동	3,000	1	4	7	8	7	5	5	4
29262	제주 제주시	노인민속경기대회참가지원	1,000	1	4	7	8	7	5	5	4
29263	제주 제주시	수산동물질병예방백신공급지원(균특이양)(보조율6%)	1,500,000	1	1	7	8	7	5	5	4
29264	제주 제주시	농촌신활력플러스사업추진단지원	1,413,000	1	2	7	8	7	5	5	4
29265	제주 제주시	도서민(내항)여객선운임보조(균특이양)	1,030,000	1	1	7	8	7	5	5	4
29266	제주 제주시	추자도방문객여객선운임보조(정액)	950,000	1	4	7	8	7	5	5	4
29267	제주 제주시	어선원재해보상보험지원(정액)(국가직접지원사업)	750,000	1	2	7	8	7	5	5	4
29268	제주 제주시	연안어선유류비지원(정액)	500,000	1	2	7	8	7	5	5	4
29269	제주 제주시	근해어선유류비지원(정액)	400,000	1	2	7	8	7	5	5	4
29270	제주 제주시	어선선체보험료지원(정액)(국가직접지원사업)	400,000	1	2	7	8	7	5	5	4
29271	제주 제주시	해녀복및잠수장비지원(정액)	393,000	1	1	7	8	7	5	5	4
29272	제주 제주시	농촌체험휴양마을사무장활동비지원	274,526	1	1	7	8	7	5	5	4
29273	제주 제주시	조업중인양쓰레기수매사업(3개수협)(정액)(균특이양)	250,000	1	1	7	8	7	5	5	4
29274	제주 제주시	추자주민여객선운임지원사업(정액)	160,000	1	4	7	8	7	5	5	4
29275	제주 제주시	추자도수산물해상운송비지원(정액)	110,000	1	1	7	8	7	5	5	4
29276	제주 제주시	고산어촌계해녀문화공연운영비지원(정액)	90,000	1	1	7	8	7	5	5	4

순번	시군구	지출명 (사업명)	2024년예산 (단위 : 천원 /1년간)	민간이전 분류 (지방자치단체 세출예산 집행기준에 의거) 1. 민간경상사업보조(307-02) 2. 민간단체 법정운영비보조(307-03) 3. 민간행사사업보조(307-04) 4. 민간위탁금(307-05) 5. 사회복지시설 법정운영비보조(307-10) 6. 민간인위탁교육비(307-12) 7. 공기관등에대한경상적위탁사업비(308-13) 8. 민간자본사업보조,자체재원(402-01) 9. 민간자본사업보조,이전재원(402-02) 10. 민간위탁사업비(402-03) 11. 공기관등에 대한 자본적 위탁사업비(403-02)	민간이전지출 근거 (지방보조금 관리기준 참고) 1. 법률에 규정 2. 국고보조 재원(국가지정) 3. 용도 지정 기부금 4. 조례에 직접규정 5. 지자체가 권장하는 사업을 하는 공공기관 6. 시,도 정책 및 재정사정 7. 기타 8. 해당없음	입찰방식 계약체결방법 (경쟁형태) 1. 일반경쟁 2. 제한경쟁 3. 지명경쟁 4. 수의계약 5. 법정위탁 6. 기타 ( ) 7. 없음	입찰방식 계약기간 1. 1년 2. 2년 3. 3년 4. 4년 5. 5년 6. 기타 ( )년 7. 단기계약 (1년미만) 8. 없음	입찰방식 낙찰자선정방법 1. 적격심사 2. 협상에의한계약 3. 최저가낙찰제 4. 규격가격분리 5. 2단계 경쟁입찰 6. 기타 ( ) 7. 없음	운영예산 산정 운영예산 산정 1. 내부산정 (지자체 자체적으로 산정) 2. 외부산정 (외부전문기관위탁 산정) 3. 내·외부 모두 산정 4. 산정 無 5. 없음	운영예산 산정 정산방법 1. 내부정산 (지자체 내부적으로 정산) 2. 외부정산 (외부전문기관위탁 정산) 3. 내·외부 모두 산정 4. 정산 無 5. 없음	성과평가 실시여부 1. 실시 2. 미실시 3. 향후 추진 4. 해당없음
29277	제주 제주시	고수온대비양식장피해예방물품구입지원(보조율6%)	90,000	1	1	7	8	7	5	5	4
29278	제주 제주시	해녀탈의장운영비지원(정액)	86,400	1	1	7	8	7	5	5	4
29279	제주 제주시	대체어장자원동향조사	85,032	1	2	7	8	7	5	5	4
29280	제주 제주시	육상양식장양식품종다양화종자구입지원(보조율6%)	80,000	1	1	7	8	7	5	5	4
29281	제주 제주시	한수풀해녀학교프로그램운영비지원(정액)	75,000	1	1	7	8	7	5	5	4
29282	제주 제주시	해녀어업인안전보험가입비지원(정액)(국가직접지원사업)	72,000	1	1	7	8	7	5	5	4
29283	제주 제주시	마을기업육성사업	71,000	1	2	7	8	7	5	5	4
29284	제주 제주시	어촌체험휴양마을사무장채용지원	65,474	1	1	7	8	7	5	5	4
29285	제주 제주시	어촌특화개발사업예비계획수립	60,000	1	2	7	8	7	5	5	4
29286	제주 제주시	주민주도의마을공동체활성화지원사업	55,000	1	4	7	8	7	5	5	4
29287	제주 제주시	해녀문화공연운영비지원(정액)	45,000	1	1	7	8	7	5	5	4
29288	제주 제주시	위해생물(구충제)구제제지원	42,500	1	2	7	8	7	5	5	4
29289	제주 제주시	자생단체등주민공동체활동지원(기준보조율)	42,000	1	4	6	8	6	1	1	3
29290	제주 제주시	2024년이어도청소년문화예술경연대회	40,000	1	1	7	8	7	5	5	4
29291	제주 제주시	추자도수협해조류종자구입지원(보조율6%)	36,000	1	1	7	8	7	5	5	4
29292	제주 제주시	자생단체등주민공동체활동지원(기준보조율)	34,000	1	4	7	8	7	1	1	1
29293	제주 제주시	성게껍질분할기지원(정액)	26,000	1	1	7	8	7	5	5	4
29294	제주 제주시	음식문화개선사업	20,000	1	1,4	7	8	7	1	1	1
29295	제주 제주시	제주시재향군인회통일안보의식및문화시민운동(정액)	20,000	1	1	7	7	7	1	1	3
29296	제주 제주시	도서지역수산물유통물류비지원(정액)	19,000	1	1	7	8	7	5	5	4
29297	제주 제주시	해녀테왁보호망지원(정액)	18,800	1	1	7	8	7	5	5	4
29298	제주 제주시	해조류PP마대지원(정액)	15,000	1	1	7	8	7	5	5	4
29299	제주 제주시	신규해녀어촌계가입비지원(정액)	10,000	1	1	7	8	7	5	5	4
29300	제주 제주시	농촌체험휴양마을보험가입지원	9,000	1	1	7	8	7	5	5	4
29301	제주 제주시	정착주민과함께하는공동체활성화지원	7,500	1	4	7	8	7	5	5	4
29302	제주 제주시	수산장비임대활용사업(이동수리소)	6,000	1	2	7	8	7	5	5	4
29303	제주 제주시	수산업경영인소득증대교류사업지원(보조율5%)	3,250	1	1	7	8	7	5	5	4
29304	제주 제주시	주민자치위원회활동지원(정액)(기준경비)	3,000	1	4	7	8	7	1	1	3
29305	제주 제주시	주민자치위원회활동지원(정액)(기준경비)	3,000	1	4	7	8	7	1	1	1
29306	제주 제주시	노인민속경기대회참가지원	1,000	1	1	7	8	7	1	1	1
29307	제주 제주시	노인민속경기대회참가지원(기준경비)	1,000	1	4	7	8	7	1	1	1
29308	제주 제주시	자생단체등주민공동체활동지원	57,980	1	4	7	8	7	5	5	4
29309	제주 제주시	주민자치위원회활동지원	3,000	1	4	7	8	7	5	5	4
29310	제주 제주시	노인민속경기대회참가지원	1,000	1	4	7	8	7	5	5	4
29311	제주 서귀포시	수산동물질병예방백신공급지원	3,600,000	1	4	7	8	7	1	1	1
29312	제주 서귀포시	사회적기업재정지원사업	1,214,100	1	1	7	8	7	5	5	4
29313	제주 서귀포시	생활체육지도자활동지원	1,078,480	1	2	4	1	7	1	1	1
29314	제주 서귀포시	어선원재해보상보험료지원	800,000	1	1	7	8	7	1	1	1
29315	제주 서귀포시	조업중인양쓰레기수매사업	500,000	1	4	7	8	7	1	1	1
29316	제주 서귀포시	어선선체보험료지원	460,000	1	1	7	8	7	1	1	1

순번	시군구	지출명 (사업명)	2024년예산 (단위 : 천원 /1년간)	민간이전 분류 (지방자치단체 세출예산 집행기준에 의거) 1. 민간경상사업보조(307-02) 2. 민간단체 법정운영비보조(307-03) 3. 민간행사사업보조(307-04) 4. 민간위탁금(307-05) 5. 사회복지시설 법정운영비보조(307-10) 6. 민간인위탁교육비(307-12) 7. 공기관등에대한경상적위탁사업비(308-13) 8. 민간자본사업보조,자체재원(402-01) 9. 민간자본사업보조,이전재원(402-02) 10. 민간위탁사업비(402-03) 11. 공기관등에 대한 자본적 위탁사업비(403-02)	민간이전지출 근거 (지방보조금 관리기준 참고) 1. 법률에 규정 2. 국고보조 재원(국가지정) 3. 용도 지정 기부금 4. 조례에 직접규정 5. 지자체가 권장하는 사업을 하는 공공기관 6. 시,도 정책 및 재정사정 7. 기타 8. 해당없음	입찰방식 계약체결방법 (경쟁형태) 1. 일반경쟁 2. 제한경쟁 3. 지명경쟁 4. 수의계약 5. 법정위탁 6. 기타 ( ) 7. 없음	입찰방식 계약기간 1. 1년 2. 2년 3. 3년 4. 4년 5. 5년 6. 기타 ( )년 7. 단기계약 (1년미만) 8. 없음	입찰방식 낙찰자선정방법 1. 적격심사 2. 협상에의한계약 3. 최저가낙찰제 4. 규격가격분리 5. 2단계 경쟁입찰 6. 기타 ( ) 7. 없음	운영예산 산정 운영예산 산정 1. 내부산정 (지자체 자체적으로 산정) 2. 외부산정 (외부전문기관위탁 산정) 3. 내·외부 모두 산정 4. 산정 無 5. 없음	운영예산 산정 정산방법 1. 내부정산 (지자체 내부적으로 정산) 2. 외부정산 (외부전문기관위탁 정산) 3. 내·외부 모두 산정 4. 정산 無 5. 없음	성과평가 실시여부 1. 실시 2. 미실시 3. 향후 추진 4. 해당없음
29317	제주 서귀포시	근해어선유류비지원	450,000	1	4	7	8	7	1	1	1
29318	제주 서귀포시	장애인생활체육지도자활동지원	411,645	1	2	7	8	7	1	1	1
29319	제주 서귀포시	대체어장자원동향조사지원	400,152	1	2	7	8	7	1	1	1
29320	제주 서귀포시	연안어선유류비지원	396,000	1	4	7	8	7	1	1	1
29321	제주 서귀포시	유색해녀복및잠수장비지원	380,700	1	4	7	8	7	1	1	1
29322	제주 서귀포시	학생승마체험지원	370,080	1	2	7	8	7	5	5	4
29323	제주 서귀포시	구제역예방백신지원(전업농)	318,960	1	2	7	8	7	5	5	4
29324	제주 서귀포시	한우농가배합사료물류비지원	300,000	1	1,4	7	8	7	5	5	4
29325	제주 서귀포시	돼지써코바이러스예방백신지원	286,200	1	2	7	8	7	5	5	4
29326	제주 서귀포시	2024년농촌체험휴양마을사무장활동비비원사업	274,526	1	1	7	1	7	1	1	4
29327	제주 서귀포시	한우(흑우)개량지원	258,000	1	1,4	7	8	7	5	5	4
29328	제주 서귀포시	감귤박사료자원화지원	250,000	1	1,4	7	8	7	5	5	4
29329	제주 서귀포시	읍면동체육활성화지원	191,000	1	4	4	1	7	1	1	1
29330	제주 서귀포시	람사르습지도시인증프로그램지원	160,000	1	1	7	8	7	5	5	4
29331	제주 서귀포시	제주산흑한우축산물브랜드홍보지원	150,000	1	1,4	7	8	7	5	5	4
29332	제주 서귀포시	정보화마을프로그램관리자육성	121,999	1	4	6	1	7	1	1	1
29333	제주 서귀포시	전지훈련단운동지원프로그램운영(정액)	120,000	1	4	7	8	7	1	1	1
29334	제주 서귀포시	법환해녀학교운영지원	120,000	1	4	7	8	7	1	1	1
29335	제주 서귀포시	마을별특색이살아있는명품꽃길조성	111,500	1	4	7	8	7	1	1	1
29336	제주 서귀포시	성산읍찾아가는문화예술콘서트	110,000	1	7	7	8	7	1	1	1
29337	제주 서귀포시	기후열대화에따른가축보험료지원	102,500	1	4	7	8	7	1	1	4
29338	제주 서귀포시	가축위생방역지원사업(공동방제단)	101,312	1	1,4	7	8	7	5	5	4
29339	제주 서귀포시	이통장및사무장선진지연수	100,800	1	2	7	8	7	5	5	4
29340	제주 서귀포시	종목단체활성화사업	100,000	1	4	7	8	7	1	1	1
29341	제주 서귀포시	제주흑우(흑한우)송아지생산장려	100,000	1	4	4	1	7	1	1	1
29342	제주 서귀포시	HACCP인증농가인센티브지원(출하장려금지원)	100,000	1	1,4	7	8	7	5	5	4
29343	제주 서귀포시	해녀탈의장운영비지원	99,400	1	1,4	7	8	7	5	5	4
29344	제주 서귀포시	새마을작은도서관운영관리지원	95,000	1	4	7	8	7	1	1	1
29345	제주 서귀포시	하절기고수온대비양식장피해예방지원	90,000	1	4	7	8	7	1	1	1
29346	제주 서귀포시	생태관광지역지정육성사업	90,000	1	4	7	8	7	1	1	1
29347	제주 서귀포시	어촌체험휴양마을사무장지원	86,400	1	1	7	8	7	5	5	4
29348	제주 서귀포시	내항여객선운임지원	86,000	1	4	7	8	7	1	1	1
29349	제주 서귀포시	새마을부녀회복지사각지대이웃돌봄공동체운동사업	85,000	1	4	7	8	7	1	1	1
29350	제주 서귀포시	농촌신활력플러스사업추진단운영	82,876	1	4	7	8	7	1	1	1
29351	제주 서귀포시	제주4.3희생자유족회사업지원	80,000	1	4	4	1	7	1	1	3
29352	제주 서귀포시	마을기업육성사업	80,000	1	4	7	8	7	1	1	1
29353	제주 서귀포시	연탄사용시설수송비지원	80,000	1	2	7	8	7	5	5	4
29354	제주 서귀포시	유소년승마단창단지원	80,000	1	4	7	8	7	5	5	4
29355	제주 서귀포시	위해생물(기생충)구제제지원	78,500	1	2	7	8	7	5	5	4
29356	제주 서귀포시	시민건강힐링승마교실	77,000	1	2	7	8	7	1	1	1

순번	시군구	지출명 (사업명)	2024년예산 (단위 : 천원 /1년간)	민간이전 분류 (지방자치단체 세출예산 집행기준에 의거) 1. 민간경상사업보조(307-02) 2. 민간단체 법정운영비보조(307-03) 3. 민간행사사업보조(307-04) 4. 민간위탁금(307-05) 5. 사회복지시설 법정운영비보조(307-10) 6. 민간인위탁교육비(307-12) 7. 공기관등에대한경상적위탁사업비(308-13) 8. 민간자본사업보조,자체재원(402-01) 9. 민간자본사업보조,이전재원(402-02) 10. 민간위탁사업비(402-03) 11. 공기관등에 대한 자본적 위탁사업비(403-02)	민간이전지출 근거 (지방보조금 관리기준 참고) 1. 법률에 규정 2. 국고보조 재원(국가지정) 3. 용도 지정 기부금 4. 조례에 직접규정 5. 지자체가 권장하는 사업을 하는 공공기관 6. 시,도 정책 및 재정사정 7. 기타 8. 해당없음	입찰방식 계약체결방법 (경쟁형태) 1. 일반경쟁 2. 제한경쟁 3. 지명경쟁 4. 수의계약 5. 법정위탁 6. 기타 ( ) 7. 없음	입찰방식 계약기간 1. 1년 2. 2년 3. 3년 4. 4년 5. 5년 6. 기타 ( )년 7. 단기계약 (1년미만) 8. 없음	입찰방식 낙찰자선정방법 1. 적격심사 2. 협상에의한계약 3. 최저가낙찰제 4. 규격가격분리 5. 2단계 경쟁입찰 6. 기타 ( ) 7. 없음	운영예산 산정 운영예산 산정 1. 내부산정 (지자체 자체적으로 산정) 2. 외부산정 (외부전문기관위탁 산정) 3. 내·외부 모두 산정 4. 산정 無 5. 없음	운영예산 산정 정산방법 1. 내부정산 (지자체 내부적으로 정산) 2. 외부정산 (외부전문기관위탁 정산) 3. 내·외부 모두 산정 4. 정산 無 5. 없음	성과평가 실시여부 1. 실시 2. 미실시 3. 향후 추진 4. 해당없음
29357	제주 서귀포시	비정규학교(서귀포오석학교)운영지원(정액)	76,000	1	4	7	8	7	1	1	3
29358	제주 서귀포시	생활체육육성및각종스포츠대회참가지원	75,000	1	4	4	1	7	1	1	1
29359	제주 서귀포시	성산어촌계해녀문화공연지원	75,000	1	4	7	8	7	1	1	1
29360	제주 서귀포시	한우도외출하운송비지원	75,000	1	1,4	7	8	7	5	5	4
29361	제주 서귀포시	환경기초시설설치지역소규모사업지원	75,000	1	4	7	8	7	5	5	4
29362	제주 서귀포시	서귀포시산업대학운영	71,500	1	4	7	8	7	5	5	4
29363	제주 서귀포시	제주산우수벌꿀포장재지원	71,200	1	6	7	8	7	5	5	4
29364	제주 서귀포시	종봉생산용화분구입	70,000	1	6	7	8	7	5	5	4
29365	제주 서귀포시	사회적기업사회보험료	64,390	1	1	7	8	7	5	5	4
29366	제주 서귀포시	지역사회건강조사업비	64,006	1	2	7	1	7	2	2	1
29367	제주 서귀포시	마을(축제등)홍보영상제작지원	63,500	1	4	7	8	7	5	5	4
29368	제주 서귀포시	지역사회건강조사사업	63,394	1	2	7	1	7	2	2	1
29369	제주 서귀포시	지역사회건강조사사업	62,630	1	2	7	1	7	2	2	1
29370	제주 서귀포시	프로스포츠를활용한축구교실프로그램운영(정액)	60,000	1	4	7	8	7	1	1	1
29371	제주 서귀포시	제주산축산물소비촉진홍보지원	60,000	1	1,4	7	8	7	5	5	4
29372	제주 서귀포시	모두가즐겁고안전한펫티켓문화조성지원사업	60,000	1	4	7	8	7	5	5	4
29373	제주 서귀포시	농촌관광승마활성화	60,000	1	2	7	8	7	5	5	4
29374	제주 서귀포시	꽃내음이피어오르는마을안길조성사업	55,600	1	7	7	8	7	5	5	4
29375	제주 서귀포시	고성신양어촌계해녀문화공연지원	55,000	1	4	7	8	7	1	1	1
29376	제주 서귀포시	수국과공연이꽃피는혼인지	55,000	1	4	7	8	7	5	5	4
29377	제주 서귀포시	덕수리마을지만들기사업	53,280	1	4	7	8	7	5	5	4
29378	제주 서귀포시	새마을작은도서관신간도서구입	50,000	1	4	7	8	7	1	1	1
29379	제주 서귀포시	생활과학교실운영지원	50,000	1	1	7	8	7	1	1	1
29380	제주 서귀포시	대평리해녀문화공연지원	50,000	1	4	7	8	7	1	1	1
29381	제주 서귀포시	친환경양식복합미생물지원	50,000	1	4	7	8	7	1	1	1
29382	제주 서귀포시	생태계교란생물퇴치사업	50,000	1	2	7	8	7	5	5	4
29383	제주 서귀포시	자생단체등주민공동체활동지원	50,000	1	4	7	8	7	1	1	1
29384	제주 서귀포시	자생단체등주민공동체활동지원	50,000	1	1,4	7	8	7	1	1	4
29385	제주 서귀포시	건강디딤돌생활체육활성화사업	46,800	1	4	7	8	7	1	1	4
29386	제주 서귀포시	해녀안전공제가입지원	46,352	1	4	7	8	7	1	1	1
29387	제주 서귀포시	새마을작은도서관독서문화활성화사업	46,000	1	4	7	8	7	1	1	1
29388	제주 서귀포시	유소년승마단운영지원	46,000	1	2	7	8	7	5	5	4
29389	제주 서귀포시	자원봉사센터어려운가구주거환경개선사업	45,000	1	4	7	8	7	1	1	1
29390	제주 서귀포시	건강한주민공동체활성화지원	45,000	1	2	7	8	7	5	5	4
29391	제주 서귀포시	우수선수육성사업	45,000	1	4	4	1	7	1	1	1
29392	제주 서귀포시	돼지소모성질환지도지원	42,000	1	2	7	8	7	5	5	4
29393	제주 서귀포시	안덕건강지킴이	40,500	1	4	7	8	7	5	5	4
29394	제주 서귀포시	민주평통자문회의평화공감을위한교류사업	40,000	1	4	7	8	7	1	1	1
29395	제주 서귀포시	엘리트체육육성지원	40,000	1	4	4	1	7	1	1	1
29396	제주 서귀포시	양식품종다양화종자구입지원	40,000	1	4	7	8	7	1	1	1

순번	시군구	지출명 (사업명)	2024년예산 (단위 : 천원 /1년간)	민간이전 분류 (지방자치단체 세출예산 집행기준에 의거) 1. 민간경상사업보조(307-02) 2. 민간단체 법정운영비보조(307-03) 3. 민간행사사업보조(307-04) 4. 민간위탁금(307-05) 5. 사회복지시설 법정운영비보조(307-10) 6. 민간인위탁교육비(307-12) 7. 공기관등에대한경상적위탁사업비(308-13) 8. 민간자본사업보조,자체재원(402-01) 9. 민간자본사업보조,이전재원(402-02) 10. 민간위탁사업비(402-03) 11. 공기관등에 대한 자본적 위탁사업비(403-02)	민간이전지출 근거 (지방보조금 관리기준 참고) 1. 법률에 규정 2. 국고보조 재원(국가지정) 3. 용도 지정 기부금 4. 조례에 직접규정 5. 지자체가 권장하는 사업을 하는 공공기관 6. 시,도 정책 및 재정사정 7. 기타 8. 해당없음	입찰방식 계약체결방법 (경쟁형태) 1. 일반경쟁 2. 제한경쟁 3. 지명경쟁 4. 수의계약 5. 법정위탁 6. 기타 ( ) 7. 없음	입찰방식 계약기간 1. 1년 2. 2년 3. 3년 4. 4년 5. 5년 6. 기타 ( )년 7. 단기계약 (1년미만) 8. 없음	입찰방식 낙찰자선정방법 1. 적격심사 2. 협상에의한계약 3. 최저가낙찰제 4. 규격가격분리 5. 2단계 경쟁입찰 6. 기타 ( ) 7. 없음	운영예산 산정 운영예산 산정 1. 내부산정 (지자체 자체적으로 산정) 2. 외부산정 (외부전문기관위탁 산정) 3. 내·외부 모두 산정 4. 산정 無 5. 없음	운영예산 산정 정산방법 1. 내부정산 (지자체 내부적으로 정산) 2. 외부정산 (외부전문기관위탁 정산) 3. 내·외부 모두 산정 4. 정산 無 5. 없음	성과평가 실시여부 1. 실시 2. 미실시 3. 향후 추진 4. 해당없음
29397	제주 서귀포시	섬주민여객선운임지원사업	40,000	1	4	7	8	7	1	1	1
29398	제주 서귀포시	고품질축산물우수등급장려금지원	40,000	1	1,4	7	8	7	5	5	4
29399	제주 서귀포시	색달마을회해외선진지견학(정액)	40,000	1	4	7	8	7	5	5	4
29400	제주 서귀포시	환경기초시설(남부소각장)주민협의체해외선진지벤치마킹(정액)	40,000	1	4	7	8	7	5	5	4
29401	제주 서귀포시	남원읍민한마음체육대회	40,000	1	4	7	8	7	1	1	4
29402	제주 서귀포시	자생단체등주민공동체활동지원	40,000	1	4	7	8	7	5	5	4
29403	제주 서귀포시	지속가능발전실천사업지원(정액)	35,000	1	1	7	8	7	5	5	4
29404	제주 서귀포시	도서지역(마라도)생활필수품해상운송비지원	34,320	1	4	7	8	7	5	5	4
29405	제주 서귀포시	벚꽃길따라행복한동행	34,000	1	4	7	8	7	5	5	4
29406	제주 서귀포시	어선폐윤활유회수처리사업	32,000	1	4	7	8	7	1	1	1
29407	제주 서귀포시	항내쓰레기처리비용지원	31,500	1	4	7	8	7	1	1	1
29408	제주 서귀포시	안덕면오름과곶자왈봄꽃이야기	31,500	1	4	7	8	7	5	5	4
29409	제주 서귀포시	새마을부녀회자원순환나눔실천사업	30,000	1	4	7	8	7	1	1	1
29410	제주 서귀포시	서귀포시연합청년회어린이날취약계층아동힐링체험학습	30,000	1	4	7	8	7	1	1	1
29411	제주 서귀포시	음식문화개선및위생환경개선사업지원	30,000	1	4	7	7	7	1	1	4
29412	제주 서귀포시	(예비)사회적기업창업인큐베이팅지원사업	30,000	1	1	7	8	7	5	5	4
29413	제주 서귀포시	한(흑)우등록	30,000	1	1,4	7	8	7	5	5	4
29414	제주 서귀포시	양봉전면소초광지원	30,000	1	6	7	8	7	5	5	4
29415	제주 서귀포시	곤충산업시민인식확산시범사업	30,000	1	6	7	8	7	5	5	4
29416	제주 서귀포시	경주마경매용Xray검사비지원	30,000	1	6	7	8	7	5	5	4
29417	제주 서귀포시	노후건강증진및활력프로그램운영지원	30,000	1	4	7	8	7	5	5	4
29418	제주 서귀포시	자생단체등주민공동체활동지원	30,000	1	4	7	8	7	1	1	1
29419	제주 서귀포시	마라도마을공동차량운행지원사업	29,970	1	4	7	8	7	1	1	3
29420	제주 서귀포시	체험문화속으로청소년건강UP프로그램	28,000	1	4	7	8	7	5	1	1
29421	제주 서귀포시	읍면동새마을지도자탄소중립실현사업	25,500	1	4	7	8	7	5	5	4
29422	제주 서귀포시	남극노인성활용주민참여야간퍼포먼스개발	25,000	1	4	7	8	7	1	1	1
29423	제주 서귀포시	자생단체등주민동동체지원	25,000	1	4	7	8	7	1	1	3
29424	제주 서귀포시	범시민독서생활화운동전개	24,000	1	4	7	8	7	5	5	4
29425	제주 서귀포시	비정규학교(서귀포오석학교)학력보완지원(정액)	23,000	1	4	7	8	7	1	1	1
29426	제주 서귀포시	가족이함께하는공감과소통의인문학사업	21,770	1	4	7	8	7	1	1	3
29427	제주 서귀포시	가파도청보리축제개최	21,000	1	4	7	8	7	5	5	4
29428	제주 서귀포시	이통장및사무장역량강화사업	20,000	1	4	7	8	7	1	3	1
29429	제주 서귀포시	주민자치센터평가인센티브사업	20,000	1	4	7	8	7	1	1	1
29430	제주 서귀포시	관광마케팅지원사업	20,000	1	4	7	8	7	1	1	1
29431	제주 서귀포시	폐사축랜더링공동처리비지원	20,000	1	4	7	8	7	1	1	1
29432	제주 서귀포시	우수벌꿀인증시범사업지원	20,000	1	4	7	8	7	5	5	4
29433	제주 서귀포시	승용마조련강화	20,000	1	6	7	8	7	5	5	4
29434	제주 서귀포시	도시재생완료지구사후관리	20,000	1	2	7	8	7	5	5	4
29435	제주 서귀포시	지역주민여가활동을통한체험사업(제과제빵)	20,000	1	4	7	8	7	5	5	4
29436	제주 서귀포시	자생단체등주민공동체활동지원	20,000	1	6	7	8	7	1	1	3

순번	시군구	지출명 (사업명)	2024년예산 (단위 : 천원 /1년간)	민간이전 분류 (지방자치단체 세출예산 집행기준에 의거) 1. 민간경상사업보조(307-02) 2. 민간단체 법정운영비보조(307-03) 3. 민간행사사업보조(307-04) 4. 민간위탁금(307-05) 5. 사회복지시설 법정운영비보조(307-10) 6. 민간인위탁교육비(307-12) 7. 공기관등에대한경상적위탁사업비(308-13) 8. 민간자본사업보조,자체재원(402-01) 9. 민간자본사업보조,이전재원(402-02) 10. 민간위탁사업비(402-03) 11. 공기관등에 대한 자본적 위탁사업비(403-02)	민간이전지출 근거 (지방보조금 관리기준 참고) 1. 법률에 규정 2. 국고보조 재원(국가지정) 3. 용도 지정 기부금 4. 조례에 직접규정 5. 지자체가 권장하는 사업을 하는 공공기관 6. 시,도 정책 및 재정사정 7. 기타 8. 해당없음	입찰방식 계약체결방법 (경쟁형태) 1. 일반경쟁 2. 제한경쟁 3. 지명경쟁 4. 수의계약 5. 법정위탁 6. 기타 ( ) 7. 없음	입찰방식 계약기간 1. 1년 2. 2년 3. 3년 4. 4년 5. 5년 6. 기타 ( )년 7. 단기계약 (1년미만) 8. 없음	입찰방식 낙찰자선정방법 1. 적격심사 2. 협상에의한계약 3. 최저가낙찰제 4. 규격가격분리 5. 2단계 경쟁입찰 6. 기타 ( ) 7. 없음	운영예산 산정 운영예산 산정 1. 내부산정 (지자체 자체적으로 산정) 2. 외부산정 (외부전문기관위탁 산정) 3. 내·외부 모두 산정 4. 산정 無 5. 없음	운영예산 산정 정산방법 1. 내부정산 (지자체 내부적으로 정산) 2. 외부정산 (외부전문기관위탁 정산) 3. 내·외부 모두 산정 4. 정산 無 5. 없음	성과평가 실시여부 1. 실시 2. 미실시 3. 향후 추진 4. 해당없음
29437	제주 서귀포시	정보화마을정보센터유지관리비지원	19,620	1	4	6	1	7	1	1	1
29438	제주 서귀포시	보목(송산)마을패들보드교실운영	18,360	1	4	7	8	7	5	5	4
29439	제주 서귀포시	가을에펼쳐지는안덕계곡문화축전	18,000	1	4	7	8	7	5	5	4
29440	제주 서귀포시	나만의건강동베만들기노후도마교체사업	18,000	1	4	7	8	7	5	5	4
29441	제주 서귀포시	냄새제거용미생물배양및보급사업	18,000	1	4	7	8	7	5	5	4
29442	제주 서귀포시	민속경기대회참가지원사업	18,000	1	7	7	8	7	5	5	4
29443	제주 서귀포시	지역사회활성화를위한작은음악회	18,000	1	4	7	8	7	5	5	4
29444	제주 서귀포시	가축개량지원(우수여왕벌보급지원)	16,920	1	2	7	8	7	5	5	4
29445	제주 서귀포시	중장년기술차업센터운영	16,250	1	7	7	8	7	5	1	3
29446	제주 서귀포시	도서지역(가파도)생활필수품해상운송비지원	15,840	1	4	7	8	7	5	5	4
29447	제주 서귀포시	안덕면청소년문화아카데미	15,100	1	4	7	8	7	5	5	4
29448	제주 서귀포시	민주평통자문회의청소년통일리더아카데미	15,000	1	4	7	8	7	1	1	1
29449	제주 서귀포시	스포츠클럽관리자지원	15,000	1	2	7	8	7	1	1	1
29450	제주 서귀포시	서귀포시장애인체육회장애인생활체육활성화운영	15,000	1	1	7	8	7	1	1	1
29451	제주 서귀포시	서귀포시장애인체육회장애인생활체육발전육성사업	15,000	1	1	7	8	7	1	1	1
29452	제주 서귀포시	환경기초시설등주변마을지원사업	15,000	1	1	7	8	7	1	1	1
29453	제주 서귀포시	친환경양식박테리오파지지원	15,000	1	4	7	8	7	1	1	1
29454	제주 서귀포시	유해야생동물포획지원사업	15,000	1	1	7	8	7	5	5	4
29455	제주 서귀포시	대륜12경건강걷기프로그램운영사업	15,000	1	4	7	8	7	5	5	4
29456	제주 서귀포시	건강한청소년육성을위한청소년문화체험지원사업	15,000	1	4	7	8	7	5	5	4
29457	제주 서귀포시	국민운동단체전국대회참가지원	14,500	1	4	7	8	7	1	1	1
29458	제주 서귀포시	모슬포의지역문화콘텐츠시연지원	14,400	1	4	7	8	7	5	5	4
29459	제주 서귀포시	읍면환경기초시설설치지역소규모사업비지원(정액)	14,000	1	4	7	8	7	5	5	4
29460	제주 서귀포시	남원읍청소년드론교실	13,500	1	4	7	8	7	1	1	4
29461	제주 서귀포시	월라봉옛길찾기프로그램	13,500	1	4	7	8	7	5	5	4
29462	제주 서귀포시	FTA대응조사료곤포사일리지비닐랩지원	13,400	1	1,4	7	8	7	5	5	4
29463	제주 서귀포시	새마을회자원봉사자육성교육	13,360	1	4	7	8	7	1	1	1
29464	제주 서귀포시	민주평통자문회의평화문화현장시찰	13,000	1	4	7	8	7	1	1	1
29465	제주 서귀포시	천년의전통,천년의계승체험사업	12,600	1	4	7	8	7	1	1	1
29466	제주 서귀포시	유소년체육육성사업	12,500	1	4	7	8	7	5	5	4
29467	제주 서귀포시	장사시설주변지역주민지원사업(정액)	11,000	1	4	4	1	7	1	1	1
29468	제주 서귀포시	취약계층과함께하는친환경문화조성친환경체험프로그램사업	10,800	1	4	7	8	7	5	5	4
29469	제주 서귀포시	지역청소년과함께하는즐거움행복더하기건강사업	10,500	1	4	7	8	7	5	5	4
29470	제주 서귀포시	서귀포시연합청년회서귀포청년미래포럼운영	10,000	1	4	7	8	7	5	5	4
29471	제주 서귀포시	비정규학교(서귀포오석학교)성인문해교육지원(정액)	10,000	1	4	7	8	7	1	1	1
29472	제주 서귀포시	서귀포시장애인체육회종목별생활체육대회참가지원	10,000	1	1	7	8	7	1	1	3
29473	제주 서귀포시	가축질병치료보험지원	10,000	1	2	7	8	7	1	1	1
29474	제주 서귀포시	읍면동자생단체등행사지원	10,000	1	4	7	8	7	5	5	4
29475	제주 서귀포시	행복한동행축하꾸러미지원사업	10,000	1	4	7	8	7	1	1	3
29476	제주 서귀포시	서귀포시연합청년회소공원정비	9,000	1	4	7	8	7	5	5	4

순번	시군구	지출명 (사업명)	2024년예산 (단위 : 천원 /1년간)	민간이전 분류 (지방자치단체 세출예산 집행기준에 의거) 1. 민간경상사업보조(307-02) 2. 민간단체 법정운영비보조(307-03) 3. 민간행사사업보조(307-04) 4. 민간위탁금(307-05) 5. 사회복지시설 법정운영비보조(307-10) 6. 민간인위탁교육비(307-12) 7. 공기관등에대한경상적위탁사업비(308-13) 8. 민간자본사업보조,자체재원(402-01) 9. 민간자본사업보조,이전재원(402-02) 10. 민간위탁사업비(402-03) 11. 공기관등에 대한 자본적 위탁사업비(403-02)	민간이전지출 근거 (지방보조금 관리기준 참고) 1. 법률에 규정 2. 국고보조 재원(국가지정) 3. 용도 지정 기부금 4. 조례에 직접규정 5. 지자체가 권장하는 사업을 하는 공공기관 6. 시,도 정책 및 재정사정 7. 기타 8. 해당없음	입찰방식 계약체결방법 (경쟁형태) 1. 일반경쟁 2. 제한경쟁 3. 지명경쟁 4. 수의계약 5. 법정위탁 6. 기타 ( ) 7. 없음	입찰방식 계약기간 1. 1년 2. 2년 3. 3년 4. 4년 5. 5년 6. 기타 ( )년 7. 단기계약 (1년미만) 8. 없음	입찰방식 낙찰자선정방법 1. 적격심사 2. 협상에의한계약 3. 최저가낙찰제 4. 규격가격분리 5. 2단계 경쟁입찰 6. 기타 ( ) 7. 없음	운영예산 산정 운영예산 산정 1. 내부산정 (지자체 자체적으로 산정) 2. 외부산정 (외부전문기관위탁 산정) 3. 내·외부 모두 산정 4. 산정 無 5. 없음	운영예산 산정 정산방법 1. 내부정산 (지자체 내부적으로 정산) 2. 외부정산 (외부전문기관위탁 정산) 3. 내·외부 모두 산정 4. 정산 無 5. 없음	성과평가 실시여부 1. 실시 2. 미실시 3. 향후 추진 4. 해당없음
29477	제주 서귀포시	신규해녀어촌계가입비지원	9,000	1	4	7	8	7	1	1	1
29478	제주 서귀포시	해녀테왁보호망지원	9,000	1	4	7	8	7	1	1	1
29479	제주 서귀포시	제주마경매등록료지원	9,000	1	6	7	8	7	5	5	4
29480	제주 서귀포시	바르게살기운동3대추진운동	8,000	1	4	7	8	7	1	1	1
29481	제주 서귀포시	국제자매교류도시및해외무역활동비지원	8,000	1	6	7	8	7	1	1	3
29482	제주 서귀포시	수출상품샘플국제특송비지원	8,000	1	6	7	8	7	1	1	3
29483	제주 서귀포시	전국우수시장박람회홍보전시관운영	8,000	1	4	7	8	7	1	1	1
29484	제주 서귀포시	남부광역환경관리센터주민협의체지원(정액)	8,000	1	4	7	8	7	5	5	4
29485	제주 서귀포시	남원읍찾아가는민속문화프로그램운영사업	8,000	1	4	7	8	7	5	5	4
29486	제주 서귀포시	자생단체등주민공동체활동지원	8,000	1	4	7	8	7	1	1	3
29487	제주 서귀포시	수산업경영인능력향상및소득증대교류	7,500	1	4	7	8	7	1	1	1
29488	제주 서귀포시	민주평통자문회의강원고성군협의회와의합동교류사업	7,200	1	4	7	8	7	1	1	1
29489	제주 서귀포시	민주평통자문회의자문위원역량강화사업	7,000	1	4	7	8	7	1	1	1
29490	제주 서귀포시	도서지역수산물유통물류비지원	7,000	1	4	7	8	7	1	1	1
29491	제주 서귀포시	어린이주민자치위원회운영	7,000	1	4	7	8	7	5	5	4
29492	제주 서귀포시	어르신생활체육대회참가지원	6,000	1	4	4	1	7	1	1	1
29493	제주 서귀포시	새마을회탄소중립실천새마을의날기념사업	5,000	1	4	7	8	7	1	1	1
29494	제주 서귀포시	새마을지도자협의회탄소중립실현생명운동전개	5,000	1	4	7	8	7	1	1	1
29495	제주 서귀포시	바르게살기운동친환경생활실천운동	5,000	1	4	7	8	7	1	1	1
29496	제주 서귀포시	청소년자원봉사육성	5,000	1	4	7	8	7	1	1	1
29497	제주 서귀포시	취약계층맞춤형방문미용활동지원	5,000	1	4	7	7	7	1	1	4
29498	제주 서귀포시	제과제빵기술역량강화활동지원	5,000	1	4	7	7	7	1	1	4
29499	제주 서귀포시	제주올레아카데미운영	5,000	1	4	7	7	7	1	1	4
29500	제주 서귀포시	축산재해폐사가축랜더링처리비지원	5,000	1	7	4	1	7	1	1	2
29501	제주 서귀포시	영구임대주택공동전기료지원	5,000	1	4	7	8	7	5	5	4
29502	제주 서귀포시	여객선유류비지원	4,500	1	4	7	8	7	1	1	3
29503	제주 서귀포시	혼디어우렁행복농장조성분양사업	4,500	1	4	7	8	7	1	1	1
29504	제주 서귀포시	전문자원봉사단양성및운영사업	4,000	1	4	7	8	7	5	5	4
29505	제주 서귀포시	친환경양식바이오플락시스템지원	4,000	1	4	7	8	7	1	1	1
29506	제주 서귀포시	청소년의달성년식행사	3,960	1	1	7	1	7	1	1	1
29507	제주 서귀포시	자유총연맹국가유공자등취약계층나눔문화확산사업	3,000	1	4	7	8	7	1	1	1
29508	제주 서귀포시	자원봉사센터전기시설안전점검및수리	3,000	1	4	7	8	7	1	1	1
29509	제주 서귀포시	축산농가감염성폐기물처리지원	3,000	1	4	7	8	7	5	5	4
29510	제주 서귀포시	주민자치위원회활동지원(정액)(기준경비)	3,000	1	4	7	8	7	1	1	1
29511	제주 서귀포시	주민자치위원회활동지원(정액)(기준경비)	3,000	1	4	7	8	7	5	5	4
29512	제주 서귀포시	주민자치위원회활동지원	3,000	1	4	7	8	7	1	1	4
29513	제주 서귀포시	주민자치위원회활동지원	3,000	1	4	7	8	7	5	5	4
29514	제주 서귀포시	주민자치위원회활동지원	3,000	1	4	7	8	7	1	1	3
29515	제주 서귀포시	주민자치위원회활동지원	3,000	1	4	7	8	7	1	1	3
29516	제주 서귀포시	주민자치위원회활동지원	3,000	1	4	7	8	7	1	1	3

순번	시군구	지출명 (사업명)	2024년예산 (단위 : 천원 /1년간)	민간이전 분류 (지방자치단체 세출예산 집행기준에 의거) 1. 민간경상사업보조(307-02) 2. 민간단체 법정운영비보조(307-03) 3. 민간행사사업보조(307-04) 4. 민간위탁금(307-05) 5. 사회복지시설 법정운영비보조(307-10) 6. 민간인위탁교육비(307-12) 7. 공기관등에대한경상적위탁사업비(308-13) 8. 민간자본사업보조,자체재원(402-01) 9. 민간자본사업보조,이전재원(402-02) 10. 민간위탁사업비(402-03) 11. 공기관등에 대한 자본적 위탁사업비(403-02)	민간이전지출 근거 (지방보조금 관리기준 참고) 1. 법률에 규정 2. 국고보조 재원(국가지정) 3. 용도 지정 기부금 4. 조례에 직접규정 5. 지자체가 권장하는 사업을 하는 공공기관 6. 시,도 정책 및 재정사정 7. 기타 8. 해당없음	입찰방식			운영예산 산정		성과평가 실시여부
						계약체결방법 (경쟁형태) 1. 일반경쟁 2. 제한경쟁 3. 지명경쟁 4. 수의계약 5. 법정위탁 6. 기타 ( ) 7. 없음	계약기간 1. 1년 2. 2년 3. 3년 4. 4년 5. 5년 6. 기타 ( )년 7. 단기계약 (1년미만) 8. 없음	낙찰자선정방법 1. 적격심사 2. 협상에의한계약 3. 최저가낙찰제 4. 규격가격분리 5. 2단계 경쟁입찰 6. 기타 ( ) 7. 없음	운영예산 산정 1. 내부산정 (지자체 자체적으로 산정) 2. 외부산정 (외부전문기관위탁 산정) 3. 내·외부 모두 산정 4. 산정 無 5. 없음	정산방법 1. 내부정산 (지자체 내부적으로 정산) 2. 외부정산 (외부전문기관위탁 정산) 3. 내·외부 모두 산정 4. 정산 無 5. 없음	1. 실시 2. 미실시 3. 향후 추진 4. 해당없음
29517	제주 서귀포시	주민자치위원회활동지원사업	3,000	1	4	7	8	7	5	5	4
29518	제주 서귀포시	주민자치위원회활동지원	3,000	1	4	7	8	7	5	5	4
29519	제주 서귀포시	주민자치위원회활동지원	3,000	1	4	7	8	7	5	5	4
29520	제주 서귀포시	찾아가는생활체육서비스운영	2,500	1	4	4	1	7	1	1	1
29521	제주 서귀포시	의료관련감염병참여병원예방관리비	2,160	1	2	7	1	7	5	1	4
29522	제주 서귀포시	학교통학버스운행지원사업	2,000	1	1	7	8	7	5	1	1
29523	제주 서귀포시	따끈따끈,사랑의빵만들기체험교실	2,000	1	4	7	8	7	1	1	3
29524	제주 서귀포시	찾아가는이용서비스활동지원	1,500	1	4	7	7	7	1	1	4
29525	제주 서귀포시	자연보호사업추진	1,500	1	1	7	8	7	5	5	4
29526	제주 서귀포시	대한노인회서귀포시지회장기민속경기대회참가지원	1,000	1	4	7	8	7	1	1	4
29527	제주 서귀포시	노인민속경기대회참가지원	1,000	1	4	7	8	7	1	1	1
29528	제주 서귀포시	노인민속경기대회참가지원	1,000	1	4	7	8	7	1	1	1
29529	제주 서귀포시	노인민속경기대회참가지원	1,000	1	4	7	8	7	1	1	1
29530	제주 서귀포시	노인민속경기대회참가지원	1,000	1	4	7	8	7	1	1	3
29531	제주 서귀포시	노인민속경기대회참가지원	1,000	1	4	7	8	7	1	1	3
29532	제주 서귀포시	노인회민속경기대회참가지원	1,000	1	4	7	8	7	1	1	3
29533	제주 서귀포시	노인민속경기대회참가지원	1,000	1	1	7	8	7	5	5	4
29534	제주 서귀포시	경로당활성화를위한체험활동지원사업	1,000	1	7	7	8	7	5	5	4

chapter 2

민간단체법정운영비보조 (307-03)

목 차

목 차

목 차

목 차

2024년 전국 지방자치단체 민간단체 법정운영비보조(307-03) 운영현황

순번	시군구	지출명 (사업명)	2024년예산 (단위 : 천원 /1년간)	민간이전 분류 (지방자치단체 세출예산 집행기준에 의거) 1. 민간경상사업보조(307-02) 2. 민간단체 법정운영비보조(307-03) 3. 민간행사사업보조(307-04) 4. 민간위탁금(307-05) 5. 사회복지시설 법정운영비보조(307-10) 6. 민간인위탁교육비(307-12) 7. 공기관등에대한경상적위탁사업비(308-13) 8. 민간자본사업보조,자체재원(402-01) 9. 민간자본사업보조,이전재원(402-02) 10. 민간위탁사업비(402-03) 11. 공기관등에 대한 자본적 위탁사업비(403-02)	민간이전지출 근거 (지방보조금 관리기준 참고) 1. 법률에 규정 2. 국고보조 재원(국가지정) 3. 용도 지정 기부금 4. 조례에 직접규정 5. 지자체가 권장하는 사업을 하는 공공기관 6. 시,도 정책 및 재정사정 7. 기타 8. 해당없음	입찰방식 계약체결방법 (경쟁형태) 1. 일반경쟁 2. 제한경쟁 3. 지명경쟁 4. 수의계약 5. 법정위탁 6. 기타 ( ) 7. 없음	입찰방식 계약기간 1. 1년 2. 2년 3. 3년 4. 4년 5. 5년 6. 기타 ( )년 7. 단기계약 (1년미만) 8. 없음	입찰방식 낙찰자선정방법 1. 적격심사 2. 협상에의한계약 3. 최저가낙찰제 4. 규격가격분리 5. 2단계 경쟁입찰 6. 기타 ( ) 7. 없음	운영예산 산정 운영예산 산정 1. 내부산정 (지자체 자체적으로 산정) 2. 외부산정 (외부전문기관위탁 산정) 3. 내·외부 모두 산정 4. 산정 無 5. 없음	운영예산 산정 정산방법 1. 내부정산 (지자체 내부적으로 정산) 2. 외부정산 (외부전문기관위탁 정산) 3. 내·외부 모두 산정 4. 정산 無 5. 없음	성과평가 실시여부 1. 실시 2. 미실시 3. 향후 추진 4. 해당없음
1	서울특별시	장애인평생교육시설운영지원	855,407	2	1	7	8	7	5	5	4
2	서울특별시	서울창조경제혁신센터운영지원(국가직접지원)	800,000	2	2	1	8	7	1	1	1
3	서울특별시	보훈단체지원	789,230	2	1,4	7	8	7	1	1	1
4	서울특별시	영상물서울촬영유치및활성화지원	739,401	2	4	5	3	1	1	2	1
5	서울특별시	사회복지협의회지원	730,705	2	1	6	8	7	1	1	2
6	서울특별시	사회복지공동모금회운영지원	550,348	2	1	7	8	7	1	1	4
7	서울특별시	대한노인회서울시연합회운영지원	540,634	2	4	7	8	7	1	1	1
8	서울특별시	사회복지자원봉사활동지원	421,395	2	1	7	8	7	1	1	4
9	서울특별시	장애인단체활동및행사지원	400,000	2	1	6	7	6	1	1	3
10	서울특별시	노사민정협의회운영활성화	281,716	2	1	5	8	7	1	3	1
11	서울특별시	시립청소년센터위탁운영지원	200,000	2	4	7	8	7	5	5	4
12	서울특별시	시간제보육운영지원	168,220	2	1	7	8	7	1	1	4
13	서울특별시	국민운동단체등지원	135,333	2	1	7	8	7	5	5	4
14	서울특별시	지방문화원육성지원	130,322	2	1	5	8	7	1	3	4
15	서울특별시	협업치안인프라강화(전환사업)	38,922	2	1	7	1	7	1	1	3
16	서울특별시	청소년유해환경감시단지원	7,000	2	2	7	8	7	5	3	2
17	서울 광진구	광진구체육회운영지원	692,743	2	1	7	8	7	1	1	4
18	서울 광진구	광진구장애인체육회운영지원	242,136	2	1	7	8	7	1	1	4
19	서울 광진구	국가보훈대상자예우및지원	224,200	2	4	7	8	7	1	1	1
20	서울 광진구	광진문화원지원	152,840	2	1,4	7	8	7	3	1	4
21	서울 광진구	장애인단체지원	127,200	2	7	7	8	7	1	1	4
22	서울 광진구	사회단체운영효율성제고	127,131	2	1	7	8	7	1	1	1
23	서울 광진구	민관협력을통한지역사회보장협의체운영	126,603	2	1	7	8	7	1	1	4
24	서울 광진구	(예비)사회적기업일자리창출	124,000	2	1	1	1	1	1	1	4
25	서울 광진구	광진문화원지원	21,000	2	1,4	7	8	7	3	1	4
26	서울 광진구	범죄피해자지원	5,000	2	4	7	8	7	1	1	1
27	서울 동대문구	국가보훈대상자및보훈단체지원	162,840	2	4	7	8	7	1	1	1
28	서울 동대문구	동대문구체육회생활체육지도자인건비	94,371	2	4	7	8	7	5	5	4
29	서울 동대문구	사회단체운영비	79,910	2	1	7	8	7	1	1	1
30	서울 동대문구	지역사회보장협의체운영지원	49,818	2	1	7	8	7	1	1	1
31	서울 동대문구	동대문구장애인체육회생활체육지도자인건비	39,128	2	4	7	8	7	5	5	4
32	서울 중랑구	민주평화통일자문회의지원	10,000	2	4	7	8	7	1	1	1
33	서울 성북구	성북문화원지원	256,562	2	1	7	8	7	1	1	1
34	서울 성북구	성북구체육회지원	192,480	2	1,4	7	8	7	1	1	4
35	서울 성북구	대한노인회성북구지회활성화사업	175,868	2	1	7	8	7	1	1	4
36	서울 성북구	보훈대상자지원	150,300	2	4	7	8	7	5	5	4
37	서울 성북구	장애인체육회지원	110,328	2	1,4	7	8	7	1	1	4

순번	시군구	지출명 (사업명)	2024년예산 (단위 : 천원 /1년간)	민간이전 분류 (지방자치단체 세출예산 집행기준에 의거) 1. 민간경상사업보조(307-02) 2. 민간단체 법정운영비보조(307-03) 3. 민간행사사업보조(307-04) 4. 민간위탁금(307-05) 5. 사회복지시설 법정운영비보조(307-10) 6. 민간인위탁교육비(307-12) 7. 공기관등에대한경상적위탁사업비(308-13) 8. 민간자본사업보조,자체재원(402-01) 9. 민간자본사업보조,이전재원(402-02) 10. 민간위탁사업비(402-03) 11. 공기관등에 대한 자본적 위탁사업비(403-02)	민간이전지출 근거 (지방보조금 관리기준 참고) 1. 법률에 규정 2. 국고보조 재원(국가지정) 3. 용도 지정 기부금 4. 조례에 직접규정 5. 지자체가 권장하는 사업을 하는 공공기관 6. 시,도 정책 및 재정사정 7. 기타 8. 해당없음	입찰방식: 계약체결방법 (경쟁형태) 1. 일반경쟁 2. 제한경쟁 3. 지명경쟁 4. 수의계약 5. 법정위탁 6. 기타 ( ) 7. 없음	입찰방식: 계약기간 1. 1년 2. 2년 3. 3년 4. 4년 5. 5년 6. 기타 ( )년 7. 단기계약 (1년미만) 8. 없음	입찰방식: 낙찰자선정방법 1. 적격심사 2. 협상에의한계약 3. 최저가낙찰제 4. 규격가격분리 5. 2단계 경쟁입찰 6. 기타 ( ) 7. 없음	운영예산 산정: 운영예산 산정 1. 내부산정 (지자체 자체적으로 산정) 2. 외부산정 (외부전문기관위탁 산정) 3. 내·외부 모두 산정 4. 산정 無 5. 없음	운영예산 산정: 정산방법 1. 내부정산 (지자체 내부적으로 정산) 2. 외부정산 (외부전문기관위탁 정산) 3. 내·외부 모두 산정 4. 정산 無 5. 없음	성과평가 실시여부 1. 실시 2. 미실시 3. 향후 추진 4. 해당없음
38	서울 성북구	성북구마을기록화사업	102,897	2	1	7	8	7	5	5	4
39	서울 성북구	사회단체지원	89,110	2	1	7	8	7	1	1	1
40	서울 성북구	지역사회보장협의체운영	54,886	2	5	7	8	7	1	1	4
41	서울 성북구	민주평통자문회의지원	10,000	2	1	7	8	7	5	5	4
42	서울 강북구	생활체육활동지원	523,168	2	1	7	8	7	1	1	4
43	서울 강북구	장애인생활체육활동지원	188,534	2	1	7	8	7	1	1	1
44	서울 강북구	민간단체육성지원	170,465	2	1	7	8	7	1	1	1
45	서울 강북구	장애인단체지원	169,750	2	4	7	1	7	1	1	1
46	서울 강북구	민관네트워크구축및협의체운영	119,340	2	1	5	8	7	1	1	2
47	서울 강북구	문화원운영지원	101,379	2	4	7	8	7	1	1	4
48	서울 강북구	보훈단체지원및관리	91,287	2	1	7	8	7	1	1	1
49	서울 강북구	민간에대한지원	21,440	2	1	7	8	7	1	1	1
50	서울 도봉구	생활체육동호인단체지원	803,956	2	1	7	8	7	1	1	1
51	서울 도봉구	도봉문화원활성화지원	440,124	2	1	7	8	7	1	1	4
52	서울 도봉구	장애인체육활동지원	234,813	2	1	7	8	7	1	1	1
53	서울 도봉구	도봉구사회복지협의회운영지원	179,782	2	1	7	8	7	1	1	4
54	서울 도봉구	국가보훈대상자및보훈단체지원	129,860	2	1	7	8	7	1	1	3
55	서울 도봉구	구지역사회보장협의체운영	108,485	2	1	5	1	7	3	3	1
56	서울 도봉구	비영리단체활성화	80,052	2	1	6	1	7	1	1	1
57	서울 도봉구	경로당활성화지원	67,540	2	1	7	8	7	1	1	4
58	서울 도봉구	자율방범대등운영비지원	34,890	2	1	6	7	7	1	1	3
59	서울 도봉구	민간에대한지원	9,600	2	1,4	7	8	7	1	1	1
60	서울 도봉구	(예비)사회적기업재정지원사업	5,990	2	1	7	1	1	1	1	4
61	서울 도봉구	장애인복지일반	1,970	2	1	6	1	1	1	1	1
62	서울 노원구	장애인체육회운영	368,670	2	1	7	8	7	1	1	4
63	서울 노원구	생활체육활동지원	363,299	2	1	7	8	7	1	1	4
64	서울 노원구	보훈단체지원	186,620	2	4	7	8	7	1	1	4
65	서울 노원구	장애인편의증진기술지원센터운영	130,876	2	1	7	3	6	1	1	4
66	서울 노원구	재향군인회	80,000	2	1,4	7	8	7	1	1	4
67	서울 노원구	장애인단체사무실운영	63,630	2	1	6	8	7	1	1	1
68	서울 노원구	새마을운동법정운영비보조	35,420	2	1,4	7	8	7	1	1	4
69	서울 노원구	장애인단체활동지원센터운영	22,014	2	1	6	8	7	1	1	2
70	서울 노원구	자유총연맹법정운영비보조	15,950	2	1,4	7	8	7	1	1	4
71	서울 노원구	바르게살기운동법정운영비보조	15,675	2	1,4	7	8	7	1	1	4
72	서울 은평구	은평구체육회생활체육지도자매칭지원금지원(보조사업)	657,383	2	4	5	8	7	1	1	1
73	서울 은평구	은평구체육회지원	164,120	2	4	5	8	7	1	1	1
74	서울 은평구	은평구장애인체육회생활체육지도자매칭지원금지원(보조사업)	156,509	2	4	5	8	7	1	1	1
75	서울 은평구	보훈단체지원	148,400	2	4	7	8	7	1	1	1
76	서울 은평구	민간단체지원	127,300	2	4	7	8	7	1	1	3
77	서울 은평구	지역사회보장협의체운영	122,601	2	7	7	8	7	1	1	1

순번	시군구	지출명 (사업명)	2024년예산 (단위 : 천원 /1년간)	민간이전 분류 (지방자치단체 세출예산 집행기준에 의거) 1. 민간경상사업보조(307-02) 2. 민간단체 법정운영비보조(307-03) 3. 민간행사사업보조(307-04) 4. 민간위탁금(307-05) 5. 사회복지시설 법정운영비보조(307-10) 6. 민간인위탁교육비(307-12) 7. 공기관등에대한경상적위탁사업비(308-13) 8. 민간자본사업보조,자체재원(402-01) 9. 민간자본사업보조,이전재원(402-02) 10. 민간위탁사업비(402-03) 11. 공기관등에 대한 자본적 위탁사업비(403-02)	민간이전지출 근거 (지방보조금 관리기준 참고) 1. 법률에 규정 2. 국고보조 재원(국가지정) 3. 용도 지정 기부금 4. 조례에 직접규정 5. 지자체가 권장하는 사업을 하는 공공기관 6. 시,도 정책 및 재정사정 7. 기타 8. 해당없음	입찰방식 계약체결방법 (경쟁형태) 1. 일반경쟁 2. 제한경쟁 3. 지명경쟁 4. 수의계약 5. 법정위탁 6. 기타 ( ) 7. 없음	입찰방식 계약기간 1. 1년 2. 2년 3. 3년 4. 4년 5. 5년 6. 기타 ( )년 7. 단기계약 (1년미만) 8. 없음	입찰방식 낙찰자선정방법 1. 적격심사 2. 협상에의한계약 3. 최저가낙찰제 4. 규격가격분리 5. 2단계 경쟁입찰 6. 기타 ( ) 7. 없음	운영예산 산정 운영예산 산정 1. 내부산정 (지자체 자체적으로 산정) 2. 외부산정 (외부전문기관위탁 산정) 3. 내·외부 모두 산정 4. 산정 無 5. 없음	운영예산 산정 정산방법 1. 내부정산 (지자체 내부적으로 정산) 2. 외부정산 (외부전문기관위탁 정산) 3. 내·외부 모두 산정 4. 정산 無 5. 없음	성과평가 실시여부 1. 실시 2. 미실시 3. 향후 추진 4. 해당없음
78	서울 은평구	은평문화원지원	118,000	2	1	7	8	7	1	1	1
79	서울 은평구	사회적기업재정지원사업(일자리창출사업)	99,591	2	2	7	8	7	5	5	4
80	서울 은평구	은평구장애인체육회지원	96,820	2	4	5	8	7	1	1	1
81	서울 은평구	대한노인회은평구지회운영지원	95,880	2	1	7	8	7	1	1	4
82	서울 은평구	서부범죄피해자지원센터지원	50,000	2	4	7	8	7	1	1	4
83	서울 은평구	은평스포츠클럽지원	30,000	2	4	5	8	7	1	1	1
84	서울 은평구	전통시장배송센터설립및운영	23,520	2	4	7	8	7	1	1	1
85	서울 은평구	은평구체육회운영활성화지원(보조사업)	3,060	2	4	5	8	7	1	1	1
86	서울 서대문구	생활체육지도자활동지원사업	471,856	2	1	7	8	7	1	1	4
87	서울 서대문구	생활체육육성및대회지원	191,001	2	1	7	8	7	1	1	1
88	서울 서대문구	보훈회관및단체등지원	187,000	2	4	7	8	7	5	1	1
89	서울 서대문구	장애인생활체육지도자활동지원사업	156,511	2	1	7	8	7	1	1	4
90	서울 서대문구	지역사회보장협의체운영	48,717	2	1	7	8	7	1	1	1
91	서울 서대문구	재향군인회육성및활동지원	12,000	2	1	7	8	7	1	1	1
92	서울 서대문구	장애인체육회운영	11,539	2	1	7	8	7	1	1	1
93	서울 마포구	마포구체육단체지원(마포구상비군육성및체육유공자시상식)	375,080	2	1	7	8	7	3	1	1
94	서울 마포구	마포구장애인체육회지원(운영비및인건비지원)	126,822	2	1	7	8	7	3	1	1
95	서울 마포구	마포문화원지원	110,800	2	8	5	8	7	1	1	3
96	서울 마포구	대한노인회마포구지회운영지원(운영비및인건비지급)	89,891	2	8	7	8	7	1	1	3
97	서울 마포구	국민운동지원단체활성화(민간단체운영비지원)	67,400	2	1	7	8	7	1	1	4
98	서울 마포구	보훈단체지원(보훈9개단체운영비지원)	59,400	2	8	7	8	7	1	1	1
99	서울 마포구	서울서부범죄피해자지원센터지원	50,000	2	1	5	1	7	1	1	1
100	서울 마포구	자율방범대운영활성화	38,000	2	1	7	8	7	1	1	4
101	서울 마포구	민간단체지원(재향군인회운영비지원)	28,960	2	8	7	8	7	1	1	4
102	서울 마포구	지역사회보장협의체운영지원(합의체운영비)	24,989	2	1	5	1	7	1	1	1
103	서울 마포구	민주평통운영지원(민주평통운영비지원)	18,000	2	1	7	8	7	3	3	1
104	서울 마포구	장애인복지단체지원(운영비지원)	11,250	2	1	6	1	6	1	1	1
105	서울 양천구	양천구체육회생활체육지도자인건비지원	377,484	2	1	7	8	7	1	1	1
106	서울 양천구	양천문화원행사지원	194,858	2	1	7	8	7	1	1	1
107	서울 양천구	보훈가족지원	181,800	2	4	7	8	7	1	1	4
108	서울 양천구	양천구체육회운영지원	104,340	2	1	7	8	7	1	1	1
109	서울 양천구	양천구장애인체육회생활체육지도자인건비지원	101,707	2	1	7	8	7	1	1	1
110	서울 양천구	자치행정주민참여활성화지원사업	90,936	2	1,4	7	7	7	1	1	1
111	서울 양천구	지역사회보장협의체운영(인건비,사무국운영)	66,298	2	1	7	8	7	1	1	4
112	서울 양천구	양천구장애인체육회운영지원	42,000	2	1	7	8	7	1	1	1
113	서울 양천구	노인회지회지원	38,220	2	4	7	8	7	1	1	2
114	서울 양천구	장애인단체지원	15,600	2	1	7	8	7	1	1	4
115	서울 양천구	남부범죄피해자지원센터지원	9,900	2	1,4	7	7	7	1	1	1
116	서울 강서구	강서구체육회지도자인건비및사무국장수당지원	506,372	2	2,6	7	8	7	1	1	1
117	서울 강서구	강서구장애인체육회생활체육지도자인건비지원(7명)	219,113	2	2	7	8	7	1	1	1

순번	시군구	지출명 (사업명)	2024년예산 (단위 : 천원 /1년간)	민간이전 분류 (지방자치단체 세출예산 집행기준에 의거) 1. 민간경상사업보조(307-02) 2. 민간단체 법정운영비보조(307-03) 3. 민간행사사업보조(307-04) 4. 민간위탁금(307-05) 5. 사회복지시설 법정운영비보조(307-10) 6. 민간인위탁교육비(307-12) 7. 공기관등에대한경상적위탁사업비(308-13) 8. 민간자본사업보조,자체재원(402-01) 9. 민간자본사업보조,이전재원(402-02) 10. 민간위탁사업비(402-03) 11. 공기관등에 대한 자본적 위탁사업비(403-02)	민간이전지출 근거 (지방보조금 관리기준 참고) 1. 법률에 규정 2. 국고보조 재원(국가지정) 3. 용도 지정 기부금 4. 조례에 직접규정 5. 지자체가 권장하는 사업을 하는 공공기관 6. 시,도 정책 및 재정사정 7. 기타 8. 해당없음	입찰방식: 계약체결방법 (경쟁형태) 1. 일반경쟁 2. 제한경쟁 3. 지명경쟁 4. 수의계약 5. 법정위탁 6. 기타 ( ) 7. 없음	입찰방식: 계약기간 1. 1년 2. 2년 3. 3년 4. 4년 5. 5년 6. 기타 ( )년 7. 단기계약 (1년미만) 8. 없음	입찰방식: 낙찰자선정방법 1. 적격심사 2. 협상에의한계약 3. 최저가낙찰제 4. 규격가격분리 5. 2단계 경쟁입찰 6. 기타 ( ) 7. 없음	운영예산 산정: 운영예산 산정 1. 내부산정 (지자체 자체적으로 산정) 2. 외부산정 (외부전문기관위탁 산정) 3. 내·외부 모두 산정 4. 산정 無 5. 없음	운영예산 산정: 정산방법 1. 내부정산 (지자체 내부적으로 정산) 2. 외부정산 (외부전문기관위탁 정산) 3. 내·외부 모두 산정 4. 정산 無 5. 없음	성과평가 실시여부 1. 실시 2. 미실시 3. 향후 추진 4. 해당없음
118	서울 강서구	작은도서관운영비	194,400	2	4	6	8	7	1	1	1
119	서울 강서구	강서구체육회운영비지원	159,260	2	1	7	8	7	1	1	1
120	서울 강서구	문화원사무국직원인건비	141,776	2	4	5	1	7	1	1	1
121	서울 강서구	체육회생활체육지도자수당지원	125,004	2	6	7	8	7	1	1	1
122	서울 강서구	장애인자립생활센터지원	116,000	2	1	7	8	7	5	5	4
123	서울 강서구	지역사회보장협의체운영	53,000	2	1	7	8	7	1	1	1
124	서울 강서구	시각장애인쉼터운영지원(시비5%,구비5%)	50,998	2	1	7	8	7	1	1	1
125	서울 강서구	지체장애인쉼터운영지원(시비5%,구비5%)	50,998	2	1	7	8	7	5	5	4
126	서울 강서구	대한노인회강서구지회운영지원	50,000	2	1	7	8	7	1	1	1
127	서울 강서구	강서구장애인체육회운영비지원	46,140	2	1	7	8	7	1	1	1
128	서울 강서구	장애인단체운영지원	27,920	2	1	7	8	7	1	1	1
129	서울 강서구	자율방재단운영	25,000	2	1	7	8	7	5	5	4
130	서울 강서구	장애인평생교육시설지원	13,400	2	1	7	8	7	1	1	1
131	서울 구로구	체육활동단체육성지원(생활체육지도자지원)	501,488	2	2	5	8	7	1	1	1
132	서울 구로구	장애인체육회육성및지원(생활체육지도자인건비지원)	155,700	2	2	5	8	7	1	1	1
133	서울 구로구	국가유공자및유가족지원(보훈단체운영비지원)	153,400	2	1	7	8	7	1	1	4
134	서울 구로구	체육활동단체육성지원(구로구체육회운영비지원)	143,525	2	1	5	8	7	1	1	1
135	서울 구로구	국민운동단체지원(국민운동단체운영비지원)	85,590	2	1	6	8	7	1	1	4
136	서울 구로구	장애인체육회육성및지원(장애인체육회운영지원)	54,766	2	1	5	8	7	1	1	1
137	서울 구로구	지역사회보장협의체운영(상근직원인건비)	46,134	2	4	7	8	7	1	1	2
138	서울 구로구	구로스포츠클럽운영(구로스포츠클럽인건비지원)	43,450	2	4	5	8	7	1	1	1
139	서울 구로구	체육활동단체육성지원(찾아가는생활체육서비스)	40,800	2	1	5	8	7	1	1	1
140	서울 구로구	대한노인회구로구지회운영(회계관리자인건비)	35,000	2	4	7	8	7	5	5	4
141	서울 구로구	체육활동단체육성지원(구로구체육회행정인력추가지원(시간제))	33,500	2	1	5	8	7	1	1	1
142	서울 구로구	체육활동단체육성지원(구로구체육회행정인력추가지원)	29,520	2	1	5	8	7	1	1	1
143	서울 구로구	대한노인회구로구지회운영(운영비)	24,000	2	4	7	8	7	5	5	4
144	서울 구로구	구로구재향군인회운영비지원(인건비)	18,200	2	1	7	8	7	1	1	4
145	서울 구로구	구로스포츠클럽운영(인건비구비부담분)	15,000	2	4	5	8	7	1	1	1
146	서울 구로구	체육활동단체육성지원(구로구체육회행정인력지원구비부담분)	14,400	2	1	5	8	7	1	1	1
147	서울 구로구	민주평통구로구협의회지원(운영비지원)	12,000	2	1	7	8	7	1	1	1
148	서울 구로구	민간단체지원(남부범죄피해자센터운영비지원)	9,900	2	1	6	8	7	1	1	4
149	서울 구로구	장애인체육회육성및지원(생활체육지도자출장비지원)	6,000	2	1	5	8	7	1	1	1
150	서울 구로구	체육활동단체육성지원(구로구체육회사무국장수당구비부담분)	3,060	2	1	5	8	7	1	1	1
151	서울 구로구	구로구재향군인회운영비지원(공공요금)	2,400	2	1	7	8	7	1	1	4
152	서울 구로구	구로구재향군인회운영비지원(사무용품및인쇄비등)	1,200	2	1	7	8	7	1	1	4
153	서울 구로구	구로구재향군인회운영비지원(기타운영비)	1,200	2	1	7	8	7	1	1	4
154	서울 구로구	장애인체육회육성및지원(생활체육지도자배상책임보험료지원)	810	2	2	5	8	7	1	1	1
155	서울 금천구	금천구체육회운영지원	534,716	2	4	7	8	7	1	1	1
156	서울 금천구	금천구장애인체육회운영지원	272,556	2	4	7	8	7	1	1	1
157	서울 금천구	장애인단체운영지원	185,687	2	1	7	7	7	1	1	1

순번	시군구	지출명 (사업명)	2024년예산 (단위 : 천원 /1년간)	민간이전 분류 (지방자치단체 세출예산 집행기준에 의거) 1. 민간경상사업보조(307-02) 2. 민간단체 법정운영비보조(307-03) 3. 민간행사사업보조(307-04) 4. 민간위탁금(307-05) 5. 사회복지시설 법정운영비보조(307-10) 6. 민간인위탁교육비(307-12) 7. 공기관등에대한경상적위탁사업비(308-13) 8. 민간자본사업보조,자체재원(402-01) 9. 민간자본사업보조,이전재원(402-02) 10. 민간위탁사업비(402-03) 11. 공기관등에 대한 자본적 위탁사업비(403-02)	민간이전지출 근거 (지방보조금 관리기준 참고) 1. 법률에 규정 2. 국고보조 재원(국가지정) 3. 용도 지정 기부금 4. 조례에 직접규정 5. 지자체가 권장하는 사업을 하는 공공기관 6. 시,도 정책 및 재정사정 7. 기타 8. 해당없음	입찰방식			운영예산 산정		성과평가 실시여부
						계약체결방법 (경쟁형태) 1. 일반경쟁 2. 제한경쟁 3. 지명경쟁 4. 수의계약 5. 법정위탁 6. 기타 ( ) 7. 없음	계약기간 1. 1년 2. 2년 3. 3년 4. 4년 5. 5년 6. 기타 ( )년 7. 단기계약 (1년미만) 8. 없음	낙찰자선정방법 1. 적격심사 2. 협상에의한계약 3. 최저가낙찰제 4. 규격가격분리 5. 2단계 경쟁입찰 6. 기타 ( ) 7. 없음	운영예산 산정 1. 내부산정 (지자체 자체적으로 산정) 2. 외부산정 (외부전문기관위탁 산정) 3. 내·외부 모두 산정 4. 산정 無 5. 없음	정산방법 1. 내부정산 (지자체 내부적으로 정산) 2. 외부정산 (외부전문기관위탁 정산) 3. 내·외부 모두 산정 4. 정산 無 5. 없음	1. 실시 2. 미실시 3. 향후 추진 4. 해당없음
158	서울 금천구	나라사랑보훈단체지원	137,350	2	1	7	8	7	1	1	4
159	서울 금천구	민간단체지방보조금지원	77,700	2	1	7	8	7	5	5	4
160	서울 금천구	금천문화원운영지원	60,000	2	4	7	8	7	1	1	4
161	서울 금천구	경로우대확산	40,953	2	1	7	8	7	3	3	2
162	서울 금천구	금천어울림복지센터운영	6,000	2	1	5	5	1	3	1	3
163	서울 영등포구	영등포구체육회운영지원	670,369	2	1	6	1	7	1	1	1
164	서울 영등포구	영등포구장애인체육회운영지원	250,434	2	1	6	1	7	1	1	1
165	서울 영등포구	영등포문화학교운영	148,057	2	4	6	8	7	1	1	1
166	서울 영등포구	대한노인회영등포구지회운영지원	110,364	2	1	7	8	7	1	1	4
167	서울 영등포구	국민운동단체활동지원	86,688	2	1,4	5	7	7	1	1	1
168	서울 영등포구	문화원육성지원	36,000	2	1,4	6	3	7	1	1	1
169	서울 영등포구	범죄피해자지원센터지원	9,900	2	1	7	8	7	1	1	1
170	서울 영등포구	행정업무및유관기관지원	9,600	2	4	7	8	7	1	1	3
171	서울 영등포구	지역문화예술단체및사업활동지원	5,000	2	4	6	7	7	1	1	1
172	서울 동작구	생활체육지도자운영	531,280	2	2	7	8	7	5	5	4
173	서울 동작구	동작문화원지원	416,250	2	4	5	8	7	1	1	1
174	서울 동작구	장애인자립생활센터운영지원	225,600	2	4	7	8	7	1	1	4
175	서울 동작구	보훈회관및보훈단체운영지원	123,456	2	1	7	8	7	1	1	4
176	서울 동작구	공익단체지원및관리	70,400	2	1	7	8	7	1	1	1
177	서울 동작구	지역사회보장협의체운영	60,167	2	1	7	8	7	5	5	4
178	서울 동작구	장애인단체지원	54,000	2	1	7	8	7	1	1	1
179	서울 동작구	재향군인회운영지원	18,200	2	1,4	7	7	7	1	1	1
180	서울 동작구	민주평통동작구협의회운영지원	7,160	2	1	7	8	7	1	1	1
181	서울 동작구	범죄피해자지원센터운영지원	6,000	2	1,4	7	8	7	5	5	1
182	서울 관악구	생활체육지도자배치및활동지원	471,855	2	2	7	8	7	1	1	1
183	서울 관악구	장애인체육회운영지원	193,628	2	1,4	7	8	7	1	1	1
184	서울 관악구	보훈단체운영지원	183,100	2	4	7	8	7	1	1	1
185	서울 관악구	장애인편의증진기술지원센터운영	146,268	2	7	7	8	7	3	1	1
186	서울 관악구	중증장애인자립센터지원	100,000	2	4	7	8	7	1	1	1
187	서울 관악구	장애인단체연합회운영지원	70,000	2	1,4	7	8	7	1	1	1
188	서울 관악구	관악구소상공인연합회운영비지원	38,600	2	1	4	1	7	1	1	1
189	서울 관악구	편의시설전문모니터링단운영	31,678	2	7	7	8	7	3	1	1
190	서울 관악구	국민운동단체지원(국민운동단체운영비지원)	31,210	2	1	7	8	7	5	1	1
191	서울 관악구	관악공동체라디오지원	22,000	2	1	7	1	7	1	1	1
192	서울 관악구	범죄피해자보호지원(범죄피해자보호운영비지원)	6,000	2	4	7	8	7	1	1	1
193	서울 관악구	재향군인회운영보조금지원	5,100	2	1,4	7	8	7	5	1	4
194	서울 서초구	보훈단체사업비및운영비지원	164,000	2	1	7	8	7	1	1	1
195	서울 송파구	송파구체육회지원	566,315	2	1,4	7	6	7	1	1	4
196	서울 송파구	송파구장애인체육회지원	328,056	2	4	7	6	7	1	1	4
197	서울 송파구	송파문화원운영지원	274,250	2	1	6	8	7	1	1	4

순번	시군구	지출명 (사업명)	2024년예산 (단위 : 천원 /1년간)	민간이전 분류 (지방자치단체 세출예산 집행기준에 의거) 1. 민간경상사업보조(307-02) 2. 민간단체 법정운영비보조(307-03) 3. 민간행사사업보조(307-04) 4. 민간위탁금(307-05) 5. 사회복지시설 법정운영비보조(307-10) 6. 민간인위탁교육비(307-12) 7. 공기관등에대한경상적위탁사업비(308-13) 8. 민간자본사업보조,자체재원(402-01) 9. 민간자본사업보조,이전재원(402-02) 10. 민간위탁사업비(402-03) 11. 공기관등에 대한 자본적 위탁사업비(403-02)	민간이전지출 근거 (지방보조금 관리기준 참고) 1. 법률에 규정 2. 국고보조 재원(국가지정) 3. 용도 지정 기부금 4. 조례에 직접규정 5. 지자체가 권장하는 사업을 하는 공공기관 6. 시,도 정책 및 재정사정 7. 기타 8. 해당없음	입찰방식 계약체결방법 (경쟁형태) 1. 일반경쟁 2. 제한경쟁 3. 지명경쟁 4. 수의계약 5. 법정위탁 6. 기타 ( ) 7. 없음	입찰방식 계약기간 1. 1년 2. 2년 3. 3년 4. 4년 5. 5년 6. 기타 ( )년 7. 단기계약 (1년미만) 8. 없음	입찰방식 낙찰자선정방법 1. 적격심사 2. 협상에의한계약 3. 최저가낙찰제 4. 규격가격분리 5. 2단계 경쟁입찰 6. 기타 ( ) 7. 없음	운영예산 산정 운영예산 산정 1. 내부산정 (지자체 자체적으로 산정) 2. 외부산정 (외부전문기관위탁 산정) 3. 내·외부 모두 산정 4. 산정 無 5. 없음	운영예산 산정 정산방법 1. 내부정산 (지자체 내부적으로 정산) 2. 외부정산 (외부전문기관위탁 정산) 3. 내·외부 모두 산정 4. 정산 無 5. 없음	성과평가 실시여부 1. 실시 2. 미실시 3. 향후 추진 4. 해당없음
198	서울 송파구	국가보훈대상자보훈선양사업지원	199,300	2	4	7	8	7	1	1	4
199	서울 송파구	장애인단체지원	118,682	2	1	7	1	1	1	1	1
200	서울 송파구	민간공익활동단체지원	59,000	2	1	7	8	7	1	1	1
201	서울 송파구	새마을문고운영지원	48,400	2	1	7	8	7	1	1	4
202	서울 송파구	민주평화통일자문회의지원및통일사업추진	10,000	2	4	7	8	7	1	1	1
203	서울 송파구	동부범죄피해자지원센터지원	5,000	2	1	5	8	7	1	1	1
204	서울 강동구	운영비	448,285	2	2	5	8	7	1	1	1
205	서울 강동구	(예비)사회적기업일자리창출사업사업비	160,360	2	1	7	8	7	5	5	4
206	서울 강동구	강동구체육회운영지원	111,785	2	1	6	1	6	5	5	1
207	서울 강동구	강동문화원운영비지원	110,535	2	1	7	8	7	1	1	4
208	서울 강동구	국가유공자단체운영지원	105,200	2	1	7	8	7	1	1	1
209	서울 강동구	지역사회보장협의체사무국운영	46,818	2	6	7	8	7	1	1	4
210	서울 강동구	희망키움통장사례관리자	39,792	2	2	5	8	7	1	1	1
211	서울 강동구	조정수당등	37,702	2	1	5	8	7	1	1	1
212	서울 강동구	자활사례관리사	31,482	2	2	5	8	7	1	1	1
213	서울 강동구	새마을회	31,000	2	1	7	8	7	1	1	1
214	서울 강동구	법정운영비(대한노인회강동구지회)	18,000	2	4	7	8	7	1	1	4
215	서울 강동구	장애인연합회운영지원	15,600	2	1	7	8	7	1	1	4
216	서울 강동구	강동구장애인체육회운영지원	15,000	2	1	6	1	6	5	5	1
217	서울 강동구	자유총연맹	10,500	2	1	7	8	7	1	1	1
218	서울 강동구	민주평통강동구협의회운영비	8,000	2	1,4	7	8	7	1	1	1
219	서울 강동구	재향군인회	6,000	2	1	7	8	7	1	1	1
220	서울 강동구	범죄피해자지원센터운영비지원	5,000	2	1	7	8	7	1	1	1
221	서울 강동구	바르게살기	4,500	2	1	7	8	7	1	1	1
222	서울 강동구	복지포인트	3,600	2	1	5	8	7	1	1	1
223	서울 강동구	사회복지시설종사자처우개선복지포인트	2,200	2	1	5	8	7	1	1	1
224	서울 강동구	새마을문고운영비지원	1,800	2	4	7	8	7	1	1	1
225	경기 수원시	대한노인회구지회운영	633,464	2	1	7	8	7	1	1	1
226	경기 수원시	수원시장애인체육회운영	631,290	2	4	7	7	7	1	1	1
227	경기 수원시	중증장애인자립생활센터지원	400,000	2	4	7	8	7	1	1	4
228	경기 수원시	수원문화원운영	377,368	2	1	7	8	7	1	1	1
229	경기 수원시	보훈단체운영비보조	369,210	2	1	7	8	7	1	1	1
230	경기 수원시	수원시노사민정사무국운영	251,217	2	4	7	8	7	5	5	3
231	경기 수원시	수원시새마을회운영	174,252	2	4	7	8	7	1	1	1
232	경기 수원시	사회복지협의회운영	167,835	2	1	7	8	7	1	1	1
233	경기 수원시	장애인복지단체운영	136,460	2	1	7	8	7	1	1	1
234	경기 수원시	한국예총수원지부운영	61,240	2	1	7	8	7	1	1	1
235	경기 수원시	수원시재향군인회운영	32,769	2	4	7	8	7	1	1	1
236	경기 수원시	한국자유총연맹수원시지회운영	30,249	2	1	7	8	7	1	1	1
237	경기 수원시	바르게살기운동수원시협의회운영	30,163	2	1	7	8	7	1	1	1

순번	시군구	지출명 (사업명)	2024년예산 (단위 : 천원 /1년간)	민간이전 분류 (지방자치단체 세출예산 집행기준에 의거) 1. 민간경상사업보조(307-02) 2. 민간단체 법정운영비보조(307-03) 3. 민간행사사업보조(307-04) 4. 민간위탁금(307-05) 5. 사회복지시설 법정운영비보조(307-10) 6. 민간인위탁교육비(307-12) 7. 공기관등에대한경상적위탁사업비(308-13) 8. 민간자본사업보조,자체재원(402-01) 9. 민간자본사업보조,이전재원(402-02) 10. 민간위탁사업비(402-03) 11. 공기관등에 대한 자본적 위탁사업비(403-02)	민간이전지출 근거 (지방보조금 관리기준 참고) 1. 법률에 규정 2. 국고보조 재원(국가지정) 3. 용도 지정 기부금 4. 조례에 직접규정 5. 지자체가 권장하는 사업을 하는 공공기관 6. 시,도 정책 및 재정사정 7. 기타 8. 해당없음	입찰방식 계약체결방법 (경쟁형태) 1. 일반경쟁 2. 제한경쟁 3. 지명경쟁 4. 수의계약 5. 법정위탁 6. 기타 ( ) 7. 없음	입찰방식 계약기간 1. 1년 2. 2년 3. 3년 4. 4년 5. 5년 6. 기타 ( )년 7. 단기계약 (1년미만) 8. 없음	입찰방식 낙찰자선정방법 1. 적격심사 2. 협상에의한계약 3. 최저가낙찰제 4. 규격가격분리 5. 2단계 경쟁입찰 6. 기타 ( ) 7. 없음	운영예산 산정 운영예산 산정 1. 내부산정 (지자체 자체적으로 산정) 2. 외부산정 (외부전문기관위탁 산정) 3. 내·외부 모두 산정 4. 산정 無 5. 없음	운영예산 산정 정산방법 1. 내부정산 (지자체 내부적으로 정산) 2. 외부정산 (외부전문기관위탁 정산) 3. 내·외부 모두 산정 4. 정산 無 5. 없음	성과평가 실시여부 1. 실시 2. 미실시 3. 향후 추진 4. 해당없음
238	경기 수원시	새마을문고운영	25,200	2	4	7	8	7	1	1	1
239	경기 수원시	민예총수원지부운영	24,200	2	1	7	8	7	1	1	1
240	경기 수원시	새마을문고운영	18,000	2	4	7	8	7	1	1	1
241	경기 수원시	민주평화통일자문회의운영	11,070	2	1	7	8	7	1	1	1
242	경기 성남시	성남시체육회운영	1,111,846	2	6	7	8	7	5	5	4
243	경기 성남시	시민프로축구단지원	1,000,000	2	6	7	8	7	5	5	4
244	경기 성남시	장애인체육회운영	391,867	2	6	7	8	7	5	5	4
245	경기 성남시	종목단체지원	362,460	2	6	7	8	7	5	5	4
246	경기 성남시	노인회지회운영지원	263,359	2	1	7	8	7	1	1	1
247	경기 성남시	보훈단체운영비	220,413	2	7	7	8	7	1	1	1
248	경기 성남시	보훈단체인건비	216,588	2	7	7	8	7	1	1	1
249	경기 성남시	국민운동단체등사무국운영	180,487	2	1	7	8	7	1	1	1
250	경기 성남시	성남문화원사무국운영비	158,372	2	1	7	8	7	1	1	1
251	경기 성남시	성남시지역사회보장협의체운영	142,348	2	1	7	8	7	1	1	4
252	경기 성남시	성남시사회복지협의회지원	107,056	2	1	7	8	7	1	1	1
253	경기 성남시	성남시체육회운영	100,000	2	6	7	8	7	5	5	4
254	경기 성남시	문화예술동호인및교육단체지원	99,862	2	1	7	8	7	1	1	1
255	경기 성남시	지체장애인협회운영지원	94,015	2	1	7	8	7	5	5	4
256	경기 성남시	자율방재단교육훈련활동등지원	77,730	2	1	7	8	7	1	1	1
257	경기 성남시	성남예총,민예총지원	75,250	2	1	7	8	7	1	1	1
258	경기 성남시	성남예총,민예총지원	74,009	2	1	7	8	7	1	1	1
259	경기 성남시	장애인연합회운영지원	73,219	2	1	7	8	7	5	5	4
260	경기 성남시	장애인단체사무실(제일프라자)운영비	72,341	2	1	7	8	7	5	5	4
261	경기 성남시	장애인부모회운영지원	70,678	2	1	7	8	7	5	5	4
262	경기 성남시	성남시체육회운영	65,120	2	6	7	8	7	5	5	4
263	경기 성남시	장애인체육회운영	54,420	2	6	7	8	7	5	5	4
264	경기 성남시	신장장애인협회운영지원	51,065	2	1	7	8	7	5	5	4
265	경기 성남시	신체장애인복지회운영지원	50,777	2	1	7	8	7	5	5	4
266	경기 성남시	농아인협회운영지원	50,427	2	1	7	8	7	5	5	4
267	경기 성남시	시군지역사회보장협의체활성화지원사업	50,000	2	6	7	8	7	5	5	4
268	경기 성남시	종목단체지원	50,000	2	6	7	8	7	5	5	4
269	경기 성남시	장애인정보화협회운영지원	48,314	2	1	7	8	7	5	5	4
270	경기 성남시	221년자율방재단역량강화지원	30,000	2	1	7	8	7	5	5	4
271	경기 성남시	성남시소상공인연합회보조금지원	27,720	2	1	7	8	7	1	1	1
272	경기 성남시	시각장애인협회운영지원	26,462	2	1	7	8	7	1	1	4
273	경기 성남시	성남예총,민예총지원	23,887	2	1	7	8	7	5	5	4
274	경기 성남시	여성단체지원활성화	23,400	2	4	7	8	7	1	1	1
275	경기 성남시	성남시여성합창단지원	23,200	2	1	7	8	7	1	1	1
276	경기 성남시	장애인가맹단체지원	22,920	2	6	7	8	7	5	5	4
277	경기 성남시	장애인가맹단체지원	22,600	2	6	7	8	7	5	5	4

순번	시군구	지출명 (사업명)	2024년예산 (단위 : 천원 /1년간)	민간이전 분류 (지방자치단체 세출예산 집행기준에 의거) 1. 민간경상사업보조(307-02) 2. 민간단체 법정운영비보조(307-03) 3. 민간행사사업보조(307-04) 4. 민간위탁금(307-05) 5. 사회복지시설 법정운영비보조(307-10) 6. 민간인위탁교육비(307-12) 7. 공기관등에대한경상적위탁사업비(308-13) 8. 민간자본사업보조,자체재원(402-01) 9. 민간자본사업보조,이전재원(402-02) 10. 민간위탁사업비(402-03) 11. 공기관등에 대한 자본적 위탁사업비(403-02)	민간이전지출 근거 (지방보조금 관리기준 참고) 1. 법률에 규정 2. 국고보조 재원(국가지정) 3. 용도 지정 기부금 4. 조례에 직접규정 5. 지자체가 권장하는 사업을 하는 공공기관 6. 시,도 정책 및 재정사정 7. 기타 8. 해당없음	입찰방식 계약체결방법 (경쟁형태) 1. 일반경쟁 2. 제한경쟁 3. 지명경쟁 4. 수의계약 5. 법정위탁 6. 기타 ( ) 7. 없음	입찰방식 계약기간 1. 1년 2. 2년 3. 3년 4. 4년 5. 5년 6. 기타 ( )년 7. 단기계약 (1년미만) 8. 없음	입찰방식 낙찰자선정방법 1. 적격심사 2. 협상에의한계약 3. 최저가낙찰제 4. 규격가격분리 5. 2단계 경쟁입찰 6. 기타 ( ) 7. 없음	운영예산 산정 운영예산 산정 1. 내부산정 (지자체 자체적으로 산정) 2. 외부산정 (외부전문기관위탁 산정) 3. 내·외부 모두 산정 4. 산정 無 5. 없음	운영예산 산정 정산방법 1. 내부정산 (지자체 내부적으로 정산) 2. 외부정산 (외부전문기관위탁 정산) 3. 내·외부 모두 산정 4. 정산 無 5. 없음	성과평가 실시여부 1. 실시 2. 미실시 3. 향후 추진 4. 해당없음
278	경기 성남시	여성단체지원활성화	22,200	2	4	7	8	7	1	1	1
279	경기 성남시	여성단체지원활성화	19,500	2	4	7	8	7	1	1	1
280	경기 성남시	자율방재단운영인건비지원	17,953	2	1	7	8	7	1	1	1
281	경기 성남시	성남예총,민예총지원	15,874	2	1	7	8	7	1	1	1
282	경기 성남시	자율방재단사무실운영비지원(물품구입등)	13,836	2	1	7	8	7	1	1	1
283	경기 성남시	성남시청소년지도협의회사무실운영	8,500	2	1	7	8	7	5	5	4
284	경기 성남시	노사화합추진	2,664	2	1	7	8	7	1	1	1
285	경기 의정부시	어린이급식관리지원센터운영	797,563	2	4	7	8	7	1	1	2
286	경기 의정부시	체육회활성화지원	792,937	2	1	7	8	7	1	1	1
287	경기 의정부시	중증장애인자립생활지원센터지원	420,000	2	1	5	5	1	1	1	1
288	경기 의정부시	의정부지방문화원운영비	284,480	2	4	1	1	1	1	1	4
289	경기 의정부시	장애인체육회활성화지원	241,231	2	5	7	8	7	1	1	4
290	경기 의정부시	중증장애인자립생활센터지원	210,000	2	1	5	5	1	1	1	1
291	경기 의정부시	대한노인회의정부시지회운영비	173,035	2	1	7	8	7	1	1	4
292	경기 의정부시	시지역사회보장협의체운영	128,777	2	1,4	7	8	7	1	1	4
293	경기 의정부시	사회복지급식관리지원센터운영	89,375	2	4	7	8	7	1	1	2
294	경기 의정부시	새마을회운영비	87,304	2	1	7	8	7	1	1	1
295	경기 의정부시	지속가능발전협의회운영	75,197	2	1	7	8	7	1	1	1
296	경기 의정부시	한국자유총연맹운영비	73,080	2	1	7	8	7	1	1	1
297	경기 의정부시	바르게살기운동운영비	57,209	2	1	7	8	7	1	1	1
298	경기 의정부시	시군지역사회보장협의체활성화지원사업	41,250	2	1	7	8	7	1	1	4
299	경기 의정부시	고엽제전우회운영비지원	31,968	2	4	7	1	7	1	1	4
300	경기 의정부시	상이군경회운영비지원	30,168	2	4	7	1	7	1	1	4
301	경기 의정부시	광복회운영비지원	28,088	2	4	7	1	7	1	1	4
302	경기 의정부시	무공수훈자회운영비지원	28,088	2	4	7	1	7	1	1	4
303	경기 의정부시	특수임무유공자회운영비지원	28,088	2	4	7	1	7	1	1	4
304	경기 의정부시	전몰군경유족회운영비지원	24,888	2	4	7	1	7	1	1	4
305	경기 의정부시	전몰군경미망인회운영비지원	24,888	2	4	7	1	7	1	1	4
306	경기 의정부시	625참전유공자회운영비지원	24,888	2	4	7	1	7	1	1	4
307	경기 의정부시	월남전참전자회운영비지원	24,888	2	4	7	1	7	1	1	4
308	경기 의정부시	재향군인회운영비지원	24,888	2	4	7	1	7	1	1	4
309	경기 의정부시	경기북부지역범죄피해자지원센터운영비	20,000	2	1	7	8	7	1	1	1
310	경기 의정부시	의정부시봉사회관운영비	20,000	2	1	7	8	7	1	1	1
311	경기 의정부시	한종목스포츠클럽운영지원	20,000	2	5	7	8	7	1	1	4
312	경기 의정부시	청소년지도협의회활성화운영지원	16,557	2	6	7	8	7	1	1	4
313	경기 의정부시	여성단체협의회(여성자원활동센터)운영	15,000	2	7	7	8	7	1	1	4
314	경기 의정부시	경기장애인부모연대의정부시지부인건비지원	14,650	2	1	7	8	7	1	1	1
315	경기 의정부시	소비자단체운영지원	12,974	2	4	7	8	7	1	1	1
316	경기 의정부시	시군사회복지협의회지원(시비추가)	12,800	2	4	7	8	7	1	1	4
317	경기 의정부시	백영수미술관운영지원	12,600	2	4	7	8	7	1	1	1

순번	시군구	지출명 (사업명)	2024년예산 (단위 : 천원 /1년간)	민간이전 분류 (지방자치단체 세출예산 집행기준에 의거) 1. 민간경상사업보조(307-02) 2. 민간단체 법정운영비보조(307-03) 3. 민간행사사업보조(307-04) 4. 민간위탁금(307-05) 5. 사회복지시설 법정운영비보조(307-10) 6. 민간인위탁교육비(307-12) 7. 공기관등에대한경상적위탁사업비(308-13) 8. 민간자본사업보조,자체재원(402-01) 9. 민간자본사업보조,이전재원(402-02) 10. 민간위탁사업비(402-03) 11. 공기관등에 대한 자본적 위탁사업비(403-02)	민간이전지출 근거 (지방보조금 관리기준 참고) 1. 법률에 규정 2. 국고보조 재원(국가지정) 3. 용도 지정 기부금 4. 조례에 직접규정 5. 지자체가 권장하는 사업을 하는 공공기관 6. 시,도 정책 및 재정사정 7. 기타 8. 해당없음	입찰방식 계약체결방법 (경쟁형태) 1. 일반경쟁 2. 제한경쟁 3. 지명경쟁 4. 수의계약 5. 법정위탁 6. 기타 ( ) 7. 없음	입찰방식 계약기간 1. 1년 2. 2년 3. 3년 4. 4년 5. 5년 6. 기타 ( )년 7. 단기계약 (1년미만) 8. 없음	입찰방식 낙찰자선정방법 1. 적격심사 2. 협상에의한계약 3. 최저가낙찰제 4. 규격가격분리 5. 2단계 경쟁입찰 6. 기타 ( ) 7. 없음	운영예산 산정 운영예산 산정 1. 내부산정 (지자체 자체적으로 산정) 2. 외부산정 (외부전문기관위탁 산정) 3. 내·외부 모두 산정 4. 산정 無 5. 없음	운영예산 산정 정산방법 1. 내부정산 (지자체 내부적으로 정산) 2. 외부정산 (외부전문기관위탁 정산) 3. 내·외부 모두 산정 4. 정산 無 5. 없음	성과평가 실시여부 1. 실시 2. 미실시 3. 향후 추진 4. 해당없음
318	경기 의정부시	민주평화통일자문회의운영비	11,832	2	1	7	8	7	1	1	1
319	경기 안양시	체육회육성지원	862,192	2	8	7	8	7	5	5	4
320	경기 안양시	지역스포츠클럽지원	429,594	2	8	7	8	7	5	5	4
321	경기 안양시	안양문화원운영지원	374,691	2	8	7	8	7	5	5	4
322	경기 안양시	장애인체육회육성지원	346,148	2	8	7	8	7	5	5	4
323	경기 안양시	보훈단체운영비지원	309,647	2	8	7	8	7	5	5	4
324	경기 안양시	장애인단체운영	300,000	2	8	7	8	7	5	5	4
325	경기 안양시	노인회지회운영	274,375	2	8	7	8	7	5	5	4
326	경기 안양시	장애인자립생활센터지원(국비)	210,000	2	8	7	8	7	5	5	4
327	경기 안양시	장애인자립생활센터지원	210,000	2	8	7	8	7	5	5	4
328	경기 안양시	지역사회보장협의체운영	164,046	2	8	7	8	7	5	5	4
329	경기 안양시	노사민정협의회사무국운영	129,188	2	8	7	8	7	5	5	4
330	경기 안양시	각동새마을단체조직운영비	111,600	2	8	7	8	7	5	5	4
331	경기 안양시	안양시지속가능발전협의회운영지원	106,437	2	8	7	8	7	5	5	4
332	경기 안양시	안양시새마을회운영비	87,757	2	8	7	8	7	5	5	4
333	경기 안양시	한국예총안양지회운영비지원	83,045	2	8	7	8	7	5	5	4
334	경기 안양시	기부및나눔문화사업지원	75,853	2	8	7	8	7	5	5	4
335	경기 안양시	바르게살기운동안양시협의회동운영비	55,800	2	8	7	8	7	5	5	4
336	경기 안양시	바르게살기운동안양시협의회운영비	53,644	2	8	7	8	7	5	5	4
337	경기 안양시	시지역사회보장협의체활성화지원	50,000	2	8	7	8	7	5	5	4
338	경기 안양시	사회복지정보센터운영지원	42,000	2	8	7	8	7	5	5	4
339	경기 안양시	사회복지협의회운영지원	35,000	2	8	7	8	7	5	5	4
340	경기 안양시	안양시소상공인연합회운영비	34,932	2	8	7	8	7	5	5	4
341	경기 안양시	안양시여성단체협의회운영	31,115	2	8	7	8	7	5	5	4
342	경기 안양시	한국자유총연맹안양시지회운영비	31,038	2	8	7	8	7	5	5	4
343	경기 안양시	자유총연맹동위원회목적사업업무추진및조직관리운영비	26,400	2	8	7	8	7	5	5	4
344	경기 안양시	재향군인회운영비	25,200	2	8	7	8	7	5	5	4
345	경기 안양시	민주평통안양시협의회운영비	22,000	2	8	7	8	7	5	5	4
346	경기 안양시	성인문해교육기관운영비지원	6,900	2	8	7	8	7	5	5	4
347	경기 부천시	정신재활시설운영지원	1,258,509	2	6	7	8	7	1	1	4
348	경기 부천시	지역아동센터인건비추가지원	1,228,540	2	6	7	8	7	5	1	4
349	경기 부천시	체육회사무국운영보조금	1,162,061	2	4	7	8	7	1	3	1
350	경기 부천시	지역아동센터운영비지원(기본운영비,추가운영비)	1,068,204	2	2	7	8	7	5	1	4
351	경기 부천시	시민프로축구단지원사업	1,000,000	2	4	7	8	7	1	3	1
352	경기 부천시	지역아동센터돌봄교사지원	911,736	2	6	7	8	7	5	1	4
353	경기 부천시	제28회부천국제판타스틱영화제개최	880,000	2	4	7	8	7	1	1	4
354	경기 부천시	부천FC유소년육성지원	700,000	2	4	7	8	7	1	3	1
355	경기 부천시	보훈단체운영비지원	689,962	2	4	7	8	7	1	1	1
356	경기 부천시	장애인자립생활지원센터지원	600,000	2	1	7	8	7	5	5	4
357	경기 부천시	장애인시니어체육회사무국운영보조금	515,309	2	4	7	8	7	1	3	1

순번	시군구	지출명 (사업명)	2024년예산 (단위 : 천원 /1년간)	민간이전 분류 (지방자치단체 세출예산 집행기준에 의거) 1. 민간경상사업보조(307-02) 2. 민간단체 법정운영비보조(307-03) 3. 민간행사사업보조(307-04) 4. 민간위탁금(307-05) 5. 사회복지시설 법정운영비보조(307-10) 6. 민간인위탁교육비(307-12) 7. 공기관등에대한경상적위탁사업비(308-13) 8. 민간자본사업보조,자체재원(402-01) 9. 민간자본사업보조,이전재원(402-02) 10. 민간위탁사업비(402-03) 11. 공기관등에 대한 자본적 위탁사업비(403-02)	민간이전지출 근거 (지방보조금 관리기준 참고) 1. 법률에 규정 2. 국고보조 재원(국가지정) 3. 용도 지정 기부금 4. 조례에 직접규정 5. 지자체가 권장하는 사업을 하는 공공기관 6. 시,도 정책 및 재정사정 7. 기타 8. 해당없음	입찰방식: 계약체결방법 (경쟁형태) 1. 일반경쟁 2. 제한경쟁 3. 지명경쟁 4. 수의계약 5. 법정위탁 6. 기타 ( ) 7. 없음	입찰방식: 계약기간 1. 1년 2. 2년 3. 3년 4. 4년 5. 5년 6. 기타 ( )년 7. 단기계약 (1년미만) 8. 없음	입찰방식: 낙찰자선정방법 1. 적격심사 2. 협상에의한계약 3. 최저가낙찰제 4. 규격가격분리 5. 2단계 경쟁입찰 6. 기타 ( ) 7. 없음	운영예산 산정: 운영예산 산정 1. 내부산정 (지자체 자체적으로 산정) 2. 외부산정 (외부전문기관위탁 산정) 3. 내·외부 모두 산정 4. 산정 無 5. 없음	운영예산 산정: 정산방법 1. 내부정산 (지자체 내부적으로 정산) 2. 외부정산 (외부전문기관위탁 정산) 3. 내·외부 모두 산정 4. 정산 無 5. 없음	성과평가 실시여부 1. 실시 2. 미실시 3. 향후 추진 4. 해당없음
358	경기 부천시	지역아동센터급식도우미인건비지원	329,400	2	6	7	8	7	5	1	4
359	경기 부천시	노사민정사무국운영	261,799	2	4	7	8	7	1	1	3
360	경기 부천시	국민운동단체등민간단체운영비	249,490	2	1,4	7	8	7	1	1	1
361	경기 부천시	예술단체및문화예술활동지원	199,944	2	1,4	7	8	7	1	1	1
362	경기 부천시	부천시지속가능발전협의회운영비	174,788	2	1	7	8	7	5	5	4
363	경기 부천시	장애인시니어체육회사무실등임차료	155,067	2	4	7	8	7	1	3	1
364	경기 부천시	지역아동센터특기적성교육강사지원	144,000	2	6	7	8	7	5	1	4
365	경기 부천시	장애인자립생활체험홈운영지원	135,000	2	1	7	8	7	5	5	4
366	경기 부천시	체육회사무실등임차료	125,682	2	4	7	8	7	1	3	1
367	경기 부천시	부천국제애니메이션페스티벌	122,170	2	4	7	8	7	1	1	1
368	경기 부천시	지역아동센터운영비지원(시)	120,000	2	6	7	8	7	5	1	1
369	경기 부천시	특성별지역아동센터추가지원	100,800	2	2	7	8	7	5	1	4
370	경기 부천시	장애인자립생활체험홈설치지원	100,000	2	1	7	8	7	5	5	4
371	경기 부천시	장애통합지역아동센터지원	80,400	2	6	7	8	7	5	1	4
372	경기 부천시	다함께돌봄센터기자재비지원	70,000	2	1	7	8	7	5	5	4
373	경기 부천시	장애인단체권익보호	63,620	2	8	7	8	7	1	1	1
374	경기 부천시	장애인단체권익보호	49,220	2	8	7	8	7	1	1	1
375	경기 부천시	장애인단체권익보호	45,620	2	8	7	8	7	1	1	1
376	경기 부천시	장애인단체권익보호	44,420	2	8	7	8	7	1	1	1
377	경기 부천시	장애인단체권익보호	44,420	2	8	7	8	7	1	1	1
378	경기 부천시	장애인단체권익보호	44,420	2	8	7	8	7	1	1	1
379	경기 부천시	장애인단체권익보호	34,820	2	8	7	8	7	1	1	1
380	경기 부천시	장애인단체권익보호	34,820	2	8	7	8	7	1	1	1
381	경기 부천시	장애인단체권익보호	34,820	2	8	7	8	7	1	1	1
382	경기 부천시	장애인단체권익보호	34,820	2	8	7	8	7	1	1	1
383	경기 부천시	장애인단체권익보호	34,820	2	8	7	8	7	1	1	1
384	경기 부천시	장애인단체권익보호	34,820	2	8	7	8	7	1	1	1
385	경기 부천시	장애인단체권익보호	34,820	2	8	7	8	7	1	1	1
386	경기 부천시	예술단체및문화예술활동지원	31,500	2	1	7	8	7	1	1	1
387	경기 부천시	예술단체및문화예술활동지원	27,000	2	1	7	8	7	1	1	1
388	경기 부천시	부천전수교육관공공요금및시설운영비	27,000	2	1	1	1	3	1	1	1
389	경기 부천시	정신요양및정신재활시설입소자구료비등	19,864	2	6	7	8	7	1	1	4
390	경기 부천시	민주평통부천시협의회운영비	14,320	2	1,4	7	8	7	1	1	1
391	경기 부천시	지역아동센터체육문화행사지원	8,000	2	6	7	8	7	5	1	4
392	경기 부천시	목일신음악회	6,000	2	4	7	8	7	1	1	1
393	경기 부천시	지역아동센터종사자역량강화	4,500	2	6	7	8	7	5	1	4
394	경기 부천시	시민체육대회	3,700	2	1	7	8	7	1	1	1
395	경기 광명시	중증장애인자립생활지원센터운영	200,000	2	6	7	8	7	1	1	1
396	경기 광명시	직원	129,751	2	4	7	8	7	1	1	1
397	경기 광명시	기본급	121,631	2	4	7	7	7	1	1	1

순번	시군구	지출명 (사업명)	2024년예산 (단위 : 천원 /1년간)	민간이전 분류 (지방자치단체 세출예산 집행기준에 의거) 1. 민간경상사업보조(307-02) 2. 민간단체 법정운영비보조(307-03) 3. 민간행사사업보조(307-04) 4. 민간위탁금(307-05) 5. 사회복지시설 법정운영비보조(307-10) 6. 민간인위탁교육비(307-12) 7. 공기관등에대한경상적위탁사업비(308-13) 8. 민간자본사업보조,자체재원(402-01) 9. 민간자본사업보조,이전재원(402-02) 10. 민간위탁사업비(402-03) 11. 공기관등에 대한 자본적 위탁사업비(403-02)	민간이전지출 근거 (지방보조금 관리기준 참고) 1. 법률에 규정 2. 국고보조 재원(국가지정) 3. 용도 지정 기부금 4. 조례에 직접규정 5. 지자체가 권장하는 사업을 하는 공공기관 6. 시,도 정책 및 재정사정 7. 기타 8. 해당없음	입찰방식 계약체결방법 (경쟁형태) 1. 일반경쟁 2. 제한경쟁 3. 지명경쟁 4. 수의계약 5. 법정위탁 6. 기타 ( ) 7. 없음	입찰방식 계약기간 1. 1년 2. 2년 3. 3년 4. 4년 5. 5년 6. 기타 ( )년 7. 단기계약 (1년미만) 8. 없음	입찰방식 낙찰자선정방법 1. 적격심사 2. 협상에의한계약 3. 최저가낙찰제 4. 규격가격분리 5. 2단계 경쟁입찰 6. 기타 ( ) 7. 없음	운영예산 산정 운영예산 산정 1. 내부산정 (지자체 자체적으로 산정) 2. 외부산정 (외부전문기관위탁 산정) 3. 내·외부 모두 산정 4. 산정 無 5. 없음	운영예산 산정 정산방법 1. 내부정산 (지자체 내부적으로 정산) 2. 외부정산 (외부전문기관위탁 정산) 3. 내·외부 모두 산정 4. 정산 無 5. 없음	성과평가 실시여부 1. 실시 2. 미실시 3. 향후 추진 4. 해당없음
398	경기 광명시	장애인체험홈운영	90,000	2	6	7	8	7	1	1	1
399	경기 광명시	광명시지속가능발전협의회운영비지원	79,500	2	4	7	8	7	1	1	1
400	경기 광명시	인건비(사무국장,팀장)	76,026	2	1	7	8	7	1	1	2
401	경기 광명시	새마을운동광명시지회운영지원	69,681	2	1	7	8	7	5	1	1
402	경기 광명시	국장(5급)	47,224	2	4	7	8	7	5	5	4
403	경기 광명시	시간외수당	46,429	2	4	7	8	7	5	5	4
404	경기 광명시	시각장애인연합회	43,739	2	1	7	8	7	1	1	4
405	경기 광명시	장애인단체연합회	41,513	2	1	7	8	7	1	1	4
406	경기 광명시	지적장애인복지협회	40,778	2	1	7	8	7	1	1	4
407	경기 광명시	경기장애인부모연대	40,778	2	1	7	8	7	1	1	4
408	경기 광명시	과장(6급)	40,299	2	4	7	8	7	5	5	4
409	경기 광명시	지체장애인협회	38,868	2	1	7	8	7	1	1	4
410	경기 광명시	장애인복지회	36,998	2	1	7	8	7	1	1	4
411	경기 광명시	농아인협회	36,998	2	1	7	8	7	1	1	4
412	경기 광명시	교통장애인협회	36,998	2	1	7	8	7	1	1	4
413	경기 광명시	신체장애인복지회	36,998	2	1	7	8	7	1	1	4
414	경기 광명시	4대보험료	36,939	2	4	7	8	7	5	5	4
415	경기 광명시	사무실임차료	30,000	2	4	7	8	7	5	5	4
416	경기 광명시	한국자유총연맹광명시지회운영지원	29,787	2	4	7	8	7	1	1	1
417	경기 광명시	바르게살기운동광명시협의회운영지원	29,530	2	1	7	8	7	5	1	1
418	경기 광명시	광명시여성단체협의회운영비	28,910	2	1	7	8	7	1	1	4
419	경기 광명시	퇴직적립금	28,601	2	4	7	8	7	5	5	4
420	경기 광명시	사무국운영비	27,000	2	4	7	8	7	5	5	4
421	경기 광명시	초과근무수당	26,684	2	4	7	7	7	1	1	1
422	경기 광명시	체육회장업무추진비	24,000	2	4	7	8	7	5	5	4
423	경기 광명시	결재통합프로그램구축	22,000	2	4	7	8	7	5	5	4
424	경기 광명시	명절휴가비	21,728	2	4	7	8	7	5	5	4
425	경기 광명시	4대보험료	20,957	2	4	7	7	7	1	1	1
426	경기 광명시	퇴직적립금	20,000	2	4	7	7	7	1	1	1
427	경기 광명시	사무실임대료	17,073	2	1	7	8	7	1	1	2
428	경기 광명시	사무실임차료	14,000	2	4	7	7	7	1	1	1
429	경기 광명시	관리인력지원	13,200	2	1	7	8	7	1	1	2
430	경기 광명시	명절휴가비	12,164	2	4	7	7	7	1	1	1
431	경기 광명시	사무국운영비	12,000	2	4	7	7	7	1	1	1
432	경기 광명시	노무사및변호사자문료	11,880	2	4	7	8	7	5	5	4
433	경기 광명시	정액급식비	11,760	2	4	7	8	7	5	5	4
434	경기 광명시	직원	10,500	2	4	7	8	7	5	5	4
435	경기 광명시	공인회계법인지방보조금회계감사비용	10,000	2	4	7	8	7	5	5	4
436	경기 광명시	직급보조비	9,420	2	4	7	7	7	1	1	1
437	경기 광명시	보안및수장고운영지원	8,800	2	1	7	8	7	1	1	2

순번	시군구	지출명 (사업명)	2024년예산 (단위 : 천원 /1년간)	민간이전 분류 (지방자치단체 세출예산 집행기준에 의거) 1. 민간경상사업보조(307-02) 2. 민간단체 법정운영비보조(307-03) 3. 민간행사사업보조(307-04) 4. 민간위탁금(307-05) 5. 사회복지시설 법정운영비보조(307-10) 6. 민간인위탁교육비(307-12) 7. 공기관등에대한경상적위탁사업비(308-13) 8. 민간자본사업보조,자체재원(402-01) 9. 민간자본사업보조,이전재원(402-02) 10. 민간위탁사업비(402-03) 11. 공기관등에 대한 자본적 위탁사업비(403-02)	민간이전지출 근거 (지방보조금 관리기준 참고) 1. 법률에 규정 2. 국고보조 재원(국가지정) 3. 용도 지정 기부금 4. 조례에 직접규정 5. 지자체가 권장하는 사업을 하는 공공기관 6. 시,도 정책 및 재정사정 7. 기타 8. 해당없음	입찰방식: 계약체결방법 (경쟁형태) 1. 일반경쟁 2. 제한경쟁 3. 지명경쟁 4. 수의계약 5. 법정위탁 6. 기타 ( ) 7. 없음	입찰방식: 계약기간 1. 1년 2. 2년 3. 3년 4. 4년 5. 5년 6. 기타 ( )년 7. 단기계약 (1년미만) 8. 없음	입찰방식: 낙찰자선정방법 1. 적격심사 2. 협상에의한계약 3. 최저가낙찰제 4. 규격가격분리 5. 2단계 경쟁입찰 6. 기타 ( ) 7. 없음	운영예산 산정: 운영예산 산정 1. 내부산정 (지자체 자체적으로 산정) 2. 외부산정 (외부전문기관위탁 산정) 3. 내·외부 모두 산정 4. 산정 無 5. 없음	운영예산 산정: 정산방법 1. 내부정산 (지자체 내부적으로 정산) 2. 외부정산 (외부전문기관위탁 정산) 3. 내·외부 모두 산정 4. 정산 無 5. 없음	성과평가 실시여부 1. 실시 2. 미실시 3. 향후 추진 4. 해당없음
438	경기 광명시	정근수당	8,641	2	4	7	8	7	5	5	4
439	경기 광명시	사무실운영비	8,000	2	1	7	8	7	1	1	2
440	경기 광명시	사무국차량운영비(2대)	8,000	2	4	7	7	7	1	1	1
441	경기 광명시	민주평화통일자문회의광명시협의회운영지원	7,995	2	4	7	8	7	1	1	1
442	경기 광명시	장애인부모회	7,560	2	1	7	8	7	1	1	4
443	경기 광명시	장애인정보화협회	7,560	2	1	7	8	7	1	1	4
444	경기 광명시	맞춤형복지비	7,000	2	4	7	8	7	5	5	4
445	경기 광명시	정액급식비	6,720	2	4	7	7	7	1	1	1
446	경기 광명시	노무사운영비	6,600	2	4	7	7	7	1	1	1
447	경기 광명시	특근매식비	5,544	2	4	7	8	7	5	5	4
448	경기 광명시	광명심포니오케스트라사무실임대료	5,200	2	1	7	8	7	1	1	2
449	경기 광명시	연가보상비	4,638	2	4	7	8	7	5	5	4
450	경기 광명시	정근수당	4,067	2	4	7	7	7	1	1	1
451	경기 광명시	맞춤형복지비	4,000	2	4	7	7	7	1	1	1
452	경기 광명시	국장(5급)	3,000	2	4	7	8	7	5	5	4
453	경기 광명시	회계프로그램유지보수	3,000	2	4	7	8	7	5	5	4
454	경기 광명시	홈페이지유지보수	3,000	2	4	7	8	7	5	5	4
455	경기 광명시	가족수당	2,880	2	4	7	8	7	5	5	4
456	경기 광명시	가족수당	2,520	2	4	7	7	7	1	1	1
457	경기 광명시	GK오페라단사무실임대료	2,400	2	1	7	8	7	1	1	2
458	경기 광명시	연차수당	2,370	2	4	7	7	7	1	1	1
459	경기 광명시	과장(6급)	2,220	2	4	7	8	7	5	5	4
460	경기 광명시	특근매식비	2,156	2	4	7	7	7	1	1	1
461	경기 광명시	정근수당가산금	1,620	2	4	7	8	7	5	5	4
462	경기 광명시	정근수당가산금	720	2	4	7	7	7	1	1	1
463	경기 평택시	체육회육성	912,102	2	1	7	8	7	1	1	1
464	경기 평택시	지역문화운영지원	626,362	2	1	7	8	7	1	1	1
465	경기 평택시	장애인단체운영지원	593,458	2	1	7	8	7	1	1	1
466	경기 평택시	보훈단체운영비지원	381,300	2	1	7	8	7	1	1	1
467	경기 평택시	장애인체육회육성	311,088	2	1,4	7	8	7	1	1	1
468	경기 평택시	기부문화활성화	194,891	2	4	7	8	7	1	1	1
469	경기 평택시	평택시지속가능발전협의회운영비	166,041	2	1,4	7	8	7	1	1	1
470	경기 평택시	평택시지속가능발전협의회운영비	166,041	2	1,4	7	8	7	1	1	1
471	경기 평택시	평택예총지원	148,785	2	7	7	8	7	1	1	1
472	경기 평택시	평택시민건강걷기대회개최	130,000	2	1,4	7	8	7	1	1	1
473	경기 평택시	지역사회보장협의체운영지원	106,100	2	1,4	5	8	7	1	1	1
474	경기 평택시	노사민정협의회사무국운영	103,287	2	4	6	8	7	1	1	1
475	경기 평택시	장애인종목별대회개최출전지원	90,000	2	1,4	7	8	7	1	1	1
476	경기 평택시	중증장애인자립생활센터지원	90,000	2	1	1	8	1	1	1	1
477	경기 평택시	사회복지협의회복지사업지원	72,400	2	4	7	8	7	1	1	1

순번	시군구	지출명 (사업명)	2024년예산 (단위 : 천원 /1년간)	민간이전 분류 (지방자치단체 세출예산 집행기준에 의거) 1. 민간경상사업보조(307-02) 2. 민간단체 법정운영비보조(307-03) 3. 민간행사사업보조(307-04) 4. 민간위탁금(307-05) 5. 사회복지시설 법정운영비보조(307-10) 6. 민간인위탁교육비(307-12) 7. 공기관등에대한경상적위탁사업비(308-13) 8. 민간자본사업보조,자체재원(402-01) 9. 민간자본사업보조,이전재원(402-02) 10. 민간위탁사업비(402-03) 11. 공기관등에 대한 자본적 위탁사업비(403-02)	민간이전지출 근거 (지방보조금 관리기준 참고) 1. 법률에 규정 2. 국고보조 재원(국가지정) 3. 용도 지정 기부금 4. 조례에 직접규정 5. 지자체가 권장하는 사업을 하는 공공기관 6. 시,도 정책 및 재정사정 7. 기타 8. 해당없음	입찰방식 계약체결방법 (경쟁형태) 1. 일반경쟁 2. 제한경쟁 3. 지명경쟁 4. 수의계약 5. 법정위탁 6. 기타 ( ) 7. 없음	입찰방식 계약기간 1. 1년 2. 2년 3. 3년 4. 4년 5. 5년 6. 기타 ( )년 7. 단기계약 (1년미만) 8. 없음	입찰방식 낙찰자선정방법 1. 적격심사 2. 협상에의한계약 3. 최저가낙찰제 4. 규격가격분리 5. 2단계 경쟁입찰 6. 기타 ( ) 7. 없음	운영예산 산정 운영예산 산정 1. 내부산정 (지자체 자체적으로 산정) 2. 외부산정 (외부전문기관위탁 산정) 3. 내·외부 모두 산정 4. 산정 無 5. 없음	운영예산 산정 정산방법 1. 내부정산 (지자체 내부적으로 정산) 2. 외부정산 (외부전문기관위탁 정산) 3. 내·외부 모두 산정 4. 정산 無 5. 없음	성과평가 실시여부 1. 실시 2. 미실시 3. 향후 추진 4. 해당없음
478	경기 평택시	예술단체운영비지원	64,000	2	7	7	8	7	1	1	1
479	경기 평택시	소상공인보호및지원	55,940	2	4	6	8	7	1	1	1
480	경기 평택시	장애인걷기대회체육대회	40,000	2	1,4	7	8	7	1	1	1
481	경기 평택시	재향군인회운영비지원	36,120	2	1	7	8	7	1	1	1
482	경기 평택시	주민지원협의체사무실운영비	6,000	2	1	7	8	7	1	1	4
483	경기 평택시	주민지원협의체사무실임대료	2,750	2	1	7	8	7	1	1	4
484	경기 동두천시	취약지역당직의료기관지원	430,000	2	1,4	7	8	7	3	3	1
485	경기 동두천시	자원봉사센터포털시스템운영	344,773	2	4	7	8	7	1	1	1
486	경기 동두천시	시체육회운영	318,150	2	1	7	8	7	1	1	1
487	경기 동두천시	장애인자립생활센터지원	210,000	2	1	7	8	7	1	1	4
488	경기 동두천시	장애인체육회운영	172,901	2	1	7	8	7	1	1	1
489	경기 동두천시	어르신생활체육지도자배치(활동지원)	157,285	2	1	7	8	7	1	1	1
490	경기 동두천시	생활체육지도자처우개선	134,026	2	1	7	8	7	1	1	1
491	경기 동두천시	일반생활체육지도자배치(활동지원)	125,828	2	1	7	8	7	1	1	1
492	경기 동두천시	지방문화원육성	109,856	2	4	7	8	7	1	1	1
493	경기 동두천시	성인장애인평생교육지원	106,140	2	4	7	8	7	1	1	3
494	경기 동두천시	문화예술단체육성지원	97,436	2	4	7	8	7	1	1	1
495	경기 동두천시	자원봉사코디네이터지원육성	86,712	2	2	7	8	7	1	1	1
496	경기 동두천시	대한노인회지원(시지회운영)	77,627	2	4	7	8	7	1	1	4
497	경기 동두천시	새마을지도자교육및행사지원	50,400	2	1	7	8	7	1	1	1
498	경기 동두천시	지체및중증장애인재활사업	36,049	2	1	7	8	7	1	1	4
499	경기 동두천시	시각장애인재활사업	31,665	2	1	7	8	7	1	1	4
500	경기 동두천시	장애인생활체육지도자배치(활동지원)	31,302	2	1	7	8	7	1	1	1
501	경기 동두천시	바르게살기운동활성화지원	28,600	2	1	7	8	7	1	1	1
502	경기 동두천시	상이군경회지원	27,710	2	4	7	8	7	1	1	2
503	경기 동두천시	무공수훈자회지원	27,430	2	4	7	8	7	1	1	2
504	경기 동두천시	전몰군경유족회지원	26,160	2	4	7	8	7	1	1	2
505	경기 동두천시	전몰군경미망인회지원	25,760	2	4	7	8	7	1	1	2
506	경기 동두천시	월남참전자회지원	25,730	2	4	7	8	7	1	1	2
507	경기 동두천시	고엽제전우회지원	25,730	2	4	7	8	7	1	1	2
508	경기 동두천시	6.25참전유공자회지원	24,840	2	4	7	8	7	1	1	2
509	경기 동두천시	광복회동두천연합지회지원	23,130	2	4	7	8	7	1	1	2
510	경기 동두천시	장애인단체총연합회활성화지원	22,669	2	1	7	8	7	1	1	4
511	경기 동두천시	지체및중증장애인재활사업	22,669	2	1	7	8	7	1	1	4
512	경기 동두천시	한국자유총연맹지원	22,435	2	1	7	8	7	1	1	1
513	경기 동두천시	특수임무유공자회지원	22,330	2	4	7	8	7	1	1	2
514	경기 동두천시	보훈단체운영	12,000	2	4	7	8	7	1	1	2
515	경기 동두천시	경기북부범죄피해자지원센터지원	12,000	2	4	7	8	7	1	1	2
516	경기 동두천시	장애인부모연대활성화지원	11,412	2	1	7	8	7	1	1	4
517	경기 동두천시	장애인생활체육지도자처우개선	11,330	2	1	7	8	7	1	1	1

순번	시군구	지출명 (사업명)	2024년예산 (단위 : 천원 /1년간)	민간이전 분류 (지방자치단체 세출예산 집행기준에 의거) 1. 민간경상사업보조(307-02) 2. 민간단체 법정운영비보조(307-03) 3. 민간행사사업보조(307-04) 4. 민간위탁금(307-05) 5. 사회복지시설 법정운영비보조(307-10) 6. 민간인위탁교육비(307-12) 7. 공기관등에대한경상적위탁사업비(308-13) 8. 민간자본사업보조,자체재원(402-01) 9. 민간자본사업보조,이전재원(402-02) 10. 민간위탁사업비(402-03) 11. 공기관등에 대한 자본적 위탁사업비(403-02)	민간이전지출 근거 (지방보조금 관리기준 참고) 1. 법률에 규정 2. 국고보조 재원(국가지정) 3. 용도 지정 기부금 4. 조례에 직접규정 5. 지자체가 권장하는 사업을 하는 공공기관 6. 시,도 정책 및 재정사정 7. 기타 8. 해당없음	입찰방식: 계약체결방법 (경쟁형태) 1. 일반경쟁 2. 제한경쟁 3. 지명경쟁 4. 수의계약 5. 법정위탁 6. 기타 ( ) 7. 없음	입찰방식: 계약기간 1. 1년 2. 2년 3. 3년 4. 4년 5. 5년 6. 기타 ( )년 7. 단기계약 (1년미만) 8. 없음	입찰방식: 낙찰자선정방법 1. 적격심사 2. 협상에의한계약 3. 최저가낙찰제 4. 규격가격분리 5. 2단계 경쟁입찰 6. 기타 ( ) 7. 없음	운영예산 산정: 운영예산 산정 1. 내부산정 (지자체 자체적으로 산정) 2. 외부산정 (외부전문기관위탁 산정) 3. 내·외부 모두 산정 4. 산정 無 5. 없음	운영예산 산정: 정산방법 1. 내부정산 (지자체 내부적으로 정산) 2. 외부정산 (외부전문기관위탁 정산) 3. 내·외부 모두 산정 4. 정산 無 5. 없음	성과평가 실시여부 1. 실시 2. 미실시 3. 향후 추진 4. 해당없음
518	경기 동두천시	보훈단체운영	10,000	2	4	7	8	7	1	1	2
519	경기 동두천시	성인문해교육사업	8,800	2	4	7	8	7	1	1	3
520	경기 동두천시	시무형문화재전승활동지원	8,550	2	4	7	8	7	1	1	2
521	경기 동두천시	민주평화통일자문회의지원	8,000	2	1	7	8	7	1	1	1
522	경기 동두천시	성인장애인학교운영	7,065	2	4	7	8	7	1	1	3
523	경기 동두천시	성인장애인학교운영	6,700	2	4	7	8	7	1	1	3
524	경기 동두천시	자연보호협의회지원운영	4,920	2	4	7	8	7	1	1	1
525	경기 동두천시	교통장애인재활사업	4,870	2	1	7	8	7	1	1	4
526	경기 동두천시	시무형문화재전승활동지원	3,420	2	4	7	8	7	1	1	2
527	경기 동두천시	장애인단체총연합회활성화지원	2,870	2	1	7	8	7	1	1	4
528	경기 동두천시	장애인복지회재활사업	2,840	2	1	7	8	7	1	1	4
529	경기 안산시	안산시체육회운영지원	1,182,410	2	1	7	8	7	1	1	3
530	경기 안산시	장애인체육회운영지원	566,035	2	1	7	8	7	1	1	3
531	경기 안산시	어르신전담지도자배치(인건비및보험료)	251,656	2	2	7	8	7	1	1	3
532	경기 안산시	지역단위체육지도자배치(인건비및보험료)	188,742	2	2	7	8	7	1	1	3
533	경기 안산시	장애인생활체육지도자배치지원	187,812	2	1	7	8	7	1	1	3
534	경기 안산시	생활체육지도자운영지원	180,168	2	4	7	8	7	1	1	3
535	경기 안산시	노사민정협의회사무국운영	160,258	2	4	7	8	7	1	1	1
536	경기 안산시	지역사회보장협의체운영	129,000	2	1	7	7	7	1	1	1
537	경기 안산시	시군편의증진기술지원센터운영(시비추가)	127,745	2	2	5	8	7	1	1	4
538	경기 안산시	지속가능발전협의회운영	100,000	2	4	7	8	7	1	1	1
539	경기 안산시	노인지회운영비(단원구)	96,459	2	1	7	8	7	1	1	1
540	경기 안산시	노인지회운영비(상록구)	95,665	2	1	7	8	7	1	1	1
541	경기 안산시	보훈단체운영및사업추진	93,000	2	4	7	8	7	1	1	1
542	경기 안산시	시군장애인편의증진기술지원센터운영	88,000	2	2	5	8	7	1	1	4
543	경기 안산시	장애인생활체육지도자운영지원	72,710	2	1	7	8	7	1	1	3
544	경기 안산시	시새마을회운영비	71,594	2	1,4	7	8	7	1	1	1
545	경기 안산시	장애인편의시설현장조사요원운영	59,427	2	2	5	8	7	1	1	4
546	경기 안산시	민주평통안산시협의회운영비	58,664	2	1	7	8	7	1	1	1
547	경기 안산시	지역자율방재단운영지원	58,594	2	1	7	8	7	1	1	1
548	경기 안산시	사회복지협의회운영	55,000	2	1	7	7	7	1	1	1
549	경기 안산시	보훈단체운영및사업추진	51,600	2	4	7	8	7	1	1	1
550	경기 안산시	보훈단체운영및사업추진	45,300	2	4	7	8	7	1	1	1
551	경기 안산시	시협의회운영비	43,655	2	1	7	8	7	1	1	1
552	경기 안산시	보훈단체운영및사업추진	42,800	2	4	7	8	7	1	1	1
553	경기 안산시	보훈단체운영및사업추진	42,100	2	4	7	8	7	1	1	1
554	경기 안산시	보훈단체운영및사업추진	41,800	2	4	7	8	7	1	1	1
555	경기 안산시	보훈단체운영및사업추진	41,800	2	4	7	8	7	1	1	1
556	경기 안산시	시지회운영비	41,655	2	1	7	8	7	1	1	1
557	경기 안산시	보훈단체운영및사업추진	39,400	2	4	7	8	7	1	1	1

순번	시군구	지출명 (사업명)	2024년예산 (단위 : 천원 /1년간)	민간이전 분류 (지방자치단체 세출예산 집행기준에 의거) 1. 민간경상사업보조(307-02) 2. 민간단체 법정운영비보조(307-03) 3. 민간행사사업보조(307-04) 4. 민간위탁금(307-05) 5. 사회복지시설 법정운영비보조(307-10) 6. 민간인위탁교육비(307-12) 7. 공기관등에대한경상적위탁사업비(308-13) 8. 민간자본사업보조,자체재원(402-01) 9. 민간자본사업보조,이전재원(402-02) 10. 민간위탁사업비(402-03) 11. 공기관등에 대한 자본적 위탁사업비(403-02)	민간이전지출 근거 (지방보조금 관리기준 참고) 1. 법률에 규정 2. 국고보조 재원(국가지정) 3. 용도 지정 기부금 4. 조례에 직접규정 5. 지자체가 권장하는 사업을 하는 공공기관 6. 시,도 정책 및 재정사정 7. 기타 8. 해당없음	입찰방식 계약체결방법 (경쟁형태) 1. 일반경쟁 2. 제한경쟁 3. 지명경쟁 4. 수의계약 5. 법정위탁 6. 기타 ( ) 7. 없음	입찰방식 계약기간 1. 1년 2. 2년 3. 3년 4. 4년 5. 5년 6. 기타 ( )년 7. 단기계약 (1년미만) 8. 없음	입찰방식 낙찰자선정방법 1. 적격심사 2. 협상에의한계약 3. 최저가낙찰제 4. 규격가격분리 5. 2단계 경쟁입찰 6. 기타 ( ) 7. 없음	운영예산 산정 운영예산 산정 1. 내부산정 (지자체 자체적으로 산정) 2. 외부산정 (외부전문기관위탁 산정) 3. 내·외부 모두 산정 4. 산정 無 5. 없음	운영예산 산정 정산방법 1. 내부정산 (지자체 내부적으로 정산) 2. 외부정산 (외부전문기관위탁 정산) 3. 내·외부 모두 산정 4. 정산 無 5. 없음	성과평가 실시여부 1. 실시 2. 미실시 3. 향후 추진 4. 해당없음
558	경기 안산시	보훈단체운영및사업추진	39,300	2	4	7	8	7	1	1	1
559	경기 안산시	장애인e스포츠장운영	34,554	2	1	7	8	7	1	1	3
560	경기 안산시	안산시스포츠클럽운영비	30,822	2	4	7	8	7	1	1	3
561	경기 안산시	여성단체협의회운영지원	28,177	2	4	7	8	7	1	1	2
562	경기 안산시	체육지도자명절수당지원	16,702	2	4	7	8	7	1	1	1
563	경기 안산시	안산시소상공인연합회운영비지원사업	15,460	2	1	7	1	7	1	1	1
564	경기 안산시	보훈단체운영및사업추진	13,800	2	4	7	8	7	1	1	1
565	경기 안산시	안산시스포츠클럽관리자지원(매칭부담금)	7,500	2	2	7	8	7	1	1	1
566	경기 안산시	장애인생활체육지도자처우개선비	7,158	2	1	7	8	7	1	1	3
567	경기 안산시	청소년과함께하는반달마을음악회	5,000	2	1	7	8	7	1	1	4
568	경기 안산시	새마을교통봉사대운영비	3,000	2	1,4	7	8	7	1	1	1
569	경기 안산시	바른교통봉사대운영비	1,500	2	1	7	8	7	1	1	1
570	경기 고양시	고양시체육회등단체지원	429,769	2	4	7	8	7	1	1	4
571	경기 고양시	문화원운영비	426,346	2	4	7	8	7	1	1	1
572	경기 고양시	장애인체육회운영지원	426,085	2	4	7	8	7	1	1	4
573	경기 고양시	대한노인회고양시지회운영비지원	374,197	2	4	6	8	7	1	1	1
574	경기 고양시	여성인력개발센터운영	325,800	2	1	7	8	7	1	1	1
575	경기 고양시	장애인생활체육지도자배치지원	291,376	2	2	7	8	7	1	1	4
576	경기 고양시	어르신생활체육지도자배치(활동지원)	252,690	2	2	7	8	7	1	1	4
577	경기 고양시	일반생활체육지도자배치(활동지원)	246,338	2	2	7	8	7	1	1	4
578	경기 고양시	고양시새마을회지원	142,043	2	1	7	8	7	1	1	1
579	경기 고양시	사립작은도서관지원	79,600	2	6	6	8	7	5	1	4
580	경기 고양시	자유총연맹고양시지부지원	72,311	2	1	7	8	7	1	1	1
581	경기 고양시	고양시관광협의회운영지원	50,000	2	4	7	8	7	1	1	1
582	경기 고양시	광복회고양시지회운영비	47,286	2	1	7	8	7	1	1	1
583	경기 고양시	상이군경회고양시지회운영비	47,286	2	1	7	8	7	1	1	1
584	경기 고양시	전몰군경유족회고양시지회운영비	47,286	2	1	7	8	7	1	1	1
585	경기 고양시	전몰군경미망인회고양시지회운영비	47,286	2	1	7	8	7	1	1	1
586	경기 고양시	무공수훈자회고양시지회운영비	47,286	2	1	7	8	7	1	1	1
587	경기 고양시	6.25참전유공자회고양시지회운영비	47,286	2	1	7	8	7	1	1	1
588	경기 고양시	고엽제전우회고양시지회운영비	47,286	2	1	7	8	7	1	1	1
589	경기 고양시	특수임무유공자회고양시지회운영비	47,286	2	1	7	8	7	1	1	1
590	경기 고양시	월남전참전자회고양시지회운영비	47,286	2	1	7	8	7	1	1	1
591	경기 고양시	(공립)우수작은도서관육성	46,960	2	6	6	8	7	5	1	1
592	경기 고양시	(공립)우수작은도서관육성	46,960	2	6	6	8	7	5	1	4
593	경기 고양시	바르게살기운동고양시협의회지원	46,148	2	1	7	8	7	1	1	1
594	경기 고양시	(공립)우수작은도서관육성	45,680	2	6	6	8	7	5	1	4
595	경기 고양시	(공립)우수작은도서관육성	45,680	2	6	6	8	7	5	1	4
596	경기 고양시	(공립)우수작은도서관육성	45,680	2	6	6	8	7	5	1	4
597	경기 고양시	(공립)우수작은도서관육성	45,680	2	6	6	8	7	5	1	4

순번	시군구	지출명 (사업명)	2024년예산 (단위 : 천원 /1년간)	민간이전 분류 (지방자치단체 세출예산 집행기준에 의거) 1. 민간경상사업보조(307-02) 2. 민간단체 법정운영비보조(307-03) 3. 민간행사사업보조(307-04) 4. 민간위탁금(307-05) 5. 사회복지시설 법정운영비보조(307-10) 6. 민간인위탁교육비(307-12) 7. 공기관등에대한경상적위탁사업비(308-13) 8. 민간자본사업보조,지체재원(402-01) 9. 민간자본사업보조,이전재원(402-02) 10. 민간위탁사업비(402-03) 11. 공기관등에 대한 자본적 위탁사업비(403-02)	민간이전지출 근거 (지방보조금 관리기준 참고) 1. 법률에 규정 2. 국고보조 재원(국가지정) 3. 용도 지정 기부금 4. 조례에 직접규정 5. 지자체가 권장하는 사업을 하는 공공기관 6. 시,도 정책 및 재정사정 7. 기타 8. 해당없음	입찰방식 계약체결방법 (경쟁형태) 1. 일반경쟁 2. 제한경쟁 3. 지명경쟁 4. 수의계약 5. 법정위탁 6. 기타 ( ) 7. 없음	입찰방식 계약기간 1. 1년 2. 2년 3. 3년 4. 4년 5. 5년 6. 기타 ( )년 7. 단기계약 (1년미만) 8. 없음	입찰방식 낙찰자선정방법 1. 적격심사 2. 협상에의한계약 3. 최저가낙찰제 4. 규격가격분리 5. 2단계 경쟁입찰 6. 기타 ( ) 7. 없음	운영예산 산정 운영예산 산정 1. 내부산정 (지자체 자체적으로 산정) 2. 외부산정 (외부전문기관위탁 산정) 3. 내·외부 모두 산정 4. 산정 無 5. 없음	운영예산 산정 정산방법 1. 내부정산 (지자체 내부적으로 정산) 2. 외부정산 (외부전문기관위탁 정산) 3. 내·외부 모두 산정 4. 정산 無 5. 없음	성과평가 실시여부 1. 실시 2. 미실시 3. 향후 추진 4. 해당없음
598	경기 고양시	고양시재향군인회운영비	45,000	2	1	7	8	7	1	1	1
599	경기 고양시	(공립)우수작은도서관육성	44,770	2	6	6	8	7	5	1	4
600	경기 고양시	고양파주범죄피해자지원센터운영비	33,000	2	1	1	1	7	1	1	1
601	경기 고양시	방재안전센터사무실운영(임차료등)	29,900	2	1	7	8	7	1	1	1
602	경기 고양시	민주평통고양시협의회지원	26,700	2	1	7	8	7	1	1	1
603	경기 고양시	소상공인연합회운영비	20,000	2	1	7	8	7	1	1	1
604	경기 과천시	장애인자립생활지원센터운영	210,000	2	2	7	8	7	1	1	4
605	경기 과천시	과천시지속가능발전협의회운영비	117,310	2	4	7	8	7	1	1	1
606	경기 과천시	과천시지속가능발전협의회운영비	117,310	2	4	7	8	7	1	1	1
607	경기 과천시	대한노인회과천시지회운영비지원	115,312	2	4	7	8	7	1	1	1
608	경기 과천시	과천시새마을회운영지원	45,405	2	1	7	8	7	5	5	4
609	경기 과천시	자율방재단역량강화지원	39,800	2	1	7	8	7	5	1	2
610	경기 과천시	전몰군경미망인회운영비지원	38,500	2	4	7	8	7	1	1	4
611	경기 과천시	상이군경회운영비지원	37,000	2	4	7	8	7	1	1	4
612	경기 과천시	장애인복지회운영비지원	35,146	2	1	7	8	7	1	1	4
613	경기 과천시	시각장애인연합회운영비지원	34,807	2	1	7	8	7	1	1	4
614	경기 과천시	지체장애인협회운영비지원	34,793	2	1	7	8	7	1	1	4
615	경기 과천시	신체장애인복지회운영비지원	34,673	2	1	7	8	7	1	1	4
616	경기 과천시	농아인협회운영비지원	33,600	2	1	7	8	7	1	1	4
617	경기 과천시	고엽제전우회운영비지원	33,000	2	4	7	8	7	1	1	4
618	경기 과천시	소비자단체운영(소비자교육중앙회과천시지회)	31,555	2	4	7	8	7	1	1	4
619	경기 과천시	자유총연맹과천시지회운영지원	30,360	2	1	7	8	7	5	5	4
620	경기 과천시	과천시재향군인회운영지원	30,213	2	1	7	8	7	5	5	4
621	경기 과천시	무공수훈자회운영비지원	28,941	2	4	7	8	7	1	1	4
622	경기 과천시	전몰군경유족회운영비지원	28,000	2	4	7	8	7	1	1	4
623	경기 과천시	바르게살기운동과천시협의회운영지원	27,300	2	1	7	8	7	5	5	4
624	경기 과천시	6.25참전유공자회운영비지원	26,500	2	4	7	8	7	1	1	4
625	경기 과천시	월남전참전자회운영비지원	26,500	2	4	7	8	7	1	1	4
626	경기 과천시	특수임무유공자회운영비지원	15,000	2	4	7	8	7	1	1	4
627	경기 과천시	민주평화통일자문회의과천시협의회운영지원	15,000	2	1	7	8	7	5	5	4
628	경기 구리시	ㅇ사무국운영비	489,716	2	4	7	8	7	1	1	1
629	경기 구리시	구리문화원단체운영비	370,256	2	1	7	8	7	1	1	4
630	경기 구리시	구리시장애인체육회사무국운영비	246,757	2	4	7	8	7	1	1	1
631	경기 구리시	장애인종합민원상담실운영	214,775	2	1	1	1	1	1	1	1
632	경기 구리시	지역사회보장협의체운영비	126,936	2	1	7	8	7	1	1	4
633	경기 구리시	구리시체육회생활체육지도자운영지원	123,202	2	4	7	8	7	1	1	1
634	경기 구리시	구리지속가능발전협의회운영비	119,314	2	1	7	8	7	1	1	1
635	경기 구리시	시각장애인연합회운영	95,850	2	1	1	1	1	1	1	1
636	경기 구리시	장애인정보화협회운영	89,899	2	1	1	1	1	1	1	1
637	경기 구리시	새마을단체운영비	89,578	2	4	7	8	7	1	1	1

순번	시군구	지출명 (사업명)	2024년예산 (단위 : 천원 /1년간)	민간이전 분류 (지방자치단체 세출예산 집행기준에 의거) 1. 민간경상사업보조(307-02) 2. 민간단체 법정운영비보조(307-03) 3. 민간행사사업보조(307-04) 4. 민간위탁금(307-05) 5. 사회복지시설 법정운영비보조(307-10) 6. 민간인위탁교육비(307-12) 7. 공기관등에대한경상적위탁사업비(308-13) 8. 민간자본사업보조,자체재원(402-01) 9. 민간자본사업보조,이전재원(402-02) 10. 민간위탁사업비(402-03) 11. 공기관등에 대한 자본적 위탁사업비(403-02)	민간이전지출 근거 (지방보조금 관리기준 참고) 1. 법률에 규정 2. 국고보조 재원(국가지정) 3. 용도 지정 기부금 4. 조례에 직접규정 5. 지자체가 권장하는 사업을 하는 공공기관 6. 시,도 정책 및 재정사정 7. 기타 8. 해당없음	입찰방식 계약체결방법 (경쟁형태) 1. 일반경쟁 2. 제한경쟁 3. 지명경쟁 4. 수의계약 5. 법정위탁 6. 기타 ( ) 7. 없음	입찰방식 계약기간 1. 1년 2. 2년 3. 3년 4. 4년 5. 5년 6. 기타 ( )년 7. 단기계약 (1년미만) 8. 없음	입찰방식 낙찰자선정방법 1. 적격심사 2. 협상에의한계약 3. 최저가낙찰제 4. 규격가격분리 5. 2단계 경쟁입찰 6. 기타 ( ) 7. 없음	운영예산 산정 운영예산 산정 1. 내부산정 (지자체 자체적으로 산정) 2. 외부산정 (외부전문기관위탁 산정) 3. 내·외부 모두 산정 4. 산정 無 5. 없음	운영예산 산정 정산방법 1. 내부정산 (지자체 내부적으로 정산) 2. 외부정산 (외부전문기관위탁 정산) 3. 내·외부 모두 산정 4. 정산 無 5. 없음	성과평가 실시여부 1. 실시 2. 미실시 3. 향후 추진 4. 해당없음
638	경기 구리시	대한노인회구리시지회단체운영비	84,888	2	1	7	8	7	1	1	1
639	경기 구리시	바르게살기운동단체운영비	66,836	2	4	7	8	7	1	1	1
640	경기 구리시	신체장애인복지회운영	58,138	2	1	1	1	1	1	1	1
641	경기 구리시	구리시소상공인연합회단체운영비	54,498	2	1	7	8	7	1	1	4
642	경기 구리시	대한민국상이군경회신창특별지회	49,642	2	4	7	8	7	1	4	1
643	경기 구리시	한국예총구리지회단체운영비	47,720	2	1	7	8	7	1	1	1
644	경기 구리시	장애인일자리찾아주기사업운영	47,102	2	1	1	1	1	1	1	1
645	경기 구리시	자유총연맹단체운영비	46,978	2	1	7	8	7	1	1	1
646	경기 구리시	장애인복지회운영	46,485	2	1	1	1	1	1	1	1
647	경기 구리시	교통사고피해상담센터운영	44,652	2	1	1	1	1	1	1	1
648	경기 구리시	대한민국상이군경회구리시지회	44,461	2	4	7	8	7	1	5	1
649	경기 구리시	장애인단체총연합회운영	42,453	2	1	1	1	1	1	1	1
650	경기 구리시	적십자단체운영비	41,320	2	4	7	8	7	1	1	1
651	경기 구리시	장애여성직업상담실운영	39,449	2	1	1	1	1	1	1	1
652	경기 구리시	대한민국고엽제전우회구리시지회	36,996	2	4	7	8	7	1	1	1
653	경기 구리시	대한민국월남참전자회구리시지회	34,926	2	4	7	8	7	1	1	1
654	경기 구리시	대한민국무공수훈자회구리시지회	33,302	2	4	7	8	7	1	1	1
655	경기 구리시	대한민국전몰군경유족회구리시지회	33,029	2	4	7	8	7	1	1	1
656	경기 구리시	6.25참전유공자회구리시지회	32,934	2	4	7	8	7	1	1	1
657	경기 구리시	대한민국전몰군경미망인회구리시지회	30,268	2	4	7	8	7	1	3	1
658	경기 구리시	(사)경기도여성단체협의회구리시지회운영비	29,136	2	4	7	8	7	1	1	1
659	경기 구리시	광복회구리시지회	27,884	2	4	7	8	7	1	1	1
660	경기 구리시	대한민국HID특수임무수행자동지회구리시지회	26,772	2	4	7	8	7	1	1	1
661	경기 구리시	농아인협회운영	17,000	2	1	1	1	1	1	1	1
662	경기 구리시	구리시재향군인회	16,227	2	4	7	8	7	1	1	1
663	경기 구리시	지적발달장애인협회운영	15,057	2	1	1	1	1	1	1	1
664	경기 구리시	장애인미디어인권협회운영	10,244	2	1	1	1	1	1	1	1
665	경기 구리시	민주평통단체운영비	9,240	2	4	7	8	7	1	1	1
666	경기 구리시	범죄피해자지원센터단체운영비	6,000	2	1	7	8	7	1	1	1
667	경기 구리시	자율방재단운영비지원	3,440	2	1	7	8	7	1	1	1
668	경기 남양주시	생활체육단체육성	1,150,899	2	1	7	8	7	1	1	1
669	경기 남양주시	시민축구단남양주FC지원	1,045,798	2	1	7	8	7	1	3	1
670	경기 남양주시	생활체육단체육성	335,608	2	4	7	8	7	5	5	4
671	경기 남양주시	남양주시새마을회	250,808	2	4	7	8	7	1	1	1
672	경기 남양주시	남양주시지역사회보장협의체운영	243,040	2	1	7	8	7	1	1	1
673	경기 남양주시	장애인자립생활센터지원	210,000	2	4	7	8	7	1	1	4
674	경기 남양주시	지방문화원사업활동지원	172,820	2	1	7	8	7	1	1	4
675	경기 남양주시	대한노인회운영지원	159,951	2	1	7	8	7	1	1	1
676	경기 남양주시	노인회분회운영	157,920	2	1	7	8	7	1	1	1
677	경기 남양주시	생활체육지도자육성	154,904	2	1	7	8	7	1	3	1

순번	시군구	지출명 (사업명)	2024년예산 (단위 : 천원 /1년간)	민간이전 분류 (지방자치단체 세출예산 집행기준에 의거) 1. 민간경상사업보조(307-02) 2. 민간단체 법정운영비보조(307-03) 3. 민간행사사업보조(307-04) 4. 민간위탁금(307-05) 5. 사회복지시설 법정운영비보조(307-10) 6. 민간인위탁교육비(307-12) 7. 공기관등에대한경상적위탁사업비(308-13) 8. 민간자본사업보조,자체재원(402-01) 9. 민간자본사업보조,이전재원(402-02) 10. 민간위탁사업비(402-03) 11. 공기관등에 대한 자본적 위탁사업비(403-02)	민간이전지출 근거 (지방보조금 관리기준 참고) 1. 법률에 규정 2. 국고보조 재원(국가지정) 3. 용도 지정 기부금 4. 조례에 직접규정 5. 지자체가 권장하는 사업을 하는 공공기관 6. 시,도 정책 및 재정사정 7. 기타 8. 해당없음	입찰방식 계약체결방법 (경쟁형태) 1. 일반경쟁 2. 제한경쟁 3. 지명경쟁 4. 수의계약 5. 법정위탁 6. 기타 ( ) 7. 없음	입찰방식 계약기간 1. 1년 2. 2년 3. 3년 4. 4년 5. 5년 6. 기타 ( )년 7. 단기계약 (1년미만) 8. 없음	입찰방식 낙찰자선정방법 1. 적격심사 2. 협상에의한계약 3. 최저가낙찰제 4. 규격가격분리 5. 2단계 경쟁입찰 6. 기타 ( ) 7. 없음	운영예산 산정 운영예산 산정 1. 내부산정 (지자체 자체적으로 산정) 2. 외부산정 (외부전문기관위탁 산정) 3. 내·외부 모두 산정 4. 산정 無 5. 없음	운영예산 산정 정산방법 1. 내부정산 (지자체 내부적으로 정산) 2. 외부정산 (외부전문기관위탁 정산) 3. 내·외부 모두 산정 4. 정산 無 5. 없음	성과평가 실시여부 1. 실시 2. 미실시 3. 향후 추진 4. 해당없음
678	경기 남양주시	발달장애인특화형체험홈	99,826	2	4	5	1	7	1	1	1
679	경기 남양주시	장애인자립생활센터체험홈운영지원	90,000	2	4	7	8	7	1	1	4
680	경기 남양주시	한국자유총연맹남양주시지회	86,345	2	1	7	8	7	1	1	1
681	경기 남양주시	장애인보장구수리센터운영지원	79,321	2	1	7	8	7	1	1	1
682	경기 남양주시	고령장애인쉼터지원	74,000	2	1	7	8	7	1	1	1
683	경기 남양주시	세미프로경기도연고팀지원	70,000	2	6	7	8	7	5	5	4
684	경기 남양주시	문화예술단체지원	61,500	2	4	7	8	7	5	5	4
685	경기 남양주시	바르게살기운동남양주시협의회	44,656	2	1	7	8	7	1	1	1
686	경기 남양주시	생활체육지도자육성	44,248	2	4	7	8	7	1	1	1
687	경기 남양주시	시군지역사회보장협의체활성화지원	40,000	2	1	7	8	7	1	1	4
688	경기 남양주시	장애인단체운영	39,600	2	1	7	8	7	1	1	1
689	경기 남양주시	고엽제전우회남양주시지회지원	37,190	2	1	7	8	7	1	1	1
690	경기 남양주시	전몰군경미망인회남양주시지회지원	33,327	2	1	7	8	7	1	1	1
691	경기 남양주시	전몰군경유족회남양주시지회지원	33,218	2	1	7	8	7	1	1	1
692	경기 남양주시	무공수훈자회남양주시지회지원	32,668	2	1	7	8	7	1	1	1
693	경기 남양주시	특수임무유공자회남양주시지회지원	32,640	2	1	7	8	7	1	1	1
694	경기 남양주시	상이군경회남양주시지회지원	32,367	2	1	7	8	7	1	1	1
695	경기 남양주시	장애인종합민원센터운영	31,308	2	1	7	8	7	1	1	1
696	경기 남양주시	시각장애인단체지원	31,308	2	1	7	8	7	1	1	1
697	경기 남양주시	남양주시재향군인회지원	30,000	2	1	7	8	7	1	1	1
698	경기 남양주시	6.25참전유공자회남양주시지회지원	28,970	2	1	7	8	7	1	1	1
699	경기 남양주시	광복회남양주시지회지원	27,280	2	1	7	8	7	1	1	1
700	경기 남양주시	월남전참전자회남양주시지회	26,310	2	1	7	8	7	1	1	1
701	경기 남양주시	범죄피해자지원	20,000	2	1	7	8	7	1	1	4
702	경기 남양주시	민주평화통일자문회의남양주시협의회	18,000	2	4	7	8	7	1	1	1
703	경기 남양주시	지역자율방재단운영	7,500	2	4	7	8	7	1	1	4
704	경기 군포시	체육회사무국운영지원	350,580	2	4	7	8	7	1	1	1
705	경기 군포시	중증장애인자립생활센터지원	225,290	2	4	7	8	7	1	1	1
706	경기 군포시	지역사회보장협의체운영	222,991	2	4	7	8	7	1	1	4
707	경기 군포시	장애인체육회사무국운영지원	216,179	2	4	7	8	7	1	1	1
708	경기 군포시	군포지속가능발전협의회법정운영비	157,959	2	4	5	8	7	1	1	1
709	경기 군포시	생활체육지도자활동보조금	80,146	2	4	7	8	7	1	1	1
710	경기 군포시	대한노인회군포시지회운영비	78,269	2	1	7	8	7	1	1	1
711	경기 군포시	(사)한국예총군포지회운영비	64,000	2	4	7	8	7	1	1	3
712	경기 군포시	군포시소상공인연합회운영	41,766	2	4	7	8	7	1	1	1
713	경기 군포시	고엽제전우회	33,783	2	4	7	8	7	1	1	1
714	경기 군포시	6.25참전유공자회	32,758	2	4	7	8	7	1	1	1
715	경기 군포시	장애인생활체육지도자활동보조금	31,885	2	4	7	8	7	1	1	1
716	경기 군포시	무공수훈자회	30,225	2	4	7	8	7	1	1	1
717	경기 군포시	담말마을관리협동조합지원	30,000	2	1	7	8	7	1	1	3

순번	시군구	지출명 (사업명)	2024년예산 (단위 : 천원 /1년간)	민간이전 분류 (지방자치단체 세출예산 집행기준에 의거) 1. 민간경상사업보조(307-02) 2. 민간단체 법정운영비보조(307-03) 3. 민간행사사업보조(307-04) 4. 민간위탁금(307-05) 5. 사회복지시설 법정운영비보조(307-10) 6. 민간인위탁교육비(307-12) 7. 공기관등에대한경상적위탁사업비(308-13) 8. 민간자본사업보조,자체재원(402-01) 9. 민간자본사업보조,이전재원(402-02) 10. 민간위탁사업비(402-03) 11. 공기관등에 대한 자본적 위탁사업비(403-02)	민간이전지출 근거 (지방보조금 관리기준 참고) 1. 법률에 규정 2. 국고보조 재원(국가지정) 3. 용도 지정 기부금 4. 조례에 직접규정 5. 지자체가 권장하는 사업을 하는 공공기관 6. 시,도 정책 및 재정사정 7. 기타 8. 해당없음	입찰방식			운영예산 산정		성과평가 실시여부
						계약체결방법 (경쟁형태) 1. 일반경쟁 2. 제한경쟁 3. 지명경쟁 4. 수의계약 5. 법정위탁 6. 기타 ( ) 7. 없음	계약기간 1. 1년 2. 2년 3. 3년 4. 4년 5. 5년 6. 기타 ( )년 7. 단기계약 (1년미만) 8. 없음	낙찰자선정방법 1. 적격심사 2. 협상에의한계약 3. 최저가낙찰제 4. 규격가격분리 5. 2단계 경쟁입찰 6. 기타 ( ) 7. 없음	운영예산 산정 1. 내부산정 (지자체 자체적으로 산정) 2. 외부산정 (외부전문기관위탁 산정) 3. 내·외부 모두 산정 4. 산정 無 5. 없음	정산방법 1. 내부정산 (지자체 내부적으로 정산) 2. 외부정산 (외부전문기관위탁 정산) 3. 내·외부 모두 산정 4. 정산 無 5. 없음	1. 실시 2. 미실시 3. 향후 추진 4. 해당없음
718	경기 군포시	전몰군경미망인회	27,790	2	4	7	8	7	1	1	1
719	경기 군포시	재향군인회	27,646	2	4	7	8	7	1	1	1
720	경기 군포시	전몰군경유족회	26,955	2	4	7	8	7	1	1	1
721	경기 군포시	광복회	26,773	2	4	7	8	7	1	1	1
722	경기 군포시	상이군경회	26,215	2	4	7	8	7	1	1	1
723	경기 군포시	특수임무유공자회	23,562	2	4	7	8	7	1	1	1
724	경기 군포시	월남전참전자회	23,018	2	4	7	8	7	1	1	1
725	경기 군포시	생활체육지도자활동보조금법정부담금	15,228	2	4	7	8	7	1	1	1
726	경기 군포시	군포예술인센터지역문화예술단체지원	14,040	2	4	7	8	7	1	1	3
727	경기 군포시	장애인생활체육지도자활동보조금법정부담금	6,058	2	4	7	8	7	1	1	1
728	경기 의왕시	지역사회보장협의체운영활성화지원(자체)	107,184	2	4	7	8	7	1	1	4
729	경기 의왕시	SNS교육및온라인서포터즈운영	7,710	2	1	5	1	7	1	1	1
730	경기 의왕시	소상공인의날상생한마당축제및주간선포식	5,100	2	1	5	1	7	1	1	1
731	경기 의왕시	소상공인지원정책사업설명회	3,000	2	1	4	1	7	1	1	1
732	경기 하남시	중증장애인자립생활센터지원	210,000	2	1	7	8	7	1	1	1
733	경기 하남시	하남문화원운영지원	161,172	2	1	7	8	7	1	1	1
734	경기 하남시	장애인편의시설기술지원센터운영	88,000	2	1	7	8	7	1	1	4
735	경기 하남시	하남예총운영	75,752	2	4	7	8	7	1	1	1
736	경기 하남시	새마을운동하남시지회운영비	71,064	2	1	7	8	7	1	1	1
737	경기 하남시	바르게살기운동하남시협의회운영비	53,988	2	1	7	8	7	1	1	1
738	경기 하남시	장애인복지회운영	49,360	2	1	7	8	7	1	1	1
739	경기 하남시	장애인부모회운영	45,973	2	1	7	8	7	1	1	1
740	경기 하남시	산재장애인복지협회운영	42,138	2	1	7	8	7	1	1	1
741	경기 하남시	교통장애인협회운영	41,376	2	1	7	8	7	1	1	1
742	경기 하남시	한국자유총연맹하남시지회운영비	29,732	2	1	7	8	7	1	1	1
743	경기 하남시	장애인연합회운영	26,700	2	1	7	8	7	1	1	1
744	경기 하남시	민주평통자문회의운영비	25,800	2	1	7	8	7	1	1	1
745	경기 하남시	새마을운동하남시지회각동협의회운영비	25,200	2	1	7	8	7	1	1	1
746	경기 하남시	새마을운동하남시지회각동부녀회운영비	25,200	2	1	7	8	7	1	1	1
747	경기 하남시	바르게살기운동하남시협의회각동위원회운영비	25,200	2	1	7	8	7	1	1	1
748	경기 하남시	장애인무료법률상담센터운영	23,496	2	1	7	8	7	1	1	1
749	경기 하남시	농아인협회운영	23,496	2	1	7	8	7	1	1	1
750	경기 하남시	시각장애인연합회운영	23,496	2	1	7	8	7	1	1	1
751	경기 하남시	지체장애인협회운영	23,496	2	1	7	8	7	1	1	1
752	경기 하남시	지적발달장애인복지협회운영	23,496	2	1	7	8	7	1	1	1
753	경기 하남시	장애인정보화협회운영	23,496	2	1	7	8	7	1	1	1
754	경기 하남시	신체장애인복지회운영	19,160	2	1	7	8	7	1	1	1
755	경기 하남시	하남시재향군인회운영비	8,566	2	1	7	8	7	1	1	1
756	경기 하남시	중증장애인자립생활센터지원	4,200	2	1	7	8	7	1	1	1
757	경기 용인시	체육회지원	937,631	2	4	7	8	7	5	5	4

순번	시군구	지출명 (사업명)	2024년예산 (단위 : 천원 /1년간)	민간이전 분류 (지방자치단체 세출예산 집행기준에 의거) 1. 민간경상사업보조(307-02) 2. 민간단체 법정운영비보조(307-03) 3. 민간행사사업보조(307-04) 4. 민간위탁금(307-05) 5. 사회복지시설 법정운영비보조(307-10) 6. 민간인위탁교육비(307-12) 7. 공기관등에대한경상적위탁사업비(308-13) 8. 민간자본사업보조,자체재원(402-01) 9. 민간자본사업보조,이전재원(402-02) 10. 민간위탁사업비(402-03) 11. 공기관등에 대한 자본적 위탁사업비(403-02)	민간이전지출 근거 (지방보조금 관리기준 참고) 1. 법률에 규정 2. 국고보조 재원(국가지정) 3. 용도 지정 기부금 4. 조례에 직접규정 5. 지자체가 권장하는 사업을 하는 공공기관 6. 시,도 정책 및 재정사정 7. 기타 8. 해당없음	입찰방식 계약체결방법 (경쟁형태) 1. 일반경쟁 2. 제한경쟁 3. 지명경쟁 4. 수의계약 5. 법정위탁 6. 기타 ( ) 7. 없음	입찰방식 계약기간 1. 1년 2. 2년 3. 3년 4. 4년 5. 5년 6. 기타 ( )년 7. 단기계약 (1년미만) 8. 없음	입찰방식 낙찰자선정방법 1. 적격심사 2. 협상에의한계약 3. 최저가낙찰제 4. 규격가격분리 5. 2단계 경쟁입찰 6. 기타 ( ) 7. 없음	운영예산 산정 운영예산 산정 1. 내부산정 (지자체 자체적으로 산정) 2. 외부산정 (외부전문기관위탁 산정) 3. 내·외부 모두 산정 4. 산정 無 5. 없음	운영예산 산정 정산방법 1. 내부정산 (지자체 내부적으로 정산) 2. 외부정산 (외부전문기관위탁 정산) 3. 내·외부 모두 산정 4. 정산 無 5. 없음	성과평가 실시여부 1. 실시 2. 미실시 3. 향후 추진 4. 해당없음
758	경기 용인시	장애인복지단체지원	692,922	2	1	7	8	7	5	5	4
759	경기 용인시	장애인자립생활지원센터운영	630,000	2	1	7	8	7	5	5	4
760	경기 용인시	용인시장애인체육회운영비	576,101	2	4	7	8	7	5	5	4
761	경기 용인시	장애인편의시설시군지원센터운영	353,321	2	1	7	8	7	5	5	4
762	경기 용인시	대한노인회운영지원	349,703	2	4	7	8	7	1	1	2
763	경기 용인시	지역사회보장협의체운영비지원(자체)	333,000	2	1	7	8	7	1	1	4
764	경기 용인시	용인시새마을회운영비	201,541	2	4	7	8	7	5	1	3
765	경기 용인시	노사민정협의회사무국운영	191,444	2	4	7	8	7	1	1	4
766	경기 용인시	장애인자립생활지원센터체험홈운영지원	180,000	2	1	7	8	7	5	5	4
767	경기 용인시	무공수훈자회지회운영비	70,125	2	1	7	8	7	1	1	1
768	경기 용인시	체육회종목단체지원	70,000	2	4	7	8	7	5	5	4
769	경기 용인시	고엽제전우회지회운영비	64,154	2	1	7	8	7	1	1	1
770	경기 용인시	상이군경회지회운영비	55,384	2	1	7	8	7	1	1	1
771	경기 용인시	민간소비자보호센터상담지원	52,294	2	4	7	8	7	1	1	1
772	경기 용인시	특수임무유공자회지회운영비	50,765	2	1	7	8	7	1	1	1
773	경기 용인시	월남전참전자회지회운영비	50,671	2	1	7	8	7	1	1	1
774	경기 용인시	지역사회보장협의체운영비지원	50,000	2	1	7	8	7	1	1	4
775	경기 용인시	전몰군경유족회지회운영비	49,080	2	1	7	8	7	1	1	1
776	경기 용인시	전몰군경미망인회지회운영비	47,375	2	1	7	8	7	1	1	1
777	경기 용인시	6.25참전유공자회지회운영비	45,324	2	1	7	8	7	1	1	1
778	경기 용인시	광복회지회운영비	42,848	2	1	7	8	7	1	1	1
779	경기 용인시	(사)경기도여성단체협의회용인시지회운영비	38,556	2	7	7	8	7	1	1	1
780	경기 용인시	재향군인회지회운영비	37,572	2	1	7	8	7	1	1	1
781	경기 용인시	소상공인연합회운영비	30,000	2	1,4	7	7	7	1	1	1
782	경기 용인시	바르게살기운동용인시협의회운영비	26,888	2	1	7	8	7	5	1	3
783	경기 용인시	한국자유총연맹용인시지회운영비	21,056	2	1	7	8	7	5	1	3
784	경기 용인시	장애인체육회가맹단체지원	16,000	2	4	7	8	7	5	5	4
785	경기 용인시	민주평화통일자문회의용인시협의회운영비	13,216	2	1	7	8	7	5	1	3
786	경기 파주시	체육회운영지원	908,943	2	4	7	8	7	1	1	3
787	경기 파주시	보훈단체운영비지원	422,844	2	1	7	8	7	1	1	1
788	경기 파주시	중증장애인자립생활센터	420,000	2	4	7	8	7	1	1	1
789	경기 파주시	장애인체육회운영지원	375,101	2	4	7	8	7	1	1	3
790	경기 파주시	파주문화원운영	304,225	2	4	7	8	7	1	1	1
791	경기 파주시	파주시지속가능발전협의회운영지원	212,119	2	1	7	8	7	1	1	1
792	경기 파주시	중증장애인자립생활센터	210,000	2	4	7	8	7	1	1	1
793	경기 파주시	대한노인회파주지회운영	194,957	2	4	7	8	7	1	1	1
794	경기 파주시	지역사회보장협의체운영	166,206	2	1	7	8	7	1	1	1
795	경기 파주시	파주시새마을회운영	120,625	2	1	7	8	7	1	1	1
796	경기 파주시	예총파주지회	90,084	2	1	7	8	7	1	1	4
797	경기 파주시	한국자유총연맹파주시지회운영	67,367	2	1	7	8	7	1	1	1

순번	시군구	지출명 (사업명)	2024년예산 (단위 : 천원 /1년간)	민간이전 분류 (지방자치단체 세출예산 집행기준에 의거) 1. 민간경상사업보조(307-02) 2. 민간단체 법정운영비보조(307-03) 3. 민간행사사업보조(307-04) 4. 민간위탁금(307-05) 5. 사회복지시설 법정운영비보조(307-10) 6. 민간인위탁교육비(307-12) 7. 공기관등에대한경상적위탁사업비(308-13) 8. 민간자본사업보조,자체재원(402-01) 9. 민간자본사업보조,이전재원(402-02) 10. 민간위탁사업비(402-03) 11. 공기관등에 대한 자본적 위탁사업비(403-02)	민간이전지출 근거 (지방보조금 관리기준 참고) 1. 법률에 규정 2. 국고보조 재원(국가지정) 3. 용도 지정 기부금 4. 조례에 직접규정 5. 지자체가 권장하는 사업을 하는 공공기관 6. 시,도 정책 및 재정사정 7. 기타 8. 해당없음	입찰방식 계약체결방법 (경쟁형태) 1. 일반경쟁 2. 제한경쟁 3. 지명경쟁 4. 수의계약 5. 법정위탁 6. 기타 ( ) 7. 없음	입찰방식 계약기간 1. 1년 2. 2년 3. 3년 4. 4년 5. 5년 6. 기타 ( )년 7. 단기계약 (1년미만) 8. 없음	입찰방식 낙찰자선정방법 1. 적격심사 2. 협상에의한계약 3. 최저가낙찰제 4. 규격가격분리 5. 2단계 경쟁입찰 6. 기타 ( ) 7. 없음	운영예산 산정 운영예산 산정 1. 내부산정 (지자체 자체적으로 산정) 2. 외부산정 (외부전문기관위탁 산정) 3. 내·외부 모두 산정 4. 산정 無 5. 없음	운영예산 산정 정산방법 1. 내부정산 (지자체 내부적으로 정산) 2. 외부정산 (외부전문기관위탁 정산) 3. 내·외부 모두 산정 4. 정산 無 5. 없음	성과평가 실시여부 1. 실시 2. 미실시 3. 향후 추진 4. 해당없음
798	경기 파주시	지역사회보장협의체운영	50,000	2	1	7	8	7	1	1	1
799	경기 파주시	소비자상담센터운영	45,462	2	4	7	8	7	1	1	1
800	경기 파주시	재향군인회운영지원	44,695	2	1	7	8	7	1	1	1
801	경기 파주시	북한이탈주민단체운영	42,542	2	1,4	7	8	7	1	1	1
802	경기 파주시	천연기념물보호시설운영지원	40,407	2	1	7	8	7	1	1	4
803	경기 파주시	장애인단체연합회운영지원	38,328	2	1	7	8	7	1	1	1
804	경기 파주시	바르게살기운동파주시협의회운영	36,052	2	1	7	8	7	1	1	1
805	경기 파주시	지체장애인협회파주시지회인건비지원	33,128	2	1	7	8	7	1	1	1
806	경기 파주시	장애인복지회파주시지부인건비지원	33,128	2	1	7	8	7	1	1	1
807	경기 파주시	지적발달장애인협회파주시지부인건비지원	33,128	2	1	7	8	7	1	1	1
808	경기 파주시	농아인협회파주시지회인건비지원	33,128	2	1	7	8	7	1	1	1
809	경기 파주시	시각장애인연합회파주시지회인건비지원	33,128	2	1	7	8	7	1	1	1
810	경기 파주시	장애인정보화협회파주시지회인건비지원	33,128	2	1	7	8	7	1	1	1
811	경기 파주시	평화통일교육공모	30,000	2	1,4	7	8	7	1	1	1
812	경기 파주시	자율방재단운영지원	18,058	2	4	7	8	7	1	1	1
813	경기 파주시	대한적십자사봉사회파주지구협의회운영	15,120	2	1,4	7	8	7	1	1	1
814	경기 파주시	여성단체협의회운영지원	13,507	2	1	7	8	7	1	1	1
815	경기 파주시	남과북이함께하는페스티벌음악회	10,000	2	1,4	7	8	7	1	1	1
816	경기 이천시	장애인자립생활센터지원	420,000	2	1	7	8	7	5	5	4
817	경기 이천시	이천문화원운영비	373,951	2	4	7	8	7	1	1	4
818	경기 이천시	이천체험관광사업지원	356,092	2	4	7	8	7	1	3	1
819	경기 이천시	체육회육성지원	333,580	2	3	7	8	7	1	1	1
820	경기 이천시	장애인체육회육성지원	200,153	2	1	7	8	7	1	1	1
821	경기 이천시	지속가능발전협의회운영비지원	178,600	2	1	7	8	7	1	1	1
822	경기 이천시	경기도장애인자립주택운영지원	144,800	2	1	7	8	7	5	5	4
823	경기 이천시	대한노인회이천시지회및읍면동분회운영비지원	134,654	2	4	7	8	7	5	5	4
824	경기 이천시	장애인단체사무국운영비	101,624	2	1	7	8	7	5	5	4
825	경기 이천시	사랑나눔이천푸드마켓운영	98,000	2	1	7	8	7	1	1	1
826	경기 이천시	새마을운동이천시지회운영비	95,000	2	1	7	8	7	1	1	3
827	경기 이천시	이천예총운영비	94,898	2	4	7	8	7	1	1	1
828	경기 이천시	노사민정사무국운영비지원	94,775	2	1	7	8	7	1	1	1
829	경기 이천시	작은도서관아이돌봄독서문화프로그램지원	90,000	2	7	7	8	7	5	5	4
830	경기 이천시	장애인자립생활주택운영비지원	84,400	2	1	7	8	7	5	5	4
831	경기 이천시	대한노인회이천시지회사무국지원	66,734	2	4	7	8	7	5	5	4
832	경기 이천시	작은도서관운영비지원	55,920	2	7	7	8	7	5	5	4
833	경기 이천시	사립작은도서관운영비지원	50,400	2	7	7	8	7	5	5	4
834	경기 이천시	이천향교운영비지원	42,720	2	4	7	7	7	1	1	4
835	경기 이천시	한국자유총연맹경기이천시지회운영비	40,400	2	1	7	8	7	1	1	3
836	경기 이천시	소비자교육중앙회이천시지부운영비지원	29,660	2	1,4	7	8	7	5	5	4
837	경기 이천시	이천푸드뱅크운영	27,639	2	1	7	8	7	1	1	1

순번	시군구	지출명 (사업명)	2024년예산 (단위 : 천원 /1년간)	민간이전 분류 (지방자치단체 세출예산 집행기준에 의거) 1. 민간경상사업보조(307-02) 2. 민간단체 법정운영비보조(307-03) 3. 민간행사사업보조(307-04) 4. 민간위탁금(307-05) 5. 사회복지시설 법정운영비보조(307-10) 6. 민간인위탁교육비(307-12) 7. 공기관등에대한경상적위탁사업비(308-13) 8. 민간자본사업보조,자체재원(402-01) 9. 민간자본사업보조,이전재원(402-02) 10. 민간위탁사업비(402-03) 11. 공기관등에 대한 자본적 위탁사업비(403-02)	민간이전지출 근거 (지방보조금 관리기준 참고) 1. 법률에 규정 2. 국고보조 재원(국가지정) 3. 용도 지정 기부금 4. 조례에 직접규정 5. 지자체가 권장하는 사업을 하는 공공기관 6. 시,도 정책 및 재정사정 7. 기타 8. 해당없음	입찰방식: 계약체결방법 (경쟁형태) 1. 일반경쟁 2. 제한경쟁 3. 지명경쟁 4. 수의계약 5. 법정위탁 6. 기타 ( ) 7. 없음	입찰방식: 계약기간 1. 1년 2. 2년 3. 3년 4. 4년 5. 5년 6. 기타 ( )년 7. 단기계약 (1년미만) 8. 없음	입찰방식: 낙찰자선정방법 1. 적격심사 2. 협상에의한계약 3. 최저가낙찰제 4. 규격가격분리 5. 2단계 경쟁입찰 6. 기타 ( ) 7. 없음	운영예산 산정: 운영예산 산정 1. 내부산정 (지자체 자체적으로 산정) 2. 외부산정 (외부전문기관위탁 산정) 3. 내·외부 모두 산정 4. 산정 無 5. 없음	운영예산 산정: 정산방법 1. 내부정산 (지자체 내부적으로 정산) 2. 외부정산 (외부전문기관위탁 정산) 3. 내·외부 모두 산정 4. 정산 無 5. 없음	성과평가 실시여부 1. 실시 2. 미실시 3. 향후 추진 4. 해당없음
838	경기 이천시	선양푸드뱅크운영	27,639	2	1	7	8	7	1	1	1
839	경기 이천시	웃어라나눔과기쁨푸드뱅크운영	27,639	2	1	7	8	7	1	1	1
840	경기 이천시	소망더함푸드뱅크운영	27,639	2	1	7	8	7	1	1	1
841	경기 이천시	이천시재향군인회운영비지원	25,320	2	1,4	7	8	7	5	5	4
842	경기 이천시	바르게살기운동이천시협의회운영비	25,100	2	1	7	8	7	1	1	3
843	경기 이천시	민주평화통일자문회의이천시협의회운영비	24,600	2	1	7	8	7	1	1	3
844	경기 이천시	상이군경회이천시지회지원	22,800	2	1	7	8	7	5	5	4
845	경기 이천시	전몰군경유족회이천시지회지원	20,900	2	1	7	8	7	5	5	4
846	경기 이천시	전몰군경미망인회이천시지회지원	20,900	2	1	7	8	7	5	5	4
847	경기 이천시	무공수훈자회이천시지회지원	20,900	2	1	7	8	7	5	5	4
848	경기 이천시	지역자율방재단운영비지원	20,000	2	1,4	7	8	7	5	5	4
849	경기 이천시	6.25참전유공자회이천시지회지원	19,950	2	1	7	8	7	5	5	4
850	경기 이천시	고엽제전우회이천시지회지원	19,950	2	1	7	8	7	5	5	4
851	경기 이천시	월남전참전자회이천시지회지원	19,000	2	1	7	8	7	5	5	4
852	경기 이천시	작은도서관냉난방비지원	18,500	2	7	7	8	7	5	5	4
853	경기 이천시	범죄피해자지원센터운영비지원	15,000	2	1	1	1	1	1	1	3
854	경기 이천시	광복회이천시지회지원	14,250	2	1	7	8	7	5	5	4
855	경기 이천시	특수임무유공자회이천시지회지원	12,350	2	1	7	8	7	5	5	4
856	경기 이천시	새마을문고이천시지부운영비	8,000	2	1	7	8	7	1	1	3
857	경기 이천시	이천푸드뱅크차량운영	7,200	2	1	7	8	7	1	1	1
858	경기 시흥시	보훈단체운영	562,442	2	1	7	8	7	1	1	3
859	경기 시흥시	체육회육성지원금	433,505	2	4	7	8	7	5	3	1
860	경기 시흥시	장애인체육회육성지원	239,973	2	4	4	8	7	1	1	1
861	경기 시흥시	장애인단체운영비지원	212,800	2	1	6	8	6	1	1	1
862	경기 시흥시	시흥시노사민정협의회운영지원	174,816	2	4	7	7	7	1	1	1
863	경기 시흥시	시흥시지속가능발전협의회운영지원	165,000	2	4	7	8	7	1	1	1
864	경기 시흥시	시흥문화원운영지원	161,420	2	1,4	7	8	7	5	5	4
865	경기 시흥시	노인회운영지원	156,401	2	4	7	8	7	1	1	2
866	경기 시흥시	시흥예총운영비	115,891	2	4	7	8	7	1	1	1
867	경기 시흥시	민간단체법정운영비지원	110,516	2	1	7	8	7	5	5	4
868	경기 시흥시	지역사회보장협의체운영(자체)	69,981	2	1	7	8	7	1	1	1
869	경기 시흥시	사회복지협의회운영	56,990	2	1	7	8	7	1	1	1
870	경기 시흥시	민주평통시흥시협의회인건비	15,267	2	1	7	8	7	5	5	4
871	경기 시흥시	여성단체운영지원	840	2	1	7	8	7	1	1	4
872	경기 안성시	안성시체육회운영지원	600,530	2	1	7	8	7	5	5	4
873	경기 안성시	자원봉사센터운영지원	497,821	2	4	7	8	7	5	5	4
874	경기 안성시	안성시장애인체육회운영지원	239,856	2	1	7	8	7	5	5	4
875	경기 안성시	대한노인회안성시지회운영지원	199,180	2	1	7	8	7	5	5	4
876	경기 안성시	안성시지속가능발전협의회운영비	153,800	2	1	7	8	7	5	5	4
877	경기 안성시	지역사회보장협의체인건비	112,757	2	1	7	8	7	5	5	4

순번	시군구	지출명 (사업명)	2024년예산 (단위 : 천원 /1년간)	민간이전 분류 (지방자치단체 세출예산 집행기준에 의거) 1. 민간경상사업보조(307-02) 2. 민간단체 법정운영비보조(307-03) 3. 민간행사사업보조(307-04) 4. 민간위탁금(307-05) 5. 사회복지시설 법정운영비보조(307-10) 6. 민간인위탁교육비(307-12) 7. 공기관등에대한경상적위탁사업비(308-13) 8. 민간자본사업보조,자체재원(402-01) 9. 민간자본사업보조,이전재원(402-02) 10. 민간위탁사업비(402-03) 11. 공기관등에 대한 자본적 위탁사업비(403-02)	민간이전지출 근거 (지방보조금 관리기준 참고) 1. 법률에 규정 2. 국고보조 재원(국가지정) 3. 용도 지정 기부금 4. 조례에 직접규정 5. 지자체가 권장하는 사업을 하는 공공기관 6. 시,도 정책 및 재정사정 7. 기타 8. 해당없음	입찰방식			운영예산 산정		성과평가 실시여부
						계약체결방법 (경쟁형태) 1. 일반경쟁 2. 제한경쟁 3. 지명경쟁 4. 수의계약 5. 법정위탁 6. 기타 ( ) 7. 없음	계약기간 1. 1년 2. 2년 3. 3년 4. 4년 5. 5년 6. 기타 ( )년 7. 단기계약 (1년미만) 8. 없음	낙찰자선정방법 1. 적격심사 2. 협상에의한계약 3. 최저가낙찰제 4. 규격가격분리 5. 2단계 경쟁입찰 6. 기타 ( ) 7. 없음	운영예산 산정 1. 내부산정 (지자체 자체적으로 산정) 2. 외부산정 (외부전문기관위탁 산정) 3. 내·외부 모두 산정 4. 산정 無 5. 없음	정산방법 1. 내부정산 (지자체 내부적으로 정산) 2. 외부정산 (외부전문기관위탁 정산) 3. 내·외부 모두 산정 4. 정산 無 5. 없음	1. 실시 2. 미실시 3. 향후 추진 4. 해당없음
878	경기 안성시	안성문화원운영비지원	98,770	2	1,4	7	8	7	5	5	4
879	경기 안성시	시각장애인연합회안성시지회운영비	66,980	2	1	7	8	7	5	5	4
880	경기 안성시	자원봉사코디네이터지원	66,400	2	2	7	8	7	5	5	4
881	경기 안성시	안성시새마을회운영지원	56,400	2	1	7	8	7	5	5	4
882	경기 안성시	바르게살기운동안성시협의회운영지원	56,350	2	1	7	8	7	5	5	4
883	경기 안성시	장애인부모회안성시지부운영비	54,498	2	1	7	8	7	5	5	4
884	경기 안성시	지체장애인협회안성시지회운영비	54,000	2	1	7	8	7	5	5	4
885	경기 안성시	농아인협회안성시지회운영비	47,324	2	1	7	8	7	5	5	4
886	경기 안성시	장애인복지회중증장애인콜승합차운영비	43,201	2	1	7	8	7	5	5	4
887	경기 안성시	수수꽃다리장애인협회안성시지회운영비	39,130	2	1	7	8	7	5	5	4
888	경기 안성시	한국자유총연맹안성시지회운영지원	37,964	2	1	7	8	7	5	5	4
889	경기 안성시	장애인정보화협회안성시지회운영비	35,161	2	1	7	8	7	5	5	4
890	경기 안성시	장애인복지회장애인취업알선센터운영비	34,618	2	1	7	8	7	5	5	4
891	경기 안성시	사회복지협의회운영지원(인건비)	34,194	2	1	7	8	7	5	5	4
892	경기 안성시	지체장애인협회재가복지서비스(운영비)	34,065	2	1	7	8	7	5	5	4
893	경기 안성시	지역자율방재단운영비지원	33,360	2	4	7	8	7	5	5	4
894	경기 안성시	지역자율방재단역량강화지원	30,000	2	4	7	8	7	5	5	4
895	경기 안성시	안성시재향군인회운영비지원	26,008	2	1	7	8	7	5	5	4
896	경기 안성시	월남전참전자회안성시지회지원	25,731	2	1	7	8	7	5	5	4
897	경기 안성시	장애인복지회안성시지부운영비	25,514	2	1	7	8	7	5	5	4
898	경기 안성시	지역자율방재단행정업무근로자보수	22,572	2	4	7	8	7	5	5	4
899	경기 안성시	상이군경회안성시지회지원	22,363	2	1	7	8	7	5	5	4
900	경기 안성시	전몰군경미망인회안성시지회지원	22,363	2	1	7	8	7	5	5	4
901	경기 안성시	무공수훈자회안성시지회지원	22,363	2	1	7	8	7	5	5	4
902	경기 안성시	광복회안성시지회지원	22,363	2	1	7	8	7	5	5	4
903	경기 안성시	6.25참전유공자회안성시지회지원	22,363	2	1	7	8	7	5	5	4
904	경기 안성시	전몰군경유족회안성시지회지원	20,916	2	1	7	8	7	5	5	4
905	경기 안성시	고엽제전우회안성시지회지원	19,333	2	1	7	8	7	5	5	4
906	경기 안성시	지역사회보장협의체운영비	18,193	2	1	7	8	7	5	5	4
907	경기 안성시	특수임무유공자회안성시지회지원	17,733	2	1	7	8	7	5	5	4
908	경기 안성시	여성단체협의회운영비	14,435	2	1	7	8	7	5	5	4
909	경기 안성시	소비자보호센터운영비지원	14,000	2	4	7	8	7	5	5	4
910	경기 안성시	민주평화통일자문회의안성시협의회운영비지원	13,940	2	4	7	8	7	5	5	4
911	경기 안성시	전국통합자원봉사보험가입서비스지원	8,102	2	2	7	8	7	5	5	4
912	경기 안성시	장애인정보화협회장애인정보화보조기기보급	7,000	2	1	7	8	7	5	5	4
913	경기 안성시	농아인협회수어방송사업	2,000	2	1	7	8	7	5	5	4
914	경기 여주시	보훈단체운영비지원	374,200	2	4	3	8	1	1	1	1
915	경기 여주시	중증장애인자립생활체험홈운영비	225,000	2	4	7	8	7	1	1	2
916	경기 여주시	중증장애인자립생활센터지원	220,000	2	4	7	8	7	1	1	2
917	경기 여주시	장애인자립생활주택운영지원	126,600	2	4	7	8	7	1	1	2

순번	시군구	지출명 (사업명)	2024년예산 (단위 : 천원 /1년간)	민간이전 분류 (지방자치단체 세출예산 집행기준에 의거) 1. 민간경상사업보조(307-02) 2. 민간단체 법정운영비보조(307-03) 3. 민간행사사업보조(307-04) 4. 민간위탁금(307-05) 5. 사회복지시설 법정운영비보조(307-10) 6. 민간인위탁교육비(307-12) 7. 공기관등에대한경상적위탁사업비(308-13) 8. 민간자본사업보조,자체재원(402-01) 9. 민간자본사업보조,이전재원(402-02) 10. 민간위탁사업비(402-03) 11. 공기관등에 대한 자본적 위탁사업비(403-02)	민간이전지출 근거 (지방보조금 관리기준 참고) 1. 법률에 규정 2. 국고보조 재원(국가지정) 3. 용도 지정 기부금 4. 조례에 직접규정 5. 지자체가 권장하는 사업을 하는 공공기관 6. 시,도 정책 및 재정사정 7. 기타 8. 해당없음	입찰방식: 계약체결방법 (경쟁형태) 1. 일반경쟁 2. 제한경쟁 3. 지명경쟁 4. 수의계약 5. 법정위탁 6. 기타 ( ) 7. 없음	입찰방식: 계약기간 1. 1년 2. 2년 3. 3년 4. 4년 5. 5년 6. 기타 ( )년 7. 단기계약 (1년미만) 8. 없음	입찰방식: 낙찰자선정방법 1. 적격심사 2. 협상에의한계약 3. 최저가낙찰제 4. 규격가격분리 5. 2단계 경쟁입찰 6. 기타 ( ) 7. 없음	운영예산 산정: 운영예산 산정 1. 내부산정 (지자체 자체적으로 산정) 2. 외부산정 (외부전문기관위탁 산정) 3. 내·외부 모두 산정 4. 산정 無 5. 없음	운영예산 산정: 정산방법 1. 내부정산 (지자체 내부적으로 정산) 2. 외부정산 (외부전문기관위탁 정산) 3. 내·외부 모두 산정 4. 정산 無 5. 없음	성과평가 실시여부 1. 실시 2. 미실시 3. 향후 추진 4. 해당없음
918	경기 여주시	여주시민합창단운영비	120,000	2	1	7	8	7	1	1	1
919	경기 여주시	여주세종대왕배전국동호인축구대회	120,000	2	1	7	8	7	1	1	1
920	경기 여주시	중증장애인자립생활체험홈설치비	100,000	2	4	7	8	7	1	1	2
921	경기 여주시	여주시장배종목별종합체육대회	100,000	2	1	7	8	7	1	1	1
922	경기 여주시	여주문화원인건비	99,680	2	1	7	8	7	1	1	1
923	경기 여주시	여주세종대왕마라톤대회	70,000	2	1	7	8	7	1	1	1
924	경기 여주시	여주예총인건비	64,400	2	1	7	8	7	1	1	1
925	경기 여주시	여주시새마을회운영지원	56,860	2	1	7	8	7	1	1	1
926	경기 여주시	여주시재향군인회운영지원	56,290	2	1	7	8	7	1	1	1
927	경기 여주시	한국자유총연맹여주시지회운영지원	52,680	2	1	7	8	7	1	1	1
928	경기 여주시	여주시장배전국남녀궁도대회	50,000	2	1	7	8	7	1	1	1
929	경기 여주시	여주시궁도단운영	50,000	2	1	7	8	7	1	1	1
930	경기 여주시	여주시민족구단운영지원	50,000	2	1	7	8	7	1	1	1
931	경기 여주시	여주시장배전국파크골프대회	50,000	2	1	7	8	7	1	1	1
932	경기 여주시	여주시태권도시범단운영	40,000	2	1	7	8	7	1	1	1
933	경기 여주시	경기도등산대회	40,000	2	1	7	8	7	1	1	1
934	경기 여주시	민예총여주지부인건비	37,000	2	1	7	8	7	1	1	1
935	경기 여주시	사립박물관미술관운영비지원	36,112	2	7	7	8	7	1	1	4
936	경기 여주시	여주도자기사업협동조합운영비	34,742	2	4	7	8	7	1	1	1
937	경기 여주시	바르게살기운동여주시협의회운영지원	34,560	2	1	7	8	7	1	1	1
938	경기 여주시	경기도생활체육대회개최비	30,000	2	1	7	8	7	1	1	1
939	경기 여주시	여주시소상공인연합회운영지원	27,740	2	8	7	8	7	1	1	4
940	경기 여주시	여주시생활체육청소년체육대회	25,000	2	1	7	8	7	1	1	1
941	경기 여주시	(장애)여주시장애인어울림한마음체육대회	25,000	2	1	7	8	7	1	1	1
942	경기 여주시	민주평화통일자문회의여주시협의회운영지원	24,000	2	1	7	8	7	1	1	1
943	경기 여주시	여주세종대왕배배드민턴대회	20,000	2	1	7	8	7	1	1	1
944	경기 여주시	여주시체육회장배축구클럽리그대회	20,000	2	1	7	8	7	1	1	1
945	경기 여주시	여주시민힐링걷기대행진	20,000	2	1	7	8	7	1	1	1
946	경기 여주시	여주시야구소프트볼협회장배경기도초중야구대회	20,000	2	1	7	8	7	1	1	1
947	경기 여주시	여주시민골프대회	20,000	2	1	7	8	7	1	1	1
948	경기 여주시	여주시전국바둑대회개최	20,000	2	1	7	8	7	1	1	1
949	경기 여주시	여주남한강오픈워터핀수영대회	20,000	2	1	7	8	7	1	1	1
950	경기 여주시	(장애)도단위및전국대회개최비	20,000	2	1	7	8	7	1	1	1
951	경기 여주시	여주세종대왕배테니스대회	15,000	2	1	7	8	7	1	1	1
952	경기 여주시	여주시오곡나루배족구대회	15,000	2	1	7	8	7	1	1	1
953	경기 여주시	여주시육상연맹회장배단축마라톤대회	15,000	2	1	7	8	7	1	1	1
954	경기 여주시	경기도게이트볼협회장기동부지역대회	15,000	2	1	7	8	7	1	1	1
955	경기 여주시	여주세종대왕한글사랑자전거랠리대회	15,000	2	1	7	8	7	1	1	1
956	경기 여주시	여주시게이트볼회장기읍면동대회	12,000	2	1	7	8	7	1	1	1
957	경기 여주시	여주시그라운드골프연합회장기읍면동대회	12,000	2	1	7	8	7	1	1	1

순번	시군구	지출명 (사업명)	2024년예산 (단위 : 천원 /1년간)	민간이전 분류 (지방자치단체 세출예산 집행기준에 의거) 1. 민간경상사업보조(307-02) 2. 민간단체 법정운영비보조(307-03) 3. 민간행사사업보조(307-04) 4. 민간위탁금(307-05) 5. 사회복지시설 법정운영비보조(307-10) 6. 민간인위탁교육비(307-12) 7. 공기관등에대한경상적위탁사업비(308-13) 8. 민간자본사업보조,자체재원(402-01) 9. 민간자본사업보조,이전재원(402-02) 10. 민간위탁사업비(402-03) 11. 공기관등에 대한 자본적 위탁사업비(403-02)	민간이전지출 근거 (지방보조금 관리기준 참고) 1. 법률에 규정 2. 국고보조 재원(국가지정) 3. 용도 지정 기부금 4. 조례에 직접규정 5. 지자체가 권장하는 사업을 하는 공공기관 6. 시,도 정책 및 재정사정 7. 기타 8. 해당없음	입찰방식 계약체결방법 (경쟁형태) 1. 일반경쟁 2. 제한경쟁 3. 지명경쟁 4. 수의계약 5. 법정위탁 6. 기타 ( ) 7. 없음	입찰방식 계약기간 1. 1년 2. 2년 3. 3년 4. 4년 5. 5년 6. 기타 ( )년 7. 단기계약 (1년미만) 8. 없음	입찰방식 낙찰자선정방법 1. 적격심사 2. 협상에의한계약 3. 최저가낙찰제 4. 규격가격분리 5. 2단계 경쟁입찰 6. 기타 ( ) 7. 없음	운영예산 산정 운영예산 산정 1. 내부산정 (지자체 자체적으로 산정) 2. 외부산정 (외부전문기관위탁 산정) 3. 내·외부 모두 산정 4. 산정 無 5. 없음	운영예산 산정 정산방법 1. 내부정산 (지자체 내부적으로 정산) 2. 외부정산 (외부전문기관위탁 정산) 3. 내·외부 모두 산정 4. 정산 無 5. 없음	성과평가 실시여부 1. 실시 2. 미실시 3. 향후 추진 4. 해당없음
958	경기 여주시	여주문화원운영비	11,200	2	1	7	8	7	1	1	1
959	경기 여주시	여주시체육회장배파크골프대회	10,000	2	1	7	8	7	1	1	1
960	경기 여주시	여주예총운영비	5,000	2	1	7	8	7	1	1	1
961	경기 여주시	민예총여주지부운영비	840	2	1	7	8	7	1	1	1
962	경기 화성시	장애인단체운영보조	553,737	2	1	7	7	7	1	1	1
963	경기 화성시	인건비(화성문화원)	308,888	2	4	7	8	7	5	5	4
964	경기 화성시	지속가능발전사업지원	283,000	2	4	7	8	7	1	1	4
965	경기 화성시	서남부장애인자립생활지원센터운영지원	210,000	2	1	7	8	7	1	1	2
966	경기 화성시	동부장애인자립생활지원센터운영지원	210,000	2	1	7	8	7	1	1	2
967	경기 화성시	운영비(화성문화원)	97,634	2	4	7	8	7	5	5	4
968	경기 화성시	사회복지협의회정보센터운영	43,830	2	4	7	8	7	1	1	1
969	경기 화성시	6.25참전유공자회운영비	41,563	2	4	7	8	7	1	1	3
970	경기 화성시	무공수훈자회운영비	41,487	2	4	7	8	7	1	1	3
971	경기 화성시	상이군경회운영비	41,350	2	4	7	8	7	1	1	3
972	경기 화성시	화성시사회복지협의회지원	41,025	2	4	7	8	7	1	1	1
973	경기 화성시	특수임무유공자회운영비	40,816	2	4	7	8	7	1	1	3
974	경기 화성시	전몰군경유족회운영비	40,761	2	4	7	8	7	1	1	3
975	경기 화성시	고엽제전우회운영비	39,786	2	4	7	8	7	1	1	3
976	경기 화성시	월남전참전자회운영비	38,427	2	4	7	8	7	1	1	3
977	경기 화성시	남양향교인건비지원	38,372	2	4	7	8	7	5	5	4
978	경기 화성시	전몰군경미망인회운영비	38,201	2	4	7	8	7	1	1	3
979	경기 화성시	광복회운영비	37,873	2	4	7	8	7	1	1	3
980	경기 화성시	서남부장애인자립생활지원센터차량운행지원(자체)	37,500	2	1	7	8	7	1	1	2
981	경기 화성시	동부장애인자립생활지원센터차량운행지원(자체)	37,500	2	1	7	8	7	1	1	2
982	경기 화성시	경기도무형문화재보유단체인건비	34,840	2	4	7	8	7	5	5	4
983	경기 화성시	경기도무형문화재보유단체운영비	18,820	2	4	7	8	7	5	5	4
984	경기 화성시	남양향교운영비지원	6,000	2	4	7	8	7	5	5	4
985	경기 광주시	광주시지속가능발전협의회운영비	100,263	2	1	7	8	7	1	1	1
986	경기 광주시	자유총연맹운영비	55,366	2	4	7	8	7	1	1	1
987	경기 광주시	새마을지회운영비	55,000	2	4	7	8	7	3	1	3
988	경기 광주시	읍면동협의회조직관리추진비	32,000	2	4	7	8	7	1	1	1
989	경기 광주시	읍면동부녀회조직관리추지닙	32,000	2	4	7	8	7	1	1	1
990	경기 광주시	민주평통운영비	19,200	2	4	7	8	7	3	1	3
991	경기 광주시	바르게살기읍면동및여성위원회운영비	18,000	2	1	7	8	7	1	1	1
992	경기 광주시	바르게살기협의회운영비	13,138	2	1	7	8	7	1	1	1
993	경기 양주시	취약지역당직의료기관지원	1,200,000	2	1	7	8	7	1	5	4
994	경기 양주시	중증장애인자립생활센터운영	420,000	2	1	7	8	7	5	5	4
995	경기 양주시	체육단체육성지원	395,998	2	4	7	8	7	1	1	1
996	경기 양주시	장애인생활체육지도자배치	241,442	2	1	7	8	7	1	2	1
997	경기 양주시	일반생활체육지도자배치지원	207,310	2	2	7	8	7	1	1	4

순번	시군구	지출명 (사업명)	2024년예산 (단위 : 천원 /1년간)	민간이전 분류 (지방자치단체 세출예산 집행기준에 의거) 1. 민간경상사업보조(307-02) 2. 민간단체 법정운영비보조(307-03) 3. 민간행사사업보조(307-04) 4. 민간위탁금(307-05) 5. 사회복지시설 법정운영비보조(307-10) 6. 민간인위탁교육비(307-12) 7. 공기관등에대한경상적위탁사업비(308-13) 8. 민간자본사업보조,자체재원(402-01) 9. 민간자본사업보조,이전재원(402-02) 10. 민간위탁사업비(402-03) 11. 공기관등에 대한 자본적 위탁사업비(403-02)	민간이전지출 근거 (지방보조금 관리기준 참고) 1. 법률에 규정 2. 국고보조 재원(국가지정) 3. 용도 지정 기부금 4. 조례에 직접규정 5. 지자체가 권장하는 사업을 하는 공공기관 6. 시,도 정책 및 재정사정 7. 기타 8. 해당없음	입찰방식: 계약체결방법 (경쟁형태) 1. 일반경쟁 2. 제한경쟁 3. 지명경쟁 4. 수의계약 5. 법정위탁 6. 기타 ( ) 7. 없음	입찰방식: 계약기간 1. 1년 2. 2년 3. 3년 4. 4년 5. 5년 6. 기타 ( )년 7. 단기계약 (1년미만) 8. 없음	입찰방식: 낙찰자선정방법 1. 적격심사 2. 협상에의한계약 3. 최저가낙찰제 4. 규격가격분리 5. 2단계 경쟁입찰 6. 기타 ( ) 7. 없음	운영예산 산정: 운영예산 산정 1. 내부산정 (지자체 자체적으로 산정) 2. 외부산정 (외부전문기관위탁 산정) 3. 내·외부 모두 산정 4. 산정 無 5. 없음	운영예산 산정: 정산방법 1. 내부정산 (지자체 내부적으로 정산) 2. 외부정산 (외부전문기관위탁 정산) 3. 내·외부 모두 산정 4. 정산 無 5. 없음	성과평가 실시여부 1. 실시 2. 미실시 3. 향후 추진 4. 해당없음
998	경기 양주시	양주시장애인체육회육성지원	206,145	2	1	7	8	7	1	1	1
999	경기 양주시	장애인단체총연합회운영지원	202,082	2	1	7	7	7	3	3	1
1000	경기 양주시	노인단체활동지원	186,791	2	1	7	7	7	1	1	1
1001	경기 양주시	양주문화원사업활동비지원	168,420	2	1	7	8	7	1	1	1
1002	경기 양주시	어르신생활생활지도자배치지원	158,819	2	2	7	8	7	1	1	4
1003	경기 양주시	생활체육프로그램활성화	80,750	2	1	7	8	7	1	1	4
1004	경기 양주시	새마을운동활성화사업(지회운영비)	77,396	2	1	7	8	7	5	5	4
1005	경기 양주시	양주예총및산하지부활동지원	55,300	2	4	7	8	7	3	1	1
1006	경기 양주시	자유총연맹활성화사업(조직운영활성화)	54,912	2	4	7	8	7	5	5	4
1007	경기 양주시	지체장애인협회운영지원	43,000	2	1	7	7	7	3	3	1
1008	경기 양주시	대한민국고엽제전우회지원(사무실운영비)	38,427	2	1	7	8	7	1	1	1
1009	경기 양주시	체육단체육성지원	37,000	2	4	7	8	7	1	1	4
1010	경기 양주시	대한민국상이군경회지원(사무실운영비)	33,627	2	1	7	8	7	1	1	1
1011	경기 양주시	대한민국전몰군경유족회지원(사무실운영비)	33,627	2	1	7	8	7	1	1	1
1012	경기 양주시	대한민국전몰군경미망인회지원(사무실운영비)	33,627	2	1	7	8	7	1	1	1
1013	경기 양주시	대한민국무공수훈자회지원(사무실운영비)	33,627	2	1	7	8	7	1	1	1
1014	경기 양주시	대한민국6.25참전유공자회지원(사무실운영비)	33,627	2	1	7	8	7	1	1	1
1015	경기 양주시	대한민국특수임무유공자회지원(사무실운영비)	33,627	2	1	7	8	7	1	1	1
1016	경기 양주시	대한민국월남전참전자회지원(사무실운영비)	33,627	2	1	7	8	7	1	1	1
1017	경기 양주시	양주시재향군인회사업(조직운영활성화)	26,973	2	1	7	8	7	5	5	4
1018	경기 양주시	양주시장애인생활체육클럽육성지원	17,000	2	1	7	8	7	1	1	1
1019	경기 양주시	경기북부범죄피해자지원센터운영사업(경기북부범죄피해자지원센터운영지원)	15,000	2	1	7	8	7	5	5	4
1020	경기 양주시	장애인복지회운영지원	15,000	2	1	7	7	7	3	3	1
1021	경기 양주시	민주평통조직운영활성화	13,400	2	4	7	8	7	5	1	3
1022	경기 양주시	양주향교활동지원	11,000	2	1	7	8	7	1	1	1
1023	경기 양주시	모아(다가치)어린이집운영	9,700	2	6	7	8	7	1	3	4
1024	경기 양주시	소상공인육성및지원	8,000	2	1	7	8	7	1	1	4
1025	경기 양주시	곰두리중증장애인교통복지협회운영지원	3,500	2	1	7	7	7	3	3	1
1026	경기 양주시	교통장애인협회운영지원	3,500	2	1	7	7	7	3	3	1
1027	경기 양주시	농아인협회운영지원	3,500	2	1	7	7	7	3	3	1
1028	경기 양주시	시각장애인협회운영지원	3,500	2	1	7	7	7	3	3	1
1029	경기 양주시	신체장애인복지회운영지원	3,500	2	1	7	7	7	3	3	1
1030	경기 양주시	여성장애인어울림센터운영지원	3,500	2	1	7	7	7	3	3	1
1031	경기 양주시	장애인부모회운영지원	3,500	2	1	7	7	7	3	3	1
1032	경기 양주시	양주시장애인체육용품지원	3,450	2	1	7	8	7	1	1	1
1033	경기 양주시	디딤돌장애인자립생활센터운영지원	3,000	2	1	7	8	7	1	1	1
1034	경기 양주시	스쿨푸드존사업	2,850	2	1	7	8	7	1	1	1
1035	경기 양주시	의용소방대지원	2,850	2	1,4	7	8	7	1	1	3
1036	경기 양주시	양주시장애인체육회사무용기기구입	1,000	2	1	7	8	7	1	1	1
1037	경기 연천군	체육회육성지원(장애인)	220,288	2	1	7	8	7	1	1	2

순번	시군구	지출명 (사업명)	2024년예산 (단위 : 천원 /1년간)	민간이전 분류 (지방자치단체 세출예산 집행기준에 의거) 1. 민간경상사업보조(307-02) 2. 민간단체 법정운영비보조(307-03) 3. 민간행사사업보조(307-04) 4. 민간위탁금(307-05) 5. 사회복지시설 법정운영비보조(307-10) 6. 민간인위탁교육비(307-12) 7. 공기관등에대한경상적위탁사업비(308-13) 8. 민간자본사업보조,자체재원(402-01) 9. 민간자본사업보조,이전재원(402-02) 10. 민간위탁사업비(402-03) 11. 공기관등에 대한 자본적 위탁사업비(403-02)	민간이전지출 근거 (지방보조금 관리기준 참고) 1. 법률에 규정 2. 국고보조 재원(국가지정) 3. 용도 지정 기부금 4. 조례에 직접규정 5. 지자체가 권장하는 사업을 하는 공공기관 6. 시,도 정책 및 재정사정 7. 기타 8. 해당없음	입찰방식			운영예산 산정		성과평가 실시여부
						계약체결방법 (경쟁형태) 1. 일반경쟁 2. 제한경쟁 3. 지명경쟁 4. 수의계약 5. 법정위탁 6. 기타 ( ) 7. 없음	계약기간 1. 1년 2. 2년 3. 3년 4. 4년 5. 5년 6. 기타 ( )년 7. 단기계약 (1년미만) 8. 없음	낙찰자선정방법 1. 적격심사 2. 협상에의한계약 3. 최저가낙찰제 4. 규격가격분리 5. 2단계 경쟁입찰 6. 기타 ( ) 7. 없음	운영예산 산정 1. 내부산정 (지자체 자체적으로 산정) 2. 외부산정 (외부전문기관위탁 산정) 3. 내·외부 모두 산정 4. 산정 無 5. 없음	정산방법 1. 내부정산 (지자체 내부적으로 정산) 2. 외부정산 (외부전문기관위탁 정산) 3. 내·외부 모두 산정 4. 정산 無 5. 없음	1. 실시 2. 미실시 3. 향후 추진 4. 해당없음
1038	경기 연천군	장애인가족지원센터운영지원	220,000	2	1	5	8	7	1	1	1
1039	경기 연천군	중증장애인자립생활센터지원	210,000	2	1	5	8	7	1	1	1
1040	경기 연천군	장애인자립생활센터체험홈운영지원	90,000	2	1	5	8	7	1	1	1
1041	경기 연천군	장애인편의시설기술지원센터운영지원	88,000	2	1	5	8	7	1	1	1
1042	경기 연천군	새마을지회지원	85,700	2	1	7	8	7	1	1	1
1043	경기 연천군	장애아재활치료교육센터운영지원	80,000	2	1	5	8	7	1	1	1
1044	경기 연천군	고령장애인쉼터지원	74,000	2	1	5	8	7	1	1	1
1045	경기 연천군	지방문화원(향토사료관)운영비	72,900	2	1	7	8	7	1	1	1
1046	경기 연천군	장애인단체총연합회운영지원	70,400	2	1	5	8	7	1	1	1
1047	경기 연천군	대한노인회연천군지회인건비지원	69,574	2	1	5	1	7	1	1	1
1048	경기 연천군	장애인보장구수리지원센터지원(자체)	44,048	2	1	5	8	7	1	1	1
1049	경기 연천군	지속가능발전협의회지원	37,500	2	4	7	8	7	1	1	3
1050	경기 연천군	장애인편의시설현장조사요원운영지원	29,713	2	1	5	8	7	1	1	1
1051	경기 연천군	법정운영비(상이군경회)	28,000	2	4	7	7	7	1	1	1
1052	경기 연천군	한국예총연천지회운영비	25,000	2	4	7	8	7	1	1	1
1053	경기 연천군	법정운영비(고엽제전우회)	25,000	2	4	7	7	7	1	1	1
1054	경기 연천군	법정운영비(무공수훈자회)	23,000	2	4	7	7	7	1	1	1
1055	경기 연천군	법정운영비(전몰군경유족회)	21,000	2	4	7	7	7	1	1	1
1056	경기 연천군	법정운영비(전몰군경미망인회)	21,000	2	4	7	7	7	1	1	1
1057	경기 연천군	법정운영비(6.25참전유공자회)	21,000	2	4	7	7	7	1	1	1
1058	경기 연천군	법정운영비(재향군인회)	19,000	2	4	7	7	7	1	1	1
1059	경기 연천군	여성단체협의회운영비	18,394	2	1	5	8	7	1	1	4
1060	경기 연천군	바르게살기운동협의회지원	17,000	2	1	7	8	7	1	1	1
1061	경기 연천군	법정운영비(월남전참전자회)	17,000	2	4	7	7	7	1	1	1
1062	경기 연천군	경기도지체장애인협회연천군지회운영	16,000	2	1	5	8	7	1	1	1
1063	경기 연천군	대한노인회연천군지회경로당분회운영비지원	12,600	2	1	5	1	7	1	1	1
1064	경기 연천군	대한노인회연천군지회운영비지원	12,358	2	1	5	1	7	1	1	1
1065	경기 연천군	경기도지체장애인협회연천군지회운영	12,000	2	1	5	8	7	1	1	1
1066	경기 연천군	한국자유총연맹연천군지회운영비지원	10,000	2	1	7	8	7	1	1	1
1067	경기 연천군	민주평화통일자문회의연천군협의회지원	6,000	2	1	7	8	7	1	1	1
1068	경기 연천군	경기북부지역범죄피해자지원센터지원	6,000	2	7	7	8	7	1	1	1
1069	경기 연천군	대한적십자사활동지원	6,000	2	1	7	8	7	1	1	1
1070	경기 연천군	경기도복지회연천군지회운영지원	4,200	2	1	5	8	7	1	1	1
1071	경기 연천군	경기도시각장애인연합회연천군지회운영지원	3,000	2	1	5	8	7	1	1	1
1072	경기 연천군	한국농아인협회연천군지부운영지원	3,000	2	1	5	8	7	1	1	1
1073	경기 연천군	자연보호협의회지원	1,200	2	1	7	8	7	1	1	3
1074	경기 가평군	여성단체협의회사업활동비지원	7,000	2	4	7	8	7	1	1	1
1075	경기 가평군	가평군체육회사무국직원인건비	646,200	2	1	7	8	7	1	1	4
1076	경기 가평군	장애인자립생활센터지원	420,000	2	6	7	8	7	5	5	4
1077	경기 가평군	응급실운영의료기관지원	300,000	2	4	7	8	7	1	1	4

순번	시군구	지출명 (사업명)	2024년예산 (단위 : 천원 /1년간)	민간이전 분류 (지방자치단체 세출예산 집행기준에 의거) 1. 민간경상사업보조(307-02) 2. 민간단체 법정운영비보조(307-03) 3. 민간행사사업보조(307-04) 4. 민간위탁금(307-05) 5. 사회복지시설 법정운영비보조(307-10) 6. 민간인위탁교육비(307-12) 7. 공기관등에대한경상적위탁사업비(308-13) 8. 민간자본사업보조,자체재원(402-01) 9. 민간자본사업보조,이전재원(402-02) 10. 민간위탁사업비(402-03) 11. 공기관등에 대한 자본적 위탁사업비(403-02)	민간이전지출 근거 (지방보조금 관리기준 참고) 1. 법률에 규정 2. 국고보조 재원(국가지정) 3. 용도 지정 기부금 4. 조례에 직접규정 5. 지자체가 권장하는 사업을 하는 공공기관 6. 시,도 정책 및 재정사정 7. 기타 8. 해당없음	입찰방식 계약체결방법 (경쟁형태) 1. 일반경쟁 2. 제한경쟁 3. 지명경쟁 4. 수의계약 5. 법정위탁 6. 기타 ( ) 7. 없음	입찰방식 계약기간 1. 1년 2. 2년 3. 3년 4. 4년 5. 5년 6. 기타 ( )년 7. 단기계약 (1년미만) 8. 없음	입찰방식 낙찰자선정방법 1. 적격심사 2. 협상에의한계약 3. 최저가낙찰제 4. 규격가격분리 5. 2단계 경쟁입찰 6. 기타 ( ) 7. 없음	운영예산 산정 운영예산 산정 1. 내부산정 (지자체 자체적으로 산정) 2. 외부산정 (외부전문기관위탁 산정) 3. 내·외부 모두 산정 4. 산정 無 5. 없음	운영예산 산정 정산방법 1. 내부정산 (지자체 내부적으로 정산) 2. 외부정산 (외부전문기관위탁 정산) 3. 내·외부 모두 산정 4. 정산 無 5. 없음	성과평가 실시여부 1. 실시 2. 미실시 3. 향후 추진 4. 해당없음
1078	경기 가평군	가평군장애인체육회사무국인건비	240,913	2	1	7	8	7	1	1	4
1079	경기 가평군	가평군체육회사무국운영비	163,500	2	1	7	8	7	1	1	4
1080	경기 가평군	가평문화원운영	131,350	2	1	7	8	7	1	1	1
1081	경기 가평군	가평군새마을회인건비	126,510	2	1	7	8	7	1	1	1
1082	경기 가평군	지역사회보장협의체운영비지원	98,250	2	1	7	8	7	1	1	1
1083	경기 가평군	보조기기수리센터운영	70,000	2	4	7	8	7	5	5	4
1084	경기 가평군	가평군장애인체육회사무국운영비	68,132	2	1	7	8	7	1	1	4
1085	경기 가평군	의용소방대지원경비	40,800	2	4	7	7	7	1	1	1
1086	경기 가평군	가평군보훈단체협의회운영지원(행정실장인건비)	36,200	2	1	7	8	7	1	1	1
1087	경기 가평군	바르게살기운동가평군협의회인건비	35,452	2	1	7	8	7	1	1	1
1088	경기 가평군	자유총연맹인건비	35,138	2	1	7	8	7	1	1	1
1089	경기 가평군	G푸드드림코디네이터인건비지원	35,000	2	1	7	8	7	1	1	4
1090	경기 가평군	재향군인회인건비	34,057	2	1	7	8	7	1	1	1
1091	경기 가평군	농촌체험휴양마을공동운영지원(협의회)	30,000	2	1	7	8	7	5	5	4
1092	경기 가평군	소상공인연합회활성화지원	29,060	2	7	7	8	7	5	5	4
1093	경기 가평군	농촌체험휴양마을전기요금지원	25,200	2	1	7	8	7	5	5	4
1094	경기 가평군	가평군새마을회운영	20,601	2	1	7	8	7	1	1	1
1095	경기 가평군	바르게살기운동가평군협의회운영	17,800	2	1	7	8	7	1	1	1
1096	경기 가평군	재향군인회운영비	14,450	2	1	7	8	7	1	1	1
1097	경기 가평군	민주평화통일자문회의인건비	9,920	2	1	7	8	7	1	1	1
1098	경기 가평군	가평군보훈단체협의회활성화사업(운영비지원)	9,757	2	1	7	8	7	1	1	1
1099	경기 가평군	푸드뱅크운영비지원	7,500	2	1	7	8	7	1	1	1
1100	경기 가평군	대한월남참전자회가평군지회운영비	6,300	2	1	7	8	7	1	1	1
1101	경기 가평군	농촌체험휴양마을협의회운영비지원	6,000	2	1	7	8	7	5	5	4
1102	경기 가평군	가평군새마을회지회사업비	5,856	2	1	7	8	7	1	1	1
1103	경기 가평군	범죄피해자지원센터운영	5,000	2	1	7	8	7	1	1	1
1104	경기 가평군	자유총연맹운영비	5,000	2	1	7	8	7	1	1	1
1105	경기 가평군	대한전몰군경미망인회가평군지회운영비	4,875	2	1	7	8	7	1	1	1
1106	경기 가평군	대한고엽제전우회가평군지회운영비	4,715	2	1	7	8	7	1	1	1
1107	경기 가평군	대한무공수훈자회가평군지회운영비	4,655	2	1	7	8	7	1	1	1
1108	경기 가평군	자율방재단활동지원	4,618	2	4	7	7	7	1	1	1
1109	경기 가평군	대한특수임무유공자회가평군지회운영비	4,600	2	1	7	8	7	1	1	1
1110	경기 가평군	대한전몰군경유족회가평군지회운영비	4,100	2	1	7	8	7	1	1	1
1111	경기 가평군	대한상이군경회가평군지회운영비	3,894	2	1	7	8	7	1	1	1
1112	경기 가평군	민주평화통일자문회의운영비	3,580	2	1	7	8	7	1	1	1
1113	경기 가평군	대한6.25참전유공자회가평군지회운영비	3,110	2	1	7	8	7	1	1	1
1114	경기 가평군	가평군편의시설현장조사차량운영	6,000	2	4	7	8	7	5	5	4
1115	경기 양평군	양평군체육회운영	597,000	2	1	7	8	7	1	1	1
1116	경기 양평군	양평문화원운영지원	384,223	2	4	7	8	7	1	1	1
1117	경기 양평군	중증장애인자립생활센터지원	245,897	2	4	1	1	1	1	1	4

순번	시군구	지출명 (사업명)	2024년예산 (단위 : 천원 /1년간)	민간이전 분류 (지방자치단체 세출예산 집행기준에 의거) 1. 민간경상사업보조(307-02) 2. 민간단체 법정운영비보조(307-03) 3. 민간행사사업보조(307-04) 4. 민간위탁금(307-05) 5. 사회복지시설 법정운영비보조(307-10) 6. 민간인위탁교육비(307-12) 7. 공기관등에대한경상적위탁사업비(308-13) 8. 민간자본사업보조,자체재원(402-01) 9. 민간자본사업보조,이전재원(402-02) 10. 민간위탁사업비(402-03) 11. 공기관등에 대한 자본적 위탁사업비(403-02)	민간이전지출 근거 (지방보조금 관리기준 참고) 1. 법률에 규정 2. 국고보조 재원(국가지정) 3. 용도 지정 기부금 4. 조례에 직접규정 5. 지자체가 권장하는 사업을 하는 공공기관 6. 시,도 정책 및 재정사정 7. 기타 8. 해당없음	입찰방식			운영예산 산정		성과평가 실시여부
						계약체결방법 (경쟁형태) 1. 일반경쟁 2. 제한경쟁 3. 지명경쟁 4. 수의계약 5. 법정위탁 6. 기타 ( ) 7. 없음	계약기간 1. 1년 2. 2년 3. 3년 4. 4년 5. 5년 6. 기타 ( )년 7. 단기계약 (1년미만) 8. 없음	낙찰자선정방법 1. 적격심사 2. 협상에의한계약 3. 최저가낙찰제 4. 규격가격분리 5. 2단계 경쟁입찰 6. 기타 ( ) 7. 없음	운영예산 산정 1. 내부산정 (지자체 자체적으로 산정) 2. 외부산정 (외부전문기관위탁 산정) 3. 내·외부 모두 산정 4. 산정 無 5. 없음	정산방법 1. 내부정산 (지자체 내부적으로 정산) 2. 외부정산 (외부전문기관위탁 정산) 3. 내·외부 모두 산정 4. 정산 無 5. 없음	1. 실시 2. 미실시 3. 향후 추진 4. 해당없음
1118	경기 양평군	양평군장애인체육회운영	206,157	2	1	7	8	7	1	1	1
1119	경기 양평군	중증장애인자립생활체험홈운영비지원	135,000	2	6	7	8	7	1	1	4
1120	경기 양평군	양평예총운영비	48,635	2	4	7	8	7	1	1	1
1121	경기 양평군	양평의병기념사업회운영비	40,000	2	1	7	8	7	1	1	1
1122	경기 양평군	양평군재향군인회지원	36,050	2	1	7	8	7	1	1	1
1123	경기 양평군	바르게살기운동양평군협의회지회지원	35,900	2	1	7	8	7	1	1	1
1124	경기 양평군	한국자유총연맹양평군지회지원	35,000	2	1	7	8	7	1	1	1
1125	경기 양평군	양평군새마을회읍면지원	34,800	2	1	7	8	7	1	1	1
1126	경기 양평군	양평군새마을회지회지원	28,000	2	1	7	8	7	1	1	1
1127	경기 양평군	바르게살기운동양평군협의회읍면지원	20,400	2	1	7	8	7	1	1	1
1128	경기 양평군	한국자유총연맹양평군지회읍면분회지원	15,600	2	1	7	8	7	1	1	1
1129	경기 양평군	민주평화통일자문회의양평군협의회지원	14,000	2	1	7	8	7	1	1	1
1130	경기 양평군	범죄피해자지원센터지원	10,000	2	1	7	8	7	1	1	1
1131	경기 양평군	자연보호협의회운영비	3,000	2	1	7	8	7	5	5	4
1132	인천 중구	대한노인회중구지회	169,539	2	1	7	8	7	1	1	1
1133	인천 중구	중구체육회운영비지원	85,004	2	1	7	8	7	1	1	1
1134	인천 중구	중구체육회운영지원	29,200	2	1	7	8	7	1	1	1
1135	인천 중구	바르게살기운동중구협의회운영비	19,500	2	1	7	8	7	1	1	1
1136	인천 중구	한국자유총연맹중구지회운영비	16,400	2	1	7	8	7	1	1	1
1137	인천 중구	인천중구새마을회운영비	9,600	2	1	7	8	7	1	1	1
1138	인천 중구	민주평화통일자문회의중구협의회운영비	4,800	2	1	7	8	7	1	1	1
1139	인천 동구	화도진문화원운영비지원	216,800	2	4	7	8	7	1	1	3
1140	인천 동구	대한노인회동구지회운영비지원	71,500	2	1	7	8	7	1	1	4
1141	인천 동구	자원봉사센터코디네이터지원	66,420	2	1	7	8	7	1	1	4
1142	인천 동구	동구장애인체육회사무국장인건비및운영비	55,705	2	1	5	1	7	1	1	4
1143	인천 동구	민간단체보조금(민간단체법정운영비)	43,600	2	1,4	7	8	7	1	1	1
1144	인천 동구	동구체육회사무국장인건비	40,032	2	1	7	8	7	5	5	4
1145	인천 동구	동구체육회운영비	32,000	2	1,4	7	8	7	1	1	4
1146	인천 동구	자원봉사와함께하는병원동행사업	10,000	2	1,4	7	8	7	1	1	1
1147	인천 동구	자원봉사자상해보험지원	4,132	2	1	5	1	7	1	1	4
1148	인천 동구	장애인단체법정운영비보조	4,000	2	1	5	1	7	1	1	4
1149	인천 미추홀구	자원봉사센터운영지원	594,744	2	1	7	8	7	1	1	2
1150	인천 미추홀구	국가보훈단체예우및지원	250,000	2	1	7	8	7	1	1	4
1151	인천 미추홀구	지역사회보장협의체운영	125,670	2	1	7	8	7	1	1	1
1152	인천 미추홀구	국민운동단체활성화	48,000	2	1	7	8	7	1	1	1
1153	인천 미추홀구	민주평화통일자문회운영비	3,240	2	1	7	8	7	1	1	4
1154	인천 연수구	국가유공및보훈단체지원	268,400	2	4	7	8	7	1	1	1
1155	인천 연수구	연수문화원인건비	230,297	2	4	5	8	7	1	1	1
1156	인천 연수구	연수구체육회운영지원	159,959	2	4	7	8	7	1	1	1
1157	인천 연수구	지역사회보장협의체운영	90,140	2	1	7	7	7	1	1	4

순번	시군구	지출명 (사업명)	2024년예산 (단위 : 천원 /1년간)	민간이전 분류 (지방자치단체 세출예산 집행기준에 의거) 1. 민간경상사업보조(307-02) 2. 민간단체 법정운영비보조(307-03) 3. 민간행사사업보조(307-04) 4. 민간위탁금(307-05) 5. 사회복지시설 법정운영비보조(307-10) 6. 민간인위탁교육비(307-12) 7. 공기관등에대한경상적위탁사업비(308-13) 8. 민간자본사업보조,자체재원(402-01) 9. 민간자본사업보조,이전재원(402-02) 10. 민간위탁사업비(402-03) 11. 공기관등에 대한 자본적 위탁사업비(403-02)	민간이전지출 근거 (지방보조금 관리기준 참고) 1. 법률에 규정 2. 국고보조 재원(국가지정) 3. 용도 지정 기부금 4. 조례에 직접규정 5. 지자체가 권장하는 사업을 하는 공공기관 6. 시,도 정책 및 재정사정 7. 기타 8. 해당없음	입찰방식 계약체결방법 (경쟁형태) 1. 일반경쟁 2. 제한경쟁 3. 지명경쟁 4. 수의계약 5. 법정위탁 6. 기타 ( ) 7. 없음	입찰방식 계약기간 1. 1년 2. 2년 3. 3년 4. 4년 5. 5년 6. 기타 ( )년 7. 단기계약 (1년미만) 8. 없음	입찰방식 낙찰자선정방법 1. 적격심사 2. 협상에의한계약 3. 최저가낙찰제 4. 규격가격분리 5. 2단계 경쟁입찰 6. 기타 ( ) 7. 없음	운영예산 산정 운영예산 산정 1. 내부산정 (지자체 자체적으로 산정) 2. 외부산정 (외부전문기관위탁 산정) 3. 내·외부 모두 산정 4. 산정 無 5. 없음	운영예산 산정 정산방법 1. 내부정산 (지자체 내부적으로 정산) 2. 외부정산 (외부전문기관위탁 정산) 3. 내·외부 모두 정산 4. 정산 無 5. 없음	성과평가 실시여부 1. 실시 2. 미실시 3. 향후 추진 4. 해당없음
1158	인천 연수구	법정운영단체공익활동지원	49,200	2	1	7	8	7	1	1	1
1159	인천 연수구	연수문화원사업활동지원	45,875	2	4	5	8	7	1	1	1
1160	인천 연수구	민간사회단체의공익사업지원	33,039	2	1	7	8	7	1	1	4
1161	인천 남동구	광복회외8개보훈단체	301,988	2	1,4	7	8	7	1	1	4
1162	인천 남동구	남동구체육회운영비지원	135,940	2	4	7	8	7	1	1	1
1163	인천 남동구	o인건비	124,000	2	1	7	8	7	1	1	4
1164	인천 남동구	노인회지회운영지원	80,067	2	1	7	8	7	1	1	4
1165	인천 남동구	o사무직원(2명)	64,394	2	1	7	8	7	1	1	1
1166	인천 남동구	경로당순회프로그램관리자인건비지원	34,352	2	1	7	8	7	5	5	4
1167	인천 남동구	o사무국장(자체)	26,625	2	1	7	8	7	1	1	1
1168	인천 남동구	o재향군인회	22,320	2	1,4	7	8	7	1	1	4
1169	인천 남동구	o사무국장	18,500	2	1	7	8	7	1	1	1
1170	인천 남동구	한국자유총연맹법정운영비보조	13,500	2	1	7	8	7	1	1	1
1171	인천 남동구	바르게살기운동조직법정운영비보조	13,500	2	1	7	8	7	1	1	1
1172	인천 남동구	o4대보험	13,056	2	1	7	8	7	1	1	1
1173	인천 남동구	o지역사회보장협의체실무분과회의수당	12,000	2	1	7	8	7	1	1	4
1174	인천 남동구	o일반수용비	10,000	2	1	7	8	7	1	1	4
1175	인천 남동구	o퇴직적립금	9,738	2	1	7	8	7	1	1	1
1176	인천 남동구	o일반수용비	8,700	2	1	7	8	7	1	1	1
1177	인천 남동구	민주평화통일자문회의법정운영비보조	7,200	2	1	7	8	7	1	1	1
1178	인천 남동구	o지역사회보장대표협의체회의수당	7,000	2	1	7	8	7	1	1	4
1179	인천 남동구	지속가능발전협의회운영비	5,000	2	1	7	8	7	1	1	1
1180	인천 남동구	군구지회운영비지원	4,000	2	1	7	8	7	1	1	4
1181	인천 남동구	o차량선박비	3,800	2	1	7	8	7	1	1	1
1182	인천 남동구	o지역사회보장실무협의체회의수당	3,360	2	1	7	8	7	1	1	4
1183	인천 남동구	o공공요금및제세	2,500	2	1	7	8	7	1	1	1
1184	인천 남동구	o공공운영비	1,440	2	1	7	8	7	1	1	4
1185	인천 남동구	o복리후생비	1,380	2	1	7	8	7	1	1	4
1186	인천 남동구	o인사위원회회의수당	140	2	1	7	8	7	1	1	4
1187	인천 부평구	자원봉사센터운영지원	632,530	2	1	7	8	7	1	1	1
1188	인천 부평구	부평문화원인건비및운영비	346,329	2	1	5	1	7	1	1	1
1189	인천 부평구	부평구체육회운영비	122,712	2	2	6	7	7	5	1	1
1190	인천 부평구	자원봉사코디네이터지원육성	66,420	2	1	7	8	7	1	1	2
1191	인천 부평구	(사)대한노인회부평구지회운영	54,047	2	1	7	8	7	1	1	1
1192	인천 부평구	경로당순회프로그램관리자인건비지원	38,148	2	1	7	8	7	1	1	1
1193	인천 부평구	지속가능발전운영비지원	36,299	2	5	7	8	7	1	1	1
1194	인천 부평구	새마을단체운영비지원	19,000	2	1	7	8	7	1	1	1
1195	인천 부평구	자율방범대초소임차료	14,400	2	1	7	8	7	1	1	1
1196	인천 부평구	민주평화통일자문회의운영비지원	7,200	2	1,4	7	8	7	1	1	1
1197	인천 부평구	대한노인회군구지회운영비	4,000	2	1	7	8	7	1	1	1

순번	시군구	지출명 (사업명)	2024년예산 (단위 : 천원 /1년간)	민간이전 분류 (지방자치단체 세출예산 집행기준에 의거) 1. 민간경상사업보조(307-02) 2. 민간단체 법정운영비보조(307-03) 3. 민간행사사업보조(307-04) 4. 민간위탁금(307-05) 5. 사회복지시설 법정운영비보조(307-10) 6. 민간인위탁교육비(307-12) 7. 공기관등에대한경상적위탁사업비(308-13) 8. 민간자본사업보조,자체재원(402-01) 9. 민간자본사업보조,이전재원(402-02) 10. 민간위탁사업비(402-03) 11. 공기관등에 대한 자본적 위탁사업비(403-02)	민간이전지출 근거 (지방보조금 관리기준 참고) 1. 법률에 규정 2. 국고보조 재원(국가지정) 3. 용도 지정 기부금 4. 조례에 직접규정 5. 지자체가 권장하는 사업을 하는 공공기관 6. 시,도 정책 및 재정사정 7. 기타 8. 해당없음	입찰방식 계약체결방법 (경쟁형태) 1. 일반경쟁 2. 제한경쟁 3. 지명경쟁 4. 수의계약 5. 법정위탁 6. 기타 ( ) 7. 없음	입찰방식 계약기간 1. 1년 2. 2년 3. 3년 4. 4년 5. 5년 6. 기타 ( )년 7. 단기계약 (1년미만) 8. 없음	입찰방식 낙찰자선정방법 1. 적격심사 2. 협상에의한계약 3. 최저가낙찰제 4. 규격가격분리 5. 2단계 경쟁입찰 6. 기타 ( ) 7. 없음	운영예산 산정 운영예산 산정 1. 내부산정 (지자체 자체적으로 산정) 2. 외부산정 (외부전문기관위탁 산정) 3. 내·외부 모두 산정 4. 산정 無 5. 없음	운영예산 산정 정산방법 1. 내부정산 (지자체 내부적으로 정산) 2. 외부정산 (외부전문기관위탁 정산) 3. 내·외부 모두 산정 4. 정산 無 5. 없음	성과평가 실시여부 1. 실시 2. 미실시 3. 향후 추진 4. 해당없음
1198	인천 계양구	계양문화원운영지원(자체)	180,128	2	4	5	8	7	1	1	2
1199	인천 계양구	대한노인회계양구지회운영지원(자체)	54,186	2	1	7	8	7	5	1	4
1200	인천 계양구	군・구체육회운영지원(자체)	52,696	2	4	7	8	7	1	1	2
1201	인천 계양구	계양문화원운영지원	36,316	2	4	5	8	7	1	1	2
1202	인천 계양구	단체공익사업지원	12,000	2	1	7	8	7	1	1	1
1203	인천 계양구	단체공익사업지원	6,000	2	1	7	8	7	1	1	1
1204	인천 계양구	대한노인회계양구지회운영지원	4,000	2	1	7	8	7	5	1	4
1205	인천 서구	유공보훈단체지원(운영지원)	249,206	2	4	7	8	7	1	1	4
1206	인천 서구	서구체육회운영지원	105,257	2	4	7	8	7	1	1	1
1207	인천 서구	노인회지회운영지원	39,490	2	1	7	8	7	5	5	4
1208	인천 서구	바르게살기운동법정운영비보조	31,500	2	1	7	8	7	1	1	4
1209	인천 서구	서구새마을회법정운영비보조	30,612	2	1	7	8	7	1	1	4
1210	인천 서구	자유총연맹서구지회법정운영비보조	22,800	2	1	7	8	7	1	1	4
1211	인천 서구	지역문화예술지원	11,960	2	1,4	7	8	7	1	1	4
1212	인천 서구	민주평화통일자문회의법정운영비보조	9,600	2	1	7	8	7	1	1	4
1213	인천 서구	노인회지회운영지원	4,000	2	1	7	8	7	5	5	4
1214	인천 강화군	노인회운영지원(자체)	261,037	2	1	5	8	7	1	1	4
1215	인천 강화군	보훈단체운영비보조	241,468	2	4	7	8	7	1	1	1
1216	인천 강화군	경로당여가문화보급사업	130,326	2	1	5	8	7	1	1	4
1217	인천 강화군	강화문화원운영지원	126,305	2	1	7	8	7	1	1	1
1218	인천 강화군	지역사회보장협의체운영경비및전담인력인건비	107,170	2	1,6	7	8	7	1	1	1
1219	인천 강화군	군구생활체육회운영지원	42,400	2	1	7	8	7	1	1	4
1220	인천 강화군	바르게살기운동운영비지원	36,940	2	1	7	8	7	1	1	4
1221	인천 강화군	경로당순회프로그램관리자인건비	36,940	2	1	6	1	6	5	1	1
1222	인천 강화군	지방문화원사업활동지원및운영	31,500	2	1	5	8	7	1	1	4
1223	인천 강화군	자유총연맹운영비지원	30,880	2	1	7	8	7	1	1	1
1224	인천 강화군	임산물소비촉진장터지원사업	10,000	2	1	6	1	6	5	1	1
1225	인천 강화군	민주평통운영비지원	9,200	2	4	7	8	7	5	5	4
1226	인천 강화군	군구지회운영비지원	4,000	2	1	6	1	6	5	1	1
1227	인천 옹진군	옹진문화원사업활동지원및운영(자체)	242,784	2	1	5	8	7	1	1	4
1228	인천 옹진군	사회단체보조금지원	116,130	2	1	5	8	7	1	1	2
1229	인천 옹진군	사회단체운영	85,218	2	1	7	8	7	5	5	4
1230	인천 옹진군	지역사회보장협의체운영지원	84,120	2	6	7	8	7	3	1	2
1231	인천 옹진군	체육진흥운영지원	57,500	2	4	7	7	7	5	5	4
1232	인천 옹진군	노인단체보조금지원	24,782	2	1	7	8	7	1	1	2
1233	인천 옹진군	장애인단체보조금지원	18,282	2	1	7	8	7	5	5	4
1234	인천 옹진군	옹진문화원사업활동지원및운영	18,000	2	1	5	8	7	1	1	1
1235	인천 옹진군	지역사회보장협의체운영지원(자체)	17,680	2	6	7	8	7	1	1	2
1236	인천 옹진군	소상공인지원	14,400	2	1	7	8	7	5	5	4
1237	인천 옹진군	대한노인회옹진군지회운영비지원	4,000	2	1	7	8	7	5	5	4

순번	시군구	지출명 (사업명)	2024년예산 (단위 : 천원 /1년간)	민간이전 분류 (지방자치단체 세출예산 집행기준에 의거) 1. 민간경상사업보조(307-02) 2. 민간단체 법정운영비보조(307-03) 3. 민간행사사업보조(307-04) 4. 민간위탁금(307-05) 5. 사회복지시설 법정운영비보조(307-10) 6. 민간인위탁교육비(307-12) 7. 공기관등에대한경상적위탁사업비(308-13) 8. 민간자본사업보조,자체재원(402-01) 9. 민간자본사업보조,이전재원(402-02) 10. 민간위탁사업비(402-03) 11. 공기관등에 대한 자본적 위탁사업비(403-02)	민간이전지출 근거 (지방보조금 관리기준 참고) 1. 법률에 규정 2. 국고보조 재원(국가지정) 3. 용도 지정 기부금 4. 조례에 직접규정 5. 지자체가 권장하는 사업을 하는 공공기관 6. 시,도 정책 및 재정사정 7. 기타 8. 해당없음	입찰방식 계약체결방법 (경쟁형태) 1. 일반경쟁 2. 제한경쟁 3. 지명경쟁 4. 수의계약 5. 법정위탁 6. 기타 ( ) 7. 없음	입찰방식 계약기간 1. 1년 2. 2년 3. 3년 4. 4년 5. 5년 6. 기타 ( )년 7. 단기계약 (1년미만) 8. 없음	입찰방식 낙찰자선정방법 1. 적격심사 2. 협상에의한계약 3. 최저가낙찰제 4. 규격가격분리 5. 2단계 경쟁입찰 6. 기타 ( ) 7. 없음	운영예산 산정 운영예산 산정 1. 내부산정 (지자체 자체적으로 산정) 2. 외부산정 (외부전문기관위탁 산정) 3. 내·외부 모두 산정 4. 산정 無 5. 없음	운영예산 산정 정산방법 1. 내부정산 (지자체 내부적으로 정산) 2. 외부정산 (외부전문기관위탁 정산) 3. 내·외부 모두 산정 4. 정산 無 5. 없음	성과평가 실시여부 1. 실시 2. 미실시 3. 향후 추진 4. 해당없음
1238	광주광역시	지방의제21	411,000	2	1	7	8	7	5	5	4
1239	광주광역시	광주광역시등록미술관운영지원	161,000	2	1,6	7	8	7	5	5	4
1240	광주광역시	광주광역시문화원연합회지원	97,000	2	1	7	8	7	5	5	4
1241	광주광역시	광주예총운영비지원	90,000	2	1	7	8	7	5	5	4
1242	광주광역시	광주민예총운영비지원	70,000	2	1	7	8	7	5	5	4
1243	광주광역시	한센병환자관리및퇴치	47,000	2	1	7	8	7	5	5	4
1244	광주광역시	1372소비자상담센터상담원수당	43,200	2	1	7	8	7	5	5	4
1245	광주광역시	사립박물관운영지원	37,000	2	1	7	8	7	5	5	4
1246	광주광역시	수어교육원운영	20,000	2	1	7	8	7	5	5	4
1247	광주 동구	생활체육지도자배치(9명)	320,895	2	2	7	8	7	1	1	1
1248	광주 동구	보훈단체지원	111,920	2	1	7	8	7	1	1	4
1249	광주 동구	자원봉사자코디네이터인건비지원	89,279	2	2	7	8	7	1	1	2
1250	광주 동구	동구체육회운영비	71,600	2	1	7	8	7	1	1	1
1251	광주 동구	동구문화원운영비(인건비등)	65,700	2	4	7	8	7	1	1	1
1252	광주 동구	장애인생활체육지도자배치(2명)	65,394	2	2	7	8	7	1	1	1
1253	광주 동구	어르신전담생활체육지도자배치(2명)	63,325	2	2	7	8	7	1	1	1
1254	광주 동구	동구체육회운영보조(행정인력)	37,617	2	1	7	8	7	1	1	1
1255	광주 동구	장애인편의증진기술지원기초센터운영	34,560	2	1	5	8	7	1	1	3
1256	광주 동구	일반생활체육지도자여비	21,600	2	1	7	8	7	1	1	1
1257	광주 동구	동구장애인체육회운영	21,500	2	1	7	8	7	1	1	1
1258	광주 동구	동구새마을회운영비	19,000	2	1	7	8	7	1	1	2
1259	광주 동구	바르게살기운동동구협의회운영비	19,000	2	1	7	8	7	1	1	2
1260	광주 동구	장애인생활체육지도자현장활동지원	12,000	2	1	7	8	7	1	1	1
1261	광주 동구	한국자유총연맹동구지부운영비	8,000	2	1	7	8	7	1	1	2
1262	광주 동구	어르신전담생활체육지도자여비	4,800	2	1	7	8	7	1	1	1
1263	광주 동구	일반생활체육지도자활동보험료(지도자배상책임공제)	1,476	2	2	7	8	7	1	1	1
1264	광주 동구	어르신생활체육지도자활동보험료(지도자배상책임공제)	328	2	2	7	8	7	1	1	1
1265	광주 서구	대한노인회서구지회운영	83,100	2	1	7	8	7	1	1	4
1266	광주 서구	장애인체육회운영지원	75,589	2	1	7	8	7	1	5	4
1267	광주 서구	서구스포츠클럽운영지원	66,000	2	1	7	8	7	5	1	3
1268	광주 서구	광주장애인편의증진기술지원센터기초센터	60,000	2	6	7	8	7	1	1	4
1269	광주 서구	체육회운영	58,000	2	1	7	8	7	5	1	3
1270	광주 서구	서구새마을회운영	49,907	2	1	7	8	7	5	5	4
1271	광주 서구	바르게살기운동서구협의회운영	28,115	2	1	7	8	7	5	5	4
1272	광주 서구	서구장애인협회운영지원	27,000	2	6	7	8	7	1	1	1
1273	광주 서구	한국자유총연맹서구지회운영	25,358	2	1	7	8	7	5	5	4
1274	광주 서구	서구스포츠클럽행정인력지원	15,000	2	2	7	8	7	5	1	3
1275	광주 서구	서구재향군인회운영	9,000	2	1	7	8	7	5	5	4
1276	광주 남구	체육회운영지원	234,432	2	4	7	8	7	5	5	4
1277	광주 남구	보훈단체운영비지원	173,320	2	1	6	8	7	1	1	4

순번	시군구	지출명 (사업명)	2024년예산 (단위 : 천원 /1년간)	민간이전 분류 (지방자치단체 세출예산 집행기준에 의거) 1. 민간경상사업보조(307-02) 2. 민간단체 법정운영비보조(307-03) 3. 민간행사사업보조(307-04) 4. 민간위탁금(307-05) 5. 사회복지시설 법정운영비보조(307-10) 6. 민간인위탁교육비(307-12) 7. 공기관등에대한경상적위탁사업비(308-13) 8. 민간자본사업보조,자체재원(402-01) 9. 민간자본사업보조,이전재원(402-02) 10. 민간위탁사업비(402-03) 11. 공기관등에 대한 자본적 위탁사업비(403-02)	민간이전지출 근거 (지방보조금 관리기준 참고) 1. 법률에 규정 2. 국고보조 재원(국가지정) 3. 용도 지정 기부금 4. 조례에 직접규정 5. 지자체가 권장하는 사업을 하는 공공기관 6. 시,도 정책 및 재정사정 7. 기타 8. 해당없음	입찰방식 계약체결방법 (경쟁형태) 1. 일반경쟁 2. 제한경쟁 3. 지명경쟁 4. 수의계약 5. 법정위탁 6. 기타 ( ) 7. 없음	입찰방식 계약기간 1. 1년 2. 2년 3. 3년 4. 4년 5. 5년 6. 기타 ( )년 7. 단기계약 (1년미만) 8. 없음	입찰방식 낙찰자선정방법 1. 적격심사 2. 협상에의한계약 3. 최저가낙찰제 4. 규격가격분리 5. 2단계 경쟁입찰 6. 기타 ( ) 7. 없음	운영예산 산정 운영예산 산정 1. 내부산정 (지자체 자체적으로 산정) 2. 외부산정 (외부전문기관위탁 산정) 3. 내·외부 모두 산정 4. 산정 無 5. 없음	운영예산 산정 정산방법 1. 내부정산 (지자체 내부적으로 정산) 2. 외부정산 (외부전문기관위탁 정산) 3. 내·외부 모두 산정 4. 정산 無 5. 없음	성과평가 실시여부 1. 실시 2. 미실시 3. 향후 추진 4. 해당없음
1278	광주 남구	일반,어르신생활체육지도자활동지원수당	81,470	2	6	7	8	7	5	5	4
1279	광주 남구	5.18공법단체사무실지원(운영비)	20,650	2	4	7	8	7	5	5	4
1280	광주 남구	민주평화통일자문회의남구협의회사업보조	5,000	2	1,4	7	8	7	1	1	1
1281	광주 북구	보훈단체등지원	137,800	2	4	7	8	7	1	1	1
1282	광주 북구	북구장애인체육회운영지원	95,984	2	4	7	8	7	1	1	1
1283	광주 북구	북구체육회운영	91,350	2	1,4	7	8	7	1	1	1
1284	광주 북구	장애인편의증진기술지원기초센터운영	76,906	2	6	7	8	7	1	1	4
1285	광주 북구	대한노인회북구지회운영비(인건비)	57,000	2	4	7	8	7	1	1	1
1286	광주 북구	광주북구새마을회운영	38,720	2	1	7	8	7	1	1	3
1287	광주 북구	바르게살기운동광주북구협의회운영	30,060	2	1	7	8	7	1	1	3
1288	광주 북구	518공법3단체운영비지원	18,000	2	1	7	8	7	5	5	4
1289	광주 북구	자유총연맹광주북구지회운영	17,380	2	1	7	8	7	1	1	3
1290	광주 북구	청소년수련관종사자정액급식비및자격수당지원	12,240	2	4	7	8	7	1	1	1
1291	광주 북구	청소년수련관종사자특별수당	5,400	2	4	7	8	7	1	1	1
1292	광주 광산구	민관협력활성화사업	201,425	2	4	7	7	7	1	1	1
1293	광주 광산구	지방문화원지원	146,242	2	1	7	8	7	1	1	1
1294	광주 광산구	광산구체육회운영지원	126,620	2	4	7	8	7	1	1	1
1295	광주 광산구	보훈단체지원	115,701	2	1	7	8	7	1	1	4
1296	광주 광산구	장애인편의증진기술지원센터운영지원	63,000	2	1	7	8	7	1	1	1
1297	광주 광산구	노인지회운영비지원	61,080	2	1	7	7	7	1	1	3
1298	광주 광산구	공연예술연습센터및상성공연운영	38,000	2	1,4	7	8	7	1	1	1
1299	광주 광산구	518단체운영예산지원	13,000	2	1	7	8	7	1	1	3
1300	광주 광산구	장애인단체활성화지원	11,000	2	1	7	8	7	1	1	1
1301	광주 광산구	노인지회교육비지원	11,000	2	1	7	7	7	1	1	3
1302	광주 광산구	광산구체육회운영지원	6,336	2	4	7	8	7	1	1	1
1303	대구광역시	전통시장진흥재단운영지원	628,000	2	4	7	8	7	5	5	4
1304	대구광역시	노인회시연합회운영	251,607	2	4	7	8	7	5	5	4
1305	대구광역시	대구지속가능발전협의회운영비	163,000	2	1,4	7	8	7	5	5	4
1306	대구광역시	제2새마을운동추진운영지원	157,500	2	1	7	8	7	5	5	4
1307	대구광역시	상이군경회및복지회관운영	151,500	2	1,4	7	8	7	5	5	4
1308	대구광역시	장애인평생교육시설운영지원	150,000	2	1	7	8	7	5	5	4
1309	대구광역시	대구예총운영	120,000	2	1	7	8	7	5	5	4
1310	대구광역시	대구자유총연맹조직,운영지원	108,000	2	1	7	8	7	5	5	4
1311	대구광역시	구군바르게살기운동조직운영지원	91,800	2	1	7	8	7	5	5	4
1312	대구광역시	새마을운동조직운영지원	70,000	2	1	7	8	7	5	5	4
1313	대구광역시	대구광역시문화원연합회운영	69,000	2	1	7	8	7	5	5	4
1314	대구광역시	1372소비자상담전화지원사업	60,000	2	1,4	7	8	7	5	5	4
1315	대구광역시	바르게살기운동조직운영지원	48,400	2	1	7	8	7	5	5	4
1316	대구광역시	고엽제전우회운영	35,000	2	1,4	7	8	7	5	5	4
1317	대구광역시	농업경영인운영비지원	30,000	2	1	7	8	7	5	5	4

순번	시군구	지출명 (사업명)	2024년예산 (단위 : 천원 /1년간)	민간이전 분류 (지방자치단체 세출예산 집행기준에 의거) 1. 민간경상사업보조(307-02) 2. 민간단체 법정운영비보조(307-03) 3. 민간행사사업보조(307-04) 4. 민간위탁금(307-05) 5. 사회복지시설 법정운영비보조(307-10) 6. 민간인위탁교육비(307-12) 7. 공기관등에대한경상적위탁사업비(308-13) 8. 민간자본사업보조,자체재원(402-01) 9. 민간자본사업보조,이전재원(402-02) 10. 민간위탁사업비(402-03) 11. 공기관등에 대한 자본적 위탁사업비(403-02)	민간이전지출 근거 (지방보조금 관리기준 참고) 1. 법률에 규정 2. 국고보조 재원(국가지정) 3. 용도 지정 기부금 4. 조례에 직접규정 5. 지자체가 권장하는 사업을 하는 공공기관 6. 시,도 정책 및 재정사정 7. 기타 8. 해당없음	입찰방식: 계약체결방법 (경쟁형태) 1. 일반경쟁 2. 제한경쟁 3. 지명경쟁 4. 수의계약 5. 법정위탁 6. 기타 ( ) 7. 없음	입찰방식: 계약기간 1. 1년 2. 2년 3. 3년 4. 4년 5. 5년 6. 기타 ( )년 7. 단기계약 (1년미만) 8. 없음	입찰방식: 낙찰자선정방법 1. 적격심사 2. 협상에의한계약 3. 최저가낙찰제 4. 규격가격분리 5. 2단계 경쟁입찰 6. 기타 ( ) 7. 없음	운영예산 산정: 운영예산 산정 1. 내부산정 (지자체 자체적으로 산정) 2. 외부산정 (외부전문기관위탁 산정) 3. 내·외부 모두 산정 4. 산정 無 5. 없음	운영예산 산정: 정산방법 1. 내부정산 (지자체 내부적으로 정산) 2. 외부정산 (외부전문기관위탁 정산) 3. 내·외부 모두 정산 4. 정산 無 5. 없음	성과평가 실시여부 1. 실시 2. 미실시 3. 향후 추진 4. 해당없음
1318	대구광역시	광복회운영	29,500	2	1,4	7	8	7	5	5	4
1319	대구광역시	월남전참전자회운영	25,500	2	1,4	7	8	7	5	5	4
1320	대구광역시	한국민예총대구지회운영	25,000	2	1	7	8	7	5	5	4
1321	대구광역시	한국교통장애인협회교통사고예방홍보활동	24,000	2	7	7	8	7	5	5	4
1322	대구광역시	전몰군경유족회운영	20,000	2	1,4	7	8	7	5	5	4
1323	대구광역시	전몰군경미망인회운영	20,000	2	1,4	7	8	7	5	5	4
1324	대구광역시	무공수훈자회운영	20,000	2	1,4	7	8	7	5	5	4
1325	대구광역시	특수임무유공자회운영	20,000	2	1,4	7	8	7	5	5	4
1326	대구광역시	6.25참전유공자회운영	18,500	2	1,4	7	8	7	5	5	4
1327	대구광역시	민주평통대구지역회의운영지원	15,000	2	1	7	8	7	5	5	4
1328	대구광역시	4.19민주혁명회운영	12,000	2	1,4	7	8	7	5	5	4
1329	대구광역시	재향군인회운영	10,000	2	1,4	7	8	7	5	5	4
1330	대구광역시	4.19혁명공로자회운영	8,000	2	1,4	7	8	7	5	5	4
1331	대구광역시	5.18민주화운동부상자회운영	8,000	2	1,4	7	8	7	5	5	4
1332	대구 중구	생활체육지도자활동지원	98,860	2	1	7	8	7	1	1	1
1333	대구 중구	지방문화원운영	79,112	2	1	7	8	7	1	1	1
1334	대구 중구	보훈단체및유가족지원	78,500	2	1	7	8	7	1	1	1
1335	대구 중구	중구체육회운영	56,530	2	1	7	8	7	1	1	1
1336	대구 중구	노인단체지원	35,500	2	4	7	8	7	1	1	4
1337	대구 중구	대구중구새마을회	20,000	2	1	7	8	7	1	1	1
1338	대구 중구	지역사회보장협의체운영	20,000	2	1	7	8	7	1	1	1
1339	대구 중구	장애인단체지원(운영비)	12,000	2	1	7	8	7	1	1	1
1340	대구 중구	바르게살기운동중구협의회	9,000	2	1	7	8	7	3	3	1
1341	대구 중구	한국자유총연맹중구지회	8,000	2	1	7	8	7	1	1	1
1342	대구 중구	민주평화통일자문회의중구협의회	3,000	2	1	7	8	7	1	1	1
1343	대구 동구	자원봉사활성화시책사업	242,719	2	1,4	7	8	7	1	1	4
1344	대구 동구	국립행사추진및위문	138,500	2	1	7	8	7	1	1	2
1345	대구 동구	대구광역시동구체육회지원	122,210	2	1,4	7	8	7	1	1	1
1346	대구 동구	지방문화원운영	75,057	2	1	5	8	7	1	1	1
1347	대구 동구	자원봉사코디네이터지원육성	66,478	2	2	7	8	7	5	1	4
1348	대구 동구	사립공공도서관운영지원	48,000	2	1	7	8	7	1	1	1
1349	대구 동구	국민운동단체보조	30,000	2	1,4	7	8	7	1	1	1
1350	대구 동구	새마을문고운영	26,000	2	1,4	7	8	7	1	1	1
1351	대구 동구	대구광역시동구체육회지원	24,000	2	1,4	7	8	7	1	1	1
1352	대구 동구	자원봉사활성화시책사업	24,000	2	1,4	7	8	7	1	1	4
1353	대구 동구	장애인맞춤형평생학습지원	18,000	2	1	7	8	7	5	5	4
1354	대구 동구	자원봉사활성화시책사업	16,100	2	1,4	7	8	7	1	1	4
1355	대구 동구	국민운동단체보조	15,000	2	1	7	8	7	1	1	1
1356	대구 동구	국민운동단체보조	15,000	2	1	7	8	7	1	1	1
1357	대구 동구	지방문화원운영	8,000	2	1	5	8	7	1	1	1

순번	시군구	지출명 (사업명)	2024년예산 (단위 : 천원 /1년간)	민간이전 분류 (지방자치단체 세출예산 집행기준에 의거) 1. 민간경상사업보조(307-02) 2. 민간단체 법정운영비보조(307-03) 3. 민간행사사업보조(307-04) 4. 민간위탁금(307-05) 5. 사회복지시설 법정운영비보조(307-10) 6. 민간인위탁교육비(307-12) 7. 공기관등에대한경상적위탁사업비(308-13) 8. 민간자본사업보조,자체재원(402-01) 9. 민간자본사업보조,이전재원(402-02) 10. 민간위탁사업비(402-03) 11. 공기관등에 대한 자본적 위탁사업비(403-02)	민간이전지출 근거 (지방보조금 관리기준 참고) 1. 법률에 규정 2. 국고보조 재원(국가지정) 3. 용도 지정 기부금 4. 조례에 직접규정 5. 지자체가 권장하는 사업을 하는 공공기관 6. 시,도 정책 및 재정사정 7. 기타 8. 해당없음	입찰방식 계약체결방법 (경쟁형태) 1. 일반경쟁 2. 제한경쟁 3. 지명경쟁 4. 수의계약 5. 법정위탁 6. 기타 ( ) 7. 없음	입찰방식 계약기간 1. 1년 2. 2년 3. 3년 4. 4년 5. 5년 6. 기타 ( )년 7. 단기계약 (1년미만) 8. 없음	입찰방식 낙찰자선정방법 1. 적격심사 2. 협상에의한계약 3. 최저가낙찰제 4. 규격가격분리 5. 2단계 경쟁입찰 6. 기타 ( ) 7. 없음	운영예산 산정 운영예산 산정 1. 내부산정 (지자체 자체적으로 산정) 2. 외부산정 (외부전문기관위탁 산정) 3. 내·외부 모두 산정 4. 산정 無 5. 없음	운영예산 산정 정산방법 1. 내부정산 (지자체 내부적으로 정산) 2. 외부정산 (외부전문기관위탁 정산) 3. 내·외부 모두 산정 4. 정산 無 5. 없음	성과평가 실시여부 1. 실시 2. 미실시 3. 향후 추진 4. 해당없음
1358	대구 동구	민주평화통일자문회의지원	3,600	2	1	7	8	7	1	1	1
1359	대구 서구	자원봉사센터운영	94,355	2	4	7	8	7	1	1	1
1360	대구 서구	자원봉사자코디네이터지원	80,500	2	2	7	8	7	1	1	1
1361	대구 서구	문화활동지원(서구문화원인건비,운영비지원)	75,648	2	1	7	1	7	1	1	1
1362	대구 서구	지역생활체육단체육성지원	61,840	2	1,2	7	1	7	1	1	1
1363	대구 서구	국민운동단체활동지원(서구새마을회운영비)	40,835	2	1	7	8	7	1	1	1
1364	대구 서구	노인복지활동지원	31,380	2	1	7	8	7	1	1	4
1365	대구 서구	국민운동단체활동지원(바르게살기운동서구협의회운영비)	18,473	2	1	7	8	7	1	1	1
1366	대구 서구	국민운동단체활동지원(새마을문고서구지부운영비)	15,360	2	1	7	8	7	1	1	1
1367	대구 서구	애국지사및유족지원사업	12,680	2	1	1	1	6	3	3	1
1368	대구 서구	자유민주주의역량강화국민운동	12,185	2	1	7	1	7	1	1	1
1369	대구 서구	무형문화재전수활동지원	11,000	2	1	7	8	7	1	1	1
1370	대구 서구	애국지사및유족지원사업	10,400	2	1	1	1	6	3	3	1
1371	대구 서구	애국지사및유족지원사업	10,120	2	1	1	1	6	3	3	1
1372	대구 서구	무형문화재전수활동지원	9,000	2	1	7	8	7	1	1	1
1373	대구 서구	애국지사및유족지원사업	8,700	2	1	1	1	6	3	3	1
1374	대구 서구	애국지사및유족지원사업	8,000	2	1	1	1	6	3	3	1
1375	대구 서구	애국지사및유족지원사업	6,400	2	1	1	1	6	3	3	1
1376	대구 서구	애국지사및유족지원사업	5,300	2	1	1	1	6	3	3	1
1377	대구 서구	애국지사및유족지원사업	5,200	2	1	1	1	6	3	3	1
1378	대구 서구	애국지사및유족지원사업	4,450	2	1	1	1	6	3	3	1
1379	대구 서구	애국지사및유족지원사업	4,400	2	1	1	1	6	3	3	1
1380	대구 남구	정신재활시설운영비	1,057,144	2	1	7	8	7	5	1	4
1381	대구 남구	남구체육회육성지원	94,362	2	1,4	7	8	7	1	1	1
1382	대구 남구	남구문화원사무국장및간사인건비	63,575	2	1	7	8	7	5	5	4
1383	대구 남구	새마을운동조직법정운영비보조	37,200	2	4	7	8	7	1	1	1
1384	대구 남구	대한노인회대구남구지회운영	31,300	2	2	7	8	7	1	1	1
1385	대구 남구	바르게살기운동조직법정운영비보조	23,500	2	4	7	8	7	1	1	1
1386	대구 남구	자유총연맹조직법정운영비보조	20,100	2	4	7	8	7	1	1	1
1387	대구 남구	상이군경회운영지원	16,500	2	4	7	8	7	1	1	1
1388	대구 남구	전몰군경유족회운영지원	13,000	2	4	7	8	7	1	1	1
1389	대구 남구	무공수훈자회운영지원	13,000	2	4	7	8	7	1	1	1
1390	대구 남구	6.25참전유공자회운영지원	13,000	2	4	7	8	7	1	1	1
1391	대구 남구	전몰군경미망인회운영지원	10,000	2	4	7	8	7	1	1	1
1392	대구 남구	고엽제전우회운영지원	9,500	2	4	7	8	7	1	1	1
1393	대구 남구	월남전참전자회운영지원	8,500	2	4	7	8	7	1	1	1
1394	대구 남구	재향군인회운영지원	8,000	2	4	7	8	7	1	1	1
1395	대구 남구	광복회운영지원	5,500	2	4	7	8	7	1	1	1
1396	대구 남구	특수임무유공자회운영지원	5,000	2	4	7	8	7	1	1	1
1397	대구 남구	민주평화통일자문회의남구협의회	3,600	2	1	7	8	7	1	1	4

순번	시군구	지출명 (사업명)	2024년예산 (단위 : 천원 /1년간)	민간이전 분류 (지방자치단체 세출예산 집행기준에 의거) 1. 민간경상사업보조(307-02) 2. 민간단체 법정운영비보조(307-03) 3. 민간행사사업보조(307-04) 4. 민간위탁금(307-05) 5. 사회복지시설 법정운영비보조(307-10) 6. 민간인위탁교육비(307-12) 7. 공기관등에대한경상적위탁사업비(308-13) 8. 민간자본사업보조,자체재원(402-01) 9. 민간자본사업보조,이전재원(402-02) 10. 민간위탁사업비(402-03) 11. 공기관등에 대한 자본적 위탁사업비(403-02)	민간이전지출 근거 (지방보조금 관리기준 참고) 1. 법률에 규정 2. 국고보조 재원(국가지정) 3. 용도 지정 기부금 4. 조례에 직접규정 5. 지자체가 권장하는 사업을 하는 공공기관 6. 시,도 정책 및 재정사정 7. 기타 8. 해당없음	입찰방식 계약체결방법 (경쟁형태) 1. 일반경쟁 2. 제한경쟁 3. 지명경쟁 4. 수의계약 5. 법정위탁 6. 기타 ( ) 7. 없음	입찰방식 계약기간 1. 1년 2. 2년 3. 3년 4. 4년 5. 5년 6. 기타 ( )년 7. 단기계약 (1년미만) 8. 없음	입찰방식 낙찰자선정방법 1. 적격심사 2. 협상에의한계약 3. 최저가낙찰제 4. 규격가격분리 5. 2단계 경쟁입찰 6. 기타 ( ) 7. 없음	운영예산 산정 운영예산 산정 1. 내부산정 (지자체 자체적으로 산정) 2. 외부산정 (외부전문기관위탁 산정) 3. 내·외부 모두 산정 4. 산정 無 5. 없음	운영예산 산정 정산방법 1. 내부정산 (지자체 내부적으로 정산) 2. 외부정산 (외부전문기관위탁 정산) 3. 내·외부 모두 정산 4. 정산 無 5. 없음	성과평가 실시여부 1. 실시 2. 미실시 3. 향후 추진 4. 해당없음
1398	대구 북구	보훈단체운영비지원	132,100	2	1,3	7	8	7	1	1	3
1399	대구 북구	사립공공도서관지원	120,000	2	4	7	8	7	1	1	1
1400	대구 북구	대한노인회북구지회지원	70,800	2	1	7	8	7	1	1	4
1401	대구 북구	문화원운영지원	60,107	2	1	7	8	7	5	5	4
1402	대구 북구	국민운동단체지원	59,200	2	1	7	8	7	1	1	1
1403	대구 북구	문화원운영비지원	21,000	2	4	7	8	7	5	5	4
1404	대구 수성구	수성구체육회운영	155,344	2	1	7	8	7	5	5	4
1405	대구 수성구	보훈단체운영비	140,000	2	1	7	8	7	1	1	2
1406	대구 수성구	수성문화원지원(수성문화원사무국장및간사인건비)	65,634	2	1,4	7	8	7	1	1	1
1407	대구 수성구	지역사회보장협의체운영(지역사회보장협의체상근간사인건비)	49,600	2	7	7	8	7	1	1	4
1408	대구 수성구	국민운동단체등운영비지원(수성구새마을회)	37,249	2	1	7	8	7	5	1	4
1409	대구 수성구	수성구체육회운영	24,000	2	4	7	8	7	5	5	4
1410	대구 수성구	수성문화원지원(수성문화원운영비지원)	22,264	2	1,4	7	8	7	1	1	1
1411	대구 수성구	생활체육지도자처우개선	18,750	2	4	7	8	7	5	5	4
1412	대구 수성구	국민운동단체등운영비지원(바르게살기운동수성구협의회)	16,122	2	1	7	8	7	5	1	4
1413	대구 수성구	장애인단체지원(시각신체장애인단체운영)	14,400	2	1	7	8	7	5	1	1
1414	대구 수성구	국민운동단체등운영비지원(한국자유총연맹수성구지회)	14,322	2	1	7	8	7	5	1	4
1415	대구 수성구	지역사회보장협의체운영(지역사회보장협의체운영비)	12,000	2	7	7	8	7	1	1	4
1416	대구 수성구	국민운동단체등운영비지원	5,000	2	1	7	8	7	1	1	1
1417	대구 달서구	사립(새벗,푸른초장)도서관운영비지원	85,000	2	1	7	8	7	5	5	4
1418	대구 달서구	지방문화원운영비지원	76,689	2	1	7	8	7	1	1	1
1419	대구 달서구	경로당순회프로그램관리자배치	69,050	2	4	7	8	7	1	1	4
1420	대구 달서구	대한노인회달서구지회운영	62,560	2	4	7	8	7	1	1	4
1421	대구 달서구	다문화가족작은도서관운영비지원	35,000	2	1	7	8	7	5	5	4
1422	대구 달서구	장애인재활프로그램운영	31,100	2	7	7	8	7	1	1	1
1423	대구 달서구	달서구새마을회운영지원	26,250	2	1	7	8	7	1	1	1
1424	대구 달서구	체육회운영지원(사무국장인건비)	24,000	2	1	7	1	7	1	1	1
1425	대구 달서구	체육회운영추가지원	21,000	2	1	7	1	7	1	1	1
1426	대구 달서구	공공스포츠클럽운영	20,000	2	2	7	8	7	5	1	3
1427	대구 달서구	성서장애인재활복지센터운영	18,260	2	4	7	8	7	1	1	1
1428	대구 달서구	바르게살기운동달서구협의회운영지원	16,500	2	1	7	8	7	1	1	1
1429	대구 달서구	한국자유총연맹달서구지회운영지원	16,500	2	1	7	8	7	1	1	1
1430	대구 달서구	새마을문고달서구지부운영지원	15,000	2	1	7	8	7	1	1	1
1431	대구 달서구	공공스포츠클럽운영	15,000	2	2	6	3	1	4	1	1
1432	대구 달성군	(사)대한노인회달성군지회운영지원	113,138	2	1	7	1	7	1	1	1
1433	대구 달성군	사립공공도서관운영비지원	48,000	2	1	7	8	7	1	1	1
1434	대구 달성군	전문도서관운영비지원	48,000	2	7	7	8	7	1	1	1
1435	대구 달성군	달성군새마을회운영비	45,500	2	1	5	8	7	5	1	1
1436	대구 달성군	한국자유총연맹달성군지회운영비	20,900	2	1	5	8	7	5	1	1
1437	대구 달성군	바르게살기운동달성군협의회운영비	12,840	2	1	5	8	7	5	1	1

순번	시군구	지출명 (사업명)	2024년예산 (단위 : 천원 /1년간)	민간이전 분류 (지방자치단체 세출예산 집행기준에 의거) 1. 민간경상사업보조(307-02) 2. 민간단체 법정운영비보조(307-03) 3. 민간행사사업보조(307-04) 4. 민간위탁금(307-05) 5. 사회복지시설 법정운영비보조(307-10) 6. 민간인위탁교육비(307-12) 7. 공기관등에대한경상적위탁사업비(308-13) 8. 민간자본사업보조,자체재원(402-01) 9. 민간자본사업보조,이전재원(402-02) 10. 민간위탁사업비(402-03) 11. 공기관등에 대한 자본적 위탁사업비(403-02)	민간이전지출 근거 (지방보조금 관리기준 참고) 1. 법률에 규정 2. 국고보조 재원(국가지정) 3. 용도 지정 기부금 4. 조례에 직접규정 5. 지자체가 권장하는 사업을 하는 공공기관 6. 시,도 정책 및 재정사정 7. 기타 8. 해당없음	입찰방식 계약체결방법 (경쟁형태) 1. 일반경쟁 2. 제한경쟁 3. 지명경쟁 4. 수의계약 5. 법정위탁 6. 기타 ( ) 7. 없음	입찰방식 계약기간 1. 1년 2. 2년 3. 3년 4. 4년 5. 5년 6. 기타 ( )년 7. 단기계약 (1년미만) 8. 없음	입찰방식 낙찰자선정방법 1. 적격심사 2. 협상에의한계약 3. 최저가낙찰제 4. 규격가격분리 5. 2단계 경쟁입찰 6. 기타 ( ) 7. 없음	운영예산 산정 운영예산 산정 1. 내부산정 (지자체 자체적으로 산정) 2. 외부산정 (외부전문기관위탁 산정) 3. 내·외부 모두 산정 4. 산정 無 5. 없음	운영예산 산정 정산방법 1. 내부정산 (지자체 내부적으로 정산) 2. 외부정산 (외부전문기관위탁 정산) 3. 내·외부 모두 산정 4. 정산 無 5. 없음	성과평가 실시여부 1. 실시 2. 미실시 3. 향후 추진 4. 해당없음
1438	대구 군위군	어린이급식관리지원센터운영지원	118,600	2	2	7	8	7	5	2	3
1439	대구 군위군	보훈단체운영비보조	101,500	2	4	7	7	7	1	1	2
1440	대구 군위군	군위문화원인건비및운영비지원	93,400	2	4	7	8	7	1	1	3
1441	대구 군위군	군위군체육회운영비	78,000	2	1	7	8	7	1	1	4
1442	대구 군위군	지역사회보장협의체운영지원	52,900	2	1	7	8	7	3	3	4
1443	대구 군위군	대한노인회군위군지회운영지원	49,980	2	1	5	8	7	1	1	4
1444	대구 군위군	노인회읍면분회운영보조금	42,000	2	1	5	8	7	1	1	4
1445	대구 군위군	군위군새마을회운영지원	30,000	2	4	7	8	7	1	1	4
1446	대구 군위군	새마을운동추진운영지원	28,000	2	4	7	8	7	1	1	4
1447	대구 군위군	바르게살기운동군위군협의회운영지원	18,000	2	4	7	8	7	1	1	4
1448	대구 군위군	민주평통운영비지원	17,000	2	4	7	8	7	1	1	3
1449	대구 군위군	한국자유총연맹운영비지원	16,040	2	4	7	8	7	1	1	3
1450	대구 군위군	읍면새마을지도자협의회운영지원	13,600	2	4	7	8	7	1	1	4
1451	대구 군위군	읍면바르게살기운동위원회운영지원	13,600	2	4	7	8	7	1	1	4
1452	대구 군위군	읍면새마을부녀회운영지원	13,600	2	4	7	8	7	1	1	4
1453	대전광역시	장애인체육회운영	1,242,630	2	1	7	8	7	1	1	1
1454	대전광역시	(사)대전광역시자원봉사센터운영	656,515	2	1	7	8	7	1	1	4
1455	대전광역시	북한이탈주민지역적응센터운영	239,000	2	2	7	8	7	1	1	1
1456	대전광역시	대전지속가능발전협의회운영비지원	179,803	2	4	7	8	7	1	1	1
1457	대전광역시	문화원연합회운영지원	74,500	2	4	7	8	7	1	1	1
1458	대전광역시	장애인단체총연합회운영	65,000	2	1	7	8	7	1	1	4
1459	대전광역시	대전예총운영지원	64,000	2	1	7	8	7	1	1	1
1460	대전광역시	새마을회운영지원	61,269	2	1	7	8	7	1	1	1
1461	대전광역시	바르게살기운영지원	52,448	2	1	7	8	7	1	1	1
1462	대전광역시	자유총연맹운영지원	48,000	2	1	7	8	7	1	1	1
1463	대전광역시	대전민예총운영지원	36,000	2	1	7	8	7	1	1	1
1464	대전광역시	민주평화통일자문회의대전지역회의운영지원	11,000	2	1	7	8	7	1	1	1
1465	대전 동구	자원봉사센터운영	160,449	2	1	6	1	1	1	1	1
1466	대전 동구	장애인체육회운영지원	95,341	2	1	7	8	7	5	1	1
1467	대전 동구	동구문화원운영	75,719	2	1	7	8	7	1	1	1
1468	대전 동구	동구체육회운영지원	68,696	2	1	7	8	7	5	1	1
1469	대전 동구	대전노인회동구지회운영	68,384	2	1	7	7	7	1	1	1
1470	대전 동구	자원봉사코디네이터육성	65,231	2	1	6	1	1	1	1	1
1471	대전 동구	(사)새마을동구지회운영	64,920	2	1	7	8	7	1	1	1
1472	대전 동구	바르게살기동구협의회운영	35,289	2	1	7	8	7	1	1	1
1473	대전 동구	한국자유총연맹대전동구지회운영	35,289	2	1	7	8	7	1	1	1
1474	대전 동구	문화원사무국장인건비(1인)	35,000	2	1	7	8	7	1	1	1
1475	대전 동구	문화원사무원인건비(1인)	30,000	2	1	7	8	7	1	1	1
1476	대전 동구	동구체육회운영보조	26,052	2	1	7	8	7	5	1	1
1477	대전 동구	민주평화통일자문회의대전동구협의회운영	6,000	2	1	7	8	7	1	1	1

순번	시군구	지출명 (사업명)	2024년예산 (단위 : 천원 /1년간)	민간이전 분류 (지방자치단체 세출예산 집행기준에 의거) 1. 민간경상사업보조(307-02) 2. 민간단체 법정운영비보조(307-03) 3. 민간행사사업보조(307-04) 4. 민간위탁금(307-05) 5. 사회복지시설 법정운영비보조(307-10) 6. 민간인위탁교육비(307-12) 7. 공기관등에대한경상적위탁사업비(308-13) 8. 민간자본사업보조,자체재원(402-01) 9. 민간자본사업보조,이전재원(402-02) 10. 민간위탁사업비(402-03) 11. 공기관등에 대한 자본적 위탁사업비(403-02)	민간이전지출 근거 (지방보조금 관리기준 참고) 1. 법률에 규정 2. 국고보조 재원(국가지정) 3. 용도 지정 기부금 4. 조례에 직접규정 5. 지자체가 권장하는 사업을 하는 공공기관 6. 시,도 정책 및 재정사정 7. 기타 8. 해당없음	입찰방식: 계약체결방법 (경쟁형태) 1. 일반경쟁 2. 제한경쟁 3. 지명경쟁 4. 수의계약 5. 법정위탁 6. 기타 ( ) 7. 없음	입찰방식: 계약기간 1. 1년 2. 2년 3. 3년 4. 4년 5. 5년 6. 기타 ( )년 7. 단기계약 (1년미만) 8. 없음	입찰방식: 낙찰자선정방법 1. 적격심사 2. 협상에의한계약 3. 최저가낙찰제 4. 규격가격분리 5. 2단계 경쟁입찰 6. 기타 ( ) 7. 없음	운영예산 산정: 운영예산 산정 1. 내부산정 (지자체 자체적으로 산정) 2. 외부산정 (외부전문기관위탁 산정) 3. 내·외부 모두 산정 4. 산정 無 5. 없음	운영예산 산정: 정산방법 1. 내부정산 (지자체 내부적으로 정산) 2. 외부정산 (외부전문기관위탁 정산) 3. 내·외부 모두 산정 4. 정산 無 5. 없음	성과평가 실시여부 1. 실시 2. 미실시 3. 향후 추진 4. 해당없음
1478	대전 동구	보훈선양사업	140,562	2	1	7	8	7	1	1	2
1479	대전 중구	대한노인회중구지회운영비	98,424	2	1	7	8	7	1	1	4
1480	대전 중구	중구체육회운영지원	72,460	2	4	7	8	7	5	5	4
1481	대전 중구	새마을운동중구지회운영비	56,744	2	1	7	8	7	1	1	1
1482	대전 중구	지역사회보장협의체사무국인건비	48,738	2	4	7	8	7	1	1	1
1483	대전 중구	문화원관리운영비	41,000	2	4	7	8	7	5	5	4
1484	대전 중구	문화원사무원인건비(구비)	40,000	2	4	7	8	7	5	5	4
1485	대전 중구	재향군인회운영비	32,420	2	1,4	7	8	7	1	1	1
1486	대전 중구	문화원사무국장인건비	30,000	2	4	7	8	7	5	5	4
1487	대전 중구	문화원사무원인건비	30,000	2	4	7	8	7	5	5	4
1488	대전 중구	바르게살기운동중구협의회운영비	28,209	2	1	7	8	7	1	1	1
1489	대전 중구	중구체육회운영지원	26,052	2	4	7	8	7	5	5	4
1490	대전 중구	한국자유총연맹중구지회운영비	25,929	2	1	7	8	7	1	1	1
1491	대전 중구	상이군경회운영비	23,823	2	1,4	7	8	7	1	1	1
1492	대전 중구	6.25참전유공자회운영비	22,270	2	1,4	7	8	7	1	1	1
1493	대전 중구	중구농촌체험휴양마을사무장지원	22,254	2	6	7	8	7	1	1	2
1494	대전 중구	전몰군경유족회운영비	19,792	2	1,4	7	8	7	1	1	1
1495	대전 중구	전몰군경미망인회운영비	19,400	2	1,4	7	8	7	1	1	1
1496	대전 중구	고엽제전우회운영비	9,535	2	1,4	7	8	7	1	1	1
1497	대전 중구	무공수훈자회운영비	8,739	2	1,4	7	8	7	1	1	1
1498	대전 중구	월남전참전자회운영비	6,842	2	1,4	7	8	7	1	1	1
1499	대전 중구	광복회운영비	6,810	2	1,4	7	8	7	1	1	1
1500	대전 중구	특수임무유공자회운영비	4,820	2	1,4	7	8	7	1	1	1
1501	대전 중구	민주평화통일자문회의중구협의회운영비	3,600	2	1	7	8	7	1	1	1
1502	대전 서구	생활체육지도자배치	1,121,893	2	1	7	8	7	1	1	1
1503	대전 서구	서구문화원운영	214,382	2	1	7	8	7	1	1	1
1504	대전 서구	생활체육진흥육성지원	153,034	2	1	7	8	7	5	1	1
1505	대전 서구	보훈단체행사지원	149,516	2	1	7	8	7	1	1	1
1506	대전 서구	서구문화원운영	65,000	2	1	7	8	7	1	1	1
1507	대전 서구	장애인체육회운영	63,450	2	1	7	8	7	5	1	1
1508	대전 서구	새마을지도자지원	50,216	2	4	7	8	7	1	1	4
1509	대전 서구	정림동도시재생뉴딜사업	30,000	2	2	7	8	7	3	1	4
1510	대전 서구	바르게살기운동협의회지원	29,049	2	4	7	8	7	5	5	4
1511	대전 서구	한국자유총연맹지원	29,049	2	4	7	8	7	3	1	4
1512	대전 서구	서구체육회운영	26,052	2	1	7	8	7	1	1	1
1513	대전 서구	도시재생뉴딜사업추진	15,000	2	6	7	8	7	1	1	4
1514	대전 서구	작은도서관운영지원	7,000	2	1,4	7	8	7	1	1	4
1515	대전 서구	민주평화통일협의회지원	6,000	2	4	7	8	7	3	1	4
1516	대전 유성구	공공형작은도서관운영지원	254,200	2	4	7	8	1	1	1	1
1517	대전 유성구	대한노인회유성구지회지원	169,840	2	1	7	8	7	1	1	4

순번	시군구	지출명 (사업명)	2024년예산 (단위 : 천원 /1년간)	민간이전 분류 (지방자치단체 세출예산 집행기준에 의거) 1. 민간경상사업보조(307-02) 2. 민간단체 법정운영비보조(307-03) 3. 민간행사사업보조(307-04) 4. 민간위탁금(307-05) 5. 사회복지시설 법정운영비보조(307-10) 6. 민간인위탁교육비(307-12) 7. 공기관등에대한경상적위탁사업비(308-13) 8. 민간자본사업보조,자체재원(402-01) 9. 민간자본사업보조,이전재원(402-02) 10. 민간위탁사업비(402-03) 11. 공기관등에 대한 자본적 위탁사업비(403-02)	민간이전지출 근거 (지방보조금 관리기준 참고) 1. 법률에 규정 2. 국고보조 재원(국가지정) 3. 용도 지정 기부금 4. 조례에 직접규정 5. 지자체가 권장하는 사업을 하는 공공기관 6. 시,도 정책 및 재정사정 7. 기타 8. 해당없음	입찰방식			운영예산 산정		성과평가 실시여부
						계약체결방법 (경쟁형태) 1. 일반경쟁 2. 제한경쟁 3. 지명경쟁 4. 수의계약 5. 법정위탁 6. 기타 ( ) 7. 없음	계약기간 1. 1년 2. 2년 3. 3년 4. 4년 5. 5년 6. 기타 ( )년 7. 단기계약 (1년미만) 8. 없음	낙찰자선정방법 1. 적격심사 2. 협상에의한계약 3. 최저가낙찰제 4. 규격가격분리 5. 2단계 경쟁입찰 6. 기타 ( ) 7. 없음	운영예산 산정 1. 내부산정 (지자체 자체적으로 산정) 2. 외부산정 (외부전문기관위탁 산정) 3. 내·외부 모두 산정 4. 산정 無 5. 없음	정산방법 1. 내부정산 (지자체 내부적으로 정산) 2. 외부정산 (외부전문기관위탁 정산) 3. 내·외부 모두 산정 4. 정산 無 5. 없음	1. 실시 2. 미실시 3. 향후 추진 4. 해당없음
1518	대전 유성구	보훈단체운영비지원	160,680	2	1,4	7	8	7	1	1	2
1519	대전 유성구	문화원인건비	151,130	2	1	7	8	7	1	1	4
1520	대전 유성구	유성구새마을회	118,964	2	4	5	1	7	3	1	1
1521	대전 유성구	장애인체육회운영지원	52,499	2	1	7	8	7	1	1	1
1522	대전 유성구	문화원운영비	50,134	2	1	7	8	7	1	1	4
1523	대전 유성구	유성스포츠클럽운영지원	50,000	2	2	7	8	7	1	1	1
1524	대전 유성구	문화원사무국장인건비	35,000	2	1	7	8	7	1	1	4
1525	대전 유성구	바르게살기운동유성구협의회	32,160	2	1	7	8	7	1	1	1
1526	대전 유성구	한국자유총연맹유성구지회	32,040	2	1	7	8	7	1	1	1
1527	대전 유성구	문화원사무원인건비	30,000	2	1	7	8	7	1	1	4
1528	대전 유성구	민주평화통일자문회의유성구협의회	6,000	2	1	7	8	7	1	1	1
1529	대전 유성구	유성구체육회(과장팀장직책수당)	6,000	2	4	7	8	7	1	1	1
1530	대전 유성구	유성구체육회(지도자종목별용품구입)	3,800	2	4	7	8	7	1	1	1
1531	대전 유성구	유성구재향군인회	3,600	2	1	7	8	7	1	1	1
1532	대전 대덕구	자원봉사센터운영비	241,325	2	1	7	8	7	1	1	1
1533	대전 대덕구	대덕문화원운영	129,710	2	4	7	8	7	1	1	1
1534	대전 대덕구	대덕스포츠클럽운영	121,488	2	1	7	8	7	1	1	1
1535	대전 대덕구	체육회운영	112,920	2	1	7	8	7	1	1	1
1536	대전 대덕구	국가유공자예우	112,436	2	1	7	8	7	1	1	2
1537	대전 대덕구	노인단체지원	76,814	2	4	7	8	7	1	1	4
1538	대전 대덕구	대덕문화원운영	65,000	2	4	7	8	7	1	1	1
1539	대전 대덕구	체육회운영	64,600	2	1	7	8	7	1	1	1
1540	대전 대덕구	대덕구새마을회운영비	55,351	2	1	7	8	7	1	1	1
1541	대전 대덕구	장애인체육회운영	49,202	2	1	7	8	7	1	1	1
1542	대전 대덕구	지역사회보장협의체사무국운영	48,738	2	1	7	8	7	1	1	2
1543	대전 대덕구	바르게살기운동대덕구협의회운영비	30,970	2	1	7	8	7	1	1	1
1544	대전 대덕구	한국자유총연맹대덕구지회운영비	30,970	2	1	7	8	7	1	1	1
1545	대전 대덕구	생활체육지도자배치	22,051	2	1	7	8	7	1	1	1
1546	대전 대덕구	대덕구재향군인회지원	7,764	2	1	7	8	7	1	1	2
1547	대전 대덕구	자원봉사센터운영비	4,900	2	1	7	8	7	5	1	1
1548	부산 중구	중구체육회지원	74,578	2	1	7	8	7	1	1	1
1549	부산 중구	지역사회보장협의체활성화	54,520	2	6	7	8	7	1	1	2
1550	부산 중구	새마을운동중구지회운영비	36,000	2	1	7	8	7	1	1	1
1551	부산 중구	새마을운동중구지회사무보조인력인건비등지원	32,000	2	1	7	8	7	1	1	1
1552	부산 중구	바르게살기운동중구협의회운영비	32,000	2	1	7	8	7	1	1	1
1553	부산 중구	한국자유총연맹중구지회운영비	32,000	2	1	5	8	7	1	1	1
1554	부산 서구	구체육회지원	68,500	2	1	7	8	7	1	1	1
1555	부산 서구	지역사회보장협의체사무국운영	49,243	2	1	7	7	7	1	1	4
1556	부산 서구	보훈관리및지원	45,110	2	4	7	7	7	1	1	4
1557	부산 서구	대한노인회공익활동사업지원	36,000	2	1	7	8	7	1	1	1

순번	시군구	지출명 (사업명)	2024년예산 (단위 : 천원 /1년간)	민간이전 분류 (지방자치단체 세출예산 집행기준에 의거) 1. 민간경상사업보조(307-02) 2. 민간단체 법정운영비보조(307-03) 3. 민간행사사업보조(307-04) 4. 민간위탁금(307-05) 5. 사회복지시설 법정운영비보조(307-10) 6. 민간인위탁교육비(307-12) 7. 공기관등에대한경상적위탁사업비(308-13) 8. 민간자본사업보조,자체재원(402-01) 9. 민간자본사업보조,이전재원(402-02) 10. 민간위탁사업비(402-03) 11. 공기관등에 대한 자본적 위탁사업비(403-02)	민간이전지출 근거 (지방보조금 관리기준 참고) 1. 법률에 규정 2. 국고보조 재원(국가지정) 3. 용도 지정 기부금 4. 조례에 직접규정 5. 지자체가 권장하는 사업을 하는 공공기관 6. 시,도 정책 및 재정사정 7. 기타 8. 해당없음	입찰방식: 계약체결방법 (경쟁형태) 1. 일반경쟁 2. 제한경쟁 3. 지명경쟁 4. 수의계약 5. 법정위탁 6. 기타 ( ) 7. 없음	입찰방식: 계약기간 1. 1년 2. 2년 3. 3년 4. 4년 5. 5년 6. 기타 ( )년 7. 단기계약 (1년미만) 8. 없음	입찰방식: 낙찰자선정방법 1. 적격심사 2. 협상에의한계약 3. 최저가낙찰제 4. 규격가격분리 5. 2단계 경쟁입찰 6. 기타 ( ) 7. 없음	운영예산 산정: 운영예산 산정 1. 내부산정 (지자체 자체적으로 산정) 2. 외부산정 (외부전문기관위탁 산정) 3. 내·외부 모두 산정 4. 산정 無 5. 없음	운영예산 산정: 정산방법 1. 내부정산 (지자체 내부적으로 정산) 2. 외부정산 (외부전문기관위탁 정산) 3. 내·외부 모두 산정 4. 정산 無 5. 없음	성과평가 실시여부 1. 실시 2. 미실시 3. 향후 추진 4. 해당없음
1558	부산 서구	일반어르신생활체육지도자처우개선	23,760	2	1	7	8	7	1	1	1
1559	부산 서구	장애인단체지원	8,000	2	1	7	8	7	1	1	3
1560	부산 서구	대한노인회공익활동사업지원(자체)(대한노인회지회사무국운영비)	5,000	2	1	7	8	7	1	1	1
1561	부산 동구	동구체육회운영지원	62,833	2	1	5	8	7	1	1	1
1562	부산 동구	동구체육회운영지원	60,000	2	1	5	8	7	1	1	1
1563	부산 동구	새마을운동동구지회법정운영비지원	35,030	2	1	7	8	7	5	5	4
1564	부산 동구	새마을운동동구지회법정운영비보조지원	32,000	2	1	7	8	7	5	5	4
1565	부산 동구	바르게살기동구협의회법정운영비지원	32,000	2	1	7	8	7	5	5	4
1566	부산 동구	자유총연맹동구지회법정운영비보조지원	32,000	2	1	7	8	7	5	5	4
1567	부산 동구	민주평화통일자문회의부산동구협의회법정운영비보조	6,000	2	4	7	8	7	5	5	4
1568	부산 영도구	구군체육회지원	101,400	2	1	5	1	7	1	1	1
1569	부산 영도구	새마을운동단체지원(지회운영,인력지원)	72,000	2	4	7	8	7	1	1	1
1570	부산 영도구	지역사회보장협의체사무국지원(지역사회보장협의체사무국인건비)	47,135	2	1	6	8	7	1	1	1
1571	부산 영도구	대한노인회지회장및사무국직원활동비지원	36,000	2	1	7	8	7	1	1	4
1572	부산 영도구	바르게살기운동단체지원(영도구협의회지원)	32,000	2	1	7	8	7	3	1	1
1573	부산 영도구	한국자유총연맹단체지원(영도구지회지원)	32,000	2	1	7	8	7	3	1	1
1574	부산 영도구	국가유공자및보훈단체지원(전몰군경미망인회운영비지원)	6,500	2	4	6	8	7	1	1	1
1575	부산 영도구	국가유공자및보훈단체지원(무공수훈자회운영비지원)	6,500	2	4	6	8	7	1	1	1
1576	부산 영도구	국가유공자및보훈단체지원(상이군경회운영비지원)	6,500	2	4	6	8	7	1	1	1
1577	부산 영도구	국가유공자및보훈단체지원(재향군인회운영비지원)	6,000	2	4	6	8	7	1	1	1
1578	부산 영도구	사립유치원난방비지원	5,600	2	1	7	8	7	1	1	1
1579	부산 영도구	국가유공자및보훈단체지원(6.25참전유공자회운영비지원)	5,250	2	4	6	8	7	1	1	1
1580	부산 영도구	국가유공자및보훈단체지원(월남전참전자회운영비지원)	5,250	2	4	6	8	7	1	1	1
1581	부산 영도구	국가유공자및보훈단체지원(고엽제전우회운영비지원)	5,250	2	4	6	8	7	1	1	1
1582	부산 영도구	국가유공자및보훈단체지원(전몰군경유족회운영비지원)	5,200	2	4	6	8	7	1	1	1
1583	부산 영도구	국가유공자및보훈단체지원(특수임무유공자회운영비지원)	3,250	2	4	6	8	7	1	1	1
1584	부산 영도구	지역사회보장협의체사무국지원(지역사회보장협의체사무국운영비)	2,400	2	1	6	8	7	1	1	1
1585	부산 영도구	국가유공자및보훈단체지원(광복회운영비지원)	2,000	2	4	6	8	7	1	1	1
1586	부산 부산진구	체육회운영비지원	60,000	2	1	7	8	7	1	1	4
1587	부산 부산진구	부산진문화원운영비지원	59,000	2	1	7	8	7	1	1	1
1588	부산 부산진구	대한노인회부산진구지회운영비	47,216	2	1	7	8	7	1	1	1
1589	부산 부산진구	부산진구새마을회(사회단체운영비)	41,000	2	1	7	8	7	1	1	1
1590	부산 부산진구	부산진구새마을회(국민운동단체운영비)	32,000	2	1	7	8	7	5	5	4
1591	부산 부산진구	한국자유총연맹부산진구지회(국민운동단체운영비)	32,000	2	1	7	8	7	5	5	4
1592	부산 부산진구	바르게살기운동부산진구협의회(국민운동단체운영비)	32,000	2	1	7	8	7	5	5	4
1593	부산 부산진구	생활체육지도자처우개선	31,680	2	1	7	8	7	5	5	4
1594	부산 부산진구	체육회운영비지원(자체)	16,000	2	1	7	8	7	1	1	4
1595	부산 부산진구	민주평화통일자문회의부산진구협의회(사회단체운영비)	8,000	2	1	7	8	7	1	1	4
1596	부산 부산진구	부산진구장애인단체운영비지원	7,000	2	1	7	8	7	5	5	4
1597	부산 동래구	자원봉사센터운영지원	99,991	2	1	7	8	7	1	1	1

순번	시군구	지출명 (사업명)	2024년예산 (단위 : 천원 /1년간)	민간이전 분류 (지방자치단체 세출예산 집행기준에 의거) 1. 민간경상사업보조(307-02) 2. 민간단체 법정운영비보조(307-03) 3. 민간행사사업보조(307-04) 4. 민간위탁금(307-05) 5. 사회복지시설 법정운영비보조(307-10) 6. 민간인위탁교육비(307-12) 7. 공기관등에대한경상적위탁사업비(308-13) 8. 민간자본사업보조,자체재원(402-01) 9. 민간자본사업보조,이전재원(402-02) 10. 민간위탁사업비(402-03) 11. 공기관등에 대한 자본적 위탁사업비(403-02)	민간이전지출 근거 (지방보조금 관리기준 참고) 1. 법률에 규정 2. 국고보조 재원(국가지정) 3. 용도 지정 기부금 4. 조례에 직접규정 5. 지자체가 권장하는 사업을 하는 공공기관 6. 시,도 정책 및 재정사정 7. 기타 8. 해당없음	입찰방식			운영예산 산정		성과평가 실시여부
						계약체결방법 (경쟁형태) 1. 일반경쟁 2. 제한경쟁 3. 지명경쟁 4. 수의계약 5. 법정위탁 6. 기타 ( ) 7. 없음	계약기간 1. 1년 2. 2년 3. 3년 4. 4년 5. 5년 6. 기타 ( )년 7. 단기계약 (1년미만) 8. 없음	낙찰자선정방법 1. 적격심사 2. 협상에의한계약 3. 최저가낙찰제 4. 규격가격분리 5. 2단계 경쟁입찰 6. 기타 ( ) 7. 없음	운영예산 산정 1. 내부산정 (지자체 자체적으로 산정) 2. 외부산정 (외부전문기관위탁 산정) 3. 내·외부 모두 산정 4. 산정 無 5. 없음	정산방법 1. 내부정산 (지자체 내부적으로 정산) 2. 외부정산 (외부전문기관위탁 정산) 3. 내·외부 모두 산정 4. 정산 無 5. 없음	1. 실시 2. 미실시 3. 향후 추진 4. 해당없음
1598	부산 동래구	체육회운영	77,250	2	4	7	8	7	1	1	1
1599	부산 동래구	자원봉사코디네이터지원육성	64,800	2	1	7	8	7	1	1	1
1600	부산 동래구	문화원운영지원	62,750	2	1,4	7	8	7	1	1	1
1601	부산 동래구	보훈단체지원	61,620	2	4	7	7	7	1	1	1
1602	부산 동래구	새마을운동단체운영비지원	34,024	2	1	7	8	7	1	1	1
1603	부산 동래구	자원봉사센터청년실업해소실무자지원사업	32,400	2	1	7	8	7	1	1	1
1604	부산 동래구	자유총연맹지회운영비지원	32,000	2	1	7	8	7	1	1	1
1605	부산 동래구	바르게살기운동단체운영비지원	32,000	2	1	7	8	7	1	1	1
1606	부산 동래구	생활체육지도자처우개선	31,680	2	1	7	8	7	1	1	1
1607	부산 동래구	대한노인회동래구지회운영활성화지원	24,000	2	1	7	8	7	1	1	4
1608	부산 동래구	문화원운영지원	11,550	2	1,4	7	8	7	1	1	1
1609	부산 동래구	소상공인연합회지원사업	10,000	2	1,4	7	8	7	5	5	1
1610	부산 동래구	한국자유총연맹구지회사무인력인건비지원	6,000	2	1	7	8	7	1	1	1
1611	부산 동래구	민주평화통일자문회의활동지원	4,800	2	1	7	8	7	1	1	1
1612	부산 동래구	대한노인회동래구지회운영비지원	4,000	2	1	7	8	7	1	1	1
1613	부산 남구	일반생활체육지도자배치	219,051	2	1	7	8	7	1	1	1
1614	부산 남구	지방문화원운영활동지원(전환사업)	154,000	2	1	7	8	7	1	1	2
1615	부산 남구	새마을단체지원	68,000	2	1	7	8	7	1	1	1
1616	부산 남구	어르신생활체육지도자배치	62,586	2	1	7	8	7	1	1	1
1617	부산 남구	남구체육회운영지원	60,000	2	1	7	8	7	1	1	1
1618	부산 남구	바르게살기운동단체지원	38,000	2	1	7	8	7	1	1	1
1619	부산 남구	노인회노인복지지원	36,000	2	4	7	3	7	1	1	1
1620	부산 남구	생활체육지도자처우개선	35,640	2	1	7	8	7	1	1	1
1621	부산 남구	남구체육회지원	26,600	2	1	7	8	7	1	1	1
1622	부산 남구	구민과함께하는자치행정	6,000	2	1	7	8	7	1	1	1
1623	부산 남구	생활체육지도자지도활동보험료	1,476	2	1	7	8	7	1	1	1
1624	부산 북구	새마을운동구지회운영비	40,000	2	4	7	8	7	1	1	1
1625	부산 북구	새마을지회사무보조인력인건비	32,000	2	4	7	8	7	1	1	1
1626	부산 북구	바르게살기운동구협의회운영비	32,000	2	1	7	8	7	1	1	1
1627	부산 북구	한국자유총연맹구지회사무국장인건비	32,000	2	1	7	8	7	1	1	1
1628	부산 북구	낙동문화원육성지원(전환사업)	24,000	2	1	7	8	7	1	1	4
1629	부산 북구	대한노인회북구지회사무국직원인건비	24,000	2	1	7	8	7	5	1	1
1630	부산 북구	낙동문화원운영활동지원	18,260	2	1	7	8	7	1	1	4
1631	부산 북구	대한노인회북구지회운영지원(운영비지원)	14,075	2	4	7	8	7	1	1	1
1632	부산 북구	대한노인회북구지회회장활동비	12,000	2	1	7	8	7	5	1	1
1633	부산 북구	민주평화통일상근직원인건비지원	6,000	2	1	7	8	7	1	1	1
1634	부산 북구	보훈단체법정운영비지원	3,000	2	1	7	1	7	1	1	1
1635	부산 북구	한국자유총연맹구지회운영비	2,400	2	1	7	8	7	1	1	1
1636	부산 해운대구	전일제생활체육지도자배치	187,758	2	2	5	1	7	2	3	1
1637	부산 해운대구	체육회지원	171,165	2	1	5	1	7	2	3	1

순번	시군구	지출명 (사업명)	2024년예산 (단위 : 천원 /1년간)	민간이전 분류 (지방자치단체 세출예산 집행기준에 의거) 1. 민간경상사업보조(307-02) 2. 민간단체 법정운영비보조(307-03) 3. 민간행사사업보조(307-04) 4. 민간위탁금(307-05) 5. 사회복지시설 법정운영비보조(307-10) 6. 민간인위탁교육비(307-12) 7. 공기관등에대한경상적위탁사업비(308-13) 8. 민간자본사업보조,자체재원(402-01) 9. 민간자본사업보조,이전재원(402-02) 10. 민간위탁사업비(402-03) 11. 공기관등에 대한 자본적 위탁사업비(403-02)	민간이전지출 근거 (지방보조금 관리기준 참고) 1. 법률에 규정 2. 국고보조 재원(국가지정) 3. 용도 지정 기부금 4. 조례에 직접규정 5. 지자체가 권장하는 사업을 하는 공공기관 6. 시,도 정책 및 재정사정 7. 기타 8. 해당없음	입찰방식 계약체결방법 (경쟁형태) 1. 일반경쟁 2. 제한경쟁 3. 지명경쟁 4. 수의계약 5. 법정위탁 6. 기타 ( ) 7. 없음	입찰방식 계약기간 1. 1년 2. 2년 3. 3년 4. 4년 5. 5년 6. 기타 ( )년 7. 단기계약 (1년미만) 8. 없음	입찰방식 낙찰자선정방법 1. 적격심사 2. 협상에의한계약 3. 최저가낙찰제 4. 규격가격분리 5. 2단계 경쟁입찰 6. 기타 ( ) 7. 없음	운영예산 산정 운영예산 산정 1. 내부산정 (지자체 자체적으로 산정) 2. 외부산정 (외부전문기관위탁 산정) 3. 내·외부 모두 산정 4. 산정 無 5. 없음	운영예산 산정 정산방법 1. 내부정산 (지자체 내부적으로 정산) 2. 외부정산 (외부전문기관위탁 정산) 3. 내·외부 모두 산정 4. 정산 無 5. 없음	성과평가 실시여부 1. 실시 2. 미실시 3. 향후 추진 4. 해당없음
1638	부산 해운대구	어르신체육지도활동지도자배치	156,465	2	2	5	1	7	2	3	1
1639	부산 해운대구	체육지도자지도활동보험료	1,804	2	1	5	1	7	2	3	1
1640	부산 사하구	구체육회지원	80,000	2	1	7	8	7	1	1	1
1641	부산 사하구	사하문화원지원	70,000	2	1	7	8	7	1	1	1
1642	부산 사하구	보훈단체지원	68,064	2	1	7	8	7	1	1	4
1643	부산 사하구	대한노인회공익활동사업지원(대한노인회운영비지원)	50,700	2	1	7	8	7	1	1	1
1644	부산 사하구	새마을운동활성화지원	41,360	2	1	7	8	7	1	1	1
1645	부산 사하구	새마을지회사무보조인력인건비지원	32,000	2	1	7	8	7	1	1	1
1646	부산 사하구	바르게살기운동활성화지원	32,000	2	1	7	8	7	1	1	1
1647	부산 사하구	자유총연맹육성지원	32,000	2	1	7	8	7	4	1	1
1648	부산 사하구	구장애인체육회지원	24,000	2	1	7	8	7	1	1	1
1649	부산 강서구	일반생활체육지도자배치(인건비)	156,465	2	2	7	8	7	1	1	1
1650	부산 강서구	어르신생활체육지도자배치(인건비)	125,172	2	2	7	8	7	1	1	1
1651	부산 강서구	보훈단체법정운영비지원	81,180	2	4	7	8	7	1	1	1
1652	부산 강서구	생활체육지도자복리후생비	52,870	2	1	7	8	7	1	1	1
1653	부산 강서구	팀장인건비	51,528	2	4	7	8	7	1	1	1
1654	부산 강서구	구체육회운영비지원	49,000	2	1	7	8	7	1	1	1
1655	부산 강서구	강서구새마을회운영비	40,000	2	1	7	8	7	1	1	1
1656	부산 강서구	대한노인회운영	36,000	2	1	7	8	7	1	1	2
1657	부산 강서구	생활체육지도자복리후생비	35,640	2	1	7	8	7	1	1	1
1658	부산 강서구	바르게살기운동강서구협의회운영비	32,000	2	1	7	8	7	3	1	1
1659	부산 강서구	강서구새마을회사무보조인력운영비지원	32,000	2	1	7	8	7	1	1	1
1660	부산 강서구	한국자유총연맹강서구지회운영비지원	32,000	2	1	7	8	7	1	1	1
1661	부산 강서구	운영비보조	27,000	2	1	7	8	7	1	1	1
1662	부산 강서구	구장애인체육회운영비지원	20,000	2	1	7	8	7	1	1	1
1663	부산 강서구	구장애인체육회운영비지원	16,891	2	1	7	8	7	1	1	1
1664	부산 강서구	사무국장인건비	11,546	2	4	7	8	7	1	1	1
1665	부산 강서구	구체육회사무실임대료	8,525	2	1	7	8	7	1	1	1
1666	부산 강서구	청사관리비	5,940	2	4	7	8	7	1	1	1
1667	부산 강서구	운영비	5,490	2	1	7	8	7	1	1	1
1668	부산 강서구	차량렌트비	5,400	2	4	7	8	7	1	1	1
1669	부산 강서구	통일기반조성사업(운영비)	4,500	2	1	7	8	7	3	1	1
1670	부산 강서구	홈페이지관리	1,782	2	4	7	8	7	1	1	1
1671	부산 강서구	생활체육지도자지도활동보험료	1,476	2	2	7	8	7	1	1	1
1672	부산 강서구	사무국장복리후생비	1,000	2	1	7	8	7	1	1	1
1673	부산 연제구	연제문화원운영비	76,000	2	1	7	8	7	1	1	4
1674	부산 연제구	보훈단체운영비	61,916	2	7	5	8	7	1	1	1
1675	부산 연제구	사회복지협의회운영지원(인건비)	47,000	2	1	7	8	7	1	1	1
1676	부산 연제구	지역사회보장협의체사무국전담인력인건비	36,000	2	1	7	8	7	1	1	1
1677	부산 연제구	대한노인회연제구지회사무국직원인건비	24,000	2	4	7	8	7	1	1	4

순번	시군구	지출명 (사업명)	2024년예산 (단위 : 천원 /1년간)	민간이전 분류 (지방자치단체 세출예산 집행기준에 의거) 1. 민간경상사업보조(307-02) 2. 민간단체 법정운영비보조(307-03) 3. 민간행사사업보조(307-04) 4. 민간위탁금(307-05) 5. 사회복지시설 법정운영비보조(307-10) 6. 민간인위탁교육비(307-12) 7. 공기관등에대한경상적위탁사업비(308-13) 8. 민간자본사업보조,자체재원(402-01) 9. 민간자본사업보조,이전재원(402-02) 10. 민간위탁사업비(402-03) 11. 공기관등에 대한 자본적 위탁사업비(403-02)	민간이전지출 근거 (지방보조금 관리기준 참고) 1. 법률에 규정 2. 국고보조 재원(국가지정) 3. 용도 지정 기부금 4. 조례에 직접규정 5. 지자체가 권장하는 사업을 하는 공공기관 6. 시,도 정책 및 재정사정 7. 기타 8. 해당없음	입찰방식			운영예산 산정		성과평가 실시여부
						계약체결방법 (경쟁형태) 1. 일반경쟁 2. 제한경쟁 3. 지명경쟁 4. 수의계약 5. 법정위탁 6. 기타 ( ) 7. 없음	계약기간 1. 1년 2. 2년 3. 3년 4. 4년 5. 5년 6. 기타 ( )년 7. 단기계약 (1년미만) 8. 없음	낙찰자선정방법 1. 적격심사 2. 협상에의한계약 3. 최저가낙찰제 4. 규격가격분리 5. 2단계 경쟁입찰 6. 기타 ( ) 7. 없음	운영예산 산정 1. 내부산정 (지자체 자체적으로 산정) 2. 외부산정 (외부전문기관위탁 산정) 3. 내·외부 모두 산정 4. 산정 無 5. 없음	정산방법 1. 내부정산 (지자체 내부적으로 정산) 2. 외부정산 (외부전문기관위탁 정산) 3. 내·외부 모두 산정 4. 정산 無 5. 없음	1. 실시 2. 미실시 3. 향후 추진 4. 해당없음
1678	부산 연제구	대한노인회연제구지회지회장활동비지원	12,000	2	4	7	8	7	1	1	4
1679	부산 연제구	지역사회보장협의체사무국운영비(구비추가)	6,000	2	1	7	8	7	1	1	1
1680	부산 연제구	대한노인회운영비	6,000	2	4	7	8	7	1	1	4
1681	부산 연제구	사회복지협의회운영지원(운영비)	3,600	2	1	7	8	7	1	1	1
1682	부산 연제구	구체육회지원	85,562	2	1	7	8	7	1	1	2
1683	부산 연제구	구장애인체육회지원	40,000	2	1	7	8	7	1	1	2
1684	부산 수영구	장애인정책지원	4,100	2	1	7	8	6	1	1	1
1685	부산 수영구	수영문화원운영비지원	142,520	2	1	5	8	7	5	1	4
1686	부산 수영구	지역사회보장협의체사무국운영비지원	139,307	2	1	7	8	7	1	1	4
1687	부산 수영구	체육회운영	56,216	2	1	5	8	7	1	1	1
1688	부산 수영구	보훈단체공익활동운영비지원	53,500	2	4	7	8	7	1	1	1
1689	부산 수영구	새마을회운영비지원	40,000	2	1	7	8	7	5	5	1
1690	부산 수영구	대한노인회구군지회사무국직원인건비및지회장활동수당지원	36,000	2	4	7	8	7	1	1	4
1691	부산 수영구	새마을회사무보조인력인건비지원	32,000	2	1	7	8	7	5	5	1
1692	부산 수영구	한국자유총연맹운영비지원(보조사업)	32,000	2	1	7	8	7	5	5	1
1693	부산 수영구	바르게살기운동운영비지원(보조사업)	32,000	2	1	7	8	7	5	5	1
1694	부산 수영구	대한노인회수영구지회운영비지원	25,000	2	4	7	8	7	1	1	1
1695	부산 사상구	정신재활시설운영비지원	528,664	2	1	7	8	7	1	3	1
1696	부산 사상구	보훈단체운영비지원(1개단체)	92,310	2	4	7	8	7	1	1	1
1697	부산 사상구	사상문화원운영지원	68,000	2	4	7	8	7	1	1	1
1698	부산 사상구	사상구체육회운영지원	61,320	2	5	7	8	7	1	1	1
1699	부산 사상구	사상구체육회지원	60,000	2	6	7	8	7	1	1	1
1700	부산 사상구	장애인지역법인근로작업장지원	42,775	2	1	7	8	7	5	1	4
1701	부산 사상구	사상구새마을회운영비지원	39,000	2	1	7	8	7	5	1	1
1702	부산 사상구	대한노인회지회운영지원	36,000	2	1	7	8	7	5	1	4
1703	부산 사상구	사상구새마을회사무보조인력지원	32,000	2	1	7	8	7	5	1	1
1704	부산 사상구	한국자유총연맹사상구지회운영비지원	32,000	2	1	7	8	7	1	1	1
1705	부산 사상구	바르게살기운동사상구협의회운영비지원	32,000	2	1	7	8	7	1	1	1
1706	부산 사상구	장애인체육회운영지원	30,000	2	5	7	8	7	1	1	1
1707	부산 사상구	마을관리사회적협동조합운영비지원	30,000	2	2	7	8	7	5	5	4
1708	부산 사상구	노인회관공공요금등지원	25,000	2	1	7	8	7	5	1	4
1709	부산 사상구	사상문화원운영지원	24,000	2	4	7	8	7	1	1	1
1710	부산 사상구	성인문해교육지원사업(샛별야학)	16,000	2	1,4	7	7	1	1	1	1
1711	부산 기장군	지방문화원사업활동및운영비지원(추가군비)	205,481	2	1	7	8	7	5	5	4
1712	부산 기장군	기장임랑썸머뮤직페스티벌지원	200,000	2	4	7	8	7	3	3	1
1713	부산 기장군	작은도서관조성및운영	166,000	2	4	7	8	7	1	1	1
1714	부산 기장군	노인복지업무운영	122,112	2	4	7	8	7	1	1	1
1715	부산 기장군	노인복지업무운영	54,920	2	4	7	8	7	1	1	1
1716	부산 기장군	기장군새마을회지원(자체)	40,000	2	1	7	8	7	1	1	1
1717	부산 기장군	기장군새마을회지원	32,000	2	1	7	8	7	1	1	4

순번	시군구	지출명 (사업명)	2024년예산 (단위 : 천원 /1년간)	민간이전 분류 (지방자치단체 세출예산 집행기준에 의거) 1. 민간경상사업보조(307-02) 2. 민간단체 법정운영비보조(307-03) 3. 민간행사사업보조(307-04) 4. 민간위탁금(307-05) 5. 사회복지시설 법정운영비보조(307-10) 6. 민간인위탁교육비(307-12) 7. 공기관등에대한경상적위탁사업비(308-13) 8. 민간자본사업보조,지체재원(402-01) 9. 민간자본사업보조,이전재원(402-02) 10. 민간위탁사업비(402-03) 11. 공기관등에 대한 자본적 위탁사업비(403-02)	민간이전지출 근거 (지방보조금 관리기준 참고) 1. 법률에 규정 2. 국고보조 재원(국가지정) 3. 용도 지정 기부금 4. 조례에 직접규정 5. 지자체가 권장하는 사업을 하는 공공기관 6. 시,도 정책 및 재정사정 7. 기타 8. 해당없음	입찰방식 계약체결방법 (경쟁형태) 1. 일반경쟁 2. 제한경쟁 3. 지명경쟁 4. 수의계약 5. 법정위탁 6. 기타 ( ) 7. 없음	입찰방식 계약기간 1. 1년 2. 2년 3. 3년 4. 4년 5. 5년 6. 기타 ( )년 7. 단기계약 (1년미만) 8. 없음	입찰방식 낙찰자선정방법 1. 적격심사 2. 협상에의한계약 3. 최저가낙찰제 4. 규격가격분리 5. 2단계 경쟁입찰 6. 기타 ( ) 7. 없음	운영예산 산정 운영예산 산정 1. 내부산정 (지자체 자체적으로 산정) 2. 외부산정 (외부전문기관위탁 산정) 3. 내·외부 모두 산정 4. 산정 無 5. 없음	운영예산 산정 정산방법 1. 내부정산 (지자체 내부적으로 정산) 2. 외부정산 (외부전문기관위탁 정산) 3. 내·외부 모두 산정 4. 정산 無 5. 없음	성과평가 실시여부 1. 실시 2. 미실시 3. 향후 추진 4. 해당없음
1718	부산 기장군	지방문화원사업활동및운영비지원(전환사업)	24,000	2	1	7	8	7	5	5	4
1719	부산 기장군	한국자유총연맹기장군지회지원	23,800	2	1	7	8	7	1	1	4
1720	부산 기장군	보훈단체및회원지원	21,000	2	1	7	8	7	1	1	1
1721	부산 기장군	장애인지역법인근로작업장지원	20,000	2	1	7	8	7	1	1	4
1722	부산 기장군	노인복지업무운영	18,000	2	4	7	8	7	1	1	4
1723	부산 기장군	장애인협회운영	16,000	2	1	7	8	7	1	1	4
1724	부산 기장군	장애인부모회운영	13,000	2	1	7	8	7	1	1	4
1725	부산 기장군	보훈단체및회원지원	10,500	2	1	7	8	7	1	1	1
1726	부산 기장군	사회단체지원	9,000	2	1	7	8	7	1	1	1
1727	부산 기장군	보훈단체및회원지원	8,400	2	1	7	8	7	1	1	1
1728	부산 기장군	후계농업경영인운영지원	8,035	2	4	7	8	7	5	5	4
1729	부산 기장군	보훈단체및회원지원	7,890	2	1	7	8	7	1	1	1
1730	부산 기장군	바르게살기운동기장군협의회지원	7,200	2	1	7	8	7	1	1	4
1731	부산 기장군	보훈단체및회원지원	6,670	2	1	7	8	7	1	1	1
1732	부산 기장군	보훈단체및회원지원	4,500	2	1	7	8	7	1	1	1
1733	부산 기장군	보훈단체및회원지원	4,200	2	1	7	8	7	1	1	1
1734	부산 기장군	보훈단체및회원지원	4,000	2	1	7	8	7	1	1	1
1735	부산 기장군	보훈단체및회원지원	3,000	2	1	7	8	7	1	1	1
1736	부산 기장군	보훈단체및회원지원	3,000	2	1	7	8	7	1	1	1
1737	울산 중구	문화원인건비	160,630	2	1	7	8	7	1	1	1
1738	울산 중구	호국보훈단체및국가유공자지원	122,351	2	4	7	8	7	5	5	4
1739	울산 중구	중구노인지회운영비	73,677	2	4	7	8	7	1	1	4
1740	울산 중구	지회운영비	57,820	2	1	7	8	7	1	1	1
1741	울산 중구	문화원운영비	52,000	2	1	7	8	7	1	1	1
1742	울산 중구	구협의회운영비	33,000	2	1	7	8	7	1	1	1
1743	울산 중구	지체장애인협회중구지회운영비	31,250	2	1	7	8	7	1	1	1
1744	울산 중구	지회운영비	28,800	2	1	7	8	7	1	1	1
1745	울산 중구	협의회운영비	16,703	2	1	7	8	7	1	1	1
1746	울산 중구	지적장애인복지협회중구지부운영비	7,300	2	1	7	8	7	1	1	1
1747	울산 중구	초소운영비	6,721	2	1	7	8	7	1	1	1
1748	울산 중구	로컬푸드안전성검사지원	4,500	2	1	7	8	7	1	1	2
1749	울산 중구	광장수업	2,025	2	4	7	8	7	1	1	1
1750	울산 남구	비영리민간단체공익활동지원	148,544	2	1,4	7	8	7	1	1	1
1751	울산 남구	노인단체운영지원	117,234	2	1	5	8	7	1	1	4
1752	울산 남구	대한민국6.25참전유공자회남구지회지원	18,240	2	1	7	8	7	5	5	1
1753	울산 남구	대한민국고엽제전우회남구지회지원	16,380	2	1	7	8	7	5	5	1
1754	울산 남구	대한민국무공수훈자회남구지회지원	13,650	2	1	7	8	7	5	5	1
1755	울산 남구	대한민국상이군경회남구지회지원	12,700	2	1	7	8	7	5	5	1
1756	울산 남구	대한민국전몰군경미망인회남구지회지원	12,700	2	1	7	8	7	5	5	1
1757	울산 남구	대한민국월남전참전자회남구지회지원	11,950	2	1	7	8	7	5	5	1

순번	시군구	지출명 (사업명)	2024년예산 (단위 : 천원 /1년간)	민간이전 분류 (지방자치단체 세출예산 집행기준에 의거) 1. 민간경상사업보조(307-02) 2. 민간단체 법정운영비보조(307-03) 3. 민간행사사업보조(307-04) 4. 민간위탁금(307-05) 5. 사회복지시설 법정운영비보조(307-10) 6. 민간인위탁교육비(307-12) 7. 공기관등에대한경상적위탁사업비(308-13) 8. 민간자본사업보조,자체재원(402-01) 9. 민간자본사업보조,이전재원(402-02) 10. 민간위탁사업비(402-03) 11. 공기관등에 대한 자본적 위탁사업비(403-02)	민간이전지출 근거 (지방보조금 관리기준 참고) 1. 법률에 규정 2. 국고보조 재원(국가지정) 3. 용도 지정 기부금 4. 조례에 직접규정 5. 지자체가 권장하는 사업을 하는 공공기관 6. 시,도 정책 및 재정사정 7. 기타 8. 해당없음	입찰방식			운영예산 산정		성과평가 실시여부
						계약체결방법 (경쟁형태) 1. 일반경쟁 2. 제한경쟁 3. 지명경쟁 4. 수의계약 5. 법정위탁 6. 기타 ( ) 7. 없음	계약기간 1. 1년 2. 2년 3. 3년 4. 4년 5. 5년 6. 기타 ( )년 7. 단기계약 (1년미만) 8. 없음	낙찰자선정방법 1. 적격심사 2. 협상에의한계약 3. 최저가낙찰제 4. 규격가격분리 5. 2단계 경쟁입찰 6. 기타 ( ) 7. 없음	운영예산 산정 1. 내부산정 (지자체 자체적으로 산정) 2. 외부산정 (외부전문기관위탁 산정) 3. 내·외부 모두 산정 4. 산정 無 5. 없음	정산방법 1. 내부정산 (지자체 내부적으로 정산) 2. 외부정산 (외부전문기관위탁 정산) 3. 내·외부 모두 산정 4. 정산 無 5. 없음	1. 실시 2. 미실시 3. 향후 추진 4. 해당없음
1758	울산 남구	대한민국전몰군경유족회남구지회지원	10,800	2	1	7	8	7	5	5	1
1759	울산 남구	남구재향군인회지원	9,700	2	1	7	8	7	5	5	1
1760	울산 남구	대한민국특수임무유공자회남구지회지원	8,400	2	1	7	8	7	5	5	1
1761	울산 남구	자연보호협의회운영비지원	5,400	2	4	7	8	7	1	1	1
1762	울산 남구	광복회남구지회지원	4,868	2	1	7	8	7	5	5	1
1763	울산 동구	소상공인민원지원콜센터운영	38,722	2	1	7	8	7	5	5	4
1764	울산 동구	울산광역시동구체육회운영비	153,047	2	1	7	8	6	1	1	1
1765	울산 북구	북구체육회운영비	143,732	2	1	7	8	7	5	5	4
1766	울산 북구	작은도서관운영비지원	111,930	2	1,4	7	8	7	1	1	1
1767	울산 북구	대한노인회북구지회운영비	105,158	2	6	7	8	7	5	5	4
1768	울산 북구	문화원운영	90,355	2	5	7	8	7	5	5	4
1769	울산 북구	사무국운영비	31,599	2	4	7	8	7	5	5	4
1770	울산 북구	지체장애인협회북구지회운영비	28,500	2	1	7	8	7	5	5	4
1771	울산 북구	사무국운영비	24,276	2	1	7	8	7	5	5	4
1772	울산 북구	사무국운영비	22,980	2	1	7	8	7	5	5	4
1773	울산 북구	사무국운영비	16,831	2	1	7	8	7	5	5	4
1774	울산 북구	사무실운영비	16,236	2	1	7	8	7	5	5	4
1775	울산 북구	사무실운영비	16,011	2	1	7	8	7	5	5	4
1776	울산 북구	사무실운영비	15,109	2	1	7	8	7	5	5	4
1777	울산 북구	사무실운영비	15,109	2	1	7	8	7	5	5	4
1778	울산 북구	사무실운영비	15,109	2	1	7	8	7	5	5	4
1779	울산 북구	사무실운영비	15,109	2	1	7	8	7	5	5	4
1780	울산 북구	지적발달장애인복지협회북구지부운영비	14,180	2	1	7	8	7	5	5	4
1781	울산 북구	사무실운영비	13,361	2	1	7	8	7	5	5	4
1782	울산 북구	북구농업경영인연합회운영비	12,669	2	1	7	8	7	5	5	4
1783	울산 북구	사무실운영비	9,180	2	1	7	8	7	5	5	4
1784	울산 북구	농아인협회북구지회운영비	5,800	2	1	7	8	7	5	5	4
1785	울산 울주군	새울원전환경감시기구인건비	542,660	2	2	5	8	7	1	1	4
1786	울산 울주군	울주군체육회지원	465,067	2	1	5	8	6	1	1	1
1787	울산 울주군	새울원전환경감시기구운영비	172,750	2	2	5	8	7	1	1	4
1788	울산 울주군	지역사회보장협의체운영	120,617	2	1	7	8	7	1	1	1
1789	울산 울주군	재향군인회운영비	57,316	2	1	7	8	7	1	1	1
1790	울산 울주군	새마을운동울주군지회운영비	56,682	2	1,4	7	8	7	1	1	1
1791	울산 울주군	후계농업경영인사무실운영지원	44,920	2	1	7	8	7	1	1	1
1792	울산 울주군	고엽제전우회운영비	40,965	2	1	7	8	7	1	1	1
1793	울산 울주군	한국자유총연맹울주군지회운영비	35,598	2	1,4	7	8	7	1	1	1
1794	울산 울주군	바르게살기운동울주군협의회운영비	35,598	2	4	7	8	7	1	1	1
1795	울산 울주군	6.25참전유공자회운영비	34,347	2	1	7	8	7	1	1	1
1796	울산 울주군	무공수훈자회운영비	26,947	2	1	7	8	7	1	1	1
1797	울산 울주군	민주평화통일자문회의울주군협의회운영비	25,227	2	1	7	8	7	1	1	1

순번	시군구	지출명 (사업명)	2024년예산 (단위 : 천원 /1년간)	민간이전 분류 (지방자치단체 세출예산 집행기준에 의거) 1. 민간경상사업보조(307-02) 2. 민간단체 법정운영비보조(307-03) 3. 민간행사사업보조(307-04) 4. 민간위탁금(307-05) 5. 사회복지시설 법정운영비보조(307-10) 6. 민간인위탁교육비(307-12) 7. 공기관등에대한경상적위탁사업비(308-13) 8. 민간자본사업보조,지체재원(402-01) 9. 민간자본사업보조,이전재원(402-02) 10. 민간위탁사업비(402-03) 11. 공기관등에 대한 자본적 위탁사업비(403-02)	민간이전지출 근거 (지방보조금 관리기준 참고) 1. 법률에 규정 2. 국고보조 재원(국가지정) 3. 용도 지정 기부금 4. 조례에 직접규정 5. 지자체가 권장하는 사업을 하는 공공기관 6. 시,도 정책 및 재정사정 7. 기타 8. 해당없음	입찰방식: 계약체결방법 (경쟁형태) 1. 일반경쟁 2. 제한경쟁 3. 지명경쟁 4. 수의계약 5. 법정위탁 6. 기타 ( ) 7. 없음	입찰방식: 계약기간 1. 1년 2. 2년 3. 3년 4. 4년 5. 5년 6. 기타 ( )년 7. 단기계약 (1년미만) 8. 없음	입찰방식: 낙찰자선정방법 1. 적격심사 2. 협상에의한계약 3. 최저가낙찰제 4. 규격가격분리 5. 2단계 경쟁입찰 6. 기타 ( ) 7. 없음	운영예산 산정: 운영예산 산정 1. 내부산정 (지자체 자체적으로 산정) 2. 외부산정 (외부전문기관위탁 산정) 3. 내·외부 모두 산정 4. 산정 無 5. 없음	운영예산 산정: 정산방법 1. 내부정산 (지자체 내부적으로 정산) 2. 외부정산 (외부전문기관위탁 정산) 3. 내·외부 모두 산정 4. 정산 無 5. 없음	성과평가 실시여부 1. 실시 2. 미실시 3. 향후 추진 4. 해당없음
1798	울산 울주군	상이군경회운영비	24,070	2	1	7	8	7	1	1	1
1799	울산 울주군	전몰군경미망인회운영비	22,350	2	1	7	8	7	1	1	1
1800	울산 울주군	월남전참전자회운영비	21,911	2	1	7	8	7	1	1	1
1801	울산 울주군	전몰군경유족회운영비	19,090	2	1	7	8	7	1	1	1
1802	울산 울주군	특수임무유공자회운영비	9,840	2	1	7	8	7	1	1	1
1803	울산 울주군	광복회운영비	7,480	2	1	7	8	7	1	1	1
1804	울산 울주군	청소년복지및청소년보호활동	6,491	2	1	7	8	7	1	1	1
1805	울산 울주군	농촌지도자사무실운영지원	3,000	2	1	7	8	7	1	1	1
1806	세종특별자치시	여성단체협의회운영지원	9,856	2	1	5	1	7	1	1	4
1807	세종특별자치시	세종지속가능발전협의회운영	71,000	2	1	5	8	7	1	1	3
1808	세종특별자치시	자율방범대운영	13,000	2	1	7	8	7	5	5	4
1809	세종특별자치시	보훈단체운영	214,000	2	4	7	8	7	5	5	4
1810	세종특별자치시	소상공인역량강화	109,160	2	1	7	8	7	1	1	1
1811	세종특별자치시	골목상권활성화(조직화)지원사업	36,000	2	1	7	8	7	5	5	4
1812	세종특별자치시	재향군인회운영지원	30,000	2	4	7	8	7	5	5	4
1813	세종특별자치시	템플스테이체험여행지원	7,200	2	6	7	1	7	1	1	3
1814	강원특별자치도	보훈단체운영비지원	268,400	2	1	7	8	7	1	1	4
1815	강원특별자치도	문화예술단체운영지원	240,000	2	1	7	8	7	1	1	1
1816	강원특별자치도	대한노인회강원특별자치도연합회운영비지원	176,300	2	1	7	8	7	1	1	4
1817	강원특별자치도	강원도립대학교산학협력단운영지원	157,500	2	1	7	8	7	1	1	4
1818	강원특별자치도	소비자권익향상지원	151,156	2	4	7	8	7	1	1	4
1819	강원특별자치도	근로자권익보호및지원정책추진	91,533	2	4	7	8	7	1	1	1
1820	강원특별자치도	소상공인경영활성화사업추진	40,000	2	1	7	8	7	3	1	4
1821	강원특별자치도	강원도여성단체협의회운영지원	40,000	2	1,4	7	8	7	1	1	4
1822	강원특별자치도	한국4H강원특별자치도본부운영활성화지원	31,000	2	4	7	8	7	1	1	3
1823	강원특별자치도	도장애인농구협회지원	10,000	2	1,4	7	8	7	5	5	4
1824	강원 춘천시	춘천문화원운영	800,000	2	1	7	8	7	1	1	1
1825	강원 춘천시	시체육회운영지원(인건비)	753,800	2	1,4	7	8	7	1	1	1
1826	강원 춘천시	자원봉사센터운영	561,411	2	1	7	8	7	1	1	3
1827	강원 춘천시	장애인체육회운영지원	469,302	2	4	7	8	7	1	1	1
1828	강원 춘천시	스포츠클럽운영지원	402,000	2	1,4	7	8	7	1	1	1
1829	강원 춘천시	시체육회운영지원(운영비)	325,200	2	1,4	7	8	7	1	1	1
1830	강원 춘천시	회원종목단체운영지원	121,000	2	1,4	7	8	7	1	1	1
1831	강원 춘천시	춘천시자율방범대	81,190	2	1	7	8	7	1	1	1
1832	강원 춘천시	농촌고용인력지원사업(농촌인력중개센터운영)	80,000	2	1	7	8	7	1	1	4
1833	강원 춘천시	춘천예총운영	66,000	2	1	7	8	7	1	1	1
1834	강원 춘천시	소비자정보센터운영지원	57,708	2	4	7	8	7	5	5	4
1835	강원 춘천시	장애인단체운영지원(운영)	53,000	2	1	7	8	7	1	1	3
1836	강원 춘천시	바르게살기춘천시협의회	48,204	2	1	7	8	7	1	1	1
1837	강원 춘천시	한국자유총연맹춘천시지회	38,403	2	1	7	8	7	1	1	1

순번	시군구	지출명 (사업명)	2024년예산 (단위 : 천원 /1년간)	민간이전 분류 (지방자치단체 세출예산 집행기준에 의거) 1. 민간경상사업보조(307-02) 2. 민간단체 법정운영비보조(307-03) 3. 민간행사사업보조(307-04) 4. 민간위탁금(307-05) 5. 사회복지시설 법정운영비보조(307-10) 6. 민간인위탁교육비(307-12) 7. 공기관등에대한경상적위탁사업비(308-13) 8. 민간자본사업보조,자체재원(402-01) 9. 민간자본사업보조,이전재원(402-02) 10. 민간위탁사업비(402-03) 11. 공기관등에 대한 자본적 위탁사업비(403-02)	민간이전지출 근거 (지방보조금 관리기준 참고) 1. 법률에 규정 2. 국고보조 재원(국가지정) 3. 용도 지정 기부금 4. 조례에 직접규정 5. 지자체가 권장하는 사업을 하는 공공기관 6. 시,도 정책 및 재정사정 7. 기타 8. 해당없음	입찰방식			운영예산 산정		성과평가 실시여부
						계약체결방법 (경쟁형태) 1. 일반경쟁 2. 제한경쟁 3. 지명경쟁 4. 수의계약 5. 법정위탁 6. 기타 ( ) 7. 없음	계약기간 1. 1년 2. 2년 3. 3년 4. 4년 5. 5년 6. 기타 ( )년 7. 단기계약 (1년미만) 8. 없음	낙찰자선정방법 1. 적격심사 2. 협상에의한계약 3. 최저가낙찰제 4. 규격가격분리 5. 2단계 경쟁입찰 6. 기타 ( ) 7. 없음	운영예산 산정 1. 내부산정 (지자체 자체적으로 산정) 2. 외부산정 (외부전문기관위탁 산정) 3. 내·외부 모두 산정 4. 산정 無 5. 없음	정산방법 1. 내부정산 (지자체 내부적으로 정산) 2. 외부정산 (외부전문기관위탁 정산) 3. 내·외부 모두 산정 4. 정산 無 5. 없음	1. 실시 2. 미실시 3. 향후 추진 4. 해당없음
1838	강원 춘천시	춘천민예총운영	38,000	2	1	7	8	7	1	1	1
1839	강원 춘천시	새마을운동춘천시지회	33,796	2	1	7	8	7	1	1	1
1840	강원 춘천시	보훈단체활성화(보훈단체운영비)	27,000	2	1	7	8	7	1	1	1
1841	강원 춘천시	농촌체험휴양마을협의회운영비지원	13,000	2	1	7	8	7	1	1	4
1842	강원 춘천시	민주평화통일자문회의춘천시협의회	12,500	2	1	7	8	7	1	1	1
1843	강원 춘천시	범죄피해자지원센터운영	8,000	2	1	7	8	7	1	1	1
1844	강원 춘천시	춘천시여성단체협의회운영지원	5,000	2	1	7	8	7	1	1	1
1845	강원 강릉시	강릉시체육회운영비	874,662	2	1,5	7	8	7	5	5	4
1846	강원 강릉시	자원봉사센터운영	565,000	2	1	7	8	7	5	5	4
1847	강원 강릉시	강릉문화원운영	460,000	2	4	7	8	7	5	5	4
1848	강원 강릉시	강릉시장애인체육회운영비	344,370	2	1,5	7	8	7	5	5	4
1849	강원 강릉시	강릉예총운영비	185,103	2	1	7	8	7	5	5	4
1850	강원 강릉시	강릉농악보존회지원	110,000	2	1	7	8	7	5	5	4
1851	강원 강릉시	강릉단오제보존회지원	110,000	2	1	7	8	7	5	5	4
1852	강원 강릉시	강릉지속가능발전협의회관리운영비	90,000	2	1,4	7	8	7	5	5	4
1853	강원 강릉시	노사민정협의회사무국운영비	88,000	2	4	7	8	7	5	5	4
1854	강원 강릉시	강릉스포츠클럽운영지원	80,000	2	1,5	7	8	7	5	5	4
1855	강원 강릉시	장애인단체운영비지원	80,000	2	1	7	8	7	5	5	4
1856	강원 강릉시	근로자종합복지관운영지원	68,000	2	1	7	8	7	5	5	4
1857	강원 강릉시	예맥아트센터운영	55,000	2	4	7	8	7	5	5	4
1858	강원 강릉시	새마을운동강릉시지회운영비지원	42,600	2	1	7	8	7	5	5	4
1859	강원 강릉시	강릉유도스포츠클럽운영지원	40,000	2	1,5	7	8	7	5	5	4
1860	강원 강릉시	강릉민예총운영비	36,000	2	1	7	8	7	5	5	4
1861	강원 강릉시	강릉성덕등불학교운영지원	30,000	2	1	7	8	7	5	5	4
1862	강원 강릉시	바르게살기운동강릉시협의회운영비지원	27,840	2	1	7	8	7	5	5	4
1863	강원 강릉시	소상공인단체운영지원	25,000	2	4	7	8	7	5	5	4
1864	강원 강릉시	대한민국고엽제전우회강릉시지회운영	22,000	2	4	7	8	7	5	5	4
1865	강원 강릉시	대한민국상이군경회강릉시지회운영	20,000	2	4	7	8	7	5	5	4
1866	강원 강릉시	대한민국전몰군경유족회강릉시지회운영	20,000	2	4	7	8	7	5	5	4
1867	강원 강릉시	대한민국전몰군경미망인강릉지회운영	20,000	2	4	7	8	7	5	5	4
1868	강원 강릉시	대한민국무공수훈자회강릉시지회운영	20,000	2	4	7	8	7	5	5	4
1869	강원 강릉시	광복회강릉시지회운영	20,000	2	4	7	8	7	5	5	4
1870	강원 강릉시	대한민국특수임무유공자회강릉지회운영	20,000	2	4	7	8	7	5	5	4
1871	강원 강릉시	강릉시재향군인회운영	20,000	2	4	7	8	7	5	5	4
1872	강원 강릉시	6.25참전유공자회강릉시지회운영	20,000	2	4	7	8	7	5	5	4
1873	강원 강릉시	대한민국월남전참전자회강릉시지회운영	20,000	2	4	7	8	7	5	5	4
1874	강원 강릉시	한국자유총연맹강릉시지회운영비지원	19,840	2	1	7	8	7	5	5	4
1875	강원 강릉시	강릉시여성단체협의회운영비지원	17,500	2	1	7	8	7	5	5	4
1876	강원 강릉시	율곡평생교육원인건비지원	16,000	2	7	7	8	7	5	5	4
1877	강원 강릉시	범죄피해자지원센터운영지원	13,000	2	1	7	8	7	5	5	4

순번	시군구	지출명 (사업명)	2024년예산 (단위 : 천원 /1년간)	민간이전 분류 (지방자치단체 세출예산 집행기준에 의거) 1. 민간경상사업보조(307-02) 2. 민간단체 법정운영비보조(307-03) 3. 민간행사사업보조(307-04) 4. 민간위탁금(307-05) 5. 사회복지시설 법정운영비보조(307-10) 6. 민간인위탁교육비(307-12) 7. 공기관등에대한경상적위탁사업비(308-13) 8. 민간자본사업보조,자체재원(402-01) 9. 민간자본사업보조,이전재원(402-02) 10. 민간위탁사업비(402-03) 11. 공기관등에 대한 자본적 위탁사업비(403-02)	민간이전지출 근거 (지방보조금 관리기준 참고) 1. 법률에 규정 2. 국고보조 재원(국가지정) 3. 용도 지정 기부금 4. 조례에 직접규정 5. 지자체가 권장하는 사업을 하는 공공기관 6. 시,도 정책 및 재정사정 7. 기타 8. 해당없음	입찰방식 계약체결방법 (경쟁형태) 1. 일반경쟁 2. 제한경쟁 3. 지명경쟁 4. 수의계약 5. 법정위탁 6. 기타 ( ) 7. 없음	입찰방식 계약기간 1. 1년 2. 2년 3. 3년 4. 4년 5. 5년 6. 기타 ( )년 7. 단기계약 (1년미만) 8. 없음	입찰방식 낙찰자선정방법 1. 적격심사 2. 협상에의한계약 3. 최저가낙찰제 4. 규격가격분리 5. 2단계 경쟁입찰 6. 기타 ( ) 7. 없음	운영예산 산정 운영예산 산정 1. 내부산정 (지자체 자체적으로 산정) 2. 외부산정 (외부전문기관위탁 산정) 3. 내·외부 모두 산정 4. 산정 無 5. 없음	운영예산 산정 정산방법 1. 내부정산 (지자체 내부적으로 정산) 2. 외부정산 (외부전문기관위탁 정산) 3. 내·외부 모두 산정 4. 정산 無 5. 없음	성과평가 실시여부 1. 실시 2. 미실시 3. 향후 추진 4. 해당없음
1878	강원 강릉시	민주평통강릉시협의회운영지원	9,000	2	1	7	8	7	5	5	4
1879	강원 동해시	일반생활체육지도자인건비	285,263	2	4	7	8	7	1	1	4
1880	강원 동해시	전통시장지킴이지원	260,240	2	1	7	1	7	1	1	4
1881	강원 동해시	동해문화원사업활동지원	230,152	2	4	7	8	7	5	1	1
1882	강원 동해시	어르신생활체육지도자인건비	163,675	2	4	7	8	7	1	1	4
1883	강원 동해시	체육회팀장인건비	139,946	2	4	7	8	7	1	1	4
1884	강원 동해시	체육회사무주임인건비	119,672	2	4	7	8	7	1	1	4
1885	강원 동해시	삼화사수륙재운영비지원	116,800	2	1	7	8	7	5	1	1
1886	강원 동해시	장애인팀장및사무주임인건비	100,130	2	4	7	8	7	1	1	4
1887	강원 동해시	체육회사무국운영	95,600	2	4	7	8	7	1	1	4
1888	강원 동해시	직원복지포인트	80,000	2	4	7	8	7	1	1	4
1889	강원 동해시	장애인생활체육지도자인건비	78,492	2	4	7	8	7	1	1	4
1890	강원 동해시	문화예술단체운영비지원	66,584	2	4	7	8	7	5	1	1
1891	강원 동해시	체육회사무국장인건비	42,000	2	4	7	8	7	1	1	4
1892	강원 동해시	4대보험사업자부담분	34,535	2	4	7	8	7	1	1	4
1893	강원 동해시	장애인체육회사무국운영	27,800	2	4	7	8	7	1	1	4
1894	강원 동해시	퇴직적립금	25,135	2	4	7	8	7	1	1	4
1895	강원 동해시	소비자상담센터운영	20,000	2	1	6	8	7	1	1	1
1896	강원 동해시	웰다잉연구회지원	13,300	2	4	7	8	7	1	1	3
1897	강원 동해시	청소년경제교육사업지원	13,000	2	4	6	8	7	1	1	1
1898	강원 동해시	4대보험사업자부담분	11,464	2	4	7	8	7	1	1	4
1899	강원 동해시	생활체육지도자처우개선지원(근속수당)	10,320	2	4	7	8	7	1	1	4
1900	강원 동해시	동해시체육회회계감사	10,000	2	4	7	8	7	1	1	4
1901	강원 동해시	4차산업혁명준비지역인재육성지원	9,700	2	8	7	8	7	1	1	4
1902	강원 동해시	생활체육지도자처우개선지원(활동수당)	9,240	2	4	7	8	7	1	1	4
1903	강원 동해시	퇴직적립금	8,340	2	4	7	8	7	1	1	4
1904	강원 동해시	여성단체협의회운영비지원	6,000	2	5	7	8	7	1	1	2
1905	강원 동해시	행복시민경제대학운영지원	5,000	2	4	6	8	7	1	1	1
1906	강원 동해시	복지포인트	3,200	2	4	7	8	7	1	1	4
1907	강원 동해시	지속가능발전협의회운영비보조	3,000	2	4	7	8	7	1	1	4
1908	강원 태백시	체육회운영지원	343,895	2	1	7	8	7	1	1	1
1909	강원 태백시	태백문화원지원및육성	174,881	2	1	7	8	7	1	1	1
1910	강원 태백시	국가유공자지원	115,770	2	1	7	8	7	1	1	3
1911	강원 태백시	노인회지회운영지원	112,467	2	1	7	8	7	1	1	4
1912	강원 태백시	국민사회단체활성화지원	87,577	2	1	7	8	7	1	1	1
1913	강원 태백시	문화예술활동활성화	57,722	2	1	7	8	7	1	1	1
1914	강원 태백시	환경단체육성	45,374	2	1	7	8	7	1	1	4
1915	강원 태백시	사회복지사업운영활성화(장애인)	28,539	2	1	7	8	7	1	1	1
1916	강원 태백시	범죄피해자지원센터운영	12,000	2	1	7	8	7	5	5	4
1917	강원 태백시	사회복지사업운영활성화(여성)	2,500	2	1	7	8	7	1	1	1

순번	시군구	지출명 (사업명)	2024년예산 (단위 : 천원 /1년간)	민간이전 분류 (지방자치단체 세출예산 집행기준에 의거) 1. 민간경상사업보조(307-02) 2. 민간단체 법정운영비보조(307-03) 3. 민간행사사업보조(307-04) 4. 민간위탁금(307-05) 5. 사회복지시설 법정운영비보조(307-10) 6. 민간인위탁교육비(307-12) 7. 공기관등에대한경상적위탁사업비(308-13) 8. 민간자본사업보조,자체재원(402-01) 9. 민간자본사업보조,이전재원(402-02) 10. 민간위탁사업비(402-03) 11. 공기관등에 대한 자본적 위탁사업비(403-02)	민간이전지출 근거 (지방보조금 관리기준 참고) 1. 법률에 규정 2. 국고보조 재원(국가지정) 3. 용도 지정 기부금 4. 조례에 직접규정 5. 지자체가 권장하는 사업을 하는 공공기관 6. 시,도 정책 및 재정사정 7. 기타 8. 해당없음	입찰방식			운영예산 산정		성과평가 실시여부
						계약체결방법 (경쟁형태) 1. 일반경쟁 2. 제한경쟁 3. 지명경쟁 4. 수의계약 5. 법정위탁 6. 기타 ( ) 7. 없음	계약기간 1. 1년 2. 2년 3. 3년 4. 4년 5. 5년 6. 기타 ( )년 7. 단기계약 (1년미만) 8. 없음	낙찰자선정방법 1. 적격심사 2. 협상에의한계약 3. 최저가낙찰제 4. 규격가격분리 5. 2단계 경쟁입찰 6. 기타 ( ) 7. 없음	운영예산 산정 1. 내부산정 (지자체 자체적으로 산정) 2. 외부산정 (외부전문기관위탁 산정) 3. 내·외부 모두 산정 4. 산정 無 5. 없음	정산방법 1. 내부정산 (지자체 내부적으로 정산) 2. 외부정산 (외부전문기관위탁 정산) 3. 내·외부 모두 산정 4. 정산 無 5. 없음	1. 실시 2. 미실시 3. 향후 추진 4. 해당없음
1918	강원 태백시	1세시대,어르신일자리사업	2,400	2	1	7	8	7	5	1	4
1919	강원 속초시	체육회인건비	296,929	2	6	7	8	7	3	1	1
1920	강원 속초시	일반생활체육지도자활동지원	220,198	2	2	7	8	7	3	1	1
1921	강원 속초시	속초문화원인건비	189,214	2	4	7	8	7	3	1	1
1922	강원 속초시	자원봉사센터운영지원(인건비)	165,145	2	1	7	8	7	3	1	1
1923	강원 속초시	장애인체육회인건비	157,508	2	6	7	8	7	3	1	1
1924	강원 속초시	어르신생활체육지도자활동지원	157,286	2	2	7	8	7	3	1	1
1925	강원 속초시	장애인생활체육지도자활동지원	156,510	2	2	7	8	7	3	1	1
1926	강원 속초시	전문체육지도자인건비	117,129	2	6	7	8	7	3	1	1
1927	강원 속초시	생활체육지도자수당(자체)	109,419	2	4	7	8	7	3	1	1
1928	강원 속초시	(사)한국예총속초지회사무국직원인건비	75,502	2	4	7	8	7	3	1	1
1929	강원 속초시	체육회운영비	69,720	2	6	7	8	7	3	1	1
1930	강원 속초시	장애인생활체육지도자활동지원(자체)	52,606	2	4	7	8	7	3	1	1
1931	강원 속초시	자원봉사센터운영지원(운영비)	51,730	2	1	7	8	7	3	1	1
1932	강원 속초시	장애인체육회운영비	44,549	2	6	7	8	7	3	1	1
1933	강원 속초시	(사)강원민예총속초지부경상운영비(인건비)	43,542	2	4	7	8	7	3	1	1
1934	강원 속초시	지역노사민정협력활성화지원사업(인건비)	39,060	2	1	7	8	7	3	1	1
1935	강원 속초시	새마을회운영비(인건비)	33,378	2	1	7	8	7	3	1	1
1936	강원 속초시	지역자율방재단운영지원	31,770	2	4	7	8	7	3	1	1
1937	강원 속초시	바르게살기단체운영지원(인건비)	29,952	2	1	7	8	7	3	1	1
1938	강원 속초시	한국자유총연맹운영지원(인건비)	29,206	2	4	7	8	7	3	1	1
1939	강원 속초시	속초문화원운영비	23,980	2	4	7	8	7	3	1	1
1940	강원 속초시	생활체육지도자처우개선수당	20,040	2	2	7	8	7	3	1	1
1941	강원 속초시	자율방범대운영비	18,200	2	1	7	8	7	3	1	1
1942	강원 속초시	속초시소상공인연합회운영지원(인건비)	17,265	2	1	7	8	7	3	1	1
1943	강원 속초시	범죄피해자지원센터운영비(인건비)	10,000	2	1	7	8	7	3	1	1
1944	강원 속초시	한국자유총연맹운영지원(운영비)	6,760	2	4	7	8	7	3	1	1
1945	강원 속초시	새마을회운영비(운영비)	5,206	2	1	7	8	7	3	1	1
1946	강원 속초시	민주평통운영지원(인건비)	4,800	2	1	7	8	7	3	1	1
1947	강원 속초시	속초시소상공인연합회운영지원(운영비)	4,480	2	1	7	8	7	3	1	1
1948	강원 속초시	(사)강원민예총속초지부경상운영비(운영비)	4,230	2	4	7	8	7	3	1	1
1949	강원 속초시	(사)한국예총속초지회사무국운영비	4,140	2	4	7	8	7	3	1	1
1950	강원 속초시	바르게살기단체운영지원(운영비)	4,040	2	1	7	8	7	3	1	1
1951	강원 속초시	민주평통운영지원(운영비)	4,000	2	1	7	8	7	3	1	1
1952	강원 속초시	지역노사민정협력활성화지원사업(운영비)	3,488	2	1	7	8	7	3	1	1
1953	강원 속초시	범죄피해자지원센터운영비(운영비)	1,000	2	1	7	8	7	3	1	1
1954	강원 삼척시	체육회운영지원	383,733	2	4	7	8	7	1	1	4
1955	강원 삼척시	자원봉사센터운영	263,000	2	1	7	8	7	5	5	4
1956	강원 삼척시	삼척문화원활성화지원	192,000	2	4	7	8	7	1	1	4
1957	강원 삼척시	시정지원단체공익사업지원	188,000	2	1	7	8	7	5	5	4

순번	시군구	지출명 (사업명)	2024년예산 (단위 : 천원 /1년간)	민간이전 분류 (지방자치단체 세출예산 집행기준에 의거)	민간이전지출 근거 (지방보조금 관리기준 참고)	입찰방식			운영예산 산정		성과평가 실시여부
				1. 민간경상사업보조(307-02) 2. 민간단체 법정운영비보조(307-03) 3. 민간행사사업보조(307-04) 4. 민간위탁금(307-05) 5. 사회복지시설 법정운영비보조(307-10) 6. 민간인위탁교육비(307-12) 7. 공기관등에대한경상적위탁사업비(308-13) 8. 민간자본사업보조,자체재원(402-01) 9. 민간자본사업보조,이전재원(402-02) 10. 민간위탁사업비(402-03) 11. 공기관등에 대한 자본적 위탁사업비(403-02)	1. 법률에 규정 2. 국고보조 재원(국가지정) 3. 용도 지정 기부금 4. 조례에 직접규정 5. 지자체가 권장하는 사업을 하는 공공기관 6. 시,도 정책 및 재정사정 7. 기타 8. 해당없음	계약체결방법 (경쟁형태) 1. 일반경쟁 2. 제한경쟁 3. 지명경쟁 4. 수의계약 5. 법정위탁 6. 기타 ( ) 7. 없음	계약기간 1. 1년 2. 2년 3. 3년 4. 4년 5. 5년 6. 기타 ( )년 7. 단기계약 (1년미만) 8. 없음	낙찰자선정방법 1. 적격심사 2. 협상에의한계약 3. 최저가낙찰제 4. 규격가격분리 5. 2단계 경쟁입찰 6. 기타 ( ) 7. 없음	운영예산 산정 1. 내부산정 (지자체 자체적으로 산정) 2. 외부산정 (외부전문기관위탁 산정) 3. 내·외부 모두 산정 4. 산정 無 5. 없음	정산방법 1. 내부정산 (지자체 내부적으로 정산) 2. 외부정산 (외부전문기관위탁 정산) 3. 내·외부 모두 산정 4. 정산 無 5. 없음	1. 실시 2. 미실시 3. 향후 추진 4. 해당없음
1958	강원 삼척시	자율방범대지원	159,850	2	1	7	8	7	5	5	4
1959	강원 삼척시	보훈관련단체공익사업지원및보훈회관운영	150,700	2	1	7	8	7	1	1	4
1960	강원 삼척시	체육회운영지원	120,600	2	4	7	8	7	1	1	4
1961	강원 삼척시	자원봉사센터운영	79,000	2	1	7	8	7	5	5	4
1962	강원 삼척시	장애인체육회운영지원	69,953	2	4	7	8	7	1	1	4
1963	강원 삼척시	장애인체육회운영지원	61,405	2	4	7	8	7	1	1	4
1964	강원 삼척시	삼척예총활성화지원	52,528	2	4	7	8	7	1	1	1
1965	강원 삼척시	장애인체육회운영지원	37,044	2	4	7	8	7	1	1	4
1966	강원 삼척시	노사민정협의회운영	23,000	2	4	7	8	7	1	1	4
1967	강원 삼척시	지역자율방재단육성	20,000	2	1,4	7	8	7	1	1	1
1968	강원 삼척시	체육회운영지원	19,000	2	4	7	8	7	1	1	4
1969	강원 삼척시	범죄피해자지원센터지원	13,000	2	1	7	8	7	5	5	4
1970	강원 삼척시	삼척민예총활성화지원	12,000	2	4	7	8	7	1	1	1
1971	강원 삼척시	체육회운영지원	10,000	2	4	7	8	7	1	1	4
1972	강원 삼척시	체육회운영지원	9,000	2	4	7	8	7	1	1	4
1973	강원 삼척시	장애인체육회운영지원	7,200	2	4	7	8	7	1	1	4
1974	강원 삼척시	장애인체육회운영지원	3,000	2	4	7	8	7	1	1	4
1975	강원 삼척시	장애인체육회운영지원	1,650	2	4	7	8	7	1	1	4
1976	강원 횡성군	횡성문화원경상운영	236,400	2	4	7	7	7	1	1	1
1977	강원 횡성군	횡성군장애인체육회운영	187,630	2	4	7	7	7	1	1	1
1978	강원 횡성군	한국예총횡성지회활동지원	88,503	2	4	7	7	7	1	1	1
1979	강원 횡성군	장애인복지사업지원	379,319	2	4	7	8	7	1	1	1
1980	강원 횡성군	자원봉사센터운영비지원	371,480	2	1,2	7	8	7	1	1	1
1981	강원 횡성군	장애인종합상담실운영	106,604	2	6	7	8	7	1	1	1
1982	강원 횡성군	새마을운동사업조직운영	90,000	2	1	7	8	7	1	1	3
1983	강원 횡성군	바르게살기운동조직운영	41,300	2	1	7	8	7	1	1	3
1984	강원 횡성군	월남참전자회운영비지원	32,000	2	4	7	8	7	1	1	1
1985	강원 횡성군	재향군인회운영지원	30,766	2	1	7	8	7	1	1	3
1986	강원 횡성군	무공수훈자회운영비지원	30,000	2	4	7	8	7	1	1	1
1987	강원 횡성군	고엽제전우회운영비지원	29,500	2	4	7	8	7	1	1	1
1988	강원 횡성군	6.25.참전유공자회운영비지원	28,628	2	4	7	8	7	1	1	1
1989	강원 횡성군	한국자유총연맹지회운영	22,000	2	1	7	8	7	1	1	3
1990	강원 횡성군	상이군경회운영비지원	22,000	2	4	7	8	7	1	1	1
1991	강원 횡성군	전몰군경유족회운영비지원	22,000	2	4	7	8	7	1	1	1
1992	강원 횡성군	전몰군경미망인회운영비지원	22,000	2	4	7	8	7	1	1	1
1993	강원 횡성군	4개단체다목적실운영비지원	13,000	2	4	7	8	7	1	1	1
1994	강원 횡성군	민주평통횡성군협의회운영	6,480	2	1	7	8	7	1	1	3
1995	강원 영월군	택시산업발전	1,119	2	4	7	8	7	1	1	4
1996	강원 영월군	체육회사무국인건비(7명)	390,575	2	1	4	1	7	1	1	1
1997	강원 영월군	영월군노인복지회관운영	261,700	2	4	5	8	7	1	1	4

순번	시군구	지출명 (사업명)	2024년예산 (단위 : 천원 /1년간)	민간이전 분류 (지방자치단체 세출예산 집행기준에 의거) 1. 민간경상사업보조(307-02) 2. 민간단체 법정운영비보조(307-03) 3. 민간행사사업보조(307-04) 4. 민간위탁금(307-05) 5. 사회복지시설 법정운영비보조(307-10) 6. 민간인위탁교육비(307-12) 7. 공기관등에대한경상적위탁사업비(308-13) 8. 민간자본사업보조,자체재원(402-01) 9. 민간자본사업보조,이전재원(402-02) 10. 민간위탁사업비(402-03) 11. 공기관등에 대한 자본적 위탁사업비(403-02)	민간이전지출 근거 (지방보조금 관리기준 참고) 1. 법률에 규정 2. 국고보조 재원(국가지정) 3. 용도 지정 기부금 4. 조례에 직접규정 5. 지자체가 권장하는 사업을 하는 공공기관 6. 시,도 정책 및 재정사정 7. 기타 8. 해당없음	입찰방식 계약체결방법 (경쟁형태) 1. 일반경쟁 2. 제한경쟁 3. 지명경쟁 4. 수의계약 5. 법정위탁 6. 기타 ( ) 7. 없음	입찰방식 계약기간 1. 1년 2. 2년 3. 3년 4. 4년 5. 5년 6. 기타 ( )년 7. 단기계약 (1년미만) 8. 없음	입찰방식 낙찰자선정방법 1. 적격심사 2. 협상에의한계약 3. 최저가낙찰제 4. 규격가격분리 5. 2단계 경쟁입찰 6. 기타 ( ) 7. 없음	운영예산 산정 운영예산 산정 1. 내부산정 (지자체 자체적으로 산정) 2. 외부산정 (외부전문기관위탁 산정) 3. 내·외부 모두 산정 4. 산정 無 5. 없음	운영예산 산정 정산방법 1. 내부정산 (지자체 내부적으로 정산) 2. 외부정산 (외부전문기관위탁 정산) 3. 내·외부 모두 산정 4. 정산 無 5. 없음	성과평가 실시여부 1. 실시 2. 미실시 3. 향후 추진 4. 해당없음
1998	강원 영월군	영월문화원사업지원	250,229	2	4	7	8	7	1	1	3
1999	강원 영월군	대한노인회영월군지회운영	225,657	2	1	5	8	7	1	1	4
2000	강원 영월군	체육회운영비	165,335	2	1	4	1	7	1	1	1
2001	강원 영월군	경로당운영지원	113,100	2	4	5	8	7	1	1	4
2002	강원 영월군	장애인체육회사무국인건비	109,937	2	1	4	1	7	1	1	1
2003	강원 영월군	체육활성화지도자배치(3명)	95,430	2	1	4	1	7	1	1	1
2004	강원 영월군	공공스포츠클럽지원	85,000	2	1	4	1	7	1	1	1
2005	강원 영월군	사회단체공익활동지원	81,866	2	4	7	8	7	1	1	1
2006	강원 영월군	장애인체육회운영비	75,450	2	1	4	1	7	1	1	1
2007	강원 영월군	경로당운영지원	21,000	2	4	5	8	7	1	1	4
2008	강원 영월군	럭비스포츠클럽지원	20,000	2	1	4	1	7	1	1	1
2009	강원 영월군	보훈단체지원	18,000	2	1	7	8	7	1	1	1
2010	강원 영월군	보훈단체지원	18,000	2	1	7	8	7	1	1	1
2011	강원 영월군	보훈단체지원	18,000	2	1	7	8	7	1	1	1
2012	강원 영월군	보훈단체지원	18,000	2	1	7	8	7	1	1	1
2013	강원 영월군	보훈단체지원	18,000	2	1	7	8	7	1	1	1
2014	강원 영월군	보훈단체지원	18,000	2	1	7	8	7	1	1	1
2015	강원 영월군	보훈단체지원	18,000	2	1	7	8	7	1	1	1
2016	강원 영월군	노사민정협의회활성화	8,000	2	1	7	8	7	5	5	4
2017	강원 영월군	보훈단체지원	5,000	2	1	7	8	7	1	1	1
2018	강원 영월군	보훈단체지원	4,000	2	1	7	8	7	1	1	1
2019	강원 영월군	보훈단체지원	2,000	2	1	7	8	7	1	1	1
2020	강원 평창군	체육회운영지원	645,598	2	1	7	8	7	3	1	1
2021	강원 평창군	평창문화원운영지원	381,330	2	4	7	8	7	1	1	1
2022	강원 평창군	자원봉사센터운영지원	313,403	2	4	7	8	7	5	5	4
2023	강원 평창군	생활체육지도자활동지원	220,200	2	1	7	8	7	3	1	1
2024	강원 평창군	전문체육지도자육성지원	171,501	2	1	7	8	7	3	1	1
2025	강원 평창군	평창군새마을회운영지원	90,000	2	4	7	8	7	5	5	4
2026	강원 평창군	어르신체육활동지원	62,914	2	1	7	8	7	3	1	1
2027	강원 평창군	지속가능발전협의회운영지원	45,791	2	1	7	8	7	1	1	1
2028	강원 평창군	바르게살기운동평창군협의회운영지원	42,200	2	4	7	8	7	5	5	4
2029	강원 평창군	평창예총운영지원	36,762	2	4	7	8	7	1	1	1
2030	강원 평창군	장애인체육지도자활동지원	31,302	2	1	7	8	7	3	1	1
2031	강원 평창군	한국자유총연맹평창군지회운영지원	24,000	2	1	7	8	7	5	5	4
2032	강원 평창군	대한민국6.25참전유공자회군지회지원	23,000	2	1	7	8	7	1	1	1
2033	강원 평창군	군재향군인회지원	20,000	2	1	7	8	7	1	1	1
2034	강원 평창군	대한민국상이군경회군지회지원	18,200	2	1	7	8	7	1	1	1
2035	강원 평창군	생활체육지도자처우개선수당지원	15,540	2	1	7	8	7	3	1	1
2036	강원 평창군	민주평통평창군협의회운영지원	15,000	2	4	7	8	7	5	5	4
2037	강원 평창군	대한민국전몰군경유족회군지회지원	15,000	2	1	7	8	7	1	1	1

순번	시군구	지출명 (사업명)	2024년예산 (단위 : 천원 /1년간)	민간이전 분류 (지방자치단체 세출예산 집행기준에 의거) 1. 민간경상사업보조(307-02) 2. 민간단체 법정운영비보조(307-03) 3. 민간행사사업보조(307-04) 4. 민간위탁금(307-05) 5. 사회복지시설 법정운영비보조(307-10) 6. 민간인위탁교육비(307-12) 7. 공기관등에대한경상적위탁사업비(308-13) 8. 민간자본사업보조,자체재원(402-01) 9. 민간자본사업보조,이전재원(402-02) 10. 민간위탁사업비(402-03) 11. 공기관등에 대한 자본적 위탁사업비(403-02)	민간이전지출 근거 (지방보조금 관리기준 참고) 1. 법률에 규정 2. 국고보조 재원(국가지정) 3. 용도 지정 기부금 4. 조례에 직접규정 5. 지자체가 권장하는 사업을 하는 공공기관 6. 시,도 정책 및 재정사정 7. 기타 8. 해당없음	입찰방식 계약체결방법 (경쟁형태) 1. 일반경쟁 2. 제한경쟁 3. 지명경쟁 4. 수의계약 5. 법정위탁 6. 기타 ( ) 7. 없음	계약기간 1. 1년 2. 2년 3. 3년 4. 4년 5. 5년 6. 기타 ( )년 7. 단기계약 (1년미만) 8. 없음	낙찰자선정방법 1. 적격심사 2. 협상에의한계약 3. 최저가낙찰제 4. 규격가격분리 5. 2단계 경쟁입찰 6. 기타 ( ) 7. 없음	운영예산 산정 운영예산 산정 1. 내부산정 (지자체 자체적으로 산정) 2. 외부산정 (외부전문기관위탁 산정) 3. 내·외부 모두 산정 4. 산정 無 5. 없음	정산방법 1. 내부정산 (지자체 내부적으로 정산) 2. 외부정산 (외부전문기관위탁 정산) 3. 내·외부 모두 산정 4. 정산 無 5. 없음	성과평가 실시여부 1. 실시 2. 미실시 3. 향후 추진 4. 해당없음
2038	강원 평창군	대한민국전몰군경미망인회군지회지원	15,000	2	1	7	8	7	1	1	1
2039	강원 평창군	대한민국무공수훈자회군지회지원	15,000	2	1	7	8	7	1	1	1
2040	강원 평창군	스포츠클럽운영지원	12,000	2	1	7	8	7	3	1	1
2041	강원 평창군	대한민국월남참전자회군지회지원	9,240	2	1	7	8	7	1	1	1
2042	강원 정선군	군체육회운영	396,339	2	1	7	8	7	1	1	1
2043	강원 정선군	정선문화원운영비	363,000	2	1	7	8	7	1	1	1
2044	강원 정선군	엘리트체육지도자배치사업	132,765	2	1	7	8	7	1	1	1
2045	강원 정선군	생활체육지도자복리후생비지원	96,623	2	1	7	8	7	1	1	1
2046	강원 정선군	인건비및수당	86,000	2	1	7	8	7	1	1	1
2047	강원 정선군	사무국운영비	40,849	2	1	7	8	7	1	1	1
2048	강원 정선군	공공스포츠클럽공모사업(국가직접지원사업)	40,000	2	1	7	8	7	1	1	1
2049	강원 정선군	정선군지속가능발전협의회운영비	39,140	2	4	7	8	7	5	5	4
2050	강원 정선군	직원인건비	38,421	2	1	7	8	7	1	1	1
2051	강원 정선군	엘리트체육지도자복리후생비	36,465	2	1	7	8	7	1	1	1
2052	강원 정선군	작은도서관운영지원사업	36,000	2	1	7	8	7	1	1	1
2053	강원 정선군	정선군여성단체협의회운영비지원	23,300	2	1	5	8	7	1	1	1
2054	강원 정선군	사무실운영경비	23,000	2	1	7	8	7	1	1	1
2055	강원 정선군	사무국장인건비	16,400	2	1	7	8	7	1	1	1
2056	강원 정선군	민주평통운영비	10,800	2	1	7	8	7	1	1	1
2057	강원 정선군	사무간사인건비	10,800	2	1	7	8	7	1	1	1
2058	강원 정선군	장애인생활체육지도자복리후생비	10,504	2	1	7	8	7	1	1	1
2059	강원 정선군	보존회차량유지비지원	4,000	2	8	7	8	7	1	1	1
2060	강원 정선군	사무국운영비	1,730	2	1	7	8	7	1	1	1
2061	강원 정선군	사무국운영비	1,000	2	1	7	8	7	1	1	1
2062	강원 화천군	보훈단체운영비지원	217,439	2	1	7	8	7	1	1	1
2063	강원 화천군	화천군지방보조금지원(대한노인회화천군지회)	169,260	2	1	7	8	7	1	1	1
2064	강원 화천군	새마을회운영비지원	114,496	2	1	7	8	7	1	1	1
2065	강원 양구군	분만취약지지원사업	500,000	2	1,2	7	8	7	5	2	1
2066	강원 양구군	생활체육인구저변확대(체육회인건비)	498,466	2	1	7	8	7	1	1	1
2067	강원 양구군	취약지역응급의료센터,기관운영비지원	222,000	2	1,2	7	8	7	5	2	1
2068	강원 양구군	의료취약지인공신장실지원	200,000	2	1,2	7	8	7	5	2	1
2069	강원 양구군	호국정신함양보훈단체지원	99,106	2	4	7	8	7	1	1	3
2070	강원 양구군	생활체육인구저변확대(체육회사무국운영)	87,232	2	1	7	8	7	1	1	1
2071	강원 양구군	소아중환자진료지원사업	81,000	2	1,2	7	8	7	5	2	1
2072	강원 양구군	새마을회운영비및피복비지원	58,788	2	1,4	7	8	7	1	1	1
2073	강원 양구군	바르게살기운동운영비지원	24,600	2	1,4	7	8	7	1	1	1
2074	강원 양구군	한국자유총연맹운영비지원	16,638	2	1	7	8	7	1	1	1
2075	강원 양구군	어린이연합운동회지원	15,000	2	7	7	8	7	1	1	1
2076	강원 양구군	4H영농활동지원	10,000	2	7	7	8	7	1	1	1
2077	강원 양구군	귀농귀촌유치지원	10,000	2	6	7	7	7	5	5	4

순번	시군구	지출명 (사업명)	2024년예산 (단위 : 천원 /1년간)	민간이전 분류 (지방자치단체 세출예산 집행기준에 의거) 1. 민간경상사업보조(307-02) 2. 민간단체 법정운영비보조(307-03) 3. 민간행사사업보조(307-04) 4. 민간위탁금(307-05) 5. 사회복지시설 법정운영비보조(307-10) 6. 민간인위탁교육비(307-12) 7. 공기관등에대한경상적위탁사업비(308-13) 8. 민간자본사업보조,자체재원(402-01) 9. 민간자본사업보조,이전재원(402-02) 10. 민간위탁사업비(402-03) 11. 공기관등에 대한 자본적 위탁사업비(403-02)	민간이전지출 근거 (지방보조금 관리기준 참고) 1. 법률에 규정 2. 국고보조 재원(국가지정) 3. 용도 지정 기부금 4. 조례에 직접규정 5. 지자체가 권장하는 사업을 하는 공공기관 6. 시,도 정책 및 재정사정 7. 기타 8. 해당없음	입찰방식			운영예산 산정		성과평가 실시여부
						계약체결방법 (경쟁형태) 1. 일반경쟁 2. 제한경쟁 3. 지명경쟁 4. 수의계약 5. 법정위탁 6. 기타 ( ) 7. 없음	계약기간 1. 1년 2. 2년 3. 3년 4. 4년 5. 5년 6. 기타 ( )년 7. 단기계약 (1년미만) 8. 없음	낙찰자선정방법 1. 적격심사 2. 협상에의한계약 3. 최저가낙찰제 4. 규격가격분리 5. 2단계 경쟁입찰 6. 기타 ( ) 7. 없음	운영예산 산정 1. 내부산정 (지자체 자체적으로 산정) 2. 외부산정 (외부전문기관위탁 산정) 3. 내·외부 모두 산정 4. 산정 無 5. 없음	정산방법 1. 내부정산 (지자체 내부적으로 정산) 2. 외부정산 (외부전문기관위탁 정산) 3. 내·외부 모두 산정 4. 정산 無 5. 없음	1. 실시 2. 미실시 3. 향후 추진 4. 해당없음
2078	강원 양구군	외국인근로자근로편익개선	10,000	2	7	7	7	7	1	1	1
2079	강원 양구군	장애인각종행사및체육대회참가지원(강원자치도지체장애인체육대회참가지원)	8,000	2	3	7	8	7	1	1	3
2080	강원 양구군	생활체육인구저변확대(체육회퇴직연금차액보전분)	3,900	2	1	7	8	7	1	1	1
2081	강원 양구군	자율방범연합대초소운영비지원	3,000	2	1,4	7	8	7	1	1	1
2082	강원 양구군	장애인각종행사및체육대회참가지원(강원자치도지체장애인대회참가지원)	3,000	2	3	7	8	7	1	1	3
2083	강원 양구군	장애인각종행사및체육대회참가지원(강원자치도지체장애인한궁대회)	3,000	2	3	7	8	7	1	1	3
2084	강원 양구군	청년농업인육성지원	2,000	2	7	7	7	7	1	1	1
2085	강원 인제군	자원봉사센터운영지원[자체]	216,385	2	5	6	8	7	3	1	1
2086	강원 인제군	대한민국6.25참전유공자회인제군지회	24,500	2	1	7	8	7	1	1	1
2087	강원 인제군	작은도서관운영비지원	24,000	2	8	7	8	7	1	1	4
2088	강원 인제군	대한민국고엽제전우회인제군지회	19,500	2	1	7	8	7	1	1	1
2089	강원 인제군	대한민국전몰군경미망인회인제군지회	17,000	2	1	7	8	7	1	1	1
2090	강원 인제군	대한민국무공수훈자회인제군지회	15,700	2	1	7	8	7	1	1	1
2091	강원 인제군	대한민국월남전참전자회인제군지회	15,700	2	1	7	8	7	1	1	1
2092	강원 인제군	대한민국전몰군경유족회인제군지회	15,700	2	1	7	8	7	1	1	1
2093	강원 인제군	대한민국상이군경회인제군지회	15,700	2	1	7	8	7	1	1	1
2094	강원 인제군	대한민국고엽제전우회인제군지회차량운영	6,000	2	1	7	8	7	1	1	1
2095	강원 고성군	문화원운영비	299,640	2	4	7	8	7	1	1	1
2096	강원 고성군	문화재안전경비원배치및활용	134,856	2	2	7	8	7	1	1	2
2097	강원 고성군	대한노인회고성군지회및분회운영	105,588	2	1	7	8	7	1	1	1
2098	강원 고성군	왕곡마을운영지원사업	43,547	2	1	7	8	7	1	1	2
2099	강원 고성군	고성군재향군인회운영보조	43,370	2	4	7	8	7	1	1	1
2100	강원 고성군	간성향교운영지원사업	17,500	2	1	7	8	7	1	1	2
2101	강원 고성군	대한민국고엽제전우회고성군지회운영지원	15,500	2	4	7	8	7	1	1	1
2102	강원 고성군	대한민국월남전참전자회고성군지회운영지원	15,468	2	4	7	8	7	1	1	1
2103	강원 고성군	대한민국상이군경회고성군지회운영지원	14,000	2	4	7	8	7	1	1	1
2104	강원 고성군	대한민국전몰군경유족회고성군지회운영지원	14,000	2	4	7	8	7	1	1	1
2105	강원 고성군	대한민국전몰군경미망인회고성군지회운영지원	14,000	2	4	7	8	7	1	1	1
2106	강원 고성군	대한민국특수임무유공자회강원도지부고성인제지회운영지원	14,000	2	4	7	8	7	1	1	1
2107	강원 고성군	대한민국6.25참전국가유공자회고성군지회운영지원	14,000	2	4	7	8	7	1	1	1
2108	강원 고성군	대한민국무공수훈자회고성군지회운영지원	14,000	2	4	7	8	7	1	1	1
2109	충북 청주시	청주시체육회사무국운영	1,289,000	2	1	7	8	7	5	1	1
2110	충북 청주시	자원봉사센터운영지원	707,968	2	1	7	8	7	1	1	1
2111	충북 청주시	청주시장애인체육회운영	619,676	2	1	7	8	7	5	1	1
2112	충북 청주시	청주시지속가능발전협의회운영지원	312,349	2	1,4	7	8	7	1	1	1
2113	충북 청주시	사회복지협의회운영	228,044	2	1	5	8	7	1	1	4
2114	충북 청주시	청주문화원운영비지원	168,653	2	1,4	7	8	7	1	1	1
2115	충북 청주시	지역사회보장협의체운영	150,588	2	1	7	7	7	1	1	1
2116	충북 청주시	청주예총운영비	138,375	2	1,4	7	8	7	1	1	1
2117	충북 청주시	청주시새마을회운영지원	117,614	2	1	7	8	7	1	1	1

순번	시군구	지출명 (사업명)	2024년예산 (단위 : 천원 /1년간)	민간이전 분류 (지방자치단체 세출예산 집행기준에 의거) 1. 민간경상사업보조(307-02) 2. 민간단체 법정운영비보조(307-03) 3. 민간행사사업보조(307-04) 4. 민간위탁금(307-05) 5. 사회복지시설 법정운영비보조(307-10) 6. 민간인위탁교육비(307-12) 7. 공기관등에대한경상적위탁사업비(308-13) 8. 민간자본사업보조,자체재원(402-01) 9. 민간자본사업보조,이전재원(402-02) 10. 민간위탁사업비(402-03) 11. 공기관등에 대한 자본적 위탁사업비(403-02)	민간이전지출 근거 (지방보조금 관리기준 참고) 1. 법률에 규정 2. 국고보조 재원(국가지정) 3. 용도 지정 기부금 4. 조례에 직접규정 5. 지자체가 권장하는 사업을 하는 공공기관 6. 시,도 정책 및 재정사정 7. 기타 8. 해당없음	입찰방식: 계약체결방법 (경쟁형태) 1. 일반경쟁 2. 제한경쟁 3. 지명경쟁 4. 수의계약 5. 법정위탁 6. 기타 ( ) 7. 없음	입찰방식: 계약기간 1. 1년 2. 2년 3. 3년 4. 4년 5. 5년 6. 기타 ( )년 7. 단기계약 (1년미만) 8. 없음	입찰방식: 낙찰자선정방법 1. 적격심사 2. 협상에의한계약 3. 최저가낙찰제 4. 규격가격분리 5. 2단계 경쟁입찰 6. 기타 ( ) 7. 없음	운영예산 산정: 운영예산 산정 1. 내부산정 (지자체 자체적으로 산정) 2. 외부산정 (외부전문기관위탁 산정) 3. 내·외부 모두 산정 4. 산정 無 5. 없음	운영예산 산정: 정산방법 1. 내부정산 (지자체 내부적으로 정산) 2. 외부정산 (외부전문기관위탁 정산) 3. 내·외부 모두 산정 4. 정산 無 5. 없음	성과평가 실시여부 1. 실시 2. 미실시 3. 향후 추진 4. 해당없음
2118	충북 청주시	노사민정사무국운영비	88,755	2	4	7	8	7	1	1	1
2119	충북 청주시	청주민예총운영비	71,750	2	1,4	7	8	7	1	1	1
2120	충북 청주시	한국자유총연맹청주시지회운영지원	61,871	2	1	7	8	7	1	1	1
2121	충북 청주시	바르게살기운동청주시협의회운영지원	59,632	2	1	7	8	7	1	1	1
2122	충북 청주시	청주시관광협의회운영비	32,000	2	4	7	8	7	1	1	1
2123	충북 청주시	고엽제전우회청주시지회운영	25,076	2	1	7	8	7	1	1	3
2124	충북 청주시	특수임무유공자회청주시지회운영	25,076	2	1	7	8	7	1	1	3
2125	충북 청주시	월남전참전자회청주시지회운영	23,076	2	1	7	8	7	1	1	3
2126	충북 청주시	6.25참전유공자회청주시지회운영	23,076	2	1	7	8	7	1	1	3
2127	충북 청주시	광복회청주시지회운영	23,076	2	1	7	8	7	1	1	3
2128	충북 청주시	청주시재향군인회운영	23,076	2	1	7	8	7	1	1	3
2129	충북 청주시	무공수훈자회청주시지회운영	21,241	2	1	7	8	7	1	1	3
2130	충북 청주시	전몰군경유족회청주시지회운영	19,541	2	1	7	8	7	1	1	3
2131	충북 청주시	전몰군경미망인회청주시지회운영	19,541	2	1	7	8	7	1	1	3
2132	충북 청주시	상이군경회청주시지회운영	19,541	2	1	7	8	7	1	1	3
2133	충북 청주시	민주평화통일자문회의청주시협의회운영지원	10,800	2	1	7	8	7	1	1	1
2134	충북 청주시	2024년지역문화재생사회적협동조합조기사업비지원사업	5,500	2	7	7	8	7	5	5	4
2135	충북 충주시	유네스코국제무예센터지원	877,000	2	1	7	8	7	1	1	1
2136	충북 충주시	세계무술연맹지원	424,000	2	1	7	8	7	1	1	1
2137	충북 충주시	충주시체육회운영지원	349,807	2	1	7	8	7	1	1	1
2138	충북 충주시	지역사회보장협의체운영	199,184	2	4	7	8	7	1	1	1
2139	충북 충주시	장애인체육회운영지원	150,170	2	1	7	8	7	1	1	1
2140	충북 충주시	지방문화원운영지원	100,600	2	1	7	7	7	1	1	3
2141	충북 충주시	노사민정사무국운영지원	89,000	2	4	7	8	7	1	1	1
2142	충북 충주시	충주예총운영지원	86,280	2	1	7	7	7	1	1	3
2143	충북 충주시	보훈단체협의회운영지원	84,356	2	1	7	8	7	5	5	4
2144	충북 충주시	특수임무유공자회운영지원	23,900	2	1	7	8	7	5	5	4
2145	충북 충주시	광복회운영지원	20,900	2	1	7	8	7	5	5	4
2146	충북 충주시	상이군경회운영지원	18,800	2	1	7	8	7	5	5	4
2147	충북 충주시	전몰군경유족회운영지원	18,800	2	1	7	8	7	5	5	4
2148	충북 충주시	전몰군경미망인회운영지원	18,800	2	1	7	8	7	5	5	4
2149	충북 충주시	무공수훈자회운영지원	18,800	2	1	7	8	7	5	5	4
2150	충북 충주시	6.25참전유공자회운영지원	18,800	2	1	7	8	7	5	5	4
2151	충북 충주시	고엽제전우회운영지원	18,800	2	1	7	8	7	5	5	4
2152	충북 충주시	월남전참전자회운영지원	18,800	2	1	7	8	7	5	5	4
2153	충북 충주시	소비자보호센터운영지원	18,000	2	4	7	8	7	5	5	4
2154	충북 충주시	충북민예총충주지부운영지원	16,200	2	1	7	7	7	1	1	3
2155	충북 충주시	(사)한국택견협회운영지원	264,000	2	1	7	8	7	1	1	4
2156	충북 충주시	공기관등에대한자본적위탁사업비(금가면기초생활거점조성사업)	120,000	2	2	7	8	7	1	1	4
2157	충북 제천시	체육회사무국운영	822,820	2	8	7	8	7	5	5	4

순번	시군구	지출명 (사업명)	2024년예산 (단위 : 천원 /1년간)	민간이전 분류 (지방자치단체 세출예산 집행기준에 의거) 1. 민간경상사업보조(307-02) 2. 민간단체 법정운영비보조(307-03) 3. 민간행사사업보조(307-04) 4. 민간위탁금(307-05) 5. 사회복지시설 법정운영비보조(307-10) 6. 민간인위탁교육비(307-12) 7. 공기관등에대한경상적위탁사업비(308-13) 8. 민간자본사업보조,자체재원(402-01) 9. 민간자본사업보조,이전재원(402-02) 10. 민간위탁사업비(402-03) 11. 공기관등에 대한 자본적 위탁사업비(403-02)	민간이전지출 근거 (지방보조금 관리기준 참고) 1. 법률에 규정 2. 국고보조 재원(국가지정) 3. 용도 지정 기부금 4. 조례에 직접규정 5. 지자체가 권장하는 사업을 하는 공공기관 6. 시,도 정책 및 재정사정 7. 기타 8. 해당없음	입찰방식 계약체결방법 (경쟁형태) 1. 일반경쟁 2. 제한경쟁 3. 지명경쟁 4. 수의계약 5. 법정위탁 6. 기타 ( ) 7. 없음	입찰방식 계약기간 1. 1년 2. 2년 3. 3년 4. 4년 5. 5년 6. 기타 ( )년 7. 단기계약 (1년미만) 8. 없음	입찰방식 낙찰자선정방법 1. 적격심사 2. 협상에의한계약 3. 최저가낙찰제 4. 규격가격분리 5. 2단계 경쟁입찰 6. 기타 ( ) 7. 없음	운영예산 산정 운영예산 산정 1. 내부산정 (지자체 자체적으로 산정) 2. 외부산정 (외부전문기관위탁 산정) 3. 내·외부 모두 산정 4. 산정 無 5. 없음	운영예산 산정 정산방법 1. 내부정산 (지자체 내부적으로 정산) 2. 외부정산 (외부전문기관위탁 정산) 3. 내·외부 모두 산정 4. 정산 無 5. 없음	성과평가 실시여부 1. 실시 2. 미실시 3. 향후 추진 4. 해당없음
2158	충북 제천시	청소년쉼터운영지원	322,916	2	8	7	8	7	5	5	4
2159	충북 제천시	복지시설종사자대우수당	289,210	2	8	7	8	7	5	5	4
2160	충북 제천시	자원봉사센터운영비지원	269,080	2	8	7	8	7	5	5	4
2161	충북 제천시	협의체운영비	247,000	2	8	7	8	7	5	5	4
2162	충북 제천시	제천시장애인체육회사무국운영	196,400	2	8	7	8	7	5	5	4
2163	충북 제천시	시민고충처리위원회운영지원	167,437	2	8	7	8	7	5	5	4
2164	충북 제천시	제천시새마을회운영비지원	110,000	2	8	7	8	7	5	5	4
2165	충북 제천시	지방의제21사업인건비	105,091	2	8	7	8	7	5	5	4
2166	충북 제천시	지방문화원운영비	98,103	2	8	7	8	7	5	5	4
2167	충북 제천시	제천시관광협의회운영비	77,736	2	8	7	8	7	5	5	4
2168	충북 제천시	대한노인회제천시지회사무국운영지원	67,059	2	8	7	8	7	5	5	4
2169	충북 제천시	바르게살기협의회운영비지원	53,032	2	8	7	8	7	5	5	4
2170	충북 제천시	노사민정협의회사무국운영	45,300	2	8	7	8	7	5	5	4
2171	충북 제천시	사)충북지체장애인협회제천시지회운영지원	45,244	2	8	7	8	7	5	5	4
2172	충북 제천시	농민단체협의회운영비지원	40,870	2	8	7	8	7	5	5	4
2173	충북 제천시	사)충북장애인단체연합회제천시지부운영지원	40,596	2	8	7	8	7	5	5	4
2174	충북 제천시	(사)한국예총제천지회운영비	40,000	2	8	7	8	7	5	5	4
2175	충북 제천시	여성단체협의회운영비	36,097	2	8	7	8	7	5	5	4
2176	충북 제천시	축산단체협의회운영지원	36,000	2	8	7	8	7	5	5	4
2177	충북 제천시	소상공인일사천리콜센터운영	35,600	2	8	7	8	7	5	5	4
2178	충북 제천시	(사)충북민예총제천단양지부운영비	34,000	2	8	7	8	7	5	5	4
2179	충북 제천시	대한노인회시지회사무국운영지원	33,455	2	8	7	8	7	5	5	4
2180	충북 제천시	상이군경회제천시지회	33,414	2	8	7	8	7	5	5	4
2181	충북 제천시	자유총연맹운영지원	33,339	2	8	7	8	7	5	5	4
2182	충북 제천시	고엽제전우회제천시지회	31,290	2	8	7	8	7	5	5	4
2183	충북 제천시	지역자율방재단운영비	31,100	2	8	7	8	7	5	5	4
2184	충북 제천시	소비자신고센터운영	31,000	2	8	7	8	7	5	5	4
2185	충북 제천시	공공스포츠클럽사무국운영	30,000	2	8	7	8	7	5	5	4
2186	충북 제천시	전몰군경유족회제천시지회	27,164	2	8	7	8	7	5	5	4
2187	충북 제천시	전몰군경미망인회제천시지회	27,164	2	8	7	8	7	5	5	4
2188	충북 제천시	월남참전자회제천시지회	24,750	2	8	7	8	7	5	5	4
2189	충북 제천시	무공수훈자회제천시지회	24,150	2	8	7	8	7	5	5	4
2190	충북 제천시	6.25참전유공자회제천시지회	23,933	2	8	7	8	7	5	5	4
2191	충북 제천시	제천단양범죄피해자지원센터운영지원	23,800	2	8	7	8	7	5	5	4
2192	충북 제천시	보훈회관관리위원회	22,600	2	8	7	8	7	5	5	4
2193	충북 제천시	지방의제21사업운영비	14,660	2	8	7	8	7	5	5	4
2194	충북 제천시	지적박물관운영	14,000	2	8	7	8	7	5	5	4
2195	충북 제천시	민주평통제천시지역협의회운영지원	12,500	2	8	7	8	7	5	5	4
2196	충북 제천시	재향군인회운영지원	9,840	2	8	7	8	7	5	5	4
2197	충북 제천시	광복회충북도지부북부연합지회	9,432	2	8	7	8	7	5	5	4

순번	시군구	지출명 (사업명)	2024년예산 (단위 : 천원 /1년간)	민간이전 분류 (지방자치단체 세출예산 집행기준에 의거) 1. 민간경상사업보조(307-02) 2. 민간단체 법정운영비보조(307-03) 3. 민간행사사업보조(307-04) 4. 민간위탁금(307-05) 5. 사회복지시설 법정운영비보조(307-10) 6. 민간인위탁교육비(307-12) 7. 공기관등에대한경상적위탁사업비(308-13) 8. 민간자본사업보조,자체재원(402-01) 9. 민간자본사업보조,이전재원(402-02) 10. 민간위탁사업비(402-03) 11. 공기관등에 대한 자본적 위탁사업비(403-02)	민간이전지출 근거 (지방보조금 관리기준 참고) 1. 법률에 규정 2. 국고보조 재원(국가지정) 3. 용도 지정 기부금 4. 조례에 직접규정 5. 지자체가 권장하는 사업을 하는 공공기관 6. 시,도 정책 및 재정사정 7. 기타 8. 해당없음	입찰방식 계약체결방법 (경쟁형태) 1. 일반경쟁 2. 제한경쟁 3. 지명경쟁 4. 수의계약 5. 법정위탁 6. 기타 ( ) 7. 없음	계약기간 1. 1년 2. 2년 3. 3년 4. 4년 5. 5년 6. 기타 ( )년 7. 단기계약 (1년미만) 8. 없음	낙찰자선정방법 1. 적격심사 2. 협상에의한계약 3. 최저가낙찰제 4. 규격가격분리 5. 2단계 경쟁입찰 6. 기타 ( ) 7. 없음	운영예산 산정 운영예산 산정 1. 내부산정 (지자체 자체적으로 산정) 2. 외부산정 (외부전문기관위탁 산정) 3. 내·외부 모두 산정 4. 산정 無 5. 없음	정산방법 1. 내부정산 (지자체 내부적으로 정산) 2. 외부정산 (외부전문기관위탁 정산) 3. 내·외부 모두 산정 4. 정산 無 5. 없음	성과평가 실시여부 1. 실시 2. 미실시 3. 향후 추진 4. 해당없음
2198	충북 제천시	사)충북시각장애인복지연합회제천시지회운영지원	7,300	2	8	7	8	7	5	5	4
2199	충북 제천시	사)충북지적발달장애인복지협회제천시지부운영지원	7,200	2	8	7	8	7	5	5	4
2200	충북 제천시	사)충북농아인협회제천시지회운영지원	4,936	2	8	7	8	7	5	5	4
2201	충북 제천시	농업경영인연합회운영비지원	4,000	2	8	7	8	7	5	5	4
2202	충북 제천시	농민회운영비지원	3,000	2	8	7	8	7	5	5	4
2203	충북 제천시	여성농업인연합회운영비지원	3,000	2	8	7	8	7	5	5	4
2204	충북 보은군	노인회운영지원	119,292	2	4	7	8	7	1	1	1
2205	충북 보은군	지역사회보장협의체운영지원	102,857	2	4	7	8	7	1	1	1
2206	충북 보은군	인건비	85,248	2	1	7	8	7	1	1	1
2207	충북 보은군	인건비	82,512	2	1	7	8	7	1	1	1
2208	충북 보은군	장애인회관운영지원	50,523	2	4	7	8	7	5	1	1
2209	충북 보은군	보은군사회복지협의회운영지원	49,881	2	4	7	8	7	1	1	1
2210	충북 보은군	보은군보훈회운영지원	41,333	2	4	7	8	7	1	1	1
2211	충북 보은군	장애인리프트차량운영지원	39,479	2	4	7	8	7	5	1	1
2212	충북 보은군	경로당순회프로그램관리인력지원	38,049	2	4	7	8	7	1	1	1
2213	충북 보은군	기본급	36,377	2	1	7	1	7	1	1	1
2214	충북 보은군	대한노인회시군지회사무국운영지원	33,455	2	4	7	8	7	1	1	1
2215	충북 보은군	보은군여성단체협의회운영지원	32,184	2	2	7	8	7	3	1	1
2216	충북 보은군	인건비	31,712	2	1	7	8	7	1	1	1
2217	충북 보은군	기본급	30,204	2	4	7	8	7	1	1	1
2218	충북 보은군	상여금	28,416	2	1	7	8	7	1	1	1
2219	충북 보은군	인건비	27,848	2	1	7	8	7	1	1	1
2220	충북 보은군	인건비	27,840	2	1	7	8	7	1	1	1
2221	충북 보은군	상여금	27,504	2	1	7	8	7	1	1	1
2222	충북 보은군	지역자율방재단사무실운영비	25,878	2	1,4	7	8	7	1	1	1
2223	충북 보은군	인건비	25,370	2	1	7	8	7	1	1	1
2224	충북 보은군	인건비	25,370	2	1	7	8	7	1	1	1
2225	충북 보은군	운영비	25,008	2	1	7	1	7	1	1	1
2226	충북 보은군	기본급	24,732	2	1	7	1	7	3	3	1
2227	충북 보은군	사무국장인건비	24,729	2	1	7	1	7	1	1	1
2228	충북 보은군	인건비	24,729	2	1	7	1	7	1	1	1
2229	충북 보은군	기본급	24,101	2	4	7	8	7	1	1	1
2230	충북 보은군	인건비	21,312	2	1	7	8	7	1	1	1
2231	충북 보은군	지도자	21,158	2	1	7	8	7	1	1	1
2232	충북 보은군	체육진흥수당	19,764	2	1	7	8	7	1	1	1
2233	충북 보은군	인건비(+기금7,5천원)	17,880	2	1	7	8	7	1	1	1
2234	충북 보은군	교통보조비	16,200	2	1	7	8	7	1	1	1
2235	충북 보은군	농업경영인연합회운영지원	15,000	2	5	7	8	7	1	1	3
2236	충북 보은군	재향군인회운영지원	13,100	2	4	7	8	7	1	1	1
2237	충북 보은군	고엽제전우회운영지원	12,596	2	4	7	8	7	1	1	1

순번	시군구	지출명 (사업명)	2024년예산 (단위 : 천원 /1년간)	민간이전 분류 (지방자치단체 세출예산 집행기준에 의거) 1. 민간경상사업보조(307-02) 2. 민간단체 법정운영비보조(307-03) 3. 민간행사사업보조(307-04) 4. 민간위탁금(307-05) 5. 사회복지시설 법정운영비보조(307-10) 6. 민간인위탁교육비(307-12) 7. 공기관등에대한경상적위탁사업비(308-13) 8. 민간자본사업보조,자체재원(402-01) 9. 민간자본사업보조,이전재원(402-02) 10. 민간위탁사업비(402-03) 11. 공기관등에 대한 자본적 위탁사업비(403-02)	민간이전지출 근거 (지방보조금 관리기준 참고) 1. 법률에 규정 2. 국고보조 재원(국가지정) 3. 용도 지정 기부금 4. 조례에 직접규정 5. 지자체가 권장하는 사업을 하는 공공기관 6. 시,도 정책 및 재정사정 7. 기타 8. 해당없음	입찰방식 계약체결방법 (경쟁형태) 1. 일반경쟁 2. 제한경쟁 3. 지명경쟁 4. 수의계약 5. 법정위탁 6. 기타 ( ) 7. 없음	입찰방식 계약기간 1. 1년 2. 2년 3. 3년 4. 4년 5. 5년 6. 기타 ( )년 7. 단기계약 (1년미만) 8. 없음	입찰방식 낙찰자선정방법 1. 적격심사 2. 협상에의한계약 3. 최저가낙찰제 4. 규격가격분리 5. 2단계 경쟁입찰 6. 기타 ( ) 7. 없음	운영예산 산정 운영예산 산정 1. 내부산정 (지자체 자체적으로 산정) 2. 외부산정 (외부전문기관위탁 산정) 3. 내·외부 모두 산정 4. 산정 無 5. 없음	운영예산 산정 정산방법 1. 내부정산 (지자체 내부적으로 정산) 2. 외부정산 (외부전문기관위탁 정산) 3. 내·외부 모두 산정 4. 정산 無 5. 없음	성과평가 실시여부 1. 실시 2. 미실시 3. 향후 추진 4. 해당없음
2238	충북 보은군	운영비	12,000	2	4	7	8	7	1	1	1
2239	충북 보은군	사무국공공요금	11,876	2	1	7	8	7	1	1	1
2240	충북 보은군	기초푸드뱅크운영비(사회복지협의회)	11,800	2	1	7	8	7	1	1	1
2241	충북 보은군	읍.면분회운영지원	11,600	2	4	7	8	7	1	1	1
2242	충북 보은군	정액급식비	10,800	2	1	7	8	7	1	1	1
2243	충북 보은군	퇴직금	10,469	2	1	7	8	7	1	1	1
2244	충북 보은군	상여금	10,068	2	4	7	8	7	1	1	1
2245	충북 보은군	회계감사(격년)비용	10,000	2	1	7	8	7	1	1	1
2246	충북 보은군	퇴직금	9,918	2	1	7	8	7	1	1	1
2247	충북 보은군	월남전참전자회운영지원	9,640	2	4	7	8	7	1	1	1
2248	충북 보은군	복리후생비	9,600	2	1	7	8	7	1	1	1
2249	충북 보은군	일반직	9,020	2	1	7	8	7	1	1	1
2250	충북 보은군	부장	8,543	2	1	7	8	7	1	1	1
2251	충북 보은군	상여금	8,244	2	4	7	8	7	1	1	1
2252	충북 보은군	상여금	8,244	2	4	7	8	7	1	1	1
2253	충북 보은군	교통보조비	7,200	2	1	7	8	7	1	1	1
2254	충북 보은군	상여금	7,104	2	1	7	8	7	1	1	1
2255	충북 보은군	운영비	6,960	2	1	7	1	7	3	3	1
2256	충북 보은군	시간외근무수당	6,639	2	1	7	8	7	1	1	1
2257	충북 보은군	체육진흥수당	6,426	2	1	7	8	7	1	1	1
2258	충북 보은군	운영비	6,315	2	1	7	1	7	1	1	1
2259	충북 보은군	사무실임차료	6,000	2	4	7	8	7	1	1	1
2260	충북 보은군	국민연금	5,653	2	1	7	8	7	1	1	1
2261	충북 보은군	교통보조비	5,400	2	1	7	8	7	1	1	1
2262	충북 보은군	국민연금	5,356	2	1	7	8	7	1	1	1
2263	충북 보은군	상여금	5,284	2	1	7	8	7	1	1	1
2264	충북 보은군	관외출장여비	5,000	2	1	7	8	7	1	1	1
2265	충북 보은군	경로당회장교육비지원	4,810	2	4	7	8	7	1	1	1
2266	충북 보은군	정액급식비	4,800	2	1	7	8	7	1	1	1
2267	충북 보은군	퇴직금	4,797	2	1	7	8	7	1	1	1
2268	충북 보은군	차량유지비	4,500	2	1	7	8	7	1	1	1
2269	충북 보은군	건강보험	4,454	2	1	7	8	7	1	1	1
2270	충북 보은군	퇴직급여적립금	4,324	2	1	7	8	7	1	1	1
2271	충북 보은군	업무장려수당	4,313	2	1	7	1	7	1	1	1
2272	충북 보은군	상여금	4,228	2	1	7	8	7	3	3	1
2273	충북 보은군	상여금	4,228	2	1	7	8	7	1	1	1
2274	충북 보은군	상여금	4,228	2	1	7	8	7	1	1	1
2275	충북 보은군	건강보험	4,220	2	1	7	8	7	1	1	1
2276	충북 보은군	6.25참전유공자회운영지원	4,020	2	4	7	8	7	1	1	1
2277	충북 보은군	상이군경회운영지원	3,850	2	4	7	8	7	1	1	1

순번	시군구	지출명 (사업명)	2024년예산 (단위 : 천원 /1년간)	민간이전 분류 (지방자치단체 세출예산 집행기준에 의거) 1. 민간경상사업보조(307-02) 2. 민간단체 법정운영비보조(307-03) 3. 민간행사사업보조(307-04) 4. 민간위탁금(307-05) 5. 사회복지시설 법정운영비보조(307-10) 6. 민간인위탁교육비(307-12) 7. 공기관등에대한경상적위탁사업비(308-13) 8. 민간자본사업보조,자체재원(402-01) 9. 민간자본사업보조,이전재원(402-02) 10. 민간위탁사업비(402-03) 11. 공기관등에 대한 자본적 위탁사업비(403-02)	민간이전지출 근거 (지방보조금 관리기준 참고) 1. 법률에 규정 2. 국고보조 재원(국가지정) 3. 용도 지정 기부금 4. 조례에 직접규정 5. 지자체가 권장하는 사업을 하는 공공기관 6. 시,도 정책 및 재정사정 7. 기타 8. 해당없음	입찰방식: 계약체결방법 (경쟁형태) 1. 일반경쟁 2. 제한경쟁 3. 지명경쟁 4. 수의계약 5. 법정위탁 6. 기타 ( ) 7. 없음	입찰방식: 계약기간 1. 1년 2. 2년 3. 3년 4. 4년 5. 5년 6. 기타 ( )년 7. 단기계약 (1년미만) 8. 없음	입찰방식: 낙찰자선정방법 1. 적격심사 2. 협상에의한계약 3. 최저가낙찰제 4. 규격가격분리 5. 2단계 경쟁입찰 6. 기타 ( ) 7. 없음	운영예산 산정: 운영예산 산정 1. 내부산정 (지자체 자체적으로 산정) 2. 외부산정 (외부전문기관위탁 산정) 3. 내·외부 모두 산정 4. 산정 無 5. 없음	운영예산 산정: 정산방법 1. 내부정산 (지자체 내부적으로 정산) 2. 외부정산 (외부전문기관위탁 정산) 3. 내·외부 모두 산정 4. 정산 無 5. 없음	성과평가 실시여부 1. 실시 2. 미실시 3. 향후 추진 4. 해당없음
2278	충북 보은군	2년이상	3,840	2	1	7	8	7	1	1	1
2279	충북 보은군	명절휴가비	3,638	2	1	7	1	7	1	1	1
2280	충북 보은군	운영비	3,600	2	4	7	8	7	1	1	1
2281	충북 보은군	정액급식비	3,600	2	1	7	8	7	1	1	1
2282	충북 보은군	11년이상14년미만	3,600	2	1	7	8	7	1	1	1
2283	충북 보은군	정액급식비	3,600	2	1	7	8	7	1	1	1
2284	충북 보은군	퇴직금	3,571	2	1	7	8	7	1	1	1
2285	충북 보은군	퇴직금	3,570	2	1	7	8	7	1	1	1
2286	충북 보은군	퇴직적립금	3,356	2	4	7	8	7	1	1	1
2287	충북 보은군	퇴직금	3,334	2	1	7	8	7	1	1	1
2288	충북 보은군	사무관리비	3,300	2	1	7	8	7	1	1	1
2289	충북 보은군	사무국장	3,076	2	1	7	8	7	1	1	1
2290	충북 보은군	정근수당	3,032	2	1	7	1	7	1	1	1
2291	충북 보은군	시간외근무수당	3,027	2	1	7	8	7	1	1	1
2292	충북 보은군	보은군체육회정기및임시총회개최	3,000	2	1	7	8	7	1	1	1
2293	충북 보은군	사무국소모품구입	3,000	2	1	7	8	7	1	1	1
2294	충북 보은군	시간외근무수당	2,808	2	1	7	8	7	1	1	1
2295	충북 보은군	퇴직적립금	2,748	2	4	7	8	7	1	1	1
2296	충북 보은군	퇴직금	2,717	2	1	7	8	7	1	1	1
2297	충북 보은군	퇴직금	2,667	2	1	7	8	7	1	1	1
2298	충북 보은군	속리산분회사무실운영지원	2,660	2	4	7	8	7	1	1	1
2299	충북 보은군	가족수당	2,640	2	1	7	1	7	1	1	1
2300	충북 보은군	퇴직금	2,618	2	1	7	8	7	1	1	1
2301	충북 보은군	국민연금	2,591	2	1	7	8	7	1	1	1
2302	충북 보은군	전몰군경유족회운영지원	2,590	2	4	7	8	7	1	1	1
2303	충북 보은군	전몰군경미망인회운영지원	2,420	2	4	7	8	7	1	1	1
2304	충북 보은군	운영비	2,400	2	1	7	8	7	1	1	1
2305	충북 보은군	공공요금	2,400	2	1	7	8	7	1	1	1
2306	충북 보은군	국민연금	2,335	2	1	7	1	7	1	1	1
2307	충북 보은군	시간외수당	2,289	2	1	7	8	7	1	1	1
2308	충북 보은군	시간외근무수당	2,289	2	1	7	8	7	1	1	1
2309	충북 보은군	시간외근무수당	2,289	2	1	7	8	7	1	1	1
2310	충북 보은군	고용보험	2,199	2	1	7	8	7	1	1	1
2311	충북 보은군	운영비	2,160	2	1	7	1	7	1	1	1
2312	충북 보은군	시간외근무수당	2,146	2	1	7	8	7	1	1	1
2313	충북 보은군	직급보조비	2,100	2	1	7	1	7	1	1	1
2314	충북 보은군	고용보험	2,083	2	1	7	8	7	1	1	1
2315	충북 보은군	무공수훈자회운영지원	2,070	2	4	7	8	7	1	1	1
2316	충북 보은군	퇴직급여적립금	2,061	2	1	7	1	7	3	3	1
2317	충북 보은군	퇴직급여적립금	2,061	2	1	7	1	7	1	1	1

순번	시군구	지출명 (사업명)	2024년예산 (단위 : 천원 /1년간)	민간이전 분류 (지방자치단체 세출예산 집행기준에 의거) 1. 민간경상사업보조(307-02) 2. 민간단체 법정운영비보조(307-03) 3. 민간행사사업보조(307-04) 4. 민간위탁금(307-05) 5. 사회복지시설 법정운영비보조(307-10) 6. 민간인위탁교육비(307-12) 7. 공기관등에대한경상적위탁사업비(308-13) 8. 민간자본사업보조,자체재원(402-01) 9. 민간자본사업보조,이전재원(402-02) 10. 민간위탁사업비(402-03) 11. 공기관등에 대한 자본적 위탁사업비(403-02)	민간이전지출 근거 (지방보조금 관리기준 참고) 1. 법률에 규정 2. 국고보조 재원(국가지정) 3. 용도 지정 기부금 4. 조례에 직접규정 5. 지자체가 권장하는 사업을 하는 공공기관 6. 시,도 정책 및 재정사정 7. 기타 8. 해당없음	입찰방식 계약체결방법 (경쟁형태) 1. 일반경쟁 2. 제한경쟁 3. 지명경쟁 4. 수의계약 5. 법정위탁 6. 기타 ( ) 7. 없음	입찰방식 계약기간 1. 1년 2. 2년 3. 3년 4. 4년 5. 5년 6. 기타 ( )년 7. 단기계약 (1년미만) 8. 없음	입찰방식 낙찰자선정방법 1. 적격심사 2. 협상에의한계약 3. 최저가낙찰제 4. 규격가격분리 5. 2단계 경쟁입찰 6. 기타 ( ) 7. 없음	운영예산 산정 운영예산 산정 1. 내부산정 (지자체 자체적으로 산정) 2. 외부산정 (외부전문기관위탁 산정) 3. 내·외부 모두 산정 4. 산정 無 5. 없음	운영예산 산정 정산방법 1. 내부정산 (지자체 내부적으로 정산) 2. 외부정산 (외부전문기관위탁 정산) 3. 내·외부 모두 산정 4. 정산 無 5. 없음	성과평가 실시여부 1. 실시 2. 미실시 3. 향후 추진 4. 해당없음
2318	충북 보은군	퇴직금	2,061	2	1	7	1	7	1	1	1
2319	충북 보은군	건강보험	2,041	2	1	7	8	7	1	1	1
2320	충북 보은군	퇴직적립금	2,009	2	4	7	8	7	1	1	1
2321	충북 보은군	부서운영비	2,000	2	1	7	8	7	1	1	1
2322	충북 보은군	관외출장여비	2,000	2	1	7	8	7	1	1	1
2323	충북 보은군	국민연금	1,929	2	1	7	8	7	1	1	1
2324	충북 보은군	국민연금	1,928	2	1	7	8	7	1	1	1
2325	충북 보은군	8년이상11년미만	1,920	2	1	7	8	7	1	1	1
2326	충북 보은군	건강보험	1,840	2	1	7	1	7	1	1	1
2327	충북 보은군	교통보조비	1,800	2	1	7	8	7	1	1	1
2328	충북 보은군	교통보조비	1,800	2	1	7	8	7	1	1	1
2329	충북 보은군	교통보조비	1,800	2	1	7	8	7	1	1	1
2330	충북 보은군	국민연금	1,800	2	1	7	8	7	1	1	1
2331	충북 보은군	교통보조비	1,800	2	1	7	8	7	1	1	1
2332	충북 보은군	교통보조비	1,800	2	1	7	8	7	1	1	1
2333	충북 보은군	교통보조비	1,800	2	1	7	8	7	1	1	1
2334	충북 보은군	정액급식비	1,680	2	1	7	8	7	1	1	1
2335	충북 보은군	건강보험	1,519	2	1	7	1	7	1	1	1
2336	충북 보은군	건강보험	1,519	2	1	7	8	7	1	1	1
2337	충북 보은군	부서운영비	1,500	2	1	7	8	7	1	1	1
2338	충북 보은군	사무관리비	1,500	2	1	7	8	7	1	1	1
2339	충북 보은군	출장여비	1,500	2	1	7	8	7	1	1	1
2340	충북 보은군	국민연금	1,484	2	4	7	8	7	1	1	1
2341	충북 보은군	국민연금	1,484	2	4	7	8	7	1	1	1
2342	충북 보은군	국민연금	1,467	2	1	7	8	7	1	1	1
2343	충북 보은군	국민연금	1,467	2	1	7	8	7	1	1	1
2344	충북 보은군	14년이상17년미만	1,440	2	1	7	8	7	1	1	1
2345	충북 보은군	국민연금	1,440	2	1	7	8	7	1	1	1
2346	충북 보은군	건강보험	1,428	2	4	7	8	7	1	1	1
2347	충북 보은군	건강보험	1,418	2	1	7	8	7	1	1	1
2348	충북 보은군	국민연금	1,414	2	1	7	8	7	1	1	1
2349	충북 보은군	기타유지보수비	1,400	2	1	7	8	7	1	1	1
2350	충북 보은군	차량보험료	1,300	2	1	7	8	7	1	1	1
2351	충북 보은군	퇴직금	1,286	2	1	7	8	7	1	1	1
2352	충북 보은군	시간외수당	1,215	2	1	7	1	7	1	1	1
2353	충북 보은군	정근수당가산금	1,200	2	1	7	1	7	1	1	1
2354	충북 보은군	정액급식비	1,200	2	1	7	8	7	1	1	1
2355	충북 보은군	정액급식비	1,200	2	1	7	8	7	1	1	1
2356	충북 보은군	근속수당(11년이상14년미만)	1,200	2	1	7	8	7	1	1	1
2357	충북 보은군	정액급식비	1,200	2	1	7	8	7	1	1	1

순번	시군구	지출명 (사업명)	2024년예산 (단위 : 천원 /1년간)	민간이전 분류 (지방자치단체 세출예산 집행기준에 의거) 1. 민간경상사업보조(307-02) 2. 민간단체 법정운영비보조(307-03) 3. 민간행사사업보조(307-04) 4. 민간위탁금(307-05) 5. 사회복지시설 법정운영비보조(307-10) 6. 민간인위탁교육비(307-12) 7. 공기관등에대한경상적위탁사업비(308-13) 8. 민간자본사업보조,자체재원(402-01) 9. 민간자본사업보조,이전재원(402-02) 10. 민간위탁사업비(402-03) 11. 공기관등에 대한 자본적 위탁사업비(403-02)	민간이전지출 근거 (지방보조금 관리기준 참고) 1. 법률에 규정 2. 국고보조 재원(국가지정) 3. 용도 지정 기부금 4. 조례에 직접규정 5. 지자체가 권장하는 사업을 하는 공공기관 6. 시,도 정책 및 재정사정 7. 기타 8. 해당없음	입찰방식: 계약체결방법 (경쟁형태) 1. 일반경쟁 2. 제한경쟁 3. 지명경쟁 4. 수의계약 5. 법정위탁 6. 기타 ( ) 7. 없음	입찰방식: 계약기간 1. 1년 2. 2년 3. 3년 4. 4년 5. 5년 6. 기타 ( )년 7. 단기계약 (1년미만) 8. 없음	입찰방식: 낙찰자선정방법 1. 적격심사 2. 협상에의한계약 3. 최저가낙찰제 4. 규격가격분리 5. 2단계 경쟁입찰 6. 기타 ( ) 7. 없음	운영예산 산정: 운영예산 산정 1. 내부산정 (지자체 자체적으로 산정) 2. 외부산정 (외부전문기관위탁 산정) 3. 내·외부 모두 산정 4. 산정 無 5. 없음	운영예산 산정: 정산방법 1. 내부정산 (지자체 내부적으로 정산) 2. 외부정산 (외부전문기관위탁 정산) 3. 내·외부 모두 산정 4. 정산 無 5. 없음	성과평가 실시여부 1. 실시 2. 미실시 3. 향후 추진 4. 해당없음
2358	충북 보은군	근속수당(5년이상8년미만)	1,200	2	1	7	8	7	1	1	1
2359	충북 보은군	주유비	1,200	2	1	7	8	7	1	1	1
2360	충북 보은군	정액급식비	1,200	2	1	7	8	7	1	1	1
2361	충북 보은군	근속수당	1,200	2	1	7	8	7	1	1	1
2362	충북 보은군	정액급식비	1,200	2	1	7	8	7	1	1	1
2363	충북 보은군	건강보험	1,169	2	4	7	8	7	1	1	1
2364	충북 보은군	건강보험	1,156	2	1	7	8	7	1	1	1
2365	충북 보은군	건강보험	1,135	2	1	7	8	7	1	1	1
2366	충북 보은군	산재보험	1,131	2	1	7	8	7	1	1	1
2367	충북 보은군	건강보험	1,114	2	1	7	8	7	1	1	1
2368	충북 보은군	국민연금보험	1,113	2	1	7	1	7	1	1	1
2369	충북 보은군	국민연금	1,085	2	4	7	8	7	1	1	1
2370	충북 보은군	산재보험	1,072	2	1	7	8	7	1	1	1
2371	충북 보은군	고용보험	1,008	2	1	7	8	7	1	1	1
2372	충북 보은군	국민연금	1,000	2	1	7	1	7	3	3	1
2373	충북 보은군	회계검증수수료	1,000	2	1	7	8	7	1	1	1
2374	충북 보은군	국민연금	999	2	1	7	1	7	3	3	1
2375	충북 보은군	위원회수당	980	2	1	7	8	7	1	1	1
2376	충북 보은군	근속수당(8년이상1년미만)	960	2	1	7	8	7	1	1	1
2377	충북 보은군	고용보험	908	2	1	7	1	7	1	1	1
2378	충북 보은군	총회개최(정기,임시총회)	900	2	1	7	8	7	1	1	1
2379	충북 보은군	건강보험	877	2	1	7	1	7	1	1	1
2380	충북 보은군	건강보험	855	2	4	7	8	7	1	1	1
2381	충북 보은군	고용보험	750	2	1	7	8	7	1	1	1
2382	충북 보은군	고용보험	705	2	4	7	8	7	1	1	1
2383	충북 보은군	고용보험	700	2	1	7	8	7	1	1	1
2384	충북 보은군	국민연금	695	2	1	7	8	7	1	1	1
2385	충북 보은군	회계프로그램유지보수	687	2	1	7	8	7	1	1	1
2386	충북 보은군	5년이상8년미만	600	2	1	7	8	7	1	1	1
2387	충북 보은군	정기총회회의서류유인	600	2	1	7	8	7	1	1	1
2388	충북 보은군	자동차세	600	2	1	7	8	7	1	1	1
2389	충북 보은군	근속수당(5년이상8년미만)	600	2	1	7	8	7	1	1	1
2390	충북 보은군	고용보험	578	2	4	7	8	7	1	1	1
2391	충북 보은군	장기요양보험	571	2	1	7	8	7	1	1	1
2392	충북 보은군	고용보험	571	2	1	7	8	7	1	1	1
2393	충북 보은군	고용보험	560	2	1	7	8	7	1	1	1
2394	충북 보은군	회계프로그램변경	550	2	1	7	8	7	1	1	1
2395	충북 보은군	고용보험	550	2	1	7	8	7	1	1	1
2396	충북 보은군	건강보험	547	2	1	7	8	7	1	1	1
2397	충북 보은군	장기요양보험	541	2	1	7	8	7	1	1	1

순번	시군구	지출명 (사업명)	2024년예산 (단위 : 천원 /1년간)	민간이전 분류 (지방자치단체 세출예산 집행기준에 의거) 1. 민간경상사업보조(307-02) 2. 민간단체 법정운영비보조(307-03) 3. 민간행사사업보조(307-04) 4. 민간위탁금(307-05) 5. 사회복지시설 법정운영비보조(307-10) 6. 민간인위탁교육비(307-12) 7. 공기관등에대한경상적위탁사업비(308-13) 8. 민간자본사업보조,자체재원(402-01) 9. 민간자본사업보조,이전재원(402-02) 10. 민간위탁사업비(402-03) 11. 공기관등에 대한 자본적 위탁사업비(403-02)	민간이전지출 근거 (지방보조금 관리기준 참고) 1. 법률에 규정 2. 국고보조 재원(국가지정) 3. 용도 지정 기부금 4. 조례에 직접규정 5. 지자체가 권장하는 사업을 하는 공공기관 6. 시,도 정책 및 재정사정 7. 기타 8. 해당없음	입찰방식			운영예산 산정		성과평가 실시여부
						계약체결방법 (경쟁형태) 1. 일반경쟁 2. 제한경쟁 3. 지명경쟁 4. 수의계약 5. 법정위탁 6. 기타 ( ) 7. 없음	계약기간 1. 1년 2. 2년 3. 3년 4. 4년 5. 5년 6. 기타 ( )년 7. 단기계약 (1년미만) 8. 없음	낙찰자선정방법 1. 적격심사 2. 협상에의한계약 3. 최저가낙찰제 4. 규격가격분리 5. 2단계 경쟁입찰 6. 기타 ( ) 7. 없음	운영예산 산정 1. 내부산정 (지자체 자체적으로 산정) 2. 외부산정 (외부전문기관위탁 산정) 3. 내·외부 모두 산정 4. 산정 無 5. 없음	정산방법 1. 내부정산 (지자체 내부적으로 정산) 2. 외부정산 (외부전문기관위탁 정산) 3. 내·외부 모두 산정 4. 정산 無 5. 없음	1. 실시 2. 미실시 3. 향후 추진 4. 해당없음
2398	충북 보은군	산재보험	519	2	1	7	8	7	1	1	1
2399	충북 보은군	퇴직연금운영수수료	500	2	1	7	8	7	1	1	1
2400	충북 보은군	자체회계감사수당	500	2	1	7	8	7	1	1	1
2401	충북 보은군	산재보험	467	2	1	7	1	7	1	1	1
2402	충북 보은군	근속수당	450	2	1	7	8	7	1	1	1
2403	충북 보은군	고용보험	433	2	1	7	1	7	1	1	1
2404	충북 보은군	고용보험	422	2	4	7	8	7	1	1	1
2405	충북 보은군	산재보험	386	2	1	7	8	7	1	1	1
2406	충북 보은군	산재보험	363	2	4	7	8	7	1	1	1
2407	충북 보은군	산재보험	360	2	1	7	8	7	1	1	1
2408	충북 보은군	법인등기변경수수료	350	2	1	7	8	7	1	1	1
2409	충북 보은군	정수기소독비	300	2	1	7	8	7	1	1	1
2410	충북 보은군	근속수당	300	2	1	7	8	7	1	1	1
2411	충북 보은군	산재보험	297	2	4	7	8	7	1	1	1
2412	충북 보은군	산재보험	294	2	1	7	8	7	1	1	1
2413	충북 보은군	산재보험	288	2	1	7	8	7	1	1	1
2414	충북 보은군	산재보험	283	2	1	7	8	7	1	1	1
2415	충북 보은군	고용보험	270	2	1	7	8	7	1	1	1
2416	충북 보은군	장기요양보험	262	2	1	7	8	7	1	1	1
2417	충북 보은군	장기요양보험	236	2	1	7	1	7	1	1	1
2418	충북 보은군	산재보험	223	2	1	7	1	7	1	1	1
2419	충북 보은군	산재보험	217	2	4	7	8	7	1	1	1
2420	충북 보은군	재정보험가입비	200	2	1	7	8	7	1	1	1
2421	충북 보은군	장기요양보험	195	2	1	7	8	7	1	1	1
2422	충북 보은군	장기요양	183	2	4	7	8	7	1	1	1
2423	충북 보은군	장기요양보험	182	2	1	7	8	7	1	1	1
2424	충북 보은군	장기요양	150	2	4	7	8	7	1	1	1
2425	충북 보은군	장기요양보험	150	2	4	7	8	7	1	1	1
2426	충북 보은군	장기요양보험	149	2	1	7	8	7	1	1	1
2427	충북 보은군	장기요양보험	146	2	1	7	8	7	1	1	1
2428	충북 보은군	장기요양보험	143	2	1	7	8	7	1	1	1
2429	충북 보은군	산재보험	139	2	1	7	8	7	1	1	1
2430	충북 보은군	회계프로그램위하고서비스사용료	132	2	1	7	8	7	1	1	1
2431	충북 보은군	장기요양보험	113	2	1	7	1	7	1	1	1
2432	충북 보은군	장기요양보험	110	2	4	7	8	7	1	1	1
2433	충북 옥천군	옥천군체육회사무국운영지원(1개소)	361,500	2	1	7	8	7	1	1	3
2434	충북 옥천군	자원봉사센터사무요원인건비지원(2명)	130,980	2	1	7	8	7	1	1	1
2435	충북 옥천군	거점사립작은도서관운영지원	126,000	2	1	7	8	7	1	1	1
2436	충북 옥천군	장애인체육회사무국운영지원(1개소)	125,000	2	1	7	8	7	1	1	3
2437	충북 옥천군	지역사회보장협의체운영지원	120,246	2	1	7	8	7	1	1	4

순번	시군구	지출명 (사업명)	2024년예산 (단위 : 천원 /1년간)	민간이전 분류 (지방자치단체 세출예산 집행기준에 의거) 1. 민간경상사업보조(307-02) 2. 민간단체 법정운영비보조(307-03) 3. 민간행사사업보조(307-04) 4. 민간위탁금(307-05) 5. 사회복지시설 법정운영비보조(307-10) 6. 민간인위탁교육비(307-12) 7. 공기관등에대한경상적위탁사업비(308-13) 8. 민간자본사업보조,자체재원(402-01) 9. 민간자본사업보조,이전재원(402-02) 10. 민간위탁사업비(402-03) 11. 공기관등에 대한 자본적 위탁사업비(403-02)	민간이전지출 근거 (지방보조금 관리기준 참고) 1. 법률에 규정 2. 국고보조 재원(국가지정) 3. 용도 지정 기부금 4. 조례에 직접규정 5. 지자체가 권장하는 사업을 하는 공공기관 6. 시,도 정책 및 재정사정 7. 기타 8. 해당없음	입찰방식 계약체결방법 (경쟁형태) 1. 일반경쟁 2. 제한경쟁 3. 지명경쟁 4. 수의계약 5. 법정위탁 6. 기타 ( ) 7. 없음	계약기간 1. 1년 2. 2년 3. 3년 4. 4년 5. 5년 6. 기타 ( )년 7. 단기계약 (1년미만) 8. 없음	낙찰자선정방법 1. 적격심사 2. 협상에의한계약 3. 최저가낙찰제 4. 규격가격분리 5. 2단계 경쟁입찰 6. 기타 ( ) 7. 없음	운영예산 산정 운영예산 산정 1. 내부산정 (지자체 자체적으로 산정) 2. 외부산정 (외부전문기관위탁 산정) 3. 내·외부 모두 산정 4. 산정 無 5. 없음	정산방법 1. 내부정산 (지자체 내부적으로 정산) 2. 외부정산 (외부전문기관위탁 정산) 3. 내·외부 모두 산정 4. 정산 無 5. 없음	성과평가 실시여부 1. 실시 2. 미실시 3. 향후 추진 4. 해당없음
2438	충북 옥천군	어린이급식관리지원센터운영(1개소)	118,600	2	2	5	3	6	4	3	3
2439	충북 옥천군	대한노인회옥천군지회운영지원	114,840	2	1	7	8	7	1	1	1
2440	충북 옥천군	옥천군새마을회운영지원	59,126	2	1	7	8	7	1	1	1
2441	충북 옥천군	자원봉사센터운영비지원(1개소)	45,000	2	1	7	8	7	1	1	1
2442	충북 옥천군	사회복지협의회운영지원	44,000	2	1	7	8	7	1	1	1
2443	충북 옥천군	옥천문화원운영비지원	36,000	2	1	7	8	7	5	5	4
2444	충북 옥천군	대한노인회옥천군지회운영비지원	33,455	2	1	7	8	7	1	1	1
2445	충북 옥천군	문화원사무국장인건비지원(1명)	32,000	2	1	7	8	7	5	5	4
2446	충북 옥천군	장애인협회운영지원	31,600	2	7	7	8	7	1	1	1
2447	충북 옥천군	(사)한국예총옥천지회운영비지원	31,000	2	1	7	8	7	5	5	4
2448	충북 옥천군	농업인단체협의회운영지원(1개소)	29,049	2	1	7	8	7	1	1	1
2449	충북 옥천군	여성단체협의회운영지원	27,880	2	1	7	8	7	1	1	4
2450	충북 옥천군	바르게살기운동옥천군협의회운영지원	27,480	2	1	7	8	7	1	1	4
2451	충북 옥천군	한국자유총연맹옥천군지회운영지원	23,460	2	1	7	8	7	1	1	4
2452	충북 옥천군	고엽제전우회운영지원	17,430	2	1	7	8	7	1	1	1
2453	충북 옥천군	6.25참전유공자회운영지원	10,310	2	1	7	8	7	1	1	1
2454	충북 옥천군	월남전참전자회운영지원	10,030	2	1	7	8	7	1	1	1
2455	충북 옥천군	민주평통옥천군협의회운영지원	9,600	2	1	7	8	7	1	1	1
2456	충북 옥천군	재향군인회운영지원	9,360	2	1	7	8	7	1	1	1
2457	충북 옥천군	상이군경회운영지원	8,077	2	1	7	8	7	1	1	1
2458	충북 옥천군	전몰군경미망인회운영지원	7,686	2	1	7	8	7	1	1	1
2459	충북 옥천군	전몰군경유족회운영지원	7,646	2	1	7	8	7	1	1	1
2460	충북 옥천군	무공수훈자회운영지원	7,402	2	1	7	8	7	1	1	1
2461	충북 옥천군	(사)충북민예총옥천지부운영비지원	7,000	2	1	7	8	7	1	1	1
2462	충북 옥천군	자원봉사센터차량운영비지원(2대)	7,000	2	1	7	8	7	5	5	4
2463	충북 옥천군	옥천군체육회행정장비구입지원	2,500	2	1	7	8	7	1	1	1
2464	충북 옥천군	옥천교동2리마을쉼터운영지원	2,004	2	4	7	8	7	1	1	3
2465	충북 영동군	지역아동센터인건비지원	831,450	2	1	7	8	7	5	5	4
2466	충북 영동군	지역아동센터기본운영비지원	177,816	2	1	7	8	7	1	1	4
2467	충북 영동군	취업상담사인건비	165,300	2	2	7	8	7	1	1	4
2468	충북 영동군	지역아동센터인건비부족분(호봉제)	161,564	2	1	7	8	7	5	1	4
2469	충북 영동군	요보호아동그룹홈운영지원	139,944	2	1	7	8	7	1	1	4
2470	충북 영동군	자원봉사센터인건비	118,500	2	1	7	8	7	1	1	4
2471	충북 영동군	영동군새마을회운영비	84,060	2	1	7	8	7	1	1	1
2472	충북 영동군	다함께돌봄센터인건비지원	73,272	2	1	7	8	7	1	1	4
2473	충북 영동군	자원봉사센터운영비	55,500	2	1	7	8	7	1	1	1
2474	충북 영동군	지방문화원사무국장인건비	48,697	2	1	7	8	7	1	1	1
2475	충북 영동군	장애인협의회운영비	45,736	2	4	7	8	7	5	1	1
2476	충북 영동군	시장매니저지원	42,517	2	4	7	8	7	1	1	1
2477	충북 영동군	바르게살기운동영동군협의회운영비	34,500	2	1	7	8	7	1	1	1

순번	시군구	지출명 (사업명)	2024년예산 (단위 : 천원 /1년간)	민간이전 분류 (지방자치단체 세출예산 집행기준에 의거) 1. 민간경상사업보조(307-02) 2. 민간단체 법정운영비보조(307-03) 3. 민간행사사업보조(307-04) 4. 민간위탁금(307-05) 5. 사회복지시설 법정운영비보조(307-10) 6. 민간인위탁교육비(307-12) 7. 공기관등에대한경상적위탁사업비(308-13) 8. 민간자본사업보조,자체재원(402-01) 9. 민간자본사업보조,이전재원(402-02) 10. 민간위탁사업비(402-03) 11. 공기관등에 대한 자본적 위탁사업비(403-02)	민간이전지출 근거 (지방보조금 관리기준 참고) 1. 법률에 규정 2. 국고보조 재원(국가지정) 3. 용도 지정 기부금 4. 조례에 직접규정 5. 지자체가 권장하는 사업을 하는 공공기관 6. 시,도 정책 및 재정사정 7. 기타 8. 해당없음	입찰방식 계약체결방법 (경쟁형태) 1. 일반경쟁 2. 제한경쟁 3. 지명경쟁 4. 수의계약 5. 법정위탁 6. 기타 ( ) 7. 없음	입찰방식 계약기간 1. 1년 2. 2년 3. 3년 4. 4년 5. 5년 6. 기타 ( )년 7. 단기계약 (1년미만) 8. 없음	입찰방식 낙찰자선정방법 1. 적격심사 2. 협상에의한계약 3. 최저가낙찰제 4. 규격가격분리 5. 2단계 경쟁입찰 6. 기타 ( ) 7. 없음	운영예산 산정 운영예산 산정 1. 내부산정 (지자체 자체적으로 산정) 2. 외부산정 (외부전문기관위탁 산정) 3. 내·외부 모두 산정 4. 산정 無 5. 없음	운영예산 산정 정산방법 1. 내부정산 (지자체 내부적으로 정산) 2. 외부정산 (외부전문기관위탁 정산) 3. 내·외부 모두 산정 4. 정산 無 5. 없음	성과평가 실시여부 1. 실시 2. 미실시 3. 향후 추진 4. 해당없음
2478	충북 영동군	여성단체협의회운영비	34,231	2	1	7	8	7	1	1	1
2479	충북 영동군	소상공인연합회운영비	33,047	2	4	7	8	7	1	1	1
2480	충북 영동군	사업관리및사후관리	31,000	2	2	7	8	7	5	1	1
2481	충북 영동군	요보호아동그룹홈인건비부족분(호봉제)	24,680	2	1	7	8	7	1	1	4
2482	충북 영동군	6.25참전국가유공자영동군지회운영비지원	21,468	2	1	7	8	7	1	1	1
2483	충북 영동군	여성취업지원기관종사자대우수당지원	21,120	2	6	7	8	7	5	1	4
2484	충북 영동군	영동군재향군인회운영비지원	19,510	2	1	7	8	7	1	1	1
2485	충북 영동군	고엽제전우회영동군지회운영비지원	17,646	2	1	7	8	7	1	1	1
2486	충북 영동군	소상공인라이브커머스지원사업교육비	17,000	2	4	7	8	7	1	1	1
2487	충북 영동군	성과운영비	14,629	2	2	7	8	7	5	1	4
2488	충북 영동군	상이군경회영동군지회운영비지원	13,786	2	1	7	8	7	1	1	1
2489	충북 영동군	한국자유총연맹영동군지회운영비	13,000	2	1	7	8	7	1	1	1
2490	충북 영동군	전몰군경유족회영동군지회운영비지원	12,482	2	1	7	8	7	1	1	1
2491	충북 영동군	전몰군경미망인회영동군지회운영비지원	12,027	2	1	7	8	7	1	1	1
2492	충북 영동군	다함께돌봄센터운영비지원	12,000	2	1	7	8	7	1	1	4
2493	충북 영동군	지역아동센터추가운영비지원	11,400	2	1	7	8	7	1	1	4
2494	충북 영동군	무공수훈자회영동군지회운영비지원	10,860	2	1	7	8	7	1	1	1
2495	충북 영동군	민주평통군협의회운영비	10,000	2	1	7	8	7	1	1	1
2496	충북 영동군	지역아동센터운영비지원(자체)	9,300	2	1	7	8	7	1	1	4
2497	충북 영동군	여성취업지원기관종사자처우개선비지원	8,400	2	6	7	8	7	5	1	4
2498	충북 영동군	월남전참전자회영동군지회운영비지원	6,400	2	1	7	8	7	1	1	1
2499	충북 영동군	노인교실운영	5,500	2	1	7	8	7	1	1	1
2500	충북 영동군	지역아동센터긴급일시돌봄운영비지원	5,000	2	1	7	8	7	1	1	4
2501	충북 영동군	지체장애인협회운영	1,200	2	4	7	8	7	5	1	1
2502	충북 영동군	교통지회운영	1,190	2	4	7	8	7	5	1	1
2503	충북 영동군	광복회충북지부영동군분회운영비지원	443	2	1	7	8	7	1	1	1
2504	충북 증평군	체육회운영지원	284,321	2	1	7	8	7	1	1	3
2505	충북 증평군	자원봉사활성화	170,137	2	1	7	8	7	5	5	4
2506	충북 증평군	정신질환자사회복귀시설운영	129,034	2	8	7	8	7	5	5	4
2507	충북 증평군	장애인체육회운영지원	95,122	2	1	7	8	7	1	1	4
2508	충북 증평군	증평문화원운영지원	77,220	2	1	7	8	7	1	1	1
2509	충북 증평군	민간사회단체지원	72,326	2	1	7	8	7	5	5	4
2510	충북 증평군	노인회관운영	38,561	2	4	7	8	7	1	1	1
2511	충북 증평군	노인회관운영	32,790	2	4	7	8	7	1	1	1
2512	충북 증평군	장애인단체운영지원	32,349	2	1	7	8	7	1	1	1
2513	충북 증평군	보훈단체지원	32,277	2	1	7	1	7	3	1	1
2514	충북 증평군	증평예총운영지원	30,529	2	4	7	8	7	1	1	4
2515	충북 증평군	여성의사회참여활동지원	28,955	2	5	7	8	7	1	1	1
2516	충북 증평군	민간사회단체지원	23,450	2	1	7	8	7	5	5	4
2517	충북 증평군	보훈단체지원	21,328	2	1	7	1	7	3	1	1

순번	시군구	지출명 (사업명)	2024년예산 (단위 : 전원 /1년간)	민간이전 분류 (지방자치단체 세출예산 집행기준에 의거) 1. 민간경상사업보조(307-02) 2. 민간단체 법정운영비보조(307-03) 3. 민간행사사업보조(307-04) 4. 민간위탁금(307-05) 5. 사회복지시설 법정운영비보조(307-10) 6. 민간인위탁교육비(307-12) 7. 공기관등에대한경상적위탁사업비(308-13) 8. 민간자본사업보조,자체재원(402-01) 9. 민간자본사업보조,이전재원(402-02) 10. 민간위탁사업비(402-03) 11. 공기관등에 대한 자본적 위탁사업비(403-02)	민간이전지출 근거 (지방보조금 관리기준 참고) 1. 법률에 규정 2. 국고보조 재원(국가지정) 3. 용도 지정 기부금 4. 조례에 직접규정 5. 지자체가 권장하는 사업을 하는 공공기관 6. 시,도 정책 및 재정사정 7. 기타 8. 해당없음	입찰방식 계약체결방법 (경쟁형태) 1. 일반경쟁 2. 제한경쟁 3. 지명경쟁 4. 수의계약 5. 법정위탁 6. 기타 ( ) 7. 없음	입찰방식 계약기간 1. 1년 2. 2년 3. 3년 4. 4년 5. 5년 6. 기타 ( )년 7. 단기계약 (1년미만) 8. 없음	입찰방식 낙찰자선정방법 1. 적격심사 2. 협상에의한계약 3. 최저가낙찰제 4. 규격가격분리 5. 2단계 경쟁입찰 6. 기타 ( ) 7. 없음	운영예산 산정 운영예산 산정 1. 내부산정 (지자체 자체적으로 산정) 2. 외부산정 (외부전문기관위탁 산정) 3. 내·외부 모두 산정 4. 산정 無 5. 없음	운영예산 산정 정산방법 1. 내부정산 (지자체 내부적으로 정산) 2. 외부정산 (외부전문기관위탁 정산) 3. 내·외부 모두 산정 4. 정산 無 5. 없음	성과평가 실시여부 1. 실시 2. 미실시 3. 향후 추진 4. 해당없음
2518	충북 증평군	체육회운영지원	19,669	2	1	7	8	7	1	1	3
2519	충북 증평군	민간사회단체지원	10,785	2	1	7	8	7	5	5	4
2520	충북 증평군	장애인단체운영지원	10,510	2	1	7	8	7	1	1	1
2521	충북 증평군	한국여성소비자연합증평지부운영	8,591	2	1	7	8	7	1	1	4
2522	충북 증평군	증평문화원운영지원	7,472	2	1	7	8	7	1	1	1
2523	충북 증평군	장애인체육회운영지원	7,440	2	1	7	8	7	1	1	4
2524	충북 증평군	민주평화통일자문회의운영	6,255	2	1	7	8	7	5	5	4
2525	충북 증평군	보훈단체지원	5,642	2	1	7	1	7	3	1	1
2526	충북 증평군	보훈단체지원	3,624	2	1	7	1	7	3	1	1
2527	충북 증평군	지역자율방재단운영	3,600	2	4	7	8	7	5	5	4
2528	충북 증평군	보훈단체지원	3,240	2	1	7	1	7	3	1	1
2529	충북 증평군	보훈단체지원	3,186	2	1	7	1	7	3	1	1
2530	충북 증평군	보훈단체지원	2,640	2	1	7	1	7	3	1	1
2531	충북 증평군	보훈단체지원	2,593	2	1	7	1	7	3	1	1
2532	충북 증평군	보훈단체지원	2,464	2	1	7	1	7	3	1	1
2533	충북 증평군	보훈단체지원	2,458	2	1	7	1	7	3	1	1
2534	충북 증평군	여성의사회참여활동지원	1,800	2	5	7	8	7	1	1	1
2535	충북 증평군	장애인단체운영지원	1,000	2	1	7	8	7	1	1	1
2536	충북 진천군	자원봉사센터운영)	295,817	2	1	7	8	7	1	1	1
2537	충북 진천군	인건비)	219,051	2	4	7	8	7	1	1	1
2538	충북 진천군	인건비)	187,758	2	4	7	8	7	1	1	1
2539	충북 진천군	문화의집운영비)	103,100	2	4	7	8	7	1	1	1
2540	충북 진천군	문화원운영비)	95,484	2	4	7	8	7	1	1	1
2541	충북 진천군	체육회사무국운영(일반직(7급대우))	85,020	2	4	7	8	7	1	1	1
2542	충북 진천군	진천예총운영비)	80,183	2	1	7	8	7	1	1	1
2543	충북 진천군	새마을회운영비)	72,428	2	1	7	8	7	1	5	4
2544	충북 진천군	충북외국인이주노동자지원센터운영비지원)	68,800	2	1	7	8	7	1	1	1
2545	충북 진천군	체육회사무국운영(4대보험료등)	49,357	2	4	7	1	7	5	1	3
2546	충북 진천군	장애인체육회사무국운영(사무국장인건비)	47,223	2	4	7	8	7	1	1	1
2547	충북 진천군	체육회사무국운영(지도자명절수당)	44,793	2	4	7	8	7	1	1	1
2548	충북 진천군	지체장애인협회운영비)	41,282	2	1	7	8	7	5	5	4
2549	충북 진천군	체육회사무국운영(지도자교통비)	40,800	2	4	7	8	7	1	1	1
2550	충북 진천군	문화원사무국장인건비)	40,342	2	4	7	8	7	1	1	1
2551	충북 진천군	장애인체육회사무국운영(일반직(7급대우))	39,802	2	4	7	8	7	1	1	1
2552	충북 진천군	진천군소상공인연합회운영비)	37,662	2	1	7	8	7	1	1	1
2553	충북 진천군	상이군경회진천군지회운영비)	36,340	2	1	5	1	7	1	1	1
2554	충북 진천군	체육회사무국운영(시간외수당)	34,392	2	4	7	8	7	1	1	1
2555	충북 진천군	체육회사무국운영(지도자급식비)	30,600	2	4	7	8	7	1	1	1
2556	충북 진천군	한국자유총연맹진천군지회운영비)	30,380	2	1	7	8	7	1	1	1
2557	충북 진천군	바르게살기운동협의회운영비)	26,138	2	1	7	8	7	1	1	1

순번	시군구	지출명 (사업명)	2024년예산 (단위 : 천원 /1년간)	민간이전 분류 (지방자치단체 세출예산 집행기준에 의거) 1. 민간경상사업보조(307-02) 2. 민간단체 법정운영비보조(307-03) 3. 민간행사사업보조(307-04) 4. 민간위탁금(307-05) 5. 사회복지시설 법정운영비보조(307-10) 6. 민간인위탁교육비(307-12) 7. 공기관등에대한경상적위탁사업비(308-13) 8. 민간자본사업보조,자체재원(402-01) 9. 민간자본사업보조,이전재원(402-02) 10. 민간위탁사업비(402-03) 11. 공기관등에 대한 자본적 위탁사업비(403-02)	민간이전지출 근거 (지방보조금 관리기준 참고) 1. 법률에 규정 2. 국고보조 재원(국가지정) 3. 용도 지정 기부금 4. 조례에 직접규정 5. 지자체가 권장하는 사업을 하는 공공기관 6. 시,도 정책 및 재정사정 7. 기타 8. 해당없음	입찰방식 계약체결방법 (경쟁형태) 1. 일반경쟁 2. 제한경쟁 3. 지명경쟁 4. 수의계약 5. 법정위탁 6. 기타 ( ) 7. 없음	입찰방식 계약기간 1. 1년 2. 2년 3. 3년 4. 4년 5. 5년 6. 기타 ( )년 7. 단기계약 (1년미만) 8. 없음	입찰방식 낙찰자선정방법 1. 적격심사 2. 협상에의한계약 3. 최저가낙찰제 4. 규격가격분리 5. 2단계 경쟁입찰 6. 기타 ( ) 7. 없음	운영예산 산정 운영예산 산정 1. 내부산정 (지자체 자체적으로 산정) 2. 외부산정 (외부전문기관위탁 산정) 3. 내·외부 모두 산정 4. 산정 無 5. 없음	운영예산 산정 정산방법 1. 내부정산 (지자체 내부적으로 정산) 2. 외부정산 (외부전문기관위탁 정산) 3. 내·외부 모두 산정 4. 정산 無 5. 없음	성과평가 실시여부 1. 실시 2. 미실시 3. 향후 추진 4. 해당없음
2558	충북 진천군	6.25참전유공자회진천군지회운영비)	25,580	2	1	5	1	7	1	1	1
2559	충북 진천군	장애인체육회사무국운영(인건비사용자부담금)	25,000	2	4	7	8	7	1	1	1
2560	충북 진천군	장애인체육회사무국운영(명절수당)	21,855	2	4	7	8	7	1	1	1
2561	충북 진천군	고엽제전우회진천군지회운영비)	19,524	2	1	5	1	7	1	1	1
2562	충북 진천군	장애인체육회사무국운영(시간외수당)	19,305	2	4	7	8	7	1	1	1
2563	충북 진천군	체육회사무국운영(연가보상비)	18,389	2	4	7	8	7	1	1	1
2564	충북 진천군	월남전참전자회진천군지회운영비)	17,656	2	1	5	1	7	1	1	1
2565	충북 진천군	진천군재향군인회운영비)	17,539	2	1	5	1	7	1	1	1
2566	충북 진천군	전몰군경유족회진천군지회운영비)	16,016	2	1	5	1	7	1	1	1
2567	충북 진천군	농업인단체운영비)	15,000	2	1	7	8	7	5	5	4
2568	충북 진천군	체육회사무국운영(팀장)	14,400	2	4	7	8	7	1	1	1
2569	충북 진천군	전몰군경미망인회진천군지회운영비)	13,400	2	1	5	1	7	1	1	1
2570	충북 진천군	무공수훈자회진천군지회운영비)	13,392	2	1	5	1	7	1	1	1
2571	충북 진천군	장애인체육회사무국운영(지도자교통비)	12,000	2	4	7	8	7	1	1	1
2572	충북 진천군	체육회사무국운영(회계검증비용)	10,000	2	4	7	8	7	1	1	1
2573	충북 진천군	사무원복리후생비)	9,000	2	1,4	7	8	7	1	1	1
2574	충북 진천군	장애인체육회사무국운영(지도자급식비)	9,000	2	4	7	8	7	1	1	1
2575	충북 진천군	장애인체육회사무국운영(연가보상비)	8,545	2	4	7	8	7	1	1	1
2576	충북 진천군	체육회사무국운영(명절수당)	8,461	2	4	7	8	7	1	1	1
2577	충북 진천군	활동보조비)	8,400	2	4	7	8	7	1	1	1
2578	충북 진천군	체육회사무국운영(차량운영비)	8,000	2	4	7	8	7	1	1	1
2579	충북 진천군	장애인체육회사무국운영(정근수당)	7,232	2	4	7	8	7	1	1	1
2580	충북 진천군	활동보조비)	7,200	2	4	7	8	7	1	1	1
2581	충북 진천군	체육회사무국운영(정근수당)	7,051	2	4	7	8	7	1	1	1
2582	충북 진천군	장애인체육회사무국운영(차량운영비)	6,500	2	4	7	8	7	1	1	1
2583	충북 진천군	체육회사무국운영(13년이상)	6,000	2	4	7	8	7	1	1	1
2584	충북 진천군	진천용몽리농요보존회운영비)	5,400	2	1	6	8	7	1	1	1
2585	충북 진천군	소비자보호센터운영비)	5,000	2	1	5	8	7	1	1	1
2586	충북 진천군	체육회사무국운영(차량보험료)	5,000	2	4	7	8	7	1	1	1
2587	충북 진천군	체육회사무국운영(직급보조비)	4,800	2	4	7	8	7	1	1	1
2588	충북 진천군	체육회사무국운영(부대사용료)	4,800	2	4	7	8	7	1	1	1
2589	충북 진천군	체육회사무국운영(업무추진비)	4,800	2	4	7	8	7	1	1	1
2590	충북 진천군	체육회사무국운영(7년이상)	4,680	2	4	7	8	7	1	1	1
2591	충북 진천군	체육회사무국운영(1년이상)	4,560	2	4	7	8	7	1	1	1
2592	충북 진천군	장애인체육회사무국운영(1년이상)	4,560	2	4	7	8	7	1	1	1
2593	충북 진천군	장애인체육회사무국운영(출장비)	3,710	2	4	7	8	7	1	1	1
2594	충북 진천군	체육회사무국운영(정액급식비)	3,600	2	4	7	8	7	1	1	1
2595	충북 진천군	체육회사무국운영(주임)	3,600	2	4	7	8	7	1	1	1
2596	충북 진천군	장애인체육회사무국운영(정액급식비)	3,600	2	4	7	8	7	1	1	1
2597	충북 진천군	장애인체육회사무국운영(지도자행정업무보조수당)	3,600	2	4	7	8	7	1	1	1

순번	시군구	지출명 (사업명)	2024년예산 (단위 : 천원 /1년간)	민간이전 분류 (지방자치단체 세출예산 집행기준에 의거) 1. 민간경상사업보조(307-02) 2. 민간단체 법정운영비보조(307-03) 3. 민간행사사업보조(307-04) 4. 민간위탁금(307-05) 5. 사회복지시설 법정운영비보조(307-10) 6. 민간인위탁교육비(307-12) 7. 공기관등에대한경상적위탁사업비(308-13) 8. 민간자본사업보조,자체재원(402-01) 9. 민간자본사업보조,이전재원(402-02) 10. 민간위탁사업비(402-03) 11. 공기관등에 대한 자본적 위탁사업비(403-02)	민간이전지출 근거 (지방보조금 관리기준 참고) 1. 법률에 규정 2. 국고보조 재원(국가지정) 3. 용도 지정 기부금 4. 조례에 직접규정 5. 지자체가 권장하는 사업을 하는 공공기관 6. 시,도 정책 및 재정사정 7. 기타 8. 해당없음	입찰방식: 계약체결방법 (경쟁형태) 1. 일반경쟁 2. 제한경쟁 3. 지명경쟁 4. 수의계약 5. 법정위탁 6. 기타 ( ) 7. 없음	입찰방식: 계약기간 1. 1년 2. 2년 3. 3년 4. 4년 5. 5년 6. 기타 ( )년 7. 단기계약 (1년미만) 8. 없음	입찰방식: 낙찰자선정방법 1. 적격심사 2. 협상에의한계약 3. 최저가낙찰제 4. 규격가격분리 5. 2단계 경쟁입찰 6. 기타 ( ) 7. 없음	운영예산 산정: 운영예산 산정 1. 내부산정 (지자체 자체적으로 산정) 2. 외부산정 (외부전문기관위탁 산정) 3. 내·외부 모두 산정 4. 산정 無 5. 없음	운영예산 산정: 정산방법 1. 내부정산 (지자체 내부적으로 정산) 2. 외부정산 (외부전문기관위탁 정산) 3. 내·외부 모두 산정 4. 정산 無 5. 없음	성과평가 실시여부 1. 실시 2. 미실시 3. 향후 추진 4. 해당없음
2598	충북 진천군	체육회사무국운영(각종위원회수당)	3,500	2	4	7	8	7	1	1	1
2599	충북 진천군	체육회사무국운영(사무국임차료)	3,230	2	4	7	8	7	1	1	1
2600	충북 진천군	장애인체육회사무국운영(사무국장)	3,000	2	4	7	8	7	1	1	1
2601	충북 진천군	체육회사무국운영(출장비)	2,940	2	4	7	8	7	1	1	1
2602	충북 진천군	체육회사무국운영(가족수당)	2,880	2	4	7	8	7	1	1	1
2603	충북 진천군	체육회사무국운영(인터넷)	2,830	2	4	7	8	7	1	1	1
2604	충북 진천군	장애인체육회사무국운영(일반수용비)	2,500	2	4	7	8	7	1	1	1
2605	충북 진천군	장애인체육회사무국운영(7급대우(1명))	2,400	2	4	7	8	7	1	1	1
2606	충북 진천군	체육회사무국운영(종합복지관임차료)	2,300	2	4	7	8	7	1	1	1
2607	충북 진천군	체육회사무국운영(5년이상)	2,160	2	4	7	8	7	1	1	1
2608	충북 진천군	장애인체육회사무국운영(5년이상)	2,160	2	4	7	8	7	1	1	1
2609	충북 진천군	지도활동보험료)	2,132	2	4	7	8	7	1	1	1
2610	충북 진천군	체육회사무국운영(정근수당가산금)	1,920	2	4	7	8	7	1	1	1
2611	충북 진천군	장애인체육회사무국운영(각종위원회수당)	1,870	2	4	7	8	7	1	1	1
2612	충북 진천군	체육회사무국운영(세무업무대행비)	1,800	2	4	7	8	7	1	1	1
2613	충북 진천군	장애인체육회사무국운영(가족수당(7급대우))	1,200	2	4	7	8	7	1	1	1
2614	충북 진천군	광복회청주진천연합지회운영비)	1,000	2	1	5	1	7	1	1	1
2615	충북 진천군	체육회사무국운영(사무용품)	1,000	2	4	7	8	7	1	1	1
2616	충북 진천군	체육회사무국운영(정수기임차료)	1,000	2	4	7	8	7	1	1	1
2617	충북 진천군	체육회사무국운영(전화)	1,000	2	4	7	8	7	1	1	1
2618	충북 진천군	체육회사무국운영(홈페이지유지관리비)	1,000	2	4	7	8	7	1	1	1
2619	충북 진천군	장애인체육회사무국운영(체육지도자배상책임공제보험)	1,000	2	4	7	8	7	1	1	1
2620	충북 진천군	장애인체육회사무국운영(홈페이지유지비용)	1,000	2	4	7	8	7	1	1	1
2621	충북 진천군	체육회사무국운영(체육지도자배상책임공제보험)	800	2	4	7	8	7	1	1	1
2622	충북 진천군	체육회사무국운영(신문)	720	2	4	7	8	7	1	1	1
2623	충북 진천군	장애인체육회사무국운영(정근수당가산금(7급대우))	720	2	4	7	8	7	1	1	1
2624	충북 진천군	체육회사무국운영(3년이상)	600	2	4	7	8	7	1	1	1
2625	충북 진천군	체육회사무국운영(회의비)	500	2	4	7	8	7	1	1	1
2626	충북 진천군	체육회사무국운영(임대보험료)	220	2	4	7	8	7	1	1	1
2627	충북 음성군	일반생활체육지도자배치	227,451	2	2	7	8	7	1	1	1
2628	충북 음성군	어르신생활체육지도자배치	194,958	2	2	7	8	7	1	1	1
2629	충북 음성군	생활체육지도자수당(13명)	158,372	2	1,4	7	8	7	1	1	1
2630	충북 음성군	장애인생활체육지도자배치	125,208	2	2	7	8	7	1	1	1
2631	충북 음성군	일반직(6급대우)	94,853	2	1,4	7	8	7	1	1	1
2632	충북 음성군	일반직(7급이하)	85,875	2	1,4	7	8	7	1	1	1
2633	충북 음성군	음성예총운영비지원	84,624	2	1,4	7	8	7	1	1	1
2634	충북 음성군	음성군새마을회운영비보조	73,647	2	1	7	8	7	3	1	1
2635	충북 음성군	장애인생활체육지도자수당(4명)	53,821	2	1,4	7	8	7	1	1	1
2636	충북 음성군	감곡공용버스터미널재정지원	50,000	2	4	7	1	7	1	1	1
2637	충북 음성군	사무국운영비	49,740	2	1,4	7	8	7	1	1	1

순번	시군구	지출명 (사업명)	2024년예산 (단위 : 전원 /1년간)	민간이전 분류 (지방자치단체 세출예산 집행기준에 의거) 1. 민간경상사업보조(307-02) 2. 민간단체 법정운영비보조(307-03) 3. 민간행사사업보조(307-04) 4. 민간위탁금(307-05) 5. 사회복지시설 법정운영비보조(307-10) 6. 민간인위탁교육비(307-12) 7. 공기관등에대한경상적위탁사업비(308-13) 8. 민간자본사업보조,자체재원(402-01) 9. 민간자본사업보조,이전재원(402-02) 10. 민간위탁사업비(402-03) 11. 공기관등에 대한 자본적 위탁사업비(403-02)	민간이전지출 근거 (지방보조금 관리기준 참고) 1. 법률에 규정 2. 국고보조 재원(국가지정) 3. 용도 지정 기부금 4. 조례에 직접규정 5. 지자체가 권장하는 사업을 하는 공공기관 6. 시,도 정책 및 재정사정 7. 기타 8. 해당없음	입찰방식 계약체결방법 (경쟁형태) 1. 일반경쟁 2. 제한경쟁 3. 지명경쟁 4. 수의계약 5. 법정위탁 6. 기타 ( ) 7. 없음	입찰방식 계약기간 1. 1년 2. 2년 3. 3년 4. 4년 5. 5년 6. 기타 ( )년 7. 단기계약 (1년미만) 8. 없음	입찰방식 낙찰자선정방법 1. 적격심사 2. 협상에의한계약 3. 최저가낙찰제 4. 규격가격분리 5. 2단계 경쟁입찰 6. 기타 ( ) 7. 없음	운영예산 산정 운영예산 산정 1. 내부산정 (지자체 자체적으로 산정) 2. 외부산정 (외부전문기관위탁 산정) 3. 내·외부 모두 산정 4. 산정 無 5. 없음	운영예산 산정 정산방법 1. 내부정산 (지자체 내부적으로 정산) 2. 외부정산 (외부전문기관위탁 정산) 3. 내·외부 모두 산정 4. 정산 無 5. 없음	성과평가 실시여부 1. 실시 2. 미실시 3. 향후 추진 4. 해당없음
2638	충북 음성군	자유총연맹운영비보조	47,730	2	1	7	8	7	3	1	1
2639	충북 음성군	사무국장	45,101	2	1,4	7	8	7	1	1	1
2640	충북 음성군	고용법정경비등	44,000	2	1,4	7	8	7	1	1	1
2641	충북 음성군	일반직(6급대우)	43,515	2	1,4	7	8	7	1	1	1
2642	충북 음성군	시간외수당	36,000	2	1,4	7	8	7	1	1	1
2643	충북 음성군	바르게살기운동음성군협의회운영비보조	34,584	2	1	7	8	7	3	1	1
2644	충북 음성군	음성품바축제상설조직운영비	32,663	2	1	7	8	7	1	1	1
2645	충북 음성군	사무국운영비	24,870	2	1,4	7	8	7	1	1	1
2646	충북 음성군	농업인단체운영비지원	19,200	2	4	7	8	7	1	1	4
2647	충북 음성군	재향군인회운영비보조	18,897	2	4	7	8	7	3	1	1
2648	충북 음성군	고용법정경비등	18,500	2	1,4	7	8	7	1	1	1
2649	충북 음성군	명절휴가비	18,077	2	1,4	7	8	7	1	1	1
2650	충북 음성군	자율방재단운영보조	16,000	2	4	7	8	7	1	1	3
2651	충북 음성군	민주평통협의회운영비보조	14,676	2	1	7	8	7	3	1	1
2652	충북 음성군	직급보조비	10,800	2	1,4	7	8	7	1	1	1
2653	충북 음성군	정근수당	10,639	2	1,4	7	8	7	1	1	1
2654	충북 음성군	생활체육지도자배치법정부담금추가분	9,360	2	1,4	7	8	7	1	1	1
2655	충북 음성군	정액급식비	8,400	2	1,4	7	8	7	1	1	1
2656	충북 음성군	시간외수당	7,200	2	1,4	7	8	7	1	1	1
2657	충북 음성군	연가보상비	6,657	2	1,4	7	8	7	1	1	1
2658	충북 음성군	명절휴가비	4,325	2	1,4	7	8	7	1	1	1
2659	충북 음성군	정근수당	3,604	2	1,4	7	8	7	1	1	1
2660	충북 음성군	직급보조비	2,220	2	1,4	7	8	7	1	1	1
2661	충북 음성군	생활체육지도자지도활동보험료	2,132	2	1,4	7	8	7	1	1	1
2662	충북 음성군	장애인생활체육지도자배치법정부담금추가분	1,920	2	2	7	8	7	1	1	1
2663	충북 음성군	정액급식비	1,680	2	1,4	7	8	7	1	1	1
2664	충북 음성군	연가보상비	1,602	2	1,4	7	8	7	1	1	1
2665	충북 음성군	가족수당	960	2	1,4	7	8	7	1	1	1
2666	충북 단양군	단양군체육회운영	388,987	2	1,4	7	8	7	1	1	1
2667	충북 단양군	단양군장애인체육회운영	207,373	2	1,4	7	8	7	1	3	1
2668	충북 단양군	단양군관광협의회운영비지원	143,177	2	4	5	8	7	1	1	1
2669	충북 단양군	단양문화원운영비지원	86,700	2	4	7	8	7	1	1	1
2670	충북 단양군	단양군새마을회운영비지원	60,000	2	1,4	7	8	7	3	1	4
2671	충북 단양군	단양군새마을회지역지도자협의회부녀회회의운영비지원	48,000	2	1,4	7	8	7	1	1	1
2672	충북 단양군	단양예총운영비지원	41,550	2	4	7	8	7	1	1	1
2673	충북 단양군	한국자유총연맹지회운영	41,500	2	1,4	7	8	7	1	1	1
2674	충북 단양군	바르게살기운동단양군협의회운영비지원	38,582	2	1,4	7	8	7	1	1	1
2675	충북 단양군	장애인연합회운영지원	35,828	2	1	7	8	7	5	1	1
2676	충북 단양군	보훈회운영지원	28,800	2	1	7	8	7	1	1	4
2677	충북 단양군	단양군자율방재단운영및재난재해예방복구활동참여	27,000	2	4	7	1	7	1	1	1

순번	시군구	지출명 (사업명)	2024년예산 (단위 : 천원 /1년간)	민간이전 분류 (지방자치단체 세출예산 집행기준에 의거) 1. 민간경상사업보조(307-02) 2. 민간단체 법정운영비보조(307-03) 3. 민간행사사업보조(307-04) 4. 민간위탁금(307-05) 5. 사회복지시설 법정운영비보조(307-10) 6. 민간인위탁교육비(307-12) 7. 공기관등에대한경상적위탁사업비(308-13) 8. 민간자본사업보조,자체재원(402-01) 9. 민간자본사업보조,이전재원(402-02) 10. 민간위탁사업비(402-03) 11. 공기관등에 대한 자본적 위탁사업비(403-02)	민간이전지출 근거 (지방보조금 관리기준 참고) 1. 법률에 규정 2. 국고보조 재원(국가지정) 3. 용도 지정 기부금 4. 조례에 직접규정 5. 지자체가 권장하는 사업을 하는 공공기관 6. 시,도 정책 및 재정사정 7. 기타 8. 해당없음	입찰방식 계약체결방법 (경쟁형태) 1. 일반경쟁 2. 제한경쟁 3. 지명경쟁 4. 수의계약 5. 법정위탁 6. 기타 ( ) 7. 없음	입찰방식 계약기간 1. 1년 2. 2년 3. 3년 4. 4년 5. 5년 6. 기타 ( )년 7. 단기계약 (1년미만) 8. 없음	입찰방식 낙찰자선정방법 1. 적격심사 2. 협상에의한계약 3. 최저가낙찰제 4. 규격가격분리 5. 2단계 경쟁입찰 6. 기타 ( ) 7. 없음	운영예산 산정 운영예산 산정 1. 내부산정 (지자체 자체적으로 산정) 2. 외부산정 (외부전문기관위탁 산정) 3. 내·외부 모두 산정 4. 산정 無 5. 없음	운영예산 산정 정산방법 1. 내부정산 (지자체 내부적으로 정산) 2. 외부정산 (외부전문기관위탁 정산) 3. 내·외부 모두 산정 4. 정산 無 5. 없음	성과평가 실시여부 1. 실시 2. 미실시 3. 향후 추진 4. 해당없음
2678	충북 단양군	6.25참전유공자운영지원	16,600	2	1	7	8	7	1	1	1
2679	충북 단양군	월남참전자회운영지원	15,500	2	1	7	8	7	1	1	1
2680	충북 단양군	재향군인회운영비보조	13,000	2	1,4	7	8	7	1	1	1
2681	충북 단양군	지역경제활성화업무추진(소비자상담센터운영지원)	6,750	2	6	7	1	7	1	1	1
2682	충북 단양군	고엽제전우회운영지원	6,000	2	1	7	8	7	1	1	1
2683	충북 단양군	단양군통합자원봉사지원단운영지원	5,000	2	4	7	8	7	1	1	1
2684	충청남도	충남아이돌봄광역지원센터	580,440	2	2	5	3	1	1	1	1
2685	충청남도	도자원봉사센터운영지원	508,000	2	1	7	8	7	1	1	1
2686	충청남도	결연기관운영지원	269,341	2	7	7	8	7	1	1	4
2687	충청남도	한국자유총연맹충청남도지부운영	185,000	2	1	7	8	7	1	1	1
2688	충청남도	충청남도새마을회운영	160,000	2	1	7	8	7	1	1	1
2689	충청남도	발달장애인공공후견인교육지원	106,450	2	1	5	3	7	5	5	4
2690	충청남도	바르게살기운동충청남도협의회운영	58,000	2	1	7	8	7	1	1	1
2691	충청남도	재향군인회운영지원	52,500	2	1	7	8	7	1	1	4
2692	충청남도	도여성단체협의회운영지원	44,966	2	4	5	1	1	1	1	1
2693	충청남도	충남자율방범연합회운영지원	40,000	2	1	7	8	7	5	5	4
2694	충청남도	소상공인연합회운영	38,000	2	1	7	8	7	1	1	1
2695	충청남도	범죄피해자지원센터운영	20,000	2	1	7	8	7	1	1	4
2696	충청남도	이북5도충남사무소운영비지원	20,000	2	4	7	8	7	1	1	4
2697	충청남도	민주평화통일자문회의충남지역회의지원	17,000	2	4	7	8	7	1	1	4
2698	충청남도	상인조직역량강화	5,712	2	4	7	8	7	1	1	4
2699	충청남도	도자원봉사센터근무자처우개선	1,800	2	1	7	8	7	1	1	1
2700	충청남도	장애인체육회운영	1,306,000	2	4	7	8	7	1	1	1
2701	충청남도	충남권역장애인구강진료센터운영지원	756,200	2	2	5	8	7	5	3	2
2702	충청남도	장애인실업팀(골볼)운영	588,086	2	4	7	8	7	1	1	1
2703	충청남도	지역거점형스포츠클럽육성	420,000	2	1	7	8	7	1	1	1
2704	충청남도	장애인실업팀(보치아)운영	399,186	2	4	7	8	7	1	1	1
2705	충청남도	장애인전문체육지도자배치사업	353,288	2	4	7	8	7	1	1	1
2706	충청남도	충청남도지속가능발전협의회지원	323,000	2	1	7	8	7	1	1	1
2707	충청남도	장애인실업팀(휠체어럭비)운영	311,000	2	4	7	8	7	1	1	1
2708	충청남도	지역스포츠과학센터운영	292,771	2	1	7	8	7	1	1	1
2709	충청남도	충남야생동물구조센터운영지원	280,000	2	2	7	8	7	1	3	1
2710	충청남도	충남도립대학교산학협력단운영지원	248,000	2	1	7	8	7	5	5	4
2711	충청남도	도장애인생활체육지도자배치	244,224	2	4	7	8	7	1	1	1
2712	충청남도	충청남도문화원연합회운영	140,000	2	4	7	8	7	1	1	1
2713	충청남도	한국예총충청남도연합회운영	115,000	2	1	7	7	7	1	1	1
2714	충청남도	도장애인생활체육지도자처우개선비	83,851	2	4	7	8	7	1	1	1
2715	충청남도	민족예술인총연합회충남지회운영	50,000	2	1	7	7	7	1	1	1
2716	충청남도	장애인체력인증센터운영	39,600	2	4	7	8	7	1	1	1
2717	충남 공주시	자원봉사센터인건비	230,000	2	1	5	8	7	1	1	1

순번	시군구	지출명 (사업명)	2024년예산 (단위 : 천원 /1년간)	민간이전 분류 (지방자치단체 세출예산 집행기준에 의거)	민간이전지출 근거 (지방보조금 관리기준 참고)	입찰방식			운영예산 산정		성과평가 실시여부
				1. 민간경상사업보조(307-02) 2. 민간단체 법정운영비보조(307-03) 3. 민간행사사업보조(307-04) 4. 민간위탁금(307-05) 5. 사회복지시설 법정운영비보조(307-10) 6. 민간인위탁교육비(307-12) 7. 공기관등에대한경상적위탁사업비(308-13) 8. 민간자본사업보조,자체재원(402-01) 9. 민간자본사업보조,이전재원(402-02) 10. 민간위탁사업비(402-03) 11. 공기관등에 대한 자본적 위탁사업비(403-02)	1. 법률에 규정 2. 국고보조 재원(국가지정) 3. 용도 지정 기부금 4. 조례에 직접규정 5. 지자체가 권장하는 사업을 하는 공공기관 6. 시,도 정책 및 재정사정 7. 기타 8. 해당없음	계약체결방법 (경쟁형태) 1. 일반경쟁 2. 제한경쟁 3. 지명경쟁 4. 수의계약 5. 법정위탁 6. 기타 ( ) 7. 없음	계약기간 1. 1년 2. 2년 3. 3년 4. 4년 5. 5년 6. 기타 ( )년 7. 단기계약 (1년미만) 8. 없음	낙찰자선정방법 1. 적격심사 2. 협상에의한계약 3. 최저가낙찰제 4. 규격가격분리 5. 2단계 경쟁입찰 6. 기타 ( ) 7. 없음	운영예산 산정 1. 내부산정 (지자체 자체적으로 산정) 2. 외부산정 (외부전문기관위탁 산정) 3. 내·외부 모두 산정 4. 산정 無 5. 없음	정산방법 1. 내부정산 (지자체 내부적으로 정산) 2. 외부정산 (외부전문기관위탁 정산) 3. 내·외부 모두 산정 4. 정산 無 5. 없음	1. 실시 2. 미실시 3. 향후 추진 4. 해당없음
2718	충남 공주시	공주시새마을회인건비	145,000	2	1	7	8	7	5	5	4
2719	충남 공주시	지방의제21	60,000	2	6	7	1	7	1	1	4
2720	충남 공주시	여성단체협의회인건비지원	33,540	2	1	7	8	7	5	1	4
2721	충남 공주시	한국자유총연맹공주시지회인건비	32,000	2	1	7	8	7	5	5	4
2722	충남 공주시	바르게살기운동공주시협의회인건비	31,450	2	1	7	8	7	5	5	4
2723	충남 공주시	농식품수출상품화	30,000	2	6	7	8	7	1	1	3
2724	충남 공주시	민주평통자문위원공주시협의회운영비	28,500	2	1	7	8	7	1	1	1
2725	충남 공주시	자율방재단활동지원	27,500	2	1	7	8	7	1	1	4
2726	충남 공주시	공주시재향군인회인건비	27,000	2	1	7	8	7	5	5	4
2727	충남 공주시	여성단체협의회운영비지원	21,000	2	1	7	8	7	5	1	4
2728	충남 공주시	적십자봉사회공주봉사관운영	5,000	2	4	7	8	7	5	5	4
2729	충남 공주시	바르게살기운동공주시협의회운영비	4,130	2	1	7	8	7	5	5	4
2730	충남 공주시	공주시새마을회운영비	3,300	2	1	7	8	7	5	5	4
2731	충남 공주시	공주시재향군인회운영비	3,000	2	1	7	8	7	5	5	4
2732	충남 공주시	한국자유총연맹공주시지회운영비	1,100	2	1	7	8	7	5	5	4
2733	충남 보령시	보령시체육회운영	378,901	2	1	7	8	7	1	1	1
2734	충남 보령시	자원봉사센터운영(보령시)	307,670	2	1,4	5	8	7	1	1	1
2735	충남 보령시	장애인생활체육육성	213,696	2	1	7	8	7	1	1	1
2736	충남 보령시	보령시장애인체육회운영지원	186,417	2	1	7	8	7	1	1	1
2737	충남 보령시	수리계수리시설유지관리	150,000	2	6	7	8	7	5	5	4
2738	충남 보령시	스포츠클럽설립및운영지원	146,610	2	1	7	8	7	1	1	1
2739	충남 보령시	지역사회보장협의체운영(자체)	143,610	2	4	7	8	7	1	1	1
2740	충남 보령시	보훈단체운영비	130,000	2	1	7	8	7	1	1	4
2741	충남 보령시	새마을운동보령시지회운영	129,689	2	4	7	8	7	1	1	4
2742	충남 보령시	한국예총보령지회운영	126,905	2	4	7	7	7	1	1	3
2743	충남 보령시	대한노인회보령시지회운영	116,079	2	1	7	8	7	5	5	1
2744	충남 보령시	자원봉사센터운영	110,360	2	2	5	8	7	1	1	4
2745	충남 보령시	보령문화원인건비	100,681	2	4	7	8	7	1	1	1
2746	충남 보령시	푸드마켓운영	78,031	2	4	7	8	7	1	1	1
2747	충남 보령시	바르게살기운동보령시협의회운영	69,444	2	4	7	8	7	1	1	4
2748	충남 보령시	장애인생활체육육성(보조처우개선)	58,431	2	1	7	8	7	1	1	1
2749	충남 보령시	지속가능발전협의회운영	47,898	2	4	4	1	2	1	1	4
2750	충남 보령시	보령문화원운영비	32,928	2	4	7	8	7	1	1	1
2751	충남 보령시	재향군인회운영	31,537	2	4	7	8	7	5	5	4
2752	충남 보령시	범죄피해자지원센터운영사업	30,000	2	1	7	8	7	5	5	4
2753	충남 보령시	소비자보호센터운영	28,513	2	1	7	8	7	5	5	4
2754	충남 보령시	민주평화통일자문회의보령시협의회운영	26,900	2	1	7	8	7	5	5	4
2755	충남 보령시	자원봉사센터근무자처우개선	1,200	2	2	5	8	7	1	1	4
2756	충남 아산시	문화원인건비및경상운영비	285,422	2	1	7	8	7	1	1	3
2757	충남 아산시	결식노인무료급식지원(자체)	200,000	2	1	7	8	7	5	5	4

순번	시군구	지출명 (사업명)	2024년예산 (단위 : 천원 /1년간)	민간이전 분류 (지방자치단체 세출예산 집행기준에 의거) 1. 민간경상사업보조(307-02) 2. 민간단체 법정운영비보조(307-03) 3. 민간행사사업보조(307-04) 4. 민간위탁금(307-05) 5. 사회복지시설 법정운영비보조(307-10) 6. 민간인위탁교육비(307-12) 7. 공기관등에대한경상적위탁사업비(308-13) 8. 민간자본사업보조,자체재원(402-01) 9. 민간자본사업보조,이전재원(402-02) 10. 민간위탁사업비(402-03) 11. 공기관등에 대한 자본적 위탁사업비(403-02)	민간이전지출 근거 (지방보조금 관리기준 참고) 1. 법률에 규정 2. 국고보조 재원(국가지정) 3. 용도 지정 기부금 4. 조례에 직접규정 5. 지자체가 권장하는 사업을 하는 공공기관 6. 시,도 정책 및 재정사정 7. 기타 8. 해당없음	입찰방식: 계약체결방법 (경쟁형태) 1. 일반경쟁 2. 제한경쟁 3. 지명경쟁 4. 수의계약 5. 법정위탁 6. 기타 ( ) 7. 없음	입찰방식: 계약기간 1. 1년 2. 2년 3. 3년 4. 4년 5. 5년 6. 기타 ( )년 7. 단기계약 (1년미만) 8. 없음	입찰방식: 낙찰자선정방법 1. 적격심사 2. 협상에의한계약 3. 최저가낙찰제 4. 규격가격분리 5. 2단계 경쟁입찰 6. 기타 ( ) 7. 없음	운영예산 산정: 운영예산 산정 1. 내부산정 (지자체 자체적으로 산정) 2. 외부산정 (외부전문기관위탁 산정) 3. 내·외부 모두 산정 4. 산정 無 5. 없음	운영예산 산정: 정산방법 1. 내부정산 (지자체 내부적으로 정산) 2. 외부정산 (외부전문기관위탁 정산) 3. 내·외부 모두 산정 4. 정산 無 5. 없음	성과평가 실시여부 1. 실시 2. 미실시 3. 향후 추진 4. 해당없음
2758	충남 아산시	대한노인회아산시지회운영비지원	187,604	2	1	7	8	7	5	5	4
2759	충남 아산시	아산예총민간단체법정운영비	120,342	2	1	7	8	7	1	1	3
2760	충남 아산시	농촌체험휴양마을사무장채용지원	98,916	2	1	7	8	7	5	5	4
2761	충남 아산시	아산시지속가능발전협의회지원	98,307	2	1	7	8	7	1	1	4
2762	충남 아산시	온양민속박물관운영지원	70,000	2	1	7	8	7	1	1	3
2763	충남 아산시	대한노인회읍면동분회지원	69,440	2	6	7	8	7	1	1	2
2764	충남 아산시	농촌체험휴양마을사무장지원	58,302	2	1	7	8	7	1	1	1
2765	충남 아산시	대한노인회게이트볼구장운영	50,000	2	4	7	8	7	5	5	4
2766	충남 아산시	아산시지속가능발전협의회지원	16,728	2	1	7	8	7	1	1	4
2767	충남 아산시	시각장애인협회아산시지회운영지원	11,300	2	1	7	8	7	1	1	1
2768	충남 아산시	지체장애인협회아산시지회운영지원	10,000	2	1	7	8	7	1	1	1
2769	충남 아산시	척수장애인협회아산시지회운영지원	10,000	2	1	7	8	7	1	1	1
2770	충남 아산시	농아인협회아산시지회운영지원	9,000	2	1	7	8	7	1	1	1
2771	충남 아산시	교통장애인협회아산시지회운영지원	6,000	2	1	7	8	7	1	1	1
2772	충남 서산시	서산문화원운영지원	270,356	2	4	7	8	7	5	5	4
2773	충남 서산시	서산시체육회운영지원(인건비)	257,408	2	1,4	7	8	7	1	1	3
2774	충남 서산시	장애인체육회운영지원(인건비3명)	142,292	2	1,4	7	8	7	1	1	3
2775	충남 서산시	서산시스포츠클럽운영비	120,000	2	1,4	7	8	7	1	1	3
2776	충남 서산시	전몰군경미망인회운영비	116,089	2	1	7	8	7	1	1	3
2777	충남 서산시	서산행복나눔푸드마켓운영지원	107,487	2	4	7	8	7	1	1	1
2778	충남 서산시	노인회지회운영지원(인건비)	97,042	2	4	7	8	7	1	1	1
2779	충남 서산시	장애인단체운영지원	94,642	2	1	7	8	7	1	3	1
2780	충남 서산시	재향군인회서산시지회운영	76,684	2	1	7	8	7	1	1	1
2781	충남 서산시	서산시체육회운영지원(사무운영비)	75,808	2	1,4	7	8	7	1	1	3
2782	충남 서산시	사회복지협의회운영지원	60,774	2	1	7	8	7	1	1	3
2783	충남 서산시	고엽제전우회운영비	57,854	2	1	7	8	7	1	1	3
2784	충남 서산시	노인회지회분회운영지원	54,000	2	4	7	8	7	1	1	1
2785	충남 서산시	서산예총운영지원	53,389	2	4	7	8	7	5	5	4
2786	충남 서산시	6.25참전유공자회운영비	49,967	2	1	7	8	7	1	1	3
2787	충남 서산시	지역사회보장협의체운영지원(인건비)	41,330	2	4	7	8	7	1	1	1
2788	충남 서산시	노인회지회사무운영비	40,100	2	4	7	8	7	1	1	1
2789	충남 서산시	서산수영스포츠클럽운영비	40,000	2	1,4	7	8	7	1	1	3
2790	충남 서산시	서산시여성단체협의회운영지원	38,158	2	1	7	1	7	1	1	1
2791	충남 서산시	소비자상담센터운영지원	36,713	2	1	7	8	7	1	1	1
2792	충남 서산시	장애인종합상담실운영지원	34,005	2	4	7	8	7	1	3	1
2793	충남 서산시	장애인체육회운영지원(사무운영비)	33,840	2	1,4	7	8	7	1	1	3
2794	충남 서산시	무공수훈자회운영비	21,300	2	1	7	8	7	1	1	3
2795	충남 서산시	지역사회보장협의체운영지원(사무운영비)	19,060	2	4	7	8	7	1	1	1
2796	충남 서산시	특수임무유공자회운영비	18,000	2	1	7	8	7	1	1	3
2797	충남 서산시	한국자유총연맹서산시지회운영	17,600	2	1	7	8	7	1	1	1

순번	시군구	지출명 (사업명)	2024년예산 (단위 : 천원 /1년간)	민간이전 분류 (지방자치단체 세출예산 집행기준에 의거) 1. 민간경상사업보조(307-02) 2. 민간단체 법정운영비보조(307-03) 3. 민간행사사업보조(307-04) 4. 민간위탁금(307-05) 5. 사회복지시설 법정운영비보조(307-10) 6. 민간인위탁교육비(307-12) 7. 공기관등에대한경상적위탁사업비(308-13) 8. 민간자본사업보조,자체재원(402-01) 9. 민간자본사업보조,이전재원(402-02) 10. 민간위탁사업비(402-03) 11. 공기관등에 대한 자본적 위탁사업비(403-02)	민간이전지출 근거 (지방보조금 관리기준 참고) 1. 법률에 규정 2. 국고보조 재원(국가지정) 3. 용도 지정 기부금 4. 조례에 직접규정 5. 지자체가 권장하는 사업을 하는 공공기관 6. 시,도 정책 및 재정사정 7. 기타 8. 해당없음	입찰방식 계약체결방법 (경쟁형태) 1. 일반경쟁 2. 제한경쟁 3. 지명경쟁 4. 수의계약 5. 법정위탁 6. 기타 ( ) 7. 없음	입찰방식 계약기간 1. 1년 2. 2년 3. 3년 4. 4년 5. 5년 6. 기타 ( )년 7. 단기계약 (1년미만) 8. 없음	입찰방식 낙찰자선정방법 1. 적격심사 2. 협상에의한계약 3. 최저가낙찰제 4. 규격가격분리 5. 2단계 경쟁입찰 6. 기타 ( ) 7. 없음	운영예산 산정 운영예산 산정 1. 내부산정 (지자체 자체적으로 산정) 2. 외부산정 (외부전문기관위탁 산정) 3. 내·외부 모두 산정 4. 산정 無 5. 없음	운영예산 산정 정산방법 1. 내부정산 (지자체 내부적으로 정산) 2. 외부정산 (외부전문기관위탁 정산) 3. 내·외부 모두 산정 4. 정산 無 5. 없음	성과평가 실시여부 1. 실시 2. 미실시 3. 향후 추진 4. 해당없음
2798	충남 서산시	민주평화통일자문회의서산협의회운영비	14,400	2	1	7	8	7	1	1	1
2799	충남 서산시	상이군경회운영비	12,000	2	1	7	8	7	1	1	3
2800	충남 서산시	전몰군경유족회운영비	12,000	2	1	7	8	7	1	1	3
2801	충남 서산시	월남전참전자회운영비	12,000	2	1	7	8	7	1	1	3
2802	충남 논산시	논산문화원운영비	348,000	2	1	7	8	7	1	1	1
2803	충남 논산시	한국예총논산지회운영비	76,000	2	7	7	8	7	1	1	1
2804	충남 논산시	한센간이양로주택운영지원및재가한센인생계비지원	35,876	2	1	7	8	7	5	5	4
2805	충남 논산시	소비생활센터운영비지원	30,881	2	4	7	8	7	1	1	4
2806	충남 논산시	농촌체험휴양마을협의회운영	4,500	2	1	7	8	7	5	1	1
2807	충남 논산시	청소년유해환경감시단운영지원	3,600	2	1	7	8	7	1	1	4
2808	충남 계룡시	계룡시체육회인건비	245,272	2	1	7	8	7	1	1	1
2809	충남 계룡시	문화원인건비및운영비	139,940	2	6	7	8	7	1	1	1
2810	충남 계룡시	대한노인회지회운영지원	131,392	2	1	7	8	7	1	1	4
2811	충남 계룡시	보훈단체운영	120,478	2	1	7	8	7	1	1	3
2812	충남 계룡시	계룡시장애인체육회인건비	100,580	2	1	7	8	7	1	1	1
2813	충남 계룡시	사회적기업일자리창출사업	96,000	2	2	7	8	7	1	1	1
2814	충남 계룡시	계룡시체육회운영비	90,460	2	1	7	8	7	1	1	1
2815	충남 계룡시	새마을운동계룡시지회운영	47,430	2	1,4	7	8	7	1	1	1
2816	충남 계룡시	계룡예총운영지원	38,440	2	4	7	8	7	1	1	1
2817	충남 계룡시	계룡시장애인체육회운영비	36,020	2	1	7	8	7	2	3	2
2818	충남 계룡시	재향군인회운영비지원	20,000	2	1,4	7	8	7	1	1	1
2819	충남 계룡시	민주평화통일자문회의계룡시협의회운영지원	16,000	2	1	7	8	7	1	1	3
2820	충남 계룡시	계룡스포츠클럽운영지원	12,000	2	2	7	8	7	1	1	1
2821	충남 계룡시	한국자유총연맹계룡시지회운영	9,600	2	1,4	7	8	7	1	1	1
2822	충남 계룡시	여성단체협의회운영	9,000	2	7	7	8	7	5	1	3
2823	충남 계룡시	계룡스포츠클럽시설사용료지원	6,000	2	6	7	8	7	1	1	1
2824	충남 당진시	당진시민축구단운영비	720,000	2	4	7	8	7	1	3	1
2825	충남 당진시	체육회운영지원	325,000	2	1	7	8	7	1	3	1
2826	충남 당진시	보훈시설관리및행사업무(민간단체법정운영비보조)	237,834	2	1	7	8	7	1	1	1
2827	충남 당진시	당진문화원운영비보조	184,418	2	1,4	4	8	7	1	1	2
2828	충남 당진시	어르신생활체육지도자배치사업	184,128	2	1	7	8	7	1	3	1
2829	충남 당진시	일반생활체육지도자배치사업	153,440	2	1	7	8	7	1	3	1
2830	충남 당진시	탄소중립지원센터운영	130,000	2	2	2	4	1	1	1	1
2831	충남 당진시	생활체육지도자처우개선비	98,967	2	1	7	8	7	1	3	1
2832	충남 당진시	농촌체험마을사무장활동비지원	97,150	2	2	7	8	7	1	1	4
2833	충남 당진시	한국예총당진지회운영지원	64,000	2	1	7	8	7	1	1	1
2834	충남 당진시	여성단체협의회운영비	49,721	2	1	3	1	7	1	1	1
2835	충남 당진시	기지시줄다리기축제사무국운영비	40,000	2	4	7	7	7	1	1	1
2836	충남 당진시	재향군인회운영	29,000	2	4	7	8	7	5	5	4
2837	충남 당진시	기지시줄다리기보존회사무국운영비	20,000	2	4	7	7	7	1	1	1

순번	시군구	지출명 (사업명)	2024년예산 (단위 : 천원 /1년간)	민간이전 분류 (지방자치단체 세출예산 집행기준에 의거) 1. 민간경상사업보조(307-02) 2. 민간단체 법정운영비보조(307-03) 3. 민간행사사업보조(307-04) 4. 민간위탁금(307-05) 5. 사회복지시설 법정운영비보조(307-10) 6. 민간인위탁교육비(307-12) 7. 공기관등에대한경상적위탁사업비(308-13) 8. 민간자본사업보조,자체재원(402-01) 9. 민간자본사업보조,이전재원(402-02) 10. 민간위탁사업비(402-03) 11. 공기관등에 대한 자본적 위탁사업비(403-02)	민간이전지출 근거 (지방보조금 관리기준 참고) 1. 법률에 규정 2. 국고보조 재원(국가지정) 3. 용도 지정 기부금 4. 조례에 직접규정 5. 지자체가 권장하는 사업을 하는 공공기관 6. 시,도 정책 및 재정사정 7. 기타 8. 해당없음	입찰방식 계약체결방법 (경쟁형태) 1. 일반경쟁 2. 제한경쟁 3. 지명경쟁 4. 수의계약 5. 법정위탁 6. 기타 ( ) 7. 없음	입찰방식 계약기간 1. 1년 2. 2년 3. 3년 4. 4년 5. 5년 6. 기타 ( )년 7. 단기계약 (1년미만) 8. 없음	입찰방식 낙찰자선정방법 1. 적격심사 2. 협상에의한계약 3. 최저가낙찰제 4. 규격가격분리 5. 2단계 경쟁입찰 6. 기타 ( ) 7. 없음	운영예산 산정 운영예산 산정 1. 내부산정 (지자체 자체적으로 산정) 2. 외부산정 (외부전문기관위탁 산정) 3. 내·외부 모두 산정 4. 산정 無 5. 없음	운영예산 산정 정산방법 1. 내부정산 (지자체 내부적으로 정산) 2. 외부정산 (외부전문기관위탁 정산) 3. 내·외부 모두 산정 4. 정산 無 5. 없음	성과평가 실시여부 1. 실시 2. 미실시 3. 향후 추진 4. 해당없음
2838	충남 당진시	스포츠클럽행정인력지원(국가직접지원)	15,000	2	1	7	8	7	1	1	1
2839	충남 당진시	스포츠클럽행정인력지원	15,000	2	1	7	8	7	1	1	1
2840	충남 당진시	벼우량품종종자생산자율교환시범사업	10,000	2	6	7	8	7	5	5	4
2841	충남 당진시	당진시자율방재단운영지원	9,000	2	1	7	8	7	5	5	4
2842	충남 당진시	사립미술관및박물관운영지원	9,000	2	1	2	7	1	1	1	1
2843	충남 당진시	수산업경영인연합회사무실임차료지원	6,000	2	1	7	8	7	1	1	4
2844	충남 당진시	여성어업인연합회사무실임차료지원	6,000	2	1	7	8	7	1	1	4
2845	충남 당진시	지도자용품구입비지원	1,650	2	1	7	8	7	1	3	1
2846	충남 금산군	응급의료고도취약지역지원	160,000	2	2	7	8	7	1	3	4
2847	충남 금산군	대한노인회지원(자체)	140,500	2	4	7	8	7	1	1	4
2848	충남 금산군	지역사회보장협의체운영	77,500	2	8	7	8	7	1	1	4
2849	충남 금산군	지역사회보장협의체운영활성화지원	26,940	2	8	7	8	7	1	1	4
2850	충남 금산군	대한노인회읍면분회운영지원	23,760	2	4	7	8	7	1	1	4
2851	충남 금산군	여성단체협의회운영지원	22,000	2	4	7	8	7	1	1	1
2852	충남 금산군	전몰군경미망인회운영지원	18,350	2	1	7	8	7	1	1	4
2853	충남 금산군	소비자상담센터운영	14,157	2	4	7	8	7	1	1	1
2854	충남 금산군	대한노인회금산군지회부설노인대학운영	14,000	2	4	7	8	7	1	1	4
2855	충남 금산군	상이군경회운영지원	13,810	2	1	7	8	7	1	1	4
2856	충남 금산군	고엽제전우회운영지원	12,670	2	1	7	8	7	1	1	4
2857	충남 금산군	전몰군경유족회운영지원	12,270	2	1	7	8	7	1	1	4
2858	충남 금산군	무공수훈자회운영지원	11,814	2	1	7	8	7	1	1	4
2859	충남 금산군	6.25참전유공자회운영지원	11,710	2	1	7	8	7	1	1	4
2860	충남 금산군	월남참전자회운영지원	11,590	2	1	7	8	7	1	1	4
2861	충남 금산군	광복회지회운영지원	3,500	2	1	7	8	7	1	1	4
2862	충남 부여군	부여군체육회사무국인건비	269,000	2	1	7	8	7	1	1	1
2863	충남 부여군	부여문화원운영비등	248,000	2	4	4	1	7	1	1	1
2864	충남 부여군	부여군장애인체육회사무국인건비	182,000	2	1	7	7	7	1	1	1
2865	충남 부여군	보훈단체운영비	172,094	2	4	7	8	7	1	1	1
2866	충남 부여군	지속가능발전협의회운영지원	140,000	2	1,4	7	8	7	5	5	4
2867	충남 부여군	부여군체육회사무국운영비	105,000	2	1	7	8	7	1	1	1
2868	충남 부여군	부여군지역사회보장협의체운영비	90,000	2	1	7	8	7	1	1	1
2869	충남 부여군	새마을운동부여군지회운영	85,023	2	4	7	8	7	5	5	4
2870	충남 부여군	바르게살기운동사무국운영비	55,100	2	1,4	7	8	7	1	1	1
2871	충남 부여군	생활체육지도자시간외근무수당	50,400	2	1	7	8	7	1	1	1
2872	충남 부여군	부여예총경상운영비	35,000	2	4	7	1	1	1	1	1
2873	충남 부여군	부여군장애인체육회사무국운영비	31,000	2	1	7	7	7	1	1	1
2874	충남 부여군	지역환경교육센터운영	30,000	2	6	7	8	7	5	5	4
2875	충남 부여군	각읍면조직관리및경상관리비	27,635	2	1,4	7	8	7	1	1	1
2876	충남 부여군	민주평통사무국운영	26,000	2	1,4	7	8	7	1	1	1
2877	충남 부여군	생활체육지도자활동지원비	20,400	2	1	7	8	7	1	1	1

순번	시군구	지출명 (사업명)	2024년예산 (단위 : 천원 /1년간)	민간이전 분류 (지방자치단체 세출예산 집행기준에 의거) 1. 민간경상사업보조(307-02) 2. 민간단체 법정운영비보조(307-03) 3. 민간행사사업보조(307-04) 4. 민간위탁금(307-05) 5. 사회복지시설 법정운영비보조(307-10) 6. 민간인위탁교육비(307-12) 7. 공기관등에대한경상적위탁사업비(308-13) 8. 민간자본사업보조,자체재원(402-01) 9. 민간자본사업보조,이전재원(402-02) 10. 민간위탁사업비(402-03) 11. 공기관등에 대한 자본적 위탁사업비(403-02)	민간이전지출 근거 (지방보조금 관리기준 참고) 1. 법률에 규정 2. 국고보조 재원(국가지정) 3. 용도 지정 기부금 4. 조례에 직접규정 5. 지자체가 권장하는 사업을 하는 공공기관 6. 시,도 정책 및 재정사정 7. 기타 8. 해당없음	입찰방식			운영예산 산정		성과평가 실시여부
						계약체결방법 (경쟁형태) 1. 일반경쟁 2. 제한경쟁 3. 지명경쟁 4. 수의계약 5. 법정위탁 6. 기타 ( ) 7. 없음	계약기간 1. 1년 2. 2년 3. 3년 4. 4년 5. 5년 6. 기타 ( )년 7. 단기계약 (1년미만) 8. 없음	낙찰자선정방법 1. 적격심사 2. 협상에의한계약 3. 최저가낙찰제 4. 규격가격분리 5. 2단계 경쟁입찰 6. 기타 ( ) 7. 없음	운영예산 산정 1. 내부산정 (지자체 자체적으로 산정) 2. 외부산정 (외부전문기관위탁 산정) 3. 내·외부 모두 산정 4. 산정 無 5. 없음	정산방법 1. 내부정산 (지자체 내부적으로 정산) 2. 외부정산 (외부전문기관위탁 정산) 3. 내·외부 모두 산정 4. 정산 無 5. 없음	1. 실시 2. 미실시 3. 향후 추진 4. 해당없음
2878	충남 부여군	청소년문화공간운영비지원	15,040	2	7	7	8	7	5	5	4
2879	충남 부여군	여성단체지도자역량강화워크숍	13,300	2	4	7	8	7	1	1	1
2880	충남 부여군	장애인생활체육지도자활동지원비	12,600	2	1	7	8	7	1	1	1
2881	충남 부여군	부여군여성대회개최	11,900	2	4	7	8	7	1	1	1
2882	충남 부여군	부여군체육회차량임차료	10,800	2	1	7	8	7	1	1	1
2883	충남 부여군	생활체육지도자정근수당	8,141	2	1	7	8	7	1	1	1
2884	충남 부여군	여성단체건전육성	5,000	2	4	7	8	7	1	1	1
2885	충남 부여군	충남양성평등주간기념식참가	3,500	2	4	7	8	7	1	1	1
2886	충남 부여군	생활체육지도자정근수당가산금	1,980	2	1	7	8	7	1	1	1
2887	충남 서천군	농촌체험휴양마을사무장채용지원	115,834	2	1	7	8	7	5	1	4
2888	충남 서천군	어촌체험휴양마을사무장채용지원	49,464	2	4	7	8	7	1	1	1
2889	충남 서천군	자율방범대운영지원	38,600	2	1	7	8	7	1	1	1
2890	충남 서천군	귀어귀촌지원센터운영	38,000	2	4	7	8	7	1	1	1
2891	충남 서천군	범죄피해자지원센터운영지원	20,000	2	1,4	7	8	7	1	1	1
2892	충남 서천군	농촌체험휴양마을보험가입지원	6,333	2	1	7	8	7	5	1	4
2893	충남 청양군	청양군지속가능발전협의회운영비	34,320	2	4	5	1	7	1	1	1
2894	충남 청양군	지역환경교육센터운영비지원	20,000	2	4	5	1	7	1	1	1
2895	충남 청양군	임산물생산단지규모화	1,054,554	2	1,2	7	8	7	5	5	4
2896	충남 청양군	청양군체육회사무국인건비지원사업	432,120	2	4	7	8	7	1	1	1
2897	충남 청양군	임산물유통기반조성	285,841	2	1,2	7	8	7	5	5	4
2898	충남 청양군	장애인체육회사무국인건비지원사업	275,985	2	4	7	8	7	1	1	1
2899	충남 청양군	아이돌봄지원사업	185,000	2	1	7	8	7	5	1	1
2900	충남 청양군	산림작물생산단지(공모)	138,000	2	1,2	7	8	7	5	5	4
2901	충남 청양군	친환경임산물생산단지조성	130,200	2	1,4,6	7	8	7	5	5	4
2902	충남 청양군	보훈단체운영비	115,000	2	1	7	8	7	1	1	1
2903	충남 청양군	대한노인회청양군지회운영지원	99,931	2	4	7	1	7	1	1	1
2904	충남 청양군	방수확망지원	65,000	2	1,4,6	7	8	7	5	5	4
2905	충남 청양군	새마을지회운영관리비	45,000	2	1	7	8	7	1	1	1
2906	충남 청양군	바르게살기운동협의회운영관리비	39,550	2	1	7	8	7	1	1	1
2907	충남 청양군	민간단체지원	32,162	2	1	5	1	7	1	1	3
2908	충남 청양군	민주평통자문회의운영비	30,000	2	1,4	7	8	7	1	1	1
2909	충남 청양군	공주청양범죄피해자지원센터운영비	30,000	2	1	7	8	7	1	1	1
2910	충남 청양군	도농교류센터사무국장인건비지원	25,000	2	7	7	8	7	5	5	4
2911	충남 청양군	청양군재향군인회운영비	17,500	2	4	7	8	7	1	1	1
2912	충남 청양군	산양삼생산과정확인지원	760	2	1,2	7	8	7	5	5	4
2913	충남 홍성군	홍성군새마을회운영	117,408	2	4	7	8	7	1	1	1
2914	충남 홍성군	바르게살기운동홍성군협의회운영	42,040	2	4	7	8	7	1	1	1
2915	충남 홍성군	한국자유총연맹홍성군지회운영	31,400	2	4	7	8	7	1	1	1
2916	충남 홍성군	민주평화통일자문회의운영	28,000	2	4	7	8	7	1	1	1
2917	충남 홍성군	범죄피해자지원센터운영	20,000	2	4	7	8	7	1	1	1

순번	시군구	지출명 (사업명)	2024년예산 (단위 : 천원 /1년간)	민간이전 분류 (지방자치단체 세출예산 집행기준에 의거) 1. 민간경상사업보조(307-02) 2. 민간단체 법정운영비보조(307-03) 3. 민간행사사업보조(307-04) 4. 민간위탁금(307-05) 5. 사회복지시설 법정운영비보조(307-10) 6. 민간인위탁교육비(307-12) 7. 공기관등에대한경상적위탁사업비(308-13) 8. 민간자본사업보조,자체재원(402-01) 9. 민간자본사업보조,이전재원(402-02) 10. 민간위탁사업비(402-03) 11. 공기관등에 대한 자본적 위탁사업비(403-02)	민간이전지출 근거 (지방보조금 관리기준 참고) 1. 법률에 규정 2. 국고보조 재원(국가지정) 3. 용도 지정 기부금 4. 조례에 직접규정 5. 지자체가 권장하는 사업을 하는 공공기관 6. 시,도 정책 및 재정사정 7. 기타 8. 해당없음	입찰방식: 계약체결방법 (경쟁형태) 1. 일반경쟁 2. 제한경쟁 3. 지명경쟁 4. 수의계약 5. 법정위탁 6. 기타 ( ) 7. 없음	입찰방식: 계약기간 1. 1년 2. 2년 3. 3년 4. 4년 5. 5년 6. 기타 ( )년 7. 단기계약 (1년미만) 8. 없음	입찰방식: 낙찰자선정방법 1. 적격심사 2. 협상에의한계약 3. 최저가낙찰제 4. 규격가격분리 5. 2단계 경쟁입찰 6. 기타 ( ) 7. 없음	운영예산 산정: 운영예산 산정 1. 내부산정 (지자체 자체적으로 산정) 2. 외부산정 (외부전문기관위탁 산정) 3. 내·외부 모두 산정 4. 산정 無 5. 없음	운영예산 산정: 정산방법 1. 내부정산 (지자체 내부적으로 정산) 2. 외부정산 (외부전문기관위탁 정산) 3. 내·외부 모두 산정 4. 정산 無 5. 없음	성과평가 실시여부 1. 실시 2. 미실시 3. 향후 추진 4. 해당없음
2918	충남 예산군	예산문화원인건비	281,555	2	1	7	8	7	5	1	1
2919	충남 예산군	보훈단체운영지원	148,000	2	4	7	8	7	1	1	4
2920	충남 예산군	대한노인회예산군지회운영비	115,849	2	4	7	8	7	1	1	3
2921	충남 예산군	예산문화원운영비	88,600	2	1	7	8	7	5	1	1
2922	충남 예산군	새마을회운영비	80,000	2	1,4	7	8	7	1	1	4
2923	충남 예산군	장애인연합회운영지원	69,000	2	1	7	8	7	1	1	4
2924	충남 예산군	지속가능발전협의회법정운영비지원	62,000	2	4	7	8	7	5	5	4
2925	충남 예산군	지체장애인협회운영지원	40,000	2	1	7	8	7	1	1	4
2926	충남 예산군	바르게살기운동예산군협의회운영비	39,000	2	1,4	7	8	7	1	1	4
2927	충남 예산군	한국자유총연맹예산군지회운영비지원	29,230	2	4	7	8	7	1	1	4
2928	충남 예산군	민주평화통일자문회의예산군협의회운영비	27,000	2	1,4	7	8	7	1	1	4
2929	충남 예산군	(사)한국예총예산지회운영비지원	22,500	2	2	7	7	7	1	1	1
2930	충남 예산군	재향군인회법정운영비지원	20,400	2	4	7	7	7	1	1	3
2931	충남 예산군	범죄피해자지원센터운영지원	20,000	2	1,4	7	8	7	1	1	4
2932	충남 예산군	예산군자율방범연합대운영지원	17,204	2	1,4	7	8	7	1	1	4
2933	충남 예산군	소비자교육중앙회예산군지회지원	12,700	2	4	7	8	7	1	1	1
2934	충남 예산군	민족음악원운영비지원	10,000	2	2	7	7	7	1	1	1
2935	충남 예산군	자율방재단운영비지원	8,000	2	1	7	7	7	1	1	3
2936	경상북도	도장애인체육회운영비지원	999,000	2	4	7	8	7	5	5	4
2937	경상북도	보훈단체운영비지원	553,866	2	1	7	8	7	1	1	1
2938	경상북도	풍력산업클러스터인재양성사업	500,000	2	5	7	5	3	1	5	4
2939	경상북도	경상북도사회복지협의회운영지원	495,000	2	4	7	8	7	1	1	1
2940	경상북도	경북도립대학교산학협력단운영비등	350,000	2	4	3	1	7	1	1	2
2941	경상북도	대한노인회경상북도연합회지원	325,266	2	1	7	8	7	1	1	1
2942	경상북도	경상북도새마을회운영	300,000	2	4	7	8	7	5	5	4
2943	경상북도	한국자유총연맹경상북도지부운영비지원	234,500	2	1	7	8	7	5	5	4
2944	경상북도	응급의료지원센터운영지원	225,600	2	1	7	8	7	5	5	4
2945	경상북도	경상북도지속가능발전협의회운영	210,000	2	1	5	1	7	1	3	3
2946	경상북도	경상북도문화원연합회운영지원	150,000	2	4	7	8	7	1	1	1
2947	경상북도	바르게살기운동경상북도협의회운영	120,802	2	1	7	8	7	5	5	4
2948	경상북도	노사민정협의회사무국운영	120,000	2	4	6	1	6	1	1	1
2949	경상북도	한국예총경상북도연합회운영비지원	120,000	2	4	7	8	7	1	1	1
2950	경상북도	경상북도소상공인연합회운영비지원	95,000	2	1	5	1	7	1	1	1
2951	경상북도	여성리더양성및네트워크사업	65,000	2	1	7	8	7	5	1	1
2952	경상북도	수산업경영인연합회운영비지원	47,000	2	1	7	8	7	1	1	1
2953	경상북도	도여성단체협의회운영비지원	40,000	2	1	7	8	7	5	1	1
2954	경상북도	소비생활센터근무자인건비	32,000	2	1	6	1	6	1	1	4
2955	경상북도	자연보호중앙연맹경상북도협의회운영비	27,000	2	6	7	8	7	1	1	1
2956	경상북도	도종합자원봉사센터운영비	26,000	2	4	7	8	7	5	5	4
2957	경상북도	소비자상담센터운영지원사업	21,000	2	1	6	1	6	1	1	4

순번	시군구	지출명 (사업명)	2024년예산 (단위 : 천원 /1년간)	민간이전 분류 (지방자치단체 세출예산 집행기준에 의거)	민간이전지출 근거 (지방보조금 관리기준 참고)	입찰방식			운영예산 산정		성과평가 실시여부
				1. 민간경상사업보조(307-02) 2. 민간단체 법정운영비보조(307-03) 3. 민간행사사업보조(307-04) 4. 민간위탁금(307-05) 5. 사회복지시설 법정운영비보조(307-10) 6. 민간인위탁교육비(307-12) 7. 공기관등에대한경상적위탁사업비(308-13) 8. 민간자본사업보조,자체재원(402-01) 9. 민간자본사업보조,이전재원(402-02) 10. 민간위탁사업비(402-03) 11. 공기관등에 대한 자본적 위탁사업비(403-02)	1. 법률에 규정 2. 국고보조 재원(국가지정) 3. 용도 지정 기부금 4. 조례에 직접규정 5. 지자체가 권장하는 사업을 하는 공공기관 6. 시,도 정책 및 재정사정 7. 기타 8. 해당없음	계약체결방법 (경쟁형태) 1. 일반경쟁 2. 제한경쟁 3. 지명경쟁 4. 수의계약 5. 법정위탁 6. 기타 ( ) 7. 없음	계약기간 1. 1년 2. 2년 3. 3년 4. 4년 5. 5년 6. 기타 ( )년 7. 단기계약 (1년미만) 8. 없음	낙찰자선정방법 1. 적격심사 2. 협상에의한계약 3. 최저가낙찰제 4. 규격가격분리 5. 2단계 경쟁입찰 6. 기타 ( ) 7. 없음	운영예산 산정 1. 내부산정 (지자체 자체적으로 산정) 2. 외부산정 (외부전문기관위탁 산정) 3. 내·외부 모두 산정 4. 산정 無 5. 없음	정산방법 1. 내부정산 (지자체 내부적으로 정산) 2. 외부정산 (외부전문기관위탁 정산) 3. 내·외부 모두 산정 4. 정산 無 5. 없음	1. 실시 2. 미실시 3. 향후 추진 4. 해당없음
2958	경상북도	민주평화통일자문회의운영비지원	20,000	2	1	7	8	7	1	1	1
2959	경상북도	국외소재우리문화유산찾기단체운영비지원	10,000	2	4	7	8	7	1	1	1
2960	경북 포항시	포항문화원운영비	312,686	2	1,4	7	8	7	5	5	4
2961	경북 포항시	새마을운동추진운영지원<보조>	210,000	2	1	5	8	7	1	1	1
2962	경북 포항시	범죄피해자지원사업	100,000	2	1	7	8	7	5	5	4
2963	경북 포항시	문화예술활동지원운영경비(예총)	75,000	2	6	7	8	7	5	5	4
2964	경북 포항시	바르게살기운동활성화추진운영지원	55,000	2	1	5	8	7	1	1	1
2965	경북 포항시	지역자율방재단운영지원	51,000	2	1	7	8	7	1	1	4
2966	경북 포항시	한국자유총연맹포항시지회운영비	33,000	2	1	7	8	7	5	5	4
2967	경북 포항시	상이군경회경북지부포항시지회운영비	26,000	2	4	7	1	7	1	1	1
2968	경북 포항시	고엽제전우회경북지부포항시지회운영비	26,000	2	4	7	1	7	1	1	1
2969	경북 포항시	월남전참전자회경북지부포항시지회운영비	26,000	2	4	7	1	7	1	1	1
2970	경북 포항시	포항시재향군인회운영비	25,000	2	4	7	1	7	1	1	1
2971	경북 포항시	무공수훈자회경북지부포항시지회운영비	23,000	2	4	7	1	7	1	1	1
2972	경북 포항시	6.25참전유공자회경북지부포항시지회운영비	23,000	2	4	7	1	7	1	1	1
2973	경북 포항시	전몰군경유족회경북지부포항시지회운영비	21,000	2	4	7	1	7	1	1	1
2974	경북 포항시	전몰군경미망인회경북지부포항시지회운영비	21,000	2	4	7	1	7	1	1	1
2975	경북 포항시	민주평화통일자문회의포항시협의회운영비	20,000	2	1	7	8	7	5	5	4
2976	경북 포항시	광복회경북지부포항시지회운영비	18,000	2	4	7	1	7	1	1	1
2977	경북 포항시	특수임무유공자회경부지부포항시지회운영비	18,000	2	4	7	1	7	1	1	1
2978	경북 포항시	월남전참전전적지순례	14,500	2	4	7	1	7	1	1	1
2979	경북 포항시	호국및안보의식고취사업	8,000	2	4	7	1	7	1	1	1
2980	경북 포항시	나라사랑안보토크콘서트	6,400	2	4	7	1	7	1	1	1
2981	경북 포항시	나라사랑포항사랑안보교육	5,600	2	4	7	1	7	1	1	1
2982	경북 포항시	최세윤의병대장추모사업	5,600	2	4	7	1	7	1	1	1
2983	경북 포항시	영호남교류행사	5,000	2	4	7	1	7	1	1	1
2984	경북 포항시	재향군인의날기념행사	4,000	2	4	7	1	7	1	1	1
2985	경북 포항시	안보교육실천운동	2,900	2	4	7	1	7	1	1	1
2986	경북 포항시	6.25전쟁상기주먹밥체험행사	2,520	2	4	7	1	7	1	1	1
2987	경북 포항시	안보교육및전적지순례	2,500	2	4	7	1	7	1	1	1
2988	경북 포항시	추모위령제,호국선양안보행사	2,500	2	4	7	1	7	1	1	1
2989	경북 포항시	월남전참전6주년기념식및호국안보행사	2,500	2	4	7	1	7	1	1	1
2990	경북 포항시	6.25및월남전참전용사초청행사	2,500	2	4	7	1	7	1	1	1
2991	경북 포항시	전적지안보현장견학	2,200	2	4	7	1	7	1	1	1
2992	경북 포항시	독도지킴이체험행사	2,100	2	4	7	1	7	1	1	1
2993	경북 포항시	월남전전몰장병합동위령제	2,100	2	4	7	1	7	1	1	1
2994	경북 포항시	안보전적지견학	1,900	2	4	7	1	7	1	1	1
2995	경북 포항시	고엽제의날전우만남의장행사	1,600	2	4	7	1	7	1	1	1
2996	경북 포항시	호국사진순회전시회	1,600	2	4	7	1	7	1	1	1
2997	경북 포항시	참전유공자전적지순례답사	1,500	2	4	7	1	7	1	1	1

순번	시군구	지출명 (사업명)	2024년예산 (단위 : 천원 /1년간)	민간이전 분류 (지방자치단체 세출예산 집행기준에 의거) 1. 민간경상사업보조(307-02) 2. 민간단체 법정운영비보조(307-03) 3. 민간행사사업보조(307-04) 4. 민간위탁금(307-05) 5. 사회복지시설 법정운영비보조(307-10) 6. 민간인위탁교육비(307-12) 7. 공기관등에대한경상적위탁사업비(308-13) 8. 민간자본사업보조,자체재원(402-01) 9. 민간자본사업보조,이전재원(402-02) 10. 민간위탁사업비(402-03) 11. 공기관등에 대한 자본적 위탁사업비(403-02)	민간이전지출 근거 (지방보조금 관리기준 참고) 1. 법률에 규정 2. 국고보조 재원(국가지정) 3. 용도 지정 기부금 4. 조례에 직접규정 5. 지자체가 권장하는 사업을 하는 공공기관 6. 시,도 정책 및 재정사정 7. 기타 8. 해당없음	입찰방식: 계약체결방법 (경쟁형태) 1. 일반경쟁 2. 제한경쟁 3. 지명경쟁 4. 수의계약 5. 법정위탁 6. 기타 ( ) 7. 없음	입찰방식: 계약기간 1. 1년 2. 2년 3. 3년 4. 4년 5. 5년 6. 기타 ( )년 7. 단기계약 (1년미만) 8. 없음	입찰방식: 낙찰자선정방법 1. 적격심사 2. 협상에의한계약 3. 최저가낙찰제 4. 규격가격분리 5. 2단계 경쟁입찰 6. 기타 ( ) 7. 없음	운영예산 산정: 운영예산 산정 1. 내부산정 (지자체 자체적으로 산정) 2. 외부산정 (외부전문기관위탁 산정) 3. 내·외부 모두 산정 4. 산정 無 5. 없음	운영예산 산정: 정산방법 1. 내부정산 (지자체 내부적으로 정산) 2. 외부정산 (외부전문기관위탁 정산) 3. 내·외부 모두 산정 4. 정산 無 5. 없음	성과평가 실시여부 1. 실시 2. 미실시 3. 향후 추진 4. 해당없음
2998	경북 포항시	추모및호국선양교육	1,200	2	4	7	1	7	1	1	1
2999	경북 포항시	6.25바로알리기교육	1,000	2	4	7	1	7	1	1	1
3000	경북 경주시	민간환경감시기구인건비	525,254	2	2	7	8	7	5	5	4
3001	경북 경주시	경주시체육회운영	405,000	2	1	7	8	7	1	1	4
3002	경북 경주시	방폐장민간환경감시기구(인건비및운영비)	342,000	2	2	7	8	7	5	5	4
3003	경북 경주시	경주시장애인체육회운영	220,000	2	1	7	8	7	1	1	4
3004	경북 경주시	경주문화원운영비	216,000	2	1	7	1	7	5	1	4
3005	경북 경주시	민간환경감시기구운영비	160,700	2	2	7	8	7	5	5	4
3006	경북 경주시	장애인단체관리및기초재활교육센터운영지원	135,000	2	1	7	8	7	1	1	1
3007	경북 경주시	경주희망나눔센터운영지원	112,500	2	7	7	8	7	1	1	1
3008	경북 경주시	(사)대한노인회경주시지회운영	110,000	2	1	7	8	7	1	2	1
3009	경북 경주시	지역사회보장협의체지원	75,000	2	7	7	8	7	1	1	1
3010	경북 경주시	한국예총경주지회지원	55,000	2	7	7	8	7	5	5	4
3011	경북 경주시	자율방재단운영지원	50,000	2	1	7	1	7	1	1	4
3012	경북 경주시	새마을운동추진지원	43,000	2	1,4	7	8	7	1	1	1
3013	경북 경주시	경주시새마을회운영비	37,000	2	1,4	7	8	7	1	1	1
3014	경북 경주시	읍면동새마을지도자협의회운영	36,000	2	1,4	7	8	7	1	1	1
3015	경북 경주시	읍면동새마을부녀회운영	36,000	2	1,4	7	8	7	1	1	1
3016	경북 경주시	경주시재향군인회운영	35,000	2	4	7	8	7	1	1	1
3017	경북 경주시	바르게살기운동경주시협의회운영비	33,000	2	1,4	7	8	7	1	1	1
3018	경북 경주시	전몰군경유족회경주시지회운영	32,000	2	4	7	8	7	1	1	1
3019	경북 경주시	성인문해학교임차료지원	32,000	2	1	7	8	7	1	1	4
3020	경북 경주시	바르게살기운동읍면동위원회운영비	27,000	2	1,4	7	8	7	1	1	1
3021	경북 경주시	6.25참전유공자회경주시지회운영	26,000	2	4	7	8	7	1	1	1
3022	경북 경주시	소비자상담실운영	25,000	2	1	5	1	7	1	1	4
3023	경북 경주시	무공수훈자회경주시지회운영	23,000	2	4	7	8	7	1	1	1
3024	경북 경주시	월남전참전자회경주시지회운영	23,000	2	4	7	8	7	1	1	1
3025	경북 경주시	전몰군경미망인회경주시지회운영	20,000	2	4	7	8	7	1	1	1
3026	경북 경주시	고엽제전우회경주시지회운영	18,000	2	4	7	8	7	1	1	1
3027	경북 경주시	향토사료관운영비	17,000	2	1	7	1	7	5	1	4
3028	경북 경주시	자유수호통일대비역량강화및지회운영	13,500	2	1,4	7	8	7	1	1	1
3029	경북 경주시	광복회경주영천연합지회운영	13,000	2	4	7	8	7	1	1	1
3030	경북 경주시	읍면동분회및여성회운영	12,600	2	1,4	7	8	7	1	1	1
3031	경북 경주시	특수임무유공자회경주시지회운영	12,500	2	4	7	8	7	1	1	1
3032	경북 경주시	읍면동새마을문고운영	8,600	2	1,4	7	8	7	1	1	1
3033	경북 경주시	경주시소상공인연합회운영비	5,000	2	1	5	1	6	1	1	1
3034	경북 경주시	경주시보훈단체협의회운영	4,800	2	4	7	8	7	1	1	1
3035	경북 경주시	어머니포순이봉사단운영	2,500	2	1,4	7	8	7	1	1	1
3036	경북 영천시	취약지역응급의료기관지원사업	300,000	2	4	7	8	7	1	2	4
3037	경북 영천시	기)취약지역응급의료센터기관운영비지원	275,000	2	2	7	8	7	5	2	4

순번	시군구	지출명 (사업명)	2024년예산 (단위 : 천원 /1년간)	민간이전 분류 (지방자치단체 세출예산 집행기준에 의거) 1. 민간경상사업보조(307-02) 2. 민간단체 법정운영비보조(307-03) 3. 민간행사사업보조(307-04) 4. 민간위탁금(307-05) 5. 사회복지시설 법정운영비보조(307-10) 6. 민간인위탁교육비(307-12) 7. 공기관등에대한경상적위탁사업비(308-13) 8. 민간자본사업보조,자체재원(402-01) 9. 민간자본사업보조,이전재원(402-02) 10. 민간위탁사업비(402-03) 11. 공기관등에 대한 자본적 위탁사업비(403-02)	민간이전지출 근거 (지방보조금 관리기준 참고) 1. 법률에 규정 2. 국고보조 재원(국가지정) 3. 용도 지정 기부금 4. 조례에 직접규정 5. 지자체가 권장하는 사업을 하는 공공기관 6. 시,도 정책 및 재정사정 7. 기타 8. 해당없음	입찰방식			운영예산 산정		성과평가 실시여부
						계약체결방법 (경쟁형태) 1. 일반경쟁 2. 제한경쟁 3. 지명경쟁 4. 수의계약 5. 법정위탁 6. 기타 ( ) 7. 없음	계약기간 1. 1년 2. 2년 3. 3년 4. 4년 5. 5년 6. 기타 ( )년 7. 단기계약 (1년미만) 8. 없음	낙찰자선정방법 1. 적격심사 2. 협상에의한계약 3. 최저가낙찰제 4. 규격가격분리 5. 2단계 경쟁입찰 6. 기타 ( ) 7. 없음	운영예산 산정 1. 내부산정 (지자체 자체적으로 산정) 2. 외부산정 (외부전문기관위탁 산정) 3. 내·외부 모두 산정 4. 산정 無 5. 없음	정산방법 1. 내부정산 (지자체 내부적으로 정산) 2. 외부정산 (외부전문기관위탁 정산) 3. 내·외부 모두 산정 4. 정산 無 5. 없음	1. 실시 2. 미실시 3. 향후 추진 4. 해당없음
3038	경북 영천시	농촌체험휴양마을사무장채용지원	17,313	2	1	7	8	7	5	1	4
3039	경북 영천시	후계농업경영인회운영지원	13,500	2	6	7	8	7	5	5	4
3040	경북 영천시	중소기업기숙사임차비지원사업	1,100,000	2	4	6	1	2	1	1	1
3041	경북 영천시	고부가가치전환육성지원사업	600,000	2	4	6	1	2	1	1	1
3042	경북 영천시	혁신기술개발지원사업	600,000	2	4	6	1	2	1	1	1
3043	경북 영천시	자원봉사센터운영지원	369,000	2	1	7	8	7	1	1	3
3044	경북 영천시	영천시체육회운영지원	324,000	2	1	7	8	7	1	1	3
3045	경북 영천시	스타기업육성지원사업	200,000	2	4	6	1	2	1	1	1
3046	경북 영천시	수출중소기업지원사업	200,000	2	4	6	1	2	1	1	1
3047	경북 영천시	동남아무역사절단파견(신규)	150,000	2	4	7	8	7	5	5	4
3048	경북 영천시	영천문화원활동운영비	139,000	2	1	7	1	7	1	1	1
3049	경북 영천시	연구시설장비바우처지원사업	100,000	2	4	6	1	2	1	1	1
3050	경북 영천시	강소기업육성기반구축사업	100,000	2	4	6	1	2	1	1	1
3051	경북 영천시	노인일반	93,631	2	6	7	8	7	1	1	4
3052	경북 영천시	생활체육지도자처우개선지원	73,800	2	1	7	8	7	1	1	3
3053	경북 영천시	영천시새마을회새마을운동활성화운영지원	65,000	2	1	7	8	7	1	1	3
3054	경북 영천시	바르게살기운동영천시협의회운영지원	55,000	2	1	7	8	7	1	1	3
3055	경북 영천시	한국예총영천지회활동운영비	55,000	2	1	7	8	7	1	1	1
3056	경북 영천시	21C새마을운동추진운영지원	43,000	2	1	7	8	7	1	1	3
3057	경북 영천시	읍면동새마을산하단체활성화사업지원	38,400	2	1	7	8	7	1	1	3
3058	경북 영천시	매출채권보험료지원	30,000	2	4	6	1	2	1	1	1
3059	경북 영천시	재향군인회운영비지원	25,000	2	4	7	8	7	5	5	4
3060	경북 영천시	6.25참전유공자회운영비지원	19,800	2	4	7	8	7	5	5	4
3061	경북 영천시	자연보호영천시협의회운영지원	17,000	2	1	7	8	7	1	1	3
3062	경북 영천시	상이군경회운영비지원	17,000	2	4	7	8	7	5	5	4
3063	경북 영천시	전몰군경유족회운영비지원	17,000	2	4	7	8	7	5	5	4
3064	경북 영천시	전몰군경미망인회운영비지원	17,000	2	4	7	8	7	5	5	4
3065	경북 영천시	무공수훈자회운영비지원	17,000	2	4	7	8	7	5	5	4
3066	경북 영천시	고엽제전우회운영비지원	17,000	2	4	7	8	7	5	5	4
3067	경북 영천시	월남전참전자회운영비지원	17,000	2	4	7	8	7	5	5	4
3068	경북 영천시	시안미술관운영경비보조	15,000	2	4	7	8	7	1	1	1
3069	경북 영천시	영천역사박물관운영경비보조	15,000	2	4	7	8	7	1	1	1
3070	경북 영천시	특수임무유공자회운영비지원	12,000	2	4	7	8	7	5	5	4
3071	경북 영천시	바르게살기운동활성화추진운영지원	10,000	2	1	7	8	7	1	1	3
3072	경북 영천시	한국전쟁전후민간인희생자유족회활동사업	6,000	2	4	7	8	7	5	5	4
3073	경북 영천시	광복회운영비지원	3,500	2	4	7	8	7	5	5	4
3074	경북 영천시	소비자고발센터운영비지원	3,000	2	1	5	1	7	1	1	1
3075	경북 김천시	체육회운영비	380,000	2	1	7	8	7	1	1	3
3076	경북 김천시	자원봉사센터운영	293,162	2	1	7	8	7	3	3	1
3077	경북 김천시	지방문화원운영비	152,000	2	1	7	1	1	1	1	4

순번	시군구	지출명 (사업명)	2024년예산 (단위 : 천원 /1년간)	민간이전 분류 (지방자치단체 세출예산 집행기준에 의거) 1. 민간경상사업보조(307-02) 2. 민간단체 법정운영비보조(307-03) 3. 민간행사사업보조(307-04) 4. 민간위탁금(307-05) 5. 사회복지시설 법정운영비보조(307-10) 6. 민간인위탁교육비(307-12) 7. 공기관등에대한경상적위탁사업비(308-13) 8. 민간자본사업보조,지체재원(402-01) 9. 민간자본사업보조,이전재원(402-02) 10. 민간위탁사업비(402-03) 11. 공기관등에 대한 자본적 위탁사업비(403-02)	민간이전지출 근거 (지방보조금 관리기준 참고) 1. 법률에 규정 2. 국고보조 재원(국가지정) 3. 용도 지정 기부금 4. 조례에 직접규정 5. 지자체가 권장하는 사업을 하는 공공기관 6. 시,도 정책 및 재정사정 7. 기타 8. 해당없음	입찰방식 계약체결방법 (경쟁형태) 1. 일반경쟁 2. 제한경쟁 3. 지명경쟁 4. 수의계약 5. 법정위탁 6. 기타 ( ) 7. 없음	계약기간 1. 1년 2. 2년 3. 3년 4. 4년 5. 5년 6. 기타 ( )년 7. 단기계약 (1년미만) 8. 없음	낙찰자선정방법 1. 적격심사 2. 협상에의한계약 3. 최저가낙찰제 4. 규격가격분리 5. 2단계 경쟁입찰 6. 기타 ( ) 7. 없음	운영예산 산정 운영예산 산정 1. 내부산정 (지자체 자체적으로 산정) 2. 외부산정 (외부전문기관위탁 산정) 3. 내·외부 모두 산정 4. 산정 無 5. 없음	정산방법 1. 내부정산 (지자체 내부적으로 정산) 2. 외부정산 (외부전문기관위탁 정산) 3. 내·외부 모두 산정 4. 정산 無 5. 없음	성과평가 실시여부 1. 실시 2. 미실시 3. 향후 추진 4. 해당없음
3078	경북 김천시	새마을회운영비지원	113,800	2	1	7	8	7	1	1	1
3079	경북 김천시	김천시장애인단체연합회(장애인회관운영)지원	110,591	2	1	7	8	7	1	1	4
3080	경북 김천시	대한노인회김천시지회운영지원	107,000	2	4	5	8	7	1	1	4
3081	경북 김천시	한국예총김천지회운영비	90,000	2	1	7	8	7	1	1	3
3082	경북 김천시	바르게살기운동협의회운영비지원	80,900	2	1	7	8	7	1	1	1
3083	경북 김천시	경로당순회프로그램관리자운영지원	80,000	2	4	5	8	7	1	1	4
3084	경북 김천시	자원봉사센터코디네이터지원	66,382	2	1	7	8	7	3	3	1
3085	경북 김천시	새마을운동추진운영지원	43,000	2	1	7	8	7	1	1	1
3086	경북 김천시	장애인단체시설임차료지원	40,000	2	1	7	8	7	1	1	4
3087	경북 김천시	한국자유총연맹김천시지회운영비	35,000	2	1	7	8	7	1	1	3
3088	경북 김천시	6.25참전유공자회단체운영지원	24,785	2	1	7	8	7	5	1	4
3089	경북 김천시	상이군경회단체운영지원	23,000	2	1	7	8	7	5	1	4
3090	경북 김천시	전몰군경유족회단체운영지원	21,000	2	1	7	8	7	5	1	4
3091	경북 김천시	전몰군경미망인회단체운영지원	21,000	2	1	7	8	7	5	1	4
3092	경북 김천시	무공수훈자회단체운영지원	18,000	2	1	7	8	7	5	1	4
3093	경북 김천시	월남전참전자회단체운영지원	18,000	2	1	7	8	7	5	1	4
3094	경북 김천시	고엽제전우회단체운영지원	18,000	2	1	7	8	7	5	1	4
3095	경북 김천시	재향군인회단체운영지원	18,000	2	1	7	8	7	5	1	4
3096	경북 김천시	바르게살기운동활성화추진운영지원	10,000	2	1	7	8	7	1	1	1
3097	경북 김천시	자연보호중앙연맹김천시협의회운영비	10,000	2	6	7	8	7	1	1	2
3098	경북 김천시	맞춤형자원봉사프로그램운영지원	9,390	2	1	7	8	7	3	3	1
3099	경북 김천시	민주평화통일자문회의김천시협의회운영비보조	8,000	2	1	7	8	1	1	1	3
3100	경북 김천시	광복회김천지회단체운영지원	8,000	2	1	7	8	7	5	1	4
3101	경북 김천시	자원봉사센터자원봉사자보험료지원	6,508	2	1	7	8	7	3	3	1
3102	경북 안동시	안동시체육회운영비	515,850	2	1	7	8	7	1	3	1
3103	경북 안동시	안동시도시재생지원센터운영비	300,000	2	1	7	8	7	1	1	4
3104	경북 안동시	보훈단체운영비지원	223,000	2	1	7	8	7	1	1	1
3105	경북 안동시	국민체력인증센터운영	203,640	2	1	7	8	7	1	1	1
3106	경북 안동시	안동청소년문화센터운영비지원	190,000	2	1	7	8	7	1	1	1
3107	경북 안동시	안동시장애인체육회운영비	185,000	2	1	7	8	7	1	1	1
3108	경북 안동시	용상동현장지원센터운영비	164,500	2	1	7	8	7	1	1	4
3109	경북 안동시	안동시관광협의회운영비	136,000	2	4	7	8	7	1	1	1
3110	경북 안동시	안동시스포츠클럽지원	135,000	2	1	7	8	7	1	1	1
3111	경북 안동시	장애인체육관운영비지원	60,660	2	1	7	8	7	1	1	1
3112	경북 안동시	안동차전놀이보존회운영보조	55,000	2	8	7	8	7	3	1	4
3113	경북 안동시	하회별신굿탈놀이보존회운영보조	55,000	2	8	7	8	7	3	1	4
3114	경북 안동시	마리스타학교운영비	48,000	2	7	4	1	7	1	1	1
3115	경북 안동시	새마을운동추진운영지원	43,000	2	1,4	5	8	7	1	1	2
3116	경북 안동시	바르게살기운동활성화추진운영지원	10,000	2	1,4	5	8	7	1	1	2
3117	경북 안동시	자연보호안동시협의회운영비지원	9,400	2	1,4	5	8	7	1	1	2

순번	시군구	지출명 (사업명)	2024년예산 (단위 : 천원 /1년간)	민간이전 분류 (지방자치단체 세출예산 집행기준에 의거) 1. 민간경상사업보조(307-02) 2. 민간단체 법정운영비보조(307-03) 3. 민간행사사업보조(307-04) 4. 민간위탁금(307-05) 5. 사회복지시설 법정운영비보조(307-10) 6. 민간인위탁교육비(307-12) 7. 공기관등에대한경상적위탁사업비(308-13) 8. 민간자본사업보조,자체재원(402-01) 9. 민간자본사업보조,이전재원(402-02) 10. 민간위탁사업비(402-03) 11. 공기관등에 대한 자본적 위탁사업비(403-02)	민간이전지출 근거 (지방보조금 관리기준 참고) 1. 법률에 규정 2. 국고보조 재원(국가지정) 3. 용도 지정 기부금 4. 조례에 직접규정 5. 지자체가 권장하는 사업을 하는 공공기관 6. 시,도 정책 및 재정사정 7. 기타 8. 해당없음	입찰방식 계약체결방법 (경쟁형태) 1. 일반경쟁 2. 제한경쟁 3. 지명경쟁 4. 수의계약 5. 법정위탁 6. 기타 ( ) 7. 없음	입찰방식 계약기간 1. 1년 2. 2년 3. 3년 4. 4년 5. 5년 6. 기타 ( )년 7. 단기계약 (1년미만) 8. 없음	입찰방식 낙찰자선정방법 1. 적격심사 2. 협상에의한계약 3. 최저가낙찰제 4. 규격가격분리 5. 2단계 경쟁입찰 6. 기타 ( ) 7. 없음	운영예산 산정 운영예산 산정 1. 내부산정 (지자체 자체적으로 산정) 2. 외부산정 (외부전문기관위탁 산정) 3. 내·외부 모두 산정 4. 산정 無 5. 없음	운영예산 산정 정산방법 1. 내부정산 (지자체 내부적으로 정산) 2. 외부정산 (외부전문기관위탁 정산) 3. 내·외부 모두 산정 4. 정산 無 5. 없음	성과평가 실시여부 1. 실시 2. 미실시 3. 향후 추진 4. 해당없음
3118	경북 안동시	안동태사묘운영지원	5,000	2	8	7	8	7	3	1	4
3119	경북 안동시	놋다리밟기전수관운영비	4,000	2	8	7	8	7	3	1	4
3120	경북 안동시	안동포짜기보존회운영보조	3,000	2	8	7	8	7	3	1	4
3121	경북 안동시	저전동농요전수관운영비	3,000	2	8	7	8	7	3	1	4
3122	경북 안동시	안동문화원운영비	219,000	2	1	7	1	7	1	1	1
3123	경북 안동시	예총안동시지부운영비	100,000	2	1	7	3	1	1	1	1
3124	경북 안동시	자유총연맹운영비보조	19,000	2	1	5	1	7	1	1	1
3125	경북 안동시	민주평통운영비	13,000	2	1	5	1	7	1	1	1
3126	경북 구미시	구미시체육회운영비	399,840	2	4	7	1	7	1	1	4
3127	경북 구미시	지역사회보장협의체운영비	167,000	2	4	7	8	7	1	1	1
3128	경북 구미시	경북창조경제혁신센터운영지원	161,000	2	1	7	8	7	1	1	1
3129	경북 구미시	구미문화원운영비	150,600	2	1	7	7	7	1	1	4
3130	경북 구미시	장애인체육회운영비	110,465	2	4	7	1	7	1	1	4
3131	경북 구미시	구미시새마을회운영비	92,454	2	4	4	1	7	1	1	1
3132	경북 구미시	기초푸드마켓운영	80,000	2	1	5	1	7	1	1	1
3133	경북 구미시	구미예총운영비	78,925	2	1	7	7	6	1	1	1
3134	경북 구미시	(사)대한노인회구미시지회운영비	69,780	2	4	7	8	7	1	1	2
3135	경북 구미시	구미소비자정보센터운영지원사업	60,658	2	1	7	1	7	1	1	1
3136	경북 구미시	기초푸드뱅크운영	50,000	2	1	5	1	7	1	1	1
3137	경북 구미시	기초푸드뱅크운영	50,000	2	1	5	1	7	1	1	1
3138	경북 구미시	사회복지협의회운영비	45,807	2	4	7	8	7	1	1	1
3139	경북 구미시	21세기새마을운동추진운영지원	39,000	2	6	4	1	7	1	1	4
3140	경북 구미시	한국자유총연맹구미시지회운영비	36,500	2	1	7	8	7	1	1	1
3141	경북 구미시	바르게살기운동구미시협의회운영비	33,960	2	4	5	1	7	1	1	1
3142	경북 구미시	구미시재향군인회운영비	26,000	2	1,4	7	8	7	1	1	1
3143	경북 구미시	구미소상공인연합회운영지원	21,195	2	1	7	1	7	1	1	3
3144	경북 구미시	상이군경회구미시지회운영비	19,000	2	1,4	7	8	7	1	1	1
3145	경북 구미시	전몰군경유족회구미시지회운영비	19,000	2	1,4	7	8	7	1	1	1
3146	경북 구미시	전몰군경미망인회구미시지회운영비	19,000	2	1,4	7	8	7	1	1	1
3147	경북 구미시	고엽제전우회구미시지회운영비	19,000	2	1,4	7	8	7	1	1	1
3148	경북 구미시	월남전참전자회구미시지회운영비	19,000	2	1,4	7	8	7	1	1	1
3149	경북 구미시	6.25참전유공자회구미시지회운영비	19,000	2	1,4	7	8	7	1	1	1
3150	경북 구미시	특수임무유공자회구미시지회운영비	19,000	2	1,4	7	8	7	1	1	1
3151	경북 구미시	광복회구미시지회운영비	19,000	2	1,4	7	8	7	1	1	1
3152	경북 구미시	민주평화통일구미시협의회운영비	18,000	2	4	7	8	7	1	1	1
3153	경북 구미시	자연보호구미시협의회운영비	18,000	2	4	7	8	7	5	5	4
3154	경북 구미시	무공수훈자회구미시지회운영비	14,000	2	1,4	7	8	7	1	1	1
3155	경북 구미시	구미시여성단체협의회운영비지원	10,500	2	1	7	8	7	1	1	1
3156	경북 구미시	바르게살기운동활성화추진운영지원	10,000	2	4	5	1	7	1	1	1
3157	경북 구미시	노인회시군지회활성화	10,000	2	4	7	8	7	1	1	2

순번	시군구	지출명 (사업명)	2024년예산 (단위 : 천원 /1년간)	민간이전 분류 (지방자치단체 세출예산 집행기준에 의거) 1. 민간경상사업보조(307-02) 2. 민간단체 법정운영비보조(307-03) 3. 민간행사사업보조(307-04) 4. 민간위탁금(307-05) 5. 사회복지시설 법정운영비보조(307-10) 6. 민간인위탁교육비(307-12) 7. 공기관등에대한경상적위탁사업비(308-13) 8. 민간자본사업보조,자체재원(402-01) 9. 민간자본사업보조,이전재원(402-02) 10. 민간위탁사업비(402-03) 11. 공기관등에 대한 자본적 위탁사업비(403-02)	민간이전지출 근거 (지방보조금 관리기준 참고) 1. 법률에 규정 2. 국고보조 재원(국가지정) 3. 용도 지정 기부금 4. 조례에 직접규정 5. 지자체가 권장하는 사업을 하는 공공기관 6. 시,도 정책 및 재정사정 7. 기타 8. 해당없음	입찰방식 계약체결방법 (경쟁형태) 1. 일반경쟁 2. 제한경쟁 3. 지명경쟁 4. 수의계약 5. 법정위탁 6. 기타 ( ) 7. 없음	입찰방식 계약기간 1. 1년 2. 2년 3. 3년 4. 4년 5. 5년 6. 기타 ( )년 7. 단기계약 (1년미만) 8. 없음	입찰방식 낙찰자선정방법 1. 적격심사 2. 협상에의한계약 3. 최저가낙찰제 4. 규격가격분리 5. 2단계 경쟁입찰 6. 기타 ( ) 7. 없음	운영예산 산정 운영예산 산정 1. 내부산정 (지자체 자체적으로 산정) 2. 외부산정 (외부전문기관위탁 산정) 3. 내·외부 모두 산정 4. 산정 無 5. 없음	운영예산 산정 정산방법 1. 내부정산 (지자체 내부적으로 정산) 2. 외부정산 (외부전문기관위탁 정산) 3. 내·외부 모두 산정 4. 정산 無 5. 없음	성과평가 실시여부 1. 실시 2. 미실시 3. 향후 추진 4. 해당없음
3158	경북 상주시	자원봉사센터운영비지원	386,000	2	1	7	1	7	1	1	3
3159	경북 상주시	취약지역응급의료기관운영지원	375,000	2	2	7	8	7	5	3	4
3160	경북 상주시	상주시체육회운영경비지원	298,000	2	1	7	8	7	1	1	1
3161	경북 상주시	장애인가족지원센터운영지원	170,000	2	1	5	1	7	1	1	4
3162	경북 상주시	농촌체험휴양마을사무장채용지원	155,808	2	6	7	8	7	5	5	4
3163	경북 상주시	장애인편의증진기술지원센터운영지원	150,000	2	1	5	1	7	1	1	4
3164	경북 상주시	지적장애인지원센터운영지원	150,000	2	1	5	1	7	1	1	4
3165	경북 상주시	교통사고예방상담센터운영지원	135,000	2	1	5	1	7	1	1	4
3166	경북 상주시	척수장애인재활지원센터운영지원	115,000	2	1	5	1	7	1	1	4
3167	경북 상주시	대한노인회상주시지회운영지원	112,603	2	1	7	8	7	1	1	4
3168	경북 상주시	지방문화원운영지원	112,000	2	4	7	8	7	1	1	1
3169	경북 상주시	지역사회보장협의체운영비지원	102,641	2	1	7	8	7	1	1	4
3170	경북 상주시	장애인정보화지원센터운영지원	95,000	2	1	5	1	7	1	1	4
3171	경북 상주시	장애인체육관운영지원	91,660	2	1	6	8	7	1	1	1
3172	경북 상주시	새마을회운영비지원	84,000	2	1,4	7	8	7	1	1	1
3173	경북 상주시	지체장애인여성자립센터운영지원	70,000	2	1	5	1	7	1	1	4
3174	경북 상주시	한국예총상주지회운영지원	60,000	2	1	7	8	7	1	1	1
3175	경북 상주시	장애인권익옹호센터운영지원	52,500	2	1	5	1	7	1	1	4
3176	경북 상주시	명실상주스포츠클럽운영비지원	52,000	2	1	7	8	7	1	1	1
3177	경북 상주시	바르게살기운동상주시협의회운영비지원	51,500	2	1	7	8	7	1	1	1
3178	경북 상주시	장애인인성개발프로그램지원	45,000	2	1	5	1	7	1	1	4
3179	경북 상주시	새마을운동추진운영지원	43,000	2	1,4	7	8	7	1	1	1
3180	경북 상주시	한국자유총연맹시지회운영비지원	30,000	2	1	7	8	7	1	5	4
3181	경북 상주시	상주상백농구스포츠클럽운영비지원	30,000	2	1	7	8	7	1	1	1
3182	경북 상주시	재향군인회상주시지회운영비지원	30,000	2	1	7	8	7	1	1	4
3183	경북 상주시	자율방범대운영비지원	25,000	2	4	7	8	7	5	5	4
3184	경북 상주시	6.25참전유공자회상주시지회운영비지원	25,000	2	1	7	8	7	1	1	4
3185	경북 상주시	상이군경회상주시지회운영비지원	20,000	2	1	7	8	7	1	1	4
3186	경북 상주시	전몰군경미망인회상주시지회운영비지원	20,000	2	1	7	8	7	1	1	4
3187	경북 상주시	전몰군경유족회상주시지회운영비지원	20,000	2	1	7	8	7	1	1	4
3188	경북 상주시	무공수훈자회상주시지회운영비지원	20,000	2	1	7	8	7	1	1	4
3189	경북 상주시	월남전참전자회상주시지회운영비지원	20,000	2	1	7	8	7	1	1	4
3190	경북 상주시	한농연상주시연합회사무실운영비지원	20,000	2	1	7	8	7	5	5	4
3191	경북 상주시	민주평화통일자문회의상주시협의회운영비지원	16,000	2	4	7	8	7	5	1	4
3192	경북 상주시	고엽제전우회상주시지회운영비지원	15,000	2	1	7	8	7	1	1	4
3193	경북 상주시	바르게살기운동활성화추진운영지원	10,000	2	1	7	8	7	1	1	1
3194	경북 상주시	노인회시지회활성화지원	10,000	2	1	7	8	7	1	1	4
3195	경북 상주시	상주시소상공인연합회활성화지원	10,000	2	1	7	8	7	5	5	1
3196	경북 상주시	광복회상주문경예천연합지회운영비지원	7,000	2	1	7	8	7	1	1	4
3197	경북 상주시	고엽제전우회사무실임차료지원	6,000	2	1	7	8	7	1	1	4

순번	시군구	지출명 (사업명)	2024년예산 (단위 : 천원 /1년간)	민간이전 분류 (지방자치단체 세출예산 집행기준에 의거) 1. 민간경상사업보조(307-02) 2. 민간단체 법정운영비보조(307-03) 3. 민간행사사업보조(307-04) 4. 민간위탁금(307-05) 5. 사회복지시설 법정운영비보조(307-10) 6. 민간인위탁교육비(307-12) 7. 공기관등에대한경상적위탁사업비(308-13) 8. 민간자본사업보조,자체재원(402-01) 9. 민간자본사업보조,이전재원(402-02) 10. 민간위탁사업비(402-03) 11. 공기관등에 대한 자본적 위탁사업비(403-02)	민간이전지출 근거 (지방보조금 관리기준 참고) 1. 법률에 규정 2. 국고보조 재원(국가지정) 3. 용도 지정 기부금 4. 조례에 직접규정 5. 지자체가 권장하는 사업을 하는 공공기관 6. 시,도 정책 및 재정사정 7. 기타 8. 해당없음	입찰방식			운영예산 산정		성과평가 실시여부
						계약체결방법 (경쟁형태) 1. 일반경쟁 2. 제한경쟁 3. 지명경쟁 4. 수의계약 5. 법정위탁 6. 기타 ( ) 7. 없음	계약기간 1. 1년 2. 2년 3. 3년 4. 4년 5. 5년 6. 기타 ( )년 7. 단기계약 (1년미만) 8. 없음	낙찰자선정방법 1. 적격심사 2. 협상에의한계약 3. 최저가낙찰제 4. 규격가격분리 5. 2단계 경쟁입찰 6. 기타 ( ) 7. 없음	운영예산 산정 1. 내부산정 (지자체 자체적으로 산정) 2. 외부산정 (외부전문기관위탁 산정) 3. 내·외부 모두 산정 4. 산정 無 5. 없음	정산방법 1. 내부정산 (지자체 내부적으로 정산) 2. 외부정산 (외부전문기관위탁 정산) 3. 내·외부 모두 산정 4. 정산 無 5. 없음	1. 실시 2. 미실시 3. 향후 추진 4. 해당없음
3198	경북 상주시	의료관련감염병감시체계운영및예방관리사업참여병원지원	4,320	2	1	6	1	6	5	2	4
3199	경북 상주시	무공수훈자회상주시지회사무실임차료지원	3,600	2	1	7	8	7	1	1	4
3200	경북 상주시	6.25참전유공자회상주시지회사무실임차료지원	3,600	2	1	7	8	7	1	1	4
3201	경북 상주시	월남전참전자회상주시지회사무실임차료지원	3,600	2	1	7	8	7	1	1	4
3202	경북 문경시	문경시체육회운영비	485,000	2	4	5	8	7	1	1	1
3203	경북 문경시	취약지역응급의료기관운영지원	390,000	2	2,4	7	8	7	5	2	1
3204	경북 문경시	문경시장애인체육회운영경비	195,000	2	4	5	8	7	1	1	1
3205	경북 문경시	새마을회운영비	97,400	2	4	7	8	7	1	1	1
3206	경북 문경시	바르게살기운동협의회운영비	70,000	2	1	7	8	7	1	1	1
3207	경북 문경시	예총문경시지회운영지원	68,364	2	1	7	8	7	1	1	1
3208	경북 문경시	고엽제전우회운영비	43,500	2	1	7	8	7	1	1	1
3209	경북 문경시	상이군경회운영비	43,500	2	1	7	8	7	1	1	1
3210	경북 문경시	전몰군경유족회운영비	43,500	2	1	7	8	7	1	1	1
3211	경북 문경시	전몰군경미망인회운영비	43,500	2	1	7	8	7	1	1	1
3212	경북 문경시	무공수훈자회운영비	43,500	2	1	7	8	7	1	1	1
3213	경북 문경시	6.25참전유공자회운영비	43,500	2	1	7	8	7	1	1	1
3214	경북 문경시	월남참전자회운영비	43,500	2	1	7	8	7	1	1	1
3215	경북 문경시	재향군인회운영비	43,500	2	4	7	8	7	1	1	1
3216	경북 문경시	특수임무유공자회운영비	43,500	2	1	7	8	7	1	1	1
3217	경북 문경시	새마을운동추진운영지원	43,000	2	4	7	8	7	1	1	1
3218	경북 문경시	민주평화통일자문회의문경시협의회	25,000	2	1	7	8	7	1	1	1
3219	경북 문경시	광복회운영비	20,000	2	1	7	8	7	1	1	1
3220	경북 문경시	자유총연맹운영비	11,000	2	1	7	8	7	1	1	1
3221	경북 문경시	바르게살기운동활성화추진운영지원	10,000	2	1	7	8	7	1	1	1
3222	경북 문경시	지연보호문경시협의회운영비	6,000	2	4	7	8	7	5	1	1
3223	경북 문경시	새마을문고작은도서관운영비	3,000	2	4	7	8	7	1	1	1
3224	경북 경산시	경산시체육회운영비	340,000	2	1	7	8	7	1	1	1
3225	경북 경산시	경산문화원운영지원	206,048	2	4	7	8	7	1	1	1
3226	경북 경산시	새마을운동경산시지회	122,016	2	1	7	8	7	1	1	4
3227	경북 경산시	주민지원협의체운영비	93,720	2	1	7	8	7	1	1	2
3228	경북 경산시	한국예총경산지회운영지원	77,000	2	1	7	8	7	5	5	4
3229	경북 경산시	바르게살기운동경산시협의회	70,191	2	4	7	8	7	1	1	1
3230	경북 경산시	—시지회운영	67,416	2	1	7	8	7	1	1	2
3231	경북 경산시	—시협의회운영	44,691	2	1	7	8	7	1	1	2
3232	경북 경산시	경산시태권도스포츠클럽운영지원	42,000	2	1	7	8	7	1	1	2
3233	경북 경산시	한국자유총연맹	39,000	2	1	7	8	7	1	1	1
3234	경북 경산시	주민지원협의체운영비	36,540	2	1	7	8	7	1	1	1
3235	경북 경산시	—경산시지회운영비	30,000	2	1	7	8	7	5	5	4
3236	경북 경산시	경산자인단오제전수교육관운영지원	29,000	2	4	7	8	7	1	1	1
3237	경북 경산시	계정들소리전수교육관운영지원	27,225	2	4	7	8	7	1	1	1

순번	시군구	지출명 (사업명)	2024년예산 (단위 : 천원 /1년간)	민간이전 분류 (지방자치단체 세출예산 집행기준에 의거) 1. 민간경상사업보조(307-02) 2. 민간단체 법정운영비보조(307-03) 3. 민간행사사업보조(307-04) 4. 민간위탁금(307-05) 5. 사회복지시설 법정운영비보조(307-10) 6. 민간인위탁교육비(307-12) 7. 공기관등에대한경상적위탁사업비(308-13) 8. 민간자본사업보조,자체재원(402-01) 9. 민간자본사업보조,이전재원(402-02) 10. 민간위탁사업비(402-03) 11. 공기관등에 대한 자본적 위탁사업비(403-02)	민간이전지출 근거 (지방보조금 관리기준 참고) 1. 법률에 규정 2. 국고보조 재원(국가지정) 3. 용도 지정 기부금 4. 조례에 직접규정 5. 지자체가 권장하는 사업을 하는 공공기관 6. 시,도 정책 및 재정사정 7. 기타 8. 해당없음	입찰방식 계약체결방법 (경쟁형태) 1. 일반경쟁 2. 제한경쟁 3. 지명경쟁 4. 수의계약 5. 법정위탁 6. 기타 ( ) 7. 없음	입찰방식 계약기간 1. 1년 2. 2년 3. 3년 4. 4년 5. 5년 6. 기타 ( )년 7. 단기계약 (1년미만) 8. 없음	입찰방식 낙찰자선정방법 1. 적격심사 2. 협상에의한계약 3. 최저가낙찰제 4. 규격가격분리 5. 2단계 경쟁입찰 6. 기타 ( ) 7. 없음	운영예산 산정 운영예산 산정 1. 내부산정 (지자체 자체적으로 산정) 2. 외부산정 (외부전문기관위탁 산정) 3. 내·외부 모두 산정 4. 산정 無 5. 없음	운영예산 산정 정산방법 1. 내부정산 (지자체 내부적으로 정산) 2. 외부정산 (외부전문기관위탁 정산) 3. 내·외부 모두 산정 4. 정산 無 5. 없음	성과평가 실시여부 1. 실시 2. 미실시 3. 향후 추진 4. 해당없음
3238	경북 경산시	자연보호중앙연맹경산시협의회운영비	25,900	2	1	7	8	7	5	5	4
3239	경북 경산시	—읍면동새마을지도자협의회운영(15개읍면동)	25,500	2	1	7	8	7	1	1	2
3240	경북 경산시	—읍면동새마을부녀회운영(15개읍면동)	25,500	2	1	7	8	7	1	1	2
3241	경북 경산시	—읍면동위원회운영(15개읍면동)	25,500	2	1	7	8	7	1	1	2
3242	경북 경산시	6.25참전유공자회시지회운영비	19,000	2	1	7	8	7	1	1	1
3243	경북 경산시	농촌체험휴양마을사무장지원인부임	17,312	2	6	7	8	7	1	1	3
3244	경북 경산시	상이군경회시지회운영비	17,000	2	1	7	8	7	1	1	1
3245	경북 경산시	전몰군경유족회시지회운영비	17,000	2	1	7	8	7	1	1	1
3246	경북 경산시	전몰군경미망인회시지회운영비	17,000	2	1	7	8	7	1	1	1
3247	경북 경산시	무공수훈자회시지회운영비	17,000	2	1	7	8	7	1	1	1
3248	경북 경산시	고엽제전우회시지회운영비	17,000	2	1	7	8	7	1	1	1
3249	경북 경산시	월남전참전자회시지회운영비	17,000	2	1	7	8	7	1	1	1
3250	경북 경산시	재향군인회시지회운영비	17,000	2	1	7	8	7	1	1	1
3251	경북 경산시	광복회경산청도연합지회운영비	12,000	2	1	7	8	7	1	1	1
3252	경북 경산시	특수임무유공자회시지회운영비	12,000	2	1	7	8	7	1	1	1
3253	경북 경산시	민주평화통일자문회의경산시협의회운영비지원	10,000	2	1	7	8	7	1	1	1
3254	경북 경산시	—읍면동분회운영비	9,000	2	1	7	8	7	1	1	1
3255	경북 경산시	—새마을문고시지부운영	3,600	2	1	7	8	7	1	1	1
3256	경북 의성군	지역급식관리지원센터운영	168,600	2	1	7	8	7	1	1	2
3257	경북 의성군	의성군체육회운영지원	123,800	2	1	7	8	7	5	2	1
3258	경북 의성군	지역스포츠클럽운영지원	90,000	2	1	7	8	7	5	1	1
3259	경북 의성군	농촌체험휴양마을사무장채용지원	69,000	2	1	7	8	7	5	1	1
3260	경북 의성군	대한노인회의성군지회운영지원	49,309	2	4	7	8	7	1	1	3
3261	경북 의성군	재향군인회운영지원	32,000	2	4	7	8	7	1	1	1
3262	경북 의성군	6.25참전유공자회운영지원	26,000	2	4	7	8	7	1	1	1
3263	경북 의성군	상이군경회운영지원	22,000	2	4	7	8	7	1	1	1
3264	경북 의성군	전몰군경유족회운영지원	22,000	2	4	7	8	7	1	1	1
3265	경북 의성군	전몰군경미망인회운영지원	22,000	2	4	7	8	7	1	1	1
3266	경북 의성군	무공수훈자회운영지원	22,000	2	4	7	8	7	1	1	1
3267	경북 의성군	고엽제전우회운영지원	22,000	2	4	7	8	7	1	1	1
3268	경북 의성군	월남전참전자회운영지원	22,000	2	4	7	8	7	1	1	1
3269	경북 의성군	범죄피해자센터지원	20,000	2	1	7	8	7	1	1	4
3270	경북 의성군	광복회운영지원	11,000	2	4	7	8	7	1	1	1
3271	경북 의성군	농업경영인회운영비지원	11,000	2	4	7	8	7	1	1	1
3272	경북 의성군	범죄피해자센터지원	3,000	2	6	7	8	7	1	1	4
3273	경북 의성군	군읍면새마을회운영지원	111,000	2	1,4	7	8	7	1	1	1
3274	경북 의성군	바르게살기협의회운영지원	47,000	2	1,4	7	8	7	1	1	1
3275	경북 의성군	한국자유총연맹의성군지회운영비지원	45,000	2	1	7	8	7	1	1	1
3276	경북 의성군	새마을운동추진운영지원	43,000	2	1	7	8	7	1	1	1
3277	경북 의성군	민주평통운영비지원	16,000	2	1,4	7	8	7	1	1	1

순번	시군구	지출명 (사업명)	2024년예산 (단위 : 천원 /1년간)	민간이전 분류 (지방자치단체 세출예산 집행기준에 의거) 1. 민간경상사업보조(307-02) 2. 민간단체 법정운영비보조(307-03) 3. 민간행사사업보조(307-04) 4. 민간위탁금(307-05) 5. 사회복지시설 법정운영비보조(307-10) 6. 민간인위탁교육비(307-12) 7. 공기관등에대한경상적위탁사업비(308-13) 8. 민간자본사업보조,자체재원(402-01) 9. 민간자본사업보조,이전재원(402-02) 10. 민간위탁사업비(402-03) 11. 공기관등에 대한 자본적 위탁사업비(403-02)	민간이전지출 근거 (지방보조금 관리기준 참고) 1. 법률에 규정 2. 국고보조 재원(국가지정) 3. 용도 지정 기부금 4. 조례에 직접규정 5. 지자체가 권장하는 사업을 하는 공공기관 6. 시,도 정책 및 재정사정 7. 기타 8. 해당없음	입찰방식 계약체결방법 (경쟁형태) 1. 일반경쟁 2. 제한경쟁 3. 지명경쟁 4. 수의계약 5. 법정위탁 6. 기타 ( ) 7. 없음	입찰방식 계약기간 1. 1년 2. 2년 3. 3년 4. 4년 5. 5년 6. 기타 ( )년 7. 단기계약 (1년미만) 8. 없음	입찰방식 낙찰자선정방법 1. 적격심사 2. 협상에의한계약 3. 최저가낙찰제 4. 규격가격분리 5. 2단계 경쟁입찰 6. 기타 ( ) 7. 없음	운영예산 산정 운영예산 산정 1. 내부산정 (지자체 자체적으로 산정) 2. 외부산정 (외부전문기관위탁 산정) 3. 내·외부 모두 산정 4. 산정 無 5. 없음	운영예산 산정 정산방법 1. 내부정산 (지자체 내부적으로 정산) 2. 외부정산 (외부전문기관위탁 정산) 3. 내·외부 모두 산정 4. 정산 無 5. 없음	성과평가 실시여부 1. 실시 2. 미실시 3. 향후 추진 4. 해당없음
3278	경북 청송군	경북시군문화원운영지원	252,200	2	4	7	8	7	1	1	1
3279	경북 청송군	청송군체육회운영비	210,000	2	4	5	8	7	1	1	4
3280	경북 청송군	농촌보육정보센터운영지원	154,000	2	4	7	8	7	1	1	4
3281	경북 청송군	청송군새마을조직운영비지원	95,000	2	7	7	8	7	1	1	4
3282	경북 청송군	보훈4단체운영비지원(무공수훈자회,상이군경,전몰군경유족회,전몰군경미망인회)	80,000	2	1	7	1	7	1	1	2
3283	경북 청송군	대한노인회청송군지회사무국장인건비지원	54,000	2	1	5	1	1	1	1	1
3284	경북 청송군	경로당프로그램관리자인건비지원	49,000	2	1	5	1	1	1	1	1
3285	경북 청송군	새마을운동추진운영지원	43,000	2	7	7	8	7	1	1	4
3286	경북 청송군	청송군자율방재단지원	36,000	2	4	7	8	7	5	5	4
3287	경북 청송군	자유총연맹운영비지원	30,000	2	1	7	8	7	1	1	1
3288	경북 청송군	민주평통운영경비지원	30,000	2	1	7	8	7	1	1	1
3289	경북 청송군	바르게살기운동청송군협의회조직운영비지원	30,000	2	7	7	8	7	1	1	4
3290	경북 청송군	재향군인회운영비지원	26,000	2	1	7	1	7	1	1	2
3291	경북 청송군	대한노인회청송군지회운영지원	26,000	2	1	5	1	1	1	1	1
3292	경북 청송군	6.25참전유공자회운영비지원	20,000	2	1	7	1	7	1	1	2
3293	경북 청송군	월남참전자회운영비지원	20,000	2	1	7	1	7	1	1	2
3294	경북 청송군	고엽제전우회운영비지원	20,000	2	1	7	1	7	1	1	2
3295	경북 청송군	바르게살기운동활성화추진운영지원	10,000	2	7	7	8	7	1	1	4
3296	경북 청송군	광복회운영비지원	5,000	2	1	7	1	7	1	1	2
3297	경북 청송군	한국예총청송지부운영지원	5,000	2	4	7	8	7	1	1	1
3298	경북 청송군	바르게살기운동청년회조직활성화	5,000	2	7	7	8	7	1	1	4
3299	경북 청송군	광복회순국선열전국순례지원	3,000	2	1	7	1	7	1	1	2
3300	경북 청송군	노인취업지원센터장활동비지원	2,400	2	1	5	1	1	1	1	1
3301	경북 영양군	취약지당직의료기관운영지원	420,000	2	2,4	7	8	7	1	1	1
3302	경북 영양군	체육회운영비지원	110,000	2	4	7	8	7	1	1	1
3303	경북 영양군	영양문화원운영비	100,000	2	4	7	8	7	1	1	1
3304	경북 영양군	새마을운동추진운영지원	92,000	2	1	7	8	7	5	5	4
3305	경북 영양군	영양문화원사무국장인건비	53,780	2	4	7	8	7	1	1	1
3306	경북 영양군	바르게살기운동활성화추진운영지원	34,000	2	1	7	8	7	5	5	4
3307	경북 영양군	무장애도로개선사업운영	30,000	2	7	7	8	7	1	1	1
3308	경북 영양군	기능성고추생산기반조성	21,000	2	7	7	8	7	5	5	4
3309	경북 영덕군	군체육회운영비지원	140,000	2	4	7	8	7	5	5	4
3310	경북 영덕군	지역사회보장협의체운영	137,400	2	1	7	8	7	1	1	1
3311	경북 영덕군	기초푸드뱅크운영	64,000	2	1	7	8	7	1	1	1
3312	경북 영덕군	새마을운동추진운영지원	43,000	2	4	7	8	7	5	5	4
3313	경북 영덕군	새마을워크숍대회	28,000	2	4	7	8	7	5	5	4
3314	경북 영덕군	새마을사랑나눔사업	23,000	2	4	7	8	7	5	5	4
3315	경북 영덕군	새마을환경살리기	20,000	2	4	7	8	7	5	5	4
3316	경북 영덕군	행복한보금자리만들기사업	19,300	2	4	7	8	7	5	5	4
3317	경북 영덕군	안보단체운영비	19,000	2	1	7	1	1	1	1	4

순번	시군구	지출명 (사업명)	2024년예산 (단위 : 천원 /1년간)	민간이전 분류 (지방자치단체 세출예산 집행기준에 의거) 1. 민간경상사업보조(307-02) 2. 민간단체 법정운영비보조(307-03) 3. 민간행사사업보조(307-04) 4. 민간위탁금(307-05) 5. 사회복지시설 법정운영비보조(307-10) 6. 민간인위탁교육비(307-12) 7. 공기관등에대한경상적위탁사업비(308-13) 8. 민간자본사업보조,자체재원(402-01) 9. 민간자본사업보조,이전재원(402-02) 10. 민간위탁사업비(402-03) 11. 공기관등에 대한 자본적 위탁사업비(403-02)	민간이전지출 근거 (지방보조금 관리기준 참고) 1. 법률에 규정 2. 국고보조 재원(국가지정) 3. 용도 지정 기부금 4. 조례에 직접규정 5. 지자체가 권장하는 사업을 하는 공공기관 6. 시,도 정책 및 재정사정 7. 기타 8. 해당없음	입찰방식 계약체결방법 (경쟁형태) 1. 일반경쟁 2. 제한경쟁 3. 지명경쟁 4. 수의계약 5. 법정위탁 6. 기타 ( ) 7. 없음	입찰방식 계약기간 1. 1년 2. 2년 3. 3년 4. 4년 5. 5년 6. 기타 ( )년 7. 단기계약 (1년미만) 8. 없음	입찰방식 낙찰자선정방법 1. 적격심사 2. 협상에의한계약 3. 최저가낙찰제 4. 규격가격분리 5. 2단계 경쟁입찰 6. 기타 ( ) 7. 없음	운영예산 산정 운영예산 산정 1. 내부산정 (지자체 자체적으로 산정) 2. 외부산정 (외부전문기관위탁 산정) 3. 내·외부 모두 산정 4. 산정 無 5. 없음	운영예산 산정 정산방법 1. 내부정산 (지자체 내부적으로 정산) 2. 외부정산 (외부전문기관위탁 정산) 3. 내·외부 모두 산정 4. 정산 無 5. 없음	성과평가 실시여부 1. 실시 2. 미실시 3. 향후 추진 4. 해당없음
3318	경북 영덕군	새마을글로벌사업	18,000	2	4	7	8	7	5	5	4
3319	경북 영덕군	보훈단체운영비	16,000	2	1	7	1	1	1	1	4
3320	경북 영덕군	보훈단체운영비	16,000	2	1	7	1	1	1	1	4
3321	경북 영덕군	보훈단체운영비	16,000	2	1	7	1	1	1	1	4
3322	경북 영덕군	보훈단체운영비	16,000	2	1	7	1	1	1	1	4
3323	경북 영덕군	보훈단체운영비	16,000	2	1	7	1	1	1	1	4
3324	경북 영덕군	보훈단체운영비	16,000	2	1	7	1	1	1	1	4
3325	경북 영덕군	보훈단체운영비	16,000	2	1	7	1	1	1	1	4
3326	경북 영덕군	새마을사업종합평가및한마음대회	13,500	2	4	7	8	7	5	5	4
3327	경북 영덕군	영덕지역범죄피해자지원사업	13,000	2	4	7	8	7	5	5	4
3328	경북 영덕군	보훈단체운영비	10,000	2	4	7	8	7	3	1	3
3329	경북 영덕군	보훈단체운영비	10,000	2	1	7	1	1	1	1	4
3330	경북 영덕군	바르게살기운동활성화추진운영지원	10,000	2	1	7	1	1	1	1	4
3331	경북 영덕군	자유총연맹국가유공자행복한보금자리만들기	8,000	2	4	7	8	7	5	5	4
3332	경북 영덕군	바르게살기다문화가정합동결혼식	7,200	2	4	7	8	7	5	5	4
3333	경북 영덕군	범도민독서생활화사업	6,670	2	4	7	8	7	5	5	4
3334	경북 영덕군	바르게살기운동청년회조직활성화지원	5,000	2	4	7	8	7	5	5	4
3335	경북 영덕군	바르게살기운동건전생활실천순회교육	1,650	2	4	7	8	7	5	5	4
3336	경북 청도군	청도군체육회운영비보조	85,000	2	4	7	8	7	5	5	4
3337	경북 청도군	청도군새마을회운영비보조	79,000	2	1	7	8	7	1	1	1
3338	경북 청도군	(사)대한노인회청도군지회운영비보조	55,000	2	1	6	1	1	1	1	1
3339	경북 청도군	(사)청도장애인연합회운영비보조	38,000	2	1	7	1	7	1	1	1
3340	경북 청도군	바르게살기운동청도군협의회운영비보조	31,000	2	4	5	1	1	1	1	1
3341	경북 청도군	6.25참전유공자회청도군지회운영비보조	18,000	2	1	6	1	1	1	1	1
3342	경북 청도군	전몰군경미망인청도군지회운영비보조	15,000	2	4	5	1	1	1	1	1
3343	경북 청도군	전몰군경유족회청도군지회운영비보조	15,000	2	4	5	1	1	1	1	1
3344	경북 청도군	상이군경회청도군지회운영비보조	15,000	2	4	5	1	1	1	1	1
3345	경북 청도군	무공수훈자회청도군지회운영비보조	15,000	2	4	5	1	1	1	1	1
3346	경북 청도군	고엽제전우회청도군지회운영비보조	15,000	2	4	5	1	1	1	1	1
3347	경북 청도군	월남전참전자회청도군지회운영비보조	12,000	2	4	5	1	1	1	1	1
3348	경북 청도군	민주평화통일자문회의운영비지원	10,000	2	1	7	8	7	5	5	4
3349	경북 청도군	청도군재향군인회운영비지원	10,000	2	1	7	8	7	5	5	4
3350	경북 청도군	(사)한국농아인협회경상북도협회청도군지회운영비보조	8,000	2	4	5	1	1	1	1	1
3351	경북 청도군	(사)경북시각장애인연합회청도지회운영비보조	8,000	2	4	5	1	1	1	1	1
3352	경북 청도군	(사)한국지체장애인협회경북지체장애인협회청도군지회운영비보조	8,000	2	4	5	1	1	1	1	1
3353	경북 청도군	경북사회복지사협회청도군지회운영비보조	5,000	2	4	5	1	1	1	1	1
3354	경북 청도군	한국교통장애인협회청도군지회운영비보조	4,000	2	4	5	1	1	1	1	1
3355	경북 청도군	(사)경상북도장애인권익협회청도군지회운영비보조	4,000	2	4	5	1	1	1	1	1
3356	경북 청도군	대한적십자봉사회청도군지구협의회운영비보조	3,000	2	4	5	1	1	1	1	1
3357	경북 청도군	(사)경상북도척수장애인협회청도군지회운영비보조	3,000	2	4	5	1	1	1	1	1

순번	시군구	지출명 (사업명)	2024년예산 (단위 : 천원 /1년간)	민간이전 분류 (지방자치단체 세출예산 집행기준에 의거) 1. 민간경상사업보조(307-02) 2. 민간단체 법정운영비보조(307-03) 3. 민간행사사업보조(307-04) 4. 민간위탁금(307-05) 5. 사회복지시설 법정운영비보조(307-10) 6. 민간인위탁교육비(307-12) 7. 공기관등에대한경상적위탁사업비(308-13) 8. 민간자본사업보조,자체재원(402-01) 9. 민간자본사업보조,이전재원(402-02) 10. 민간위탁사업비(402-03) 11. 공기관등에 대한 자본적 위탁사업비(403-02)	민간이전지출 근거 (지방보조금 관리기준 참고) 1. 법률에 규정 2. 국고보조 재원(국가지정) 3. 용도 지정 기부금 4. 조례에 직접규정 5. 지자체가 권장하는 사업을 하는 공공기관 6. 시,도 정책 및 재정사정 7. 기타 8. 해당없음	입찰방식			운영예산 산정		성과평가 실시여부
						계약체결방법 (경쟁형태) 1. 일반경쟁 2. 제한경쟁 3. 지명경쟁 4. 수의계약 5. 법정위탁 6. 기타 ( ) 7. 없음	계약기간 1. 1년 2. 2년 3. 3년 4. 4년 5. 5년 6. 기타 ( )년 7. 단기계약 (1년미만) 8. 없음	낙찰자선정방법 1. 적격심사 2. 협상에의한계약 3. 최저가낙찰제 4. 규격가격분리 5. 2단계 경쟁입찰 6. 기타 ( ) 7. 없음	운영예산 산정 1. 내부산정 (지자체 자체적으로 산정) 2. 외부산정 (외부전문기관위탁 산정) 3. 내·외부 모두 산정 4. 산정 無 5. 없음	정산방법 1. 내부정산 (지자체 내부적으로 정산) 2. 외부정산 (외부전문기관위탁 정산) 3. 내·외부 모두 산정 4. 정산 無 5. 없음	1. 실시 2. 미실시 3. 향후 추진 4. 해당없음
3358	경북 청도군	한국장애인정보화협회경북청도군지회운영비보조	3,000	2	4	5	1	1	1	1	1
3359	경북 청도군	광복회경산청도연합지회운영비보조	2,000	2	4	5	1	1	1	1	1
3360	경북 청도군	문화원운영지원	111,290	2	4	7	8	7	5	5	4
3361	경북 청도군	문화예술연합단체운영지원	40,000	2	4	7	8	7	5	5	4
3362	경북 청도군	한국자유총연맹청도군지회운영비보조	25,000	2	1	7	8	7	1	1	1
3363	경북 고령군	고령군관광협의회운영지원	345,146	2	4	5	7	7	1	1	1
3364	경북 고령군	고령문화원운영지원	232,985	2	4	7	8	7	1	1	1
3365	경북 고령군	지체장애인편의시설센터운영	180,000	2	1	7	8	7	1	1	4
3366	경북 고령군	군체육회운영비지원	159,099	2	1	7	8	7	1	1	1
3367	경북 고령군	지적장애인자립지원센터운영	140,000	2	1	7	8	7	1	1	4
3368	경북 고령군	교통사고예방상담센터운영	120,000	2	1	7	8	7	1	1	4
3369	경북 고령군	장애인정보화지원센터운영	90,000	2	1	7	8	7	1	1	4
3370	경북 고령군	지체장애인여성자립지원센터운영	75,000	2	1	7	8	7	1	1	4
3371	경북 고령군	대한노인회고령군지회부장인건비	58,864	2	4	7	8	7	1	1	1
3372	경북 고령군	새마을법정운영비	57,000	2	1	7	8	7	1	1	3
3373	경북 고령군	장애인권익옹호센터지원	52,500	2	1	7	8	7	1	1	4
3374	경북 고령군	지체장애인복지지원사업	52,500	2	1	7	8	7	1	1	4
3375	경북 고령군	대한노인회고령군지회사무국장인건비	30,912	2	4	7	8	7	1	1	1
3376	경북 고령군	재향군인회고령군지회운영비	19,000	2	4	7	8	7	1	1	1
3377	경북 고령군	바르게살기법정운영비	15,036	2	1	7	8	7	1	1	3
3378	경북 고령군	6.25참전유공자회고령군지회운영비	13,800	2	4	7	8	7	1	1	1
3379	경북 고령군	상이군경회고령군지회운영비	11,000	2	4	7	8	7	1	1	1
3380	경북 고령군	한국자유총연맹법정운영비	10,538	2	1	7	8	7	1	1	3
3381	경북 고령군	전몰군경미망인회고령군지회운영비	10,000	2	4	7	8	7	1	1	1
3382	경북 고령군	노인회시군지회활성화지원	10,000	2	6	7	8	7	1	1	1
3383	경북 고령군	민주평통고령군협의회운영비	9,120	2	4	7	8	7	5	5	4
3384	경북 고령군	전몰군경유족회고령군지회운영비	9,000	2	4	7	8	7	1	1	1
3385	경북 고령군	대한노인회고령군지회운영비지원	9,000	2	4	7	8	7	1	1	1
3386	경북 고령군	장애인복지지원(지체장애인협회의고령군지회운영)	9,000	2	1	7	8	7	1	1	1
3387	경북 고령군	무공수훈자회고령군지회운영비	8,500	2	4	7	8	7	1	1	1
3388	경북 고령군	고엽제전우회고령군지회운영비	7,000	2	4	7	8	7	1	1	1
3389	경북 고령군	월남전참전자회고령군지회운영비	6,000	2	4	7	8	7	1	1	1
3390	경북 고령군	광복회고령군지회운영비	3,000	2	4	7	8	7	1	1	1
3391	경북 고령군	한국BBS고령군지회	2,000	2	7	7	8	7	1	1	1
3392	경북 성주군	군노인회관운영비	331,279	2	1	7	8	7	1	1	4
3393	경북 성주군	문화원운영비지원	170,000	2	1	7	8	7	1	1	4
3394	경북 성주군	성주군새마을회법정운영비	93,727	2	1	7	8	7	1	1	1
3395	경북 성주군	바르게살기운동성주군협의회법정운영비	60,000	2	1	7	8	7	1	1	1
3396	경북 성주군	새마을운동추진운영지원	43,000	2	1	7	8	7	1	1	1
3397	경북 성주군	축산농가소독시설설치사업(중규모)	37,500	2	1	7	8	7	5	1	1

순번	시군구	지출명 (사업명)	2024년예산 (단위 : 천원 /1년간)	민간이전 분류 (지방자치단체 세출예산 집행기준에 의거) 1. 민간경상사업보조(307-02) 2. 민간단체 법정운영비보조(307-03) 3. 민간행사사업보조(307-04) 4. 민간위탁금(307-05) 5. 사회복지시설 법정운영비보조(307-10) 6. 민간인위탁교육비(307-12) 7. 공기관등에대한경상적위탁사업비(308-13) 8. 민간자본사업보조,자체재원(402-01) 9. 민간자본사업보조,이전재원(402-02) 10. 민간위탁사업비(402-03) 11. 공기관등에 대한 자본적 위탁사업비(403-02)	민간이전지출 근거 (지방보조금 관리기준 참고) 1. 법률에 규정 2. 국고보조 재원(국가지정) 3. 용도 지정 기부금 4. 조례에 직접규정 5. 지자체가 권장하는 사업을 하는 공공기관 6. 시,도 정책 및 재정사정 7. 기타 8. 해당없음	입찰방식 계약체결방법 (경쟁형태) 1. 일반경쟁 2. 제한경쟁 3. 지명경쟁 4. 수의계약 5. 법정위탁 6. 기타 ( ) 7. 없음	입찰방식 계약기간 1. 1년 2. 2년 3. 3년 4. 4년 5. 5년 6. 기타 ( )년 7. 단기계약 (1년미만) 8. 없음	입찰방식 낙찰자선정방법 1. 적격심사 2. 협상에의한계약 3. 최저가낙찰제 4. 규격가격분리 5. 2단계 경쟁입찰 6. 기타 ( ) 7. 없음	운영예산 산정 운영예산 산정 1. 내부산정 (지자체 자체적으로 산정) 2. 외부산정 (외부전문기관위탁 산정) 3. 내·외부 모두 산정 4. 산정 無 5. 없음	운영예산 산정 정산방법 1. 내부정산 (지자체 내부적으로 정산) 2. 외부정산 (외부전문기관위탁 정산) 3. 내·외부 모두 산정 4. 정산 無 5. 없음	성과평가 실시여부 1. 실시 2. 미실시 3. 향후 추진 4. 해당없음
3398	경북 성주군	한국자유총연맹성주군지회법정운영비	30,490	2	1	7	8	7	1	1	1
3399	경북 성주군	민주평화통일자문회의성주군협의회	16,000	2	1	7	8	7	5	5	4
3400	경북 성주군	상이군경회성주군지회	15,300	2	4	7	8	7	1	1	1
3401	경북 성주군	6.25참전유공자회성주군지회	15,300	2	4	7	8	7	1	1	1
3402	경북 성주군	전몰군경유족회성주군지회	13,300	2	4	7	8	7	1	1	1
3403	경북 성주군	전몰군경미망인회성주군지회	13,300	2	4	7	8	7	1	1	1
3404	경북 성주군	무공수훈자회성주군지회	13,300	2	4	7	8	7	1	1	1
3405	경북 성주군	고엽제전우회성주군지회	13,300	2	4	7	8	7	1	1	1
3406	경북 성주군	성주군재향군인회	13,300	2	4	7	8	7	1	1	1
3407	경북 성주군	월남전참전자회성주군지회	13,300	2	4	7	8	7	1	1	1
3408	경북 성주군	울타리설치지원	6,000	2	1	7	8	7	5	1	1
3409	경북 성주군	광복회김천성주연합지회	4,000	2	4	7	8	7	1	1	1
3410	경북 성주군	성주군장애인협회운영비지원	4,000	2	4	7	8	7	1	1	1
3411	경북 칠곡군	대한노인회지회법정운영비보조	45,876	2	6	7	8	7	5	5	4
3412	경북 칠곡군	상이군경회칠곡군지회운영비	18,000	2	4	7	8	7	1	1	1
3413	경북 칠곡군	6.25참전유공자회칠곡군지회운영비	18,000	2	4	7	8	7	1	1	1
3414	경북 칠곡군	월남전참전자회칠곡군지회운영비	18,000	2	4	7	8	7	1	1	1
3415	경북 칠곡군	민주평통칠곡군협의회운영비	17,000	2	1	7	8	7	1	1	1
3416	경북 칠곡군	전몰군경유족회칠곡군지회운영비	15,000	2	4	7	8	7	1	1	1
3417	경북 칠곡군	전몰군경미망인회칠곡군지회운영비	15,000	2	4	7	8	7	1	1	1
3418	경북 칠곡군	무공수훈자회칠곡군지회운영비	15,000	2	4	7	8	7	1	1	1
3419	경북 칠곡군	고엽제전우회칠곡군지회운영비	15,000	2	4	7	8	7	1	1	1
3420	경북 칠곡군	재향군인회칠곡군지회운영비	15,000	2	4	7	8	7	1	1	1
3421	경북 칠곡군	광복회칠곡,고령연합지회운영비	10,000	2	4	7	8	7	1	1	1
3422	경북 칠곡군	특수임무유공자회칠곡군지회운영비	10,000	2	4	7	8	7	1	1	1
3423	경북 칠곡군	월남전참전자회칠곡군지회하복구입비	4,000	2	4	7	8	7	1	1	1
3424	경북 예천군	분만취약지운영비지원	500,000	2	2	7	8	7	5	5	4
3425	경북 예천군	자원봉사센터운영지원	384,000	2	1	5	8	7	5	1	2
3426	경북 예천군	취약지역응급의료기관운영비지원(의료법인서준의료재단예천권병원)	325,000	2	2	7	8	7	5	5	4
3427	경북 예천군	체육회운영비지원	208,000	2	4	7	8	7	1	1	1
3428	경북 예천군	예천문화원운영비지원	125,000	2	1	7	8	7	1	1	1
3429	경북 예천군	예천군새마을회운영비지원	90,000	2	4	7	8	7	5	5	4
3430	경북 예천군	대한노인회예천군지회운영비지원	81,590	2	4	7	8	7	5	5	4
3431	경북 예천군	정보화마을프로그램관리자운영비지원	74,757	2	4	7	8	7	5	5	4
3432	경북 예천군	자원봉사센터코디네이터지원	66,382	2	1	5	8	7	1	1	2
3433	경북 예천군	용문사유물전시관운영비지원	60,000	2	1	7	1	7	1	1	1
3434	경북 예천군	한국예총예천지회운영비지원	47,000	2	1	7	8	7	1	1	1
3435	경북 예천군	21C새마을운동추진운영지원	43,000	2	6	7	8	7	5	5	4
3436	경북 예천군	바르게살기운동예천군협의회운영비지원	42,000	2	4	7	8	7	5	5	4
3437	경북 예천군	장애인단체사무실임차료지원	36,000	2	4	7	8	7	1	1	1

순번	시군구	지출명 (사업명)	2024년예산 (단위 : 천원 /1년간)	민간이전 분류 (지방자치단체 세출예산 집행기준에 의거) 1. 민간경상사업보조(307-02) 2. 민간단체 법정운영비보조(307-03) 3. 민간행사사업보조(307-04) 4. 민간위탁금(307-05) 5. 사회복지시설 법정운영비보조(307-10) 6. 민간인위탁교육비(307-12) 7. 공기관등에대한경상적위탁사업비(308-13) 8. 민간자본사업보조,자체재원(402-01) 9. 민간자본사업보조,이전재원(402-02) 10. 민간위탁사업비(402-03) 11. 공기관등에 대한 자본적 위탁사업비(403-02)	민간이전지출 근거 (지방보조금 관리기준 참고) 1. 법률에 규정 2. 국고보조 재원(국가지정) 3. 용도 지정 기부금 4. 조례에 직접규정 5. 지자체가 권장하는 사업을 하는 공공기관 6. 시,도 정책 및 재정사정 7. 기타 8. 해당없음	입찰방식			운영예산 산정		성과평가 실시여부
						계약체결방법 (경쟁형태) 1. 일반경쟁 2. 제한경쟁 3. 지명경쟁 4. 수의계약 5. 법정위탁 6. 기타 ( ) 7. 없음	계약기간 1. 1년 2. 2년 3. 3년 4. 4년 5. 5년 6. 기타 ( )년 7. 단기계약 (1년미만) 8. 없음	낙찰자선정방법 1. 적격심사 2. 협상에의한계약 3. 최저가낙찰제 4. 규격가격분리 5. 2단계 경쟁입찰 6. 기타 ( ) 7. 없음	운영예산 산정 1. 내부산정 (지자체 자체적으로 산정) 2. 외부산정 (외부전문기관위탁 산정) 3. 내·외부 모두 산정 4. 산정 無 5. 없음	정산방법 1. 내부정산 (지자체 내부적으로 정산) 2. 외부정산 (외부전문기관위탁 정산) 3. 내·외부 모두 산정 4. 정산 無 5. 없음	1. 실시 2. 미실시 3. 향후 추진 4. 해당없음
3438	경북 예천군	경로당순회프로그램관리지원	33,660	2	4	7	8	7	5	5	4
3439	경북 예천군	한국자유총연맹예천군지회운영비지원	30,000	2	4	7	8	7	5	5	4
3440	경북 예천군	경북양궁협회운영비지원	27,000	2	4	7	8	7	1	1	1
3441	경북 예천군	재향군인회운영비지원	24,000	2	1	7	8	7	1	1	1
3442	경북 예천군	무형문화재전수교육관운영비지원	20,000	2	6	6	8	6	2	1	1
3443	경북 예천군	지속가능발전협의회운영비지원	20,000	2	1	7	8	7	5	5	4
3444	경북 예천군	민주평화통일자문회의운영비지원	18,000	2	4	7	8	7	1	1	2
3445	경북 예천군	6.25참전유공자회운영비지원	18,000	2	1	7	8	7	1	1	1
3446	경북 예천군	월남전참전자회운영비지원	18,000	2	1	7	8	7	1	1	1
3447	경북 예천군	무공수훈자회운영비지원	15,500	2	1	7	8	7	1	1	1
3448	경북 예천군	전몰군경미망인회운영비지원	14,000	2	1	7	8	7	1	1	1
3449	경북 예천군	전몰군경유족회운영비지원	13,000	2	1	7	8	7	1	1	1
3450	경북 예천군	생활체육지도자명절상여금	13,000	2	4	7	8	7	1	1	1
3451	경북 예천군	상이군경회운영비지원	12,000	2	1	7	8	7	1	1	1
3452	경북 예천군	바르게살기운동협의회운영지원	10,000	2	6	7	8	7	5	5	4
3453	경북 예천군	광복회운영비지원	6,000	2	1	7	8	7	1	1	1
3454	경북 예천군	민예총예천지부운영비지원	5,000	2	1	7	8	7	1	1	1
3455	경북 봉화군	자원봉사센터운영지원	176,152	2	6	7	8	7	1	1	1
3456	경북 봉화군	도시재생지원센터운영비지원	134,861	2	4	5	1	7	1	1	1
3457	경북 봉화군	대한노인회봉화군지회운영지원	91,680	2	4	7	1	7	1	1	2
3458	경북 봉화군	새마을회운영비지원	90,000	2	1	7	8	7	1	1	1
3459	경북 봉화군	자원봉사코디네이터지원육성(지원)	70,382	2	2	7	8	7	1	1	1
3460	경북 봉화군	바르게살기운동협의회운영비지원	48,500	2	1	7	8	7	1	1	1
3461	경북 봉화군	새마을운동추진운영지원	43,000	2	1	7	8	7	1	1	1
3462	경북 봉화군	한국자유총연맹봉화군지회운영비지원	34,760	2	1	7	8	7	3	1	4
3463	경북 봉화군	6.25참전유공자회운영비지원	20,000	2	1	7	1	7	1	1	1
3464	경북 봉화군	재향군인회운영비지원	19,000	2	1	7	1	7	1	1	1
3465	경북 봉화군	민주평화통일자문회의봉화군협의회운영비	17,200	2	1	7	8	7	5	5	4
3466	경북 봉화군	전몰군경유족회운영비지원	15,000	2	1	7	1	7	1	1	1
3467	경북 봉화군	전몰군경미망인회운영비지원	15,000	2	1	7	1	7	1	1	1
3468	경북 봉화군	상이군경회운영비지원	15,000	2	1	7	1	7	1	1	1
3469	경북 봉화군	무공수훈자회운영비지원	15,000	2	1	7	1	7	1	1	1
3470	경북 봉화군	월남전참전유공자회운영비지원	13,000	2	1	7	1	7	1	1	1
3471	경북 봉화군	고엽제전우회운영비지원	13,000	2	1	7	1	7	1	1	1
3472	경북 봉화군	바르게살기운동활성화추진운영지원	10,000	2	1	7	8	7	1	1	1
3473	경북 봉화군	광복회운영비지원	5,000	2	1	7	1	7	1	1	1
3474	경북 울진군	자원봉사센터운영	715,168	2	1	7	8	7	1	1	1
3475	경북 울진군	울진군체육회운영비지원	250,000	2	1	7	8	7	1	1	1
3476	경북 울진군	노인단체지원	88,145	2	4	7	8	7	1	1	4
3477	경북 울진군	보훈회관운영	85,836	2	1	7	8	7	1	1	1

순번	시군구	지출명 (사업명)	2024년예산 (단위 : 천원 /1년간)	민간이전 분류 (지방자치단체 세출예산 집행기준에 의거) 1. 민간경상사업보조(307-02) 2. 민간단체 법정운영비보조(307-03) 3. 민간행사사업보조(307-04) 4. 민간위탁금(307-05) 5. 사회복지시설 법정운영비보조(307-10) 6. 민간인위탁교육비(307-12) 7. 공기관등에대한경상적위탁사업비(308-13) 8. 민간자본사업보조,자체재원(402-01) 9. 민간자본사업보조,이전재원(402-02) 10. 민간위탁사업비(402-03) 11. 공기관등에 대한 자본적 위탁사업비(403-02)	민간이전지출 근거 (지방보조금 관리기준 참고) 1. 법률에 규정 2. 국고보조 재원(국가지정) 3. 용도 지정 기부금 4. 조례에 직접규정 5. 지자체가 권장하는 사업을 하는 공공기관 6. 시,도 정책 및 재정사정 7. 기타 8. 해당없음	입찰방식 계약체결방법 (경쟁형태) 1. 일반경쟁 2. 제한경쟁 3. 지명경쟁 4. 수의계약 5. 법정위탁 6. 기타 ( ) 7. 없음	입찰방식 계약기간 1. 1년 2. 2년 3. 3년 4. 4년 5. 5년 6. 기타 ( )년 7. 단기계약 (1년미만) 8. 없음	입찰방식 낙찰자선정방법 1. 적격심사 2. 협상에의한계약 3. 최저가낙찰제 4. 규격가격분리 5. 2단계 경쟁입찰 6. 기타 ( ) 7. 없음	운영예산 산정 운영예산 산정 1. 내부산정 (지자체 자체적으로 산정) 2. 외부산정 (외부전문기관위탁 산정) 3. 내·외부 모두 산정 4. 산정 無 5. 없음	운영예산 산정 정산방법 1. 내부정산 (지자체 내부적으로 정산) 2. 외부정산 (외부전문기관위탁 정산) 3. 내·외부 모두 산정 4. 정산 無 5. 없음	성과평가 실시여부 1. 실시 2. 미실시 3. 향후 추진 4. 해당없음
3478	경북 울진군	바르게살기운동단체운영비지원	52,000	2	1	7	8	7	5	5	1
3479	경북 울진군	자유총연맹운영보조	25,200	2	1	7	8	7	5	5	1
3480	경북 울진군	보훈단체지원(대한민국상이군경회울진군지회)	18,000	2	1	7	8	7	1	1	1
3481	경북 울진군	보훈단체지원(대한민국전몰군경유족회울진군지회)	18,000	2	1	7	8	7	1	1	1
3482	경북 울진군	보훈단체지원(대한민국전몰군경미망인회울진군지회)	18,000	2	1	7	8	7	1	1	1
3483	경북 울진군	보훈단체지원(대한민국무공수훈자회울진군지회)	18,000	2	1	7	8	7	1	1	1
3484	경북 울진군	보훈단체지원(대한민국6.25참전유공자회울진군지회)	18,000	2	1	7	8	7	1	1	1
3485	경북 울진군	보훈단체지원(대한민국고엽제전우회울진군지회)	18,000	2	1	7	8	7	1	1	1
3486	경북 울진군	보훈단체지원(월남전참전자회울진군지회)	18,000	2	1	7	8	7	1	1	1
3487	경북 울진군	보훈단체지원(울진군재향군인회)	18,000	2	1	7	8	7	1	1	1
3488	경북 울진군	장기요양기관환기시설설치	14,320	2	2	7	8	7	5	1	4
3489	경북 울진군	보훈단체지원(광복회울진군지회)	13,000	2	1	7	8	7	1	1	1
3490	경북 울진군	민주평통운영보조	10,000	2	1	7	8	7	1	1	1
3491	경북 울진군	바르게살기운동활성화추진운영지원	10,000	2	1	7	8	7	5	5	1
3492	경북 울진군	농업경영인회운영보조	9,860	2	1	7	8	7	5	5	1
3493	경북 울릉군	울릉군새마을회운영비	115,000	2	4	7	8	7	5	5	4
3494	경북 울릉군	지역사회보장협의체운영지원	65,000	2	1	7	2	7	1	1	1
3495	경북 울릉군	새마을운동활성화(새마을운동추진운영지원)	43,000	2	4	7	8	7	5	5	4
3496	경북 울릉군	노인단체지원	43,000	2	1	7	8	7	1	1	1
3497	경북 울릉군	전몰군경유족회운영비	23,000	2	1	7	8	7	1	1	1
3498	경북 울릉군	바르게살기울릉군협의회운영비	20,000	2	4	7	8	7	5	5	4
3499	경북 울릉군	한국자유총연맹울릉군지부운영비	19,000	2	1	7	8	7	1	1	1
3500	경북 울릉군	민간단체육성지원(바르게살기운동활성화추진운영지원)	10,000	2	4	7	8	7	5	5	4
3501	경북 울릉군	울릉군재향군인회운영비	4,000	2	1	7	8	7	1	1	1
3502	경북 울릉군	상이군경회운영비	3,000	2	1	7	8	7	1	1	1
3503	경북 울릉군	6.25참전유공자회운영비	2,000	2	1	7	8	7	1	1	1
3504	경북 울릉군	월남찬전자회운영비	2,000	2	1	7	8	7	1	1	1
3505	경북 울릉군	무공수훈자회운영비	1,000	2	1	7	8	7	1	1	1
3506	경북 울릉군	전몰군경미망인회운영비	1,000	2	1	7	8	7	1	1	1
3507	경북 울릉군	월남참전고엽제전우회운영비	1,000	2	1	7	8	7	1	1	1
3508	경상남도	장애인단체운영비보조	595,820	2	1	7	8	7	3	1	3
3509	경상남도	대한노인회경상남도연합회조직운영	216,530	2	1	7	8	7	1	1	1
3510	경상남도	경남장애인자립생활지원센터운영비지원	211,266	2	1,2	1	3	1	3	3	3
3511	경남 창원시	장애인자립생활지원센터운영	573,000	2	1	7	1	7	1	1	1
3512	경남 창원시	장애인평생교육시설지원사업	538,160	2	6	7	1	7	2	1	2
3513	경남 창원시	장애인단체운영비보조	501,268	2	1	7	8	7	1	1	1
3514	경남 창원시	장애인인권센터운영	450,000	2	6	7	1	7	1	1	1
3515	경남 창원시	장애인자립생활지원센터운영(국비)	422,532	2	2	7	1	7	1	1	1
3516	경남 창원시	장애인가족지원센터운영	318,000	2	1	7	1	7	1	1	1
3517	경남 창원시	노인회지회운영	216,000	2	1	7	8	7	1	3	4

순번	시군구	지출명 (사업명)	2024년예산 (단위 : 천원 /1년간)	민간이전 분류 (지방자치단체 세출예산 집행기준에 의거) 1. 민간경상사업보조(307-02) 2. 민간단체 법정운영비보조(307-03) 3. 민간행사사업보조(307-04) 4. 민간위탁금(307-05) 5. 사회복지시설 법정운영비보조(307-10) 6. 민간인위탁교육비(307-12) 7. 공기관등에대한경상적위탁사업비(308-13) 8. 민간자본사업보조,자체재원(402-01) 9. 민간자본사업보조,이전재원(402-02) 10. 민간위탁사업비(402-03) 11. 공기관등에 대한 자본적 위탁사업비(403-02)	민간이전지출 근거 (지방보조금 관리기준 참고) 1. 법률에 규정 2. 국고보조 재원(국가지정) 3. 용도 지정 기부금 4. 조례에 직접규정 5. 지자체가 권장하는 사업을 하는 공공기관 6. 시,도 정책 및 재정사정 7. 기타 8. 해당없음	입찰방식 계약체결방법 (경쟁형태) 1. 일반경쟁 2. 제한경쟁 3. 지명경쟁 4. 수의계약 5. 법정위탁 6. 기타 ( ) 7. 없음	입찰방식 계약기간 1. 1년 2. 2년 3. 3년 4. 4년 5. 5년 6. 기타 ( )년 7. 단기계약 (1년미만) 8. 없음	입찰방식 낙찰자선정방법 1. 적격심사 2. 협상에의한계약 3. 최저가낙찰제 4. 규격가격분리 5. 2단계 경쟁입찰 6. 기타 ( ) 7. 없음	운영예산 산정 운영예산 산정 1. 내부산정 (지자체 자체적으로 산정) 2. 외부산정 (외부전문기관위탁 산정) 3. 내·외부 모두 산정 4. 산정 無 5. 없음	운영예산 산정 정산방법 1. 내부정산 (지자체 내부적으로 정산) 2. 외부정산 (외부전문기관위탁 정산) 3. 내·외부 모두 산정 4. 정산 無 5. 없음	성과평가 실시여부 1. 실시 2. 미실시 3. 향후 추진 4. 해당없음
3518	경남 창원시	창원시지속가능발전협의회운영비	201,769	2	1	7	8	7	1	3	1
3519	경남 창원시	경로당순회프로그램관리자지원	175,800	2	1	7	8	7	1	1	4
3520	경남 창원시	지역사회보장협의체사무국인건비및운영비	108,350	2	1	7	8	7	1	1	4
3521	경남 창원시	노사민정협의회사무국운영	108,000	2	1	7	8	7	5	5	4
3522	경남 창원시	사립작은도서관사업지원	107,652	2	4	7	8	7	1	1	1
3523	경남 창원시	발달장애인자립지원센터운영	88,000	2	1	7	1	7	1	1	1
3524	경남 창원시	상이군경회운영(창원,마산,진해)	74,250	2	1	7	8	7	5	5	4
3525	경남 창원시	창원단감축제행사지원	65,000	2	6	7	8	7	1	1	1
3526	경남 창원시	재향군인회운영	64,800	2	1	7	8	7	5	5	4
3527	경남 창원시	625참전유공자회통합지회운영(통합)	58,520	2	1	7	8	7	5	5	4
3528	경남 창원시	전몰군경미망인회운영(창원,마산,진해)	58,000	2	1	7	8	7	5	5	4
3529	경남 창원시	전몰군경유족회운영(창원,마산,진해)	56,100	2	1	7	8	7	5	5	4
3530	경남 창원시	무공수훈자회운영(창원,마산,진해)	50,700	2	1	7	8	7	5	5	4
3531	경남 창원시	고엽제전우회통합지회운영	49,200	2	1	7	8	7	5	5	4
3532	경남 창원시	월남전참전자회통합지회운영	47,100	2	1	7	8	7	5	5	4
3533	경남 창원시	생태관광지역지정및육성	44,000	2	2	7	8	7	1	1	1
3534	경남 창원시	가곡전수관운영비	40,000	2	1	7	8	7	1	1	1
3535	경남 창원시	지회건물유지관리	37,050	2	1	7	8	7	1	3	4
3536	경남 창원시	특수임무유공자회통합지회운영	36,300	2	1	7	8	7	5	5	4
3537	경남 창원시	창원수박축제행사지원	30,000	2	6	7	8	7	1	1	1
3538	경남 창원시	광복회창원연합지회운영(통합)	27,200	2	1	7	8	7	5	5	4
3539	경남 창원시	여성단체협의회운영	13,000	2	4	7	8	7	1	1	1
3540	경남 창원시	자율방재단사무실운영	10,260	2	1	7	8	7	1	1	1
3541	경남 창원시	창원향토학교운영비	7,560	2	1	7	1	7	1	1	2
3542	경남 창원시	마산성신대제보존전승운영비	5,700	2	1	7	8	7	1	1	1
3543	경남 창원시	불모산영산재보존전승운영비	4,000	2	1	7	8	7	1	1	1
3544	경남 창원시	아랫녘수륙재전수교육관운영비	3,600	2	1	7	8	7	1	1	1
3545	경남 창원시	마산농청놀이전수교육관운영비	3,430	2	1	7	8	7	1	1	1
3546	경남 창원시	매듭장전수교육관운영비	3,420	2	1	7	8	7	1	1	1
3547	경남 창원시	광려산숯일소리전수교육관운영비	2,916	2	1	7	8	7	1	1	1
3548	경남 진주시	한국실크연구원운영비지원	650,000	2	4	7	8	7	1	1	1
3549	경남 진주시	진주문화예술재단운영지원	455,500	2	1,4	7	1	7	1	1	1
3550	경남 진주시	대한노인회진주시지회운영비지원	304,080	2	1	7	8	7	1	1	4
3551	경남 진주시	진주문화원사업활동비지원	252,601	2	1	6	1	6	1	1	3
3552	경남 진주시	한국예술문화단체총연합회진주지회운영비	225,000	2	1	6	1	6	1	1	3
3553	경남 진주시	진주공예창작지원센터운영	180,000	2	1	7	8	7	1	1	1
3554	경남 진주시	장애인평생교육시설지원	116,000	2	6	7	8	7	5	5	4
3555	경남 진주시	도서자료구입	87,000	2	4	7	8	7	1	1	1
3556	경남 진주시	진주시새마을회운영비	45,000	2	4	7	8	7	1	1	1
3557	경남 진주시	장애인총연합회운영비	43,213	2	1	7	8	1	1	1	1

순번	시군구	지출명 (사업명)	2024년예산 (단위 : 천원 /1년간)	민간이전 분류 (지방자치단체 세출예산 집행기준에 의거) 1. 민간경상사업보조(307-02) 2. 민간단체 법정운영비보조(307-03) 3. 민간행사사업보조(307-04) 4. 민간위탁금(307-05) 5. 사회복지시설 법정운영비보조(307-10) 6. 민간인위탁교육비(307-12) 7. 공기관등에대한경상적위탁사업비(308-13) 8. 민간자본사업보조,자체재원(402-01) 9. 민간자본사업보조,이전재원(402-02) 10. 민간위탁사업비(402-03) 11. 공기관등에 대한 자본적 위탁사업비(403-02)	민간이전지출 근거 (지방보조금 관리기준 참고) 1. 법률에 규정 2. 국고보조 재원(국가지정) 3. 용도 지정 기부금 4. 조례에 직접규정 5. 지자체가 권장하는 사업을 하는 공공기관 6. 시,도 정책 및 재정사정 7. 기타 8. 해당없음	입찰방식 계약체결방법 (경쟁형태) 1. 일반경쟁 2. 제한경쟁 3. 지명경쟁 4. 수의계약 5. 법정위탁 6. 기타 ( ) 7. 없음	입찰방식 계약기간 1. 1년 2. 2년 3. 3년 4. 4년 5. 5년 6. 기타 ( )년 7. 단기계약 (1년미만) 8. 없음	입찰방식 낙찰자선정방법 1. 적격심사 2. 협상에의한계약 3. 최저가낙찰제 4. 규격가격분리 5. 2단계 경쟁입찰 6. 기타 ( ) 7. 없음	운영예산 산정 운영예산 산정 1. 내부산정 (지자체 자체적으로 산정) 2. 외부산정 (외부전문기관위탁 산정) 3. 내·외부 모두 산정 4. 산정 無 5. 없음	운영예산 산정 정산방법 1. 내부정산 (지자체 내부적으로 정산) 2. 외부정산 (외부전문기관위탁 정산) 3. 내·외부 모두 산정 4. 정산 無 5. 없음	성과평가 실시여부 1. 실시 2. 미실시 3. 향후 추진 4. 해당없음
3558	경남 진주시	지역사회보장협의체운영비(인건비등)	38,100	2	6	7	8	7	1	1	1
3559	경남 진주시	지체장애인협회진주지회운영비	37,293	2	1	7	8	1	1	1	1
3560	경남 진주시	농아인협회진주지회운영비	36,093	2	1	7	8	1	1	1	1
3561	경남 진주시	경남진주시뇌병변장애인인권협회운영비	36,093	2	1	7	8	1	1	1	1
3562	경남 진주시	신장장애인협회진주지부운영비	34,893	2	1	7	8	1	1	1	1
3563	경남 진주시	경남내부기관장애인예방재활협회	34,893	2	1	7	8	1	1	1	1
3564	경남 진주시	시각장애인협회진주지회운영비	33,693	2	1	7	8	1	1	1	1
3565	경남 진주시	내일을여는멋진여성진주지회운영비	33,693	2	1	7	8	1	1	1	1
3566	경남 진주시	장애인부모연대진주시지회	33,693	2	1	7	8	1	1	1	1
3567	경남 진주시	척수장애인협회운영비	33,693	2	1	7	8	1	1	1	1
3568	경남 진주시	지적발달장애인복지협회진주시지부운영비	32,493	2	1	7	8	1	1	1	1
3569	경남 진주시	한국장애인부모회진주지부운영비	32,493	2	1	7	8	1	1	1	1
3570	경남 진주시	바르게살기운동진주시협의회운영비	31,000	2	1	7	8	7	1	1	1
3571	경남 진주시	진주교방문화포럼	30,000	2	4	6	1	6	1	1	3
3572	경남 진주시	한국자유총연맹진주시지회자유평화수호사업	27,100	2	1	7	8	7	1	1	1
3573	경남 진주시	사립공공도서관운영비지원	26,000	2	1	7	8	7	1	1	1
3574	경남 진주시	상호협력망구축도서관운영비지원	24,400	2	4	7	8	7	1	1	1
3575	경남 진주시	대한민국상이군경회진주시지회운영	21,000	2	1	7	8	7	1	1	1
3576	경남 진주시	대한민국전몰군경미망인회진주시지회운영	21,000	2	1	7	8	7	1	1	1
3577	경남 진주시	대한민국전몰군경유족회진주시지회운영	21,000	2	1	7	8	7	1	1	1
3578	경남 진주시	대한민국고엽제전우회진주시지회운영	21,000	2	1	7	8	7	1	1	1
3579	경남 진주시	민주평통운영비	20,000	2	1	7	8	7	1	1	1
3580	경남 진주시	대한민국무공수훈자회진주시지회운영	19,500	2	1	7	8	7	1	1	1
3581	경남 진주시	대한민국6.25참전유공자회진주시지회운영	18,500	2	1	7	8	7	1	1	1
3582	경남 진주시	대한민국월남전참전자회진주시지회운영	18,500	2	1	7	8	7	1	1	1
3583	경남 진주시	대한노인회진주시지회운영활동비지원(기금사업)	15,000	2	4	7	8	7	1	1	1
3584	경남 진주시	향교관리운영비	14,100	2	6	6	1	7	1	1	3
3585	경남 진주시	광복회경남서부연합지회운영	8,000	2	1	7	8	7	1	1	1
3586	경남 진주시	대한민국특수임무유공자회경남서부연합지회운영	6,000	2	1	7	8	7	1	1	1
3587	경남 진주시	진주시사회복지협의회운영비	6,000	2	6	7	8	7	1	1	1
3588	경남 진주시	지방행정동우회사업비	4,000	2	1	7	8	7	1	1	1
3589	경남 진주시	여성농업인센터운영지원	120,650	2	4	7	8	7	5	1	4
3590	경남 통영시	통영시체육회운영지원	267,100	2	1	7	8	7	1	1	1
3591	경남 통영시	국가유공자및유족보훈사업	151,600	2	4	7	8	7	1	1	4
3592	경남 통영시	생활체육지도자활동지원사업	142,891	2	1	7	8	7	1	1	1
3593	경남 통영시	지속가능발전협의회운영	247,413	2	1	7	8	7	1	1	4
3594	경남 통영시	민간단체소비자상담실운영	6,000	2	1	7	8	7	5	5	4
3595	경남 김해시	작은도서관운영지원	1,282,800	2	4	7	8	7	5	5	1
3596	경남 김해시	장애인자립생활지원센터지원(4개소)	630,500	2	6	7	8	7	1	1	1
3597	경남 김해시	김해여성새일센터지정운영	621,828	2	2	7	8	7	5	5	2

순번	시군구	지출명 (사업명)	2024년예산 (단위 : 천원 /1년간)	민간이전 분류 (지방자치단체 세출예산 집행기준에 의거) 1. 민간경상사업보조(307-02) 2. 민간단체 법정운영비보조(307-03) 3. 민간행사사업보조(307-04) 4. 민간위탁금(307-05) 5. 사회복지시설 법정운영비보조(307-10) 6. 민간인위탁교육비(307-12) 7. 공기관등에대한경상적위탁사업비(308-13) 8. 민간자본사업보조,자체재원(402-01) 9. 민간자본사업보조,이전재원(402-02) 10. 민간위탁사업비(402-03) 11. 공기관등에 대한 자본적 위탁사업비(403-02)	민간이전지출 근거 (지방보조금 관리기준 참고) 1. 법률에 규정 2. 국고보조 재원(국가지정) 3. 용도 지정 기부금 4. 조례에 직접규정 5. 지자체가 권장하는 사업을 하는 공공기관 6. 시,도 정책 및 재정사정 7. 기타 8. 해당없음	입찰방식			운영예산 산정		성과평가 실시여부
						계약체결방법 (경쟁형태) 1. 일반경쟁 2. 제한경쟁 3. 지명경쟁 4. 수의계약 5. 법정위탁 6. 기타 ( ) 7. 없음	계약기간 1. 1년 2. 2년 3. 3년 4. 4년 5. 5년 6. 기타 ( )년 7. 단기계약 (1년미만) 8. 없음	낙찰자선정방법 1. 적격심사 2. 협상에의한계약 3. 최저가낙찰제 4. 규격가격분리 5. 2단계 경쟁입찰 6. 기타 ( ) 7. 없음	운영예산 산정 1. 내부산정 (지자체 자체적으로 산정) 2. 외부산정 (외부전문기관위탁 산정) 3. 내·외부 모두 산정 4. 산정 無 5. 없음	정산방법 1. 내부정산 (지자체 내부적으로 정산) 2. 외부정산 (외부전문기관위탁 정산) 3. 내·외부 모두 산정 4. 정산 無 5. 없음	1. 실시 2. 미실시 3. 향후 추진 4. 해당없음
3598	경남 김해시	김해여성인력개발센터운영	265,000	2	6	7	8	7	5	5	2
3599	경남 김해시	가야문화축제제전위원회사무국운영비	198,598	2	4	7	8	7	1	1	1
3600	경남 김해시	9개보훈단체운영비	195,320	2	1	7	8	7	5	5	3
3601	경남 김해시	장애인인권센터지원	180,000	2	6	7	8	7	1	1	1
3602	경남 김해시	지적장애인자립지원센터지원	125,789	2	6	7	8	7	1	1	1
3603	경남 김해시	문화원인건비	121,907	2	1	7	8	7	5	5	1
3604	경남 김해시	장애인가족지원센터운영	109,400	2	6	7	8	7	1	1	1
3605	경남 김해시	김해시장애인단체연합회운영지원	71,500	2	6	7	8	7	1	1	1
3606	경남 김해시	새마을운동김해시지회운영비	50,340	2	1	5	1	7	1	1	1
3607	경남 김해시	김해여성새일센터인턴취업장려금	46,000	2	6	7	8	7	5	5	2
3608	경남 김해시	바르게살기운동김해시협의회운영비	41,660	2	1	5	1	7	1	1	1
3609	경남 김해시	한국자유총연맹김해시지회운영비	41,560	2	1	5	1	7	1	1	1
3610	경남 김해시	김해예총지원	40,590	2	1	7	8	7	5	5	1
3611	경남 김해시	장애인자립홈운영비지원	40,000	2	6	7	8	7	1	1	1
3612	경남 김해시	생태관광지역협의회운영	40,000	2	2	7	8	7	5	5	4
3613	경남 김해시	김해여성새일센터창업전담인력	33,500	2	6	7	8	7	5	5	2
3614	경남 김해시	김해여성새일센터운영비지원	27,600	2	6	7	8	7	5	5	2
3615	경남 김해시	민주평통김해시협의회운영비	20,000	2	1	5	1	7	1	1	1
3616	경남 김해시	김해도예협회지원	19,560	2	4	7	8	7	1	1	4
3617	경남 김해시	김해시재향군인회운영비	18,000	2	1	5	1	7	1	1	1
3618	경남 김해시	문화원공연장전기요금	16,000	2	1	7	8	7	5	5	1
3619	경남 김해시	김해민속예술보존회지원	15,960	2	1	7	8	7	5	5	1
3620	경남 김해시	김해민예총지원	14,400	2	1	7	8	7	5	5	1
3621	경남 김해시	경남지체장애인협회김해시지회운영지원	11,640	2	6	7	8	7	1	1	1
3622	경남 김해시	경남축수장애인협회김해시지회운영지원	11,000	2	6	7	8	7	1	1	1
3623	경남 김해시	김해여성인력개발센터장유분원임대료	9,240	2	7	7	8	7	1	1	1
3624	경남 김해시	경남농아인협회김해시지부운영지원	5,900	2	7	7	8	7	5	5	4
3625	경남 김해시	경남시각장애인복지연합회김해지회운영지원	5,100	2	6	7	8	7	1	1	1
3626	경남 김해시	문화원유지보수비	5,000	2	6	7	8	7	1	1	1
3627	경남 김해시	지역예술단체(한국연예예술인총연합회김해지부)창작활동공간임차료지원	3,600	2	1	7	8	7	5	5	1
3628	경남 김해시	문화원안전관리비	3,300	2	1	7	8	7	5	5	1
3629	경남 김해시	경남신체장애인복지회김해시지부운영지원	2,880	2	1	7	8	7	5	5	1
3630	경남 거제시	거제시민축구단운영지원	750,000	2	6	7	8	7	1	1	1
3631	경남 거제시	거제시체육회운영비지원	420,271	2	4	7	8	7	5	5	4
3632	경남 거제시	거제시장애인체육회운영비지원	133,700	2	4	7	8	7	5	5	4
3633	경남 거제시	지방문화원운영비	80,000	2	4	7	8	7	5	5	4
3634	경남 거제시	UN지방의제21추진운영	78,000	2	1	7	8	7	5	5	4
3635	경남 거제시	거제시지역사회보장협의체운영	66,000	2	1	7	8	7	5	5	4
3636	경남 거제시	새마을운동거제시지회조직관리및지회운영	60,000	2	1	7	8	7	5	5	4
3637	경남 거제시	한국예술문화단체총연합회거제지회운영지원	50,000	2	4	7	8	7	5	5	4

순번	시군구	지출명 (사업명)	2024년예산 (단위 : 천원 /1년간)	민간이전 분류 (지방자치단체 세출예산 집행기준에 의거) 1. 민간경상사업보조(307-02) 2. 민간단체 법정운영비보조(307-03) 3. 민간행사사업보조(307-04) 4. 민간위탁금(307-05) 5. 사회복지시설 법정운영비보조(307-10) 6. 민간인위탁교육비(307-12) 7. 공기관등에대한경상적위탁사업비(308-13) 8. 민간자본사업보조,자체재원(402-01) 9. 민간자본사업보조,이전재원(402-02) 10. 민간위탁사업비(402-03) 11. 공기관등에 대한 자본적 위탁사업비(403-02)	민간이전지출 근거 (지방보조금 관리기준 참고) 1. 법률에 규정 2. 국고보조 재원(국가지정) 3. 용도 지정 기부금 4. 조례에 직접규정 5. 지자체가 권장하는 사업을 하는 공공기관 6. 시,도 정책 및 재정사정 7. 기타 8. 해당없음	입찰방식: 계약체결방법 (경쟁형태) 1. 일반경쟁 2. 제한경쟁 3. 지명경쟁 4. 수의계약 5. 법정위탁 6. 기타 ( ) 7. 없음	입찰방식: 계약기간 1. 1년 2. 2년 3. 3년 4. 4년 5. 5년 6. 기타 ( )년 7. 단기계약 (1년미만) 8. 없음	입찰방식: 낙찰자선정방법 1. 적격심사 2. 협상에의한계약 3. 최저가낙찰제 4. 규격가격분리 5. 2단계 경쟁입찰 6. 기타 ( ) 7. 없음	운영예산 산정: 운영예산 산정 1. 내부산정 (지자체 자체적으로 산정) 2. 외부산정 (외부전문기관위탁 산정) 3. 내·외부 모두 산정 4. 산정 無 5. 없음	운영예산 산정: 정산방법 1. 내부정산 (지자체 내부적으로 정산) 2. 외부정산 (외부전문기관위탁 정산) 3. 내·외부 모두 정산 4. 정산 無 5. 없음	성과평가 실시여부 1. 실시 2. 미실시 3. 향후 추진 4. 해당없음
3638	경남 거제시	경남지체장애인협회거제시지회운영지원	50,000	2	7	7	8	7	5	5	4
3639	경남 거제시	거제시공공스포츠클럽운영지원	45,000	2	4	7	8	7	5	5	4
3640	경남 거제시	대한노인회거제시지회운영	41,000	2	1	7	8	7	5	5	4
3641	경남 거제시	한국신장장애인경남협회거제시지부운영지원	39,000	2	7	7	8	7	5	5	4
3642	경남 거제시	거제시장애인부모회운영지원	34,000	2	7	7	8	7	5	5	4
3643	경남 거제시	거제시장애인단체총연합회운영지원	33,000	2	7	7	8	7	5	5	4
3644	경남 거제시	경남지적발달장애인복지협회거제시지부운영지원	32,400	2	7	7	8	7	5	5	4
3645	경남 거제시	바르게살기운동거제시협의회조직관리및협의회운영	30,000	2	1	7	8	7	5	5	4
3646	경남 거제시	한국자유총연맹거제시지회조직관리및지회운영	30,000	2	1	7	8	7	5	5	4
3647	경남 거제시	대한노인회거제시지회분회운영	29,640	2	1	7	8	7	5	5	4
3648	경남 거제시	민주평화통일자문회의거제시협의회조직관리및운영	24,500	2	1	7	8	7	5	5	4
3649	경남 거제시	경남시각장애인복지연합회거제지회운영지원	23,740	2	7	7	8	7	5	5	4
3650	경남 거제시	거제박물관운영	22,000	2	1	7	8	7	5	5	4
3651	경남 거제시	대한민국6.25참전유공자회거제시지회운영지원	22,000	2	4	7	8	7	5	5	4
3652	경남 거제시	재향군인회운영	22,000	2	1	7	8	7	5	5	4
3653	경남 거제시	학교연계형(한종목)육상스포츠클럽운영지원	20,000	2	4	7	8	7	5	5	4
3654	경남 거제시	거제시여성장애인연대운영지원	20,000	2	7	7	8	7	5	5	4
3655	경남 거제시	대한민국상이군경회거제시지회운영지원	18,000	2	4	7	8	7	5	5	4
3656	경남 거제시	대한민국전몰군경유족회거제시지회운영지원	18,000	2	4	7	8	7	5	5	4
3657	경남 거제시	대한민국전몰군경미망인회거제시지회운영지원	18,000	2	4	7	8	7	5	5	4
3658	경남 거제시	대한민국무공수훈자회거제시지회운영지원	18,000	2	4	7	8	7	5	5	4
3659	경남 거제시	대한민국고엽제전우회거제시지회운영지원	18,000	2	4	7	8	7	5	5	4
3660	경남 거제시	대한민국월남전참전자회거제시지회운영지원	18,000	2	4	7	8	7	5	5	4
3661	경남 거제시	해금강테마박물관운영	17,000	2	1	7	8	7	5	5	4
3662	경남 거제시	한국농아인협회경남협회거제시지회운영지원	14,000	2	1	7	8	7	5	5	4
3663	경남 거제시	거제시장애인연맹운영지원	14,000	2	7	7	8	7	5	5	4
3664	경남 거제시	(사)통영거제고성범죄피해자지원센터운영지원	13,000	2	7	7	8	7	5	5	4
3665	경남 거제시	전통민속예술단체운영지원	12,000	2	1	7	8	7	5	5	4
3666	경남 거제시	마을관리협동조합육성	10,000	2	4	7	8	7	5	5	4
3667	경남 거제시	대한민국특수임무유공자회거제시지회운영지원	10,000	2	1	7	8	7	5	5	4
3668	경남 거제시	경상남도장애인부모연대거제시지회운영지원	9,800	2	4	7	8	7	5	5	4
3669	경남 거제시	환경보전및자연보호의식확산운영	8,900	2	7	7	8	7	5	5	4
3670	경남 거제시	거제민속박물관운영	6,660	2	1	7	8	7	5	5	4
3671	경남 양산시	체육회사무국운영	774,718	2	1	7	8	7	5	5	4
3672	경남 양산시	장애인체육회사무국운영	338,178	2	1	7	8	7	5	5	4
3673	경남 양산시	양산삽량문화축전지원	174,326	2	4	7	8	7	1	1	1
3674	경남 양산시	(사)대한노인회양산시지회운영비	128,502	2	4	7	8	7	1	1	4
3675	경남 양산시	작은도서관운영보조(운영비)	114,000	2	1,4	7	8	7	5	5	4
3676	경남 양산시	장애인평생교육시설지원	105,050	2	1,4	7	8	7	1	1	1
3677	경남 양산시	양산시새마을회운영비지원	80,000	2	1	7	8	7	5	5	4

순번	시군구	지출명 (사업명)	2024년예산 (단위 : 천원 /1년간)	민간이전 분류 (지방자치단체 세출예산 집행기준에 의거) 1. 민간경상사업보조(307-02) 2. 민간단체 법정운영비보조(307-03) 3. 민간행사사업보조(307-04) 4. 민간위탁금(307-05) 5. 사회복지시설 법정운영비보조(307-10) 6. 민간인위탁교육비(307-12) 7. 공기관등에대한경상적위탁사업비(308-13) 8. 민간자본사업보조,자체재원(402-01) 9. 민간자본사업보조,이전재원(402-02) 10. 민간위탁사업비(402-03) 11. 공기관등에 대한 자본적 위탁사업비(403-02)	민간이전지출 근거 (지방보조금 관리기준 참고) 1. 법률에 규정 2. 국고보조 재원(국가지정) 3. 용도 지정 기부금 4. 조례에 직접규정 5. 지자체가 권장하는 사업을 하는 공공기관 6. 시,도 정책 및 재정사정 7. 기타 8. 해당없음	입찰방식			운영예산 산정		성과평가 실시여부
						계약체결방법 (경쟁형태) 1. 일반경쟁 2. 제한경쟁 3. 지명경쟁 4. 수의계약 5. 법정위탁 6. 기타 ( ) 7. 없음	계약기간 1. 1년 2. 2년 3. 3년 4. 4년 5. 5년 6. 기타 ( )년 7. 단기계약 (1년미만) 8. 없음	낙찰자선정방법 1. 적격심사 2. 협상에의한계약 3. 최저가낙찰제 4. 규격가격분리 5. 2단계 경쟁입찰 6. 기타 ( ) 7. 없음	운영예산 산정 1. 내부산정 (지자체 자체적으로 산정) 2. 외부산정 (외부전문기관위탁 산정) 3. 내·외부 모두 산정 4. 산정 無 5. 없음	정산방법 1. 내부정산 (지자체 내부적으로 정산) 2. 외부정산 (외부전문기관위탁 정산) 3. 내·외부 모두 산정 4. 정산 無 5. 없음	1. 실시 2. 미실시 3. 향후 추진 4. 해당없음
3678	경남 양산시	향교운영	62,120	2	6	7	8	7	3	3	1
3679	경남 양산시	양산범죄피해자지원센터운영지원	41,504	2	4	7	8	7	1	1	1
3680	경남 양산시	지체장애인협회지원	35,720	2	1	7	8	7	5	5	4
3681	경남 양산시	농아인협회지원	35,720	2	1	7	8	7	5	5	4
3682	경남 양산시	시각장애인협회지원	35,720	2	1	7	8	7	5	5	4
3683	경남 양산시	신장장애인협회지원	35,720	2	1	7	8	7	5	5	4
3684	경남 양산시	한국자유총연맹양산시지회운영비지원	35,000	2	1	7	8	7	5	5	4
3685	경남 양산시	가야진용신제전수교육관운영	29,000	2	6	7	8	7	3	3	1
3686	경남 양산시	바르게살기운동양산시협의회운영비지원	28,000	2	1	7	8	7	5	5	4
3687	경남 양산시	민주평통양산시협의회운영지원	22,000	2	1	7	8	7	5	5	4
3688	경남 양산시	웅상농청장원놀이전수교육관운영	12,000	2	6	7	8	7	3	3	1
3689	경남 양산시	장애인부모회지원	9,000	2	1	7	8	7	5	5	4
3690	경남 양산시	소비자상담센터운영	9,000	2	1	7	7	7	1	1	1
3691	경남 양산시	소비자상담실운영	4,500	2	1	7	7	7	1	1	1
3692	경남 양산시	문화원운영비	94,920	2	1	7	8	7	1	1	3
3693	경남 양산시	한국예총양산지회운영비	42,700	2	1	7	8	7	1	1	3
3694	경남 의령군	의령군체육회운영	216,100	2	1	7	8	7	1	1	4
3695	경남 의령군	의령군장애인체육회운영	93,780	2	4	7	8	7	1	1	4
3696	경남 의령군	의령군스포츠서비스지원센터운영	90,000	2	1	7	8	7	1	1	4
3697	경남 의령군	새마을운동의령군지회운영	40,200	2	1	7	8	7	1	1	4
3698	경남 의령군	바르게살기운동의령군협의회운영	39,500	2	1	7	8	7	1	1	4
3699	경남 의령군	자유총연맹의령군지회운영	32,800	2	1	7	8	7	1	1	4
3700	경남 의령군	지역사회보장협의체운영활성화지원(지역사회보장협의체간사인건비)	30,000	2	1	7	8	7	5	5	4
3701	경남 의령군	민주평화통일자문회의의령군협의회운영	23,600	2	1	7	8	7	1	1	4
3702	경남 의령군	의령축구스포츠클럽운영	17,190	2	1	7	8	7	1	1	4
3703	경남 의령군	의령야구스포츠클럽운영	15,480	2	1	7	8	7	1	1	4
3704	경남 의령군	6.25참전유공자회운영지원	12,500	2	4	7	8	7	1	1	1
3705	경남 의령군	의령군게이트볼협회운영	12,060	2	4	7	8	7	1	1	4
3706	경남 의령군	무공수훈자회운영지원	11,700	2	4	7	8	7	1	1	1
3707	경남 의령군	전몰군경미망인회운영지원	10,800	2	4	7	8	7	1	1	1
3708	경남 의령군	전몰군경유족회운영지원	10,800	2	4	7	8	7	1	1	1
3709	경남 의령군	상이군경회운영지원	10,800	2	4	7	8	7	1	1	1
3710	경남 의령군	고엽제전우회운영지원	10,800	2	4	7	8	7	1	1	1
3711	경남 의령군	월남참전자회운영지원	10,800	2	4	7	8	7	1	1	1
3712	경남 의령군	재향군인회운영지원	9,900	2	4	7	8	7	1	1	1
3713	경남 의령군	지역사회보장협의체운영활성화지원(자체)(지역사회보장협의체운영비(인건비부족분및운영수당등))	9,200	2	1	7	8	7	5	5	4
3714	경남 의령군	의령군그라운드골프협회운영	8,640	2	4	7	8	7	1	1	4
3715	경남 의령군	광복회운영지원	2,000	2	4	7	8	7	1	1	1
3716	경남 함안군	노인회운영보조	108,686	2	4	7	8	7	1	1	2
3717	경남 함안군	장애인단체보조	70,000	2	4	7	8	7	1	1	2

순번	시군구	지출명 (사업명)	2024년예산 (단위 : 천원 /1년간)	민간이전 분류 (지방자치단체 세출예산 집행기준에 의거) 1. 민간경상사업보조(307-02) 2. 민간단체 법정운영비보조(307-03) 3. 민간행사사업보조(307-04) 4. 민간위탁금(307-05) 5. 사회복지시설 법정운영비보조(307-10) 6. 민간인위탁교육비(307-12) 7. 공기관등에대한경상적위탁사업비(308-13) 8. 민간자본사업보조,자체재원(402-01) 9. 민간자본사업보조,이전재원(402-02) 10. 민간위탁사업비(402-03) 11. 공기관등에 대한 자본적 위탁사업비(403-02)	민간이전지출 근거 (지방보조금 관리기준 참고) 1. 법률에 규정 2. 국고보조 재원(국가지정) 3. 용도 지정 기부금 4. 조례에 직접규정 5. 지자체가 권장하는 사업을 하는 공공기관 6. 시,도 정책 및 재정사정 7. 기타 8. 해당없음	입찰방식 계약체결방법 (경쟁형태) 1. 일반경쟁 2. 제한경쟁 3. 지명경쟁 4. 수의계약 5. 법정위탁 6. 기타 ( ) 7. 없음	입찰방식 계약기간 1. 1년 2. 2년 3. 3년 4. 4년 5. 5년 6. 기타 ( )년 7. 단기계약 (1년미만) 8. 없음	입찰방식 낙찰자선정방법 1. 적격심사 2. 협상에의한계약 3. 최저가낙찰제 4. 규격가격분리 5. 2단계 경쟁입찰 6. 기타 ( ) 7. 없음	운영예산 산정 운영예산 산정 1. 내부산정 (지자체 자체적으로 산정) 2. 외부산정 (외부전문기관위탁 산정) 3. 내·외부 모두 산정 4. 산정 無 5. 없음	운영예산 산정 정산방법 1. 내부정산 (지자체 내부적으로 정산) 2. 외부정산 (외부전문기관위탁 정산) 3. 내·외부 모두 산정 4. 정산 無 5. 없음	성과평가 실시여부 1. 실시 2. 미실시 3. 향후 추진 4. 해당없음
3718	경남 고성군	노인회지회운영비지원	209,785	2	1	7	8	7	1	1	2
3719	경남 고성군	보훈단체운영보조금	115,990	2	4	7	8	7	5	5	4
3720	경남 고성군	장애인단체지원	78,741	2	1	7	8	7	1	1	4
3721	경남 고성군	새마을운동고성군지회	61,076	2	4	7	8	7	1	1	1
3722	경남 고성군	무형문화유산지원	58,300	2	4	7	2	7	1	1	1
3723	경남 고성군	사회복지정보센터운영보조금	50,000	2	6	7	8	7	5	5	4
3724	경남 고성군	바르게살기운동고성군협의회	35,081	2	4	7	8	7	1	1	1
3725	경남 고성군	한국자유총연맹고성군지회	31,081	2	4	7	8	7	1	1	1
3726	경남 고성군	고성군재향군인회	18,000	2	4	7	8	7	1	1	1
3727	경남 고성군	민주평통고성군협의회	16,800	2	4	7	8	7	1	1	1
3728	경남 고성군	보훈단체임대료지원	15,840	2	4	7	8	7	5	5	4
3729	경남 고성군	보훈단체차량운영비	5,000	2	4	7	8	7	5	5	4
3730	경남 남해군	초중고등부축구스토브리그및페스티벌	210,000	2	1	5	1	6	1	1	1
3731	경남 남해군	읍면민체육대회개최(격년제)	200,000	2	1	5	1	6	1	1	1
3732	경남 남해군	종목단체별대회개최	120,000	2	1	5	1	6	1	1	1
3733	경남 남해군	대한검도회장기전국중고등학교검도대회	116,000	2	1	5	1	6	1	1	1
3734	경남 남해군	지방문화원운영비	114,155	2	1	7	8	7	5	5	4
3735	경남 남해군	농촌관광주체육성지원	106,488	2	1,4	7	1	7	1	1	2
3736	경남 남해군	어촌체험마을사무장채용지원	94,656	2	6	7	7	7	1	1	1
3737	경남 남해군	남해군생활체육대축전개최(격년제)	87,000	2	1	5	1	6	1	1	1
3738	경남 남해군	대한노인회활성화	77,124	2	1,4	7	8	7	1	1	4
3739	경남 남해군	지역사회보장협의체운영비및인건비	57,333	2	1	7	8	7	1	1	1
3740	경남 남해군	경상남도교육감기태권도대회	55,000	2	1	5	1	6	1	1	1
3741	경남 남해군	전국궁도종합선수권대회겸전국남녀승단대회겸명궁궁도대회	50,000	2	1	5	1	6	1	1	1
3742	경남 남해군	보물섬배전국남녀생활체육배구대회	49,500	2	1	5	1	6	1	1	1
3743	경남 남해군	남해군수기전국검도대회	49,000	2	1	5	1	6	1	1	1
3744	경남 남해군	새마을운동남해군지회운영비지원	39,125	2	1	4	8	7	1	1	1
3745	경남 남해군	남해군수기보물섬전국생활축구대회	36,000	2	1	5	1	6	1	1	1
3746	경남 남해군	보물섬배남해전국탁구대회	35,000	2	1	5	1	6	1	1	1
3747	경남 남해군	노인행사지원	34,620	2	1,4	7	8	7	1	1	1
3748	경남 남해군	경로당활성화	33,048	2	1,4	7	8	7	1	1	1
3749	경남 남해군	바르게살기운동남해군협의회운영비지원	28,454	2	1	4	8	7	1	1	1
3750	경남 남해군	경남회장기체급별유도대회	26,000	2	1	5	1	6	1	1	1
3751	경남 남해군	경남협회장기생활체육족구대회	25,000	2	1	5	1	6	1	1	1
3752	경남 남해군	수산업경영인사무장채용지원	24,730	2	6	7	8	7	1	1	1
3753	경남 남해군	2024년범죄피해자지원및지원센터'등불'운영지원	20,000	2	4	7	8	7	1	1	4
3754	경남 남해군	소상공인민원지원센터운영지원	18,081	2	1	7	8	7	1	1	1
3755	경남 남해군	남해군수배전국그라운드골프대회	18,000	2	1	5	1	6	1	1	1
3756	경남 남해군	중앙정부축구연합회공무원축구대회	18,000	2	1	5	1	6	1	1	1
3757	경남 남해군	한국자유총연맹남해군지부운영비지원	13,070	2	1	4	8	7	1	1	1

순번	시군구	지출명 (사업명)	2024년예산 (단위 : 천원 /1년간)	민간이전 분류 (지방자치단체 세출예산 집행기준에 의거) 1. 민간경상사업보조(307-02) 2. 민간단체 법정운영비보조(307-03) 3. 민간행사사업보조(307-04) 4. 민간위탁금(307-05) 5. 사회복지시설 법정운영비보조(307-10) 6. 민간인위탁교육비(307-12) 7. 공기관등에대한경상적위탁사업비(308-13) 8. 민간자본사업보조,자체재원(402-01) 9. 민간자본사업보조,이전재원(402-02) 10. 민간위탁사업비(402-03) 11. 공기관등에 대한 자본적 위탁사업비(403-02)	민간이전지출 근거 (지방보조금 관리기준 참고) 1. 법률에 규정 2. 국고보조 재원(국가지정) 3. 용도 지정 기부금 4. 조례에 직접규정 5. 지자체가 권장하는 사업을 하는 공공기관 6. 시,도 정책 및 재정사정 7. 기타 8. 해당없음	입찰방식			운영예산 산정		성과평가 실시여부
						계약체결방법 (경쟁형태) 1. 일반경쟁 2. 제한경쟁 3. 지명경쟁 4. 수의계약 5. 법정위탁 6. 기타 ( ) 7. 없음	계약기간 1. 1년 2. 2년 3. 3년 4. 4년 5. 5년 6. 기타 ( )년 7. 단기계약 (1년미만) 8. 없음	낙찰자선정방법 1. 적격심사 2. 협상에의한계약 3. 최저가낙찰제 4. 규격가격분리 5. 2단계 경쟁입찰 6. 기타 ( ) 7. 없음	운영예산 산정 1. 내부산정 (지자체 자체적으로 산정) 2. 외부산정 (외부전문기관위탁 산정) 3. 내·외부 모두 산정 4. 산정 無 5. 없음	정산방법 1. 내부정산 (지자체 내부적으로 정산) 2. 외부정산 (외부전문기관위탁 정산) 3. 내·외부 모두 산정 4. 정산 無 5. 없음	1. 실시 2. 미실시 3. 향후 추진 4. 해당없음
3758	경남 남해군	상이군경회운영지원	12,000	2	4	7	1	7	5	1	1
3759	경남 남해군	전몰군경유족회운영지원	12,000	2	4	7	1	7	5	1	1
3760	경남 남해군	전몰군경미망인회운영지원	12,000	2	4	7	1	7	5	1	1
3761	경남 남해군	6.25참전유공자회운영지원	12,000	2	4	7	1	7	5	1	1
3762	경남 남해군	남해군수기영호남사회인야구대회	12,000	2	1	5	1	6	1	1	1
3763	경남 남해군	재향군인회운영지원	11,100	2	4	7	1	7	5	1	1
3764	경남 남해군	월남전참전자회운영지원	10,500	2	4	7	1	7	5	1	1
3765	경남 남해군	무공수훈자회운영지원	10,000	2	4	7	1	7	5	1	1
3766	경남 남해군	고엽제전우회운영지원	10,000	2	4	7	1	7	5	1	1
3767	경남 남해군	노인회분회운영지원	9,640	2	1,4	7	8	7	1	1	4
3768	경남 남해군	남해군협회장기생활체육배드민턴대회	9,000	2	1	5	1	6	1	1	1
3769	경남 남해군	남해군수배파크골프동호인대회	8,000	2	1	5	1	6	1	1	1
3770	경남 남해군	장애인과함께하는한마음행사	7,000	2	1	5	1	6	1	1	1
3771	경남 남해군	민주평통자문회의남해군협의회운영비	6,150	2	1	4	8	7	1	1	1
3772	경남 남해군	남해군공공스포츠클럽대회지원	6,000	2	1	5	1	6	1	1	1
3773	경남 남해군	서부경남5개시군9개정궁도대회	5,000	2	1	5	1	6	1	1	1
3774	경남 남해군	체육인격려지원(체육인의밤행사)	5,000	2	1	5	1	6	1	1	1
3775	경남 남해군	보물섬배볼링대회	4,500	2	1	5	1	6	1	1	1
3776	경남 남해군	남해군수배테니스대회	4,500	2	1	5	1	6	1	1	1
3777	경남 남해군	남해군관광협의회지원(사무국운영비)	2,520	2	1	6	1	6	1	1	1
3778	경남 남해군	장애인식개선사업	2,200	2	1	5	1	6	1	1	1
3779	경남 남해군	광복회운영지원	1,000	2	4	7	1	7	5	1	1
3780	경남 하동군	하동군체육회지원	360,000	2	1	7	8	7	1	1	1
3781	경남 하동군	사회봉사단체지원	176,707	2	1	7	8	7	1	1	1
3782	경남 하동군	문화예술단체보조금	145,500	2	4	7	8	7	1	1	3
3783	경남 하동군	노인회운영지원	115,564	2	1	7	8	7	1	1	4
3784	경남 하동군	보훈단체보조금	97,300	2	1	7	8	7	1	1	1
3785	경남 하동군	하동군장애인체육회지원	85,000	2	4	7	8	7	1	1	1
3786	경남 하동군	지역사회보장협의체운영지원	54,914	2	1	7	8	7	1	1	4
3787	경남 하동군	장애인복지단체보조금	36,422	2	4	7	8	7	1	1	4
3788	경남 하동군	군민만족군정실현	17,000	2	1	7	8	7	5	5	4
3789	경남 하동군	게이트볼장운영비	15,600	2	4	7	8	7	1	1	1
3790	경남 하동군	농업경영인육성	12,000	2	6	7	7	7	5	5	4
3791	경남 하동군	군정주요업무활동지원	5,520	2	4	7	1	7	1	1	1
3792	경남 하동군	그라운드골프장운영비	5,000	2	4	7	8	7	1	1	1
3793	경남 하동군	파크골프장운영비	5,000	2	4	7	8	7	1	1	1
3794	경남 하동군	하동군게이트볼연합회사무실운영비	5,000	2	4	7	8	7	1	1	1
3795	경남 산청군	산청군체육회사무국운영지원	190,045	2	1	7	8	7	5	5	4
3796	경남 산청군	지방문화원운영지원	167,550	2	1	7	8	7	5	5	4
3797	경남 산청군	노인복지업무운영(대한노인회산청군지회운영)	107,560	2	1	7	8	7	5	5	4

순번	시군구	지출명 (사업명)	2024년예산 (단위 : 천원 /1년간)	민간이전 분류 (지방자치단체 세출예산 집행기준에 의거) 1. 민간경상사업보조(307-02) 2. 민간단체 법정운영비보조(307-03) 3. 민간행사사업보조(307-04) 4. 민간위탁금(307-05) 5. 사회복지시설 법정운영비보조(307-10) 6. 민간인위탁교육비(307-12) 7. 공기관등에대한경상적위탁사업비(308-13) 8. 민간자본사업보조,자체재원(402-01) 9. 민간자본사업보조,이전재원(402-02) 10. 민간위탁사업비(402-03) 11. 공기관등에 대한 자본적 위탁사업비(403-02)	민간이전지출 근거 (지방보조금 관리기준 참고) 1. 법률에 규정 2. 국고보조 재원(국가지정) 3. 용도 지정 기부금 4. 조례에 직접규정 5. 지자체가 권장하는 사업을 하는 공공기관 6. 시,도 정책 및 재정사정 7. 기타 8. 해당없음	입찰방식: 계약체결방법 (경쟁형태) 1. 일반경쟁 2. 제한경쟁 3. 지명경쟁 4. 수의계약 5. 법정위탁 6. 기타 ( ) 7. 없음	입찰방식: 계약기간 1. 1년 2. 2년 3. 3년 4. 4년 5. 5년 6. 기타 ( )년 7. 단기계약 (1년미만) 8. 없음	입찰방식: 낙찰자선정방법 1. 적격심사 2. 협상에의한계약 3. 최저가낙찰제 4. 규격가격분리 5. 2단계 경쟁입찰 6. 기타 ( ) 7. 없음	운영예산 산정: 운영예산 산정 1. 내부산정 (지자체 자체적으로 산정) 2. 외부산정 (외부전문기관위탁 산정) 3. 내·외부 모두 산정 4. 산정 無 5. 없음	운영예산 산정: 정산방법 1. 내부정산 (지자체 내부적으로 정산) 2. 외부정산 (외부전문기관위탁 정산) 3. 내·외부 모두 산정 4. 정산 無 5. 없음	성과평가 실시여부 1. 실시 2. 미실시 3. 향후 추진 4. 해당없음
3798	경남 산청군	장애인단체지원	46,500	2	1	7	8	7	1	1	2
3799	경남 산청군	지속가능발전협의회운영비	15,000	2	4	7	8	7	5	5	4
3800	경남 산청군	전몰군경유족회산청군지회운영	12,000	2	4	7	8	7	5	1	4
3801	경남 산청군	전몰군경미망인회산청군지회운영	12,000	2	4	7	8	7	5	1	4
3802	경남 산청군	산청군재향군인회운영비	12,000	2	4	7	8	7	1	1	4
3803	경남 산청군	상이군경회산청군지회운영	11,500	2	4	7	8	7	5	1	4
3804	경남 산청군	6.25참전유공자회산청군지회운영	11,300	2	4	7	8	7	5	1	4
3805	경남 산청군	월남참전유공자전우회산청군지회운영	11,300	2	4	7	8	7	5	1	4
3806	경남 산청군	무공수훈자회산청군지회운영	9,500	2	4	7	8	7	5	1	4
3807	경남 산청군	고엽제전우회산청군지회운영	9,500	2	4	7	8	7	5	1	4
3808	경남 산청군	광복회경남북부연합지회운영	1,000	2	4	7	8	7	5	1	4
3809	경남 함양군	함양군체육회사무국운영비	272,672	2	4	7	8	7	1	1	1
3810	경남 함양군	보훈단체운영비지원	207,380	2	4	7	8	7	5	5	4
3811	경남 함양군	지방문화원사업활동비및유지비	196,000	2	1	7	8	7	1	1	1
3812	경남 함양군	노인회지원	103,783	2	4	7	8	7	5	5	4
3813	경남 함양군	장애인단체지원	50,000	2	4	7	8	7	5	1	4
3814	경남 함양군	사회복지정보센터	39,000	2	1	7	8	7	1	1	1
3815	경남 함양군	함양예총사무국운영	30,000	2	1	7	8	7	1	1	3
3816	경남 함양군	장애인단체지원	10,000	2	4	7	8	7	5	1	4
3817	경남 합천군	합천군관광협의회활성화	132,886	2	4	7	8	7	1	1	1
3818	경남 합천군	문화원운영비	110,000	2	1	7	8	7	1	1	1
3819	경남 합천군	합천예총운영지원	50,000	2	1	7	8	7	1	1	1
3820	경남 합천군	합천군지역사회보장협의체운영지원	43,000	2	1	7	8	7	1	1	1
3821	경남 합천군	합천한의학박물관운영지원	20,000	2	4	7	8	7	1	1	1
3822	경남 합천군	장애인단체지원	19,000	2	7	7	8	7	3	3	4
3823	전라북도	전북특별자치도자원봉사센터운영	1,109,000	2	1	7	8	7	1	1	1
3824	전라북도	전북지속가능발전협의회운영비지원	229,662	2	1	7	8	7	1	1	4
3825	전라북도	전북응급의료지원센터운영지원	203,000	2	1	7	8	7	4	1	3
3826	전라북도	전북특별자치도새마을회사무국운영	65,300	2	1	7	8	7	1	1	1
3827	전라북도	바르게살기운동전북특별자치도협의회사무국운영	39,350	2	1	7	8	7	1	1	1
3828	전라북도	한국자유총연맹전북특별자치도지부사무국운영	39,350	2	1	7	8	7	1	1	1
3829	전북 전주시	전주국제영화제개최	1,000,000	2	1	7	8	7	1	3	1
3830	전북 전주시	자원봉사센터운영	960,058	2	1	7	8	7	5	1	4
3831	전북 전주시	공립작은도서관운영	916,893	2	4	7	8	7	1	1	1
3832	전북 전주시	전주시체육회운영지원	854,655	2	1	7	8	7	1	1	1
3833	전북 전주시	수소충전소운영비지원	463,000	2	1,4	2	5	2	1	1	1
3834	전북 전주시	여성인력개발센터운영지원	365,429	2	1	7	8	7	5	1	4
3835	전북 전주시	영화(영상물)촬영유치지원	361,175	2	1	7	8	7	1	1	1
3836	전북 전주시	보훈행사및단체지원	339,400	2	1	7	8	7	1	1	1
3837	전북 전주시	전주시장애인체육회운영지원	317,584	2	1	7	8	7	1	1	1

순번	시군구	지출명 (사업명)	2024년예산 (단위 : 천원 /1년간)	민간이전 분류 (지방자치단체 세출예산 집행기준에 의거) 1. 민간경상사업보조(307-02) 2. 민간단체 법정운영비보조(307-03) 3. 민간행사사업보조(307-04) 4. 민간위탁금(307-05) 5. 사회복지시설 법정운영비보조(307-10) 6. 민간인위탁교육비(307-12) 7. 공기관등에대한경상적위탁사업비(308-13) 8. 민간자본사업보조,자체재원(402-01) 9. 민간자본사업보조,이전재원(402-02) 10. 민간위탁사업비(402-03) 11. 공기관등에 대한 자본적 위탁사업비(403-02)	민간이전지출 근거 (지방보조금 관리기준 참고) 1. 법률에 규정 2. 국고보조 재원(국가지정) 3. 용도 지정 기부금 4. 조례에 직접규정 5. 지자체가 권장하는 사업을 하는 공공기관 6. 시,도 정책 및 재정사정 7. 기타 8. 해당없음	입찰방식 계약체결방법 (경쟁형태) 1. 일반경쟁 2. 제한경쟁 3. 지명경쟁 4. 수의계약 5. 법정위탁 6. 기타 ( ) 7. 없음	입찰방식 계약기간 1. 1년 2. 2년 3. 3년 4. 4년 5. 5년 6. 기타 ( )년 7. 단기계약 (1년미만) 8. 없음	입찰방식 낙찰자선정방법 1. 적격심사 2. 협상에의한계약 3. 최저가낙찰제 4. 규격가격분리 5. 2단계 경쟁입찰 6. 기타 ( ) 7. 없음	운영예산 산정 운영예산 산정 1. 내부산정 (지자체 자체적으로 산정) 2. 외부산정 (외부전문기관위탁 산정) 3. 내·외부 모두 산정 4. 산정 無 5. 없음	운영예산 산정 정산방법 1. 내부정산 (지자체 내부적으로 정산) 2. 외부정산 (외부전문기관위탁 정산) 3. 내·외부 모두 산정 4. 정산 無 5. 없음	성과평가 실시여부 1. 실시 2. 미실시 3. 향후 추진 4. 해당없음
3838	전북 전주시	전주시지속가능업무추진	310,177	2	1,4	7	8	7	1	1	1
3839	전북 전주시	푸른도시협의회운영지원	113,682	2	4	6	1	7	1	2	1
3840	전북 전주시	보훈행사및단체지원	107,950	2	1	7	8	7	1	1	1
3841	전북 전주시	노인행사및단체지원	97,470	2	1	7	8	7	1	1	1
3842	전북 전주시	생태하천협의회활동및운영지원	95,285	2	4	7	1	7	1	1	1
3843	전북 전주시	전주문화원지원	89,797	2	1	7	8	7	1	1	1
3844	전북 전주시	노사민정협의회사무국운영	76,104	2	1	7	8	7	1	1	1
3845	전북 전주시	전주예총운영지원	58,762	2	6	7	8	7	1	1	1
3846	전북 전주시	전주시민미디어센터지원	55,522	2	1	7	8	7	1	1	1
3847	전북 전주시	장애인단체사무실지원	41,400	2	4	7	1	7	3	1	1
3848	전북 전주시	전주시장애인단체총연합회	31,212	2	4	7	1	7	3	1	1
3849	전북 전주시	전주시새마을회지원	29,850	2	1	7	8	7	5	1	4
3850	전북 전주시	바르게살기운동전주시협의회사업지원	28,520	2	1	7	8	7	5	1	4
3851	전북 전주시	전주시여성단체협의회운영지원	25,218	2	1	7	8	7	5	1	1
3852	전북 전주시	전주시소상공인연합회운영비지원	22,590	2	1	7	8	7	1	1	1
3853	전북 전주시	한국자유총연맹전주시지회지원	19,378	2	1	7	8	7	5	1	4
3854	전북 전주시	전주민예총운영지원	16,335	2	6	7	8	7	1	1	1
3855	전북 익산시	익산문화원육성	180,230	2	4	7	8	7	1	1	1
3856	전북 익산시	중소유통공동도매물류센터지원사업	104,000	2	4	7	8	7	1	1	1
3857	전북 익산시	한국예총익산지부활성화	52,000	2	4	7	8	7	1	1	1
3858	전북 익산시	소비자상담센터운영지원	43,660	2	1	7	8	7	1	1	1
3859	전북 익산시	고도보존정비	39,900	2	4	7	8	7	1	1	1
3860	전북 익산시	고도보존정비	39,900	2	4	7	8	7	1	1	1
3861	전북 익산시	정신재활시설종사자특별수당	37,440	2	1	7	8	7	1	3	1
3862	전북 익산시	익산시새마을회운영	31,500	2	1	7	8	7	1	1	3
3863	전북 익산시	바르게살기운동익산시협의회운영	28,000	2	1	7	8	7	1	1	3
3864	전북 익산시	소상공인연합회운영비	27,270	2	4	7	8	7	1	1	1
3865	전북 익산시	민주평화통일자문회의익산시협의회운영비	17,820	2	1	7	8	7	1	1	3
3866	전북 익산시	한국자유총연맹익산시지회운영	16,000	2	1	7	8	7	1	1	3
3867	전북 익산시	익산민예총육성	14,800	2	4	7	8	7	1	1	1
3868	전북 익산시	익산시재향군인회운영	14,700	2	1	7	8	7	1	1	3
3869	전북 익산시	성인문해교육기관운영지원사업	12,000	2	4	3	1	1	1	1	1
3870	전북 익산시	소비자교육중앙회지원	11,580	2	1	7	8	7	1	1	1
3871	전북 익산시	이리농악전수교육관운영	7,453	2	1	7	1	7	1	1	1
3872	전북 익산시	이리향제줄풍류전수교육관운영	6,707	2	1	7	1	7	1	1	1
3873	전북 정읍시	자원봉사센터인건비지원	304,393	2	1	7	8	7	1	1	1
3874	전북 정읍시	귀농귀촌지원센터운영비지원	89,813	2	1	7	8	7	5	1	3
3875	전북 정읍시	정읍지속가능발전협의회운영및조직관리	88,870	2	1,4	7	8	7	5	5	4
3876	전북 정읍시	주민종회의결자치사업지원	84,600	2	4	7	8	7	2	1	4
3877	전북 정읍시	자원봉사센터운영	50,000	2	1	7	8	7	1	1	1

순번	시군구	지출명 (사업명)	2024년예산 (단위 : 천원 /1년간)	민간이전 분류 (지방자치단체 세출예산 집행기준에 의거) 1. 민간경상사업보조(307-02) 2. 민간단체 법정운영비보조(307-03) 3. 민간행사사업보조(307-04) 4. 민간위탁금(307-05) 5. 사회복지시설 법정운영비보조(307-10) 6. 민간인위탁교육비(307-12) 7. 공기관등에대한경상적위탁사업비(308-13) 8. 민간자본사업보조,자체재원(402-01) 9. 민간자본사업보조,이전재원(402-02) 10. 민간위탁사업비(402-03) 11. 공기관등에 대한 자본적 위탁사업비(403-02)	민간이전지출 근거 (지방보조금 관리기준 참고) 1. 법률에 규정 2. 국고보조 재원(국가지정) 3. 용도 지정 기부금 4. 조례에 직접규정 5. 지자체가 권장하는 사업을 하는 공공기관 6. 시,도 정책 및 재정사정 7. 기타 8. 해당없음	입찰방식: 계약체결방법 (경쟁형태) 1. 일반경쟁 2. 제한경쟁 3. 지명경쟁 4. 수의계약 5. 법정위탁 6. 기타 ( ) 7. 없음	입찰방식: 계약기간 1. 1년 2. 2년 3. 3년 4. 4년 5. 5년 6. 기타 ( )년 7. 단기계약 (1년미만) 8. 없음	입찰방식: 낙찰자선정방법 1. 적격심사 2. 협상에의한계약 3. 최저가낙찰제 4. 규격가격분리 5. 2단계 경쟁입찰 6. 기타 ( ) 7. 없음	운영예산 산정: 운영예산 산정 1. 내부산정 (지자체 자체적으로 산정) 2. 외부산정 (외부전문기관위탁 산정) 3. 내·외부 모두 산정 4. 산정 無 5. 없음	운영예산 산정: 정산방법 1. 내부정산 (지자체 내부적으로 정산) 2. 외부정산 (외부전문기관위탁 정산) 3. 내·외부 모두 산정 4. 정산 無 5. 없음	성과평가 실시여부 1. 실시 2. 미실시 3. 향후 추진 4. 해당없음
3878	전북 정읍시	주민자치사업추가지원	50,000	2	4	7	8	7	2	1	4
3879	전북 정읍시	정읍사문화제제전위원회운영비	48,170	2	4	7	8	7	1	1	1
3880	전북 정읍시	정읍시새마을회단체조직및운영비	45,341	2	4	7	8	7	2	1	3
3881	전북 정읍시	자연보호정읍시협의회운영및조직관리	37,489	2	1,4	7	8	7	5	5	4
3882	전북 정읍시	정읍시소상공인연합회운영비(상담창구운영)	34,373	2	1	7	8	7	1	1	3
3883	전북 정읍시	한국여성소비자연합정읍지부소비자상담센터운영	33,400	2	1	7	8	7	1	1	3
3884	전북 정읍시	시각장애인협회운영지원	21,800	2	1	7	8	7	5	5	3
3885	전북 정읍시	바르게살기운동정읍시협의회단체조직및운영비	19,980	2	1	7	8	7	2	1	3
3886	전북 정읍시	지체장애인협회운영지원	19,500	2	1	7	8	7	5	5	3
3887	전북 정읍시	한국자유총연맹정읍시지회단체조직및운영비	13,860	2	1	7	8	7	2	1	3
3888	전북 정읍시	자율방범연합회운영비지원	12,960	2	4	7	8	7	2	1	3
3889	전북 정읍시	농아인협회운영지원	11,900	2	1	7	8	7	5	5	3
3890	전북 정읍시	민주평통자문회의운영비지원	9,600	2	4	7	8	7	2	1	3
3891	전북 정읍시	꿈드래장애인협회운영지원	8,200	2	1	7	8	7	5	5	3
3892	전북 정읍시	한국장애인부모회운영지원	7,000	2	1	7	8	7	5	5	3
3893	전북 정읍시	정읍시장애인부모회운영지원	6,000	2	1	7	8	7	5	5	3
3894	전북 정읍시	신장장애인협회운영지원	5,700	2	1	7	8	7	5	5	3
3895	전북 정읍시	지역자율방재단운영비	5,400	2	1	7	8	7	5	5	4
3896	전북 남원시	남원문화원운영비	126,000	2	1	7	8	7	1	1	1
3897	전북 남원시	새마을운동남원시지회법정운영비보조	24,800	2	1	7	8	7	1	1	1
3898	전북 남원시	한국예총남원지회운영비	24,000	2	1	7	8	7	1	1	1
3899	전북 남원시	민주평화통일자문회의운영지원	19,500	2	1	7	8	7	1	1	1
3900	전북 남원시	한국자유총연맹남원시지회운영지원	14,200	2	1	7	8	7	1	1	1
3901	전북 남원시	바르게살기운동협의회운영지원	14,200	2	1	7	8	7	1	1	1
3902	전북 남원시	남원시재향군인회운영지원	13,600	2	1	7	8	7	1	1	1
3903	전북 남원시	범죄피해자지원센터운영지원	8,000	2	1	7	8	7	1	1	1
3904	전북 김제시	자원봉사센터운영비	264,391	2	1	7	8	7	5	1	1
3905	전북 김제시	김제시장애인체육회직원급여	169,838	2	4	7	8	7	1	1	1
3906	전북 김제시	김제시체육회직원급여	166,432	2	4	7	8	7	1	1	1
3907	전북 김제시	사회복지협의회운영	112,427	2	1	1	7	1	1	1	1
3908	전북 김제시	주민도움센터운영	101,670	2	5	1	7	1	1	1	1
3909	전북 김제시	지역사회보장협의체운영비	57,586	2	1	1	7	1	1	1	1
3910	전북 김제시	(사)대한노인회김제시지회운영	53,302	2	4	7	7	7	1	1	4
3911	전북 김제시	김제예총운영비	44,035	2	4	7	8	7	1	1	1
3912	전북 김제시	김제시체육회사무실운영비	35,000	2	4	7	8	7	1	1	1
3913	전북 김제시	문화원사무국장인건비	34,784	2	8	7	7	7	1	1	1
3914	전북 김제시	김제시새마을회운영	30,000	2	1	7	8	7	5	1	1
3915	전북 김제시	소비자상담센터운영비	30,000	2	1	7	8	7	1	1	2
3916	전북 김제시	문화원과장인건비	28,362	2	8	7	7	7	1	1	1
3917	전북 김제시	시각장애인협회간사인건비	25,863	2	4	7	7	7	1	1	1

순번	시군구	지출명 (사업명)	2024년예산 (단위 : 천원 /1년간)	민간이전 분류 (지방자치단체 세출예산 집행기준에 의거) 1. 민간경상사업보조(307-02) 2. 민간단체 법정운영비보조(307-03) 3. 민간행사사업보조(307-04) 4. 민간위탁금(307-05) 5. 사회복지시설 법정운영비보조(307-10) 6. 민간인위탁교육비(307-12) 7. 공기관등에대한경상적위탁사업비(308-13) 8. 민간자본사업보조,자체재원(402-01) 9. 민간자본사업보조,이전재원(402-02) 10. 민간위탁사업비(402-03) 11. 공기관등에 대한 자본적 위탁사업비(403-02)	민간이전지출 근거 (지방보조금 관리기준 참고) 1. 법률에 규정 2. 국고보조 재원(국가지정) 3. 용도 지정 기부금 4. 조례에 직접규정 5. 지자체가 권장하는 사업을 하는 공공기관 6. 시,도 정책 및 재정사정 7. 기타 8. 해당없음	입찰방식 계약체결방법 (경쟁형태) 1. 일반경쟁 2. 제한경쟁 3. 지명경쟁 4. 수의계약 5. 법정위탁 6. 기타 ( ) 7. 없음	입찰방식 계약기간 1. 1년 2. 2년 3. 3년 4. 4년 5. 5년 6. 기타 ( )년 7. 단기계약 (1년미만) 8. 없음	입찰방식 낙찰자선정방법 1. 적격심사 2. 협상에의한계약 3. 최저가낙찰제 4. 규격가격분리 5. 2단계 경쟁입찰 6. 기타 ( ) 7. 없음	운영예산 산정 운영예산 산정 1. 내부산정 (지자체 자체적으로 산정) 2. 외부산정 (외부전문기관위탁 산정) 3. 내·외부 모두 산정 4. 산정 無 5. 없음	운영예산 산정 정산방법 1. 내부정산 (지자체 내부적으로 정산) 2. 외부정산 (외부전문기관위탁 정산) 3. 내·외부 모두 산정 4. 정산 無 5. 없음	성과평가 실시여부 1. 실시 2. 미실시 3. 향후 추진 4. 해당없음
3918	전북 김제시	보훈단체운영(대한민국고엽제전우회)	24,137	2	1	1	7	1	1	1	1
3919	전북 김제시	공용버스터미널간이정류소운영	23,040	2	7	7	8	7	1	1	1
3920	전북 김제시	보훈단체운영(대한민국상이군경회)	22,837	2	1	1	7	1	1	1	1
3921	전북 김제시	보훈단체운영(대한민국월남전참전자회)	20,297	2	1	1	7	1	1	1	1
3922	전북 김제시	보훈단체운영(대한민국전몰군경미망인회)	20,272	2	1	1	7	1	1	1	1
3923	전북 김제시	보훈단체운영(대한민국전몰군경유족회)	18,238	2	1	1	7	1	1	1	1
3924	전북 김제시	보훈단체운영(대한민국무공수훈자회)	17,933	2	1	1	7	1	1	1	1
3925	전북 김제시	보훈단체운영(대한민국6.25참전유공자회)	17,534	2	1	1	7	1	1	1	1
3926	전북 김제시	새마을이동도서관운영	15,152	2	1	7	8	7	5	1	1
3927	전북 김제시	김제시장애인체육회사무실운영비	15,000	2	4	7	8	7	1	1	1
3928	전북 김제시	재향군인회사무국운영	12,000	2	1	7	8	7	5	1	1
3929	전북 김제시	여성단체협의회운영	9,153	2	4	7	8	7	1	1	3
3930	전북 김제시	바르게살기운영협의회사무국운영	8,877	2	1	7	8	7	5	1	1
3931	전북 김제시	자유총연맹사무국운영	8,607	2	1	7	8	7	5	1	1
3932	전북 김제시	지체장애인협회사무실운영비	7,000	2	4	7	7	7	1	1	1
3933	전북 김제시	꿈드래장애인협회사무실운영비	7,000	2	4	7	7	7	1	1	1
3934	전북 김제시	교통장애인협회사무실운영비	7,000	2	4	7	7	7	1	1	1
3935	전북 김제시	시각장애인협회사무실운영비	7,000	2	4	7	7	7	1	1	1
3936	전북 김제시	농아인협의회사무실운영비	7,000	2	4	7	7	7	1	1	1
3937	전북 김제시	신장장애인협회사무실운영비	7,000	2	4	7	7	7	1	1	1
3938	전북 김제시	문화원운영비	6,842	2	8	7	7	7	1	1	1
3939	전북 김제시	민주평화통일자문회의사무실운영비	6,407	2	1	7	8	7	5	1	1
3940	전북 김제시	김제시체육회직책급업무수행경비	6,000	2	4	7	8	7	1	1	1
3941	전북 김제시	김제시체육회초과근무수당	5,000	2	4	7	8	7	1	1	1
3942	전북 김제시	장애인부모회사무실운영비	5,000	2	4	7	8	7	1	1	1
3943	전북 김제시	정보문화협회사무실운영비	3,000	2	4	7	7	7	1	1	1
3944	전북 김제시	김제시장애인체육회초과근무수당	2,700	2	4	7	7	7	1	1	1
3945	전북 김제시	시각장애인협회차량운영비	2,585	2	4	7	8	7	1	1	1
3946	전북 완주군	법정사회단체운영지원	101,400	2	4	7	7	7	1	1	1
3947	전북 완주군	완주군여성단체활동지원	92,000	2	1	7	8	7	1	1	3
3948	전북 장수군	지방문화원사업활동지원	164,320	2	1	7	3	7	1	1	1
3949	전북 장수군	노인회활성화지원	163,933	2	4	1	1	1	1	1	1
3950	전북 장수군	농촌신활력플러스사업	80,000	2	1	7	8	7	1	1	4
3951	전북 장수군	노인의날행사지원	40,500	2	4	7	8	7	5	1	1
3952	전북 장수군	노인회운영	38,669	2	1	7	8	7	1	1	4
3953	전북 장수군	지역사회보장협의체지원(사무국직원인건비)	38,270	2	1	7	8	7	1	1	4
3954	전북 장수군	장수군사회복지협의회운영지원	37,685	2	1	7	8	7	1	1	1
3955	전북 장수군	소비자고발센터운영비지원	33,676	2	4	7	8	7	1	1	1
3956	전북 장수군	대한노인회운영지원(노인대학)	27,954	2	1	7	1	7	1	1	4
3957	전북 장수군	재향군인회운영지원	19,440	2	1	7	8	7	1	1	4

순번	시군구	지출명 (사업명)	2024년예산 (단위 : 천원 /1년간)	민간이전 분류 (지방자치단체 세출예산 집행기준에 의거) 1. 민간경상사업보조(307-02) 2. 민간단체 법정운영비보조(307-03) 3. 민간행사사업보조(307-04) 4. 민간위탁금(307-05) 5. 사회복지시설 법정운영비보조(307-10) 6. 민간인위탁교육비(307-12) 7. 공기관등에대한경상적위탁사업비(308-13) 8. 민간자본사업보조,자체재원(402-01) 9. 민간자본사업보조,이전재원(402-02) 10. 민간위탁사업비(402-03) 11. 공기관등에 대한 자본적 위탁사업비(403-02)	민간이전지출 근거 (지방보조금 관리기준 참고) 1. 법률에 규정 2. 국고보조 재원(국가지정) 3. 용도 지정 기부금 4. 조례에 직접규정 5. 지자체가 권장하는 사업을 하는 공공기관 6. 시,도 정책 및 재정사정 7. 기타 8. 해당없음	입찰방식 계약체결방법 (경쟁형태) 1. 일반경쟁 2. 제한경쟁 3. 지명경쟁 4. 수의계약 5. 법정위탁 6. 기타 ( ) 7. 없음	계약기간 1. 1년 2. 2년 3. 3년 4. 4년 5. 5년 6. 기타 ( )년 7. 단기계약 (1년미만) 8. 없음	낙찰자선정방법 1. 적격심사 2. 협상에의한계약 3. 최저가낙찰제 4. 규격가격분리 5. 2단계 경쟁입찰 6. 기타 ( ) 7. 없음	운영예산 산정 운영예산 산정 1. 내부산정 (지자체 자체적으로 산정) 2. 외부산정 (외부전문기관위탁 산정) 3. 내·외부 모두 산정 4. 산정 無 5. 없음	정산방법 1. 내부정산 (지자체 내부적으로 정산) 2. 외부정산 (외부전문기관위탁 정산) 3. 내·외부 모두 산정 4. 정산 無 5. 없음	성과평가 실시여부 1. 실시 2. 미실시 3. 향후 추진 4. 해당없음
3958	전북 장수군	6.25참전유공자회운영지원	19,420	2	1	7	8	7	1	1	1
3959	전북 장수군	한국예총장수지회지원사업	17,400	2	7	1	1	1	1	1	1
3960	전북 장수군	무공수훈자회운영지원	10,429	2	1	7	8	7	1	1	1
3961	전북 장수군	월남참전전우회운영지원	10,372	2	1	7	8	7	1	1	1
3962	전북 장수군	지역사회보장협의체지원(사무국운영비)	9,910	2	1	7	8	7	1	1	1
3963	전북 장수군	상이군경회운영지원	9,050	2	1	7	8	7	1	1	1
3964	전북 장수군	고엽제전우회운영지원	8,160	2	1	7	8	7	1	1	1
3965	전북 장수군	전몰군경미망인회운영지원	7,390	2	1	7	8	7	1	1	1
3966	전북 장수군	전몰군경유족회운영지원	7,250	2	1	7	8	7	1	1	1
3967	전북 장수군	경로당회장역량강화사업	6,900	2	1	7	8	7	1	1	4
3968	전북 장수군	노인회교육지도자교육지원	5,000	2	1	7	8	7	1	1	4
3969	전북 임실군	소비자권익증진향상	37,500	2	1	7	8	7	1	1	1
3970	전북 임실군	소상공인연합회지원	22,500	2	4	7	8	7	1	1	1
3971	전북 순창군	순창군체육회운영경비지원	276,696	2	4	7	8	7	1	1	1
3972	전북 순창군	문화원운영비	118,330	2	1	6	1	6	1	1	1
3973	전북 순창군	순창군장애인체육회운영경비지원	116,806	2	4	7	8	7	1	1	1
3974	전북 순창군	순창군장애인연합회운영비	37,571	2	4	7	8	7	1	1	4
3975	전북 순창군	새마을운동순창군지회운영비	34,000	2	1	7	8	7	1	1	1
3976	전북 순창군	한국예총순창지회운영비	33,580	2	1	6	1	6	1	1	1
3977	전북 순창군	소비자상담센터운영지원	25,000	2	1	7	8	7	1	1	1
3978	전북 순창군	재향군인회순창군지회운영비지원	12,249	2	4	7	8	7	1	1	1
3979	전북 순창군	소상공인연합회운영지원	11,000	2	4	7	8	7	1	1	1
3980	전북 순창군	범죄피해자지원센터운영비지원	8,500	2	4	7	8	7	1	1	1
3981	전북 순창군	바르게살기운동순창군협의회운영비지원	7,440	2	1	7	8	7	1	1	1
3982	전북 순창군	한국자유총연맹순창군지회운영비지원	3,720	2	1	7	8	7	1	1	1
3983	전북 고창군	쌀경쟁력제고사업	517,950	2	6	7	8	7	5	5	4
3984	전북 고창군	시군노인회등활성화지원사업	162,933	2	1	5	1	7	5	1	4
3985	전북 고창군	대한노인회지원	160,862	2	1	5	1	7	5	1	4
3986	전북 고창군	자원봉사센터운영비보조	155,517	2	4	7	1	7	1	1	1
3987	전북 고창군	여성농업인센터운영지원사업	114,000	2	4	7	8	7	5	5	4
3988	전북 고창군	자원봉사코디네이터인건비지원	66,322	2	2	7	1	7	1	1	1
3989	전북 고창군	고창군소상공인연합회운영비보조	27,912	2	1	7	8	7	1	1	4
3990	전북 고창군	한국여성소비자연합고창군지부소비자상담센터운영비보조	27,568	2	1	7	8	7	1	1	4
3991	전북 고창군	장애인단체지원(지체,꿈드래,시각,농아장애인협회)	13,000	2	4	7	8	7	1	1	1
3992	전북 고창군	자원봉사자보험료지원	2,652	2	2	7	1	7	1	1	1
3993	전남 완도군	새마을회운영비보조	71,000	2	1	5	8	7	5	1	1
3994	전남 완도군	완도군체육회운영비	121,280	2	1	7	7	7	1	1	4
3995	전남 완도군	완도군장애인체육회운영비	73,720	2	1	7	8	7	1	1	4
3996	전남 완도군	완도군장보고스포츠클럽운영비	50,000	2	1	7	7	7	1	1	4
3997	전남 목포시	목포시체육회운영비보조	289,000	2	4	7	8	7	1	1	1

순번	시군구	지출명 (사업명)	2024년예산 (단위 : 천원 /1년간)	민간이전 분류 (지방자치단체 세출예산 집행기준에 의거) 1. 민간경상사업보조(307-02) 2. 민간단체 법정운영비보조(307-03) 3. 민간행사사업보조(307-04) 4. 민간위탁금(307-05) 5. 사회복지시설 법정운영비보조(307-10) 6. 민간인위탁교육비(307-12) 7. 공기관등에대한경상적위탁사업비(308-13) 8. 민간자본사업보조,자체재원(402-01) 9. 민간자본사업보조,이전재원(402-02) 10. 민간위탁사업비(402-03) 11. 공기관등에 대한 자본적 위탁사업비(403-02)	민간이전지출 근거 (지방보조금 관리기준 참고) 1. 법률에 규정 2. 국고보조 재원(국가지정) 3. 용도 지정 기부금 4. 조례에 직접규정 5. 지자체가 권장하는 사업을 하는 공공기관 6. 시,도 정책 및 재정사정 7. 기타 8. 해당없음	입찰방식			운영예산 산정		성과평가 실시여부
						계약체결방법 (경쟁형태) 1. 일반경쟁 2. 제한경쟁 3. 지명경쟁 4. 수의계약 5. 법정위탁 6. 기타 ( ) 7. 없음	계약기간 1. 1년 2. 2년 3. 3년 4. 4년 5. 5년 6. 기타 ( )년 7. 단기계약 (1년미만) 8. 없음	낙찰자선정방법 1. 적격심사 2. 협상에의한계약 3. 최저가낙찰제 4. 규격가격분리 5. 2단계 경쟁입찰 6. 기타 ( ) 7. 없음	운영예산 산정 1. 내부산정 (지자체 자체적으로 산정) 2. 외부산정 (외부전문기관위탁 산정) 3. 내·외부 모두 산정 4. 산정 無 5. 없음	정산방법 1. 내부정산 (지자체 내부적으로 정산) 2. 외부정산 (외부전문기관위탁 정산) 3. 내·외부 모두 산정 4. 정산 無 5. 없음	1. 실시 2. 미실시 3. 향후 추진 4. 해당없음
3998	전남 목포시	목포시장애인체육회운영비보조	124,852	2	4	7	8	7	1	1	1
3999	전남 목포시	생활체육지도자수당	122,430	2	4	7	8	7	1	1	1
4000	전남 목포시	보훈단체운영비	120,800	2	1,4	7	1	7	1	1	1
4001	전남 목포시	2024목포예총경상운영비	42,750	2	4	7	8	7	1	1	1
4002	전남 목포시	목포시소상공인연합회콜센터운영	37,000	2	4	7	8	7	1	1	3
4003	전남 목포시	장애인생활체육지도자수당	31,660	2	4	7	8	7	1	1	1
4004	전남 목포시	생활체육지도자활동지원비	20,400	2	4	7	8	7	1	1	4
4005	전남 목포시	장애인생활체육지도자활동지원비	6,000	2	4	7	8	7	1	1	4
4006	전남 여수시	2024여수시체육회인건비,운영비지원	381,343	2	1	7	8	7	4	1	1
4007	전남 여수시	2024여수시장애인체육회인건비,운영비지원	210,083	2	1	7	8	7	4	1	1
4008	전남 여수시	지역사회보장협의체운영비	173,089	2	1	7	8	7	1	1	4
4009	전남 여수시	유소년축구단여수해양FCU18지원	115,700	2	1	7	8	7	4	1	1
4010	전남 여수시	여수시노사민정협의회사무국운영	98,067	2	1	7	8	7	1	1	1
4011	전남 여수시	여수공공스포츠클럽운영지원	62,300	2	1	7	8	7	4	1	1
4012	전남 여수시	여수시새마을회단체운영비	54,000	2	1	7	8	7	1	1	3
4013	전남 여수시	사회복지협의회운영지원	40,000	2	1	7	8	7	1	1	4
4014	전남 여수시	바르게살기운동여수시협의회단체운영비	31,000	2	1	7	8	7	1	1	3
4015	전남 여수시	전남동부범죄피해자지원센터지원	30,000	2	1	7	8	7	1	1	3
4016	전남 여수시	대한민국상이군경회여수시지회지원	26,620	2	1	7	8	7	1	1	1
4017	전남 여수시	한국자유총연맹여수시지회단체운영비	26,000	2	1	7	8	7	1	1	3
4018	전남 여수시	대한민국고엽제전우회여수시지회지원	25,165	2	1	7	8	7	1	1	1
4019	전남 여수시	소비자상담센터운영	24,500	2	1	7	8	7	1	1	1
4020	전남 여수시	수리시설유지관리비지원	18,000	2	1	7	8	7	3	3	2
4021	전남 여수시	여수시재향군인회단체운영비	16,000	2	1	7	8	7	1	1	3
4022	전남 여수시	대한민국무공수훈자회지원	15,800	2	1	7	8	7	1	1	1
4023	전남 여수시	대한민국월남전참전자회지원	14,800	2	1	7	8	7	1	1	1
4024	전남 여수시	대한민국전몰군경유족회여수시지회지원	14,800	2	1	7	8	7	1	1	1
4025	전남 여수시	대한민국전몰군경미망인회여수시지회지원	14,800	2	1	7	8	7	1	1	1
4026	전남 여수시	민주평통여수시협의회단체운영비	8,000	2	1	7	8	7	1	1	3
4027	전남 여수시	대한민국특수임무유공자회지원	3,000	2	1	7	8	7	1	1	1
4028	전남 순천시	순천시체육회인건비지원	193,554	2	1	7	8	7	1	1	4
4029	전남 순천시	지속가능발전협의회운영비	160,000	2	4	5	1	7	1	1	3
4030	전남 순천시	지역사회보장협의체상근직원인건비	100,015	2	4	7	8	7	1	1	1
4031	전남 순천시	자원봉사활성화지원사업	82,228	2	1,2	7	8	7	5	5	4
4032	전남 순천시	순천시새마을회운영비	55,000	2	4	7	8	7	5	5	4
4033	전남 순천시	순천시장애인체육회사무국장인건비지원(기금직접지원)	54,726	2	1	7	8	7	1	1	4
4034	전남 순천시	지역사회보장협의체운영비	54,500	2	4	7	8	7	1	1	1
4035	전남 순천시	순천시체육회운영비지원	53,238	2	1	7	8	7	1	1	4
4036	전남 순천시	순천시장애인체육회인건비지원	50,235	2	1	7	8	7	1	1	4
4037	전남 순천시	사회복지협의회운영비	50,000	2	1	7	8	7	1	1	1

순번	시군구	지출명 (사업명)	2024년예산 (단위 : 천원 /1년간)	민간이전 분류 (지방자치단체 세출예산 집행기준에 의거) 1. 민간경상사업보조(307-02) 2. 민간단체 법정운영비보조(307-03) 3. 민간행사사업보조(307-04) 4. 민간위탁금(307-05) 5. 사회복지시설 법정운영비보조(307-10) 6. 민간인위탁교육비(307-12) 7. 공기관등에대한경상적위탁사업비(308-13) 8. 민간자본사업보조,자체재원(402-01) 9. 민간자본사업보조,이전재원(402-02) 10. 민간위탁사업비(402-03) 11. 공기관등에 대한 자본적 위탁사업비(403-02)	민간이전지출 근거 (지방보조금 관리기준 참고) 1. 법률에 규정 2. 국고보조 재원(국가지정) 3. 용도 지정 기부금 4. 조례에 직접규정 5. 지자체가 권장하는 사업을 하는 공공기관 6. 시,도 정책 및 재정사정 7. 기타 8. 해당없음	입찰방식: 계약체결방법 (경쟁형태) 1. 일반경쟁 2. 제한경쟁 3. 지명경쟁 4. 수의계약 5. 법정위탁 6. 기타 ( ) 7. 없음	입찰방식: 계약기간 1. 1년 2. 2년 3. 3년 4. 4년 5. 5년 6. 기타 ( )년 7. 단기계약 (1년미만) 8. 없음	입찰방식: 낙찰자선정방법 1. 적격심사 2. 협상에의한계약 3. 최저가낙찰제 4. 규격가격분리 5. 2단계 경쟁입찰 6. 기타 ( ) 7. 없음	운영예산 산정: 운영예산 산정 1. 내부산정 (지자체 자체적으로 산정) 2. 외부산정 (외부전문기관위탁 산정) 3. 내·외부 모두 산정 4. 산정 無 5. 없음	운영예산 산정: 정산방법 1. 내부정산 (지자체 내부적으로 정산) 2. 외부정산 (외부전문기관위탁 정산) 3. 내·외부 모두 산정 4. 정산 無 5. 없음	성과평가 실시여부 1. 실시 2. 미실시 3. 향후 추진 4. 해당없음
4038	전남 순천시	순천시체육회사무국장인건비지원(기금직접지원)	37,857	2	1	7	8	7	1	1	4
4039	전남 순천시	순천시장애인체육회운영비지원	20,000	2	1	7	8	7	1	1	4
4040	전남 순천시	대한무공수훈자회운영비	16,900	2	1	7	8	7	5	5	4
4041	전남 순천시	순천시재향군인회운영비	16,000	2	1	7	8	7	5	5	4
4042	전남 순천시	대한노인회순천시지회인건비지원등	15,600	2	4	7	8	7	1	1	2
4043	전남 순천시	대한민국고엽제전우회운영비	14,730	2	1	7	8	7	5	5	4
4044	전남 순천시	대한전몰군경유족회운영비	13,680	2	1	7	8	7	5	5	4
4045	전남 순천시	대한상이군경회운영비	13,680	2	1	7	8	7	5	5	4
4046	전남 순천시	6.25참전유공자회운영비	13,560	2	1	7	8	7	5	5	4
4047	전남 순천시	대한전몰군경미망인회운영비	12,680	2	1	7	8	7	5	5	4
4048	전남 순천시	월남참전유공자회운영비	12,000	2	1	7	8	7	5	5	4
4049	전남 순천시	장애인단체지원	10,000	2	1	7	8	7	1	1	1
4050	전남 순천시	장애인단체지원	10,000	2	1	7	8	7	1	1	1
4051	전남 순천시	장애인단체지원	9,000	2	1	7	8	7	1	1	1
4052	전남 순천시	장애인단체지원	8,000	2	1	7	8	7	1	1	1
4053	전남 순천시	장애인단체지원	8,000	2	1	7	8	7	1	1	1
4054	전남 순천시	민주평통순천시협의회운영비	7,200	2	4	7	8	7	5	5	4
4055	전남 순천시	장애인단체지원	7,000	2	1	7	8	7	1	1	1
4056	전남 순천시	장애인단체지원	7,000	2	1	7	8	7	1	1	1
4057	전남 순천시	장애인단체지원	7,000	2	1	7	8	7	1	1	1
4058	전남 순천시	대한민국특수임무유공자회운영비	5,280	2	1	7	8	7	1	1	1
4059	전남 순천시	보훈회관차량운영비	3,200	2	1	7	8	7	5	5	4
4060	전남 순천시	고엽제전우회차량운영비	2,000	2	1	7	8	7	5	5	4
4061	전남 순천시	광복회전남동부연합지회운영비	1,000	2	1	7	8	7	5	5	4
4062	전남 나주시	나주문화원경상운영비	75,000	2	1	7	8	7	5	5	4
4063	전남 나주시	노인단체지원및여가활동지원사업(노인회운영비)	70,400	2	1	7	8	7	1	1	1
4064	전남 나주시	대한노인회나주시지회활성화지원	60,927	2	1	7	8	7	1	1	4
4065	전남 나주시	장애인단체운영지원	39,640	2	1	7	8	7	1	1	4
4066	전남 나주시	나주예총경상운영비	39,000	2	1	7	8	7	5	5	4
4067	전남 나주시	나주시지속가능발전협의회운영	25,740	2	1	7	8	7	1	1	1
4068	전남 나주시	새일센터취업지원	18,000	2	6	7	8	7	5	5	4
4069	전남 광양시	장애인평생교육시설지원사업	150,000	2	1,4	7	8	7	2	1	1
4070	전남 광양시	광양시체육회법정운영비	138,703	2	1	7	8	7	1	1	3
4071	전남 광양시	보훈단체운영비	99,000	2	1	7	1	7	1	3	1
4072	전남 광양시	정보화마을프로그램관리자마을채용지원사업	94,165	2	1	7	1	7	1	1	1
4073	전남 광양시	광양시장애인체육회법정운영비	77,264	2	1	7	8	7	3	1	4
4074	전남 광양시	한국후계농업경영인광양시연합회운영비	13,441	2	4	7	8	7	1	1	1
4075	전남 담양군	담양체육회운영지원	292,248	2	4	7	7	7	1	1	1
4076	전남 담양군	생활체육지도자운영지원(1명)	136,978	2	4	7	7	7	1	1	1
4077	전남 담양군	담양군장애인체육회운영지원	106,615	2	4	7	7	7	1	1	1

순번	시군구	지출명 (사업명)	2024년예산 (단위 : 천원 /1년간)	민간이전 분류 (지방자치단체 세출예산 집행기준에 의거) 1. 민간경상사업보조(307-02) 2. 민간단체 법정운영비보조(307-03) 3. 민간행사사업보조(307-04) 4. 민간위탁금(307-05) 5. 사회복지시설 법정운영비보조(307-10) 6. 민간인위탁교육비(307-12) 7. 공기관등에대한경상적위탁사업비(308-13) 8. 민간자본사업보조,자체재원(402-01) 9. 민간자본사업보조,이전재원(402-02) 10. 민간위탁사업비(402-03) 11. 공기관등에 대한 자본적 위탁사업비(403-02)	민간이전지출 근거 (지방보조금 관리기준 참고) 1. 법률에 규정 2. 국고보조 재원(국가지정) 3. 용도 지정 기부금 4. 조례에 직접규정 5. 지자체가 권장하는 사업을 하는 공공기관 6. 시,도 정책 및 재정사정 7. 기타 8. 해당없음	입찰방식			운영예산 산정		성과평가 실시여부
						계약체결방법 (경쟁형태) 1. 일반경쟁 2. 제한경쟁 3. 지명경쟁 4. 수의계약 5. 법정위탁 6. 기타 ( ) 7. 없음	계약기간 1. 1년 2. 2년 3. 3년 4. 4년 5. 5년 6. 기타 ( )년 7. 단기계약 (1년미만) 8. 없음	낙찰자선정방법 1. 적격심사 2. 협상에의한계약 3. 최저가낙찰제 4. 규격가격분리 5. 2단계 경쟁입찰 6. 기타 ( ) 7. 없음	운영예산 산정 1. 내부산정 (지자체 자체적으로 산정) 2. 외부산정 (외부전문기관위탁 산정) 3. 내·외부 모두 산정 4. 산정 無 5. 없음	정산방법 1. 내부정산 (지자체 내부적으로 정산) 2. 외부정산 (외부전문기관위탁 정산) 3. 내·외부 모두 산정 4. 정산 無 5. 없음	1. 실시 2. 미실시 3. 향후 추진 4. 해당없음
4078	전남 담양군	담양문화원운영지원	104,260	2	1	5	1	7	1	1	1
4079	전남 담양군	어린이집반별운영비	87,600	2	4	7	8	7	5	5	4
4080	전남 담양군	담양군새마을회운영비	70,000	2	1	7	8	7	5	5	4
4081	전남 담양군	담양예총법정운영비지원	48,000	2	4	7	1	7	1	1	1
4082	전남 담양군	담양체육회운영비지원	40,000	2	4	7	7	7	1	1	1
4083	전남 담양군	담양군체육회사무국장활동지원	36,000	2	4	7	7	7	1	1	1
4084	전남 담양군	농민단체법정운영비보조	35,000	2	4	7	8	7	5	5	4
4085	전남 담양군	담양군장애인체육회운영비	30,000	2	4	7	7	7	1	1	1
4086	전남 담양군	바르게살기운동담양군협의회운영비	28,396	2	1	7	8	7	5	5	4
4087	전남 담양군	지체장애인협회운영비지원	28,000	2	1	2	5	1	1	1	1
4088	전남 담양군	사무국장급여	26,400	2	1	5	1	7	1	1	1
4089	전남 담양군	담양군장애인체육회간사활동보조	26,400	2	4	7	7	7	1	1	1
4090	전남 담양군	한국자유총연맹전남담양군지회운영비	26,000	2	1	7	8	7	5	5	4
4091	전남 담양군	체육회간사활동보조	25,200	2	4	7	7	7	1	1	1
4092	전남 담양군	담양군장애인체육회사무국장활동지원	25,200	2	4	7	7	7	1	1	1
4093	전남 담양군	팀장급여	24,000	2	1	5	1	7	1	1	1
4094	전남 담양군	간사급여	24,000	2	4	7	1	7	1	1	1
4095	전남 담양군	생활체육지도자수당	24,000	2	4	7	7	7	1	1	1
4096	전남 담양군	공공요금	20,400	2	1	5	1	7	1	1	1
4097	전남 담양군	소상공인연합회운영비지원	18,000	2	1	6	8	7	5	5	4
4098	전남 담양군	시각장애인협회운영비지원	16,000	2	1	7	8	7	1	1	4
4099	전남 담양군	재향군인회운영비	12,000	2	4	7	1	7	1	1	4
4100	전남 담양군	담양문화원장직책수당	12,000	2	1	5	1	7	1	1	1
4101	전남 담양군	사무국장직책수당	12,000	2	4	7	1	7	1	1	1
4102	전남 담양군	담양체육회차량운영비	12,000	2	4	7	7	7	1	1	1
4103	전남 담양군	담양군체육회장체육활동지원	12,000	2	4	7	7	7	1	1	1
4104	전남 담양군	월남전참전자회운영비	11,000	2	4	7	1	7	1	1	4
4105	전남 담양군	담양군장애인생활체육지도자각종수당(1명)	10,549	2	4	7	7	7	1	1	1
4106	전남 담양군	상이군경회운영비	10,000	2	4	7	1	7	1	1	4
4107	전남 담양군	6.25참전유공자회운영비	10,000	2	4	7	1	7	1	1	4
4108	전남 담양군	(사)전남영상위원회운영지원	10,000	2	4	7	1	7	1	1	1
4109	전남 담양군	민주평통담양군협의회운영	9,600	2	1	7	8	7	5	5	4
4110	전남 담양군	기타운영비	9,480	2	4	7	1	7	1	1	1
4111	전남 담양군	기타유지관리비	8,080	2	1	5	1	7	1	1	1
4112	전남 담양군	전몰군경유족회운영비	8,000	2	4	7	1	7	1	1	4
4113	전남 담양군	전몰군경미망인회운영비	8,000	2	4	7	1	7	1	1	4
4114	전남 담양군	무공수훈자회운영비	8,000	2	4	7	1	7	1	1	4
4115	전남 담양군	고엽제전우회운영비	8,000	2	4	7	1	7	1	1	4
4116	전남 담양군	4대보험료	5,280	2	1	5	1	7	1	1	1
4117	전남 담양군	퇴직금	4,200	2	1	5	1	7	1	1	1

순번	시군구	지출명 (사업명)	2024년예산 (단위 : 천원 /1년간)	민간이전 분류 (지방자치단체 세출예산 집행기준에 의거) 1. 민간경상사업보조(307-02) 2. 민간단체 법정운영비보조(307-03) 3. 민간행사사업보조(307-04) 4. 민간위탁금(307-05) 5. 사회복지시설 법정운영비보조(307-10) 6. 민간인위탁교육비(307-12) 7. 공기관등에대한경상적위탁사업비(308-13) 8. 민간자본사업보조,자체재원(402-01) 9. 민간자본사업보조,이전재원(402-02) 10. 민간위탁사업비(402-03) 11. 공기관등에 대한 자본적 위탁사업비(403-02)	민간이전지출 근거 (지방보조금 관리기준 참고) 1. 법률에 규정 2. 국고보조 재원(국가지정) 3. 용도 지정 기부금 4. 조례에 직접규정 5. 지자체가 권장하는 사업을 하는 공공기관 6. 시,도 정책 및 재정사정 7. 기타 8. 해당없음	입찰방식: 계약체결방법 (경쟁형태) 1. 일반경쟁 2. 제한경쟁 3. 지명경쟁 4. 수의계약 5. 법정위탁 6. 기타 ( ) 7. 없음	입찰방식: 계약기간 1. 1년 2. 2년 3. 3년 4. 4년 5. 5년 6. 기타 ( )년 7. 단기계약 (1년미만) 8. 없음	입찰방식: 낙찰자선정방법 1. 적격심사 2. 협상에의한계약 3. 최저가낙찰제 4. 규격가격분리 5. 2단계 경쟁입찰 6. 기타 ( ) 7. 없음	운영예산 산정: 운영예산 산정 1. 내부산정 (지자체 자체적으로 산정) 2. 외부산정 (외부전문기관위탁 산정) 3. 내·외부 모두 산정 4. 산정 無 5. 없음	운영예산 산정: 정산방법 1. 내부정산 (지자체 내부적으로 정산) 2. 외부정산 (외부전문기관위탁 정산) 3. 내·외부 모두 정산 4. 정산 無 5. 없음	성과평가 실시여부 1. 실시 2. 미실시 3. 향후 추진 4. 해당없음
4118	전남 담양군	농아인협회운영비지원	4,070	2	1	7	8	7	1	1	4
4119	전남 담양군	담양군체육회사무국장명절휴가비	3,600	2	4	7	7	7	1	1	1
4120	전남 담양군	담양군장애인체육회간사명절휴가비	2,640	2	4	7	7	7	1	1	1
4121	전남 담양군	담양군장애인체육회간사4대보험	2,561	2	4	7	7	7	1	1	1
4122	전남 담양군	간사4대보험료	2,520	2	4	7	1	7	1	1	1
4123	전남 담양군	담양군장애인체육회사무국장명절휴가비	2,520	2	4	7	7	7	1	1	1
4124	전남 담양군	간사4대보험료	2,470	2	4	7	7	7	1	1	1
4125	전남 담양군	담양군장애인체육회사무국장4대보험료	2,445	2	4	7	7	7	1	1	1
4126	전남 담양군	담양군장애인체육회간사퇴직금	2,200	2	4	7	7	7	1	1	1
4127	전남 담양군	담양군장애인체육회사무국장퇴직금	2,100	2	4	7	7	7	1	1	1
4128	전남 담양군	휴가비	2,000	2	1	5	1	7	1	1	1
4129	전남 담양군	상여금	1,000	2	1	5	1	7	1	1	1
4130	전남 담양군	정기총회운영비	900	2	1	5	1	7	1	1	1
4131	전남 곡성군	곡성문화원급여	87,000	2	4	7	8	7	1	1	4
4132	전남 곡성군	곡성군지체장애인단체운영비지원	63,000	2	1	7	8	7	5	5	4
4133	전남 곡성군	작은도서관시설운영지원	49,000	2	4	7	8	7	5	5	4
4134	전남 곡성군	대한민국상이군경회곡성군지회운영비(단체지원)	48,445	2	4	7	8	7	5	5	4
4135	전남 곡성군	경로당순회프로그램관리자배치	44,125	2	4	5	8	7	1	1	1
4136	전남 곡성군	군노인회지회활성화지원	40,200	2	4	5	8	7	1	1	1
4137	전남 곡성군	(사)전라남도영상위원회운영지원(시군분담)	30,000	2	4	7	8	7	5	5	4
4138	전남 곡성군	대한민국무공수훈자회곡성군지회운영비(단체지원)	20,590	2	4	7	8	7	5	5	4
4139	전남 곡성군	월남참전국가유공자전우회곡성군지회운영비(단체지원)	20,000	2	4	7	8	7	5	5	4
4140	전남 곡성군	곡성군새마을회운영지원상근인력인건비(국장)	19,959	2	1	7	8	7	5	5	4
4141	전남 곡성군	곡성군새마을회운영지원상근인력인건비(과장)	19,959	2	1	7	8	7	5	5	4
4142	전남 곡성군	한국자유총연맹곡성군지회운영지원상근인력인건비	19,959	2	1	7	8	7	5	5	4
4143	전남 곡성군	바르게살기운동곡성군협의회운영지원상근인력인건비	19,959	2	1	7	8	7	5	5	4
4144	전남 곡성군	곡성군재향군인회운영지원상근인력인건비	19,959	2	1	7	8	7	5	5	4
4145	전남 곡성군	대한민국전몰군경유족회곡성군지회운영비(단체지원)	17,510	2	4	7	8	7	5	5	4
4146	전남 곡성군	전몰군경미망인회곡성군지회운영비(단체지원)	15,800	2	4	7	8	7	5	5	4
4147	전남 곡성군	대한민국6.25참전유공자회곡성군지회운영비(단체지원)	15,210	2	4	7	8	7	5	5	4
4148	전남 곡성군	대한민국고엽제전우회곡성군지부운영비(단체지원)	12,037	2	4	7	8	7	5	5	4
4149	전남 곡성군	곡성군새마을회운영지원읍면협의회운영	11,000	2	1	7	8	7	5	5	4
4150	전남 곡성군	바르게살기운동곡성군협의회운영지원읍면협의회운영	11,000	2	1	7	8	7	5	5	4
4151	전남 곡성군	민주평화통일자문회의곡성군협의회운영지상근인력복리후생지원	8,400	2	1	7	8	7	5	5	4
4152	전남 곡성군	곡성군시각장애인단체운영비지원	7,500	2	1	7	8	7	5	5	4
4153	전남 곡성군	곡성군재향군인회운영지원—복리후생비(사무국장)	5,640	2	1	7	8	7	5	5	4
4154	전남 곡성군	곡성군새마을회운영지원사무실운영비	4,800	2	1	7	8	7	5	5	4
4155	전남 곡성군	민주평화통일자문회의곡성군협의회운영지중앙사무처주관회의참석	4,800	2	1	7	8	7	5	5	4
4156	전남 곡성군	범죄피해자구조사업운영비	4,500	2	4	7	1	7	1	1	1
4157	전남 곡성군	곡성군새마을회운영지원상근인력4대보험료	3,696	2	1	7	8	7	5	5	4

순번	시군구	지출명 (사업명)	2024년예산 (단위 : 천원 /1년간)	민간이전 분류 (지방자치단체 세출예산 집행기준에 의거) 1. 민간경상사업보조(307-02) 2. 민간단체 법정운영비보조(307-03) 3. 민간행사사업보조(307-04) 4. 민간위탁금(307-05) 5. 사회복지시설 법정운영비보조(307-10) 6. 민간인위탁교육비(307-12) 7. 공기관등에대한경상적위탁사업비(308-13) 8. 민간자본사업보조,자체재원(402-01) 9. 민간자본사업보조,이전재원(402-02) 10. 민간위탁사업비(402-03) 11. 공기관등에 대한 자본적 위탁사업비(403-02)	민간이전지출 근거 (지방보조금 관리기준 참고) 1. 법률에 규정 2. 국고보조 재원(국가지정) 3. 용도 지정 기부금 4. 조례에 직접규정 5. 지자체가 권장하는 사업을 하는 공공기관 6. 시,도 정책 및 재정사정 7. 기타 8. 해당없음	입찰방식 계약체결방법 (경쟁형태) 1. 일반경쟁 2. 제한경쟁 3. 지명경쟁 4. 수의계약 5. 법정위탁 6. 기타 ( ) 7. 없음	입찰방식 계약기간 1. 1년 2. 2년 3. 3년 4. 4년 5. 5년 6. 기타 ( )년 7. 단기계약 (1년미만) 8. 없음	입찰방식 낙찰자선정방법 1. 적격심사 2. 협상에의한계약 3. 최저가낙찰제 4. 규격가격분리 5. 2단계 경쟁입찰 6. 기타 ( ) 7. 없음	운영예산 산정 운영예산 산정 1. 내부산정 (지자체 자체적으로 산정) 2. 외부산정 (외부전문기관위탁 산정) 3. 내·외부 모두 산정 4. 산정 無 5. 없음	운영예산 산정 정산방법 1. 내부정산 (지자체 내부적으로 정산) 2. 외부정산 (외부전문기관위탁 정산) 3. 내·외부 모두 산정 4. 정산 無 5. 없음	성과평가 실시여부 1. 실시 2. 미실시 3. 향후 추진 4. 해당없음
4158	전남 곡성군	곡성군새마을회운영지원상근인력퇴직금	3,328	2	1	7	8	7	5	5	4
4159	전남 곡성군	한국자유총연맹곡성군지회운영지원사무실운영비	3,000	2	1	7	8	7	5	5	4
4160	전남 곡성군	바르게살기운동곡성군협의회운영지원사무실운영비	2,760	2	1	7	8	7	5	5	4
4161	전남 곡성군	민주평화통일자문회의곡성군협의회운영지정기회의및임원회의개최	2,400	2	1	7	8	7	5	5	4
4162	전남 곡성군	한국자유총연맹곡성군지회운영지원중앙연수및도지부여비	2,000	2	1	7	8	7	5	5	4
4163	전남 곡성군	곡성군재향군인회운영지원사무실운영비	1,860	2	1	7	8	7	5	5	4
4164	전남 곡성군	한국자유총연맹곡성군지회운영지원상근인력4대보험료	1,848	2	1	7	8	7	5	5	4
4165	전남 곡성군	바르게살기운동곡성군협의회운영지원상근인력4대보험료	1,848	2	1	7	8	7	5	5	4
4166	전남 곡성군	곡성군재향군인회운영지원상근인력4대보험료	1,848	2	1	7	8	7	5	5	4
4167	전남 곡성군	한국자유총연맹곡성군지회운영지원상근인력퇴직금	1,664	2	1	7	8	7	5	5	4
4168	전남 곡성군	바르게살기운동곡성군협의회운영지원상근인력퇴직금	1,664	2	1	7	8	7	5	5	4
4169	전남 곡성군	곡성군재향군인회운영지원상근인력퇴직금	1,664	2	1	7	8	7	5	5	4
4170	전남 곡성군	곡성군재향군인회운영지원중앙부처행사및이사회의비	1,500	2	1	7	8	7	5	5	4
4171	전남 곡성군	바르게살기운동곡성군협의회운영지원중앙회연수및회의비	600	2	1	7	8	7	5	5	4
4172	전남 구례군	지방문화원운영지원	48,600	2	1	7	8	7	1	1	1
4173	전남 구례군	지역사회보장협의체전담직원인건비지원	48,341	2	1	7	8	7	5	1	1
4174	전남 구례군	구례군새마을회운영비지원	35,000	2	1	7	1	7	1	1	3
4175	전남 구례군	시군노인회활성화지원	33,595	2	1	7	8	7	1	1	4
4176	전남 구례군	지체장애인협회구례군지회운영비지원	29,400	2	6	7	1	7	1	1	2
4177	전남 구례군	한국자유총연맹구례군지회운영비지원	25,800	2	1	7	1	7	1	1	3
4178	전남 구례군	구례군체육회인건비지원	24,600	2	1	7	8	7	1	1	1
4179	전남 구례군	구례군체육회운영비지원	20,000	2	1	7	8	7	1	1	1
4180	전남 구례군	민주평통구례군협의회운영비	14,000	2	1	7	7	7	1	1	3
4181	전남 구례군	전남시군문화원운영비지원	10,000	2	1	7	8	7	1	1	1
4182	전남 구례군	전남동부지역범죄피해자지원센터운영비	10,000	2	4	7	1	7	1	1	3
4183	전남 구례군	바르게살기운동구례군협의회운영비지원	8,350	2	1	7	1	7	1	1	3
4184	전남 구례군	상이군경회구례군지회운영비지원	18,100	2	4	7	8	7	1	1	4
4185	전남 구례군	구례군재향군인회운영비지원	14,800	2	4	7	8	7	1	1	4
4186	전남 구례군	무공수훈자회구례군지회운영비지원	12,320	2	4	7	8	7	1	1	4
4187	전남 구례군	전몰군경유족회구례군지회운영비지원	12,320	2	4	7	8	7	1	1	4
4188	전남 구례군	전몰군경미망인회구례군지회운영비지원	12,320	2	4	7	8	7	1	1	4
4189	전남 구례군	6.25참전유공자회구례군지회운영비지원	8,800	2	4	7	8	7	1	1	4
4190	전남 구례군	고엽제전우회구례군지회운영비지원	8,690	2	4	7	8	7	1	1	4
4191	전남 구례군	월남전참전자회구례군지회운영비지원	5,390	2	4	7	8	7	1	1	4
4192	전남 고흥군	분만취약지지원	500,000	2	2	7	8	7	5	5	1
4193	전남 고흥군	교통약자이동편익증진	445,545	2	4	5	3	1	1	1	2
4194	전남 고흥군	건전청소년육성	10,000	2	1	5	8	7	1	1	3
4195	전남 고흥군	소상공인연합회운영지원	10,000	2	1	7	8	7	1	1	3
4196	전남 고흥군	청소년유해환경감시단운영지원	1,600	2	1	5	8	7	1	1	3
4197	전남 보성군	보성군새마을회운영비보조	84,000	2	1	7	8	7	5	1	4

순번	시군구	지출명 (사업명)	2024년예산 (단위 : 천원 /1년간)	민간이전 분류 (지방자치단체 세출예산 집행기준에 의거) 1. 민간경상사업보조(307-02) 2. 민간단체 법정운영비보조(307-03) 3. 민간행사사업보조(307-04) 4. 민간위탁금(307-05) 5. 사회복지시설 법정운영비보조(307-10) 6. 민간인위탁교육비(307-12) 7. 공기관등에대한경상적위탁사업비(308-13) 8. 민간자본사업보조,자체재원(402-01) 9. 민간자본사업보조,이전재원(402-02) 10. 민간위탁사업비(402-03) 11. 공기관등에 대한 자본적 위탁사업비(403-02)	민간이전지출 근거 (지방보조금 관리기준 참고) 1. 법률에 규정 2. 국고보조 재원(국가지정) 3. 용도 지정 기부금 4. 조례에 직접규정 5. 지자체가 권장하는 사업을 하는 공공기관 6. 시,도 정책 및 재정사정 7. 기타 8. 해당없음	입찰방식 계약체결방법 (경쟁형태) 1. 일반경쟁 2. 제한경쟁 3. 지명경쟁 4. 수의계약 5. 법정위탁 6. 기타 ( ) 7. 없음	입찰방식 계약기간 1. 1년 2. 2년 3. 3년 4. 4년 5. 5년 6. 기타 ( )년 7. 단기계약 (1년미만) 8. 없음	입찰방식 낙찰자선정방법 1. 적격심사 2. 협상에의한계약 3. 최저가낙찰제 4. 규격가격분리 5. 2단계 경쟁입찰 6. 기타 ( ) 7. 없음	운영예산 산정 운영예산 산정 1. 내부산정 (지자체 자체적으로 산정) 2. 외부산정 (외부전문기관위탁 산정) 3. 내·외부 모두 산정 4. 산정 無 5. 없음	운영예산 산정 정산방법 1. 내부정산 (지자체 내부적으로 정산) 2. 외부정산 (외부전문기관위탁 정산) 3. 내·외부 모두 산정 4. 정산 無 5. 없음	성과평가 실시여부 1. 실시 2. 미실시 3. 향후 추진 4. 해당없음
4198	전남 보성군	바르게살기보성군협의회운영비보조	43,000	2	1	7	8	7	5	1	4
4199	전남 보성군	보성군재향군인회운영비보조	40,000	2	1	7	8	7	5	1	4
4200	전남 보성군	한국자유총연맹보성군지회운영비보조	40,000	2	1	7	8	7	5	1	4
4201	전남 보성군	민주평화통일자문회의보성군협의회운영비보조	13,000	2	1	7	8	7	5	1	4
4202	전남 화순군	통합문화이용권	505,180	2	1	7	8	7	1	1	1
4203	전남 화순군	노인회운영지원	113,904	2	4	7	8	7	1	1	4
4204	전남 화순군	화순문화원운영비지원등	91,850	2	1	7	8	7	1	1	1
4205	전남 화순군	시군노인회활성화지원사업	46,290	2	4	7	8	7	1	1	4
4206	전남 화순군	한국예총화순지회운영비지원	35,000	2	1	7	8	7	1	1	1
4207	전남 화순군	국악분야예술강사지원사업	24,896	2	1	7	8	7	1	1	1
4208	전남 화순군	작은도서관운영지원	20,000	2	1	6	8	7	1	4	1
4209	전남 화순군	후계농업경영인단체운영비지원	11,347	2	1	7	8	7	1	1	4
4210	전남 장흥군	노인회지원	142,072	2	4	7	8	7	5	5	4
4211	전남 장흥군	체육진흥기금관리	130,000	2	4	7	8	7	5	5	4
4212	전남 장흥군	장흥군체육회운영비지원	124,239	2	5	7	8	7	5	5	4
4213	전남 장흥군	국가보훈단체운영비지원	117,920	2	4	7	8	7	1	1	1
4214	전남 장흥군	장애인단체지원	56,000	2	4	7	8	7	1	1	1
4215	전남 장흥군	새마을회운영비지원	52,000	2	4	7	8	7	5	5	4
4216	전남 장흥군	민간단체법정운영비보조	29,500	2	1	7	8	7	5	5	4
4217	전남 장흥군	장흥군장애인체육회운영비지원	28,000	2	5	7	8	7	5	5	4
4218	전남 장흥군	범죄피해자지원센터운영비지원	16,200	2	4	7	8	7	5	5	4
4219	전남 장흥군	여성지도자역량강화(단체보조)	15,000	2	4	7	8	7	1	1	1
4220	전남 장흥군	장애인단체사무실임시이전운영	10,500	2	4	6	6	6	5	5	4
4221	전남 장흥군	읍면협의회운영비지원	8,000	2	4	7	8	7	5	5	4
4222	전남 장흥군	읍면부녀회운영비지원	8,000	2	4	7	8	7	5	5	4
4223	전남 장흥군	생활체육교실운영	7,000	2	5	7	8	7	5	5	4
4224	전남 장흥군	민주평통행정실장인건비보조	4,800	2	4	7	8	7	5	5	4
4225	전남 장흥군	체육회상근직원지원	3,000	2	5	7	8	7	5	5	4
4226	전남 강진군	문화원지원사업(운영비,인건비)	106,000	2	1	7	8	7	1	1	4
4227	전남 강진군	노인회활성화지원(자체)	96,074	2	1,4	1	7	1	1	1	4
4228	전남 강진군	새마을지회운영비지원	74,120	2	1	7	8	7	1	1	4
4229	전남 강진군	강진군체육회사무팀장인건비	66,366	2	4	4	7	1	1	1	2
4230	전남 강진군	한국예술인총연합회운영지원	59,940	2	4	7	8	7	1	1	4
4231	전남 강진군	강진군체육회사무과장인건비	55,318	2	4	4	7	1	1	1	2
4232	전남 강진군	지역사회보장협의체상근직원인건비	47,782	2	4	7	1	7	1	1	1
4233	전남 강진군	장애인체육회운영요원지원(사무국장)	41,097	2	4	4	7	1	1	1	2
4234	전남 강진군	강진군체육회사무운영지원	38,000	2	4	4	7	1	1	1	2
4235	전남 강진군	장애인체육회행정보조인력지원	33,627	2	4	4	7	1	1	1	2
4236	전남 강진군	한국자유총연맹강진군지회운영비	33,362	2	1	7	8	7	1	1	4
4237	전남 강진군	바르게살기운동강진군협의회운영지원	30,577	2	1	7	8	7	1	1	4

순번	시군구	지출명 (사업명)	2024년예산 (단위 : 천원 /1년간)	민간이전 분류 (지방자치단체 세출예산 집행기준에 의거) 1. 민간경상사업보조(307-02) 2. 민간단체 법정운영비보조(307-03) 3. 민간행사사업보조(307-04) 4. 민간위탁금(307-05) 5. 사회복지시설 법정운영비보조(307-10) 6. 민간인위탁교육비(307-12) 7. 공기관등에대한경상적위탁사업비(308-13) 8. 민간자본사업보조,자체재원(402-01) 9. 민간자본사업보조,이전재원(402-02) 10. 민간위탁사업비(402-03) 11. 공기관등에 대한 자본적 위탁사업비(403-02)	민간이전지출 근거 (지방보조금 관리기준 참고) 1. 법률에 규정 2. 국고보조 재원(국가지정) 3. 용도 지정 기부금 4. 조례에 직접규정 5. 지자체가 권장하는 사업을 하는 공공기관 6. 시,도 정책 및 재정사정 7. 기타 8. 해당없음	입찰방식 계약체결방법 (경쟁형태) 1. 일반경쟁 2. 제한경쟁 3. 지명경쟁 4. 수의계약 5. 법정위탁 6. 기타 ( ) 7. 없음	입찰방식 계약기간 1. 1년 2. 2년 3. 3년 4. 4년 5. 5년 6. 기타 ( )년 7. 단기계약 (1년미만) 8. 없음	입찰방식 낙찰자선정방법 1. 적격심사 2. 협상에의한계약 3. 최저가낙찰제 4. 규격가격분리 5. 2단계 경쟁입찰 6. 기타 ( ) 7. 없음	운영예산 산정 운영예산 산정 1. 내부산정 (지자체 자체적으로 산정) 2. 외부산정 (외부전문기관위탁 산정) 3. 내·외부 모두 산정 4. 산정 無 5. 없음	운영예산 산정 정산방법 1. 내부정산 (지자체 내부적으로 정산) 2. 외부정산 (외부전문기관위탁 정산) 3. 내·외부 모두 산정 4. 정산 無 5. 없음	성과평가 실시여부 1. 실시 2. 미실시 3. 향후 추진 4. 해당없음
4238	전남 강진군	범죄피해자지원센터지원	30,000	2	5	7	7	7	1	1	4
4239	전남 강진군	강진군체육회각종대회유치및대외활동	25,000	2	4	4	7	1	1	1	2
4240	전남 강진군	지체장애인협회강진군지회운영비	23,000	2	1	7	8	7	1	1	1
4241	전남 강진군	재향군인회운영지원사업	20,800	2	6	7	8	7	1	1	1
4242	전남 강진군	강진군체육회사무국장각종대회유치활동비	20,000	2	4	4	7	1	1	1	2
4243	전남 강진군	무공수훈자회운영지원사업	15,000	2	6	7	8	7	1	1	1
4244	전남 강진군	사무국장인건비	15,000	2	4	4	7	1	1	1	2
4245	전남 강진군	사무국장인건비	15,000	2	4	4	7	1	1	1	2
4246	전남 강진군	사무직원(행정)인건비지원(국비5%)	15,000	2	4	4	7	1	1	1	2
4247	전남 강진군	6.25참전유공자회운영지원사업	14,000	2	6	7	8	7	1	1	1
4248	전남 강진군	사무직원(회계)인건비지원	13,200	2	4	4	7	1	1	1	2
4249	전남 강진군	사무직원(회계)인건비지원	13,200	2	4	4	7	1	1	1	2
4250	전남 강진군	사무직원(행정)인건비지원(국비5%)	13,200	2	4	4	7	1	1	1	2
4251	전남 강진군	전몰군경미망인회운영지원사업	13,000	2	6	7	8	7	1	1	1
4252	전남 강진군	전몰군경유족회운영지원사업	13,000	2	6	7	8	7	1	1	1
4253	전남 강진군	상이군경회운영지원사업	13,000	2	6	7	8	7	1	1	1
4254	전남 강진군	월남전참전자회운영지원사업	11,000	2	6	7	8	7	1	1	1
4255	전남 강진군	민주평통협의회지원	10,200	2	4	7	8	7	1	1	4
4256	전남 강진군	전남영상위원회운영지원	10,000	2	4	7	8	7	1	1	4
4257	전남 강진군	장애인체육회사무운영지원(사무용품,복사기,토너등)	10,000	2	4	4	7	1	1	1	2
4258	전남 강진군	고엽제전우회운영지원사업	9,000	2	6	7	8	7	1	1	1
4259	전남 강진군	한국시각장애인연합회강진지회운영비	9,000	2	1	7	8	7	1	1	1
4260	전남 강진군	전남농아인협회강진군지회운영비	6,000	2	1	7	8	7	1	1	1
4261	전남 강진군	6.25참전경찰유공자회운영지원사업	4,300	2	6	7	8	7	1	1	1
4262	전남 강진군	(사)강진군모범운전자회	1,800	2	4	7	8	7	1	1	4
4263	전남 강진군	강진노인교통안전지킴이회	1,800	2	4	7	8	7	1	1	4
4264	전남 강진군	사무직원(행정)인건비지원(국비5%)	1,800	2	4	4	7	1	1	1	2
4265	전남 강진군	광복회전남도지부운영지원사업	1,630	2	6	7	8	7	1	1	1
4266	전남 강진군	강진경찰서녹색어머니회	1,300	2	4	7	8	7	1	1	4
4267	전남 강진군	지역사회보장협의체사무실운영비	1,000	2	4	7	1	7	1	1	1
4268	전남 강진군	보훈단체협의회운영지원사업	1,000	2	6	7	8	7	1	1	1
4269	전남 해남군	분만취약지지원	400,000	2	2	7	8	7	5	1	1
4270	전남 해남군	공공산후조리원지원사업(운영비)	257,446	2	6	7	8	7	5	1	4
4271	전남 해남군	땅끝보듬자리운영비지원	200,000	2	4	7	1	7	5	1	4
4272	전남 해남군	해남군체육회생활체육지도자수당	185,589	2	4	7	8	7	1	1	4
4273	전남 해남군	해남문화원운영지원	117,390	2	4	7	1	7	1	1	4
4274	전남 해남군	땅끝해남스포츠클럽사무원급여	86,175	2	4	7	8	7	1	1	3
4275	전남 해남군	대한노인회해남군지회운영비	85,644	2	6	7	1	7	1	1	4
4276	전남 해남군	예총해남지회운영지원	84,500	2	4	7	1	7	1	1	4
4277	전남 해남군	해남군체육회사무원급여	65,786	2	4	7	8	7	1	1	4

순번	시군구	지출명 (사업명)	2024년예산 (단위 : 천원 /1년간)	민간이전 분류 (지방자치단체 세출예산 집행기준에 의거) 1. 민간경상사업보조(307-02) 2. 민간단체 법정운영비보조(307-03) 3. 민간행사사업보조(307-04) 4. 민간위탁금(307-05) 5. 사회복지시설 법정운영비보조(307-10) 6. 민간인위탁교육비(307-12) 7. 공기관등에대한경상적위탁사업비(308-13) 8. 민간자본사업보조,자체재원(402-01) 9. 민간자본사업보조,이전재원(402-02) 10. 민간위탁사업비(402-03) 11. 공기관등에 대한 자본적 위탁사업비(403-02)	민간이전지출 근거 (지방보조금 관리기준 참고) 1. 법률에 규정 2. 국고보조 재원(국가지정) 3. 용도 지정 기부금 4. 조례에 직접규정 5. 지자체가 권장하는 사업을 하는 공공기관 6. 시,도 정책 및 재정사정 7. 기타 8. 해당없음	입찰방식 계약체결방법 (경쟁형태) 1. 일반경쟁 2. 제한경쟁 3. 지명경쟁 4. 수의계약 5. 법정위탁 6. 기타 ( ) 7. 없음	계약기간 1. 1년 2. 2년 3. 3년 4. 4년 5. 5년 6. 기타 ( )년 7. 단기계약 (1년미만) 8. 없음	낙찰자선정방법 1. 적격심사 2. 협상에의한계약 3. 최저가낙찰제 4. 규격가격분리 5. 2단계 경쟁입찰 6. 기타 ( ) 7. 없음	운영예산 산정 운영예산 산정 1. 내부산정 (지자체 자체적으로 산정) 2. 외부산정 (외부전문기관위탁 산정) 3. 내·외부 모두 산정 4. 산정 無 5. 없음	정산방법 1. 내부정산 (지자체 내부적으로 정산) 2. 외부정산 (외부전문기관위탁 정산) 3. 내·외부 모두 산정 4. 정산 無 5. 없음	성과평가 실시여부 1. 실시 2. 미실시 3. 향후 추진 4. 해당없음
4278	전남 해남군	해남군새마을회운영지원	60,151	2	1	7	1	7	1	1	4
4279	전남 해남군	대한노인회해남군지회활성화지원	58,166	2	6	7	1	7	1	1	4
4280	전남 해남군	해남군체육회운영비	50,000	2	4	7	8	7	1	1	4
4281	전남 해남군	땅끝해남스포츠클럽운영비	47,500	2	4	7	8	7	1	1	4
4282	전남 해남군	범죄피해자지원센터운영지원	40,000	2	1	7	1	7	1	1	4
4283	전남 해남군	해남군장애인체육회장애인생활체육지도자수당	34,513	2	7	7	8	7	1	1	4
4284	전남 해남군	전남영상위원회운영지원	30,000	2	4	7	1	7	1	1	3
4285	전남 해남군	해남군장애인체육회사무국장인건비	27,600	2	7	7	8	7	1	1	4
4286	전남 해남군	해남군베이스볼클럽운영비	25,000	2	4	7	8	7	1	1	4
4287	전남 해남군	바르게살기운동해남군협의회운영지원	22,185	2	1	7	1	7	1	1	4
4288	전남 해남군	한국자유총연맹해남지회운영지원	20,578	2	1	7	1	7	1	1	4
4289	전남 해남군	해남군장애인체육회운영비	20,000	2	7	7	8	7	1	1	4
4290	전남 해남군	5.18민주화운동부상자회운영비지원	10,000	2	1	7	8	7	1	1	4
4291	전남 해남군	문화원육성발전지원사업	10,000	2	4	7	8	7	1	1	3
4292	전남 해남군	민주평통운영비지원	8,400	2	1	7	1	7	1	1	4
4293	전남 해남군	행정동우회지원	5,000	2	1	7	8	7	1	1	4
4294	전남 해남군	해남군장애인체육회사무국장명절휴가비	2,760	2	7	7	8	7	1	1	4
4295	전남 영암군	새일센터운영지원	345,182	2	1	7	8	7	5	5	4
4296	전남 영암군	지방문화원운영지원	150,000	2	8	7	8	7	5	5	4
4297	전남 영암군	군노인회운영비	80,700	2	1	7	8	7	1	1	2
4298	전남 영암군	새마을회운영및조직관리	78,200	2	1	7	8	7	1	1	1
4299	전남 영암군	한국자유총연맹군지회운영및조직관리	42,780	2	1	7	8	7	1	1	1
4300	전남 영암군	지역사회보장협의체전담인력인건비	41,807	2	1,4	7	8	7	1	1	4
4301	전남 영암군	바르게살기운동협의회운영및조직관리	40,840	2	1	7	8	7	1	1	1
4302	전남 영암군	지체장애인협회영암군지회운영지원	35,000	2	1,4	7	8	7	1	1	1
4303	전남 영암군	전남영상위원회운영지원	30,000	2	6	7	8	7	5	5	4
4304	전남 영암군	대한상이군경회영암군지회운영비	21,000	2	1,4	7	8	7	1	1	1
4305	전남 영암군	지역사회보장협의체운영(군)	21,000	2	1,4	7	8	7	1	1	4
4306	전남 영암군	고엽제전우회영암군지회운영비	17,000	2	1,4	7	8	7	1	1	1
4307	전남 영암군	장애인문화협회영암군지회운영지원	15,000	2	1,4	7	8	7	1	1	1
4308	전남 영암군	목포지역범죄피해자지원센터지원	15,000	2	1	7	8	7	5	5	4
4309	전남 영암군	시각장애인영암군지회운영지원	13,000	2	1,4	7	8	7	1	1	1
4310	전남 영암군	장애인교통문화총연합회운영지원	13,000	2	1,4	7	8	7	1	1	1
4311	전남 영암군	전몰군경유족회영암군지회운영비	13,000	2	1,4	7	8	7	1	1	1
4312	전남 영암군	전몰군경미망인회영암군지회운영비	13,000	2	1,4	7	8	7	1	1	1
4313	전남 영암군	무공수훈자회영암군지회운영비	13,000	2	1,4	7	8	7	1	1	1
4314	전남 영암군	625참전유공자회영암군지회운영비	13,000	2	1,4	7	8	7	1	1	1
4315	전남 영암군	월남전참전자회영암군지회운영비	13,000	2	1,4	7	8	7	1	1	1
4316	전남 영암군	재향군인회영암군지회운영비	13,000	2	1,4	7	8	7	1	1	1
4317	전남 영암군	민주평통영암군협의회운영지원(행정실장활동비)	8,400	2	4	6	8	6	1	1	2

순번	시군구	지출명 (사업명)	2024년예산 (단위 : 천원 /1년간)	민간이전 분류 (지방자치단체 세출예산 집행기준에 의거) 1. 민간경상사업보조(307-02) 2. 민간단체 법정운영비보조(307-03) 3. 민간행사사업보조(307-04) 4. 민간위탁금(307-05) 5. 사회복지시설 법정운영비보조(307-10) 6. 민간인위탁교육비(307-12) 7. 공기관등에대한경상적위탁사업비(308-13) 8. 민간자본사업보조,자체재원(402-01) 9. 민간자본사업보조,이전재원(402-02) 10. 민간위탁사업비(402-03) 11. 공기관등에 대한 자본적 위탁사업비(403-02)	민간이전지출 근거 (지방보조금 관리기준 참고) 1. 법률에 규정 2. 국고보조 재원(국가지정) 3. 용도 지정 기부금 4. 조례에 직접규정 5. 지자체가 권장하는 사업을 하는 공공기관 6. 시,도 정책 및 재정사정 7. 기타 8. 해당없음	입찰방식 계약체결방법 (경쟁형태) 1. 일반경쟁 2. 제한경쟁 3. 지명경쟁 4. 수의계약 5. 법정위탁 6. 기타 ( ) 7. 없음	입찰방식 계약기간 1. 1년 2. 2년 3. 3년 4. 4년 5. 5년 6. 기타 ( )년 7. 단기계약 (1년미만) 8. 없음	입찰방식 낙찰자선정방법 1. 적격심사 2. 협상에의한계약 3. 최저가낙찰제 4. 규격가격분리 5. 2단계 경쟁입찰 6. 기타 ( ) 7. 없음	운영예산 산정 운영예산 산정 1. 내부산정 (지자체 자체적으로 산정) 2. 외부산정 (외부전문기관위탁 산정) 3. 내·외부 모두 산정 4. 산정 無 5. 없음	운영예산 산정 정산방법 1. 내부정산 (지자체 내부적으로 정산) 2. 외부정산 (외부전문기관위탁 정산) 3. 내·외부 모두 산정 4. 정산 無 5. 없음	성과평가 실시여부 1. 실시 2. 미실시 3. 향후 추진 4. 해당없음
4318	전남 영암군	농아인협회영암군지회운영지원	7,000	2	1,4	7	8	7	1	1	1
4319	전남 무안군	보훈단체운영비지원	52,920	2	4	7	8	7	1	1	1
4320	전남 무안군	소상공인연합회운영지원	12,750	2	1	7	8	7	1	1	1
4321	전남 함평군	분만취약지지원사업(외래산부인과)	200,000	2	2	6	1	6	5	1	4
4322	전남 함평군	군체육회운영지원	113,959	2	1	4	1	6	1	1	2
4323	전남 함평군	치매안심요양병원공공사업지원	90,000	2	1	7	8	7	5	5	1
4324	전남 함평군	취약지응급실운영기관지원	81,000	2	2	7	8	7	5	3	1
4325	전남 함평군	새마을운동운영	65,000	2	1	7	8	7	1	1	1
4326	전남 함평군	군체육회상근직원(사무국장,간사)각종수당지원	16,890	2	1	4	1	6	1	1	2
4327	전남 함평군	민주평화통일자문회의지원	12,000	2	1	7	8	7	1	1	1
4328	전남 함평군	바르게살기운동운영	8,100	2	1	7	8	7	1	1	1
4329	전남 함평군	한국자유총연맹운영	8,100	2	1	7	8	7	1	1	1
4330	전남 함평군	시군사회복지협의회운영지원	40,000	2	6	5	1	7	1	1	2
4331	전남 영광군	2023년도한빛원전민간환경안전감시기구보조금고창분소운영비송금(2차)	250,000	2	8	7	8	7	5	5	4
4332	전남 영광군	2023년도한빛원전민간환경안전감시기구보조금장비비송금(3차)	200,000	2	8	7	8	7	5	5	4
4333	전남 영광군	2023년도한빛원전민간환경안전감시기구보조금인건비송금(2차)	166,700	2	8	7	8	7	5	5	4
4334	전남 영광군	2023년도한빛원전민간환경안전감시기구보조금인건비송금(3차)	166,700	2	8	7	8	7	5	5	4
4335	전남 영광군	2023년도한빛원전민간환경안전감시기구보조금송금(4차)	166,700	2	8	7	8	7	5	5	4
4336	전남 영광군	2023년도한빛원전민간환경안전감시기구보조금(인건비)집행	107,165	2	8	7	8	7	5	5	4
4337	전남 영광군	2023년도보훈단체운영보조금교부결정및상반기송금통보	54,750	2	8	7	8	7	5	5	4
4338	전남 영광군	2023년보훈단체운영보조금송금통보(하반기)	54,750	2	8	7	8	7	5	5	4
4339	전남 영광군	2023년도한빛원전민간환경안전감시기구보조금운영비송금(2차)	54,000	2	8	7	8	7	5	5	4
4340	전남 영광군	2023년도한빛원전민간환경안전감시기구보조금운영비송금(3차)	54,000	2	8	7	8	7	5	5	4
4341	전남 영광군	2023년도한빛원전민간환경안전감시기구보조금송금(4차)	54,000	2	8	7	8	7	5	5	4
4342	전남 영광군	2023년도한빛원전민간환경안전감시기구고창분소운영비지급(1차)	53,572	2	8	7	8	7	5	5	4
4343	전남 영광군	2023년영광군새마을회단체운영비보조금교부결정및지급	52,400	2	8	7	8	7	5	5	4
4344	전남 영광군	2023영광군체육회운영지원보조금송금통보(3차)	42,750	2	8	7	8	7	5	5	4
4345	전남 영광군	영광군사회복지협의회운영지원사업보조금교부결정및송금통보	40,000	2	8	7	8	7	5	5	4
4346	전남 영광군	2023년영광문화원사무국장인건비보조금교부결정및지출품의	35,000	2	8	7	8	7	5	5	4
4347	전남 영광군	2023년도한빛원전민간환경안전감시기구운영비지급(1차)	34,714	2	8	7	8	7	5	5	4
4348	전남 영광군	2023년도바르게살기운동영광군협의회단체운영비보조금교부결정및지급	34,320	2	8	7	8	7	5	5	4
4349	전남 영광군	2023년도한빛원전민간환경안전감시기구보조금이월운영비송금(4차)	32,230	2	8	7	8	7	5	5	4
4350	전남 영광군	2023영광군장애인체육회운영지원보조금송금알림(3차)	31,450	2	8	7	8	7	5	5	4
4351	전남 영광군	2023년한국자유총연맹전남영광군지회단체운영비보조금교부결정및지급	28,280	2	8	7	8	7	5	5	4
4352	전남 영광군	2023영광군체육회운영지원보조금교부결정및송금(1차)	21,375	2	8	7	8	7	5	5	4
4353	전남 영광군	2023영광군체육회운영지원보조금송금통보(2차)	21,375	2	8	7	8	7	5	5	4
4354	전남 영광군	2023년도한빛원전민간환경안전감시기구보조금이월운영비송금(4차)	18,366	2	8	7	8	7	5	5	4
4355	전남 영광군	2023년영광문화원사무간사인건비보조금교부결정및지출품의(9월분)	18,090	2	8	7	8	7	5	5	4
4356	전남 영광군	2023영광군장애인체육회운영지원보조금교부결정및송금(1차)	15,725	2	8	7	8	7	5	5	4
4357	전남 영광군	2023영광군장애인체육회운영지원보조금송금통보(2차)	15,725	2	8	7	8	7	5	5	4

순번	시군구	지출명 (사업명)	2024년예산 (단위 : 천원 /1년간)	민간이전 분류 (지방자치단체 세출예산 집행기준에 의거) 1. 민간경상사업보조(307-02) 2. 민간단체 법정운영비보조(307-03) 3. 민간행사사업보조(307-04) 4. 민간위탁금(307-05) 5. 사회복지시설 법정운영비보조(307-10) 6. 민간인위탁교육비(307-12) 7. 공기관등에대한경상적위탁사업비(308-13) 8. 민간자본사업보조,자체재원(402-01) 9. 민간자본사업보조,이전재원(402-02) 10. 민간위탁사업비(402-03) 11. 공기관등에 대한 자본적 위탁사업비(403-02)	민간이전지출 근거 (지방보조금 관리기준 참고) 1. 법률에 규정 2. 국고보조 재원(국가지정) 3. 용도 지정 기부금 4. 조례에 직접규정 5. 지자체가 권장하는 사업을 하는 공공기관 6. 시,도 정책 및 재정사정 7. 기타 8. 해당없음	입찰방식: 계약체결방법 (경쟁형태) 1. 일반경쟁 2. 제한경쟁 3. 지명경쟁 4. 수의계약 5. 법정위탁 6. 기타 ( ) 7. 없음	입찰방식: 계약기간 1. 1년 2. 2년 3. 3년 4. 4년 5. 5년 6. 기타 ( )년 7. 단기계약 (1년미만) 8. 없음	입찰방식: 낙찰자선정방법 1. 적격심사 2. 협상에의한계약 3. 최저가낙찰제 4. 규격가격분리 5. 2단계 경쟁입찰 6. 기타 ( ) 7. 없음	운영예산 산정: 운영예산 산정 1. 내부산정 (지자체 자체적으로 산정) 2. 외부산정 (외부전문기관위탁 산정) 3. 내·외부 모두 산정 4. 산정 無 5. 없음	운영예산 산정: 정산방법 1. 내부정산 (지자체 내부적으로 정산) 2. 외부정산 (외부전문기관위탁 정산) 3. 내·외부 모두 정산 4. 정산 無 5. 없음	성과평가 실시여부 1. 실시 2. 미실시 3. 향후 추진 4. 해당없음
4358	전남 영광군	2023년문화원운영비지원사업보조금교부	10,000	2	8	7	8	7	5	5	4
4359	전남 영광군	2023년전남영상위원회운영지원사업보조금교부결정및지출품의	10,000	2	8	7	8	7	5	5	4
4360	전남 영광군	2023년전남시군문화원운영지원보조금교부	10,000	2	8	7	8	7	5	5	4
4361	전남 영광군	2023년민주평화통일자문회의영광군협의회운영지원보조금교부결정및지급	9,600	2	8	7	8	7	5	5	4
4362	전남 영광군	2023영광군체육회운영관련추가지원보조금교부결정및송금	7,100	2	8	7	8	7	5	5	4
4363	전남 영광군	2023년영광문화원사무간사인건비보조금교부결정및지출품의(3월분)	6,030	2	8	7	8	7	5	5	4
4364	전남 영광군	2023년우도농악전수회관운영지원(전수관운영비지원)보조금교부결정및지출품의	6,000	2	8	7	8	7	5	5	4
4365	전남 영광군	2023영광군장애인체육회운영지원보조금추가교부결정및송금알림	1,500	2	8	7	8	7	5	5	4
4366	전남 장성군	민간단체지원사업	90,800	2	4	7	8	7	5	1	4
4367	전남 장성군	노인회지원	88,515	2	2	7	8	7	1	1	4
4368	전남 장성군	장성문화원지원	80,000	2	4	7	1	7	5	1	4
4369	전남 장성군	보훈관련행사및보훈단체지원	68,800	2	4	7	8	7	1	1	1
4370	전남 장성군	장성군체육회지원	55,000	2	1	7	8	7	1	1	1
4371	전남 장성군	민간단체지원사업	41,200	2	4	7	8	7	5	1	4
4372	전남 장성군	사회복지협의회운영지원	40,000	2	1	7	8	7	1	1	4
4373	전남 장성군	노인회지원	39,418	2	2	7	8	7	1	1	4
4374	전남 장성군	장성군체육회지원	39,000	2	1	7	8	7	1	1	1
4375	전남 장성군	지역사회보장협의체전담직원운영	34,039	2	1	7	8	7	1	1	4
4376	전남 장성군	장성군체육회지원	30,008	2	1	7	8	7	1	1	1
4377	전남 장성군	민간단체지원사업	30,000	2	4	7	8	7	5	1	4
4378	전남 장성군	장성예총지원	30,000	2	4	7	1	7	5	1	4
4379	전남 장성군	장성군장애인체육회지원	29,616	2	1	7	8	7	1	1	1
4380	전남 장성군	장성군체육회지원	28,200	2	1	7	8	7	1	1	1
4381	전남 장성군	장애인행사및단체지원	28,000	2	1	7	8	7	1	1	4
4382	전남 장성군	장성군체육회지원	24,612	2	1	7	8	7	1	1	1
4383	전남 장성군	노인회지원	24,000	2	2	7	8	7	1	1	4
4384	전남 장성군	장성군체육회지원	24,000	2	1	7	8	7	1	1	1
4385	전남 장성군	장성군체육회지원	19,200	2	1	7	8	7	1	1	1
4386	전남 장성군	기후변화대응관리	15,000	2	4	7	8	7	5	1	1
4387	전남 장성군	장성군체육회지원	12,096	2	1	7	8	7	1	1	1
4388	전남 장성군	장성군장애인체육회지원	12,000	2	1	7	8	7	1	1	1
4389	전남 장성군	소상공인지원	10,000	2	4	7	8	7	5	3	1
4390	전남 장성군	민주평화통일자문회의장성군협의회지원	7,200	2	1	7	8	7	1	1	4
4391	전남 장성군	장성군체육회지원	6,555	2	1	7	8	7	1	1	1
4392	전남 장성군	장성군체육회지원	5,462	2	1	7	8	7	1	1	1
4393	전남 장성군	장성군장애인체육회지원	5,000	2	1	7	8	7	1	1	1
4394	전남 장성군	장성군체육회지원	3,840	2	1	7	8	7	1	1	1
4395	전남 장성군	장성군장애인체육회지원	3,554	2	1	7	8	7	1	1	1
4396	전남 장성군	지역사회보장협의체운영지원	3,000	2	1	7	8	7	1	1	4
4397	전남 장성군	장성군장애인체육회지원	2,962	2	1	7	8	7	1	1	1

순번	시군구	지출명 (사업명)	2024년예산 (단위 : 천원 /1년간)	민간이전 분류 (지방자치단체 세출예산 집행기준에 의거) 1. 민간경상사업보조(307-02) 2. 민간단체 법정운영비보조(307-03) 3. 민간행사사업보조(307-04) 4. 민간위탁금(307-05) 5. 사회복지시설 법정운영비보조(307-10) 6. 민간인위탁교육비(307-12) 7. 공기관등에대한경상적위탁사업비(308-13) 8. 민간자본사업보조,자체재원(402-01) 9. 민간자본사업보조,이전재원(402-02) 10. 민간위탁사업비(402-03) 11. 공기관등에 대한 자본적 위탁사업비(403-02)	민간이전지출 근거 (지방보조금 관리기준 참고) 1. 법률에 규정 2. 국고보조 재원(국가지정) 3. 용도 지정 기부금 4. 조례에 직접규정 5. 지자체가 권장하는 사업을 하는 공공기관 6. 시,도 정책 및 재정사정 7. 기타 8. 해당없음	입찰방식			운영예산 산정		성과평가 실시여부
						계약체결방법 (경쟁형태) 1. 일반경쟁 2. 제한경쟁 3. 지명경쟁 4. 수의계약 5. 법정위탁 6. 기타 ( ) 7. 없음	계약기간 1. 1년 2. 2년 3. 3년 4. 4년 5. 5년 6. 기타 ( )년 7. 단기계약 (1년미만) 8. 없음	낙찰자선정방법 1. 적격심사 2. 협상에의한계약 3. 최저가낙찰제 4. 규격가격분리 5. 2단계 경쟁입찰 6. 기타 ( ) 7. 없음	운영예산 산정 1. 내부산정 (지자체 자체적으로 산정) 2. 외부산정 (외부전문기관위탁 산정) 3. 내·외부 모두 산정 4. 산정 無 5. 없음	정산방법 1. 내부정산 (지자체 내부적으로 정산) 2. 외부정산 (외부전문기관위탁 정산) 3. 내·외부 모두 산정 4. 정산 無 5. 없음	1. 실시 2. 미실시 3. 향후 추진 4. 해당없음
4398	전남 장성군	장성군장애인체육회지원	2,623	2	1	7	8	7	1	1	1
4399	전남 장성군	장성군체육회지원	2,400	2	1	7	8	7	1	1	1
4400	전남 장성군	장성군체육회지원	2,353	2	1	7	8	7	1	1	1
4401	전남 장성군	장성군장애인체육회지원	1,920	2	1	7	8	7	1	1	1
4402	전남 장성군	장성군장애인체육회지원	1,920	2	1	7	8	7	1	1	1
4403	전남 장성군	장성군장애인체육회지원	1,276	2	1	7	8	7	1	1	1
4404	전남 장성군	장성군장애인체육회지원	1,200	2	1	7	8	7	1	1	1
4405	전남 장성군	장성군장애인체육회지원	1,130	2	1	7	8	7	1	1	1
4406	전남 진도군	진도군체육회운영보조	170,900	2	8	7	8	7	5	5	4
4407	전남 진도군	진도아리랑스포츠클럽운영보조	160,040	2	8	7	8	7	5	5	4
4408	전남 진도군	진도군장애인체육회운영보조	159,200	2	8	7	8	7	5	5	4
4409	전남 진도군	진도군노인회운영	154,815	2	4	7	8	7	1	1	1
4410	전남 진도군	문화원운영보조	108,907	2	8	7	8	7	5	5	4
4411	전남 진도군	작은도서관운영비지원	83,337	2	8	7	8	7	5	5	4
4412	전남 진도군	한국예총진도지회지원	71,433	2	1	7	8	7	1	1	1
4413	전남 진도군	향토사연구보조인건비지원	62,940	2	8	7	8	7	5	5	4
4414	전남 진도군	보훈단체운영보조금(7개단체)	54,000	2	6	7	8	7	1	1	1
4415	전남 진도군	지체장애인단체운영지원	45,000	2	4	7	8	7	1	1	1
4416	전남 진도군	진도군사회복지협의회운영비지원	40,000	2	6	7	8	7	1	1	1
4417	전남 진도군	문화원학고도서관운영보조	37,000	2	8	7	8	7	5	5	4
4418	전남 진도군	시·군노인회활성화지원	31,897	2	6	7	8	7	1	1	1
4419	전남 진도군	진도군새마을회운영보조	30,000	2	8	7	8	7	5	5	4
4420	전남 진도군	(사)전남영상위원회운영비	30,000	2	8	7	8	7	5	5	4
4421	전남 진도군	바르게살기운동진도군협의회운영보조	25,000	2	8	7	8	7	5	5	4
4422	전남 진도군	· 아리랑스포츠클럽운영비	18,600	2	8	7	8	7	5	5	4
4423	전남 진도군	진도군재향군인회운영보조	13,200	2	8	7	8	7	5	5	4
4424	전남 진도군	한국자유총연맹진도군지회운영보조	11,000	2	8	7	8	7	5	5	4
4425	전남 진도군	문화원운영비지원사업	10,000	2	8	7	8	7	5	5	4
4426	전남 진도군	민주평화통일자문회의진도군협의회운영보조	9,000	2	8	7	8	7	5	5	4
4427	전남 진도군	· 아리랑스포츠클럽대회출전비	8,500	2	8	7	8	7	5	5	4
4428	전남 진도군	시각장애인단체운영지원	6,000	2	4	7	8	7	1	1	1
4429	전남 진도군	농아장애인단체운영지원	6,000	2	4	7	8	7	1	1	1
4430	전남 진도군	신체장애인복지회운영지원	6,000	2	4	7	8	7	1	1	1
4431	전남 진도군	산업재해장애인협회운영지원	6,000	2	4	7	8	7	1	1	1
4432	전남 신안군	지역사회복지협의체	206,873	2	1	4	8	7	3	3	4
4433	전남 신안군	노인회운영	112,050	2	4	7	8	7	1	1	1
4434	전남 신안군	지체장애인협회신안군지회운영비지원	79,500	2	1	7	8	7	1	1	4
4435	전남 신안군	보훈단체	70,500	2	4	7	8	7	1	1	4
4436	전남 신안군	노인회활성화	44,811	2	6	7	8	7	1	1	4
4437	전남 신안군	어촌체험마을사무장채용지원사업	19,784	2	1	1	1	1	1	1	4

순번	시군구	지출명 (사업명)	2024년예산 (단위 : 천원 /1년간)	민간이전 분류 (지방자치단체 세출예산 집행기준에 의거) 1. 민간경상사업보조(307-02) 2. 민간단체 법정운영비보조(307-03) 3. 민간행사사업보조(307-04) 4. 민간위탁금(307-05) 5. 사회복지시설 법정운영비보조(307-10) 6. 민간인위탁교육비(307-12) 7. 공기관등에대한경상적위탁사업비(308-13) 8. 민간자본사업보조,자체재원(402-01) 9. 민간자본사업보조,이전재원(402-02) 10. 민간위탁사업비(402-03) 11. 공기관등에 대한 자본적 위탁사업비(403-02)	민간이전지출 근거 (지방보조금 관리기준 참고) 1. 법률에 규정 2. 국고보조 재원(국가지정) 3. 용도 지정 기부금 4. 조례에 직접규정 5. 지자체가 권장하는 사업을 하는 공공기관 6. 시,도 정책 및 재정사정 7. 기타 8. 해당없음	입찰방식 계약체결방법 (경쟁형태) 1. 일반경쟁 2. 제한경쟁 3. 지명경쟁 4. 수의계약 5. 법정위탁 6. 기타 ( ) 7. 없음	입찰방식 계약기간 1. 1년 2. 2년 3. 3년 4. 4년 5. 5년 6. 기타 ( )년 7. 단기계약 (1년미만) 8. 없음	입찰방식 낙찰자선정방법 1. 적격심사 2. 협상에의한계약 3. 최저가낙찰제 4. 규격가격분리 5. 2단계 경쟁입찰 6. 기타 ( ) 7. 없음	운영예산 산정 운영예산 산정 1. 내부산정 (지자체 자체적으로 산정) 2. 외부산정 (외부전문기관위탁 산정) 3. 내·외부 모두 산정 4. 산정 無 5. 없음	운영예산 산정 정산방법 1. 내부정산 (지자체 내부적으로 정산) 2. 외부정산 (외부전문기관위탁 정산) 3. 내·외부 모두 산정 4. 정산 無 5. 없음	성과평가 실시여부 1. 실시 2. 미실시 3. 향후 추진 4. 해당없음
4438	전남 신안군	농아인협회신안군지부운영비지원	10,000	2	1	7	8	7	1	1	4
4439	전남 신안군	시각장애인협회신안군지회운영비지원	5,000	2	1	7	8	7	1	1	4
4440	전남 신안군	어촌체험마을사무장퇴직충당금	2,500	2	2	1	1	1	5	1	1
4441	전남 신안군	어촌체험마을사무장4대보험료	2,200	2	1	1	1	1	1	1	4
4442	제주 제주시	자연보호제주시협의회운영비지원	11,300	2	1	7	8	7	1	1	3
4443	제주 제주시	제주시장애인체육회운영비	425,800	2	1	7	8	7	5	5	4
4444	제주 제주시	보훈단체운영지원	323,300	2	1	7	8	7	5	1	2
4445	제주 제주시	이사무소운영경비(정액)	262,800	2	4	7	8	7	1	1	1
4446	제주 제주시	대한노인회제주시지회운영비	253,400	2	1	7	8	7	5	5	4
4447	제주 제주시	작은도서관운영지원(정액)	230,000	2	1	7	8	7	1	1	4
4448	제주 제주시	제주시지역사회보장협의체운영(정액)	217,100	2	4	7	8	7	1	1	2
4449	제주 제주시	제주문화원운영지원(정액)	203,900	2	1	7	8	7	1	1	1
4450	제주 제주시	리사무소행정운영비(정액)	181,200	2	4	7	8	7	5	5	4
4451	제주 제주시	제주장애인자립생활센터운영(정액)	164,267	2	1	7	8	7	1	1	1
4452	제주 제주시	제주시새마을회운영비지원(정액)	142,300	2	1	7	8	7	1	1	3
4453	제주 제주시	읍면동노인회분회운영비	137,400	2	1	7	8	7	1	1	1
4454	제주 제주시	새마을문고중앙회제주시지부운영비지원(정액)	98,700	2	1	7	8	7	1	1	3
4455	제주 제주시	제주시소상공인연합회운영비지원	79,800	2	1	6	1	7	1	1	3
4456	제주 제주시	제주시지속가능발전협의회운영	71,600	2	1	7	8	7	1	1	3
4457	제주 제주시	지체장애인협회운영(정액)	64,500	2	1	7	8	7	1	1	1
4458	제주 제주시	지적발달장애인복지협회운영(정액)	61,200	2	1	7	8	7	1	1	1
4459	제주 제주시	농아인협회운영(정액)	61,200	2	1	7	8	7	1	1	1
4460	제주 제주시	신장장애인협회운영(정액)	61,200	2	1	7	8	7	1	1	1
4461	제주 제주시	시각장애인협회운영(정액)	61,200	2	1	7	8	7	1	1	1
4462	제주 제주시	리사무소행정운영비(정액)	48,000	2	4	7	8	7	5	5	4
4463	제주 제주시	바르게살기운동제주시협의회운영비지원(정액)	46,200	2	1	7	8	7	1	1	3
4464	제주 제주시	통사무소행정운영비	36,000	2	4	7	8	7	1	1	1
4465	제주 제주시	한국자유총연맹제주시지회운영비지원(정액)	30,300	2	1	7	8	7	1	1	3
4466	제주 제주시	통사무소행정운영비	25,200	2	1	7	8	7	1	1	1
4467	제주 제주시	민주평화통일자문회의제주시협의회사무실운영비지원(정액)	15,600	2	1	7	8	7	1	1	3
4468	제주 제주시	통사무소행정운영비	12,000	2	4	7	8	7	5	5	4
4469	제주 제주시	여성농업인센터운영지원(정액)	499,905	2	1	7	8	7	5	5	4
4470	제주 제주시	이사무소운영경비	165,600	2	1	7	8	7	1	1	4
4471	제주 제주시	리사무소행정운영비(정액)	158,400	2	4	7	8	7	1	1	4
4472	제주 제주시	리사무소행정운영비(정액)	72,000	2	1	6	8	7	5	1	1
4473	제주 제주시	한국후계농업경영인제주시연합회운영경비(정액)	30,000	2	1	7	8	7	5	5	4
4474	제주 제주시	한국여성농업인제주시연합회운영경비(정액)	25,000	2	1	7	8	7	5	5	4
4475	제주 제주시	통사무소행정운영비	48,000	2	4	7	8	7	5	5	4
4476	제주 제주시	제주시재향군인회운영비지원(정액)	49,400	2	1	7	8	7	1	1	4
4477	제주 제주시	통사무소행정운영비(정액)	24,000	2	4	7	1	7	1	1	3

순번	시군구	지출명 (사업명)	2024년예산 (단위 : 천원 /1년간)	민간이전 분류 (지방자치단체 세출예산 집행기준에 의거) 1. 민간경상사업보조(307-02) 2. 민간단체 법정운영비보조(307-03) 3. 민간행사사업보조(307-04) 4. 민간위탁금(307-05) 5. 사회복지시설 법정운영비보조(307-10) 6. 민간인위탁교육비(307-12) 7. 공기관등에대한경상적위탁사업비(308-13) 8. 민간자본사업보조,자체재원(402-01) 9. 민간자본사업보조,이전재원(402-02) 10. 민간위탁사업비(402-03) 11. 공기관등에 대한 자본적 위탁사업비(403-02)	민간이전지출 근거 (지방보조금 관리기준 참고) 1. 법률에 규정 2. 국고보조 재원(국가지정) 3. 용도 지정 기부금 4. 조례에 직접규정 5. 지자체가 권장하는 사업을 하는 공공기관 6. 시,도 정책 및 재정사정 7. 기타 8. 해당없음	입찰방식			운영예산 산정		성과평가 실시여부
						계약체결방법 (경쟁형태) 1. 일반경쟁 2. 제한경쟁 3. 지명경쟁 4. 수의계약 5. 법정위탁 6. 기타 ( ) 7. 없음	계약기간 1. 1년 2. 2년 3. 3년 4. 4년 5. 5년 6. 기타 ( )년 7. 단기계약 (1년미만) 8. 없음	낙찰자선정방법 1. 적격심사 2. 협상에의한계약 3. 최저가낙찰제 4. 규격가격분리 5. 2단계 경쟁입찰 6. 기타 ( ) 7. 없음	운영예산 산정 1. 내부산정 (지자체 자체적으로 산정) 2. 외부산정 (외부전문기관위탁 산정) 3. 내·외부 모두 산정 4. 산정 無 5. 없음	정산방법 1. 내부정산 (지자체 내부적으로 정산) 2. 외부정산 (외부전문기관위탁 정산) 3. 내·외부 모두 산정 4. 정산 無 5. 없음	1. 실시 2. 미실시 3. 향후 추진 4. 해당없음
4478	제주 제주시	통사무소행정운영비	12,000	2	4	7	8	7	5	5	4
4479	제주 서귀포시	서귀포시체육회운영비	1,339,100	2	1	4	1	7	1	1	1
4480	제주 서귀포시	서귀포시장애인체육회운영비지원	363,200	2	1	7	8	7	1	1	1
4481	제주 서귀포시	보훈단체운영지원	282,100	2	1	7	8	7	1	1	1
4482	제주 서귀포시	리행정운영비지원	217,800	2	4	7	8	7	1	1	1
4483	제주 서귀포시	스포츠클럽운영비	215,000	2	1	7	8	7	1	1	1
4484	제주 서귀포시	대한노인회서귀포시지회운영비(정액)	210,280	2	1	7	8	7	1	1	3
4485	제주 서귀포시	지역사회보장협의체운영	195,300	2	1	7	1	7	1	1	4
4486	제주 서귀포시	리운영비지원	174,600	2	4	7	8	7	5	5	4
4487	제주 서귀포시	서귀포시장애인자립생활센터운영	164,265	2	2	5	8	7	1	1	4
4488	제주 서귀포시	리운영비지원	157,200	2	4	7	8	7	1	1	1
4489	제주 서귀포시	새마을문고서귀포시지부단체운영비	117,000	2	4	7	8	7	1	1	1
4490	제주 서귀포시	서귀포시새마을회단체운영비	110,900	2	4	7	8	7	1	1	1
4491	제주 서귀포시	서귀포시지속가능발전협의회지원	67,200	2	1	7	8	7	5	5	4
4492	제주 서귀포시	대한노인회읍면동분회운영비(정액)	60,720	2	1	7	8	7	1	1	3
4493	제주 서귀포시	지체장애인협회운영(정액)	58,800	2	1	7	8	7	1	1	1
4494	제주 서귀포시	신장장애인협회운영(정액)	58,800	2	1	7	8	7	1	1	1
4495	제주 서귀포시	서귀포시장애인단체연합회운영(정액)	58,800	2	1	7	8	7	1	1	1
4496	제주 서귀포시	시각장애인연합회운영(정액)	58,800	2	1	7	8	7	1	1	1
4497	제주 서귀포시	지적발달장애인복지협회운영(정액)	58,800	2	1	7	8	7	1	1	1
4498	제주 서귀포시	농아인협회운영(정액)	58,800	2	1	7	8	7	1	1	1
4499	제주 서귀포시	장애인부모회운영(정액)	58,800	2	1	7	8	7	1	1	1
4500	제주 서귀포시	통운영비지원	58,800	2	4	7	8	7	5	5	4
4501	제주 서귀포시	(사)서귀포시관광협의회운영지원	51,700	2	1	7	8	7	1	1	1
4502	제주 서귀포시	소상공인연합회운영비	51,300	2	1	7	8	7	1	1	1
4503	제주 서귀포시	서귀포시재향군인회운영지원	48,400	2	1	7	8	7	1	1	1
4504	제주 서귀포시	바르게살기운동서귀포시협의회단체운영비	37,900	2	4	7	8	7	1	1	1
4505	제주 서귀포시	한국자유총연맹서귀포시지회단체운영비	30,100	2	4	7	8	7	1	1	1
4506	제주 서귀포시	통운영비지원	26,400	2	4	7	8	7	1	1	3
4507	제주 서귀포시	작은도서관운영지원	23,075	2	4	5	8	7	1	1	4
4508	제주 서귀포시	작은도서관운영지원	23,075	2	4	5	8	7	1	1	4
4509	제주 서귀포시	작은도서관운영지원	23,075	2	4	5	8	7	1	1	4
4510	제주 서귀포시	작은도서관운영지원	23,075	2	4	5	8	7	1	1	4
4511	제주 서귀포시	작은도서관운영지원	23,075	2	4	5	8	7	1	1	4
4512	제주 서귀포시	작은도서관운영지원	23,075	2	4	5	8	7	1	1	4
4513	제주 서귀포시	작은도서관운영지원	23,075	2	4	5	8	7	1	1	4
4514	제주 서귀포시	작은도서관운영지원	23,075	2	4	5	8	7	1	1	4
4515	제주 서귀포시	통운영비지원	15,000	2	4	7	8	7	5	5	4
4516	제주 서귀포시	통운영비지원	13,800	2	4	7	8	7	5	5	4
4517	제주 서귀포시	자연보호중앙연맹서귀포시협의회	12,100	2	1	7	8	7	5	5	4

순번	시군구	지출명 (사업명)	2024년예산 (단위 : 천원 /1년간)	민간이전 분류 (지방자치단체 세출예산 집행기준에 의거) 1. 민간경상사업보조(307-02) 2. 민간단체 법정운영비보조(307-03) 3. 민간행사사업보조(307-04) 4. 민간위탁금(307-05) 5. 사회복지시설 법정운영비보조(307-10) 6. 민간인위탁교육비(307-12) 7. 공기관등에대한경상적위탁사업비(308-13) 8. 민간자본사업보조,자체재원(402-01) 9. 민간자본사업보조,이전재원(402-02) 10. 민간위탁사업비(402-03) 11. 공기관등에 대한 자본적 위탁사업비(403-02)	민간이전지출 근거 (지방보조금 관리기준 참고) 1. 법률에 규정 2. 국고보조 재원(국가지정) 3. 용도 지정 기부금 4. 조례에 직접규정 5. 지자체가 권장하는 사업을 하는 공공기관 6. 시,도 정책 및 재정사정 7. 기타 8. 해당없음	입찰방식 계약체결방법 (경쟁형태) 1. 일반경쟁 2. 제한경쟁 3. 지명경쟁 4. 수의계약 5. 법정위탁 6. 기타 ( ) 7. 없음	입찰방식 계약기간 1. 1년 2. 2년 3. 3년 4. 4년 5. 5년 6. 기타 ( )년 7. 단기계약 (1년미만) 8. 없음	입찰방식 낙찰자선정방법 1. 적격심사 2. 협상에의한계약 3. 최저가낙찰제 4. 규격가격분리 5. 2단계 경쟁입찰 6. 기타 ( ) 7. 없음	운영예산 산정 운영예산 산정 1. 내부산정 (지자체 자체적으로 산정) 2. 외부산정 (외부전문기관위탁 산정) 3. 내·외부 모두 산정 4. 산정 無 5. 없음	운영예산 산정 정산방법 1. 내부정산 (지자체 내부적으로 정산) 2. 외부정산 (외부전문기관위탁 정산) 3. 내·외부 모두 산정 4. 정산 無 5. 없음	성과평가 실시여부 1. 실시 2. 미실시 3. 향후 추진 4. 해당없음
4518	제주 서귀포시	리행정운영비	12,000	2	4	7	8	7	1	1	1
4519	제주 서귀포시	리행정운영비	12,000	2	4	7	8	7	1	1	1
4520	제주 서귀포시	리행정운영비	12,000	2	4	7	8	7	1	1	1
4521	제주 서귀포시	리행정운영비	12,000	2	4	7	8	7	1	1	1
4522	제주 서귀포시	리행정운영비	12,000	2	4	7	8	7	1	1	1
4523	제주 서귀포시	리행정운영비	12,000	2	4	7	8	7	1	1	1
4524	제주 서귀포시	리행정운영비	12,000	2	4	7	8	7	1	1	1
4525	제주 서귀포시	리행정운영비	12,000	2	4	7	8	7	1	1	1
4526	제주 서귀포시	리행정운영비	12,000	2	4	7	8	7	1	1	1
4527	제주 서귀포시	리행정운영비	12,000	2	4	7	8	7	1	1	1
4528	제주 서귀포시	리행정운영비	12,000	2	4	7	8	7	1	1	1
4529	제주 서귀포시	리행정운영비	12,000	2	4	7	8	7	1	1	1
4530	제주 서귀포시	리행정운영비	12,000	2	4	7	8	7	1	1	1
4531	제주 서귀포시	리행정운영비	12,000	2	4	7	8	7	1	1	1
4532	제주 서귀포시	리행정운영비	12,000	2	4	7	8	7	1	1	1
4533	제주 서귀포시	리행정운영비	12,000	2	4	7	8	7	1	1	1
4534	제주 서귀포시	리행정운영비	12,000	2	4	7	8	7	1	1	1
4535	제주 서귀포시	리행정운영비	12,000	2	4	7	8	7	1	1	1
4536	제주 서귀포시	리행정운영비	12,000	2	4	7	8	7	1	1	1
4537	제주 서귀포시	리행정운영비	12,000	2	4	7	8	7	1	1	1
4538	제주 서귀포시	리행정운영비	12,000	2	4	7	8	7	1	1	1
4539	제주 서귀포시	리행정운영비	12,000	2	4	7	8	7	1	1	1
4540	제주 서귀포시	리행정운영비	12,000	2	4	7	8	7	1	1	1
4541	제주 서귀포시	통운영비지원	12,000	2	4	7	8	7	1	1	3

chapter **3**

민간행사사업보조 (307-04)

목 차

서울

경기

인천

목 차

목 차

충북

충남

경북

경남

목 차

2024년 전국 지방자치단체 민간행사사업보조(307-04) 운영현황

순번	시군구	지출명 (사업명)	2024년예산 (단위 : 천원 /1년간)	민간이전 분류 (지방자치단체 세출예산 집행기준에 의거)	민간이전지출 근거 (지방보조금 관리기준 참고)	입찰방식			운영예산 산정		성과평가 실시여부
				1. 민간경상사업보조(307-02) 2. 민간단체 법정운영비보조(307-03) 3. 민간행사사업보조(307-04) 4. 민간위탁금(307-05) 5. 사회복지시설 법정운영비보조(307-10) 6. 민간인위탁교육비(307-12) 7. 공기관등에대한경상적위탁사업비(308-13) 8. 민간자본사업보조,자체재원(402-01) 9. 민간자본사업보조,이전재원(402-02) 10. 민간위탁사업비(402-03) 11. 공기관등에 대한 자본적 위탁사업비(403-02)	1. 법률에 규정 2. 국고보조 재원(국가지정) 3. 용도 지정 기부금 4. 조례에 직접규정 5. 지자체가 권장하는 사업을 하는 공공기관 6. 시,도 정책 및 재정사정 7. 기타 8. 해당없음	계약체결방법 (경쟁형태) 1. 일반경쟁 2. 제한경쟁 3. 지명경쟁 4. 수의계약 5. 법정위탁 6. 기타 ( ) 7. 없음	계약기간 1. 1년 2. 2년 3. 3년 4. 4년 5. 5년 6. 기타 ( )년 7. 단기계약 (1년미만) 8. 없음	낙찰자선정방법 1. 적격심사 2. 협상에의한계약 3. 최저가낙찰제 4. 규격가격분리 5. 2단계 경쟁입찰 6. 기타 ( ) 7. 없음	운영예산 산정 1. 내부산정 (지자체 자체적으로 산정) 2. 외부산정 (외부전문기관위탁 산정) 3. 내·외부 모두 산정 4. 산정 無 5. 없음	정산방법 1. 내부정산 (지자체 내부적으로 정산) 2. 외부정산 (외부전문기관위탁 정산) 3. 내·외부 모두 산정 4. 정산 無 5. 없음	1. 실시 2. 미실시 3. 향후 추진 4. 해당없음
1	서울특별시	자치구및민간축제지원육성	6,422,000	3	4	7	8	7	5	5	4
2	서울특별시	해외도시문화교류활성화추진	3,600,000	3	4	7	8	7	5	5	4
3	서울특별시	종교계와함께하는문화행사지원	3,550,000	3	4	7	8	7	5	5	4
4	서울특별시	지역대표공연예술제지원(전환사업)	3,000,000	3	4	7	8	7	5	5	4
5	서울특별시	한국전통불교문화프로그램지원	2,400,000	3	4	7	8	7	5	5	4
6	서울특별시	서울개최영상제지원	1,500,000	3	4	7	8	7	5	5	4
7	서울특별시	연등회행사지원	1,150,000	3	1	7	8	7	5	5	4
8	서울특별시	국악활성화	900,000	3	4	7	8	7	5	5	4
9	서울특별시	서울시영화시상식지원사업	800,000	3	4	7	8	7	5	5	4
10	서울특별시	서울드라마어워즈지원(국가직접지원)	650,000	3	1	7	1	7	1	1	1
11	서울특별시	대한민국성탄축제	400,000	3	4	7	8	7	5	5	4
12	서울특별시	대한노인회서울시연합회운영지원	327,000	3	4	7	8	7	1	1	1
13	서울특별시	2024년서울자전거대행진	280,000	3	1	2	1	1	1	2	1
14	서울특별시	보행친화도시기반조성	200,000	3	1	2	1	1	1	2	1
15	서울특별시	어르신교육문화활성화	150,000	3	6	7	1	1	1	1	1
16	서울특별시	서울국제음악콩쿠르지원	150,000	3	7	7	8	7	5	5	4
17	서울특별시	지방문화원육성지원	117,000	3	1	5	8	7	1	3	4
18	서울특별시	태고종영산재지원	100,000	3	1	7	8	7	5	5	4
19	서울특별시	제1회서울국제하모니카페스티벌개최	100,000	3	4	7	8	7	5	5	4
20	서울특별시	사직대제및환구대제지원	98,000	3	2,6	7	8	7	5	5	4
21	서울특별시	종묘대제지원	80,000	3	2	7	8	7	1	1	1
22	서울특별시	경로당광역지원센터운영지원	50,000	3	2	7	8	2	1	1	1
23	서울특별시	지구의날기념행사개최	40,000	3	1	6	7	6	5	5	1
24	서울특별시	어린이날,성년의날기념행사개최	28,000	3	1	7	8	7	1	3	1
25	서울특별시	시민안보의식함양	18,280	3	1	7	8	7	5	5	1
26	서울 광진구	동호인체육대회개최및지원	486,500	3	4	7	8	7	1	1	4
27	서울 광진구	음식문화공동체맛의거리관리	160,000	3	1	7	8	7	1	1	1
28	서울 광진구	지역별문화행사지원	120,000	3	4	7	8	7	1	1	3
29	서울 광진구	구민건강걷기대회개최	63,960	3	4	7	8	7	1	1	4
30	서울 광진구	국가보훈대상자예우및지원	44,890	3	4	7	8	7	1	1	1
31	서울 광진구	종교계와함께하는문화행사지원	40,000	3	7	7	8	7	5	5	4
32	서울 광진구	광진온(溫)누리가족축제	22,400	3	7	7	7	7	1	1	1
33	서울 광진구	아름다운미소사진공모전	19,400	3	4	7	8	7	1	1	1
34	서울 광진구	광진구장애인체육회운영지원	17,000	3	4	7	8	7	1	1	4
35	서울 광진구	경로행사등개최및지원	15,000	3	1	7	8	7	1	1	1
36	서울 광진구	노인회유지관리및행사지원	15,000	3	1,4	7	8	7	1	1	1
37	서울 광진구	광진예술인초대전	13,500	3	4	7	8	7	1	1	1

순번	시군구	지출명 (사업명)	2024년예산 (단위 : 천원 /1년간)	민간이전 분류 (지방자치단체 세출예산 집행기준에 의거) 1. 민간경상사업보조(307-02) 2. 민간단체 법정운영비보조(307-03) 3. 민간행사사업보조(307-04) 4. 민간위탁금(307-05) 5. 사회복지시설 법정운영비보조(307-10) 6. 민간인위탁교육비(307-12) 7. 공기관등에대한경상적위탁사업비(308-13) 8. 민간자본사업보조,자체재원(402-01) 9. 민간자본사업보조,이전재원(402-02) 10. 민간위탁사업비(402-03) 11. 공기관등에 대한 자본적 위탁사업비(403-02)	민간이전지출 근거 (지방보조금 관리기준 참고) 1. 법률에 규정 2. 국고보조 재원(국가지정) 3. 용도 지정 기부금 4. 조례에 직접규정 5. 지자체가 권장하는 사업을 하는 공공기관 6. 시,도 정책 및 재정사정 7. 기타 8. 해당없음	입찰방식: 계약체결방법 (경쟁형태) 1. 일반경쟁 2. 제한경쟁 3. 지명경쟁 4. 수의계약 5. 법정위탁 6. 기타 ( ) 7. 없음	입찰방식: 계약기간 1. 1년 2. 2년 3. 3년 4. 4년 5. 5년 6. 기타 ( )년 7. 단기계약 (1년미만) 8. 없음	입찰방식: 낙찰자선정방법 1. 적격심사 2. 협상에의한계약 3. 최저가낙찰제 4. 규격가격분리 5. 2단계 경쟁입찰 6. 기타 ( ) 7. 없음	운영예산 산정: 운영예산 산정 1. 내부산정 (지자체 자체적으로 산정) 2. 외부산정 (외부전문기관위탁 산정) 3. 내·외부 모두 산정 4. 산정 無 5. 없음	운영예산 산정: 정산방법 1. 내부정산 (지자체 내부적으로 정산) 2. 외부정산 (외부전문기관위탁 정산) 3. 내·외부 모두 산정 4. 정산 無 5. 없음	성과평가 실시여부 1. 실시 2. 미실시 3. 향후 추진 4. 해당없음
38	서울 광진구	어린이청소년여성축구교실운영	10,340	3	4	7	8	7	1	1	4
39	서울 광진구	종합사회복지관사회복지사등의처우개선사업	10,000	3	4	7	8	7	1	1	1
40	서울 광진구	양성평등주간행사운영	10,000	3	1	7	8	7	1	1	1
41	서울 광진구	청소년어울림마당운영	8,000	3	5	6	1	6	1	1	4
42	서울 광진구	저소득주민문화행사지원	5,000	3	1	7	8	7	1	1	1
43	서울 광진구	지역아동센터운영지원	5,000	3	1,2	7	8	7	1	1	4
44	서울 동대문구	한가위구민한마음큰잔치	76,500	3	4	7	8	7	1	1	1
45	서울 동대문구	문화예술.등활동사업	75,100	3	4	7	8	7	1	1	1
46	서울 동대문구	동민속놀이행사지원	50,260	3	4	7	8	7	5	5	4
47	서울 동대문구	청룡문화제	30,000	3	4	7	8	7	1	1	1
48	서울 동대문구	지역문화예술동아리상설공연사업	25,000	3	4	7	8	7	1	1	1
49	서울 동대문구	지역전통문화행사지원	24,800	3	4	7	8	7	1	1	1
50	서울 동대문구	세종대왕전통예술경연대회지원	20,000	3	5	7	8	7	1	1	1
51	서울 동대문구	배봉산해맞이복떡국행사	20,000	3	5	7	8	7	1	1	1
52	서울 동대문구	청소년효행교실문화탐방지원	5,000	3	4	7	8	7	1	1	1
53	서울 동대문구	저소득청소년직업체험지원	4,000	3	4	7	8	7	1	1	1
54	서울 중랑구	어린이집행사지원및운영지도관리	72,000	3	4	7	8	7	1	1	1
55	서울 중랑구	민속놀이전승행사지원	48,000	3	7	7	7	7	1	1	1
56	서울 중랑구	지역아동센터종사자연수	8,000	3	4	7	8	7	5	5	4
57	서울 중랑구	장애아부모힐링프로그램	7,000	3	3	6	8	7	1	1	1
58	서울 중랑구	지역아동센터아동문화행사	5,000	3	4	7	8	7	5	5	4
59	서울 중랑구	절주사업관련음주문화개선중랑협의회지원	1,000	3	4	7	8	7	1	1	1
60	서울 성북구	종교활동지원	150,000	3	7	7	8	7	1	1	1
61	서울 성북구	구민체육대회개최	70,000	3	1,4	7	8	7	1	1	4
62	서울 성북구	전통시장육성지원	50,000	3	1	7	8	7	1	1	3
63	서울 성북구	성북문화원지원	30,000	3	1	7	8	7	1	1	1
64	서울 성북구	어린이집연합회행사지원	20,000	3	4	7	8	7	5	5	4
65	서울 성북구	성북구상공회운영지원	19,700	3	1	7	7	7	1	1	1
66	서울 성북구	전통유무형문화유산보존계승	17,000	3	7	7	8	7	1	1	4
67	서울 강북구	문화원운영지원	81,750	3	4	7	8	7	1	1	4
68	서울 강북구	전통시장맥주축제	50,000	3	1	7	8	7	1	1	4
69	서울 강북구	장애인단체지원	42,465	3	6	7	7	7	1	1	1
70	서울 강북구	청소년국제교류활성화사업	35,000	3	5	1	7	1	1	1	2
71	서울 강북구	친선도시청소년교류캠프운영	26,900	3	5	7	7	1	1	1	2
72	서울 강북구	어린이집격려지원	18,900	3	4	7	8	7	1	1	1
73	서울 강북구	사회복지의날기념행사	18,000	3	1	7	8	7	1	1	2
74	서울 강북구	여성권익향상활동지원	10,000	3	4	7	8	7	1	1	1
75	서울 강북구	오패산산신제	2,300	3	1	7	8	7	1	1	1
76	서울 도봉구	도봉문화원활성화지원	173,500	3	1	7	8	7	1	1	4
77	서울 도봉구	어르신관련행사지원	80,000	3	1	7	8	7	1	1	4

순번	시군구	지출명 (사업명)	2024년예산 (단위 : 천원 /1년간)	민간이전 분류 (지방자치단체 세출예산 집행기준에 의거) 1. 민간경상사업보조(307-02) 2. 민간단체 법정운영비보조(307-03) 3. 민간행사사업보조(307-04) 4. 민간위탁금(307-05) 5. 사회복지시설 법정운영비보조(307-10) 6. 민간인위탁교육비(307-12) 7. 공기관등에대한경상적위탁사업비(308-13) 8. 민간자본사업보조,자체재원(402-01) 9. 민간자본사업보조,이전재원(402-02) 10. 민간위탁사업비(402-03) 11. 공기관등에 대한 자본적 위탁사업비(403-02)	민간이전지출 근거 (지방보조금 관리기준 참고) 1. 법률에 규정 2. 국고보조 재원(국가지정) 3. 용도 지정 기부금 4. 조례에 직접규정 5. 지자체가 권장하는 사업을 하는 공공기관 6. 시,도 정책 및 재정사정 7. 기타 8. 해당없음	입찰방식 계약체결방법 (경쟁형태) 1. 일반경쟁 2. 제한경쟁 3. 지명경쟁 4. 수의계약 5. 법정위탁 6. 기타 ( ) 7. 없음	입찰방식 계약기간 1. 1년 2. 2년 3. 3년 4. 4년 5. 5년 6. 기타 ( )년 7. 단기계약 (1년미만) 8. 없음	입찰방식 낙찰자선정방법 1. 적격심사 2. 협상에의한계약 3. 최저가낙찰제 4. 규격가격분리 5. 2단계 경쟁입찰 6. 기타 ( ) 7. 없음	운영예산 산정 운영예산 산정 1. 내부산정 (지자체 자체적으로 산정) 2. 외부산정 (외부전문기관위탁 산정) 3. 내·외부 모두 산정 4. 산정 無 5. 없음	운영예산 산정 정산방법 1. 내부정산 (지자체 내부적으로 정산) 2. 외부정산 (외부전문기관위탁 정산) 3. 내·외부 모두 산정 4. 정산 無 5. 없음	성과평가 실시여부 1. 실시 2. 미실시 3. 향후 추진 4. 해당없음
78	서울 도봉구	작은도서관지원	22,400	3	5	7	8	7	1	1	1
79	서울 도봉구	방학천문화예술거리조성및활성화	6,000	3	4	7	8	7	5	5	4
80	서울 노원구	동마을축제개최	142,000	3	4	1	2	1	1	1	1
81	서울 노원구	작은도서관민간행사사업	17,680	3	1,4	7	8	7	1	1	1
82	서울 노원구	독서공동체활성화지원사업	15,000	3	4	7	8	7	1	1	3
83	서울 노원구	어린이책독서행사	2,000	3	6	7	8	7	1	1	1
84	서울 은평구	종목별각종체육대회	434,540	3	4	5	8	7	1	1	1
85	서울 은평구	종교행사지원	236,500	3	3	7	8	7	1	1	1
86	서울 은평구	문화예술단체육성및지원	164,500	3	4	1	1	1	1	1	1
87	서울 은평구	취약계층생활체육활동지원	146,175	3	4	5	8	7	1	1	1
88	서울 은평구	주민자치활성화	96,000	3	4	7	8	7	1	1	2
89	서울 은평구	은평문화원지원	43,250	3	1	7	8	7	1	1	1
90	서울 은평구	시민생활체육대회참가지원(보조사업)	30,000	3	4	5	8	7	1	1	1
91	서울 은평구	보육인의날행사	25,500	3	1	7	8	7	1	1	4
92	서울 은평구	어르신건강증진	6,000	3	4	7	8	7	1	1	4
93	서울 은평구	보훈단체지원	5,450	3	4	7	8	7	1	1	1
94	서울 서대문구	생활체육육성및대회지원	325,000	3	1	7	8	7	1	1	1
95	서울 서대문구	서대문구민체육대회	215,000	3	1	7	8	7	1	1	4
96	서울 서대문구	장애인생활체육교실	40,000	3	1	7	8	7	1	1	1
97	서울 서대문구	서울시민생활체육대회지원	35,000	3	1	7	8	7	1	1	1
98	서울 서대문구	어린이집행사지원	33,500	3	1,4	7	8	7	1	1	1
99	서울 서대문구	장기요양요원처우개선	15,000	3	1,4	7	8	7	1	1	4
100	서울 서대문구	장애인체육회운영	13,000	3	1	7	8	7	1	1	1
101	서울 서대문구	사회복지의날행사	8,000	3	1	7	8	7	1	1	1
102	서울 마포구	지역문화예술사업지원	190,000	3	8	6	8	7	1	1	1
103	서울 마포구	향토문화지원	148,300	3	8	5	8	7	1	1	4
104	서울 마포구	종목별생활체육대회개최및지원(구협회,구체육회등행사보조)	142,250	3	1	7	8	7	3	1	1
105	서울 마포구	지역사회보장협의체운영지원(행사사업비지원)	57,365	3	1	5	1	7	1	1	1
106	서울 마포구	청소년역사유적탐방운영	4,000	3	8	7	8	7	1	1	1
107	서울 양천구	양천문화원행사지원	225,000	3	1	7	8	7	1	1	1
108	서울 양천구	동문화축제활성화지원	210,000	3	4	7	8	7	5	5	4
109	서울 양천구	양천마라톤대회	138,470	3	1	7	8	7	1	1	1
110	서울 양천구	상점가활성화사업	90,000	3	7	7	8	7	1	1	4
111	서울 양천구	보훈가족지원	70,000	3	4	7	8	7	1	1	4
112	서울 양천구	장애인단체지원	46,500	3	1	7	8	7	1	1	1
113	서울 양천구	지역문화예술단체활동지원	30,000	3	4	1	3	1	1	1	3
114	서울 양천구	양천가족등산대회	25,000	3	4	7	8	7	1	1	1
115	서울 양천구	어린이집행사	21,000	3	1	7	8	7	5	5	1
116	서울 양천구	각종체육활동지원	20,000	3	1	7	8	7	1	1	1
117	서울 양천구	노인회지회지원	10,000	3	4	7	8	7	1	1	2

순번	시군구	지출명 (사업명)	2024년예산 (단위 : 천원 /1년간)	민간이전 분류 (지방자치단체 세출예산 집행기준에 의거) 1. 민간경상사업보조(307-02) 2. 민간단체 법정운영비보조(307-03) 3. 민간행사사업보조(307-04) 4. 민간위탁금(307-05) 5. 사회복지시설 법정운영비보조(307-10) 6. 민간인위탁교육비(307-12) 7. 공기관등에대한경상적위탁사업비(308-13) 8. 민간자본사업보조,자체재원(402-01) 9. 민간자본사업보조,이전재원(402-02) 10. 민간위탁사업비(402-03) 11. 공기관등에 대한 자본적 위탁사업비(403-02)	민간이전지출 근거 (지방보조금 관리기준 참고) 1. 법률에 규정 2. 국고보조 재원(국가지정) 3. 용도 지정 기부금 4. 조례에 직접규정 5. 지자체가 권장하는 사업을 하는 공공기관 6. 시,도 정책 및 재정사정 7. 기타 8. 해당없음	입찰방식 계약체결방법 (경쟁형태) 1. 일반경쟁 2. 제한경쟁 3. 지명경쟁 4. 수의계약 5. 법정위탁 6. 기타 ( ) 7. 없음	입찰방식 계약기간 1. 1년 2. 2년 3. 3년 4. 4년 5. 5년 6. 기타 ( )년 7. 단기계약 (1년미만) 8. 없음	입찰방식 낙찰자선정방법 1. 적격심사 2. 협상에의한계약 3. 최저가낙찰제 4. 규격가격분리 5. 2단계 경쟁입찰 6. 기타 ( ) 7. 없음	운영예산 산정 운영예산 산정 1. 내부산정 (지자체 자체적으로 산정) 2. 외부산정 (외부전문기관위탁 산정) 3. 내·외부 모두 산정 4. 산정 無 5. 없음	운영예산 산정 정산방법 1. 내부정산 (지자체 내부적으로 정산) 2. 외부정산 (외부전문기관위탁 정산) 3. 내·외부 모두 산정 4. 정산 無 5. 없음	성과평가 실시여부 1. 실시 2. 미실시 3. 향후 추진 4. 해당없음
118	서울 양천구	장기요양기관운영관리	10,000	3	7	7	8	7	1	1	3
119	서울 양천구	사회복지의날기념행사(복지한마당,힐링프로그램)	7,000	3	1	7	8	7	1	1	4
120	서울 양천구	양천구장애인체육회운영지원	6,000	3	1	7	8	7	1	1	1
121	서울 양천구	46중장년층인생이모작추진	5,000	3	4	4	1	7	1	1	1
122	서울 강서구	허준축제	300,000	3	4	5	1	7	1	1	1
123	서울 강서구	허준런'러닝페스티벌운영지원	100,000	3	1	7	8	7	1	1	1
124	서울 강서구	강서구체육회구청장배(기)행사지원(17종목)	90,000	3	1	7	8	7	1	1	1
125	서울 강서구	겸재문화예술제	60,000	3	4	7	8	7	1	1	1
126	서울 강서구	강서어린이동화축제운영지원	58,000	3	4	6	8	1	1	1	1
127	서울 강서구	여름밤뮤직콘서트	40,000	3	4	5	1	7	1	1	1
128	서울 강서구	겸재미술대전	40,000	3	4	5	1	7	1	1	1
129	서울 강서구	장애인어울림한마당	40,000	3	4	7	8	7	1	1	1
130	서울 강서구	강서유통단지축제지원	30,000	3	7	7	8	7	5	5	4
131	서울 강서구	어르신경로행사	30,000	3	4	1	1	1	1	1	1
132	서울 강서구	장애인의날행사	30,000	3	4	7	8	7	1	1	1
133	서울 강서구	사회복지의날기념행사	28,000	3	1	6	8	7	1	1	1
134	서울 강서구	송년콘서트	23,000	3	4	5	1	7	1	1	1
135	서울 강서구	문화예술지원	6,500	3	1	6	1	7	1	1	1
136	서울 구로구	생활체육동호인육성및지원(구청장기생활체육대회지원)	95,500	3	1	5	8	7	1	1	4
137	서울 구로구	G밸리스마트마라톤대회(G밸리마라톤행사지원)	65,000	3	1,4	7	8	7	1	1	4
138	서울 구로구	생활체육동호인육성및지원(협회장기생활체육대회지원)	54,800	3	1	5	8	7	1	1	4
139	서울 구로구	생활체육동호인육성및지원(서울시민체육대축전및기타행사지원)	54,500	3	1	5	8	7	1	1	4
140	서울 구로구	국가유공자및유가족지원(보훈단체해외전적지순례지원)	40,000	3	4	7	8	7	1	1	4
141	서울 구로구	국가유공자및유가족지원(나라사랑보훈단체전적지순례행사지원)	36,000	3	4	7	8	7	1	1	4
142	서울 구로구	장애인사회활동지원(장애인의날행사지원)	35,000	3	7	7	8	7	5	5	4
143	서울 구로구	장애인단체및장애인복지시설지원(장애인사회참여활동및문화활동(공모))	34,500	3	4	7	8	7	5	5	4
144	서울 구로구	생활체육동호인육성및지원(전국및서울시장기,체육회장기대회지원)	28,000	3	1	5	8	7	1	1	4
145	서울 구로구	어린이집행사비지원(어린이집행사비지원)	22,500	3	1	7	8	7	5	5	4
146	서울 구로구	장애인체육회육성및지원(장애인체육회대회지원등)	15,000	3	1	5	8	7	1	1	1
147	서울 구로구	음식문화개선및식품위생관리(음식문화개선동참영업주워크숍)	13,000	3	4	7	8	7	5	1	4
148	서울 구로구	대한노인회구로구지회운영(경로당지도자역량강화워크숍등지원)	12,000	3	4	7	8	7	5	5	4
149	서울 구로구	한국디지털어워드구로(공모전행사운영사업비보조)	5,500	3	7	7	8	7	1	1	2
150	서울 구로구	대한노인회구로구지회운영(게이트볼및어르신체육대회등지원)	2,800	3	4	7	8	7	5	5	4
151	서울 구로구	대한노인회구로구지회운영(서울시장기실버축구참가지원)	2,200	3	4	7	8	7	5	5	4
152	서울 구로구	장애인체육회육성및지원(장애인생활체육지원사업)	2,000	3	1	5	8	7	1	1	1
153	서울 구로구	대한노인회구로구지회운영(1.3세대효실천기념행사)	1,000	3	4	7	8	7	5	5	4
154	서울 금천구	구청장기대회개최지원	250,000	3	4	7	8	7	1	1	1
155	서울 금천구	구민한마음체육대회개최	180,000	3	4	7	8	7	1	1	1
156	서울 금천구	금천문화원운영지원	135,000	3	4	7	8	7	1	1	4
157	서울 금천구	생활체육대회개최지원	100,000	3	4	7	8	7	1	1	1

순번	시군구	지출명 (사업명)	2024년예산 (단위 : 천원 /1년간)	민간이전 분류 (지방자치단체 세출예산 집행기준에 의거) 1. 민간경상사업보조(307-02) 2. 민간단체 법정운영비보조(307-03) 3. 민간행사사업보조(307-04) 4. 민간위탁금(307-05) 5. 사회복지시설 법정운영비보조(307-10) 6. 민간인위탁교육비(307-12) 7. 공기관등에대한경상적위탁사업비(308-13) 8. 민간자본사업보조,자체재원(402-01) 9. 민간자본사업보조,이전재원(402-02) 10. 민간위탁사업비(402-03) 11. 공기관등에 대한 자본적 위탁사업비(403-02)	민간이전지출 근거 (지방보조금 관리기준 참고) 1. 법률에 규정 2. 국고보조 재원(국가지정) 3. 용도 지정 기부금 4. 조례에 직접규정 5. 지자체가 권장하는 사업을 하는 공공기관 6. 시,도 정책 및 재정사정 7. 기타 8. 해당없음	입찰방식 계약체결방법 (경쟁형태) 1. 일반경쟁 2. 제한경쟁 3. 지명경쟁 4. 수의계약 5. 법정위탁 6. 기타 ( ) 7. 없음	입찰방식 계약기간 1. 1년 2. 2년 3. 3년 4. 4년 5. 5년 6. 기타 ( )년 7. 단기계약 (1년미만) 8. 없음	입찰방식 낙찰자선정방법 1. 적격심사 2. 협상에의한계약 3. 최저가낙찰제 4. 규격가격분리 5. 2단계 경쟁입찰 6. 기타 ( ) 7. 없음	운영예산 산정 운영예산 산정 1. 내부산정 (지자체 자체적으로 산정) 2. 외부산정 (외부전문기관위탁 산정) 3. 내·외부 모두 산정 4. 산정 無 5. 없음	운영예산 산정 정산방법 1. 내부정산 (지자체 내부적으로 정산) 2. 외부정산 (외부전문기관위탁 정산) 3. 내·외부 모두 산정 4. 정산 無 5. 없음	성과평가 실시여부 1. 실시 2. 미실시 3. 향후 추진 4. 해당없음
158	서울 금천구	지역문화특성화사업지원	75,000	3	4	7	8	7	1	1	4
159	서울 금천구	금천구체육회운영지원	74,000	3	4	7	8	7	1	1	1
160	서울 금천구	독산고탁구전용관활용프로그램운영	33,000	3	4	7	8	7	1	1	1
161	서울 금천구	금천구장애인체육회운영지원	22,000	3	4	7	8	7	1	1	1
162	서울 금천구	금천구유소년체육활동지원	20,000	3	4	7	8	7	1	1	1
163	서울 금천구	독산동우시장가을축제지원	10,000	3	1	7	8	7	1	1	4
164	서울 영등포구	지역문화예술축제(행사)지원	387,000	3	4	6	8	7	1	1	1
165	서울 영등포구	구민한마음체육대회개최지원	200,000	3	1	6	1	7	1	1	1
166	서울 영등포구	종목별협회(연맹)장기대회	140,000	3	1	6	1	7	1	1	1
167	서울 영등포구	종목별구청장기대회	119,000	3	1	6	1	7	1	1	1
168	서울 영등포구	지역문화예술단체및사업활동지원	103,000	3	4	6	7	7	1	1	1
169	서울 영등포구	전국파크골프대회개최지원	100,000	3	1	6	1	7	1	1	1
170	서울 영등포구	영등포문화학교운영	50,000	3	4	6	8	7	1	1	1
171	서울 영등포구	문화원육성지원	43,500	3	1,4	6	3	7	1	1	1
172	서울 영등포구	장애인체육대회개최및참가지원	36,000	3	1	6	1	7	1	1	1
173	서울 영등포구	서울시민(장애인)체육대회참가지원	35,000	3	1	6	1	7	1	1	1
174	서울 영등포구	경로행사지원및위문	28,000	3	1	7	8	7	1	1	3
175	서울 영등포구	엘리트및동호인스포츠활동지원	23,000	3	1	6	1	7	1	1	1
176	서울 영등포구	대한노인회영등포구지회운영지원	20,000	3	1	7	8	7	1	1	4
177	서울 영등포구	대한적십자사보조금지원	16,900	3	1,4	7	8	7	1	1	4
178	서울 영등포구	영등포아트스퀘어운영	15,000	3	4	6	7	7	1	1	1
179	서울 영등포구	행정업무및유관기관지원	14,213	3	4	7	8	7	1	1	3
180	서울 영등포구	유소년축구대회	14,000	3	1	6	1	7	1	1	1
181	서울 영등포구	구민건강달리기대회	11,000	3	1	6	1	7	1	1	1
182	서울 영등포구	종무행사지원및향토유산진흥	10,900	3	4	7	8	7	1	1	1
183	서울 영등포구	국외도시교류	4,000	3	7	6	1	7	1	1	1
184	서울 영등포구	자동차무상점검행사	3,700	3	4	7	8	7	1	1	3
185	서울 동작구	동작구민체육대회개최	292,000	3	4	7	8	7	5	5	4
186	서울 동작구	생활체육대회지원	252,700	3	4	7	8	7	5	5	4
187	서울 동작구	사회복지의날행사	160,000	3	4	7	8	7	5	5	4
188	서울 동작구	청소년보호문화활동지원	70,000	3	4	7	8	7	5	5	4
189	서울 동작구	장애인단체지원	60,000	3	4	6	7	6	3	3	4
190	서울 동작구	생활체육위탁운영	54,595	3	1	7	8	7	1	1	1
191	서울 동작구	장애인체육관리	46,500	3	8	7	8	7	5	5	4
192	서울 동작구	전통문화행사지원	44,000	3	7	7	8	7	5	5	4
193	서울 동작구	문화사업위탁운영	43,000	3	4	7	8	7	5	1	4
194	서울 동작구	노인의날기념행사	11,700	3	6	7	7	7	1	1	1
195	서울 관악구	생활체육대회개최및참가지원	262,500	3	1	7	8	7	1	1	1
196	서울 관악구	주민주도형동특화축제지원(주민참여예산)	100,000	3	1	7	8	7	5	5	4
197	서울 관악구	경로행사등어르신복지업무추진	40,000	3	1	5	1	7	1	1	1

순번	시군구	지출명 (사업명)	2024년예산 (단위 : 천원 /1년간)	민간이전 분류 (지방자치단체 세출예산 집행기준에 의거) 1. 민간경상사업보조(307-02) 2. 민간단체 법정운영비보조(307-03) 3. 민간행사사업보조(307-04) 4. 민간위탁금(307-05) 5. 사회복지시설 법정운영비보조(307-10) 6. 민간인위탁교육비(307-12) 7. 공기관등에대한경상적위탁사업비(308-13) 8. 민간자본사업보조,자체재원(402-01) 9. 민간자본사업보조,이전재원(402-02) 10. 민간위탁사업비(402-03) 11. 공기관등에 대한 자본적 위탁사업비(403-02)	민간이전지출 근거 (지방보조금 관리기준 참고) 1. 법률에 규정 2. 국고보조 재원(국가지정) 3. 용도 지정 기부금 4. 조례에 직접규정 5. 지자체가 권장하는 사업을 하는 공공기관 6. 시,도 정책 및 재정사정 7. 기타 8. 해당없음	입찰방식 계약체결방법 (경쟁형태) 1. 일반경쟁 2. 제한경쟁 3. 지명경쟁 4. 수의계약 5. 법정위탁 6. 기타 ( ) 7. 없음	입찰방식 계약기간 1. 1년 2. 2년 3. 3년 4. 4년 5. 5년 6. 기타 ( )년 7. 단기계약 (1년미만) 8. 없음	입찰방식 낙찰자선정방법 1. 적격심사 2. 협상에의한계약 3. 최저가낙찰제 4. 규격가격분리 5. 2단계 경쟁입찰 6. 기타 ( ) 7. 없음	운영예산 산정 운영예산 산정 1. 내부산정 (지자체 자체적으로 산정) 2. 외부산정 (외부전문기관위탁 산정) 3. 내·외부 모두 산정 4. 산정 無 5. 없음	운영예산 산정 정산방법 1. 내부정산 (지자체 내부적으로 정산) 2. 외부정산 (외부전문기관위탁 정산) 3. 내·외부 모두 산정 4. 정산 無 5. 없음	성과평가 실시여부 1. 실시 2. 미실시 3. 향후 추진 4. 해당없음
198	서울 관악구	서울시민체육대축전지원	30,000	3	1	7	8	7	1	1	1
199	서울 관악구	장애인체육대회지원	20,750	3	1,4	7	8	7	1	1	1
200	서울 관악구	마을문화축제육성지원	20,000	3	1	7	8	7	5	5	4
201	서울 관악구	보훈단체호국보훈의달기념행사지원	15,000	3	4	7	8	7	1	1	1
202	서울 관악구	주민센터작은도서관등운영지원	8,000	3	4	7	1	7	1	1	1
203	서울 관악구	자동차관리사업	7,000	3	4	7	8	7	5	5	4
204	서울 관악구	자연유산민속행사	1,200	3	2	7	8	7	5	5	4
205	서울 서초구	반포한불축제	60,000	3	4	7	8	7	1	1	1
206	서울 서초구	문화예술자원발굴·육성민간행사사업보조	55,000	3	4	7	8	7	1	3	1
207	서울 서초구	서초골축제	40,000	3	4	7	8	7	1	1	1
208	서울 서초구	정월대보름축제	30,000	3	4	7	8	7	1	1	1
209	서울 서초구	말죽거리축제	30,000	3	4	7	8	7	1	1	1
210	서울 서초구	도구로축제	25,000	3	4	7	8	7	1	1	1
211	서울 서초구	비보이페스티벌축제	25,000	3	4	7	8	7	1	1	1
212	서울 서초구	꿈나무튼튼한마당큰잔치지원	25,000	3	8	7	8	7	5	5	4
213	서울 서초구	예술단체및종교단체지원	20,000	3	1	7	8	7	1	1	1
214	서울 서초구	악기거리축제	20,000	3	4	7	8	7	1	1	1
215	서울 서초구	잠원나루축제	20,000	3	4	7	8	7	1	1	1
216	서울 서초구	서리풀노리학교운영	16,260	3	8	7	8	7	5	5	4
217	서울 서초구	전통문화행사	13,400	3	4	7	8	7	1	1	1
218	서울 송파구	구청장기생활체육대회	207,500	3	1,4	7	6	7	1	1	4
219	서울 송파구	생활체육단체대회참가경비지원	120,950	3	1,4	7	6	7	1	1	4
220	서울 송파구	장애인체육대회개최	120,000	3	4	7	6	7	1	1	4
221	서울 송파구	보훈단체행사지원	98,700	3	4	7	8	7	1	1	4
222	서울 송파구	송파문화원운영지원	64,000	3	1	6	8	7	1	1	4
223	서울 송파구	지역상권활성화경영지원	60,000	3	1	7	8	7	5	5	4
224	서울 송파구	장애인체육대회대회참가및개최지원	58,500	3	4	7	6	7	1	1	4
225	서울 송파구	동단위생활체육활성화	54,000	3	1,4	7	6	7	1	1	4
226	서울 송파구	송파복지박람회	50,000	3	1	7	8	7	1	1	1
227	서울 송파구	송파청소년축제	50,000	3	5	7	8	7	1	1	1
228	서울 송파구	건강스포츠행사개최및지원	40,000	3	7	7	8	7	1	5	4
229	서울 송파구	국내외박람회참가기업지원	37,500	3	4	7	8	7	5	3	4
230	서울 송파구	또래울청소년문화공간운영	30,000	3	5	7	8	7	1	5	4
231	서울 송파구	장애인의날기념장애인축제	22,000	3	1	7	1	7	5	1	1
232	서울 송파구	사회복지의날기념행사	7,000	3	1	7	8	7	1	1	1
233	서울 송파구	보육인의날기념행사개최	7,000	3	1	5	8	7	1	1	4
234	서울 강동구	종목별생활체육대회지원	258,000	3	4	6	1	6	5	5	1
235	서울 강동구	예술문화행사지원	120,000	3	5	7	8	7	5	5	4
236	서울 강동구	선사마라톤대회	90,000	3	4	6	1	6	5	5	1
237	서울 강동구	생활체육한마음대축제	35,000	3	4	6	1	6	5	5	1

순번	시군구	지출명 (사업명)	2024년예산 (단위 : 천원 /1년간)	민간이전 분류 (지방자치단체 세출예산 집행기준에 의거) 1. 민간경상사업보조(307-02) 2. 민간단체 법정운영비보조(307-03) 3. 민간행사사업보조(307-04) 4. 민간위탁금(307-05) 5. 사회복지시설 법정운영비보조(307-10) 6. 민간인위탁교육비(307-12) 7. 공기관등에대한경상적위탁사업비(308-13) 8. 민간자본사업보조,자체재원(402-01) 9. 민간자본사업보조,이전재원(402-02) 10. 민간위탁사업비(402-03) 11. 공기관등에 대한 자본적 위탁사업비(403-02)	민간이전지출 근거 (지방보조금 관리기준 참고) 1. 법률에 규정 2. 국고보조 재원(국가지정) 3. 용도 지정 기부금 4. 조례에 직접규정 5. 지자체가 권장하는 사업을 하는 공공기관 6. 시,도 정책 및 재정사정 7. 기타 8. 해당없음	입찰방식			운영예산 산정		성과평가 실시여부
						계약체결방법 (경쟁형태) 1. 일반경쟁 2. 제한경쟁 3. 지명경쟁 4. 수의계약 5. 법정위탁 6. 기타 ( ) 7. 없음	계약기간 1. 1년 2. 2년 3. 3년 4. 4년 5. 5년 6. 기타 ( )년 7. 단기계약 (1년미만) 8. 없음	낙찰자선정방법 1. 적격심사 2. 협상에의한계약 3. 최저가낙찰제 4. 규격가격분리 5. 2단계 경쟁입찰 6. 기타 ( ) 7. 없음	운영예산 산정 1. 내부산정 (지자체 자체적으로 산정) 2. 외부산정 (외부전문기관위탁 산정) 3. 내·외부 모두 산정 4. 산정 無 5. 없음	정산방법 1. 내부정산 (지자체 내부적으로 정산) 2. 외부정산 (외부전문기관위탁 정산) 3. 내·외부 모두 산정 4. 정산 無 5. 없음	1. 실시 2. 미실시 3. 향후 추진 4. 해당없음
238	서울 강동구	의장배생활체육대회지원	31,400	3	4	6	1	6	5	5	1
239	서울 강동구	어르신리그전지원	25,000	3	4	6	1	6	5	5	1
240	서울 강동구	선사족구한마당	15,000	3	4	6	1	6	5	5	1
241	서울 강동구	강동구장애인체육대회	8,000	3	4	6	1	6	5	5	1
242	서울 강동구	그린웨이걷기대회(걷기축제)	6,275	3	4	6	1	6	5	5	1
243	서울 강동구	노인회여가문화활성화사업지원	4,600	3	4	7	8	7	1	1	1
244	경기 수원시	경로행사	398,440	3	4	7	8	7	1	1	1
245	경기 수원시	경로행사	386,740	3	4	7	8	7	1	1	4
246	경기 수원시	제5회전국품질분임조경진대회개최	350,000	3	6	7	8	7	5	5	4
247	경기 수원시	수원특례시체육대회개최	299,000	3	4	7	7	7	1	1	1
248	경기 수원시	경기마라톤대회	231,000	3	1	7	8	7	5	1	1
249	경기 수원시	수원시기업인의날	200,000	3	5	7	8	7	1	1	3
250	경기 수원시	소규모문화예술행사	200,000	3	1	7	8	7	1	1	1
251	경기 수원시	전국청소년음악창작대회	200,000	3	7	7	8	7	5	5	4
252	경기 수원시	2024수원아시아컵국제양궁대회	200,000	3	1	7	8	7	5	5	4
253	경기 수원시	수원화성헤리티지콘서트	180,000	3	1	7	8	7	1	1	1
254	경기 수원시	경기국제하프마라톤대회	100,000	3	1	7	8	7	5	1	1
255	경기 수원시	2024나라사랑축제	90,000	3	1	7	8	7	5	1	1
256	경기 수원시	수원연등축제	80,000	3	1	7	8	7	1	1	1
257	경기 수원시	장애인문화예술진흥사업	70,000	3	1	7	8	7	1	1	1
258	경기 수원시	전국단위생활체육대회개최	67,000	3	1	7	8	7	5	1	1
259	경기 수원시	아시아청년포럼	60,000	3	1	7	8	7	1	1	1
260	경기 수원시	국제교류사업	60,000	3	4	7	7	7	1	1	1
261	경기 수원시	수원컵전국사회인야구대회	54,000	3	1	7	8	7	5	1	1
262	경기 수원시	정조대왕배전국댄스스포츠대회	53,000	3	1	7	8	7	5	1	1
263	경기 수원시	수원배전국유소년야구대회	50,400	3	1	7	8	7	5	1	1
264	경기 수원시	수원전국요리경연대회	50,000	3	1	7	8	7	5	1	1
265	경기 수원시	수원배전국바둑대축제	50,000	3	1	7	8	7	1	1	4
266	경기 수원시	수원배U15전국유소년야구대회	50,000	3	1	7	8	7	5	1	1
267	경기 수원시	구청장배한마음체육대회	50,000	3	1	7	8	7	5	1	1
268	경기 수원시	구민한마음생활체육대회	50,000	3	4	7	8	7	1	1	1
269	경기 수원시	수원화성기전국동호인족구대회	45,000	3	4	7	8	7	1	1	1
270	경기 수원시	수원특례시장애인한마음체육대회	45,000	3	4	7	7	7	5	1	1
271	경기 수원시	노사민정협력활성화	44,700	3	4	7	8	7	1	1	1
272	경기 수원시	무형유산시연	37,000	3	4	7	8	7	5	5	3
273	경기 수원시	사찰음식대향연	36,000	3	1	7	8	7	1	1	1
274	경기 수원시	수원배전국아이스하키최강전	36,000	3	1	7	8	7	5	1	1
275	경기 수원시	수원배전국남여궁도대회	35,000	3	1	7	8	7	5	1	1
276	경기 수원시	수원예술제	31,500	3	1	7	8	7	5	1	1
277	경기 수원시	액티브시니어축제	30,400	3	1	7	8	7	1	1	1

순번	시군구	지출명 (사업명)	2024년예산 (단위 : 천원 /1년간)	민간이전 분류 (지방자치단체 세출예산 집행기준에 의거) 1. 민간경상사업보조(307-02) 2. 민간단체 법정운영비보조(307-03) 3. 민간행사사업보조(307-04) 4. 민간위탁금(307-05) 5. 사회복지시설 법정운영비보조(307-10) 6. 민간인위탁교육비(307-12) 7. 공기관등에대한경상적위탁사업비(308-13) 8. 민간자본사업보조,자체재원(402-01) 9. 민간자본사업보조,이전재원(402-02) 10. 민간위탁사업비(402-03) 11. 공기관등에 대한 자본적 위탁사업비(403-02)	민간이전지출 근거 (지방보조금 관리기준 참고) 1. 법률에 규정 2. 국고보조 재원(국가지정) 3. 용도 지정 기부금 4. 조례에 직접규정 5. 지자체가 권장하는 사업을 하는 공공기관 6. 시,도 정책 및 재정사정 7. 기타 8. 해당없음	입찰방식 계약체결방법 (경쟁형태) 1. 일반경쟁 2. 제한경쟁 3. 지명경쟁 4. 수의계약 5. 법정위탁 6. 기타 ( ) 7. 없음	입찰방식 계약기간 1. 1년 2. 2년 3. 3년 4. 4년 5. 5년 6. 기타 ( )년 7. 단기계약 (1년미만) 8. 없음	입찰방식 낙찰자선정방법 1. 적격심사 2. 협상에의한계약 3. 최저가낙찰제 4. 규격가격분리 5. 2단계 경쟁입찰 6. 기타 ( ) 7. 없음	운영예산 산정 운영예산 산정 1. 내부산정 (지자체 자체적으로 산정) 2. 외부산정 (외부전문기관위탁 산정) 3. 내·외부 모두 산정 4. 산정 無 5. 없음	운영예산 산정 정산방법 1. 내부정산 (지자체 내부적으로 정산) 2. 외부정산 (외부전문기관위탁 정산) 3. 내·외부 모두 산정 4. 정산 無 5. 없음	성과평가 실시여부 1. 실시 2. 미실시 3. 향후 추진 4. 해당없음
278	경기 수원시	경기인형극제in수원	30,000	3	1	7	8	7	1	1	1
279	경기 수원시	수원화성문화예술작품체험전시전	30,000	3	1	7	8	7	1	1	1
280	경기 수원시	문화체육부장관기생활체육전국체조대회	30,000	3	1	7	8	7	5	5	4
281	경기 수원시	나혜석미술대전	28,800	3	1	7	8	7	1	1	1
282	경기 수원시	새마을의날기념세미나(워크숍)	28,231	3	4	7	8	7	1	1	1
283	경기 수원시	전국한시백일장	27,000	3	2	7	8	7	1	1	4
284	경기 수원시	수원컵전국유소년축구대회	27,000	3	1	7	8	7	5	1	1
285	경기 수원시	새마을시민화합전진대회(체육대회)	25,916	3	4	7	8	7	1	1	1
286	경기 수원시	수원시민가요제	25,600	3	1	7	8	7	1	1	1
287	경기 수원시	장애인의날어울림한마당	25,000	3	1	7	8	7	1	1	1
288	경기 수원시	전국중고등학생골프대회	22,000	3	1	7	8	7	5	1	1
289	경기 수원시	노동절기념대회	20,000	3	1,4	7	8	7	5	5	3
290	경기 수원시	종교단체문화예술행사지원	20,000	3	1	7	8	7	1	1	1
291	경기 수원시	공연장대관료지원사업	20,000	3	1	7	8	7	1	1	1
292	경기 수원시	청년아이디어톤대회	20,000	3	1	4	1	7	1	1	1
293	경기 수원시	자매도시친선야구대회	20,000	3	4	7	7	7	1	1	1
294	경기 수원시	어려운이웃김장담가주기	20,000	3	4	7	8	7	1	1	1
295	경기 수원시	어려운이웃김장담가주기	20,000	3	4	7	8	7	1	1	1
296	경기 수원시	제25회수원특례시장기중학교비등록축구대회	18,216	3	1	7	1	7	1	1	1
297	경기 수원시	수원합창제	18,000	3	1	7	8	7	1	1	1
298	경기 수원시	향토음악제	18,000	3	1	7	8	7	1	1	1
299	경기 수원시	수원화성관광전국사진공모전	18,000	3	1	7	8	7	1	1	1
300	경기 수원시	소극장기획공연	18,000	3	1	7	8	7	1	1	1
301	경기 수원시	제2회수원특례시장기생활체육축구대회	18,000	3	1	7	1	7	1	1	1
302	경기 수원시	노인지도자대회	17,630	3	1	7	8	7	1	1	1
303	경기 수원시	수원시의회의장배대회	16,970	3	4	7	7	7	1	1	1
304	경기 수원시	수원시장배전국장애인수영대회	16,000	3	4	7	7	7	1	1	1
305	경기 수원시	수원시서예문인화대전	15,000	3	1	7	8	7	1	1	1
306	경기 수원시	수원컵전국볼링대회	14,960	3	1	7	8	7	5	1	1
307	경기 수원시	제3회수원특례시장배골프대회	14,400	3	1	7	1	7	1	1	1
308	경기 수원시	제야타종	13,860	3	1	7	8	7	1	1	1
309	경기 수원시	성정음악콩쿠르	13,500	3	1	7	8	7	1	1	1
310	경기 수원시	제19회수원특례시장기초중학교양궁대회	13,131	3	1	7	1	7	1	1	1
311	경기 수원시	전통문화사회단체지원	12,400	3	1	7	8	7	1	1	1
312	경기 수원시	클래식음악회	12,000	3	1	7	8	7	1	1	1
313	경기 수원시	대한민국연극제경기도대회	12,000	3	1	7	8	7	1	1	1
314	경기 수원시	제35회수원특례시장배수영대회	11,800	3	1	7	1	7	1	1	1
315	경기 수원시	지역자활센터성과보고대회	11,500	3	4	1	1	6	1	1	1
316	경기 수원시	한궁대회	11,285	3	1	7	8	7	1	1	4
317	경기 수원시	제2회수원특례시장기줄넘기대회	11,259	3	1	7	1	7	1	1	1

순번	시군구	지출명 (사업명)	2024년예산 (단위 : 천원 /1년간)	민간이전 분류 (지방자치단체 세출예산 집행기준에 의거) 1. 민간경상사업보조(307-02) 2. 민간단체 법정운영비보조(307-03) 3. 민간행사사업보조(307-04) 4. 민간위탁금(307-05) 5. 사회복지시설 법정운영비보조(307-10) 6. 민간인위탁교육비(307-12) 7. 공기관등에대한경상적위탁사업비(308-13) 8. 민간자본사업보조,자체재원(402-01) 9. 민간자본사업보조,이전재원(402-02) 10. 민간위탁사업비(402-03) 11. 공기관등에 대한 자본적 위탁사업비(403-02)	민간이전지출 근거 (지방보조금 관리기준 참고) 1. 법률에 규정 2. 국고보조 재원(국가지정) 3. 용도 지정 기부금 4. 조례에 직접규정 5. 지자체가 권장하는 사업을 하는 공공기관 6. 시,도 정책 및 재정사정 7. 기타 8. 해당없음	입찰방식 계약체결방법 (경쟁형태) 1. 일반경쟁 2. 제한경쟁 3. 지명경쟁 4. 수의계약 5. 법정위탁 6. 기타 ( ) 7. 없음	입찰방식 계약기간 1. 1년 2. 2년 3. 3년 4. 4년 5. 5년 6. 기타 ( )년 7. 단기계약 (1년미만) 8. 없음	입찰방식 낙찰자선정방법 1. 적격심사 2. 협상에의한계약 3. 최저가낙찰제 4. 규격가격분리 5. 2단계 경쟁입찰 6. 기타 ( ) 7. 없음	운영예산 산정 운영예산 산정 1. 내부산정 (지자체 자체적으로 산정) 2. 외부산정 (외부전문기관위탁 산정) 3. 내·외부 모두 산정 4. 산정 無 5. 없음	운영예산 산정 정산방법 1. 내부정산 (지자체 내부적으로 정산) 2. 외부정산 (외부전문기관위탁 정산) 3. 내·외부 모두 산정 4. 정산 無 5. 없음	성과평가 실시여부 1. 실시 2. 미실시 3. 향후 추진 4. 해당없음
318	경기 수원시	우수참여자선진지견학	10,560	3	4	1	1	6	1	1	1
319	경기 수원시	제2회수원특례시장기탁구대회	10,548	3	1	7	1	7	1	1	1
320	경기 수원시	장기,바둑대회	10,135	3	1	7	8	7	1	1	4
321	경기 수원시	북한이탈주민통일한마음체육대회	10,000	3	1	7	8	7	1	1	1
322	경기 수원시	자활생산품박람회	10,000	3	4	1	1	6	1	1	1
323	경기 수원시	민족예술제	10,000	3	1	7	8	7	1	1	1
324	경기 수원시	수원전국국악경연대회	10,000	3	1	7	8	7	1	1	1
325	경기 수원시	대한민국무용대제전	10,000	3	1	7	8	7	1	1	1
326	경기 수원시	청소년자연생태대탐사(중등부)	10,000	3	4	7	8	7	1	1	3
327	경기 수원시	제2회수원특례시장기청소년배드민턴대회	9,522	3	1	7	1	7	1	1	1
328	경기 수원시	수원화성배전국장애인바둑대회	9,160	3	1	7	8	7	1	1	1
329	경기 수원시	사회복지의날기념행사	9,000	3	4	7	8	7	1	1	1
330	경기 수원시	대보름민속놀이한마당	9,000	3	1	7	8	7	1	1	1
331	경기 수원시	계간수원문학출판사업	9,000	3	1	7	8	7	1	1	1
332	경기 수원시	2024Mr.수원특례시장배선발대회	9,000	3	1	7	1	7	1	1	1
333	경기 수원시	2024수원특례시장기초등학생바둑대회	8,370	3	1	7	1	7	1	1	1
334	경기 수원시	새해해맞이행사	7,500	3	1	7	8	7	1	1	1
335	경기 수원시	동네야놀자체험및전시회	7,200	3	1	7	8	7	1	1	1
336	경기 수원시	사회복지경진대회	7,000	3	4	7	8	7	5	5	4
337	경기 수원시	장애어르신고희연	6,600	3	1	7	8	7	1	1	1
338	경기 수원시	2024수원시장배전국클럽농구대회	6,354	3	1	7	1	7	1	1	1
339	경기 수원시	제17회수원특례시장배복싱대회	6,300	3	1	7	1	7	1	1	1
340	경기 수원시	2024수원특례시장배볼링대회	6,300	3	1	7	1	7	1	1	1
341	경기 수원시	제2회수원특례시장배검도대회	6,282	3	1	7	1	7	1	1	1
342	경기 수원시	2024수원특례시장배테니스대회	6,120	3	1	7	1	7	1	1	1
343	경기 수원시	홍재백일장	5,400	3	1	7	8	7	1	1	1
344	경기 수원시	대한민국청춘미술대전	5,400	3	1	7	8	7	1	1	1
345	경기 수원시	문예아카데미	5,200	3	1	7	8	7	1	1	1
346	경기 수원시	수원시장애입합창단정기연주회	5,000	3	1	7	8	7	1	1	1
347	경기 수원시	풍물대동놀이한마당	5,000	3	1	7	8	7	1	1	1
348	경기 수원시	수원미술협회창립6주년기념전	5,000	3	1	7	8	7	1	1	1
349	경기 수원시	6.1민주항쟁기념식	4,800	3	4	7	8	7	1	1	1
350	경기 수원시	북한이탈주민합동망향제	4,530	3	1	7	8	7	1	1	1
351	경기 수원시	재향군인의날기념식	4,360	3	4	7	8	7	1	1	1
352	경기 수원시	나라사랑역사현장체험	4,140	3	1	7	8	7	1	1	1
353	경기 수원시	그라운드골프대회등참가지원	4,000	3	1	7	8	7	1	1	1
354	경기 수원시	흰지팡이의날및점자의날	3,200	3	1	7	8	7	1	1	4
355	경기 수원시	제18회수원특례시장기고등학교축구대회	2,727	3	1	7	1	7	1	1	1
356	경기 수원시	자유수호희생자합동위령제	1,800	3	1	7	8	7	1	1	1
357	경기 성남시	2024년경기도생활체육대축전개최지원	1,000,000	3	6	7	8	7	5	5	4

순번	시군구	지출명 (사업명)	2024년예산 (단위 : 천원 /1년간)	민간이전 분류 (지방자치단체 세출예산 집행기준에 의거) 1. 민간경상사업보조(307-02) 2. 민간단체 법정운영비보조(307-03) 3. 민간행사사업보조(307-04) 4. 민간위탁금(307-05) 5. 사회복지시설 법정운영비보조(307-10) 6. 민간인위탁교육비(307-12) 7. 공기관등에대한경상적위탁사업비(308-13) 8. 민간자본사업보조,자체재원(402-01) 9. 민간자본사업보조,이전재원(402-02) 10. 민간위탁사업비(402-03) 11. 공기관등에 대한 자본적 위탁사업비(403-02)	민간이전지출 근거 (지방보조금 관리기준 참고) 1. 법률에 규정 2. 국고보조 재원(국가지정) 3. 용도 지정 기부금 4. 조례에 직접규정 5. 지자체가 권장하는 사업을 하는 공공기관 6. 시,도 정책 및 재정사정 7. 기타 8. 해당없음	입찰방식 계약체결방법 (경쟁형태) 1. 일반경쟁 2. 제한경쟁 3. 지명경쟁 4. 수의계약 5. 법정위탁 6. 기타 ( ) 7. 없음	입찰방식 계약기간 1. 1년 2. 2년 3. 3년 4. 4년 5. 5년 6. 기타 ( )년 7. 단기계약 (1년미만) 8. 없음	입찰방식 낙찰자선정방법 1. 적격심사 2. 협상에의한계약 3. 최저가낙찰제 4. 규격가격분리 5. 2단계 경쟁입찰 6. 기타 ( ) 7. 없음	운영예산 산정 운영예산 산정 1. 내부산정 (지자체 자체적으로 산정) 2. 외부산정 (외부전문기관위탁 산정) 3. 내·외부 모두 산정 4. 산정 無 5. 없음	운영예산 산정 정산방법 1. 내부정산 (지자체 내부적으로 정산) 2. 외부정산 (외부전문기관위탁 정산) 3. 내·외부 모두 정산 4. 정산 無 5. 없음	성과평가 실시여부 1. 실시 2. 미실시 3. 향후 추진 4. 해당없음
358	경기 성남시	성남문화예술제	200,000	3	1	7	8	7	1	1	1
359	경기 성남시	장애인문화예술진흥사업	166,667	3	1	7	8	7	1	1	1
360	경기 성남시	종교문화예술활동지원	162,000	3	1	7	8	7	1	1	2
361	경기 성남시	종목별시장기대회	126,000	3	6	7	8	7	5	5	4
362	경기 성남시	전국단위생활체육종목별대회	114,000	3	6	7	8	7	5	5	4
363	경기 성남시	2024히말라야장애인감사행복원정대	100,000	3	6	7	8	7	5	5	4
364	경기 성남시	어린이날행사지원	98,000	3	6	7	8	7	5	1	1
365	경기 성남시	노동단체행사지원	91,800	3	4	7	8	7	1	1	1
366	경기 성남시	문화와예술이어우러지는미니콘서트	90,000	3	1	7	8	7	1	1	1
367	경기 성남시	성남시민건강박람회추진	70,000	3	1	7	8	7	1	1	1
368	경기 성남시	문화예술동호인및교육단체지원	66,000	3	1	7	8	7	1	1	1
369	경기 성남시	전통산사문화재활용사업	62,500	3	2	7	8	7	1	1	4
370	경기 성남시	지역예술인창작활동지원	54,000	3	1	7	8	7	1	1	1
371	경기 성남시	종목별회장기대회	54,000	3	6	7	8	7	5	5	4
372	경기 성남시	성남오픈국제태권도대회	50,000	3	6	7	8	7	5	5	4
373	경기 성남시	성남시장배장애인생활체육대회	40,000	3	6	7	8	7	5	5	4
374	경기 성남시	분당구민한마음축제	39,000	3	4	7	8	7	1	1	4
375	경기 성남시	어버이날,노인의날기념행사	36,000	3	7	1	1	1	1	1	1
376	경기 성남시	제19회수정숯골축제	33,000	3	4	7	8	7	1	1	4
377	경기 성남시	복정어울림빛축제	33,000	3	7	1	7	2	1	1	3
378	경기 성남시	제15회은행골축제	32,000	3	4	7	8	7	1	1	4
379	경기 성남시	제17회중원한마당축제	30,900	3	4	7	8	7	1	1	4
380	경기 성남시	향토무형문화재정기공연	27,000	3	4	7	8	7	1	1	1
381	경기 성남시	청계산철쭉축제행사	25,000	3	7	7	8	7	5	5	4
382	경기 성남시	전국탄리문학상	22,800	3	1	7	8	7	1	1	1
383	경기 성남시	성남박태현전국창작동요제	19,200	3	1	7	8	7	1	1	1
384	경기 성남시	종목별의장기생활체육대회	19,200	3	6	7	8	7	5	5	4
385	경기 성남시	종목별성남시체육회장기대회운영	19,200	3	6	7	8	7	5	5	4
386	경기 성남시	우수공예품전시전지원	18,000	3	1,4	7	8	7	1	1	1
387	경기 성남시	남한산성의꿈과희망전	18,000	3	1	7	8	7	1	1	1
388	경기 성남시	성남아트페어	18,000	3	1	7	8	7	1	1	1
389	경기 성남시	위례문환축제	18,000	3	7	7	8	7	5	5	4
390	경기 성남시	성남동모란오거리축제개최	18,000	3	7	7	8	7	1	1	1
391	경기 성남시	판교마당바위해맞이행사	18,000	3	4	7	8	7	1	1	4
392	경기 성남시	성남시사회복지협의회지원	16,200	3	1	7	8	7	1	1	1
393	경기 성남시	양성평등주간기념행사	16,200	3	4	7	8	7	5	5	4
394	경기 성남시	지역노사민정협력활성화	16,000	3	2	7	8	7	1	1	1
395	경기 성남시	벌터산한마당축제	15,840	3	8	7	8	7	1	1	1
396	경기 성남시	제15주년성남3.1만세운동기념식	15,000	3	4	7	8	7	1	1	1
397	경기 성남시	청소년을위한교과서해설음악회	15,000	3	1	7	8	7	1	1	1

순번	시군구	지출명 (사업명)	2024년예산 (단위 : 천원 /1년간)	민간이전 분류 (지방자치단체 세출예산 집행기준에 의거) 1. 민간경상사업보조(307-02) 2. 민간단체 법정운영비보조(307-03) 3. 민간행사사업보조(307-04) 4. 민간위탁금(307-05) 5. 사회복지시설 법정운영비보조(307-10) 6. 민간인위탁교육비(307-12) 7. 공기관등에대한경상적위탁사업비(308-13) 8. 민간자본사업보조,자체재원(402-01) 9. 민간자본사업보조,이전재원(402-02) 10. 민간위탁사업비(402-03) 11. 공기관등에 대한 자본적 위탁사업비(403-02)	민간이전지출 근거 (지방보조금 관리기준 참고) 1. 법률에 규정 2. 국고보조 재원(국가지정) 3. 용도 지정 기부금 4. 조례에 직접규정 5. 지자체가 권장하는 사업을 하는 공공기관 6. 시,도 정책 및 재정사정 7. 기타 8. 해당없음	입찰방식			운영예산 산정		성과평가 실시여부
						계약체결방법 (경쟁형태) 1. 일반경쟁 2. 제한경쟁 3. 지명경쟁 4. 수의계약 5. 법정위탁 6. 기타 ( ) 7. 없음	계약기간 1. 1년 2. 2년 3. 3년 4. 4년 5. 5년 6. 기타 ( )년 7. 단기계약 (1년미만) 8. 없음	낙찰자선정방법 1. 적격심사 2. 협상에의한계약 3. 최저가낙찰제 4. 규격가격분리 5. 2단계 경쟁입찰 6. 기타 ( ) 7. 없음	운영예산 산정 1. 내부산정 (지자체 자체적으로 산정) 2. 외부산정 (외부전문기관위탁 산정) 3. 내·외부 모두 산정 4. 산정 無 5. 없음	정산방법 1. 내부정산 (지자체 내부적으로 정산) 2. 외부정산 (외부전문기관위탁 정산) 3. 내·외부 모두 산정 4. 정산 無 5. 없음	1. 실시 2. 미실시 3. 향후 추진 4. 해당없음
398	경기 성남시	성남국제윈드페스티벌	15,000	3	1	7	8	7	1	1	1
399	경기 성남시	성남전국사진촬영대회	15,000	3	1	7	8	7	1	1	1
400	경기 성남시	전국연극제경기도예선대회	15,000	3	1	7	8	7	1	1	1
401	경기 성남시	악극제	15,000	3	1	7	8	7	1	1	1
402	경기 성남시	경기도민속예술제참가지원	15,000	3	1	7	8	7	1	1	1
403	경기 성남시	성남시장기야구대회	15,000	3	6	7	8	7	5	5	4
404	경기 성남시	하대원동끼콩쿠르의밤행사	15,000	3	7	7	8	7	1	1	3
405	경기 성남시	청소년지도위원역량강화워크숍	14,400	3	1	7	8	7	5	5	4
406	경기 성남시	제22회정월대보름맞이민속놀이	14,000	3	4	7	8	7	1	1	1
407	경기 성남시	장애인종목별시장기,회장기대회	12,600	3	6	7	8	7	5	5	4
408	경기 성남시	자동차안전점검지원	12,600	3	4	7	8	7	1	1	1
409	경기 성남시	장애인의날및장애인주간행사	12,297	3	1	7	8	7	5	5	4
410	경기 성남시	우리소리를찾아서	12,000	3	1	7	8	7	1	1	1
411	경기 성남시	모란현대미술대전	12,000	3	1	7	8	7	1	1	1
412	경기 성남시	시민과함께하는창작영화제	12,000	3	1	7	8	7	1	1	1
413	경기 성남시	성남예술인워크숍	12,000	3	1	7	8	7	1	1	1
414	경기 성남시	성남컵왕중왕전생활체육축구대회	12,000	3	6	7	8	7	5	5	4
415	경기 성남시	성남컵유소년야구대회	12,000	3	6	7	8	7	5	5	4
416	경기 성남시	중원구민건강달리기대회	12,000	3	1	5	8	1	1	1	4
417	경기 성남시	성남시보육인대회	10,830	3	6	7	8	7	5	5	4
418	경기 성남시	장수무대	10,800	3	1	7	8	7	1	1	1
419	경기 성남시	성남향토예술인콘서트	10,800	3	1	7	8	7	1	1	1
420	경기 성남시	북한이탈주민소통의장	10,000	3	1	7	8	7	1	1	1
421	경기 성남시	신춘음악회	10,000	3	2	7	8	7	3	3	4
422	경기 성남시	성남시장기전국장애인게이트볼대회	10,000	3	1	7	8	7	1	1	1
423	경기 성남시	성남시예술인시상식	9,600	3	6	7	8	7	5	5	4
424	경기 성남시	농업인의날행사	9,000	3	1	7	8	7	1	1	1
425	경기 성남시	제29회개천절단군제및도당굿	9,000	3	1	7	8	7	1	1	4
426	경기 성남시	장애인과함께하는아름다운음악회	9,000	3	4	7	8	7	1	1	1
427	경기 성남시	정금란무용제	9,000	3	1	7	8	7	1	1	1
428	경기 성남시	성남시유소년생활체육축구대회	9,000	3	6	7	8	7	1	1	1
429	경기 성남시	동부지역게이트볼대회	8,850	3	6	7	8	7	5	5	4
430	경기 성남시	학교폭력예방청소년축구대회지원	8,448	3	1	7	8	7	5	5	4
431	경기 성남시	성남사진대전	8,400	3	1	7	8	7	5	5	4
432	경기 성남시	성남전국사진공모전	8,400	3	1	7	8	7	1	1	1
433	경기 성남시	성남전국시조경창대회	7,800	3	1	7	8	7	1	1	1
434	경기 성남시	성남전국국악경연대회	7,800	3	1	7	8	7	1	1	1
435	경기 성남시	225새해,천제봉행	7,500	3	4	7	8	7	1	1	1
436	경기 성남시	성남시사회복지사민관합동워크숍	7,200	3	1	7	8	7	1	1	1
437	경기 성남시	성남창작무용제	7,200	3	1	7	8	7	1	1	4

순번	시군구	지출명 (사업명)	2024년예산 (단위 : 천원 /1년간)	민간이전 분류 (지방자치단체 세출예산 집행기준에 의거) 1. 민간경상사업보조(307-02) 2. 민간단체 법정운영비보조(307-03) 3. 민간행사사업보조(307-04) 4. 민간위탁금(307-05) 5. 사회복지시설 법정운영비보조(307-10) 6. 민간인위탁교육비(307-12) 7. 공기관등에대한경상적위탁사업비(308-13) 8. 민간자본사업보조,자체재원(402-01) 9. 민간자본사업보조,이전재원(402-02) 10. 민간위탁사업비(402-03) 11. 공기관등에 대한 자본적 위탁사업비(403-02)	민간이전지출 근거 (지방보조금 관리기준 참고) 1. 법률에 규정 2. 국고보조 재원(국가지정) 3. 용도 지정 기부금 4. 조례에 직접규정 5. 지자체가 권장하는 사업을 하는 공공기관 6. 시,도 정책 및 재정사정 7. 기타 8. 해당없음	입찰방식: 계약체결방법 (경쟁형태) 1. 일반경쟁 2. 제한경쟁 3. 지명경쟁 4. 수의계약 5. 법정위탁 6. 기타 ( ) 7. 없음	입찰방식: 계약기간 1. 1년 2. 2년 3. 3년 4. 4년 5. 5년 6. 기타 ( )년 7. 단기계약 (1년미만) 8. 없음	입찰방식: 낙찰자선정방법 1. 적격심사 2. 협상에의한계약 3. 최저가낙찰제 4. 규격가격분리 5. 2단계 경쟁입찰 6. 기타 ( ) 7. 없음	운영예산 산정: 운영예산 산정 1. 내부산정 (지자체 자체적으로 산정) 2. 외부산정 (외부전문기관위탁 산정) 3. 내·외부 모두 산정 4. 산정 無 5. 없음	운영예산 산정: 정산방법 1. 내부정산 (지자체 내부적으로 정산) 2. 외부정산 (외부전문기관위탁 정산) 3. 내·외부 모두 산정 4. 정산 無 5. 없음	성과평가 실시여부 1. 실시 2. 미실시 3. 향후 추진 4. 해당없음
438	경기 성남시	성남시장기전국중,고하키대회	7,200	3	6	7	8	7	5	5	4
439	경기 성남시	제33회성남사랑글짓기대회	7,000	3	4	7	8	7	1	1	1
440	경기 성남시	성남남한산성해맞이한마당	6,900	3	1	7	8	7	1	1	1
441	경기 성남시	경기도장애인축제한마당	6,000	3	1	7	8	7	5	5	4
442	경기 성남시	제19회둔촌백일장	6,000	3	4	7	8	7	1	1	1
443	경기 성남시	성남문학발간	6,000	3	1	7	8	7	1	1	1
444	경기 성남시	성남시전국학생음악경연대회	6,000	3	1	7	8	7	1	1	1
445	경기 성남시	연극한마당	6,000	3	1	7	8	7	1	1	1
446	경기 성남시	성남전통미술대전	6,000	3	1	7	8	7	1	1	1
447	경기 성남시	성남백중놀이한마당	6,000	3	1	7	8	7	1	1	1
448	경기 성남시	바람개비콘서트	6,000	3	1	7	8	7	1	1	1
449	경기 성남시	성남문학축전	6,000	3	1	7	8	7	1	1	1
450	경기 성남시	연극플러스원	6,000	3	1	7	8	7	1	1	1
451	경기 성남시	까치의송년아리랑	6,000	3	1	7	8	7	1	1	1
452	경기 성남시	정자1동카페거리축제	6,000	3	7	7	8	7	1	1	4
453	경기 성남시	의용소방대소방재난경진대회행사경비지원	5,520	3	1,4	7	8	7	1	1	1
454	경기 성남시	의용소방대소방재난경진대회행사경비지원	5,520	3	1,4	7	8	7	1	1	1
455	경기 성남시	한가위국악큰잔치	5,400	3	1	7	8	7	1	1	1
456	경기 성남시	성남사랑학생창작글짓기대회	5,400	3	1	7	8	7	1	1	1
457	경기 성남시	전국무용제경기도예선대회	5,400	3	1	7	8	7	1	1	1
458	경기 성남시	어르신과함께하는어린이예술제	5,000	3	6	7	8	7	5	5	4
459	경기 성남시	숯내정월대보름달집축제	5,000	3	1	7	8	7	1	1	1
460	경기 성남시	주민자치센터활성화	4,800	3	4	7	7	7	1	1	2
461	경기 성남시	성남전국무용경연대회	4,800	3	1	7	8	7	1	1	1
462	경기 성남시	수정구여성합창단정기연주회	4,800	3	4	7	8	7	1	1	4
463	경기 성남시	천림산봉수제행사	4,800	3	7	7	8	7	1	1	4
464	경기 성남시	중원구여성합창단정기연주회	4,800	3	4	7	8	7	1	1	4
465	경기 성남시	합창단운영지원	4,800	3	4	7	8	7	1	1	4
466	경기 성남시	구청장기생활체육대회	4,800	3	1	7	8	7	1	1	4
467	경기 성남시	구청장기생활체육대회	4,800	3	1	7	8	7	1	1	4
468	경기 성남시	구청장기생활체육대회	4,800	3	1	7	8	7	1	1	4
469	경기 성남시	구청장기생활체육대회	4,800	3	1	7	8	7	1	1	4
470	경기 성남시	구청장기생활체육대회	4,800	3	1	7	8	7	1	1	4
471	경기 성남시	제29회학술회의개최	4,200	3	4	7	8	7	1	1	1
472	경기 성남시	숯내를흐르는숨결전	4,200	3	1	7	8	7	1	1	1
473	경기 성남시	성남시여성합창단정기연주회	4,200	3	1	7	8	7	1	1	1
474	경기 성남시	제17회생활체육탁구대회	4,200	3	1	7	8	7	1	1	4
475	경기 성남시	제17회생활체육배드민턴대회	4,200	3	1	7	8	7	1	1	4
476	경기 성남시	제31회생활체육축구대회	4,200	3	1	7	8	7	1	1	4
477	경기 성남시	제3회생활체육게이트볼대회	4,200	3	1	7	8	7	1	1	4

순번	시군구	지출명 (사업명)	2024년예산 (단위 : 천원 /1년간)	민간이전 분류 (지방자치단체 세출예산 집행기준에 의거) 1. 민간경상사업보조(307-02) 2. 민간단체 법정운영비보조(307-03) 3. 민간행사사업보조(307-04) 4. 민간위탁금(307-05) 5. 사회복지시설 법정운영비보조(307-10) 6. 민간인위탁교육비(307-12) 7. 공기관등에대한경상적위탁사업비(308-13) 8. 민간자본사업보조,자체재원(402-01) 9. 민간자본사업보조,이전재원(402-02) 10. 민간위탁사업비(402-03) 11. 공기관등에 대한 자본적 위탁사업비(403-02)	민간이전지출 근거 (지방보조금 관리기준 참고) 1. 법률에 규정 2. 국고보조 재원(국가지정) 3. 용도 지정 기부금 4. 조례에 직접규정 5. 지자체가 권장하는 사업을 하는 공공기관 6. 시,도 정책 및 재정사정 7. 기타 8. 해당없음	입찰방식 계약체결방법 (경쟁형태) 1. 일반경쟁 2. 제한경쟁 3. 지명경쟁 4. 수의계약 5. 법정위탁 6. 기타 ( ) 7. 없음	입찰방식 계약기간 1. 1년 2. 2년 3. 3년 4. 4년 5. 5년 6. 기타 ( )년 7. 단기계약 (1년미만) 8. 없음	입찰방식 낙찰자선정방법 1. 적격심사 2. 협상에의한계약 3. 최저가낙찰제 4. 규격가격분리 5. 2단계 경쟁입찰 6. 기타 ( ) 7. 없음	운영예산 산정 운영예산 산정 1. 내부산정 (지자체 자체적으로 산정) 2. 외부산정 (외부전문기관위탁 산정) 3. 내·외부 모두 산정 4. 산정 無 5. 없음	운영예산 산정 정산방법 1. 내부정산 (지자체 내부적으로 정산) 2. 외부정산 (외부전문기관위탁 정산) 3. 내·외부 모두 산정 4. 정산 無 5. 없음	성과평가 실시여부 1. 실시 2. 미실시 3. 향후 추진 4. 해당없음
478	경기 성남시	제21회생활체육테니스대회	4,200	3	1	7	8	7	1	1	4
479	경기 성남시	제31회생활체육축구대회	4,200	3	1	7	8	7	1	1	4
480	경기 성남시	제26회생활체육게이트볼대회	4,200	3	1	7	8	7	1	1	4
481	경기 성남시	제23회생활체육테니스대회	4,200	3	1	7	8	7	1	1	4
482	경기 성남시	제16회생활체육배드민턴대회	4,200	3	1	7	8	7	1	1	4
483	경기 성남시	제17회생활체육탁구대회	4,200	3	1	7	8	7	1	1	4
484	경기 성남시	장애인종목별의장배대회	4,000	3	6	7	8	7	5	5	4
485	경기 성남시	청소년지도자양성교육	3,300	3	1	7	8	7	5	5	4
486	경기 성남시	물가모니터워크숍	3,000	3	4	7	8	7	1	1	1
487	경기 성남시	창의적인청소년육성	3,000	3	1	7	8	7	5	1	4
488	경기 성남시	먹빛으로자연을그리다	3,000	3	1	7	8	7	1	1	1
489	경기 성남시	가을도심속의풍물이야기	3,000	3	1	7	8	7	1	1	1
490	경기 성남시	성남시여성합창단전국합창대회	3,000	3	1	7	8	7	1	1	1
491	경기 성남시	추억의우리밀수확행사	3,000	3	1	7	8	7	5	5	4
492	경기 성남시	제27회강정일당상시상	2,760	3	4	7	8	7	1	1	1
493	경기 성남시	전국합창대회참가	2,400	3	4	7	8	7	1	1	4
494	경기 성남시	전국합창관련행사참가	2,400	3	4	7	8	7	1	1	4
495	경기 성남시	합창단운영지원	2,400	3	4	7	8	7	1	1	4
496	경기 성남시	청소년지도위원역량강화소양교육	1,800	3	4	7	8	7	1	1	4
497	경기 성남시	소외계층청소년문화유적지탐방	1,200	3	1	7	8	7	5	5	4
498	경기 의정부시	청소년종합예술제(예선)	17,500	3	1	7	8	7	5	5	4
499	경기 의정부시	장애인문화예술진흥사업	15,000	3	6	7	8	7	1	1	4
500	경기 의정부시	북한이탈주민통일김장담그기한마당	10,000	3	4	7	8	7	5	5	4
501	경기 의정부시	사찰음식체험프로그램	8,000	3	1	7	8	7	1	1	1
502	경기 의정부시	한국농촌지도자전국대회참석버스임차료	600	3	4	7	8	7	5	5	4
503	경기 의정부시	현지연찬교육버스임차료	450	3	1	7	8	7	5	5	4
504	경기 안양시	시장기(배)종목별체육대회	193,300	3	8	7	8	7	5	5	4
505	경기 안양시	체육회장기(배)종목별체육대회	90,000	3	8	7	8	7	5	5	4
506	경기 안양시	시민한마음체육대회	76,000	3	8	7	8	7	5	5	4
507	경기 안양시	시장기장애인종목별체육대회	75,000	3	8	7	8	7	5	5	4
508	경기 안양시	종목단체협회장기대회개최지원	67,500	3	8	7	8	7	5	5	4
509	경기 안양시	안양시실버문화축제	58,400	3	8	7	8	7	5	5	4
510	경기 안양시	협회장기장애인종목별체육대회	50,000	3	8	7	8	7	5	5	4
511	경기 안양시	어린이날행사추진	50,000	3	8	7	8	7	5	5	4
512	경기 안양시	안양시향우협의회한마음어울마당	47,500	3	8	7	8	7	5	5	4
513	경기 안양시	안양시경인일보전국남녀탁구대회	45,000	3	8	7	8	7	5	5	4
514	경기 안양시	안양단오제	40,000	3	8	7	8	7	5	5	4
515	경기 안양시	영유아보육박람회지원	40,000	3	8	7	8	7	5	5	4
516	경기 안양시	안양만안문화제	38,000	3	8	7	8	7	5	5	4
517	경기 안양시	경로행사	33,000	3	8	7	8	7	5	5	4

순번	시군구	지출명 (사업명)	2024년예산 (단위 : 천원 /1년간)	민간이전 분류 (지방자치단체 세출예산 집행기준에 의거) 1. 민간경상사업보조(307-02) 2. 민간단체 법정운영비보조(307-03) 3. 민간행사사업보조(307-04) 4. 민간위탁금(307-05) 5. 사회복지시설 법정운영비보조(307-10) 6. 민간인위탁교육비(307-12) 7. 공기관등에대한경상적위탁사업비(308-13) 8. 민간자본사업보조,자체재원(402-01) 9. 민간자본사업보조,이전재원(402-02) 10. 민간위탁사업비(402-03) 11. 공기관등에 대한 자본적 위탁사업비(403-02)	민간이전지출 근거 (지방보조금 관리기준 참고) 1. 법률에 규정 2. 국고보조 재원(국가지정) 3. 용도 지정 기부금 4. 조례에 직접규정 5. 지자체가 권장하는 사업을 하는 공공기관 6. 시,도 정책 및 재정사정 7. 기타 8. 해당없음	입찰방식 계약체결방법 (경쟁형태) 1. 일반경쟁 2. 제한경쟁 3. 지명경쟁 4. 수의계약 5. 법정위탁 6. 기타 ( ) 7. 없음	계약기간 1. 1년 2. 2년 3. 3년 4. 4년 5. 5년 6. 기타 ( )년 7. 단기계약 (1년미만) 8. 없음	낙찰자선정방법 1. 적격심사 2. 협상에의한계약 3. 최저가낙찰제 4. 규격가격분리 5. 2단계 경쟁입찰 6. 기타 ( ) 7. 없음	운영예산 산정 운영예산 산정 1. 내부산정 (지자체 자체적으로 산정) 2. 외부산정 (외부전문기관위탁 산정) 3. 내·외부 모두 산정 4. 산정 無 5. 없음	정산방법 1. 내부정산 (지자체 내부적으로 정산) 2. 외부정산 (외부전문기관위탁 정산) 3. 내·외부 모두 산정 4. 정산 無 5. 없음	성과평가 실시여부 1. 실시 2. 미실시 3. 향후 추진 4. 해당없음
518	경기 안양시	정월대보름달맞이축제	30,000	3	8	7	8	7	5	5	4
519	경기 안양시	경로행사	28,958	3	8	7	8	7	5	5	4
520	경기 안양시	노인의날기념행사	27,550	3	8	7	8	7	5	5	4
521	경기 안양시	소상공인의날및소상공인주간행사지원	24,000	3	8	7	8	7	5	5	4
522	경기 안양시	의장기생활체육지원	24,000	3	8	7	8	7	5	5	4
523	경기 안양시	월남전쟁격전지순례	24,000	3	8	7	8	7	5	5	4
524	경기 안양시	새마을가족한마음워크숍	22,000	3	8	7	8	7	5	5	4
525	경기 안양시	선양사업(무공수훈자회)	21,710	3	8	7	8	7	5	5	4
526	경기 안양시	경로행사	21,630	3	8	7	8	7	5	5	4
527	경기 안양시	보훈가족위안잔치	21,020	3	8	7	8	7	5	5	4
528	경기 안양시	경로행사	20,550	3	8	7	8	7	5	5	4
529	경기 안양시	경로행사	20,490	3	8	7	8	7	5	5	4
530	경기 안양시	수리산산신제	20,000	3	8	7	8	7	5	5	4
531	경기 안양시	안양평화의소녀상건립7주년및일본군위안부피해자기림의날기념식	19,550	3	8	7	8	7	5	5	4
532	경기 안양시	경로행사	18,743	3	8	7	8	7	5	5	4
533	경기 안양시	경로행사	18,405	3	8	7	8	7	5	5	4
534	경기 안양시	장애인의날주간행사	18,000	3	8	7	8	7	5	5	4
535	경기 안양시	양성평등주간기념행사	17,000	3	8	7	8	7	5	5	4
536	경기 안양시	경로행사	16,928	3	8	7	8	7	5	5	4
537	경기 안양시	경로행사	16,463	3	8	7	8	7	5	5	4
538	경기 안양시	평화수호교육및결의대회	16,375	3	8	7	8	7	5	5	4
539	경기 안양시	안양만안답교놀이축제	15,720	3	8	7	8	7	5	5	4
540	경기 안양시	호국정신함양	15,630	3	8	7	8	7	5	5	4
541	경기 안양시	경로행사	15,510	3	8	7	8	7	5	5	4
542	경기 안양시	경로행사	15,495	3	8	7	8	7	5	5	4
543	경기 안양시	시민과함께하는행복걷기대회	15,200	3	8	7	8	7	5	5	4
544	경기 안양시	저출생인식개선지원	15,000	3	8	7	8	7	5	5	4
545	경기 안양시	장애인의날기념행사	15,000	3	8	7	8	7	5	5	4
546	경기 안양시	안양여성단체화합한마당	15,000	3	8	7	8	7	5	5	4
547	경기 안양시	시민한마음체육대회	15,000	3	8	7	8	7	5	5	4
548	경기 안양시	시민한마음체육대회	15,000	3	8	7	8	7	5	5	4
549	경기 안양시	시민한마음체육대회	15,000	3	8	7	8	7	5	5	4
550	경기 안양시	시민한마음체육대회	15,000	3	8	7	8	7	5	5	4
551	경기 안양시	경로행사	14,640	3	8	7	8	7	5	5	4
552	경기 안양시	경로행사	14,468	3	8	7	8	7	5	5	4
553	경기 안양시	경로행사	13,725	3	8	7	8	7	5	5	4
554	경기 안양시	경로행사	13,253	3	8	7	8	7	5	5	4
555	경기 안양시	경로행사	12,975	3	8	7	8	7	5	5	4
556	경기 안양시	자율방범대역량강화워크숍	12,000	3	8	7	8	7	5	5	4
557	경기 안양시	안양검무전승활동및공연	12,000	3	8	7	8	7	5	5	4

순번	시군구	지출명 (사업명)	2024년예산 (단위 : 천원 /1년간)	민간이전 분류 (지방자치단체 세출예산 집행기준에 의거) 1. 민간경상사업보조(307-02) 2. 민간단체 법정운영비보조(307-03) 3. 민간행사사업보조(307-04) 4. 민간위탁금(307-05) 5. 사회복지시설 법정운영비보조(307-10) 6. 민간인위탁교육비(307-12) 7. 공기관등에대한경상적위탁사업비(308-13) 8. 민간자본사업보조,자체재원(402-01) 9. 민간자본사업보조,이전재원(402-02) 10. 민간위탁사업비(402-03) 11. 공기관등에 대한 자본적 위탁사업비(403-02)	민간이전지출 근거 (지방보조금 관리기준 참고) 1. 법률에 규정 2. 국고보조 재원(국가지정) 3. 용도 지정 기부금 4. 조례에 직접규정 5. 지자체가 권장하는 사업을 하는 공공기관 6. 시,도 정책 및 재정사정 7. 기타 8. 해당없음	입찰방식 계약체결방법 (경쟁형태) 1. 일반경쟁 2. 제한경쟁 3. 지명경쟁 4. 수의계약 5. 법정위탁 6. 기타 ( ) 7. 없음	입찰방식 계약기간 1. 1년 2. 2년 3. 3년 4. 4년 5. 5년 6. 기타 ( )년 7. 단기계약 (1년미만) 8. 없음	입찰방식 낙찰자선정방법 1. 적격심사 2. 협상에의한계약 3. 최저가낙찰제 4. 규격가격분리 5. 2단계 경쟁입찰 6. 기타 ( ) 7. 없음	운영예산 산정 운영예산 산정 1. 내부산정 (지자체 자체적으로 산정) 2. 외부산정 (외부전문기관위탁 산정) 3. 내·외부 모두 산정 4. 산정 無 5. 없음	운영예산 산정 정산방법 1. 내부정산 (지자체 내부적으로 정산) 2. 외부정산 (외부전문기관위탁 정산) 3. 내·외부 모두 산정 4. 정산 無 5. 없음	성과평가 실시여부 1. 실시 2. 미실시 3. 향후 추진 4. 해당없음
558	경기 안양시	경로행사	11,640	3	8	7	8	7	5	5	4
559	경기 안양시	호국문화사업	11,395	3	8	7	8	7	5	5	4
560	경기 안양시	경로행사	11,153	3	8	7	8	7	5	5	4
561	경기 안양시	경로행사	10,725	3	8	7	8	7	5	5	4
562	경기 안양시	경로행사	10,695	3	8	7	8	7	5	5	4
563	경기 안양시	경로행사	10,313	3	8	7	8	7	5	5	4
564	경기 안양시	경기도민속예술제	10,000	3	8	7	8	7	5	5	4
565	경기 안양시	경로행사	9,638	3	8	7	8	7	5	5	4
566	경기 안양시	경로행사	9,308	3	8	7	8	7	5	5	4
567	경기 안양시	경로행사	9,225	3	8	7	8	7	5	5	4
568	경기 안양시	경로행사	8,985	3	8	7	8	7	5	5	4
569	경기 안양시	안양사랑장애인힐링걷기대회	8,850	3	8	7	8	7	5	5	4
570	경기 안양시	경로행사	8,813	3	8	7	8	7	5	5	4
571	경기 안양시	경로행사	8,783	3	8	7	8	7	5	5	4
572	경기 안양시	월남전참전기념일행사및호국위령제(월남전참전자회)	8,640	3	8	7	8	7	5	5	4
573	경기 안양시	경로행사	8,625	3	8	7	8	7	5	5	4
574	경기 안양시	경로행사	8,490	3	8	7	8	7	5	5	4
575	경기 안양시	경로행사	8,355	3	8	7	8	7	5	5	4
576	경기 안양시	경로행사	8,288	3	8	7	8	7	5	5	4
577	경기 안양시	재난인명구조교육및훈련(특수임무유공자회)	8,250	3	8	7	8	7	5	5	4
578	경기 안양시	귀인체육대회운영	7,830	3	8	7	8	7	5	5	4
579	경기 안양시	사회복지의날기념한마당행사	7,500	3	8	7	8	7	5	5	4
580	경기 안양시	경기도장애인축제한마당	7,000	3	8	7	8	7	5	5	4
581	경기 안양시	호국영령참배행사	6,632	3	8	7	8	7	5	5	4
582	경기 안양시	보훈단체전적지순례	6,440	3	8	7	8	7	5	5	4
583	경기 안양시	지역아동센터연합프로그램지원	6,000	3	8	7	8	7	5	5	4
584	경기 안양시	국립현충원지킴이행사및참배	5,600	3	8	7	8	7	5	5	4
585	경기 안양시	상공인신년인사회	5,000	3	8	7	8	7	5	5	4
586	경기 안양시	상이군경회체육대회	5,000	3	8	7	8	7	5	5	4
587	경기 안양시	주민총회개최	5,000	3	8	7	8	7	5	5	4
588	경기 안양시	주민총회개최	5,000	3	8	7	8	7	5	5	4
589	경기 안양시	충주보훈휴양원행사(전몰군경미망인회)	3,600	3	8	7	8	7	5	5	4
590	경기 안양시	시설아동경기도체육대회지원	3,540	3	8	7	8	7	5	5	4
591	경기 안양시	안양시새마을지도자대회	3,500	3	8	7	8	7	5	5	4
592	경기 안양시	광복회와함께하는어린이역사교실	3,360	3	8	7	8	7	5	5	4
593	경기 안양시	협동조합의날행사추진	3,000	3	8	7	8	7	5	5	4
594	경기 안양시	도자기체험교실운영	2,500	3	8	7	8	7	5	5	4
595	경기 안양시	경기도새마을교통봉사대체육대회	1,750	3	8	7	8	7	5	5	4
596	경기 안양시	경기도농아인어울림축제한마당	1,000	3	8	7	8	7	5	5	4
597	경기 안양시	휴전선155마일종주행사(전몰군경유족회)	830	3	8	7	8	7	5	5	4

순번	시군구	지출명 (사업명)	2024년예산 (단위 : 천원 /1년간)	민간이전 분류 (지방자치단체 세출예산 집행기준에 의거) 1. 민간경상사업보조(307-02) 2. 민간단체 법정운영비보조(307-03) 3. 민간행사사업보조(307-04) 4. 민간위탁금(307-05) 5. 사회복지시설 법정운영비보조(307-10) 6. 민간인위탁교육비(307-12) 7. 공기관등에대한경상적위탁사업비(308-13) 8. 민간자본사업보조,자체재원(402-01) 9. 민간자본사업보조,이전재원(402-02) 10. 민간위탁사업비(402-03) 11. 공기관등에 대한 자본적 위탁사업비(403-02)	민간이전지출 근거 (지방보조금 관리기준 참고) 1. 법률에 규정 2. 국고보조 재원(국가지정) 3. 용도 지정 기부금 4. 조례에 직접규정 5. 지자체가 권장하는 사업을 하는 공공기관 6. 시,도 정책 및 재정사정 7. 기타 8. 해당없음	입찰방식 계약체결방법 (경쟁형태) 1. 일반경쟁 2. 제한경쟁 3. 지명경쟁 4. 수의계약 5. 법정위탁 6. 기타 ( ) 7. 없음	입찰방식 계약기간 1. 1년 2. 2년 3. 3년 4. 4년 5. 5년 6. 기타 ( )년 7. 단기계약 (1년미만) 8. 없음	입찰방식 낙찰자선정방법 1. 적격심사 2. 협상에의한계약 3. 최저가낙찰제 4. 규격가격분리 5. 2단계 경쟁입찰 6. 기타 ( ) 7. 없음	운영예산 산정 운영예산 산정 1. 내부산정 (지자체 자체적으로 산정) 2. 외부산정 (외부전문기관위탁 산정) 3. 내·외부 모두 산정 4. 산정 無 5. 없음	운영예산 산정 정산방법 1. 내부정산 (지자체 내부적으로 정산) 2. 외부정산 (외부전문기관위탁 정산) 3. 내·외부 모두 산정 4. 정산 無 5. 없음	성과평가 실시여부 1. 실시 2. 미실시 3. 향후 추진 4. 해당없음
598	경기 안양시	귀인먹거리촌환경안전정비	600	3	8	7	8	7	5	5	4
599	경기 부천시	전국,도단위및각종대회개최	310,000	3	1	7	8	7	1	3	1
600	경기 부천시	부천세계비보이대회	276,780	3	4	7	8	7	1	1	1
601	경기 부천시	부천시장기(배)종목별체육대회개최	193,200	3	1	7	8	7	1	3	1
602	경기 부천시	부천시의회의장기(배)종목별체육대회개최	152,500	3	1	7	8	7	1	3	1
603	경기 부천시	부천판타지아로봇페스티벌	140,000	3	4	7	8	7	1	1	1
604	경기 부천시	복사골예술제개최	131,430	3	4	7	8	7	1	1	1
605	경기 부천시	시민어울림한마당	80,000	3	4	7	8	7	1	1	1
606	경기 부천시	경기국제코스프레페스티벌	70,000	3	5	7	8	7	1	1	1
607	경기 부천시	복사골청소년예술제	70,000	3	4	7	8	7	1	1	1
608	경기 부천시	장애인문화예술진흥사업	70,000	3	6	7	8	7	1	1	1
609	경기 부천시	괴담창작지원프로젝트	59,000	3	4	7	8	7	1	1	1
610	경기 부천시	부천시장배전국장애인체육대회개최	54,400	3	1	7	8	7	1	3	1
611	경기 부천시	부천FC배축구대회개최	40,000	3	1	7	8	7	1	3	1
612	경기 부천시	찾아가는작은무대열린공연	37,500	3	4	7	8	7	1	1	1
613	경기 부천시	부천시민화합한마당체육대회추진	36,800	3	1	7	8	7	1	3	1
614	경기 부천시	경인미술대전(미술협회)	33,000	3	4	7	8	7	1	1	1
615	경기 부천시	영상의적전국사진공모전(사진협회)	33,000	3	4	7	8	7	1	1	1
616	경기 부천시	복사골건강한마당행사비	31,200	3	4	7	8	7	5	5	4
617	경기 부천시	복사골전국청소년합창경연대회(음악협회)	25,000	3	4	7	8	7	1	1	1
618	경기 부천시	부천시문화다양성프로젝트(민예총부천지부)	21,000	3	4	7	8	7	1	1	1
619	경기 부천시	부천시민자전거대축제	20,000	3	1	7	8	7	1	1	1
620	경기 부천시	펄벅문화축제	20,000	3	1,4	7	8	7	1	1	1
621	경기 부천시	복사골전국국악경연대회(국악협회)	18,000	3	4	7	8	7	1	1	1
622	경기 부천시	보육서비스지원	18,000	3	6	7	8	7	5	1	4
623	경기 부천시	향토문화재보존및전승(부천석천농기고두마리)	16,000	3	4	1	1	3	1	1	1
624	경기 부천시	보훈단체장및국가유공자항일유적지및격전지견학지원	16,000	3	4	7	8	7	1	1	1
625	경기 부천시	복사골전국무용대회(무용협회)	15,500	3	4	7	8	7	1	1	1
626	경기 부천시	체육대회개최(원미)	13,600	3	4	7	8	7	5	5	4
627	경기 부천시	부천시자전거이용활성화추진	12,000	3	1	7	8	7	1	1	1
628	경기 부천시	체육대회개최(소사)	12,000	3	4	7	8	7	5	5	4
629	경기 부천시	부천시보라매연극제(연극협회)	11,700	3	4	7	8	7	1	1	1
630	경기 부천시	오정구체육대회	11,200	3	7	7	8	7	5	5	4
631	경기 부천시	송년종합예술제(예총부천지회)	10,000	3	4	7	8	7	1	1	1
632	경기 부천시	올해의작가전(미술협회)	10,000	3	4	7	8	7	1	1	1
633	경기 부천시	안중근의사선양사업행사지원	10,000	3	4	7	8	7	1	1	1
634	경기 부천시	청소년로맨틱뮤지컬(룸메이트)(연극협회)	9,200	3	4	7	8	7	1	1	1
635	경기 부천시	청소년춤축제(무용협회)	8,500	3	4	7	8	7	1	1	1
636	경기 부천시	국가무형문화재보존및전승(장말도당굿)	8,000	3	1	1	1	3	1	1	1
637	경기 부천시	경기도지정문화재보존및전승(자리걷이)	8,000	3	4	1	1	3	1	1	1

순번	시군구	지출명 (사업명)	2024년예산 (단위 : 천원 /1년간)	민간이전 분류 (지방자치단체 세출예산 집행기준에 의거) 1. 민간경상사업보조(307-02) 2. 민간단체 법정운영비보조(307-03) 3. 민간행사사업보조(307-04) 4. 민간위탁금(307-05) 5. 사회복지시설 법정운영비보조(307-10) 6. 민간인위탁교육비(307-12) 7. 공기관등에대한경상적위탁사업비(308-13) 8. 민간자본사업보조,자체재원(402-01) 9. 민간자본사업보조,이전재원(402-02) 10. 민간위탁사업비(402-03) 11. 공기관등에 대한 자본적 위탁사업비(403-02)	민간이전지출 근거 (지방보조금 관리기준 참고) 1. 법률에 규정 2. 국고보조 재원(국가지정) 3. 용도 지정 기부금 4. 조례에 직접규정 5. 지자체가 권장하는 사업을 하는 공공기관 6. 시,도 정책 및 재정사정 7. 기타 8. 해당없음	입찰방식			운영예산 산정		성과평가 실시여부
						계약체결방법 (경쟁형태) 1. 일반경쟁 2. 제한경쟁 3. 지명경쟁 4. 수의계약 5. 법정위탁 6. 기타 ( ) 7. 없음	계약기간 1. 1년 2. 2년 3. 3년 4. 4년 5. 5년 6. 기타 ( )년 7. 단기계약 (1년미만) 8. 없음	낙찰자선정방법 1. 적격심사 2. 협상에의한계약 3. 최저가낙찰제 4. 규격가격분리 5. 2단계 경쟁입찰 6. 기타 ( ) 7. 없음	운영예산 산정 1. 내부산정 (지자체 자체적으로 산정) 2. 외부산정 (외부전문기관위탁 산정) 3. 내·외부 모두 산정 4. 산정 無 5. 없음	정산방법 1. 내부정산 (지자체 내부적으로 정산) 2. 외부정산 (외부전문기관위탁 정산) 3. 내·외부 모두 산정 4. 정산 無 5. 없음	1. 실시 2. 미실시 3. 향후 추진 4. 해당없음
638	경기 부천시	원미산진달래축제(춘의)	8,000	3	5	7	8	7	5	5	4
639	경기 부천시	도당산벚꽃축제(도당)	8,000	3	5	7	8	7	1	1	1
640	경기 부천시	역곡천수변축제	8,000	3	1,4	7	8	7	1	1	1
641	경기 부천시	시민체육대회	8,000	3	4	7	8	7	1	1	1
642	경기 부천시	고리울선사문화제(고강본)	8,000	3	8	7	8	7	5	1	1
643	경기 부천시	자선구제및성탄트리사업지원	7,200	3	4	1	1	3	1	1	1
644	경기 부천시	부천시민과함께하는연등축제지원	7,200	3	4	1	1	3	1	1	1
645	경기 부천시	전국무용제경기도대회(무용협회)	7,000	3	4	7	8	7	1	1	1
646	경기 부천시	경기전통민요행사지원	7,000	3	4	7	8	7	1	1	1
647	경기 부천시	바람불어좋은날축제(소사본)	6,000	3	7	7	8	7	1	1	1
648	경기 부천시	고리울가로공원음악회(고강본)	6,000	3	8	7	8	7	1	1	1
649	경기 부천시	정신재활시설공동캠프지원	5,424	3	6	7	8	7	1	1	4
650	경기 부천시	전국연극제경기도대회(연극협회)	5,400	3	4	7	8	7	1	1	1
651	경기 부천시	해피콘서트한여름밤의추억(음악협회)	5,100	3	4	7	8	7	1	1	1
652	경기 부천시	부천문학발간(문인협회)	5,000	3	4	7	8	7	1	1	1
653	경기 부천시	한일미술교류전(미술협회)	5,000	3	4	7	8	7	1	1	1
654	경기 부천시	부천미술페스티벌(미술협회)	5,000	3	4	7	8	7	1	1	1
655	경기 부천시	장말축제(중)	5,000	3	6	7	8	7	1	1	1
656	경기 부천시	가을소리음악회(상)	5,000	3	6	7	8	7	1	1	1
657	경기 부천시	시민체육대회	4,900	3	7	7	8	7	1	1	1
658	경기 부천시	시민체육대회(성곡)	4,900	3	1	7	8	7	1	1	1
659	경기 부천시	시민체육대회	4,600	3	7	7	8	7	5	5	4
660	경기 부천시	시민체육대회(중2)	4,300	3	1	7	8	7	1	1	1
661	경기 부천시	시민체육대회	4,300	3	1	7	8	7	1	1	1
662	경기 부천시	시민체육대회	4,300	3	1	7	8	7	1	1	1
663	경기 부천시	시민체육대회(고강본)	4,300	3	4	7	8	7	1	1	1
664	경기 부천시	청소년해설음악회(음악협회)	4,000	3	4	7	8	7	1	1	4
665	경기 부천시	새봄맞이국악한마당(국악협회)	4,000	3	4	7	8	7	1	1	1
666	경기 부천시	시민체육대회(도당)	4,000	3	5	7	8	7	1	1	1
667	경기 부천시	시민체육대회(중)	4,000	3	6	7	8	7	1	1	1
668	경기 부천시	시민체육대회	4,000	3	7	7	8	7	1	1	1
669	경기 부천시	시민체육대회	4,000	3	1	7	8	7	1	1	1
670	경기 부천시	시민체육대회	4,000	3	1,4	7	8	7	1	1	1
671	경기 부천시	시민체육대회	4,000	3	4	7	8	7	1	1	1
672	경기 부천시	시민체육대회(송내2)	4,000	3	7	7	8	7	1	1	1
673	경기 부천시	시민체육대회(성곡)	4,000	3	7	7	8	7	1	1	1
674	경기 부천시	시민체육대회(성곡)	4,000	3	7	7	8	7	1	1	4
675	경기 부천시	시민체육대회(오정)	4,000	3	4	7	8	7	1	1	4
676	경기 부천시	시민체육대회(심곡2)	3,700	3	7	7	8	7	1	1	1
677	경기 부천시	시민체육대회	3,700	3	4	7	8	7	1	1	1

순번	시군구	지출명 (사업명)	2024년예산 (단위 : 천원 /1년간)	민간이전 분류 (지방자치단체 세출예산 집행기준에 의거) 1. 민간경상사업보조(307-02) 2. 민간단체 법정운영비보조(307-03) 3. 민간행사사업보조(307-04) 4. 민간위탁금(307-05) 5. 사회복지시설 법정운영비보조(307-10) 6. 민간인위탁교육비(307-12) 7. 공기관등에대한경상적위탁사업비(308-13) 8. 민간자본사업보조,자체재원(402-01) 9. 민간자본사업보조,이전재원(402-02) 10. 민간위탁사업비(402-03) 11. 공기관등에 대한 자본적 위탁사업비(403-02)	민간이전지출 근거 (지방보조금 관리기준 참고) 1. 법률에 규정 2. 국고보조 재원(국가지정) 3. 용도 지정 기부금 4. 조례에 직접규정 5. 지자체가 권장하는 사업을 하는 공공기관 6. 시,도 정책 및 재정사정 7. 기타 8. 해당없음	입찰방식 계약체결방법 (경쟁형태) 1. 일반경쟁 2. 제한경쟁 3. 지명경쟁 4. 수의계약 5. 법정위탁 6. 기타 ( ) 7. 없음	입찰방식 계약기간 1. 1년 2. 2년 3. 3년 4. 4년 5. 5년 6. 기타 ( )년 7. 단기계약 (1년미만) 8. 없음	입찰방식 낙찰자선정방법 1. 적격심사 2. 협상에의한계약 3. 최저가낙찰제 4. 규격가격분리 5. 2단계 경쟁입찰 6. 기타 ( ) 7. 없음	운영예산 산정 운영예산 산정 1. 내부산정 (지자체 자체적으로 산정) 2. 외부산정 (외부전문기관위탁 산정) 3. 내·외부 모두 산정 4. 산정 無 5. 없음	운영예산 산정 정산방법 1. 내부정산 (지자체 내부적으로 정산) 2. 외부정산 (외부전문기관위탁 정산) 3. 내·외부 모두 산정 4. 정산 無 5. 없음	성과평가 실시여부 1. 실시 2. 미실시 3. 향후 추진 4. 해당없음
678	경기 부천시	시민체육대회(역곡2동)	3,700	3	7	7	8	7	1	1	1
679	경기 부천시	시민체육대회(약대)	3,700	3	4	7	8	7	1	1	3
680	경기 부천시	시민체육대회	3,700	3	4	7	8	7	1	1	3
681	경기 부천시	시민체육대회(상)	3,700	3	6	7	8	7	1	1	1
682	경기 부천시	시민체육대회	3,700	3	7	7	8	7	1	1	1
683	경기 부천시	시민체육대회	3,700	3	4	7	8	7	1	1	1
684	경기 부천시	시민체육대회	3,700	3	1	7	8	7	1	1	1
685	경기 부천시	시민체육대회	3,700	3	7	7	8	7	1	1	1
686	경기 부천시	내집안주차장설치지원	3,400	3	7	7	8	7	1	1	1
687	경기 부천시	시민체육대회(춘의)	3,400	3	5	7	8	7	1	5	4
688	경기 부천시	시민체육대회	3,400	3	1,4	7	8	7	1	1	1
689	경기 부천시	시민체육대회(심곡3)	3,400	3	1	7	8	7	5	1	1
690	경기 부천시	시민체육대회	3,400	3	1	7	8	7	5	1	1
691	경기 부천시	시민체육대회(고강본)	3,400	3	1	7	8	7	1	1	1
692	경기 부천시	전국남녀시조경창대회	3,290	3	4	7	8	7	1	1	1
693	경기 부천시	내집안주차장설치지원	3,000	3	7	7	8	7	1	1	1
694	경기 부천시	영산홍과함께하는화합한마당	3,000	3	7	7	8	7	1	1	1
695	경기 부천시	먹적골한마음축제(심곡3)	3,000	3	1	7	8	7	5	1	1
696	경기 부천시	원미동문학동산음악회	3,000	3	4	7	8	7	1	1	1
697	경기 부천시	송학골도롱뇽축제(송내2)	3,000	3	7	7	8	7	1	1	1
698	경기 부천시	까치울그림그리기대회(성곡)	3,000	3	1	7	8	7	5	5	4
699	경기 부천시	거칠개주민대축제	3,000	3	1	7	8	7	1	5	4
700	경기 부천시	시민체육대회	2,900	3	7	7	8	7	1	1	1
701	경기 부천시	자율방범연합대체육대회지원	2,680	3	1,4	7	8	7	5	5	4
702	경기 부천시	자율방범연합대체육대회지원	2,680	3	4	7	8	7	5	5	4
703	경기 부천시	춘덕산복숭아꽃축제	800	3	4	7	8	7	1	1	1
704	경기 부천시	시민체육대회	430	3	7	7	8	7	1	1	1
705	경기 부천시	생태하천학습문화한마당	300	3	7	7	8	7	1	1	1
706	경기 부천시	자율방범대운영(원미)	4,040	3	4	7	8	7	5	5	4
707	경기 광명시	시장기체육대회종목별대회개최지원	210,000	3	5	7	8	7	5	5	4
708	경기 광명시	전국단위마라톤대회추진	180,000	3	5	1	7	2	1	1	4
709	경기 광명시	구름산예술제	149,000	3	1	7	8	7	1	1	2
710	경기 광명시	오리(청렴)문화제	100,000	3	1	4	1	7	1	1	1
711	경기 광명시	시민의날체육대회개최	90,000	3	5	7	8	7	5	5	4
712	경기 광명시	해설이있는교과서음악회	80,000	3	1	7	8	7	1	1	2
713	경기 광명시	광명등문화축제	80,000	3	7	7	8	7	5	5	1
714	경기 광명시	협회장기생활체육종목별대회	72,500	3	5	7	8	7	5	5	4
715	경기 광명시	광명농악대축제	70,000	3	4	7	8	7	1	1	2
716	경기 광명시	노인의날행사지원	70,000	3	7	7	8	7	1	1	1
717	경기 광명시	각종전국체육대회개최유치지원	65,000	3	5	7	8	7	5	5	4

순번	시군구	지출명 (사업명)	2024년예산 (단위 : 천원 /1년간)	민간이전 분류 (지방자치단체 세출예산 집행기준에 의거) 1. 민간경상사업보조(307-02) 2. 민간단체 법정운영비보조(307-03) 3. 민간행사사업보조(307-04) 4. 민간위탁금(307-05) 5. 사회복지시설 법정운영비보조(307-10) 6. 민간인위탁교육비(307-12) 7. 공기관등에대한경상적위탁사업비(308-13) 8. 민간자본사업보조,자체재원(402-01) 9. 민간자본사업보조,이전재원(402-02) 10. 민간위탁사업비(402-03) 11. 공기관등에 대한 자본적 위탁사업비(403-02)	민간이전지출 근거 (지방보조금 관리기준 참고) 1. 법률에 규정 2. 국고보조 재원(국가지정) 3. 용도 지정 기부금 4. 조례에 직접규정 5. 지자체가 권장하는 사업을 하는 공공기관 6. 시,도 정책 및 재정사정 7. 기타 8. 해당없음	입찰방식			운영예산 산정		성과평가 실시여부
						계약체결방법 (경쟁형태) 1. 일반경쟁 2. 제한경쟁 3. 지명경쟁 4. 수의계약 5. 법정위탁 6. 기타 ( ) 7. 없음	계약기간 1. 1년 2. 2년 3. 3년 4. 4년 5. 5년 6. 기타 ( )년 7. 단기계약 (1년미만) 8. 없음	낙찰자선정방법 1. 적격심사 2. 협상에의한계약 3. 최저가낙찰제 4. 규격가격분리 5. 2단계 경쟁입찰 6. 기타 ( ) 7. 없음	운영예산 산정 1. 내부산정 (지자체 자체적으로 산정) 2. 외부산정 (외부전문기관위탁 산정) 3. 내·외부 모두 산정 4. 산정 無 5. 없음	정산방법 1. 내부정산 (지자체 내부적으로 정산) 2. 외부정산 (외부전문기관위탁 정산) 3. 내·외부 모두 산정 4. 정산 無 5. 없음	1. 실시 2. 미실시 3. 향후 추진 4. 해당없음
718	경기 광명시	광명심포니오케스트라정기연주회	60,000	3	1	7	8	7	1	1	2
719	경기 광명시	광명여성합창단모닝클래식	60,000	3	1	7	8	7	1	1	2
720	경기 광명시	GK오페라단정기공연	55,000	3	1	7	8	7	1	1	2
721	경기 광명시	박물관미술관지원사업(전환)	50,447	3	4	7	8	7	1	1	2
722	경기 광명시	찾아가는예술무대창작뮤지컬강빈	50,000	3	1	7	8	7	1	1	2
723	경기 광명시	금관앙상블과함께하는음악여행	50,000	3	6	7	8	7	1	1	1
724	경기 광명시	시민에게찾아가는작은음악회	50,000	3	6	7	8	7	1	1	1
725	경기 광명시	시장기장애인체육대회	46,000	3	5	7	7	7	1	1	1
726	경기 광명시	광명뮤지컬단정기공연	45,000	3	1	7	8	7	1	1	2
727	경기 광명시	가구문화의거리행사지원	36,000	3	7	7	8	7	1	1	4
728	경기 광명시	에너지의날행사	30,000	3	4	7	8	7	1	1	4
729	경기 광명시	광명송년예술제	30,000	3	1	7	8	7	1	1	2
730	경기 광명시	동지역사회보장협의체워크숍	30,000	3	1,4	7	8	7	1	1	4
731	경기 광명시	어버이날행사지원	30,000	3	7	7	8	5	1	1	1
732	경기 광명시	광명사랑뷰티헤어축제	30,000	3	4	7	8	7	5	5	4
733	경기 광명시	기후에너지동아리육성지원사업	27,000	3	2	7	8	7	1	1	1
734	경기 광명시	패션문화의거리행사지원	27,000	3	7	7	8	7	1	1	4
735	경기 광명시	대한민국서예한마당	27,000	3	1	7	8	7	1	1	2
736	경기 광명시	전국빛사진공모전	21,000	3	1	7	8	7	1	1	2
737	경기 광명시	골목상권홍보지원(이동콘서트)	20,000	3	7	7	8	7	1	1	4
738	경기 광명시	광명미술제	20,000	3	1	7	8	7	1	1	2
739	경기 광명시	시민가족이함께하는광명영화제	20,000	3	1	7	8	7	1	1	2
740	경기 광명시	광명국악단서도소리극	20,000	3	4	7	8	7	1	1	2
741	경기 광명시	브런치콘서트	20,000	3	1	7	8	7	1	1	2
742	경기 광명시	광명보육인대회	20,000	3	2	7	8	7	1	1	1
743	경기 광명시	광명시음식문화거리축제	20,000	3	4	7	8	7	5	5	4
744	경기 광명시	시민체육대회보조금	20,000	3	1	7	8	7	1	1	1
745	경기 광명시	시민체육대회보조금	20,000	3	5	7	8	7	1	1	1
746	경기 광명시	시민체육대회보조금	20,000	3	1	7	8	7	1	1	1
747	경기 광명시	시민체육대회보조금	20,000	3	5	7	8	7	1	1	1
748	경기 광명시	시민체육대회보조금	20,000	3	1	7	8	7	1	1	1
749	경기 광명시	시민체육대회보조금	20,000	3	1,4	7	8	7	1	1	4
750	경기 광명시	시민체육대회보조금	20,000	3	1	7	8	7	1	1	1
751	경기 광명시	시민체육대회보조금	20,000	3	5	7	8	7	1	1	1
752	경기 광명시	시민체육대회보조금	20,000	3	4	7	8	7	1	1	2
753	경기 광명시	시민체육대회보조금	20,000	3	1	7	8	7	1	1	1
754	경기 광명시	시민체육대회보조금	20,000	3	1	7	8	7	1	1	1
755	경기 광명시	시민체육대회보조금	20,000	3	1	7	7	7	1	1	1
756	경기 광명시	시민체육대회보조금	20,000	3	4	7	8	7	1	1	1
757	경기 광명시	시민체육대회보조금	20,000	3	4	7	8	7	1	1	1

순번	시군구	지출명 (사업명)	2024년예산 (단위 : 천원 /1년간)	민간이전 분류 (지방자치단체 세출예산 집행기준에 의거) 1. 민간경상사업보조(307-02) 2. 민간단체 법정운영비보조(307-03) 3. 민간행사사업보조(307-04) 4. 민간위탁금(307-05) 5. 사회복지시설 법정운영비보조(307-10) 6. 민간인위탁교육비(307-12) 7. 공기관등에대한경상적위탁사업비(308-13) 8. 민간자본사업보조,자체재원(402-01) 9. 민간자본사업보조,이전재원(402-02) 10. 민간위탁사업비(402-03) 11. 공기관등에 대한 자본적 위탁사업비(403-02)	민간이전지출 근거 (지방보조금 관리기준 참고) 1. 법률에 규정 2. 국고보조 재원(국가지정) 3. 용도 지정 기부금 4. 조례에 직접규정 5. 지자체가 권장하는 사업을 하는 공공기관 6. 시,도 정책 및 재정사정 7. 기타 8. 해당없음	입찰방식: 계약체결방법 (경쟁형태) 1. 일반경쟁 2. 제한경쟁 3. 지명경쟁 4. 수의계약 5. 법정위탁 6. 기타 ( ) 7. 없음	입찰방식: 계약기간 1. 1년 2. 2년 3. 3년 4. 4년 5. 5년 6. 기타 ( )년 7. 단기계약 (1년미만) 8. 없음	입찰방식: 낙찰자선정방법 1. 적격심사 2. 협상에의한계약 3. 최저가낙찰제 4. 규격가격분리 5. 2단계 경쟁입찰 6. 기타 ( ) 7. 없음	운영예산 산정: 운영예산 산정 1. 내부산정 (지자체 자체적으로 산정) 2. 외부산정 (외부전문기관위탁 산정) 3. 내·외부 모두 산정 4. 산정 無 5. 없음	운영예산 산정: 정산방법 1. 내부정산 (지자체 내부적으로 정산) 2. 외부정산 (외부전문기관위탁 정산) 3. 내·외부 모두 산정 4. 정산 無 5. 없음	성과평가 실시여부 1. 실시 2. 미실시 3. 향후 추진 4. 해당없음
758	경기 광명시	시민체육대회보조금	20,000	3	6	7	8	7	1	1	1
759	경기 광명시	시민체육대회보조금	20,000	3	1	7	8	7	1	1	1
760	경기 광명시	시민체육대회보조금	20,000	3	1	7	8	7	1	1	1
761	경기 광명시	시민체육대회보조금	20,000	3	1	7	8	7	1	1	1
762	경기 광명시	찾아가는미술관	18,000	3	1	7	8	7	1	1	2
763	경기 광명시	탄소중립!광명새빛장터	16,101	3	5	7	8	7	1	1	1
764	경기 광명시	광명여성합창단정기공연	15,000	3	1	7	8	7	1	1	2
765	경기 광명시	시민오케스트라정기연주회	13,300	3	1	7	8	7	1	1	2
766	경기 광명시	농업인의날행사	13,000	3	4	7	8	7	1	1	4
767	경기 광명시	코리아오페라필하모닉오케스트라정기연주회	12,000	3	1	7	8	7	1	1	2
768	경기 광명시	광명청소년예술단정기공연	11,000	3	1	7	8	7	1	1	2
769	경기 광명시	우수전통민속보존사업	10,800	3	4	7	8	7	1	1	2
770	경기 광명시	축음이기	10,348	3	4	7	8	7	1	1	4
771	경기 광명시	경기도민속예술제참가지원	10,000	3	1	4	1	7	1	1	2
772	경기 광명시	전국신인문학상	10,000	3	1	7	8	7	1	1	2
773	경기 광명시	국악협회정기공연	10,000	3	1	7	8	7	1	1	2
774	경기 광명시	청춘합창단정기공연	10,000	3	1	7	8	7	1	1	2
775	경기 광명시	광명청소년교향악단정기연주회	10,000	3	1	7	8	7	1	1	2
776	경기 광명시	장애인과함께하는연주회	10,000	3	1	7	8	7	1	1	2
777	경기 광명시	장애인문화예술진흥사업	10,000	3	6	7	8	7	1	1	1
778	경기 광명시	한마음체육대회	10,000	3	5	7	7	7	1	1	1
779	경기 광명시	사회복지의날기념행사	10,000	3	1	7	8	7	1	1	1
780	경기 광명시	쉼이있는힐링캠프	10,000	3	4	7	8	7	1	1	1
781	경기 광명시	소2작은음악회	10,000	3	1	7	8	7	1	1	1
782	경기 광명시	광명여성합창단합창대회출전지원	9,600	3	1	7	8	7	1	1	2
783	경기 광명시	농업인풍년기원제지원	8,000	3	7	7	8	7	1	1	4
784	경기 광명시	광명예술인현장역량강화및토론회	8,000	3	1	7	8	7	1	1	2
785	경기 광명시	전국무용제경기도예선대회참가	8,000	3	1	7	8	7	1	1	2
786	경기 광명시	광명무용협회정기공연	8,000	3	1	7	8	7	1	1	2
787	경기 광명시	대한민국연극제경기도대회참가	8,000	3	1	7	8	7	1	1	2
788	경기 광명시	광명시민가요제	8,000	3	1	7	8	7	1	1	2
789	경기 광명시	회원음악제	8,000	3	1	7	8	7	1	1	2
790	경기 광명시	밝은빛남성합창단정기공연	8,000	3	1	7	8	7	1	1	2
791	경기 광명시	독립유공자의날기념행사지원	8,000	3	4	7	8	7	1	1	4
792	경기 광명시	대한적십자사광명지구협의회역량강화워크숍	8,000	3	1	7	8	7	1	1	1
793	경기 광명시	소2마켓	8,000	3	1	7	8	7	1	1	1
794	경기 광명시	광명시화전및시낭송회	7,000	3	1	7	8	7	1	1	2
795	경기 광명시	서부지역게이트볼개최지원	7,000	3	5	7	8	7	5	5	4
796	경기 광명시	버스킹사업	7,000	3	4	7	8	7	1	1	1
797	경기 광명시	하안2동문화예술프로젝트	7,000	3	6	7	7	7	1	1	1

순번	시군구	지출명 (사업명)	2024년예산 (단위 : 천원 /1년간)	민간이전 분류 (지방자치단체 세출예산 집행기준에 의거) 1. 민간경상사업보조(307-02) 2. 민간단체 법정운영비보조(307-03) 3. 민간행사사업보조(307-04) 4. 민간위탁금(307-05) 5. 사회복지시설 법정운영비보조(307-10) 6. 민간인위탁교육비(307-12) 7. 공기관등에대한경상적위탁사업비(308-13) 8. 민간자본사업보조,자체재원(402-01) 9. 민간자본사업보조,이전재원(402-02) 10. 민간위탁사업비(402-03) 11. 공기관등에 대한 자본적 위탁사업비(403-02)	민간이전지출 근거 (지방보조금 관리기준 참고) 1. 법률에 규정 2. 국고보조 재원(국가지정) 3. 용도 지정 기부금 4. 조례에 직접규정 5. 지자체가 권장하는 사업을 하는 공공기관 6. 시,도 정책 및 재정사정 7. 기타 8. 해당없음	입찰방식			운영예산 산정		성과평가 실시여부
						계약체결방법 (경쟁형태) 1. 일반경쟁 2. 제한경쟁 3. 지명경쟁 4. 수의계약 5. 법정위탁 6. 기타 ( ) 7. 없음	계약기간 1. 1년 2. 2년 3. 3년 4. 4년 5. 5년 6. 기타 ( )년 7. 단기계약 (1년미만) 8. 없음	낙찰자선정방법 1. 적격심사 2. 협상에의한계약 3. 최저가낙찰제 4. 규격가격분리 5. 2단계 경쟁입찰 6. 기타 ( ) 7. 없음	운영예산 산정 1. 내부산정 (지자체 자체적으로 산정) 2. 외부산정 (외부전문기관위탁 산정) 3. 내·외부 모두 산정 4. 산정 無 5. 없음	정산방법 1. 내부정산 (지자체 내부적으로 정산) 2. 외부정산 (외부전문기관위탁 정산) 3. 내·외부 모두 산정 4. 정산 無 5. 없음	1. 실시 2. 미실시 3. 향후 추진 4. 해당없음
798	경기 광명시	소하1동소소한알뜰시장	6,413	3	4	7	8	7	1	1	4
799	경기 광명시	광명학생미술대회및광명학생서예대회	6,000	3	1	7	8	7	1	1	2
800	경기 광명시	아마추어연극제	6,000	3	1	7	8	7	1	1	2
801	경기 광명시	여성폭력추방주간기념행사	6,000	3	5	7	8	7	1	1	1
802	경기 광명시	스토리가있는음악회	6,000	3	4	7	8	7	1	1	1
803	경기 광명시	금와씨네노을장터(플리마켓)	6,000	3	6	7	8	7	1	1	1
804	경기 광명시	힐링버스킹	5,696	3	5	7	8	7	1	1	1
805	경기 광명시	한국여성미술협회정기전	5,000	3	1	7	8	7	1	1	2
806	경기 광명시	한마음축제보조금	5,000	3	4	7	8	7	1	1	1
807	경기 광명시	다문화가족과함께하는광명3동주민한마음축제	5,000	3	5	7	8	7	1	1	1
808	경기 광명시	광명4동골목축제	5,000	3	6	7	8	7	1	1	1
809	경기 광명시	너부대축제보조금	5,000	3	4	7	8	7	1	1	1
810	경기 광명시	목감천축제보조금	5,000	3	4	7	8	7	1	1	1
811	경기 광명시	도덕산주민한마음축제지원	5,000	3	4	7	8	7	1	1	2
812	경기 광명시	사성축제보조금	5,000	3	4	7	8	7	1	1	1
813	경기 광명시	철산2동지역축제지원	5,000	3	4	7	8	7	1	1	1
814	경기 광명시	이웃사촌마을공연	5,000	3	4	7	8	7	1	1	1
815	경기 광명시	벽화마을야생화축제	5,000	3	4	7	8	7	1	1	1
816	경기 광명시	가림산둘레길축제보조금	5,000	3	4	7	8	7	1	1	1
817	경기 광명시	철망산축제지원보조금	5,000	3	6	7	8	7	1	1	1
818	경기 광명시	몸도마음도쑥쑥!꿈나무체육대회	5,000	3	4	7	7	7	1	1	1
819	경기 광명시	함께(성)장하고(장)기를뽐내며(통)하는예술대회	5,000	3	4	7	8	7	1	1	1
820	경기 광명시	주민자치축제	5,000	3	4	7	8	7	1	1	1
821	경기 광명시	하담길마을축제보조금	5,000	3	4	7	8	7	1	1	1
822	경기 광명시	한내축제행사보조금	5,000	3	4	7	8	7	1	1	1
823	경기 광명시	주민한마음축제보조금	5,000	3	4	7	8	7	1	1	4
824	경기 광명시	일직동주민축제보조금	5,000	3	1	7	8	7	1	1	1
825	경기 광명시	학온동마을축제	5,000	3	5	7	8	7	1	1	1
826	경기 광명시	소확행플리마켓	4,220	3	6	7	8	7	1	1	1
827	경기 광명시	광명올림피아드아마추어예심	4,000	3	4	7	8	7	1	1	1
828	경기 광명시	전국학생농악경연대회참가	3,500	3	1	7	8	7	1	1	2
829	경기 광명시	구름산한국자생난전시회	3,000	3	4	7	8	7	1	1	2
830	경기 광명시	가족과이웃들이함께하는에코어울림장터	3,000	3	6	7	8	7	1	1	4
831	경기 광명시	생활체육대회보조금	2,000	3	4	7	8	7	1	1	1
832	경기 광명시	생활체육단위종목출전경비보조	2,000	3	1	7	8	7	5	5	4
833	경기 광명시	생활체육대회보조금	2,000	3	5	7	8	7	1	1	1
834	경기 광명시	생활체육대회보조금	2,000	3	1	7	8	7	1	1	1
835	경기 광명시	생활체육대회보조금	2,000	3	5	7	8	7	1	1	1
836	경기 광명시	생활체육단위종목출전경비	2,000	3	1	7	8	7	1	1	1
837	경기 광명시	생활체육단위종목동별출전경비보조	2,000	3	1,4	7	8	7	1	1	4

순번	시군구	지출명 (사업명)	2024년예산 (단위 : 천원 /1년간)	민간이전 분류 (지방자치단체 세출예산 집행기준에 의거) 1. 민간경상사업보조(307-02) 2. 민간단체 법정운영비보조(307-03) 3. 민간행사사업보조(307-04) 4. 민간위탁금(307-05) 5. 사회복지시설 법정운영비보조(307-10) 6. 민간인위탁교육비(307-12) 7. 공기관등에대한경상적위탁사업비(308-13) 8. 민간자본사업보조,자체재원(402-01) 9. 민간자본사업보조,이전재원(402-02) 10. 민간위탁사업비(402-03) 11. 공기관등에 대한 자본적 위탁사업비(403-02)	민간이전지출 근거 (지방보조금 관리기준 참고) 1. 법률에 규정 2. 국고보조 재원(국가지정) 3. 용도 지정 기부금 4. 조례에 직접규정 5. 지자체가 권장하는 사업을 하는 공공기관 6. 시,도 정책 및 재정사정 7. 기타 8. 해당없음	입찰방식: 계약체결방법 (경쟁형태) 1. 일반경쟁 2. 제한경쟁 3. 지명경쟁 4. 수의계약 5. 법정위탁 6. 기타 ( ) 7. 없음	입찰방식: 계약기간 1. 1년 2. 2년 3. 3년 4. 4년 5. 5년 6. 기타 ( )년 7. 단기계약 (1년미만) 8. 없음	입찰방식: 낙찰자선정방법 1. 적격심사 2. 협상에의한계약 3. 최저가낙찰제 4. 규격가격분리 5. 2단계 경쟁입찰 6. 기타 ( ) 7. 없음	운영예산 산정: 운영예산 산정 1. 내부산정 (지자체 자체적으로 산정) 2. 외부산정 (외부전문기관위탁 산정) 3. 내·외부 모두 산정 4. 산정 無 5. 없음	운영예산 산정: 정산방법 1. 내부정산 (지자체 내부적으로 정산) 2. 외부정산 (외부전문기관위탁 정산) 3. 내·외부 모두 산정 4. 정산 無 5. 없음	성과평가 실시여부 1. 실시 2. 미실시 3. 향후 추진 4. 해당없음
838	경기 광명시	생활체육단위종목대회	2,000	3	5	7	8	7	1	1	1
839	경기 광명시	생활체육단위종목동별출전경비보조	2,000	3	4	7	8	7	1	1	2
840	경기 광명시	생활체육단위종목동별출전경비보조	2,000	3	1	7	8	7	1	1	1
841	경기 광명시	생활체육단위종목동별출전경비보조	2,000	3	1	7	8	7	1	1	1
842	경기 광명시	생활체육단위종목동별출전경비보조	2,000	3	1	7	7	7	1	1	1
843	경기 광명시	생활체육단위종목동별출전경비보조금	2,000	3	4	7	8	7	1	1	1
844	경기 광명시	생활체육출전보조금	2,000	3	4	7	8	7	1	1	1
845	경기 광명시	생활체육단위종목동별출전경비보조	2,000	3	6	7	8	7	1	1	1
846	경기 광명시	생활체육단위종목동별출전경비보조	2,000	3	1	7	8	7	1	1	1
847	경기 광명시	생활체육단위종목동별출전경비보조	2,000	3	1	7	8	7	1	1	1
848	경기 광명시	생활체육단위종목동별출전경비보조	2,000	3	1	7	8	7	1	1	1
849	경기 평택시	읍면동체육대회	375,000	3	1	7	8	7	1	3	1
850	경기 평택시	각종종목별대회개최.출전	301,000	3	1	7	8	7	1	1	1
851	경기 평택시	공연예술공모사업	290,000	3	4	7	8	7	1	1	1
852	경기 평택시	경기도생활체육대축전출전	212,000	3	1	7	8	7	1	1	1
853	경기 평택시	시장기,의장기,협회장기대회개최	206,000	3	1	7	8	7	1	1	1
854	경기 평택시	평택항마라톤대회	200,000	3	4	7	8	7	1	1	1
855	경기 평택시	국내육성품종최고급쌀생산단지육성시범사업	160,000	3	6	7	8	7	5	5	4
856	경기 평택시	문화예술공모사업	140,000	3	4	7	8	7	1	1	1
857	경기 평택시	평택예술제	120,000	3	7	7	8	7	1	1	1
858	경기 평택시	국가보훈단체전적지순례및참배지원	111,000	3	1	7	8	7	1	1	1
859	경기 평택시	소사벌단오제지원	110,000	3	1	7	8	7	1	1	1
860	경기 평택시	어린이날행사운영	99,000	3	1	7	8	7	5	5	4
861	경기 평택시	음식문화축제개최	90,000	3	4	7	8	7	1	1	3
862	경기 평택시	미술분야사업지원	84,000	3	7	7	8	7	1	1	1
863	경기 평택시	사진분야사업지원	83,000	3	7	7	8	7	1	1	1
864	경기 평택시	알뜰나눔장터운영	70,808	3	4	6	3	2	1	1	1
865	경기 평택시	연예분야사업지원	64,000	3	7	7	8	7	1	1	1
866	경기 평택시	장애인문화예술진흥사업	64,000	3	4	7	8	7	1	1	4
867	경기 평택시	음악분야사업지원	52,000	3	7	7	8	7	1	1	1
868	경기 평택시	국악분야사업지원	52,000	3	7	7	8	7	1	1	1
869	경기 평택시	평택3.1만세운동기념사업	50,400	3	4	7	8	7	1	1	1
870	경기 평택시	무대예술공모사업	50,000	3	4	7	8	7	1	1	1
871	경기 평택시	평택강변자전거대행진개최	50,000	3	1	7	8	7	1	1	1
872	경기 평택시	평택시민나눔문화축제	50,000	3	4	7	8	7	1	1	1
873	경기 평택시	평택예총사업지원	49,400	3	7	7	8	7	1	1	1
874	경기 평택시	사회복지사협회역량강화사업지원	48,600	3	1	7	8	7	1	1	1
875	경기 평택시	장애인의날행사지원	42,000	3	1	7	8	7	1	1	1
876	경기 평택시	평택국제포켓볼대회	40,000	3	1	7	8	7	1	1	1
877	경기 평택시	슈퍼오닝배전국배드민턴대회	40,000	3	1	7	8	7	1	1	1

순번	시군구	지출명 (사업명)	2024년예산 (단위 : 천원 /1년간)	민간이전 분류 (지방자치단체 세출예산 집행기준에 의거) 1. 민간경상사업보조(307-02) 2. 민간단체 법정운영비보조(307-03) 3. 민간행사사업보조(307-04) 4. 민간위탁금(307-05) 5. 사회복지시설 법정운영비보조(307-10) 6. 민간인위탁교육비(307-12) 7. 공기관등에대한경상적위탁사업비(308-13) 8. 민간자본사업보조,자체재원(402-01) 9. 민간자본사업보조,이전재원(402-02) 10. 민간위탁사업비(402-03) 11. 공기관등에 대한 자본적 위탁사업비(403-02)	민간이전지출 근거 (지방보조금 관리기준 참고) 1. 법률에 규정 2. 국고보조 재원(국가지정) 3. 용도 지정 기부금 4. 조례에 직접규정 5. 지자체가 권장하는 사업을 하는 공공기관 6. 시,도 정책 및 재정사정 7. 기타 8. 해당없음	입찰방식 계약체결방법 (경쟁형태) 1. 일반경쟁 2. 제한경쟁 3. 지명경쟁 4. 수의계약 5. 법정위탁 6. 기타 ( ) 7. 없음	입찰방식 계약기간 1. 1년 2. 2년 3. 3년 4. 4년 5. 5년 6. 기타 ( )년 7. 단기계약 (1년미만) 8. 없음	입찰방식 낙찰자선정방법 1. 적격심사 2. 협상에의한계약 3. 최저가낙찰제 4. 규격가격분리 5. 2단계 경쟁입찰 6. 기타 ( ) 7. 없음	운영예산 산정 운영예산 산정 1. 내부산정 (지자체 자체적으로 산정) 2. 외부산정 (외부전문기관위탁 산정) 3. 내·외부 모두 산정 4. 산정 無 5. 없음	운영예산 산정 정산방법 1. 내부정산 (지자체 내부적으로 정산) 2. 외부정산 (외부전문기관위탁 정산) 3. 내·외부 모두 산정 4. 정산 無 5. 없음	성과평가 실시여부 1. 실시 2. 미실시 3. 향후 추진 4. 해당없음
878	경기 평택시	슈퍼오닝배전국족구대회	40,000	3	1	7	8	7	1	1	1
879	경기 평택시	선진사회복지시설벤치마킹	40,000	3	4	7	8	7	1	1	1
880	경기 평택시	세계인의날행사	40,000	3	4	7	8	7	5	5	4
881	경기 평택시	농업인의날행사	40,000	3	1	7	8	7	1	1	3
882	경기 평택시	문학분야사업지원	33,000	3	7	7	8	7	1	1	1
883	경기 평택시	평택호문화예술제	30,000	3	4	7	8	7	1	1	1
884	경기 평택시	체육회워크숍개최	28,600	3	4	7	8	7	1	1	1
885	경기 평택시	장애인체육회워크숍개최	24,800	3	1,4	7	8	7	1	1	1
886	경기 평택시	청소년선도보호활동	23,000	3	6	7	8	7	1	1	1
887	경기 평택시	농업경영인경기도대회참가지원	20,000	3	4	7	8	7	1	1	3
888	경기 평택시	소상공인보호및지원	20,000	3	4	7	8	7	1	1	1
889	경기 평택시	원심창의사조명사업	20,000	3	4	7	8	7	1	1	1
890	경기 평택시	양성평등주간행사지원	20,000	3	1	7	8	7	5	5	4
891	경기 평택시	평택아시안컵사업	20,000	3	4	5	3	7	5	1	1
892	경기 평택시	대보름행사지원	19,500	3	1	7	8	7	1	1	1
893	경기 평택시	평택시농업경영인대회지원	18,000	3	4	7	8	7	1	1	3
894	경기 평택시	평택호예술관체험프로그램운영	17,000	3	7	7	8	7	1	1	1
895	경기 평택시	영화분야사업지원	16,000	3	7	7	8	7	1	1	1
896	경기 평택시	평택시태권도한마당대회	15,000	3	1	7	8	7	1	1	1
897	경기 평택시	참전유공자위로행사	15,000	3	1	7	8	7	1	1	1
898	경기 평택시	무용분야사업지원	14,000	3	7	7	8	7	1	1	1
899	경기 평택시	상이군경회창립기념식지원	14,000	3	1	7	8	7	1	1	1
900	경기 평택시	6.25전쟁기념행사	12,200	3	1	7	8	7	1	1	1
901	경기 평택시	4H경진대회	12,000	3	1	7	8	7	5	5	4
902	경기 평택시	사회복지종사자워크숍행사지원	10,000	3	4	7	8	7	1	1	1
903	경기 평택시	보훈단체중앙행사참석지원	10,000	3	1	7	8	7	1	1	1
904	경기 평택시	재향군인회임원안보워크샵	10,000	3	1	7	8	7	1	1	1
905	경기 평택시	재향군인회안보강연등국민호국정신함양교육	10,000	3	1	7	8	7	1	1	1
906	경기 평택시	농업대학워크숍	10,000	3	6	4	7	2	1	1	4
907	경기 평택시	재향군인의날행사및안보전적지순례	9,000	3	1	7	8	7	1	1	1
908	경기 평택시	경기도형신품종잡곡종자생산시범	8,000	3	6	7	8	7	5	5	4
909	경기 평택시	호국영령추모제	7,600	3	1	7	8	7	1	1	1
910	경기 평택시	기부자감사행사	7,000	3	4	7	8	7	1	1	1
911	경기 평택시	남아프리카공화국6.25참전기념식	6,000	3	1	7	8	7	1	1	1
912	경기 평택시	아동양육시설행사지원	6,000	3	1	7	8	7	5	5	4
913	경기 평택시	지역사회보장협의체세미나및워크숍	5,500	3	1,4	5	8	7	1	1	1
914	경기 평택시	여성농업인전국대회참가지원	5,000	3	4	7	8	7	1	1	3
915	경기 평택시	전농연경기도대회참가지원	5,000	3	4	7	8	7	1	1	3
916	경기 평택시	쌀전업농경기도대회참가지원	5,000	3	1	7	8	7	1	1	3
917	경기 평택시	진위현성황제	5,000	3	7	7	8	7	1	1	3

순번	시군구	지출명 (사업명)	2024년예산 (단위 : 천원 /1년간)	민간이전 분류 (지방자치단체 세출예산 집행기준에 의거) 1. 민간경상사업보조(307-02) 2. 민간단체 법정운영비보조(307-03) 3. 민간행사사업보조(307-04) 4. 민간위탁금(307-05) 5. 사회복지시설 법정운영비보조(307-10) 6. 민간인위탁교육비(307-12) 7. 공기관등에대한경상적위탁사업비(308-13) 8. 민간자본사업보조,자체재원(402-01) 9. 민간자본사업보조,이전재원(402-02) 10. 민간위탁사업비(402-03) 11. 공기관등에 대한 자본적 위탁사업비(403-02)	민간이전지출 근거 (지방보조금 관리기준 참고) 1. 법률에 규정 2. 국고보조 재원(국가지정) 3. 용도 지정 기부금 4. 조례에 직접규정 5. 지자체가 권장하는 사업을 하는 공공기관 6. 시,도 정책 및 재정사정 7. 기타 8. 해당없음	입찰방식 계약체결방법 (경쟁형태) 1. 일반경쟁 2. 제한경쟁 3. 지명경쟁 4. 수의계약 5. 법정위탁 6. 기타 ( ) 7. 없음	입찰방식 계약기간 1. 1년 2. 2년 3. 3년 4. 4년 5. 5년 6. 기타 ( )년 7. 단기계약 (1년미만) 8. 없음	입찰방식 낙찰자선정방법 1. 적격심사 2. 협상에의한계약 3. 최저가낙찰제 4. 규격가격분리 5. 2단계 경쟁입찰 6. 기타 ( ) 7. 없음	운영예산 산정 운영예산 산정 1. 내부산정 (지자체 자체적으로 산정) 2. 외부산정 (외부전문기관위탁 산정) 3. 내·외부 모두 산정 4. 산정 無 5. 없음	운영예산 산정 정산방법 1. 내부정산 (지자체 내부적으로 정산) 2. 외부정산 (외부전문기관위탁 정산) 3. 내·외부 모두 산정 4. 정산 無 5. 없음	성과평가 실시여부 1. 실시 2. 미실시 3. 향후 추진 4. 해당없음
918	경기 평택시	원심장의사추모식	5,000	3	4	7	8	7	1	1	1
919	경기 평택시	육삼정의거기념식	5,000	3	4	7	8	7	1	1	1
920	경기 평택시	위생교육대관료및강사료지원	4,500	3	4	7	8	7	1	1	3
921	경기 평택시	노사민정상생발전지원	3,800	3	1	7	8	7	1	1	1
922	경기 평택시	반공청년운동유공자위령제	3,000	3	4	7	8	7	1	1	1
923	경기 평택시	신년참배행사지원	3,000	3	1	7	8	7	1	1	1
924	경기 평택시	6.25전쟁바로알리기교육	3,000	3	1	7	8	7	1	1	1
925	경기 동두천시	동두천락페스티벌개최지원	250,000	3	4	7	8	7	1	1	1
926	경기 동두천시	산사음악회개최지원	80,000	3	4	7	8	7	1	1	2
927	경기 동두천시	힐링콘서트개최지원	80,000	3	4	7	8	7	1	1	1
928	경기 동두천시	소요단풍문화제	75,000	3	4	7	8	7	1	1	1
929	경기 동두천시	왕방산MTB대회개최지원	70,000	3	1	7	8	7	1	1	1
930	경기 동두천시	시장기생활체육대회개최	65,000	3	1	7	8	7	1	1	1
931	경기 동두천시	자원봉사축제행사지원	60,000	3	4	7	8	7	1	1	1
932	경기 동두천시	동두천종합예술제	55,575	3	4	7	8	7	1	1	1
933	경기 동두천시	국제트레일러닝대회개최지원	40,000	3	1	7	8	7	1	1	1
934	경기 동두천시	정월대보름맞이민속축제지원	35,000	3	4	7	8	7	1	1	1
935	경기 동두천시	신년해맞이행사지원	30,000	3	4	7	8	7	1	1	3
936	경기 동두천시	송년음악회개최지원	30,000	3	4	7	8	7	1	1	1
937	경기 동두천시	동두천무형문화재대축제개최지원	20,000	3	4	7	8	7	1	1	2
938	경기 동두천시	북싱선수권대회개최지원	20,000	3	1	7	8	7	1	1	1
939	경기 동두천시	동두천시장배풋살대회개최	20,000	3	1	7	8	7	1	1	1
940	경기 동두천시	8.15광복기념축구대회개최지원	15,000	3	1	7	8	7	1	1	1
941	경기 동두천시	경기도지사기게이트볼대회개최지원	15,000	3	1	7	8	7	1	1	1
942	경기 동두천시	시의장배체육대회개최지원	15,000	3	1	7	8	7	1	1	1
943	경기 동두천시	장애인전국댄스스포츠대회개최지원	15,000	3	1	7	8	7	1	1	1
944	경기 동두천시	전국농악경연및두드림축제지원	13,110	3	4	7	8	7	1	1	2
945	경기 동두천시	주민자치센터프로그램활성화	12,000	3	4	7	8	7	1	1	1
946	경기 동두천시	국악한마당개최지원	12,000	3	4	7	8	7	1	1	1
947	경기 동두천시	검도대회개최지원	12,000	3	1	7	8	7	1	1	1
948	경기 동두천시	시장배장애인생활체육대회개최지원	11,000	3	1	7	8	7	1	1	1
949	경기 동두천시	한미우호행사	10,000	3	6	7	8	7	1	1	1
950	경기 동두천시	어린이집한마음운동회지원	10,000	3	4	7	8	7	1	1	1
951	경기 동두천시	보육교사워크숍	10,000	3	4	7	8	7	1	1	1
952	경기 동두천시	노인위안공연개최지원	10,000	3	4	7	8	7	1	1	1
953	경기 동두천시	경기도민속예술제참가지원	10,000	3	4	7	8	7	1	1	1
954	경기 동두천시	전국실버태권도대회개최지원	10,000	3	1	7	8	7	1	1	1
955	경기 동두천시	합기도대회개최지원(도비매칭)	10,000	3	1	7	8	7	1	1	1
956	경기 동두천시	농업인사기진작및전문능력향상	10,000	3	1	7	8	7	1	1	2
957	경기 동두천시	새마을지도자수련대회지원	9,000	3	1	7	8	7	1	1	1

순번	시군구	지출명 (사업명)	2024년예산 (단위 : 천원 /1년간)	민간이전 분류 (지방자치단체 세출예산 집행기준에 의거) 1. 민간경상사업보조(307-02) 2. 민간단체 법정운영비보조(307-03) 3. 민간행사사업보조(307-04) 4. 민간위탁금(307-05) 5. 사회복지시설 법정운영비보조(307-10) 6. 민간인위탁교육비(307-12) 7. 공기관등에대한경상적위탁사업비(308-13) 8. 민간자본사업보조,자체재원(402-01) 9. 민간자본사업보조,이전재원(402-02) 10. 민간위탁사업비(402-03) 11. 공기관등에 대한 자본적 위탁사업비(403-02)	민간이전지출 근거 (지방보조금 관리기준 참고) 1. 법률에 규정 2. 국고보조 재원(국가지정) 3. 용도 지정 기부금 4. 조례에 직접규정 5. 지자체가 권장하는 사업을 하는 공공기관 6. 시,도 정책 및 재정사정 7. 기타 8. 해당없음	입찰방식 계약체결방법 (경쟁형태) 1. 일반경쟁 2. 제한경쟁 3. 지명경쟁 4. 수의계약 5. 법정위탁 6. 기타 ( ) 7. 없음	입찰방식 계약기간 1. 1년 2. 2년 3. 3년 4. 4년 5. 5년 6. 기타 ( )년 7. 단기계약 (1년미만) 8. 없음	입찰방식 낙찰자선정방법 1. 적격심사 2. 협상에의한계약 3. 최저가낙찰제 4. 규격가격분리 5. 2단계 경쟁입찰 6. 기타 ( ) 7. 없음	운영예산 산정 운영예산 산정 1. 내부산정 (지자체 자체적으로 산정) 2. 외부산정 (외부전문기관위탁 산정) 3. 내·외부 모두 산정 4. 산정 無 5. 없음	운영예산 산정 정산방법 1. 내부정산 (지자체 내부적으로 정산) 2. 외부정산 (외부전문기관위탁 정산) 3. 내·외부 모두 산정 4. 정산 無 5. 없음	성과평가 실시여부 1. 실시 2. 미실시 3. 향후 추진 4. 해당없음
958	경기 동두천시	동두천아리랑발표회개최지원	9,000	3	4	7	8	7	1	1	1
959	경기 동두천시	동두천청소년미술대전	8,000	3	4	7	8	7	1	1	1
960	경기 동두천시	동두천소요산배전국족구대회개최지원	7,000	3	1	7	8	7	1	1	1
961	경기 동두천시	어린이집한마음문화의날	6,000	3	4	7	8	7	1	1	1
962	경기 동두천시	삼천기배드민턴대회개최지원	6,000	3	1	7	8	7	1	1	1
963	경기 동두천시	통장및주민자치협의회체육대회지원	5,500	3	7	7	8	7	1	1	1
964	경기 동두천시	통장및주민자치협의회체육대회지원	5,500	3	4	7	8	7	1	1	1
965	경기 동두천시	자율방범대지원	5,000	3	1	7	8	7	1	1	1
966	경기 동두천시	가을음악회개최지원	5,000	3	4	7	8	7	1	1	1
967	경기 동두천시	동두천시네마콘서트개최지원	5,000	3	4	7	8	7	1	1	1
968	경기 동두천시	통장협의회사기진작및행사지원	4,500	3	7	7	8	7	1	1	1
969	경기 동두천시	다문화축구대회개최지원	4,000	3	1	7	8	7	1	1	1
970	경기 동두천시	경기올림피아드연극제참가지원	3,900	3	4	7	8	7	1	1	1
971	경기 동두천시	보육교사스승의날기념행사지원	3,600	3	4	7	8	7	1	1	1
972	경기 동두천시	보훈단체운영	3,000	3	4	7	8	7	1	1	2
973	경기 동두천시	청년아트페어참여지원	3,000	3	4	7	8	7	1	1	1
974	경기 동두천시	소규모동아리발표및전시활동지원	3,000	3	4	7	8	7	1	1	1
975	경기 동두천시	소규모동아리발표및전시활동지원	3,000	3	4	7	8	7	1	1	1
976	경기 동두천시	미술작가정기회원전지원	3,000	3	4	7	8	7	1	1	1
977	경기 동두천시	소규모동아리발표및전시활동지원	2,000	3	4	7	8	7	1	1	1
978	경기 동두천시	보훈단체운영	1,000	3	4	7	8	7	1	1	2
979	경기 안산시	전국유청소년축구대회(안산시아이리그)개최지원	350,000	3	4	7	8	7	1	1	3
980	경기 안산시	종목별체육대회개최지원(시장기,회장기,협회장기)	220,000	3	4	7	8	7	1	1	3
981	경기 안산시	김홍도장사씨름대회	190,000	3	4	7	8	7	1	1	1
982	경기 안산시	근로자의날행사및체육대회등	132,880	3	4	7	8	7	1	1	1
983	경기 안산시	대부포도축제행사	120,000	3	1	7	8	7	5	1	4
984	경기 안산시	제1회안산자전거대축전	91,000	3	4	1	7	1	1	1	4
985	경기 안산시	도및전국대회개최지원	90,000	3	4	7	8	7	1	1	3
986	경기 안산시	장애인체육대회개최지원	80,000	3	1	7	8	7	1	1	3
987	경기 안산시	양성평등촉진공모사업	50,000	3	4	6	1	6	1	1	1
988	경기 안산시	농업인의날행사	40,000	3	8	7	8	7	5	1	4
989	경기 안산시	종목별체육대회개최지원(의장기체육대회개최지원)	30,000	3	4	7	8	7	1	1	3
990	경기 안산시	농업인학습단체현지연찬교육	30,000	3	1	7	8	7	1	1	4
991	경기 안산시	안산지속가능건축문화축제	20,000	3	4	7	8	7	5	5	4
992	경기 안산시	승마대회활성화지원	18,000	3	1	7	8	7	5	1	4
993	경기 안산시	협의회세미나	15,000	3	4	7	8	7	1	1	1
994	경기 안산시	잿머리성황제	10,000	3	5	7	8	7	1	1	1
995	경기 안산시	경기도민속예술제참가지원	10,000	3	5	7	8	7	1	1	1
996	경기 안산시	잿머리성황제	10,000	3	5	7	8	7	1	1	1
997	경기 안산시	경기도민속예술제참가지원	10,000	3	5	7	8	7	1	1	1

순번	시군구	지출명 (사업명)	2024년예산 (단위 : 천원 /1년간)	민간이전 분류 (지방자치단체 세출예산 집행기준에 의거) 1. 민간경상사업보조(307-02) 2. 민간단체 법정운영비보조(307-03) 3. 민간행사사업보조(307-04) 4. 민간위탁금(307-05) 5. 사회복지시설 법정운영비보조(307-10) 6. 민간인위탁교육비(307-12) 7. 공기관등에대한경상적위탁사업비(308-13) 8. 민간자본사업보조,자체재원(402-01) 9. 민간자본사업보조,이전재원(402-02) 10. 민간위탁사업비(402-03) 11. 공기관등에 대한 자본적 위탁사업비(403-02)	민간이전지출 근거 (지방보조금 관리기준 참고) 1. 법률에 규정 2. 국고보조 재원(국가지정) 3. 용도 지정 기부금 4. 조례에 직접규정 5. 지자체가 권장하는 사업을 하는 공공기관 6. 시,도 정책 및 재정사정 7. 기타 8. 해당없음	입찰방식 계약체결방법 (경쟁형태) 1. 일반경쟁 2. 제한경쟁 3. 지명경쟁 4. 수의계약 5. 법정위탁 6. 기타 ( ) 7. 없음	입찰방식 계약기간 1. 1년 2. 2년 3. 3년 4. 4년 5. 5년 6. 기타 ( )년 7. 단기계약 (1년미만) 8. 없음	입찰방식 낙찰자선정방법 1. 적격심사 2. 협상에의한계약 3. 최저가낙찰제 4. 규격가격분리 5. 2단계 경쟁입찰 6. 기타 ( ) 7. 없음	운영예산 산정 운영예산 산정 1. 내부산정 (지자체 자체적으로 산정) 2. 외부산정 (외부전문기관위탁 산정) 3. 내·외부 모두 산정 4. 산정 無 5. 없음	운영예산 산정 정산방법 1. 내부정산 (지자체 내부적으로 정산) 2. 외부정산 (외부전문기관위탁 정산) 3. 내·외부 모두 산정 4. 정산 無 5. 없음	성과평가 실시여부 1. 실시 2. 미실시 3. 향후 추진 4. 해당없음
998	경기 안산시	민주평통안산하나통일골든벨	10,000	3	1	7	8	7	1	1	1
999	경기 안산시	농업인학습단체한마음대회	10,000	3	1	7	8	7	1	1	4
1000	경기 안산시	바르게살기운동회원대회	9,000	3	1	7	8	7	1	1	1
1001	경기 안산시	통일역사유적지견학및교육	8,880	3	1	7	8	7	1	1	1
1002	경기 안산시	환경의날기념행사	7,000	3	5	7	8	7	1	1	1
1003	경기 안산시	한마음수련대회	7,000	3	1,4	7	8	7	1	1	1
1004	경기 안산시	지도자전진대회	6,200	3	1	7	8	7	1	1	1
1005	경기 안산시	택시운수종사자한마음체육대회	6,000	3	4	7	8	7	1	1	1
1006	경기 안산시	통일기원풍물윷놀이대회	5,000	3	1	7	8	7	1	1	1
1007	경기 안산시	풍년농사기원제	5,000	3	1	7	8	7	1	1	4
1008	경기 안산시	자율방범대합동체육대회	5,000	3	1	7	8	7	1	1	1
1009	경기 안산시	자율방범대운영지원	5,000	3	1	7	8	7	1	1	1
1010	경기 안산시	전국나라사랑스피치안산시예선대회	4,610	3	1	7	8	7	1	1	1
1011	경기 안산시	무형문화재공개행사	4,000	3	5	7	8	7	1	1	1
1012	경기 안산시	무형문화재공개행사	4,000	3	5	7	8	7	1	1	1
1013	경기 안산시	2024년효행자발굴사업	4,000	3	1	7	8	7	1	1	1
1014	경기 안산시	안산어린이건축학교행사	3,500	3	4	7	8	7	5	5	4
1015	경기 안산시	농촌지도자활동지원사업	3,500	3	1	7	8	7	1	1	4
1016	경기 안산시	사회복지의날행사개최	3,000	3	1	7	7	7	1	1	1
1017	경기 안산시	바다의날기념식행사지원	2,700	3	1	1	7	6	1	1	4
1018	경기 안산시	팔곡당산산신제	2,500	3	5	7	8	7	1	1	1
1019	경기 안산시	팔곡당산산신제	2,500	3	5	7	8	7	1	1	1
1020	경기 안산시	새마을지도자평가대회	2,000	3	1,4	7	8	7	1	1	1
1021	경기 안산시	새마을의날기념행사	1,500	3	1,4	7	8	7	1	1	1
1022	경기 안산시	정조대왕능행차공동재현(제14회안산읍성문화예술제)	87,000	3	6	7	8	7	1	1	1
1023	경기 안산시	제27회성호문화제	50,000	3	1	7	8	7	1	1	1
1024	경기 안산시	한국전통문화제(영산재)	18,000	3	4	7	8	7	1	1	1
1025	경기 안산시	안산천년의종타종행사	18,000	3	1	7	8	7	1	1	1
1026	경기 안산시	연등축제	15,000	3	4	7	8	7	1	1	1
1027	경기 안산시	성탄트리점등행사	13,500	3	4	7	8	7	1	1	1
1028	경기 안산시	안산성황예술제	10,000	3	1	7	8	7	1	1	1
1029	경기 고양시	주민자치활성화사업	320,000	3	7	7	8	7	5	5	4
1030	경기 고양시	광복절기념체육대회	300,000	3	4	7	8	7	1	1	1
1031	경기 고양시	국제전국도체육행사지원	282,000	3	4	7	8	7	1	1	4
1032	경기 고양시	고양시장기(배)종목별체육대회	258,000	3	4	7	8	7	1	1	1
1033	경기 고양시	경기도생활체육대축전참가	250,000	3	4	7	8	7	1	1	1
1034	경기 고양시	고양플라워마라톤대회	150,000	3	4	7	8	7	5	5	4
1035	경기 고양시	의장기(배)종목별체육대회	129,600	3	4	7	8	7	1	1	1
1036	경기 고양시	경기도종합체육대회참가	126,000	3	4	7	8	7	1	1	1
1037	경기 고양시	여성기업역량강화지원사업	100,000	3	1	4	1	6	1	1	1

순번	시군구	지출명 (사업명)	2024년예산 (단위 : 천원 /1년간)	민간이전 분류 (지방자치단체 세출예산 집행기준에 의거) 1. 민간경상사업보조(307-02) 2. 민간단체 법정운영비보조(307-03) 3. 민간행사사업보조(307-04) 4. 민간위탁금(307-05) 5. 사회복지시설 법정운영비보조(307-10) 6. 민간인위탁교육비(307-12) 7. 공기관등에대한경상적위탁사업비(308-13) 8. 민간자본사업보조,자체재원(402-01) 9. 민간자본사업보조,이전재원(402-02) 10. 민간위탁사업비(402-03) 11. 공기관등에 대한 자본적 위탁사업비(403-02)	민간이전지출 근거 (지방보조금 관리기준 참고) 1. 법률에 규정 2. 국고보조 재원(국가지정) 3. 용도 지정 기부금 4. 조례에 직접규정 5. 지자체가 권장하는 사업을 하는 공공기관 6. 시,도 정책 및 재정사정 7. 기타 8. 해당없음	입찰방식 계약체결방법 (경쟁형태) 1. 일반경쟁 2. 제한경쟁 3. 지명경쟁 4. 수의계약 5. 법정위탁 6. 기타 ( ) 7. 없음	입찰방식 계약기간 1. 1년 2. 2년 3. 3년 4. 4년 5. 5년 6. 기타 ( )년 7. 단기계약 (1년미만) 8. 없음	입찰방식 낙찰자선정방법 1. 적격심사 2. 협상에의한계약 3. 최저가낙찰제 4. 규격가격분리 5. 2단계 경쟁입찰 6. 기타 ( ) 7. 없음	운영예산 산정 운영예산 산정 1. 내부산정 (지자체 자체적으로 산정) 2. 외부산정 (외부전문기관위탁 산정) 3. 내·외부 모두 산정 4. 산정 無 5. 없음	운영예산 산정 정산방법 1. 내부정산 (지자체 내부적으로 정산) 2. 외부정산 (외부전문기관위탁 정산) 3. 내·외부 모두 산정 4. 정산 無 5. 없음	성과평가 실시여부 1. 실시 2. 미실시 3. 향후 추진 4. 해당없음
1038	경기 고양시	고양컵중등부축구대회	100,000	3	4	7	8	7	1	1	1
1039	경기 고양시	고양예총운영비	96,706	3	1	7	8	7	1	1	1
1040	경기 고양시	협회장기(배)종목별체육대회	78,300	3	4	7	8	7	1	1	1
1041	경기 고양시	부처님오신날연등제	70,000	3	5	7	8	7	1	1	1
1042	경기 고양시	2024고양예술제	54,000	3	1	7	8	7	1	1	1
1043	경기 고양시	제23회고양국제아트페어	50,000	3	1	7	8	7	1	1	1
1044	경기 고양시	전통시장및상점가판촉행사비지원	50,000	3	1	7	8	7	1	1	1
1045	경기 고양시	전통시장및상점가특성화사업	50,000	3	1	7	8	7	1	1	1
1046	경기 고양시	고양특례시국제챌린지배드민턴대회	50,000	3	4	7	8	7	1	1	1
1047	경기 고양시	제25회통일로음악회	45,000	3	1	7	8	7	1	1	1
1048	경기 고양시	전국마스터즈수영대회지원	45,000	3	4	7	8	7	1	1	1
1049	경기 고양시	전국종목별체육대회참가	40,000	3	4	7	8	7	1	1	1
1050	경기 고양시	전국다문화가족배드민턴대회	40,000	3	4	7	8	7	1	1	1
1051	경기 고양시	기타장애인체육대회개최및참가	40,000	3	4	7	8	7	1	1	1
1052	경기 고양시	고양시민과함께하는호국보훈문화제	40,000	3	1	7	8	7	1	1	1
1053	경기 고양시	막걸리축제행사지원사업	40,000	3	1	7	8	7	5	1	3
1054	경기 고양시	안전보안관워크숍	40,000	3	4	7	8	7	1	1	1
1055	경기 고양시	경기도종목별체육대회참가	38,000	3	4	7	8	7	1	1	1
1056	경기 고양시	전통문화상설공연	36,000	3	4	7	8	7	1	1	1
1057	경기 고양시	뮤지컬행주대첩	31,500	3	1	7	8	7	1	1	1
1058	경기 고양시	제31회국악대공연	30,000	3	1	7	8	7	1	1	1
1059	경기 고양시	제1회고양국제무용제	30,000	3	1	7	8	7	1	1	1
1060	경기 고양시	고양시장애인한마음체육대회	30,000	3	4	7	8	7	1	1	1
1061	경기 고양시	무공수훈자회고양시지회국가유공자선양사업	29,400	3	1	7	8	7	1	1	1
1062	경기 고양시	제28회고양춤대공연	27,000	3	1	7	8	7	1	1	1
1063	경기 고양시	통일로한마음체육대회	25,500	3	4	7	8	7	5	5	4
1064	경기 고양시	제29회고양행주전국국악경연대회	25,000	3	1	7	8	7	1	1	1
1065	경기 고양시	고양상여회다지소리발표회	25,000	3	4	7	8	7	1	1	1
1066	경기 고양시	어르신여성체육종목별체육대회	25,000	3	4	7	8	7	1	1	1
1067	경기 고양시	노인의날행사지원	24,975	3	1	6	8	7	1	1	1
1068	경기 고양시	가와지볍씨문화제	22,500	3	4	7	8	7	1	1	1
1069	경기 고양시	2024고양연극축제한마당	22,500	3	1	7	8	7	1	1	1
1070	경기 고양시	제22회고양전국사진촬영대회	22,500	3	1	7	8	7	1	1	1
1071	경기 고양시	공연장대관료지원	20,000	3	6	7	8	7	1	1	4
1072	경기 고양시	생활체육국제교류	20,000	3	4	7	8	7	5	5	4
1073	경기 고양시	전국장애인체육대회참가	19,800	3	4	7	8	7	1	1	1
1074	경기 고양시	제27회고양전국무용경연대회(고양무용제)	18,000	3	1	7	8	7	1	1	1
1075	경기 고양시	제13회고양문학상	18,000	3	1	7	8	7	1	1	1
1076	경기 고양시	태고문화제	18,000	3	5	7	8	7	1	1	1
1077	경기 고양시	최영장군위령굿	18,000	3	4	7	8	7	1	1	1

순번	시군구	지출명 (사업명)	2024년예산 (단위 : 천원 /1년간)	민간이전 분류 (지방자치단체 세출예산 집행기준에 의거) 1. 민간경상사업보조(307-02) 2. 민간단체 법정운영비보조(307-03) 3. 민간행사사업보조(307-04) 4. 민간위탁금(307-05) 5. 사회복지시설 법정운영비보조(307-10) 6. 민간인위탁교육비(307-12) 7. 공기관등에대한경상적위탁사업비(308-13) 8. 민간자본사업보조,자체재원(402-01) 9. 민간자본사업보조,이전재원(402-02) 10. 민간위탁사업비(402-03) 11. 공기관등에 대한 자본적 위탁사업비(403-02)	민간이전지출 근거 (지방보조금 관리기준 참고) 1. 법률에 규정 2. 국고보조 재원(국가지정) 3. 용도 지정 기부금 4. 조례에 직접규정 5. 지자체가 권장하는 사업을 하는 공공기관 6. 시,도 정책 및 재정사정 7. 기타 8. 해당없음	입찰방식 계약체결방법 (경쟁형태) 1. 일반경쟁 2. 제한경쟁 3. 지명경쟁 4. 수의계약 5. 법정위탁 6. 기타 ( ) 7. 없음	입찰방식 계약기간 1. 1년 2. 2년 3. 3년 4. 4년 5. 5년 6. 기타 ( )년 7. 단기계약 (1년미만) 8. 없음	입찰방식 낙찰자선정방법 1. 적격심사 2. 협상에의한계약 3. 최저가낙찰제 4. 규격가격분리 5. 2단계 경쟁입찰 6. 기타 ( ) 7. 없음	운영예산 산정 운영예산 산정 1. 내부산정 (지자체 자체적으로 산정) 2. 외부산정 (외부전문기관위탁 산정) 3. 내·외부 모두 산정 4. 산정 無 5. 없음	운영예산 산정 정산방법 1. 내부정산 (지자체 내부적으로 정산) 2. 외부정산 (외부전문기관위탁 정산) 3. 내·외부 모두 정산 4. 정산 無 5. 없음	성과평가 실시여부 1. 실시 2. 미실시 3. 향후 추진 4. 해당없음
1078	경기 고양시	기타체육대회개최및참가	18,000	3	4	7	8	7	1	1	1
1079	경기 고양시	국제장애인체육대회참가	16,200	3	4	7	8	7	1	1	1
1080	경기 고양시	도깝대감지신놀이	15,000	3	4	7	8	7	1	1	1
1081	경기 고양시	가곡의밤	15,000	3	1	7	8	7	1	1	1
1082	경기 고양시	송포호미걸이발표회	15,000	3	4	7	8	7	1	1	1
1083	경기 고양시	경기도당굿시나위춤발표회	15,000	3	4	7	8	7	1	1	1
1084	경기 고양시	경기소리휘몰이잡가발표회	15,000	3	4	7	8	7	1	1	1
1085	경기 고양시	고양행주나루강풍어제	13,500	3	4	7	8	7	1	1	1
1086	경기 고양시	고양들소리발표회	13,500	3	4	7	8	7	1	1	1
1087	경기 고양시	고양소놀이	13,500	3	4	7	8	7	1	1	1
1088	경기 고양시	진발두레보존회발표회	13,500	3	4	7	8	7	1	1	1
1089	경기 고양시	제34회고양미협전	13,500	3	1	7	8	7	1	1	1
1090	경기 고양시	제3회고양행주미술공예디자인대전	13,500	3	1	7	8	7	1	1	1
1091	경기 고양시	제42회전국연극제경기도대회참가	13,500	3	1	7	8	7	1	1	1
1092	경기 고양시	고양포토페스티벌	13,500	3	1	7	8	7	1	1	1
1093	경기 고양시	세대공감클래식음악회	13,500	3	1	7	8	7	1	1	1
1094	경기 고양시	고양시장배훌트전국휠체어농구대회	13,500	3	4	7	8	7	1	1	1
1095	경기 고양시	종목별체육대회지원	12,000	3	8	7	8	7	5	5	4
1096	경기 고양시	태극단선양회순국단원합동추모식	11,000	3	1	7	8	7	1	1	1
1097	경기 고양시	고양오월단오제	10,000	3	4	7	8	7	1	1	1
1098	경기 고양시	경기도민속예술제참가지원	10,000	3	4	7	8	7	1	1	1
1099	경기 고양시	정월대보름행사	10,000	3	4	7	8	7	1	1	1
1100	경기 고양시	제33회전국무용제경기도대회참가	10,000	3	1	7	8	7	1	1	1
1101	경기 고양시	고양가구산업발전세미나개최	10,000	3	4	7	8	6	1	1	2
1102	경기 고양시	고양시호수배전국테니스대회	10,000	3	4	7	8	7	1	1	1
1103	경기 고양시	모범운전자회화합한마당대회	10,000	3	4	7	8	7	1	1	1
1104	경기 고양시	녹색어머니회화합한마당대회	10,000	3	4	7	8	7	1	1	1
1105	경기 고양시	양성평등주간기념행사	10,000	3	1	7	8	7	1	1	3
1106	경기 고양시	광복회고양시지회고양독립운동사학술심포지엄사업	10,000	3	1	7	8	7	1	1	1
1107	경기 고양시	광복회고양시지회광복절기념고양시민나라사랑문화제	10,000	3	1	7	8	7	1	1	1
1108	경기 고양시	제29회고양시백일장	9,000	3	1	7	8	7	1	1	1
1109	경기 고양시	청중장년부체육대회참가	9,000	3	4	7	8	7	1	1	1
1110	경기 고양시	고양시장기전국족구대회	9,000	3	4	7	8	7	1	1	1
1111	경기 고양시	고양시장배전국지적장애인농구대회	9,000	3	4	7	8	7	1	1	1
1112	경기 고양시	고양시장배장애인볼링대회	9,000	3	4	7	8	7	1	1	1
1113	경기 고양시	일산서구청장기종목별체육대회	9,000	3	1,4	7	8	7	1	1	1
1114	경기 고양시	행주대첩제	8,300	3	5	4	7	7	1	1	1
1115	경기 고양시	고양향교석전대제	8,100	3	4	7	8	7	1	1	1
1116	경기 고양시	고양향토사랑역사학교	8,000	3	4	7	8	7	1	1	1
1117	경기 고양시	고양시장배전국아마최강전바둑대회	8,000	3	4	7	8	7	1	1	1

순번	시군구	지출명 (사업명)	2024년예산 (단위 : 천원 /1년간)	민간이전 분류 (지방자치단체 세출예산 집행기준에 의거) 1. 민간경상사업보조(307-02) 2. 민간단체 법정운영비보조(307-03) 3. 민간행사사업보조(307-04) 4. 민간위탁금(307-05) 5. 사회복지시설 법정운영비보조(307-10) 6. 민간인위탁교육비(307-12) 7. 공기관등에대한경상적위탁사업비(308-13) 8. 민간자본사업보조,자체재원(402-01) 9. 민간자본사업보조,이전재원(402-02) 10. 민간위탁사업비(402-03) 11. 공기관등에 대한 자본적 위탁사업비(403-02)	민간이전지출 근거 (지방보조금 관리기준 참고) 1. 법률에 규정 2. 국고보조 재원(국가지정) 3. 용도 지정 기부금 4. 조례에 직접규정 5. 지자체가 권장하는 사업을 하는 공공기관 6. 시,도 정책 및 재정사정 7. 기타 8. 해당없음	입찰방식			운영예산 산정		성과평가 실시여부
						계약체결방법 (경쟁형태) 1. 일반경쟁 2. 제한경쟁 3. 지명경쟁 4. 수의계약 5. 법정위탁 6. 기타 ( ) 7. 없음	계약기간 1. 1년 2. 2년 3. 3년 4. 4년 5. 5년 6. 기타 ( )년 7. 단기계약 (1년미만) 8. 없음	낙찰자선정방법 1. 적격심사 2. 협상에의한계약 3. 최저가낙찰제 4. 규격가격분리 5. 2단계 경쟁입찰 6. 기타 ( ) 7. 없음	운영예산 산정 1. 내부산정 (지자체 자체적으로 산정) 2. 외부산정 (외부전문기관위탁 산정) 3. 내·외부 모두 산정 4. 산정 無 5. 없음	정산방법 1. 내부정산 (지자체 내부적으로 정산) 2. 외부정산 (외부전문기관위탁 정산) 3. 내·외부 모두 산정 4. 정산 無 5. 없음	1. 실시 2. 미실시 3. 향후 추진 4. 해당없음
1118	경기 고양시	행주서원춘추향제	7,650	3	4	7	8	7	1	1	1
1119	경기 고양시	상이군경회고양시지회호국한마음행사	7,460	3	1	7	8	7	1	1	1
1120	경기 고양시	고양호수배전국어르신테니스대회	7,000	3	4	7	8	7	1	1	1
1121	경기 고양시	공양왕릉제	6,300	3	4	7	8	7	1	1	1
1122	경기 고양시	고양시재향군인회고양시민안보현장견학	6,000	3	1	7	8	7	1	1	1
1123	경기 고양시	고양시장배장애인배드민턴대회	5,400	3	4	7	8	7	1	1	1
1124	경기 고양시	고양시장배어울림수영대회	5,400	3	4	7	8	7	1	1	1
1125	경기 고양시	고양시장배장애인탁구대회	5,400	3	4	7	8	7	1	1	1
1126	경기 고양시	고양시장배장애인파크골프대회	5,400	3	4	7	8	7	1	1	1
1127	경기 고양시	전통성년례	5,000	3	4	7	8	7	1	1	1
1128	경기 고양시	백석동흰돌도당제	5,000	3	4	7	8	7	1	1	1
1129	경기 고양시	서삼릉태실과함께하는생명여행	5,000	3	4	7	8	7	1	1	1
1130	경기 고양시	지역아동센터한마음체육대회행사지원	5,000	3	4	7	8	7	5	5	4
1131	경기 고양시	고양청소년3X3농구대회	5,000	3	4	7	8	7	1	1	1
1132	경기 고양시	6.25참전유공자회고양시지회고령회원위안행사	5,000	3	1	7	8	7	1	1	1
1133	경기 고양시	고양시재향군인회지역사회봉사(국가유공자대상)활동	4,820	3	1	7	8	7	1	1	1
1134	경기 고양시	경릉봉향제	4,500	3	4	7	8	7	1	1	1
1135	경기 고양시	효릉봉향제	4,500	3	4	7	8	7	1	1	1
1136	경기 고양시	창릉봉향제	4,500	3	4	7	8	7	1	1	1
1137	경기 고양시	임진왜란의병장밥할머니추모제	4,500	3	4	7	8	7	1	1	1
1138	경기 고양시	불미지서낭제	4,500	3	4	7	8	7	1	1	1
1139	경기 고양시	고양팔현추향제	4,500	3	4	7	8	7	1	1	1
1140	경기 고양시	개천절제천례	4,500	3	4	7	8	7	1	1	1
1141	경기 고양시	광복회고양시지회독립유공자유지보전사업	4,000	3	1	7	8	7	1	1	1
1142	경기 고양시	상이군경회고양시지회고령회원위안행사	4,000	3	1	7	8	7	1	1	1
1143	경기 고양시	전몰군경유족회고양시지회고령회원위안행사	4,000	3	1	7	8	7	1	1	1
1144	경기 고양시	전몰군경미망인회고양시지회고령회원위안행사	4,000	3	1	7	8	7	1	1	1
1145	경기 고양시	고엽제전우회고양시지회고령회원위안행사	4,000	3	1	7	8	7	1	1	1
1146	경기 고양시	월남전참전자회고양시지회고령회원위안행사	4,000	3	1	7	8	7	1	1	1
1147	경기 고양시	특수임무유공자회고양시지회생존수영및인명구조훈련	3,280	3	1	7	8	7	1	1	1
1148	경기 고양시	일산동구청장기종목별체육대회(축구)	3,000	3	1,4	7	8	7	1	1	1
1149	경기 고양시	일산동구청장기종목별체육대회(테니스)	3,000	3	1,4	7	8	7	1	1	1
1150	경기 고양시	일산동구청장기종목별체육대회(탁구)	3,000	3	1,4	7	8	7	1	1	1
1151	경기 고양시	일산동구청장기종목별체육대회(게이트볼)	3,000	3	1,4	7	8	7	1	1	1
1152	경기 고양시	전몰군경유족회고양시지회전적지순례	3,000	3	1	7	8	7	1	1	1
1153	경기 고양시	전몰군경미망인회고양시지회전적지순례	3,000	3	1	7	8	7	1	1	1
1154	경기 고양시	무공수훈자회고양시지회전적지순례	3,000	3	1	7	8	7	1	1	1
1155	경기 고양시	6.25참전유공자회고양시지회안보견학및전적지순례	3,000	3	1	7	8	7	1	1	1
1156	경기 고양시	고엽제전우회고양시지회전적지순례	3,000	3	1	7	8	7	1	1	1
1157	경기 고양시	특수임무유공자회고양시지회전적지순례	3,000	3	1	7	8	7	1	1	1

순번	시군구	지출명 (사업명)	2024년예산 (단위 : 전원 /1년간)	민간이전 분류 (지방자치단체 세출예산 집행기준에 의거) 1. 민간경상사업보조(307-02) 2. 민간단체 법정운영비보조(307-03) 3. 민간행사사업보조(307-04) 4. 민간위탁금(307-05) 5. 사회복지시설 법정운영비보조(307-10) 6. 민간인위탁교육비(307-12) 7. 공기관등에대한경상적위탁사업비(308-13) 8. 민간자본사업보조,자체재원(402-01) 9. 민간자본사업보조,이전재원(402-02) 10. 민간위탁사업비(402-03) 11. 공기관등에 대한 자본적 위탁사업비(403-02)	민간이전지출 근거 (지방보조금 관리기준 참고) 1. 법률에 규정 2. 국고보조 재원(국가지정) 3. 용도 지정 기부금 4. 조례에 직접규정 5. 지자체가 권장하는 사업을 하는 공공기관 6. 시,도 정책 및 재정사정 7. 기타 8. 해당없음	입찰방식 계약체결방법 (경쟁형태) 1. 일반경쟁 2. 제한경쟁 3. 지명경쟁 4. 수의계약 5. 법정위탁 6. 기타 ( ) 7. 없음	계약기간 1. 1년 2. 2년 3. 3년 4. 4년 5. 5년 6. 기타 ( )년 7. 단기계약 (1년미만) 8. 없음	낙찰자선정방법 1. 적격심사 2. 협상에의한계약 3. 최저가낙찰제 4. 규격가격분리 5. 2단계 경쟁입찰 6. 기타 ( ) 7. 없음	운영예산 산정 1. 내부산정 (지자체 자체적으로 산정) 2. 외부산정 (외부전문기관위탁 산정) 3. 내·외부 모두 산정 4. 산정 無 5. 없음	정산방법 1. 내부정산 (지자체 내부적으로 정산) 2. 외부정산 (외부전문기관위탁 정산) 3. 내·외부 모두 산정 4. 정산 無 5. 없음	성과평가 실시여부 1. 실시 2. 미실시 3. 향후 추진 4. 해당없음
1158	경기 고양시	월남전참전자회고양시지회전적지순례	3,000	3	1	7	8	7	1	1	1
1159	경기 고양시	무공수훈자회고양시지회남북문제와한반도안보학술세미나	1,800	3	1	7	8	7	1	1	1
1160	경기 고양시	상이군경회고양시지회호국보훈의달행사	1,460	3	1	7	8	7	1	1	1
1161	경기 고양시	상이군경회고양시지회현충탑참배	1,080	3	1	7	8	7	1	1	1
1162	경기 과천시	제27회과천화훼전시회(과천화훼협회)	210,000	3	1	7	7	2	1	1	3
1163	경기 과천시	평생학습축제발표회지원	5,000	3	4	7	8	7	1	1	1
1164	경기 과천시	대보름문원어울마당	5,000	3	4	7	8	7	1	1	1
1165	경기 과천시	중앙동한마음건강걷기대회	5,000	3	4	7	8	7	1	1	1
1166	경기 과천시	과천평생학습축제참가발표회	5,000	3	4	7	8	7	1	1	4
1167	경기 과천시	별양어울마당	5,000	3	4	7	8	7	1	1	4
1168	경기 과천시	과천평생학습축제참가발표회	5,000	3	4	7	8	7	1	1	4
1169	경기 과천시	평생학습축제참가발표회(원문동주민자치위원회)	5,000	3	4	7	8	7	1	1	4
1170	경기 과천시	한마음걷기대회	5,000	3	4	7	7	7	1	1	1
1171	경기 과천시	정월대보름척사대회	5,000	3	4	7	7	7	1	1	1
1172	경기 과천시	평생학습축제참가발표회	5,000	3	4	7	8	7	1	1	1
1173	경기 과천시	한마음걷기대회	5,000	3	4	7	8	7	1	1	1
1174	경기 과천시	평생학습축제참가발표회	5,000	3	4	7	8	7	1	1	1
1175	경기 과천시	한마음걷기대회(부림동체육회)	5,000	3	4	7	8	7	1	1	1
1176	경기 과천시	평생학습축제참가발표회(부림동주민자치위원회)	5,000	3	4	7	8	7	1	1	1
1177	경기 과천시	재향군인의날기념(과천시재향군인회)	5,000	3	4	7	8	7	1	1	1
1178	경기 과천시	청소년통일준비민주시민교육(한국자유총연맹과천시지회)	2,620	3	1	7	8	7	5	5	4
1179	경기 과천시	노동절기념행사	1,000	3	1	7	8	7	5	5	4
1180	경기 과천시	노사정등반대회	1,000	3	4	7	8	7	1	3	1
1181	경기 구리시	구리유채꽃축제운영	289,800	3	4	7	8	7	1	3	1
1182	경기 구리시	구리코스모스축제운영	286,000	3	7	7	8	7	1	1	1
1183	경기 구리시	구리시장기종목별생활체육대회	163,000	3	7	7	8	7	1	1	1
1184	경기 구리시	협회장기생활체육대회	100,000	3	4	7	8	7	1	1	1
1185	경기 구리시	평생학습마을공동체지원	60,000	3	4	7	8	7	1	1	1
1186	경기 구리시	전국생활체육배드민턴대회	36,000	3	4	7	8	7	1	2	4
1187	경기 구리시	체육회소통강화교육	25,180	3	4	7	8	7	1	1	1
1188	경기 구리시	학습동아리육성지원	24,000	3	1,4	7	8	7	1	1	1
1189	경기 구리시	제2회구리시민건강걷기대회	20,000	3	4	7	8	7	1	1	3
1190	경기 구리시	1평생학습기관1우수프로그램운영지원	15,000	3	4	7	8	7	1	1	1
1191	경기 구리시	장애인평생교육프로그램운영	10,000	3	4	7	8	7	1	2	4
1192	경기 구리시	구리시축구협회안전기원축구대회	8,445	3	4	7	8	7	1	2	4
1193	경기 구리시	민주시민교육기관별맞춤형프로그램지원	7,000	3	4	7	8	7	1	1	1
1194	경기 구리시	경기북부6대축구대회	7,000	3	4	7	8	7	1	2	4
1195	경기 구리시	제2기사진대학	6,000	3	1	7	8	7	1	1	1
1196	경기 구리시	제2기구리문예대학	5,400	3	1	7	8	7	1	1	1
1197	경기 구리시	양성평등문화확산공모사업	4,500	3	4	7	8	7	1	1	1

순번	시군구	지출명 (사업명)	2024년예산 (단위 : 천원 /1년간)	민간이전 분류 (지방자치단체 세출예산 집행기준에 의거) 1. 민간경상사업보조(307-02) 2. 민간단체 법정운영비보조(307-03) 3. 민간행사사업보조(307-04) 4. 민간위탁금(307-05) 5. 사회복지시설 법정운영비보조(307-10) 6. 민간인위탁교육비(307-12) 7. 공기관등에대한경상적위탁사업비(308-13) 8. 민간자본사업보조,자체재원(402-01) 9. 민간자본사업보조,이전재원(402-02) 10. 민간위탁사업비(402-03) 11. 공기관등에 대한 자본적 위탁사업비(403-02)	민간이전지출 근거 (지방보조금 관리기준 참고) 1. 법률에 규정 2. 국고보조 재원(국가지정) 3. 용도 지정 기부금 4. 조례에 직접규정 5. 지자체가 권장하는 사업을 하는 공공기관 6. 시,도 정책 및 재정사정 7. 기타 8. 해당없음	입찰방식 계약체결방법 (경쟁형태) 1. 일반경쟁 2. 제한경쟁 3. 지명경쟁 4. 수의계약 5. 법정위탁 6. 기타 ( ) 7. 없음	입찰방식 계약기간 1. 1년 2. 2년 3. 3년 4. 4년 5. 5년 6. 기타 ( )년 7. 단기계약 (1년미만) 8. 없음	입찰방식 낙찰자선정방법 1. 적격심사 2. 협상에의한계약 3. 최저가낙찰제 4. 규격가격분리 5. 2단계 경쟁입찰 6. 기타 ( ) 7. 없음	운영예산 산정 운영예산 산정 1. 내부산정 (지자체 자체적으로 산정) 2. 외부산정 (외부전문기관위탁 산정) 3. 내·외부 모두 산정 4. 산정 無 5. 없음	운영예산 산정 정산방법 1. 내부정산 (지자체 내부적으로 정산) 2. 외부정산 (외부전문기관위탁 정산) 3. 내·외부 모두 산정 4. 정산 無 5. 없음	성과평가 실시여부 1. 실시 2. 미실시 3. 향후 추진 4. 해당없음
1198	경기 남양주시	읍면동체육대회개최지원	480,000	3	4	7	8	7	1	1	1
1199	경기 남양주시	시장기체육대회개최지원	205,000	3	4	7	8	7	1	1	1
1200	경기 남양주시	전문예술활동지원	160,000	3	4	7	8	7	5	5	4
1201	경기 남양주시	학교로찾아가는클래식교실	160,000	3	6	7	8	7	5	5	4
1202	경기 남양주시	의장기체육대회개최지원	100,000	3	4	7	8	7	1	1	1
1203	경기 남양주시	생활예술활동지원	50,000	3	4	7	8	7	5	5	4
1204	경기 남양주시	생활체육동호인클럽육성지원	50,000	3	4	7	8	7	1	1	1
1205	경기 남양주시	남양주한강걷기대회개최지원	50,000	3	4	7	8	7	1	1	1
1206	경기 남양주시	맑은물사랑전국학생사생대회	50,000	3	4	7	8	7	1	1	1
1207	경기 남양주시	농업기술보급사업지원	40,000	3	1	7	8	7	5	5	4
1208	경기 남양주시	지역예술단체활동지원	32,000	3	1	7	8	7	1	1	1
1209	경기 남양주시	장애인행사운영	30,000	3	1	7	8	7	1	1	1
1210	경기 남양주시	아동친화행사지원	30,000	3	4	7	8	7	1	1	4
1211	경기 남양주시	N티스트페스티벌	30,000	3	4	7	8	7	5	5	4
1212	경기 남양주시	봉선사연꽃축제지원	30,000	3	1	7	8	7	1	1	1
1213	경기 남양주시	장애인문화예술진흥사업	24,000	3	4	7	8	7	5	5	4
1214	경기 남양주시	장애인/비장애인어울림생활체육대회개최지원	22,000	3	4	7	8	7	1	1	1
1215	경기 남양주시	노동단체지원	20,300	3	1	7	8	7	5	5	4
1216	경기 남양주시	장애인단체행사지원	20,000	3	1	7	8	7	1	1	1
1217	경기 남양주시	체육회장기체육대회개최지원	20,000	3	4	7	8	7	1	1	1
1218	경기 남양주시	남양주시장기전국배드민턴대회개최지원	20,000	3	4	7	8	7	1	1	1
1219	경기 남양주시	어린이집전문성강화	15,000	3	1	7	8	7	1	1	1
1220	경기 남양주시	경기도민속예술제참가지원	10,000	3	1	7	8	7	1	1	1
1221	경기 남양주시	남양주시장기전국에코랜드먹골배테니스대회개최지원	10,000	3	4	7	8	7	1	1	1
1222	경기 남양주시	남양주시새마을회	9,500	3	1	7	8	7	1	1	1
1223	경기 남양주시	한국자유총연맹남양주시지회	7,680	3	1	7	8	7	1	1	1
1224	경기 남양주시	남양주시사회복지단체지원	5,000	3	1	7	8	7	1	1	4
1225	경기 남양주시	남양주시사회복지단체지원	5,000	3	1	7	8	7	1	1	4
1226	경기 남양주시	공연장대관료지원	5,000	3	4	7	8	7	1	1	4
1227	경기 남양주시	한센인단체지원	3,310	3	4	7	8	7	5	5	4
1228	경기 남양주시	한국자유총연맹남양주시지회	1,850	3	1	7	8	7	1	1	1
1229	경기 군포시	경기도체육대회출전지원	235,000	3	5	7	8	7	1	1	1
1230	경기 군포시	한마음체육대회개최지원	220,000	3	5	7	8	7	1	1	1
1231	경기 군포시	경기도생활체육대축전출전지원	150,000	3	5	7	8	7	1	1	1
1232	경기 군포시	시장배체육대회개최지원	144,500	3	5	7	8	7	1	1	1
1233	경기 군포시	예인예술제	88,000	3	5	7	8	7	1	1	1
1234	경기 군포시	도지사기생활체육대회개최및출전지원	78,000	3	4	7	8	7	1	1	3
1235	경기 군포시	시장배장애인체육대회개최지원	69,700	3	5	7	8	7	1	1	1
1236	경기 군포시	협회장기생활체육대회개최지원	68,000	3	5	7	8	7	1	1	1
1237	경기 군포시	전국체육대회출전지원	55,000	3	5	7	8	7	1	1	1

순번	시군구	지출명 (사업명)	2024년예산 (단위 : 천원 /1년간)	민간이전 분류 (지방자치단체 세출예산 집행기준에 의거) 1. 민간경상사업보조(307-02) 2. 민간단체 법정운영비보조(307-03) 3. 민간행사사업보조(307-04) 4. 민간위탁금(307-05) 5. 사회복지시설 법정운영비보조(307-10) 6. 민간인위탁교육비(307-12) 7. 공기관등에대한경상적위탁사업비(308-13) 8. 민간자본사업보조,자체재원(402-01) 9. 민간자본사업보조,이전재원(402-02) 10. 민간위탁사업비(402-03) 11. 공기관등에 대한 자본적 위탁사업비(403-02)	민간이전지출 근거 (지방보조금 관리기준 참고) 1. 법률에 규정 2. 국고보조 재원(국가지정) 3. 용도 지정 기부금 4. 조례에 직접규정 5. 지자체가 권장하는 사업을 하는 공공기관 6. 시,도 정책 및 재정사정 7. 기타 8. 해당없음	입찰방식: 계약체결방법 (경쟁형태) 1. 일반경쟁 2. 제한경쟁 3. 지명경쟁 4. 수의계약 5. 법정위탁 6. 기타 ( ) 7. 없음	입찰방식: 계약기간 1. 1년 2. 2년 3. 3년 4. 4년 5. 5년 6. 기타 ( )년 7. 단기계약 (1년미만) 8. 없음	입찰방식: 낙찰자선정방법 1. 적격심사 2. 협상에의한계약 3. 최저가낙찰제 4. 규격가격분리 5. 2단계 경쟁입찰 6. 기타 ( ) 7. 없음	운영예산 산정: 운영예산 산정 1. 내부산정 (지자체 자체적으로 산정) 2. 외부산정 (외부전문기관위탁 산정) 3. 내·외부 모두 산정 4. 산정 無 5. 없음	운영예산 산정: 정산방법 1. 내부정산 (지자체 내부적으로 정산) 2. 외부정산 (외부전문기관위탁 정산) 3. 내·외부 모두 정산 4. 정산 無 5. 없음	성과평가 실시여부 1. 실시 2. 미실시 3. 향후 추진 4. 해당없음
1238	경기 군포시	전국수리음악콩쿠르	50,000	3	4	7	8	7	1	1	3
1239	경기 군포시	어린이집문화체험	30,000	3	5	7	8	7	1	1	1
1240	경기 군포시	가족함께걷기원정대	28,132	3	5	7	8	7	1	1	1
1241	경기 군포시	전국수리무용콩쿠르	26,000	3	4	7	8	7	1	1	3
1242	경기 군포시	찾아가는우리마을음악회	25,000	3	4	7	8	7	1	1	3
1243	경기 군포시	장애인문화예술지원사업	24,000	3	6	7	8	7	1	1	3
1244	경기 군포시	군포공예문화축제	21,250	3	4	5	1	7	1	3	1
1245	경기 군포시	산사음악회	21,250	3	4	7	8	7	1	1	3
1246	경기 군포시	경기도장애인체육대회지원	21,250	3	5	7	8	7	1	1	1
1247	경기 군포시	전국장애인체육대회출전지원	18,105	3	5	7	8	7	1	1	1
1248	경기 군포시	의장배체육대회개최지원	18,000	3	5	7	8	7	1	1	1
1249	경기 군포시	전국수리디자인미술실기대회	17,000	3	4	7	8	7	1	1	3
1250	경기 군포시	전국수리사진촬영대회	17,000	3	4	7	8	7	1	1	3
1251	경기 군포시	경기도장애인생활체육대회출전지원	17,000	3	5	7	8	7	1	1	1
1252	경기 군포시	장애인의날기념행사	15,000	3	2	5	8	7	5	1	4
1253	경기 군포시	전국수리동요대회	13,000	3	4	7	8	7	1	1	3
1254	경기 군포시	군포시민가요제	12,750	3	4	7	8	7	1	1	3
1255	경기 군포시	경기도민속예술제참가	10,000	3	4	7	8	7	1	1	4
1256	경기 군포시	한여름밤영화산책	10,000	3	4	7	8	7	1	1	3
1257	경기 군포시	군포여성한마음대회	10,000	3	4	7	8	7	1	1	1
1258	경기 군포시	시장배꿈나무체육대회개최지원	10,000	3	5	7	8	7	1	1	1
1259	경기 군포시	어버이날행사	10,000	3	6	7	8	7	1	1	1
1260	경기 군포시	노인의날행사	10,000	3	4	7	8	7	1	1	1
1261	경기 군포시	청소년육성보호	9,180	3	4	6	1	6	1	1	1
1262	경기 군포시	체육회장배체육대회개최지원	9,000	3	5	7	8	7	1	1	1
1263	경기 군포시	불교문화축제	8,500	3	4	7	8	7	1	1	4
1264	경기 군포시	크리스마스축제	8,500	3	4	7	8	7	1	1	4
1265	경기 군포시	어린이그림그리기대회	6,800	3	4	7	8	7	1	1	1
1266	경기 군포시	국악정기연주회	6,000	3	4	7	8	7	1	1	3
1267	경기 군포시	전국무용제참가	6,000	3	4	7	8	7	1	1	3
1268	경기 군포시	수리문학대전	6,000	3	4	7	8	7	1	1	3
1269	경기 군포시	전국연극제참가	6,000	3	4	7	8	7	1	1	3
1270	경기 군포시	대중음악이야기	6,000	3	4	7	8	7	1	1	3
1271	경기 군포시	음악정기연주회	5,400	3	4	7	8	7	1	1	3
1272	경기 군포시	미술정기전시회	5,000	3	4	7	8	7	1	1	3
1273	경기 군포시	사진정기전시회	5,000	3	4	7	8	7	1	1	3
1274	경기 군포시	공연장대관료지원	5,000	3	6	7	8	7	1	1	3
1275	경기 군포시	장애인인식개선행사운영	5,000	3	4	7	8	7	1	1	1
1276	경기 군포시	보육인한마당	4,850	3	5	7	8	7	1	1	1
1277	경기 군포시	양성평등주간기념행사	4,500	3	4	7	8	7	1	1	1

순번	시군구	지출명 (사업명)	2024년예산 (단위 : 천원 /1년간)	민간이전 분류 (지방자치단체 세출예산 집행기준에 의거) 1. 민간경상사업보조(307-02) 2. 민간단체 법정운영비보조(307-03) 3. 민간행사사업보조(307-04) 4. 민간위탁금(307-05) 5. 사회복지시설 법정운영비보조(307-10) 6. 민간인위탁교육비(307-12) 7. 공기관등에대한경상적위탁사업비(308-13) 8. 민간자본사업보조,자체재원(402-01) 9. 민간자본사업보조,이전재원(402-02) 10. 민간위탁사업비(402-03) 11. 공기관등에 대한 자본적 위탁사업비(403-02)	민간이전지출 근거 (지방보조금 관리기준 참고) 1. 법률에 규정 2. 국고보조 재원(국가지정) 3. 용도 지정 기부금 4. 조례에 직접규정 5. 지자체가 권장하는 사업을 하는 공공기관 6. 시,도 정책 및 재정사정 7. 기타 8. 해당없음	입찰방식 계약체결방법 (경쟁형태) 1. 일반경쟁 2. 제한경쟁 3. 지명경쟁 4. 수의계약 5. 법정위탁 6. 기타 ( ) 7. 없음	입찰방식 계약기간 1. 1년 2. 2년 3. 3년 4. 4년 5. 5년 6. 기타 ( )년 7. 단기계약 (1년미만) 8. 없음	입찰방식 낙찰자선정방법 1. 적격심사 2. 협상에의한계약 3. 최저가낙찰제 4. 규격가격분리 5. 2단계 경쟁입찰 6. 기타 ( ) 7. 없음	운영예산 산정 운영예산 산정 1. 내부산정 (지자체 자체적으로 산정) 2. 외부산정 (외부전문기관위탁 산정) 3. 내·외부 모두 산정 4. 산정 無 5. 없음	운영예산 산정 정산방법 1. 내부정산 (지자체 내부적으로 정산) 2. 외부정산 (외부전문기관위탁 정산) 3. 내·외부 모두 산정 4. 정산 無 5. 없음	성과평가 실시여부 1. 실시 2. 미실시 3. 향후 추진 4. 해당없음
1278	경기 군포시	송부동행복나눔장터	4,250	3	4	7	8	7	1	1	1
1279	경기 군포시	송부동가족명랑운동회	4,250	3	4	7	8	7	1	1	1
1280	경기 군포시	문학정기간행물발행	4,000	3	4	7	8	7	1	1	3
1281	경기 군포시	지역아동센터체육대회지원(시)	4,000	3	4	7	8	7	1	1	3
1282	경기 군포시	계절을여는시화전	3,500	3	4	7	8	7	1	1	3
1283	경기 의왕시	의왕시소상공인연합회운영비지원	6,000	3	1	5	1	7	1	1	1
1284	경기 의왕시	지역사회보장협의체운영활성화지원(자체)	5,600	3	4	7	8	7	1	1	4
1285	경기 하남시	하남시문화예술활동지원사업(공모)	275,000	3	8	7	8	7	5	5	4
1286	경기 하남시	하남시장기생활체육대회	175,500	3	1	7	8	7	1	1	1
1287	경기 하남시	하남시생활체육종목별협회장기대회	162,000	3	1	7	8	7	1	1	1
1288	경기 하남시	장애인체육회사무국육성지원금	156,622	3	1	7	7	7	1	1	1
1289	경기 하남시	경기도생활체육대축전출전	97,096	3	1	7	8	7	1	1	1
1290	경기 하남시	하남시왕중왕전생활체육축구대회	97,000	3	1	7	8	7	1	1	1
1291	경기 하남시	하남문화원하남문화대학	80,100	3	1	7	8	7	1	1	1
1292	경기 하남시	도지사기(도의장기)생활체육대회출전지원	72,900	3	1	7	8	7	1	1	1
1293	경기 하남시	장애인생활체육지도자배치지원	62,604	3	1	7	7	7	1	1	1
1294	경기 하남시	장애인체육대회개최및출전지원	61,928	3	1	7	7	7	1	1	1
1295	경기 하남시	하남예술제	50,000	3	4	7	8	7	1	1	1
1296	경기 하남시	하남시의장기생활체육대회	45,189	3	1	7	8	7	1	1	1
1297	경기 하남시	단체수련회및재활증진대회보조	33,000	3	1	6	8	7	1	1	1
1298	경기 하남시	민주평통자문회의통일골든벨역사탐방	25,840	3	1	7	8	7	1	1	1
1299	경기 하남시	하남문화원단오제축제	24,000	3	1	7	8	7	1	1	1
1300	경기 하남시	건강달리기및걷기대회	20,000	3	1	7	8	7	1	1	1
1301	경기 하남시	장애인합창대회참가보조	20,000	3	1	7	8	7	1	1	1
1302	경기 하남시	광주향교(추계석전대제)	20,000	3	6	7	8	7	1	1	1
1303	경기 하남시	동부지역게이트볼대회출전및개최	19,400	3	1	7	8	7	1	1	1
1304	경기 하남시	새마을지도자수련대회	19,000	3	6	7	8	7	1	1	1
1305	경기 하남시	생활체육게이트볼클럽별대회	18,158	3	1	7	8	7	1	1	1
1306	경기 하남시	기타생활체육대회출전	15,960	3	1	7	8	7	1	1	1
1307	경기 하남시	재향군인회학생병영체험및안보현장견학	15,600	3	6	7	8	7	1	1	1
1308	경기 하남시	장애인한마음체육대회개최	15,000	3	1	7	7	7	1	1	1
1309	경기 하남시	민주평통자문회의통일안보연수	14,400	3	1	7	8	7	1	1	1
1310	경기 하남시	여성축구대회출전	12,000	3	1	7	8	7	1	1	1
1311	경기 하남시	경기도장애인축제한마당참가보조	12,000	3	1	7	8	7	1	1	1
1312	경기 하남시	바르게살기운동회원워크숍	10,400	3	6	7	8	7	1	1	1
1313	경기 하남시	장애인체육교실운영	10,350	3	1	7	7	7	1	1	1
1314	경기 하남시	장애인의날기념행사	10,000	3	1	7	8	7	1	1	1
1315	경기 하남시	어버이날행사추진	10,000	3	1	7	8	7	1	1	1
1316	경기 하남시	경기도민속예술제참가지원	10,000	3	1	7	8	7	1	1	1
1317	경기 하남시	공연장대관료지원	10,000	3	6	7	8	7	5	1	1

순번	시군구	지출명 (사업명)	2024년예산 (단위 : 천원 /1년간)	민간이전 분류 (지방자치단체 세출예산 집행기준에 의거) 1. 민간경상사업보조(307-02) 2. 민간단체 법정운영비보조(307-03) 3. 민간행사사업보조(307-04) 4. 민간위탁금(307-05) 5. 사회복지시설 법정운영비보조(307-10) 6. 민간인위탁교육비(307-12) 7. 공기관등에대한경상적위탁사업비(308-13) 8. 민간자본사업보조,자체재원(402-01) 9. 민간자본사업보조,이전재원(402-02) 10. 민간위탁사업비(402-03) 11. 공기관등에 대한 자본적 위탁사업비(403-02)	민간이전지출 근거 (지방보조금 관리기준 참고) 1. 법률에 규정 2. 국고보조 재원(국가지정) 3. 용도 지정 기부금 4. 조례에 직접규정 5. 지자체가 권장하는 사업을 하는 공공기관 6. 시,도 정책 및 재정사정 7. 기타 8. 해당없음	입찰방식: 계약체결방법 (경쟁형태) 1. 일반경쟁 2. 제한경쟁 3. 지명경쟁 4. 수의계약 5. 법정위탁 6. 기타 ( ) 7. 없음	입찰방식: 계약기간 1. 1년 2. 2년 3. 3년 4. 4년 5. 5년 6. 기타 ( )년 7. 단기계약 (1년미만) 8. 없음	입찰방식: 낙찰자선정방법 1. 적격심사 2. 협상에의한계약 3. 최저가낙찰제 4. 규격가격분리 5. 2단계 경쟁입찰 6. 기타 ( ) 7. 없음	운영예산 산정: 운영예산 산정 1. 내부산정 (지자체 자체적으로 산정) 2. 외부산정 (외부전문기관위탁 산정) 3. 내·외부 모두 산정 4. 산정 無 5. 없음	운영예산 산정: 정산방법 1. 내부정산 (지자체 내부적으로 정산) 2. 외부정산 (외부전문기관위탁 정산) 3. 내·외부 모두 산정 4. 정산 無 5. 없음	성과평가 실시여부 1. 실시 2. 미실시 3. 향후 추진 4. 해당없음
1318	경기 하남시	한국자유총연맹광복절기념주간행사	10,000	3	6	7	8	7	1	1	1
1319	경기 하남시	재향군인회나라지킴이리더십교육	10,000	3	6	7	8	7	1	1	1
1320	경기 하남시	재난구호봉사단현장대응훈련	10,000	3	6	7	8	7	1	1	1
1321	경기 하남시	하남문화원마을민속제	9,850	3	1	7	8	7	1	1	1
1322	경기 하남시	장애인생활체육지도자처우개선비	9,711	3	1	7	7	7	1	1	1
1323	경기 하남시	도단위이상어르신생활체육대회출전	8,700	3	1	7	8	7	1	1	1
1324	경기 하남시	재향군인회6.25안보현장견학	8,566	3	6	7	8	7	1	1	1
1325	경기 하남시	여성배구대회출전	8,000	3	1	7	8	7	1	1	1
1326	경기 하남시	시각장애인흰지팡이의날행사	8,000	3	1	7	8	7	1	1	1
1327	경기 하남시	전국단위핸드볼대회출전	7,760	3	1	7	8	7	1	1	1
1328	경기 하남시	청소년예술대전및가요&댄스대회	7,000	3	1	6	8	7	5	5	4
1329	경기 하남시	한국자유총연맹북한이탈주민어울림한마당	7,000	3	6	7	8	7	1	1	1
1330	경기 하남시	하남문화원학술대회	6,730	3	1	7	8	7	1	1	1
1331	경기 하남시	청소년사기진작을위한통일전망대체험학습및안보교육	6,000	3	1	6	8	7	5	5	4
1332	경기 하남시	하남문화원문화유적답사	6,000	3	1	7	8	7	1	1	1
1333	경기 하남시	한국자유총연맹자유민주안보현장견학	6,000	3	6	7	8	7	1	1	1
1334	경기 하남시	민주평통자문회의통일골든벨	6,000	3	1	7	8	7	1	1	1
1335	경기 하남시	청소년농촌체험활동	5,000	3	1	6	8	7	5	5	4
1336	경기 하남시	하남문화원인문학콘서트	5,000	3	1	7	8	7	1	1	1
1337	경기 하남시	광주향교(하남시민을위한유교강좌)	5,000	3	6	7	8	7	1	1	1
1338	경기 하남시	새마을지도자대회	5,000	3	6	7	8	7	1	1	1
1339	경기 하남시	한국자유총연맹한마음대회	5,000	3	6	7	8	7	1	1	1
1340	경기 하남시	봉사회저소득어르신희망나눔사업	4,400	3	6	7	8	7	1	1	1
1341	경기 하남시	농문화제체험	4,000	3	1	7	8	7	1	1	1
1342	경기 하남시	장애인예술제및어울림가족체육대회	4,000	3	1	7	8	7	1	1	1
1343	경기 하남시	광주향교(기로연/경로잔치)	4,000	3	6	7	8	7	1	1	1
1344	경기 하남시	한국자유총연맹자유수호안보교육및지도자전진대회	4,000	3	6	7	8	7	1	1	1
1345	경기 하남시	장애체험행사	3,000	3	1	7	8	7	1	1	1
1346	경기 하남시	새마을지도자임원워크숍	3,000	3	6	7	8	7	1	1	1
1347	경기 하남시	바르게살기운동태극기달기운동	3,000	3	6	7	8	7	1	1	1
1348	경기 하남시	민주평통자문회의청소년통일교육	3,000	3	1	7	8	7	1	1	1
1349	경기 하남시	바르게살기운동기초법질서운동	2,804	3	6	7	8	7	1	1	1
1350	경기 하남시	청소년목화허브체험축제	2,500	3	1	6	8	7	5	5	4
1351	경기 하남시	장애인생활체육지도자처우개선	2,386	3	1	7	7	7	1	1	1
1352	경기 하남시	전국지적장애인복지대회및지적캠프보조	2,000	3	1	7	8	7	1	1	1
1353	경기 하남시	장애인문화제참가보조	1,500	3	1	7	8	7	1	1	1
1354	경기 하남시	경기도장애인정보화제전참가보조	1,000	3	1	7	8	7	1	1	1
1355	경기 하남시	지적발달장애인의날기념식및자기권리주장대회	1,000	3	1	7	8	7	1	1	1
1356	경기 하남시	바르게살기운동경기도회원대회참가	1,000	3	6	7	8	7	1	1	1
1357	경기 하남시	바르게살기운동전국회원대회참가	500	3	6	7	8	7	1	1	1

순번	시군구	지출명 (사업명)	2024년예산 (단위 : 천원 /1년간)	민간이전 분류 (지방자치단체 세출예산 집행기준에 의거) 1. 민간경상사업보조(307-02) 2. 민간단체 법정운영비보조(307-03) 3. 민간행사사업보조(307-04) 4. 민간위탁금(307-05) 5. 사회복지시설 법정운영비보조(307-10) 6. 민간인위탁교육비(307-12) 7. 공기관등에대한경상적위탁사업비(308-13) 8. 민간자본사업보조,자체재원(402-01) 9. 민간자본사업보조,이전재원(402-02) 10. 민간위탁사업비(402-03) 11. 공기관등에 대한 자본적 위탁사업비(403-02)	민간이전지출 근거 (지방보조금 관리기준 참고) 1. 법률에 규정 2. 국고보조 재원(국가지정) 3. 용도 지정 기부금 4. 조례에 직접규정 5. 지자체가 권장하는 사업을 하는 공공기관 6. 시,도 정책 및 재정사정 7. 기타 8. 해당없음	입찰방식 계약체결방법 (경쟁형태) 1. 일반경쟁 2. 제한경쟁 3. 지명경쟁 4. 수의계약 5. 법정위탁 6. 기타 ( ) 7. 없음	입찰방식 계약기간 1. 1년 2. 2년 3. 3년 4. 4년 5. 5년 6. 기타 ( )년 7. 단기계약 (1년미만) 8. 없음	입찰방식 낙찰자선정방법 1. 적격심사 2. 협상에의한계약 3. 최저가낙찰제 4. 규격가격분리 5. 2단계 경쟁입찰 6. 기타 ( ) 7. 없음	운영예산 산정 운영예산 산정 1. 내부산정 (지자체 자체적으로 산정) 2. 외부산정 (외부전문기관위탁 산정) 3. 내·외부 모두 산정 4. 산정 無 5. 없음	운영예산 산정 정산방법 1. 내부정산 (지자체 내부적으로 정산) 2. 외부정산 (외부전문기관위탁 정산) 3. 내·외부 모두 산정 4. 정산 無 5. 없음	성과평가 실시여부 1. 실시 2. 미실시 3. 향후 추진 4. 해당없음
1358	경기 하남시	바르게살기운동여성지도자대회참가	500	3	6	7	8	7	1	1	1
1359	경기 용인시	생활체육행사개최지원	669,000	3	4	7	8	7	5	5	4
1360	경기 용인시	읍면동체육회지원	285,000	3	4	7	8	7	5	5	4
1361	경기 용인시	전국(도)단위장애인체육대회유치지원	100,000	3	4	7	8	7	5	5	4
1362	경기 용인시	전통시장야시장운영지원	80,000	3	1,4	7	8	7	5	5	4
1363	경기 용인시	어린이날대축제	75,000	3	6	1	7	7	1	1	1
1364	경기 용인시	장애인복지단체지원	73,800	3	1	7	8	7	5	5	4
1365	경기 용인시	어버이날행사	59,000	3	1	7	8	7	1	1	2
1366	경기 용인시	스포츠행사유치지원	40,000	3	4	7	8	7	5	5	4
1367	경기 용인시	백중문화제	40,000	3	4	7	8	7	1	1	3
1368	경기 용인시	현충시설참배및순례행사(9개단체)	34,200	3	4	7	8	7	1	1	1
1369	경기 용인시	경기도장애인생활체육대회출전지원	30,000	3	4	7	8	7	5	5	4
1370	경기 용인시	양성평등주간기념행사	25,000	3	7	6	7	6	1	1	1
1371	경기 용인시	정월대보름맞이행사지원	25,000	3	4	7	8	7	1	1	1
1372	경기 용인시	노동단체보조금지원(한국노총용인지역지부)	21,850	3	4	7	8	7	1	1	1
1373	경기 용인시	노인의날기념식	20,000	3	4	7	8	7	1	1	1
1374	경기 용인시	용인시보육인대회	20,000	3	1	7	8	7	1	1	1
1375	경기 용인시	2024년역사바로알기용인시대회	20,000	3	1	7	8	7	5	1	3
1376	경기 용인시	법화산문화축제	20,000	3	4	7	8	7	1	1	3
1377	경기 용인시	석성산문화축제	20,000	3	4	7	8	7	1	1	3
1378	경기 용인시	구청단위체육행사지원	18,000	3	1	7	8	7	1	1	3
1379	경기 용인시	구청단위체육행사지원	18,000	3	4	7	8	7	1	1	3
1380	경기 용인시	경기도어울림체육대회출전지원	16,500	3	4	7	8	7	1	1	1
1381	경기 용인시	노인행사운영지원	16,275	3	4	7	8	7	5	5	4
1382	경기 용인시	독바위민속줄다리기한마음축제지원	16,000	3	4	7	8	7	1	1	2
1383	경기 용인시	여성지도자양성평등역량강화워크숍	15,000	3	4	7	8	7	1	1	1
1384	경기 용인시	소실봉문화축제행사지원	15,000	3	7	6	7	6	1	1	1
1385	경기 용인시	체육행사지원	15,000	3	4	7	8	7	1	1	1
1386	경기 용인시	사회복지박람회행사지원	14,400	3	1	7	8	7	1	1	3
1387	경기 용인시	지석문화제	13,000	3	1	7	8	7	1	1	4
1388	경기 용인시	노령보훈회원위로연(6개단체)	11,200	3	4	7	8	7	1	1	3
1389	경기 용인시	지역아동센터문화행사	10,000	3	8	7	8	7	1	1	1
1390	경기 용인시	정평천벚꽃축제지원	10,000	3	4	7	8	7	1	1	4
1391	경기 용인시	광복회민족정기선양사업	9,000	3	1	7	8	7	1	1	1
1392	경기 용인시	용인3.21만세운동기념사업	8,000	3	1	7	8	7	1	1	1
1393	경기 용인시	상이군경회의날기념식	8,000	3	1	7	8	7	1	1	1
1394	경기 용인시	6.25참전유공자회6.25전쟁기념식	8,000	3	1	7	8	7	1	1	1
1395	경기 용인시	광복회광복절경축식	8,000	3	1	7	8	7	1	1	1
1396	경기 용인시	재향군인의날행사	8,000	3	1	7	8	7	1	1	1
1397	경기 용인시	재향군인회안보활동지원	8,000	3	1	7	8	7	1	1	1

순번	시군구	지출명 (사업명)	2024년예산 (단위 : 천원 /1년간)	민간이전 분류 (지방자치단체 세출예산 집행기준에 의거) 1. 민간경상사업보조(307-02) 2. 민간단체 법정운영비보조(307-03) 3. 민간행사사업보조(307-04) 4. 민간위탁금(307-05) 5. 사회복지시설 법정운영비보조(307-10) 6. 민간인위탁교육비(307-12) 7. 공기관등에대한경상적위탁사업비(308-13) 8. 민간자본사업보조,자체재원(402-01) 9. 민간자본사업보조,이전재원(402-02) 10. 민간위탁사업비(402-03) 11. 공기관등에 대한 자본적 위탁사업비(403-02)	민간이전지출 근거 (지방보조금 관리기준 참고) 1. 법률에 규정 2. 국고보조 재원(국가지정) 3. 용도 지정 기부금 4. 조례에 직접규정 5. 지자체가 권장하는 사업을 하는 공공기관 6. 시,도 정책 및 재정사정 7. 기타 8. 해당없음	입찰방식 계약체결방법 (경쟁형태) 1. 일반경쟁 2. 제한경쟁 3. 지명경쟁 4. 수의계약 5. 법정위탁 6. 기타 ( ) 7. 없음	입찰방식 계약기간 1. 1년 2. 2년 3. 3년 4. 4년 5. 5년 6. 기타 ( )년 7. 단기계약 (1년미만) 8. 없음	입찰방식 낙찰자선정방법 1. 적격심사 2. 협상에의한계약 3. 최저가낙찰제 4. 규격가격분리 5. 2단계 경쟁입찰 6. 기타 ( ) 7. 없음	운영예산 산정 운영예산 산정 1. 내부산정 (지자체 자체적으로 산정) 2. 외부산정 (외부전문기관위탁 산정) 3. 내·외부 모두 산정 4. 산정 無 5. 없음	운영예산 산정 정산방법 1. 내부정산 (지자체 내부적으로 정산) 2. 외부정산 (외부전문기관위탁 정산) 3. 내·외부 모두 산정 4. 정산 無 5. 없음	성과평가 실시여부 1. 실시 2. 미실시 3. 향후 추진 4. 해당없음
1398	경기 용인시	3.1절기념식	8,000	3	1	7	8	7	1	1	1
1399	경기 용인시	독거노인효도관광	6,900	3	4	7	8	7	1	1	2
1400	경기 용인시	노동단체보조금지원(용인민주노동자연대회의)	5,800	3	4	7	8	7	1	1	1
1401	경기 용인시	보훈단체임원워크샵	5,000	3	4	7	8	7	1	1	1
1402	경기 용인시	창포축제	5,000	3	4	7	8	7	1	1	3
1403	경기 용인시	충주보훈휴양원안보교육(전몰군경미망인회)	3,800	3	4	7	8	7	1	1	1
1404	경기 용인시	휴전협정기념행사(전몰군경유족회)	3,300	3	4	7	8	7	1	1	1
1405	경기 용인시	용인시새마을지도자대회	2,600	3	4	7	8	7	5	1	3
1406	경기 용인시	관곡마을느티나무고사제	2,500	3	4	7	8	7	1	1	3
1407	경기 용인시	새마을의날기념식	2,300	3	4	7	8	7	5	1	3
1408	경기 용인시	요양보호사힐링워크숍	2,148	3	1	7	8	7	1	1	4
1409	경기 용인시	망향제	2,000	3	4	7	8	7	5	1	3
1410	경기 용인시	월남전참전6주년기념행사(월남전참전자회)	1,500	3	4	7	8	7	1	1	1
1411	경기 용인시	조국수호결의대회(6.25참전유공자회)	1,200	3	4	7	8	7	1	1	1
1412	경기 용인시	6.25전쟁사진기록전시회(무공수훈자회)	1,100	3	4	7	8	7	1	1	1
1413	경기 파주시	2024년경기도체육대회및장애인체육대회개최	2,445,366	3	4	7	8	7	1	1	3
1414	경기 파주시	파주장단콩축제	684,000	3	1	7	8	7	3	3	1
1415	경기 파주시	파주개성인삼축제	550,000	3	1	7	8	7	3	3	1
1416	경기 파주시	읍면동체육대회지원	280,000	3	4	7	8	7	1	1	3
1417	경기 파주시	파주북소리축제	252,900	3	1	7	8	7	1	1	1
1418	경기 파주시	헤이리판페스티벌	112,500	3	1	7	8	7	1	1	1
1419	경기 파주시	파주시장기종목별체육대회	112,000	3	4	7	8	7	1	1	3
1420	경기 파주시	파주시협회장기종목별체육대회	91,564	3	4	7	8	7	1	1	3
1421	경기 파주시	제13회파주상공EXPO	85,000	3	4	7	8	7	1	1	1
1422	경기 파주시	DMZ국제다큐멘터리영화제	81,000	3	1	7	8	7	1	1	1
1423	경기 파주시	파주시도시농업박람회	81,000	3	1	7	8	7	1	1	3
1424	경기 파주시	도단위생활체육대회개최	70,000	3	4	7	8	7	1	1	3
1425	경기 파주시	민주평통사업지원	69,400	3	1,4	7	8	7	1	1	1
1426	경기 파주시	시민음악회	63,000	3	1	7	8	7	1	1	4
1427	경기 파주시	파주출판도시어린이책잔치	57,600	3	1	7	8	7	1	1	1
1428	경기 파주시	임진강예술단북한문화예술공연	54,000	3	1,4	7	8	7	1	1	1
1429	경기 파주시	제26회파주예술제	54,000	3	1	7	8	7	1	1	4
1430	경기 파주시	문화예술행사지원	50,000	3	1	7	8	7	1	1	4
1431	경기 파주시	파주시의장기종목별체육대회	40,000	3	4	7	8	7	1	1	3
1432	경기 파주시	파주시체육회장배한마음체육대회	40,000	3	4	7	8	7	1	1	3
1433	경기 파주시	파주시장기장애인종목별체육대회	37,000	3	4	7	8	7	1	1	3
1434	경기 파주시	문화학교운영	36,000	3	4	7	8	7	1	1	1
1435	경기 파주시	파주평화예술한마당	35,000	3	1	7	8	7	1	1	4
1436	경기 파주시	파주시장기풋살대회	35,000	3	4	7	8	7	1	1	3
1437	경기 파주시	금촌거리문화축제	32,400	3	8	7	8	7	1	1	3

순번	시군구	지출명 (사업명)	2024년예산 (단위 : 천원 /1년간)	민간이전 분류 (지방자치단체 세출예산 집행기준에 의거) 1. 민간경상사업보조(307-02) 2. 민간단체 법정운영비보조(307-03) 3. 민간행사사업보조(307-04) 4. 민간위탁금(307-05) 5. 사회복지시설 법정운영비보조(307-10) 6. 민간인위탁교육비(307-12) 7. 공기관등에대한경상적위탁사업비(308-13) 8. 민간자본사업보조,자체재원(402-01) 9. 민간자본사업보조,이전재원(402-02) 10. 민간위탁사업비(402-03) 11. 공기관등에 대한 자본적 위탁사업비(403-02)	민간이전지출 근거 (지방보조금 관리기준 참고) 1. 법률에 규정 2. 국고보조 재원(국가지정) 3. 용도 지정 기부금 4. 조례에 직접규정 5. 지자체가 권장하는 사업을 하는 공공기관 6. 시,도 정책 및 재정사정 7. 기타 8. 해당없음	입찰방식 계약체결방법 (경쟁형태) 1. 일반경쟁 2. 제한경쟁 3. 지명경쟁 4. 수의계약 5. 법정위탁 6. 기타 ( ) 7. 없음	입찰방식 계약기간 1. 1년 2. 2년 3. 3년 4. 4년 5. 5년 6. 기타 ( )년 7. 단기계약 (1년미만) 8. 없음	입찰방식 낙찰자선정방법 1. 적격심사 2. 협상에의한계약 3. 최저가낙찰제 4. 규격가격분리 5. 2단계 경쟁입찰 6. 기타 ( ) 7. 없음	운영예산 산정 운영예산 산정 1. 내부산정 (지자체 자체적으로 산정) 2. 외부산정 (외부전문기관위탁 산정) 3. 내·외부 모두 산정 4. 산정 無 5. 없음	운영예산 산정 정산방법 1. 내부정산 (지자체 내부적으로 정산) 2. 외부정산 (외부전문기관위탁 정산) 3. 내·외부 모두 산정 4. 정산 無 5. 없음	성과평가 실시여부 1. 실시 2. 미실시 3. 향후 추진 4. 해당없음
1438	경기 파주시	문산거리축제	32,400	3	4	7	8	7	1	1	1
1439	경기 파주시	사회복지의날기념행사	27,000	3	1	7	8	7	1	1	1
1440	경기 파주시	사회복지종사자힐링워크숍	27,000	3	1	7	8	7	1	1	1
1441	경기 파주시	파주목봉황축제	27,000	3	4	7	8	7	1	1	1
1442	경기 파주시	제4회희망,나눔파주아트페스티벌	25,600	3	1	7	8	7	1	1	4
1443	경기 파주시	방촌문화제	25,000	3	4	7	8	7	1	1	1
1444	경기 파주시	개성인삼축제씨름한마당대회	20,000	3	4	7	8	7	1	1	3
1445	경기 파주시	새마을지도자역량강화워크숍	19,980	3	1	7	8	7	1	1	1
1446	경기 파주시	제26회임진강가요제	18,900	3	1	7	8	7	1	1	4
1447	경기 파주시	장애인의날행사	18,000	3	1	7	8	7	1	1	1
1448	경기 파주시	제3회시니어한국민속춤제전	18,000	3	1	7	8	7	1	1	4
1449	경기 파주시	삼도품축제	16,200	3	4	7	8	7	1	1	1
1450	경기 파주시	파주역사인물문화제	16,000	3	4	7	8	7	1	1	1
1451	경기 파주시	파주시가족문화축제	15,000	3	4	7	8	7	1	1	2
1452	경기 파주시	달달한희망빛축제	14,580	3	4	7	8	7	1	1	1
1453	경기 파주시	어르신경로위안잔치	14,400	3	1	7	8	7	1	1	1
1454	경기 파주시	통일로미술대회	14,400	3	4	7	8	7	1	1	1
1455	경기 파주시	파평코스모스축제	14,400	3	4	7	8	7	1	1	1
1456	경기 파주시	통일연날리기한마당	13,500	3	4	7	8	7	1	1	1
1457	경기 파주시	전통문화전승마을사업	13,500	3	4	7	8	7	1	1	1
1458	경기 파주시	헤이리시민음악회	12,600	3	1	7	8	7	1	1	1
1459	경기 파주시	파주문화유적답사	12,000	3	4	7	8	7	1	1	1
1460	경기 파주시	양성평등주간기념행사	11,700	3	1	7	8	7	1	1	1
1461	경기 파주시	노인의날행사	11,610	3	1	7	8	7	1	1	1
1462	경기 파주시	전통문화행사	11,520	3	4	7	8	7	1	1	1
1463	경기 파주시	한국노총경기서북부지역지부노동가족음악회등	11,070	3	4	7	8	7	1	1	1
1464	경기 파주시	제1회파주평화전국사진공모전	10,190	3	1	7	8	7	1	1	1
1465	경기 파주시	공연장대관료지원	10,000	3	6	7	8	7	1	1	4
1466	경기 파주시	제27회전국율곡서예대전	10,000	3	1	7	8	7	2	1	4
1467	경기 파주시	지적발달장애인복지협회행사지원	9,387	3	1	7	8	7	1	1	4
1468	경기 파주시	장단사천강전승기념식	9,000	3	1,4	7	8	7	1	1	1
1469	경기 파주시	도농상생을위한농촌지도자역량강화	9,000	3	1	7	8	7	1	1	1
1470	경기 파주시	광탄큰여울축제	9,000	3	4	7	8	7	1	1	3
1471	경기 파주시	감악산단풍맞이축제	9,000	3	4	7	8	7	1	1	1
1472	경기 파주시	심학산둘레길축제	9,000	3	4	7	8	7	1	1	1
1473	경기 파주시	운정2동가족음악회	9,000	3	4	7	8	7	1	1	1
1474	경기 파주시	학령산미술제및작은결혼식	9,000	3	4	7	8	7	1	1	1
1475	경기 파주시	공릉천튤립축제	9,000	3	4	7	8	7	1	1	1
1476	경기 파주시	금촌3동마을축제	9,000	3	4	7	8	7	1	1	1
1477	경기 파주시	습은자원모으기경진대회	8,100	3	1	7	8	7	1	1	1

순번	시군구	지출명 (사업명)	2024년예산 (단위 : 천원 /1년간)	민간이전 분류 (지방자치단체 세출예산 집행기준에 의거) 1. 민간경상사업보조(307-02) 2. 민간단체 법정운영비보조(307-03) 3. 민간행사사업보조(307-04) 4. 민간위탁금(307-05) 5. 사회복지시설 법정운영비보조(307-10) 6. 민간인위탁교육비(307-12) 7. 공기관등에대한경상적위탁사업비(308-13) 8. 민간자본사업보조,자체재원(402-01) 9. 민간자본사업보조,이전재원(402-02) 10. 민간위탁사업비(402-03) 11. 공기관등에 대한 자본적 위탁사업비(403-02)	민간이전지출 근거 (지방보조금 관리기준 참고) 1. 법률에 규정 2. 국고보조 재원(국가지정) 3. 용도 지정 기부금 4. 조례에 직접규정 5. 지자체가 권장하는 사업을 하는 공공기관 6. 시,도 정책 및 재정사정 7. 기타 8. 해당없음	입찰방식 계약체결방법 (경쟁형태) 1. 일반경쟁 2. 제한경쟁 3. 지명경쟁 4. 수의계약 5. 법정위탁 6. 기타 ( ) 7. 없음	입찰방식 계약기간 1. 1년 2. 2년 3. 3년 4. 4년 5. 5년 6. 기타 ( )년 7. 단기계약 (1년미만) 8. 없음	입찰방식 낙찰자선정방법 1. 적격심사 2. 협상에의한계약 3. 최저가낙찰제 4. 규격가격분리 5. 2단계 경쟁입찰 6. 기타 ( ) 7. 없음	운영예산 산정 운영예산 산정 1. 내부산정 (지자체 자체적으로 산정) 2. 외부산정 (외부전문기관위탁 산정) 3. 내·외부 모두 산정 4. 산정 無 5. 없음	운영예산 산정 정산방법 1. 내부정산 (지자체 내부적으로 정산) 2. 외부정산 (외부전문기관위탁 정산) 3. 내·외부 모두 산정 4. 정산 無 5. 없음	성과평가 실시여부 1. 실시 2. 미실시 3. 향후 추진 4. 해당없음
1478	경기 파주시	술이홀樂새김전	8,000	3	1	7	8	7	1	1	4
1479	경기 파주시	지체장애인협회행사지원	7,560	3	1	7	8	7	1	1	1
1480	경기 파주시	시각장애인연합회행사지원	7,245	3	1	7	8	7	1	1	1
1481	경기 파주시	실버취타대	7,000	3	4	7	8	7	1	1	1
1482	경기 파주시	제2회평화희곡공모전	7,000	3	1	7	8	7	1	1	4
1483	경기 파주시	제17회국제미술교류전	6,606	3	1	7	8	7	1	1	4
1484	경기 파주시	파주국악대제전	6,500	3	1	7	8	7	1	1	4
1485	경기 파주시	해병대전우회어린이날보트타기체험및안전교육	6,390	3	1,4	7	8	7	1	1	1
1486	경기 파주시	장애인복지회행사지원	6,307	3	1	7	8	7	1	1	1
1487	경기 파주시	농업경영인한마음워크숍	6,300	3	6	7	8	7	1	1	3
1488	경기 파주시	파주시초중고생활체육대회	6,000	3	4	7	8	7	1	1	3
1489	경기 파주시	춤대공연	5,400	3	1	7	8	7	1	1	4
1490	경기 파주시	파주시민서각체험전	5,000	3	1	7	8	7	1	1	4
1491	경기 파주시	문해교육행사(공모)	4,950	3	1	7	8	7	1	1	1
1492	경기 파주시	풍년기원시산제	4,860	3	1	7	8	7	1	1	3
1493	경기 파주시	농촌지도자회원활동지원	4,200	3	1	7	8	7	1	1	3
1494	경기 파주시	한민족통일문화제전	3,600	3	1,4	7	8	7	1	1	1
1495	경기 파주시	추석맞이한마음축제	3,500	3	1,4	7	8	7	1	1	1
1496	경기 파주시	한마음체육대회	3,500	3	1	7	8	7	5	1	4
1497	경기 파주시	문화가족선진문화유적지순례	3,000	3	4	7	8	7	1	1	1
1498	경기 파주시	전국국악경연대회	3,000	3	1	7	8	7	1	1	4
1499	경기 파주시	코스모스가요제	2,700	3	1	7	8	7	1	1	1
1500	경기 파주시	청소년생명존중행사	2,700	3	7	7	8	7	1	1	4
1501	경기 파주시	우리소리국악대제전	2,700	3	1	7	8	7	1	1	4
1502	경기 파주시	찾아가는전통시장공연활동	2,700	3	1	7	8	7	1	1	4
1503	경기 파주시	문해교육졸업식	2,700	3	1	7	8	7	1	1	1
1504	경기 파주시	장단주민노래자랑	2,700	3	4	7	8	7	1	1	1
1505	경기 파주시	새마을이웃사랑실천운동대회	2,277	3	1	7	8	7	1	1	1
1506	경기 파주시	장애인정보화협회행사지원	1,926	3	1	7	8	7	1	1	1
1507	경기 파주시	6.25희생자시민추모제	1,800	3	1	7	8	7	1	1	1
1508	경기 파주시	바르게살기운동파주시협의회바른국민정신운동	1,800	3	1	7	8	7	1	1	1
1509	경기 파주시	농아인협회행사지원	1,620	3	1	7	8	7	1	1	1
1510	경기 이천시	쌀문화축제지원	752,000	3	4	7	8	7	1	1	1
1511	경기 이천시	제2회설봉산별빛축제	455,000	3	4	7	8	7	1	1	1
1512	경기 이천시	읍면동체육행사지원	327,600	3	4	7	8	7	1	1	1
1513	경기 이천시	햇사레장호원복숭아축제행사지원금	290,000	3	4	7	8	7	1	1	4
1514	경기 이천시	경기도체육대회참가지원	270,000	3	4	7	8	7	1	1	1
1515	경기 이천시	가맹단체체육대회지원	237,000	3	4	7	8	7	1	1	1
1516	경기 이천시	이천백사산수유꽃축제	200,000	3	4	7	8	7	1	5	3
1517	경기 이천시	경기도생활체육대축전참가지원	190,000	3	4	7	8	7	1	1	1

순번	시군구	지출명 (사업명)	2024년예산 (단위 : 천원 /1년간)	민간이전 분류 (지방자치단체 세출예산 집행기준에 의거) 1. 민간경상사업보조(307-02) 2. 민간단체 법정운영비보조(307-03) 3. 민간행사사업보조(307-04) 4. 민간위탁금(307-05) 5. 사회복지시설 법정운영비보조(307-10) 6. 민간인위탁교육비(307-12) 7. 공기관등에대한경상적위탁사업비(308-13) 8. 민간자본사업보조,자체재원(402-01) 9. 민간자본사업보조,이전재원(402-02) 10. 민간위탁사업비(402-03) 11. 공기관등에 대한 자본적 위탁사업비(403-02)	민간이전지출 근거 (지방보조금 관리기준 참고) 1. 법률에 규정 2. 국고보조 재원(국가지정) 3. 용도 지정 기부금 4. 조례에 직접규정 5. 지자체가 권장하는 사업을 하는 공공기관 6. 시,도 정책 및 재정사정 7. 기타 8. 해당없음	입찰방식 계약체결방법 (경쟁형태) 1. 일반경쟁 2. 제한경쟁 3. 지명경쟁 4. 수의계약 5. 법정위탁 6. 기타 ( ) 7. 없음	입찰방식 계약기간 1. 1년 2. 2년 3. 3년 4. 4년 5. 5년 6. 기타 ( )년 7. 단기계약 (1년미만) 8. 없음	입찰방식 낙찰자선정방법 1. 적격심사 2. 협상에의한계약 3. 최저가낙찰제 4. 규격가격분리 5. 2단계 경쟁입찰 6. 기타 ( ) 7. 없음	운영예산 산정 운영예산 산정 1. 내부산정 (지자체 자체적으로 산정) 2. 외부산정 (외부전문기관위탁 산정) 3. 내·외부 모두 산정 4. 산정 無 5. 없음	운영예산 산정 정산방법 1. 내부정산 (지자체 내부적으로 정산) 2. 외부정산 (외부전문기관위탁 정산) 3. 내·외부 모두 산정 4. 정산 無 5. 없음	성과평가 실시여부 1. 실시 2. 미실시 3. 향후 추진 4. 해당없음
1518	경기 이천시	이천인삼축제행사보조	147,785	3	4	1	3	1	1	1	1
1519	경기 이천시	지역문화예술축제	140,000	3	4	7	8	7	1	1	1
1520	경기 이천시	제14회평생학습축제	125,000	3	7	7	7	7	1	1	4
1521	경기 이천시	시장기종목별체육대회지원	108,000	3	4	7	8	7	1	1	1
1522	경기 이천시	경기도장애인체육대회참가지원	100,000	3	4	7	8	7	1	1	1
1523	경기 이천시	제21회이천예술제	100,000	3	4	7	8	7	1	1	1
1524	경기 이천시	이천시민의날체육대회지원	87,000	3	4	7	8	7	1	1	1
1525	경기 이천시	이천문화예술활동사업지원	80,000	3	4	7	8	7	1	1	1
1526	경기 이천시	쌀문화축제지원(읍면동)	70,000	3	2	7	8	7	5	5	4
1527	경기 이천시	이천쌀배생활체육전국배구대회	68,000	3	4	7	8	7	1	1	1
1528	경기 이천시	도단위생활체육대회출전지원	63,000	3	4	7	8	7	1	1	1
1529	경기 이천시	이천도자기마라톤대회지원	60,000	3	4	7	8	7	1	1	1
1530	경기 이천시	임금님표이천쌀배전국동호인배드민턴대회지원	57,600	3	4	7	8	7	1	1	1
1531	경기 이천시	깨끗한우리동네만들기사업지원	51,000	3	4	7	8	7	1	1	4
1532	경기 이천시	제38회설봉문화제	49,660	3	4	7	8	7	1	1	4
1533	경기 이천시	체육회장기겸연합동문회장기어린이축구대회지원	48,000	3	4	7	8	7	1	1	1
1534	경기 이천시	청년의날축제	47,800	3	7	7	8	7	5	1	4
1535	경기 이천시	이천도자기배전국풋살대회개최지원	40,000	3	4	7	8	7	1	1	1
1536	경기 이천시	제65회한국민속예술제참가(청소년부)	40,000	3	4	7	8	7	1	1	4
1537	경기 이천시	전국사진촬영대회	35,000	3	4	7	8	7	1	1	1
1538	경기 이천시	이천관광전국사진공모전	35,000	3	8	7	8	7	1	1	1
1539	경기 이천시	청소년문화순례대행진	33,000	3	1	1	1	1	1	1	1
1540	경기 이천시	새마을지도자한마음수련대회	32,000	3	1	7	8	7	1	1	3
1541	경기 이천시	이천시장배전국남녀궁도대회지원	32,000	3	4	7	8	7	1	1	1
1542	경기 이천시	이천시장배전국마스터즈수영대회지원	32,000	3	4	7	8	7	1	1	1
1543	경기 이천시	협회장기축구대회지원	32,000	3	4	7	8	7	1	1	1
1544	경기 이천시	여성역량강화및소외계층지원사업	32,000	3	4	7	8	7	1	1	1
1545	경기 이천시	이천시지역화합발전한마음대축제	31,300	3	4	7	8	7	1	1	3
1546	경기 이천시	보훈단체전적지순례지원	31,000	3	4	7	8	7	5	5	4
1547	경기 이천시	주민자치위원화합의한마당	30,000	3	4	7	8	7	1	1	1
1548	경기 이천시	각종장애인체육대회참가지원	30,000	3	4	7	8	7	1	1	1
1549	경기 이천시	이천시홀스타인품평회지원	30,000	3	6	7	8	7	1	1	3
1550	경기 이천시	이천설봉전국트라이애슬론대회지원	28,000	3	4	7	8	7	1	1	1
1551	경기 이천시	새일센터1주년기념채용박람회	27,000	3	4	7	8	7	1	1	1
1552	경기 이천시	이통장한마음대축제	25,000	3	4	7	8	7	1	1	3
1553	경기 이천시	시민의날체육대회	25,000	3	4	7	8	7	1	1	2
1554	경기 이천시	시민의날체육대회	25,000	3	4	7	8	7	5	5	4
1555	경기 이천시	시민의날체육대회	25,000	3	4	7	8	7	5	5	4
1556	경기 이천시	시민의날체육대회	25,000	3	4	7	8	7	1	5	4
1557	경기 이천시	시민의날체육대회	25,000	3	4	7	8	7	1	1	1

순번	시군구	지출명 (사업명)	2024년예산 (단위 : 천원 /1년간)	민간이전 분류 (지방자치단체 세출예산 집행기준에 의거) 1. 민간경상사업보조(307-02) 2. 민간단체 법정운영비보조(307-03) 3. 민간행사사업보조(307-04) 4. 민간위탁금(307-05) 5. 사회복지시설 법정운영비보조(307-10) 6. 민간인위탁교육비(307-12) 7. 공기관등에대한경상적위탁사업비(308-13) 8. 민간자본사업보조,자체재원(402-01) 9. 민간자본사업보조,이전재원(402-02) 10. 민간위탁사업비(402-03) 11. 공기관등에 대한 자본적 위탁사업비(403-02)	민간이전지출 근거 (지방보조금 관리기준 참고) 1. 법률에 규정 2. 국고보조 재원(국가지정) 3. 용도 지정 기부금 4. 조례에 직접규정 5. 지자체가 권장하는 사업을 하는 공공기관 6. 시,도 정책 및 재정사정 7. 기타 8. 해당없음	입찰방식 계약체결방법 (경쟁형태) 1. 일반경쟁 2. 제한경쟁 3. 지명경쟁 4. 수의계약 5. 법정위탁 6. 기타 ( ) 7. 없음	입찰방식 계약기간 1. 1년 2. 2년 3. 3년 4. 4년 5. 5년 6. 기타 ( )년 7. 단기계약 (1년미만) 8. 없음	입찰방식 낙찰자선정방법 1. 적격심사 2. 협상에의한계약 3. 최저가낙찰제 4. 규격가격분리 5. 2단계 경쟁입찰 6. 기타 ( ) 7. 없음	운영예산 산정 운영예산 산정 1. 내부산정 (지자체 자체적으로 산정) 2. 외부산정 (외부전문기관위탁 산정) 3. 내·외부 모두 산정 4. 산정 無 5. 없음	운영예산 산정 정산방법 1. 내부정산 (지자체 내부적으로 정산) 2. 외부정산 (외부전문기관위탁 정산) 3. 내·외부 모두 정산 4. 정산 無 5. 없음	성과평가 실시여부 1. 실시 2. 미실시 3. 향후 추진 4. 해당없음
1558	경기 이천시	시민의날체육대회	25,000	3	4	7	8	7	1	1	1
1559	경기 이천시	시민의날체육대회	25,000	3	4	7	8	7	1	1	4
1560	경기 이천시	시민의날체육대회	25,000	3	4	7	8	7	1	1	1
1561	경기 이천시	시민의날체육대회지원	25,000	3	4	7	8	7	1	1	1
1562	경기 이천시	시민의날체육대회	25,000	3	4	7	8	7	5	5	1
1563	경기 이천시	시민의날체육대회	25,000	3	4	7	8	7	1	1	1
1564	경기 이천시	시민의날체육대회	25,000	3	4	7	8	7	5	5	4
1565	경기 이천시	시민의날체육대회	25,000	3	4	7	8	7	1	1	1
1566	경기 이천시	시민의날체육대회	25,000	3	4	7	8	7	1	1	1
1567	경기 이천시	세계인의날기념이천세계문화축제	24,500	3	4	7	8	7	1	1	1
1568	경기 이천시	햇사레배배드민턴대회	24,200	3	4	7	8	7	1	1	4
1569	경기 이천시	이천도자기배전국동호인테니스대회지원	24,000	3	4	7	8	7	1	1	1
1570	경기 이천시	청소년어울림마당지원	24,000	3	2	1	1	1	5	1	1
1571	경기 이천시	율면의사계	23,000	3	4	7	8	7	1	1	1
1572	경기 이천시	전국유소년야구대회개최지원	20,000	3	4	7	8	7	1	1	1
1573	경기 이천시	의장기종목별체육대회지원	20,000	3	4	7	8	7	1	1	1
1574	경기 이천시	이천시농업경영인시대회지원	20,000	3	1	7	8	7	5	5	4
1575	경기 이천시	농업인단체한마음대회지원	20,000	3	1	7	8	7	5	5	4
1576	경기 이천시	사회복지의날기념축제	18,900	3	1	7	8	7	5	5	4
1577	경기 이천시	노인의날행사	17,500	3	1	7	8	7	5	5	4
1578	경기 이천시	이천시청소년종합예술제	17,500	3	6	1	1	1	5	1	1
1579	경기 이천시	경기도장애인생활체육대회참가지원	17,000	3	4	7	8	7	1	1	1
1580	경기 이천시	청소년우리겨레어울마당	16,100	3	1	7	8	7	1	1	3
1581	경기 이천시	각종생활체육대회참가지원(관외)	16,000	3	4	7	8	7	1	1	1
1582	경기 이천시	전국족구대회지원	16,000	3	4	7	8	7	1	1	1
1583	경기 이천시	가족사랑사진전	16,000	3	4	7	8	7	1	1	1
1584	경기 이천시	햇사레배족구대회	15,560	3	4	7	8	7	1	1	4
1585	경기 이천시	청소년의달및성년의날기념행사	15,500	3	1	1	1	1	1	1	1
1586	경기 이천시	자문위원연수	15,400	3	1	7	8	7	1	1	3
1587	경기 이천시	장애인복지시설종사자워크숍	14,900	3	1	7	8	7	5	5	4
1588	경기 이천시	새해해맞이행사	14,680	3	4	7	8	7	1	1	4
1589	경기 이천시	아동복지시설놀이마당	13,300	3	8	7	8	7	1	1	3
1590	경기 이천시	전통민속보존육성	12,960	3	4	7	8	7	1	1	4
1591	경기 이천시	생활체육게이트볼대회지원	12,000	3	4	7	8	7	1	1	1
1592	경기 이천시	배구꿈나무육성지원	12,000	3	4	7	8	7	1	1	1
1593	경기 이천시	송년예술제	12,000	3	4	7	8	7	1	1	1
1594	경기 이천시	바르게살기운동이천시협의회행사지원	11,920	3	1	7	8	7	1	1	3
1595	경기 이천시	노사민정한마음체육대회	11,900	3	4	7	8	7	1	1	1
1596	경기 이천시	독립운동기념행사	10,500	3	4	7	8	7	5	5	4
1597	경기 이천시	새마을의날기념식	10,000	3	1	7	8	7	1	1	3

순번	시군구	지출명 (사업명)	2024년예산 (단위 : 천원 /1년간)	민간이전 분류 (지방자치단체 세출예산 집행기준에 의거) 1. 민간경상사업보조(307-02) 2. 민간단체 법정운영비보조(307-03) 3. 민간행사사업보조(307-04) 4. 민간위탁금(307-05) 5. 사회복지시설 법정운영비보조(307-10) 6. 민간인위탁교육비(307-12) 7. 공기관등에대한경상적위탁사업비(308-13) 8. 민간자본사업보조,자체재원(402-01) 9. 민간자본사업보조,이전재원(402-02) 10. 민간위탁사업비(402-03) 11. 공기관등에 대한 자본적 위탁사업비(403-02)	민간이전지출 근거 (지방보조금 관리기준 참고) 1. 법률에 규정 2. 국고보조 재원(국가지정) 3. 용도 지정 기부금 4. 조례에 직접규정 5. 지자체가 권장하는 사업을 하는 공공기관 6. 시,도 정책 및 재정사정 7. 기타 8. 해당없음	입찰방식			운영예산 산정		성과평가 실시여부
						계약체결방법 (경쟁형태) 1. 일반경쟁 2. 제한경쟁 3. 지명경쟁 4. 수의계약 5. 법정위탁 6. 기타 ( ) 7. 없음	계약기간 1. 1년 2. 2년 3. 3년 4. 4년 5. 5년 6. 기타 ( )년 7. 단기계약 (1년미만) 8. 없음	낙찰자선정방법 1. 적격심사 2. 협상에의한계약 3. 최저가낙찰제 4. 규격가격분리 5. 2단계 경쟁입찰 6. 기타 ( ) 7. 없음	운영예산 산정 1. 내부산정 (지자체 자체적으로 산정) 2. 외부산정 (외부전문기관위탁 산정) 3. 내·외부 모두 산정 4. 산정 無 5. 없음	정산방법 1. 내부정산 (지자체 내부적으로 정산) 2. 외부정산 (외부전문기관위탁 정산) 3. 내·외부 모두 산정 4. 정산 無 5. 없음	1. 실시 2. 미실시 3. 향후 추진 4. 해당없음
1598	경기 이천시	새마을육아대디캠프	10,000	3	1	7	8	7	1	1	3
1599	경기 이천시	이천시민한마음캠프및국토탐방	10,000	3	1	7	8	7	1	1	3
1600	경기 이천시	이천시장애인등산대회지원	10,000	3	4	7	8	7	1	1	1
1601	경기 이천시	보육주간행사지원	10,000	3	4	7	8	7	1	1	1
1602	경기 이천시	어린이날큰잔치행사	10,000	3	4	7	8	7	1	1	1
1603	경기 이천시	제26회경기도민속예술제참가	10,000	3	4	7	8	7	1	1	4
1604	경기 이천시	2024년공연장대관료지원	10,000	3	6	7	8	7	3	3	1
1605	경기 이천시	경로체육대회	10,000	3	4	7	8	7	1	1	3
1606	경기 이천시	경로체육대회	10,000	3	4	7	8	7	5	5	4
1607	경기 이천시	경로체육대회	10,000	3	4	7	8	7	5	5	4
1608	경기 이천시	경로체육대회	10,000	3	4	7	8	7	1	5	4
1609	경기 이천시	경로체육대회	10,000	3	4	7	8	7	1	1	1
1610	경기 이천시	경로체육대회	10,000	3	4	7	8	7	1	1	1
1611	경기 이천시	경로체육대회	10,000	3	4	7	8	7	1	1	4
1612	경기 이천시	경로체육대회	10,000	3	4	7	8	7	1	1	1
1613	경기 이천시	경로체육대회	10,000	3	4	7	8	7	1	1	1
1614	경기 이천시	경로체육대회	10,000	3	1	7	8	7	1	1	1
1615	경기 이천시	경로체육대회	10,000	3	4	7	8	7	1	1	1
1616	경기 이천시	경로체육대회	10,000	3	4	7	8	7	5	5	4
1617	경기 이천시	경로체육대회	10,000	3	4	7	8	7	1	1	1
1618	경기 이천시	경로체육대회	10,000	3	4	7	8	7	1	1	1
1619	경기 이천시	이천시새마을문화의한마당행사지원	9,000	3	1	7	8	7	1	1	3
1620	경기 이천시	시민한마음걷기대회지원	9,000	3	4	7	8	7	1	1	1
1621	경기 이천시	신년인사회	9,000	3	1	7	8	7	1	1	1
1622	경기 이천시	평화공감확산운동	8,400	3	1	7	8	7	1	1	3
1623	경기 이천시	이천시농업경영인도중앙단위대회참가	8,310	3	1	7	8	7	1	1	3
1624	경기 이천시	북한이탈주민과함께하는우리동네우리이웃	8,050	3	1	7	8	7	5	5	4
1625	경기 이천시	전국장수족구대회지원	8,000	3	1	7	8	7	1	1	3
1626	경기 이천시	전국여성테니스대회개최지원	8,000	3	4	7	8	7	1	1	1
1627	경기 이천시	청소년평화통일골든벨	7,990	3	4	7	8	7	1	1	1
1628	경기 이천시	평화공감현장견학	7,780	3	1	7	8	7	1	1	3
1629	경기 이천시	제24회음악콩쿨대회	7,000	3	1	7	8	7	1	1	3
1630	경기 이천시	원적산등반대회	7,000	3	4	7	8	7	1	1	1
1631	경기 이천시	장애인인식개선행사	6,500	3	1	7	8	7	1	5	4
1632	경기 이천시	청소년안보현장견학및통일교육	6,000	3	1	7	8	7	5	5	4
1633	경기 이천시	이천시장배장애인태권도겨루기대회지원	6,000	3	4	7	8	7	1	1	3
1634	경기 이천시	노동자가족기업문화탐방	6,000	3	1	7	8	7	1	1	1
1635	경기 이천시	이천시여성농업인회도중앙단위대회참가	6,000	3	2	7	8	7	1	1	1
1636	경기 이천시	이천시재향군인의날행사지원	5,700	3	1,4	7	8	7	5	5	4
1637	경기 이천시	이천시의용소방대연합회소방기술경연대회지원	5,700	3	1,4	7	8	7	5	5	4

순번	시군구	지출명 (사업명)	2024년예산 (단위 : 천원 /1년간)	민간이전 분류 (지방자치단체 세출예산 집행기준에 의거) 1. 민간경상사업보조(307-02) 2. 민간단체 법정운영비보조(307-03) 3. 민간행사사업보조(307-04) 4. 민간위탁금(307-05) 5. 사회복지시설 법정운영비보조(307-10) 6. 민간인위탁교육비(307-12) 7. 공기관등에대한경상적위탁사업비(308-13) 8. 민간자본사업보조,자체재원(402-01) 9. 민간자본사업보조,이전재원(402-02) 10. 민간위탁사업비(402-03) 11. 공기관등에 대한 자본적 위탁사업비(403-02)	민간이전지출 근거 (지방보조금 관리기준 참고) 1. 법률에 규정 2. 국고보조 재원(국가지정) 3. 용도 지정 기부금 4. 조례에 직접규정 5. 지자체가 권장하는 사업을 하는 공공기관 6. 시,도 정책 및 재정사정 7. 기타 8. 해당없음	입찰방식: 계약체결방법 (경쟁형태) 1. 일반경쟁 2. 제한경쟁 3. 지명경쟁 4. 수의계약 5. 법정위탁 6. 기타 ( ) 7. 없음	입찰방식: 계약기간 1. 1년 2. 2년 3. 3년 4. 4년 5. 5년 6. 기타 ( )년 7. 단기계약 (1년미만) 8. 없음	입찰방식: 낙찰자선정방법 1. 적격심사 2. 협상에의한계약 3. 최저가낙찰제 4. 규격가격분리 5. 2단계 경쟁입찰 6. 기타 ( ) 7. 없음	운영예산 산정: 운영예산 산정 1. 내부산정 (지자체 자체적으로 산정) 2. 외부산정 (외부전문기관위탁 산정) 3. 내·외부 모두 산정 4. 산정 無 5. 없음	운영예산 산정: 정산방법 1. 내부정산 (지자체 내부적으로 정산) 2. 외부정산 (외부전문기관위탁 정산) 3. 내·외부 모두 산정 4. 정산 無 5. 없음	성과평가 실시여부 1. 실시 2. 미실시 3. 향후 추진 4. 해당없음
1638	경기 이천시	이천시농촌지도자회전국(도)대회지원	5,000	3	1	7	8	7	5	5	4
1639	경기 이천시	이천시생활개선회전국(도)대회지원	5,000	3	1	7	8	7	5	5	4
1640	경기 이천시	한민족쉼터마당운영	4,100	3	1	7	8	7	1	1	3
1641	경기 이천시	경기도어울림체육대회참가지원	4,000	3	4	7	8	7	1	1	1
1642	경기 이천시	찾아가는국악풍년마당	4,000	3	4	7	8	7	1	1	1
1643	경기 이천시	게이트볼대회	4,000	3	4	7	8	7	1	1	2
1644	경기 이천시	그라운드골프대회	4,000	3	4	7	8	7	1	1	2
1645	경기 이천시	게이트볼대회	4,000	3	4	7	8	7	5	5	4
1646	경기 이천시	그라운드골프대회	4,000	3	4	7	8	7	5	5	4
1647	경기 이천시	그라운드골프대회	4,000	3	4	7	8	7	5	5	4
1648	경기 이천시	게이트볼대회	4,000	3	4	7	8	7	1	5	4
1649	경기 이천시	그라운드골프대회	4,000	3	4	7	8	7	1	5	4
1650	경기 이천시	게이트볼대회	4,000	3	4	7	8	7	1	1	1
1651	경기 이천시	그라운드골프대회	4,000	3	4	7	8	7	1	1	1
1652	경기 이천시	게이트볼대회	4,000	3	4	7	8	7	1	1	1
1653	경기 이천시	그라운드골프대회	4,000	3	4	7	8	7	1	1	1
1654	경기 이천시	게이트볼대회	4,000	3	4	7	8	7	1	1	4
1655	경기 이천시	그라운드골프대회	4,000	3	4	7	8	7	1	1	4
1656	경기 이천시	게이트볼대회	4,000	3	4	7	8	7	1	1	1
1657	경기 이천시	그라운드골프대회	4,000	3	4	7	8	7	1	1	1
1658	경기 이천시	게이트볼대회지원	4,000	3	4	7	8	7	1	1	1
1659	경기 이천시	그라운드골프대회지원	4,000	3	4	7	8	7	1	1	1
1660	경기 이천시	게이트볼대회	4,000	3	4	7	8	7	1	1	4
1661	경기 이천시	그라운드골프대회	4,000	3	4	7	8	7	1	1	4
1662	경기 이천시	게이트볼대회	4,000	3	4	7	8	7	1	1	1
1663	경기 이천시	그라운드골프대회	4,000	3	4	7	8	7	1	1	1
1664	경기 이천시	게이트볼대회	4,000	3	4	7	8	7	5	5	4
1665	경기 이천시	그라운드골프대회	4,000	3	4	7	8	7	5	5	4
1666	경기 이천시	게이트볼대회	4,000	3	4	7	8	7	1	1	1
1667	경기 이천시	그라운드골프대회	4,000	3	4	7	8	7	1	1	1
1668	경기 이천시	게이트볼대회	4,000	3	4	7	8	7	1	1	1
1669	경기 이천시	그라운드골프대회	4,000	3	4	7	8	7	1	1	1
1670	경기 이천시	아동관련사회복지시설종사자및관계자워크숍	3,800	3	8	7	8	7	1	1	3
1671	경기 이천시	제19회복숭아문학상공모	3,800	3	4	7	8	7	1	1	1
1672	경기 이천시	이천시재향군인회안보현장견학	3,800	3	1,4	7	8	7	5	5	4
1673	경기 이천시	월남전참전기념행사지원	3,500	3	1	7	8	7	5	5	4
1674	경기 이천시	동화구연대회사업지원	3,200	3	7	7	8	7	1	1	1
1675	경기 이천시	게이트볼연합회장기여성대회지원	3,000	3	4	7	8	7	1	1	1
1676	경기 이천시	호국영령위령제지원	3,000	3	4	7	8	7	5	5	4
1677	경기 이천시	경기도새마을문화의한마당행사참가지원	2,800	3	1	7	8	7	1	1	3

순번	시군구	지출명 (사업명)	2024년예산 (단위 : 천원 /1년간)	민간이전 분류 (지방자치단체 세출예산 집행기준에 의거) 1. 민간경상사업보조(307-02) 2. 민간단체 법정운영비보조(307-03) 3. 민간행사사업보조(307-04) 4. 민간위탁금(307-05) 5. 사회복지시설 법정운영비보조(307-10) 6. 민간인위탁교육비(307-12) 7. 공기관등에대한경상적위탁사업비(308-13) 8. 민간자본사업보조,자체재원(402-01) 9. 민간자본사업보조,이전재원(402-02) 10. 민간위탁사업비(402-03) 11. 공기관등에 대한 자본적 위탁사업비(403-02)	민간이전지출 근거 (지방보조금 관리기준 참고) 1. 법률에 규정 2. 국고보조 재원(국가지정) 3. 용도 지정 기부금 4. 조례에 직접규정 5. 지자체가 권장하는 사업을 하는 공공기관 6. 시,도 정책 및 재정사정 7. 기타 8. 해당없음	입찰방식 계약체결방법 (경쟁형태) 1. 일반경쟁 2. 제한경쟁 3. 지명경쟁 4. 수의계약 5. 법정위탁 6. 기타 ( ) 7. 없음	입찰방식 계약기간 1. 1년 2. 2년 3. 3년 4. 4년 5. 5년 6. 기타 ( )년 7. 단기계약 (1년미만) 8. 없음	입찰방식 낙찰자선정방법 1. 적격심사 2. 협상에의한계약 3. 최저가낙찰제 4. 규격가격분리 5. 2단계 경쟁입찰 6. 기타 ( ) 7. 없음	운영예산 산정 운영예산 산정 1. 내부산정 (지자체 자체적으로 산정) 2. 외부산정 (외부전문기관위탁 산정) 3. 내·외부 모두 산정 4. 산정 無 5. 없음	운영예산 산정 정산방법 1. 내부정산 (지자체 내부적으로 정산) 2. 외부정산 (외부전문기관위탁 정산) 3. 내·외부 모두 산정 4. 정산 無 5. 없음	성과평가 실시여부 1. 실시 2. 미실시 3. 향후 추진 4. 해당없음
1678	경기 이천시	사회복지사의날행사비지원	2,000	3	4	7	8	7	5	5	4
1679	경기 이천시	농촌지도자회원역량강화교육	2,000	3	1	7	8	7	5	5	4
1680	경기 이천시	새해해맞이행사	1,000	3	4	7	8	7	1	1	3
1681	경기 이천시	새해해맞이행사	1,000	3	4	7	8	7	5	5	4
1682	경기 이천시	새해해맞이행사	1,000	3	4	7	8	7	5	5	4
1683	경기 이천시	새해해맞이행사	1,000	3	4	7	8	7	1	5	4
1684	경기 이천시	새해해맞이행사	1,000	3	4	7	8	7	1	1	1
1685	경기 이천시	새해해맞이행사	1,000	3	4	7	8	7	1	1	1
1686	경기 이천시	새해해맞이행사	1,000	3	4	7	8	7	1	1	4
1687	경기 이천시	새해해맞이행사	1,000	3	4	7	8	7	1	1	1
1688	경기 이천시	새해해맞이행사	1,000	3	7	7	8	7	1	1	1
1689	경기 이천시	새해해맞이행사	1,000	3	4	7	8	7	5	5	4
1690	경기 이천시	이천시대통령기국민독서경진예선지원	700	3	1	7	8	7	1	1	3
1691	경기 시흥시	시민의날기념체육대회	400,000	3	4	4	8	7	1	1	1
1692	경기 시흥시	마을공동체축제공모사업	350,000	3	7	7	8	7	5	5	4
1693	경기 시흥시	지역특화관광축제지원(공모)	250,000	3	4	7	8	7	1	1	1
1694	경기 시흥시	시장기대회개최지원	238,930	3	5	7	8	7	5	3	1
1695	경기 시흥시	시흥예술행사지원(공모)	218,025	3	4	7	8	7	1	1	1
1696	경기 시흥시	물왕예술제	200,000	3	4	7	8	7	1	1	1
1697	경기 시흥시	전국및도단위대회개최	196,000	3	5	7	8	7	5	5	4
1698	경기 시흥시	시흥전국하프마라톤대회개최	170,000	3	1	5	7	7	1	1	1
1699	경기 시흥시	시흥시장배전국서핑대회개최지원	150,000	3	5	7	8	7	5	3	1
1700	경기 시흥시	시흥시의장기대회개최지원	121,780	3	5	7	8	7	5	5	4
1701	경기 시흥시	세계대회개최	100,000	3	5	7	8	7	5	5	4
1702	경기 시흥시	연성문화제지원	90,000	3	1,4	7	8	7	5	5	4
1703	경기 시흥시	시흥시종목단체대회개최지원	90,000	3	5	7	8	7	5	5	4
1704	경기 시흥시	체육활성화생활체육리그운영지원	85,000	3	5	7	8	7	5	5	4
1705	경기 시흥시	근로자행사지원(공모)	70,000	3	4	7	7	7	1	1	1
1706	경기 시흥시	어린이날기념행사(공모)	70,000	3	1	2	7	1	3	1	1
1707	경기 시흥시	장애인스포츠활성화지원	66,500	3	4	4	8	7	1	1	1
1708	경기 시흥시	장애인체육종목별대회(시장기등)개최	60,200	3	4	4	8	7	1	1	1
1709	경기 시흥시	꿈나무대회개최및출전지원	60,000	3	4	4	8	7	1	1	1
1710	경기 시흥시	강희맹선생탄신6주년기념행사지원	50,000	3	1,4	7	8	7	5	5	4
1711	경기 시흥시	시흥시체육회장기대회개최지원	50,000	3	5	7	8	7	5	5	4
1712	경기 시흥시	아동문화활성화지원사업(공모)	50,000	3	4	2	7	1	3	1	1
1713	경기 시흥시	민주평통시흥시협의회행사지원	43,400	3	1	7	8	7	5	5	4
1714	경기 시흥시	시흥시건축문화제(참여예산공모)	40,000	3	4	7	8	7	1	1	3
1715	경기 시흥시	민간단체공익행사지원(참여예산공모)	30,150	3	1	7	8	7	5	5	4
1716	경기 시흥시	노인활동경진대회	21,700	3	4	7	8	7	1	1	2
1717	경기 시흥시	장애인의날행사지원(공모)	21,000	3	1	6	8	6	1	1	1

순번	시군구	지출명 (사업명)	2024년예산 (단위 : 천원 /1년간)	민간이전 분류 (지방자치단체 세출예산 집행기준에 의거) 1. 민간경상사업보조(307-02) 2. 민간단체 법정운영비보조(307-03) 3. 민간행사사업보조(307-04) 4. 민간위탁금(307-05) 5. 사회복지시설 법정운영비보조(307-10) 6. 민간인위탁교육비(307-12) 7. 공기관등에대한경상적위탁사업비(308-13) 8. 민간자본사업보조,자체재원(402-01) 9. 민간자본사업보조,이전재원(402-02) 10. 민간위탁사업비(402-03) 11. 공기관등에 대한 자본적 위탁사업비(403-02)	민간이전지출 근거 (지방보조금 관리기준 참고) 1. 법률에 규정 2. 국고보조 재원(국가지정) 3. 용도 지정 기부금 4. 조례에 직접규정 5. 지자체가 권장하는 사업을 하는 공공기관 6. 시,도 정책 및 재정사정 7. 기타 8. 해당없음	입찰방식 계약체결방법 (경쟁형태) 1. 일반경쟁 2. 제한경쟁 3. 지명경쟁 4. 수의계약 5. 법정위탁 6. 기타 ( ) 7. 없음	입찰방식 계약기간 1. 1년 2. 2년 3. 3년 4. 4년 5. 5년 6. 기타 ( )년 7. 단기계약 (1년미만) 8. 없음	입찰방식 낙찰자선정방법 1. 적격심사 2. 협상에의한계약 3. 최저가낙찰제 4. 규격가격분리 5. 2단계 경쟁입찰 6. 기타 ( ) 7. 없음	운영예산 산정 운영예산 산정 1. 내부산정 (지자체 자체적으로 산정) 2. 외부산정 (외부전문기관위탁 산정) 3. 내·외부 모두 산정 4. 산정 無 5. 없음	운영예산 산정 정산방법 1. 내부정산 (지자체 내부적으로 정산) 2. 외부정산 (외부전문기관위탁 정산) 3. 내·외부 모두 산정 4. 정산 無 5. 없음	성과평가 실시여부 1. 실시 2. 미실시 3. 향후 추진 4. 해당없음
1718	경기 시흥시	정월대보름한마당	18,000	3	1,4	7	8	7	5	5	4
1719	경기 시흥시	군자봉성황제행사지원	10,000	3	4	7	8	7	5	5	4
1720	경기 시흥시	노인행사지원(공모)	10,000	3	1	1	7	1	1	1	2
1721	경기 시흥시	국가유공자안보의식고취사업	9,000	3	4	7	8	7	1	1	3
1722	경기 안성시	대통령기전국소프트테니스대회	150,000	3	1	7	8	7	5	5	4
1723	경기 안성시	시장기및각종체육대회	101,000	3	1	7	8	7	5	5	4
1724	경기 안성시	새마을단체활성화운동지원	97,400	3	4	7	8	7	5	5	4
1725	경기 안성시	안성오픈테니스대회	90,000	3	1	7	8	7	5	5	4
1726	경기 안성시	바르게살기운동안성시협의회지원	82,000	3	4	7	8	7	5	5	4
1727	경기 안성시	안성국제테니스대회	80,000	3	1	7	8	7	5	5	4
1728	경기 안성시	안성맞춤전국마라톤대회	75,000	3	1	7	8	7	5	5	4
1729	경기 안성시	안성맞춤전국5대,6대축구대회	75,000	3	1	7	8	7	5	5	4
1730	경기 안성시	안성맞춤전국족구대회	60,000	3	1	7	8	7	5	5	4
1731	경기 안성시	안성농공산품新시장개척지원	60,000	3	6	7	8	7	5	5	4
1732	경기 안성시	안성농공산품미주및동남아시아판촉활성화지원	60,000	3	6	7	8	7	5	5	4
1733	경기 안성시	안성맞춤전국궁도대회	57,000	3	1	7	8	7	5	5	4
1734	경기 안성시	죽주대고려문화축제	50,000	3	7	7	8	7	5	5	4
1735	경기 안성시	안성맞춤포도축제	50,000	3	7	7	8	7	5	5	4
1736	경기 안성시	공도문화축제	50,000	3	7	7	8	7	5	5	4
1737	경기 안성시	농특산물판촉및홍보	45,000	3	6	7	8	7	5	5	4
1738	경기 안성시	청년예술인지원사업	44,000	3	6	7	8	7	5	5	4
1739	경기 안성시	부처님오신날연등축제지원	40,000	3	1	7	8	7	5	5	4
1740	경기 안성시	안성맞춤전국배드민턴대회	40,000	3	1	7	8	7	5	5	4
1741	경기 안성시	세계선수권대회선발전소프트테니스대회	40,000	3	1	7	8	7	5	5	4
1742	경기 안성시	조병화문학관행사	36,110	3	1	7	8	7	5	5	4
1743	경기 안성시	골목길마켓&시간여행프로그램	33,000	3	1	7	8	7	5	5	4
1744	경기 안성시	향당무전승활성화사업	32,000	3	1	7	8	7	5	5	4
1745	경기 안성시	농업인단체해외연수	31,500	3	6	7	8	7	5	5	4
1746	경기 안성시	읍면동새마을회사업지원(마음을전하다)	30,000	3	4	7	8	7	5	5	4
1747	경기 안성시	칠장사혜소국사다례재	30,000	3	1	7	8	7	5	5	4
1748	경기 안성시	공도읍민체육대회	30,000	3	1	7	8	7	5	5	4
1749	경기 안성시	보개면민체육대회	30,000	3	1	7	8	7	5	5	4
1750	경기 안성시	금광면민체육대회	30,000	3	1	7	8	7	5	5	4
1751	경기 안성시	서운면민체육대회	30,000	3	1	7	8	7	5	5	4
1752	경기 안성시	미양면민체육대회	30,000	3	1	7	8	7	5	5	4
1753	경기 안성시	대덕면민체육대회	30,000	3	1	7	8	7	5	5	4
1754	경기 안성시	양성면민체육대회	30,000	3	1	7	8	7	5	5	4
1755	경기 안성시	원곡면민체육대회	30,000	3	1	7	8	7	5	5	4
1756	경기 안성시	일죽면민체육대회	30,000	3	1	7	8	7	5	5	4
1757	경기 안성시	죽산면민체육대회	30,000	3	1	7	8	7	5	5	4

순번	시군구	지출명 (사업명)	2024년예산 (단위 : 천원 /1년간)	민간이전 분류 (지방자치단체 세출예산 집행기준에 의거) 1. 민간경상사업보조(307-02) 2. 민간단체 법정운영비보조(307-03) 3. 민간행사사업보조(307-04) 4. 민간위탁금(307-05) 5. 사회복지시설 법정운영비보조(307-10) 6. 민간인위탁교육비(307-12) 7. 공기관등에대한경상적위탁사업비(308-13) 8. 민간자본사업보조,자체재원(402-01) 9. 민간자본사업보조,이전재원(402-02) 10. 민간위탁사업비(402-03) 11. 공기관등에 대한 자본적 위탁사업비(403-02)	민간이전지출 근거 (지방보조금 관리기준 참고) 1. 법률에 규정 2. 국고보조 재원(국가지정) 3. 용도 지정 기부금 4. 조례에 직접규정 5. 지자체가 권장하는 사업을 하는 공공기관 6. 시,도 정책 및 재정사정 7. 기타 8. 해당없음	입찰방식 계약체결방법 (경쟁형태) 1. 일반경쟁 2. 제한경쟁 3. 지명경쟁 4. 수의계약 5. 법정위탁 6. 기타 ( ) 7. 없음	입찰방식 계약기간 1. 1년 2. 2년 3. 3년 4. 4년 5. 5년 6. 기타 ( )년 7. 단기계약 (1년미만) 8. 없음	입찰방식 낙찰자선정방법 1. 적격심사 2. 협상에의한계약 3. 최저가낙찰제 4. 규격가격분리 5. 2단계 경쟁입찰 6. 기타 ( ) 7. 없음	운영예산 산정 운영예산 산정 1. 내부산정 (지자체 자체적으로 산정) 2. 외부산정 (외부전문기관위탁 산정) 3. 내·외부 모두 산정 4. 산정 無 5. 없음	운영예산 산정 정산방법 1. 내부정산 (지자체 내부적으로 정산) 2. 외부정산 (외부전문기관위탁 정산) 3. 내·외부 모두 산정 4. 정산 無 5. 없음	성과평가 실시여부 1. 실시 2. 미실시 3. 향후 추진 4. 해당없음
1758	경기 안성시	삼죽면민체육대회	30,000	3	1	7	8	7	5	5	4
1759	경기 안성시	고삼면민체육대회	30,000	3	1	7	8	7	5	5	4
1760	경기 안성시	안성1동민체육대회	30,000	3	1	7	8	7	5	5	4
1761	경기 안성시	안성2동민체육대회	30,000	3	1	7	8	7	5	5	4
1762	경기 안성시	안성3동민체육대회	30,000	3	1	7	8	7	5	5	4
1763	경기 안성시	안성맞춤전국사회인야구대회	30,000	3	1	7	8	7	5	5	4
1764	경기 안성시	안성맞춤사랑길걷기대회	30,000	3	1	7	8	7	5	5	4
1765	경기 안성시	안성농특산물등홍보행사지원	30,000	3	6	7	8	7	5	5	4
1766	경기 안성시	우수축산물소비촉진행사	30,000	3	1	7	8	7	5	5	4
1767	경기 안성시	칠장사희망나눔산사음악회	25,000	3	1	7	8	7	5	5	4
1768	경기 안성시	농업경영인경기도대회	25,000	3	6	7	8	7	5	5	4
1769	경기 안성시	로컬푸드홍보판촉행사	25,000	3	4	7	8	7	5	5	4
1770	경기 안성시	일죽청미음악회	24,000	3	7	7	8	7	5	5	4
1771	경기 안성시	대한적십자사봉사회안성지구협의회지원	20,000	3	4	7	8	7	5	5	4
1772	경기 안성시	공정무역활성화지원사업	20,000	3	6	7	8	7	5	5	4
1773	경기 안성시	안성시장배시민골프대회	20,000	3	1	7	8	7	5	5	4
1774	경기 안성시	안성맞춤전국동호인테니스대회	20,000	3	1	7	8	7	5	5	4
1775	경기 안성시	안성맞춤바우덕이오픈전국우슈대회	20,000	3	1	7	8	7	5	5	4
1776	경기 안성시	경기농식품전시회참가지원	20,000	3	6	7	8	7	5	5	4
1777	경기 안성시	금광달빛축제	20,000	3	7	7	8	7	5	5	4
1778	경기 안성시	삼죽꿈의음악회	20,000	3	7	7	8	7	5	5	4
1779	경기 안성시	낙원역사공원문화축제	20,000	3	7	7	8	7	5	5	4
1780	경기 안성시	2일간의해방행사	17,000	3	1,4	7	8	7	5	5	4
1781	경기 안성시	보훈단체행사지원(전몰군경유족회안성시지회)	16,000	3	1	7	8	7	5	5	4
1782	경기 안성시	향당무정기공연	16,000	3	1	7	8	7	5	5	4
1783	경기 안성시	안성시장기기수별축구대회(3대,4대,5대)	16,000	3	1	7	8	7	5	5	4
1784	경기 안성시	의용소방대소방기술경연대회지원	15,000	3	4	7	8	7	5	5	4
1785	경기 안성시	석남사산사음악회및소원풍등날리기	15,000	3	1	7	8	7	5	5	4
1786	경기 안성시	안성시장기축구대회	15,000	3	1	7	8	7	5	5	4
1787	경기 안성시	안성맞춤전국시니어테니스대회	15,000	3	1	7	8	7	5	5	4
1788	경기 안성시	안성농특산물온택트마케팅판촉지원	13,500	3	6	7	8	7	5	5	4
1789	경기 안성시	안성3.1독립운동선양회	12,400	3	1	7	8	7	5	5	4
1790	경기 안성시	안성평화통일원탁회의	12,200	3	4	7	8	7	5	5	4
1791	경기 안성시	전통향교문화전승보존(기로연)	12,000	3	4	7	8	7	5	5	4
1792	경기 안성시	농업경영인한마음대회	12,000	3	6	7	8	7	5	5	4
1793	경기 안성시	한국자유총연맹안성시지회지원	11,260	3	4	7	8	7	5	5	4
1794	경기 안성시	전국민요경창대회	11,000	3	1,4	7	8	7	5	5	4
1795	경기 안성시	북한이탈주민체육대회	10,000	3	4	7	8	7	5	5	4
1796	경기 안성시	지역주민과함께하는통일김장담그기	10,000	3	4	7	8	7	5	5	4
1797	경기 안성시	경기도민속예술제참가지원	10,000	3	1,4	7	8	7	5	5	4

순번	시군구	지출명 (사업명)	2024년예산 (단위 : 천원 /1년간)	민간이전 분류 (지방자치단체 세출예산 집행기준에 의거) 1. 민간경상사업보조(307-02) 2. 민간단체 법정운영비보조(307-03) 3. 민간행사사업보조(307-04) 4. 민간위탁금(307-05) 5. 사회복지시설 법정운영비보조(307-10) 6. 민간인위탁교육비(307-12) 7. 공기관등에대한경상적위탁사업비(308-13) 8. 민간자본사업보조,자체재원(402-01) 9. 민간자본사업보조,이전재원(402-02) 10. 민간위탁사업비(402-03) 11. 공기관등에 대한 자본적 위탁사업비(403-02)	민간이전지출 근거 (지방보조금 관리기준 참고) 1. 법률에 규정 2. 국고보조 재원(국가지정) 3. 용도 지정 기부금 4. 조례에 직접규정 5. 지자체가 권장하는 사업을 하는 공공기관 6. 시,도 정책 및 재정사정 7. 기타 8. 해당없음	입찰방식 계약체결방법 (경쟁형태) 1. 일반경쟁 2. 제한경쟁 3. 지명경쟁 4. 수의계약 5. 법정위탁 6. 기타 ( ) 7. 없음	입찰방식 계약기간 1. 1년 2. 2년 3. 3년 4. 4년 5. 5년 6. 기타 ( )년 7. 단기계약 (1년미만) 8. 없음	입찰방식 낙찰자선정방법 1. 적격심사 2. 협상에의한계약 3. 최저가낙찰제 4. 규격가격분리 5. 2단계 경쟁입찰 6. 기타 ( ) 7. 없음	운영예산 산정 운영예산 산정 1. 내부산정 (지자체 자체적으로 산정) 2. 외부산정 (외부전문기관위탁 산정) 3. 내·외부 모두 산정 4. 산정 無 5. 없음	운영예산 산정 정산방법 1. 내부정산 (지자체 내부적으로 정산) 2. 외부정산 (외부전문기관위탁 정산) 3. 내·외부 모두 산정 4. 정산 無 5. 없음	성과평가 실시여부 1. 실시 2. 미실시 3. 향후 추진 4. 해당없음
1798	경기 안성시	안성시장기야구대회	10,000	3	1	7	8	7	5	5	4
1799	경기 안성시	안성시장배시민수영대회	10,000	3	1	7	8	7	5	5	4
1800	경기 안성시	안성시장배MR.안성및피트니스선발대회	10,000	3	1	7	8	7	5	5	4
1801	경기 안성시	안성시장배경기도농아인게이트볼대회	10,000	3	1	7	8	7	5	5	4
1802	경기 안성시	안성시장애인어울림생활체육대회	10,000	3	1	7	8	7	5	5	4
1803	경기 안성시	안성시농업인의날운영	10,000	3	1	7	8	7	5	5	4
1804	경기 안성시	안성한우명품화사업	10,000	3	1	7	8	7	5	5	4
1805	경기 안성시	보훈단체행사지원(월남전참전자회안성시지회)	9,000	3	1	7	8	7	5	5	4
1806	경기 안성시	안성시재향군인회지원	8,040	3	4	7	8	7	5	5	4
1807	경기 안성시	안성한우브랜드홍보마케팅지원	8,000	3	1	7	8	7	5	5	4
1808	경기 안성시	전통향교서원제향	7,200	3	4	7	8	7	5	5	4
1809	경기 안성시	보훈단체행사지원(상이군경회안성시지회)	7,000	3	1	7	8	7	5	5	4
1810	경기 안성시	보훈단체행사지원(전몰군경미망인회안성시지회)	7,000	3	1	7	8	7	5	5	4
1811	경기 안성시	보훈단체행사지원(무공수훈자회안성시지회)	7,000	3	1	7	8	7	5	5	4
1812	경기 안성시	보훈단체행사지원(광복회안성시지회)	7,000	3	1	7	8	7	5	5	4
1813	경기 안성시	보훈단체행사지원(6.25참전유공자회안성시지회)	7,000	3	1	7	8	7	5	5	4
1814	경기 안성시	보훈단체행사지원(고엽제전우회안성시지회)	7,000	3	1	7	8	7	5	5	4
1815	경기 안성시	한여농전국대회	7,000	3	6	7	8	7	5	5	4
1816	경기 안성시	농업인단체선진농업시설견학	7,000	3	6	7	8	7	5	5	4
1817	경기 안성시	보훈단체행사지원(특수임무유공자회안성시지회)	6,000	3	1	7	8	7	5	5	4
1818	경기 안성시	시민복리증진을위한봉사활동및안보견학(재향경우회)	5,000	3	4	7	8	7	5	5	4
1819	경기 안성시	해병대전우회국토정결환경캠페인	5,000	3	4	7	8	7	5	5	4
1820	경기 안성시	전국불교무용경연대회	5,000	3	1,4	7	8	7	5	5	4
1821	경기 안성시	새해해맞이행사	5,000	3	1,4	7	8	7	5	5	4
1822	경기 안성시	안성향교한문서예교실	5,000	3	4	7	8	7	5	5	4
1823	경기 안성시	안성시장배(안성시장애인체육회장배)발달장애인볼링대회	5,000	3	1	7	8	7	5	5	4
1824	경기 안성시	안성시체육회장배유도대회	5,000	3	1	7	8	7	5	5	4
1825	경기 안성시	안성시체육회장배생활체조대회	5,000	3	1	7	8	7	5	5	4
1826	경기 안성시	안성시체육회장배태권도대회	5,000	3	1	7	8	7	5	5	4
1827	경기 안성시	한여농한마음대회	5,000	3	6	7	8	7	5	5	4
1828	경기 안성시	농민회경기도연맹가족수련회	5,000	3	6	7	8	7	5	5	4
1829	경기 안성시	자율방범연합대한마음체육대회	4,000	3	4	7	8	7	5	5	4
1830	경기 안성시	전통향교서원분향	4,000	3	4	7	8	7	5	5	4
1831	경기 안성시	안성시체육회장배양궁대회	4,000	3	1	7	8	7	5	5	4
1832	경기 안성시	자문위원통일역사연수	3,000	3	4	7	8	7	5	5	4
1833	경기 안성시	북한이탈주민문화체험	3,000	3	4	7	8	7	5	5	4
1834	경기 안성시	아동공동생활가정행사지원	3,000	3	1	7	8	7	5	5	4
1835	경기 안성시	경서남잡가보존회정기공연	3,000	3	1	7	8	7	5	5	4
1836	경기 안성시	안성시체육회장배한마음학생피구대회	3,000	3	1	7	8	7	5	5	4
1837	경기 안성시	안성시체육회장배실버바둑대회	3,000	3	1	7	8	7	5	5	4

순번	시군구	지출명 (사업명)	2024년예산 (단위 : 천원 /1년간)	민간이전 분류 (지방자치단체 세출예산 집행기준에 의거) 1. 민간경상사업보조(307-02) 2. 민간단체 법정운영비보조(307-03) 3. 민간행사사업보조(307-04) 4. 민간위탁금(307-05) 5. 사회복지시설 법정운영비보조(307-10) 6. 민간인위탁교육비(307-12) 7. 공기관등에대한경상적위탁사업비(308-13) 8. 민간자본사업보조,자체재원(402-01) 9. 민간자본사업보조,이전재원(402-02) 10. 민간위탁사업비(402-03) 11. 공기관등에 대한 자본적 위탁사업비(403-02)	민간이전지출 근거 (지방보조금 관리기준 참고) 1. 법률에 규정 2. 국고보조 재원(국가지정) 3. 용도 지정 기부금 4. 조례에 직접규정 5. 지자체가 권장하는 사업을 하는 공공기관 6. 시,도 정책 및 재정사정 7. 기타 8. 해당없음	입찰방식 계약체결방법 (경쟁형태) 1. 일반경쟁 2. 제한경쟁 3. 지명경쟁 4. 수의계약 5. 법정위탁 6. 기타 ( ) 7. 없음	입찰방식 계약기간 1. 1년 2. 2년 3. 3년 4. 4년 5. 5년 6. 기타 ( )년 7. 단기계약 (1년미만) 8. 없음	입찰방식 낙찰자선정방법 1. 적격심사 2. 협상에의한계약 3. 최저가낙찰제 4. 규격가격분리 5. 2단계 경쟁입찰 6. 기타 ( ) 7. 없음	운영예산 산정 운영예산 산정 1. 내부산정 (지자체 자체적으로 산정) 2. 외부산정 (외부전문기관위탁 산정) 3. 내·외부 모두 산정 4. 산정 無 5. 없음	운영예산 산정 정산방법 1. 내부정산 (지자체 내부적으로 정산) 2. 외부정산 (외부전문기관위탁 정산) 3. 내·외부 모두 산정 4. 정산 無 5. 없음	성과평가 실시여부 1. 실시 2. 미실시 3. 향후 추진 4. 해당없음
1838	경기 안성시	민족통일안성시대회및한민족통일문화제전	2,400	3	4	7	8	7	5	5	4
1839	경기 안성시	농업경영인협동조합세미나	2,000	3	6	7	8	7	5	5	4
1840	경기 안성시	한여농현장체험세미나	1,600	3	6	7	8	7	5	5	4
1841	경기 안성시	도기동산성서낭당제향	1,200	3	1	7	8	7	5	5	4
1842	경기 안성시	경앙사제향	1,200	3	1	7	8	7	5	5	4
1843	경기 안성시	이덕남장군제향	1,200	3	1	7	8	7	5	5	4
1844	경기 안성시	홍계남장군제향	1,200	3	1	7	8	7	5	5	4
1845	경기 안성시	죽주산성송문주장군제향	1,200	3	1	7	8	7	5	5	4
1846	경기 안성시	죽리석조여래입상제향	1,200	3	1	7	8	7	5	5	4
1847	경기 여주시	여주시체육회사무국운영비	551,827	3	1	7	8	7	1	1	1
1848	경기 여주시	여주시장애인체육회사무국운영비	162,838	3	1	7	8	7	1	1	1
1849	경기 여주시	여주문화원행사사업보조	84,720	3	1	7	8	7	1	1	1
1850	경기 여주시	한국예총여주지부협회지원	78,000	3	1	7	8	7	1	1	1
1851	경기 여주시	새마을지도자한마음수련대회	70,000	3	1	7	8	7	1	1	1
1852	경기 여주시	이통장한마음대축제	60,000	3	4	7	8	7	5	5	4
1853	경기 여주시	지역아동센터연합회지원	53,100	3	6	7	8	7	5	1	4
1854	경기 여주시	여주필하모닉오케스트라운영비	39,621	3	1	7	8	7	1	1	1
1855	경기 여주시	세종한글디자인공모전	36,300	3	1	7	8	7	1	1	1
1856	경기 여주시	세종대왕전국한글휘호대회	35,000	3	1	7	8	7	1	1	1
1857	경기 여주시	여주불교사암연합회문화행사	30,000	3	1	7	8	7	1	1	1
1858	경기 여주시	행사업무지원	30,000	3	4	7	8	7	1	1	1
1859	경기 여주시	어린이집연합회지원	25,800	3	4	7	1	7	1	1	4
1860	경기 여주시	하하호호콘서트	25,000	3	1	7	8	7	1	1	1
1861	경기 여주시	오곡나루축제낙화놀이	19,000	3	1	7	8	7	1	1	1
1862	경기 여주시	전국생태사진공모전	19,000	3	1	7	8	7	1	1	1
1863	경기 여주시	남한강여름축제그냥놀자	16,566	3	1	7	8	7	1	1	1
1864	경기 여주시	여주청소년오케스트라운영비지원	16,450	3	1	7	8	7	1	1	1
1865	경기 여주시	제23회사회복지의날기념식	16,000	3	4	7	8	7	1	1	2
1866	경기 여주시	조기울낙화놀이	16,000	3	1	7	8	7	1	1	1
1867	경기 여주시	여성단체협의회지원	15,000	3	4	7	8	7	1	1	1
1868	경기 여주시	전국세종백일장및그림그리기공모전	15,000	3	1	7	8	7	1	1	1
1869	경기 여주시	여주시사회복지힐링프로그램	14,000	3	4	7	8	7	1	1	2
1870	경기 여주시	적십자봉사회합동결혼식지원	11,416	3	4	7	8	7	5	5	4
1871	경기 여주시	경기민예총여주지부민족예술제	10,000	3	1	7	8	7	1	1	1
1872	경기 여주시	저출산대책사업	9,910	3	4	7	8	7	1	1	4
1873	경기 여주시	청소년페스티벌	9,600	3	1	7	8	7	1	1	1
1874	경기 여주시	세종대왕제향행사	9,300	3	7	7	8	7	1	1	4
1875	경기 여주시	효종대왕제향행사	8,000	3	7	7	8	7	1	1	4
1876	경기 여주시	자율방범대한마음대회	7,000	3	1	7	8	7	1	1	1
1877	경기 여주시	지역아동센터종사자워크숍지원	5,420	3	6	7	8	7	5	1	4

순번	시군구	지출명 (사업명)	2024년예산 (단위 : 천원 /1년간)	민간이전 분류 (지방자치단체 세출예산 집행기준에 의거) 1. 민간경상사업보조(307-02) 2. 민간단체 법정운영비보조(307-03) 3. 민간행사사업보조(307-04) 4. 민간위탁금(307-05) 5. 사회복지시설 법정운영비보조(307-10) 6. 민간인위탁교육비(307-12) 7. 공기관등에대한경상적위탁사업비(308-13) 8. 민간자본사업보조,자체재원(402-01) 9. 민간자본사업보조,이전재원(402-02) 10. 민간위탁사업비(402-03) 11. 공기관등에 대한 자본적 위탁사업비(403-02)	민간이전지출 근거 (지방보조금 관리기준 참고) 1. 법률에 규정 2. 국고보조 재원(국가지정) 3. 용도 지정 기부금 4. 조례에 직접규정 5. 지자체가 권장하는 사업을 하는 공공기관 6. 시,도 정책 및 재정사정 7. 기타 8. 해당없음	입찰방식: 계약체결방법 (경쟁형태) 1. 일반경쟁 2. 제한경쟁 3. 지명경쟁 4. 수의계약 5. 법정위탁 6. 기타 ( ) 7. 없음	입찰방식: 계약기간 1. 1년 2. 2년 3. 3년 4. 4년 5. 5년 6. 기타 ( )년 7. 단기계약 (1년미만) 8. 없음	입찰방식: 낙찰자선정방법 1. 적격심사 2. 협상에의한계약 3. 최저가낙찰제 4. 규격가격분리 5. 2단계 경쟁입찰 6. 기타 ( ) 7. 없음	운영예산 산정: 운영예산 산정 1. 내부산정 (지자체 자체적으로 산정) 2. 외부산정 (외부전문기관위탁 산정) 3. 내·외부 모두 산정 4. 산정 無 5. 없음	운영예산 산정: 정산방법 1. 내부정산 (지자체 내부적으로 정산) 2. 외부정산 (외부전문기관위탁 정산) 3. 내·외부 모두 정산 4. 정산 無 5. 없음	성과평가 실시여부 1. 실시 2. 미실시 3. 향후 추진 4. 해당없음
1878	경기 여주시	다문화가족문화탐방및체험지원	4,000	3	5	7	8	7	1	1	1
1879	경기 화성시	화성시연등음악축제	135,000	3	7	7	8	7	5	5	4
1880	경기 화성시	용주사수륙대재지원	133,400	3	4	7	8	7	5	5	4
1881	경기 화성시	경기도무형문화재보유단체행사지원	67,500	3	4	7	8	7	5	5	4
1882	경기 화성시	우리동네문화유산발굴보존	54,780	3	4	7	8	7	5	5	4
1883	경기 화성시	반려동물문화교실	50,000	3	1	7	8	7	1	1	1
1884	경기 화성시	풍어기원민속행사지원	50,000	3	1	7	8	7	5	1	1
1885	경기 화성시	문화유산을찾아서	49,500	3	4	7	8	7	5	5	4
1886	경기 화성시	장애인단체행사비	41,173	3	1	7	7	7	1	1	1
1887	경기 화성시	말친화적대중화지원	40,000	3	6	7	8	7	1	1	4
1888	경기 화성시	보훈가족위로행사(보훈단체협의회)	32,900	3	4	7	8	7	1	1	3
1889	경기 화성시	영유아가족어울림행사지원	32,000	3	4	7	8	7	1	1	4
1890	경기 화성시	화성시장배전국바다낚시대회개최	30,000	3	1	7	8	7	1	1	4
1891	경기 화성시	어촌체험마을체험행사지원	30,000	3	6	7	8	7	1	3	1
1892	경기 화성시	경로행사지원	30,000	3	6	7	8	7	5	5	4
1893	경기 화성시	화성시장배전국민물낚시대회개최	25,000	3	1	7	8	7	1	1	3
1894	경기 화성시	세시풍속축제	25,000	3	4	7	8	7	5	5	4
1895	경기 화성시	청소년어울림마당	24,000	3	6	1	7	1	1	1	4
1896	경기 화성시	경로행사	24,000	3	1	7	8	7	1	1	1
1897	경기 화성시	발안장터만세운동	24,000	3	7	4	7	6	1	1	1
1898	경기 화성시	화성시청소년종합예술제개최	23,620	3	6	1	7	1	1	1	4
1899	경기 화성시	화성뱃놀이축제수산분야홍보지원	20,000	3	1	7	8	7	5	1	1
1900	경기 화성시	보육주간행사지원	20,000	3	4	7	8	7	1	1	4
1901	경기 화성시	봉담읍민체육대회	20,000	3	1	7	8	7	1	1	1
1902	경기 화성시	청소년공감콘서트	18,000	3	4	7	8	7	5	5	4
1903	경기 화성시	남양성모성지평화음악회	18,000	3	4	7	8	7	5	5	4
1904	경기 화성시	경로행사지원	17,600	3	4	7	8	7	1	1	4
1905	경기 화성시	진안동경로행사지원	17,600	3	1	7	8	7	1	1	1
1906	경기 화성시	화산동경로행사지원	16,800	3	1	7	8	7	1	1	1
1907	경기 화성시	반려동물문화교실(자체)	16,000	3	1	7	8	7	1	1	1
1908	경기 화성시	장안면경로행사지원	15,200	3	4	7	8	7	1	1	3
1909	경기 화성시	병점2동경로행사지원	15,200	3	4	7	8	7	5	5	3
1910	경기 화성시	반월동경로행사지원	15,200	3	1	7	8	7	5	5	4
1911	경기 화성시	동탄1동경로행사지원	15,200	3	6	7	8	7	5	5	3
1912	경기 화성시	동탄4동경로행사지원	14,400	3	1	7	8	7	1	1	1
1913	경기 화성시	매송면경로행사지원	13,600	3	1	7	8	7	5	5	4
1914	경기 화성시	동탄9동경로행사지원	13,600	3	6	7	8	7	5	5	4
1915	경기 화성시	새솔동경로행사지원	12,800	3	6	7	8	7	5	5	3
1916	경기 화성시	월별생신연(6.25참전유공자회)	12,300	3	4	7	8	7	1	1	3
1917	경기 화성시	호국영령합동위령제(보훈단체협의회)	11,500	3	4	7	8	7	1	1	3

순번	시군구	지출명 (사업명)	2024년예산 (단위 : 천원 /1년간)	민간이전 분류 (지방자치단체 세출예산 집행기준에 의거) 1. 민간경상사업보조(307-02) 2. 민간단체 법정운영비보조(307-03) 3. 민간행사사업보조(307-04) 4. 민간위탁금(307-05) 5. 사회복지시설 법정운영비보조(307-10) 6. 민간인위탁교육비(307-12) 7. 공기관등에대한경상적위탁사업비(308-13) 8. 민간자본사업보조,자체재원(402-01) 9. 민간자본사업보조,이전재원(402-02) 10. 민간위탁사업비(402-03) 11. 공기관등에 대한 자본적 위탁사업비(403-02)	민간이전지출 근거 (지방보조금 관리기준 참고) 1. 법률에 규정 2. 국고보조 재원(국가지정) 3. 용도 지정 기부금 4. 조례에 직접규정 5. 지자체가 권장하는 사업을 하는 공공기관 6. 시,도 정책 및 재정사정 7. 기타 8. 해당없음	입찰방식 계약체결방법 (경쟁형태) 1. 일반경쟁 2. 제한경쟁 3. 지명경쟁 4. 수의계약 5. 법정위탁 6. 기타 ( ) 7. 없음	입찰방식 계약기간 1. 1년 2. 2년 3. 3년 4. 4년 5. 5년 6. 기타 ( )년 7. 단기계약 (1년미만) 8. 없음	입찰방식 낙찰자선정방법 1. 적격심사 2. 협상에의한계약 3. 최저가낙찰제 4. 규격가격분리 5. 2단계 경쟁입찰 6. 기타 ( ) 7. 없음	운영예산 산정 운영예산 산정 1. 내부산정 (지자체 자체적으로 산정) 2. 외부산정 (외부전문기관위탁 산정) 3. 내·외부 모두 산정 4. 산정 無 5. 없음	운영예산 산정 정산방법 1. 내부정산 (지자체 내부적으로 정산) 2. 외부정산 (외부전문기관위탁 정산) 3. 내·외부 모두 산정 4. 정산 無 5. 없음	성과평가 실시여부 1. 실시 2. 미실시 3. 향후 추진 4. 해당없음
1918	경기 화성시	해외파병용사의날기념식(월남전참전자회)	10,300	3	4	7	8	7	1	1	3
1919	경기 화성시	한국화훼협회행사지원	10,000	3	6	7	8	7	5	5	3
1920	경기 화성시	남양향교에서가족과함께배우는예절과다도	10,000	3	4	7	8	7	5	5	4
1921	경기 화성시	우정읍민체육대회지원	10,000	3	4	7	8	7	1	1	1
1922	경기 화성시	향남읍체육대회개최지원	10,000	3	4	7	8	7	1	1	1
1923	경기 화성시	대송면체육대회개최지원	10,000	3	4	7	8	7	5	5	4
1924	경기 화성시	장안면민체육대회	10,000	3	4	7	8	7	1	1	3
1925	경기 화성시	새솔동체육대회개최지원	10,000	3	6	7	8	7	5	5	3
1926	경기 화성시	진안동체육대회개최지원	10,000	3	4	7	8	7	1	1	1
1927	경기 화성시	병점2동체육대회개최지원	10,000	3	4	7	8	7	5	5	3
1928	경기 화성시	반월동체육대회개최지원	10,000	3	1	7	8	7	5	5	4
1929	경기 화성시	동탄1동체육대회개최지원	10,000	3	6	7	8	7	5	5	3
1930	경기 화성시	읍면동체육대회개최	10,000	3	4	7	8	7	5	5	4
1931	경기 화성시	경로행사지원	10,000	3	4	7	8	7	5	5	4
1932	경기 화성시	동탄4동체육대회개최지원	10,000	3	4	7	8	7	1	1	1
1933	경기 화성시	동탄9동체육대회개최지원	10,000	3	6	7	8	7	5	5	4
1934	경기 화성시	송산역사문화토크콘서트	9,410	3	4	7	8	7	5	5	4
1935	경기 화성시	소외계층템플스테이지원	8,000	3	4	7	8	7	5	5	4
1936	경기 화성시	우정지역3.1운동기념사업	8,000	3	1	7	8	7	1	1	1
1937	경기 화성시	호국영령추모제(전몰군경유족회)	5,180	3	4	7	8	7	1	1	3
1938	경기 화성시	수산업경영인지원	5,000	3	1	7	8	7	5	1	1
1939	경기 화성시	남양향교분향례지원	4,800	3	4	7	8	7	5	5	4
1940	경기 화성시	남양양교기로연지원	4,500	3	4	7	8	7	5	5	4
1941	경기 화성시	순국선열애국지사추모제(광복회)	4,160	3	4	7	8	7	1	1	3
1942	경기 화성시	남양향교석전대제지원	4,000	3	4	7	8	7	5	5	4
1943	경기 화성시	애국지사김용창추모제(광복회)	1,650	3	4	7	8	7	1	1	3
1944	경기 광주시	농민단체협의회역량강화워크숍	24,000	3	7	7	8	7	1	1	3
1945	경기 광주시	자유총연맹안보워크샵	20,000	3	4	7	8	7	3	1	3
1946	경기 광주시	새마을의날기념식및한마음대회	10,000	3	4	7	8	7	1	1	1
1947	경기 광주시	적십자봉사원워크숍	7,500	3	1	7	8	7	1	1	1
1948	경기 광주시	자유총연맹의날행사	3,600	3	4	7	8	7	3	1	3
1949	경기 광주시	찾아가는MZ세대안보교육	2,000	3	4	7	8	7	3	1	3
1950	경기 양주시	경기도체육대회출전지원	300,000	3	1	7	8	7	1	1	4
1951	경기 양주시	시장기협회장기종목별대회개최지원	132,200	3	1	7	8	7	1	1	4
1952	경기 양주시	경기도생활체육대축전출전지원	100,000	3	1	7	8	7	1	1	4
1953	경기 양주시	전국단위대회개최지원	98,000	3	1	7	8	7	1	1	4
1954	경기 양주시	도전국단위종목별생활체육대회출전지원	80,000	3	4	7	8	7	1	1	4
1955	경기 양주시	회암사삼대화상다례제지원	50,000	3	1	7	8	7	1	1	1
1956	경기 양주시	양주평화기원예술제개최	50,000	3	1	7	8	7	1	1	1
1957	경기 양주시	생생문화재(양주회암사지)	50,000	3	2	2	1	1	3	3	3

순번	시군구	지출명 (사업명)	2024년예산 (단위 : 천원 /1년간)	민간이전 분류 (지방자치단체 세출예산 집행기준에 의거) 1. 민간경상사업보조(307-02) 2. 민간단체 법정운영비보조(307-03) 3. 민간행사사업보조(307-04) 4. 민간위탁금(307-05) 5. 사회복지시설 법정운영비보조(307-10) 6. 민간인위탁교육비(307-12) 7. 공기관등에대한경상적위탁사업비(308-13) 8. 민간자본사업보조,자체재원(402-01) 9. 민간자본사업보조,이전재원(402-02) 10. 민간위탁사업비(402-03) 11. 공기관등에 대한 자본적 위탁사업비(403-02)	민간이전지출 근거 (지방보조금 관리기준 참고) 1. 법률에 규정 2. 국고보조 재원(국가지정) 3. 용도 지정 기부금 4. 조례에 직접규정 5. 지자체가 권장하는 사업을 하는 공공기관 6. 시,도 정책 및 재정사정 7. 기타 8. 해당없음	입찰방식 계약체결방법 (경쟁형태) 1. 일반경쟁 2. 제한경쟁 3. 지명경쟁 4. 수의계약 5. 법정위탁 6. 기타 ( ) 7. 없음	입찰방식 계약기간 1. 1년 2. 2년 3. 3년 4. 4년 5. 5년 6. 기타 ( )년 7. 단기계약 (1년미만) 8. 없음	입찰방식 낙찰자선정방법 1. 적격심사 2. 협상에의한계약 3. 최저가낙찰제 4. 규격가격분리 5. 2단계 경쟁입찰 6. 기타 ( ) 7. 없음	운영예산 산정 운영예산 산정 1. 내부산정 (지자체 자체적으로 산정) 2. 외부산정 (외부전문기관위탁 산정) 3. 내·외부 모두 산정 4. 산정 無 5. 없음	운영예산 산정 정산방법 1. 내부정산 (지자체 내부적으로 정산) 2. 외부정산 (외부전문기관위탁 정산) 3. 내·외부 모두 산정 4. 정산 無 5. 없음	성과평가 실시여부 1. 실시 2. 미실시 3. 향후 추진 4. 해당없음
1958	경기 양주시	경기도장애인체육대회출전지원	50,000	3	1	7	8	7	1	1	1
1959	경기 양주시	지역문화유산교육사업(양주회암사지)	40,000	3	2	2	1	1	3	3	3
1960	경기 양주시	양주소놀이굿공연활동지원	39,190	3	1	7	8	7	1	1	1
1961	경기 양주시	양주상여와회다지소리공연활동지원	38,475	3	1	7	8	7	1	1	1
1962	경기 양주시	양주시장배종목별장애인체육대회개최지원	36,000	3	1	7	8	7	1	1	1
1963	경기 양주시	노인행사	33,250	3	1	7	7	7	1	1	2
1964	경기 양주시	석굴암단풍음악제지원	30,000	3	1	7	8	7	1	1	1
1965	경기 양주시	청소년어울림마당운영지원	24,000	3	1	7	8	7	1	1	4
1966	경기 양주시	경기도장애인생활체육대회출전지원	22,000	3	1	7	8	7	1	1	1
1967	경기 양주시	양주별산대놀이공연활동지원	20,805	3	1	7	8	7	1	1	1
1968	경기 양주시	양주들노래공연활동지원	20,805	3	1	7	8	7	1	1	1
1969	경기 양주시	유아숲의날행사운영비	20,000	3	1	7	8	7	5	5	4
1970	경기 양주시	양주농악공연활동지원	19,190	3	1	7	8	7	1	1	1
1971	경기 양주시	양주시장애인생활체육대회개최지원	19,000	3	1	7	8	7	1	1	1
1972	경기 양주시	찾아가는상담지도실운영	18,000	3	1	7	8	7	1	1	4
1973	경기 양주시	청소년종합예술제운영지원	17,500	3	1	7	8	7	1	1	4
1974	경기 양주시	후계농업경영인육성	17,100	3	4	7	8	7	5	5	1
1975	경기 양주시	노인건강진흥사업	17,100	3	1	7	7	7	1	1	2
1976	경기 양주시	최영장군당굿공연활동지원	17,081	3	1	7	8	7	1	1	1
1977	경기 양주시	도단위대회개최지원	15,000	3	1	7	8	7	1	1	4
1978	경기 양주시	노인지도자육성	11,590	3	1	7	7	7	1	1	2
1979	경기 양주시	양주향교의례행사지원	11,400	3	1	7	8	7	1	1	1
1980	경기 양주시	청소년동아리지원	11,000	3	1	7	8	7	1	1	4
1981	경기 양주시	무궁회화원평화통일확장사업	10,000	3	4	7	8	7	5	5	4
1982	경기 양주시	전통민속보존사업(민속예술제참가지원)	10,000	3	1	7	8	7	1	1	1
1983	경기 양주시	경기도유형별장애인생활체육대회출전지원	10,000	3	1	7	8	7	1	1	1
1984	경기 양주시	전국단위대회출전지원및격려	10,000	3	4	7	8	7	1	1	4
1985	경기 양주시	반려동물문화교실운영	10,000	3	6	7	8	7	1	1	4
1986	경기 양주시	생전예수재공연활동지원	9,500	3	1	7	8	7	1	1	1
1987	경기 양주시	주민자치활동지원	8,300	3	4	7	8	7	5	5	4
1988	경기 양주시	여성단체사회활동지원	8,000	3	8	7	8	7	1	3	4
1989	경기 양주시	경기도어울림체육대회출전지원	8,000	3	1	7	8	7	1	1	1
1990	경기 양주시	각종장애인체육대회출전지원	8,000	3	1	7	8	7	1	1	1
1991	경기 양주시	장애인체육대회입상선수지원	8,000	3	1	7	8	7	1	1	1
1992	경기 양주시	의용소방대지원	7,500	3	1,4	7	8	7	1	1	3
1993	경기 양주시	가족걷기대회	7,000	3	4	7	8	7	5	5	4
1994	경기 양주시	장애인단체총연합회운영지원	6,900	3	1	7	7	7	3	3	1
1995	경기 양주시	양주시우호교류체육경기지원	6,840	3	4	7	8	7	1	1	4
1996	경기 양주시	정절사봉향제	6,650	3	1	7	8	7	1	1	1
1997	경기 양주시	후계농업경영인육성	6,175	3	4	7	8	7	5	5	1

순번	시군구	지출명 (사업명)	2024년예산 (단위 : 천원 /1년간)	민간이전 분류 (지방자치단체 세출예산 집행기준에 의거) 1. 민간경상사업보조(307-02) 2. 민간단체 법정운영비보조(307-03) 3. 민간행사사업보조(307-04) 4. 민간위탁금(307-05) 5. 사회복지시설 법정운영비보조(307-10) 6. 민간인위탁교육비(307-12) 7. 공기관등에대한경상적위탁사업비(308-13) 8. 민간자본사업보조,자체재원(402-01) 9. 민간자본사업보조,이전재원(402-02) 10. 민간위탁사업비(402-03) 11. 공기관등에 대한 자본적 위탁사업비(403-02)	민간이전지출 근거 (지방보조금 관리기준 참고) 1. 법률에 규정 2. 국고보조 재원(국가지정) 3. 용도 지정 기부금 4. 조례에 직접규정 5. 지자체가 권장하는 사업을 하는 공공기관 6. 시,도 정책 및 재정사정 7. 기타 8. 해당없음	입찰방식 계약체결방법 (경쟁형태) 1. 일반경쟁 2. 제한경쟁 3. 지명경쟁 4. 수의계약 5. 법정위탁 6. 기타 ( ) 7. 없음	입찰방식 계약기간 1. 1년 2. 2년 3. 3년 4. 4년 5. 5년 6. 기타 ( )년 7. 단기계약 (1년미만) 8. 없음	입찰방식 낙찰자선정방법 1. 적격심사 2. 협상에의한계약 3. 최저가낙찰제 4. 규격가격분리 5. 2단계 경쟁입찰 6. 기타 ( ) 7. 없음	운영예산 산정 운영예산 산정 1. 내부산정 (지자체 자체적으로 산정) 2. 외부산정 (외부전문기관위탁 산정) 3. 내·외부 모두 산정 4. 산정 無 5. 없음	운영예산 산정 정산방법 1. 내부정산 (지자체 내부적으로 정산) 2. 외부정산 (외부전문기관위탁 정산) 3. 내·외부 모두 산정 4. 정산 無 5. 없음	성과평가 실시여부 1. 실시 2. 미실시 3. 향후 추진 4. 해당없음
1998	경기 양주시	장애인캠프개최	6,000	3	1	7	8	7	1	1	1
1999	경기 양주시	장애인체육어울림한마당개최	5,000	3	1	7	8	7	1	1	1
2000	경기 양주시	전국장애인체육대회출전지원	5,000	3	1	7	8	7	1	1	1
2001	경기 양주시	전문선수(유소년)육성지원	5,000	3	1	7	8	7	1	1	4
2002	경기 양주시	양주시보육교사세미나	4,768	3	6	7	8	7	1	3	4
2003	경기 양주시	어르신바둑잔치한마당	4,650	3	4	7	8	7	1	1	1
2004	경기 양주시	협회장기종목별장애인체육대회개최지원	4,000	3	1	7	8	7	1	1	1
2005	경기 양주시	장애인부모회운영지원	4,000	3	1	7	7	7	3	3	1
2006	경기 양주시	근로자복지지원(노조간부및조합원교육)	4,000	3	4	7	8	7	5	5	4
2007	경기 양주시	성균관유도회양주시지부기로연행사지원	3,800	3	1	7	8	7	1	1	1
2008	경기 양주시	근로자복지지원(근로자의날기념행사)	3,800	3	4	7	8	7	5	5	4
2009	경기 양주시	온릉봉향제	3,610	3	1	7	8	7	1	1	1
2010	경기 양주시	후계농업경영인육성	3,610	3	4	7	8	7	5	5	1
2011	경기 양주시	해유령전첩추모제향	3,325	3	1	7	8	7	1	1	1
2012	경기 양주시	양주시재향군인회사업(청소년호국안보강좌)	3,000	3	1	7	8	7	5	5	4
2013	경기 양주시	양주시재향군인회사업(재향군인의날기념행사)	3,000	3	1	7	8	7	5	5	4
2014	경기 양주시	양주시장애인기관체육대회개최지원	3,000	3	1	7	8	7	1	1	1
2015	경기 양주시	경기북부음악예술제참가지원	2,850	3	1	7	8	7	1	1	1
2016	경기 양주시	시각장애인협회운영지원	2,500	3	1	7	7	7	3	3	1
2017	경기 양주시	장애인복지회운영지원	2,500	3	1	7	7	7	3	3	1
2018	경기 양주시	경기도지사배종목별장애인체육대회출전지원	2,000	3	1	7	8	7	1	1	1
2019	경기 양주시	새마을운동활성화사업(새마을경제인현장답사)	1,500	3	1	7	8	7	5	5	4
2020	경기 양주시	새마을운동활성화사업(길위의인문학)	1,000	3	1	7	8	7	5	5	4
2021	경기 양주시	교통장애인협회운영지원	1,000	3	1	7	7	7	3	3	1
2022	경기 연천군	군단위체육대회지원	388,500	3	1	7	8	7	1	1	2
2023	경기 연천군	전국및도단위체육대회개최지원	90,000	3	1	7	8	7	1	1	2
2024	경기 연천군	전국단위체육대회지원	88,000	3	1	7	8	7	1	1	2
2025	경기 연천군	전국단위체육대회지원(장애인)	60,000	3	1	7	8	7	1	1	2
2026	경기 연천군	밀리터리룩페스티벌	30,000	3	1	7	8	7	1	1	1
2027	경기 연천군	군단위체육대회지원(장애인)	30,000	3	1	7	8	7	1	1	2
2028	경기 연천군	전통제례및행사지원	28,000	3	7	7	8	7	1	1	1
2029	경기 연천군	노인의날기념행사	25,000	3	1	5	1	7	1	1	1
2030	경기 연천군	양성평등기금공모사업지원	25,000	3	1	5	8	7	1	1	4
2031	경기 연천군	38선예술제개최	20,000	3	4	7	8	7	1	1	1
2032	경기 연천군	각종문화예술행사개최지원	18,000	3	1	7	8	7	1	1	1
2033	경기 연천군	제14회사회복지의날기념행사지원	15,000	3	4	7	7	7	1	1	1
2034	경기 연천군	장애인단체총연합회운영지원	15,000	3	1	5	8	7	1	1	1
2035	경기 연천군	양성평등주간기념행사지원	15,000	3	1	5	8	7	1	1	4
2036	경기 연천군	의용소방연합대지원	13,000	3	1	7	8	7	1	1	4
2037	경기 연천군	호국영웅정신계승마을축제	10,000	3	1	7	8	7	1	1	1

순번	시군구	지출명 (사업명)	2024년예산 (단위 : 천원 /1년간)	민간이전 분류 (지방자치단체 세출예산 집행기준에 의거) 1. 민간경상사업보조(307-02) 2. 민간단체 법정운영비보조(307-03) 3. 민간행사사업보조(307-04) 4. 민간위탁금(307-05) 5. 사회복지시설 법정운영비보조(307-10) 6. 민간인위탁교육비(307-12) 7. 공기관등에대한경상적위탁사업비(308-13) 8. 민간자본사업보조,자체재원(402-01) 9. 민간자본사업보조,이전재원(402-02) 10. 민간위탁사업비(402-03) 11. 공기관등에 대한 자본적 위탁사업비(403-02)	민간이전지출 근거 (지방보조금 관리기준 참고) 1. 법률에 규정 2. 국고보조 재원(국가지정) 3. 용도 지정 기부금 4. 조례에 직접규정 5. 지자체가 권장하는 사업을 하는 공공기관 6. 시,도 정책 및 재정사정 7. 기타 8. 해당없음	입찰방식: 계약체결방법 (경쟁형태) 1. 일반경쟁 2. 제한경쟁 3. 지명경쟁 4. 수의계약 5. 법정위탁 6. 기타 ( ) 7. 없음	입찰방식: 계약기간 1. 1년 2. 2년 3. 3년 4. 4년 5. 5년 6. 기타 ( )년 7. 단기계약 (1년미만) 8. 없음	입찰방식: 낙찰자선정방법 1. 적격심사 2. 협상에의한계약 3. 최저가낙찰제 4. 규격가격분리 5. 2단계 경쟁입찰 6. 기타 ( ) 7. 없음	운영예산 산정: 운영예산 산정 1. 내부산정 (지자체 자체적으로 산정) 2. 외부산정 (외부전문기관위탁 산정) 3. 내·외부 모두 산정 4. 산정 無 5. 없음	운영예산 산정: 정산방법 1. 내부정산 (지자체 내부적으로 정산) 2. 외부정산 (외부전문기관위탁 정산) 3. 내·외부 모두 산정 4. 정산 無 5. 없음	성과평가 실시여부 1. 실시 2. 미실시 3. 향후 추진 4. 해당없음
2038	경기 연천군	경기도(청소년)민속예술제참가지원	10,000	3	1	7	8	7	1	1	1
2039	경기 연천군	보훈가족나라사랑실천대회	10,000	3	4	7	7	7	1	1	1
2040	경기 연천군	여성지도자워크숍지원	10,000	3	1	5	8	7	1	1	4
2041	경기 연천군	한궁대회	8,000	3	1	5	1	7	1	1	1
2042	경기 연천군	그라운드골프대회	7,000	3	1	5	1	7	1	1	1
2043	경기 연천군	한국자유총연맹연천군지회사업비지원	6,000	3	1	7	8	7	1	1	1
2044	경기 연천군	공연장대관료지원사업	5,000	3	1	7	8	7	1	1	1
2045	경기 연천군	수레울팝스정기연주회	3,500	3	1	7	8	7	1	1	1
2046	경기 연천군	경기도시각장애인연합회연천군지회운영지원	2,000	3	1	5	8	7	1	1	1
2047	경기 연천군	장진호전투추도식지원	1,600	3	4	7	7	7	1	1	1
2048	경기 연천군	장애인생활체육지도자처우개선	1,193	3	6	7	8	7	1	1	2
2049	경기 가평군	전국및경기도단위대회유치체육사업	430,000	3	4	7	8	7	1	1	4
2050	경기 가평군	가평군민의날체육대회개최	348,140	3	4	7	8	7	1	1	4
2051	경기 가평군	가평군수기(배)종목별대회개최	110,000	3	4	7	8	7	1	1	4
2052	경기 가평군	농업인의날기념농업인한마당큰잔치	80,000	3	5	7	8	7	5	5	4
2053	경기 가평군	지역문화예술단체공연기획지원	50,000	3	1	7	8	7	1	1	1
2054	경기 가평군	음악도시가평지역문화예술단체공연기획지원	50,000	3	8	7	8	7	5	5	4
2055	경기 가평군	가평군수기(배)초중고체육대회개최	34,000	3	4	7	8	7	1	1	4
2056	경기 가평군	노인의날및경로의달기념행사(체육대회)	33,900	3	4	7	7	7	1	1	1
2057	경기 가평군	제6회The푸른학생연극제	30,000	3	4	7	8	7	1	1	4
2058	경기 가평군	지역전통문화확산공모사업	30,000	3	4	7	8	7	5	5	4
2059	경기 가평군	전국단위장애인체육대회유치및개최	20,000	3	4	7	8	7	1	1	4
2060	경기 가평군	가평관광전국사진공모전	20,000	3	7	7	8	7	5	5	4
2061	경기 가평군	가평군수배장애인어울림체육대회개최	15,000	3	4	7	8	7	1	1	4
2062	경기 가평군	대한민국연극제운영지원	10,000	3	4	7	8	7	1	1	4
2063	경기 가평군	가평체육회장기종목별대회개최	10,000	3	4	7	8	7	1	1	4
2064	경기 가평군	제34회경기연극올림피아드개최	6,000	3	4	7	8	7	1	1	4
2065	경기 양평군	전통사찰및종교문화행사	60,000	3	4	7	8	7	1	1	1
2066	경기 양평군	자율방범대노후무전기교체지원	23,500	3	4	7	8	7	1	1	1
2067	경기 양평군	읍민의날체육행사	16,000	3	6	7	8	7	1	1	4
2068	경기 양평군	양서면민의날문화체육행사	16,000	3	4	7	8	7	1	1	4
2069	경기 양평군	면민의날체육행사지원	16,000	3	4	7	8	7	5	5	4
2070	경기 양평군	단월면면민의날체육행사	12,800	3	4	7	8	7	1	1	4
2071	경기 양평군	면민의날체육행사	12,800	3	7	7	7	7	1	1	3
2072	경기 양평군	주민자치참소화축제	12,000	3	4	7	8	7	1	1	1
2073	경기 양평군	국내전시회참가기업지원	12,000	3	4	7	8	7	1	1	1
2074	경기 양평군	지방서원및향교육성	11,200	3	1	7	8	7	5	5	1
2075	경기 양평군	지방서원및향교육성	11,200	3	1	7	8	7	5	5	1
2076	경기 양평군	제25회경기도민속예술제	10,000	3	2	7	8	7	1	1	1
2077	경기 양평군	양평군수배낚시대회개최지원	8,000	3	1	7	8	7	5	5	4

순번	시군구	지출명 (사업명)	2024년예산 (단위 : 천원 /1년간)	민간이전 분류 (지방자치단체 세출예산 집행기준에 의거) 1. 민간경상사업보조(307-02) 2. 민간단체 법정운영비보조(307-03) 3. 민간행사사업보조(307-04) 4. 민간위탁금(307-05) 5. 사회복지시설 법정운영비보조(307-10) 6. 민간인위탁교육비(307-12) 7. 공기관등에대한경상적위탁사업비(308-13) 8. 민간자본사업보조,자체재원(402-01) 9. 민간자본사업보조,이전재원(402-02) 10. 민간위탁사업비(402-03) 11. 공기관등에 대한 자본적 위탁사업비(403-02)	민간이전지출 근거 (지방보조금 관리기준 참고) 1. 법률에 규정 2. 국고보조 재원(국가지정) 3. 용도 지정 기부금 4. 조례에 직접규정 5. 지자체가 권장하는 사업을 하는 공공기관 6. 시,도 정책 및 재정사정 7. 기타 8. 해당없음	입찰방식			운영예산 산정		성과평가 실시여부
						계약체결방법 (경쟁형태) 1. 일반경쟁 2. 제한경쟁 3. 지명경쟁 4. 수의계약 5. 법정위탁 6. 기타 ( ) 7. 없음	계약기간 1. 1년 2. 2년 3. 3년 4. 4년 5. 5년 6. 기타 ( )년 7. 단기계약 (1년미만) 8. 없음	낙찰자선정방법 1. 적격심사 2. 협상에의한계약 3. 최저가낙찰제 4. 규격가격분리 5. 2단계 경쟁입찰 6. 기타 ( ) 7. 없음	운영예산 산정 1. 내부산정 (지자체 자체적으로 산정) 2. 외부산정 (외부전문기관위탁 산정) 3. 내·외부 모두 산정 4. 산정 無 5. 없음	정산방법 1. 내부정산 (지자체 내부적으로 정산) 2. 외부정산 (외부전문기관위탁 정산) 3. 내·외부 모두 산정 4. 정산 無 5. 없음	1. 실시 2. 미실시 3. 향후 추진 4. 해당없음
2078	경기 양평군	지방서원및향교육성	7,200	3	1	7	8	7	5	5	1
2079	인천 중구	일반생활체육지도자배치(활동지원)	270,080	3	1	7	8	7	1	1	1
2080	인천 중구	어르신생활체육지도자배치(활동지원)	157,300	3	1	7	8	7	1	1	1
2081	인천 중구	구청장기(배)종목별체육대회	135,704	3	1	7	8	7	1	1	1
2082	인천 중구	동별경로잔치행사비지원	77,440	3	1	7	8	7	1	1	4
2083	인천 중구	음식경연대회개최	50,000	3	4	7	8	7	5	5	4
2084	인천 중구	아침건강체조교실	45,000	3	1	7	8	7	1	1	1
2085	인천 중구	전국규모체육대회유치지원	30,000	3	1	7	8	7	1	1	1
2086	인천 중구	월미도집단희생사건위령제지원	20,000	3	1	7	8	7	5	1	4
2087	인천 중구	음식경연대회개최	20,000	3	4	7	8	7	5	5	4
2088	인천 중구	장애인의날행사운영	14,000	3	6	7	8	7	5	5	4
2089	인천 중구	중구유소년스포츠클럽육성지원	14,000	3	1	7	8	7	1	1	1
2090	인천 중구	국제교류친선생활체육대회	13,000	3	1	7	8	7	1	1	1
2091	인천 중구	체육회종목별체육대회	10,000	3	1	7	8	7	1	1	1
2092	인천 중구	생활체육대회참가지원	6,000	3	1	7	8	7	1	1	1
2093	인천 중구	노인건강체조교실운영	3,200	3	1	7	8	7	1	1	1
2094	인천 동구	구민생활체육대회지원	133,000	3	4	7	8	7	1	1	1
2095	인천 동구	구청장기(배)생활체육대회지원	60,000	3	4	7	8	7	1	1	1
2096	인천 동구	구민건강걷기대회지원	40,000	3	4	7	8	7	1	1	1
2097	인천 동구	바다그리기대회	10,000	3	7	7	8	7	5	5	1
2098	인천 동구	보육교사힐링프로그램	9,800	3	6	7	8	7	1	5	4
2099	인천 미추홀구	인천원도사제	100,000	3	4	7	8	7	1	1	2
2100	인천 미추홀구	미추헤어쇼및미용경연대회개최	30,000	3	4	7	8	7	1	1	1
2101	인천 미추홀구	전통문화예술전승지원사업	20,000	3	4	7	8	7	1	1	2
2102	인천 미추홀구	인천향교석전대제지원	15,000	3	4	7	8	7	1	1	2
2103	인천 미추홀구	대한민국실버미술대전	13,500	3	7	7	8	7	1	1	1
2104	인천 미추홀구	인천향교기로연지원	10,000	3	4	7	8	7	1	1	2
2105	인천 미추홀구	미추홀구미술협회작품전시회	7,000	3	4	7	8	7	1	1	1
2106	인천 미추홀구	미추홀구사진인연합회작품전시회	7,000	3	4	7	8	7	1	1	1
2107	인천 미추홀구	자동차무료안전점검및정비행사	3,000	3	4	7	8	7	5	5	4
2108	인천 연수구	연수구대표축제지원	300,000	3	4	7	8	7	5	5	4
2109	인천 연수구	연수구청장배생활체육대회지원	190,000	3	2	7	8	7	1	1	1
2110	인천 연수구	음식문화시범거리축제운영	40,000	3	7	7	8	7	1	1	3
2111	인천 연수구	친환경자전거대축제	40,000	3	7	6	7	7	1	1	3
2112	인천 연수구	사회복지주간기념행사등지원	22,500	3	1	7	8	7	1	1	4
2113	인천 연수구	유소년축구대회개최지원	20,000	3	2	7	8	7	1	1	1
2114	인천 연수구	지역사회보장협의체운영	3,000	3	1	7	7	7	1	1	4
2115	인천 연수구	국공립어린이집개원식준비비용	3,000	3	7	7	8	7	1	1	2
2116	인천 남동구	구청장기종목별체육대회지원	190,000	3	1	7	8	7	1	1	1
2117	인천 남동구	회장기종목별체육대회지원	70,000	3	1	7	8	7	1	1	1

순번	시군구	지출명 (사업명)	2024년예산 (단위 : 천원 /1년간)	민간이전 분류 (지방자치단체 세출예산 집행기준에 의거) 1. 민간경상사업보조(307-02) 2. 민간단체 법정운영비보조(307-03) 3. 민간행사사업보조(307-04) 4. 민간위탁금(307-05) 5. 사회복지시설 법정운영비보조(307-10) 6. 민간인위탁교육비(307-12) 7. 공기관등에대한경상적위탁사업비(308-13) 8. 민간자본사업보조,자체재원(402-01) 9. 민간자본사업보조,이전재원(402-02) 10. 민간위탁사업비(402-03) 11. 공기관등에 대한 자본적 위탁사업비(403-02)	민간이전지출 근거 (지방보조금 관리기준 참고) 1. 법률에 규정 2. 국고보조 재원(국가지정) 3. 용도 지정 기부금 4. 조례에 직접규정 5. 지자체가 권장하는 사업을 하는 공공기관 6. 시,도 정책 및 재정사정 7. 기타 8. 해당없음	입찰방식: 계약체결방법 (경쟁형태) 1. 일반경쟁 2. 제한경쟁 3. 지명경쟁 4. 수의계약 5. 법정위탁 6. 기타 ( ) 7. 없음	입찰방식: 계약기간 1. 1년 2. 2년 3. 3년 4. 4년 5. 5년 6. 기타 ( )년 7. 단기계약 (1년미만) 8. 없음	입찰방식: 낙찰자선정방법 1. 적격심사 2. 협상에의한계약 3. 최저가낙찰제 4. 규격가격분리 5. 2단계 경쟁입찰 6. 기타 ( ) 7. 없음	운영예산 산정: 운영예산 산정 1. 내부산정 (지자체 자체적으로 산정) 2. 외부산정 (외부전문기관위탁 산정) 3. 내·외부 모두 산정 4. 산정 無 5. 없음	운영예산 산정: 정산방법 1. 내부정산 (지자체 내부적으로 정산) 2. 외부정산 (외부전문기관위탁 정산) 3. 내·외부 모두 산정 4. 정산 無 5. 없음	성과평가 실시여부 1. 실시 2. 미실시 3. 향후 추진 4. 해당없음
2118	인천 남동구	남동뷰티페스티벌	31,500	3	4	6	8	1	1	1	1
2119	인천 남동구	청소년문화축제	28,000	3	4	7	8	7	1	1	4
2120	인천 남동구	간석3동하모니문화행사개최	25,000	3	4	7	8	7	1	1	4
2121	인천 남동구	남동구체육회행사비지원	20,000	3	4	7	8	7	1	1	1
2122	인천 남동구	노사화합을위한노동단체행사지원	20,000	3	4	7	1	7	1	1	4
2123	인천 남동구	만삼이네마을축제	20,000	3	4	7	8	7	1	1	4
2124	인천 남동구	장애인복지관특화프로그램지원(비루고개축제)	20,000	3	1	6	5	6	1	1	4
2125	인천 남동구	다문화가정의날운영	18,000	3	4	7	8	7	1	1	4
2126	인천 남동구	o전국소년체전참가선수단지원	15,000	3	4	7	8	7	1	1	1
2127	인천 남동구	행사운영비	15,000	3	1	5	3	7	5	1	4
2128	인천 남동구	노인의날행사비지원	11,700	3	1	7	8	7	1	1	4
2129	인천 남동구	o장애인전국체전참가선수단지원	10,000	3	4	7	8	7	1	1	1
2130	인천 남동구	중소기업활성화를위한기업인단체행사지원	10,000	3	7	7	8	7	5	5	4
2131	인천 남동구	o전국체전참가선수단(고등부)지원	5,000	3	4	7	8	7	1	1	1
2132	인천 남동구	남동작은도서관협의회주관행사지원	3,000	3	4	7	8	7	1	1	4
2133	인천 남동구	게이트볼대회행사비지원	2,700	3	1	7	8	7	1	1	4
2134	인천 남동구	세계주간운영	1,200	3	4	7	8	7	1	1	4
2135	인천 부평구	제28회부평풍물대축제	700,000	3	4	5	1	7	1	2	2
2136	인천 부평구	구청장기생활체육종목별대회지원	170,000	3	3	6	7	7	5	1	1
2137	인천 부평구	협회장기생활체육종목별대회지원	67,000	3	3	6	7	7	5	1	1
2138	인천 부평구	화장시설주변지역주민지원행사	45,000	3	4	7	8	7	1	1	2
2139	인천 부평구	화장시설주변지역주민지원행사	40,000	3	4	7	8	7	1	1	2
2140	인천 부평구	화장시설주변지역주민지원행사	39,000	3	7	7	1	7	1	1	2
2141	인천 부평구	제24회부평전국국악경연대회	33,000	3	1	7	8	7	1	1	1
2142	인천 부평구	동계스토브리그축구대회지원	20,000	3	3	6	7	7	5	1	1
2143	인천 부평구	화장시설주변지역주민지원행사	20,000	3	7	7	1	7	1	1	2
2144	인천 부평구	유소년클럽축구대회지원	9,000	3	3	6	7	7	5	1	1
2145	인천 계양구	보훈단체지원	288,533	3	1	7	8	7	1	1	2
2146	인천 계양구	주민자치회시범사업운영지원	120,000	3	6	5	1	7	1	1	3
2147	인천 계양구	계양미술대전개최	27,000	3	7	7	8	1	1	1	2
2148	인천 계양구	지역사회보장협의체운영	26,973	3	4	7	8	7	5	5	4
2149	인천 계양구	부평향교석전대제지원	15,000	3	1	7	8	7	1	1	2
2150	인천 계양구	전통시장이벤트행사지원	10,800	3	1	7	8	7	1	1	1
2151	인천 계양구	향교문화전승보전	10,000	3	1	7	8	7	1	1	2
2152	인천 계양구	지역아동센터화합한마당행사	9,000	3	1	7	8	7	1	1	4
2153	인천 계양구	주민자치역량강화및활성화	7,200	3	4	5	7	7	1	1	2
2154	인천 계양구	지역아동센터종사자워크숍지원	7,200	3	1	7	8	7	1	1	4
2155	인천 계양구	도당제지원	5,400	3	7	7	8	1	1	1	2
2156	인천 계양구	공예단체전시회개최지원	1,260	3	1	7	8	7	5	5	4
2157	인천 서구	구청장기배종목별대회	215,000	3	4	7	8	7	1	1	1

순번	시군구	지출명 (사업명)	2024년예산 (단위 : 천원 /1년간)	민간이전 분류 (지방자치단체 세출예산 집행기준에 의거) 1. 민간경상사업보조(307-02) 2. 민간단체 법정운영비보조(307-03) 3. 민간행사사업보조(307-04) 4. 민간위탁금(307-05) 5. 사회복지시설 법정운영비보조(307-10) 6. 민간인위탁교육비(307-12) 7. 공기관등에대한경상적위탁사업비(308-13) 8. 민간자본사업보조,자체재원(402-01) 9. 민간자본사업보조,이전재원(402-02) 10. 민간위탁사업비(402-03) 11. 공기관등에 대한 자본적 위탁사업비(403-02)	민간이전지출 근거 (지방보조금 관리기준 참고) 1. 법률에 규정 2. 국고보조 재원(국가지정) 3. 용도 지정 기부금 4. 조례에 직접규정 5. 지자체가 권장하는 사업을 하는 공공기관 6. 시,도 정책 및 재정사정 7. 기타 8. 해당없음	입찰방식 계약체결방법 (경쟁형태) 1. 일반경쟁 2. 제한경쟁 3. 지명경쟁 4. 수의계약 5. 법정위탁 6. 기타 ( ) 7. 없음	입찰방식 계약기간 1. 1년 2. 2년 3. 3년 4. 4년 5. 5년 6. 기타 ( )년 7. 단기계약 (1년미만) 8. 없음	입찰방식 낙찰자선정방법 1. 적격심사 2. 협상에의한계약 3. 최저가낙찰제 4. 규격가격분리 5. 2단계 경쟁입찰 6. 기타 ( ) 7. 없음	운영예산 산정 운영예산 산정 1. 내부산정 (지자체 자체적으로 산정) 2. 외부산정 (외부전문기관위탁 산정) 3. 내·외부 모두 산정 4. 산정 無 5. 없음	운영예산 산정 정산방법 1. 내부정산 (지자체 내부적으로 정산) 2. 외부정산 (외부전문기관위탁 정산) 3. 내·외부 모두 산정 4. 정산 無 5. 없음	성과평가 실시여부 1. 실시 2. 미실시 3. 향후 추진 4. 해당없음
2158	인천 서구	지역문화예술지원	146,710	3	1,4	7	8	7	1	1	4
2159	인천 서구	정서진,아라뱃길마라톤대회	60,000	3	4	6	7	6	1	1	1
2160	인천 서구	유청소년축구i리그	50,440	3	4	7	8	7	1	1	1
2161	인천 서구	호국정신함양	38,200	3	4	7	8	7	1	1	4
2162	인천 서구	중소기업근로자가족체육대회	30,000	3	1,4	7	8	7	1	1	2
2163	인천 서구	종목별체육대회지원	25,000	3	4	7	8	7	1	1	1
2164	인천 서구	로컬푸드직매장지원사업	17,000	3	1	7	8	7	1	1	2
2165	인천 서구	서구장애인한마당행사	15,000	3	4	7	8	7	1	1	1
2166	인천 서구	노인복지증진단체지원	14,000	3	1	7	8	7	5	5	4
2167	인천 서구	인천광역시서구청장배전국시각장애인쇼다운경기대회	12,400	3	4	7	8	7	1	1	1
2168	인천 서구	보육관련행사운영및지원	10,000	3	4	7	8	7	1	1	1
2169	인천 서구	지역아동센터종사자역량강화프로그램지원	10,000	3	4	7	8	7	1	1	4
2170	인천 서구	전통시장및지역경제시책추진	9,000	3	6	7	8	7	1	1	4
2171	인천 서구	지역아동센터문화체육행사지원	7,000	3	4	7	8	7	1	1	4
2172	인천 서구	장애인의문화누림을위한'문누리'사업	4,620	3	4	7	8	7	1	1	1
2173	인천 서구	서구수어교실	4,000	3	4	7	8	7	1	1	1
2174	인천 서구	장애인의자기표현개발을위한'소통'	3,999	3	4	7	8	7	1	1	1
2175	인천 서구	청각장애인역량강화프로그램	3,600	3	4	7	8	7	1	1	1
2176	인천 서구	장애인문화유적지탐방	3,000	3	4	7	8	7	1	1	1
2177	인천 서구	서구지체장애인현장체험활동	3,000	3	4	7	8	7	1	1	1
2178	인천 서구	지체장애인게이트볼경기대회	2,000	3	4	7	8	7	1	1	1
2179	인천 서구	우리끼리삶에대한위로	2,000	3	4	7	8	7	1	1	1
2180	인천 강화군	삼랑성역사문화축제지원	80,000	3	4	7	8	7	1	1	1
2181	인천 강화군	석전대제지원	30,000	3	4	7	8	7	1	1	1
2182	인천 강화군	향토음식발굴경연대회(강화최고의맛미식대전)	30,000	3	1	7	8	7	5	5	4
2183	인천 강화군	강화농업인의날행사지원	30,000	3	4	7	8	7	1	1	1
2184	인천 강화군	강화읍민의날기념체육대회행사지원	30,000	3	1	7	8	7	1	1	2
2185	인천 강화군	주민자치센터동아리발표회	20,000	3	1	7	8	7	1	1	2
2186	인천 강화군	기로연지원	20,000	3	6	6	1	6	5	1	1
2187	인천 강화군	제37회선원면민의날기념체육대회행사	20,000	3	1	7	8	7	5	5	4
2188	인천 강화군	제11회불은면민의날기념체육대회행사	20,000	3	4	7	8	7	1	1	1
2189	인천 강화군	제17회길상면민의날기념체육대회행사	20,000	3	4	7	8	7	1	1	4
2190	인천 강화군	제1회화도면민의날기념체육대회	20,000	3	7	7	8	7	1	1	1
2191	인천 강화군	제38회양도면민의날기념체육대회	20,000	3	4	7	8	7	1	1	4
2192	인천 강화군	제5회내가면민의날체육행사지원	20,000	3	4	7	8	7	5	5	4
2193	인천 강화군	하점면민의날기념한마음체육대회행사지원	20,000	3	4	7	8	7	5	5	4
2194	인천 강화군	제17회송해면민의날기념체육대회행사	20,000	3	4	7	8	7	5	5	4
2195	인천 강화군	면민의날기념행사지원	20,000	3	4	6	7	7	1	1	3
2196	인천 강화군	제26회교동면민의날기념체육대회행사	20,000	3	4	7	8	7	5	1	1
2197	인천 강화군	제22회삼산면민의날기념체육대회행사	20,000	3	7	7	7	7	1	1	4

순번	시군구	지출명 (사업명)	2024년예산 (단위 : 천원 /1년간)	민간이전 분류 (지방자치단체 세출예산 집행기준에 의거) 1. 민간경상사업보조(307-02) 2. 민간단체 법정운영비보조(307-03) 3. 민간행사사업보조(307-04) 4. 민간위탁금(307-05) 5. 사회복지시설 법정운영비보조(307-10) 6. 민간인위탁교육비(307-12) 7. 공기관등에대한경상적위탁사업비(308-13) 8. 민간자본사업보조,자체재원(402-01) 9. 민간자본사업보조,이전재원(402-02) 10. 민간위탁사업비(402-03) 11. 공기관등에 대한 자본적 위탁사업비(403-02)	민간이전지출 근거 (지방보조금 관리기준 참고) 1. 법률에 규정 2. 국고보조 재원(국가지정) 3. 용도 지정 기부금 4. 조례에 직접규정 5. 지자체가 권장하는 사업을 하는 공공기관 6. 시,도 정책 및 재정사정 7. 기타 8. 해당없음	입찰방식 계약체결방법 (경쟁형태) 1. 일반경쟁 2. 제한경쟁 3. 지명경쟁 4. 수의계약 5. 법정위탁 6. 기타 ( ) 7. 없음	입찰방식 계약기간 1. 1년 2. 2년 3. 3년 4. 4년 5. 5년 6. 기타 ( )년 7. 단기계약 (1년미만) 8. 없음	입찰방식 낙찰자선정방법 1. 적격심사 2. 협상에의한계약 3. 최저가낙찰제 4. 규격가격분리 5. 2단계 경쟁입찰 6. 기타 ( ) 7. 없음	운영예산 산정 운영예산 산정 1. 내부산정 (지자체 자체적으로 산정) 2. 외부산정 (외부전문기관위탁 산정) 3. 내·외부 모두 산정 4. 산정 無 5. 없음	운영예산 산정 정산방법 1. 내부정산 (지자체 내부적으로 정산) 2. 외부정산 (외부전문기관위탁 정산) 3. 내·외부 모두 산정 4. 정산 無 5. 없음	성과평가 실시여부 1. 실시 2. 미실시 3. 향후 추진 4. 해당없음
2198	인천 강화군	제5회서도면민의날기념체육대회행사	20,000	3	7	7	8	7	1	1	4
2199	인천 강화군	강화군새마을회체육대회지원	15,000	3	4	6	1	6	5	1	1
2200	인천 강화군	주민자치위원한마음대회	15,000	3	6	6	1	6	5	1	1
2201	인천 강화군	강화군이장단체육대회지원	10,000	3	4	6	7	6	5	1	1
2202	인천 강화군	왕골공예품전시회행사비	10,000	3	4	7	8	7	1	1	4
2203	인천 강화군	길상사랑愛한마음축제	10,000	3	4	7	8	7	1	1	1
2204	인천 강화군	농산물직거래장터행사	10,000	3	4	7	8	7	1	1	1
2205	인천 강화군	수산업경영인육성지원	5,000	3	1	7	8	7	5	5	4
2206	인천 옹진군	사회단체보조금지원	85,408	3	1	7	8	7	5	5	4
2207	인천 옹진군	사회단체운영	80,349	3	1	7	8	7	3	1	2
2208	인천 옹진군	체육진흥운영지원	60,000	3	4	7	7	7	1	1	2
2209	인천 옹진군	제8회옹진군수배전국바다낚시대회개최	50,000	3	5	7	8	7	5	1	4
2210	인천 옹진군	영흥수협수산물소비촉제지원	35,000	3	5	7	8	7	5	1	4
2211	인천 옹진군	장애인단체보조금지원	31,320	3	1	7	8	7	1	1	1
2212	인천 옹진군	생활체육교실운영	30,000	3	4	7	7	7	1	1	2
2213	인천 옹진군	영흥풍어기원제	20,000	3	4	7	8	7	1	1	2
2214	인천 옹진군	연평꽃게걷기축제	19,500	3	4	7	8	7	1	1	2
2215	인천 옹진군	주민자치회시범사업활성화	5,880	3	6	7	8	7	5	5	4
2216	인천 옹진군	지역사회보장협의체운영지원(자체)	4,880	3	6	7	8	7	5	5	4
2217	광주광역시	빛고을성탄문화축제	150,000	3	6	7	8	7	5	5	4
2218	광주광역시	광주광역시미술대전	70,000	3	1,6	7	8	7	5	5	4
2219	광주광역시	세계인의날	18,000	3	4	7	8	7	5	5	4
2220	광주 동구	동구청장기종목별생활체육대회지원	49,000	3	5	7	8	7	1	1	1
2221	광주 동구	보훈단체지원	28,500	3	1	7	8	7	1	1	4
2222	광주 동구	청소년어울림마당	20,000	3	5	7	8	7	1	1	4
2223	광주 동구	종합사회복지관운영지원	15,000	3	1	7	8	7	1	1	4
2224	광주 동구	산신제등문화행사지원사업	11,000	3	7	6	7	7	1	1	2
2225	광주 동구	노숙인등지원	10,000	3	1	2	8	1	1	1	4
2226	광주 동구	환경보호행사지원	10,000	3	4	7	8	7	5	5	4
2227	광주 동구	동구체육인한마음대회지원	6,000	3	5	7	8	7	1	1	1
2228	광주 동구	청소년생활체육대회지원	4,000	3	5	7	8	7	1	1	1
2229	광주 동구	생활체육동호회대회리그지원	2,000	3	5	7	8	7	1	1	1
2230	광주 동구	장애인체육대회지원	2,000	3	5	7	8	7	1	1	1
2231	광주 서구	종목별생활체육대회지원	165,000	3	4	7	8	7	5	1	3
2232	광주 서구	장애인생활체육대회개최지원	4,000	3	4	7	8	7	5	1	3
2233	광주 남구	주민자치센터프로그램경연대회	15,000	3	4	7	8	7	1	1	1
2234	광주 남구	지역아동센터지원	8,000	3	4	7	8	7	1	1	4
2235	광주 남구	다문화어울림한마당지원	5,000	3	5	7	8	7	1	1	4
2236	광주 북구	북구예술단체운영	50,000	3	4	7	8	7	5	5	4
2237	광주 북구	보훈단체등지원	33,500	3	4	7	8	7	1	1	1

순번	시군구	지출명 (사업명)	2024년예산 (단위 : 천원 /1년간)	민간이전 분류 (지방자치단체 세출예산 집행기준에 의거) 1. 민간경상사업보조(307-02) 2. 민간단체 법정운영비보조(307-03) 3. 민간행사사업보조(307-04) 4. 민간위탁금(307-05) 5. 사회복지시설 법정운영비보조(307-10) 6. 민간인위탁교육비(307-12) 7. 공기관등에대한경상적위탁사업비(308-13) 8. 민간자본사업보조,자체재원(402-01) 9. 민간자본사업보조,이전재원(402-02) 10. 민간위탁사업비(402-03) 11. 공기관등에 대한 자본적 위탁사업비(403-02)	민간이전지출 근거 (지방보조금 관리기준 참고) 1. 법률에 규정 2. 국고보조 재원(국가지정) 3. 용도 지정 기부금 4. 조례에 직접규정 5. 지자체가 권장하는 사업을 하는 공공기관 6. 시,도 정책 및 재정사정 7. 기타 8. 해당없음	입찰방식			운영예산 산정		성과평가 실시여부
						계약체결방법 (경쟁형태) 1. 일반경쟁 2. 제한경쟁 3. 지명경쟁 4. 수의계약 5. 법정위탁 6. 기타 ( ) 7. 없음	계약기간 1. 1년 2. 2년 3. 3년 4. 4년 5. 5년 6. 기타 ( )년 7. 단기계약 (1년미만) 8. 없음	낙찰자선정방법 1. 적격심사 2. 협상에의한계약 3. 최저가낙찰제 4. 규격가격분리 5. 2단계 경쟁입찰 6. 기타 ( ) 7. 없음	운영예산 산정 1. 내부산정 (지자체 자체적으로 산정) 2. 외부산정 (외부전문기관위탁 산정) 3. 내·외부 모두 산정 4. 산정 無 5. 없음	정산방법 1. 내부정산 (지자체 내부적으로 정산) 2. 외부정산 (외부전문기관위탁 정산) 3. 내·외부 모두 산정 4. 정산 無 5. 없음	1. 실시 2. 미실시 3. 향후 추진 4. 해당없음
2238	광주 북구	주민자치프로그램페스티벌	20,000	3	4	7	8	7	5	5	1
2239	광주 북구	노인의날기념행사	20,000	3	4	7	8	7	1	1	1
2240	광주 북구	영호남장애인친선교류대회	19,000	3	1	7	8	7	3	3	1
2241	광주 북구	무돌길완주대회지원	10,000	3	7	7	8	7	5	5	4
2242	광주 북구	북구장애인생활체육대회지원	7,400	3	5	7	8	7	1	1	1
2243	광주 북구	지역아동센터종사자워크숍	5,000	3	4	7	8	7	5	1	4
2244	광주 북구	노인게이트볼대회지원	4,500	3	4	7	8	7	1	1	1
2245	광주 북구	노인한궁대회	3,000	3	4	7	8	7	1	1	1
2246	광주 북구	노인그라운드골프대회	3,000	3	4	7	8	7	1	1	1
2247	광주 북구	장애어르신효사랑위안잔치	3,000	3	1	7	8	7	3	3	1
2248	광주 북구	장애인사랑의나들이	3,000	3	1	7	8	7	3	3	1
2249	광주 북구	주민참여예산학교	2,000	3	4	7	8	7	1	1	1
2250	광주 북구	예산정책토론회	2,000	3	4	7	8	7	1	1	1
2251	광주 북구	장애인가족동반틔움캠프	2,000	3	1	7	8	7	3	3	1
2252	광주 북구	발달장애인과가족이함께하는힐링주말여행	2,000	3	1	7	8	7	3	3	1
2253	광주 북구	발달장애인사회문화체험	2,000	3	1	7	8	7	3	3	1
2254	광주 북구	권역별설명회	1,500	3	4	7	8	7	1	1	1
2255	광주 광산구	생활체육대회및체육행사개최지원	150,000	3	4	7	8	7	1	1	1
2256	광주 광산구	생활체육전국대회개최지원	100,000	3	4	7	8	7	1	1	1
2257	광주 광산구	생활체육지도자활동지원수당	86,230	3	4	7	8	7	1	1	1
2258	광주 광산구	문화예술동호회공연활동지원	30,000	3	4	7	8	7	1	1	1
2259	광주 광산구	유소년축구대회개최	25,000	3	4	7	8	7	1	1	1
2260	광주 광산구	24년노인의날행사보조금	25,000	3	1,4	7	7	7	1	1	3
2261	광주 광산구	장애인단체활성화지원	15,000	3	1	7	8	7	1	1	1
2262	광주 광산구	제3회장애인생활체육어울림한마당대회지원	10,000	3	1	7	8	7	3	3	1
2263	광주 광산구	사회적경제기업경쟁력강화지원사업	10,000	3	4	7	8	7	5	5	4
2264	광주 광산구	생활체육대회참가지원	6,000	3	4	7	8	7	1	1	1
2265	광주 광산구	어르신생활체육대회참가지원	6,000	3	4	7	8	7	1	1	1
2266	광주 광산구	어린이날행사지원	5,000	3	4	7	8	7	5	5	4
2267	광주 광산구	유교사상전승및육성	2,000	3	4	7	8	7	1	1	1
2268	대구광역시	2024대구치맥페스티벌개최지원	1,270,000	3	7	7	8	7	5	5	4
2269	대구광역시	226대구세계마스터즈육상경기대회개최지원	550,000	3	4	7	8	7	5	5	4
2270	대구광역시	대구약령시한방문화축제지원	390,000	3	6	7	8	7	5	5	4
2271	대구광역시	형형색색달구벌관등놀이(전환)	322,000	3	1,6	7	8	7	5	5	4
2272	대구광역시	대학생자율주행경진대회	240,000	3	1	7	8	7	5	5	4
2273	대구광역시	2024제12차세계생체재료학회개최지원	200,000	3	6	7	8	7	5	5	4
2274	대구광역시	로컬푸드및농산물직판장활성화지원	193,000	3	1	7	8	7	5	5	4
2275	대구광역시	대구국제식품산업전개최	176,000	3	5	7	8	7	5	5	4
2276	대구광역시	농산물물가안정및소비촉진행사지원	164,000	3	1	7	8	7	5	5	4
2277	대구광역시	노사상생협력벤치마킹	140,000	3	4	7	8	7	5	5	4

순번	시군구	지출명 (사업명)	2024년예산 (단위 : 천원 /1년간)	민간이전 분류 (지방자치단체 세출예산 집행기준에 의거) 1. 민간경상사업보조(307-02) 2. 민간단체 법정운영비보조(307-03) 3. 민간행사사업보조(307-04) 4. 민간위탁금(307-05) 5. 사회복지시설 법정운영비보조(307-10) 6. 민간인위탁교육비(307-12) 7. 공기관등에대한경상적위탁사업비(308-13) 8. 민간자본사업보조,자체재원(402-01) 9. 민간자본사업보조,이전재원(402-02) 10. 민간위탁사업비(402-03) 11. 공기관등에 대한 자본적 위탁사업비(403-02)	민간이전지출 근거 (지방보조금 관리기준 참고) 1. 법률에 규정 2. 국고보조 재원(국가지정) 3. 용도 지정 기부금 4. 조례에 직접규정 5. 지자체가 권장하는 사업을 하는 공공기관 6. 시,도 정책 및 재정사정 7. 기타 8. 해당없음	입찰방식 계약체결방법 (경쟁형태) 1. 일반경쟁 2. 제한경쟁 3. 지명경쟁 4. 수의계약 5. 법정위탁 6. 기타 ( ) 7. 없음	입찰방식 계약기간 1. 1년 2. 2년 3. 3년 4. 4년 5. 5년 6. 기타 ( )년 7. 단기계약 (1년미만) 8. 없음	입찰방식 낙찰자선정방법 1. 적격심사 2. 협상에의한계약 3. 최저가낙찰제 4. 규격가격분리 5. 2단계 경쟁입찰 6. 기타 ( ) 7. 없음	운영예산 산정 운영예산 산정 1. 내부산정 (지자체 자체적으로 산정) 2. 외부산정 (외부전문기관위탁 산정) 3. 내·외부 모두 산정 4. 산정 無 5. 없음	운영예산 산정 정산방법 1. 내부정산 (지자체 내부적으로 정산) 2. 외부정산 (외부전문기관위탁 정산) 3. 내·외부 모두 산정 4. 정산 無 5. 없음	성과평가 실시여부 1. 실시 2. 미실시 3. 향후 추진 4. 해당없음
2278	대구광역시	트리문화행사	139,650	3	7	7	8	7	5	5	4
2279	대구광역시	전통시장세일행사지원	121,600	3	6	7	8	7	5	5	4
2280	대구광역시	대한민국자원봉사센터대회	100,000	3	1	7	8	7	5	5	4
2281	대구광역시	대한민국불교문화엑스포	100,000	3	1,6	7	8	7	5	5	4
2282	대구광역시	도농교류활성화지원등	100,000	3	4	7	8	7	5	5	4
2283	대구광역시	대구커피＆카페박람회지원	90,000	3	4	7	8	7	5	5	4
2284	대구광역시	대구우수시장상품전시회개최지원	90,000	3	2	7	8	7	5	5	4
2285	대구광역시	대구경북중소벤처기업대축전개최지원	87,000	3	4	7	8	7	5	5	4
2286	대구광역시	대구자원봉사박람회	85,000	3	1	7	8	7	5	5	4
2287	대구광역시	농업인한마음대회	79,000	3	6	7	8	7	5	5	4
2288	대구광역시	대구커피&베이커리축제지원	70,000	3	4	7	8	7	5	5	4
2289	대구광역시	근로자의날행사보조	70,000	3	4	7	8	7	5	5	4
2290	대구광역시	대한민국캠핑대전개최지원	68,000	3	4	7	8	7	5	5	4
2291	대구광역시	반려동물문화산업전	56,000	3	6	7	8	7	5	5	4
2292	대구광역시	청소년행복페스티벌개최	55,000	3	1	7	8	7	5	5	4
2293	대구광역시	유아차걷기캠페인	50,000	3	8	7	8	7	5	5	4
2294	대구광역시	새생명플러스사업	50,000	3	6	7	8	7	5	5	4
2295	대구광역시	대구경북농산물상생장터한마당	50,000	3	1	7	8	7	5	5	4
2296	대구광역시	미용경기대회행사지원	45,000	3	4	7	8	7	5	5	4
2297	대구광역시	대구스트리트모터페스티벌지원	40,720	3	4	7	8	7	5	5	4
2298	대구광역시	AR증강현실로떠나는팔공산둘레길보물찾기	40,000	3	4,6	7	8	7	5	5	4
2299	대구광역시	농업체험투어지원	40,000	3	4	7	8	7	5	5	4
2300	대구광역시	대구경북이업종융합대전개최지원	33,600	3	4	7	8	7	5	5	4
2301	대구광역시	관광기념품공모전지원	30,000	3	1	7	8	7	5	5	4
2302	대구광역시	피부미용경기대회행사지원	24,000	3	4	7	8	7	5	5	4
2303	대구광역시	생명사랑환경행사지원	23,000	3	4	7	8	7	5	5	4
2304	대구광역시	이통장역량강화	18,900	3	4	7	8	7	5	5	4
2305	대구광역시	이용경기대회행사지원	18,000	3	4	7	8	7	5	5	4
2306	대구광역시	명장작품전시회지원	18,000	3	4	7	8	7	5	5	4
2307	대구광역시	하나되는세상을꿈꾸다행사	16,000	3	4	7	8	7	5	5	4
2308	대구광역시	3.1운동그날의함성을,다시	16,000	3	4	7	8	7	5	5	4
2309	대구광역시	공원녹지포럼개최	10,000	3	4	7	8	7	5	5	4
2310	대구광역시	양봉산업활성화지원	10,000	3	4	7	8	7	5	5	4
2311	대구광역시	쌀소비촉진행사지원	8,244	3	7	7	8	7	5	5	4
2312	대구광역시	청소년국제야영대회참가지원	8,000	3	1	7	8	7	5	5	4
2313	대구광역시	축산물소비촉진행사지원	7,000	3	7	7	8	7	5	5	4
2314	대구광역시	대구자원봉사관리자워크숍	4,000	3	1	7	8	7	5	5	4
2315	대구 중구	문화가있는날매마토문화공연	50,000	3	6	7	8	7	1	1	1
2316	대구 중구	구민한마음체육대회	35,000	3	5	1	1	1	1	1	1
2317	대구 중구	서문시장축제지원	30,000	3	1	7	8	7	1	1	4

순번	시군구	지출명 (사업명)	2024년예산 (단위 : 천원 /1년간)	민간이전 분류 (지방자치단체 세출예산 집행기준에 의거) 1. 민간경상사업보조(307-02) 2. 민간단체 법정운영비보조(307-03) 3. 민간행사사업보조(307-04) 4. 민간위탁금(307-05) 5. 사회복지시설 법정운영비보조(307-10) 6. 민간인위탁교육비(307-12) 7. 공기관등에대한경상적위탁사업비(308-13) 8. 민간자본사업보조,자체재원(402-01) 9. 민간자본사업보조,이전재원(402-02) 10. 민간위탁사업비(402-03) 11. 공기관등에 대한 자본적 위탁사업비(403-02)	민간이전지출 근거 (지방보조금 관리기준 참고) 1. 법률에 규정 2. 국고보조 재원(국가지정) 3. 용도 지정 기부금 4. 조례에 직접규정 5. 지자체가 권장하는 사업을 하는 공공기관 6. 시,도 정책 및 재정사정 7. 기타 8. 해당없음	입찰방식 계약체결방법 (경쟁형태) 1. 일반경쟁 2. 제한경쟁 3. 지명경쟁 4. 수의계약 5. 법정위탁 6. 기타 ( ) 7. 없음	입찰방식 계약기간 1. 1년 2. 2년 3. 3년 4. 4년 5. 5년 6. 기타 ( )년 7. 단기계약 (1년미만) 8. 없음	입찰방식 낙찰자선정방법 1. 적격심사 2. 협상에의한계약 3. 최저가낙찰제 4. 규격가격분리 5. 2단계 경쟁입찰 6. 기타 ( ) 7. 없음	운영예산 산정 운영예산 산정 1. 내부산정 (지자체 자체적으로 산정) 2. 외부산정 (외부전문기관위탁 산정) 3. 내·외부 모두 산정 4. 산정 無 5. 없음	운영예산 산정 정산방법 1. 내부정산 (지자체 내부적으로 정산) 2. 외부정산 (외부전문기관위탁 정산) 3. 내·외부 모두 산정 4. 정산 無 5. 없음	성과평가 실시여부 1. 실시 2. 미실시 3. 향후 추진 4. 해당없음
2318	대구 중구	동성로축제	30,000	3	6	7	8	7	1	1	1
2319	대구 중구	중구청장배생활체육대회	25,000	3	5	1	1	1	1	1	1
2320	대구 중구	김광석길페스티벌	24,400	3	6	7	8	7	1	1	1
2321	대구 중구	약령시한방문화축제지원	20,000	3	4	7	8	7	5	2	1
2322	대구 중구	김광석28주기추모행사	20,000	3	5	7	3	7	1	1	1
2323	대구 중구	화교중화문화축제	20,000	3	6	7	8	7	1	1	1
2324	대구 중구	패션주얼리축제	10,000	3	1	7	8	7	1	1	4
2325	대구 중구	교동시장축제지원	10,000	3	1	7	8	7	1	1	4
2326	대구 중구	도심속문화마당	10,000	3	6	7	8	7	1	1	1
2327	대구 중구	대구스트리트모터페스티벌	10,000	3	4	7	8	7	5	1	1
2328	대구 중구	중구청장배청소년농구대회	7,000	3	5	1	1	1	1	1	1
2329	대구 중구	중구미술협회전	5,000	3	6	7	8	7	1	1	1
2330	대구 중구	국민운동단체평가대회	4,500	3	4	7	8	7	1	1	1
2331	대구 중구	양성평등주간기념행사	4,000	3	4	7	8	6	5	1	1
2332	대구 동구	대구평화시장닭똥집골목치맥페스티벌	115,000	3	5	7	8	7	5	5	4
2333	대구 동구	어린이날행사지원	40,000	3	6	6	8	7	1	1	1
2334	대구 동구	정월대보름달집태우기	30,000	3	4	6	8	7	1	1	1
2335	대구 동구	팔공산벚꽃축제	26,000	3	4	6	8	7	1	1	1
2336	대구 동구	팔공산단풍축제	20,000	3	4	6	8	7	1	1	1
2337	대구 동구	최계란선생대구아리랑제	15,000	3	4	6	8	7	1	1	1
2338	대구 동구	팔공산왕건축제	15,000	3	4	6	8	7	1	1	1
2339	대구 동구	용암산성옥샘문화제	12,000	3	4	6	8	7	1	1	1
2340	대구 동구	안심창조밸리연꽃마을축제	10,000	3	4	6	8	7	1	1	1
2341	대구 동구	동구소상공인연합회활성화지원	10,000	3	4	7	8	7	5	5	4
2342	대구 동구	선덕여왕숭모재	6,000	3	4	6	8	7	1	1	1
2343	대구 동구	여성사회참여지원및양성평등문화확산	5,000	3	1,4	6	8	7	1	1	1
2344	대구 동구	청소년선도홍보및육성지도	5,000	3	6	7	8	7	1	1	1
2345	대구 서구	구민축제	99,400	3	5	6	7	1	1	1	1
2346	대구 서구	아이스축제	25,000	3	5	6	7	1	1	1	1
2347	대구 서구	해맞이행사	19,000	3	5	6	7	1	1	1	1
2348	대구 서구	다문화경연대회	15,000	3	1	1	5	1	1	1	1
2349	대구 서구	전통시장경영혁신지원(서부시장공동마케팅)	10,000	3	1	7	8	7	5	2	3
2350	대구 서구	어린이날행사지원	5,000	3	5	6	8	1	1	1	1
2351	대구 남구	대명공연거리로드페스티벌행사지원	44,600	3	7	7	8	7	1	1	2
2352	대구 남구	구청장기생활체육대회운영(19개종목)	39,300	3	5	6	1	1	1	1	1
2353	대구 남구	앞산사랑가족건강등산대회운영	38,000	3	5	6	1	1	1	1	1
2354	대구 남구	앞산자락길걷기대회	30,000	3	5	6	1	1	1	1	1
2355	대구 남구	대구시생활체육대축전지원	25,000	3	5	6	1	1	1	1	1
2356	대구 남구	주민자치센터프로그램경연대회(동아리준비금,행사대행료,보상금등)	20,000	3	4	7	8	7	1	1	1
2357	대구 남구	종지골축제(주민참여예산동참여형)	20,000	3	4	7	8	7	5	5	4

순번	시군구	지출명 (사업명)	2024년예산 (단위 : 천원 /1년간)	민간이전 분류 (지방자치단체 세출예산 집행기준에 의거) 1. 민간경상사업보조(307-02) 2. 민간단체 법정운영비보조(307-03) 3. 민간행사사업보조(307-04) 4. 민간위탁금(307-05) 5. 사회복지시설 법정운영비보조(307-10) 6. 민간인위탁교육비(307-12) 7. 공기관등에대한경상적위탁사업비(308-13) 8. 민간자본사업보조,자체재원(402-01) 9. 민간자본사업보조,이전재원(402-02) 10. 민간위탁사업비(402-03) 11. 공기관등에 대한 자본적 위탁사업비(403-02)	민간이전지출 근거 (지방보조금 관리기준 참고) 1. 법률에 규정 2. 국고보조 재원(국가지정) 3. 용도 지정 기부금 4. 조례에 직접규정 5. 지자체가 권장하는 사업을 하는 공공기관 6. 시,도 정책 및 재정사정 7. 기타 8. 해당없음	입찰방식 계약체결방법 (경쟁형태) 1. 일반경쟁 2. 제한경쟁 3. 지명경쟁 4. 수의계약 5. 법정위탁 6. 기타 ( ) 7. 없음	입찰방식 계약기간 1. 1년 2. 2년 3. 3년 4. 4년 5. 5년 6. 기타 ( )년 7. 단기계약 (1년미만) 8. 없음	입찰방식 낙찰자선정방법 1. 적격심사 2. 협상에의한계약 3. 최저가낙찰제 4. 규격가격분리 5. 2단계 경쟁입찰 6. 기타 ( ) 7. 없음	운영예산 산정 운영예산 산정 1. 내부산정 (지자체 자체적으로 산정) 2. 외부산정 (외부전문기관위탁 산정) 3. 내·외부 모두 산정 4. 산정 無 5. 없음	운영예산 산정 정산방법 1. 내부정산 (지자체 내부적으로 정산) 2. 외부정산 (외부전문기관위탁 정산) 3. 내·외부 모두 산정 4. 정산 無 5. 없음	성과평가 실시여부 1. 실시 2. 미실시 3. 향후 추진 4. 해당없음
2358	대구 남구	여우골마을축제(주민참여예산동참여형)	20,000	3	4	7	8	7	1	1	4
2359	대구 남구	2배행복마을축제개최(주민참여예산동참여형)	16,000	3	4	7	8	7	1	1	4
2360	대구 남구	삼정골자치한마당행사(주민참여예산동참여형)	16,000	3	4	7	8	7	5	5	4
2361	대구 남구	함께해요봉일(마을축제)(주민참여예산동참여형)	15,000	3	4	7	8	7	1	1	4
2362	대구 남구	대명1동마을축제개최(주민참여예산동참여형)	15,000	3	4	7	8	7	1	1	4
2363	대구 남구	물베기마을세대화합공감한마당축제(주민참여예산동참여형)	15,000	3	4	7	8	7	5	5	4
2364	대구 남구	대명4동마을축제(주민참여예산동참여형)	15,000	3	4	1	7	6	1	1	2
2365	대구 남구	대명6동주민자치한마당(주민참여예산동참여형)	15,000	3	4	1	7	6	1	1	3
2366	대구 남구	봉덕2동한마음축제(주민참여예산동참여형)	13,000	3	4	7	8	7	5	5	4
2367	대구 남구	동네예술단및주민화합행사(주민참여예산동참여형)	10,000	3	4	7	8	7	5	5	4
2368	대구 남구	남구미술협회전	8,000	3	7	7	8	7	1	1	2
2369	대구 남구	새마을운동지도자수련대회	7,800	3	4	7	8	7	1	1	1
2370	대구 남구	전통시장활성화이벤트사업지원	6,000	3	4	7	8	7	5	5	4
2371	대구 남구	어르신생활체육대회지원	5,000	3	5	6	1	1	1	1	1
2372	대구 남구	시씨름왕선발대회지원	2,000	3	5	6	1	1	1	1	1
2373	대구 남구	바르게살기운동위원수련대회	1,890	3	4	7	8	7	1	1	1
2374	대구 북구	금호강정월대보름축제	70,000	3	7	7	8	7	5	5	4
2375	대구 북구	새해해맞이행사	20,000	3	4	4	7	1	1	1	2
2376	대구 북구	자매결연단체교류행사지원	15,000	3	4	7	8	7	5	1	4
2377	대구 북구	6.25참전기념행사개최	11,000	3	1,3	7	8	7	5	5	4
2378	대구 북구	자매도시청소년교류문화체험	7,000	3	5	7	8	7	5	5	4
2379	대구 북구	어린이가행복한세상만들기	6,000	3	7	1	7	1	1	1	1
2380	대구 북구	청소년문화페스티벌	4,000	3	5	7	8	7	5	5	4
2381	대구 북구	통일기원단오제	3,000	3	4	7	8	7	1	1	1
2382	대구 북구	보훈의달행사지원	2,000	3	1,3	7	8	7	5	5	4
2383	대구 북구	외국인주민행사지원	1,000	3	4	7	8	7	1	1	4
2384	대구 북구	Pet동행페스티벌	95,000	3	7	6	1	6	1	1	3
2385	대구 북구	북구지역복지박람회	20,000	3	4	7	8	7	1	1	1
2386	대구 북구	지역사회보장협의체워크숍	5,000	3	4	7	8	7	1	1	1
2387	대구 북구	사회복지의날기념행사지원	5,000	3	1	7	8	7	1	1	1
2388	대구 수성구	세계문화산업포럼지원	150,000	3	1	1	1	1	1	1	1
2389	대구 수성구	고모령가요제	94,000	3	4	7	8	7	1	1	1
2390	대구 수성구	구청장기생활체육대회	82,500	3	4	7	8	7	5	5	4
2391	대구 수성구	수성그린파크골프선수권대회	50,000	3	4	7	8	7	5	5	4
2392	대구 수성구	뮤직수제맥주페스티벌	50,000	3	1	1	7	1	1	1	1
2393	대구 수성구	정월대보름문화행사지원	32,000	3	4	7	8	7	1	1	1
2394	대구 수성구	수성구종목단체대회지원	30,000	3	4	7	8	7	5	5	4
2395	대구 수성구	수성별빛걷기대회	30,000	3	4	7	8	7	5	5	4
2396	대구 수성구	상화문학제	30,000	3	4	7	8	7	1	1	1
2397	대구 수성구	통일로가는수성구민화합한마당	22,000	3	7	7	8	7	1	1	1

순번	시군구	지출명 (사업명)	2024년예산 (단위 : 천원 /1년간)	민간이전 분류 (지방자치단체 세출예산 집행기준에 의거)	민간이전지출 근거 (지방보조금 관리기준 참고)	입찰방식			운영예산 산정		성과평가 실시여부
				1. 민간경상사업보조(307-02) 2. 민간단체 법정운영비보조(307-03) 3. 민간행사사업보조(307-04) 4. 민간위탁금(307-05) 5. 사회복지시설 법정운영비보조(307-10) 6. 민간인위탁교육비(307-12) 7. 공기관등에대한경상적위탁사업비(308-13) 8. 민간자본사업보조,자체재원(402-01) 9. 민간자본사업보조,이전재원(402-02) 10. 민간위탁사업비(402-03) 11. 공기관등에 대한 자본적 위탁사업비(403-02)	1. 법률에 규정 2. 국고보조 재원(국가지정) 3. 용도 지정 기부금 4. 조례에 직접규정 5. 지자체가 권장하는 사업을 하는 공공기관 6. 시,도 정책 및 재정사정 7. 기타 8. 해당없음	계약체결방법 (경쟁형태) 1. 일반경쟁 2. 제한경쟁 3. 지명경쟁 4. 수의계약 5. 법정위탁 6. 기타 ( ) 7. 없음	계약기간 1. 1년 2. 2년 3. 3년 4. 4년 5. 5년 6. 기타 ( )년 7. 단기계약 (1년미만) 8. 없음	낙찰자선정방법 1. 적격심사 2. 협상에의한계약 3. 최저가낙찰제 4. 규격가격분리 5. 2단계 경쟁입찰 6. 기타 ( ) 7. 없음	운영예산 산정 1. 내부산정 (지자체 자체적으로 산정) 2. 외부산정 (외부전문기관위탁 산정) 3. 내·외부 모두 산정 4. 산정 無 5. 없음	정산방법 1. 내부정산 (지자체 내부적으로 정산) 2. 외부정산 (외부전문기관위탁 정산) 3. 내·외부 모두 산정 4. 정산 無 5. 없음	1. 실시 2. 미실시 3. 향후 추진 4. 해당없음
2398	대구 수성구	수성못캠프야(夜)	20,000	3	1	1	7	1	1	1	1
2399	대구 수성구	수성사직제개최	20,000	3	4	7	8	7	1	1	1
2400	대구 수성구	장애인단체지원(장애인한마음체육대회)	18,000	3	1	7	8	7	5	1	1
2401	대구 수성구	청소년어울림마당지원	15,000	3	2	6	1	6	5	1	4
2402	대구 수성구	지역미술문화발전(수성못사생실기및미술공모대전)	12,000	3	4	7	8	7	1	1	1
2403	대구 수성구	전국철인3종경기대회지원	10,000	3	4	7	8	7	5	5	4
2404	대구 수성구	수성구노인회운영지원	7,900	3	1	7	8	7	1	1	2
2405	대구 수성구	양성평등주간기념행사	7,000	3	4	7	8	7	1	1	2
2406	대구 수성구	수성구노인회운영지원	7,000	3	1	7	8	7	1	1	2
2407	대구 수성구	구청장기대구경북리틀야구대회	6,000	3	4	7	8	7	5	5	4
2408	대구 수성구	청소년평화통일토론대회	5,000	3	7	7	8	7	1	1	1
2409	대구 수성구	구청장기중학교클럽대항축구대회	4,000	3	4	7	8	7	5	5	4
2410	대구 수성구	이서공향사지원	3,000	3	4	7	8	7	1	1	1
2411	대구 수성구	고산서당향사지원	2,000	3	4	7	8	7	1	1	1
2412	대구 달서구	달서하프마라톤대회(구금고협력사업비3천만원포함)	170,000	3	4	7	8	7	5	5	4
2413	대구 달서구	구청장기생활체육대회	105,000	3	4	7	8	7	5	5	4
2414	대구 달서구	먹거리골목맛페스티벌	75,000	3	6	7	8	7	1	1	4
2415	대구 달서구	선사문화체험축제	40,000	3	4	4	7	1	1	1	1
2416	대구 달서구	생활체육동호인리그	40,000	3	4	7	8	7	5	5	4
2417	대구 달서구	달배달맞이축제	35,000	3	4	7	8	7	1	1	1
2418	대구 달서구	선비의하루고택체험프로그램운영	35,000	3	4	4	7	1	1	1	1
2419	대구 달서구	전국주부수필공모전	30,000	3	1	7	8	7	5	5	4
2420	대구 달서구	전국볼링대회	30,000	3	4	7	8	7	5	5	4
2421	대구 달서구	달서구I리그대회	30,000	3	4	7	8	7	5	5	4
2422	대구 달서구	두류문화한마당	23,000	3	4	7	8	7	5	5	4
2423	대구 달서구	와룡민속한마당	23,000	3	4	7	8	7	1	1	1
2424	대구 달서구	시민생활체육대회	23,000	3	4	7	8	7	1	1	1
2425	대구 달서구	달서가족공동체사업(달서가족축제)	21,000	3	4	7	8	7	5	5	4
2426	대구 달서구	의병의날기념향사례	15,000	3	4	7	8	7	5	5	4
2427	대구 달서구	씨름대축제(시,구)	14,500	3	4	7	8	7	1	1	1
2428	대구 달서구	달서구어르신생활체육대회	14,400	3	4	7	8	7	5	5	4
2429	대구 달서구	청소년생활체육대회	13,000	3	4	7	8	7	5	5	4
2430	대구 달서구	학산한마음축제	10,000	3	6	7	8	7	5	5	4
2431	대구 달서구	달서구민과함께하는통일음악회	10,000	3	4	7	8	7	1	1	1
2432	대구 달서구	와룡산해맞이행사	10,000	3	7	7	8	7	1	1	1
2433	대구 달서구	대구시어르신생활체육대회	6,000	3	4	7	8	7	1	1	1
2434	대구 달서구	한마음아트전시전	5,000	3	7	7	8	7	5	5	4
2435	대구 달서구	구석기장터바리바리돌장운영	5,000	3	4	4	7	1	1	1	1
2436	대구 달서구	북한이탈주민통일안보견학	3,000	3	4	7	8	7	1	1	1
2437	대구 달서구	직장대항생활체육대회	3,000	3	4	7	8	7	5	5	4

순번	시군구	지출명 (사업명)	2024년예산 (단위 : 천원 /1년간)	민간이전 분류 (지방자치단체 세출예산 집행기준에 의거) 1. 민간경상사업보조(307-02) 2. 민간단체 법정운영비보조(307-03) 3. 민간행사사업보조(307-04) 4. 민간위탁금(307-05) 5. 사회복지시설 법정운영비보조(307-10) 6. 민간인위탁교육비(307-12) 7. 공기관등에대한경상적위탁사업비(308-13) 8. 민간자본사업보조,자체재원(402-01) 9. 민간자본사업보조,이전재원(402-02) 10. 민간위탁사업비(402-03) 11. 공기관등에 대한 자본적 위탁사업비(403-02)	민간이전지출 근거 (지방보조금 관리기준 참고) 1. 법률에 규정 2. 국고보조 재원(국가지정) 3. 용도 지정 기부금 4. 조례에 직접규정 5. 지자체가 권장하는 사업을 하는 공공기관 6. 시,도 정책 및 재정사정 7. 기타 8. 해당없음	입찰방식 계약체결방법 (경쟁형태) 1. 일반경쟁 2. 제한경쟁 3. 지명경쟁 4. 수의계약 5. 법정위탁 6. 기타 ( ) 7. 없음	입찰방식 계약기간 1. 1년 2. 2년 3. 3년 4. 4년 5. 5년 6. 기타 ( )년 7. 단기계약 (1년미만) 8. 없음	입찰방식 낙찰자선정방법 1. 적격심사 2. 협상에의한계약 3. 최저가낙찰제 4. 규격가격분리 5. 2단계 경쟁입찰 6. 기타 ( ) 7. 없음	운영예산 산정 운영예산 산정 1. 내부산정 (지자체 자체적으로 산정) 2. 외부산정 (외부전문기관위탁 산정) 3. 내·외부 모두 산정 4. 산정 無 5. 없음	운영예산 산정 정산방법 1. 내부정산 (지자체 내부적으로 정산) 2. 외부정산 (외부전문기관위탁 정산) 3. 내·외부 모두 산정 4. 정산 無 5. 없음	성과평가 실시여부 1. 실시 2. 미실시 3. 향후 추진 4. 해당없음
2438	대구 달서구	공유텃밭리틀포레스트	2,000	3	6	7	8	7	1	1	1
2439	대구 달서구	북한이탈주민문화체험	2,000	3	4	7	8	7	1	1	1
2440	대구 달성군	군민체육대회	270,000	3	4	7	8	7	1	1	1
2441	대구 달성군	일반생활체육지도자배치사업	219,051	3	4	7	8	7	1	1	1
2442	대구 달성군	어르신생활체육지도자배치사업	187,759	3	4	7	8	7	1	1	1
2443	대구 달성군	체육회운영비	159,476	3	4	7	8	7	1	1	1
2444	대구 달성군	민속소힘겨루기대회	150,000	3	4	7	8	7	1	1	1
2445	대구 달성군	2024달성사문진,송해공원달빛걷기대회	45,000	3	4	7	8	7	1	1	1
2446	대구 달성군	군민의날행사지원	41,700	3	4	7	8	7	1	1	1
2447	대구 달성군	생활체육지도자근속수당보조	38,580	3	4	7	8	7	1	1	1
2448	대구 달성군	군민의날행사지원	37,700	3	7	7	8	7	1	1	1
2449	대구 달성군	군민의날행사지원	36,700	3	4	7	8	7	1	1	1
2450	대구 달성군	군민의날행사지원	36,700	3	4	7	8	7	1	1	1
2451	대구 달성군	군민의날행사지원	36,700	3	7	7	8	7	1	1	1
2452	대구 달성군	군민의날행사지원	36,700	3	4	7	8	7	1	1	1
2453	대구 달성군	군민의날행사지원	36,700	3	4	7	8	7	1	1	1
2454	대구 달성군	군민의날행사지원	34,700	3	4	7	8	7	1	1	1
2455	대구 달성군	군민의날행사지원	34,700	3	4	7	8	7	1	1	1
2456	대구 달성군	달성비슬산배전국동호인테니스대회	27,000	3	4	7	8	7	1	1	1
2457	대구 달성군	2024달성비슬산배전국파크골프대회	27,000	3	4	7	8	7	1	1	4
2458	대구 달성군	달성비슬산참꽃배초청족구대회	27,000	3	4	7	8	7	1	1	1
2459	대구 달성군	옥포읍민벚꽃축제지원	25,000	3	7	7	8	7	1	1	1
2460	대구 달성군	체육회사무국장급여	24,000	3	4	7	8	7	1	1	1
2461	대구 달성군	달장지길벚꽃축제지원	20,000	3	4	7	8	7	1	1	1
2462	대구 달성군	생활체육지도자교통비보조	15,600	3	4	7	8	7	1	1	1
2463	대구 달성군	군수기타기생활체육대회	11,000	3	4	7	8	7	1	1	1
2464	대구 달성군	이장화합한마당행사	10,000	3	4	5	8	7	5	1	1
2465	대구 달성군	새마을54주년기념식및한마음전진대회	9,000	3	1	5	8	7	5	1	1
2466	대구 달성군	청소년지도협의회지도위원역량강화워크숍	7,200	3	4	7	7	7	1	1	1
2467	대구 달성군	자율방범연합대한마음체육대회	7,000	3	4	5	8	7	5	1	1
2468	대구 달성군	해맞이행사지원	7,000	3	7	7	8	7	1	1	1
2469	대구 달성군	해맞이행사지원	7,000	3	7	7	8	7	1	1	1
2470	대구 달성군	체육회직원복지포인트	6,000	3	4	7	8	7	1	1	1
2471	대구 달성군	사무국장근속수당보조	5,120	3	4	7	8	7	1	1	1
2472	대구 달성군	문화예술행사지원	5,000	3	4	7	8	7	1	1	1
2473	대구 달성군	해맞이행사지원	5,000	3	4	7	8	7	1	1	1
2474	대구 달성군	해맞이행사지원	5,000	3	7	7	8	7	1	1	1
2475	대구 달성군	해맞이행사지원	5,000	3	4	7	8	7	1	1	1
2476	대구 달성군	해맞이행사지원	5,000	3	7	7	8	7	1	1	1
2477	대구 달성군	해맞이행사지원	5,000	3	4	7	8	7	1	1	1

순번	시군구	지출명 (사업명)	2024년예산 (단위 : 천원 /1년간)	민간이전 분류 (지방자치단체 세출예산 집행기준에 의거) 1. 민간경상사업보조(307-02) 2. 민간단체 법정운영비보조(307-03) 3. 민간행사사업보조(307-04) 4. 민간위탁금(307-05) 5. 사회복지시설 법정운영비보조(307-10) 6. 민간인위탁교육비(307-12) 7. 공기관등에대한경상적위탁사업비(308-13) 8. 민간자본사업보조,자체재원(402-01) 9. 민간자본사업보조,이전재원(402-02) 10. 민간위탁사업비(402-03) 11. 공기관등에 대한 자본적 위탁사업비(403-02)	민간이전지출 근거 (지방보조금 관리기준 참고) 1. 법률에 규정 2. 국고보조 재원(국가지정) 3. 용도 지정 기부금 4. 조례에 직접규정 5. 지자체가 권장하는 사업을 하는 공공기관 6. 시,도 정책 및 재정사정 7. 기타 8. 해당없음	입찰방식 계약체결방법 (경쟁형태) 1. 일반경쟁 2. 제한경쟁 3. 지명경쟁 4. 수의계약 5. 법정위탁 6. 기타 ( ) 7. 없음	입찰방식 계약기간 1. 1년 2. 2년 3. 3년 4. 4년 5. 5년 6. 기타 ( )년 7. 단기계약 (1년미만) 8. 없음	입찰방식 낙찰자선정방법 1. 적격심사 2. 협상에의한계약 3. 최저가낙찰제 4. 규격가격분리 5. 2단계 경쟁입찰 6. 기타 ( ) 7. 없음	운영예산 산정 운영예산 산정 1. 내부산정 (지자체 자체적으로 산정) 2. 외부산정 (외부전문기관위탁 산정) 3. 내·외부 모두 산정 4. 산정 無 5. 없음	운영예산 산정 정산방법 1. 내부정산 (지자체 내부적으로 정산) 2. 외부정산 (외부전문기관위탁 정산) 3. 내·외부 모두 산정 4. 정산 無 5. 없음	성과평가 실시여부 1. 실시 2. 미실시 3. 향후 추진 4. 해당없음
2478	대구 달성군	바르게살기운동회원전진대회	4,290	3	1	5	8	7	5	1	1
2479	대구 달성군	대구시이통장체육대회참가	3,000	3	4	5	8	7	5	1	1
2480	대구 달성군	해맞이행사지원	3,000	3	7	7	8	7	1	1	1
2481	대구 달성군	생활체육지도자지도활동보험료	2,132	3	4	7	8	7	1	1	1
2482	대구 달성군	한국자유총연맹사업실적평가대회	1,270	3	1	5	8	7	5	1	1
2483	대구 달성군	사무국장교통비보조	1,200	3	4	7	8	7	1	1	1
2484	대구 달성군	농업인의날행사	50,000	3	1	7	8	7	1	1	1
2485	대구 달성군	농업경영인수련대회	25,000	3	1	4	7	7	1	1	1
2486	대구 달성군	농특산물쇼핑몰판촉행사지원	10,000	3	4	7	8	7	1	1	1
2487	대구 달성군	청소년교육행사지원	4,200	3	1	7	8	7	1	1	1
2488	대구 달성군	생활개선회총회및리더십함양교육	4,000	3	1	7	8	7	1	1	1
2489	대구 달성군	농업경영인총회	2,000	3	1	7	8	7	1	1	1
2490	대구 달성군	농업신기술발표회참가	2,000	3	1	7	8	7	1	1	1
2491	대구 달성군	농촌지도자총회	2,000	3	1	7	8	7	1	1	1
2492	대구 군위군	군위군민체육대회개최	250,000	3	7	7	8	7	1	1	4
2493	대구 군위군	삼국유사퀴즈대회	190,000	3	4	1	8	7	1	1	3
2494	대구 군위군	사랑과나눔문화축전	170,000	3	4	7	8	7	1	1	3
2495	대구 군위군	삼국유사문화축전	170,000	3	4	1	8	7	1	1	3
2496	대구 군위군	어르신효행사	125,000	3	1	7	8	7	5	5	4
2497	대구 군위군	군수기종목별체육대회개최	70,000	3	7	7	8	7	1	1	4
2498	대구 군위군	군위삼국유사전국가족걷기대회개최	65,000	3	7	7	8	7	1	1	4
2499	대구 군위군	여성평생교육대학운영비	60,000	3	4	7	8	7	1	1	2
2500	대구 군위군	군위장군단오제개최	57,000	3	4	7	8	7	1	1	3
2501	대구 군위군	군민체육대회출전경비	40,000	3	4	7	8	7	1	1	3
2502	대구 군위군	노인의날행사	32,000	3	4	7	8	7	5	5	4
2503	대구 군위군	어린이날큰잔치행사	30,000	3	1	7	8	7	5	5	4
2504	대구 군위군	군위삼국유사전국서예대전	30,000	3	8	7	8	7	5	1	4
2505	대구 군위군	군민체육대회출전경비	28,000	3	4	7	8	7	1	1	3
2506	대구 군위군	군민체육대회출전경비	23,000	3	4	7	8	7	5	5	4
2507	대구 군위군	군민체육대회출전경비	20,000	3	4	7	8	7	1	1	1
2508	대구 군위군	여성농업인워크숍등행사보조	16,000	3	4	4	7	7	1	1	1
2509	대구 군위군	전국동호인테니스대회개최	15,000	3	4	7	8	7	5	5	4
2510	대구 군위군	양성평등주간기념행사지원	13,000	3	4	7	8	7	1	1	4
2511	대구 군위군	나라사랑태극기그림그리기대회(주민참여예산)	10,000	3	4	7	7	7	1	1	2
2512	대구 군위군	사랑의음악회위탁비	10,000	3	7	7	8	7	1	1	2
2513	대구 군위군	새마을지도자하계수련대회	10,000	3	4	7	8	7	1	1	3
2514	대구 군위군	자율방범연합대한마음대회	10,000	3	4	6	8	7	1	1	4
2515	대구 군위군	농촌지도자회수련행사지원	10,000	3	7	7	8	7	5	5	4
2516	대구 군위군	농업경영인회수련행사지원	10,000	3	7	7	8	7	5	5	4
2517	대구 군위군	으뜸농산물홍보판매행사지원	10,000	3	7	7	8	7	5	5	4

순번	시군구	지출명 (사업명)	2024년예산 (단위 : 천원 /1년간)	민간이전 분류 (지방자치단체 세출예산 집행기준에 의거) 1. 민간경상사업보조(307-02) 2. 민간단체 법정운영비보조(307-03) 3. 민간행사사업보조(307-04) 4. 민간위탁금(307-05) 5. 사회복지시설 법정운영비보조(307-10) 6. 민간인위탁교육비(307-12) 7. 공기관등에대한경상적위탁사업비(308-13) 8. 민간자본사업보조,자체재원(402-01) 9. 민간자본사업보조,이전재원(402-02) 10. 민간위탁사업비(402-03) 11. 공기관등에 대한 자본적 위탁사업비(403-02)	민간이전지출 근거 (지방보조금 관리기준 참고) 1. 법률에 규정 2. 국고보조 재원(국가지정) 3. 용도 지정 기부금 4. 조례에 직접규정 5. 지자체가 권장하는 사업을 하는 공공기관 6. 시,도 정책 및 재정사정 7. 기타 8. 해당없음	입찰방식: 계약체결방법 (경쟁형태) 1. 일반경쟁 2. 제한경쟁 3. 지명경쟁 4. 수의계약 5. 법정위탁 6. 기타 ( ) 7. 없음	입찰방식: 계약기간 1. 1년 2. 2년 3. 3년 4. 4년 5. 5년 6. 기타 ( )년 7. 단기계약 (1년미만) 8. 없음	입찰방식: 낙찰자선정방법 1. 적격심사 2. 협상에의한계약 3. 최저가낙찰제 4. 규격가격분리 5. 2단계 경쟁입찰 6. 기타 ( ) 7. 없음	운영예산 산정: 운영예산 산정 1. 내부산정 (지자체 자체적으로 산정) 2. 외부산정 (외부전문기관위탁 산정) 3. 내·외부 모두 산정 4. 산정 無 5. 없음	운영예산 산정: 정산방법 1. 내부정산 (지자체 내부적으로 정산) 2. 외부정산 (외부전문기관위탁 정산) 3. 내·외부 모두 산정 4. 정산 無 5. 없음	성과평가 실시여부 1. 실시 2. 미실시 3. 향후 추진 4. 해당없음
2518	대구 군위군	박람회등농특산품홍보행사지원	10,000	3	4	6	8	7	1	1	1
2519	대구 군위군	여성지도자역량강화교육	7,000	3	4	7	8	7	1	1	2
2520	대구 군위군	생활개선회수련대회행사	7,000	3	4	7	8	7	5	5	4
2521	대구 군위군	신년교례회행사지원	5,000	3	4	7	8	7	1	1	2
2522	대구 군위군	합창단역량강화워크숍	4,000	3	7	7	8	7	1	1	3
2523	대구 군위군	농업경영인회영호남친선교류행사(고창경영인회군위방문)	4,000	3	7	7	8	7	5	5	4
2524	대구 군위군	보훈단체교류행사	2,000	3	4	7	7	7	1	1	2
2525	대전광역시	테미오래위탁운영사업비	760,643	3	7	6	3	6	1	1	1
2526	대전광역시	전국장애인체육대회개최및참가	636,017	3	1	7	8	7	1	1	1
2527	대전광역시	전국대회유치및개최	551,520	3	4	7	8	7	1	1	1
2528	대전광역시	대전국제아트페어	500,000	3	4	7	8	7	5	5	4
2529	대전광역시	생활체육종목별전국대회개최	498,600	3	1	7	8	7	1	1	1
2530	대전광역시	도시캠핑대전	400,000	3	4	6	1	6	1	3	1
2531	대전광역시	생활체육종목별대회개최및참가	317,070	3	1	7	8	7	1	1	1
2532	대전광역시	제9회세계태양광총회개최	297,000	3	6	7	8	7	5	5	4
2533	대전광역시	대전K힙합페스티벌	270,000	3	4	7	8	7	1	1	3
2534	대전광역시	대전충청권일자리페스티벌	263,700	3	4	7	8	7	5	5	4
2535	대전광역시	전국퍼레이드경연대회	225,000	3	4	7	8	7	1	1	3
2536	대전광역시	대전시민생활체육대축전	208,800	3	1	7	8	7	1	1	1
2537	대전광역시	대전국제사진페스티벌	200,000	3	4	7	8	7	5	5	4
2538	대전광역시	전국생활체육대축전참가	193,680	3	1	7	8	7	1	1	1
2539	대전광역시	한밭국악전국대회	150,000	3	4	7	8	7	1	1	1
2540	대전광역시	꿀잼대전힐링캠프운영	140,000	3	4	7	1	7	1	1	4
2541	대전광역시	박찬호배전국리틀야구대회	139,500	3	4	7	8	7	1	1	1
2542	대전광역시	대전국제청소년예술제	128,000	3	4	7	8	7	5	5	4
2543	대전광역시	대전부르스전국가요제	100,000	3	4	7	8	7	1	1	1
2544	대전광역시	전국국악경연대회및시민국악축전	91,530	3	4	7	8	7	1	1	1
2545	대전광역시	대통령상전국합창경연대회	90,000	3	4	7	8	7	1	1	1
2546	대전광역시	대전국제예술제	90,000	3	4	7	8	7	1	1	1
2547	대전광역시	대전건축문화제개최	79,200	3	1,4	7	8	7	1	1	1
2548	대전광역시	3대하천마라톤대회	72,000	3	4	7	8	7	1	1	1
2549	대전광역시	대청호벚꽃길마라톤대회	72,000	3	4	7	8	7	1	1	1
2550	대전광역시	스포츠733걷기대회	70,020	3	1	7	8	7	1	1	1
2551	대전광역시	대전광역시미술대전	64,800	3	4	7	8	7	1	1	1
2552	대전광역시	대전장애인생활체육대회	63,000	3	1	7	8	7	1	1	1
2553	대전광역시	대전시민문화연등축제	55,800	3	4	7	8	7	4	4	4
2554	대전광역시	성탄트리시민한마음예술제	55,800	3	4	7	8	7	4	4	4
2555	대전광역시	서포김만중문학축전	50,000	3	4	7	8	7	5	5	4
2556	대전광역시	대전청년유니브연극제	49,500	3	4	7	8	7	1	1	1
2557	대전광역시	대전십무	45,000	3	4	7	8	7	1	1	1

순번	시군구	지출명 (사업명)	2024년예산 (단위 : 천원 /1년간)	민간이전 분류 (지방자치단체 세출예산 집행기준에 의거) 1. 민간경상사업보조(307-02) 2. 민간단체 법정운영비보조(307-03) 3. 민간행사사업보조(307-04) 4. 민간위탁금(307-05) 5. 사회복지시설 법정운영비보조(307-10) 6. 민간인위탁교육비(307-12) 7. 공기관등에대한경상적위탁사업비(308-13) 8. 민간자본사업보조,자체재원(402-01) 9. 민간자본사업보조,이전재원(402-02) 10. 민간위탁사업비(402-03) 11. 공기관등에 대한 자본적 위탁사업비(403-02)	민간이전지출 근거 (지방보조금 관리기준 참고) 1. 법률에 규정 2. 국고보조 재원(국가지정) 3. 용도 지정 기부금 4. 조례에 직접규정 5. 지자체가 권장하는 사업을 하는 공공기관 6. 시,도 정책 및 재정사정 7. 기타 8. 해당없음	입찰방식 계약체결방법 (경쟁형태) 1. 일반경쟁 2. 제한경쟁 3. 지명경쟁 4. 수의계약 5. 법정위탁 6. 기타 ( ) 7. 없음	계약기간 1. 1년 2. 2년 3. 3년 4. 4년 5. 5년 6. 기타 ( )년 7. 단기계약 (1년미만) 8. 없음	낙찰자선정방법 1. 적격심사 2. 협상에의한계약 3. 최저가낙찰제 4. 규격가격분리 5. 2단계 경쟁입찰 6. 기타 ( ) 7. 없음	운영예산 산정 운영예산 산정 1. 내부산정 (지자체 자체적으로 산정) 2. 외부산정 (외부전문기관위탁 산정) 3. 내·외부 모두 산정 4. 산정 無 5. 없음	정산방법 1. 내부정산 (지자체 내부적으로 정산) 2. 외부정산 (외부전문기관위탁 정산) 3. 내·외부 모두 산정 4. 정산 無 5. 없음	성과평가 실시여부 1. 실시 2. 미실시 3. 향후 추진 4. 해당없음
2558	대전광역시	어르신생활체육대회	44,940	3	1	7	8	7	1	1	1
2559	대전광역시	대전시민가요제	40,500	3	4	7	8	7	1	1	1
2560	대전광역시	대전서예한마당	39,600	3	4	7	8	7	1	1	1
2561	대전광역시	전국무용제참가	36,450	3	4	7	8	7	1	1	1
2562	대전광역시	대전청소년음악제	35,100	3	4	7	8	7	1	1	1
2563	대전광역시	클럽대항청소년생활체육대회	32,680	3	1	7	8	7	1	1	1
2564	대전광역시	대전광역시무용제및시민무용축전	31,590	3	4	7	8	7	1	1	1
2565	대전광역시	대전광역시보육인대회	30,000	3	7	7	8	7	1	1	1
2566	대전광역시	과학마을어울림마당	28,800	3	4	7	8	7	5	5	4
2567	대전광역시	주민공동체생활체육리그운영	27,900	3	1	7	8	7	1	1	1
2568	대전광역시	농업인단체대회지원	27,440	3	1,4	7	8	7	1	1	1
2569	대전광역시	대전예술인대회	27,000	3	4	7	8	7	1	1	1
2570	대전광역시	대전연극제	27,000	3	4	7	8	7	1	1	1
2571	대전광역시	전국댄스페스티벌	27,000	3	4	7	8	7	1	1	1
2572	대전광역시	대한민국연극제참가	25,370	3	4	7	8	7	1	1	1
2573	대전광역시	어르신문화프로그램지원	22,500	3	4	7	8	7	1	1	1
2574	대전광역시	이동훈미술상	22,500	3	4	7	8	7	1	1	1
2575	대전광역시	창작희곡작품공모	22,500	3	4	7	8	7	1	1	1
2576	대전광역시	전국웃다리풍물경연대회	21,600	3	4	7	8	7	1	1	1
2577	대전광역시	범시민우리산등반대회	20,250	3	1	7	8	7	1	1	1
2578	대전광역시	청소년의달기념행사	19,800	3	1	7	8	7	1	1	4
2579	대전광역시	전국전통춤축전	18,000	3	4	7	8	7	1	1	1
2580	대전광역시	어르신돌봄사업	17,460	3	1	7	8	7	1	1	1
2581	대전광역시	새마을지도자대회지원	17,136	3	1	7	8	7	1	1	1
2582	대전광역시	대전광역시청소년연극제	16,920	3	4	7	8	7	1	1	1
2583	대전광역시	자치단체간생활체육우호교류	16,560	3	1	7	8	7	1	1	1
2584	대전광역시	문화원의날행사	16,200	3	4	7	8	7	1	1	1
2585	대전광역시	6대광역시문화예술교류	13,500	3	4	7	8	7	1	1	1
2586	대전광역시	대전광역시건축대전	13,500	3	4	7	8	7	1	1	1
2587	대전광역시	대전광역시사진대전	13,500	3	4	7	8	7	1	1	1
2588	대전광역시	대전천발원제	13,500	3	4	7	8	7	1	1	1
2589	대전광역시	시민과함께하는평화통일화합의장	13,200	3	1	7	8	7	1	1	1
2590	대전광역시	전국노인건강대축제	12,483	3	4	7	7	7	1	1	2
2591	대전광역시	대전춤작가전	12,150	3	4	7	8	7	1	1	1
2592	대전광역시	전국시조창경연대회	12,000	3	4	7	8	7	1	1	1
2593	대전광역시	어버이날기념행사	11,115	3	4	7	7	7	1	1	2
2594	대전광역시	노인의날기념행사	10,260	3	4	7	7	7	1	1	2
2595	대전광역시	전국한밭문학공모전	9,720	3	4	7	8	7	1	1	1
2596	대전광역시	정월대보름행사	9,234	3	4	7	8	7	1	1	1
2597	대전광역시	전국학생무용경연대회	9,000	3	4	7	8	7	1	1	1

순번	시군구	지출명 (사업명)	2024년예산 (단위 : 천원 /1년간)	민간이전 분류 (지방자치단체 세출예산 집행기준에 의거) 1. 민간경상사업보조(307-02) 2. 민간단체 법정운영비보조(307-03) 3. 민간행사사업보조(307-04) 4. 민간위탁금(307-05) 5. 사회복지시설 법정운영비보조(307-10) 6. 민간인위탁교육비(307-12) 7. 공기관등에대한경상적위탁사업비(308-13) 8. 민간자본사업보조,자체재원(402-01) 9. 민간자본사업보조,이전재원(402-02) 10. 민간위탁사업비(402-03) 11. 공기관등에 대한 자본적 위탁사업비(403-02)	민간이전지출 근거 (지방보조금 관리기준 참고) 1. 법률에 규정 2. 국고보조 재원(국가지정) 3. 용도 지정 기부금 4. 조례에 직접규정 5. 지자체가 권장하는 사업을 하는 공공기관 6. 시,도 정책 및 재정사정 7. 기타 8. 해당없음	입찰방식: 계약체결방법 (경쟁형태) 1. 일반경쟁 2. 제한경쟁 3. 지명경쟁 4. 수의계약 5. 법정위탁 6. 기타 ( ) 7. 없음	입찰방식: 계약기간 1. 1년 2. 2년 3. 3년 4. 4년 5. 5년 6. 기타 ( )년 7. 단기계약 (1년미만) 8. 없음	입찰방식: 낙찰자선정방법 1. 적격심사 2. 협상에의한계약 3. 최저가낙찰제 4. 규격가격분리 5. 2단계 경쟁입찰 6. 기타 ( ) 7. 없음	운영예산 산정: 운영예산 산정 1. 내부산정 (지자체 자체적으로 산정) 2. 외부산정 (외부전문기관위탁 산정) 3. 내·외부 모두 산정 4. 산정 無 5. 없음	운영예산 산정: 정산방법 1. 내부정산 (지자체 내부적으로 정산) 2. 외부정산 (외부전문기관위탁 정산) 3. 내·외부 모두 산정 4. 정산 無 5. 없음	성과평가 실시여부 1. 실시 2. 미실시 3. 향후 추진 4. 해당없음
2598	대전광역시	새마을의날기념행사	8,910	3	1	7	8	7	1	1	1
2599	대전광역시	유소년축구대회	8,220	3	1	7	8	7	1	1	1
2600	대전광역시	청소년지도자의날행사	8,100	3	1	7	8	7	1	1	4
2601	대전광역시	백제사진대전	8,100	3	4	7	8	7	1	1	1
2602	대전광역시	독서경진대전예선대회	7,290	3	1	7	8	7	1	1	1
2603	대전광역시	정신건강증진시설정신건강어울림한마당	7,290	3	1	7	8	7	1	1	4
2604	대전광역시	대전사랑다문화국제페스티벌	5,850	3	4	7	8	7	1	1	1
2605	대전광역시	대전광역시서예대전	5,832	3	4	7	8	7	1	1	1
2606	대전광역시	관광의날행사	4,536	3	4	7	1	7	1	1	4
2607	대전광역시	대전전통민속놀이공연	4,500	3	4	7	8	7	1	1	1
2608	대전광역시	폭력피해자지원기관종사자역량강화워크숍	4,275	3	4	7	8	7	1	1	1
2609	대전광역시	걸스카우트국토사랑탐방	4,050	3	1	7	8	7	1	1	4
2610	대전광역시	자유총연맹합동위령제지원	3,564	3	1	7	8	7	1	1	1
2611	대전광역시	반공건국순국열사합동추모제지원	3,464	3	7	7	8	7	1	1	1
2612	대전광역시	자연관찰탐구대회	3,240	3	7	7	8	7	1	1	4
2613	대전광역시	시민성년례	2,754	3	1	7	8	7	1	1	4
2614	대전광역시	전국노인자원봉사대축제	2,700	3	4	7	7	7	1	1	2
2615	대전광역시	걸스카우트큰잔치	2,430	3	1	7	8	7	1	1	4
2616	대전광역시	전국바르게살기회원대회지원	1,620	3	1	7	8	7	1	1	1
2617	대전광역시	평화통일강좌	1,539	3	1	7	8	7	1	1	1
2618	대전광역시	통일현장연수	1,260	3	1	7	8	7	1	1	1
2619	대전 동구	동마을축제행사지원	150,000	3	4	7	1	7	1	1	1
2620	대전 동구	중앙시장추말축제	100,000	3	4	7	8	7	5	5	4
2621	대전 동구	구청장기체육대회개최	62,000	3	1	7	8	7	5	1	1
2622	대전 동구	우암문화제행사	42,000	3	4	7	8	7	1	1	1
2623	대전 동구	전국풋살대회개최	30,000	3	1	7	8	7	5	1	1
2624	대전 동구	대청호벚꽃길마라톤대회	30,000	3	1	7	8	7	5	1	1
2625	대전 동구	낭월동도시재생뉴딜사업마을축제사업	22,427	3	2	7	8	7	5	1	4
2626	대전 동구	대전광역시생활체육대회출전	18,000	3	1	7	8	7	5	1	1
2627	대전 동구	시장기및전국규모각종체육대회출전	15,000	3	1	7	8	7	5	1	1
2628	대전 동구	산내공주말디딜방아뱅이재연	14,000	3	4	7	8	7	1	1	1
2629	대전 동구	홍룡마을가마놀이재연	14,000	3	4	7	8	7	1	1	1
2630	대전 동구	판암골단오한마당행사	13,000	3	4	7	8	7	1	1	1
2631	대전 동구	지역아동센터동구협의회지원	10,000	3	7	7	8	7	1	1	4
2632	대전 동구	어린이집연합회지원	8,640	3	1	7	8	7	1	1	2
2633	대전 동구	여성단체지원	8,000	3	1	7	8	7	1	1	1
2634	대전 동구	장승제,탑제,당산제등	6,000	3	4	7	8	7	1	1	1
2635	대전 동구	어르신생활체육대회출전	5,000	3	1	7	8	7	5	1	1
2636	대전 동구	전국체육대회출전선수단응원	5,000	3	1	7	8	7	5	1	1
2637	대전 동구	장애인체육회운영지원	5,000	3	1	7	8	7	5	1	1

순번	시군구	지출명 (사업명)	2024년예산 (단위 : 천원 /1년간)	민간이전 분류 (지방자치단체 세출예산 집행기준에 의거) 1. 민간경상사업보조(307-02) 2. 민간단체 법정운영비보조(307-03) 3. 민간행사사업보조(307-04) 4. 민간위탁금(307-05) 5. 사회복지시설 법정운영비보조(307-10) 6. 민간인위탁교육비(307-12) 7. 공기관등에대한경상적위탁사업비(308-13) 8. 민간자본사업보조,자체재원(402-01) 9. 민간자본사업보조,이전재원(402-02) 10. 민간위탁사업비(402-03) 11. 공기관등에 대한 자본적 위탁사업비(403-02)	민간이전지출 근거 (지방보조금 관리기준 참고) 1. 법률에 규정 2. 국고보조 재원(국가지정) 3. 용도 지정 기부금 4. 조례에 직접규정 5. 지자체가 권장하는 사업을 하는 공공기관 6. 시,도 정책 및 재정사정 7. 기타 8. 해당없음	입찰방식 계약체결방법 (경쟁형태) 1. 일반경쟁 2. 제한경쟁 3. 지명경쟁 4. 수의계약 5. 법정위탁 6. 기타 ( ) 7. 없음	입찰방식 계약기간 1. 1년 2. 2년 3. 3년 4. 4년 5. 5년 6. 기타 ( )년 7. 단기계약 (1년미만) 8. 없음	입찰방식 낙찰자선정방법 1. 적격심사 2. 협상에의한계약 3. 최저가낙찰제 4. 규격가격분리 5. 2단계 경쟁입찰 6. 기타 ( ) 7. 없음	운영예산 산정 운영예산 산정 1. 내부산정 (지자체 자체적으로 산정) 2. 외부산정 (외부전문기관위탁 산정) 3. 내·외부 모두 산정 4. 산정 無 5. 없음	운영예산 산정 정산방법 1. 내부정산 (지자체 내부적으로 정산) 2. 외부정산 (외부전문기관위탁 정산) 3. 내·외부 모두 산정 4. 정산 無 5. 없음	성과평가 실시여부 1. 실시 2. 미실시 3. 향후 추진 4. 해당없음
2638	대전 동구	대청호반대보름행사	4,000	3	4	7	8	7	1	1	1
2639	대전 동구	남간사,문충사제수비	2,000	3	4	7	8	7	1	1	1
2640	대전 중구	함께하는중천축제	150,000	3	4	7	8	7	5	5	4
2641	대전 중구	생활체육대회참가지원	149,500	3	4	7	8	7	5	5	4
2642	대전 중구	각종체육대회참가지원	77,000	3	4	7	8	7	5	5	4
2643	대전 중구	전통민속놀이육성	42,000	3	4	7	8	7	5	5	4
2644	대전 중구	전통문화보존행사지원	32,000	3	4	7	8	7	5	5	4
2645	대전 중구	노인회육성및취미활동지원	23,000	3	4	7	8	7	1	1	4
2646	대전 중구	어버이날,노인의날행사	16,000	3	4	7	8	7	1	1	4
2647	대전 중구	양성평등교육및지원	10,000	3	1,4	7	8	7	1	1	4
2648	대전 중구	보육인안전관련통합체험행사	6,000	3	4	7	8	7	1	1	4
2649	대전 중구	지역아동센터연합회프로그램발표회지원	6,000	3	1	7	8	7	1	1	4
2650	대전 중구	한마음행사지원	5,200	3	4	7	8	7	5	5	4
2651	대전 중구	경로당회장단교육비	5,000	3	1	7	8	7	1	1	4
2652	대전 중구	중구농업인화합전진대회지원	4,000	3	7	7	8	7	1	1	1
2653	대전 중구	대전농업인의날지원	3,000	3	7	7	8	7	1	1	1
2654	대전 중구	새마을지도자한마음다짐대회	2,700	3	1	7	8	7	1	1	1
2655	대전 중구	바르게살기운동한마음다짐대회	2,700	3	1	7	8	7	1	1	1
2656	대전 중구	대전농업경영인의날지원	2,000	3	7	7	8	7	1	1	1
2657	대전 중구	여성농업인한마음대회지원	2,000	3	7	7	8	7	1	1	1
2658	대전 중구	자연보호협의회한마음다짐대회	1,350	3	1	7	8	7	1	1	1
2659	대전 서구	생활체육진흥육성지원	152,500	3	1	7	8	7	1	1	1
2660	대전 서구	장애인체육회운영	74,000	3	5	7	8	7	1	1	1
2661	대전 서구	노인행사지원	69,500	3	1	7	8	7	5	1	4
2662	대전 서구	마을축제육성	50,000	3	4	7	8	7	5	1	1
2663	대전 서구	장애인사회참여확대	21,500	3	1	7	8	7	1	1	1
2664	대전 서구	대한민국여성미술대전	20,000	3	1	7	8	7	5	1	1
2665	대전 서구	지역전통문화축제지원사업	15,000	3	1	7	8	7	5	1	1
2666	대전 서구	양성평등주간운영	11,000	3	4	7	8	7	1	1	4
2667	대전 서구	어린이집지원	11,000	3	4	7	8	7	5	5	1
2668	대전 서구	농촌지도자행사지원	8,000	3	1	7	8	7	5	1	1
2669	대전 서구	주민자치센터활성화	7,750	3	4	7	8	7	1	1	4
2670	대전 서구	여성단체활성화	6,000	3	4	7	8	7	1	1	4
2671	대전 서구	대전농업경영인화합전진대회	4,350	3	1	7	8	7	5	1	1
2672	대전 서구	청소년길거리농구대회	4,000	3	1	7	8	7	1	1	4
2673	대전 서구	자연유산민속행사	3,000	3	2	7	8	7	5	1	1
2674	대전 유성구	2024유성온천장사씨름대회개최	190,000	3	4	7	8	7	1	1	1
2675	대전 유성구	체육대회개최지원(유성구체육회)	163,400	3	4	7	8	7	1	1	1
2676	대전 유성구	골목상권소비촉진활성화지원	100,000	3	6	7	8	7	5	5	4
2677	대전 유성구	어버이날및노인의날행사(대한노인회유성구지회)	60,600	3	1	7	8	7	1	1	4

순번	시군구	지출명 (사업명)	2024년예산 (단위 : 천원 /1년간)	민간이전 분류 (지방자치단체 세출예산 집행기준에 의거) 1. 민간경상사업보조(307-02) 2. 민간단체 법정운영비보조(307-03) 3. 민간행사사업보조(307-04) 4. 민간위탁금(307-05) 5. 사회복지시설 법정운영비보조(307-10) 6. 민간인위탁교육비(307-12) 7. 공기관등에대한경상적위탁사업비(308-13) 8. 민간자본사업보조,자체재원(402-01) 9. 민간자본사업보조,이전재원(402-02) 10. 민간위탁사업비(402-03) 11. 공기관등에 대한 자본적 위탁사업비(403-02)	민간이전지출 근거 (지방보조금 관리기준 참고) 1. 법률에 규정 2. 국고보조 재원(국가지정) 3. 용도 지정 기부금 4. 조례에 직접규정 5. 지자체가 권장하는 사업을 하는 공공기관 6. 시,도 정책 및 재정사정 7. 기타 8. 해당없음	입찰방식 계약체결방법 (경쟁형태) 1. 일반경쟁 2. 제한경쟁 3. 지명경쟁 4. 수의계약 5. 법정위탁 6. 기타 ( ) 7. 없음	입찰방식 계약기간 1. 1년 2. 2년 3. 3년 4. 4년 5. 5년 6. 기타 ( )년 7. 단기계약 (1년미만) 8. 없음	입찰방식 낙찰자선정방법 1. 적격심사 2. 협상에의한계약 3. 최저가낙찰제 4. 규격가격분리 5. 2단계 경쟁입찰 6. 기타 ( ) 7. 없음	운영예산 산정 운영예산 산정 1. 내부산정 (지자체 자체적으로 산정) 2. 외부산정 (외부전문기관위탁 산정) 3. 내·외부 모두 산정 4. 산정 無 5. 없음	운영예산 산정 정산방법 1. 내부정산 (지자체 내부적으로 정산) 2. 외부정산 (외부전문기관위탁 정산) 3. 내·외부 모두 산정 4. 정산 無 5. 없음	성과평가 실시여부 1. 실시 2. 미실시 3. 향후 추진 4. 해당없음
2678	대전 유성구	영유아보육행사지원	31,000	3	4	5	8	7	1	1	1
2679	대전 유성구	진잠주민화합한마당	25,000	3	4	7	8	7	5	5	4
2680	대전 유성구	학하동별밭음악축제	25,000	3	4	7	8	7	5	5	4
2681	대전 유성구	활짝열린원신흥동마을축제	25,000	3	4	7	8	7	5	5	4
2682	대전 유성구	천년의상대동온(ON)마을축제	25,000	3	4	7	8	7	5	5	4
2683	대전 유성구	온천1동들썩들썩온천마을축제	25,000	3	4	7	8	7	5	5	4
2684	대전 유성구	온이사랑마을문화축제	25,000	3	4	7	8	7	5	5	4
2685	대전 유성구	노은2동한마음축제	25,000	3	4	7	8	7	5	5	4
2686	대전 유성구	노은3동28세대공감마을축제	25,000	3	4	7	8	7	5	5	4
2687	대전 유성구	신성한마음축제	25,000	3	4	7	8	7	5	5	4
2688	대전 유성구	제21회한여름밤마을축제	25,000	3	4	7	8	7	5	5	4
2689	대전 유성구	구즉한마당축제	25,000	3	4	7	8	7	5	5	4
2690	대전 유성구	제12회관평뜰축제	25,000	3	4	7	8	7	5	5	4
2691	대전 유성구	갑천을걷자가족과거닐자	20,000	3	4	7	8	7	5	5	4
2692	대전 유성구	노은한마음문화제	20,000	3	4	7	8	7	5	5	4
2693	대전 유성구	노은2동돗자리영화관	20,000	3	4	7	8	7	5	5	4
2694	대전 유성구	음악과함께하는방동호(湖)나들이	15,000	3	4	7	8	7	5	5	4
2695	대전 유성구	얼쑤전통혼례	15,000	3	4	7	8	7	5	5	4
2696	대전 유성구	사회복지시설종사자힐링캠프(유성구지역사회보장협의체)	10,000	3	1,4	7	8	7	1	1	1
2697	대전 유성구	보육인한마음행사지원	10,000	3	4	5	8	7	1	1	1
2698	대전 유성구	진잠사랑방우리가꾸며요	10,000	3	4	7	8	7	5	5	4
2699	대전 유성구	학하동어르신생활체육대회	10,000	3	4	7	8	7	5	5	4
2700	대전 유성구	학하동생산농산물체험한마당	10,000	3	4	7	8	7	5	5	4
2701	대전 유성구	바꿔쓰고나눠쓰자온천행복마켓	10,000	3	7	7	8	7	5	5	4
2702	대전 유성구	수먹골열린마당	10,000	3	7	7	8	7	5	5	4
2703	대전 유성구	복지사각지대음식나눔	10,000	3	7	7	8	7	5	5	4
2704	대전 유성구	와글와글플리마켓	10,000	3	4	7	8	7	5	5	4
2705	대전 유성구	건강더하기기운찬밑반찬드림	10,000	3	4	7	8	7	5	5	4
2706	대전 유성구	청소년이만든다청소년축제	10,000	3	4	7	8	7	5	5	4
2707	대전 유성구	2024보덕봉해맞이	10,000	3	4	7	8	7	5	5	4
2708	대전 유성구	구즉동플리마켓	10,000	3	4	7	8	7	5	5	4
2709	대전 유성구	장애인의날행사(지체장애인협회)	8,100	3	4	7	8	7	1	1	1
2710	대전 유성구	복닥복닥우리동네한솥밥	5,000	3	4	7	8	7	5	5	4
2711	대전 대덕구	구민화합행사	90,000	3	1	7	8	7	1	1	1
2712	대전 대덕구	동춘당문화제	80,000	3	1	7	8	7	1	1	1
2713	대전 대덕구	구청장기종목별생활체육대회개최	78,000	3	1	7	8	7	1	1	1
2714	대전 대덕구	생활체육활동진흥	71,070	3	1	7	8	7	1	1	1
2715	대전 대덕구	마라톤대회행사	70,000	3	1	7	8	7	1	1	1
2716	대전 대덕구	대덕문화원운영	60,000	3	4	7	8	7	1	1	1
2717	대전 대덕구	동체육회활성화사업	44,000	3	1	7	8	7	1	1	1

순번	시군구	지출명 (사업명)	2024년예산 (단위 : 천원 /1년간)	민간이전 분류 (지방자치단체 세출예산 집행기준에 의거) 1. 민간경상사업보조(307-02) 2. 민간단체 법정운영비보조(307-03) 3. 민간행사사업보조(307-04) 4. 민간위탁금(307-05) 5. 사회복지시설 법정운영비보조(307-10) 6. 민간인위탁교육비(307-12) 7. 공기관등에대한경상적위탁사업비(308-13) 8. 민간자본사업보조,자체재원(402-01) 9. 민간자본사업보조,이전재원(402-02) 10. 민간위탁사업비(402-03) 11. 공기관등에 대한 자본적 위탁사업비(403-02)	민간이전지출 근거 (지방보조금 관리기준 참고) 1. 법률에 규정 2. 국고보조 재원(국가지정) 3. 용도 지정 기부금 4. 조례에 직접규정 5. 지자체가 권장하는 사업을 하는 공공기관 6. 시,도 정책 및 재정사정 7. 기타 8. 해당없음	입찰방식 계약체결방법 (경쟁형태) 1. 일반경쟁 2. 제한경쟁 3. 지명경쟁 4. 수의계약 5. 법정위탁 6. 기타 ( ) 7. 없음	입찰방식 계약기간 1. 1년 2. 2년 3. 3년 4. 4년 5. 5년 6. 기타 ( )년 7. 단기계약 (1년미만) 8. 없음	입찰방식 낙찰자선정방법 1. 적격심사 2. 협상에의한계약 3. 최저가낙찰제 4. 규격가격분리 5. 2단계 경쟁입찰 6. 기타 ( ) 7. 없음	운영예산 산정 운영예산 산정 1. 내부산정 (지자체 자체적으로 산정) 2. 외부산정 (외부전문기관위탁 산정) 3. 내·외부 모두 산정 4. 산정 無 5. 없음	운영예산 산정 정산방법 1. 내부정산 (지자체 내부적으로 정산) 2. 외부정산 (외부전문기관위탁 정산) 3. 내·외부 모두 산정 4. 정산 無 5. 없음	성과평가 실시여부 1. 실시 2. 미실시 3. 향후 추진 4. 해당없음
2718	대전 대덕구	종목별생활체육시대회참가	40,000	3	1	7	8	7	1	1	1
2719	대전 대덕구	장애인체육활동진흥	37,090	3	1	7	8	7	1	1	1
2720	대전 대덕구	전통문화육성	28,000	3	4	5	1	7	1	1	1
2721	대전 대덕구	민속문화행사	22,100	3	4	7	8	7	1	1	1
2722	대전 대덕구	대덕물빛축제폐막프로그램운영	20,000	3	1,4	7	8	7	1	1	1
2723	대전 대덕구	구민생활체육시대회출전	20,000	3	1	7	8	7	1	1	1
2724	대전 대덕구	대덕문화원운영	10,000	3	4	7	8	7	1	1	1
2725	대전 대덕구	청소년문화페스티벌지원사업	10,000	3	1	7	8	1	1	1	4
2726	대전 대덕구	장애인채용박람회	8,700	3	1	7	8	7	1	1	4
2727	부산 서구	부산고등어축제지원	156,000	3	7	7	8	7	5	5	1
2728	부산 서구	송도바다축제및현인가요제지원	83,000	3	7	7	8	7	5	5	1
2729	부산 서구	구민체육대회	30,000	3	1	7	8	7	1	1	1
2730	부산 서구	보육한마당운영지원	8,000	3	4	7	8	7	1	1	1
2731	부산 서구	장애인단체지원	6,000	3	1	7	8	7	1	1	3
2732	부산 동구	동구민한마음체육대회	100,000	3	1	5	8	7	1	1	1
2733	부산 동구	동구체육진흥육성사업추진	36,200	3	1	5	8	7	1	1	1
2734	부산 동구	범국민적통일의지확산행사지원등	10,600	3	4	7	8	7	5	5	4
2735	부산 동구	통장역량강화수련대회지원	6,000	3	4	7	8	7	5	5	4
2736	부산 동구	행복팥빙수나눔사업	6,000	3	4	7	8	7	5	5	4
2737	부산 동구	탄소중립실천가족퀴즈골든벨대회	5,000	3	4	7	8	7	5	5	4
2738	부산 동구	세대공감어울림한마당	4,500	3	4	7	8	7	5	5	4
2739	부산 동구	민족통일과번영을위한통일공감대형성	3,150	3	7	7	8	7	5	5	4
2740	부산 동구	어린이사생대회지원	2,800	3	4	7	8	7	5	5	4
2741	부산 영도구	생활체육대회운영및지원	109,110	3	1	5	1	7	1	1	1
2742	부산 영도구	국제해양영화제지원(국제해양영화제행사지원)	30,000	3	4	7	8	7	5	1	4
2743	부산 부산진구	서면메디컬스트리트축제개최지원	25,000	3	4	7	8	7	1	1	1
2744	부산 부산진구	부산시민체육대회	23,000	3	1	7	8	7	1	1	4
2745	부산 부산진구	노인단체활동및행사지원	10,500	3	1	7	8	7	1	1	1
2746	부산 부산진구	구청장배유소년축구대회	8,000	3	1	7	8	7	1	1	4
2747	부산 부산진구	구청장배태권도대회	7,000	3	1	7	8	7	1	1	4
2748	부산 부산진구	부산진구골드율동경연대회	7,000	3	1	7	8	7	1	1	4
2749	부산 부산진구	숲길걷기대회개최	7,000	3	1	7	8	7	1	1	4
2750	부산 부산진구	노인의날행사지원	7,000	3	8	7	8	7	5	5	4
2751	부산 부산진구	구청장배축구대회	5,500	3	1	7	8	7	1	1	4
2752	부산 부산진구	구청장배배드민턴대회	5,000	3	1	7	8	7	1	1	4
2753	부산 부산진구	구청장배테니스대회	4,500	3	1	7	8	7	1	1	4
2754	부산 부산진구	구청장배탁구대회	4,000	3	1	7	8	7	1	1	4
2755	부산 부산진구	구청장배배구대회	4,000	3	1	7	8	7	1	1	4
2756	부산 부산진구	백양산숲길건강달리기대회	4,000	3	1	7	8	7	1	1	4
2757	부산 부산진구	전국리틀야구대회	4,000	3	1	7	8	7	1	1	4

순번	시군구	지출명 (사업명)	2024년예산 (단위 : 천원 /1년간)	민간이전 분류 (지방자치단체 세출예산 집행기준에 의거) 1. 민간경상사업보조(307-02) 2. 민간단체 법정운영비보조(307-03) 3. 민간행사사업보조(307-04) 4. 민간위탁금(307-05) 5. 사회복지시설 법정운영비보조(307-10) 6. 민간인위탁교육비(307-12) 7. 공기관등에대한경상적위탁사업비(308-13) 8. 민간자본사업보조,자체재원(402-01) 9. 민간자본사업보조,이전재원(402-02) 10. 민간위탁사업비(402-03) 11. 공기관등에 대한 자본적 위탁사업비(403-02)	민간이전지출 근거 (지방보조금 관리기준 참고) 1. 법률에 규정 2. 국고보조 재원(국가지정) 3. 용도 지정 기부금 4. 조례에 직접규정 5. 지자체가 권장하는 사업을 하는 공공기관 6. 시,도 정책 및 재정사정 7. 기타 8. 해당없음	입찰방식 계약체결방법 (경쟁형태) 1. 일반경쟁 2. 제한경쟁 3. 지명경쟁 4. 수의계약 5. 법정위탁 6. 기타 ( ) 7. 없음	입찰방식 계약기간 1. 1년 2. 2년 3. 3년 4. 4년 5. 5년 6. 기타 ( )년 7. 단기계약 (1년미만) 8. 없음	입찰방식 낙찰자선정방법 1. 적격심사 2. 협상에의한계약 3. 최저가낙찰제 4. 규격가격분리 5. 2단계 경쟁입찰 6. 기타 ( ) 7. 없음	운영예산 산정 운영예산 산정 1. 내부산정 (지자체 자체적으로 산정) 2. 외부산정 (외부전문기관위탁 산정) 3. 내·외부 모두 산정 4. 산정 無 5. 없음	운영예산 산정 정산방법 1. 내부정산 (지자체 내부적으로 정산) 2. 외부정산 (외부전문기관위탁 정산) 3. 내·외부 모두 산정 4. 정산 無 5. 없음	성과평가 실시여부 1. 실시 2. 미실시 3. 향후 추진 4. 해당없음
2758	부산 부산진구	여성생활체육대회	3,500	3	1	7	8	7	1	1	4
2759	부산 부산진구	어르신생활체육대회	3,500	3	1	7	8	7	1	1	4
2760	부산 부산진구	구청장배국학기공대회	3,000	3	1	7	8	7	1	1	4
2761	부산 부산진구	구청장배파크골프대회	3,000	3	1	7	8	7	1	1	4
2762	부산 부산진구	구청장배게이트볼대회	3,000	3	1	7	8	7	1	1	4
2763	부산 부산진구	구청장배족구대회	3,000	3	1	7	8	7	1	1	4
2764	부산 부산진구	구청장배볼링대회	3,000	3	1	7	8	7	1	1	4
2765	부산 부산진구	부산시장기게이트볼대회	3,000	3	1	7	8	7	1	1	4
2766	부산 부산진구	부산시장기씨름대회	2,000	3	1	7	8	7	1	1	4
2767	부산 동래구	제3회동래읍성역사축제	630,000	3	4	7	8	7	1	1	1
2768	부산 동래구	구청장기생활체육대회지원	55,000	3	4	7	8	7	1	1	1
2769	부산 동래구	동래31독립만세재현행사추진	27,000	3	4	4	1	7	1	1	4
2770	부산 동래구	부산시민체육대회지원	25,000	3	4	7	8	7	1	1	1
2771	부산 동래구	동래구오케스트라운영	15,000	3	1,4	7	8	7	1	1	1
2772	부산 동래구	동래구국악관현악단운영	15,000	3	1,4	7	8	7	1	1	1
2773	부산 동래구	유소년축구대회지원	10,000	3	4	7	8	7	1	1	1
2774	부산 동래구	부산동래전국전통연날리기대회	10,000	3	4	7	8	7	1	1	1
2775	부산 동래구	소상공인연합회지원사업	10,000	3	1,4	7	8	7	5	5	1
2776	부산 동래구	기념일등행사지원	8,500	3	1	7	8	7	1	1	4
2777	부산 동래구	전국향교기로연재현	5,100	3	5	7	1	7	1	1	1
2778	부산 동래구	동래줄다리기전승보전	5,000	3	4	4	1	7	1	1	4
2779	부산 동래구	동래민속예술축제지원	5,000	3	4	7	8	7	1	1	1
2780	부산 동래구	임진동래의총제향	5,000	3	5	7	1	7	1	1	1
2781	부산 동래구	전국전통예술경연대회지원	4,000	3	4	7	8	7	1	1	1
2782	부산 동래구	동래야류정기발표공연지원	3,000	3	4	7	8	7	1	1	1
2783	부산 동래구	장애인지역법인지원	3,000	3	1	7	8	7	1	1	1
2784	부산 남구	구민참가각종대회지원	78,900	3	4	7	8	7	1	1	1
2785	부산 남구	다문화가족지원사업	5,000	3	4	7	8	7	5	1	1
2786	부산 남구	양성평등주간행사지원	2,500	3	4	7	8	7	5	1	1
2787	부산 북구	대한노인회북구지회운영지원(경로당임원등연수회)	6,500	3	4	7	8	7	1	1	1
2788	부산 북구	대한노인회북구지회운영지원(노인체육대회등지원)	4,500	3	4	7	8	7	1	1	1
2789	부산 북구	대한노인회북구지회운영지원(노인건강생활체육대회지원)	4,500	3	4	7	8	7	1	1	1
2790	부산 북구	자연환경보전활동	2,000	3	4	7	8	7	1	1	1
2791	부산 북구	자연환경보전활동	1,000	3	4	7	8	7	1	1	1
2792	부산 해운대구	대회개최및참가지원	212,805	3	1	5	1	7	1	3	1
2793	부산 해운대구	노인생활체육활동및행사지원	5,000	3	1	7	8	7	5	5	4
2794	부산 사하구	사하구전국연날리기대회지원	30,000	3	5	7	8	7	5	5	4
2795	부산 사하구	장애인권익증진문화축제지원	30,000	3	1	7	8	7	1	1	4
2796	부산 사하구	노인의날기념어르신한마당축제	20,000	3	1	7	8	7	1	1	1
2797	부산 사하구	체육행사개최및지원	20,000	3	1	7	8	7	5	1	1

순번	시군구	지출명 (사업명)	2024년예산 (단위 : 천원 /1년간)	민간이전 분류 (지방자치단체 세출예산 집행기준에 의거)	민간이전지출 근거 (지방보조금 관리기준 참고)	입찰방식			운영예산 산정		성과평가 실시여부
				1. 민간경상사업보조(307-02) 2. 민간단체 법정운영비보조(307-03) 3. 민간행사사업보조(307-04) 4. 민간위탁금(307-05) 5. 사회복지시설 법정운영비보조(307-10) 6. 민간인위탁교육비(307-12) 7. 공기관등에대한경상적위탁사업비(308-13) 8. 민간자본사업보조,자체재원(402-01) 9. 민간자본사업보조,이전재원(402-02) 10. 민간위탁사업비(402-03) 11. 공기관등에 대한 자본적 위탁사업비(403-02)	1. 법률에 규정 2. 국고보조 재원(국가지정) 3. 용도 지정 기부금 4. 조례에 직접규정 5. 지자체가 권장하는 사업을 하는 공공기관 6. 시,도 정책 및 재정사정 7. 기타 8. 해당없음	계약체결방법 (경쟁형태) 1. 일반경쟁 2. 제한경쟁 3. 지명경쟁 4. 수의계약 5. 법정위탁 6. 기타 ( ) 7. 없음	계약기간 1. 1년 2. 2년 3. 3년 4. 4년 5. 5년 6. 기타 ( )년 7. 단기계약 (1년미만) 8. 없음	낙찰자선정방법 1. 적격심사 2. 협상에의한계약 3. 최저가낙찰제 4. 규격가격분리 5. 2단계 경쟁입찰 6. 기타 ( ) 7. 없음	운영예산 산정 1. 내부산정 (지자체 자체적으로 산정) 2. 외부산정 (외부전문기관위탁 산정) 3. 내·외부 모두 산정 4. 산정 無 5. 없음	정산방법 1. 내부정산 (지자체 내부적으로 정산) 2. 외부정산 (외부전문기관위탁 정산) 3. 내·외부 모두 산정 4. 정산 無 5. 없음	1. 실시 2. 미실시 3. 향후 추진 4. 해당없음
2798	부산 사하구	생활체육행사지원	2,000	3	4	7	8	7	1	1	1
2799	부산 강서구	강서낙동강3리벚꽃축제지원	261,000	3	4	7	8	7	1	1	1
2800	부산 강서구	구청장배대상경주대회지원등	100,000	3	5	7	8	7	1	1	4
2801	부산 강서구	구청장배동호인체육대회	45,000	3	1	7	8	7	1	1	4
2802	부산 강서구	제22회명지시장전어축제	36,000	3	1	7	8	7	1	1	1
2803	부산 강서구	대저토마토축제	36,000	3	7	7	8	7	1	1	1
2804	부산 강서구	노인체육대회	22,500	3	1	7	8	7	1	1	1
2805	부산 강서구	구청장기초중등부축구대회	15,300	3	1	7	8	7	1	1	4
2806	부산 강서구	동민체육대회	12,600	3	1	7	1	7	5	1	4
2807	부산 강서구	동민체육대회	11,700	3	1	7	1	7	5	1	4
2808	부산 강서구	동민체육대회	11,700	3	1	7	8	7	5	5	1
2809	부산 강서구	구청장배파크골프대회	10,000	3	1	7	8	7	1	1	4
2810	부산 강서구	구장애인체육대회지원	10,000	3	1	7	8	7	1	1	1
2811	부산 강서구	동민체육대회	9,900	3	1	7	1	7	1	1	1
2812	부산 강서구	동민체육대회	9,900	3	1	7	8	7	1	1	1
2813	부산 강서구	동민체육대회	9,900	3	1	7	8	7	1	1	1
2814	부산 강서구	동민체육대회	9,900	3	1	7	7	7	1	1	1
2815	부산 강서구	구청장기태권도대회	9,000	3	1	7	8	7	1	1	4
2816	부산 강서구	강서문인협회낙동강문학상행사	8,100	3	4	7	8	7	1	1	1
2817	부산 강서구	구청장기배드민턴대회	8,100	3	1	7	8	7	1	1	4
2818	부산 강서구	동민체육대회	8,000	3	1	7	8	7	1	1	1
2819	부산 강서구	구청장배부산시그라운드골프대회	6,300	3	1	7	8	7	1	1	4
2820	부산 강서구	구청장배테니스대회	4,500	3	1	7	8	7	1	1	4
2821	부산 강서구	여성배드민턴대회지원	2,700	3	1	7	8	7	1	1	4
2822	부산 연제구	지역축제	350,000	3	4	7	8	7	5	5	4
2823	부산 연제구	연제어르신한마음축제지원	18,000	3	4	7	8	7	1	1	4
2824	부산 연제구	연제구장애인가족발전전진대회행사지원	7,000	3	1	7	8	7	1	1	4
2825	부산 연제구	부산시민체육대회참가지원	23,000	3	1	7	8	7	1	1	1
2826	부산 연제구	구청장기태권도대회지원	7,000	3	1	7	8	7	1	1	1
2827	부산 연제구	구청장기축구대회지원	6,300	3	1	7	8	7	1	1	1
2828	부산 연제구	구청장기배드민턴대회지원	6,300	3	1	7	8	7	1	1	1
2829	부산 연제구	구청장기족구대회지원	5,800	3	1	7	8	7	1	1	1
2830	부산 연제구	구청장기테니스대회지원	5,300	3	1	7	8	7	1	1	1
2831	부산 연제구	구청장기탁구대회지원	5,300	3	1	7	8	7	1	1	1
2832	부산 연제구	구청장기볼링대회지원	4,300	3	1	7	8	7	1	1	1
2833	부산 연제구	구청장기합기도대회지원	4,000	3	1	7	8	7	1	1	1
2834	부산 연제구	구청장기배구대회지원	4,000	3	1	7	8	7	1	1	1
2835	부산 연제구	구청장기파크골프대회지원	4,000	3	1	7	8	7	1	1	1
2836	부산 연제구	구청장기국학기공대회지원	3,300	3	1	7	8	7	1	1	1
2837	부산 연제구	협회장기축구대회지원	3,000	3	1	7	8	7	1	1	1

순번	시군구	지출명 (사업명)	2024년예산 (단위 : 천원 /1년간)	민간이전 분류 (지방자치단체 세출예산 집행기준에 의거) 1. 민간경상사업보조(307-02) 2. 민간단체 법정운영비보조(307-03) 3. 민간행사사업보조(307-04) 4. 민간위탁금(307-05) 5. 사회복지시설 법정운영비보조(307-10) 6. 민간인위탁교육비(307-12) 7. 공기관등에대한경상적위탁사업비(308-13) 8. 민간자본사업보조,자체재원(402-01) 9. 민간자본사업보조,이전재원(402-02) 10. 민간위탁사업비(402-03) 11. 공기관등에 대한 자본적 위탁사업비(403-02)	민간이전지출 근거 (지방보조금 관리기준 참고) 1. 법률에 규정 2. 국고보조 재원(국가지정) 3. 용도 지정 기부금 4. 조례에 직접규정 5. 지자체가 권장하는 사업을 하는 공공기관 6. 시,도 정책 및 재정사정 7. 기타 8. 해당없음	입찰방식: 계약체결방법 (경쟁형태) 1. 일반경쟁 2. 제한경쟁 3. 지명경쟁 4. 수의계약 5. 법정위탁 6. 기타 ( ) 7. 없음	입찰방식: 계약기간 1. 1년 2. 2년 3. 3년 4. 4년 5. 5년 6. 기타 ( )년 7. 단기계약 (1년미만) 8. 없음	입찰방식: 낙찰자선정방법 1. 적격심사 2. 협상에의한계약 3. 최저가낙찰제 4. 규격가격분리 5. 2단계 경쟁입찰 6. 기타 ( ) 7. 없음	운영예산 산정: 운영예산 산정 1. 내부산정 (지자체 자체적으로 산정) 2. 외부산정 (외부전문기관위탁 산정) 3. 내·외부 모두 산정 4. 산정 無 5. 없음	운영예산 산정: 정산방법 1. 내부정산 (지자체 내부적으로 정산) 2. 외부정산 (외부전문기관위탁 정산) 3. 내·외부 모두 정산 4. 정산 無 5. 없음	성과평가 실시여부 1. 실시 2. 미실시 3. 향후 추진 4. 해당없음
2838	부산 연제구	협회장기테니스대회지원	3,000	3	1	7	8	7	1	1	1
2839	부산 연제구	협회장기배드민턴대회지원	3,000	3	1	7	8	7	1	1	1
2840	부산 연제구	협회장기탁구대회지원	3,000	3	1	7	8	7	1	1	1
2841	부산 연제구	협회장기볼링대회지원	3,000	3	1	7	8	7	1	1	1
2842	부산 연제구	협회장기족구대회지원	3,000	3	1	7	8	7	1	1	1
2843	부산 연제구	협회장기배구대회지원	3,000	3	1	7	8	7	1	1	1
2844	부산 연제구	어르신체육대회참가지원	3,000	3	1	7	8	7	1	1	1
2845	부산 연제구	여성체육대회참가지원	2,500	3	1	7	8	7	1	1	1
2846	부산 연제구	부산광역시장기게이트볼대회참가지원	2,000	3	1	7	8	7	1	1	1
2847	부산 연제구	전국단위체육대회참가지원	2,000	3	1	7	8	7	1	1	1
2848	부산 연제구	부산광역시장기씨름왕선발대회참가지원	1,500	3	1	7	8	7	1	1	1
2849	부산 연제구	부산광역시장기축구대회참가지원	1,000	3	1	7	8	7	1	1	1
2850	부산 수영구	광안리어방축제(보조사업)	1,145,500	3	2	7	8	7	1	1	1
2851	부산 수영구	APPWORLDTOUR개최지원	200,000	3	1,4	7	8	7	1	1	1
2852	부산 수영구	광대연극제개최지원	95,000	3	7	7	8	7	1	1	4
2853	부산 수영구	광안리SUP어린이꿈나무교실	90,000	3	1,4	7	8	7	1	1	1
2854	부산 수영구	광안리해변도서전개최	50,000	3	6	6	8	7	1	1	3
2855	부산 수영구	튼튼키즈SUP	50,000	3	1,4	7	8	7	1	1	1
2856	부산 수영구	광안리SUP대학교대항전	50,000	3	1,4	7	8	7	1	1	1
2857	부산 수영구	야간LED해상드론쇼투어	50,000	3	1,4	7	8	7	1	1	1
2858	부산 수영구	장대높이뛰기대회지원	23,000	3	1	5	8	7	1	1	1
2859	부산 수영구	수영전통달집놀이개최지원	20,400	3	1	7	7	7	1	1	1
2860	부산 수영구	광안대교새해카운트다운행사	10,000	3	7	7	8	7	1	1	4
2861	부산 사상구	사상강변축제	330,000	3	4	7	8	7	1	1	1
2862	부산 사상구	권역별문화예술공연지원	75,000	3	4	7	8	7	1	1	1
2863	부산 사상구	삼락벚꽃축제	55,000	3	4	7	8	7	1	1	1
2864	부산 사상구	정월대보름달집놀이	50,000	3	4	7	8	7	1	1	1
2865	부산 사상구	구청장배체육대회지원	45,000	3	5	7	8	7	1	1	1
2866	부산 사상구	사상반려동물축제지원	30,000	3	1	1	1	3	1	1	1
2867	부산 사상구	문화가있는날운영	11,000	3	6	7	8	7	1	1	1
2868	부산 사상구	운수사가을국화축제지원	7,000	3	6	7	8	7	1	1	1
2869	부산 사상구	구청장배부산시그라운드골프대회지원	5,000	3	5	7	8	7	1	1	1
2870	부산 기장군	차성문화제지원	348,000	3	4	7	8	7	5	5	4
2871	부산 기장군	U15전국유소년야구대회	264,000	3	1,4	7	7	7	1	1	1
2872	부산 기장군	정관생태하천학습문화대축제지원	180,000	3	4	6	1	1	1	1	1
2873	부산 기장군	어르신한마당축제운영	180,000	3	4	5	7	7	1	1	4
2874	부산 기장군	기장멸치축제	120,000	3	4	7	8	7	1	1	3
2875	부산 기장군	철마한우불고기축제지원	96,000	3	4	7	8	7	1	1	1
2876	부산 기장군	기장붕장어축제	80,000	3	1	7	8	7	1	1	3
2877	부산 기장군	기장미역다시마축제	72,000	3	1	7	8	7	1	1	3

순번	시군구	지출명 (사업명)	2024년예산 (단위 : 천원 /1년간)	민간이전 분류 (지방자치단체 세출예산 집행기준에 의거) 1. 민간경상사업보조(307-02) 2. 민간단체 법정운영비보조(307-03) 3. 민간행사사업보조(307-04) 4. 민간위탁금(307-05) 5. 사회복지시설 법정운영비보조(307-10) 6. 민간인위탁교육비(307-12) 7. 공기관등에대한경상적위탁사업비(308-13) 8. 민간자본사업보조,자체재원(402-01) 9. 민간자본사업보조,이전재원(402-02) 10. 민간위탁사업비(402-03) 11. 공기관등에 대한 자본적 위탁사업비(403-02)	민간이전지출 근거 (지방보조금 관리기준 참고) 1. 법률에 규정 2. 국고보조 재원(국가지정) 3. 용도 지정 기부금 4. 조례에 직접규정 5. 지자체가 권장하는 사업을 하는 공공기관 6. 시,도 정책 및 재정사정 7. 기타 8. 해당없음	입찰방식 계약체결방법 (경쟁형태) 1. 일반경쟁 2. 제한경쟁 3. 지명경쟁 4. 수의계약 5. 법정위탁 6. 기타 ( ) 7. 없음	입찰방식 계약기간 1. 1년 2. 2년 3. 3년 4. 4년 5. 5년 6. 기타 ( )년 7. 단기계약 (1년미만) 8. 없음	입찰방식 낙찰자선정방법 1. 적격심사 2. 협상에의한계약 3. 최저가낙찰제 4. 규격가격분리 5. 2단계 경쟁입찰 6. 기타 ( ) 7. 없음	운영예산 산정 운영예산 산정 1. 내부산정 (지자체 자체적으로 산정) 2. 외부산정 (외부전문기관위탁 산정) 3. 내·외부 모두 산정 4. 산정 無 5. 없음	운영예산 산정 정산방법 1. 내부정산 (지자체 내부적으로 정산) 2. 외부정산 (외부전문기관위탁 정산) 3. 내·외부 모두 산정 4. 정산 無 5. 없음	성과평가 실시여부 1. 실시 2. 미실시 3. 향후 추진 4. 해당없음
2878	부산 기장군	기장꽃잔치홍보행사	50,000	3	4	7	8	7	5	5	4
2879	부산 기장군	전통시장활성화	48,000	3	1	7	8	7	5	1	4
2880	부산 기장군	생활체육대회지원	45,000	3	1,4	7	7	7	1	1	1
2881	부산 기장군	읍민체육대회	42,000	3	4	7	8	7	1	1	4
2882	부산 기장군	기장군배구협회지원	36,000	3	1,4	7	7	7	1	1	1
2883	부산 기장군	읍민체육대회	36,000	3	4	7	8	7	1	1	3
2884	부산 기장군	생활체육대회지원	33,000	3	1,4	7	7	7	1	1	1
2885	부산 기장군	생활체육대회지원	30,000	3	1,4	7	7	7	1	1	1
2886	부산 기장군	생활체육대회지원	30,000	3	1,4	7	7	7	1	1	1
2887	부산 기장군	기장군수배태권도대회	30,000	3	1,4	7	7	7	1	1	1
2888	부산 기장군	기장군축구협회지원	30,000	3	1,4	7	7	7	1	1	1
2889	부산 기장군	장애인복지증진대회	30,000	3	1	7	8	7	1	1	4
2890	부산 기장군	기장쪽파파전홍보행사지원	30,000	3	3	7	8	7	5	5	4
2891	부산 기장군	기장군전통풍어제행사지원	30,000	3	4	7	8	7	1	1	3
2892	부산 기장군	읍민체육대회	30,000	3	4	7	8	7	1	1	3
2893	부산 기장군	읍민체육대회	30,000	3	4	7	8	7	1	1	3
2894	부산 기장군	면민체육대회	30,000	3	1,4	7	8	7	1	1	3
2895	부산 기장군	생활체육대회지원	26,000	3	1,4	7	7	7	1	1	1
2896	부산 기장군	양성평등기념식및어울림체육대회	23,000	3	1	7	8	7	1	1	4
2897	부산 기장군	광복기념읍민친선족구대회	20,000	3	4	7	8	7	1	1	3
2898	부산 기장군	이반장지원	19,500	3	4	7	8	7	1	1	1
2899	부산 기장군	전국동호인테니스대회	15,000	3	1,4	7	7	7	1	1	1
2900	부산 기장군	배드민턴대회	15,000	3	1,4	7	7	7	1	1	1
2901	부산 기장군	생활체육대회지원	12,300	3	1,4	7	7	7	1	1	1
2902	부산 기장군	주민자치위원화합한마당대회	10,000	3	4	7	8	7	1	1	4
2903	부산 기장군	새마을가족한마음체육대회	10,000	3	1	7	8	7	1	1	1
2904	부산 기장군	생활체육대회지원	10,000	3	1,4	7	7	7	1	1	1
2905	부산 기장군	기장군수배씨름대회	10,000	3	1,4	7	7	7	1	1	1
2906	부산 기장군	기장군수배청소년야구대회	10,000	3	1,4	7	7	7	1	1	1
2907	부산 기장군	기장군배구협회지원	6,000	3	1,4	7	7	7	1	1	1
2908	부산 기장군	주민자치회활성화	5,000	3	4	7	8	7	1	1	4
2909	부산 기장군	생활체육대회지원	5,000	3	1,4	7	7	7	1	1	1
2910	부산 기장군	그라운드골프협회지원	5,000	3	1,4	7	7	7	1	1	1
2911	부산 기장군	배드민턴대회	5,000	3	1,4	7	7	7	1	1	1
2912	부산 기장군	배드민턴대회	5,000	3	1,4	7	7	7	1	1	1
2913	부산 기장군	전국댄스스포츠경기대회	5,000	3	1,4	7	7	7	1	1	1
2914	부산 기장군	보훈단체및회원지원	5,000	3	1	7	8	7	1	1	1
2915	부산 기장군	농업인의날행사지원	5,000	3	4	7	8	7	5	5	4
2916	부산 기장군	기장군게이트볼협회친선경기대회	4,000	3	1,4	7	7	7	1	1	1
2917	부산 기장군	생활체육프로그램운영	3,400	3	1,4,6	7	7	7	5	1	1

순번	시군구	지출명 (사업명)	2024년예산 (단위 : 천원 /1년간)	민간이전 분류 (지방자치단체 세출예산 집행기준에 의거) 1. 민간경상사업보조(307-02) 2. 민간단체 법정운영비보조(307-03) 3. 민간행사사업보조(307-04) 4. 민간위탁금(307-05) 5. 사회복지시설 법정운영비보조(307-10) 6. 민간인위탁교육비(307-12) 7. 공기관등에대한경상적위탁사업비(308-13) 8. 민간자본사업보조,자체재원(402-01) 9. 민간자본사업보조,이전재원(402-02) 10. 민간위탁사업비(402-03) 11. 공기관등에 대한 자본적 위탁사업비(403-02)	민간이전지출 근거 (지방보조금 관리기준 참고) 1. 법률에 규정 2. 국고보조 재원(국가지정) 3. 용도 지정 기부금 4. 조례에 직접규정 5. 지자체가 권장하는 사업을 하는 공공기관 6. 시,도 정책 및 재정사정 7. 기타 8. 해당없음	입찰방식 계약체결방법 (경쟁형태) 1. 일반경쟁 2. 제한경쟁 3. 지명경쟁 4. 수의계약 5. 법정위탁 6. 기타 ( ) 7. 없음	입찰방식 계약기간 1. 1년 2. 2년 3. 3년 4. 4년 5. 5년 6. 기타 ( )년 7. 단기계약 (1년미만) 8. 없음	입찰방식 낙찰자선정방법 1. 적격심사 2. 협상에의한계약 3. 최저가낙찰제 4. 규격가격분리 5. 2단계 경쟁입찰 6. 기타 ( ) 7. 없음	운영예산 산정 운영예산 산정 1. 내부산정 (지자체 자체적으로 산정) 2. 외부산정 (외부전문기관위탁 산정) 3. 내·외부 모두 산정 4. 산정 無 5. 없음	운영예산 산정 정산방법 1. 내부정산 (지자체 내부적으로 정산) 2. 외부정산 (외부전문기관위탁 정산) 3. 내·외부 모두 산정 4. 정산 無 5. 없음	성과평가 실시여부 1. 실시 2. 미실시 3. 향후 추진 4. 해당없음
2918	부산 기장군	생활체육프로그램운영	3,060	3	1,4,6	7	7	7	5	1	1
2919	부산 기장군	생활체육프로그램운영	3,000	3	1,4,6	7	7	7	5	1	1
2920	부산 기장군	다문화가족한마음대회지원	3,000	3	7	7	8	7	1	1	4
2921	부산 기장군	생활체육프로그램운영	2,860	3	1,4,6	7	7	7	5	1	1
2922	부산 기장군	생활체육대회지원	2,500	3	1,4	7	7	7	1	1	1
2923	울산 중구	태화강마두희축제	650,000	3	4	7	8	7	5	1	1
2924	울산 중구	종갓집중구체육대회	180,000	3	4	7	8	7	1	1	1
2925	울산 중구	중구눈꽃축제	150,000	3	5	7	8	7	1	1	1
2926	울산 중구	병영3.1만세운동재현행사	140,000	3	1	7	8	7	1	1	1
2927	울산 중구	태화강국제재즈음악제	140,000	3	4	7	8	7	5	1	1
2928	울산 중구	문화의거리현대미술제	116,000	3	7	7	8	7	1	1	2
2929	울산 중구	문화이음음악회	96,000	3	4	7	8	7	5	1	1
2930	울산 중구	울산동헌문화마당	80,000	3	4	7	8	7	5	1	1
2931	울산 중구	울산여름음악제	77,000	3	4	7	8	7	5	1	1
2932	울산 중구	외솔한글한마당	77,000	3	1,4	7	8	7	1	1	1
2933	울산 중구	단오맞이한마당	40,000	3	1	7	8	7	1	1	1
2934	울산 중구	울산경상좌도병영성걷기대회	38,000	3	1	7	8	7	1	1	1
2935	울산 중구	해맞이행사	35,000	3	1	7	8	7	1	1	1
2936	울산 중구	영화음악콘서트	35,000	3	4	7	8	7	5	1	1
2937	울산 중구	워터버블페스티벌	20,000	3	5	7	8	7	1	1	1
2938	울산 중구	아름'다운'1리벚꽃축제	20,000	3	4	7	8	7	5	1	1
2939	울산 중구	울산향교석전대제(춘추)	17,000	3	1	7	8	7	1	1	1
2940	울산 중구	전통공예박람회	15,000	3	7	7	8	7	1	1	2
2941	울산 중구	울산큰애기가요제	15,000	3	4	7	8	7	5	1	1
2942	울산 중구	공업축제내민속행사운영	13,000	3	1	7	8	7	1	1	1
2943	울산 중구	나도독립운동가	12,000	3	1	7	8	7	1	1	1
2944	울산 중구	울산향교기로연재현	10,000	3	1	7	8	7	1	1	1
2945	울산 중구	울산향교전국한시백일장	10,000	3	1	7	8	7	1	1	1
2946	울산 중구	화전놀이	10,000	3	4	7	8	7	5	1	1
2947	울산 중구	학성공원한가위큰잔치	10,000	3	4	7	8	7	5	1	1
2948	울산 중구	동호회활성화프로그램지원	10,000	3	4	7	8	7	1	1	1
2949	울산 중구	울산고복수가요제	7,000	3	4	7	8	7	5	1	1
2950	울산 중구	문화학교발표회	5,000	3	1	7	8	7	1	1	1
2951	울산 중구	서덕출글짓기및그리기대회	5,000	3	1	7	8	7	1	1	1
2952	울산 중구	장애인파크골프대회지원	5,000	3	4	7	8	7	1	1	1
2953	울산 중구	무형유산공개행사지원(장도장)	2,500	3	1	7	8	7	1	1	1
2954	울산 중구	무형유산공개행사지원(모필장)	2,500	3	1	7	8	7	1	1	1
2955	울산 남구	소상공인의날행사지원	10,000	3	4	7	8	7	1	1	1
2956	울산 동구	2024년동구평생학습동아리연합회지원사업	22,000	3	1	7	8	7	5	5	4
2957	울산 동구	구민화합대회	150,000	3	1	7	8	6	1	1	1

순번	시군구	지출명 (사업명)	2024년예산 (단위 : 천원 /1년간)	민간이전 분류 (지방자치단체 세출예산 집행기준에 의거) 1. 민간경상사업보조(307-02) 2. 민간단체 법정운영비보조(307-03) 3. 민간행사사업보조(307-04) 4. 민간위탁금(307-05) 5. 사회복지시설 법정운영비보조(307-10) 6. 민간인위탁교육비(307-12) 7. 공기관등에대한경상적위탁사업비(308-13) 8. 민간자본사업보조,자체재원(402-01) 9. 민간자본사업보조,이전재원(402-02) 10. 민간위탁사업비(402-03) 11. 공기관등에 대한 자본적 위탁사업비(403-02)	민간이전지출 근거 (지방보조금 관리기준 참고) 1. 법률에 규정 2. 국고보조 재원(국가지정) 3. 용도 지정 기부금 4. 조례에 직접규정 5. 지자체가 권장하는 사업을 하는 공공기관 6. 시,도 정책 및 재정사정 7. 기타 8. 해당없음	입찰방식			운영예산 산정		성과평가 실시여부
						계약체결방법 (경쟁형태) 1. 일반경쟁 2. 제한경쟁 3. 지명경쟁 4. 수의계약 5. 법정위탁 6. 기타 ( ) 7. 없음	계약기간 1. 1년 2. 2년 3. 3년 4. 4년 5. 5년 6. 기타 ( )년 7. 단기계약 (1년미만) 8. 없음	낙찰자선정방법 1. 적격심사 2. 협상에의한계약 3. 최저가낙찰제 4. 규격가격분리 5. 2단계 경쟁입찰 6. 기타 ( ) 7. 없음	운영예산 산정 1. 내부산정 (지자체 자체적으로 산정) 2. 외부산정 (외부전문기관위탁 산정) 3. 내·외부 모두 산정 4. 산정 無 5. 없음	정산방법 1. 내부정산 (지자체 내부적으로 정산) 2. 외부정산 (외부전문기관위탁 정산) 3. 내·외부 모두 산정 4. 정산 無 5. 없음	1. 실시 2. 미실시 3. 향후 추진 4. 해당없음
2958	울산 동구	동구청장배생활체육대회	92,000	3	1	7	8	6	1	1	1
2959	울산 동구	정월대보름행사	35,000	3	7	7	8	6	1	1	1
2960	울산 동구	동구새싹어린이풋살대회	15,000	3	1	7	8	6	1	1	1
2961	울산 동구	퓨전국악공연	10,000	3	6	7	8	6	1	1	1
2962	울산 동구	꿈키움영화제작아카데미	10,000	3	6	7	8	6	1	1	1
2963	울산 동구	정기연주회	10,000	3	6	7	8	6	1	1	1
2964	울산 동구	8.15광복절기념방어진축구대회	10,000	3	1	7	8	6	1	1	1
2965	울산 동구	동구풍물연합발표회	7,000	3	6	7	8	6	1	1	1
2966	울산 동구	전국합창대회	6,700	3	6	7	8	6	1	1	1
2967	울산 동구	찾아가는문화무료공연	5,000	3	6	7	8	6	1	1	1
2968	울산 동구	정기연주회	4,720	3	6	7	8	6	1	1	1
2969	울산 동구	대한민국신예술대전	3,000	3	6	7	8	6	1	1	1
2970	울산 북구	제2회울산쇠부리축제	700,000	3	4	7	8	7	5	5	4
2971	울산 북구	울산서머페스티벌	150,000	3	6	7	8	7	5	5	4
2972	울산 북구	구민한마음생활체육대회	122,400	3	4	7	8	7	5	5	4
2973	울산 북구	동자체생활체육대회	80,000	3	4	7	8	7	5	5	4
2974	울산 북구	경로의달행사지원	77,000	3	1	7	8	7	5	5	4
2975	울산 북구	구청장기생활체육대회	60,000	3	4	7	8	7	5	5	4
2976	울산 북구	체육회장기생활체육대회	60,000	3	4	7	8	7	5	5	4
2977	울산 북구	농도한마당행사	40,000	3	1	7	8	7	5	5	4
2978	울산 북구	어린이날행사추진	40,000	3	6	7	8	7	5	5	4
2979	울산 북구	사회복지및자원봉사박람회	30,000	3	6	7	8	7	5	5	4
2980	울산 북구	정월대보름달맞이행사	20,000	3	6	7	8	7	5	5	4
2981	울산 북구	강동해변몽돌마라톤대회	20,000	3	4	7	8	7	5	5	4
2982	울산 북구	청소년의달기념행사	20,000	3	1	7	8	7	5	5	4
2983	울산 북구	박상진의사배궁도대회	10,000	3	4	7	8	7	5	5	4
2984	울산 북구	사회복지시설기관종사자한마음대회	10,000	3	5	7	8	7	5	5	4
2985	울산 북구	전통무예'택견'	9,000	3	6	7	8	7	5	5	4
2986	울산 북구	농소큰사랑작은음악회	7,000	3	6	7	8	7	5	5	4
2987	울산 북구	달곡마을물당기기	5,000	3	6	7	8	7	5	5	4
2988	울산 북구	냉천마을나다리먹기	5,000	3	6	7	8	7	5	5	4
2989	울산 북구	자율방범대체력단련및안전교육	4,000	3	4	7	8	7	5	5	4
2990	울산 북구	호계시장한마당큰잔치	3,000	3	4	7	8	7	5	5	4
2991	울산 울주군	군민의날행사	27,000	3	5	7	8	7	1	1	1
2992	울산 울주군	면체육대회	20,000	3	5	7	8	7	1	1	1
2993	울산 울주군	달맞이행사	10,000	3	5	7	8	7	1	1	1
2994	울산 울주군	울주트레일나인피크대회	978,000	3	2	6	3	6	3	3	1
2995	울산 울주군	전국대회개최지원	389,000	3	2	7	8	7	1	1	1
2996	울산 울주군	울주해양레포츠대축전	275,000	3	2	7	8	6	1	1	1
2997	울산 울주군	종목별군수기대회지원	269,600	3	1	7	8	7	1	1	1

순번	시군구	지출명 (사업명)	2024년예산 (단위 : 전원 /1년간)	민간이전 분류 (지방자치단체 세출예산 집행기준에 의거) 1. 민간경상사업보조(307-02) 2. 민간단체 법정운영비보조(307-03) 3. 민간행사사업보조(307-04) 4. 민간위탁금(307-05) 5. 사회복지시설 법정운영비보조(307-10) 6. 민간인위탁교육비(307-12) 7. 공기관등에대한경상적위탁사업비(308-13) 8. 민간자본사업보조,자체재원(402-01) 9. 민간자본사업보조,이전재원(402-02) 10. 민간위탁사업비(402-03) 11. 공기관등에 대한 자본적 위탁사업비(403-02)	민간이전지출 근거 (지방보조금 관리기준 참고) 1. 법률에 규정 2. 국고보조 재원(국가지정) 3. 용도 지정 기부금 4. 조례에 직접규정 5. 지자체가 권장하는 사업을 하는 공공기관 6. 시,도 정책 및 재정사정 7. 기타 8. 해당없음	입찰방식 계약체결방법 (경쟁형태) 1. 일반경쟁 2. 제한경쟁 3. 지명경쟁 4. 수의계약 5. 법정위탁 6. 기타 ( ) 7. 없음	입찰방식 계약기간 1. 1년 2. 2년 3. 3년 4. 4년 5. 5년 6. 기타 ( )년 7. 단기계약 (1년미만) 8. 없음	입찰방식 낙찰자선정방법 1. 적격심사 2. 협상에의한계약 3. 최저가낙찰제 4. 규격가격분리 5. 2단계 경쟁입찰 6. 기타 ( ) 7. 없음	운영예산 산정 운영예산 산정 1. 내부산정 (지자체 자체적으로 산정) 2. 외부산정 (외부전문기관위탁 산정) 3. 내·외부 모두 산정 4. 산정 無 5. 없음	운영예산 산정 정산방법 1. 내부정산 (지자체 내부적으로 정산) 2. 외부정산 (외부전문기관위탁 정산) 3. 내·외부 모두 정산 4. 정산 無 5. 없음	성과평가 실시여부 1. 실시 2. 미실시 3. 향후 추진 4. 해당없음
2998	울산 울주군	생활체육활성화지원	267,100	3	2	7	8	7	1	1	1
2999	울산 울주군	한우불고기축제	240,000	3	1	1	1	1	1	1	1
3000	울산 울주군	작천정벚꽃축제	150,000	3	2	7	8	7	5	5	4
3001	울산 울주군	그린차박페스티벌in울산	120,000	3	1	7	8	7	1	1	4
3002	울산 울주군	한우불고기특구홍보사업	120,000	3	1	7	8	7	1	1	1
3003	울산 울주군	울주음식문화축제	107,800	3	4	1	7	2	1	1	4
3004	울산 울주군	울산배축제행사지원	96,000	3	1	7	8	7	5	1	4
3005	울산 울주군	울주진하해변축제	80,000	3	4	7	8	7	1	1	1
3006	울산 울주군	축산인한마음대회	50,000	3	1	7	8	7	1	1	4
3007	울산 울주군	울주군수기전국윈드서핑대회	47,700	3	2	6	8	6	1	1	1
3008	울산 울주군	민주평통평화통일음악회	45,000	3	1	7	8	7	1	1	1
3009	울산 울주군	주민자치센터프로그램발표회	40,000	3	1,4	7	8	7	1	1	1
3010	울산 울주군	주민자치위원화합의한마당대회	40,000	3	1,4	7	8	7	1	1	1
3011	울산 울주군	이장한마음전진대회	40,000	3	4	7	8	7	1	1	1
3012	울산 울주군	군민의날행사	36,000	3	4	7	8	7	1	1	4
3013	울산 울주군	댐실향민망향제지원	35,000	3	4	7	8	7	1	1	1
3014	울산 울주군	읍민체육대회	30,000	3	1	7	8	7	1	1	4
3015	울산 울주군	범서읍선바위한마당축제	30,000	3	4	7	8	7	1	1	4
3016	울산 울주군	군민의날행사	28,000	3	4	7	8	7	1	1	1
3017	울산 울주군	군민의날행사위탁운영	28,000	3	4	4	8	7	1	1	1
3018	울산 울주군	군민의날행사	28,000	3	4	7	8	7	1	1	4
3019	울산 울주군	군민의날행사	28,000	3	4	7	8	7	1	1	4
3020	울산 울주군	군민의날행사	27,000	3	4	7	8	7	1	1	1
3021	울산 울주군	군민의날행사	27,000	3	4	7	8	7	1	1	4
3022	울산 울주군	군민의날행사	27,000	3	4	7	8	7	1	1	4
3023	울산 울주군	군민의날행사	27,000	3	4	7	8	7	1	1	4
3024	울산 울주군	군민의날행사	27,000	3	4	7	8	7	1	1	4
3025	울산 울주군	후계농업경영인대회	24,000	3	1	7	8	7	1	1	1
3026	울산 울주군	농촌지도자한마음전진대회	24,000	3	1	7	8	7	1	1	1
3027	울산 울주군	친환경농산물민속한마당축제	21,000	3	4	7	8	7	1	1	4
3028	울산 울주군	자율방범대한마음전진대회	20,000	3	1,4	7	8	7	1	1	1
3029	울산 울주군	온산읍체육대회	20,000	3	1	7	8	7	1	1	1
3030	울산 울주군	온산읍이주민망향비위령제	20,000	3	1	7	8	7	1	1	1
3031	울산 울주군	읍민체육대회위탁운영	20,000	3	1	4	8	7	1	1	1
3032	울산 울주군	읍민체육대회	20,000	3	1	7	8	7	1	1	4
3033	울산 울주군	읍민체육대회	20,000	3	1	7	8	7	1	1	4
3034	울산 울주군	면체육대회	20,000	3	1	7	8	7	1	1	1
3035	울산 울주군	읍민체육대회	20,000	3	1	7	8	7	1	1	4
3036	울산 울주군	면체육대회	20,000	3	1	7	8	7	1	1	4
3037	울산 울주군	면체육대회	20,000	3	1	7	8	7	1	1	4

순번	시군구	지출명 (사업명)	2024년예산 (단위 : 천원 /1년간)	민간이전 분류 (지방자치단체 세출예산 집행기준에 의거) 1. 민간경상사업보조(307-02) 2. 민간단체 법정운영비보조(307-03) 3. 민간행사사업보조(307-04) 4. 민간위탁금(307-05) 5. 사회복지시설 법정운영비보조(307-10) 6. 민간인위탁교육비(307-12) 7. 공기관등에대한경상적위탁사업비(308-13) 8. 민간자본사업보조,자체재원(402-01) 9. 민간자본사업보조,이전재원(402-02) 10. 민간위탁사업비(402-03) 11. 공기관등에 대한 자본적 위탁사업비(403-02)	민간이전지출 근거 (지방보조금 관리기준 참고) 1. 법률에 규정 2. 국고보조 재원(국가지정) 3. 용도 지정 기부금 4. 조례에 직접규정 5. 지자체가 권장하는 사업을 하는 공공기관 6. 시,도 정책 및 재정사정 7. 기타 8. 해당없음	입찰방식 계약체결방법 (경쟁형태) 1. 일반경쟁 2. 제한경쟁 3. 지명경쟁 4. 수의계약 5. 법정위탁 6. 기타 ( ) 7. 없음	입찰방식 계약기간 1. 1년 2. 2년 3. 3년 4. 4년 5. 5년 6. 기타 ( )년 7. 단기계약 (1년미만) 8. 없음	입찰방식 낙찰자선정방법 1. 적격심사 2. 협상에의한계약 3. 최저가낙찰제 4. 규격가격분리 5. 2단계 경쟁입찰 6. 기타 ( ) 7. 없음	운영예산 산정 운영예산 산정 1. 내부산정 (지자체 자체적으로 산정) 2. 외부산정 (외부전문기관위탁 산정) 3. 내·외부 모두 산정 4. 산정 無 5. 없음	운영예산 산정 정산방법 1. 내부정산 (지자체 내부적으로 정산) 2. 외부정산 (외부전문기관위탁 정산) 3. 내·외부 모두 산정 4. 정산 無 5. 없음	성과평가 실시여부 1. 실시 2. 미실시 3. 향후 추진 4. 해당없음
3038	울산 울주군	면민체육대회	20,000	3	1	7	8	7	1	1	4
3039	울산 울주군	어업인행사지원	17,000	3	1	7	8	7	1	1	1
3040	울산 울주군	한우브랜드육성사업	16,500	3	1	7	8	7	1	1	1
3041	울산 울주군	달맞이행사	15,000	3	4	7	8	7	1	1	4
3042	울산 울주군	영남알프스트래킹산악기행프로그램	13,500	3	4	7	8	7	1	1	1
3043	울산 울주군	종목별군수기대회지원	12,000	3	1	7	8	7	1	1	1
3044	울산 울주군	울주군체육회지원	10,000	3	1	5	8	6	1	1	1
3045	울산 울주군	온산읍달맞이행사	10,000	3	1	7	8	7	1	1	1
3046	울산 울주군	온산읍벚꽃맞이건강걷기대회	10,000	3	1	7	8	7	1	1	1
3047	울산 울주군	달맞이행사	10,000	3	1	7	8	7	1	1	4
3048	울산 울주군	달맞이행사	10,000	3	1	7	8	7	1	1	4
3049	울산 울주군	달맞이행사	10,000	3	1	7	8	7	1	1	1
3050	울산 울주군	달맞이행사	10,000	3	1	7	8	7	1	1	4
3051	울산 울주군	달맞이행사	10,000	3	1	7	8	7	1	1	4
3052	울산 울주군	달맞이행사	10,000	3	1	7	8	7	1	1	4
3053	울산 울주군	달맞이행사	10,000	3	4	7	8	7	1	1	4
3054	울산 울주군	정월대보름달맞이행사위탁운영	6,000	3	1	4	8	7	1	1	1
3055	울산 울주군	12행복나눔페스티벌	6,000	3	1	7	8	7	1	1	4
3056	울산 울주군	주민자치센터시프로그램발표회참가	3,000	3	1,4	7	8	7	1	1	1
3057	울산 울주군	어린이독서골든벨행사지원	2,100	3	4	7	8	7	5	1	1
3058	울산 울주군	울주군소상공인의날행사	17,000	3	4	7	8	7	1	1	1
3059	세종특별자치시	농업인한마음대회	60,000	3	1	7	8	7	5	5	4
3060	세종특별자치시	양성평등주간행사	25,000	3	1	1	7	6	1	1	1
3061	세종특별자치시	경력단절여성취업활성화	10,000	3	6	5	5	1	1	2	4
3062	세종특별자치시	기림의날행사	8,000	3	6	7	8	7	5	5	4
3063	세종특별자치시	석가탄신일봉축대법회	30,000	3	1	7	8	7	5	5	4
3064	세종특별자치시	성탄트리점등식	30,000	3	1	7	8	7	5	5	4
3065	세종특별자치시	성탄절시민문화축제	30,000	3	1	7	8	7	5	5	4
3066	세종특별자치시	산사음악회	30,000	3	1	7	8	7	5	5	4
3067	세종특별자치시	기업인활성화사업	7,500	3	4	2	1	1	1	1	1
3068	세종특별자치시	전통시장및상점가활성화공동마케팅지원사업	91,800	3	1	7	8	7	5	5	4
3069	세종특별자치시	소상공인역량강화	45,000	3	1	7	8	7	1	1	1
3070	세종특별자치시	보조기기센터특화사업운영	30,000	3	2	7	8	7	5	5	4
3071	세종특별자치시	6.25전쟁일기념행사	14,000	3	4	7	8	7	5	5	4
3072	세종특별자치시	개미고개추모제	10,400	3	4	7	8	7	5	5	4
3073	세종특별자치시	관광의날	5,600	3	6	7	8	7	5	5	4
3074	세종특별자치시	호국영웅김종오장군탄신제	5,000	3	4	7	8	7	5	5	4
3075	세종특별자치시	재향군인의날행사	4,550	3	4	7	8	7	5	5	4
3076	세종특별자치시	재향군인회안보행사	4,000	3	4	7	8	7	5	5	4
3077	세종특별자치시	순국선열의날추모제	4,000	3	4	7	8	7	5	5	4

순번	시군구	지출명 (사업명)	2024년예산 (단위 : 천원 /1년간)	민간이전 분류 (지방자치단체 세출예산 집행기준에 의거) 1. 민간경상사업보조(307-02) 2. 민간단체 법정운영비보조(307-03) 3. 민간행사사업보조(307-04) 4. 민간위탁금(307-05) 5. 사회복지시설 법정운영비보조(307-10) 6. 민간인위탁교육비(307-12) 7. 공기관등에대한경상적위탁사업비(308-13) 8. 민간자본사업보조,자체재원(402-01) 9. 민간자본사업보조,이전재원(402-02) 10. 민간위탁사업비(402-03) 11. 공기관등에 대한 자본적 위탁사업비(403-02)	민간이전지출 근거 (지방보조금 관리기준 참고) 1. 법률에 규정 2. 국고보조 재원(국가지정) 3. 용도 지정 기부금 4. 조례에 직접규정 5. 지자체가 권장하는 사업을 하는 공공기관 6. 시,도 정책 및 재정사정 7. 기타 8. 해당없음	입찰방식: 계약체결방법 (경쟁형태) 1. 일반경쟁 2. 제한경쟁 3. 지명경쟁 4. 수의계약 5. 법정위탁 6. 기타 ( ) 7. 없음	입찰방식: 계약기간 1. 1년 2. 2년 3. 3년 4. 4년 5. 5년 6. 기타 ( )년 7. 단기계약 (1년미만) 8. 없음	입찰방식: 낙찰자선정방법 1. 적격심사 2. 협상에의한계약 3. 최저가낙찰제 4. 규격가격분리 5. 2단계 경쟁입찰 6. 기타 ( ) 7. 없음	운영예산 산정: 운영예산 산정 1. 내부산정 (지자체 자체적으로 산정) 2. 외부산정 (외부전문기관위탁 산정) 3. 내·외부 모두 산정 4. 산정 無 5. 없음	운영예산 산정: 정산방법 1. 내부정산 (지자체 내부적으로 정산) 2. 외부정산 (외부전문기관위탁 정산) 3. 내·외부 모두 산정 4. 정산 無 5. 없음	성과평가 실시여부 1. 실시 2. 미실시 3. 향후 추진 4. 해당없음
3078	강원특별자치도	도지사기(배)종목별생활체육대회지원	390,500	3	6	7	8	7	1	1	1
3079	강원특별자치도	도지사기(배)종목별전국체육대회지원	349,100	3	6	7	8	7	1	1	1
3080	강원특별자치도	도민생활체육대회개최지원	241,524	3	6	7	8	7	1	1	1
3081	강원특별자치도	유통망다양화(유통시스템다양화)	200,000	3	1,4	7	8	7	5	5	4
3082	강원특별자치도	문화예술행사지원	185,500	3	4	7	8	7	1	1	1
3083	강원특별자치도	농업인단체활력증진	150,000	3	4	7	8	7	5	5	4
3084	강원특별자치도	평화공감DMZ힐링여행	60,000	3	4	7	8	7	1	1	4
3085	강원특별자치도	장애인생활체육대회개최	48,000	3	1,2	7	8	7	5	1	4
3086	강원특별자치도	원팀다짐대회	45,000	3	4	4	7	7	1	1	1
3087	강원특별자치도	도민달리기대회지원	45,000	3	6	7	8	7	1	1	1
3088	강원특별자치도	단축마라톤대회지원	42,300	3	6	7	8	7	1	1	1
3089	강원특별자치도	여성농업인의날	36,000	3	8	7	8	7	5	5	4
3090	강원특별자치도	재난대응방재기술경연대회	32,000	3	2	7	8	7	1	1	1
3091	강원특별자치도	청소년어울림마당지원	30,000	3	4	6	1	7	1	1	4
3092	강원특별자치도	강원관광서비스경진대회개최	28,400	3	8	7	8	7	5	5	4
3093	강원특별자치도	의식제도관행의글로벌화	25,000	3	4	7	8	7	5	5	4
3094	강원특별자치도	한강사진 · 영상공모전	20,000	3	4	7	8	7	1	1	3
3095	강원특별자치도	율곡대기전국유소년축구대회지원	19,800	3	6	7	8	7	1	1	1
3096	강원특별자치도	공예품대전운영	18,000	3	4	7	8	7	1	1	1
3097	강원특별자치도	춘천소양강배전국야구대회지원	18,000	3	6	7	8	7	1	1	1
3098	강원특별자치도	품질경영활성화지원	15,000	3	4	7	8	7	1	1	1
3099	강원 춘천시	춘천향토음식축제	550,000	3	1	7	8	7	1	3	1
3100	강원 춘천시	춘천인형극제	500,000	3	4	7	1	7	1	1	3
3101	강원 춘천시	춘천마임축제개최	475,200	3	6	7	8	7	1	1	1
3102	강원 춘천시	대회유치및개최	440,000	3	4	7	8	7	1	1	1
3103	강원 춘천시	제59회강원도민체육대회참가	433,550	3	1,4	7	8	7	1	1	1
3104	강원 춘천시	장애인체육대회개최및참가지원	238,254	3	4	7	8	7	1	1	1
3105	강원 춘천시	춘천연극제	232,000	3	6	7	8	7	1	1	1
3106	강원 춘천시	춘천영화제	230,000	3	7	4	1	7	1	1	3
3107	강원 춘천시	종목별리그전운영지원	200,000	3	1,4	7	8	7	1	1	1
3108	강원 춘천시	2024생활체육대축전	180,000	3	1,4	7	8	7	1	1	1
3109	강원 춘천시	소양강배전국장사씨름대회	170,000	3	1,4	7	8	7	1	1	1
3110	강원 춘천시	금강배리틀K리그전국유소년축구대회(강원도민일보)	150,000	3	1,4	7	8	7	1	1	1
3111	강원 춘천시	강원특별자치도민생활체육대회참가	145,000	3	1,4	7	8	7	1	1	1
3112	강원 춘천시	읍면동단위문화체육행사	130,000	3	4	7	8	7	1	1	3
3113	강원 춘천시	장애인단체운영지원(행사)	120,000	3	1	7	8	7	1	1	3
3114	강원 춘천시	강원특별자치도지사기생활체육참가(축구외23건)	111,700	3	1,4	7	8	7	1	1	1
3115	강원 춘천시	자치분권글로벌포럼	100,000	3	5	7	7	7	1	1	3
3116	강원 춘천시	춘천시장기전국리틀야구대회(강원일보)	100,000	3	1,4	7	8	7	1	1	1
3117	강원 춘천시	대학문화활성화(대학연합축제)	100,000	3	4	7	8	7	1	1	1

순번	시군구	지출명 (사업명)	2024년예산 (단위 : 천원 /1년간)	민간이전 분류 (지방자치단체 세출예산 집행기준에 의거) 1. 민간경상사업보조(307-02) 2. 민간단체 법정운영비보조(307-03) 3. 민간행사사업보조(307-04) 4. 민간위탁금(307-05) 5. 사회복지시설 법정운영비보조(307-10) 6. 민간인위탁교육비(307-12) 7. 공기관등에대한경상적위탁사업비(308-13) 8. 민간자본사업보조,자체재원(402-01) 9. 민간자본사업보조,이전재원(402-02) 10. 민간위탁사업비(402-03) 11. 공기관등에 대한 자본적 위탁사업비(403-02)	민간이전지출 근거 (지방보조금 관리기준 참고) 1. 법률에 규정 2. 국고보조 재원(국가지정) 3. 용도 지정 기부금 4. 조례에 직접규정 5. 지자체가 권장하는 사업을 하는 공공기관 6. 시,도 정책 및 재정사정 7. 기타 8. 해당없음	입찰방식			운영예산 산정		성과평가 실시여부
						계약체결방법 (경쟁형태) 1. 일반경쟁 2. 제한경쟁 3. 지명경쟁 4. 수의계약 5. 법정위탁 6. 기타 ( ) 7. 없음	계약기간 1. 1년 2. 2년 3. 3년 4. 4년 5. 5년 6. 기타 ( )년 7. 단기계약 (1년미만) 8. 없음	낙찰자선정방법 1. 적격심사 2. 협상에의한계약 3. 최저가낙찰제 4. 규격가격분리 5. 2단계 경쟁입찰 6. 기타 ( ) 7. 없음	운영예산 산정 1. 내부산정 (지자체 자체적으로 산정) 2. 외부산정 (외부전문기관위탁 산정) 3. 내·외부 모두 산정 4. 산정 無 5. 없음	정산방법 1. 내부정산 (지자체 내부적으로 정산) 2. 외부정산 (외부전문기관위탁 정산) 3. 내·외부 모두 산정 4. 정산 無 5. 없음	1. 실시 2. 미실시 3. 향후 추진 4. 해당없음
3118	강원 춘천시	소양강문화제	100,000	3	5	7	8	7	1	1	1
3119	강원 춘천시	전국사격대회	90,000	3	1,4	7	8	7	1	1	1
3120	강원 춘천시	문화동행in춘천	90,000	3	6	7	8	7	1	1	1
3121	강원 춘천시	온가족웃음찾기개그쇼	83,500	3	1	7	1	7	1	1	3
3122	강원 춘천시	기타대회개최및참가지원	80,000	3	1,4	7	8	7	1	1	1
3123	강원 춘천시	데이터활용경진대회	80,000	3	4	7	8	7	5	5	4
3124	강원 춘천시	반려동물동반체험프로그램	80,000	3	4	7	8	7	5	5	4
3125	강원 춘천시	소양강배전국동호인야구대회(강원일보)	75,000	3	1,4	7	8	7	1	1	1
3126	강원 춘천시	전통시장및상점가활성화행사지원	72,000	3	1	7	8	7	5	5	4
3127	강원 춘천시	국내교류대회참가지원	60,000	3	1,4	7	8	7	1	1	1
3128	강원 춘천시	이덕희배국제테니스대회	54,000	3	1,4	7	8	7	1	1	1
3129	강원 춘천시	춘천시장배MTB강촌챌린저대회	53,000	3	1,4	7	8	7	1	1	1
3130	강원 춘천시	춘천호반마라톤대회(강원일보)	50,000	3	1,4	7	8	7	1	1	1
3131	강원 춘천시	회장기전국초등학생검도대회	50,000	3	1,4	7	8	7	1	1	1
3132	강원 춘천시	춘천호반음악제개최	50,000	3	6	7	8	7	1	1	1
3133	강원 춘천시	춘천관광전국사진공모전	50,000	3	4	6	6	6	1	1	4
3134	강원 춘천시	강원특별자치도지사기대회참가(육상외4종목)	46,600	3	1,4	7	8	7	1	1	1
3135	강원 춘천시	유인석의병전국궁도대회	41,000	3	1,4	7	8	7	1	1	1
3136	강원 춘천시	소양강배전국배드민턴대회	41,000	3	1,4	7	8	7	1	1	1
3137	강원 춘천시	의암제	40,000	3	5	7	8	7	1	1	1
3138	강원 춘천시	정월대보름	40,000	3	5	7	8	7	1	1	1
3139	강원 춘천시	소양강배전국유소년아이스하키대회(강원도민일보)	39,700	3	1,4	7	8	7	1	1	1
3140	강원 춘천시	소양강배전국동호인테니스대회(강원도민일보)	39,700	3	1,4	7	8	7	1	1	1
3141	강원 춘천시	프로야구퓨처스리그개최	38,000	3	1,4	7	8	7	1	1	1
3142	강원 춘천시	소양강배전국오픈탁구대회	38,000	3	1,4	7	8	7	1	1	1
3143	강원 춘천시	춘천배후령힐클라이밍대회(G1강원민방)	37,620	3	1,4	7	8	7	1	1	1
3144	강원 춘천시	강원특별자치도어르신체육대회참가	35,000	3	1,4	7	8	7	1	1	1
3145	강원 춘천시	춘천시이통장한마음대회	30,000	3	4	7	8	7	1	1	3
3146	강원 춘천시	3.1절단축마라톤대회(강원일보)	30,000	3	1,4	7	8	7	1	1	1
3147	강원 춘천시	강원특별자치도여성생활체육대회참가	30,000	3	1,4	7	8	7	1	1	1
3148	강원 춘천시	택시안전운행및서비스향상결의대회지원	30,000	3	7	7	8	7	5	5	4
3149	강원 춘천시	5일장활성화행사지원	28,800	3	1,4	7	8	7	5	5	4
3150	강원 춘천시	전국댄스페스티벌대회	28,000	3	1,4	7	8	7	1	1	1
3151	강원 춘천시	강원도민달리기대회(강원도민일보)	27,000	3	1,4	7	8	7	1	1	1
3152	강원 춘천시	전국마스터즈수영대회	25,000	3	1,4	7	8	7	1	1	1
3153	강원 춘천시	무숭화컵전국여자테니스대회	25,000	3	1,4	7	8	7	1	1	1
3154	강원 춘천시	전국동호인테니스대회	25,000	3	1,4	7	8	7	1	1	1
3155	강원 춘천시	소양강배전국바둑대회	24,000	3	1,4	7	8	7	1	1	1
3156	강원 춘천시	청소년문화축제	24,000	3	1	1	1	1	1	1	1
3157	강원 춘천시	농촌관광활력화	24,000	3	1	7	8	7	1	1	4

순번	시군구	지출명 (사업명)	2024년예산 (단위 : 전원 /1년간)	민간이전 분류 (지방자치단체 세출예산 집행기준에 의거) 1. 민간경상사업보조(307-02) 2. 민간단체 법정운영비보조(307-03) 3. 민간행사사업보조(307-04) 4. 민간위탁금(307-05) 5. 사회복지시설 법정운영비보조(307-10) 6. 민간인위탁교육비(307-12) 7. 공기관등에대한경상적위탁사업비(308-13) 8. 민간자본사업보조,자체재원(402-01) 9. 민간자본사업보조,이전재원(402-02) 10. 민간위탁사업비(402-03) 11. 공기관등에 대한 자본적 위탁사업비(403-02)	민간이전지출 근거 (지방보조금 관리기준 참고) 1. 법률에 규정 2. 국고보조 재원(국가지정) 3. 용도 지정 기부금 4. 조례에 직접규정 5. 지자체가 권장하는 사업을 하는 공공기관 6. 시,도 정책 및 재정사정 7. 기타 8. 해당없음	입찰방식 계약체결방법 (경쟁형태) 1. 일반경쟁 2. 제한경쟁 3. 지명경쟁 4. 수의계약 5. 법정위탁 6. 기타 ( ) 7. 없음	입찰방식 계약기간 1. 1년 2. 2년 3. 3년 4. 4년 5. 5년 6. 기타 ( )년 7. 단기계약 (1년미만) 8. 없음	입찰방식 낙찰자선정방법 1. 적격심사 2. 협상에의한계약 3. 최저가낙찰제 4. 규격가격분리 5. 2단계 경쟁입찰 6. 기타 ( ) 7. 없음	운영예산 산정 운영예산 산정 1. 내부산정 (지자체 자체적으로 산정) 2. 외부산정 (외부전문기관위탁 산정) 3. 내·외부 모두 산정 4. 산정 無 5. 없음	운영예산 산정 정산방법 1. 내부정산 (지자체 내부적으로 정산) 2. 외부정산 (외부전문기관위탁 정산) 3. 내·외부 모두 산정 4. 정산 無 5. 없음	성과평가 실시여부 1. 실시 2. 미실시 3. 향후 추진 4. 해당없음
3158	강원 춘천시	강원특별자치도지사기궁도대회개최	21,000	3	1,4	7	8	7	1	1	1
3159	강원 춘천시	주민자치위원한마음체육대회	20,000	3	4	7	8	7	1	1	1
3160	강원 춘천시	전국남녀종별수상스키,웨이크보드대회	20,000	3	1,4	7	8	7	1	1	1
3161	강원 춘천시	농업인단체별보조지원	20,000	3	4	7	8	7	1	1	4
3162	강원 춘천시	제23회시장기태권도대회	19,000	3	1,4	7	8	7	1	1	1
3163	강원 춘천시	주민자치위원역량강화워크숍	17,000	3	4	7	8	7	1	1	1
3164	강원 춘천시	춘천향교전통문화행사전통문화행사지원	16,000	3	4	7	8	7	1	1	1
3165	강원 춘천시	주민자치우수프로그램경연대회	15,000	3	4	7	8	7	1	1	1
3166	강원 춘천시	자율방범대직무경진대회	15,000	3	1	7	8	7	1	1	1
3167	강원 춘천시	보훈단체활성화(보훈단체나라사랑체육행사)	15,000	3	1	7	8	7	1	1	1
3168	강원 춘천시	호반배강원특별자치도동호인테니스대회참가	14,500	3	1,4	7	8	7	1	1	1
3169	강원 춘천시	자활가족한마음대회	13,000	3	1	7	8	7	1	1	4
3170	강원 춘천시	전국남녀쇼트트랙스피드스케이팅대회	12,000	3	1,4	7	8	7	1	1	1
3171	강원 춘천시	강원특별자치도지사기시,군대항볼링대회개최	12,000	3	1,4	7	8	7	1	1	1
3172	강원 춘천시	근로자의날행사지원	12,000	3	4	7	8	7	1	1	3
3173	강원 춘천시	윤희순의사선양	12,000	3	4	7	8	7	1	1	1
3174	강원 춘천시	쌀전업농회원대회참가지원	12,000	3	6	7	8	7	5	5	4
3175	강원 춘천시	전국푸른숲달리기대회	11,500	3	1,4	7	8	7	1	1	1
3176	강원 춘천시	강원자전거대행진(강원도민일보)	11,370	3	1,4	7	8	7	1	1	1
3177	강원 춘천시	제33회역전마라톤대회참가	11,000	3	1,4	7	8	7	1	1	1
3178	강원 춘천시	춘천시장배전국아이스하키대회	10,000	3	1,4	7	8	7	1	1	1
3179	강원 춘천시	제주시체육회장배바다수영대회참가	10,000	3	1,4	7	8	7	1	1	1
3180	강원 춘천시	마을복지계획성과공유회개최	10,000	3	1,4	7	8	7	5	5	4
3181	강원 춘천시	어린이집종사자연수	10,000	3	1	7	8	7	1	1	1
3182	강원 춘천시	사회복지의날한마음축제	8,000	3	1	7	8	7	1	1	4
3183	강원 춘천시	춘천스포츠클라이밍대회	7,000	3	1,4	7	8	7	1	1	1
3184	강원 춘천시	경제인신년인사회	6,900	3	1	7	8	7	5	5	4
3185	강원 춘천시	직무향상교육및폭력예방캠페인	6,000	3	1	7	8	7	1	1	1
3186	강원 춘천시	강원특별자치도3인조볼링대회	6,000	3	1,4	7	8	7	1	1	1
3187	강원 춘천시	노사민정한마음체육대회	5,400	3	4	7	8	7	1	1	3
3188	강원 춘천시	청소년의달축하행사	5,000	3	1	1	1	1	1	1	1
3189	강원 춘천시	춘천시직장인족구대회	4,500	3	1,4	7	8	7	1	1	1
3190	강원 춘천시	보훈단체활성화(순국선열의날)	4,000	3	1	7	8	7	1	1	1
3191	강원 춘천시	근로자의날행사지원(택시근로자)	3,500	3	4	7	8	7	1	1	3
3192	강원 춘천시	도지사기택시가족체육대회	3,500	3	4	7	8	7	1	1	3
3193	강원 춘천시	강원특별자치도그라운드골프협회장기대회참가	3,000	3	1,4	7	8	7	1	1	1
3194	강원 춘천시	시볼링협회장배볼링대회	2,500	3	1,4	7	8	7	1	1	1
3195	강원 춘천시	보훈단체활성화(월남전참전자안보행사)	2,500	3	1	7	8	7	1	1	1
3196	강원 춘천시	강원특별자치도종별배구선수권대회참가	2,000	3	1,4	7	8	7	1	1	1
3197	강원 춘천시	강원특별자치도회장기생활체조경연대회참가	2,000	3	1,4	7	8	7	1	1	1

순번	시군구	지출명 (사업명)	2024년예산 (단위 : 천원 /1년간)	민간이전 분류 (지방자치단체 세출예산 집행기준에 의거) 1. 민간경상사업보조(307-02) 2. 민간단체 법정운영비보조(307-03) 3. 민간행사사업보조(307-04) 4. 민간위탁금(307-05) 5. 사회복지시설 법정운영비보조(307-10) 6. 민간인위탁교육비(307-12) 7. 공기관등에대한경상적위탁사업비(308-13) 8. 민간자본사업보조,자체재원(402-01) 9. 민간자본사업보조,이전재원(402-02) 10. 민간위탁사업비(402-03) 11. 공기관등에 대한 자본적 위탁사업비(403-02)	민간이전지출 근거 (지방보조금 관리기준 참고) 1. 법률에 규정 2. 국고보조 재원(국가지정) 3. 용도 지정 기부금 4. 조례에 직접규정 5. 지자체가 권장하는 사업을 하는 공공기관 6. 시,도 정책 및 재정사정 7. 기타 8. 해당없음	입찰방식			운영예산 산정		성과평가 실시여부
						계약체결방법 (경쟁형태) 1. 일반경쟁 2. 제한경쟁 3. 지명경쟁 4. 수의계약 5. 법정위탁 6. 기타 ( ) 7. 없음	계약기간 1. 1년 2. 2년 3. 3년 4. 4년 5. 5년 6. 기타 ( )년 7. 단기계약 (1년미만) 8. 없음	낙찰자선정방법 1. 적격심사 2. 협상에의한계약 3. 최저가낙찰제 4. 규격가격분리 5. 2단계 경쟁입찰 6. 기타 ( ) 7. 없음	운영예산 산정 1. 내부산정 (지자체 자체적으로 산정) 2. 외부산정 (외부전문기관위탁 산정) 3. 내·외부 모두 산정 4. 산정 無 5. 없음	정산방법 1. 내부정산 (지자체 내부적으로 정산) 2. 외부정산 (외부전문기관위탁 정산) 3. 내·외부 모두 산정 4. 정산 無 5. 없음	1. 실시 2. 미실시 3. 향후 추진 4. 해당없음
3198	강원 춘천시	수산인의날기념행사지원	1,600	3	1	7	8	7	5	5	4
3199	강원 강릉시	강릉단오제행사운영비	1,450,000	3	7	7	8	7	5	5	4
3200	강원 강릉시	2024휠체어컬링세계선수권대회지원	500,000	3	2	7	8	7	5	5	4
3201	강원 강릉시	제2회경포등축제	290,000	3	7	7	8	7	5	5	4
3202	강원 강릉시	2024강릉단오장사씨름대회	290,000	3	4	7	8	7	5	5	4
3203	강원 강릉시	강릉수제맥주축제	276,000	3	1	7	8	7	5	5	4
3204	강원 강릉시	2024금강대기전국고등학교축구대회	250,000	3	1	7	8	7	5	5	4
3205	강원 강릉시	강릉국제청소년예술축전	200,000	3	1	7	8	7	5	5	4
3206	강원 강릉시	창작공연월화전	200,000	3	1	7	8	7	5	5	4
3207	강원 강릉시	제7회전국남녀종별탁구선수권대회(생활체육대회포함)	200,000	3	1	7	8	7	5	5	4
3208	강원 강릉시	길놀이행사민간보조금	198,000	3	7	7	8	7	5	5	4
3209	강원 강릉시	율곡제행사지원	135,000	3	4	7	8	7	5	5	4
3210	강원 강릉시	제15회강릉시민생활체육대회	126,500	3	4	7	8	7	5	5	4
3211	강원 강릉시	제26회정동진독립영화제	120,000	3	1	7	8	7	5	5	4
3212	강원 강릉시	명주인형극제	120,000	3	4	7	8	7	5	5	4
3213	강원 강릉시	명주군왕능향대제행사지원	120,000	3	7	7	8	7	5	5	4
3214	강원 강릉시	강릉차문화축제	120,000	3	1	7	8	7	5	5	4
3215	강원 강릉시	제14회율곡대기전국유소년축구대회	120,000	3	1	7	8	7	5	5	4
3216	강원 강릉시	한국여성농업인도대회행사지원	120,000	3	4	7	8	7	5	5	4
3217	강원 강릉시	2024난설헌배전국여자바둑대회	110,000	3	1	7	8	7	5	5	4
3218	강원 강릉시	제17회범일국사문화축전	100,000	3	7	7	8	7	5	5	4
3219	강원 강릉시	솔올동행축제	100,000	3	1	7	8	7	5	5	4
3220	강원 강릉시	2024강릉단오제축구정기전	100,000	3	4	7	8	7	5	5	4
3221	강원 강릉시	제1회솔향강릉기전국리틀야구대회	100,000	3	1	7	8	7	5	5	4
3222	강원 강릉시	2024년농업인의날행사	98,000	3	4	7	8	7	5	5	4
3223	강원 강릉시	강릉향교석전제행사지원	96,000	3	1	7	8	7	5	5	4
3224	강원 강릉시	청송심연수선양사업	90,000	3	1	7	8	7	5	5	4
3225	강원 강릉시	강릉농악상설공연	90,000	3	1	7	8	7	5	5	4
3226	강원 강릉시	강릉단오제상설공연	90,000	3	1	7	8	7	5	5	4
3227	강원 강릉시	동계스토브리그	90,000	3	4	7	8	7	5	5	4
3228	강원 강릉시	어린이날행사보조	80,000	3	4	7	8	7	5	5	4
3229	강원 강릉시	강릉예술축전	70,000	3	1	7	8	7	5	5	4
3230	강원 강릉시	신사임당미술대전	70,000	3	1	7	8	7	5	5	4
3231	강원 강릉시	강릉망월제행사지원	70,000	3	1	7	8	7	5	5	4
3232	강원 강릉시	국제무용페스티벌	66,700	3	1	7	8	7	5	5	4
3233	강원 강릉시	자원순환센터주변지역행사지원	60,000	3	1	7	8	7	5	5	4
3234	강원 강릉시	풍경콘서트	60,000	3	1	7	8	7	5	5	4
3235	강원 강릉시	나도밤나무마당극콘서트	60,000	3	1	7	8	7	5	5	4
3236	강원 강릉시	춤극화랭이운명을받든춤	60,000	3	1	7	8	7	5	5	4
3237	강원 강릉시	강릉스토리텔링상설인형극	60,000	3	1	7	8	7	5	5	4

순번	시군구	지출명 (사업명)	2024년예산 (단위 : 천원 /1년간)	민간이전 분류 (지방자치단체 세출예산 집행기준에 의거) 1. 민간경상사업보조(307-02) 2. 민간단체 법정운영비보조(307-03) 3. 민간행사사업보조(307-04) 4. 민간위탁금(307-05) 5. 사회복지시설 법정운영비보조(307-10) 6. 민간인위탁교육비(307-12) 7. 공기관등에대한경상적위탁사업비(308-13) 8. 민간자본사업보조,자체재원(402-01) 9. 민간자본사업보조,이전재원(402-02) 10. 민간위탁사업비(402-03) 11. 공기관등에 대한 자본적 위탁사업비(403-02)	민간이전지출 근거 (지방보조금 관리기준 참고) 1. 법률에 규정 2. 국고보조 재원(국가지정) 3. 용도 지정 기부금 4. 조례에 직접규정 5. 지자체가 권장하는 사업을 하는 공공기관 6. 시,도 정책 및 재정사정 7. 기타 8. 해당없음	입찰방식 계약체결방법 (경쟁형태) 1. 일반경쟁 2. 제한경쟁 3. 지명경쟁 4. 수의계약 5. 법정위탁 6. 기타 ( ) 7. 없음	입찰방식 계약기간 1. 1년 2. 2년 3. 3년 4. 4년 5. 5년 6. 기타 ( )년 7. 단기계약 (1년미만) 8. 없음	입찰방식 낙찰자선정방법 1. 적격심사 2. 협상에의한계약 3. 최저가낙찰제 4. 규격가격분리 5. 2단계 경쟁입찰 6. 기타 ( ) 7. 없음	운영예산 산정 운영예산 산정 1. 내부산정 (지자체 자체적으로 산정) 2. 외부산정 (외부전문기관위탁 산정) 3. 내·외부 모두 산정 4. 산정 無 5. 없음	운영예산 산정 정산방법 1. 내부정산 (지자체 내부적으로 정산) 2. 외부정산 (외부전문기관위탁 정산) 3. 내·외부 모두 산정 4. 정산 無 5. 없음	성과평가 실시여부 1. 실시 2. 미실시 3. 향후 추진 4. 해당없음
3238	강원 강릉시	강릉전통문화역사지구활성화사업	60,000	3	1	7	8	7	5	5	4
3239	강원 강릉시	2024솔향강릉배전국농구대회	60,000	3	4	7	8	7	5	5	4
3240	강원 강릉시	2024경포마라톤대회	60,000	3	4	7	8	7	5	5	4
3241	강원 강릉시	제24회대한볼링협회장배전국남녀종별선수권대회	55,000	3	1	7	8	7	5	5	4
3242	강원 강릉시	읍면동자체행사지원	50,000	3	1	7	8	7	5	5	4
3243	강원 강릉시	숲유치원유아숲체험원전국대회지원	50,000	3	7	7	8	7	5	5	4
3244	강원 강릉시	음악이쉬는자리	50,000	3	1	7	8	7	5	5	4
3245	강원 강릉시	색소폰가슴울림콘서트	50,000	3	1	7	8	7	5	5	4
3246	강원 강릉시	2024강릉시장배전국궁도대회	50,000	3	4	7	8	7	5	5	4
3247	강원 강릉시	신사임당열선양사업	48,000	3	4	7	8	7	5	5	4
3248	강원 강릉시	허난설헌문화제	45,000	3	7	7	8	7	5	5	4
3249	강원 강릉시	허균문화제	45,000	3	7	7	8	7	5	5	4
3250	강원 강릉시	이통반장한마음대회	40,000	3	4	7	8	7	5	5	4
3251	강원 강릉시	수석전시회	40,000	3	1	7	8	7	5	5	4
3252	강원 강릉시	남산공원예술한마음축제	40,000	3	1	7	8	7	5	5	4
3253	강원 강릉시	행복보따리전	40,000	3	1	7	8	7	5	5	4
3254	강원 강릉시	내일의작가상	40,000	3	1	7	8	7	5	5	4
3255	강원 강릉시	이야기가있는인형극놀이터	40,000	3	1	7	8	7	5	5	4
3256	강원 강릉시	2024년제2회강원특별자치도지사배아마추어e스포츠대회개최지원	40,000	3	1	7	8	7	5	5	4
3257	강원 강릉시	강릉크리스마스겨울축제	40,000	3	1	7	8	7	5	5	4
3258	강원 강릉시	국불천위원정최수성추모제향및문화행사	40,000	3	7	7	8	7	5	5	4
3259	강원 강릉시	대관령옛길걷기관광콘텐츠개발	40,000	3	1	7	8	7	5	5	4
3260	강원 강릉시	2024인라인스피드국가대표선발전	40,000	3	1	7	8	7	5	5	4
3261	강원 강릉시	면발전지원금	40,000	3	4	7	8	7	5	5	4
3262	강원 강릉시	새마을지도자한마음체육대회지원	30,000	3	1	7	8	7	5	5	4
3263	강원 강릉시	국내외박람회(전시회)참가지원	30,000	3	6	7	8	7	5	5	4
3264	강원 강릉시	어촌심연광선양사업	30,000	3	1	7	8	7	5	5	4
3265	강원 강릉시	지역문화예술활동지원	30,000	3	1	7	8	7	5	5	4
3266	강원 강릉시	강릉달맞이축제	30,000	3	1	7	8	7	5	5	4
3267	강원 강릉시	강릉시민가요제	30,000	3	1	7	8	7	5	5	4
3268	강원 강릉시	강릉그린실버악단과함께하는음악여행	30,000	3	1	7	8	7	5	5	4
3269	강원 강릉시	소동산봉수대봉수거화재현식	30,000	3	1	7	8	7	5	5	4
3270	강원 강릉시	심곡항페스티벌	30,000	3	1	7	8	7	5	5	4
3271	강원 강릉시	주문진해변축제	30,000	3	1	7	8	7	5	5	4
3272	강원 강릉시	강남동새봄맞이축제	30,000	3	1	7	8	7	5	5	4
3273	강원 강릉시	제14회강릉시장기태권도대회	30,000	3	4	7	8	7	5	5	4
3274	강원 강릉시	2024도네폰도IN강릉	30,000	3	4	7	8	7	5	5	4
3275	강원 강릉시	제5회강릉배동호인초청족구대회	30,000	3	4	7	8	7	5	5	4
3276	강원 강릉시	찾아가는문화활동	26,667	3	1	7	8	7	5	5	4
3277	강원 강릉시	안보전적지순례	25,400	3	4	7	8	7	5	5	4

순번	시군구	지출명 (사업명)	2024년예산 (단위 : 천원 /1년간)	민간이전 분류 (지방자치단체 세출예산 집행기준에 의거) 1. 민간경상사업보조(307-02) 2. 민간단체 법정운영비보조(307-03) 3. 민간행사사업보조(307-04) 4. 민간위탁금(307-05) 5. 사회복지시설 법정운영비보조(307-10) 6. 민간인위탁교육비(307-12) 7. 공기관등에대한경상적위탁사업비(308-13) 8. 민간자본사업보조,자체재원(402-01) 9. 민간자본사업보조,이전재원(402-02) 10. 민간위탁사업비(402-03) 11. 공기관등에 대한 자본적 위탁사업비(403-02)	민간이전지출 근거 (지방보조금 관리기준 참고) 1. 법률에 규정 2. 국고보조 재원(국가지정) 3. 용도 지정 기부금 4. 조례에 직접규정 5. 지자체가 권장하는 사업을 하는 공공기관 6. 시,도 정책 및 재정사정 7. 기타 8. 해당없음	입찰방식			운영예산 산정		성과평가 실시여부
						계약체결방법 (경쟁형태) 1. 일반경쟁 2. 제한경쟁 3. 지명경쟁 4. 수의계약 5. 법정위탁 6. 기타 ( ) 7. 없음	계약기간 1. 1년 2. 2년 3. 3년 4. 4년 5. 5년 6. 기타 ( )년 7. 단기계약 (1년미만) 8. 없음	낙찰자선정방법 1. 적격심사 2. 협상에의한계약 3. 최저가낙찰제 4. 규격가격분리 5. 2단계 경쟁입찰 6. 기타 ( ) 7. 없음	운영예산 산정 1. 내부산정 (지자체 자체적으로 산정) 2. 외부산정 (외부전문기관위탁 산정) 3. 내·외부 모두 산정 4. 산정 無 5. 없음	정산방법 1. 내부정산 (지자체 내부적으로 정산) 2. 외부정산 (외부전문기관위탁 정산) 3. 내·외부 모두 산정 4. 정산 無 5. 없음	1. 실시 2. 미실시 3. 향후 추진 4. 해당없음
3278	강원 강릉시	재난대비소방기술경연대회지원	25,000	3	4	7	8	7	5	5	4
3279	강원 강릉시	제18회경포배전국배드민턴대회	25,000	3	1	7	8	7	5	5	4
3280	강원 강릉시	노인여가복지시설종합운영워크숍	25,000	3	1	7	8	7	5	5	4
3281	강원 강릉시	강릉관광전국사진공모전	24,000	3	1	7	8	7	5	5	4
3282	강원 강릉시	시민컬링대회개최	24,000	3	4	7	8	7	5	5	4
3283	강원 강릉시	어르신여가활동지원(4개대회)	24,000	3	1	7	8	7	5	5	4
3284	강원 강릉시	제21회전국가족탁구대회	22,000	3	1	7	8	7	5	5	4
3285	강원 강릉시	강릉시양성평등대회	22,000	3	4	7	8	7	5	5	4
3286	강원 강릉시	주민자치위원워크숍지원	20,000	3	4	7	8	7	5	5	4
3287	강원 강릉시	의용소방대의날행사지원	20,000	3	4	7	8	7	5	5	4
3288	강원 강릉시	골목상권활성화행사지원	20,000	3	4	7	8	7	5	5	4
3289	강원 강릉시	민족예술축전	20,000	3	1	7	8	7	5	5	4
3290	강원 강릉시	아트강릉24	20,000	3	1	7	8	7	5	5	4
3291	강원 강릉시	강원연극제참가	20,000	3	1	7	8	7	5	5	4
3292	강원 강릉시	칸타빌레윈드앙상블음악회	20,000	3	1	7	8	7	5	5	4
3293	강원 강릉시	강릉해양문화시민강좌	20,000	3	1	7	8	7	5	5	4
3294	강원 강릉시	홍무대왕대제문화행사	20,000	3	7	7	8	7	5	5	4
3295	강원 강릉시	초당미식로드축제	20,000	3	1	7	8	7	5	5	4
3296	강원 강릉시	2024강원특별자치도댄스페스티벌	20,000	3	1	7	8	7	5	5	4
3297	강원 강릉시	컬링종목활성화지원	20,000	3	1	7	8	7	5	5	4
3298	강원 강릉시	어촌계성황제	20,000	3	1	7	8	7	5	5	4
3299	강원 강릉시	실버가요제지원	20,000	3	1	7	8	7	5	5	4
3300	강원 강릉시	무형문화재(공개행사)전승지원	19,000	3	1	7	8	7	5	5	4
3301	강원 강릉시	주민자치센터우수프로그램경연대회지원	18,000	3	4	7	8	7	5	5	4
3302	강원 강릉시	강원도한마음전진대회참가지원	18,000	3	4	7	8	7	5	5	4
3303	강원 강릉시	대한민국농악축제	18,000	3	1	7	8	7	5	5	4
3304	강원 강릉시	자율방범대한마음대회및방범대원의날기념행사	16,000	3	4	7	8	7	5	5	4
3305	강원 강릉시	학술세미나및학술상	16,000	3	1	7	8	7	5	5	4
3306	강원 강릉시	각종컬링대회개최	16,000	3	4	7	8	7	5	5	4
3307	강원 강릉시	수산업경영인대회행사참가지원	16,000	3	6	7	8	7	5	5	4
3308	강원 강릉시	매월당축제(심포지엄및공연)지원	15,200	3	7	7	8	7	5	5	4
3309	강원 강릉시	강릉말(사투리)보존및전승	15,000	3	1	7	8	7	5	5	4
3310	강원 강릉시	경포벚꽃잔치야외무대설치및공연	15,000	3	1	7	8	7	5	5	4
3311	강원 강릉시	2024율곡제강원특별자치도남여궁도대회	15,000	3	4	7	8	7	5	5	4
3312	강원 강릉시	2024솔향기초중야구대회	15,000	3	4	7	8	7	5	5	4
3313	강원 강릉시	악단공연활동지원	14,000	3	1	7	8	7	5	5	4
3314	강원 강릉시	솔향콘서트	14,000	3	1	7	8	7	5	5	4
3315	강원 강릉시	전국사진공모전	13,200	3	1	7	8	7	5	5	4
3316	강원 강릉시	사회적경제한마당행사	12,000	3	4	7	8	7	5	5	4
3317	강원 강릉시	제36회임해배전국테니스대회	12,000	3	1	7	8	7	5	5	4

순번	시군구	지출명 (사업명)	2024년예산 (단위 : 천원 /1년간)	민간이전 분류 (지방자치단체 세출예산 집행기준에 의거) 1. 민간경상사업보조(307-02) 2. 민간단체 법정운영비보조(307-03) 3. 민간행사사업보조(307-04) 4. 민간위탁금(307-05) 5. 사회복지시설 법정운영비보조(307-10) 6. 민간인위탁교육비(307-12) 7. 공기관등에대한경상적위탁사업비(308-13) 8. 민간자본사업보조,자체재원(402-01) 9. 민간자본사업보조,이전재원(402-02) 10. 민간위탁사업비(402-03) 11. 공기관등에 대한 자본적 위탁사업비(403-02)	민간이전지출 근거 (지방보조금 관리기준 참고) 1. 법률에 규정 2. 국고보조 재원(국가지정) 3. 용도 지정 기부금 4. 조례에 직접규정 5. 지자체가 권장하는 사업을 하는 공공기관 6. 시,도 정책 및 재정사정 7. 기타 8. 해당없음	입찰방식 계약체결방법 (경쟁형태) 1. 일반경쟁 2. 제한경쟁 3. 지명경쟁 4. 수의계약 5. 법정위탁 6. 기타 ( ) 7. 없음	입찰방식 계약기간 1. 1년 2. 2년 3. 3년 4. 4년 5. 5년 6. 기타 ( )년 7. 단기계약 (1년미만) 8. 없음	입찰방식 낙찰자선정방법 1. 적격심사 2. 협상에의한계약 3. 최저가낙찰제 4. 규격가격분리 5. 2단계 경쟁입찰 6. 기타 ( ) 7. 없음	운영예산 산정 운영예산 산정 1. 내부산정 (지자체 자체적으로 산정) 2. 외부산정 (외부전문기관위탁 산정) 3. 내·외부 모두 산정 4. 산정 無 5. 없음	운영예산 산정 정산방법 1. 내부정산 (지자체 내부적으로 정산) 2. 외부정산 (외부전문기관위탁 정산) 3. 내·외부 모두 산정 4. 정산 無 5. 없음	성과평가 실시여부 1. 실시 2. 미실시 3. 향후 추진 4. 해당없음
3318	강원 강릉시	장애인인권영화제지원	12,000	3	1	7	8	7	5	5	4
3319	강원 강릉시	강릉사진축전	11,200	3	1	7	8	7	5	5	4
3320	강원 강릉시	위촌리도배례행사지원	11,000	3	7	7	8	7	5	5	4
3321	강원 강릉시	노인의날행사	11,000	3	1	7	8	7	5	5	4
3322	강원 강릉시	보훈문화제행사운영	10,500	3	4	7	8	7	5	5	4
3323	강원 강릉시	김동명문학축전	10,000	3	1	7	8	7	5	5	4
3324	강원 강릉시	31절강릉시민건강달리기대회	10,000	3	4	7	8	7	5	5	4
3325	강원 강릉시	기타대회지원(장애인체육)	10,000	3	4	7	8	7	5	5	4
3326	강원 강릉시	2024경포배전국우드볼대회	10,000	3	4	7	8	7	5	5	4
3327	강원 강릉시	어촌전통문화무형문화재계승	10,000	3	1	7	8	7	5	5	4
3328	강원 강릉시	강릉문학상	9,600	3	1	7	8	7	5	5	4
3329	강원 강릉시	강릉예술인상	8,000	3	1	7	8	7	5	5	4
3330	강원 강릉시	건금마을용물달기전승지원	8,000	3	7	7	8	7	5	5	4
3331	강원 강릉시	강원특별자치도쇠명인한마당	8,000	3	1	7	8	7	5	5	4
3332	강원 강릉시	제15회강릉시장배시민골프대회	8,000	3	4	7	8	7	5	5	4
3333	강원 강릉시	2024강원특별자치도장애인어울림게이트볼대회	8,000	3	1	7	8	7	5	5	4
3334	강원 강릉시	제8회경포배강원특별자치도테니스대회	8,000	3	4	7	8	7	5	5	4
3335	강원 강릉시	어버이날행사	8,000	3	1	7	8	7	5	5	4
3336	강원 강릉시	안보역량강화행사지원	7,000	3	1	7	8	7	5	5	4
3337	강원 강릉시	제3회강릉시장배유소년수영대회	7,000	3	4	7	8	7	5	5	4
3338	강원 강릉시	2024시군지회대항전(장애인)	7,000	3	1	7	8	7	5	5	4
3339	강원 강릉시	노인대학프로그램발표회	7,000	3	1	7	8	7	5	5	4
3340	강원 강릉시	경로당프로그램발표회	7,000	3	6	7	8	7	5	5	4
3341	강원 강릉시	출향시민회지원	6,900	3	4	7	8	7	5	5	4
3342	강원 강릉시	2024강릉자전거대행진	6,000	3	4	7	8	7	5	5	4
3343	강원 강릉시	전국강원양성평등대회참가	6,000	3	4	7	8	7	5	5	4
3344	강원 강릉시	풍년농사기원제	6,000	3	7	7	8	7	5	5	4
3345	강원 강릉시	2024강릉시장기육상대회	5,600	3	4	7	8	7	5	5	4
3346	강원 강릉시	신사임당열선양사업	5,600	3	4	7	8	7	5	5	4
3347	강원 강릉시	강릉시한마음대회지원	5,400	3	1	7	8	7	5	5	4
3348	강원 강릉시	강원특별자치도노사민정한마음체육대회	5,400	3	1	7	8	7	5	5	4
3349	강원 강릉시	허난설헌추모헌다례	5,300	3	4	7	8	7	5	5	4
3350	강원 강릉시	근로자의날행사지원	5,000	3	1	7	8	7	5	5	4
3351	강원 강릉시	소상공인의날행사지원	5,000	3	4	7	8	7	5	5	4
3352	강원 강릉시	강릉미술작가특별전	5,000	3	1	7	8	7	5	5	4
3353	강원 강릉시	강릉향교기로연행사지원	5,000	3	1	7	8	7	5	5	4
3354	강원 강릉시	찾아가는관노가면인형극공연지원	5,000	3	1	7	8	7	5	5	4
3355	강원 강릉시	2024강원특별자치도내우수클럽3인조볼링대회	5,000	3	1	7	8	7	5	5	4
3356	강원 강릉시	택시가족체육대회지원	4,000	3	1	7	8	7	5	5	4
3357	강원 강릉시	전적지추념행사지원	4,000	3	4	7	8	7	5	5	4

순번	시군구	지출명 (사업명)	2024년예산 (단위 : 천원 /1년간)	민간이전 분류 (지방자치단체 세출예산 집행기준에 의거) 1. 민간경상사업보조(307-02) 2. 민간단체 법정운영비보조(307-03) 3. 민간행사사업보조(307-04) 4. 민간위탁금(307-05) 5. 사회복지시설 법정운영비보조(307-10) 6. 민간인위탁교육비(307-12) 7. 공기관등에대한경상적위탁사업비(308-13) 8. 민간자본사업보조,자체재원(402-01) 9. 민간자본사업보조,이전재원(402-02) 10. 민간위탁사업비(402-03) 11. 공기관등에 대한 자본적 위탁사업비(403-02)	민간이전지출 근거 (지방보조금 관리기준 참고) 1. 법률에 규정 2. 국고보조 재원(국가지정) 3. 용도 지정 기부금 4. 조례에 직접규정 5. 지자체가 권장하는 사업을 하는 공공기관 6. 시,도 정책 및 재정사정 7. 기타 8. 해당없음	입찰방식 계약체결방법 (경쟁형태) 1. 일반경쟁 2. 제한경쟁 3. 지명경쟁 4. 수의계약 5. 법정위탁 6. 기타 ( ) 7. 없음	입찰방식 계약기간 1. 1년 2. 2년 3. 3년 4. 4년 5. 5년 6. 기타 ( )년 7. 단기계약 (1년미만) 8. 없음	입찰방식 낙찰자선정방법 1. 적격심사 2. 협상에의한계약 3. 최저가낙찰제 4. 규격가격분리 5. 2단계 경쟁입찰 6. 기타 ( ) 7. 없음	운영예산 산정 운영예산 산정 1. 내부산정 (지자체 자체적으로 산정) 2. 외부산정 (외부전문기관위탁 산정) 3. 내·외부 모두 산정 4. 산정 無 5. 없음	운영예산 산정 정산방법 1. 내부정산 (지자체 내부적으로 정산) 2. 외부정산 (외부전문기관위탁 정산) 3. 내·외부 모두 산정 4. 정산 無 5. 없음	성과평가 실시여부 1. 실시 2. 미실시 3. 향후 추진 4. 해당없음
3358	강원 강릉시	축산인한마음대회행사지원	4,000	3	1	7	8	7	5	5	4
3359	강원 강릉시	소금강청학제	3,000	3	2	7	8	7	5	5	4
3360	강원 강릉시	북한이탈주민정착지원사업	2,200	3	4	7	8	7	5	5	4
3361	강원 강릉시	어려운가정및다문화전통혼례지원	2,000	3	1	7	8	7	5	5	4
3362	강원 강릉시	민족통일시민한마음대회	1,500	3	1	7	8	7	5	5	4
3363	강원 강릉시	2024시니어볼링강원특별자치도연맹회장기볼링대회	1,500	3	1	7	8	7	5	5	4
3364	강원 강릉시	연날리기대회참가	1,000	3	1	7	8	7	5	5	4
3365	강원 동해시	전국단위대회개최	521,000	3	4	7	8	7	1	1	4
3366	강원 동해시	2024망상뮤직페스티벌	160,000	3	4	7	8	7	5	1	1
3367	강원 동해시	2024춘계전국하키대회	120,000	3	4	7	8	7	1	1	4
3368	강원 동해시	리틀K리그전국유소년축구대회왕중왕전	110,000	3	4	7	8	7	1	1	4
3369	강원 동해시	시단위대회개최	85,000	3	4	7	8	7	1	1	4
3370	강원 동해시	지역예술인활동지원사업	70,000	3	4	7	8	7	5	1	1
3371	강원 동해시	도단위대회개최	52,000	3	4	7	8	7	1	1	4
3372	강원 동해시	선도농업인대회추진	40,000	3	4	4	1	7	5	5	1
3373	강원 동해시	찾아가는문화활동지원사업	26,667	3	4	7	8	7	5	1	1
3374	강원 동해시	2024장애인체육대회개최	12,000	3	4	7	8	7	1	1	4
3375	강원 동해시	수산인의날기념행사지원	8,664	3	6	7	8	7	5	5	4
3376	강원 동해시	박물관,미술관운영활성화사업	6,150	3	4	7	8	7	5	1	1
3377	강원 동해시	전통문화전승보존	5,000	3	4	7	8	7	5	1	1
3378	강원 동해시	예술인한마당지원사업	5,000	3	4	7	8	7	5	1	1
3379	강원 동해시	동해망상농악보존회전승지원	3,500	3	4	7	8	7	5	1	1
3380	강원 태백시	전국추계대학축구연맹전	450,000	3	1	7	8	7	1	1	1
3381	강원 태백시	1,2학년전국대학축구연맹전	358,863	3	1	7	8	7	1	1	1
3382	강원 태백시	태권도전국종별선수권대회	283,260	3	1	7	8	7	1	1	1
3383	강원 태백시	대한태권도협회장기전국단체대항태권도대회	279,066	3	1	7	8	7	1	1	1
3384	강원 태백시	태백트랙페스티벌	200,000	3	1	7	8	7	1	1	1
3385	강원 태백시	강원도민체전참가	182,280	3	1	7	8	7	1	1	1
3386	강원 태백시	태권도국가대표최종선발대회	179,897	3	1	7	8	7	1	1	1
3387	강원 태백시	태백시장배스피드페스티벌	170,000	3	1	7	8	7	1	1	1
3388	강원 태백시	키스포츠페스티벌	160,000	3	1	7	8	7	1	1	1
3389	강원 태백시	전국및도단위생활체육대회참가	117,487	3	1	7	8	7	1	1	1
3390	강원 태백시	태백산배전국3C당구대회	107,000	3	1	7	8	7	1	1	1
3391	강원 태백시	시장기생활체육대회	103,830	3	1	7	8	7	1	1	1
3392	강원 태백시	전국어울림생활체육대축전	97,727	3	1	7	8	7	1	1	1
3393	강원 태백시	태백시장기리틀야구대회	92,046	3	1	7	8	7	1	1	1
3394	강원 태백시	프로복싱WBF인터내셔널타이틀매치및국제랭킹전	89,540	3	1	7	8	7	1	1	1
3395	강원 태백시	전국대학핸드볼통합리그(1차,2차,파이널대회)	88,377	3	1	7	8	7	1	1	1
3396	강원 태백시	전국3대3농구대회	84,600	3	1	7	8	7	1	1	1
3397	강원 태백시	태백산배전국유소년축구대회	79,673	3	1	7	8	7	1	1	1

순번	시군구	지출명 (사업명)	2024년예산 (단위 : 천원 /1년간)	민간이전 분류 (지방자치단체 세출예산 집행기준에 의거) 1. 민간경상사업보조(307-02) 2. 민간단체 법정운영비보조(307-03) 3. 민간행사사업보조(307-04) 4. 민간위탁금(307-05) 5. 사회복지시설 법정운영비보조(307-10) 6. 민간인위탁교육비(307-12) 7. 공기관등에대한경상적위탁사업비(308-13) 8. 민간자본사업보조,자체재원(402-01) 9. 민간자본사업보조,이전재원(402-02) 10. 민간위탁사업비(402-03) 11. 공기관등에 대한 자본적 위탁사업비(403-02)	민간이전지출 근거 (지방보조금 관리기준 참고) 1. 법률에 규정 2. 국고보조 재원(국가지정) 3. 용도 지정 기부금 4. 조례에 직접규정 5. 지자체가 권장하는 사업을 하는 공공기관 6. 시,도 정책 및 재정사정 7. 기타 8. 해당없음	입찰방식: 계약체결방법 (경쟁형태) 1. 일반경쟁 2. 제한경쟁 3. 지명경쟁 4. 수의계약 5. 법정위탁 6. 기타 ( ) 7. 없음	입찰방식: 계약기간 1. 1년 2. 2년 3. 3년 4. 4년 5. 5년 6. 기타 ( )년 7. 단기계약 (1년미만) 8. 없음	입찰방식: 낙찰자선정방법 1. 적격심사 2. 협상에의한계약 3. 최저가낙찰제 4. 규격가격분리 5. 2단계 경쟁입찰 6. 기타 ( ) 7. 없음	운영예산 산정: 운영예산 산정 1. 내부산정 (지자체 자체적으로 산정) 2. 외부산정 (외부전문기관위탁 산정) 3. 내·외부 모두 산정 4. 산정 無 5. 없음	운영예산 산정: 정산방법 1. 내부정산 (지자체 내부적으로 정산) 2. 외부정산 (외부전문기관위탁 정산) 3. 내·외부 모두 산정 4. 정산 無 5. 없음	성과평가 실시여부 1. 실시 2. 미실시 3. 향후 추진 4. 해당없음
3398	강원 태백시	전국종별선수권대회(스노보드)	70,310	3	1	7	8	7	1	1	1
3399	강원 태백시	사회복지사업운영활성화(여성)	70,000	3	1	7	8	7	1	1	1
3400	강원 태백시	태백시야구왕중왕전	65,430	3	1	7	8	7	1	1	1
3401	강원 태백시	강원특별자치도야구소프트볼협회장기야구대회	61,678	3	1	7	8	7	1	1	1
3402	강원 태백시	태백시장배전국파크골프대회	60,000	3	1	7	8	7	1	1	1
3403	강원 태백시	태백산컵여자프로볼링대회	58,700	3	1	7	8	7	1	1	1
3404	강원 태백시	백두대간기강원도클럽대항축구대회	54,394	3	1	7	8	7	1	1	1
3405	강원 태백시	대한핸드볼협회장기전국초등핸드볼대회	54,000	3	1	7	8	7	1	1	1
3406	강원 태백시	태백바둑대축제태백시장배아마기성전	50,000	3	1	7	8	7	1	1	1
3407	강원 태백시	강원도어르신생활체육대회참가	45,630	3	1	7	8	7	1	1	1
3408	강원 태백시	태백시권투왕중왕전	42,340	3	1	7	8	7	1	1	1
3409	강원 태백시	태백시장배전국실업농구연맹전	40,000	3	1	7	8	7	1	1	1
3410	강원 태백시	태백시협회장배T리그축구대회	40,000	3	1	7	8	7	1	1	1
3411	강원 태백시	태백시장배전국유소년알파인스키대회	40,000	3	1	7	8	7	1	1	1
3412	강원 태백시	태백산배생활체육탁구대회	39,326	3	1	7	8	7	1	1	1
3413	강원 태백시	태백산배전국동호인배드민턴대회	35,500	3	1	7	8	7	1	1	1
3414	강원 태백시	태백관광전국사진공모전	35,230	3	4	7	8	7	1	1	1
3415	강원 태백시	제41회강원연극제개최지원	35,162	3	1	7	8	7	1	1	1
3416	강원 태백시	태백시농구왕중왕전	34,244	3	1	7	8	7	1	1	1
3417	강원 태백시	태백산타런스노우트레일대회	32,100	3	1	7	8	7	1	1	1
3418	강원 태백시	전국및도단위엘리트체육대회참가	29,148	3	1	7	8	7	1	1	1
3419	강원 태백시	강원도민생활체육대회참가	27,920	3	1	7	8	7	1	1	1
3420	강원 태백시	강원특별자치도협회장기생활체육탁구대회	27,750	3	1	7	8	7	1	1	1
3421	강원 태백시	강원특별자치도협회장기게이트볼대회개최	27,042	3	1	7	8	7	1	1	1
3422	강원 태백시	삼일절기념건강달리기대회	23,188	3	1	7	8	7	1	1	1
3423	강원 태백시	노인관련대회및행사참가지원	23,030	3	1	7	8	7	1	1	1
3424	강원 태백시	태백산배전국동호인테니스대회	22,344	3	1	7	8	7	1	1	1
3425	강원 태백시	고향희망심기사업	20,000	3	4	7	8	7	1	1	1
3426	강원 태백시	철쭉제대체축제개발	17,730	3	4	7	8	7	1	1	1
3427	강원 태백시	청소년활동지원	17,650	3	1	7	8	7	1	1	3
3428	강원 태백시	태백시장기도내남여궁도대회	14,496	3	1	7	8	7	1	1	1
3429	강원 태백시	자연유산민속행사지원(한강발원제)	14,310	3	1	7	8	7	1	1	1
3430	강원 태백시	장애인생활체육대회	12,898	3	1	7	8	7	1	1	1
3431	강원 태백시	주요제례행사지원(낙동강발원제)	11,984	3	1	7	8	7	1	1	1
3432	강원 태백시	태백시장배강원특별자치도그라운드골프대회	11,760	3	1	7	8	7	1	1	1
3433	강원 태백시	양대강발원지잇기시민건강달리기대회	10,180	3	1	7	8	7	1	1	1
3434	강원 태백시	지역노사민정협력활성화	9,800	3	1	7	8	7	1	1	3
3435	강원 태백시	태백산눈축제배볼링대회	7,150	3	1	7	8	7	1	1	1
3436	강원 태백시	노후사회참여프로그램지원	7,120	3	1	7	8	7	1	1	1
3437	강원 태백시	노사민정한마음체육대회	5,400	3	1	7	8	7	1	1	3

순번	시군구	지출명 (사업명)	2024년예산 (단위 : 천원 /1년간)	민간이전 분류 (지방자치단체 세출예산 집행기준에 의거) 1. 민간경상사업보조(307-02) 2. 민간단체 법정운영비보조(307-03) 3. 민간행사사업보조(307-04) 4. 민간위탁금(307-05) 5. 사회복지시설 법정운영비보조(307-10) 6. 민간인위탁교육비(307-12) 7. 공기관등에대한경상적위탁사업비(308-13) 8. 민간자본사업보조,자체재원(402-01) 9. 민간자본사업보조,이전재원(402-02) 10. 민간위탁사업비(402-03) 11. 공기관등에 대한 자본적 위탁사업비(403-02)	민간이전지출 근거 (지방보조금 관리기준 참고) 1. 법률에 규정 2. 국고보조 재원(국가지정) 3. 용도 지정 기부금 4. 조례에 직접규정 5. 지자체가 권장하는 사업을 하는 공공기관 6. 시,도 정책 및 재정사정 7. 기타 8. 해당없음	입찰방식 계약체결방법 (경쟁형태) 1. 일반경쟁 2. 제한경쟁 3. 지명경쟁 4. 수의계약 5. 법정위탁 6. 기타 ( ) 7. 없음	입찰방식 계약기간 1. 1년 2. 2년 3. 3년 4. 4년 5. 5년 6. 기타 ( )년 7. 단기계약 (1년미만) 8. 없음	입찰방식 낙찰자선정방법 1. 적격심사 2. 협상에의한계약 3. 최저가낙찰제 4. 규격가격분리 5. 2단계 경쟁입찰 6. 기타 ( ) 7. 없음	운영예산 산정 운영예산 산정 1. 내부산정 (지자체 자체적으로 산정) 2. 외부산정 (외부전문기관위탁 산정) 3. 내·외부 모두 산정 4. 산정 無 5. 없음	운영예산 산정 정산방법 1. 내부정산 (지자체 내부적으로 정산) 2. 외부정산 (외부전문기관위탁 정산) 3. 내·외부 모두 산정 4. 정산 無 5. 없음	성과평가 실시여부 1. 실시 2. 미실시 3. 향후 추진 4. 해당없음
3438	강원 태백시	지역소방지원	4,665	3	4	7	8	7	1	1	1
3439	강원 태백시	사회복지협의회지원	4,300	3	1	7	8	7	1	1	3
3440	강원 태백시	태백시생활체육육성및지원	3,600	3	1	7	8	7	1	1	1
3441	강원 속초시	설악무산문화축전	390,000	3	4	7	8	7	3	1	1
3442	강원 속초시	제13회속초시장기전국리틀야구대회	162,000	3	6	7	8	7	3	1	1
3443	강원 속초시	비주택슬레이트처리지원	108,000	3	4	7	8	7	3	1	1
3444	강원 속초시	속초시장기(시민생활체육)대회개최	98,200	3	4	7	8	7	3	1	1
3445	강원 속초시	2024년동하계전지훈련	89,100	3	6	7	8	7	3	1	1
3446	강원 속초시	속초설악배전국초중축구대회개최	80,000	3	6	7	8	7	3	1	1
3447	강원 속초시	제35회속초종합예술제	58,000	3	4	7	8	7	3	1	1
3448	강원 속초시	속초시협회장기(배)대회개최	51,500	3	6	7	8	7	3	1	1
3449	강원 속초시	정월대보름한마당	49,750	3	4	7	8	7	3	1	1
3450	강원 속초시	농업인의날행사	35,000	3	4	7	8	7	1	1	1
3451	강원 속초시	해양레저스포츠교육프로그램	34,000	3	8	7	8	7	3	1	1
3452	강원 속초시	장애인의날행사지원	30,000	3	4	7	8	7	3	1	1
3453	강원 속초시	2024년설악산신흥사배축구대회	29,604	3	6	7	8	7	3	1	1
3454	강원 속초시	제4회설악배강원특별자치도유소년야구대회	27,000	3	6	7	8	7	3	1	1
3455	강원 속초시	제1회설악배전국오픈배드민턴대회	26,235	3	6	7	8	7	3	1	1
3456	강원 속초시	반려견문화축제	24,300	3	4	7	8	7	1	1	1
3457	강원 속초시	설악벚꽃축제	20,700	3	4	7	8	7	1	1	1
3458	강원 속초시	주민자치위원한마음대회	19,570	3	1	7	8	7	3	1	1
3459	강원 속초시	속초시체육회장배체육대회개최	18,000	3	6	7	8	7	3	1	1
3460	강원 속초시	유기동물입양행사	18,000	3	4	7	8	7	1	1	1
3461	강원 속초시	제11회갯배예술제	17,000	3	4	7	8	7	3	1	1
3462	강원 속초시	속초시통장한마음대회	16,605	3	4	7	8	7	3	1	1
3463	강원 속초시	2024년송년예술제	15,000	3	4	7	8	7	3	1	1
3464	강원 속초시	2024예술축전	15,000	3	4	7	8	7	3	1	1
3465	강원 속초시	속초양성평등대회	15,000	3	6	7	8	7	3	1	1
3466	강원 속초시	어린이집보육아동놀이한마당	15,000	3	1	7	8	7	3	1	1
3467	강원 속초시	아름다운동행우리는한가족행사지원비	13,800	3	6	7	8	7	3	1	1
3468	강원 속초시	지체장애인협회장애인한마음전진대회개최지원	12,570	3	4	7	8	7	3	1	1
3469	강원 속초시	제7회설악배전국동호인테니스대회	12,005	3	6	7	8	7	3	1	1
3470	강원 속초시	노인의날행사지원	12,000	3	4	7	8	7	3	1	1
3471	강원 속초시	설악배강원특별자치도동호인테니스대회	11,880	3	6	7	8	7	3	1	1
3472	강원 속초시	채낚기경영인협회단합대회지원	10,800	3	1	7	8	7	3	1	1
3473	강원 속초시	정월대보름사자놀이지신밟기	10,750	3	4	7	8	7	3	1	1
3474	강원 속초시	자원봉사자대회	10,000	3	1	7	8	7	3	1	1
3475	강원 속초시	제16회설악배강원특별자치도야구대회	10,000	3	6	7	8	7	3	1	1
3476	강원 속초시	스물아홉번째민족예술제	9,000	3	4	7	8	7	3	1	1
3477	강원 속초시	2024년속초설악건강마라톤대회	9,000	3	6	7	8	7	3	1	1

순번	시군구	지출명 (사업명)	2024년예산 (단위 : 천원 /1년간)	민간이전 분류 (지방자치단체 세출예산 집행기준에 의거) 1. 민간경상사업보조(307-02) 2. 민간단체 법정운영비보조(307-03) 3. 민간행사사업보조(307-04) 4. 민간위탁금(307-05) 5. 사회복지시설 법정운영비보조(307-10) 6. 민간인위탁교육비(307-12) 7. 공기관등에대한경상적위탁사업비(308-13) 8. 민간자본사업보조,자체재원(402-01) 9. 민간자본사업보조,이전재원(402-02) 10. 민간위탁사업비(402-03) 11. 공기관등에 대한 자본적 위탁사업비(403-02)	민간이전지출 근거 (지방보조금 관리기준 참고) 1. 법률에 규정 2. 국고보조 재원(국가지정) 3. 용도 지정 기부금 4. 조례에 직접규정 5. 지자체가 권장하는 사업을 하는 공공기관 6. 시,도 정책 및 재정사정 7. 기타 8. 해당없음	입찰방식: 계약체결방법 (경쟁형태) 1. 일반경쟁 2. 제한경쟁 3. 지명경쟁 4. 수의계약 5. 법정위탁 6. 기타 ( ) 7. 없음	입찰방식: 계약기간 1. 1년 2. 2년 3. 3년 4. 4년 5. 5년 6. 기타 ( )년 7. 단기계약 (1년미만) 8. 없음	입찰방식: 낙찰자선정방법 1. 적격심사 2. 협상에의한계약 3. 최저가낙찰제 4. 규격가격분리 5. 2단계 경쟁입찰 6. 기타 ( ) 7. 없음	운영예산 산정: 운영예산 산정 1. 내부산정 (지자체 자체적으로 산정) 2. 외부산정 (외부전문기관위탁 산정) 3. 내·외부 모두 산정 4. 산정 無 5. 없음	운영예산 산정: 정산방법 1. 내부정산 (지자체 내부적으로 정산) 2. 외부정산 (외부전문기관위탁 정산) 3. 내·외부 모두 산정 4. 정산 無 5. 없음	성과평가 실시여부 1. 실시 2. 미실시 3. 향후 추진 4. 해당없음
3478	강원 속초시	제8회설악배족구대회	8,945	3	6	7	8	7	3	1	1
3479	강원 속초시	여성지도자역량강화워크숍	8,750	3	6	7	8	7	3	1	1
3480	강원 속초시	강원학생바둑최강전개최	8,420	3	6	7	8	7	3	1	1
3481	강원 속초시	도무형문화재(속초도문농요)공개행사	7,500	3	4	7	8	7	3	1	1
3482	강원 속초시	의용소방대소방기술경연대회개최지원	7,300	3	4	7	8	7	3	1	1
3483	강원 속초시	장애인과함께하는지역탐방사업	7,000	3	4	7	8	7	3	1	1
3484	강원 속초시	속초시보육인대회지원	5,600	3	1	7	8	7	3	1	1
3485	강원 속초시	속초시노인회장기한궁대회	5,350	3	4	7	8	7	3	1	1
3486	강원 속초시	2024강원특별자치도장애인보치아경기대회개최	5,000	3	6	7	8	7	3	1	1
3487	강원 속초시	속초시자율방범연합대직무경진대회	4,860	3	1	7	8	7	3	1	1
3488	강원 속초시	제36회조광배족구대회	4,735	3	6	7	8	7	3	1	1
3489	강원 속초시	일본군위안부피해자기림의날기념식	4,320	3	6	7	8	7	3	1	1
3490	강원 속초시	2024년초중등축구주말리그	4,317	3	6	7	8	7	3	1	1
3491	강원 속초시	2024설악배농아인게이트볼대회개최	4,200	3	6	7	8	7	3	1	1
3492	강원 속초시	의용소방대의날기념행사개최지원	3,850	3	4	7	8	7	3	1	1
3493	강원 속초시	바르게살기운동한마음대회	3,820	3	1	7	8	7	3	1	1
3494	강원 속초시	어린이날카누무료체험행사	3,804	3	6	7	8	7	3	1	1
3495	강원 속초시	소상공인의날행사지원	3,780	3	1	7	8	7	3	1	1
3496	강원 속초시	강원특별자치도시니어볼링대회	3,700	3	6	7	8	7	3	1	1
3497	강원 속초시	제3회속초시자율방범인의날행사	3,600	3	1	7	8	7	3	1	1
3498	강원 속초시	설악권3개시군체육회연합체육대회	3,590	3	6	7	8	7	3	1	1
3499	강원 속초시	도무형문화재(속초사자놀이)공개행사	3,500	3	4	7	8	7	3	1	1
3500	강원 속초시	새마을지도자한마음대회	3,000	3	1	7	8	7	3	1	1
3501	강원 속초시	속초설악동소나무당제	2,800	3	2	7	8	7	3	1	1
3502	강원 속초시	제3회설악배청소년농구대회	2,771	3	6	7	8	7	3	1	1
3503	강원 속초시	한빛세상사랑의거리공연개최지원	2,000	3	4	7	8	7	3	1	1
3504	강원 속초시	생활체육교실결산발표회	1,344	3	2	7	8	7	3	1	1
3505	강원 삼척시	정월대보름제행사지원	500,000	3	4	7	8	7	1	1	1
3506	강원 삼척시	황영조국제마라톤대회	350,000	3	7	7	8	7	1	1	4
3507	강원 삼척시	삼척맹방유채꽃행사운영지원	350,000	3	4	7	8	7	1	1	3
3508	강원 삼척시	여성가족부장관기전국태권도대회	288,000	3	7	7	8	7	1	1	4
3509	강원 삼척시	핸드볼선수권대회	200,000	3	7	7	8	7	1	1	4
3510	강원 삼척시	CBS배전국중고배구대회	195,000	3	7	7	8	7	1	1	4
3511	강원 삼척시	삼척시동호인생활체육대회	185,000	3	7	7	8	7	1	1	4
3512	강원 삼척시	삼척동계축구스토브리그	170,000	3	7	7	8	7	1	1	1
3513	강원 삼척시	전국중,고축구페스티발	150,000	3	7	7	8	7	1	1	4
3514	강원 삼척시	동해왕이사부배전국유소년클럽축구대회	130,000	3	7	7	8	7	1	1	4
3515	강원 삼척시	삼척시장배전국동호인족구대회	130,000	3	7	7	8	7	1	1	4
3516	강원 삼척시	2024삼척그란폰도대회	120,000	3	7	7	8	7	1	1	4
3517	강원 삼척시	삼척시장배전국파크골프대회	110,000	3	7	7	8	7	1	1	4

순번	시군구	지출명 (사업명)	2024년예산 (단위 : 천원 /1년간)	민간이전 분류 (지방자치단체 세출예산 집행기준에 의거) 1. 민간경상사업보조(307-02) 2. 민간단체 법정운영비보조(307-03) 3. 민간행사사업보조(307-04) 4. 민간위탁금(307-05) 5. 사회복지시설 법정운영비보조(307-10) 6. 민간인위탁교육비(307-12) 7. 공기관등에대한경상적위탁사업비(308-13) 8. 민간자본사업보조,자체재원(402-01) 9. 민간자본사업보조,이전재원(402-02) 10. 민간위탁사업비(402-03) 11. 공기관등에 대한 자본적 위탁사업비(403-02)	민간이전지출 근거 (지방보조금 관리기준 참고) 1. 법률에 규정 2. 국고보조 재원(국가지정) 3. 용도 지정 기부금 4. 조례에 직접규정 5. 지자체가 권장하는 사업을 하는 공공기관 6. 시,도 정책 및 재정사정 7. 기타 8. 해당없음	입찰방식			운영예산 산정		성과평가 실시여부
						계약체결방법 (경쟁형태) 1. 일반경쟁 2. 제한경쟁 3. 지명경쟁 4. 수의계약 5. 법정위탁 6. 기타 ( ) 7. 없음	계약기간 1. 1년 2. 2년 3. 3년 4. 4년 5. 5년 6. 기타 ( )년 7. 단기계약 (1년미만) 8. 없음	낙찰자선정방법 1. 적격심사 2. 협상에의한계약 3. 최저가낙찰제 4. 규격가격분리 5. 2단계 경쟁입찰 6. 기타 ( ) 7. 없음	운영예산 산정 1. 내부산정 (지자체 자체적으로 산정) 2. 외부산정 (외부전문기관위탁 산정) 3. 내·외부 모두 산정 4. 산정 無 5. 없음	정산방법 1. 내부정산 (지자체 내부적으로 정산) 2. 외부정산 (외부전문기관위탁 정산) 3. 내·외부 모두 산정 4. 정산 無 5. 없음	1. 실시 2. 미실시 3. 향후 추진 4. 해당없음
3518	강원 삼척시	삼척청정수소도시배풋살대회	80,000	3	7	7	8	7	1	1	4
3519	강원 삼척시	대한궁도협회장기전국궁도대회	70,000	3	7	7	8	7	1	1	4
3520	강원 삼척시	수산인의날기념행사지원(도)	68,400	3	1	7	8	7	5	5	4
3521	강원 삼척시	죽서단편영화제개최	50,000	3	4	7	8	7	1	1	1
3522	강원 삼척시	삼척에이스배전국동호인테니스대회	50,000	3	7	7	8	7	1	1	4
3523	강원 삼척시	동해왕이사부장군배전국바다수영대회	50,000	3	7	7	8	7	1	1	4
3524	강원 삼척시	해양레일바이크배강원특별자치도클럽축구대회	50,000	3	7	7	8	7	1	1	4
3525	강원 삼척시	산나물축제	50,000	3	6	7	8	7	1	1	1
3526	강원 삼척시	두타산자연보호등산대회	50,000	3	5	7	8	7	1	1	1
3527	강원 삼척시	삼척시선상낚시대회지원	50,000	3	4	7	8	7	5	5	4
3528	강원 삼척시	신기면환선제지원	40,000	3	4	7	8	7	1	1	1
3529	강원 삼척시	동해왕이사부장군배강원특별자치도게이트볼대회	35,000	3	7	7	8	7	1	1	4
3530	강원 삼척시	강원특별자치도지사기게이트볼대회	33,000	3	7	7	8	7	1	1	4
3531	강원 삼척시	3.1절삼척시민건강달리기대회	25,000	3	7	7	8	7	1	1	4
3532	강원 삼척시	도계읍영등제지원	20,000	3	4	7	8	7	1	1	1
3533	강원 삼척시	삼척포진영영장고혼제및육향문화축전	20,000	3	4	7	8	7	1	1	1
3534	강원 삼척시	삼척시민달리기대회	20,000	3	7	7	8	7	1	1	4
3535	강원 삼척시	삼척시민자전거대행진	20,000	3	7	7	8	7	1	1	4
3536	강원 삼척시	원덕읍영등제지원	15,000	3	4	7	8	7	1	1	1
3537	강원 삼척시	근덕면영등제지원	15,000	3	4	7	8	7	1	1	1
3538	강원 삼척시	하장면영등제지원	10,000	3	4	7	8	7	1	1	1
3539	강원 삼척시	어린이날맞이행복동행한마음대회개최	10,000	3	4	7	8	7	1	1	1
3540	강원 삼척시	삼척시장애인동행연합대회개최	10,000	3	4	7	8	7	1	1	4
3541	강원 삼척시	노곡면영등제지원	8,000	3	4	7	8	7	1	1	4
3542	강원 삼척시	역사인물얼선양	8,000	3	4	7	8	7	1	1	1
3543	강원 삼척시	역사인물얼선양	8,000	3	4	7	8	7	1	1	1
3544	강원 삼척시	삼척시동호인야구대회(리그)	8,000	3	7	7	8	7	1	1	1
3545	강원 삼척시	준경묘 · 영경묘관리및행사지원	6,500	3	4	7	8	7	1	1	4
3546	강원 삼척시	내미로리천제산멕이지원	6,000	3	4	7	8	7	1	1	1
3547	강원 삼척시	역사인물얼선양	6,000	3	4	7	8	7	1	1	1
3548	강원 삼척시	신남마을해신당제례행사지원	5,000	3	4	7	8	7	1	1	1
3549	강원 삼척시	산양서원봉향제지원및관리	5,000	3	4	7	8	7	1	1	1
3550	강원 삼척시	무형문화재공개행사지원(도)	3,500	3	1	7	8	7	1	1	2
3551	강원 삼척시	자연유산민속행사지원	3,329	3	2	7	8	7	1	1	2
3552	강원 삼척시	신기면영등제지원	3,000	3	4	7	8	7	1	1	1
3553	강원 삼척시	지방기념물(식물)제례	3,000	3	4	7	8	7	1	1	1
3554	강원 삼척시	자연유산민속행사지원	2,800	3	2	7	8	7	1	1	2
3555	강원 삼척시	자연유산민속행사지원	2,200	3	4	7	8	7	1	1	1
3556	강원 삼척시	자연유산민속행사지원	2,000	3	2	7	8	7	1	1	2
3557	강원 삼척시	자연유산민속행사지원	2,000	3	4	7	8	7	1	1	1

순번	시군구	지출명 (사업명)	2024년예산 (단위 : 천원 /1년간)	민간이전 분류 (지방자치단체 세출예산 집행기준에 의거) 1. 민간경상사업보조(307-02) 2. 민간단체 법정운영비보조(307-03) 3. 민간행사사업보조(307-04) 4. 민간위탁금(307-05) 5. 사회복지시설 법정운영비보조(307-10) 6. 민간인위탁교육비(307-12) 7. 공기관등에대한경상적위탁사업비(308-13) 8. 민간자본사업보조,자체재원(402-01) 9. 민간자본사업보조,이전재원(402-02) 10. 민간위탁사업비(402-03) 11. 공기관등에 대한 자본적 위탁사업비(403-02)	민간이전지출 근거 (지방보조금 관리기준 참고) 1. 법률에 규정 2. 국고보조 재원(국가지정) 3. 용도 지정 기부금 4. 조례에 직접규정 5. 지자체가 권장하는 사업을 하는 공공기관 6. 시,도 정책 및 재정사정 7. 기타 8. 해당없음	입찰방식: 계약체결방법 (경쟁형태) 1. 일반경쟁 2. 제한경쟁 3. 지명경쟁 4. 수의계약 5. 법정위탁 6. 기타 ( ) 7. 없음	입찰방식: 계약기간 1. 1년 2. 2년 3. 3년 4. 4년 5. 5년 6. 기타 ( )년 7. 단기계약 (1년미만) 8. 없음	입찰방식: 낙찰자선정방법 1. 적격심사 2. 협상에의한계약 3. 최저가낙찰제 4. 규격가격분리 5. 2단계 경쟁입찰 6. 기타 ( ) 7. 없음	운영예산 산정: 운영예산 산정 1. 내부산정 (지자체 자체적으로 산정) 2. 외부산정 (외부전문기관위탁 산정) 3. 내·외부 모두 산정 4. 산정 無 5. 없음	운영예산 산정: 정산방법 1. 내부정산 (지자체 내부적으로 정산) 2. 외부정산 (외부전문기관위탁 정산) 3. 내·외부 모두 산정 4. 정산 無 5. 없음	성과평가 실시여부 1. 실시 2. 미실시 3. 향후 추진 4. 해당없음
3558	강원 삼척시	자연유산민속행사지원	1,671	3	4	7	8	7	1	1	1
3559	강원 횡성군	축산인의날행사지원	30,000	3	4	6	1	7	5	1	1
3560	강원 횡성군	농업인단체지원사업	30,000	3	4	7	1	7	1	1	3
3561	강원 횡성군	저탄소벼논물관리기술보급시범사업	30,000	3	1	4	1	7	1	1	4
3562	강원 횡성군	횡성다문화축제	30,000	3	7	1	3	1	1	1	1
3563	강원 횡성군	농업인의날행사운영지원	25,000	3	5	7	8	7	1	1	1
3564	강원 횡성군	지역자원연계축제지원	20,000	3	4	7	8	7	1	1	1
3565	강원 횡성군	농업인학습단체한마음대회운영지원	18,000	3	5	7	8	7	1	1	1
3566	강원 횡성군	횡성군지역아동센터연합체육대회	3,000	3	8	7	8	7	5	5	1
3567	강원 횡성군	전국및도단위체육대회유치	675,000	3	4	7	7	7	1	1	1
3568	강원 횡성군	면민체육대회지원	290,000	3	4	7	7	7	1	1	1
3569	강원 횡성군	횡성종교문화여행치유순례프로그램지원	170,000	3	4	7	7	7	1	1	1
3570	강원 횡성군	백호기전국중학교야구대회	150,000	3	4	7	7	7	1	1	1
3571	강원 횡성군	금강대기전국유소년축구대회	150,000	3	4	7	7	7	1	1	1
3572	강원 횡성군	협회장기전국초등학교야구대회	150,000	3	4	7	7	7	1	1	1
3573	강원 횡성군	둔내고랭지토마토축제지원	150,000	3	4	7	7	7	1	1	1
3574	강원 횡성군	횡성더덕축제지원	150,000	3	4	7	7	7	1	1	1
3575	강원 횡성군	안흥찐빵축제지원	150,000	3	4	7	7	7	1	1	1
3576	강원 횡성군	횡성군민한마음체육대회개최지원	102,000	3	4	7	7	7	1	1	1
3577	강원 횡성군	전국유소년야구리그	100,000	3	4	7	7	7	1	1	1
3578	강원 횡성군	횡성호수길축제지원	100,000	3	4	7	7	7	1	1	1
3579	강원 횡성군	태종노구문화제지원	100,000	3	4	7	7	7	1	1	1
3580	강원 횡성군	소(牛)맥프리미엄페스티벌지원	100,000	3	4	7	7	7	1	1	1
3581	강원 횡성군	횡성회다지소리민속문화제	100,000	3	4	7	7	7	1	1	1
3582	강원 횡성군	횡성명산등반인증챌린지	60,000	3	5	7	7	7	1	1	1
3583	강원 횡성군	횡성문화원문화사업행사	45,000	3	4	7	7	7	1	1	1
3584	강원 횡성군	회다지소리생생문화재활용사업	40,000	3	4	7	7	7	1	1	1
3585	강원 횡성군	게이트볼대회지원	39,600	3	4	7	7	7	1	1	1
3586	강원 횡성군	스포츠클럽리그제운영	32,000	3	4	7	7	7	1	1	1
3587	강원 횡성군	문화예술사업지원	28,000	3	4	7	7	7	1	1	1
3588	강원 횡성군	41군민만세운동기념행사	25,000	3	4	7	7	7	1	1	1
3589	강원 횡성군	노인체육대회개최	22,000	3	4	7	7	7	1	1	1
3590	강원 횡성군	횡성문화예술제	20,000	3	4	7	7	7	1	1	1
3591	강원 횡성군	전통향교문화전승보전	16,270	3	4	7	7	7	1	1	1
3592	강원 횡성군	여성생활체육활성화	15,000	3	4	7	7	7	1	1	1
3593	강원 횡성군	관내종목별대회개최	13,000	3	4	7	7	7	1	1	1
3594	강원 횡성군	볼링클리닉교실운영	10,000	3	4	7	7	7	1	1	1
3595	강원 횡성군	도무형문화재공개행사지원	7,500	3	4	7	7	7	1	1	1
3596	강원 횡성군	횡성군의용소방대소방기술경연대회및체육대회지원	17,000	3	4	7	8	7	5	5	4
3597	강원 횡성군	나라사랑호국정신함양한마음대회지원	12,000	3	4	7	8	7	1	1	1

순번	시군구	지출명 (사업명)	2024년예산 (단위 : 천원 /1년간)	민간이전 분류 (지방자치단체 세출예산 집행기준에 의거) 1. 민간경상사업보조(307-02) 2. 민간단체 법정운영비보조(307-03) 3. 민간행사사업보조(307-04) 4. 민간위탁금(307-05) 5. 사회복지시설 법정운영비보조(307-10) 6. 민간인위탁교육비(307-12) 7. 공기관등에대한경상적위탁사업비(308-13) 8. 민간자본사업보조,자체재원(402-01) 9. 민간자본사업보조,이전재원(402-02) 10. 민간위탁사업비(402-03) 11. 공기관등에 대한 자본적 위탁사업비(403-02)	민간이전지출 근거 (지방보조금 관리기준 참고) 1. 법률에 규정 2. 국고보조 재원(국가지정) 3. 용도 지정 기부금 4. 조례에 직접규정 5. 지자체가 권장하는 사업을 하는 공공기관 6. 시,도 정책 및 재정사정 7. 기타 8. 해당없음	입찰방식			운영예산 산정		성과평가 실시여부
						계약체결방법 (경쟁형태) 1. 일반경쟁 2. 제한경쟁 3. 지명경쟁 4. 수의계약 5. 법정위탁 6. 기타 ( ) 7. 없음	계약기간 1. 1년 2. 2년 3. 3년 4. 4년 5. 5년 6. 기타 ( )년 7. 단기계약 (1년미만) 8. 없음	낙찰자선정방법 1. 적격심사 2. 협상에의한계약 3. 최저가낙찰제 4. 규격가격분리 5. 2단계 경쟁입찰 6. 기타 ( ) 7. 없음	운영예산 산정 1. 내부산정 (지자체 자체적으로 산정) 2. 외부산정 (외부전문기관위탁 산정) 3. 내·외부 모두 산정 4. 산정 無 5. 없음	정산방법 1. 내부정산 (지자체 내부적으로 정산) 2. 외부정산 (외부전문기관위탁 정산) 3. 내·외부 모두 산정 4. 정산 無 5. 없음	1. 실시 2. 미실시 3. 향후 추진 4. 해당없음
3598	강원 횡성군	제72주년재향군인의날기념식및안보강좌	11,000	3	1	7	8	7	1	1	3
3599	강원 횡성군	자율방범연합대직무경진대회	10,000	3	4	7	8	7	1	1	3
3600	강원 횡성군	해외파병용사의날기념식지원	10,000	3	4	7	8	7	1	1	1
3601	강원 횡성군	횡성군의용소방대원의식고취지원사업	10,000	3	4	7	8	7	5	5	4
3602	강원 횡성군	강원도의용소방대연합회한마음전진대회지원	10,000	3	4	7	8	7	5	5	4
3603	강원 횡성군	3.1절기념횡성군민건강달리기대회	5,000	3	4	7	8	7	1	1	3
3604	강원 횡성군	호국보훈의달기념걷기대회	5,000	3	4	7	8	7	1	1	3
3605	강원 영월군	체육대회유치및스포츠마케팅활성화	700,000	3	1	4	1	7	1	1	1
3606	강원 영월군	능말도깨비놀이상설공연지원	174,900	3	4	7	8	7	1	1	3
3607	강원 영월군	시내관광활성화	100,000	3	4	7	8	7	1	1	3
3608	강원 영월군	군민문화행사지원	70,000	3	4	7	8	7	1	1	3
3609	강원 영월군	영월군수배전국낚시대회개최	69,728	3	1	4	1	7	1	1	1
3610	강원 영월군	이장능력개발지원	55,000	3	4	7	8	7	1	1	1
3611	강원 영월군	영월동강배전국장애인배드민턴대회개최	46,628	3	1	4	1	7	1	1	1
3612	강원 영월군	사회단제공익활동지원	45,000	3	4	7	8	7	1	1	1
3613	강원 영월군	찾아가는문화활동지원	26,667	3	4	7	8	7	1	1	3
3614	강원 영월군	자매도시생활체육교류전개최	24,340	3	1	4	1	7	1	1	1
3615	강원 영월군	영월관광전국사진공모전개최	23,000	3	4	7	8	7	1	1	3
3616	강원 영월군	박물관홍보체험부스운영지원	19,000	3	4	7	8	7	5	1	1
3617	강원 영월군	임업인의날행사지원	15,000	3	1,4	7	8	7	5	5	4
3618	강원 영월군	3.1절건강달리기대회	14,000	3	1	4	1	7	1	1	1
3619	강원 영월군	호국보훈의달건강달리기대회	14,000	3	1	4	1	7	1	1	1
3620	강원 영월군	장애인의날기념행사사업	13,500	3	1	7	8	7	1	1	1
3621	강원 평창군	군민의날지원	320,000	3	4	7	8	7	1	1	1
3622	강원 평창군	노산문화제지원	250,000	3	4	7	8	7	1	1	1
3623	강원 평창군	읍면체육대회지원	120,000	3	4	7	8	7	3	1	1
3624	강원 평창군	평창예총사업지원	120,000	3	4	7	8	7	1	1	1
3625	강원 평창군	평창대관령음악제지원	100,000	3	4	7	8	7	1	1	1
3626	강원 평창군	군수배종목별대회지원	60,000	3	4	7	8	7	3	1	1
3627	강원 평창군	218평창동계올림픽6주년기념행사	35,000	3	4	7	8	7	5	5	4
3628	강원 평창군	청소년재능발전사업행사지원	30,000	3	7	6	1	6	1	1	1
3629	강원 평창군	이장한마음체육대회지원	28,000	3	4	7	8	7	5	5	4
3630	강원 평창군	군의용소방대소방기술경연대회지원	25,000	3	4	7	8	7	5	5	4
3631	강원 평창군	평창어린이행복페스티벌	20,000	3	7	7	8	7	5	5	4
3632	강원 평창군	아리랑풍류한마당공연지원	20,000	3	7	7	8	7	1	1	4
3633	강원 평창군	늘행복한교실화합한마당지원	15,000	3	4	7	7	7	3	1	3
3634	강원 평창군	문화가족작품발표회및송년음악회지원	15,000	3	4	7	8	7	1	1	1
3635	강원 평창군	새마을지도자한마음대회	14,000	3	4	7	8	7	5	5	4
3636	강원 평창군	평창군자율방범대직무경진대회지원	8,500	3	4	7	8	7	5	5	4
3637	강원 평창군	도의용소방대소방기술경연대회지원	8,000	3	4	7	8	7	5	5	4

순번	시군구	지출명 (사업명)	2024년예산 (단위 : 천원 /1년간)	민간이전 분류 (지방자치단체 세출예산 집행기준에 의거) 1. 민간경상사업보조(307-02) 2. 민간단체 법정운영비보조(307-03) 3. 민간행사사업보조(307-04) 4. 민간위탁금(307-05) 5. 사회복지시설 법정운영비보조(307-10) 6. 민간인위탁교육비(307-12) 7. 공기관등에대한경상적위탁사업비(308-13) 8. 민간자본사업보조,자체재원(402-01) 9. 민간자본사업보조,이전재원(402-02) 10. 민간위탁사업비(402-03) 11. 공기관등에 대한 자본적 위탁사업비(403-02)	민간이전지출 근거 (지방보조금 관리기준 참고) 1. 법률에 규정 2. 국고보조 재원(국가지정) 3. 용도 지정 기부금 4. 조례에 직접규정 5. 지자체가 권장하는 사업을 하는 공공기관 6. 시,도 정책 및 재정사정 7. 기타 8. 해당없음	입찰방식 계약체결방법 (경쟁형태) 1. 일반경쟁 2. 제한경쟁 3. 지명경쟁 4. 수의계약 5. 법정위탁 6. 기타 ( ) 7. 없음	입찰방식 계약기간 1. 1년 2. 2년 3. 3년 4. 4년 5. 5년 6. 기타 ( )년 7. 단기계약 (1년미만) 8. 없음	입찰방식 낙찰자선정방법 1. 적격심사 2. 협상에의한계약 3. 최저가낙찰제 4. 규격가격분리 5. 2단계 경쟁입찰 6. 기타 ( ) 7. 없음	운영예산 산정 운영예산 산정 1. 내부산정 (지자체 자체적으로 산정) 2. 외부산정 (외부전문기관위탁 산정) 3. 내·외부 모두 산정 4. 산정 無 5. 없음	운영예산 산정 정산방법 1. 내부정산 (지자체 내부적으로 정산) 2. 외부정산 (외부전문기관위탁 정산) 3. 내·외부 모두 산정 4. 정산 無 5. 없음	성과평가 실시여부 1. 실시 2. 미실시 3. 향후 추진 4. 해당없음
3638	강원 평창군	새마을지도자평가대회지원	6,500	3	4	7	8	7	5	5	4
3639	강원 평창군	통일준비역량함양자문위원워크숍지원	6,000	3	4	7	8	7	5	5	4
3640	강원 평창군	평창군사회적경제공동판매장부스운영지원	6,000	3	4	7	1	7	1	1	1
3641	강원 평창군	의용소방대의날기념행사지원	3,000	3	4	7	8	7	5	5	4
3642	강원 평창군	생활개선회행사지원	3,000	3	6	7	8	7	5	5	4
3643	강원 평창군	평창군청년연합회행사사업지원	2,500	3	4	7	8	7	5	5	4
3644	강원 평창군	6.25전사자유해발굴영결식지원	2,000	3	1	7	8	7	1	1	1
3645	강원 평창군	가산이효석추모식지원	2,000	3	4	7	1	7	1	1	1
3646	강원 정선군	읍면지원금	140,000	3	1	7	8	7	1	1	1
3647	강원 정선군	고한골목길정원박람회(폐기금)	100,000	3	1	7	8	7	1	1	4
3648	강원 정선군	정선정암사자장율사개산문화제	90,000	3	8	7	8	7	1	1	1
3649	강원 정선군	정선정암사시각예술엑서비션(회화전)	50,000	3	8	7	8	7	1	1	1
3650	강원 정선군	정선군양성평등대회개최	45,000	3	1	5	8	7	1	1	1
3651	강원 정선군	정선군농업인의날행사	45,000	3	1	7	8	7	5	5	4
3652	강원 정선군	노인의날기념식(군)및어르신청춘한마당축제	35,000	3	1	7	8	7	1	1	1
3653	강원 정선군	이반장한마음대회지원	33,000	3	4	7	8	7	5	5	2
3654	강원 정선군	이장선진지견학	30,000	3	4	7	8	7	5	5	2
3655	강원 정선군	정선인형극제운영	30,000	3	8	7	8	7	5	5	4
3656	강원 정선군	대회운영비	30,000	3	1	7	8	7	1	1	1
3657	강원 정선군	제44주년사북항쟁기념식행사	30,000	3	4	7	8	7	1	1	4
3658	강원 정선군	농업인단체통합한마음대회	30,000	3	1	7	8	7	5	5	4
3659	강원 정선군	강원푸드박람회참가지원	27,500	3	6	7	8	7	1	1	1
3660	강원 정선군	정선강변가요제	20,000	3	4	7	1	7	1	1	4
3661	강원 정선군	전통산사문화유산활용인문학강의	20,000	3	8	7	8	7	1	1	4
3662	강원 정선군	체육인의밤행사지원	20,000	3	1	7	8	7	1	1	1
3663	강원 정선군	도시민김장축제및농특산물직거래행사지원	20,000	3	6	7	8	7	1	1	1
3664	강원 정선군	정선아리랑제우수농특산물홍보체험행사지원	13,500	3	6	7	8	7	1	1	1
3665	강원 정선군	농업경영인중앙및도대회참가경비	13,000	3	1	7	8	7	5	5	4
3666	강원 정선군	향토음식홍보대축제지원	10,000	3	1	7	8	7	5	5	4
3667	강원 정선군	아리랑제및농업인의날테마식당운영	10,000	3	1	7	8	7	5	5	4
3668	강원 정선군	어린이주간아동복지시설행사지원	8,000	3	6	7	8	7	1	1	1
3669	강원 정선군	군민한마음트레킹대회	8,000	3	1	7	8	7	1	1	1
3670	강원 정선군	자전거대행진	7,000	3	1	7	8	7	1	1	1
3671	강원 정선군	중소기업제품판로지원(그린박람회)	6,600	3	1	7	8	7	1	3	4
3672	강원 정선군	전통성년식"관계례"행사	5,000	3	6	5	8	7	1	1	1
3673	강원 정선군	어린이사생대회	5,000	3	6	5	8	7	1	1	1
3674	강원 정선군	여성농업인중앙및도대회참가경비	5,000	3	1	7	8	7	5	5	4
3675	강원 정선군	풍년기원제	5,000	3	1	7	8	7	5	5	4
3676	강원 정선군	쌀전업농전국대회참가지원	4,000	3	4	7	8	7	5	5	4
3677	강원 정선군	도연합회장기게이트볼대회출전	2,000	3	1	7	8	7	1	1	1

순번	시군구	지출명 (사업명)	2024년예산 (단위 : 천원 /1년간)	민간이전 분류 (지방자치단체 세출예산 집행기준에 의거) 1. 민간경상사업보조(307-02) 2. 민간단체 법정운영비보조(307-03) 3. 민간행사사업보조(307-04) 4. 민간위탁금(307-05) 5. 사회복지시설 법정운영비보조(307-10) 6. 민간인위탁교육비(307-12) 7. 공기관등에대한경상적위탁사업비(308-13) 8. 민간자본사업보조,자체재원(402-01) 9. 민간자본사업보조,이전재원(402-02) 10. 민간위탁사업비(402-03) 11. 공기관등에 대한 자본적 위탁사업비(403-02)	민간이전지출 근거 (지방보조금 관리기준 참고) 1. 법률에 규정 2. 국고보조 재원(국가지정) 3. 용도 지정 기부금 4. 조례에 직접규정 5. 지자체가 권장하는 사업을 하는 공공기관 6. 시,도 정책 및 재정사정 7. 기타 8. 해당없음	입찰방식 계약체결방법 (경쟁형태) 1. 일반경쟁 2. 제한경쟁 3. 지명경쟁 4. 수의계약 5. 법정위탁 6. 기타 ( ) 7. 없음	입찰방식 계약기간 1. 1년 2. 2년 3. 3년 4. 4년 5. 5년 6. 기타 ( )년 7. 단기계약 (1년미만) 8. 없음	입찰방식 낙찰자선정방법 1. 적격심사 2. 협상에의한계약 3. 최저가낙찰제 4. 규격가격분리 5. 2단계 경쟁입찰 6. 기타 ( ) 7. 없음	운영예산 산정 운영예산 산정 1. 내부산정 (지자체 자체적으로 산정) 2. 외부산정 (외부전문기관위탁 산정) 3. 내·외부 모두 산정 4. 산정 無 5. 없음	운영예산 산정 정산방법 1. 내부정산 (지자체 내부적으로 정산) 2. 외부정산 (외부전문기관위탁 정산) 3. 내·외부 모두 산정 4. 정산 無 5. 없음	성과평가 실시여부 1. 실시 2. 미실시 3. 향후 추진 4. 해당없음
3678	강원 정선군	도연합회장기파크골프대회출전	2,000	3	1	7	8	7	1	1	1
3679	강원 화천군	전문임업인육성지원사업(군)	5,000	3	4	7	8	7	5	5	1
3680	강원 화천군	6.25기념행사지원	4,000	3	1	7	8	7	1	1	1
3681	강원 양구군	생활체육인구저변확대(전국및도단위체육대회출전보조)	390,000	3	1	7	8	7	1	1	1
3682	강원 양구군	생활체육인구저변확대(생활체육대회개최및종목별상급대회출전보조)	305,500	3	1	7	8	7	1	1	1
3683	강원 양구군	전국및도단위체육대회개최(제19회강원특별자치도어르신생활체육대회)	200,000	3	1	7	8	7	1	1	1
3684	강원 양구군	생활체육인구저변확대(도단위체육대회개최지원)	139,000	3	1	7	8	7	1	1	1
3685	강원 양구군	농촌사회관리지원	100,000	3	7	7	8	7	5	5	4
3686	강원 양구군	4개군이장체육대회개최	70,000	3	4	7	8	7	1	1	1
3687	강원 양구군	생활체육인구저변확대(읍면체육대회개최지원)	37,000	3	1	7	8	7	1	1	1
3688	강원 양구군	농업인경진대회육성	26,500	3	7	7	8	7	5	5	4
3689	강원 양구군	새마을의날기념지도자대회및지원	18,250	3	1,4	7	8	7	1	1	1
3690	강원 양구군	농업인경진대회육성	15,000	3	7	7	8	7	5	5	4
3691	강원 양구군	생활체육행사개최(관내관외동호인체육경기)	10,000	3	1	7	8	7	1	1	1
3692	강원 양구군	임업협의체구성운영및임업인교육추진(임업협의체행사운영보조금)	9,000	3	4	7	8	7	1	1	1
3693	강원 양구군	무형문화재보호육성	7,500	3	1	7	8	7	5	1	1
3694	강원 양구군	생활체육인구저변확대(체육인의밤행사)	7,000	3	1	7	8	7	1	1	1
3695	강원 양구군	장애인각종행사및체육대회참가지원(접경지역체육대회참가지원)	6,000	3	3	7	8	7	1	1	3
3696	강원 양구군	임산물상품화지원(양구산양삼축제지원)	2,500	3	4	7	8	7	1	1	1
3697	강원 양구군	수산인의날기념행사지원	1,200	3	6	7	7	7	5	5	4
3698	강원 인제군	만해한용운선양	500,000	3	6	7	8	7	3	3	1
3699	강원 인제군	지역축제지원	250,000	3	4	7	8	7	1	1	1
3700	강원 인제군	장애인사회활동지원	136,735	3	1	7	8	7	1	1	1
3701	강원 인제군	청소년축제지원	90,000	3	1	7	8	7	1	1	1
3702	강원 인제군	노인지회운영및사업지원	78,000	3	4	7	8	7	1	1	1
3703	강원 인제군	노인사회활동지원	60,393	3	4	7	8	7	1	1	1
3704	강원 인제군	목공예산업육성지원	60,000	3	4	4	1	7	1	1	1
3705	강원 인제군	어린이축제지원	40,000	3	1	7	8	7	1	1	1
3706	강원 인제군	님의침묵서예대전	25,000	3	6	7	8	7	3	3	1
3707	강원 인제군	인제군양성평등한마음대회행사지원	25,000	3	4	7	8	7	1	1	1
3708	강원 인제군	보훈대상자사회활동지원	20,223	3	1	7	8	7	1	1	1
3709	강원 인제군	인제군사회복지대회개최	10,000	3	5	7	8	7	1	1	1
3710	강원 인제군	농촌지도자수련대회지원	5,000	3	7	7	8	7	1	1	1
3711	강원 인제군	여성농업인수련대회지원	5,000	3	7	7	8	7	1	1	1
3712	강원 인제군	강원도양성평등한마음대회참가	4,000	3	4	7	8	7	1	1	1
3713	강원 인제군	청년4H수련대회지원	3,000	3	7	7	8	7	1	1	1
3714	강원 인제군	수산인의날기념행사지원	1,600	3	1	7	8	7	5	5	4
3715	강원 고성군	군민의날및수성문화제	385,000	3	4	7	8	7	1	1	1
3716	강원 고성군	제24회고성통일명태축제보조금	350,000	3	4	4	8	7	1	1	1
3717	강원 고성군	고성군농업인의날행사	45,000	3	4	7	8	7	5	5	4

순번	시군구	지출명 (사업명)	2024년예산 (단위 : 천원 /1년간)	민간이전 분류 (지방자치단체 세출예산 집행기준에 의거)	민간이전지출 근거 (지방보조금 관리기준 참고)	입찰방식			운영예산 산정		성과평가 실시여부
				1. 민간경상사업보조(307-02) 2. 민간단체 법정운영비보조(307-03) 3. 민간행사사업보조(307-04) 4. 민간위탁금(307-05) 5. 사회복지시설 법정운영비보조(307-10) 6. 민간인위탁교육비(307-12) 7. 공기관등에대한경상적위탁사업비(308-13) 8. 민간자본사업보조,자체재원(402-01) 9. 민간자본사업보조,이전재원(402-02) 10. 민간위탁사업비(402-03) 11. 공기관등에 대한 자본적 위탁사업비(403-02)	1. 법률에 규정 2. 국고보조 재원(국가지정) 3. 용도 지정 기부금 4. 조례에 직접규정 5. 지자체가 권장하는 사업을 하는 공공기관 6. 시,도 정책 및 재정사정 7. 기타 8. 해당없음	계약체결방법 (경쟁형태) 1. 일반경쟁 2. 제한경쟁 3. 지명경쟁 4. 수의계약 5. 법정위탁 6. 기타 ( ) 7. 없음	계약기간 1. 1년 2. 2년 3. 3년 4. 4년 5. 5년 6. 기타 ( )년 7. 단기계약 (1년미만) 8. 없음	낙찰자선정방법 1. 적격심사 2. 협상에의한계약 3. 최저가낙찰제 4. 규격가격분리 5. 2단계 경쟁입찰 6. 기타 ( ) 7. 없음	운영예산 산정 1. 내부산정 (지자체 자체적으로 산정) 2. 외부산정 (외부전문기관위탁 산정) 3. 내·외부 모두 산정 4. 산정 無 5. 없음	정산방법 1. 내부정산 (지자체 내부적으로 정산) 2. 외부정산 (외부전문기관위탁 정산) 3. 내·외부 모두 산정 4. 정산 無 5. 없음	1. 실시 2. 미실시 3. 향후 추진 4. 해당없음
3718	강원 고성군	관동별곡송강문학대전	26,000	3	5	7	8	7	1	1	1
3719	강원 고성군	고성군양성평등대회	15,000	3	4	7	8	7	1	1	1
3720	강원 고성군	고성군농업인단체한마음행사	14,000	3	4	7	8	7	5	5	4
3721	강원 고성군	장애인의날기념행사	13,600	3	4	7	8	7	1	1	2
3722	강원 고성군	간성향교석전대제지원,문화전승보존,전통성년회	13,000	3	1	7	8	7	1	1	2
3723	강원 고성군	흰지팡이의날기념시각장애인복지대회	10,000	3	4	7	8	7	1	1	2
3724	강원 고성군	무형문화재전승활동공개행사지원	7,500	3	1	7	8	7	1	1	2
3725	강원 고성군	고성군노인복지시설우수종사자견학	4,816	3	5	7	8	7	1	1	1
3726	강원 고성군	노인의날행사	4,410	3	1	7	8	7	1	1	1
3727	강원 고성군	월남전참전전몰용사위령제지원	2,940	3	4	7	8	7	1	1	1
3728	강원 고성군	무형문화재전승활동공개행사지원	2,000	3	1	7	8	7	1	1	2
3729	충북 청주시	세종대왕과초정약수축제	930,800	3	4	7	8	7	1	1	1
3730	충북 청주시	청남대재즈토닉페스티벌	400,000	3	1,4	7	8	7	1	1	1
3731	충북 청주시	청주예술제	270,925	3	1,4	7	8	7	1	1	1
3732	충북 청주시	청주읍성큰잔치	240,600	3	1,4	7	8	7	1	1	1
3733	충북 청주시	제15회청풍기전국유도대회	240,000	3	1	7	8	7	5	1	1
3734	충북 청주시	각종지역문화예술행사지원사업	226,000	3	1,4	7	8	7	1	1	1
3735	충북 청주시	통합1주년기념청원생명쌀대청호마라톤대회	225,000	3	1	7	8	7	5	1	1
3736	충북 청주시	청주민족예술제	110,000	3	1,4	7	8	7	1	1	1
3737	충북 청주시	제4회회장기전국사격대회	80,000	3	1	7	8	7	5	1	1
3738	충북 청주시	종교화합무심음악제	70,000	3	1,4	7	8	7	1	1	1
3739	충북 청주시	제11회청주시생활체육대회	70,000	3	1	7	8	7	5	1	1
3740	충북 청주시	송년음악회	68,444	3	1,4	7	8	7	1	1	1
3741	충북 청주시	충북민속예술경연대회	68,400	3	1,4	7	8	7	1	1	1
3742	충북 청주시	농산물직거래활성화사업	60,000	3	4	1	8	7	1	1	3
3743	충북 청주시	직지음악회	55,872	3	1,4	7	8	7	1	1	1
3744	충북 청주시	연등축제	54,000	3	1,4	7	8	7	1	1	1
3745	충북 청주시	지역문화(화합)행사	50,440	3	4	7	8	7	1	1	1
3746	충북 청주시	이통장체육대회	50,000	3	4	7	8	7	1	1	1
3747	충북 청주시	청주직지세계문자서예대전	48,600	3	1,4	7	8	7	1	1	1
3748	충북 청주시	청주문화원문화체험행사지원	45,920	3	1,4	7	8	7	1	1	1
3749	충북 청주시	행복도민음악회	45,000	3	1,4	7	8	7	1	1	1
3750	충북 청주시	체육행사지원	44,328	3	1	7	8	7	5	1	1
3751	충북 청주시	청주예술오페라단오페라지원	43,905	3	1,4	7	8	7	1	1	1
3752	충북 청주시	라포르짜오페라단오페라지원	43,905	3	1,4	7	8	7	1	1	1
3753	충북 청주시	청주전국창작회곡공모	43,000	3	1,4	7	8	7	1	1	1
3754	충북 청주시	청주시민의날기념행사	40,000	3	1,4	7	8	7	1	1	1
3755	충북 청주시	망선루전통문예행사	40,000	3	1,4	7	8	7	1	1	1
3756	충북 청주시	제19회청주직지국제댄스스포츠선수권대회	40,000	3	1	7	8	7	5	1	1
3757	충북 청주시	2024청주시리그	40,000	3	1	7	8	7	5	1	1

순번	시군구	지출명 (사업명)	2024년예산 (단위 : 천원 /1년간)	민간이전 분류 (지방자치단체 세출예산 집행기준에 의거) 1. 민간경상사업보조(307-02) 2. 민간단체 법정운영비보조(307-03) 3. 민간행사사업보조(307-04) 4. 민간위탁금(307-05) 5. 사회복지시설 법정운영비보조(307-10) 6. 민간인위탁교육비(307-12) 7. 공기관등에대한경상적위탁사업비(308-13) 8. 민간자본사업보조,자체재원(402-01) 9. 민간자본사업보조,이전재원(402-02) 10. 민간위탁사업비(402-03) 11. 공기관등에 대한 자본적 위탁사업비(403-02)	민간이전지출 근거 (지방보조금 관리기준 참고) 1. 법률에 규정 2. 국고보조 재원(국가지정) 3. 용도 지정 기부금 4. 조례에 직접규정 5. 지자체가 권장하는 사업을 하는 공공기관 6. 시,도 정책 및 재정사정 7. 기타 8. 해당없음	입찰방식			운영예산 산정		성과평가 실시여부
						계약체결방법 (경쟁형태) 1. 일반경쟁 2. 제한경쟁 3. 지명경쟁 4. 수의계약 5. 법정위탁 6. 기타 ( ) 7. 없음	계약기간 1. 1년 2. 2년 3. 3년 4. 4년 5. 5년 6. 기타 ( )년 7. 단기계약 (1년미만) 8. 없음	낙찰자선정방법 1. 적격심사 2. 협상에의한계약 3. 최저가낙찰제 4. 규격가격분리 5. 2단계 경쟁입찰 6. 기타 ( ) 7. 없음	운영예산 산정 1. 내부산정 (지자체 자체적으로 산정) 2. 외부산정 (외부전문기관위탁 산정) 3. 내·외부 모두 산정 4. 산정 無 5. 없음	정산방법 1. 내부정산 (지자체 내부적으로 정산) 2. 외부정산 (외부전문기관위탁 정산) 3. 내·외부 모두 산정 4. 정산 無 5. 없음	1. 실시 2. 미실시 3. 향후 추진 4. 해당없음
3758	충북 청주시	시민과함께하는가을음악회	39,576	3	1,4	7	8	7	1	1	1
3759	충북 청주시	찾아가는문화예술활동방방곡곡	36,560	3	1,4	7	8	7	1	1	1
3760	충북 청주시	무심천직지유등문화제	36,000	3	1,4	7	8	7	1	1	1
3761	충북 청주시	박팔괘전국학생국악대제전	36,000	3	1,4	7	8	7	1	1	1
3762	충북 청주시	충북연극제개최	36,000	3	1,4	7	8	7	1	1	1
3763	충북 청주시	청주아트페어2023	36,000	3	1,4	7	8	7	1	1	1
3764	충북 청주시	바르게살기운동회원한마음대회	35,122	3	1	7	8	7	1	1	1
3765	충북 청주시	장애인의날기념행사	35,000	3	6	7	8	7	1	1	1
3766	충북 청주시	가정愛달행복&사랑콘서트	34,920	3	1,4	7	8	7	1	1	1
3767	충북 청주시	청주소설디지로그아트페스티벌	34,850	3	1,4	7	8	7	1	1	1
3768	충북 청주시	시민과함께하는신춘음악회	34,536	3	1,4	7	8	7	1	1	1
3769	충북 청주시	충북실용무용FeStory페스티벌	32,400	3	1,4	7	8	7	1	1	1
3770	충북 청주시	이웃사랑과나눔의성탄문화예술제	32,400	3	1,4	7	8	7	1	1	1
3771	충북 청주시	무심천벚꽃가요축제	32,400	3	1,4	7	8	7	1	1	1
3772	충북 청주시	HCN현장가요	32,000	3	1,4	7	8	7	1	1	1
3773	충북 청주시	백중놀이	31,040	3	1,4	7	8	7	1	1	1
3774	충북 청주시	청주시기업인협의회해외시장판로개척지원	30,000	3	4	7	8	7	1	1	1
3775	충북 청주시	청주시미용기술경연대회	30,000	3	4	7	8	7	1	1	3
3776	충북 청주시	청원생명축제문화행사	30,000	3	1,4	7	8	7	1	1	1
3777	충북 청주시	제66회전국남녀피겨스케이팅종별선수권대회	30,000	3	1	7	8	7	5	1	1
3778	충북 청주시	레이크사랑걷기대회	30,000	3	1	7	8	7	5	1	1
3779	충북 청주시	장애인과어린이를위한동화속오페라콘서트	29,100	3	1,4	7	8	7	1	1	1
3780	충북 청주시	전국청소년음악콩쿠르	28,170	3	1,4	7	8	7	1	1	1
3781	충북 청주시	청주시민음악회	28,000	3	1,4	7	8	7	1	1	1
3782	충북 청주시	청주시기업인의날	25,000	3	4	7	8	7	1	1	1
3783	충북 청주시	제21회청원생명쌀기전국남녀궁도대회	25,000	3	1	7	8	7	5	1	1
3784	충북 청주시	제17회직지배오픈볼링대회	25,000	3	1	7	8	7	5	1	1
3785	충북 청주시	가을음악회	24,820	3	1,4	7	8	7	1	1	1
3786	충북 청주시	신동문문학제	24,187	3	1,4	7	8	7	1	1	1
3787	충북 청주시	새마을의날기념실및한마음대회	24,000	3	1	7	8	7	1	1	1
3788	충북 청주시	노사한마음가족체육대회	24,000	3	7	7	8	7	1	1	1
3789	충북 청주시	대한민국시낭송축제	24,000	3	1,4	7	8	7	1	1	1
3790	충북 청주시	우수연극공연	23,499	3	1,4	7	8	7	1	1	1
3791	충북 청주시	6.25기념행사	23,280	3	1	7	8	7	1	1	3
3792	충북 청주시	제14회직지배전국장애인론볼대회	21,340	3	1	7	8	7	5	1	1
3793	충북 청주시	제21회충북직장대항탁구대회	21,000	3	1	7	8	7	5	1	1
3794	충북 청주시	청주시기업노사한마음대잔치	20,000	3	4	7	8	7	1	1	1
3795	충북 청주시	청주연극페스티벌	20,000	3	1,4	7	8	7	1	1	1
3796	충북 청주시	청주시협회장기생활체육종목별대회지원	20,000	3	1	7	8	7	5	1	1
3797	충북 청주시	2024충북의심장오송걷기대회	20,000	3	1	7	8	7	5	1	1

순번	시군구	지출명 (사업명)	2024년예산 (단위 : 천원 /1년간)	민간이전 분류 (지방자치단체 세출예산 집행기준에 의거) 1. 민간경상사업보조(307-02) 2. 민간단체 법정운영비보조(307-03) 3. 민간행사사업보조(307-04) 4. 민간위탁금(307-05) 5. 사회복지시설 법정운영비보조(307-10) 6. 민간인위탁교육비(307-12) 7. 공기관등에대한경상적위탁사업비(308-13) 8. 민간자본사업보조,자체재원(402-01) 9. 민간자본사업보조,이전재원(402-02) 10. 민간위탁사업비(402-03) 11. 공기관등에 대한 자본적 위탁사업비(403-02)	민간이전지출 근거 (지방보조금 관리기준 참고) 1. 법률에 규정 2. 국고보조 재원(국가지정) 3. 용도 지정 기부금 4. 조례에 직접규정 5. 지자체가 권장하는 사업을 하는 공공기관 6. 시,도 정책 및 재정사정 7. 기타 8. 해당없음	입찰방식: 계약체결방법 (경쟁형태) 1. 일반경쟁 2. 제한경쟁 3. 지명경쟁 4. 수의계약 5. 법정위탁 6. 기타 ( ) 7. 없음	입찰방식: 계약기간 1. 1년 2. 2년 3. 3년 4. 4년 5. 5년 6. 기타 ( )년 7. 단기계약 (1년미만) 8. 없음	입찰방식: 낙찰자선정방법 1. 적격심사 2. 협상에의한계약 3. 최저가낙찰제 4. 규격가격분리 5. 2단계 경쟁입찰 6. 기타 ( ) 7. 없음	운영예산 산정: 운영예산 산정 1. 내부산정 (지자체 자체적으로 산정) 2. 외부산정 (외부전문기관위탁 산정) 3. 내·외부 모두 산정 4. 산정 無 5. 없음	운영예산 산정: 정산방법 1. 내부정산 (지자체 내부적으로 정산) 2. 외부정산 (외부전문기관위탁 정산) 3. 내·외부 모두 정산 4. 정산 無 5. 없음	성과평가 실시여부 1. 실시 2. 미실시 3. 향후 추진 4. 해당없음
3798	충북 청주시	연말연시트리행사	19,400	3	1,4	7	8	7	1	1	1
3799	충북 청주시	365일전시공연이넘치는문화도시조성	19,400	3	1,4	7	8	7	1	1	1
3800	충북 청주시	제6회직지배전국장애인사격대회	19,400	3	1	7	8	7	5	1	1
3801	충북 청주시	2024직지사랑클린워킹페스티벌	19,000	3	1	7	8	7	5	1	1
3802	충북 청주시	청주국제현대미술전	18,000	3	1,4	7	8	7	1	1	1
3803	충북 청주시	백운문화한마당	18,000	3	1,4	7	8	7	1	1	1
3804	충북 청주시	청주전국무용경연대회	18,000	3	1,4	7	8	7	1	1	1
3805	충북 청주시	전국사진공모전	17,460	3	1,4	7	8	7	1	1	1
3806	충북 청주시	가족사랑한마당	16,000	3	8	7	8	7	5	1	1
3807	충북 청주시	제18회직지배전국중고대3대3농구대회	16,000	3	1	7	8	7	5	1	1
3808	충북 청주시	보훈가족한마음화합행사	15,520	3	1	7	8	7	1	1	3
3809	충북 청주시	청주시기업인협의회산업연수및워크숍	15,000	3	4	7	8	7	1	1	1
3810	충북 청주시	제36회회장기전국남여초등학교양궁대회	15,000	3	1	7	8	7	5	1	1
3811	충북 청주시	단재문화예술제전	14,932	3	1,4	7	8	7	1	1	1
3812	충북 청주시	불우모범청소년자매결연사업	14,550	3	1	7	8	7	1	1	1
3813	충북 청주시	청풍명월을노래하다	14,550	3	1,4	7	8	7	1	1	1
3814	충북 청주시	제14회청주시장기장애인축구대회	14,550	3	1	7	8	7	1	1	1
3815	충북 청주시	제58회3.1절단축마라톤대회	13,960	3	1	7	8	7	5	1	1
3816	충북 청주시	작은도서관책잔치행사지원	13,000	3	4	7	8	7	1	1	1
3817	충북 청주시	푸른청주직지서예초대작가전	12,000	3	1,4	7	8	7	1	1	1
3818	충북 청주시	국조단군봉찬회문화행사	12,000	3	7	7	8	7	1	1	4
3819	충북 청주시	재향군인의날기념행사	11,640	3	1	7	8	7	1	1	3
3820	충북 청주시	제12회청주시장기장애인게이트볼대회	11,640	3	1	7	8	7	5	1	1
3821	충북 청주시	청소년한마음예술제	11,349	3	1	7	8	7	1	1	1
3822	충북 청주시	청주예술!예술인의밤	11,000	3	1,4	7	8	7	1	1	1
3823	충북 청주시	신인음악회	11,000	3	1,4	7	8	7	1	1	1
3824	충북 청주시	청주시화장품기업협회역량강화	10,000	3	4	7	8	7	5	5	4
3825	충북 청주시	청주시뿌리기업협회역량강화	10,000	3	4	7	8	7	5	5	4
3826	충북 청주시	제27회청주시장기태권도대회	10,000	3	1	7	8	7	5	1	1
3827	충북 청주시	제26회청주시장기직장대항축구대회	10,000	3	1	7	8	7	5	1	1
3828	충북 청주시	제21회청주시장배골프대회	10,000	3	1	7	8	7	5	1	1
3829	충북 청주시	제14회2024직지배전국스쿼시페스티벌	10,000	3	1	7	8	7	5	1	1
3830	충북 청주시	제22회한국전통무예전국대회	10,000	3	1	7	8	7	5	1	1
3831	충북 청주시	제1회청주시장기생활체육배드민턴대회	10,000	3	1	7	8	7	5	1	1
3832	충북 청주시	2024청주읍성큰잔치기념청주씨름왕선발대회	10,000	3	1	7	8	7	5	1	1
3833	충북 청주시	문화로이어가는K컬처국제교류	9,716	3	1,4	7	8	7	1	1	1
3834	충북 청주시	소리나눔퓨전콘서트	9,700	3	1,4	7	8	7	1	1	1
3835	충북 청주시	송범춤그후	9,600	3	1,4	7	8	7	1	1	1
3836	충북 청주시	청주시사회복지대회	9,500	3	4	5	8	7	1	1	4
3837	충북 청주시	사랑나눔실버가요제	8,940	3	1,4	7	8	7	1	1	1

순번	시군구	지출명 (사업명)	2024년예산 (단위 : 천원 /1년간)	민간이전 분류 (지방자치단체 세출예산 집행기준에 의거) 1. 민간경상사업보조(307-02) 2. 민간단체 법정운영비보조(307-03) 3. 민간행사사업보조(307-04) 4. 민간위탁금(307-05) 5. 사회복지시설 법정운영비보조(307-10) 6. 민간인위탁교육비(307-12) 7. 공기관등에대한경상적위탁사업비(308-13) 8. 민간자본사업보조,자체재원(402-01) 9. 민간자본사업보조,이전재원(402-02) 10. 민간위탁사업비(402-03) 11. 공기관등에 대한 자본적 위탁사업비(403-02)	민간이전지출 근거 (지방보조금 관리기준 참고) 1. 법률에 규정 2. 국고보조 재원(국가지정) 3. 용도 지정 기부금 4. 조례에 직접규정 5. 지자체가 권장하는 사업을 하는 공공기관 6. 시,도 정책 및 재정사정 7. 기타 8. 해당없음	입찰방식 계약체결방법 (경쟁형태) 1. 일반경쟁 2. 제한경쟁 3. 지명경쟁 4. 수의계약 5. 법정위탁 6. 기타 ( ) 7. 없음	입찰방식 계약기간 1. 1년 2. 2년 3. 3년 4. 4년 5. 5년 6. 기타 ( )년 7. 단기계약 (1년미만) 8. 없음	입찰방식 낙찰자선정방법 1. 적격심사 2. 협상에의한계약 3. 최저가낙찰제 4. 규격가격분리 5. 2단계 경쟁입찰 6. 기타 ( ) 7. 없음	운영예산 산정 운영예산 산정 1. 내부산정 (지자체 자체적으로 산정) 2. 외부산정 (외부전문기관위탁 산정) 3. 내·외부 모두 산정 4. 산정 無 5. 없음	운영예산 산정 정산방법 1. 내부정산 (지자체 내부적으로 정산) 2. 외부정산 (외부전문기관위탁 정산) 3. 내·외부 모두 산정 4. 정산 無 5. 없음	성과평가 실시여부 1. 실시 2. 미실시 3. 향후 추진 4. 해당없음
3838	충북 청주시	수능후청소년페스티벌	8,730	3	1	7	8	7	1	1	1
3839	충북 청주시	청주향교석전대제	8,704	3	7	7	8	7	1	1	4
3840	충북 청주시	청주아리랑국악경연대회	8,300	3	1,4	7	8	7	1	1	1
3841	충북 청주시	시민과함께하는문학의밤	8,280	3	1,4	7	8	7	1	1	1
3842	충북 청주시	청주직지전국국악대제전	8,245	3	1,4	7	8	7	1	1	1
3843	충북 청주시	청주미술협회회원전	8,245	3	1,4	7	8	7	1	1	1
3844	충북 청주시	청주문화원전국단재서예대전	8,000	3	1,4	7	8	7	1	1	1
3845	충북 청주시	금계국꽃문화축제	8,000	3	1,4	7	8	7	1	1	1
3846	충북 청주시	무심천용화사벚꽃문화축제와힐링콘서트	8,000	3	1,4	7	8	7	1	1	1
3847	충북 청주시	제11회청주시장배배구대회	8,000	3	1	7	8	7	5	1	1
3848	충북 청주시	제11회청주시장기생활체육축구대회	8,000	3	1	7	8	7	5	1	1
3849	충북 청주시	제1회청주시장기생활체육테니스대회	8,000	3	1	7	8	7	5	1	1
3850	충북 청주시	제9회청주시장기농아인슐런대회	7,820	3	1	7	8	7	5	1	1
3851	충북 청주시	노동자의날행사	7,760	3	7	7	8	7	1	1	1
3852	충북 청주시	지역아동센터희망오름큰잔치	7,760	3	6	7	6	7	1	1	1
3853	충북 청주시	창작공연행사	7,760	3	1,4	7	8	7	1	1	1
3854	충북 청주시	제15회청주시장기장애인생활체육탁구대회	7,760	3	1	7	8	7	5	1	1
3855	충북 청주시	제15회청주시장기장애인생활체육론볼대회	7,760	3	1	7	8	7	5	1	1
3856	충북 청주시	무용과함께하는축제	7,421	3	1,4	7	8	7	1	1	1
3857	충북 청주시	제1회청주시장기장애인파크골프대회	7,370	3	1	7	8	7	5	1	1
3858	충북 청주시	문의면3.1운동기념행사	7,200	3	1	7	8	7	1	1	3
3859	충북 청주시	미원면3.1운동기념행사	7,200	3	1	7	8	7	1	1	3
3860	충북 청주시	제37회청주시장배볼링대회	7,000	3	1	7	8	7	5	1	1
3861	충북 청주시	제21회청주시장배전국마스터즈수영대회	7,000	3	1	7	8	7	5	1	1
3862	충북 청주시	제17회청주시장배바둑대회	7,000	3	1	7	8	7	5	1	1
3863	충북 청주시	제14회청주시장배전국댄스스포츠경기대회	7,000	3	1	7	8	7	5	1	1
3864	충북 청주시	제13회청주시장배유도대회	7,000	3	1	7	8	7	5	1	1
3865	충북 청주시	제9회청주시장배자전거대회	7,000	3	1	7	8	7	5	1	1
3866	충북 청주시	제26회청주시장기차지검도선수권대회	7,000	3	1	7	8	7	5	1	1
3867	충북 청주시	제11회청주시장기생활체육탁구대회	7,000	3	1	7	8	7	5	1	1
3868	충북 청주시	제11회청주시장기생활체육야구대회	7,000	3	1	7	8	7	5	1	1
3869	충북 청주시	제1회청주시장기생활체육족구대회	7,000	3	1	7	8	7	5	1	1
3870	충북 청주시	제1회청주시장배생활체육그라운드골프대회	7,000	3	1	7	8	7	5	1	1
3871	충북 청주시	제11회직지,청원생명쌀배전국이순테니스대회	7,000	3	1	7	8	7	5	1	1
3872	충북 청주시	제16회충북생활체육야구대회	7,000	3	1	7	8	7	5	1	1
3873	충북 청주시	문의향교석전대제	6,984	3	7	7	8	7	1	1	4
3874	충북 청주시	흰지팡이날행사지원	6,790	3	6	7	8	7	1	1	1
3875	충북 청주시	아이돌봄지원사업	6,430	3	8	7	8	7	5	1	1
3876	충북 청주시	청주성탈환추모대제	6,400	3	1,4	7	8	7	1	1	1
3877	충북 청주시	새마을지도자대회	6,119	3	1	7	8	7	1	1	1

순번	시군구	지출명 (사업명)	2024년예산 (단위 : 천원 /1년간)	민간이전 분류 (지방자치단체 세출예산 집행기준에 의거)	민간이전지출 근거 (지방보조금 관리기준 참고)	입찰방식			운영예산 산정		성과평가 실시여부
				1. 민간경상사업보조(307-02) 2. 민간단체 법정운영비보조(307-03) 3. 민간행사사업보조(307-04) 4. 민간위탁금(307-05) 5. 사회복지시설 법정운영비보조(307-10) 6. 민간인위탁교육비(307-12) 7. 공기관등에대한경상적위탁사업비(308-13) 8. 민간자본사업보조,자체재원(402-01) 9. 민간자본사업보조,이전재원(402-02) 10. 민간위탁사업비(402-03) 11. 공기관등에 대한 자본적 위탁사업비(403-02)	1. 법률에 규정 2. 국고보조 재원(국가지정) 3. 용도 지정 기부금 4. 조례에 직접규정 5. 지자체가 권장하는 사업을 하는 공공기관 6. 시,도 정책 및 재정사정 7. 기타 8. 해당없음	계약체결방법 (경쟁형태) 1. 일반경쟁 2. 제한경쟁 3. 지명경쟁 4. 수의계약 5. 법정위탁 6. 기타 ( ) 7. 없음	계약기간 1. 1년 2. 2년 3. 3년 4. 4년 5. 5년 6. 기타 ( )년 7. 단기계약 (1년미만) 8. 없음	낙찰자선정방법 1. 적격심사 2. 협상에의한계약 3. 최저가낙찰제 4. 규격가격분리 5. 2단계 경쟁입찰 6. 기타 ( ) 7. 없음	운영예산 산정 1. 내부산정 (지자체 자체적으로 산정) 2. 외부산정 (외부전문기관위탁 산정) 3. 내·외부 모두 산정 4. 산정 無 5. 없음	정산방법 1. 내부정산 (지자체 내부적으로 정산) 2. 외부정산 (외부전문기관위탁 정산) 3. 내·외부 모두 산정 4. 정산 無 5. 없음	1. 실시 2. 미실시 3. 향후 추진 4. 해당없음
3878	충북 청주시	수능시험후사회적응프로그램	6,110	3	1	7	8	7	1	1	1
3879	충북 청주시	제4회청주시장기소프트테니스대회	6,000	3	1	7	8	7	5	1	1
3880	충북 청주시	제32회청주시장기차지유치원특수학교초등학교롤러대회	6,000	3	1	7	8	7	5	1	1
3881	충북 청주시	제1회청주시장배유소년야구대회	6,000	3	1	7	8	7	5	1	1
3882	충북 청주시	제11회청주시생활체조한마당축제	6,000	3	1	7	8	7	5	1	1
3883	충북 청주시	6.3.농아인의날행사지원	5,820	3	6	7	8	7	1	1	1
3884	충북 청주시	전통성년식재연행사	5,760	3	7	7	8	7	1	1	4
3885	충북 청주시	전국시조경창대회	5,657	3	1,4	7	8	7	1	1	1
3886	충북 청주시	노사한마음등반대회	5,600	3	7	7	8	7	1	1	1
3887	충북 청주시	차예절전국경연대회	5,040	3	7	7	8	7	1	1	4
3888	충북 청주시	청소년문화,스포츠교류활동	5,000	3	1	7	8	7	1	1	1
3889	충북 청주시	명인에게듣는국악이야기	5,000	3	1,4	7	8	7	1	1	1
3890	충북 청주시	문자책가도,21세기를마주하다	5,000	3	1,4	7	8	7	1	1	1
3891	충북 청주시	청주춤페스티벌	5,000	3	1,4	7	8	7	1	1	1
3892	충북 청주시	제22회청주시장기궁도대회	5,000	3	1	7	8	7	5	1	1
3893	충북 청주시	읍면동체육회체육대회지원	5,000	3	1	7	8	7	5	1	1
3894	충북 청주시	제1회청주시장기생활체육게이트볼대회	5,000	3	1	7	8	7	5	1	1
3895	충북 청주시	제11회청주시장기생활체육합기도대회	5,000	3	1	7	8	7	5	1	1
3896	충북 청주시	제9회청주시장배생활체육복싱대회	5,000	3	1	7	8	7	5	1	1
3897	충북 청주시	제1회청주시장기생활체육농구대회	5,000	3	1	7	8	7	5	1	1
3898	충북 청주시	제11회청주시장배생활체육미스터청주선발대회	5,000	3	1	7	8	7	5	1	1
3899	충북 청주시	제2회청주시장배생활체육파크골프대회	5,000	3	1	7	8	7	5	1	1
3900	충북 청주시	영화아카데미운영	4,850	3	1,4	7	8	7	1	1	1
3901	충북 청주시	제3회청주시장기장애인볼링대회	4,850	3	1	7	8	7	5	1	1
3902	충북 청주시	한봉수선생탄신제	4,800	3	1	7	8	7	1	1	3
3903	충북 청주시	손병희선생탄신제	4,800	3	1	7	8	7	1	1	3
3904	충북 청주시	기로연행사	4,776	3	7	7	8	7	1	1	4
3905	충북 청주시	충북민속예술축전참가	4,517	3	1,4	7	8	7	1	1	1
3906	충북 청주시	충북청소년민속예술제참가	4,517	3	1,4	7	8	7	1	1	1
3907	충북 청주시	신채호선생추모제	4,400	3	1	7	8	7	1	1	3
3908	충북 청주시	전통문화체험한마당	4,365	3	1,4	7	8	7	1	1	1
3909	충북 청주시	청소년과학캠프	4,350	3	1	7	8	7	1	1	1
3910	충북 청주시	문의향교기로연	4,240	3	7	7	8	7	1	1	4
3911	충북 청주시	청주시건축도시사진공모전	4,200	3	1,4	7	8	7	1	1	1
3912	충북 청주시	옥산면3.1운동기념행사	4,000	3	1	7	8	7	1	1	3
3913	충북 청주시	장애인교통문화예술제행사지원	4,000	3	6	7	8	7	1	1	1
3914	충북 청주시	한부모가족캠프	4,000	3	1	7	8	7	5	1	1
3915	충북 청주시	제32회충청북도지사기생활체육테니스대회유치	4,000	3	1	7	8	7	5	1	1
3916	충북 청주시	제26회충청북도지사기생활체육배구대회유치	4,000	3	1	7	8	7	5	1	1
3917	충북 청주시	제8회충청북도지사기생활체육검도대회유치	4,000	3	1	7	8	7	5	1	1

순번	시군구	지출명 (사업명)	2024년예산 (단위 : 천원 /1년간)	민간이전 분류 (지방자치단체 세출예산 집행기준에 의거) 1. 민간경상사업보조(307-02) 2. 민간단체 법정운영비보조(307-03) 3. 민간행사사업보조(307-04) 4. 민간위탁금(307-05) 5. 사회복지시설 법정운영비보조(307-10) 6. 민간인위탁교육비(307-12) 7. 공기관등에대한경상적위탁사업비(308-13) 8. 민간자본사업보조,자체재원(402-01) 9. 민간자본사업보조,이전재원(402-02) 10. 민간위탁사업비(402-03) 11. 공기관등에 대한 자본적 위탁사업비(403-02)	민간이전지출 근거 (지방보조금 관리기준 참고) 1. 법률에 규정 2. 국고보조 재원(국가지정) 3. 용도 지정 기부금 4. 조례에 직접규정 5. 지자체가 권장하는 사업을 하는 공공기관 6. 시,도 정책 및 재정사정 7. 기타 8. 해당없음	입찰방식 계약체결방법 (경쟁형태) 1. 일반경쟁 2. 제한경쟁 3. 지명경쟁 4. 수의계약 5. 법정위탁 6. 기타 ( ) 7. 없음	입찰방식 계약기간 1. 1년 2. 2년 3. 3년 4. 4년 5. 5년 6. 기타 ( )년 7. 단기계약 (1년미만) 8. 없음	입찰방식 낙찰자선정방법 1. 적격심사 2. 협상에의한계약 3. 최저가낙찰제 4. 규격가격분리 5. 2단계 경쟁입찰 6. 기타 ( ) 7. 없음	운영예산 산정 운영예산 산정 1. 내부산정 (지자체 자체적으로 산정) 2. 외부산정 (외부전문기관위탁 산정) 3. 내·외부 모두 산정 4. 산정 無 5. 없음	운영예산 산정 정산방법 1. 내부정산 (지자체 내부적으로 정산) 2. 외부정산 (외부전문기관위탁 정산) 3. 내·외부 모두 산정 4. 정산 無 5. 없음	성과평가 실시여부 1. 실시 2. 미실시 3. 향후 추진 4. 해당없음
3918	충북 청주시	제11회청주시장기생활체육전국패러글라이딩대회	4,000	3	1	7	8	7	5	1	1
3919	충북 청주시	제11회청주시장배생활체육당구대회	4,000	3	1	7	8	7	5	1	1
3920	충북 청주시	제2회청주시장배생활체육전국우드볼대회	4,000	3	1	7	8	7	5	1	1
3921	충북 청주시	청소년푸른꿈육성대회	3,880	3	1	7	8	7	1	1	1
3922	충북 청주시	민족통일청주시대회및한민족통일문예제저너시상식	3,880	3	1	7	8	7	1	1	1
3923	충북 청주시	지역아동센터작품전시회	3,880	3	6	7	6	7	1	1	1
3924	충북 청주시	지역아동센터종사자연수지원	3,880	3	6	7	6	7	1	1	1
3925	충북 청주시	자매결연도시간문화예술교류	3,880	3	1,4	7	8	7	1	1	1
3926	충북 청주시	충북민속예술축제청주시예선대회	3,880	3	1,4	7	8	7	1	1	1
3927	충북 청주시	충북연극제참가	3,880	3	1,4	7	8	7	1	1	1
3928	충북 청주시	필소리울림	3,880	3	1,4	7	8	7	1	1	1
3929	충북 청주시	사진작품전시회	3,880	3	1,4	7	8	7	1	1	1
3930	충북 청주시	민족음악콘서트개최	3,880	3	1,4	7	8	7	1	1	1
3931	충북 청주시	풍물난장	3,880	3	1,4	7	8	7	1	1	1
3932	충북 청주시	청주민족극한마당	3,880	3	1,4	7	8	7	1	1	1
3933	충북 청주시	신체장애인협회자활대회	3,800	3	6	7	8	7	1	1	1
3934	충북 청주시	한국전쟁민간인희생자추모인권백일장	3,667	3	1	7	8	7	1	1	1
3935	충북 청주시	직지배전국청소년무예한마당	3,492	3	1	7	8	7	1	1	1
3936	충북 청주시	문학인초청강연및토론회	3,492	3	1,4	7	8	7	1	1	1
3937	충북 청주시	한국전쟁민간인희생자추모청주시합동추모제	3,225	3	1	7	8	7	1	1	1
3938	충북 청주시	청주농악공연	3,104	3	7	7	8	7	1	1	4
3939	충북 청주시	걸스카우트환경캠프	3,056	3	1	7	8	7	1	1	1
3940	충북 청주시	이북도민망향제사업지원	3,056	3	1	7	8	7	1	1	1
3941	충북 청주시	종목별전국및시도단위대회개최지원	3,000	3	1	7	8	7	5	1	1
3942	충북 청주시	제34회충청북도협회장기생활체육탁구대회유치	3,000	3	1	7	8	7	5	1	1
3943	충북 청주시	제8회충청북도협회장기생활체육배드민턴대회유치	3,000	3	1	7	8	7	5	1	1
3944	충북 청주시	전국연극제참가	2,910	3	1,4	7	8	7	1	1	1
3945	충북 청주시	청주민족예술인대회	2,910	3	1,4	7	8	7	1	1	1
3946	충북 청주시	전국무용제참가	2,822	3	1,4	7	8	7	1	1	1
3947	충북 청주시	3.1운동정신계승시민걷기대회	2,800	3	1	7	8	7	1	1	3
3948	충북 청주시	단오제	2,425	3	1,4	7	8	7	1	1	1
3949	충북 청주시	자유총연맹자유수호희생자합동위령제	2,328	3	1	7	8	7	1	1	1
3950	충북 청주시	문인협회회원작품전및문학강좌	2,328	3	1,4	7	8	7	1	1	1
3951	충북 청주시	신홍식선생추모제	2,080	3	1	7	8	7	1	1	3
3952	충북 청주시	윤병운열사추모제	2,000	3	1	7	8	7	1	1	3
3953	충북 청주시	조장하선생추모제	1,200	3	1	7	8	7	1	1	3
3954	충북 청주시	김제환선생추모제	1,200	3	1	7	8	7	1	1	3
3955	충북 청주시	것대산봉수제행사	800	3	7	7	8	7	1	1	4
3956	충북 충주시	우륵문화제개최	500,000	3	1	7	7	7	1	1	3
3957	충북 충주시	종목별생활체육시장기대회	125,000	3	1	7	8	7	1	1	1

순번	시군구	지출명 (사업명)	2024년예산 (단위 : 천원 /1년간)	민간이전 분류 (지방자치단체 세출예산 집행기준에 의거) 1. 민간경상사업보조(307-02) 2. 민간단체 법정운영비보조(307-03) 3. 민간행사사업보조(307-04) 4. 민간위탁금(307-05) 5. 사회복지시설 법정운영비보조(307-10) 6. 민간인위탁교육비(307-12) 7. 공기관등에대한경상적위탁사업비(308-13) 8. 민간자본사업보조,자체재원(402-01) 9. 민간자본사업보조,이전재원(402-02) 10. 민간위탁사업비(402-03) 11. 공기관등에 대한 자본적 위탁사업비(403-02)	민간이전지출 근거 (지방보조금 관리기준 참고) 1. 법률에 규정 2. 국고보조 재원(국가지정) 3. 용도 지정 기부금 4. 조례에 직접규정 5. 지자체가 권장하는 사업을 하는 공공기관 6. 시,도 정책 및 재정사정 7. 기타 8. 해당없음	입찰방식: 계약체결방법 (경쟁형태) 1. 일반경쟁 2. 제한경쟁 3. 지명경쟁 4. 수의계약 5. 법정위탁 6. 기타 ( ) 7. 없음	입찰방식: 계약기간 1. 1년 2. 2년 3. 3년 4. 4년 5. 5년 6. 기타 ( )년 7. 단기계약 (1년미만) 8. 없음	입찰방식: 낙찰자선정방법 1. 적격심사 2. 협상에의한계약 3. 최저가낙찰제 4. 규격가격분리 5. 2단계 경쟁입찰 6. 기타 ( ) 7. 없음	운영예산 산정: 운영예산 산정 1. 내부산정 (지자체 자체적으로 산정) 2. 외부산정 (외부전문기관위탁 산정) 3. 내·외부 모두 산정 4. 산정 無 5. 없음	운영예산 산정: 정산방법 1. 내부정산 (지자체 내부적으로 정산) 2. 외부정산 (외부전문기관위탁 정산) 3. 내·외부 모두 산정 4. 정산 無 5. 없음	성과평가 실시여부 1. 실시 2. 미실시 3. 향후 추진 4. 해당없음
3958	충북 충주시	수안보온천제	110,000	3	1	4	8	7	1	1	3
3959	충북 충주시	비내섬축제	90,000	3	1	4	8	7	1	1	3
3960	충북 충주시	읍면동체육대회	80,000	3	1	7	8	7	1	1	1
3961	충북 충주시	전국탄금대가야금경연대회지원	78,200	3	1	7	7	7	1	1	3
3962	충북 충주시	충주사과마라톤대회	60,000	3	1	7	8	7	1	1	1
3963	충북 충주시	노동단체화합행사등지원	55,550	3	4	7	8	7	1	1	1
3964	충북 충주시	호암지페스타	50,000	3	1	7	8	7	5	5	4
3965	충북 충주시	수안보물탕공원이벤트	30,000	3	1	4	8	7	1	1	3
3966	충북 충주시	레이크사랑걷기대회	30,000	3	1	7	8	7	1	1	1
3967	충북 충주시	사과오픈전국동호인테니스대회	27,500	3	1	7	8	7	1	1	1
3968	충북 충주시	충주호벚꽃축제	25,000	3	1	4	8	7	1	1	3
3969	충북 충주시	충북양봉인대회지원	24,000	3	4	7	8	7	5	5	4
3970	충북 충주시	전국라지볼대회	23,000	3	1	7	8	7	1	1	1
3971	충북 충주시	의용소방대소방기술경연대회참가지원	22,500	3	4	4	1	7	1	1	3
3972	충북 충주시	충주시장배전국보치아선수권대회	22,000	3	1	7	8	7	1	1	1
3973	충북 충주시	앙성온천광장이벤트	20,000	3	1	4	8	7	1	1	3
3974	충북 충주시	전국남녀배구대회	18,000	3	1	7	8	7	1	1	1
3975	충북 충주시	충주시장애인체육대회개최	17,000	3	1	7	8	7	1	1	1
3976	충북 충주시	앙성비내길마라톤대회	16,000	3	1	7	8	7	1	1	1
3977	충북 충주시	시장배낚시대회	15,000	3	1	7	8	7	5	5	4
3978	충북 충주시	중원문화원향연지원	15,000	3	1	7	7	7	1	1	3
3979	충북 충주시	충주시장배충북그라운드골프대회	13,500	3	1	7	8	7	1	1	1
3980	충북 충주시	뚜벅이걷기프로그램운영지원	10,000	3	1	7	8	7	1	1	1
3981	충북 충주시	충주시장배전국론볼대회	10,000	3	1	7	8	7	1	1	1
3982	충북 충주시	6.25전쟁첫전승기념전국스피치대회	10,000	3	1	7	8	7	5	5	4
3983	충북 충주시	충주민족예술제지원	10,000	3	1	7	7	7	1	1	3
3984	충북 충주시	자율방범대한마음대회행사지원	9,000	3	4	4	1	7	1	1	3
3985	충북 충주시	기업인의날행사	9,000	3	4	7	8	7	1	1	1
3986	충북 충주시	6.25전쟁첫전승기념행사	8,000	3	1	7	8	7	5	5	4
3987	충북 충주시	전국이순테니스대회	7,000	3	1	7	8	7	1	1	1
3988	충북 충주시	충주시장배장애인게이트볼대회	6,000	3	1	7	8	7	1	1	1
3989	충북 충주시	김생전국휘호대회지원	6,000	3	1	7	7	7	1	1	3
3990	충북 충주시	효사랑콘서트지원	6,000	3	1	7	7	7	1	1	3
3991	충북 충주시	신니면민만세운동기념행사	5,800	3	1	7	8	7	5	5	4
3992	충북 충주시	충북종별테니스대회	5,400	3	1	7	8	7	1	1	1
3993	충북 충주시	충주시장애인걷기대회	5,000	3	1	7	8	7	1	1	1
3994	충북 충주시	삼도접경면체육대회	4,000	3	1	7	8	7	1	1	1
3995	충북 충주시	팔천고혼위령제지원	3,000	3	1	7	7	7	1	1	3
3996	충북 충주시	서해수호의날기념행사	2,500	3	1	7	8	7	5	5	4
3997	충북 충주시	고령유족회원위안행사	2,200	3	1	7	8	7	5	5	4

순번	시군구	지출명 (사업명)	2024년예산 (단위 : 천원 /1년간)	민간이전 분류 (지방자치단체 세출예산 집행기준에 의거) 1. 민간경상사업보조(307-02) 2. 민간단체 법정운영비보조(307-03) 3. 민간행사사업보조(307-04) 4. 민간위탁금(307-05) 5. 사회복지시설 법정운영비보조(307-10) 6. 민간인위탁교육비(307-12) 7. 공기관등에대한경상적위탁사업비(308-13) 8. 민간자본사업보조,자체재원(402-01) 9. 민간자본사업보조,이전재원(402-02) 10. 민간위탁사업비(402-03) 11. 공기관등에 대한 자본적 위탁사업비(403-02)	민간이전지출 근거 (지방보조금 관리기준 참고) 1. 법률에 규정 2. 국고보조 재원(국가지정) 3. 용도 지정 기부금 4. 조례에 직접규정 5. 지자체가 권장하는 사업을 하는 공공기관 6. 시,도 정책 및 재정사정 7. 기타 8. 해당없음	입찰방식 계약체결방법 (경쟁형태) 1. 일반경쟁 2. 제한경쟁 3. 지명경쟁 4. 수의계약 5. 법정위탁 6. 기타 ( ) 7. 없음	입찰방식 계약기간 1. 1년 2. 2년 3. 3년 4. 4년 5. 5년 6. 기타 ( )년 7. 단기계약 (1년미만) 8. 없음	입찰방식 낙찰자선정방법 1. 적격심사 2. 협상에의한계약 3. 최저가낙찰제 4. 규격가격분리 5. 2단계 경쟁입찰 6. 기타 ( ) 7. 없음	운영예산 산정 운영예산 산정 1. 내부산정 (지자체 자체적으로 산정) 2. 외부산정 (외부전문기관위탁 산정) 3. 내·외부 모두 산정 4. 산정 無 5. 없음	운영예산 산정 정산방법 1. 내부정산 (지자체 내부적으로 정산) 2. 외부정산 (외부전문기관위탁 정산) 3. 내·외부 모두 산정 4. 정산 無 5. 없음	성과평가 실시여부 1. 실시 2. 미실시 3. 향후 추진 4. 해당없음
3998	충북 충주시	민방위마을단위시범훈련	1,000	3	1	7	1	7	1	1	4
3999	충북 충주시	세계택견대회지원	197,080	3	4	7	8	7	1	1	4
4000	충북 충주시	대한민국향토가요제	127,000	3	1	7	8	7	1	1	1
4001	충북 충주시	문화예술창작활동및행사지원	110,000	3	1	7	8	7	1	1	1
4002	충북 충주시	지역우수문화공연지원	50,000	3	1	7	8	7	1	1	1
4003	충북 충주시	백봉추모음악제	43,650	3	1	7	8	7	1	1	1
4004	충북 충주시	실버가요제지원	40,000	3	1	7	8	7	1	1	1
4005	충북 충주시	충주전국동호인사물놀이경연대회	34,920	3	1	7	8	7	5	5	4
4006	충북 충주시	전국택견한마당지원	34,000	3	4	7	8	7	1	1	4
4007	충북 충주시	중앙탑탑돌이문화행사지원	30,000	3	1	7	8	7	1	1	1
4008	충북 충주시	시민과함께하는연등행사지원	30,000	3	1	7	8	7	1	1	1
4009	충북 충주시	연말희망트리설치지원	30,000	3	1	7	8	7	1	1	1
4010	충북 충주시	시민정신문화함양교육지원	27,000	3	1	7	8	7	1	1	1
4011	충북 충주시	충주시합창단공연지원	22,000	3	1	7	8	7	1	1	1
4012	충북 충주시	전통국악전승보전지원	18,000	3	1	7	8	7	1	1	1
4013	충북 충주시	충북문화재단기금사업	18,000	3	1	7	8	7	1	1	1
4014	충북 충주시	시민택견체조경연대회	18,000	3	4	7	8	7	1	1	1
4015	충북 충주시	전국야간사진촬영대회지원	15,000	3	1	7	8	7	1	1	4
4016	충북 충주시	호국영령및국태민안위령제지원	15,000	3	1	7	8	7	1	1	1
4017	충북 충주시	거룡승천제지원	14,000	3	1	7	8	7	1	1	1
4018	충북 충주시	고미술축제지원	13,500	3	1	7	8	7	1	1	1
4019	충북 충주시	예술인협회공연지원	13,500	3	1	7	8	7	1	1	1
4020	충북 충주시	정월대보름행사지원	10,000	3	1	7	8	7	1	1	1
4021	충북 충주시	충청북도민속예술경연대회참가	10,000	3	1	7	8	7	1	1	1
4022	충북 충주시	한시백일장지원	10,000	3	1	7	8	7	1	1	1
4023	충북 충주시	충주실버합창단운영지원	10,000	3	1	7	8	7	1	1	1
4024	충북 충주시	단오맞이음악회지원	9,000	3	1	7	8	7	1	1	1
4025	충북 충주시	청소년연극제지원	9,000	3	1	7	8	7	1	1	1
4026	충북 충주시	충주공예협회전시전지원	9,000	3	1	7	8	7	1	1	1
4027	충북 충주시	중원문화학술회의개최	9,000	3	4	7	8	7	1	1	4
4028	충북 충주시	도덕성회복교육지원	8,657	3	1	7	8	7	1	1	1
4029	충북 충주시	개천안솟대문화제지원	8,500	3	1	7	8	7	1	1	1
4030	충북 충주시	충청감영문화제행사지원	8,000	3	1	7	8	7	1	1	1
4031	충북 충주시	중원전국백일장지원	5,400	3	1	7	8	7	1	1	1
4032	충북 충주시	김생전국학생휘호대회지원	5,000	3	1	7	8	7	1	1	1
4033	충북 충주시	전통향교문화전승보전	5,000	3	1	7	8	7	1	1	1
4034	충북 충주시	국제퍼포먼스아트페스티벌개최	4,500	3	1	7	8	7	1	1	1
4035	충북 충주시	중원애플가요제행사지원	4,000	3	1	7	8	7	1	1	1
4036	충북 충주시	충주작은영화제지원	4,000	3	1	7	8	7	1	1	1
4037	충북 충주시	향교기로연재현지원	3,500	3	1	7	8	7	1	1	1

순번	시군구	지출명 (사업명)	2024년예산 (단위 : 천원 /1년간)	민간이전 분류 (지방자치단체 세출예산 집행기준에 의거) 1. 민간경상사업보조(307-02) 2. 민간단체 법정운영비보조(307-03) 3. 민간행사사업보조(307-04) 4. 민간위탁금(307-05) 5. 사회복지시설 법정운영비보조(307-10) 6. 민간인위탁교육비(307-12) 7. 공기관등에대한경상적위탁사업비(308-13) 8. 민간자본사업보조,자체재원(402-01) 9. 민간자본사업보조,이전재원(402-02) 10. 민간위탁사업비(402-03) 11. 공기관등에 대한 자본적 위탁사업비(403-02)	민간이전지출 근거 (지방보조금 관리기준 참고) 1. 법률에 규정 2. 국고보조 재원(국가지정) 3. 용도 지정 기부금 4. 조례에 직접규정 5. 지자체가 권장하는 사업을 하는 공공기관 6. 시,도 정책 및 재정사정 7. 기타 8. 해당없음	입찰방식: 계약체결방법 (경쟁형태) 1. 일반경쟁 2. 제한경쟁 3. 지명경쟁 4. 수의계약 5. 법정위탁 6. 기타 ( ) 7. 없음	입찰방식: 계약기간 1. 1년 2. 2년 3. 3년 4. 4년 5. 5년 6. 기타 ( )년 7. 단기계약 (1년미만) 8. 없음	입찰방식: 낙찰자선정방법 1. 적격심사 2. 협상에의한계약 3. 최저가낙찰제 4. 규격가격분리 5. 2단계 경쟁입찰 6. 기타 ( ) 7. 없음	운영예산 산정: 운영예산 산정 1. 내부산정 (지자체 자체적으로 산정) 2. 외부산정 (외부전문기관위탁 산정) 3. 내·외부 모두 산정 4. 산정 無 5. 없음	운영예산 산정: 정산방법 1. 내부정산 (지자체 내부적으로 정산) 2. 외부정산 (외부전문기관위탁 정산) 3. 내·외부 모두 산정 4. 정산 無 5. 없음	성과평가 실시여부 1. 실시 2. 미실시 3. 향후 추진 4. 해당없음
4038	충북 충주시	김윤후장군추모제지원	3,000	3	1	7	8	7	1	1	1
4039	충북 충주시	공원문화한마당지원	2,700	3	1	7	8	7	1	1	1
4040	충북 충주시	단군제봉행지원	2,700	3	1	7	8	7	1	1	1
4041	충북 충주시	오페라콘서트지원	2,700	3	1	7	8	7	1	1	1
4042	충북 충주시	오룡굿지원	2,500	3	1	7	8	7	1	1	1
4043	충북 충주시	동지팥죽행사	2,000	3	1	7	8	7	1	1	1
4044	충북 충주시	강수백일장지원	1,800	3	1	7	8	7	1	1	1
4045	충북 충주시	무형문화재공개행사지원	1,800	3	4	6	7	6	5	1	1
4046	충북 충주시	무형문화재공개행사지원	1,800	3	4	6	7	6	5	1	1
4047	충북 충주시	무형문화재공개행사지원	1,800	3	4	6	7	6	5	1	1
4048	충북 충주시	충주문해한마당	4,000	3	1,4	7	8	7	1	1	1
4049	충북 제천시	추계전국중등축구대회	450,000	3	8	7	8	7	5	5	4
4050	충북 제천시	2024년전국규모스포츠대회유치(상반기)	350,000	3	8	7	8	7	5	5	4
4051	충북 제천시	전국종별배구선수권대회	330,000	3	8	7	8	7	5	5	4
4052	충북 제천시	2024제천문화유산야행	220,000	3	8	7	8	7	5	5	4
4053	충북 제천시	전국장사씨름대회	200,000	3	8	7	8	7	5	5	4
4054	충북 제천시	전국종별펜싱선수권대회	180,000	3	8	7	8	7	5	5	4
4055	충북 제천시	제28회제천박달가요제	157,500	3	8	7	8	7	5	5	4
4056	충북 제천시	전국종별생활체육농구대회	130,000	3	8	7	8	7	5	5	4
4057	충북 제천시	전국유소년축구페스티벌	120,000	3	8	7	8	7	5	5	4
4058	충북 제천시	전통시장활성화이벤트지원	100,000	3	8	7	8	7	5	5	4
4059	충북 제천시	평생학습어울림한마당	94,000	3	8	7	8	7	5	5	4
4060	충북 제천시	전국종별체조선수권대회	90,000	3	8	7	8	7	5	5	4
4061	충북 제천시	전국남녀종별인라인스피드대회	85,000	3	8	7	8	7	5	5	4
4062	충북 제천시	전국초중고배구스토브리그	80,000	3	8	7	8	7	5	5	4
4063	충북 제천시	다문화직장축구대회	80,000	3	8	7	8	7	5	5	4
4064	충북 제천시	2024국제오픈유소년탁구대회	80,000	3	8	7	8	7	5	5	4
4065	충북 제천시	전국중고연맹하키대회	75,000	3	8	7	8	7	5	5	4
4066	충북 제천시	전국어머니및어린이탁구대회	75,000	3	8	7	8	7	5	5	4
4067	충북 제천시	힐링콘서트공연비	65,000	3	8	7	8	7	5	5	4
4068	충북 제천시	대학실업연맹하키대회	65,000	3	8	7	8	7	5	5	4
4069	충북 제천시	제34회충청북도생활체육대회출전	61,000	3	8	7	8	7	5	5	4
4070	충북 제천시	전국리듬체조대회	60,000	3	8	7	8	7	5	5	4
4071	충북 제천시	제32회충청북도모범운전자한마음대회	60,000	3	8	7	8	7	5	5	4
4072	충북 제천시	종목별시장기생활체육대회개최	59,000	3	8	7	8	7	5	5	4
4073	충북 제천시	제18회충북장애인도민체육대회출전	58,000	3	8	7	8	7	5	5	4
4074	충북 제천시	문화체육관광부장관상국제택견대회	50,500	3	8	7	8	7	5	5	4
4075	충북 제천시	문화예술기획초청공연	50,000	3	8	7	8	7	5	5	4
4076	충북 제천시	전국인라인하키대회	50,000	3	8	7	8	7	5	5	4
4077	충북 제천시	전국대학클럽야구대회	50,000	3	8	7	8	7	5	5	4

순번	시군구	지출명 (사업명)	2024년예산 (단위 : 천원 /1년간)	민간이전 분류 (지방자치단체 세출예산 집행기준에 의거) 1. 민간경상사업보조(307-02) 2. 민간단체 법정운영비보조(307-03) 3. 민간행사사업보조(307-04) 4. 민간위탁금(307-05) 5. 사회복지시설 법정운영비보조(307-10) 6. 민간인위탁교육비(307-12) 7. 공기관등에대한경상적위탁사업비(308-13) 8. 민간자본사업보조,자체재원(402-01) 9. 민간자본사업보조,이전재원(402-02) 10. 민간위탁사업비(402-03) 11. 공기관등에 대한 자본적 위탁사업비(403-02)	민간이전지출 근거 (지방보조금 관리기준 참고) 1. 법률에 규정 2. 국고보조 재원(국가지정) 3. 용도 지정 기부금 4. 조례에 직접규정 5. 지자체가 권장하는 사업을 하는 공공기관 6. 시,도 정책 및 재정사정 7. 기타 8. 해당없음	입찰방식			운영예산 산정		성과평가 실시여부
						계약체결방법 (경쟁형태) 1. 일반경쟁 2. 제한경쟁 3. 지명경쟁 4. 수의계약 5. 법정위탁 6. 기타 ( ) 7. 없음	계약기간 1. 1년 2. 2년 3. 3년 4. 4년 5. 5년 6. 기타 ( )년 7. 단기계약 (1년미만) 8. 없음	낙찰자선정방법 1. 적격심사 2. 협상에의한계약 3. 최저가낙찰제 4. 규격가격분리 5. 2단계 경쟁입찰 6. 기타 ( ) 7. 없음	운영예산 산정 1. 내부산정 (지자체 자체적으로 산정) 2. 외부산정 (외부전문기관위탁 산정) 3. 내·외부 모두 산정 4. 산정 無 5. 없음	정산방법 1. 내부정산 (지자체 내부적으로 정산) 2. 외부정산 (외부전문기관위탁 정산) 3. 내·외부 모두 산정 4. 정산 無 5. 없음	1. 실시 2. 미실시 3. 향후 추진 4. 해당없음
4078	충북 제천시	한국대학탁구연맹전	50,000	3	8	7	8	7	5	5	4
4079	충북 제천시	엑스포공원활성화를위한한방힐링콘서트개최(협력사업)	50,000	3	8	7	8	7	5	5	4
4080	충북 제천시	제29회농업인의날행사	50,000	3	8	7	8	7	5	5	4
4081	충북 제천시	새마을의날기념식및워크숍개최	45,000	3	8	7	8	7	5	5	4
4082	충북 제천시	청풍호배전국생활체육축구대회	45,000	3	8	7	8	7	5	5	4
4083	충북 제천시	봉양박달콩축제	45,000	3	8	7	8	7	5	5	4
4084	충북 제천시	꿈나무배구선수제천겨울리그	44,000	3	8	7	8	7	5	5	4
4085	충북 제천시	금수산전국산악마라톤대회	40,500	3	8	7	8	7	5	5	4
4086	충북 제천시	월악산한수양파축제	40,500	3	8	7	8	7	5	5	4
4087	충북 제천시	JIMFF도심활성화프로젝트	40,000	3	8	7	8	7	5	5	4
4088	충북 제천시	제천시장배전국생활체육배구대회	40,000	3	8	7	8	7	5	5	4
4089	충북 제천시	전국카라테선수권대회	40,000	3	8	7	8	7	5	5	4
4090	충북 제천시	청풍명월바둑축제	37,000	3	8	7	8	7	5	5	4
4091	충북 제천시	청풍호배전국배드민턴대회	35,000	3	8	7	8	7	5	5	4
4092	충북 제천시	동양일보제천한방약초전국배드민턴대회	35,000	3	8	7	8	7	5	5	4
4093	충북 제천시	시장배전국풋살대회	35,000	3	8	7	8	7	5	5	4
4094	충북 제천시	전국대학동호인연맹탁구대회	35,000	3	8	7	8	7	5	5	4
4095	충북 제천시	제천청풍호배전국족구대회	34,000	3	8	7	8	7	5	5	4
4096	충북 제천시	생활문화동호회축제별들의행진	30,000	3	8	7	8	7	5	5	4
4097	충북 제천시	제천월악산가요제	30,000	3	8	7	8	7	5	5	4
4098	충북 제천시	의림지알몸마라톤대회	30,000	3	8	7	8	7	5	5	4
4099	충북 제천시	시군대항역전마라톤대회출전	30,000	3	8	7	8	7	5	5	4
4100	충북 제천시	금성면문화체육행사지원	30,000	3	8	7	8	7	5	5	4
4101	충북 제천시	청풍동요제	29,100	3	8	7	8	7	5	5	4
4102	충북 제천시	종목별충청북도지사기생활체육대회출전	28,000	3	8	7	8	7	5	5	4
4103	충북 제천시	슬로시티수산힐링축제	27,000	3	8	7	8	7	5	5	4
4104	충북 제천시	전국유소년농구대회	27,000	3	8	7	8	7	5	5	4
4105	충북 제천시	덕산면월악산약초고을농산물축제	27,000	3	8	7	8	7	5	5	4
4106	충북 제천시	제천시주민자치위원화합체육대회	25,000	3	8	7	8	7	5	5	4
4107	충북 제천시	청풍호배전국생활체육농구대회	25,000	3	8	7	8	7	5	5	4
4108	충북 제천시	전국규모대회출전지원	25,000	3	8	7	8	7	5	5	4
4109	충북 제천시	제천의림지전국사진촬영대회	24,000	3	8	7	8	7	5	5	4
4110	충북 제천시	제19회충청북도어르신생활체육대회출전	24,000	3	8	7	8	7	5	5	4
4111	충북 제천시	충청타임즈배전국골프대회	21,400	3	8	7	8	7	5	5	4
4112	충북 제천시	한글사랑우리말문제풀이대회	20,000	3	8	7	8	7	5	5	4
4113	충북 제천시	제천시주민자치프로그램경연대회	20,000	3	8	7	8	7	5	5	4
4114	충북 제천시	창의129주년제천의병제(협력사업)	20,000	3	8	7	8	7	5	5	4
4115	충북 제천시	거리페스티벌	20,000	3	8	7	8	7	5	5	4
4116	충북 제천시	전국유소년야구대회	20,000	3	8	7	8	7	5	5	4
4117	충북 제천시	전국여자야구대회	20,000	3	8	7	8	7	5	5	4

순번	시군구	지출명 (사업명)	2024년예산 (단위 : 천원 /1년간)	민간이전 분류 (지방자치단체 세출예산 집행기준에 의거) 1. 민간경상사업보조(307-02) 2. 민간단체 법정운영비보조(307-03) 3. 민간행사사업보조(307-04) 4. 민간위탁금(307-05) 5. 사회복지시설 법정운영비보조(307-10) 6. 민간인위탁교육비(307-12) 7. 공기관등에대한경상적위탁사업비(308-13) 8. 민간자본사업보조,자체재원(402-01) 9. 민간자본사업보조,이전재원(402-02) 10. 민간위탁사업비(402-03) 11. 공기관등에 대한 자본적 위탁사업비(403-02)	민간이전지출 근거 (지방보조금 관리기준 참고) 1. 법률에 규정 2. 국고보조 재원(국가지정) 3. 용도 지정 기부금 4. 조례에 직접규정 5. 지자체가 권장하는 사업을 하는 공공기관 6. 시,도 정책 및 재정사정 7. 기타 8. 해당없음	입찰방식: 계약체결방법 (경쟁형태) 1. 일반경쟁 2. 제한경쟁 3. 지명경쟁 4. 수의계약 5. 법정위탁 6. 기타 ( ) 7. 없음	입찰방식: 계약기간 1. 1년 2. 2년 3. 3년 4. 4년 5. 5년 6. 기타 ( )년 7. 단기계약 (1년미만) 8. 없음	입찰방식: 낙찰자선정방법 1. 적격심사 2. 협상에의한계약 3. 최저가낙찰제 4. 규격가격분리 5. 2단계 경쟁입찰 6. 기타 ( ) 7. 없음	운영예산 산정: 운영예산 산정 1. 내부산정 (지자체 자체적으로 산정) 2. 외부산정 (외부전문기관위탁 산정) 3. 내·외부 모두 산정 4. 산정 無 5. 없음	운영예산 산정: 정산방법 1. 내부정산 (지자체 내부적으로 정산) 2. 외부정산 (외부전문기관위탁 정산) 3. 내·외부 모두 산정 4. 정산 無 5. 없음	성과평가 실시여부 1. 실시 2. 미실시 3. 향후 추진 4. 해당없음
4118	충북 제천시	재향군인회6.25기념행사	20,000	3	8	7	8	7	5	5	4
4119	충북 제천시	근로자의날행사및노사화합행사	20,000	3	8	7	8	7	5	5	4
4120	충북 제천시	제천시장배전국동호인테니스대회	18,000	3	8	7	8	7	5	5	4
4121	충북 제천시	충북청소년댄스경연대회	18,000	3	8	7	8	7	5	5	4
4122	충북 제천시	덕산면체육대회행사지원	18,000	3	8	7	8	7	5	5	4
4123	충북 제천시	충북문화재단기금지원사업	17,400	3	8	7	8	7	5	5	4
4124	충북 제천시	제천시장배그라운드골프대회	16,000	3	8	7	8	7	5	5	4
4125	충북 제천시	양성평등주간기념식및문화행사	15,000	3	8	7	8	7	5	5	4
4126	충북 제천시	도덕성회복교육지원	14,429	3	8	7	8	7	5	5	4
4127	충북 제천시	제천의림지배전국이순테니스대회	14,000	3	8	7	8	7	5	5	4
4128	충북 제천시	농산물출하촉진대회(오이,양채)	13,500	3	8	7	8	7	5	5	4
4129	충북 제천시	창의129주년제천의병제	13,000	3	8	7	8	7	5	5	4
4130	충북 제천시	제21회제천민족예술제	13,000	3	8	7	8	7	5	5	4
4131	충북 제천시	세계인의날행사	12,000	3	8	7	8	7	5	5	4
4132	충북 제천시	제7회3.1절나눔행사	10,000	3	8	7	8	7	5	5	4
4133	충북 제천시	어린이날큰잔치	10,000	3	8	7	8	7	5	5	4
4134	충북 제천시	전국아이리그축구대회	10,000	3	8	7	8	7	5	5	4
4135	충북 제천시	종목별장애인체육대회출전	10,000	3	8	7	8	7	5	5	4
4136	충북 제천시	제1회제천시체육회장배유소년씨름대회개최	10,000	3	8	7	8	7	5	5	4
4137	충북 제천시	청풍면체육대회행사지원	10,000	3	8	7	8	7	5	5	4
4138	충북 제천시	청풍면경로당잔치행사지원	10,000	3	8	7	8	7	5	5	4
4139	충북 제천시	청풍면김장나누기행사지원	10,000	3	8	7	8	7	5	5	4
4140	충북 제천시	백운면체육대회행사지원	10,000	3	8	7	8	7	5	5	4
4141	충북 제천시	농업인선진농업기술습득및조직역량강화교육	10,000	3	8	7	8	7	5	5	4
4142	충북 제천시	제천시새마을지도자대회및새마을평가대회	8,000	3	8	7	8	7	5	5	4
4143	충북 제천시	바르게살기협의회한마음다짐대회	8,000	3	8	7	8	7	5	5	4
4144	충북 제천시	제13회제천문화원전시회	8,000	3	8	7	8	7	5	5	4
4145	충북 제천시	의병의날기념식참석및활성화	8,000	3	8	7	8	7	5	5	4
4146	충북 제천시	충북협회장기합기도대회	8,000	3	8	7	8	7	5	5	4
4147	충북 제천시	순국선열묘역추모제	8,000	3	8	7	8	7	5	5	4
4148	충북 제천시	노사평화를위한파트너십구축행사	8,000	3	8	7	8	7	5	5	4
4149	충북 제천시	농업소득원개발워크숍(농민회)	8,000	3	8	7	8	7	5	5	4
4150	충북 제천시	한수면어버이날행사지원	7,000	3	8	7	8	7	5	5	4
4151	충북 제천시	농업인의날맞이가래떡DAY행사	7,000	3	8	7	8	7	5	5	4
4152	충북 제천시	충청북도씨름왕선발대회출전	6,600	3	8	7	8	7	5	5	4
4153	충북 제천시	충청투데이사장기차지족구대회	6,000	3	8	7	8	7	5	5	4
4154	충북 제천시	제천시장배게이트볼대회	6,000	3	8	7	8	7	5	5	4
4155	충북 제천시	한수면월악산산신제지원	6,000	3	8	7	8	7	5	5	4
4156	충북 제천시	여성농업인수련대회	6,000	3	8	7	8	7	5	5	4
4157	충북 제천시	농업발전연찬회(농민단체)행사	6,000	3	8	7	8	7	5	5	4

순번	시군구	지출명 (사업명)	2024년예산 (단위 : 천원 /1년간)	민간이전 분류 (지방자치단체 세출예산 집행기준에 의거) 1. 민간경상사업보조(307-02) 2. 민간단체 법정운영비보조(307-03) 3. 민간행사사업보조(307-04) 4. 민간위탁금(307-05) 5. 사회복지시설 법정운영비보조(307-10) 6. 민간인위탁교육비(307-12) 7. 공기관등에대한경상적위탁사업비(308-13) 8. 민간자본사업보조,자체재원(402-01) 9. 민간자본사업보조,이전재원(402-02) 10. 민간위탁사업비(402-03) 11. 공기관등에 대한 자본적 위탁사업비(403-02)	민간이전지출 근거 (지방보조금 관리기준 참고) 1. 법률에 규정 2. 국고보조 재원(국가지정) 3. 용도 지정 기부금 4. 조례에 직접규정 5. 지자체가 권장하는 사업을 하는 공공기관 6. 시,도 정책 및 재정사정 7. 기타 8. 해당없음	입찰방식			운영예산 산정		성과평가 실시여부
						계약체결방법 (경쟁형태) 1. 일반경쟁 2. 제한경쟁 3. 지명경쟁 4. 수의계약 5. 법정위탁 6. 기타 ( ) 7. 없음	계약기간 1. 1년 2. 2년 3. 3년 4. 4년 5. 5년 6. 기타 ( )년 7. 단기계약 (1년미만) 8. 없음	낙찰자선정방법 1. 적격심사 2. 협상에의한계약 3. 최저가낙찰제 4. 규격가격분리 5. 2단계 경쟁입찰 6. 기타 ( ) 7. 없음	운영예산 산정 1. 내부산정 (지자체 자체적으로 산정) 2. 외부산정 (외부전문기관위탁 산정) 3. 내·외부 모두 산정 4. 산정 無 5. 없음	정산방법 1. 내부정산 (지자체 내부적으로 정산) 2. 외부정산 (외부전문기관위탁 정산) 3. 내·외부 모두 산정 4. 정산 無 5. 없음	1. 실시 2. 미실시 3. 향후 추진 4. 해당없음
4158	충북 제천시	전몰군경유족회충령각추모제	5,800	3	8	7	8	7	5	5	4
4159	충북 제천시	의장기생활체육그라운드골프대회	5,000	3	8	7	8	7	5	5	4
4160	충북 제천시	제19회생활체육5대5축구대회개최	5,000	3	8	7	8	7	5	5	4
4161	충북 제천시	서해수호의날행사	5,000	3	8	7	8	7	5	5	4
4162	충북 제천시	농업경영인풍년농사기원제행사	5,000	3	8	7	8	7	5	5	4
4163	충북 제천시	농업경영인(제천.충주.단양지역)행사	5,000	3	8	7	8	7	5	5	4
4164	충북 제천시	금성면농업인행사지원	5,000	3	8	7	8	7	5	5	4
4165	충북 제천시	읍면동농특산물직거래행사	5,000	3	8	7	8	7	5	5	4
4166	충북 제천시	귀농귀촌협의회수련대회지원	5,000	3	8	7	8	7	5	5	4
4167	충북 제천시	체류형및귀농귀촌인교류행사	5,000	3	8	7	8	7	5	5	4
4168	충북 제천시	제천향교춘기석전대제	4,300	3	8	7	8	7	5	5	4
4169	충북 제천시	제천향교전통성년례	4,200	3	8	7	8	7	5	5	4
4170	충북 제천시	무형문화재공개행사지원	4,000	3	8	7	8	7	5	5	4
4171	충북 제천시	아동성폭력예방포스터공모전및캠페인	4,000	3	8	7	8	7	5	5	4
4172	충북 제천시	농업경영인핵심지도자수련회	4,000	3	8	7	8	7	5	5	4
4173	충북 제천시	제천향교기로연	3,700	3	8	7	8	7	5	5	4
4174	충북 제천시	대통령기국민독서경진대회	3,500	3	8	7	8	7	5	5	4
4175	충북 제천시	교통문화개선다짐대회	3,000	3	8	7	8	7	5	5	4
4176	충북 제천시	청풍향교춘기석전대제	3,000	3	8	7	8	7	5	5	4
4177	충북 제천시	청풍향교기로연	3,000	3	8	7	8	7	5	5	4
4178	충북 제천시	병산영당춘추제향	3,000	3	8	7	8	7	5	5	4
4179	충북 제천시	자양영당춘추제향	3,000	3	8	7	8	7	5	5	4
4180	충북 제천시	제25회충청북도체육회장배꿈나무어린이축구대회출전	3,000	3	8	7	8	7	5	5	4
4181	충북 제천시	농업경영인직거래행사등	3,000	3	8	7	8	7	5	5	4
4182	충북 제천시	단오맞이정기전	2,500	3	8	7	8	7	5	5	4
4183	충북 제천시	제천향교향음례	2,500	3	8	7	8	7	5	5	4
4184	충북 제천시	전몰군경유족회현충일충령각봉헌제	1,500	3	8	7	8	7	5	5	4
4185	충북 제천시	상이군경회현충일상이군경추모제	1,500	3	8	7	8	7	5	5	4
4186	충북 보은군	2024보은대추축제	1,400,000	3	7	7	8	7	1	1	1
4187	충북 보은군	속리산축제	432,000	3	7	7	8	7	1	1	1
4188	충북 보은군	제53회추계전국중고및제12회초등학교육상경기대회	252,500	3	1	7	8	7	1	1	1
4189	충북 보은군	제5회전국초중고학년별육상경기대회	234,200	3	1	7	8	7	1	1	1
4190	충북 보은군	전국민속소힘겨루기대회	228,000	3	6	1	7	6	1	1	1
4191	충북 보은군	제63회충청북도민체육대회선수단운영(일반부)	187,000	3	1	7	8	7	1	1	1
4192	충북 보은군	제79회전국대학야구선수권대회	170,000	3	1	7	8	7	1	1	1
4193	충북 보은군	2024보은장사씨름대회(대한)	130,000	3	1	7	8	7	1	1	1
4194	충북 보은군	제36회회장배전국우슈선수권대회겸국가대표선발전	70,000	3	1	7	8	7	1	1	1
4195	충북 보은군	제28회리틀K리그전국유소년축구대회(추계)	70,000	3	1	7	8	7	1	1	1
4196	충북 보은군	제18회충청북도장애인도민체육대회	55,840	3	1	7	8	7	1	1	1
4197	충북 보은군	2024보은국제동아시아전국유소년축구대회	55,000	3	1	7	8	7	1	1	1

순번	시군구	지출명 (사업명)	2024년예산 (단위 : 천원 /1년간)	민간이전 분류 (지방자치단체 세출예산 집행기준에 의거) 1. 민간경상사업보조(307-02) 2. 민간단체 법정운영비보조(307-03) 3. 민간행사사업보조(307-04) 4. 민간위탁금(307-05) 5. 사회복지시설 법정운영비보조(307-10) 6. 민간인위탁교육비(307-12) 7. 공기관등에대한경상적위탁사업비(308-13) 8. 민간자본사업보조,자체재원(402-01) 9. 민간자본사업보조,이전재원(402-02) 10. 민간위탁사업비(402-03) 11. 공기관등에 대한 자본적 위탁사업비(403-02)	민간이전지출 근거 (지방보조금 관리기준 참고) 1. 법률에 규정 2. 국고보조 재원(국가지정) 3. 용도 지정 기부금 4. 조례에 직접규정 5. 지자체가 권장하는 사업을 하는 공공기관 6. 시,도 정책 및 재정사정 7. 기타 8. 해당없음	입찰방식 계약체결방법 (경쟁형태) 1. 일반경쟁 2. 제한경쟁 3. 지명경쟁 4. 수의계약 5. 법정위탁 6. 기타 ( ) 7. 없음	입찰방식 계약기간 1. 1년 2. 2년 3. 3년 4. 4년 5. 5년 6. 기타 ( )년 7. 단기계약 (1년미만) 8. 없음	입찰방식 낙찰자선정방법 1. 적격심사 2. 협상에의한계약 3. 최저가낙찰제 4. 규격가격분리 5. 2단계 경쟁입찰 6. 기타 ( ) 7. 없음	운영예산 산정 운영예산 산정 1. 내부산정 (지자체 자체적으로 산정) 2. 외부산정 (외부전문기관위탁 산정) 3. 내·외부 모두 산정 4. 산정 無 5. 없음	운영예산 산정 정산방법 1. 내부정산 (지자체 내부적으로 정산) 2. 외부정산 (외부전문기관위탁 정산) 3. 내·외부 모두 산정 4. 정산 無 5. 없음	성과평가 실시여부 1. 실시 2. 미실시 3. 향후 추진 4. 해당없음
4198	충북 보은군	제28회전국학생우슈선수권대회겸실버페스티벌	50,000	3	1	7	8	7	1	1	1
4199	충북 보은군	2024제1차보은패밀리컵축구대회	50,000	3	1	7	8	7	1	1	1
4200	충북 보은군	보은군농업인대회	50,000	3	5	7	8	7	5	5	4
4201	충북 보은군	사찰음식과세계음식의만남(백미백락)	45,000	3	7	7	8	7	1	1	1
4202	충북 보은군	행복숲속음악회	45,000	3	7	7	8	7	1	1	1
4203	충북 보은군	제34회충청북도생활체육대회출전	45,000	3	1	7	8	7	1	1	1
4204	충북 보은군	제28회리틀K리그전국유소년축구대회(춘계)	45,000	3	1	7	8	7	1	1	1
4205	충북 보은군	2024한국스포츠클럽협회전국유소년클럽축구대회	45,000	3	1	7	8	7	1	1	1
4206	충북 보은군	2024KY페더레이션컵전국유소년축구대회	45,000	3	1	7	8	7	1	1	1
4207	충북 보은군	2024KY전국유소년축구클럽왕중왕전	45,000	3	1	7	8	7	1	1	1
4208	충북 보은군	2024전국유소년클럽축구페스티벌	45,000	3	1	7	8	7	1	1	1
4209	충북 보은군	2024전국춘계초등야구대회	40,000	3	1	7	8	7	1	1	1
4210	충북 보은군	2024전국하계초등야구대회	40,000	3	1	7	8	7	1	1	1
4211	충북 보은군	2024제1차전국유소년야구대회	36,000	3	1	7	8	7	1	1	1
4212	충북 보은군	2024제2차전국유소년야구대회	36,000	3	1	7	8	7	1	1	1
4213	충북 보은군	2024제3차전국유소년야구대회	36,000	3	1	7	8	7	1	1	1
4214	충북 보은군	보은군민의날행사(출향인)	35,000	3	6	7	7	7	1	1	1
4215	충북 보은군	2024보청천문화축제	30,000	3	7	7	8	7	1	1	1
4216	충북 보은군	속리산문장대등반대회	30,000	3	7	7	8	7	1	1	1
4217	충북 보은군	2024보은군민건강걷기대회	30,000	3	1	7	8	7	1	1	1
4218	충북 보은군	2024전국추계초등야구대회	30,000	3	1	7	8	7	1	1	1
4219	충북 보은군	2024전국유소년축구동계스토브리그	30,000	3	1	7	8	7	1	1	1
4220	충북 보은군	제17회보은대추배사회인야구대회	27,000	3	1	7	8	7	1	1	1
4221	충북 보은군	보은군주민자치워크숍및프로그램발표회	25,000	3	4	7	1	7	3	3	1
4222	충북 보은군	노인의날행사및역량강화연찬회개최	24,000	3	4	7	8	7	1	1	1
4223	충북 보은군	보은대추산업발전워크숍지원	24,000	3	4	7	8	7	1	1	1
4224	충북 보은군	2024전국유소년농구대회	24,000	3	1	7	8	7	1	1	1
4225	충북 보은군	생활개선회혁신역량강화교육	24,000	3	5	7	8	7	5	5	4
4226	충북 보은군	제3회보은예술제	23,000	3	4	7	8	7	1	1	1
4227	충북 보은군	제13회보은군장애인한마음체육대회	21,094	3	1	7	8	7	1	1	1
4228	충북 보은군	2024년제28회충북여성대회	20,000	3	5	7	8	7	3	1	1
4229	충북 보은군	농업경영인군대회	20,000	3	4	7	8	7	1	1	3
4230	충북 보은군	2024년레이크사랑걷기대회	20,000	3	1	7	8	7	1	1	1
4231	충북 보은군	2024보은장사씨름대회(보은군)	20,000	3	1	7	8	7	1	1	1
4232	충북 보은군	농촌지도자혁신역량강화교육	20,000	3	5	7	8	7	5	5	4
4233	충북 보은군	충북예술인대회	18,000	3	7	7	8	7	1	1	1
4234	충북 보은군	2024도단위체육대회출전지원	18,000	3	1	7	8	7	1	1	1
4235	충북 보은군	2024전국초등야구대회최강자전	18,000	3	1	7	8	7	1	1	1
4236	충북 보은군	제63회충청북도민체육대회선수단운영(학생부)	16,000	3	1	7	8	7	1	1	1
4237	충북 보은군	2024왕중왕전전국유소년야구대회	16,000	3	1	7	8	7	1	1	1

순번	시군구	지출명 (사업명)	2024년예산 (단위 : 천원 /1년간)	민간이전 분류 (지방자치단체 세출예산 집행기준에 의거) 1. 민간경상사업보조(307-02) 2. 민간단체 법정운영비보조(307-03) 3. 민간행사사업보조(307-04) 4. 민간위탁금(307-05) 5. 사회복지시설 법정운영비보조(307-10) 6. 민간인위탁교육비(307-12) 7. 공기관등에대한경상적위탁사업비(308-13) 8. 민간자본사업보조,자체재원(402-01) 9. 민간자본사업보조,이전재원(402-02) 10. 민간위탁사업비(402-03) 11. 공기관등에 대한 자본적 위탁사업비(403-02)	민간이전지출 근거 (지방보조금 관리기준 참고) 1. 법률에 규정 2. 국고보조 재원(국가지정) 3. 용도 지정 기부금 4. 조례에 직접규정 5. 지자체가 권장하는 사업을 하는 공공기관 6. 시,도 정책 및 재정사정 7. 기타 8. 해당없음	입찰방식 계약체결방법 (경쟁형태) 1. 일반경쟁 2. 제한경쟁 3. 지명경쟁 4. 수의계약 5. 법정위탁 6. 기타 ( ) 7. 없음	입찰방식 계약기간 1. 1년 2. 2년 3. 3년 4. 4년 5. 5년 6. 기타 ( )년 7. 단기계약 (1년미만) 8. 없음	입찰방식 낙찰자선정방법 1. 적격심사 2. 협상에의한계약 3. 최저가낙찰제 4. 규격가격분리 5. 2단계 경쟁입찰 6. 기타 ( ) 7. 없음	운영예산 산정 운영예산 산정 1. 내부산정 (지자체 자체적으로 산정) 2. 외부산정 (외부전문기관위탁 산정) 3. 내·외부 모두 산정 4. 산정 無 5. 없음	운영예산 산정 정산방법 1. 내부정산 (지자체 내부적으로 정산) 2. 외부정산 (외부전문기관위탁 정산) 3. 내·외부 모두 산정 4. 정산 無 5. 없음	성과평가 실시여부 1. 실시 2. 미실시 3. 향후 추진 4. 해당없음
4238	충북 보은군	새마을지도자역량강화워크숍	15,000	3	4	7	7	7	3	3	1
4239	충북 보은군	보은가족한마음어울림축제	15,000	3	5	5	3	7	3	1	1
4240	충북 보은군	장애인의날행사지원	15,000	3	4	7	8	7	5	1	1
4241	충북 보은군	정월대보름민속행사	15,000	3	7	7	8	7	1	1	1
4242	충북 보은군	의용소방대기술경연대회지원	15,000	3	4	7	8	7	1	1	1
4243	충북 보은군	2024년제7회충북체조협회장배생활체조대회	15,000	3	1	7	8	7	1	1	1
4244	충북 보은군	현충일행사지원	14,900	3	4	7	8	7	1	1	1
4245	충북 보은군	농산물대량소비상생마케팅판촉지원	13,330	3	6	7	8	7	5	1	3
4246	충북 보은군	제19회충청북도어르신생활체육대회출전	13,000	3	1	7	8	7	1	1	1
4247	충북 보은군	양성평등주간기념행사	12,000	3	2	7	8	7	3	1	1
4248	충북 보은군	쌀전업농군대회	12,000	3	4	7	8	7	1	1	3
4249	충북 보은군	도덕성회복교육지원	11,544	3	7	7	8	7	1	1	1
4250	충북 보은군	2024년제34회충청북도협회장기생활체육탁구대회	10,900	3	1	7	8	7	1	1	1
4251	충북 보은군	6.25기념행사지원	10,000	3	4	7	8	7	1	1	1
4252	충북 보은군	노인체육대회및노인행사참가지원	10,000	3	4	7	8	7	1	1	1
4253	충북 보은군	지회장기및읍면분회게이트볼대회개최	10,000	3	4	7	8	7	1	1	1
4254	충북 보은군	보은벚꽃길자전거문화축전	10,000	3	4	7	8	7	1	1	1
4255	충북 보은군	충청일보제43회시군대항역전마라톤대회출전	9,900	3	5	4	7	7	1	1	4
4256	충북 보은군	중부매일제35회시,군대항역전마라톤대회출전	9,900	3	1	7	8	7	1	1	1
4257	충북 보은군	보은군자율방범대연합대한마음대회	9,000	3	4	7	7	7	1	1	1
4258	충북 보은군	제12회보은대추배충청북도게이트볼대회	9,000	3	1	7	8	7	1	1	1
4259	충북 보은군	2024보은군수기차지충청북도남녀궁도대회	9,000	3	1	7	8	7	1	1	1
4260	충북 보은군	2024보은군수배오픈볼링대회	9,000	3	1	7	8	7	1	1	1
4261	충북 보은군	2024보은체육인의밤행사	8,900	3	1	7	8	7	1	1	1
4262	충북 보은군	야영장활성화프로그램	8,750	3	7	7	8	7	1	1	1
4263	충북 보은군	여성지도자양성교육	8,000	3	3	7	8	7	3	1	1
4264	충북 보은군	모범청소년육성강화캠프	8,000	3	4	7	8	7	1	1	1
4265	충북 보은군	새마을의날기념식및화합한마당	7,500	3	4	7	7	7	3	3	1
4266	충북 보은군	여성단체활성화사업	7,000	3	3	7	8	7	3	1	1
4267	충북 보은군	축구	7,000	3	1	7	8	7	1	1	1
4268	충북 보은군	골프	7,000	3	1	7	8	7	1	1	1
4269	충북 보은군	제22회충청북도협회장기생활체육지도자게이트볼대회	7,000	3	1	7	8	7	1	1	1
4270	충북 보은군	민관협력워크숍	6,500	3	4	7	8	7	1	1	1
4271	충북 보은군	2024보은군수기,제54회교육감기,제49회회장기도내학생구간경주대회	6,300	3	1	7	8	7	1	1	1
4272	충북 보은군	바르게살기운동한마음다짐대회	6,200	3	1	7	7	7	1	1	1
4273	충북 보은군	자유통일대비국민운동실천리더교육	6,070	3	1	7	7	7	1	1	1
4274	충북 보은군	재향군인의날행사지원	6,000	3	4	7	8	7	1	1	1
4275	충북 보은군	그라운드골프및파크골프대회	6,000	3	4	7	8	7	1	1	1
4276	충북 보은군	국내식품전시회참가지원	6,000	3	6	7	8	7	5	1	3
4277	충북 보은군	바르게살기운동핵심위원워크숍	5,000	3	1	7	7	7	1	1	1

순번	시군구	지출명 (사업명)	2024년예산 (단위 : 천원 /1년간)	민간이전 분류 (지방자치단체 세출예산 집행기준에 의거) 1. 민간경상사업보조(307-02) 2. 민간단체 법정운영비보조(307-03) 3. 민간행사사업보조(307-04) 4. 민간위탁금(307-05) 5. 사회복지시설 법정운영비보조(307-10) 6. 민간인위탁교육비(307-12) 7. 공기관등에대한경상적위탁사업비(308-13) 8. 민간자본사업보조,자체재원(402-01) 9. 민간자본사업보조,이전재원(402-02) 10. 민간위탁사업비(402-03) 11. 공기관등에 대한 자본적 위탁사업비(403-02)	민간이전지출 근거 (지방보조금 관리기준 참고) 1. 법률에 규정 2. 국고보조 재원(국가지정) 3. 용도 지정 기부금 4. 조례에 직접규정 5. 지자체가 권장하는 사업을 하는 공공기관 6. 시,도 정책 및 재정사정 7. 기타 8. 해당없음	입찰방식: 계약체결방법 (경쟁형태) 1. 일반경쟁 2. 제한경쟁 3. 지명경쟁 4. 수의계약 5. 법정위탁 6. 기타 ( ) 7. 없음	입찰방식: 계약기간 1. 1년 2. 2년 3. 3년 4. 4년 5. 5년 6. 기타 ( )년 7. 단기계약 (1년미만) 8. 없음	입찰방식: 낙찰자선정방법 1. 적격심사 2. 협상에의한계약 3. 최저가낙찰제 4. 규격가격분리 5. 2단계 경쟁입찰 6. 기타 ( ) 7. 없음	운영예산 산정: 운영예산 산정 1. 내부산정 (지자체 자체적으로 산정) 2. 외부산정 (외부전문기관위탁 산정) 3. 내·외부 모두 산정 4. 산정 無 5. 없음	운영예산 산정: 정산방법 1. 내부정산 (지자체 내부적으로 정산) 2. 외부정산 (외부전문기관위탁 정산) 3. 내·외부 모두 정산 4. 정산 無 5. 없음	성과평가 실시여부 1. 실시 2. 미실시 3. 향후 추진 4. 해당없음
4278	충북 보은군	지체장애인의날행사지원	5,000	3	4	7	8	7	5	1	1
4279	충북 보은군	여성농업인역량강화교육	5,000	3	5	7	8	7	1	1	3
4280	충북 보은군	수영	5,000	3	1	7	8	7	1	1	1
4281	충북 보은군	탁구	5,000	3	1	7	8	7	1	1	1
4282	충북 보은군	볼링	5,000	3	1	7	8	7	1	1	1
4283	충북 보은군	족구	5,000	3	1	7	8	7	1	1	1
4284	충북 보은군	테니스	5,000	3	1	7	8	7	1	1	1
4285	충북 보은군	그라운드골프	5,000	3	1	7	8	7	1	1	1
4286	충북 보은군	게이트볼	5,000	3	1	7	8	7	1	1	1
4287	충북 보은군	배구	5,000	3	1	7	8	7	1	1	1
4288	충북 보은군	배드민턴	5,000	3	1	7	8	7	1	1	1
4289	충북 보은군	야구	5,000	3	1	7	8	7	1	1	1
4290	충북 보은군	파크골프	5,000	3	1	7	8	7	1	1	1
4291	충북 보은군	우드볼	5,000	3	1	7	8	7	1	1	1
4292	충북 보은군	제2회보은군읍면민골프대회	5,000	3	1	7	8	7	1	1	1
4293	충북 보은군	새마을지도자보은군지도자대회	4,500	3	4	7	7	7	3	3	1
4294	충북 보은군	2024충북씨름왕선발대회출전	4,500	3	1	7	8	7	1	1	1
4295	충북 보은군	2024보은군어르신체육대회	4,500	3	1	7	8	7	1	1	1
4296	충북 보은군	속리산천왕봉산신제	3,858	3	7	7	8	7	1	1	1
4297	충북 보은군	보은청년회의소신년인사회	3,000	3	6	7	7	7	1	1	1
4298	충북 보은군	흰지팡이날행사지원	3,000	3	4	7	8	7	5	1	1
4299	충북 보은군	농아인한마음체육대회행사지원	3,000	3	4	7	8	7	5	1	1
4300	충북 보은군	농아인의날행사지원	3,000	3	4	7	8	7	5	1	1
4301	충북 보은군	쌀전업농역량강화교육	3,000	3	4	7	8	7	1	1	3
4302	충북 보은군	2024보은군한마음리그축구대회	3,000	3	1	7	8	7	1	1	1
4303	충북 보은군	민족통일보은군대회및통일안보강연회	2,700	3	6	7	7	7	1	1	1
4304	충북 보은군	보은군어린이문화체험	2,700	3	6	7	7	7	1	1	1
4305	충북 보은군	국민방위군의용경찰참전추념식	2,700	3	4	7	8	7	1	1	1
4306	충북 보은군	2024충북소년체육대회출전지원	2,700	3	1	7	8	7	1	1	1
4307	충북 보은군	2024보은군게이트볼협회전국도단위대회출전지원	2,700	3	1	7	8	7	1	1	1
4308	충북 보은군	2024보은군우드볼연맹전국도단위대회출전지원	2,700	3	1	7	8	7	1	1	1
4309	충북 보은군	2024보은군그라운드골프협회전국도단위출전대회지원	2,700	3	1	7	8	7	1	1	1
4310	충북 보은군	제25회충청북도꿈나무어린이축구대회출전	2,250	3	1	7	8	7	1	1	1
4311	충북 보은군	2024년전국지체장애인체육대회출전	2,070	3	1	7	8	7	1	1	1
4312	충북 보은군	어울림한마당잔치지원	2,000	3	5	7	8	7	1	1	1
4313	충북 보은군	전국으뜸농산물전시회(한농연)	2,000	3	4	7	8	7	1	1	3
4314	충북 보은군	친절한사회만들기운동	1,872	3	1	7	7	7	1	1	1
4315	충북 보은군	제12회청주시장기장애인게이트볼대회출전	1,870	3	1	7	8	7	1	1	1
4316	충북 보은군	제9회충청북도지사배전국장애인게이트볼대회출전	1,630	3	1	7	8	7	1	1	1
4317	충북 보은군	충북장애인생활체육어울림슐런대회출전	1,576	3	1	7	8	7	1	1	1

순번	시군구	지출명 (사업명)	2024년예산 (단위 : 천원 /1년간)	민간이전 분류 (지방자치단체 세출예산 집행기준에 의거) 1. 민간경상사업보조(307-02) 2. 민간단체 법정운영비보조(307-03) 3. 민간행사사업보조(307-04) 4. 민간위탁금(307-05) 5. 사회복지시설 법정운영비보조(307-10) 6. 민간인위탁교육비(307-12) 7. 공기관등에대한경상적위탁사업비(308-13) 8. 민간자본사업보조,자체재원(402-01) 9. 민간자본사업보조,이전재원(402-02) 10. 민간위탁사업비(402-03) 11. 공기관등에 대한 자본적 위탁사업비(403-02)	민간이전지출 근거 (지방보조금 관리기준 참고) 1. 법률에 규정 2. 국고보조 재원(국가지정) 3. 용도 지정 기부금 4. 조례에 직접규정 5. 지자체가 권장하는 사업을 하는 공공기관 6. 시,도 정책 및 재정사정 7. 기타 8. 해당없음	입찰방식 계약체결방법 (경쟁형태) 1. 일반경쟁 2. 제한경쟁 3. 지명경쟁 4. 수의계약 5. 법정위탁 6. 기타 ( ) 7. 없음	입찰방식 계약기간 1. 1년 2. 2년 3. 3년 4. 4년 5. 5년 6. 기타 ( )년 7. 단기계약 (1년미만) 8. 없음	입찰방식 낙찰자선정방법 1. 적격심사 2. 협상에의한계약 3. 최저가낙찰제 4. 규격가격분리 5. 2단계 경쟁입찰 6. 기타 ( ) 7. 없음	운영예산 산정 운영예산 산정 1. 내부산정 (지자체 자체적으로 산정) 2. 외부산정 (외부전문기관위탁 산정) 3. 내·외부 모두 산정 4. 산정 無 5. 없음	운영예산 산정 정산방법 1. 내부정산 (지자체 내부적으로 정산) 2. 외부정산 (외부전문기관위탁 정산) 3. 내·외부 모두 산정 4. 정산 無 5. 없음	성과평가 실시여부 1. 실시 2. 미실시 3. 향후 추진 4. 해당없음
4318	충북 보은군	제9회청주시장기농아인슐런대회출전	1,570	3	1	7	8	7	1	1	1
4319	충북 보은군	제9회충주시장배충북장애인게이트볼대회출전	1,530	3	1	7	8	7	1	1	1
4320	충북 보은군	이승칠지사추모제지원	1,500	3	4	7	8	7	1	1	1
4321	충북 보은군	석성국의사추모제지원	1,500	3	4	7	8	7	1	1	1
4322	충북 보은군	충북향토음식경연대회출전참가업소지원	1,500	3	1	7	1	7	1	1	2
4323	충북 보은군	우리농산물지킴이행사(한여농)	1,500	3	4	7	8	7	1	1	3
4324	충북 보은군	자유수호희생자합동위령제	1,350	3	1	7	7	7	1	1	1
4325	충북 보은군	6.25전쟁터음식시식회	1,350	3	1	7	7	7	1	1	1
4326	충북 보은군	기초질서지키기운동	1,053	3	1	7	7	7	1	1	1
4327	충북 옥천군	전국규모엘리트체육대회개최지원	420,000	3	1	7	7	7	1	1	1
4328	충북 옥천군	제37회지용제지원	293,400	3	1	7	8	7	1	1	3
4329	충북 옥천군	읍면체육대회개최지원	147,200	3	1	7	8	7	5	5	4
4330	충북 옥천군	종목별도및전국생활체육대회개최지원	109,800	3	1	7	8	7	1	1	3
4331	충북 옥천군	종목별협회장기대회개최지원	72,000	3	1	7	8	7	1	1	3
4332	충북 옥천군	제15회향수옥천포도복숭아축제지원	67,500	3	4	7	8	7	1	1	3
4333	충북 옥천군	제16회옥천짝짜꿍동요제지원	49,500	3	1	7	8	7	5	5	4
4334	충북 옥천군	제25회중국지용제지원	39,600	3	1	7	8	7	5	5	4
4335	충북 옥천군	농업인의날행사지원	37,000	3	1	7	8	7	5	5	4
4336	충북 옥천군	제3회옥천군수기차지생활체육대회개최지원	36,000	3	1	7	8	7	1	1	1
4337	충북 옥천군	성왕기남녀궁도대회개최지원	35,000	3	1	7	8	7	1	1	3
4338	충북 옥천군	제19회충청북도어르신생활체육대회개최지원	34,000	3	1	7	8	7	1	1	3
4339	충북 옥천군	제14회향수옥천옥수수감자축제지원	31,500	3	1	7	8	7	1	1	3
4340	충북 옥천군	향수옥천포도복숭아족구대회개최지원	30,000	3	4	7	8	7	5	5	4
4341	충북 옥천군	제49회중봉충렬제지원	27,000	3	1	7	8	7	1	1	3
4342	충북 옥천군	향수옥천생활체육탁구대회개최지원	25,000	3	1	7	8	7	5	5	4
4343	충북 옥천군	향수옥천포도복숭아배드민턴대회개최지원	25,000	3	1	7	8	7	1	1	3
4344	충북 옥천군	제36회지용문학상지원	22,500	3	1	7	8	7	1	1	3
4345	충북 옥천군	제15회옥천군향토음식경연대회개최지원	22,500	3	3	7	8	7	5	5	4
4346	충북 옥천군	제5회청산생선국수축제지원	22,500	3	4	7	8	7	2	1	2
4347	충북 옥천군	소방의날행사및소방기술경연대회지원	22,500	3	4	7	8	7	1	1	1
4348	충북 옥천군	이장한마음체육대회지원	22,000	3	4	7	8	7	1	1	3
4349	충북 옥천군	충북향토문화학술대회지원	20,000	3	1	7	8	7	1	1	4
4350	충북 옥천군	레이크사랑걷기대회행사지원	20,000	3	1	7	8	7	1	1	4
4351	충북 옥천군	제23회충북체육회장배꿈나무어린이축구대회개최지원	20,000	3	1	7	8	7	1	1	3
4352	충북 옥천군	제23회전국지용백일장지원	19,800	3	1	7	8	7	5	5	3
4353	충북 옥천군	기업인한마음행사지원	18,000	3	4	7	8	7	5	5	4
4354	충북 옥천군	옥천포도배농구대회개최지원	18,000	3	1	7	8	7	1	1	3
4355	충북 옥천군	읍면새해해맞이행사지원	17,100	3	1	7	8	7	1	1	3
4356	충북 옥천군	제21회군민노래자랑지원	15,300	3	1	7	8	7	1	5	3
4357	충북 옥천군	제12회옥천군장애인생활체육대회개최지원	14,400	3	1	7	8	7	1	1	3

순번	시군구	지출명 (사업명)	2024년예산 (단위 : 천원 /1년간)	민간이전 분류 (지방자치단체 세출예산 집행기준에 의거) 1. 민간경상사업보조(307-02) 2. 민간단체 법정운영비보조(307-03) 3. 민간행사사업보조(307-04) 4. 민간위탁금(307-05) 5. 사회복지시설 법정운영비보조(307-10) 6. 민간인위탁교육비(307-12) 7. 공기관등에대한경상적위탁사업비(308-13) 8. 민간자본사업보조,자체재원(402-01) 9. 민간자본사업보조,이전재원(402-02) 10. 민간위탁사업비(402-03) 11. 공기관등에 대한 자본적 위탁사업비(403-02)	민간이전지출 근거 (지방보조금 관리기준 참고) 1. 법률에 규정 2. 국고보조 재원(국가지정) 3. 용도 지정 기부금 4. 조례에 직접규정 5. 지자체가 권장하는 사업을 하는 공공기관 6. 시,도 정책 및 재정사정 7. 기타 8. 해당없음	입찰방식 계약체결방법 (경쟁형태) 1. 일반경쟁 2. 제한경쟁 3. 지명경쟁 4. 수의계약 5. 법정위탁 6. 기타 ( ) 7. 없음	입찰방식 계약기간 1. 1년 2. 2년 3. 3년 4. 4년 5. 5년 6. 기타 ( )년 7. 단기계약 (1년미만) 8. 없음	입찰방식 낙찰자선정방법 1. 적격심사 2. 협상에의한계약 3. 최저가낙찰제 4. 규격가격분리 5. 2단계 경쟁입찰 6. 기타 ( ) 7. 없음	운영예산 산정 운영예산 산정 1. 내부산정 (지자체 자체적으로 산정) 2. 외부산정 (외부전문기관위탁 산정) 3. 내·외부 모두 산정 4. 산정 無 5. 없음	운영예산 산정 정산방법 1. 내부정산 (지자체 내부적으로 정산) 2. 외부정산 (외부전문기관위탁 정산) 3. 내·외부 모두 정산 4. 정산 無 5. 없음	성과평가 실시여부 1. 실시 2. 미실시 3. 향후 추진 4. 해당없음
4358	충북 옥천군	6.25기념행사지원	13,792	3	1	7	8	7	1	1	1
4359	충북 옥천군	제34회전국시조경창대회지원	13,500	3	1	7	8	7	5	5	4
4360	충북 옥천군	유채꽃힐링음악회지원	13,500	3	1	7	8	7	1	1	4
4361	충북 옥천군	제3회지용신인문학상지원	12,600	3	1	7	8	7	5	5	4
4362	충북 옥천군	제25회전국향수사진공모전지원	11,700	3	1	7	8	7	5	5	4
4363	충북 옥천군	후계농업경영인대회개최지원	10,800	3	4	7	8	7	1	1	1
4364	충북 옥천군	한국동요1주년기념동요포럼및토크콘서트지원	10,000	3	1	7	8	7	5	5	4
4365	충북 옥천군	배꼽빠지게좋은날축제지원	10,000	3	1	7	8	7	5	5	4
4366	충북 옥천군	평화통일기원음악회지원	10,000	3	1	7	8	7	1	1	1
4367	충북 옥천군	옥천의산성학술대회지원	9,900	3	1	7	8	7	5	5	4
4368	충북 옥천군	후계농업경영인전국단위대회참가지원	9,900	3	4	7	8	7	1	1	1
4369	충북 옥천군	제28회충북민속예술축제출전지원	9,000	3	1	7	8	7	5	5	4
4370	충북 옥천군	제16회풍물연합경연대회지원	9,000	3	1	7	8	7	5	5	4
4371	충북 옥천군	제17회옥천예술제지원	9,000	3	1	7	8	7	5	5	4
4372	충북 옥천군	제23회국악한마당지원	9,000	3	1	7	8	7	5	5	4
4373	충북 옥천군	제26회지용청소년문학상지원	9,000	3	1	7	8	7	5	5	4
4374	충북 옥천군	교통안전봉사단체지원	9,000	3	4	7	8	7	1	1	1
4375	충북 옥천군	후계농업경영인농특산물홍보행사참가지원	9,000	3	4	7	8	7	1	1	1
4376	충북 옥천군	생활체육클럽활성화지원	9,000	3	1	7	8	7	1	1	3
4377	충북 옥천군	옥천군자원봉사자대회지원	8,700	3	4	7	8	7	1	1	1
4378	충북 옥천군	자율방범대체육대회지원	8,100	3	1	7	8	7	1	1	3
4379	충북 옥천군	새마을의날기념행사지원	7,700	3	4	7	8	7	1	1	1
4380	충북 옥천군	자전거의날행사지원	6,570	3	4	7	7	7	1	1	1
4381	충북 옥천군	제11회옥천가족사랑동요제지원	6,210	3	1	7	8	7	5	5	4
4382	충북 옥천군	현충일추념행사지원	6,200	3	1	7	8	7	1	1	1
4383	충북 옥천군	옥천,청산향교석전제지원(2개소)	5,400	3	1	7	8	7	1	1	1
4384	충북 옥천군	제2회안남면민과함께하는작은음악회지원	5,400	3	1	7	8	7	5	5	4
4385	충북 옥천군	옥천향교성년의날행사지원	5,400	3	1	7	8	7	5	5	4
4386	충북 옥천군	여성농업인도대회참가지원	5,400	3	4	7	8	7	1	1	1
4387	충북 옥천군	제22회구읍봄꽃축제지원	5,000	3	1	7	8	7	5	5	4
4388	충북 옥천군	안남면민행복드림걷기대회지원(안남면)	5,000	3	4	7	8	7	1	1	1
4389	충북 옥천군	우리동네버스킹공연지원(청산면)	5,000	3	4	7	8	7	1	1	1
4390	충북 옥천군	서화뜰작은음악회지원(군서면)	5,000	3	4	7	8	7	1	1	1
4391	충북 옥천군	지회장기게이트볼대회개최지원	4,940	3	1	7	8	7	1	1	1
4392	충북 옥천군	제25회장승깎기가족캠프행사지원	4,500	3	1	7	8	7	5	5	4
4393	충북 옥천군	제11회이은방백일장행사지원	4,500	3	1	7	8	7	5	5	4
4394	충북 옥천군	제21회문화교실회원전지원	4,500	3	1	7	8	7	5	5	4
4395	충북 옥천군	제25회순회문학제지원	4,500	3	1	7	8	7	5	5	4
4396	충북 옥천군	쌀전업농대회행사지원	4,500	3	7	7	8	7	5	5	2
4397	충북 옥천군	제26회회원전지원	4,140	3	1	7	8	7	5	5	4

순번	시군구	지출명 (사업명)	2024년예산 (단위 : 천원 /1년간)	민간이전 분류 (지방자치단체 세출예산 집행기준에 의거) 1. 민간경상사업보조(307-02) 2. 민간단체 법정운영비보조(307-03) 3. 민간행사사업보조(307-04) 4. 민간위탁금(307-05) 5. 사회복지시설 법정운영비보조(307-10) 6. 민간인위탁교육비(307-12) 7. 공기관등에대한경상적위탁사업비(308-13) 8. 민간자본사업보조,자체재원(402-01) 9. 민간자본사업보조,이전재원(402-02) 10. 민간위탁사업비(402-03) 11. 공기관등에 대한 자본적 위탁사업비(403-02)	민간이전지출 근거 (지방보조금 관리기준 참고) 1. 법률에 규정 2. 국고보조 재원(국가지정) 3. 용도 지정 기부금 4. 조례에 직접규정 5. 지자체가 권장하는 사업을 하는 공공기관 6. 시,도 정책 및 재정사정 7. 기타 8. 해당없음	입찰방식			운영예산 산정		성과평가 실시여부
						계약체결방법 (경쟁형태) 1. 일반경쟁 2. 제한경쟁 3. 지명경쟁 4. 수의계약 5. 법정위탁 6. 기타 ( ) 7. 없음	계약기간 1. 1년 2. 2년 3. 3년 4. 4년 5. 5년 6. 기타 ( )년 7. 단기계약 (1년미만) 8. 없음	낙찰자선정방법 1. 적격심사 2. 협상에의한계약 3. 최저가낙찰제 4. 규격가격분리 5. 2단계 경쟁입찰 6. 기타 ( ) 7. 없음	운영예산 산정 1. 내부산정 (지자체 자체적으로 산정) 2. 외부산정 (외부전문기관위탁 산정) 3. 내·외부 모두 산정 4. 산정 無 5. 없음	정산방법 1. 내부정산 (지자체 내부적으로 정산) 2. 외부정산 (외부전문기관위탁 정산) 3. 내·외부 모두 산정 4. 정산 無 5. 없음	1. 실시 2. 미실시 3. 향후 추진 4. 해당없음
4398	충북 옥천군	제21회문화마당축제지원	4,050	3	1	7	8	7	5	5	4
4399	충북 옥천군	구읍한가위어울마당지원	4,000	3	1	7	8	7	5	5	4
4400	충북 옥천군	청산어울마당지원	4,000	3	1	7	8	7	5	5	4
4401	충북 옥천군	제21회이원면민한가위행사지원	4,000	3	1	7	8	7	5	5	4
4402	충북 옥천군	군북면민한가위행사지원	4,000	3	1	7	8	7	5	5	4
4403	충북 옥천군	제19회류승규문학상지원	3,700	3	1	7	8	7	5	5	4
4404	충북 옥천군	3.1청산만세운동기념행사지원	3,700	3	1	7	8	7	1	1	1
4405	충북 옥천군	옥천군노동조합지역공동체캠페인지원	3,600	3	1	6	8	7	1	1	4
4406	충북 옥천군	제24회동학영령을달래는진혼제지원	3,600	3	1	7	8	7	5	5	4
4407	충북 옥천군	새마을지도자대회지원	3,600	3	4	7	8	7	1	1	1
4408	충북 옥천군	전농충북도연맹가족한마당행사참가지원	3,600	3	4	7	8	7	1	1	2
4409	충북 옥천군	지회장기그라운드골프개최지원	3,250	3	1	7	8	7	1	1	1
4410	충북 옥천군	제13회옥천사랑미술전&제12회청소년미술공모전지원	2,700	3	1	7	8	7	5	5	4
4411	충북 옥천군	제21회미술협회정기회원전지원	2,700	3	1	7	8	7	5	5	4
4412	충북 옥천군	군집개인전지원	2,700	3	1	7	8	7	5	5	4
4413	충북 옥천군	한국전쟁민간인희생자추모제지원(1회)	2,700	3	4	7	8	7	1	1	4
4414	충북 옥천군	평화통일그림그리기대회지원	2,700	3	1	7	8	7	1	1	1
4415	충북 옥천군	농민회통일벼모내기행사지원	2,700	3	4	7	8	7	1	1	2
4416	충북 옥천군	우리농산물지킴이행사지원	2,700	3	4	7	8	7	1	1	1
4417	충북 옥천군	3.1이원만세운동기념행사지원	2,400	3	1	7	8	7	1	1	1
4418	충북 옥천군	충청북도우수시장박람회행사지원(1회)	1,800	3	1	7	1	7	1	1	3
4419	충북 옥천군	충의공김문기선생추모제지원	1,800	3	1	7	8	7	5	5	4
4420	충북 옥천군	우암송시열선생추모제지원	1,800	3	1	7	8	7	5	5	4
4421	충북 옥천군	제29회풍물사랑군민어울림마당지원(2회)	1,800	3	1	7	8	7	5	5	4
4422	충북 옥천군	제13회옥천공연예술인작은한마당지원	1,800	3	1	7	8	7	5	5	4
4423	충북 옥천군	제13회옥천지용시낭송협회발표지원	1,800	3	1	7	8	7	5	5	4
4424	충북 옥천군	제25회지용회전지원	1,800	3	1	7	8	7	5	5	4
4425	충북 옥천군	충민사추념행사지원	1,800	3	1	7	8	7	1	1	1
4426	충북 옥천군	농민농특산물홍보행사참가지원	1,800	3	4	7	8	7	1	1	1
4427	충북 옥천군	친환경농업인행사지원	1,800	3	4	7	8	7	5	5	2
4428	충북 옥천군	바르게살기옥천한마음갖기회원대회지원	1,700	3	3	7	8	7	1	1	4
4429	충북 옥천군	민족통일군민촉진대회지원	1,400	3	1	7	8	7	1	1	4
4430	충북 옥천군	영규대사추모제지원	1,350	3	1	7	8	7	5	5	4
4431	충북 옥천군	제27회서예전시회지원	1,350	3	1	7	8	7	5	5	4
4432	충북 옥천군	목담서원춘향제지원	1,080	3	1	7	8	7	5	5	4
4433	충북 옥천군	후율당춘향제지원	1,080	3	1	7	8	7	5	5	4
4434	충북 옥천군	탄암공곽시선생춘향제지원	1,080	3	1	7	8	7	5	5	4
4435	충북 옥천군	청산교평다리밟기지원	1,080	3	1	7	8	7	5	5	4
4436	충북 옥천군	마조제지원	1,080	3	1	7	8	7	5	5	4
4437	충북 옥천군	성왕제지원	1,080	3	1	7	8	7	5	5	4

순번	시군구	지출명 (사업명)	2024년예산 (단위 : 천원 /1년간)	민간이전 분류 (지방자치단체 세출예산 집행기준에 의거) 1. 민간경상사업보조(307-02) 2. 민간단체 법정운영비보조(307-03) 3. 민간행사사업보조(307-04) 4. 민간위탁금(307-05) 5. 사회복지시설 법정운영비보조(307-10) 6. 민간인위탁교육비(307-12) 7. 공기관등에대한경상적위탁사업비(308-13) 8. 민간자본사업보조,자체재원(402-01) 9. 민간자본사업보조,이전재원(402-02) 10. 민간위탁사업비(402-03) 11. 공기관등에 대한 자본적 위탁사업비(403-02)	민간이전지출 근거 (지방보조금 관리기준 참고) 1. 법률에 규정 2. 국고보조 재원(국가지정) 3. 용도 지정 기부금 4. 조례에 직접규정 5. 지자체가 권장하는 사업을 하는 공공기관 6. 시,도 정책 및 재정사정 7. 기타 8. 해당없음	입찰방식: 계약체결방법 (경쟁형태) 1. 일반경쟁 2. 제한경쟁 3. 지명경쟁 4. 수의계약 5. 법정위탁 6. 기타 ( ) 7. 없음	입찰방식: 계약기간 1. 1년 2. 2년 3. 3년 4. 4년 5. 5년 6. 기타 ( )년 7. 단기계약 (1년미만) 8. 없음	입찰방식: 낙찰자선정방법 1. 적격심사 2. 협상에의한계약 3. 최저가낙찰제 4. 규격가격분리 5. 2단계 경쟁입찰 6. 기타 ( ) 7. 없음	운영예산 산정: 운영예산 산정 1. 내부산정 (지자체 자체적으로 산정) 2. 외부산정 (외부전문기관위탁 산정) 3. 내·외부 모두 산정 4. 산정 無 5. 없음	운영예산 산정: 정산방법 1. 내부정산 (지자체 내부적으로 정산) 2. 외부정산 (외부전문기관위탁 정산) 3. 내·외부 모두 정산 4. 정산 無 5. 없음	성과평가 실시여부 1. 실시 2. 미실시 3. 향후 추진 4. 해당없음
4438	충북 옥천군	바르게살기운동함께걷기대회지원	900	3	1	7	8	7	1	1	4
4439	충북 영동군	영동군관광사진공모전	33,000	3	7	7	8	7	5	5	4
4440	충북 영동군	영동군체육회사무국운영	492,151	3	1,4	6	8	7	1	1	1
4441	충북 영동군	추풍령가요제	190,000	3	4	7	8	7	1	1	1
4442	충북 영동군	영동군장애인체육회사무국운영	158,380	3	1,4	6	8	7	1	1	1
4443	충북 영동군	군민의날행사지원	110,000	3	4	7	8	7	1	1	1
4444	충북 영동군	청소년문화예술공연지원	100,000	3	7	7	8	7	5	1	4
4445	충북 영동군	영동과일한마당축제판촉행사	80,000	3	4	7	8	7	5	5	4
4446	충북 영동군	군민과함께하는문화공연	70,000	3	4	7	8	7	1	1	1
4447	충북 영동군	영동군청소년축제지원	60,000	3	7	7	8	7	5	1	4
4448	충북 영동군	제32회5도5군4H회원화합행사	40,000	3	1	7	8	7	5	5	4
4449	충북 영동군	농특산물홍보판매행사	36,000	3	4	7	8	7	5	5	4
4450	충북 영동군	어린이날큰잔치행사	34,000	3	4	7	8	7	1	1	4
4451	충북 영동군	농업경영인가족화합행사	30,000	3	4	7	8	7	5	5	4
4452	충북 영동군	영동군농특산물나눔홍보행사	30,000	3	4	7	8	7	5	5	4
4453	충북 영동군	새농민회충청북도전진대회	25,000	3	4	7	8	7	5	5	4
4454	충북 영동군	농산물상생마케팅판촉지원	21,330	3	6	7	8	7	5	5	4
4455	충북 영동군	일라이트학술대회	20,000	3	4	7	8	7	1	1	1
4456	충북 영동군	법무부청소년범죄예방위원영동지구위원회사업비	19,000	3	1	7	8	7	1	1	1
4457	충북 영동군	영동군재향군인회6.25행사보조	17,250	3	1	7	8	7	1	1	1
4458	충북 영동군	축산인대회행사지원	16,424	3	4	7	8	7	1	1	1
4459	충북 영동군	이장단체육대회지원	15,000	3	1	7	8	7	1	1	1
4460	충북 영동군	숭모제지원	15,000	3	4	7	8	7	1	1	1
4461	충북 영동군	영동벚꽃예술제	15,000	3	4	7	8	7	1	1	1
4462	충북 영동군	함께하는溫(온)가족축제	15,000	3	4	6	1	6	1	1	3
4463	충북 영동군	상촌자연산버섯음식축제	15,000	3	2	7	8	7	5	5	4
4464	충북 영동군	현충일추념행사	12,070	3	1	7	8	7	1	1	1
4465	충북 영동군	국내식품전시회참가지원	12,000	3	6	7	8	7	5	5	4
4466	충북 영동군	새마을의날기념행사및화합한마당	9,000	3	1	7	8	7	1	1	1
4467	충북 영동군	6.25참전유공자추모행사	8,830	3	1	7	8	7	1	1	1
4468	충북 영동군	석전대제지원	8,000	3	4	7	8	7	1	1	1
4469	충북 영동군	쌀전업농대회행사지원	5,000	3	4	7	8	7	5	1	1
4470	충북 영동군	청소년한마음예술제지원	5,000	3	7	7	8	7	5	1	4
4471	충북 영동군	청소년문화탐방지원	5,000	3	7	7	8	7	5	5	4
4472	충북 영동군	달집태우기	4,500	3	4	7	8	7	1	1	1
4473	충북 영동군	영동차사랑회별빛차회	4,000	3	4	7	8	7	1	1	1
4474	충북 영동군	대외노인체육대회출전	4,000	3	1	7	8	7	1	1	2
4475	충북 영동군	청소년3:3농구대회지원	4,000	3	7	7	8	7	5	1	4
4476	충북 영동군	내륙전술천리행군악천후사고추모행사	2,500	3	1	7	8	7	1	1	1
4477	충북 영동군	청소년효문화장려사업행사지원	2,000	3	7	7	8	7	5	1	4

순번	시군구	지출명 (사업명)	2024년예산 (단위 : 천원 /1년간)	민간이전 분류 (지방자치단체 세출예산 집행기준에 의거) 1. 민간경상사업보조(307-02) 2. 민간단체 법정운영비보조(307-03) 3. 민간행사사업보조(307-04) 4. 민간위탁금(307-05) 5. 사회복지시설 법정운영비보조(307-10) 6. 민간인위탁교육비(307-12) 7. 공기관등에대한경상적위탁사업비(308-13) 8. 민간자본사업보조,자체재원(402-01) 9. 민간자본사업보조,이전재원(402-02) 10. 민간위탁사업비(402-03) 11. 공기관등에 대한 자본적 위탁사업비(403-02)	민간이전지출 근거 (지방보조금 관리기준 참고) 1. 법률에 규정 2. 국고보조 재원(국가지정) 3. 용도 지정 기부금 4. 조례에 직접규정 5. 지자체가 권장하는 사업을 하는 공공기관 6. 시,도 정책 및 재정사정 7. 기타 8. 해당없음	입찰방식 계약체결방법 (경쟁형태) 1. 일반경쟁 2. 제한경쟁 3. 지명경쟁 4. 수의계약 5. 법정위탁 6. 기타 ( ) 7. 없음	입찰방식 계약기간 1. 1년 2. 2년 3. 3년 4. 4년 5. 5년 6. 기타 ( )년 7. 단기계약 (1년미만) 8. 없음	입찰방식 낙찰자선정방법 1. 적격심사 2. 협상에의한계약 3. 최저가낙찰제 4. 규격가격분리 5. 2단계 경쟁입찰 6. 기타 ( ) 7. 없음	운영예산 산정 운영예산 산정 1. 내부산정 (지자체 자체적으로 산정) 2. 외부산정 (외부전문기관위탁 산정) 3. 내·외부 모두 산정 4. 산정 無 5. 없음	운영예산 산정 정산방법 1. 내부정산 (지자체 내부적으로 정산) 2. 외부정산 (외부전문기관위탁 정산) 3. 내·외부 모두 산정 4. 정산 無 5. 없음	성과평가 실시여부 1. 실시 2. 미실시 3. 향후 추진 4. 해당없음
4478	충북 영동군	청소년배구한마당행사지원	2,000	3	7	7	8	7	5	1	4
4479	충북 영동군	농업경영인남부4군연찬회	1,000	3	4	7	8	7	5	5	4
4480	충북 영동군	청소년작은사랑나누기행사지원	1,000	3	7	7	8	7	5	1	4
4481	충북 영동군	응급처치경연대회지원	1,000	3	7	7	8	7	5	1	4
4482	충북 영동군	노근리평화상지원	100,000	3	1,2	7	8	7	1	1	4
4483	충북 영동군	전국난계풍물경연대회	50,000	3	6	7	8	7	5	5	4
4484	충북 영동군	노근리사건희생자합동위령제	30,000	3	1,4	7	8	7	1	1	4
4485	충북 영동군	노근리평화공원정원축제지원	9,000	3	4	7	8	7	1	1	4
4486	충북 영동군	노근리평화인권백일장대회	8,000	3	1,2	7	8	7	1	1	4
4487	충북 영동군	전국난계풍물경연대회	85,000	3	1	7	8	7	1	1	4
4488	충북 증평군	증평인삼골축제	400,000	3	4	7	8	7	1	1	1
4489	충북 증평군	체육대회개최	195,000	3	1	7	8	7	1	1	3
4490	충북 증평군	충북도민체육대회참가	190,000	3	1	7	8	7	1	1	3
4491	충북 증평군	국제청소년페스티벌	171,680	3	4	7	8	7	1	1	1
4492	충북 증평군	전통예술계승보전	75,000	3	7	7	8	7	1	1	1
4493	충북 증평군	증평인삼전국자전거대회	70,000	3	1	7	8	7	1	1	3
4494	충북 증평군	증평예총사업지원	65,000	3	4	7	8	7	1	1	4
4495	충북 증평군	도민안녕기원영산대재	63,350	3	7	7	8	7	1	1	1
4496	충북 증평군	증평들노래축제	63,000	3	4	7	8	7	1	1	1
4497	충북 증평군	생활체육대회개최	44,000	3	1	7	8	7	1	1	3
4498	충북 증평군	자원봉사활성화	40,000	3	1	7	8	7	5	5	4
4499	충북 증평군	생활체육대회참가	40,000	3	1	7	8	7	1	1	3
4500	충북 증평군	생활체육대회참가	20,700	3	1	7	8	7	1	1	4
4501	충북 증평군	증평문화원사업지원	20,000	3	1	7	8	7	1	1	1
4502	충북 증평군	레이크사랑걷기대회	20,000	3	1	7	8	7	1	1	3
4503	충북 증평군	홍삼포크삼겹살대잔치	20,000	3	7	7	8	7	1	1	4
4504	충북 증평군	전국사진촬영대회	18,000	3	4	7	8	7	1	1	2
4505	충북 증평군	생활체육대회참가	15,000	3	1	7	8	7	1	1	3
4506	충북 증평군	이장사기진작지원	14,000	3	4	7	8	7	5	5	4
4507	충북 증평군	농업인단체육성	13,500	3	6	7	8	7	5	5	4
4508	충북 증평군	민주평화통일자문회의운영	12,000	3	1	7	8	7	5	5	4
4509	충북 증평군	농업인단체육성	11,340	3	6	7	8	7	5	5	4
4510	충북 증평군	이장사기진작지원	11,000	3	4	7	8	7	5	5	4
4511	충북 증평군	도깨비동화마을운영지원	10,400	3	7	7	8	7	1	1	4
4512	충북 증평군	주민자치활성화	10,000	3	4	7	8	7	5	5	4
4513	충북 증평군	민간사회단체지원	10,000	3	1	7	8	7	5	5	4
4514	충북 증평군	향토음식거리지원	10,000	3	6	7	8	7	5	5	4
4515	충북 증평군	증평자전거대행진	10,000	3	4	6	7	6	5	1	1
4516	충북 증평군	농업인단체육성	9,900	3	6	7	8	7	5	5	4
4517	충북 증평군	증평문화원사업지원	9,000	3	1	7	8	7	1	1	1

순번	시군구	지출명 (사업명)	2024년예산 (단위 : 천원 /1년간)	민간이전 분류 (지방자치단체 세출예산 집행기준에 의거) 1. 민간경상사업보조(307-02) 2. 민간단체 법정운영비보조(307-03) 3. 민간행사사업보조(307-04) 4. 민간위탁금(307-05) 5. 사회복지시설 법정운영비보조(307-10) 6. 민간인위탁교육비(307-12) 7. 공기관등에대한경상적위탁사업비(308-13) 8. 민간자본사업보조,자체재원(402-01) 9. 민간자본사업보조,이전재원(402-02) 10. 민간위탁사업비(402-03) 11. 공기관등에 대한 자본적 위탁사업비(403-02)	민간이전지출 근거 (지방보조금 관리기준 참고) 1. 법률에 규정 2. 국고보조 재원(국가지정) 3. 용도 지정 기부금 4. 조례에 직접규정 5. 지자체가 권장하는 사업을 하는 공공기관 6. 시,도 정책 및 재정사정 7. 기타 8. 해당없음	입찰방식 계약체결방법 (경쟁형태) 1. 일반경쟁 2. 제한경쟁 3. 지명경쟁 4. 수의계약 5. 법정위탁 6. 기타 ( ) 7. 없음	입찰방식 계약기간 1. 1년 2. 2년 3. 3년 4. 4년 5. 5년 6. 기타 ( )년 7. 단기계약 (1년미만) 8. 없음	입찰방식 낙찰자선정방법 1. 적격심사 2. 협상에의한계약 3. 최저가낙찰제 4. 규격가격분리 5. 2단계 경쟁입찰 6. 기타 ( ) 7. 없음	운영예산 산정 운영예산 산정 1. 내부산정 (지자체 자체적으로 산정) 2. 외부산정 (외부전문기관위탁 산정) 3. 내·외부 모두 산정 4. 산정 無 5. 없음	운영예산 산정 정산방법 1. 내부정산 (지자체 내부적으로 정산) 2. 외부정산 (외부전문기관위탁 정산) 3. 내·외부 모두 산정 4. 정산 無 5. 없음	성과평가 실시여부 1. 실시 2. 미실시 3. 향후 추진 4. 해당없음
4518	충북 증평군	이장사기진작지원	8,700	3	4	7	8	7	5	5	4
4519	충북 증평군	증평문화원사업지원	8,000	3	1	7	8	7	1	1	1
4520	충북 증평군	전통시장이벤트행사	8,000	3	6	7	8	7	5	1	4
4521	충북 증평군	의용소방대지원	8,000	3	4	7	8	7	5	5	4
4522	충북 증평군	농촌지도사업활력화지원(인력육성팀)	8,000	3	6	7	8	7	5	5	4
4523	충북 증평군	생활체육대회개최	7,200	3	1	7	8	7	1	1	3
4524	충북 증평군	증평예총사업지원	7,000	3	4	7	8	7	1	1	4
4525	충북 증평군	증평문화원사업지원	6,300	3	1	7	8	7	1	1	1
4526	충북 증평군	자율방범대지원	5,700	3	1	7	8	7	5	5	4
4527	충북 증평군	의용소방대지원	5,400	3	4	7	8	7	5	5	4
4528	충북 증평군	농업인단체육성	5,400	3	6	7	8	7	5	5	4
4529	충북 증평군	주민자치활성화	5,250	3	4	7	8	7	5	5	4
4530	충북 증평군	생활문화활성화	5,000	3	7	7	8	7	1	1	1
4531	충북 증평군	생활체육대회개최	5,000	3	1	7	8	7	1	1	3
4532	충북 증평군	체육대회개최	5,000	3	1	7	8	7	1	1	3
4533	충북 증평군	체육대회개최	5,000	3	1	7	8	7	1	1	3
4534	충북 증평군	체육대회개최	5,000	3	1	7	8	7	1	1	3
4535	충북 증평군	기업경영안정및육성지원	5,000	3	7	7	8	7	1	1	4
4536	충북 증평군	민주평화통일자문회의운영	4,500	3	1	7	8	7	5	5	4
4537	충북 증평군	농촌여성활력화지원	4,000	3	5	7	8	7	5	5	4
4538	충북 증평군	주민자치활성화	3,500	3	4	7	8	7	5	5	4
4539	충북 증평군	증평예총사업지원	3,150	3	4	7	8	7	1	1	4
4540	충북 증평군	증평문화원사업지원	3,000	3	1	7	8	7	1	1	1
4541	충북 증평군	생활체육대회참가	3,000	3	1	7	8	7	1	1	3
4542	충북 증평군	농업경영인및여성농업인지원	3,000	3	7	7	8	7	1	1	1
4543	충북 증평군	농업경영인및여성농업인지원	3,000	3	7	7	8	7	1	1	1
4544	충북 증평군	민간사회단체지원	2,560	3	1	7	8	7	5	5	4
4545	충북 증평군	이장사기진작지원	2,500	3	4	7	8	7	5	5	4
4546	충북 증평군	증평예총사업지원	2,500	3	4	7	8	7	1	1	4
4547	충북 증평군	충청북도우수시장박람회	2,500	3	6	7	8	7	5	1	4
4548	충북 증평군	한국여성소비자연합증평지부운영	2,100	3	1	7	8	7	1	1	4
4549	충북 증평군	증평문화원사업지원	2,000	3	1	7	8	7	1	1	1
4550	충북 증평군	증평예총사업지원	2,000	3	4	7	8	7	1	1	4
4551	충북 증평군	증평예총사업지원	2,000	3	4	7	8	7	1	1	4
4552	충북 증평군	민간사회단체지원	1,800	3	1	7	8	7	5	5	4
4553	충북 증평군	민간사회단체지원	1,800	3	1	7	8	7	5	5	4
4554	충북 증평군	증평예총사업지원	1,800	3	4	7	8	7	1	1	4
4555	충북 증평군	민간사회단체지원	1,600	3	1	7	8	7	5	5	4
4556	충북 증평군	지역자율방재단운영	1,400	3	4	7	8	7	5	5	4
4557	충북 증평군	증평예총사업지원	1,350	3	4	7	8	7	1	1	4

순번	시군구	지출명 (사업명)	2024년예산 (단위 : 천원 /1년간)	민간이전 분류 (지방자치단체 세출예산 집행기준에 의거) 1. 민간경상사업보조(307-02) 2. 민간단체 법정운영비보조(307-03) 3. 민간행사사업보조(307-04) 4. 민간위탁금(307-05) 5. 사회복지시설 법정운영비보조(307-10) 6. 민간인위탁교육비(307-12) 7. 공기관등에대한경상적위탁사업비(308-13) 8. 민간자본사업보조,자체재원(402-01) 9. 민간자본사업보조,이전재원(402-02) 10. 민간위탁사업비(402-03) 11. 공기관등에 대한 자본적 위탁사업비(403-02)	민간이전지출 근거 (지방보조금 관리기준 참고) 1. 법률에 규정 2. 국고보조 재원(국가지정) 3. 용도 지정 기부금 4. 조례에 직접규정 5. 지자체가 권장하는 사업을 하는 공공기관 6. 시,도 정책 및 재정사정 7. 기타 8. 해당없음	입찰방식 계약체결방법 (경쟁형태) 1. 일반경쟁 2. 제한경쟁 3. 지명경쟁 4. 수의계약 5. 법정위탁 6. 기타 ( ) 7. 없음	입찰방식 계약기간 1. 1년 2. 2년 3. 3년 4. 4년 5. 5년 6. 기타 ( )년 7. 단기계약 (1년미만) 8. 없음	입찰방식 낙찰자선정방법 1. 적격심사 2. 협상에의한계약 3. 최저가낙찰제 4. 규격가격분리 5. 2단계 경쟁입찰 6. 기타 ( ) 7. 없음	운영예산 산정 운영예산 산정 1. 내부산정 (지자체 자체적으로 산정) 2. 외부산정 (외부전문기관위탁 산정) 3. 내·외부 모두 산정 4. 산정 無 5. 없음	운영예산 산정 정산방법 1. 내부정산 (지자체 내부적으로 정산) 2. 외부정산 (외부전문기관위탁 정산) 3. 내·외부 모두 산정 4. 정산 無 5. 없음	성과평가 실시여부 1. 실시 2. 미실시 3. 향후 추진 4. 해당없음
4558	충북 증평군	증평예총사업지원	1,350	3	4	7	8	7	1	1	4
4559	충북 증평군	증평예총사업지원	1,000	3	4	7	8	7	1	1	4
4560	충북 증평군	한국여성소비자연합증평지부운영	1,000	3	1	7	8	7	1	1	4
4561	충북 증평군	지역자율방재단운영	980	3	4	7	8	7	5	5	4
4562	충북 증평군	민간사회단체지원	940	3	1	7	8	7	5	5	4
4563	충북 증평군	민간사회단체지원	900	3	1	7	8	7	5	5	4
4564	충북 진천군	제63회충북도민체육대회개최)	623,650	3	1	7	8	7	5	5	4
4565	충북 진천군	문화축제)	600,000	3	7	7	8	7	1	1	1
4566	충북 진천군	농다리축제)	300,000	3	7	7	8	7	1	1	1
4567	충북 진천군	농특산물전시판매행사)	153,000	3	4	7	8	7	1	1	4
4568	충북 진천군	제18회충북장애인도민체육대회개최)	150,000	3	4	7	8	7	1	1	1
4569	충북 진천군	제36회충청북도농촌지도자대회)	100,000	3	1	7	8	7	5	5	4
4570	충북 진천군	각종대회유치및참가(생거진천군수배생활체육대회)	75,000	3	4	7	8	7	1	1	1
4571	충북 진천군	생거진천문화축제(초평면,문백면,백곡면)	69,000	3	7	7	8	7	1	1	1
4572	충북 진천군	생거진천문화축제(진천읍,덕산읍)	58,000	3	7	7	8	7	1	1	1
4573	충북 진천군	생거진천문화축제(이월면,광혜원면)	50,000	3	7	7	8	7	1	1	1
4574	충북 진천군	이장단연합회한마음체육대회)	45,000	3	4	4	7	7	1	1	1
4575	충북 진천군	각종대회유치및참가(전국생활축구대회)	32,000	3	4	7	8	7	1	1	1
4576	충북 진천군	어린이날행사지원(진천읍))	30,000	3	1	7	8	7	1	1	1
4577	충북 진천군	초평면민의날행사)	30,000	3	7	7	8	7	1	1	1
4578	충북 진천군	제1회등용문축제)	30,000	3	7	7	8	7	1	1	1
4579	충북 진천군	참숯마실축제개최)	30,000	3	1	6	8	7	1	1	1
4580	충북 진천군	충북문학인대회)	29,100	3	1	7	8	7	1	5	4
4581	충북 진천군	농다리전국가요제)	27,000	3	7	7	8	7	1	1	1
4582	충북 진천군	제22회생거진천요리쿡조리쿡경연대회)	27,000	3	4	7	8	7	1	1	1
4583	충북 진천군	문화축제향토음식부스조성)	23,000	3	7	7	8	7	1	1	1
4584	충북 진천군	진천선수촌체험프로그램운영)	22,500	3	4	7	8	7	1	1	1
4585	충북 진천군	어린이날행사지원(덕산읍))	20,000	3	1	7	8	7	1	1	1
4586	충북 진천군	한천천탐방축제)	20,000	3	7	7	8	7	1	1	1
4587	충북 진천군	생거진천문화축제축산물소비촉진행사)	20,000	3	4	7	8	7	1	1	4
4588	충북 진천군	레이크사랑걷기대회)	20,000	3	4	7	8	7	1	1	1
4589	충북 진천군	생거진천전국관광사진및다리사진공모전)	18,000	3	1	7	8	7	1	5	4
4590	충북 진천군	진천군축산인한마음대회)	18,000	3	8	7	8	7	5	5	4
4591	충북 진천군	각종대회유치및참가(생거진천군민걷기대회)	18,000	3	4	7	8	7	1	1	1
4592	충북 진천군	전국시낭송대회)	15,300	3	1	7	8	7	1	5	4
4593	충북 진천군	기업인의날행사지원)	15,000	3	7	7	8	7	5	5	1
4594	충북 진천군	한여름밤의트롯페스티벌)	15,000	3	1	7	8	7	1	5	4
4595	충북 진천군	각종대회유치및참가(생거진천군수배전국생활체육테니스대회)	15,000	3	4	7	8	7	5	5	4
4596	충북 진천군	제63회충북도민체육대회D3일축하공연)	15,000	3	1	7	8	7	5	5	4
4597	충북 진천군	새마을지도자한마음대회)	13,500	3	1	7	8	7	1	1	1

순번	시군구	지출명 (사업명)	2024년예산 (단위 : 전원 /1년간)	민간이전 분류 (지방자치단체 세출예산 집행기준에 의거)	민간이전지출 근거 (지방보조금 관리기준 참고)	입찰방식			운영예산 산정		성과평가 실시여부
				1. 민간경상사업보조(307-02) 2. 민간단체 법정운영비보조(307-03) 3. 민간행사사업보조(307-04) 4. 민간위탁금(307-05) 5. 사회복지시설 법정운영비보조(307-10) 6. 민간인위탁교육비(307-12) 7. 공기관등에대한경상적위탁사업비(308-13) 8. 민간자본사업보조,자체재원(402-01) 9. 민간자본사업보조,이전재원(402-02) 10. 민간위탁사업비(402-03) 11. 공기관등에 대한 자본적 위탁사업비(403-02)	1. 법률에 규정 2. 국고보조 재원(국가지정) 3. 용도 지정 기부금 4. 조례에 직접규정 5. 지자체가 권장하는 사업을 하는 공공기관 6. 시,도 정책 및 재정사정 7. 기타 8. 해당없음	계약체결방법 (경쟁형태) 1. 일반경쟁 2. 제한경쟁 3. 지명경쟁 4. 수의계약 5. 법정위탁 6. 기타 ( ) 7. 없음	계약기간 1. 1년 2. 2년 3. 3년 4. 4년 5. 5년 6. 기타 ( )년 7. 단기계약 (1년미만) 8. 없음	낙찰자선정방법 1. 적격심사 2. 협상에의한계약 3. 최저가낙찰제 4. 규격가격분리 5. 2단계 경쟁입찰 6. 기타 ( ) 7. 없음	운영예산 산정 1. 내부산정 (지자체 자체적으로 산정) 2. 외부산정 (외부전문기관위탁 산정) 3. 내·외부 모두 산정 4. 산정 無 5. 없음	정산방법 1. 내부정산 (지자체 내부적으로 정산) 2. 외부정산 (외부전문기관위탁 정산) 3. 내·외부 모두 산정 4. 정산 無 5. 없음	1. 실시 2. 미실시 3. 향후 추진 4. 해당없음
4598	충북 진천군	자유수호를위한군민화합전진대회)	13,500	3	1	7	8	7	1	1	1
4599	충북 진천군	자유총연맹청년회나라사랑기념식)	13,500	3	1	7	8	7	1	1	1
4600	충북 진천군	창작극공연지원)	13,500	3	1	7	8	7	1	5	4
4601	충북 진천군	농업경영인대회지원)	13,500	3	4	7	8	7	5	1	3
4602	충북 진천군	농촌지도자생활개선회한마음대회)	13,500	3	1	7	8	7	5	5	4
4603	충북 진천군	진천군자원봉사자대회)	12,150	3	1	7	8	7	1	1	1
4604	충북 진천군	소방기술경연대회)	12,000	3	1	7	8	7	5	5	4
4605	충북 진천군	조명희학술심포지엄)	11,700	3	1	7	8	7	1	5	4
4606	충북 진천군	오케스트라정기연주회)	11,000	3	1	7	8	7	1	5	4
4607	충북 진천군	으뜸농산물한마당행사지원)	10,800	3	4	7	8	7	1	1	3
4608	충북 진천군	스토리창작클러스터팸투어)	10,000	3	1	7	7	7	1	1	1
4609	충북 진천군	조명희전국백일장대회)	9,000	3	1	7	8	7	1	5	4
4610	충북 진천군	농업인단체축제지원사업)	9,000	3	4	7	8	7	1	1	4
4611	충북 진천군	각종대회유치및참가(충북도지사기생활체육족구대회)	9,000	3	4	7	8	7	5	5	4
4612	충북 진천군	시군문화예술행사지원)	8,700	3	3	7	8	7	2	4	4
4613	충북 진천군	진천문학발간및문학전)	6,300	3	1	7	8	7	1	5	4
4614	충북 진천군	민속예술경연대회)	6,000	3	1	7	8	7	1	5	4
4615	충북 진천군	향교기로연재현)	6,000	3	3	7	8	7	1	1	1
4616	충북 진천군	자율방범대한마음체육대회)	6,000	3	1	7	8	7	5	5	4
4617	충북 진천군	생거진천뮤지컬페스티벌)	5,000	3	7	7	8	7	1	1	1
4618	충북 진천군	새마을의날기념식)	4,500	3	1	7	8	7	1	1	1
4619	충북 진천군	대한적십자사봉사회진천지구협의회봉사원대회)	4,500	3	4	7	8	7	1	1	1
4620	충북 진천군	꿈꼽하기)	4,500	3	6	4	1	7	1	1	4
4621	충북 진천군	우리쌀지킴이지원사업)	4,050	3	4	7	8	7	1	1	3
4622	충북 진천군	바르게살기운동진천군회원한마음대회)	4,000	3	1	7	8	7	1	1	1
4623	충북 진천군	보재이상설선생추모제)	4,000	3	4	5	7	7	1	1	1
4624	충북 진천군	제15회미술협회정기전도록제작)	4,000	3	1	7	8	7	1	5	4
4625	충북 진천군	진천국악한마당)	4,000	3	1	7	8	7	1	5	4
4626	충북 진천군	진천향교춘추대제)	4,000	3	4	6	8	7	1	1	1
4627	충북 진천군	길상사제향)	4,000	3	4	6	8	7	1	1	1
4628	충북 진천군	시를통한인문학캠페인)	3,600	3	1	7	8	7	1	5	4
4629	충북 진천군	민족통일진천군대회)	3,000	3	1	7	8	7	1	1	1
4630	충북 진천군	생거진천농다리축제(해병대전우회)	2,500	3	7	7	8	7	1	1	1
4631	충북 진천군	생거진천농다리축제(자율방범대)	2,500	3	7	7	8	7	1	1	1
4632	충북 진천군	생거진천문화축제(해병대전우회)	2,000	3	7	7	8	7	1	1	1
4633	충북 진천군	생거진천문화축제(특전동지회)	2,000	3	7	7	8	7	1	1	1
4634	충북 진천군	생거진천문화축제(모범운전자회)	2,000	3	7	7	8	7	1	1	1
4635	충북 진천군	생거진천문화축제(자율방범대)	2,000	3	7	7	8	7	1	1	1
4636	충북 진천군	생거진천농다리축제(모범운전자회)	1,500	3	7	7	8	7	1	1	1
4637	충북 진천군	생거진천농다리축제(특전동지회)	1,500	3	7	7	8	7	1	1	1

순번	시군구	지출명 (사업명)	2024년예산 (단위 : 천원 /1년간)	민간이전 분류 (지방자치단체 세출예산 집행기준에 의거) 1. 민간경상사업보조(307-02) 2. 민간단체 법정운영비보조(307-03) 3. 민간행사사업보조(307-04) 4. 민간위탁금(307-05) 5. 사회복지시설 법정운영비보조(307-10) 6. 민간인위탁교육비(307-12) 7. 공기관등에대한경상적위탁사업비(308-13) 8. 민간자본사업보조,자체재원(402-01) 9. 민간자본사업보조,이전재원(402-02) 10. 민간위탁사업비(402-03) 11. 공기관등에 대한 자본적 위탁사업비(403-02)	민간이전지출 근거 (지방보조금 관리기준 참고) 1. 법률에 규정 2. 국고보조 재원(국가지정) 3. 용도 지정 기부금 4. 조례에 직접규정 5. 지자체가 권장하는 사업을 하는 공공기관 6. 시,도 정책 및 재정사정 7. 기타 8. 해당없음	입찰방식			운영예산 산정		성과평가 실시여부
						계약체결방법 (경쟁형태) 1. 일반경쟁 2. 제한경쟁 3. 지명경쟁 4. 수의계약 5. 법정위탁 6. 기타 ( ) 7. 없음	계약기간 1. 1년 2. 2년 3. 3년 4. 4년 5. 5년 6. 기타 ( )년 7. 단기계약 (1년미만) 8. 없음	낙찰자선정방법 1. 적격심사 2. 협상에의한계약 3. 최저가낙찰제 4. 규격가격분리 5. 2단계 경쟁입찰 6. 기타 ( ) 7. 없음	운영예산 산정 1. 내부산정 (지자체 자체적으로 산정) 2. 외부산정 (외부전문기관위탁 산정) 3. 내·외부 모두 산정 4. 산정 無 5. 없음	정산방법 1. 내부정산 (지자체 내부적으로 정산) 2. 외부정산 (외부전문기관위탁 정산) 3. 내·외부 모두 산정 4. 정산 無 5. 없음	1. 실시 2. 미실시 3. 향후 추진 4. 해당없음
4638	충북 진천군	지역청소년축제홍보부스운영)	1,475	3	1	6	1	7	1	1	1
4639	충북 진천군	평화공감강연회)	1,200	3	1,4	7	8	7	1	1	1
4640	충북 진천군	북한이탈주민초청통일간담회)	1,100	3	1,4	7	8	7	1	1	1
4641	충북 진천군	불조심캠페인)	1,000	3	1	7	8	7	5	5	4
4642	충북 음성군	품바축제	910,000	3	1	7	8	7	1	1	1
4643	충북 음성군	음성명작페스티벌	700,000	3	1	7	8	7	1	1	4
4644	충북 음성군	시군대표문화예술행사(설성문화제)	400,000	3	1	7	8	7	1	1	1
4645	충북 음성군	제18회반기문마라톤대회개최	220,000	3	1,4	7	8	7	1	1	1
4646	충북 음성군	음성명작판매촉진지원	80,000	3	1	7	8	7	1	1	4
4647	충북 음성군	한여농도(전국)대회개최및참가	60,000	3	4	7	8	7	1	1	4
4648	충북 음성군	농업인의날행사	60,000	3	4	7	8	7	1	1	4
4649	충북 음성군	수출전략상품육성지원	31,074	3	1	7	8	7	1	1	4
4650	충북 음성군	음성군연등문화축제	20,000	3	1	7	8	7	1	1	1
4651	충북 음성군	음성국제염계달판소리축제	20,000	3	7	7	8	7	1	1	1
4652	충북 음성군	축산물소비촉진행사	20,000	3	4	7	8	7	5	5	4
4653	충북 음성군	양성평등주간행사지원및여성체육대회지원	15,000	3	4	7	8	7	1	1	4
4654	충북 음성군	소이갑산체리마을축제	13,000	3	1	7	8	7	5	5	4
4655	충북 음성군	의용소방대기술경연대회	13,000	3	4	7	8	7	5	1	4
4656	충북 음성군	원남면남녀노소세대공감한마당잔치	12,020	3	4	7	8	7	3	1	1
4657	충북 음성군	한농연전국대회참가	12,000	3	4	7	8	7	1	1	4
4658	충북 음성군	새마을의날기념식및새마을지도자체육대회	10,000	3	1	7	8	7	3	1	1
4659	충북 음성군	노사화합체육대회	10,000	3	1	7	8	7	1	1	2
4660	충북 음성군	도농교류활동지원(일손돕기등)	10,000	3	4	7	8	7	1	1	4
4661	충북 음성군	쌀전업농(도,전국)대회참가	10,000	3	4	7	8	7	1	1	4
4662	충북 음성군	기업인의날행사	10,000	3	7	7	8	7	1	1	1
4663	충북 음성군	쌀전업농회원워크숍	8,000	3	4	7	8	7	1	1	4
4664	충북 음성군	금빛마을청소년어울림축제	7,000	3	4	7	8	7	1	1	4
4665	충북 음성군	소이면아이들을위한축제한마당	6,000	3	4	7	8	7	3	1	1
4666	충북 음성군	감곡면청미천작은문화예술축제및걷기대회	6,000	3	4	7	8	7	3	1	1
4667	충북 음성군	지회설립기념식및자유수호전진대회	6,000	3	1	7	8	7	3	1	1
4668	충북 음성군	한농연충북명품농특산물장터한마당행사참가	5,000	3	4	7	8	7	1	1	4
4669	충북 음성군	한농연전국으뜸농산물장터참가	5,000	3	4	7	8	7	1	1	4
4670	충북 음성군	농민회충북가족대회참가	5,000	3	4	7	8	7	1	1	4
4671	충북 음성군	쌀전업농전국쌀대축제참가	5,000	3	4	7	8	7	1	1	4
4672	충북 음성군	축제시축산물판매및홍보	5,000	3	4	7	8	7	1	1	4
4673	충북 음성군	의용소방대워크숍	5,000	3	4	7	8	7	5	5	4
4674	충북 음성군	생극면귀농인과다문화가정초청마을큰잔치	4,200	3	4	7	8	7	5	1	4
4675	충북 음성군	금빛공연으로하나되는금왕	4,000	3	4	7	8	7	3	1	1
4676	충북 음성군	한여농한마음행사	3,000	3	4	7	8	7	3	1	1
4677	충북 음성군	세계노동절기념대회	2,000	3	1	7	8	7	1	1	2

순번	시군구	지출명 (사업명)	2024년예산 (단위 : 전원 /1년간)	민간이전 분류 (지방자치단체 세출예산 집행기준에 의거) 1. 민간경상사업보조(307-02) 2. 민간단체 법정운영비보조(307-03) 3. 민간행사사업보조(307-04) 4. 민간위탁금(307-05) 5. 사회복지시설 법정운영비보조(307-10) 6. 민간인위탁교육비(307-12) 7. 공기관등에대한경상적위탁사업비(308-13) 8. 민간자본사업보조,자체재원(402-01) 9. 민간자본사업보조,이전재원(402-02) 10. 민간위탁사업비(402-03) 11. 공기관등에 대한 자본적 위탁사업비(403-02)	민간이전지출 근거 (지방보조금 관리기준 참고) 1. 법률에 규정 2. 국고보조 재원(국가지정) 3. 용도 지정 기부금 4. 조례에 직접규정 5. 지자체가 권장하는 사업을 하는 공공기관 6. 시,도 정책 및 재정사정 7. 기타 8. 해당없음	입찰방식: 계약체결방법 (경쟁형태) 1. 일반경쟁 2. 제한경쟁 3. 지명경쟁 4. 수의계약 5. 법정위탁 6. 기타 ( ) 7. 없음	입찰방식: 계약기간 1. 1년 2. 2년 3. 3년 4. 4년 5. 5년 6. 기타 ( )년 7. 단기계약 (1년미만) 8. 없음	입찰방식: 낙찰자선정방법 1. 적격심사 2. 협상에의한계약 3. 최저가낙찰제 4. 규격가격분리 5. 2단계 경쟁입찰 6. 기타 ( ) 7. 없음	운영예산 산정: 운영예산 산정 1. 내부산정 (지자체 자체적으로 산정) 2. 외부산정 (외부전문기관위탁 산정) 3. 내·외부 모두 산정 4. 산정 無 5. 없음	운영예산 산정: 정산방법 1. 내부정산 (지자체 내부적으로 정산) 2. 외부정산 (외부전문기관위탁 정산) 3. 내·외부 모두 산정 4. 정산 無 5. 없음	성과평가 실시여부 1. 실시 2. 미실시 3. 향후 추진 4. 해당없음
4678	충북 음성군	한여농우리농산물지킴이행사	2,000	3	4	7	8	7	1	1	4
4679	충북 음성군	자율방재단재해예방결의대회	2,000	3	4	7	8	7	1	1	3
4680	충북 단양군	소백산철쭉제지원	700,000	3	4	7	8	7	3	1	4
4681	충북 단양군	온달문화축제지원	600,000	3	4	7	8	7	3	1	4
4682	충북 단양군	단양레이크파크수상페스티벌	400,000	3	2	7	8	7	5	5	4
4683	충북 단양군	충북도민체전출전지원	245,470	3	1,4	7	8	7	1	3	1
4684	충북 단양군	읍면체육대회개최지원	206,000	3	1,4	7	8	7	1	1	1
4685	충북 단양군	전국및도단위체육대회	200,000	3	1,4	7	8	7	1	1	1
4686	충북 단양군	지역특화수상스포츠대회개최	200,000	3	2	7	8	7	5	5	4
4687	충북 단양군	춘계전국중고배구대회	168,000	3	1,4	7	8	7	1	1	1
4688	충북 단양군	단양소백산기전국초등배구대회	135,000	3	1,4	7	8	7	1	1	1
4689	충북 단양군	단양마늘판매행사(축제)지원	120,000	3	4	7	8	7	5	5	4
4690	충북 단양군	시루섬예술제	90,000	3	4	7	8	7	1	1	1
4691	충북 단양군	단양팔경걷기및마라톤대회	88,000	3	1,4	7	8	7	1	1	1
4692	충북 단양군	소백산철쭉배전국풋살대회	87,000	3	1,4	7	8	7	1	1	1
4693	충북 단양군	단양소백산배전국9인제배구대회	86,000	3	1,4	7	8	7	1	1	1
4694	충북 단양군	대한체육회장기생활체육9인제배구대회	86,000	3	1,4	7	8	7	1	1	1
4695	충북 단양군	대한민국배구협회장기전국유소년배구대회	81,000	3	1,4	7	8	7	1	1	1
4696	충북 단양군	대한배구협회장기생활체육배구대회	81,000	3	1,4	7	8	7	1	1	1
4697	충북 단양군	단양도담삼봉배전국남녀9인제배구대회	81,000	3	1,4	7	8	7	1	1	1
4698	충북 단양군	실버가요제개최지원	80,000	3	1,4	7	8	7	1	1	1
4699	충북 단양군	녹색쉼표그린콘서트	80,000	3	4	7	8	7	3	1	4
4700	충북 단양군	지역문화진흥기금사업지원	80,000	3	4	7	8	7	1	1	1
4701	충북 단양군	한국실업배구연맹회장배종합선수권대회	80,000	3	4	7	8	7	5	5	4
4702	충북 단양군	조마단양팔경배전국유소년축구대회	77,000	3	1,4	7	8	7	1	1	1
4703	충북 단양군	단양간진도배&챔피언십유소년축구대회	72,000	3	1,4	7	8	7	1	1	1
4704	충북 단양군	국화옆에서공원음악회지원	70,000	3	1,4	7	8	7	1	1	1
4705	충북 단양군	단양군과함께하는2024년FK리그	63,050	3	4	7	8	7	1	1	1
4706	충북 단양군	충북생활체육대회출전지원	60,000	3	1,4	7	8	7	1	1	1
4707	충북 단양군	충북장애인체육대회출전지원	59,000	3	1,4	7	8	7	1	3	1
4708	충북 단양군	단양팔경오픈배드민턴대회	56,000	3	1,4	7	8	7	1	1	1
4709	충북 단양군	전국어머니탁구대회겸전국어린이탁구대회	50,000	3	1,4	7	8	7	1	1	1
4710	충북 단양군	단양팔경배전국그라운드골프대회	50,000	3	1,4	7	8	7	1	1	1
4711	충북 단양군	단양군생활체육대회개최지원	50,000	3	1,4	7	8	7	1	1	1
4712	충북 단양군	단양군과함께하는유청소년FK리그	50,000	3	1,4	7	8	7	1	3	1
4713	충북 단양군	단양달빛레이스	48,000	3	1,4	7	8	7	1	1	1
4714	충북 단양군	정현숙배오픈탁구대회	45,000	3	1,4	7	8	7	1	1	1
4715	충북 단양군	단양소백산철쭉제기념전국초청게이트볼대회	45,000	3	1,4	7	8	7	1	1	1
4716	충북 단양군	금수산감골단풍축제지원	45,000	3	4	7	8	7	3	1	4
4717	충북 단양군	단양팔경동호인초청족구대회	40,000	3	1,4	7	8	7	1	1	1

순번	시군구	지출명 (사업명)	2024년예산 (단위 : 천원 /1년간)	민간이전 분류 (지방자치단체 세출예산 집행기준에 의거) 1. 민간경상사업보조(307-02) 2. 민간단체 법정운영비보조(307-03) 3. 민간행사사업보조(307-04) 4. 민간위탁금(307-05) 5. 사회복지시설 법정운영비보조(307-10) 6. 민간인위탁교육비(307-12) 7. 공기관등에대한경상적위탁사업비(308-13) 8. 민간자본사업보조,자체재원(402-01) 9. 민간자본사업보조,이전재원(402-02) 10. 민간위탁사업비(402-03) 11. 공기관등에 대한 자본적 위탁사업비(403-02)	민간이전지출 근거 (지방보조금 관리기준 참고) 1. 법률에 규정 2. 국고보조 재원(국가지정) 3. 용도 지정 기부금 4. 조례에 직접규정 5. 지자체가 권장하는 사업을 하는 공공기관 6. 시,도 정책 및 재정사정 7. 기타 8. 해당없음	입찰방식 계약체결방법 (경쟁형태) 1. 일반경쟁 2. 제한경쟁 3. 지명경쟁 4. 수의계약 5. 법정위탁 6. 기타 ( ) 7. 없음	입찰방식 계약기간 1. 1년 2. 2년 3. 3년 4. 4년 5. 5년 6. 기타 ( )년 7. 단기계약 (1년미만) 8. 없음	입찰방식 낙찰자선정방법 1. 적격심사 2. 협상에의한계약 3. 최저가낙찰제 4. 규격가격분리 5. 2단계 경쟁입찰 6. 기타 ( ) 7. 없음	운영예산 산정 운영예산 산정 1. 내부산정 (지자체 자체적으로 산정) 2. 외부산정 (외부전문기관위탁 산정) 3. 내·외부 모두 산정 4. 산정 無 5. 없음	운영예산 산정 정산방법 1. 내부정산 (지자체 내부적으로 정산) 2. 외부정산 (외부전문기관위탁 정산) 3. 내·외부 모두 산정 4. 정산 無 5. 없음	성과평가 실시여부 1. 실시 2. 미실시 3. 향후 추진 4. 해당없음
4718	충북 단양군	단양팔경오픈초중고학생배드민턴대회	40,000	3	1,4	7	8	7	1	1	1
4719	충북 단양군	단양소백산팔경그란폰도자전거대회	40,000	3	1,4	7	8	7	1	1	1
4720	충북 단양군	단고을장터운영	40,000	3	4	7	8	7	5	5	4
4721	충북 단양군	대한배구협회장기전국교육대학배구대회	36,000	3	1,4	7	8	7	1	1	1
4722	충북 단양군	찾아가는버스킹공연	30,000	3	4	7	8	7	5	5	4
4723	충북 단양군	생산자소비자교류행사지원	30,000	3	4	7	8	7	5	5	4
4724	충북 단양군	단양군수배전국유소년야구대회	27,000	3	1,4	7	8	7	1	1	1
4725	충북 단양군	만천하스카이워크배전국오픈탁구대회	27,000	3	1,4	7	8	7	1	1	1
4726	충북 단양군	노인의날행사지원	23,000	3	4	7	8	7	1	1	4
4727	충북 단양군	소백산철쭉제기념전국장년소프트테니스대회	23,000	3	1,4	7	8	7	1	1	1
4728	충북 단양군	전국3x3농구대회	23,000	3	1,4	7	8	7	1	3	1
4729	충북 단양군	단양군새마을지도자역량강화워크숍행사지원	22,000	3	1,4	7	8	7	1	1	1
4730	충북 단양군	월남참전자회안보결의대회	22,000	3	7	7	8	7	1	1	1
4731	충북 단양군	충북어르신생활체육대회출전지원	21,000	3	1,4	7	8	7	1	3	1
4732	충북 단양군	자매결연,출향,민간단체협력교류행사	20,000	3	1,4	7	8	7	1	1	1
4733	충북 단양군	우탁시조문화제	20,000	3	4	7	8	7	1	1	1
4734	충북 단양군	충북민속예술축제참가지원	20,000	3	4	7	8	7	1	1	1
4735	충북 단양군	충북종단대장정	20,000	3	1,4	7	8	7	3	3	1
4736	충북 단양군	소백산철쭉배전국사회인야구대회	18,000	3	1,4	7	8	7	1	1	1
4737	충북 단양군	퇴계이황선생추념서예대회	17,000	3	4	7	8	7	3	1	4
4738	충북 단양군	양성평등주간행사지원	17,000	3	4	7	1	7	1	1	1
4739	충북 단양군	도지사기차지시군대항역전마라톤대회출전지원	17,000	3	1,4	7	8	7	1	1	1
4740	충북 단양군	충청북도시군대항역전마라톤대회출전지원	17,000	3	1,4	7	8	7	1	1	1
4741	충북 단양군	국가유공자전적지순례	16,000	3	7	7	8	7	1	1	1
4742	충북 단양군	단양군이장화합체육대회	15,000	3	4	7	8	7	1	1	4
4743	충북 단양군	주민자치협의회한마당축제지원	15,000	3	1,4	7	8	7	1	1	1
4744	충북 단양군	장애인의날행사지원	15,000	3	1	7	8	7	5	1	4
4745	충북 단양군	농촌체험휴양마을행사참여지원	13,500	3	4	7	8	7	5	5	4
4746	충북 단양군	6.25전쟁기념행사지원사업	12,000	3	1,4	7	8	7	1	1	1
4747	충북 단양군	자율방범연합대한마음대회지원	10,000	3	1,4	7	8	7	1	1	1
4748	충북 단양군	지체장애인의날행사지원	10,000	3	1	7	8	7	5	1	4
4749	충북 단양군	제2회단양가족축제지원	10,000	3	1	7	8	7	5	5	4
4750	충북 단양군	아름다운단양길걷기행사	10,000	3	4	7	8	7	1	1	1
4751	충북 단양군	귀농귀촌인과지역주민한마음행사	10,000	3	4	7	8	7	5	5	4
4752	충북 단양군	제54주년새마을의날기념대회지원	9,000	3	1,4	7	8	7	1	1	1
4753	충북 단양군	노사관리(근로자의날행사)	9,000	3	1	7	8	7	1	1	4
4754	충북 단양군	청년단체자매결연교류사업	9,000	3	4	7	8	7	1	1	1
4755	충북 단양군	청정단양호배전국사회인야구대회	9,000	3	1,4	7	8	7	1	1	1
4756	충북 단양군	노인회한궁,장기,바둑대회지원	8,000	3	4	7	8	7	1	1	4
4757	충북 단양군	소금무지제및달집태우기행사지원	8,000	3	4	7	8	7	3	1	4

순번	시군구	지출명 (사업명)	2024년예산 (단위 : 천원 /1년간)	민간이전 분류 (지방자치단체 세출예산 집행기준에 의거) 1. 민간경상사업보조(307-02) 2. 민간단체 법정운영비보조(307-03) 3. 민간행사사업보조(307-04) 4. 민간위탁금(307-05) 5. 사회복지시설 법정운영비보조(307-10) 6. 민간인위탁교육비(307-12) 7. 공기관등에대한경상적위탁사업비(308-13) 8. 민간자본사업보조,자체재원(402-01) 9. 민간자본사업보조,이전재원(402-02) 10. 민간위탁사업비(402-03) 11. 공기관등에 대한 자본적 위탁사업비(403-02)	민간이전지출 근거 (지방보조금 관리기준 참고) 1. 법률에 규정 2. 국고보조 재원(국가지정) 3. 용도 지정 기부금 4. 조례에 직접규정 5. 지자체가 권장하는 사업을 하는 공공기관 6. 시,도 정책 및 재정사정 7. 기타 8. 해당없음	입찰방식 계약체결방법 (경쟁형태) 1. 일반경쟁 2. 제한경쟁 3. 지명경쟁 4. 수의계약 5. 법정위탁 6. 기타 ( ) 7. 없음	입찰방식 계약기간 1. 1년 2. 2년 3. 3년 4. 4년 5. 5년 6. 기타 ( )년 7. 단기계약 (1년미만) 8. 없음	입찰방식 낙찰자선정방법 1. 적격심사 2. 협상에의한계약 3. 최저가낙찰제 4. 규격가격분리 5. 2단계 경쟁입찰 6. 기타 ( ) 7. 없음	운영예산 산정 운영예산 산정 1. 내부산정 (지자체 자체적으로 산정) 2. 외부산정 (외부전문기관위탁 산정) 3. 내·외부 모두 산정 4. 산정 無 5. 없음	운영예산 산정 정산방법 1. 내부정산 (지자체 내부적으로 정산) 2. 외부정산 (외부전문기관위탁 정산) 3. 내·외부 모두 산정 4. 정산 無 5. 없음	성과평가 실시여부 1. 실시 2. 미실시 3. 향후 추진 4. 해당없음
4758	충북 단양군	청소년한마음축제지원	7,500	3	1	7	8	7	1	1	1
4759	충북 단양군	단양군수기그라운드골프대회	7,500	3	1,4	7	8	7	1	1	1
4760	충북 단양군	단양군의회의장기그라운드골프대회	7,500	3	1,4	7	8	7	1	1	1
4761	충북 단양군	단양군수기게이트볼대회	7,500	3	1,4	7	8	7	1	1	1
4762	충북 단양군	단양군의회의장기게이트볼대회	7,500	3	1,4	7	8	7	1	1	1
4763	충북 단양군	소백산철쭉제기념파크골프대회	7,500	3	1,4	7	8	7	1	1	1
4764	충북 단양군	단양군수배파크골프대회	7,500	3	1,4	7	8	7	1	1	1
4765	충북 단양군	단양군의회의장배파크골프대회	7,500	3	1,4	7	8	7	1	1	1
4766	충북 단양군	청년연합회화합행사	7,200	3	4	7	8	7	1	1	1
4767	충북 단양군	자유총연맹역량강화과정회원연수교육	7,100	3	1,4	7	8	7	1	1	1
4768	충북 단양군	서해수호의날행사지원	7,000	3	1,4	7	8	7	1	1	1
4769	충북 단양군	삼도화합게이트볼대회	7,000	3	1,4	7	8	7	1	1	1
4770	충북 단양군	단양군수배충북장애인게이트볼대회	7,000	3	1,4	7	8	7	1	1	1
4771	충북 단양군	단양군체육회장기생활체육축구대회	7,000	3	1,4	7	8	7	1	1	1
4772	충북 단양군	자유수호한마음결의대회	6,000	3	1,4	7	8	7	1	1	1
4773	충북 단양군	현충일추념행사지원	6,000	3	1	7	8	7	1	1	4
4774	충북 단양군	현충일추념행사지원	6,000	3	7	7	8	7	1	1	1
4775	충북 단양군	온달문화축제기념게이트볼대회지원	6,000	3	4	7	8	7	1	1	4
4776	충북 단양군	노인회장기게이트볼대회지원	6,000	3	4	7	8	7	1	1	4
4777	충북 단양군	단양팔경한마음배드민턴대회	6,000	3	1,4	7	8	7	1	1	1
4778	충북 단양군	단양군수배골프대회	5,500	3	1,4	7	8	7	1	1	1
4779	충북 단양군	새마을지도자대회(전국,도)지원	5,000	3	1,4	7	8	7	1	1	1
4780	충북 단양군	성인문해교육학습자창의적프로그램	5,000	3	4	7	8	7	5	5	4
4781	충북 단양군	농아인의날행사지원	5,000	3	1	7	8	7	5	1	4
4782	충북 단양군	시를통한인문학캠페인	5,000	3	4	7	8	7	1	1	1
4783	충북 단양군	전국체전출전지원	5,000	3	1,4	7	8	7	1	3	1
4784	충북 단양군	단양군자율방재단창설기념행사	5,000	3	4	7	1	7	1	1	1
4785	충북 단양군	단양군새마을지도자대회	3,500	3	1,4	7	8	7	1	1	1
4786	충북 단양군	바르게살기운동단양군협의회한마음회원대회	3,500	3	1,4	7	8	7	1	1	1
4787	충북 단양군	통일기반구축자유수호지도자역량강화전진대회	3,000	3	1,4	7	8	7	1	1	1
4788	충북 단양군	바르게살기운동대회(전국,도)지원	3,000	3	1,4	7	8	7	1	1	1
4789	충북 단양군	13용사추념행사지원	3,000	3	7	7	8	7	1	1	1
4790	충북 단양군	농아인한마음체육대회행사지원	3,000	3	1	7	8	7	5	1	4
4791	충북 단양군	이북5도민단양군민회행사지원	2,500	3	1,4	7	8	7	1	1	1
4792	충북 단양군	시각장애인의날행사지원	2,500	3	1	7	8	7	5	1	4
4793	충북 단양군	한국자유총연맹전국회원한마음대회	2,000	3	1,4	7	8	7	1	1	1
4794	충북 단양군	자유총연맹사랑의점심나누기	2,000	3	1,4	7	8	7	1	1	1
4795	충북 단양군	성인문해교육졸업식	1,500	3	4	7	8	7	5	5	4
4796	충청남도	고향마실한마당	160,000	3	1	6	1	2	1	3	4
4797	충청남도	2024RCY전국캠프	60,000	3	1	7	8	7	1	1	4

순번	시군구	지출명 (사업명)	2024년예산 (단위 : 천원 /1년간)	민간이전 분류 (지방자치단체 세출예산 집행기준에 의거) 1. 민간경상사업보조(307-02) 2. 민간단체 법정운영비보조(307-03) 3. 민간행사사업보조(307-04) 4. 민간위탁금(307-05) 5. 사회복지시설 법정운영비보조(307-10) 6. 민간인위탁교육비(307-12) 7. 공기관등에대한경상적위탁사업비(308-13) 8. 민간자본사업보조,자체재원(402-01) 9. 민간자본사업보조,이전재원(402-02) 10. 민간위탁사업비(402-03) 11. 공기관등에 대한 자본적 위탁사업비(403-02)	민간이전지출 근거 (지방보조금 관리기준 참고) 1. 법률에 규정 2. 국고보조 재원(국가지정) 3. 용도 지정 기부금 4. 조례에 직접규정 5. 지자체가 권장하는 사업을 하는 공공기관 6. 시,도 정책 및 재정사정 7. 기타 8. 해당없음	입찰방식			운영예산 산정		성과평가 실시여부
						계약체결방법 (경쟁형태) 1. 일반경쟁 2. 제한경쟁 3. 지명경쟁 4. 수의계약 5. 법정위탁 6. 기타 ( ) 7. 없음	계약기간 1. 1년 2. 2년 3. 3년 4. 4년 5. 5년 6. 기타 ( )년 7. 단기계약 (1년미만) 8. 없음	낙찰자선정방법 1. 적격심사 2. 협상에의한계약 3. 최저가낙찰제 4. 규격가격분리 5. 2단계 경쟁입찰 6. 기타 ( ) 7. 없음	운영예산 산정 1. 내부산정 (지자체 자체적으로 산정) 2. 외부산정 (외부전문기관위탁 산정) 3. 내·외부 모두 산정 4. 산정 無 5. 없음	정산방법 1. 내부정산 (지자체 내부적으로 정산) 2. 외부정산 (외부전문기관위탁 정산) 3. 내·외부 모두 산정 4. 정산 無 5. 없음	1. 실시 2. 미실시 3. 향후 추진 4. 해당없음
4798	충청남도	충남우수시장박람회(지역상품전시회)지원	50,000	3	4	7	8	7	1	1	4
4799	충청남도	여성주간행사등여성기업활동촉진	42,000	3	1	7	8	7	5	5	4
4800	충청남도	임업인기술교육및화합행사지원	42,000	3	1,4	1	7	1	1	1	1
4801	충청남도	충청남도산업디자인대전	40,500	3	4	7	8	7	5	5	4
4802	충청남도	충청남도산업디자인대전	40,500	3	4	7	8	7	5	5	4
4803	충청남도	유관순상시상식운영	40,000	3	8	7	8	7	5	5	4
4804	충청남도	근로자의날행사	40,000	3	4	7	8	7	5	5	4
4805	충청남도	산지조직활성화역량강화프로그램운영	40,000	3	4	7	1	7	1	1	1
4806	충청남도	이북5도충남사무소사업비지원	38,000	3	4	7	8	7	1	1	4
4807	충청남도	새마을생명운동활성화지원	35,000	3	1	7	8	7	1	1	1
4808	충청남도	노사화합한마음다짐대회	30,000	3	4	7	8	7	5	5	4
4809	충청남도	대한적십자사충남지사봉사원대회	27,000	3	1	7	8	7	1	1	4
4810	충청남도	민주평화통일자문회의충남지역회의지원	25,000	3	4	7	8	7	1	1	4
4811	충청남도	한국전쟁민간인희생자위령사업	22,000	3	4	7	8	7	1	1	4
4812	충청남도	바르게살기운동전진대회지원	18,000	3	1	7	8	7	1	1	1
4813	충청남도	제44주년5.18민주화운동기념행사	15,000	3	4	7	8	7	1	1	4
4814	충청남도	제37주년6.1민주항쟁기념행사	15,000	3	4	7	8	7	1	1	4
4815	충청남도	세계여성의날기념식	13,500	3	6	2	1	1	1	1	1
4816	충청남도	충청남도소비자대회	13,500	3	4	7	8	7	1	1	1
4817	충청남도	전통시장활성화지원(워크숍)	13,000	3	4	7	8	7	1	1	1
4818	충청남도	새마을부녀회사업지원	10,000	3	1	7	8	7	1	1	1
4819	충청남도	자유수호지도자결의대회지원	8,100	3	1	7	8	7	1	1	1
4820	충청남도	중소기업융합교류회	8,100	3	1	7	8	7	1	1	1
4821	충청남도	자유수호희생자합동위령제	7,500	3	1	7	8	7	5	5	4
4822	충청남도	남북평화예술단공연활동지원	6,000	3	1	7	8	7	1	1	1
4823	충청남도	집체성년례및관례,계례의식행사	6,000	3	1	6	8	7	1	1	1
4824	충청남도	전국독서경진충남대회지원	5,600	3	1	7	8	7	1	1	1
4825	충청남도	교통안전문화확산캠페인지원	3,650	3	1	7	8	7	1	1	1
4826	충청남도	전국한센인체육대회지원	3,000	3	4	7	8	7	1	1	1
4827	충청남도	전국나라사랑스피치충남대회지원	1,200	3	1	7	8	7	1	1	3
4828	충청남도	지역문화예술활동지원	865,000	3	1	7	7	7	1	1	1
4829	충청남도	생활체육대회개최지원	530,500	3	4	7	8	7	1	1	1
4830	충청남도	도농업인학습단체행사지원	250,000	3	1	7	8	7	1	1	1
4831	충청남도	장애인체육대회개최지원	203,792	3	4	7	8	7	1	1	1
4832	충청남도	좋은가축선발경진대회	135,000	3	1	7	8	7	5	5	4
4833	충청남도	축산물유통기반확보	127,960	3	1	7	8	7	5	5	4
4834	충청남도	충청남도체육대회개최지원	125,000	3	1	7	8	7	1	1	1
4835	충청남도	충남예술제	121,500	3	1	7	7	7	1	1	1
4836	충청남도	내포마라톤대회지원	120,000	3	2	7	8	7	1	1	1
4837	충청남도	전국파크골프대회지원	80,000	3	4	7	8	7	5	5	4

순번	시군구	지출명 (사업명)	2024년예산 (단위 : 천원 /1년간)	민간이전 분류 (지방자치단체 세출예산 집행기준에 의거)	민간이전지출 근거 (지방보조금 관리기준 참고)	입찰방식			운영예산 산정		성과평가 실시여부
				1. 민간경상사업보조(307-02) 2. 민간단체 법정운영비보조(307-03) 3. 민간행사사업보조(307-04) 4. 민간위탁금(307-05) 5. 사회복지시설 법정운영비보조(307-10) 6. 민간인위탁교육비(307-12) 7. 공기관등에대한경상적위탁사업비(308-13) 8. 민간자본사업보조,자체재원(402-01) 9. 민간자본사업보조,이전재원(402-02) 10. 민간위탁사업비(402-03) 11. 공기관등에 대한 자본적 위탁사업비(403-02)	1. 법률에 규정 2. 국고보조 재원(국가지정) 3. 용도 지정 기부금 4. 조례에 직접규정 5. 지자체가 권장하는 사업을 하는 공공기관 6. 시,도 정책 및 재정사정 7. 기타 8. 해당없음	계약체결방법 (경쟁형태) 1. 일반경쟁 2. 제한경쟁 3. 지명경쟁 4. 수의계약 5. 법정위탁 6. 기타 ( ) 7. 없음	계약기간 1. 1년 2. 2년 3. 3년 4. 4년 5. 5년 6. 기타 ( )년 7. 단기계약 (1년미만) 8. 없음	낙찰자선정방법 1. 적격심사 2. 협상에의한계약 3. 최저가낙찰제 4. 규격가격분리 5. 2단계 경쟁입찰 6. 기타 ( ) 7. 없음	운영예산 산정 1. 내부산정 (지자체 자체적으로 산정) 2. 외부산정 (외부전문기관위탁 산정) 3. 내·외부 모두 산정 4. 산정 無 5. 없음	정산방법 1. 내부정산 (지자체 내부적으로 정산) 2. 외부정산 (외부전문기관위탁 정산) 3. 내·외부 모두 산정 4. 정산 無 5. 없음	1. 실시 2. 미실시 3. 향후 추진 4. 해당없음
4838	충청남도	충남민속대제전	75,000	3	1	7	7	7	1	1	1
4839	충청남도	충남공예품대전관광기념품공모전	60,000	3	4	7	8	7	1	1	1
4840	충청남도	CBS찾아가는클래식음악회	50,000	3	1	7	7	7	1	1	1
4841	충청남도	충남공예품박람회	50,000	3	4	7	8	7	1	1	1
4842	충청남도	농촌체험우수농장주국외연수	50,000	3	1,4	7	8	7	5	5	4
4843	충청남도	한국수산업경영인도대회개최지원	48,000	3	1	7	8	7	1	1	2
4844	충청남도	찾아가는어린이뮤지컬	40,000	3	1	7	7	7	1	1	1
4845	충청남도	유관순마라톤대회지원	40,000	3	4	1	1	1	1	1	1
4846	충청남도	3.1절기념역전경주대회	38,000	3	4	7	8	7	1	1	1
4847	충청남도	클래식음악회	36,000	3	1	7	7	7	1	1	1
4848	충청남도	충남농촌체험학습페스티벌	30,000	3	1,4	7	8	7	5	5	4
4849	충청남도	시도주최어울림생활체육대회	24,000	3	4	7	8	7	1	1	1
4850	충청남도	이미용경연대회지원	18,000	3	4	7	8	7	1	1	4
4851	충청남도	축산물소비촉진행사	16,200	3	1	7	8	7	5	5	4
4852	충남 천안시	3.1운동기념아우내봉화제	150,000	3	7	4	1	2	1	1	1
4853	충남 천안시	광덕호두축제지원	78,000	3	4	4	7	6	1	1	4
4854	충남 천안시	농촌지도기획(천안농특산물홍보및농촌체험한마당)	45,000	3	1,4	7	8	7	1	1	1
4855	충남 천안시	농업인학습단체육성(농촌지도자회역량강화한마음대회)	25,000	3	1,4	7	8	7	1	1	1
4856	충남 천안시	유관순열사정신계승	20,000	3	7	7	8	7	1	1	1
4857	충남 천안시	작은도서관운영지원	10,000	3	4	7	8	7	5	5	4
4858	충남 천안시	천안농촌체험홍보전시관운영	6,000	3	1,4	7	8	7	1	1	1
4859	충남 공주시	공산성달밤이야기&콘서트	72,000	3	2	6	8	7	1	1	1
4860	충남 공주시	모범이통장국외선진지견학	30,000	3	4	7	8	7	1	1	1
4861	충남 공주시	공주소방서의용소방대연합회지원	28,000	3	1	7	8	7	1	1	3
4862	충남 공주시	범공주인연합학술제및한마당행사지원	25,000	3	4	7	8	7	1	1	1
4863	충남 공주시	이통장한마음체육대회	18,000	3	4	7	8	7	1	1	1
4864	충남 공주시	이통장공동연수개최	13,500	3	4	7	8	7	1	1	1
4865	충남 공주시	마을과학교가함께하는마을축제	11,000	3	4	7	8	7	1	1	1
4866	충남 공주시	충청남도이통장한마음체육대회참가지원	10,000	3	4	7	8	7	1	1	1
4867	충남 공주시	자율방재단방재의날기념행사지원	10,000	3	4	7	8	7	1	1	1
4868	충남 공주시	새마을지도자한마음대회	10,000	3	1	7	8	7	1	1	4
4869	충남 공주시	새마을지도자전국대회및도촉진대회	10,000	3	4	7	8	7	5	5	4
4870	충남 공주시	자율방범연합대한마음체육대회	6,000	3	4	7	8	7	5	5	4
4871	충남 공주시	적십자봉사회한마음대회	5,000	3	1	7	8	7	1	1	4
4872	충남 공주시	한국전쟁민간인희생자합동위령제	4,000	3	4	7	8	7	5	5	4
4873	충남 공주시	한국자유총연맹공주시지회자유수호희생자합동위령제	4,000	3	4	7	8	7	1	1	1
4874	충남 공주시	재향군인의날기념식	4,000	3	1	7	8	7	5	5	4
4875	충남 공주시	충청남도자율방범연합회한마음체육대회참가지원	3,000	3	4	7	8	7	5	5	4
4876	충남 공주시	한국자유총연맹공주시지회학생나라사랑글짓기대회	3,000	3	1	7	8	7	1	1	4
4877	충남 공주시	민족통일협의회전국대회및도대회참가	3,000	3	4	7	8	7	5	5	4

순번	시군구	지출명 (사업명)	2024년예산 (단위 : 천원 /1년간)	민간이전 분류 (지방자치단체 세출예산 집행기준에 의거) 1. 민간경상사업보조(307-02) 2. 민간단체 법정운영비보조(307-03) 3. 민간행사사업보조(307-04) 4. 민간위탁금(307-05) 5. 사회복지시설 법정운영비보조(307-10) 6. 민간인위탁교육비(307-12) 7. 공기관등에대한경상적위탁사업비(308-13) 8. 민간자본사업보조,자체재원(402-01) 9. 민간자본사업보조,이전재원(402-02) 10. 민간위탁사업비(402-03) 11. 공기관등에 대한 자본적 위탁사업비(403-02)	민간이전지출 근거 (지방보조금 관리기준 참고) 1. 법률에 규정 2. 국고보조 재원(국가지정) 3. 용도 지정 기부금 4. 조례에 직접규정 5. 지자체가 권장하는 사업을 하는 공공기관 6. 시,도 정책 및 재정사정 7. 기타 8. 해당없음	입찰방식 계약체결방법 (경쟁형태) 1. 일반경쟁 2. 제한경쟁 3. 지명경쟁 4. 수의계약 5. 법정위탁 6. 기타 ( ) 7. 없음	입찰방식 계약기간 1. 1년 2. 2년 3. 3년 4. 4년 5. 5년 6. 기타 ( )년 7. 단기계약 (1년미만) 8. 없음	입찰방식 낙찰자선정방법 1. 적격심사 2. 협상에의한계약 3. 최저가낙찰제 4. 규격가격분리 5. 2단계 경쟁입찰 6. 기타 ( ) 7. 없음	운영예산 산정 운영예산 산정 1. 내부산정 (지자체 자체적으로 산정) 2. 외부산정 (외부전문기관위탁 산정) 3. 내·외부 모두 산정 4. 산정 無 5. 없음	운영예산 산정 정산방법 1. 내부정산 (지자체 내부적으로 정산) 2. 외부정산 (외부전문기관위탁 정산) 3. 내·외부 모두 산정 4. 정산 無 5. 없음	성과평가 실시여부 1. 실시 2. 미실시 3. 향후 추진 4. 해당없음
4878	충남 공주시	공주기미3.1독립만세기념사업회3.1절기념식	3,000	3	4	7	8	7	5	5	4
4879	충남 공주시	정안석송3.1독립만세운동기념식	3,000	3	4	7	8	7	5	5	4
4880	충남 공주시	바르게살기운동전국및충남대회등참가	1,000	3	4	7	8	7	5	5	4
4881	충남 보령시	보령김축제	250,000	3	4	7	8	7	5	5	4
4882	충남 보령시	오천항키조개축제	40,000	3	4	7	8	7	5	5	4
4883	충남 보령시	천북굴축제	30,000	3	4	7	8	7	5	5	4
4884	충남 보령시	무창포주꾸미도다리축제	20,000	3	4	7	8	7	5	5	4
4885	충남 보령시	수산인화합한마당행사지원	17,000	3	4	7	8	7	5	5	4
4886	충남 보령시	어업인화합한마음대회	13,000	3	4	7	8	7	5	5	4
4887	충남 보령시	대천항풍어제	8,000	3	4	7	8	7	5	5	4
4888	충남 보령시	제17회전국해양스포츠제전	2,000,000	3	1	7	8	7	5	5	4
4889	충남 보령시	2024보령.AMC국제모터페스티벌	1,500,000	3	1	7	8	7	1	1	3
4890	충남 보령시	생활체육관련행사지원	885,900	3	1	7	8	7	1	1	1
4891	충남 보령시	충청남도체육대회참가	700,000	3	1	7	8	7	1	1	1
4892	충남 보령시	2024보령JSCUP국제유소년축구대회	400,000	3	1	7	8	7	1	1	1
4893	충남 보령시	제3회충청남도장애인체육대회참가	331,070	3	1	7	8	7	1	1	1
4894	충남 보령시	무창포신비의바닷길축제	270,000	3	1	7	8	7	1	1	4
4895	충남 보령시	보령머드임해마라톤대회	180,000	3	1	7	8	7	1	1	1
4896	충남 보령시	보령예술제	150,000	3	4	7	7	7	1	1	3
4897	충남 보령시	문화예술행사지원	150,000	3	4	7	7	7	1	1	3
4898	충남 보령시	장애인체육대회개최	105,000	3	1	7	8	7	1	1	1
4899	충남 보령시	무궁화수목원숲속야행	90,000	3	4	7	7	1	1	2	2
4900	충남 보령시	보령댐주변지역지원사업	79,488	3	1	7	8	7	5	1	4
4901	충남 보령시	가락의향연'우리춤우리소리'	70,000	3	4	7	7	7	1	1	3
4902	충남 보령시	종목별전문체육대회지원	63,000	3	1	7	8	7	1	1	1
4903	충남 보령시	대천해수욕장개장행사	55,000	3	4	1	7	1	1	1	4
4904	충남 보령시	대천해수욕장조개구이축제	50,000	3	1	7	8	7	1	1	4
4905	충남 보령시	보령시이통장한마음화합행사	45,000	3	4	7	8	7	5	5	4
4906	충남 보령시	전국,도단위출전경비지원	45,000	3	1	7	8	7	1	1	1
4907	충남 보령시	장애인체육대회참가지원	45,000	3	1	7	8	7	1	1	1
4908	충남 보령시	성인문해교육운영	43,000	3	4	7	8	7	1	1	4
4909	충남 보령시	영보정음악회	40,000	3	4	7	7	7	1	1	3
4910	충남 보령시	국내외관광홍보박람회참가	40,000	3	4	7	8	7	1	1	1
4911	충남 보령시	보령시주민자치한마당행사	36,000	3	4	7	7	7	1	1	3
4912	충남 보령시	보령의사계전국사진공모전	35,000	3	4	7	7	7	1	1	3
4913	충남 보령시	무창포해수욕장개장식	35,000	3	4	1	7	1	1	1	4
4914	충남 보령시	모범노인표창및선진지견학	32,000	3	4	7	8	7	5	5	1
4915	충남 보령시	민주평통자무위원역량강화세미나	30,000	3	4	7	8	7	5	5	4
4916	충남 보령시	해양레저관광기반조성	30,000	3	1	7	8	7	1	1	1
4917	충남 보령시	노인의날기념행사	30,000	3	4	7	8	7	5	5	1

순번	시군구	지출명 (사업명)	2024년예산 (단위 : 천원 /1년간)	민간이전 분류 (지방자치단체 세출예산 집행기준에 의거) 1. 민간경상사업보조(307-02) 2. 민간단체 법정운영비보조(307-03) 3. 민간행사사업보조(307-04) 4. 민간위탁금(307-05) 5. 사회복지시설 법정운영비보조(307-10) 6. 민간인위탁교육비(307-12) 7. 공기관등에대한경상적위탁사업비(308-13) 8. 민간자본사업보조,자체재원(402-01) 9. 민간자본사업보조,이전재원(402-02) 10. 민간위탁사업비(402-03) 11. 공기관등에 대한 자본적 위탁사업비(403-02)	민간이전지출 근거 (지방보조금 관리기준 참고) 1. 법률에 규정 2. 국고보조 재원(국가지정) 3. 용도 지정 기부금 4. 조례에 직접규정 5. 지자체가 권장하는 사업을 하는 공공기관 6. 시,도 정책 및 재정사정 7. 기타 8. 해당없음	입찰방식 계약체결방법 (경쟁형태) 1. 일반경쟁 2. 제한경쟁 3. 지명경쟁 4. 수의계약 5. 법정위탁 6. 기타 ( ) 7. 없음	입찰방식 계약기간 1. 1년 2. 2년 3. 3년 4. 4년 5. 5년 6. 기타 ( )년 7. 단기계약 (1년미만) 8. 없음	입찰방식 낙찰자선정방법 1. 적격심사 2. 협상에의한계약 3. 최저가낙찰제 4. 규격가격분리 5. 2단계 경쟁입찰 6. 기타 ( ) 7. 없음	운영예산 산정 운영예산 산정 1. 내부산정 (지자체 자체적으로 산정) 2. 외부산정 (외부전문기관위탁 산정) 3. 내·외부 모두 산정 4. 산정 無 5. 없음	운영예산 산정 정산방법 1. 내부정산 (지자체 내부적으로 정산) 2. 외부정산 (외부전문기관위탁 정산) 3. 내·외부 모두 산정 4. 정산 無 5. 없음	성과평가 실시여부 1. 실시 2. 미실시 3. 향후 추진 4. 해당없음
4918	충남 보령시	기업인한마음행사	25,000	3	4	7	8	7	1	1	1
4919	충남 보령시	어버이날기념행사	25,000	3	4	7	8	7	5	5	1
4920	충남 보령시	주산봄꽃축제	25,000	3	4	7	8	7	1	1	1
4921	충남 보령시	향교석전대제및서원제향	24,000	3	4	7	8	7	5	1	1
4922	충남 보령시	축산인한마음대회	20,000	3	8	7	8	7	5	5	4
4923	충남 보령시	보령'올해의작가전'	20,000	3	4	7	7	7	1	1	3
4924	충남 보령시	보령미술'해를품다'전	20,000	3	4	7	7	7	1	1	3
4925	충남 보령시	보령울진간미술교류전	20,000	3	4	7	7	7	1	1	3
4926	충남 보령시	보령시청년예술가연주회지원	20,000	3	4	7	7	7	1	1	3
4927	충남 보령시	무창포해변예술제	20,000	3	1	7	8	7	1	1	4
4928	충남 보령시	새마을지도자범시민미소친절청결칭찬전진대회	18,000	3	4	7	8	7	1	1	3
4929	충남 보령시	농업인의날기념행사	15,000	3	4	7	8	7	5	5	4
4930	충남 보령시	청소년의달행사	15,000	3	4	7	8	7	1	1	1
4931	충남 보령시	보령청년아트프리마켓	15,000	3	4	7	7	7	1	1	3
4932	충남 보령시	민예총음악제	15,000	3	6	7	7	7	1	1	3
4933	충남 보령시	고대도칼귀츨라프선교기념행사	15,000	3	1	7	8	7	1	1	4
4934	충남 보령시	무창포대하전어축제	15,000	3	1	7	8	7	1	1	4
4935	충남 보령시	제24회사회복지의날기념행사	15,000	3	4	7	8	7	1	1	1
4936	충남 보령시	전국이통장연합회충청남도체육대회참가	13,000	3	4	7	8	7	5	5	4
4937	충남 보령시	해변시인학교	13,000	3	4	7	7	7	1	1	3
4938	충남 보령시	보령실버노래자랑	13,000	3	4	7	8	7	1	1	1
4939	충남 보령시	자원봉사자의날행사	13,000	3	1,4	5	8	7	1	1	1
4940	충남 보령시	봄철나무심기행사	13,000	3	4	1	7	1	1	1	2
4941	충남 보령시	바르게살기운동미소친절청결칭찬캠페인및결의대회	13,000	3	4	7	8	7	1	1	3
4942	충남 보령시	보령울진간문화예술공연교류	12,000	3	4	7	7	7	1	1	3
4943	충남 보령시	농촌여성리더역량강화교육	10,000	3	4	7	8	7	5	5	4
4944	충남 보령시	주렴산3.1만세운동추모기념식	10,000	3	4	7	8	7	5	5	4
4945	충남 보령시	자율방범연합대법질서확립및화합행사	10,000	3	4	7	8	7	5	5	4
4946	충남 보령시	제15회전국체육대회참가	10,000	3	1	7	8	7	1	1	1
4947	충남 보령시	문화예술단체역량강화워크숍	10,000	3	4	7	7	7	1	1	3
4948	충남 보령시	보령무용'바다춤으로물들다'	10,000	3	4	7	7	7	1	1	3
4949	충남 보령시	프렌들리뮤직콘서트	10,000	3	4	7	7	7	1	1	3
4950	충남 보령시	문화가있는장날공연	10,000	3	4	7	7	7	1	1	3
4951	충남 보령시	청소년그린문화제	10,000	3	4	7	7	7	1	1	3
4952	충남 보령시	만세보령전국남녀시조경창대회	10,000	3	4	7	7	7	1	1	3
4953	충남 보령시	보령시기악연주대회	10,000	3	4	7	7	7	1	1	3
4954	충남 보령시	민예총국악제	10,000	3	6	7	7	7	1	1	3
4955	충남 보령시	천북면작은음악회	10,000	3	4	7	8	7	1	1	1
4956	충남 보령시	보령전국어린이민화공모전	10,000	3	4	7	8	7	1	1	1
4957	충남 보령시	만세보령민화포럼	10,000	3	4	7	8	7	1	1	1

순번	시군구	지출명 (사업명)	2024년예산 (단위 : 천원 /1년간)	민간이전 분류 (지방자치단체 세출예산 집행기준에 의거) 1. 민간경상사업보조(307-02) 2. 민간단체 법정운영비보조(307-03) 3. 민간행사사업보조(307-04) 4. 민간위탁금(307-05) 5. 사회복지시설 법정운영비보조(307-10) 6. 민간인위탁교육비(307-12) 7. 공기관등에대한경상적위탁사업비(308-13) 8. 민간자본사업보조,자체재원(402-01) 9. 민간자본사업보조,이전재원(402-02) 10. 민간위탁사업비(402-03) 11. 공기관등에 대한 자본적 위탁사업비(403-02)	민간이전지출 근거 (지방보조금 관리기준 참고) 1. 법률에 규정 2. 국고보조 재원(국가지정) 3. 용도 지정 기부금 4. 조례에 직접규정 5. 지자체가 권장하는 사업을 하는 공공기관 6. 시,도 정책 및 재정사정 7. 기타 8. 해당없음	입찰방식			운영예산 산정		성과평가 실시여부
						계약체결방법 (경쟁형태) 1. 일반경쟁 2. 제한경쟁 3. 지명경쟁 4. 수의계약 5. 법정위탁 6. 기타 ( ) 7. 없음	계약기간 1. 1년 2. 2년 3. 3년 4. 4년 5. 5년 6. 기타 ( )년 7. 단기계약 (1년미만) 8. 없음	낙찰자선정방법 1. 적격심사 2. 협상에의한계약 3. 최저가낙찰제 4. 규격가격분리 5. 2단계 경쟁입찰 6. 기타 ( ) 7. 없음	운영예산 산정 1. 내부산정 (지자체 자체적으로 산정) 2. 외부산정 (외부전문기관위탁 산정) 3. 내·외부 모두 산정 4. 산정 無 5. 없음	정산방법 1. 내부정산 (지자체 내부적으로 정산) 2. 외부정산 (외부전문기관위탁 정산) 3. 내·외부 모두 산정 4. 정산 無 5. 없음	1. 실시 2. 미실시 3. 향후 추진 4. 해당없음
4958	충남 보령시	충남도지사배민속대제전참가	10,000	3	4	7	8	7	1	1	1
4959	충남 보령시	대천해수욕장관광객과함께하는이벤트	10,000	3	1	7	8	7	1	1	4
4960	충남 보령시	무창포해수욕장관광객과함께하는이벤트	10,000	3	1	7	8	7	1	1	4
4961	충남 보령시	옥마산봄꽃축제	10,000	3	4	1	7	1	1	1	2
4962	충남 보령시	외연도풍어당제	9,000	3	2	7	8	7	5	1	1
4963	충남 보령시	청소년가요제	8,000	3	4	7	8	7	1	1	1
4964	충남 보령시	지회장기한궁대회	8,000	3	4	7	8	7	5	5	1
4965	충남 보령시	보령전국사진공모전	8,000	3	4	7	7	7	1	1	3
4966	충남 보령시	농촌지도자화합한마당	7,000	3	4	7	8	7	5	5	4
4967	충남 보령시	보령시난전시지원	7,000	3	4	7	8	7	5	5	4
4968	충남 보령시	웅천시장소원성취달집태우기행사	7,000	3	4	7	8	7	1	5	4
4969	충남 보령시	한내국악제	7,000	3	4	7	7	7	1	1	3
4970	충남 보령시	북한이탈주민남한문화체험견학	6,000	3	4	7	8	7	5	5	4
4971	충남 보령시	지속가능발전토론회	6,000	3	4	4	1	2	1	1	4
4972	충남 보령시	지회장기게이트볼대회	6,000	3	4	7	8	7	5	5	4
4973	충남 보령시	요양보호사행사,역량강화교육	6,000	3	4	7	8	7	5	5	4
4974	충남 보령시	숲속시낭송	6,000	3	4	7	8	7	1	1	1
4975	충남 보령시	도미부인추모제향	6,000	3	4	7	8	7	1	1	1
4976	충남 보령시	부처님오신날봉축행사	6,000	3	4	7	8	7	1	1	1
4977	충남 보령시	전국새마을지도자대회	5,400	3	4	7	8	7	1	1	3
4978	충남 보령시	원예특작연구회전시회	5,000	3	4	7	8	7	5	5	4
4979	충남 보령시	자율방범대도연합행사	5,000	3	4	7	8	7	5	5	4
4980	충남 보령시	보령'노래교실의날'	5,000	3	4	7	8	7	5	5	4
4981	충남 보령시	찾아가는작은음악회	5,000	3	4	7	8	7	1	1	1
4982	충남 보령시	임란공신추모대제	5,000	3	4	7	8	7	1	1	1
4983	충남 보령시	김좌진장군추모제향	5,000	3	4	7	8	7	1	1	1
4984	충남 보령시	김성우장군추모제향지원	5,000	3	4	7	8	7	5	1	1
4985	충남 보령시	제6회사회복지사의날기념행사	5,000	3	4	7	8	7	5	1	1
4986	충남 보령시	재향군인의날기념행사	4,000	3	4	1	8	7	1	1	1
4987	충남 보령시	충청남도농악경연대회참가	4,000	3	4	7	8	7	5	5	4
4988	충남 보령시	성탄트리점등	4,000	3	4	7	8	7	1	1	1
4989	충남 보령시	나라사랑통일안보교육및행사	3,500	3	4	7	8	7	1	1	1
4990	충남 보령시	세계적십자의날기념행사	3,500	3	4	7	8	7	5	5	4
4991	충남 보령시	어려운이웃명절음식나누기행사	3,500	3	4	7	8	7	5	5	4
4992	충남 보령시	국가및사회희생공헌자추모행사	3,000	3	4	7	8	7	5	5	4
4993	충남 보령시	국내안보견학	3,000	3	4	7	8	7	5	5	4
4994	충남 보령시	교통질서캠페인	3,000	3	4	7	8	7	5	5	4
4995	충남 보령시	청소년건전한졸업문화캠페인	3,000	3	4	7	8	7	5	5	4
4996	충남 보령시	적십자봉사원역량강화워크숍	3,000	3	4	7	8	7	5	5	4
4997	충남 보령시	민예총사진전	3,000	3	6	7	7	7	1	1	3

순번	시군구	지출명 (사업명)	2024년예산 (단위 : 천원 /1년간)	민간이전 분류 (지방자치단체 세출예산 집행기준에 의거) 1. 민간경상사업보조(307-02) 2. 민간단체 법정운영비보조(307-03) 3. 민간행사사업보조(307-04) 4. 민간위탁금(307-05) 5. 사회복지시설 법정운영비보조(307-10) 6. 민간인위탁교육비(307-12) 7. 공기관등에대한경상적위탁사업비(308-13) 8. 민간자본사업보조,자체재원(402-01) 9. 민간자본사업보조,이전재원(402-02) 10. 민간위탁사업비(402-03) 11. 공기관등에 대한 자본적 위탁사업비(403-02)	민간이전지출 근거 (지방보조금 관리기준 참고) 1. 법률에 규정 2. 국고보조 재원(국가지정) 3. 용도 지정 기부금 4. 조례에 직접규정 5. 지자체가 권장하는 사업을 하는 공공기관 6. 시,도 정책 및 재정사정 7. 기타 8. 해당없음	입찰방식 계약체결방법 (경쟁형태) 1. 일반경쟁 2. 제한경쟁 3. 지명경쟁 4. 수의계약 5. 법정위탁 6. 기타 ( ) 7. 없음	입찰방식 계약기간 1. 1년 2. 2년 3. 3년 4. 4년 5. 5년 6. 기타 ( )년 7. 단기계약 (1년미만) 8. 없음	입찰방식 낙찰자선정방법 1. 적격심사 2. 협상에의한계약 3. 최저가낙찰제 4. 규격가격분리 5. 2단계 경쟁입찰 6. 기타 ( ) 7. 없음	운영예산 산정 운영예산 산정 1. 내부산정 (지자체 자체적으로 산정) 2. 외부산정 (외부전문기관위탁 산정) 3. 내·외부 모두 산정 4. 산정 無 5. 없음	운영예산 산정 정산방법 1. 내부정산 (지자체 내부적으로 정산) 2. 외부정산 (외부전문기관위탁 정산) 3. 내·외부 모두 산정 4. 정산 無 5. 없음	성과평가 실시여부 1. 실시 2. 미실시 3. 향후 추진 4. 해당없음
4998	충남 보령시	한내시화전	3,000	3	4	7	8	7	1	1	1
4999	충남 보령시	사해용왕대제	3,000	3	4	7	8	7	1	1	1
5000	충남 보령시	평화통일인문학기행	2,500	3	4	7	8	7	5	5	4
5001	충남 보령시	민족통일웅변대회및나의주장발표대회	2,500	3	4	7	8	7	5	5	4
5002	충남 보령시	도새마을지도자대회	2,500	3	4	7	8	7	1	1	3
5003	충남 보령시	청소년과함께하는통일이야기	2,000	3	4	7	8	7	5	5	4
5004	충남 보령시	학교폭력예방캠페인	2,000	3	4	7	8	7	5	5	4
5005	충남 보령시	충청남도국악제참가	2,000	3	4	7	8	7	1	1	1
5006	충남 보령시	문헌사춘기제향	2,000	3	4	7	8	7	1	1	1
5007	충남 보령시	북한이탈주민교류사업	1,600	3	4	7	8	7	5	5	4
5008	충남 보령시	경우의날행사및자유수호희생자위령제	1,500	3	4	7	8	7	5	5	4
5009	충남 보령시	새마을지도자안전지킴이교육	1,200	3	4	7	8	7	1	1	3
5010	충남 보령시	새마을여인상시상식	1,200	3	4	7	8	7	1	1	3
5011	충남 보령시	대천시가지산신당제례	1,000	3	4	7	8	7	1	1	1
5012	충남 보령시	웰니스산업관련박람회참가	30,000	3	4	7	8	7	5	5	4
5013	충남 아산시	사할린한인역사문화체험지원	3,000,000	3	4	7	8	7	5	5	4
5014	충남 아산시	설화예술제	190,000	3	1	7	8	7	1	1	3
5015	충남 아산시	락페스티벌	170,000	3	1	7	8	7	1	1	4
5016	충남 아산시	찾아가는계절축제	160,000	3	1	7	8	7	1	1	4
5017	충남 아산시	아산문화예술행사지원사업	100,000	3	1	7	8	7	1	1	3
5018	충남 아산시	국제민족무용축제	100,000	3	1	7	8	7	1	1	3
5019	충남 아산시	사회적약자를위한찾아가는음악회	80,000	3	1	7	8	7	1	1	4
5020	충남 아산시	전국주부가요제	70,000	3	1	7	8	7	1	1	4
5021	충남 아산시	어린이날행사	60,000	3	1	7	8	7	5	5	4
5022	충남 아산시	찾아가는문화활동지원사업	57,500	3	1	7	8	7	1	1	4
5023	충남 아산시	보문사희망음악회	50,000	3	1	7	8	7	1	1	4
5024	충남 아산시	배방읍주민참여축제	50,000	3	1	7	8	7	1	1	4
5025	충남 아산시	한국생활미술대상전	50,000	3	1	7	8	7	1	1	4
5026	충남 아산시	공연예술제	50,000	3	1	7	8	7	1	1	4
5027	충남 아산시	외암마을전통문화재연및공연	50,000	3	4	7	1	7	1	1	1
5028	충남 아산시	저잣거리전통문화재연및공연	50,000	3	4	7	1	7	1	1	1
5029	충남 아산시	육아종합지원센터운영(어린이문화예술공연사업)	50,000	3	4	1	3	6	1	1	2
5030	충남 아산시	마을축제명소화사업	45,000	3	1	7	8	7	1	1	3
5031	충남 아산시	아산시민역사교실사업	40,000	3	1	7	8	7	1	1	4
5032	충남 아산시	전국프린지페스티벌	40,000	3	1	7	8	7	1	1	3
5033	충남 아산시	아산시기독교연합회사랑음악회	40,000	3	1	7	8	7	1	1	3
5034	충남 아산시	역사문화페스티발	40,000	3	1	7	8	7	1	1	4
5035	충남 아산시	찾아가는실버음악회	40,000	3	1	7	8	7	1	1	4
5036	충남 아산시	아산불교사암연합회전통문화연등제	40,000	3	1	7	8	7	1	1	4
5037	충남 아산시	육아종합지원센터운영(배방분소(꿈꾸는장난감도서관)운영비)	36,000	3	7	7	8	7	5	1	4

순번	시군구	지출명 (사업명)	2024년예산 (단위 : 천원 /1년간)	민간이전 분류 (지방자치단체 세출예산 집행기준에 의거)	민간이전지출 근거 (지방보조금 관리기준 참고)	입찰방식			운영예산 산정		성과평가 실시여부
				1. 민간경상사업보조(307-02) 2. 민간단체 법정운영비보조(307-03) 3. 민간행사사업보조(307-04) 4. 민간위탁금(307-05) 5. 사회복지시설 법정운영비보조(307-10) 6. 민간인위탁교육비(307-12) 7. 공기관등에대한경상적위탁사업비(308-13) 8. 민간자본사업보조,자체재원(402-01) 9. 민간자본사업보조,이전재원(402-02) 10. 민간위탁사업비(402-03) 11. 공기관등에 대한 자본적 위탁사업비(403-02)	1. 법률에 규정 2. 국고보조 재원(국가지정) 3. 용도 지정 기부금 4. 조례에 직접규정 5. 지자체가 권장하는 사업을 하는 공공기관 6. 시,도 정책 및 재정사정 7. 기타 8. 해당없음	계약체결방법 (경쟁형태) 1. 일반경쟁 2. 제한경쟁 3. 지명경쟁 4. 수의계약 5. 법정위탁 6. 기타 ( ) 7. 없음	계약기간 1. 1년 2. 2년 3. 3년 4. 4년 5. 5년 6. 기타 ( )년 7. 단기계약 (1년미만) 8. 없음	낙찰자선정방법 1. 적격심사 2. 협상에의한계약 3. 최저가낙찰제 4. 규격가격분리 5. 2단계 경쟁입찰 6. 기타 ( ) 7. 없음	운영예산 산정 1. 내부산정 (지자체 자체적으로 산정) 2. 외부산정 (외부전문기관위탁 산정) 3. 내·외부 모두 산정 4. 산정 無 5. 없음	정산방법 1. 내부정산 (지자체 내부적으로 정산) 2. 외부정산 (외부전문기관위탁 정산) 3. 내·외부 모두 산정 4. 정산 無 5. 없음	1. 실시 2. 미실시 3. 향후 추진 4. 해당없음
5038	충남 아산시	외국인K트롯가요제	35,000	3	1	7	8	7	1	1	3
5039	충남 아산시	아산시장기풍물대회	30,000	3	1	7	8	7	1	1	3
5040	충남 아산시	아산시장기전국난타경연대회	30,000	3	1	7	8	7	1	1	3
5041	충남 아산시	장애인예술제	30,000	3	1	7	8	7	1	1	3
5042	충남 아산시	노인의날행사	27,500	3	1	7	8	7	5	5	4
5043	충남 아산시	전국유림한시백일장대회	25,000	3	1	7	8	7	1	1	3
5044	충남 아산시	육아종합지원센터운영(보육교직원(원장)및부모교육)	25,000	3	1	7	8	7	1	1	1
5045	충남 아산시	대한명인후지공예전시회	24,000	3	1	7	8	7	1	1	4
5046	충남 아산시	육아종합지원센터운영(공통부모교육)	24,000	3	1	7	8	7	5	1	2
5047	충남 아산시	기업인경제세미나및연찬회	20,000	3	4	7	8	7	1	1	1
5048	충남 아산시	4.4아산독립만세운동추모제및재현행사	20,000	3	1	7	8	7	1	1	3
5049	충남 아산시	제7회아산문학상전국공모전	20,000	3	1	7	8	7	1	1	3
5050	충남 아산시	아산시어르신을위한효잔치(효행사)	20,000	3	4	7	8	7	5	5	4
5051	충남 아산시	어버이날기념사업	20,000	3	1	7	8	7	5	5	4
5052	충남 아산시	지체장애인협회아산시지회운영지원	20,000	3	1	7	8	7	1	1	1
5053	충남 아산시	농아인협회아산시지회운영지원	20,000	3	1	7	8	7	1	1	1
5054	충남 아산시	수산물소비촉진	20,000	3	2	7	8	7	5	5	4
5055	충남 아산시	축산단체행사비지원	20,000	3	4	7	8	7	5	5	4
5056	충남 아산시	신년인사회	15,000	3	1	7	8	7	1	1	3
5057	충남 아산시	맹정승청백리기념행사	15,000	3	1	7	8	7	1	1	3
5058	충남 아산시	대한민국고불서예대전	15,000	3	1	7	8	7	1	1	3
5059	충남 아산시	소규모생활체육지원	14,600	3	4	7	8	7	5	5	4
5060	충남 아산시	떡메치기체험	14,000	3	4	7	1	7	1	1	1
5061	충남 아산시	보육인한마음대회	13,000	3	1	7	8	7	1	1	1
5062	충남 아산시	아산예술인대회	12,000	3	1	7	8	7	1	1	3
5063	충남 아산시	외암마을장승제및달집태우기	12,000	3	4	7	1	7	1	1	1
5064	충남 아산시	충남도지사배민속대제전	10,000	3	1	7	8	7	1	1	3
5065	충남 아산시	문학관시낭송	10,000	3	1	7	8	7	1	1	3
5066	충남 아산시	연엽주만들기및시음체험	10,000	3	4	7	1	7	1	1	1
5067	충남 아산시	외암마을주민주도다듬이난타공연	10,000	3	4	7	1	7	1	1	1
5068	충남 아산시	농촌체험휴양마을홍보행사운영비지원	7,600	3	1	7	8	7	1	1	1
5069	충남 아산시	이순신장군서거기신묘제	6,300	3	1	7	8	7	1	1	3
5070	충남 아산시	어르신문화프로그램	6,000	3	1	7	8	7	1	1	3
5071	충남 아산시	외암마을전통혼례체험	6,000	3	4	7	1	7	1	1	1
5072	충남 아산시	외암마을다듬이체험	6,000	3	4	7	1	7	1	1	1
5073	충남 아산시	우수축산물소비촉진행사지원	6,000	3	4	7	8	7	5	5	4
5074	충남 아산시	꿈다락토요문화학교	5,000	3	1	7	8	7	1	1	3
5075	충남 아산시	외암마을조청체험	5,000	3	4	7	1	7	1	1	1
5076	충남 아산시	다도및예절교육	4,500	3	4	7	1	7	1	1	1
5077	충남 아산시	외암마을뻥튀기체험	3,000	3	4	7	1	7	1	1	1

순번	시군구	지출명 (사업명)	2024년예산 (단위 : 천원 /1년간)	민간이전 분류 (지방자치단체 세출예산 집행기준에 의거) 1. 민간경상사업보조(307-02) 2. 민간단체 법정운영비보조(307-03) 3. 민간행사사업보조(307-04) 4. 민간위탁금(307-05) 5. 사회복지시설 법정운영비보조(307-10) 6. 민간인위탁교육비(307-12) 7. 공기관등에대한경상적위탁사업비(308-13) 8. 민간자본사업보조,자체재원(402-01) 9. 민간자본사업보조,이전재원(402-02) 10. 민간위탁사업비(402-03) 11. 공기관등에 대한 자본적 위탁사업비(403-02)	민간이전지출 근거 (지방보조금 관리기준 참고) 1. 법률에 규정 2. 국고보조 재원(국가지정) 3. 용도 지정 기부금 4. 조례에 직접규정 5. 지자체가 권장하는 사업을 하는 공공기관 6. 시,도 정책 및 재정사정 7. 기타 8. 해당없음	입찰방식 계약체결방법 (경쟁형태) 1. 일반경쟁 2. 제한경쟁 3. 지명경쟁 4. 수의계약 5. 법정위탁 6. 기타 ( ) 7. 없음	입찰방식 계약기간 1. 1년 2. 2년 3. 3년 4. 4년 5. 5년 6. 기타 ( )년 7. 단기계약 (1년미만) 8. 없음	입찰방식 낙찰자선정방법 1. 적격심사 2. 협상에의한계약 3. 최저가낙찰제 4. 규격가격분리 5. 2단계 경쟁입찰 6. 기타 ( ) 7. 없음	운영예산 산정 운영예산 산정 1. 내부산정 (지자체 자체적으로 산정) 2. 외부산정 (외부전문기관위탁 산정) 3. 내·외부 모두 산정 4. 산정 無 5. 없음	운영예산 산정 정산방법 1. 내부정산 (지자체 내부적으로 정산) 2. 외부정산 (외부전문기관위탁 정산) 3. 내·외부 모두 산정 4. 정산 無 5. 없음	성과평가 실시여부 1. 실시 2. 미실시 3. 향후 추진 4. 해당없음
5078	충남 아산시	전국충남보육인대회참가	3,000	3	1	7	8	7	1	1	1
5079	충남 아산시	육아종합지원센터운영(배방탕정키즈맘센터개관식)	3,000	3	7	7	8	7	1	1	3
5080	충남 아산시	무형문화재공개행사지원	2,000	3	6	7	8	7	5	5	4
5081	충남 서산시	지역문화예술행사지원	1,069,000	3	4	7	8	7	5	5	4
5082	충남 서산시	어버이날기념경로행사	270,000	3	4	7	8	7	1	1	1
5083	충남 서산시	전국종별배드민턴선수권대회(중고등부)	200,000	3	1,4	7	8	7	1	1	3
5084	충남 서산시	전국종별배드민턴선수권대회(초등부)	130,000	3	1,4	7	8	7	1	1	3
5085	충남 서산시	전국및도대회개최	100,000	3	1,4	7	8	7	1	1	3
5086	충남 서산시	지역문화유산전승지원	90,000	3	4	7	8	7	5	5	4
5087	충남 서산시	팔봉산감자축제지원	90,000	3	4	4	7	7	1	1	1
5088	충남 서산시	225배드민턴국가대표선발전	70,000	3	1,4	7	8	7	1	1	3
5089	충남 서산시	어린이날행사운영	60,000	3	3	1	7	1	1	1	4
5090	충남 서산시	문화소외지역찾아가는음악회및문화거리공연사업	47,000	3	4	7	8	7	5	5	4
5091	충남 서산시	자율방범대한마음체육대회	40,000	3	4,6	7	8	7	1	1	1
5092	충남 서산시	노인의날기념행사	40,000	3	4	7	8	7	1	1	1
5093	충남 서산시	무형문화재연등회문화행사개최	37,500	3	7	7	8	7	1	1	3
5094	충남 서산시	양성평등주간기념행사	30,000	3	1	2	1	1	1	1	1
5095	충남 서산시	가족센터부부의날	30,000	3	1	7	1	7	5	1	4
5096	충남 서산시	노인복지시설및종사자지원사업	25,000	3	6	7	8	7	1	1	1
5097	충남 서산시	시장애인의날행사지원	24,500	3	4	2	1	1	1	3	1
5098	충남 서산시	사회복지의날행사	20,000	3	1	7	8	7	1	1	3
5099	충남 서산시	장기요양기관종사자역량강화교육	20,000	3	6	7	8	7	1	1	1
5100	충남 서산시	6.25전쟁행사	17,000	3	1	7	8	7	1	1	3
5101	충남 서산시	현충일행사	11,000	3	1	7	8	7	1	1	3
5102	충남 서산시	서산지역자활센터종사자및자활근로자힐링프로그램운영	10,000	3	6	5	8	7	5	1	1
5103	충남 서산시	서산해미독립만세운동학술세미나	9,000	3	1	7	8	7	1	1	3
5104	충남 서산시	서산달래직거래행사지원	7,000	3	4	4	7	7	1	1	1
5105	충남 서산시	문화예술교육및육성	5,000	3	1	7	8	7	1	1	1
5106	충남 서산시	일본군위안부피해자기림의날행사	5,000	3	1	1	7	1	1	1	1
5107	충남 서산시	향교기로연행사추진	5,000	3	4	7	8	7	5	5	4
5108	충남 서산시	북한이탈주민과이북도민과의만남의날	3,000	3	1	7	8	7	1	1	1
5109	충남 서산시	무훈탑행사	1,500	3	1	7	8	7	1	1	3
5110	충남 논산시	어버이날및경로의달행사등	98,000	3	4	7	8	7	1	1	1
5111	충남 논산시	호국보훈관련행사등추진	80,000	3	4	7	8	7	1	1	1
5112	충남 논산시	사회복지박람회지원	52,000	3	1	7	8	7	1	1	1
5113	충남 논산시	논산문학제지원	50,000	3	7	7	8	7	1	1	1
5114	충남 논산시	논산예술제	50,000	3	7	7	8	7	1	1	1
5115	충남 논산시	문화장터논산예술나들이	50,000	3	7	7	8	7	1	1	1
5116	충남 논산시	대한노인회지회행사지원	48,000	3	1	7	8	7	1	1	1
5117	충남 논산시	공예품경진대회지원	30,000	3	7	7	8	7	1	1	1

순번	시군구	지출명 (사업명)	2024년예산 (단위 : 천원 /1년간)	민간이전 분류 (지방자치단체 세출예산 집행기준에 의거) 1. 민간경상사업보조(307-02) 2. 민간단체 법정운영비보조(307-03) 3. 민간행사사업보조(307-04) 4. 민간위탁금(307-05) 5. 사회복지시설 법정운영비보조(307-10) 6. 민간인위탁교육비(307-12) 7. 공기관등에대한경상적위탁사업비(308-13) 8. 민간자본사업보조,자체재원(402-01) 9. 민간자본사업보조,이전재원(402-02) 10. 민간위탁사업비(402-03) 11. 공기관등에 대한 자본적 위탁사업비(403-02)	민간이전지출 근거 (지방보조금 관리기준 참고) 1. 법률에 규정 2. 국고보조 재원(국가지정) 3. 용도 지정 기부금 4. 조례에 직접규정 5. 지자체가 권장하는 사업을 하는 공공기관 6. 시,도 정책 및 재정사정 7. 기타 8. 해당없음	입찰방식			운영예산 산정		성과평가 실시여부
						계약체결방법 (경쟁형태) 1. 일반경쟁 2. 제한경쟁 3. 지명경쟁 4. 수의계약 5. 법정위탁 6. 기타 ( ) 7. 없음	계약기간 1. 1년 2. 2년 3. 3년 4. 4년 5. 5년 6. 기타 ( )년 7. 단기계약 (1년미만) 8. 없음	낙찰자선정방법 1. 적격심사 2. 협상에의한계약 3. 최저가낙찰제 4. 규격가격분리 5. 2단계 경쟁입찰 6. 기타 ( ) 7. 없음	운영예산 산정 1. 내부산정 (지자체 자체적으로 산정) 2. 외부산정 (외부전문기관위탁 산정) 3. 내·외부 모두 산정 4. 산정 無 5. 없음	정산방법 1. 내부정산 (지자체 내부적으로 정산) 2. 외부정산 (외부전문기관위탁 정산) 3. 내·외부 모두 산정 4. 정산 無 5. 없음	1. 실시 2. 미실시 3. 향후 추진 4. 해당없음
5118	충남 논산시	문화예술버스킹	30,000	3	7	7	8	7	1	1	1
5119	충남 논산시	현충일보훈행사지원	25,000	3	1	7	8	7	1	1	1
5120	충남 논산시	양성평등주간기념행사	18,000	3	4	7	8	7	1	1	1
5121	충남 논산시	전통공예체험및문화행사	15,000	3	4	7	8	7	5	5	4
5122	충남 논산시	계백장군제례봉행	10,000	3	1	7	8	7	5	5	4
5123	충남 논산시	시군어르신회읍면동분회사업지원	8,927	3	1	7	8	7	1	1	1
5124	충남 논산시	6.25전쟁기념행사지원	8,000	3	1	7	8	7	1	1	1
5125	충남 논산시	논산청년작가초대전	8,000	3	7	7	8	7	1	1	1
5126	충남 논산시	대한노인회도연합회운영및행사지원	7,140	3	1	7	8	7	1	1	1
5127	충남 논산시	참전유공자선양행사지원	6,000	3	1	7	8	7	1	1	1
5128	충남 논산시	봉축법요식	4,500	3	7	7	8	7	1	1	1
5129	충남 논산시	호국영령추모제지원	1,700	3	1	7	8	7	1	1	1
5130	충남 계룡시	생생문화재사업	195,000	3	2	7	8	7	1	1	1
5131	충남 계룡시	충청남도자율방범연합회한마음대회지원	120,000	3	1,4	7	8	7	1	1	1
5132	충남 계룡시	계룡예술제	83,000	3	6	7	8	7	1	1	1
5133	충남 계룡시	계룡시장기전국리틀야구대회	63,000	3	6	7	8	7	1	1	1
5134	충남 계룡시	생활체육종목별대회	58,900	3	6	7	8	7	1	1	1
5135	충남 계룡시	국제문화예술교류(해외공동협력공연)	40,000	3	6	7	8	7	1	1	1
5136	충남 계룡시	시민과함께하는소상공인상상페스티벌	40,000	3	6	7	8	7	1	1	4
5137	충남 계룡시	계룡전국사진공모전	34,000	3	6	7	8	7	1	1	1
5138	충남 계룡시	계룡시장배전국유소년축구대회개최	30,000	3	6	7	8	7	1	1	1
5139	충남 계룡시	청년일자리지원	30,000	3	4	7	8	7	1	1	1
5140	충남 계룡시	노인의날기념행사	30,000	3	4	7	8	7	1	1	1
5141	충남 계룡시	충남지체장애인의날기념식행사	30,000	3	6	5	8	7	1	1	1
5142	충남 계룡시	계룡시민과함께하는한마음대회지원	23,000	3	7	4	7	7	1	1	3
5143	충남 계룡시	보훈단체전적지순례(국내)	19,779	3	1	7	8	7	1	1	3
5144	충남 계룡시	이통반장체육대회	15,000	3	4	7	8	7	1	1	3
5145	충남 계룡시	계룡시청소년과함께하는드림콘서트	15,000	3	6	7	8	7	1	1	1
5146	충남 계룡시	찾아가는어린이뮤지컬공연	14,400	3	6	7	8	7	1	1	1
5147	충남 계룡시	새해해맞이행사추진	14,000	3	4	7	8	7	1	1	3
5148	충남 계룡시	계룡시장배충남5대생활체육축구대회	13,150	3	6	7	8	7	1	1	1
5149	충남 계룡시	장애인의날기념식행사	12,000	3	5	5	8	7	1	1	3
5150	충남 계룡시	계룡시장애인체육대회개최	11,853	3	6	7	8	7	1	1	1
5151	충남 계룡시	팔거리축제	10,000	3	1,4	7	8	7	1	1	1
5152	충남 계룡시	계룡시엄사예술단전통문화공연	9,900	3	6	7	8	7	1	1	1
5153	충남 계룡시	한여름밤의꿈	8,000	3	6	7	8	7	1	1	1
5154	충남 계룡시	계룡시장배충청남도파크골프대회	8,000	3	6	7	8	7	1	1	1
5155	충남 계룡시	청년사회참여지원	8,000	3	4	7	8	7	1	1	1
5156	충남 계룡시	보육교직원역량강화지원	8,000	3	4	2	7	1	1	1	1
5157	충남 계룡시	새마을지도자한마음대회	7,600	3	1,4	7	8	7	1	1	1

순번	시군구	지출명 (사업명)	2024년예산 (단위 : 천원 /1년간)	민간이전 분류 (지방자치단체 세출예산 집행기준에 의거) 1. 민간경상사업보조(307-02) 2. 민간단체 법정운영비보조(307-03) 3. 민간행사사업보조(307-04) 4. 민간위탁금(307-05) 5. 사회복지시설 법정운영비보조(307-10) 6. 민간인위탁교육비(307-12) 7. 공기관등에대한경상적위탁사업비(308-13) 8. 민간자본사업보조,자체재원(402-01) 9. 민간자본사업보조,이전재원(402-02) 10. 민간위탁사업비(402-03) 11. 공기관등에 대한 자본적 위탁사업비(403-02)	민간이전지출 근거 (지방보조금 관리기준 참고) 1. 법률에 규정 2. 국고보조 재원(국가지정) 3. 용도 지정 기부금 4. 조례에 직접규정 5. 지자체가 권장하는 사업을 하는 공공기관 6. 시,도 정책 및 재정사정 7. 기타 8. 해당없음	입찰방식: 계약체결방법 (경쟁형태) 1. 일반경쟁 2. 제한경쟁 3. 지명경쟁 4. 수의계약 5. 법정위탁 6. 기타 ( ) 7. 없음	입찰방식: 계약기간 1. 1년 2. 2년 3. 3년 4. 4년 5. 5년 6. 기타 ( )년 7. 단기계약 (1년미만) 8. 없음	입찰방식: 낙찰자선정방법 1. 적격심사 2. 협상에의한계약 3. 최저가낙찰제 4. 규격가격분리 5. 2단계 경쟁입찰 6. 기타 ( ) 7. 없음	운영예산 산정: 운영예산 산정 1. 내부산정 (지자체 자체적으로 산정) 2. 외부산정 (외부전문기관위탁 산정) 3. 내·외부 모두 산정 4. 산정 無 5. 없음	운영예산 산정: 정산방법 1. 내부정산 (지자체 내부적으로 정산) 2. 외부정산 (외부전문기관위탁 정산) 3. 내·외부 모두 산정 4. 정산 無 5. 없음	성과평가 실시여부 1. 실시 2. 미실시 3. 향후 추진 4. 해당없음
5158	충남 계룡시	두계만세운동재현행사	7,000	3	6	7	8	7	1	1	1
5159	충남 계룡시	의용소방대건학및워크숍지원	5,400	3	1,4	7	8	7	1	1	1
5160	충남 계룡시	이통장연합회도지부체육대회참가지원	5,000	3	4	7	8	7	1	1	3
5161	충남 계룡시	계룡시합창단음악연주회	5,000	3	6	7	8	7	1	1	1
5162	충남 계룡시	향적산신년기원제행사지원	4,500	3	4	7	8	7	1	1	3
5163	충남 계룡시	의용소방대화재예방캠페인	4,300	3	1,4	7	8	7	1	1	1
5164	충남 계룡시	시민과함께하는국악의향연	4,000	3	6	7	8	7	1	1	1
5165	충남 계룡시	6.25기념행사	4,000	3	1	7	8	7	1	1	3
5166	충남 계룡시	체육인의밤행사	3,960	3	6	7	8	7	2	3	2
5167	충남 계룡시	정명각제례행사	3,700	3	4	7	8	7	1	1	1
5168	충남 계룡시	장애인체육인의밤행사	3,370	3	6	7	8	7	2	3	1
5169	충남 계룡시	의용소방대의날행사	3,305	3	1,4	7	8	7	1	1	1
5170	충남 계룡시	문화예술인연수	3,250	3	6	7	8	7	1	1	1
5171	충남 계룡시	찾아가는사랑의연주회	3,150	3	6	7	8	7	1	1	1
5172	충남 계룡시	단오행사	3,000	3	6	7	8	7	1	1	1
5173	충남 계룡시	계룡대수석연합회원전	3,000	3	6	7	8	7	1	1	1
5174	충남 계룡시	계룡미술전	3,000	3	6	7	8	7	1	1	1
5175	충남 계룡시	아름다운계룡전	3,000	3	6	7	8	7	1	1	1
5176	충남 계룡시	호국보훈콘서트	3,000	3	6	7	8	7	1	1	1
5177	충남 계룡시	나라사랑및호국정신함양사업	3,000	3	1	7	8	7	1	1	3
5178	충남 계룡시	코리아베테랑코랄정기연주회	2,700	3	6	7	8	7	1	1	1
5179	충남 계룡시	계룡문협시화전	2,520	3	6	7	8	7	1	1	1
5180	충남 계룡시	전국시낭송대회	2,500	3	6	7	8	7	1	1	1
5181	충남 계룡시	계룡퀼트협회전	2,500	3	6	7	8	7	1	1	1
5182	충남 계룡시	현충일행사지원	2,500	3	1	7	8	7	1	1	3
5183	충남 계룡시	자유수호합동위령제	2,000	3	1,4	7	8	7	1	1	1
5184	충남 계룡시	풀꽃으로여는압화전	2,000	3	6	7	8	7	1	1	1
5185	충남 계룡시	계룡시어린이뮤지컬합창단공연	2,000	3	6	7	8	7	1	1	1
5186	충남 계룡시	보훈고령미망인위문행사	2,000	3	1	7	8	7	1	1	3
5187	충남 계룡시	충남새마을운동촉진대회	1,900	3	1,4	7	8	7	1	1	1
5188	충남 계룡시	충남자유수호자한마음대회	1,800	3	1,4	7	8	7	1	1	1
5189	충남 계룡시	전국새마을지도자대회	1,700	3	1,4	7	8	7	1	1	1
5190	충남 계룡시	댄스무브먼트	1,500	3	6	7	8	7	1	1	1
5191	충남 계룡시	어르신자율대학경진대회	1,360	3	4	7	8	7	1	1	1
5192	충남 계룡시	예절의고장재건운동	1,000	3	1,4	7	8	7	1	1	1
5193	충남 계룡시	계룡여류작가정기전	1,000	3	6	7	8	7	1	1	1
5194	충남 계룡시	제향행사지원	1,000	3	6	7	8	7	1	1	1
5195	충남 당진시	제7회당진시민체육대회읍면동참가지원	420,000	3	1	7	8	7	1	3	1
5196	충남 당진시	기지시줄다리기민속축제	330,000	3	4	7	7	7	1	1	1
5197	충남 당진시	기지시줄다리기무형문화재공개행사	267,400	3	4	7	7	7	1	1	1

순번	시군구	지출명 (사업명)	2024년예산 (단위 : 천원 /1년간)	민간이전 분류 (지방자치단체 세출예산 집행기준에 의거) 1. 민간경상사업보조(307-02) 2. 민간단체 법정운영비보조(307-03) 3. 민간행사사업보조(307-04) 4. 민간위탁금(307-05) 5. 사회복지시설 법정운영비보조(307-10) 6. 민간인위탁교육비(307-12) 7. 공기관등에대한경상적위탁사업비(308-13) 8. 민간자본사업보조,자체재원(402-01) 9. 민간자본사업보조,이전재원(402-02) 10. 민간위탁사업비(402-03) 11. 공기관등에 대한 자본적 위탁사업비(403-02)	민간이전지출 근거 (지방보조금 관리기준 참고) 1. 법률에 규정 2. 국고보조 재원(국가지정) 3. 용도 지정 기부금 4. 조례에 직접규정 5. 지자체가 권장하는 사업을 하는 공공기관 6. 시,도 정책 및 재정사정 7. 기타 8. 해당없음	입찰방식			운영예산 산정		성과평가 실시여부
						계약체결방법 (경쟁형태) 1. 일반경쟁 2. 제한경쟁 3. 지명경쟁 4. 수의계약 5. 법정위탁 6. 기타 ( ) 7. 없음	계약기간 1. 1년 2. 2년 3. 3년 4. 4년 5. 5년 6. 기타 ( )년 7. 단기계약 (1년미만) 8. 없음	낙찰자선정방법 1. 적격심사 2. 협상에의한계약 3. 최저가낙찰제 4. 규격가격분리 5. 2단계 경쟁입찰 6. 기타 ( ) 7. 없음	운영예산 산정 1. 내부산정 (지자체 자체적으로 산정) 2. 외부산정 (외부전문기관위탁 산정) 3. 내·외부 모두 산정 4. 산정 無 5. 없음	정산방법 1. 내부정산 (지자체 내부적으로 정산) 2. 외부정산 (외부전문기관위탁 정산) 3. 내·외부 모두 산정 4. 정산 無 5. 없음	1. 실시 2. 미실시 3. 향후 추진 4. 해당없음
5198	충남 당진시	제7회당진시민체육대회개최	260,000	3	1	7	8	7	1	3	1
5199	충남 당진시	제3회충남장애인체육대회참가지원	202,248	3	1	7	8	7	1	1	1
5200	충남 당진시	교황방문1주년기념행사	200,000	3	4	7	7	7	1	1	1
5201	충남 당진시	상록문화제행사보조	164,160	3	7	7	7	7	1	1	1
5202	충남 당진시	당진합덕연꽃축제개최	155,000	3	4	7	7	7	1	1	1
5203	충남 당진시	독립만세지원및관리(민간행사사업보조)	140,000	3	1	7	8	7	1	1	1
5204	충남 당진시	충청남도수산업경영인대회개최지원	100,000	3	1	7	8	7	1	1	3
5205	충남 당진시	당진해나루쌀농특산물홍보판촉행사	100,000	3	4	7	8	7	1	1	4
5206	충남 당진시	전국단위체육대회유치	100,000	3	1	7	8	7	1	3	1
5207	충남 당진시	충남도지사기전국주부농악대회개최	94,000	3	4	7	8	7	1	1	1
5208	충남 당진시	당진해나루고구마홍보판촉행사	90,000	3	4	7	8	7	1	1	4
5209	충남 당진시	보훈시설관리및행사업무(민간행사사업보조)	74,374	3	1	7	8	7	1	1	1
5210	충남 당진시	어린이날행사지원	70,000	3	6	7	8	1	1	1	4
5211	충남 당진시	남이흥장군문화제행사지원(전통무예진법훈련및장군행렬행사포함)	50,000	3	4	7	7	7	1	1	1
5212	충남 당진시	기지시줄다리기배전국스포츠줄다리기대회개최	50,000	3	4	7	7	7	1	1	1
5213	충남 당진시	당진콘서트	46,000	3	4	7	8	7	5	5	4
5214	충남 당진시	수산물소비촉진관련지원	45,000	3	1	7	8	7	1	1	3
5215	충남 당진시	한마음음악회	40,000	3	4	7	8	7	5	5	4
5216	충남 당진시	추억소환홍나들이	40,000	3	4	7	8	7	1	1	1
5217	충남 당진시	실버끼페스티벌	40,000	3	4	7	8	7	5	5	4
5218	충남 당진시	삽교호조개구이행사	40,000	3	8	7	8	7	1	1	1
5219	충남 당진시	2024당진시해나루배전국동호인테니스대회개최지원	37,000	3	1	7	8	7	1	3	1
5220	충남 당진시	찾아가는문화활동사업	34,000	3	4	7	8	7	5	5	4
5221	충남 당진시	호수음악제	32,000	3	4	7	8	7	5	5	4
5222	충남 당진시	수출농산물해외홍보판촉지원	30,000	3	4	7	8	7	1	1	4
5223	충남 당진시	당진예술제	30,000	3	4	7	8	7	1	1	1
5224	충남 당진시	실용예술문화제	30,000	3	4	7	8	7	5	5	4
5225	충남 당진시	2024고등부축구전국각종대회참가지원	28,000	3	1	7	8	7	1	3	1
5226	충남 당진시	2024당진시해나루야구야간리그운영지원	26,000	3	1	7	8	7	1	3	1
5227	충남 당진시	충남어르신생활체육대회참가지원	25,000	3	1	7	8	7	1	3	1
5228	충남 당진시	안섬풍어당굿행사지원	25,000	3	4	7	7	7	1	1	1
5229	충남 당진시	행복금혼식지원	25,000	3	1	3	1	7	1	1	1
5230	충남 당진시	2024상록수기충청남도게이트볼대회개최지원	23,000	3	1	7	8	7	1	3	1
5231	충남 당진시	2024당진시청소년생활체육대회(클럽대항전)개최지원	22,500	3	1	7	8	7	1	3	1
5232	충남 당진시	양성평등주간기념행사지원	22,500	3	1	3	1	7	1	1	1
5233	충남 당진시	해나루쌀홍보판촉활동	21,000	3	4	7	8	7	1	1	4
5234	충남 당진시	기업인화합행사지원	20,000	3	4	7	8	7	1	1	1
5235	충남 당진시	당진아트페스티벌	20,000	3	4	7	8	7	1	1	1
5236	충남 당진시	생활체육도단위대회참가지원	20,000	3	1	7	8	7	1	3	1
5237	충남 당진시	제13회당진해나루배전국장애인볼링대회개최지원	20,000	3	1	7	8	7	1	1	1

순번	시군구	지출명 (사업명)	2024년예산 (단위 : 천원 /1년간)	민간이전 분류 (지방자치단체 세출예산 집행기준에 의거) 1. 민간경상사업보조(307-02) 2. 민간단체 법정운영비보조(307-03) 3. 민간행사사업보조(307-04) 4. 민간위탁금(307-05) 5. 사회복지시설 법정운영비보조(307-10) 6. 민간인위탁교육비(307-12) 7. 공기관등에대한경상적위탁사업비(308-13) 8. 민간자본사업보조,자체재원(402-01) 9. 민간자본사업보조,이전재원(402-02) 10. 민간위탁사업비(402-03) 11. 공기관등에 대한 자본적 위탁사업비(403-02)	민간이전지출 근거 (지방보조금 관리기준 참고) 1. 법률에 규정 2. 국고보조 재원(국가지정) 3. 용도 지정 기부금 4. 조례에 직접규정 5. 지자체가 권장하는 사업을 하는 공공기관 6. 시,도 정책 및 재정사정 7. 기타 8. 해당없음	입찰방식: 계약체결방법 (경쟁형태) 1. 일반경쟁 2. 제한경쟁 3. 지명경쟁 4. 수의계약 5. 법정위탁 6. 기타 ( ) 7. 없음	입찰방식: 계약기간 1. 1년 2. 2년 3. 3년 4. 4년 5. 5년 6. 기타 ( )년 7. 단기계약 (1년미만) 8. 없음	입찰방식: 낙찰자선정방법 1. 적격심사 2. 협상에의한계약 3. 최저가낙찰제 4. 규격가격분리 5. 2단계 경쟁입찰 6. 기타 ( ) 7. 없음	운영예산 산정: 운영예산 산정 1. 내부산정 (지자체 자체적으로 산정) 2. 외부산정 (외부전문기관위탁 산정) 3. 내·외부 모두 산정 4. 산정 無 5. 없음	운영예산 산정: 정산방법 1. 내부정산 (지자체 내부적으로 정산) 2. 외부정산 (외부전문기관위탁 정산) 3. 내·외부 모두 산정 4. 정산 無 5. 없음	성과평가 실시여부 1. 실시 2. 미실시 3. 향후 추진 4. 해당없음
5238	충남 당진시	제13회당진해나루배전국장애인파크골프대회개최지원	20,000	3	1	7	8	7	1	1	1
5239	충남 당진시	무형문화재대외공개행사	18,000	3	4	7	7	7	1	1	1
5240	충남 당진시	사암연합축제	17,000	3	4	7	8	7	1	1	1
5241	충남 당진시	2024충남초등부축구주말리그개최지원	16,000	3	1	7	8	7	1	3	1
5242	충남 당진시	당진,면천향교춘추기석전제지원	16,000	3	4	7	7	7	1	1	1
5243	충남 당진시	소규모문화예술행사지원	15,000	3	4	7	8	7	1	1	1
5244	충남 당진시	생활체육전국대회참가지원	15,000	3	1	7	8	7	1	3	1
5245	충남 당진시	제7회당진시장애비장애어울림생활체육대회개최지원	15,000	3	1	7	8	7	1	1	1
5246	충남 당진시	2024초등부중등부탁구각종대회참가지원	13,000	3	1	7	8	7	1	3	1
5247	충남 당진시	생활체육도단위대회개최지원	12,600	3	1	7	8	7	1	3	1
5248	충남 당진시	2024꿈나무육성7대7유소년축구대회	12,000	3	1	7	8	7	1	3	1
5249	충남 당진시	평화통일대비당진시민리더스아카데미	10,000	3	4	7	8	7	5	5	4
5250	충남 당진시	어업인한마당대회개최지원	10,000	3	1	7	8	7	1	1	3
5251	충남 당진시	당진청소년국악제	10,000	3	4	7	8	7	1	1	1
5252	충남 당진시	서해조각페스타	10,000	3	4	7	8	7	5	5	4
5253	충남 당진시	해나루음악제	10,000	3	4	7	8	7	1	1	1
5254	충남 당진시	찾아가는전시회	10,000	3	4	7	8	7	1	1	1
5255	충남 당진시	6세이상실버축구도대회및전국대회출전지원	10,000	3	1	7	8	7	1	3	1
5256	충남 당진시	제52회충남도지사기시,군대항역전마라톤대회참가지원	10,000	3	1	7	8	7	1	3	1
5257	충남 당진시	2024당진시배구리그운영지원	10,000	3	1	7	8	7	1	3	1
5258	충남 당진시	제5회당진해나루배충남보치아어울림대회개최지원	10,000	3	1	7	8	7	1	1	1
5259	충남 당진시	당진사랑역사문화탐방행사보조	10,000	3	4	7	7	7	1	1	1
5260	충남 당진시	보육교직원역량강화사업	10,000	3	1	4	1	7	1	1	4
5261	충남 당진시	여성단체협의회워크숍	10,000	3	1	3	1	7	1	1	1
5262	충남 당진시	사립작은도서관독서문화프로그램운영	10,000	3	4	7	8	7	1	1	4
5263	충남 당진시	전국시조경창대회	9,000	3	4	7	8	7	1	1	1
5264	충남 당진시	당진시농악경연대회	9,000	3	4	7	8	7	1	1	1
5265	충남 당진시	충청남도합창경연대회	8,000	3	4	7	8	7	1	1	1
5266	충남 당진시	제48회호서기충남유도대회개최	8,000	3	1	7	8	7	1	3	1
5267	충남 당진시	2024년장애인스포츠체험교실운영(수상스키,스키)	8,000	3	1	7	8	7	1	1	1
5268	충남 당진시	시자체보육교직원역량강화사업	8,000	3	1	4	1	7	1	1	4
5269	충남 당진시	제72주년재향군인의날기념행사	7,000	3	4	7	8	7	5	5	4
5270	충남 당진시	2024꿈나무육성초등학교배구대회개최	7,000	3	1	7	8	7	1	3	1
5271	충남 당진시	제12회충남장애학생체육대회참가지원	7,000	3	1	7	8	7	1	1	1
5272	충남 당진시	동학승전목전투기념행사지원	7,000	3	4	7	7	7	1	1	1
5273	충남 당진시	2024당진스포츠클라이밍페스티벌개최지원	6,000	3	1	7	8	7	1	3	1
5274	충남 당진시	2024꿈나무육성육상경기대회개최	6,000	3	1	7	8	7	1	3	1
5275	충남 당진시	무형문화재(안섬풍어당굿)공개행사지원	6,000	3	6	7	7	7	1	1	1
5276	충남 당진시	임업후계자역량강화사업및교육비지원	5,200	3	7	7	8	7	5	5	4
5277	충남 당진시	축산인한마음대회지원	5,000	3	4	7	8	7	5	5	4

순번	시군구	지출명 (사업명)	2024년예산 (단위 : 천원 /1년간)	민간이전 분류 (지방자치단체 세출예산 집행기준에 의거) 1. 민간경상사업보조(307-02) 2. 민간단체 법정운영비보조(307-03) 3. 민간행사사업보조(307-04) 4. 민간위탁금(307-05) 5. 사회복지시설 법정운영비보조(307-10) 6. 민간인위탁교육비(307-12) 7. 공기관등에대한경상적위탁사업비(308-13) 8. 민간자본사업보조,자체재원(402-01) 9. 민간자본사업보조,이전재원(402-02) 10. 민간위탁사업비(402-03) 11. 공기관등에 대한 자본적 위탁사업비(403-02)	민간이전지출 근거 (지방보조금 관리기준 참고) 1. 법률에 규정 2. 국고보조 재원(국가지정) 3. 용도 지정 기부금 4. 조례에 직접규정 5. 지자체가 권장하는 사업을 하는 공공기관 6. 시,도 정책 및 재정사정 7. 기타 8. 해당없음	입찰방식			운영예산 산정		성과평가 실시여부
						계약체결방법 (경쟁형태) 1. 일반경쟁 2. 제한경쟁 3. 지명경쟁 4. 수의계약 5. 법정위탁 6. 기타 ( ) 7. 없음	계약기간 1. 1년 2. 2년 3. 3년 4. 4년 5. 5년 6. 기타 ( )년 7. 단기계약 (1년미만) 8. 없음	낙찰자선정방법 1. 적격심사 2. 협상에의한계약 3. 최저가낙찰제 4. 규격가격분리 5. 2단계 경쟁입찰 6. 기타 ( ) 7. 없음	운영예산 산정 1. 내부산정 (지자체 자체적으로 산정) 2. 외부산정 (외부전문기관위탁 산정) 3. 내·외부 모두 산정 4. 산정 無 5. 없음	정산방법 1. 내부정산 (지자체 내부적으로 정산) 2. 외부정산 (외부전문기관위탁 정산) 3. 내·외부 모두 산정 4. 정산 無 5. 없음	1. 실시 2. 미실시 3. 향후 추진 4. 해당없음
5278	충남 당진시	충청남도지사배민속대제전	5,000	3	4	7	8	7	1	1	1
5279	충남 당진시	초등학교축구부전국대회참가지원	5,000	3	1	7	8	7	1	3	1
5280	충남 당진시	2024년충남장애인체육대회종목별참가지원	5,000	3	1	7	8	7	1	1	1
5281	충남 당진시	한진당제공개행사지원	5,000	3	4	7	7	7	1	1	1
5282	충남 당진시	3.8여성의날	5,000	3	1	3	1	7	1	1	1
5283	충남 당진시	장애인체육교실운영(배드민턴)	4,500	3	1	7	8	7	1	1	1
5284	충남 당진시	일본군위안부피해자기념사업	4,500	3	4	7	8	7	1	1	1
5285	충남 당진시	면천은행나무목신제행사	4,000	3	2	7	7	7	1	1	1
5286	충남 당진시	신평대장장공개행사지원	4,000	3	4	7	7	7	1	1	1
5287	충남 당진시	마보무예이십사기공개행사지원	4,000	3	4	7	7	7	1	1	1
5288	충남 당진시	충남여성대회참가지원	4,000	3	1	3	1	7	1	1	1
5289	충남 당진시	2024년전국장애인체육대회종목별참가지원	3,200	3	1	7	8	7	1	1	1
5290	충남 당진시	도덕성회복윤리선양대회	3,000	3	4	7	8	7	1	1	1
5291	충남 당진시	2024꿈나무육성씨름대회개최	3,000	3	1	7	8	7	1	1	1
5292	충남 당진시	제18회충남시각장애인체육대회참가지원	3,000	3	1	7	8	7	1	3	1
5293	충남 당진시	제22회충남농아인체육대회참가지원	3,000	3	1	7	8	7	1	1	1
5294	충남 당진시	여성계신년회개최	3,000	3	1	3	1	7	1	1	1
5295	충남 당진시	일반풍물대회	2,700	3	4	7	8	7	1	1	1
5296	충남 당진시	충청남도지사기일반농악대회	2,000	3	4	7	8	7	1	1	1
5297	충남 당진시	충남국악제참가단체지원	2,000	3	4	7	8	7	1	1	1
5298	충남 당진시	제18회전국어울림마라톤대회참가지원	2,000	3	1	7	8	7	1	1	1
5299	충남 당진시	제44회전국장애인체육대회참가지원	2,000	3	1	7	8	7	1	1	1
5300	충남 당진시	무형문화재(당진대장장)공개행사지원	2,000	3	6	7	7	7	1	1	1
5301	충남 당진시	충남보육인대회참가지원	2,000	3	1	4	1	7	1	1	4
5302	충남 당진시	제1회전국농아인게이트볼대회참가지원	1,500	3	1	7	8	7	1	1	1
5303	충남 당진시	2023년전국지체장애인체육대회참가	500	3	1	7	8	7	1	1	1
5304	충남 부여군	서동연꽃축제개최	1,190,000	3	4	1	7	2	1	1	1
5305	충남 부여군	문화축제행사보조사업	700,000	3	4	1	7	2	1	1	1
5306	충남 부여군	충청남도체육대회출전지원	220,000	3	1	7	8	7	1	1	1
5307	충남 부여군	가맹단체행사지원	200,000	3	1	7	8	7	1	1	1
5308	충남 부여군	각종읍면대항체육행사지원(축구,배구등)	160,000	3	1	7	8	7	1	1	1
5309	충남 부여군	백마강배전국카누대회개최지원	100,000	3	4	7	7	7	1	1	1
5310	충남 부여군	굿뜨래배전국유소년축구대회개최지원	100,000	3	4	7	7	7	1	1	1
5311	충남 부여군	충남장애인체육대회출전지원및포상금지원	100,000	3	4	7	7	7	1	1	1
5312	충남 부여군	충남월남참전전우회활성화지원	90,000	3	4	7	8	7	1	1	1
5313	충남 부여군	제19회굿뜨래알밤축제행사지원	80,000	3	4	7	8	7	1	1	2
5314	충남 부여군	제4회사비서화예술대전	80,000	3	4	2	1	1	1	1	1
5315	충남 부여군	굿뜨래배전국마라톤대회개최지원	80,000	3	4	7	7	7	1	1	1
5316	충남 부여군	무량사산사음악회	70,000	3	4	2	1	1	1	1	1
5317	충남 부여군	미암사산사음악회	70,000	3	4	2	1	1	1	1	1

순번	시군구	지출명 (사업명)	2024년예산 (단위 : 천원 /1년간)	민간이전 분류 (지방자치단체 세출예산 집행기준에 의거) 1. 민간경상사업보조(307-02) 2. 민간단체 법정운영비보조(307-03) 3. 민간행사사업보조(307-04) 4. 민간위탁금(307-05) 5. 사회복지시설 법정운영비보조(307-10) 6. 민간인위탁교육비(307-12) 7. 공기관등에대한경상적위탁사업비(308-13) 8. 민간자본사업보조,자체재원(402-01) 9. 민간자본사업보조,이전재원(402-02) 10. 민간위탁사업비(402-03) 11. 공기관등에 대한 자본적 위탁사업비(403-02)	민간이전지출 근거 (지방보조금 관리기준 참고) 1. 법률에 규정 2. 국고보조 재원(국가지정) 3. 용도 지정 기부금 4. 조례에 직접규정 5. 지자체가 권장하는 사업을 하는 공공기관 6. 시,도 정책 및 재정사정 7. 기타 8. 해당없음	입찰방식: 계약체결방법 (경쟁형태) 1. 일반경쟁 2. 제한경쟁 3. 지명경쟁 4. 수의계약 5. 법정위탁 6. 기타 ( ) 7. 없음	입찰방식: 계약기간 1. 1년 2. 2년 3. 3년 4. 4년 5. 5년 6. 기타 ( )년 7. 단기계약 (1년미만) 8. 없음	입찰방식: 낙찰자선정방법 1. 적격심사 2. 협상에의한계약 3. 최저가낙찰제 4. 규격가격분리 5. 2단계 경쟁입찰 6. 기타 ( ) 7. 없음	운영예산 산정: 운영예산 산정 1. 내부산정 (지자체 자체적으로 산정) 2. 외부산정 (외부전문기관위탁 산정) 3. 내·외부 모두 산정 4. 산정 無 5. 없음	운영예산 산정: 정산방법 1. 내부정산 (지자체 내부적으로 정산) 2. 외부정산 (외부전문기관위탁 정산) 3. 내·외부 모두 산정 4. 정산 無 5. 없음	성과평가 실시여부 1. 실시 2. 미실시 3. 향후 추진 4. 해당없음
5318	충남 부여군	제22회홍산대첩문화제	50,000	3	4	7	7	1	1	1	1
5319	충남 부여군	계백무예축제	50,000	3	4	2	1	1	1	1	1
5320	충남 부여군	대조사산사음악회	50,000	3	4	2	1	1	1	1	1
5321	충남 부여군	군수기대회개최지원	50,000	3	1	7	8	7	1	1	1
5322	충남 부여군	백마강배전국용선경기대회개최지원	50,000	3	4	7	7	7	1	1	1
5323	충남 부여군	지역문화예술단체활동지원사업(군공모)	40,000	3	4	7	7	1	1	1	1
5324	충남 부여군	부여군민가을음악회	40,000	3	4	2	1	1	1	1	1
5325	충남 부여군	전국테니스대회개최지원	40,000	3	4	7	7	7	1	1	1
5326	충남 부여군	굿뜨래배전국파크골프대회개최지원	40,000	3	4	7	7	7	1	1	1
5327	충남 부여군	지역아동센터군비추가지원	37,080	3	4	7	8	7	5	1	4
5328	충남 부여군	해맞이행사	35,000	3	4	4	7	7	1	1	1
5329	충남 부여군	2024년정월대보름축제	30,000	3	4	1	7	1	1	1	1
5330	충남 부여군	굿뜨래배전국배드민턴대회개최지원	30,000	3	4	7	7	7	1	1	1
5331	충남 부여군	청소년문화제운영	28,000	3	7	7	8	7	5	5	4
5332	충남 부여군	도지사기대회출전및개최지원	28,000	3	1	7	8	7	1	1	1
5333	충남 부여군	6.25전쟁기념행사등9개행사	26,600	3	4	7	8	7	1	1	1
5334	충남 부여군	부여군청소년국악관현악단공연지원	24,000	3	4	2	1	1	1	1	1
5335	충남 부여군	부여군새마을기념식및하계수련대회	21,000	3	4	7	8	7	5	5	4
5336	충남 부여군	충청남도어르신생활체육대회출전지원	21,000	3	1	7	8	7	1	1	1
5337	충남 부여군	해양레저스포츠교육프로그램운영	20,000	3	4	7	7	7	1	1	1
5338	충남 부여군	충남도단위장애인체육대회출전지원	18,000	3	4	7	7	7	1	1	1
5339	충남 부여군	음식점등위생및친절교육지원사업	14,000	3	4	7	1	1	1	1	1
5340	충남 부여군	전국단위장애인체육대회출전지원	12,000	3	4	7	7	7	1	1	1
5341	충남 부여군	군및도주관생활체육대회출전지원	11,000	3	1	7	8	7	1	1	1
5342	충남 부여군	그라운드골프대회개최지원	11,000	3	1	7	8	7	1	1	1
5343	충남 부여군	옥산옥녀봉진달래꽃십리길축제개최	10,500	3	4	7	7	1	1	1	1
5344	충남 부여군	보훈단체전적지순례	8,847	3	4	7	8	7	1	1	1
5345	충남 부여군	권역별게이트볼리그대회개최지원	8,000	3	1	7	8	7	1	1	1
5346	충남 부여군	윤달현배배드민턴대회개최지원	8,000	3	1	7	8	7	1	1	1
5347	충남 부여군	굿뜨래배충남어울림보치아대회개최지원	8,000	3	4	7	7	7	1	1	1
5348	충남 부여군	굿뜨래배충남장애인파크골프대회개최지원	8,000	3	4	7	7	7	1	1	1
5349	충남 부여군	전국임업인후계자대회참가	7,000	3	1	7	8	7	1	1	2
5350	충남 부여군	전국내포제시조경창대회개최	7,000	3	4	7	7	1	1	1	1
5351	충남 부여군	부여군보육교직원역량강화지원	5,670	3	4	7	8	7	5	1	4
5352	충남 부여군	부처님오신날봉축법요식개최지원	5,600	3	4	7	7	1	1	1	1
5353	충남 부여군	성탄트리점등식	5,600	3	4	7	7	1	1	1	1
5354	충남 부여군	임천충혼제	5,250	3	4	7	1	1	1	1	1
5355	충남 부여군	석성충혼제	5,250	3	4	7	1	1	1	1	1
5356	충남 부여군	좋은엄소선발대회행사운영지원	5,000	3	4	7	8	7	1	1	4
5357	충남 부여군	한국수산업경영인대회참가지원	5,000	3	4	7	8	7	1	1	4

순번	시군구	지출명 (사업명)	2024년예산 (단위 : 천원 /1년간)	민간이전 분류 (지방자치단체 세출예산 집행기준에 의거) 1. 민간경상사업보조(307-02) 2. 민간단체 법정운영비보조(307-03) 3. 민간행사사업보조(307-04) 4. 민간위탁금(307-05) 5. 사회복지시설 법정운영비보조(307-10) 6. 민간인위탁교육비(307-12) 7. 공기관등에대한경상적위탁사업비(308-13) 8. 민간자본사업보조,자체재원(402-01) 9. 민간자본사업보조,이전재원(402-02) 10. 민간위탁사업비(402-03) 11. 공기관등에 대한 자본적 위탁사업비(403-02)	민간이전지출 근거 (지방보조금 관리기준 참고) 1. 법률에 규정 2. 국고보조 재원(국가지정) 3. 용도 지정 기부금 4. 조례에 직접규정 5. 지자체가 권장하는 사업을 하는 공공기관 6. 시,도 정책 및 재정사정 7. 기타 8. 해당없음	입찰방식 계약체결방법 (경쟁형태) 1. 일반경쟁 2. 제한경쟁 3. 지명경쟁 4. 수의계약 5. 법정위탁 6. 기타 ( ) 7. 없음	입찰방식 계약기간 1. 1년 2. 2년 3. 3년 4. 4년 5. 5년 6. 기타 ( )년 7. 단기계약 (1년미만) 8. 없음	입찰방식 낙찰자선정방법 1. 적격심사 2. 협상에의한계약 3. 최저가낙찰제 4. 규격가격분리 5. 2단계 경쟁입찰 6. 기타 ( ) 7. 없음	운영예산 산정 운영예산 산정 1. 내부산정 (지자체 자체적으로 산정) 2. 외부산정 (외부전문기관위탁 산정) 3. 내·외부 모두 산정 4. 산정 無 5. 없음	운영예산 산정 정산방법 1. 내부정산 (지자체 내부적으로 정산) 2. 외부정산 (외부전문기관위탁 정산) 3. 내·외부 모두 산정 4. 정산 無 5. 없음	성과평가 실시여부 1. 실시 2. 미실시 3. 향후 추진 4. 해당없음
5358	충남 부여군	양식어종홍보판촉지원	5,000	3	4	7	8	7	1	1	4
5359	충남 부여군	굿뜨래배자전거대회	5,000	3	1	7	8	7	1	1	1
5360	충남 부여군	농촌체험마을홍보행사지원	4,800	3	6	7	8	7	5	5	4
5361	충남 부여군	자유민주수호희생자합동위령제	4,750	3	4	7	8	7	1	1	1
5362	충남 부여군	부여군보육교직원단합대회행사지원	4,200	3	4	7	8	7	5	1	4
5363	충남 부여군	요양보호사의날행사지원	4,000	3	7	7	8	7	5	1	1
5364	충남 부여군	부여평화통일문화제	3,920	3	4	7	8	7	1	1	1
5365	충남 부여군	전국새마을지도자대회	3,500	3	4	7	8	7	1	1	1
5366	충남 부여군	민주평통찾아가는통일강연회	3,500	3	4	7	8	7	5	5	4
5367	충남 부여군	전국바르게살기협의대회	3,500	3	4	7	8	7	1	1	1
5368	충남 부여군	청소년문화축제지원	3,500	3	4	7	8	7	1	1	1
5369	충남 부여군	민간환경보전행사지원	3,500	3	7	7	8	7	5	5	4
5370	충남 부여군	전국시조경창대회개최	3,500	3	4	7	8	7	5	5	4
5371	충남 부여군	시니어배구대회개최지원	3,000	3	4	7	7	1	1	1	1
5372	충남 부여군	백제칠석차문화제	2,800	3	1	7	8	7	1	1	1
5373	충남 부여군	의식개혁운동우수실천사례발표대회	2,660	3	4	7	1	1	1	1	1
5374	충남 부여군	전국자유민주수호웅변대회	2,565	3	4	7	8	7	5	5	4
5375	충남 부여군	통일안보강연개최및대회참가	2,328	3	4	7	8	7	1	1	1
5376	충남 부여군	민주시민교육	2,280	3	4	7	8	7	1	1	1
5377	충남 부여군	충남도의새마을촉진대회	2,100	3	4	7	8	7	5	5	4
5378	충남 부여군	충남바르게살기협의대회	2,000	3	4	7	8	7	1	1	1
5379	충남 부여군	충화용고을탑제	1,540	3	4	7	1	1	1	1	1
5380	충남 부여군	OB클럽축구대회개최지원	1,500	3	1	7	8	7	1	1	1
5381	충남 부여군	부여저석3리산신제	1,400	3	4	7	1	1	1	1	1
5382	충남 부여군	부여금성산개천제	1,400	3	4	7	1	1	1	1	1
5383	충남 부여군	규암자온당산제	1,400	3	4	7	1	1	1	1	1
5384	충남 부여군	은산장벌리동화제및탑제	1,400	3	4	7	1	1	1	1	1
5385	충남 부여군	구룡풍년기원제	1,400	3	4	7	1	1	1	1	1
5386	충남 부여군	홍산북촌리장승제	1,400	3	4	7	1	1	1	1	1
5387	충남 부여군	옥산옥녀봉산신제	1,400	3	4	7	1	1	1	1	1
5388	충남 부여군	임천군사리동화제및당산제	1,400	3	4	7	1	1	1	1	1
5389	충남 부여군	장암장하리천진전천제	1,400	3	4	7	1	1	1	1	1
5390	충남 부여군	세도가회리장군제	1,400	3	4	7	1	1	1	1	1
5391	충남 부여군	세도청송리장승제	1,400	3	4	7	1	1	1	1	1
5392	충남 부여군	석성현내리부도탑제	1,400	3	4	7	1	1	1	1	1
5393	충남 부여군	새마을여인상시상식및여성리더교육	1,330	3	4	7	8	7	5	5	4
5394	충남 부여군	은산금공리산신제	1,050	3	4	7	1	1	1	1	1
5395	충남 부여군	내산주암리정월대보름행사	1,050	3	4	7	1	1	1	1	1
5396	충남 부여군	양화시음리보통제	1,050	3	4	7	1	1	1	1	1
5397	충남 부여군	부여군임업인단체연합회기술교육지원	1,000	3	4	7	8	7	1	1	2

순번	시군구	지출명 (사업명)	2024년예산 (단위 : 천원 /1년간)	민간이전 분류 (지방자치단체 세출예산 집행기준에 의거) 1. 민간경상사업보조(307-02) 2. 민간단체 법정운영비보조(307-03) 3. 민간행사사업보조(307-04) 4. 민간위탁금(307-05) 5. 사회복지시설 법정운영비보조(307-10) 6. 민간인위탁교육비(307-12) 7. 공기관등에대한경상적위탁사업비(308-13) 8. 민간자본사업보조,자체재원(402-01) 9. 민간자본사업보조,이전재원(402-02) 10. 민간위탁사업비(402-03) 11. 공기관등에 대한 자본적 위탁사업비(403-02)	민간이전지출 근거 (지방보조금 관리기준 참고) 1. 법률에 규정 2. 국고보조 재원(국가지정) 3. 용도 지정 기부금 4. 조례에 직접규정 5. 지자체가 권장하는 사업을 하는 공공기관 6. 시,도 정책 및 재정사정 7. 기타 8. 해당없음	입찰방식 계약체결방법 (경쟁형태) 1. 일반경쟁 2. 제한경쟁 3. 지명경쟁 4. 수의계약 5. 법정위탁 6. 기타 ( ) 7. 없음	입찰방식 계약기간 1. 1년 2. 2년 3. 3년 4. 4년 5. 5년 6. 기타 ( )년 7. 단기계약 (1년미만) 8. 없음	입찰방식 낙찰자선정방법 1. 적격심사 2. 협상에의한계약 3. 최저가낙찰제 4. 규격가격분리 5. 2단계 경쟁입찰 6. 기타 ( ) 7. 없음	운영예산 산정 운영예산 산정 1. 내부산정 (지자체 자체적으로 산정) 2. 외부산정 (외부전문기관위탁 산정) 3. 내·외부 모두 산정 4. 산정 無 5. 없음	운영예산 산정 정산방법 1. 내부정산 (지자체 내부적으로 정산) 2. 외부정산 (외부전문기관위탁 정산) 3. 내·외부 모두 산정 4. 정산 無 5. 없음	성과평가 실시여부 1. 실시 2. 미실시 3. 향후 추진 4. 해당없음
5398	충남 부여군	규암규암리동제	700	3	4	7	1	1	1	1	1
5399	충남 부여군	은산가곡리동회제	700	3	4	7	1	1	1	1	1
5400	충남 부여군	외산문신2리동화제	700	3	4	7	1	1	1	1	1
5401	충남 부여군	외산만수2리산신제및장승제	700	3	4	7	1	1	1	1	1
5402	충남 부여군	외산장항리산신제	700	3	4	7	1	1	1	1	1
5403	충남 부여군	외산아미산산신제	700	3	4	7	1	1	1	1	1
5404	충남 부여군	내산괴목정노신제	700	3	4	7	1	1	1	1	1
5405	충남 부여군	구룡금사리당산제	700	3	4	7	1	1	1	1	1
5406	충남 부여군	석성봉정리산신제	700	3	4	7	1	1	1	1	1
5407	충남 부여군	이북5도민망향제	665	3	4	7	8	7	1	1	1
5408	충남 부여군	사회적경제청년정착(liveinCN)지원사업(신규)	200	3	4	7	8	7	1	1	1
5409	충남 서천군	수산물소비위축대응지원	140,000	3	6	7	8	7	5	5	4
5410	충남 서천군	농업인의날행사운영	25,000	3	4	7	8	7	5	5	4
5411	충남 서천군	주민자치어울림한마당개최	15,000	3	4	7	8	7	1	1	1
5412	충남 서천군	새마을지도자수련대회행사지원	13,000	3	1,4	7	8	7	1	1	1
5413	충남 서천군	서천군자율방범연합대한마음체육대회지원	7,000	3	1	7	8	7	1	1	1
5414	충남 서천군	새마을의날기념식행사지원	5,000	3	1,4	7	8	7	1	1	1
5415	충남 서천군	농민회육성	4,800	3	4	7	8	7	1	1	1
5416	충남 서천군	쌀전업농육성	4,800	3	4	7	8	7	1	1	1
5417	충남 서천군	농업경영인육성	4,800	3	4	7	8	7	1	1	1
5418	충남 서천군	쌀생산자육성	4,800	3	4	7	8	7	1	1	1
5419	충남 서천군	바르게살기운동나눔의회원연수대회지원	4,500	3	1,4	7	8	7	1	1	1
5420	충남 서천군	전국새마을지도자대회참석지원	4,000	3	1,4	7	8	7	1	1	1
5421	충남 서천군	서천군어민회풍어제행사지원	3,600	3	4	7	8	7	1	1	1
5422	충남 서천군	충청남도자율방범연합회한마음체육대회참가지원	3,000	3	1	7	8	7	1	1	1
5423	충남 서천군	충청남도새마을운동촉진대회참석지원	3,000	3	1,4	7	8	7	1	1	1
5424	충남 서천군	복대리판교장터폭격희생자추모제	3,000	3	1,4	7	8	7	1	1	1
5425	충남 서천군	여성농업인육성	3,000	3	4	7	8	7	1	1	1
5426	충남 서천군	새마을여인상시상식행복한가정꾸미기실천대회참석지원	2,000	3	1,4	7	8	7	1	1	1
5427	충남 서천군	바르게살기운동충청남도회원전진대회참석지원	2,000	3	1,4	7	8	7	1	1	1
5428	충남 청양군	제25회칠갑산장승문화축제	163,000	3	4	7	8	7	1	1	1
5429	충남 청양군	농업인의날행사운영	60,000	3	4	7	8	7	5	5	4
5430	충남 청양군	축산인한마음대회	30,000	3	4	7	8	7	5	5	4
5431	충남 청양군	임산물기술교육	27,000	3	6	2	8	7	5	1	1
5432	충남 청양군	장애인의날행사	25,000	3	4	7	8	7	1	1	1
5433	충남 청양군	청양군이장한마음대회	25,000	3	4	7	8	7	1	1	1
5434	충남 청양군	노인의날행사	22,000	3	6	4	7	7	1	1	1
5435	충남 청양군	사회복지의날기념식및박람회	20,000	3	1	7	8	7	1	1	1
5436	충남 청양군	임업인한마음대회	20,000	3	6	2	8	7	5	1	1
5437	충남 청양군	청양군농촌지도자대회행사지원	20,000	3	4	7	8	7	5	5	4

순번	시군구	지출명 (사업명)	2024년예산 (단위 : 천원 /1년간)	민간이전 분류 (지방자치단체 세출예산 집행기준에 의거) 1. 민간경상사업보조(307-02) 2. 민간단체 법정운영비보조(307-03) 3. 민간행사사업보조(307-04) 4. 민간위탁금(307-05) 5. 사회복지시설 법정운영비보조(307-10) 6. 민간인위탁교육비(307-12) 7. 공기관등에대한경상적위탁사업비(308-13) 8. 민간자본사업보조,자체재원(402-01) 9. 민간자본사업보조,이전재원(402-02) 10. 민간위탁사업비(402-03) 11. 공기관등에 대한 자본적 위탁사업비(403-02)	민간이전지출 근거 (지방보조금 관리기준 참고) 1. 법률에 규정 2. 국고보조 재원(국가지정) 3. 용도 지정 기부금 4. 조례에 직접규정 5. 지자체가 권장하는 사업을 하는 공공기관 6. 시,도 정책 및 재정사정 7. 기타 8. 해당없음	입찰방식 계약체결방법 (경쟁형태) 1. 일반경쟁 2. 제한경쟁 3. 지명경쟁 4. 수의계약 5. 법정위탁 6. 기타 ( ) 7. 없음	입찰방식 계약기간 1. 1년 2. 2년 3. 3년 4. 4년 5. 5년 6. 기타 ( )년 7. 단기계약 (1년미만) 8. 없음	입찰방식 낙찰자선정방법 1. 적격심사 2. 협상에의한계약 3. 최저가낙찰제 4. 규격가격분리 5. 2단계 경쟁입찰 6. 기타 ( ) 7. 없음	운영예산 산정 운영예산 산정 1. 내부산정 (지자체 자체적으로 산정) 2. 외부산정 (외부전문기관위탁 산정) 3. 내·외부 모두 산정 4. 산정 無 5. 없음	운영예산 산정 정산방법 1. 내부정산 (지자체 내부적으로 정산) 2. 외부정산 (외부전문기관위탁 정산) 3. 내·외부 모두 산정 4. 정산 無 5. 없음	성과평가 실시여부 1. 실시 2. 미실시 3. 향후 추진 4. 해당없음
5438	충남 청양군	마을축제활성화사업	18,000	3	6	7	8	7	5	5	4
5439	충남 청양군	자율방범연합대한마음체육대회	17,000	3	4	7	8	7	1	1	1
5440	충남 청양군	자원봉사자의날행사	15,000	3	4	7	8	7	1	1	1
5441	충남 청양군	기업인한마음대회지원사업	15,000	3	4	7	8	7	1	1	1
5442	충남 청양군	모범이장선진지견학	15,000	3	4	7	8	7	1	1	1
5443	충남 청양군	이장역량강화직무워크숍	15,000	3	4	7	8	7	1	1	1
5444	충남 청양군	농업인학습단체6차산업화워크숍지원	15,000	3	4	7	8	7	5	5	4
5445	충남 청양군	원홍주등육군상무사전승의례지원사업	14,400	3	4	7	8	7	3	3	1
5446	충남 청양군	원홍주등육군상무사전승의례지원사업	14,400	3	4	7	8	7	3	3	1
5447	충남 청양군	정산3.1만세운동재현행사	10,000	3	1	7	8	7	1	1	1
5448	충남 청양군	청양군지역자율방재단한마음대회개최	10,000	3	1,4	7	8	7	1	1	3
5449	충남 청양군	전통향교기로연행사	10,000	3	4	7	8	7	1	1	1
5450	충남 청양군	무형문화유산공개행사등지원	10,000	3	4	7	8	7	3	3	1
5451	충남 청양군	전통향교기로연행사	10,000	3	4	7	8	7	1	1	1
5452	충남 청양군	무형문화유산공개행사등지원	10,000	3	4	7	8	7	3	3	1
5453	충남 청양군	임업후계자역량강화교육	9,000	3	6	2	8	7	5	1	1
5454	충남 청양군	적십자봉사회한마음행사	8,000	3	4	7	8	7	1	1	1
5455	충남 청양군	문화원신년하례회	7,200	3	4	7	8	7	1	1	1
5456	충남 청양군	신년해맞이행사	7,000	3	4	7	8	7	1	1	1
5457	충남 청양군	바르게살기회원한마음다짐대회	7,000	3	1	7	8	7	1	1	1
5458	충남 청양군	청양군이장신년교례회및정기총회	6,000	3	4	7	8	7	1	1	1
5459	충남 청양군	일본군위안부피해자기림의날기념행사	5,000	3	1	7	8	7	5	1	1
5460	충남 청양군	일본군위안부바로알기교육등	5,000	3	1	7	8	7	5	1	1
5461	충남 청양군	모범새마을지도자연수	5,000	3	1	7	8	7	1	1	1
5462	충남 청양군	새마을지도자경진대회	5,000	3	1	7	8	7	1	1	1
5463	충남 청양군	독서경진대회	5,000	3	1	7	8	7	1	1	1
5464	충남 청양군	모덕사추계제향	4,000	3	4	7	8	7	1	3	1
5465	충남 청양군	모덕사추계제향	4,000	3	4	7	8	7	1	3	1
5466	충남 청양군	바르게살기운동회원연수	4,000	3	1	7	8	7	1	1	1
5467	충남 청양군	사회복지사워크숍	3,500	3	1	7	8	7	1	1	1
5468	충남 청양군	사회복지협의회워크숍	3,000	3	1	7	8	7	1	1	1
5469	충남 청양군	장기요양기관워크숍	3,000	3	6	7	8	7	1	1	3
5470	충남 청양군	정산3.1만세운동합동위령제(정산)	2,300	3	1	7	8	7	1	1	1
5471	충남 청양군	3.1만세운동기념행사(운곡)	2,300	3	1	7	8	7	1	1	1
5472	충남 청양군	신년미궐산해맞이행사	1,400	3	4	7	8	7	1	1	1
5473	충남 청양군	신년백월산해맞이행사	1,400	3	4	7	8	7	1	1	1
5474	충남 청양군	화성면번영의종타종식행사	1,400	3	4	7	8	7	1	1	1
5475	충남 청양군	비봉면면민의종타종식행사	1,400	3	4	7	8	7	1	1	1
5476	충남 청양군	정산면민안녕기원제	1,400	3	4	7	8	7	1	1	1
5477	충남 청양군	장평면민안녕기원제	1,400	3	4	7	8	7	1	1	1

순번	시군구	지출명 (사업명)	2024년예산 (단위 : 천원 /1년간)	민간이전 분류 (지방자치단체 세출예산 집행기준에 의거) 1. 민간경상사업보조(307-02) 2. 민간단체 법정운영비보조(307-03) 3. 민간행사사업보조(307-04) 4. 민간위탁금(307-05) 5. 사회복지시설 법정운영비보조(307-10) 6. 민간인위탁교육비(307-12) 7. 공기관등에대한경상적위탁사업비(308-13) 8. 민간자본사업보조,자체재원(402-01) 9. 민간자본사업보조,이전재원(402-02) 10. 민간위탁사업비(402-03) 11. 공기관등에 대한 자본적 위탁사업비(403-02)	민간이전지출 근거 (지방보조금 관리기준 참고) 1. 법률에 규정 2. 국고보조 재원(국가지정) 3. 용도 지정 기부금 4. 조례에 직접규정 5. 지자체가 권장하는 사업을 하는 공공기관 6. 시,도 정책 및 재정사정 7. 기타 8. 해당없음	입찰방식: 계약체결방법 (경쟁형태) 1. 일반경쟁 2. 제한경쟁 3. 지명경쟁 4. 수의계약 5. 법정위탁 6. 기타 ( ) 7. 없음	입찰방식: 계약기간 1. 1년 2. 2년 3. 3년 4. 4년 5. 5년 6. 기타 ( )년 7. 단기계약 (1년미만) 8. 없음	입찰방식: 낙찰자선정방법 1. 적격심사 2. 협상에의한계약 3. 최저가낙찰제 4. 규격가격분리 5. 2단계 경쟁입찰 6. 기타 ( ) 7. 없음	운영예산 산정: 운영예산 산정 1. 내부산정 (지자체 자체적으로 산정) 2. 외부산정 (외부전문기관위탁 산정) 3. 내·외부 모두 산정 4. 산정 無 5. 없음	운영예산 산정: 정산방법 1. 내부정산 (지자체 내부적으로 정산) 2. 외부정산 (외부전문기관위탁 정산) 3. 내·외부 모두 정산 4. 정산 無 5. 없음	성과평가 실시여부 1. 실시 2. 미실시 3. 향후 추진 4. 해당없음
5478	충남 청양군	3.1만세운동기념행사(화성)	1,200	3	1	7	8	7	1	1	1
5479	충남 홍성군	주민자치프로그램발표회지원	55,000	3	4	7	8	7	1	1	1
5480	충남 홍성군	홍북읍주민자치청소년행사	25,000	3	6	7	8	7	1	1	1
5481	충남 홍성군	찾아가는재능나눔공연장비구입지원	20,000	3	6	7	8	7	1	1	1
5482	충남 홍성군	이장역량강화워크숍	14,250	3	4	7	8	7	1	1	1
5483	충남 홍성군	새마을지도자하계수련대회	10,000	3	4	7	8	7	1	1	1
5484	충남 홍성군	자율방범대한마음체육대회	10,000	3	4	7	8	7	1	1	1
5485	충남 홍성군	바르게살기운동화합의한마당	7,000	3	4	7	8	7	1	1	1
5486	충남 홍성군	대한적십자사홍성지구협의회산불예방그림대회	5,000	3	5	7	8	7	1	1	1
5487	충남 예산군	예산장터삼국축제	600,000	3	4	7	8	7	5	1	1
5488	충남 예산군	윤봉길평화축제지원	200,000	3	4	7	8	7	5	1	1
5489	충남 예산군	의좋은형제축제지원	200,000	3	4	7	8	7	5	1	1
5490	충남 예산군	예산황토사과축제지원	200,000	3	4	7	8	7	5	1	1
5491	충남 예산군	추사추모전국휘호대회	150,000	3	4	7	8	7	5	1	1
5492	충남 예산군	예산문화장터공연지원	90,000	3	4	7	7	7	1	1	1
5493	충남 예산군	예산황새축제	80,000	3	4	1	7	6	3	1	4
5494	충남 예산군	예당국제공연예술제	76,500	3	6	7	7	7	1	1	1
5495	충남 예산군	버스킹공연활성화	54,000	3	4	7	7	7	1	1	1
5496	충남 예산군	향천사산사음악회	50,000	3	6	7	8	7	5	5	4
5497	충남 예산군	수덕사산사음악회	50,000	3	6	7	8	7	5	5	4
5498	충남 예산군	내포영산대재시연	50,000	3	1	7	8	7	1	1	3
5499	충남 예산군	농업인의날기념행사	50,000	3	1,3	7	8	7	1	1	1
5500	충남 예산군	2024좋은가축선발대회지원	45,000	3	1	7	8	7	5	5	4
5501	충남 예산군	한내장4.3독립만세운동기념행사	40,000	3	4	7	8	7	1	1	4
5502	충남 예산군	예산군민발전기원제지원	40,000	3	1	7	8	7	1	1	3
5503	충남 예산군	예산전국사물놀이경연대회	36,000	3	4	7	7	7	1	1	1
5504	충남 예산군	예산군가족오케스트라문화지원사업	35,000	3	6	7	8	7	5	5	4
5505	충남 예산군	추사김정희선생선양서화전	31,500	3	4	7	8	7	5	1	1
5506	충남 예산군	제2회내꽃향축제(대술면)(주민참여예산)	30,000	3	4	7	8	7	1	1	1
5507	충남 예산군	예당호해맞이행사지원	30,000	3	4	7	8	7	5	1	1
5508	충남 예산군	예산사과와인페스티벌지원	30,000	3	4	7	8	7	1	1	1
5509	충남 예산군	제19회예산군수배예당전국낚시대회	30,000	3	4	7	8	7	1	1	1
5510	충남 예산군	건강육아체험한마당	30,000	3	7	7	8	7	1	3	4
5511	충남 예산군	바르게살기운동충남대회개최	27,000	3	1,4	7	8	7	1	1	4
5512	충남 예산군	예산예술제지원	24,300	3	4	7	7	7	1	1	1
5513	충남 예산군	문화예술단체행사지원	22,500	3	4	7	7	7	1	1	1
5514	충남 예산군	의좋은형제연날리기(대흥면)(주민참여예산)	20,000	3	4	7	8	7	1	1	1
5515	충남 예산군	광시한우홍보행사	20,000	3	4	7	8	7	1	1	4
5516	충남 예산군	농촌지도자회비전실천대회및역량강화교육	20,000	3	4	7	8	7	5	5	4
5517	충남 예산군	품목농업인연구회농산물홍보축제지원	20,000	3	4	7	8	7	5	5	4

순번	시군구	지출명 (사업명)	2024년예산 (단위 : 천원 /1년간)	민간이전 분류 (지방자치단체 세출예산 집행기준에 의거) 1. 민간경상사업보조(307-02) 2. 민간단체 법정운영비보조(307-03) 3. 민간행사사업보조(307-04) 4. 민간위탁금(307-05) 5. 사회복지시설 법정운영비보조(307-10) 6. 민간인위탁교육비(307-12) 7. 공기관등에대한경상적위탁사업비(308-13) 8. 민간자본사업보조,자체재원(402-01) 9. 민간자본사업보조,이전재원(402-02) 10. 민간위탁사업비(402-03) 11. 공기관등에 대한 자본적 위탁사업비(403-02)	민간이전지출 근거 (지방보조금 관리기준 참고) 1. 법률에 규정 2. 국고보조 재원(국가지정) 3. 용도 지정 기부금 4. 조례에 직접규정 5. 지자체가 권장하는 사업을 하는 공공기관 6. 시,도 정책 및 재정사정 7. 기타 8. 해당없음	입찰방식 계약체결방법 (경쟁형태) 1. 일반경쟁 2. 제한경쟁 3. 지명경쟁 4. 수의계약 5. 법정위탁 6. 기타 ( ) 7. 없음	입찰방식 계약기간 1. 1년 2. 2년 3. 3년 4. 4년 5. 5년 6. 기타 ( )년 7. 단기계약 (1년미만) 8. 없음	입찰방식 낙찰자선정방법 1. 적격심사 2. 협상에의한계약 3. 최저가낙찰제 4. 규격가격분리 5. 2단계 경쟁입찰 6. 기타 ( ) 7. 없음	운영예산 산정 운영예산 산정 1. 내부산정 (지자체 자체적으로 산정) 2. 외부산정 (외부전문기관위탁 산정) 3. 내·외부 모두 산정 4. 산정 無 5. 없음	운영예산 산정 정산방법 1. 내부정산 (지자체 내부적으로 정산) 2. 외부정산 (외부전문기관위탁 정산) 3. 내·외부 모두 산정 4. 정산 無 5. 없음	성과평가 실시여부 1. 실시 2. 미실시 3. 향후 추진 4. 해당없음
5518	충남 예산군	삼베길쌈마을전통문화체험행사지원	20,000	3	6	7	8	7	5	5	4
5519	충남 예산군	보부상공문제지원	20,000	3	4	7	8	7	1	1	4
5520	충남 예산군	이통장연합회예산군지회체육대회	19,800	3	4	7	8	7	1	1	4
5521	충남 예산군	마을동제지원	18,450	3	4	7	8	7	5	1	1
5522	충남 예산군	예산사랑푸른음악회지원	18,000	3	1	7	8	7	1	1	3
5523	충남 예산군	우리가만나는예산(예산읍)(주민참여예산)	17,000	3	4	7	8	7	1	1	1
5524	충남 예산군	자암김구서예대전	15,000	3	4	7	8	7	5	1	1
5525	충남 예산군	예산군성악보컬아카데미문화지원사업	15,000	3	6	7	8	7	5	5	4
5526	충남 예산군	향교춘추석전대제지원	15,000	3	1	7	8	7	1	1	3
5527	충남 예산군	친환경축산현장교육및선진지견학	15,000	3	4	7	8	7	1	1	4
5528	충남 예산군	자율방범순찰대행사(도,군)	14,000	3	1,4	7	8	7	1	1	4
5529	충남 예산군	가족어울림한마당(예산읍)(주민참여예산)	13,000	3	4	7	8	7	1	1	1
5530	충남 예산군	내고장농산물홍보및나눔한마당(농업경영인)	13,000	3	1,3	7	8	7	1	1	1
5531	충남 예산군	신년하례회	12,000	3	4	7	8	7	5	1	1
5532	충남 예산군	산림문화체험대회	12,000	3	5	7	8	7	5	5	4
5533	충남 예산군	향교전통문화시연	11,700	3	1	7	8	7	1	1	3
5534	충남 예산군	농업경영인전국대회행사지원	11,000	3	1,3	7	8	7	1	1	1
5535	충남 예산군	의좋은형제동화그리기체험(대흥면)(주민참여예산)	10,000	3	4	7	8	7	1	1	1
5536	충남 예산군	예산군수기국악경연대회	10,000	3	4	7	7	7	1	1	1
5537	충남 예산군	제6회윤봉길배충청남도어울림보치아대회개최	10,000	3	1	7	8	7	1	1	1
5538	충남 예산군	어르신건강왕선발대회	10,000	3	7	7	8	7	1	1	1
5539	충남 예산군	기업인협의회행사지원	10,000	3	4	7	8	7	1	1	1
5540	충남 예산군	장애인체육인의밤행사	9,000	3	1	7	8	7	1	1	1
5541	충남 예산군	전국민요경창대회지원	8,000	3	1	7	8	7	1	1	1
5542	충남 예산군	수당고택음악회개최지원	8,000	3	4	7	7	7	1	1	1
5543	충남 예산군	제6회윤봉길배충청남도좌식배구대회개최	8,000	3	4	7	7	7	1	1	1
5544	충남 예산군	재향군인회향군의날행사등지원	7,500	3	1	7	8	7	1	1	1
5545	충남 예산군	실버서화작품전시전지원	7,000	3	4	7	7	7	1	1	3
5546	충남 예산군	충남농민전진대회	7,000	3	1,3	7	8	7	1	1	1
5547	충남 예산군	예산풍물경연대회지원(격년)	6,000	3	4	7	7	7	1	1	1
5548	충남 예산군	청년예술인공연활성화	6,000	3	4	7	7	7	1	1	1
5549	충남 예산군	통합방위협의회운영지원	6,000	3	4	7	7	7	1	1	3
5550	충남 예산군	학교4H야영대회	6,000	3	4	7	8	7	5	5	4
5551	충남 예산군	자유수호합동위령제	5,000	3	4	7	8	7	1	1	4
5552	충남 예산군	예산백일장개최지원	5,000	3	4	7	7	7	1	1	1
5553	충남 예산군	윈드오케스트라정기연주회지원	5,000	3	4	7	7	7	1	1	1
5554	충남 예산군	건치인선발대회행사지원	5,000	3	8	7	8	7	5	5	4
5555	충남 예산군	4H지도자역량강화교육	5,000	3	4	7	8	7	5	5	4
5556	충남 예산군	4H인능력개발연찬회	5,000	3	4	7	8	7	5	5	4
5557	충남 예산군	전국남녀시조경창대회지원	4,500	3	4	7	7	7	1	1	1

순번	시군구	지출명 (사업명)	2024년예산 (단위 : 천원 /1년간)	민간이전 분류 (지방자치단체 세출예산 집행기준에 의거) 1. 민간경상사업보조(307-02) 2. 민간단체 법정운영비보조(307-03) 3. 민간행사사업보조(307-04) 4. 민간위탁금(307-05) 5. 사회복지시설 법정운영비보조(307-10) 6. 민간인위탁교육비(307-12) 7. 공기관등에대한경상적위탁사업비(308-13) 8. 민간자본사업보조,자체재원(402-01) 9. 민간자본사업보조,이전재원(402-02) 10. 민간위탁사업비(402-03) 11. 공기관등에 대한 자본적 위탁사업비(403-02)	민간이전지출 근거 (지방보조금 관리기준 참고) 1. 법률에 규정 2. 국고보조 재원(국가지정) 3. 용도 지정 기부금 4. 조례에 직접규정 5. 지자체가 권장하는 사업을 하는 공공기관 6. 시,도 정책 및 재정사정 7. 기타 8. 해당없음	입찰방식: 계약체결방법 (경쟁형태) 1. 일반경쟁 2. 제한경쟁 3. 지명경쟁 4. 수의계약 5. 법정위탁 6. 기타 ( ) 7. 없음	입찰방식: 계약기간 1. 1년 2. 2년 3. 3년 4. 4년 5. 5년 6. 기타 ( )년 7. 단기계약 (1년미만) 8. 없음	입찰방식: 낙찰자선정방법 1. 적격심사 2. 협상에의한계약 3. 최저가낙찰제 4. 규격가격분리 5. 2단계 경쟁입찰 6. 기타 ( ) 7. 없음	운영예산 산정: 운영예산 산정 1. 내부산정 (지자체 자체적으로 산정) 2. 외부산정 (외부전문기관위탁 산정) 3. 내·외부 모두 산정 4. 산정 無 5. 없음	운영예산 산정: 정산방법 1. 내부정산 (지자체 내부적으로 정산) 2. 외부정산 (외부전문기관위탁 정산) 3. 내·외부 모두 정산 4. 정산 無 5. 없음	성과평가 실시여부 1. 실시 2. 미실시 3. 향후 추진 4. 해당없음
5558	충남 예산군	예담사진전지원	4,000	3	4	7	7	7	1	1	1
5559	충남 예산군	유림지도자연수회	4,000	3	1	7	8	7	1	1	3
5560	충남 예산군	축산물소비촉진캠페인	3,600	3	4	7	8	7	1	1	4
5561	충남 예산군	사랑나눔프린지콘서트지원	3,500	3	4	7	7	7	1	1	1
5562	충남 예산군	한국미술협회예산지부전지원	3,200	3	4	7	7	7	1	1	1
5563	충남 예산군	우리동네콘서트지원	3,200	3	4	7	7	7	1	1	1
5564	충남 예산군	대백제부흥군위령제지원	3,000	3	4	7	8	7	5	1	1
5565	충남 예산군	예산예술인의밤지원	3,000	3	4	7	7	7	1	1	1
5566	충남 예산군	예산국악한마당지원	3,000	3	4	7	7	7	1	1	1
5567	충남 예산군	충남서각예술대제전개최지원	3,000	3	4	7	7	7	1	1	1
5568	충남 예산군	청소년동학역사강좌	2,500	3	1	7	8	7	1	1	3
5569	충남 예산군	도산서원제향지원	2,500	3	1	7	8	7	1	1	3
5570	충남 예산군	소외계층을위한문화활동	2,160	3	4	7	7	7	1	1	1
5571	충남 예산군	찾아가는공연문화산돌림콘서트지원	2,000	3	4	7	7	7	1	1	1
5572	충남 예산군	행복나눔콘서트지원	2,000	3	4	7	7	7	1	1	1
5573	충남 예산군	함께하는음악회지원	2,000	3	4	7	7	7	1	1	1
5574	충남 예산군	추사체연구및발표회	1,800	3	4	7	7	7	1	1	1
5575	충남 예산군	찾아가는규방교실및규방공예전시	1,700	3	4	7	7	7	1	1	1
5576	경상북도	광역단위예술행사지원	910,000	3	4	7	8	7	1	1	1
5577	경상북도	한국후계농업경영인전국대회	500,000	3	4	7	8	7	1	1	1
5578	경상북도	농촌지도자전국대회지원	500,000	3	6	7	8	7	5	5	4
5579	경상북도	수산업경영인도대회	200,000	3	1	7	8	7	1	1	1
5580	경상북도	4차산업혁명국제포럼개최	150,000	3	6	7	8	7	1	1	2
5581	경상북도	경상북도마을기업가치경제상생장터개최	150,000	3	4	7	8	7	5	5	4
5582	경상북도	대구경북그랜드포럼개최	125,000	3	6	7	8	7	5	5	4
5583	경상북도	경북사과홍보행사	120,000	3	4	7	8	7	1	1	1
5584	경상북도	노사상생협력우수기업벤치마킹	110,000	3	4	6	1	6	1	1	1
5585	경상북도	안전골든벨어린이퀴즈쇼개최	100,000	3	7	7	8	7	5	5	4
5586	경상북도	경북이통장한마음대회	90,000	3	1	7	8	7	1	1	1
5587	경상북도	사회적경제대회개최	80,000	3	4	6	1	6	1	1	1
5588	경상북도	교통단체교통안전문화정착및캠페인	70,000	3	6	7	8	6	3	1	2
5589	경상북도	대한민국불교문화엑스포개최지원	70,000	3	2	7	8	7	1	1	1
5590	경상북도	도민의날행사	70,000	3	1	7	8	7	1	1	1
5591	경상북도	대구경북신공항지역경제발전전략토론회	70,000	3	4	7	8	7	5	5	4
5592	경상북도	생활개선회도대회(신규)	70,000	3	4	7	8	7	5	5	4
5593	경상북도	글로벌청소년문화체험캠프	65,000	3	4	6	8	7	1	1	4
5594	경상북도	다둥이가족대잔치	60,000	3	6	7	8	7	5	5	4
5595	경상북도	제27회산업평화대상제운영	60,000	3	4	6	1	6	1	1	1
5596	경상북도	대구경북중소벤처기업대축전	60,000	3	7	6	6	6	1	1	1
5597	경상북도	전준한사회적경제대상	60,000	3	4	6	1	6	1	1	1

순번	시군구	지출명 (사업명)	2024년예산 (단위 : 천원 /1년간)	민간이전 분류 (지방자치단체 세출예산 집행기준에 의거) 1. 민간경상사업보조(307-02) 2. 민간단체 법정운영비보조(307-03) 3. 민간행사사업보조(307-04) 4. 민간위탁금(307-05) 5. 사회복지시설 법정운영비보조(307-10) 6. 민간인위탁교육비(307-12) 7. 공기관등에대한경상적위탁사업비(308-13) 8. 민간자본사업보조,자체재원(402-01) 9. 민간자본사업보조,이전재원(402-02) 10. 민간위탁사업비(402-03) 11. 공기관등에 대한 자본적 위탁사업비(403-02)	민간이전지출 근거 (지방보조금 관리기준 참고) 1. 법률에 규정 2. 국고보조 재원(국가지정) 3. 용도 지정 기부금 4. 조례에 직접규정 5. 지자체가 권장하는 사업을 하는 공공기관 6. 시,도 정책 및 재정사정 7. 기타 8. 해당없음	입찰방식 계약체결방법 (경쟁형태) 1. 일반경쟁 2. 제한경쟁 3. 지명경쟁 4. 수의계약 5. 법정위탁 6. 기타 ( ) 7. 없음	입찰방식 계약기간 1. 1년 2. 2년 3. 3년 4. 4년 5. 5년 6. 기타 ( )년 7. 단기계약 (1년미만) 8. 없음	입찰방식 낙찰자선정방법 1. 적격심사 2. 협상에의한계약 3. 최저가낙찰제 4. 규격가격분리 5. 2단계 경쟁입찰 6. 기타 ( ) 7. 없음	운영예산 산정 운영예산 산정 1. 내부산정 (지자체 자체적으로 산정) 2. 외부산정 (외부전문기관위탁 산정) 3. 내·외부 모두 산정 4. 산정 無 5. 없음	운영예산 산정 정산방법 1. 내부정산 (지자체 내부적으로 정산) 2. 외부정산 (외부전문기관위탁 정산) 3. 내·외부 모두 산정 4. 정산 無 5. 없음	성과평가 실시여부 1. 실시 2. 미실시 3. 향후 추진 4. 해당없음
5598	경상북도	경상북도새마을지도자대회	60,000	3	4	7	8	7	5	5	4
5599	경상북도	어울누리문화한마당지원	53,900	3	4	7	8	7	1	1	1
5600	경상북도	젊은경북청춘동아리활동지원	50,000	3	6	7	8	7	5	5	4
5601	경상북도	경북과총지역발전포럼및과학특강사업지원	50,000	3	6	7	8	7	1	1	1
5602	경상북도	국제부품소재산업전개최지원	50,000	3	7	7	8	7	1	1	1
5603	경상북도	꽃박람회참가및꽃소비촉진활동지원	50,000	3	4	7	8	7	5	1	1
5604	경상북도	축산단체연합회행사지원	50,000	3	6	7	8	7	5	5	4
5605	경상북도	독도국제포럼지원	50,000	3	1	6	1	7	1	1	3
5606	경상북도	영남장애인한마음스포츠제전개최지원	45,000	3	4	7	8	7	1	1	1
5607	경상북도	대구경북이업종융합대전개최지원	42,000	3	4	6	1	6	1	1	1
5608	경상북도	어린이안전인형극및안전퀴즈교육	40,000	3	7	7	8	7	5	5	4
5609	경상북도	출산장려콘텐츠공모전	40,000	3	6	7	8	7	5	5	4
5610	경상북도	근로자의날행사개최	40,000	3	4	6	1	6	1	1	1
5611	경상북도	경상북도소상공인대회개최지원	40,000	3	4	7	1	7	1	1	1
5612	경상북도	경상북도공예품대전개최	40,000	3	4	7	8	7	1	1	1
5613	경상북도	경상북도산업디자인전람회개최	40,000	3	4	7	8	7	1	1	1
5614	경상북도	보훈단체행사	40,000	3	1	7	8	7	1	1	1
5615	경상북도	출향도민고향사랑한마음대회	40,000	3	4	7	8	7	1	1	1
5616	경상북도	정보화농업인전진대회	40,000	3	1,4	3	8	7	1	1	1
5617	경상북도	광역단위전통문화행사지원	39,900	3	4	7	8	7	1	1	1
5618	경상북도	전국농아인체육대회참가지원	39,000	3	4	7	8	7	1	1	1
5619	경상북도	4H교육행사등(신규)	38,500	3	4	7	8	7	1	1	1
5620	경상북도	으뜸농산물한마당	38,000	3	4	7	8	7	5	5	4
5621	경상북도	농업인의날행사지원등	38,000	3	4	7	8	7	1	1	1
5622	경상북도	대한민국공예문화박람회지원	35,000	3	4	7	8	7	1	1	1
5623	경상북도	미용경진대회	35,000	3	4	7	8	7	1	1	1
5624	경상북도	새마을문고글그림문화경진대회	35,000	3	4	7	8	7	1	1	1
5625	경상북도	바르게살기운동중앙대회참가및도대회개최	35,000	3	1	7	8	7	5	5	4
5626	경상북도	국내외학술대회및세미나개최	32,000	3	1	6	1	6	5	5	4
5627	경상북도	경상북도공예문화산업시장판로개척지원	30,250	3	4	7	8	7	1	1	3
5628	경상북도	숙련기술인현장순회작품전시및기술나눔지원	30,000	3	4	6	1	6	1	1	1
5629	경상북도	영호남문화원연합회문화교류	30,000	3	4	7	8	7	1	1	1
5630	경상북도	관광의날기념행사	30,000	3	4	7	8	7	1	1	1
5631	경상북도	경북농업발전포럼운영지원	30,000	3	7	7	8	7	1	1	1
5632	경상북도	산림부문탄소중립선도지원(나무심기)	30,000	3	1	7	8	7	1	1	1
5633	경상북도	경상북도우리그릇공모전	28,000	3	4	7	8	7	1	1	1
5634	경상북도	시장상인역량강화(선진시장견학)	27,000	3	4	7	7	7	1	1	1
5635	경상북도	경상북도민간인희생자합동위령제	27,000	3	8	7	8	7	1	1	1
5636	경상북도	바르게살기운동국민화합전진대회	25,000	3	1	7	8	7	5	5	4
5637	경상북도	정보화마을지도자대회및관리자역량강화	24,000	3	4	7	8	7	1	1	1

순번	시군구	지출명 (사업명)	2024년예산 (단위 : 천원 /1년간)	민간이전 분류 (지방자치단체 세출예산 집행기준에 의거) 1. 민간경상사업보조(307-02) 2. 민간단체 법정운영비보조(307-03) 3. 민간행사사업보조(307-04) 4. 민간위탁금(307-05) 5. 사회복지시설 법정운영비보조(307-10) 6. 민간인위탁교육비(307-12) 7. 공기관등에대한경상적위탁사업비(308-13) 8. 민간자본사업보조,자체재원(402-01) 9. 민간자본사업보조,이전재원(402-02) 10. 민간위탁사업비(402-03) 11. 공기관등에 대한 자본적 위탁사업비(403-02)	민간이전지출 근거 (지방보조금 관리기준 참고) 1. 법률에 규정 2. 국고보조 재원(국가지정) 3. 용도 지정 기부금 4. 조례에 직접규정 5. 지자체가 권장하는 사업을 하는 공공기관 6. 시,도 정책 및 재정사정 7. 기타 8. 해당없음	입찰방식 계약체결방법 (경쟁형태) 1. 일반경쟁 2. 제한경쟁 3. 지명경쟁 4. 수의계약 5. 법정위탁 6. 기타 ( ) 7. 없음	입찰방식 계약기간 1. 1년 2. 2년 3. 3년 4. 4년 5. 5년 6. 기타 ( )년 7. 단기계약 (1년미만) 8. 없음	입찰방식 낙찰자선정방법 1. 적격심사 2. 협상에의한계약 3. 최저가낙찰제 4. 규격가격분리 5. 2단계 경쟁입찰 6. 기타 ( ) 7. 없음	운영예산 산정 운영예산 산정 1. 내부산정 (지자체 자체적으로 산정) 2. 외부산정 (외부전문기관위탁 산정) 3. 내·외부 모두 산정 4. 산정 無 5. 없음	운영예산 산정 정산방법 1. 내부정산 (지자체 내부적으로 정산) 2. 외부정산 (외부전문기관위탁 정산) 3. 내·외부 모두 산정 4. 정산 無 5. 없음	성과평가 실시여부 1. 실시 2. 미실시 3. 향후 추진 4. 해당없음
5638	경상북도	시장상인역량강화(상인워크숍)	23,000	3	4	7	7	7	1	1	1
5639	경상북도	농업인단체교류행사및워크숍지원	23,000	3	4	7	8	7	1	1	1
5640	경상북도	전국농민회도연맹도대회	21,000	3	4	7	8	7	1	1	1
5641	경상북도	한국여성농업인도연합회도대회	21,000	3	4	7	8	7	1	1	1
5642	경상북도	이용경진대회	21,000	3	4	7	8	7	1	1	1
5643	경상북도	재난안전네트워크구조구급경진대회등	20,000	3	7	7	8	7	5	5	4
5644	경상북도	정보화마을영호남교류대회	20,000	3	4	7	8	7	1	1	1
5645	경상북도	제29회환경의날기념행사	20,000	3	6	7	8	7	5	5	4
5646	경상북도	새마을여인봉사대상시상	20,000	3	4	7	8	7	5	5	4
5647	경상북도	새마을의날기념행사개최	20,000	3	4	7	8	7	5	5	4
5648	경상북도	한마음다짐대회	20,000	3	1	7	8	7	1	1	1
5649	경상북도	전국지체장애인체육대회참가지원	19,000	3	4	7	8	7	1	1	1
5650	경상북도	경북여성경제인대회개최지원	18,000	3	1	6	8	7	1	1	1
5651	경상북도	호미곶돌문어수산물축제지원	18,000	3	7	7	8	7	1	1	1
5652	경상북도	제12회경상북도클린경영대상운영	17,000	3	4	6	1	6	1	1	1
5653	경상북도	경상북도소비자의날주간행사	15,000	3	1	1	1	6	1	1	1
5654	경상북도	새마을힐링콘서트	15,000	3	4	7	8	7	5	5	4
5655	경상북도	경북도민통일촉진대회	15,000	3	1	7	8	7	5	5	4
5656	경상북도	경북도자기문화축전개최	14,000	3	4	7	8	7	1	1	1
5657	경상북도	여성농업인의날기념행사	14,000	3	4	7	8	7	1	1	1
5658	경상북도	전국여성농민회도연합회도대회	14,000	3	4	7	8	7	1	1	1
5659	경상북도	수의사대회행사지원	14,000	3	7	7	8	7	5	5	4
5660	경상북도	세계물의날기념행사	14,000	3	6	7	8	7	5	5	4
5661	경상북도	제12회경북숲해설경연대회	14,000	3	6	7	8	7	5	5	4
5662	경상북도	서울국제초청장애인파크골프대회참가지원	13,000	3	4	7	8	7	1	1	1
5663	경상북도	뷰티테라피경진대회	13,000	3	4	7	8	7	1	1	1
5664	경상북도	제12회경북어린이숲사랑올림피아드	12,600	3	6	7	8	7	5	5	4
5665	경상북도	제46주년자연보호헌장선포기념식	12,000	3	6	7	8	7	1	1	1
5666	경상북도	대구경북노사한마음갖기대회	10,000	3	4	6	1	6	1	1	1
5667	경상북도	우수시장박람회지원	10,000	3	4	7	7	7	1	1	1
5668	경상북도	영호남관광교류전	10,000	3	7	7	8	7	5	5	1
5669	경상북도	한국새농민경북도회한마음전진대회	10,000	3	4	7	8	7	1	1	1
5670	경상북도	쌀전업농전국대회지원	10,000	3	4	7	8	7	1	1	1
5671	경상북도	국민독서경진대회	10,000	3	4	7	8	7	5	5	4
5672	경상북도	자율방범대실무자워크숍	10,000	3	1	7	8	7	1	1	1
5673	경상북도	지역농산물생산자소비자소통행사	8,000	3	4	7	8	7	1	1	1
5674	경상북도	우리쌀소비촉진행사	8,000	3	4	7	8	7	1	1	1
5675	경상북도	전국새마을지도자대회참가	7,500	3	4	7	8	7	5	5	4
5676	경상북도	농업경영인연찬교육	7,000	3	4	7	8	7	1	1	1
5677	경상북도	여성농업인단체워크숍지원	7,000	3	4	7	8	7	1	1	1

순번	시군구	지출명 (사업명)	2024년예산 (단위 : 천원 /1년간)	민간이전 분류 (지방자치단체 세출예산 집행기준에 의거) 1. 민간경상사업보조(307-02) 2. 민간단체 법정운영비보조(307-03) 3. 민간행사사업보조(307-04) 4. 민간위탁금(307-05) 5. 사회복지시설 법정운영비보조(307-10) 6. 민간인위탁교육비(307-12) 7. 공기관등에대한경상적위탁사업비(308-13) 8. 민간자본사업보조,자체재원(402-01) 9. 민간자본사업보조,이전재원(402-02) 10. 민간위탁사업비(402-03) 11. 공기관등에 대한 자본적 위탁사업비(403-02)	민간이전지출 근거 (지방보조금 관리기준 참고) 1. 법률에 규정 2. 국고보조 재원(국가지정) 3. 용도 지정 기부금 4. 조례에 직접규정 5. 지자체가 권장하는 사업을 하는 공공기관 6. 시,도 정책 및 재정사정 7. 기타 8. 해당없음	입찰방식 계약체결방법 (경쟁형태) 1. 일반경쟁 2. 제한경쟁 3. 지명경쟁 4. 수의계약 5. 법정위탁 6. 기타 ( ) 7. 없음	입찰방식 계약기간 1. 1년 2. 2년 3. 3년 4. 4년 5. 5년 6. 기타 ( )년 7. 단기계약 (1년미만) 8. 없음	입찰방식 낙찰자선정방법 1. 적격심사 2. 협상에의한계약 3. 최저가낙찰제 4. 규격가격분리 5. 2단계 경쟁입찰 6. 기타 ( ) 7. 없음	운영예산 산정 운영예산 산정 1. 내부산정 (지자체 자체적으로 산정) 2. 외부산정 (외부전문기관위탁 산정) 3. 내·외부 모두 산정 4. 산정 無 5. 없음	운영예산 산정 정산방법 1. 내부정산 (지자체 내부적으로 정산) 2. 외부정산 (외부전문기관위탁 정산) 3. 내·외부 모두 산정 4. 정산 無 5. 없음	성과평가 실시여부 1. 실시 2. 미실시 3. 향후 추진 4. 해당없음
5678	경상북도	바르게살기운동경북여성회워크숍	7,000	3	1	7	8	7	5	5	4
5679	경상북도	여성농민가을걷이한마당행사	6,000	3	4	7	8	7	1	1	1
5680	경상북도	바르게살기운동녹색생활실천캠페인및워크숍	5,000	3	1	7	8	7	5	5	4
5681	경상북도	바르게살기운동경북청년회워크숍	5,000	3	1	7	8	7	5	5	4
5682	경상북도	범죄예방및행복만들기결의대회	5,000	3	1	7	8	7	1	1	1
5683	경상북도	환경관리실태평가보고회	4,900	3	4	6	6	6	1	1	1
5684	경북 포항시	포항칠포재즈페스티벌	530,000	3	6	7	8	7	5	5	4
5685	경북 포항시	월포락페스티벌	180,000	3	6	7	8	7	5	5	4
5686	경북 포항시	포항캠핑페스타개최지원	180,000	3	7	7	8	7	1	1	1
5687	경북 포항시	철강산업대전지원	180,000	3	6	7	1	7	5	1	4
5688	경북 포항시	포항송도비치레트로페스티벌	170,000	3	7	7	8	7	1	1	1
5689	경북 포항시	지역기능성광물신산업생태계조성사업	169,500	3	6	7	8	7	5	5	4
5690	경북 포항시	가속기기반신약개발국제심포지엄	150,000	3	6	7	8	7	5	5	4
5691	경북 포항시	드론낚시대회개최	108,000	3	4	7	8	7	5	1	4
5692	경북 포항시	포항운하축제	100,000	3	7	7	8	7	1	1	1
5693	경북 포항시	아동문화축제	100,000	3	7	6	6	6	1	1	1
5694	경북 포항시	미래형바이오헬스산업육성포럼	98,000	3	6	7	8	7	5	5	4
5695	경북 포항시	부조장터문화축제	90,000	3	6	7	8	7	5	5	4
5696	경북 포항시	포항문화포럼	85,000	3	6	7	8	7	5	5	4
5697	경북 포항시	포항비보이대회	75,500	3	4	7	8	7	5	1	4
5698	경북 포항시	포은서예국제대전교류전	69,300	3	6	7	8	7	5	5	4
5699	경북 포항시	호미문학대전	63,000	3	6	7	8	7	5	5	4
5700	경북 포항시	힐링콘서트	63,000	3	6	7	8	7	5	5	4
5701	경북 포항시	포항바다국제연극제	60,300	3	6	7	8	7	5	5	4
5702	경북 포항시	시민화합합창페스티벌	55,000	3	6	7	8	7	5	5	4
5703	경북 포항시	포항해변전국가요제	54,000	3	6	7	8	7	5	5	4
5704	경북 포항시	독도사랑,포항전하명인국악대제전	54,000	3	6	7	8	7	5	5	4
5705	경북 포항시	틴틴스타페스티벌	54,000	3	6	7	8	7	5	5	4
5706	경북 포항시	세대공감바다음악제	53,000	3	6	7	8	7	5	5	4
5707	경북 포항시	시민소통문화제	48,600	3	4	7	8	7	5	5	4
5708	경북 포항시	어울림한마당잔치	48,600	3	4	7	8	7	5	5	4
5709	경북 포항시	송도육해공축제지원	48,000	3	4	7	8	7	5	5	4
5710	경북 포항시	과메기홍보및체험행사	46,000	3	1	7	8	7	5	5	4
5711	경북 포항시	KoreaR/CMasters(포항드론페스티벌)	45,000	3	4	7	8	7	5	1	4
5712	경북 포항시	내연산진경산수사생대회및문화축제	45,000	3	6	7	8	7	5	5	4
5713	경북 포항시	색소폰문화예술축제	45,000	3	6	7	8	7	5	5	4
5714	경북 포항시	독도아리랑정기공연	45,000	3	6	7	8	7	5	5	4
5715	경북 포항시	연오랑세오녀테마파크국악상설공연	45,000	3	6	7	8	7	5	5	4
5716	경북 포항시	전국연날리기대회	45,000	3	7	7	8	7	1	1	1
5717	경북 포항시	어린이날기념큰잔치	40,000	3	1	6	6	6	1	1	1

순번	시군구	지출명 (사업명)	2024년예산 (단위 : 천원 /1년간)	민간이전 분류 (지방자치단체 세출예산 집행기준에 의거) 1. 민간경상사업보조(307-02) 2. 민간단체 법정운영비보조(307-03) 3. 민간행사사업보조(307-04) 4. 민간위탁금(307-05) 5. 사회복지시설 법정운영비보조(307-10) 6. 민간인위탁교육비(307-12) 7. 공기관등에대한경상적위탁사업비(308-13) 8. 민간자본사업보조,자체재원(402-01) 9. 민간자본사업보조,이전재원(402-02) 10. 민간위탁사업비(402-03) 11. 공기관등에 대한 자본적 위탁사업비(403-02)	민간이전지출 근거 (지방보조금 관리기준 참고) 1. 법률에 규정 2. 국고보조 재원(국가지정) 3. 용도 지정 기부금 4. 조례에 직접규정 5. 지자체가 권장하는 사업을 하는 공공기관 6. 시,도 정책 및 재정사정 7. 기타 8. 해당없음	입찰방식 계약체결방법 (경쟁형태) 1. 일반경쟁 2. 제한경쟁 3. 지명경쟁 4. 수의계약 5. 법정위탁 6. 기타 ( ) 7. 없음	입찰방식 계약기간 1. 1년 2. 2년 3. 3년 4. 4년 5. 5년 6. 기타 ( )년 7. 단기계약 (1년미만) 8. 없음	입찰방식 낙찰자선정방법 1. 적격심사 2. 협상에의한계약 3. 최저가낙찰제 4. 규격가격분리 5. 2단계 경쟁입찰 6. 기타 ( ) 7. 없음	운영예산 산정 운영예산 산정 1. 내부산정 (지자체 자체적으로 산정) 2. 외부산정 (외부전문기관위탁 산정) 3. 내·외부 모두 산정 4. 산정 無 5. 없음	운영예산 산정 정산방법 1. 내부정산 (지자체 내부적으로 정산) 2. 외부정산 (외부전문기관위탁 정산) 3. 내·외부 모두 산정 4. 정산 無 5. 없음	성과평가 실시여부 1. 실시 2. 미실시 3. 향후 추진 4. 해당없음
5718	경북 포항시	아심만만식도락축제지원	40,000	3	4	7	8	7	5	5	4
5719	경북 포항시	포항영화음악제	39,600	3	6	7	8	7	5	5	4
5720	경북 포항시	마당극으로들려주는지역의향토역사	39,600	3	6	7	8	7	5	5	4
5721	경북 포항시	흥해9경문화축제	36,000	3	6	7	8	7	5	5	4
5722	경북 포항시	선사다례재현행사	36,000	3	6	7	8	7	5	5	4
5723	경북 포항시	전국직장인뮤직페스티벌	36,000	3	6	7	8	7	5	5	4
5724	경북 포항시	포항국제아트페어	36,000	3	6	7	8	7	5	5	4
5725	경북 포항시	제28회단오절민속축제	35,000	3	6	7	8	7	5	5	4
5726	경북 포항시	시민문화예술행사	35,000	3	6	7	8	7	5	5	4
5727	경북 포항시	이주민행복콘서트	34,830	3	6	7	8	7	5	5	4
5728	경북 포항시	동해안별신굿공개행사	33,600	3	6	7	8	7	5	5	4
5729	경북 포항시	어촌전통문화계승	32,800	3	1	7	8	7	3	3	4
5730	경북 포항시	행복나눔합창제	32,400	3	6	7	8	7	5	5	4
5731	경북 포항시	문화경쟁력제고를위한문화도시포항발전포럼	32,000	3	6	7	8	7	5	5	4
5732	경북 포항시	구룡포과메기축제	32,000	3	1	7	8	7	5	5	4
5733	경북 포항시	연오랑세오녀축제	31,600	3	6	7	8	7	5	5	4
5734	경북 포항시	포항해오름전국국악경연대회	31,500	3	6	7	8	7	5	5	4
5735	경북 포항시	포항하하하	30,600	3	6	7	8	7	5	5	4
5736	경북 포항시	포항시인구정책시민포럼	30,000	3	7	7	8	7	1	1	2
5737	경북 포항시	경북의아름다운바다&등대사진공모전	28,800	3	6	7	8	7	5	5	4
5738	경북 포항시	향토전래음식전승지원	27,600	3	6	7	8	7	5	5	4
5739	경북 포항시	시민한마음행사	27,000	3	4	7	8	7	5	5	4
5740	경북 포항시	포항예술인한마당	27,000	3	6	7	8	7	5	5	4
5741	경북 포항시	전국영일만해파랑길일출사진공모전	27,000	3	6	7	8	7	5	5	4
5742	경북 포항시	포항불빛미술대전	27,000	3	6	7	8	7	5	5	4
5743	경북 포항시	메탈락경연대회	25,000	3	6	7	8	7	5	5	4
5744	경북 포항시	포항관광사진전국공모전	25,000	3	7	7	8	7	1	1	1
5745	경북 포항시	청포도문화축제	24,300	3	6	7	8	7	5	5	4
5746	경북 포항시	포항수산물축제	24,000	3	1	7	8	7	5	5	4
5747	경북 포항시	2024포항시민가을단풍음악제	23,700	3	4	7	8	7	5	5	4
5748	경북 포항시	전국아마추어색소폰페스티벌	23,400	3	6	7	8	7	5	5	4
5749	경북 포항시	포은문화축제	23,000	3	6	7	8	7	5	5	4
5750	경북 포항시	시와함께하는포항인문학콘서트	20,700	3	6	7	8	7	5	5	4
5751	경북 포항시	송도해변축제	20,000	3	6	7	8	7	5	5	4
5752	경북 포항시	영일만검은돌장어축제	20,000	3	1	7	8	7	5	5	4
5753	경북 포항시	포항시민소방안전경진대회	20,000	3	4	7	8	7	1	1	1
5754	경북 포항시	자율방범연합회기초질서선진화다짐및한마음대회	20,000	3	4	7	8	7	1	1	1
5755	경북 포항시	2024안전골든벨어린이퀴즈쇼	19,000	3	4	7	8	7	1	1	1
5756	경북 포항시	전국시조경창대회	18,000	3	6	7	8	7	5	5	4
5757	경북 포항시	북한이탈주민을위한정기연주회	18,000	3	6	7	8	7	5	5	4

순번	시군구	지출명 (사업명)	2024년예산 (단위 : 천원 /1년간)	민간이전 분류 (지방자치단체 세출예산 집행기준에 의거) 1. 민간경상사업보조(307-02) 2. 민간단체 법정운영비보조(307-03) 3. 민간행사사업보조(307-04) 4. 민간위탁금(307-05) 5. 사회복지시설 법정운영비보조(307-10) 6. 민간인위탁교육비(307-12) 7. 공기관등에대한경상적위탁사업비(308-13) 8. 민간자본사업보조,자체재원(402-01) 9. 민간자본사업보조,이전재원(402-02) 10. 민간위탁사업비(402-03) 11. 공기관등에 대한 자본적 위탁사업비(403-02)	민간이전지출 근거 (지방보조금 관리기준 참고) 1. 법률에 규정 2. 국고보조 재원(국가지정) 3. 용도 지정 기부금 4. 조례에 직접규정 5. 지자체가 권장하는 사업을 하는 공공기관 6. 시,도 정책 및 재정사정 7. 기타 8. 해당없음	입찰방식 계약체결방법 (경쟁형태) 1. 일반경쟁 2. 제한경쟁 3. 지명경쟁 4. 수의계약 5. 법정위탁 6. 기타 ( ) 7. 없음	입찰방식 계약기간 1. 1년 2. 2년 3. 3년 4. 4년 5. 5년 6. 기타 ( )년 7. 단기계약 (1년미만) 8. 없음	입찰방식 낙찰자선정방법 1. 적격심사 2. 협상에의한계약 3. 최저가낙찰제 4. 규격가격분리 5. 2단계 경쟁입찰 6. 기타 ( ) 7. 없음	운영예산 산정 운영예산 산정 1. 내부산정 (지자체 자체적으로 산정) 2. 외부산정 (외부전문기관위탁 산정) 3. 내·외부 모두 산정 4. 산정 無 5. 없음	운영예산 산정 정산방법 1. 내부정산 (지자체 내부적으로 정산) 2. 외부정산 (외부전문기관위탁 정산) 3. 내·외부 모두 산정 4. 정산 無 5. 없음	성과평가 실시여부 1. 실시 2. 미실시 3. 향후 추진 4. 해당없음
5758	경북 포항시	포항시서예대전	18,000	3	6	7	8	7	5	5	4
5759	경북 포항시	새마을문화제지원	18,000	3	1	5	8	7	1	1	1
5760	경북 포항시	세대공감창조문화콘서트	18,000	3	4	7	8	7	5	1	4
5761	경북 포항시	형산강달집태우기민속축제	17,800	3	6	7	8	7	5	5	4
5762	경북 포항시	대한민국환동해서예대전	16,200	3	6	7	8	7	5	5	4
5763	경북 포항시	임산물홍보축제지원	16,100	3	4	7	8	7	5	5	4
5764	경북 포항시	북한이탈주민한마음행사	15,200	3	4	7	8	7	5	5	4
5765	경북 포항시	호미곶돌문어축제	14,500	3	1	7	8	7	5	5	4
5766	경북 포항시	효곡윷놀이한마당축제	14,000	3	6	7	8	7	5	5	4
5767	경북 포항시	2024년포항시민단체임원/회원워크숍개최	12,000	3	1	7	8	7	5	5	4
5768	경북 포항시	포항시민을위한합창연주회	11,700	3	6	7	8	7	5	5	4
5769	경북 포항시	청하면전통민속놀이맥잇기	11,400	3	6	7	8	7	5	5	4
5770	경북 포항시	포항국제불빛축제사진전	11,340	3	6	7	8	7	5	5	4
5771	경북 포항시	용사랑음악회	10,800	3	6	7	8	7	5	5	4
5772	경북 포항시	비치아트페스티벌	10,080	3	6	7	8	7	5	5	4
5773	경북 포항시	명절전통문화체험	10,000	3	6	7	8	7	5	5	4
5774	경북 포항시	구룡포말목장성달빛산행축제	10,000	3	6	7	8	7	5	5	4
5775	경북 포항시	이팝꽃축제및효대잔치	10,000	3	6	7	8	7	5	5	4
5776	경북 포항시	찾아가는마실(뜨락)음악회	10,000	3	6	7	8	7	5	5	4
5777	경북 포항시	제철동스틸한마당문화축제	9,000	3	6	7	8	7	5	5	4
5778	경북 포항시	청하장터만세운동재현문화행사	8,500	3	4	7	8	7	5	5	4
5779	경북 포항시	포항청소년음악회	8,000	3	6	7	8	7	5	5	4
5780	경북 포항시	시월의마지막밤축제	7,650	3	6	7	8	7	5	5	4
5781	경북 포항시	제16회유강정월대보름달집태우기	7,000	3	6	7	8	7	5	5	4
5782	경북 포항시	기계서숲팝업놀이터옆돗자리영화제	7,000	3	6	7	8	7	5	5	4
5783	경북 포항시	형산강유등축제	7,000	3	4	7	8	7	5	5	4
5784	경북 포항시	포항합창제	7,000	3	6	7	8	7	5	5	4
5785	경북 포항시	동해면정월대보름달집태우기	6,600	3	6	7	8	7	5	5	4
5786	경북 포항시	제철동정월대보름민속축제	6,200	3	6	7	8	7	5	5	4
5787	경북 포항시	청림동정월대보름달집태우기	6,200	3	6	7	8	7	5	5	4
5788	경북 포항시	일월신제봉행	6,000	3	6	7	8	7	5	5	4
5789	경북 포항시	제3회경상북도풍물경연대회	6,000	3	6	7	8	7	5	5	4
5790	경북 포항시	기계면정월대보름달집태우기	5,800	3	6	7	8	7	5	5	4
5791	경북 포항시	제8회기계고인돌문화축제	5,000	3	6	7	8	7	5	5	4
5792	경북 포항시	이화문화축제	5,000	3	6	7	8	7	5	5	4
5793	경북 포항시	포항청소년연극제	5,000	3	4	7	8	7	5	5	4
5794	경북 포항시	수석연합회회원전	5,000	3	6	7	8	7	5	5	4
5795	경북 포항시	포항시민민속장기대회	4,500	3	6	7	8	7	5	5	4
5796	경북 포항시	감사한마당순회공연	4,500	3	6	7	8	7	5	5	4
5797	경북 포항시	독도사랑16일연주회	4,000	3	6	7	8	7	5	5	4

순번	시군구	지출명 (사업명)	2024년예산 (단위 : 천원 /1년간)	민간이전 분류 (지방자치단체 세출예산 집행기준에 의거) 1. 민간경상사업보조(307-02) 2. 민간단체 법정운영비보조(307-03) 3. 민간행사사업보조(307-04) 4. 민간위탁금(307-05) 5. 사회복지시설 법정운영비보조(307-10) 6. 민간인위탁교육비(307-12) 7. 공기관등에대한경상적위탁사업비(308-13) 8. 민간자본사업보조,자체재원(402-01) 9. 민간자본사업보조,이전재원(402-02) 10. 민간위탁사업비(402-03) 11. 공기관등에 대한 자본적 위탁사업비(403-02)	민간이전지출 근거 (지방보조금 관리기준 참고) 1. 법률에 규정 2. 국고보조 재원(국가지정) 3. 용도 지정 기부금 4. 조례에 직접규정 5. 지자체가 권장하는 사업을 하는 공공기관 6. 시,도 정책 및 재정사정 7. 기타 8. 해당없음	입찰방식: 계약체결방법 (경쟁형태) 1. 일반경쟁 2. 제한경쟁 3. 지명경쟁 4. 수의계약 5. 법정위탁 6. 기타 ( ) 7. 없음	입찰방식: 계약기간 1. 1년 2. 2년 3. 3년 4. 4년 5. 5년 6. 기타 ( )년 7. 단기계약 (1년미만) 8. 없음	입찰방식: 낙찰자선정방법 1. 적격심사 2. 협상에의한계약 3. 최저가낙찰제 4. 규격가격분리 5. 2단계 경쟁입찰 6. 기타 ( ) 7. 없음	운영예산 산정: 운영예산 산정 1. 내부산정 (지자체 자체적으로 산정) 2. 외부산정 (외부전문기관위탁 산정) 3. 내·외부 모두 산정 4. 산정 無 5. 없음	운영예산 산정: 정산방법 1. 내부정산 (지자체 내부적으로 정산) 2. 외부정산 (외부전문기관위탁 정산) 3. 내·외부 모두 산정 4. 정산 無 5. 없음	성과평가 실시여부 1. 실시 2. 미실시 3. 향후 추진 4. 해당없음
5798	경북 포항시	포항소년소녀합창단정기연주회	4,000	3	6	7	8	7	5	5	4
5799	경북 포항시	포항월드아트송페스티벌	4,000	3	6	7	8	7	5	5	4
5800	경북 포항시	신인음악회	3,500	3	6	7	8	7	5	5	4
5801	경북 포항시	생활음악동호인페스티벌	3,500	3	6	7	8	7	5	5	4
5802	경북 포항시	분재전시회	3,400	3	6	7	8	7	5	5	4
5803	경북 포항시	포항국제아트페스티벌	3,264	3	6	7	8	7	5	5	4
5804	경북 포항시	도음산음악회	3,150	3	6	7	8	7	5	5	4
5805	경북 포항시	월은가야금병창대향연	3,000	3	4	7	8	7	5	5	4
5806	경북 포항시	포항광양미술협회교류전시회	3,000	3	4	7	8	7	5	5	4
5807	경북 포항시	시민의날기념포항서예연합전	3,000	3	6	7	8	7	5	5	4
5808	경북 포항시	농어민을위한양포해상공원여름연주회	2,800	3	6	7	8	7	5	5	4
5809	경북 포항시	연일읍민화합부조장터실크로드문화탐방	2,600	3	1	7	8	7	5	5	4
5810	경북 포항시	구룡포아라축제	2,500	3	6	7	8	7	5	5	4
5811	경북 포항시	시민과관광객을위한힐링음악회	2,500	3	6	7	8	7	5	5	4
5812	경북 포항시	포항청년작가회정기전	2,500	3	6	7	8	7	5	5	4
5813	경북 포항시	포항시난연합전시회	2,500	3	6	7	8	7	5	5	4
5814	경북 포항시	운제산솔숲영화제	2,500	3	6	7	8	7	5	5	4
5815	경북 포항시	충효학생서예대전	2,400	3	6	7	8	7	5	5	4
5816	경북 포항시	포항클라리넷페스티벌정기연주회	2,100	3	6	7	8	7	5	5	4
5817	경북 포항시	삼월삼짇날지역화합한마당잔치	2,000	3	6	7	8	7	5	5	4
5818	경북 포항시	포항해변춤페스티벌	2,000	3	6	7	8	7	5	5	4
5819	경북 포항시	포항청소년합창제	2,000	3	6	7	8	7	5	5	4
5820	경북 포항시	포항남성합창단정기연주회	2,000	3	6	7	8	7	5	5	4
5821	경북 포항시	미래춤페스티벌	2,000	3	6	7	8	7	5	5	4
5822	경북 포항시	창작소리극형산강아리랑	2,000	3	6	7	8	7	5	5	4
5823	경북 포항시	야생화전시회	2,000	3	6	7	8	7	5	5	4
5824	경북 포항시	포항합창단정기연주회	1,500	3	6	7	8	7	5	5	4
5825	경북 포항시	포항여류서화작가전시회	1,500	3	6	7	8	7	5	5	4
5826	경북 포항시	가족과함께하는도자기체험	1,400	3	6	7	8	7	5	5	4
5827	경북 경주시	시민체육대회개최	1,000,000	3	4	7	8	7	1	1	1
5828	경북 경주시	경주국제마라톤대회개최	660,000	3	7	7	8	7	1	1	1
5829	경북 경주시	신라선덕여왕첨성대에행차하다	300,000	3	7	7	8	7	1	1	1
5830	경북 경주시	형산강연등문화축제	270,000	3	7	7	8	7	5	5	4
5831	경북 경주시	제31회경주벚꽃마라톤대회	240,000	3	6	7	8	7	1	1	4
5832	경북 경주시	신라소리축제에밀레전	225,000	3	7	7	8	7	5	5	4
5833	경북 경주시	전국중학야구선수권대회	225,000	3	7	7	8	7	1	1	1
5834	경북 경주시	신라왕들의축제	180,000	3	7	7	8	7	5	5	4
5835	경북 경주시	스토리텔링경주왕의길제작지원	180,000	3	6	7	8	7	1	1	1
5836	경북 경주시	화랑대기전국유소년축구대회	150,000	3	7	7	8	7	1	1	1
5837	경북 경주시	유소년축구춘계리그	130,000	3	7	7	8	7	5	5	4

순번	시군구	지출명 (사업명)	2024년예산 (단위 : 천원 /1년간)	민간이전 분류 (지방자치단체 세출예산 집행기준에 의거) 1. 민간경상사업보조(307-02) 2. 민간단체 법정운영비보조(307-03) 3. 민간행사사업보조(307-04) 4. 민간위탁금(307-05) 5. 사회복지시설 법정운영비보조(307-10) 6. 민간인위탁교육비(307-12) 7. 공기관등에대한경상적위탁사업비(308-13) 8. 민간자본사업보조,자체재원(402-01) 9. 민간자본사업보조,이전재원(402-02) 10. 민간위탁사업비(402-03) 11. 공기관등에 대한 자본적 위탁사업비(403-02)	민간이전지출 근거 (지방보조금 관리기준 참고) 1. 법률에 규정 2. 국고보조 재원(국가지정) 3. 용도 지정 기부금 4. 조례에 직접규정 5. 지자체가 권장하는 사업을 하는 공공기관 6. 시,도 정책 및 재정사정 7. 기타 8. 해당없음	입찰방식 계약체결방법 (경쟁형태) 1. 일반경쟁 2. 제한경쟁 3. 지명경쟁 4. 수의계약 5. 법정위탁 6. 기타 ( ) 7. 없음	입찰방식 계약기간 1. 1년 2. 2년 3. 3년 4. 4년 5. 5년 6. 기타 ( )년 7. 단기계약 (1년미만) 8. 없음	입찰방식 낙찰자선정방법 1. 적격심사 2. 협상에의한계약 3. 최저가낙찰제 4. 규격가격분리 5. 2단계 경쟁입찰 6. 기타 ( ) 7. 없음	운영예산 산정 운영예산 산정 1. 내부산정 (지자체 자체적으로 산정) 2. 외부산정 (외부전문기관위탁 산정) 3. 내·외부 모두 산정 4. 산정 無 5. 없음	운영예산 산정 정산방법 1. 내부정산 (지자체 내부적으로 정산) 2. 외부정산 (외부전문기관위탁 정산) 3. 내·외부 모두 산정 4. 정산 無 5. 없음	성과평가 실시여부 1. 실시 2. 미실시 3. 향후 추진 4. 해당없음
5838	경북 경주시	전국국악대제전개최지원	119,700	3	7	7	8	7	5	5	4
5839	경북 경주시	판소리명가장월중선명창대회	119,700	3	7	7	8	7	5	5	4
5840	경북 경주시	경주한우와농축수산물한마당축제	117,000	3	1	7	8	7	5	5	4
5841	경북 경주시	차세대원자로와경북의미래포럼	100,000	3	4	7	8	7	1	1	4
5842	경북 경주시	경북문화포럼개최지원	90,000	3	6	7	8	7	1	1	1
5843	경북 경주시	경주의재발견지원	88,260	3	6	7	8	7	1	1	1
5844	경북 경주시	경주도자기축제지원	81,900	3	1	4	1	7	1	1	1
5845	경북 경주시	경주어반스케치대회	81,000	3	7	7	8	7	5	5	4
5846	경북 경주시	신라미술대전	81,000	3	7	7	8	7	5	5	4
5847	경북 경주시	한국가곡제	81,000	3	7	7	8	7	5	5	4
5848	경북 경주시	경주동학문화제	80,370	3	7	7	8	7	5	5	4
5849	경북 경주시	창작오페라신라향가페스티벌	78,030	3	7	7	8	7	5	5	4
5850	경북 경주시	화랑대기전국태권도대회	76,500	3	7	7	8	7	1	1	1
5851	경북 경주시	선덕여왕배전국여자야구대회	72,000	3	7	7	8	7	1	1	1
5852	경북 경주시	경북장애인노래자랑지원	70,000	3	1	7	8	7	5	5	4
5853	경북 경주시	문무대왕릉신년해룡축제	64,000	3	7	7	8	7	5	5	4
5854	경북 경주시	만파식적제	63,000	3	7	7	8	7	5	5	4
5855	경북 경주시	경주EDM페스티벌	63,000	3	7	7	8	7	5	5	4
5856	경북 경주시	예총종합예술제	60,300	3	7	7	8	7	5	5	4
5857	경북 경주시	각종주요현안행사지원	60,000	3	4	7	8	7	5	5	4
5858	경북 경주시	맨발건강걷기대회	60,000	3	6	7	8	7	5	1	3
5859	경북 경주시	정귀문추모예술제	59,400	3	7	7	8	7	5	5	4
5860	경북 경주시	신라이야기속으로	55,440	3	7	7	8	7	5	5	4
5861	경북 경주시	뉴브랜드콘텐츠행사지원	54,000	3	6	7	8	7	5	5	4
5862	경북 경주시	시장기종목별체육대회지원	54,000	3	4	7	8	7	1	1	1
5863	경북 경주시	경주시장배전국공무원야구대회	54,000	3	7	7	8	7	1	1	1
5864	경북 경주시	전국초중고및아마추어골프대회	54,000	3	7	7	8	7	1	1	1
5865	경북 경주시	서라벌배전국초등학생골프대회	54,000	3	7	7	8	7	1	1	1
5866	경북 경주시	전국궁도대회	50,000	3	7	7	8	7	1	1	1
5867	경북 경주시	경주민화축제	45,000	3	7	7	8	7	5	5	4
5868	경북 경주시	전국초등축구페스티벌	45,000	3	7	7	8	7	1	1	1
5869	경북 경주시	제16회경주버섯축제	40,500	3	1	7	8	7	1	1	4
5870	경북 경주시	문무대왕해양심포지엄	40,000	3	4	7	8	7	5	5	4
5871	경북 경주시	해오름동맹합창페스티벌	40,000	3	7	7	8	7	5	5	4
5872	경북 경주시	전국단위체육대회유치및행사지원	40,000	3	7	7	8	7	5	5	4
5873	경북 경주시	종목별협회장기생활체육대회개최	40,000	3	4	7	8	7	1	1	1
5874	경북 경주시	신라문학대상공모전	36,000	3	7	7	8	7	5	5	4
5875	경북 경주시	경주화랑청년단편영화제	36,000	3	6	7	8	7	1	1	1
5876	경북 경주시	외국인근로자축구대회	31,000	3	4	7	8	7	5	5	4
5877	경북 경주시	금장대경북초등학생사생백일장대회	30,060	3	7	7	8	7	5	5	4

순번	시군구	지출명 (사업명)	2024년예산 (단위 : 천원 /1년간)	민간이전 분류 (지방자치단체 세출예산 집행기준에 의거) 1. 민간경상사업보조(307-02) 2. 민간단체 법정운영비보조(307-03) 3. 민간행사사업보조(307-04) 4. 민간위탁금(307-05) 5. 사회복지시설 법정운영비보조(307-10) 6. 민간인위탁교육비(307-12) 7. 공기관등에대한경상적위탁사업비(308-13) 8. 민간자본사업보조,자체재원(402-01) 9. 민간자본사업보조,이전재원(402-02) 10. 민간위탁사업비(402-03) 11. 공기관등에 대한 자본적 위탁사업비(403-02)	민간이전지출 근거 (지방보조금 관리기준 참고) 1. 법률에 규정 2. 국고보조 재원(국가지정) 3. 용도 지정 기부금 4. 조례에 직접규정 5. 지자체가 권장하는 사업을 하는 공공기관 6. 시,도 정책 및 재정사정 7. 기타 8. 해당없음	입찰방식 계약체결방법 (경쟁형태) 1. 일반경쟁 2. 제한경쟁 3. 지명경쟁 4. 수의계약 5. 법정위탁 6. 기타 ( ) 7. 없음	입찰방식 계약기간 1. 1년 2. 2년 3. 3년 4. 4년 5. 5년 6. 기타 ( )년 7. 단기계약 (1년미만) 8. 없음	입찰방식 낙찰자선정방법 1. 적격심사 2. 협상에의한계약 3. 최저가낙찰제 4. 규격가격분리 5. 2단계 경쟁입찰 6. 기타 ( ) 7. 없음	운영예산 산정 운영예산 산정 1. 내부산정 (지자체 자체적으로 산정) 2. 외부산정 (외부전문기관위탁 산정) 3. 내·외부 모두 산정 4. 산정 無 5. 없음	운영예산 산정 정산방법 1. 내부정산 (지자체 내부적으로 정산) 2. 외부정산 (외부전문기관위탁 정산) 3. 내·외부 모두 산정 4. 정산 無 5. 없음	성과평가 실시여부 1. 실시 2. 미실시 3. 향후 추진 4. 해당없음
5878	경북 경주시	전국학생민속무용대회	27,000	3	7	7	8	7	5	5	4
5879	경북 경주시	향가모죽지랑가발굴전승사업	27,000	3	7	7	8	7	5	5	4
5880	경북 경주시	전국실버국악경연대회	27,000	3	7	7	8	7	5	5	4
5881	경북 경주시	제19회동리목월문학제	27,000	3	6	7	8	7	5	5	4
5882	경북 경주시	화랑씨름대회개최	27,000	3	4	7	8	7	1	1	1
5883	경북 경주시	농업경영인행사지원	27,000	3	1	7	8	7	5	5	4
5884	경북 경주시	경주시생활개선회한마음수련대회	27,000	3	6	7	8	7	5	5	4
5885	경북 경주시	대한민국난대전개최지원	26,600	3	7	7	8	7	5	5	4
5886	경북 경주시	전통시장이벤트및세일행사	25,400	3	1	4	1	7	1	1	1
5887	경북 경주시	전국시조경창대회	25,200	3	7	7	8	7	5	5	4
5888	경북 경주시	신라여왕축제	24,300	3	7	7	8	7	5	5	4
5889	경북 경주시	방과후아카데미여름겨울캠프	23,500	3	2	7	8	7	5	5	4
5890	경북 경주시	재향군인의날및국가안보의식고취행사	23,400	3	4	7	8	7	1	1	1
5891	경북 경주시	외국인근로자축제	22,500	3	4	7	8	7	5	5	4
5892	경북 경주시	버스킹공연(황리단길,황성공원,시내일원)	22,500	3	7	7	8	7	5	5	4
5893	경북 경주시	개인택시회원및가족체육대회	22,500	3	4	7	8	7	1	1	1
5894	경북 경주시	전국청소년한국가곡경연대회	22,500	3	1	7	8	7	1	1	1
5895	경북 경주시	지역문화예술행사지원(8개면)	21,600	3	7	7	8	7	5	5	4
5896	경북 경주시	신라전래음식경연대회	21,000	3	7	7	8	7	5	5	4
5897	경북 경주시	신라금관배전국오픈탁구대회	20,700	3	7	7	8	7	1	1	1
5898	경북 경주시	여성농업인행사지원	20,700	3	6	7	8	7	5	5	4
5899	경북 경주시	주요시책추진행사보조	20,000	3	7	7	8	7	5	5	4
5900	경북 경주시	생태계교란유해외래어종퇴치행사	20,000	3	7	4	1	6	5	1	3
5901	경북 경주시	새마을환경살리기	20,000	3	1,4	7	8	7	1	1	1
5902	경북 경주시	청소년문화경연대회	20,000	3	1	7	8	7	1	1	1
5903	경북 경주시	경주세계자문화축제	18,500	3	7	7	8	7	5	5	4
5904	경북 경주시	신라알천전통문화행사	18,300	3	7	7	8	7	5	5	4
5905	경북 경주시	지역문화예술행사지원(4개읍)	18,000	3	7	7	8	7	5	5	4
5906	경북 경주시	동부민요전국경창대회	18,000	3	7	7	8	7	5	5	4
5907	경북 경주시	문무대왕문화제	18,000	3	7	7	8	7	5	5	4
5908	경북 경주시	경주시민오케스트라정기연주회	18,000	3	7	7	8	7	5	5	4
5909	경북 경주시	우리소리음악회	18,000	3	7	7	8	7	5	5	4
5910	경북 경주시	경주시장애인어울림체육대회개최	18,000	3	4	7	8	7	1	1	1
5911	경북 경주시	자원봉사대회	18,000	3	1,4	7	8	7	1	1	1
5912	경북 경주시	청소년화랑문화제	18,000	3	1	7	8	7	5	5	4
5913	경북 경주시	진로캠프	18,000	3	4	7	8	7	5	5	4
5914	경북 경주시	진로직업현장체험활동	18,000	3	4	7	8	7	5	5	4
5915	경북 경주시	벼룩장터(교복나누기)운영	17,600	3	1,4	7	8	7	1	1	1
5916	경북 경주시	도심상가활성화축제지원	16,200	3	4	4	7	7	5	5	1
5917	경북 경주시	지역아동센터발표회지원	16,200	3	4	7	8	7	1	1	4

순번	시군구	지출명 (사업명)	2024년예산 (단위 : 천원 /1년간)	민간이전 분류 (지방자치단체 세출예산 집행기준에 의거) 1. 민간경상사업보조(307-02) 2. 민간단체 법정운영비보조(307-03) 3. 민간행사사업보조(307-04) 4. 민간위탁금(307-05) 5. 사회복지시설 법정운영비보조(307-10) 6. 민간인위탁교육비(307-12) 7. 공기관등에대한경상적위탁사업비(308-13) 8. 민간자본사업보조,자체재원(402-01) 9. 민간자본사업보조,이전재원(402-02) 10. 민간위탁사업비(402-03) 11. 공기관등에 대한 자본적 위탁사업비(403-02)	민간이전지출 근거 (지방보조금 관리기준 참고) 1. 법률에 규정 2. 국고보조 재원(국가지정) 3. 용도 지정 기부금 4. 조례에 직접규정 5. 지자체가 권장하는 사업을 하는 공공기관 6. 시,도 정책 및 재정사정 7. 기타 8. 해당없음	입찰방식			운영예산 산정		성과평가 실시여부
						계약체결방법 (경쟁형태) 1. 일반경쟁 2. 제한경쟁 3. 지명경쟁 4. 수의계약 5. 법정위탁 6. 기타 ( ) 7. 없음	계약기간 1. 1년 2. 2년 3. 3년 4. 4년 5. 5년 6. 기타 ( )년 7. 단기계약 (1년미만) 8. 없음	낙찰자선정방법 1. 적격심사 2. 협상에의한계약 3. 최저가낙찰제 4. 규격가격분리 5. 2단계 경쟁입찰 6. 기타 ( ) 7. 없음	운영예산 산정 1. 내부산정 (지자체 자체적으로 산정) 2. 외부산정 (외부전문기관위탁 산정) 3. 내·외부 모두 산정 4. 산정 無 5. 없음	정산방법 1. 내부정산 (지자체 내부적으로 정산) 2. 외부정산 (외부전문기관위탁 정산) 3. 내·외부 모두 산정 4. 정산 無 5. 없음	1. 실시 2. 미실시 3. 향후 추진 4. 해당없음
5918	경북 경주시	경주서라벌배전국족구대회	15,300	3	7	7	8	7	1	1	1
5919	경북 경주시	읍면동체육대회경비지원	15,000	3	4	7	8	7	1	1	1
5920	경북 경주시	안전골든벨어린이퀴즈쇼지원	15,000	3	7	7	7	7	1	1	4
5921	경북 경주시	고3청소년축제	14,580	3	1	7	8	7	5	5	4
5922	경북 경주시	안강청소년방과후아카데미캠프운영	14,000	3	4	7	8	7	5	5	4
5923	경북 경주시	구절초음악회	13,500	3	7	7	8	7	5	5	4
5924	경북 경주시	전국장애인당구대회	13,500	3	7	7	8	7	1	1	1
5925	경북 경주시	도지사기생활체육대회개최	13,500	3	4	7	8	7	1	1	1
5926	경북 경주시	경북원자력포럼	13,500	3	4	7	8	7	1	1	4
5927	경북 경주시	6.25전쟁행사	13,500	3	4	7	8	7	1	1	1
5928	경북 경주시	아동권리축제	13,500	3	1	7	8	7	5	5	4
5929	경북 경주시	경상북도협회장기궁도대회개최	12,000	3	4	7	8	7	1	1	1
5930	경북 경주시	양성평등주간기념행사및한마음대회	12,000	3	8	7	8	7	1	1	1
5931	경북 경주시	서라벌전국사진촬영대회	11,700	3	7	7	8	7	5	5	4
5932	경북 경주시	경북도민향가문학포럼개최지원	11,700	3	7	7	8	7	5	5	4
5933	경북 경주시	전국수영마스터즈대회	11,700	3	7	7	8	7	1	1	1
5934	경북 경주시	청소년지방자치학교	11,700	3	1	7	8	7	1	1	1
5935	경북 경주시	전국연날리기대회	10,800	3	7	7	1	7	5	1	4
5936	경북 경주시	양동마을민속놀이행사	10,800	3	7	7	8	7	5	5	4
5937	경북 경주시	경주기계천미군폭격사건위령사업	10,800	3	7	7	8	7	1	1	1
5938	경북 경주시	한국전쟁전후경주지역민간인희생자위령사업	10,800	3	7	7	8	7	1	1	1
5939	경북 경주시	상이군경회구미복지회관시설이용	10,800	3	4	7	8	7	1	1	1
5940	경북 경주시	경주청소년필하모니오케스트라연주회	10,000	3	7	7	8	7	5	5	4
5941	경북 경주시	경주챔버오케스트라정기연주회	10,000	3	7	7	8	7	5	5	4
5942	경북 경주시	북한이탈주민인식개선사업	10,000	3	1,4	7	8	7	5	5	4
5943	경북 경주시	한혼학술대회	9,450	3	7	7	8	7	1	1	1
5944	경북 경주시	경주교향악단정기연주회	9,000	3	7	7	8	7	5	5	4
5945	경북 경주시	시민초청가곡의밤	9,000	3	7	7	8	7	5	5	4
5946	경북 경주시	충담재	9,000	3	7	7	8	7	5	5	4
5947	경북 경주시	예총해외예술교류전	9,000	3	7	7	8	7	5	5	4
5948	경북 경주시	임란의사추모행사	9,000	3	7	7	8	7	5	5	4
5949	경북 경주시	경주예술인송년예술한마당	9,000	3	7	7	8	7	5	5	4
5950	경북 경주시	경주한시백일장	9,000	3	7	7	8	7	5	5	4
5951	경북 경주시	김유신장군추모제	9,000	3	7	7	8	7	5	5	4
5952	경북 경주시	경주정월대보름축제	9,000	3	7	7	8	7	5	5	4
5953	경북 경주시	문정헌문화행사	9,000	3	6	7	8	7	1	1	1
5954	경북 경주시	영호남장애인문화체육친선교류전지원	9,000	3	1	7	8	7	1	1	1
5955	경북 경주시	국기원태권도승품(단)심사대회개최	9,000	3	4	7	8	7	1	1	4
5956	경북 경주시	전국장애인파크골프대회	9,000	3	7	7	8	7	1	1	1
5957	경북 경주시	법인택시운수종사자체육대회	9,000	3	4	7	8	7	1	1	1

순번	시군구	지출명 (사업명)	2024년예산 (단위 : 천원 /1년간)	민간이전 분류 (지방자치단체 세출예산 집행기준에 의거) 1. 민간경상사업보조(307-02) 2. 민간단체 법정운영비보조(307-03) 3. 민간행사사업보조(307-04) 4. 민간위탁금(307-05) 5. 사회복지시설 법정운영비보조(307-10) 6. 민간인위탁교육비(307-12) 7. 공기관등에대한경상적위탁사업비(308-13) 8. 민간자본사업보조,자체재원(402-01) 9. 민간자본사업보조,이전재원(402-02) 10. 민간위탁사업비(402-03) 11. 공기관등에 대한 자본적 위탁사업비(403-02)	민간이전지출 근거 (지방보조금 관리기준 참고) 1. 법률에 규정 2. 국고보조 재원(국가지정) 3. 용도 지정 기부금 4. 조례에 직접규정 5. 지자체가 권장하는 사업을 하는 공공기관 6. 시,도 정책 및 재정사정 7. 기타 8. 해당없음	입찰방식: 계약체결방법 (경쟁형태) 1. 일반경쟁 2. 제한경쟁 3. 지명경쟁 4. 수의계약 5. 법정위탁 6. 기타 ( ) 7. 없음	입찰방식: 계약기간 1. 1년 2. 2년 3. 3년 4. 4년 5. 5년 6. 기타 ( )년 7. 단기계약 (1년미만) 8. 없음	입찰방식: 낙찰자선정방법 1. 적격심사 2. 협상에의한계약 3. 최저가낙찰제 4. 규격가격분리 5. 2단계 경쟁입찰 6. 기타 ( ) 7. 없음	운영예산 산정: 운영예산 산정 1. 내부산정 (지자체 자체적으로 산정) 2. 외부산정 (외부전문기관위탁 산정) 3. 내·외부 모두 산정 4. 산정 無 5. 없음	운영예산 산정: 정산방법 1. 내부정산 (지자체 내부적으로 정산) 2. 외부정산 (외부전문기관위탁 정산) 3. 내·외부 모두 산정 4. 정산 無 5. 없음	성과평가 실시여부 1. 실시 2. 미실시 3. 향후 추진 4. 해당없음
5958	경북 경주시	경주시새마을지도자대회	9,000	3	1,4	7	8	7	1	1	1
5959	경북 경주시	서해수호의날행사	9,000	3	4	7	8	7	1	1	1
5960	경북 경주시	나라사랑통일교육및민족의식강화수련대회	8,500	3	1,4	7	8	7	1	1	1
5961	경북 경주시	경주시새마을운동활성화다짐대회	8,100	3	1,4	7	8	7	1	1	1
5962	경북 경주시	월명재	7,200	3	7	7	8	7	5	5	4
5963	경북 경주시	무장산음악회	7,200	3	7	7	8	7	5	5	4
5964	경북 경주시	북한이탈주민희망나눔행사지원	7,200	3	1,4	7	8	7	1	1	1
5965	경북 경주시	북한이탈주민과함께하는안보현장탐방	7,200	3	1,4	7	8	7	1	1	1
5966	경북 경주시	향교문화전승보전	7,000	3	7	7	8	7	5	5	4
5967	경북 경주시	이차돈제향대제	6,300	3	7	7	8	7	5	5	4
5968	경북 경주시	영호남예술교류전	6,300	3	7	7	8	7	5	5	4
5969	경북 경주시	경주시장애인학생생활체육대회개최	6,300	3	4	7	8	7	1	1	1
5970	경북 경주시	바르게살기운동경주시협의회한마음결의대회	6,300	3	1,4	7	8	7	1	1	1
5971	경북 경주시	국민화합(영호남교류)행사	6,300	3	4	7	8	7	1	1	1
5972	경북 경주시	문화학교운영지원	6,000	3	7	7	1	7	5	1	4
5973	경북 경주시	강동,안강지구6.25승전기념행사	5,832	3	1,4	7	8	7	1	1	1
5974	경북 경주시	경주문화원해외문화교류지원	5,400	3	7	7	1	7	5	1	4
5975	경북 경주시	경주향교유교문화교류지원	5,400	3	8	7	8	7	5	5	4
5976	경북 경주시	경주향교유교문화교류지원	5,400	3	7	7	8	7	5	5	4
5977	경북 경주시	월남전참전기념행사	5,400	3	4	7	8	7	1	1	1
5978	경북 경주시	여성지도자역량강화워크숍	5,400	3	8	7	8	7	1	1	1
5979	경북 경주시	충효교실운영지원	5,000	3	7	7	1	7	5	1	4
5980	경북 경주시	청마백일장	5,000	3	7	7	8	7	5	5	4
5981	경북 경주시	목월백일장	5,000	3	7	7	8	7	5	5	4
5982	경북 경주시	원효성사제향대제	5,000	3	7	7	8	7	5	5	4
5983	경북 경주시	봉황대고유제	5,000	3	7	7	8	7	5	5	4
5984	경북 경주시	경주경전암송대회	5,000	3	7	7	8	7	5	5	4
5985	경북 경주시	78포크공연	5,000	3	7	7	8	7	5	5	4
5986	경북 경주시	경덕왕헌다례	5,000	3	7	7	8	7	5	5	4
5987	경북 경주시	경북리그동호인클럽축구대회지역예선	5,000	3	4	7	8	7	1	1	1
5988	경북 경주시	경북리그동호인클럽야구대회예선	5,000	3	4	7	8	7	5	5	4
5989	경북 경주시	나라사랑,경주사랑태극기달기캠페인	5,000	3	1,4	7	8	7	1	1	1
5990	경북 경주시	6.25참전,월남전참전자명예선양행사	5,000	3	4	7	8	7	1	1	1
5991	경북 경주시	극단두두리정기공연	4,500	3	7	7	8	7	5	5	4
5992	경북 경주시	어린이합창단정기연주회	4,500	3	7	7	8	7	5	5	4
5993	경북 경주시	무료급식봉사활동	4,500	3	1,4	7	8	7	1	1	1
5994	경북 경주시	새마을회여성봉사자실천대회	4,500	3	1,4	7	8	7	1	1	1
5995	경북 경주시	안보단체장안보연수	4,320	3	7	7	7	7	1	1	4
5996	경북 경주시	부부의날기념행사	4,250	3	8	7	8	7	1	1	1
5997	경북 경주시	학생서예실기대회	4,000	3	7	7	8	7	5	5	4

순번	시군구	지출명 (사업명)	2024년예산 (단위 : 천원 /1년간)	민간이전 분류 (지방자치단체 세출예산 집행기준에 의거) 1. 민간경상사업보조(307-02) 2. 민간단체 법정운영비보조(307-03) 3. 민간행사사업보조(307-04) 4. 민간위탁금(307-05) 5. 사회복지시설 법정운영비보조(307-10) 6. 민간인위탁교육비(307-12) 7. 공기관등에대한경상적위탁사업비(308-13) 8. 민간자본사업보조,자체재원(402-01) 9. 민간자본사업보조,이전재원(402-02) 10. 민간위탁사업비(402-03) 11. 공기관등에 대한 자본적 위탁사업비(403-02)	민간이전지출 근거 (지방보조금 관리기준 참고) 1. 법률에 규정 2. 국고보조 재원(국가지정) 3. 용도 지정 기부금 4. 조례에 직접규정 5. 지자체가 권장하는 사업을 하는 공공기관 6. 시,도 정책 및 재정사정 7. 기타 8. 해당없음	입찰방식 계약체결방법 (경쟁형태) 1. 일반경쟁 2. 제한경쟁 3. 지명경쟁 4. 수의계약 5. 법정위탁 6. 기타 ( ) 7. 없음	입찰방식 계약기간 1. 1년 2. 2년 3. 3년 4. 4년 5. 5년 6. 기타 ( )년 7. 단기계약 (1년미만) 8. 없음	입찰방식 낙찰자선정방법 1. 적격심사 2. 협상에의한계약 3. 최저가낙찰제 4. 규격가격분리 5. 2단계 경쟁입찰 6. 기타 ( ) 7. 없음	운영예산 산정 운영예산 산정 1. 내부산정 (지자체 자체적으로 산정) 2. 외부산정 (외부전문기관위탁 산정) 3. 내·외부 모두 산정 4. 산정 無 5. 없음	운영예산 산정 정산방법 1. 내부정산 (지자체 내부적으로 정산) 2. 외부정산 (외부전문기관위탁 정산) 3. 내·외부 모두 산정 4. 정산 無 5. 없음	성과평가 실시여부 1. 실시 2. 미실시 3. 향후 추진 4. 해당없음
5998	경북 경주시	아사달아사녀문화제	4,000	3	7	7	8	7	5	5	4
5999	경북 경주시	시민한마음걷기대회	4,000	3	4	7	8	7	1	1	1
6000	경북 경주시	자전거타기캠페인	4,000	3	4	7	8	7	1	1	1
6001	경북 경주시	바르게살기운동경주시협의회연말결산수련대회	4,000	3	1,4	7	8	7	1	1	1
6002	경북 경주시	자매도시익산시교류사업	4,000	3	1,4	7	8	7	1	1	1
6003	경북 경주시	예인예술단정기공연	3,600	3	7	7	8	7	5	5	4
6004	경북 경주시	사업평가대회및자유수호발전강연회	3,600	3	1,4	7	8	7	1	1	1
6005	경북 경주시	청소년효행대상	3,600	3	1	7	8	7	1	1	1
6006	경북 경주시	대한민국독도사랑경주행사추진	3,400	3	1,4	7	8	7	1	1	1
6007	경북 경주시	경주시난연합회전시회	3,000	3	7	7	8	7	5	5	4
6008	경북 경주시	신라연꽃차다례	3,000	3	7	7	8	7	5	5	4
6009	경북 경주시	지역작가전시지원	3,000	3	7	7	8	7	5	5	4
6010	경북 경주시	바르게살기운동경주시협의회여성회한마음대회	3,000	3	1,4	7	8	7	1	1	1
6011	경북 경주시	경주시민사랑의떡국나누기	3,000	3	1,4	7	8	7	1	1	1
6012	경북 경주시	광복회기념행사	3,000	3	4	7	8	7	1	1	1
6013	경북 경주시	대통령기독서경진대회	2,700	3	1,4	7	8	7	1	1	1
6014	경북 경주시	방과후아카데미운동회	2,500	3	2	7	8	7	5	5	4
6015	경북 경주시	하이스쿨자치학교	2,430	3	1	7	8	7	1	1	1
6016	경북 경주시	한글한자문화학술포럼	2,400	3	7	7	8	7	5	5	4
6017	경북 경주시	경주시청소년시낭송회	2,000	3	7	7	8	7	5	5	4
6018	경북 경주시	경주시씨름왕선발대회	2,000	3	4	7	8	7	1	1	1
6019	경북 경주시	공부자헌다례	1,800	3	7	7	8	7	5	5	4
6020	경북 경주시	박약회총회및포럼	1,000	3	7	7	8	7	5	5	4
6021	경북 영천시	영천시장배승마대회지원	60,000	3	2	6	1	6	4	1	1
6022	경북 영천시	여성농업인행사지원(행사및역량강화교육지원등)	19,840	3	4	7	8	7	5	5	4
6023	경북 영천시	후계농업경영인회원화합한마음행사	18,000	3	6	7	8	7	5	5	4
6024	경북 영천시	농민문화마당행사체육대회FTA농민회원교육사업지원	16,500	3	4	7	8	7	5	5	4
6025	경북 영천시	한국생활개선영천시연합회한마음대회	16,200	3	7	7	8	7	5	5	4
6026	경북 영천시	한방김장김치담그기체험행사지원	10,000	3	4	7	8	7	5	5	4
6027	경북 영천시	후계농업경영인중앙대회참가지원	7,200	3	6	7	8	7	5	5	4
6028	경북 영천시	3개시군4H연합회한마음체육대회	4,500	3	6	7	8	7	5	5	4
6029	경북 영천시	친환경농산물직거래장터운영지원	3,200	3	4	7	8	7	5	5	4
6030	경북 영천시	친환경농업도단위행사참가지원	3,200	3	4	7	8	7	5	5	4
6031	경북 영천시	친환경농산물품평회개최	2,400	3	4	7	8	7	5	5	4
6032	경북 영천시	곤충산업협의회행사지원	2,000	3	4	7	8	7	5	5	4
6033	경북 영천시	친환경농업박람회축제행사지원	2,000	3	4	7	8	7	5	5	4
6034	경북 영천시	영천한약축제개최	600,000	3	4	7	8	7	1	1	1
6035	경북 영천시	영천과일축제개최및대도시특판행사	320,000	3	4	4	1	3	5	1	4
6036	경북 영천시	영천와인페스타	150,000	3	4	7	8	7	1	1	4
6037	경북 영천시	지역축제지원사업(작약꽃)	24,000	3	4	7	8	7	1	1	1

순번	시군구	지출명 (사업명)	2024년예산 (단위 : 천원 /1년간)	민간이전 분류 (지방자치단체 세출예산 집행기준에 의거) 1. 민간경상사업보조(307-02) 2. 민간단체 법정운영비보조(307-03) 3. 민간행사사업보조(307-04) 4. 민간위탁금(307-05) 5. 사회복지시설 법정운영비보조(307-10) 6. 민간인위탁교육비(307-12) 7. 공기관등에대한경상적위탁사업비(308-13) 8. 민간자본사업보조,지체재원(402-01) 9. 민간자본사업보조,이전재원(402-02) 10. 민간위탁사업비(402-03) 11. 공기관등에 대한 자본적 위탁사업비(403-02)	민간이전지출 근거 (지방보조금 관리기준 참고) 1. 법률에 규정 2. 국고보조 재원(국가지정) 3. 용도 지정 기부금 4. 조례에 직접규정 5. 지자체가 권장하는 사업을 하는 공공기관 6. 시,도 정책 및 재정사정 7. 기타 8. 해당없음	입찰방식 계약체결방법 (경쟁형태) 1. 일반경쟁 2. 제한경쟁 3. 지명경쟁 4. 수의계약 5. 법정위탁 6. 기타 ( ) 7. 없음	입찰방식 계약기간 1. 1년 2. 2년 3. 3년 4. 4년 5. 5년 6. 기타 ( )년 7. 단기계약 (1년미만) 8. 없음	입찰방식 낙찰자선정방법 1. 적격심사 2. 협상에의한계약 3. 최저가낙찰제 4. 규격가격분리 5. 2단계 경쟁입찰 6. 기타 ( ) 7. 없음	운영예산 산정 운영예산 산정 1. 내부산정 (지자체 자체적으로 산정) 2. 외부산정 (외부전문기관위탁 산정) 3. 내·외부 모두 산정 4. 산정 無 5. 없음	운영예산 산정 정산방법 1. 내부정산 (지자체 내부적으로 정산) 2. 외부정산 (외부전문기관위탁 정산) 3. 내·외부 모두 산정 4. 정산 無 5. 없음	성과평가 실시여부 1. 실시 2. 미실시 3. 향후 추진 4. 해당없음
6038	경북 영천시	전국종별태권도선수권대회	330,000	3	1	7	8	7	1	1	3
6039	경북 영천시	경찰청장기전국단체대항태권도대회	330,000	3	1	7	8	7	1	1	3
6040	경북 영천시	제21회영천보현산별빛축제	330,000	3	4	7	8	7	1	1	1
6041	경북 영천시	중악팔공신은빛문화제	313,200	3	4	7	8	7	1	3	1
6042	경북 영천시	영천문화예술제개최	260,000	3	7	7	8	7	1	1	1
6043	경북 영천시	노인일반	219,000	3	1	7	8	7	5	5	4
6044	경북 영천시	동계스토브리그전국중고배구대회	130,000	3	1	7	8	7	1	1	3
6045	경북 영천시	영천골프챌린지개최지원	94,000	3	1	7	8	7	1	1	3
6046	경북 영천시	전국왕평가요제	90,000	3	7	7	8	7	1	1	1
6047	경북 영천시	읍면동체육대회개최지원	80,000	3	1	7	8	7	1	1	3
6048	경북 영천시	장애인단체지원일반	74,500	3	1	7	8	7	1	1	4
6049	경북 영천시	시장기종목별대회개최지원	70,000	3	1	7	8	7	1	1	3
6050	경북 영천시	영천별빛나이트투어	70,000	3	4	7	8	7	1	1	4
6051	경북 영천시	독도수호태권도대회	60,000	3	1	7	8	7	1	1	3
6052	경북 영천시	청소년문화축제지원	60,000	3	6	1	1	3	1	1	1
6053	경북 영천시	경북학생체육대회	50,000	3	1	7	8	7	1	1	3
6054	경북 영천시	경북동호인화합축구대회개최지원	45,000	3	1	7	8	7	1	1	3
6055	경북 영천시	시장배전국댄스스포츠대회및실용예술경연대회	40,000	3	1	7	8	7	1	1	3
6056	경북 영천시	스타영천배전국파크골프대회	40,000	3	1	7	8	7	1	1	3
6057	경북 영천시	제4회영천청년의날	40,000	3	1	7	8	7	1	1	1
6058	경북 영천시	노계문학전국백일장	40,000	3	5	7	8	7	1	3	4
6059	경북 영천시	영천별빛배전국초청게이트볼대회	38,500	3	1	7	8	7	1	1	3
6060	경북 영천시	영천복사꽃전국사진촬영대회	36,000	3	7	7	8	7	1	1	1
6061	경북 영천시	도)나라사랑문화한마당	32,000	3	8	7	8	7	5	5	4
6062	경북 영천시	전국그라운드골프대회	30,000	3	1	7	8	7	1	1	3
6063	경북 영천시	영천청년청춘콘서트	30,000	3	1	7	8	7	1	1	1
6064	경북 영천시	영천문화제개최	30,000	3	1	7	1	7	1	1	1
6065	경북 영천시	대구대총장기전국고등학교검도대회	28,000	3	1	7	8	7	1	1	3
6066	경북 영천시	포은선생추모전국한시백일장	27,000	3	7	7	8	7	1	1	1
6067	경북 영천시	임고서원문화공연지원	27,000	3	5	7	8	7	1	3	4
6068	경북 영천시	경북별빛어린이바둑대회	25,000	3	1	7	8	7	1	1	3
6069	경북 영천시	영천큰장고객사은대잔치	25,000	3	1	5	1	7	1	1	1
6070	경북 영천시	백신애문학제개최	25,000	3	7	7	8	7	1	1	1
6071	경북 영천시	보훈단체가족한마음문화행사	25,000	3	4	7	8	7	5	5	4
6072	경북 영천시	스타배전국족구대회	24,000	3	1	7	8	7	1	1	3
6073	경북 영천시	대한민국포은서예휘호대회개최지원	24,000	3	1	7	1	7	1	1	1
6074	경북 영천시	산남의진선열추모사업	23,000	3	4	7	8	7	5	5	4
6075	경북 영천시	새마을지도자전진대회개최	20,000	3	1	7	8	7	1	1	3
6076	경북 영천시	자원봉사자대회행사지원	20,000	3	1	7	8	7	1	1	3
6077	경북 영천시	노사민정협력화합연수대회	20,000	3	4	7	8	7	1	1	1

순번	시군구	지출명 (사업명)	2024년예산 (단위 : 천원 /1년간)	민간이전 분류 (지방자치단체 세출예산 집행기준에 의거) 1. 민간경상사업보조(307-02) 2. 민간단체 법정운영비보조(307-03) 3. 민간행사사업보조(307-04) 4. 민간위탁금(307-05) 5. 사회복지시설 법정운영비보조(307-10) 6. 민간인위탁교육비(307-12) 7. 공기관등에대한경상적위탁사업비(308-13) 8. 민간자본사업보조,자체재원(402-01) 9. 민간자본사업보조,이전재원(402-02) 10. 민간위탁사업비(402-03) 11. 공기관등에 대한 자본적 위탁사업비(403-02)	민간이전지출 근거 (지방보조금 관리기준 참고) 1. 법률에 규정 2. 국고보조 재원(국가지정) 3. 용도 지정 기부금 4. 조례에 직접규정 5. 지자체가 권장하는 사업을 하는 공공기관 6. 시,도 정책 및 재정사정 7. 기타 8. 해당없음	입찰방식 계약체결방법 (경쟁형태) 1. 일반경쟁 2. 제한경쟁 3. 지명경쟁 4. 수의계약 5. 법정위탁 6. 기타 ( ) 7. 없음	입찰방식 계약기간 1. 1년 2. 2년 3. 3년 4. 4년 5. 5년 6. 기타 ( )년 7. 단기계약 (1년미만) 8. 없음	입찰방식 낙찰자선정방법 1. 적격심사 2. 협상에의한계약 3. 최저가낙찰제 4. 규격가격분리 5. 2단계 경쟁입찰 6. 기타 ( ) 7. 없음	운영예산 산정 운영예산 산정 1. 내부산정 (지자체 자체적으로 산정) 2. 외부산정 (외부전문기관위탁 산정) 3. 내·외부 모두 산정 4. 산정 無 5. 없음	운영예산 산정 정산방법 1. 내부정산 (지자체 내부적으로 정산) 2. 외부정산 (외부전문기관위탁 정산) 3. 내·외부 모두 산정 4. 정산 無 5. 없음	성과평가 실시여부 1. 실시 2. 미실시 3. 향후 추진 4. 해당없음
6078	경북 영천시	생태계교란생물퇴치사업	20,000	3	1	1	7	1	1	1	1
6079	경북 영천시	영천곳나무싸움놀이재현행사	20,000	3	1	7	1	7	1	1	1
6080	경북 영천시	베트남전적지순례	20,000	3	4	7	8	7	5	5	4
6081	경북 영천시	포은정몽주선생송축전국시조경창대회	18,900	3	1	7	1	7	1	1	1
6082	경북 영천시	영천문화원명주농악해외문화교류지원	18,000	3	1	7	1	7	1	1	1
6083	경북 영천시	시민과함께하는문화음악회개최지원	17,100	3	1	7	1	7	1	1	1
6084	경북 영천시	해맞이행사	17,000	3	4	7	8	7	1	1	4
6085	경북 영천시	스타배댄스페스티벌경연대회	16,500	3	1	7	8	7	1	1	3
6086	경북 영천시	보훈6단체전적지순례(무공,고엽,상이,미망,유족,특임)	16,200	3	4	7	8	7	5	5	4
6087	경북 영천시	스타영천오픈배드민턴대회	16,000	3	1	7	8	7	1	1	3
6088	경북 영천시	종목별생활체육대회개최지원	16,000	3	1	7	8	7	1	1	3
6089	경북 영천시	6.25기념행사	16,000	3	4	7	8	7	5	5	4
6090	경북 영천시	전국스포츠클라이밍대회	15,000	3	1	7	8	7	1	1	3
6091	경북 영천시	영천댐벚꽃1리길마라톤대회	15,000	3	1	7	8	7	1	1	3
6092	경북 영천시	사회복지의날기념행사	15,000	3	4	7	8	7	1	1	3
6093	경북 영천시	양성평등기념식	15,000	3	4	7	8	7	1	1	1
6094	경북 영천시	중서부권관광협의회관광홍보행사공동사업	13,400	3	4	7	8	7	1	1	4
6095	경북 영천시	건강가정행사지원	13,000	3	7	7	8	7	5	1	1
6096	경북 영천시	정월대보름시민한마당	12,000	3	1	7	1	7	1	1	1
6097	경북 영천시	영천댐별빛걷기대회	11,000	3	1	7	8	7	1	1	3
6098	경북 영천시	가족사랑체험프로그램	10,000	3	4	7	8	7	5	5	4
6099	경북 영천시	시장기파크골프대회	10,000	3	1	7	8	7	1	1	3
6100	경북 영천시	월남전참전기념행사	10,000	3	4	7	8	7	5	5	4
6101	경북 영천시	영천시민음악회	8,400	3	6	7	8	7	1	1	1
6102	경북 영천시	민관군친선축구대회	8,000	3	1	7	8	7	1	1	3
6103	경북 영천시	한국전쟁전후민간인희생자(보도연맹민간인1월사건)합동위령제	7,700	3	4	7	8	7	5	5	4
6104	경북 영천시	전국단위관광박람회행사참가지원	7,200	3	4	7	8	7	1	1	4
6105	경북 영천시	자원봉사비교견학및연수대회	6,600	3	1	7	8	7	1	1	3
6106	경북 영천시	재향군인회기념행사및안보교육	5,700	3	4	7	8	7	5	5	4
6107	경북 영천시	시장기족구대회	5,500	3	1	7	8	7	1	1	3
6108	경북 영천시	시장기탁구대회	5,500	3	1	7	8	7	1	1	3
6109	경북 영천시	영천시새마을운동종합평가대회	5,000	3	1	7	8	7	1	1	3
6110	경북 영천시	도지사기유도대회개최지원	5,000	3	1	7	8	7	1	1	3
6111	경북 영천시	종목별체육대회개최지원	5,000	3	1	7	8	7	1	1	3
6112	경북 영천시	시민건강산행대회	5,000	3	1	7	8	7	1	1	3
6113	경북 영천시	보육인의밤	5,000	3	6	7	8	7	1	1	4
6114	경북 영천시	노계따라떠나는감성문학기행	4,500	3	5	7	8	7	1	3	4
6115	경북 영천시	시장기배드민턴대회	4,400	3	1	7	8	7	1	1	3
6116	경북 영천시	노계박인로전국시낭송대회	4,400	3	5	7	8	7	1	3	4
6117	경북 영천시	사랑의가정만들기합동결혼식	4,000	3	7	7	8	7	5	1	1

순번	시군구	지출명 (사업명)	2024년예산 (단위 : 천원 /1년간)	민간이전 분류 (지방자치단체 세출예산 집행기준에 의거) 1. 민간경상사업보조(307-02) 2. 민간단체 법정운영비보조(307-03) 3. 민간행사사업보조(307-04) 4. 민간위탁금(307-05) 5. 사회복지시설 법정운영비보조(307-10) 6. 민간인위탁교육비(307-12) 7. 공기관등에대한경상적위탁사업비(308-13) 8. 민간자본사업보조,자체재원(402-01) 9. 민간자본사업보조,이전재원(402-02) 10. 민간위탁사업비(402-03) 11. 공기관등에 대한 자본적 위탁사업비(403-02)	민간이전지출 근거 (지방보조금 관리기준 참고) 1. 법률에 규정 2. 국고보조 재원(국가지정) 3. 용도 지정 기부금 4. 조례에 직접규정 5. 지자체가 권장하는 사업을 하는 공공기관 6. 시,도 정책 및 재정사정 7. 기타 8. 해당없음	입찰방식: 계약체결방법 (경쟁형태) 1. 일반경쟁 2. 제한경쟁 3. 지명경쟁 4. 수의계약 5. 법정위탁 6. 기타 ( ) 7. 없음	입찰방식: 계약기간 1. 1년 2. 2년 3. 3년 4. 4년 5. 5년 6. 기타 ( )년 7. 단기계약 (1년미만) 8. 없음	입찰방식: 낙찰자선정방법 1. 적격심사 2. 협상에의한계약 3. 최저가낙찰제 4. 규격가격분리 5. 2단계 경쟁입찰 6. 기타 ( ) 7. 없음	운영예산 산정: 운영예산 산정 1. 내부산정 (지자체 자체적으로 산정) 2. 외부산정 (외부전문기관위탁 산정) 3. 내·외부 모두 산정 4. 산정 無 5. 없음	운영예산 산정: 정산방법 1. 내부정산 (지자체 내부적으로 정산) 2. 외부정산 (외부전문기관위탁 정산) 3. 내·외부 모두 정산 4. 정산 無 5. 없음	성과평가 실시여부 1. 실시 2. 미실시 3. 향후 추진 4. 해당없음
6118	경북 영천시	신녕지구전승기념행사	3,500	3	4	7	8	7	5	5	4
6119	경북 영천시	재향군인회여성회호국행사	3,400	3	4	7	8	7	5	5	4
6120	경북 영천시	시장기게이트볼대회	3,300	3	1	7	8	7	1	1	3
6121	경북 영천시	시장기그라운드골프대회	3,300	3	1	7	8	7	1	1	3
6122	경북 영천시	항일독립운동선양회전적지순례	3,300	3	4	7	8	7	5	5	4
6123	경북 영천시	임란의병한천승첩추모행사	3,000	3	6	7	1	7	1	1	1
6124	경북 영천시	6.25참전유공자안보현장견학	3,000	3	4	7	8	7	5	5	4
6125	경북 영천시	월참전적지순례	3,000	3	4	7	8	7	5	5	4
6126	경북 영천시	보육교직원교육	3,000	3	6	7	8	7	1	1	4
6127	경북 영천시	재향군인회영호남호국정신함양지원	2,800	3	4	7	8	7	5	5	4
6128	경북 영천시	재향군인회안보연수회및현장견학	2,800	3	4	7	8	7	5	5	4
6129	경북 영천시	경북리그동호인축구대회(예선)개최지원	2,000	3	1	7	8	7	1	1	3
6130	경북 영천시	최무선장군추모제	2,000	3	1	7	1	7	1	1	1
6131	경북 영천시	충의공권응수장군기념행사	2,000	3	1	7	1	7	1	1	1
6132	경북 영천시	보훈단체나라사랑호국안보스쿨	2,000	3	4	7	8	7	5	5	4
6133	경북 영천시	여성단체회원의날	2,000	3	4	7	8	7	1	1	1
6134	경북 영천시	광복회경주영천연합지회행사및사적지순례	1,800	3	4	7	8	7	5	5	4
6135	경북 영천시	어린이집부모교육	1,600	3	6	7	8	7	1	1	4
6136	경북 김천시	김천국제가족연극제개최지원	260,000	3	1	7	8	7	1	3	4
6137	경북 김천시	2024경북마을이야기박람회	160,000	3	4	7	8	7	5	5	4
6138	경북 김천시	제69회현충일추념식	45,000	3	1	7	8	7	5	1	4
6139	경북 김천시	행복김천복지박람회	40,000	3	4	7	1	1	1	5	4
6140	경북 김천시	김천나이트투어운영	40,000	3	4	7	1	1	4	5	4
6141	경북 김천시	경상북도공무직한마음체육대회	25,000	3	7	7	8	7	5	5	4
6142	경북 김천시	부처님오신날봉축행사지원	20,000	3	7	7	1	1	1	1	3
6143	경북 김천시	성탄절행사지원	20,000	3	7	7	1	1	1	1	3
6144	경북 김천시	자율방범연합회한마음화합행사	20,000	3	4	7	8	1	1	1	3
6145	경북 김천시	수도산목통령고로쇠축제지원	20,000	3	4	7	1	1	4	5	4
6146	경북 김천시	나라사랑안보현장교육	18,000	3	1	7	8	7	5	1	4
6147	경북 김천시	김천시4H농촌캠프	12,000	3	6	7	8	7	5	5	4
6148	경북 김천시	축산물소비촉진행사지원(자체)	10,000	3	1	7	8	7	1	1	1
6149	경북 김천시	행복한농촌가정육성프로젝트시범	10,000	3	6	7	8	7	5	5	4
6150	경북 김천시	농촌지도자중앙대회참가지원	9,000	3	6	7	8	7	5	5	4
6151	경북 김천시	생활개선회도대회참가비지원	7,500	3	6	7	8	7	5	5	4
6152	경북 김천시	자유수호희생자합동위령제	5,500	3	1	7	8	7	1	1	3
6153	경북 김천시	자유수호희생경찰관합동추모제	5,500	3	4	6	8	7	1	1	1
6154	경북 김천시	전통혼례식지원	5,000	3	1	7	1	1	1	1	3
6155	경북 김천시	삼도문화가족화합대회지원	5,000	3	1	7	1	1	1	1	3
6156	경북 김천시	고택음악회개최지원	5,000	3	1	7	1	1	1	1	3
6157	경북 김천시	민속장기대회지원	3,000	3	1	7	1	1	1	1	3

순번	시군구	지출명 (사업명)	2024년예산 (단위 : 천원 /1년간)	민간이전 분류 (지방자치단체 세출예산 집행기준에 의거) 1. 민간경상사업보조(307-02) 2. 민간단체 법정운영비보조(307-03) 3. 민간행사사업보조(307-04) 4. 민간위탁금(307-05) 5. 사회복지시설 법정운영비보조(307-10) 6. 민간인위탁교육비(307-12) 7. 공기관등에대한경상적위탁사업비(308-13) 8. 민간자본사업보조,지체재원(402-01) 9. 민간자본사업보조,이전재원(402-02) 10. 민간위탁사업비(402-03) 11. 공기관등에 대한 자본적 위탁사업비(403-02)	민간이전지출 근거 (지방보조금 관리기준 참고) 1. 법률에 규정 2. 국고보조 재원(국가지정) 3. 용도 지정 기부금 4. 조례에 직접규정 5. 지자체가 권장하는 사업을 하는 공공기관 6. 시,도 정책 및 재정사정 7. 기타 8. 해당없음	입찰방식 계약체결방법 (경쟁형태) 1. 일반경쟁 2. 제한경쟁 3. 지명경쟁 4. 수의계약 5. 법정위탁 6. 기타 ( ) 7. 없음	입찰방식 계약기간 1. 1년 2. 2년 3. 3년 4. 4년 5. 5년 6. 기타 ( )년 7. 단기계약 (1년미만) 8. 없음	입찰방식 낙찰자선정방법 1. 적격심사 2. 협상에의한계약 3. 최저가낙찰제 4. 규격가격분리 5. 2단계 경쟁입찰 6. 기타 ( ) 7. 없음	운영예산 산정 운영예산 산정 1. 내부산정 (지자체 자체적으로 산정) 2. 외부산정 (외부전문기관위탁 산정) 3. 내·외부 모두 산정 4. 산정 無 5. 없음	운영예산 산정 정산방법 1. 내부정산 (지자체 내부적으로 정산) 2. 외부정산 (외부전문기관위탁 정산) 3. 내·외부 모두 산정 4. 정산 無 5. 없음	성과평가 실시여부 1. 실시 2. 미실시 3. 향후 추진 4. 해당없음
6158	경북 김천시	동지맞이팥죽나누기지원	2,000	3	1	7	1	1	1	1	3
6159	경북 김천시	세계자유의날행사	2,000	3	1	7	8	7	1	1	3
6160	경북 안동시	전국단위체육대회개최유치(문체부장관배전국초등학생골프대회등)	1,000,000	3	4	7	8	7	1	1	1
6161	경북 안동시	2024전국고등축구리그왕중왕전	450,000	3	4	7	8	7	5	5	4
6162	경북 안동시	시민체육대축전개최경비	250,000	3	4	7	8	7	1	1	1
6163	경북 안동시	세계탈문화예술연맹세계총회	200,000	3	4	7	1	7	1	1	3
6164	경북 안동시	시민리그대회(축구,배드민턴,족구,야구,탁구)연중운영	200,000	3	4	7	8	7	1	1	1
6165	경북 안동시	제44회회장배전국학교및실업팀대항롤러스포츠대회	180,000	3	4	7	8	7	5	5	4
6166	경북 안동시	새마을지회법정운영비지원	156,000	3	1,4	5	8	7	1	1	2
6167	경북 안동시	안동마라톤대회	150,000	3	4	7	8	7	1	1	1
6168	경북 안동시	시단위체육대회개최(안동웅부배족구대회등)	130,000	3	4	7	8	7	1	1	1
6169	경북 안동시	도단위체육대회개최유치(안동하회탈컵오픈볼링대회등)	108,000	3	4	7	8	7	1	1	1
6170	경북 안동시	안동오픈테니스대회	100,000	3	4	7	8	7	1	1	1
6171	경북 안동시	안동하회탈컵오픈볼링대회개최에따른중계방송료	90,000	3	4	7	8	7	1	1	1
6172	경북 안동시	제12회평생학습어울림마당	85,000	3	7	1	1	1	1	1	1
6173	경북 안동시	안동사과명성알리기행사지원	81,000	3	7	7	8	7	5	5	4
6174	경북 안동시	바르게살기운동법정운영비지원	76,000	3	1,4	5	8	7	1	1	2
6175	경북 안동시	ITF안동국제주니어챔피언테니스대회(J1)	70,000	3	4	7	8	7	1	1	1
6176	경북 안동시	도민녹색자전거대행진행사지원	67,500	3	4	7	8	7	1	1	1
6177	경북 안동시	주민서비스(복지)박람회개최지원	66,000	3	5	7	7	7	1	1	1
6178	경북 안동시	2024안동낙동강힐링로드	60,000	3	4	7	8	7	5	5	4
6179	경북 안동시	ITF안동국제주니어챔피언테니스대회(J6)	57,000	3	4	7	8	7	1	1	1
6180	경북 안동시	장애인체육대회개최및출전경비	54,000	3	4	7	8	7	1	1	1
6181	경북 안동시	ATF안동14세이하국제주니어챔피언십	53,000	3	4	7	8	7	1	1	1
6182	경북 안동시	ITF안동국제주니어챔피언테니스대회(J3)	50,000	3	4	7	8	7	1	1	1
6183	경북 안동시	도단위체육대회출전	50,000	3	4	7	8	7	1	1	1
6184	경북 안동시	안동시세계인의날행사	50,000	3	5	7	8	7	3	3	1
6185	경북 안동시	도전골든벨을울려라(초중고)	49,000	3	4	7	8	7	1	1	1
6186	경북 안동시	안동호반나들이길걷기행사	48,000	3	6	7	8	7	5	5	4
6187	경북 안동시	안동웅부배전국초등학교테니스대회	45,000	3	4	7	8	7	1	1	1
6188	경북 안동시	안동시민맨발로걷기대회	40,000	3	4	7	8	7	5	5	4
6189	경북 안동시	제29회경상북도옥외광고디자인전시회개최	40,000	3	6	4	7	7	1	1	4
6190	경북 안동시	태사길플리마켓운영	40,000	3	7	7	8	7	1	1	4
6191	경북 안동시	청소년가요제	40,000	3	4	7	8	7	1	1	1
6192	경북 안동시	근로자한마음갖기대회지원	37,000	3	6	7	1	7	1	1	1
6193	경북 안동시	안동전국동호인테니스대회	36,000	3	4	7	8	7	1	1	1
6194	경북 안동시	제18회문화체육관광부장관배전국초등학생골프대회중계방송	33,000	3	4	7	8	7	5	5	4
6195	경북 안동시	전국단위체육대회출전	27,000	3	4	7	8	7	1	1	1
6196	경북 안동시	안동민속축제향토음식전시및체험	27,000	3	4	7	8	7	5	5	4
6197	경북 안동시	안동간고등어먹거리축제	25,000	3	6	7	1	7	1	1	1

순번	시군구	지출명 (사업명)	2024년예산 (단위 : 천원 /1년간)	민간이전 분류 (지방자치단체 세출예산 집행기준에 의거) 1. 민간경상사업보조(307-02) 2. 민간단체 법정운영비보조(307-03) 3. 민간행사사업보조(307-04) 4. 민간위탁금(307-05) 5. 사회복지시설 법정운영비보조(307-10) 6. 민간인위탁교육비(307-12) 7. 공기관등에대한경상적위탁사업비(308-13) 8. 민간자본사업보조,자체재원(402-01) 9. 민간자본사업보조,이전재원(402-02) 10. 민간위탁사업비(402-03) 11. 공기관등에 대한 자본적 위탁사업비(403-02)	민간이전지출 근거 (지방보조금 관리기준 참고) 1. 법률에 규정 2. 국고보조 재원(국가지정) 3. 용도 지정 기부금 4. 조례에 직접규정 5. 지자체가 권장하는 사업을 하는 공공기관 6. 시,도 정책 및 재정사정 7. 기타 8. 해당없음	입찰방식 계약체결방법 (경쟁형태) 1. 일반경쟁 2. 제한경쟁 3. 지명경쟁 4. 수의계약 5. 법정위탁 6. 기타 ( ) 7. 없음	입찰방식 계약기간 1. 1년 2. 2년 3. 3년 4. 4년 5. 5년 6. 기타 ( )년 7. 단기계약 (1년미만) 8. 없음	입찰방식 낙찰자선정방법 1. 적격심사 2. 협상에의한계약 3. 최저가낙찰제 4. 규격가격분리 5. 2단계 경쟁입찰 6. 기타 ( ) 7. 없음	운영예산 산정 운영예산 산정 1. 내부산정 (지자체 자체적으로 산정) 2. 외부산정 (외부전문기관위탁 산정) 3. 내·외부 모두 산정 4. 산정 無 5. 없음	운영예산 산정 정산방법 1. 내부정산 (지자체 내부적으로 정산) 2. 외부정산 (외부전문기관위탁 정산) 3. 내·외부 모두 산정 4. 정산 無 5. 없음	성과평가 실시여부 1. 실시 2. 미실시 3. 향후 추진 4. 해당없음
6198	경북 안동시	청소년어울림마당운영지원	25,000	3	1	7	8	7	1	1	1
6199	경북 안동시	지역특화수산물소비촉진	24,000	3	1	7	8	7	5	5	4
6200	경북 안동시	농업인의날행사지원	20,700	3	4	7	8	7	1	1	4
6201	경북 안동시	기타체육행사개최,출전,운영	20,000	3	4	7	8	7	1	1	1
6202	경북 안동시	안동산약(마)특구브랜드홍보행사지원	20,000	3	4	7	8	7	1	1	1
6203	경북 안동시	경북사과홍보생사지원(부담금)	20,000	3	1	7	8	7	5	5	4
6204	경북 안동시	탈춤축제세계탈특별전시관운영	18,000	3	4	7	1	7	1	1	3
6205	경북 안동시	안동무궁화축전	18,000	3	4	7	8	7	1	1	2
6206	경북 안동시	명사초청토크쇼운영	18,000	3	4	7	8	7	1	1	1
6207	경북 안동시	중앙문화의거리깜짝놀랠이벤트행사지원	17,820	3	6	7	1	7	1	1	1
6208	경북 안동시	국가유공자위안행사	17,000	3	6	7	8	7	1	1	1
6209	경북 안동시	풍산시장김장축제	15,000	3	6	7	1	7	1	1	1
6210	경북 안동시	중앙신시장소소문축제	15,000	3	6	7	1	7	1	1	1
6211	경북 안동시	구담시장직거래장터운영	15,000	3	6	7	1	7	1	1	1
6212	경북 안동시	전국사과생산자협회회원대회지원	15,000	3	1	7	8	7	5	5	4
6213	경북 안동시	청소년동아리활동지원	14,000	3	1	7	8	7	1	1	1
6214	경북 안동시	안동아마추어골프대회	12,600	3	4	7	8	7	1	1	1
6215	경북 안동시	영호남화합행사및재향군인의날기념행사	12,600	3	6	7	8	7	1	1	1
6216	경북 안동시	여성단체협의회양성평등주간행사	12,500	3	4	7	8	7	1	1	1
6217	경북 안동시	안전골든벨어린이퀴즈쇼지원	10,800	3	7	7	8	7	5	5	4
6218	경북 안동시	북문시장막걸리축제	10,000	3	6	7	1	7	1	1	1
6219	경북 안동시	지역아동센터한마음대회지원	10,000	3	6	7	8	7	1	1	1
6220	경북 안동시	청소년마음틔움캠프	10,000	3	1	7	8	7	1	1	1
6221	경북 안동시	경북리그축구대회선발전개최및출전	9,000	3	4	7	8	7	1	1	1
6222	경북 안동시	발명체험프로그램운영	9,000	3	4	7	1	7	1	1	2
6223	경북 안동시	이일영공군중위추모행사	9,000	3	6	7	8	7	1	1	1
6224	경북 안동시	호국영령추모제	9,000	3	6	7	8	7	1	1	1
6225	경북 안동시	친환경농업홍보및판매행사	9,000	3	4	7	8	7	5	5	4
6226	경북 안동시	농업경영인직판행사지원	9,000	3	7	7	8	7	5	5	4
6227	경북 안동시	경북북부사회인야구대회출전	8,100	3	4	7	8	7	1	1	1
6228	경북 안동시	경북씨름왕선발전개최및출전	7,200	3	4	7	8	7	1	1	1
6229	경북 안동시	전통시장마케팅및이벤트행사지원	7,200	3	6	7	1	7	1	1	1
6230	경북 안동시	경상북도공고물디자인전출품	7,200	3	4	4	7	7	1	1	4
6231	경북 안동시	월남전참전6주년기념식참석	5,000	3	6	7	8	7	1	1	1
6232	경북 안동시	근대사인물추모학술강연회	5,000	3	6	7	8	7	1	1	1
6233	경북 안동시	1318청소년한마당축제	5,000	3	4	7	8	7	1	1	1
6234	경북 안동시	안동시사회복지인대회	4,500	3	6	7	8	7	1	1	1
6235	경북 안동시	친환경농산물직거래및도농교류행사	4,500	3	4	7	8	7	5	5	4
6236	경북 안동시	농민회영농발대식지원	4,050	3	4	7	8	7	1	1	4
6237	경북 안동시	한여농우리농산물홍보행사지원	4,050	3	4	7	8	7	1	1	4

순번	시군구	지출명 (사업명)	2024년예산 (단위 : 천원 /1년간)	민간이전 분류 (지방자치단체 세출예산 집행기준에 의거) 1. 민간경상사업보조(307-02) 2. 민간단체 법정운영비보조(307-03) 3. 민간행사사업보조(307-04) 4. 민간위탁금(307-05) 5. 사회복지시설 법정운영비보조(307-10) 6. 민간인위탁교육비(307-12) 7. 공기관등에대한경상적위탁사업비(308-13) 8. 민간자본사업보조,자체재원(402-01) 9. 민간자본사업보조,이전재원(402-02) 10. 민간위탁사업비(402-03) 11. 공기관등에 대한 자본적 위탁사업비(403-02)	민간이전지출 근거 (지방보조금 관리기준 참고) 1. 법률에 규정 2. 국고보조 재원(국가지정) 3. 용도 지정 기부금 4. 조례에 직접규정 5. 지자체가 권장하는 사업을 하는 공공기관 6. 시,도 정책 및 재정사정 7. 기타 8. 해당없음	입찰방식			운영예산 산정		성과평가 실시여부
						계약체결방법 (경쟁형태) 1. 일반경쟁 2. 제한경쟁 3. 지명경쟁 4. 수의계약 5. 법정위탁 6. 기타 ( ) 7. 없음	계약기간 1. 1년 2. 2년 3. 3년 4. 4년 5. 5년 6. 기타 ( )년 7. 단기계약 (1년미만) 8. 없음	낙찰자선정방법 1. 적격심사 2. 협상에의한계약 3. 최저가낙찰제 4. 규격가격분리 5. 2단계 경쟁입찰 6. 기타 ( ) 7. 없음	운영예산 산정 1. 내부산정 (지자체 자체적으로 산정) 2. 외부산정 (외부전문기관위탁 산정) 3. 내·외부 모두 산정 4. 산정 無 5. 없음	정산방법 1. 내부정산 (지자체 내부적으로 정산) 2. 외부정산 (외부전문기관위탁 정산) 3. 내·외부 모두 산정 4. 정산 無 5. 없음	1. 실시 2. 미실시 3. 향후 추진 4. 해당없음
6238	경북 안동시	경북수산업경영인대회참가지원	2,970	3	7	7	8	7	5	5	4
6239	경북 안동시	농업농촌사랑청소년동영상공모전	2,430	3	4	7	8	7	5	1	4
6240	경북 안동시	안동민속축제	900,000	3	4	7	1	7	1	1	1
6241	경북 안동시	뮤지컬왕의나라공연지원	650,000	3	4	7	1	7	1	1	1
6242	경북 안동시	실경수상뮤지컬이육사공연지원	260,000	3	4	7	1	7	1	1	1
6243	경북 안동시	제36회안동예술제	108,000	3	4	7	8	7	1	1	1
6244	경북 안동시	국악뮤지컬퇴계연가지원	106,000	3	4	7	1	7	1	1	1
6245	경북 안동시	뮤지컬안동웅부전공영지원	102,000	3	4	7	1	7	1	1	1
6246	경북 안동시	제46회경북예술제	93,000	3	4	7	8	7	1	1	1
6247	경북 안동시	오페라현모이가지원	83,000	3	4	7	1	7	1	1	1
6248	경북 안동시	뮤지컬원이엄마제작지원	76,200	3	4	7	1	7	1	1	1
6249	경북 안동시	독립의혼임청각	64,800	3	4	7	1	7	1	1	1
6250	경북 안동시	여성민속한마당행사	60,000	3	4	7	1	7	1	1	1
6251	경북 안동시	[도]안동제비원민속문화축제	60,000	3	4	7	8	7	1	1	1
6252	경북 안동시	[도]한국전통창작춤극공연	55,700	3	4	7	8	7	1	1	1
6253	경북 안동시	김병걸가요제	54,000	3	4	7	8	7	1	1	1
6254	경북 안동시	[도]생활문화예술인상설공연지원사업	54,000	3	4	7	8	7	1	1	1
6255	경북 안동시	[도]지역사회공동체성회복을위한버스킹공연	54,000	3	4	7	8	7	1	1	1
6256	경북 안동시	국악한마당개최지원	46,800	3	4	7	8	7	1	1	1
6257	경북 안동시	찾아가는문화공연	45,000	3	4	7	8	7	1	1	1
6258	경북 안동시	이육사육필특별전시	45,000	3	4	7	8	7	1	1	1
6259	경북 안동시	[도]우리소리축제지원	45,000	3	4	7	8	7	1	1	1
6260	경북 안동시	[도]낙동강7경문화한마당개최지원	45,000	3	4	7	8	7	1	1	1
6261	경북 안동시	고전오페라산책	39,060	3	4	7	8	7	1	1	1
6262	경북 안동시	정월대보름달맞이행사	36,000	3	4	7	1	7	1	1	1
6263	경북 안동시	안동물빛사랑사생대회	36,000	3	4	7	1	7	1	1	1
6264	경북 안동시	국신당수륙재	36,000	3	4	7	8	7	1	1	1
6265	경북 안동시	[도]합창교향곡판타스틱안동공연지원	29,700	3	4	7	8	7	1	1	1
6266	경북 안동시	이육사인문예술기행	27,000	3	4	7	8	7	1	1	1
6267	경북 안동시	웅부문화원새봄맞이음악회	27,000	3	4	7	8	7	1	1	1
6268	경북 안동시	정부인안동장씨추모여성휘호대회	27,000	3	4	7	8	7	1	1	1
6269	경북 안동시	[도]석주이상룡선생특별기획전시개최지원	25,500	3	4	7	8	7	1	1	1
6270	경북 안동시	청소년인성함양창작뮤지컬	24,000	3	4	7	1	7	1	1	1
6271	경북 안동시	[도]안동남성합창단정기연주회	22,950	3	4	7	8	7	1	1	1
6272	경북 안동시	양로연행사	22,500	3	4	7	1	7	1	1	1
6273	경북 안동시	[도]월영교문화공연지원	19,220	3	4	7	8	7	1	1	1
6274	경북 안동시	[도]전국시조경창대회	18,000	3	4	7	8	7	1	1	1
6275	경북 안동시	석전대제행사	18,000	3	4	7	8	7	1	1	1
6276	경북 안동시	[도]시화예사문화예술놀이판개최지원	14,400	3	4	7	8	7	1	1	1
6277	경북 안동시	제17회봄나들이동요제	12,600	3	4	7	8	7	1	1	1

순번	시군구	지출명 (사업명)	2024년예산 (단위 : 천원 /1년간)	민간이전 분류 (지방자치단체 세출예산 집행기준에 의거)	민간이전지출 근거 (지방보조금 관리기준 참고)	입찰방식			운영예산 산정		성과평가 실시여부
				1. 민간경상사업보조(307-02) 2. 민간단체 법정운영비보조(307-03) 3. 민간행사사업보조(307-04) 4. 민간위탁금(307-05) 5. 사회복지시설 법정운영비보조(307-10) 6. 민간인위탁교육비(307-12) 7. 공기관등에대한경상적위탁사업비(308-13) 8. 민간자본사업보조,자체재원(402-01) 9. 민간자본사업보조,이전재원(402-02) 10. 민간위탁사업비(402-03) 11. 공기관등에 대한 자본적 위탁사업비(403-02)	1. 법률에 규정 2. 국고보조 재원(국가지정) 3. 용도 지정 기부금 4. 조례에 직접규정 5. 지자체가 권장하는 사업을 하는 공공기관 6. 시,도 정책 및 재정사정 7. 기타 8. 해당없음	계약체결방법 (경쟁형태) 1. 일반경쟁 2. 제한경쟁 3. 지명경쟁 4. 수의계약 5. 법정위탁 6. 기타 ( ) 7. 없음	계약기간 1. 1년 2. 2년 3. 3년 4. 4년 5. 5년 6. 기타 ( )년 7. 단기계약 (1년미만) 8. 없음	낙찰자선정방법 1. 적격심사 2. 협상에의한계약 3. 최저가낙찰제 4. 규격가격분리 5. 2단계 경쟁입찰 6. 기타 ( ) 7. 없음	운영예산 산정 1. 내부산정 (지자체 자체적으로 산정) 2. 외부산정 (외부전문기관위탁 산정) 3. 내·외부 모두 산정 4. 산정 無 5. 없음	정산방법 1. 내부정산 (지자체 내부적으로 정산) 2. 외부정산 (외부전문기관위탁 정산) 3. 내·외부 모두 산정 4. 정산 無 5. 없음	1. 실시 2. 미실시 3. 향후 추진 4. 해당없음
6278	경북 안동시	안동풋굿축제	12,600	3	4	7	8	7	1	1	1
6279	경북 안동시	웅부안동전국한시백일장	10,800	3	4	7	8	7	1	1	1
6280	경북 안동시	전통혼례행사	9,000	3	4	7	8	7	1	1	1
6281	경북 안동시	성년의날행사지원	3,000	3	4	7	8	7	1	1	1
6282	경북 안동시	주민자치선진지견학(박람회)및자체발표회지원	64,800	3	4	5	1	7	1	1	1
6283	경북 안동시	안동시정바로알기사업펨투어지원	50,000	3	4	5	1	7	1	1	1
6284	경북 안동시	이통장연합회한마음체육대회	41,000	3	4	7	8	7	1	1	1
6285	경북 안동시	안동의날행사	30,000	3	4	7	8	7	5	5	4
6286	경북 안동시	3.1절기념만세재현행사	17,100	3	4	5	7	7	1	1	1
6287	경북 안동시	대한적십자봉사회안동시협의회시민안전교육및나눔행사	12,500	3	4	5	1	7	1	1	1
6288	경북 안동시	지역사회안전을위한자원봉사활동지원	12,500	3	4	7	8	7	5	5	4
6289	경북 안동시	자율방범대연합대한마음체육대회지원	7,500	3	4	7	8	7	1	1	1
6290	경북 안동시	안동양민학살희생자합동위령제	3,200	3	4	5	7	7	1	1	1
6291	경북 안동시	도민의날행사지원	3,000	3	4	7	8	7	5	5	4
6292	경북 구미시	제34회경북도민생활체육대축전개최	1,200,000	3	4	7	8	7	5	5	4
6293	경북 구미시	제62회경북도민체육대회(체육회)	1,194,100	3	4	7	8	7	5	5	4
6294	경북 구미시	제19회한국농업경영인전국대회지원	1,000,000	3	1	7	8	7	1	1	4
6295	경북 구미시	제26회경상북도장애인체육대회개최	300,000	3	4	7	8	7	5	5	4
6296	경북 구미시	2024대한민국펫캉스개최	200,000	3	4	7	8	7	5	5	4
6297	경북 구미시	박정희대통령탄신17돌문화행사	110,000	3	4	6	7	6	1	1	4
6298	경북 구미시	구미에서즐거울락상설공연	90,000	3	4	7	7	7	1	1	3
6299	경북 구미시	구미에코랜드어린이숲체험전	90,000	3	4	7	7	6	1	1	1
6300	경북 구미시	학교예술강사운영지원	83,650	3	4	6	7	7	5	1	4
6301	경북 구미시	구미아트페어	83,400	3	4	7	7	6	1	1	1
6302	경북 구미시	금오예술제	80,000	3	4	7	7	6	1	1	1
6303	경북 구미시	구미전국전통연희축제	79,000	3	4	7	7	6	1	1	1
6304	경북 구미시	노동자한마음대회	72,000	3	4	7	7	6	1	1	1
6305	경북 구미시	제16회경상북도사회복지사체육대회	68,000	3	4	1	1	1	1	1	3
6306	경북 구미시	구미시민녹색자전거대행진	67,500	3	6	7	8	7	1	1	1
6307	경북 구미시	외국인주민문화축제	67,000	3	4	1	7	1	5	1	4
6308	경북 구미시	구미시민과함께하는국악여행	65,970	3	4	1	1	1	1	1	3
6309	경북 구미시	구미동화이야기축제	63,300	3	4	7	7	6	1	1	1
6310	경북 구미시	구미인동3.1문화제	56,000	3	4	7	7	6	1	1	1
6311	경북 구미시	구미전국사진공모전	45,000	3	4	7	7	6	1	1	1
6312	경북 구미시	낙동강7경문화한마당	45,000	3	4	7	7	6	1	1	1
6313	경북 구미시	한국음악창작콩쿠르	40,500	3	4	7	7	6	1	1	1
6314	경북 구미시	노동단체화합체육대회	40,000	3	4	1	1	1	1	1	3
6315	경북 구미시	구미발전과평안기원연등축제및영산재	40,000	3	7	7	7	7	1	1	4
6316	경북 구미시	통일염원2024구미배전국3on3농구대회	40,000	3	4	7	7	7	1	1	4
6317	경북 구미시	냉산역사탐방숲길걷기	40,000	3	7	6	1	7	5	1	4

순번	시군구	지출명 (사업명)	2024년예산 (단위 : 천원 /1년간)	민간이전 분류 (지방자치단체 세출예산 집행기준에 의거) 1. 민간경상사업보조(307-02) 2. 민간단체 법정운영비보조(307-03) 3. 민간행사사업보조(307-04) 4. 민간위탁금(307-05) 5. 사회복지시설 법정운영비보조(307-10) 6. 민간인위탁교육비(307-12) 7. 공기관등에대한경상적위탁사업비(308-13) 8. 민간자본사업보조,자체재원(402-01) 9. 민간자본사업보조,이전재원(402-02) 10. 민간위탁사업비(402-03) 11. 공기관등에 대한 자본적 위탁사업비(403-02)	민간이전지출 근거 (지방보조금 관리기준 참고) 1. 법률에 규정 2. 국고보조 재원(국가지정) 3. 용도 지정 기부금 4. 조례에 직접규정 5. 지자체가 권장하는 사업을 하는 공공기관 6. 시,도 정책 및 재정사정 7. 기타 8. 해당없음	입찰방식 계약체결방법 (경쟁형태) 1. 일반경쟁 2. 제한경쟁 3. 지명경쟁 4. 수의계약 5. 법정위탁 6. 기타 ( ) 7. 없음	입찰방식 계약기간 1. 1년 2. 2년 3. 3년 4. 4년 5. 5년 6. 기타 ( )년 7. 단기계약 (1년미만) 8. 없음	입찰방식 낙찰자선정방법 1. 적격심사 2. 협상에의한계약 3. 최저가낙찰제 4. 규격가격분리 5. 2단계 경쟁입찰 6. 기타 ( ) 7. 없음	운영예산 산정 운영예산 산정 1. 내부산정 (지자체 자체적으로 산정) 2. 외부산정 (외부전문기관위탁 산정) 3. 내·외부 모두 산정 4. 산정 無 5. 없음	운영예산 산정 정산방법 1. 내부정산 (지자체 내부적으로 정산) 2. 외부정산 (외부전문기관위탁 정산) 3. 내·외부 모두 산정 4. 정산 無 5. 없음	성과평가 실시여부 1. 실시 2. 미실시 3. 향후 추진 4. 해당없음
6318	경북 구미시	대한민국청소년트롯가요제	36,000	3	4	7	7	6	1	1	1
6319	경북 구미시	낙동강구비구미시니어무용대제전	36,000	3	4	7	7	6	1	1	1
6320	경북 구미시	전국시니어국악한마당	36,000	3	4	7	7	6	1	1	1
6321	경북 구미시	구미아리랑제구국선봉장왕산허위	36,000	3	4	7	7	6	1	1	1
6322	경북 구미시	대한민국낙동예술대전	36,000	3	4	7	7	6	1	1	1
6323	경북 구미시	오페라애국지사박희광을기리며	36,000	3	4	7	7	6	1	1	1
6324	경북 구미시	향문화축제	36,000	3	7	7	8	7	1	1	4
6325	경북 구미시	호국보훈음악회	36,000	3	1,4	7	8	7	1	1	1
6326	경북 구미시	생태계교란생물(외래어종)퇴치사업	35,000	3	6	7	8	7	5	5	4
6327	경북 구미시	2024구미시장배생활체육전국오픈탁구대회	33,000	3	4	7	7	7	1	1	4
6328	경북 구미시	농업인학습조직체한마음화합행사	32,000	3	4	7	8	7	1	3	4
6329	경북 구미시	찾아가는구미문화로	30,000	3	4	7	7	6	1	1	1
6330	경북 구미시	제17회구미새마을배오픈배드민턴대회	30,000	3	4	7	7	7	1	1	4
6331	경북 구미시	원평방천축제	27,000	3	4	7	8	6	1	1	2
6332	경북 구미시	비산나루터문화축제	26,600	3	4	7	8	6	1	1	2
6333	경북 구미시	제1회구미낙동강전국수영대회	25,000	3	4	7	7	7	1	1	4
6334	경북 구미시	제19회구미시장배전국댄스스포츠대회	25,000	3	4	7	7	7	1	1	4
6335	경북 구미시	제16회미스터금오선발대회	25,000	3	4	7	7	7	1	1	4
6336	경북 구미시	제18회예스구미배전국풋살대회	23,000	3	4	7	7	7	1	1	4
6337	경북 구미시	올드림페스티벌	22,250	3	4	7	7	7	1	1	4
6338	경북 구미시	한국애란협회엽예푼전국대회	22,000	3	4	7	7	6	1	1	1
6339	경북 구미시	보육인의날행사	22,000	3	4	7	7	6	1	1	1
6340	경북 구미시	구미전국가요제	21,600	3	7	7	8	7	1	1	4
6341	경북 구미시	제16회한국중고연맹전국용무도대회	21,000	3	4	7	7	6	1	1	1
6342	경북 구미시	전국한시백일장	20,700	3	4	7	7	7	1	1	4
6343	경북 구미시	온누리힐링콘서트	20,000	3	7	7	7	6	1	1	1
6344	경북 구미시	제18회전국장애인육상선수권대회	20,000	3	4	7	7	7	1	1	4
6345	경북 구미시	제15회구미컵전국휠체어럭비대회	20,000	3	4	7	7	7	1	1	4
6346	경북 구미시	제14회구미새마을배전국동호인테니스대회	20,000	3	4	7	7	7	1	1	4
6347	경북 구미시	제9회구미새마을배초청족구대회	20,000	3	4	7	7	7	1	1	4
6348	경북 구미시	노사분쟁중재및조정체험교육	19,440	3	4	1	1	1	1	1	3
6349	경북 구미시	구미전국청소년연극제	18,000	3	4	7	7	6	1	1	1
6350	경북 구미시	구미문예공모전	18,000	3	4	7	7	6	1	1	1
6351	경북 구미시	시민과함께하는청소년희망나눔의날	18,000	3	4	7	7	6	1	1	1
6352	경북 구미시	노사민정관계자워크숍	16,000	3	4	1	1	1	1	1	1
6353	경북 구미시	인동도시숲문화축제	16,000	3	4	7	8	6	1	1	2
6354	경북 구미시	장천코스모스축제	16,000	3	4	7	8	6	1	1	2
6355	경북 구미시	지산샛강문화축제	16,000	3	4	7	8	6	1	1	2
6356	경북 구미시	청정무을농산물버섯축제	16,000	3	4	7	8	6	1	1	2
6357	경북 구미시	1월의음악회	15,000	3	4	7	7	6	1	1	1

순번	시군구	지출명 (사업명)	2024년예산 (단위 : 천원 /1년간)	민간이전 분류 (지방자치단체 세출예산 집행기준에 의거) 1. 민간경상사업보조(307-02) 2. 민간단체 법정운영비보조(307-03) 3. 민간행사사업보조(307-04) 4. 민간위탁금(307-05) 5. 사회복지시설 법정운영비보조(307-10) 6. 민간인위탁교육비(307-12) 7. 공기관등에대한경상적위탁사업비(308-13) 8. 민간자본사업보조,자체재원(402-01) 9. 민간자본사업보조,이전재원(402-02) 10. 민간위탁사업비(402-03) 11. 공기관등에 대한 자본적 위탁사업비(403-02)	민간이전지출 근거 (지방보조금 관리기준 참고) 1. 법률에 규정 2. 국고보조 재원(국가지정) 3. 용도 지정 기부금 4. 조례에 직접규정 5. 지자체가 권장하는 사업을 하는 공공기관 6. 시,도 정책 및 재정사정 7. 기타 8. 해당없음	입찰방식 계약체결방법 (경쟁형태) 1. 일반경쟁 2. 제한경쟁 3. 지명경쟁 4. 수의계약 5. 법정위탁 6. 기타 ( ) 7. 없음	입찰방식 계약기간 1. 1년 2. 2년 3. 3년 4. 4년 5. 5년 6. 기타 ( )년 7. 단기계약 (1년미만) 8. 없음	입찰방식 낙찰자선정방법 1. 적격심사 2. 협상에의한계약 3. 최저가낙찰제 4. 규격가격분리 5. 2단계 경쟁입찰 6. 기타 ( ) 7. 없음	운영예산 산정 운영예산 산정 1. 내부산정 (지자체 자체적으로 산정) 2. 외부산정 (외부전문기관위탁 산정) 3. 내·외부 모두 산정 4. 산정 無 5. 없음	운영예산 산정 정산방법 1. 내부정산 (지자체 내부적으로 정산) 2. 외부정산 (외부전문기관위탁 정산) 3. 내·외부 모두 산정 4. 정산 無 5. 없음	성과평가 실시여부 1. 실시 2. 미실시 3. 향후 추진 4. 해당없음
6358	경북 구미시	단계백일장개최	15,000	3	4	5	7	7	1	1	1
6359	경북 구미시	광복회구미시지회독립지사추모제행사	14,000	3	1,4	7	8	7	1	1	1
6360	경북 구미시	사회복지의날기념및복지서비스전	13,400	3	4	7	8	7	1	1	1
6361	경북 구미시	향토고유전승보전	13,000	3	7	7	7	7	1	1	4
6362	경북 구미시	전국시조경창대회	13,000	3	4	7	7	6	1	1	1
6363	경북 구미시	노동단체대표자노사상생교육	12,960	3	4	1	1	1	1	1	3
6364	경북 구미시	한여름밤의국악산책	12,800	3	4	7	7	6	1	1	1
6365	경북 구미시	대한민국소극장열전	12,000	3	4	7	7	6	1	1	1
6366	경북 구미시	박정희대통령서거45주기추도식	12,000	3	4	7	7	7	1	1	3
6367	경북 구미시	바르게살기운동활성화연수및평가대회	10,800	3	4	5	7	7	1	1	1
6368	경북 구미시	전국학생영재발굴무용대회	10,000	3	4	7	8	7	5	5	4
6369	경북 구미시	원어민과함께하는지역문화체험투어	10,000	3	4	7	8	7	5	5	4
6370	경북 구미시	해평임도걷기축제	10,000	3	4	7	8	6	1	1	2
6371	경북 구미시	매일한글글짓기경북공모전	10,000	3	4	7	8	6	1	1	2
6372	경북 구미시	제7회구미컵장애인파크골프어울림대회	10,000	3	4	7	7	7	1	1	4
6373	경북 구미시	제7회구미컵장애인어울림댄스스포츠대회	10,000	3	4	7	7	7	1	1	4
6374	경북 구미시	새마을지도자역량강화워크숍	10,000	3	4	4	1	7	1	1	1
6375	경북 구미시	구미청년박정희사진전시회	10,000	3	4	7	8	7	5	5	4
6376	경북 구미시	양성평등주간기념식	10,000	3	1	7	8	7	1	1	1
6377	경북 구미시	청소년과함께하는환경의날행사	10,000	3	6	7	8	7	5	5	4
6378	경북 구미시	어린이종합예술제	9,600	3	4	7	8	6	1	1	2
6379	경북 구미시	제21회구미시어린이독서왕선발대회및국민독서경진구미시예선대회	9,500	3	4	4	1	7	1	1	1
6380	경북 구미시	문화의날기념식	9,000	3	7	7	7	7	1	1	4
6381	경북 구미시	구미여성문화예술축제	9,000	3	4	7	8	6	1	1	2
6382	경북 구미시	시민극단도시락'심청전'	9,000	3	4	7	8	6	1	1	2
6383	경북 구미시	구미시민을위한행복콘서트	9,000	3	4	7	8	6	1	1	1
6384	경북 구미시	인동아리랑한마당축제	8,000	3	4	7	8	6	1	1	2
6385	경북 구미시	구미발갱이들소리공개행사	8,000	3	4	7	7	7	5	5	4
6386	경북 구미시	구미학생미술서예실기공모전	7,680	3	4	7	7	6	1	1	1
6387	경북 구미시	구미차의날행사	7,200	3	4	7	8	6	1	1	2
6388	경북 구미시	춘란전시회	6,480	3	4	7	8	6	1	1	2
6389	경북 구미시	산동의우위령문화축제	5,760	3	4	7	8	6	1	1	2
6390	경북 구미시	전국시군경영인협합회자매결연교류사업행사지원	5,400	3	1	7	8	7	1	1	4
6391	경북 구미시	구미시민을위한문화예술공연	5,020	3	4	7	8	6	1	1	2
6392	경북 구미시	인문학의밤	5,000	3	4	7	7	6	1	1	1
6393	경북 구미시	서협구미지부전	5,000	3	4	7	8	6	1	1	2
6394	경북 구미시	구미남성합창단정기공연	5,000	3	4	7	8	6	1	1	2
6395	경북 구미시	우리꿈빛청소년오케스트라정기공연	5,000	3	4	7	8	6	1	1	2
6396	경북 구미시	구미필하모닉오케스트라정기연주회	5,000	3	4	7	8	6	1	1	2
6397	경북 구미시	제11회구미컵전국지적장애인농구대회	5,000	3	4	7	7	7	1	1	4

순번	시군구	지출명 (사업명)	2024년예산 (단위 : 천원 /1년간)	민간이전 분류 (지방자치단체 세출예산 집행기준에 의거) 1. 민간경상사업보조(307-02) 2. 민간단체 법정운영비보조(307-03) 3. 민간행사사업보조(307-04) 4. 민간위탁금(307-05) 5. 사회복지시설 법정운영비보조(307-10) 6. 민간인위탁교육비(307-12) 7. 공기관등에대한경상적위탁사업비(308-13) 8. 민간자본사업보조,자체재원(402-01) 9. 민간자본사업보조,이전재원(402-02) 10. 민간위탁사업비(402-03) 11. 공기관등에 대한 자본적 위탁사업비(403-02)	민간이전지출 근거 (지방보조금 관리기준 참고) 1. 법률에 규정 2. 국고보조 재원(국가지정) 3. 용도 지정 기부금 4. 조례에 직접규정 5. 지자체가 권장하는 사업을 하는 공공기관 6. 시,도 정책 및 재정사정 7. 기타 8. 해당없음	입찰방식 계약체결방법 (경쟁형태) 1. 일반경쟁 2. 제한경쟁 3. 지명경쟁 4. 수의계약 5. 법정위탁 6. 기타 ( ) 7. 없음	입찰방식 계약기간 1. 1년 2. 2년 3. 3년 4. 4년 5. 5년 6. 기타 ( )년 7. 단기계약 (1년미만) 8. 없음	입찰방식 낙찰자선정방법 1. 적격심사 2. 협상에의한계약 3. 최저가낙찰제 4. 규격가격분리 5. 2단계 경쟁입찰 6. 기타 ( ) 7. 없음	운영예산 산정 운영예산 산정 1. 내부산정 (지자체 자체적으로 산정) 2. 외부산정 (외부전문기관위탁 산정) 3. 내·외부 모두 산정 4. 산정 無 5. 없음	운영예산 산정 정산방법 1. 내부정산 (지자체 내부적으로 정산) 2. 외부정산 (외부전문기관위탁 정산) 3. 내·외부 모두 산정 4. 정산 無 5. 없음	성과평가 실시여부 1. 실시 2. 미실시 3. 향후 추진 4. 해당없음
6398	경북 구미시	제33회새마을여성합창단정기연주회	4,860	3	4	4	1	7	1	1	1
6399	경북 구미시	그린필오케스트라정기연주회	4,800	3	4	7	8	6	1	1	2
6400	경북 구미시	구미풍물육성	4,500	3	7	7	7	7	1	1	4
6401	경북 구미시	구미시민을위한팝스음악회	4,500	3	4	7	8	6	1	1	2
6402	경북 구미시	구미시민과함께하는풍물한마당	4,500	3	4	7	8	6	1	1	2
6403	경북 구미시	요양어르신들을위한효잔치한마당	4,000	3	4	7	8	6	1	1	2
6404	경북 구미시	청소년윈드오케스트라정기연주회	4,000	3	4	7	8	6	1	1	2
6405	경북 구미시	문화예술공연	3,600	3	4	7	8	6	1	1	2
6406	경북 구미시	찾아가는구미문화예술공연	3,000	3	4	7	8	6	1	1	2
6407	경북 구미시	지역민과함께하는시낭송공연	3,000	3	4	7	8	6	1	1	2
6408	경북 구미시	서예가협회전	3,000	3	4	7	8	6	1	1	2
6409	경북 구미시	나눔문화캠페인활동	3,000	3	4	7	8	7	1	1	1
6410	경북 구미시	구미수채화한마당	2,700	3	4	7	8	6	1	1	2
6411	경북 구미시	월동준비전	2,700	3	4	7	8	6	1	1	2
6412	경북 구미시	문예연전	2,700	3	4	7	8	6	1	1	2
6413	경북 구미시	구미현대서각회전	1,800	3	4	7	8	6	1	1	2
6414	경북 상주시	상주시대표축제개최지원	1,000,000	3	8	7	8	7	5	5	4
6415	경북 상주시	전국및도단위대회개최지원	800,000	3	4	7	8	7	1	1	1
6416	경북 상주시	시민체육대회개최경비지원	488,000	3	1	6	8	7	1	1	1
6417	경북 상주시	상주컵전국유소년축구클럽대회개최지원	224,000	3	4	7	8	7	1	1	1
6418	경북 상주시	시장기종목별대회개최경비지원	150,000	3	1	6	8	7	1	1	1
6419	경북 상주시	상주농특산품해외홍보판촉행사지원	150,000	3	6	7	8	7	5	5	4
6420	경북 상주시	제4회MBC배전국대학농구대회지원	145,000	3	4	7	8	7	1	1	1
6421	경북 상주시	농식품국외판촉지원	130,000	3	6	7	8	7	5	5	4
6422	경북 상주시	제24회상주시장배전국MTB대회개최지원	120,000	3	1	6	8	7	1	1	1
6423	경북 상주시	승마대회유치및지원	100,000	3	4	7	8	7	5	5	4
6424	경북 상주시	정기룡장군선양사업지원	95,000	3	6	7	8	7	1	1	2
6425	경북 상주시	경상북도아마추어e스포츠대회지원	90,000	3	4	7	8	7	1	1	1
6426	경북 상주시	명실상주배전국동호인탁구대회개최지원	90,000	3	4	7	8	7	1	1	1
6427	경북 상주시	상주전국한우축제지원	90,000	3	4	7	8	7	1	1	3
6428	경북 상주시	제3회경상북도지사배전국승마대회지원	90,000	3	4	7	8	7	5	1	4
6429	경북 상주시	동학예술제지원	80,370	3	6	7	8	7	1	1	2
6430	경북 상주시	한여름밤의축제지원	80,000	3	4	7	8	7	1	1	1
6431	경북 상주시	제26회한국실업볼링연맹회장기전국실업볼링대회지원	80,000	3	4	7	8	7	1	1	1
6432	경북 상주시	2024대한민국키르기스스탄레슬링국가대표합동훈련및친선대회지원	80,000	3	4	7	8	7	1	1	1
6433	경북 상주시	상(賞)주고상(償)받으며향교에서즐겨보자!	75,000	3	2	7	8	7	1	1	1
6434	경북 상주시	맛과멋에정(情)을담다!	75,000	3	4	7	8	7	1	1	1
6435	경북 상주시	제22회상주곶감국제마라톤대회지원	75,000	3	4	7	8	7	1	1	1
6436	경북 상주시	2024년상주슬로라이프페스티벌개최지원	70,000	3	4	4	7	7	1	1	3
6437	경북 상주시	2024경북종별태권도선수권대회지원	70,000	3	4	7	8	7	1	1	1

순번	시군구	지출명 (사업명)	2024년예산 (단위 : 천원 /1년간)	민간이전 분류 (지방자치단체 세출예산 집행기준에 의거) 1. 민간경상사업보조(307-02) 2. 민간단체 법정운영비보조(307-03) 3. 민간행사사업보조(307-04) 4. 민간위탁금(307-05) 5. 사회복지시설 법정운영비보조(307-10) 6. 민간인위탁교육비(307-12) 7. 공기관등에대한경상적위탁사업비(308-13) 8. 민간자본사업보조,자체재원(402-01) 9. 민간자본사업보조,이전재원(402-02) 10. 민간위탁사업비(402-03) 11. 공기관등에 대한 자본적 위탁사업비(403-02)	민간이전지출 근거 (지방보조금 관리기준 참고) 1. 법률에 규정 2. 국고보조 재원(국가지정) 3. 용도 지정 기부금 4. 조례에 직접규정 5. 지자체가 권장하는 사업을 하는 공공기관 6. 시,도 정책 및 재정사정 7. 기타 8. 해당없음	입찰방식 계약체결방법 (경쟁형태) 1. 일반경쟁 2. 제한경쟁 3. 지명경쟁 4. 수의계약 5. 법정위탁 6. 기타 ( ) 7. 없음	입찰방식 계약기간 1. 1년 2. 2년 3. 3년 4. 4년 5. 5년 6. 기타 ( )년 7. 단기계약 (1년미만) 8. 없음	입찰방식 낙찰자선정방법 1. 적격심사 2. 협상에의한계약 3. 최저가낙찰제 4. 규격가격분리 5. 2단계 경쟁입찰 6. 기타 ( ) 7. 없음	운영예산 산정 운영예산 산정 1. 내부산정 (지자체 자체적으로 산정) 2. 외부산정 (외부전문기관위탁 산정) 3. 내·외부 모두 산정 4. 산정 無 5. 없음	운영예산 산정 정산방법 1. 내부정산 (지자체 내부적으로 정산) 2. 외부정산 (외부전문기관위탁 정산) 3. 내·외부 모두 산정 4. 정산 無 5. 없음	성과평가 실시여부 1. 실시 2. 미실시 3. 향후 추진 4. 해당없음
6438	경북 상주시	제12회정기룡장군배전국승마대회지원	70,000	3	4	7	8	7	5	1	4
6439	경북 상주시	도민녹색자전거대행진행사지원	67,500	3	1	6	8	7	1	1	1
6440	경북 상주시	2024년성주봉HOT페스티벌지원	63,000	3	7	6	8	6	1	1	4
6441	경북 상주시	2024상주곶감컵SBS프로볼링대회지원	60,000	3	4	7	8	7	1	1	1
6442	경북 상주시	2024상주시소상공인한마음축제지원	54,000	3	1	7	8	7	5	5	1
6443	경북 상주시	상주예술제지원	50,000	3	4	7	8	7	1	1	1
6444	경북 상주시	사적지옥동서원에서옛선현따라하기	50,000	3	3	7	8	7	1	1	1
6445	경북 상주시	비박페스티벌사업지원	50,000	3	7	7	8	7	5	5	4
6446	경북 상주시	제5회상주시장배전국우수초중고윈터리그농구대회지원	50,000	3	4	7	8	7	1	1	1
6447	경북 상주시	제3회명실상주E.M.A챔피언십킥복싱국가대항전지원	50,000	3	4	7	8	7	1	1	1
6448	경북 상주시	국내농특산품홍보및판촉행사지원	50,000	3	4	7	8	7	5	5	4
6449	경북 상주시	전국민요경창대회지원	49,500	3	4	7	8	7	1	1	1
6450	경북 상주시	제4회만정김소희명창상주전국아리랑경창대회지원	45,000	3	4	7	8	7	1	1	1
6451	경북 상주시	문화예술활성화지원	45,000	3	4	7	8	7	1	1	1
6452	경북 상주시	낙동강7경문화한마당개최지원	45,000	3	6	7	8	7	1	1	2
6453	경북 상주시	2024년상주시평생학습축제	40,000	3	4	7	1	7	1	1	1
6454	경북 상주시	제3회경상북도승마협회장배전국승마대회지원	40,000	3	4	7	8	7	5	1	4
6455	경북 상주시	이통장한마음체육대회지원	36,000	3	4	7	8	7	1	1	1
6456	경북 상주시	상주곶감배e스포츠대회지원	33,750	3	4	7	8	7	1	1	1
6457	경북 상주시	낙동강전국청소년영상제개최지원	32,800	3	8	7	8	7	5	5	4
6458	경북 상주시	존애원정신문화계승사업지원	31,500	3	6	7	8	7	1	1	2
6459	경북 상주시	상주시청년의날행사개최	30,000	3	4	7	8	7	5	5	4
6460	경북 상주시	제14회상주사랑전국사진공모전	29,700	3	1	7	8	7	1	5	4
6461	경북 상주시	바르게살기운동김장나눔행사개최지원	29,700	3	1	7	8	7	1	1	1
6462	경북 상주시	근로자의날기념행사	29,700	3	4	7	8	7	1	1	1
6463	경북 상주시	상주종합국악제전국국악경연대회및학술발표회지원	27,000	3	4	7	8	7	1	1	1
6464	경북 상주시	보훈단체안보현장체험지원	27,000	3	1	7	8	7	1	1	4
6465	경북 상주시	상주시후계농업경영인대회개최지원	27,000	3	1	7	8	7	5	5	4
6466	경북 상주시	새마을지도자수련대회지원	25,200	3	4	7	8	7	1	1	1
6467	경북 상주시	제35회문화체육관광부장관기전국학생볼링대회지원	25,000	3	4	7	8	7	1	1	1
6468	경북 상주시	제1회곶감배오픈배드민턴대회지원	25,000	3	4	7	8	7	1	1	1
6469	경북 상주시	2024상주곶감배전국동호인테니스대회지원	25,000	3	4	7	8	7	1	1	1
6470	경북 상주시	제3회전국상주경천섬MRF걷기대회지원	25,000	3	4	7	8	7	1	1	1
6471	경북 상주시	제9회상주곶감배동호인초청족구대회지원	22,500	3	4	7	8	7	1	1	1
6472	경북 상주시	생활개선회한마음대회지원	22,350	3	1	7	8	7	5	5	4
6473	경북 상주시	새마을지도자역량강화워크숍지원	22,050	3	4	7	8	7	1	1	1
6474	경북 상주시	문화체험행사지원	22,000	3	7	7	8	7	1	1	3
6475	경북 상주시	경북사과행사상주시농특산물홍보지원	22,000	3	4	7	8	7	5	5	4
6476	경북 상주시	상주장원봉과거시험재현행사지원	21,600	3	4	7	8	7	1	1	1
6477	경북 상주시	충의공정기룡장군탄신462기념경북남녀궁도대회지원	20,000	3	4	7	8	7	1	1	1

순번	시군구	지출명 (사업명)	2024년예산 (단위 : 천원 /1년간)	민간이전 분류 (지방자치단체 세출예산 집행기준에 의거) 1. 민간경상사업보조(307-02) 2. 민간단체 법정운영비보조(307-03) 3. 민간행사사업보조(307-04) 4. 민간위탁금(307-05) 5. 사회복지시설 법정운영비보조(307-10) 6. 민간인위탁교육비(307-12) 7. 공기관등에대한경상적위탁사업비(308-13) 8. 민간자본사업보조,자체재원(402-01) 9. 민간자본사업보조,이전재원(402-02) 10. 민간위탁사업비(402-03) 11. 공기관등에 대한 자본적 위탁사업비(403-02)	민간이전지출 근거 (지방보조금 관리기준 참고) 1. 법률에 규정 2. 국고보조 재원(국가지정) 3. 용도 지정 기부금 4. 조례에 직접규정 5. 지자체가 권장하는 사업을 하는 공공기관 6. 시,도 정책 및 재정사정 7. 기타 8. 해당없음	입찰방식 계약체결방법 (경쟁형태) 1. 일반경쟁 2. 제한경쟁 3. 지명경쟁 4. 수의계약 5. 법정위탁 6. 기타 ( ) 7. 없음	계약기간 1. 1년 2. 2년 3. 3년 4. 4년 5. 5년 6. 기타 ( )년 7. 단기계약 (1년미만) 8. 없음	낙찰자선정방법 1. 적격심사 2. 협상에의한계약 3. 최저가낙찰제 4. 규격가격분리 5. 2단계 경쟁입찰 6. 기타 ( ) 7. 없음	운영예산 산정 운영예산 산정 1. 내부산정 (지자체 자체적으로 산정) 2. 외부산정 (외부전문기관위탁 산정) 3. 내·외부 모두 산정 4. 산정 無 5. 없음	정산방법 1. 내부정산 (지자체 내부적으로 정산) 2. 외부정산 (외부전문기관위탁 정산) 3. 내·외부 모두 산정 4. 정산 無 5. 없음	성과평가 실시여부 1. 실시 2. 미실시 3. 향후 추진 4. 해당없음
6478	경북 상주시	제17회상주곶감배클럽(3인조)전볼링대회지원	20,000	3	4	7	8	7	1	1	1
6479	경북 상주시	쌀판로확대를위한홍보및판촉행사지원	20,000	3	4	7	8	7	5	5	4
6480	경북 상주시	시민을위한한마당문화행사지원	19,800	3	4	7	8	7	1	1	1
6481	경북 상주시	시민과함께하는성탄감사한마당행사지원	19,800	3	4	7	8	7	1	1	1
6482	경북 상주시	청소년건전육성및준법활동지원	19,600	3	8	7	8	7	5	5	4
6483	경북 상주시	어린이날행사지원	18,650	3	6	7	8	7	1	1	4
6484	경북 상주시	전국시조경창대회지원	18,000	3	6	7	8	7	1	1	2
6485	경북 상주시	의용소방대소방기술경연대회지원	17,600	3	1	7	8	7	1	1	4
6486	경북 상주시	2024년상주시어르신주산경기대회지원	16,000	3	4	7	1	7	1	1	3
6487	경북 상주시	상주다리밟기행사지원	15,975	3	4	7	8	7	1	1	1
6488	경북 상주시	삼백다례문화제지원	15,300	3	6	7	8	7	1	1	2
6489	경북 상주시	삼월삼짇날풍속재현행사지원	15,300	3	6	7	8	7	1	1	2
6490	경북 상주시	공동체치안활성화를위한자율방범연합회한마음다짐대회지원	15,000	3	4	7	8	7	5	1	4
6491	경북 상주시	제7회상주속리산문장대등산대회지원	15,000	3	4	7	8	7	1	1	1
6492	경북 상주시	상주항일독립만세운동기념행사지원	14,000	3	1	7	8	7	1	1	4
6493	경북 상주시	바르게살기회원어울한마당지원	13,950	3	1	7	8	7	1	1	1
6494	경북 상주시	올곧은어르신건강대축제	13,000	3	4	7	8	7	1	1	4
6495	경북 상주시	노인의날행사지원	12,850	3	4	7	8	7	1	1	4
6496	경북 상주시	청소년락페스티벌개최지원	12,300	3	8	7	8	7	5	5	4
6497	경북 상주시	225년새해해맞이행사지원	12,150	3	4	7	8	7	1	1	1
6498	경북 상주시	상주시예능동아리경연페스티벌지원	12,150	3	4	7	8	7	1	1	1
6499	경북 상주시	시민건강증진사업(걷기대회)지원	12,000	3	1	6	8	7	1	1	1
6500	경북 상주시	근로자한마음갖기대회지원	12,000	3	4	7	8	7	1	1	1
6501	경북 상주시	자연환경보전명예지도원하계수련대회지원	11,200	3	5	7	1	7	5	1	4
6502	경북 상주시	선진가정문화실천다짐대회지원	10,800	3	4	7	8	7	1	1	1
6503	경북 상주시	6.25행사지원	10,600	3	1	7	8	7	1	1	4
6504	경북 상주시	상주시민자전거대행진지원	10,000	3	1	6	8	7	1	1	1
6505	경북 상주시	6.25참전유공자회상주시지회회원위로행사지원	10,000	3	1	7	8	7	1	1	4
6506	경북 상주시	청소년의달행사지원	10,000	3	8	7	8	7	5	5	4
6507	경북 상주시	농특산품수출바이어초청행사지원	10,000	3	6	7	8	7	5	5	4
6508	경북 상주시	4H야영교육지원	9,450	3	1	7	8	7	5	5	4
6509	경북 상주시	새마을지도자대회지원	9,000	3	4	7	8	7	1	1	1
6510	경북 상주시	여성예술인과함께하는문화예술체험한마당행사지원	9,000	3	4	7	8	7	1	1	1
6511	경북 상주시	한농연전국농업인대회참가지원	9,000	3	1	7	8	7	5	5	4
6512	경북 상주시	농식품국내판촉지원	7,500	3	4	7	8	7	5	5	4
6513	경북 상주시	임란북천전적지제향행사지원	7,200	3	5	7	8	7	1	1	1
6514	경북 상주시	한여농어울한마당행사지원	7,200	3	1	7	8	7	5	5	4
6515	경북 상주시	경북여성농민한마당행사참가지원	6,300	3	1	7	8	7	5	5	4
6516	경북 상주시	상주어린이동요대회지원	5,400	3	4	7	8	7	1	1	1
6517	경북 상주시	상주동학농민혁명기념문화제지원	5,400	3	4	7	8	7	1	1	1

순번	시군구	지출명 (사업명)	2024년예산 (단위 : 천원 /1년간)	민간이전 분류 (지방자치단체 세출예산 집행기준에 의거) 1. 민간경상사업보조(307-02) 2. 민간단체 법정운영비보조(307-03) 3. 민간행사사업보조(307-04) 4. 민간위탁금(307-05) 5. 사회복지시설 법정운영비보조(307-10) 6. 민간인위탁교육비(307-12) 7. 공기관등에대한경상적위탁사업비(308-13) 8. 민간자본사업보조,자체재원(402-01) 9. 민간자본사업보조,이전재원(402-02) 10. 민간위탁사업비(402-03) 11. 공기관등에 대한 자본적 위탁사업비(403-02)	민간이전지출 근거 (지방보조금 관리기준 참고) 1. 법률에 규정 2. 국고보조 재원(국가지정) 3. 용도 지정 기부금 4. 조례에 직접규정 5. 지자체가 권장하는 사업을 하는 공공기관 6. 시,도 정책 및 재정사정 7. 기타 8. 해당없음	입찰방식 계약체결방법 (경쟁형태) 1. 일반경쟁 2. 제한경쟁 3. 지명경쟁 4. 수의계약 5. 법정위탁 6. 기타 ( ) 7. 없음	입찰방식 계약기간 1. 1년 2. 2년 3. 3년 4. 4년 5. 5년 6. 기타 ( )년 7. 단기계약 (1년미만) 8. 없음	입찰방식 낙찰자선정방법 1. 적격심사 2. 협상에의한계약 3. 최저가낙찰제 4. 규격가격분리 5. 2단계 경쟁입찰 6. 기타 ( ) 7. 없음	운영예산 산정 운영예산 산정 1. 내부산정 (지자체 자체적으로 산정) 2. 외부산정 (외부전문기관위탁 산정) 3. 내·외부 모두 산정 4. 산정 無 5. 없음	운영예산 산정 정산방법 1. 내부정산 (지자체 내부적으로 정산) 2. 외부정산 (외부전문기관위탁 정산) 3. 내·외부 모두 산정 4. 정산 無 5. 없음	성과평가 실시여부 1. 실시 2. 미실시 3. 향후 추진 4. 해당없음
6518	경북 상주시	한농연전국으뜸농산물품평회참가지원	5,400	3	1	7	8	7	5	5	4
6519	경북 상주시	한농연경북연합회농특산물직거래장터운영지원	5,400	3	1	7	8	7	5	5	4
6520	경북 상주시	한여농경북여성농업인대회참가지원	5,400	3	1	7	8	7	5	5	4
6521	경북 상주시	한여농137상주쌀소비촉진범시민프로젝트지원	5,400	3	1	7	8	7	5	5	4
6522	경북 상주시	경북농민회친선교류한마당참가지원	5,400	3	1	7	8	7	5	5	4
6523	경북 상주시	농민회동하계한방의료봉사활동행사지원	5,400	3	1	7	8	7	5	5	4
6524	경북 상주시	자전거의날행사지원	5,000	3	1	6	8	7	1	1	1
6525	경북 상주시	안보의식강화결의대회지원	5,000	3	1	7	8	7	1	1	4
6526	경북 상주시	상주시민시낭송축제지원	4,950	3	4	7	8	7	1	1	1
6527	경북 상주시	도심속알뜰도서피서지문고운영지원	4,950	3	4	7	8	7	1	1	1
6528	경북 상주시	상주여성문화예술어울림지원	4,500	3	4	7	8	7	1	1	1
6529	경북 상주시	삼백청소년합창제개최지원	4,500	3	8	7	8	7	5	5	4
6530	경북 상주시	한농연영호남친선및선진농업교류한마당지원	4,500	3	1	7	8	7	5	5	4
6531	경북 상주시	농업인단체협의회워크숍지원	4,500	3	1	7	8	7	5	5	4
6532	경북 상주시	재향군인의날기념행사지원	4,000	3	1	7	8	7	1	1	4
6533	경북 상주시	청소년문화체험활동지원	3,990	3	8	7	8	7	5	5	4
6534	경북 상주시	상주시사회복지대회지원	3,600	3	1	7	8	7	1	1	4
6535	경북 상주시	청소년길거리농구대회지원	3,440	3	8	7	8	7	5	5	4
6536	경북 상주시	한국쌀전업농상주시연합회한마당행사지원	3,240	3	1	7	8	7	5	5	4
6537	경북 상주시	농촌체험휴양마을도농교류행사지원	2,700	3	4	7	8	7	5	5	4
6538	경북 상주시	상주시김제시농민회교류한마당지원	2,700	3	1	7	8	7	5	5	4
6539	경북 상주시	농민회FTA대응농민교육사업지원	2,700	3	1	7	8	7	5	5	4
6540	경북 상주시	농민회농민학생시민단체농촌봉사활동지원	2,700	3	1	7	8	7	5	5	4
6541	경북 상주시	쌀전업농대회및교육지원	2,700	3	1	7	8	7	5	5	4
6542	경북 상주시	마당제행사지원	2,700	3	4	4	1	3	1	1	1
6543	경북 상주시	농민회통일쌀보내기모내기행사지원	2,250	3	1	7	8	7	5	5	4
6544	경북 상주시	여성농업인육묘장터운영지원	2,250	3	1	7	8	7	5	5	4
6545	경북 상주시	언니네텃밭토종씨앗지키기나누기행사지원	2,250	3	1	7	8	7	5	5	4
6546	경북 상주시	경북새농민회한마음전진대회참가지원	2,250	3	1	7	8	7	5	5	4
6547	경북 상주시	평화수호현장체험지원	2,000	3	1	7	8	7	1	1	4
6548	경북 상주시	윤리도덕선양대회지원	1,800	3	4	7	8	7	1	1	1
6549	경북 상주시	유교문화학술대회지원	1,800	3	4	7	8	7	1	1	1
6550	경북 상주시	바르게살기운동건전생활실천순회교육지원	1,650	3	1	7	8	7	1	1	1
6551	경북 상주시	광복회상주문경예천연합지회안보현장체험지원	1,000	3	1	7	8	7	1	1	4
6552	경북 상주시	쌀품평회등참가지원	900	3	1	7	8	7	5	5	4
6553	경북 문경시	문경사과축제	670,000	3	4	7	8	7	1	1	4
6554	경북 문경시	아시아유청소년유도선수권대회	600,000	3	5	7	8	7	3	1	1
6555	경북 문경시	제2회FAI아시안오세아니아패러글라이딩챔피언십	470,000	3	2	7	8	7	1	1	4
6556	경북 문경시	문경가요대전개최	290,000	3	4	7	8	7	5	5	4
6557	경북 문경시	[도비]문경가요대전	290,000	3	1	7	8	7	1	1	1

순번	시군구	지출명 (사업명)	2024년예산 (단위 : 천원 /1년간)	민간이전 분류 (지방자치단체 세출예산 집행기준에 의거) 1. 민간경상사업보조(307-02) 2. 민간단체 법정운영비보조(307-03) 3. 민간행사사업보조(307-04) 4. 민간위탁금(307-05) 5. 사회복지시설 법정운영비보조(307-10) 6. 민간인위탁교육비(307-12) 7. 공기관등에대한경상적위탁사업비(308-13) 8. 민간자본사업보조,자체재원(402-01) 9. 민간자본사업보조,이전재원(402-02) 10. 민간위탁사업비(402-03) 11. 공기관등에 대한 자본적 위탁사업비(403-02)	민간이전지출 근거 (지방보조금 관리기준 참고) 1. 법률에 규정 2. 국고보조 재원(국가지정) 3. 용도 지정 기부금 4. 조례에 직접규정 5. 지자체가 권장하는 사업을 하는 공공기관 6. 시,도 정책 및 재정사정 7. 기타 8. 해당없음	입찰방식			운영예산 산정		성과평가 실시여부
						계약체결방법 (경쟁형태) 1. 일반경쟁 2. 제한경쟁 3. 지명경쟁 4. 수의계약 5. 법정위탁 6. 기타 ( ) 7. 없음	계약기간 1. 1년 2. 2년 3. 3년 4. 4년 5. 5년 6. 기타 ( )년 7. 단기계약 (1년미만) 8. 없음	낙찰자선정방법 1. 적격심사 2. 협상에의한계약 3. 최저가낙찰제 4. 규격가격분리 5. 2단계 경쟁입찰 6. 기타 ( ) 7. 없음	운영예산 산정 1. 내부산정 (지자체 자체적으로 산정) 2. 외부산정 (외부전문기관위탁 산정) 3. 내·외부 모두 산정 4. 산정 無 5. 없음	정산방법 1. 내부정산 (지자체 내부적으로 정산) 2. 외부정산 (외부전문기관위탁 정산) 3. 내·외부 모두 산정 4. 정산 無 5. 없음	1. 실시 2. 미실시 3. 향후 추진 4. 해당없음
6558	경북 문경시	동아일보기전국소프트테니스대회	230,000	3	4	5	8	7	1	1	1
6559	경북 문경시	회장기전국장사씨름대회	200,000	3	4	5	8	7	1	1	1
6560	경북 문경시	문경새재기전국파크골프대회	200,000	3	4	5	8	7	1	1	1
6561	경북 문경시	[도비]문경락&푸드페스티벌	200,000	3	1	7	8	7	1	1	1
6562	경북 문경시	문경새재맨발페스티벌	150,000	3	7	7	8	7	1	1	1
6563	경북 문경시	유소년축구페스티벌	150,000	3	4	5	8	7	1	1	1
6564	경북 문경시	민속씨름문경장사씨름대회	145,000	3	4	5	8	7	1	1	1
6565	경북 문경시	친환경캠핑관광프로그램운영	120,000	3	7	5	1	7	1	1	1
6566	경북 문경시	문경시장기생활체육대회	100,000	3	4	5	8	7	1	1	1
6567	경북 문경시	각종단위체육대회개최경비	100,000	3	7	5	8	7	1	1	1
6568	경북 문경시	베스트일레븐풋볼페스타	100,000	3	4	5	8	7	1	1	1
6569	경북 문경시	전국근대5종경기대회	80,000	3	7	7	8	7	1	1	1
6570	경북 문경시	밀리터리서바이벌스포츠페스티벌	80,000	3	8	4	1	7	1	1	1
6571	경북 문경시	경상감사교인식및도임행차	78,000	3	4	7	8	7	1	1	1
6572	경북 문경시	어울림한마당행사지원	70,000	3	1	7	8	7	1	1	1
6573	경북 문경시	경북협회장기태권도대회	60,000	3	4	5	8	7	1	1	1
6574	경북 문경시	문경생활체육유소년농구대회	50,000	3	4	5	8	7	1	1	1
6575	경북 문경시	문경전국스포츠클라이밍대회	50,000	3	4	5	8	7	1	1	1
6576	경북 문경시	대통령기생활체육전국테니스대회	50,000	3	4	5	8	7	1	1	1
6577	경북 문경시	문경새재아리랑제개최지원	50,000	3	6	7	8	7	1	1	1
6578	경북 문경시	문경새재기타기동호인초청족구대회	40,000	3	4	5	8	7	1	1	1
6579	경북 문경시	[도비]문희경서백일장개최	40,000	3	1	7	8	7	1	1	1
6580	경북 문경시	제9회문경관관광사진공모전	40,000	3	7	7	1	7	1	1	1
6581	경북 문경시	이통장한마음수련대회	33,500	3	4	7	8	7	1	1	1
6582	경북 문경시	[도비]칠석차문화제개최	30,000	3	1	7	8	7	1	1	1
6583	경북 문경시	경북북부권문화정보센터문화홍보사업지원	28,500	3	4	7	8	7	1	1	1
6584	경북 문경시	주민자치위원한마음대회	28,000	3	4	7	8	7	1	1	1
6585	경북 문경시	경북협회장기그라운드골프대회	25,000	3	4	5	8	7	1	1	1
6586	경북 문경시	새재기생활체육전국소프트테니스대회	25,000	3	4	5	8	7	1	1	1
6587	경북 문경시	한국장년연맹회장배전국소프트테니스대회	25,000	3	4	5	8	7	1	1	1
6588	경북 문경시	문경시장배경북오픈어르신탁구대회(라지볼)	25,000	3	4	5	8	7	1	1	1
6589	경북 문경시	문경시후계농업경영인가족한마음대회	25,000	3	4	7	8	7	5	1	4
6590	경북 문경시	경북도지사기족구대회	20,000	3	4	5	8	7	1	1	1
6591	경북 문경시	문경시장배전국론볼대회	20,000	3	4	5	8	7	1	1	1
6592	경북 문경시	온가족이함께하는문경새재영화제	20,000	3	1	7	8	7	1	1	1
6593	경북 문경시	제3회'문경연가'캘리그래피전국대회	20,000	3	1	7	8	7	1	1	1
6594	경북 문경시	사과품평회	20,000	3	1,4	7	8	7	5	5	4
6595	경북 문경시	경북사과홍보행사	20,000	3	4	7	8	7	1	1	4
6596	경북 문경시	문경감홍사과대도시홍보행사	20,000	3	4	7	8	7	1	1	4
6597	경북 문경시	새마을지도자하계수련대회	18,000	3	4	7	8	7	1	1	1

순번	시군구	지출명 (사업명)	2024년예산 (단위 : 천원 /1년간)	민간이전 분류 (지방자치단체 세출예산 집행기준에 의거) 1. 민간경상사업보조(307-02) 2. 민간단체 법정운영비보조(307-03) 3. 민간행사사업보조(307-04) 4. 민간위탁금(307-05) 5. 사회복지시설 법정운영비보조(307-10) 6. 민간인위탁교육비(307-12) 7. 공기관등에대한경상적위탁사업비(308-13) 8. 민간자본사업보조,자체재원(402-01) 9. 민간자본사업보조,이전재원(402-02) 10. 민간위탁사업비(402-03) 11. 공기관등에 대한 자본적 위탁사업비(403-02)	민간이전지출 근거 (지방보조금 관리기준 참고) 1. 법률에 규정 2. 국고보조 재원(국가지정) 3. 용도 지정 기부금 4. 조례에 직접규정 5. 지자체가 권장하는 사업을 하는 공공기관 6. 시,도 정책 및 재정사정 7. 기타 8. 해당없음	입찰방식 계약체결방법 (경쟁형태) 1. 일반경쟁 2. 제한경쟁 3. 지명경쟁 4. 수의계약 5. 법정위탁 6. 기타 ( ) 7. 없음	입찰방식 계약기간 1. 1년 2. 2년 3. 3년 4. 4년 5. 5년 6. 기타 ( )년 7. 단기계약 (1년미만) 8. 없음	입찰방식 낙찰자선정방법 1. 적격심사 2. 협상에의한계약 3. 최저가낙찰제 4. 규격가격분리 5. 2단계 경쟁입찰 6. 기타 ( ) 7. 없음	운영예산 산정 운영예산 산정 1. 내부산정 (지자체 자체적으로 산정) 2. 외부산정 (외부전문기관위탁 산정) 3. 내·외부 모두 산정 4. 산정 無 5. 없음	운영예산 산정 정산방법 1. 내부정산 (지자체 내부적으로 정산) 2. 외부정산 (외부전문기관위탁 정산) 3. 내·외부 모두 산정 4. 정산 無 5. 없음	성과평가 실시여부 1. 실시 2. 미실시 3. 향후 추진 4. 해당없음
6598	경북 문경시	바르게살기위원화합한마당	18,000	3	1	7	8	7	1	1	1
6599	경북 문경시	자율방범대한마음체육대회	15,000	3	1	7	8	7	1	1	1
6600	경북 문경시	문경시게이트볼연합대회	15,000	3	4	5	8	7	1	1	1
6601	경북 문경시	경상북도지사배장애인파크골프대회	15,000	3	4	5	8	7	1	1	1
6602	경북 문경시	문경새재아리랑초대전	15,000	3	1	7	8	7	1	1	1
6603	경북 문경시	농업인의날기념행사	15,000	3	4	7	8	7	5	1	4
6604	경북 문경시	새마을지도자대회행사	14,000	3	4	7	8	7	1	1	1
6605	경북 문경시	바르게살기회원대회	10,000	3	1	7	8	7	1	1	1
6606	경북 문경시	국기원승품단심사	10,000	3	4	5	8	7	1	1	1
6607	경북 문경시	문경문화원신년하례	10,000	3	4	7	8	7	5	5	4
6608	경북 문경시	문경새재여름시인학교	10,000	3	1	7	8	7	1	1	1
6609	경북 문경시	한가위어울림가요한마당	10,000	3	1	7	8	7	1	1	1
6610	경북 문경시	나눔음악봉사공연	10,000	3	1	7	8	7	1	1	1
6611	경북 문경시	문경전통가요제	10,000	3	1	7	8	7	1	1	3
6612	경북 문경시	문경박달가요제	10,000	3	1	7	8	7	1	1	3
6613	경북 문경시	체험!경북가족여행	10,000	3	7	7	1	7	1	1	1
6614	경북 문경시	으뜸농산물전시행사참가	10,000	3	4	7	8	7	5	1	4
6615	경북 문경시	후계농업경영인전국대회참가	10,000	3	4	7	8	7	5	1	4
6616	경북 문경시	여성농업인도대회참가	10,000	3	4	7	8	7	5	1	4
6617	경북 문경시	3R운동연계깨끗한문경만들기대회	9,000	3	4	7	8	7	1	1	1
6618	경북 문경시	열린콘서트개최	9,000	3	1	7	8	7	1	1	1
6619	경북 문경시	경상북도풍물대축제참가지원	8,000	3	4	7	8	7	1	1	1
6620	경북 문경시	문경예술인의밤행사	8,000	3	1	7	8	7	1	1	1
6621	경북 문경시	한여름밤음악회	8,000	3	1	7	8	7	1	1	1
6622	경북 문경시	농촌일손돕기중개창구지원	8,000	3	4	7	8	7	5	1	4
6623	경북 문경시	국악공연	7,000	3	1	7	8	7	1	1	1
6624	경북 문경시	실버가요대축제	6,000	3	1	7	8	7	1	1	1
6625	경북 문경시	문경브랜드쌀소비촉진행사	6,000	3	4	7	8	7	1	1	4
6626	경북 문경시	경북소년체전(배구)	5,000	3	4	5	8	7	1	1	1
6627	경북 문경시	한여름찾아가는전통음악예술공연	5,000	3	4	7	8	7	1	1	1
6628	경북 문경시	찾아가는무용봉사공연	5,000	3	1	7	8	7	1	1	1
6629	경북 문경시	문경시민을위한음악회	5,000	3	1	7	8	7	1	1	3
6630	경북 문경시	농특산물직판장판매행사	5,000	3	4	7	8	7	5	1	4
6631	경북 문경시	지역농산물소비촉진행사	5,000	3	4	7	8	7	5	1	4
6632	경북 문경시	친환경농산물특판행사	5,000	3	4	7	8	7	1	1	4
6633	경북 문경시	친환경농산물박람회참석	5,000	3	4	7	8	7	1	1	4
6634	경북 문경시	문경사과특판행사	5,000	3	4	7	8	7	1	1	4
6635	경북 문경시	미술전시회(새재화우회,문희전)	4,000	3	1	7	8	7	1	1	1
6636	경북 문경시	반딧불축제	4,000	3	1	7	8	7	1	1	1
6637	경북 문경시	그룹사운드정기공연	3,000	3	1	7	8	7	1	1	1

순번	시군구	지출명 (사업명)	2024년예산 (단위 : 천원 /1년간)	민간이전 분류 (지방자치단체 세출예산 집행기준에 의거) 1. 민간경상사업보조(307-02) 2. 민간단체 법정운영비보조(307-03) 3. 민간행사사업보조(307-04) 4. 민간위탁금(307-05) 5. 사회복지시설 법정운영비보조(307-10) 6. 민간인위탁교육비(307-12) 7. 공기관등에대한경상적위탁사업비(308-13) 8. 민간자본사업보조,자체재원(402-01) 9. 민간자본사업보조,이전재원(402-02) 10. 민간위탁사업비(402-03) 11. 공기관등에 대한 자본적 위탁사업비(403-02)	민간이전지출 근거 (지방보조금 관리기준 참고) 1. 법률에 규정 2. 국고보조 재원(국가지정) 3. 용도 지정 기부금 4. 조례에 직접규정 5. 지자체가 권장하는 사업을 하는 공공기관 6. 시,도 정책 및 재정사정 7. 기타 8. 해당없음	입찰방식 계약체결방법 (경쟁형태) 1. 일반경쟁 2. 제한경쟁 3. 지명경쟁 4. 수의계약 5. 법정위탁 6. 기타 ( ) 7. 없음	입찰방식 계약기간 1. 1년 2. 2년 3. 3년 4. 4년 5. 5년 6. 기타 ( )년 7. 단기계약 (1년미만) 8. 없음	입찰방식 낙찰자선정방법 1. 적격심사 2. 협상에의한계약 3. 최저가낙찰제 4. 규격가격분리 5. 2단계 경쟁입찰 6. 기타 ( ) 7. 없음	운영예산 산정 운영예산 산정 1. 내부산정 (지자체 자체적으로 산정) 2. 외부산정 (외부전문기관위탁 산정) 3. 내·외부 모두 산정 4. 산정 無 5. 없음	운영예산 산정 정산방법 1. 내부정산 (지자체 내부적으로 정산) 2. 외부정산 (외부전문기관위탁 정산) 3. 내·외부 모두 산정 4. 정산 無 5. 없음	성과평가 실시여부 1. 실시 2. 미실시 3. 향후 추진 4. 해당없음
6638	경북 문경시	다문화가족백일장	3,000	3	1	7	8	7	1	1	1
6639	경북 문경시	문경시민과함께하는시낭송회	3,000	3	1	7	8	7	1	1	1
6640	경북 문경시	한국춘란전시회	3,000	3	1	7	8	7	1	1	1
6641	경북 문경시	서예전시회	3,000	3	1	7	8	7	1	1	1
6642	경북 문경시	서예시민전시회	3,000	3	1	7	8	7	1	1	1
6643	경북 문경시	문경묵연전시회	3,000	3	1	7	8	7	1	1	1
6644	경북 문경시	문경여성문화예술인전시회	3,000	3	1	7	8	7	1	1	1
6645	경북 문경시	문경문인화전시회	3,000	3	1	7	8	7	1	1	1
6646	경북 문경시	사진전시회	3,000	3	1	7	8	7	1	1	1
6647	경북 문경시	시민과함께하는음악회	3,000	3	1	7	8	7	1	1	1
6648	경북 문경시	백화서예전시회	3,000	3	1	7	8	7	1	1	1
6649	경북 문경시	친환경농업인연합회대회참석	3,000	3	4	7	8	7	1	1	4
6650	경북 문경시	청소년집체성년례개최	2,000	3	1	7	8	7	1	1	1
6651	경북 문경시	청소년청년과함께하는국학	2,000	3	1	7	8	7	1	1	1
6652	경북 문경시	음악공연(통기타)	2,000	3	1	7	8	7	1	1	1
6653	경북 문경시	혜읍작가전시회	1,000	3	1	7	8	7	1	1	1
6654	경북 경산시	제29회경산시민의날기념체육대회	660,000	3	1	7	8	7	1	1	1
6655	경북 경산시	2024경산자인단오제지원	495,000	3	4	7	8	7	1	3	1
6656	경북 경산시	AGAIN대학가요제	180,000	3	4	7	8	7	1	1	4
6657	경북 경산시	종목별시장기체육대회	180,000	3	1	7	8	7	1	1	1
6658	경북 경산시	천촌만락통통삼성현문화축제	135,000	3	4	7	8	7	1	1	4
6659	경북 경산시	문화예술공연활성화지원	129,000	3	4	7	8	7	1	1	4
6660	경북 경산시	전국춘계럭비리그전	120,000	3	1	7	8	7	1	1	1
6661	경북 경산시	경산시장기전국리틀야구대회	100,000	3	1	7	8	7	1	1	1
6662	경북 경산시	경산락페스티벌	90,000	3	4	7	8	7	1	1	4
6663	경북 경산시	전국정가경창대회지원	90,000	3	4	7	8	7	1	1	4
6664	경북 경산시	문화예술전시및대회활성화지원	82,000	3	4	7	8	7	1	1	1
6665	경북 경산시	한국예총경산지회예술제	78,000	3	4	7	8	7	1	1	1
6666	경북 경산시	팔공산갓바위프로젝트무용공연	54,000	3	4	7	8	7	1	1	4
6667	경북 경산시	전국농악대축제	54,000	3	4	7	8	7	1	1	4
6668	경북 경산시	상여문화보전전승을위한국제세미나및전통상여시연지원	53,300	3	4	7	8	7	1	1	4
6669	경북 경산시	경산자인단오씨름대회	50,000	3	1	7	8	7	1	1	1
6670	경북 경산시	경산시삼성현배생활체육배드민턴대회	50,000	3	1	7	8	7	1	1	1
6671	경북 경산시	동네방네찾아가는경산마실노래방	45,000	3	4	7	8	7	1	1	4
6672	경북 경산시	한민족아리랑대축제	42,300	3	4	7	8	7	1	1	4
6673	경북 경산시	2024년유니카국제영화제지원	40,500	3	6	7	8	7	1	1	4
6674	경북 경산시	독도수호걷기대회	40,000	3	6	7	8	7	1	1	1
6675	경북 경산시	경산시장배전국산악자전거대회	40,000	3	1	7	8	7	1	1	1
6676	경북 경산시	경산시삼성현배전국초청게이트볼대회	40,000	3	1	7	8	7	1	1	1
6677	경북 경산시	경산삼성현배전국마라톤대회	40,000	3	1	7	8	7	1	1	1

순번	시군구	지출명 (사업명)	2024년예산 (단위 : 천원 /1년간)	민간이전 분류 (지방자치단체 세출예산 집행기준에 의거) 1. 민간경상사업보조(307-02) 2. 민간단체 법정운영비보조(307-03) 3. 민간행사사업보조(307-04) 4. 민간위탁금(307-05) 5. 사회복지시설 법정운영비보조(307-10) 6. 민간인위탁교육비(307-12) 7. 공기관등에대한경상적위탁사업비(308-13) 8. 민간자본사업보조,자체재원(402-01) 9. 민간자본사업보조,이전재원(402-02) 10. 민간위탁사업비(402-03) 11. 공기관등에 대한 자본적 위탁사업비(403-02)	민간이전지출 근거 (지방보조금 관리기준 참고) 1. 법률에 규정 2. 국고보조 재원(국가지정) 3. 용도 지정 기부금 4. 조례에 직접규정 5. 지자체가 권장하는 사업을 하는 공공기관 6. 시,도 정책 및 재정사정 7. 기타 8. 해당없음	입찰방식: 계약체결방법 (경쟁형태) 1. 일반경쟁 2. 제한경쟁 3. 지명경쟁 4. 수의계약 5. 법정위탁 6. 기타 ( ) 7. 없음	입찰방식: 계약기간 1. 1년 2. 2년 3. 3년 4. 4년 5. 5년 6. 기타 ( )년 7. 단기계약 (1년미만) 8. 없음	입찰방식: 낙찰자선정방법 1. 적격심사 2. 협상에의한계약 3. 최저가낙찰제 4. 규격가격분리 5. 2단계 경쟁입찰 6. 기타 ( ) 7. 없음	운영예산 산정: 운영예산 산정 1. 내부산정 (지자체 자체적으로 산정) 2. 외부산정 (외부전문기관위탁 산정) 3. 내·외부 모두 산정 4. 산정 無 5. 없음	운영예산 산정: 정산방법 1. 내부정산 (지자체 내부적으로 정산) 2. 외부정산 (외부전문기관위탁 정산) 3. 내·외부 모두 산정 4. 정산 無 5. 없음	성과평가 실시여부 1. 실시 2. 미실시 3. 향후 추진 4. 해당없음
6678	경북 경산시	근로자한마음갖기대회지원	39,500	3	6	7	8	7	5	5	4
6679	경북 경산시	경산조각축제	36,000	3	4	7	8	7	1	1	4
6680	경북 경산시	노사선진지견학	35,000	3	7	7	8	7	5	5	4
6681	경북 경산시	정월대보름행사	30,000	3	4	7	8	7	1	1	1
6682	경북 경산시	225년해맞이행사	30,000	3	4	7	8	7	1	1	1
6683	경북 경산시	경산시오픈롤러트랙대회	30,000	3	1	7	8	7	1	1	1
6684	경북 경산시	경산시장배전국3X3농구대회	30,000	3	1	7	8	7	1	1	1
6685	경북 경산시	경산시장배전국동호인테니스대회	30,000	3	1	7	8	7	1	1	1
6686	경북 경산시	경산시삼성현배전국오픈탁구대회	30,000	3	1	7	8	7	1	1	1
6687	경북 경산시	경산시삼성현배전국파크골프대회	30,000	3	1	7	8	7	1	1	1
6688	경북 경산시	삼성현국악한마당	27,000	3	4	7	8	7	1	1	4
6689	경북 경산시	제2회경산자인단오기념경북남녀궁도대회	27,000	3	1	7	8	7	1	1	1
6690	경북 경산시	경산방운아가요제	22,500	3	4	7	8	7	1	1	4
6691	경북 경산시	한국생활개선경북도대회지원	21,000	3	1	7	8	7	5	5	4
6692	경북 경산시	청소년가요제	20,000	3	4	1	1	1	1	1	1
6693	경북 경산시	경산대추배남녀3인조볼링대회	20,000	3	1	7	8	7	1	1	1
6694	경북 경산시	경상북도교육감기유도대회및생활체육유도대회	20,000	3	1	7	8	7	1	1	1
6695	경북 경산시	경산시장기갓바위등산대회	20,000	3	1	7	8	7	1	1	1
6696	경북 경산시	이통장연합회역량강화대회	15,000	3	4	7	8	7	1	1	1
6697	경북 경산시	청년연합회역량강화대회	15,000	3	4	7	8	7	1	1	1
6698	경북 경산시	자원봉사자의날기념행사	15,000	3	1	7	8	7	1	1	2
6699	경북 경산시	경북선비아카데미지원	13,500	3	4	7	8	7	1	1	4
6700	경북 경산시	근로자산업시찰	13,000	3	7	7	8	7	5	5	4
6701	경북 경산시	농식품국내판촉지원	12,500	3	6	7	8	7	1	1	4
6702	경북 경산시	바르게살기운동한마음다짐대회	10,000	3	1	7	8	7	1	1	2
6703	경북 경산시	2024바르게살기운동경상북도녹색생활실천결의대회	10,000	3	1	7	8	7	1	1	2
6704	경북 경산시	전국체전1차선발유도대회	10,000	3	1	7	8	7	1	1	1
6705	경북 경산시	시민건강걷기대회	10,000	3	1	7	8	7	1	1	1
6706	경북 경산시	제19회경상북도후계농업경영인대회참가	10,000	3	6	7	8	7	1	1	4
6707	경북 경산시	제12회한국여성농업인전국대회참가	10,000	3	6	7	8	7	1	1	4
6708	경북 경산시	2024년경산추수대동한마당행사	10,000	3	6	7	8	7	1	1	4
6709	경북 경산시	자인계정들소리공개행사지원	8,000	3	4	7	8	7	1	1	1
6710	경북 경산시	경산보인농악공개행사지원	8,000	3	4	7	8	7	1	1	1
6711	경북 경산시	경산시장배외국인축구대회	8,000	3	1	7	8	7	1	1	1
6712	경북 경산시	초중고학생축구대회	7,000	3	1	7	8	7	1	1	1
6713	경북 경산시	제19회영농발대식행사지원	7,000	3	6	7	8	7	1	1	4
6714	경북 경산시	양성평등주간기념행사	6,000	3	1	7	8	7	5	5	4
6715	경북 경산시	경산시민을위한부모교육	5,000	3	1	7	8	7	1	1	1
6716	경북 경산시	유치원학부모교육	5,000	3	1	7	8	7	1	1	1
6717	경북 경산시	여성지도자리더십교육	5,000	3	1	7	8	7	5	5	4

순번	시군구	지출명 (사업명)	2024년예산 (단위 : 천원 /1년간)	민간이전 분류 (지방자치단체 세출예산 집행기준에 의거) 1. 민간경상사업보조(307-02) 2. 민간단체 법정운영비보조(307-03) 3. 민간행사사업보조(307-04) 4. 민간위탁금(307-05) 5. 사회복지시설 법정운영비보조(307-10) 6. 민간인위탁교육비(307-12) 7. 공기관등에대한경상적위탁사업비(308-13) 8. 민간자본사업보조,자체재원(402-01) 9. 민간자본사업보조,이전재원(402-02) 10. 민간위탁사업비(402-03) 11. 공기관등에 대한 자본적 위탁사업비(403-02)	민간이전지출 근거 (지방보조금 관리기준 참고) 1. 법률에 규정 2. 국고보조 재원(국가지정) 3. 용도 지정 기부금 4. 조례에 직접규정 5. 지자체가 권장하는 사업을 하는 공공기관 6. 시,도 정책 및 재정사정 7. 기타 8. 해당없음	입찰방식 계약체결방법 (경쟁형태) 1. 일반경쟁 2. 제한경쟁 3. 지명경쟁 4. 수의계약 5. 법정위탁 6. 기타 ( ) 7. 없음	입찰방식 계약기간 1. 1년 2. 2년 3. 3년 4. 4년 5. 5년 6. 기타 ( )년 7. 단기계약 (1년미만) 8. 없음	입찰방식 낙찰자선정방법 1. 적격심사 2. 협상에의한계약 3. 최저가낙찰제 4. 규격가격분리 5. 2단계 경쟁입찰 6. 기타 ( ) 7. 없음	운영예산 산정 운영예산 산정 1. 내부산정 (지자체 자체적으로 산정) 2. 외부산정 (외부전문기관위탁 산정) 3. 내·외부 모두 산정 4. 산정 無 5. 없음	운영예산 산정 정산방법 1. 내부정산 (지자체 내부적으로 정산) 2. 외부정산 (외부전문기관위탁 정산) 3. 내·외부 모두 산정 4. 정산 無 5. 없음	성과평가 실시여부 1. 실시 2. 미실시 3. 향후 추진 4. 해당없음
6718	경북 경산시	여성정책활성화사업	5,000	3	1	7	8	7	5	5	4
6719	경북 경산시	경산여성영화제	5,000	3	1	7	8	7	5	5	4
6720	경북 경산시	어린이자연사랑그리기대회	5,000	3	4	7	8	7	5	3	4
6721	경북 경산시	경산시어린이집원장역량강화교육	5,000	3	4	7	8	7	5	3	4
6722	경북 경산시	경산시어린이집보육교직원연수	5,000	3	4	7	8	7	5	3	4
6723	경북 경산시	장애아전문어린이집장애아동문화탐방	5,000	3	4	7	8	7	5	3	4
6724	경북 경산시	경산시걸스카우트자연보호및합동선서식	5,000	3	4	1	1	1	1	1	1
6725	경북 경산시	전국으뜸농산물전시회참가	5,000	3	6	7	8	7	1	1	4
6726	경북 경산시	경산중방농악(향토문화유산)공개행사지원	4,500	3	4	7	8	7	1	1	1
6727	경북 경산시	도민의날행사지원	3,000	3	4	7	8	7	1	1	1
6728	경북 경산시	재향군인의날기념행사	3,000	3	1	7	8	7	1	1	1
6729	경북 경산시	국민화합(영호남)행사	3,000	3	1	7	8	7	1	1	1
6730	경북 경산시	경산우리학교문예제(풀꽃제)운영	3,000	3	4	1	1	1	1	1	1
6731	경북 경산시	대목장김범식공개행사지원	2,500	3	4	7	8	7	1	1	1
6732	경북 경산시	전국농민회경북도연맹가족한마당행사참가	2,000	3	6	7	8	7	1	1	4
6733	경북 의성군	경로잔치및체육대회지원	332,000	3	4	7	8	7	1	1	1
6734	경북 의성군	농특산물판촉행사지원	125,000	3	4	7	8	7	1	1	1
6735	경북 의성군	제2회남대천벚꽃축제	95,000	3	4	6	1	6	1	1	1
6736	경북 의성군	의성군대표농특산물해외판촉행사지원	90,000	3	4	7	8	7	1	1	1
6737	경북 의성군	향토전래음식전승지원	83,100	3	6	7	8	7	1	1	1
6738	경북 의성군	군수기종목별체육대회개최지원	81,000	3	4	7	8	7	5	1	1
6739	경북 의성군	소비자초청마케팅투어지원	81,000	3	4	7	8	7	1	1	1
6740	경북 의성군	농식품해외마케팅지원	80,000	3	4	7	8	7	1	1	1
6741	경북 의성군	어린이날기념행사	50,000	3	1	7	8	7	1	1	1
6742	경북 의성군	의성군일자리박람회	30,000	3	7	7	8	7	1	1	4
6743	경북 의성군	농식품국외판촉지원	30,000	3	6	7	8	7	5	5	4
6744	경북 의성군	향교문화전승보전지원	21,200	3	6	7	8	7	1	1	1
6745	경북 의성군	농식품국내판촉지원	12,500	3	6	7	8	7	1	1	1
6746	경북 의성군	의성군민건강걷기대회개최지원	9,000	3	4	7	8	7	1	1	1
6747	경북 의성군	의성군민건강등반대회개최지원	9,000	3	4	7	8	7	5	1	1
6748	경북 청송군	제18회청송사과축제개최	760,000	3	4	7	8	7	5	1	1
6749	경북 청송군	2025청송아이스클라이밍월드컵대회지원금	400,000	3	2	6	1	6	5	1	3
6750	경북 청송군	2024대한배드민턴협회장기전국종별배드민턴선수권대회(중고)	180,000	3	4	7	1	7	1	1	4
6751	경북 청송군	청송문화제개최	90,000	3	4	7	8	7	1	1	4
6752	경북 청송군	2024청송사과트레일런개최보조금	90,000	3	4	7	1	7	1	1	1
6753	경북 청송군	제33회회장기전국중고등학교검도대회개최지원	90,000	3	4	7	1	7	1	1	4
6754	경북 청송군	2024청송군수배전국MTB대회개최보조금	70,000	3	4	7	1	7	1	1	4
6755	경북 청송군	2024청송전국아이스클라이밍선수권대회개최보조금	60,000	3	4	7	1	7	1	1	4
6756	경북 청송군	제7회청송군수기전국초등학교검도대회개최지원	60,000	3	4	7	1	7	1	1	4
6757	경북 청송군	전국고등축구리그(경북권역)개최지원	60,000	3	4	7	1	7	1	1	4

순번	시군구	지출명 (사업명)	2024년예산 (단위 : 천원 /1년간)	민간이전 분류 (지방자치단체 세출예산 집행기준에 의거) 1. 민간경상사업보조(307-02) 2. 민간단체 법정운영비보조(307-03) 3. 민간행사사업보조(307-04) 4. 민간위탁금(307-05) 5. 사회복지시설 법정운영비보조(307-10) 6. 민간인위탁교육비(307-12) 7. 공기관등에대한경상적위탁사업비(308-13) 8. 민간자본사업보조,자체재원(402-01) 9. 민간자본사업보조,이전재원(402-02) 10. 민간위탁사업비(402-03) 11. 공기관등에 대한 자본적 위탁사업비(403-02)	민간이전지출 근거 (지방보조금 관리기준 참고) 1. 법률에 규정 2. 국고보조 재원(국가지정) 3. 용도 지정 기부금 4. 조례에 직접규정 5. 지자체가 권장하는 사업을 하는 공공기관 6. 시,도 정책 및 재정사정 7. 기타 8. 해당없음	입찰방식 계약체결방법 (경쟁형태) 1. 일반경쟁 2. 제한경쟁 3. 지명경쟁 4. 수의계약 5. 법정위탁 6. 기타 ( ) 7. 없음	계약기간 1. 1년 2. 2년 3. 3년 4. 4년 5. 5년 6. 기타 ( )년 7. 단기계약 (1년미만) 8. 없음	낙찰자선정방법 1. 적격심사 2. 협상에의한계약 3. 최저가낙찰제 4. 규격가격분리 5. 2단계 경쟁입찰 6. 기타 ( ) 7. 없음	운영예산 산정 운영예산 산정 1. 내부산정 (지자체 자체적으로 산정) 2. 외부산정 (외부전문기관위탁 산정) 3. 내·외부 모두 산정 4. 산정 無 5. 없음	정산방법 1. 내부정산 (지자체 내부적으로 정산) 2. 외부정산 (외부전문기관위탁 정산) 3. 내·외부 모두 산정 4. 정산 無 5. 없음	성과평가 실시여부 1. 실시 2. 미실시 3. 향후 추진 4. 해당없음
6758	경북 청송군	국악과시의만남개최지원	54,000	3	4	7	8	7	1	1	1
6759	경북 청송군	청송관광사진전국공모전개최	50,000	3	6	7	8	7	1	1	1
6760	경북 청송군	2024청송모터사이클챔피언십대회개최지원	45,000	3	4	7	1	7	1	1	4
6761	경북 청송군	경북합창제지원	40,000	3	6	7	8	7	1	1	1
6762	경북 청송군	2025청송아이스클라이밍월드컵경기벽조성비	40,000	3	2	7	8	7	1	1	4
6763	경북 청송군	노인의날행사지원	35,000	3	1	5	1	1	1	1	1
6764	경북 청송군	제19회청송낙동정맥등반대회행사개최보조금	25,000	3	4	7	1	7	1	1	4
6765	경북 청송군	경북학생종별및경북탁구협회장배생활체육탁구대회개최지원	25,000	3	4	7	1	7	1	1	4
6766	경북 청송군	2024청송사과배전국테니스대회개최지원	20,000	3	·4	5	8	7	1	1	4
6767	경북 청송군	경북사과홍보행사참가지원	20,000	3	6	7	8	7	1	1	4
6768	경북 청송군	새마을환경살리기	20,000	3	7	7	8	7	1	1	4
6769	경북 청송군	청송을그리다전국사생대회	15,000	3	4	7	8	7	1	1	1
6770	경북 청송군	경북명품사과해외수출촉진및홍보사업	15,000	3	4	7	8	7	1	1	4
6771	경북 청송군	장애인생활체육프로그램운영	12,000	3	4	5	8	7	1	1	4
6772	경북 청송군	사과축제백일장개최	10,000	3	4	7	8	7	1	1	1
6773	경북 청송군	객주문학관글짓기및그림그리기대회	8,000	3	4	7	8	7	1	1	1
6774	경북 청송군	축산인(한우)한마음대회	7,000	3	4	7	8	7	5	5	4
6775	경북 청송군	2024군씨름왕선발대회개최지원	5,000	3	4	5	8	7	1	1	4
6776	경북 청송군	청송고추생산자단체홍보행사지원	5,000	3	4	7	8	7	1	1	4
6777	경북 영양군	영양산나물축제	600,000	3	4	7	8	7	1	1	1
6778	경북 영양군	제54회군민체육대회개최지원	330,000	3	4	7	8	7	1	1	1
6779	경북 영양군	제17회조지훈예술제지원	108,000	3	4	7	8	7	1	1	1
6780	경북 영양군	영양산나물축제개막축하공연	90,000	3	4	7	8	7	1	1	1
6781	경북 영양군	읍면한마음체육대회경비지원	50,000	3	4	7	8	7	1	1	1
6782	경북 영양군	영양산나물축제마라톤대회	30,000	3	4	7	8	7	1	1	1
6783	경북 영양군	마을별소규모축제육성	27,000	3	4	7	8	7	1	1	1
6784	경북 영양군	삼성라이온즈와함께하는영양군민의날행사개최	10,000	3	4	7	8	7	5	5	4
6785	경북 영덕군	영덕송이판매장추진	165,000	3	7	7	8	7	1	1	1
6786	경북 영덕군	군민체육대회개최	130,000	3	4	7	8	7	1	1	4
6787	경북 영덕군	영덕물가자미축제지원	90,000	3	4	7	8	7	5	5	4
6788	경북 영덕군	영해3.18독립만세문화제	80,000	3	1	1	1	1	1	1	1
6789	경북 영덕군	영덕군새마을회운영지원	80,000	3	4	7	8	7	5	5	4
6790	경북 영덕군	제2회영덕해변마라톤대회개최	75,000	3	4	7	8	7	5	5	4
6791	경북 영덕군	신태용축구공원개장기념행사	50,000	3	4	7	8	7	5	5	4
6792	경북 영덕군	농업인학습단체한마음대회	25,000	3	6	7	8	7	5	5	4
6793	경북 영덕군	청소년선도보호사업지원	23,400	3	4	7	8	7	1	1	1
6794	경북 영덕군	바르게살기운동영덕군협의회운영지원	23,000	3	4	7	8	7	5	5	4
6795	경북 영덕군	한국자유총연맹영덕군지회운영지원	20,000	3	4	7	8	7	5	5	4
6796	경북 영덕군	생활개선회경쟁력강화	13,500	3	6	7	8	7	5	5	4
6797	경북 영덕군	사회복지사협회역량강화	9,000	3	1	7	8	7	1	1	4

순번	시군구	지출명 (사업명)	2024년예산 (단위 : 천원 /1년간)	민간이전 분류 (지방자치단체 세출예산 집행기준에 의거) 1. 민간경상사업보조(307-02) 2. 민간단체 법정운영비보조(307-03) 3. 민간행사사업보조(307-04) 4. 민간위탁금(307-05) 5. 사회복지시설 법정운영비보조(307-10) 6. 민간인위탁교육비(307-12) 7. 공기관등에대한경상적위탁사업비(308-13) 8. 민간자본사업보조,자체재원(402-01) 9. 민간자본사업보조,이전재원(402-02) 10. 민간위탁사업비(402-03) 11. 공기관등에 대한 자본적 위탁사업비(403-02)	민간이전지출 근거 (지방보조금 관리기준 참고) 1. 법률에 규정 2. 국고보조 재원(국가지정) 3. 용도 지정 기부금 4. 조례에 직접규정 5. 지자체가 권장하는 사업을 하는 공공기관 6. 시,도 정책 및 재정사정 7. 기타 8. 해당없음	입찰방식			운영예산 산정		성과평가 실시여부
						계약체결방법 (경쟁형태) 1. 일반경쟁 2. 제한경쟁 3. 지명경쟁 4. 수의계약 5. 법정위탁 6. 기타 ( ) 7. 없음	계약기간 1. 1년 2. 2년 3. 3년 4. 4년 5. 5년 6. 기타 ( )년 7. 단기계약 (1년미만) 8. 없음	낙찰자선정방법 1. 적격심사 2. 협상에의한계약 3. 최저가낙찰제 4. 규격가격분리 5. 2단계 경쟁입찰 6. 기타 ( ) 7. 없음	운영예산 산정 1. 내부산정 (지자체 자체적으로 산정) 2. 외부산정 (외부전문기관위탁 산정) 3. 내·외부 모두 산정 4. 산정 無 5. 없음	정산방법 1. 내부정산 (지자체 내부적으로 정산) 2. 외부정산 (외부전문기관위탁 정산) 3. 내·외부 모두 산정 4. 정산 無 5. 없음	1. 실시 2. 미실시 3. 향후 추진 4. 해당없음
6798	경북 영덕군	4H연합회경쟁력제고사업	7,000	3	6	7	8	7	5	5	4
6799	경북 영덕군	농촌지도자중앙대회참가지원	7,000	3	6	7	8	7	5	5	4
6800	경북 영덕군	생활개선회도대회참가지원	5,000	3	6	7	8	7	5	5	4
6801	경북 청도군	군민체육대회지원	280,000	3	4	7	8	7	1	1	1
6802	경북 청도군	청도반시마라톤대회개최지원	110,000	3	4	7	8	7	1	1	1
6803	경북 청도군	새마을환경살리기	70,000	3	1	7	8	7	5	5	4
6804	경북 청도군	군수배및가맹경기단체체육대회	54,000	3	4	7	8	7	1	1	1
6805	경북 청도군	유소년골프대회지원	40,000	3	4	7	8	7	1	1	1
6806	경북 청도군	어린이날행사지원	40,000	3	4	7	8	7	1	1	4
6807	경북 청도군	도지사기생활체육대회유치	20,000	3	4	7	8	7	1	1	1
6808	경북 청도군	이장연합회체육대회지원	20,000	3	4	7	8	7	5	5	4
6809	경북 청도군	보훈가족어울림한마당행사	13,000	3	4	2	1	1	1	1	1
6810	경북 청도군	군수배생활체조경연대회	12,000	3	4	7	8	7	1	1	1
6811	경북 청도군	새마을김장나누기사업지원	10,000	3	1	7	8	7	5	5	4
6812	경북 청도군	국기원승품단심사개최	10,000	3	4	7	8	7	1	1	1
6813	경북 청도군	노인지회장배(군)게이트볼지원	7,000	3	4	7	1	7	1	1	1
6814	경북 청도군	새마을백일장및사생대회지원	6,000	3	1	7	8	7	5	5	4
6815	경북 청도군	흙살리기운동지원	6,000	3	1	7	8	7	5	5	4
6816	경북 청도군	새마을운동추진평가및지도자대회지원	5,000	3	1	7	8	7	5	5	4
6817	경북 청도군	시군동호인클럽대항축구대회	5,000	3	4	7	8	7	1	1	1
6818	경북 청도군	유소년축구대회	5,000	3	4	7	8	7	1	1	1
6819	경북 청도군	청소년길거리농구대회	5,000	3	4	7	8	7	1	1	1
6820	경북 청도군	노인게이트볼대회(도)참가지원	4,000	3	4	7	1	7	1	1	1
6821	경북 청도군	새해해맞이행사지원	3,000	3	4	7	8	7	1	1	3
6822	경북 청도군	새마을행복한가정실천하기대회지원	2,000	3	1	7	8	7	5	5	4
6823	경북 청도군	행락철새마을이동문고지원	1,000	3	1	7	8	7	5	5	4
6824	경북 청도군	소싸움대회지원	620,000	3	4	7	8	7	5	5	4
6825	경북 청도군	정월대보름달맞이행사지원	160,000	3	4	7	8	7	5	5	4
6826	경북 청도군	청도읍성예술제	100,000	3	4	7	8	7	5	5	4
6827	경북 청도군	청도읍성전국퓨전국악제개최지원	100,000	3	4	7	8	7	5	5	4
6828	경북 청도군	청도국제시조대회	90,000	3	4	7	8	7	5	5	4
6829	경북 청도군	청도유등제지원	72,000	3	4	7	8	7	5	5	4
6830	경북 청도군	지역문화행사지원	48,000	3	4	7	8	7	5	5	4
6831	경북 청도군	한여름밤의청도열린음악회지원	27,000	3	4	7	8	7	5	5	4
6832	경북 청도군	청도전국민요경창대회개최지원	16,380	3	4	7	8	7	5	5	4
6833	경북 청도군	출향작가와청도정착작가초대전	15,000	3	4	7	8	7	5	5	4
6834	경북 고령군	대가야축제개최	1,450,000	3	4	5	7	7	1	1	1
6835	경북 고령군	산수실경창작콘텐츠산업지원	263,000	3	1	7	8	7	3	1	1
6836	경북 고령군	읍면체육대회개최	168,000	3	4	7	8	7	1	1	1
6837	경북 고령군	파크골프전국대회개최	100,000	3	4	7	8	7	1	1	1

순번	시군구	지출명 (사업명)	2024년예산 (단위 : 천원 /1년간)	민간이전 분류 (지방자치단체 세출예산 집행기준에 의거) 1. 민간경상사업보조(307-02) 2. 민간단체 법정운영비보조(307-03) 3. 민간행사사업보조(307-04) 4. 민간위탁금(307-05) 5. 사회복지시설 법정운영비보조(307-10) 6. 민간인위탁교육비(307-12) 7. 공기관등에대한경상적위탁사업비(308-13) 8. 민간자본사업보조,자체재원(402-01) 9. 민간자본사업보조,이전재원(402-02) 10. 민간위탁사업비(402-03) 11. 공기관등에 대한 자본적 위탁사업비(403-02)	민간이전지출 근거 (지방보조금 관리기준 참고) 1. 법률에 규정 2. 국고보조 재원(국가지정) 3. 용도 지정 기부금 4. 조례에 직접규정 5. 지자체가 권장하는 사업을 하는 공공기관 6. 시,도 정책 및 재정사정 7. 기타 8. 해당없음	입찰방식 계약체결방법 (경쟁형태) 1. 일반경쟁 2. 제한경쟁 3. 지명경쟁 4. 수의계약 5. 법정위탁 6. 기타 ( ) 7. 없음	입찰방식 계약기간 1. 1년 2. 2년 3. 3년 4. 4년 5. 5년 6. 기타 ( )년 7. 단기계약 (1년미만) 8. 없음	입찰방식 낙찰자선정방법 1. 적격심사 2. 협상에의한계약 3. 최저가낙찰제 4. 규격가격분리 5. 2단계 경쟁입찰 6. 기타 ( ) 7. 없음	운영예산 산정 운영예산 산정 1. 내부산정 (지자체 자체적으로 산정) 2. 외부산정 (외부전문기관위탁 산정) 3. 내·외부 모두 산정 4. 산정 無 5. 없음	운영예산 산정 정산방법 1. 내부정산 (지자체 내부적으로 정산) 2. 외부정산 (외부전문기관위탁 정산) 3. 내·외부 모두 정산 4. 정산 無 5. 없음	성과평가 실시여부 1. 실시 2. 미실시 3. 향후 추진 4. 해당없음
6838	경북 고령군	현페스티벌개최	90,000	3	4	7	8	7	1	1	1
6839	경북 고령군	여름축제프로그램운영	83,000	3	6	7	8	7	5	5	4
6840	경북 고령군	제51회대가야문화예술제	76,000	3	4	7	8	7	1	1	1
6841	경북 고령군	각종체육대회(군수기및협회장기등)개최	75,000	3	4	7	8	7	1	1	1
6842	경북 고령군	고령군민녹색자전거대행진개최	75,000	3	4	7	8	7	1	1	1
6843	경북 고령군	군민노래자랑	70,000	3	4	7	8	7	5	5	4
6844	경북 고령군	고령군민녹색자전거대행진개최	67,500	3	4	7	8	7	1	1	1
6845	경북 고령군	대가야가얏고음악제	67,500	3	4	7	8	7	3	1	1
6846	경북 고령군	어린이날행사개최	50,000	3	6	1	7	1	1	1	1
6847	경북 고령군	상가시설개선지원사업	50,000	3	4	7	8	7	5	5	4
6848	경북 고령군	대가야종묘제재현	44,000	3	4	7	8	7	1	1	1
6849	경북 고령군	경상북도지사기파크골프대회개최	30,000	3	4	7	8	7	1	1	1
6850	경북 고령군	대가야풍물대축제	30,000	3	4	7	8	7	1	1	1
6851	경북 고령군	소규모공연	28,500	3	4	7	8	7	1	1	1
6852	경북 고령군	제15회이조년선생추모전국백일장	27,000	3	4	7	8	7	1	1	1
6853	경북 고령군	전국시조경창대회운영	25,200	3	4	7	8	7	1	1	1
6854	경북 고령군	대가야금관기게이트볼대회개최	25,000	3	4	7	8	7	1	1	1
6855	경북 고령군	이장역량강화화합행사	24,000	3	4	7	8	7	5	5	4
6856	경북 고령군	향교문화전승보전	22,500	3	1	7	8	7	3	1	1
6857	경북 고령군	음악콘텐츠공모전	22,000	3	4	7	8	7	1	1	1
6858	경북 고령군	세계유네스코문화유산등재연계이벤트추진	20,000	3	4	7	8	7	5	5	4
6859	경북 고령군	생태계교란생물(외래어종)퇴치사업	20,000	3	1	7	8	7	5	5	4
6860	경북 고령군	가야문화권합창페스티벌	19,000	3	4	7	8	7	1	1	1
6861	경북 고령군	새마을역량강화워크숍	15,000	3	1	7	8	7	1	1	3
6862	경북 고령군	고령성주칠곡탁구대회개최	15,000	3	4	7	8	7	1	1	1
6863	경북 고령군	여성대회개최	12,000	3	4	7	8	7	1	1	1
6864	경북 고령군	안전골든벨어린이퀴즈대회	11,000	3	5	6	1	7	1	1	1
6865	경북 고령군	새마을의날기념행사	10,000	3	1	7	8	7	1	1	3
6866	경북 고령군	전통시장활성화이벤트사업추진	10,000	3	4	7	8	7	5	5	4
6867	경북 고령군	민속장기대회	10,000	3	4	7	8	7	1	1	1
6868	경북 고령군	고령몽골지역문화국제교류	10,000	3	4	7	8	7	1	1	1
6869	경북 고령군	제21회대가야미술실기대회	9,500	3	4	7	8	7	1	1	1
6870	경북 고령군	고령향교석전대제향사비지원	8,820	3	4	7	8	7	1	1	1
6871	경북 고령군	새마을운동종합평가대회	5,400	3	1	7	8	7	1	1	3
6872	경북 고령군	상가번영회축제행사지원	5,400	3	4	7	8	7	5	5	4
6873	경북 고령군	가실왕배전국동호인테니스대회개최	5,000	3	4	7	8	7	1	1	1
6874	경북 고령군	생활체육대회통합개회식개최	5,000	3	4	7	8	7	1	1	1
6875	경북 고령군	우륵추모제	3,800	3	4	7	8	7	1	1	1
6876	경북 고령군	상무사춘추계대제향사비지원	3,500	3	4	7	8	7	1	1	1
6877	경북 고령군	신년인사회개최	2,700	3	4	4	1	6	1	1	2

순번	시군구	지출명 (사업명)	2024년예산 (단위 : 천원 /1년간)	민간이전 분류 (지방자치단체 세출예산 집행기준에 의거) 1. 민간경상사업보조(307-02) 2. 민간단체 법정운영비보조(307-03) 3. 민간행사사업보조(307-04) 4. 민간위탁금(307-05) 5. 사회복지시설 법정운영비보조(307-10) 6. 민간인위탁교육비(307-12) 7. 공기관등에대한경상적위탁사업비(308-13) 8. 민간자본사업보조,자체재원(402-01) 9. 민간자본사업보조,이전재원(402-02) 10. 민간위탁사업비(402-03) 11. 공기관등에 대한 자본적 위탁사업비(403-02)	민간이전지출 근거 (지방보조금 관리기준 참고) 1. 법률에 규정 2. 국고보조 재원(국가지정) 3. 용도 지정 기부금 4. 조례에 직접규정 5. 지자체가 권장하는 사업을 하는 공공기관 6. 시,도 정책 및 재정사정 7. 기타 8. 해당없음	입찰방식			운영예산 산정		성과평가 실시여부
						계약체결방법 (경쟁형태) 1. 일반경쟁 2. 제한경쟁 3. 지명경쟁 4. 수의계약 5. 법정위탁 6. 기타 ( ) 7. 없음	계약기간 1. 1년 2. 2년 3. 3년 4. 4년 5. 5년 6. 기타 ( )년 7. 단기계약 (1년미만) 8. 없음	낙찰자선정방법 1. 적격심사 2. 협상에의한계약 3. 최저가낙찰제 4. 규격가격분리 5. 2단계 경쟁입찰 6. 기타 ( ) 7. 없음	운영예산 산정 1. 내부산정 (지자체 자체적으로 산정) 2. 외부산정 (외부전문기관위탁 산정) 3. 내·외부 모두 산정 4. 산정 無 5. 없음	정산방법 1. 내부정산 (지자체 내부적으로 정산) 2. 외부정산 (외부전문기관위탁 정산) 3. 내·외부 모두 산정 4. 정산 無 5. 없음	1. 실시 2. 미실시 3. 향후 추진 4. 해당없음
6878	경북 고령군	도암서원향사비보조	2,000	3	4	7	8	7	1	1	1
6879	경북 고령군	벽송정향사비지원	2,000	3	4	7	8	7	1	1	1
6880	경북 고령군	우수시장상품전시회지원	1,000	3	4	7	8	7	5	5	4
6881	경북 성주군	성주대표축제	1,120,000	3	1	7	8	7	5	5	4
6882	경북 성주군	세종대왕자태실태봉안행차재현행사	200,000	3	1	7	8	7	5	5	4
6883	경북 성주군	2024년성주참외전국마라톤대회개최	155,000	3	1	7	8	7	1	1	1
6884	경북 성주군	썸머워터바캉스	150,000	3	1	7	8	7	5	5	4
6885	경북 성주군	아이사랑태교음악회	120,000	3	1	7	8	7	5	5	4
6886	경북 성주군	경상북도드림페스티벌	60,000	3	1	7	8	7	5	5	4
6887	경북 성주군	가야산황금들녘메뚜기축제	60,000	3	1	7	8	7	5	5	4
6888	경북 성주군	성주참외품평회	40,000	3	1	7	8	7	1	1	4
6889	경북 성주군	농업인학습단체리더양성대회	36,000	3	1	7	8	7	1	1	4
6890	경북 성주군	성주군이장역량강화워크숍(격년제)	30,000	3	4	7	8	7	5	5	4
6891	경북 성주군	경상북도지사기생활체육탁구대회	25,000	3	1	7	8	7	5	5	4
6892	경북 성주군	별뫼줄다리기재현	23,800	3	1	7	8	7	5	5	4
6893	경북 성주군	전국시조경창대회개최지원	22,500	3	4	7	8	7	1	1	3
6894	경북 성주군	별고을성악콩쿠르	18,000	3	4	7	8	7	1	1	3
6895	경북 성주군	새마을지도자역량전진대회(격년제)	18,000	3	1	7	8	7	1	1	1
6896	경북 성주군	바르게살기운동한마음대회(격년제)	18,000	3	1	7	8	7	1	1	1
6897	경북 성주군	안전골든벨어린이퀴즈쇼대회	15,000	3	1,6	7	8	7	1	1	1
6898	경북 성주군	제19회전국농업경영인대회	12,000	3	7	7	8	7	1	1	1
6899	경북 성주군	성주주니어로컬테니스대회개최경비	10,000	3	1	7	8	7	1	1	1
6900	경북 성주군	한농연경북으뜸농산물한마당행사	5,000	3	7	7	8	7	1	1	1
6901	경북 성주군	한국여성농업인교육및단합대회	3,500	3	7	7	8	7	1	1	1
6902	경북 성주군	제12회한국여성농업인경북대회	3,000	3	7	7	8	7	1	1	1
6903	경북 성주군	여성농업인과다문화이주여성이함께하는문화탐방행사	3,000	3	7	7	8	7	1	1	1
6904	경북 성주군	회원친선게이트볼대회개최경비	2,500	3	1	7	8	7	1	1	1
6905	경북 성주군	제29회경북여성농민회한마당행사	2,000	3	7	7	8	7	1	1	1
6906	경북 성주군	전국농민회경북도연맹가족한마당행사	2,000	3	7	7	8	7	1	1	1
6907	경북 성주군	새농민회경상북도대회행사	1,500	3	7	7	8	7	1	1	1
6908	경북 성주군	농민회원역량강화교육사업	1,400	3	7	7	8	7	1	1	1
6909	경북 성주군	농민회가을추수한마당행사	1,400	3	7	7	8	7	1	1	1
6910	경북 칠곡군	한티가는길달빛잔치대회지원	84,000	3	1	7	8	7	5	5	4
6911	경북 칠곡군	낙동강호국평화기획전	80,000	3	7	7	8	7	3	3	1
6912	경북 칠곡군	이장연합회능력향상워크숍및화합한마당	28,000	3	4	7	8	7	1	1	1
6913	경북 칠곡군	외국인근로자위안행사	10,010	3	5	7	8	7	1	3	3
6914	경북 칠곡군	이장연합회자매결연교류행사	5,000	3	4	7	8	7	1	1	1
6915	경북 칠곡군	여성기업인경쟁력강화지원사업	4,900	3	5	7	8	7	1	1	3
6916	경북 칠곡군	도민의날행사참가지원	3,000	3	4	7	8	7	1	1	1
6917	경북 칠곡군	대한노인회지회행사사업보조	3,000	3	6	7	8	7	5	5	4

순번	시군구	지출명 (사업명)	2024년예산 (단위 : 천원 /1년간)	민간이전 분류 (지방자치단체 세출예산 집행기준에 의거) 1. 민간경상사업보조(307-02) 2. 민간단체 법정운영비보조(307-03) 3. 민간행사사업보조(307-04) 4. 민간위탁금(307-05) 5. 사회복지시설 법정운영비보조(307-10) 6. 민간인위탁교육비(307-12) 7. 공기관등에대한경상적위탁사업비(308-13) 8. 민간자본사업보조,자체재원(402-01) 9. 민간자본사업보조,이전재원(402-02) 10. 민간위탁사업비(402-03) 11. 공기관등에 대한 자본적 위탁사업비(403-02)	민간이전지출 근거 (지방보조금 관리기준 참고) 1. 법률에 규정 2. 국고보조 재원(국가지정) 3. 용도 지정 기부금 4. 조례에 직접규정 5. 지자체가 권장하는 사업을 하는 공공기관 6. 시,도 정책 및 재정사정 7. 기타 8. 해당없음	입찰방식 계약체결방법 (경쟁형태) 1. 일반경쟁 2. 제한경쟁 3. 지명경쟁 4. 수의계약 5. 법정위탁 6. 기타 ( ) 7. 없음	입찰방식 계약기간 1. 1년 2. 2년 3. 3년 4. 4년 5. 5년 6. 기타 ( )년 7. 단기계약 (1년미만) 8. 없음	입찰방식 낙찰자선정방법 1. 적격심사 2. 협상에의한계약 3. 최저가낙찰제 4. 규격가격분리 5. 2단계 경쟁입찰 6. 기타 ( ) 7. 없음	운영예산 산정 운영예산 산정 1. 내부산정 (지자체 자체적으로 산정) 2. 외부산정 (외부전문기관위탁 산정) 3. 내·외부 모두 산정 4. 산정 無 5. 없음	운영예산 산정 정산방법 1. 내부정산 (지자체 내부적으로 정산) 2. 외부정산 (외부전문기관위탁 정산) 3. 내·외부 모두 산정 4. 정산 無 5. 없음	성과평가 실시여부 1. 실시 2. 미실시 3. 향후 추진 4. 해당없음
6918	경북 칠곡군	민족통일새터민사회정착및교류행사	2,800	3	1	7	8	7	1	1	1
6919	경북 칠곡군	민주평통평화공감토크콘서트	2,500	3	1	7	8	7	1	1	1
6920	경북 칠곡군	민족통일자매결연교류행사	1,960	3	1	7	8	7	1	1	1
6921	경북 예천군	예천2024현대양궁월드컵대회지원	900,000	3	4	1	7	2	1	2	3
6922	경북 예천군	농산물축제개최지원	470,000	3	4	7	8	7	1	1	1
6923	경북 예천군	KBS배전국육상경기대회개최지원	240,000	3	4	7	1	7	3	1	1
6924	경북 예천군	경상북도건축대전개최지원	200,000	3	6	7	8	7	5	5	4
6925	경북 예천군	춘계전국중고육상대회개최지원	200,000	3	4	7	1	7	3	1	1
6926	경북 예천군	제6회예천군민체육대회개최지원	155,000	3	4	7	8	7	1	1	1
6927	경북 예천군	제6회예천군민체육대회출전비지원(읍면)	140,000	3	4	7	8	7	1	1	1
6928	경북 예천군	경상북도지사기전국초중양궁대회개최지원	100,000	3	4	7	8	7	1	1	1
6929	경북 예천군	전국실업/대학육상경기대회개최지원	100,000	3	4	7	8	7	1	1	1
6930	경북 예천군	예천군수배각종생활체육대회개최지원	95,000	3	4	7	1	7	3	1	1
6931	경북 예천군	한국중고양궁연맹회장기전국양궁대회개최지원	90,000	3	4	7	8	7	1	1	1
6932	경북 예천군	예천도효자배전국중고단축마라톤대회개최지원	90,000	3	4	7	1	7	3	1	1
6933	경북 예천군	축산물소비촉진행사지원	70,000	3	4	2	7	3	5	5	1
6934	경북 예천군	경상북도학생체전개최지원	70,000	3	4	7	1	7	3	1	1
6935	경북 예천군	경북풍물대축제	54,000	3	6	7	8	7	1	1	1
6936	경북 예천군	예천군수배전국유소년축구대회개최지원	50,000	3	4	7	1	7	3	1	1
6937	경북 예천군	낙동강7경문화한마당지원	45,000	3	4	7	8	7	1	1	1
6938	경북 예천군	양궁대회개최지원	42,000	3	4	7	8	7	1	1	1
6939	경북 예천군	저수령그란폰도개최지원	40,000	3	4	7	1	7	3	1	1
6940	경북 예천군	지역민과함께하는동행음악회지원	36,000	3	4	7	8	7	1	1	1
6941	경북 예천군	예천예술제지원	30,000	3	4	7	8	7	1	1	1
6942	경북 예천군	농식품국외판촉지원	30,000	3	6	7	8	7	1	1	4
6943	경북 예천군	도청신도시둘레길가족건강걷기대회개최지원	30,000	3	4	7	1	7	3	1	1
6944	경북 예천군	전국어린이바둑대회개최지원	30,000	3	4	7	1	7	3	1	1
6945	경북 예천군	대구경북청소년댄스경연대회개최지원	29,700	3	4	7	8	7	1	1	1
6946	경북 예천군	예천전국가요제지원	27,000	3	4	7	8	7	1	1	1
6947	경북 예천군	새해해맞이행사지원	25,000	3	4	7	8	7	1	1	2
6948	경북 예천군	노인의날행사지원	25,000	3	4	7	7	7	1	1	2
6949	경북 예천군	어린이날기념대축제행사지원	25,000	3	4	7	8	7	5	5	4
6950	경북 예천군	경상북도남여궁도대회개최지원	25,000	3	4	7	1	7	3	1	1
6951	경북 예천군	예천전국한시백일장지원	22,000	3	4	7	8	7	1	1	1
6952	경북 예천군	달집태우기행사지원	20,000	3	4	7	8	7	1	1	1
6953	경북 예천군	내성천문예현상공모지원	20,000	3	4	7	8	7	1	1	1
6954	경북 예천군	안전골든벨어린이퀴즈대회개최지원	20,000	3	5	7	8	7	5	5	4
6955	경북 예천군	읍면순회생활체육게이트볼대회개최지원	20,000	3	4	7	1	7	3	1	1
6956	경북 예천군	전국생활체육테니스대회개최지원	20,000	3	4	7	1	7	3	1	1
6957	경북 예천군	도지사기골프대회개최지원	20,000	3	4	7	1	7	3	1	1

순번	시군구	지출명 (사업명)	2024년예산 (단위 : 천원 /1년간)	민간이전 분류 (지방자치단체 세출예산 집행기준에 의거) 1. 민간경상사업보조(307-02) 2. 민간단체 법정운영비보조(307-03) 3. 민간행사사업보조(307-04) 4. 민간위탁금(307-05) 5. 사회복지시설 법정운영비보조(307-10) 6. 민간인위탁교육비(307-12) 7. 공기관등에대한경상적위탁사업비(308-13) 8. 민간자본사업보조,자체재원(402-01) 9. 민간자본사업보조,이전재원(402-02) 10. 민간위탁사업비(402-03) 11. 공기관등에 대한 자본적 위탁사업비(403-02)	민간이전지출 근거 (지방보조금 관리기준 참고) 1. 법률에 규정 2. 국고보조 재원(국가지정) 3. 용도 지정 기부금 4. 조례에 직접규정 5. 지자체가 권장하는 사업을 하는 공공기관 6. 시,도 정책 및 재정사정 7. 기타 8. 해당없음	입찰방식			운영예산 산정		성과평가 실시여부
						계약체결방법 (경쟁형태) 1. 일반경쟁 2. 제한경쟁 3. 지명경쟁 4. 수의계약 5. 법정위탁 6. 기타 ( ) 7. 없음	계약기간 1. 1년 2. 2년 3. 3년 4. 4년 5. 5년 6. 기타 ( )년 7. 단기계약 (1년미만) 8. 없음	낙찰자선정방법 1. 적격심사 2. 협상에의한계약 3. 최저가낙찰제 4. 규격가격분리 5. 2단계 경쟁입찰 6. 기타 ( ) 7. 없음	운영예산 산정 1. 내부산정 (지자체 자체적으로 산정) 2. 외부산정 (외부전문기관위탁 산정) 3. 내·외부 모두 산정 4. 산정 無 5. 없음	정산방법 1. 내부정산 (지자체 내부적으로 정산) 2. 외부정산 (외부전문기관위탁 정산) 3. 내·외부 모두 산정 4. 정산 無 5. 없음	1. 실시 2. 미실시 3. 향후 추진 4. 해당없음
6958	경북 예천군	무형유산공개행사지원	18,500	3	6	6	8	6	2	1	1
6959	경북 예천군	생활문화동아리예술제	18,000	3	4	7	8	7	1	1	1
6960	경북 예천군	새마을지도자한마음대회지원	15,000	3	4	7	8	7	5	5	4
6961	경북 예천군	전국서하백일장행사지원	15,000	3	4	7	8	7	1	1	1
6962	경북 예천군	군민건강걷기대회행사개최지원	15,000	3	4	7	1	7	3	1	1
6963	경북 예천군	예천아리랑제지원	14,000	3	4	7	8	7	1	1	1
6964	경북 예천군	소방안전역량강화지원	14,000	3	4	7	8	7	5	5	4
6965	경북 예천군	양성평등주간기념행사개최지원	13,000	3	4	7	8	7	1	1	4
6966	경북 예천군	가족어울림한마당행사지원	13,000	3	4	7	8	7	1	1	4
6967	경북 예천군	어린이집어울림한마당	13,000	3	4	7	8	7	5	1	4
6968	경북 예천군	바르게살기운동한마음대회지원	10,000	3	4	7	8	7	5	5	4
6969	경북 예천군	장애인의날지원	10,000	3	4	7	8	7	1	1	1
6970	경북 예천군	효행행사개최지원	10,000	3	4	7	7	7	1	1	2
6971	경북 예천군	다례제및전통성년식지원	10,000	3	4	7	8	7	1	1	1
6972	경북 예천군	예천국악제지원	10,000	3	4	7	8	7	1	1	1
6973	경북 예천군	우리소리아리랑행사지원	10,000	3	4	7	8	7	1	1	1
6974	경북 예천군	예천문화관광전국사진공모전지원	10,000	3	4	7	8	7	1	1	1
6975	경북 예천군	회룡포모래강생태문화체험행사지원	10,000	3	4	7	8	7	1	1	1
6976	경북 예천군	농식품국내판촉지원	10,000	3	6	7	8	7	1	1	4
6977	경북 예천군	생활체육사회인야구리그전개최지원	10,000	3	4	7	1	7	3	1	1
6978	경북 예천군	3대가함께하는가족파크골프대회개최지원	10,000	3	4	7	1	7	3	1	1
6979	경북 예천군	국기원승품단심사개최지원	10,000	3	4	7	1	7	3	1	1
6980	경북 예천군	군민의날기념행사지원	9,000	3	4	7	8	7	1	1	2
6981	경북 예천군	국가무형문화재정기발표회지원	9,000	3	6	6	8	6	2	1	1
6982	경북 예천군	도시민초청지원	8,000	3	4	7	8	7	1	1	2
6983	경북 예천군	장애인어울림한마당지원	8,000	3	4	7	8	7	1	1	1
6984	경북 예천군	예천예술인의밤행사지원	8,000	3	4	7	8	7	1	1	1
6985	경북 예천군	도남백일장행사지원	8,000	3	4	7	8	7	1	1	1
6986	경북 예천군	보육인의날행사지원	7,000	3	4	7	8	7	5	1	4
6987	경북 예천군	국민보도연맹사건희생자위령제	5,000	3	4	7	8	7	1	1	2
6988	경북 예천군	사회복지사의날행사지원	5,000	3	4	7	8	7	1	1	1
6989	경북 예천군	보문산성미군폭격사건희생자위령제	4,000	3	4	7	8	7	1	1	2
6990	경북 예천군	6.25전쟁음식시식및호국안보사진전시회지원	3,000	3	4	7	8	7	5	5	4
6991	경북 예천군	어르신노후건강행복소양함양수련대회지원	3,000	3	4	7	8	7	1	1	1
6992	경북 예천군	유네스코등재무형문화재지원(청단놀음)	3,000	3	6	6	8	6	2	1	1
6993	경북 예천군	경북궁도입승단대회개최지원	3,000	3	4	7	1	7	3	1	1
6994	경북 예천군	자연유산민속행사지원	2,200	3	2	7	8	6	2	1	1
6995	경북 예천군	청소년클럽대항생활체육대회개최지원	2,000	3	4	7	1	7	3	1	1
6996	경북 봉화군	가족건강걷기대회	20,000	3	1	7	8	7	5	5	4
6997	경북 울진군	2024울진금강송춘계중등U15축구대회	520,000	3	7	7	8	7	5	5	4

순번	시군구	지출명 (사업명)	2024년예산 (단위 : 천원 /1년간)	민간이전 분류 (지방자치단체 세출예산 집행기준에 의거) 1. 민간경상사업보조(307-02) 2. 민간단체 법정운영비보조(307-03) 3. 민간행사사업보조(307-04) 4. 민간위탁금(307-05) 5. 사회복지시설 법정운영비보조(307-10) 6. 민간인위탁교육비(307-12) 7. 공기관등에대한경상적위탁사업비(308-13) 8. 민간자본사업보조,자체재원(402-01) 9. 민간자본사업보조,이전재원(402-02) 10. 민간위탁사업비(402-03) 11. 공기관등에 대한 자본적 위탁사업비(403-02)	민간이전지출 근거 (지방보조금 관리기준 참고) 1. 법률에 규정 2. 국고보조 재원(국가지정) 3. 용도 지정 기부금 4. 조례에 직접규정 5. 지자체가 권장하는 사업을 하는 공공기관 6. 시,도 정책 및 재정사정 7. 기타 8. 해당없음	입찰방식 계약체결방법 (경쟁형태) 1. 일반경쟁 2. 제한경쟁 3. 지명경쟁 4. 수의계약 5. 법정위탁 6. 기타 ( ) 7. 없음	입찰방식 계약기간 1. 1년 2. 2년 3. 3년 4. 4년 5. 5년 6. 기타 ( )년 7. 단기계약 (1년미만) 8. 없음	입찰방식 낙찰자선정방법 1. 적격심사 2. 협상에의한계약 3. 최저가낙찰제 4. 규격가격분리 5. 2단계 경쟁입찰 6. 기타 ( ) 7. 없음	운영예산 산정 운영예산 산정 1. 내부산정 (지자체 자체적으로 산정) 2. 외부산정 (외부전문기관위탁 산정) 3. 내·외부 모두 산정 4. 산정 無 5. 없음	운영예산 산정 정산방법 1. 내부정산 (지자체 내부적으로 정산) 2. 외부정산 (외부전문기관위탁 정산) 3. 내·외부 모두 정산 4. 정산 無 5. 없음	성과평가 실시여부 1. 실시 2. 미실시 3. 향후 추진 4. 해당없음
6998	경북 울진군	2024경북어르신생활체육대회개최	320,000	3	1	7	8	7	1	1	1
6999	경북 울진군	2024울진금강송배전국유소년클럽축구대회	195,000	3	7	7	8	7	5	5	4
7000	경북 울진군	2024전지훈련지원및유치	100,000	3	7	7	8	7	5	5	4
7001	경북 울진군	2024백암온천배전국유소년축구대회	80,000	3	7	7	8	7	5	5	4
7002	경북 울진군	제3회울진파이팅챔피언십종합격투기대회	70,000	3	7	7	8	7	5	5	4
7003	경북 울진군	울진군수기체육대회개최지원	66,000	3	1	7	8	7	1	1	1
7004	경북 울진군	제4회현정화와함께하는울진대게전국오픈탁구대회	60,000	3	7	7	8	7	5	5	4
7005	경북 울진군	울진군생활체육대회개최및참가	60,000	3	1	7	8	7	1	1	1
7006	경북 울진군	군민건강걷기대회개최지원	60,000	3	1	7	8	7	1	1	1
7007	경북 울진군	제7회전국남녀후포비치발리볼대회	50,000	3	7	7	8	7	5	5	4
7008	경북 울진군	이장연합회한마음단합대회	25,000	3	4	7	8	7	5	5	1
7009	경북 울진군	제12회울진금강송배전국탁구대회	25,000	3	7	7	8	7	5	5	4
7010	경북 울진군	청소년어울림마당지원	21,000	3	1	7	8	7	1	1	1
7011	경북 울진군	4.13흥부만세제행사비	20,000	3	4	7	8	7	1	1	1
7012	경북 울진군	청소년행사지원	20,000	3	1	7	8	7	1	1	1
7013	경북 울진군	장애인단체수련대회(7개단체)	18,000	3	1	7	8	7	1	1	4
7014	경북 울진군	경북리그예선운영및본선진출지원	15,000	3	1	7	8	7	1	1	1
7015	경북 울진군	장애인의날기념행사	15,000	3	1	7	8	7	1	1	4
7016	경북 울진군	바르게살기운동건전생활실천다짐대회	10,000	3	1	7	8	7	5	5	1
7017	경북 울진군	다문화가족한마음대회지원	10,000	3	4	7	8	7	1	1	1
7018	경북 울진군	4.11매화만세제행사비	5,000	3	4	7	8	7	1	1	1
7019	경북 울진군	재향군인회(안보연합회)한마음대회행사비	5,000	3	4	7	8	7	1	1	1
7020	경북 울진군	합동결혼식행사지원	5,000	3	4	7	8	7	1	1	1
7021	경북 울진군	현충일추념행사제수비	4,000	3	4	7	8	7	1	1	1
7022	경북 울진군	새해아침참배행사제수비	3,000	3	4	7	8	7	1	1	1
7023	경북 울진군	바르게살기운동건전생활실천교육	1,650	3	1	7	8	7	5	5	1
7024	경북 울릉군	어린이날행사운영	25,000	3	1	7	8	7	1	1	1
7025	경북 울릉군	새마을운동활성화(새마을환경살리기)	20,000	3	4	7	8	7	5	5	4
7026	경북 울릉군	안전골든벨어린이퀴즈쇼	20,000	3	3	6	1	1	1	1	1
7027	경북 울릉군	의용소방대기술습득경연대회	7,000	3	1	5	1	1	1	1	1
7028	경상남도	임업인의날행사지원	17,148	3	1	7	8	7	1	1	3
7029	경상남도	문화다양성맘프축제지원(국고보조)	650,000	3	7	7	1	7	5	3	4
7030	경상남도	경상남도SMR국제콘퍼런스	250,000	3	6	7	8	7	5	5	4
7031	경상남도	한국4H중앙야영교육	200,000	3	4	7	8	7	1	1	3
7032	경상남도	근로자의날행사지원	80,000	3	4	7	8	7	1	1	1
7033	경상남도	경남수출농식품단체(업체)역량강화지원	23,085	3	4	7	8	7	1	1	1
7034	경상남도	외국인주민자국기념일행사비지원	20,000	3	7	7	1	7	1	1	4
7035	경상남도	쌀사랑대회및한국쌀전업농경남회원연찬회	14,000	3	6	7	8	7	5	5	4
7036	경상남도	친환경농업인육성및지원	13,000	3	6	7	8	7	5	5	4
7037	경상남도	농업인의날및전국쌀품평회	8,100	3	6	7	8	7	5	5	4

순번	시군구	지출명 (사업명)	2024년예산 (단위 : 천원 /1년간)	민간이전 분류 (지방자치단체 세출예산 집행기준에 의거) 1. 민간경상사업보조(307-02) 2. 민간단체 법정운영비보조(307-03) 3. 민간행사사업보조(307-04) 4. 민간위탁금(307-05) 5. 사회복지시설 법정운영비보조(307-10) 6. 민간인위탁교육비(307-12) 7. 공기관등에대한경상적위탁사업비(308-13) 8. 민간자본사업보조,자체재원(402-01) 9. 민간자본사업보조,이전재원(402-02) 10. 민간위탁사업비(402-03) 11. 공기관등에 대한 자본적 위탁사업비(403-02)	민간이전지출 근거 (지방보조금 관리기준 참고) 1. 법률에 규정 2. 국고보조 재원(국가지정) 3. 용도 지정 기부금 4. 조례에 직접규정 5. 지자체가 권장하는 사업을 하는 공공기관 6. 시,도 정책 및 재정사정 7. 기타 8. 해당없음	입찰방식 계약체결방법 (경쟁형태) 1. 일반경쟁 2. 제한경쟁 3. 지명경쟁 4. 수의계약 5. 법정위탁 6. 기타 ( ) 7. 없음	입찰방식 계약기간 1. 1년 2. 2년 3. 3년 4. 4년 5. 5년 6. 기타 ( )년 7. 단기계약 (1년미만) 8. 없음	입찰방식 낙찰자선정방법 1. 적격심사 2. 협상에의한계약 3. 최저가낙찰제 4. 규격가격분리 5. 2단계 경쟁입찰 6. 기타 ( ) 7. 없음	운영예산 산정 운영예산 산정 1. 내부산정 (지자체 자체적으로 산정) 2. 외부산정 (외부전문기관위탁 산정) 3. 내·외부 모두 산정 4. 산정 無 5. 없음	운영예산 산정 정산방법 1. 내부정산 (지자체 내부적으로 정산) 2. 외부정산 (외부전문기관위탁 정산) 3. 내·외부 모두 산정 4. 정산 無 5. 없음	성과평가 실시여부 1. 실시 2. 미실시 3. 향후 추진 4. 해당없음
7038	경상남도	경남물포럼지원	6,300	3	1	4	7	7	1	1	1
7039	경상남도	영호남자연보호세미나개최지원	4,500	3	1,4	7	8	7	1	1	1
7040	경남 창원시	제16회그린엑스포개최	146,000	3	1	7	8	7	1	1	1
7041	경남 창원시	기업사랑시민축제행사	117,000	3	1	4	1	7	1	1	1
7042	경남 창원시	잔치한마당	110,000	3	1	7	8	7	5	5	4
7043	경남 창원시	창원진동미더덕축제(지역특화수산물축제지원)	90,500	3	6	7	8	7	5	5	4
7044	경남 창원시	창원복지박람회개최	89,000	3	1	7	8	7	1	1	4
7045	경남 창원시	창원드래곤보트대회	85,000	3	1,4	1	8	7	3	3	1
7046	경남 창원시	창원국가대표선발전전국요트대회	85,000	3	1,4	1	8	7	3	3	1
7047	경남 창원시	2024Korea!창원틴틴페스티벌	82,000	3	4	2	1	1	1	1	1
7048	경남 창원시	여성생활공감아이디어공모페스티벌	72,000	3	6	7	8	7	1	1	1
7049	경남 창원시	수산인의날경남수산인한마음대회지원	60,000	3	6	7	8	7	5	5	4
7050	경남 창원시	창원특례시장배전국요트대회	50,000	3	1,4	1	8	7	3	3	1
7051	경남 창원시	창원홍합축제(지역특화수산물축제지원)	50,000	3	6	7	8	7	5	5	4
7052	경남 창원시	오동동상점가아맥축제	45,000	3	1	7	8	7	5	5	4
7053	경남 창원시	노사민정문화콘서트	42,750	3	4	7	8	7	5	5	4
7054	경남 창원시	진해만싱싱수산물축제(지역특화수산물축제지원)	40,500	3	6	7	8	7	5	5	4
7055	경남 창원시	어린이날기념행사	40,000	3	7	7	8	7	1	1	1
7056	경남 창원시	창원인쇼어레이싱첼린지대회	40,000	3	1,4	1	8	7	3	3	1
7057	경남 창원시	창원전국지능로봇경진대회	35,000	3	6	7	1	7	1	1	4
7058	경남 창원시	제17회창원환경영화제	32,400	3	1	7	8	7	1	1	1
7059	경남 창원시	일본군위안부피해자명예회복지원및기림일추모문화제	25,500	3	1	7	8	7	1	1	1
7060	경남 창원시	보육교직원유형별연수	21,000	3	7	7	8	7	1	1	1
7061	경남 창원시	소상공인역량강화워크숍	20,000	3	4	7	8	7	1	1	1
7062	경남 창원시	열아홉을위하여	20,000	3	4	7	8	7	1	1	1
7063	경남 창원시	노동자의날기념식및체육대회지원	18,000	3	4	7	8	7	5	5	4
7064	경남 창원시	재향군인회(재향군인의날기념및한마음대회)	18,000	3	1	7	8	7	5	5	4
7065	경남 창원시	출산돌봄힐링토크콘서트	18,000	3	7	4	7	1	1	1	1
7066	경남 창원시	눈내리는창동거리	17,000	3	1	7	8	7	5	5	4
7067	경남 창원시	내고장독립만세운동지로떠나는역사탐방	17,000	3	1	7	8	7	5	5	4
7068	경남 창원시	625위안행사(625참전유공자회)	16,700	3	1	7	8	7	5	5	4
7069	경남 창원시	창원시자원봉사자대회(창원시자원봉사단체협의회)	16,200	3	6	7	8	7	1	1	1
7070	경남 창원시	노사상생워크숍지원	16,000	3	4	7	8	7	5	5	4
7071	경남 창원시	창동가고싶데이	15,674	3	1	7	8	7	5	5	4
7072	경남 창원시	창동오동동송구영신	12,150	3	1	7	8	7	5	5	4
7073	경남 창원시	보훈가족위안행사(창원보훈3단체)	11,000	3	1	7	8	7	5	5	4
7074	경남 창원시	청소년영상축제	11,000	3	4	7	8	7	1	1	1
7075	경남 창원시	학원종합문화제	11,000	3	7	7	8	7	1	1	1
7076	경남 창원시	보훈가족위안행사(마산보훈3단체)	10,530	3	1	7	8	7	5	5	4
7077	경남 창원시	43삼진의거독립만세운동재현행사	10,000	3	1	7	8	7	5	5	4

순번	시군구	지출명 (사업명)	2024년예산 (단위 : 천원 /1년간)	민간이전 분류 (지방자치단체 세출예산 집행기준에 의거) 1. 민간경상사업보조(307-02) 2. 민간단체 법정운영비보조(307-03) 3. 민간행사사업보조(307-04) 4. 민간위탁금(307-05) 5. 사회복지시설 법정운영비보조(307-10) 6. 민간인위탁교육비(307-12) 7. 공기관등에대한경상적위탁사업비(308-13) 8. 민간자본사업보조,자체재원(402-01) 9. 민간자본사업보조,이전재원(402-02) 10. 민간위탁사업비(402-03) 11. 공기관등에 대한 자본적 위탁사업비(403-02)	민간이전지출 근거 (지방보조금 관리기준 참고) 1. 법률에 규정 2. 국고보조 재원(국가지정) 3. 용도 지정 기부금 4. 조례에 직접규정 5. 지자체가 권장하는 사업을 하는 공공기관 6. 시,도 정책 및 재정사정 7. 기타 8. 해당없음	입찰방식 계약체결방법 (경쟁형태) 1. 일반경쟁 2. 제한경쟁 3. 지명경쟁 4. 수의계약 5. 법정위탁 6. 기타 ( ) 7. 없음	입찰방식 계약기간 1. 1년 2. 2년 3. 3년 4. 4년 5. 5년 6. 기타 ( )년 7. 단기계약 (1년미만) 8. 없음	입찰방식 낙찰자선정방법 1. 적격심사 2. 협상에의한계약 3. 최저가낙찰제 4. 규격가격분리 5. 2단계 경쟁입찰 6. 기타 ( ) 7. 없음	운영예산 산정 운영예산 산정 1. 내부산정 (지자체 자체적으로 산정) 2. 외부산정 (외부전문기관위탁 산정) 3. 내·외부 모두 산정 4. 산정 無 5. 없음	운영예산 산정 정산방법 1. 내부정산 (지자체 내부적으로 정산) 2. 외부정산 (외부전문기관위탁 정산) 3. 내·외부 모두 산정 4. 정산 無 5. 없음	성과평가 실시여부 1. 실시 2. 미실시 3. 향후 추진 4. 해당없음
7078	경남 창원시	괴암김주석기념사업회서훈6주년학술토론회	10,000	3	1	7	8	7	5	5	4
7079	경남 창원시	2024글로벌나눔걷기대회	10,000	3	7	7	8	7	1	1	1
7080	경남 창원시	마산복지패밀리봉사회한마음다짐대회	9,000	3	6	7	8	7	1	1	1
7081	경남 창원시	수산업경영인대회참석지원	9,000	3	7	7	8	7	1	1	4
7082	경남 창원시	해병대마산연합회(진동리지구전승전야제및기념식)	8,100	3	1	7	8	7	5	5	4
7083	경남 창원시	마산방어전투기념사업회전승기념식및학술토론회	8,100	3	1	7	8	7	5	5	4
7084	경남 창원시	한마음다짐우수봉사자시상식및선진지견학(창원시자원봉사회)	8,100	3	6	7	8	7	1	1	1
7085	경남 창원시	창원시자원봉사단체협의회우수봉사자워크숍(창원시자원봉사단체협의회)	8,100	3	6	7	8	7	1	1	1
7086	경남 창원시	농업경영인한마음대회	7,695	3	1	7	8	7	1	1	1
7087	경남 창원시	43만세운동재현행사(진해)	7,600	3	1	7	8	7	5	5	4
7088	경남 창원시	323창원읍민만세운동재현행사	7,600	3	1	7	8	7	5	5	4
7089	경남 창원시	스승과함께하는음악경연대회지원	7,200	3	7	7	8	7	1	1	4
7090	경남 창원시	창원시장기자연보호경진대회	7,200	3	4	7	8	7	1	1	1
7091	경남 창원시	재활용품나눔장터개설행사지원	7,000	3	1	7	8	7	5	5	4
7092	경남 창원시	농업경영인전국대회참가	6,700	3	1	7	8	7	1	1	1
7093	경남 창원시	여성농업인도대회참가	6,700	3	1	7	8	7	1	1	1
7094	경남 창원시	자원봉사자연수(선진문화탐방)	6,600	3	6	7	8	7	1	1	1
7095	경남 창원시	중앙동벚꽃마을효큰잔치	6,000	3	4	7	8	7	5	5	4
7096	경남 창원시	보훈가족위안행사(진해보훈3단체)	5,670	3	1	7	8	7	5	5	4
7097	경남 창원시	31절애국지사추모제	5,000	3	1	7	8	7	5	5	4
7098	경남 창원시	나라사랑백일장대회	5,000	3	1	7	8	7	5	5	4
7099	경남 창원시	아구데이축제지원	5,000	3	7	7	8	7	3	3	1
7100	경남 창원시	장애인노동자위로큰잔치	4,500	3	4	7	8	7	5	5	4
7101	경남 창원시	재향군인회여성회(참전용사위안행사)	4,500	3	1	7	8	7	5	5	4
7102	경남 창원시	어린이집유형별아동문화행사	4,320	3	7	5	8	1	3	1	4
7103	경남 창원시	마산지체장애인복지증진대회(마산지체장애인협회)	4,050	3	1	7	8	7	1	1	1
7104	경남 창원시	장애인야영대회(한우리인성회)	4,050	3	1	7	8	7	1	1	1
7105	경남 창원시	중앙동동민화합행사	4,000	3	4	7	8	7	5	5	4
7106	경남 창원시	상이군경복지회관창작예술제	3,900	3	1	7	8	7	5	5	4
7107	경남 창원시	장애어린이날행사(창원장애인부모연대)	3,825	3	1	7	8	7	1	1	1
7108	경남 창원시	문화탐방행사(마산지체장애인협회)	3,650	3	1	7	8	7	1	1	1
7109	경남 창원시	동민화합행사	3,500	3	7	4	7	7	1	1	4
7110	경남 창원시	저소득아동힐링캠프	3,425	3	7	7	8	7	1	1	1
7111	경남 창원시	흰지팡이의날행사(창원시각장애인협회)	3,240	3	1	7	8	7	1	1	1
7112	경남 창원시	장애인곰두리수영대회(창원시장애인부모회)	3,240	3	1	7	8	7	1	1	1
7113	경남 창원시	지체장애인의날'기념한마음복지증진대회(진해지체장애인협회)	2,835	3	1	7	8	7	1	1	1
7114	경남 창원시	장애인식개선사업(창원장애인부모연대)	2,835	3	1	7	8	7	1	1	1
7115	경남 창원시	지체장애인복지증진대회(창원지체장애인협회)	2,740	3	1	7	8	7	1	1	1
7116	경남 창원시	흰지팡이의날행사(마산시각장애인협회)	2,430	3	1	7	8	7	1	1	1
7117	경남 창원시	흰지팡이의날행사(진해시각장애인협회)	2,430	3	1	7	8	7	1	1	1

순번	시군구	지출명 (사업명)	2024년예산 (단위 : 천원 /1년간)	민간이전 분류 (지방자치단체 세출예산 집행기준에 의거) 1. 민간경상사업보조(307-02) 2. 민간단체 법정운영비보조(307-03) 3. 민간행사사업보조(307-04) 4. 민간위탁금(307-05) 5. 사회복지시설 법정운영비보조(307-10) 6. 민간인위탁교육비(307-12) 7. 공기관등에대한경상적위탁사업비(308-13) 8. 민간자본사업보조,자체재원(402-01) 9. 민간자본사업보조,이전재원(402-02) 10. 민간위탁사업비(402-03) 11. 공기관등에 대한 자본적 위탁사업비(403-02)	민간이전지출 근거 (지방보조금 관리기준 참고) 1. 법률에 규정 2. 국고보조 재원(국가지정) 3. 용도 지정 기부금 4. 조례에 직접규정 5. 지자체가 권장하는 사업을 하는 공공기관 6. 시,도 정책 및 재정사정 7. 기타 8. 해당없음	입찰방식			운영예산 산정		성과평가 실시여부
						계약체결방법 (경쟁형태) 1. 일반경쟁 2. 제한경쟁 3. 지명경쟁 4. 수의계약 5. 법정위탁 6. 기타 ( ) 7. 없음	계약기간 1. 1년 2. 2년 3. 3년 4. 4년 5. 5년 6. 기타 ( )년 7. 단기계약 (1년미만) 8. 없음	낙찰자선정방법 1. 적격심사 2. 협상에의한계약 3. 최저가낙찰제 4. 규격가격분리 5. 2단계 경쟁입찰 6. 기타 ( ) 7. 없음	운영예산 산정 1. 내부산정 (지자체 자체적으로 산정) 2. 외부산정 (외부전문기관위탁 산정) 3. 내·외부 모두 산정 4. 산정 無 5. 없음	정산방법 1. 내부정산 (지자체 내부적으로 정산) 2. 외부정산 (외부전문기관위탁 정산) 3. 내·외부 모두 산정 4. 정산 無 5. 없음	1. 실시 2. 미실시 3. 향후 추진 4. 해당없음
7118	경남 창원시	장애인가족캠프(창원시장애인부모회)	2,430	3	1	7	8	7	1	1	1
7119	경남 창원시	척수장애인가족문화탐방(창원척수장애인협회)	2,255	3	1	7	8	7	1	1	1
7120	경남 창원시	취약계층과함께하는문화사업	2,200	3	6	7	8	7	1	1	1
7121	경남 창원시	장애비장애청소년통합캠프(창원시장애청소년문화지원센터)	1,989	3	1	7	8	7	1	1	1
7122	경남 창원시	하계수련회(창원시각장애인협회)	1,620	3	1	7	8	7	1	1	1
7123	경남 창원시	하계수련대회(진해시각장애인협회)	1,620	3	1	7	8	7	1	1	1
7124	경남 창원시	산재장애인자활증진대회(창원산재장애인협회)	1,620	3	1	7	8	7	1	1	1
7125	경남 창원시	장애인식개선사업(마산장애인부모회)	1,620	3	1	7	8	7	1	1	1
7126	경남 창원시	장애가족추계체육대회(진해장애인부모회)	1,620	3	1	7	8	7	1	1	1
7127	경남 창원시	하계수련회(진해지체장애인협회)	1,530	3	1	7	8	7	1	1	1
7128	경남 창원시	시각장애인경로위안잔치(마산시각장애인협회)	1,530	3	1	7	8	7	1	1	1
7129	경남 창원시	하계수련대회(마산시각장애인협회)	1,530	3	1	7	8	7	1	1	1
7130	경남 창원시	중증장애인초청선진지탐방(진해지체장애인협회)	1,300	3	1	7	8	7	1	1	1
7131	경남 창원시	창립기념식및경로잔치(창원시각장애인협회)	1,296	3	1	7	8	7	1	1	1
7132	경남 창원시	6.3농아인의날기념문화탐방(창원농아인협회)	1,215	3	1	7	8	7	1	1	1
7133	경남 창원시	하계수련대회(창원농아인협회)	1,215	3	1	7	8	7	1	1	1
7134	경남 창원시	농아인하계수련대회(마산농아인협회)	1,215	3	1	7	8	7	1	1	1
7135	경남 창원시	농아인문화체험(마산농아인협회)	1,215	3	1	7	8	7	1	1	1
7136	경남 창원시	장애비장애통합캠프(지적발달장애인복지협회창원시지부)	1,215	3	1	7	8	7	1	1	1
7137	경남 창원시	창원시장애인부모결의및단합대회(창원시장애인부모회)	1,215	3	1	7	8	7	1	1	1
7138	경남 창원시	중증장애인하계수련대회(창원지체장애인협회)	1,148	3	1	7	8	7	1	1	1
7139	경남 창원시	장애인극기체험래프팅대회(진해지체장애인협회)	1,148	3	1	7	8	7	1	1	1
7140	경남 창원시	6.3농아인의날기념농아인대회(진해농아인협회)	1,148	3	1	7	8	7	1	1	1
7141	경남 창원시	하계수련회(진해농아인협회)	1,148	3	1	7	8	7	1	1	1
7142	경남 창원시	경로위안잔치(진해시각장애인협회)	1,148	3	1	7	8	7	1	1	1
7143	경남 창원시	사회체험대회(진해시각장애인협회)	1,148	3	1	7	8	7	1	1	1
7144	경남 창원시	정월대보름행사	1,000	3	7	4	7	7	1	1	4
7145	경남 창원시	영호남농아인지도자대회(창원농아인협회)	810	3	1	7	8	7	1	1	1
7146	경남 창원시	영호남농아인지도자대회(마산농아인협회)	810	3	1	7	8	7	1	1	1
7147	경남 창원시	영호남농아인지도자대회(진해농아인협회)	810	3	1	7	8	7	1	1	1
7148	경남 창원시	신장병예방홍보및무료소변검사(창원신장장애인협회)	810	3	1	7	8	7	1	1	1
7149	경남 창원시	작은열린음악회(창원산재장애인협회)	810	3	1	7	8	7	1	1	1
7150	경남 창원시	극기체험래프팅대회(창원지체장애인협회)	765	3	1	7	8	7	1	1	1
7151	경남 창원시	경남지체장애인한마음대회(창원지체장애인협회)	765	3	1	7	8	7	1	1	1
7152	경남 창원시	극기체험래프팅대회(마산지체장애인협회)	765	3	1	7	8	7	1	1	1
7153	경남 창원시	경남지체장애인한마음대회(마산지체장애인협회)	765	3	1	7	8	7	1	1	1
7154	경남 창원시	경남지체장애인한마음대회(진해지체장애인협회)	765	3	1	7	8	7	1	1	1
7155	경남 창원시	행복으로가는수련회(창원신장장애인협회)	765	3	1	7	8	7	1	1	1
7156	경남 창원시	장애청소년성교육(창원시장애청소년문화지원센터)	765	3	1	7	8	7	1	1	1
7157	경남 창원시	장애어린이날행사(진해장애인부모회)	765	3	1	7	8	7	1	1	1

순번	시군구	지출명 (사업명)	2024년예산 (단위 : 천원 /1년간)	민간이전 분류 (지방자치단체 세출예산 집행기준에 의거) 1. 민간경상사업보조(307-02) 2. 민간단체 법정운영비보조(307-03) 3. 민간행사사업보조(307-04) 4. 민간위탁금(307-05) 5. 사회복지시설 법정운영비보조(307-10) 6. 민간인위탁교육비(307-12) 7. 공기관등에대한경상적위탁사업비(308-13) 8. 민간자본사업보조,자체재원(402-01) 9. 민간자본사업보조,이전재원(402-02) 10. 민간위탁사업비(402-03) 11. 공기관등에 대한 자본적 위탁사업비(403-02)	민간이전지출 근거 (지방보조금 관리기준 참고) 1. 법률에 규정 2. 국고보조 재원(국가지정) 3. 용도 지정 기부금 4. 조례에 직접규정 5. 지자체가 권장하는 사업을 하는 공공기관 6. 시,도 정책 및 재정사정 7. 기타 8. 해당없음	입찰방식: 계약체결방법 (경쟁형태) 1. 일반경쟁 2. 제한경쟁 3. 지명경쟁 4. 수의계약 5. 법정위탁 6. 기타 ( ) 7. 없음	입찰방식: 계약기간 1. 1년 2. 2년 3. 3년 4. 4년 5. 5년 6. 기타 ( )년 7. 단기계약 (1년미만) 8. 없음	입찰방식: 낙찰자선정방법 1. 적격심사 2. 협상에의한계약 3. 최저가낙찰제 4. 규격가격분리 5. 2단계 경쟁입찰 6. 기타 ( ) 7. 없음	운영예산 산정: 운영예산 산정 1. 내부산정 (지자체 자체적으로 산정) 2. 외부산정 (외부전문기관위탁 산정) 3. 내·외부 모두 산정 4. 산정 無 5. 없음	운영예산 산정: 정산방법 1. 내부정산 (지자체 내부적으로 정산) 2. 외부정산 (외부전문기관위탁 정산) 3. 내·외부 모두 정산 4. 정산 無 5. 없음	성과평가 실시여부 1. 실시 2. 미실시 3. 향후 추진 4. 해당없음
7158	경남 창원시	장애아동좋은그림그리기대회(진해장애인부모회)	765	3	1	7	8	7	1	1	1
7159	경남 창원시	발달장애인체험학습(지적발달장애인복지협회창원시지부)	689	3	1	7	8	7	1	1	1
7160	경남 진주시	모범보육교직원보육시설견학	40,000	3	1,6	7	8	7	5	1	4
7161	경남 진주시	어린이날가족사랑어린이걷기대회	20,000	3	6	7	8	7	1	1	4
7162	경남 진주시	어린이집보육교직원한마음대회	20,000	3	1,6	7	8	7	5	1	4
7163	경남 진주시	어린이날기념행사지원	18,000	3	6	7	8	7	1	1	4
7164	경남 진주시	아동극공연및전시회관람	15,000	3	1,6	7	8	7	5	1	4
7165	경남 진주시	어린이집보육교직원하계연수회	15,000	3	1,6	7	8	7	5	1	4
7166	경남 진주시	어린이그림그리기행사	14,000	3	1,6	7	8	7	5	1	4
7167	경남 진주시	장애아동캠프지원	10,000	3	1,6	7	8	7	5	1	4
7168	경남 진주시	보육교직원역량강화교육	10,000	3	1,6	7	8	7	5	1	4
7169	경남 진주시	어린이범죄예방뮤지컬공연	7,000	3	6	7	8	7	1	1	4
7170	경남 진주시	진주남강유등축제행사지원	2,598,000	3	1,4	7	1	7	1	1	1
7171	경남 진주시	개천예술제개최지원	1,438,000	3	1,4	7	1	7	1	1	1
7172	경남 진주시	코리아드라마페스티벌개최지원	1,000,000	3	1,4	7	1	7	1	1	1
7173	경남 진주시	진주시종목별시장기.협회장기대회등	653,500	3	1,4	7	8	7	1	1	1
7174	경남 진주시	문화도시추진공모	500,000	3	4	6	8	7	1	1	3
7175	경남 진주시	진주M2페스티벌행사지원	320,000	3	1,4	7	1	7	1	1	1
7176	경남 진주시	전통소힘겨루기대회지원(토요상설)	319,240	3	1,4	7	8	7	1	1	1
7177	경남 진주시	전국민속소힘겨루기대회지원	220,800	3	1,4	7	8	7	1	1	1
7178	경남 진주시	실경역사뮤지컬의기논개	200,000	3	1,4	7	1	7	1	1	1
7179	경남 진주시	진주대첩재현행사(촉석산성아리아)	200,000	3	1,4	7	1	7	1	1	1
7180	경남 진주시	읍면동체육대회행사비지원	150,000	3	1,4	7	8	7	1	1	1
7181	경남 진주시	진주실크박람회	140,000	3	4	7	8	7	1	1	1
7182	경남 진주시	불꽃놀이개최지원	130,000	3	5	7	1	7	1	1	1
7183	경남 진주시	읍면동문화행사비지원	105,000	3	4	6	1	6	1	1	3
7184	경남 진주시	연등행사지원	105,000	3	4	6	1	6	1	1	3
7185	경남 진주시	크리스마스트리참빛문화축제	105,000	3	4	6	1	6	1	1	3
7186	경남 진주시	한.중문화교류행사지원	95,000	3	4	7	1	6	5	1	1
7187	경남 진주시	진주탈춤한마당지원	90,000	3	4	6	1	6	1	1	3
7188	경남 진주시	진주성수성중군영교대의식행사	90,000	3	4	7	8	7	1	1	1
7189	경남 진주시	사랑의김장나눔행사지원	81,000	3	4	7	8	7	1	1	1
7190	경남 진주시	대한민국동공모대전	80,000	3	1,4	7	1	7	1	1	1
7191	경남 진주시	진주재즈콘서트	80,000	3	4	6	1	6	1	1	3
7192	경남 진주시	진주성축구스토브리그	72,500	3	1,4	7	8	7	1	1	1
7193	경남 진주시	읍면동풍물경연대회	72,000	3	4	6	1	6	1	1	3
7194	경남 진주시	읍면동풍물경연대회	72,000	3	4	6	1	6	1	1	3
7195	경남 진주시	진주성지키기체험행사	70,000	3	4	6	8	7	1	1	1
7196	경남 진주시	여성생활발명아이디어공모	65,000	3	6	7	8	7	1	1	4
7197	경남 진주시	자원봉사자한마음대회	65,000	3	4	7	8	7	1	1	1

순번	시군구	지출명 (사업명)	2024년예산 (단위 : 천원 /1년간)	민간이전 분류 (지방자치단체 세출예산 집행기준에 의거) 1. 민간경상사업보조(307-02) 2. 민간단체 법정운영비보조(307-03) 3. 민간행사사업보조(307-04) 4. 민간위탁금(307-05) 5. 사회복지시설 법정운영비보조(307-10) 6. 민간인위탁교육비(307-12) 7. 공기관등에대한경상적위탁사업비(308-13) 8. 민간자본사업보조,자체재원(402-01) 9. 민간자본사업보조,이전재원(402-02) 10. 민간위탁사업비(402-03) 11. 공기관등에 대한 자본적 위탁사업비(403-02)	민간이전지출 근거 (지방보조금 관리기준 참고) 1. 법률에 규정 2. 국고보조 재원(국가지정) 3. 용도 지정 기부금 4. 조례에 직접규정 5. 지자체가 권장하는 사업을 하는 공공기관 6. 시,도 정책 및 재정사정 7. 기타 8. 해당없음	입찰방식			운영예산 산정		성과평가 실시여부
						계약체결방법 (경쟁형태) 1. 일반경쟁 2. 제한경쟁 3. 지명경쟁 4. 수의계약 5. 법정위탁 6. 기타 ( ) 7. 없음	계약기간 1. 1년 2. 2년 3. 3년 4. 4년 5. 5년 6. 기타 ( )년 7. 단기계약 (1년미만) 8. 없음	낙찰자선정방법 1. 적격심사 2. 협상에의한계약 3. 최저가낙찰제 4. 규격가격분리 5. 2단계 경쟁입찰 6. 기타 ( ) 7. 없음	운영예산 산정 1. 내부산정 (지자체 자체적으로 산정) 2. 외부산정 (외부전문기관위탁 산정) 3. 내·외부 모두 산정 4. 산정 無 5. 없음	정산방법 1. 내부정산 (지자체 내부적으로 정산) 2. 외부정산 (외부전문기관위탁 정산) 3. 내·외부 모두 산정 4. 정산 無 5. 없음	1. 실시 2. 미실시 3. 향후 추진 4. 해당없음
7198	경남 진주시	진주시장애인총연합회행사운영비	62,000	3	1	7	8	1	1	1	1
7199	경남 진주시	시민합창페스티벌	60,000	3	4	6	1	6	1	1	3
7200	경남 진주시	진주남강마라톤대회	60,000	3	1,4	7	8	7	1	1	1
7201	경남 진주시	진주연극페스티벌	57,000	3	4	6	1	6	1	1	3
7202	경남 진주시	노동조합행사지원	53,000	3	4	7	8	7	1	1	1
7203	경남 진주시	진주K기업가정신청년포럼	50,000	3	4	7	8	7	1	1	1
7204	경남 진주시	진주K기업가정신상설포럼	50,000	3	4	7	8	7	1	1	1
7205	경남 진주시	밴드페스티벌	50,000	3	4	6	1	6	1	1	3
7206	경남 진주시	한여름밤낭만콘서트	50,000	3	4	6	1	6	1	1	3
7207	경남 진주시	진주차식경연대회	50,000	3	4	6	1	6	1	1	3
7208	경남 진주시	수무바다흰고무래공연개최지원	50,000	3	4	7	1	6	5	1	1
7209	경남 진주시	읍면동풍물단교육	45,000	3	4	6	1	6	1	1	3
7210	경남 진주시	형평문학제지원	45,000	3	4	7	1	6	5	1	1
7211	경남 진주시	이형기문학제지원	45,000	3	4	7	1	6	5	1	1
7212	경남 진주시	진주대학생체육리그전	45,000	3	1,4	7	8	7	1	1	1
7213	경남 진주시	통일워크숍	42,000	3	1	7	8	7	1	1	1
7214	경남 진주시	이통장연합회한마음대회개최	41,228	3	7	7	8	7	1	1	1
7215	경남 진주시	노인의날기념행사	40,000	3	1	7	8	7	1	1	4
7216	경남 진주시	아이와부모가함께하는그림책콘서트	40,000	3	4	6	1	6	1	1	3
7217	경남 진주시	진주아마추어e스포츠대회개최	40,000	3	4	6	1	6	1	1	3
7218	경남 진주시	진주마라톤대회	40,000	3	1,4	7	8	7	1	1	1
7219	경남 진주시	진주시장배전국장애인탁구대회	40,000	3	1,4	7	8	7	1	1	1
7220	경남 진주시	문화원문화유적지탐방지원	36,000	3	1	6	1	6	1	1	3
7221	경남 진주시	진주관광전국사진공모전	35,000	3	4	6	8	6	1	1	1
7222	경남 진주시	관광기념품공모전	35,000	3	1	7	8	7	1	1	1
7223	경남 진주시	고3청소년어울림한마당	35,000	3	1	7	8	7	1	1	1
7224	경남 진주시	스트릿댄스페스티벌	32,000	3	4	6	1	6	1	1	3
7225	경남 진주시	공예품대전지원	31,000	3	1	7	8	7	1	1	1
7226	경남 진주시	한국자유총연맹진주시지회운영비	31,000	3	1	7	8	7	1	1	1
7227	경남 진주시	진주시초등학교합창경연대회	30,000	3	4	6	1	6	1	1	3
7228	경남 진주시	청소년오케스트라연주회지원	30,000	3	4	6	1	6	1	1	3
7229	경남 진주시	비거콘텐츠활성화창의대회	30,000	3	6	6	1	6	1	1	3
7230	경남 진주시	청담사상학술세미나	30,000	3	4	7	1	6	5	1	1
7231	경남 진주시	북페스티벌행사보조	30,000	3	4	7	8	7	1	1	1
7232	경남 진주시	우수디자인광고물공모및전시회개최	30,000	3	4	6	8	6	1	1	3
7233	경남 진주시	진주성전통무기및무예체험행사	30,000	3	4	7	8	7	1	1	1
7234	경남 진주시	진주시장배전국동호인및시니어테니스대회	30,000	3	1,4	7	8	7	1	1	1
7235	경남 진주시	김시민장군기전국남녀궁도대회	30,000	3	1,4	7	8	7	1	1	1
7236	경남 진주시	시민건강걷기대회활성화사업	30,000	3	1,4	7	8	7	1	1	1
7237	경남 진주시	대한민국가훈미술대전	26,000	3	4	6	1	6	1	1	3

순번	시군구	지출명 (사업명)	2024년예산 (단위 : 천원 /1년간)	민간이전 분류 (지방자치단체 세출예산 집행기준에 의거) 1. 민간경상사업보조(307-02) 2. 민간단체 법정운영비보조(307-03) 3. 민간행사사업보조(307-04) 4. 민간위탁금(307-05) 5. 사회복지시설 법정운영비보조(307-10) 6. 민간인위탁교육비(307-12) 7. 공기관등에대한경상적위탁사업비(308-13) 8. 민간자본사업보조,자체재원(402-01) 9. 민간자본사업보조,이전재원(402-02) 10. 민간위탁사업비(402-03) 11. 공기관등에 대한 자본적 위탁사업비(403-02)	민간이전지출 근거 (지방보조금 관리기준 참고) 1. 법률에 규정 2. 국고보조 재원(국가지정) 3. 용도 지정 기부금 4. 조례에 직접규정 5. 지자체가 권장하는 사업을 하는 공공기관 6. 시,도 정책 및 재정사정 7. 기타 8. 해당없음	입찰방식: 계약체결방법 (경쟁형태) 1. 일반경쟁 2. 제한경쟁 3. 지명경쟁 4. 수의계약 5. 법정위탁 6. 기타 ( ) 7. 없음	입찰방식: 계약기간 1. 1년 2. 2년 3. 3년 4. 4년 5. 5년 6. 기타 ( )년 7. 단기계약 (1년미만) 8. 없음	입찰방식: 낙찰자선정방법 1. 적격심사 2. 협상에의한계약 3. 최저가낙찰제 4. 규격가격분리 5. 2단계 경쟁입찰 6. 기타 ( ) 7. 없음	운영예산 산정: 운영예산 산정 1. 내부산정 (지자체 자체적으로 산정) 2. 외부산정 (외부전문기관위탁 산정) 3. 내·외부 모두 산정 4. 산정 無 5. 없음	운영예산 산정: 정산방법 1. 내부정산 (지자체 내부적으로 정산) 2. 외부정산 (외부전문기관위탁 정산) 3. 내·외부 모두 산정 4. 정산 無 5. 없음	성과평가 실시여부 1. 실시 2. 미실시 3. 향후 추진 4. 해당없음
7238	경남 진주시	조선시대과거제향시행사	25,000	3	6	6	1	7	1	1	3
7239	경남 진주시	진주민예총예술제행사	25,000	3	4	6	1	6	1	1	3
7240	경남 진주시	더클래식경남	25,000	3	4	6	1	6	1	1	3
7241	경남 진주시	읍면지역찾아가는음악회	25,000	3	4	6	1	6	1	1	3
7242	경남 진주시	시민과함께하는자전거대행진	25,000	3	4	7	8	7	5	1	1
7243	경남 진주시	향교활성화지원	24,500	3	4	7	8	7	1	1	4
7244	경남 진주시	진주시새마을발전결의대회	23,000	3	4	7	8	7	1	1	1
7245	경남 진주시	자전거동호회자전거타기행사	23,000	3	4	7	8	7	5	1	1
7246	경남 진주시	어린이세발자전거대회	23,000	3	4	7	8	7	5	1	1
7247	경남 진주시	열정과젊음의열린콘서트	22,000	3	4	6	1	6	1	1	3
7248	경남 진주시	대학생자전거국토대종주	20,000	3	4	7	8	7	5	1	1
7249	경남 진주시	개천예술제해외교류지원	20,000	3	1,4	7	1	7	1	1	1
7250	경남 진주시	지체장애인진주지회행사운영비	20,000	3	1	7	8	1	1	1	1
7251	경남 진주시	진주호반음악제	20,000	3	4	6	1	6	1	1	3
7252	경남 진주시	이야기가있는청소년클래식음악회	20,000	3	4	6	1	6	1	1	3
7253	경남 진주시	청소년평화음악회개최	20,000	3	4	6	1	6	1	1	3
7254	경남 진주시	무형문화재전수교육관활성화사업	20,000	3	2	6	1	7	1	1	3
7255	경남 진주시	진주시여성단체협의회연수회	20,000	3	6	7	8	7	1	1	4
7256	경남 진주시	진주공예인축제한마당	18,000	3	1	7	8	7	1	1	1
7257	경남 진주시	진주시장배전국오픈탁구대회	18,000	3	1,4	7	8	7	1	1	1
7258	경남 진주시	국제학술심포지엄	17,000	3	4	6	1	6	1	1	3
7259	경남 진주시	시각장애인협회진주지회행사운영비	16,000	3	1	7	8	1	1	1	1
7260	경남 진주시	3.1절걸인,기생독립단만세운동제현사업	16,000	3	4	6	1	7	1	1	3
7261	경남 진주시	한국예술문화단체총연합회진주지회행사지원	15,000	3	4	6	1	6	1	1	3
7262	경남 진주시	전국시조경창대회	15,000	3	4	6	1	6	1	1	3
7263	경남 진주시	진주시장기배드민턴대회	15,000	3	1,4	7	8	7	1	1	1
7264	경남 진주시	바르게살기회원한마음대회	15,000	3	1	7	8	7	1	1	1
7265	경남 진주시	현충일행사지원	14,000	3	1	7	8	7	1	1	1
7266	경남 진주시	외국인주민지역사회적응지원사업	13,500	3	4	7	8	7	1	1	1
7267	경남 진주시	진주시장배전국그라운드골프대회	12,500	3	1,4	7	8	7	1	1	1
7268	경남 진주시	농아인협회진주지부행사운영비	12,300	3	1	7	8	1	1	1	1
7269	경남 진주시	향교춘추계제향	11,000	3	6	6	1	7	1	1	3
7270	경남 진주시	대한민국상이군경회전적지순례행사	11,000	3	1	7	8	7	1	1	1
7271	경남 진주시	사회복지종사자체육대회	11,000	3	6	7	8	7	1	1	1
7272	경남 진주시	장애인복지시설협회어울림한마당	10,000	3	1	7	8	7	1	1	4
7273	경남 진주시	향교기로연	10,000	3	6	6	1	7	1	1	3
7274	경남 진주시	캠퍼스정기연주회지원	10,000	3	4	6	1	6	1	1	3
7275	경남 진주시	진주미술작품전시회	10,000	3	4	6	1	6	1	1	3
7276	경남 진주시	공군교육사령부부대개방행사	10,000	3	4	6	1	6	1	1	3
7277	경남 진주시	마당극퍼레이드	10,000	3	4	6	1	6	1	1	3

순번	시군구	지출명 (사업명)	2024년예산 (단위 : 전원 /1년간)	민간이전 분류 (지방자치단체 세출예산 집행기준에 의거) 1. 민간경상사업보조(307-02) 2. 민간단체 법정운영비보조(307-03) 3. 민간행사사업보조(307-04) 4. 민간위탁금(307-05) 5. 사회복지시설 법정운영비보조(307-10) 6. 민간인위탁교육비(307-12) 7. 공기관등에대한경상적위탁사업비(308-13) 8. 민간자본사업보조,자체재원(402-01) 9. 민간자본사업보조,이전재원(402-02) 10. 민간위탁사업비(402-03) 11. 공기관등에 대한 자본적 위탁사업비(403-02)	민간이전지출 근거 (지방보조금 관리기준 참고) 1. 법률에 규정 2. 국고보조 재원(국가지정) 3. 용도 지정 기부금 4. 조례에 직접규정 5. 지자체가 권장하는 사업을 하는 공공기관 6. 시,도 정책 및 재정사정 7. 기타 8. 해당없음	입찰방식 계약체결방법 (경쟁형태) 1. 일반경쟁 2. 제한경쟁 3. 지명경쟁 4. 수의계약 5. 법정위탁 6. 기타 ( ) 7. 없음	계약기간 1. 1년 2. 2년 3. 3년 4. 4년 5. 5년 6. 기타 ( )년 7. 단기계약 (1년미만) 8. 없음	낙찰자선정방법 1. 적격심사 2. 협상에의한계약 3. 최저가낙찰제 4. 규격가격분리 5. 2단계 경쟁입찰 6. 기타 ( ) 7. 없음	운영예산 산정 운영예산 산정 1. 내부산정 (지자체 자체적으로 산정) 2. 외부산정 (외부전문기관위탁 산정) 3. 내·외부 모두 산정 4. 산정 無 5. 없음	정산방법 1. 내부정산 (지자체 내부적으로 정산) 2. 외부정산 (외부전문기관위탁 정산) 3. 내·외부 모두 산정 4. 정산 無 5. 없음	성과평가 실시여부 1. 실시 2. 미실시 3. 향후 추진 4. 해당없음
7278	경남 진주시	명절민속놀이행사	10,000	3	1	6	1	6	1	1	3
7279	경남 진주시	진주소년운동기념문화행사	10,000	3	4	6	1	7	1	1	3
7280	경남 진주시	사회복지의날행사	10,000	3	6	7	8	7	1	1	1
7281	경남 진주시	좋은그림그리기청소년사생대회	10,000	3	7	7	8	7	1	2	4
7282	경남 진주시	진주시재향군인회운영비	10,000	3	1	7	8	7	1	1	1
7283	경남 진주시	향교선현유적현장탐방	8,500	3	6	6	1	7	1	1	4
7284	경남 진주시	지방문화원문화행사	8,250	3	1	6	1	6	1	1	3
7285	경남 진주시	아름다운진주찾기'미술실기대회	8,000	3	4	6	1	6	1	1	3
7286	경남 진주시	대한민국전몰군경미망인회전적지순례행사	8,000	3	1	7	8	7	1	1	1
7287	경남 진주시	대한민국월남전참전자회전적지순례행사	8,000	3	1	7	8	7	1	1	1
7288	경남 진주시	시민과함께하는나라사랑통일체험	8,000	3	1	7	8	7	1	1	1
7289	경남 진주시	출향문인들과의교류	7,000	3	4	6	1	6	1	1	3
7290	경남 진주시	대한민국전몰군경유족회전적지순례행사	7,000	3	1	7	8	7	1	1	1
7291	경남 진주시	대한민국고엽제전우회전적지순례행사	7,000	3	1	7	8	7	1	1	1
7292	경남 진주시	가족캠프운영	7,000	3	1	7	8	7	1	1	1
7293	경남 진주시	척수장애인협회행사운영비	6,000	3	1	7	8	1	1	1	1
7294	경남 진주시	찾아가는거리콘서트	6,000	3	4	6	1	6	1	1	3
7295	경남 진주시	진주자율방범연합대안전한진주만들기범죄예방결의대회지원	6,000	3	1	7	8	7	1	1	1
7296	경남 진주시	장애인부모연대진주시지회행사지원	5,000	3	1	7	8	1	1	1	1
7297	경남 진주시	뇌병변복지협회행사운영비	5,000	3	1	7	8	1	1	1	1
7298	경남 진주시	전통혼례식행사	5,000	3	6	6	1	7	1	1	4
7299	경남 진주시	진주민예총문화예술사업지원	5,000	3	4	6	1	6	1	1	3
7300	경남 진주시	우리의역사와소통하고문화예술을만나다	5,000	3	4	6	1	6	1	1	3
7301	경남 진주시	경남연극제참가단체지원	5,000	3	4	6	1	6	1	1	3
7302	경남 진주시	가족장기자랑대회	5,000	3	4	6	1	6	1	1	3
7303	경남 진주시	공감예무를말하다	5,000	3	4	6	1	6	1	1	3
7304	경남 진주시	문화원역량강화	5,000	3	1	6	1	6	1	1	3
7305	경남 진주시	내고장자랑글짓기(온라인)공모전	5,000	3	1	6	1	6	1	1	3
7306	경남 진주시	대한민국무공수훈자회전적지순례행사	5,000	3	1	7	8	7	1	1	1
7307	경남 진주시	대한민국6.25참전유공자회전적지순례행사	5,000	3	1	7	8	7	1	1	1
7308	경남 진주시	6.25학도병추모제행사	5,000	3	1	7	8	7	1	1	1
7309	경남 진주시	은빛나들이를통한추억만들기	5,000	3	6	7	8	7	1	1	4
7310	경남 진주시	초청어른(장애인)위안잔치	5,000	3	4	7	8	7	1	1	1
7311	경남 진주시	어린이민속놀이공연대회	5,000	3	4	7	8	7	1	1	1
7312	경남 진주시	청소년우리지역알기	5,000	3	1	7	8	7	1	1	1
7313	경남 진주시	중.고등학생통일체험교육	5,000	3	1	7	8	7	1	1	1
7314	경남 진주시	진주사직단제향	4,000	3	6	6	1	7	1	1	3
7315	경남 진주시	지역아동센터종사자우수시설견학	4,000	3	4	7	8	7	1	1	1
7316	경남 진주시	민주평통평화통일골든벨	4,000	3	1	7	8	7	1	1	1
7317	경남 진주시	진주재향경우회지원	4,000	3	1	7	8	7	1	1	1

순번	시군구	지출명 (사업명)	2024년예산 (단위 : 천원 /1년간)	민간이전 분류 (지방자치단체 세출예산 집행기준에 의거) 1. 민간경상사업보조(307-02) 2. 민간단체 법정운영비보조(307-03) 3. 민간행사사업보조(307-04) 4. 민간위탁금(307-05) 5. 사회복지시설 법정운영비보조(307-10) 6. 민간인위탁교육비(307-12) 7. 공기관등에대한경상적위탁사업비(308-13) 8. 민간자본사업보조,자체재원(402-01) 9. 민간자본사업보조,이전재원(402-02) 10. 민간위탁사업비(402-03) 11. 공기관등에 대한 자본적 위탁사업비(403-02)	민간이전지출 근거 (지방보조금 관리기준 참고) 1. 법률에 규정 2. 국고보조 재원(국가지정) 3. 용도 지정 기부금 4. 조례에 직접규정 5. 지자체가 권장하는 사업을 하는 공공기관 6. 시,도 정책 및 재정사정 7. 기타 8. 해당없음	입찰방식 계약체결방법 (경쟁형태) 1. 일반경쟁 2. 제한경쟁 3. 지명경쟁 4. 수의계약 5. 법정위탁 6. 기타 ( ) 7. 없음	입찰방식 계약기간 1. 1년 2. 2년 3. 3년 4. 4년 5. 5년 6. 기타 ( )년 7. 단기계약 (1년미만) 8. 없음	입찰방식 낙찰자선정방법 1. 적격심사 2. 협상에의한계약 3. 최저가낙찰제 4. 규격가격분리 5. 2단계 경쟁입찰 6. 기타 ( ) 7. 없음	운영예산 산정 운영예산 산정 1. 내부산정 (지자체 자체적으로 산정) 2. 외부산정 (외부전문기관위탁 산정) 3. 내·외부 모두 산정 4. 산정 無 5. 없음	운영예산 산정 정산방법 1. 내부정산 (지자체 내부적으로 정산) 2. 외부정산 (외부전문기관위탁 정산) 3. 내·외부 모두 산정 4. 정산 無 5. 없음	성과평가 실시여부 1. 실시 2. 미실시 3. 향후 추진 4. 해당없음
7318	경남 진주시	찾아가는새마을도서관운영	4,000	3	4	7	8	7	1	1	1
7319	경남 진주시	광복회경남서부연합지회전적지순례행사	3,500	3	1	7	8	7	1	1	1
7320	경남 진주시	신장장애인협회진주지부행사운영비	3,000	3	1	7	8	1	1	1	1
7321	경남 진주시	내일을여는멋진여성진주지회행사운영비	3,000	3	1	7	8	1	1	1	1
7322	경남 진주시	남악서원제향	3,000	3	6	6	1	7	1	1	3
7323	경남 진주시	아빠육아참여행사	3,000	3	4	7	8	7	5	1	1
7324	경남 진주시	홀로노인초청효도여행	3,000	3	4	7	8	7	1	1	1
7325	경남 진주시	장애인과함께하는현장체험활동	3,000	3	4	7	8	7	1	1	1
7326	경남 진주시	여름무궁화캠프	3,000	3	4	7	8	7	1	1	1
7327	경남 진주시	어르신추억여행	3,000	3	4	7	8	7	1	1	1
7328	경남 진주시	다문화가족어울림한마당행사	3,000	3	4	7	8	7	5	1	4
7329	경남 진주시	도통사제향	2,500	3	6	6	1	7	1	1	3
7330	경남 진주시	용강서당제향	2,500	3	6	6	1	7	1	1	3
7331	경남 진주시	대한민국특수임무유공자회경남서부연합지회전적지순례행사	2,500	3	1	7	8	7	1	1	1
7332	경남 진주시	새마을문고진주시지부대통령기국민독서경진대회	2,000	3	4	7	8	7	1	1	1
7333	경남 진주시	전통시장명절맞이고객사랑이벤트	50,000	3	4	7	7	7	1	1	4
7334	경남 진주시	전통시장상인워크숍및한마당축제	30,000	3	4	7	7	7	1	1	4
7335	경남 진주시	전통시장고객사랑장터음악회	20,000	3	4	7	7	7	1	1	4
7336	경남 진주시	일반성시장고객사랑이벤트	5,000	3	4	7	7	7	1	1	4
7337	경남 진주시	한여농회원연수지원	24,000	3	4	7	8	7	5	1	4
7338	경남 진주시	한농연가족한마음대회지원	20,000	3	4	7	8	7	5	1	4
7339	경남 진주시	여성농민회경남도대회지원	13,000	3	4	7	8	7	5	1	4
7340	경남 진주시	농민회가족한마당행사지원	12,000	3	4	7	8	7	5	1	4
7341	경남 진주시	농민항쟁기념행사지원	10,000	3	4	7	8	7	5	1	4
7342	경남 진주시	한농연영호남한마당개최지원	10,000	3	4	7	8	7	5	1	4
7343	경남 진주시	한농연전국대회참가지원	8,000	3	4	7	8	7	5	1	4
7344	경남 진주시	한여농경남도대회참가지원	8,000	3	4	7	8	7	5	1	4
7345	경남 진주시	진주우엉.마전시판매행사지원	20,000	3	4	7	8	7	1	1	1
7346	경남 진주시	동부인농.특산물한마당대축제	10,000	3	4	7	8	7	1	1	1
7347	경남 통영시	제6회춘계대학축구연맹전	560,000	3	1	7	8	7	1	1	1
7348	경남 통영시	통영수산식품대전	290,000	3	4	7	8	7	5	5	4
7349	경남 통영시	제51회전국대학태권도개인선수권대회	290,000	3	1	7	8	7	1	1	1
7350	경남 통영시	통영트라이애슬론월드컵대회	280,000	3	1	7	8	7	1	1	1
7351	경남 통영시	윤덕주배제36회연맹회장기전국초등학교농구대회	180,000	3	1	7	8	7	1	1	1
7352	경남 통영시	제18회한산대첩기전국남녀배구대회	95,000	3	1	7	8	7	1	1	1
7353	경남 통영시	청소년어울림한마당행사운영	50,000	3	7	7	8	7	1	1	1
7354	경남 통영시	제5회통영시장배전국우수고교,대학배구스토브리그대회	50,000	3	1	7	8	7	1	1	1
7355	경남 통영시	제6회한산대첩배전국배드민턴대회	35,000	3	1	7	8	7	1	1	1
7356	경남 통영시	국가유공자및유족보훈사업	34,000	3	4	7	8	7	1	1	4
7357	경남 통영시	제22회통영시생활체육대회	30,000	3	1	7	8	7	1	1	1

순번	시군구	지출명 (사업명)	2024년예산 (단위 : 천원 /1년간)	민간이전 분류 (지방자치단체 세출예산 집행기준에 의거) 1. 민간경상사업보조(307-02) 2. 민간단체 법정운영비보조(307-03) 3. 민간행사사업보조(307-04) 4. 민간위탁금(307-05) 5. 사회복지시설 법정운영비보조(307-10) 6. 민간인위탁교육비(307-12) 7. 공기관등에대한경상적위탁사업비(308-13) 8. 민간자본사업보조,자체재원(402-01) 9. 민간자본사업보조,이전재원(402-02) 10. 민간위탁사업비(402-03) 11. 공기관등에 대한 자본적 위탁사업비(403-02)	민간이전지출 근거 (지방보조금 관리기준 참고) 1. 법률에 규정 2. 국고보조 재원(국가지정) 3. 용도 지정 기부금 4. 조례에 직접규정 5. 지자체가 권장하는 사업을 하는 공공기관 6. 시,도 정책 및 재정사정 7. 기타 8. 해당없음	입찰방식 계약체결방법 (경쟁형태) 1. 일반경쟁 2. 제한경쟁 3. 지명경쟁 4. 수의계약 5. 법정위탁 6. 기타 ( ) 7. 없음	입찰방식 계약기간 1. 1년 2. 2년 3. 3년 4. 4년 5. 5년 6. 기타 ( )년 7. 단기계약 (1년미만) 8. 없음	입찰방식 낙찰자선정방법 1. 적격심사 2. 협상에의한계약 3. 최저가낙찰제 4. 규격가격분리 5. 2단계 경쟁입찰 6. 기타 ( ) 7. 없음	운영예산 산정 운영예산 산정 1. 내부산정 (지자체 자체적으로 산정) 2. 외부산정 (외부전문기관위탁 산정) 3. 내·외부 모두 산정 4. 산정 無 5. 없음	운영예산 산정 정산방법 1. 내부정산 (지자체 내부적으로 정산) 2. 외부정산 (외부전문기관위탁 정산) 3. 내·외부 모두 산정 4. 정산 無 5. 없음	성과평가 실시여부 1. 실시 2. 미실시 3. 향후 추진 4. 해당없음
7358	경남 통영시	제25회한산대첩기전국남녀궁도대회	30,000	3	1	7	8	7	1	1	1
7359	경남 통영시	제6회통영시장배전국유소년야구대회	20,000	3	1	7	8	7	1	1	1
7360	경남 통영시	시장기배드민턴대회	18,000	3	1	7	8	7	1	1	1
7361	경남 통영시	경남농아인체육대회	15,000	3	1	7	8	7	1	1	1
7362	경남 통영시	통영시민자전거대행진	15,000	3	1	7	8	7	1	1	1
7363	경남 통영시	제12회이순신장군배전국동호인테니스대회	13,000	3	1	7	8	7	1	1	1
7364	경남 통영시	양성평등주간기념행사	10,700	3	4	7	7	7	1	1	1
7365	경남 통영시	시장배게이트볼대회	10,000	3	1	7	8	7	1	1	1
7366	경남 통영시	시장배그라운드골프대회	10,000	3	1	7	8	7	1	1	1
7367	경남 통영시	통영시체육회운영지원	10,000	3	1	7	8	7	1	1	1
7368	경남 통영시	시장기수영대회	9,000	3	1	7	8	7	1	1	1
7369	경남 통영시	시장기사회인야구대회	9,000	3	1	7	8	7	1	1	1
7370	경남 통영시	시장배골프대회	9,000	3	1	7	8	7	1	1	1
7371	경남 통영시	시장기직장클럽축구대회	9,000	3	1	7	8	7	1	1	1
7372	경남 통영시	시장배족구대회	9,000	3	1	7	8	7	1	1	1
7373	경남 통영시	이순신장군배전국농아인볼링대회	9,000	3	1	7	8	7	1	1	1
7374	경남 통영시	통영시장애인생활체육대회	9,000	3	1	7	8	7	1	1	1
7375	경남 통영시	통영시자원봉사자대회개최	8,000	3	7	7	8	7	1	1	1
7376	경남 통영시	일본군위안부피해자명예회복사업	8,000	3	4	7	8	7	1	1	1
7377	경남 통영시	시장배및협회장기태권도겨루기대회	8,000	3	1	7	8	7	1	1	1
7378	경남 통영시	교육장배초중육상대회	8,000	3	1	7	8	7	1	1	1
7379	경남 통영시	보육시설종사자지원	6,000	3	1	7	8	7	1	1	1
7380	경남 통영시	시장배휘타구대회	6,000	3	1	7	8	7	1	1	1
7381	경남 통영시	통영시사회복지사역량강화워크숍지원	4,000	3	4	7	8	7	1	1	1
7382	경남 통영시	통영시장배어울림한궁대회	4,000	3	1	7	8	7	1	1	1
7383	경남 통영시	적십자아름다운노년을위한사랑나눔행사	3,600	3	4	7	7	7	1	1	1
7384	경남 통영시	성년의날행사지원	3,000	3	7	7	8	7	1	1	1
7385	경남 통영시	교육장배및협회장기아동축구대회	3,000	3	1	7	8	7	1	1	1
7386	경남 통영시	여성폭력방지예방홍보	1,800	3	1	7	8	7	5	1	1
7387	경남 통영시	수산업경영인대회지원	10,000	3	1,4	7	8	7	1	1	2
7388	경남 통영시	천연가스생산기지주변지역지원	5,000	3	4	7	8	7	1	1	4
7389	경남 김해시	가야문화축제행사비	1,000,000	3	4	7	8	7	1	1	1
7390	경남 김해시	대한민국예술축전행사비	300,000	3	1	7	8	7	5	5	4
7391	경남 김해시	축구대회유치	240,000	3	7	7	8	7	5	5	4
7392	경남 김해시	김해꽃축제지원	210,000	3	6	7	8	7	1	1	1
7393	경남 김해시	김해진영단감축제	180,000	3	6	7	8	7	1	1	1
7394	경남 김해시	경상남도연극제행사비	160,000	3	1	7	8	7	5	5	4
7395	경남 김해시	김해한우축제	150,000	3	5	7	8	7	5	5	1
7396	경남 김해시	김해평생학습축제	118,000	3	4	7	8	7	5	5	1
7397	경남 김해시	오페라라보엠공연	100,000	3	1	7	8	7	5	5	1

순번	시군구	지출명 (사업명)	2024년예산 (단위 : 천원 /1년간)	민간이전 분류 (지방자치단체 세출예산 집행기준에 의거) 1. 민간경상사업보조(307-02) 2. 민간단체 법정운영비보조(307-03) 3. 민간행사사업보조(307-04) 4. 민간위탁금(307-05) 5. 사회복지시설 법정운영비보조(307-10) 6. 민간인위탁교육비(307-12) 7. 공기관등에대한경상적위탁사업비(308-13) 8. 민간자본사업보조,자체재원(402-01) 9. 민간자본사업보조,이전재원(402-02) 10. 민간위탁사업비(402-03) 11. 공기관등에 대한 자본적 위탁사업비(403-02)	민간이전지출 근거 (지방보조금 관리기준 참고) 1. 법률에 규정 2. 국고보조 재원(국가지정) 3. 용도 지정 기부금 4. 조례에 직접규정 5. 지자체가 권장하는 사업을 하는 공공기관 6. 시,도 정책 및 재정사정 7. 기타 8. 해당없음	입찰방식 계약체결방법 (경쟁형태) 1. 일반경쟁 2. 제한경쟁 3. 지명경쟁 4. 수의계약 5. 법정위탁 6. 기타 ( ) 7. 없음	입찰방식 계약기간 1. 1년 2. 2년 3. 3년 4. 4년 5. 5년 6. 기타 ( )년 7. 단기계약 (1년미만) 8. 없음	입찰방식 낙찰자선정방법 1. 적격심사 2. 협상에의한계약 3. 최저가낙찰제 4. 규격가격분리 5. 2단계 경쟁입찰 6. 기타 ( ) 7. 없음	운영예산 산정 운영예산 산정 1. 내부산정 (지자체 자체적으로 산정) 2. 외부산정 (외부전문기관위탁 산정) 3. 내·외부 모두 산정 4. 산정 無 5. 없음	운영예산 산정 정산방법 1. 내부정산 (지자체 내부적으로 정산) 2. 외부정산 (외부전문기관위탁 정산) 3. 내·외부 모두 산정 4. 정산 無 5. 없음	성과평가 실시여부 1. 실시 2. 미실시 3. 향후 추진 4. 해당없음
7398	경남 김해시	어린이날행사지원	90,000	3	6	7	8	7	5	1	1
7399	경남 김해시	한국자총국리민복가치확산도민통합한마음대회	80,000	3	1	5	1	7	1	1	1
7400	경남 김해시	시민행복음악회행사비	72,900	3	1	7	8	7	5	5	1
7401	경남 김해시	청소년인문학읽기전국대회개최	72,000	3	6	7	8	7	5	5	1
7402	경남 김해시	김해국제음악제행사비	70,500	3	1	7	8	7	5	5	1
7403	경남 김해시	김해예술제행사비	61,200	3	1	7	8	7	5	5	1
7404	경남 김해시	경로잔치행사지원	57,000	3	4	7	8	7	5	5	3
7405	경남 김해시	김해재즈콘서트행사비	52,650	3	1	7	8	7	5	5	1
7406	경남 김해시	외국인주민다어울림축제	50,000	3	4	6	1	1	1	1	1
7407	경남 김해시	제28회노인의날및경로의달행사	45,000	3	4	7	8	7	5	5	3
7408	경남 김해시	선면예술대전행사비	43,500	3	1	7	8	7	5	5	1
7409	경남 김해시	세계크리스마스문화축제	41,000	3	1	7	8	7	5	5	1
7410	경남 김해시	취약계층사회참여활성화행사보조	40,000	3	4	7	8	7	1	1	1
7411	경남 김해시	보훈단체전적지순례행사	36,500	3	1	7	8	7	5	5	3
7412	경남 김해시	이통장가족한마음체육대회	35,000	3	4	5	1	7	1	1	1
7413	경남 김해시	장유누리길걷기행사	35,000	3	7	7	8	7	5	5	4
7414	경남 김해시	산사음악회개최지원	35,000	3	1	7	8	7	5	5	1
7415	경남 김해시	장유의날기념행사	35,000	3	4	7	8	7	5	5	1
7416	경남 김해시	김해과학축제개최	34,200	3	4	7	8	7	5	5	1
7417	경남 김해시	제야음악회	33,000	3	1	7	8	7	5	5	1
7418	경남 김해시	국가기념일등행사보조	32,400	3	4	1	1	7	1	1	1
7419	경남 김해시	연등축제개최지원	32,400	3	1	7	8	7	5	5	1
7420	경남 김해시	경남찻사발전국공모전및초대전행사비	31,500	3	4	7	8	7	1	1	4
7421	경남 김해시	장애인의날기념행사	30,000	3	6	7	8	7	1	1	1
7422	경남 김해시	찬새내골벚꽃축제	30,000	3	7	7	8	7	5	5	4
7423	경남 김해시	북부동봄의눈꽃축제	30,000	3	7	7	8	7	5	5	3
7424	경남 김해시	장유2동가을음악회	30,000	3	4	7	8	7	5	5	3
7425	경남 김해시	제7회김해시장기노인게이트볼대회	25,000	3	4	7	8	7	5	5	3
7426	경남 김해시	공동체의식증진행사보조	25,000	3	8	1	1	1	1	1	1
7427	경남 김해시	아름다운김해로전국성악경연대회행사비	24,200	3	1	7	8	7	5	5	1
7428	경남 김해시	건전한노사문화조성사업(노동자복지행사지원)	22,800	3	1	7	7	7	1	1	1
7429	경남 김해시	자원봉사나눔축제	22,500	3	4	7	8	7	1	1	1
7430	경남 김해시	구지가문학제행사비	22,410	3	4	7	8	7	5	5	1
7431	경남 김해시	한여름밤의음악회행사비	20,250	3	1	7	8	7	5	5	1
7432	경남 김해시	민간공모사업	20,000	3	4	7	8	7	1	1	1
7433	경남 김해시	김해남명문화제	20,000	3	1	7	8	7	5	5	4
7434	경남 김해시	대동부추랑농산물축제	20,000	3	1	7	8	7	5	5	4
7435	경남 김해시	여의사랑문화제	20,000	3	4	7	8	7	1	1	1
7436	경남 김해시	신어천어울림마당	20,000	3	7	7	8	7	5	5	3
7437	경남 김해시	자원봉사한마음대회행사비	18,000	3	4	7	8	7	1	1	1

순번	시군구	지출명 (사업명)	2024년예산 (단위 : 천원 /1년간)	민간이전 분류 (지방자치단체 세출예산 집행기준에 의거) 1. 민간경상사업보조(307-02) 2. 민간단체 법정운영비보조(307-03) 3. 민간행사사업보조(307-04) 4. 민간위탁금(307-05) 5. 사회복지시설 법정운영비보조(307-10) 6. 민간인위탁교육비(307-12) 7. 공기관등에대한경상적위탁사업비(308-13) 8. 민간자본사업보조,자체재원(402-01) 9. 민간자본사업보조,이전재원(402-02) 10. 민간위탁사업비(402-03) 11. 공기관등에 대한 자본적 위탁사업비(403-02)	민간이전지출 근거 (지방보조금 관리기준 참고) 1. 법률에 규정 2. 국고보조 재원(국가지정) 3. 용도 지정 기부금 4. 조례에 직접규정 5. 지자체가 권장하는 사업을 하는 공공기관 6. 시,도 정책 및 재정사정 7. 기타 8. 해당없음	입찰방식			운영예산 산정		성과평가 실시여부
						계약체결방법 (경쟁형태) 1. 일반경쟁 2. 제한경쟁 3. 지명경쟁 4. 수의계약 5. 법정위탁 6. 기타 ( ) 7. 없음	계약기간 1. 1년 2. 2년 3. 3년 4. 4년 5. 5년 6. 기타 ( )년 7. 단기계약 (1년미만) 8. 없음	낙찰자선정방법 1. 적격심사 2. 협상에의한계약 3. 최저가낙찰제 4. 규격가격분리 5. 2단계 경쟁입찰 6. 기타 ( ) 7. 없음	운영예산 산정 1. 내부산정 (지자체 자체적으로 산정) 2. 외부산정 (외부전문기관위탁 산정) 3. 내·외부 모두 산정 4. 산정 無 5. 없음	정산방법 1. 내부정산 (지자체 내부적으로 정산) 2. 외부정산 (외부전문기관위탁 정산) 3. 내·외부 모두 산정 4. 정산 無 5. 없음	1. 실시 2. 미실시 3. 향후 추진 4. 해당없음
7438	경남 김해시	김해민족예술제행사비	18,000	3	1	7	8	7	5	5	1
7439	경남 김해시	전국한시백일장행사비	16,200	3	1	7	8	7	5	5	1
7440	경남 김해시	강변문화제	15,000	3	4	7	8	7	5	5	1
7441	경남 김해시	공동주택공동체활성화보조금지원사업	14,800	3	4	7	8	7	5	5	1
7442	경남 김해시	생활예술인페스티벌행사비	14,580	3	1	7	8	7	5	5	1
7443	경남 김해시	김해전국미술대전행사비	13,770	3	1	7	8	7	5	5	1
7444	경남 김해시	임란김해성전투순국사충신및의병추모제	13,500	3	1	7	8	7	5	5	1
7445	경남 김해시	제2회김해시공예품대전개최지원	12,780	3	4	7	8	7	5	5	1
7446	경남 김해시	국가기념일등행사보조	12,600	3	8	1	1	1	1	1	1
7447	경남 김해시	수로전국청소년예능콘테스트행사비	12,150	3	1	7	8	7	5	5	1
7448	경남 김해시	김해경로위안민속문화축제행사비	12,150	3	1	7	8	7	5	5	1
7449	경남 김해시	제7회김해시자연보호경진대회	12,000	3	6	7	8	7	5	5	3
7450	경남 김해시	새마을한가위사랑의김장담그기사업	11,700	3	1	5	1	7	1	1	1
7451	경남 김해시	김해동부소방서의용소방대소방기술경연대회	10,088	3	4	7	8	7	1	1	4
7452	경남 김해시	희망21C장애인한마음워크숍	10,000	3	6	7	8	7	1	1	1
7453	경남 김해시	보훈가족위안회행사	10,000	3	1	7	8	7	5	5	3
7454	경남 김해시	자율방범대체육대회지원	10,000	3	1	5	1	7	1	1	1
7455	경남 김해시	김해아트페어행사비	10,000	3	1	7	8	7	5	5	1
7456	경남 김해시	신어산철쭉축제	10,000	3	7	7	8	7	5	5	3
7457	경남 김해시	율하벚꽃축제	10,000	3	1	7	8	7	5	5	1
7458	경남 김해시	김해시재향군인회안보현장견학비지원	9,000	3	1	5	1	7	1	1	1
7459	경남 김해시	바르게살기희망의새시대선도를위한회원결의한마음대회	9,000	3	1	5	1	7	1	1	1
7460	경남 김해시	생활문화동호회활성화지원	9,000	3	1	7	8	7	5	5	1
7461	경남 김해시	자활사업참여자한마당행사지원	8,100	3	6	7	8	7	1	1	4
7462	경남 김해시	한글백일장지원	8,100	3	1	7	8	7	5	5	1
7463	경남 김해시	다례대학운영	8,100	3	1	7	8	7	5	5	1
7464	경남 김해시	김해예술인의밤행사비	7,290	3	1	7	8	7	5	5	1
7465	경남 김해시	아동위원봉사의날지정운영비지원	7,200	3	4	7	8	7	5	1	1
7466	경남 김해시	6.25전쟁민간인희생자위령제지원	7,200	3	1	5	1	7	1	1	1
7467	경남 김해시	휠체어와함께하는걷기대회및장애인가요제	7,000	3	6	7	8	7	1	1	1
7468	경남 김해시	장애인과함께하는래프팅	7,000	3	6	7	8	7	1	1	1
7469	경남 김해시	김해뮤직페스티벌연어행사비	7,000	3	1	7	8	7	5	5	1
7470	경남 김해시	김해서부소방서의용소방대소방기술경연대회	6,750	3	4	7	8	7	1	1	4
7471	경남 김해시	소외계층지원행사보조	6,300	3	8	1	1	1	1	1	1
7472	경남 김해시	장애아동의날및장애인인권문화축제	6,000	3	6	7	8	7	1	1	1
7473	경남 김해시	지역아동센터종사자,아동체육생사	6,000	3	4	7	8	7	5	1	2
7474	경남 김해시	김해장애인인권영화제	5,000	3	6	7	8	7	1	1	1
7475	경남 김해시	제34회대한노인회김해시지회장기노인게이트볼대회	5,000	3	4	7	8	7	5	5	3
7476	경남 김해시	제14회한궁대회	5,000	3	4	7	8	7	5	5	3
7477	경남 김해시	제2회노인파크골프대회	5,000	3	4	7	8	7	5	5	3

순번	시군구	지출명 (사업명)	2024년예산 (단위 : 천원 /1년간)	민간이전 분류 (지방자치단체 세출예산 집행기준에 의거) 1. 민간경상사업보조(307-02) 2. 민간단체 법정운영비보조(307-03) 3. 민간행사사업보조(307-04) 4. 민간위탁금(307-05) 5. 사회복지시설 법정운영비보조(307-10) 6. 민간인위탁교육비(307-12) 7. 공기관등에대한경상적위탁사업비(308-13) 8. 민간자본사업보조,자체재원(402-01) 9. 민간자본사업보조,이전재원(402-02) 10. 민간위탁사업비(402-03) 11. 공기관등에 대한 자본적 위탁사업비(403-02)	민간이전지출 근거 (지방보조금 관리기준 참고) 1. 법률에 규정 2. 국고보조 재원(국가지정) 3. 용도 지정 기부금 4. 조례에 직접규정 5. 지자체가 권장하는 사업을 하는 공공기관 6. 시,도 정책 및 재정사정 7. 기타 8. 해당없음	입찰방식 계약체결방법 (경쟁형태) 1. 일반경쟁 2. 제한경쟁 3. 지명경쟁 4. 수의계약 5. 법정위탁 6. 기타 ( ) 7. 없음	입찰방식 계약기간 1. 1년 2. 2년 3. 3년 4. 4년 5. 5년 6. 기타 ( )년 7. 단기계약 (1년미만) 8. 없음	입찰방식 낙찰자선정방법 1. 적격심사 2. 협상에의한계약 3. 최저가낙찰제 4. 규격가격분리 5. 2단계 경쟁입찰 6. 기타 ( ) 7. 없음	운영예산 산정 운영예산 산정 1. 내부산정 (지자체 자체적으로 산정) 2. 외부산정 (외부전문기관위탁 산정) 3. 내·외부 모두 산정 4. 산정 無 5. 없음	운영예산 산정 정산방법 1. 내부정산 (지자체 내부적으로 정산) 2. 외부정산 (외부전문기관위탁 정산) 3. 내·외부 모두 산정 4. 정산 無 5. 없음	성과평가 실시여부 1. 실시 2. 미실시 3. 향후 추진 4. 해당없음
7478	경남 김해시	대포천축제	5,000	3	4	7	8	7	5	5	1
7479	경남 김해시	장유3동단오제행사	5,000	3	1	7	8	7	5	5	1
7480	경남 김해시	행정동우회나라사랑무궁화심기운동	4,900	3	1	5	1	7	1	1	1
7481	경남 김해시	사랑의수어교실운영	4,560	3	6	7	8	7	1	1	1
7482	경남 김해시	고향마을한마당잔치행사	4,500	3	4	7	8	7	5	5	3
7483	경남 김해시	지역탐방및역사문화체험	4,500	3	4	7	8	7	5	5	3
7484	경남 김해시	김해도예협회전	4,100	3	4	6	8	6	1	1	1
7485	경남 김해시	정보화마을활성화(자체재원)	4,000	3	7	7	7	7	5	5	4
7486	경남 김해시	장애아동을위한주말문화체험교실	4,000	3	6	7	8	7	1	1	1
7487	경남 김해시	결연아동과함께떠나는캠프	3,780	3	6	7	8	7	5	1	1
7488	경남 김해시	북한이탈주민지원행사보조	3,600	3	8	1	1	1	1	1	1
7489	경남 김해시	장애인가족한마당행사	3,240	3	6	7	8	7	1	1	1
7490	경남 김해시	한국자총북한이탈주민정착돕기사업	3,240	3	1	5	1	7	1	1	1
7491	경남 김해시	전통문화보호계승행사보조	3,150	3	8	1	1	1	1	1	1
7492	경남 김해시	농아인가족수련대회	3,000	3	6	7	8	7	1	1	1
7493	경남 김해시	시각장애인자연환경체험활동	3,000	3	6	7	8	7	1	1	1
7494	경남 김해시	광복절건강달리기대회	3,000	3	7	7	8	7	1	1	4
7495	경남 김해시	찾아가는공예교실개최지원	2,916	3	4	7	8	7	1	1	1
7496	경남 김해시	김해공예협회전개최지원	2,835	3	4	7	8	7	1	1	1
7497	경남 김해시	일본군위안부피해자기림의날행사	2,500	3	4	6	1	1	1	1	1
7498	경남 김해시	척수장애인문화탐방	2,000	3	6	7	8	7	1	1	1
7499	경남 김해시	환경보호행사보조	2,000	3	8	1	1	1	1	1	1
7500	경남 김해시	우수농산물쌀소비촉진행사	2,000	3	1	7	8	7	5	1	1
7501	경남 김해시	새마을문고회작은음악회	1,800	3	1	5	1	7	1	1	1
7502	경남 김해시	농아인의날기념화합한마당	1,500	3	6	7	8	7	1	1	1
7503	경남 김해시	새마을김해시민독서생활화경진대회	1,350	3	1	5	1	7	1	1	1
7504	경남 김해시	책낭독회운영	1,280	3	6	7	8	7	5	5	1
7505	경남 김해시	신체장애인문화탐방	1,000	3	6	7	8	7	1	1	1
7506	경남 김해시	농아노인경로행사	1,000	3	6	7	8	7	1	1	1
7507	경남 김해시	미아보호소운영(어린이날,가야문화축제)	800	3	6	7	8	7	5	1	1
7508	경남 거제시	시민의날기념행사개최	750,000	3	4	7	8	7	5	5	4
7509	경남 거제시	제63회경남도민체육대회출전지원	270,000	3	4	7	8	7	5	5	4
7510	경남 거제시	제22회경상남도수산업경영인대회개최지원	127,500	3	6	7	8	7	5	5	4
7511	경남 거제시	제35회경남생활체육대축전출전지원	98,000	3	4	7	8	7	5	5	4
7512	경남 거제시	전국유소년축구페스티벌개최	80,000	3	4	7	8	7	5	5	4
7513	경남 거제시	제3회거제예술제개최지원	80,000	3	4	7	8	7	5	5	4
7514	경남 거제시	종목별단위체육행사개최	70,000	3	4	7	8	7	5	5	4
7515	경남 거제시	거제시장배축구스토브리그개최	60,000	3	4	7	8	7	5	5	4
7516	경남 거제시	향교서원문화유산활용사업	60,000	3	1	7	8	7	5	5	4
7517	경남 거제시	지역특화수산물축제(대구축제)	52,500	3	6	7	8	7	5	5	4

순번	시군구	지출명 (사업명)	2024년예산 (단위 : 천원 /1년간)	민간이전 분류 (지방자치단체 세출예산 집행기준에 의거) 1. 민간경상사업보조(307-02) 2. 민간단체 법정운영비보조(307-03) 3. 민간행사사업보조(307-04) 4. 민간위탁금(307-05) 5. 사회복지시설 법정운영비보조(307-10) 6. 민간인위탁교육비(307-12) 7. 공기관등에대한경상적위탁사업비(308-13) 8. 민간자본사업보조,자체재원(402-01) 9. 민간자본사업보조,이전재원(402-02) 10. 민간위탁사업비(402-03) 11. 공기관등에 대한 자본적 위탁사업비(403-02)	민간이전지출 근거 (지방보조금 관리기준 참고) 1. 법률에 규정 2. 국고보조 재원(국가지정) 3. 용도 지정 기부금 4. 조례에 직접규정 5. 지자체가 권장하는 사업을 하는 공공기관 6. 시,도 정책 및 재정사정 7. 기타 8. 해당없음	입찰방식			운영예산 산정		성과평가 실시여부
						계약체결방법 (경쟁형태) 1. 일반경쟁 2. 제한경쟁 3. 지명경쟁 4. 수의계약 5. 법정위탁 6. 기타 ( ) 7. 없음	계약기간 1. 1년 2. 2년 3. 3년 4. 4년 5. 5년 6. 기타 ( )년 7. 단기계약 (1년미만) 8. 없음	낙찰자선정방법 1. 적격심사 2. 협상에의한계약 3. 최저가낙찰제 4. 규격가격분리 5. 2단계 경쟁입찰 6. 기타 ( ) 7. 없음	운영예산 산정 1. 내부산정 (지자체 자체적으로 산정) 2. 외부산정 (외부전문기관위탁 산정) 3. 내·외부 모두 산정 4. 산정 無 5. 없음	정산방법 1. 내부정산 (지자체 내부적으로 정산) 2. 외부정산 (외부전문기관위탁 정산) 3. 내·외부 모두 산정 4. 정산 無 5. 없음	1. 실시 2. 미실시 3. 향후 추진 4. 해당없음
7518	경남 거제시	거제섬안의섬여행전국배드민턴대회개최	50,000	3	4	7	8	7	5	5	4
7519	경남 거제시	수산물상생할인지원	45,000	3	2	7	8	7	5	5	4
7520	경남 거제시	제17회청마문학제지원	45,000	3	4	7	8	7	5	5	4
7521	경남 거제시	거제시장기전국남녀궁도대회개최	40,000	3	4	7	8	7	5	5	4
7522	경남 거제시	아주4.3독립만세운동재현행사개최	35,000	3	1	7	8	7	5	5	4
7523	경남 거제시	전통산사문화유산활용사업	32,500	3	1	7	8	7	5	5	4
7524	경남 거제시	거제시장기전국윈드서핑대회개최	30,000	3	4	7	8	7	5	5	4
7525	경남 거제시	저도개방기념행사	30,000	3	4	7	8	7	5	5	4
7526	경남 거제시	제7회거제시장배섬꽃전국마라톤대회개최	30,000	3	4	7	8	7	5	5	4
7527	경남 거제시	제26회거제선상문학제개최지원	30,000	3	4	7	8	7	5	5	4
7528	경남 거제시	제13회바다미술제개최	30,000	3	4	7	8	7	5	5	4
7529	경남 거제시	눈물젖은두만강이시우전국가요제지원	28,000	3	4	7	8	7	5	5	4
7530	경남 거제시	장애인의날기념식및장애인복지증진대회	25,000	3	7	7	8	7	5	5	4
7531	경남 거제시	청소년희망캠프운영(청소년활동사업비지원)	21,600	3	1	7	8	7	5	5	4
7532	경남 거제시	국제교류협력행사	21,000	3	1	7	8	7	5	5	4
7533	경남 거제시	소규모체육단체대회개최지원	20,000	3	4	7	8	7	5	5	4
7534	경남 거제시	영호남친선교류생활체육대회개최	20,000	3	4	7	8	7	5	5	4
7535	경남 거제시	제11회거제시장애인생활체육대회개최	20,000	3	4	7	8	7	5	5	4
7536	경남 거제시	제1회해변국악제개최지원	20,000	3	4	7	8	7	5	5	4
7537	경남 거제시	사회복지박람회개최	20,000	3	1	7	8	7	5	5	4
7538	경남 거제시	제21회거제시청소년문화축제	20,000	3	1	7	8	7	5	5	4
7539	경남 거제시	거제1K국제트레일런대회개최	19,000	3	4	7	8	7	5	5	4
7540	경남 거제시	도단위이상생활체육대회출전지원	18,400	3	4	7	8	7	5	5	4
7541	경남 거제시	전통민속예술단체정기공연지원	18,000	3	4	7	8	7	5	5	4
7542	경남 거제시	노인의날기념행사	17,100	3	1	7	8	7	5	5	4
7543	경남 거제시	거제시야구동계전지훈련캠프유치	17,000	3	4	7	8	7	5	5	4
7544	경남 거제시	제14회거제시장배전국그라운드골프대회개최	17,000	3	4	7	8	7	5	5	4
7545	경남 거제시	제15회거제시장기경남게이트볼대회개최	17,000	3	4	7	8	7	5	5	4
7546	경남 거제시	제8회거제시장배휠체어어울림마라톤대회개최	16,000	3	4	7	8	7	5	5	4
7547	경남 거제시	제27회경남장애인체육대회출전지원	15,000	3	4	7	8	7	5	5	4
7548	경남 거제시	제13회거제시전통민속예술축제개최	15,000	3	4	7	8	7	5	5	4
7549	경남 거제시	제69회현충일추념식	15,000	3	4	7	8	7	5	5	4
7550	경남 거제시	이통장한마음대회개최	15,000	3	4	7	8	7	5	5	4
7551	경남 거제시	각종장애인체육대회출전지원	14,000	3	4	7	8	7	5	5	4
7552	경남 거제시	제26회거제시배드민턴협회장기경남동호인대회개최	14,000	3	4	7	8	7	5	5	4
7553	경남 거제시	제1회거제시장배함께할거제아시아댄스스포츠선수권대회및비보잉페스타개최	14,000	3	4	7	8	7	5	5	4
7554	경남 거제시	6.25전쟁제74주년기념행사	13,000	3	4	7	8	7	5	5	4
7555	경남 거제시	거제시주민자치위원한마음대회개최	13,000	3	4	7	8	7	5	5	4
7556	경남 거제시	소상공인의날행사지원	12,000	3	1	7	8	7	5	5	4
7557	경남 거제시	제23회전국시조창경연대회개최	12,000	3	4	7	8	7	5	5	4

순번	시군구	지출명 (사업명)	2024년예산 (단위 : 천원 /1년간)	민간이전 분류 (지방자치단체 세출예산 집행기준에 의거) 1. 민간경상사업보조(307-02) 2. 민간단체 법정운영비보조(307-03) 3. 민간행사사업보조(307-04) 4. 민간위탁금(307-05) 5. 사회복지시설 법정운영비보조(307-10) 6. 민간인위탁교육비(307-12) 7. 공기관등에대한경상적위탁사업비(308-13) 8. 민간자본사업보조,자체재원(402-01) 9. 민간자본사업보조,이전재원(402-02) 10. 민간위탁사업비(402-03) 11. 공기관등에 대한 자본적 위탁사업비(403-02)	민간이전지출 근거 (지방보조금 관리기준 참고) 1. 법률에 규정 2. 국고보조 재원(국가지정) 3. 용도 지정 기부금 4. 조례에 직접규정 5. 지자체가 권장하는 사업을 하는 공공기관 6. 시,도 정책 및 재정사정 7. 기타 8. 해당없음	입찰방식: 계약체결방법 (경쟁형태) 1. 일반경쟁 2. 제한경쟁 3. 지명경쟁 4. 수의계약 5. 법정위탁 6. 기타 ( ) 7. 없음	입찰방식: 계약기간 1. 1년 2. 2년 3. 3년 4. 4년 5. 5년 6. 기타 ( )년 7. 단기계약 (1년미만) 8. 없음	입찰방식: 낙찰자선정방법 1. 적격심사 2. 협상에의한계약 3. 최저가낙찰제 4. 규격가격분리 5. 2단계 경쟁입찰 6. 기타 ( ) 7. 없음	운영예산 산정: 운영예산 산정 1. 내부산정 (지자체 자체적으로 산정) 2. 외부산정 (외부전문기관위탁 산정) 3. 내·외부 모두 산정 4. 산정 無 5. 없음	운영예산 산정: 정산방법 1. 내부정산 (지자체 내부적으로 정산) 2. 외부정산 (외부전문기관위탁 정산) 3. 내·외부 모두 산정 4. 정산 無 5. 없음	성과평가 실시여부 1. 실시 2. 미실시 3. 향후 추진 4. 해당없음
7558	경남 거제시	수산업경영인경상남도대회참가	10,000	3	4	7	8	7	5	5	4
7559	경남 거제시	제8회거제시장배거제로바다로전국남녀배구대회개최	10,000	3	4	7	8	7	5	5	4
7560	경남 거제시	부처님오신날봉축탑설치	10,000	3	4	7	8	7	5	5	4
7561	경남 거제시	크리스마스홍보탑설치	10,000	3	4	7	8	7	5	5	4
7562	경남 거제시	여산문화축전지원	10,000	3	4	7	8	7	5	5	4
7563	경남 거제시	제42회경상남도민속예술축제참가	9,000	3	4	7	8	7	5	5	4
7564	경남 거제시	자율관리어업공동체한마음대회참석	8,000	3	4	7	8	7	5	5	4
7565	경남 거제시	거제시초중학생육상대회개최	8,000	3	4	7	8	7	5	5	4
7566	경남 거제시	거제시장배수영대회개최	8,000	3	4	7	8	7	5	5	4
7567	경남 거제시	제15회거제시장배전국오픈탁구대회개최	8,000	3	4	7	8	7	5	5	4
7568	경남 거제시	제12회거제시장배우수팀초청족구대회개최	8,000	3	4	7	8	7	5	5	4
7569	경남 거제시	거제시장배에어로빅대회및힙합댄스대회개최	8,000	3	4	7	8	7	5	5	4
7570	경남 거제시	지역아동센터연합캠프프로그램비지원	8,000	3	1	7	8	7	5	5	4
7571	경남 거제시	경로의달기념민속경기및게이트볼대회	8,000	3	1	7	8	7	5	5	4
7572	경남 거제시	제23회거제시장배테니스전국동호인랭킹대회개최	7,000	3	4	7	8	7	5	5	4
7573	경남 거제시	도전!거제페스티벌개최	7,000	3	4	7	8	7	5	5	4
7574	경남 거제시	맹종죽축제지원	7,000	3	4	7	8	7	5	5	4
7575	경남 거제시	제5회거제시장배전국주짓수대회개최	6,000	3	4	7	8	7	5	5	4
7576	경남 거제시	경로당프로그램발표회	5,500	3	1	7	8	7	5	5	4
7577	경남 거제시	거제시체육인의밤	5,000	3	4	7	8	7	5	5	4
7578	경남 거제시	거제시장배유치부장사씨름대회개최	5,000	3	4	7	8	7	5	5	4
7579	경남 거제시	거제시장배체조대회및전국힙합댄스대회개최	5,000	3	4	7	8	7	5	5	4
7580	경남 거제시	죽림별신굿보존행사개최	5,000	3	4	7	8	7	5	5	4
7581	경남 거제시	광복절기념택견퍼포먼스	5,000	3	4	7	8	7	5	5	4
7582	경남 거제시	어린이동요부르기대회지원	4,500	3	4	7	8	7	5	5	4
7583	경남 거제시	경남씨름왕선발대회출전지원	4,000	3	4	7	8	7	5	5	4
7584	경남 거제시	거제시장배사격대회개최	4,000	3	4	7	8	7	5	5	4
7585	경남 거제시	거제시장배아마추어골프대회개최	4,000	3	4	7	8	7	5	5	4
7586	경남 거제시	거충사제례봉행개최	4,000	3	1	7	8	7	5	5	4
7587	경남 거제시	춘기석전대제개최	4,000	3	1	7	8	7	5	5	4
7588	경남 거제시	추기석전대제개최	4,000	3	1	7	8	7	5	5	4
7589	경남 거제시	대한노인회거제시지회장기게이트볼대회	4,000	3	1	7	8	7	5	5	4
7590	경남 거제시	대한노인회거제시지회장기그라운드골프대회	4,000	3	1	7	8	7	5	5	4
7591	경남 거제시	초중고문예작품발표및시상	3,500	3	4	7	8	7	5	5	4
7592	경남 거제시	한국전쟁전후민간인희생사건합동추모제	3,500	3	4	7	8	7	5	5	4
7593	경남 거제시	전국생활체육거제시복싱대회개최	3,000	3	4	7	8	7	5	5	4
7594	경남 거제시	블루시티경남컵전국휠체어럭비대회개최	3,000	3	4	7	8	7	5	5	4
7595	경남 거제시	어울림댄스페스티벌개최	3,000	3	4	7	8	7	5	5	4
7596	경남 거제시	수산별신굿보존행사개최	3,000	3	4	7	8	7	5	5	4
7597	경남 거제시	의종추념식개최	3,000	3	4	7	8	7	5	5	4

순번	시군구	지출명 (사업명)	2024년예산 (단위 : 천원 /1년간)	민간이전 분류 (지방자치단체 세출예산 집행기준에 의거) 1. 민간경상사업보조(307-02) 2. 민간단체 법정운영비보조(307-03) 3. 민간행사사업보조(307-04) 4. 민간위탁금(307-05) 5. 사회복지시설 법정운영비보조(307-10) 6. 민간인위탁교육비(307-12) 7. 공기관등에대한경상적위탁사업비(308-13) 8. 민간자본사업보조,자체재원(402-01) 9. 민간자본사업보조,이전재원(402-02) 10. 민간위탁사업비(402-03) 11. 공기관등에 대한 자본적 위탁사업비(403-02)	민간이전지출 근거 (지방보조금 관리기준 참고) 1. 법률에 규정 2. 국고보조 재원(국가지정) 3. 용도 지정 기부금 4. 조례에 직접규정 5. 지자체가 권장하는 사업을 하는 공공기관 6. 시,도 정책 및 재정사정 7. 기타 8. 해당없음	입찰방식			운영예산 산정		성과평가 실시여부
						계약체결방법 (경쟁형태) 1. 일반경쟁 2. 제한경쟁 3. 지명경쟁 4. 수의계약 5. 법정위탁 6. 기타 ( ) 7. 없음	계약기간 1. 1년 2. 2년 3. 3년 4. 4년 5. 5년 6. 기타 ( )년 7. 단기계약 (1년미만) 8. 없음	낙찰자선정방법 1. 적격심사 2. 협상에의한계약 3. 최저가낙찰제 4. 규격가격분리 5. 2단계 경쟁입찰 6. 기타 ( ) 7. 없음	운영예산 산정 1. 내부산정 (지자체 자체적으로 산정) 2. 외부산정 (외부전문기관위탁 산정) 3. 내·외부 모두 산정 4. 산정 無 5. 없음	정산방법 1. 내부정산 (지자체 내부적으로 정산) 2. 외부정산 (외부전문기관위탁 정산) 3. 내·외부 모두 산정 4. 정산 無 5. 없음	1. 실시 2. 미실시 3. 향후 추진 4. 해당없음
7598	경남 거제시	기로연행사개최	3,000	3	1	7	8	7	5	5	4
7599	경남 거제시	반곡서원유회활동지원	3,000	3	1	7	8	7	5	5	4
7600	경남 거제시	제52회성년의날행사개최	3,000	3	1	7	8	7	5	5	4
7601	경남 거제시	일본군위안부피해자기림행사	3,000	3	4	7	8	7	5	5	4
7602	경남 거제시	생활개선회원한마음대회	3,000	3	4	7	8	7	5	5	4
7603	경남 거제시	한여농전국대회참가	3,000	3	4	7	8	7	5	5	4
7604	경남 거제시	장한아동과의만남의장행사지원	2,500	3	4	7	8	7	5	5	4
7605	경남 거제시	거제시어울림체육대회개최	2,000	3	4	7	8	7	5	5	4
7606	경남 거제시	선진유학사적지순례사업	2,000	3	1	7	8	7	5	5	4
7607	경남 양산시	양산삽량문화축전지원	770,000	3	4	7	8	7	1	1	1
7608	경남 양산시	양산웅상회아제행사비지원	436,000	3	4	7	8	7	1	1	1
7609	경남 양산시	원동매화축제	260,000	3	7	7	8	7	1	1	1
7610	경남 양산시	작은도서관운영보조(자료구입비)	213,750	3	1,4	7	8	7	5	5	4
7611	경남 양산시	물금벚꽃축제지원	200,000	3	4	7	8	7	1	1	3
7612	경남 양산시	양산전국하프마라톤대회	150,000	3	4	7	8	7	5	5	4
7613	경남 양산시	양산시와함께하는부산MBC전국고등학교축구대회	130,000	3	4	7	8	7	5	5	4
7614	경남 양산시	시장기종목별체육대회개최	100,000	3	4	7	8	7	5	5	4
7615	경남 양산시	제5회양산시장배황산전국철인3종대회	100,000	3	4	7	8	7	5	5	4
7616	경남 양산시	황산공원캠핑페스티벌개최	80,000	3	7	7	8	7	5	5	4
7617	경남 양산시	양산시민생활체육대회개최	75,000	3	4	7	8	7	5	5	4
7618	경남 양산시	전국댄스체조대회	71,000	3	4	7	8	7	5	5	4
7619	경남 양산시	재즈페스타	70,000	3	1	7	8	7	5	5	4
7620	경남 양산시	부처님오신날봉축행사지원	70,000	3	6	7	8	7	5	5	4
7621	경남 양산시	협회장기종목별체육대회개최	50,000	3	4	7	8	7	3	3	1
7622	경남 양산시	각종체육대회개최활성화지원	50,000	3	4	7	8	7	5	5	4
7623	경남 양산시	2024양산팔경배전국배드민턴대회	50,000	3	4	7	8	7	5	5	4
7624	경남 양산시	제15회어린이날가족한마당행사지원	50,000	3	1	7	8	7	5	5	4
7625	경남 양산시	양산평생학습박람회개최	30,000	3	1,4	7	8	7	1	1	1
7626	경남 양산시	이통장해외연수지원	30,000	3	4	7	8	7	1	1	1
7627	경남 양산시	제1회양산시장배전국우수중학야구대회	25,000	3	4	7	8	7	5	5	4
7628	경남 양산시	제2회양산시장배전국동호인및지도자테니스대회	25,000	3	4	7	8	7	5	5	4
7629	경남 양산시	제5회양산삽량배전국오픈탁구대회	25,000	3	4	7	8	7	5	5	4
7630	경남 양산시	장애인의날행사	22,000	3	1	7	8	7	5	5	4
7631	경남 양산시	2024Mr&Ms양산선발대회	20,000	3	4	7	8	7	5	5	4
7632	경남 양산시	2024양산시장기전국합기도대회	20,000	3	4	7	8	7	5	5	4
7633	경남 양산시	2024제2회양산시장배전국당구대회	20,000	3	4	7	8	7	5	5	4
7634	경남 양산시	원동미나리축제	20,000	3	7	7	8	7	1	1	1
7635	경남 양산시	양산차문화축제	20,000	3	7	7	8	7	1	1	1
7636	경남 양산시	웅상4개동정월대보름행사	20,000	3	4	7	8	7	1	1	1
7637	경남 양산시	작은도서관운영보조(환경개선비)	20,000	3	1,4	7	8	7	5	5	4

순번	시군구	지출명 (사업명)	2024년예산 (단위 : 천원 /1년간)	민간이전 분류 (지방자치단체 세출예산 집행기준에 의거) 1. 민간경상사업보조(307-02) 2. 민간단체 법정운영비보조(307-03) 3. 민간행사사업보조(307-04) 4. 민간위탁금(307-05) 5. 사회복지시설 법정운영비보조(307-10) 6. 민간인위탁교육비(307-12) 7. 공기관등에대한경상적위탁사업비(308-13) 8. 민간자본사업보조,자체재원(402-01) 9. 민간자본사업보조,이전재원(402-02) 10. 민간위탁사업비(402-03) 11. 공기관등에 대한 자본적 위탁사업비(403-02)	민간이전지출 근거 (지방보조금 관리기준 참고) 1. 법률에 규정 2. 국고보조 재원(국가지정) 3. 용도 지정 기부금 4. 조례에 직접규정 5. 지자체가 권장하는 사업을 하는 공공기관 6. 시,도 정책 및 재정사정 7. 기타 8. 해당없음	입찰방식: 계약체결방법 (경쟁형태) 1. 일반경쟁 2. 제한경쟁 3. 지명경쟁 4. 수의계약 5. 법정위탁 6. 기타 ( ) 7. 없음	입찰방식: 계약기간 1. 1년 2. 2년 3. 3년 4. 4년 5. 5년 6. 기타 ( )년 7. 단기계약 (1년미만) 8. 없음	입찰방식: 낙찰자선정방법 1. 적격심사 2. 협상에의한계약 3. 최저가낙찰제 4. 규격가격분리 5. 2단계 경쟁입찰 6. 기타 ( ) 7. 없음	운영예산 산정: 운영예산 산정 1. 내부산정 (지자체 자체적으로 산정) 2. 외부산정 (외부전문기관위탁 산정) 3. 내·외부 모두 산정 4. 산정 無 5. 없음	운영예산 산정: 정산방법 1. 내부정산 (지자체 내부적으로 정산) 2. 외부정산 (외부전문기관위탁 정산) 3. 내·외부 모두 정산 4. 정산 無 5. 없음	성과평가 실시여부 1. 실시 2. 미실시 3. 향후 추진 4. 해당없음
7638	경남 양산시	민주평통자문위원통일역량강화연수지원	19,500	3	1	7	8	7	5	5	4
7639	경남 양산시	양산시장배전국(영호남)그라운드골프대회	18,000	3	4	7	8	7	5	5	4
7640	경남 양산시	보육교직원한마음행사	16,200	3	6	7	8	7	1	1	3
7641	경남 양산시	전통시장및상점가활성화지원	16,000	3	4	7	8	7	1	1	4
7642	경남 양산시	동민체육행사지원	15,000	3	1,4	7	8	7	1	1	1
7643	경남 양산시	제2회양산시장기전국우수팀초청족구대회	15,000	3	4	7	8	7	5	5	4
7644	경남 양산시	제5회삽량문화대축전배아마추어3인조볼링대회	15,000	3	4	7	8	7	5	5	4
7645	경남 양산시	장애아동의날행사	15,000	3	1	7	8	7	5	5	4
7646	경남 양산시	덕계동한마음축제	15,000	3	4	7	8	7	1	1	3
7647	경남 양산시	가야진용신제행사사업보조	15,000	3	6	7	8	7	3	3	1
7648	경남 양산시	서창동한마음축제	15,000	3	1	7	8	7	5	5	4
7649	경남 양산시	소주동한마음축전행사지원	15,000	3	1	7	7	7	1	1	1
7650	경남 양산시	양주동한마음축제	15,000	3	1	7	8	7	1	1	1
7651	경남 양산시	원동면민체육대회행사지원	15,000	3	4	5	7	7	1	1	1
7652	경남 양산시	동민화합한마당행사지원	15,000	3	1	7	8	7	1	1	1
7653	경남 양산시	동민문화체육행사	15,000	3	1,4	7	8	7	1	1	1
7654	경남 양산시	이통장체육대회지원	15,000	3	4	7	8	7	5	5	4
7655	경남 양산시	새마을의날기념식및한마음다짐체육대회지원	14,250	3	1	7	8	7	5	5	4
7656	경남 양산시	양산천성산철쭉제	14,000	3	4	7	8	7	1	1	1
7657	경남 양산시	노동자등반체육대회지원	13,000	3	4	7	8	7	1	1	4
7658	경남 양산시	사회적경제한마당	13,000	3	7	7	8	7	1	1	4
7659	경남 양산시	2024양산시장배5대5전국농구대회	10,000	3	4	7	8	7	5	5	4
7660	경남 양산시	노인의날행사지원	10,000	3	4	7	8	7	1	1	4
7661	경남 양산시	배내골사과축제	10,000	3	7	7	8	7	1	1	1
7662	경남 양산시	자원봉사자한마음대회	10,000	3	4	7	8	7	5	5	4
7663	경남 양산시	민주평통통일무지개운동사업지원	8,000	3	1	7	8	7	5	5	4
7664	경남 양산시	민주평통통일염원망향제행사지원	8,000	3	1	7	8	7	5	5	4
7665	경남 양산시	한일교환초등학생사생대회및방한단환영회지원	8,000	3	1	7	8	7	5	5	4
7666	경남 양산시	경로잔치행사지원	7,875	3	1,4	7	8	7	1	1	1
7667	경남 양산시	새마을회핵심지도자워크숍지원	7,101	3	1	7	8	7	5	5	4
7668	경남 양산시	양산향교(춘,추기석전대제)	7,000	3	6	7	8	7	3	3	1
7669	경남 양산시	우불산신사제향비지원	7,000	3	6	7	8	7	3	3	1
7670	경남 양산시	근로자의날행사지원	6,000	3	4	7	8	7	1	1	4
7671	경남 양산시	경로잔치행사지원	6,000	3	4	7	8	7	5	5	4
7672	경남 양산시	경로잔치행사지원	6,000	3	4	7	7	7	1	1	1
7673	경남 양산시	경로잔치행사지원	6,000	3	4	7	8	7	1	1	1
7674	경남 양산시	민주평통북한이탈주민정착지원사업	6,000	3	1	7	8	7	5	5	4
7675	경남 양산시	삽량어울림전국파크골프대회	5,714	3	4	7	8	7	5	5	4
7676	경남 양산시	양산시장배리버발리볼대회	5,000	3	4	7	8	7	5	5	4
7677	경남 양산시	체육인의밤	5,000	3	4	7	8	7	5	5	4

순번	시군구	지출명 (사업명)	2024년예산 (단위 : 천원 /1년간)	민간이전 분류 (지방자치단체 세출예산 집행기준에 의거) 1. 민간경상사업보조(307-02) 2. 민간단체 법정운영비보조(307-03) 3. 민간행사사업보조(307-04) 4. 민간위탁금(307-05) 5. 사회복지시설 법정운영비보조(307-10) 6. 민간인위탁교육비(307-12) 7. 공기관등에대한경상적위탁사업비(308-13) 8. 민간자본사업보조,자체재원(402-01) 9. 민간자본사업보조,이전재원(402-02) 10. 민간위탁사업비(402-03) 11. 공기관등에 대한 자본적 위탁사업비(403-02)	민간이전지출 근거 (지방보조금 관리기준 참고) 1. 법률에 규정 2. 국고보조 재원(국가지정) 3. 용도 지정 기부금 4. 조례에 직접규정 5. 지자체가 권장하는 사업을 하는 공공기관 6. 시,도 정책 및 재정사정 7. 기타 8. 해당없음	입찰방식 계약체결방법 (경쟁형태) 1. 일반경쟁 2. 제한경쟁 3. 지명경쟁 4. 수의계약 5. 법정위탁 6. 기타 ( ) 7. 없음	입찰방식 계약기간 1. 1년 2. 2년 3. 3년 4. 4년 5. 5년 6. 기타 ( )년 7. 단기계약 (1년미만) 8. 없음	입찰방식 낙찰자선정방법 1. 적격심사 2. 협상에의한계약 3. 최저가낙찰제 4. 규격가격분리 5. 2단계 경쟁입찰 6. 기타 ( ) 7. 없음	운영예산 산정 운영예산 산정 1. 내부산정 (지자체 자체적으로 산정) 2. 외부산정 (외부전문기관위탁 산정) 3. 내·외부 모두 산정 4. 산정 無 5. 없음	운영예산 산정 정산방법 1. 내부정산 (지자체 내부적으로 정산) 2. 외부정산 (외부전문기관위탁 정산) 3. 내·외부 모두 산정 4. 정산 無 5. 없음	성과평가 실시여부 1. 실시 2. 미실시 3. 향후 추진 4. 해당없음
7678	경남 양산시	양산시장애인체육회시상식및체육인의밤	5,000	3	4	7	8	7	5	5	4
7679	경남 양산시	양산시장기어르신게이트볼대회	5,000	3	4	7	8	7	5	5	4
7680	경남 양산시	배내골고로쇠축제	5,000	3	7	7	8	7	1	1	1
7681	경남 양산시	통도사성보박물관예술제	5,000	3	6	7	8	7	3	3	1
7682	경남 양산시	소상공인의날행사지원	5,000	3	4	7	8	7	1	1	1
7683	경남 양산시	공단노동자체육대회지원	5,000	3	4	7	8	7	1	1	4
7684	경남 양산시	주남마을대학로벚꽃축제	5,000	3	4	7	7	7	1	1	1
7685	경남 양산시	민주평통통일문화행사지원	5,000	3	1	7	8	7	5	5	4
7686	경남 양산시	바르게살기운동한마음활성화대회지원	5,000	3	1	7	8	7	5	5	4
7687	경남 양산시	자유총연맹도민통합한마음대회	5,000	3	1	7	8	7	5	5	4
7688	경남 양산시	한일교환초등학생사생대회및방한단환영회지원	5,000	3	1	7	8	7	5	5	4
7689	경남 양산시	자율방범대체육대회지원	5,000	3	1	7	8	7	5	5	4
7690	경남 양산시	지회장기어르신게이트볼대회	4,500	3	4	7	8	7	5	5	4
7691	경남 양산시	지회장배어르신파크골프대회	4,500	3	4	7	8	7	5	5	4
7692	경남 양산시	경로잔치행사지원	4,500	3	4	7	8	7	1	1	3
7693	경남 양산시	노조대표자하반기워크숍지원	4,500	3	4	7	8	7	1	1	4
7694	경남 양산시	경로잔치행사지원	4,500	3	4	1	7	7	1	1	1
7695	경남 양산시	경로잔치행사지원	4,500	3	4	7	8	7	1	1	1
7696	경남 양산시	가야진용신제행사사업보조	4,300	3	6	7	8	7	3	3	1
7697	경남 양산시	삽량주장애인게이트볼대회	4,250	3	4	7	8	7	5	5	4
7698	경남 양산시	가야진용신제공개행사비지원	4,200	3	6	7	8	7	3	3	1
7699	경남 양산시	웅상농청장원놀이공개행사비지원	4,200	3	6	7	8	7	3	3	1
7700	경남 양산시	경로잔치행사지원	4,000	3	1,4	7	8	7	1	1	1
7701	경남 양산시	양산시장기어르신그라운드골프대회	4,000	3	4	7	8	7	5	5	4
7702	경남 양산시	웅상농청장원놀이행사사업보조	4,000	3	6	7	8	7	3	3	1
7703	경남 양산시	웅상농청장원놀이행사사업보조	3,300	3	6	7	8	7	3	3	1
7704	경남 양산시	양산시장배장애인어울림수영대회	3,200	3	4	7	8	7	5	5	4
7705	경남 양산시	양산시장애인당구협회장배당구대회	3,100	3	4	7	8	7	5	5	4
7706	경남 양산시	읍면동체육회임원체육대회	3,000	3	4	7	8	7	5	5	4
7707	경남 양산시	양산향교(성년례(관계례)재현행사)	3,000	3	6	7	8	7	3	3	1
7708	경남 양산시	바르게살기운동영호남문화교류행사지원	3,000	3	1	7	8	7	5	5	4
7709	경남 양산시	한일교환초등학생사생대회및방한단환영회지원	3,000	3	1	7	8	7	5	5	4
7710	경남 양산시	청소년잉글리쉬스피치콘테스트지원	3,000	3	1	7	8	7	5	5	4
7711	경남 양산시	시각장애인어울림트레킹대회	2,725	3	4	7	8	7	5	5	4
7712	경남 양산시	양산시장애인태권도협회장배품새대회	2,550	3	4	7	8	7	5	5	4
7713	경남 양산시	취서사(지산리부부상)제향지원	2,500	3	6	7	8	7	3	3	1
7714	경남 양산시	자연유산민속행사지원	2,300	3	2	7	8	7	3	3	4
7715	경남 양산시	양산시장애인파크골프동아리친선경기	2,000	3	4	7	8	7	5	5	4
7716	경남 양산시	양산향교(박제상유적효충사제향)	2,000	3	6	7	8	7	3	3	1
7717	경남 양산시	양산시장애인골프협회장배파크골프대회	1,822	3	4	7	8	7	5	5	4

순번	시군구	지출명 (사업명)	2024년예산 (단위 : 천원 /1년간)	민간이전 분류 (지방자치단체 세출예산 집행기준에 의거) 1. 민간경상사업보조(307-02) 2. 민간단체 법정운영비보조(307-03) 3. 민간행사사업보조(307-04) 4. 민간위탁금(307-05) 5. 사회복지시설 법정운영비보조(307-10) 6. 민간인위탁교육비(307-12) 7. 공기관등에대한경상적위탁사업비(308-13) 8. 민간자본사업보조,자체재원(402-01) 9. 민간자본사업보조,이전재원(402-02) 10. 민간위탁사업비(402-03) 11. 공기관등에 대한 자본적 위탁사업비(403-02)	민간이전지출 근거 (지방보조금 관리기준 참고) 1. 법률에 규정 2. 국고보조 재원(국가지정) 3. 용도 지정 기부금 4. 조례에 직접규정 5. 지자체가 권장하는 사업을 하는 공공기관 6. 시,도 정책 및 재정사정 7. 기타 8. 해당없음	입찰방식: 계약체결방법 (경쟁형태) 1. 일반경쟁 2. 제한경쟁 3. 지명경쟁 4. 수의계약 5. 법정위탁 6. 기타 ( ) 7. 없음	입찰방식: 계약기간 1. 1년 2. 2년 3. 3년 4. 4년 5. 5년 6. 기타 ( )년 7. 단기계약 (1년미만) 8. 없음	입찰방식: 낙찰자선정방법 1. 적격심사 2. 협상에의한계약 3. 최저가낙찰제 4. 규격가격분리 5. 2단계 경쟁입찰 6. 기타 ( ) 7. 없음	운영예산 산정: 운영예산 산정 1. 내부산정 (지자체 자체적으로 산정) 2. 외부산정 (외부전문기관위탁 산정) 3. 내·외부 모두 산정 4. 산정 無 5. 없음	운영예산 산정: 정산방법 1. 내부정산 (지자체 내부적으로 정산) 2. 외부정산 (외부전문기관위탁 정산) 3. 내·외부 모두 산정 4. 정산 無 5. 없음	성과평가 실시여부 1. 실시 2. 미실시 3. 향후 추진 4. 해당없음
7718	경남 양산시	장애인체육회가맹단체및동아리워크숍	1,390	3	4	7	8	7	5	5	4
7719	경남 양산시	자유총연맹안보강연회지원	1,250	3	1	7	8	7	5	5	4
7720	경남 양산시	양산시장애인보치아연맹회장배동아리친선경기	1,000	3	4	7	8	7	5	5	4
7721	경남 양산시	공단노동자체육대회지원	1,000	3	4	7	8	7	1	1	4
7722	경남 양산시	바르게살기운동의식개혁강연회지원	1,000	3	1	7	8	7	5	5	4
7723	경남 양산시	양산강변트로트전국가요제	64,000	3	4	7	8	7	1	1	3
7724	경남 양산시	정월대보름행사지원(웅상지역제외)	60,250	3	4	7	8	7	1	1	3
7725	경남 양산시	양산예술제지원	60,000	3	1	7	8	7	1	1	3
7726	경남 양산시	양산영화제	40,000	3	4	7	8	7	1	1	3
7727	경남 양산시	엄정행전국성악콩쿨지원	36,000	3	4	7	8	7	1	1	3
7728	경남 양산시	전국서예대전지원	20,000	3	4	7	8	7	1	1	3
7729	경남 양산시	전국문학인꽃축제행사지원	20,000	3	4	7	8	7	1	1	3
7730	경남 양산시	무용공연회로애락	18,000	3	4	7	8	7	1	1	3
7731	경남 양산시	동민문화체육행사	15,000	3	1	7	8	7	1	1	1
7732	경남 양산시	박제상추모전국백일장대회	11,000	3	4	7	8	7	1	1	3
7733	경남 양산시	초산들허수아비축제행사지원	10,000	3	4	7	8	7	1	1	3
7734	경남 양산시	경남무용제참가	8,500	3	4	7	8	7	1	1	3
7735	경남 양산시	양산향토사바로알기걷기대회	8,000	3	1	7	8	7	1	1	3
7736	경남 양산시	세대공감힐링콘서트	8,000	3	4	7	8	7	1	1	3
7737	경남 양산시	전국학생피아노콩쿨	8,000	3	4	7	8	7	5	5	4
7738	경남 양산시	찾아가는무용어울림한마당	6,000	3	4	7	8	7	1	1	3
7739	경남 양산시	박제상추모전국정가경창대회지원	5,500	3	4	7	8	7	1	1	3
7740	경남 양산시	경로잔치행사지원	5,060	3	4	7	8	7	3	1	1
7741	경남 양산시	양산전국사진공모전	5,000	3	4	7	8	7	1	1	3
7742	경남 양산시	풍경이있는사진전	5,000	3	4	7	8	7	1	1	3
7743	경남 양산시	찾아가는오케스트라	5,000	3	4	7	8	7	1	1	3
7744	경남 양산시	양산문화원문화행사지원	4,500	3	1	7	8	7	1	1	3
7745	경남 의령군	의령홍의장군축제	621,000	3	5	7	8	7	1	1	1
7746	경남 의령군	전국민속소힘겨루기대회	400,000	3	1	7	8	7	5	5	4
7747	경남 의령군	이호섭가요제	171,900	3	5	7	8	7	1	1	1
7748	경남 의령군	경남도민체육대회참가	143,300	3	4	7	8	7	1	1	4
7749	경남 의령군	어울림마을축제보조금	120,000	3	2	7	6	7	1	1	2
7750	경남 의령군	경남생활체육대축전대회참가	105,100	3	4	7	8	7	1	1	4
7751	경남 의령군	전국의병마라톤대회	100,000	3	4	7	8	7	5	5	4
7752	경남 의령군	의령홍의장군축제	47,800	3	5	7	8	7	1	1	1
7753	경남 의령군	전국궁도대회	41,220	3	4	7	8	7	1	1	4
7754	경남 의령군	농촌자원활용품목전시회	35,000	3	4	7	8	7	5	5	4
7755	경남 의령군	의령홍의장군축제	25,000	3	5	7	8	7	1	1	1
7756	경남 의령군	2024의령예술촌작품전시회및음악경연대회	25,000	3	4	7	8	7	1	1	1
7757	경남 의령군	의령군생활체육대회	23,042	3	4	7	8	7	1	1	4

순번	시군구	지출명 (사업명)	2024년예산 (단위 : 천원 /1년간)	민간이전 분류 (지방자치단체 세출예산 집행기준에 의거) 1. 민간경상사업보조(307-02) 2. 민간단체 법정운영비보조(307-03) 3. 민간행사사업보조(307-04) 4. 민간위탁금(307-05) 5. 사회복지시설 법정운영비보조(307-10) 6. 민간인위탁교육비(307-12) 7. 공기관등에대한경상적위탁사업비(308-13) 8. 민간자본사업보조,자체재원(402-01) 9. 민간자본사업보조,이전재원(402-02) 10. 민간위탁사업비(402-03) 11. 공기관등에 대한 자본적 위탁사업비(403-02)	민간이전지출 근거 (지방보조금 관리기준 참고) 1. 법률에 규정 2. 국고보조 재원(국가지정) 3. 용도 지정 기부금 4. 조례에 직접규정 5. 지자체가 권장하는 사업을 하는 공공기관 6. 시,도 정책 및 재정사정 7. 기타 8. 해당없음	입찰방식			운영예산 산정		성과평가 실시여부
						계약체결방법 (경쟁형태) 1. 일반경쟁 2. 제한경쟁 3. 지명경쟁 4. 수의계약 5. 법정위탁 6. 기타 ( ) 7. 없음	계약기간 1. 1년 2. 2년 3. 3년 4. 4년 5. 5년 6. 기타 ( )년 7. 단기계약 (1년미만) 8. 없음	낙찰자선정방법 1. 적격심사 2. 협상에의한계약 3. 최저가낙찰제 4. 규격가격분리 5. 2단계 경쟁입찰 6. 기타 ( ) 7. 없음	운영예산 산정 1. 내부산정 (지자체 자체적으로 산정) 2. 외부산정 (외부전문기관위탁 산정) 3. 내·외부 모두 산정 4. 산정 無 5. 없음	정산방법 1. 내부정산 (지자체 내부적으로 정산) 2. 외부정산 (외부전문기관위탁 정산) 3. 내·외부 모두 산정 4. 정산 無 5. 없음	1. 실시 2. 미실시 3. 향후 추진 4. 해당없음
7758	경남 의령군	의령군수배및의령군배드민턴협회장기대회	17,190	3	4	7	8	7	1	1	4
7759	경남 의령군	농업경영인전국/경남도대회지원	16,000	3	4	7	8	7	5	5	4
7760	경남 의령군	의령군수배토요애우수팀초청족구대회	15,000	3	4	7	8	7	1	1	4
7761	경남 의령군	보훈단체관련전적지순례(보훈5개단체)	10,800	3	4	7	8	7	1	1	1
7762	경남 의령군	정월대보름전통민속놀이	10,000	3	1	7	8	7	1	1	1
7763	경남 의령군	2024성탄트리점등	10,000	3	4	7	8	7	1	1	1
7764	경남 의령군	의령군수및축구협회장기기관단체축구대회	10,000	3	4	7	8	7	1	1	4
7765	경남 의령군	새마을지도자한마음다짐대회	9,000	3	1	7	8	7	1	1	4
7766	경남 의령군	자원봉사활성화지원(자원봉사자대회및우수자원봉사센터견학지원사업)	9,000	3	1	7	8	7	5	5	4
7767	경남 의령군	새해부자솥바위해맞이	9,000	3	4	7	8	7	1	1	1
7768	경남 의령군	의령군수기게이트볼대회	8,640	3	4	7	8	7	1	1	4
7769	경남 의령군	의령군수배그라운드골프대회	8,640	3	4	7	8	7	1	1	4
7770	경남 의령군	의령군수배사회인야구대회	8,640	3	4	7	8	7	1	1	4
7771	경남 의령군	의령군수배볼링대회	8,640	3	4	7	8	7	1	1	4
7772	경남 의령군	의령군수배골프대회	8,640	3	4	7	8	7	1	1	4
7773	경남 의령군	의령군협회장기그라운드골프대회	8,640	3	4	7	8	7	1	1	4
7774	경남 의령군	의령향교석전대제(춘,추)지원	8,640	3	1	7	8	7	1	1	4
7775	경남 의령군	장애인생활체육대회	8,190	3	4	7	8	7	1	1	4
7776	경남 의령군	2024년신년인사회	7,000	3	4	7	8	7	1	1	4
7777	경남 의령군	군민휘호대회	7,000	3	1	7	8	7	1	1	1
7778	경남 의령군	의령군수배토요애전국동호인테니스대회	6,030	3	4	7	8	7	1	1	4
7779	경남 의령군	초중등학생글짓기대회	6,000	3	1	7	8	7	1	1	1
7780	경남 의령군	지체장애인협회체육행사참가지원	5,130	3	4	7	8	7	1	1	4
7781	경남 의령군	보훈가족위로행사(상이군경회,전몰군경미망인회,전몰군경유족회)	5,000	3	4	7	8	7	1	1	1
7782	경남 의령군	사회복지사한마음대회	5,000	3	4	7	8	7	1	1	1
7783	경남 의령군	도덕성회복실천다짐대회(바르게살기)	4,500	3	1	7	8	7	1	1	4
7784	경남 의령군	부자마을국악축제	4,500	3	4	7	8	7	1	1	1
7785	경남 의령군	미타산새해맞이기원제	4,200	3	4	7	8	7	1	1	1
7786	경남 의령군	자율방범대한마음다짐대회	4,000	3	1	7	8	7	1	1	4
7787	경남 의령군	월남참전자회호국순례및안보결의대회행사	4,000	3	4	7	8	7	1	1	1
7788	경남 의령군	농아인협회체육행사참가지원	3,420	3	4	7	8	7	1	1	4
7789	경남 의령군	고엽제전우회만남의장행사	3,000	3	4	7	8	7	1	1	1
7790	경남 의령군	바르게살기운동한마음대회	2,700	3	1	7	8	7	1	1	4
7791	경남 의령군	시군친선소프트테니스대회	2,610	3	4	7	8	7	1	1	4
7792	경남 의령군	도지사기생활체육축구대회	2,610	3	4	7	8	7	1	1	4
7793	경남 의령군	경상남도지적장애인축구대회	2,610	3	4	7	8	7	1	1	4
7794	경남 의령군	의령태암서원제향(춘,추)지원	2,610	3	1	7	8	7	1	1	4
7795	경남 의령군	고엽제전우회호국순례	2,000	3	4	7	8	7	1	1	1
7796	경남 의령군	재향군인의날기념식	2,000	3	4	7	8	7	1	1	1
7797	경남 의령군	무공수훈자회장진호전투추모행사	2,000	3	4	7	8	7	1	1	1

순번	시군구	지출명 (사업명)	2024년예산 (단위 : 천원 /1년간)	민간이전 분류 (지방자치단체 세출예산 집행기준에 의거) 1. 민간경상사업보조(307-02) 2. 민간단체 법정운영비보조(307-03) 3. 민간행사사업보조(307-04) 4. 민간위탁금(307-05) 5. 사회복지시설 법정운영비보조(307-10) 6. 민간인위탁교육비(307-12) 7. 공기관등에대한경상적위탁사업비(308-13) 8. 민간자본사업보조,자체재원(402-01) 9. 민간자본사업보조,이전재원(402-02) 10. 민간위탁사업비(402-03) 11. 공기관등에 대한 자본적 위탁사업비(403-02)	민간이전지출 근거 (지방보조금 관리기준 참고) 1. 법률에 규정 2. 국고보조 재원(국가지정) 3. 용도 지정 기부금 4. 조례에 직접규정 5. 지자체가 권장하는 사업을 하는 공공기관 6. 시,도 정책 및 재정사정 7. 기타 8. 해당없음	입찰방식 계약체결방법 (경쟁형태) 1. 일반경쟁 2. 제한경쟁 3. 지명경쟁 4. 수의계약 5. 법정위탁 6. 기타 ( ) 7. 없음	입찰방식 계약기간 1. 1년 2. 2년 3. 3년 4. 4년 5. 5년 6. 기타 ( )년 7. 단기계약 (1년미만) 8. 없음	입찰방식 낙찰자선정방법 1. 적격심사 2. 협상에의한계약 3. 최저가낙찰제 4. 규격가격분리 5. 2단계 경쟁입찰 6. 기타 ( ) 7. 없음	운영예산 산정 운영예산 산정 1. 내부산정 (지자체 자체적으로 산정) 2. 외부산정 (외부전문기관위탁 산정) 3. 내·외부 모두 산정 4. 산정 無 5. 없음	운영예산 산정 정산방법 1. 내부정산 (지자체 내부적으로 정산) 2. 외부정산 (외부전문기관위탁 정산) 3. 내·외부 모두 산정 4. 정산 無 5. 없음	성과평가 실시여부 1. 실시 2. 미실시 3. 향후 추진 4. 해당없음
7798	경남 의령군	세간마을동신제행사지원	2,000	3	1	7	8	7	1	1	1
7799	경남 의령군	후계농업인육성	2,000	3	4	7	8	7	5	5	4
7800	경남 의령군	그라운드골프대회참가지원	1,710	3	4	7	8	7	1	1	4
7801	경남 의령군	의령덕곡서원춘향제례지원	1,260	3	1	7	8	7	1	1	4
7802	경남 의령군	의령기강서원향사봉행지원	1,260	3	1	7	8	7	1	1	4
7803	경남 의령군	의령미연서원춘계대제지원	1,260	3	1	7	8	7	1	1	4
7804	경남 함안군	농업경영인함안군연합회가족대회	25,000	3	7	7	8	7	1	1	1
7805	경남 함안군	노인복지시설운영비등	3,000	3	7	7	8	7	1	1	2
7806	경남 함안군	곶감축제홍보지원	55,000	3	4	7	8	7	1	1	4
7807	경남 함안군	청소년행사지원	38,000	3	1	1	1	1	1	1	1
7808	경남 함안군	근로자의날기념행사	30,000	3	4	7	8	7	1	1	2
7809	경남 함안군	상공의날기념행사	20,000	3	4	7	8	7	1	1	2
7810	경남 고성군	주민참여축제공모사업	110,000	3	4	7	8	7	1	1	1
7811	경남 고성군	고성오광대공연지원	101,000	3	4	7	8	7	1	1	1
7812	경남 고성군	지역특성살리기사업	80,000	3	2	7	8	7	5	5	3
7813	경남 고성군	당항포대첩축제보조	70,000	3	4	7	8	7	1	1	1
7814	경남 고성군	아동복지활동지원	50,000	3	1	7	8	7	5	5	4
7815	경남 고성군	고성농요공연지원	41,000	3	4	7	8	7	1	1	1
7816	경남 고성군	촌스런축제	40,000	3	4	7	8	7	1	1	1
7817	경남 고성군	주민참여예산(당동별빛달빛프로젝트)	30,000	3	6	7	8	7	5	5	3
7818	경남 고성군	보훈가족위안행사	25,000	3	4	7	8	7	5	5	4
7819	경남 고성군	화재진압및구조구급지원	19,500	3	1	7	8	7	1	1	3
7820	경남 고성군	여성단체협의회한마음체육대회	15,000	3	1	7	8	7	1	1	4
7821	경남 고성군	백세시대청춘교실	12,000	3	4	7	8	7	5	5	4
7822	경남 고성군	배둔장터독립만세운동기념행사	10,000	3	4	7	8	7	5	5	4
7823	경남 고성군	장기요양요원처우개선지원(장기요양요원역량강화워크숍)	10,000	3	4	4	8	7	1	1	2
7824	경남 고성군	아동친화도시조성사업	10,000	3	4	7	8	7	5	5	4
7825	경남 고성군	경관농업단지조성사업	10,000	3	4	7	8	7	5	5	4
7826	경남 고성군	성인문해교육	9,000	3	1	7	8	7	5	5	4
7827	경남 고성군	고성향교사업지원	7,000	3	4	7	8	7	1	1	1
7828	경남 고성군	숭충사제전향사및창의공신추모제향행사보조	6,000	3	4	7	8	7	1	1	1
7829	경남 고성군	숭충사제전향사및창의공신추모제향행사보조	6,000	3	4	7	8	7	1	1	1
7830	경남 고성군	고성JC신년인사회행사지원	3,000	3	4	7	8	7	1	1	1
7831	경남 고성군	신통일한국피스로드통일대장정	3,000	3	4	7	8	7	1	1	1
7832	경남 고성군	자원봉사자연수	2,200	3	6	7	8	7	5	5	4
7833	경남 고성군	새마을행사지원(국민독서경진고성군대회)	1,500	3	4	7	8	7	1	1	1
7834	경남 남해군	제19회남해마늘한우축제	441,000	3	4	1	7	2	1	1	1
7835	경남 남해군	보물섬남해스포츠클럽운영	294,720	3	1	5	1	6	1	1	1
7836	경남 남해군	일반생활체육지도자배치지원	253,088	3	1	5	1	6	1	1	1
7837	경남 남해군	어르신생활체육지도자배치지원	253,088	3	1	5	1	6	1	1	1

순번	시군구	지출명 (사업명)	2024년예산 (단위 : 천원 /1년간)	민간이전 분류 (지방자치단체 세출예산 집행기준에 의거) 1. 민간경상사업보조(307-02) 2. 민간단체 법정운영비보조(307-03) 3. 민간행사사업보조(307-04) 4. 민간위탁금(307-05) 5. 사회복지시설 법정운영비보조(307-10) 6. 민간인위탁교육비(307-12) 7. 공기관등에대한경상적위탁사업비(308-13) 8. 민간자본사업보조,자체재원(402-01) 9. 민간자본사업보조,이전재원(402-02) 10. 민간위탁사업비(402-03) 11. 공기관등에 대한 자본적 위탁사업비(403-02)	민간이전지출 근거 (지방보조금 관리기준 참고) 1. 법률에 규정 2. 국고보조 재원(국가지정) 3. 용도 지정 기부금 4. 조례에 직접규정 5. 지자체가 권장하는 사업을 하는 공공기관 6. 시,도 정책 및 재정사정 7. 기타 8. 해당없음	입찰방식 계약체결방법 (경쟁형태) 1. 일반경쟁 2. 제한경쟁 3. 지명경쟁 4. 수의계약 5. 법정위탁 6. 기타 ( ) 7. 없음	입찰방식 계약기간 1. 1년 2. 2년 3. 3년 4. 4년 5. 5년 6. 기타 ( )년 7. 단기계약 (1년미만) 8. 없음	입찰방식 낙찰자선정방법 1. 적격심사 2. 협상에의한계약 3. 최저가낙찰제 4. 규격가격분리 5. 2단계 경쟁입찰 6. 기타 ( ) 7. 없음	운영예산 산정 운영예산 산정 1. 내부산정 (지자체 자체적으로 산정) 2. 외부산정 (외부전문기관위탁 산정) 3. 내·외부 모두 산정 4. 산정 無 5. 없음	운영예산 산정 정산방법 1. 내부정산 (지자체 내부적으로 정산) 2. 외부정산 (외부전문기관위탁 정산) 3. 내·외부 모두 산정 4. 정산 無 5. 없음	성과평가 실시여부 1. 실시 2. 미실시 3. 향후 추진 4. 해당없음
7838	경남 남해군	남해군체육회운영지원	202,583	3	1	5	1	6	1	1	1
7839	경남 남해군	생활체육지도자활동지원(자체)	182,407	3	1	5	1	6	1	1	1
7840	경남 남해군	장애인생활체육지도자배치지원	158,190	3	1	5	1	6	1	1	1
7841	경남 남해군	지역특화수산물축제지원	150,000	3	4	7	8	7	5	3	4
7842	경남 남해군	장애인체육회사무국운영지원	124,923	3	1	5	1	6	1	1	1
7843	경남 남해군	남해군공공스포츠클럽운영지원	110,085	3	1	5	1	6	1	1	1
7844	경남 남해군	문화예술교육활동(문화학교)	66,072	3	1	7	8	7	5	5	4
7845	경남 남해군	장애인생활체육지도자활동지원(자체)	54,627	3	1	5	1	6	1	1	1
7846	경남 남해군	소규모축제지원(읍면단위소규모축제지원)	53,000	3	4	7	8	7	5	5	4
7847	경남 남해군	노인여가선용장려	43,500	3	1,4	7	8	7	1	1	1
7848	경남 남해군	보물섬남해자전거대축전	40,000	3	1	5	1	6	1	1	1
7849	경남 남해군	경남도민예술단시군순회공연(1회)	40,000	3	6	7	8	7	5	5	4
7850	경남 남해군	문화예술창작활동지원(3,,원*15개단체)	36,000	3	4	7	8	7	5	5	4
7851	경남 남해군	경남도지사배전국요트대회	36,000	3	6	7	1	7	1	1	1
7852	경남 남해군	친환경작목반지원	32,400	3	4	7	8	7	5	5	4
7853	경남 남해군	어린이날행사지원	30,000	3	4	1	7	7	1	1	1
7854	경남 남해군	남해여수교류행복음악회	30,000	3	4	7	8	7	5	5	4
7855	경남 남해군	장애인복지지원	27,000	3	4	7	8	7	5	5	4
7856	경남 남해군	농업인한마음대회	24,000	3	1	7	8	7	1	1	1
7857	경남 남해군	자비방생대법회행사운영지원	20,000	3	7	7	8	7	1	1	4
7858	경남 남해군	보물섬남해한우브랜드명품화	20,000	3	1	7	8	7	5	5	4
7859	경남 남해군	상주해돋이&물메기축제	17,000	3	4	7	8	7	5	5	4
7860	경남 남해군	남해서불과차국제학술심포지엄지원	16,000	3	4	7	8	7	1	1	4
7861	경남 남해군	제14회새마을의날기념식및한마음대회	15,768	3	4	4	8	7	1	1	1
7862	경남 남해군	이장가족화합한마음대회	15,000	3	4	4	8	7	1	1	1
7863	경남 남해군	보물섬남해군수배전국낚시대회	15,000	3	6	7	1	7	1	1	1
7864	경남 남해군	보물섬예술단운영	14,488	3	1	7	8	7	5	5	4
7865	경남 남해군	고려대장경판각지기념법회지원	14,400	3	4	6	1	6	1	1	1
7866	경남 남해군	환경주간행사추진	13,500	3	4	7	8	7	1	1	4
7867	경남 남해군	정월대보름행사지원(1개소)	12,600	3	4	7	8	7	5	5	4
7868	경남 남해군	남해향교전통문화계승(유림의날)	12,500	3	4	7	8	7	1	1	4
7869	경남 남해군	제6회보물섬크리스마스트리문화행사	12,100	3	4	7	8	7	5	5	4
7870	경남 남해군	사암연합회봉축점등식지원	12,100	3	4	6	1	6	1	1	1
7871	경남 남해군	농촌축제지원	12,000	3	1,2	7	8	7	5	5	4
7872	경남 남해군	남해보물섬실버가요제	11,972	3	1	7	8	7	5	5	4
7873	경남 남해군	제4회남해예술제	11,700	3	1	7	8	7	5	5	4
7874	경남 남해군	사우제례비	11,620	3	4	7	8	7	1	1	4
7875	경남 남해군	2024년남해군새마을지도자대회	10,881	3	4	4	8	7	1	1	1
7876	경남 남해군	선현제례비	10,098	3	4	7	8	7	1	1	4
7877	경남 남해군	남해동학문화예술제	10,000	3	4	7	8	7	5	5	4

순번	시군구	지출명 (사업명)	2024년예산 (단위 : 천원 /1년간)	민간이전 분류 (지방자치단체 세출예산 집행기준에 의거) 1. 민간경상사업보조(307-02) 2. 민간단체 법정운영비보조(307-03) 3. 민간행사사업보조(307-04) 4. 민간위탁금(307-05) 5. 사회복지시설 법정운영비보조(307-10) 6. 민간인위탁교육비(307-12) 7. 공기관등에대한경상적위탁사업비(308-13) 8. 민간자본사업보조,자체재원(402-01) 9. 민간자본사업보조,이전재원(402-02) 10. 민간위탁사업비(402-03) 11. 공기관등에 대한 자본적 위탁사업비(403-02)	민간이전지출 근거 (지방보조금 관리기준 참고) 1. 법률에 규정 2. 국고보조 재원(국가지정) 3. 용도 지정 기부금 4. 조례에 직접규정 5. 지자체가 권장하는 사업을 하는 공공기관 6. 시,도 정책 및 재정사정 7. 기타 8. 해당없음	입찰방식 계약체결방법 (경쟁형태) 1. 일반경쟁 2. 제한경쟁 3. 지명경쟁 4. 수의계약 5. 법정위탁 6. 기타 ( ) 7. 없음	계약기간 1. 1년 2. 2년 3. 3년 4. 4년 5. 5년 6. 기타 ( )년 7. 단기계약 (1년미만) 8. 없음	낙찰자선정방법 1. 적격심사 2. 협상에의한계약 3. 최저가낙찰제 4. 규격가격분리 5. 2단계 경쟁입찰 6. 기타 ( ) 7. 없음	운영예산 산정 운영예산 산정 1. 내부산정 (지자체 자체적으로 산정) 2. 외부산정 (외부전문기관위탁 산정) 3. 내·외부 모두 산정 4. 산정 無 5. 없음	정산방법 1. 내부정산 (지자체 내부적으로 정산) 2. 외부정산 (외부전문기관위탁 정산) 3. 내·외부 모두 산정 4. 정산 無 5. 없음	성과평가 실시여부 1. 실시 2. 미실시 3. 향후 추진 4. 해당없음
7878	경남 남해군	문화25집발간	10,000	3	1	7	8	7	5	5	4
7879	경남 남해군	농업경영인가족한마음대회지원	9,300	3	4	7	8	7	1	1	1
7880	경남 남해군	생활개선회육성지원	9,062	3	4	7	8	7	1	1	1
7881	경남 남해군	남해선구줄끗기대보름및시연행사지원	9,000	3	4	6	1	6	1	1	1
7882	경남 남해군	문화의날행사	8,790	3	1	7	8	7	5	5	4
7883	경남 남해군	양성평등주간행사지원	8,100	3	1	7	8	7	5	5	1
7884	경남 남해군	어린이집보육교직원교육및행사지원	8,000	3	7	7	8	7	5	5	1
7885	경남 남해군	6.25전쟁기념행사지원	7,808	3	4	7	1	7	5	1	1
7886	경남 남해군	보물섬남해사회복지한마당	6,480	3	4	7	8	7	1	1	1
7887	경남 남해군	자연유산민속행사지원	6,400	3	2	7	8	7	1	1	4
7888	경남 남해군	보물섬망운산철쭉제및등반대회지원	6,300	3	4	7	8	7	1	1	1
7889	경남 남해군	자율방범대연합회체육대회	5,300	3	4	7	8	7	1	1	1
7890	경남 남해군	장애인사회참여확대	4,950	3	4	4	8	7	1	1	1
7891	경남 남해군	자원봉사자한마음대회	4,617	3	1	7	8	7	5	5	4
7892	경남 남해군	남해선구줄끗기공개행사지원	4,200	3	4	7	8	7	1	1	1
7893	경남 남해군	보훈단체및가족지원	3,483	3	2	6	1	6	1	1	1
7894	경남 남해군	군민기원제	3,000	3	4	7	1	7	5	1	1
7895	경남 남해군	지역우수공예품개발지원	2,400	3	1	7	8	7	5	5	4
7896	경남 남해군	어린이집보육교직원교육및행사지원	2,340	3	6	7	8	7	5	5	4
7897	경남 남해군	화계배선대제례행사지원	2,000	3	7	7	8	7	5	5	1
7898	경남 남해군	덕신줄당기기보존회행사지원	2,000	3	4	7	8	7	5	5	4
7899	경남 남해군	고현집들이굿놀음행사지원	2,000	3	4	7	8	7	5	5	4
7900	경남 남해군	지역사발굴수집조사연구및책자발간	2,000	3	4	7	8	7	5	5	4
7901	경남 남해군	이순신성수봉송제	2,000	3	1	7	8	7	5	5	4
7902	경남 남해군	경남어르신농악경연대회참가지원	1,000	3	1	7	8	7	5	5	4
7903	경남 하동군	축제홍보및행사지원	500,000	3	1	7	8	7	5	5	4
7904	경남 하동군	하동섬진강문화재첩축제	480,000	3	4	7	8	7	5	5	4
7905	경남 하동군	세계농업유산관광자원화확산	250,000	3	1	7	8	7	1	1	1
7906	경남 하동군	문화예술축제지원	131,800	3	7	7	8	7	5	5	4
7907	경남 하동군	대회및전지훈련유치	130,000	3	4	7	8	7	1	1	3
7908	경남 하동군	토지문학제	96,000	3	4	7	8	7	1	1	1
7909	경남 하동군	청년어울림마켓지원사업	75,000	3	4	7	8	7	1	1	3
7910	경남 하동군	문화예술인육성지원	70,000	3	4	7	8	7	1	1	4
7911	경남 하동군	농업인단체활성화	70,000	3	4	7	8	7	1	1	3
7912	경남 하동군	사회봉사단체지원	63,498	3	6	7	7	7	5	5	4
7913	경남 하동군	관광지주말상설공연	60,000	3	1	7	8	7	1	1	1
7914	경남 하동군	지역특화수산물홍보지원	60,000	3	4	7	8	7	1	1	3
7915	경남 하동군	지역특화수산물축제지원사업	45,000	3	1	7	8	7	1	1	4
7916	경남 하동군	나림이병주하동국제문학제개최	41,000	3	1	7	8	7	1	1	4
7917	경남 하동군	섬진강꽃길마라톤대회지원	40,000	3	4	7	8	7	1	1	3

순번	시군구	지출명 (사업명)	2024년예산 (단위 : 천원 /1년간)	민간이전 분류 (지방자치단체 세출예산 집행기준에 의거) 1. 민간경상사업보조(307-02) 2. 민간단체 법정운영비보조(307-03) 3. 민간행사사업보조(307-04) 4. 민간위탁금(307-05) 5. 사회복지시설 법정운영비보조(307-10) 6. 민간인위탁교육비(307-12) 7. 공기관등에대한경상적위탁사업비(308-13) 8. 민간자본사업보조,자체재원(402-01) 9. 민간자본사업보조,이전재원(402-02) 10. 민간위탁사업비(402-03) 11. 공기관등에 대한 자본적 위탁사업비(403-02)	민간이전지출 근거 (지방보조금 관리기준 참고) 1. 법률에 규정 2. 국고보조 재원(국가지정) 3. 용도 지정 기부금 4. 조례에 직접규정 5. 지자체가 권장하는 사업을 하는 공공기관 6. 시,도 정책 및 재정사정 7. 기타 8. 해당없음	입찰방식			운영예산 산정		성과평가 실시여부
						계약체결방법 (경쟁형태) 1. 일반경쟁 2. 제한경쟁 3. 지명경쟁 4. 수의계약 5. 법정위탁 6. 기타 ( ) 7. 없음	계약기간 1. 1년 2. 2년 3. 3년 4. 4년 5. 5년 6. 기타 ( )년 7. 단기계약 (1년미만) 8. 없음	낙찰자선정방법 1. 적격심사 2. 협상에의한계약 3. 최저가낙찰제 4. 규격가격분리 5. 2단계 경쟁입찰 6. 기타 ( ) 7. 없음	운영예산 산정 1. 내부산정 (지자체 자체적으로 산정) 2. 외부산정 (외부전문기관위탁 산정) 3. 내·외부 모두 산정 4. 산정 無 5. 없음	정산방법 1. 내부정산 (지자체 내부적으로 정산) 2. 외부정산 (외부전문기관위탁 정산) 3. 내·외부 모두 산정 4. 정산 無 5. 없음	1. 실시 2. 미실시 3. 향후 추진 4. 해당없음
7918	경남 하동군	전통시장활성화추진	40,000	3	6	7	8	7	1	1	1
7919	경남 하동군	전통시장야시장활성화	40,000	3	6	7	8	7	1	1	1
7920	경남 하동군	청년네트워크운영및활동비지원사업	30,000	3	4	7	8	7	1	1	4
7921	경남 하동군	슬로시티운영지원	30,000	3	4	7	8	7	1	1	3
7922	경남 하동군	화개장터벚꽃축제	30,000	3	4	7	7	7	5	1	1
7923	경남 하동군	걷기좋은길걷기행사	30,000	3	6	7	8	7	5	5	4
7924	경남 하동군	농업경영인육성	30,000	3	6	7	7	7	5	5	4
7925	경남 하동군	수산물상생할인지원사업	30,000	3	1	7	8	7	1	1	4
7926	경남 하동군	호국함양보훈가족전적지순례참석보상	28,020	3	1	7	8	7	1	1	1
7927	경남 하동군	군민만족군정실현	27,420	3	1	7	8	7	5	5	4
7928	경남 하동군	하동군이장지회보조금	20,000	3	4	7	8	7	5	5	4
7929	경남 하동군	노인연찬회및노인의날행사개최보상	20,000	3	1	7	8	7	1	1	4
7930	경남 하동군	나림이병주하동국제문학제(후원)	20,000	3	4	7	8	7	1	1	3
7931	경남 하동군	생활개선회원지도력배양대회	20,000	3	1	7	8	7	3	1	1
7932	경남 하동군	하동군소상공인민원지원센터운영지원사업	20,000	3	8	7	8	7	5	5	4
7933	경남 하동군	지역행사수산물판촉전지원사업	20,000	3	1	7	8	7	1	1	4
7934	경남 하동군	이통장등기초행정지원	14,000	3	4	7	8	7	5	5	4
7935	경남 하동군	수산물소비촉진지원	13,333	3	1	7	8	7	1	1	4
7936	경남 하동군	귀농유치홍보	10,000	3	4	7	8	7	1	1	3
7937	경남 하동군	생활체육프로그램운영	7,200	3	4	7	8	7	1	1	1
7938	경남 하동군	전통시장지원사업(전통시장소비촉진)	6,000	3	6	7	8	7	1	1	1
7939	경남 하동군	생활체육교실운영	5,635	3	4	7	8	7	1	1	1
7940	경남 하동군	625전쟁민간인희생자위령사업지원	5,000	3	4	7	8	7	5	5	4
7941	경남 하동군	돌봄종사자워크숍지원	5,000	3	4	7	8	7	5	5	4
7942	경남 하동군	임업후계자육성및지원	5,000	3	4	7	8	7	5	5	4
7943	경남 하동군	등산로정비	5,000	3	4	7	7	7	1	1	4
7944	경남 하동군	은행나무문화행사	4,500	3	4	7	8	7	1	1	3
7945	경남 하동군	북콘서트개최	4,000	3	4	7	8	7	1	1	3
7946	경남 하동군	출산장려각종행사지원	3,000	3	4	7	8	7	1	1	4
7947	경남 산청군	군민체육대회개최지원	280,000	3	1	7	8	7	5	5	4
7948	경남 산청군	농특산물대제전	260,000	3	7	7	8	7	5	5	4
7949	경남 산청군	상설문화관광프로그램지원	200,000	3	4	7	8	7	5	5	4
7950	경남 산청군	남명선비문화축제지원	180,000	3	4	7	8	7	5	5	4
7951	경남 산청군	기산국악제전개최	180,000	3	4	7	8	7	5	5	4
7952	경남 산청군	경남도민체육대회참가	180,000	3	1	7	8	7	5	5	4
7953	경남 산청군	대회개최지원	171,000	3	1	7	8	7	5	5	4
7954	경남 산청군	전지훈련팀유치	160,000	3	1	7	8	7	5	5	4
7955	경남 산청군	문화예술활동지원	150,000	3	4	7	8	7	5	5	4
7956	경남 산청군	황매산철쭉제	150,000	3	4	7	8	7	1	1	3
7957	경남 산청군	경상남도생활체육대축전참가	140,000	3	1	7	8	7	5	5	4

순번	시군구	지출명 (사업명)	2024년예산 (단위 : 천원 /1년간)	민간이전 분류 (지방자치단체 세출예산 집행기준에 의거) 1. 민간경상사업보조(307-02) 2. 민간단체 법정운영비보조(307-03) 3. 민간행사사업보조(307-04) 4. 민간위탁금(307-05) 5. 사회복지시설 법정운영비보조(307-10) 6. 민간인위탁교육비(307-12) 7. 공기관등에대한경상적위탁사업비(308-13) 8. 민간자본사업보조,자체재원(402-01) 9. 민간자본사업보조,이전재원(402-02) 10. 민간위탁사업비(402-03) 11. 공기관등에 대한 자본적 위탁사업비(403-02)	민간이전지출 근거 (지방보조금 관리기준 참고) 1. 법률에 규정 2. 국고보조 재원(국가지정) 3. 용도 지정 기부금 4. 조례에 직접규정 5. 지자체가 권장하는 사업을 하는 공공기관 6. 시,도 정책 및 재정사정 7. 기타 8. 해당없음	입찰방식: 계약체결방법 (경쟁형태) 1. 일반경쟁 2. 제한경쟁 3. 지명경쟁 4. 수의계약 5. 법정위탁 6. 기타 ( ) 7. 없음	입찰방식: 계약기간 1. 1년 2. 2년 3. 3년 4. 4년 5. 5년 6. 기타 ( )년 7. 단기계약 (1년미만) 8. 없음	입찰방식: 낙찰자선정방법 1. 적격심사 2. 협상에의한계약 3. 최저가낙찰제 4. 규격가격분리 5. 2단계 경쟁입찰 6. 기타 ( ) 7. 없음	운영예산 산정: 운영예산 산정 1. 내부산정 (지자체 자체적으로 산정) 2. 외부산정 (외부전문기관위탁 산정) 3. 내·외부 모두 산정 4. 산정 無 5. 없음	운영예산 산정: 정산방법 1. 내부정산 (지자체 내부적으로 정산) 2. 외부정산 (외부전문기관위탁 정산) 3. 내·외부 모두 산정 4. 정산 無 5. 없음	성과평가 실시여부 1. 실시 2. 미실시 3. 향후 추진 4. 해당없음
7958	경남 산청군	문화예술공연행사	130,000	3	4	7	8	7	5	5	4
7959	경남 산청군	도지사배향노화실버합창단경연대회	80,000	3	4	7	8	7	5	5	4
7960	경남 산청군	불교문화제전행사지원	70,000	3	4	7	8	7	5	5	4
7961	경남 산청군	산청군수배전국유소년축구대회개최	62,000	3	1	7	8	7	5	5	4
7962	경남 산청군	전국및도단위행사지원	60,000	3	1	7	8	7	5	5	4
7963	경남 산청군	노인복지업무운영(노인의날행사)	48,000	3	4	7	8	7	5	5	4
7964	경남 산청군	두류음악회	40,000	3	4	7	8	7	5	5	4
7965	경남 산청군	경남도민예술단순회공연	40,000	3	4	7	8	7	5	5	4
7966	경남 산청군	목화축제및전통무명베짜기재현	40,000	3	4	7	8	7	5	5	4
7967	경남 산청군	호국.보훈의달한마음행사	30,000	3	4	7	8	7	5	1	4
7968	경남 산청군	지리산평화제지원	30,000	3	4	7	8	7	5	5	4
7969	경남 산청군	성탄트리설치및성탄음악회	30,000	3	4	7	8	7	5	5	4
7970	경남 산청군	산청농악경연대회지원	28,000	3	4	7	8	7	5	5	4
7971	경남 산청군	농업경영인가족체육대회	21,400	3	4	7	8	7	5	1	4
7972	경남 산청군	목면시배유지체험프로그램운영	20,000	3	4	7	8	7	5	5	4
7973	경남 산청군	자원봉사자한마음대회	18,000	3	4	7	8	7	1	1	4
7974	경남 산청군	어린이날행사지원	17,000	3	7	7	8	7	1	1	4
7975	경남 산청군	장사익찔레꽃음악회	15,000	3	4	7	8	7	5	5	4
7976	경남 산청군	지리산산청고로쇠약수축제	15,000	3	7	7	8	7	5	5	4
7977	경남 산청군	지역복지박람회	13,000	3	4	7	8	7	1	1	4
7978	경남 산청군	장애인생활체육대회지원	12,000	3	1	7	8	7	5	5	4
7979	경남 산청군	전통시장장날공연행사	12,000	3	6	7	8	7	3	1	4
7980	경남 산청군	현충일행사지원	10,900	3	4	7	8	7	5	1	4
7981	경남 산청군	장애인래프팅대회	10,000	3	1	7	8	7	1	1	2
7982	경남 산청군	산청매구보존회전통민속공연	10,000	3	4	7	8	7	5	5	4
7983	경남 산청군	동학농민기념사업행사지원	10,000	3	4	7	8	7	5	5	4
7984	경남 산청군	농업경영인중앙,도대회행사참가	10,000	3	4	7	8	7	5	1	4
7985	경남 산청군	산청군재향군인회운영비	9,050	3	4	7	8	7	1	1	4
7986	경남 산청군	전국시조경창대회지원	8,000	3	4	7	8	7	5	5	4
7987	경남 산청군	산청시천삼장민간인희생사건위령제	5,000	3	4	7	8	7	5	1	4
7988	경남 산청군	지역복지역량강화워크숍	5,000	3	4	7	8	7	1	1	4
7989	경남 산청군	사회복지인의행복한동행	5,000	3	4	7	8	7	1	1	4
7990	경남 산청군	어린이과학체험행사	5,000	3	4	7	8	7	1	1	4
7991	경남 산청군	지역아동센터연합한마음대회지원	5,000	3	7	7	8	7	1	1	4
7992	경남 산청군	산청군서도연합회서도회원전지원	5,000	3	4	7	8	7	5	5	4
7993	경남 산청군	문화거리상설공연	5,000	3	4	7	8	7	5	5	4
7994	경남 산청군	산청메뚜기축제지원	5,000	3	6	7	8	7	3	1	1
7995	경남 산청군	도시소비자초청농산물홍보행사	5,000	3	4	7	8	7	5	1	4
7996	경남 산청군	농업경영인영호남(산청군영암군)우호교류	5,000	3	4	7	8	7	5	1	4
7997	경남 산청군	농업경영인4개군체육대회행사참가	5,000	3	4	7	8	7	5	1	4

순번	시군구	지출명 (사업명)	2024년예산 (단위 : 천원 /1년간)	민간이전 분류 (지방자치단체 세출예산 집행기준에 의거) 1. 민간경상사업보조(307-02) 2. 민간단체 법정운영비보조(307-03) 3. 민간행사사업보조(307-04) 4. 민간위탁금(307-05) 5. 사회복지시설 법정운영비보조(307-10) 6. 민간인위탁교육비(307-12) 7. 공기관등에대한경상적위탁사업비(308-13) 8. 민간자본사업보조,자체재원(402-01) 9. 민간자본사업보조,이전재원(402-02) 10. 민간위탁사업비(402-03) 11. 공기관등에 대한 자본적 위탁사업비(403-02)	민간이전지출 근거 (지방보조금 관리기준 참고) 1. 법률에 규정 2. 국고보조 재원(국가지정) 3. 용도 지정 기부금 4. 조례에 직접규정 5. 지자체가 권장하는 사업을 하는 공공기관 6. 시,도 정책 및 재정사정 7. 기타 8. 해당없음	입찰방식 계약체결방법 (경쟁형태) 1. 일반경쟁 2. 제한경쟁 3. 지명경쟁 4. 수의계약 5. 법정위탁 6. 기타 ( ) 7. 없음	입찰방식 계약기간 1. 1년 2. 2년 3. 3년 4. 4년 5. 5년 6. 기타 ( )년 7. 단기계약 (1년미만) 8. 없음	입찰방식 낙찰자선정방법 1. 적격심사 2. 협상에의한계약 3. 최저가낙찰제 4. 규격가격분리 5. 2단계 경쟁입찰 6. 기타 ( ) 7. 없음	운영예산 산정 운영예산 산정 1. 내부산정 (지자체 자체적으로 산정) 2. 외부산정 (외부전문기관위탁 산정) 3. 내·외부 모두 산정 4. 산정 無 5. 없음	운영예산 산정 정산방법 1. 내부정산 (지자체 내부적으로 정산) 2. 외부정산 (외부전문기관위탁 정산) 3. 내·외부 모두 산정 4. 정산 無 5. 없음	성과평가 실시여부 1. 실시 2. 미실시 3. 향후 추진 4. 해당없음
7998	경남 산청군	농민회역량강화교육	5,000	3	4	7	8	7	5	1	4
7999	경남 산청군	산청딸기우수성홍보지원	5,000	3	4	7	8	7	5	5	3
8000	경남 산청군	산청군약초해설사회운영지원사업	4,000	3	4	7	8	7	5	5	4
8001	경남 산청군	여성농업인중앙,도대회행사참가	4,000	3	4	7	8	7	5	1	4
8002	경남 산청군	어린이집종사자연찬회	3,000	3	4	7	8	7	1	1	4
8003	경남 산청군	판로개척을위한소비자단체방문	2,500	3	4	7	8	7	5	5	4
8004	경남 산청군	자연보호활동행사지원	2,000	3	4	7	8	7	5	5	4
8005	경남 산청군	하천내환경정화행사지원	2,000	3	4	7	8	7	5	5	4
8006	경남 함양군	함양산삼축제	990,000	3	7	7	8	7	5	5	4
8007	경남 함양군	도민체육대회출전지원	240,000	3	4	7	8	7	1	1	1
8008	경남 함양군	경상남도생활체육대축전참가지원	130,000	3	4	7	8	7	1	1	1
8009	경남 함양군	동하계전지훈련유치지원	125,000	3	4	7	8	7	1	1	1
8010	경남 함양군	군민체육대회	100,000	3	4	7	8	7	1	1	1
8011	경남 함양군	노사초배전국아마바둑대회	100,000	3	4	7	8	7	1	1	1
8012	경남 함양군	함양연암문화제	95,000	3	4	7	8	7	1	1	1
8013	경남 함양군	지역사회보장협의체운영	93,787	3	1	7	8	7	1	1	3
8014	경남 함양군	농촌마을작은축제지원	81,000	3	1	7	7	7	1	1	4
8015	경남 함양군	한국실업테니스함양대회	80,000	3	7	7	8	7	5	5	4
8016	경남 함양군	함양문화마당극제작	50,000	3	4	7	8	7	1	1	1
8017	경남 함양군	장애인행사지원	46,700	3	4	7	8	7	1	1	3
8018	경남 함양군	일두정여창기념사업	45,000	3	6	7	8	7	5	1	4
8019	경남 함양군	함양예총제	40,000	3	4	7	8	7	5	1	1
8020	경남 함양군	함양군수배전국생활체육태권도대회	40,000	3	4	7	8	7	1	1	3
8021	경남 함양군	대한민국학생오케스트라페스티벌	30,000	3	6	7	8	7	1	1	1
8022	경남 함양군	지리산문학제	30,000	3	4	7	8	7	1	1	3
8023	경남 함양군	전국시조경창대회	30,000	3	4	7	8	7	1	1	3
8024	경남 함양군	경남도민예술단운영	30,000	3	6	7	8	7	1	1	3
8025	경남 함양군	함양군체육회각협회별체육행사지원	30,000	3	4	7	8	7	5	1	1
8026	경남 함양군	가맹단체등체육단체육성지원	30,000	3	4	7	8	7	1	1	1
8027	경남 함양군	도덕성회복교육	27,000	3	4	7	8	7	1	1	1
8028	경남 함양군	정월대보름행사	25,000	3	4	7	8	7	1	1	3
8029	경남 함양군	정월대보름행사지원	25,000	3	7	7	8	7	1	1	3
8030	경남 함양군	남계서원춘기제향및전통제례행사	25,000	3	4	7	8	7	1	1	2
8031	경남 함양군	함양군체육회도단위체육대회출전	25,000	3	4	7	8	7	1	1	3
8032	경남 함양군	아동복지행사지원	25,000	3	4	7	8	7	1	1	1
8033	경남 함양군	경남여성게이트볼대회	22,000	3	4	7	8	7	1	1	4
8034	경남 함양군	지역문화마당활성화지원	20,000	3	4	7	8	7	1	1	1
8035	경남 함양군	다볕유스윈드오케스트라지원	20,000	3	4	7	8	7	1	1	3
8036	경남 함양군	역사적선현학술심포지엄	20,000	3	4	7	8	7	1	1	3
8037	경남 함양군	생활체육시설사용지원	20,000	3	4	7	8	7	1	1	1

순번	시군구	지출명 (사업명)	2024년예산 (단위 : 천원 /1년간)	민간이전 분류 (지방자치단체 세출예산 집행기준에 의거) 1. 민간경상사업보조(307-02) 2. 민간단체 법정운영비보조(307-03) 3. 민간행사사업보조(307-04) 4. 민간위탁금(307-05) 5. 사회복지시설 법정운영비보조(307-10) 6. 민간인위탁교육비(307-12) 7. 공기관등에대한경상적위탁사업비(308-13) 8. 민간자본사업보조,자체재원(402-01) 9. 민간자본사업보조,이전재원(402-02) 10. 민간위탁사업비(402-03) 11. 공기관등에 대한 자본적 위탁사업비(403-02)	민간이전지출 근거 (지방보조금 관리기준 참고) 1. 법률에 규정 2. 국고보조 재원(국가지정) 3. 용도 지정 기부금 4. 조례에 직접규정 5. 지자체가 권장하는 사업을 하는 공공기관 6. 시,도 정책 및 재정사정 7. 기타 8. 해당없음	입찰방식: 계약체결방법 (경쟁형태) 1. 일반경쟁 2. 제한경쟁 3. 지명경쟁 4. 수의계약 5. 법정위탁 6. 기타 ( ) 7. 없음	입찰방식: 계약기간 1. 1년 2. 2년 3. 3년 4. 4년 5. 5년 6. 기타 ( )년 7. 단기계약 (1년미만) 8. 없음	입찰방식: 낙찰자선정방법 1. 적격심사 2. 협상에의한계약 3. 최저가낙찰제 4. 규격가격분리 5. 2단계 경쟁입찰 6. 기타 ( ) 7. 없음	운영예산 산정: 운영예산 산정 1. 내부산정 (지자체 자체적으로 산정) 2. 외부산정 (외부전문기관위탁 산정) 3. 내·외부 모두 산정 4. 산정 無 5. 없음	운영예산 산정: 정산방법 1. 내부정산 (지자체 내부적으로 정산) 2. 외부정산 (외부전문기관위탁 정산) 3. 내·외부 모두 정산 4. 정산 無 5. 없음	성과평가 실시여부 1. 실시 2. 미실시 3. 향후 추진 4. 해당없음
8038	경남 함양군	함양군수배전국탁구대회	20,000	3	4	7	8	7	1	1	1
8039	경남 함양군	물레방아골전국테니스대회	20,000	3	4	7	8	7	1	1	1
8040	경남 함양군	함양군수배전국클럽축구대회	20,000	3	4	7	8	7	1	1	1
8041	경남 함양군	한센환자관리지원	15,480	3	4	7	6	7	1	1	4
8042	경남 함양군	노래교실경연대회	15,000	3	4	7	8	7	1	1	3
8043	경남 함양군	경남어린이연극페스티벌	15,000	3	4	7	8	7	1	1	3
8044	경남 함양군	함양향교서예반운영	15,000	3	4	7	8	7	1	1	3
8045	경남 함양군	도장애인생활체육대회출전	15,000	3	4	7	8	7	1	1	1
8046	경남 함양군	노인그라운드골프대회(협회장배)	15,000	3	4	7	8	7	1	1	1
8047	경남 함양군	함양군수배골프대회	15,000	3	4	7	8	7	1	1	1
8048	경남 함양군	함양군수배족구대회	15,000	3	4	7	8	7	1	1	1
8049	경남 함양군	함양군수배배드민턴대회	15,000	3	4	7	8	7	1	1	1
8050	경남 함양군	함양군수배볼링대회	15,000	3	4	7	8	7	1	1	1
8051	경남 함양군	청계서원외6개서원제향	14,000	3	4	7	8	7	1	1	3
8052	경남 함양군	군민건강걷기대회	12,500	3	4	7	8	7	1	1	1
8053	경남 함양군	노인그라운드골프대회(읍면대회)	12,000	3	4	7	8	7	1	1	1
8054	경남 함양군	함양군수배파크골프대회	12,000	3	4	7	8	7	1	1	1
8055	경남 함양군	노인게이트볼대회(함양군노인회)	11,000	3	4	7	8	7	1	1	1
8056	경남 함양군	국악경연대회	10,000	3	4	7	8	7	1	1	3
8057	경남 함양군	협회장배게이트볼대회	10,000	3	4	7	8	7	1	1	1
8058	경남 함양군	함양장사군민씨름대회	10,000	3	4	7	8	7	1	1	1
8059	경남 함양군	함양군수배전국유소년농구대회	10,000	3	4	7	8	7	1	1	1
8060	경남 함양군	함양군수배유도대회	10,000	3	4	7	8	7	1	1	1
8061	경남 함양군	청소년한마음축제	10,000	3	1	7	8	7	5	5	4
8062	경남 함양군	자연유산민속행사지원	9,800	3	2	7	8	7	5	1	1
8063	경남 함양군	영유아보육지원	9,000	3	4	7	8	5	5	1	4
8064	경남 함양군	향교춘추석전제	8,000	3	4	7	8	7	1	1	3
8065	경남 함양군	축산가족한마음대회지원	8,000	3	4	7	8	7	1	1	4
8066	경남 함양군	함양안의향교기로연	7,500	3	4	7	8	7	1	1	3
8067	경남 함양군	경남초중학생종합체육대회출전	7,000	3	4	7	8	7	1	1	1
8068	경남 함양군	전국음악경연대회	6,000	3	4	7	8	7	1	1	3
8069	경남 함양군	함양문화예술인의밤	6,000	3	4	7	8	7	1	1	3
8070	경남 함양군	새해해맞이행사	5,000	3	4	7	8	7	1	1	3
8071	경남 함양군	제야의종소리행사	5,000	3	4	7	8	7	1	1	3
8072	경남 함양군	함양서각협회전시회	5,000	3	4	7	8	7	1	1	3
8073	경남 함양군	함양국악제	5,000	3	4	7	8	7	1	1	3
8074	경남 함양군	호국영령합동추모제	5,000	3	4	7	8	7	1	1	3
8075	경남 함양군	남계서원추기제향	5,000	3	4	7	8	7	1	1	3
8076	경남 함양군	사회복지사의날기념행사	5,000	3	4	7	8	7	1	1	1
8077	경남 함양군	지역아동센터운영지원(자체)	5,000	3	4	7	8	7	1	1	4

순번	시군구	지출명 (사업명)	2024년예산 (단위 : 천원 /1년간)	민간이전 분류 (지방자치단체 세출예산 집행기준에 의거) 1. 민간경상사업보조(307-02) 2. 민간단체 법정운영비보조(307-03) 3. 민간행사사업보조(307-04) 4. 민간위탁금(307-05) 5. 사회복지시설 법정운영비보조(307-10) 6. 민간인위탁교육비(307-12) 7. 공기관등에대한경상적위탁사업비(308-13) 8. 민간자본사업보조,자체재원(402-01) 9. 민간자본사업보조,이전재원(402-02) 10. 민간위탁사업비(402-03) 11. 공기관등에 대한 자본적 위탁사업비(403-02)	민간이전지출 근거 (지방보조금 관리기준 참고) 1. 법률에 규정 2. 국고보조 재원(국가지정) 3. 용도 지정 기부금 4. 조례에 직접규정 5. 지자체가 권장하는 사업을 하는 공공기관 6. 시,도 정책 및 재정사정 7. 기타 8. 해당없음	입찰방식			운영예산 산정		성과평가 실시여부
						계약체결방법 (경쟁형태) 1. 일반경쟁 2. 제한경쟁 3. 지명경쟁 4. 수의계약 5. 법정위탁 6. 기타 ( ) 7. 없음	계약기간 1. 1년 2. 2년 3. 3년 4. 4년 5. 5년 6. 기타 ( )년 7. 단기계약 (1년미만) 8. 없음	낙찰자선정방법 1. 적격심사 2. 협상에의한계약 3. 최저가낙찰제 4. 규격가격분리 5. 2단계 경쟁입찰 6. 기타 ( ) 7. 없음	운영예산 산정 1. 내부산정 (지자체 자체적으로 산정) 2. 외부산정 (외부전문기관위탁 산정) 3. 내·외부 모두 산정 4. 산정 無 5. 없음	정산방법 1. 내부정산 (지자체 내부적으로 정산) 2. 외부정산 (외부전문기관위탁 정산) 3. 내·외부 모두 산정 4. 정산 無 5. 없음	1. 실시 2. 미실시 3. 향후 추진 4. 해당없음
8078	경남 함양군	장기요양요원역량강화사업	5,000	3	4	7	8	7	5	5	4
8079	경남 함양군	지리산마고예술제	4,000	3	4	7	8	7	1	1	3
8080	경남 함양군	함양사랑음악회개최	4,000	3	4	7	8	7	1	1	3
8081	경남 함양군	단군성조제향	4,000	3	4	7	8	7	1	1	3
8082	경남 함양군	경남천령미술공모전	3,600	3	4	7	8	7	1	1	3
8083	경남 함양군	전통서각과현대서각의조화	3,000	3	4	7	8	7	1	1	3
8084	경남 함양군	의암주논개제향	2,500	3	4	7	8	7	1	1	3
8085	경남 함양군	장애인행사지원	2,400	3	4	7	8	7	5	1	4
8086	경남 함양군	미술협회함양지부전	2,000	3	4	7	8	7	1	1	3
8087	경남 함양군	사진협회함양지부전	2,000	3	4	7	8	7	1	1	3
8088	경남 함양군	연극협회정기공연	2,000	3	4	7	8	7	1	1	3
8089	경남 함양군	함양음악제	2,000	3	4	7	8	7	1	1	3
8090	경남 함양군	천상재제향	2,000	3	4	7	8	7	1	1	3
8091	경남 함양군	도장애인게이트볼대회출전	2,000	3	4	7	8	7	1	1	1
8092	경남 합천군	대야문화제행사지원(금고협력사업비포함)	650,000	3	5	7	8	7	1	1	1
8093	경남 합천군	2024춘계전국고등축구대회지원	530,000	3	4	7	8	7	1	1	1
8094	경남 합천군	2024추계전국고등축구대회지원	530,000	3	4	7	8	7	1	1	1
8095	경남 합천군	전지훈련유치	295,000	3	4	7	8	7	1	1	1
8096	경남 합천군	합천fcu18운영지원	275,000	3	4	7	8	7	1	1	1
8097	경남 합천군	벚꽃마라톤대회	250,000	3	5	7	8	7	1	1	1
8098	경남 합천군	전국및도단위체육행사지원	250,000	3	5	7	8	7	1	1	4
8099	경남 합천군	전국유소년클럽축구대회지원	250,000	3	4	7	8	7	1	1	1
8100	경남 합천군	전국및도단위체육행사지원	250,000	3	4	7	8	7	1	1	1
8101	경남 합천군	바캉스축제행사지원	240,000	3	4	7	8	7	5	5	4
8102	경남 합천군	제5회합천수려한영화제지원	220,000	3	4	7	8	7	1	1	1
8103	경남 합천군	전국대학동아리축구대회	165,000	3	4	7	8	7	1	1	1
8104	경남 합천군	제32회여왕기전국여자축구대회지원	150,000	3	4	7	8	7	1	1	1
8105	경남 합천군	2022년합천해인사고려팔만대장경의날기념행사	100,000	3	2	7	8	7	5	1	4
8106	경남 합천군	합천예술제행사지원	95,000	3	1	7	8	7	1	1	1
8107	경남 합천군	합천fcu12운영지원	70,000	3	4	7	8	7	1	1	1
8108	경남 합천군	팔만대장경전국예술대전행사지원	65,000	3	4	7	8	7	1	1	1
8109	경남 합천군	합천군주민서비스박람회행사지원	55,000	3	4	7	8	7	1	1	4
8110	경남 합천군	야로베이스볼클럽운영지원	50,000	3	4	7	8	7	1	1	1
8111	경남 합천군	읍면풍물경연대회	48,500	3	1	7	8	7	1	1	1
8112	경남 합천군	해인사개산대재문화행사	40,000	3	4	7	8	7	1	1	1
8113	경남 합천군	수려한합천배전국그라운드골프대회	40,000	3	5	7	8	7	5	1	4
8114	경남 합천군	수려한합천배전국초청게이트볼대회	40,000	3	5	7	8	7	1	1	4
8115	경남 합천군	유소년체육육성지도	40,000	3	4	7	8	7	1	1	4
8116	경남 합천군	밤마리오광대축제행사지원	39,000	3	1,4	7	8	7	1	1	4
8117	경남 합천군	카누체험교실운영	33,000	3	7	7	8	7	1	1	1

순번	시군구	지출명 (사업명)	2024년예산 (단위 : 천원 /1년간)	민간이전 분류 (지방자치단체 세출예산 집행기준에 의거) 1. 민간경상사업보조(307-02) 2. 민간단체 법정운영비보조(307-03) 3. 민간행사사업보조(307-04) 4. 민간위탁금(307-05) 5. 사회복지시설 법정운영비보조(307-10) 6. 민간인위탁교육비(307-12) 7. 공기관등에대한경상적위탁사업비(308-13) 8. 민간자본사업보조,자체재원(402-01) 9. 민간자본사업보조,이전재원(402-02) 10. 민간위탁사업비(402-03) 11. 공기관등에 대한 자본적 위탁사업비(403-02)	민간이전지출 근거 (지방보조금 관리기준 참고) 1. 법률에 규정 2. 국고보조 재원(국가지정) 3. 용도 지정 기부금 4. 조례에 직접규정 5. 지자체가 권장하는 사업을 하는 공공기관 6. 시,도 정책 및 재정사정 7. 기타 8. 해당없음	입찰방식 계약체결방법 (경쟁형태) 1. 일반경쟁 2. 제한경쟁 3. 지명경쟁 4. 수의계약 5. 법정위탁 6. 기타 ( ) 7. 없음	입찰방식 계약기간 1. 1년 2. 2년 3. 3년 4. 4년 5. 5년 6. 기타 ( )년 7. 단기계약 (1년미만) 8. 없음	입찰방식 낙찰자선정방법 1. 적격심사 2. 협상에의한계약 3. 최저가낙찰제 4. 규격가격분리 5. 2단계 경쟁입찰 6. 기타 ( ) 7. 없음	운영예산 산정 운영예산 산정 1. 내부산정 (지자체 자체적으로 산정) 2. 외부산정 (외부전문기관위탁 산정) 3. 내·외부 모두 산정 4. 산정 無 5. 없음	운영예산 산정 정산방법 1. 내부정산 (지자체 내부적으로 정산) 2. 외부정산 (외부전문기관위탁 정산) 3. 내·외부 모두 산정 4. 정산 無 5. 없음	성과평가 실시여부 1. 실시 2. 미실시 3. 향후 추진 4. 해당없음
8118	경남 합천군	장애인복지증진대회	30,000	3	7	7	8	7	3	3	4
8119	경남 합천군	초계향교교지편찬사업	30,000	3	4	7	8	7	5	5	4
8120	경남 합천군	제18회합천군생활체육대회지원	30,000	3	5	7	8	7	1	1	4
8121	경남 합천군	야로베이스볼u15운영지원	30,000	3	4	7	8	7	1	1	1
8122	경남 합천군	문화소외지역찾아가는공연및전시	25,000	3	1	7	8	7	1	1	1
8123	경남 합천군	문화예술단체전시및공연지원	25,000	3	1	7	8	7	1	1	1
8124	경남 합천군	합천fcu15운영지원	25,000	3	4	7	8	7	1	1	1
8125	경남 합천군	충효선양문화행사지원	24,000	3	4	7	8	7	1	1	1
8126	경남 합천군	양성평등주간기념행사	20,000	3	1	7	8	7	5	1	4
8127	경남 합천군	정월대보름행사	20,000	3	1	7	8	7	1	1	1
8128	경남 합천군	합천한의학박물관특별기획프로그램운영	20,000	3	4	7	8	7	1	1	1
8129	경남 합천군	전국정가경창대회개최지원	20,000	3	4	7	8	7	1	1	1
8130	경남 합천군	홍제암사명대사추모다례제	20,000	3	4	7	8	7	5	5	4
8131	경남 합천군	어린이집지원	18,000	3	1	7	8	7	1	1	4
8132	경남 합천군	향교기로연재연	16,000	3	4	7	8	7	1	1	1
8133	경남 합천군	보훈가족위안행사지원	15,000	3	5	6	8	7	1	1	4
8134	경남 합천군	숲속음악회	12,000	3	1	7	8	7	1	1	1
8135	경남 합천군	6.25기념행사	10,000	3	5	6	8	7	1	1	4
8136	경남 합천군	여성지도자워크숍개최	10,000	3	6	4	7	7	1	1	2
8137	경남 합천군	여성결혼이민자여성단체결연	10,000	3	6	7	8	7	1	1	2
8138	경남 합천군	봉산면벚꽃음악회개최	10,000	3	5	7	8	7	5	5	4
8139	경남 합천군	합천예총문화예술탐방행사지원	10,000	3	1	7	8	7	1	1	1
8140	경남 합천군	풍물연합회권역별순회어울림마당	10,000	3	1	7	8	7	1	1	1
8141	경남 합천군	군민휘호대회	8,000	3	1	7	8	7	1	1	1
8142	경남 합천군	대야성국악대회	8,000	3	1	7	8	7	1	1	1
8143	경남 합천군	문화학교발표회	7,000	3	1	7	8	7	1	1	1
8144	경남 합천군	합천사투리말하기대회	6,000	3	1	7	8	7	1	1	1
8145	경남 합천군	한글사랑백일장	5,000	3	1	7	8	7	1	1	1
8146	경남 합천군	예술인의날행사	5,000	3	1	7	8	7	1	1	1
8147	경남 합천군	합천군난타협회발표회	5,000	3	1	7	8	7	1	1	1
8148	경남 합천군	남명조식선생추모선양행사	5,000	3	1	7	8	7	1	1	1
8149	경남 합천군	가야산해인사호국단오제	4,000	3	4	7	8	7	1	1	1
8150	경남 합천군	문학관교류협력사업	4,000	3	2	7	8	7	3	3	1
8151	경남 합천군	합천화양리나곡마을당산제지원	2,000	3	4	7	8	7	1	1	1
8152	경남 합천군	부음서원내암선양향례지원	2,000	3	2	7	8	7	3	3	1
8153	경남 합천군	남명선생선양회역사문화행사	2,000	3	4	7	8	7	1	1	1
8154	전라북도	해병대최초전투전승기념사업	36,000	3	4	7	8	7	1	1	1
8155	전라북도	도민의날출향도민초청행사	35,500	3	4	7	8	7	1	1	1
8156	전라북도	농촌여성농업인지역소통협력지원	30,000	3	4	7	8	7	1	1	1
8157	전라북도	호영남정보화마을친선교류대회	15,000	3	6	7	7	7	1	1	4

순번	시군구	지출명 (사업명)	2024년예산 (단위 : 천원 /1년간)	민간이전 분류 (지방자치단체 세출예산 집행기준에 의거) 1. 민간경상사업보조(307-02) 2. 민간단체 법정운영비보조(307-03) 3. 민간행사사업보조(307-04) 4. 민간위탁금(307-05) 5. 사회복지시설 법정운영비보조(307-10) 6. 민간인위탁교육비(307-12) 7. 공기관등에대한경상적위탁사업비(308-13) 8. 민간자본사업보조,자체재원(402-01) 9. 민간자본사업보조,이전재원(402-02) 10. 민간위탁사업비(402-03) 11. 공기관등에 대한 자본적 위탁사업비(403-02)	민간이전지출 근거 (지방보조금 관리기준 참고) 1. 법률에 규정 2. 국고보조 재원(국가지정) 3. 용도 지정 기부금 4. 조례에 직접규정 5. 지자체가 권장하는 사업을 하는 공공기관 6. 시,도 정책 및 재정사정 7. 기타 8. 해당없음	입찰방식			운영예산 산정		성과평가 실시여부
						계약체결방법 (경쟁형태) 1. 일반경쟁 2. 제한경쟁 3. 지명경쟁 4. 수의계약 5. 법정위탁 6. 기타 ( ) 7. 없음	계약기간 1. 1년 2. 2년 3. 3년 4. 4년 5. 5년 6. 기타 ( )년 7. 단기계약 (1년미만) 8. 없음	낙찰자선정방법 1. 적격심사 2. 협상에의한계약 3. 최저가낙찰제 4. 규격가격분리 5. 2단계 경쟁입찰 6. 기타 ( ) 7. 없음	운영예산 산정 1. 내부산정 (지자체 자체적으로 산정) 2. 외부산정 (외부전문기관위탁 산정) 3. 내·외부 모두 산정 4. 산정 無 5. 없음	정산방법 1. 내부정산 (지자체 내부적으로 정산) 2. 외부정산 (외부전문기관위탁 정산) 3. 내·외부 모두 산정 4. 정산 無 5. 없음	1. 실시 2. 미실시 3. 향후 추진 4. 해당없음
8158	전북 전주시	전주비빔밥축제	840,000	3	1	7	8	7	5	5	1
8159	전북 전주시	전주대사습놀이전국대회(전환사업)	540,000	3	6	7	8	7	1	3	4
8160	전북 전주시	KB바둑리그참가지원	320,000	3	1	7	8	7	5	5	4
8161	전북 전주시	전주얼티밋뮤직페스티벌(도비직접지원)	300,000	3	1	7	8	7	1	3	4
8162	전북 전주시	대통령기전국단체대항태권도대회	270,000	3	1	7	8	7	1	1	4
8163	전북 전주시	전주월드인라인마라톤대회	200,000	3	1	7	8	7	1	1	4
8164	전북 전주시	전주대학교총장배전국태권도대회	190,000	3	1	7	8	7	5	5	4
8165	전북 전주시	대통령배전국수영대회	125,000	3	1	7	8	7	1	1	4
8166	전북 전주시	추계전국중고등학교검도대회	110,000	3	1	7	8	7	1	1	4
8167	전북 전주시	전통시장문화행사지원	105,600	3	6	7	8	7	5	1	1
8168	전북 전주시	대한볼링협회장배전국볼링대회	105,000	3	1	7	8	7	1	1	4
8169	전북 전주시	전주오픈국제태권도대회	100,000	3	1	7	8	7	1	1	1
8170	전북 전주시	문화체육관광부장관기전국학생사이클대회	90,000	3	1	7	8	7	1	1	4
8171	전북 전주시	전주한옥마을전국여성축구대회	85,000	3	1	7	8	7	1	1	4
8172	전북 전주시	코리아오픈주짓수대회	82,880	3	1	7	8	7	5	5	4
8173	전북 전주시	노인일자리사업	73,700	3	2	7	8	7	1	1	4
8174	전북 전주시	전주한옥마을전국남녀동호인배구대회	71,500	3	1	7	8	7	1	1	4
8175	전북 전주시	전주컵국제청소년유도대회	71,000	3	1	7	8	7	5	5	4
8176	전북 전주시	전국클럽대항야구대회	65,000	3	1	7	8	7	1	1	4
8177	전북 전주시	문화체육관광부장관배생활체육전국우슈대회	60,000	3	1	7	8	7	5	5	4
8178	전북 전주시	전국부부가족마라톤대회	55,000	3	1	7	8	7	1	1	4
8179	전북 전주시	전주예술제	53,720	3	6	7	8	7	1	1	1
8180	전북 전주시	전주한옥마을전국배드민턴대회	50,000	3	1	7	8	7	1	1	4
8181	전북 전주시	전라감영배전국동호인당구대회	50,000	3	1	7	8	7	5	5	4
8182	전북 전주시	전주한옥마을스포츠클라이밍동호인대회	45,000	3	1	7	8	7	1	1	4
8183	전북 전주시	전국온고을미술대전	43,000	3	6	7	8	7	1	1	1
8184	전북 전주시	전주한옥마을전국바둑대회	40,000	3	1	7	8	7	1	1	4
8185	전북 전주시	어울림한마당전국킥복싱대회	40,000	3	1	7	8	7	1	1	4
8186	전북 전주시	전주천양정전국남녀궁도대회	40,000	3	1	7	8	7	1	1	4
8187	전북 전주시	박주봉올림픽제패기념국제배드민턴대회	40,000	3	1	7	8	7	5	5	4
8188	전북 전주시	이창호배전국아마바둑선수권대회	35,650	3	1	7	8	7	1	1	4
8189	전북 전주시	회장배전국스쿼시선수권대회	35,000	3	1	7	8	7	1	1	4
8190	전북 전주시	아시아넷볼선수권대회	32,000	3	1	7	8	7	1	1	4
8191	전북 전주시	전주포토페스티벌	22,500	3	6	7	8	7	1	1	1
8192	전북 전주시	전주시민과함께하는연등축제	18,000	3	6	7	8	7	1	1	4
8193	전북 전주시	전주연꽃문화제	18,000	3	6	7	8	7	1	1	4
8194	전북 전주시	전주국제춤페스티벌	18,000	3	6	7	8	7	1	1	1
8195	전북 전주시	전주시장배초등축구및청소년클럽대항축구대회	17,000	3	1	7	8	7	1	1	1
8196	전북 전주시	전국품바명인전	16,000	3	6	7	8	7	1	1	1
8197	전북 전주시	한국국악대제전전국대회	15,000	3	6	7	8	7	1	1	1

순번	시군구	지출명 (사업명)	2024년예산 (단위 : 천원 /1년간)	민간이전 분류 (지방자치단체 세출예산 집행기준에 의거) 1. 민간경상사업보조(307-02) 2. 민간단체 법정운영비보조(307-03) 3. 민간행사사업보조(307-04) 4. 민간위탁금(307-05) 5. 사회복지시설 법정운영비보조(307-10) 6. 민간인위탁교육비(307-12) 7. 공기관등에대한경상적위탁사업비(308-13) 8. 민간자본사업보조,자체재원(402-01) 9. 민간자본사업보조,이전재원(402-02) 10. 민간위탁사업비(402-03) 11. 공기관등에 대한 자본적 위탁사업비(403-02)	민간이전지출 근거 (지방보조금 관리기준 참고) 1. 법률에 규정 2. 국고보조 재원(국가지정) 3. 용도 지정 기부금 4. 조례에 직접규정 5. 지자체가 권장하는 사업을 하는 공공기관 6. 시,도 정책 및 재정사정 7. 기타 8. 해당없음	입찰방식 계약체결방법 (경쟁형태) 1. 일반경쟁 2. 제한경쟁 3. 지명경쟁 4. 수의계약 5. 법정위탁 6. 기타 ( ) 7. 없음	입찰방식 계약기간 1. 1년 2. 2년 3. 3년 4. 4년 5. 5년 6. 기타 ( )년 7. 단기계약 (1년미만) 8. 없음	입찰방식 낙찰자선정방법 1. 적격심사 2. 협상에의한계약 3. 최저가낙찰제 4. 규격가격분리 5. 2단계 경쟁입찰 6. 기타 ( ) 7. 없음	운영예산 산정 운영예산 산정 1. 내부산정 (지자체 자체적으로 산정) 2. 외부산정 (외부전문기관위탁 산정) 3. 내·외부 모두 산정 4. 산정 無 5. 없음	운영예산 산정 정산방법 1. 내부정산 (지자체 내부적으로 정산) 2. 외부정산 (외부전문기관위탁 정산) 3. 내·외부 모두 정산 4. 정산 無 5. 없음	성과평가 실시여부 1. 실시 2. 미실시 3. 향후 추진 4. 해당없음
8198	전북 전주시	전주시장배생활체육스키&스노보드대회	14,400	3	1	7	8	7	1	1	1
8199	전북 전주시	전주시장기및전주시장배남녀볼링대회	14,000	3	1	7	8	7	1	1	1
8200	전북 전주시	전주한옥마을생활체육전국여성족구대회	14,000	3	1	7	8	7	1	1	4
8201	전북 전주시	전주시장배전국오픈동호인및어르신탁구대회	12,200	3	1	7	8	7	1	1	1
8202	전북 전주시	뫼솔전국국악경연대회	10,000	3	6	7	8	7	1	1	1
8203	전북 전주시	전주시장배생활체육족구대회	10,000	3	1	7	8	7	1	1	1
8204	전북 전주시	전주시장배우리가락생활체조경연대회	10,000	3	1	7	8	7	1	1	1
8205	전북 전주시	전주시장배전국아마바둑대회	10,000	3	1	7	8	7	1	1	1
8206	전북 전주시	전주시장배클럽대항배구대회	10,000	3	1	7	8	7	1	1	1
8207	전북 전주시	전주시장배생활체육전국동호인스케이팅대회	9,500	3	1	7	8	7	1	1	1
8208	전북 전주시	전주시장배생활체육전국당구대회	9,500	3	1	7	8	7	1	1	1
8209	전북 전주시	전주시장기생활체육배드민턴대회	9,500	3	1	7	8	7	1	1	1
8210	전북 전주시	전주시장배생활체육전국대학클럽농구대회	9,400	3	1	7	8	7	1	1	1
8211	전북 전주시	서학동예술마을거리축제	9,000	3	6	7	8	7	1	1	1
8212	전북 전주시	전주시장배생활체육수상스키&웨이크보드대회	9,000	3	1	7	8	7	1	1	1
8213	전북 전주시	전주시장기축구대회	9,000	3	1	7	8	7	1	1	1
8214	전북 전주시	전주시장배보디빌딩&뷰티바디대회	8,550	3	1	7	8	7	1	1	1
8215	전북 전주시	전주시장배생활체육풋살한마당대회	8,550	3	1	7	8	7	1	1	1
8216	전북 전주시	전국고수대회	8,000	3	6	7	8	7	1	1	1
8217	전북 전주시	전주시장배유도대회	8,000	3	1	7	8	7	1	1	1
8218	전북 전주시	전주시장배생활체육스쿼시대회	7,650	3	1	7	8	7	1	1	1
8219	전북 전주시	전주시장배농구대회	7,290	3	1	7	8	7	1	1	1
8220	전북 전주시	전주시장배및협회장배테니스대회	7,250	3	1	7	8	7	1	1	1
8221	전북 전주시	전주시장배생활체육합기도대회	7,000	3	1	7	8	7	1	1	1
8222	전북 전주시	전주시장배요가대회	7,000	3	1	7	8	7	1	1	1
8223	전북 전주시	전주시장기전북태권도대회	7,000	3	1	7	8	7	1	1	1
8224	전북 전주시	전주시장배생활체육전국패러글라이딩대회	6,300	3	1	7	8	7	1	1	1
8225	전북 전주시	대한민국청소년트로트가요제	6,000	3	6	7	8	7	1	1	1
8226	전북 전주시	전주시장배생활체육골프대회	6,000	3	1	7	8	7	1	1	1
8227	전북 전주시	전주시장배전북이순테니스대회	6,000	3	1	7	8	7	1	1	1
8228	전북 전주시	전주시장기전국우수중학교초청야구대회	6,000	3	1	7	8	7	1	1	1
8229	전북 전주시	전주시장배수영대회	6,000	3	1	7	8	7	1	1	1
8230	전북 전주시	전주시장배동호인야구대회	6,000	3	1	7	8	7	1	1	1
8231	전북 전주시	전주시장배소프트테니스대회	5,400	3	1	7	8	7	1	1	1
8232	전북 전주시	난전뜰어울림전통문화축제	5,000	3	6	7	8	7	1	1	1
8233	전북 전주시	전주시장배생활체육전북그라운드골프대회	5,000	3	1	7	8	7	1	1	1
8234	전북 전주시	전주시장배생활체육국학기공대회	5,000	3	1	7	8	7	1	1	1
8235	전북 전주시	전주시장배생활체육무에타이대회	5,000	3	1	7	8	7	1	1	1
8236	전북 전주시	전주시장배생활체육나비골프대회	5,000	3	1	7	8	7	1	1	1
8237	전북 전주시	전주시장배생활체육전국택견대회	5,000	3	1	7	8	7	1	1	1

순번	시군구	지출명 (사업명)	2024년예산 (단위 : 천원 /1년간)	민간이전 분류 (지방자치단체 세출예산 집행기준에 의거) 1. 민간경상사업보조(307-02) 2. 민간단체 법정운영비보조(307-03) 3. 민간행사사업보조(307-04) 4. 민간위탁금(307-05) 5. 사회복지시설 법정운영비보조(307-10) 6. 민간인위탁교육비(307-12) 7. 공기관등에대한경상적위탁사업비(308-13) 8. 민간자본사업보조,자체재원(402-01) 9. 민간자본사업보조,이전재원(402-02) 10. 민간위탁사업비(402-03) 11. 공기관등에 대한 자본적 위탁사업비(403-02)	민간이전지출 근거 (지방보조금 관리기준 참고) 1. 법률에 규정 2. 국고보조 재원(국가지정) 3. 용도 지정 기부금 4. 조례에 직접규정 5. 지자체가 권장하는 사업을 하는 공공기관 6. 시,도 정책 및 재정사정 7. 기타 8. 해당없음	입찰방식 계약체결방법 (경쟁형태) 1. 일반경쟁 2. 제한경쟁 3. 지명경쟁 4. 수의계약 5. 법정위탁 6. 기타 ( ) 7. 없음	입찰방식 계약기간 1. 1년 2. 2년 3. 3년 4. 4년 5. 5년 6. 기타 ( )년 7. 단기계약 (1년미만) 8. 없음	입찰방식 낙찰자선정방법 1. 적격심사 2. 협상에의한계약 3. 최저가낙찰제 4. 규격가격분리 5. 2단계 경쟁입찰 6. 기타 ( ) 7. 없음	운영예산 산정 운영예산 산정 1. 내부산정 (지자체 자체적으로 산정) 2. 외부산정 (외부전문기관위탁 산정) 3. 내·외부 모두 산정 4. 산정 無 5. 없음	운영예산 산정 정산방법 1. 내부정산 (지자체 내부적으로 정산) 2. 외부정산 (외부전문기관위탁 정산) 3. 내·외부 모두 산정 4. 정산 無 5. 없음	성과평가 실시여부 1. 실시 2. 미실시 3. 향후 추진 4. 해당없음
8238	전북 전주시	전주시장배생활체육댄스스포츠대회	5,000	3	1	7	8	7	1	1	1
8239	전북 전주시	전주시장배우슈대회	5,000	3	1	7	8	7	1	1	1
8240	전북 전주시	전주시장배남녀복싱대회	5,000	3	1	7	8	7	1	1	1
8241	전북 전주시	전주시장기육상대회	5,000	3	1	7	8	7	1	1	1
8242	전북 전주시	전주시장배장애인생활체육탁구대회	5,000	3	1	7	8	7	1	1	1
8243	전북 전주시	전주시장배생활체육킥복싱대회	4,500	3	1	7	8	7	1	1	1
8244	전북 전주시	전주시장배생활체육스킨스쿠버대회	4,500	3	1	7	8	7	1	1	1
8245	전북 전주시	전주시장배생활체육전북도민줄넘기대회	4,500	3	1	7	8	7	1	1	1
8246	전북 전주시	전주시장배빙상대회	4,500	3	1	7	8	7	1	1	1
8247	전북 전주시	전주시장기등산대회	4,500	3	1	7	8	7	1	1	1
8248	전북 전주시	전국청소년차예절경연대회	4,200	3	6	7	8	7	1	1	1
8249	전북 전주시	한옥마을전국트로트가요제	4,000	3	6	7	8	7	1	1	1
8250	전북 전주시	전주시장배생활체육전북자전거대회	3,700	3	1	7	8	7	1	1	1
8251	전북 전주시	전주시장배생활체육전국넷볼대회	3,300	3	1	7	8	7	1	1	1
8252	전북 전주시	전주시민의건강을위한줄넘기운동	2,700	3	1	7	8	7	1	1	1
8253	전북 전주시	전국여성축구대회출전	2,500	3	1	7	8	7	1	1	1
8254	전북 전주시	서울국제초청장애인파크골프대회출전	2,500	3	1	7	8	7	1	1	1
8255	전북 전주시	전주시장애인체육회역량강화워크숍	2,000	3	1	7	8	7	1	1	1
8256	전북 전주시	전국그라운드골프대회출전	2,000	3	1	7	8	7	1	1	1
8257	전북 익산시	NS푸드페스타및대물림맛집행사운영	98,000	3	7	7	8	7	1	1	1
8258	전북 익산시	전국돌문화산업전	90,000	3	4	7	8	7	1	1	1
8259	전북 익산시	청소년행사지원	70,000	3	4	1	8	7	1	1	3
8260	전북 익산시	익산귀금속보석전시판매센터관리(주얼팰리스활성화행사지원)	50,000	3	4	7	8	7	1	1	1
8261	전북 익산시	전국작은도서관대회개최	50,000	3	1	7	8	7	5	1	4
8262	전북 익산시	한국노총지원	48,480	3	1	6	8	7	1	1	1
8263	전북 익산시	어린이날행사	38,000	3	4	6	7	6	1	1	1
8264	전북 익산시	익산시이 · 통장체육대회	30,000	3	7	7	8	7	1	1	1
8265	전북 익산시	제9회익산시주민자치한마당	30,000	3	7	7	8	7	1	1	1
8266	전북 익산시	익산시자율방범대한마음대회(익산시자율방범대연합회)	24,000	3	4	7	8	7	1	1	3
8267	전북 익산시	출향시민초청행사(익산시애향본부)	20,000	3	4	7	8	7	1	1	3
8268	전북 익산시	전북신산업융합대전	18,000	3	7	7	8	7	3	3	3
8269	전북 익산시	소상공인의날기념행사	9,000	3	4	7	8	7	1	1	1
8270	전북 익산시	희망풍차한마음잔치(대한적십자사봉사회익산지구협의회)	8,500	3	4	7	8	7	1	1	3
8271	전북 익산시	한지섬유패션디자인경진대회및패션쇼	8,000	3	4	7	8	7	1	1	2
8272	전북 익산시	적십자익산평생노인대학금빛잔치(대한적십자사봉사회익산지구협의회)	6,400	3	4	7	8	7	1	1	3
8273	전북 정읍시	제35회정읍사문화제	430,000	3	4	7	8	7	1	1	1
8274	전북 정읍시	제57회동학농민혁명기념제	280,000	3	4	7	8	7	1	1	1
8275	전북 정읍시	전라북도작은마을축제	50,000	3	6	7	8	7	5	5	4
8276	전북 정읍시	전라북도지역특화형축제	40,000	3	6	7	8	7	5	5	4
8277	전북 정읍시	제26회피향정문화축제	30,000	3	7	7	8	7	5	5	3

순번	시군구	지출명 (사업명)	2024년예산 (단위 : 천원 /1년간)	민간이전 분류 (지방자치단체 세출예산 집행기준에 의거) 1. 민간경상사업보조(307-02) 2. 민간단체 법정운영비보조(307-03) 3. 민간행사사업보조(307-04) 4. 민간위탁금(307-05) 5. 사회복지시설 법정운영비보조(307-10) 6. 민간인위탁교육비(307-12) 7. 공기관등에대한경상적위탁사업비(308-13) 8. 민간자본사업보조,자체재원(402-01) 9. 민간자본사업보조,이전재원(402-02) 10. 민간위탁사업비(402-03) 11. 공기관등에 대한 자본적 위탁사업비(403-02)	민간이전지출 근거 (지방보조금 관리기준 참고) 1. 법률에 규정 2. 국고보조 재원(국가지정) 3. 용도 지정 기부금 4. 조례에 직접규정 5. 지자체가 권장하는 사업을 하는 공공기관 6. 시,도 정책 및 재정사정 7. 기타 8. 해당없음	입찰방식 계약체결방법 (경쟁형태) 1. 일반경쟁 2. 제한경쟁 3. 지명경쟁 4. 수의계약 5. 법정위탁 6. 기타 ( ) 7. 없음	입찰방식 계약기간 1. 1년 2. 2년 3. 3년 4. 4년 5. 5년 6. 기타 ( )년 7. 단기계약 (1년미만) 8. 없음	입찰방식 낙찰자선정방법 1. 적격심사 2. 협상에의한계약 3. 최저가낙찰제 4. 규격가격분리 5. 2단계 경쟁입찰 6. 기타 ( ) 7. 없음	운영예산 산정 운영예산 산정 1. 내부산정 (지자체 자체적으로 산정) 2. 외부산정 (외부전문기관위탁 산정) 3. 내·외부 모두 산정 4. 산정 無 5. 없음	운영예산 산정 정산방법 1. 내부정산 (지자체 내부적으로 정산) 2. 외부정산 (외부전문기관위탁 정산) 3. 내·외부 모두 산정 4. 정산 無 5. 없음	성과평가 실시여부 1. 실시 2. 미실시 3. 향후 추진 4. 해당없음
8278	전북 정읍시	재능나눔기부축제	15,000	3	1	7	8	7	1	1	4
8279	전북 정읍시	제23회태산선비문화제	11,000	3	7	7	8	7	5	5	3
8280	전북 정읍시	자원봉사대회	10,000	3	1	7	8	7	1	1	4
8281	전북 정읍시	엉겅퀴텃밭문화축제	5,000	3	4	7	8	7	1	1	3
8282	전북 김제시	제26회김제지평선축제지원	1,970,000	3	4	7	8	7	5	5	3
8283	전북 김제시	지역특화형축제	75,000	3	6	7	8	7	5	5	3
8284	전북 김제시	1시군1대표작은마을축제	50,000	3	6	7	8	7	5	5	3
8285	전북 김제시	시민과함께하는통일미래사업(국민한마음잇기)	30,000	3	1	7	8	7	5	1	1
8286	전북 김제시	지평선전국청소년가요제	28,000	3	6	7	7	7	1	1	1
8287	전북 김제시	지평선청소년오케스트라	15,000	3	6	7	7	7	1	1	1
8288	전북 김제시	김제전통시장JTV"와글와글"시장가요제	11,000	3	6	7	8	7	1	1	2
8289	전북 김제시	김제시민과함께하는통일음악회	8,892	3	4	7	8	7	5	1	1
8290	전북 김제시	재향군인회영호남친선교류행사등3개사업	8,000	3	1	7	8	7	5	1	1
8291	전북 김제시	새해해맞이행사	6,300	3	4	7	8	7	5	1	1
8292	전북 김제시	원평장터기미독립만세운동기념행사	5,500	3	1	7	8	7	5	1	1
8293	전북 김제시	용지농원마을의날및망향제개최	4,950	3	1	7	8	7	5	1	1
8294	전북 김제시	나라사랑청소년행사	4,500	3	6	7	7	7	1	1	1
8295	전북 김제시	한센인가족의날행사지원	4,500	3	4	7	8	7	1	1	1
8296	전북 김제시	만경3.1독립만세운동기념행사	4,000	3	1	1	7	1	1	1	1
8297	전북 완주군	완주심례딸기축제지원	50,000	3	7	7	8	7	5	5	4
8298	전북 완주군	말문화홍보축제지원	40,000	3	1	7	8	7	5	5	4
8299	전북 완주군	승마대회개최	30,000	3	1	7	8	7	5	5	4
8300	전북 완주군	책읽는지식도시완주사업	15,000	3	4	7	8	7	1	1	4
8301	전북 장수군	한우랑사과랑축제	1,150,000	3	4	1	1	1	1	1	1
8302	전북 장수군	장수쿨밸리페스티벌	295,000	3	4	1	1	2	1	1	1
8303	전북 장수군	논개선양사업	211,400	3	4	1	1	1	1	1	1
8304	전북 장수군	장수트레일레이스개최지원	160,000	3	2	7	1	7	3	3	3
8305	전북 장수군	작은마을더작은축제	149,800	3	4	7	8	7	1	1	4
8306	전북 장수군	호스페스티벌운영	90,000	3	1	7	8	7	5	5	4
8307	전북 장수군	지자체승마대회활성화사업	90,000	3	1	7	8	7	5	5	4
8308	전북 장수군	전국장수승마대회	80,000	3	1	7	8	7	5	5	4
8309	전북 장수군	말산업전문인력양성기관지원사업(자본)	62,608	3	1	7	8	7	5	5	4
8310	전북 장수군	전국승마대회유치지원	60,000	3	1	7	8	7	5	5	4
8311	전북 장수군	농업인의날행사추진지원	36,000	3	4	7	8	7	5	5	1
8312	전북 장수군	귀농귀촌한마음대회	30,000	3	4	7	8	7	5	5	1
8313	전북 장수군	지방문화원사업활동지원	20,000	3	4	1	1	1	1	1	1
8314	전북 장수군	장계가는날행사	18,000	3	4	7	8	7	1	1	1
8315	전북 장수군	어린이날행사	15,000	3	4	7	8	7	1	1	4
8316	전북 장수군	제례봉행	13,200	3	4	7	8	7	1	1	1
8317	전북 장수군	전통시장문화행사	13,200	3	4	7	8	7	1	2	2

순번	시군구	지출명 (사업명)	2024년예산 (단위 : 천원 /1년간)	민간이전 분류 (지방자치단체 세출예산 집행기준에 의거) 1. 민간경상사업보조(307-02) 2. 민간단체 법정운영비보조(307-03) 3. 민간행사사업보조(307-04) 4. 민간위탁금(307-05) 5. 사회복지시설 법정운영비보조(307-10) 6. 민간인위탁교육비(307-12) 7. 공기관등에대한경상적위탁사업비(308-13) 8. 민간자본사업보조,자체재원(402-01) 9. 민간자본사업보조,이전재원(402-02) 10. 민간위탁사업비(402-03) 11. 공기관등에 대한 자본적 위탁사업비(403-02)	민간이전지출 근거 (지방보조금 관리기준 참고) 1. 법률에 규정 2. 국고보조 재원(국가지정) 3. 용도 지정 기부금 4. 조례에 직접규정 5. 지자체가 권장하는 사업을 하는 공공기관 6. 시,도 정책 및 재정사정 7. 기타 8. 해당없음	입찰방식 계약체결방법 (경쟁형태) 1. 일반경쟁 2. 제한경쟁 3. 지명경쟁 4. 수의계약 5. 법정위탁 6. 기타 ( ) 7. 없음	입찰방식 계약기간 1. 1년 2. 2년 3. 3년 4. 4년 5. 5년 6. 기타 ( )년 7. 단기계약 (1년미만) 8. 없음	입찰방식 낙찰자선정방법 1. 적격심사 2. 협상에의한계약 3. 최저가낙찰제 4. 규격가격분리 5. 2단계 경쟁입찰 6. 기타 ( ) 7. 없음	운영예산 산정 운영예산 산정 1. 내부산정 (지자체 자체적으로 산정) 2. 외부산정 (외부전문기관위탁 산정) 3. 내·외부 모두 산정 4. 산정 無 5. 없음	운영예산 산정 정산방법 1. 내부정산 (지자체 내부적으로 정산) 2. 외부정산 (외부전문기관위탁 정산) 3. 내·외부 모두 산정 4. 정산 無 5. 없음	성과평가 실시여부 1. 실시 2. 미실시 3. 향후 추진 4. 해당없음
8318	전북 장수군	양성평등주간기념행사	11,700	3	4	4	1	1	1	1	1
8319	전북 장수군	어린이집행사지원(자체)	11,000	3	7	7	8	7	1	1	4
8320	전북 장수군	초록장수지킴이사업	3,600	3	4	7	8	7	1	1	1
8321	전북 장수군	전라북도축산인한마음전진대회	3,000	3	4	7	8	7	5	1	1
8322	전북 장수군	전통시장화재공제지원사업	2,000	3	1	7	8	7	1	1	1
8323	전북 임실군	소상공인의날행사지원	9,000	3	4	7	8	7	1	1	1
8324	전북 순창군	전국및도단위대회유치	1,600,000	3	4	7	8	7	1	1	1
8325	전북 순창군	제19회순창장류축제	1,317,000	3	2	7	8	7	3	1	3
8326	전북 순창군	무형문화유산(장담그기행사운영)	80,000	3	2	7	1	7	1	1	4
8327	전북 순창군	제4회순창군여성생활체육대회	75,000	3	4	7	8	7	1	1	1
8328	전북 순창군	체육회장기체육대회	74,000	3	4	7	8	7	1	1	1
8329	전북 순창군	장애인의날기념행사	20,730	3	4	7	8	7	1	1	4
8330	전북 순창군	순창체육상시상식및체육인의밤지원	13,000	3	4	7	8	7	1	1	1
8331	전북 순창군	장기요양기관한마음체육대회지원	10,000	3	4	7	8	7	1	1	1
8332	전북 고창군	친환경에너지보급사업(히트펌프	929,549	3	1	7	8	7	5	5	4
8333	전북 고창군	양식수산물폐사체처리기지원사업	184,000	3	1	7	8	7	5	5	4
8334	전북 고창군	수산식품가공설비지원사업	144,000	3	1	7	8	7	5	5	4
8335	전북 고창군	수산부산물처리지원시범사업	144,000	3	1	7	8	7	5	5	4
8336	전북 고창군	고창갯벌축제	120,000	3	4	7	8	7	5	5	4
8337	전북 고창군	바지락오감체험페스티벌	50,000	3	1	7	8	7	5	5	4
8338	전북 고창군	패류양식장환경재선지원	45,000	3	1	7	8	7	5	5	4
8339	전북 고창군	양식어장자동화시설장비지원	41,600	3	1	7	8	7	5	5	4
8340	전북 고창군	장애인주간행사	12,000	3	8	7	8	7	1	1	1
8341	전북 고창군	내수면양식장시설현대화	12,000	3	1	7	8	7	5	5	4
8342	전북 고창군	풍어제지원	5,000	3	4	7	8	7	5	5	4
8343	전남 완도군	2024장보고수산물축제	900,000	3	4	7	8	7	5	5	3
8344	전남 완도군	읍면축제지원	266,000	3	4	7	8	7	5	5	3
8345	전남 완도군	2024청산도슬로걷기축제	200,000	3	4	7	8	7	5	5	3
8346	전남 완도군	2024청정완도가을섬여행	150,000	3	4	7	8	7	5	5	3
8347	전남 완도군	새마을회활동지원사업	2,000	3	1	5	8	7	5	1	1
8348	전남 완도군	자원재활용경진대회	1,600	3	1	5	8	7	5	1	1
8349	전남 완도군	제36회전라남도생활체육대축전개최	2,010,000	3	6	7	8	7	5	5	4
8350	전남 완도군	군수배,의장배및장보고배종목별생활체육대회	773,200	3	1	7	7	7	1	1	4
8351	전남 완도군	2024전라남도장애인생활체육대회개최	190,000	3	6	7	8	7	5	5	4
8352	전남 완도군	제19회전라남도어르신생활체육대축전개최	170,000	3	6	7	8	7	5	5	4
8353	전남 완도군	제32회전라남도장애인체육대회참가	41,000	3	1	7	8	7	1	1	4
8354	전남 완도군	어선안전기원및풍어제지원	40,000	3	1	7	8	7	5	5	4
8355	전남 완도군	2024전라남도장애인생활체육대회참가	25,000	3	1	7	8	7	1	1	4
8356	전남 완도군	2024제16회전라남도시각장애인체육대회개최	20,000	3	1	7	8	7	1	1	4
8357	전남 완도군	한국수산업경영인전라남도대회개최	10,000	3	1	7	8	7	5	5	4

순번	시군구	지출명 (사업명)	2024년예산 (단위 : 천원 /1년간)	민간이전 분류 (지방자치단체 세출예산 집행기준에 의거) 1. 민간경상사업보조(307-02) 2. 민간단체 법정운영비보조(307-03) 3. 민간행사사업보조(307-04) 4. 민간위탁금(307-05) 5. 사회복지시설 법정운영비보조(307-10) 6. 민간인위탁교육비(307-12) 7. 공기관등에대한경상적위탁사업비(308-13) 8. 민간자본사업보조,자체재원(402-01) 9. 민간자본사업보조,이전재원(402-02) 10. 민간위탁사업비(402-03) 11. 공기관등에 대한 자본적 위탁사업비(403-02)	민간이전지출 근거 (지방보조금 관리기준 참고) 1. 법률에 규정 2. 국고보조 재원(국가지정) 3. 용도 지정 기부금 4. 조례에 직접규정 5. 지자체가 권장하는 사업을 하는 공공기관 6. 시,도 정책 및 재정사정 7. 기타 8. 해당없음	입찰방식: 계약체결방법 (경쟁형태) 1. 일반경쟁 2. 제한경쟁 3. 지명경쟁 4. 수의계약 5. 법정위탁 6. 기타 ( ) 7. 없음	입찰방식: 계약기간 1. 1년 2. 2년 3. 3년 4. 4년 5. 5년 6. 기타 ( )년 7. 단기계약 (1년미만) 8. 없음	입찰방식: 낙찰자선정방법 1. 적격심사 2. 협상에의한계약 3. 최저가낙찰제 4. 규격가격분리 5. 2단계 경쟁입찰 6. 기타 ( ) 7. 없음	운영예산 산정: 운영예산 산정 1. 내부산정 (지자체 자체적으로 산정) 2. 외부산정 (외부전문기관위탁 산정) 3. 내·외부 모두 산정 4. 산정 無 5. 없음	운영예산 산정: 정산방법 1. 내부정산 (지자체 내부적으로 정산) 2. 외부정산 (외부전문기관위탁 정산) 3. 내·외부 모두 정산 4. 정산 無 5. 없음	성과평가 실시여부 1. 실시 2. 미실시 3. 향후 추진 4. 해당없음
8358	전남 목포시	목포세계마당페스티벌	70,000	3	4	7	8	7	1	1	1
8359	전남 목포시	5.18민주화운동기념행사	33,000	3	1,4	7	1	7	1	1	1
8360	전남 목포시	사회적경제한마당행사	27,000	3	1	7	8	7	1	1	1
8361	전남 목포시	소비자보호행사추진(전남목포소비자연맹)	19,359	3	1	7	8	7	1	1	3
8362	전남 목포시	청소년문학상	15,000	3	1	7	8	7	1	1	1
8363	전남 목포시	사회복지시설종사자체육대회지원	13,000	3	8	7	8	7	1	1	4
8364	전남 목포시	김현문학축전	12,750	3	1	7	8	7	1	1	1
8365	전남 목포시	2023근로자의날행사	11,000	3	4	7	8	7	1	1	1
8366	전남 목포시	모범근로자산업연수	11,000	3	4	7	8	7	1	1	1
8367	전남 목포시	농촌사랑농업인한마음대회지원	9,000	3	4	7	8	7	1	1	3
8368	전남 목포시	6.25전쟁기념식	9,000	3	1,4	7	1	7	1	1	1
8369	전남 목포시	올바른소비문화조성및권리책임교육[(사)소비자교육중앙회목포시지회]	9,000	3	1	7	8	7	1	1	3
8370	전남 목포시	미용인기술교육	9,000	3	4	7	8	7	1	1	3
8371	전남 목포시	여성농업인사랑나눔효행사지원(생활개선회)	7,290	3	4	7	8	7	1	1	3
8372	전남 목포시	김우진문학제	7,000	3	4	7	8	7	1	1	1
8373	전남 목포시	박화성문학페스티벌	7,000	3	1	7	8	7	1	1	1
8374	전남 목포시	차범석연극공연	7,000	3	1	7	8	7	1	1	1
8375	전남 목포시	사회복지사의날기념식등	5,000	3	8	7	8	7	1	1	4
8376	전남 목포시	소외계층희망나눔행사지원(생활개선회)	3,000	3	4	7	8	7	1	1	3
8377	전남 목포시	생태교란종퇴치및유해조수포획활동(대한야생동물보호협회)	3,000	3	4	7	8	7	5	5	4
8378	전남 목포시	박화성백일장대회	3,000	3	1	7	8	7	1	1	1
8379	전남 목포시	예향목포시화전	3,000	3	1	7	8	7	1	1	1
8380	전남 목포시	노을공원시판화	3,000	3	1	7	8	7	1	1	1
8381	전남 목포시	시의날행사	2,700	3	1	7	8	7	5	5	4
8382	전남 목포시	자연환경청결활동(자연보호목포시협의회)	2,500	3	4	7	8	7	5	5	4
8383	전남 목포시	사회복지시설종사자업무연찬회지원	2,500	3	8	7	8	7	1	1	4
8384	전남 목포시	자매도시농업축제참여(농촌지도자회)	2,000	3	4	7	8	7	1	1	3
8385	전남 목포시	자매도시농업축제참여(생활개선회)	2,000	3	4	7	8	7	1	1	3
8386	전남 목포시	환경공예재활용품만들기(목포환경과건강연구소)	2,000	3	4	7	8	7	5	5	4
8387	전남 목포시	차범석희곡연구	2,000	3	1	7	8	7	1	1	1
8388	전남 목포시	청소년시낭송대회	2,000	3	1	7	8	7	1	1	1
8389	전남 목포시	서남권광역화농업인단체간교류(농촌지도자회)	1,800	3	4	7	8	7	1	1	3
8390	전남 목포시	선상시낭송회	1,000	3	1	7	8	7	1	1	1
8391	전남 여수시	2024여수시민의날	250,000	3	4	4	8	7	1	1	3
8392	전남 여수시	여순사건창작오페라'1948침묵'제작지원	225,700	3	4	7	8	7	1	1	1
8393	전남 여수시	2024시장기및경진대회	149,000	3	1	7	8	7	4	1	1
8394	전남 여수시	제22회오동도배여수오픈테니스대회	100,000	3	1	7	8	7	4	1	1
8395	전남 여수시	제76주년여순사건희생자합동추념식및전야제	100,000	3	4	7	8	7	1	1	1
8396	전남 여수시	전지훈련팀리그전개최	90,000	3	1	7	8	7	4	1	1
8397	전남 여수시	제18회여수해양마라톤대회	89,900	3	1	7	8	7	4	1	1

순번	시군구	지출명 (사업명)	2024년예산 (단위 : 천원 /1년간)	민간이전 분류 (지방자치단체 세출예산 집행기준에 의거) 1. 민간경상사업보조(307-02) 2. 민간단체 법정운영비보조(307-03) 3. 민간행사사업보조(307-04) 4. 민간위탁금(307-05) 5. 사회복지시설 법정운영비보조(307-10) 6. 민간인위탁교육비(307-12) 7. 공기관등에대한경상적위탁사업비(308-13) 8. 민간자본사업보조,자체재원(402-01) 9. 민간자본사업보조,이전재원(402-02) 10. 민간위탁사업비(402-03) 11. 공기관등에 대한 자본적 위탁사업비(403-02)	민간이전지출 근거 (지방보조금 관리기준 참고) 1. 법률에 규정 2. 국고보조 재원(국가지정) 3. 용도 지정 기부금 4. 조례에 직접규정 5. 지자체가 권장하는 사업을 하는 공공기관 6. 시,도 정책 및 재정사정 7. 기타 8. 해당없음	입찰방식			운영예산 산정		성과평가 실시여부
						계약체결방법 (경쟁형태) 1. 일반경쟁 2. 제한경쟁 3. 지명경쟁 4. 수의계약 5. 법정위탁 6. 기타 ( ) 7. 없음	계약기간 1. 1년 2. 2년 3. 3년 4. 4년 5. 5년 6. 기타 ( )년 7. 단기계약 (1년미만) 8. 없음	낙찰자선정방법 1. 적격심사 2. 협상에의한계약 3. 최저가낙찰제 4. 규격가격분리 5. 2단계 경쟁입찰 6. 기타 ( ) 7. 없음	운영예산 산정 1. 내부산정 (지자체 자체적으로 산정) 2. 외부산정 (외부전문기관위탁 산정) 3. 내·외부 모두 산정 4. 산정 無 5. 없음	정산방법 1. 내부정산 (지자체 내부적으로 정산) 2. 외부정산 (외부전문기관위탁 정산) 3. 내·외부 모두 산정 4. 정산 無 5. 없음	1. 실시 2. 미실시 3. 향후 추진 4. 해당없음
8398	전남 여수시	2024전국실업단대항육상경기대회	80,000	3	1	7	8	7	4	1	1
8399	전남 여수시	제55회여수거북선기전국남녀배구대회	70,000	3	1	7	8	7	4	1	1
8400	전남 여수시	여수평생학습박람회	60,000	3	4	4	1	1	1	1	1
8401	전남 여수시	제3회섬섬여수옥수수페스티벌	50,000	3	4	7	8	7	1	1	3
8402	전남 여수시	전남여성일자리박람회행사	50,000	3	6	7	8	7	1	1	1
8403	전남 여수시	보훈단체전적지호국순례및나라사랑교육(8개단체)	47,000	3	4	7	8	7	1	1	1
8404	전남 여수시	호국보훈의달국가유공자위안행사(8개단체)	43,500	3	4	7	8	7	1	1	1
8405	전남 여수시	제12회섬섬여수그란폰도대회	40,000	3	1	7	8	7	4	1	1
8406	전남 여수시	어린이날민속놀이한마당	40,000	3	4	1	7	1	1	1	1
8407	전남 여수시	제57회여수거북선축제전국남・여궁도대회	38,000	3	1	7	8	7	4	1	1
8408	전남 여수시	제8회여수거북선기전국배드민턴대회	35,000	3	1	7	8	7	4	1	1
8409	전남 여수시	근로자한마음체육행사	30,000	3	1	7	8	7	1	1	1
8410	전남 여수시	2024인라인스피드국가대표선발전	30,000	3	1	7	8	7	4	1	1
8411	전남 여수시	2024여수시체육인의화합한마당	30,000	3	1	7	8	7	4	1	1
8412	전남 여수시	제11회이통장한마음어울림대회	30,000	3	4	7	8	7	1	1	3
8413	전남 여수시	제26회여수시장애인생활체육대회	29,000	3	1	7	8	7	4	1	1
8414	전남 여수시	농업인학습단체한마음대회	25,000	3	4	7	8	7	1	1	1
8415	전남 여수시	제9회여수거북선기전국패러글라이딩대회	23,000	3	1	7	8	7	4	1	1
8416	전남 여수시	2024주민자치한마음대회	23,000	3	4	7	8	7	1	1	3
8417	전남 여수시	산업재해없는안전한여수를위한시민걷기대회	20,000	3	1	7	8	7	1	1	1
8418	전남 여수시	제11회여수거북선기전국사회인야구대회	20,000	3	1	7	8	7	4	1	1
8419	전남 여수시	제6회여수시장배전국마스터즈수영대회	20,000	3	1	7	8	7	4	1	1
8420	전남 여수시	재여외국인및다문화가족한마당행사	20,000	3	2	6	5	1	1	1	1
8421	전남 여수시	2024협회장기종목별대회개최	18,000	3	1	7	8	7	4	1	1
8422	전남 여수시	제15회여수거북선배전국장애인댄스스포츠대회및전국프로・아마추어댄스스포츠선수권대회	17,800	3	1	7	8	7	4	1	1
8423	전남 여수시	사회복지한마당행사	15,000	3	4	7	8	7	1	1	1
8424	전남 여수시	새마을가족한마음전진대회	15,000	3	1	7	8	7	1	1	3
8425	전남 여수시	사회적경제기업한마당행사	15,000	3	5	6	1	7	1	1	1
8426	전남 여수시	지역아동센터이용아동한마당행사	15,000	3	4	7	8	7	5	5	4
8427	전남 여수시	대한민국6.25참전유공자회지원	14,800	3	1	7	8	7	1	1	1
8428	전남 여수시	제14회여수시의회의장배조기클럽축구대회	12,000	3	1	7	8	7	4	1	1
8429	전남 여수시	2024어르신라지볼탁구대회	10,000	3	1	7	8	7	4	1	1
8430	전남 여수시	제27회여수시의회의장배신인테니스대회	10,000	3	1	7	8	7	4	1	1
8431	전남 여수시	20243개시(여수・순천・광양)장애인생활체육교류전	10,000	3	1	7	8	7	4	1	1
8432	전남 여수시	남해안남중권9개시군생활체육교류전	10,000	3	1	7	8	7	4	1	1
8433	전남 여수시	여순사건공감.공생.공존을위한프로그램운영	10,000	3	4	7	8	7	1	1	1
8434	전남 여수시	줄넘기한마당대회	10,000	3	1	7	1	7	5	1	1
8435	전남 여수시	사회적경제판로지원가치장터운영	10,000	3	5	6	1	7	1	1	1
8436	전남 여수시	공정무역활성화	10,000	3	4	6	1	7	1	1	1
8437	전남 여수시	어린이집연합회행사	10,000	3	1	7	8	7	1	1	1

순번	시군구	지출명 (사업명)	2024년예산 (단위 : 천원 /1년간)	민간이전 분류 (지방자치단체 세출예산 집행기준에 의거) 1. 민간경상사업보조(307-02) 2. 민간단체 법정운영비보조(307-03) 3. 민간행사사업보조(307-04) 4. 민간위탁금(307-05) 5. 사회복지시설 법정운영비보조(307-10) 6. 민간인위탁교육비(307-12) 7. 공기관등에대한경상적위탁사업비(308-13) 8. 민간자본사업보조,자체재원(402-01) 9. 민간자본사업보조,이전재원(402-02) 10. 민간위탁사업비(402-03) 11. 공기관등에 대한 자본적 위탁사업비(403-02)	민간이전지출 근거 (지방보조금 관리기준 참고) 1. 법률에 규정 2. 국고보조 재원(국가지정) 3. 용도 지정 기부금 4. 조례에 직접규정 5. 지자체가 권장하는 사업을 하는 공공기관 6. 시,도 정책 및 재정사정 7. 기타 8. 해당없음	입찰방식 계약체결방법 (경쟁형태) 1. 일반경쟁 2. 제한경쟁 3. 지명경쟁 4. 수의계약 5. 법정위탁 6. 기타 ( ) 7. 없음	입찰방식 계약기간 1. 1년 2. 2년 3. 3년 4. 4년 5. 5년 6. 기타 ( )년 7. 단기계약 (1년미만) 8. 없음	입찰방식 낙찰자선정방법 1. 적격심사 2. 협상에의한계약 3. 최저가낙찰제 4. 규격가격분리 5. 2단계 경쟁입찰 6. 기타 ( ) 7. 없음	운영예산 산정 운영예산 산정 1. 내부산정 (지자체 자체적으로 산정) 2. 외부산정 (외부전문기관위탁 산정) 3. 내·외부 모두 산정 4. 산정 無 5. 없음	운영예산 산정 정산방법 1. 내부정산 (지자체 내부적으로 정산) 2. 외부정산 (외부전문기관위탁 정산) 3. 내·외부 모두 산정 4. 정산 無 5. 없음	성과평가 실시여부 1. 실시 2. 미실시 3. 향후 추진 4. 해당없음
8438	전남 여수시	보육교직원문화의날	10,000	3	1	7	8	7	1	1	1
8439	전남 여수시	2024여수시민자전거대행진	9,000	3	1	7	8	7	4	1	1
8440	전남 여수시	바르게살기운동회원한마음대회	9,000	3	1	7	8	7	1	1	3
8441	전남 여수시	양성평등주간기념행사	8,800	3	4	1	7	1	1	1	4
8442	전남 여수시	다문화유소년축구친선대회	8,000	3	6	7	8	7	1	1	4
8443	전남 여수시	여수산단플랜트건설노조화합행사	7,000	3	1	7	8	7	1	1	1
8444	전남 여수시	여수이주민센터한가위행사	7,000	3	6	7	8	7	1	1	4
8445	전남 여수시	제18회여수시장배시민바둑대회	6,000	3	1	7	8	7	4	1	1
8446	전남 여수시	자유민주주의수호한마음대회	5,000	3	1	7	8	7	1	1	3
8447	전남 여수시	동아리연합회문화체육행사	5,000	3	4	4	1	1	1	1	1
8448	전남 여수시	2024동부지역게이트볼대회	4,700	3	1	7	8	7	4	1	1
8449	전남 여수시	2024영・호남자매도시초중등부엘리트축구대회	4,700	3	1	7	8	7	4	1	1
8450	전남 여수시	근로자의날행사	4,000	3	1	7	8	7	1	1	1
8451	전남 여수시	2024여수배구협회장배중고등학교스포츠클럽배구대회	4,000	3	1	7	8	7	4	1	1
8452	전남 여수시	여성폭력추방주간기념행사	3,000	3	4	1	1	1	1	1	1
8453	전남 여수시	여성인권단체연합한마당행사지원	3,000	3	4	1	1	1	1	1	1
8454	전남 여수시	제3회여수시장기장애인당구대회	2,820	3	1	7	8	7	4	1	1
8455	전남 여수시	6.25참전유공자회여수시지회안보결의대회	2,300	3	4	7	8	7	1	1	1
8456	전남 여수시	무공수훈자회여수시지회서해수호의날행사	2,000	3	4	7	8	7	1	1	1
8457	전남 여수시	무공수훈자회여수시지회안보결의대회	1,640	3	4	7	8	7	1	1	1
8458	전남 여수시	특수임무유공자회여수시지회안보사진전시회	1,500	3	4	7	8	7	1	1	1
8459	전남 순천시	제4회읍면동체육대회	198,000	3	1	7	8	7	1	1	4
8460	전남 순천시	제9회순천만국가정원배전국유도대회	185,000	3	6	7	7	7	1	1	4
8461	전남 순천시	읍면동노인의날행사운영비지원	176,000	3	7	7	8	7	1	1	2
8462	전남 순천시	제24회남승룡마라톤대회	155,000	3	6	7	7	7	1	1	4
8463	전남 순천시	2024순천만국가정원배전국유소년축구대회	135,000	3	6	7	7	7	1	1	4
8464	전남 순천시	제29회순천낙안읍성민속문화축제	120,000	3	4	7	8	7	5	5	4
8465	전남 순천시	제8회순천만국가정원배순천오픈테니스대회	85,000	3	6	7	7	7	1	1	4
8466	전남 순천시	여성의직업교육훈련강화및취업연계지원	70,000	3	6	7	8	7	1	1	1
8467	전남 순천시	2024순천만국가정원배전국학생야구대회	65,000	3	6	7	7	7	1	1	4
8468	전남 순천시	시민의날행사추진	62,100	3	7	7	8	7	5	5	4
8469	전남 순천시	제2회순천시생활체육대축전행사	60,000	3	1	7	8	7	1	1	4
8470	전남 순천시	순천자치박람회	50,000	3	6	7	8	7	5	5	4
8471	전남 순천시	제16회순천낙안읍성전국가야금병창경연대회	50,000	3	4	7	8	7	5	5	4
8472	전남 순천시	2024순천만국가정원배전국농구대회	45,000	3	6	7	7	7	1	1	4
8473	전남 순천시	제15회순천만갈대배전국남녀배구대회	45,000	3	6	7	7	7	1	1	4
8474	전남 순천시	제24회순천만국가정원배전국남녀궁도대회	40,000	3	6	7	7	7	1	1	4
8475	전남 순천시	제1회순천낙안읍성전국국악대전	40,000	3	4	7	8	7	5	5	4
8476	전남 순천시	순천명품월등복숭아체험행사	40,000	3	1	6	1	7	1	1	1
8477	전남 순천시	청소년문화행사	30,250	3	4	1	7	1	1	1	1

순번	시군구	지출명 (사업명)	2024년예산 (단위 : 천원 /1년간)	민간이전 분류 (지방자치단체 세출예산 집행기준에 의거) 1. 민간경상사업보조(307-02) 2. 민간단체 법정운영비보조(307-03) 3. 민간행사사업보조(307-04) 4. 민간위탁금(307-05) 5. 사회복지시설 법정운영비보조(307-10) 6. 민간인위탁교육비(307-12) 7. 공기관등에대한경상적위탁사업비(308-13) 8. 민간자본사업보조,자체재원(402-01) 9. 민간자본사업보조,이전재원(402-02) 10. 민간위탁사업비(402-03) 11. 공기관등에 대한 자본적 위탁사업비(403-02)	민간이전지출 근거 (지방보조금 관리기준 참고) 1. 법률에 규정 2. 국고보조 재원(국가지정) 3. 용도 지정 기부금 4. 조례에 직접규정 5. 지자체가 권장하는 사업을 하는 공공기관 6. 시,도 정책 및 재정사정 7. 기타 8. 해당없음	입찰방식 계약체결방법 (경쟁형태) 1. 일반경쟁 2. 제한경쟁 3. 지명경쟁 4. 수의계약 5. 법정위탁 6. 기타 ( ) 7. 없음	입찰방식 계약기간 1. 1년 2. 2년 3. 3년 4. 4년 5. 5년 6. 기타 ( )년 7. 단기계약 (1년미만) 8. 없음	입찰방식 낙찰자선정방법 1. 적격심사 2. 협상에의한계약 3. 최저가낙찰제 4. 규격가격분리 5. 2단계 경쟁입찰 6. 기타 ( ) 7. 없음	운영예산 산정 운영예산 산정 1. 내부산정 (지자체 자체적으로 산정) 2. 외부산정 (외부전문기관위탁 산정) 3. 내·외부 모두 산정 4. 산정 無 5. 없음	운영예산 산정 정산방법 1. 내부정산 (지자체 내부적으로 정산) 2. 외부정산 (외부전문기관위탁 정산) 3. 내·외부 모두 산정 4. 정산 無 5. 없음	성과평가 실시여부 1. 실시 2. 미실시 3. 향후 추진 4. 해당없음
8478	전남 순천시	소상공인의날주간행사	30,000	3	4	7	8	7	1	1	1
8479	전남 순천시	순천시체육행사개최지원	30,000	3	7	7	7	7	1	1	4
8480	전남 순천시	제음회순천시장배전국장애인댄스스포츠대회및한마음종합포메이션대회	30,000	3	1	7	8	7	1	1	4
8481	전남 순천시	새마을지도자한마음화합행사	25,000	3	4	7	8	7	5	5	4
8482	전남 순천시	이통장연합회어울림한마당행사	25,000	3	7	7	8	7	5	5	4
8483	전남 순천시	제1회순천만국가정원배전국학생바둑대회(교육청직접지원)	25,000	3	6	7	7	7	1	1	4
8484	전남 순천시	제14회순천만국가정원배전국프로아마생활체육댄스스포츠대회	25,000	3	6	7	7	7	1	1	4
8485	전남 순천시	2024순천만국가정원배축구스토브리그	25,000	3	6	7	7	7	1	1	4
8486	전남 순천시	제34회순천만국가정원배전국테니스대회	25,000	3	6	7	7	7	1	1	4
8487	전남 순천시	제6회순천만국가정원배전국배드민턴대회	25,000	3	6	7	7	7	1	1	4
8488	전남 순천시	제3회순천만배전국장애인양궁대회	25,000	3	1	7	8	7	1	1	4
8489	전남 순천시	보훈단체위안행사지원	23,725	3	1	7	8	7	5	5	4
8490	전남 순천시	순천시체육인의밤행사	20,000	3	1	7	8	7	1	1	4
8491	전남 순천시	2024년3개시장애인생활체육교류전개최지원	20,000	3	1	7	8	7	1	1	4
8492	전남 순천시	제11회순천만전국산악자전거대회(도비직접지원)	20,000	3	6	7	7	7	1	1	4
8493	전남 순천시	2024유도스토브리그(몽골합동훈련캠프)	20,000	3	6	7	7	7	1	1	4
8494	전남 순천시	청소년체육활동	15,000	3	4	1	7	1	1	1	1
8495	전남 순천시	청소년정책발표회	15,000	3	4	1	7	1	1	1	1
8496	전남 순천시	제6회순천시장애인생활체육대회	15,000	3	1	7	8	7	1	1	4
8497	전남 순천시	제14회순천만전국에코걷기대회	15,000	3	6	7	7	7	1	1	4
8498	전남 순천시	제18회순천만울트라마라톤대회	15,000	3	6	7	7	7	1	1	4
8499	전남 순천시	제11회순천만국가정원배검도스토브리그	12,000	3	6	7	7	7	1	1	4
8500	전남 순천시	여성단체역량강화및사회참여확대	12,000	3	4	7	8	7	1	1	1
8501	전남 순천시	안전한순천만들기전진대회	10,000	3	4	7	8	7	5	5	4
8502	전남 순천시	2024장애인체육인의밤개최	10,000	3	1	7	8	7	1	1	4
8503	전남 순천시	제23회순천시장배호남권탁구대회	10,000	3	7	7	7	7	1	1	4
8504	전남 순천시	제25회순천시장기전남태권도대회	10,000	3	7	7	7	7	1	1	4
8505	전남 순천시	3.1절기념행사	10,000	3	1	7	8	7	5	5	4
8506	전남 순천시	제29회순천시장기클럽축구대회	9,000	3	7	7	7	7	1	1	4
8507	전남 순천시	도무형유산공개행사비	8,000	3	4	7	8	7	5	5	4
8508	전남 순천시	발명과학창의력대회운영	8,000	3	1	7	8	7	1	1	1
8509	전남 순천시	제12회순천시장배그라운드골프대회	8,000	3	7	7	7	7	1	1	4
8510	전남 순천시	제12회순천시장기당구대회	7,000	3	7	7	7	7	1	1	4
8511	전남 순천시	제21회순천시장배배구대회	7,000	3	7	7	7	7	1	1	4
8512	전남 순천시	제11회순천시장배시민바둑대회	7,000	3	7	7	7	7	1	1	4
8513	전남 순천시	제13회순천시장배농구대회	7,000	3	7	7	7	7	1	1	4
8514	전남 순천시	제27회순천시장기검도대회	6,000	3	7	7	7	7	1	1	4
8515	전남 순천시	제21회순천시장기게이트볼대회	6,000	3	7	7	7	7	1	1	4
8516	전남 순천시	제29회순천시장기배드민턴대회	6,000	3	7	7	7	7	1	1	4
8517	전남 순천시	제2회순천시장기족구대회	6,000	3	7	7	7	7	1	1	4

순번	시군구	지출명 (사업명)	2024년예산 (단위 : 천원 /1년간)	민간이전 분류 (지방자치단체 세출예산 집행기준에 의거) 1. 민간경상사업보조(307-02) 2. 민간단체 법정운영비보조(307-03) 3. 민간행사사업보조(307-04) 4. 민간위탁금(307-05) 5. 사회복지시설 법정운영비보조(307-10) 6. 민간인위탁교육비(307-12) 7. 공기관등에대한경상적위탁사업비(308-13) 8. 민간자본사업보조,자체재원(402-01) 9. 민간자본사업보조,이전재원(402-02) 10. 민간위탁사업비(402-03) 11. 공기관등에 대한 자본적 위탁사업비(403-02)	민간이전지출 근거 (지방보조금 관리기준 참고) 1. 법률에 규정 2. 국고보조 재원(국가지정) 3. 용도 지정 기부금 4. 조례에 직접규정 5. 지자체가 권장하는 사업을 하는 공공기관 6. 시,도 정책 및 재정사정 7. 기타 8. 해당없음	입찰방식: 계약체결방법 (경쟁형태) 1. 일반경쟁 2. 제한경쟁 3. 지명경쟁 4. 수의계약 5. 법정위탁 6. 기타 ( ) 7. 없음	입찰방식: 계약기간 1. 1년 2. 2년 3. 3년 4. 4년 5. 5년 6. 기타 ( )년 7. 단기계약 (1년미만) 8. 없음	입찰방식: 낙찰자선정방법 1. 적격심사 2. 협상에의한계약 3. 최저가낙찰제 4. 규격가격분리 5. 2단계 경쟁입찰 6. 기타 ( ) 7. 없음	운영예산 산정: 운영예산 산정 1. 내부산정 (지자체 자체적으로 산정) 2. 외부산정 (외부전문기관위탁 산정) 3. 내·외부 모두 산정 4. 산정 無 5. 없음	운영예산 산정: 정산방법 1. 내부정산 (지자체 내부적으로 정산) 2. 외부정산 (외부전문기관위탁 정산) 3. 내·외부 모두 산정 4. 정산 無 5. 없음	성과평가 실시여부 1. 실시 2. 미실시 3. 향후 추진 4. 해당없음
8518	전남 순천시	2024년정월대보름민속재현행사	6,000	3	4	7	8	7	5	5	4
8519	전남 순천시	다문화가족안정적정착지원	5,600	3	6	7	8	7	1	1	1
8520	전남 순천시	제18회순천만클럽축구대회	5,000	3	7	7	7	7	1	1	4
8521	전남 순천시	제27회순천시장배클럽대항볼링대회	5,000	3	7	7	7	7	1	1	4
8522	전남 순천시	제16회순천만배전라남도클럽대항볼링대회	5,000	3	7	7	7	7	1	1	4
8523	전남 순천시	제27회순천시장배양정남녀궁도대회	5,000	3	7	7	7	7	1	1	4
8524	전남 순천시	2024동부7개시군순천시게이트볼대회	5,000	3	7	7	7	7	1	1	4
8525	전남 순천시	제9회순천시장배골프대회	5,000	3	7	7	7	7	1	1	4
8526	전남 순천시	6.25전쟁기념행사지원	4,687	3	1	7	8	7	5	5	4
8527	전남 순천시	제22회순천시장배영호남친선소프트테니스대회	4,500	3	7	7	7	7	1	1	4
8528	전남 순천시	역전시장한마음행사	4,000	3	6	7	8	7	1	1	1
8529	전남 순천시	제6회순천시장배걷기대회	4,000	3	7	7	7	7	1	1	4
8530	전남 순천시	제19회순천시장배인라인스케이팅대회	4,000	3	7	7	7	7	1	1	4
8531	전남 순천시	제16회순천시장배수영대회	4,000	3	7	7	7	7	1	1	4
8532	전남 순천시	제12회순천시장배합기도대회	4,000	3	7	7	7	7	1	1	4
8533	전남 순천시	제1회순천시장기파크골프대회	4,000	3	7	7	7	7	1	1	4
8534	전남 순천시	2024순천시시각장애인생활체육대회	4,000	3	1	7	8	7	1	1	4
8535	전남 순천시	제11회전남동부권장애인론볼대회	4,000	3	1	7	8	7	1	1	4
8536	전남 순천시	제14회청각장애인과함께즐기는생활체육대회	4,000	3	1	7	8	7	1	1	4
8537	전남 순천시	제12회전남동부권장애인수영대회	4,000	3	1	7	8	7	1	1	4
8538	전남 순천시	2024전남장애인탁구클럽대항전	4,000	3	1	7	8	7	1	1	4
8539	전남 순천시	제11회순천시장기장애인테니스대회	4,000	3	1	7	8	7	1	1	4
8540	전남 순천시	제1회순천시장애인배드민턴어울림대회	4,000	3	1	7	8	7	1	1	4
8541	전남 순천시	제13회순천시장기복싱대회	3,500	3	7	7	7	7	1	1	4
8542	전남 순천시	제9회순천시장배머슬&피트니스대회	3,500	3	7	7	7	7	1	1	4
8543	전남 순천시	제8회순천시장기체조대회	3,500	3	7	7	7	7	1	1	4
8544	전남 순천시	제6회순천시장배봉화산트레킹대회	3,000	3	7	7	7	7	1	1	4
8545	전남 순천시	제5회순천시장기댄스스포츠포메이션경기대회	3,000	3	7	7	7	7	1	1	4
8546	전남 순천시	제15회순천시장기생활체육야구대회	3,000	3	7	7	7	7	1	1	4
8547	전남 순천시	제18회순천시장기국학기공대회	3,000	3	7	7	7	7	1	1	4
8548	전남 순천시	제13회순천시장기아사나요가대회	3,000	3	7	7	7	7	1	1	4
8549	전남 순천시	2024순천시장기장애인좌식배구대회	3,000	3	1	7	8	7	1	1	4
8550	전남 순천시	제6회순천시장기장애인게이트볼대회	3,000	3	1	7	8	7	1	1	4
8551	전남 순천시	제8회순천시장기자전거한마음대회	2,500	3	7	7	7	7	1	1	4
8552	전남 순천시	제14회순천시장기낚시대회	2,000	3	7	7	7	7	1	1	4
8553	전남 순천시	2024순천시장애인당구대회	2,000	3	1	7	8	7	1	1	4
8554	전남 순천시	조달진소위추모제지원	2,000	3	1	7	8	7	5	5	4
8555	전남 순천시	광복회태극기나눔행사	1,500	3	1	7	8	7	5	5	4
8556	전남 나주시	문화예술사업지원	738,220	3	4	7	8	7	1	1	1
8557	전남 나주시	2024전국지체장애인체육대회	200,000	3	7	7	8	7	5	5	4

순번	시군구	지출명 (사업명)	2024년예산 (단위 : 천원 /1년간)	민간이전 분류 (지방자치단체 세출예산 집행기준에 의거)	민간이전지출 근거 (지방보조금 관리기준 참고)	입찰방식			운영예산 산정		성과평가 실시여부
				1. 민간경상사업보조(307-02) 2. 민간단체 법정운영비보조(307-03) 3. 민간행사사업보조(307-04) 4. 민간위탁금(307-05) 5. 사회복지시설 법정운영비보조(307-10) 6. 민간인위탁교육비(307-12) 7. 공기관등에대한경상적위탁사업비(308-13) 8. 민간자본사업보조,자체재원(402-01) 9. 민간자본사업보조,이전재원(402-02) 10. 민간위탁사업비(402-03) 11. 공기관등에 대한 자본적 위탁사업비(403-02)	1. 법률에 규정 2. 국고보조 재원(국가지정) 3. 용도 지정 기부금 4. 조례에 직접규정 5. 지자체가 권장하는 사업을 하는 공공기관 6. 시,도 정책 및 재정사정 7. 기타 8. 해당없음	계약체결방법 (경쟁형태) 1. 일반경쟁 2. 제한경쟁 3. 지명경쟁 4. 수의계약 5. 법정위탁 6. 기타 ( ) 7. 없음	계약기간 1. 1년 2. 2년 3. 3년 4. 4년 5. 5년 6. 기타 ( )년 7. 단기계약 (1년미만) 8. 없음	낙찰자선정방법 1. 적격심사 2. 협상에의한계약 3. 최저가낙찰제 4. 규격가격분리 5. 2단계 경쟁입찰 6. 기타 ( ) 7. 없음	운영예산 산정 1. 내부산정 (지자체 자체적으로 산정) 2. 외부산정 (외부전문기관위탁 산정) 3. 내·외부 모두 산정 4. 산정 無 5. 없음	정산방법 1. 내부정산 (지자체 내부적으로 정산) 2. 외부정산 (외부전문기관위탁 정산) 3. 내·외부 모두 산정 4. 정산 無 5. 없음	1. 실시 2. 미실시 3. 향후 추진 4. 해당없음
8558	전남 나주시	영산포홍어축제	170,000	3	4	7	8	7	5	1	3
8559	전남 나주시	천년나주목읍성문화축제	95,000	3	4	7	8	7	5	1	3
8560	전남 나주시	나주금동관출토기념문화제	60,000	3	4	7	8	7	1	1	4
8561	전남 나주시	장애인공감과치유탐방프로그램운영	60,000	3	1	7	8	7	5	5	4
8562	전남 나주시	노인의날기념행사	30,000	3	4	7	8	7	5	5	4
8563	전남 나주시	장애인한마당큰잔치	30,000	3	1	7	8	7	5	5	4
8564	전남 나주시	장애인문화체험	25,000	3	1	7	8	7	5	5	4
8565	전남 나주시	및가람드들섬프린지축제	20,000	3	4	7	8	7	5	1	3
8566	전남 나주시	아빠와손잡고떠나는우리나라독도탐방	20,000	3	4	7	8	7	5	5	4
8567	전남 나주시	여성단체지원	17,000	3	4	7	8	7	1	1	1
8568	전남 나주시	건강걷기대회	15,000	3	4	7	8	7	5	5	4
8569	전남 나주시	노인단체지원및여가활동지원사업	12,350	3	6	7	8	7	5	5	4
8570	전남 나주시	자미산천제고분제	5,000	3	4	7	8	7	1	1	4
8571	전남 나주시	참교육프로그램운영지원	3,500	3	4	7	8	7	5	5	4
8572	전남 나주시	보치아생활체육대회	2,200	3	1	7	8	7	5	5	4
8573	전남 광양시	광양시평생학습한마당행사	50,000	3	4	7	8	7	1	1	3
8574	전남 광양시	친환경농산물전시홍보참가부스지원	3,000	3	4	7	8	7	1	1	4
8575	전남 담양군	담양대나무축제	700,000	3	4	7	8	7	1	1	1
8576	전남 담양군	담양군생활체육대회	585,000	3	4	7	7	7	1	1	1
8577	전남 담양군	지역문화예술진흥사업추진	320,000	3	4	7	1	7	1	1	1
8578	전남 담양군	해동문화예술촌공연전시사업	170,000	3	4	7	1	7	1	1	1
8579	전남 담양군	제63회전라남도체육대회참가보조	150,000	3	4	7	7	7	1	1	1
8580	전남 담양군	읍,면군민의날행사지원	130,000	3	8	7	8	7	5	5	4
8581	전남 담양군	담빛예술창고공연전시사업	120,000	3	4	7	1	7	1	1	1
8582	전남 담양군	면군민의날행사지원	110,000	3	1	7	8	7	1	1	1
8583	전남 담양군	제36회전라남도생활체육대축전참가보조	100,000	3	4	7	7	7	1	1	1
8584	전남 담양군	무등산권세계지질공원인증행사지원	100,000	3	2	7	8	7	5	2	4
8585	전남 담양군	담양군장애인생활체육대회	84,000	3	4	7	7	7	1	1	1
8586	전남 담양군	제21회담양군생활체육대축전	80,000	3	4	7	7	7	1	1	1
8587	전남 담양군	농업인의날행사추진	80,000	3	1	7	8	7	5	5	4
8588	전남 담양군	원주민과이주민화합행사	60,000	3	4	7	8	7	1	1	1
8589	전남 담양군	도시재생홍보이벤트	50,000	3	4	7	8	7	5	5	4
8590	전남 담양군	담양한우소비촉진행사	50,000	3	1	7	8	7	5	5	4
8591	전남 담양군	드론라이트쇼추진	42,000	3	4	7	8	7	5	5	4
8592	전남 담양군	제32회전남장애인체육대회참가보조	35,000	3	4	7	7	7	1	1	1
8593	전남 담양군	금성산벚꽃축제추진	35,000	3	4	7	8	7	1	1	2
8594	전남 담양군	지역공연예술진흥사업추진	32,500	3	4	7	1	7	1	1	1
8595	전남 담양군	공연예술사업	30,000	3	4	7	1	7	1	1	1
8596	전남 담양군	제21회담양군체조협회장배체조경연대회	30,000	3	4	7	7	7	1	1	1
8597	전남 담양군	문화복합페스티벌	30,000	3	4	7	8	7	5	5	4

순번	시군구	지출명 (사업명)	2024년예산 (단위 : 천원 /1년간)	민간이전 분류 (지방자치단체 세출예산 집행기준에 의거) 1. 민간경상사업보조(307-02) 2. 민간단체 법정운영비보조(307-03) 3. 민간행사사업보조(307-04) 4. 민간위탁금(307-05) 5. 사회복지시설 법정운영비보조(307-10) 6. 민간인위탁교육비(307-12) 7. 공기관등에대한경상적위탁사업비(308-13) 8. 민간자본사업보조,자체재원(402-01) 9. 민간자본사업보조,이전재원(402-02) 10. 민간위탁사업비(402-03) 11. 공기관등에 대한 자본적 위탁사업비(403-02)	민간이전지출 근거 (지방보조금 관리기준 참고) 1. 법률에 규정 2. 국고보조 재원(국가지정) 3. 용도 지정 기부금 4. 조례에 직접규정 5. 지자체가 권장하는 사업을 하는 공공기관 6. 시,도 정책 및 재정사정 7. 기타 8. 해당없음	입찰방식 계약체결방법 (경쟁형태) 1. 일반경쟁 2. 제한경쟁 3. 지명경쟁 4. 수의계약 5. 법정위탁 6. 기타 ( ) 7. 없음	입찰방식 계약기간 1. 1년 2. 2년 3. 3년 4. 4년 5. 5년 6. 기타 ( )년 7. 단기계약 (1년미만) 8. 없음	입찰방식 낙찰자선정방법 1. 적격심사 2. 협상에의한계약 3. 최저가낙찰제 4. 규격가격분리 5. 2단계 경쟁입찰 6. 기타 ( ) 7. 없음	운영예산 산정 운영예산 산정 1. 내부산정 (지자체 자체적으로 산정) 2. 외부산정 (외부전문기관위탁 산정) 3. 내·외부 모두 산정 4. 산정 無 5. 없음	운영예산 산정 정산방법 1. 내부정산 (지자체 내부적으로 정산) 2. 외부정산 (외부전문기관위탁 정산) 3. 내·외부 모두 산정 4. 정산 無 5. 없음	성과평가 실시여부 1. 실시 2. 미실시 3. 향후 추진 4. 해당없음
8598	전남 담양군	통일환경조성행사운영	20,000	3	1	7	8	7	5	5	4
8599	전남 담양군	담양군이장단국내선진지견학	20,000	3	4	7	8	7	1	1	1
8600	전남 담양군	담양읍군민의날행사지원	20,000	3	1	1	7	3	1	1	1
8601	전남 담양군	담빛청소년끼페스티벌	20,000	3	4	6	8	6	1	1	3
8602	전남 담양군	군민을위한찾아가는음악회지원	20,000	3	4	7	8	7	5	5	4
8603	전남 담양군	제2회대나무기호남게이트볼대회	20,000	3	4	7	7	7	1	1	1
8604	전남 담양군	제19회대나무배드민턴대회	20,000	3	4	7	7	7	1	1	1
8605	전남 담양군	제7회대나무컵탁구대회	20,000	3	4	7	7	7	1	1	1
8606	전남 담양군	DJ박스운영	20,000	3	4	7	8	7	5	5	4
8607	전남 담양군	전라남도농업경영인연합회참가지원(7명)	20,000	3	1	7	8	7	5	5	4
8608	전남 담양군	제19회전라남도어르신생활체육대축전	18,000	3	4	7	7	7	1	1	1
8609	전남 담양군	2024년전남장애인생활체육대회참가보조	18,000	3	4	7	7	7	1	1	1
8610	전남 담양군	향교마을회협동조합상권활성화사업	18,000	3	4	6	8	7	5	5	4
8611	전남 담양군	제44회담양군선후배친선축구대회	15,000	3	4	7	7	7	1	1	1
8612	전남 담양군	제19회담양메타세쿼이아전국마라톤대회	15,000	3	4	7	7	7	1	1	1
8613	전남 담양군	2024년전남지체장애인체육대회참가보조	15,000	3	4	7	7	7	1	1	1
8614	전남 담양군	생활체육,레저,엘리트체육등대회유치	15,000	3	4	7	7	7	1	1	1
8615	전남 담양군	면앙정송순회방연시연	14,000	3	1	5	1	7	1	1	1
8616	전남 담양군	청소년사회참여아이디어발표대회	12,000	3	4	6	8	6	1	1	3
8617	전남 담양군	2024년담양군게이트볼협회장기분기별대회	12,000	3	4	7	7	7	1	1	1
8618	전남 담양군	담양군체조협회12개읍면참가보조	12,000	3	4	7	7	7	1	1	1
8619	전남 담양군	새마을지도자한마음수련대회	10,000	3	1	7	8	7	5	5	4
8620	전남 담양군	지역사회복지인대회지원	10,000	3	1	7	1	7	1	1	4
8621	전남 담양군	대나무박물관문화전시관개관기념학술대회지원	10,000	3	4	7	8	7	5	5	4
8622	전남 담양군	전국단위공연및음악회문화행사지원	10,000	3	4	7	8	7	5	5	4
8623	전남 담양군	제8회담양예총종합예술제	10,000	3	4	7	1	7	1	1	1
8624	전남 담양군	제1회담양군수기게이트볼대회	10,000	3	4	7	7	7	1	1	1
8625	전남 담양군	제29회담양군수기축구대회	10,000	3	4	7	7	7	1	1	1
8626	전남 담양군	대전면대표축제개최	10,000	3	4	7	8	7	1	1	2
8627	전남 담양군	무돌길걷기행사지원및숲길관광활성화	10,000	3	4	4	7	7	1	1	2
8628	전남 담양군	담양함양군자매결연친선농업경영인대회	10,000	3	1	7	8	7	5	5	4
8629	전남 담양군	WOW,봉산손수플리마켓	9,000	3	4	7	8	7	1	1	2
8630	전남 담양군	담양군농민회가족한마당대회지원	7,200	3	4	7	8	7	5	5	4
8631	전남 담양군	군수기한궁대회지원	7,000	3	1	7	8	7	1	1	4
8632	전남 담양군	제1회담양군배드민턴협회장기대회	7,000	3	4	7	7	7	1	1	1
8633	전남 담양군	제2회도지사기축구대회	7,000	3	4	7	7	7	1	1	1
8634	전남 담양군	제28회담양군축구협회장기대회	7,000	3	4	7	7	7	1	1	1
8635	전남 담양군	제9회담양대나무배남여배구대회	7,000	3	4	7	7	7	1	1	1
8636	전남 담양군	제9회담양대나무배광주.전남테니스대회	7,000	3	4	7	7	7	1	1	1
8637	전남 담양군	전통세시풍속육성지원	6,000	3	4	7	1	7	1	1	1

순번	시군구	지출명 (사업명)	2024년예산 (단위 : 천원 /1년간)	민간이전 분류 (지방자치단체 세출예산 집행기준에 의거) 1. 민간경상사업보조(307-02) 2. 민간단체 법정운영비보조(307-03) 3. 민간행사사업보조(307-04) 4. 민간위탁금(307-05) 5. 사회복지시설 법정운영비보조(307-10) 6. 민간인위탁교육비(307-12) 7. 공기관등에대한경상적위탁사업비(308-13) 8. 민간자본사업보조,지체재원(402-01) 9. 민간자본사업보조,이전재원(402-02) 10. 민간위탁사업비(402-03) 11. 공기관등에 대한 자본적 위탁사업비(403-02)	민간이전지출 근거 (지방보조금 관리기준 참고) 1. 법률에 규정 2. 국고보조 재원(국가지정) 3. 용도 지정 기부금 4. 조례에 직접규정 5. 지자체가 권장하는 사업을 하는 공공기관 6. 시,도 정책 및 재정사정 7. 기타 8. 해당없음	입찰방식 계약체결방법 (경쟁형태) 1. 일반경쟁 2. 제한경쟁 3. 지명경쟁 4. 수의계약 5. 법정위탁 6. 기타 ( ) 7. 없음	입찰방식 계약기간 1. 1년 2. 2년 3. 3년 4. 4년 5. 5년 6. 기타 ( )년 7. 단기계약 (1년미만) 8. 없음	입찰방식 낙찰자선정방법 1. 적격심사 2. 협상에의한계약 3. 최저가낙찰제 4. 규격가격분리 5. 2단계 경쟁입찰 6. 기타 ( ) 7. 없음	운영예산 산정 운영예산 산정 1. 내부산정 (지자체 자체적으로 산정) 2. 외부산정 (외부전문기관위탁 산정) 3. 내·외부 모두 산정 4. 산정 無 5. 없음	운영예산 산정 정산방법 1. 내부정산 (지자체 내부적으로 정산) 2. 외부정산 (외부전문기관위탁 정산) 3. 내·외부 모두 산정 4. 정산 無 5. 없음	성과평가 실시여부 1. 실시 2. 미실시 3. 향후 추진 4. 해당없음
8638	전남 담양군	제24회전남농아인체육대회참가보조	6,000	3	4	7	7	7	1	1	1
8639	전남 담양군	전통목가구및문화예술공유전시지원	5,000	3	4	7	1	7	1	1	1
8640	전남 담양군	우송당문화공연행사지원	5,000	3	4	7	1	7	1	1	1
8641	전남 담양군	석가탄신일기념행사지원	5,000	3	4	7	1	7	1	1	1
8642	전남 담양군	문화교류네트워크	5,000	3	1	5	1	7	1	1	1
8643	전남 담양군	제45회남도국악제참가지원	5,000	3	4	7	1	7	1	1	1
8644	전남 담양군	제12회담양군산악연맹회장배등산대회	5,000	3	4	7	7	7	1	1	1
8645	전남 담양군	제11회담양군골프협회장배친선골프대회	5,000	3	4	7	7	7	1	1	1
8646	전남 담양군	제5회담양대나무배친선골프대회	5,000	3	4	7	7	7	1	1	1
8647	전남 담양군	제9회대나무배동호인야구대회	5,000	3	4	7	7	7	1	1	1
8648	전남 담양군	한농연으뜸농산물한마당대회참가	5,000	3	1	7	8	7	5	5	4
8649	전남 담양군	동복댐주변지역주민행사지원(지역홍보등)	4,308	3	2	7	8	7	5	5	4
8650	전남 담양군	대한민국서예대전초대작가전	4,200	3	4	7	1	7	1	1	1
8651	전남 담양군	한국전쟁전후민간인희생자합동위령제(담양유족회)	4,000	3	4	7	8	7	5	5	4
8652	전남 담양군	영호남장애인화합친선대회	4,000	3	1	7	5	1	1	1	1
8653	전남 담양군	여성단체특색사업비지원	4,000	3	4	7	8	7	5	5	4
8654	전남 담양군	2024년전라남도시각장애인체육대회참가보조	4,000	3	4	7	7	7	1	1	1
8655	전남 담양군	담양군공예명인전시회지원	4,000	3	4	7	8	7	1	1	1
8656	전남 담양군	통일쌀경작지조성운영	4,000	3	4	7	8	7	5	5	4
8657	전남 담양군	제15회전국학생시낭송경연대회	3,500	3	4	7	1	7	1	1	1
8658	전남 담양군	담양향교석전대제지원	3,000	3	4	7	1	7	1	1	1
8659	전남 담양군	창평향교석전대제지원	3,000	3	4	7	1	7	1	1	1
8660	전남 담양군	제33회전남축구협회장기동호인축구대회	3,000	3	4	7	7	7	1	1	1
8661	전남 담양군	제12회전라남도의회의장배동호인축구대회	3,000	3	4	7	7	7	1	1	1
8662	전남 담양군	제4회담양군협회장배생활체육탁구대회	3,000	3	4	7	7	7	1	1	1
8663	전남 담양군	제3회담양군협회장기볼링대회	3,000	3	4	7	7	7	1	1	1
8664	전남 담양군	제3회담양군당구연맹회장배당구대회	3,000	3	4	7	7	7	1	1	1
8665	전남 담양군	제35회담양군태권도협회장배품새겨루기태권도대회	3,000	3	4	7	7	7	1	1	1
8666	전남 담양군	내수면환경정화캠페인(2024신규)	3,000	3	7	7	8	7	5	5	4
8667	전남 담양군	담양죽로차홍보행사참가등	3,000	3	4	7	8	7	5	5	4
8668	전남 담양군	담양대치리느티나무당산제	2,900	3	2	4	7	6	1	1	1
8669	전남 담양군	담양한우리연희예술단전국대회참가지원	2,500	3	4	7	1	7	1	1	1
8670	전남 담양군	제3회금성산성산신제및위령제	2,500	3	4	7	1	7	1	1	1
8671	전남 담양군	담양향교기로연재연	2,500	3	4	7	1	7	1	1	1
8672	전남 담양군	창평향교기로연재연	2,500	3	4	7	1	7	1	1	1
8673	전남 담양군	남도농악명인추모제지원	2,500	3	4	4	7	6	1	1	1
8674	전남 담양군	대성사석전대제지원	2,100	3	4	7	1	7	1	1	1
8675	전남 담양군	대성사기로연재연	2,100	3	4	7	1	7	1	1	1
8676	전남 담양군	제1회평화통일골든벨개최(6.15공동위원회)	2,000	3	4	7	8	7	5	5	4
8677	전남 담양군	2024년중앙회장배전국지체장애인파크골프대회참가보조	2,000	3	4	7	7	7	1	1	1

순번	시군구	지출명 (사업명)	2024년예산 (단위 : 천원 /1년간)	민간이전 분류 (지방자치단체 세출예산 집행기준에 의거) 1. 민간경상사업보조(307-02) 2. 민간단체 법정운영비보조(307-03) 3. 민간행사사업보조(307-04) 4. 민간위탁금(307-05) 5. 사회복지시설 법정운영비보조(307-10) 6. 민간인위탁교육비(307-12) 7. 공기관등에대한경상적위탁사업비(308-13) 8. 민간자본사업보조,자체재원(402-01) 9. 민간자본사업보조,이전재원(402-02) 10. 민간위탁사업비(402-03) 11. 공기관등에 대한 자본적 위탁사업비(403-02)	민간이전지출 근거 (지방보조금 관리기준 참고) 1. 법률에 규정 2. 국고보조 재원(국가지정) 3. 용도 지정 기부금 4. 조례에 직접규정 5. 지자체가 권장하는 사업을 하는 공공기관 6. 시,도 정책 및 재정사정 7. 기타 8. 해당없음	입찰방식: 계약체결방법 (경쟁형태) 1. 일반경쟁 2. 제한경쟁 3. 지명경쟁 4. 수의계약 5. 법정위탁 6. 기타 ( ) 7. 없음	입찰방식: 계약기간 1. 1년 2. 2년 3. 3년 4. 4년 5. 5년 6. 기타 ( )년 7. 단기계약 (1년미만) 8. 없음	입찰방식: 낙찰자선정방법 1. 적격심사 2. 협상에의한계약 3. 최저가낙찰제 4. 규격가격분리 5. 2단계 경쟁입찰 6. 기타 ( ) 7. 없음	운영예산 산정: 운영예산 산정 1. 내부산정 (지자체 자체적으로 산정) 2. 외부산정 (외부전문기관위탁 산정) 3. 내·외부 모두 산정 4. 산정 無 5. 없음	운영예산 산정: 정산방법 1. 내부정산 (지자체 내부적으로 정산) 2. 외부정산 (외부전문기관위탁 정산) 3. 내·외부 모두 산정 4. 정산 無 5. 없음	성과평가 실시여부 1. 실시 2. 미실시 3. 향후 추진 4. 해당없음
8678	전남 담양군	2024년서울국제조정장애인파크골프대회참가보조	2,000	3	4	7	7	7	1	1	1
8679	전남 담양군	2024년빛고을전국장애인게이트볼대회참가보조	2,000	3	4	7	7	7	1	1	1
8680	전남 담양군	동물복지캠페인활동비용지원	2,000	3	4	7	8	7	1	1	4
8681	전남 담양군	담양향교청소년성년식(관계례)지원	1,600	3	4	4	7	6	1	1	1
8682	전남 담양군	담양봉안리은행나무당산제	1,500	3	2	4	7	6	1	1	1
8683	전남 곡성군	제63회전라남도체육대회	160,000	3	1	7	8	7	1	1	4
8684	전남 곡성군	제36회전라남도생활체육대축전	90,000	3	1	7	8	7	1	1	4
8685	전남 곡성군	노인의날및경로의달행사	70,000	3	4	7	8	7	1	1	1
8686	전남 곡성군	제8회곡성군기전국대학동아리축구대회	60,000	3	1	7	8	7	1	1	4
8687	전남 곡성군	석곡코스모스음악회지원	50,000	3	4	7	8	7	5	5	4
8688	전남 곡성군	월드요들페스티벌국제음악회개최지원	50,000	3	4	7	8	7	5	5	4
8689	전남 곡성군	섬진강국제실험예술제지원	50,000	3	4	7	8	7	5	5	4
8690	전남 곡성군	전통문화행사지원사업	45,300	3	4	7	8	7	1	1	4
8691	전남 곡성군	장애인공감과치유탐방프로그램운영	40,000	3	6	7	8	7	5	5	4
8692	전남 곡성군	곡성통일전국종합예술대전지원	35,000	3	4	7	8	7	5	5	4
8693	전남 곡성군	곡성관광전국사진공모전개최지원	30,000	3	4	7	8	7	5	5	4
8694	전남 곡성군	조태일문학상운영	27,000	3	4	7	8	7	5	5	4
8695	전남 곡성군	노인대학운영(2개소)	22,750	3	4	5	8	7	1	1	1
8696	전남 곡성군	조태일문학축전개최지원	22,000	3	4	7	8	7	5	5	4
8697	전남 곡성군	곡성군장애인어울림축제	20,000	3	5	7	8	7	5	5	4
8698	전남 곡성군	32회곡성군연합청년회한마음대회	20,000	3	1	7	8	7	1	1	4
8699	전남 곡성군	2024년곡성군읍.면분회게이트볼대회	18,000	3	1	7	8	7	1	1	4
8700	전남 곡성군	섬진강문학학교운영	18,000	3	4	7	8	7	5	5	4
8701	전남 곡성군	제1회곡성인한마음골프대회	16,000	3	1	7	8	7	1	1	4
8702	전남 곡성군	제32회전라남도장애인체육대회	15,000	3	1	7	8	7	1	1	4
8703	전남 곡성군	제2회곡성심청배전국패러글라이딩대회	15,000	3	1	7	8	7	1	1	4
8704	전남 곡성군	곡성군기독교연합회문화행사지원	15,000	3	4	7	8	7	5	5	4
8705	전남 곡성군	제19회전라남도어르신생활체육대축전	13,000	3	1	7	8	7	1	1	4
8706	전남 곡성군	양성평등주간기념행사	12,000	3	4	7	8	7	1	1	3
8707	전남 곡성군	곡성향교서예대전지원	11,500	3	4	7	8	7	5	5	4
8708	전남 곡성군	곡성군농악인한마음대회지원	11,000	3	4	7	8	7	5	5	4
8709	전남 곡성군	작은도서관독서문화행사지원	10,000	3	4	7	8	7	5	5	4
8710	전남 곡성군	제14회곡성섬진강배전국그라운드골프대회	10,000	3	1	7	8	7	1	1	4
8711	전남 곡성군	곡성군기독교연합회성탄절행사지원	10,000	3	4	7	8	7	5	5	4
8712	전남 곡성군	부처님오신날연등행사지원	10,000	3	4	7	8	7	5	5	4
8713	전남 곡성군	곡성전국시조창경연대회개최지원	10,000	3	4	7	8	7	5	5	4
8714	전남 곡성군	섬진강마을영화제개최지원	10,000	3	4	7	8	7	5	5	4
8715	전남 곡성군	제17회맹모삼천지교곡성포럼개최지원	10,000	3	4	7	8	7	5	5	4
8716	전남 곡성군	노인회중앙교육원교육	8,000	3	4	5	8	7	1	1	1
8717	전남 곡성군	장애인수련대회및선진지견학	7,000	3	5	7	8	7	5	5	4

순번	시군구	지출명 (사업명)	2024년예산 (단위 : 천원 /1년간)	민간이전 분류 (지방자치단체 세출예산 집행기준에 의거) 1. 민간경상사업보조(307-02) 2. 민간단체 법정운영비보조(307-03) 3. 민간행사사업보조(307-04) 4. 민간위탁금(307-05) 5. 사회복지시설 법정운영비보조(307-10) 6. 민간인위탁교육비(307-12) 7. 공기관등에대한경상적위탁사업비(308-13) 8. 민간자본사업보조,자체재원(402-01) 9. 민간자본사업보조,이전재원(402-02) 10. 민간위탁사업비(402-03) 11. 공기관등에 대한 자본적 위탁사업비(403-02)	민간이전지출 근거 (지방보조금 관리기준 참고) 1. 법률에 규정 2. 국고보조 재원(국가지정) 3. 용도 지정 기부금 4. 조례에 직접규정 5. 지자체가 권장하는 사업을 하는 공공기관 6. 시,도 정책 및 재정사정 7. 기타 8. 해당없음	입찰방식			운영예산 산정		성과평가 실시여부
						계약체결방법 (경쟁형태) 1. 일반경쟁 2. 제한경쟁 3. 지명경쟁 4. 수의계약 5. 법정위탁 6. 기타 ( ) 7. 없음	계약기간 1. 1년 2. 2년 3. 3년 4. 4년 5. 5년 6. 기타 ( )년 7. 단기계약 (1년미만) 8. 없음	낙찰자선정방법 1. 적격심사 2. 협상에의한계약 3. 최저가낙찰제 4. 규격가격분리 5. 2단계 경쟁입찰 6. 기타 ( ) 7. 없음	운영예산 산정 1. 내부산정 (지자체 자체적으로 산정) 2. 외부산정 (외부전문기관위탁 산정) 3. 내·외부 모두 산정 4. 산정 無 5. 없음	정산방법 1. 내부정산 (지자체 내부적으로 정산) 2. 외부정산 (외부전문기관위탁 정산) 3. 내·외부 모두 산정 4. 정산 無 5. 없음	1. 실시 2. 미실시 3. 향후 추진 4. 해당없음
8718	전남 곡성군	상반기게이트볼대회참가지원	7,000	3	1	7	8	7	1	1	4
8719	전남 곡성군	제8회전라남도장애인생활체육대회	7,000	3	1	7	8	7	1	1	4
8720	전남 곡성군	하반기게이트볼대회참가지원	7,000	3	1	7	8	7	1	1	4
8721	전남 곡성군	병자창의유훈보전전국서예휘호대회개최지원	7,000	3	4	7	8	7	5	5	4
8722	전남 곡성군	곡성군수배파크골프대회	6,000	3	1	7	8	7	1	1	4
8723	전남 곡성군	전남동부권7개시군게이트볼대회	6,000	3	1	7	8	7	1	1	4
8724	전남 곡성군	공양미삼백석모으기지원	5,500	3	4	7	8	7	5	5	4
8725	전남 곡성군	사회복지의날기념한마당행사	5,000	3	7	7	8	7	5	5	4
8726	전남 곡성군	사회복지의날기념한마당행사	5,000	3	7	7	1	7	1	1	4
8727	전남 곡성군	어린이집연합한마당행사지원	5,000	3	4	5	1	7	1	1	4
8728	전남 곡성군	곡성군수배생활체육축구대회	5,000	3	1	7	8	7	1	1	4
8729	전남 곡성군	곡성군협회장기배구대회	5,000	3	1	7	8	7	1	1	4
8730	전남 곡성군	원불교문화행사지원	5,000	3	4	7	8	7	5	5	4
8731	전남 곡성군	곡성군합창단문화행사개최지원	5,000	3	4	7	8	7	5	5	4
8732	전남 곡성군	제73회곡성군협회장기게이트볼대회	4,000	3	1	7	8	7	1	1	4
8733	전남 곡성군	제6회곡성군수기게이트볼대회	4,000	3	1	7	8	7	1	1	4
8734	전남 곡성군	전남동부권뉴파워(시니어)배드민턴대회	3,000	3	1	7	8	7	1	1	4
8735	전남 곡성군	전라남도지체장애인체육대회	3,000	3	1	7	8	7	1	1	4
8736	전남 곡성군	곡성군배드민턴협회장기배드민턴대회	3,000	3	1	7	8	7	1	1	4
8737	전남 곡성군	제12회동악산배소프트테니스대회	3,000	3	1	7	8	7	1	1	4
8738	전남 구례군	친환경농업엑스포박람회개최	800,000	3	1	7	8	7	1	1	4
8739	전남 구례군	제25회구례산수유꽃축제	500,000	3	4	7	8	7	5	5	4
8740	전남 구례군	지리산남악제및군민의날행사	329,572	3	4	7	8	7	1	1	1
8741	전남 구례군	2024구례3리벚꽃축제	290,000	3	1	7	8	7	1	1	1
8742	전남 구례군	전국태권도대회	290,000	3	4	7	8	7	1	1	1
8743	전남 구례군	구례동편소리축제	250,000	3	4	7	8	7	1	1	1
8744	전남 구례군	전국중등부축구대회	150,000	3	1	7	8	7	1	1	1
8745	전남 구례군	송만갑판소리고수대회지원	120,000	3	4	7	8	7	1	1	1
8746	전남 구례군	화엄제지원(전환)	100,000	3	1	7	8	7	1	1	1
8747	전남 구례군	제23회대한민국압화대전개최	90,000	3	1	7	8	7	1	1	1
8748	전남 구례군	제48회지리산피아골단풍축제	50,000	3	4	7	8	7	5	5	4
8749	전남 구례군	전국가야금경연대회지원	50,000	3	1	7	8	7	1	1	1
8750	전남 구례군	구례군농업인의날행사개최지원	50,000	3	4	7	8	7	5	5	4
8751	전남 구례군	전국남여궁도대회개최	40,000	3	1	7	8	7	1	1	1
8752	전남 구례군	지리산베이스캠프체험행사운영	30,000	3	4	7	8	7	1	1	1
8753	전남 구례군	한여름밤의음악회지원	25,000	3	1	7	8	7	1	1	1
8754	전남 구례군	장애인건강증진대회	20,000	3	6	7	1	7	1	1	2
8755	전남 구례군	전남민속예술축제지원	19,000	3	1	7	8	7	1	1	1
8756	전남 구례군	매천황현문화제	17,000	3	1	7	8	7	1	1	1
8757	전남 구례군	구례합창단정기공연행사지원	15,000	3	1	7	8	7	1	1	1

순번	시군구	지출명 (사업명)	2024년예산 (단위 : 전원 /1년간)	민간이전 분류 (지방자치단체 세출예산 집행기준에 의거) 1. 민간경상사업보조(307-02) 2. 민간단체 법정운영비보조(307-03) 3. 민간행사사업보조(307-04) 4. 민간위탁금(307-05) 5. 사회복지시설 법정운영비보조(307-10) 6. 민간인위탁교육비(307-12) 7. 공기관등에대한경상적위탁사업비(308-13) 8. 민간자본사업보조,자체재원(402-01) 9. 민간자본사업보조,이전재원(402-02) 10. 민간위탁사업비(402-03) 11. 공기관등에 대한 자본적 위탁사업비(403-02)	민간이전지출 근거 (지방보조금 관리기준 참고) 1. 법률에 규정 2. 국고보조 재원(국가지정) 3. 용도 지정 기부금 4. 조례에 직접규정 5. 지자체가 권장하는 사업을 하는 공공기관 6. 시,도 정책 및 재정사정 7. 기타 8. 해당없음	입찰방식: 계약체결방법 (경쟁형태) 1. 일반경쟁 2. 제한경쟁 3. 지명경쟁 4. 수의계약 5. 법정위탁 6. 기타 ( ) 7. 없음	입찰방식: 계약기간 1. 1년 2. 2년 3. 3년 4. 4년 5. 5년 6. 기타 ( )년 7. 단기계약 (1년미만) 8. 없음	입찰방식: 낙찰자선정방법 1. 적격심사 2. 협상에의한계약 3. 최저가낙찰제 4. 규격가격분리 5. 2단계 경쟁입찰 6. 기타 ( ) 7. 없음	운영예산 산정: 운영예산 산정 1. 내부산정 (지자체 자체적으로 산정) 2. 외부산정 (외부전문기관위탁 산정) 3. 내·외부 모두 산정 4. 산정 無 5. 없음	운영예산 산정: 정산방법 1. 내부정산 (지자체 내부적으로 정산) 2. 외부정산 (외부전문기관위탁 정산) 3. 내·외부 모두 산정 4. 정산 無 5. 없음	성과평가 실시여부 1. 실시 2. 미실시 3. 향후 추진 4. 해당없음
8758	전남 구례군	이장단한마음체육대회	15,000	3	4	7	7	7	1	1	3
8759	전남 구례군	양성평등주간행사	15,000	3	4	7	8	7	5	1	4
8760	전남 구례군	전국요가대회지원	15,000	3	4	7	8	7	1	1	1
8761	전남 구례군	노고단배전국라지볼탁구대회개최	11,000	3	1	7	8	7	1	1	1
8762	전남 구례군	의용소방대기술경연및한마음대회지원	11,000	3	7	7	8	7	5	5	4
8763	전남 구례군	화엄사모기장영화음악회	10,000	3	1	7	8	7	1	1	1
8764	전남 구례군	여성단체역량강화워크숍지원	7,000	3	4	7	8	7	5	1	4
8765	전남 구례군	다문화가족화합한마당행사	7,000	3	4	7	8	7	5	1	4
8766	전남 구례군	남도국악제출연지원	6,000	3	1	7	8	7	1	1	1
8767	전남 구례군	구례잔수농악보존회기획공연지원	5,000	3	1	7	8	7	1	1	1
8768	전남 구례군	불락사산사음악회	5,000	3	1	7	8	7	1	1	1
8769	전남 구례군	소상공인의날기념식	5,000	3	4	7	8	7	1	1	1
8770	전남 구례군	구례군농민영농발대식지원	5,000	3	4	7	8	7	5	3	4
8771	전남 구례군	백중맞이옻놀이행사	4,000	3	1	7	8	7	1	1	1
8772	전남 구례군	향제줄풍류공개공연행사지원	4,000	3	1	7	8	7	1	1	1
8773	전남 구례군	향교유림전통문화시연(기로연)지원	4,000	3	1	7	8	7	1	1	1
8774	전남 구례군	노인대학총동문회체육대회	4,000	3	4	7	8	7	1	1	4
8775	전남 구례군	장애인사회체험활동	3,000	3	6	7	1	7	1	1	2
8776	전남 구례군	어린이날행사지원(어린이날기념행사지원)	3,000	3	1	7	1	7	1	1	4
8777	전남 고흥군	어린이행사지원	35,000	3	4	7	8	7	1	1	1
8778	전남 고흥군	여성권익증진	30,000	3	1	7	8	7	1	1	1
8779	전남 고흥군	어린이집지원	10,000	3	1,4	4	7	7	1	1	4
8780	전남 고흥군	가정폭력상담소운영지원	1,000	3	1	5	8	7	1	1	4
8781	전남 보성군	보성읍민의날행사지원	60,000	3	4	7	8	7	1	1	4
8782	전남 보성군	보성군이장단선진지견학	50,000	3	4	7	8	7	5	1	4
8783	전남 보성군	웅치면민의날행사지원	40,000	3	4	7	8	7	1	1	4
8784	전남 보성군	활기찬지역만들기지원	25,000	3	4	7	8	7	5	1	4
8785	전남 보성군	보성군새마을회한마음대회	14,000	3	4	7	8	7	5	1	4
8786	전남 보성군	보성군새마을회핵심지도자워크숍	10,000	3	4	7	8	7	5	1	4
8787	전남 보성군	보성군새마을회읍면평가대회지원	6,000	3	4	7	8	7	5	1	4
8788	전남 화순군	보육지원	1,054,104	3	1,4	7	8	7	1	1	1
8789	전남 화순군	경로위안잔치행사지원	60,000	3	4	7	8	7	1	1	2
8790	전남 화순군	사랑의김장김치담그기사업	40,000	3	4	7	8	7	1	1	4
8791	전남 화순군	전통시장홍보및행사지원사업	37,000	3	4	7	8	7	1	1	4
8792	전남 화순군	양성평등주간기념행사	37,000	3	4	7	8	7	1	1	4
8793	전남 화순군	다문화가족어울림행사	30,000	3	4	7	8	7	1	1	4
8794	전남 화순군	작은도서관독서의달행사운영지원	9,000	3	1	6	8	7	1	4	1
8795	전남 화순군	조손가족동절기부식비지원사업	7,740	3	6	7	8	7	1	1	4
8796	전남 장흥군	대한민국통합의학박람회개최	1,500,000	3	4	7	1	7	1	1	1
8797	전남 장흥군	전국단위대회유치	300,000	3	5	7	8	7	5	5	4

순번	시군구	지출명 (사업명)	2024년예산 (단위 : 천원 /1년간)	민간이전 분류 (지방자치단체 세출예산 집행기준에 의거) 1. 민간경상사업보조(307-02) 2. 민간단체 법정운영비보조(307-03) 3. 민간행사사업보조(307-04) 4. 민간위탁금(307-05) 5. 사회복지시설 법정운영비보조(307-10) 6. 민간인위탁교육비(307-12) 7. 공기관등에대한경상적위탁사업비(308-13) 8. 민간자본사업보조,자체재원(402-01) 9. 민간자본사업보조,이전재원(402-02) 10. 민간위탁사업비(402-03) 11. 공기관등에 대한 자본적 위탁사업비(403-02)	민간이전지출 근거 (지방보조금 관리기준 참고) 1. 법률에 규정 2. 국고보조 재원(국가지정) 3. 용도 지정 기부금 4. 조례에 직접규정 5. 지자체가 권장하는 사업을 하는 공공기관 6. 시,도 정책 및 재정사정 7. 기타 8. 해당없음	입찰방식			운영예산 산정		성과평가 실시여부
						계약체결방법 (경쟁형태) 1. 일반경쟁 2. 제한경쟁 3. 지명경쟁 4. 수의계약 5. 법정위탁 6. 기타 ( ) 7. 없음	계약기간 1. 1년 2. 2년 3. 3년 4. 4년 5. 5년 6. 기타 ( )년 7. 단기계약 (1년미만) 8. 없음	낙찰자선정방법 1. 적격심사 2. 협상에의한계약 3. 최저가낙찰제 4. 규격가격분리 5. 2단계 경쟁입찰 6. 기타 ( ) 7. 없음	운영예산 산정 1. 내부산정 (지자체 자체적으로 산정) 2. 외부산정 (외부전문기관위탁 산정) 3. 내·외부 모두 산정 4. 산정 無 5. 없음	정산방법 1. 내부정산 (지자체 내부적으로 정산) 2. 외부정산 (외부전문기관위탁 정산) 3. 내·외부 모두 산정 4. 정산 無 5. 없음	1. 실시 2. 미실시 3. 향후 추진 4. 해당없음
8798	전남 장흥군	전지훈련팀유치및스토브리그개최지원	90,000	3	5	7	8	7	5	5	4
8799	전남 장흥군	정남진장흥전국마라톤대회개최	70,000	3	5	7	8	7	5	5	4
8800	전남 장흥군	산림소득증대기반조성(동양란전시회행사지원)	50,000	3	6	7	8	7	1	1	4
8801	전남 장흥군	국가보훈단체호국정신함양지원사업	49,250	3	4	7	8	7	1	1	1
8802	전남 장흥군	전국소년체전태권도대회개최	30,000	3	5	7	8	7	5	5	4
8803	전남 장흥군	전통시장공연및개장행사등추진	30,000	3	8	7	8	7	5	5	4
8804	전남 장흥군	전국장애학생체육대회태권도대회개최	20,000	3	5	7	8	7	5	5	4
8805	전남 장흥군	장애인단체지원	20,000	3	4	7	8	7	1	1	1
8806	전남 장흥군	정남진장흥생활체육탁구대회개최	15,000	3	5	7	8	7	5	5	4
8807	전남 장흥군	정남진장흥배드민턴대회개최	15,000	3	5	7	8	7	5	5	4
8808	전남 장흥군	정남진장흥전남그라운드골프대회개최	15,000	3	5	7	8	7	5	5	4
8809	전남 장흥군	자원봉사활동운영지원(군비)	10,000	3	5	7	8	7	1	1	1
8810	전남 장흥군	어린이날행사지원	10,000	3	1	7	8	7	5	5	4
8811	전남 장흥군	지역아동센터이용한마당	9,000	3	6	7	8	7	5	5	4
8812	전남 장흥군	여성복지관련축제	8,550	3	4	7	8	7	1	1	1
8813	전남 장흥군	정남진장흥전남서남부바둑대회개최	8,000	3	5	7	8	7	5	5	4
8814	전남 장흥군	전라남도지사기합기도대회개최	8,000	3	5	7	8	7	5	5	4
8815	전남 장흥군	호국보훈의달행사지원	8,000	3	4	7	8	7	1	1	1
8816	전남 장흥군	정남진장흥전국철인3종대회개최	5,000	3	5	7	8	7	5	5	4
8817	전남 장흥군	녹지관련후계자양성	5,000	3	1	7	8	7	5	5	4
8818	전남 장흥군	장흥군게이트볼대회개최	4,000	3	5	7	8	7	5	5	4
8819	전남 장흥군	실버그라운드골프및바둑대회지원	4,000	3	4	7	8	7	5	5	4
8820	전남 장흥군	노인게이트볼행사지원	3,600	3	4	7	8	7	5	5	4
8821	전남 장흥군	새마을운동사업평가대회	3,500	3	4	7	8	7	5	5	4
8822	전남 장흥군	장흥군직장및사회단체및동호인배구대회개최	3,000	3	5	7	8	7	5	5	4
8823	전남 장흥군	새마을의날기념식	1,620	3	4	7	8	7	5	5	4
8824	전남 강진군	제7회강진금곡사벚꽃삼십리길축제	290,000	3	4	7	7	7	1	1	4
8825	전남 강진군	마량놀토수산물시장	150,000	3	7	7	8	7	1	1	4
8826	전남 강진군	읍면대표축제	50,000	3	4	7	7	7	1	1	4
8827	전남 강진군	제52회강진청자불축제	1,400,000	3	4	2	7	2	1	1	1
8828	전남 강진군	제8회강진만춤추는갈대축제	800,000	3	4	2	7	2	1	1	1
8829	전남 강진군	2024국내외동하계전지훈련유치	400,000	3	4	4	7	1	1	1	2
8830	전남 강진군	제26회강진전라병영성축제	290,000	3	4	2	7	2	1	1	1
8831	전남 강진군	제2회강진수국길축제	290,000	3	4	2	7	7	1	1	1
8832	전남 강진군	강진하맥축제	290,000	3	4	7	7	7	1	1	1
8833	전남 강진군	군동풍동마을봄꽃축제	290,000	3	4	7	7	7	1	1	4
8834	전남 강진군	2024각종종목스토브리그추진	250,000	3	4	4	7	1	1	1	2
8835	전남 강진군	제63회전라남도체육대회지원	180,000	3	4	4	7	1	1	1	2
8836	전남 강진군	2024전라남도국수산맥국제바둑대회	150,000	3	4	4	7	1	1	1	2
8837	전남 강진군	2024전국초중고등부축구동계페스티벌	150,000	3	4	4	7	1	1	1	2

순번	시군구	지출명 (사업명)	2024년예산 (단위 : 천원 /1년간)	민간이전 분류 (지방자치단체 세출예산 집행기준에 의거) 1. 민간경상사업보조(307-02) 2. 민간단체 법정운영비보조(307-03) 3. 민간행사사업보조(307-04) 4. 민간위탁금(307-05) 5. 사회복지시설 법정운영비보조(307-10) 6. 민간인위탁교육비(307-12) 7. 공기관등에대한경상적위탁사업비(308-13) 8. 민간자본사업보조,자체재원(402-01) 9. 민간자본사업보조,이전재원(402-02) 10. 민간위탁사업비(402-03) 11. 공기관등에 대한 자본적 위탁사업비(403-02)	민간이전지출 근거 (지방보조금 관리기준 참고) 1. 법률에 규정 2. 국고보조 재원(국가지정) 3. 용도 지정 기부금 4. 조례에 직접규정 5. 지자체가 권장하는 사업을 하는 공공기관 6. 시,도 정책 및 재정사정 7. 기타 8. 해당없음	입찰방식 계약체결방법 (경쟁형태) 1. 일반경쟁 2. 제한경쟁 3. 지명경쟁 4. 수의계약 5. 법정위탁 6. 기타 ( ) 7. 없음	입찰방식 계약기간 1. 1년 2. 2년 3. 3년 4. 4년 5. 5년 6. 기타 ( )년 7. 단기계약 (1년미만) 8. 없음	입찰방식 낙찰자선정방법 1. 적격심사 2. 협상에의한계약 3. 최저가낙찰제 4. 규격가격분리 5. 2단계 경쟁입찰 6. 기타 ( ) 7. 없음	운영예산 산정 운영예산 산정 1. 내부산정 (지자체 자체적으로 산정) 2. 외부산정 (외부전문기관위탁 산정) 3. 내·외부 모두 산정 4. 산정 無 5. 없음	운영예산 산정 정산방법 1. 내부정산 (지자체 내부적으로 정산) 2. 외부정산 (외부전문기관위탁 정산) 3. 내·외부 모두 산정 4. 정산 無 5. 없음	성과평가 실시여부 1. 실시 2. 미실시 3. 향후 추진 4. 해당없음
8838	전남 강진군	2024강진청자배전국중등1학년축구페스티벌축구대회	150,000	3	4	4	7	1	1	1	2
8839	전남 강진군	제35회대통령기전국종별럭비선수권대회	120,000	3	4	4	7	1	1	1	2
8840	전남 강진군	2024강진청자배전국3:3길거리농구대회	120,000	3	4	4	7	1	1	1	2
8841	전남 강진군	제71회3.1절기념강진투어전국도로사이클대회	105,000	3	4	4	7	1	1	1	2
8842	전남 강진군	강진월출산봄소풍가는날	90,000	3	4	7	7	7	1	1	1
8843	전남 강진군	2024강진청자배배드민턴초중고스토브리그	80,000	3	4	4	7	1	1	1	2
8844	전남 강진군	각종운동부동하계전지훈련추진	70,000	3	4	4	7	1	1	1	2
8845	전남 강진군	군민을위한기도회	60,000	3	4	7	8	7	1	1	4
8846	전남 강진군	제16회강진청자배전라남도볼링클럽리그왕중왕전	60,000	3	4	4	7	1	1	1	2
8847	전남 강진군	제36회전라남도생활체육대축전출전	60,000	3	4	4	7	1	1	1	2
8848	전남 강진군	2024강진청자배전국남여배구대회(종별)	50,000	3	4	4	7	1	1	1	2
8849	전남 강진군	2024강진청자배숫돌이유소년축구스토브리그	50,000	3	4	4	7	1	1	1	2
8850	전남 강진군	2023전국생활체육배드민턴대회	50,000	3	4	4	7	1	1	1	2
8851	전남 강진군	생활체육활성화지원	50,000	3	4	4	7	1	1	1	2
8852	전남 강진군	읍면민의날및어버이날행사지원	44,000	3	4	7	8	7	1	1	4
8853	전남 강진군	군민의날행사(옥내)	40,000	3	4	7	8	7	1	1	4
8854	전남 강진군	2024강진오픈유소년탁구최강전	40,000	3	4	4	7	1	1	1	2
8855	전남 강진군	제18회강진청자배배드민턴대회	40,000	3	4	4	7	1	1	1	2
8856	전남 강진군	2024김억추장군배전국궁도대회	40,000	3	4	4	7	1	1	1	2
8857	전남 강진군	제32회전남장애인체육대회참가	40,000	3	4	4	7	1	1	1	2
8858	전남 강진군	두바퀴로그린자전거여행운영	36,000	3	4	4	7	1	1	1	2
8859	전남 강진군	청자골어린이한마당잔치	35,000	3	4	7	7	1	1	1	4
8860	전남 강진군	제2회강진청자배초중고등부축구대회	35,000	3	4	4	7	1	1	1	2
8861	전남 강진군	2024전라남도도지사기축구대회	35,000	3	4	4	7	1	1	1	2
8862	전남 강진군	백련사동백문화행사	30,000	3	4	7	8	7	1	1	4
8863	전남 강진군	제21회영랑시문학상운영	30,000	3	4	7	8	7	1	1	4
8864	전남 강진군	이장단한마음축제행사지원	30,000	3	4	7	8	7	1	1	4
8865	전남 강진군	2024강진청자배태권도한마당대회	30,000	3	4	4	7	1	1	1	2
8866	전남 강진군	해외전지훈련유치지원	30,000	3	4	4	7	1	1	1	2
8867	전남 강진군	2024강진청자배전국남영시니어실버배구대회	30,000	3	4	4	7	1	1	1	2
8868	전남 강진군	전라남도체육대회우수선수영입비	30,000	3	4	4	7	1	1	1	2
8869	전남 강진군	부처님오신날군민연등축제	28,000	3	4	7	8	7	1	1	4
8870	전남 강진군	2024K5전라남도(A,B)축구리그	25,000	3	4	4	7	1	1	1	2
8871	전남 강진군	각종체육대회출전지원	22,000	3	4	4	7	1	1	1	2
8872	전남 강진군	문화예술사업(문인화반운영등)	20,000	3	1	7	8	7	1	1	4
8873	전남 강진군	제16회백련사다례문화제개최	20,000	3	4	7	8	7	1	1	4
8874	전남 강진군	제5회현구문학상운영	20,000	3	4	7	8	7	1	1	4
8875	전남 강진군	강진군장애인한마음대축제운영비	20,000	3	1	7	8	7	1	1	1
8876	전남 강진군	제15회강진청자배전국생활체육탁구대회	20,000	3	4	4	7	1	1	1	2
8877	전남 강진군	2024강진청자배전라남도동호인당구대회	20,000	3	4	4	7	1	1	1	2

순번	시군구	지출명 (사업명)	2024년예산 (단위 : 천원 /1년간)	민간이전 분류 (지방자치단체 세출예산 집행기준에 의거) 1. 민간경상사업보조(307-02) 2. 민간단체 법정운영비보조(307-03) 3. 민간행사사업보조(307-04) 4. 민간위탁금(307-05) 5. 사회복지시설 법정운영비보조(307-10) 6. 민간인위탁교육비(307-12) 7. 공기관등에대한경상적위탁사업비(308-13) 8. 민간자본사업보조,자체재원(402-01) 9. 민간자본사업보조,이전재원(402-02) 10. 민간위탁사업비(402-03) 11. 공기관등에 대한 자본적 위탁사업비(403-02)	민간이전지출 근거 (지방보조금 관리기준 참고) 1. 법률에 규정 2. 국고보조 재원(국가지정) 3. 용도 지정 기부금 4. 조례에 직접규정 5. 지자체가 권장하는 사업을 하는 공공기관 6. 시,도 정책 및 재정사정 7. 기타 8. 해당없음	입찰방식 계약체결방법 (경쟁형태) 1. 일반경쟁 2. 제한경쟁 3. 지명경쟁 4. 수의계약 5. 법정위탁 6. 기타 ( ) 7. 없음	입찰방식 계약기간 1. 1년 2. 2년 3. 3년 4. 4년 5. 5년 6. 기타 ( )년 7. 단기계약 (1년미만) 8. 없음	입찰방식 낙찰자선정방법 1. 적격심사 2. 협상에의한계약 3. 최저가낙찰제 4. 규격가격분리 5. 2단계 경쟁입찰 6. 기타 ( ) 7. 없음	운영예산 산정 운영예산 산정 1. 내부산정 (지자체 자체적으로 산정) 2. 외부산정 (외부전문기관위탁 산정) 3. 내·외부 모두 산정 4. 산정 無 5. 없음	운영예산 산정 정산방법 1. 내부정산 (지자체 내부적으로 정산) 2. 외부정산 (외부전문기관위탁 정산) 3. 내·외부 모두 산정 4. 정산 無 5. 없음	성과평가 실시여부 1. 실시 2. 미실시 3. 향후 추진 4. 해당없음
8878	전남 강진군	2024청자배골프대회	20,000	3	4	4	7	1	1	1	2
8879	전남 강진군	2024전라남도장애인생활체육대회참가	20,000	3	4	4	7	1	1	1	2
8880	전남 강진군	2024강진군체육한마당	20,000	3	4	4	7	1	1	1	2
8881	전남 강진군	자원봉사대회	18,000	3	4	7	1	7	1	1	1
8882	전남 강진군	건강지킴이운동전개(3GO)(걷고,굴리고,올리고)	16,000	3	4	4	7	1	1	1	2
8883	전남 강진군	여성생활체육참여붐조성사업(4개사업)	16,000	3	4	4	7	1	1	1	2
8884	전남 강진군	강진성당부모공경孝콘서트	15,000	3	4	7	8	7	1	1	4
8885	전남 강진군	고성사산사음악회	15,000	3	4	7	8	7	1	1	4
8886	전남 강진군	옴천사산사음악회	15,000	3	4	7	8	7	1	1	4
8887	전남 강진군	남미륵사산사음악회	15,000	3	4	7	8	7	1	1	4
8888	전남 강진군	양성평등주간행사	15,000	3	1,4	1	7	1	1	1	4
8889	전남 강진군	노인회활성화지원(자체)	15,000	3	1,4	1	7	1	1	1	4
8890	전남 강진군	양성평등주간기념행사추진	15,000	3	1,4	1	7	1	1	1	4
8891	전남 강진군	새마을회봉사활동지원(각종행사보조)	15,000	3	1	7	8	7	1	1	4
8892	전남 강진군	제5회강진청자배전국동호회최강자전농구대회	15,000	3	4	4	7	1	1	1	2
8893	전남 강진군	제15회전국체전축구전남대표선발전개최	15,000	3	4	4	7	1	1	1	2
8894	전남 강진군	생활체육우수협회행사지원금(배가운동)	15,000	3	4	4	7	1	1	1	2
8895	전남 강진군	2024지체장애인각종대회참가	15,000	3	4	4	7	1	1	1	2
8896	전남 강진군	다문화가정한마당축제	13,000	3	4	4	7	1	1	1	2
8897	전남 강진군	제19회전라남도어르신생활체육대축전	12,000	3	1,4	1	7	1	1	1	4
8898	전남 강진군	강진군체육인의밤행사	11,000	3	4	4	7	1	1	1	2
8899	전남 강진군	제24회다산추모제	10,000	3	4	4	7	1	1	1	2
8900	전남 강진군	강진향교춘기,추기/석전대제	10,000	3	1	7	8	7	1	1	4
8901	전남 강진군	성탄절트리설치/및점등행사	10,000	3	4	7	8	7	1	1	4
8902	전남 강진군	원사(서원)보존및문화행사개최	10,000	3	4	7	8	7	1	1	4
8903	전남 강진군	지역경제활성화전통시장장터문화한마당	10,000	3	4	7	8	7	1	1	4
8904	전남 강진군	2024강진투어마스터즈대회	10,000	3	4	7	7	7	1	1	4
8905	전남 강진군	2024서남권친선그라운드골프대회	10,000	3	4	4	7	1	1	1	2
8906	전남 강진군	2024우수클럽초청볼링대회	10,000	3	4	4	7	1	1	1	2
8907	전남 강진군	제11회전라남도지사기그라운드골프대회	10,000	3	4	4	7	1	1	1	2
8908	전남 강진군	군민건강9988(에어로빅,요가등)	10,000	3	4	4	7	1	1	1	2
8909	전남 강진군	제18회강진군협회장기사회인야구대회	10,000	3	4	4	7	1	1	1	2
8910	전남 강진군	제32회전남장애인체육대회임원단복구입비(격년제)	10,000	3	4	4	7	1	1	1	2
8911	전남 강진군	2024강진군장애인어울림한마당개최	10,000	3	4	4	7	1	1	1	2
8912	전남 강진군	어린이집교직원역량강화추진등	9,000	3	1	1	7	1	1	1	2
8913	전남 강진군	노인복지시설및기관복지증진	8,000	3	1,4	7	7	1	1	1	4
8914	전남 강진군	제22회강진군수기직장및사회단체남여배구대회	8,000	3	4	4	7	1	1	1	4
8915	전남 강진군	전국체전및전국생활체육대축전선수단격려	8,000	3	4	4	7	1	1	1	2
8916	전남 강진군	다솜사랑효도잔치	7,000	3	7	1	7	1	1	1	2
8917	전남 강진군	올농사평가한마당행사	7,000	3	1	7	7	7	1	1	4

순번	시군구	지출명 (사업명)	2024년예산 (단위 : 천원 /1년간)	민간이전 분류 (지방자치단체 세출예산 집행기준에 의거) 1. 민간경상사업보조(307-02) 2. 민간단체 법정운영비보조(307-03) 3. 민간행사사업보조(307-04) 4. 민간위탁금(307-05) 5. 사회복지시설 법정운영비보조(307-10) 6. 민간인위탁교육비(307-12) 7. 공기관등에대한경상적위탁사업비(308-13) 8. 민간자본사업보조,자체재원(402-01) 9. 민간자본사업보조,이전재원(402-02) 10. 민간위탁사업비(402-03) 11. 공기관등에 대한 자본적 위탁사업비(403-02)	민간이전지출 근거 (지방보조금 관리기준 참고) 1. 법률에 규정 2. 국고보조 재원(국가지정) 3. 용도 지정 기부금 4. 조례에 직접규정 5. 지자체가 권장하는 사업을 하는 공공기관 6. 시,도 정책 및 재정사정 7. 기타 8. 해당없음	입찰방식: 계약체결방법 (경쟁형태) 1. 일반경쟁 2. 제한경쟁 3. 지명경쟁 4. 수의계약 5. 법정위탁 6. 기타 ( ) 7. 없음	입찰방식: 계약기간 1. 1년 2. 2년 3. 3년 4. 4년 5. 5년 6. 기타 ( )년 7. 단기계약 (1년미만) 8. 없음	입찰방식: 낙찰자선정방법 1. 적격심사 2. 협상에의한계약 3. 최저가낙찰제 4. 규격가격분리 5. 2단계 경쟁입찰 6. 기타 ( ) 7. 없음	운영예산 산정: 운영예산 산정 1. 내부산정 (지자체 자체적으로 산정) 2. 외부산정 (외부전문기관위탁 산정) 3. 내·외부 모두 산정 4. 산정 無 5. 없음	운영예산 산정: 정산방법 1. 내부정산 (지자체 내부적으로 정산) 2. 외부정산 (외부전문기관위탁 정산) 3. 내·외부 모두 산정 4. 정산 無 5. 없음	성과평가 실시여부 1. 실시 2. 미실시 3. 향후 추진 4. 해당없음
8918	전남 강진군	2024청자배남여배드민턴동호인대회	7,000	3	4	4	7	1	1	1	2
8919	전남 강진군	2024패러글라이딩동호인대회	7,000	3	4	4	7	1	1	1	2
8920	전남 강진군	제24회전남농아인체육대회참가	7,000	3	4	4	7	1	1	1	2
8921	전남 강진군	강진군새마을지도자대회	6,000	3	1	7	8	7	1	1	4
8922	전남 강진군	제1회강진모란1리길MTB동호인대회	6,000	3	4	4	7	1	1	1	2
8923	전남 강진군	제25회강진군수배동호인축구대회	6,000	3	4	4	7	1	1	1	2
8924	전남 강진군	제3회강진군협회장기축구대회	6,000	3	4	4	7	1	1	1	2
8925	전남 강진군	2024청자배풋살대회	6,000	3	4	4	7	1	1	1	2
8926	전남 강진군	2024청자배바둑대회	6,000	3	4	4	7	1	1	1	2
8927	전남 강진군	2024강진청자배그라운드골프대회	6,000	3	4	4	7	1	1	1	2
8928	전남 강진군	제24회강진청자배전남광주테니스대회	6,000	3	4	4	7	1	1	1	2
8929	전남 강진군	2024강진명상생활체육등산대회	6,000	3	4	4	7	1	1	1	2
8930	전남 강진군	제14회전남8개시군친선궁도대회	6,000	3	4	4	7	1	1	1	2
8931	전남 강진군	강진군체육회임직원및종목단체워크숍	6,000	3	4	4	7	1	1	1	2
8932	전남 강진군	2024청자골동호인남여배구대회	5,000	3	4	4	7	1	1	1	2
8933	전남 강진군	2024강진군의회의장기게이트볼동호인대회	5,000	3	4	4	7	1	1	1	2
8934	전남 강진군	제24회강진군수배생활체육게이트볼대회	5,000	3	4	4	7	1	1	1	2
8935	전남 강진군	제2회강진군협회장기게이트볼대회	5,000	3	4	4	7	1	1	1	2
8936	전남 강진군	2024강진청자배우수팀초청여자축구대회	5,000	3	4	4	7	1	1	1	2
8937	전남 강진군	2024강진군한마음축구대회	5,000	3	4	4	7	1	1	1	2
8938	전남 강진군	2024강진군협회장배당구동호인대회	5,000	3	4	4	7	1	1	1	2
8939	전남 강진군	강진군장애인복지관볼링교실운영	5,000	3	4	4	7	1	1	1	2
8940	전남 강진군	장애인체육각종행사참여에따른인솔및현장업무추진비	5,000	3	4	4	7	1	1	1	2
8941	전남 강진군	각종체육행사및교육등출장여비	5,000	3	4	4	7	1	1	1	2
8942	전남 강진군	강진향교초하루/보름봉심	4,800	3	4	7	8	7	1	1	4
8943	전남 강진군	제18회청자배생활체육수영대회	4,500	3	4	4	7	1	1	1	2
8944	전남 강진군	2024각종장애인체육대회출전지원	4,200	3	4	4	7	1	1	1	2
8945	전남 강진군	제3회전남지체장애인체육대회출전	4,200	3	4	4	7	1	1	1	2
8946	전남 강진군	기독교연합회동서화합/민간교류행사	4,000	3	4	7	8	7	1	1	4
8947	전남 강진군	전남장애인의날행사참석	4,000	3	1	7	8	7	1	1	1
8948	전남 강진군	제23회강진청자배볼링동호인대회	4,000	3	4	4	7	1	1	1	2
8949	전남 강진군	제28회강진군수배생활체육테니스대회	4,000	3	4	4	7	1	1	1	2
8950	전남 강진군	2024강진군협회장배궁도동호인대회	4,000	3	4	4	7	1	1	1	2
8951	전남 강진군	2024청자배탁구동호인대회	4,000	3	4	4	7	1	1	1	2
8952	전남 강진군	2024강진군농구협회장배3:3농구대회	4,000	3	4	4	7	1	1	1	2
8953	전남 강진군	2024강진군시각장애인체육대회참가	4,000	3	4	4	7	1	1	1	2
8954	전남 강진군	제2회전라남도시각장애인체육대회참가	4,000	3	4	4	7	1	1	1	2
8955	전남 강진군	강진군방범연합회봉사왕선발대회	3,500	3	1	7	7	7	1	1	4
8956	전남 강진군	성동리은행나무당산제	3,000	3	2	7	8	7	1	1	1
8957	전남 강진군	20246개시군친선게이트볼대회	3,000	3	4	4	7	1	1	1	2

순번	시군구	지출명 (사업명)	2024년예산 (단위 : 천원 /1년간)	민간이전 분류 (지방자치단체 세출예산 집행기준에 의거) 1. 민간경상사업보조(307-02) 2. 민간단체 법정운영비보조(307-03) 3. 민간행사사업보조(307-04) 4. 민간위탁금(307-05) 5. 사회복지시설 법정운영비보조(307-10) 6. 민간인위탁교육비(307-12) 7. 공기관등에대한경상적위탁사업비(308-13) 8. 민간자본사업보조,자체재원(402-01) 9. 민간자본사업보조,이전재원(402-02) 10. 민간위탁사업비(402-03) 11. 공기관등에 대한 자본적 위탁사업비(403-02)	민간이전지출 근거 (지방보조금 관리기준 참고) 1. 법률에 규정 2. 국고보조 재원(국가지정) 3. 용도 지정 기부금 4. 조례에 직접규정 5. 지자체가 권장하는 사업을 하는 공공기관 6. 시,도 정책 및 재정사정 7. 기타 8. 해당없음	입찰방식			운영예산 산정		성과평가 실시여부
						계약체결방법 (경쟁형태) 1. 일반경쟁 2. 제한경쟁 3. 지명경쟁 4. 수의계약 5. 법정위탁 6. 기타 ( ) 7. 없음	계약기간 1. 1년 2. 2년 3. 3년 4. 4년 5. 5년 6. 기타 ( )년 7. 단기계약 (1년미만) 8. 없음	낙찰자선정방법 1. 적격심사 2. 협상에의한계약 3. 최저가낙찰제 4. 규격가격분리 5. 2단계 경쟁입찰 6. 기타 ( ) 7. 없음	운영예산 산정 1. 내부산정 (지자체 자체적으로 산정) 2. 외부산정 (외부전문기관위탁 산정) 3. 내·외부 모두 산정 4. 산정 無 5. 없음	정산방법 1. 내부정산 (지자체 내부적으로 정산) 2. 외부정산 (외부전문기관위탁 정산) 3. 내·외부 모두 산정 4. 정산 無 5. 없음	1. 실시 2. 미실시 3. 향후 추진 4. 해당없음
8958	전남 강진군	2024강진군협회장배그라운드골프대회	3,000	3	4	4	7	1	1	1	2
8959	전남 강진군	2024강진군협회장배군민족구대회	3,000	3	4	4	7	1	1	1	2
8960	전남 강진군	전국지체장애인파크골프대회참가	3,000	3	4	4	7	1	1	1	2
8961	전남 강진군	각종장애인체육행사및회의등출장여비	3,000	3	4	4	7	1	1	1	2
8962	전남 강진군	장애인체육활성화지원	3,000	3	4	4	7	1	1	1	2
8963	전남 강진군	삼인리비자나무당산제	2,800	3	2	7	8	7	1	1	1
8964	전남 강진군	강진군청각,언어장애인체육대회	2,500	3	4	4	7	1	1	1	2
8965	전남 강진군	사당리당전마을당산제	2,000	3	2	7	8	7	1	1	1
8966	전남 강진군	지체장애인한마음대축제및장애인부부합동결혼식참석	2,000	3	1	7	8	7	1	1	1
8967	전남 강진군	전남장애인기능경기대회참석	2,000	3	1	7	8	7	1	1	1
8968	전남 강진군	2024서울국제초청장애인파크골프대회참가	2,000	3	4	4	7	1	1	1	2
8969	전남 강진군	전남시각장애인흰지팡이의날행사	1,500	3	1	7	8	7	1	1	1
8970	전남 강진군	제44회전국장애인체육대회출전선수지원	1,500	3	4	4	7	1	1	1	2
8971	전남 해남군	해남미남(味南)축제	770,000	3	4	7	8	7	1	1	4
8972	전남 해남군	노인의날및경로의달기념행사(14읍면)	250,000	3	6	7	1	7	1	1	4
8973	전남 해남군	춘계전국중고농구연맹전	150,000	3	4	7	8	7	1	1	4
8974	전남 해남군	야영장활성화지원사업	100,000	3	2	7	8	7	5	5	4
8975	전남 해남군	스토브리그개최지원금	90,000	3	4	7	8	7	1	1	4
8976	전남 해남군	명량역사체험마당행사운영비	80,000	3	4	7	8	7	1	1	4
8977	전남 해남군	고산문학축전	80,000	3	4	7	8	7	1	1	3
8978	전남 해남군	초의문화제	70,000	3	4	7	1	7	1	1	3
8979	전남 해남군	호국불교국제학술대회	70,000	3	1	7	8	7	5	5	4
8980	전남 해남군	호국정신및나라사랑문화공연	60,000	3	1	7	8	7	1	1	3
8981	전남 해남군	중고소프트테니스대회	60,000	3	4	7	8	7	1	1	4
8982	전남 해남군	땅끝해남전국국악경연대회	52,600	3	4	7	1	7	1	1	3
8983	전남 해남군	땅끝해남기전국학생검도대회	45,000	3	4	7	8	7	1	1	4
8984	전남 해남군	전국차도구공모전	40,000	3	4	7	1	7	1	1	3
8985	전남 해남군	흑석산철쭉제지원	35,000	3	4	7	8	7	1	1	4
8986	전남 해남군	땅끝해남오기택전국가요제	35,000	3	4	7	1	7	1	1	3
8987	전남 해남군	동호인대회운영지원	33,000	3	4	7	8	7	1	1	4
8988	전남 해남군	해남읍민의날행사	32,000	3	4	7	8	7	1	1	4
8989	전남 해남군	연등문화축제지원	30,000	3	4	7	8	7	1	1	4
8990	전남 해남군	해남예술제	30,000	3	4	7	1	7	1	1	3
8991	전남 해남군	서산대사호국정신법요식	30,000	3	1	7	8	7	5	5	4
8992	전남 해남군	한농연한여농한마음대회지원	30,000	3	6	7	8	7	5	5	4
8993	전남 해남군	한국실업펜싱연맹회장배선수권대회	30,000	3	4	7	8	7	1	1	4
8994	전남 해남군	땅끝공룡기전국축구페스티벌	30,000	3	4	7	8	7	1	1	4
8995	전남 해남군	땅끝공룡기전국배구페스티벌	30,000	3	4	7	8	7	1	1	4
8996	전남 해남군	송지면민의날행사	27,000	3	4	7	8	7	1	1	4
8997	전남 해남군	황산면민의날행사	26,000	3	4	7	8	7	1	1	4

순번	시군구	지출명 (사업명)	2024년예산 (단위 : 천원 /1년간)	민간이전 분류 (지방자치단체 세출예산 집행기준에 의거) 1. 민간경상사업보조(307-02) 2. 민간단체 법정운영비보조(307-03) 3. 민간행사사업보조(307-04) 4. 민간위탁금(307-05) 5. 사회복지시설 법정운영비보조(307-10) 6. 민간인위탁교육비(307-12) 7. 공기관등에대한경상적위탁사업비(308-13) 8. 민간자본사업보조,자체재원(402-01) 9. 민간자본사업보조,이전재원(402-02) 10. 민간위탁사업비(402-03) 11. 공기관등에 대한 자본적 위탁사업비(403-02)	민간이전지출 근거 (지방보조금 관리기준 참고) 1. 법률에 규정 2. 국고보조 재원(국가지정) 3. 용도 지정 기부금 4. 조례에 직접규정 5. 지자체가 권장하는 사업을 하는 공공기관 6. 시,도 정책 및 재정사정 7. 기타 8. 해당없음	입찰방식 계약체결방법 (경쟁형태) 1. 일반경쟁 2. 제한경쟁 3. 지명경쟁 4. 수의계약 5. 법정위탁 6. 기타 ( ) 7. 없음	입찰방식 계약기간 1. 1년 2. 2년 3. 3년 4. 4년 5. 5년 6. 기타 ( )년 7. 단기계약 (1년미만) 8. 없음	입찰방식 낙찰자선정방법 1. 적격심사 2. 협상에의한계약 3. 최저가낙찰제 4. 규격가격분리 5. 2단계 경쟁입찰 6. 기타 ( ) 7. 없음	운영예산 산정 운영예산 산정 1. 내부산정 (지자체 자체적으로 산정) 2. 외부산정 (외부전문기관위탁 산정) 3. 내·외부 모두 산정 4. 산정 無 5. 없음	운영예산 산정 정산방법 1. 내부정산 (지자체 내부적으로 정산) 2. 외부정산 (외부전문기관위탁 정산) 3. 내·외부 모두 산정 4. 정산 無 5. 없음	성과평가 실시여부 1. 실시 2. 미실시 3. 향후 추진 4. 해당없음
8998	전남 해남군	해남청년축제지원	25,000	3	7	7	8	7	1	1	4
8999	전남 해남군	청소년한마당축제	25,000	3	6	7	8	7	1	1	4
9000	전남 해남군	산이면민의날행사	25,000	3	4	7	8	7	1	1	4
9001	전남 해남군	문내면민의날행사	25,000	3	4	7	8	7	1	1	4
9002	전남 해남군	화산면민의날행사	24,000	3	4	7	8	7	1	1	4
9003	전남 해남군	화원면민의날행사	24,000	3	4	7	8	7	1	1	4
9004	전남 해남군	삼산면민의날행사	23,000	3	4	7	8	7	1	1	4
9005	전남 해남군	현산면민의날행사	23,000	3	4	7	8	7	1	1	4
9006	전남 해남군	북평면민의날행사	23,000	3	4	7	8	7	1	1	4
9007	전남 해남군	옥천면민의날행사	23,000	3	4	7	8	7	1	1	4
9008	전남 해남군	전남지역장애인어울림대회행사지원	23,000	3	7	7	8	7	1	1	4
9009	전남 해남군	계곡면민의날행사	22,000	3	4	7	8	7	1	1	4
9010	전남 해남군	마산면민의날행사	22,000	3	4	7	8	7	1	1	4
9011	전남 해남군	북일면민의날행사	21,000	3	4	7	8	7	1	1	4
9012	전남 해남군	황산연자연호마을우리밀축제	20,000	3	4	7	8	7	5	5	4
9013	전남 해남군	군민화합음악회	20,000	3	4	7	1	7	1	1	3
9014	전남 해남군	전남국악협회남도국악제개최(군비부담분)	20,000	3	4	7	1	7	1	1	3
9015	전남 해남군	서산대제및나라사랑글쓰기대회	20,000	3	4	7	1	7	1	1	3
9016	전남 해남군	김남주문학제	20,000	3	4	7	1	7	1	1	3
9017	전남 해남군	생활체육교실운영	20,000	3	4	7	8	7	1	1	4
9018	전남 해남군	땅끝공룡기전국펜싱페스티벌	20,000	3	4	7	8	7	1	1	4
9019	전남 해남군	양성평등주간행사운영	15,000	3	1	7	8	7	1	1	4
9020	전남 해남군	노인복지시설종사자休아카데미행사	15,000	3	4	7	8	7	1	1	4
9021	전남 해남군	공재문화제	15,000	3	4	7	8	7	1	1	3
9022	전남 해남군	우수영강강술래출연비지원	15,000	3	4	7	1	7	1	1	3
9023	전남 해남군	농업경영인회중앙도대회및자매결연행사지원	15,000	3	6	7	8	7	5	5	4
9024	전남 해남군	동호인체육활동지원	15,000	3	4	7	8	7	1	1	4
9025	전남 해남군	여성단체협의회사업지원	12,000	3	4	7	8	7	1	1	4
9026	전남 해남군	다문화가족한마음축제	12,000	3	6	7	8	7	1	1	3
9027	전남 해남군	도단위이상체육대회참가지원	12,000	3	4	7	8	7	1	1	4
9028	전남 해남군	전라남도그라운드골프대회	12,000	3	4	7	8	7	1	1	4
9029	전남 해남군	원사추모대제	11,900	3	4	7	1	7	1	1	3
9030	전남 해남군	성탄트리점등식	11,000	3	4	7	1	7	1	1	3
9031	전남 해남군	문내새봄새김치담그기축제	10,000	3	4	7	8	7	5	5	4
9032	전남 해남군	제51회군민의날초청환영행사	10,000	3	4	7	8	7	1	1	4
9033	전남 해남군	통일분위기확산사업지원	10,000	3	4	7	8	7	1	1	4
9034	전남 해남군	어란진성문화축제	10,000	3	4	7	1	7	1	1	3
9035	전남 해남군	미황사괘불재	10,000	3	4	7	1	7	1	1	3
9036	전남 해남군	해남군임업인한마음대회행사지원	10,000	3	4	7	8	7	5	5	4
9037	전남 해남군	전국으뜸농산물한마당행사지원	10,000	3	6	7	8	7	5	5	4

순번	시군구	지출명 (사업명)	2024년예산 (단위 : 천원 /1년간)	민간이전 분류 (지방자치단체 세출예산 집행기준에 의거) 1. 민간경상사업보조(307-02) 2. 민간단체 법정운영비보조(307-03) 3. 민간행사사업보조(307-04) 4. 민간위탁금(307-05) 5. 사회복지시설 법정운영비보조(307-10) 6. 민간인위탁교육비(307-12) 7. 공기관등에대한경상적위탁사업비(308-13) 8. 민간자본사업보조,자체재원(402-01) 9. 민간자본사업보조,이전재원(402-02) 10. 민간위탁사업비(402-03) 11. 공기관등에 대한 자본적 위탁사업비(403-02)	민간이전지출 근거 (지방보조금 관리기준 참고) 1. 법률에 규정 2. 국고보조 재원(국가지정) 3. 용도 지정 기부금 4. 조례에 직접규정 5. 지자체가 권장하는 사업을 하는 공공기관 6. 시,도 정책 및 재정사정 7. 기타 8. 해당없음	입찰방식			운영예산 산정		성과평가 실시여부
						계약체결방법 (경쟁형태) 1. 일반경쟁 2. 제한경쟁 3. 지명경쟁 4. 수의계약 5. 법정위탁 6. 기타 ( ) 7. 없음	계약기간 1. 1년 2. 2년 3. 3년 4. 4년 5. 5년 6. 기타 ( )년 7. 단기계약 (1년미만) 8. 없음	낙찰자선정방법 1. 적격심사 2. 협상에의한계약 3. 최저가낙찰제 4. 규격가격분리 5. 2단계 경쟁입찰 6. 기타 ( ) 7. 없음	운영예산 산정 1. 내부산정 (지자체 자체적으로 산정) 2. 외부산정 (외부전문기관위탁 산정) 3. 내·외부 모두 산정 4. 산정 無 5. 없음	정산방법 1. 내부정산 (지자체 내부적으로 정산) 2. 외부정산 (외부전문기관위탁 정산) 3. 내·외부 모두 산정 4. 정산 無 5. 없음	1. 실시 2. 미실시 3. 향후 추진 4. 해당없음
9038	전남 해남군	해남군장애인어울림대회행사지원	10,000	3	7	7	8	7	1	1	4
9039	전남 해남군	땅끝공룡기전국레슬링페스티벌	10,000	3	4	7	8	7	1	1	4
9040	전남 해남군	고정희문화제	9,000	3	4	7	1	7	1	1	3
9041	전남 해남군	전남연극제참가	8,000	3	4	7	1	7	1	1	3
9042	전남 해남군	장애인협회도단위이상체육대회참가지원	8,000	3	7	7	8	7	1	1	4
9043	전남 해남군	클럽대항축구대회	8,000	3	4	7	8	7	1	1	4
9044	전남 해남군	초의선사다도문화전승교육지원	7,200	3	4	7	1	7	1	1	3
9045	전남 해남군	심호이동주문학제	7,000	3	4	7	1	7	1	1	3
9046	전남 해남군	이북5도민망향행사지원	6,000	3	4	7	8	7	1	1	4
9047	전남 해남군	한국전쟁전후민간인희생자위령사업	6,000	3	4	7	8	7	1	1	4
9048	전남 해남군	남도국악제참가	6,000	3	4	7	1	7	1	1	3
9049	전남 해남군	해남전국시조백일장	6,000	3	4	7	1	7	1	1	3
9050	전남 해남군	석전대제	6,000	3	4	7	1	7	1	1	3
9051	전남 해남군	충무공이순신탄신다례행사	5,000	3	4	7	8	7	1	1	4
9052	전남 해남군	전몰경찰관추모제	5,000	3	4	7	8	7	1	1	4
9053	전남 해남군	옥매광산118인희생광부위령사업	5,000	3	4	7	8	7	1	1	4
9054	전남 해남군	전남청소년연극제참가	5,000	3	4	7	1	7	1	1	3
9055	전남 해남군	만의총추모대제	5,000	3	4	7	1	7	1	1	3
9056	전남 해남군	우수영부녀농요출연비지원	5,000	3	4	7	8	7	1	1	3
9057	전남 해남군	4H중앙대회참여및교육지원	5,000	3	6	7	8	7	5	5	4
9058	전남 해남군	장애인체육대회개별종목선수단참가지원	5,000	3	7	7	8	7	1	1	4
9059	전남 해남군	땅끝배동호인배구대회	5,000	3	4	7	8	7	1	1	4
9060	전남 해남군	농촌지도자회원전국대회참여지원	4,000	3	6	7	8	7	5	5	4
9061	전남 해남군	생활개선회원중앙대회참여및교육지원	4,000	3	6	7	8	7	5	5	4
9062	전남 해남군	땅끝해남민속장기대회	3,000	3	4	7	1	7	1	1	3
9063	전남 해남군	방춘서원삼정승추모대제	3,000	3	4	7	1	7	1	1	3
9064	전남 해남군	도덕성회복결의대회	3,000	3	4	7	1	7	1	1	3
9065	전남 해남군	기로연행사	3,000	3	4	7	1	7	1	1	3
9066	전남 해남군	성년작명례	3,000	3	4	7	1	7	1	1	3
9067	전남 해남군	재향경우회전적지및호국안보현장견학	2,500	3	1	7	8	7	1	1	4
9068	전남 해남군	단군전추모대제	2,500	3	4	7	1	7	1	1	3
9069	전남 해남군	성년례	2,000	3	4	7	1	7	1	1	3
9070	전남 해남군	작명례	1,000	3	4	7	1	7	1	1	3
9071	전남 영암군	조선해양구조물관리플랫폼구축사업(2차년도)	1,550,000	3	5	7	8	7	1	1	4
9072	전남 영암군	사회적경제기업육성프로젝트(주민참여예산)	276,000	3	1	1	7	1	1	1	4
9073	전남 영암군	국수산맥국제바둑대회	170,000	3	2	7	8	7	5	5	4
9074	전남 영암군	국가무형문화재전승공동체활성화사업	86,000	3	2	7	8	7	5	5	4
9075	전남 영암군	읍면민의날옥내행사지원(9개면)	72,000	3	4	7	8	7	1	1	2
9076	전남 영암군	전국김창조국악대전	50,000	3	4	7	8	7	5	5	1
9077	전남 영암군	월출산경관단지유채꽃축제지원	50,000	3	7	7	8	7	5	5	4

순번	시군구	지출명 (사업명)	2024년예산 (단위 : 천원 /1년간)	민간이전 분류 (지방자치단체 세출예산 집행기준에 의거) 1. 민간경상사업보조(307-02) 2. 민간단체 법정운영비보조(307-03) 3. 민간행사사업보조(307-04) 4. 민간위탁금(307-05) 5. 사회복지시설 법정운영비보조(307-10) 6. 민간인위탁교육비(307-12) 7. 공기관등에대한경상적위탁사업비(308-13) 8. 민간자본사업보조,자체재원(402-01) 9. 민간자본사업보조,이전재원(402-02) 10. 민간위탁사업비(402-03) 11. 공기관등에 대한 자본적 위탁사업비(403-02)	민간이전지출 근거 (지방보조금 관리기준 참고) 1. 법률에 규정 2. 국고보조 재원(국가지정) 3. 용도 지정 기부금 4. 조례에 직접규정 5. 지자체가 권장하는 사업을 하는 공공기관 6. 시,도 정책 및 재정사정 7. 기타 8. 해당없음	입찰방식: 계약체결방법 (경쟁형태) 1. 일반경쟁 2. 제한경쟁 3. 지명경쟁 4. 수의계약 5. 법정위탁 6. 기타 ( ) 7. 없음	입찰방식: 계약기간 1. 1년 2. 2년 3. 3년 4. 4년 5. 5년 6. 기타 ( )년 7. 단기계약 (1년미만) 8. 없음	입찰방식: 낙찰자선정방법 1. 적격심사 2. 협상에의한계약 3. 최저가낙찰제 4. 규격가격분리 5. 2단계 경쟁입찰 6. 기타 ( ) 7. 없음	운영예산 산정: 운영예산 산정 1. 내부산정 (지자체 자체적으로 산정) 2. 외부산정 (외부전문기관위탁 산정) 3. 내·외부 모두 산정 4. 산정 無 5. 없음	운영예산 산정: 정산방법 1. 내부정산 (지자체 내부적으로 정산) 2. 외부정산 (외부전문기관위탁 정산) 3. 내·외부 모두 산정 4. 정산 無 5. 없음	성과평가 실시여부 1. 실시 2. 미실시 3. 향후 추진 4. 해당없음
9078	전남 영암군	2024영암코리아슈퍼바이크페스티벌	40,000	3	7	6	1	7	1	1	1
9079	전남 영암군	대불산단내외국인한마당대회지원	25,000	3	7	7	8	7	5	5	4
9080	전남 영암군	영암군연등문화행사	24,500	3	4	7	8	7	5	5	1
9081	전남 영암군	읍면민의날옥내행사지원(영암삼호읍)	20,000	3	4	7	8	7	1	1	2
9082	전남 영암군	반딧불축제지원	20,000	3	4	7	8	7	5	5	4
9083	전남 영암군	518민주화운동기념행사지원	20,000	3	1,4	7	8	7	1	1	1
9084	전남 영암군	왕인박사학술대회개최	20,000	3	4	7	8	7	5	5	4
9085	전남 영암군	축산물홍보시식회지원	18,000	3	7	7	8	7	5	5	4
9086	전남 영암군	보훈단체호국순례행사지원	16,000	3	1,4	7	8	7	1	1	1
9087	전남 영암군	세시풍속행사지원	15,000	3	8	7	8	7	5	5	4
9088	전남 영암군	도갑사산사이야기전시회지원	9,800	3	4	7	8	7	5	5	1
9089	전남 영암군	6.25전쟁민간희생자위령사업지원	9,000	3	1	6	8	6	1	1	2
9090	전남 영암군	생활개선회어울림한마당및교육	8,400	3	1	7	8	7	5	5	4
9091	전남 영암군	자원재활용품수집행사운영	8,000	3	1	7	8	7	1	1	1
9092	전남 영암군	남도3만리그리운내고향전시지원	7,000	3	8	7	8	7	5	5	4
9093	전남 영암군	영보풍향제행사지원	7,000	3	4	7	8	7	5	5	1
9094	전남 영암군	6.25전쟁기념행사지원	7,000	3	1,4	7	8	7	1	1	1
9095	전남 영암군	남해신사제례행사비	7,000	3	4	7	8	7	5	5	4
9096	전남 영암군	6.25참전경찰유공자회호국순례및합동위령제지원	6,000	3	1,4	7	8	7	1	1	1
9097	전남 영암군	31절기념행사지원	4,000	3	1,4	7	8	7	1	1	1
9098	전남 영암군	덕진여사추모제행사지원	3,500	3	4	7	8	7	5	5	1
9099	전남 영암군	농업인단체영호남자매결연지원	3,500	3	7	7	8	7	5	5	4
9100	전남 영암군	청소년나라사랑교육및호국순례	3,000	3	1,4	7	8	7	1	1	1
9101	전남 영암군	호국보훈의달추념행사지원	3,000	3	1,4	7	8	7	1	1	1
9102	전남 영암군	춘향제지원	2,800	3	4	7	8	7	5	5	4
9103	전남 영암군	신년충혼탑참배행사지원	1,500	3	1,4	7	8	7	1	1	1
9104	전남 영암군	한시백일장참가자보상	1,120	3	4	7	8	7	5	5	4
9105	전남 영암군	전남새마을지도자대회참석운영	1,100	3	1	7	8	7	1	1	1
9106	전남 영암군	회문리항일운동추모지원	1,000	3	4	7	8	7	5	5	1
9107	전남 무안군	지역사회보장협의체사업지원	46,200	3	1	5	8	7	1	1	1
9108	전남 무안군	6.25전쟁정전기념행사	9,000	3	4	7	8	7	1	1	1
9109	전남 무안군	민간행사사업보조	800,000	3	4	7	8	7	5	5	4
9110	전남 함평군	전라남도체육대회참가지원	145,000	3	1	4	1	6	1	1	2
9111	전남 함평군	전라남도생활체육대축전참가지원	90,000	3	1	4	1	6	1	1	2
9112	전남 함평군	읍면민의날행사지원	83,000	3	4	7	8	7	5	5	1
9113	전남 함평군	도단위이상각종체육대회개최및참가지원	40,000	3	1	4	1	6	1	1	2
9114	전남 함평군	민주평화통일자문회의지원	36,000	3	1	7	8	7	1	1	1
9115	전남 함평군	새마을함평군회행사사업(녹색새마을,나라품격높이기등)	31,038	3	1	7	8	7	1	1	1
9116	전남 함평군	전통세시풍속재현행사	30,500	3	6	7	8	7	1	1	4
9117	전남 함평군	함평군수배전국유소년야구대회개최지원	30,000	3	1	4	1	6	1	1	2

순번	시군구	지출명 (사업명)	2024년예산 (단위 : 천원 /1년간)	민간이전 분류 (지방자치단체 세출예산 집행기준에 의거) 1. 민간경상사업보조(307-02) 2. 민간단체 법정운영비보조(307-03) 3. 민간행사사업보조(307-04) 4. 민간위탁금(307-05) 5. 사회복지시설 법정운영비보조(307-10) 6. 민간인위탁교육비(307-12) 7. 공기관등에대한경상적위탁사업비(308-13) 8. 민간자본사업보조,자체재원(402-01) 9. 민간자본사업보조,이전재원(402-02) 10. 민간위탁사업비(402-03) 11. 공기관등에 대한 자본적 위탁사업비(403-02)	민간이전지출 근거 (지방보조금 관리기준 참고) 1. 법률에 규정 2. 국고보조 재원(국가지정) 3. 용도 지정 기부금 4. 조례에 직접규정 5. 지자체가 권장하는 사업을 하는 공공기관 6. 시,도 정책 및 재정사정 7. 기타 8. 해당없음	입찰방식 계약체결방법 (경쟁형태) 1. 일반경쟁 2. 제한경쟁 3. 지명경쟁 4. 수의계약 5. 법정위탁 6. 기타 ( ) 7. 없음	입찰방식 계약기간 1. 1년 2. 2년 3. 3년 4. 4년 5. 5년 6. 기타 ( )년 7. 단기계약 (1년미만) 8. 없음	입찰방식 낙찰자선정방법 1. 적격심사 2. 협상에의한계약 3. 최저가낙찰제 4. 규격가격분리 5. 2단계 경쟁입찰 6. 기타 ( ) 7. 없음	운영예산 산정 운영예산 산정 1. 내부산정 (지자체 자체적으로 산정) 2. 외부산정 (외부전문기관위탁 산정) 3. 내·외부 모두 산정 4. 산정 無 5. 없음	운영예산 산정 정산방법 1. 내부정산 (지자체 내부적으로 정산) 2. 외부정산 (외부전문기관위탁 정산) 3. 내·외부 모두 산정 4. 정산 無 5. 없음	성과평가 실시여부 1. 실시 2. 미실시 3. 향후 추진 4. 해당없음
9118	전남 함평군	전라남도학생종합체육대회태권도대회개최지원	30,000	3	1	4	1	6	1	1	2
9119	전남 함평군	제4회전라남도체육회장기배드민턴대회개최지원	30,000	3	1	4	1	6	1	1	2
9120	전남 함평군	각종체육대회개최및유치	30,000	3	1	4	1	6	1	1	2
9121	전남 함평군	전국이통장연합회함평군지회한마음대회	30,000	3	4	7	8	7	5	5	1
9122	전남 함평군	군민의날행사개최	30,000	3	6	7	8	7	1	1	4
9123	전남 함평군	각종체육대회개최및참가지원	21,400	3	1	4	1	6	1	1	2
9124	전남 함평군	함평천지배광주전남동호인배구대회지원	20,000	3	1	4	1	6	1	1	2
9125	전남 함평군	함평군협회장배파크골프대회개최지원	20,000	3	1	4	1	6	1	1	2
9126	전남 함평군	함평천지배시군초청배드민턴대회지원	20,000	3	1	4	1	6	1	1	2
9127	전남 함평군	골프협회장배군민골프대회개최지원	20,000	3	1	4	1	6	1	1	2
9128	전남 함평군	전국궁도대회개최지원	18,000	3	1	4	1	6	1	1	2
9129	전남 함평군	전라남도시군초청게이트볼대회개최지원	15,000	3	1	4	1	6	1	1	2
9130	전남 함평군	전라남도장애인체육대회참가지원	13,000	3	1	4	1	6	1	1	2
9131	전남 함평군	전라남도어르신생활체육대축전참가지원	13,000	3	1	4	1	6	1	1	2
9132	전남 함평군	체육인의밤	10,000	3	1	4	1	6	1	1	2
9133	전남 함평군	함평천지배광주전남테니스대회지원	10,000	3	1	4	1	6	1	1	2
9134	전남 함평군	전라남도장애인생활체육대회참가지원	10,000	3	1	4	1	6	1	1	2
9135	전남 함평군	함평군수배전국생활체육탁구대회개최지원	10,000	3	1	4	1	6	1	1	2
9136	전남 함평군	연합회장기클럽대항축구대회개최지원	10,000	3	1	4	1	6	1	1	2
9137	전남 함평군	협회장기클럽대항볼링대회지원	10,000	3	1	4	1	6	1	1	2
9138	전남 함평군	체육회임직원및회원종목단체워크숍	10,000	3	1	4	1	6	1	1	2
9139	전남 함평군	자율방범연합회한마음체육대회	10,000	3	4	7	8	7	5	5	1
9140	전남 함평군	함평군바둑협회장배바둑대회개최지원	7,000	3	1	4	1	6	1	1	2
9141	전남 함평군	함평천지한우명품브랜드지원	5,400	3	4	7	8	7	5	5	4
9142	전남 함평군	장애인체육행사참가지원	5,000	3	1	4	1	6	1	1	2
9143	전남 함평군	함평군협회장기군민게이트볼대회개최지원	5,000	3	1	4	1	6	1	1	2
9144	전남 함평군	협회장기생활체육탁구대회개최지원	5,000	3	1	4	1	6	1	1	2
9145	전남 함평군	함평군협회장기배드민턴대회개최지원	5,000	3	1	4	1	6	1	1	2
9146	전남 함평군	협회장기군민등산대회개최지원	5,000	3	1	4	1	6	1	1	2
9147	전남 함평군	함평군협회장기군민당구대회개최지원	5,000	3	1	4	1	6	1	1	2
9148	전남 함평군	함평군협회장기군민자전거대회개최	5,000	3	1	4	1	6	1	1	2
9149	전남 함평군	체육회직원및지도자워크숍	5,000	3	1	4	1	6	1	1	2
9150	전남 함평군	전국장애인체육대회참가지원	3,000	3	1	4	1	6	1	1	2
9151	전남 함평군	함평군장애인가족한마음축제	40,600	3	1	7	8	7	1	1	1
9152	전남 함평군	사회복지의날기념행사지원	20,000	3	7	5	1	7	1	1	2
9153	전남 함평군	5.18기념행사지원	15,000	3	1	7	8	7	1	1	4
9154	전남 영광군	제23회영광불갑산상사화축제개최에따른보조금교부결정및송금	520,000	3	8	7	8	7	5	5	4
9155	전남 영광군	2024년전라남도양대체전공개행사연출대행용역비보조금교부결정및송금	400,000	3	8	7	8	7	5	5	4
9156	전남 영광군	2023영광법성포단오제개최에따른보조금교부결정및송금	300,000	3	8	7	8	7	5	5	4
9157	전남 영광군	제47회영광군민의날행사보조금교부결정및송금통보	260,000	3	8	7	8	7	5	5	4

순번	시군구	지출명 (사업명)	2024년예산 (단위 : 천원 /1년간)	민간이전 분류 (지방자치단체 세출예산 집행기준에 의거) 1. 민간경상사업보조(307-02) 2. 민간단체 법정운영비보조(307-03) 3. 민간행사사업보조(307-04) 4. 민간위탁금(307-05) 5. 사회복지시설 법정운영비보조(307-10) 6. 민간인위탁교육비(307-12) 7. 공기관등에대한경상적위탁사업비(308-13) 8. 민간자본사업보조,지체재원(402-01) 9. 민간자본사업보조,이전재원(402-02) 10. 민간위탁사업비(402-03) 11. 공기관등에 대한 자본적 위탁사업비(403-02)	민간이전지출 근거 (지방보조금 관리기준 참고) 1. 법률에 규정 2. 국고보조 재원(국가지정) 3. 용도 지정 기부금 4. 조례에 직접규정 5. 지자체가 권장하는 사업을 하는 공공기관 6. 시,도 정책 및 재정사정 7. 기타 8. 해당없음	입찰방식 계약체결방법 (경쟁형태) 1. 일반경쟁 2. 제한경쟁 3. 지명경쟁 4. 수의계약 5. 법정위탁 6. 기타 ( ) 7. 없음	입찰방식 계약기간 1. 1년 2. 2년 3. 3년 4. 4년 5. 5년 6. 기타 ( )년 7. 단기계약 (1년미만) 8. 없음	입찰방식 낙찰자선정방법 1. 적격심사 2. 협상에의한계약 3. 최저가낙찰제 4. 규격가격분리 5. 2단계 경쟁입찰 6. 기타 ( ) 7. 없음	운영예산 산정 운영예산 산정 1. 내부산정 (지자체 자체적으로 산정) 2. 외부산정 (외부전문기관위탁 산정) 3. 내·외부 모두 산정 4. 산정 無 5. 없음	운영예산 산정 정산방법 1. 내부정산 (지자체 내부적으로 정산) 2. 외부정산 (외부전문기관위탁 정산) 3. 내·외부 모두 산정 4. 정산 無 5. 없음	성과평가 실시여부 1. 실시 2. 미실시 3. 향후 추진 4. 해당없음
9158	전남 영광군	제78회전국남녀종별농구선수권대회개최보조금교부	240,000	3	8	7	8	7	5	5	4
9159	전남 영광군	대학생스마트e모빌리티경진대회위수탁사업비(보조금)1차교부결정	203,000	3	8	7	8	7	5	5	4
9160	전남 영광군	제56회대통령배전국중고배구대회개최지원보조금교부결정및송금통보	170,000	3	8	7	8	7	5	5	4
9161	전남 영광군	제62회전라남도체육대회참가지원보조금교부결정및송금알림	160,000	3	8	7	8	7	5	5	4
9162	전남 영광군	제48회협회장기전국중고농구영광대회보조금교부	160,000	3	8	7	8	7	5	5	4
9163	전남 영광군	제52회회장배전국남녀종별펜싱선수권대회보조금교부결정및송금통보	150,000	3	8	7	8	7	5	5	4
9164	전남 영광군	제52회회장배전국남녀종별펜싱선수권대회보조금교부결정및송금통보	150,000	3	8	7	8	7	5	5	4
9165	전남 영광군	제52회회장배전국남녀종별펜싱선수권대회보조금교부결정및송금통보	150,000	3	8	7	8	7	5	5	4
9166	전남 영광군	2023천년의빛영광전국당구대회개최지원보조금교부결정및송금통보	144,000	3	8	7	8	7	5	5	4
9167	전남 영광군	제35회전라남도생활체육대축전참가지원보조금교부결정및송금통보	110,000	3	8	7	8	7	5	5	4
9168	전남 영광군	제2회숲쟁이전국국악경연대회보조금교부	99,000	3	8	7	8	7	5	5	4
9169	전남 영광군	제27회노인의날기념및어르신위안행사추진보조금교부결정및송금	99,000	3	8	7	8	7	5	5	4
9170	전남 영광군	제31회전라남도장애인체육대회참가지원보조금교부결정및송금	90,000	3	8	7	8	7	5	5	4
9171	전남 영광군	제5회문체부장관기전국시도대항체조대회및2023전국대학일반체조선수권대회개최보조금교부결정및송금통보	90,000	3	8	7	8	7	5	5	4
9172	전남 영광군	제14회영광읍민의날보조금교부결정및송금	87,300	3	8	7	8	7	5	5	4
9173	전남 영광군	대학생스마트e모빌리티경진대회위수탁사업비(보조금)2차교부결정및송금	87,000	3	8	7	8	7	5	5	4
9174	전남 영광군	2023~2024시즌전국초,중,고등부동계축구스토브리그보조금교부결정및송금통보	82,000	3	8	7	8	7	5	5	4
9175	전남 영광군	2023영광법성포단오제씨름대회및대통령배전국씨름왕전라남도선발대회개최지원보조금교부결정및송금	63,000	3	8	7	8	7	5	5	4
9176	전남 영광군	제9회영광찰보리문화축제행사지원보조금송금	60,000	3	8	7	8	7	5	5	4
9177	전남 영광군	2023영광e모빌리티엑스포청년마을공동체전시체험부스및우주항공과학교육체험부스및메이커페스티벌보조금결정및송금	53,200	3	8	7	8	7	5	5	4
9178	전남 영광군	백수읍민의날보조금교부결정통보	51,000	3	8	7	8	7	5	5	4
9179	전남 영광군	제22회홍농읍민의날행사보조금교부	51,000	3	8	7	8	7	5	5	4
9180	전남 영광군	제18회영광군민의날행사보조금(군비)송금	51,000	3	8	7	8	7	5	5	4
9181	전남 영광군	제29회염산면민의날보조금교부결정	46,000	3	8	7	8	7	5	5	4
9182	전남 영광군	2023년제11회「영광군청소년문화축제」보조금교부결정및송금통보	40,000	3	8	7	8	7	5	5	4
9183	전남 영광군	제36회전국남녀학생종별수상스키,웨이크보드선수권대회겸2023전국남녀종별오픈대회개최지원보조금교부결정및송금통보	40,000	3	8	7	8	7	5	5	4
9184	전남 영광군	20222023시즌천년의빛영광동계스토브리그개최보조금추가교부결정및송금	40,000	3	8	7	8	7	5	5	4
9185	전남 영광군	2023년전농광주전남연맹농민가족한마당행사보조금교부결정및지급	40,000	3	8	7	8	7	5	5	4
9186	전남 영광군	제47회군민의날행사영광읍보조금교부결정및송금	39,000	3	8	7	8	7	5	5	4
9187	전남 영광군	2023남도문예르네상스시군특화사업교부결정및지출품의	37,000	3	8	7	8	7	5	5	4
9188	전남 영광군	제32회군서면민의날행사보조금송금	37,000	3	8	7	8	7	5	5	4
9189	전남 영광군	제26회영광군생활체육한마당개최보조금교부결정및송금통보	36,000	3	8	7	8	7	5	5	4
9190	전남 영광군	제16회대마면민의날행사보조금송금	36,000	3	8	7	8	7	5	5	4
9191	전남 영광군	제15회묘량면민의날행사보조금교부결정및송금	36,000	3	8	7	8	7	5	5	4
9192	전남 영광군	제16회불갑면민의날행사보조금지급	36,000	3	8	7	8	7	5	5	4
9193	전남 영광군	2023년제11회어린이날행사보조금교부결정및송금	35,000	3	8	7	8	7	5	5	4
9194	전남 영광군	2023전국꿈나무테니스영광대회개최지원보조금교부결정및송금통보	35,000	3	8	7	8	7	5	5	4
9195	전남 영광군	2023년제5회청년의날기념행사보조금교부결정및송금통보	30,000	3	8	7	8	7	5	5	4
9196	전남 영광군	2023년천년의빛영광작은음악회보조금교부결정및지급	30,000	3	8	7	8	7	5	5	4
9197	전남 영광군	2023전라남도장애인생활체육대회참가지원보조금교부결정및송금통보	30,000	3	8	7	8	7	5	5	4

순번	시군구	지출명 (사업명)	2024년예산 (단위 : 천원 /1년간)	민간이전 분류 (지방자치단체 세출예산 집행기준에 의거) 1. 민간경상사업보조(307-02) 2. 민간단체 법정운영비보조(307-03) 3. 민간행사사업보조(307-04) 4. 민간위탁금(307-05) 5. 사회복지시설 법정운영비보조(307-10) 6. 민간인위탁교육비(307-12) 7. 공기관등에대한경상적위탁사업비(308-13) 8. 민간자본사업보조,자체재원(402-01) 9. 민간자본사업보조,이전재원(402-02) 10. 민간위탁사업비(402-03) 11. 공기관등에 대한 자본적 위탁사업비(403-02)	민간이전지출 근거 (지방보조금 관리기준 참고) 1. 법률에 규정 2. 국고보조 재원(국가지정) 3. 용도 지정 기부금 4. 조례에 직접규정 5. 지자체가 권장하는 사업을 하는 공공기관 6. 시,도 정책 및 재정사정 7. 기타 8. 해당없음	입찰방식 계약체결방법 (경쟁형태) 1. 일반경쟁 2. 제한경쟁 3. 지명경쟁 4. 수의계약 5. 법정위탁 6. 기타 ( ) 7. 없음	입찰방식 계약기간 1. 1년 2. 2년 3. 3년 4. 4년 5. 5년 6. 기타 ( )년 7. 단기계약 (1년미만) 8. 없음	입찰방식 낙찰자선정방법 1. 적격심사 2. 협상에의한계약 3. 최저가낙찰제 4. 규격가격분리 5. 2단계 경쟁입찰 6. 기타 ( ) 7. 없음	운영예산 산정 운영예산 산정 1. 내부산정 (지자체 자체적으로 산정) 2. 외부산정 (외부전문기관위탁 산정) 3. 내·외부 모두 산정 4. 산정 無 5. 없음	운영예산 산정 정산방법 1. 내부정산 (지자체 내부적으로 정산) 2. 외부정산 (외부전문기관위탁 정산) 3. 내·외부 모두 산정 4. 정산 無 5. 없음	성과평가 실시여부 1. 실시 2. 미실시 3. 향후 추진 4. 해당없음
9198	전남 영광군	2023년농업인의날학습단체한마음대회보조금지급	30,000	3	8	7	8	7	5	5	4
9199	전남 영광군	제3회군남면민의날보조금송금	30,000	3	8	7	8	7	5	5	4
9200	전남 영광군	제1회낙월면민의날행사보조금교부결정및송금통보	29,000	3	8	7	8	7	5	5	4
9201	전남 영광군	제17회영광군이장단가족한마음대회보조금교부결정및지급	27,000	3	8	7	8	7	5	5	4
9202	전남 영광군	제47회군민의날백수읍참석지원보조금교부결정통보	26,000	3	8	7	8	7	5	5	4
9203	전남 영광군	제47회영광군민의날행사보조금교부	26,000	3	8	7	8	7	5	5	4
9204	전남 영광군	제47회영광군민의날행사보조금교부	26,000	3	8	7	8	7	5	5	4
9205	전남 영광군	제47회영광군민의날행사보조금교부(군비)	26,000	3	8	7	8	7	5	5	4
9206	전남 영광군	강항문화제지원사업보조금교부	25,000	3	8	7	8	7	5	5	4
9207	전남 영광군	2023천년의빛영광하계전국초등부축구리그개최보조금교부결정및송금통보	25,000	3	8	7	8	7	5	5	4
9208	전남 영광군	제2회전라남도지사배전국실버동호인축구대회개최지원보조금교부결정및송금통보	25,000	3	8	7	8	7	5	5	4
9209	전남 영광군	제15회전라남도체육회장기종별볼링대회보조금교부결정및송금	25,000	3	8	7	8	7	5	5	4
9210	전남 영광군	제47회영광군민의날행사보조금교부결정및송금통보	25,000	3	8	7	8	7	5	5	4
9211	전남 영광군	제47회영광군민의날보조금송금	24,000	3	8	7	8	7	5	5	4
9212	전남 영광군	제47회영광군민의날행사보조금교부결정및송금	22,000	3	8	7	8	7	5	5	4
9213	전남 영광군	제47회영광군민의날행사보조금교부결정및송금	22,000	3	8	7	8	7	5	5	4
9214	전남 영광군	제47회군민의날행사보조금지급	22,000	3	8	7	8	7	5	5	4
9215	전남 영광군	제47회영광군민의날행사보조금송금	22,000	3	8	7	8	7	5	5	4
9216	전남 영광군	2023년제9회전국다문화가족모국춤페스티벌보조금교부결정및송금	20,000	3	8	7	8	7	5	5	4
9217	전남 영광군	2023년제9회전국다문화가족모국춤페스티벌보조금송금	20,000	3	8	7	8	7	5	5	4
9218	전남 영광군	2023전국소년체전축구전남대표선발대회개최에따른보조금교부결정및송금	20,000	3	8	7	8	7	5	5	4
9219	전남 영광군	제3회대한장애인양궁협회장배전국장애인양궁선수권대회겸2024년국가대표3차선발전개최지원보조금교부결정및송금통보	20,000	3	8	7	8	7	5	5	4
9220	전남 영광군	제2회호남지역배드민턴대회개최보조금교부결정및송금	20,000	3	8	7	8	7	5	5	4
9221	전남 영광군	2023영광군한농연,한여농농업경영인대회개최지원사업보조금지급	20,000	3	8	7	8	7	5	5	4
9222	전남 영광군	제47회군민의날백수읍참석지원보조금교부결정통보(사업자지원사업)	20,000	3	8	7	8	7	5	5	4
9223	전남 영광군	제47회영광군민의날행사보조금교부(사업자지원사업)	20,000	3	8	7	8	7	5	5	4
9224	전남 영광군	2023년제9회전국다문화가족모국춤페스티벌보조금교부결정및송금	20,000	3	8	7	8	7	5	5	4
9225	전남 영광군	2023영광법성포단오제개최에따른보조금교부결정및송금액반납	15,983	3	8	7	8	7	5	5	4
9226	전남 영광군	2023영광e모빌리티엑스포청년마을공동체전시체험부스및우주항공과학교육체험부스및메이커페스티벌보조금결정및송금	15,000	3	8	7	8	7	5	5	4
9227	전남 영광군	제2회전라남도지체장애인체육대회참가지원보조금교부결정및송금	15,000	3	8	7	8	7	5	5	4
9228	전남 영광군	제14회전국체전최종선발전및제43회전라남도지사기검도대회개최보조금교부결정및송금	15,000	3	8	7	8	7	5	5	4
9229	전남 영광군	제18회천년의빛영광배드민턴대회개최지원	15,000	3	8	7	8	7	5	5	4
9230	전남 영광군	제63회전라남도체육대회홍보및대회기인수보조금교부결정및송금	15,000	3	8	7	8	7	5	5	4
9231	전남 영광군	제32회전라남도장애인체육대회홍보및대회기인수보조금교부결정및송금	15,000	3	8	7	8	7	5	5	4
9232	전남 영광군	제23회전남농아인체육대회참가지원보조금교부결정및송금통보	13,500	3	8	7	8	7	5	5	4
9233	전남 영광군	2023영광군체육인의밤행사지원보조금교부결정및송금통보	13,500	3	8	7	8	7	5	5	4
9234	전남 영광군	제112회전남17개시,군궁도대회개최지원보조금교부결정및송금통보	12,000	3	8	7	8	7	5	5	4
9235	전남 영광군	2023년청년프리마켓사업교부결정및송금(1차)	10,000	3	8	7	8	7	5	5	4
9236	전남 영광군	2023년청년프리마켓사업교부결정및송금(2차)	10,000	3	8	7	8	7	5	5	4
9237	전남 영광군	제18회전라남도어르신생활체육대축전참가지원보조금교부	10,000	3	8	7	8	7	5	5	4

순번	시군구	지출명 (사업명)	2024년예산 (단위 : 전원 /1년간)	민간이전 분류 (지방자치단체 세출예산 집행기준에 의거) 1. 민간경상사업보조(307-02) 2. 민간단체 법정운영비보조(307-03) 3. 민간행사사업보조(307-04) 4. 민간위탁금(307-05) 5. 사회복지시설 법정운영비보조(307-10) 6. 민간인위탁교육비(307-12) 7. 공기관등에대한경상적위탁사업비(308-13) 8. 민간자본사업보조,자체재원(402-01) 9. 민간자본사업보조,이전재원(402-02) 10. 민간위탁사업비(402-03) 11. 공기관등에 대한 자본적 위탁사업비(403-02)	민간이전지출 근거 (지방보조금 관리기준 참고) 1. 법률에 규정 2. 국고보조 재원(국가지정) 3. 용도 지정 기부금 4. 조례에 직접규정 5. 지자체가 권장하는 사업을 하는 공공기관 6. 시,도 정책 및 재정사정 7. 기타 8. 해당없음	입찰방식 계약체결방법 (경쟁형태) 1. 일반경쟁 2. 제한경쟁 3. 지명경쟁 4. 수의계약 5. 법정위탁 6. 기타 ( ) 7. 없음	입찰방식 계약기간 1. 1년 2. 2년 3. 3년 4. 4년 5. 5년 6. 기타 ( )년 7. 단기계약 (1년미만) 8. 없음	입찰방식 낙찰자선정방법 1. 적격심사 2. 협상에의한계약 3. 최저가낙찰제 4. 규격가격분리 5. 2단계 경쟁입찰 6. 기타 ( ) 7. 없음	운영예산 산정 운영예산 산정 1. 내부산정 (지자체 자체적으로 산정) 2. 외부산정 (외부전문기관위탁 산정) 3. 내·외부 모두 산정 4. 산정 無 5. 없음	운영예산 산정 정산방법 1. 내부정산 (지자체 내부적으로 정산) 2. 외부정산 (외부전문기관위탁 정산) 3. 내·외부 모두 산정 4. 정산 無 5. 없음	성과평가 실시여부 1. 실시 2. 미실시 3. 향후 추진 4. 해당없음
9238	전남 영광군	2023천년의빛영광검도대회개최지원보조금교부결정및송금	10,000	3	8	7	8	7	5	5	4
9239	전남 영광군	2023광주전남축구연맹회장기축구대회개최지원보조금교부결정및송금	10,000	3	8	7	8	7	5	5	4
9240	전남 영광군	제13회무등기광주,전남사회인야구대회개최지원보조금교부결정및송금통보	10,000	3	8	7	8	7	5	5	4
9241	전남 영광군	제9회전라남도지사배생활체육등산대회보조금교부결정및송금통보	10,000	3	8	7	8	7	5	5	4
9242	전남 영광군	제47회영광군민의날행사보조금교부(원전)	10,000	3	8	7	8	7	5	5	4
9243	전남 영광군	제14회영광읍민의날보조금교부결정및송금(2차)	9,700	3	8	7	8	7	5	5	4
9244	전남 영광군	2023년도어린이집교직원연찬회지원보조금교부결정	9,600	3	8	7	8	7	5	5	4
9245	전남 영광군	2023년영광향교제례행사지원(사우제봉행)보조금지출품의	9,000	3	8	7	8	7	5	5	4
9246	전남 영광군	제15회영광군사회복지의날기념식보조금교부결정및송금통보	9,000	3	8	7	8	7	5	5	4
9247	전남 영광군	2024년제9회인의산동짓재해맞이행사교부결정및송금	8,000	3	8	7	8	7	5	5	4
9248	전남 영광군	제47회영광군민의날행사보조금집행잔액반납	7,862	3	8	7	8	7	5	5	4
9249	전남 영광군	2023년전국시조경창대회보조금집행	7,000	3	8	7	8	7	5	5	4
9250	전남 영광군	2023년영광군노인친선게이트볼대회보조금품의등록	7,000	3	8	7	8	7	5	5	4
9251	전남 영광군	제14회전국체육대회(검도경기)개최보조금교부결정및송금통보	7,000	3	8	7	8	7	5	5	4
9252	전남 영광군	제14회전국체육대회수상스키웨이크보드경기개최보조금교부결정및송금통보	7,000	3	8	7	8	7	5	5	4
9253	전남 영광군	2023년지역아동센터문화캠프지원보조금교부결정및송금	6,800	3	8	7	8	7	5	5	4
9254	전남 영광군	2023년영광향교춘기석전제보조금지출품의	6,000	3	8	7	8	7	5	5	4
9255	전남 영광군	2023년영광향교추기석전제보조금지출품의	6,000	3	8	7	8	7	5	5	4
9256	전남 영광군	제14회영광읍민의날보조금교부결정및송금(찾아가는문화활동지원)	6,000	3	8	7	8	7	5	5	4
9257	전남 영광군	2023행복나눔백수읍어르신대잔치보조금교부결정통보	6,000	3	8	7	8	7	5	5	4
9258	전남 영광군	2023년도효사랑경로위안잔치행사보조금교부	6,000	3	8	7	8	7	5	5	4
9259	전남 영광군	2023년찾아가는문화활동지원사업(가을사랑음악회)보조금송부	6,000	3	8	7	8	7	5	5	4
9260	전남 영광군	찾아가는문화활동(제15회묘량면민의날)행사보조금교부결정및송금	6,000	3	8	7	8	7	5	5	4
9261	전남 영광군	찾아가는문화활동지원(제16회불갑면민의날행사)보조금지급	6,000	3	8	7	8	7	5	5	4
9262	전남 영광군	2023년찾아가는문화활동지원보조금송금	6,000	3	8	7	8	7	5	5	4
9263	전남 영광군	2023년찾아가는문화활동등행사지원(제9회찰보리문화축제)보조금송금	6,000	3	8	7	8	7	5	5	4
9264	전남 영광군	제18회경로위안잔치보조금교부	6,000	3	8	7	8	7	5	5	4
9265	전남 영광군	2023년제18회법성면효도위안잔치보조금송금	6,000	3	8	7	8	7	5	5	4
9266	전남 영광군	제431주년영광임진수성추모행사보조금지출품의	5,000	3	8	7	8	7	5	5	4
9267	전남 영광군	2023년제11회영광여성합창단정기연주회보조금교부결정및지급	5,000	3	8	7	8	7	5	5	4
9268	전남 영광군	2023년우도농악대동한마당개최지원보조금교부결정및지출품의	5,000	3	8	7	8	7	5	5	4
9269	전남 영광군	제14회전국체전출전선수단지원보조금교부결정및송금결정	5,000	3	8	7	8	7	5	5	4
9270	전남 영광군	제1회영광군파크골프협회장배대회보조금교부결정및송금	5,000	3	8	7	8	7	5	5	4
9271	전남 영광군	제43회전국장애인체육대회(양궁경기)개최지원보조금교부결정및송금통보	5,000	3	8	7	8	7	5	5	4
9272	전남 영광군	제43회전국장애인체육대회당구경기개최지원보조금교부결정및송금통보	5,000	3	8	7	8	7	5	5	4
9273	전남 영광군	2023년영광군농업인단체영농발대식지원사업보조금지급	5,000	3	8	7	8	7	5	5	4
9274	전남 영광군	2023년수도권친환경쌀공급학교농촌체험행사지원사업보조금지급(신속집행)	5,000	3	8	7	8	7	5	5	4
9275	전남 영광군	제13회한국전쟁전후영광지역민간인희생자합동위령제보조금교부결정및송금통보	5,000	3	8	7	8	7	5	5	4
9276	전남 영광군	제71주년재향군인의날기념행사보조금송금(재향군인회)	4,500	3	8	7	8	7	5	5	4
9277	전남 영광군	2023년영광향교기로연보조금지출품의	4,000	3	8	7	8	7	5	5	4

순번	시군구	지출명 (사업명)	2024년예산 (단위 : 천원 /1년간)	민간이전 분류 (지방자치단체 세출예산 집행기준에 의거) 1. 민간경상사업보조(307-02) 2. 민간단체 법정운영비보조(307-03) 3. 민간행사사업보조(307-04) 4. 민간위탁금(307-05) 5. 사회복지시설 법정운영비보조(307-10) 6. 민간인위탁교육비(307-12) 7. 공기관등에대한경상적위탁사업비(308-13) 8. 민간자본사업보조,자체재원(402-01) 9. 민간자본사업보조,이전재원(402-02) 10. 민간위탁사업비(402-03) 11. 공기관등에 대한 자본적 위탁사업비(403-02)	민간이전지출 근거 (지방보조금 관리기준 참고) 1. 법률에 규정 2. 국고보조 재원(국가지정) 3. 용도 지정 기부금 4. 조례에 직접규정 5. 지자체가 권장하는 사업을 하는 공공기관 6. 시,도 정책 및 재정사정 7. 기타 8. 해당없음	입찰방식 계약체결방법 (경쟁형태) 1. 일반경쟁 2. 제한경쟁 3. 지명경쟁 4. 수의계약 5. 법정위탁 6. 기타 ( ) 7. 없음	입찰방식 계약기간 1. 1년 2. 2년 3. 3년 4. 4년 5. 5년 6. 기타 ( )년 7. 단기계약 (1년미만) 8. 없음	입찰방식 낙찰자선정방법 1. 적격심사 2. 협상에의한계약 3. 최저가낙찰제 4. 규격가격분리 5. 2단계 경쟁입찰 6. 기타 ( ) 7. 없음	운영예산 산정 운영예산 산정 1. 내부산정 (지자체 자체적으로 산정) 2. 외부산정 (외부전문기관위탁 산정) 3. 내·외부 모두 산정 4. 산정 無 5. 없음	운영예산 산정 정산방법 1. 내부정산 (지자체 내부적으로 정산) 2. 외부정산 (외부전문기관위탁 정산) 3. 내·외부 모두 산정 4. 정산 無 5. 없음	성과평가 실시여부 1. 실시 2. 미실시 3. 향후 추진 4. 해당없음
9278	전남 영광군	2023년우도농악정기공개행사보조금지출	4,000	3	8	7	8	7	5	5	4
9279	전남 영광군	2023년도영광군어린이집연합회문화행사보조금교부결정및송금알림	4,000	3	8	7	8	7	5	5	4
9280	전남 영광군	2023년지역아동센터미니올림픽지원보조금교부결정및송금통지	4,000	3	8	7	8	7	5	5	4
9281	전남 영광군	제52회전국소년체육대회출전영광군선수단격려보조금	4,000	3	8	7	8	7	5	5	4
9282	전남 영광군	2023년영광군양성평등주간기념행사보조금교부결정및송금	3,000	3	8	7	8	7	5	5	4
9283	전남 영광군	2023년청소년한마음3:3농구대회보조금교부	3,000	3	8	7	8	7	5	5	4
9284	전남 영광군	제14회전국체전자매결연단체지원보조금교부결정및송금통보	3,000	3	8	7	8	7	5	5	4
9285	전남 영광군	2023년하계한국실업탁구전지훈련개최지원보조금교부결정및송금통보	3,000	3	8	7	8	7	5	5	4
9286	전남 영광군	제52회회장배전국남녀종별펜싱선수권대회보조금반납	2,465	3	8	7	8	7	5	5	4
9287	전남 영광군	제27회노인의날기념및어르신위안행사추진보조금정산잔액반납	2,337	3	8	7	8	7	5	5	4
9288	전남 영광군	2023년전남의례음식장혼례음식정기공개행사보조금교부	2,000	3	8	7	8	7	5	5	4
9289	전남 영광군	제39회대통령기전국승마대회참가지원보조금교부결정및송금통보	2,000	3	8	7	8	7	5	5	4
9290	전남 영광군	2023영광군배드민턴협회장기대회개최에따른보조금교부결정및송금	2,000	3	8	7	8	7	5	5	4
9291	전남 영광군	2023영광군골프협회장배골프대회보조금교부결정및송금	2,000	3	8	7	8	7	5	5	4
9292	전남 영광군	제9회현정화배선경자동차광주.전남.전북탁구대회개최지원보조금교부결정및송금	2,000	3	8	7	8	7	5	5	4
9293	전남 영광군	2023년영광군농업인회관입주단체행사지원사업보조금교부결정및지급	2,000	3	8	7	8	7	5	5	4
9294	전남 영광군	영광군민의날단체복(모자)구입보조금집행	2,000	3	8	7	8	7	5	5	4
9295	전남 영광군	2023년영광군읍면노인친선장기대회보조금교부결정및송금통보	1,800	3	8	7	8	7	5	5	4
9296	전남 영광군	2023전남,전북동호인교류배드민턴대회참가지원보조금교부결정및송금알림	1,500	3	8	7	8	7	5	5	4
9297	전남 영광군	제14회전라남도협회장기그라운드골프대회참가에따른보조금교부결정및송금	1,000	3	8	7	8	7	5	5	4
9298	전남 영광군	제11회전라남도의장배동호인축구대회참가에따른보조금교부결정및송금	1,000	3	8	7	8	7	5	5	4
9299	전남 영광군	제27회전라남도지사기(배)종별볼링대회참가지원보조금교부결정및송금	1,000	3	8	7	8	7	5	5	4
9300	전남 영광군	제31회전라남도지사기생활체육게이트볼대회참가지원보조금교부결정및송금알림	1,000	3	8	7	8	7	5	5	4
9301	전남 영광군	제17회전라남도지사배생활체육탁구대회참가지원보조금교부결정및송금통보	1,000	3	8	7	8	7	5	5	4
9302	전남 영광군	2023전국꿈나무테니스영광대회개최지원보조금반납	246	3	8	7	8	7	5	5	4
9303	전남 장성군	청년문화복지카드	520,000	3	4	7	8	7	5	5	4
9304	전남 장성군	장성황룡강가을꽃축제	500,000	3	4	7	8	7	5	1	1
9305	전남 장성군	장성황룡강(洪)길동무꽃길축제	400,000	3	4	7	8	7	5	1	1
9306	전남 장성군	종목별대회개최및지원	200,000	3	1	7	8	7	1	1	1
9307	전남 장성군	각종행사지원	125,000	3	4	7	8	7	5	1	4
9308	전남 장성군	종목별대회개최및지원	117,000	3	1	7	8	7	1	1	1
9309	전남 장성군	노인복지증진행사지원	84,000	3	7	7	7	7	1	1	1
9310	전남 장성군	노인복지증진행사지원	84,000	3	7	7	7	7	1	1	1
9311	전남 장성군	백양사산사음악회	60,000	3	4	7	8	7	5	1	1
9312	전남 장성군	각종행사지원	35,000	3	4	7	8	7	5	1	4
9313	전남 장성군	전통문화행사지원	26,000	3	4	7	1	7	5	1	1
9314	전남 장성군	농업인단체연합회육성	25,500	3	4	7	8	7	5	5	1
9315	전남 장성군	장애인행사및단체지원	25,000	3	1	7	8	7	1	1	1
9316	전남 장성군	청소년활동지원	20,000	3	4	7	8	1	1	1	1
9317	전남 장성군	종목별대회개최및지원	20,000	3	1	7	8	7	1	1	1

순번	시군구	지출명 (사업명)	2024년예산 (단위 : 천원 /1년간)	민간이전 분류 (지방자치단체 세출예산 집행기준에 의거) 1. 민간경상사업보조(307-02) 2. 민간단체 법정운영비보조(307-03) 3. 민간행사사업보조(307-04) 4. 민간위탁금(307-05) 5. 사회복지시설 법정운영비보조(307-10) 6. 민간인위탁교육비(307-12) 7. 공기관등에대한경상적위탁사업비(308-13) 8. 민간자본사업보조,자체재원(402-01) 9. 민간자본사업보조,이전재원(402-02) 10. 민간위탁사업비(402-03) 11. 공기관등에 대한 자본적 위탁사업비(403-02)	민간이전지출 근거 (지방보조금 관리기준 참고) 1. 법률에 규정 2. 국고보조 재원(국가지정) 3. 용도 지정 기부금 4. 조례에 직접규정 5. 지자체가 권장하는 사업을 하는 공공기관 6. 시,도 정책 및 재정사정 7. 기타 8. 해당없음	입찰방식: 계약체결방법 (경쟁형태) 1. 일반경쟁 2. 제한경쟁 3. 지명경쟁 4. 수의계약 5. 법정위탁 6. 기타 ( ) 7. 없음	입찰방식: 계약기간 1. 1년 2. 2년 3. 3년 4. 4년 5. 5년 6. 기타 ( )년 7. 단기계약 (1년미만) 8. 없음	입찰방식: 낙찰자선정방법 1. 적격심사 2. 협상에의한계약 3. 최저가낙찰제 4. 규격가격분리 5. 2단계 경쟁입찰 6. 기타 ( ) 7. 없음	운영예산 산정: 운영예산 산정 1. 내부산정 (지자체 자체적으로 산정) 2. 외부산정 (외부전문기관위탁 산정) 3. 내·외부 모두 산정 4. 산정 無 5. 없음	운영예산 산정: 정산방법 1. 내부정산 (지자체 내부적으로 정산) 2. 외부정산 (외부전문기관위탁 정산) 3. 내·외부 모두 산정 4. 정산 無 5. 없음	성과평가 실시여부 1. 실시 2. 미실시 3. 향후 추진 4. 해당없음
9318	전남 장성군	전통문화행사지원	18,000	3	4	7	1	7	5	1	1
9319	전남 장성군	새마을운동조직활성화사업	15,000	3	1	7	8	7	5	1	4
9320	전남 장성군	전남민속예술축제참가	14,000	3	6	7	1	7	5	1	4
9321	전남 장성군	문화예술단체지원	13,000	3	4	7	1	7	5	1	1
9322	전남 장성군	여성단체활동지원	13,000	3	4	7	8	7	1	1	1
9323	전남 장성군	다문화가족지원	13,000	3	7	7	7	7	1	1	1
9324	전남 장성군	전통문화행사지원	12,250	3	4	7	1	7	5	1	1
9325	전남 장성군	문화예술단체지원	12,000	3	4	7	1	7	5	1	1
9326	전남 장성군	농업인및후계농업경영인육성	9,000	3	4	7	8	7	5	5	1
9327	전남 장성군	문화예술단체지원	8,500	3	4	7	1	7	5	1	1
9328	전남 장성군	문화예술단체지원	8,000	3	4	7	1	7	5	1	1
9329	전남 장성군	지역사회복지계획	8,000	3	1	7	8	7	1	1	1
9330	전남 장성군	보훈관련행사및보훈단체지원	7,000	3	4	7	8	7	1	1	1
9331	전남 장성군	농업인및후계농업경영인육성	7,000	3	4	7	8	7	5	5	1
9332	전남 장성군	5.18민주화운동기념행사	6,600	3	4	7	8	7	1	1	4
9333	전남 장성군	전통문화행사지원	6,500	3	4	7	1	7	5	1	1
9334	전남 장성군	주민자치활성화지원	6,000	3	4	7	8	7	1	1	4
9335	전남 장성군	문화예술단체지원	6,000	3	4	7	1	7	5	1	1
9336	전남 장성군	아동문화활동지원	6,000	3	2	7	8	7	1	1	1
9337	전남 장성군	농업인및후계농업경영인육성	6,000	3	4	7	8	7	5	5	1
9338	전남 장성군	문화예술단체지원	5,500	3	4	7	1	7	5	1	1
9339	전남 장성군	쌀전업농업인육성지원	5,100	3	2	7	8	7	1	1	4
9340	전남 장성군	녹색생활실천바르게살기운동	5,000	3	1	7	8	7	5	1	4
9341	전남 장성군	장성문화원지원	5,000	3	4	7	1	7	5	1	1
9342	전남 장성군	장성문화원지원	5,000	3	4	7	1	7	5	1	1
9343	전남 장성군	장성예총지원	5,000	3	4	7	1	7	5	1	1
9344	전남 장성군	문화예술단체지원	5,000	3	4	7	1	7	5	1	1
9345	전남 장성군	문화예술단체지원	5,000	3	4	7	1	7	5	1	1
9346	전남 장성군	여성단체활동지원	5,000	3	4	7	8	7	1	1	1
9347	전남 장성군	농업인및후계농업경영인육성	5,000	3	4	7	8	7	5	5	1
9348	전남 장성군	전통문화행사지원	4,500	3	4	7	1	7	5	1	1
9349	전남 장성군	자원봉사활동지원	4,500	3	4	7	7	7	1	1	1
9350	전남 장성군	문화예술단체지원	4,250	3	4	7	1	7	5	1	1
9351	전남 장성군	전통문화행사지원	4,000	3	4	7	1	7	5	1	1
9352	전남 장성군	문화예술단체지원	3,000	3	4	7	1	7	5	1	1
9353	전남 장성군	장애인행사및단체지원	3,000	3	1	7	8	7	1	1	1
9354	전남 장성군	친환경농산물전시홍보부스운영지원사업	3,000	3	6	7	8	7	5	5	4
9355	전남 장성군	환경행사관리	2,550	3	4	7	8	7	5	1	1
9356	전남 장성군	문화예술단체지원	2,500	3	4	7	1	7	5	1	1
9357	전남 장성군	문화예술단체지원	2,500	3	4	7	1	7	5	1	1

순번	시군구	지출명 (사업명)	2024년예산 (단위 : 천원 /1년간)	민간이전 분류 (지방자치단체 세출예산 집행기준에 의거) 1. 민간경상사업보조(307-02) 2. 민간단체 법정운영비보조(307-03) 3. 민간행사사업보조(307-04) 4. 민간위탁금(307-05) 5. 사회복지시설 법정운영비보조(307-10) 6. 민간인위탁교육비(307-12) 7. 공기관등에대한경상적위탁사업비(308-13) 8. 민간자본사업보조,자체재원(402-01) 9. 민간자본사업보조,이전재원(402-02) 10. 민간위탁사업비(402-03) 11. 공기관등에 대한 자본적 위탁사업비(403-02)	민간이전지출 근거 (지방보조금 관리기준 참고) 1. 법률에 규정 2. 국고보조 재원(국가지정) 3. 용도 지정 기부금 4. 조례에 직접규정 5. 지자체가 권장하는 사업을 하는 공공기관 6. 시,도 정책 및 재정사정 7. 기타 8. 해당없음	입찰방식			운영예산 산정		성과평가 실시여부
						계약체결방법 (경쟁형태) 1. 일반경쟁 2. 제한경쟁 3. 지명경쟁 4. 수의계약 5. 법정위탁 6. 기타 ( ) 7. 없음	계약기간 1. 1년 2. 2년 3. 3년 4. 4년 5. 5년 6. 기타 ( )년 7. 단기계약 (1년미만) 8. 없음	낙찰자선정방법 1. 적격심사 2. 협상에의한계약 3. 최저가낙찰제 4. 규격가격분리 5. 2단계 경쟁입찰 6. 기타 ( ) 7. 없음	운영예산 산정 1. 내부산정 (지자체 자체적으로 산정) 2. 외부산정 (외부전문기관위탁 산정) 3. 내·외부 모두 산정 4. 산정 無 5. 없음	정산방법 1. 내부정산 (지자체 내부적으로 정산) 2. 외부정산 (외부전문기관위탁 정산) 3. 내·외부 모두 산정 4. 정산 無 5. 없음	1. 실시 2. 미실시 3. 향후 추진 4. 해당없음
9358	전남 장성군	나라사랑안보고취활성화사업	2,400	3	1	7	8	7	5	1	4
9359	전남 장성군	5.18민주화운동기념행사	2,380	3	4	7	8	7	1	1	4
9360	전남 장성군	무형문화재보존전승	2,000	3	4	7	8	7	5	1	4
9361	전남 장성군	농업인및후계농업경영인육성	2,000	3	4	7	8	7	5	5	1
9362	전남 진도군	신비의바닷길축제행사개최	900,000	3	8	7	8	7	5	5	4
9363	전남 진도군	면체육대회행사지원	200,000	3	8	7	8	7	5	5	4
9364	전남 진도군	동·하계전지훈련비지원	100,000	3	8	7	8	7	5	5	4
9365	전남 진도군	3개시도아리랑합동공연	80,000	3	1	7	8	7	1	1	1
9366	전남 진도군	제77회종별럭비선수권대회개최	80,000	3	8	7	8	7	5	5	4
9367	전남 진도군	제26회남도민요전국경창대회	70,000	3	1	7	8	7	1	1	1
9368	전남 진도군	제19회소치미술대전	70,000	3	1	7	8	7	1	1	1
9369	전남 진도군	제2회진도군체육회장배전국페스티벌럭비대회개최	64,000	3	8	7	8	7	5	5	4
9370	전남 진도군	보훈단체행사지원(8개단체)	59,000	3	6	7	8	7	1	1	1
9371	전남 진도군	장애인공감과치유탐방프로그램운영	57,000	3	6	7	8	7	1	1	1
9372	전남 진도군	제17회진도고운김득수고수대회	45,000	3	1	7	8	7	1	1	1
9373	전남 진도군	강강술래한마당잔치	45,000	3	1	7	8	7	1	1	1
9374	전남 진도군	전국및관내체육대회개최지원	40,000	3	8	7	8	7	5	5	4
9375	전남 진도군	2024고용노동부장관기전국족구대회개최	40,000	3	8	7	8	7	5	5	4
9376	전남 진도군	제2회진도군의회의장배전국축구대회개최	40,000	3	8	7	8	7	5	5	4
9377	전남 진도군	진도읍체육대회행사지원	40,000	3	8	7	8	7	5	5	4
9378	전남 진도군	조도면체육대회행사지원	40,000	3	8	7	8	7	5	5	4
9379	전남 진도군	제4회소전서예휘호대회	36,000	3	1	7	8	7	1	1	1
9380	전남 진도군	제10회진도군수배전국남여배구대회개최	36,000	3	8	7	8	7	5	5	4
9381	전남 진도군	각종체육행사의료진배치사업	33,000	3	8	7	8	7	5	5	4
9382	전남 진도군	제11회청소년국악제	31,500	3	1	7	8	7	1	1	1
9383	전남 진도군	읍·면이장단사기진작(문화및체육행사)보조	30,000	3	8	7	8	7	5	5	4
9384	전남 진도군	수산업경영인행사참가보조	28,000	3	8	7	8	7	5	5	3
9385	전남 진도군	전라남도수석연합회전시회개최	27,000	3	8	7	8	7	5	5	4
9386	전남 진도군	진도북놀이페스티벌	27,000	3	1	7	8	7	1	1	1
9387	전남 진도군	제2회진도실버가요제	27,000	3	1	7	8	7	1	1	1
9388	전남 진도군	제10회진도한시백일장대회	26,000	3	1	7	8	7	1	1	1
9389	전남 진도군	제11회진도군수배전국바다낚시대회개최	24,000	3	8	7	8	7	5	5	4
9390	전남 진도군	자원봉사활동지원	20,000	3	6	7	8	7	1	1	1
9391	전남 진도군	진도군체육인한마당축제	20,000	3	8	7	8	7	5	5	4
9392	전남 진도군	관상식물보존전시회지원사업	20,000	3	6	1	8	7	5	1	4
9393	전남 진도군	주민자치회사기진작(문화및체육행사)보조	18,000	3	8	7	8	7	5	5	4
9394	전남 진도군	제3회진도문화예술사진대회	18,000	3	1	7	8	7	1	1	1
9395	전남 진도군	제2회진도명량문학상개최지원	18,000	3	1	7	8	7	1	1	1
9396	전남 진도군	산사음악회개최지원	18,000	3	1	7	8	7	1	1	1
9397	전남 진도군	제47회전남민속문화예술축제참가지원	18,000	3	1	7	8	7	1	1	1

순번	시군구	지출명 (사업명)	2024년예산 (단위 : 천원 /1년간)	민간이전 분류 (지방자치단체 세출예산 집행기준에 의거) 1. 민간경상사업보조(307-02) 2. 민간단체 법정운영비보조(307-03) 3. 민간행사사업보조(307-04) 4. 민간위탁금(307-05) 5. 사회복지시설 법정운영비보조(307-10) 6. 민간인위탁교육비(307-12) 7. 공기관등에대한경상적위탁사업비(308-13) 8. 민간자본사업보조,자체재원(402-01) 9. 민간자본사업보조,이전재원(402-02) 10. 민간위탁사업비(402-03) 11. 공기관등에 대한 자본적 위탁사업비(403-02)	민간이전지출 근거 (지방보조금 관리기준 참고) 1. 법률에 규정 2. 국고보조 재원(국가지정) 3. 용도 지정 기부금 4. 조례에 직접규정 5. 지자체가 권장하는 사업을 하는 공공기관 6. 시,도 정책 및 재정사정 7. 기타 8. 해당없음	입찰방식 계약체결방법 (경쟁형태) 1. 일반경쟁 2. 제한경쟁 3. 지명경쟁 4. 수의계약 5. 법정위탁 6. 기타 ( ) 7. 없음	입찰방식 계약기간 1. 1년 2. 2년 3. 3년 4. 4년 5. 5년 6. 기타 ( )년 7. 단기계약 (1년미만) 8. 없음	입찰방식 낙찰자선정방법 1. 적격심사 2. 협상에의한계약 3. 최저가낙찰제 4. 규격가격분리 5. 2단계 경쟁입찰 6. 기타 ( ) 7. 없음	운영예산 산정 운영예산 산정 1. 내부산정 (지자체 자체적으로 산정) 2. 외부산정 (외부전문기관위탁 산정) 3. 내·외부 모두 산정 4. 산정 無 5. 없음	운영예산 산정 정산방법 1. 내부정산 (지자체 내부적으로 정산) 2. 외부정산 (외부전문기관위탁 정산) 3. 내·외부 모두 산정 4. 정산 無 5. 없음	성과평가 실시여부 1. 실시 2. 미실시 3. 향후 추진 4. 해당없음
9398	전남 진도군	일요상설공연개최지원	18,000	3	1	7	8	7	1	1	1
9399	전남 진도군	제15진도군수배및진도군협회장기축구대회개최	16,200	3	8	7	8	7	5	5	4
9400	전남 진도군	민주평화통일자문회의진도군협의회행사보조	16,000	3	8	7	8	7	5	5	4
9401	전남 진도군	제20회진도군수배전국족구대회개최	16,000	3	8	7	8	7	5	5	4
9402	전남 진도군	보훈단체협의회프로그램운영비	15,000	3	6	7	8	7	1	1	1
9403	전남 진도군	역사문화답사비	15,000	3	8	7	8	7	5	5	4
9404	전남 진도군	진도여성합창단행사개최지원	15,000	3	1	7	8	7	1	1	1
9405	전남 진도군	동·하계전지훈련홍보비	15,000	3	8	7	8	7	5	5	4
9406	전남 진도군	4-H서남권한마음대회행사운영	15,000	3	4	7	8	7	5	5	4
9407	전남 진도군	제10회진도군수배배드민턴대회개최	13,500	3	8	7	8	7	5	5	4
9408	전남 진도군	제18회진도군수기직장대항체육대회개최	13,500	3	8	7	8	7	5	5	4
9409	전남 진도군	수산인의날행사보조	13,000	3	8	7	8	7	5	5	3
9410	전남 진도군	제34회진도군협회장기청소년축구대회개최	12,150	3	8	7	8	7	5	5	4
9411	전남 진도군	제27회전국전통무용경연대회	10,000	3	1	7	8	7	1	1	1
9412	전남 진도군	제2회진도군민시낭송대회개최지원	10,000	3	1	7	8	7	1	1	1
9413	전남 진도군	청소년및주민인성교육지원	10,000	3	8	7	8	7	5	5	4
9414	전남 진도군	제1회진도군수배지적장애인축구대회개최	10,000	3	8	7	8	7	5	5	4
9415	전남 진도군	스포츠교류행사및주말리그운영	10,000	3	8	7	8	7	5	5	4
9416	전남 진도군	진도군체육회워크숍개최	10,000	3	8	7	8	7	5	5	4
9417	전남 진도군	군민건강달리기대회개최	9,000	3	8	7	8	7	5	5	4
9418	전남 진도군	제33회전라남도지사기게이트볼대회개최	9,000	3	8	7	8	7	5	5	4
9419	전남 진도군	진도해안일주도로전국자전거랠리대회개최	9,000	3	8	7	8	7	5	5	4
9420	전남 진도군	제20회진도군협회장기청소년배구대회개최	9,000	3	8	7	8	7	5	5	4
9421	전남 진도군	제19회진도군수기게이트볼대회개최	9,000	3	8	7	8	7	5	5	4
9422	전남 진도군	제7회진도첨찰산전국산악자전거대회개최	9,000	3	8	7	8	7	5	5	4
9423	전남 진도군	제13회진도군수배전남광주탁구대회개최	9,000	3	8	7	8	7	5	5	4
9424	전남 진도군	제19회진도군수배전남광주테니스대회개최	9,000	3	8	7	8	7	5	5	4
9425	전남 진도군	제479회이충무공탄신제보조	8,000	3	1	7	8	7	1	1	1
9426	전남 진도군	진도군체육회자매결연교류행사	8,000	3	8	7	8	7	5	5	4
9427	전남 진도군	제8회진도군수배골프대회개최	8,000	3	8	7	8	7	5	5	4
9428	전남 진도군	전라남도국악제참가지원	7,000	3	1	7	8	7	1	1	1
9429	전남 진도군	제7회진도군수배파크골프대회개최	7,000	3	8	7	8	7	5	5	4
9430	전남 진도군	제5회진도군수배전라남도시니어파크골프대회개최	7,000	3	8	7	8	7	5	5	4
9431	전남 진도군	진도군재향군인회사업보조	6,800	3	8	7	8	7	5	5	4
9432	전남 진도군	2024년호국정신함양사업	6,000	3	6	7	8	7	1	1	1
9433	전남 진도군	석전대제봉행식개최지원	6,000	3	8	7	8	7	5	5	4
9434	전남 진도군	제23회진도군지회장기게이트볼대회개최	6,000	3	8	7	8	7	5	5	4
9435	전남 진도군	제14회진도군동호인노인게이트볼대회개최	6,000	3	8	7	8	7	5	5	4
9436	전남 진도군	김의날행사참석보조	5,000	3	4	7	8	7	1	1	1
9437	전남 진도군	진도사미회사제동행미술작품전	5,000	3	1	7	8	7	1	1	1

순번	시군구	지출명 (사업명)	2024년예산 (단위 : 천원 /1년간)	민간이전 분류 (지방자치단체 세출예산 집행기준에 의거) 1. 민간경상사업보조(307-02) 2. 민간단체 법정운영비보조(307-03) 3. 민간행사사업보조(307-04) 4. 민간위탁금(307-05) 5. 사회복지시설 법정운영비보조(307-10) 6. 민간인위탁교육비(307-12) 7. 공기관등에대한경상적위탁사업비(308-13) 8. 민간자본사업보조,자체재원(402-01) 9. 민간자본사업보조,이전재원(402-02) 10. 민간위탁사업비(402-03) 11. 공기관등에 대한 자본적 위탁사업비(403-02)	민간이전지출 근거 (지방보조금 관리기준 참고) 1. 법률에 규정 2. 국고보조 재원(국가지정) 3. 용도 지정 기부금 4. 조례에 직접규정 5. 지자체가 권장하는 사업을 하는 공공기관 6. 시,도 정책 및 재정사정 7. 기타 8. 해당없음	입찰방식			운영예산 산정		성과평가 실시여부
						계약체결방법 (경쟁형태) 1. 일반경쟁 2. 제한경쟁 3. 지명경쟁 4. 수의계약 5. 법정위탁 6. 기타 ( ) 7. 없음	계약기간 1. 1년 2. 2년 3. 3년 4. 4년 5. 5년 6. 기타 ( )년 7. 단기계약 (1년미만) 8. 없음	낙찰자선정방법 1. 적격심사 2. 협상에의한계약 3. 최저가낙찰제 4. 규격가격분리 5. 2단계 경쟁입찰 6. 기타 ( ) 7. 없음	운영예산 산정 1. 내부산정 (지자체 자체적으로 산정) 2. 외부산정 (외부전문기관위탁 산정) 3. 내·외부 모두 산정 4. 산정 無 5. 없음	정산방법 1. 내부정산 (지자체 내부적으로 정산) 2. 외부정산 (외부전문기관위탁 정산) 3. 내·외부 모두 산정 4. 정산 無 5. 없음	1. 실시 2. 미실시 3. 향후 추진 4. 해당없음
9438	전남 진도군	인지리민속문화예술축제개최지원	5,000	3	1	7	8	7	1	1	1
9439	전남 진도군	진도군수배야구대회개최	5,000	3	8	7	8	7	5	5	4
9440	전남 진도군	제1회진도군수배당구대회개최	5,000	3	8	7	8	7	5	5	4
9441	전남 진도군	제2회진도군수배볼링대회개최	5,000	3	8	7	8	7	5	5	4
9442	전남 진도군	제13회진도군협회장기직장인골프대회개최	5,000	3	8	7	8	7	5	5	4
9443	전남 진도군	제7회진도군수배바둑대회개최	5,000	3	8	7	8	7	5	5	4
9444	전남 진도군	제2회진도군체육회장배광주전남초등학교야구대회개최	5,000	3	8	7	8	7	5	5	4
9445	전남 진도군	도민합창대회참가지원	4,500	3	1	7	8	7	1	1	1
9446	전남 진도군	진도문화원의날	4,000	3	8	7	8	7	5	5	4
9447	전남 진도군	제16회진도군협회장기게이트볼대회개최	4,000	3	8	7	8	7	5	5	4
9448	전남 진도군	제8회진도군수배및진도군협회장기여성게이트볼대회개최	4,000	3	8	7	8	7	5	5	4
9449	전남 진도군	삼별초항몽순의제례	3,500	3	8	7	8	7	5	5	4
9450	전남 진도군	장애인의날기념행사참석	3,000	3	4	7	8	7	1	1	1
9451	전남 진도군	청각언어장애인재활증진대회참석	3,000	3	4	7	8	7	1	1	1
9452	전남 진도군	한국서예협회진도지부전개최지원	3,000	3	1	7	8	7	1	1	1
9453	전남 진도군	진도군학생미술실기대회	3,000	3	1	7	8	7	1	1	1
9454	전남 진도군	진도군민백일장개최지원	3,000	3	1	7	8	7	1	1	1
9455	전남 진도군	향교유림전통사업지원(기로연)	3,000	3	8	7	8	7	5	5	4
9456	전남 진도군	제23회찾아가는시화전	3,000	3	1	7	8	7	1	1	1
9457	전남 진도군	진도군협회장배배구동호인클럽리그전개최	3,000	3	8	7	8	7	5	5	4
9458	전남 진도군	제2회진도군협회장배당구대회개최	3,000	3	8	7	8	7	5	5	4
9459	전남 진도군	제1회협회장기클럽볼링대회개최	3,000	3	8	7	8	7	5	5	4
9460	전남 진도군	제30회진도군협회장기배구대회개최	3,000	3	8	7	8	7	5	5	4
9461	전남 진도군	제2회진도JC회장배청년풋살대회개최	3,000	3	8	7	8	7	5	5	4
9462	전남 진도군	진도군장애인단체어울마당	2,500	3	4	7	8	7	1	1	1
9463	전남 진도군	농아인의날기념식참석	2,500	3	4	7	8	7	1	1	1
9464	전남 진도군	흰지팡이날기념복시증진대회	2,500	3	4	7	8	7	1	1	1
9465	전남 진도군	전남장애인기능경기대회	2,000	3	4	7	8	7	1	1	1
9466	전남 진도군	제15회서예진흥협회진도지부전	2,000	3	1	7	8	7	1	1	1
9467	전남 진도군	단군제봉행식개최지원	2,000	3	8	7	8	7	5	5	4
9468	전남 진도군	예의실천결의대회개최지원	2,000	3	8	7	8	7	5	5	4
9469	전남 진도군	굴포마을당제및고산윤선도추모제	2,000	3	1	7	8	7	1	1	1
9470	전남 진도군	진도미술협회영호남교류전	2,000	3	1	7	8	7	1	1	1
9471	전남 진도군	사진작가협회진도지부영호남교류전	2,000	3	1	7	8	7	1	1	1
9472	전남 진도군	향현사제사비용	2,000	3	8	7	8	7	5	5	4
9473	전남 진도군	제4회진도군바둑협회장배바둑대회개최	2,000	3	8	7	8	7	5	5	4
9474	전남 진도군	제19회진도군협회장기배드민턴대회개최	2,000	3	8	7	8	7	5	5	4
9475	전남 진도군	제17회진도군협회장기골프대회개최	2,000	3	8	7	8	7	5	5	4
9476	전남 진도군	제28회진도군협회장기테니스대회개최	2,000	3	8	7	8	7	5	5	4
9477	전남 신안군	대한민국자생란대전	63,000	3	4	7	7	7	1	1	3

순번	시군구	지출명 (사업명)	2024년예산 (단위 : 천원 /1년간)	민간이전 분류 (지방자치단체 세출예산 집행기준에 의거) 1. 민간경상사업보조(307-02) 2. 민간단체 법정운영비보조(307-03) 3. 민간행사사업보조(307-04) 4. 민간위탁금(307-05) 5. 사회복지시설 법정운영비보조(307-10) 6. 민간인위탁교육비(307-12) 7. 공기관등에대한경상적위탁사업비(308-13) 8. 민간자본사업보조,자체재원(402-01) 9. 민간자본사업보조,이전재원(402-02) 10. 민간위탁사업비(402-03) 11. 공기관등에 대한 자본적 위탁사업비(403-02)	민간이전지출 근거 (지방보조금 관리기준 참고) 1. 법률에 규정 2. 국고보조 재원(국가지정) 3. 용도 지정 기부금 4. 조례에 직접규정 5. 지자체가 권장하는 사업을 하는 공공기관 6. 시,도 정책 및 재정사정 7. 기타 8. 해당없음	입찰방식 계약체결방법 (경쟁형태) 1. 일반경쟁 2. 제한경쟁 3. 지명경쟁 4. 수의계약 5. 법정위탁 6. 기타 ( ) 7. 없음	입찰방식 계약기간 1. 1년 2. 2년 3. 3년 4. 4년 5. 5년 6. 기타 ( )년 7. 단기계약 (1년미만) 8. 없음	입찰방식 낙찰자선정방법 1. 적격심사 2. 협상에의한계약 3. 최저가낙찰제 4. 규격가격분리 5. 2단계 경쟁입찰 6. 기타 ( ) 7. 없음	운영예산 산정 운영예산 산정 1. 내부산정 (지자체 자체적으로 산정) 2. 외부산정 (외부전문기관위탁 산정) 3. 내·외부 모두 산정 4. 산정 無 5. 없음	운영예산 산정 정산방법 1. 내부정산 (지자체 내부적으로 정산) 2. 외부정산 (외부전문기관위탁 정산) 3. 내·외부 모두 산정 4. 정산 無 5. 없음	성과평가 실시여부 1. 실시 2. 미실시 3. 향후 추진 4. 해당없음
9478	전남 신안군	전국새우란축제	45,000	3	4	7	7	7	1	1	3
9479	전남 신안군	14섬춘란전시	30,000	3	4	7	7	7	1	1	3
9480	전남 신안군	전국새우란대전	15,000	3	4	7	7	7	1	1	3
9481	제주 제주시	생활체육스포츠대회및행사지원	664,900	3	1	7	8	7	5	5	4
9482	제주 제주시	제25회탐라기전국중학교축구대회	230,000	3	1	7	8	7	5	5	4
9483	제주 제주시	제2회제주해녀배전국핀수영대회	140,000	3	1	7	8	7	5	5	4
9484	제주 제주시	장애인생활체육스포츠대회및행사지원	110,000	3	1	7	8	7	5	5	4
9485	제주 제주시	소상공인한마음박람회	105,000	3	4	6	7	7	1	1	3
9486	제주 제주시	용연음악회운영지원(정액)	100,000	3	1	7	8	7	1	1	1
9487	제주 제주시	화북,포구문화제	90,000	3	4	7	8	7	5	5	4
9488	제주 제주시	제2회한라배전국유소년축구대회	80,000	3	1	7	8	7	5	5	4
9489	제주 제주시	제14회산지천축제운영(정액)	70,000	3	4	7	8	7	5	5	4
9490	제주 제주시	원도심지역상권활성화를위한하하페스티벌개최	60,000	3	4	7	8	7	5	5	4
9491	제주 제주시	제21회제주시장기전국공무원야구대회	60,000	3	1	7	8	7	5	5	4
9492	제주 제주시	제15회돌하르방컵전국초청축구대회	60,000	3	1	7	8	7	5	5	4
9493	제주 제주시	읍면동자생단체등행사지원	55,000	3	4	7	8	7	1	1	1
9494	제주 제주시	제13회우도소라축제(보조율7%)	55,000	3	4	7	8	7	5	5	4
9495	제주 제주시	보훈단체회원만남의장	52,400	3	1	7	8	7	5	1	2
9496	제주 제주시	어린이날기념식및행사운영	50,000	3	1	7	8	7	5	1	2
9497	제주 제주시	읍면동체육회생활체육대회지원	50,000	3	1	7	8	7	5	5	4
9498	제주 제주시	읍면동자생단체등행사지원(기준보조율)	50,000	3	8	7	8	7	1	1	1
9499	제주 제주시	읍면동자생단체등행사지원(기준보조율)	45,000	3	4	7	8	7	5	5	4
9500	제주 제주시	어르신생활체육대회지원	45,000	3	1	7	8	7	5	5	4
9501	제주 제주시	제3회노형4.3평화올레길걷기	40,000	3	1	7	8	7	1	1	1
9502	제주 제주시	2024장애인체육회어울림생활체육대회개최지원	40,000	3	1	7	8	7	5	5	4
9503	제주 제주시	제35회한림읍민종합체육대회개최	40,000	3	8	7	8	7	1	1	1
9504	제주 제주시	제19회우도면민종합체육대회(기준경비)(격년제)(정액)	30,000	3	4	7	8	7	5	5	4
9505	제주 제주시	제25회대한노인회노형동분회노인친선경기대회	23,000	3	4	7	8	7	1	1	1
9506	제주 제주시	제주문화원창립3주년기념행사운영(정액)	20,000	3	1	7	8	7	1	1	1
9507	제주 제주시	제11회삼도풍류축제운영	20,000	3	4	7	8	7	5	5	4
9508	제주 제주시	제주시청소년통(通)큰페스티벌	20,000	3	8	7	8	7	1	1	4
9509	제주 제주시	외도월대천축제(보조율5%)	20,000	3	4	7	8	7	1	1	1
9510	제주 제주시	청풍벚꽃작은음악회	20,000	3	4	7	8	7	5	5	4
9511	제주 제주시	동민종합체육대회	16,000	3	4	7	8	7	5	5	4
9512	제주 제주시	동종합체육대회(정액)(기준경비)	16,000	3	4	7	8	7	5	5	4
9513	제주 제주시	읍면동자생단체등행사지원(기준보조율)	15,000	3	4	7	8	7	1	1	1
9514	제주 제주시	제주시연합청년회주민화합행사(보조율5%)	15,000	3	4	7	8	7	1	1	3
9515	제주 제주시	노인회장배파크골프대회지원	14,000	3	1	7	8	7	5	5	4
9516	제주 제주시	어르신그라운드골프대회지원	11,800	3	1	7	8	7	1	1	1
9517	제주 제주시	노인회장배게이트볼대회지원	10,000	3	1	7	8	7	1	1	1

순번	시군구	지출명 (사업명)	2024년예산 (단위 : 천원 /1년간)	민간이전 분류 (지방자치단체 세출예산 집행기준에 의거) 1. 민간경상사업보조(307-02) 2. 민간단체 법정운영비보조(307-03) 3. 민간행사사업보조(307-04) 4. 민간위탁금(307-05) 5. 사회복지시설 법정운영비보조(307-10) 6. 민간인위탁교육비(307-12) 7. 공기관등에대한경상적위탁사업비(308-13) 8. 민간자본사업보조,자체재원(402-01) 9. 민간자본사업보조,이전재원(402-02) 10. 민간위탁사업비(402-03) 11. 공기관등에 대한 자본적 위탁사업비(403-02)	민간이전지출 근거 (지방보조금 관리기준 참고) 1. 법률에 규정 2. 국고보조 재원(국가지정) 3. 용도 지정 기부금 4. 조례에 직접규정 5. 지자체가 권장하는 사업을 하는 공공기관 6. 시,도 정책 및 재정사정 7. 기타 8. 해당없음	입찰방식 계약체결방법 (경쟁형태) 1. 일반경쟁 2. 제한경쟁 3. 지명경쟁 4. 수의계약 5. 법정위탁 6. 기타 ( ) 7. 없음	입찰방식 계약기간 1. 1년 2. 2년 3. 3년 4. 4년 5. 5년 6. 기타 ( )년 7. 단기계약 (1년미만) 8. 없음	입찰방식 낙찰자선정방법 1. 적격심사 2. 협상에의한계약 3. 최저가낙찰제 4. 규격가격분리 5. 2단계 경쟁입찰 6. 기타 ( ) 7. 없음	운영예산 산정 운영예산 산정 1. 내부산정 (지자체 자체적으로 산정) 2. 외부산정 (외부전문기관위탁 산정) 3. 내·외부 모두 산정 4. 산정 無 5. 없음	운영예산 산정 정산방법 1. 내부정산 (지자체 내부적으로 정산) 2. 외부정산 (외부전문기관위탁 정산) 3. 내·외부 모두 산정 4. 정산 無 5. 없음	성과평가 실시여부 1. 실시 2. 미실시 3. 향후 추진 4. 해당없음
9518	제주 제주시	읍면동자생단체등행사지원	9,000	3	4	7	8	7	5	5	4
9519	제주 제주시	읍면동자생단체등행사지원	5,000	3	4	7	8	7	5	5	4
9520	제주 제주시	전몰군경유족회애월읍관내위령대제	3,500	3	1	7	8	7	5	1	2
9521	제주 제주시	전몰군경합동위령대제	3,000	3	1	7	8	7	5	1	2
9522	제주 제주시	읍면동자생단체등행사지원(기준보조율)	120,000	3	4	7	8	7	1	1	4
9523	제주 제주시	제17회전농로왕벚꽃축제개최	100,000	3	6	7	8	7	1	1	1
9524	제주 제주시	제9회고마로마문화축제지원	100,000	3	4	7	8	7	1	1	1
9525	제주 제주시	읍면동자생단체등행사지원	45,000	3	4	7	8	7	1	1	1
9526	제주 제주시	읍면동자생단체등행사지원	40,900	3	4	7	8	7	1	1	1
9527	제주 제주시	조천리용천수문화곳간축제	40,500	3	4	7	8	7	5	5	4
9528	제주 제주시	월정리한모살해변축제(보조율5%)	30,000	3	4	7	8	7	1	1	4
9529	제주 제주시	한국여성농업인제주시연합회농업인의날기념행사	30,000	3	1	7	8	7	5	5	4
9530	제주 제주시	제5회문화가흐르는밤	30,000	3	4	7	8	7	5	5	4
9531	제주 제주시	읍면동자생단체등행사지원	25,000	3	4	7	8	7	5	5	4
9532	제주 제주시	제18회아라주는딸기직거래장터	22,000	3	4	7	8	7	5	5	4
9533	제주 제주시	제2회삼양검은모래축제	20,000	3	4	7	8	7	1	1	4
9534	제주 제주시	제45회삼양동민단합체육대회	20,000	3	4	7	8	7	1	1	4
9535	제주 제주시	제3회아라뮤직페스티벌	20,000	3	4	7	8	7	5	5	4
9536	제주 제주시	2024년아라동세대공감어울림한마당	20,000	3	4	7	8	7	5	5	4
9537	제주 제주시	일도2동동민가족한마음체육대회	20,000	3	4	7	8	7	1	1	1
9538	제주 제주시	제2회동민한마음체육대회	16,000	3	6	7	8	7	5	5	1
9539	제주 제주시	읍면동자생단체등행사지원	14,000	3	4	7	8	7	1	1	1
9540	제주 제주시	읍면동자생단체등행사지원(기준보조율)	12,000	3	4	4	8	7	5	1	1
9541	제주 제주시	제14회아라음악회개최	10,000	3	4	7	8	7	5	5	4
9542	제주 제주시	제9회도전!제주어골든벨	10,000	3	4	7	8	7	5	5	4
9543	제주 제주시	아라꿈자랑페스티벌	9,000	3	4	7	8	7	5	5	4
9544	제주 제주시	읍면동자생단체등행사지원	6,000	3	4	7	8	7	1	1	4
9545	세주 세주시	제22회도누오래불축제지원	20,000	3	4	7	8	7	5	5	4
9546	제주 제주시	도두동민한마음체육대회	16,000	3	4	7	8	7	5	5	4
9547	제주 제주시	문화의거리활성화를위한거리공연	40,000	3	4	7	8	7	5	5	4
9548	제주 제주시	동민종합체육대회	16,000	3	4	7	8	7	5	5	4
9549	제주 제주시	이호테우축제(정액)	30,000	3	4	7	8	7	1	1	1
9550	제주 제주시	2024봉개오름축제(격년제)(보조율55)	20,000	3	4	6	8	6	1	1	3
9551	제주 제주시	이호테우축제전국사진촬영대회	20,000	3	4	7	8	7	1	1	1
9552	제주 제주시	제주시재향군인회6.25기념행사추진(정액)	20,000	3	1	7	8	7	5	1	3
9553	제주 제주시	읍면동자생단체등행사지원(기준보조율)	6,000	3	4	7	8	7	1	1	1
9554	제주 제주시	용담용연문화제	40,000	3	4	7	8	7	5	5	4
9555	제주 제주시	용담1동종합체육대회	16,000	3	4	7	8	7	5	5	4
9556	제주 제주시	읍면동자생단체등행사지원	5,800	3	4	7	8	7	5	5	4
9557	제주 서귀포시	시장기,체육회장기,회장기,종목별경기단체대회지원	545,000	3	4	4	1	7	1	1	1

순번	시군구	지출명 (사업명)	2024년예산 (단위 : 천원 /1년간)	민간이전 분류 (지방자치단체 세출예산 집행기준에 의거) 1. 민간경상사업보조(307-02) 2. 민간단체 법정운영비보조(307-03) 3. 민간행사사업보조(307-04) 4. 민간위탁금(307-05) 5. 사회복지시설 법정운영비보조(307-10) 6. 민간인위탁교육비(307-12) 7. 공기관등에대한경상적위탁사업비(308-13) 8. 민간자본사업보조,자체재원(402-01) 9. 민간자본사업보조,이전재원(402-02) 10. 민간위탁사업비(402-03) 11. 공기관등에 대한 자본적 위탁사업비(403-02)	민간이전지출 근거 (지방보조금 관리기준 참고) 1. 법률에 규정 2. 국고보조 재원(국가지정) 3. 용도 지정 기부금 4. 조례에 직접규정 5. 지자체가 권장하는 사업을 하는 공공기관 6. 시,도 정책 및 재정사정 7. 기타 8. 해당없음	입찰방식 계약체결방법 (경쟁형태) 1. 일반경쟁 2. 제한경쟁 3. 지명경쟁 4. 수의계약 5. 법정위탁 6. 기타 ( ) 7. 없음	입찰방식 계약기간 1. 1년 2. 2년 3. 3년 4. 4년 5. 5년 6. 기타 ( )년 7. 단기계약 (1년미만) 8. 없음	입찰방식 낙찰자선정방법 1. 적격심사 2. 협상에의한계약 3. 최저가낙찰제 4. 규격가격분리 5. 2단계 경쟁입찰 6. 기타 ( ) 7. 없음	운영예산 산정 운영예산 산정 1. 내부산정 (지자체 자체적으로 산정) 2. 외부산정 (외부전문기관위탁 산정) 3. 내·외부 모두 산정 4. 산정 無 5. 없음	운영예산 산정 정산방법 1. 내부정산 (지자체 내부적으로 정산) 2. 외부정산 (외부전문기관위탁 정산) 3. 내·외부 모두 산정 4. 정산 無 5. 없음	성과평가 실시여부 1. 실시 2. 미실시 3. 향후 추진 4. 해당없음
9558	제주 서귀포시	2024서귀포칠십리춘계유소년축구페스티벌(정액)	200,000	3	4	7	8	7	1	1	1
9559	제주 서귀포시	2024TransJeju국제트레일러닝대회(정액)	150,000	3	4	7	8	7	1	1	1
9560	제주 서귀포시	제26회서귀포유채꽃국제걷기대회	120,000	3	4	7	8	7	1	1	1
9561	제주 서귀포시	대정암반수마농박람회	110,000	3	4	7	7	7	1	1	1
9562	제주 서귀포시	제3회서귀포칠십리전국리틀야구대회(정액)	85,000	3	4	7	8	7	1	1	1
9563	제주 서귀포시	제26호서귀포겨울바다국제펭귄수영대회	80,000	3	4	7	8	7	1	1	1
9564	제주 서귀포시	전지훈련종목별리그운영(정액)	65,000	3	4	7	8	7	1	1	1
9565	제주 서귀포시	서귀포시장애인체육회종목별생활체육대회지원	55,000	3	1	7	8	7	1	1	1
9566	제주 서귀포시	2024서귀포시한국실업최강전전국태권도대회(정액)	50,000	3	4	7	8	7	1	1	1
9567	제주 서귀포시	제31회덕수리전통민속재현행사	50,000	3	4	7	8	7	1	1	1
9568	제주 서귀포시	제2회보목자리돔축제	50,000	3	4	7	8	7	1	1	3
9569	제주 서귀포시	2024제2회서귀포칠십리배전국꿈나무테니스대회(정액)	49,500	3	4	7	8	7	1	1	1
9570	제주 서귀포시	읍면동자생단체등행사지원	45,000	3	4	7	8	7	1	1	1
9571	제주 서귀포시	읍면동자생단체등행사지원	45,000	3	1,4	7	8	7	1	1	4
9572	제주 서귀포시	어린이날기념식개최및행사지원	41,000	3	1	7	8	7	1	1	1
9573	제주 서귀포시	제3회서귀포칠십리전국동호인테니스대회(보조율7%)	40,500	3	4	7	8	7	1	1	1
9574	제주 서귀포시	2024서귀포e스포츠한마당대회운영(보조율7%)	40,500	3	4	7	8	7	1	1	1
9575	제주 서귀포시	대정읍민종합체육대회	40,000	3	4	7	8	7	1	3	1
9576	제주 서귀포시	성산읍노인회한마음대회지원	40,000	3	4	7	8	7	1	1	1
9577	제주 서귀포시	자생단체등주민공동체활동지원	40,000	3	4	7	8	7	5	5	4
9578	제주 서귀포시	읍면동자생단체등행사지원	38,000	3	4	7	8	7	5	5	4
9579	제주 서귀포시	소상공인주간박람회운영지원	36,000	3	1	7	8	7	1	1	1
9580	제주 서귀포시	성산읍여자축구전지훈련리그운영	35,000	3	4	7	8	7	1	1	1
9581	제주 서귀포시	노인의날기념노인민속경기대회지원(정액)	33,360	3	4	7	8	7	1	1	1
9582	제주 서귀포시	서귀포시연합청년회한다음대회	30,000	3	4	7	8	7	1	1	1
9583	제주 서귀포시	여성취업박람회	30,000	3	1	7	8	7	1	1	1
9584	제주 서귀포시	안덕면민한마음대회	27,000	3	4	7	8	7	5	5	4
9585	제주 서귀포시	읍면환경기초시설설치지역소규모행사비지원(정액)	26,000	3	4	7	8	7	5	5	4
9586	제주 서귀포시	서귀포시장애인체육회어울림생활체육대축전개최지원	25,000	3	1	7	8	7	1	1	1
9587	제주 서귀포시	환경기초시설설치지역소규모행사지원	25,000	3	4	7	8	7	5	5	4
9588	제주 서귀포시	제6회대정읍청소년드림페스티벌	25,000	3	1	7	8	7	1	1	1
9589	제주 서귀포시	생활체육활성화및스포츠활동대회지원	20,000	3	4	1	1	6	1	1	1
9590	제주 서귀포시	진지훈련농구스토브리그운영(정액)	20,000	3	4	7	8	7	1	1	1
9591	제주 서귀포시	제17회서귀포시장배낚시대회	20,000	3	4	7	8	7	1	1	1
9592	제주 서귀포시	제6회제주의귀말축제	20,000	3	6	7	8	7	5	5	4
9593	제주 서귀포시	대정고을추사문화예술제(보조율5%)	20,000	3	4	7	8	7	1	1	1
9594	제주 서귀포시	동홍동종합체육대회	20,000	3	4	7	8	7	5	5	4
9595	제주 서귀포시	읍면동자생단체등행사지원	20,000	3	4	7	8	7	5	5	4
9596	제주 서귀포시	안덕면곶자왈걷기대회	18,000	3	4	7	8	7	5	5	4
9597	제주 서귀포시	민주평화통일자문회의서귀포시협의회단체운영비	16,400	3	4	7	8	7	1	1	1

순번	시군구	지출명 (사업명)	2024년예산 (단위 : 천원 /1년간)	민간이전 분류 (지방자치단체 세출예산 집행기준에 의거) 1. 민간경상사업보조(307-02) 2. 민간단체 법정운영비보조(307-03) 3. 민간행사사업보조(307-04) 4. 민간위탁금(307-05) 5. 사회복지시설 법정운영비보조(307-10) 6. 민간인위탁교육비(307-12) 7. 공기관등에대한경상적위탁사업비(308-13) 8. 민간자본사업보조,자체재원(402-01) 9. 민간자본사업보조,이전재원(402-02) 10. 민간위탁사업비(402-03) 11. 공기관등에 대한 자본적 위탁사업비(403-02)	민간이전지출 근거 (지방보조금 관리기준 참고) 1. 법률에 규정 2. 국고보조 재원(국가지정) 3. 용도 지정 기부금 4. 조례에 직접규정 5. 지자체가 권장하는 사업을 하는 공공기관 6. 시,도 정책 및 재정사정 7. 기타 8. 해당없음	입찰방식			운영예산 산정		성과평가 실시여부
						계약체결방법 (경쟁형태) 1. 일반경쟁 2. 제한경쟁 3. 지명경쟁 4. 수의계약 5. 법정위탁 6. 기타 ( ) 7. 없음	계약기간 1. 1년 2. 2년 3. 3년 4. 4년 5. 5년 6. 기타 ( )년 7. 단기계약 (1년미만) 8. 없음	낙찰자선정방법 1. 적격심사 2. 협상에의한계약 3. 최저가낙찰제 4. 규격가격분리 5. 2단계 경쟁입찰 6. 기타 ( ) 7. 없음	운영예산 산정 1. 내부산정 (지자체 자체적으로 산정) 2. 외부산정 (외부전문기관위탁 산정) 3. 내·외부 모두 산정 4. 산정 無 5. 없음	정산방법 1. 내부정산 (지자체 내부적으로 정산) 2. 외부정산 (외부전문기관위탁 정산) 3. 내·외부 모두 산정 4. 정산 無 5. 없음	1. 실시 2. 미실시 3. 향후 추진 4. 해당없음
9598	제주 서귀포시	동종합체육대회	16,000	3	4	7	8	7	1	1	3
9599	제주 서귀포시	중앙동종합체육대회	16,000	3	7	7	8	7	1	1	3
9600	제주 서귀포시	제17회대륜동민단합체육대회	16,000	3	4	7	8	7	5	5	4
9601	제주 서귀포시	자원봉사자만남의날운영	15,000	3	4	7	8	7	1	1	1
9602	제주 서귀포시	노인파크골프대회(정액)	15,000	3	1	7	8	7	1	1	3
9603	제주 서귀포시	지역아동센터프로그램운영성과발표회	15,000	3	1	7	8	7	5	5	4
9604	제주 서귀포시	어린이날행사개최지원	10,000	3	1	7	8	7	1	1	1
9605	제주 서귀포시	어르신1세건강프로그램	10,000	3	4	7	8	7	1	1	1
9606	제주 서귀포시	남원읍노인회한마음체육대회지원	10,000	3	4	7	8	7	1	1	4
9607	제주 서귀포시	성산어린이큰잔치(어린이날행사)	10,000	3	1	7	8	7	1	1	1
9608	제주 서귀포시	제6회안덕면분회장기민속경기대회지원	10,000	3	4	7	8	7	1	1	1
9609	제주 서귀포시	새마을부녀회숨은자원모으기경진대회	9,000	3	4	7	8	7	1	1	1
9610	제주 서귀포시	제9회다문화가족화합한마당	9,000	3	1	7	8	7	1	1	4
9611	제주 서귀포시	제2회서귀포시꿈나무줄넘기대회개최	9,000	3	4	7	8	7	5	5	4
9612	제주 서귀포시	시장기노인게이트볼대회(정액)	8,000	3	1	7	8	7	1	1	3
9613	제주 서귀포시	건강1세그라운드골프대회(정액)	8,000	3	1	7	8	7	1	1	3
9614	제주 서귀포시	읍면동자생단체등행사지원	8,000	3	4	7	8	7	5	5	4
9615	제주 서귀포시	읍면동자생단체등행사지원	6,500	3	4	7	8	7	1	1	3
9616	제주 서귀포시	2024년도서귀포매일올레시장올레축제행사지원	5,000	3	4	7	8	7	1	1	1
9617	제주 서귀포시	어린이날기념식개최및행사지원	5,000	3	4	7	8	7	1	1	1
9618	제주 서귀포시	읍면동자생단체등행사지원	5,000	3	6	7	8	7	1	1	3
9619	제주 서귀포시	동홍동정월대보름축제	5,000	3	4	7	8	7	5	5	4
9620	제주 서귀포시	제12회책문화행사및우리마을도서관축제	2,500	3	7	7	8	7	1	1	3
9621	제주 서귀포시	노인회민속경기대회참가지원	1,000	3	4	7	8	7	1	1	1

KCOI 발간도서 소개

민간위탁 통계

KCOMI 통계

2023 전국 지방자치단체 민·관 협업사무 운영 현황 I

민간경상사업보조(307-02)
민간단체법정운영비보조(307-03)
민간행사사업보조(307-04)

본 도서는 전국 17개 광역자치단체를 포함한 243개 지방자치단체의 2021년 민관 협업사무 운영 현황으로서 국내에서 유일하게 전국 민관 협업사무 운영 현황을 파악할 수 있는 자료이다. 해당 시리즈는 총 3권으로 제작되었다.

배성기 지음
한국민간위탁경영구소
2023년 2월 출간

KCOMI 통계

2023 전국 지방자치단체 민·관 협업사무 운영 현황 II

민간위탁금(307-05)
사회복지시설법정운영비보조(307-10)
민간인위탁교육비(307-12)
공기관등에대한경상적대행사업비(308-10)

본 도서는 전국 17개 광역자치단체를 포함한 243개 지방자치단체의 2021년 민관 협업사무 운영 현황으로서 국내에서 유일하게 전국 민관 협업사무 운영 현황을 파악할 수 있는 자료이다. 해당 시리즈는 총 3권으로 제작되었다.

배성기 지음
한국민간위탁경영구소
2023년 2월 출간

KCOMI 통계

2023 전국 지방자치단체 민·관 협업사무 운영 현황 III

민간경상사업보조(307-02)
민간단체법정운영비보조(307-03)
민간행사사업보조(307-04)

본 도서는 전국 17개 광역자치단체를 포함한 243개 지방자치단체의 2021년 민관 협업사무 운영 현황으로서 국내에서 유일하게 전국 민관 협업사무 운영 현황을 파악할 수 있는 자료이다. 해당 시리즈는 총 3권으로 제작되었다.

배성기 지음
한국민간위탁경영구소
2023년 2월 출간

KCOMI 통계 - Ebook

2023 전국 지방자치단체 민간위탁 운영현황

민간위탁금(307-05)
사회복지시설법정운영비보조(307-10)
민간인위탁교육비(307-12)
공기관등에대한경상적대행사업비(308-10)

본 도서는 전국 17개 광역자치단체를 포함한 243개 지방자치단체의 민간위탁금(307–06) 예산 운영 현황으로서, 예산 및 해당사무별 업체선정방법, 개별조례 유무, 원가산정기준, 서비스(성과)평가 유무 등을 파악할 수 있는 자료이다.

배성기 지음
한국민간위탁경영구소
2023년 2월 출간

KCOMI 통계

2022 전국 지방자치단체 민·관 협업사무 운영 현황 I

민간경상사업보조(307-02)
민간단체법정운영비보조(307-03)
민간행사사업보조(307-04)

본 도서는 전국 17개 광역자치단체를 포함한 243개 지방자치단체의 2021년 민관 협업사무 운영 현황으로서 국내에서 유일하게 전국 민관 협업사무 운영 현황을 파악할 수 있는 자료이다. 해당 시리즈는 총 3권으로 제작되었다.

배성기 지음
한국민간위탁경영구소
2022년 3월 출간

KCOMI 통계

2022 전국 지방자치단체 민·관 협업사무 운영 현황 II

민간위탁금(307-05)
사회복지시설법정운영비보조(307-10)
민간인위탁교육비(307-12)
공기관등에대한경상적대행사업비(308-10)

본 도서는 전국 17개 광역자치단체를 포함한 243개 지방자치단체의 2021년 민관 협업사무 운영 현황으로서 국내에서 유일하게 전국 민관 협업사무 운영 현황을 파악할 수 있는 자료이다. 해당 시리즈는 총 3권으로 제작되었다.

배성기 지음
한국민간위탁경영구소
2022년 3월 출간

KCOMI 통계

2022 전국 지방자치단체 민·관 협업사무 운영 현황 III

민간경상사업보조(307-02)
민간단체법정운영비보조(307-03)
민간행사사업보조(307-04)

본 도서는 전국 17개 광역자치단체를 포함한 243개 지방자치단체의 2021년 민관 협업사무 운영 현황으로서 국내에서 유일하게 전국 민관 협업사무 운영 현황을 파악할 수 있는 자료이다. 해당 시리즈는 총 3권으로 제작되었다.

배성기 지음
한국민간위탁경영구소
2022년 3월 출간

KCOMI 통계 - Ebook

2022 전국 지방자치단체 민간위탁 운영현황

민간위탁금(307-05)
사회복지시설법정운영비보조(307-10)
민간인위탁교육비(307-12)
공기관등에대한경상적대행사업비(308-10)

본 도서는 전국 17개 광역자치단체를 포함한 243개 지방자치단체의 민간위탁금(307–06) 예산 운영 현황으로서, 예산 및 해당사무별 업체선정방법, 개별조례 유무, 원가산정기준, 서비스(성과)평가 유무 등을 파악할 수 있는 자료이다.

배성기 지음
한국민간위탁경영구소
2022년 5월 출간

KCOMI 통계

2022 공공기관 민간위탁 운영현황

본 도서는 전국 340개 공공기관을 대상으로 2021년 전체사무 민간이전 운영현황을 파악할 수 있는 자료이다.

배성기 지음
한국민간위탁경영구소
2022년 5월 출간

KCOMI 통계

2022 중앙행정기관 행정사무 민간이전 운영현황

본 도서는 전국 342개 중앙행정기관을 대상으로 2018년 민간이전 사업 현황을 분석한 자료로서 국내에서 유일하게 민간위탁 현황을 분석하여, 전국 민간위탁 사무의 관리 현황을 제시하고 있다.

배성기 지음
한국민간위탁경영구소
2022년 5월 출간

KCOMI 통계

2021 전국 지방자치단체
민·관 협업사무 운영 현황 I

민간경상사업보조(307-02)
민간단체법정운영비보조(307-03)
민간행사사업보조(307-04)

본 도서는 전국 17개 광역자치단체를 포함한 243개 지방자치단체의 2021년 민관 협업사무 운영 현황으로서 국내에서 유일하게 전국 민관 협업사무 운영 현황을 파악할 수 있는 자료이다. 해당 시리즈는 총 3권으로 제작되었다.

배성기 지음
한국민간위탁경영구소
2021 3월 출간

KCOMI 통계

2021 전국 지방자치단체
민·관 협업사무 운영 현황 II

민간위탁금(307-05)
사회복지시설법정운영비보조(307-10)
민간인위탁교육비(307-12)
공기관등에대한경상적대행사업비(308-10)

본 도서는 전국 17개 광역자치단체를 포함한 243개 지방자치단체의 2021년 민관 협업사무 운영 현황으로서 국내에서 유일하게 전국 민관 협업사무 운영 현황을 파악할 수 있는 자료이다. 해당 시리즈는 총 3권으로 제작되었다.

배성기 지음
한국민간위탁경영구소
2021년 3월 출간

KCOMI 통계

2021 전국 지방자치단체
민·관 협업사무 운영 현황 I

민간경상사업보조(307-02)
민간단체법정운영비보조(307-03)
민간행사사업보조(307-04)

본 도서는 전국 17개 광역자치단체를 포함한 243개 지방자치단체의 2021년 민관 협업사무 운영 현황으로서 국내에서 유일하게 전국 민관 협업사무 운영 현황을 파악할 수 있는 자료이다. 해당 시리즈는 총 3권으로 제작되었다.

배성기 지음
한국민간위탁경영구소
2021 3월 출간

KCOMI 통계 - Ebook

2021 전국 지방자치단체
민간위탁 운영현황

민간위탁금(307-05)
사회복지시설법정운영비보조(307-10)
민간인위탁교육비(307-12)
공기관등에대한경상적대행사업비(308-10)

본 도서는 전국 17개 광역자치단체를 포함한 243개 지방자치단체의 민간위탁금(307-06) 예산 운영 현황으로서, 예산 및 해당사무별 업체선정방법, 개별조례 유무, 원가산정기준, 서비스(성과)평가 유무 등을 파악할 수 있는 자료이다.

배성기 지음
한국민간위탁경영구소
2021년 7월 출간

KCOMI 통계

2021 공공기관 민간위탁 운영현황

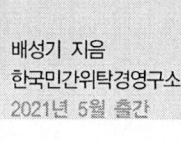

본 도서는 전국 340개 공공기관을 대상으로 2021년 전체사무 민간이전 운영현황을 파악할 수 있는 자료이다.

배성기 지음
한국민간위탁경영구소
2021년 5월 출간

KCOMI 통계

2021 중앙행정기관 행정사무
민간이전 운영현황

본 도서는 전국 342개 중앙행정기관을 대상으로 2018년 민간이전 사업 현황을 분석한 자료로서 국내에서 유일하게 민간위탁 현황을 분석하여, 전국 민간위탁 사무의 관리 현황을 제시하고 있다.

배성기 지음
한국민간위탁경영구소
2021년 5월 출간

KCOMI 통계 - Ebook

2020 전국 지방자치단체 민·관 협업사무 운영 현황 I

민간경상사업보조(307-02)
민간단체법정운영비보조(307-03)
민간행사사업보조(307-04)

본 도서는 전국 17개 광역자치단체를 포함한 243개 지방자치단체의 2020년 민관 협업사무 운영 현황으로서 국내에서 유일하게 전국 민관 협업사무 운영 현황을 파악할 수 있는 자료이다. 해당 시리즈는 총 3권으로 제작되었다.

배성기 지음
한국민간위탁경영구소
2020 7월 출간

KCOMI 통계 - Ebook

2020 전국 지방자치단체 민·관 협업사무 운영 현황 II

민간위탁금(307-05)
사회복지시설법정운영비보조(307-10)
민간인위탁교육비(307-12)
공기관등에대한경상적대행사업비(308-10)

본 도서는 전국 17개 광역자치단체를 포함한 243개 지방자치단체의 2020년 민관 협업사무 운영 현황으로서 국내에서 유일하게 전국 민관 협업사무 운영 현황을 파악할 수 있는 자료이다. 해당 시리즈는 총 3권으로 제작되었다.

배성기 지음
한국민간위탁경영구소
2020년 7월 출간

KCOMI 통계 - Ebook

2020 전국 지방자치단체 민·관 협업사무 운영 현황 III

민간자본사업보조,자체재원(402-01)
민간자본사업보조,이전재원(402-02)
민간위탁사업비(402-03)
공기관등에대한자본적위탁사업비(403-02)

본 도서는 전국 17개 광역자치단체를 포함한 243개 지방자치단체의 2020년 민관 협업사무 운영 현황으로서 국내에서 유일하게 전국 민관 협업사무 운영 현황을 파악할 수 있는 자료이다. 해당 시리즈는 총 3권으로 제작되었다.

배성기 지음
한국민간위탁경영구소
2020년 7월 출간

KCOMI 통계

2020 전국 지방자치단체 민·관 협업사무 운영 현황 통합본

본 도서는 전국 17개 광역자치단체를 포함한 243개 지방자치단체의 각 분야별 2018년 민관 협업사무 운영 현황으로 하수도시설, 하수슬러지건조화시설, 생활폐기물 수집운반, 생활폐기물 소각시설, 재활용 선별시설, 문화예술, 체육, 관광, 공원, 주차장, 청소년수련시설, 장애인복지시설의 운영 현황을 파악할 수 있는 자료이다.

배성기 지음
한국민간위탁경영구소
2020년 7월 출간

KCOMI 통계 - Ebook

2020 전국 지방자치단체 민·관 협업사무 운영 현황 |하수도시설|

본 도서는 전국 17개 광역자치단체를 포함한 243개 지방자치단체의 하수도시설에 대한 2020년 민관 협업사무 운영 현황을 파악할 수 있는 자료이다.

배성기 지음
한국민간위탁경영구소
2020년 5월 출간

KCOMI 통계 - Ebook

2020 전국 지방자치단체 민·관 협업사무 운영 현황 |하수슬러지건조화시설(소각포함)|

본 도서는 전국 17개 광역자치단체를 포함한 243개 지방자치단체의 하수슬러지건조화시설(소각포함)에 대한 2018년 민관 협업사무 운영 현황을 파악할 수 있는 자료이다.

배성기 지음
한국민간위탁경영구소
2020년 5월 출간

KCOMI 통계 - Ebook

2020 전국 지방자치단체 민·관 협업사무 운영 현황

|생활폐기물 수집운반|

본 도서는 전국 17개 광역자치단체를 포함한 243개 지방자치단체의 생활폐기물 수집운반에 대한 2020년 민관 협업사무 운영 현황을 파악할 수 있는 자료이다.

배성기 지음

한국민간위탁경영구소

2020년 5월 출간

KCOMI 통계 - Ebook

2020 전국 지방자치단체 민·관 협업사무 운영 현황

|생활폐기물 소각시설|

본 도서는 전국 17개 광역자치단체를 포함한 243개 지방자치단체의 생활폐기물 소각시설에 대한 2020년 민관 협업사무 운영 현황을 파악할 수 있는 자료이다.

배성기 지음

한국민간위탁경영구소

2020년 5월 출간

KCOMI 통계 - Ebook

2020 전국 지방자치단체 민·관 협업사무 운영 현황

|재활용 선별시설|

본 도서는 전국 17개 광역자치단체를 포함한 243개 지방자치단체의 재활용 선별시설에 대한 2020년 민관 협업사무 운영 현황을 파악할 수 있는 자료이다.

배성기 지음

한국민간위탁경영구소

2020년 5월 출간

KCOMI 통계 - Ebook

2020 전국 지방자치단체 민·관 협업사무 운영 현황

|문화예술부문|

본 도서는 전국 17개 광역자치단체를 포함한 243개 지방자치단체의 문화예술부문에 대한 2020년 민관 협업사무 운영 현황을 파악할 수 있는 자료이다.

배성기 지음

한국민간위탁경영구소

2020년 5월 출간

KCOMI 통계 - Ebook

2020 전국 지방자치단체 민·관 협업사무 운영 현황

|관광부문|

본 도서는 전국 17개 광역자치단체를 포함한 243개 지방자치단체의 관광부문에 대한 2020년 민관 협업사무 운영 현황을 파악할 수 있는 자료이다.

배성기 지음

한국민간위탁경영구소

2020년 5월 출간

KCOMI 통계 - Ebook

2020 전국 지방자치단체 민·관 협업사무 운영 현황

|체육부문|

본 도서는 전국 17개 광역자치단체를 포함한 243개 지방자치단체의 체육부문에 대한 2020년 민관 협업사무 운영 현황을 파악할 수 있는 자료이다.

배성기 지음

한국민간위탁경영구소

2020년 5월 출간

KCOMI 통계 - Ebook

2020 전국 지방자치단체 민·관 협업사무 운영 현황

|공원부문|

본 도서는 전국 17개 광역자치단체를 포함한 243개 지방자치단체의 공원부문에 대한 2020년 민관 협업사무 운영 현황을 파악할 수 있는 자료이다.

배성기 지음

한국민간위탁경영구소

2020년 5월 출간

KCOMI 통계 - Ebook

2020 전국 지방자치단체 민·관 협업사무 운영 현황

|주차장시설|

본 도서는 전국 17개 광역자치단체를 포함한 243개 지방자치단체의 체육부문에 대한 2020년 민관 협업사무 운영 현황을 파악할 수 있는 자료이다.

배성기 지음

한국민간위탁경영구소

2020년 5월 출간

KCOMI 통계 - Ebook

2020 전국 지방자치단체 민·관 협업사무 운영 현황

|청소년수련시설|

본 도서는 전국 17개 광역자치단체를 포함한 243개 지방자치단체의 청소년수련시설에 대한 2020년 민관 협업사무 운영 현황을 파악할 수 있는 자료이다.

배성기 지음

한국민간위탁경영구소

2020년 5월 출간

KCOMI 통계 - Ebook

2020 전국 지방자치단체 민·관 협업사무 운영 현황

|장애인복지시설|

본 도서는 전국 17개 광역자치단체를 포함한 243개 지방자치단체의 장애인복지시설에 대한 2020년 민관 협업사무 운영 현황을 파악할 수 있는 자료이다.

배성기 지음

한국민간위탁경영구소

2020년 5월 출간

KCOMI 통계

2019 전국 지방자치단체 민·관 협업사무 운영 현황 통합본

본 도서는 전국 17개 광역자치단체를 포함한 245개 지방자치단체의 각 분야별 2019년 민관 협업사무 운영 현황으로 하수도시설, 하수슬러지건조화시설, 생활폐기물 수집운반, 생활폐기물 소각시설, 재활용 선별시설, 문화예술, 체육, 관광, 공원, 주차장, 청소년수련시설, 장애인복지시설의 운영 현황을 파악할 수 있는 자료이다.

배성기 지음
한국민간위탁경영구소
2019년 출간

KCOMI 통계

2019 전국 지방자치단체 민·관 협업사무 운영 현황 I

민간경상사업보조(307-02)
민간단체법정운영비보조(307-03)
민간행사사업보조(307-04)

본 도서는 전국 17개 광역자치단체를 포함한 245개 지방자치단체의 2019년 민관 협업사무 운영 현황으로서 국내에서 유일하게 전국 민관 협업사무 운영 현황을 파악할 수 있는 자료이다. 해당 시리즈는 총 3권으로 제작되었다.

배성기 지음
한국민간위탁경영구소
2019년 출간

KCOMI 통계

2019 전국 지방자치단체 민·관 협업사무 운영 현황 II

민간위탁금(307-05)
사회복지시설법정운영비보조(307-10)
사회복지사업보조(307-11)

본 도서는 전국 17개 광역자치단체를 포함한 245개 지방자치단체의 2019년 민관 협업사무 운영 현황으로서 국내에서 유일하게 전국 민관 협업사무 운영 현황을 파악할 수 있는 자료이다. 해당 시리즈는 총 3권으로 제작되었다.

배성기 지음
한국민간위탁경영구소
2019년 출간

KCOMI 통계

2019 전국 지방자치단체 민·관 협업사무 운영 현황 III

민간인위탁교육비(307-12),
공기관등에대한경상적대행사업비(308-10)
공사공단경상전출금(309-01)
민간자본사업보조,자체재원(402-01)
민간자본사업보조,이전재원(402-02)
민간위탁사업비(402-03)
공기관등에대한자본적위탁사업비(403-02)
공사공단자본전출금(404-01)

본 도서는 전국 17개 광역자치단체를 포함한 245개 지방자치단체의 2019년 민관 협업사무 운영 현황으로서 국내에서 유일하게 전국 민관 협업사무 운영 현황을 파악할 수 있는 자료이다. 해당 시리즈는 총 3권으로 제작되었다.

배성기 지음
한국민간위탁경영구소
2019년 출간

KCOMI 통계 - Ebook

2019 전국 지방자치단체 민·관 협업사무 운영 현황 |하수도시설|

본 도서는 전국 17개 광역자치단체를 포함한 245개 지방자치단체의 하수도시설에 대한 2019년 민관 협업사무 운영 현황을 파악할 수 있는 자료이다.

배성기 지음
한국민간위탁경영구소
2019년 출간

KCOMI 통계 - Ebook

2019 전국 지방자치단체 민·관 협업사무 운영 현황 |슬러지처리시설|

본 도서는 전국 17개 광역자치단체를 포함한 245개 지방자치단체의 하수슬러지건조화시설(소각포함)에 대한 2019년 민관 협업사무 운영 현황을 파악할 수 있는 자료이다.

배성기 지음
한국민간위탁경영구소
2019년 출간

KCOMI 통계 - Ebook

2019 전국 지방자치단체 민·관 협업사무 운영 현황 |생활폐기물 수집운반

본 도서는 전국 17개 광역자치단체를 포함한 245개 지방자치단체의 생활폐기물 수집운반에 대한 2019년 민관 협업사무 운영 현황을 파악할 수 있는 자료이다.

배성기 지음
한국민간위탁경영구소
2019년 출간

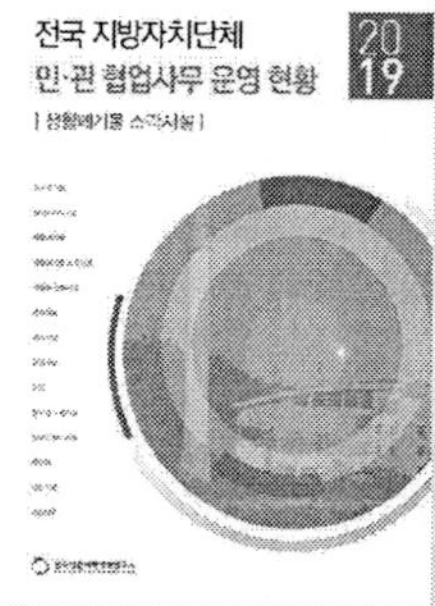

KCOMI 통계 - Ebook

2019 전국 지방자치단체 민·관 협업사무 운영 현황 |생활폐기물 소각시설|

본 도서는 전국 17개 광역자치단체를 포함한 245개 지방자치단체의 생활폐기물 소각시설에 대한 2019년 민관 협업사무 운영 현황을 파악할 수 있는 자료이다.

배성기 지음
한국민간위탁경영구소
2019년 출간

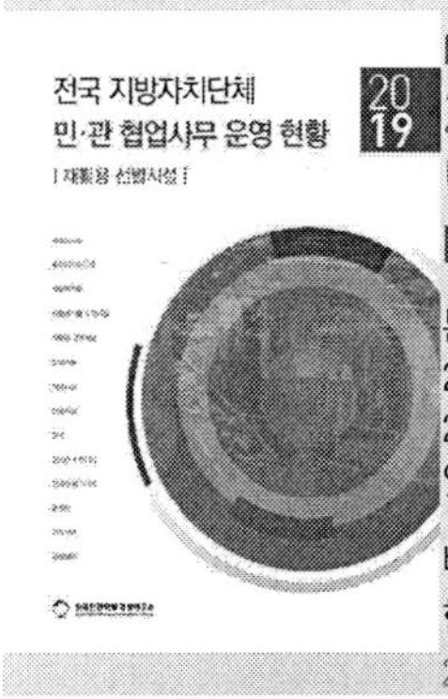

KCOMI 통계 - Ebook

2019 전국 지방자치단체 민·관 협업사무 운영 현황 |재활용 선별시설|

본 도서는 전국 17개 광역자치단체를 포함한 245개 지방자치단체의 재활용 선별시설에 대한 2019년 민관 협업사무 운영 현황을 파악할 수 있는 자료이다.

배성기 지음
한국민간위탁경영구소
2019년 출간

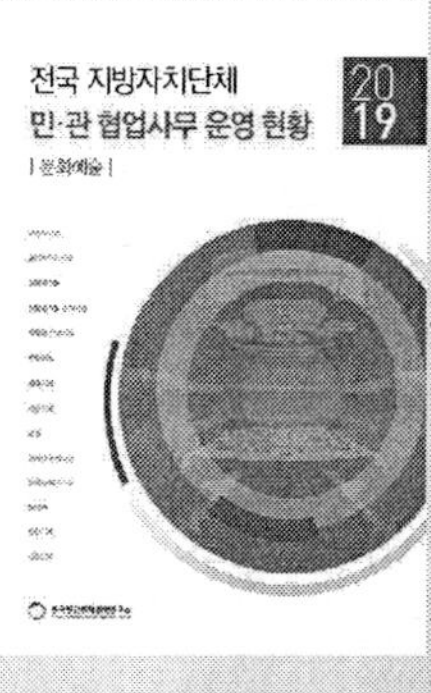

KCOMI 통계 - Ebook

2019 전국 지방자치단체 민·관 협업사무 운영 현황 |문화예술부문|

본 도서는 전국 17개 광역자치단체를 포함한 245개 지방자치단체의 문화예술부문에 대한 2019년 민관 협업사무 운영 현황을 파악할 수 있는 자료이다.

배성기 지음
한국민간위탁경영구소
2019년 출간

KCOMI 통계 - Ebook

2019 전국 지방자치단체 민·관 협업사무 운영 현황 |관광부문|

본 도서는 전국 17개 광역자치단체를 포함한 245개 지방자치단체의 관광부문에 대한 2019년 민관 협업사무 운영 현황을 파악할 수 있는 자료이다.

배성기 지음
한국민간위탁경영구소
2019년 출간

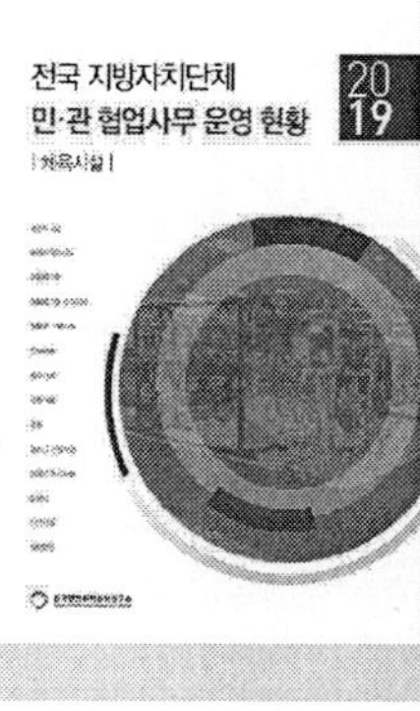

KCOMI 통계 - Ebook

2019 전국 지방자치단체 민·관 협업사무 운영 현황 |체육부문|

본 도서는 전국 17개 광역자치단체를 포함한 245개 지방자치단체의 체육부문에 대한 2019년 민관 협업사무 운영 현황을 파악할 수 있는 자료이다.

배성기 지음
한국민간위탁경영구소
2019년 출간

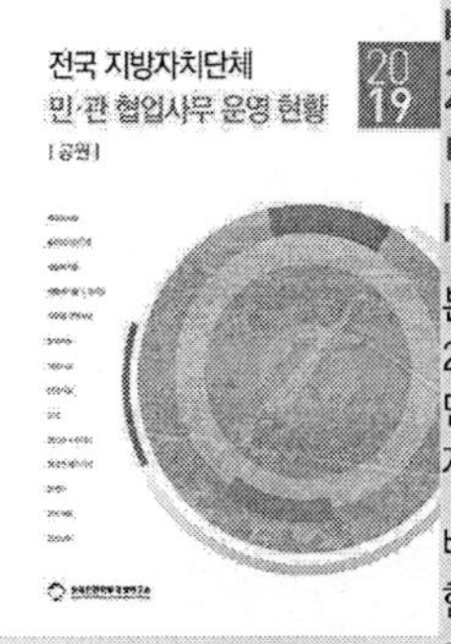

KCOMI 통계 - Ebook

2019 전국 지방자치단체 민·관 협업사무 운영 현황 |공원부문|

본 도서는 전국 17개 광역자치단체를 포함한 245개 지방자치단체의 공원부문에 대한 2019년 민관 협업사무 운영 현황을 파악할 수 있는 자료이다.

배성기 지음
한국민간위탁경영구소
2019년 출간

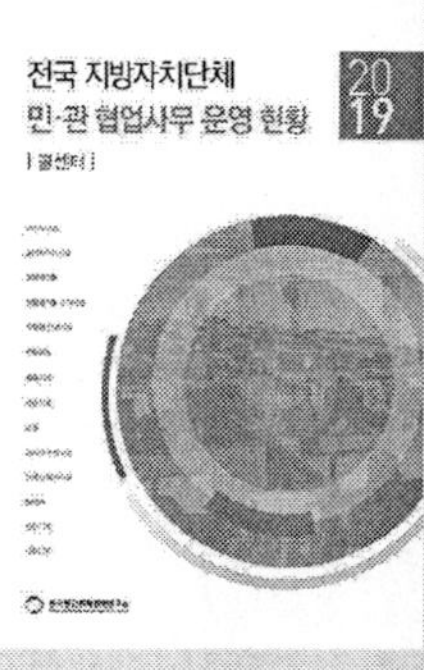

KCOMI 통계 - Ebook

2019 전국 지방자치단체 민·관 협업사무 운영 현황 |콜센터|

본 도서는 전국 17개 광역자치단체를 포함한 245개 지방자치단체의 콜센터 업무에 대한 2019년 민관 협업사무 운영 현황을 파악할 수 있는 자료이다.

배성기 지음
한국민간위탁경영구소
2019년 출간

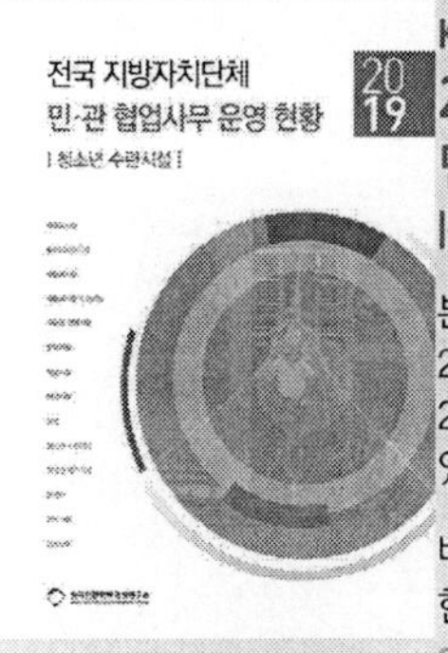

KCOMI 통계 - Ebook

2019 전국 지방자치단체 민·관 협업사무 운영 현황 |청소년수련시설|

본 도서는 전국 17개 광역자치단체를 포함한 245개 지방자치단체의 청소년수련시설에 대한 2019년 민관 협업사무 운영 현황을 파악할 수 있는 자료이다.

배성기 지음
한국민간위탁경영구소
2019년 출간

KCOMI 통계 - Ebook

2019 전국 지방자치단체 민·관 협업사무 운영 현황 |장애인복지시설|

본 도서는 전국 17개 광역자치단체를 포함한 245개 지방자치단체의 장애인복지시설에 대한 2019년 민관 협업사무 운영 현황을 파악할 수 있는 자료이다.

배성기 지음
한국민간위탁경영구소
2019년 출간

KCOMI 통계

2019 정보화사업 운영 현황

본 도서는 전국 지방자치단체, 중앙행정기관, 공공기관의 2019년 정보화사업을 대상으로 사업 현황을 분석한 운영 현황 자료이다.

배성기 지음
한국민간위탁경영구소
2019년 8월 출간

SVI 통계 - Ebook

2019 공공기관 사회적 가치 구현사업 운영현황 | 통계자료 |

본 도서는 공공기관 사회적 가치 구현사업의 운영 현황에 대한 통계를 파악할 수 있는 자료이다.

배성기 지음
사회적 가치 연구소
2019년 7월 출간

민간위탁 운영 관리 매뉴얼

지방자치단체사무의 민간위탁서비스
운영관리매뉴얼 Ⅰ

민간위탁조례 및 계약관리방안

민간위탁 성패의 키는 계약관리이다.
본 도서는 민간위탁 서비스를 공급함에 있어 사회적 문제와 이슈를 관리 할 수 있는 체계적인 조례 제정 및 계약관리방법론을 제시하고 있다.

배성기 지음
한국민간위탁경영구소 / 450페이지 / 40,000원
2012년 8월 출간

지방자치단체사무의 민간위탁서비스
운영관리매뉴얼 Ⅱ

민간위탁 운영관리비용 산정

효율적인 서비스 제공을 위한 원가산정방법론 제시 민간위탁서비스의 대시민 만족도를 높이기 위한 시작은 적정한 비용산정과 지급에서 시작된다. 이를 위해 본 도서에서는 세부적인 원가산정 방법과 산정예시를 들어 설명하고 있다.

배성기 지음
한국민간위탁경영구소 / 409페이지 / 40,000원
2012년 8월 출간

지방자치단체사무의 민간위탁서비스
운영관리매뉴얼 Ⅲ

민간위탁 서비스 평가

평가 없는 성장 없다.
본 도서에서는 민간위탁 서비스의 지속적인 성장경영을 위한 경영학적 관리지표개발 및 서비스평가방안을 제시하고 있다.

배성기 지음
한국민간위탁경영구소 / 407페이지 / 40,000원
2012년 8월 출간

지방자치단체 민간투자사업 매뉴얼

지방자치단체 공무원들이 민간투자사업 정책 수립을 위한 전반적인 내용을 포괄적으로 다루어, 실무에 직접 적용할 수 있도록 방향을 제시하고 있다.

배성기 지음
한국민간위탁경영구소 / 247페이지 / 25,000원
2015년 9월 출간

민간위탁 서비스 경영

공공하수도시설 민간위탁 서비스경영

환경부통계를 기준으로 전국 공공하수처리시설 중 민간위탁으로 운영되는 시설은 318개소, 운영비는 5,000억 원, 운영인원은 3,642명이다. 민간위탁서비스의 질을 높이기 위해서는 시설관리만이 아닌 경영학적 기법이 도입된 체계적인 관리가 필요하다. 이를 위해서 본 도서에서는 공공하수도시설 민간위탁 서비스 경영을 위한 다양한 방안을 제시하고 있다.

배성기 · 안영진 · 박철휘 · 박종운 지음
한국민간위탁경영연구소 / 530페이지 / 40,000원
2012년 4월 출간

공공체육시설 민간위탁 서비스경영

전국 공공체육시설수는 15,137개소로 지속적으로 증가하고 있으며, 국민이 영위하고자 하는 공공체육서비스의 수준도 날로 증가 하고 있다. 이에 민간위탁으로 운영중인 공공체육시설의 서비스 수준의 향상을 위하여 본 도서에서는 공공체육시설 민간위탁 서비스 경영을 위한 다양한 방안을 제시하고 있다.

배성기 · 김영철 지음
한국민간위탁경영연구소 / 500페이지 / 40,000원
출간예정

관광시설 민간위탁 서비스경영

관광시설은 관광을 위한 편익을 제공하는 시설로서 숙박, 교통, 휴식시설 등을 통해 지역경제 활성화에 도움을 주고 있다. 이중 민간위탁으로 운영중인 관광시설을 대상으로 본 도서에서는 관광시설 민간위탁 서비스 경영을 위한 다양한 방안을 제시하고 있다.

배성기 · 김상원 · 김혜진 지음
한국민간위탁경영연구소 / 500페이지 / 40,000원
2015년 9월 출간

생활폐기물 수집 · 민간위탁 서비스경영

우리나라 일일 발생 생활폐기물량은 5만톤 수준으로 지자체에서는 소각, 매립, 재활용 등의 처리를 민간위탁을 통해 수행하고 있다. 본 도서는 민간위탁을 통해 생활폐기물을 처리하고 있는 지자체를 대상으로 효율적효과적 관리기법을 제시하고 있다.

배성기 지음
한국민간위탁경영연구소 / 500페이지 / 40,000원
2012년 4월 출간

정부원가계산

공기업·준 정부기관·기타 공공기관
정부원가계산의 이론과 실제

공공감사법 적용대상기관인 중앙 41개 기관, 공공 272개 기관의 정부예산 지출시 합리적인 예산지출 및 효과성을 높이기 위해 본 도서는 정부원가계산의 올바른 방법을 이론과 사례를 기준으로 제시하고자 하였다.

배성기 지음

한국민간위탁경영연구소/400페이지/35,000원

2012년 8월 출간

사회적 기업 및 비영리 법인

사회적기업 및 비영리법인의
공공부문 계약 입찰

국가 공공서비스가 좀 더 선진 화 되기 위해서는 많은 사회적기업 및 비영리법인이 공공서비스 분야의 입찰 참가를 해야 한다. 정부와 동격의 파트너십을 통해 국민 모두를 파트너십의 수혜자로 만들기 위해 친절하고 자세하게 계약 참여 안내를 하고 있다.

배성기 옮김

한국민간위탁경영연구소 · scotland.gov.uk /250페이지/30,000원

2012년 8월 출간

기타 민간위탁 분야 도서

KCOMI통계 2013
전국 민간위탁 운영현황 분석

본 도서는 민간위탁 본연의 목적과 기능을 유지하기 위해 발주처에서는 선택의 폭을 넓히고, 위탁기업들은 건전한 경쟁관계를 유도하기 위하여 전국 246개 지자체별 민간위탁 사무현황, 위탁예산현황, 위탁기업의 현황, 위탁기간 현황, 위탁자 선정방법 등을 조사 · 분석하였다.

배성기 지음

한국민간위탁경영연구소 / 513페이지 / 20,000원

2013년 8월 출간

민간위탁 절차 · 평가 개선 교육교재

민간위탁제도가 도입된 지 13년이 지났지만 민간위탁에 대한 제도적 정비 및 운영상의 문제에 대한 지적은 끊이지 않는다. 본 도서는 민간위탁 사무를 추진함에 있어 꼭 필요한 조례, 계약, 비용, 평가 등의 내용을 중심으로 지방자치단체 공무원들의 정책결정을 돕고자 작성되었다.

배성기 지음

한국민간위탁경영연구소

민간위탁교육 참가자 배부용

공공하수처리시설 민간위탁 서비스평가

평가없는 성장 없다.

본 도서는 현행 공공하수처리시설 민간위탁 평가에 대한 법적 근거 및 제도에 대한 고찰을 통하여 보다 합리적인 민간위탁 서비스 평가 방안을 제시하고 있다.

배성기 · 안영진 · 박철휘 · 박종운 지음

한국민간위탁경영연구소 / 316페이지 / 25,000원

2011년 12월 출간

큰 사회(BIG Society)

영국 캐머론 총리의 큰 사회는 공공서비스 향상을 추구하며, 개념적으로는 국가를 반대하지 않으며 다양한 증거를 바탕으로 영국 사회를 지원하고 사회적 욕구를 충족시키는 현재 국가의 능력에 대해 깊이 있게 고민한다. 이는 우리나라에도 시사하는 바가 크므로 소개하고자 하였다.

배성기 · 이화진 · 김태현 · 남효응 옮김

나남출판사 · UBP / 165페이지 / 15,000원

출간 예정

공공관리 번역 도서

분쟁 후 취약한 상황에서의 정부기능 및 정부서비스 민간위탁

본 역서는 원조의 비효율적, 비효과적 집행을 방지하고, 수원국의 역량개발에 도움을 줄 수 있는 방안을 도모하여 현장실무자들과 정부의 정책입안자들과 협력하기 위한 안내서의 역할을 해 줄 것이다. 또한 선진국의 민간위탁제도 운영방법론은 국내에서 좋은 시사점을 제공하고 있다.

배성기 옮김
한국민간위탁경영연구소 · OECD / 165페이지 / 25,000원
2011년 11월 출간

지방정부 서비스계약 (Local Government Contract)

공공을 위한 최선의 거래를 추구하는데 있어서 책임성과 유연성, 공익성과 경제성 등을 최적으로 조합하는 것은 현대 서비스 계약업무의 핵심이다. 본 역서는 그 조합방식을 유용하게 제안하고 있다.

배성기 옮김
한국민간위탁경영연구소 · ICMA / 200페이지 / 30,000원
출간 예정

정부계약자들을 위한 가격책정 및 원가계산 (Pricing and Cost Accounting)

정부와 계약기간 중 요구사항을 준수하고, 이윤을 유지하기 위한 협상방법을 수록하고 있다. 입찰에 대한 변경요구 사항은 가격책정, 원가계산, 하도급, 계약변경을 수반하며 이에 대한 정보를 제공하고 있다.

배성기 옮김
한국민간위탁경영연구소 · MC / 220페이지 / 25,000원
출간예정

서비스 수준관리 (Service Level Management)

서비스 수준관리(SLM)는 서비스 업무범위를 정의하여 서비스제공에 따른 업무목표, 해당부서 및 책임부서를 기술하고 고객과 서비스 공급업체의 업무분담을 명확히 하여 서비스 공급업체와 고객 양측 모두의 기대와 목적을 충족시키기 위한 내용을 기술하고 있다.

배성기 옮김
한국민간위탁경영연구소 · TAS / 240페이지 / 25,000원
출간 예정

공공관리와 성과 (Public Management and Performance)

공공서비스 성과가 뜻하는 바가 무엇이고, 이와 관련한 연구의 주요 성과는 무엇인가? 왜 관리가 중요한가? 연구자, 정책결정자, 실무자들에게 주는 함의는 무엇이며, 향후 과제는 무엇인가? 에 대해 저자들은 이야기 하고 있다.

배성기 · 김윤경 · 김영철 옮김
한국민간위탁경영연구소 · 캠브리지대학출판사 / 200페이지 / 35,000원
2012년 8월 출간

사회기반시설 자산관리 (Infrastructure Asset Management)

자산관리의 목표, 서비스 제공능력과 자산상태의 구체적 목표를 검토하고, 자산관리 활동을 최적화 · 체계화하기 위해 현재의 서비스 제공능력과 자산상태(condition)를 비교한다. 또 최적의 의사결정을 위해 필요한 재정적 고려사항에 대해서도 요약하고 있다.

유인균 · 박미연 · 배성기 옮김
한국민간위탁경영연구소 · CIRIA / 200페이지 / 35,000원
2012년 8월 출간

지방자치단체 사회적가치구현을 위한 공공조달프레임워크

영국의 중앙 및 지방정부기관들은 최저가 대신 사회적 가치를 고려해 최고가치(Best Value)를 지닌 쪽을 선택하도록 규정과 지침을 만들어 공공조달에 적용하고 있다.

이에, 영국의 사회적 가치 구현을 위한 조달규정 및 지침관련 사례를 발굴하여 국내에 홍보·전파하고자 출간하게 되었다.

배성기
브릿지협동조합 / 170페이지 / 25,000원
2016년 4월 출간

지방자치단체 공공서비스 혁신

협동조합도시 런던시 램버스구

영국 런던시 램버스구, 협동조합방식의 지방자치단체 경영과 공공서비스 혁신을 가능하게 하는 영국의 법제도적 환경, 지자체조례, 지자체 경영원칙, 사회적 · 경제적 · 환경적 가치구현을 위한 목표달성전략 및 프로세스등을 자세히 소개하고 있다.

배성기 지음
브릿지협동조합 / 184페이지/ 25,000원
2016년 5월 출간

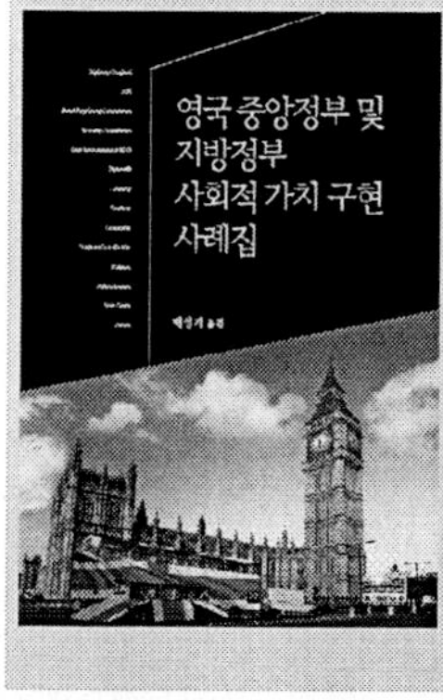

영국 중앙정부 및 지방정부 사회적 가치 구현 사례집

본 지침은 Highways England와 하도급업체가 2012년 공공서비스(사회적가치)법에 의한 서비스 공급과 관련된 사회적가치를 확인하고 구현하기 위한 접근방법을 설명한다.

배성기 옮김
사회적 가치 연구소 / 290페이지 / 21,000원
2018년 6월 출간

사회적기업 및 비영리법인의 공공부문 계약 입찰

지방계약분야는 사회 · 경제적 상황에 따라 빠르게 변화하는 분야이며, 많은 관련 법령과 하위규정들이 있어 실무자들이 업무를 숙지하는 데 상대적으로 어려움을 겪는 분야이기도 합니다. 2018년도 매뉴얼은 계약시 고려해야 할 사회적 가치와 더불어 실무에서 주로 활용되는 유권해석, 판례 등을 중점적으로 수록하였습니다.

서울특별시 엮음
브릿지협동조합 / 350페이지 / 24,000원
2018년 6월 출간

출간 예정 도서

공공서비스 기획 |모범 기획 원칙|

Commissioning Public Services는 공공조달 기획담당자들을 위한 영국의 공공서비스 조달기획 안내서로 지역고용, 양질의 일자리, 사회권·노동권 준수, 사회통합, 차별해소, 재분배 효과, 기업의 사회적 책임 이행도 등이 조달원칙의 핵심 고려사항으로 설계되고 입찰, 낙찰, 계약 이행 등 각 단계에서 사회적 가치를 가진 재화 및 서비스가 자연스럽게 경쟁력을 가질 수 있도록 체계가 구축되어 공공구매를 통한 사회적가치가 최대화될 수 있기를 바랍니다.

배성기 옮김
한국민간위탁경영연구소
2019년 출간예정

공동체 편익 증대를 위한 안내서

장기간 경기침체와 부의 불평등 심화 그리고 인구의 수도권 집중은 취약계층에게 여러 가지 부담을 안겨주었고, 그 중 인간으로서 가장기본적인 삶 공간과 관련된 주거문제에 직면하게 하였습니다. Community Benefit Clause Guidance Manual은 영국의 사회임대주택사업자가 주택의 운영 및 관리 서비스 조달 시 서비스 공급자로 하여금 지역공동체 편익을 구현하도록 계약조항으로 수립하는 방법을 설명한안내서입니다.

배성기 옮김
한국민간위탁경영연구소
2019년 출간예정

민·관 파트너십 구성 및 운영을 위한 안내서

공공사회파트너십은 공공기관이 사회적경제조직들로부터 재화 및 서비스를 단순히 구매한다는 차원을 넘어 공공기관이 주도하는 공공부문과 사회적경제조직들로 구성된 사회적경제부문이 함께 공공서비스를 설계하고 생산하는 것을 핵심으로 하는 개념입니다. Public Social Partnerships은 공공부문과 사회적경제조직이 공동으로 참여하는 공공서비스에 대한 새로운 접근방법을 묘사하고 있습니다.

배성기 옮김
한국민간위탁경영연구소
2019년 출간예정

사회적 가치 구현을 위한 안내서

사회적기업 육성 예산은 일자리창출 예산의 의미를 부여받고 있으며, 일자리 창출 엔진이라는 꼬리표가 사회적기업의 지원예산을 확보하는데는 유용했으나 사회적기업의 정상적인 발전을 가로막는 부작용을 낳고 있는 것 또한 사실입니다. 따라서 사회적기업 육성예산은 이 사회적 부가가치(social added value) 창출의 엔진을 육성한다는 본래의 의미를 부여 받아야 할 필요성이 있습니다.

배성기 옮김
한국민간위탁경영연구소
2019년 출간예정

사회적기업을 위한 사업기획 안내서

이 안내서는 영국의 사회적경제 전문기관인 FSD(Fourth Sector Development)가 사회적기업 창업을 고려하거나 성장을 도모하는 이들을 위해 개발한 7단계 전략에 기초하여 급변하는 사회경제적 환경에서 사회적경제 활동가들에게 사회적기업을 위한 사업계획을 사례와 함께 단계별로 설명하여 시간과 비용을 절감하고, 합리적 투자를 유도하여 사회적경제부문의 경쟁력 강화를 지원하고자 합니다.

배성기 옮김
한국민간위탁경영연구소
2019년 출간예정

사회투자성과 개발 안내서

SROI는 2000년대 들어 미국의 비영리재단 REDF가 제안한 개념으로, 사회적기업이나 비영리 조직이 생산한 사회적 가치와 경제적 가치를 통합해 정량적으로 측정하는 방법론이며, 주관적인 판단이 개입하기 쉬운 사회적 가치를 화폐가치로 객관화했습니다. 한편, 사회적기업에 관해 오랜 전통을 갖고 있는 영국에서는 SROI가 제안되기 이전부터 다양한 방식으로 사회적기업의 비재무적 성과를 측정하기 위한 방법론이 모색되었습니다.

배성기 옮김
한국민간위탁경영연구소
2019년 출간예정

협업기획 - 공공서비스 기획에 대한 새로운 사고

Collaborative Commissioning은 협업을 통한 공공서비스 기획과 관련된 영국사례로 사회적 가치 창출을 주된 목적으로 하는 사회적경제조직과 사회책임경영(CSR)기업 등이 공공시장에서 영리지향적 기업보다 경쟁 우위에 설 수 있도록 유도하고, 약 100조원이 넘는 공공조달시장의 상당 비율을 사회적경제에 친화적인 공공시장으로 전환될 수 있는 토대가 마련되는 계기가 되길 바랍니다.

배성기 옮김
한국민간위탁경영연구소
2019년 출간예정

배 성 기 (裵 成 基)

| 약 력 |

現 공공서비스연구원 원장, 한국민간위탁연구소 소장, 한국공공서비스연구소 소장, 한국사회적가치연구소 소장, 한국지방의정연구소 소장, 단국대학교 경영학 박사, 가천대학교 회계학 석사

現 단국대학교 경영학과 외래교수

現 파주시청 민간위탁 운영심의위원, 은평구청 민간위탁 적정성운영위원

現 중랑구의회 의정자문위원, 한국의정연구회 지방의회연구소 초빙교수

現 송파구 민간위탁 운영평가위원, 사회적기업 육성 위원

現 성북구 사회적경제 육성위원, 성북민관협치 운영위원

現 국민권익위원회 부패영향평가 자문위원

現 가천대학교 사회적기업과고용관계연구소 비상임 선임연구원

現 에코아이 지속가능경영연구소 비상임 소장

現 (재)현대산업경제연구원 비상임 연구위원

前 서울시 민간위탁 원가분석 자문위원

前 단국대학교 경제학과 외래교수

| 주요 연구수행실적 |

「정부 및 지자체 등으로부터 위탁받은 사업 매뉴얼 구축 용역」

「2017년 재정사업 성과평가 용역(산림자원육성)」

「농림축산식품 정보화사업 성과관리체계 구축 연구」

「자동차전용도로 효율적 관리를 위한 직무분석 용역」

「산림문화휴양촌 관리운영 방안 수립 연구 용역」

「생활폐기물 수집 · 운반 및 처리시설 민간위탁 타당성 및 운영효율화 방안」

「산업단지 폐수처리시설 민간위탁 타당성 및 운영효율화 방안」

「종합사회복지관 민간위탁 타당성 및 운영효율화 방안」

「장애인복지관 민간위탁 타당성 및 운영효율화 방안」

「노인종합복지관 민간위탁 타당성 및 운영효율화 방안」

「아동 · 청소년시설 민간위탁 타당성 및 운영효율화 방안」

「소각장 민간위탁 타당성 및 운영효율화 방안」

「자동집하시설 민간위탁 타당성 및 운영효율화 방안」

「가로등관리 민간위탁 타당성 및 운영효율화 방안」

「공원관리 민간위탁 타당성 및 운영효율화 방안」

「문화예술·체육시설 운영관리 민간위탁 타당성 및 운영효율화 방안」 외 다수

| 주요 저술실적 |

저서 : 지방자치단체 민간위탁 운영관리메뉴얼 Ⅰ, Ⅱ, Ⅲ권, 민간위탁 원가산정, 공공관리와 성과, 민간위탁 조례 및 계약 관리 방안, 하수처리시설 민간위탁 서비스 평가, 공공하수도시설 민간위탁 서비스 경영, 생활폐기물 수집 · 운반 및 처리시설 민간위탁 서비스 경영 등

번역 : OECD 정부기능 및 정부서비스 민간위탁 외 4권

논문 : 민간위탁서비스 핵심운영요인이 운영성과에 미치는 영향에 관한 실증 연구(2014) 등 3개

발표 : 한국생산관리학회, 한국구매조달학회, 한국관광경영학회 등 다수

공공관리연구원

한국민간위탁연구소
Korea Contracting-out Institute

한국민간위탁연구소는 공공서비스 관리 혁신을 통해
더 나은 정부, 더 나은 사회, 더 많은 사업기회를 만들어 갑니다.

T. 02-943-1941 F. 02-943-1948 E. kcomi@kcomi.re.kr H. www.kcomi.re.kr